# DICTIONNAIRE
## UNIVERSEL
## DE COMMERCE.

TOME PREMIER.

A—B

# DICTIONNAIRE UNIVERSEL DE COMMERCE:

*CONTENANT TOUT CE QUI CONCERNE*

LE COMMERCE QUI SE FAIT DANS LES QUATRE PARTIES DU MONDE, par terre, par mer, de proche en proche, & par des voyages de long cours, tant en gros qu'en détail.

L'EXPLICATION DE TOUS LES TERMES QUI ONT RAPPORT AU NEGOCE,

LES MONNOYES DE COMPTE, QUI SERVENT A Y TENIR LES LIVRES, ET ECRITURES DES MARCHANDS:

LES MONNOYES RE'ELLES D'OR, D'ARGENT, DE BILLON, DE CUIVRE, D'ESTAIN, &c. leur titre, leur valeur, leur fabrique & monnoyage, & leur évaluation sur le pied de celles de France:

LES POIDS ET MESURES, QUI Y SONT EN USAGE, REDUITES LES UNES AUX AUTRES.

LES PRODUCTIONS, QUI CROISSENT ET QUI SE TROUVENT DANS TOUS LES LIEUX où les Nations d'Europe exercent leur Commerce; comme les Métaux, Mineraux, Pierreries; Drogues, Epiceries, Grains, Sels, Vins, Biéres, & autres Boissons; Huiles, Gommes, Fruits, Poissons, Bois, Soyes, Laines, Cotons, &c. Pelleteries, Cuirs, &c.

LES ETOFFES, OUVRAGES ET MANUFACTURES D'OR ET D'ARGENT, DE SOYE, Laine, Fil, Coton, &c. leur nom, leur qualité, leur aunage, avec la description des Métiers propres à y travailler.

LES COMPAGNIES DE COMMERCE TANT FRANÇOISES QU'ETRANGERES, pour les Indes Orientales & Occidentales, &c. avec l'Histoire de leurs Etablissemens, leur Régie & Administration, &c.

LES BANQUES ETABLIES POUR LA COMMODITE' ET LA SEURETE' DU NEGOCE ET DES NEGOCIANS:

LES CONSULS QUE LES NATIONS DE L'EUROPE TIENNENT LES UNES CHEZ LES AUTRES, ou dans les Echelles du Levant, &c. leurs Jurisdictions, Droits, & Prérogatives.

LES CHAMBRES D'ASSURANCES:

LE DETAIL DU COMMERCE DE LA FRANCE EN GENERAL, ET DE LA VILLE DE PARIS EN PARTICULIER:

LE CONSEIL ROYAL DE COMMERCE, LES CHAMBRES DES VILLES QUI ONT DROIT d'y envoyer leurs Députés; les Juges des Manufactures, & les Inspecteurs départis dans les Provinces.

LES JURISDICTIONS CONSULAIRES DE PARIS ET DES AUTRES VILLES DU ROYAUME,

L'ETABLISSEMENT DES SIX CORPS DES MARCHANDS, ET DES CENT VINGT-QUATRE COMMUNAUTE'S des Arts & Métiers de la Ville de Paris:

LES DIFFERENS LIVRES DES MARCHANDS, LEURS COMPTES ET SOCIETE'S:

ENFIN TOUTES LES FOIRES, TANT FRANCHES QU'AUTRES, QUI SE TIENNENT EN FRANCE & dans les lieux les plus célébres de l'Europe, & des autres Parties du Monde.

LES EDITS, DECLARATIONS, ORDONNANCES, ARRESTS, ET REGLEMENS donnés en matiere de Commerce.

*Ouvrage posthume du Sieur* JACQUES SAVARY DES BRUSLONS, *Inspecteur général des Manufactures, pour le Roy, à la Douane de Paris.*

CONTINUE' SUR LES MEMOIRES DE L'AUTEUR, ET DONNE' AU PUBLIC

*Par* M. PHILEMON LOUIS SAVARY, *Chanoine de l'Eglise Royale de S. Maur des Fossez, son Frere.*

## NOUVELLE EDITION.

## TOME PREMIER.



A PARIS,

Chez la Veuve ESTIENNE, rue Saint Jacques, à la Vertu.

M. DCC. XLI.

*AVEC PRIVILEGE DU ROY.*

A

MONSEIGNEUR

# AMELOT,

CHEVALIER, MARQUIS DE GOURNAY, Vicomte de Varaiſe, Seigneur de Vervan & autres lieux, Conſeiller d'Eſtat ordinaire.

MONSEIGNEUR,

*La protection dont vous honoriez l'Auteur du Dictionnaire Univerſel de Commerce pendant ſa vie, & le deſſein où il étoit de vous l'offrir, s'il eût vécu, ſemblent ne me plus laiſſer le choix de le faire paroître ſous un autre nom que ſous le vôtre.*

*Il eſt vrai qu'en exécutant cette derniere volonté d'un Frere dont la mémoire m'eſt ſi chere, j'ai en même-tems l'avantage de m'acquitter d'une dette qui eſt devenue la dette d'une famille que vous n'avez jamais ceſſé de combler de toutes ſortes de graces.*

*En mon particulier,* MONSEIGNEUR, *je m'eſtime heureux que mon Frere m'ayant chargé en mourant de la continuation & de l'Edition de ſon Ouvrage, il m'ait fait, pour ainſi dire, le dépoſitaire de notre commune reconnoiſſance, & qu'il m'ait procuré une occaſion ſi glorieuſe de vous en donner un témoignage public.*

*Mais quand j'aurois pû oublier un devoir ſi juſte & ſi indiſpenſable, ſous quels autres auſpices que les vôtres,* MONSEIGNEUR, *ſeroit-il permis aujourd'hui de préſenter à la France & à ſes Négocians, un Dictionnaire univerſel pour le Commerce?*

*Vous en êtes le plus généreux & le plus zelé Protecteur. Depuis que ſon ſort a été ſi heureuſement remis entre vos mains, il ſemble reprendre de la vigueur & des forces; & s'il nous reſte quelque eſperance de le revoir parfaitement fleurir parmi nous, c'eſt ſans doute à vos lumieres & à votre expérience qu'eſt réſervé le ſuccès d'une entrepriſe ſi néceſſaire au bonheur & à la gloire de la France.*

*Mon Frere flatté d'un eſpoir ſi bien fondé, & s'étant fait un devoir de ſeconder autant qu'il lui étoit poſſible, les ſoins dont vous êtes ſans ceſſe occupé pour le rétabliſſement de notre Commerce, avoit entrepris l'Ouvrage que j'ai l'honneur de vous dédier.*

*Je l'ai continué dans les mêmes vûes, & avec la même ardeur, mais je ſens bien que ce n'eſt pas avec la même habileté. J'oſe cependant me flatter,* MONSEIGNEUR, *qu'il ſera reçû favorablement, puiſque vous n'avez pas dédaigné de lui accorder votre protection, & que d'ailleurs j'ai pris ſoin de l'enrichir de ce grand nombre de beaux Réglemens dont notre Commerce vous eſt redevable, & qui ſont également propres à ſoutenir l'honneur de nos Manufactures, & à animer nos Négocians aux plus grandes entrepriſes, ſoit au-dedans, ſoit au-dehors du Royaume.*

*Il eſt aiſé,* MONSEIGNEUR, *de reconnoître dans la ſageſſe qui a dicté ces excellens Réglemens, & qui paroît dans tout ce que vous entreprenez pour le bien du Commerce; il eſt aiſé, dis-je, de reconnoître qu'ils ſont l'ouvrage de ces mêmes lumieres & de ces mêmes talens qui vous ont rendu ſi célebre chez les diverſes Nations où vous avez ſoûtenu avec tant d'éclat & de dignité les intérêts de la France, & la gloire du nom François.*

*Que ne m'eſt-il permis d'entrer dans le détail de ces importantes Négociations, où le choix glorieux d'un grand Roi vous a ſi ſouvent & ſi utilement employé dans les principales Cours de l'Europe.*

*Quelle ſatisfaction pour moi,* MONSEIGNEUR! *de pouvoir peindre de leurs traits naturels cette candeur aimable, qui gagne la confiance ſans rien ôter du reſpect; ce génie ſupérieur & univerſel, qui s'accommode avec facilité au génie particulier de chaque Peuple; cette profonde politique, qui paroît maîtreſſe des évenemens, & qui ſemble ne rien craindre de l'inconſtance de la fortune; cette fermeté à toute épreuve qui ne peut être déconcertée par les révolutions les plus imprévûes, & qui trouve des reſſources toujours prêtes & toujours ſûres pour ſoutenir ou pour rétablir les affaires les plus deſeſperées: En un mot, toutes ces grandes qualités qui vous ont attiré l'estime & l'admiration universelle, en Suisse, en Portugal, à Venise, en Espagne, à Rome même, où le concours des plus habiles Ministres de chaque Nation, semble avoir fixé le centre de la politique la plus fine & la plus déliée.*

*Tant de rares talens, sur lesquels votre modestie m'a imposé silence, mais qui malgré elle n'échaperont pas au souvenir, & je l'ose dire, à la reconnoissance de toute l'Europe qui en a profité; tous ces talens, MONSEIGNEUR, sont pour le succès de notre Négoce un augure aussi certain que favorable, & doivent servir à faire connoître à la France en quelles mains elle a remis les esperances de son Commerce.*

*Elles ne seront point trompées ces esperances. Aussi en vous dédiant l'Ouvrage posthume de mon Frere, je ne crains pas de vous l'offrir en même-tems au nom du Public, comme un juste hommage dont sans doute je ne serai point désavoué, & qui vous est si légitimement dû pour la protection que vous avez toujours accordée au Commerce, & pour l'application avec laquelle vous travaillez à le rendre florissant: Sur tout agréez qu'il soit un gage éternel de mon respect, & une marque de l'attachement inviolable avec lequel j'ai l'honneur d'être,*

*MONSEIGNEUR,*

Votre très humble & très obéissant serviteur SAVARY,
Chanoine de l'Eglise Royale de Saint Maur.

# PRÉFACE HISTORIQUE.

SI l'utilité d'un Ouvrage & la réputation de son Auteur, sont capables de lui assurer quelque succès, il semble qu'il n'y en a gueres pour lesquels on puisse s'en promettre un plus heureux que pour ce Dictionnaire de Commerce; puisque du côté de l'Ouvrage, si l'on en excepte ceux que la Religion a consacrés & qu'elle rend respectables, il n'y en a point dont la matiere soit plus interessante, plus étendue, & plus nécessaire; & que du côté de l'Auteur, peut-être n'y en avoit-il aucun plus en état de l'entreprendre, & plus capable, s'il eût vécu, de le pousser à sa derniere perfection.

En effet, pour ne parler d'abord que de l'utilité de la matiere qu'on traite dans ce Dictionnaire, il faut convenir qu'il n'en est point qui interesse plus de monde, & dont il soit plus nécessaire & plus avantageux d'être instruit.

Il est vrai que la Profession de Marchand n'est qu'une Profession particuliere qui se confond dans le nombre de tant d'autres Professions ausquelles les hommes s'occupent, & dont, pour ainsi dire, ils ont fait le partage entr'eux. Mais à l'égard du Commerce, c'est un moyen universel qui s'offre également à tout le monde. Les Etats les plus florissans y trouvent leur force & leur gloire, les Souverains le fond le plus juste & le plus sûr de leurs finances; & tous les Particuliers, même ceux qui aiment tant à se distinguer des autres par les titres & les honneurs de la Milice ou de la Magistrature, les richesses de leurs Maisons, l'établissement de leurs Familles, & le seul moyen de subsister avec commodité & même avec éclat.

Qu'on parcoure tous les âges du Monde; l'Histoire des Nations, même les plus guerrieres, est bien autant l'histoire de leur Commerce que celle de leurs Conquêtes. Si les grands Empires s'établissent par la valeur & la force des armes, ils ne s'affermissent & ne se soutiennent que par les secours que leur fournissent le négoce, le travail & l'industrie des Peuples: & les Vainqueurs languiroient & périroient bien-tôt avec les Vaincus, si, suivant l'expression de l'Ecriture, ils ne convertissoient le fer de leurs armes en des socs de charues; c'est-à dire, s'ils n'avoient recours aux richesses que produisent la Culture des terres, les Manufactures & le Commerce, pour conserver par les Arts tranquiles de la paix, les avantages acquis dans les horreurs & le tumulte de la guerre.

Pour entrer avec plus de détail dans la preuve de ce qu'on vient d'avancer en général, de l'utilité & de l'excellence du Commerce, on va faire, pour ainsi dire, quelques excursions dans l'Antiquité la plus reculée; & de-là ramenant l'histoire du Commerce jusqu'à notre tems, on se flatte de pouvoir établir solidement par les exemples qu'on en rapportera, que les Nations n'ont été & ne sont puissantes; que les Villes ne sont riches & peuplées, qu'autant qu'elles ont poussé plus loin & plus heureusement leurs entreprises de Commerce; & que les Princes eux-mêmes n'entendent bien leurs interêts, & ne rendent leur Regne florissant & leurs Etats heureux, qu'à proportion des secours & de la protection qu'ils accordent au Commerce de leurs Sujets.

COMMERCE DES TYRIENS.

LES PHENICIENS & Tyr leur Capitale, sont les premiers qui se présentent quand on veut traiter du Commerce des Anciens; & ce sont eux aussi qui peuvent prouver davantage, à quel comble de gloire, de puissance & de richesses une Nation est capable de s'élever par les seules ressources du Commerce.

Ces Peuples [comme le remarque l'illustre & sçavant Auteur de l'excellent Traité du Commerce des Anciens, qu'on se fait honneur de prendre pour guide dans une matiere si obscure & qu'il a si bien débrouillée] : ces peuples, dis-je, n'occupoient qu'une lisiere assez étroite le long des Côtes de la mer, & Tyr elle-même étoit bâtie dans un terrain ingrat, & qui, quand il auroit été plus gras & plus fécond, n'auroit pû être suffisant pour nourrir ce grand nombre d'habitans que les premiers succès de son Commerce y avoient attirés.

Deux avantages les dédommageoient de ce défaut. Ils avoient sur les côtes de leur petit Etat d'excellens ports, particuliérement celui de leur Capitale ; & ils étoient nés avec un génie si heureux pour le Négoce, qu'on les associe ordinairement avec les Egyptiens dans l'honneur qu'on fait à ces derniers de les croire les Inventeurs du Commerce de Mer, particuliérement de celui qui se fait par des voyages de long cours.

Les Phéniciens sçurent si heureusement profiter de ces deux avantages, qu'ils furent bientôt les maîtres de la Mer & du Commerce. Le Liban & les autres montagnes voisines leur fournissant d'excellens bois pour les constructions navalles, on leur vit en peu de tems de nombreuses flotes marchandes qui hasarderent des navigations inconnues, pour y établir leur négoce ; & leurs peuples se multipliant presqu'à l'infini par le grand nombre d'Etrangers que le desir du gain & l'occasion sûre de s'enrichir attiroient dans leur Ville, ils se virent en état de jetter au dehors quantité de peuplades, particuliérement la fameuse Colonie de Carthage, qui conservant l'esprit Phénicien par rapport au Trafic, ne ceda pas même à Tyr dans son Négoce, & la surpassa de beaucoup par l'étendue de sa domination, comme on aura occasion de le dire dans la suite.

Le degré de gloire & de puissance où le Commerce & la Navigation avoient élevé la Ville de Tyr, la rendirent si célebre, qu'on auroit peine à ne pas croire qu'il y a de l'exagération dans ce qu'en rapportent les Auteurs prophanes, si les Prophétes eux-mêmes n'en avoient parlé avec encore plus de magnificence : aussi la description de sa grandeur, de ses forces, & du nombre presque incroyable de ses Vaisseaux, de ses Marchandises & de ses Marchands, fait-elle un des plus beaux endroits de la Prophétie d'Ezechiel ; qu'on ne peut certainement oublier, quand on parle de l'excellence du Commerce & de sa splendeur.

Tyr, dit le Prophéte, est un vaisseau superbe. Son corps est fait du bois précieux des sapins de Sanir. Les cédres du Liban lui ont fourni ses mâts : ses rames sont coupées dans les forêts de Basan : l'yvoire des Indes est employé pour faire les bancs de ses rameurs : ses voiles sont de fin lin d'Egypte tissu en broderie, & son pavillon est d'hyacinte & de pourpre.

Les Pilotes, les Soldats, & les Matelots qui gouvernent & qui montent un si admirable Navire, sont choisis parmi les plus célebres. Les habitans de Sidon & d'Arad sont ses rameurs. Les Perses, les Lidiens, & ceux de la Lybie, lui servent de Soldats, & ses Pilotes sont les plus sages & les plus habiles de Tyr même.

Il faut avouer qu'une image si magnifique donne une grande idée des avantages que Tyr tiroit de son commerce ; mais il ne faut pas craindre que cette Ville superbe perde rien de sa gloire, lorsque le Prophéte semble quitter le langage figuré de la Prophétie pour prendre le stile simple de l'Histoire.

A entendre Ezechiel les Négocians & les Marchandises de toute la terre sont rassemblées dans cette seule Ville, & les autres peuples paroissent moins ses alliés que ses tributaires. Ensorte que, comme s'exprime un autre Prophéte [Isaïe], Tyr étoit la Ville commune de toutes les Nations & comme le centre de tout le Commerce ; en un mot, la Reine des Villes, dont les Marchands étoient des Princes, & qui avoient pour Négocians les personnes les plus illustres de la terre.

Tel étoit l'ancien Tyr, lorsque suivant la Prophétie d'Ezechiel, il succomba sous les armes de Nabucodonosor après un siége de treize ans.

Il est vrai que la Providence avoit, pour ainsi dire, ménagé un azile & des ressources aux habitans de cette malheureuse Ville. Les Tyriens pendant un si long siége avoient eu la précaution & le tems de fortifier une Isle voisine ; ils y avoient établi leurs forces maritimes, & leurs Négocians qui y étoient passés avec leurs magasins & leurs marchandises, y avoient continué un négoce si florissant, que la prise & la ruine de leur premiere Ville ne leur ôta ni l'Empire de la mer, ni la réputation de leur Commerce.

Ce fut cette nouvelle Ville de Tyr, qui fiere de ses richesses & de sa puissance, osa depuis résister au grand Alexandre déja maître d'une partie de l'Asie, & qui sembla interrompre pour un tems le cours de ses victoires. Mais pour prix de sa témerité elle fut entiérement détruite par le Vainqueur ; & afin qu'il ne lui restât plus d'esperance de se relever de sa chute comme la premiere fois, on lui ôta sa Marine & son Commerce, qui furent transferées à Alexandrie, nouvelle Ville de laquelle son fondateur vouloit faire la Capitale de l'Empire de l'Asie dont il méditoit d'achever la conquête.

TANDIS que l'un & l'autre Tyr éprouvoit de si grandes révolutions, Carthage, Colonie

Tyrienne, comme on l'a dit en passant, augmentoit ses forces par le Commerce, & par-là se mettoit en état de disputer un jour de l'Empire du Monde avec Rome.

COMMERCE DES CARTHAGINOIS.

Bientôt ces nouveaux Afriquains se servant de l'heureuse situation de leur Ville, & mettant à profit le génie pour le Négoce & la Navigation qu'ils avoient apporté de Phénicie, firent passer leurs flotes & leurs Marchands, d'un côté dans l'Ocean bien au-delà des Colonnes d'Hercule, & de l'autre le long de toute la côte Occidentale de l'Europe; même, si l'on en croit quelques Auteurs, leurs Pilotes & leurs Négocians eurent la hardiesse ou le bonheur de pénétrer les premiers jusqu'à ces Terres inconnues, dont la découverte bien des siécles après, a fait tant d'honneur & a apporté tant de profit aux Espagnols.

Les Carthaginois tout occupés de leur négoce, ne penserent qu'assez tard à se servir des richesses immenses qu'ils avoient amassées par cette voye, pour étendre leur domination au dehors. Mais il leur couta cher de s'être ennuyés de l'état pacifique de Marchands.

Leur Ville que le Commerce avoit peuplée de plus de sept cens mille habitans, se déserta bientôt pour fournir des troupes & des recrues à leurs armées. Leurs flotes accoutumées à ne porter que des Marchands & des Marchandises, ne furent plus chargées que de munitions de guerre & de soldats; & de leurs plus sages & plus heureux Négocians, il se forma ces Chefs & ces Généraux d'armées qui devoient faire trembler Rome, & mettre Carthage au point de devenir la Maîtresse du monde.

Les hauts faits d'armes des Carthaginois en Sicile, en Sardaigne, en Espagne, & particuliérement en Italie sous le fameux Hannibal; aussi-bien que le désordre de leurs affaires par les victoires des deux Scipions, sont des faits trop connus & qui ont trop peu de rapport à la matiere qu'on traite ici pour en donner aucun détail. On ajoutera seulement que le Commerce avoit mis Carthage à un si haut dégré de richesses & de puissance, qu'il falut aux Romains cinquante années d'une guerre cruelle & douteuse pour dompter cette rivale; & qu'enfin Rome triomphante crut ne pouvoir mieux l'assujettir & la subjuguer entiérement, qu'en lui ôtant les ressources qu'elle eût encore pû trouver dans le Négoce, & qui pendant si long-tems l'avoient soutenue contre toutes les forces de la République.

Ce fut en effet cette résolution du Senat qui décida du sort de Carthage; & les Carthaginois eux-mêmes en furent si effrayés, qu'ayant appris que dans ce dessein on vouloit les obliger à livrer leur flote & à se retirer dans les terres à cinq lieues de la mer, ils aimerent mieux s'exposer aux hasards de la troisiéme guerre Punique, qui leur fut si funeste, que de renoncer si facilement à la seule esperance qui pouvoit leur rester dans leurs malheurs; & de consentir volontairement à voir passer leur Commerce à Utique, où ils sçavoient que les Romains, pour achever de les ruiner, se proposoient de le transferer, comme nous avons dit qu'Alexandre transfera celui de Tyr dans la nouvelle Ville à laquelle il avoit donné son nom, lorsqu'il voulut punir les Tyriens d'avoir osé retarder ses conquêtes.

COMMERCE DES EGYPTIENS.

ALEXANDRE vécut trop peu pour être le témoin de l'état heureux & florissant où le Commerce devoit élever cette derniere Ville. Les Ptolemées qui après sa mort eurent l'Egypte pour leur part de ses conquêtes, prirent le soin de soutenir le Négoce naissant d'Alexandrie, & bien-tôt ils le porterent à un dégré de perfection & d'étendue, qui fit oublier & Tyr & Carthage, lesquelles pendant si long-tems avoient fait presque seules, & avoient rassemblés chez elles le Commerce de toutes les autres Nations.

Ce succès si subit du Commerce d'Alexandrie ne doit gueres surprendre; quand on fait réflexion sur son heureuse situation, qui la rendoit si commode pour être le dépôt de toutes les Marchandises de l'Orient & de l'Occident.

Cette Ville fameuse avoit d'un côté un libre Commerce avec l'Asie & avec tout l'Orient, par la Mer Rouge; la même Mer & le Nil lui donnoient entrée dans les vastes & riches contrées de l'Ethiopie. Le Commerce du reste de l'Afrique & de l'Europe lui étoit ouvert, par la mer Méditerranée; & si elle vouloit faire le Négoce interieur de l'Egypte, elle avoit outre la commodité du Nil & des canaux faits de main d'hommes, [ ouvrages immortels & presque incroyables des premiers Egyptiens ]; elle avoit, dis-je, le secours des Caravanes si commodes pour la sureté des Marchands, & pour le transport des marchandises.

Ajoutez un Port grand & sûr où les Vaisseaux Etrangers arrivoient de toutes parts, & d'où partoient sans cesse des Vaisseaux Egyptiens, qui portoient leurs Négocians & leur Commerce dans toutes les parties de la Terre alors connues.

Ce fut cette commodité de l'entrepôt des marchandises à Alexandrie, qui répandit dans toute l'Egypte ces immenses richesses, qui rendirent ses Rois assez puissans pour se soutenir, pendant plus d'un siecle, contre les Romains qui tâchoient de tems en tems d'entamer un si beau Royaume: Richesses si considérables, que les Historiens assurent que le seul produit des droits d'entrée & de sortie sur les marchandises qui entroient dans les Douanes d'Alexandrie, montoient chaque année à plus de trente millions de livres; quoique la plupart des Ptolemées fussent assez moderés dans les impôts qu'ils mettoient sur leurs peuples.

COMMERCE DES ROMAINS.

AVANT la Bataille d'Actium, les Romains avoient toujours trouvé dans les dépouilles des Nations qu'ils avoient assujetties, de quoi remplir le trésor de la Republique, & en même-tems de quoi fournir à tant de dépenses où l'engageoient continuellement le plan d'une Monarchie universelle.

Ces ressources commençant à leur manquer, le Commerce de l'Egypte se presenta tout à propos pour soutenir par ses richesses, & pour ainsi dire, par son credit, la réputation & l'Empire de Rome.

Dès qu'Auguste eut reduit ce Royaume en Province, il s'attacha à faire fleurir plus que jamais le Négoce d'Alexandrie, & en même-tems il augmenta celui que les Egyptiens avoient toujours entretenu dans l'Arabie, dans les Indes, & jusques aux Pays les plus reculés de l'Orient par la voye de la Mer rouge.

Alexandrie devenue Romaine, ne ceda plus qu'à Rome même, en grandeur & en nombre d'habitans; les Magasins de la Capitale du monde ne furent plus remplis que des Marchandises qui lui venoient de la Capitale d'Egypte, & bien-tôt Rome ne subsista plus, aussi-bien que toute l'Italie, que par les fromens & les autres denrées que lui apportoient les Marchands & les Flotes Egyptiennes; & cela avec tant d'abondance & en si grande quantité, qu'un Historien [Joseph] assure, mais sans doute avec un peu d'exagération, qu'Alexandrie rapportoit plus de richesses au trésor de Rome en un mois que toute l'Egypte en un an: quoique, si l'on en croit le calcul de Pline, les profits du Commerce de l'Egypte montoient chaque année pour Rome à cent vingt-cinq millions d'écus, c'est-à-dire, au centuple des fonds que les Romains y employoient, qui n'alloient ordinairement qu'à douze cent cinquante mille écus.

Ce grand Commerce qui fit bientôt fleurir celui de toutes les autres Provinces de l'Empire, augmentant sans cesse; ce fut alors que le Senat pensa à le maintenir par les Colleges qu'il établit dans Rome, pour le Négoce & pour les Négocians; par les Loix qu'il fit en leur faveur (ou plutôt par celles des Rhodiens qu'il adopta *, & qui depuis long-tems étoient devenues une espece de droit des gens pour la navigation & le Commerce de la Méditerranée) par des Magistrats qu'il chargea de leur exécution, & par la protection qu'il accorda aux Marchands, tant Etrangers que Romains dans toute l'étendue de l'Empire.

* Ego quidem mundi dominus, Lex autem maris, Lege id Rhodia, quæ de rebus nauticis, præscripta est, judicetur. L. 9. au Dig. *De Lege Rhodia de Jactu.*

Alexandrie cependant eut dans la suite la fortune de Tyr & de Carthage. Le Commerce l'avoit élevée, la chute de son Négoce la fit tomber. Les Sarazins qui s'emparerent de l'Egypte sous l'Empire d'Heraclius, ayant chassé par leur ferocité les Marchands qui aiment la tranquillité & la paix; cette Ville qui alors avoit le premier rang après Rome & Constantinople, ne conserva presque plus rien de son ancienne splendeur; & si depuis sous les Soudans elle reprit quelque viguеur; si même encore aujourd'hui les Nations Chrétiennes, qui font le Commerce du Levant y entretiennent un assez bon Négoce, il n'a plus été possible d'y reconnoître cette ancienne Alexandrie si fameuse, & qui par son négoce fut si long-tems la gloire & le soutien d'un Empire, qui à la vérité avoit été fondé par les armes, mais qui n'avoit trouvé sa principale force que dans le Commerce.

COMMERCE DES GAULOIS.

AVANT que de passer au Négoce des Modernes, ajoutons encore quelques exemples qui nous soient pour ainsi dire domestiques; en disant un mot des Villes des Gaules, qui se sont autrefois rendues célebres par les entreprises de leurs Négocians. Il est aisé de faire voir aux François d'aujourd'hui, pour les exciter à ranimer leur Commerce, que le goût & le génie de la Nation a toujours été de se partager entre la gloire qui s'acquiert par les armes, & les solides avantages que produit le Négoce.

Marseille la plus ancienne alliée des Romains, également célebre par son antiquité, par la sagesse & l'équité de son Senat, par les Sciences qui s'enseignoient dans ses Académies, par les diverses Colonies qu'elle fonda & par les Guerres qu'elle soutint avec gloire contre tant de différens peuples jaloux de ses richesses; ne fut redevable de tous ces avantages qu'à son Négoce; & ce ne fut que par la seule voye du Commerce qu'elle parvint en si peu de tems à ce haut point de considération & de puissance, qui la rendit si long-tems l'arbitre des Nations voisines, & qui les attira chez elle pour y apprendre les Arts & la politesse de la Grece, que ses premiers habitans avoient apportés de l'Asie, lorsqu'ils en sortirent pour venir habiter les Gaules.

L'exemple de Marseille anima bien-tôt au Commerce la plupart des Villes Gauloises, sur tout celles qui étoient situées sur la même Mer, ou qui n'en étoient pas éloignées.

Arles devint célebre par son expérience dans la Navigation, & par son habileté dans l'art de construire des Vaisseaux. Elle se distingua encore par l'invention de diverses Manufactures; sur tout ses ouvrages de rapport d'or & d'argent lui donnerent une grande réputation.

Narbonne l'emporta encore sur Arles, & tant que son Port subsista l'on y vit aborder les Flotes de l'Orient, de l'Afrique, de l'Espagne, & de la Sicile, chargées de toute sorte de marchandises, tandis que de leur côté ses habitans équipoient leurs propres Navires, pour aller

aller porter au dehors, les productions de leurs Terres ou les ouvrages qu'ils devoient à leur industrie.

Lorsque le changement du cours de la riviere d'Aude eut ôté son Port à Narbonne, Montpellier profita de sa décadence, & cette derniere Ville reçut dans le sien les Vaisseaux de toutes les Côtes de la Méditerranée qui abordoient auparavant dans celui de la premiere.

On compte encore au nombre des Villes des Gaules situées sur cette Mer, que le Commerce avoit rendues florissantes, mais dans un ordre bien inferieur de celles qu'on a nommées jusqu'ici, Agde, Toulon, Antibe, Frejus, & Aigue-morte, particuliérement celle-ci, avant que les sables du Rhône l'eussent reculée de la mer; & personne n'ignore que même jusqu'au tems de S. Louis c'étoit où se faisoient les embarquemens pour les Guerres Saintes, & que ce furent ses Marchands qui fournirent à ce grand & saint Roi, la plupart des Vaisseaux dont fut composée la Flote nombreuse qu'il arma dans les dernieres années de sa vie pour son expédition de Tunis.

L'Océan Gaulois avoit aussi des Ports & des Villes de Commerce de grande réputation, comme Bordeaux en Guyenne, Vannes & Nantes en Bretagne; & le fameux Cerbillon présentement inconnu, & que Strabon place assez près de l'embouchure de la Loire.

Enfin au milieu des Terres étoit Lyon, cette Ville encore si célebre aujourd'hui par son Négoce, où, si l'on en croit quelques Auteurs, s'assembloient autrefois jusqu'à soixante Nations pour y traiter de leur Commerce; & qui dès-lors par son heureuse situation au confluent du Rhône & de la Saonne, étendoit pour ainsi dire ses bras de la Méditerranée à l'Océan, & étoit devenue comme l'étape générale de toutes les Marchandises des Gaules, sans compter le Négoce qu'elle entretenoit dans tout le Levant, & particuliérement en Egypte, par le moyen des correspondances qu'elle avoit avec Arles & Marseille.

RETABLISSEMENT DU COMMERCE EN OCCIDENT.

PASSONS maintenant de l'histoire ancienne à celles du moyen âge & des derniers tems, ces deux histoires nous fourniront des faits qui ne seront ni moins interressans ni moins glorieux au Commerce que ceux dont l'Antiquité a pris soin de nous conserver la mémoire.

La chute de l'Empire Romain avoit entraîné après elle celle de tous les peuples qui lui étoient soumis. L'inondation des Barbares, si fatale aux Sciences & aux beaux Arts, ne l'avoit pas moins été au Négoce, & si les Sçavans avoient vû leurs Bibliothéques, & les plus beaux Ouvrages immolés aux flâmes par des peuples également feroces & ignorans; les Négocians n'avoient pas non plus pû sauver de leur fureur, ni les nombreuses Flotes Marchandes, dont ils couvroient l'une & l'autre Mer, ni les vastes Magasins qu'ils tenoient toujours pleins des Marchandises les plus utiles ou les plus riches.

Tant que ces Nations avides de sang & de pillage furent aux mains avec les Romains, ou tant qu'elles se disputerent entr'elles la possession des Terres qu'elles avoient usurpées, tout leur Commerce ne consista que dans les dépouilles des Vaincus, & elles n'eurent pour tout Négoce que le partage de ces trésors immenses, qu'elles trouverent amassés dans toutes les Villes de l'Empire qu'elles saccagerent, & particuliérement dans la Capitale, qui fut plus d'une fois exposée en proye à leur fureur & à leur avarice.

Mais après que les plus braves & les plus heureux de ces Barbares eurent formé de puissantes Monarchies des débris de l'Empire Romain; depuis qu'ils se furent établis, les uns dans les Gaules, comme les Francs; les autres en Espagne, comme les Gots; & d'autres encore en Italie, comme les Lombards; ils apprirent bien-tôt des peuples qu'ils avoient assujettis, & qu'ils s'étoient ensuite associés, la nécessité du Commerce & la maniere de le faire avec succès; & ils s'y rendirent si habiles que quelques-uns d'eux furent en état d'en donner des leçons aux autres, puisque c'est aux Lombards qu'on attribue communément l'invention & l'usage de la Banque, des Livres à parties doubles, des Changes & Rechanges, & de quantité d'autres pratiques ingenieuses, qui facilitent & assurent le Commerce.

Il ne paroît pas bien certain quels furent les peuples de l'Europe, qui après que les nouveaux maîtres qui se l'étoient partagée y eurent rappellé la paix, s'appliquerent les premiers au Négoce & le firent fleurir.

Quelques Capitulaires de Charlemagne & de Louis le Débonnaire pourroient faire croire, que c'est par la France que le Commerce a commencé à se rétablir en Occident; & les Loix que ces deux Princes ont faites, soit pour empêcher que leurs Sujets ne fissent la contrebande avec leurs voisins, soit pour décharger les Négocians, qui trafiquoient dans l'interieur de leurs Etats, des nouvelles impositions qu'on vouloit mettre sur leurs Marchandises, marquent du moins que les François avant le huitiéme siécle ne faisoient pas un Négoce peu considérable, soit au dedans, soit au dehors du Royaume.

Il y a cependant bien de l'apparence que les Guerres civiles qui furent si frequentes sous le Regne du Débonnaire, & pendant celui de ses enfans, ayant d'abord interrompu les premiers succès du Commerce renaissant en France, & que les courses des Normands qui désolerent presqu'en même-tems l'Empire François, ayant ensuite entiérement détruit le Négoce, les Italiens eurent le tems de s'acquerir la gloire d'en être les nouveaux restaurateurs, comme dans la suite ils devoient avoir celle de rappeller dans l'Europe les beaux Arts & les Sciences, qui en étoient bannis depuis le démembrement de l'Empire Romain.

C'est donc aux Peuples d'Italie, particuliérement à ceux de Venise & de Genes, qu'on est redevable du rétablissement du Commerce, comme c'est aussi au Commerce que ces deux fameuses Republiques, qui ont été si long tems rivalles, ont dû leur gloire & leur puissance.

Commerce des Venitiens.

Dans le fond de la Mer Adriatique, étoient quantité de petites Isles marécageuses, separées seulement par des canaux assez étroits, mais couvertes, & pour ainsi dire assurées, par diverses lagunes qui en rendoient l'abord presqu'impraticable. Là se retiroient quelques Pêcheurs qui vivoient du petit trafic qu'ils faisoient de leurs pêches, & du sel qu'ils tiroient des Salines qui étoient sur quelques-unes de ces Isles.

Ce furent ces Isles qui servirent de retraite aux Venetes, peuples de cette partie de l'Italie, qui est le long du Golphe, lorsqu'Alaric Roi des Gots, & ensuite Attila Roi des Huns, vinrent ravager l'Italie, particuliérement après que ce dernier qui méritoit si bien le nom de Fleau de Dieu, qu'il se donnoit lui-même, eut pris Padoue & Aquilée & les eut reduites en cendres.

Ces nouveaux habitans des lagunes ne composoient pas d'abord un seul corps politique, & chacune des soixante & douze Isles de ce petit Archipel, eurent long-tems leurs propres Magistrats, & pour ainsi dire une Souveraineté separée.

Lorsque leur Commerce devint assez florissant pour donner de la jalousie à leurs voisins, les Venetes insulaires penserent à s'unir en Republique, & ce fut cette union qui commença dès le sixiéme siécle, mais qui n'eut sa perfection que vers le milieu du huitiéme, qui mit les plus solides fondemens à la puissance & au Commerce des Venitiens, particuliérement à ce dernier, qui pendant plus de quatre siecles n'eut point son pareil dans toute l'Europe.

Jusqu'à l'union des Isles, le Négoce de leurs Habitans ne s'étoit gueres étendu au-delà des Côtes de la Méditerranée; mais l'établissement de la nouvelle Republique ayant donné de la hardiesse & de la force à leurs Marchands, on vit bien-tôt leurs Flotes visiter les Ports les plus éloignés de l'Ocean, & ensuite ceux de l'Egypte, & par des traités faits avec les Soudans, sous le bon plaisir des Papes, s'assurer le Négoce des Epiceries & des autres riches Marchandises de l'Orient qu'ils alloient querir au Caire, nouvelle Ville que les Princes Sarazins avoient bâtie sur les rives du Nil.

Les richesses des Venitiens s'accrurent à tel point par le Commerce de l'Egypte, qu'ils se crurent assez forts pour entreprendre des conquêtes, & pour former par la prise de quantité de Villes importantes, ce qu'ils appellerent leur Etat de Terre-ferme, qui les rend encore si considerables en Italie, quoiqu'ils en ayent perdu une partie depuis la fameuse ligue de Cambray.

Animés par ces premiers succès, & soutenus par les ressources de son Commerce & par les fonds inépuisables que ses Marchands étoient en état de fournir au trésor de la Republique, Venise porta encore heureusement ses armes plus loin, & étendit ses Conquêtes du côté de la Morée, & dans quantité des principales Isles de la Méditerranée & de l'Archipel, qu'elle soumit à sa domination; & pour comble de gloire elle eut grande part à presque toutes les Croisades qui se firent pour le recouvrement de la Terre-Sainte, ou pour le secours des Chrétiens du Levant, aussi-bien qu'à la prise de Constantinople & à la conquête de la meilleure partie de l'Empire des Grecs, qui passa sous la domination des Princes François dans le commencement du treiziéme siécle.

Venise étoit dans cet état de prosperité & de gloire lorsqu'elle éprouva le sort de tant de Villes puissantes, que la chûte de leur Commerce avoit ou ruinées ou affoiblies. Elle trouva dans la diminution du sien, le terme fatal de cette puissance qui avoit donné de la jalousie à ce grand nombre de Princes conjurés à sa perte, qui signerent le Traité de Cambray en 1508, & deux de ses plus célebres Historiens prennent soin de faire remarquer que son sage Senat n'eut tant de peine à rétablir ses affaires publiques, après la fameuse Bataille d'Aignadel, que parce que la Republique ne trouva plus les mêmes ressources qu'autrefois dans le Négoce de ses Marchands, deja de beaucoup affoibli par la perte de celui des Epiceries, que les Portugais avoient commencé de leur enlever, & qui étoit encore diminué d'un autre côté par nos Provençaux, particuliérement par ceux de Marseille qui s'étoient accredités plus que les Venitiens à Constantinople, & dans les principales Echelles du Levant, & qui sçurent si bien se maintenir dans leur crédit, que bien-tôt tout le Commerce de ces Echelles ne se fit plus que sous la banniere Françoise.

Genes qui avoit recommencé à s'appliquer au Commerce en même tems que Venise,

& qui n'avoit pas été moins heureuse qu'elle à le faire fleurir, fut long-tems une rivale incommode qui disputa aux Venitiens l'Empire de la mer, & qui partagea avec eux le Négoce que ceux-ci faisoient en Egypte, & dans tous les autres Ports du Levant & de l'Occident.

COMMERCE DES GENOIS.

La jalousie ne tarda gueres à éclatter, & les deux Republiques en étant venu aux armes, ce ne fut qu'après trois siecles d'une guerre presque continuelle, & seulement suspendue par quelques Traités, que les Genois ordinairement superieurs aux Venitiens, & qui s'étoient signalés par quantité d'avantages qu'ils avoient remportés sur eux pendant les neuf guerres qu'ils eurent ensemble, perdirent sur la fin du quatorziéme siécle & leur réputation & leur superiorité à la journée de Chioza, où André Contarini Doge & Général des Venitiens, assura à sa Republique (par un heureux desespoir) l'honneur d'un combat inégal, qui décida pour toujours une querelle si célebre, & attribua à Venise l'Empire de la Mer, & la superiorité du Négoce qui furent le prix d'une victoire si inesperée.

Genes ne se releva jamais de sa perte, & Venise victorieuse jouit encore un siecle entier de ses avantages, soit dans le Commerce, soit dans la Guerre : mais enfin ces deux Republiques quoique fort inégales par le rang qu'elles tiennent aujourd'hui en Europe, & par la figure qu'elles y font, sont pour ainsi dire revenues à une espece d'égalité pour le Négoce; avec cette difference néanmoins, que les Venitiens en font un plus grand que les Genois dans le Levant, & que les Genois en font un plus considerable que les Venitiens en France, en Espagne, & dans les autres Etats Chrétiens de l'Europe.

COMMERCE DES VILLES HANSEATIQUES.

DANS le tems que le Commerce recommençoit à prendre des forces dans les parties méridionales de l'Europe, il se formoit du côté du Nord une Societé de Marchands qui non seulement le devoit porter à toute la perfection qu'il étoit capable d'avoir avant la découverte de l'une & l'autre Indes, mais qui devoit encore commencer à lui donner ces loix qu'on continue d'observer sous le nom d'US & Coutume de la Mer, & d'en former une espece de Code, le premier de tous ceux qui ont été dressés pour la Marine Marchande.

Cette Societé est la fameuse Association des Villes Hanseatiques qu'on croit communément qui commença à Bremen sur le Weser en 1164.

Elle ne fut d'abord composée que des Villes situées sur la Mer Baltique; ou qui n'en étoient pas éloignées. Sa réputation & ses forces augmentant, il n'y eut gueres de Villes Marchandes en Europe qui ne desirassent d'y entrer. La France fournit à la Confederation, Rouen, Saint-Malo, Bordeaux, Bayonne & Marseille. L'Espagne, Barcelonne, Seville & Cadix. L'Angleterre, Londres. Le Portugal, Lisbonne. Les Pays-Bas, Anvers, Dort, Amsterdam, Bruges, Roterdam, Ostende, & Dunkerque. Et l'Italie & la Sicile, Messine, Ligourne, & Naples.

La fin du quatorziéme siécle & le commencement du quinziéme, furent les tems les plus florissans de cette Alliance. Ce fut alors qu'elle osa déclarer la Guerre à des Rois; & l'Histoire n'a pas oublié celle qu'elle fit à Waldemar Roi de Dannemarck vers 1340, & à Eric en 1428; particuliérement cette derniere où la Flotte Hanseatique fut composée de quarante vaisseaux, & n'eut pas moins de douze mille soldats de Troupes reglées, sans compter un aussi grand nombre de matelots, qui étoient dessus pour la gouverner.

La politique des Princes dont les principales Villes étoient entrées dans cette Association, crut devoir donner des bornes à une puissance qui commençoit à leur être suspecte, & qui n'eût pas manqué de leur devenir bien-tôt redoutable. Le moyen en fut facile & court, chacun retira ses Marchands de l'Alliance, qui en peu de tems de ce grand nombre de Villes dont elle étoit composée dans sa plus grande puissance, se trouva réduite aux seules Villes qui avoient commencé la Conféderation, Villes néanmoins encore si puissantes par leur Commerce qu'elles sont reçues à faire des Traités avec les plus grands Rois, & particuliérement avec les Rois de France.

Quantité de Villes de la basse Allemagne conservent encore le nom de Villes Hanseatiques; mais pour la plupart, c'est plutôt un titre dont elles aiment à s'honorer, qu'une marque qu'elles continuent de faire le Commerce sous les loix & la protection de l'ancienne Alliance, n'y ayant plus gueres que Lubek, Hambourg, Bresme, Rostok, Brunsvik, Cologne, & peu d'autres qui soient véritablement Hanseatiques, & dont les Deputés se trouvent aux Assemblées, soit ordinaires, soit extraordinaires qui se tiennent pour l'interêt commun de l'Association.

Le grand Commerce que la Hollande entretient avec les Villes Hanseatiques ne contribue pas peu à les soutenir dans une partie de leur ancienne réputation. Et c'est particuliérement à l'Alliance qu'elles ont avec cette puissante Republique, qu'elles doivent la conservation de leur liberté : les secours que quelques-unes d'elles en ont reçû les ayant plus d'une fois sauvé des entreprises des Princes leurs voisins, ou qui prétendoient avoir des droits sur elles, ou qui étoient jaloux des richesses que leurs Marchands amassent dans le Négoce.

COMMERCE DES HOLLANDOIS.

C'EST aussi le Commerce & les immenses richesses que les Hollandois ont acquises par cette voye, qui ont jetté les premiers & les plus solides fondemens de cette Puissance qui les a mis en état de donner de si grands secours à leurs Alliés; & c'est seulement aux ressources qu'ils ont trouvées dans leur Négoce, qu'ils doivent ce degré de force & de credit où l'on voit aujourd'hui leur Republique : credit si grand & si bien établi, qu'il y a déja long-tems qu'il la rend égale aux Rois, & en quelque sorte l'arbitre de leurs differens.

C'est de tout tems que les habitans des Pays-Bas se sont distingués par le Négoce, mais c'est aussi de tout tems que les richesses de leur Commerce les a rendus fiers & impatiens de toute sorte de joug, même le plus doux & le plus moderé.

Ces Provinces déja si connues par leurs continuels soulevemens contre leurs meilleurs Princes, ayant passé dans le quinziéme siécle sous la domination des Espagnols, elles trouverent bien-tôt dans la severité naturelle à cette nation de quoi exciter leur genie remuant. Sous le prétexte que leurs nouveaux Maîtres violoient leurs privileges, elles s'unirent pour les soutenir, & combattirent si heureusement pour la liberté, qu'à l'aide des puissans Protecteurs qui se déclarerent pour elles, & particuliérement de la France, sept d'entr'elles formerent enfin cette Republique, qui en moins d'un demi-siécle a porté ses Armes & son Commerce dans toutes les parties de la terre, & s'y est fait des établissemens si solides, qu'il n'y a point de Puissances Etrangeres qui paroissent capables de les ébranler jamais : y ayant bien de l'apparence que sa chute ne viendra que d'elle-même, & qu'elle ne pourra succomber que sous son propre poids, & seulement à cause de la trop grande étendue d'un Négoce qu'elle ne sera plus en état de soutenir.

Les Espagnols pour arrêter les progrès de cette Republique naissante, crurent qu'il suffisoit de lui ôter son Commerce, & de lui interdire celui que ses Marchands avoient toujours continué, malgré la Guerre, dans tous les Ports de la domination Espagnole.

Le secret étoit sûr, & les Hollandois privés de cette ressource alloient être réduits à la derniere extrémité, si les plus hardis de leurs Négocians n'avoient pris la résolution d'aller jusques dans les Indes Orientales partager, s'il étoit possible, avec les Portugais alors unis aux Espagnols, les richesses immenses que produit le Commerce de l'Orient.

Cette entreprise qui paroissoit fort au-dessus des forces de ces peuples mal affermis dans leur liberté, ou plutôt qui combattoient encore pour l'obtenir; cette entreprise, dis-je, après quelques voyages qui ne réussirent pas, fut enfin heureuse, & vingt Flotes s'armerent en moins de dix ans, qui revinrent chargées des Epiceries & des autres Marchandises des Indes, aussi-bien que des dépouilles des Portugais & des Espagnols.

Ce fut alors que pour prévenir & pour éviter la confusion & le desordre que pouvoient apporter dans ce Commerce tant de diverses Compagnies qui se formoient tous les jours, & qui n'avoient rien de commun que l'objet de leur Négoce, on pensa en les réunissant tous ensemble, à former cette fameuse Compagnie des Indes Orientales de Hollande, qui semble prendre sans cesse de nouvelles forces, & qui depuis un siécle & plus qu'elle dure, n'a souffert aucun revers ni aucune diminution de sa puissance & de sa gloire.

Ce grand établissement se fit en 1602; & c'est lui qui a servi de modele à tant d'autres Compagnies célebres, qui ont depuis porté le Commerce de la Hollande dans toutes les autres Parties du monde, & particuliérement dans les Echelles du Levant, en Afrique, dans les Indes Occidentales; en un mot, par tout où il se peut faire quelque Négoce : ces habiles Négocians n'en négligeant aucun, & trouvant dans les moins importans, comme dans les plus considerables, des profits & des ressources qui échappent pour l'ordinaire aux autres Nations.

C'est ce Commerce, pour ainsi dire universel, qui rassemble en Hollande ce nombre infini de Marchandises, qu'elle répand ensuite dans tout le reste de l'Europe.

Elle ne produit presque rien, & elle a dequoi fournir aux autres peuples tout ce dont ils peuvent avoir besoin : Elle est sans forêts & presque sans bois, & l'on ne voit nulle part ailleurs tant de Charpentiers qui travaillent aux constructions Navalles, soit pour la Guerre, soit pour la Marchandise. Ses terres ne sont pas propres à la culture des Vignes, & elle est l'Etape des vins qui se recueillent dans toutes les parties du monde, & des Eaux-de-vie qu'on en tire. Il n'y a point de Mines ni de Métaux, & l'on y trouve presqu'autant d'or & d'argent, que dans la nouvelle Espagne ou dans le Perou; autant de fer qu'en France; autant d'étain qu'en Angleterre, & autant de cuivre qu'en Suede. Les Blés & les Grains qu'on y seme, suffisent à peine à la nourriture de quelques-uns de ses habitans; & c'est cependant d'elle que la plupart de ses voisins les reçoivent, ou pour leur subsistance ou pour leur Commerce. Enfin il semble que les Epiceries croissent chez elle; que les Huiles s'y recueillent; que l'on y nourrisse les insectes précieux qui filent la Soie, & que toutes sortes de Drogues pour la Médecine & pour la Teinture, sont du nombre de ses productions & de son crû; tant ses Magasins en sont remplis, & tant ses Marchands en vont porter aux Etrangers, ou que

les

les Etrangers en viennent enlever dans ses Ports, n'y ayant point de jour, & l'on pourroit dire, de moment qu'il n'y entre ou qu'il n'en sorte des Vaisseaux, & assez souvent des Flotes entieres.

Commerce des Moscovites.

LE NOUVEAU Commerce des Moscovites, Commerce déja si établi & si étendu, & qui promet encore de plus heureux succès ; ce Commerce, dis-je, que nous voyons croître sous nos yeux, mérite sans doute de n'être pas oublié dans cette espece d'abregé historique du progrès du Négoce & des avantages qui en reviennent aux Nations qui s'y appliquent. C'est aussi par où on le va finir.

La situation de la Moscovie est une des plus heureuses pour le Commerce. Ses frontieres voisines de celles de la Chine, lui donnent la facilité de le faire dans ce vaste & riche Empire, qui réunit en quelque sorte le Négoce de tout l'Orient. Du côté de la Mer Caspienne s'offre à elle celui de la Perse, de l'Armenie & des Indes Orientales. Elle peut en entretenir un très considerable avec Constantinople & les autres Etats du Grand-Seigneur, par le moyen des Ports qu'elle a ou qu'elle peut établir sur le Pont-Euxin. Et Archangel lui assure un grand trafic avec la France, l'Angleterre, la Hollande, la Basse-Allemagne, & quantité d'autres Nations.

Enfin pour soutenir ce vaste Négoce avec réputation, elle ne manque point de riches Marchandises, ou qu'il n'y a qu'elle seule qui produise, ou du moins qui se trouvent chez elle & meilleures, & en plus grande quantité qu'ailleurs ; & pour transporter dans ses Provinces celles qui lui viendroient du dehors, elle a quatre grands fleuves dont les cours s'avoisinent assez, pour être facilement joints par des canaux, & qui se déchargeant dans les quatre Mers dont ce grand Empire est en partie borné, pourroient pour ainsi dire, apporter jusque dans sa Capitale les dépouilles de tout le reste du Monde.

Tant d'avantages ont long-tems été négligés par une Nation également feroce & paresseuse, & dont l'indolence naturelle étoit encore entretenue par la politique défiante & soupçonneuse de la plupart de ses Princes, qui lui avoient interdit toute communication avec les Etrangers.

Il est vrai que depuis que les Anglois eurent découvert, par un heureux hasard, le Port célebre d'Archangel, toutes les Nations qui font le Commerce du Nord ont eu une entrée assez libre dans cette partie des Etats du Czar ; mais ce n'est proprement que depuis le Regne glorieux du Czar Pierre Alexovits, que la Moscovie a connu ses forces & ses véritables interêts par rapport au Commerce ; & c'est à ce Monarque, toujours occupé de la gloire de sa nation & du bonheur de ses Peuples, qu'elle est redevable d'avoir déja porté son Négoce presque dans tous les lieux où les autres Nations de l'Europe ont établi le leur, & où jusques là le nom des Moscovites & leur Empire étoient à peine connus.

C'est à l'année 1697 qu'on doit fixer l'époque de l'établissement de ce nouveau Commerce ; année qui doit être à jamais consacrée dans les fastes Moscovites, puisque ce fut alors que commencerent les voyages politiques du Czar Pierre Alexovits, & que ce Monarque forma le grand dessein de changer la face de l'Empire des Russes, & en y introduisant le Négoce, d'y faire entrer à sa suite la politesse, les Sciences, les beaux Arts, & tant d'autres avantages qui en sont ordinairement les fruits.

Pour l'exécution d'un projet si digne de celui qui l'avoit conçû, on vit arriver en Hollande & ensuite passer en Angleterre, cette nombreuse Ambassade à laquelle on donna le nom de grande Ambassade, qu'elle méritoit sans doute à cause de la presence du Czar qui avoit voulu s'y trouver lui-même en personne, mais *incognitò*, & tout-à-fait confondu dans la suite des Ambassadeurs.

Le prétexte fut le renouvellement des anciens Traités. La véritable raison étoit que le Prince y trouvoit l'occasion de venir étudier chez ces deux Nations, si habiles & si heureuses dans le Commerce, les principes les plus sûrs de celui qu'il vouloit établir dans ses Etats.

Ce fut alors que dépouillé des marques de sa Grandeur, & mêlé avec les plus simples Ouvriers, il ne crut point indigne de sa Majesté & de son rang, d'occuper ses mains royales aux mêmes ouvrages qu'eux.

Tantôt le maillet & le ciseau à la main, il travailloit dans les atteliers à toutes les sortes de constructions Navales, qui peuvent faire fleurir la Marine. Tantôt attentif aux Leçons de quelque sçavant Pilote, il s'instruisoit des divers Rumbs de vents qui regnent sur la mer, ou apprend la maniere de se servir de la Boussole & des Cartes marines pour y naviger surement. Quelquefois il prenoit la navette & étudioit dans les Manufactures l'art de fabriquer ces belles Draperies que les Anglois & les Hollandois avoient jusques-là vendus si cher à ses Sujets. D'autrefois, par des conversations avec d'habiles Négocians, il cherchoit à pénétrer dans les secrets de la Banque & du Change, & ménageoit par avance à

Amſterdam & à Londres, des Correſpondans aux Banquiers qu'il ſe propoſoit d'établir dans les principales Villes de ſes Etats. Enfin rien n'échapoit à ſa curioſité & au deſir qu'il avoit de former ſes Sujets aux Arts & aux Manufactures ; & comme s'il eût eu deſſein de leur ſervir un jour de maître dans la fabrique de toutes ſortes d'ouvrages, il en faiſoit lui-même une eſpece d'apprentiſſage, & on le voyoit aſſiduement dans les atteliers des plus habiles Artiſans, ici manier le fer avec le Forgeron, là courroyer le bois avec le Charpentier ; en un autre endroit tordre le chanvre avec le Cordier ; en un mot, travailler de tous les métiers qui ont coutume de ſoutenir le Commerce & de le rendre floriſſant.

On ne peut dire combien d'établiſſemens favorables au Négoce, & juſques-là inconnus aux Moſcovites, ont été les heureuſes ſuites des découvertes curieuſes d'un Prince ſi univerſel & ſi attentif au bien de ſes Peuples.

De nouveaux Ports furent ouverts dans divers endroits de ſes Etats, & bientôt celui de Peterſbourg ſembla le diſputer au Port même d'Amſterdam. Des Flotes nombreuſes preſque toutes bâties dans les atteliers du Czar, & armées dans ſes Arſenaux, aſſurerent le Commerce maritime de ſes Sujets, & les firent reſpecter par leurs plus puiſſans voiſins. Bientôt les Moſcovites s'accoutumerent à porter chez les Etrangers ſur leurs propres Vaiſſeaux, ou à tirer d'eux en droiture toutes ſortes de Marchandiſes que la Moſcovie produit, ou dont elle a beſoin ; & ſon Pavillon a paru juſqu'au delà du Détroit, & dans pluſieurs Ports des Côtes de la Méditerranée.

Du côté de la Terre, de nombreuſes Caravanes ſe font une route à travers les vaſtes contrées de la Tartarie, & ayant été reçûes à Pequin, en reviennent chargées des plus riches Marchandiſes de la Chine & de l'Orient.

La jonction de la Mer Baltique avec la Mer Blanche eſt preſqu'achevée, par quantité de canaux ouverts dans les terres avec un travail & une dépenſe immenſe & vraiment Royale, & l'on en creuſe de nouveaux pour faire celle de ces deux Mers avec la Mer Caſpienne, par le moyen du Volga.

Toutes les Villes ſont remplies d'Ouvriers & d'Artiſans qui travaillent aux Manufactures ; & celles des Etoffes de ſoie & des étoffes de laine, ſont ſi bien établies dans Moſcou même, qu'il ſort de celle-ci aſſez de Draps pour les habillemens des Troupes Moſcovites, & de celle-là aſſez d'ouvrages de ſoie pour l'uſage du Czar & de ſa Cour.

En un mot, il n'eſt point de Commerce ou de Manufacture qui fleuriſſent dans les autres Etats de l'Europe, que ce ſage Prince n'ait introduits dans les ſiens, ſoit en attirant dans ſa Cour, & attachant à ſa Perſonne par de groſſes Penſions & une forte protection les plus habiles Ouvriers du dehors : ſoit en envoyant les plus dociles & les plus induſtrieux de ſes Sujets s'inſtruire dans les Pays étrangers, de ce que chaque Nation a de propre pour la perfection des Arts, & en ne les rappellant que lorſqu'il les croyoit aſſez inſtruits pour travailler eux-mêmes, & pour apprendre aux autres à travailler.

Ajoutons préſentement à tant d'exemples anciens & modernes des avantages que le Commerce produit dans les Etats, & parmi les Nations où il fleurit ; ajoutons, dis-je, quelques exemples des particuliers que le Négoce a élevés à la plus haute fortune. Peut-être ceux qui ſont plus touchés de leur propre interêt que de celui du Public, y trouveront-ils davantage de quoi s'animer & s'attacher à une profeſſion qui peut avoir de ſi grandes & de ſi heureuſes ſuites.

Notre France nous va fournir le premier, & nous en trouverons un ſecond parmi les Maiſons Souveraines d'Italie, tous deux également célebres & ſinguliers.

JACQUES COEUR.

JACQUES COEUR natif de Bourges, étoit fils d'un ſimple Marchand. Il ſuivit la profeſſion de ſon pere, mais avec de ſi prompts & de ſi heureux ſuccès, qu'un Auteur aſſure qu'il gagnoit tout ſeul plus que ne faiſoient enſemble tous les autres Marchands du Royaume.

Ses grandes richeſſes, acquiſes par une voie ſi légitime, & la probité avec laquelle il s'étoit toujours conduit dans ſon Commerce, l'ayant rendu célebre chez les Etrangers, & l'ayant fait connoître à la Cour, Charles VII l'appella au Miniſtere & lui confia l'adminiſtration de ſes Finances en le faiſant grand Argentier.

Son élevation n'interrompit point ſon Négoce ; elle lui ſervit au contraire à le continuer avec plus de réputation & de ſuccès : mais alors ce généreux Marchand dont le cœur étoit encore plus grand que la fortune, eut des vûes plus nobles dans ſon Commerce, & préferant l'interêt de l'Etat au ſien, ce fut bien plus dans ſes propres fonds que dans ceux de l'épargne du Prince, qu'il trouva des reſſources, non-ſeulement pour rétablir le Royaume épuiſé par une longue guerre, mais encore pour faire des entrepriſes ſur les anciens ennemis du nom François, & pour réunir à la Couronne une de ſes plus belles & de ſes plus riches Provinces, qui étoit depuis ſi long-tems entre les mains des Anglois.

En effet, bien-tôt les Armées ne ſont plus levées ou entretenues qu'aux dépens du déſinterreſſé Miniſtre. Il conſeille la conquête de la Normandie, & lui ſeul en fait preſque tous les frais. Lorſqu'il va en Ambaſſade à Rome, une Flote de douze vaiſſeaux qui l'y accompagne lui appartient toute entiere, & c'eſt lui qui fait toute la dépenſe de l'armement. En un mot, depuis que Charles eut, pour ainſi dire, aſſocié Jacques Cœur au gouvernement de ſon Etat, il ne ſe fit rien en France de grand & de conſiderable qui ne fût ſoutenu par le credit de ce ſage & riche Marchand, & où il n'employât la meilleure partie des grands biens qui lui revenoient de ſon Commerce.

Il eſt vrai que le peuple accoutumé de croire du myſtere & du prodige dans les choſes qui le ſurprennent & qu'il ne comprend pas, publioit que Jacques Cœur devoit ſa fortune au ſecret de faire de l'or, qui ſera toujours le deſir & le deſeſpoir des Chimiſtes : mais il eſt encore plus véritable que toute la pierre philoſophale de cet heureux & habile Négociant, ne conſiſtoit que dans ſon grand Négoce, & qu'il ne connoiſſoit point de Chimie plus propre à operer la tranſmutation des métaux, que le trafic immenſe qui lui fourniſſoit ces riches marchandiſes dont ſes Magaſins étoient toujours remplis, & qu'il échangeoit avec tant de profit contre l'or & l'argent, qu'une populace ignorante & credule attribuoit à la perfection du grand œuvre qu'elle s'imaginoit qu'il avoit eu le bonheur de trouver.

L'AUTRE exemple de la fortune & de la gloire, où de ſimples particuliers ont ſçû parvenir par l'unique voye du Commerce, n'eſt pas moins remarquable, & eſt encore plus illuſtre. MAISON DE MEDICIS.

La Famille des Medicis a toujours été recommandable, ſoit par l'ancienneté & la nobleſſe de ſon origine, ſoit par la grandeur de ſon crédit & de ſes richeſſes.

Dès l'onziéme ſiécle elle avoit de grands Hommes, & l'on trouve dans les Hiſtoriens une ſuite honorable de Médicis, qui dans ce premier âge de leur Maiſon, ſe diſtinguoient également par l'éclat des dignités Eccléſiaſtiques; par l'honneur qui s'acquiert dans la profeſſion des Armes, par celui qui ſe trouve dans le gouvernement des Etats & dans les premieres Magiſtratures des Villes.

Ce n'eſt cependant que du commencement du quinziéme ſiécle que cette famille reſervée à de ſi grandes deſtinées, doit proprement compter l'époque de ſon élevation; & c'eſt à Côme de Medicis, ce célebre citoyen de Florence, qui mérita ſi juſtement le nom de Grand, de Pere du peuple, & de Liberateur de la Patrie, qu'elle eſt redevable des premiers, ou au moins des plus ſolides fondemens d'une grandeur qui ſeroit à peine croyable, ſi encore aujourd'hui nous ne voyions ſon heureuſe & illuſtre Poſterité gouverner avec tant de ſageſſe, ces mêmes Peuples qui dûrent autrefois leur liberté au courage & à la prudence de ce premier Citoyen de leur Republique.

En effet, depuis que ce grand homme eut, pour ainſi dire, donné le branle à la roue de la fortune qui devoit élever ſi haut ſa Maiſon, il n'y eut plus gueres de dignités, d'honneurs, de titres, d'alliances, dont cette famille ne fût illuſtrée; & en moins d'un ſiécle elle donna quatre Souverains Pontifes à l'Egliſe, deux Reines à la France; & au Sacré College plus de ſujets célebres qu'aucune autre Maiſon, même les Maiſons Souveraines, lui en euſſent donné juſqu'alors.

Le Commerce ſeul fut cependant la ſource de tant de gloire. Les Ancêtres de Côme, ſuivant la coutume de la Nobleſſe d'Italie, n'avoient pas négligé cette reſſource pour ſe ſoutenir dans les honneurs ou de la Magiſtrature, ou de la Guerre; mais lui, plus heureux ou plus intelligent, y avoit fait une ſi grande fortune, qu'il devint même comparable aux Souverains par ſes richeſſes, & qu'il en fut toujours recherché, & conſideré à cauſe du grand crédit qu'il conſerva toute ſa vie dans les affaires d'Italie.

Laurent ſon frere, qui au nom de Grand qu'il mérita auſſi-bien que Côme, ajouta celui de Pere des Lettres, fut ſi connu à la Porte à cauſe des Facteurs qu'il entretenoit dans toutes les Echelles du Levant, & du grand nombre de Vaiſſeaux qu'il y envoyoit, que Bajazet ce fier Empereur des Ottomans, non-ſeulement le regarda toujours comme un de ſes Alliés, mais même l'honora du nom de ſon ami.

Tous les autres Medicis qui vinrent après ces deux grands Hommes, & qui furent comme eux élevés aux premiers honneurs de leur Republique, eurent la ſage politique de les imiter, & de ne point ſe priver par une fauſſe délicateſſe, de l'utilité de leur Commerce; & lorſqu'enfin les grandes qualités, & le mérite d'un autre Côme eurent porté cette Maiſon à la Souveraineté de Florence, ni lui, ni ſes Succeſſeurs ne crurent point indigne d'eux, de continuer de chercher dans le Commerce honorable de la Mer, de quoi ſoutenir avec plus d'éclat la ſplendeur d'un rang, dont en quelque ſorte ils lui étoient redevables : & encore aujourd'hui, les Palais du grand Duc ne ſont point fermés, ni aux Manufactures ni aux Négocians; & l'on n'eſt point étonné de voir ſes Vaiſſeaux revenir de conſerve avec ceux de ſes Sujets, chargés des riches marchandiſes du Levant, & de tant d'autres endroits où les Marchands de Ligourne & de Florence entretiennent un ſi grand négoce.

ON ſera ſurpris que parmi tant d'exemples des avantages que le Négoce produit dans les Etats où il eſt floriſſant, la France n'en ait fourni aucun : On avoue à regret que du COMMERCE DES FRANÇOIS.

côté du Négoce, les François d'à present sont moins en état de servir de modéle, qu'ils n'ont besoin d'être animés par l'exemple des autres.

Cette Nation généreuse, si capable des plus grandes entreprises, seroit-elle donc inferieure aux autres Nations en cette seule chose ; elle qui les surpasse de si loin dans tout le reste ? Non sans doute : Et si on en excepte sa fierté, qui lui fait souvent regarder le Commerce comme une profession peu digne d'elle, ou son impatience qui presque toujours se rebute des premieres difficultés, il n'y en a assurément aucune qui puisse faire le Négoce avec plus d'avantage, & même on ose le dire, qui y soit plus propre, quand elle voudra s'y appliquer de bonne sorte.

Que manque-t-il en effet à la France, de tout ce qui peut servir à entretenir un grand Commerce ?

Elle a un nombre infini d'Habitans, hardis, entreprenans, laborieux, & en même-tems pleins de génie, d'adresse & d'industrie.

Ses terres qui sont aussi fertiles qu'en aucun lieu du monde, ne lui refusent presque aucune sorte de fruits, de denrées, de drogues, & d'autres marchandises.

Ses diverses Provinces, suivant la diversité de leur sol, produisent en abondance des bleds, des vins, des sels, & tout ce qui sert à l'entretien de la vie.

On y trouve des Soies, des Lins, des Chanvres, pour toutes les especes d'étoffes & de toiles, ou d'autres ouvrages qui se fabriquent de ces matieres.

Ses pâturages nourrissent une quantité presque incroyable de gros & de menu bétail qui servent à la nourriture, & qui fournissent d'excellens cuirs & des laines très fines : & ses Mines lui donnent les métaux & les mineraux les plus nécessaires pour les Arts & métiers, & pour la fabrique des Manufactures.

Si ses Négocians veulent faire le Commerce au dehors, les deux Mers qui baignent ses Côtes leur ouvrent d'excellens Ports, & leur offrent la commodité de le porter dans les quatre parties du Monde.

S'ils veulent se contenter du Commerce du dedans, les Manufactures Françoises, ou celles qui sont imitées des Etrangers, y sont parvenues au dernier point de perfection par de sages réglemens, & par l'attention des Magistrats de Police & des Inspecteurs, à tenir la main à leur exécution.

En un mot, on peut dire, & le dire sans exagération, que la France réunit chez elle tous les avantages de Commerce qui se trouvent comme partagés entre le reste des Peuples de l'Europe ; & que suffisant à elle-même, elle pourroit absolument se passer des autres Nations, & se contenter de sa propre abondance ; tandis qu'elles de leur côté auroient peine à subsister sans notre secours, & que l'on verroit bientôt tomber ce grand Commerce dont quelques unes sont si fieres, & avec tant de raison, si elles cessoient de recevoir de nous ce nombre infini de marchandises qui leur sont nécessaires, & qu'elles ne trouvent que difficilement ailleurs.

C'est cette vérité mal entendue & poussée trop loin, qui avoit donné lieu à ce paradoxe si dangereux, que l'on a ce semble voulu établir dans ces derniers tems ; Que la France devoit se passer de tout Commerce avec les Etrangers, & qu'elle seroit toujours assez heureuse & assez florissante, s'il ne lui manquoit, ni laboureurs, ni soldats.

On convient de la nécessité des uns & des autres. Sans Soldats, nos frontieres resteroient ouvertes à nos ennemis, & le Royaume sans défense ; & sans Ouvriers qui cultivent nos terres, elles ne seroient plus suffisantes pour nous nourrir. Mais surquoi établir la paye & l'entretien des Troupes, si l'on nous ôte le Commerce qui est la source la plus féconde des richesses qui entrent dans l'épargne de nos Rois ? & que feront les Laboureurs, de leurs récoltes, quelque abondantes qu'elles puissent être, s'il ne leur reste plus de débouchement pour se défaire de leur superflu ; & si faute de négoce ils voyent miserablement périr entre leurs mains des denrées qui les eussent enrichis, si elles avoient passé dans celles de leurs voisins ?

Les Négocians sont donc un troisiéme ordre de personnes dont la France a besoin & qui ne lui sont pas moins nécessaires que ses Soldats & ses Laboureurs, & le Commerce, une profession sans laquelle tout languiroit dans le Royaume, dont les trop heureux habitans seroient, pour ainsi dire, accablés sous leur propre abondance, puisqu'ils ne pourroient ni tout consommer au dedans, ni avoir la liberté d'en répandre une partie au dehors.

On comprend assez, que par le Commerce qu'on croit si nécessaire à la France, & auquel on estime que les François sont du moins aussi propres que les autres Nations de l'Europe, on n'entend pas celui qui se fait dans nos Provinces, par la communication qu'elles ont les unes avec les autres des productions naturelles ou des ouvrages de l'art qu'elles ont chacune chez elles, puisque ce Négoce seroit toujours assez florissant, si l'on a soin en même tems d'entretenir celui du dehors. On a donc principalement en vûe le Commerce qui se peut

peut faire avec les Etrangers, soit qu'ils viennent dans nos Ports enlever celles de nos marchandises dont ils ont besoin, soit que nous envoyons nos Vaisseaux chercher chez eux celles qu'ils ont, & qui nous manquent.

Il est vrai que pour les voyages de long cours, la France a déja chez elle une Compagnie de Commerce, dont les premiers succès semblent promettre qu'elle ne sera point un jour inferieure aux plus célebres Compagnies qui sont établies chez nos voisins. Aussi sans entreprendre sur la vaste concession d'une Compagnie si utilement formée, & si sagement conduite, on se contentera d'animer les Négocians François à tant d'autres objets de Commerce, qu'ils peuvent partager avec le reste des Nations de l'Europe, ou même qu'ils peuvent faire avec plus de facilité & de profit qu'elles.

Ces esperances dont on ose flatter nos Marchands, ne sont ni fausses ni même douteuses. Qu'on parcoure tous les lieux de l'Europe, où les Anglois & les Hollandois font leur plus considérable Commerce; l'Espagne, par exemple, ou les Villes du Nord & de la Mer Baltique, pour ne pas entrer dans un plus long détail; qu'on les parcoure, dis-je, & l'on verra à qui d'eux ou de nous le négoce est le plus facile.

Presque toutes les marchandises nécessaires pour ces deux importans Commerces se trouvent en France; au contraire, l'Angleterre & la Hollande n'en ont presque aucunes.

Nous avons pour l'Espagne les Etoffes d'or, d'argent, & de soie; les Draps, les petites Etoffes de laine, les Toiles, les Papiers, les Chapeaux, les Bas de toutes sortes, les Cartes à jouer, les Dentelles de soie & de fil, la Mercerie, la Quinquaillerie, & quantité d'autres. Le Nord ne peut se passer de nos Vins, de nos Eaux-de-vie, de nos Vinaigres, de nos Sels, de nos Prunes séches, de nos Chataignes, de nos Noix. Qu'on décide présentement à qui la Cargaison des Vaisseaux fretés pour le Nord, ou pour l'Espagne doit être plus aisée; ou aux François, qui sans rien emprunter des autres, ont chez eux de quoi faire leur chargement entier; ou aux Anglois & aux Hollandois, qui viennent chercher en France ce qui leur manque, & qui sans ce secours, seroient obligés d'envoyer leurs Navires à demi-chargés & sans les assortimens propres à ces deux endroits.

Il en est à proportion de même de tous les autres Commerces, pour lesquelles les François peuvent entrer en concurrence avec leurs voisins.

A l'égard des profits, la preuve en est aussi claire & encore plus courte. Celui qui vend de la seconde main ne peut faire qu'un gain, tandis que celui qui vend de la premiere en fait deux. L'Anglois & le Hollandois sont dans le premier cas; le François dans le second; ainsi ceux-là ne peuvent profiter que sur le prix que la marchandise qu'ils vendent au Nord, ou en Espagne leur a coûté en France, & celui-ci ajoute encore à ce profit, celui qu'il a fait en leur vendant cette même marchandise, pour y envoyer.

Ce n'est point assez. L'avantage des retours est encore tout entier du côté de la France, puisque lorsque ce sont les Vaisseaux François qui rapportent les marchandises du Nord ou de l'Espagne, ils ôtent aux Etrangers les profits immenses qu'il ont coutume de faire sur nous, quand ce sont eux qui apportent jusques dans nos Ports les mêmes marchandises.

On ne peut à ce sujet s'empêcher de marquer quelque chagrin de ne pas voir établie en France cette sage police des Anglois, qui par leur acte de navigation de l'année 1660, ont ordonné que toutes les marchandises & denrées d'Europe, ne pourroient être apportées en Angleterre, & dans les Etats qui en dépendent, par d'autres Vaisseaux que par ceux qui sortiroient des Ports des pays où se fabriquent les marchandises, & où croissent les denrées; & qu'aucunes marchandises du crû de l'Asie, n'y pourroient non plus être amenées que sur des Vaisseaux Anglois, ou appartenant aux Anglois.

Police certainement aussi prudente qu'équitable; qui, si elle avoit lieu parmi nous, en ouvrant nos Ports aux Etrangers qui nous apporteroient eux-mêmes les marchandises de leur Pays, les fermeroient sagement à ceux qui n'ayant rien de leur crû, viennent nous vendre bien cher celles qu'ils rassemblent de toutes les parties du Monde, & qui flattant par-là notre paresse, ou peut-être notre vanité, nous ont accoutumé insensiblement à ne recevoir que de leurs mains à un prix excessif, ce qu'il nous seroit facile d'avoir à bien meilleur compte, si nous voulions seulement nous donner la peine de l'aller chercher.

On dira peut-être que la Marine des François n'étant en rien comparable, & étant si inferieure à celle de leurs voisins avec lesquels on voudroit, ce semble, les faire entrer en concurrence pour un Commerce qui se fait par la Mer; il n'est gueres probable qu'ils puissent jamais y trouver la facilité ni les avantages dont on tâche en vain de les flater.

On tombe d'accord que dans les Etats Maritimes, le Commerce & la Navigation doivent, pour ainsi dire, aller du même pas, qu'il y a une si étroite liaison entre l'un & l'autre, que le Negoce est sans force, lorsque la Marine est languissante, & que la foiblesse de l'un entraîne nécessairement la chûte de l'autre.

Mais outre que nos Ports ne sont pas tellement dépourvûs de Vaisseaux de guerre, que les

Négocians François n'y puissent toujours trouver des Convois & des Escortes pour favoriser & assurer leur négoce ; qui doute que même de ce côté, la France, quand elle le voudra, pourra ne le céder à aucune autre Puissance ?

Nos voisins sont obligés d'aller chercher au dehors la plupart de ce qui leur est nécessaire pour leur armement ; bois, fer, cordages, voiles, tout leur vient de l'Etranger ; au lieu que nos Provinces nous fournissent aisément la meilleure partie de ce dont nous avons besoin pour la construction & l'équipement de nos vaisseaux.

Quelques-unes ont des bois propres pour faire le corps des Navires ; on trouve dans les montagnes des autres, de quoi employer à leurs mâtures ; il y en a plusieurs où les mines de cuivre & de fer peuvent suffire pour fournir nos Atteliers & nos Arcenaux de Marine ; & toutes en général sont si abondantes en lin & en chanvre pour faire des voiles & des cordages, que c'est même de nous que les autres Nations reçoivent la plupart de ceux qu'ils consomment dans leurs Corderies, ou que leurs Tisserans fabriquent en toiles, propres à la voilure de leurs bâtimens.

Nous ne manquons pas non plus ni de victuailles, ni de munitions ; nous sommes même en état d'en faire part aux autres : & pour monter nos Vaisseaux de Guerre, & nos Flotes marchandes, nous avons plus de soixante mille Matelots distribués en cinq classes, dont les rôles se renouvellent tous les ans, & dont l'une est toujours censée engagée, dès le commencement de chaque année, pour servir sur les navires du Roi ; & les quatre autres sont réservées pour le service des Marchands.

Ces esperances qu'on fonde sur tant d'avantages qui peuvent rendre notre Marine florissante, soit pour la guerre, soit pour le Commerce, ne sont pas certainement du nombre de ces projets d'idée, qu'il n'est jamais possible de conduire jusqu'à l'exécution. L'on se souvient encore de ces tems glorieux à la Marine Françoise (*1690*) où nos Armées Navales égales à celles de nos Ennemis, remportoient des victoires sur les Flotes unies des deux Puissances, qui chacune en particulier veulent s'attribuer l'empire de la Mer ; & nous n'avons pas oublié, que pendant toute la guerre, qui fut terminée par le Traité de Riswick (*1697*,) nos Armateurs, superieurs à ceux des Anglois & des Hollandois joints ensemble, prirent sur les uns un si grand nombre de vaisseaux, que leurs Négocians [qui avouerent que leur perte montoit à plus de trois mille Bâtimens] furent obligés d'en porter leurs plaintes à leur Parlement ; & que le Commerce des autres se trouva tellement troublé par les courses heureuses de ces mêmes Armateurs, que ce fut une des principales raisons qui leur fit souhaiter la Paix, & en quelque sorte la demander avec empressement.

PLAN DU DICTIONNAIRE UNIVERSEL DE COMMERCE.

C'EST principalement pour leur faciliter les moyens de faire heureusement ce Commerce, tant au dedans qu'au dehors du Royaume, & pour aider les François à profiter des grands avantages qu'ils ont de ce côté-là sur toutes les autres Nations, qu'on leur offre aujourd'hui ce *Dictionnaire universel de Commerce.*

On n'envie pas néanmoins aux Etrangers l'utilité qu'ils pourront tirer de la lecture de cet Ouvrage ; & les matieres y sont traitées de maniere qu'il peut servir à toutes les Nations de l'Europe, à perfectionner le Commerce mutuel qu'elles ont ensemble, aussi-bien qu'à le porter aux extrémités de la Terre par des voyages de long cours.

On avoue de bonne foi, que la premiere intention de l'Auteur n'avoit point été de faire ce present à sa Patrie : la seule nécessité le fit naître, & ce n'est que comme par hasard que le Public en profite.

L'établissement des Inspecteurs des Manufactures dans plusieurs Provinces du Royaume qui avoit été fait sous le ministere de Monsieur Colbert, avoit eu un si heureux succès, que Monsieur de Louvois qui lui succeda dans la Sur-Intendance des Arts & Manufactures de France, estima qu'un Inspecteur général à la Douane de Paris, étoit d'une nécessité absolue, soit afin que les contraventions échapées à la diligence des Inspecteurs des Provinces, pussent de nouveau être examinées & relevées dans un lieu qui est l'abord ou le passage de presque toutes les marchandises qui se fabriquent dans le Royaume ; soit afin que cette nouvelle Inspection pût être comme le centre de toutes les autres, & que son Inspecteur fût plus à portée de communiquer aux Ministres les differens avis qu'il recevroit de ses Confreres, pour l'avancement & la perfection des Manufactures & du Négoce.

Monsieur Savary des Bruslons, fut choisi en *1686* pour remplir cette Inspection. Sa jeunesse & ses premiers emplois, qui avoit eu peu de rapport à celui qu'on lui destinoit, sembloient devoir lui en donner l'exclusion, sur tout s'agissant d'un premier établissement, toujours difficile à faire, & où les plus rompus dans ces sortes d'entreprises, ont souvent tant de peine à réussir. Mais il étoit fils de l'Auteur du *Parfait-Négociant* qui vivoit encore, & qui ne mourut que quatre années après ; & le Ministre ne douta point, qu'instruit & conduit par un Pere si habile, le Fils n'eût lui-même assez d'habileté, & pour ainsi dire, assez d'experience, pour son nouvel emploi s'il profitoit des avis & des ouvrages de son Pere.

Monsieur de Louvois ne fut point trompé dans son attente. Le nouvel Inspecteur s'acquita également bien, & des instructions publiques qu'on lui donna pour l'Inspection générale des Manufactures de Draperie & de Lainerie à la Douane de Paris, & des ordres secrets qu'il reçut pour l'exécution d'un projet digne du vaste génie du grand Ministre qui l'avoit formé ; & l'on vit avec quelque espece de surprise, qu'après avoir surmonté par sa prudence & par sa fermeté les difficultés qui sembloient naître à chaque instant, & avoir par sa patience ramené peu à peu les esprits les plus échauffés, & les plus opposés aux vûes du ministere, Monsieur des Bruslons eut l'avantage de satisfaire le Public, & en même-tems d'assurer à la Cour la réussite d'un des plus importans desseins qu'on eût jusques-là entrepris pour l'utilité des Manufactures de France, & que Monsieur Colbert lui-même avoit cru trop difficile pour oser le tenter.

Ce fut pour se mettre en état de se mieux acquitter de son emploi, & pour être plus facilement au fait de tout ce qui regarde les Manufactures, & les diverses sortes d'étoffes, & de marchandises qui se fabriquent en France, & qui passent par la Douane de Paris, qu'il conçut la premiere Idée de son Dictionnaire ; mais alors seulement pour son propre usage, & pour se familiariser, pour ainsi dire, avec une profession, où tout, jusqu'aux termes les plus communs, lui étoit inconnu, & lui paroissoit nouveau.

Il mit donc en ordre alphabetique les mots qui avoient rapport au Commerce & aux Manufactures, à mesure qu'il les apprenoit, ou par les Factures, les Acquits, les Déclarations, les Lettres de voitures, & tous les autres Papiers qu'on lui presentoit sans cesse ; ou dans les conversations qu'il étoit obligé d'avoir avec les Marchands & les Manufacturiers.

Devenu peu à peu plus habile ou plus hardi, il ajouta à ces mots d'abord simplement recueillis, quelques explications, ou si l'on veut quelques définitions. Excité ensuite par l'utilité qu'il en retiroit presqu'à chaque moment, il se fit une espece de Bibliotheque de tous les Livres de Commerce imprimés en France & dans les Pays étrangers qu'il pût ramasser, & qui lui fournirent de quoi augmenter considérablement son MANUEL MERCANTILLE, comme il avoit coutume de le nommer. Et enfin il crut lui avoir donné toute la perfection dont un Ouvrage de cette nature & entrepris pour lui seul, pouvoit être capable ; en ajoutant aux articles qui sembloient en avoir besoin les Edits, Ordonnances, Arrêts, Jugemens, & Réglemens qui y avoient rapport, particuliérement pour les Portées, les Aunages, & les qualités de toutes les sortes d'étoffes de Lainage, tant Françoises qu'Etrangeres, qui étoit l'essentiel & le principal objet de sa Commission.

Le Dictionnaire poussé jusques-là, l'Auteur, un peu sans doute par cet amour qu'on a ordinairement pour ce qu'on a fait, en montra à ses amis quelques endroits, & l'on juge bien, que ce ne fut pas les moins travaillés. Tous, soit complaisance, soit vérité, l'assurerent qu'avec quelques soins on pourroit le mettre en état d'être donné au public ; & que dans un tems, que les Dictionnaires sur toutes sortes de matieres étoient si fort à la mode, un Dictionnaire de Commerce seroit un present qui probablement ne seroit pas désagréablement reçû.

Monsieur Savary ne se fit point trop prier : il consentit de bonne grace à la proposition, qu'il n'étoit peut-être pas fâché qu'on lui eût faite, & il commença dès-lors à faire son possible, pour que son Ouvrage fût moins indigne de paroître & plus utile à ceux qui ne croiroient pas perdre leur tems à le lire.

Son premier soin fut de rassembler de nouveaux matériaux. Il fit part de son dessein aux Inspecteurs établis dans les Provinces, & leur demanda du secours : Tous s'empresserent de lui envoyer des Mémoires ; & l'on se feroit un devoir de les nommer ici pour partager avec eux l'honneur qui pourroit revenir de la publication de cet Ouvrage, s'il n'étoit plus court d'avouer qu'il ne fut refusé d'aucun de ses trente-cinq Confreres ; & qu'ils lui envoyerent comme à l'envi des états si circonstanciés des Manufactures de leurs Départemens, & des détails si curieux de la maniere dont les étoffes & autres Ouvrages s'y fabriquent, qu'il n'eut presqu'à les copier, pour en composer les principaux & les plus utiles articles de son Dictionnaire concernant le Commerce interieur du Royaume, & les Fabriques qui lui sont particulieres.

Jusques-là le projet du Dictionnaire avoit des bornes assez étroites, & ne contenant gueres que les termes qui sont en usage parmi les Ouvriers qui travaillent dans les Manufactures, ou les Marchands qui en font le débit, il ne pouvoit encore mériter le nom de Dictionnaire universel sous lequel il paroît présentement.

Diverses occasions engagerent dans la suite Monsieur Savary des Bruslons, & après sa mort celui de ses Freres à qui il confia la continuation de son Dictionnaire & qui a eu soin de cette Edition, de lui donner plus d'étendue, & de le porter à quelque perfection ; si pourtant il est possible de rendre jamais parfaits des Ouvrages où il est si facile d'ajouter,

& où le plus souvent, comme l'expérience en convainc assez, on fait entrer des matieres, ou qui y ont peu de rapport, ou qui sont bien éloignées du projet des Auteurs.

La premiere augmentation qui enrichit le Dictionnaire fut faite par les ordres de Messieurs du Conseil de Commerce.

Ce Conseil avoit été établi en 1700, sous le Regne de Louis XIV, & l'année suivante il avoit paru une Déclaration pour l'établissement de plusieurs Chambres de Commerce dans les principales Villes du Royaume, dont les Députés résidans à Paris, devoient fournir au Conseil des Mémoires sur les choses qu'ils jugeroient les plus propres à rendre le Commerce florissant en France.

Entre diverses propositions qui furent faites, le projet de réduire en un seul Tarif tous les Tarifs qui sont en usage en France, pour la perception des Droits d'entrée & de sortie, parut une des plus importantes & des plus utiles, & ce fut son exécution qui sembla d'abord occuper davantage le Conseil.

Une des difficultés qui retardoit le plus l'Ouvrage, & qui arrêtoit les Commissaires presque à chaque moment, étoit le peu de connoissance qu'ils avoient presque tous de la nature & de la qualité des Marchandises, des Drogues & des Denrées qu'ils avoient à tariffer, n'étant pas cependant bien extraordinaire que tant de choses differentes échapassent aux lumieres & à la connoissance de tant de grands Ministres & d'illustres Magistrats qui composoient ce Conseil; puisque la plupart des Commis des Entrées, n'en sçavent eux-mêmes ni la nature ni les especes, & qu'ils ne se conduisent presque tous dans l'exécution de leurs emplois que par une espece de routine, qui est souvent également préjudiciable au Fermier qui perçoit les droits du Roi, & au Marchand qui les paye.

La même difficulté se trouvoit à proportion toutes les fois que le Conseil avoit à juger les contraventions aux Réglemens dressés pour les Manufactures; & comme dans ces Réglemens il est parlé de quantité de choses, & qu'on y employe divers termes qui ne sont gueres connus que des Ouvriers qui y travaillent; on perdoit bien du tems à se faire expliquer par ceux qu'on consultoit, la véritable signification de ces termes, qui ne pouvoient pas manquer de paroître nouveaux à des personnes accoutumées à décider des plus importantes affaires de l'Etat, mais qui n'étoient pas faits au détail & au jargon des Ouvriers & des gens de métier.

Le seul moyen qu'on crut capable de remedier à cette difficulté, qui se renouvelloit tous les jours, fut la composition d'un Dictionnaire où seroient expliquées toutes les marchandises comprises dans les divers Tarifs des Droits d'entrée & de sortie, qui sont en usage en France, & où l'on donneroit des définitions de tous les termes des Manufactures, avec de courtes descriptions des machines ou des instrumens dont les Ouvriers se servent pour la fabrique des ouvrages d'or & d'argent, de soie, de laine, de coton ou de fil, qui sont l'objet des differentes Fabriques qui sont établies en France.

Ce fut sur cette proposition que quelques-uns de Messieurs les Députés parlerent du Dictionnaire commencé par Monsieur Savary des Bruslons, dont il leur avoit fait voir quelques articles.

Il étoit fort connu au Conseil, & outre que son emploi lui donnoit une relation naturelle avec Monsieur Daguesseau Conseiller d'Etat, qui en étoit le Président, & avec Monsieur d'Argenson, qu'on a vû depuis Garde des Sceaux, & qui étoit alors Lieutenant Général de Police; ces deux illustres Magistrats avoient une si grande confiance dans ses lumieres & dans sa probité, que c'étoit ordinairement sur ses Mémoires & sur ses representations que se faisoient les Réglemens, & que se donnoient les Arrêts du Conseil, concernant le Commerce & les Manufactures de Paris.

On ne douta donc point, que le Dictionnaire de Monsieur Savary ne fût ce qu'il falloit au Conseil, & il eut ordre de se rendre chez Monsieur Daguesseau, pour l'entretenir de son projet, & pour lui faire voir quelques-uns des Articles qui étoient déja composés.

Les Articles & le projet furent approuvés; on souhaita seulement que l'Ouvrage fût plus ample & plus complet, & que sans se borner au Commerce interieur du Royaume, ou à celui qui se fait par les François de proche en proche avec leurs voisins, qui étoit le premier dessein de l'Auteur, on y fît aussi entrer tout ce qui regarde les voyages de long cours, & le Négoce qui peut se faire au dehors dans les quatre parties du Monde.

A l'égard des Marchandises, outre les Epiceries & les Drogues pour la Médecine & pour la Teinture, qu'on désigna principalement, on desira qu'on fît entrer dans le Dictionnaire toutes les choses qui pourroient avoir un rapport naturel avec le Commerce, & sur tout, qu'on n'oubliât aucune des Denrées dont les Droits sont reglés par les Tarifs, ausquels on jugea à propos, pour voir d'un coup d'œil tout ce qui concerne cette matiere, d'ajouter les Droits d'entrée & de sortie, qui se payent en conséquence de ceux de 1664 & 1667,

1667, aussi-bien que par les Arrêts & Déclarations qui ont été rendues depuis, & encore conformément au Tarif de Lyon de 1632.

C'est sur ce pied qu'on a continué & achevé ce Dictionnaire. Mais comme la vaste étendue de ce nouveau dessein eût trop surchargé Monsieur Savary des Bruslons, déja extrêmement occupé par les fonctions de son emploi, il crut devoir chercher du secours, & il s'imagina le pouvoir trouver dans sa propre famille.

Ce fut donc alors que l'Editeur de ce Dictionnaire commença d'avoir véritablement quelque part à la composition de l'Ouvrage; toute celle qu'il y avoit eue jusques-là ayant été bornée à fournir à Monsieur son Frere des extraits des meilleurs Livres de Commerce, & à relire les articles qu'il faisoit sur ces Extraits à mesure qu'ils étoient composés, pour en former & resserrer le stile qui paroissoit un peu diffus.

Comme les Drogues & les Epiceries avoient été plus particuliérement recommandées à l'Auteur par Monsieur le Président du Conseil de Commerce, l'Editeur les eut pour son premier partage. On y ajouta bien-tôt les articles des Pierres précieuses & des Métaux; ceux de la pêche de la Morue, du Hareng, du Maquereau & des Baleines; les Sels, les Soies, les Laines, les Fils, les Glaces, le Monnoyage, la Sculpture, la Peinture, la Gravure; & pour le dernier Ouvrage, on lui destina l'Article général du Commerce, & celui des Compagnies de Négoce, tant Françoises qu'Etrangeres, qui ne doivent pas être les moins importans de ce Dictionnaire.

Les deux Freres travailloient à l'envi l'un de l'autre, & leur émulation dont le public devoit profiter, avoit tellement avancé l'Ouvrage, qu'on l'annonça dans les premiers Journaux de l'année 1713, & qu'on promit de le donner sur la fin de l'année suivante, mais à la vérité seulement en un Volume *in-folio*.

Monsieur Savary des Bruslons ne put pas long-tems se flatter de pouvoir s'acquitter envers le Public de la parole qu'il venoit de lui donner. Dès la même année & presqu'aussitôt après avoir annoncé son Dictionnaire, il fut obligé de se faire faire l'opération de la Taille: dix-huit mois entiers de langueur dont elle fut suivie, lui interdirent toute application; & après que sur la fin de 1715 il eut recommencé à reprendre la plume, une hémoragie, qui au mois de Février 1716 lui fit perdre par le nez vingt-sept palettes de sang, la lui ôta de nouveau, & il ne la reprit plus que rarement jusqu'à sa mort, qui arriva le 22 Avril de la même année, par une fluxion de poitrine qui l'enleva en huit jours.

Ainsi mourut Monsieur Savary des Bruslons, âgé de 59 ans sans avoir eu la satisfaction de donner la derniere main à son Dictionnaire, quoiqu'il y eût travaillé depuis plus de vingt-cinq ans, laissant le Public dans l'appréhension de n'en profiter jamais, suivant le sort ordinaire des Ouvrages qui sont interrompus par la mort des Auteurs, qui trouvent rarement des personnes, ou d'assez bonne volonté pour continuer le travail d'autrui, ou assez instruits dans les matieres dont on y traite pour oser ou pouvoir l'entreprendre.

L'Auteur du Dictionnaire avoit crû pourvoir à ces deux inconvéniens. Il l'avoit legué par son Testament à Monsieur Savary, Chanoine de l'Eglise Royale de Saint Maur des Fossés, qu'il avoit, comme on l'a dit, associé à son travail; & il l'avoit engagé par ce que l'amitié a de plus tendre à le continuer après sa mort, si Dieu disposoit de lui avant de l'avoir donné au Public.

Le Dictionnaire ne devoit donc point manquer de Continuateur; mais il étoit plus difficile de donner à celui qu'on avoit choisi, la capacité & les talens nécessaires pour bien s'acquitter de son engagement, & pour remplir l'attente du Public si justement prévenu, que le Dictionnaire ne pouvoit recevoir sa perfection que de la même main qui l'avoit commencé.

Il est vrai que l'Editeur y travailloit concurremment avec Monsieur son Frere, depuis plus de dix ans: il avoit outre cela fait les Extraits de plus de cent Volumes, qui traitoient expressément du Commerce, & encore d'un plus grand nombre de Relations de voyages, où il en étoit parlé par occasion; & pour se former davantage au stile & à l'esprit du Négoce, il avoit étudié avec application les excellens Ouvrages que Monsieur leur Pere avoit donnés au Public.

Tout cela pouvoit faire croire à Monsieur des Bruslons, qu'il confioit la continuation de son Dictionnaire en d'assez bonnes mains; mais comme s'il eût appréhendé de rester responsable du succès même après sa mort, il legua aussi au Continuateur cette grande quantité de Mémoires qu'il avoit recueillis de tous côtés, ou qu'il avoit dressés lui-même sur toutes les matieres de Commerce; & pour en faire l'usage il convint avec lui de differer la publication du Dictionnaire encore quelques années, afin d'avoir le tems d'y faire les diverses augmentations dont ils dresserent ensemble le projet.

L'engagement où l'Auteur du *Parfait-Négociant* sembloit être entré dans sa Préface, de traiter un jour dans un Ouvrage exprès, des Garderies, des Jurandes des Corps de

Métiers & Communautés des Marchands, & de la Jurisdiction Consulaire, donna occasion aux deux principales augmentations qui furent résolues par les Auteurs du Dictionnaire, & ils crurent devoir acquitter Monsieur leur Pere de la parole qu'il en avoit donnée au Public.

On trouve tout ce qui regarde les Jurandes dans les divers Articles des cent vingt-huit Communautés des Arts & Métiers de la Ville & Fauxbourgs de Paris; & ce qui concerne la Jurisdiction Consulaire, 1°. Dans l'Article des Consuls, pour celle de Paris & des autres Villes, où elle conserve le nom de Consulat. 2°. Dans l'Article de la *Conservation* & *Juges-Conservateurs* pour la Jurisdiction Consulaire de Lyon. 3°. Enfin dans celui de *Bourse*, pour le Consulat de Toulouse, & de quelques autres Villes où ces Jurisdictions portent ce nom.

Une autre augmentation considérable, est celle des Réglemens pour les Manufactures. Monsieur Savary des Brussons en avoit déja répandu une grande quantité dans divers Articles selon qu'il les y avoit crû nécessaires; mais il en restoit un plus grand nombre qui n'étoit point employé, & l'on estima que le Public seroit bien-aise d'en trouver des Extraits dans le Dictionnaire. C'est ce qu'on a fait à l'article des Réglemens, où l'on a rassemblé tous ceux qui ont été donnés en France depuis 1401 jusqu'en 1722.

La même raison a fait ajouter au Dictionnaire, des Extraits de tout ce qui se trouve concernant le Commerce, dans les diverses Ordonnances qui ont été dressées sous le Regne de Louis XIV, soit qu'elles portent le nom de Code, comme le Code Louis, le Code Marchand, le Code Noir; soit qu'elles ayent conservé leur nom simple & naturel d'Ordonnances, comme l'Ordonnance des Aydes, l'Ordonnance des Gabelles, celle de la Marine, celle pour les cinq grosses Fermes, celle de la Ville de Paris, & quantité d'autres.

Les Foires franches, tant de France que des Pays étrangers, composent encore un des Articles ajoutés au premier projet, & ce n'en est pas certainement un des moins nécessaire ni le moins curieux.

Les Cuirs & l'établissement des divers Officiers qui ont été créés pour en faciliter le Commerce, entrerent aussi dans le nouveau projet; mais cet article & ceux qui en dépendent ou qui y ont rapport, sont proprement dûs à l'Auteur du Parfait Négociant, qui avoit laissé parmi ses papiers un Traité très curieux sur cette matiere, que l'on n'a eu que la peine d'abréger & de réduire en ordre Alphabétique.

Ce qui est dit dans ce Traité des Jurés Vendeurs de Cuirs, fit penser aux Auteurs d'en faire un Article particulier, & d'y joindre la création & les fonctions de tant d'autres semblables Officiers établis à Paris sous le même nom, tels que sont les Jurés Vendeurs & Crieurs de Vins, les Jurés Vendeurs de Marée, & les Jurés Vendeurs de Volailles.

Enfin pour ne point entrer dans un plus long détail des diverses augmentations qui furent projettées, il suffit de faire remarquer qu'elles ont été en assez grand nombre & assez considérables pour produire trois gros Volumes *in folio*, au lieu d'un seul qu'on avoit annoncé en 1713.

Si le Continuateur a bien rempli les idées de Monsieur Savary des Brussons son frere, s'il s'est servi utilement des Mémoires qu'il lui a laissés, & s'il a profité des avis qu'il lui donna avant que de mourir, pour la perfection de l'Ouvrage qu'il lui confioit, c'est ce qu'on laisse au jugement du Public, se contentant de protester [ non pour prévenir ce jugement & se le rendre favorable mais pour rendre témoignage à la vérité ] se contentant, dis-je, de protester qu'on n'a épargné ni soin, ni peine, ni application, ni dépense pour répondre à la confiance d'un Frere si cheri & si regretté, & pour donner à ce Dictionnaire de Commerce, toute l'utilité, & en même-tems, tout l'agrément dont ces sortes d'Ouvrages sont capables.

Il ne reste plus à présent qu'à rendre compte de la maniere qu'on a traité cette matiere, & des sources d'où on l'a puisée.

Pour la maniere, le stile en est simple, mais clair, & tel qu'on a crû qu'il convenoit à un Ouvrage qui devoit passer par toutes sortes de mains, & dans lequel le plus jeune Apprentif & l'Artisan le plus grossier doivent trouver de quoi s'instruire, en même-tems que le Sçavant ou le Curieux y trouveroient, l'un de quoi s'occuper, & l'autre de quoi se divertir.

On avoit craint d'abord que la diversité du stile de l'Auteur & de son Continuateur ne fût remarquable, mais on croit les avoir réduits à une assez grande uniformité pour qu'on n'en puisse pas faire la distinction.

On trouvera quelque érudition, & même quelque critique répandues dans divers articles, mais c'est sans affectation; & comme on n'a pris aucun soin pour en faire la recherche, on ne les a pas non plus refusées, lorsqu'elles se sont présentées naturellement, & pour ainsi dire, d'elles-mêmes, mais toujours avec modestie & sans offenser personne.

On s'appercevra aisément que la plupart des articles contiennent moins la définition des choses que leur description, & qu'il y en a même qui sont des especes de dissertations; mais outre que cette diversité a quelque chose qui occupe plus agréablement le Lecteur, toutes les matieres ne sont pas propres à être traitées de la même maniere, & l'ennui & la sécheresse sont assez souvent à la suite d'une uniformité, pour ne pas dire, d'une monotonie trop exacte & trop mesurée.

On ne s'excuse point sur la differente étendue des Articles, dont quelques-uns contiennent à peine deux lignes, tandis que d'autres occupent des centaines de pages; c'est le sort de tous les Dictionnaires, à moins qu'ils ne soient de simples Vocabulaires.

Après ces courtes remarques sur le stile du Dictionnaire universel de Commerce, & sur la maniere que les matieres y sont traitées, on va parler, mais beaucoup plus amplement, des matériaux qui sont entrés dans sa composition, & des personnes qui y ont contribué par les excellens Mémoires qu'ils ont fournis aux Auteurs, & par les autres secours que ces derniers en ont reçû.

On a déja dit à quelle occasion Monsieur Savary des Bruslons commença son MANUEL MERCANTILLE, & l'on a vû aussi comment cet Ouvrage ayant pris des forces & étant devenu Dictionnaire, fut pour ainsi dire adopté par le Conseil de Commerce.

Ce fut alors que les dépôts publics furent ouverts à l'Auteur, & que ceux qui en étoient chargés eurent ordre de lui communiquer & de lui fournir tous les Mémoires, Actes, Instructions, Réglemens & autres pieces convenables à son Ouvrage, & aux augmentations que Messieurs du Conseil avoient jugé à propos qu'on y fît.

Dès l'an 1692 les Inspecteurs du Commerce avoient eu ordre d'envoyer à la Cour des états de leurs Départemens; presque tous y satisfirent dans la même année, & fort peu attendirent jusqu'à la suivante.

Ces états contiennent dans un grand détail les diverses Manufactures d'Etoffes de Laine pure ou mêlée, de Lin, de Chanvre, de Coton ou de Soie, qui sont établies dans chaque Département; leurs différentes nature & qualité, le nombre des pieces qui s'y font année commune; les lieux où chaque espece se fabrique; la quantité de laine, soit du pays, soit étrangeres qui s'y employent; combien il s'en recueille de celles du pays; les autres ouvrages qui s'en font, comme les Chapeaux, les Couvertures, les Tapisseries, la Boutonnerie; où s'envoyent & se débitent toutes ces Etoffes & ces Ouvrages. Enfin combien il y a dans chaque Département de Tanneries, de Forges, de Fonderies, de Papeteries, de Blanchiries, de Savonneries, de Martinets, de Clouterie, & autres semblables établissemens & fabriques; on y parle peu de la Soyerie & des Toiles.

Six années après, c'est-à-dire, lorsque le Traité de Riswick eut redonné la Paix à l'Europe, & eut fait naître l'esperance de rétablir le Commerce de la France, Messieurs les Intendans furent chargés de faire dresser des Mémoires concernant le Négoce, qui se faisoit alors ou qui se pouvoit faire dans la suite, dans l'étendue de leur Intendance.

Ces Mémoires sont amples, curieux, & pour la plupart de très bonnes mains. On y parle du Commerce de chaque Généralité, soit par rapport à ses productions naturelles, soit par rapport à ses Manufactures, & aux autres ouvrages de l'Art. Aucun objet de Négoce n'y est oublié : on y parcoure les Terres de toutes les Provinces; & après y avoir fait, pour ainsi dire, la recolte des Grains, des Graines, des Plantes, des Drogues, des Fruits, & des Boissons qu'elles produisent au dehors, on cherche encore jusques dans leurs entrailles les Métaux, les Mineraux, les Marbres, & les autres richesses que la nature y cache, & qui semblent en bien des endroits être échappées à l'industrie & à la diligence des Habitans & des Ouvriers.

Toutes les autres matieres y sont traitées avec le même détail & la même exactitude. Quand par exemple, on parle des Provinces Maritimes, on y explique à quelle sorte de Commerce sont destinés les Bâtimens de Mer qu'on y construit, quelle pêche les habitans ont coutume de faire; combien ils y employent de Navires; s'ils font des voyages de long cours, ou s'ils ne trafiquent que de proche en proche; si leurs rivages & leurs marais sont propres à la fabrique des Sels gris, ou s'ils sont obligés de cuire des Sels blancs. Enfin quels sont les Etrangers qui viennent le plus fréquemment dans leurs Ports, en quel nombre ils y arrivent chaque année, dans quelle saison, de quelle sorte de marchandises leurs Vaisseaux sont chargés à leur arrivée, & de quelles ils font leur chargement pour le retour.

Il est vrai qu'à l'égard des Manufactures, les états des Inspecteurs l'emportent beaucoup sur les Mémoires de Messieurs les Intendans, si néanmoins l'on en excepte ce qu'on y dit dans ceux-ci des fabriques de Lyon & de Tours, pour les Etoffes de soie, & de celles d'Abbeville, de Sedan, & d'Elbœuf pour les Etoffes de laine, qui certainement est curieux, instructif, & recueilli avec grand soin.

Ces deux excellens Recueils, furent les premiers qu'on communiqua à l'Auteur par ordre de Messieurs du Conseil, & ce sont eux qui lui ont servi à perfectionner les Articles des Manufactures, alors déja fort avancés, & à former le premier Plan de l'Article général du Commerce pour ce qui regarde la France.

C'est ce Plan que le Continuateur a suivi; & pour achever de le remplir on s'est servi de divers Mémoires envoyés aux Ministres depuis l'année 1690, par les plus habiles Négocians des principales Villes du Royaume, entr'autres de la Rochelle, de Nantes, de S. Malo, de Rouen, de Dunkerque, de Bordeaux, de Bayonne, de Marseille, de Lyon & de Tours.

Les Consuls François établis dans les Pays étrangers, particuliérement en Espagne, en Portugal, en Italie, & dans les Villes du Nord, ont fourni en partie ce qui regarde le Commerce du reste de l'Europe, & l'on a eu aussi les Instructions de ceux de Cadix, de Lisbonne, de Porto, de Ligourne, de Genes, de Hambourg, de Lubek, &c.

Pour le Négoce d'Angleterre, outre les instructions & les dépêches de M. le Comte de Cominges Ambassadeur du Roi près de sa Majesté Britannique en 1665, qui sont très-curieux sur les matieres du Commerce qui s'agitoient beaucoup alors, on a eu quantité d'autres pieces originales extraites depuis 1713, tant des Registres des Douanes de la Grande Bretagne, que de ceux de ses Compagnies de Commerce, & du Trésor des Chartes; & c'est de la même main qu'on a reçû encore tout ce qui regarde les Tarifs de cette Nation, & les augmentations des Droits, sur tout par rapport aux Marchands François & à leurs marchandises.

L'excellent Traité des Interêts de l'Angleterre mal entendus, qui parut en 1704, a aussi fourni plusieurs anecdotes curieuses, touchant son trafic, & c'est de-là qu'on a tiré entr'autres choses la traduction de l'Acte de Navigation, passé au Parlement de cette Nation le 23 Septembre 1660, que les Anglois regardent comme le Palladium de leur Commerce, & que Messieurs Savary n'avoient pû avoir jusques-là, que dans la langue originale.

Les principaux Mémoires sur lesquels on a travaillé au Commerce des Hollandois, ont été recueillis par le Continuateur lui-même, dans un voyage qu'il fit en Hollande en 1697.

Il avoit alors l'honneur d'être Agent Général des affaires de France, de Son Altesse Serenissime Monseigneur le Duc de Mantoue, mort en 1707. Les interêts du Prince ayant demandé qu'il envoyât un Ministre aux Conferences de la Paix qui se traitoit à Riswick, son Agent eut ordre d'y accompagner le Marquis Bailliani qui y alla en qualité d'Envoyé extraordinaire.

La Cour lui en ayant accordé la permission, Monsieur Savary des Bruslons son Frere, qui travailloit depuis quelques années à son Dictionnaire, le chargea en partant de lui acheter tous les Livres de Commerce imprimés en Hollande, & de lui rapporter, s'il en trouvoit l'occasion, des Mémoires exacts sur le Négoce des Hollandois.

Il fut heureux plus qu'il ne l'esperoit, la recolte des Livres fut ample, & à l'égard des Mémoires, aidé de quelques habiles Négocians, amis de feu Monsieur son Pere, qu'il trouva à la Haye, où ils étoient passés après la révocation de l'Edit de Nantes, il fut parfaitement instruit, tant de vive voix que par écrit, de tout ce qu'il pouvoit souhaiter de sçavoir sur cette matiere. Ces généreux Refugiés touchés plus qu'on ne peut dire de l'amour de leur patrie, qu'ils ne cessoient point de regretter, & fideles à la mémoire de leur ancien ami, ayant bien voulu contribuer à la perfection d'un Ouvrage où un fils de Monsieur Savary travailloit, & qui pourroit être utile à leurs compatriotes.

D'autres Mémoires ont été joints depuis à ceux que le Continuateur avoit apportés de Hollande; & c'est sur ces derniers qu'on a composé ce qu'on dit dans ce Dictionnaire des pêches Hollandoises.

Enfin pour ne rien oublier de ce qui peut donner une entiere connoissance du Négoce de Hollande, & particuliérement de celui d'Amsterdam, on a tiré de longs Extraits des Ouvrages imprimés de Messieurs Ricard, sur tout, de celui que le sieur Jean Pierre Ricard a donné au Public en 1722, sous le titre de *Négoce d'Amsterdam*.

L'on a eu pour le Commerce des Echelles du Levant, & des Côtes de Barbarie, non-seulement les Mémoires de tous les Consuls de ces Echelles, mais encore les Registres où sont conservés & enregistrés en ordre de date, les divers Réglemens qui ont été dressés au Conseil du Roi pour le rétablissement du Commerce du Levant, depuis le commencement du Ministere de Monsieur Colbert jusqu'à la mort de Louis XIV.

On dira plus bas à qui l'on est redevable de la communication de ces Registres. A l'égard des Mémoires, on les doit en partie à Monsieur Blondel, Secretaire du Roi honoraire, ci-devant Consul de France à Smyrne, Commissaire de la Marine & depuis Trésorier général des Bâtimens de Sa Majesté. C'est lui pareillement qui a communiqué tout ce qui regarde les Consulats de la Nation Angloise & de la Nation Hollandoise à Constantinople & à Smyrne, aussi-bien que plusieurs autres Mémoires & instructions concernant les diffé-

rens

rens Commerces que les François font avec les Etrangers, & principalement à Constantinople, & dans les Echelles du Levant; & des Relations de Commerce qu'elles ont conservé avec la Perse & les Indes Orientales, depuis que les Européens ont doublé le Cap de Bonne-Esperance, pour faire eux-mêmes dans ces Pays la traite des précieuses marchandises qu'on en tire.

Mais ce n'est pas la seule obligation que le Public & le Continuateur ont à Monsieur Blondel, par rapport à ce Dictionnaire. Peu content de l'avoir enrichi de tant d'augmentations curieuses, il a bien voulu prendre la peine de relire tout l'Ouvrage à mesure qu'on le fournissoit à l'Imprimeur; & l'attention qu'y a donné cet homme habile, autant intelligent dans le Commerce que zelé pour le rendre florissant dans sa Patrie, lui a menagé l'occasion d'y faire des corrections, & un bon nombre d'additions, qui venant d'une si bonne main, ne peuvent manquer de donner au Dictionnaire un dégré de perfection qu'on avoue qu'il n'eût pû avoir sans ce secours.

Les principales sources d'où l'on a tiré ce qu'on dit du Commerce de l'Afrique sont: 1°. Les Instructions & les Lettres envoyées en France par les Commis des anciennes Compagnies Françoises du Senegal. 2°. Un Mémoire dressé en 1718 par le Directeur général de la derniere de ces Compagnies, arrivé dans le tems de son union avec la Compagnie Royale des Indes, établie sous le Regne de Louis XV. 3°. Le Journal de Monsieur Edme, Directeur de la Compagnie Françoise de l'Assiente à Buenos-Aires, pour la fourniture des Négres aux Espagnols, Neveu de l'Editeur par sa Femme, présentement Directeur au Port de l'Orient, pour la grande Compagnie des Indes. 4°. Diverses Relations ou Manifestes, comme on les appelle en Angleterre & en Hollande, rapportées des lieux où les Anglois & les Hollandois ont des établissemens sur les Côtes d'Afrique, ou dans lesquels ils font la traitte des Négres, & quelques-uns de leurs Journaux. 5°. Plusieurs Extraits des Registres des Marchands Portugais concernant le Commerce qu'ils font à Congo & à Angola en de-çà, & à Sofala, Mosambique, & Melinde au-delà du Cap de Bonne-Esperance; aussi-bien qu'à Madére, Saint-Thomé, les Isles Açores, celles du Cap-Verd, & autres Etats qui dépendent de la Couronne de Portugal dans cette partie du Monde, où ils font Commerce. 6°. Enfin divers Cargaisons des Vaisseaux que les François ou les Hollandois arment pour la traitte des Négres; les uns tirés du Journal de Monsieur Edme, cité ci-dessus; les autres Envoyés d'Amsterdam.

Le nombre des Mémoires sur lesquels on a travaillé au Commerce de l'Asie, est trop grand pour en donner ici le détail; on se contentera de parler de quelques-uns des plus considérables.

Lorsqu'on communiqua à l'Auteur, par ordre de Messieurs du Conseil de Commerce, les états des Inspecteurs, & les Mémoires des Intendans, le Secretaire de la Compagnie des Indes Orientales fut chargé de lui en fournir aussi sur le Commerce de cette Compagnie. Ceux qu'il donna sont si clairs & si exacts, qu'ils justifient bien le choix qu'on a fait depuis d'une personne si habile, pour être un des Directeurs de la nouvelle Compagnie des Indes, à laquelle toutes les autres Compagnies de France ont été réunies. Ce Mémoire explique dans un grand détail toutes les especes d'étoffes que les Vaisseaux François apportent des Indes; leur nature, leurs qualités, leurs noms, leurs aunages, & les lieux d'où on les tire. On a la même exactitude pour les Drogues & les autres marchandises, & l'on n'y oublie pas non plus, ni les Monnoies, ni les Poids, ni les Mesures en usage à Surate, à Pontichery, au Bengale & dans les autres lieux des Indes, où nos Bâtimens touchent le plus souvent; avec une évaluation de leur valeur à celle de France.

Presqu'en même-tems, Monsieur Savary des Bruslons reçut un semblable Mémoire sur le Commerce qu'on fait avec les Chinois de Canton.

On s'imagine aisément qu'il étoit dressé avec exactitude, puisque Monsieur Savary de Ganches un de ses Freres, qui avoit alors la direction des Armemens de la Compagnie de la Chine, qui n'étoit qu'un démembrement de celle des Indes, fut celui qui en prit le soin.

Il est pour l'ordre & pour le fond tout semblable à celui fourni par Monsieur d'H . . . . sur le Négoce des Indes.

La seule difference qu'on y trouve, c'est la diversité des marchandises; & que Monsieur de Ganches y a ajouté la Cargaison des Vaisseaux qu'il fit armer à Nantes, & de ceux qui y arriverent pour le compte de sa Compagnie pendant qu'il en eut la direction; c'est-à-dire, jusqu'aux premieres années de la guerre pour la succession d'Espagne, que cette Compagnie cessa d'armer des Vaisseaux pour la Chine.

On a eu encore sur ce Commerce, le plus abondant & le plus riche recueil qui ait jusqu'ici paru en Europe, concernant le Négoce que font eux-mêmes les Chinois dans toutes les parties de l'Inde. Celui du Commerce des Anglois de Madras aux Manilles, n'est pas moins curieux, tous deux sont très modernes & sont dûs au premier retour des Vaisseux de la Compagnie Royale de France.

Le Japon, le Tunquin, la Cochinchine, Siam, Batavia, Amboyne, Ceylan, les autres Isles des Epiceries, Surate, Mocha, Bender Abassi, la Perse, en un mot tous les lieux de l'Asie où les Européens ont porté leur Commerce, ont eu aussi leurs Mémoires particuliers, qui presque tous ont été communiqués par la même personne, à qui l'on a dit plus haut qu'on étoit redevable des Registres concernant le Négoce des Echelles du Levant.

Il ne faut pas non plus oublier plusieurs des rapports qu'ont coutume de faire à l'Assemblée des Directeurs de la Compagnie des Indes Orientales de Hollande, les Commandeurs des Flotes à leur retour de Batavia. Celui de Daniel Brahems, est sur tout un morceau excellent pour servir à l'histoire de cette Compagnie. Il est du nombre des Pieces que le Continuateur apporta à son retour des Conferences de Riswick : il est vrai qu'il en a depuis trouvé en France quelques copies parmi les Mémoires qui lui ont été communiqués.

La plupart de ceux qui ont servi pour le Négoce de l'Amérique ont été fournis par le même Monsieur Edme, de qui on a eu les Journaux pour la traitte des Négres. Les matieres dont il parle dans ceux-ci sont le Commerce des Assientistes François à Buenos-Ayres ; la Cargaison des Vaisseaux de la Nation qui y sont arrivés pendant qu'il y est resté Directeur ; le pied sur lequel les Négres se fournissent aux Espagnols ; le Commerce de cette Ville avec le Chilly, le Potosy & le Paraguay ; tout ce qui regarde l'Herbe fameuse qui porte le nom de cette derniere Province ; les Monnoies & les Poids & Mesures, le trafic des Cuirs ; enfin les Navires de Registre qui viennent tous les ans à l'Amérique, outre la Flote & les Gallions : il a aussi communiqué les Traités des deux Assientes Françoise & Angloise, qui étoient très-rares, particuliérement celui des Anglois.

Messieurs de Saint Malo ont donné ce qui concerne le Commerce de la Mer du Sud. C'est des Négocians de Cadix que sont venues les instructions sur le Négoce secret, que presque toutes les Nations d'Europe font dans l'Amérique Espagnole, sous le nom des Espagnols même ; ce qu'on rapporte touchant la Flotille, la Flote & les Gallions a été envoyé du même endroit, & c'est encore de-là qu'on a reçû une partie de ce qu'on a dit du Commerce de la Vera-Crux & de Porto-Bello. On ne peut néanmoins marquer sa reconnoissance aux Auteurs de ces excellens Mémoires, les Apostilles qu'on y a trouvés de la main de Monsieur Savary des Bruslons, marquant assez qu'ils ne vouloient pas être nommés.

A l'égard des Colonies Françoises, tant des Isles que de Terre-ferme : la Rochelle, Nantes, Saint Malo & Rouen, ont fourni ce qui regarde le Commerce que leurs Marchands y font, & les Cargaisons des Vaisseaux qu'ils y envoyent.

Enfin pour celles des Anglois on a eu deux Registres des Chartres originales, accordées pour leur établissement par les Rois d'Angleterre, & divers Mémoires envoyés à la Cour de Londres, sur l'Etat où ces Colonies se trouvent présentement par rapport à leur Négoce.

En finissant ce long détail des secours qu'on a reçûs pour la composition de l'Etat général du Commerce qui se fait dans les quatre parties du Monde, & des autres Articles de ce Dictionnaire qui en sont comme les dépendances ; on croit devoir ajouter, non pas par une vaine ostentation d'une grande lecture, mais pour éviter le soupçon d'être plagiaire, & de vouloir profiter de l'ouvrage des autres sans leur en faire honneur ; on croit, dis-je, devoir ajouter qu'il n'est point de Relation de voyages anciens ou modernes qu'on n'ait lû, & desquelles on n'ait tiré de quoi enrichir cet Ouvrage.

Voici ceux dont on a le plus profité, mais toujours avec précaution & en les comparant les uns aux autres ou aux Mémoires plus récens que l'on avoit sur les mêmes matieres.

On a trouvé dans les Recueils de Monsieur Tevenot, les Journaux des premiers voyages que les François ont faits aux Indes Orientales. Le Chevalier Chardin a fourni plusieurs choses sur les Echelles du Levant & le Commerce de la Perse.

C'est encore pour la Perse & les Indes d'Orient qu'on a lû Olearius & Mandelslo. Le même Olearius & l'Etat present de la grande Russie imprimé en 1717, ont appris plusieurs choses curieuses sur celui des Moscovites.

C'est dans les Voyages de Monsieur Savary de Breves, qu'on a pris une partie des Capitulations & des Traités de Commerce de la France avec la Porte.

L'Histoire de Barbarie du R. P. Dan, Religieux Trinitaire, a aidé à composer ce qu'il y a d'historique dans ce qu'on dit du Bastion de France.

Les Relations de l'Egypte du Pere Vansleb, ont donné de grands éclaircissemens pour le Commerce du Caire.

Les sept Volumes qu'on a commencé à donner au Public en 1702, sous le titre de Recueils des Voyages qui ont servi à l'établissement & au progrès de la Compagnie des Indes Orientales, formée dans les Provinces-Unies des Pays-Bas, ont été d'un grand secours pour traiter du Commerce qui s'y fait, mais non pas tous également, y en ayant quelques-uns qu'il faut lire avec discrétion.

On en peut dire autant de Tavernier : il a fourni pourtant d'excellens endroits, mais autant qu'on a pû, ceux seulement où il a paru conforme aux Mémoires les plus sûrs.

Monsieur l'Abbé de Choisi, Monsieur de la Loubere, le R. P. Tachart, n'ont pas été oubliés pour le Royaume de Siam, non plus que le R. P. le Comte pour la Chine.

Pietro della-Valle, Monconis, & Gemelli paroissent tous trois en bien des choses d'une foi assez douteuse; on peut cependant s'y fier dans celle du Commerce, particuliérement au dernier qui a encore pardessus les deux autres l'avantage & l'agrément de la nouveauté.

La Relation des Côtes d'Afrique par le Sieur Villaut de Bellefond, a beaucoup servi non seulement pour ce qui regarde le Commerce de Guinée, mais aussi pour ce qu'il y a d'historique, concernant les premiers établissemens des Nations d'Europe sur ces Côtes.

Flacour & Souchu de Renefort, ont été consultés pour les Isles de Madagascar & de Mascarenne, & l'on s'en est assez bien trouvé.

Pour l'Amérique Espagnole; outre ce qu'on a tiré des Histoires de la conquête du Mexique & du Perou, l'une par Antoine de Solis, & l'autre par Augustin de Zarade, de la grande Histoire des Voyages des Indes Orientales par Antoine d'Herrera, & l'Histoire de la Floride par l'Inca Garcilasso de la Vega, on a pris quelques morceaux des Voyages de Thomas Gages, mais toujours avec la défiance que mérite qu'on ait de lui un Auteur aussi décrié & aussi peu sûr que ce malheureux apostat.

La Hontan mériteroit en plusieurs choses ce qu'on vient de dire de l'Auteur Anglois; on peut néanmoins en juger autrement, lorsqu'il ne parle que de Commerce, & c'est le témoignage que lui rendent d'habiles Négocians, & d'anciens habitans établis dans le Canada.

La Description Géographique & Historique des Côtes de l'Amerique par Monsieur Denis, n'a aucun des défauts qu'on reproche aux deux Auteurs précedens, aussi en a-t-on emprunté avec confiance, la pêche & la préparation de la Morue, & tout ce qu'il dit du Cap-Breton, présentement connu sous le nom de l'Isle Royale.

Pour les Isles Antilles on a eu recours au R. P. du Tertre, & au sieur de Rochefort, qui tous deux avoient passé pour assez exacts, jusqu'à ce que le R. P. Labbat Religieux Dominicain & confrere du premier, eût relevé plusieurs de leurs fautes dans son nouveau Voyage aux Isles de l'Amerique qu'il a donné au Public en 1722.

On avoue qu'il eût été avantageux au Dictionnaire universel de Commerce, que cet excellent Ouvrage eût paru plutôt; mais quoique l'impression du Dictionnaire fût déja fort avancée, on n'a pas laissé de profiter de plusieurs remarques curieuses & utiles du P. Labbat sur la culture & la fabrique de l'Indigo, du Rocou & du Sucre.

On omet tous les autres Voyageurs jusqu'au nombre de plus de cent cinquante Volumes, qu'on a tous lûs, mais presque sans profit pour la perfection du Dictionnaire, à l'exception pourtant d'un voyage des Pays Septentrionaux, par la Martiniere, où l'on a pris diverses choses sur le Négoce de la Syberie & de la Laponie : de la Relation de la captivité du sieur Mouette qui a fourni quelques particularités du Commerce des Royaumes de Fez & de Maroc; de la Relation de Ceylan par Robert Knox, d'où l'on a tiré de quoi perfectionner ce qu'on dit de la Canelle; de l'expédition de Monsieur Deshayes aux grandes Indes, où il est parlé de l'entreprise de Trinquemale, & de la prise de Saint Thomé; des Relations de Monsieur Dellon Docteur en Médecine, où l'on trouve quelques remarques sur le Commerce des Indes; de l'histoire des Boucaniers, pour les Isles de la Tortue & de S. Domingue; & de peu d'autres dont la lecture a fourni quelques Articles du Dictionnaire.

La description de la Louisianne par le R. P. Hennepuin, & les Voyages du Sieur de la Salle pour la découverte du fameux Fleuve de Missisipi, n'ont pas été inutiles pour se préparer à ce qu'on avoit à dire du Commerce de cette vaste partie de l'Amérique où les François ont établi depuis peu tant d'habitations & une si célebre Colonie.

On ne dit rien de tant de divers Dictionnaires qui ont paru jusqu'ici. Le Lecteur juge bien qu'on les a tous parcourus, & qu'on y a recueilli tout ce qui pourroit servir à enrichir le Dictionnaire universel de Commerce; mais on en a fait la recolte d'une main si discrette, qu'on est sûr que ni les Auteurs ni les Libraires n'en pourront être offensés.

C'est encore, s'il se peut, avec plus de réserve & de discrétion qu'on a touché au *Parfait Négociant* de feu Monsieur Savary le Pere. Les Auteurs pourroient avec raison le regarder comme leur patrimoine, & la plus riche partie de la succession paternelle; ils l'ont néanmoins respecté jusqu'au point de se faire une religion d'oser, pour ainsi dire, le démembrer pour le faire entrer dans leur Dictionnaire : Ainsi lorsque la ressemblance des matieres auroit pû les engager à faire des Extraits du *Parfait Négociant*, qui auroient sans doute donné un grand lustre à leur Ouvrage, ils se sont contentés de le citer & de renvoyer à l'original, persuadés qu'ils ont été que les Lecteurs leur sçauroient gré, s'ils les obligeoient de consulter un si grand maître, & d'aller eux-mêmes puiser dans une source si pure & si abondante les véritables maximes du Commerce, & l'usage que les Négocians en doivent faire.

Il ne reste plus maintenant que de rendre compte de la maniere dont on a composé les articles des Epiceries, ceux des Corps & Communautés des Arts & Métiers de la Ville de Paris, & quelques autres des plus considérables.

Le Traité des Drogues du sieur Pomet, imprimé en 1695, a été comme le canevas sur lequel on a travaillé pour les articles des Epiceries, & des Drogues propres à la Médecine & à la Teinture.

Les fautes échappées à l'exactitude de l'habile Droguiste, ont été corrigées sur les sçavantes observations de Messieurs Tournefort, Lemery, Jussieu, Geofroi, Homberg, & quelques autres, & sur les Mémoires inserés dans l'Histoire de l'Académie des Sciences.

Les Auteurs anciens, sur tout Pline & Mathiole, n'ont pas été non plus négligés, & on a été souvent obligé de les consulter.

Enfin pour vérifier, pour ainsi dire, d'après nature la plupart des descriptions qu'on a faites des Epiceries & des Drogues, on a eu sous les yeux un Droguier assez ample & très curieux, que l'emploi de Monsieur Savary des Bruslons à la Douane de Paris, lui avoit donné la facilité de ramasser, & qui est encore entre les mains du Continuateur.

On n'a pas oublié d'ajouter à la fin de chaque Article, (ce qui est de plus utile & de plus d'usage dans le Traité du sieur Pomet,) c'est-à-dire, quelles sont les marques ausquelles on doit connoître la bonté des Drogues, les différentes tromperies qu'on y peut faire en les sofistiquant, & comment on peut distinguer les Drogues qui sont sofistiquées d'avec celles qui ne le sont pas.

C'est principalement sur les Statuts des Corps & Communautés des Arts & Métiers qu'on a composé les Articles qui les concernent. On y a ajouté des Extraits de tous les Jugemens qu'on a pû recouvrer, qui ont été rendus, soit par le Conseil, soit par le Parlement, soit par les Jurisdictions inferieures, pour regler les prétentions respectives de ces Communautés, & pour leur partager entr'elles les differens Ouvrages, & les diverses Marchandises qu'elles se disputoient; & l'on a encore rapporté les Edits, Déclarations & Lettres Patentes, qui ont érigé en Corps de Jurande toutes celles qui ont été établies à Paris depuis l'année 1600 jusqu'à présent; sur-tout, pendant le long Regne de Louis XIV, que les besoins de l'Etat ont rendu si fécond dans ces sortes d'Erections.

Monsieur Savary le Pere avoit rassemblé quelques unes de ces pieces, l'Auteur les avoit augmentées de plusieurs, mais c'est le Continuateur qui en a achevé le Recueil.

La plupart des Jurés des Communautés persuadés de l'utilité du Dictionnaire, dont ces pieces devoient faire une partie si considérable; les ont communiquées de bonne grace; quelques-uns prévenus qu'on les leur demandoit, pour sçavoir le secret de leurs affaires & de leur Commerce, dans l'intention de les charger de nouvelles impositions, les ont refusées durement; d'autres ne les ont pû fournir, parce qu'elles ne se trouvoient plus dans leurs archives.

Messieurs Saugrain & Prault, Libraires, dont les Magasins sont des dépôts publics, où l'on est sûr de trouver tout ce qu'il y a de curieux & de rare par rapport au Commerce, aux Finances, & à toutes autres sortes d'affaires, ont suppléé à ce que la mauvaise humeur des uns a refusé, & à ce que l'impuissance des autres n'a pû accorder. Ils ont ouvert généreusement leurs Recueils, & n'ont voulu pour tout payement, & pour tout prix du grand nombre d'Actes sur toutes especes de matieres de Commerce qu'ils ont communiqués à l'Editeur, que la satisfaction d'avoir contribué par là à la perfection d'un Ouvrage qu'ils ont crû pouvoir être utile au Public.

A chaque Article des Arts & Métiers, on a fait mention des Outils & des Instrumens qui sont nécessaires aux Ouvriers qui en font profession; & à la plupart de ces Articles l'on a encore joint d'exactes descriptions de la maniere de fabriquer les Ouvrages qui en sont l'objet, aussi-bien que des machines & des matieres qu'on y employe.

Quelques-unes de ces descriptions ont été faites par les plus habiles Maîtres de ces professions; le reste est l'ouvrage de l'Auteur & de son Continuateur, qui avec quelques talens pour les mécaniques, se sont trouvés en état d'y travailler, ce semble avec quelque succès.

On s'est servi utilement des Principes d'Architecture de Monsieur Felibien, pour ce qui regarde les Arts, dont cet habile Auteur a traité dans cet excellent livre.

Les deux Articles des Chevaux & des Haras, que les connoisseurs n'ont pas considerés comme les moindres du Dictionnaire, ont été faits en partie sur les Mémoires manuscrits, & sur les instructions imprimées par ordre de la Cour qu'a bien voulu communiquer Monsieur d'Osinont, Gentilhomme également recommandable par l'antiquité de sa Maison, & par la solidité de sa vertu, qui a long-tems été chargé de l'inspection générale des Haras de France.

On n'est pas sûr que ce peu qu'on dit d'un ami si généreux ne blesse pas sa modestie; mais on ne peut se refuser le plaisir de lui donner une marque publique de sa reconnoissance.

Monsieur

Monsieur de Lavau cousin germain des Auteurs, qui a succedé à Monsieur Savary des Bruslons, dans l'emploi d'Inspecteur des Manufactures à la Douane de Paris, a donné presque tout ce qui regarde la fabrique des Sels de la Bretagne & du Pays d'Aunix, aussi-bien que le Commerce qui s'en fait avec les Etrangers. On a eu encore de lui des Mémoires sur les Toiles qui se font dans ces Provinces; sur les Ardoisieres, & le Négoce des Ardoises; sur la pêche de la Sardine; & sur les Vins & les Eaux-de-Vie de l'Orleanois, du Blesois, de l'Anjou, & de la riviere de Nantes qui se transportent au dehors.

On acheve le détail peut-être déja trop long, mais qu'on a cru nécessaire, pour ne pas manquer à la reconnoissance que l'on doit aux personnes qui ont contribué à la perfection de cet Ouvrage; on l'acheve, dis-je, en parlant, comme on l'a promis, de celui qui a le plus communiqué de Mémoires, & qui, de ce côté-là, mérite en quelque sorte d'être regardé comme un troisiéme Auteur du Dictionnaire.

Monsieur Masson, né avec un heureux génie, & une forte inclination pour le Commerce, avoit ramassé avec un grand soin & une dépense encore plus grande, tous les Mémoires & toutes les Instructions qui pouvoient regarder le Négoce, soit du dedans, soit du dehors du Royaume.

Possesseur d'un si précieux trésor, il songeoit à en faire un usage utile à sa Patrie, & déja il avoit projetté le Plan d'un Ouvrage sur les Manufactures; lorsqu'il apprit qu'on commençoit à imprimer le Dictionnaire universel de Commerce.

Il alla chez le Libraire, il y parcourut plusieurs articles de l'Ouvrage, & l'on croit pouvoir se flatter que le plan & l'exécution ne lui en déplurent pas, puisque sans penser à sa propre gloire, mais seulement touché de l'utilité publique, il offrit de suspendre son projet & d'aider l'Editeur de ce qu'il avoit rassemblé pour l'exécuter.

Ses offres furent acceptées, & après que les augmentations du Dictionnaire eurent été concertées & reglées dans une conference qui se tint à saint Maur, où Monsieur Masson avoit bien voulu prendre la peine de venir trouver l'Editeur, on s'appliqua sans relâche à profiter de tant de riches matériaux.

Les Mémoires communiqués par Monsieur Masson, sont au nombre de près de cent cinquante, sans compter quinze gros Volumes, la plupart *in folio*, qui en contiennent encore une plus grande quantité.

Deux de ces Volumes sont composés des Chartes accordées par les Rois de la Grande Bretagne, pour l'établissement des Colonies Angloises de l'Amérique, dont on a parlé ci-dessus.

Il y en a trois pour ce qui concerne celui de la Hollande dans les quatre parties du Monde.

D'autres sont des Recueils de toutes les Lettres Patentes obtenues par les nouvelles Manufactures établies en France depuis l'année 1665.

Les Réglemens donnés sous le Ministere de Monsieur Colbert, pour les Consulats des Echelles du Levant, les fonctions des Consuls, leurs droits, les prérogatives de la Nation, ses Drogmants, le Cotimo de Marseille, & autres telles matieres qui ont rapport au Commerce que les François font dans les Etats du Grand-Seigneur, composent deux volumes.

Il y en a un pour les Instructions de Monsieur le Marquis de Nointel, Ambassadeur de France à la Porte; sur le renouvellement des Capitulations, & sur la Police que Sa Majesté entend qui soit observée par tous ses Sujets dans le Levant.

Enfin un dernier Volume ne contient que des projets ou pour établir de nouveaux Commerces en France, ou pour soutenir & perfectionner ceux qui y sont déja établis.

A l'égard des Mémoires, le plus grand nombre regarde le Commerce de la France. Chaque Ville du Royaume un peu considérable par ses Manufactures & par son Négoce, a le sien. Il y en a sur les Pêches que font les François; sur les Toiles noyales; sur celles qui sont propres pour l'Amerique Espagnole; sur les Glaces de grand volume, qui se fabriquent à S. Gobin; particuliérement un Traité très-curieux qui contient l'Histoire de la premiere Compagnie des Indes Orientales, depuis son établissement en 1664 jusqu'à la révocation de ses Lettres Patentes en 1719, & son union avec celle de la Louisiane.

Parmi les Mémoires qui concernent le Commerce des Etrangers, les principaux sont ceux pour l'Espagne, ceux pour le Portugal, & ceux pour l'Angleterre; entre ces derniers se trouvent les Tarifs Anglois avec les diverses augmentations de droits mis sur les Marchandises, les Vins, & Eaux-de-Vie de France.

Enfin la Chine, la Perse, les Indes Orientales, les Manilles, le Senegal, la Louisiane, & les Echelles du Levant, ont chacun leur Mémoire particulier d'autant plus considérables, que la plupart ont été dressés depuis le Regne de Louis XV.

Ce sont les Augmentations tirées de ces Mémoires, qui ont retardé l'impression de cet Ouvrage, & qui ont fait differer d'en fournir les Exemplaires aux Souscripteurs quelques mois plutard qu'on ne s'y étoit engagé; mais ce retardement peu considérable est bien compensé par l'avantage que le Public y trouve; puisque le Continuateur n'ayant point épargné ses peines, ni le Libraire la dépense, le Dictionnaire a été augmenté de plus d'un quart, & que les additions qu'on y a faites sont à peu près portées à la perfection.

Le zele de Monsieur Masson pour le Dictionnaire universel de Commerce ne s'étoit pas borné à la communication de tant d'excellens Mémoires; il s'étoit encore offert de revoir tout l'Ouvrage; & en effet, il en a parcouru les trois premieres Lettres; mais ses affaires, & des occupations importantes ayant interrompu ce travail, l'Editeur a été privé de ce secours, & le Public de quantité d'observations, dont pourtant on trouvera des essais dans divers endroits du Dictionnaire, & que Monsieur Masson a fait esperer qu'il ne refusera pas ou pour un Supplément ou pour une nouvelle édition.

C'est encore ce qu'a promis Monsieur Vaultier, Procureur du Roi des Commissions du Conseil d'Etat, pour les Privileges de Paris, & pour l'examen des Comptes & liquidation des dettes des Communautés de cette Ville. Outre la réputation qu'il s'est acquise depuis long-tems par son érudition, on sçait qu'il est encore très intelligent dans toutes les parties du Commerce: & c'est ce qui lui a fait confier l'emploi de Commissaire de Sa Majesté, en Hollande, au Traité d'Utrecht, & depuis en Flandres, sous les ordres de Messieurs les Ministres. Il s'étoit engagé avec la même générosité que Monsieur Masson à examiner l'Article général du Commerce. Il en avoit même commencé l'examen & l'on se fait honneur d'avouer qu'on en a ou corrigé ou augmenté plusieurs endroits sur ses remarques; mais l'impression de cet Article pressant, & de plus importantes occupations empêchant Monsieur Vaultier de s'y appliquer; on n'a pû profiter de ses avis sur le reste, à qui l'on s'appercevra sans doute qu'une si bonne main a trop tôt manqué.

L'amitié & la reconnoissance demandent qu'on n'oublie pas non plus ici les obligations que l'on a à Monsieur Bourdot de Richebourg, célebre Avocat au Parlement.

Le Continuateur, après la mort de Monsieur son Frere, effrayé en quelque sorte de la grandeur & des difficultés de son entreprise, sembloit hesiter s'il pousseroit plus loin son engagement, ou s'il ne se contenteroit pas de donner le Dictionnaire dans l'état où il se trouvoit. Les avis de son ami l'emporterent sur ses craintes; mais pour lui en faciliter l'exécution un si habile homme voulut bien l'aider de ses lumieres, le conduire par ses conseils, & lui ouvrant sa Bibliotheque & ses Recueils lui procurer quantité de morceaux rares & curieux pour enrichir son Ouvrage.

Entr'autres pieces qu'on a tirées du Cabinet de Monsieur de Richebourg, on a eu l'Ordonnance de Louis XIV de 1685, qui n'avoit point encore alors été imprimée; c'est l'Ordonnance appellée communément aux Isles Françoises de l'Amerique, *Le Code Noir*, à cause qu'elle contient la Police qui doit s'y observer par rapport aux Négres; les Procès verbaux, pour la reforme des Poids, Matrices & Estalons de Flandres; divers Statuts des Communautés des Arts & Métiers qu'on n'avoit pû trouver ailleurs, non pas même chez Messieurs Saugrain.

Enfin un assez grand nombre d'Edits, de Déclarations, d'Arrêts du Conseil & de Réglemens concernant le Commerce, qui manquoient aux Recueils de M. Savary des Bruslons.

On s'attend sans doute, qu'en finissant cette Préface, on se justifiera sur deux choses dont l'une regarde également l'Auteur & son Continuateur; & l'autre, où le Continuateur seul peut avoir quelque part.

Des personnes, mais toutes interessées dans la reflexion, voudroient faire croire qu'il est ou injuste ou dangereux de trop découvrir les secrets du Commerce; injuste, parce que c'est ôter aux Marchands & aux Ouvriers les moyens les plus sûrs d'y faire de grands profits; dangereux, parce que les Etrangers en peuvent profiter.

Cette objection n'est point nouvelle, elle avoit prévenu la publication du *Parfait Négociant*, & on l'avoit, pour ainsi dire fait revivre, lorsqu'en 1686 on dressa par ordre de la Cour une Instruction générale pour la teinture des Laines.

Monsieur Savary le Pere répondit pour ce qui le regardoit, que le mistere qu'on affectoit dans le Négoce couvroit pour l'ordinaire plus de gains illicites que de profits légitimes. Qu'on ne vouloit pas que le Public fût informé de la fabrique des marchandises pour lui en cacher les défauts & la mauvaise façon; & qu'à l'égard des Etrangers qui pouvoient imiter nos Manufactures, le moyen le plus sûr, & en même-tems le plus juste de les en empêcher, étoit de les si bien fabriquer & d'y employer de si bonnes matieres, que les autres Nations ne fussent point tentées de se servir d'autres que de celles de France.

Pour l'Auteur de l'Instruction générale des Teintures, ou plutôt par sa bouche, le grand Ministre qui l'avoit ordonné; l'Auteur, dis-je, répond simplement: premiérement, qu'il n'étoit pas possible d'instruire autrement les François de la maniere de faire de bonnes teintures: En second lieu, qu'on ne pouvoit être trop exact pour empêcher le mal & procurer le bien, quand ce seroit même avec quelque danger que les Etrangers n'en profitaffent : Enfin que quelque soin que l'on prît de cacher le secret de la Teinture, un seul qui le sçavoit en pourroit priver sa Patrie, & le rendre commun dans les Etats de nos voisins.

On laisse au Lecteur à faire l'application de ces raisons aux Manufactures Françoises desquelles on parle dans le Dictionnaire, & dont on voudroit faire craindre qu'il est dangereux de découvrir le secret aux Nations étrangeres.

L'autre reflexion, qui ne regarde que le Continuateur, consiste en ce qu'il semble qu'un Dictionnaire de Commerce n'a pas un rapport assez exact avec sa profession : Qu'il sied mal à un Ministre du Seigneur de flatter la cupidité des hommes, en leur apprenant des moyens de s'enrichir ; & que des mains consacrées par le ministere des Autels, se sont en quelque sorte souillées en fouillant dans les Boutiques des Marchands, & des gens de métier pour tirer des unes tant de diverses sortes de Drogues & de Marchandises, & pour manier dans les autres un si grand nombre d'outils & d'instrumens.

Si l'on croyoit avoir besoin de justification là-dessus, il seroit aisé de faire voir qu'il est du ressort de l'Eglise de donner des regles pour établir ou pour maintenir la bonne foi & la probité dans le Commerce ; qu'elle peut avoir inspection sur les profits qui se font dans toutes sortes de professions, & sur tout dans le Négoce ; puisque c'est elle qui juge s'ils sont legitimes ou non : & qu'enfin il n'est point indigne de ses soins de s'occuper de ce qui est utile au Public lorsqu'elle n'y voit rien de contraire à ses préceptes & à ses Loix.

Mais sans entrer dans cette discussion, l'Editeur pour toute réponse se contentera d'opposer à ces Censeurs un exemple au dessus de toute exception.

Monsieur Huet Evêque d'Avranches, n'a pas crû profaner la plume qu'il avoit employée à la composition de sa *Démonstration Evangelique*, & de tant d'autres Ouvrages si sçavans & si utiles à l'Eglise, en la faisant servir dans la suite à son Histoire du Commerce, & de la Navigation des Anciens. Comment donc voudra-t-on faire un scrupule à l'Editeur, d'avoir prêté la sienne pour la continuation d'un Dictionnaire de Commerce, qui n'a d'autre objet que l'utilité publique, ni d'autre but que d'établir dans le Négoce la justice, le bon ordre, l'équité, le désinteressement, la droiture, & la bonne foi ; sans lesquels ce n'est plus une profession permise, & où l'on peut faire des profits légitimes ; mais un brigandage, où tout devient ou usure ou tromperie.

On avoue en finissant, qu'on aura sans doute besoin de beaucoup d'indulgence, sur-tout pour un Ouvrage, où n'étant pas possible de travailler autrement que sur des Mémoires, outre qu'on est chargé de ses propres fautes, l'on reste encore responsable en quelque sorte de celles d'autrui.

On ne demande grace néanmoins ni pour les uns ni pour les autres, & plus les Lecteurs seront exacts à les remarquer, plus on leur aura d'obligations. On les supplie seulement d'envoyer leurs corrections à l'Editeur ou au Libraire, afin qu'on en puisse faire usage dans un Supplément ou dans une nouvelle édition, si l'on en vient jusques-là ; sûrs qu'ils doivent être, qu'on aura pour eux la même reconnoissance, & la même docilité qu'on a eue pour tous ceux qui ont bien voulu contribuer à la perfection du Dictionnaire universel de Commerce, & à le rendre plus digne de la flatteuse prévention avec laquelle le Public l'a demandé & l'a attendu.

## APPROBATION.

J'Ai revû par l'ordre de Monseigneur le Garde des Sceaux ce *Dictionnaire de Commerce*, dont j'avois déja examiné le Manuscrit par l'ordre de Monseigneur le Chancelier. Les Additions que l'Auteur y a faites depuis mon premier Examen, m'ont semblé aussi interessantes que le corps même de l'Ouvrage, qui tout complet qu'il paroît, sera encore susceptible de plusieurs augmentations, que les Amateurs de l'utilité publique ne manqueront pas de fournir. Il y a long-tems qu'on n'a vû de Livre plus curieux ni plus solide, & dont on ait dû plus universellement desirer l'impression. Fait à Paris ce 26 d'Avril 1723.

RAGUET.

## PRIVILEGE DU ROI.

LOUIS, PAR LA GRACE DE DIEU ROI DE FRANCE ET DE NAVARRE: A nos amés & féaux Conseillers, les Gens tenans nos Cours de Parlemens, Maîtres des Requêtes ordinaires de notre Hôtel; Grand Conseil, Prevôt de Paris, Baillifs, Sénéchaux, leurs Lieutenans Civils, & autres nos Justiciers qu'il appartiendra; SALUT: Notre bien amée la Veuve ESTIENNE, Libraire à Paris, Nous ayant fait remontrer qu'elle souhaiteroit continuer à faire réimprimer & donner au Public *le Dictionnaire Universel de Commerce, le Parfait Négociant & les Parères* par le Sieur Savary, s'il Nous plaisoit lui accorder nos Lettres de continuation de Privilége sur ce nécessaires; offrant pour cet effet, de les faire réimprimer en bon papier & beaux caracteres, suivant la feuille imprimée & attachée pour modéle sous le contre-scel des Présentes. A CES CAUSES, Voulant traiter favorablement ladite Exposante; Nous lui avons permis & permettons par ces Présentes, de faire réimprimer lesdits Livres ci-dessus spécifiés en un ou plusieurs volumes, conjointement ou séparément, & autant de fois que bon lui semblera, & de les vendre, faire vendre & débiter par tout notre Royaume pendant le tems de vingt années consécutives, à compter du jour de la date desdites Présentes: Faisons défenses à toutes sortes de personnes de quelque qualité & condition qu'elles soient, d'en introduire d'impression étrangere dans aucun lieu de notre obéissance; comme aussi à tous Libraires, Imprimeurs & autres, d'imprimer, faire imprimer, vendre, faire vendre, débiter ni contrefaire lesdits Livres ci-dessus exposés, en tout ni en partie, ni d'en faire aucuns extraits sous quelque prétexte que ce soit, d'augmentation, correction, changement de titre, même de traduction en langue Latine ou autrement, sans la permission expresse & par écrit de ladite Exposante, ou de ceux qui auront droit d'elle; à peine de confiscation des Exemplaires contrefaits, de dix mille livres d'amende contre chacun des contrevenans, dont un tiers à Nous, un tiers à l'Hôtel-Dieu de Paris, l'autre tiers à ladite Exposante, & de tous dépens, dommages & interêts: à la charge que ces Présentes seront enregistrées tout au long sur le Registre de la Communauté des Libraires & Imprimeurs de Paris dans trois mois de la date d'icelles, que l'impression de ces Livres sera faite dans notre Royaume & non ailleurs; & que l'Impetrante se conformera en tout aux Réglemens de la Librairie, & notamment à celui du dixiéme Avril mil sept cens vingt-cinq; & qu'avant que de les exposer en vente les manuscrits ou imprimés qui auront servi de copie à l'impression desdits Livres, seront remis dans le même état où les Approbations y auront été données, ès mains de notre très cher & féal Chevalier le Sieur Daguesseau, Chancelier de France, Commandeur de nos Ordres; & qu'il en sera ensuite remis deux Exemplaires de chacun dans notre Bibliotheque publique, un dans celle de notre Château du Louvre, & un dans celle de notredit très cher & féal Chevalier le Sieur Daguesseau, Chancelier de France, Commandeur de nos Ordres; le tout à peine de nullité des Présentes: du contenu desquelles vous mandons & enjoignons de faire jouir l'Exposante ou ses ayans causes pleinement & paisiblement, sans souffrir qu'il leur soit fait aucun trouble ou empêchement. Voulons que la copie desdites Présentes qui sera imprimée tout au long au commencement ou à la fin desdits Livres, soit tenue pour duement signifiée, & qu'aux copies collationnées par l'un de nos amés & féaux Conseillers & Secretaires, foi soit ajoutée comme à l'Original: Commandons au premier notre Huissier ou Sergent de faire pour l'exécution d'icelles, tous actes requis & nécessaires, sans demander autre permission; & nonobstant Clameur de Haro, Chartre Normande & Lettres à ce contraires; car tel est notre plaisir. DONNÉ à Paris le vingt-uniéme jour d'Aout, l'an de grace mil sept cens quarante-un. Et de notre Regne le vingt-sixiéme. Par le Roi en son Conseil. SAINSON.

*Registré sur le Registre X. de la Chambre Royale des Libraires & Imprimeurs de Paris, N° 531. fol. 526, conformément aux anciens Réglemens, confirmés par celui du 28 Février 1723. A Paris le 23 Aout 1741.*

SAUGRAIN, Syndic.

ETAT

# ETAT GENERAL DU COMMERCE, QUI SE FAIT DANS LES QUATRE PARTIES DU MONDE.

## DU COMMERCE DE L'EUROPE,

*Et de celui que les Européens font dans l'Asie, l'Afrique, & l'Amérique.*

LEs différens Etats, & même les diverses Provinces de chaque Etat, n'ont ni un climat ni un sol propres à toutes sortes de productions naturelles : d'ailleurs, la diversité du génie des hommes en général, & des Nations en particulier, les applique à certaines fabriques, plutôt qu'à d'autres. Il faut donc nécessairement qu'ils se communiquent mutuellement par le Commerce, ce qui manque aux unes, & que les autres ont de trop.

Aussi est-il d'une très grande conséquence à ceux qui ont embrassé la profession du négoce, de ne pas ignorer ce qui se trouve chez leurs voisins, pour en profiter ; & ce qui croît ou se fabrique chez eux-mêmes, pour le leur envoyer comme en échange.

Pour aider bien des gens assez peu instruits, pour l'ordinaire, de ce qui se rencontre, pour ainsi dire, à leur porte, & par conséquent encore moins de ce qu'il y a de propre pour le Commerce chez les Nations les plus éloignées, l'on va entrer dans le détail, d'abord du Commerce de la France, prise par ses Généralités & ses Provinces ; & ensuite de celui de tous les Etats de l'Europe, & des autres parties du Monde, où les Européens portent leur Commerce, sans pourtant à l'égard de la France, suivre si régulièrement les Départemens de Messieurs les Intendans, qu'on ne passe quelquefois de l'un à l'autre, lorsque l'ordre & la convenance des matieres sembleront le demander, sur-tout quand les Généralités seront voisines.

## COMMERCE DE FRANCE :

PREMIEREMENT

### DE PARIS,

### ET DE SA GENERALITE'.

La Ville de Paris, la plus grande & la plus peuplée de l'Europe, & la capitale du Royaume de France, est le principal objet & comme le centre du Commerce qui se fait dans tout le reste de ce Royaume.

En effet, si d'un côté il semble que les Provinces du dedans du Royaume n'ont des grains, des bois, des vins, des bestiaux, des laines, des soies, du fer, des sels, des étoffes, des toiles, & tant d'autres marchandises, que pour en fournir cette Capitale ; de l'autre côté, on peut dire, que les Provinces maritimes n'entretiennent des Matelots, & n'arment des

Navires sur l'une & l'autre mer, que pour lui aller chercher dans les Pays les plus éloignés, tout ce que les quatre parties du Monde ont de plus rare & de plus précieux, & en remplir ses boutiques & ses magasins.

Mais si Paris est redevable aux Provinces de tant de choses propres à faire fleurir son Commerce, il est certain que par une espece de circulation qui s'y fait continuellement, non-seulement il leur en restitue une partie, embellie & enrichie par la main de ses plus habiles Ouvriers, mais encore qu'il leur envoye celles qui leur manquoient; cette grande Ville étant, pour ainsi dire, le magasin universel du Royaume, & comme un dépôt public où se fait l'échange des marchandises des Provinces, les unes contre les autres.

Pour entretenir un Commerce si étendu, il y a à Paris six Corps de Marchands; sçavoir, la Draperie, l'Epicerie, la Mercerie, la Pelleterie, la Bonneterie, & l'Orfévrerie. On en a encore établi un septiéme, qui est la Communauté des Marchands de Vin; mais les six autres Corps n'ont jamais voulu l'admettre parmi eux. *On parle dans ce Dictionnaire des differens Corps de Marchands à leurs propres articles, où l'on peut avoir recours.*

Outre ces Corps de Marchands, on compte encore jusqu'à cent vingt-quatre Communautés des Arts & Métiers, établies comme eux par Lettres Patentes des Rois; & dix-sept autres qui n'ont point de Lettres, n'ayant pas paru assez considérables pour les ériger en Corps de Jurande. *On traite aussi de chacune de ces Communautés, dans ce Dictionnaire, à leur ordre alphabétique; de leurs Statuts, de leur Commerce, des matieres qu'elles emploient, & des outils, instrumens, & machines dont elles se servent. On peut voir au mot* COMMUNAUTE', *le Catalogue qu'on en a dressé.*

C'est par les mains de ces sept Corps de Marchands, & des Maîtres qui composent les Communautés des Arts & Métiers, que passe tout le Commerce de Paris, tant pour la vente des marchandises de leur propre fabrique, que pour le débit de celles qui leur viennent de dehors, n'étant permis à aucun autre qu'à eux de tenir magasin & boutique ouverte.

Il y a néanmoins des exceptions à cette regle générale, & l'on n'y comprend pas ces célebres Manufactures établies par l'autorité souveraine, & qui par l'excellence & l'utilité de leurs ouvrages, ont mérité d'être distinguées de l'ordre commun.

De ce nombre sont, l'Hôtel Royal des Gobelins, où la fabrique des tapisseries de haute & basse lisse, & la menuiserie de bois de placage, qu'on nomme Marquetterie, ont été poussées au plus haut point de perfection.

L'Hôtel de la Savonerie, où se font ces riches tapis de laine & de soie, qui approchent si fort de la beauté des véritables Perses, par l'agréable mélange des couleurs qu'on y employe, & qui les surpassent de beaucoup par le goût & par la perfection du dessein.

La Manufacture des glaces, où l'on polit & met au teint les glaces de grand volume, qui se font à Saint-Gobin, Château dans la Forêt de la Fere en Champagne.

Celle de ces ingénieuses tapisseries, dont les fonds ne sont que de toile, & l'ouvrage de laine hachée.

Enfin, la nouvelle Manufacture établie au Fauxbourg S. Marcel, sur la petite riviere des Gobelins, par les sieurs Gluc & Jullienne, pour la fabrique des draps, & leur teinture en écarlate.

On parle très au long de ces Manufactures privilégiées en plusieurs endroits de ce Dictionnaire. *Voyez* GOBELINS, SAVONERIE, GLACE, TAPISSERIE, & TEINTURE.

On met aussi au nombre des Ouvriers Privilégiés, ceux à qui l'habileté & l'expérience dans leurs arts, ont fait mériter des logemens dans les Galleries du Louvre: & encore, mais dans un ordre bien inférieur, les Artisans qui travaillent dans des lieux prétendus privilégiés; tels que sont le Fauxbourg S. Antoine, le Temple, & quelques autres. *Voyez* PRIVILEGE, & PRIVILEGIE'S.

L'on fait à Paris de plusieurs sortes d'étoffes d'or, d'argent, de soie, & de laine mêlée avec la soie; entr'autres, des brocards, des damas, de petits velours, des moires lisses, des taffetas, des gazes unies & à fleurs, des ras de S. Maur, & des ferandines, que depuis quelques années on a appellées Grisettes.

La Manufacture des draps & étoffes d'or & d'argent, qui avoit été établie au Bourg de Saint Maur, à deux lieues de Paris, par le Sieur Charlier Fabriquant de la Ville de Lyon, a long-tems fourni à la Cour, & aux Pays Etrangers, tout ce qu'on peut faire de plus riche & de meilleur goût en ce genre: mais les longues guerres de la France, & ensuite la mort de ce célebre Manufacturier, ont fait entiérement tomber cette fabrique, qu'il n'y avoit que lui capable de conduire, & qui avoit été protégée par M. Colbert, & depuis par M. de Louvois, & soutenue par les grands fonds, que le Roi Louis XIV. lui faisoit avancer.

C'est aussi au Bourg de Saint-Maur, qu'ont été mises sur le métier, les premieres de ces étoffes, que de son nom on a toujours appellées depuis, *Ras de S. Maur.*

Les autres ouvrages qui se font à Paris, & dont le Commerce y est le plus considérable, & le plus en réputation, sont des rubans, dont ceux d'or & d'argent l'emportent sur toute autre rubanerie, Françoise ou Etrangere; & ceux de soie ne le cedent point à la rubanerie d'Angleterre.

Des galons & des franges de même matiere, qui sont seuls estimés dans les Provinces, & dans les Pays Etrangers, pour la beauté de l'ouvrage & de l'or.

Des bas à l'éguille & au métier, dont les Ouvriers, sur-tout ceux du tricot, sont établis pour la plupart dans le Fauxbourg S. Marceau; & les autres au métier, répandus en différens quartiers.

Des chapeaux de castor & de laine, desquels on fait de grands envois au dehors, particuliérement de ces derniers pour les troupes des armées du Roi.

Des perruques, dont Paris fournit presque toutes les Cours de l'Europe, où cette coëffure est en usage, & dont il s'y en fait des envois pour les Pays les plus éloignés.

Enfin, toutes sortes de ces précieux & agréables ouvrages, qu'on appelle Bijouterie, où la richesse de la matiere cede toujours à l'art de l'Ouvrier; & qu'on n'estime souvent, que parce qu'ils ont été travaillés à Paris.

Les couvertures de laine, qui se font aux Fauxbourgs Saint-Martin & Saint-Marceau; les cuirs, dont les tanneries sont aussi établies dans ce dernier Fauxbourg, sur la petite riviere des Gobelins; & les savons, dont il y a une Manufacture au Fauxbourg Saint-Germain; sont encore des marchandises qui entrent dans le Commerce qui se fait à Paris pour le dehors ; n'étant pas possible d'entrer dans aucun détail de celui du dedans, qui est infini, pour ainsi dire, aussi-bien que le nombre d'Acheteurs & de Vendeurs, entre qui il se fait.

Pour le Commerce journalier & intérieur de Paris, il y a quantité de halles, de marchés, & de places publiques, dispersées dans toute la Ville, où les Marchands de la campagne viennent tous les mercredis & les samedis étaler & vendre leurs denrées & marchandises, particuliérement des blés fromens, des seigles, des avoines, & autres grains ; des farines, du pain, des filasses, &c. & où tous les jours le peuple trouve tout ce qui lui est nécessaire dans une abondance qui paroît inépuisable. *Voyez les articles de* HALLE, *& de* MARCHE'.

Les Marchands Forains peuvent aussi apporter à Paris leurs marchandises, & les y vendre pendant la premiere quinzaine des deux foires franches, qui s'y tiennent tous les ans ; l'une, dans le Fauxbourg Saint-Germain, après la Fête de la Chandeleur ; & l'autre, au Fauxbourg S.Laurent, autrefois le lendemain de la Fête de ce Saint, & depuis quelques années dès la mi-Juillet.

Les Marchands d'Amiens, de Beaumont, de Rheims, d'Orléans, & de Nogent, sont ceux qui fréquentent le plus ces deux foires, particuliérement celle de Saint-Germain. Les marchandises qu'ils y apportent, sont les draps, ou autres étoffes de laine, ou mêlées de soie & de laine, ou de laine & de fil.

Au de-là de la quinzaine accordée aux Forains, il ne reste plus gueres à ces deux foires, que les Marchands de Paris, particuliérement les Merciers, & ceux du Palais, qui se mêlent de bijouterie & bimbloterie. On parle ailleurs amplement de ces deux foires. *Voyez ci-après l'article des* FOIRES.

Outre ce négoce immense de toutes sortes de marchandises, qui se fait à Paris, les Marchands & les Banquiers y font aussi un commerce d'argent, qui est comparable à celui d'Amsterdam, & des autres Villes du plus grand négoce ; n'y ayant gueres de Ville en Europe, où ils ne fassent des remises, & où ils n'ayent des Correspondans, pour acquitter les Lettres de change qu'ils tirent sur eux.

C'est pour soutenir & faciliter ce Commerce, qu'ont été créés en divers tems jusqu'à quatre-vingts Agens de Banque pour la seule Ville de Paris, dont les fonctions & les droits ont été fixés par divers Edits, Déclarations & Arrêts du Conseil. *Voyez* AGENT DE BANQUE *&* BANQUIER.

On va finir ce qu'on avoit à dire du Commerce de Paris, en ajoûtant trois remarques.

1°. Que ce sont les Prevôt des Marchands, & Echevins, qui y ont inspection & jurisdiction sur toutes les marchandises de grains, farines, vins, eaux-de-vie, bieres, & autres boissons ; bois, charbons, plâtres, & chaux, qui arrivent à Paris par la riviere, & qui sont déchargées sur ses ports & étapes.

2°. Que c'est pardevant le Lieutenant Général de Police, que se portent toutes les contestations qui naissent dans les Corps des Marchands, & dans les Communautés des Ars & Métiers : Que leurs comptes se rendent pardevant le Procureur du Roi au Châtelet : Et que c'est ce dernier Magistrat, qui reçoit le serment des Maîtres à leur réception, après le chef-d'œuvre.

3°. Que pour juger sommairement de tous les procès, qui arrivent entre les Marchands pour fait de Commerce, il y a une Jurisdiction Consulaire, la seconde du Royaume pour son antiquité ; mais sur le modele de laquelle toutes les autres, qui sont à présent en France au nombre de soixante, ont été depuis établies. *Voyez* PREVOST DES MARCHANDS, *&* CONSULS.

On trouvera aussi dans ce Dictionnaire, chacun à son article, le prix courant des Ouvrages de Maçonnerie, Menuiserie, Couvertures de maisons, Charpenterie, Plomberie, Serrurerie, Vitrerie, & celui du Pavé.

POUR qu'on puisse mieux juger du grand commerce de toutes sortes de marchandises qui se fait à Paris, soit de celles qui y sont apportées de dehors, soit de celles qui se fabriquent au dedans ; on va faire ici quelques remarques sur la consommation des bestiaux, grains, salines, & autres denrées qui y arrivent annuellement, & qui s'y vendent pour la subsistance de ses habitans ; ce qui ne fait pas une des moindres parties du négoce de cette Capitale du Royaume.

Ces remarques sont tirées de trois mémoires, l'un de l'année 1634. dressé par ordre de M. le Tellier, alors Procureur du Roi au Châtelet, élevé depuis par son mérite à la dignité de Ministre d'Etat, & de Chancelier de France ; l'autre de 1659, trouvé dans les papiers de M. Savary le Pere, à qui dans cette même année la Ferme du Domaine, Barrage & Entrée de Paris avoit été adjugée sous la Sur-intendance de M. Fouquet ; & le troisiéme qui n'a été communiqué qu'en 1722, mais qui paroît avoir été dressé quelques années auparavant.

*Mémoire de consommation pour la Ville de Paris, dressé en 1634, tel qu'il se trouve dans les Antiquités de Paris de M. SAUVAL, t. 1. p. 26.*

| | |
|---|---|
| Sel, | 600 muids. |
| Maquereau salé, | 800 barils. |
| Saumon salé, | 2000 barils. |
| Morue, | 20000 barils. |
| Hareng, | 23000 barils. |
| Charbon, | 19000 muids. |
| Bœufs, | 50000 |
| Porcs, | 27000 |
| Veaux, | 70000 |
| Moutons, | 416000 |
| Blé, | 80200 muids. |
| Morue en poignée, | 150000 poignées. |
| Avoine, | 16000 muids. |
| Foin & paille, | 6000000 de bottes. |

Il paroît que dans ce mémoire la morue y est mal employée en deux articles, & qu'il ne devoit contenir, ou que la morue en barils seulement, ou que la morue réduite en poignée, ainsi qu'elle se trouve dans les deux autres mémoires.

Le mémoire de M. Savary le pere contient les mêmes especes de bestiaux, de grains, & de denrées que celui de M. le Tellier, à la réserve du sel dont il n'est point parlé, & à la place duquel on a substitué le bois, mais dont le nombre de cordes n'est pas tiré en ligne ; aussi n'en parle-t-on ici qu'à cause des quantités, qui sont à plus d'un huitiéme de différence sur presque tous les articles ; ce qui fait voir combien en moins de trente ans, le commerce & le peuple de Paris étoit augmenté, puisque la consommation l'étoit si considérablement.

C'est encore la même raison qui fait qu'on va mettre ici le détail du troisiéme mémoire où l'on verra la consommation augmentée de près d'un quart, & ainsi le peuple de Paris a crû pareillement ſur cette proportion d'environ 200000 habitans en moins d'un ſiecle, ſans y compter les Etrangers qui n'y font que paſſer.

*Mémoire ſur la conſommation de Paris, communiqué en 1722.*

| | |
|---|---|
| Sel, | 750 muids. |
| Maquereau ſalé, | 950 barils. |
| Saumon, | 2400 barils. |
| Hareng, | 28000 barils. |
| Charbon, | 22000 muids. |
| Porcs, | 28000 |
| Bœufs, | 60000 |
| Moutons, | 430000 |
| Blé, | 100000 muids. |
| Morue en poignée, | 300000 poignées. |
| Avoine, | 22000 muids. |
| Foin & paille, | 8000000 de bottes. |

Les articles de ce troiſiéme mémoire ne ſont pas tout-à-fait dans l'ordre qu'on les donne ici; mais on a cru qu'il falloit ſe conformer à l'ordre du mémoire de 1634, afin qu'on pût voir, pour ainſi dire, du même coup d'œil, l'accroiſſement qui s'eſt fait dans la conſommation de Paris depuis 90 ans.

On ne peut s'empêcher de remarquer ici que les Imprimeurs de l'ouvrage de M. Sauval ont laiſſé échaper quelques fautes à l'endroit où l'on traite des Communautés de Paris, qui eſt le même où ſe trouve le mémoire de 1634, leſquelles certainement ne peuvent être d'un Auteur ſi exact & d'une ſi grande réputation, non plus que de ſes Editeurs.

On s'engage d'autant plus volontiers à les relever ici, qu'elles ſont entiérement contraires à ce qu'on raporte de ces mêmes Communautés dans ce Dictionnaire, & qu'il eſt bon que les lecteurs de ces deux ouvrages ſçachent à quoi s'en tenir.

La principale faute où l'on fait tomber M. Sauval, eſt ſur le nombre de ces Communautés qui vont, dit-il, à quinze cent cinquante & une.

L'erreur eſt manifeſte, & l'on ne pourroit pas même lui accorder le nombre de cent cinquante, puiſque du tems qu'il écrivoit, c'eſt-à-dire, vers le milieu du dix-ſeptiéme ſiecle, à peine les Communautés montoient-elles à ſoixante, & que même aujourd'hui qu'elles ont augmenté de près de la moitié, elles ne montent qu'à cent vingt.

Une autre faute eſt ſur la quantité des Apprentifs qu'il réduit à ſix mille, quoique, ſuivant le calcul qu'il fait des Maîtres, il devroit au moins aller à dix-ſept mille, puiſqu'il n'y a gueres de Maître qui n'ait ſon Apprentif, que dans quelques Communautés il eſt permis d'en avoir juſques à trois, & qu'au moins dans les deux dernieres années d'Apprentiſſage du premier il eſt permis d'en avoir un ſecond.

Enfin il paroît que M. Sauval diminue le nombre des Compagnons de près de la moitié, & que même, de ſon tems, ils alloient à plus de ſoixante mille. *Voyez* les articles des Communautés.

## ENVIRONS DE PARIS.

Il y a aux environs de Paris, & dans ſon abanlieue, pluſieurs petites Villes, Bourgs, Villages, & Maiſons Royales, dans leſquels ſont établies des Manufactures, & où il ſe fait des Commerces qui leur ſont particuliers.

C'eſt à Madrid, Château bâti par François I. dans le Bois de Boulogne, qu'on a commencé à travailler aux bas au métier, ſous la direction du Sieur Hindret, & où il y a eu long-tems une Manufacture de points de France. Celle-ci n'y ſubſiſte plus: l'autre s'y continue.

S. Cloud a trois Manufactures; celle de porcelaine fine, celle de la faïance commune, & une verrerie. On dira ſeulement de la premiere, que ces porcelaines ne cedent gueres pour la fineſſe, l'émail, & les couleurs, à celles de la Chine & du Japon; & qu'elles l'emportent beaucoup ſur elles par la beauté & la régularité de la forme & des deſſeins. *Voyez* PORCELAINE.

Il y a auſſi à Saint-Cloud des tanneries.

A Gentilly, Garges, & Antony, il y a d'excellentes blanchiſſeries; cette derniere eſt la plus eſtimée: & la Manufacture pour les cires, qui y a été établie par le ſieur de Saint-Gilles, eſt auſſi très conſidérable. *Voyez* CIRE.

A Sceaux, près le Bourg-la-Reine, ſe tient une fois la ſemaine un fameux marché de gros & menu bétail. Il ſe tenoit autrefois le lundi & le jeudi: préſentement il eſt réduit au lundi; le marché du jeudi ayant été reſtitué à Poiſſy, à qui il appartenoit.

C'eſt à ces deux marchés que les Bouchers de Paris, & des environs, vont ſe fournir de bœufs, & de bêtes blanches, qui y ſont amenés de Normandie, de la Flandre Françoiſe, de Picardie, de Berry, de Champagne, d'Auvergne, & de quelques autres Provinces du Royaume.

Sureine & Argenteuil ſont renommés pour leurs vins, qui dans la primeur paſſent pour de la Tocane de Champagne: & Vanvre pour ſon excellent beurre.

Enfin, Saint-Denis, le plus conſidérable de tous les environs de Paris, eſt célebre par ſes deux foires franches; dont l'une, qu'on appelle vulgairement le Landy, commence le lundi d'après la Saint Barnabé; & l'autre, qu'on nomme ſimplement Foire de Saint-Denis, s'ouvre le lendemain de la Fête de Saint Denis, au mois d'Octobre.

La premiere dure quinze jours; la ſeconde, ſeulement huit.

Les Marchands qui les fréquentent le plus ordinairement, ſont ceux de Champagne, de Picardie, & de Poitou, qui y apportent des draps, & toute ſorte d'autres étoffes de laine, ou mêlées de laine & de ſoie. *Voyez l'article des* FOIRES.

Il y a auſſi à Saint-Denis de très bonnes tanneries, pour l'apprêt des cuirs verds, qui viennent des boucheries de Paris; où les Tanneurs, avant de les enlever, font leur ſoumiſſion d'en raporter une partie bien & dûement tannée; ce qu'il faut remarquer pour toutes les autres tanneries, dont on parlera dans la ſuite, & qui ſont en très grande quantité dans la Généralité de Paris.

Cette Généralité a vingt-deux Elections, dont pourtant on ne traitera ici que d'une partie; joignant les autres aux Provinces avec leſquelles elles ſemblent convenir davantage par l'eſpece de leur Commerce; comme l'Election de Beauvais à la Picardie; celles de Tonnerre, de Joigny, & de Sens, à la Bourgogne, ou à la Champagne; & ainſi de quelques autres.

En général, toutes les Elections de la Généralité de Paris, à l'exception de celles qui appartiennent à la Champagne, à la Bourgogne, & à la Picardie, ont peu ou point de Manufactures; & leur plus grand Commerce ne conſiſte gueres qu'en blés, en vins, en bois, en laines, en foins, en cuirs, en beſtiaux, en chanvres, en œufs, en beurre, en volaille, en gibier, & en quelques toiles.

Il ſe recueille dans l'Election de Meaux près de

quarante mille muids de vins ; mais comme il est de ceux, qu'en proverbe, & pour en dénoter la mauvaise qualité, on appelle *Vins de Brie*, il ne s'en fait gueres de Commerce au dehors ; tout se consommant dans le Pays.

Ses blés sont excellens, & font une partie de la provision de Paris, où ils sont envoyés par la riviere de Marne. On en porte néanmoins aussi beaucoup au marché de Brie-Comte-Robert, un des plus célebres de la Brie Champenoise, où les Boulangers de Paris le viennent enlever par charroi.

Les laines de cette Election ne sont pas bien fines : cependant comme elles réussissent parfaitement dans de certaines Manufactures, quand elles sont mêlées avec des laines étrangeres, les Marchands de Rouen, de Beauvais, & de Troyes, en enlevent tous les ans pour des sommes considérables ; & ce sont ces laines que ceux de Beauvais envoyent laver à Senlis, comme on le dira dans la suite.

Il se fait encore à Meaux un assez bon négoce de gros & menu bétail, & ses prairies fournissent quantité de foins, qu'on conduit à Paris.

Les tanneries de Meaux ont aussi quelque réputation ; & les Tanneurs y préparent les cuirs verds, qui leur viennent des Bouchers de Paris.

Enfin, c'est dans cette partie de la Brie, qu'on appelle la Brie Françoise, dont Meaux est la capitale, que se font ces admirables fromages, que du nom de cette petite Province, on appelle ***Fromages de Brie***, & qui font les délices des tables les plus délicates de Paris, où l'on en envoye tous les ans pour des sommes qu'on auroit peine à croire.

Cressy a des tanneries, & des bois à bâtir, & à brûler.

Colomiers, & son Election, n'a gueres que des blés, qu'on charge à Meaux sur la riviere, pour envoyer à Paris. Elle fournit pourtant aussi quelques bois de chauffage, & des cuirs : mais pour ses vins, ils ne sont pas meilleurs que tous les autres vins de Brie ; & ils ont le même sort qu'eux, de rester pour le Pays. Il ne s'y en recueille qu'environ cinq ou six mille muids.

Il y a à la Ferté-Gaucher une petite Manufacture de serges.

Provins a des tanneries ; & l'on y fait quelque débit de conserves de roses, seches & liquides.

La tradition parle d'une ancienne Fabrique de draps qui y étoit établie, dont les Ouvriers, dit-on, apprirent jadis aux Anglois le secret de les fabriquer. Présentement il n'y a aucune Manufacture, ni même dans toute son Election, dont tout le Commerce, si l'on en excepte Nangis, consiste en blés, qu'on transporte à Paris par la Seine.

Il se tient à Nangis un marché franc tous les premiers mercredis de chaque mois, qui est très célebre ; & qui après ceux de Sceaux & de Poissy, fournit le plus de bœufs & de moutons aux Bouchers de Paris, & de ses environs. Le négoce des grains, des laines, & des toiles, y est aussi très considérable.

Il faut remarquer, en sortant de la Brie, qu'elle a quantité de Coquetiers & de Poulaillers, qui y ramassent des beurres, des œufs, de la volaille, & du gibier, pour porter à Paris ; les uns sur des chevaux, & les autres sur des fourgons.

L'Election de Montereau est fertile en blés, qui se vendent à Paris. Ses fromages & ses cuirs font le reste de son Commerce, à la réserve de la petite Ville d'Ormeilles, où il y a une assez bonne Manufacture de draps.

Nogent sur Seine, non plus que son Election, n'a gueres de Commerce, que celui des foins, que de vastes prairies lui fournissent en abondance ; & que la riviere sur laquelle il est situé, lui donne la commodité d'envoyer à Paris.

Ses vins sont peu de chose, en très petite quantité, & de foible qualité. Il s'y en recueille environ deux mille muids.

Ses tanneries sont meilleures ; & les Tanneurs, qui tirent leurs peaux des Bouchers de Paris, portent quantité de cuirs à la halle de cette Ville.

Les bois & les grains font le principal Commerce de Pont-Saint-Maxence, de Beaumont, & de Compiegne, que la riviere d'Oise sert à conduire à Paris.

Compiegne fournit outre cela quantité de bas, de bonnets, de chaussons, & d'autres ouvrages de bonneterie, qui se font dans la Ville & aux environs, & dont la destination est ordinairement pour la Flandre.

Les draps, les camelots, & les peluches, qui se font à Margny, village de cette Election, sont estimés. Ces Manufactures n'y sont pas bien anciennes ; mais elles y sont bien conduites.

Les draps de Senlis avoient autrefois de la réputation ; mais les Ouvriers les ayant affoiblis, en diminuant les portées, & les fils qu'ils devoient avoir, cette Manufacture est tout-à-fait tombée ; & les Habitans pour tout ouvrage de lainerie, sont réduits à laver & préparer les laines pour les Fabriquans de Beauvais.

Il s'y fait quelque Commerce de grains, & de bois à brûler.

Les deux Elections de Melun & de Nemours, font à peu près le même Commerce, qu'elles entretiennent toutes deux avec Paris par la riviere de Seine, sur laquelle leurs Capitales sont situées. Les blés, les farines, les vins, les fromages, les pavés de grès, & les cuirs, en sont le principal objet.

Le Commerce de Montfort consiste en blés, en avoines, en vins, en cidres, en fruits, en cuirs, & en bois. Ce dernier est très considérable, particuliérement quand la Cour est à Versailles. Il se fait aussi à Houdan des bas de laine, qui s'envoyent à Paris. C'est la seule Manufacture de cette Election.

Celle de Dreux fait son Commerce, partie à Paris, & partie à Rouen. Ses draps, qui se font à Dreux, & aux environs, s'envoyent aux Marchands Drapiers de Paris, qui s'en servent pour la fourniture des habillemens des Troupes ; & l'on transporte à Rouen les blés & les vins, d'où ils passent, ou en Angleterre, ou en Hollande.

Les cuirs qui s'y font, s'envoyent aussi à Paris.

Estampes a des blés, des laines, & des cuirs. Ses blés vont presque tous au marché de Montlhéry, d'où ils sont conduits à Paris. Les cuirs sont aussi en partie pour cette derniere Ville. A l'égard des laines, ce sont les Marchands d'Orléans & de Beauvais, qui les viennent enlever.

Lorsque la petite riviere d'Estampes étoit navigable, & qu'on en entretenoit les écluses, presque tout le négoce des blés de Beausse se faisoit par cette Ville ; d'où ils arrivoient au Port de la Tournelle à Paris, sur de petits bateaux de dix muids de blés chacun.

L'interruption de ce Commerce par eau a augmenté celui de Montlhéry, qui depuis ce tems-là est devenu comme l'entrepôt des blés de Beausse, destinés pour Paris.

Les vins de Mante font son principal Commerce.

Il en vient quelques-uns à Paris ; mais la plus grande quantité s'enleve pour la Picardie & la Normandie. Ils vont à Rouen par la riviere de Seine ; & par charroi dans la Basse Normandie, & la Picardie.

Un célebre Voyageur a remarqué, que de tous les vins de France, il n'y en a point qui souffrent si bien la mer, que ceux de Mante ; en ayant transporté jusques dans Agra & Hispahan, qui n'avoient souffert aucune diminution de force & de qualité ; bien que ceux de Bourgogne, de Bordeaux, de Moselle, & du Rhin, n'eussent pû résister à la même épreuve.

Il y a aussi à Mante des tanneries.

Pontoise & son Election n'ont point de Manufactures, & peu de Commerce des marchandises de leur cru ; si ce n'est de cuirs, qui s'y tannent en plusieurs petites Villes, & particuliérement à Pontoise même. Il est vrai que la riviere d'Oise lui facilite un négoce assez considérable avec la Picardie, d'où elle tire des blés & des avoines, qui d'Oise passent en Seine, pour la provision de Paris.

Les principaux lieux de la Généralité de Paris, où il y a des tanneries, outre celles qu'on a remarquées jusqu'ici, sont Châtres, Linas, Meulan, Sezanne, Poissy, Claye, Lusarche, Moret, Dourdan renommé par sa Manufacture de bas au tricot, & Corbeil. Cette derniere Ville a aussi une Manufacture de cuirs passés en buffle.

## *Mines de la Generalité de Paris.*

Il n'y a présentement dans la Généralité de Paris aucune mine d'or & d'argent qui y soit exploitée ; on y conserve seulement la mémoire de quelques-unes, qui ont été autrefois ouvertes dans plusieurs de ses Elections.

La plus considérable de ces mines, s'il étoit vrai que les épreuves eussent réussi, est une mine d'or qu'on avoit, disoit-on, découverte dans la Paroisse d'Auneuil, une de celles de l'Election de Beauvais. Plusieurs marcassites & une terre noire mêlée de quelques paillettes jaunâtres, avoient apparemment passé pour un vrai minéral : mais le bruit d'un si riche trésor n'a pas long-tems duré, & à peine en parle-t-on encore en Picardie.

L'Election de Meaux a eu aussi la réputation d'une pareille découverte, & du tems que M. Colbert de Croissy étoit Intendant de Paris, on donna avis à la Cour qu'on avoit trouvé des marcassites d'or mêlées dans une terre glaise, que l'on tiroit d'une montagne située entre les Villages de la Ferté-au-Col, & de Luzancy. Ces prétendues marcassites étoient des pierres de la grosseur d'un œuf, rayées de couleur jaunâtre : on en envoya des essais à la Cour ; ils furent éprouvés, & le bruit courut que ç'avoit été avec succès ; mais comme la dépense excéda le produit, on n'en parla plus.

L'Election de Vézelai, qui est un pays de montagnes, passe pour avoir diverses sortes de mines, entr'autres des mines d'argent, de cuivre, de plomb, & de fer ; les trois premieres sont fort incertaines ; pour la derniere il est certain qu'il y en a, aussi-bien que dans l'Election de Sens, où l'on voit encore un moulin à eau qu'on nomme le Moulin aux Forges ; mais les unes & les autres ont été abandonnées depuis qu'on a trouvé l'invention du flotage des bois, ceux qui entretenoient autrefois les forges de fer de ces deux Elections étant présentement conduits pour la provision de Paris.

## *Des Bois et Forests de la Generalité de Paris,*

### *Où il est aussi parlé de ses deux Grandes Maîtrises, de ses Maîtrises particulieres, & de ses Grueries.*

Il y a dans la Généralité de Paris deux grandes Maîtrises des Eaux & Forêts. Dans le département de la premiere, ce sont Paris & l'Isle de France ; & dans le département de la seconde, ce sont le Valois, Senlis, & Soissons.

On va d'abord parler du département de la Grand'-maîtrise de Paris, & de l'Isle de France, & ensuite du département de Soissons, du Valois, & de Senlis, mais de celle-ci moins amplement, à cause que plusieurs de ses Maîtrises particulieres sont hors de la Généralité.

## *Departement de la Grand'maitrise des Eaux & Forêts de Paris.*

Les Maîtrises particulieres qui dépendent de la Grand'maîtrise de Paris, sont : Paris, dont la Jurisdiction s'étend sur toute l'Election de cette Capitale.

S. Germain en Laye, qui comprend les Elections de Pontoise & de Mantes.

Fontainebleau, qui s'étend sur les Elections de Melun & de Montreau ; Montfort-l'Amaury, qu'on ne met ici que pour mémoire, ayant été supprimé par Lettres Patentes, en conséquence de l'échange fait par le Roi, du Duché de Montfort contre celui de Chevreuse.

Dreux, qui a été mis en sa place.

Crecy, qui comprend les Elections de Rosoy & de Coulommiers, de Provins & de Nogent.

Sens, dans lequel sont les Elections de Joigny, Saint-Florentin, Tonnerre & Vézelai.

Enfin Auxerre, Sezanne, Château-neuf, & Houdan : mais ces quatre Maîtrises sont hors de la Généralité de Paris. Il est vrai que la Gruerie de Nemours fait partie de la Maîtrise de Houdan.

## *Maitrise particuliere de Paris.*

Toutes ces Maîtrises ont sous elles diverses Grueries. Paris en a sept ; sçavoir, Livry, Brie-Comte-Robert, Senart, Seguigni, Limours, le Duché d'Etampe, le Comté de la Ferté-Aleps, & Boulogne ; elle a aussi la Justice du Bois de Vincennes.

Livry. La Gruerie de Livry contient 700 arpens de bois taillis appartenans au Roi. Jusqu'en l'année 1573 les bois de Sa Majesté montoient à 1400 arpens de futaie, mais la moitié en a été aliénée, & l'autre moitié réduite en bois taillis. Les autres bois de cette Gruerie appartiennent à des Particuliers.

Brie-Comte-Robert. Les bois de Brie-Comte-Robert ne consistent qu'en trois buissons, l'un de 303 arpens, l'autre de 383, & le troisiéme de 94 arpens. Ces trois buissons sont du Domaine du Roi, la plupart pourtant engagés. Il y a encore quelques autres bois particuliers.

Senart. Cette Gruerie est établie à Corbeil, il en dépend trois forêts ; Senart, qui contient 5765 arpens tant taillis, que landes & pâturages : Rougeau qui est de 2960 arpens, & Ozoy-la-Ferriere. Cette forêt est partagée entre plusieurs Communautés & Particuliers qui ne reconnoissent plus la Gruerie ; ce qui fait qu'on ne sçait pas précisément la consistence. Il y a peu de bois appartenans au Roi dans les deux premieres forêts.

LIMOURS. De cette Gruerie ne dépendent que quelques boqueteaux & buissons. Ceux des environs de Limours montent à 504 arpens, & les quatre du dedans du parc en tout à 536 arpens, sans compter 36 arpens qui servent de décoration au Château.

LA FERTÉ-ALEPS. Il ne se trouve dans cette Gruerie qu'un seul buisson d'environ 140 arpens de bois taillis.

BOULOGNE. De cette Gruerie qu'on nommoit autrefois la Forêt du Rouvroy & qui appartient toute au Roi, ne dépend que le bois de Boulogne qui a d'étendue 1970 arpens, tant en bois plantés qu'en places vuides ou remplies de bâtimens. Il est enclos de murailles.

VINCENNES. Le bois de Vincennes est aussi un parc muré appartenant au Roi; il contient 1467 arpens tant pleins que vuides. Dans ce parc il y a quatre petits buissons; sçavoir, celui du bois de la Boulaye, de 25 arpens; celui du bois Brûlé, de sept arpens; celui du Grand-bois, de 88 arpens; & celui de Beauté, de 54 arpens, dont il n'y en a que 14 en bois: tous ces bois appartiennent au Roi. Il y en a quelques autres dépendans de cette Justice, qui sont à des Particuliers.

LA FOREST DE MONTMORENCY, présentement d'ANGUIEN, a sa Gruerie particuliere; elle est de 1200 arpens.

## *MAITRISE DE S. GERMAIN EN LAYE.*

Cette Maîtrise s'étend, tant sur les forêts & bois de la Châtellenie de Saint-Germain, que sur ceux qui sont dans l'étendue de la Châtellenie de Pontoise & des Bailliages de Mantes, & de Meulan.

Les bois du Roi situés dans la Châtellenie de Saint-Germain sont, la forêt de Laye de 5550 arpens, tant en futaie que baliveaux sur taillis; le parc du Château, 350 arpens; la forêt de Marly de bois taillis, 2141 arpens; la Gruerie de Vizenet en bois de remise, 648 arpens; l'arpent le Roi, bois taillis, environ 7 arpens; tous ces bois sont de chênes, charmes, coudres, châtaigniers, & bois blancs.

Les bois de cette Châtellenie qui appartiennent aux Particuliers, montent environ à 13830 arpens, la plupart bois taillis.

Les bois de la Châtellenie de Pontoise sont tous à des Particuliers, le Roi n'y en ayant aucun. Ils peuvent aller à 6303 arpens, dont il y en a 1200 au buisson de Lay, & 4000 à Mercy. Ces bois sont chênes, châteniers, frênes, & ormes.

Il n'y a dans les Bailliages de Mantes & de Meulan que des bois particuliers qui vont environ à 8532 arpens, presque tous taillis, à la réserve de 200 arpens de futaie qui font partie des bois de Beval. La forêt de Rhosny est aussi comprise dans ce total.

Tous les bois de la Maîtrise de Saint-Germain, montent à 30506 arpens, en n'y comprenant pas les Elections de Pontoise & de Mantes, qu'on a mises ci-dessus dans le détail de cette Maîtrise.

## *MAITRISE DE FONTAINEBLEAU.*

Cette Maîtrise a sous sa Jurisdiction la forêt de Fontainebleau & les bois situés dans les Elections de Melun & de Montreau.

Cette Maîtrise fut établie par François I. par Lettres Patentes du mois d'Aout 1534; auparavant la forêt de Fontainebleau faisoit partie de la Maîtrise de Brie & de Champagne.

La forêt de Fontainebleau contient 26424 arpens tant pleins que vuides, s'y trouvant de grands espaces sans bois, quelques montagnes, des rochers, des valons, des déserts, & d'autres endroits où il n'y croît que des bruyeres, des genets, des genievres, des épines & autre mauvaise nature de bois.

Le reste de cette forêt est planté en corps de futaie, en demi & quart de futaie, & en jeunes revenus de ventes, mais qui ont peu de suite en leur qualité, âge & nature.

Cette forêt est presque ronde, dont le Château de Fontainebleau fait comme le centre, ayant environ quatre lieues de diametre. Les bois en sont considérablement diminués, depuis qu'en 1679 il y a été fait environ 300000 toises de long de nouvelles routes pour le plaisir de la chasse.

Il y a autour de la forêt de Fontainebleau, plusieurs bois & buissons qui appartiennent à des Particuliers. Ces bois sont 242 arpens sur les reims de la garde de la Croix de Guise, & 2500 arpens de bois broussailles & bruyeres sur les reims de la garde de la Croix de Saint-Héran.

Il y a plusieurs forêts dans l'Election de Melun; sçavoir, le buisson de Massaury qui contient 2800 arpens, & la forêt de Vitry, de 678 arpens de bois taillis.

Les autres bois de l'Election sont, les bois de Blandy, qui contiennent 1100 arpens; les usages d'Ozouer; le Voulgi, de 460 arpens; les bois de Billebois & de Fay, de 300; le buisson d'Estre-Gleneau, de 100; le bois Bouillant, de 90; le bois de Bréau, de 100; le bois Notre-Dame, de 200; le bois de Boissise-le-Roi, de 700; le bois des Fontaines, de 30; le bois du Chêne-Becard, de 400; le bois de Reau, de 500; le bois de la Ferté-Aleps, de 200; le parc de *Milly*, planté en forêt, de 460; le bois de Tourelles, de 650; le bois de Courante, de 295; le bois de Gravilles, de 400; les bois de Ville-neuve-le-Comte, de 275; le bois du Fresnoy, de 180; le petit bois de Saint-Martin planté en taillis, de 428; les bois Brichanteau, de 200; enfin la forêt de Saint-Germain-le-Val, plantée en taillis, de 900 arpens, & environ 6500 aussi de taillis, appartenans à divers Particuliers par petites portions qu'il seroit trop long de détailler.

Tous ces bois sont essence de chênes, de hêtres, & de charmes.

Les bois de l'Election de Montreau sont, la forêt de Saint-Germain à deux lieues de cette Ville, qui contient 1200 arpens; la forêt de Saint-Martin du Tertre, plantée en taillis, qui en contient 400; les bois de Valence qui en contiennent 2000; les bois de Boulin, de 600; les bois de Preuilly, de 550; les bois de la Brosse, de 300; les bois de Diants, de Dormeilles, & de Saint-Ange, ensemble de 400; les bois de Montigny-Lencoup, de 900 arpens; & les bois de Cottenson, qui contiennent environ 50 arpens.

Tous ces bois sont de chênes mêlés d'un peu de hêtres.

## *MAITRISE DE MONTFORT.*

On a déja dit que cette Maîtrise a été supprimée. La forêt de Montfort contient 11406 arpens; sçavoir, en fond de futaie 2508 arpens, en taillis 4755, & en bruyere 4143 arpens.

Outre la forêt, il y a dans l'Election en bois taillis, 4925 arpens, appartenant à des Particuliers.

Tous ces bois sont charmes & hêtres.

### *MAITRISE DE DREUX.*

La forêt de Dreux contient 4000 arpens en nature de bois taillis, dont jouit l'Engagiste du Domaine de Dreux.

La forêt de Senonche contient 8000 arpens; elle appartient à la Maison de Condé.

Ces forêts sont chênes & hêtres.

Les principaux bois de l'Election, sont,

Les bois Danet, de 500 arpens; ceux de Boncour, de 150; ceux du Boulai-Thierry d'autant; ceux de Brechamp & de Chandont, chacun de 200; le bois de Beu, de 900; le bois Dumesnil, de 600; le bois de Sorel, de 900; & le bois de Treon, de 300.

Il y a outre cela quantité de petits buissons partagés en un grand nombre de Particuliers. Ils montent en tout à 5385 arpens.

### *MAITRISE DE CRECY.*

Cette Maîtrise s'étend sur une partie de l'Election de Paris, sur les Elections de Meaux, de Rosoy, & de Coulommiers, qui sont de la Généralité de Paris, & sur l'Election de Château-Thierry, qui est de la Généralité de Soissons; on va parler des bois, suivant l'ordre des Elections.

Les bois de cette Maîtrise situés dans l'Election de Paris, ne montent qu'à 946 arpens divisés en deux buissons; sçavoir, le buisson Dumesnil, & le buisson de la Grange du bois.

Les bois & forêt de l'Election de Meaux sont, la forêt de Crecy qui contient 5131 arpens, dont il en appartient au Roi 2000 arpens en nature de futaie: le reste est bois taillis possédé par les Engagistes du Domaine de Crecy. Cette forêt est séparée en quatre gardes ou cantons séparés les uns des autres par quatre routes qui aboutissent à une Croix qui est au centre; on l'appelle la belle Croix.

Autour de cette forêt sont divers bois & buissons qui appartiennent à des Particuliers; ils montent ensemble à 1257 arpens; ceux qui sont du côté de Monceaux font ensemble environ 8600 arpens en diverses pieces, dont les principales sont, une de 2000 arpens qui appartiennent aux habitans de Vendrets & de quelques Paroisses voisines; une de 1400 arpens à l'Evêque de Meaux; une de 950 à l'Abbaye de Jouart; une de 800 à l'Abbaye de Rebets; une de 408, ou environ, à la Princesse de Lilebonne, & l'autre de 400 aux héritiers de Madame de Nemours.

Tous ces bois sont taillis, de nature de chênes & de hêtres.

Dans l'Election de Rosoy est la forêt de Jouy, qui s'étend aussi pour la meilleure partie sur celle de Provins. Cette forêt contient 6000 arpens, dont seulement 667 sont sur la premiere Election, & le reste sur la seconde. Il y a un grand chemin dans la forêt, qui sépare les deux Elections.

Les autres bois de l'Election de Rosoy sont ceux de Maison, de 617 arpens; ceux de Gastines, de 400 arpens; ceux de la Selle, de 225, partie futaie & partie taillis; ceux de Hautefeuille de 150 arpens; le buisson de Malvoisine de 1192 arpens; les bois de Lumigny de 1176; les bois de Morcerf, de 498; à Guerard & à Pomense, 110.

Il y a aussi aux environs de Crecy environ 687 arpens; à Fontenai 600; à Pavans 512; à Courpalais 512; les bois de Nangis 400, & les bois de Fontenailles 80 arpens; enfin les bois de Pecy qui contiennent 732 arpens, & ceux de Sitry qui en contiennent 230.

Il n'y a aucune forêt dans l'Election de Coulommiers, mais seulement des bois taillis qui peuvent monter à 3981 arpens. Tous ces bois sont de chênes mêlés d'un peu de hêtre.

### *MAITRISE DE PROVINS.*

La Jurisdiction de cette Maîtrise s'étend sur l'Election de Provins, & sur celle de Nogent.

Il y a dans cette Election deux forêts; la forêt de Jouy, dont pourtant une partie, comme on l'a remarqué ci-dessus, s'étend jusques dans l'Election de Rosoy; & la forêt de Sordim, outre le buisson de Ferriere qui joint cette derniere forêt.

Celle de Jouy, ainsi qu'on l'a dit, contient 6000 arpens, dont il en appartient au Roi 1800, nature de futaie, à la réserve de 225 qui sont taillis. Le surplus de cette forêt est partagé entre plusieurs Particuliers.

La forêt de Sordun est de 3013 arpens; il en appartient au Roi 1026, dont 227 sont taillis, le reste futaie. Plusieurs Particuliers sont propriétaires de ce qui n'est pas compris dans la part du Roi.

Le buisson de Ferriere en contient environ 700, le Roi en a 214, des Particuliers le reste.

La qualité de tous ces bois est nature de chênes & de hêtres, mêlés de quelques bouleaux.

L'Election de Nogent n'est pas un pays de bois; aussi ne s'y trouve-t-il aucune forêt, & à peine y a-t-il deux mille arpens de bois, dont même près des deux tiers est renfermé dans le parc de Pont.

Ces bois sont chênes & charmes.

### *MAITRISE DE SENS.*

La Maîtrise de Sens a beaucoup plus d'étendue qu'aucune autre Maîtrise de la Généralité de Paris. Les Elections qui en dépendent, sont celles de Sens même & celle de Joigny, de Saint-Florentin, de Tonnerre & de Vézelai en partie.

Il n'y a aucune forêt dans l'Election de Sens; les bois qui y sont, sont tous taillis, appartenans pour la plupart aux Seigneurs des Paroisses dans lesquelles ils sont situés. Tous ces bois montent à 7630 arpens.

Il y a outre cela les bois des Communautés, qui appartiennent aux habitans de certains villages; sçavoir:

A Veron, 300 arpens; à Vaudeurs, 400; à Rigny 350; à Pouy, 200; à Villiers-Louis, 100; à Bagneaux, 150; à Cerisiers, 200; à Gizi, 200; à Noé, 200; à Molimont, 100; & à Villeperot, aussi 100. Tous ces bois des Communes montent à 2300 arpens, qui avec les 7630 ci-dessus, font un total de 9930 de bois taillis.

L'Election de Joigny n'a point non plus de forêts, & tous ces bois sont bois taillis appartenans à divers Particuliers ou Communautés.

Les principaux buissons de bois sont:

Briesnon l'Archevêque, qui contient 3500 arpens; Turni, 6000; Migenne, 3000; la Selle, 2000; Cezi, 1000; Esnon, 500; Mery, 1200; les Ormes, 500; Prunoy, 500; Villecien, 500; Saint-Aubin, 500; Looz, 500; & les bois du Comte de Joigny, 8000.

Les bois des Communes sont aussi très considérables. A Bussy, 700 arpens; à Migenne, 300; à Brion, 500; à Belchaume, 350; à Paroy en Othe, 100; à Anon, 150; à Arce, 400; à Venisy, 4000; à Turny, 1500; à Vergigny & Arbosseau, 400; à Eurolles, 133; à Aillant, 400; & à la Ville de Joigny, 3500.

Tous

Tous les bois des Particuliers montent à 27700 arpens.

Les bois des Communes, à 12433 arp.

Total des bois de l'Election de Joigny, 40133

L'Election de Saint-Florentin n'a qu'une seule forêt, encore n'est-elle pas bien considérable, ne consistant qu'en 3600 arpens de bois; on la nomme la forêt d'Hotte: le Roi n'y a rien, & elle appartient toute entiere aux Seigneurs & aux habitans de six Paroisses de cette Election sur lesquelles elle s'étend.

A Ervy, il y a un buisson qui contient 650 arpens de bois.

A Maligny, un autre de pareille étendue, le reste est peu considérable; toute l'Election n'ayant environ que 6000 arpens de bois tous taillis; la nature de ces bois est de chênes mêlés de hêtres, de charmes, de frênes & de marceaux.

Il s'en coupe par chacun an cinq ou six cens arpens, qui année commune peuvent produire aux Propriétaires douze mille livres. Il se consomme pour la plus grande partie dans le pays; le surplus se consomme en charbon pour Paris.

Il n'y a dans l'Election de Tonnerre que la forêt de Mosne d'environ 4000 arpens; les autres bois sont tous bois taillis depuis 10, 12 jusqu'à 15 & 18 ans.

Dans les Paroisses d'Asnieres, Aisy, Rougencourt, Perigny & Cry, il y en a 2000 arpens; à Ragneux, 1000; à Tonnerre, Argenteuil, Ancy-le-Franc, Griselles, Ranieres, & Nicey, 6000; à Cruzi, 1000; à Quincy, autant; aux Riceys, 900; à Molême & Artonnay, 500; à Moulins, 800; à la Chapelle & Carize, 450; à Sulvy, 400; à Rugny, 500; à Poilly, 600; à Appoigny, 500; à Bouis, 1800; à Poitiers & Noiron, 2600; à Pretin, 500; à Pontigny, 900; & quelques autres dans diverses Paroisses & cantons, montant en tout à 50000 arpens, dont 11300 appartiennent aux Communautés Ecclésiastiques, 20000 arpens aux Seigneurs des Paroisses & aux Particuliers, & 18700 arpens qui font les biens patrimoniaux de plusieurs Communes.

Presque tous ces bois sont chênes & hêtres, qui se flottent sur les rivieres pour la provision de Paris.

L'Election de Vézelay est partie de la Maîtrise de Sens, & partie des Maîtrises d'Auxerre & de Nevers.

Cette Election a quantité de bois, & l'on en compte au moins jusqu'à 38000 arpens; le tiers de ces bois étoit autrefois en futaie; présentement à peine y en a-t-il dix arpens: tout est en taillis, qui se coupent de vingt ans en vingt ans.

Ces bois se jettent à flot sur les rivieres d'Yonne, de Cure & de Cousin, & sur les ruisseaux qui s'y déchargent. Les lieux où on rassemble ces bois perdus sont, Coulanges, Châtel, Censoy, Vermenton & Cravant; d'où après en avoir formé des trains, ils sont conduits à Paris.

### MAITRISE DE DOURDAN.

Cette Maîtrise qui est hors de la Généralité de Paris, s'étend sur la Gruerie de Nemours qui est de la Généralité: on ne parlera ici que de cette Gruerie.

Les bois les plus considérables de la Gruerie de Nemours, sont:

Les haies de Courtenay, qui bornent & environnent cette Comté; ils contiennent environ 1600 arpens.

Le buisson de Sainte-Rose, qui contient 2000 arp.

Les bois & le parc d'Egreville, 600 arpens.

Le bois de Rignon, 150 arpens.

Les bois de Chaumol & Mardelin, 80 arpens.

Les bois de Pissonds, 300 arpens.

Les bois & le parc du Boulay, 300 arpens.

Les bois de Fay & de Lavau, 400 arpens.

Les bois de Villers, 500 arpens.

Les bois de Puiselet, 300 arpens.

Les bois du parc de Ville-Marêchal, 200 arpens.

Tous ces bois sont de chênes, de charmes & de hêtres.

### DEPARTEMENT DE LA GRAND'-MAITRISE des Eaux & Forêts de SOISSONS, VALOIS, & SENLIS.

Dans la Grand'-Maîtrise de Soissons sont treize Maîtrises particulieres; sçavoir, Senlis, Compiegne, Beaumont-sur-Oise, Clermont qui comprend l'Election de Beauvais, Villiers-Cotterets, Laigues, Chauny, Coucy, La Ferre & Saint-Quentin, Laon & Château-Thierry. De toutes ces Maîtrises, il n'y en a que trois qui sont de la Généralité de Paris, qui sont Senlis, Compiegne, Beaumont: & c'est aussi de ces trois seules dont on va donner le détail.

### MAITRISE DE SENLIS.

Cette Maîtrise contient quantité de bois. Le côté du Valois qui fait environ un quart de l'Election, est à la verité tout en terres labourables; mais les trois autres quarts sont presque tout en bois & en forêts.

La forêt de Chantilly qui se trouve au Midi du côté de Paris, contient 7600 arpens, & les bois de Chailly & d'Ermenville, 6500.

Au Septentrion du côté de Compiegne, est la forêt d'Hallate, qui en contient 9000; & il en appartient au Roi 5146 arpens, le reste à des Particuliers. La moitié de cette forêt est en futaie, l'autre moitié en taillis.

Du côté de Creil au Couchant, sont les bois de la Pommeraye, qui contiennent 1300 arpens.

Tirant vers le Valois sont divers buissons de peu de consistence; comme les bois de Cornon, de 120 arpens; ceux de Ayeux, de 238; ceux de Saint-Michel, de 200; ceux de la Chapelle & Survilliers, de 150 arpens; ceux de Royaumont, de 750; & le bosquet de Montes-pillois, 120, il est tout de châtaigniers.

A la réserve de ce bosquet, tous les bois de cette Maîtrise sont chênes, hêtres & tilleuls.

### MAITRISE DE COMPIEGNE.

La forêt de Compiegne appartient au Roi, elle contient environ 29000 arpens. Il n'y a aucune autre forêt dans l'Election, mais il y a divers bois taillis qui sont à des Particuliers; ils montent tout ensemble à 2763 arpens.

Tous les bois de cette Maîtrise sont chênes, hêtres, & quelques bois blancs.

### MAITRISE DE BEAUMONT-SUR-OISE.

Il n'y a qu'une seule forêt dans cette Maîtrise; elle se nomme la forêt de Carnel, & contient environ 2176 arpens tous de bois taillis. Elle est partagée entre le Roi & des Particuliers.

La part du Roi, qui est de 1558 arpens, est garnie d'un bon nombre de baliveaux anciens & modernes, celle des Particuliers n'en a que de modernes.

Cette forêt est mêlée de toutes sortes de bois,

entr'autres de chênes, de hêtres & de beaucoup de châtaigniers.

Outre la forêt, il y a encore quelques buissons de bois taillis qui montent environ à 1864 arpens : ainsi le total des bois de cette Maîtrise ne va qu'à 4040 arpens.

Les buissons sont même nature de bois que la forêt, & sont garnis la plupart de baliveaux avec quelque réserve.

### *MAITRISES DE CLERMONT & DE BEAUVAIS.*

Ces deux Maîtrises sont hors la Généralité de Paris ; elles s'étendent cependant l'une sur toute l'Election de Beauvais ; & l'autre sur toute celle d'Etampes.

Les bois de l'Election de Beauvais vont environ à 6100 arpens, dont les deux tiers au moins appartiennent aux Ecclésiastiques ; le reste aux Seigneurs séculiers des Paroisses.

Tous ces bois sont chargés de futaie de différente nature, comme chênes, charmes, ormes, frênes, & en quelques endroits de trembles & autres bois blancs.

Il n'y a aucune forêt dans l'Election d'Etampes ; & tous ses bois taillis ne montent qu'à environ 3200 arpens, ce sont tous bois de chênes.

### *FOIRES ET MARCHE'S DE LA GENERALITÉ DE PARIS.*

On pourra parler ici de quelques-uns des marchés & des foires qui sont entrés dans le catalogue général tant du Royaume que des pays étrangers, qu'on a donné dans ce Dictionnaire : mais outre que le nombre en sera peu considérable, on a cru qu'il ne falloit pas envier aux Marchands de Paris & des autres Villes, qui fréquentent les foires & les autres marchés, & qui bornent là leur commerce, l'utilité qu'ils peuvent tirer d'un Mémoire aussi exact que celui dont on va donner ici l'extrait. On va le donner par Elections.

PARIS. Il y a à Paris deux foires ; celle de Saint Germain & celle de Saint Laurent. *Voyez* l'article des Foires. Celles de son Election sont :

Les deux foires de Saint-Denis, particuliérement celle du Landy. *Voyez* comme dessus.

Une à Versailles le jour de S. Mathias 25. Février.

Un marché de bestiaux à Poissy, & un autre à Sceaux ; celui-ci les lundis ; & les jeudis celui-là.

A Chelles, une foire le jour de la Magdelaine 22 Juillet, & un marché tous les premiers mardis de chaque mois.

A Montfermeil, une foire le jour de S. Michel 29 Septembre, & un marché tous les jeudis.

A Lagny, deux foires, les jours de S. André & de S. Blaise, les 30 Novembre & 3 Février. Cette Ville a trois marchés par semaine ; sçavoir les lundis, les mercredis & vendredis.

A Gonesse, une foire le 3 Février, & deux marchés de blé par semaine les lundis & vendredis.

A Lusarche, deux foires de bestiaux le jour de Saint Côme 27 Septembre, & le jour de S. Simon Saint Jude le 28 Octobre.

A Louvres, une foire le jour de Sainte Catherine 29 Novembre.

A Epinay, une foire qui dure deux jours ; sçavoir le 30 Avril & le premier Mai.

A Boissy, une foire le 2 Novembre.

A Villeneuve-Saint-George, un marché tous les vendredis.

A Sussy en Brie, une foire de bestiaux le 14 Septembre, & un marché tous les mardis de chaque semaine.

A Montmorency, un marché franc tous les mercredis.

A Brie, un marché tous les vendredis.

A Corbeil, un marché aussi tous les vendredis.

A Yeres, une foire le 31 Aout.

A Menecy, une foire le 9 Octobre jour de Saint Denis.

SENLIS. Il y a trois foires l'année à Senlis ; une le samedi d'après la N. D. de Septembre ; une autre qui dure deux jours, le lundi d'après la S. Luc ; & la troisiéme le samedi d'après la Saint Martin. Il y a aussi un marché franc à Senlis tous les derniers samedis de chaque mois, & trois marchés ordinaires la semaine pour les denrées.

Les foires & marchés du reste de l'Election, sont :

A Beaumont, quatre foires ; sçavoir à la S. Laurent, à la S. André, à la S. Maur, à la Mi-carême : & trois marchés ordinaires la semaine.

A Pont, aussi trois marchés ordinaires toutes les semaines.

A Creil, une foire le jour des Morts, & deux marchés ordinaires par semaine.

COMPIEGNE. Il y a à Compiegne une foire la veille de Pâque-Fleuri, & trois marchés ordinaires toutes les semaines.

BEAUVAIS & son Election. Il y a à Beauvais un marché franc les premiers samedis de chaque mois, & deux marchés ordinaires la semaine, les mercredis & samedis.

Il y a aussi des marchés ordinaires à Tillard les lundis, à Cagny-Bouflers les mercredis, à Songeons les jeudis, à Meru les vendredis, à Mouy & à Marseille les samedis.

PONTOISE & son Election. Il y a deux foires à Pontoise, une le jour de la Saint Martin le 11 Novembre, & l'autre le jour de Saint Gautier le 4 Mai ; & trois marchés ordinaires chaque semaine, les mardis, jeudis & samedis, dans lesquels il ne se vend que des grains.

MANTES & son Election. Il se tient à Mantes cinq foires tous les ans ; sçavoir, le jour de la Magdelaine 22 Juillet, de la Saint Leu Saint Gilles le premier Septembre, de la Sainte-Croix le 14 du même mois, de Saint Denis le 3 Octobre, & de Saint André, qui se tient le mercredi suivant. Ces foires sont peu considérables.

Il y a outre cela à Mantes trois marchés ordinaires par semaines, les lundis, mercredis & vendredis. Le marché du mercredi est exempt de tous droits, notamment du droit de gros ou vingtiéme sur les vins qui y sont vendus en gros, & du droit de pied-fourché.

A Dammartin, il y a deux foires ; l'une à la Saint Martin d'Eté le 4 Juillet, & l'autre à la Saint Martin d'Hiver le 11 Novembre. Il y a de plus un marché ordinaire tous les jeudis.

Aux Mureaux, il y a une foire le jour Saint Simon Saint Jude 28 Octobre.

A la Ville de Meulan & au Fort dudit Meulan, il y a un marché ordinaire tous les jeudis.

MONTFORT & son Election. Il y a une foire à Montfort le jour de Saint Laurent 10 Aout, & un marché ordinaire chaque semaine le jeudi.

A Houdan, une foire le jour de Saint Jacques 25 Juillet, & un marché tous les mercredis & samedis.

A Néaufle-le-Château, une foire le jour de Saint

André 30 Novembre, & un marché les lundis.

A Orgerus, il y a un marché tous les mardis.

DREUX & son Election. La Ville a deux foires : l'une le premier Septembre jour de Saint Leu Saint Gilles ; l'autre le 9 Octobre jour de S. Denis : il y a aussi deux marchés ordinaires par semaines, les lundis & les vendredis.

Dans la Paroisse d'Auné-Couvé, une foire le lendemain de Saint Jean-Baptiste 25 Juin.

ESTAMPES & son Election. Il y a deux foires à Estampes ; l'une le premier Septembre jour de Saint Leu Saint Gilles ; l'autre le 29 du même mois jour de Saint Michel : il y a aussi un marché ordinaire tous les samedis.

Il y a une foire à Morigny le jeudi qui précede la Pentecôte.

Il y en a quatre à Mereville qui se tiennent ; sçavoir deux les jours de Saint Lubin de Carême, & de Saint Lubin de Septembre ; la troisiéme à la Saint Nicolas du mois de Mai ; & la quatriéme à la Saint Thomas 21 Décembre. Son marché ordinaire se tient les mardis.

A Maisse, il y a trois foires, l'une le 8 Juin, l'autre le premier lundi d'après la Nativité ; & la troisiéme le 25 Novembre : elle a un marché tous les lundis.

MELUN & son Election. Melun a deux foires ; l'une le jour de Saint Jean d'Eté ; & l'autre de la Saint Martin d'Hiver : il y a deux marchés ordinaires les mercredis & samedis. Il y avoit autrefois un marché franc ; ce privilége a cessé.

Il y a à Fontainebleau deux foires ; l'une le lendemain de la Trinité ; & l'autre le 29 Novembre.

A Blandy, une foire le jour de la Saint Mathieu ; & à Milly, une autre le jour de la Saint Simon.

NEMOURS & son Election. Il y a à Nemours un marché tous les samedis & deux foires par an, le 20 Janvier jour Saint Sebastien, & le 25 Juin.

A Châteaulandon, une foire le 21 Décembre fête de Saint Thomas, & un marché tous les jeudis.

A Courtenay, deux foires ; l'une à la Sainte-Croix 14 Septembre ; & l'autre le 30 Novembre jour de Saint André.

A Chevoy, un marché tous les samedis.

A Egreville, trois foires ; à la Saint Martin d'Eté & d'Hiver, & le jour de Saint Paul au mois de Juin. On tient aussi un marché tous les lundis.

A Branle, deux foires ; l'une le jour de S. Loup, & l'autre le jour de Sainte-Croix.

A Ladon, deux foires ; les jours de S. Antoine & de S. Barthelemy : & un marché tous les mardis.

A Larchamp, une foire le lendemain de l'Ascension.

A Beaumont, le jour de Saint André.

MEAUX & son Election. Il y a trois foires à Meaux, dont il n'y a que celle de la Saint Martin qui soit un peu considérable. On y tient aussi un marché tous les samedis des mois.

A Crecy, une foire le jour de la Saint Michel 29 Septembre.

A Crouy, une le jour de S. Mathieu 21 Septemb.

Il y a des marchés à Dampmartin, à Lizi, & à Rebets, où il se fait un grand commerce de blés de même qu'à celui de Meaux, où les Marchands de Paris, & les Boulangers de Gonesse & des environs, s'en fournissent.

ROSOY & son Election. Il y a deux foires à Rosoy, l'une le jour de S. Jean-Baptiste 24 Juin ; & l'autre à la Saint Martin 11 Novembre : on y tient aussi un marché tous les samedis où il se fait un grand commerce de blé & d'avoine. On y paye un droit de minage.

A Nangis, une foire le jour de la S. Martin d'Eté 4 Juillet, & un marché considérable de chevaux & de bestiaux tous les mercredis.

A Chaumes, trois foires ; l'une le 29 Juin jour de S. Pierre ; l'autre le jour de S. Savinien dans le mois d'Octobre ; & la troisiéme le mardi de la Semaine-Sainte.

A Farmoutiers, une foire le lundi de la même Semaine, & un marché de blé tous les lundis.

A Tournant, un marché de blé tous les mardis.

A Fontenay, deux foires le premier Mai & le samedi qui précede la Toussaint.

COULOMMIERS & son Election. A Coulommiers, une foire le 9 Octobre jour de Saint Denis, & un marché tous les mercredis.

A la Ferté-Gaucher, deux foires le 18 Octobre & le premier Mai, & un marché tous les jeudis.

A Villeneuve, un marché tous les vendredis.

A Doue, un petit marché tous les samedis.

PROVINS & son Election. Il y a à Provins trois foires ; la premiere commence le mardi qui précede l'Ascension & dure quarante jours, la seconde le 14 Septembre, & dure jusqu'à la Toussaint ; & la troisiéme le jour de la Saint Martin, & dure jusqu'au dernier Décembre.

Il y a aussi un marché franc tous les samedis.

Pendant tout le tems des foires & les jours de marché, on ne paye pour les marchandises qui s'y débitent, que le tiers des droits ordinaires. Le marché est fréquenté ; mais les foires ne le sont gueres : les Priviléges des uns & des autres ont été confirmés par Sa Majesté en 1671.

NOGENT & son Election. Il y a deux foires à Nogent ; l'une le jour de Saint Laurent 10 Aout, & l'autre le 28 Octobre fête de Saint Simon S. Jude : il s'y tient un marché deux fois la semaine, les mercredis & samedis.

A Pont, deux foires ; l'une à la Saint Thomas & l'autre à la Saint Barthelemi : son marché se tient tous les vendredis.

A Bray, une foire le 8 Septembre, & un marché aussi tous les vendredis.

MONTEREAU & son Election. Il y a à Montereau un marché tous les vendredis, & un marché franc le troisiéme samedi d'après Pâques.

A Danne-Marie, un marché tous les lundis, & une foire le jour de Saint Laurent.

A Moret, un marché tous les vendredis, & deux foires le 6 Décembre fête de Saint Nicolas, & le Vendredi-Saint.

A Valences, deux foires ; l'une le 25 Juillet fête de Saint Jacques Saint Christophe ; & l'autre à la Saint Michel 29 Septembre.

A Flagy, une foire le mardi de la Pentecôte.

A Dormeilles, une le jour de Saint Germain.

A Ferotte, une autre le jour de Saint Pierre.

SENS & son Election. Il y a une foire à Sens le 12 Mars fête de S. Gregoire, & un marché de bestiaux tous les lundis ; outre les marchés ordinaires qui se tiennent les mercredis, vendredis & samedis.

A Villeneuve-le-Roi, trois foires le 22 Janvier fête de S. Vincent, le 3 Aout fête de S. Etienne, & le 9 Octobre fête de S. Denis. Il y a aussi un marché franc tous les vendredis.

A Rigny-le-Feron, il y a un marché tous les mardis.

A Cerizieres, les lundis.

A Villeneuve-la-Guiarre, aussi les lundis.

A Ferigny, les mardis.

A Dimont, les jeudis.

A Trenel, les mardis.

JOIGNY & son Election. Il y a quatre foires l'année à Joigny; l'une le 2 Janvier fête de S. Aspaix; l'autre le 10 Aout fête de S. Laurent; la troisiéme le 14 Septembre fête de la Sainte-Croix; & la quatriéme le 2 Octobre fête de S. Remy. Ses marchés se tiennent les mercredis & samedis.

SAINT-FLORENTIN & son Election. Il y a deux foires par an à Saint-Florentin; l'une le lendemain de la S. Simon; & l'autre le premier lundi de Carême.

Il y a quatre foires à Ervy, cinq à Neufvy, deux à Maligny, & deux à Ceant-en-Othe.

Il y a deux marchés la semaine à Saint-Florentin, les lundis & les jeudis; & deux à Eury les mercredis & samedis.

TONNERRE & son Election. Il y a cinq foires à Tonnerre, qui se tiennent, la premiere, le lendemain du jour des Cendres; la seconde, le jeudi avant le Dimanche des Rameaux; la troisiéme, le 25 Juin lendemain de la fête de Saint Jean; la quatriéme, le lendemain de Saint Michel 30 Septembre: & la cinquiéme, le 12 Novembre lendemain de Saint Martin.

Les marchés de Tonnerre se tiennent les mercredis & samedis de chaque semaine.

A Chablis, il y a deux foires; sçavoir, le second jeudi de Carême, & le dernier jour de l'an. Il y a un marché par semaine.

A Ancy-le-Franc, quatre foires, & un marché tous les jeudis.

A Appoigny, trois foires par an, & deux marchés par semaines.

A Artonnay, deux foires.

A Cruzi, deux foires par an, & un marché tous les lundis.

A Laignes, quatre foires, & un marché tous les mercredis.

A Ligny, quatre foires, & un marché tous les vendredis.

A Molesme, trois foires.

A Ravieres, six foires, & un marché tous les jeudis.

Les trois Ricés; sçavoir, Ricé-le-Haut, Ricé-le-Bas, & Ricé-Hauterive, chacun une foire. Ricé-haut a de plus un marché tous les jeudis.

VEZELAI & son Election. Il y a à Vezelai cinq foires par an.

A Lisle, quatre foires.

A Cervon, quatre.

A Lormes, deux.

A Saint-Martin, trois.

A Corbigny, six.

Le principal commerce qui se fait à toutes ces foires, est de bestiaux.

Il y a des marchés ordinaires toutes les semaines à Vezelai, à Corbigny, à Lormes & à Lisle.

## *PEAGES ET TRAVERS DE LA GENERALITE' DE PARIS.*

### PEAGES.

PARIS & son Election. Il y a deux péages à Corbeil; l'un sur la riviere de Seine; & l'autre qui se paye par terre. Un à Gournay sur la riviere de Marne, deux à Lagny, dont l'un se paye sous le pont, & l'autre dessus. Un à Bonneuil sur les chevaux qui remontent les batteaux sur la riviere de Marne, & un à Saint-Denis. Les autres péages de cette Election sont à Conflans-Saint-Honorine, à Poissy, à Chatou, à Montmorency, à Saint-Brice, & à Sarcelles: à Epinay, un péage par eau & un autre par terre; celui par eau est pour les batteaux chargés de sel. A Franconville, à Monthary, un péage par terre, & à Saint-Leu.

SENLIS & son Election. A Pont-Sainte-Mexance, un droit de péage sur la riviere d'Oise; un autre à Saint-Leu sur la même riviere, en un endroit où il y avoit autrefois un pont, il se paye sur les marchandises dont les batteaux sont chargés: à Creil, un péage sous le nom de pontonage, sur les habitans des villages voisins de la Ville. Ce droit est réglé en grain ou en argent pour chaque cheval de charue.

COMPIEGNE. Il y a dans cette Ville un droit de péage qui est domanial, il se leve sur le bateau de la riviere d'Oise; & un autre appartenant à l'Abbaye de Saint Corneille. Les péages de l'Election sont un à Janville & un à Verberie; tous deux sont sur la riviere.

BEAUVAIS. Cette Election n'a point de péages, mais seulement des travers.

PONTOISE. Il se leve un péage sur toutes les charettes & chevaux chargés ou non chargés, qui passent & qui repassent sur le pont de cette Ville. Les péages de son Election sont ceux de Poix & de Mery, tous deux sur la riviere d'Oise où il se leve sur les bateaux; celui de Lisle-Adam, & un autre aussi sur la même riviere, qui appartient à l'Hôtel-Dieu de Pontoise. Ce dernier ne se prend que sur certaines sortes de denrées.

MANTES. Les péages de Mantes sont le grand acquit, la boëte par eau, l'acquit de Rhony, le péage des Celestins, le péage du Sieur d'Hennencourt, le péage du Comte de Broglio, & le péage de l'Abbé de Saint Denis. Il y a aussi un péage à Meulan.

MONTFORT. Il n'y a point de péages dans cette Election, mais seulement des travers.

DREUX, comme à Montfort.

ESTAMPES. Il y a deux péages dans cette Election, l'un dans Estampes même, & l'autre à Authon, qui quoique de l'Election de Dourdan, est du Domaine d'Estampes; cette Ville jouit aussi par octroi d'un droit de barage.

MELUN. Le Roi a un péage considérable dans cette Ville, un autre qui appartient aux Engagistes de la Vicomté de Melun, & un troisiéme au village de Ponthiery; ces trois péages consistent en droits qui se perçoivent sur les denrées & marchandises qui passent sur les ponts de Melun.

NEMOURS. Il y a un péage à Nemours, qui se leve sur toutes les marchandises qui passent dessous ou dessus les ponts de cette Ville. Il y en a un autre dans la Paroisse d'Ordives, qui pour la facilité de la navigation se perçoit à Nemours, un à Fontenay & un à Ferrieres.

MEAUX. Il y a à Meaux le péage du canal de Corvillon, le droit se paye à raison de 12 s. par toise de chaque bateau chargé, 5 s. pour un bateau chalant, 3 s. pour une tonne ou flette, & pour le remontage 20 s. pour chaque cheval.

Le péage Trilport sur la Marne consiste aux droits de 4 s. par charette, 18 den. par homme & cheval, & 6 den. par personne.

Il y a encore dans l'Election de Meaux un péage au Bourg de Covilly, un à Lisy, un à Trêmes & un à la Ferté.

On y compte aussi six bacqs sur la riviere de Marne, qui sont établis à Marry, à Lazancy, à Isles, à Tribaldou, à Fay, & à Tencrou.

ROSOY. Cette Election a trois péages : l'un à Tournant, l'autre à Ozouer le Voulgis, & le troisiéme à Nangis.

COULOMMIERS. Il n'y a aucun péage dans l'Election de Coulommiers, mais seulement deux travers.

PROVINS. Les seuls péages de cette Election sont celui de Provins même & celui de Sancy.

NOGENT. Le droit de péage établi à Nogent, consiste à un droit de 15 s. qui se paye au Meunier du moulin pour chaque bateau ou train de bois, qui passent par les pertuis. Dans le reste de l'Election qu'à Pont & à Bray, ce dernier se leve sur les bateaux & trains de bois, qui passent dessous le pont, & sur les charettes & bêtes de somme, qui passent par-dessus.

Il y a aussi à Bray un Maître des ponts à qui il est dû un droit de 8 s. par courbe de chevaux qui remontent les batteaux remontant de Paris à vuide.

MONTREAU. Le péage de Montreau consiste en 2 den. sur chaque muid de vin, qui passe sous les ponts ; sur le pont est un autre péage pour les bestiaux & harnois. Les autres péages de l'Election sont celui de Moret d'un sol par muid de vin, & un autre dans la même Ville sur les bestiaux : celui de Marolles & celui de Montigny, ces deux derniers sont peu de chose.

SENS. Il se perçoit un péage à Sens sur toutes les marchandises qui passent par eau, & sur les bestiaux qui traversent la Ville. Les autres péages de l'Election sont Malay-le-Vicomte, Teil, & Dolot.

JOIGNY. Le péage de Joigny se leve sur toutes les marchandises & denrées qui passent dessus & dessous le pont : cette Election outre le péage de Joigny, n'en a qu'un seul à Cezy ; mais il y a jusqu'à 12 ou 13 travers.

SAINT-FLORENTIN. Cette Election n'a ni péage ni travers.

TONNERRE. Il y a à Tonnerre un péage sur les bestiaux qui passent par la Ville, & un droit de rouage sur les charettes & autres voitures qui la traversent ; il n'y en a point dans le reste de l'Election.

VEZELAY. Cette Election n'a point de péages.

## TRAVERS.

A Senlis, le droit de travers que perçoit le Receveur du Domaine du Roi, consiste en un sol pour chaque charette chargée ou non chargée, & deux deniers pour chaque bête de somme chargée ou non chargée, soit en passant, soit en repassant.

La même Ville reçoit aussi un droit de Chaussée, qui n'est gueres different de celui de travers qui est dû au Roi.

Il y a encore un troisiéme droit de travers, qui se paye à Senlis, qui appartient aux Religieux de l'Abbaye de Chailly, il est de quatre deniers par charette & de deux par bête de somme.

A Beaumont il y a droit de péage & de travers pour tout ce qui passe par-dessus & par-dessous le pont, les gens de cheval qui passent sur le pont, payent 12 den. & les gens à pied 2 den.

Il y a encore à Beaumont un autre droit de travers sur tous les vins qui entrent dans la Ville ou qui en sortent, il est de dix sols par muid.

Il y a à Creil deux droits de travers ; l'un qui se paye par ceux qui vont de Creil à Compiegne, leurs personnes, voitures, & marchandises ; & l'autre qui se reçoit au passage du pont.

Il se paye un droit de travers au bout de la chaussée de Pont près de Saint-Martin-Landeau dans l'Election de Senlis, il est sur les charettes & sur les bêtes de somme.

Le droit de travers dans le village de la Chapelle de la même Election, est peu considérable aussi bien que quelques autres que par cette raison on obmettra ici.

A Compiegne, la Ville jouit d'un droit de travers sur toutes les marchandises qui y entrent.

Le Roi en a aussi un qui se paye aux portes, sur toutes les marchandises, chariots, charettes & chevaux, tant en passant que repassant : le droit est, sçavoir de 12 den. pour une charette chargée, de 6 den. pour une charette non chargée, de 4 den. pour un cheval chargé, & d'un denier pour une bête à pied fourché. On paye encore un troisiéme travers dans la même Ville, mais qui appartient à un Seigneur particulier.

A Janville au-dessus de Compiegne, il y a un travers qui appartient au Seigneur du lieu ; mais il est à peu près abandonné, le Propriétaire ne voulant pas entretenir le grand chemin & la chaussée.

La Ville de Beauvais jouit d'un droit de travers, qu'on appelle Pont & Chaussée.

Les autres travers de son Election sont ceux de Milly, de Saint-Omer, d'Ourdeville ou Pisselieu ; de Saint-Martin-le-Neuf, du Pont aux Harmes, de Bailleu, & de Mouchy. Tous ces travers sont peu considérables ; y en ayant qui ne sont pas affermés 20 livres par an, & le plus fort n'allant pas à 70 liv.

Montfort & son Election a aussi quelques travers ; mais tous aussi peu considérables que les précédens. Les principaux sont celui de Montfort même, celui de Houdan, ceux des Paroisses de Saint-Leger, de Garancieres & d'Elleville ; & celui de Gambais sur le chemin qui va de la Queue à Houdan.

Les droits de travers de la Ville de Dreux s'y perçoivent sur toutes les marchandises & bestiaux qui y passent pour aller à Paris ; ils sont réglés par un Tarif arrêté au Bailliage de la Ville le 5 Mars 1698.

Les autres travers de l'Election de Dreux sont celui d'Annet, celui de Broue au Hameau de Marolles, celui de la Paroisse de Champagne, celui de la Chaussée, celui de Rouvres, celui de Nantilly, celui de Soret & celui de Saint-Lubin de la Haye. Le produit de ces neuf travers est fort inégal, y en ayant qui ne rendent qu'environ 12 liv. par an ; comme celui de Rouvres & d'autres qui sont affermés jusques à 600 liv. comme celui de Dreux.

Il n'y a que deux travers dans l'Election de Melun, l'un à la Chapelle Gautier ; & l'autre à Guigne sur le grand chemin de Troyes à Paris.

L'Election de Coulommiers n'a pareillement que deux travers, l'un au passage d'un pont qui est audessus de la Ville où les charettes qui y passent payent un sol ; l'autre à la Ferté-Gaucher qui consiste en pareil droit.

Le droit de travers que l'on paye à Nogent sur Seine, consiste en 16 deniers, qui se payent pour chaque charette chargée, qui passe sur la chaussée dudit Nogent, 6 den. pour les charettes vuides, & 2 den. par cheval chargé.

Les travers de l'Election de Joigny sont au nombre de dix, sçavoir, à Basson, à Aurolles, à Saint-Martin-sur-Ouanne, à Champignelle, à la Mothe-Autrois, à Saint-Maurice-le-Viel, à Ormoy, à Hauterine, à Cheny, à Migemes.

Enfin dans l'Election de Tonnerre il y a trois travers, mais de peu de conséquence, qui sont le travers de Vezanne, le travers de Pontigny, & le travers de Molesme.

## COMMERCE DE PICARDIE.

Les productions naturelles, dont on fait négoce dans cette Province, sont, des grains, des chanvres, des laines. Ses Manufactures & ses Fabriques sont, les laineries, les toiles, la bonneterie, les tapisseries, les savons.

A l'égard des laineries, outre cinq à six cens milliers de laines, qui se recueillent tous les ans en Picardie, il s'en consomme encore presqu'un aussi grand nombre de celles qui se tirent d'Allemagne, de Hollande, d'Angleterre, d'Espagne, & de quelques Provinces de France. Aussi dans la seule Ville d'Amiens se fabrique-t-il environ 129800 pieces d'étoffes de laine; les seuls Camelotiers en employant jusqu'à quatre-vingt milliers, moitié laine du pays, moitié laine étrangere. Il s'y marque, outre cela, cinquante mille autres pieces, qui y sont apportées des environs de la Ville, qu'on appelle pour cette raison, Etoffes foraines.

Les Villes de Picardie du plus grand Commerce, pour les draperies & étoffes de laine, après Amiens, sont Beauvais & Abbeville. On va entrer dans le détail des Manufactures de lainerie de ces trois Villes.

### *MANUFACTURES ET FABRIQUES DE LA GENERALITÉ DE PICARDIE.*

*Divisée dans ces deux départemens d'Amiens & de Beauvais, qui ont chacun leur Inspecteur particulier.*

### DEPARTEMENT D'AMIENS.

AMIENS. Ville de France sur la Somme, dans ce qu'on appelle la moyenne Picardie, dont elle est la Capitale. Cette Ville est célebre par son grand commerce, particuliérement par les étoffes qui se fabriquent dans sa Sayetterie, qui se débitent par toute l'Europe.

On a dit en général qu'il se fabriquoit dans la Sayetterie de cette Ville, environ 130000 pieces d'étoffes ou tout de pure laine, ou mêlées d'autres matieres avec la laine. Pour satisfaire aux avis qu'on a eu depuis de ceux qui font le commerce de cette Capitale de Picardie & du reste de sa Généralité, on va entrer ici dans un plus grand détail de ses manufactures & des autres fabriques qui y sont établies; & l'on y ajoutera non-seulement le produit de chaque espece d'étoffes, mais encore les lieux de leur débit, & tout ce qui pourra y avoir, ou de nouveau ou de singulier, par rapport au négoce qui se fait soit à Amiens, soit dans les autres endroits de fabriques de la Province.

On compte à Amiens jusqu'à deux mille métiers travaillans, dont il y en a environ quinze cent occupés par les Sayetteurs, & le reste par les Hautelisseurs. Les premiers y sont au nombre de près de cinq cent maîtres; le nombre des autres ne va gueres au-delà de cent. Les uns & les autres ne composent qu'une même & seule Communauté, qu'on nomme Sayetterie; mais ce qui les distingue, c'est que les Sayetteurs ne travaillent qu'en étoffes de pure laine & de laine avec du poil ou du fil; à la réserve des étamines & des razes, où il y a un fil de soie: & que les Hautelisseurs n'en fabriquent gueres que de soie & de soie mêlée de laine, la plupart à façons.

Les fils de Sayette qui se filent au petit rouet en quelques endroits de Picardie & de Flandres, particuliérement aux environs de Turcoin, & dont les chaînes des étoffes qui se fabriquent à Amiens, sont faites, ont donné le nom à la Communauté des Fabriquans de cette Ville, qui delà a été appellée Sayetterie. On peut voir cet article, où sont rapportés les Réglemens tant anciens que nouveaux qui s'y observent: on dira seulement ici que le dernier de ces Réglemens est du 19 Novembre 1722; & qu'en conséquence il a été établi à Amiens un second Inspecteur des Manufactures pour la Ville, ses fauxbourgs & quelques lieux voisins, le reste du département demeurant dans le département du premier.

Les étoffes qui se font par les Sayetteurs sont:

Des serges façon d'Ascot, d'une aune de large; d'autres façon de Crevecœur, de demie-aune; & des serges Cordelieres mêlées & rayées. De ces trois sortes, il s'en fait environ cinq mille pieces par an.

Des serges façon de Chaalons, blanches & mêlées, de demie-aune demi-quart de large: le produit en va année commune jusqu'à six mille pieces.

Des serges façon de Seigneur, de trois quarts de large; on n'en fabrique gueres que cent pieces.

Des petits camelots unis & rayés, appellés Guinguets, de demie-aune de large; & des camelots façon de Lisle & d'Arras, de demie-aune demi-quart. Il s'en fait quarante mille pieces.

Des baracans de trois quarts & demie-aune de large. Cette fabrique va assez souvent jusqu'à trois mille pieces.

Des étamines tout de soie, & d'autres de soie & de laine. La chaîne de ces étoffes est double; sçavoir ou à deux fils de laine ensemble, ou à un fil de laine & un fil de soie filés l'un avec l'autre. Les Ouvriers en fournissent près de vingt-cinq mille pieces par an.

Des razes façon de Gennes, les unes toute laine, & les autres dont la chaîne est d'un fil de laine & d'un fil de soie tout ensemble: il s'en fait dix mille pieces.

Des revêches de demie-aune de large. Cette fabrique ne donne pas beaucoup d'étoffes, & n'occupe que quinze Maîtres.

Des serges de couleurs façon de Nismes, de demie-aune de large. Les fils de la chaîne sont doubles: il s'en fait au-delà de seize cent pieces.

Des razes façon d'Ecosse; les unes toutes de laine; & les autres dont la chaîne est partie laine & partie soie. Cette fabrique ne va gueres qu'à deux cent pieces.

Il se fait aussi à Amiens quelques draps, auxquels travaillent huit ou dix Maîtres Facturiers-Drapiers.

A l'égard des étoffes qui sont fabriquées par les Hautelisseurs, elles consistent en serges de Rome croisées ou unies; en serges Dauphines & Indiennes; en Castagnettes & en Ferandines. Toutes ces étoffes sont ou soie toute pure, ou soie mêlée de laine, n'y ayant que les Sayetteurs qui ayent le droit d'en faire où il n'y ait que la laine seule. Il se fait de toutes ces étoffes au-delà de trente-cinq mille pieces par an.

Outre les Maîtres de la Sayetterie, soit Sayetteurs, soit Hautelisseurs, il y a encore quelques Maîtres privilégiés, qui travaillent ou font travailler en camelots & en peluches. Les métiers pour les camelots qui se font dans ces Manufactures particulieres, sont au moins au nombre de trente, qui en fournissent en tout six cent pieces par an. Les peluches n'ont que quinze métiers qui en font près de deux cent pieces.

Les camelots de ces fabriques se font de laine

& de poil de chevres, & les peluches de fil & de poil.

Il faut remarquer qu'il ne s'employe dans les fabriques qui se font à Amiens, que des laines du pays, d'Angleterre, de Hollande, & d'Allemagne; mais principalement de celles du pays & d'Angleterre.

Il y a à Amiens & aux environs jusqu'à onze moulins à foulon, les eaux y étant très bonnes pour le dégraissage & le foulage des étoffes.

Elles n'y sont pas moins excellentes pour la teinture, & l'on y compte jusqu'à vingt & un Teinturiers; sçavoir sept pour le grand & bon teint, six qui ne teignent qu'au noir, & huit Teinturiers du petit teint. Toutes les étoffes qui se font à Amiens, se débitent à Paris & dans toutes les villes du Royaume; il s'en envoye aussi beaucoup dans les pays étrangers par les Marchands d'Amiens, même par ceux de Paris, de Lyon, de Beauvais, de Rouen & d'Orléans. Les envois du dehors les plus ordinaires, se font en Espagne, en Suisse, en Italie, & jusqu'aux Isles Françoises de l'Amérique.

On estime que la vente des étoffes qui sortent des Manufactures d'Amiens, peut aller année commune à près de seize cent mille livres.

On recueille à Amiens & aux environs, plus de quatre-vingt milliers de laines qui s'employent dans ses fabriques.

Il y a à Amiens & dans le plat pays des environs, une fabrique de ruban de laine, dont le produit peut aller à quarante ou quarante-cinq mille liv. par an.

Les toiles qui se font à Amiens sont grossieres & communes; aussi ne s'en débite-t-il gueres au dehors, presque tout se consommant sur les lieux. Elles occupent néanmoins jusqu'à vingt Maîtres & cinquante métiers.

Les toiles de Piguigny, d'Oresmaux & de Flixcourt, villages ès environs d'Amiens, sont meilleures que celles de la Ville. Il s'en fait environ deux cent pieces par semaine, qui se vendent les samedis aux Marchands d'Amiens, elles sont de trois quarts & demi, & de trois quarts de large.

La manufacture des savons verds d'Amiens est considérable, & dans ses trois savonneries, il se fabrique au moins dix mille quintaux de ces sortes de savons, qui s'employent au dégraissage des étoffes; & l'on en estime la vente à plus de cent mille livres par an.

A l'égard des marchandises & des denrées qui viennent des pays étrangers à Amiens, particuliérement de celles de Hollande & d'Angleterre, elles y sont envoyées de Saint-Vallery & d'Abbeville, sur des gribarnes, qui sont de grands batteaux du pays, qui abordent dans le bassin que forme la Somme au dessous de la Ville, lorsque les douze canaux où elle s'étoit divisée en y entrant, s'y réunissent.

Enfin le commerce des grains est aussi assez considérable à Amiens. *Voyez l'article des* HALLES.

ABBEVILLE. La principale Manufacture d'Abbeville est celle de Messieurs Vanrobais. Elle fut établie en 1665 par le sieur Josse Vanrobais Marchand Hollandois, en conséquence des Lettres Patentes du Roi, du mois d'Octobre de la même année. Quinze ans après, le Privilége fut renouvellé en faveur du même sieur Josse & d'Isaac Vanrobais son fils aîné. Sa Majesté après la mort du pere, accorda une troisiéme prorogation à ses enfans Isaac & Josse. Enfin Isaac étant aussi mort, celui des deux freres qui restoit, obtint en 1708 de quatriémes Lettres Patentes, qui lui confirmerent & à la veuve de son frere, le même Privilége pour quinze autres années.

Les draps qui se fabriquent dans cette célébre Manufacture, imitent si parfaitement ceux de Hollande & d'Angleterre, qu'il est difficile de se déterminer sur la préférence qu'on pourroit donner aux uns, aux autres; si même cette préférence ne tombe pas sur les draps de fabrique Françoise.

Plus de cent métiers travaillent présentement pour cette Manufacture, qui entretient outre cela plus de quinze cent fileuses; outre presque un aussi grand nombre de Fabriquans, de Tondeurs, de Foulonniers, de Teinturiers, & autres semblables Ouvriers néccessaires à la fabrique & aux apprêts des draps.

On estime que le produit de cette Manufacture monte année commune, à plus de cinq cent mille livres.

On n'entrera pas ici dans un plus grand détail, sur l'établissement, & le succès prodigieux de cette fameuse fabrique; & l'on se contentera seulement d'indiquer l'endroit où il en est plus amplement traité dans ce Dictionnaire. *Voyez* l'article des Manufactures, où il est parlé de Messieurs Cadeau & Vanrobais. On y trouve un extrait des quatre Lettres Patentes, que ces derniers ont obtenues successivement pour l'établissement & la confirmation de leur privilége, avec un plan de leur Manufacture, & diverses autres remarques singulieres & curieuses qui la concernent.

Les autres étoffes de laine, qui se fabriquent à Abbeville, sont des baracans façon de Valenciennes; des serges façon de Londres; d'autres façon de Mouy; des droguets fil & laine, des tirtaines & des belinges, des pinchinats & des razes façon de Saint-Lo.

Toutes ces étoffes sont en partie de laine du pays, dont il se recueille aux environs d'Abbeville près de deux milliers: leur produit l'une portant l'autre, peut monter année commune à dix-huit cent pieces, desquelles les baracans font au moins la moitié. Quatre-vingt métiers ont coutume d'y travailler. On estime que ce commerce va à près de cent mille livres par an. *Voyez l'article des* REGLEMENS.

Les étoffes foraines de ces mêmes qualités qu'on y apporte & qui y sont marquées, vont ordinairement à deux mille cinq cent pieces.

La Manufacture des mocades, ou, comme on les appelle à Paris, des moquettes, façon de Tournay, y a été établie en vertu de Lettres Patentes, par les sieurs Monvoisin & Homarel. Le succès en a été assez heureux pour y occuper aujourd'hui jusqu'à quarante métiers, qui année commune peuvent donner jusqu'à deux cent cinquante pieces de ces étoffes. Il est vrai que sur huit de ces métiers, il ne se fait que des tripes & des peluches communes, où l'on fait d'abord travailler les apprentifs jusqu'à ce qu'ils soient assez habiles pour faire des moquettes. La chaîne des mocades est de fil de lin, & la trame de laine de diverses couleurs. La vente va à plus de vingt mille écus par an.

Outre les peluches qui se font dans la Manufacture des mocades, il y a une Manufacture particuliere pour les peluches seules, dont le sieur Ricouard a le premier obtenu le Privilége: le produit n'en est encore que de dix-huit ou vingt mille livres.

Une troisiéme Manufacture par privilége, est celle des coutils façon de Flandres, établie par le sieur Fuselier, & continuée par ses héritiers. Ces coutils se font depuis demie-aune jusqu'à deux aunes de large. La fabrique en est fort estimée ; & ils sont ordinairement enlevés aussi-tôt qu'ils sont faits.

Il en est de même, & pour la bonté & pour l'empressement des Marchands à les avoir, des toiles marquetées au petit carreau, qui se font à Abbeville. Ces toiles ont trois quarts de large, & sont propres à faire des matelats : on en fait de toutes couleurs.

Les autres toiles qui s'y fabriquent, sont très grossieres & très communes, & ne peuvent servir qu'à faire des sacs, des emballages, & quelques voiles de vaisseaux : le produit en va pourtant à plus de quarante mille livres.

Les coutils bis qu'on y fait, ont depuis deux tiers jusqu'à une aune de large.

Il ne se fabrique à Abbeville qu'environ quinze ou seize cent pieces, tant toiles que coutils par an, sur lesquelles se prend un droit de contrôle & un droit d'aunage ; sçavoir deux sols par vingt aunes pour le contrôle, & un sol pour l'aunage.

Le filage d'Abbeville est très bon ; & l'on en enleve quantité de laine filée pour Paris, & pour les Manufactures d'Elbœuf & de Rouen. Les Fabriquans de Hollande y envoyent aussi assez souvent, & c'est ordinairement des laines filées à Abbeville, qu'ils font leurs draps les plus beaux & les plus fins.

C'est aussi des magasins de cette Ville que les Bonnetiers des principales Villes du Royaume, qui sont curieux de faire de beaux ouvrages de bonneterie, ont coutume de tirer les laines d'Espagne qu'ils y employent. Enfin il se fait à Abbeville des cordages & du fil de carret, qui se débitent en partie à Paris, & en partie dans quelques autres Villes maritimes du Royaume où on les envoye par mer ; il s'en consomme aussi dans le pays.

C'est aux marchés qui s'y tiennent tous les mercredis, que se vendent les toiles de la fabrique de la Ville ; mais il y en vient encore quantité de dehors, dont les principales sont des petits lins depuis trois quarts jusqu'à trois quarts & demi de large. Des toiles de chanvre de trois quarts & demi. Des toiles appellées de Vergis aussi de trois quarts, & des toiles à sacs de deux tiers de large. On y apporte pareillement des coutils bis communs de demie-aune demi-quart.

SAINT-QUENTIN. Il n'y a aucune fabrique d'étoffes de laine à Saint-Quentin. Ce n'est pas qu'il y manque de matieres pour y entretenir des Manufactures de draperies, puisqu'il se recueille & aux environs, près de cent milliers de laines par an, qui se débitent au dehors.

Il s'y apporte cependant une assez grande quantité d'étoffes foraines ; & il s'y en marque année commune environ quatre mille pieces, dans un Bureau qui y est exprès établi pour les visites & les marques.

Le commerce des toiles y est au contraire très considérable, & il s'y en fabrique ou s'y en vend jusqu'à quarante mille pieces par an, qui produisent environ deux millions de liv. Toutes ces toiles s'envoyent partie à Paris, à Rouen, à Bordeaux, à Lyon, & dans quelques autres Villes du Royaume ; & partie à l'Etranger, particuliérement en Espagne, en Italie, & dans les Villes de Flandres ; sur-tout à Gand d'où elles passent en Angleterre. Vingt ou vingt-cinq Marchands de Saint-Quentin en font presque tout le commerce.

La plupart des toiles qui se font à Saint-Quentin & aux environs, sont des toiles de lin, où l'on employe ordinairement celui du pays qui est excellent, & celui du Vermandois, qui est encore plus fin & d'une meilleure qualité.

Les différentes especes de ces toiles, sont :

Des toiles de Batiste de deux tiers de large, & de douze aunes & demi de long, du prix depuis dix jusqu'à cent livres la piece.

Des batistes claires de trois quarts de large, & de quatorze aunes & demi de long, du prix depuis quatorze jusqu'à quatre-vingt livres la piece.

Des demie Hollande & toiles fortes de trois quarts de large, depuis vingt jusqu'à cent vingt livres la piece.

Des trusettes de demi-aune demi-quart, depuis seize jusqu'à soixante livres la piece. Elles sont propres à faire des mouchoirs.

Des linons de deux tiers de large, & de quatorze aunes un quart de long, de même prix que les batistes, dont ils ne different que parce qu'ils sont encore plus clairs.

Des gazes rayées de diverses longueurs sur demie-aune de large.

Des toiles à cravates de différentes largeurs, longueurs & especes, aussi-bien que de différens prix.

Il faut observer que les prix des toiles ci-dessus, ont été réglés sur les années 1717 & 1718, & que les différens mouvemens arrivés depuis ce tems-là dans les monnoies & le commerce de France, peuvent les avoir augmentés de près d'un tiers & même davantage.

Le droit de courtage & d'aunage, qui se paye sur les toiles, est de cinq sols par piece ; celui pour la marque, de douze deniers.

Il se fait aussi à Saint-Quentin quantité de grosses toiles d'étoupes de lin.

Les eaux de la Somme, qui a sa source à deux lieues au-dessus de Saint-Quentin, sont si propres pour les apprêts & le blanchissage des toiles de batiste, que non-seulement les Marchands de cette Ville s'en servent pour blanchir celles qui se fabriquent chez eux ; mais encore que les Villes voisines, & particuliérement Cambray où il s'en fait des mêmes sortes qu'à Saint-Quentin, y envoyent les leurs.

PERONNE, dans le Santerre. Point de fabrique d'étoffes, quoiqu'il s'y recueille & aux environs près de quarante milliers de laine, qui servent au négoce & aux Manufactures du dehors.

Les toiles qui s'y font, sont de mêmes qualités & largeurs, & de même prix que celles de Saint-Quentin. Il ne s'y en fait gueres que mille pieces par an, quoiqu'il s'y en vende beaucoup davantage ; mais les trois quarts & demi de ce qui s'y en débite, viennent de Cambray, d'Arras, & de Bapaume.

On fait aussi dans plusieurs villages qui sont proche de Peronne, beaucoup de grosses toiles d'étoupes de lin, de même qualité que celles de Saint-Quentin.

Les droits de courtage & d'aunage sur les toiles, aussi-bien que celui de contrôle, montent à six sols par piece. Le droit de marque est de douze deniers.

NESLE. On y recueille la même quantité de laines qu'à Peronne ; &, comme à Peronne, il n'y a pas non plus de fabrique d'étoffes de laine.

Les toiles y sont aussi des mêmes qualités ; mais il ne s'y en fait pas un si grand nombre ; & il s'y en vend peu ou point de Foraines.

TILLOY. Il se fabrique dans ce lieu & dans quelques autres aux environs, des serges façon de Crevecœur. Toutes ces étoffes se marquent au Bureau du Tilloy ; deux Maîtres & Gardes élûs à la pluralité des voix de tous les Ouvriers de ces villa-

ges,

ges, en ont la direction. L'élection s'en renouvelle tous les ans.

Cette fabrique occupe jusqu'à soixante métiers. Les étoffes qui s'y font, s'achetent toutes par les Marchands d'Amiens.

FIENVILLIER & NAOURS. Les paysans de ces deux villages qui sont assez voisins, font aussi des serges de Crevecœur. L'Inspecteur des Manufactures de ce département, commet une personne pour les visiter & les marquer sur les lieux.

BEAUCHAMP-LE-VIEIL. On y fabrique des tiretaines de demie-aune de large; le produit de ces étoffes passe trois mille pieces par an. Ces tiretaines se nomment des belinges.

GRANDVILLIERS & villages circonvoisins. Les serges que l'on fait dans tous ces lieux, sont estimées, elles ont demie-aune demi-quart de large. Il s'y en fabrique année commune, douze à quatorze cent pieces.

Quarante-cinq Maîtres qui demeurent à Grandvilliers, font travailler un grand nombre de métiers, dont la plus grande partie est dispersée dans les villages & hameaux du voisinage, n'y en ayant que très peu dans le bourg. Le Bureau de la marque & visite de ces étoffes, est établi à Grandvilliers où elles sont visitées & marquées par les Jurés de la Communauté. Il y a une foire le jour de la Saint Leu Saint Gilles, & marché tous les lundis.

FEUQUIERS. Cette Manufacture est très considérable. Les étoffes qu'on y fait sont des serges façon de Crevecœur, & d'autres façon de Londres. Un seul Manufacturier la conduit, la soutient, & y entretient un très grand nombre de métiers.

POIX. Il se fait à Poix & dans quantité de villages circonvoisins, un assez grand nombre de serges. C'est au marché de ce bourg que se portent & se vendent toutes les étoffes qui se portoient autrefois à Aumale, ce qui va année commune, à plus de quinze cent pieces. Ce sont les Marchands d'Amiens qui ont coutume de les y acheter, particuliérement les serges.

Le Bureau pour la visite & pour la marque, y est aussi établi.

### DEPARTEMENT DE L'INSPECTEUR *des Manufactures de Beauvais.*

BEAUVAIS. Ville de France, Capitale du Beauvoisis, dans le gouvernement de l'Isle de France. On la compte toujours comme une des Villes de Picardie, quoiqu'elle en ait été séparée : Elle est le chef-lieu du département d'un Inspecteur des Manufactures, duquel dépendent Mouy, Meru, Tricot, Courcelles, Mery, Vaux, Freroy, Tronquoy, Rollot, Assimilliers, Orviler, Cocurel, Halluin, Riermont, Pleuron, Envoille, Glatigny, Crevecœur, Blicourt, Puchy, Pisselieu, & Senlis.

La Sergetterie de Beauvais n'a pas moins de réputation que la Sayetterie d'Amiens, soit pour la bonté de ses fabriques, soit pour le grand nombre d'étoffes qui s'y fabriquent tous les ans.

Autrefois l'on y distinguoit deux corps différens de Drapiers, dont l'un se nommoit le grand Corps, & l'autre le petit Corps. Ils furent réunis en *1661*, & les Réglemens de *1667*, qui furent dressés pour la Sergetterie de Beauvais, ne les regardent que comme une seule & même Communauté; cependant leur union ne fut entiere qu'en *1670*, que le Conseil d'Etat du Roi, par de nouveaux articles de Réglement, ôta la distinction qui restoit encore entre les anciens Drapiers & les modernes. On parle dans ce Dictionnaire de cette union, & l'on en rapporte les Réglemens. *Voyez* SERGETTERIE.

Malgré une union cimentée par tant d'Arrêts, & depuis si long-tems, il reste encore dans la Sergetterie de Beauvais une idée de son ancien partage, & l'on y regarde toujours comme Maîtres du grand Corps ceux qui font les plus belles étoffes, telles que sont les ratines, les serges à poil, les Espagnolettes, les sommieres, les flanelles, &c. & pour Maîtres du petit corps, ceux qui n'en fabriquent que de communes, comme sont les revêches & les serges ordinaires : quoique les uns & les autres ayent le droit de monter leurs métiers pour telles étoffes qu'ils jugent à propos.

En général, les étoffes qui se fabriquent dans la Sergetterie de Beauvais, sont :

Des ratines larges de cinq quarts.

Des ratines fines d'une aune.

Des ratines fortes aussi d'une aune, dont les chaînes sont de laine de France, & la trame de moyenne laine d'Espagne.

Des ratines communes.

Des estamets ou bures.

Des serges à deux envers de laine de France.

Des serges à poil d'une aune, la chaîne de laine de France, & la trame de laine d'Espagne.

Des serges fines de laine d'Angleterre, de deux tiers de large.

Des serges façon de Tricot des meilleures laines de France, de deux tiers de large.

Des Espagnolettes aussi de deux tiers de large, de laines fines de France en chaîne, & de laines d'Espagne en trame.

Des sommieres de demie-aune & demie-aune demi-quart, de laines fines de France.

Des revêches façon d'Angleterre, de trois quarts de large de laines de France.

Des flanelles façon d'Angleterre, d'une aune trois quarts, de large, & d'autres de moitié moins; toutes de laines de France.

Des serges communes de demi-aune demi-quart, de laines du pays.

Enfin des revêches communes, les unes de cinq quarts, les autres de deux tiers, de mêmes laines que les précédentes.

Les Maîtres qui font de belles étoffes, & qui pour cela sont censés du grand Corps, ne sont gueres que soixante & dix. Ceux du petit Corps, c'est-à-dire, qui ne travaillent qu'en étoffes communes, passent le nombre de cent. Environ cinq cent métiers travaillent pour les uns & pour les autres.

On estime que les premiers, c'est-à-dire, ceux du grand Corps, employent dans leurs fabriques jusqu'à cent quinze mille livres de laines d'Espagne, deux mille livres de laines d'Angleterre, & cent soixante mille livres de laine de France, avec quoi ils font près de treize mille pieces d'étoffes; & que les derniers consomment cent quatre-vingt-cinq mille livres de laines communes de France, dont le produit est d'un tiers moins que les autres.

Quatre Teinturiers du grand & bon teint, & six Teinturiers en petit teint, sont occupés à la teinture de ce grand nombre d'étoffes qui se fabriquent dans la Sergetterie de Beauvais.

A l'égard du débit, ce sont les Marchands mêmes de Beauvais, qui en font des envois dans toutes les principales Villes du Royaume, & particuliérement à Paris dans le tems des foires de S. Germain & de Saint Denis.

Les mêmes Marchands achetent aussi en écru

quantité de serges de Crevecœur qu'ils font fouler, teindre & apprêter à Beauvais, qu'ils joignent ensuite aux envois qu'ils font des étoffes fabriquées dans leurs Villes.

Il se fait dans tout le Beauvoisis, mais moins dans Beauvais même qu'au dehors, quantité de toiles fines, appellées demie-Hollande, qui se blanchissent aux Blanchiries de Beauvais, dont le blanchiment est excellent ; ce qui y attire aussi quantité d'autres toiles, particuliérement de Paris & de Saint-Quentin. On compte que les Marchands de ces deux dernieres Villes & ceux de Beauvais, y en envoyent année commune, vingt-huit à trente mille pieces.

La Manufacture de tapisserie de haute & basse lisse, qui y subsiste toujours avec beaucoup de réputation, doit son établissement au sieur Louis Hinard, & sa perfection au sieur Beagle. Les Lettres Patentes accordées au premier, sont de l'année 1669; & celles pour le sieur Beagle, de l'année 1684. Comme on parle ailleurs très amplement de cette Manufacture, on se contentera d'en indiquer ici l'endroit. *Voyez* HAUTELISSE.

La Bonneterie est aussi un objet de commerce assez considérable pour la Ville de Beauvais, particuliérement celle qui se fait dans quelques villages des environs.

Dans d'autres villages c'est aux dentelles de soie noire & aux guipures, que les femmes & les filles s'occupent.

Il se fait à Beauvais un commerce assez grand d'épicerie & de bétail, particuliérement de moutons, qui se conduisent à Paris.

MOUY. Petite Ville de France, située dans cette partie de Picardie qu'on appelle Beauvoisis.

Cette petite Ville a donné son nom aux serges qui s'y fabriquent. Il s'y en fait de deux sortes de largeur; les unes de demie-aune demi-quart; & les autres de trois quarts de large. On y employe des laines de Senlis, de Meaux, & des environs.

On y fait aussi d'autres serges à lizieres bleues où il entre les mêmes laines, mais mêlées avec des laines d'agnelins. *Voyez* SERGE.

Soixante & dix Maîtres y entretiennent plus de deux cent métiers. Le produit de cette manufacture est année commune, environ de neuf mille pieces qui se débitent aux foires de Paris & de Saint-Denis, à Amiens, à Rouen, à Beauvais, & par tout le Royaume.

Il s'y tient tous les ans une foire assez considérable, & toutes les semaines un marché.

MERU. On y fait des serges comme à Mouy, & on y employe les mêmes laines; aussi se vendent-elles pour véritables serges de Mouy & se débitent comme elles & avec elles. Quatre métiers en font environ deux cent pieces.

TRICOT. Ce Bourg est situé à dix lieues d'Amiens. Les étoffes qui s'y font & dans dix ou douze villages voisins sont toutes serges fortes & serges tirées à poil, qu'on nomme serges drapées, de deux tiers de larges. Elles sont propres pour les habillemens des troupes, particuliérement pour faire des culotes & des vestes aux soldats. Le même peuple du pays a aussi coutume de s'en habiller.

Le produit de ces fabriques est considérable; & il s'en fait par an plus de sept mille pieces, qui à raison de cinquante-cinq livres la piece, montent à près de quatre cent mille livres. On y employe des laines du pays, de Brie, & de quelques autres Provinces de France.

La chaîne est de pignon ou de laine basse, & la trame de mere laine. Cette étoffe n'est presque d'usage que dans le Royaume.

Les villages de la dépendance de Tricot où l'on fait de ces sortes d'étoffes, sont : Courcelles, Meru, Veaux, Fretoy, Tronquoy, Rollot, Assimilliers, Orviler, Cocurel, Halluin, Riermont, & Pleuron. Il y a dispersés dans tous ces lieux, plus de cent quarante Maîtres & près de deux cent métiers; la plupart des étoffes qu'on y fabrique, servent à habiller les troupes.

C'est à Tricot qu'est établi le Bureau pour la visite & pour la marque.

ENVOILLE & GLATIGNY. Cent métiers & plus de soixante & dix Maîtres, soutiennent ces deux fabriques. Les étoffes qu'on y fait, sont de serges grossieres de demie-aune demi-quart, & de deux tiers de large. On y employe toutes sortes de laines douces de France, particuliérement du pays. Ces serges ne sont propres que pour les gens de la Campagne.

Ces deux lieux en fournissent environ deux mille cinq cent pieces par an, qui s'achetent presque toutes par les Marchands de Beauvais & de Rouen.

CREVECŒUR, BRECOURT, PUCHY, & PISCELIEU. Ces quatre lieux de fabrique sont, après Amiens & Beauvais, les plus considérables de la Province de Picardie. Il s'y fait par an près de vingt-deux mille pieces d'étoffes, & l'on a même vû des années aller jusqu'à vingt-sept mille. Cette fabrique occupe au-delà de quatre cent cinquante métiers.

Les étoffes qui s'y font, sont de deux sortes; les unes sont des serges fines de demie-aune demi-quart; & les autres des serges à doubler, de même largeur.

Ces serges sont d'un très bon usage, la chaîne & la trame étant également de cœur de laine; avec cette différence cependant que les serges fines se font des meilleures laines qu'on tire des autres Provinces du Royaume, & que les serges à doublure ne sont que de laine du pays. Il s'y en fait de grises, de couleur de musc, de mêlées, & de noires, naturelles; outre quantité de blanches, qu'on teint ensuite en toutes sortes de couleurs.

Les serges de Crevecœur s'envoyent par tout le Royaume, & même dans les pays étrangers. Elles se vendent ordinairement en écru, dans le marché du Bourg dont elles ont pris le nom, où les Marchands de Beauvais, d'Amiens, & d'Orléans, les viennent enlever, pour ensuite en faire leurs envois, après qu'ils les ont fait fouler, teindre & apprêter chez eux.

Il y a à Crevecœur & dans chacun des trois autres Bourgs où il se fabrique de ces serges, un Bureau pour en faire la visite & y appliquer le plomb. Il s'y tient une grande foire tous les ans le lendemain de la Fête du Patron, & un marché tous les mardis.

Les serges qui se fabriquent à Blecourt, Puchy, & Piscelieu, sont ordinairement vendues par les Marchands pour véritables Crevecœur.

SENLIS. Cette fabrique est peu considérable, & les quatre métiers qui y sont, ne donnent gueres que cent cinquante pieces d'étoffes par an. Ces étoffes sont des serges grossieres de deux tiers de large, tout de laine du pays; le débit s'en fait sur les lieux.

Les autres endroits de la Picardie où il se fabrique quelques étoffes de laine sont Molien, Offigny, Betambaut, & Sareu.

Il s'employe dans le département de Beauvais jusqu'à sept cent quarante-cinq mille livres de laines de France, & cent quinze mille livres de laine d'Espagne, dont il se fabrique environ soixante & huit mille pieces d'étoffes. On y compte près de quarante moulins pour leur donner les apprêts du dégraissage & du foulage.

*ETAT DES LAINES QUI SE RECUEILLENT dans la Province de Picardie.*

| | |
|---|---|
| A Amiens & aux environs, | 80 milliers. |
| A Abbeville, | 2 |
| A Saint-Quentin, | 100 |
| A Peronne, | 40 |
| A Nesle, | 40 |
| A quelques Bourgs voisins, | 2 |
| A Ham, | 40 |
| A la Ferté, | 20 |
| A Guise, | 30 |
| A Vervins, | 60 |
| A Laon, | 30 |
| A Vely près de Laon, | 40 |
| A Chauny, | 20 |
| A Noyon, | 20 |
| Total. | 514 milliers. |

*MEMOIRE SUR LE COMMERCE de Saint-Vallery, de Calais, & de Boulogne.*

SAINT-VALLERY. Cette Ville est située à l'embouchure de la riviere de Somme, & c'est le premier port que l'on trouve à la côte de Picardie en suivant celle de Normandie. L'entrée de ce port, si cependant il mérite ce nom, est très difficile. Outre que des bancs qu'on nomme les bancs de Somme, qui avancent plus d'une lieue dans la mer, & qui changent suivant les vents, en barrent l'entrée, il faut que les vaisseaux qui y entrent, se tiennent le long du rivage, dans une espece de hanse qui joint le fauxbourg de la Ferté, & qui est le seul lieu où ils puissent être en sureté.

C'est la difficulté & la variation de ces bancs, qui obligent les bâtimens qui veulent monter au-delà, de prendre des pilotes ou à Saint-Vallery même, ou à Cayeux.

Comme ces obstacles ne sont pas insurmontables, & que d'ailleurs le port de Saint-Vallery est très commode & très avantageux pour transporter en Picardie, en Artois, en Champagne, & à Paris, les marchandises qui y abordent, non-seulement de tous les ports de France, mais encore de ceux de Hollande, d'Angleterre, de Suede & de Hambourg; le commerce qui s'y fait, y attire tous les ans un grand nombre de bâtimens soit étrangers, soit François, qui y apportent ou qui y chargent, les uns les denrées du dehors, & les autres celles du dedans.

C'est surtout pour le commerce avec les Hollandois, que le port de Saint-Vallery a de grandes commodités, un bâtiment y pouvant venir de Hollande en vingt-quatre heures quand le tems est favorable, & les marchandises dont il est chargé, pouvant être ensuite transportées en deux jours & demi à Amiens, & même en trois jours à Paris, si l'on veut bien prendre ses mesures & ne pas ménager les frais; commodité qu'on ne trouve pas dans celui du Havre.

Il faut observer que le commerce de Saint-Vallery à Amiens se fait par le moyen des gribarnes ou batteaux, qui peuvent en tout tems remonter la Somme, cette riviere ayant la propriété de ne geler presque jamais.

Lorsque la sortie des blés est permise dans le Royaume, il en sort beaucoup par Saint-Vallery pour la Normandie & l'Angleterre, mais comme ce commerce n'est pas toujours ouvert, les marchandises que ses habitans envoyent ordinairement à l'Etranger, sont des fils de caret, des toiles à voiles, d'autres à emballages, des petites étoffes de laine ou laine & soie, fabriquées dans les Manufactures de Picardie, particuliérement à Amiens & à Beauvais; des vins de Champagne & de Bourgogne, des indigos des Isles Françoises, des safrans de Gâtinois, plusieurs étoffes de soieries, & autres fabriques du Royaume, particuliérement de Lyon; enfin des harengs & des maquereaux salés.

De ces diverses marchandises, les unes sont pour l'Espagne & le Portugal, comme le caret, les toiles, & les petites étoffes de Picardie; les autres pour l'Angleterre & la Hollande, comme les vins, les soieries, l'indigot, & le safran; & les autres pour l'Artois, la Flandre, & Paris, comme le poisson salé.

Les marchandises & denrées qui entrent par le port de Saint-Vallery, & qui y viennent des autres ports du Royaume, soit pour la consommation du pays, soit pour être distribuées dans les Provinces voisines, sont des sucres des rafineries de Nantes, de la Rochelle, & de Normandie; des savons de Toulon & de Marseille; des vins & des eaux-de-vies de Bretagne, de la Rochelle, de Bordeaux, & de Languedoc; des cidres du pays d'Auge; des miels bruns de Bretagne; des sels de brouage pour la fourniture des greniers, des pelleteries de la Rochelle, & de la morue salée de la pêche de cette derniere Ville, aussi-bien que de celle des Bretons & des Normands.

A l'égard des marchandises que les Vaisseaux étrangers apportent à Saint-Vallery, elles consistent en cendres communes de Dannemarck pour les blanchimens, en cendres ou potasses de Hollande pour la fabrique des savons, en huiles de baleines & d'autres poissons, en laines d'Espagne & de la mer Baltique; en bois de Campêche, de Bresil, & en bois jaune pour la teinture; en morue salée & en harengs de la pêche des Hollandois, ou du moins qui passent pour en être; en fromages de Hollande; en fers blancs & noirs de Hambourg; en fers de Suede & en aciers de Hongrie; en fanons de baleine; en bois & planches du Nord; en divers outils d'Angleterre pour les Taillandiers; en drogueries & épiceries; en draps & camelots de Hollande; en suifs & beurres d'Irlande & d'Angleterre; en charbon de terre; en plomb, en étain, en couperose, en alun, en savons d'Alicante, en cuivre jaune de Hollande; en quincaillerie & en corne à faire des peignes & des lanternes.

Toutes ces diverses marchandises étrangeres ne sont apportées à Saint-Vallery que par les Anglois, les Hollandois, les Suedois, & les Hambourguois.

Le port de Saint-Vallery est un des deux ports de France, fixés par divers Arrêts du Conseil d'Etat du Roi, particuliérement par ceux des 8 Novembre 1687 & 3 Juillet 1692, pour l'entrée dans le Royaume de diverses marchandises, denrées, & manufactures venant d'Espagne, d'Angleterre, & de Hollande, particuliérement pour les draperies étrangeres. Ces marchandises sont:

Des camelots de Hollande de toutes sortes, aussi-bien que tous autres camelots de fabrique étrangere.

Des draps de même fabrique de toutes especes & couleurs.

Des ratines drapées ou apprêtées en draps, des ratines frisées; les unes & les autres de toutes largeurs & de toute fabrique étrangere.

Des serges de Seigneur, & serges façon Ascot, Cypres, Angleterre, Hollande, & autres fabriques étrangeres.

Des serges drapées façon de Florence, d'Angleterre & autres pays, blanches & teintes.

Des bayettes d'Angleterre simples ou doubles.

Des burails croisés & des burails de Flandres.

Des couvertures de laine grosses ou fines.

Des draps d'Espagne.

Des draps demi, appellés de douzaine.

Des draps d'Angleterre.

Enfin tous draps & étoffes de laine & de poil, ou draps & étoffes faits ou mêlés de laine, soie, fil, poil, coton, ou d'autres matieres, de fabrique étrangere.

Des flanelles.

Des frises communes, des frises d'Espagne & de Flandre, des frises seches d'Angleterre, des frises blanches appellées de coton : enfin toutes autres frises de fabrique étrangere.

Des frisons d'Angleterre.

Des lingettes.

Des moltons doubles, des crezeaux frisés ou unis.

Des penistons.

Des serges d'Ecosse demie-étroites, blanches ou teintes, neuves ou vieilles, appellées Plaindins.

Des serges de Londres, & toutes autres semblables serges d'Angleterre.

Des serges drapées de toute fabrique étrangere.

Des barracans.

Des ferlins.

Enfin les drogueries & épiceries, à la réserve des cires & des sucres. Mais il faut remarquer que c'est bien après la fixation de 1687 & 1692, que le port de Saint-Vallery a été ajouté aux autres ports du Royaume, qui avoient déja été marqués pour l'entrée desdites épiceries & drogueries.

Il y a à Saint-Vallery aussi-bien qu'à Calais, un Inspecteur du Roi pour les Manufactures étrangeres.

Nous aurions pû placer ici le détail du Canal de communication entre la Somme & l'Oise, & dont le projet a été rendu public; pour faciliter le transport des marchandises étrangeres du port de Saint-Vallery jusqu'à Paris : mais on le trouvera dans ce Dictionnaire, au mot CANAL.

CALAIS, Ville de Picardie dans le Comté d'Oye, entre Gravelines & Boulogne. Son port est avec celui de Saint-Vallery, le seul par lequel les Draperies étrangeres doivent entrer dans le Royaume; & comme à Saint-Vallery, on y a établi un Inspecteur des Manufactures pour en faire la visite à leur entrée; de sorte que tout ce qu'on vient de dire à cet égard de cette derniere Ville, est commun à Calais. *Voyez* le paragraphe précédent.

C'est pareillement une des Villes par lesquelles, suivant l'article I. du titre III. de l'Ordonnance des Fermes de 1687, les drogueries & épiceries doivent entrer en France, soit par terre, soit par mer. Les autres sont Rouen, la Rochelle, Bordeaux, Lyon, & Marseille. Saint-Vallery, comme on l'a dit ci-dessus, y a été ajouté depuis.

La situation de Calais qui n'est éloignée des côtes d'Angleterre que d'environ sept lieues, & où les vaisseaux de Hollande peuvent arriver en peu d'heures quand le tems est favorable, seroit très commode pour entretenir un grand commerce avec les Anglois & les Hollandois, si son port n'étoit devenu très perilleux pour avoir été long-tems négligé. Il est vrai qu'on a souvent proposé de l'achever & de le mettre en état de recevoir les plus grands bâtimens; mais jusqu'ici cette proposition n'a point eu de lieu, quoiqu'on estime que la dépense ne pourroit gueres aller qu'à quinze cent mille livres.

Du côté de la terre, Calais communique par des canaux à Gravelines, à Ardres, à Saint-Omer, à Dunquerque, & à plusieurs autres endroits de la Flandre Françoise & de l'Artois, ce qui rend le transport des marchandises étrangeres & Françoises qui y arrivent, très aisé même jusqu'à Gand, & dans les autres principales Villes des Pays-Bas Autrichiens.

Les difficultés du port de Calais en diminuent à la vérité beaucoup le commerce, mais elles ne l'empêchent pas tout-à-fait. Les bâtimens François y apportent des sels de Brouage, des vins & des eaux-de-vie de Bordeaux, de la Rochelle, & de Nantes; & les Anglois, des beurres & des cuirs salés d'Irlande, qui se distribuent ensuite à la faveur des canaux, dans l'Artois & la Flandre Françoise.

Il faut avouer cependant que ce commerce est peu considérable, en comparaison du négoce secret que les Marchands de Calais font sur les côtes d'Angleterre, soit en y introduisant des étoffes de laine des fabriques de France, des galons d'or, des points & divers ouvrages des Manufactures de Lyon, soit en tirant par le même moyen des laines Angloises, & d'autres marchandises qui y sont réputées de contrebande pour la sortie. On parle ailleurs de ce Commerce indirect. *Voyez* dans ce Dictionnaire l'article du Commerce d'Angleterre. *Voyez aussi* celui des laines étrangeres.

Les habitans de Calais prétendent qu'on leur est redevable de l'invention du sorissage des harengs. Quoi qu'il en soit de cette prétention, il est certain qu'il ne s'y en fait plus présentement. *Voyez* à l'article du Hareng, ce qui concerne les pêches Françoises de ce poisson.

BOULOGNE, ou BOLOGNE sur mer, Capitale du Boulonois. Le port de cette Ville est petit & de difficile entrée, l'eau n'y montant gueres que sept pieds dans la plus haute mer; de sorte qu'il n'y peut entrer que des ballandes ou petites barques, tirant au plus cinq à six pieds d'eau.

Il n'y a pas même de rade à Boulogne, & le mouillage y est très mauvais pour les vaisseaux un peu considérables, n'y ayant qu'un seul endroit à une portée de canon de terre au Sud-est de la Tour-Neuve, où l'on soit en sureté; c'est aussi là où les pêcheurs & les bâtimens marchands viennent mouiller de basse mer, en attendant le flot dont il faut qu'ils se servent, pour entrer dans le port.

Le commerce du dehors ne consiste gueres qu'en sels, en vins blancs & en eaux-de-vie qu'y apportent les bâtimens de Bordeaux, de la Rochelle, & de Nantes, & en cuirs salés d'Irlande qui y viennent sur de petits navires Anglois; mais seulement des uns & des autres ce qu'il en faut pour la consommation du pays.

Son commerce du dedans est principalement du produit de ses différentes pêches, entr'autres du hareng & du maquereau salé. On estime que la vente de ces deux poissons, y compris ceux qui se salent à Saint-Vallery, qui n'y sont pas en si grande quantité qu'à Boulogne, peut aller année commune, à plus de quatre cent mille livres. Ces poissons s'enlevent pour la Flandre & pour l'Artois, mais le plus grand nombre vient à Paris.

La Tisseranderie y est aussi assez considérable; les toiles qui s'y fabriquent, sont fines & de bon usage.

Il y a à Boulogne des marchés tous les mercredis & les samedis de chaque semaine, & l'on y tient une foire franche tous les ans, qui commence le huitiéme Novembre & dure jusqu'au vingt-sept inclusivement.

La forêt à laquelle cette Ville donne son nom, fournit de bon bois pour la charpente & pour le chauffage.

## COMMERCE DE CHAMPAGNE, ET DE LA GENERALITÉ DE SOISSONS.

La proximité des deux Généralités de Châlons & de Soissons, & la grande ressemblance de leurs productions naturelles, & des Manufactures qui y sont établies, ont fait croire qu'il n'en falloit faire qu'un article.

Les terres de l'une & de l'autre sont fécondes en toutes sortes de grains, & particuliérement en blés & en avoines. Leurs côteaux sont chargés de vignobles, qui produisent des vins excellens. On tire de plusieurs mines, du fer & de l'acier; & de quelques carrieres, des ardoises gueres moins belles & aussi bonnes que celles d'Anjou. On y cultive des lins & des chanvres, dont on fait des toiles de toutes sortes; & des fils, qu'on employe en diverses Manufactures de points & de dentelles.

Les pâturages y sont admirables; & l'on en peut juger par plus de seize ou dix-sept cent mille moutons ou brebis qu'on y nourrit, qui fournissent trois ou quatre millions de livres pésant de laine, & dont les abbatis d'une partie, aussi-bien que ceux du gros bétail, entretiennent quantité de tanneries & de mégisseries.

Enfin les rivieres & les ruisseaux de ces Provinces font travailler un très grand nombre de forges, de fourneaux, & de fonderies, pour le fer; de martinets, pour le cuivre; & de moulins, pour le papier: sans compter les prairies qui donnent les foins, qu'on conduit à Paris par la riviere d'Oise; les forêts, où se font les charbons, qui y vont aussi par la même riviere; & les bois de chauffage & de charpente, qu'on y mene par celles d'Ourq, de Marne, & de Seine.

Les lieux où se fait le plus grand commerce de grains, sont, pour le Soissonnois, Soissons, où les Marchands établissent leurs magasins pour Paris; Laon, la Ferre, Vervins, Coucy, d'où on les transporte en Thierache & en Hainault; & Beaumont, où les Boulangers de Gonesse envoyent acheter une partie des blés, dont ils font cet excellent pain, dont ils fournissent Paris tous les mercredis & les samedis.

A l'égard de la Champagne, elle a ses marchés les plus considérables pour les blés, les avoines, & les autres grains qui s'y recueillent, à Fisme, à Brême, à Chaulny, Noyon, Villers-Coterets, la Ferté, Château-Thierry, Châlons, Vassy, & Bar-sur-Aube.

Les vins de Rheims, de Sillery, d'Hautvilliers, (que quelques-uns prononcent par corruption Ovilé) d'Espernay, de Château-Thierry, sur-tout les premiers, & tout ce qu'on nomme plus précisément vins de Champagne, ont trop de réputation en France, & dans toute l'Europe, où on les transporte, pour douter que le grand débit qui s'en fait, ne répande beaucoup de richesses dans les lieux où se cultivent de si excellens vignobles. Il y a encore des vins dans plusieurs autres cantons de ces deux Provinces, moins délicats à la vérité, mais cependant très bons; comme ceux d'Oxmery, Châtillon, Vertus, Dormans, en Champagne; ceux de Laon, Guichy, Pargnant, & Coucy, dans le Soissonnois, dont les derniers se transportent en Picardie, en Flandre, en Hainault; & les autres descendent à Paris, où il s'en fait une grande consommation pour les meilleures tables bourgeoises.

## *DETAIL DE TOUTES LES MANUFACTURES DES GENERALITÉS DE CHAMPAGNE & de SOISSONS.*

*Contenant les différentes especes d'ouvrages qui s'y fabriquent, les endroits où on les fait, le nombre des Maîtres qui y travaillent, & les lieux où ils se debitent.*

### *DEPARTEMENT DE L'INSPECTEUR des Manufactures de Reims.*

REIMS. Ville de France en Champagne. Cette Ville si célebre par la beauté de ses bâtimens publics ou particuliers, par les prérogatives de son Eglise, & par le sacre de nos Rois, qui a coutume de s'y faire, l'est encore beaucoup par son commerce: les principaux objets de ce commerce, sont diverses fabriques d'étoffes de laine, ou partie soie & laine: la Chapellerie, la Manufacture des Couvertes de laine, la Tannerie, & la Mégisserie, tant pour les cuirs forts que pour les petits cuirs; enfin la fabrique des toiles de diverses sortes.

Les étoffes que l'on fait à Reims, sont des étamines Dauphines, des razes de Maroc, des razes de Perse, des droguets, des serges façon de Londres, des serges razes qu'on nomme Cordelieres, & des draps façon de Berry.

Les laines qu'on employe dans toutes ces différentes fabriques, sont partie étrangeres & partie Françoises. Les étrangeres consistent en quelques laines communes d'Espagne, comme les laines de Castille, les Segoviannes, & quelques autres semblables; on tire les Françoises de l'Auxois, du Berry, de Champagne, de Brie, du Soissonnois, & de Picardie.

Quatorze cent métiers, & environ treize cent Maîtres Drapiers, Sergers & Estaminiers, travaillent à ces Manufactures qui occupent outre cela quatorze Tondeurs qui se servent de forces de Troyes & d'Orléans. Douze moulins à foulon, trois Maîtres Teinturiers du grand & bon teint, cinq autres du petit teint, un Teinturier privilégié pour les écarlates, & quatre Ouvriers qu'on nomme vulgairement Estaminiers Bourgeois.

Paris, Lyon, Rouen, Troyes & autres Villes du Royaume; Liége, la Flandre, & l'Italie, sont les lieux, soit du dedans, soit du dehors, où se débitent davantage des étoffes qui se fabriquent à Reims. Il s'en vend aussi beaucoup aux quatre foires qui se tiennent tous les ans dans cette Ville.

Il se fait aussi à Reims des étoffes tout de soie qu'on nomme des bluteaux ou toiles à moulin. Le produit de cette fabrique va jusqu'à dix-huit cent pieces, qui n'ayant qu'un quart de large, ne sont pas sujets à la marque. Ils se débitent en Brie & en Picardie.

Les crêpes de soie façon de Lyon, jouissent pour la même raison de la même exemption. Il s'y en fabrique huit à neuf cent pieces. Les Ouvriers en soie qui y travaillent, sont au nombre de plus de vingt, qui ont chacun un métier. Leur débit est en Flandre & à Paris. Il se fait aussi à Reims des rubans de galon.

La fabrique des bas de soie & de laine, en fournit plus de six cent paires par an, une douzaine de Maîtres y font travailler. Il se fait aussi de la Bonneterie dans l'Hôpital de Reims, où il s'employe jusqu'à cinq milliers de laines.

Les Maîtres Couverturiers y sont au nombre de seize; les couvertures & les mentes qui s'y fabriquent, consomment les plits & autres mauvaises laines du pays. Elles se débitent sur les lieux.

Le produit de la Chapellerie va année commune, à quinze mille chapeaux qui sont faits de laines d'agneaux de Brie & de Champagne : vingt-cinq Maîtres Chapeliers entretiennent cette fabrique. Les chapeaux se débitent dans la Ville ou aux environs.

Le commerce des cuirs tant forts que menus, est très considérable à Reims : douze Mégissiers, huit Corroyeurs, & trois Tanneurs, sont occupés à leurs apprêts. Les Mégissiers font environ quarante mille peaux de moutons passés en blanc, dont on fait des gands & des poches. Les Corroyeurs apprêtent jusqu'à cinq cent douzaines de vaches & de veaux à la maniere d'Angleterre; & les Tanneurs dont les tanneries sont très fortes, y en ayant qui ont jusqu'à dix-huit fosses, y font à proportion autant de cuirs forts qui ne sont pas moins estimés que ceux de Namur.

Enfin il se fait à Reims une grande quantité de toiles de lin de trois quarts de large, & de chanvre de toutes largeurs. Près de cinquante Maîtres Tisserans, qui y sont occupés, ne travaillent gueres que pour les Bourgeois & pour leur usage. *Voyez aussi l'article des* FOIRES.

Cette Ville est le chef-lieu d'un département d'un Inspecteur des Manufactures. Les Villes & lieux qui en dépendent sont Retel, Château-Portien, Château-Regnault, Charleville, Sedan, Donchery, Mouzon, Autrecourt, Revoy, Fismes, Damery, Châtillon, Dormans, Vertus, Sainte-Manehout, Siuppe, Sompy, Ville-en-Tartenois, Routz, Perte, Sunville, Soissons, Laon, Pierrefons, Montcornet, Guise, la Fere, Chavry, Noyon, la Ferté-Milon, Neuilly, Saint-Front, Fere-en-Tartenois, Château-Thierry, Charly, Mont-Mirel, Orbaye, Saint-Martin-d'Ablois, & Bremes.

RETEL. On y fait environ quatre mille pieces d'étoffes, des laines qu'on tire de Champagne, de Picardie, & du Soissonnois. Les étoffes qu'on y fabrique, sont des serges Cordelieres, des serges façon de Londres, des serges drapées, des étamines, des étamets & des crêpons qui se débitent pour la plupart aux Marchands de Reims. Cinquante Facturiers y entretiennent plus de quatre-vingt métiers. Pour les apprêts, il y a quatre Teinturiers & un moulin à foulon.

Les autres Manufactures sont la Chapellerie, la Tisseranderie, la Mégisserie, la Tannerie & la Bonneterie. La Bonneterie n'a que trois Maîtres; la Mégisserie, quatre; la Chapellerie, sept; la Tisseranderie, vingt-six, & près de cinquante métiers; & la Tannerie autant que la Mégisserie, ces deux dernieres ne font que des peaux de brebis & de moutons. Les toiles de lin qu'on y fait, sont de demie-aune demi-quart de large, celles de chanvre, de toute largeur.

Les Chapeliers font jusqu'à quatre mille chapeaux par an.

CHATEAU-PORCIEN. On n'y employe que des laines du pays dont on fait des serges larges, des étamines & des serges drapées. Le produit de ces fabriques va à cinq cent cinquante pieces, qui occupent trente-cinq métiers & autant de Facturiers.

Le reste, à la réserve des toiles dont il s'y en fabrique peu, est à peu près comme à Retel pour la qualité des Manufactures, mais non pour le nombre des Maîtres qui est de la moitié moins grand.

MEZIERES. Neuf ou dix Marchands de la Ville soutiennent cette fabrique, & y font travailler une douzaine de métiers. Les apprêts s'y font par deux Tondeurs & deux moulins à foulon.

Presque toutes les teintures se font à Reims, à l'exception du rouge, pour lequel il y a un ou deux Teinturiers à Mézieres. Les étoffes sont, diverses serges, entr'autres des serges façon de Londres, des serges larges, des serges drapées, des serges à deux estains, & des cariseaux : on n'y employe que des laines du pays. Le produit des étoffes ne va qu'à cinq cent pieces.

Il s'y fait beaucoup de toiles de lin & de chanvre de toutes largeurs, mais seulement pour les Bourgeois. Les Tisserans sont au nombre de dix-sept, qui ont chacun un métier.

Huit Bonnetiers, autant de Chapeliers, & douze Tanneurs, y font quantité de bas au tricot, de chapeaux, & de cuirs: la fabrique des cuirs forts y est très bonne.

Les points d'Angleterre & les angrellures y entretiennent & y occupent beaucoup de gens.

CHATEAU-REGNAULT. Il ne s'y fait que des points façon de Sedan & de Charleville, qui se vendent aux Marchands de cette derniere ville, qui les envoyent dans les Pays étrangers. Les ardoises font aussi une partie de son commerce.

CHARLEVILLE. Ville de France en Champagne, autrefois honorée du titre de Souveraineté, qu'elle a perdu à la mort de Ferdinand-Charles, dernier Duc de Mantoue décédé sans enfans. Cette Ville est du département de l'Inspecteur des Manufactures établies à Reims. La commodité de la Meuse sur laquelle Charleville est situé, lui procure un grand commerce avec ses voisins à qui elle envoye les différentes fabriques qui se font par ses habitans, entre autres des étoffes, des armes à feu, des ustenciles de cuisine, des ardoises, des dentelles, des tapisseries, de la clouterie, des cuirs de tannerie & de mégisserie, diverses sortes de toiles, & autres semblables ouvrages & manufactures.

Il se fait peu d'étoffes de laine dans cette Ville. Quelques années avant la mort de feu Monsieur le Duc de Mantoue, Ferdinand-Charles, qui en étoit Souverain (1704), on parla d'y établir une Manufacture de draps, sur le pied de celles de Sedan. Le sieur Pagnon qui en soutient présentement une avec tant de réputation dans cette derniere Ville, entra en traite avec les Officiers du Conseil de ce Prince en France pour cet établissement, mais des raisons de politique en empêcherent la conclusion.

La Manufacture des points & dentelles y est très considérable. On n'y employe gueres que des fils qui se font à Sedan, & qui sont excellens : on en parle dans le paragraphe suivant.

Le débit des points se fait en Hollande & en Allemagne.

On peut aussi regarder comme une fabrique de Charleville, celle des Armes qui se font à une lieue de cette Ville. Le sieur Titon, Garde des Magasins & Cabinets d'armes de l'Arcenal de Paris, en fit l'établissement sous les ordres de M. de Louvois en 16... Il a depuis été continué & soutenu par les sieurs Fournier; & c'est en partie cette célebre Manufacture qui en a fourni aux Troupes Françoises pendant les longues guerres du Régne de Louis XIV. Elle occupe près de deux cent ouvriers.

Les toiles, les chapeaux & les cuirs font le reste de son commerce : cinq Tanneurs & deux Mégissiers sont employés à ceux-ci; cinq Chapeliers aux chapeaux, & sept ou huit Tisserans aux toiles.

On a parlé ailleurs de sa Clouterie, & de ses ardoises. *Voyez* ces deux articles dans le Dictionnaire.

SEDAN, Ville de France en Champagne. Quelque célebre que soit cette Ville par la régularité & la beauté de ses Fortifications, qui la font regarder comme un des Boulevarts du Royaume; on peut dire qu'elle l'est encore devenue davantage par la Manufacture des draps qui y a été établie vers le milieu du dernier siécle (1665), & qui y a si parfaitement réussi, que la France n'envie plus à ses voisins ces étoffes qu'ils lui faisoient acheter si cher.

On a traité amplement à l'article des Manufacturiers & à celui des Réglemens, de l'établissement des Fabriques de draps dans la Ville de Sedan, & de l'élection en corps de Jurande, des Ouvriers qui avoient appris leur métier dans la Manufacture du célebre M. Cadeau. On peut y avoir recours.

Présentement les draps qu'on y fait consistent en draps façon de Hollande, d'autres façon d'Angleterre, & d'autres encore façon d'Espagne : ceux-ci sont d'une aune & demie de large; ceux d'Angleterre de cinq quarts, & ceux de Hollande d'une aune un tiers. On n'employe aux uns & aux autres, que des laines d'Espagne, comme des laines de Ségovie, des Ségoviannes, des albarasins, des soris, & autres meilleures sortes.

La plupart de cette Draperie fine se fabrique dans les Manufactures des Marchands Privilégiés; c'est-à-dire, de quelques riches Marchands de Paris, qui ont obtenu des Lettres Patentes pour en établir des Fabriques à Sedan, tels qu'ont été & que sont encore les sieurs Mignon, de la Mothe, Rousseau, Pagnon, & quelques autres. Le reste se fait par quelques Maîtres Drapiers de la Ville. On observera en passant qu'il ne sort gueres que des draps noirs de la Manufacture du sieur Pagnon.

Il n'y a point de Marchands privilégiés qui ait moins de quarante métiers batans, y en ayant qui en font travailler jusqu'à soixante & dix. On compte que quarante métiers occupent près de huit cent personnes pour la façon & apprêt des draps, y compris les Teinturiers, dont chaque Manufacture a les siens propres.

Le produit des Fabriques de draps fins va à plus de trois mille cinq cent pieces, qui se débitent à Paris, Lyon, Rouen, Troyes, Reims, & dans toutes les grandes Villes du Royaume.

Les Maîtres Drapiers de la Communauté de la Ville vont ordinairement jusqu'à trente, qui entretiennent environ cent dix métiers, où l'on fait pour la plupart des draps communs.

La Fabrique des serges est aussi très considérable à Sedan; quatorze ou quinze Maîtres Sergers y font travailler plus de quatre vingt dix métiers, qui, année commune, donnent au-delà de neuf mille pieces d'étoffes, qui se débitent à Troyes, à Reims, & en quelques autres lieux. Elles servent à l'habillement des Troupes. Ces étoffes sont des serges larges, des serges drapées, des serges à deux estains, des serges façon de Londres, & des éverlins, à la fabrique desquelles on se sert de laines de Berry, des Ardennes, de Champagne, de Brie, & de laines communes d'Espagne.

Quatorze moulins à foulon, mais qui ne travaillent pas toujours, faute d'eau, y font les apprêts du foulage & du dégraissage.

Les eaux y sont excellentes pour la teinture; il y croît quantité de drogues qui y sont propres, particuliérement de la gaude : aussi outre les Teinturiers des manufactures privilégiées, il y en a encore cinq autres qui font indifféremment le grand & le petit teint.

Toutes ces fabriques de lainage y occupent un très grand nombre de Tondeurs.

Les points, que du nom de la Ville on nomme *Points de Sedan*, font subsister plusieurs milliers de personnes, tant au dedans qu'aux environs. Le débit s'en fait en Hollande, en Pologne, en Allemagne, & dans le Royaume.

On ne se sert gueres dans cette fabrique que des fils qui s'apprêtent dans la manufacture que le sieur Quintin Courbe, Marchand de Mons, a le premier établi à Sedan. Ces fils dont il se vend, année commune, environ quinze cent livres pesant, se tirent d'abord par le Manufacturier, de Sedan même, de Picardie, du Soissonnois, & de Champagne : mais il les envoye blanchir en Hollande. Ils s'employent presque tous aux points & dentelles qui se font à Sedan, à Mezieres, & à Charleville.

Les chapeaux & les cuirs qui s'y font, n'y sont pas un grand objet de commerce.

Sedan a été long-tems du Département de l'Inspecteur des Manufactures établi à Reims; depuis on lui en a donné un particulier.

DONCHERY. Trente Maîtres Sergers, & plus de soixante & dix métiers, y font par an environ quatorze cent pieces d'étoffe, qui sont ou serges larges, ou serges drapées, ou serges façon de Londres. Les laines qu'on y employe, sont des laines de Berry, de Champagne, & de Brie. Il y a deux moulins pour le foulage.

Les points & dentelles qui s'y fabriquent, sont des mêmes sortes qu'à Charleville; mais elles se font avec des fils de Hollande qu'on estime moins bons que ceux de la Manufacture de Sedan. On les débite en Italie, en Allemagne, & en Portugal.

Deux Tisserans & deux Chapeliers y font quelques toiles & quelques chapeaux, mais seulement pour les habitans.

MOUSON & AUTRECOURT. Les étoffes qu'on y fait, sont des serges drapées, des serges façon de Londres, & des serges à deux estains; elles sont toutes de laine du pays; les apprêts s'en font à Sedan.

Le nombre des pieces qui s'y fabriquent ne va gueres qu'à cinq cent par an, & celui des Sergers qui y travaillent, seulement à dix Maîtres qui n'ont chacun qu'un métier. Elles se vendent sur les lieux, ou pour Reims.

Les autres Fabriques sont celles des chapeaux & des toiles; douze ou treize Tisserans travaillent à celles-ci, & quatre Chapeliers aux autres; mais tous, seulement pour le Bourgeois. On y fait aussi de cette sorte d'eau-de-vie de pepin, qui a été inventée sur la fin du 17e siécle.

RENVOY. Presque tous les habitans de ce Village qui n'est pas loin de Mezieres, travaillent en Bonneterie assez grossiere. Le débit s'en fait, quelques-uns sur les lieux pour les Troupes, quelques-uns pour les Paysans des Villages voisins, & la plus grande quantité pour la Lorraine.

FISMES. Cette Fabrique n'a que trois ou quatre Facturiers qui font quelques serges larges, des laines du pays. Le produit n'en va jamais que jusqu'à quatre-vingt pieces, qui se vendent sur les lieux ou à Reims. Trois Chapeliers, un Tanneur, & six Tisserans y font peu de chose. Leurs ouvrages se consomment dans le pays.

DAMERY, CHASTILLON, DORMANS, VERTUS, ESPERNAY. Il ne se fait par an dans ces cinq lieux, qu'une vingtaine de pieces de serges, par trois seuls Sergers qui y sont dispersés; sept Tanneurs & quatre Mégissiers y préparent assez considérablement de cuirs, les uns forts & les autres menus. La Bonneterie y a huit Maîtres, & la Chapellerie, trois; plus de vingt-cinq Tisserans y travaillent pour les habitans & les paysans.

On a dit ailleurs que le principal commerce de ces petites Villes est en vins; comme celui de Fismes, dont on vient de parler, est en grains. Le vin cuit que l'on fait à Vertus, est le meilleur de tous ceux qui se font en Champagne.

Les vins de Damery sont de la qualité de ceux d'Ay, qui n'en est pas éloigné.

SAINTE-MANEHOULD. On n'employe dans cette Fabrique que des laines du pays, dont on fait des serges façon de Châlons, des serges drapées, des estamets, & des frises. Le tout ne va, année commune, qu'à cinq cent cinquante pieces qui occupent dix-huit Facturiers. Elles se vendent à Châlons.

Il s'y fait aussi beaucoup de toiles des chanvres qu'on recueille aux environs; les quatorze Tisserans & les vingt métiers qui y travaillent, ne le font pour la plupart, que pour les habitans.

Les autres ouvriers de différens métiers, sont, cinq Tanneurs, un Teinturier, sept Gantiers, six Chapeliers, & trois Mégissiers.

SIUPPE. Cette Fabrique est considérable. La Communauté des Sergers est au moins de cent Maîtres Facturiers, dont pourtant quarante seulement travaillent, qui entretiennent plus de soixante métiers. Toutes les étoffes se font de laines du pays; elles consistent en éversins, en serges drapées, en serges rases & en frises. Plus de quinze cent pieces sortent de cette Manufacture, qui se débitent à Troyes, Reims, Châlons, & quelques autres lieux. Il y a trois Tondeurs & un Teinturier.

Les autres Fabriques sont, des toiles, des chapeaux, & des cuirs, mais en petite quantité, n'y ayant qu'un Tanneur, deux Chapeliers, & quatre Tisserans.

SOMPY. Les Maîtres Sergers actuellement travaillans, ne sont gueres que dix ou douze, quoique la Communauté soit composée de plus de vingt-cinq Maîtres; on y fait près de six cent pieces d'étoffes, partie serges drapées, & partie serges rases à la façon de Châlons. Reims & Châlons sont les Villes où elles se débitent.

VILLE-EN-TARTENOIS. Des serges larges, des pinchinats, & des serges drapées, toutes de laines du pays, sont les étoffes qui s'y fabriquent. Il s'y en fait environ quatre cent pieces par an, qui se vendent à Reims & aux foires de la Province. Il y a quinze Maîtres Drapiers, tant dans le lieu, que dans les Villages voisins: cinq seulement font fabriquer.

ROUTZ, PERTE, & SUNVILLE, sont trois Villages auprès de Reims, où il ne se fait que des étamines blanches de laines du pays: ces étoffes, aussi-bien que celles de quelques autres Villages qui n'en sont pas éloignés, où il s'en fait de mêmes qualités, sont visitées & marquées par les Gardes Jurés de cette Ville, où elles se vendent pour étamines de Reims même. Le produit de toutes ces Fabriques, passe deux mille pieces. Routz a près de trente ouvriers & autant de métiers; Perte, dix ou douze ouvriers; & Sunville, quatorze ou quinze qui n'ont chacun qu'un métier.

SOISSONS, Capitale du Soissonnois. La Fabrique des étoffes de laines y est peu considérable; à peine s'y fait-il par an quinze pieces de serges, façon de Berry, où deux seuls Maîtres travaillent, sur deux seuls métiers. Il y a cependant deux Tondeurs, & autant de Teinturiers; mais les premiers ne tondent que des étoffes du dehors, & les autres ne teignent que pour les Bonnetiers & les Chapeliers du lieu.

La Bonneterie y est assez bonne. Elle est entretenue, partie par neuf Maîtres de la Ville, & partie par les pauvres de l'Hôpital qu'un riche Maître fait travailler.

La Chapellerie y est encore plus forte, quoiqu'elle n'ait que six Maîtres. Les chapeaux se font de laine d'agneaux du pays; il s'y en fabrique jusqu'à trois mille cinq cent par an. Leur débit, aussi-bien que des bas, se fait sur les lieux & aux foires des Villages voisins.

La Tisseranderie y occupe environ trente Tisserans, qui font, année commune, huit à neuf cent pieces de toiles.

Quatorze ouvriers en soie qu'on nommeroit à Paris Tissutiers-Rubanniers, y font des bords de chapeaux & des gallons tout de soie, & d'autres gallons fil & soie. Ils s'appellent Passementiers.

Enfin la Tannerie ne consiste qu'en trois Tanneurs, qui n'apprêtent que des petits cuirs, n'ayant pas réussi aux apprêts des cuirs forts qu'ils y ont tenté vainement plusieurs fois.

LAON, Capitale du Laonnois. Nulle Fabrique d'étoffes de laine dans cette Ville; ses autres Manufactures sont des toiles, des bas, des chapeaux, & des cuirs.

Les toiles sont de deux sortes, ou de lin, ou de chanvre, les unes & les autres des fils du pays ou des lieux voisins. Celles de lin occupent plus de trente Tisserans & quarante métiers, & celles de chanvre autant de Tisserans, mais un quart moins de métiers. Ces dernieres sont de toutes largeurs; les autres sont des toiles façon de Hollande de trois quarts de large, & des batistes ou touffettes de demie-aune un seize. Les Tisserans s'y appellent des Marquiniers.

Les bas se font, ou par les Maîtres Bonnetiers de la Ville, qui n'y sont qu'au nombre de douze; ou par les pauvres enfans de l'Hôpital.

La Chapellerie fournit trois mille chapeaux & plus chaque année, dont la plus grande partie se débite sur les lieux.

La Tannerie consiste en quatre Tanneurs & deux Mégissiers.

PIERRE-PONS, Bourg situé dans le Valois. Il ne s'y fait point d'étoffes. Ses Fabriques sont des toiles de chanvres, & des sangles, des fils du pays.

Les

Les premieres occupent neuf Tisserans, les autres dix Faiseurs. Celle des sangles est très considérable; elles se vendent sur les lieux, aussi-bien que les toiles.

MONCORNET. On y fabrique des serges, des ratines, des estamets, des revêches, & des serges drapées, où l'on n'employe que des laines du pays. Cette Manufacture occupe vingt-cinq Maîtres, trente-deux métiers, six Tondeurs, un Teinturier, & trois moulins à foulon. Les étoffes qui s'y font se vendent sur les lieux, à Reims, & dans le reste de la Province. Deux Tanneurs & deux Chapeliers y font de la Tannerie & de la Chapellerie. Il s'y fait aussi des toiles par quatre Tisserans, mais qui ne travaillent que pour les Bourgeois.

VERVINS, FONTAINE, & PLOUMIERS. Ces trois lieux fournissent des draps communs & des serges de la laine du pays; dix-huit Façonniers en font environ trois cent pieces; deux Tondeurs & deux moulins à foulon, donnent les apprêts à ces étoffes qui se vendent sur les lieux à une foire qui s'y tient le jour de la S. André.

On y fait aussi quantité de toiles, des lins & des chanvres, qui se recueillent aux environs; celles-ci de toutes largeurs, celles-là de deux tiers de large: six Marquiniers & dix métiers travaillent aux premieres. Onze Tisserans & treize métiers aux dernieres. Les toiles de lin se débitent à Saint-Quentin, celles de chanvre sur les lieux.

On y fait de la Bonneterie, où une demie douzaine de Bonnetiers est occupée.

A une lieue de Vervins il y a un moulin à papier.

GUISE, dans le Comté de Tierache. Il n'y a aucune Fabrique de draperie, mais il s'y fait quantité de toiles de lin & de chanvre; les premieres sont des batistes, & des toiles façon de Hollande, dont le débit se fait à Saint-Quentin, d'où on les envoye en Italie & en Espagne. Les toiles de chanvre se vendent dans le Royaume; treize ou quatorze Marquiniers travaillent aux unes, & une trentaine de Tisserans aux autres.

On ne répétera pas ce qu'on a dit ailleurs des trente-quatre Villages entre Guise & Vervins, où se font la plupart des batistes qui se fabriquent en France; on se contentera d'ajouter que ces toiles occupent plus de deux cent vingt métiers. *Voyez* BATISTE.

Outre les toiles, qui se font à Guise, il y a aussi dans cette Ville, de la Chapellerie, de la Tannerie, de la Mégisserie, & de la Bonneterie. Trois Chapeliers, quatre Tanneurs, six Mégissiers, & quatre Bonnetiers soutiennent ces diverses Fabriques.

LA FERE. Point de Manufacture de Lainerie; les toiles y sont sur le même pied qu'à Guise: c'est aussi à Saint-Quentin qu'elles se débitent. Il n'y a que quatre Marquiniers, mais qui ont dix métiers. Les Tisserans y sont jusqu'au nombre de trente. On y prépare des cuirs.

CHAULNY. Comme à la Fere & à Guise. Dix-huit Marquiniers & soixante Tisserans y travaillent aux toiles; même débit qu'aux précédentes. Le blanchiment n'y est pas mauvais, & il s'y blanchit quantité de toiles, tant du lieu que du dehors.

Les autres Fabriques sont des treillis, des chapeaux, des cuirs, & des bas; ces trois dernieres ont chacune trois maîtres.

NOYON. Nulle étoffe de laine, mais quantité de toiles de lin, partie demie Hollande, de trois quarts de large; partie truffettes de demie aune un seize, & partie batistes. Plus de vingt-cinq Marquiniers travaillent à toutes ces toiles: elles se vendent dans le lieu, & à Saint-Quentin.

Trente-trois Tisserans y font aussi quantité de toiles de chanvre de toutes largeurs.

La Tannerie y est très considérable & très bonne. Les cuirs qui s'y apprêtent sont presque tous cuirs forts qui se débitent à Mons, à Valenciennes, & dans les Provinces. Les Maîtres Tanneurs y sont au nombre de plus de vingt-cinq.

La Bonneterie a seize Maîtres, sans compter les pauvres de l'Hôpital qui font aussi quantité de bas.

Enfin il s'y fait, année commune, sept mille cinq cent chapeaux, par neuf Maîtres Chapeliers, qui n'y employent que des laines du pays.

VILLERS-COTTERETS, gros Bourg dans le Duché de Valois. Il ne s'y fait point d'étoffes, & ses autres Fabriques sont peu de choses; il y a cependant onze Bonnetiers, deux Mégissiers, quatre Chapeliers, & huit Tisserans, mais tous assez peu occupés: ces derniers ne travaillent que pour les habitans.

LA FERTE'-MILON. Il s'y fait des laines du pays, quelques serges façon de Berry, qui ne vont gueres qu'à vingt-cinq pieces par an. Trois Facturiers y travaillent. Il y a un moulin à foulon.

Les toiles au contraire, s'y font en assez grande quantité, & occupent près de quarante Tisserans & autant de métiers. Celles de lin sont de trois quarts & de deux tiers de large, & celles de chanvre de deux tiers & d'une aune. On les fait de fils du pays.

Deux Chapeliers, quatre Tanneurs, deux Bonnetiers, & trois Mégissiers y font un assez bon commerce de chapeaux, de cuirs forts & menus, & de bas à l'aiguille.

Il s'y tient deux marchés par semaine, l'un dans la Ville haute, l'autre dans la Ville basse.

NEUILLY SAINT-FRONT. Il s'y fait douze ou quinze cent pieces d'étoffes par an, où l'on employe des laines de Brie, de Champagne, & du Soissonnois. Leurs qualités sont, des serges façon de Berry & des serges drapées de deux tiers de large. Trente Sergers & autant de métiers soutiennent cette Fabrique qui a deux moulins pour les apprêts du foulage & du dégraissage.

Il s'y fait des bas, des chapeaux, des toiles, & des cuirs; des chapeaux & des cuirs en petite quantité; des bas & des toiles davantage; les huit Tisserans qui travaillent en toile, n'en font que pour les habitans.

FERE EN TARTENOIS. Les étoffes de cette Fabrique sont des serges larges, des serges drapées, & des serges façon de Mouy, où il n'entre que des laines du pays. Neuf Facturiers, qui ont jusqu'à douze métiers, en donnent, année commune, près de huit cent cinquante pieces. Un moulin y sert aux apprêts du foulage & du dégraissage.

Dix-huit Tisserans y travaillent pour les Bourgeois; huit Maîtres y soutiennent la Bonneterie; trois, la Chapellerie; & deux, la Tannerie.

CHATEAU-THIERY. Un seul Facturier y fait environ vingt pieces d'étoffes par an, partie serges larges, & partie serges drapées, toutes de laine du pays.

Six Mégissiers, quatre Tanneurs, & quatre Bonnetiers y font un assez grand nombre d'ouvrages de leurs métiers, & assez bons. Les Tisserans sont tout seuls en plus grand nombre que tous les autres Maîtres ensemble; mais ils ne sont occupés que pour les habitans.

CHARLY. Cette Fabrique donne des serges larges,

des ſerges drapées, & des ſerges croiſées, toutes de laines du pays, qui ſe débitent ſur les lieux : huit Facturiers y travaillent, & il y a trois moulins à foulon.

Il y avoit autrefois une belle Tannerie, mais qui eſt abandonnée ; la Mégiſſerie y a encore deux Maîtres, & la Bonneterie autant ; les Tiſſerans n'y ſont que ſix, & encore ne font-ils des toiles que pour le Bourgeois.

Cinq Fondeurs de cuivre y ſont aſſez occupés.

MONTMIREL, petite Ville de France, où il y avoit autrefois une Manufacture de Draps, établie ſous la protection de M. de Louvois, Miniſtre & Secretaire d'Etat, qui en étoit Seigneur.

Les draps qu'on y faiſoit avoient de la réputation & étoient aſſez parfaits : on y en fabriquoit de trois ſortes, les uns d'une aune, les autres d'une aune demi-quart, & les derniers de cinq quarts de large : il n'y entroit point d'autre laine que de celle d'Eſpagne. C'eſt préſentement peu de choſe.

Outre la Manufacture des draps, il y a auſſi une Fabrique de ſerges larges d'une aune, de laines du pays : cette derniere Fabrique n'a qu'un Facturier particulier pour la ſoutenir, ainſi il y a apparence qu'elle tombera.

On y fait pareillement quelques chapeaux, & trois Chapeliers en fourniſſent pluſieurs groſſes qui ſe vendent ſur les lieux.

La Verrerie qui y étoit n'a pû ſe ſoutenir.

ORBAY. Cette Fabrique a des ſerges larges, de laine du pays ; tout ce qu'en font les quatre Facturiers qui y ſont établis, ſe débite, ou ſur les lieux, ou aux foires des environs.

Deux Chapeliers, un Tanneur, & ſept Tiſſerans y entretiennent un commerce aſſez languiſſant.

SAINT-MARTIN D'ABLOIS. On y fait des ſerges larges, des laines du pays, environ vingt-cinq pieces par an, qui ſe vendent comme les précédentes : trois métiers & deux Facturiers y ſont occupés.

BREMES. Point de Fabriques d'étoffes ; mais quantité de Fabriques de toiles de chanvre. Six Maîtres Tiſſerans y ont près de cinquante métiers batans. Ces toiles ſe débitent à Reims, à Soiſſons, & à Bremes même.

Il y a trois Chapeliers & deux Mégiſſiers.

Tous les lieux de Fabriques dont on a parlé juſques-ici, ſont du département de l'Inſpecteur des Manufactures de Reims ; ceux qui ſuivent, ſont du département de Troyes.

Il ſe fait, année commune, dans le département de Reims, près de quatre-vingt-quatre mille pieces d'étoffes.

On y employe un million ſept cent quarante mille livres péſant de laines de Champagne, de Brie, du Soiſſonnois, & de Bourgogne ; plus de cinq cent trente mille livres de laines d'Eſpagne, & au-delà de cinquante mille livres de celles de Berry.

Les Bonnetiers au nombre de cent quarante-cinq & les Chapeliers au nombre de cent vingt-quatre, en employent quatre à cinq cent mille livres du pays ; en ſorte que le total des laines, qui ſe fabriquent dans ce département, ſoit en étoffes, ſoit en chapeaux, ſoit en ouvrages de Bonneterie, monte à plus de deux millions huit cent mille livres.

Il s'y nourrit, tant brebis que moutons, quatorze à quinze cent mille bêtes, qui fourniſſent trois millions ſept à huit cent mille livres de laine.

### *Département de l'Inſpecteur des Manufactures de Troyes & de Châlons.*

CHALONS. Il s'y fait quantité de ſerges raſes, de ſerges façon de Londres, des eſtamets, des éverſins, des ſerges drapées, & des étamines façon de Reims. Ces dernieres ſeules fourniſſent au-delà de deux mille cinq cent pieces d'étoffes par an ; toutes les autres enſemble en donnent environ deux mille. Les laines qu'on employe aux unes & aux autres ſont, partie laines de Champagne, de Brie, du Soiſſonnois, & de Bourgogne, & partie laines d'Eſpagne. Trois cent vingt-cinq Maîtres Drapiers & trois cent trente-cinq métiers ſont occupés à la Fabrique de toutes ces étoffes, qui ſe débitent à Paris, à Lyon, en Champagne, dans le Soiſſonnois, & en Flandres.

Il y a outre cela trente à trente-cinq autres métiers qui travaillent pour une Manufacture que des Marchands Drapiers de Paris y ont établie en conſéquence de Lettres Patentes.

Les étoffes qu'on y fabrique ſont pour la plupart de même qualité que celles de Reims, avec cette différence que celles de Châlons ſont toutes de laines, & que la chaîne de celles de Reims eſt de ſoie.

On fait auſſi dans cette Manufacture des ſerges façon de Londres, des ratines, & des pinchinats, on employe aux unes & aux autres, ſelon leur qualité, des laines primes-Ségovie, ſin albaraſin, & autres laines d'Eſpagne, avec des laines de Berry, d'Auxois, de Champagne, & de Brie.

Le produit de cette Manufacture eſt à proportion auſſi grand que celui des autres Fabriques. Les étoffes s'en débitent par tout le Royaume, à Liége, & en Italie ; les Liégeois ſur-tout en tirent beaucoup, les trouvant fort à leur gré.

Les Bonnetiers & les Chapeliers n'y font qu'une Communauté qui eſt compoſée d'environ ſeize Maîtres.

On fait à Châlons quantité de toiles de lin de trois quarts de large, & de toiles de chanvre de toutes largeurs. Près de trente Tiſſerans & plus de cinquante métiers ſont occupés à la fabrique des toiles. Ce ſont les Bourgeois de Châlons & les Marchands de Reims, qui les font travailler.

Vingt Tanneurs apprêtent des cuirs forts & des peaux de vaches & de veaux. Trois Mégiſſiers y font de la Blanchirie.

VITRY, Ville de France dans cette partie de la Champagne que l'on nomme le Pertois ; ſa ſituation ſur la Marne qui commence à y porter bateau, lui facilite un aſſez grand commerce de blé, de vin, de bois, & de charbon.

Les étoffes qu'on y fait ſont des ſerges raſes, des ſerges façon de Londres, des ſerges drapées, des droguets, & des eſtamets. Les laines qu'on y employe ſont des laines de Champagne, de Brie, & de l'Auxois.

Dix-ſept Maîtres & quarante métiers ſoutiennent cette Fabrique, dont les étoffes ſe débitent ſur les lieux, particuliérement aux cinq foires de cette Ville qui ſont aſſez conſidérables.

Il y a pour les apprêts trois moulins à foulon & deux Tondeurs, & pour la teinture juſqu'à vingt Teinturiers.

La Fabrique des gallons moitié ſoie & moitié fil, & des bords de chapeaux tout de ſoie, occupent plus de vingt Maîtres Paſſementiers ; celle des cuirs à huit Mégiſſiers & cinq Tanneurs ; & celle des toiles, ſoixante Tiſſerans.

La Chapellerie y eſt très conſidérable, & onze Maîtres Chapeliers y font plus de huit mille chapeaux par an.

A l'égard de la Bonneterie, elle eſt partagée entre les Maîtres Bonnetiers de la Ville & les pauvres de l'Hôpital. Les Bonnetiers y sont au nombre de douze.

SAINT-DIZIER. On estime cette Ville très propre à y établir une Manufacture d'étoffes de draperie, l'eau étant bonne pour le foulage & le dégraissage, & s'y trouvant quantité de racines & de plantes nécessaires à la teinture.

Jusqu'à présent néanmoins il ne s'y est fait que quelques frises de laines du pays, dont la fabrique n'occupe que trois Facturiers & autant de métiers. Le peu qui s'y en fait se vend à ses trois foires ; il y a aussi un moulin à foulon.

Pour compenser le peu d'étoffes qui se fait à Saint-Dizier, la fabrique des toiles y est considérable, & il s'en fait de lin & de chanvre de toutes largeurs, où sont employés soixante métiers & autant de Tisserans ; les fils dont on les fait sont filés dans le pays.

Les Chapeliers, au nombre de huit Maîtres, font près de cinq mille chapeaux, année commune.

Les autres Fabriques sont la Bonneterie, qui a treize Maîtres ; la Mégisserie, qui en a trois ; & la Tannerie, qui en a deux.

VIGNORY. Point de Fabrique d'étoffes de laine, mais beaucoup de Bonneterie, où presque tous les habitans, aussi-bien que ceux des villages voisins, travaillent : on n'y employe que des laines du pays. L'apprêt de ces ouvrages occupe jusqu'à quatre fouleries, le débit s'en fait à Troyes.

JOINVILLE. La Fabrique des draperies y est moins considérable qu'autrefois. Ses serges larges, ses droguets, & ses boges y occupent cependant encore sept ou huit Drapiers Sergers, neuf ou dix métiers, & un moulin à foulon. Les étoffes se débitent sur les lieux.

On y fait quantité de toiles de chanvre & de treillis avec des fils du pays ou des fils qu'on tire de Lorraine. Cette Tisseranderie où travaillent environ soixante Tisserans & autant de métiers, se vend partie dans la Lorraine, & partie dans la Province.

La Bonneterie a sept Maîtres ; la Chapellerie, six ; & la Tannerie, huit.

VASSY. Les droguets qui s'y font sont de laine du pays. Il y a plus de Maîtres Facturiers que de métiers, les premiers étant au nombre de treize ou quatorze, & les autres onze ou douze. La plus grande partie de ces droguets s'envoye en Lorraine, le reste se débite sur les lieux. Deux moulins à foulon y font les apprêts tant pour le dehors que pour le dedans.

Vingt-cinq à trente Tisserans y font des toiles de chanvre de toutes largeurs ; deux Bonnetiers, des bas ; trois Chapeliers, des chapeaux ; & huit Tanneurs, des cuirs forts & menus.

Cette Ville étoit autrefois célébre par ses quatre foires ; il y a déja du tems qu'on a cessé d'y en tenir.

CHAUMONT en Bassigny. Il se fait à Chaumont beaucoup de draps, de serges croisées, de boges, & de droguets. De ces derniers, les uns sont entiérement de laine ; & les autres, laine & fil. On n'employe dans toutes ces étoffes que des laines du pays.

La Communauté des Facturiers est de plus de vingt Maîtres, mais il n'y a gueres que seize métiers battans. Trois moulins à foulon & quatre Teinturiers du petit teint, travaillent aux apprêts & à la teinture de ces étoffes, qui se débitent sur les lieux & dans diverses Villes de la Province, particuliérement à Troyes.

C'est dans les mêmes endroits & encore à Dijon, que se vend toute la Bonneterie qui se fait à Chaumont en très grande quantité, & qui y fait vivre beaucoup de personnes. Plus de vingt-cinq Bonnetiers forment une espece de Corps, mais dont les Maîtres ne travaillent pas tous aux ouvrages de leur métier, y ayant parmi eux des Fabriquans Sergers & des Chapeliers.

Les laines dont on fait cette Bonneterie, sont partie d'Espagne, & partie du pays, de la Bourgogne, & de l'Auxois.

Plus de soixante & dix Tisserans font des treillis, des toiles de lin, & des toiles de Chaumont. Les treillis ont demie-aune demi-quart ; & les toiles de lin, trois quarts de large : pour les toiles de chanvre, elles sont de toutes largeurs : on ne se sert dans tous ces ouvrages que de fils du pays. Le blanchiment des toiles se fait à Troyes.

Cinq Mégissiers travaillent en blancheries.

LANGRES, Capitale du Bassigny. On n'employe dans cette Fabrique que des laines du pays, dont on fait des draps d'une aune, des serges de deux tiers, des boges & des droguets de demie-aune. Plus de vingt Maîtres Drapiers, six moulins à foulon, deux Tondeurs, & trois Teinturiers du petit teint, soutiennent cette Manufacture.

Les Maîtres Tisserans font également des toiles, des boges, & des droguets ; avec cette différence qu'ils ne travaillent en toiles que pour les Bourgeois, & en boges & droguets pour leur propre compte.

Les toiles de lin ont trois quarts de large, & celles de chanvre, de toute largeur : elles sont les unes & les autres de fil du pays ; le blanchiment s'en fait à Hien ou à Troyes ; le dernier est le meilleur. On compte jusqu'à cent trente-cinq ou trente-huit métiers de Tisserans, & plus de cinquante Maîtres.

Les étoffes de laines & les toiles se débitent principalement aux cinq foires qui se tiennent tous les ans à Langres.

La Coutellerie de cette Ville est très fameuse, & occupe jusqu'à quarante Maîtres Couteliers, le commerce des cuirs entretient près de vingt Tanneurs qui font des cuirs forts, & six ou sept Mégissiers qui en font de petits.

Enfin la Bonneterie se partage entre les pauvres de l'Hôpital & les Maîtres Bonnetiers de la Ville, ceux-ci ne sont que trois.

BAR-SUR-AUBE. On n'y fait que des serges croisées d'une aune de large, qui se débitent sur les lieux & à Troyes ; elles sont toutes de laines du pays. Neuf Facturiers, autant de métiers, deux moulins à foulon, & un Teinturier du petit teint, font & apprêtent ces serges.

On croit cette Ville fort propre pour l'établissement d'une manufacture pour diverses commodités qui s'y rencontrent, particuliérement pour les eaux qui sont très bonnes pour le foulage & dégraissage des étoffes, aussi-bien que pour leur teinture.

On n'y fait que des toiles de chanvre, qui occupent plus de quinze Tisserans & autant de métiers ; elles se débitent sur les lieux aux quatre foires qui s'y tiennent, ou s'envoyent à Troyes.

Les autres Fabriques de Bar-sur-Aube consistent en papiers dont il y a un moulin, & en verres de cristal où l'on travaille dans quatre fourneaux.

Il y a aussi trois Bonnetiers, quatre Chapeliers, cinq Tanneurs, & deux Mégissiers.

BRIENNE. Il se fait à Brienne des droguets & des boges de laine du pays, des toiles de chanvre de toutes largeurs, des fils qu'on fait aux environs, & de la Bonneterie de même laine que les étoffes ;

aussi-bien que quelques chapeaux.

Un seul Facturier qui n'a même qu'un seul métier, travaille aux étoffes; quinze Tisserans, aux toiles; deux Chapeliers, à la Chapellerie; & sept Bonnetiers, en bas. Tous ces ouvrages se débitent sur les lieux; il va néanmoins à Troyes une partie des bas & des toiles : il y a un moulin à foulon.

DIENVILLE. Cette Fabrique est considérable, & occupe près de trente Facturiers & autant de métiers. Les étoffes sont des boges & des droguets de laines du pays; ces derniers ont la chaîne de fil. Leur débit se fait en partie à Dienville même, & en partie à Troyes.

Il s'y fait aussi des toiles de toutes largeurs, & quelques chapeaux.

LES GRANDES & PETITES CHAPELLES. Il y a dans ces deux Villages qui sont très voisins, plus de vingt-cinq Facturiers & autant de métiers. Ils travaillent tous en serges façon de Mouy, où ils n'employent que de la laine du pays.

TROYES. Ville de France, Capitale du Comté de Champagne sur la riviere de Seine. Cette Ville est célébre par le grand commerce & les richesses de ses habitans, aussi-bien que par la grande quantité de Fabriques & de Manufactures qui y fleurissent & qui y entretiennent un nombre infini d'Ouvriers.

Les principales de ces Fabriques, dont quelques-unes lui sont particulieres, sont des étoffes de laine, des satins lachinés façon de Turin, des satins façon de Bruges, des toiles de lin & de chanvre, des basins, des treillis, des coutils, de la Bonneterie, de la Chapellerie, de la Tannerie, de la Corroyerie, de la Mégissérie, enfin de la Pelleterie.

Les étoffes de laine consistent en serges drapées d'une aune de large, en sergettes de deux tiers, en droguets, & en tiretaines; ces derniers s'appellent aussi serges de Saint-Nicolas : on employe à toutes ces étoffes partie laine du pays, & partie laine de Brie. Il s'en consomme environ cent vingt milliers.

La façon & l'apprêt de toutes ces laineries, occupent plus de soixante & dix Maîtres Facturiers, quinze Tondeurs, quatre moulins à foulon, & deux Teinturiers du grand teint; outre une grande partie des Tisserans en toiles, qui font les tiretaines & les droguets, dont la chaîne est de fil.

L'apprêt des étoffes qui se fait à Troyes, passe pour un des meilleurs du Royaume; quelques-uns même l'estiment entiérement parfait.

Toute cette Draperie se débite, quelques-unes dans le Royaume; mais la plupart à l'étranger, particuliérement en Lorraine, en Flandres, & en Allemagne. Ce sont les Marchands de Troyes qui en font le négoce, aussi-bien que de quantité d'autres qu'ils tirent de toutes les Fabriques du Royaume.

Il y a à Troyes dix Auneurs en titre d'Office.

Ceux qui font les satins, soit façon de Turin, soit façon de Bruges, se nomment Passementiers Ouvriers en soie; ils sont au nombre d'environ vingt-quatre Maîtres & deux Privilégiés. Depuis que la Fabrique de ces satins qu'on avoit établie à Lyon, est tombée, celle de Troyes est demeurée la seule dans le Royaume. Ces étoffes sont composées de soie, de fil, & de cotton; les fils sont du pays.

Ce sont les Tisserans qui fabriquent les toiles soit de lin soit de chanvre, les futaines, les basins, les treillis, les coutils, & autres ouvrages de Tisseranderie. On a remarqué ci-devant que ce sont eux aussi qui font les droguets & les tiretaines dont la chaîne est de fil. Les Maîtres Tisserans passent le nombre de trois cent. On peut juger de la quantité d'ouvrages qui sort de leur fabrique, par le produit du contrôle de leurs toiles, qui monte, année commune, depuis trente jusqu'à trente-cinq mille liv. Ils n'employent dans leurs ouvrages que des fils du pays.

Le commerce des cuirs de toutes sortes, est pareillement très considérable à Troyes, & l'on y compte jusqu'à vingt-cinq Tanneurs pour les gros cuirs, sept Corroyeurs pour les vaches & les veaux, & douze Mégissiers pour la Blancherie.

La Chapellerie a quinze Maîtres; la Bonneterie, dix; & la Pellerie, autant.

On peut voir à l'article des Foires, ce qu'on y dit des Foires anciennes & modernes de la Ville de Troyes.

L'aune de Troyes contient deux pieds six pouces une ligne : conséquemment trente aunes de Troyes font vingt & une aunes de Paris.

Il y a à Troyes un Inspecteur des Manufactures, qui a dans les Instructions la qualité d'Inspecteur de Châlons & Troyes. On peut voir ci-devant l'article de Châlons; on y trouvera les lieux qui sont du département de cette Inspection.

SAINT-JUST. Les étoffes qui s'y font, sont des serges drapées d'une aune de large, & quelques draps qu'on nomme façon de Troyes. Elles sont toutes de laine du pays, dont cette Fabrique consomme environ deux mille six cent livres. Six Maîtres Facturiers travaillent à ces étoffes, qui se dégraissent & se foulent à un moulin situé dans le voisinage.

ANGLURE. Cette Fabrique n'occupe que deux Maîtres Facturiers, & ne consomme que sept à huit cent livres de laines du pays. Les étoffes qui s'y font, sont des serges drapées d'une aune de large.

SEZANE, en Brie. La Draperie, la Bonneterie, la Tisseranderie, la Chapellerie, & l'apprêt des cuirs, sont les Fabriques établies dans cette petite Ville de Brie.

Sept ou huit Maîtres Facturiers font de la Draperie où ils n'employent que des laines du pays, dont la consommation va à quinze cent livres pésant. Leurs étoffes sont des serges drapées d'une aune & demie de large.

Les cuirs occupent quatre Tanneurs & dix Mégissiers; la Bonneterie, huit Maîtres; la Chapellerie, six; & la Tisseranderie, jusqu'à vingt-cinq. Il y a aussi un Teinturier.

LA FERTE'-GAUCHER. Il s'y fait environ cent pieces d'étoffes par an. Ce sont des serges drapées façon de Berry d'une aune de large. Dix ou douze Maîtres Facturiers y travaillent.

LA FERTE'-SOUS-JOUARE. Ce sont des serges drapées d'une aune de large. Sept ou huit Facturiers fournissent à peine trente pieces d'étoffes.

PROVINS. Ville de France dans la Province de Brie. Elle fait quelque commerce avec ses voisins par le moyen de la Vousie, qu'on a rendue navigable en la soutenant par des écluses. Les Marchandises que ses Marchands envoyent au-dehors, sont des blés, des vins, & autres denrées & productions du cru du pays. Elle a peu de Fabriques.

Il s'y fait quelques tiretaines, environ cent cinquante pieces par an.

L'on peut juger de la quantité de fer qui se tire de ces Généralités, & des mines de ce métail, qui s'y trouvent, particuliérement dans celle de Champagne, par le nombre des forges, fourneaux, & fonderies, qui y sont sans cesse entretenus. On y compte jusqu'à quatre-vingt forges : les fourneaux vont jusqu'à quatre-vingt-dix : & il y a seize fonderies, où il n'y a gueres de sortes d'ouvrages de fer, qui ne se fabriquent.

Les principales forges du Soissonnois, sont dans la forêt de Saint-Michel, qui est de l'Election de Guise. Le fer s'en débite à Reims, Amiens, & Saint-Quentin.

Des forges de Champagne, celles des environs de Charleville sont les plus en réputation, à cause particuliérement de cette célébre Manufacture d'armes, dont on a parlé ci-dessus. Ce sont aussi ces forges, qui fournissent le fer nécessaire pour cette excellente clouterie de la même Ville, qui ne cede à aucune autre de France, ni des pays étrangers.

Saint-Dizier est le lieu du plus grand Commerce, pour le fer qui se fabrique dans les autres forges de Champagne.

Le papier qui se fabrique en Champagne, surtout aux environs de Troyes, & à une lieue de Vervins, est assez gros, & de différentes qualités qui peuvent néanmoins servir aux différentes impressions; il y en a environ huit moulins dans la Province.

Les autres productions & fabriques de Champagne & du Soissonnois, consistent en alun, dont il y a deux mines considérables à Bourg & à Couvin; en salpêtre, qui sert au moulin à poudre de la Ville de la Fere; & en verre, duquel il y a plusieurs fours dans la forêt de la même Ville, & dans celle de S. Gobin.

C'est dans le Château de S. Gobin, situé dans cette derniere forêt, que se fondent les glaces de grand volume, dont on parle à l'article des Glaces.

Enfin, outre les forges, fourneaux, & fonderies, dont on a ci-devant fait mention, il y a en divers lieux de ces Généralités jusqu'à sept platineries, quatre remaurends, & quelques martinets, pour le cuivre.

## COMMERCE DU LYONNOIS, FOREST, ET BEAUJOLOIS.

Il se recueille très peu de soie dans le Lyonnois; & cependant Lyon est un des lieux du monde, où il se fait un plus grand Commerce de cette riche marchandise.

Toutes les soies, qui se tirent du Levant, de Perse, de Messine, d'Italie, d'Espagne, &c. qui sont destinées pour la France, doivent être conduites à Lyon, comme dans une espece d'entrepôt; & c'est delà qu'elles sont envoyées à Paris, à Tours, & dans les autres Villes du Royaume, où il y a des Manufactures de soierie, & où il ne se recueille point de soie.

***On n'entrera pas ici dans un plus grand détail sur cet important Commerce; se reservant d'en traiter amplement dans l'article des Soies, où l'on peut avoir recours.***

Les productions naturelles de ces trois Provinces, qui font partie de leur Commerce, sont :

1°. Les chanvres, qui se recueillent dans la plaine du côté de la Saône, & dans celle du Forest. Cette derniere n'en produit que de petits, mais très bons pour la marine. Les autres sont beaux, hauts & fins, & s'employent en toiles.

2°. Les vins, qui sont assez estimés, sur-tout ceux de Millery, à quatre lieues de Lyon.

3°. Le vitriol, le safran, & la couperose.

4°. Le charbon de terre, qui se tire près de Saint-Estienne en Forest, & qui s'y consomme pour la fabrique des armes & autres ouvrages de fer, dont la Manufacture est établie au même lieu.

On ne mettra pas au nombre des productions du cru de ces Provinces, l'or, l'argent, le cuivre, & le plomb, dont elles se vantent d'avoir des mines; étant toutes, ou assez incertaines, ou tout-à-fait abandonnées.

Il a été établi dans le Forest en 1722 des Bureaux de la Douanne de Valence, parce que les Voituriers qui conduisoient des marchandises du Languedoc à Lyon, au lieu de suivre le Rhône & le Dauphiné, passoient par le Vivarez & le Forest pour se dispenser de payer les droits de ladite Douanne.

Le plus grand négoce de Lyon consiste en la fabrique des draps d'or & d'argent, & de toute sorte d'étoffes de soie, comme velours, damas, satins, moires, taffetas, &c. où, année commune, il n'entre gueres moins que pour onze millions de matieres d'or, d'argent, & de soie.

Le Commerce de l'or trait & filé, y est aussi très considérable; s'y employant ordinairement par année, par les Maîtres Tireurs, Escacheurs, & Fileurs d'or, pour mille marcs d'or, & cinq millions d'argent.

Les futaines & les basins de Lyon, dont la fabrique y a été apportée de Milan en 1580; celle des rubans, établie à Saint-Estienne & à Saint-Chaumont; celle de toute sorte de quincaillerie, qui se fait aussi à Saint-Estienne; les fromages de Roche, qui se font en Forest, & qui se tirent de Rouanne pour Paris; les toiles du Beaujolois, qui se vendent dans les marchés de Tissy & de Damplepluis, Paroisses de cette petite Province; la librairie & la mercerie de Lyon; enfin, les diverses qualités de papier, qui se fabriquent dans plusieurs moulins & papeteries; sont encore une partie considérable du Commerce, qui se fait dans ces trois Provinces, réunies dans une même Généralité.

Après avoir donné cette idée générale du Commerce du Lyonnois, Forest, & Beaujolois, on va entrer dans un détail plus circonstancié de celui de la Ville de Lyon, qui a toujours été, & qui est encore une des Villes de France des plus célébres, par la richesse & l'étendue de son négoce.

### *Commerce de la Ville de Lyon.*

L'on doit également le grand Commerce de la Ville de Lyon, & à son heureuse situation, & au génie de ses habitans pour les Manufactures & le négoce, où ils se sont toujours distingués.

A l'égard de la situation; quatre grandes rivieres, ou qui l'arrosent, ou qui n'en sont pas éloignées, lui fournissent de grandes commodités, & des voitures aisées, pour porter ses marchandises, soit dans l'intérieur du Royaume, soit dans les pays étrangers; ou pour transporter chez elle les retours qu'elle fait, & les marchandises qu'elle tire du dedans ou du dehors.

Ces rivieres sont, le Rhône, la Saône, la Loire, & le Doux.

Par le Rhône, elle a communication avec le Dauphiné, la Provence, le Languedoc, & même avec la Guienne, par le canal du Languedoc : & c'est par-là encore, que communiquant avec la Méditerranée, elle entretient son Commerce avec l'Italie, l'Espagne, & tout le Levant.

La riviere de Saône, dans laquelle tombe le Doux, lui ouvre la Bourgogne & la Franche-Comté, dont on gagne aisément par terre, & par un trajet assez court, l'Alsace, la Lorraine, & la Champagne.

Enfin, la Loire, qui commence à être navigable à Rouanne, à douze lieues de Lyon, lui facilite le Commerce avec Paris, & toutes les Provinces du cœur du Royaume; & même lui peut donner part à celui que la France fait par l'Océan avec les Nations des quatre Parties de la Terre.

D'ailleurs, la Ville de Lyon étant dans le voisinage de la Suisse & de la Savoye, il lui est aisé de porter par-là son négoce dans une partie de l'Allemagne, dans le Piémont, & dans le Milanés.

Le génie des Lyonnois, naturellement porté au Commerce, a de tout tems profité des avantages de l'heureuse situation de leur Ville. Rome ne comptoit point encore la Ville de Lyon au nombre de ses Alliés, que ses habitans étoient déja célébres dans les Gaules par leur négoce. L'alliance des Romains augmenta ce négoce; & l'on a long-tems regardé la Ville de Lyon, comme l'Etape la plus célébre, & le Marché le plus fameux de l'Empire Romain; & où les marchandises & les Marchands se trouvoient en plus grande quantité.

Le Commerce de la Ville de Lyon eut le sort de Rome son Alliée; il tomba avec elle: mais plus heureuse que la Capitale du Monde, Lyon ne fut pas long-tems sans rétablir son crédit & son négoce; n'y ayant gueres présentement d'endroits dans le monde, où l'on puisse porter le Commerce, dans lesquels ses habitans n'entretiennent des habitudes & des relations.

C'est aux Italiens que la Ville de Lyon doit le rétablissement de son Commerce. Cette Nation née pour le négoce, & qui se vante d'en avoir appris aux autres Nations toute la finesse, profitant de la langueur de celui des Lyonnois, vint d'abord le partager avec eux: mais ayant dans la suite obtenu de grands privilèges, & ayant fait des profits immenses, ils s'en emparerent tout-à-fait. Ils devinrent, pour ainsi dire, les Maîtres de la Ville; ils s'y cantonnerent par Nation; & on leur accorda même la distinction, de faire l'ouverture des payemens en foire, qui se fait présentement avec une grande cérémonie par les Prévôt des Marchands, & Echevins de la Ville de Lyon, qu'on appelle aussi le Consulat.

On remarque que le droit d'ouvrir les payemens, appartint long-tems aux Florentins; qu'un Génois l'eut ensuite, & après lui un Piémontois: mais les uns & les autres toujours avec commission du Grand Duc.

Les Suisses & les Allemans s'introduisirent aussi dans le Commerce de la Ville de Lyon, & y devinrent presque aussi puissans que les Italiens: mais les Lyonnois instruits par ces diverses Nations, se sentant assez de forces, se passérent enfin des uns & des autres; & les privileges accordés aux Etrangers, ayant été d'abord moderés, & ensuite supprimés, tout le négoce resta entre les mains des François, qui en peu de tems le porterent au point où il est présentement.

Le Commerce de Lyon doit être considéré en deux manieres; l'une par rapport aux Pays avec lesquels cette Ville négocie; & l'autre par rapport aux différentes marchandises qui entrent dans son négoce. L'une & l'autre seront expliquées dans la suite.

Les Nations étrangeres, avec qui les Marchands de Lyon font le plus de Commerce, sont; l'Espagne, l'Italie, les Suisses, l'Allemagne, la Hollande, l'Angleterre; les Génois, & les Marchands de Marseille, pour le Levant: enfin la Pologne. On va entrer dans le détail.

Peu de Marchands de Lyon négocient directement en Espagne: le Commerce qu'ils y ont, se fait pour la plus grande partie par l'entremise des Italiens, sur-tout des Génois; & par cette voie le Commerce des Lyonnois s'étend jusqu'aux Indes Espagnoles.

La dorure, les draperies des moindres qualités, les toiles, les futaines, le safran, & le papier, sont les marchandises que Lyon envoye en Espagne. Celles qu'on en tire, sont des laines, des soies, des drogues pour la teinture, des piastres, & des lingots d'or & d'argent.

On estime qu'il vient à Lyon cinq millions en or & en argent; mais il n'y en a gueres que la moitié, qui soit directement le retour des marchandises envoyées de Lyon en Espagne; l'autre moitié y étant attirée de toutes parts, par le débit qui s'y en trouve sûrement à la faveur de l'affinage.

Les marchandises que la Ville de Lyon envoye en Italie, & qui la plupart se fabriquent chez elle, montent, année commune, à six à sept millions; & celles qu'elle en tire, au moins à dix millions. Cette balance paroît d'abord désavantageuse aux Lyonnois; l'avantage du Commerce restant ordinairement du côté de celui qui reçoit plus de retour en argent: mais cette maxime ne peut avoir lieu en cette occasion; les fabriques de Lyon ayant absolument besoin des soies d'Italie, & de l'argent d'Espagne, qui lui viennent par les Italiens à assez bon compte; & qui étant mis en œuvre par ses Manufacturiers, lui produisent un profit, qui la dédommage bien de l'inégalité qu'il y a dans le nombre des marchandises qu'elle reçoit d'Italie, ou qu'elle y envoye.

Le Commerce de Lyon avec les Suisses, se fait principalement avec les Villes de Zurich & de Saint-Gal: il s'étend néanmoins jusqu'à Berne, à Basle, à Schaffouse, & aux foires de Zurzach.

Toutes ces Villes fournissent à Lyon, des soies & fleurettes fabriquées à Zurich, des toiles, des fromages, & des chevaux: elles en tirent en échange beaucoup de draperies grossieres, des chapeaux, du safran, des vins, des huiles, du savon, & de la mercerie. On prétend que tout ce que Lyon fournit à la Suisse, ne va pas à un million de livres par an; & qu'au contraire, on en tire, année commune, pour plus de quinze cent mille livres, en toiles & en fromages; & pendant la guerre, encore un million en chevaux; ensorte que ce Commerce paroîtroit plus onéreux qu'utile au Royaume: mais on sçait que ces anciens Alliés de la France sont considérés par des endroits plus importans, que celui du négoce.

Dans le Commerce que les Lyonnois entretiennent avec plusieurs des plus grandes Villes d'Allemagne, ils y envoyent les mêmes marchandises qu'en Suisse; & encore des étoffes de soie or & argent, & beaucoup de dorures: on y fait même passer tout ce qu'il y a de plus beau dans cette espece; les Allemands se piquant de goût & de magnificence pour la parure.

Ce Commerce est très avantageux à Lyon; les envois des Lyonnois montant à plus de quinze cent mille livres; & les retours ne montant pas au quart de cette somme, en étain, en cuivre, en fer blanc, & en quantité de mercerie.

On tiroit autrefois de Nuremberg, beaucoup de faux trait: mais les nouveaux droits d'entrée, qu'on a mis sur cette marchandise, en a fait tomber le négoce, par rapport à la France.

Il faut remarquer, que les François vendent à

crédit, & les Allemands toujours au comptant.

Le plus grand Commerce que la Ville de Lyon fasse avec les Hollandois, consiste en remises d'argent, & en négociations de Lettres de change. Sa principale correspondance à cet égard est avec Amsterdam & Roterdam. Elle ne laisse pas de tirer des draps de Leyden, & des toiles de Harlem.

Les marchandises que l'on envoye de Lyon en Hollande, ne montent pas à cinq cent mille livres, en taffetas noirs, & en étoffes de soie, d'or, & d'argent; encore ces envois sont-ils bien diminués, depuis qu'ils ont imité nos Manufactures. On y envoye aussi quelques fruits de Provence, & des graines de jardin de Languedoc.

On tient qu'il se tire de Hollande pour Lyon, deux fois plus de marchandises qu'il ne s'y en envoye.

Lyon fait aussi un assez grand Commerce avec l'Angleterre, particuliérement avec les Villes de Londres, d'Excester, & de Plimouth; avec Londres, pour ses draps; avec Excester, pour ses serges; & avec Plimouth, pour de l'étain & du plomb. On en tire aussi des bas, quelque mercerie, du poivre, des drogues pour la teinture, comme noix de galle & bois de campêche, & quelquefois des soies; mais ce n'est que quand toutes ces choses manquent à Marseille.

Les envois de Lyon pour l'Angleterre, sont des taffetas lustrés, la plupart noirs; des étoffes de soie, & des brocards d'or & d'argent. Le commerce des taffetas y est si bon, que souvent en une seule foire de Lyon, il en sort pour plus de deux cent mille écus.

Les marchandises de Lyon pour l'Angleterre, vont à trois millions de livres par an; & celles d'Angleterre pour Lyon, seulement à sept à huit cent mille livres; ensorte que la balance de ce Commerce est d'un quart contre trois quarts, que les Anglois payent en argent, ou en Lettres de change.

A l'égard du Commerce de Levant, que les Lyonnois font par la voie de Marseille ou de Gênes, on tient qu'ils y sont intéressés pour environ quinze cent mille livres par année.

Pour celui de Pologne, c'est peu de chose. Il y a cependant une société de Marchands de dorure à Lyon, qui a un magasin à Varsovie : mais les étoffes qu'on y envoye, ne sont que de médiocre qualité.

Le Commerce que la Ville de Lyon fait dans l'intérieur du Royaume, n'est pas moins considérable que celui qu'elle entretient au-dehors avec les Etrangers : mais sans entrer dans le détail, il suffira de remarquer, que cette Ville se trouvant par sa situation presque au milieu de la France, & dans la route la plus aisée, elle sert, pour ainsi dire, à réunir le négoce des diverses Provinces, qui viennent y aboutir; & qu'ainsi non-seulement elle envoye de part & d'autre les marchandises qui sont comme de son cru, & qui se fabriquent dans ses Manufactures; mais encore qu'elle enrichit son Commerce de toutes celles qu'elle rassemble, & qu'elle tire de quantité d'autres lieux; ensorte qu'on y voit sans cesse passer les huiles & les fruits secs de Provence; les draps, les vins, & les eaux-de-vie du Languedoc; les safrans de Guienne; les petites étoffes de Champagne; les toiles de Picardie, du Maine, de Normandie, & de Bretagne; les blés de Bourgogne; & les chapeaux de presque toutes les Manufactures du Royaume.

L'on ne dit rien ici des quatre foires franches de Lyon, non plus que des payemens en foires, qui rendent cette Ville si célébre dans toute l'Europe, & qui y attirent tant de Marchands, qui, pour ainsi dire, y viennent en respecter la police & les usages. L'on n'entre pas non plus dans le Commerce des soies, dont Lyon est comme l'étape générale par rapport à la France. Enfin, on obmet tout ce qui peut regarder l'établissement des basins en France, qui ont commencé par Lyon; le grand Commerce qui s'en faisoit; & la chute de ce Commerce, par rapport aux Lyonnois; toutes ces matieres devant être traitées plus convenablement ailleurs. *Voyez dans ce Dictionnaire les articles des* FOIRES, *des* SOIES, *& des* BASINS.

C'est par la même raison que l'on ne parlera pas pareillement, ni de l'affinage de l'or & de l'argent, qui se fait à Lyon par quatre Affineurs du Roi, qui y attire une si grande quantité de ces riches matieres; ni du Commerce de l'or filé, qui s'y fabrique mieux qu'en lieu de l'Europe, & dont il se fait de si grand envois, tant au-dedans du Royaume, qu'au-dehors; ni de la Communauté & du trafic des Tireurs & Escacheurs d'or, qui font ce Commerce. *Voyez* AFFINAGE, OR FILÉ, *&* TIREUR D'OR.

Enfin, on se contentera d'ajouter à ce qu'on a dit jusqu'ici du Commerce de Lyon, qu'on estime qu'il y entre environ pour onze millions de matieres, tant soie, qu'or & argent, qui s'employent dans les Manufactures de cette Ville : Que la préparation de ces matieres, & la façon des différens ouvrages qu'on en fabrique, montent à plus de trois millions : Que la vente qui s'en fait, tant par les Marchands de Lyon, que ceux des autres Villes du Royaume, qui les tirent d'eux, produit encore au-delà de trois millions : Et que des dix-sept millions, & plus, qui composent le total de ces trois sommes, les Etrangers en payent bien environ le tiers; ce qui s'entend des tems de paix, & lorsque le Commerce fleurit dans le Royaume.

## COMMERCE DE LA GENERALITÉ DE MONTAUBAN.

Il se recueille dans cette Généralité chaque année, depuis douze jusqu'à quinze cent quintaux de laines de toutes qualités; qui avec beaucoup de laines étrangeres, sont employées en diverses Manufactures.

## *DETAIL DES MANUFACTURES, DES FOIRES, ET DES MARCHÉS DE LA GENERALITÉ DE MONTAUBAN.*

MONTAUBAN. Ville de France dans le Quercy. Cette Ville est célébre par le grand nombre de ses Foires, & par le riche commerce que ses Marchands font de leurs vins, des eaux-de-vie, & des autres productions du cru du pays, particuliérement à Bordeaux, où ils les envoyent par les rivieres qui l'arrosent ou qui en sont proches, & qui tombent dans la Garonne.

Montauban est le chef-lieu d'une Inspection des Manufactures, qui s'étend dans tout le Quercy & le Rouergue. Les principales Villes, Bourgs, & lieux de ce Département, sont Cahors, Gourdon, Souillac, Sigeac, Lectour, Réalville, Viefesensac, Auch, la Bastide d'Armagnac, Segust, Mauvesin, Cornus, Beaumont-de-Laumagne, S. Clair-de-Laumagne, Mardebarres, Espalion, Villefranche, Rodez, Saint-Genier, Foix, Mazeres, Pamiers, Milau, Saint-Aularis, Saint-Affrique, Saint-Cornon, Grenade, Saint-Girons, Tarascon, Saint-Gaudens, Mirande,

Masseube, la Vallée d'Aure, dont Arreau est le principal Village; Aspet, Castelnau de Maignouac, Saint-Antonin, Rieusmes, Lisle-Jourdain, Saint-Lis, Gimont, Montrejau, Montpesat, Caussade.

Il se fabrique dans cette Ville & aux environs, une assez grande quantité de cadis, de cordelats, de rases de soies de diverses couleurs, qui sont assez belles & de bon user, & des serges; à l'égard des cadis, ceux qui s'y débitent, ne sont pas tous de la fabrique de Montauban, la plus grande partie y est apportée du Nebouzan & du voisinage des Pirénées, pour y recevoir l'apprêt, ce qui sert beaucoup à en fournir les magasins des Marchands de cette Ville & de ses Fauxbourgs.

La plupart de ces étoffes descendent par le Tarn, sur lequel la Ville est située; & ensuite par la Garonne à Bordeaux, & s'y débitent aux foires qui s'y tiennent deux fois l'année; l'autre partie se porte à Bayonne; & presque le tout se débite aux Etrangers.

Ces diverses fabriques tant de la Ville que des Fauxbourgs & de quelques Villages voisins, occupent jusqu'à cent soixante Maîtres & deux cent soixante métiers. Il y a pour les teintures sept ou huit boutiques considérables de Teinturiers; & pour fouler les étoffes à qui cette façon est nécessaire, deux grands moulins sur le Tarn, avec chacun six pilles.

Il s'y fait aussi quantité de bons chapeaux & de bas au métier, qui, comme les étoffes, se débitent à Bordeaux & à Bayonne. Outre ces marchandises, on voiture aussi par eau à Bordeaux, des vins, des eaux-de-vie; & sur-tout quantité de prunes en tonneaux pour le compte des Anglois & des Hollandois, dont le produit, à ce que l'on prétend, va à plus de cent mille écus année commune.

La plus grande partie de tout ce commerce se fait par les Marchands qui sont établis dans un des Fauxbourgs, appellé Villebourbon.

CAHORS. Il se fait dans cette Ville qui est la Capitale du Quercy, des cadis & des serges. Vingt & un Facturiers & cinquante-huit métiers sont employés à ces deux sortes de fabriques, & trois Maîtres Teinturiers les mettent à la teinture; douze Marchands en font tout le commerce. Il s'y fait en tout deux cent pieces de cadis, & presque autant de rases; outre environ trois cent pieces de ces dernieres étoffes qui y sont envoyées des Provinces voisines, & qui se débitent à ses foires & à ses marchés. Celles-là sont au nombre de quatre foires par an; & ceux-ci se tiennent deux fois la semaine, le mercredi & le samedi.

Ses vins lui font aussi un assez grand objet de trafic, tant avec ses voisins qu'avec les étrangers.

GOURDON, en Périgord. Les Fabriques de cette petite Ville consistent en burats, en cadis, en grosses serges, & en gros droguets. Elles n'occupent que quatre Facturiers & huit métiers, & il ne s'y fait gueres que cent pieces de toutes ces étoffes : il est vrai qu'il s'y en vend à ses foires deux ou trois cent pieces des Provinces voisines. Tout ce négoce se fait par huit ou neuf Marchands.

Ses foires qui sont assez bonnes, sont au nombre de six par chaque année; outre deux marchés par chaque semaine.

Il se fait aussi à Gourdon des chapeaux & des toiles.

SOUILLAC, en Quercy. Il y a une fabrique de grosses bures de huit à dix sols l'aune; il s'y fait aussi quelques chapeaux & quelques cuirs. Il y a cependant six foires par an & un marché tous les lundis, où il s'apporte des lieux & Provinces voisines, une assez grande quantité de petites étoffes.

FIGEAC. Il n'y a point de Manufacture à Figeac, mais il y a quatre foires par an, & des marchés les mercredis & les samedis, où il se vend environ six cent pieces d'étoffes, qui y sont apportées des Provinces voisines.

LECTOURE, dans le Comté d'Armagnac. Ses Fabriques sont des bures, des rases, des serges, & de gros draps : on y fait quatre ou cinq cent pieces d'étoffes par an, qui occupent treize Facturiers, vingt-six métiers & un seul Teinturier. Cette Ville a neuf foires assez considérables; & il s'y tient des marchés tous les mercredis & samedis.

REALVILLE, en Quercy. Ce sont les mêmes Fabriques que Lectoure, avec pareil nombre de métiers; mais il y a jusqu'à vingt-huit Facturiers. Ses marchés se tiennent tous les jeudis, & ses foires trois fois l'année.

VICFESENSAC. Toutes les étoffes qui s'y font, ne passent pas cent pieces par an; mais elle a onze foires & de bons marchés, où il s'en débite beaucoup du dehors. Celles du lieu occupent treize Facturiers & dix-huit métiers; elles consistent en burats, en rouzets, en bures, en cadis, & en rases.

AUCH. Il se fait à Auch jusqu'à six cent pieces d'étoffes de laine, qui se débitent à Toulouse. Elles consistent en rases plénieres, ainsi nommées pour leur excellence; en cadis, en burats, & en crêpons : quatre Marchands en font tout le commerce. On y compte jusqu'à quarante Facturiers & près de soixante métiers.

Sa Chapellerie & ses Tanneries sont assez bonnes. Quatre Chapeliers & autant de Tanneurs, y travaillent.

Il s'y tient onze foires par an, & des marchés tous les mercredis & samedis.

LA BASTIDE D'ARMAGNAC. Cette Fabrique étoit autrefois très considérable; il s'y fait encore plusieurs sortes de petites étoffes de laine, qui en tout ne passent pas cent pieces par an.

Elle a trois foires, & des marchés tous les samedis, où il s'en débite quelques-unes qui viennent des lieux voisins.

Deux Tanneurs y entretiennent quelque commerce de cuirs.

SEGUST, en Quercy. Il y avoit autrefois à Segust une fabrique de draps assez considérable, mais elle est entiérement tombée. Les autres étoffes qu'on y fait, sont des bures grossieres, qu'on nomme autrement des serges drapées, & des rouzets qui sont aussi d'autres especes de serges. A peine toutes ces Fabriques, quoiqu'entretenues par dix-sept Facturiers & vingt-deux métiers, fournissent-elles trente pieces d'étoffes par an. Il s'en marque aussi quelques autres à ses quatre foires qui y sont apportées du dehors. Il y a marché tous les jeudis.

MAUVESIN, dans le Comté d'Armagnac. Les étoffes qui s'y font, sont des cadis, des rases, des droguets, des burats, & des crêpons. Il s'y en fait environ quatre cent pieces qui se débitent à Montauban, à Bordeaux, & à Bayonne. Pour soutenir ces Fabriques, il y a deux Marchands, trente Facturiers, autant de métiers, deux Teinturiers, deux Tondeurs, & trois moulins à foulon. Les marchés s'y tiennent tous les lundis, & ses foires six fois l'année.

SAINT-JEAN-DU-BREUIL. Il ne s'y fait que des cadis qui peuvent monter à deux cent pieces par an, qui se portent aux foires de Pezenas. Huit Marchands, quinze Facturiers, treize Tisserans, & dix-sept

ſept métiers, ſoutiennent cette fabrique.

Il y a à Saint-Jean-du-Breuil trois foires par an.

CORMES. Il s'y fait des draps de couleurs, de différens prix. Les laines qu'on y employe, ſont deux tiers du pays & un tiers du dehors. Il s'en conſomme, année commune, cent cinquante quintaux, qui fourniſſent trois cent pieces d'étoffes qu'on débite aux foires de Pézenas & de Montagnac.

Il n'y a que huit Marchands, cinq Facturiers, & dix métiers.

BEAUMONT-DE-LERNAIGE. Ses Fabriques ſont des raſes & de gros draps, dont il s'y en fait environ huit cent pieces qui vont à Pézenas, Bordeaux, & Bayonne. Il s'y conſomme cent ſoixante quintaux de laine, dont il n'y en a que ſoixante du lieu.

Les autres Manufactures ſont des chapeaux & des cuirs. La Tannerie n'a que deux Maîtres, la Chapellerie en a quatre.

Ses foires ſont au nombre de huit. Il y a marché tous les ſamedis.

Il ne faut pas oublier que pour les étoffes, il y a trente-deux Facturiers, quarante-huit métiers, deux Teinturiers, & trois Tondeurs.

SAINT-CLAR-DE-LAUMAGNE. Il ne s'y fait gueres que cent pieces d'étoffes par an, qui occupent onze Facturiers & quatorze métiers. Les étoffes qu'on y fait, ſont des draps, des raſes, des cadis, & des droguets.

La Fabrique des bas y eſt auſſi aſſez conſidérable; les laines qui s'employent à ces diverſes Fabriques, vont environ à cent quintaux par an; les autres Manufactures ſont des toiles & des coutils.

On y tient huit foires & de bons marchés.

MARDEBARRE's, en Quercy. Ce lieu eſt plus célébre par ſes foires que par ſes Fabriques. Il s'y fait pourtant des burats, des raſes communes, des ſerges, & des cadis; mais qui ſont toutes pour l'uſage de ſes habitans.

Ses foires ſont au nombre de ſept.

ESPALION. Les raſes, les bourats, & les cadis qui s'y font, occupent treize Facturiers, quinze métiers, & deux Teinturiers.

Il s'y fait auſſi quelques chapeaux & quelques cuirs. Les étoffes ſe vendent aux cinq foires qui s'y tiennent tous les ans.

VILLE-FRANCHE, en Rouergue. Les Fabriques de cette petite Ville ſont bien moins conſidérables qu'autrefois: il s'y fait néanmoins encore une aſſez grande quantité de bures appellées Nadieu, de bures communes, de crêpons, de ſerges, de friſons, & de burats, où ſont ordinairement employés quarante à quarante-cinq tant Sergiers que Tiſſerans & Tondeurs, ſix Teinturiers, & cinq Foulonniers qui ont chacun un moulin. Quatorze Marchands font le commerce.

Six autres Marchands font celui du cuivre, dont il y a pluſieurs forges & martinets aux environs de Ville-Franche.

Il s'y fait auſſi des toiles.

RODEZ, Capitale du Rouergue. Cette Ville a été autrefois aſſez célébre par ſes Manufactures; celles qui y reſtent encore n'occupent plus qu'une douzaine, tant d'Ouvriers faiſant travailler, que de Facturiers, Sergiers, & Tiſſerans. Il y a auſſi ſept Teinturiers & neuf moulins; mais la plupart des étoffes qui y ſont apprêtées, viennent du dehors.

Quatorze Marchands en font tout le commerce.

Les étoffes qui s'y font, ſont des ſerges & des cadis.

Les chapeaux qu'on y fabrique, ſont aſſez eſtimés. Cinq Maîtres Chapeliers y travaillent.

Ce qui donne aujourd'hui quelque réputation à la Ville de Rodez, ſont les quatre foires qui s'y tiennent dans l'année, où il ſe vend quantité de beſtiaux & de denrées du pays; mais particuliérement celle de la mi-Carême, où ſe fait la vente des mules & des mulets pour l'Eſpagne, où l'on prétend qu'il s'y en vend quelquefois pour plus de ſix cent mille livres.

SAINT-GENIEZ. Cette Fabrique eſt une des plus conſidérables de toute la Généralité de Montauban; & il en ſort, année commune, plus de cinq mille pieces d'étoffes; celles qu'on y fait, ſont des cordillats, des cadis, de petits baracans, & des ſergettes. Toutes ces étoffes ſe commandent & s'enlevent par douze Marchands de la Ville, dont ſix font le négoce d'Italie; & ſix, le commerce du dedans du Royaume.

Il y a dans toutes ces Fabriques plus de ſoixante & dix Facturiers Marchands, quatre-vingt-dix métiers, ſix Teinturiers, cinq Tondeurs, & douze moulins à foulons.

Il ſe fait auſſi à Saint-Geniez, des cuirs & des chapeaux; cinq Maîtres travaillent à la Tannerie, & deux ſeulement à la Chapellerie.

FOIX, Ville Capitale du Comté du même nom. On fait à Foix deux ſortes de draps; les uns qu'on appelle draps forts ou durs, & les autres qu'on nomme draps doux. Les autres Fabriques ſont des burats & des raſes. Le nombre des pieces d'étoffes qu'on y fait, ne paſſe gueres deux cent, année commune, à la fabrique deſquelles on conſomme environ deux cent quintaux de laine.

Il y a dans ces Manufactures vingt-cinq Facturiers, trente-deux métiers, deux Teinturiers, & trois Foulonniers. Quatre Marchands y font tout le commerce. Il s'y fait auſſi quelque négoce de cuivre, qui ſe fond & ſe prépare dans trois martinets, qui ſont, auſſi-bien que les moulins à foulon, ſur la riviere d'Auriege. Il y a auſſi des forges pour le fer.

Il y a quatre foires par an, & trois marchés par ſemaine.

MAZERES. Il y a une Fabrique d'étoffes peu conſidérable; les eaux y ſont cependant extrémement bonnes pour la teinture & pour le dégraiſſage.

Il s'y tient marché tous les jours, & quatre foires par an.

PAMIERS. Les Fabriques y ſont de cadis, de raſes, de burats, de crêpons, de bas, & de bonnets; les laines qui s'y employent, vont à deux cent quintaux, dont il n'y en a que le quart provenant des toiſons du lieu.

Le nombre des étoffes qu'on y fait, ne paſſe gueres, année commune, trois cent pieces, auxquelles travaillent vingt Facturiers, trente métiers, deux Teinturiers, & deux Foulonniers. Il y a dix Marchands.

Quatre foires s'y tiennent tous les ans, & trois marchés par ſemaine.

MILLAU. Cette Fabrique donne depuis trois cent juſqu'à quatre cent pieces d'étoffes par an, qui ſont des draps communs, des ſerges croiſées, des cadis, & des ſerges communes. Elles ſont toutes faites des laines du pays, qui ſont aſſez bonnes, & dont il ſe recueille plus de deux cent quintaux.

La fabrique & les apprêts de ces étoffes occupent neuf Facturiers, ſeize métiers, trois Teinturiers, & quelques moulins à foulon.

Neuf ou dix Marchands font tout le commerce de la Ville.

La Chapellerie & la Tannerie y sont considérables, elles sont soutenues par six Chapeliers & six Tanneurs.

Saint-Aularis, en Rouergue. On n'y fait que des draps communs, où l'on employe deux cent quintaux de laine, qui peuvent produire pareil nombre de pieces d'étoffes. A Camares même Fabrique.

Tout ce qui s'y en fait se porte aux foires de Pézenas & de Rodez.

Saint-Affrique, en Rouergue. Sa Manufacture ne consomme pas plus de laine que la précédente, avec cette seule différence qu'elle vient presque toute du dehors, ne s'en recueillant gueres sur le lieu que vingt à trente quintaux. Les étoffes qu'on y fait, sont des draps communs; des cadis & des rases, qui, comme celles de Saint-Aularis, se débitent à Rodez & à Pézenas.

Saint-Cernin, en Rouergue. Le produit de cette Fabrique ne va qu'à deux cent cinquante pieces d'étoffes par an, la plupart, draps qui sont assez beaux & assez bons; le reste consiste en ratines, en cadis, en bayettes, & en rases. Il s'y employe deux cent quintaux de laines, dont il n'y en a que trente du pays.

Sept Marchands Drapiers en font le négoce, & ceux qui y travaillent, sont cinq Facturiers, cinq Tondeurs, deux Teinturiers, & quatre Foulonniers. Il n'y a que neuf ou dix métiers.

La Fabrique des chapeaux y occupe cinq Maîtres Chapeliers.

Il y a cinq foires par an.

Grenade, en Gascogne. Il s'y fabrique trois cent pieces d'étoffes; & il s'y en apporte d'ailleurs, environ deux cent pieces; celles qui s'y font, sont des cordelats, des serges façon de Seigneur, des serges communes, des rases, & des cadis. Les laines qui s'y consomment, vont, année commune, à trois cent quintaux.

Cinq Facturiers & un Tondeur soutiennent cette fabrique, & occupent environ dix métiers. Deux seuls Marchands en font le négoce. Il s'y fait quelques chapeaux par trois Maîtres Chapeliers, & très peu de cuirs par un seul Tanneur.

Il y a deux foires par an, & un marché tous les samedis.

Saint-Girons, dans la haute Gascogne. Les étoffes qui se fabriquent à Saint-Girons, sont bonnes pour le commerce d'Espagne. Il s'y en fait environ mille pieces, qui sont ou des cordelats, ou des rases de toutes qualités & largeurs. Le débit s'en fait ordinairement à Bordeaux & à Toulouse. On y compte trente-cinq à quarante Facturiers, autant de métiers, un Teinturier, & quelques moulins à foulon. Il n'y a que trois Marchands qui en font tout le négoce.

Ce lieu est très commode pour des Manufactures des étoffes de laine, à cause que les eaux y sont très bonnes pour le dégraissage & la teinture.

Il s'y fait une très grande quantité de bas, un Mémoire dit cent paires par jour, ce qui n'est pas vraisemblable.

Trois Tanneurs y apprêtent de gros & menus cuirs; mais toute la Chapellerie ne consistent qu'en un seul Maître.

Un moulin à papier en fournit d'assez bon suivant les especes qu'on y en fabrique.

Quatre forges donnent du fer; & quelques martinets, du cuivre.

Ses foires sont au nombre de six par an, & ses marchés trois par semaine.

Tarascon, dans le haut Languedoc. Il se fait dans cette Ville jusqu'à sept cent pieces de burats & de cordelats, où l'on employe environ trois cent quintaux de laine; le débit s'en fait à Bordeaux, Toulouse, & Montauban. Les métiers y sont audessus de vingt, & occupent dix Facturiers & leurs compagnons, deux Teinturiers, & trois Tondeurs. Il y a deux moulins pour le foulage des étoffes.

Dix ou douze Marchands y font tout ce commerce.

Il y a aux environs jusqu'à trente-sept forges qui fournissent quantité de fer.

Carlat, dans le haut Languedoc. Il s'y fait des serges rases & des cadis, mais en petite quantité.

Saint-Gaudens, en Gascogne. C'est la plus forte Fabrique de toute la Généralité: elle fournit, année commune, vingt mille pieces de rases, de burats, de cadis, & de cordelats, & même souvent beaucoup davantage, quand le commerce est ouvert avec l'Espagne, pour laquelle ces étoffes sont propres.

Ces diverses Fabriques occupent près de cent Facturiers, plus de deux cent métiers, quatre Teinturiers, & deux moulins à foulon. Les eaux y sont bonnes pour la teinture & pour le foulage.

Il y a deux marchés par semaine.

Mirande, en Gascogne. Il n'y a aucune Fabrique d'étoffes, mais seulement une Fabrique de bas, où s'employent environ trente quintaux de laine qui se recueillent dans son territoire.

Masseube. C'est peu de chose; à peine s'y fabrique-t-il pour deux cent livres d'étoffes par an: aussi n'y employe-t-on gueres que la laine du pays, qui ne monte qu'à quatre à cinq quintaux.

La Valle'e d'Aure, Contrée de France dans le voisinage des Pyrennées. Cette Vallée contient grand nombre de villages, dont celui d'Arreau est comme le Chef-lieu pour le commerce.

La Vallée d'Aure fournit jusqu'à vingt mille pieces de cordelats où travaillent environ cent Facturiers sur autant de métiers: il y a pour le foulage & le dégraissage, cinq moulins à foulon. On accuse les Facturiers de cette Vallée de tirer trop leurs cordelats, qui perdent ensuite à l'user de leur longueur ou de leur largeur.

### *POUR LES ETOFFES QUI SE FABRIQUENT DANS LES VALLE'ES D'AURE ET AUTRES LIEUX CIRCONVOISINS.*

Les quatre vallées d'Aure sont situées au pied des Pyrennées; dans le voisinage sont Nestes, Barousses, Magnrac, Nebousant, Saint-Gaudens, Valentine, & quelques autres, partie dans l'Intendance de Languedoc, & partie dans celle de Guienne. Les Fabriques qui y sont établies, sont différentes sortes de Cadis, de Rases, de Burats, de Fleurets, & de Cordelats, toutes étoffes à la vérité assez grossieres, mais dont néanmoins il se fait un débit assez considérable, en Espagne & autres Pays étrangers.

Jusqu'en 1721, il ne s'étoit fait aucun Réglement pour les Manufactures de ces Vallées & lieux circonvoisins, qui pût en assurer & en perfectionner la Fabrique.

Celui du 13 Janvier de la même année, a été dressé sur les Mémoires des Directeurs de la Chambre de Commerce de Toulouse, sur ceux des Inspecteurs des Manufactures établies dans les Généralités de Toulouse & d'Auch, & sur l'avis des sieurs

Intendans de ces deux Généralités. Il consiste en XVIII. articles.

ARTICLE PREMIER.

La chaîne des cadis ordinaires, étroits, & simples, sera de trente & une portée, à vingt-huit fils chaque portée, dont huit fils pour les deux cordons ou lisieres, faisant huit cent soixante-huit fils; & seront travaillés sur des peignes ou rots de deux pans trois quarts de large, pour revenir après le foulon, à deux pans un tiers; & auront de longueur quarante-deux cannes la piece, & vingt & une canne la demie piece.

I I.

La chaîne de cadis larges, sera de trente-huit portées, à vingt-huit fils chaque portée, compris les lisieres, faisant mille soixante & quatre fils; & ils seront travaillés en des rots de la largeur de trois pans deux tiers, pour revenir après le foulon à trois pans; & les pieces auront de longueur trente-cinq à quarante cannes.

I I I.

La chaîne des rases, passe-communes, & communes, sera de trente-quatre portées, de vingt-huit fils chacune, compris les lisieres, faisant neuf cent cinquante-deux fils; & seront travaillées en des rots de deux pans trois quarts de large, pour revenir après le foulon à deux pans un tiers; & leur longueur sera de vingt-huit à trente cannes.

I V.

La chaîne des burats grenés à petit grain, sera de trente-quatre portées à vingt-huit fils chacune, compris les lisieres, faisant neuf cent cinquante deux fils; & seront travaillés sur des rots de deux pans trois quarts de large, pour revenir après le foulon à deux pans un tiers; & les pieces auront de longueur quarante à quarante-deux cannes.

V.

La chaîne des burats petits à petit grain, sera de trente portées, à vingt-huit fils chacune, compris les lisieres, faisant huit cent quarante fils; & seront travaillés en des rots de deux pans & trois quarts de largeur, pour revenir après le foulon à deux pans un tiers; & les pieces auront de longueur quarante cannes.

V I.

La chaîne des burats doubles, sera de trente-sept portées à seize fils chaque portée, compris les lisieres, faisant cinq cent quatre-vingt-douze fils; & seront travaillés sur des rots de trois pans de large, pour revenir après le foulon à deux pans & demi; & auront de longueur trente-deux à trente-trois cannes.

V I I.

La chaîne des burats demi-doubles & communs, sera de vingt-huit portées à vingt-huit fils chaque portée, compris les lisieres, faisant sept cent quatre vingt-quatre fils; & seront travaillés sur des rots de deux pans trois quarts de largeur, pour revenir après le foulon à deux pans un tiers; & auront de longueur quarante à quarante-deux cannes.

V I I I.

La chaîne des fleurets ou cordelats d'Aure à fil fin, sera de trente & une portée à vingt-huit fils chaque portée, faisant huit cent soixante fils; & seront travaillées sur des rots de trois pans un tiers de large, pour revenir après le foulon à deux pans un tiers.

I X.

La chaîne des fleurets ou cordelats d'Aure à fil gros, sera de trente portées, à vingt-huit fils chaque portée, compris les lisieres; & seront travaillés en des rots de trois pans un tiers de large, pour revenir après le foulon, à deux pans un tiers.

X.

Toutes autres étoffes de laine non comprises dans les articles ci-dessus, qui se fabriquent ou se pourront à l'avenir fabriquer dans ledit pays, ne pourront être après le foulon de largeur moindre de deux pans un tiers.

X I.

Les longueurs & largeurs, tant des rots, que de toutes lesdites étoffes mentionnées aux précédens articles, seront mesurées & fixées à la canne de Montauban, conformément à l'Arrêt du Conseil du 25 Septembre 1677, rendu pour la fabrique desdites étoffes, & auront les largeurs & longueurs prescrites par le présent Réglement, à peine de confiscation & d'amende, tant contre le Propriétaire, que contre le Foulonnier; à cet effet, tous les rots seront réformés & réduits à la mesure ci-dessus donnée.

X I I.

Toutes lesdites étoffes seront fabriquées de bonnes laines, & seront travaillées également dans leur longueur & largeur, à peine de 20 liv. d'amende contre les Fabriquans qui auront employé des laines de mauvaises qualités ou inférieures, suivant les différentes especes d'étoffes, ou qui ne les auront pas fabriquées également.

X I I I.

Comme aussi toutes lesdites étoffes ne pourront être tirées à la rame ou autrement, avec excès, à peine de confiscation & de 50 livres d'amende, pour chacune desdites pieces d'étoffes, qui étant mouillées, se trouveront racourcies *plus* de demie canne par piece d'étoffes de vingt-deux cannes de longueur, & à proportion pour les étoffes de plus grandes longueurs.

X I V.

Toutes lesdites étoffes seront vûes & visitées au retour du foulon, par les Juges, Gardes en charge, & par eux marquées de la marque du lieu où elles auront été faites, si elles sont conformes au présent Réglement; & si ils y trouvent des défectuosités, ils les feront saisir, & en feront leur rapport aux Juges de Police des Manufactures, pour en ordonner conformément aux articles ci-dessus; & pour faciliter lesdites visites & marques desdites marchandises, les Consuls de Saint-Gaudens, Valentines, & quatre Vallées, fourniront dans leur Hôtel-de-Ville un Bureau de la grandeur nécessaire, dans lesquels les Gardes-Jurés, se rendront chaque jour de marché pour lesdites visites, & où les Fabriquans seront tenus de porter toutes les étoffes de leur Fabrique pour y être marquées.

X V.

Les étoffes desdites Fabriques, qui seront portées en d'autres lieux pour être débitées, seront directement transportées dans les Halles ou dans les Bureaux des Gardes, pour y être de nouveau visitées & marquées du second plomb, si elles sont conformes au présent Réglement; sinon confisquées, & l'amende prononcée, tant contre les Propriétaires, que contre les Gardes de la Fabrique, qui les auront marquées, ne le devant pas.

X V I.

Cet article contient diverses précautions pour connoître & distinguer les étoffes mentionnées au présent Réglement, qui auront été faites avant sa publication, d'avec celles qui n'auront été fabriquées que depuis. Il accorde aussi aux Ouvriers & Façonniers qui en auront de marquées de la marque de Grace, qui les doit distinguer, le tems de six mois après la publication du présent Arrêt pour les vendre & débiter; sans toutefois qu'après ledit tems passé, il leur soit loisible d'en plus vendre de cette qualité, à peine de confiscation, d'être les lisieres déchirées publiquement, & de 100 liv. d'amende contre le Propriétaire, Acheteur, ou Commissionnaire, pour chaque contravention.

XVII.

Toutes les amendes qui seront adjugées en conséquence du présent Arrêt, seront applicables, sçavoir, moitié à Sa Majesté, un quart aux Gardes & Jurés en charge, & l'autre quart aux pauvres du lieu, où les Jugemens portant condamnation desdites amendes, seront rendus.

XVIII.

Le dernier article commet l'exécution du présent Réglement aux Intendans des Provinces & Généralités de Languedoc, Auch, Montauban, Bordeaux, & Roussillon, & leur ordonne de le faire observer selon sa forme & teneur, dans chacun des lieux où lesdites étoffes sont ou seront fabriquées.

Il y a à Arreau, qui est le principal Village de la Vallée, trois foires par an, & un marché tous les jeudis.

Aspet, dans le Commingeois. Cette Fabrique a quarante Facturiers, soixante & cinq métiers, & deux moulins à foulon. On y fait par an deux mille pieces d'étoffes, qui s'envoyent aux foires de Toulouse & de Montauban. On y consomme, année commune, cinq cent quintaux de laine. Ses étoffes sont des serges, des rases, & des cadis.

Muret. Il s'y faisoit autrefois les mêmes étoffes qu'à Aspet. Cette Fabrique est maintenant abandonnée.

Castelnau-de-Maignouac, en Gascogne. Il en est presque comme de Muret, un seul Facturier y fabrique quelques étoffes. Ce qui soutient son commerce, sont trois foires qui s'y tiennent tous les ans, & un marché tous les samedis.

Le peu d'étoffes qui s'y fait, se marque à Masseube.

Saint-Antonin, en Rouergue. Trois Marchands Drapiers soutiennent cette Fabrique, où il se fait une assez grande quantité de serges façon de Seigneur, de rases, de barracans, & de cadis, qui occupent une trentaine de Facturiers, trois Teinturiers, & six Foulonniers.

Les toiles de chanvre y sont aussi un objet de commerce assez considérable, où plusieurs Tisserans sont employés.

Un moulin à papier y fait plusieurs sortes de papiers pour l'Imprimerie & l'écriture.

On y fait un assez grand négoce de prunes séches qui sont renommées pour leur grosseur.

Rieusmes. Un seul Facturier y soutient encore la Fabrique d'étoffes; mais sans ses quatre foires où il se vend beaucoup de blés, elle ne mériteroit pas qu'on parlât de son commerce. Elle a aussi un marché tous les jeudis.

Lisle-Jourdain. Ce lieu n'est renommé que pour ses foires; il s'y en tient sept par an.

Saint-Lys. Il n'y a aucune Manufacture; il s'y fait néanmoins quelque commerce d'étoffes, que quatre ou cinq Marchands y rassemblent. Il s'y tient deux foires par an, où il s'en vend aussi. Il y a pareillement un marché tous les samedis.

Gimont, en Gascogne. Ce lieu a beaucoup perdu de sa réputation pour le commerce; il s'y fait cependant encore des rases & des cadis, qui vont à deux cent pieces par an. Les laines qu'on y employe, sont partie du pays, & partie du dehors: des cent cinquante quintaux qui s'y en consomment, le pays n'en fournit gueres que vingt-cinq.

Cette Fabrique qui est soutenue par trois ou quatre Marchands Drapiers, fait travailler vingt-cinq métiers, & a dix-neuf Facturiers, quatre Tondeurs, & un Teinturier.

Les autres Manufactures consistent en chapeaux & en couvertures. Il y a deux Maîtres Chapeliers pour les chapeaux, & quatre Couverturiers pour les couvertures, qui en font du prix, depuis huit jusqu'à quatorze livres piece.

Montrejau. Ce lieu étoit autrefois très considérable pour son négoce; & la commodité de ses eaux, excellentes pour la teinture & le dégraissage des étoffes de laine, y avoit assemblé quantité d'Ouvriers. Il y en a peu présentement, qui pourtant y font toujours des cadis, des rases, & des burats, mais en petite quantité. Ce qui lui reste de commerce un peu distingué, consiste en bas qui sont fort estimés, en cuirs & en chapeaux. La Tannerie a douze Maîtres Tanneurs; & la Chapellerie, deux Maîtres Chapeliers.

Quatre foires par an y attirent un assez grand concours de Marchands; mais les étoffes qui s'y débitent, sont plus du dehors que des Fabriques du lieu: il y a aussi un très bon marché tous les lundis.

Monpesat, dans l'Agenois. Ses Fabriques sont des cadis, des rases, & des droguets. Il s'y en fait environ deux cent pieces qui se débitent à Montauban; aussi-bien que cent autres pieces de gros draps, que les Marchands Drapiers de la Ville, qui sont au nombre de quatre ou cinq, font venir d'ailleurs.

Il y a vingt-trois métiers & douze Facturiers; les laines qui s'y employent, sont plus du dehors que du pays, ne s'y en recueillant gueres que trente-cinq à quarante quintaux.

Caussade, en Quercy. La Fabrique est considérable, & il s'y fait, ou s'y débite, année commune, jusqu'à quatre mille pieces d'étoffes, qui presque toutes, au moins pour celles qui se font dans cette Ville, sont de laine étrangere, le territoire de Caussade n'en fournissant que vingt, ou au plus trente quintaux.

Cette Fabrique occupe dix métiers, sept Facturiers, un Presseur qui est aussi Teinturier, & un Foulonnier.

Cinq Maîtres Chapeliers y font une assez grande quantité de chapeaux; & deux Tanneurs, quelques cuirs forts, & beaucoup plus de menus.

Ce qui cause le grand débit d'étoffes qui se rassemblent des environs à Caussade, sont ses foires qui sont au nombre de huit par an, & qui sont des plus célébres du Quercy.

Toutes les étoffes qui se font dans la Généralité de Montauban, peuvent aller, bon an, mal an, à près de soixante mille pieces.

## COMMERCE DE GUIENNE, ET DE SA GENERALITE'.

On va d'abord donner une idée générale du Commerce de cette riche Province; se réservant d'entrer dans un plus grand détail, en parlant du Commerce particulier de Bordeaux & de Bayonne, qui en sont les Villes les plus importantes, & où il se fait le plus grand négoce, soit par rapport à l'Etranger, soit par rapport à celui du dedans du Royaume.

Le Commerce de la Guienne est très considérable, particuliérement pour les vins & les eaux-de-vie. Il s'y en peut charger en tems de paix, & quand les années sont abondantes, gueres moins de cent mille tonneaux, dont l'Election de Bordeaux fournit une partie; & l'autre se recueille & se brûle dans l'Election de Condom, dans l'Agenois, dans la Généralité de Montauban, & dans le Languedoc.

Les autres marchandises du cru de la Province, que les Anglois, Hollandois, & les Nations du Nord enlevent, outre les vins & les eaux-de-vie, sont, des prunes, du vinaigre, de la résine, des châtaignes, de l'huile, des fruits frais, & autres denrées semblables.

La pêche de la morue, celle de la baleine, & les envois aux Isles Antilles, de Cayenne, & de Saint-Domingue, font encore une des principales parties du Commerce de la Guienne. Ce Commerce est presque entiérement entre les mains des Marchands de Bordeaux & de Bayonne: & c'est encore les Habitans de ces deux Villes, comme on le dira plus bas, qui font tout le négoce que la Province entretient avec l'Espagne, particuliérement avec la Navarre, l'Arragon, & la Biscaye.

La Guienne fournit aussi pour le Commerce quantité de fer & de cuivre, ouvrés, ou non ouvrés; beaucoup de papier, & raisonnablement de chanvre.

On cultive quantité de chanvre aux deux Tonneins, & en quelques endroits, le long de la Garonne & du Lot.

Il ne se recueille dans toute la Province qu'environ soixante-quinze milliers de laine; & c'est de ces laines, avec quelque peu de celles de Poitou, qu'est fait tout ce qui s'y fabrique de lainerie.

La Généralité de Bordeaux est composée de six Elections qui sont presque autant de pays différens, & dont par conséquent le commerce ne se ressemble point. Les vins & les eaux-de-vie en sont pourtant le principal commerce; mais en particulier l'on peut dire que ces deux marchandises sont presque le seul revenu de l'Election de Bordeaux.

Il s'en recueille aussi beaucoup dans le Périgord, dans l'Agénois, dans le Bazadois, dans partie de l'Albret, aussi-bien que dans la Chalosse, qui est de l'Election des Landes.

De tous ces cantons, l'Agénois est le meilleur pays étant arrosé par plusieurs rivieres, dont quelques-unes sont navigeables: outre les vins, ses autres productions sont les blés, les chanvres, & le tabac.

Les autres Elections n'étant pas situées en bon pays, ne donnent pas lieu par conséquent à aucun commerce considérable; mais elles profitent toutes du commerce immense que font les Villes de Bordeaux & de Bayonne. On peut voir plus bas ce qu'on dit du Commerce particulier de ces deux Villes.

## *MANUFACTURES DE LA GENERALITE' DE GUIENNE, y compris le Parlement de Pau.*

BORDEAUX. Ville de France, Capitale de la Guienne. C'est une des plus belles, des plus marchandes, & des plus florissantes du Royaume. La commodité, la beauté, & la sureté de son Port, y attirent des vaisseaux de toutes les nations de l'Europe, particuliérement des Anglois & des Hollandois, qui viennent enlever une si prodigieuse quantité de vins, d'eau-de-vie, & de toutes sortes d'autres marchandises, particuliérement dans le tems de ses Foires, que le Lecteur n'en pourra voir le produit dans plusieurs articles de ce Dictionnaire, sans une espece d'incrédulité.

Il s'y fabrique des couvertures de laines grossieres, où l'on n'employe que celles qui se recueillent dans les Landes. Il s'y fait aussi quantité de cuirs tannés dont l'apprêt est assez bon. Environ trente Marchands y font le commerce de la Draperie, qui s'y apporte des autres Provinces du Royaume, n'y en ayant aucune Fabrique dans cette Ville. *Voyez ci-après* l'article particulier du Commerce de Bordeaux.

CADILLAC. Les bas qu'on y fait sont assez estimés, le produit en va, année commune, à cent douzaines; deux Marchands Bonnetiers en font le négoce.

LA REOLLE, dans l'Agénois. On y fabrique des coutils & des gallons de fil de chanvre, qui se débitent aux foires de Bordeaux. Quelques Marchands y vendent de la Draperie; mais il ne s'y en fait point.

MARMANDE, dans l'Agénois. La seule Manufacture qu'il y ait dans cette Ville, est celle des chapeaux: elle occupe jusqu'à huit Maîtres Chapeliers, qui en font environ cent douzaines par an. Quatre Marchands y font le commerce de la Draperie qu'ils tirent des Provinces voisines.

AGEN, Ville de France, Capitale de l'Agénois dans la Guienne. Les vins qui se recueillent aux environs de cette Ville & dans toute son Election, & les eaux-de-vie qu'on en fait, sont le principal objet de son commerce.

La Tannerie & la Bonneterie y font un objet assez considérable de commerce. Trois Tanneurs y préparent les cuirs, qui sont assez bien apprêtés. La Fabrique des bas n'occupe que deux Bonnetiers qui en font faire, soit dans la Ville, soit aux environs, plus de cent douzaines de paires. Le commerce de la Draperie est très considérable, y ayant jusqu'à quatorze Marchands qui y débitent celles qu'ils tirent de dehors. Toutes ces différentes marchandises se portent aux foires de Bordeaux.

CONDOM, Ville de France en Gascogne, Capitale du Condomois. Elle est toute entourée de vignobles, dont les vins, & les eaux-de-vie qu'on en fait, lui donnent le fonds d'un grand commerce avec les étrangers.

Cette Ville est célébre par ses cuirs tannés, qui sont estimés les meilleurs de la Généralité; trois Tanneurs y travaillent, qui en font le débit à Bordeaux. Quoiqu'il n'y ait aucune Fabrique de Draperie à Condom, dix Marchands en font cependant un assez bon négoce. C'est aussi aux foires de Bordeaux où les cuirs & cette Draperie se débitent.

NERAC, dans le Duché d'Albret. La Fabrique des bas & celle des cuirs, y entretiennent un grand nombre d'Ouvriers, six Tanneurs sont occupés à cette derniere, & deux Maîtres Bonnetiers font valoir l'autre. Ceux-ci font, année commune, au-delà de cent douzaines de paires de bas. Dix-huit Marchands vendent de la Draperie, le débit se fait comme à Condom.

A une lieue de Nerac il y a un martinet où il se fait des poeslons, des chaudrons, & autres ustenciles de cuisine, dont les matieres se trouvent sur les lieux.

BAZAS, dans la haute Gascogne. La Fabrique des couvertures, qui y est établie à une lieue de cette Ville, est considérable, on y compte jusqu'à six Facturiers de cette marchandise; les couvertures ne ſont pas néanmoins extrémement fines ; & elles ne ſe vendent que vingt-quatre à vingt-cinq livres la douzaine. Il ne s'y fait aucune Draperie ; mais il s'y en vend quantité : vingt Marchands en font le commerce. Même débit que ci-deſſus.

LE MONT DE MARSAN, en Gaſcogne. Cinq Facturiers y font, année commune, plus de cent douzaines de couvertures : ſept Marchands y vendent de la Draperie.

DAX, Ville de France dans la Gaſcogne. Sa proximité des frontieres d'Eſpagne, & la riviere d'Adour ſur laquelle elle eſt ſituée, lui donne de grandes commodités pour ſon commerce qui la rend une des plus riches de la Guienne. Ses foires & ſes marchés y contribuent auſſi beaucoup ; & quoiqu'il n'y ait aucune Fabrique de Draperie, ſes Marchands en font un grand débit, mais de celles qui y ſont apportées de dehors. Il y a pluſieurs forges du côté de Dax.

PERIGUEUX, Ville de France, Capitale du Périgord ; les vins & les eaux-de-vie font une partie de ſon négoce, une autre partie conſiſte dans la vente de ſes fers, dont il y a juſqu'à 39 forges aux environs. A l'égard de ſes Fabriques elles ſont ſi peu conſidérables, qu'elles n'y font aucun objet de commerce. La teinture des fils y eſt excellente ; & l'on y en envoye teindre de tous les endroits de la Généralité. Huit Marchands y font un aſſez bon commerce de Draperie. Le débit de toutes ces marchandiſes ſe fait dans la Ville, & aux environs de Limoges.

BERGERAC, dans le haut Périgord. Le papier & le cuivre font ſon principal négoce. Les Fabriques de l'un & de l'autre ſont établies à un quart de lieue de la Ville ; le cuivre occupe quatre martinets, & le papier ſept moulins. Quinze Marchands de Draperie ſont établis dans la Ville. Les vins & eaux-de-vie font auſſi une partie de ſon commerce ; les lieux de débit des marchandiſes que produit Bergerac & ſes environs, ſont Bordeaux & Angoulême.

LIBOURNE. Il n'y a aucune Fabrique ; onze ou douze Marchands y font pourtant le commerce de la Draperie ; les vins & eaux-de-vie font ſon principal commerce : on parlera ailleurs du reſte de ſon négoce. *Voyez* plus bas après le paragraphe, où il eſt parlé de Bayonne.

VILLENEUVE D'AGENOIS. Cette Ville eſt propre pour les Tanneries ; il ne s'y fait pas pourtant quantité de cuirs, mais ils ſont excellens. On y apporte de Mazeres, lieu de la Généralité de Montauban, un grand nombre de bas pour y être foulés & apprêtés. L'apprêt de cette Ville paſſant pour un des meilleurs de la Province.

MONTANDRE. Aucune Fabrique : il y a ſeulement de bonnes foires & de bons marchés, qui y attirent un bon commerce & quantité de Marchands.

JOUSSAC ou JONSAC, en Saintonge. Il ſe fait dans cette Ville des Draperies groſſieres, qui ne paſſent pas cinquante à ſoixante ſols l'aune ; une douzaine tant Marchands que Fabriquans, entretiennent cette Fabrique ; on y apprête auſſi des chamois qui ont aſſez de réputation. Le débit de ces marchandiſes ſe fait aux foires de Bordeaux, & aux marchés de la Province.

PONS, en Saintonge. Il s'y fabrique une aſſez grande quantité d'étamines, & l'on apprête beaucoup de cuirs dans ſes Tanneries, qui ſont des plus conſidérables de la Généralité. Six Tanneurs travaillent aux cuirs, & treize à quatorze Marchands ou Apprêteurs, fabriquent les étoffes, ou les vendent. Le débit comme deſſus.

SAINTES, Ville de France, Capitale de la Saintonge, elle eſt du département de l'Inſpecteur des Manufactures de Bordeaux. La fertilité de ſes environs, la proximité de pluſieurs grandes Villes, & la commodité des rivieres, dont toute la Saintonge eſt arroſée, propres à voiturer ſes blés & ſes autres productions, ont toujours fait regarder la Ville de Saintes comme une des plus riches & des plus marchandes de la Généralité de Guienne dont elle fait partie.

Les Fabriques y ſont comme à Pons, c'eſt-à-dire, d'étamines & de cuirs. Les étamines y occupent vingt Marchands & Fabriquans ; & les cuirs, une demie douzaine de Tanneurs. Rochefort & les Iſles d'Oleron, ſont les lieux de débit pour l'une & l'autre marchandiſe.

COGNAC, dans l'Angoumois. Plus de vingt-cinq Marchands & Fabriquans, ſoutiennent la Fabrique des étamines de cette Ville ; elles ſe débitent comme celles de Saintes. Quoique ces étoffes ſoient un objet conſidérable de commerce, le principal que faſſent les Bourgeois de Cognac, conſiſte néanmoins dans les eaux-de-vie.

BAGNIERES, Ville de la Gaſcogne. Elle eſt célébre par ſes bains plus que par ſon négoce ; on y fait néanmoins quelques cordelats, & autres petites étoffes de laine : ſix Marchands ou Fabriquans en ſoutiennent la Manufacture & le négoce ; la plupart de ces étoffes ſe conſomment ſur les lieux, & le reſte dans les Villes voiſines. Ces marchandiſes ſont ſujettes à la viſite & à la marque de l'Inſpecteur des Manufactures de Bordeaux.

TARBE. Il n'y a aucune Fabrique de Draperie ; il s'y en fait cependant un aſſez bon commerce par ſept ou huit Marchands Drapiers de la Ville, qui les font venir des autres Provinces. Les Tanneries n'y ſont pas mauvaiſes, deux Tanneurs en apprêtent les cuirs.

ORTEZ, en Béarn. Les Tanneries y ſont conſidérables & bonnes ; ſept ou huit Maîtres Tanneurs y font travailler. Il s'y fait auſſi commerce de Draperies qui viennent du dehors ; une demie douzaine de Marchands Drapiers font ce dernier négoce. Il y a encore un martinet pour le cuivre, à un quart de lieue de la Ville. Le débit de ces marchandiſes ſe fait à Bayonne & en Eſpagne.

PAU, Capitale du Béarn. Plus de vingt Marchands Drapiers y font le commerce des étoffes de laine qu'ils tirent de divers endroits, & qu'ils répandent dans tout le Béarn. Sept Maîtres Chapeliers y ſoutiennent une Fabrique très conſidérable de chapeaux, ils ſe vendent trois livres dix ſols piece.

CASTELJALOUX. Il s'y fait négoce de papier.

OLERON, en Béarn. Il s'y fait quantité de cordillats ; vingt-trois Marchands ou Fabriquans en entretiennent la Fabrique. Il s'y fait auſſi négoce de papier dont il y a quatre moulins à un quart de lieue de la Ville.

NAY, en Béarn. Cette Ville n'a aucune Fabrique de Draperie ; elle a cependant huit ou dix Marchands Drapiers. Son principal commerce conſiſte en bonnets à la Béarnoiſe, & en couvertures, qui ſe font dans deux différens lieux éloignés de la Ville d'une grande lieue : les couvertures ſont fines & bien travaillées ; elles ſe vendent dix-ſept à dix-huit livres piece.

LE MAS D'AGENOIS, SAINT-JOY, MEZIN, ET NERAC, en Gaſcogne. Ces quatre lieux n'ont aucune Fabrique ; il s'y fait cependant commerce de

Draperies ; au Mas, par trois Marchands Drapiers ; à Saint-Joy, par quatre ; à Mezin, par sept ; & à Nerac, par dix.

Toutes les laines qui s'employent dans le peu de Fabriques de laïnage, qui sont établies dans cette Généralité, sont partie du cru du pays, & partie de Poitou.

*Commerce de la Ville de Bordeaux.*

La Ville de Bordeaux a trois principaux objets de Commerce ; la vente de ses vins, & de ses eaux-de-vie, que les Etrangers viennent querir jusques chez elle ; les armemens qu'elle fait pour les Colonies Françoises de l'Amérique, où elle porte les marchandises de son cru, ou celles qu'elle rassemble d'ailleurs ; enfin, la pêche de la baleine, & la pêche de la morue, soit du poisson verd, soit du poisson sec, dont ses vaisseaux rapportent une partie pour sa consommation, & distribuent l'autre dans differens Ports d'Espagne, d'Italie, & autres endroits de l'Europe.

On peut encore ajouter son Commerce de proche en proche, particuliérement avec les Espagnols & les Italiens ; & celui qu'elle entretient dans l'intérieur du Royaume : mais ces deux derniers sont moins considérables.

Le Commerce des vins & des eaux-de-vie, qui se fait à Bordeaux, y attire tant de vaisseaux Etrangers, que pendant toute l'année elle a ordinairement jusqu'à cent navires dans son Port ; & que dans le tems de ses foires, on y en voit en chargement presque toujours au-delà de cinq cent. Ce même Commerce cause quelquefois sa pauvreté, quand la récolte est mauvaise, ou que la guerre en empêche le débit aux Etrangers.

Les principales Nations, qui envoyent leurs bâtimens à Bordeaux, pour le Commerce de ses vins & de ses eaux-de-vie, sont les Anglois, les Ecossois, les Irlandois, les Hollandois, les Suédois, les Danois, & les autres peuples du Nord ; mais les Anglois & les Hollandois, en bien plus grand nombre ; ces derniers faisant ordinairement tout seuls quatre fois autant de levées de vins, que tous les autres ensemble.

Les Anglois enlevent, année commune, six mille tonneaux de vin, & trois à quatre cent pieces d'eau-de-vie. Les autres marchandises qu'ils tirent de Bordeaux, sont, du vinaigre, des prunes, de la résine, de la térébenthine, des châtaignes, des tables de noyer, du papier, du liége, & du miel.

Celles qu'ils apportent, consistent en étoffes de lainerie, en étain, en plomb, en charbon de terre, en hareng blanc & rouge, en cuirs de toutes sortes, en bœuf salé pour les Isles, en beurre, en fromage, en suif, en drogues pour la teinture, & en ce qu'on appelle de la Caboche.

Lorsque la balance des marchandises n'est pas égale, les Anglois payent le surplus en Lettres de change sur Londres & sur Paris.

Les vins que les Hollandois tirent de Bordeaux, montent, année commune, à cinquante mille tonneaux, & les eaux-de-vie, environ à dix ou douze mille pieces. Ils chargent aussi du vinaigre, de la graine de lin, du syrop, & les autres marchandises qu'on a marquées ci-dessus, en parlant des Anglois. Celles qu'ils laissent en échange, sont, du bardillon, des planches, des mats de navires, du chanvre, du gaudron, du cuivre, & du fromage.

L'excédent de leur compte s'acquitte, ou argent comptant, ou en Lettres de change.

Les Suédois & les Danois apportent les mêmes marchandises que les Hollandois, & font à peu près les mêmes retours. Il est rare néanmoins que chacune de ces Nations enleve plus de trois à quatre mille tonneaux de vin, & à proportion d'eau-de-vie ; & cela, parce qu'ils ont une ressource sûre chez les Hollandois, qui peuvent en fournir lorsqu'il leur en manque, & qui ne les leur vendent assez souvent guéres plus cher que de la premiere main, à cause des profits que cette facilité leur procure d'ailleurs avec ces deux Nations.

Les vins qu'on charge à Bordeaux, sont des vins blancs de Langon, de Preignas, de Barsac, de Sauternes, & de Bommes. Ces vins, dans les années d'une récolte raisonnable, se vendent depuis cent quatre-vingt livres, jusqu'à deux cent livres le tonneau.

Les vins de Poudensac & de Castres, sont de deux sortes ; les blancs, qu'on vend vingt à trente écus, & les rouges, trente-cinq à quarante.

Les vins des Graves de Bordeaux, sont tous vins rouges ; leur prix est depuis quarante, jusqu'à quatre-vingt écus le tonneau, mais il y en a peu à ce dernier prix, & beaucoup depuis cent cinquante, jusqu'à deux cent livres.

Les vins des Graves de Medoc, se vendent diversement, suivant les divers terroirs où ils croissent ; ces graves, qui contiennent dix lieues de pays, ne produisant pas des vins d'une égale bonté, ensorte qu'il y a quelquefois cinquante pour cent de différence. De ces vins, les uns se vendent depuis quatre-vingt-dix livres, jusqu'à cent francs ; d'autres, depuis cent vingt livres, jusqu'à cent cinquante ; & quelques-uns, mais peu, depuis cent quatre-vingt livres, jusqu'à deux cent.

Un autre débouché pour tous ces vins, outre ce qu'en enlevent les Etrangers, consiste dans les cargaisons des bâtimens qu'on charge pour les Isles, comme on le dira dans la suite.

Enfin, il s'en consomme encore quantité dans la fabrique des eaux-de-vie. Ceux qu'on destine à cet usage, se vendent environ cinquante liv. les trente-deux verges.

On estime que dans la Sénéchaussée de Bordeaux, il peut se recueillir, année commune, deux cent mille tonneaux de vin ; qu'il s'en charge pour le dehors, cent mille ; qu'il s'en consomme à Bordeaux & aux environs, quarante mille, & le surplus dans le pays, sans y comprendre les vins du haut pays, petite jauge, qui peuvent aller à quatre ou cinq mille tonneaux.

A l'égard des eaux-de-vie, comme on en brûle plus ou moins, suivant que les années sont abondantes, il y en a où l'on en peut charger jusqu'à vingt mille pieces, & d'autres seulement de douze à quinze mille.

Il descend aussi quelquefois à Bordeaux, des vins blancs de Languedoc, jusqu'à la quantité de mille tonneaux ; & encore huit à dix mille de la haute Guienne, dont il y en a de rouges & de blancs.

*Les vins de Bordeaux, qu'on charge pour sortir du pays, payent les droits sur le pied de 17 liv. quelques deniers le tonneau, outre les droits d'acquit & de visite, & le tonneau de fret.*

*S'ils sont chargés dans des Vaisseaux étrangers, le droit est de 50 liv.*

*L'eau de-vie, lorsqu'elle se charge, paye 23 liv. 10 sols par piece, par le Chargeur ; mais le Vendeur lui en fait bon de 7 liv. 3 sols.*

*Les vins de Languedoc payent 17 à 18 liv. par muid,*

*du droit de canal, jusqu'à Toulouse; 40 liv. par barique, de droit de foraine, au Villars; & pour la voiture de Toulouse à Bordeaux, depuis 45 sols, jusqu'à 3 liv. 10 sols, & quelquefois 4 liv. par barique, suivant que la riviere est difficile.*

*Ces vins payent au Bureau des Fermes, à Bordeaux, 18 liv. par tonneau, lorsqu'ils arrivent aux Chartrons, & 5 liv. de droits à la Ville; & lorsqu'on les charge, ils payent encore audit Bureau des Fermes, 9, 10, à 11 liv. aussi par tonneau. Voyez* Comptablie. *Voyez* Convoi. *Voyez aussi* Congé, Courtage, Coutume.

Le Fauxbourg des Chartrons est le lieu où l'on doit mettre les vins qui ne sont pas des Paroisses qui composent la Sénéchaussée de Bordeaux, parce qu'ils ne doivent point entrer dans la Ville, & ne peuvent être vendus qu'aux étrangers.

Le Commerce que la Ville de Bordeaux fait avec les Colonies Françoises dans l'Amérique, n'occupe gueres que vingt-quatre à vingt-huit vaisseaux, du port depuis cinquante, jusqu'à deux cent cinquante tonneaux; sçavoir, deux ou trois pour Quebec, trois ou quatre pour Cayenne, quatre ou cinq pour Saint-Domingue, & douze ou quinze pour la Martinique, & les autres Isles Antilles de l'Amérique.

Ce n'est pas qu'il ne sorte du port de Bordeaux, une plus grande quantité de bâtimens pour les Indes Occidentales; mais comme il ne se paye point en France de droits de sortie des marchandises destinées à ce Commerce, ce sont la plupart des navires de Nantes & de la Rochelle, qui viennent charger des vins à Bordeaux, & s'assortir de plusieurs choses qui leur manquent, & qui doivent entrer dans les cargaisons pour ces Colonies.

Les navires qui vont de Bordeaux à Quebec, partent dans les mois d'Avril & Mai, & doivent mettre à la voile pour le retour, à la fin d'Octobre, ou au commencement de Novembre.

Leur cargaison consiste en vins, draperies, toiles, chapeaux, férailles, quincaillerie, & outils de toutes sortes.

Comme ils ne peuvent faire leurs retours de pelleterie, le Commerce n'en étant pas libre, quelques-uns vont charger des morues en Terre-neuve, ou au Cap Breton, qu'ils achetent en lettres de change sur France; d'autres prennent à Quebec, de la farine, de la biere, des pois, des anguilles salées, qu'ils y portent, & qu'ils échangent pour des marchandises du pays; & quand ils n'en trouvent point assez pour former une cargaison entiere, ils prennent le reste à fret.

Les vaisseaux qui vont à Cayenne, ne doivent être que de petits bâtimens; un vaisseau seulement de cent tonneaux, ayant peine à y trouver sa charge, ensorte qu'il faut qu'il passe aux Isles pour l'achever.

C'est aussi avec de pareils vaisseaux qu'il faut faire le Commerce de Saint-Domingue, étant rare qu'un plus grand bâtiment, à moins qu'il ne veuille perdre la saison du retour, puisse trouver assez de marchandises préparées pour sa charge entiere; aussi la plupart reviennent-ils à demie-charge. Les principales marchandises qu'on en tire, sont, du sucre, de l'indigo, du coton, & des cuirs.

On peut employer des vaisseaux de toutes grandeurs, pour le négoce de la Martinique, & des autres Isles Françoises, parce que les navires vont d'Isle en Isle faire leur chargement, y demeurant ordinairement jusqu'à la fin du mois d'Aout, qu'on cesse de faire des sucres; les cannes, comme on dit aux Isles, montant alors en fléche, c'est-à-dire, n'étant plus en état de donner du sucre.

Le tems le plus convenable pour partir de Bordeaux, pour les Isles, est le mois de Novembre & de Décembre, afin d'y arriver au mois de Février, que l'on commence à faire le sucre. Il part néanmoins des vaisseaux jusqu'à la fin de Mai, & même quelquefois le voyage peut être bon au mois d'Aout, sur-tout si les vaisseaux sont chargés de bons vins d'arriere-saison, & que les chaleurs ayent été grandes aux Isles, parce que les vins des premiers vaisseaux s'étant tournés, ceux qu'on y porte ensuite ne manquent pas de prendre faveur, & de se vendre tout ce qu'on veut, argent comptant.

Une cargaison pour l'Amérique, d'un navire de six-vingt tonneaux, est ordinairement composée de quarante tonneaux de vin, de cinquante barils de farine, du poids de deux cent cinquante liv. chacun; de vingt barils d'eau-de-vie, de vingt barils de lard de pays, de trente barils de bœuf d'Irlande, de trois mille aunes de grosse toile de onze à douze sols l'aune, qui vient de Saintonge, ou de Saint-Macaire; de quinze tours, ou rouleaux de fer, pour les moulins à sucre; de toutes sortes d'ustenciles de cuivre & de fer, pour le ménage & le service des moulins, à peu près pour cinq cent livres; de plusieurs formes, ou pots de terre, pour terrer les sucres; de six fusils de Boucaniers, à vingt livres piece : cette partie de la cargaison est d'obligation; de souliers & chapeaux de toutes sortes, environ pour trois cent livres; d'étoffes, toiles, nipes, &c. pour l'habillement des habitans, pour mille livres; quatre cent bariques en bottes, avec les cercles & osier pour les relier, pour mettre le sucre; enfin d'une grande barique en botte, contenant dix à douze tonneaux, pour servir à la charge & décharge des marchandises. Ce dernier article n'est pas absolument nécessaire, parce qu'on en trouve de louage aux Isles.

Toute cette cargaison, suivant le prix ordinaire des marchandises, peut monter à quatorze mille livres.

Les principales marchandises que l'on rapporte des Isles, sont les sucres blancs & bruts, le coton, le gingembre, le canefice, l'indigo, le caret, le rocou, & le cacao. On n'entrera pas dans un plus grand détail du Commerce qui se fait aux Isles Françoises, devant en traiter amplement en un autre endroit. *Voyez plus bas le* Commerce de l'Amérique.

On remarquera seulement, que dans les passeports qu'on accorde aux vaisseaux de Bordeaux, pour le voyage des Isles Antilles, de Cayenne, & de Saint-Domingue, il est expressément porté, qu'ils ne pourront faire leur retour à aucun des ports de Nantes, Dunkerque, ni Marseille, parce que ce sont des Ports francs.

Les cargaisons que l'on fait à Bordeaux, pour la pêche de la morue, consistent en sel, plus ou moins, suivant que le navire peut contenir de milliers de poisson verd, ou de quintaux de poisson sec; en lignes pour la pêche, en couteaux pour habiller le poisson, en ais & planches de quoi faire les échafaudages; en tabliers, en clous, & en victuailles, comme vins, légumes, &c. pour huit à neuf mois.

Les navires qui vont au Banc, partent de Bordeaux en Janvier, & peuvent aussi partir dans tous les autres mois de l'année, à la réserve de ceux d'Octobre, Novembre, & Décembre.

Ceux qui vont en Terre-neuve, partent en Février ou Mars, pour y arriver en Avril ou au commencement

commencement de Mai, n'y ayant rien, ou peu à faire pour ceux qui arrivent à la fin de ce dernier mois.

Les retours des vaisseaux de Terre-neuve, se font ordinairement à Bordeaux, Nantes, la Rochelle, Bayonne, Marseille, & Bilbao en Espagne. Il y en a quelquefois qui vont à Lisbonne, & à Cadix. Ceux du grand Banc rapportent leur pêche à Bordeaux, au Havre-de-grace, à Nantes, & à la Rochelle.

*On ne paye point de droits de sortie pour le sel qu'on employe à cette pêche, mais au retour du voyage, on paye trois & demi pour cent de la valeur du poisson.*

On parle ailleurs très au long de cette double pêche de la morue verte & de la morue séche. *Voyez l'article de la* MORUE.

Les vaisseaux de Bordeaux, qui vont à la pêche de la baleine, partent en Avril & Mai: les retours dépendent du succès de la pêche, revenant plutôt quand le poisson s'est présenté de bonne heure, & plus tard si c'est le contraire.

Il est rare néanmoins que les Marchands de Bordeaux ayent des vaisseaux en propre pour la pêche de la baleine; mais il y en a beaucoup qui s'intéressent dans les armemens qui se font pour cela à Bayonne, Saint-Jean-de-Luz, & Saint-Malo. *Voyez l'article de la* BALEINE, *& ce qu'on va dire plus bas du* COMMERCE DE BAYONNE.

Le Commerce que l'on fait de Bordeaux en Espagne, & d'Espagne à Bordeaux, est peu considérable. On y envoye des pots de fer, & du papier de Périgord; du blé & autres grains, quand le transport en est permis, sur-tout du froment & des féves.

Les marchandises qui en viennent par les retours, sont du fer plat & du fer quarré, des ancres à navires, des avirons; des pierres à aiguiser, des huiles de baleine, & fanons; des clous de poids, & menus; des laines, & des sardines, quand on en pêche à la côte d'Espagne.

Enfin, les marchandises qui viennent à Bordeaux, du Commerce que ses Négocians entretiennent avec quelques Provinces, particuliérement du Périgord, du Quercy, du Limousin, de l'Auvergne, & du Lyonnois, sont des fromens & autres grains; diverses sortes de légumes; des vins de Bommes, & autres; du papier, des châtaignes, des noix, des huiles de noix, du mairain, des tables de noyer, du fer ouvré & non ouvré, comme pots de fer, canons, & autres petites armes à feu, & épées; de la quincaillerie, de la mercerie, de la soirie; des toiles de Lyon; des fromages d'Auvergne, & des tapisseries de cette même Province. Toutes ces marchandises descendent par la Dordogne, & viennent à Bordeaux, après avoir passé devant Libourne.

Il ne faut pas oublier de remarquer, qu'il y a deux foires franches à Bordeaux; l'une le premier Mars, & l'autre le 15 Octobre: on en parle ailleurs. *Voyez l'article des* FOIRES.

## MEMOIRE SUR LA REGIE DU GRAND *Bureau de Bordeaux, & sur les différens droits qui s'y perçoivent.*

### REGIE DU BUREAU DE BORDEAUX.

Ce Bureau est servi par cent douze Employés, dont les appointemens au total, vont à près de soixante & trois mille livres. Ces Employés sont:

Le Directeur général & le Caissier général, qui travaillent également aux trois grands Bureaux; sçavoir, à celui du Convoi, à celui de la Comptablie, & à celui du Courtage, qui, outre ces deux principaux Commis, en ont encore de particuliers.

Au Convoi, il y a un Receveur, un Contrôleur, & deux Scribes.

A la Comptablie, un Receveur & deux Contrôleurs; dont l'un s'appelle Contrôleur de la Comptablie, & l'autre, Contrôleur du menu. Trois Scribes, deux Appréciateurs, un Garde-magasin, & un Sous-garde-magasin.

Au Courtage, un Receveur, un Contrôleur, deux Tailleurs de sel, deux Contrôleurs des Billetiers.

Vingt-quatre Billetiers distribués aux portes de terre & de mer de Bordeaux.

Un Contrôleur au Bureau des Chartrons, & quatre Visiteurs.

Trois Commis, au Bureau des Congés.

Un Visiteur d'Entrée, & son Sous-visiteur.

Deux Visiteurs d'Issue.

Un Garde-magasin, & un Sous-garde-magasin à la nouvelle Halle sur le port.

Pour la Garde de nuit, qu'on nomme aussi Garde-noire, un Capitaine, un Lieutenant, & neuf soldats.

A la Patache, nommée de Sainte-Croix, un Capitaine, cinq soldats, & quatorze matelots.

A la Patache de Bacalan, un Capitaine, quatre soldats, & douze matelots.

Un Receveur & un Contrôleur pour le tabac.

Enfin le Notaire de la Ferme, & le Portier du Bureau.

Il faut remarquer qu'outre les recettes du Convoi, de la Comptablie & du Courtage, qui se font au Bureau général, desquelles les Commis sont indépendans les uns des autres, quoique l'on puisse dire qu'ils se servent mutuellement de Contrôleurs; il s'y fait encore la recette de la Patente de Languedoc; mais celle-ci n'a point de Receveur ni de Contrôleur particuliers, ceux du Courtage en étant chargés.

Le Receveur du Convoi tient onze Registres, & son Contrôleur, huit; les Scribes de ce Bureau n'en tiennent point. Ils sont seulement tenus de remplir dans les acquits le payement des droits, qui sont dûs au Convoi, pour les marchandises que les Marchands y acquittent. *Voyez ci-après la* REGIE *de ce Bureau.*

### COMPTABLIE.

La Comptablie de Bordeaux, qui fait présentement une des plus considérables parties des Fermes du Roi, n'a été dans son origine qu'un droit local comme tous les autres de cette nature.

Les droits qui s'y levoient, s'appelloient la grande & petite Coutume, nom qu'ils conservent encore; & le produit de ces droits s'employoit tout entier aux besoins de la Ville, sans que les Rois y eussent aucune part.

L'union de ces drois au Domaine a été faite sous le regne d'Henry II. en l'année 1550, & ils ont été levés depuis en conséquence des Lettres Patentes du 5 Juin 1565, & conformément au tarif représenté par le Comptable & son Contrôleur. Cet ancien tarif ne subsiste plus, & il en a fallu faire de nouveaux à mesure que les marchandises sont augmentées de prix, le droit se payant par estimation. Le dernier de ces tarifs est celui dressé en 1688.

Ce tarif fut convenu le 22 Septembre par ordre du Conseil, en présence de M. de Besons alors Intendant de Guienne, entre Pierre Domergue, Adjudicataire général des Gabelles & cinq grosses Fermes de France, & du Convoi & Comptablie de Bordeaux, & les Députés du Corps & Communauté des Marchands de ladite Ville, pour être exécuté sous le bon plaisir du Conseil, jusqu'à ce qu'il en ait été autrement par lui ordonné, sans préjudice néanmoins de l'exécution des Arrêts dudit Conseil, qui ont fixé & réglé les droits sur quelques marchandises particulieres.

Les droits de grande & petite Coutume, qui se payent à la Comptablie de Bordeaux, montent ensemble à quatorze deniers maille pour livre, de l'estimation & appréciation des marchandises, avec les deux sols pour livre de contrôle, appellés les Droits des Lieutenans & Contrôleurs, lesquels appartiennent au Roi, au moyen de l'indemnité qu'il leur en a donné.

Des quatorze deniers maille à quoi montent les deux Coutumes, il y en a douze deniers pour la grande, qui font cinq pour cent de l'appréciation des marchandises. A l'égard des deux deniers maille, qui composent la petite Coutume, ils reviennent à un sol pour cent de l'appréciation desdites marchandises; les deux droits faisant ensemble six pour cent.

Ces six pour cent se perçoivent, sçavoir, trois & demi pour cent d'entrée de l'appréciation des marchandises apportées à Bordeaux, pour le compte des François & Régnicoles, avec les deux sols pour livre de contrôle; & deux & demi pour cent de ladite estimation, quand elles sortent pour le compte d'un François, avec les deux sols pour livre du même contrôle.

Pour ce qui est des marchandises qui arrivent à Bordeaux pour le compte des Etrangers; elles payent à la Comptablie à l'entrée, le droit de grande & petite Coutume à la fois, qui comme on l'a dit, font six pour cent de leur estimation, avec les deux sols pour livre de contrôle; & à l'issue ou sortie, elles payent encore cinq pour cent de ladite appréciation, avec les deux sols pour livre du contrôle.

Avant l'Arrêt du Conseil du 4 Juillet 1682, les marchandises qui entroient au nom, soit des François, soit des Etrangers, & qui avoient acquitté les droits d'entrée à la Comptablie, n'étoient point sujettes aux droits d'issue, lorsque les Marchands les vouloient faire ressortir, pourvû qu'ils ne les eussent point vendues, ou qu'ils ne fussent pas en parole de les vendre, & en outre justifiant que c'étoit les mêmes marchandises qui étoient entrées en leur nom. Mais cette liberté indéterminée pour la sortie de ces marchandises, étant sujette à de grands inconvéniens au préjudice de la Ferme, il fut réglé par ledit Arrêt, également pour le François & pour l'Etranger, qu'à l'avenir ce privilége ne s'étendroit qu'à deux mois pour les marchandises qu'ils envoyeroient dans les Provinces de France, & à trois pour celles qui iroient à l'étranger; après lequel tems passé, ils seroient tenus d'en payer les droits d'issue.

Quoiqu'en général les droits de la Comptablie se prennent à l'estimation des marchandises, cependant il y en a dont les droits sont fixés par un grand usage, & d'autres qui sont réglés ou augmentés par des Arrêts du Conseil.

Les marchandises dont les droits sont fixés par l'usage, sont les vins de ville, ceux du haut pays, ceux appellés demie-marque, ceux de Castillon, ceux du crû de Frontignan & de Béziers, ceux de Gaillac, & les vins communs de haut pays; les eaux-de-vie, les prunes; les grains, comme froment, blé méteil, seigle, & avoine; les féves, l'orge, les noix, les châtaignes, le miel, le sel; enfin les drogueries & épiceries, & peu d'autres.

Les marchandises dont les droits sont réglés par des Arrêts du Conseil, ou par les Tarifs qui ont suivi celui de 1664, sont l'étain, le fer blanc, le papier, les bas de soie ou de laine venant d'Angleterre, le charbon de terre du même pays & d'Ecosse, la baleine coupée & apprêtée, les fanons de baleine, les huiles de poisson venant de l'étranger; les toiles de coton, les couvertures & autres ouvrages de coton, les étoffes des Indes, les vieux linges, drapeaux, drilles, & pâtes à faire papier; les cuirs, l'acier, fer, plomb, & beurre venant des pays étrangers; les morues verte & séche, autres que celles de la pêche françoise; enfin les verres, les cires, & les chairs salées qui se tirent du dehors du Royaume.

Les principaux Arrêts du Conseil qui ont fixé les droits de toutes ces marchandises, sont entr'autres celui du 15 Juin 1688 pour les bas étrangers, celui du 30 Avril 1686 pour les toiles de coton & autres ouvrages faits de coton venant des pays étrangers, celui du 15 Octobre de la même année pour les étoffes des Indes, celui du 28 Janvier 1687 concernant les vieux linges & drapeaux; celui du 8 Novembre ensuivant pour les cuirs étrangers; celui du 25 des mêmes mois & an pour l'acier, le fer, le plomb, & le beurre; celui pour la morue de la pêche étrangere du 20 Décembre 1687; celui pour les verres du 29 Mai 1688; enfin celui pour les chairs salées du 29 Juillet de la même année.

Le Bureau de la Comptablie se tient dans le Bureau général de Bordeaux, où sont aussi les Bureaux du Convoi & du Courtage; ces trois Bureaux ont tous leurs Commis particuliers, à la réserve du Directeur & du Caissier général, qui, pour ainsi dire, appartiennent à tous les trois, aussi-bien que les deux Appréciateurs, le Garde & Sous-garde magasin, les vingt-quatre Billetiers, & leur Contrôleur, qu'ils ont pareillement en commun.

Les Commis particuliers de la Comptablie sont un Receveur, un Contrôleur de la Comptablie, un Contrôleur du menu, & trois Scribes.

Le Receveur tient neuf Registres; sçavoir,

Le premier, pour la recette des droits du vin de ville & haut pays, des eaux-de-vie, & des prunes, qui s'acquittent lorsqu'on les charge; il contient aussi les droits d'acquit & de quittage.

Le deuxiéme, sert à la recette des droits d'entrée & d'issue du sel en gros, & des droits d'acquit.

Le troisiéme, est pour la recette des droits de trois & demi pour cent, qui se levent sur l'estimation des marchandises entrées par mer, lorsqu'elles sont déclarées pour un étranger.

Dans le quatriéme, on enregistre les droits dûs à la descente des vins de haut pays, qui n'ont pas privilége de descente à Bordeaux avant la Saint-Martin.

Dans le cinquiéme, se mettent les nouveaux droits sur les toiles de coton.

Le sixiéme, est pour les droits sur l'étain & le fer blanc.

Le septiéme, sert pour la recette des droits de l'ancienne marque du papier, à raison de deux sols par rame sur les papiers de Périgord, Limousin, Castel-Jaloux, & Bergerac: & quatre sols par rame sur celui d'Angoumois & d'Auvergne.

Le huitiéme Registre est destiné pour la recette des droits des marchandises étrangeres sujettes au Tarif de 1667.

Enfin le neuviéme & dernier, eſt pour l'enregiſtrement des ſaiſies.

Le Contrôleur de la Comptablie eſt chargé de tenir pareil nombre de Regiſtres.

Tous les Regiſtres dont on a parlé juſqu'ici, ſe tiennent par les Commis qui travaillent au grand Bureau; les autres ſont tenus par les Commis des Bureaux qui ſont au-dehors.

A l'égard du Contrôleur du menu, il tient un regiſtre ſur lequel il enregiſtre pour le Receveur les droits de toutes les marchandiſes qui ſortent de la Sénéchauſſée de Bordeaux; ceux de l'entrée de la prune, & des excès de l'eau-de-vie à la cargaiſon, qui ſont reçûs par le Receveur. On y met auſſi les droits d'acquit.

On parle ailleurs des fonctions des trois Scribes. *Voyez* SCRIBES.

Les Appréciateurs ont auſſi leurs articles particuliers dans ce Dictionnaire, & l'on peut y avoir recours. On ajoutera ſeulement, que comme les Commis s'étoient relâchés dans leurs fonctions, & que ſouvent ils faiſoient leurs appréciations ſans entrer dans la connoiſſance des eſpeces de marchandiſes; ſoit par leur peu d'expérience, ſoit par connivence avec les Marchands, on dreſſa en 1684, par l'ordre de M. de Ris, alors Intendant de Bordeaux, un projet de Tarif, qui depuis a ſervi de modele pour celui du 22 Septembre 1688 dont on a parlé ci-deſſus, & qui s'obſerve encore dans la Comptablie.

On peut voir aux articles du Convoi & du Courtage, auſſi-bien qu'à ceux de Viſiteurs d'entrée de mer, de Viſiteur d'iſſue, de Garde & Sous-garde magaſin, de Billetiers, &c. les fonctions de tous ces Commis, & de quelques autres qui ſont communs aux trois Bureaux du Convoi, de la Comptablie, & du Courtage.

## *ETAT DES DROITS DUS AU CONVOI, COMPTABLIE DE BORDEAUX, & Courtage, tant à l'entrée qu'à l'iſſue, pour les vins, eaux-de-vie, & autres marchandiſes ſujettes aux droits du Convoi.*

### *ENTREE.*

| | | *Convoi.* | *Controlle.* | *Comptablie.* | *Controlle.* | *Courtage.* | Total. |
|---|---|---|---|---|---|---|---|
| Bordeaux. | Vins de Frontignan. | 8 l. | 16 ſ. | 21 l. 12 ſ. | 2 l. 3 ſ. 3 d. | . . . . | 32 l. 11 ſ. 3 d. |
| Bordeaux. | Vin de Gaillac. | 8 | 16 | 3 | 6 | . . . . | 12 2 |
| Bordeaux. | Conſignations pour les droits d'acquits. | . . . . | . . . . | . . . . | . . . . | . . . . | 6 |
| Bordeaux. | Vin du haut commun | 8 | 16 | 2 10 | 5 | . . . . | 11 11 |
| Bordeaux. | Conſignation. | . . . . | . . . . | . . . . | . . . . | . . . . | 6 |
| Bordeaux. | Vin de demie-marque. | 8 | 16 | 16 | 1 8 | . . . . | 9 13 8 |
| Bordeaux. | Vin de Caſtillon. | . . . . | . . . . | 16 | 1 8 | . . . . | 17 8 |
| Libourne. Bourg. Blaye. | Vin de haut. | 8 | 16 | . . . . | . . . . | . . . . | 8 16 |
| Bordeaux. | La pipe de ſel. | 8 | 16 | 10 | 1 | 1 ſ. | 9 8 |
| Blaye. | Pipe de ſel. | 8 | 16 | 10 | 1 | . . . . | 9 7 |
| Libourne. | Pipe de ſel. | 8 | 16 | . . . . | . . . . | 1 | 8 17 |
| Bourg. | Pipe de ſel. | 8 | 16 | . . . . | . . . . | . . . . | 8 16 |
| Bordeaux. | Demie-barique de prunes. | 2 4 ſ. | 4 5 d. | 1 1 | 2 1 | . . . . | 3 11 6 |
| Bordeaux. | Pouces excédens. | . . . . | . . . . | . . . . | . . . . | . . . . | 1 |
| Bordeaux. | Quintal de prunes. | 7 ſ. 6. d. | 8 | 3 6 d. | 4 | . . . . | 12 |
| Bordeaux. | Tonneau de miel pour François. | 4 | 8 | 5 5 | 10 6 | . . . . | 10 3 6 |
| Bordeaux. | Pour l'Etranger. | 4 | 8 | 9 | 18 | . . . . | 14 6 |
| Libourne. Bourg. Blaye. | Tonneau de miel. | 4 | 8 | 7 10 | 15 | . . . . | 12 13 |
| A Blaye. | Muid de ſel venant de Bretagne & Poitou. | . . . . | . . . . | . . . . | . . . . | . . . . | 4 15 |

*ISSUE.*

| | | *Ancien droit.* | *Augmentation.* | *Controlle.* | *Comptablie.* | *Controlle.* | *Courtage.* | *Ancien greffier.* | Total. |
|---|---|---|---|---|---|---|---|---|---|
| Bordeaux. Libourne. Bourg. | Le tonnneau vin de Ville. . . | 7 l. . . | 6 l. . . | 1 l. 6. ſ. . | 1 l. 1 ſ. . | 2 ſ. 2 d. | 1 l. 10 ſ. | . . . | 16 l. 19 ſ. 2 d. |
| Libourne. | Vin de Caſtillon. | 7 . . . | 6 . . | 1 6 . . | 1 6 . . | 2 8 . | 1 10 . | . . . | 17 4 8 |
| Bourg. | Vin de Ville pour le compte d'un Bourgeois. . . | 7 . . . | 6 . . | 1 6 . . | . 10 . . | 1 . . | 1 10 . | . . . | 16 7 |
| Bourg. | *Idem*, & de ſon crû. . . . . | 7 . . . | 6 . . | 1 6 . . | . 1 . . | . 2 . | 1 10 . | . . . | 15 17 2 |
| Blaye. | Vin du crû du pays de Blaye. . | 7 . . . | 3 . . | 1 . . | 1 1 . . | 2 2 . | . . | . . . | 12 3 2 |
| Bordeaux, Libourne, Bourg, & Blaye. | Vin de Frontignan & de haut. | 4 . . . | 2 . . | . 12 . . | 1 6 . . | 2 8 . | 1 10 . | . . . | 9 10 8 |
| *Idem.* | Vinaigre. . . | 6 . . . | 4 . . | 1 . . | . . . | . . . | 1 10 . | . . . | 12 10 |
| *Idem.* | Barique d'eau-de-vie pour un François. . . | 8 . . . | 7 . . | 1 10 . . | 5 . . | 10 . . | 1 10 . | . . . | 23 10 |
| Bordeaux. | Barique d'eau-de-vie pour Etranger. . . . | 8 . . . | 7 . . | 1 10 . . | 7 10 . . | 15 . . | 1 10 . | . . . | 26 5 |
| Bordeaux, Libourne, Bourg, & Blaye. | Verge excédente de jauge. . . | . . . . | . . . . . | . . . . . | . . . | . . . | . . . | . . . | . . . 9 |
| | Demi-barique de prunes pour François. . . . | 1 2 ſ. | 1 2 ſ. . | 4 5 d. | . 15 . . | 1 6 . | . . 15 . | . . . | 3 19 11 |
| | Pour Etranger. . | 1 2 . | 1 2 . . | 4 5 . | 1 10 . . | 3 . . | . . 15 . | . . . | 4 16 5 |
| Bordeaux & Blaye. | Pipe de ſel. . . | 20 . . | . . . . . | 2 . . | . 10 . . | 1 . . | . . | . . . | 22 11 |
| Bourg. | Pipe de ſel. . . | 20 . . | . . . . . | 2 . . | . . . | . . . | . . | . . . | 22 |
| Libourne. | Pipe de ſel. . . | 20 . . | . . . . . | 2 . . | . . . | . . . | . . . | 6 ſ. . | 22 6 |
| Bordeaux, Libourne, Bourg, & Blaye. | Blé froment pour Etranger. . . | 6 . . | 3 . . | . 18 . . | 1 . . | 2 . . | . . 10 . | . . . | 11 10 |
| *Idem.* | Froment pour François. . . | 3 . . | 1 10 . . | . 9 . . | . . . | . . . | . . 10 . | . . . | 5 9 |
| *Idem.* | Seigle ou méteil pour Etranger. | 4 10 . | 2 5 . . | . 13 6 . | . 13 4 d. | 1 4 . | . . 10 . | . . . | 8 13 2 |
| *Idem.* | Seigle pour François. . . . | 2 5 . | 1 2 6 d. | . 6 9 . | . . . | . . . | . . 10 . | . . . | 4 4 3 |
| *Idem.* | Graines & légumes pour Etrangers. . . . | 3 . . | 1 10 . . | . 9 . . | . 10 . . | 1 . . | . . 10 . | . . . | 6 |
| *Idem.* | Pour François. . | 1 10 . | 15 . . | . 4 6 . | . . . | . . . | . . 10 . | . . . | 2 19 6 |
| Bordeaux, Libourne, Bourg. | Châtaignes ou noix. . . . | 2 . . | . . . . . . | . 4 . . | . . . | . . . | . . 10 . | . . . | 2 14 |
| Blaye. | Châtaignes ou noix. . . . | 2 . . | . . . . . . | . 4 . . | . . . | . . . | . . . | . . . | 2 4 |
| Bordeaux. | Le tonneau de miel pour François. . . . | 2 . . | . . . . . . | . 4 . . | 3 15 . . | 7 6 . | 1 . 10 . | . . . | 7 16 6 |
| *Idem.* | Pour Etrangers. . | 2 . . | . . . . . . | . 4 . . | 7 10 . . | 15 . . | 1 . 10 . | . . . | 11 19 |
| Libourne, Bourg, & Blaye. | Le tonneau de miel. . . . | 2 . . | . . . . . | . 4 . . | 7 10 . . | 15 . . | 1 . 10 . | . . . | 11 19 |

CONVOI.

*Régie du Bureau du Convoi.*

Les Commis de ce Bureau sont un Receveur, un Contrôleur, & deux Scribes. Les deux premiers tiennent les Registres, les Scribes n'en ont point. *V.* les fonctions de ces derniers, au mot de SCRIBE.

Les Registres du Receveur, sont au nombre d'onze, ceux du Contrôleur ne passent pas celui de huit, qui sont les doubles d'autant de Registres du Receveur. On marquera plus bas ceux que le Contrôleur ne tient pas.

Le premier Registre du Receveur est celui qu'on nomme le Registre des Cargaisons. Il contient la recette pour les cargaisons des vaisseaux, qui y sont enregistrées par ordre de date & de numero; le Contrôleur qui en a un semblable, délivre les billettes au Courtier ou au Marchand chargeur, lesquelles sont écrites par les Scribes du Bureau. On observe le même ordre pour les augmentations de chargemens.

Il faut remarquer que l'on ne couche sur chaque page de ce Registre que deux vaisseaux à la fois.

Le second Registre, se nomme des Déclarations d'Issue. C'est sur ce Registre que les Courtiers ou les Maîtres des navires viennent faire la déclaration de leur chargement; & c'est sur une copie de cette déclaration que les Visiteurs d'issue font leur visite. Lorsque la visite & la déclaration sont vérifiées l'une par l'autre, les Scribes font l'acquit, & tirent le total des droits. Le Contrôleur a un pareil Registre.

Le troisiéme Registre, est celui qu'on nomme du Menu, qui est aussi tenu double. Il contient cinq chapitres; sçavoir, un pour l'entrée des prunes; un autre pour les acquits d'eau-de-vie, noix, ou châtaignes, qu'on appelle Acquit de six sols; un troisiéme pour l'entrée du miel; un quatriéme pour l'issue du Menu, & un dernier pour les excès d'eau-de-vie.

Le quatriéme Registre, est pour la recette des droits d'entrée du vin de haut; on explique ailleurs ce que signifie ce terme. *Voyez* VIN.

Lors de la descente de ce vin par les rivieres de Garonne & de Dordogne, les Marchands ou Conducteurs sont obligés de prendre des acquits à caution au Bureau de Langor & de Libourne, & de le venir décharger sur le Quai des Chartreux, où il y a des Commis qui en font leur rapport au dos des acquits; sur lesquels rapports, qui passent d'abord à la Comptablie, le Receveur du Convoi en reçoit les droits, dont le Contrôleur signe l'expédition conjointement avec lui. Ce Registre se tient double, ainsi que les précédens.

Le cinquiéme Registre, est celui des déclarations de l'entrée du sel. Il a deux Chapitres, l'un pour l'entrée du sel en gros, & pour celui qui se taille au large; & l'autre pour celui qui sert au menu.

Au premier chapitre, s'enregistrent toutes les barques qui viennent se mettre en coutume, en spécifiant le nom du bâtiment, celui du Maître, la quantité de sels dont ils sont chargés, le lieu où ils l'ont pris, le nom du Marchand à qui appartient le sel; le tout par ordre de date & de numero: enfin, le jour que lesdites barques se mettent en coutume.

Sur cet enregistrement, le Receveur & le Contrôleur signent un ordre adressant aux Tailleurs de sel, pour tailler ou mesurer celui desdits vaisseaux, & d'en tenir compte, tant de celui qui se décharge au large, que de celui qui entre dans la Ville; & un autre ordre aux Billetiers de la Porte par laquelle on veut le faire entrer; & encore un troisiéme pour laisser entrer la mine de sel du Roi. Les bâtimens ainsi déchargés, on tire en ligne sur le Registre les droits qui en sont dûs, chacun séparément.

Le second chapitre de ce cinquiéme Registre sert à enregistrer l'issue du sel au menu, qui sont des mines de sel que divers Marchands font sortir journellement, pour porter tant hors, que dans la Sénéchaussée.

Il y a encore un autre petit chapitre sur ce Registre pour l'entrée du sel au menu, qui est très peu de chose, & ne monte pas par an à dix livres, ne s'agissant que de quelque quart de sel blanc qu'on envoye par présent.

Le Registre pour l'entrée du sel est tenu double par le Contrôleur.

Le sixiéme Registre, qui regarde le fret, est pareillement double. On y enregistre tous les vaisseaux étrangers qui entrent au Port de Bordeaux, leurs noms, celui du Maître, & d'où ils sortent, par ordre de date & de numero; enfin le port ou jauge de chacun d'eux: après quoi on tire le droit de 50 sols par tonneau de fret de la charge compétente auxdits vaisseaux, quand même ils n'auroient pas pleine charge.

Le septiéme Registre, qui est commun entre le Receveur & le Contrôleur, est pour la recette des droits d'entrée des drogueries & épiceries qui ont été chargées au magasin, & que les Marchands veulent retirer; ce qu'ils ne peuvent faire qu'après que le Receveur ou le Contrôleur, à tour de rôle, les ont été voir peser. Lorsque les marchandises sont pesées, on charge le Registre de leur poids, dont la billette s'envoye aux Appréciateurs; & après que ceux-ci en ont réglé les droits, on les tire en ligne, conformément au Tarif de Charles IX. de 1581.

Le huitiéme Registre, est pour les nouveaux droits sur les sucres; il se tient de la même maniere que le précédent.

Le neuviéme, est pour l'enregistrement des vaisseaux qui chargent pour les Isles Françoises de l'Amérique & des soumissions des Marchands chargeurs. L'enregistrement des vaisseaux contient par ordre de numero & de date, tous lesdits vaisseaux, avec les marchandises dont ils sont chargés; & par les soumissions, les Marchands promettent faire faire aux vaisseaux le voyage en droiture, & d'apporter certificat dans six mois, de leur arrivée, & de la décharge de leur marchandise au lieu de leur destination, à peine de payer le quadruple des droits.

On y enregistre aussi les cargaisons des blés & autres grains, qui se font pour le Royaume, avec les mêmes soumissions que ci-dessus.

Il faut remarquer que les marchandises pour les Isles ne payent aucuns droits, & que les blés pour le Royaume ne doivent que la moitié de ceux chargés pour l'étranger.

Le dixiéme Registre, est pour la recette des droits du Domaine d'Occident; le Registre est commun au Receveur & au Contrôleur. On y enregistre tous les vaisseaux venans des Isles de l'Amérique, & les marchandises dont ils sont chargés; le Receveur en tire les droits de sa main, & le Contrôleur les parafe.

Le onziéme Registre, est pour les cargaisons qui

se font à Bordeaux sur les passéports du Roi, par le Munitionnaire Général des vaisseaux de Sa Majesté; comme il n'est pris aucun droit de ces cargaisons, le Munitionnaire fait ses soumissions pareilles aux précédentes.

Outre ces onze Registres principaux qui se tiennent au Convoi, il y en a encore deux petits, l'un pour les saisies, & l'autre pour les remises des amendes; dans l'un les Commis qui ont fait les saisies qui regardent le Convoi, les viennent enregistrer de leur main; & dans l'autre le Receveur y enregistre les amendes qui lui sont remises pour raison des marchandises saisies & confisquées.

### *ARTICLES ARRESTE'S ENTRE les Fermiers du Roi & les Marchands de Bordeaux, au sujet de la régie de la Ferme du Convoi & de la Comptablie.*

1°. Qu'il ne sera pris aucuns droits aux portes de Bordeaux, sur le lard & la graisse qui viennent de la Sénéchaussée, dont la recette se faisoit par un Billetier, à la porte des Salinieres.

2°. Qu'il ne sera levé aux portes de Bordeaux aucun droit sur les panniers, de quelques endroits qu'ils viennent.

3°. Que pendant les Foires on augmentera deux Poids à la Halle du Port Saint-Jean, pour la plus grande expédition des navires chargés de poissons.

4°. Que les tares seront prises en dedans, ainsi qu'il s'est ci-devant pratiqué; & qu'il sera accordé vingt pour cent sur les beurres à l'ordinaire.

5°. Que les vaisseaux qui ont été jaugés à Bordeaux, ne le seront point de nouveau à Blaye, pour payer une augmentation du droit de fret.

6°. Qu'il sera établi un Commis au Bureau de Bordeaux, pour expédier aux Marchands un double des acquits qui leur seront délivrés, & qui demeurent entre les mains du Garde-magasin.

7°. Qu'il ne sera pris que six deniers pour chaque passe-avant dans tous les Bureaux.

8°. Qu'il ne sera payé à Libourne qu'un seul droit d'acquit par batteau des marchandises que les habitans de Libourne font venir des Provinces voisines.

9°. Qu'il ne sera pris aucun droit de Comptablie pour les sels qui sortiront dudit Libourne.

10°. Qu'il ne sera point levé audit lieu de Libourne le droit de petite Coutume, montant à 11 sols 6 deniers par tonneau de vin qui descend audit Libourne.

11°. Qu'il sera donné liberté aux vaisseaux chargés devant Libourne, de descendre jusqu'à Blaye, ainsi que l'on fait à Bordeaux, après la visite faite, quoique les acquits de payemens n'en ayent pas été expédiés ni délivrés aux Maîtres.

12°. Que les Fermiers généraux donneront les ordres nécessaires pour qu'il ne soit rien pris en espece par les Commis du Bureau de Castillon, sur toutes les marchandises & menues denrées qui passent audit Bureau.

13°. Qu'il ne sera pris aucun droit de Courtage pour les marchandises qui iront à Mortagne & Royan.

14°. Qu'au Bureau de Riberou il en sera usé pour les droits des vieilles futailles, ainsi qu'il se pratique dans le Bureau de Charente.

15°. Qu'il sera fait défenses aux Commis de Royan & de Mortagne, de prendre aucun droit, soit en espece, soit en argent, sur les sardines qui descendent à Bordeaux, non plus que sur les oranges, & sur les oignons qui viennent pour la provision des Particuliers.

16°. Qu'en attendant que les droits d'acquits ayent été reglés, les Commis de Mortagne ne prendront qu'un seul droit d'acquit pour chaque déclaration des navires qui seront en charge, & non pas sur chaque barque qui porte des marchandises à bord.

17°. Enfin, que les droits seront payés à Bordeaux pour les pierres qui y seront voiturées de Taillebourg.

### *COURTAGE.*

On appelle de la sorte à Bordeaux, un droit qui se leve sur toutes sortes de marchandises, de quelque nature qu'elles soient, qui entrent ou qui sortent par mer dans cette Ville; à la réserve néanmoins de celles qui sont sujettes aux nouveaux droits, desquelles on ne prend point celui de Courtage, quand il est dit par les Arrêts, Edits, ou Déclarations qui ordonnent l'imposition desdits nouveaux droits, que les marchandises sur lesquelles ils doivent se lever, ne payeront pour tous droits, que ceux mentionnés auxdits Arrêts, Edits, & Déclarations.

Le droit de Courtage se leve de deux manieres, ou par fixation, ou par estimation.

Les marchandises sur lesquelles le droit est fixé, sont,

Toutes sortes de vins, qui payent par tonneau 30 sols.

Les eaux-de-vie, par piece contenant 52 verges, 30 sols.

Le vinaigre, par tonneau 30 sols.

Les prunes, par piece pésant six quintaux, 15 sols.

Le miel, par tonneau 30 sols.

Les fromens, méteures, seigles, millet, pois, graines de lin & de moutarde, noix, & châtaignes, par tonneau, 10 sols.

Le galipot ou terebentine, par tonneau, 30 sols.

A l'égard du droit par estimation, il se paye sur toutes les autres marchandises, à raison d'un pour cent de leur valeur.

Outre cela, il se perçoit au Courtage, le premier tonneau de fret sur chaque vaisseau qui charge à Bordeaux, qui est évalué ordinairement à 8 livres pour les Ports de France, & 10 livres pour les Pays étrangers; ou bien à proportion de la valeur du fret.

Il faut remarquer que quoique dans le tems des Foires, les Marchands ayent le privilége de faire entrer leurs marchandises sans rien payer à la Comptablie, il n'y a néanmoins aucune exemption pour le droit de Courtage.

Une seconde remarque, est qu'aucune des marchandises qui entrent à Bordeaux par terre, n'est sujette à ce droit.

Pour la régie du Bureau du Courtage, il y a deux Commis; sçavoir, un Receveur & un Contrôleur: le premier, tient trois Registres de recette; & le second, aussi trois Registres de contrôle.

Le premier Registre, sert à enregistrer les grands acquits des vaisseaux qui se mettent en coutume, soit au Convoi, soit à la Comptablie, suivant leur numero; on y enregistre aussi les 10 ou 8 livres du fret.

Le second Registre, est pour enregistrer les droits de Courtage, ou suivant la fixation, ou suivant l'estimation avec le numero de la déclaration du vaisseau.

Le troisiéme Registre, est pour la recette du Courtage des cargaisons qui se font au menu, & qui sortent par mer.

Les trois Registres du Contrôleur lui servent aux mêmes enregistremens, à proportion de son emploi.

C'est aussi le Receveur du Courtage qui fait recette des droits de la Patentes de Languedoc, pour les marchandises qui viennent par acquit à caution du Bureau d'Auvilars, dont ledit Receveur compte à la Direction de Dacqs.

PATENTES DE LANGUEDOC, OU FORAINE.

Ce droit se leve en vertu d'un ancien tarif renouvellé & imprimé en 1682. Les marchandises qui y sont sujettes, sont celles qui viennent de la Province de Languedoc, des Sénéchaussées de Rouergue, Quercy, Armagnac, Jugeries de Comminge, & riviere de Verdun.

Lorsqu'il y a quelques-unes de ces marchandises qui ne sont, ni énoncées, ni spécifiées dans le Tarif, le droit en est pris sur le pied de cinq pour cent de leur valeur ou estimation.

Il faut remarquer que les marchandises destinées pour les Provinces où les Aydes ont cours, ne payent point le droit de patente.

Une autre remarque, que le payement de la patente de Languedoc n'exclut pas le payement du droit de Comptablie. *Voyez* COMPTABLIE, *ci-devant*.

Il paroît surprenant que le droit de la patente se reçoive à Bordeaux, & non pas à Auvillers, comme il devroit se faire naturellement, & où pourtant le Commis ne délivre que des acquits à caution.

La raison de cette espece d'irrégularité, est que les habitans de Bordeaux & ceux de sa Sénéchaussée, s'étant rachetés du droit de patente moyennant une somme payée anciennement au Roi, le Commis du bureau d'Auvillers ne pouvoit pas sçavoir si les marchandises déclarées pour Bordeaux sont véritablement pour sa consommation, ou pour celle d'autres Provinces, pour lesquelles les marchandises comprises dans la patente de Languedoc doivent le droit; ce qu'il est facile de découvrir au Receveur du Courtage, à qui les Fermiers de Sa Majesté en ont confié la recette conjointement avec celle dudit Courtage. *Voyez* COURTAGE, *ci-devant*.

Le Receveur de la patente doit tenir trois Registres. Le premier, dont le Contrôleur a un semblable, est pour enregistrer la recette dudit droit.

Le second, sert à l'enregistrement de la décharge ou cancellation des obligations ou acquits à caution, donnés au Bureau d'Auvillers pour les marchandises destinées pour la consommation de Bordeaux. Pour cette cancellation le Marchand paye 16 sols de droit d'acquit dont le Commis est comptable au Fermier.

Enfin, dans le troisiéme Registre doivent s'enregistrer les soumissions que les Marchands font de payer le quadruple des droits, en cas qu'ils ne rapportent pas dans un tems limité, un certificat de la décharge des marchandises dans les Provinces où les Aydes ont cours, lesquelles ne doivent pas lesdits droits; pour chacune desquelles soumission ou obligation le Marchand paye cinq sols au Commis, & pour la cancellation autres cinq sols dont ledit Commis est comptable, comme dessus.

Le Contrôle des Chartrons est un Bureau des Fermes du Roi, dépendant du Bureau général, établi pour la conservation des droits dûs sur les vins du haut pays à la descente ou entrée; & pour la cargaison de toutes sortes de vins, vinaigres, eaux-de-vie, prunes, & autres marchandises qui doivent les droits de Comptablie, de Convoi, & de Courtage. C'est après le Bureau général, le poste le plus important de la Ferme.

Il y a pour la régie de ce Bureau, un Contrôleur & quatre Visiteurs.

On y tient huit Registres. Le premier, pour l'enregistrement de la quantité des pieces d'eau-de-vie qui se chargent, & les verges de leur excédent, s'il y en a. Le Contrôleur & le Visiteur font la jauge des pieces, & c'est sur leurs certificats que les droits en sont payés au grand Bureau de la Comptablie & du Convoi.

Le second Registre, sert pour enregistrer tous les congés que le Contrôleur & les Visiteurs donnent aux Marchands en conséquence des billettes qui leur sont adressées par les Commis du grand Bureau, portant permission de charger sur les vaisseaux le nombre des vins, vinaigres, eaux-de-vie, & prunes que lesdits Marchands ont déclarés. Ce Registre a trois chapitres, l'un pour les vins & vinaigres, l'autre pour l'eau-de-vie, & l'autre pour les prunes.

Le troisiéme Registre, est pour les déclarations que font les Marchands, de la quantité de vin du haut pays, qui est descendu pour leur compte, & les acquits à caution qu'ils ont pris à Langon, lesquels acquits sont déchargés par les Commis du grand Bureau, après que lesdits Visiteurs ont compté ledit vin, & en ont donné leurs certificats.

Le quatriéme Registre, sert pour l'entrée de la prune, & les excès qu'ils trouvent sur chaque piece dont les droits sont payés au grand Bureau sur les certificats des Commis des Chartrons.

Le cinquiéme Registre, contient le nombre des pieces d'eau-de-vie qui arrivent aux Chartrons, en conséquence des acquits à caution pris à Langon ou à Castillon, lesquels acquits sont déchargés au grand Bureau, sur les vérifications des Commis desdits Chartrons.

Le sixiéme Registre, est pour l'entrée du tabac.

Le septiéme Registre, est pour enregistrer les congés au menu, qui sont délivrés par les Commis du grand Bureau. *Voyez* CONGE'S AU MENU.

Enfin, le huitiéme registre, est un contrôle général de tous les congés qui sont donnés pour la cargaison par les Visiteurs dudit Bureau des Chartrons, en conséquence des billettes qui leur sont adressées par les Commis du grand Bureau.

Bureau des Congés. La destination de ce Bureau est pour donner aux Marchands sur les billets du grand Bureau, des Congés pour charger les vins de ville, les vinaigres, & les prunes qui sortent par les Portes de Grace, de Cailleau, d'Espau, & du Chapeau-Rouge, situés sur le Port.

Ce Bureau a pour Commis trois Billetiers, qui tiennent trois Registres.

Le premier, contient tous les Congés pour la cargaison, sur les billettes des Commis du grand Bureau.

Le second, est pour enregistrer les Congés donnés par lesdits trois Billetiers, à fur & à mesure qu'ils les expédient.

Et le troisiéme, qui a deux chapitres, contient dans l'un, les soumissions qui sont faites par les Marchands qui chargent pour les Isles de l'Amérique & le Canada; & dans l'autre, les soumissions du Munitionnaire général du Roi pour les marchandises & denrées qui se chargent sur les Passe-ports de

S. M. On parle ailleurs des unes & des autres soumissions.

Les deux Tailleurs du sel, tiennent chacun deux Registres, à cause qu'ils travaillent séparément. *Voyez* TAILLEURS DE SEL.

Les deux Visiteurs d'issue n'en ont qu'un pour eux deux. *Voyez* leur article.

Le Visiteur d'entrée & le Sous-Visiteur, n'en ont pareillement qu'un. *Voyez* VISITEUR D'ENTRE'E.

Les Contrôleurs des Billetiers n'ont point de Registres, leur fonction consistant à examiner le travail des Billetiers, & de voir s'ils sont sédentaires à leurs portes; c'est proprement deux Ambulans qui se font représenter les Registres des Commis aux portes.

Les Billetiers tiennent plus ou moins de Registres, suivant la situation des portes, dont la garde leur est confiée.

Ces portes sont au nombre de huit qui entrent du Port dans la Ville, & six du côté de terre. Des portes du côté du Port, celles du Chapeau-Rouge & d'Espau, sont les plus considérables. Les Billetiers de ces deux portes tiennent trois Registres; à la porte Caillau, ils n'en ont qu'un; à la porte du pont Saint-Jean, trois; à la porte Tanner, un; à la porte des Salinieres, quatre; à la porte de Grace, trois; & à la porte Sainte-Croix, un.

Les portes de terre sont, Saint-Julien, Sainte-Eulalie, Saint-André, Dijon, Dauphine, & Saint-Germain: ces six portes n'ont chacune qu'un Registre. *Voyez* BILLETIERS; on y entre dans un assez grand détail de leurs fonctions & des Registres qu'ils tiennent.

*Droits qui se payent au Bureau de Bordeaux.*

Les droits qui sont dûs à ce Bureau, se perçoivent, ou sur l'estimation des marchandises réglée par les tarifs d'appréciation, ou en conséquence d'une évaluation ou composition établie par un long usage, entre les Marchands & le Fermier, ou enfin en exécution des Arrêts du Conseil qui de tems en tems ont été donnés pour l'augmentation des droits sur certaines marchandises, particuliérement sur celles qui viennent de l'Etranger.

On ne parlera ici que des deux dernieres especes de droits, renvoyant aux tarifs mêmes pour ceux qui se payent sur l'estimation des marchandises. On va commencer par les droits fixés par l'usage, en distinguant à chaque article ce qui est dû, ou au Convoi, ou à la Comptablie, ou au Courtage, & en ajoutant le total des trois droits à la fin de chacun desdits articles.

## *VINS DE VILLE;*

*C'est-à-dire, qui se recueillent dans la Sénéchaussée de Bordeaux.*

CONVOI. *Cargaison.*

Le tonneau de vin Bourdelois, qu'on appelle vulgairement vin de ville, est composé de quatre bariques ou de six tierçons, il paye à la cargaison pour diverses augmentations ordonnées par les Déclarations de 1637, 1638, & 1640, six livres, ci 6 l

Pour d'autres augmentations des années 1627, 1632, 1638, & 1640, encore six livres, ci 6

Pour l'augmentation de 1655, une livre, ci 1

Pour les deux sols pour livre de contrôle, une livre six sols, ci 1 l 6 s

→ 14 l 6 s

COMPTABLIE. *Cargaison.*

Le même tonneau, vin de ville, soit pour le compte d'un François, ou d'un Etranger, paye pour la grande coutume, 1 l

Pour la petite coutume, 1 s

Pour le contrôle, 2 s 3 d

→ 1 l 3 s 3 d

COURTAGE. *Cargaison.*

Ledit tonneau, vin de ville, aussi-bien que le tonneau de vin du haut pays, paye indistinctement à la cargaison, 1 l 10 s

→ 1 l 10 s

Total des trois droits 16 l 19 s 3 d

Il faut remarquer que le vin de ville, en tems de foire, ne paye point les droits de grande & petite Coutume à la cargaison; mais par un ancien usage, les Marchands payent un sol par tonneau, dont le Receveur compte au Directeur, & le produit de cette espece de droit est mis dans la boete des pauvres.

Une autre remarque est, qu'il est fait déduction à la cargaison, tant au Convoi qu'à la Comptablie pour la grande Coutume, sur vingt & un tonneaux de vin, le droit d'un tonneau; ce qui s'appelle la déduction de vingt & un pour vingt; mais l'on paye en entier le droit de la petite Coutume, ainsi que les trente sols par tonneau au Courtage: & quand il n'y a pas la charge de vingt & un pour vingt, on fait la déduction à proportion.

## *VINS appellés de DEMIE-MARQUE.*

CONVOI. *Entrée ou Descente.*

Les vins de demie-marque, qui viennent du pays que l'on nomme en Guienne, la nouvelle Conquête, comme Sainte-Foi, Montravelle, Castillon, Gensac, Pujoles, Duras, Rozau, Civrac, & quelques autres, payent pour droit de descente ou entrée, comme les vins du haut pays, huit livres, ci 8 l

Pour les deux sols du contrôle, 16 s

→ 8 l 16 s

COMPTABLIE. *Entrée.*

Lesdits vins ne doivent d'entrée qu'un pour cent de petite coutume qui est deux deniers maille pour livre de l'estimation desdits vins, qui est par tonneau seize sols, ci 16 s

Les deux sols pour livre de contrôle. 1 s 7 d

→ 17 s 7 d

Total des deux droits 9 l 13 s 7 d

*Nota.* Les vins de Castillon sont réputés vins de ville, & ne payent rien à la descente.

CONVOI. *Cargaison.*

Lesdits vins de demie-marque payent au Convoi à la cargaison par chacun tonneau, ainsi que les vins de ville, 13 l

Pour le contrôle. 1 6 s

→ 14 l 6 s

COMPTABLIE. *Cargaison.*

Ils payent à la Comptablie à la cargaison, comme vin de haut; c'est-à-dire, vingt-six sols par tonneau, pour grande & petite coutume, 1 l 6 s

Et pour le contrôle, 2 8 d

→ 1 l 8 s 8 d

COURTAGE

*COURTAGE. Cargaison*

Ils payent aussi par tonneau au Courtage à la cargaison, 1 l 10 f } 1 l 10 f

Total des trois droits 17 l 4 f 8 d

## VINS DE HAUT PAYS,

*de toutes sortes de crû, au-dessus de S. Macaire, qui est sept lieues au-dessus de Bordeaux.*

Ces vins s'appellent Vins de haut pays, pour les distinguer de ceux qui se recueillent dans la Sénéchaussée de Bordeaux, que l'on nomme Vins de ville, dont la jauge est plus grande d'une cinquième partie que celle des Vins de haut. Ces derniers descendent par les rivieres de Garonne & Dordogne, & sont obligés de prendre des acquits à caution à Langon & Libourne, qui sont des Bureaux de conserve de la Sénéchaussée. Ils payent six sols pour la décharge desdits acquits : on parlera plus bas de ces acquits.

*CONVOI. Entrée ou Descente.*

Le tonneau desdits vins paye en tout tems à la descente ou entrée pour l'ancien & nouveau convoi, huit livres, ci 8 l

Pour le contrôle, seize sols, ci 16 f } 8 l 16 f

*Nota.* On distinguera ci-après les droits que doivent les vins de haut pays à la Comptablie, pour la descente ou entrée.

*CONVOI. Cargaison.*

Lesdits vins doivent au Convoi à la cargaison par tonneau pour l'ancien droit, quatre livres, ci 4 l

Pour les nouvelles augmentations, deux livres, ci 2

Pour le contrôle, douze sols, ci 12 f } 6 l 12 f

*COMPTABLIE. Cargaison.*

Les susdits vins payent à la Comptablie pour chaque tonneau à la cargaison, pour la grande & petite coutume, 1 l 6 f

Pour le contrôle, 2 8 d } 1 l 8 f 8 d

*COURTAGE.*

Pour chacun tonneau au Courtage, 1 l 10 f } 1 l 10 f

Total des trois droits 9 l 10 f 8 d

Tous les vins qui viennent des lieux au-dessous de S. Macaire, sont réputés vins de ville, & ne doivent aucun droit qu'à la cargaison.

## VINS DE FRONTIGNAN & BEZIERS.

*COMPTABLIE. Entrée ou Descente.*

Le tonneau de vin du crû de Frontignan & de Beziers, doit à la descente ou entrée, les droits de la grande & petite coutume, qui montent à six pour cent de la valeur desdits vins, que l'on estime ordinairement de 350 à 400 livres le tonneau ; outre & par-dessus lesquels droits, on fait encore payer les deux sols pour livre de contrôle.

*CONVOI. Cargaison.*

Lesdits vins de Frontignan & Beziers doivent encore les droits du Convoi à la cargaison, qui sont, comme on l'a dit ci-dessus, 6 l

Et pour le contrôle, 12 f } 6 l 12 f

*COMPTABLIE. Cargaison.*

Les mêmes doivent à la Comptablie à la cargaison les droits de grande & petite coutume, comme étant vins de haut, sur le pied d'une livre six sols, ci 1 l 6 f

Plus le droit de contrôle. 2 f 8 d } 1 l 8 f 8 d

*COURTAGE.*

Les mêmes payent au Courtage par tonneau une livre dix sols, ci 1 l 10 f } 1 l 10 f

Total des trois droits 9 l 10 f 8 d

## VINS DE GAILLAC, & VINS COMMUNS de haut pays.

*COMPTABLIE. Entrée ou Descente.*

Ces vins doivent à la Comptablie pour droits de descente, les droits de grande & petite coutume, qui sont six pour cent de leur estimation & valeur.

Il faut néanmoins remarquer que par un Réglement général de la Comptablie de Bordeaux, arrêté au Conseil le 11 Mars 1620, & par l'Arrêt du même Conseil du 5 Aout 1622, il est permis aux Fermiers d'accorder une composition sur l'entrée des vins de haut, sans qu'ils puissent être recherchés de la levée du droit qu'ils reçoivent pendant la foire de Mars ; ce qui a toujours été exécuté depuis plus d'un siécle, étant également avantageux à la Ferme & au Marchand.

Cette composition accordée par le Fermier de la Comptablie, pour le droit de descente, pour les vins de Gaillac, va ordinairement de 3 livres à 3 livres dix sols par tonneau, & les deux sols pour livre de contrôle.

Outre ce droit il paye encore au Convoi à la cargaison, les droits ordinaires qui sont treize livres de principal, & vingt-six sols de contrôle en tout, 14 l 6 f

A la Comptablie, lorsqu'il se charge, aussi les droits ordinaires, qui sont vingt-six sols par tonneau, & les deux sols de contrôle, faisant ensemble une livre huit sols huit deniers, ci 1 8 8 d

Et au Courtage trente sols par tonneau, ci 1 10

Total des trois droits 17 4 8

*COMPTABLIE. Entrée.*

A l'égard des vins communs du haut pays, qui sont ceux qui se recueillent dans tous les lieux & paroisses au-dessus de Saint-Macaire, le Fermier en fait ordinairement composition, & convient avec les propriétaires, de cinquante sols à trois livres par tonneau.

*CONVOI. Cargaison.*

Outre cela ils payent encore au Convoi pour droit de cargaison, les droits ordinaires de six livres par tonneau, avec les deux sols pour livre du contrôle, faisant ensemble six livres douze sols, ci 6 l 12 f

*COMPTABLIE. Cargaison.*

Plus à la Comptablie à la cargaison,

le droit de vingt-six sols par tonneau, & le droit de contrôle, montant en tout à — 1 8 8 d

COURTAGE.

Et au Courtage, trente sols aussi par tonneau, ci — 1 10

Total des trois droits — 9 10 8

Il faut remarquer qu'on fait la déduction de 21 pour 20, lors de la cargaison des vins de haut pays, tant au Convoi qu'à la Comptablie, comme aux vins de Ville. *Voyez* ci-dessus.

## *VINAIGRE.*

CONVOI. *Cargaison.*

Le vinaigre paye par tonneau au Convoi à la cargaison

| | | |
|---|---|---|
| pour l'ancien & nouveau convoi, six livres, ci | 6 l | 11 l |
| Pour la nouvelle augmentation, | 4 | |
| Et pour les deux sols pour livre du contrôle, | 1 | |

COMPTABLIE.

Le vinaigre ne paye rien à la Comptablie, partant *néant.*

COURTAGE.

| | | |
|---|---|---|
| Le tonneau de vinaigre paye au Courtage comme le vin, | 1 10 s | 1 10 s |

Total des deux droits — 12 10

## *EAUX-DE-VIE.*

Les eaux-de-vie ne payent aucun droit, tant au Convoi qu'à la Comptablie lors de leur descente ou entrée, conformément à l'Arrêt du Conseil du 3 Octobre 1652, par lequel Sa Majesté ordonne que lesdites eaux-de-vie, de quelque endroit qu'elles puissent être, ne payent les droits que lors de la cargaison; ainsi par cet Arrêt, les eaux-de-vie de la Sénéchaussée de Bordeaux sont sujettes aux mêmes droits que celles qui sont hors de la Sénéchaussée, quoiqu'autrefois elles ne dûssent les droits qu'à la cargaison.

CONVOI. *Cargaison.*

Chaque barique d'eau-de-vie de la jauge de cinquante verges, la verge de trois pots & demi, revenant à cent soixante & quinze pots, mesure de Bordeaux réglée par l'Ordonnance des Trésoriers de

| | | |
|---|---|---|
| France, paye d'ancien droit, huit livres, ci | 8 l | 16 l 10 s |
| Plus pour la nouvelle augmentation, sept livres, ci | 7 | |
| Plus pour les deux sols pour livre de contrôle, une livre dix sols, ci | 1 10 s | |

COMPTABLIE. *Cargaison.*

| | | |
|---|---|---|
| Ladite barique d'eau-de-vie payeà la Comptablie pour le compte d'un François, tant pour le droit d'entrée que d'issue, comme il a été dit ci-dessus, cinq livres, ci | 5 l | 5 l 10 s |
| Et pour le contrôle, dix sols, ci | 10 s | |

COURTAGE.

| | | |
|---|---|---|
| La même barique paye au Courtage à la cargaison, une livre dix sols, ci | 1 l 10 s | 1 l 10 s |

Total des droits qui se levent sur chaque barique d'eau-de-vie pour le compte d'un François, — 23 10

CONVOI.

La barique d'eau-de-vie paye au Convoi pour le compte de l'Etranger, les mêmes droits, tant pour l'entrée qu'à la cargaison, que pour le compte du François; c'est-à-dire, seize livres dix sols, ci — 16 l 10 s

COMPTABLIE.

Item, à la Comptablie aussi tant pour l'entrée que pour l'issue, y compris les deux sols pour livre du contrôle, huit livres cinq sols, ci — 8 5

COURTAGE.

Item, au Courtage, comme pour le compte du François, — 1 10

Ensorte que le total des droits qui se levent sur chaque barique d'eau-de-vie, pour le compte de l'Etranger, monte à — 26 5

Le Fermier permet aux Marchands de faire les bariques d'eau-de-vie de telle grandeur qu'il leur plaît, pour la commodité du commerce, & leur fait payer l'excédent des cinquante verges, dont la barique doit être composée; & à cet effet les Commis du Bureau des Chartrons les jaugent & en tiennent note.

Le droit que l'on paye au Convoi pour chaque verge d'excédent, est de six sols neuf deniers; & celui de la Comptablie, de deux sols trois deniers; ce qui fait en tout pour chaque verge, neuf sols.

Il faut remarquer que les eaux-de-vie devroient aussi payer le Courtage, proportionnément à leur excédent; mais il est d'usage au Bureau dudit Courtage, de ne prendre aucun droit dudit excédent; ce qui se pratique aussi à la Comptablie, pour ce qui regarde les excédens des eaux-de-vie sur le compte de l'Etranger, qui devroient payer cet excédent sur le pied de sept livres dix sols, quand on les charge, & qui ne payent pourtant que sur celui de cinq livres.

## *PRUNES.*

CONVOI. *Entrée ou Descente.*

On paye au Convoi par demie-barique de prunes venant des Provinces de Languedoc & de Provence, quarante sols pour l'ancien droit, & quatre sols pour les deux sols pour livre du contrôle; en tout deux livres quatre sols, ci — 2 l 4 s

COMPTABLIE. *Entrée.*

La demie-barique desdites prunes paye à la Comptablie à la descente, vingt & un sols de droit fixe; & pour le contrôle deux sols un denier, faisant ensemble une livre trois sols un denier, ci — 1 3 1 d

Total desdits deux droits, — 3 7 1

CONVOI. *Cargaison.*

Chaque demie-barique de prunes, de la jauge portée par le Réglement des Trésoriers de France; c'est-à-dire, de six quintaux, tant de livres, paye pour l'ancien droit

| | |
|---|---|
| une livre deux sols, ci | 1 l 2 s |

Item, pour la nouvelle augmentation, pareille somme, 1 l 2 } 2 l 8 ſ 5 d

Et pour les deux ſols du contrôle, 4 5 d

Quand les prunes ſe chargent en barils, ſacs, & autres meſures, on perçoit les droits au Convoi à raiſon de ſept ſols ſix deniers le quintal, avec le contrôle qui eſt de neuf deniers, ce qui revient en tout à huit ſols trois deniers.

COMPTABLIE. *Cargaiſon.*

La même demie-barique de prunes paye les deux & demi pour cent à la Comptablie lors de la cargaiſon pour le compte d'un François, lequel droit monte à quinze ſols par demie-barique, ci 15 ſ } 16 ſ 6 d

Et pour les deux ſols du contrôle, 1 6 d

COURTAGE.

Ladite demie-barique paye au Courtage à la cargaiſon, 15 ſ } 15 ſ

Total des trois droits ſur le compte d'un François, 3 l 19 ſ 11 d

CONVOI. *Cargaiſon.*

Ladite demie-barique de prunes paye au Convoi pour compte de l'Etranger le même droit que le François; c'eſt-à-dire, deux livres huit ſols cinq deniers, ci 2 l 8 ſ 5 d

COMPTABLIE. *Cargaiſon.*

La même demie-barique ſe chargeant pour compte de l'Etranger, paye cinq pour cent, ſur le pied d'une ancienne coutume ou eſtimation, qui eſt trente ſols par demie-barique, & trois ſols pour le contrôle; en tout, 1 13

COURTAGE.

Et pour le droit de Courtage, quinze ſols, ci 15

Total des droits pour le compte de l'Etranger, 4 16 5 d

GRAINS. BLE' FROMENT.

CONVOI. *Sortie.*

Le tonneau de blé froment, compoſé de vingt boiſſeaux, qui ſe charge pour les Pays étrangers dans les ports & havres des rivieres de Garonne & Dordogne, paye au Convoi pour l'ancien droit ſix livres, ci 6 l } 9 l 18 ſ

Pour la nouvelle augmentation, 3

Et pour le contrôle, dix-huit ſols, ci 18 ſ

COMPTABLIE.

A la Comptablie, vingt ſols, ci 1 } 1 2

Pour le contrôle, deux ſols, ci 2

COURTAGE.

Au Courtage, dix ſols, ci 10 ſ } 10

Total des droits du tonneau de blé froment, chargé pour l'Etranger, 11 10

CONVOI. *Sortie.*

Le tonneau de blé froment, quand il eſt chargé pour France, paye au Convoi la moitié des droits de celui chargé pour l'Etranger; ſçavoir, quatre livres dix-neuf ſols, ci 4 l 19 ſ

COMPTABLIE.

A la Comptablie, *néant.*

COURTAGE

Au Courtage, moitié du droit que paye celui chargé pour l'Etranger, 5

Total des droits du blé froment, chargé pour France, 5 4

BLE' METEIL ET SEIGLE.

CONVOI. *Sortie.*

Le tonneau de blé méteil & ſeigle, compoſé de vingt boiſſeaux, quand il eſt chargé pour l'Etranger, paye pour l'ancien droit quatre livres dix ſols: Item, pour la nouvelle augmentation, quarante-cinq ſols, & pour le contrôle, treize ſols ſix deniers, en tout ſept livres huit ſols ſix deniers, 7 l 8 ſ 6 d

COMPTABLIE.

A la Comptablie, treize ſols quatre deniers de droit principal, & un ſol quatre deniers de contrôle; en tout quatorze ſols huit deniers, ci 14 8

COURTAGE.

Au Courtage, dix ſols, ci 10 ſ

Total des trois droits 8 13 2

CONVOI. *Sortie.*

Le tonneau de blé méteil & ſeigle, chargé pour France, paye au Convoi pour l'ancien droit, quarante-cinq ſols, pour la nouvelle augmentation, vingt-deux ſols ſix deniers, & pour le contrôle, ſix ſols neuf deniers; en tout trois livres quatorze ſols trois deniers, ci 3 l 14 ſ 3 d

COMPTABLIE.

Néant pour la Comptablie.

COURTAGE.

Il paye au Courtage cinq ſols, ci 5

Total des deux droits 3 19 3

AVOINE, FEVES, ORGE, GRAINES DE LIN & autres grains & légumes.

CONVOI. *Sortie.*

Le tonneau de toutes ces denrées, compoſé de vingt boiſſeaux, chargé pour les Pays Etrangers, paye au Convoi pour l'ancien droit, trois livres, pour la nouvelle augmentation, trente ſols, & pour les deux ſols pour livre du contrôle, neuf ſols; en tout quatre livres dix-neuf ſols, ci 4 l 19 ſ

COMPTABLIE.

Il paye à la Comptablie dix ſols de droit principal, & un ſol de contrôle; en tout, 11

COURTAGE.

Il paye au Courtage dix ſols, ci 10

Total des deux droits 6

CONVOI. *Sortie.*

Le même tonneau de grains & de légumes, chargé pour France, paye au Convoi pour l'ancien droit, trente sols, pour la nouvelle augmentation, quinze sols, & pour les deux sols pour livre de contrôle, quatre sols six deniers; en tout quarante-neuf sols six deniers, ci 2 l 9 s 6 d

*COMPTABLIE.*

Néant pour la Comptablie.

*COURTAGE.*

Il paye au Courtage cinq sols, ci 5

Total 2 14 6

Il faut remarquer qu'à l'égard de tous les grains & légumes qui se chargent pour France, on oblige les Marchands de rapporter certificat de la décharge desdits grains & légumes dans les ports de France, à peine du quadruple; lequel certificat doit être signé des Commis du Fermier, établis dans les lieux où les grains se déchargent, ou bien, des Juges desdits lieux, en cas qu'il n'y eût point de Commis.

## *NOIX & CHATAIGNES.*

*CONVOI. Cargaison.*

Le tonneau de chataignes & noix, paye au Convoi à la cargaison pour l'ancien droit, quarante sols, & pour les deux sols pour livre du contrôle, quatre sols; en tout deux livres quatre sols, ci 2 l 4 s

*COMPTABLIE. Issue.*

Ledit tonneau paye à la Comptablie à l'issue, pour compte d'un François, deux & demi pour cent de son estimation, & cinq pour cent pour le compte de l'Etranger, avec les deux sols pour livre de contrôle.

*COURTAGE.*

Le tonneau de noix & chataignes, paye au Courtage, 10

Total des deux droits, non compris la Comptablie, 2 14

## *MIEL.*

*CONVOI. Entrée ou Descente.*

Le tonneau de miel composé de quatre bariques, ou de six tierçons, vulgairement appellés Pipots, paye au Convoi à la descente, quatre livres, & pour le contrôle, huit sols; en tout quatre livres huit sols, ci 4 l 8 s

*COMPTABLIE. Entrée.*

Le miel ne doit rien à la Comptablie pour l'entrée, quand il vient de la Sénéchaussée de Bordeaux; mais quand il vient de dehors ladite Sénéchaussée, il paye trois & demi pour cent de son estimation & valeur.

*CONVOI. Cargaison.*

Ledit tonneau de miel paye au Convoi à la cargaison, suivant l'Arrêt ci-dessus, quarante sols, & pour le contrôle quatre sols; en tout deux livres quatre sols, ci 2 4

*COMPTABLIE. Issue ou Cargaison.*

Le tonneau de miel paye à la Comptablie à la cargaison & issue hors de la Sénéchaussée, pour le compte d'un François, deux & demi pour cent de son estimation & valeur; & pour le compte de l'Etranger cinq pour cent de ladite estimation, avec les deux sols pour livre du contrôle.

*COURTAGE.*

Ledit tonneau de miel paye au Courtage à la cargaison, trente sols, ci 1 10 s

Total des droits, non compris ceux de la Comptablie, 3 14

## *SEL.*

*CONVOI. Entrée.*

La pipe de sel, composée de six mines, la mine pesant ordinairement 225 livres, & la pipe 1350 livres, entrant à Bordeaux, pour être consommé dans la Ville, paye au Convoi huit livres, & pour les deux sols pour livre du contrôle, seize sols; en tout, 8 l 16 s

*COMPTABLIE. Entrée.*

Ladite pipe paye à la Comptablie à l'entrée, dix sols de droit & un sol de contrôle, ci 11

*COURTAGE. Entrée.*

La même au Courtage, 1

Total des droits d'entrée, 9 8

*CONVOI. Sortie.*

Lorsque lesdits sels ressortent de Bordeaux pour être consommés ailleurs, ils payent au Convoi pour droits de sortie, 20 livres par pipe, & 2 livres pour le contrôle; en tout vingt-deux livres, ci 22 l

*COMPTABLIE. Sortie.*

Ils payent aussi à la Comptablie, lorsqu'ils sont destinés pour les lieux situés hors de la Sénéchaussée, dix sols de droit, & un sol de contrôle par pipe; en tout onze sols, ci 11

Total desdits droits, 22 11

*Nota.* Que le sel qui sort de Bordeaux pour être consommé dans la Sénéchaussée ne doit rien à la Comptablie, & ne paye que les droits du Convoi.

Il faut encore observer que le sel qui sort par mine de la Ville, paye au Convoi trois livres six sols huit deniers pour chacune mine, avec six sols huit deniers de contrôle, & à la Comptablie, quand c'est pour la consommation hors de la Sénéchaussée, un sol sept deniers aussi par mine, & deux deniers pour le contrôle; qui font en tout trois livres quinze sols un denier.

On a remarqué qu'il sort de Bordeaux presque autant de sel au menu qu'en gros.

*CONVOI.*

Le sel qui passe de bout pour être transporté dans les ports hors de la Sénéchaussée, lequel on décharge dans des correaux ou batteaux, de bord à bord, ce qu'on appelle au large, paye le droit d'entrée & d'issue tout à la fois, qui monte à vingt-huit livres par pipe, & deux livres seize sols pour le contrôle; en tout, 30 l 16 s

*COMPTABLIE.*

On fait aussi payer les deux droits d'entrée & d'issue à la Comptablie pour les sels qui se chargent de bord à bord; ce qui monte à vingt-deux sols, y compris le contrôle, 1 2

*COURTAGE.*

Il paye encore au Courtage un sol, ci 1

Total des droits que paye le sel taillé au large, 31 19

## *DROGUERIES & EPICERIES.*

*CONVOI. Entrée.*

Les droits qui se levent au Convoi de Bordeaux sur les drogueries & épiceries, sont perçûs en conséquence de quantité d'Edits & de Réglemens donnés par nos Rois, particuliérement en 1539, 1540, & 1541 sous François I. en 1549 sous Henry II. en 1572 sous Charles IX. & en 1632 sous Louis XIII. Ces droits montent à quatre pour cent de l'estimation desdites drogueries & épiceries.

*COMPTABLIE. Entrée.*

Il est perçû à la Comptablie à l'entrée sur lesdites épiceries & drogueries, trois & demi pour cent de leur valeur & estimation, quand c'est pour le compte d'un François, avec les deux sols pour livre de contrôle ; & six pour cent de ladite estimation avec le contrôle, quand c'est pour le compte de l'Etranger.

*COURTAGE. Entrée.*

L'on perçoit aussi au Courtage sur lesdites marchandises un pour cent de leur estimation, tant sur le François que sur l'Etranger.

## *A L U N.*

L'alun doit, outre les droits portés par le tarif des drogueries & épiceries, trois livres par chaque quintal.

Il faut remarquer que lesdites drogueries & épiceries ne payent aucuns droits à la sortie, lorsqu'elles sortent pour être transportées dans les Provinces voisines.

Presque tous les droits dont on a parlé jusqu'ici, qui se payent, soit au Convoi, soit à la Comptablie, soit au Courtage, ont été d'abord établis, ou par un long usage, ou par quelque composition volontaire entre le Marchand & le Fermier, mais la plupart ont été depuis ou augmentés ou confirmés par divers Arrêts & Réglemens intervenus à mesure qu'il survenoit quelque contestation.

A l'égard des droits nouveaux imposés depuis le tarif général de 1664, & celui de 1667, ce seroit ici le lieu d'en parler ; mais comme on a rapporté ailleurs les diverses marchandises sur lesquelles elles ont été établies, aussi-bien que la date des Arrêts du Conseil, en conséquence desquels ces droits sont perçus, on estime qu'il sera suffisant pour ne pas entrer dans une répétition inutile d'indiquer l'endroit où l'on en a traité. *Voyez* l'article de la Comptablie.

VISITEUR D'ENTRE'E par Mer. On nomme ainsi à Bordeaux un Commis qui fait la visite de tous les bâtimens qui entrent dans le port de cette Ville. Ses fonctions sont :

1°. D'aller à bord de tous les vaisseaux & barques aussitôt après leur arrivée, & d'y prendre le nom du bâtiment, celui des Capitaines ou Maîtres ; le lieu d'où ils sont & d'où ils viennent ; la quantité & qualité des marchandises dont ils sont chargés ; l'heure qu'ils sont arrivés & leur port : enfin de se faire représenter le billet de la Patache de Blaye, & le viser.

2°. De tenir registre desdites visites, & faire mention à la marge d'icelui du N° desdits billets de la Patache de Blaye.

3° De donner chaque jour au Directeur un état des vaisseaux & barques qui sont arrivés.

4°. De tenir registre des Déclarations que les Capitaines ou Maîtres sont obligés de faire au Bureau dans les vingt-quatre heures après leur arrivée, voir si elles se trouvent conformes aux visites ; & en cas qu'il y ait des marchandises omises & non déclarées, les saisir.

Chaque Visiteur a un Garde-Visiteur qui doit l'accompagner dans ces visites.

VISITEUR D'ISSUE. On nomme ainsi à Bordeaux les Commis qui sont préposés pour faire la visite dans tous les vaisseaux tant Etrangers que François, lorsqu'ils sont en état de partir du port. Ces Visiteurs sont au nombre de deux.

Tous les jours, excepté les Fêtes & Dimanches, lesdits Visiteurs sont tenus de se trouver à sept heures du matin & à deux heures de relevée, à la porte d'Espaux, pour y attendre les Courtiers & Facteurs qui ont fretté des vaisseaux, & se transporter à bord, après que lesdits Courtiers leur ont mis en main le billet de déclaration par eux faite au grand Bureau, de leurs marchandises de charge.

Avant que de faire la visite des vaisseaux, les deux Commis en prennent les dimensions avec leur cordeau ou chaînette ; sçavoir de sa longueur, de sa largeur, & de sa profondeur ou calaison, pour en sçavoir le port, & combien ils peuvent contenir de tonneaux.

Quand le vaisseau est jaugé, les Visiteurs dressent un état de sa cargaison, c'est-à-dire, de toutes les marchandises qui ont été déclarées en devoir faire la charge. Cet état se fait sur une feuille volante, qu'on nomme un Portatif.

Cela fait, ils réduisent les marchandises au tonneau de mer, & comparent ensuite le premier produit de tonneaux qu'a donné l'opération de la jauge avec le nombre de tonneaux, suivant la cargaison des marchandises.

La comparaison des deux produits étant faite, ils prennent une mesure proportionnelle sur laquelle ils jugent de la véritable capacité & du port réel du vaisseau.

Il faut remarquer qu'avant de comparer ensemble les deux produits, les Visiteurs ajoutent toujours dix pour cent de tonneau au produit de la cargaison, ensorte qu'un vaisseau chargé de cent tonneaux de marchandises, ils le tirent pour cent dix tonneaux.

Quand la visite est faite, ils en expédient deux billettes ou billets pour chaque vaisseau, qu'ils signent tous deux. L'une de ces billettes est pour le Convoi, & l'autre pour la Comptablie.

Dans la billette du Convoi on fait mention du nom du navire, de celui du Maître, de son port en tonneaux, du lieu où il va, du détail de toutes ses marchandises, & de ce qui est dans la chambre, sur le pont, dans l'entrepont, & sur le gaillard.

A l'égard de la billette pour la Comptablie, elle contient seulement le nom du navire & du Maître, son port, les marchandises chargées, & s'il est étranger ou François.

Ces billettes de visite ne sont que des extraits du Portatif des deux Visiteurs, auxquels on ajoute le N°. d'issue des vaisseaux.

Si le vaisseau visité n'est jamais venu à Bordeaux, les Visiteurs mettent à la billette pour la Comptablie une grande H, qui signifie qu'il en faut faire payer au grand Bureau le droit de Quillage, qui est de trois livres quatre sols pour chaque navire.

Outre le Portatif, les Visiteurs tiennent encore deux grands Registres ; dans l'un ils écrivent & rapportent jour par jour les articles de visite du Portatif, & dans l'autre ils ne mettent que les noms des navires étrangers, leurs dimensions, le nom du Maître, & leur port en tonneau. Ces Registres se remettent au Directeur à la fin de chaque année.

C'est aussi aux Visiteurs à examiner si dans les vaisseaux il n'y a point de marchandises de contrebande, défendues, ou non déclarées au grand Bureau : en cas qu'ils en trouvent, ils font leur procès-verbal de saisie.

POUR achever d'avoir une idée complette du Commerce de Bordeaux, on a cru qu'on verroit ici avec plaisir un état des bâtimens Marchands de ce département, qui avoient chargé tant pour les Pays étrangers, que pour les Provinces de France dans la premiere année du Regne de Louis XV. On va donner cet état tel qu'on l'a reçu, à la réserve néanmoins des noms des Capitaines & des Propriétaires des vaisseaux qu'on a cru à propos de retrancher comme superflus, attendu le changement qui peut être arrivé à cet égard depuis huit ou neuf ans qu'il a été dressé.

### ETAT DES BATIMENS MARCHANDS DU DEPARTEMENT DE GUIENNE, en 1715.

| Noms des Bâtimens. | Port de tonneaux. | Nombre des équipages. | Voyages. |
|---|---|---|---|
| *Frégates.* | *Ton.* | *Hom.* | |
| La Reine Marie. | 250 | 22 | en Hollande. |
| La Perle. | 100 | 14 | à l'Amérique. |
| Le Superbe. | 130 | 10 | en Hollande. |
| Le S. Dominique. | 100 | 11 | en Terre-neuve. |
| Le Sauvage. | 130 | 20 | en Terre-neuve. |
| Le George. | 70 | 9 | à l'Amérique. |
| Le S. Pierre. | 120 | 18 | en Terre-neuve. |
| Le Marin. | 100 | 16 | à l'Amérique. |
| L'Amitié. | 80 | 12 | à l'Amérique. |
| Le Pierre. | 60 | 11 | en Terre-neuve. |
| La Sagesse. | 100 | 12 | à l'Amérique. |
| Le S. Jean-Baptiste. | 100 | 16 | en Terre-neuve. |
| Le S. Joseph. | 70 | 11 | à l'Amérique. |
| Le Guilleaume. | 70 | 8 | à Gennes. |
| La Ville de Langon. | 70 | 8 | en Hollande. |
| Le Jean-Pierre de Blaye. | 120 | 14 | à Banc. |
| *Flutes.* | | | |
| Le S. Jean-Baptiste. | 70 | 12 | en Guinée. |
| La Suzanne. | 140 | 14 | à l'Amérique. |
| La Catherine. | 250 | 20 | à l'Amérique. |
| L'Union. | 130 | 10 | en Hollande. |
| *Courvettes.* | | | |
| La Marie, dite Malbâtie. | 112 | 9 | à l'Amérique. |
| Le petit S. Jean. | 60 | 9 | à l'Amérique. |
| Le S. Michel. | 50 | 9 | à l'Amérique. |
| La Legere. | 50 | 8 | à l'Amérique. |
| Le S. Joseph. | 50 | 9 | en Portugal. |
| Le S. Joseph. | 45 | 7 | en Portugal. |
| La Catherine. | 25 | 6 | à l'Amérique. |
| Le S. Jean Evangeliste. | 170 | 18 | à l'Amérique. |
| *Queches.* | | | |
| Le S. Pierre. | 50 | 9 | à l'Amérique. |
| Le S. Jean. | 80 | 10 | à l'Amérique. |
| *Flibots.* | | | |
| Le S. Etienne. | 80 | 12 | à l'Amérique. |
| Le S. Philippes. | 70 | 7 | en Canada. |
| La Marie. | 70 | 7 | en Irlande. |
| *Galliotes.* | | | |
| La Marguerite. | 45 | 8 | à l'Amérique. |
| L'Amitié & Fortune. | 120 | 16 | en Terre-neuve. |
| La Perle. | 90 | 7 | en Hollande. |
| L'Aimable Honnoré. | 50 | 7 | à Gennes. |

Outre ces bâtimens qui ont chargé cette année (1715), il y a dans les rivieres de Garonne, Dordogne, & Gironde, soixante & dix-neuf barques ou batteaux, du port de quinze jusqu'à quarante tonneaux qui navigent ordinairement aux côtes de la Rochelle, Marans, & Bretagne, & quelques-unes sur les côtes d'Espagne.

Il y a aussi à la tête de Buch dix-sept barques ou batteaux du port de quinze & trente tonneaux qui navigent aussi à la Rochelle & à la côte d'Espagne.

## COMMERCE DE BAYONNE.

Les Habitans de Bayonne, comme on l'a insinué ci-devant, font un Commerce d'une assez grande réputation, avec une partie des Sujets de Sa Majesté Catholique, particuliérement dans la haute Navarre, dans l'Arragon, & dans la Biscaye. Cette Ville est située à la jonction de l'Adour & de la Nive, ce qui lui forme un port très sûr & très commode, & lui facilite toutes les différentes pêches qui font un des principaux objets de son négoce.

Les marchandises de France, qui sont propres pour la haute Navarre, sont des draperies de Montauban, entr'autres, des bayettes, des serges, des cadis, des ratines, & des burats; des toiles, comme celles de Bretagne, de Laval, de Cambray, & de Saint-Quentin; & encore des toiles teintes d'Allemagne, de Rouen, & de Reims; des dentelles or & argent, fin & faux, qui se fabriquent à Lyon; des étoffes de soies de la même Ville, & d'Avignon, & quelque peu de Tours; quantité de quincaillerie, qu'on tire de Forest; toutes sortes de merceries, particuliérement des soies à coudre, des bas, des passemens de fil, & généralement toutes sortes de guipures de fil & de soie, qui se font à Lyon; quantité de marchandises de Lisle, de Tournay, de Valenciennes, & d'Amiens, principalement des camelots, des ligatures, & des barracans; beaucoup d'épiceries, drogueries, sucres, & cassonnades; des cires des Landes, & de celles de Hollande; enfin, du poisson frais & salé, tels que sont la morue, le saumon, les colacqs, les anguilles, & les rousseaux.

Le cacao des Isles & celui qui par distinction est appellé cacao de Caraque, ne doivent pas être oubliés parmi les épiceries & les drogues, dont les Marchands de Bayonne font commerce avec l'Espagne. Les Espagnols tirent cette marchandise par la voie de la Navarre; & l'on compte qu'année commune, il leur en faut au moins douze mille quintaux.

Les Navarrois donnent en retour de ces marchandises, des laines de Castille, d'Arragon, & de Navarre; de la réglisse, de l'huile d'olive, des vins, & du fer; & le plus souvent les payent en or ou argent monnoyé, en vieille vaisselle, & quelquefois en lingots.

La meilleure partie des draps qu'on envoye de Bayonne en Espagne, sont des draps d'Elbœuf, de Rouen, & de Carcassonne; il s'en consomme aussi quantité de ces trois sortes, ou à Bayonne même, ou dans les autres Villes de Guyenne.

Le Commerce de Bayonne avec la Biscaye & Guispusqua, n'est gueres différent de celui que les Bayonnois font dans la haute Navarre, & consiste dans l'envoi des mêmes marchandises; avec cette différence, que les Hollandois & les Anglois fournissant à Saint-Sebastien & à Bilbao, des marchandises à peu près semblables, on s'y passe assez aisément d'une partie de celles de France. Ainsi Bayonne ne leur fournit gueres que de la draperie de Montauban, de la mercerie & des soieries de Lyon, de la quincaillerie de Forest, & des toiles de Bretagne: aussi le plus grand Commerce que les Bayonnois fassent de ce côté-là, est celui du bray & de la résine, qu'on y envoye sur des pinasses, qui en rapportent ensuite du fer de Biscaye, des oranges, des citrons, des pierres de meules, & quantité d'or & d'argent, ou en especes, ou en vaisselle, ou en lingots; en sorte qu'on voit quelquefois des Maîtres de Pinasses rapporter quinze & vingt mille piastres chaque voyage.

Les Ports de Bilbao & de Saint-Sebastien, sont aussi assez souvent l'entrepôt de diverses sortes de marchandises d'Angleterre & de Hollande, qui y viennent pour le compte des Négocians de Bayonne, sur les vaisseaux de ces deux Nations, lorsqu'ils ne sont pas frettés pour y venir en droiture; & qu'ensuite on fait apporter à Bayonne sur les mêmes pinasses.

Le Commerce que les Marchands de Bayonne font avec l'Arragon, est le moindre de tous ceux que cette Ville entretient avec l'Espagne. Cependant on en rapporte en échange des marchandises qu'on y envoye, quantité de balles de laines d'Arragon & de Castille, dont la plus grande partie est voiturée en droiture, par terre, à Rouen, & l'autre à Bayonne, qu'on y charge par mer, pour Nantes & pour la Rochelle, pour les faire ensuite pareillement passer en Normandie. On tire aussi une assez bonne quantité d'huile d'olive d'Arragon, & de vin de Sarragosse.

Les marchandises qu'on y porte, sont presque de même qualité que celles qui servent au Commerce de la haute Navarre.

La pêche de la morue, & celle de la baleine, sont deux des principaux objets du négoce de mer de la Ville de Bayonne.

Les bâtimens qu'elle destine à la premiere, sont ordinairement de deux cent, jusqu'à trois cent tonneaux. Les vaisseaux pour la seconde, sont depuis cent trente tonneaux, jusqu'à trois cent. Il y a vingt à vingt-cinq navires employés pour la morue, & douze à quinze pour la baleine.

Les Bayonnois faisoient autrefois la pêche de la morue à Plaisance, Sainte-Marie, les Trépassés, l'Isle percée, & autres Ports & lieux voisins. Le Traité d'Utreck y a changé quelque chose; au lieu de Plaisance, c'est présentement Louis-Bourg, autrement le Cap Breton. Leurs retours sont à Bayonne même, à Saint-Jean-de-Luz, Bilbao, Saint-Sebastien, & Bordeaux. La vente à Saint-Sebastien & à Bilbao, se fait pour la plupart en argent comptant, le reste en laines fines, & quelque peu en fer.

Dans la pêche de la baleine, les Equipages des vaisseaux ont la moitié de toute l'huile du poisson qu'ils fondent; l'autre moitié est pour le Propriétaire, avec tous les fanons ou barbes de baleine.

Bayonne, Nantes, la Rochelle, & le Havre-de-Grace, sont les lieux où les vaisseaux de la pêche Bayonnoise ont coutume de porter les huiles & les fanons provenans de cette pêche.

On fait aussi à Bayonne un assez bon Commerce de mats de navires, que l'on met dans une fosse faite exprès pour les conserver. Ils y viennent par différentes rivieres, qui descendent des Pyrennées: de Bayonne, on les envoye à Brest, & dans les autres atteliers des vaisseaux du Roi.

On construit des vaisseaux à Bayonne, & l'on peut les bâtir plus commodément & à meilleur marché, qu'en bien d'autres Ports du Royaume, à cause de la facilité d'avoir des bois & du fer d'Espagne, des chanvres pour les cordages par la Garonne, & du gaudron & du bray, qu'on tire des Landes: mais ce ne peut être que des frégates de quarante à cinquante pieces de canon, à cause que son Port est un Port de barre, dont l'entrée n'est pas extrêmement profonde.

### *Du Commerce des Laines d'Espagne, qui se fait à Bayonne.*

Il faut d'abord remarquer, que dans le nombre des laines que les Marchands de Bayonne tirent d'Espagne, il y en a quelques-unes qui ont des noms différens de ceux qu'on a donné dans ce Dictionnaire à l'article des Laines; mais dans le fond ce sont les mêmes, toute la différence ne venant que de quelques épithetes autrement rendues, ou de quelque diversité dans leurs qualités; ou enfin de quelques lieux d'Espagne plus connus aux Bayonnois qu'aux Marchands des autres Villes de France.

On compte qu'année commune, il entre à Bayonne jusqu'à quinze mille balles de laines de toutes qualités.

Ces laines sont, des Ségovies Léoneses, des Superfines, des Ségovies ordinaires, des Sories Ségoviennes, des Burgaleses, des Sories de Caballeros, des Sories Molines, de grands Albarasins, de petits Albarasins, des Cuenças, des Etréménas, des Belchittes, des Campos d'Aragon, des Fleuretons de Navarre, & toutes sortes d'Agnelins fins & communs en surge, & lavés.

Beaucoup de Négocians de Bayonne ont coutume de faire acheter une partie de ces laines en surge, & de les faire laver sur les lieux pour leur compte: les autres les ont des Espagnols, qui ont des troupeaux ou des Marchands de cette nation qui en font le commerce, qui chaque année les envoyent ou les portent à Bayonne toutes lavées pour les y vendre eux-mêmes; ensorte que les Bayonnois ayant toujours ces laines de la premiere main, ils sont en état de les donner à meilleur marché que les autres; outre que les meilleurs lavoirs étant plus à portée de cette Ville que d'aucune autre, même que de la Ville de Bilbao, les laines qu'on tire de Bayonne sont toujours les mieux bénéficiées & les mieux triées de toutes celles qui sortent d'Espagne.

L'hiver est le meilleur tems pour venir à Bayonne faire ces achats, les laines y arrivant en plus grande quantité, & le choix en étant plus aisé; ce que ne doivent pas négliger les Facturiers de France, qui employent les laines d'Espagne dans la fabrique de leurs étoffes ou de leurs autres ouvrages.

Le poids dont on se sert à Bayonne dans le commerce des laines, c'est le poids de marc de seize onces à la livre.

A l'égard du prix, il est différent suivant la différence du change: on va le mettre ici sur le pied qu'elles se sont vendues au mois de Novembre 1724, que les changes pour l'Espagne étoient à seize livres la pistole.

Sur ce pied, les Ségovies Léoneses R, valoient cinquante-deux sols la livre, les F, six sols moins. Les Ségovies ordinaires, quarante-huit sols; les Ségoviennes, quarante-six sols; les Sories Ségoviennes, les Burgaleses, & les Cavalleros, depuis quarante-quatre jusqu'à quarante-cinq. Les Sories, depuis quarante & un jusqu'à quarante-deux, avec la même diminution de six sols & de douze sols aux F & aux S. Les autres laines à proportion de leur qualité.

L'usage est de donner pour tare ce que pese le ballin ou emballage, qui est ordinairement depuis onze jusqu'à quatorze livres, suivant qu'il est plus ou moins gros, & la balle plus ou moins grande.

On déduit outre cela dans les comptes, trois livres par balle, qu'on appelle les trois livres du Don.

Pour ce qui regarde la proportion des différentes sortes de laines dont chaque balle est composée, voici quelle elle est.

Les laines de Ségovie ont ordinairement du cinquiéme au quart de basses sortes F & S; les Ségovies ordinaires & les laines Burgaleses, le quart: Enfin les Sories Ségoviennes, les Cavalleros, & les Sories, d'un quart à un tiers.

Il faut remarquer que dans tout ce qu'on a dit jusqu'ici des laines, l'auteur du Mémoire ne s'est attaché qu'aux laines fines; parce que ce sont celles dont il se consomme le plus dans le Royaume.

On charge année commune à Bayonne, trente ou quarante bâtimens du port de deux cent à trois cent cinquante balles de laines fines pour Rouen & pour Nantes, & huit ou dix pour la Hollande. Le Languedoc en tire aussi plusieurs parties de laines Sories Ségoviennes, & Sories ordinaires, qui sont les plus propres pour faire les Londrins seconds, qui est la qualité la plus courante pour le Levant.

*FACTURE ET COMPTE D'UN ASSORTIMENT DE CINQUANTE-SEPT BALLES de Laines Ségovies, vendues suivant l'usage de Bayonne, sçavoir, 43 Primes, 11 Secondes, & 3 Tierces.*

R

| Nº | Nº | Nº | Nº | Nº |
|---|---|---|---|---|
| 19 .... 200 liv. | 32 .... 215 l | 9 .... 189 l | 8 .... 204 l | 26 .... 212 l |
| 14 .... 185 | 13 .... 203 | 43 .... 204 | 21 .... 212 | 15 .... 207 |
| 11 .... 210 | 24 .... 208 | 5 .... 208 | 2 .... 209 | 28 .... 208 |
| 1 .... 207 | 39 .... 209 | 36 .... 202 | 7 .... 211 | 627 |
| 23 .... 209 | 46 .... 189 | 18 .... 204 | 37 .... 171 | |
| 22 .... 199 | 17 .... 203 | 12 .... 194 | 10 .... 209 | |
| 42 .... 205 | 25 .... 204 | 40 .... 174 | 27 .... 211 | |
| 34 .... 198 | 47 .... 212 | 48 .... 188 | 33 .... 206 | |
| 16 .... 221 | 45 .... 191 | 41 .... 205 | 44 .... 200 | |
| 6 .... 199 | 20 .... 211 | 35 .... 202 | 3 .... 213 | |
| 2033 | 2045 | 1970 | 2046 | |

2033
2045
1970
2046
627
8721

591 ¼ Tare à 10 liv. ¾, & 3 liv. Don, font 13 liv. ¾ par Balle { 10 ¾ liv Tare. 3 liv. Don.

8129 ¾ liv. Net, Laine [ Prime ] à 52 sols la livre.

F

| Nº |
|---|
| 57 .... 215 l |
| 50 .... 233 |
| 52 .... 210 |
| 51 .... 237 |
| 58 .... 210 |
| 60 .... 218 |
| 55 .... 204 |
| 53 .... 212 |
| 56 .... 221 |
| 49 .... 211 |
| 61 .... 224 |
| 2395 |

151 ¼ Tare & Don à 13 liv. ¾.

2243 ¾ liv. Net, Laine [ Seconde ] à 46 sols la liv. [ qui est 6 sols moins que les Primes. ]

S

| Nº |
|---|
| 63 .... 184 l |
| 62 .... 229 |
| 65 .... 228 |
| 641 |

41 ¼ Tare & Don.

599 ¾ liv. Net, Laine [ Tierce ] à 40 sols la livre [ qui est 6 sols moins que les Secondes, ou 12 sols moins que les Primes. ]

## COMMERCE DE LIBOURNE, DE BLAYE, ET DE QUELQUES AUTRES VILLES DE LA GE'NE'RALITE' DE BORDEAUX.

La Ville de Libourne est sur la Dordogne, par laquelle la mer monte jusqu'à Castillon, qui est trois lieues au-delà; en sorte que le flux & le reflux ont plus de vingt-six lieues de montée & de descente, jusqu'à l'embouchure de cette riviere dans la mer.

Une situation si avantageuse, pourroit lui faciliter un grand commerce avec les Etrangers, & avec quelques Provinces voisines que la Dordogne parcourt dans sa course; mais il y a déja long-tems que Bordeaux s'est attiré tout le commerce, & à peine lui est-il resté celui des sels, que l'on envoye par la riviere dans le Perigord & dans le Quercy.

On y voit pourtant quelques navires du dehors; qui viennent y charger des vins & des blés du pays; mais c'est peu de chose en comparaison de ce qu'on en envoye à Bordeaux, qui au préjudice de Libourne, est devenu comme le dépôt des propres marchandises de cette Ville & de son territoire.

Si les entreprises qu'on a faites depuis quelques années, pour établir à Libourne l'entrepôt des marchandises du Perigord & du Limosin, en rendant navigables les rivieres de Lisle & de la Vezere, qui tombent dans la Dordogne; l'une aux portes de la Ville, & l'autre à Bergerac: Si, dis-je, ces entreprises pouvoient avoir le succès dont on se flatte, il est certain que le commerce de Libourne redeviendroit très considérable; & qu'elle n'envieroit plus celui

celui que l'on peut dire que Bordeaux fait à ses dépens ; puisqu'elle verroit les navires étrangers venir prendre dans ses magasins les eaux-de-vie, les châtaignes & les autres denrées de deux riches Provinces, que ces deux rivieres lui apporteroient ; sçavoir Lisle, celles du Perigord ; & la Vezere, celles du Limosin : mais c'est un avantage dont Libourne ne jouit encore qu'en espérance.

*Bureau des Fermes a Libourne.*

Le Bureau des Fermes du Roi à Libourne, est des plus considérables de ceux qui sont de la Direction de Bordeaux, & son produit, année commune, ne va pas à moins de 400000 livres de recette ; outre qu'il sert de conserve au Bureau de Bordeaux pour la descente des vins du haut Pays, venant de Dommes, de Sarbac, de Bergerac, de Sainte-Foy, & Castillon situés sur la Dordogne, & pour toutes les autres marchandises qui en descendent.

La régie de ce Bureau se fait par douze Employés ; sçavoir un Receveur, un Contrôleur, un Visiteur-Tailleur de sel, trois Gardes : & pour le service de la Patache & de deux Filadieres, un Capitaine, un Maître, & quatre matelots. La dépense de ces douze Employés va à près de six mille livres par année.

Il se tient dans ce Bureau jusqu'à treize Registres ; sçavoir, le premier pour les Déclarations de mer, le second, troisiéme, quatriéme, & cinquiéme, pour les diverses recettes du Convoi. Le sixiéme & septiéme, pour les recettes de la Comptablie. Le huitiéme, pour celle du Courtage. Le neuviéme, pour les droits des excès d'eau-de-vie à la Comptablie. Le dixiéme, pour les nouveaux droits. Le onziéme, pour les droits d'acquits à caution, des châtaignes, vins & autres marchandises venant de Castillon pour les Bourgeois. Le douziéme, pour les droits d'acquits à caution, qui se prennent à Libourne & à Coutras : enfin le treiziéme & dernier, pour les saisies qui se font dans les Bureaux de Castillon & de Coutras, dépendans de celui de Libourne.

Les droits qui se levent au Bureau de Libourne, sont semblables à ceux de Bordeaux, & des autres Bureaux situés dans la Sénéchaussée ; sçavoir, les droits de Convoi, de Comptablie, & de Courtage, avec quelque différence néanmoins pour la quotité & les exemptions. *Voyez* l'article de Bordeaux ; on y parle amplement de tous les droits qui s'y payent.

Langon, Ville du Bazadois, située sur la Garonne à 7 lieues au-dessus de Bordeaux.

Il y a à Langon un Bureau des Fermes du Roi où les vins du haut Pays, qui y passent pour aller à Bordeaux, sont obligés de prendre des acquits à caution, qui portent que ces vins seront déchargés à Bordeaux & y payeront les droits de la décharge ; desquels vins les Marchands & Voituriers se soumettent de rapporter certificats au dos desdits acquits.

Il passe aussi à ce Bureau quelques autres marchandises, mais en petite quantité. Les principales sont le mairin, les codres feuillars, les barres-forts de bois de pin, les lattes & tables du même bois, & quelque peu d'huile d'olive & de noix : aussi ce Bureau n'est-il regardé que comme un Bureau de conserve pour celui de Bordeaux. *Voyez* l'article de cette Ville.

Les droits qui se levent à Langon sont la grande & petite coutume ; sçavoir $3\frac{1}{2}$ pour cent de la valeur & estimation des marchandises à l'entrée, & $2\frac{1}{2}$ pour cent à l'issue, avec les deux sols pour livre de contrôle.

Les marchandises qui sont déclarées audit Bureau pour le compte des Bourgeois de Langon, sont exemptes des droits d'entrée & d'issue, en conséquence d'un privilége confirmé par divers Arrêts du Conseil.

Il y a aussi quelques Communautés voisines, qui jouissent de cette exemption. Ces Communautés sont Saint-Macaire, Duras, Monsegur, Castel-Moron, Saint-Ferme, & deux autres des environs.

Les vins du crû de Langon sont réputés vins de la grande jauge. *Voyez* Jauge.

Il y a pour la régie du Bureau de Langon six Commis & deux Matelots, pour une chaloupe. Les six Commis sont un Receveur, un Contrôleur, deux Visiteurs, & deux Gardes.

Le Receveur & le Contrôleur tiennent cinq Registres. Le premier, pour la recette des droits d'entrée & d'issue ; le second, pour l'enregistrement des vins du haut Pays, eaux-de-vie, prunes & autres marchandises qui sont déclarées par les Marchands & Voituriers, être conduites à Bordeaux, & les droits y être payés. Le troisiéme qui est imprimé, pour enregistrer les acquits à caution. Le quatriéme, pour enregistrer la quantité des sels montant au haut Pays, & sortant de Bordeaux avec les droits qu'ils ont payés ; c'est proprement le contrôle des sels, qui sont taillés au large à Bordeaux pour être transportés hors de la Sénéchaussée. Le cinquiéme, est pour l'enregistrement des saisies qui se font au Bureau de Langon.

Il s'y tient encore un sixiéme Registre par les Visiteurs, sur lequel ils enregistrent toutes les Visites des batteaux & le nombre des eaux-de-vie, vins, prunes, sels, & généralement toutes autres marchandises qui montent & qui descendent par la riviere de Garonne.

Blaye est un Port considérable, situé sur la riviere de la Gironde, c'est-à-dire, sur cette riviere qui forme l'union de la Garonne & de la Dordogne, elle est à huit lieues au-dessous de Bordeaux. Son commerce consiste en vins rouges & blancs qu'on recueille dans son territoire, qui à la vérité ne sont pas si bons que ceux de Bordeaux ; mais qui aussi se vendent beaucoup moins, ce qui y attire quelques vaisseaux étrangers, particuliérement quantité de barques de Bretagne, où on les préfere aux vins des autres cantons de la Guienne. Il s'y fait beaucoup d'eau-de-vie.

Un autre objet de commerce pour cette Ville, est celui des blés, soit de ceux qu'on recueille dans les marais qu'on a desséché dans le voisinage de Blaye, soit de ceux qu'on tire de la Xaintonge ; les Etrangers y en venant charger une très grande quantité, lorsque le négoce en est libre, & le transport en est permis.

Blaye est encore considérable par un Bureau des Fermes du Roi, qui est d'autant plus important qu'il sert comme de Contrôle aux Bureaux de Bordeaux, de Langon, de Bourg, & de Libourne, pour les marchandises qui montent & descendent les rivieres de Garonne & Dordogne. Il est vrai que la recette n'y est grande, qu'à cause des vins, eaux-de-vie, & grains, dont il se charge quantité à Blaye : les autres marchandises y entrant & sortant en moindre abondance.

Il y a pour la régie de ce Bureau jusqu'à 75 Employés, dont les appointemens, joints aux frais de

Bureau, peuvent aller à près de 17000 livres.

Ces Commis & Employés, sont, un Receveur, un Contrôleur, un Scribe, deux Visiteurs, trois Gardes de terre, le Capitaine, & le Lieutenant de la Patache, cinq Commandans pour cinq chaloupes, dont l'une s'appelle la Chaloupe de Visite; cinq Matelots, & un Maître, pour le service de chacune desdites chaloupes; un Maître, un Contremaître, un Charpentier, un Canonier, & un Garçon de bord pour la patache.

Outre la Patache de Blaye, il y en a encore deux autres pour le service du même Bureau, l'une qu'on nomme la Patache de Pouillac, & l'autre la Patache de Verdon, du nom des lieux où elles sont postées.

La Patache de Pouillac qui est à deux lieues au-dessous de Blaye en descendant la riviere, est commandée par un Capitaine qui a pour son service une chaloupe montée d'un Soldat-Commandant, d'un Maître, & de cinq Matelots. La Patache a aussi un Maître & un Garçon de bord.

Les Employés pour la seconde Patache sont les mêmes qu'à la premiere, soit pour la qualité, soit pour le nombre.

Cette Patache est à douze lieues au-dessous de Blaye, presqu'à l'embouchure de la Gironde. Ses fonctions sont d'empêcher tous les versemens des bâtimens de montée & de descente qui mouillent ordinairement à Verdon, & de faire payer les droits sur les denrées qui se chargent à la côte de Medoc pour la Xaintonge, ou qui viennent de la Xaintonge en Medoc.

Enfin, il y a la Brigade à cheval de Soulac, composée de quatre Cavaliers, & commandée par un Capitaine & un Lieutenant.

Il se tient au Bureau de Blaye douze Registres: Le premier pour les Déclarations, que tient le Scribe du Bureau. Le second, pour la recette des cargaisons, aux Convois, tant en gros qu'en menu, que tiennent le Receveur & le Contrôleur. Le troisiéme, tenu par les mêmes pour la recette des 50 s. par tonneau. Le quatriéme, pour enregistrer les droits des sels venant de Poitou. Le cinquiéme, pour la recette des droits de Comptablie. Le sixiéme, pour les nouveaux droits. Le septiéme, pour les droits de Courtage. Le huitiéme, pour les droits d'Acquits & Emolumens. Le neuviéme, pour l'enregistrement des barques de sel de montée. Ces six derniers sont pareillement tenus par le Receveur & le Contrôleur. Le dixiéme, que tient le Scribe, pour enregistrer les acquits à caution, que sont obligés de prendre à Blaye, les cochers, messagers, & autres voituriers qui vont par terre à Bordeaux. Le onziéme, aussi tenu par le Scribe, pour servir de Contrôle à tous les bâtimens étrangers qui chargent à Bordeaux & à Libourne, & encore pour les 50 s. par tonneau, qui se levent sur lesdits vaisseaux. Enfin, le douziéme pour les Saisies; c'est encore le Scribe qui le tient.

Les fonctions des deux Visiteurs du Bureau de Blaye sont semblables à celles des Visiteurs d'issue de Bordeaux. *Voyez* VISITEUR D'ISSUE.

Les fonctions de la Brigade à cheval de Soulac, sont d'empêcher les faussonnages qui peuvent se faire dans les marais salans de Soulac, & pointe de Soulac; lesquels marais sont au nombre de quarante-six ou environ. Le Capitaine de cette Brigade tient trois Registres: un, pour enregistrer tous les sels qui s'enlevent de ces marais pour être transportés à Bordeaux & à Libourne, & ceux que le Fermier accorde aux habitans de la Sirerie de Lespave; l'autre, pour servir de journal de la marche de sa Brigade; & le troisiéme, pour enregistrer les saisies qu'il fait.

Les droits qui se perçoivent au Bureau de Blaye, sont semblables à ceux de Bordeaux, & consistent en droits de Convoi, de Comptablie, & de Courtage. *Voyez* BORDEAUX.

Il faut cependant remarquer que les vins du crû de Blaye ne doivent en tout au Convoi qu'onze livres par tonneau, & à la Comptablie, 1 liv. 2 s. 2 d. Pour le Courtage, ils n'en payent point au Fermier, mais à un Seigneur particulier (M. de S. Simon,) en conséquence d'une transaction de 1662.

Quoi qu'on ait dit ci-dessus, il y a pourtant quelque différence entre les droits de Comptablie de Blaye & de Bordeaux: ceux-ci ne montant, pour la grande & petite Coutume qu'à $3\frac{1}{2}$ pour $\frac{0}{0}$ à l'entrée, & $2\frac{1}{2}$ à l'issue; & ceux de Blaye étant de 5 pour $\frac{0}{0}$, tant à l'entrée qu'à l'issue.

Il se leve aussi au Courtage dans le Bureau de Blaye, le premier tonneau de fret de tous les vins de Medoc & de Bourg qui s'y chargent, duquel droit les vins de Blaye sont exempts. Les autres droits sont, le droit de branche de Cyprès, le droit d'acquits & expéditions, le droit de quillage, celui de visite, celui d'expédition à la Patache que ne payent pas les bâtimens chargés de bois à brûler, d'oignons & de poterie, & quelques autres.

ARCACHON. On appelle ainsi un grand bassin qui est sur la côte de Medoc, dont l'entrée est à dix-huit lieues de la riviere de Bordeaux, & à vingt de celle de Bayonne; ce bassin a environ huit lieues de circonférence, & est entouré de plusieurs Villages, dont le principal est celui qu'on nomme la Tête de Buch. La plupart des habitans de ces Villages sont des pêcheurs; les autres font un assez bon commerce du bray, de la raisine, & des gaudrons, qu'ils tirent des Landes où ces denrées se recueillent, & qui n'en sont pas fort éloignées.

L'entrée du bassin n'est bonne que pour des barques de cinquante tonneaux; encore n'est-elle facile que dans l'Eté, la difficulté étant plus grande en Hyver.

COUTRAS. Bourg de Guienne, célébre par la bataille qui y fut donnée en 1587, dans laquelle Henry IV défit entiérement l'armée des Liguеurs.

Ce Bourg est situé à deux lieues de Libourne à l'extrémité de la Sénéchaussée de Bordeaux, sur la riviere de Lisle, qui se décharge dans la Dordogne.

Les Fermiers du Roi y entretiennent un Bureau de conserve pour celui de Libourne, avec un seul Commis. Il sert pour toutes les marchandises qui viennent par terre de Xaintonge, de l'Angoumois, & du Perigord, pour lesquelles les Voituriers sont tenus d'y prendre des acquits à caution, dont ils ne payent aucuns droits à ce Bureau, quand les marchandises sont déclarées pour Bordeaux, où les Voituriers ont soin de les acquitter.

BOURG. Ville de Guienne située sur la Dordogne, à un quart de lieue du bec d'Ambez, entre Blaye & Libourne. Il y vient quelques vaisseaux & assez bon nombre de barques, qui y enlevent les vins qui sont assez bons, mais moins que ceux de Bordeaux. Il y en a de blancs & de rouges.

Il y a à Bourg un Bureau des Fermes du Roi, qui ne peut gueres être regardé que comme un Bureau de conserve, produisant à peine au Fermier dix-sept à dix-huit mille francs année commune, qui proviennent pour la plus grande partie des vins du crû du pays, qui en font presque tout le commerce; & qui se chargent ordinairement pour la Bretagne, n'y en allant que très peu à l'Etranger.

Pour la régie de ce Bureau, il n'y a que trois Employés ou Commis; sçavoir, un Receveur, un Contrôleur, & un Garde.

Les droits qui se levent à Bourg, sont les mêmes que ceux de Bordeaux; c'est-à-dire, le Convoi, la Comptablie, & le Courtage, à la réserve que ceux de la grande & de la petite Coutume, qui sont ceux de la Comptablie, se perçoivent; sçavoir, 5 pour $\frac{0}{0}$ à l'entrée pour le compte d'un François, & 7 $\frac{1}{2}$ pour $\frac{0}{0}$ aussi à l'entrée pour le compte de l'Etranger.

Les Bourgeois sont exempts de la grande Coutume à l'entrée & à l'issue, & ne payent que ceux de la petite Coutume, qui est 1 pour $\frac{0}{0}$ de l'estimation des marchandises, lorsqu'ils chargent pour leur compte le vin de leur crû; & quand ils chargent d'autres vins, ils ne payent que dix sols à la Comptablie, avec les deux sols pour livre de contrôle: & au surplus payent les droits dûs au Convoi & au Courtage, dont personne n'est exempt.

Le droit de 50 s. par tonneau, qui est dû par les vaisseaux étrangers, ne se paye point à Bourg, mais à Blaye, le Receveur de ce dernier Bureau y envoyant un de ses Visiteurs d'issue pour les jauger; & les Maîtres desdits vaisseaux venant ensuite à Blaye en payer les droits. Le Receveur du Bureau de Bourg, tient sept Registres, & le Contrôleur, seulement trois. Le premier, est celui des Déclarations; le second, sert à la recette du Convoi à la Cargaison; le troisiéme, à la recette de la Comptablie; le quatriéme, à celle du Courtage; le cinquiéme, à celle des nouveaux droits; le sixiéme, pour les acquits à caution; & le septiéme & dernier, pour les saisies.

CASTILLON. Petite Ville de Guienne située sur la Dordogne à trois lieues au-dessus de Libourne.

Les Fermiers du Roi y ont un Bureau de conserve qui dépend de celui de Libourne, & qui ne sert gueres qu'à recevoir les soumissions des Marchands qui font descendre des marchandises du haut Pays par cette riviere pour Libourne, Blaye, & Bordeaux. Il ne s'y fait aucune recette que celle des acquits à caution qui se prennent audit Bureau. Il y a cependant pour sa régie un Receveur & deux Gardes.

## COMMERCE DU LIMOSIN, ET DE L'ANGOUMOIS.

Ces deux Provinces, qui ne composent qu'une même Généralité, ne se ressemblent gueres pour la fécondité, & pour l'abondance des choses nécessaires à la vie ou propres au négoce.

L'Angoumois produit quantité de blés, de vins, & de toute sorte d'excellens fruits. Le Limosin au contraire est froid & stérile: il n'y a des vins que dans quelques cantons, encore assez mauvais; du froment presque nulle part; & le seigle, l'orge, & les châtaignes servent le plus communément à faire le pain dont se nourrissent les habitans.

L'une & l'autre Province a un grand nombre de moulins à papier, dont la fabrique est fort estimée. Le papier de l'Angoumois, au moins celui qui est propre pour l'impression, est presque tout pour la Hollande; & c'est pour cela qu'il n'y en a gueres de cette sorte où les Manufacturiers ne mettent les armes d'Amsterdam; il s'en fait aussi quelques envois à Paris. Il est à remarquer que les Hollandois après bien des soins & de la dépense, n'ont jamais pû imiter chez eux le papier d'Angoulême. Celui du Limosin n'est pas moins excellent pour l'édition des livres, sur-tout, il est admirable pour l'impression des tailles-douces; mais on s'en sert peu pour l'écriture à la main, n'étant point assez collé.

On a vû un Mémoire par lequel celui qui l'a dressé, prétend que la diminution de ces Fabriques provient moins des longues guerres qui ont occupé presque tout le Regne de Louis XIV. que de quelques impositions qui ont été mises sur cette marchandise, ou sur les matieres qu'on y employe, depuis l'année 1656; sçavoir, les droits de marque à raison de six sols par rame de papier fin, & quatre sols sur les papiers communs; la Traitte-foraine de Tonnecharante sur chaque balle de papier, revenant à quatre sols par rame; & encore un autre droit de Traitte-foraine, établi pareillement à Tonnecharante, de dix sols par quintal, sur les vieux linges & sur la colle qu'on tire de Poitou, ce qui enchérit encore le papier d'un sol par rame. L'Auteur du Mémoire étant persuadé que, si on diminuoit ces droits de moitié seulement, la fabrique & le commerce du papier se rétabliroient sur le pied qu'ils étoient; & qu'on pourroit voir aujourd'hui, comme autrefois, jusqu'à soixante moulins travaillans dans l'Angoumois, au lieu de seize qui y sont restés, & qui encore ne sont pas toujours occupés.

Ce qui fait le principal revenu du Haut & Bas Limosin, c'est le commerce des bestiaux, principalement des bêtes à cornes, qui se vendent, partie aux Marchands des Provinces voisines, & partie aux Marchands de Paris, qui en enlevent tous les ans une très grande quantité: ceux-ci ont coutume de les faire auparavant engraisser en Normandie, parce qu'elles maigrissent ordinairement en chemin, à cause de la longueur du voyage.

Tant que nous avons eu des Armées en Italie, la plupart des bœufs qu'on y conduisoit pour leur subsistance, étoit tirée du Limosin, ce qui en augmentoit de beaucoup le débit.

Il se fait aussi dans le Limosin quelque nourritures de moutons; mais comme ils ne sont pas excellens, & que les laines n'en sont que médiocres, on n'en éleve que pour la consommation du pays; & le peu de laine qu'ils donnent, est employé aux étoffes de lainage, dont on parlera dans la suite.

Le commerce des chevaux n'y est pas moins considérable que celui des bœufs; si même il ne l'est pas davantage. Ils se vendent presque tous aux deux foires de Châlus; dont l'une se tient à la Saint Georges, & l'autre à la Saint Michel: & aux trois foires de Limoges, qui se tiennent aux mois de Mai, de Juillet, & de Décembre. De ces cinq foires, celle de Châlus de la Saint Georges, est la plus considérable: la plupart des chevaux qu'on y mene, s'achetent encore poulains, pour être élevés ensuite dans le pays même, dans l'Angoumois & dans le Perigord.

Les chevaux Limousins sont estimés, durent beaucoup, & sont d'un grand travail. On estime qu'année commune, il sort de la Province quinze cent à deux mille poulains, depuis que les Haras qui avoient été négligés après la mort de M. de Louvois, ont été remis sur le bon pied; & qu'on y a introduit des estalons d'Espagne & de Barbarie, que l'expérience a fait reconnoître, qui y réussissoient mieux qu'aucuns autres.

Les terres du Limosin sont presque par tout couvertes de châtaigniers, dont les fruits servent à la nourriture des habitans de la campagne, non pas, comme on l'a dit ci-dessus, réduits en farine propre à faire du pain, celle qu'on en pourroit tirer, ne pouvant se lier comme la farine du froment ou d'autres grains; mais en leur tenant lieu de pain pour les nourrir.

La maniere de préparer les châtaignes, est d'en ôter d'abord la premiere écorce à sec, & de les dépouiller ensuite de leur seconde peau, en les faisant légérement bouillir; après quoi on les réduit par une entiere cuisson dans une espece de bouillie fort épaisse, à laquelle on s'accoutume aisément; & qui donne de la vigueur & des forces, même à ceux qui ne se servent point d'autres nourritures, comme sont la plupart des paysans.

On peut conserver les châtaignes fort long-tems en les faisant sécher à l'ombre; mais celles qui sont ainsi gardées, sont plus insipides, & nourrissent moins que celles qui sont de l'année.

Les terres du Limosin qui sont découvertes produisent d'assez beaux seigles; mais quelque culture qu'on leur donne, on ne peut les rendre propres à produire du froment. Outre le seigle dont il n'y a que les plus riches paysans qui se nourrissent, on y seme du blé noir & une espece de grosses raves, qui avec les châtaignes, font toute la nourriture des moins à leur aise.

La stérilité de cette Province & l'inclination que les habitans ont pour le travail, sur tout pour celui que de leur nom on appelle Limosinage, en font sortir tous les ans plusieurs milliers, qui se répandent dans le Royaume, par tout où il y a des atteliers, & qui retournant chez eux un peu avant l'hyver, portent à leur famille un secours que leur patrie leur refuse & qui leur tient lieu du négoce qui enrichit les autres Provinces.

Le pays de la Basse Marche, qui fait partie de la Généralité de Limoges, est à peu près de la même nature que celui du Limosin, a les mêmes productions, & participe au même commerce, n'en ayant aucun particulier.

Le pays de l'Angoumois, qui est pareillement de cette Généralité, est bien différent des deux autres; ses terres sont propres à toutes sortes de récoltes, & quoique généralement parlant, elles ne produisent pas avec abondance, & que ce qui s'y recueille ne suffise que pour la consommation du pays, c'est moins la stérilité du sol, que le manque de culture qu'on donne aux terres, qui en est cause.

Les fruits & les grains qui y croissent avec le plus d'abondance, sont, le froment, le seigle, l'orge, l'avoine, le baillorge qui est une espece de grain qui approche de l'orge, le blé d'Espagne, le safran, les vins, les noix, & toutes sortes de fruits.

Les vins sont le principal & le plus important commerce de l'Angoumois. Les meilleurs vignobles & ceux dont les vins sont les plus recherchés, & se vendent par préférence aux autres, sont Cognac & son Election; ensuite ceux d'Angoulême. Les autres cantons sont plus communs.

Il faut remarquer que Cognac n'est plus de la Généralité de Limoges; mais en a été démembré lors de l'établissement de celle de la Rochelle.

Les vins rouges se débitent en Limosin & en Poitou, & les blancs se brûlent pour l'eau-de-vie.

Le débit des eaux-de-vie est différent suivant les tems. Pendant la guerre, elles s'enlevent par les Munitionnaires François, pour la fourniture des Armées de Flandre & d'Allemagne. D'abord elles se voiturent par terre jusqu'à Châtelleraud, où elles s'embarquent sur la Vienne, pour passer ensuite par la Loire jusqu'à Orléans, d'où elles se distribuent dans les lieux de leur destination.

En tems de paix, le débit en est plus facile, plus prompt, & plus abondant, les flottes Angloises & Danoises les venant charger à Charante, au-dessus de Rochefort, & en enlevant une très grande quantité, particuliérement de celles de Cognac. Il se paye à Charante un droit sur les eaux-de-vie qu'on prétend faire quelque tort à ce commerce.

Le safran est après les vins un des meilleurs commerces de l'Angoumois. Il est vrai qu'il ne s'y soutient pas sur un aussi bon pied qu'autrefois, la culture de cette denrée dans quelques autres Provinces de France, particuliérement dans l'Orléanois & le Gatinois, en ayant beaucoup diminué le produit, qu'on faisoit alors monter à plus de cent mille livres par an; une autre raison de cette décadence est, que les autres safrans ont plus de réputation que ceux-ci.

Il s'en fait néanmoins toujours de grands envois en Allemagne & à Lyon, d'où il passe en Hongrie, en Prusse, & dans les autres pays froids, où il est d'un grand usage. *Voyez* l'article du Safran.

Un troisiéme objet de commerce pour l'Angoumois, sont ses forges, particuliérement celles de Rancogne, de Planche-ménier, de Roche-feaucourt, & de Rouffines, dont le fer est très doux, très facile à la fonte, & d'un bon usage sous le marteau. Il s'employe pour la plupart en canons, en bombes, & en boulets, pour les arsénaux de Marine de Sa Majesté, particuliérement pour celui de Rochefort.

### *FABRIQUES D'E'TOFFES.*

LIMOGES. Ville de France, Capitale du Limosin. Cette Ville n'ayant point de rivieres navigables, n'a aucun commerce au-dehors avec l'étranger, & tout celui qu'elle fait est par charroi & dans le dedans du Royaume, n'y ayant gueres de Villes considérables dans les Provinces, même les plus éloignées, où ses Marchands n'ayent des correspondances.

Limoges est le chef-lieu du Département d'un Inspecteur des Manufactures, qui s'étend sur toutes les Fabriques du Limosin, & en partie sur celles de l'Auvergne & de la Xaintonge.

Les principaux lieux de ce Département, sont Saint-Jean d'Angeli, Nerac, Angoulême, la Roche-foucault, Tulles, Brives, Saint-Leonard, & Aubeterre.

Les seules étoffes qui se fabriquent à Limoges, sont des revêches. Il s'y en fait treize cent pieces. *Voyez ci-après* le Commerce particulier de cette Ville.

SAINT-JEAN D'ANGELY. Il s'y fait des draps d'une aune de large, & des étamines: les draps vont à quinze cent pieces par an; & les étamines, à cinq cent pieces. Le débit s'en fait à Bordeaux & à Limoges.

NERAC. Il s'y fait, année commune, dix-neuf cent pieces de draps, & douze cent cinquante pieces de serges. Toutes ces étoffes se débitent comme celles de Saint-Jean d'Angely.

ANGOULESME. Ville de France, Capitale de l'Angoumois. Sa situation la rend très propre au commerce, & elle en fait un très considérable, soit au dehors soit au dedans du Royaume. Ses vins, ses eaux-de-vie, ses safrans, ses papiers, & ses draperies, sont les principaux objets de ce commerce. Ce sont des serges & des étamines qui s'y fabriquent: de celles-ci, quatre cent cinquante pieces; de celles-là, six cent cinquante. Elles se débitent sur le lieu. *Voyez plus bas* le Commerce de cette Ville.

La Roche-foucault. Sa Fabrique n'est que pour les serges ; elle en donne environ cinq cent pieces par an. On y fait aussi des gands.

Cognac. Il s'y fabrique quelques étamines.

Sentereune. (la) Il s'y fabrique quelques draps.

Tulles. On y fabrique des revêches ou petits raz, environ huit à neuf cent pieces.

Brives. Ce sont aussi des revêches ; on y en fait cinq cent pieces.

Saint-Leonard. On y fait des draps forts & grossiers, qui sont propres pour l'habillement des troupes & des paysans.

Toutes les étoffes se consomment en partie dans les lieux où elles se fabriquent & en partie à Bordeaux, Limoges, & Angoulême.

Aubeterre dans l'Angoumois. Il n'y a point de Fabrique d'étoffes de laine dans cette Ville : mais on y fait quantité de grosses toiles & de papiers, qu'on fait conduire à Bordeaux, à la Rochelle, & à Toulouse.

### *Commerce particulier de Limoges et d'Angoulesme.*

Limoges est située sur la Vienne, qui passe le long de ses Fauxbourgs du côté du Levant. Elle n'en tire pas néanmoins beaucoup d'utilité pour son commerce, cette riviere n'étant presque pas navigable à cause des roches qui en coupent le cours, & ne pouvant servir au plus qu'au flotage des bois.

Ce défaut de la Vienne, & l'éloignement de Limoges de la mer, lui rendant impossible le commerce que les Villes situées sur les côtes, font ordinairement au-dehors avec les Etrangers ; l'industrie & le grand travail de ses habitans, lui en ont fait au-dedans du Royaume un assez considérable, par les diverses correspondances qu'ils y entretiennent, & par l'entrepôt qu'ils ont établi dans leur Ville pour la plupart des marchandises qui vont de Paris à Toulouse, ou de Toulouse à Paris ; aussi-bien que pour celles qui viennent de Lyon à Bordeaux, & de Bordeaux à Lyon.

C'est pareillement à Limoges que s'entreposent les sels de Brouage, qui se consomment en Auvergne ; & c'est encore par ses Marchands & ses Commissionnaires que s'entretient le commerce qui se fait d'Auvergne & de Lyon avec la Rochelle.

Outre ce commerce d'entrepôt, Limoges a quantité de différentes Fabriques, soit chez elle, soit aux environs, dont elle trafique, ou dans le pays, ou avec les Provinces voisines & même jusqu'à Paris.

Ces Fabriques sont ; des étoffes de laine dont on a parlé ci-dessus ; des cuirs, desquels il y a plusieurs Tanneries sur la Vienne, dont les eaux sont très bonnes pour leur apprêt ; des gands qui se font en quantité à Saint-Junien & dans quelques autres lieux voisins ; des papiers qui se manufacturent dans les moulins de Saint-Leonard ; de la clouterie, particuliérement pour la férure des chevaux, dont on tire beaucoup pour Paris, où elle est fort estimée : des épingles qui y occupoient autrefois plus de vingt Maîtres, & de cinq cent Ouvriers ; des fils de fer très doux & très maniables : Enfin, quantité de boutons de soie & de fil, dont à la vérité la Fabrique a beaucoup souffert, tant qu'a duré la mode des boutons d'étoffes ; mais qui a commencé à s'y rétablir depuis que l'usage en a été si sévérement défendu.

Il se fait aussi à Limoges des émaux sur cuivre, dont les couleurs sont vives & très brillantes, à cause de l'eau de la Vienne qui y est propre pour les détremper ; mais les desseins en sont si peu corrects, que les connoisseurs n'en font aucun cas ; il s'en débite néanmoins dans les Provinces voisines ; & l'on en voit quelques-uns à Paris.

Angoulesme. La proximité de la Charante contribue beaucoup au commerce de cette Ville ; & c'est par cette riviere, ou qu'elle envoye ses marchandises à l'Etranger, ou qu'elle reçoit celles dont elle a besoin. Les marchandises qu'elle envoye, sont principalement des papiers & des eaux-de-vie ; celles qu'elle reçoit, sont entr'autres des sels.

Ces sels viennent de Xaintonge, & sont amenés à Angoulême sur des gabares ou batteaux, d'où ils se transportent en Auvergne, en Limosin, en Perigord, & dans la Marche, sur des charettes & sur des mulets ; mais malgré la nécessité du sel dans ces quatre Provinces, les profits sur cette marchandise sont très médiocres, tant à cause des droits du Bureau de Tonne-Charante, qui en emportent la meilleure partie, que pour les différens péages des Seigneurs qui ont des terres situées sur cette riviere, qui ne laissent presque plus rien au Marchand.

A l'égard des papiers & des eaux-de-vie, on peut voir ce qu'on en a dit ci-dessus, en traitant du Commerce général de l'Angoumois ; les Négocians d'Angoulême ayant par rapport à ces deux objets de Commerce, les mêmes facilités, & aussi les mêmes obstacles que ceux du reste de la Province.

On ne répétera pas non plus ce qu'on a dit ci-dessus des Manufactures de lainage de cette Ville ; & l'on se contentera d'ajouter qu'il y a peu d'autres Fabriques considérables, à la réserve de l'Horlogerie qui y étoit autrefois en réputation ; mais qui aura peine à s'y soutenir, les meilleurs Ouvriers ayant passé à Xaintes, à Blois, & à Poitiers.

On ne sçait si l'on doit mettre au nombre des marchandises qui se font dans cette Ville, l'eau qui de son nom, est appellée Eau d'Angoulême, qui sert à embellir le teint. Le soin que les femmes ont toujours eu de leur beauté, lui avoit donné assez long-tems la vogue ; mais soit qu'on ait été désabusé de ses vertus, soit que le prix en ait dégoûté, à peine s'en débite-t-il encore assez pour en conserver quelque mémoire.

## COMMERCE DU POITOU.

POITOU, grande Province de France, a pour confins, la Bretagne & l'Anjou au Septentrion, la Touraine, le Berry, & la Marche à l'Orient, l'Angoumois & la Xaintonge au Midi, & l'Océan au Couchant.

Les grains, les vins, les châtaignes, & le chanvre, sont les fruits de cette Province, dont il se fait quelque négoce avec les Provinces voisines ; aussi-bien que de la laine, qui est en assez grande abondance.

Les prairies, dont l'herbe est excellente pour les pâturages, servent aux Habitans à élever & nourrir beaucoup de gros & menu bétail ; des chevaux & des mulets, dont il se fait un commerce très considérable.

Les plus beaux haras de chevaux sont dans les douze Paroisses que l'on nomme le Bois d'Estos. *Voyez* Haras, à l'endroit des Chevaux du Poitou.

Il y a dans quatre de ces Paroisses des marais salans, que l'augmentation des droits de la Traitte de la Charante a fait abandonner.

Il se construit aux Sables d'Olonne, des vaisseaux pour la pêche de la morue verte & seche, &

il en part tous les ans quantité dans la saison. Une partie du poisson que les Olonnois rapportent, reste pour la consommation de la Province ; l'autre partie se décharge à Nantes, à Bordeaux, & à la Rochelle.

Il s'y fait aussi un assez bon débit de sels, que les Anglois enlevent en échange de charbons de terre & des raisins qu'ils y apportent. *Voyez* SEL.

La Généralité de Poitou est pour la plus grande partie située sur la mer ; & elle enferme une grande étendue de côtes où il y a plusieurs assez bons ports.

Les plus connus sont, les Sables d'Olonne, Beauvoir-sur-Mer, la Barre-Demont, Saint-Gilles, le Jar, Saint-Benoît, de la Tranche, Noirmoutiers, & l'Isle-Dieu. Celui des Sables d'Olonne est le principal ; les autres sont moins considérables.

Cette situation & cette quantité de ports devroient faire, ce semble, fleurir le commerce dans toute cette Généralité, particuliérement celui de mer ; mais bien loin de pouvoir être regardée sur ce pied là, elle est une des moindres du Royaume par son négoce, soit au-dedans, soit au-dehors.

Le Poitou est partagé en huit Elections ; sçavoir, Poitiers, Châtelleraud, Saint-Maixant, Niort, Fontenay-le-Comte, les Sables d'Olonne, Thouars, & Mauleon.

L'Election de Poitiers est la plus considérable, & celle dont l'étendue est la plus grande. Elle a différentes productions suivant les diverses qualités de son terroir. Ses principaux cantons sont Civray, Rochechouard, Parthenay, & Lusignan. Les prairies & les pâturages qui sont excellens dans ces quatre endroits, donnent la facilité aux habitans de nourrir quantité de bestiaux ; entr'autres des chevaux & des mulets, dont ils font un commerce assez considérable. Civray & Parthenay produisent aussi des grains de toutes sortes qui s'enlevent pour l'Angoumois & la Xaintonge. Les vins de cette Election ne sont pas mauvais ; mais ils se consomment tous dans le pays ; & il ne s'en fait aucun transport, non plus que des autres denrées qui s'y recueillent.

L'Election de Châtelleraud est dans un pays très bon, & dont les terres produiroient avec abondance, si elles étoient suffisamment cultivées, & si la paresse des habitans ne rendoit leur fécondité inutile. Les fruits & les denrées qu'on y recueille, sont des vins, des blés, des lins, & des chanvres, dont on fait quelque trafic dans les Elections voisines ; mais non pas aussi grand qu'il pourroit être, si l'on profitoit de la bonté des terres qui sont naturellement propres au jardinage, & produisent presque d'elles-mêmes de toute sorte d'excellens légumes.

L'Election de Saint-Maixant, est partie en prairies & partie en terres labourables ; ces dernieres donnent de toutes sortes de bons grains, dont le débit se fait dans les marchés du pays, & les prairies nourrissent des bestiaux, des mulets, & des chevaux, qui s'enlevent par les Marchands d'Auvergne, de Lyon, de la Beausse, du Piedmont, & de la Savoye : ce commerce est proprement l'unique que cette Election fasse au dehors, celui des graines ne s'étendant pas bien loin.

L'Election de Niort s'étend sur des terroirs de différentes qualités ; depuis Niort jusqu'à la Mothe-Saint-Geraye, & continuant jusqu'à Chef-Boutonne & autres Paroisses, le long de l'Election de Fontenay, c'est un pays de plaines très bon & très fertile, qui produit des grains de toutes sortes en abondance. Du côté du Septentrion tirant dans la Gastine, où le pays est couvert & les terres médiocres, on n'y peut presque recueillir que des seigles & des avoines : dans la partie Méridionale on y cultive de la vigne dont on fait d'assez bons vins, qui se débitent tous à Niort, pour la provision de la Ville, & la consommation des environs. Enfin il y a quantité de pâturages en plusieurs endroits, particuliérement du côté de la Mothe-Saint-Geraye, du côté des Forêts de Chizay & d'Aunaye, & du côté des marais. Les bestiaux, chevaux, & mulets qui s'y élevent, se vendent dans les foires & marché de Niort, même de la Mothe-Chandenier & autres lieux de ladite Election.

La principale partie de l'Election de Fontenay-le-Comte, est située dans un pays de plaines, bon & fertile en blés de toutes especes. Les marais qui ont été desséchés dans l'étendue de douze Paroisses de cette Election, en produisent encore en plus grande abondance que les anciennes terres de labour ; & les pâturages qui y sont presque par tout admirables, mais particuliérement dans ce canton desséché, sont si propres pour la nourriture des chevaux, que l'on regarde ses haras comme les plus grands de la Province ; & les bêtes qui en sortent comme les plus belles de tout le Poitou, & les meilleures pour le service.

Cette Election fournit encore une assez grande quantité de fromages qui se debitent dans quelques Elections voisines.

Enfin, elle a des vins qui ne servent gueres que pour la consommation du pays, à la réserve néanmoins de quelques-uns qu'on brûle, & dont on fait des eaux-de-vie qu'on envoye à la Rochelle & à Nantes, par les rivieres du Lay & de Saint-Benoît, & par le Canal de Luçon.

Des neuf ports qui sont sur les côtes du Poitou, il y en a sept dans l'Election des Sables d'Olonne ; mais ils ne sont propres que pour des barques, à l'exception de celui dont cette Election a pris son nom, où il peut entrer des navires de cent cinquante tonneaux. Il sort tous les ans de celui-ci quelques navires pour la pêche de la morue blanche, dont le poisson se décharge à Nantes, à Bordeaux, & à la Rochelle. Tous ces bâtimens se construisent sur les lieux, aussi-bien que ceux qui vont à la pêche de la sardine, qui donne assez dans la saison, & dont il se fait un assez bon commerce. Ces deux pêches occupent douze à treize cent Matelots, trente à quarante navires, & environ deux cent barques. Il vient assez souvent aux Sables d'Olonne de petits vaisseaux de Bayonne & d'Angleterre, qui apportent du bray, de la résine, & du charbon de terre, qui se troquent pour du sel.

Les barques Normandes & celles des autres côtes maritimes qui en sont voisines, fréquentent aussi ordinairement les petits ports de cette Election, & y chargent du sel en assez grande quantité.

A l'égard des productions naturelles, elles y suivent la qualité des terres. Les plaines & les marais desséchés, donnent beaucoup de graines, & l'on éleve dans les pâcages un grand nombre de bestiaux, particuliérement de chevaux dont il se fait un commerce considérable.

L'Election de Thouars se peut partager en trois différens terrains. Les terres de Gastine produisent quelques grains ; mais le principal consiste en pâturages, ce qui fait que les bestiaux y font le plus grand objet de négoce de ce canton. Les terres qui suivent, qui sont presque toutes terres labourables, ne donnent gueres que des grains; aussi les habitans n'y font-ils commerce que de blés : Enfin, le reste de l'Election qui consiste en petites colines, produit des vins blancs assez bons; mais qui sont de mauvaise garde, ce qui oblige les habitans de les convertir en eaux-de-vie, qui font leur plus grand, pour ne pas dire leur unique trafic.

L'Election de Mauleon est mêlée de plaines, de colines, & de pâturages. Les blés qu'on y recueille suffisent à peine pour la consommation du pays : ainsi son seul commerce est celui des bestiaux, encore n'est-il pas bien considérable.

Un objet commun de négoce pour toutes les huit Elections de cette Généralité, sont les fruits & les légumes secs, dont les habitans se nourrissent, & dont ils font entr'eux un commerce journalier. Les châtaignes & les noix sont du nombre de ces fruits; mais comme ce sont ceux qui y croissent le plus communément, & que les arbres en produisent avec grande abondance presque sans culture, outre la provision des habitans, il s'en débite beaucoup dans les Provinces voisines, & même à l'Etranger.

### *MANUFACTURES DE POITOU.*

POITIERS, Ville Capitale du Poitou, & chef-lieu du département d'un Inspecteur des Manufactures, qui a sous lui jusqu'à vingt-sept lieues de Fabrique, où il est tenu de faire la visite & la marque des etoffes; ces lieux sont Châtelleraud, Breuil, Barretz, Lusignan, Saint-Maixant, la Mothe-Saint-Geraye, Niort, Fontenay-le-Comte, la Chateigneraye, Cheuffois, la Meilleraye, Pouzanges, Bresuire, Moncontan, S. Pierre du Chemin, Thouars, Parthenay, Azais, Secondigny, Vernou, Vivousne, Château-l'Archer, Mesle, Cyvray, Gencay, & Coulonge.

Les étoffes qui se font à Poitiers, sont des camelots, des étamines, des serges, & des crêpes. Ces différentes Fabriques occupent près de soixante & dix Facturiers, six moulins à foulons, & dix Teinturiers assez habiles, mais peu employés : le produit des étoffes n'allant gueres qu'à six cent pieces par an. Il est vrai qu'il s'en débite plus du double de foraines, la marque de celles-ci allant ordinairement à quatorze cent pieces : la Rochelle, Nantes, Lyon, & Limoges, sont les lieux de leur débit.

Les autres Fabriques consistent en Bonneterie, en Tannerie & Mégisserie, en Chapellerie, & en Tisseranderie.

La Bonneterie fournit quantité de bas drapés, & de bonnets; les uns & les autres assez grossiers, n'étant faits que de laine du pays, & encore de la moindre qualité.

Les Tanneurs n'apprêtent que de gros cuirs & peu; mais les Mégissiers qu'on y nomme Chamoiseurs, & qui y sont au nombre de dix ou douze, passent quantité de peaux de boucs & de moutons en chamois qui est parfaitement bon. Trois moulins travaillent pour les Chamoiseurs.

Il y a jusqu'à vingt Maîtres Chapeliers & plus; mais qui ne font pas assez de chapeaux pour la Ville & ses environs.

Pour la Tisseranderie, c'est peu de chose; au moins ne s'en fait-il peu ou point de commerce au-dehors, aucun Tisseran ne travaillant pour son compte, mais seulement pour les Bourgeois.

CHASTELLERAUD. On y fait des serges & des étamines, où l'on n'employe que des laines communes du pays. Le produit, année commune, ne passe pas six cent pieces. Il y a cependant près de quarante Facturiers qui y travaillent, & trois Teinturiers qui les mettent à la teinture : la plupart de ces étoffes se portent à Poitiers qui n'en est qu'à cinq lieues.

On compte depuis cette Ville jusqu'à Poitiers, quinze moulins à foulon sur le Clain, pour l'apprêt des Draperies.

La Coutellerie de Châtelleraud a beaucoup plus de réputation que sa Fabrique d'étoffes de laine; & elle passe pour une des meilleures du Royaume, particuliérement pour ses couteaux, ses rasoirs, & ses cizeaux. Outre le débit qui s'en fait à Paris & dans les principales Villes du Royaume, on en fait aussi des envois considérables à l'Etranger.

Deux autres de ses Fabriques ne le cedent gueres à sa Coutellerie, & l'on estime beaucoup ses montres & ses autres ouvrages d'horlogerie; aussi-bien que ses faux diamans, auxquels les Lapidaires réussissent mieux qu'à aucun lieu du monde, même sans excepter Paris, où l'on parle tant des diamans du Temple.

Il s'y faisoit autrefois de la Chapellerie; mais cette Fabrique y est presque tombée, & un ou deux Chapeliers qui y restent encore, ne paroissent gueres en état de la soutenir ou de la rétablir.

BREUIL & BARETZ. Ces deux lieux ne produisent gueres que quatre-vingt pieces d'étoffes; mais qui ont de très bonnes qualités; & qui ont beaucoup de cours : on les nomme vulgairement Boulanger de Camp; quoique ce ne soit autre chose que des serges drapées de demie-aune de large, mais à la vérité de pure laine d'Espagne. Quatorze Fabriquans, douze métiers, & trois moulins à foulon, travaillent pour cette Fabrique. Le débit de ces serges se fait à Paris, Lyon, & Bordeaux.

LUSIGNAN. Il s'y fait deux sortes de serges, des rases & des drapées; les unes & les autres de laines du pays d'une demie-aune de large. Il s'y fabrique aussi quelques chapeaux; & il s'y apprête des cuirs.

SAINT-MAIXANT. Les serges rases qui se font dans cette Ville, sont estimées pour leur finesse; quoiqu'elles ne se fassent qu'avec les laines du pays, dont à la vérité on choisit les plus belles. Du rebut de ces laines on fabrique des revêches, & autres étoffes grossieres.

La Bonneterie y est très considérable, particuliérement pour les bas drapés & les bonnets doubles : ces ouvrages se font partie laines du pays, & partie laines de Limoges. Ceux où l'on employe les laines Limosines, sont les meilleurs.

Les étoffes & la Bonneterie se débitent partie dans le Royaume, & partie dans les Pays étrangers.

On compte aussi au nombre de ses Fabriques de laine, les couvertures de lit : elles sont bonnes; mais les Couverturiers ne travaillent gueres que pour les Bourgeois.

LA MOTHE-SAINT-GERAYE. Les serges qui s'y font, sont pour la qualité, pour la finesse, & pour les laines qu'on y employe, les mêmes que celles de Saint-Maixant; mais le produit en est beaucoup moins considérable.

NIORT. On n'employe que les laines du pays dans les Fabriques de cette Ville. Les diverses sortes d'étoffes qu'on y fait, sont des droguets tout de laine, croisés & unis; d'autres droguets, fil & laine; des serges rases; des étamines buratées, & de grosses serges drapées. La plupart de ces étoffes se vendent aux foires & aux marchés de Niort; ceux-ci se tiennent tous les jeudis de chaque semaine, & les foires trois fois l'année. La place où les marchandises s'exposent en vente, est toute couverte de charpente, & est estimée une des plus grandes du Royaume.

L'apprêt des cuirs qui se fait à Niort, ne fait pas pour cette Ville un moindre objet de commerce que la Fabrique de ses étoffes. Les ouvrages qui s'y font, sont des peaux de boucs & de moutons, passées en chamois, & des peaux de buffles & d'élands. Ses Chamoiseurs ont la réputation d'être les meilleurs Ouvriers du Royaume, ce que le grand débit qu'ils font de ces sortes de cuirs, semble justifier assez.

Il se fait aussi à Niort un assez grand négoce d'épicerie, de sel, de poisson, & autres marchandises qui y viennent de la mer, par des barques qui remontent la riviere de Sévre jusqu'au pont de la Ville, où cette riviere forme un assez grand port : de-là toutes ces denrées se débitent dans le reste de la Province.

Fontenay-le-Comte, Ville du bas Poitou, très célébre par ses foires de bestiaux, & particuliérement de chevaux. Il s'y fait des draps d'une aune de large, & des étamines ; les unes & les autres de laine du pays.

Enfin, les Tixiers ou Tisserans, y sont jusqu'au nombre de plus de cent, mais aucun n'y travaille pour son compte, les toiles qu'ils font, étant toutes pour les Bourgeois.

La Chateigneraye. Ses Fabriques sont des cadicées ou cadisées, des sergettes, & des serges drapées d'une aune de large : celles-ci, avec des laines du pays ; les deux autres avec des fleuretons de Navarre.

Cheuffois. Les cadicées & les sergettes, qui se font dans cette Fabrique, sont des mêmes qualités que celles de la Chateigneraye, & l'on y employe les mêmes laines : on y fait aussi des droguets laine & fil. La laine de ces derniers est très commune, n'y entrant que des laines de bas qu'on nomme aussi avalies.

Il s'en fait en tout environ deux cent cinquante pieces qui se débitent dans la Province, à Limoges, & à Nantes. Il y a dans cet endroit neuf ou dix Fabriquans, mais ils n'ont que quatre métiers qui travaillent, un moulin à foulon en fait les apprêts.

La Meilleraye. On n'y fait que des tiretaines & petits droguets laine & fil ; & l'on n'y employe que des avalies. Le produit est de quatre cent cinquante ou quatre cent soixante pieces par an, qui occupent douze Fabriquans, dix-huit métiers, & un moulin à foulon. Le débit s'en fait dans la Province.

Pouzanges. Dix Fabriquans y ont vingt-trois métiers, où il se fait des tiretaines & des droguets, de même qualité qu'à la Meilleraye. Le produit de cette Fabrique va jusqu'à seize cent pieces qui se débitent toutes dans la Province. Il y a un moulin à foulon.

Saint-Memin. C'est la même Fabrique qu'à la Meilleraye & à Pouzanges, & le même produit qu'à cette derniere : dix Fabriquans y entretiennent trente métiers. Le débit ne s'en fait ainsi qu'en Poitou.

Les étoffes des trois Fabriques précédentes ne sont bonnes que pour habiller le menu peuple des Villes & les paysans de la campagne.

Bresuire. Cette Fabrique est une des plus considérables du département de l'Inspecteur des Manufactures de Poitiers. Les étoffes qui s'y font, sont des tiretaines fil & laine, des serges rases, & des serges drapées. Les tiretaines sont de plusieurs sortes ; & il s'en fait d'unies & à carreaux ; mais toutes aussi-bien que les serges, ne se font que de laines du pays.

On compte à Bresuire près de soixante & dix Fabriquans & cent métiers, qui produisent, année commune, plus de quatre mille pieces d'étoffes, pour le dégraissage & le foulage desquelles il y a jusqu'à six moulins. Il y a aussi deux Teinturiers, mais qui ne sont pas également occupés.

Les lieux de débit sont, Lyon, Orléans, Paris, & Nantes, où il s'en envoye une très grande quantité.

Moncontan. La Fabrique de Moncontan fournit plus de deux mille cinq cent pieces d'étoffes ; ces étoffes sont toutes tiretaines, mais de différentes façons ; y en ayant d'unies, d'autres croisées, d'autres à carreaux, & d'autres ondées. On y employe des avalies, qui se tirent de Niort, de Bordeaux, de Xaintes, & de Sensac.

Les Fabriquans sont en nombre égal aux métiers, qui y travaillent, c'est-à-dire, vingt de chacun.

Il y avoit autrefois plusieurs moulins pour le dégraissage & le foulage de ces tiretaines ; mais il faut présentement s'en pourvoir ailleurs : on pourroit aisément les rétablir, & la Fabrique le mériteroit. Paris, Lyon, Orléans, & Nantes, les enlevent presque toutes.

Saint-Pierre du Chemin. Il ne se fait dans cette Fabrique qu'environ trois cent pieces d'étoffes par an, quoiqu'il y ait jusqu'à dix-huit Fabriquans & cinquante métiers. Ces étoffes sont des cadicées & des droguets de fleureton de Navarre, & des serges drapées d'une aune de large, de laines du pays. Elles s'envoyent à Limoges, à Nantes, & en Canada.

Thouars. Les Manufactures de cette Ville consistent en serges drapées, en serges rases, unies, & à la cordéliere, & en quelques étamines. Le produit de ces diverses étoffes va, année commune, depuis neuf cent jusqu'à mille pieces. Leur Fabrique occupe plus de quarante-cinq métiers, vingt Facturiers, quatre moulins à foulon, & deux Teinturiers. Le principal débit s'en fait dans la Province & en Anjou.

Parthenay. Les droguets qui s'y font, sont fort estimés & ont un grand cours ; les uns sont tout de laine, & les autres, fil & laine. Il n'entre dans ces derniers que de la laine du pays, & l'on n'employe dans les premiers que de la laine d'Espagne. Ces deux Fabriques entretiennent jusqu'à quarante-cinq Maîtres & soixante métiers.

Il y a cinq moulins pour le foulonnage, & quatre Maîtres Teinturiers pour les teintures. Il se fait à Parthenay, année commune, au-delà de deux mille pieces d'étoffes, qui se débitent dans toutes les Provinces du Royaume.

Azais. Ce sont aussi des droguets qui se fabriquent à Azais. Les uns sont appellés droguets à l'Impériale ; & les autres, droguets communs : ceux-ci sont tout laine ou laine & fil ; les autres sont laine & soie. Aux Impériales on n'employe que des laines de Campo, & aux communs, des laines du pays. Quinze Fabriquans & vingt métiers, ne font gueres que trois cent pieces d'étoffes, qui ont le même débit que celles de Parthenay. Les apprêts s'y font par cinq moulins à foulon.

Secondigny. Cette Fabrique a neuf Fabriquans ; mais dont il n'y en a que deux qui travaillent sur autant de métiers. Les tiretaines qu'on y fait, sont de très bas prix ; aussi n'y employe-t-on que les laines du pays de la moindre qualité. Le produit va, année

année commune, à deux cent cinquante pieces qui se débitent dans la Province. Quatre moulins à foulon travaillent à leurs apprêts.

VERNOU. On y fait les mêmes étoffes qu'à Secondigny, & à peu près la même quantité. Il y a vingt Fabriquans, quatre métiers, & quatre moulins; le débit en est aussi dans la Province.

VIVOUSNE. Les Fabriques de Vivousne sont des serges grossieres, & quelques serges rases. Douze Fabriquans & six métiers, en fournissent jusqu'à quatre cent pieces qui se consomment dans le pays.

CHASTEAU-LARCHER. Cette Fabrique donne à peu près le même nombre de pieces d'étoffes que la précédente, avec cette différence qu'il ne s'y fait que des revêches, & encore de bas prix, n'y entrant que des pignons. On y compte jusqu'à sept moulins à foulon, & douze Fabriquans; mais seulement deux métiers battans. Toutes ces revêches se vendent à Poitiers.

MESLE. Il ne s'y fait que des serges rases, des laines du pays, dont le produit va de trois à quatre cent pieces par an. Les Fabriquans qui y sont au nombre de dix-huit, ne travaillent le plus souvent que pour les Bourgeois, ce qu'ils font pour leur compte se débite sur les lieux.

CUIRAY. Cette Fabrique ne fournit que des serges grossieres; il s'y en fait environ six cent pieces qui se vendent sur les lieux ou s'envoyent à Poitiers. Il y a douze métiers battans, & quatre moulins à foulon. Plus de trente Fabriquans qu'on y compte encore, marquent que cette Manufacture a été plus considérable.

GENCAY. Il n'y a gueres de Fabrique où il y ait tant de Facturiers avec si peu de métiers; ceux-ci ne passent pas le nombre de dix ou onze; & les autres y sont encore plus de quatre-vingt. Le produit annuel des étoffes y est très modique, & se borne ordinairement à deux cent pieces, partie serges de deux estains, & partie revêches: les unes & les autres, de laine du pays. Leur débit se fait aux environs & à Poitiers.

COULONGES. On fait à Coulonges des droguets tout de laine, drapés & croisés, dont le produit va, année commune, à deux cent quarante ou deux cent cinquante pieces qui sont presque tous enlevés par les Marchands de Limoges & de la Rochelle, le reste se consomme dans la Province.

On a dit ci-dessus qu'il y avoit jusqu'à cent cinquante Tixiers ou Tisserans à Poitiers & à Niort; mais qu'ils ne faisoient des toiles que pour les Bourgeois: il en est de même de quantité d'autres qui sont répandus dans tout le Poitou, dont on a cru assez inutile de rapporter le détail, qui serviroit peu à ceux qui font le négoce des toiles.

Il se recueille dans la Généralité de Poitiers environ deux cent cinquante milliers de laines, qui s'employent non-seulement dans la Fabrique des étoffes dont on vient de parler; mais encore dans celle des bas & des chapeaux, qui font un objet de commerce assez considérable pour la Province.

Ces trois Fabriques consomment aussi une assez grande quantité de laines d'Espagne, particuliérement de celles qu'on appelle laines de Campo, & fleuretons de Navarre: qu'on tire par la voie de la Rochelle & de Nantes, on estime qu'il en vient chaque année près de deux mille balles, pésant chacune deux à trois cent livres.

Il n'y a aucune Communauté ni Statuts particuliers pour les Fabriques des étoffes dans toute l'étendue du département de Poitiers, mais l'Inspecteur des Manufactures a soin seulement que les Réglemens généraux y soient observés.

Le débit de toutes les étoffes qui se fabriquent dans ce département, se fait aux foires de Niort & de Fontenay-le-Comte: on en parle ailleurs. *Voyez* l'article des Foires.

Il se fabrique dans cette Généralité depuis vingt-cinq jusqu'à trente mille pieces d'étoffes par an.

Il n'y a dans le Poitou que trois forges à fer & un fourneau pour le raffiner.

Il s'y fait aussi quelques papiers dans les deux moulins établis au Bourg de Saint-Benoit.

## COMMERCE DE LA ROCHELLE, PAYS D'AUNIS, XAINTONGE, &c.

Le principal négoce de cette Ville, si célébré par sa puissance & par sa chûte, se fait du côté de la mer.

Les productions des Provinces & Pays qui composent sa Généralité, sont des sels, des vins, des eaux-de-vie, des chanvres.

On y éleve aussi quantité d'excellens chevaux.

Les armemens & cargaisons des Rochellois, se font ordinairement pour les Isles Françoises de l'Amérique, celle de Cayenne, la Côte de Saint-Domingue, dans ce qui n'est pas de la concession de la Compagnie établie en 1698; le Canada, la Côte de Guinée, les Isles Açores, & le Portugal.

Avant le Traité d'Utrecht, ils en faisoient aussi pour la Baye d'Hudson & l'Acadie; mais l'une a été restituée, & l'autre a été cédée aux Anglois par ce Traité.

La charge des vaisseaux qui partent pour les Colonies Françoises des Isles Antilles, consiste en tout ce qui est nécessaire pour l'habillement & la nourriture des habitans; comme des vins, des eaux-de-vie, de la farine, du bœuf d'Irlande, des toiles, & de toutes sortes de marchandises seches. On y ajoute, pour le Canada, de la quincaillerie, de la mercerie, des haches, des couteaux, des armes, des aiguilles, de la poudre, & du plomb.

On retire de ce Commerce diverses marchandises, suivant qu'elles se cultivent dans ces différens lieux;

Des Isles Antilles, du sucre brut & blanc, du cacao, du rocou, du gingembre, de la casse, des cuirs, du bois de Bresil, du bois de Campêche, du bois de citron, du carret, ou écaille de tortue, & quantité de fruits confits.

Saint-Domingue fournit de la cochenille, du quinquina, du cacao, du carraque, de la vanille; même des perles, des émeraudes, & des piastres: mais comme tout cela provient des prises des Flibustiers, on n'y compte pas comme sur un Commerce réglé. Ses marchandises sont, les cuirs, le tabac, & quelques bois pour la teinture & la marqueterie.

Le Canada, & les Colonies du côté du Nord, donnent de la morue verte & séche, du stockfiche, du saumon, & des anguilles salées, de l'huile de poisson, des mâts, & toutes sortes de pelleteries; mais celles-ci ne sont que pour la Compagnie des castors. *Voyez ci-après* l'Etat des Marchandises qui arrivent ordinairement à la Rochelle, tant des Pays étrangers que des Provinces du Royaume, &c.

*Tout ce qui se charge à la Rochelle pour les Colonies, ne paye aucuns droits de sortie; mais ce qui en revient, & toutes les marchandises qui s'y chargent pour tout autre endroit, payent à l'entrée & à la sortie, les droits des cinq Grosses Fermes, & généralement tous les nouveaux droits, même quelques droits particuliers, tels que celui de la Prévôté, qui est de 4 deniers pour livre de l'estimation.*

Le nombre des vaisseaux que les Marchands de la Rochelle employent au Commerce des Isles, est environ de cinquante bâtimens, depuis quatre-vingt jusqu'à cent cinquante tonneaux. Ces vaisseaux partent dans les mois de Novembre & de Décembre, pour les vins nouveaux; & de tems en tems, pendant le cours de l'année, pour les autres marchandises. Ils reviennent aussi en tout tems.

Les navires destinés pour le Canada & les Colonies du Nord, partent dans les mois de Mai & de Juin, & font leurs retours en Décembre.

On parlera ailleurs plus amplement de ce Commerce. *Voyez le* COMMERCE DE L'AMERIQUE. On va seulement ajouter ici les prix ordinaires des principales marchandises qui font les retours des vaisseaux de la Rochelle, & de quelques-unes de celles qu'on y envoye.

Le sucre brut se vend vingt-trois à vingt-cinq liv. le cent; le sucre blanc, cinquante à soixante; l'indigo, six francs la livre; le rocou, vingt sols; le cacao, quatorze à quinze sols; le côton, cent & cent cinq livres le quintal; le gingembre, trente à trente-cinq livres aussi le quintal. Il y a des pelleteries de tout prix. Pour le castor, il n'y a que la Compagnie qui en puisse vendre.

Le bœuf d'Irlande se vend depuis quinze jusqu'à vingt livres le baril; le suif du même pays, trente livre le quintal; & le beurre aussi d'Irlande, depuis seize jusqu'à vingt-cinq livres le cent.

Il faut remarquer, que ces prix changent quelquefois, augmentant & baissant suivant les conjonctures; mais l'on a pris une estimation moyenne, à laquelle ils ont coutume de toujours revenir.

En tems de guerre, les Suédois & les Danois viennent à la Rochelle charger des vins & des eaux-de-vie.

Pendant la paix, les Anglois & les Hollandois y en chargent pareillement; à quoi ils ajoutent du papier d'Angoulême, des toiles de Barbesieux, des serges de Poitou, des syrops, de l'indigo de Saint-Domingue, & des castors de la Compagnie.

On envoye aussi de la Rochelle, des eaux-de-vie, en Normandie & en Picardie; en Portugal, des soieries de Tours & de Lyon, & des étoffes d'Amiens & de Saint-Maixant; & en Espagne, du cacao des Colonies Françoises de l'Amérique.

Le Commerce que les Marchands de la Rochelle font à la côte d'Afrique, leur fournit du morfil, des cuirs, de la cire, & de la poudre d'or. Celui de Portugal, de la moscouade du Bresil, du chocolat, de l'écorce de citron, des oranges, & du tabac de Bresil. L'Angleterre, du plomb, & de l'étain. L'Irlande, du bœuf salé pour les Colonies, des beurres, des suifs, & des cuirs. Enfin la Hollande, des épiceries, des fromages, & des huiles de baleine.

Le Commerce d'Afrique, d'Espagne, & de Portugal, n'étant pas réglé, les Rochellois n'y destinent pas un certain nombre de vaisseaux, se contentant d'en armer suivant les conjonctures. Pour celui d'Angleterre, de Hollande, & du Nord, il se fait le plus ordinairement par les navires de ces Nations, qui viennent elles-mêmes charger les marchandises qui leur conviennent.

Les raffineries de la Rochelle sont très considérables; & c'est-là que sont raffinés tous les sucres bruts qui viennent des Isles par les retours des vaisseaux.

Les sels polieretes & anodins, que les Droguistes de la Rochelle préparent, sont propres pour l'Espagne & le Portugal, où l'on en fait quelques envois.

## ISLE DE RHE'.

C'est dans l'Isle de Rhé que se fait cette excellente fenouillette, ou eau-de-vie d'anis, qui a une égale réputation en France & dans les Pays étrangers, particuliérement parmi les Nations du Nord.

Cette Isle est fort abondante en vins & en sel. Le vin y est médiocre, mais il est excellent pour en faire de l'eau-de-vie: on prétend qu'année commune il s'en enleve près de quarante mille bariques, que les Habitans font brûler.

On ne parlera pas des pêches abondantes de toute sorte de poisson frais, qui se font le long des Côtes du pays d'Aunis & de Xaintonge, ni de celle des sardines qui se nomment Sardines de Royan, qui se fait aux mois de Juin & de Juillet, à l'embouchure de la Gironde; parce que le débit n'en est que pour les Provinces de la Généralité, ou quelques-unes qui en sont voisines, & que d'ailleurs, à l'égard des sardines salées, il en est parlé à un endroit particulier. *Voyez* SARDINE.

On se contentera même d'indiquer en cet endroit, que c'est des marais salans de Brouage, de Marennes, & de l'isle de Rhé, que se tire cette quantité extraordinaire de sel qui suffit presque à tout le Royaume, & qui en fournit encore en abondance aux Etrangers; ce Commerce qui fait la plus grande & la plus solide richesse de cette Généralité, méritant un article particulier. *Voyez* SEL & SALINE.

### *MEMOIRE SUR CE QUI SE PRATIQUE AU BUREAU GENERAL DE LA ROCHELLE lorsque les vaisseaux y arrivent ou en sortent.*

Lorsqu'un Maître de navire ou barque, arrive dans les rades ou havre de la Rochelle, il est obligé de venir au Bureau faire sa déclaration dans les 24 heures, dans laquelle il doit faire mention généralement de tout ce qu'il a dans son bord, ne fut-il même que de relâche.

S'il décharge dans cette Ville après qu'il a mis en général tout ce qu'il a dans son bâtiment, il explique en détail le nombre des balles, ballots, caisses, tonneaux, &c. qu'il peut avoir pour chaque Marchand en particulier, duquel il met le nom dans sa Déclaration, l'extrait de laquelle est prise par les Officiers des quais & de la patache, pour s'en servir à la visite & déchargement du bâtiment.

Après la déclaration ainsi faite, le Marchand à qui la marchandise est adressée, vient prendre son Congé, sur lequel le Commis qui le délivre, met le numero de la déclaration, & les Receveur & Contrôleur y cottent un Garde. Ce Billet de Congé doit être rempli non-seulement de la qualité & quantité des marchandises, mais aussi du poids, suivant l'article IV du titre II de l'Ordonnance du mois de Février 1684.

Le Congé est ensuite porté par le Marchand, aux Receveur & Contrôleur, qui en chargent chacun leur Registre tout au long, avec cette différence néanmoins qu'ils laissent le poids en blanc, obligeant en même-tems le Marchand qui le leur apporte, de faire sa soumission sur un Registre particulier, qu'ils appellent le Registre des déclarations des Marchands. Par cette soumission il s'engage de payer les droits de ses marchandises, dont il énonce le poids, ainsi qu'il est mis dans la déclaration qu'il a donnée au Commis-Scribe qui lui a donné son Congé, & qu'il est porté par ledit Billet de Congé.

On remet ensuite le Billet entre les mains du Garde cotté & nommé pour la décharge des marchandises, par les Receveur & Contrôleur; lequel Garde avertit un des Officiers des quais pour être présent à ladite décharge.

Les marchandises, à mesure qu'elles sortent du bâtiment, sont portées au Bureau; & y sont conduites par un Garde qui en charge les Visiteurs, & leur remet le Congé après l'avoir certifié au dos, que la décharge en a été duement faite.

Lorsque quelque Marchand se présente pour retirer ses marchandises, les Visiteurs les lui délivrent après les avoir visitées, pesées, comptées, ou mesurées suivant leur nature & qualité.

S'il se trouve quelque difference sur la qualité de la marchandise, on saisit le tout, si ce n'est que sur la quantité ou nombre on saisit seulement l'excédent; mais lorsque la différence est sur le poids, si elle est considérable, on retient ce qui est excédent à la déclaration du Marchand, & l'on en dresse un procès-verbal pour en poursuivre la confiscation & l'amende; Si au contraire il se trouve moins de marchandises qu'il n'en a été déclaré, on en fait néanmoins payer les droits conformément à la déclaration.

Le poids & la visite étant faite par les Visiteurs, ils le portent sur leurs Registres, & chargent pareillement les Billets de Congé, qu'ils rendent ensuite aux Receveur & Contrôleur, pour remplir le blanc qu'ils avoient laissé dans ceux qu'ils tiennent pour la recette & contrôle.

Après la visite, il est permis aux Marchands de faire porter chez eux leurs marchandises, quoiqu'ils n'en payent pas les droits comptant, le Bureau leur accordant ordinairement trois mois pour le payement, ce qui va souvent à quatre, à cinq, & quelquefois à six.

L'on donne des acquits à caution pour les marchandises qui sortent par mer & par terre, & l'on fait payer; sçavoir, quand les droits vont à vingt sols & au-dessus, jusqu'à 3 livres 2 sols 6 deniers, & lorsqu'ils montent à 3 livres & au-dessus, 5 sols.

Les passavants se donnent indifféremment par mer & par terre, pour les lieux où les droits ne sont pas dûs, lorsque la marchandise ou denrée qui se transporte, ne doit des droits qu'au-dessous de 20 sols.

L'on fait faire des soumissions aux Marchands lorsqu'ils veulent charger des marchandises ou denrées, pour des lieux où les droits ne sont pas dûs; & on leur donne une permission de charger sur les quais, dans laquelle on nomme un Garde qui met au dos un certificat de ce qu'il a vû charger; & sur ce certificat on expédie ou un acquit à caution, ou un passavant, ou un simple certificat suivant les cas.

L'on délivre des Billets de visite pour la jauge des bâtimens étrangers, lesquels sont rapportés au Bureau avec le certificat de celui qui a jaugé, où il met les proportions du vaisseau & le port dont il est, sur quoi on fait acquitter les 50 sols par tonneaux.

## MARCHANDISES AUXQUELLES ON ACCORDE DE LA TARE AU BUREAU GENERAL DE LA ROCHELLE.

### *Entrée.*

Généralement toutes les drogueries venant des Pays étrangers, lorsqu'elles sont dans des boucauds, barils, bariques, caisses, ou tierçons, ont la tare à proportion des futailles.

Le poivre en balle, 10 sols par chacune balle.

Le sucre du Bresil qui vient toujours dans des caisses, 20 pour cent.

Les sucres & moscouades des Isles Françoises de l'Amérique; sçavoir,

Pour les cinq Grosses Fermes, & 40 sols du Domaine d'Occident, 14 pour cent.

Les sucres & moscouades de Cayenne lorsqu'ils sont dans des caisses, 20 pour cent, & dans des bariques 14 pour cent.

Et pour les droits de 3 pour cent, tant en caisses qu'en barils, 17 pour cent.

Le coton en laine, 6 livres par balle.

Le tabac de Saint-Domingue, 4 livres par rôle.

L'indigo, carret, rocou, & autres marchandises venant des Colonies Françoises, soit en futaille ou emballage, à proportion desdites futailles & emballages; mais seulement à l'égard des trois pour cent.

### *Sortie.*

A l'égard de la Sortie, il ne se donne aucune tare que sur les soieries, que l'on fait aussi à proportion de ce qui les contient.

## MARCHANDISES QUI ARRIVENT ORDINAIREMENT A LA ROCHELLE, *tant des Pays étrangers que des Provinces du Royaume, avec les lieux de leur débit & consommation.*

Sçavoir :

### DES COLONIES FRANÇOISES *de l'Amérique.*

De l'indigo.
Du coton.
Du carret.
De la caouanne.
Du chocolat.
Du cacaz ou cacao.
Des cuirs.
De la mitraille.
Du cascarille ou quinquina.
Du jus de citrons.
De la casse filtalle.
Des sucres bruts.
Des sucres rafinés.
Du rocou.
De la cochenille.
Du campêche.
Des cuirs du Cap-verd.
Du morphile.
Des confitures.
Du tabac de Saint-Domingue.

Les Rafineurs de la Rochelle consomment partie des moscouades dans leurs rafineries; & les sucres qui en proviennent, aussi-bien que ceux qui y arrivent tout rafinés des Isles, se dispersent dans le Poitou, l'Aunix, la Xaintonge, l'Angoumois, le Limosin, le Perigord, le Maine, la Touraine, l'Anjou, & Orléans.

Les moscouades se portent aussi à Rouen pour y être rafinées, & quelquefois en Hollande, suivant que les Marchands y croyent trouver leur compte.

Les melasses ou syrops qui sortent des sucres, sont portés en Hollande, & ne payent aucun droit suivant l'Arrêt d'Exemption.

L'indigo, le carret, le coton, la cochenille, sont portés à Paris, à Lyon, & sortent par acquits à caution, pour ces lieux; mais lorsqu'on en charge pour Bordeaux, ce qui est rare, ou autres lieux où les droits sont dûs, on donne des acquits de payement.

### DE CANADA.

Des castors.
Des peaux d'Origneaux en poil & apprêtées.
Toutes sortes de pelleteries communes non apprêtées, comme;

| | |
|---|---|
| Renard. | sortes. |
| Loutre. | Peaux de loups-marins. |
| Fouine. | Peaux de loups de bois. |
| Pitois. | Peaux d'ours, &c. |
| Chiens, chats, & autres | Des blés & des pois. |

La Compagnie des Indes a le privilége exclusif du castor, avec la faculté de le faire transporter par tout le Royaume sous acquit à caution. On envoye partie des orignaux en Hollande & à Bayonne par acquit de payement; & partie des orignaux sont portés dans le Poitou & à Paris où ils sont apprêtés, & sortent par acquit à caution. Toute la même Pelleterie va à Paris & à Lyon.

### *De Provence et Languedoc.*

| | |
|---|---|
| Des huiles d'olives. | raisins, figues, amandes, &c. |
| Des savons. | |
| Des olives. | Des anchois. |
| Des capres. | Des noix de galles. |
| Des fruits secs: comme | Du ris. |

Du sené & autres marchandises du Levant.

Ces marchandises se consomment, partie dans le Poitou, la Touraine, & l'Anjou, où on les transporte par passavant ou acquit à caution, suivant que la chose le requiert; & partie dans le Limosin, le Perigord, & la Xaintonge: mais à l'égard de ces trois Provinces, on donne des billets de payement, parce que les droits y sont dûs.

### *De Bordeaux.*

Des vins, & partie des marchandises ci-dessus nommées, de Provence & de Languedoc; lesquelles ne venant pas directement à la Rochelle, descendent jusqu'à Bordeaux; & ensuite y sont renvoyées dans des barques. Il y vient encore:

Des thuiles.
De la brique.
De la poterie de terre.
Et un peu de bois.

Le vin ne sort point de la Rochelle & s'y consomme: partie des autres marchandises se débitent comme ci-dessus.

### *De Bretagne.*

| | |
|---|---|
| Du fer en verge. | Des bois de merrain de toutes sortes. |
| Du fer en gueuse. | |
| Du fer en barre. | Du poisson sec de la pêche Françoise. |
| Des toiles royales à faire des voiles. | Des sardines. |
| Des rabes de morue. | Des bariques en bottes. |

La consommation s'en fait partie dans la Ville & aux environs: partie du fer s'envoye dans le bas Poitou par acquit à caution; mais il n'en sort gueres pour les Provinces où les droits sont dûs comme en Xaintonge; parce qu'il y en vient des forges de l'Angoumois & du Perigord.

Presque toute la morue verte & seche, qui entre à la Rochelle, y est apportée par des vaisseaux, que les Bourgeois de cette Ville, & ceux des Sables d'Olonne, envoyent à la pêche.

Cette morue, outre la consommation de la Ville, se distribue dans les Provinces circonvoisines, ainsi que les autres denrées, & paye les droits lorsqu'elle va dans les Provinces où ils sont dûs.

### *De Bayonne et du pays d'Arcasson.*

| | |
|---|---|
| Du bray gras & sec. | Des laines. |
| Du goultran. | De la réglisse. |
| De la résine. | Des jambons. |

Des huiles de baleine & fanons, de la pêche Françoise.

Le bray & le goultran se consomment la plus grande partie à la Rochelle en radoub de vaisseaux; les résines, les laines, & l'huile de baleine, se transportent dans les Provinces voisines; aussi-bien que la réglisse & les jambons: on en fait payer les droits quand ces choses vont dans des lieux où ils sont dûs.

### *D'Espagne.*

Du fer en barre, & des laines.

Ces deux sortes de marchandises se consomment dans le Poitou.

### *De Portugal.*

| | |
|---|---|
| Des tabacs de Bresil & de Marignan. | Des cassonnades. |
| | Du bois de Bresil. |
| Des huiles d'olives. | Du bois de crabe. |

La plus grande part des tabacs s'achetent par le Fermier, & sont distribués dans les Bureaux de la Ferme; les droits d'entrée en sont payés par les Marchands qui les vendent. Il en sort quelques rôles pour le Canada par acquit à caution, du Bureau de la Ferme du tabac, & à part par un passavant du Bureau des Fermes du Roi. On envoye les huiles, une partie dans les Provinces où les droits sont dûs; & l'autre partie dans le Poitou & l'Aunix. Le bois de crabe se transporte à Tours, à Orléans, & à Lyon; & les cassonades du Bresil, à Tours & à Orléans.

### *De Hollande et des pays du Nord.*

| | |
|---|---|
| Du lin. | Du poivre. |
| Du chanvre. | De la muscade. |
| Des fromages. | Du gerofle. |
| Des planches. | De la canelle. |
| Des mâts. | Toutes sortes d'autres drogueries & épiceries. |
| Des toiles. | |
| Du bray gras. | Du fil de lin. |
| Du goultran. | Du fil de chanvre. |
| Du fil d'archal. | De la Mercerie. |
| Du fil de caret. | De la Quinquaillerie. |
| Du fil d'étoupes. | Du cuivre ouvré. |
| De l'acier. | Du cuivre en plaque. |
| Des bordilles ou poeles à frire. | Des pots de fer, &c. |

La plus grande partie de ces marchandises se consomment dans la Rochelle même; le reste se disperse dans les Provinces voisines: & l'on en fait payer les droits dans les lieux où ils sont dûs.

### *D'Angleterre, d'Irlande, et d'Ecosse.*

| | |
|---|---|
| Des beurres. | Des sardines. |
| Du plomb. | Du bœuf salé en barils. |
| De l'étain. | Des flacons de terre. |
| Des harengs blancs & sorets. | De la bierre. |

*Nota.* Que le bœuf salé se décharge à l'Isle de Rhé pour n'en point payer les droits.

Il faut encore observer que les étains & les plombs d'Angleterre, ouvrés & non ouvrés, ont été mis au nombre des marchandises de contrebande par le Réglement de 1701.

Les autres marchandises d'Angleterre, Ecosse, & Irlande, qui viennent à la Rochelle, s'y débitent comme celles de Hollande.

A l'égard des marchandises du crû du Royaume, & particuliérement du pays, dont les Rochelois font commerce avec les Etrangers ou dans quelques Provinces de France, les principales sont des vins, dees eaux-de-vie, des toiles, des bas de laine & de soie, des étoffes des mêmes matieres, du biscuit, &c.

Leur destination est quelques vins & eaux-de-vie pour la Hollande & l'Angleterre : mais beaucoup des uns & des autres, pour la Picardie & la Normandie, qui y vont sans acquit à caution ; les bas & étoffes de soie & de laine, s'envoyent la plus grande partie à Lisbonne & à Madere, & payent les droits suivant le tarif, & encore ceux de la Prévôté.

*ETAT DES MARCHANDISES qui ne sont point comprises dans les tarifs, & qui doivent payer les droits sur le pied de 5 pour cent de leur valeur.*

Pour la commodité du Marchand & du Fermier, il a été réglé entr'eux à la Rochelle, une estimation de certaines sortes de marchandises qui ne se trouvent pas dans les tarifs ; mais qui entrent fréquemment au Bureau de cette Ville. On a cru faire plaisir au Lecteur de l'ajouter ici.

| | |
|---|---|
| Bourdille estimée, | 50 liv. le cent en nombre. |
| Bourillon, | 40 l. le cent en nombre. |
| Rognons de castor, | 4 liv. la livre. |
| Le cacas ou cacao, | 10 l. la livre. |
| Les rabes de morue, la barique, | 25 l. à l'entrée, 30 l. à la sortie. |
| Pipes à tabac, la grosse, | 20 s. à l'entrée, 30 s. à la sortie. |
| Bois de crabe, | 80 l. le cent pésant. |
| Les futailles vieilles, | 4 l. le tonneau. |
| Langues & moges de morue, | 10 à 12 l. la barique. |
| Planches de Prusse. | 50 s. ou 3 l. la piece. |
| Bois de noyer, | 7 l. la brasse. |
| Billettes à brûler, | 5 l. la brasse. |
| Nates à faire grenier, | 15 l. le millier en nombr. |
| Gamelles, plat, & assiettes de bois. | 40 s. la douzaine. |

L'on a aussi fixé pour la sortie l'estimation de diverses marchandises qui sont sujettes aux quatre deniers pour livre de la Prévôté de la Rochelle.

La barique d'eau-de-vie sur le pied de 60 livres, paye 20 s.

Le cent pésant de serge sur le pied de 100 liv. 33 s. 4 d.

Les étoffes de soie avec or & argent, la livre sur le pied de 60 liv. 20 s.

Les étoffes de soie, la livre sur le pied de 30 liv. 10 s.

La soie & ruban de soie, la livre sur le pied de 20 liv. 6 s. 8. d.

Le papier, le cent pésant sur le pied de 20 liv. 6 s. 8 d.

Les peaux d'orignaux sur le pied de 15 l. 5 s.

Les peaux de chevreaux & agneaux, la douzaine sur le pied de 30 s. 6 d.

Par balle de laine, 4 d.

*ESTIMATION DES MARCHANDISES VENANT DES ISLES DE L'AMERIQUE, convenue entre les Marchands de la Rochelle & le Fermier du Roy, sur le pied de laquelle doivent se payer les droits de trois pour cent.*

| | |
|---|---|
| L'indigo, la livre, | 3 l |
| Le coton, le cent, | 30 |
| Le carret, la livre, | 3 |
| La caouanne, la livre, | 15 s. |
| Le chocolat, la livre, | 1 l. 10 |
| La casse fistulle & canefice, le cent, | 3 |

*Nota*, qu'elle vient en grenier ; & qu'on la descend dans des paniers qu'on tare.

| | |
|---|---|
| Les sucres bruts, le cent, | 8 l. |
| Les sucres rafinés, le cent, | 25 |
| Les sucres terrés, le cent, | 18 |
| Le cacas ou cacao, le cent, | 50 |
| Le rocou, le cent, | 11 |
| La cochenille mesteque, le cent, | 12 |
| Le bois de campêche, le cent, | 8 |
| Les cuirs, la piece, | 5 à 6 |
| Le cuir du Cap-verd & du Senegal, | 5 à 6 |
| La mitraille, la livre, | 10 |
| Le morfil ou dent d'éléphant, le cent, | 90 |
| La cascarille ou quinquina, la livre, | 2 l. 10 |
| Les confitures, le cent, | 50 |
| Le jus de citron, le cent, | 50 |

Les tabacs de Saint-Domingue, suivant leur bonne ou mauvaise qualité.

Il faut observer qu'on fait les tares des marchandises à proportion des caisses, tonneaux & emballage, & pour les sucres on donne 17 liv. pour cent, & 4 liv. par rôle de tabac de Saint-Domingue pour le bâton.

On parle ailleurs de l'établissement du droit de trois pour cent, sur les marchandises qui viennent des Isles de l'Amérique. *Voyez* dans ce Dictionnaire TROIS POUR CENT.

*MEMOIRE DES DROITS qui se perçoivent au Bureau général de la Rochelle.*

*DROITS D'ENTRE'E ET DE SORTIE.*

On leve audit Bureau les droits d'entrée & de sortie du Royaume, autrement appellés les cinq Grosses Fermes.

A l'Entrée, lesdits droits se levent sur toutes sortes de marchandises venant des Pays étrangers & des Provinces du Royaume, réputées étrangeres ; à cause que lesdits droits des cinq Grosses Fermes n'y sont pas établis, comme la Xaintonge, la Guienne, la Bretagne & autres.

A la Sortie, lesdits droits se levent pareillement sur les marchandises sortant pour les Pays étrangers ou pour lesdites Provinces du Royaume, où les droits ne sont pas établis.

Les déclarations de toutes les marchandises qui viennent de la mer, se doivent faire aussi-tôt après l'arrivée des bâtimens, ou pour le plus tard dans les 24 heures ; & en cas de retardement, il est dressé un procès-verbal contre les contrevenans, pour les faire condamner à l'amende. *Voyez* ce qu'on a dit ci-dessus de ce que doivent pratiquer les Maîtres de navire qui arrivent dans les rades & havres de la Rochelle.

*DROITS DU TABLIER ET PREVOSTE' DE LA ROCHELLE.*

Ledit droit a été institué le 29 Octobre 1635 : la Ville de la Rochelle en a joui pendant long-tems ; & enfin il a été réuni aux Fermes du Roi. Il consiste en 4 deniers pour livre d'évaluation de toutes les marchandises sortant par mer, pour les Pays étrangers & la Province de Bretagne seulement.

Il se leve aussi quatre deniers par balle de laine, sortant par mer pour Marans, Niort, Fontenay, & autres lieux du Poitou.

Le vin, le blé, toutes sortes de légumes, graines, drogueries, & épiceries, ne sont point sujettes aux droits de Prévôté.

A l'entrée, lesdits droits de Prévôté ne se levent

que sur les marchandises suivantes; sçavoir :

Par douzaine de peaux de veaux tannés 8 sols la douzaine.

Par cent pésant de plomb, 4 d.
Par cent pésant de suif, 4 d.
Par balle de laine, 8 d.

Il n'y a aucun tarif pour la perception desdits droits, qui sont seulement réglés sur l'usage.

Il se leve encore 2 sols par muid de sel, entrant en Ville par mer, ou qui se renvoye dans les coutumaux, venant des Isles de Rhé, Olleron, & Brouage, où les droits de la Ferme des 36 sols de Brouage, sont acquittés.

## *DROITS DE LA TRAITTE DE CHARANTE SUR LE SEL.*

La Traitte de Charante est ainsi appellée, parce que ce droit a son principal établissement sur la riviere de Charante au Bourg de Tonnay-charante.

Les droits sur le sel qui s'enleve de la Ville de la Rochelle & des marais en dépendans, se payent à raison de 30 liv. par muid mesure rase de Brouage, composée de 24 boisseaux, deux sols pour livre desdits droits, & douze deniers pour livre de la somme produite desdites 30 liv. en principal; & desdits 2 sols pour livre.

On prend de plus 9 liv. d'augmentation sur chaque muid de sel par Arrêt du 8 Août 1668; & pour les causes portées par ledit Arrêt, les deux sols & douze deniers pour livre, ne se confondent point dans l'enregistrement de chaque article : On les rapporte seulement dans l'arrêté de l'année, & des états qu'on fournit tous les mois & quartiers, aussi-bien que lesdits 8 liv. d'augmentation.

Les habitans de la Banlieue de la Rochelle, ont leur franc-salé : on donne deux boisseaux par famille.

## *EXTRAIT DU REGLEMENT du 14 Juin 1723, pour la régie & perception des droits de la Traitte de Charante, sur les vins & eaux-de-vie.*

Le Roi ayant été informé, que contre la disposition des Arrêts, Réglemens, & Ordonnances, données ci-devant pour la perception des droits de la Traitte de Charante sur les vins & eaux-de-vie, il s'étoit cependant établi dans les Bureaux d'Aunix & de Poitou, différens usages également préjudiciables au Commerce de ces Provinces & aux droits de Sa Majesté : Sadite Majesté, pour y pourvoir & en prévenir les mauvais effets, a ordonné que les articles des Baux de Fauconnet & de Domergue, & l'Arrêt du 29 Novembre 1687, seroient exécutés selon leur forme & teneur, & en conséquence que les vins & eaux-de-vie sortant par terre de la Province de Xaintonge, pour être transportés à Aunix ou en Poitou; & de même les vins & eaux-de-vie qui traverseroient les enclaves de Xaintonge dans lesdites Provinces d'Aunix & de Poitou, acquitteroient dans les Bureaux des Fermes de Sa Majesté les droits de ladite Traitte de Charante, sur le pied de onze livres par tonneau de vin, & en outre des deux sols pour livre dudit droit, & de douze deniers pour livre du tout; & sur le pied de douze livres par barique d'eau-de-vie, le tout sans préjudice aux droits d'entrée ordinaires des cinq Grosses Fermes : suivant le tarif de 1664 pour les vins & eaux-de-vie de Xaintonge, qui seront transportés dans lesdites Provinces d'Aunix & de Poitou. Sa Majesté abrogeant tous usages contraires, & ordonnant que les contestations qui pourroient survenir dans l'exécution du premier Arrêt, seroient portées pardevant les sieurs Intendans de Poitiers & de la Rochelle, chacun dans ce qui regarde son Département, à la charge de l'appel au Conseil, des Jugemens & Ordonnances desdits sieurs Intendans.

## *DROITS DE 36 s. DE LA FERME DE BROUAGE, 2 s. pour livre & autres droits y joints, faisant ensemble 42 s. 9 den. par muid de sel.*

Lesdits droits se levent sur tous les sels qui s'enlevent des marais salans de l'étendue du Bureau de la Rochelle.

## *DROIT DE MARQUE SUR L'ETAIN.*

Ledit droit a commencé de se percevoir en ce Bureau en 1680, & consiste en 12 livres 10 sols par cent pésant, outre les 50 sols par cent des cinq Grosses Fermes.

## *DROIT DE DOUBLE SUBVENTION.*

Ledit droit ne se perçoit pareillement dans ce Bureau que depuis l'année 1680. Il étoit joint aux Aydes dans le bail de Saunier, au commencement duquel il fut établi en cette Ville, il consiste, outre les droits des cinq Grosses Fermes, en huit livres deux sols six deniers sur chaque tonneau de vin & eaux-de-vie venant par mer, des Provinces où les Aides n'ont point cours : comme Mayenne, Olleron, Bordeaux, &c.

Et en 4 livres 1 sol 3 deniers, qui est moitié dudit droit sur chaque tonneau de bierre, de cidre, de vin de Rhé, ou autres semblables, à cause de leur mauvaise qualité.

## *DROIT DE FRET ou 50 s. par tonneau sur les vaisseaux étrangers.*

Le droit de Fret est ce qu'on appelle 50 s. par tonneau du port des bâtimens étrangers, qui doivent ledit droit, tant plein que vuide & à morte-charge, c'est-à-dire, pour ce qu'ils peuvent porter pésant, ledit tonneau estimé à deux milliers; & non par ce dont ils sont chargés.

Les déclarations se font à l'arrivée des navires pour le fret, comme pour les cinq Grosses Fermes, de la quantité des tonneaux.

## *DROITS D'ACQUIT qui se reçoivent au Bureau général de la Rochelle.*

Par chaque acquit des cinq Grosses Fermes tant d'entrée que de sortie, dont les droits vont à 3 liv. & au-dessus, 5 s.

Par chaque acquit des cinq Grosses Fermes, dont les droits vont jusqu'à 20 s. & à 3 liv. exclusivement, 2 6 d.

Et au-dessous de 20 s. *néant.*

Par chaque acquit à caution, lorsque les droits montent à 3 liv. & au-dessus, 5

Par chaque décharge des acquits à caution, qui viennent des Bureaux, 5

Par chaque acquit à caution que l'on délivre pour les droits de Prévôté, il est payé suivant l'ancien usage, 20

Par chaque certificat de droguerie & épicerie par mer, 5

Les droits d'acquits pour le sel, se payent différemment; sçavoir :

Par chaque acquit de quatre boisseaux de sel & au-dessus, 6

Au-dessous de quatre boisseaux, 2

Et lorsque le sel s'enleve sur des charrettes, comme la quantité va à trente-cinq & quarante boisseaux, on prend par chacune charretée, 12

On se fait rembourser par les Marchands, du papier timbré qu'on leur délivre, six deniers par chaque acquit.

### *Autres droits que l'on fait payer suivant les Arrêts qui ont été rendus depuis les tarifs.*

Pour chaque baril de fer blanc de feuilles simples, venant des Pays étrangers, 20 liv. au lieu de 7 liv. 10 sols ordonnés par le tarif, & 30 liv. au lieu de 15 liv. suivant l'Arrêt du 18 Novembre 1673.

Pour chaque cent en nombre de morue verte de la pêche étrangere, 8 liv. suivant l'Arrêt du 20 Décembre 1687.

Par chaque cent de morue seche, 2 liv. suivant ledit Arrêt.

Pour l'entrée de chaque mouton, brebis, venant des Pays étrangers, 30 s. la piece, suivant l'Arrêt du 3 Février 1688.

Pour l'entrée des cires blanches venant des Pays étrangers, 20 liv. du cent pésant, suivant l'Arrêt du 3 Février 1688.

Pour l'entrée des verres venant des Pays étrangers; sçavoir, verre cassé, 20 s. par baril; verre en table, 12 liv. la charretée de cinq paniers : verres, tasses, & autres ouvrages, 30 liv. du cent pésant : verres à boire, 10 liv. du cent pésant, suivant l'Arrêt du 29 Mai 1688.

Par livre de castor en peau, 3 liv. & 9 liv. par livre de castor en poil, suivant les Arrêts du Conseil du 24 Mars 1685, & 25 Janvier 1687. Les Arrêts subséquens ont changé ces droits-là.

Pour la sortie à l'Etranger, des vieux linges, drapeaux, drilles, & pattes, 30 liv. par cent, suivant l'Arrêt du 28 Janvier 1687 : cette marchandise a depuis été mise au nombre des contre bandes pour la sortie.

On ne faisoit autrefois payer que 16 liv. par muid de charbon de terre, venant d'Angleterre & Ecosse, composé de quatre-vingt bailles ou paniers : mais depuis l'Ordre du 4 Décembre 1687, on fait payer les droits suivant le tarif de 1667, qui sont 24 sols par baril.

Depuis l'Arrêt du 6 Avril 1688, qui ordonne qu'il sera fait diminution de 40 sols par muid de vin mesure de Paris, qui revient pour tonneau de la Rochelle à 6 liv. on ne fait payer à la sortie que lesdites 6 liv. par tonneau, au lieu de 12 liv. qu'on payoit, suivant le tarif de 1664.

### *Droits du Domaine d'Occident.*

Ledit droit a commencé à se percevoir en ce Bureau depuis le premier Juillet 1685, que le Domaine a été réuni aux Fermes. Il consiste en 3 pour cent généralement de l'évaluation de toutes les marchandises venant des Isles Françoises de l'Amérique & Côte Saint-Domingue, dont l'estimation est réglée avec les Marchands. *Voyez ci-dessus* : Et en 40 sols par cent pésant tant des moscouades, sucres rafinés & terrés : déduction faite de 14 pour cent.

On donne 17 pour cent de tare pour les sucres à l'égard des 3 pour cent.

Il y a encore quelques nouveaux droits sur diverses marchandises. *Voyez* les articles de ces marchandises.

### *Etat du département de la Rochelle & de ses dépendances, pour les Fermes unies, ensemble des droits qui se reçoivent dans tous ces Bureaux.*

La direction générale de ce département s'étend sur quatre Intendances; sçavoir, sur toute l'Intendance de la Rochelle & pays d'Aunix, & sur divers postes & Bureaux de celles de Bordeaux, de Limoges, & de Poitiers.

Les Commis généraux de ce Département, sont, un Directeur général & trois Contrôleurs généraux; sçavoir celui de la Rochelle, Marans, & bas Poitou; celui de Charante, Niort, Surgeres, Saint-Laurent de la Prée, & Xaintonge, & celui du haut Poitou : il y a aussi un Receveur général ou Caissier du département.

Les Bureaux & Postes établis dans l'Intendance de la Rochelle, sont le Bureau général de la Rochelle, Marans, Rochefort, Saint-Laurent de la Prée, Aynande, Angoulin, Ars en Ré, Brault, Breuil de Magne, Brouage, le Château d'Olleron, la Perotine, & Saint-Troyan.

Les Bureaux & Postes de l'Intendance de Bordeaux, sont Mortagne-sur-Gironde & Royan.

Les Bureaux & Postes de l'Intendance de Limoges, sont, Angoulême, Charante, Parançais, Riberou, & Limoges.

Les Bureaux & Postes de l'Intendance de Poitou, sont, Aigre, Briou, Champagne, Chef-boutonne, Grip, Jard, la Tranche, la Trimouille, la Ville-Dieu, Limalonge, Luçon, Malieure, Marœuil, Mortagne-sur-Sevre, Moulimes, Niort, Réaumur, les Sables d'Ollonne, Saint-Aimant, Saint-Benoît, Saint-Gilles-sur-Vic, Saint-Michel en Cherm, Saint-Maixant, Saint-Philbert, Tiffange, & Usson. Tous ces lieux ont des Bureaux d'où dépendent quelques postes particuliers que l'on n'oubliera pas dans le détail qu'on va donner de tout le département par Intendance.

### *Intendance de la Rochelle et pays d'Aunix.*

La Rochelle. La Rochelle est un Bureau où se reçoivent les droits d'entrée & de sortie des cinq grosses Fermes, les droits de la traitte de Charante, & les 35 sols de Brouage sur les sels, le fret sur les bâtimens Etrangers, les droits de Prévôté, ceux de marque sur l'étain, la subvention, & les nouveaux droits.

Ce Bureau a un Receveur, un Contrôleur, deux Visiteurs, trois Scribes, dont l'un sert de Commis à la recette : il y a outre cela une patache, deux Contrôles, deux brigades à cheval, une autre sur les quais, & douze portes ou postes dépendantes de ce Bureau; sçavoir :

La patache de la Rochelle montée par un Capitaine, un Lieutenant, & quatorze Gardes & Matelots.

La brigade de pied de Louard composée d'un Capitaine & trois Cavaliers; au même lieu un Contrôle pour le contre-mesurage des sels.

La brigade de Verines composée comme la précédente, & un Contrôle pour le même contre-mesurage.

La brigade des quais consiste en un Capitaine, un Lieutenant, & six Gardes.

Les portes & avenues de la Rochelle sont commandées par un Capitaine; les portes sont au nombre de huit, & les avenues au nombre de quatre;

à chaque porte il y a ordinairement deux Gardes, à la réserve du Landa qui n'en a qu'un, & de celles de Saint-François & de Saint-Eloi qui en ont trois à elles deux, à cause de leur proximité.

Pour les postes établis aux avenues; sçavoir, Tadou, la Digue, la Repentie, & l'Osier; ils ont chacun deux Gardes, hors Tadou qui n'en a qu'un.

Aynaude est aussi un poste dépendant des portes de la Ville; il y a deux Gardes pour voir mesurer le sel.

MARANS. On reçoit au Bureau de Marans les droits d'entrée & de sortie des cinq Grosses Fermes, la traitte de Charante sur les sels, le fret sur les vaisseaux Etrangers, la subvention, les droits de Courtage, & les nouveaux droits. Il est régi par un Receveur & un Contrôleur; trois brigades en dépendent; sçavoir, celle des quais de Marans, qui a un Capitaine & six Gardes; le Corps de Garde, qu'on nomme aussi la Chaloupe de Brault, qui est montée de même; & le poste Maillé, qui n'a que trois Gardes-Matelots & un Capitaine.

ROCHEFORT. Ce Bureau est établi pour recevoir les droits de la traitte de Charante sur les marchandises & les sels; on y reçoit aussi les nouveaux droits. Un Receveur, un Contrôleur, & trois Gardes qui travaillent sur le port, font toute la régie de ce Bureau.

S. LAURENT DE LA PRE'E. On y reçoit les droits d'entrée & de sortie des cinq Grosses Fermes, la traitte de Charante, & les trente-cinq sols de Brouage sur les sels. Il n'y a qu'un seul Commis dans ce Bureau, qui a la qualité de Receveur; deux Gardes y font le mesurage des sels.

ANGOLIN. Bureau des traittes de Charante; il y a un Receveur & deux Gardes. Le poste d'Estrée en dépend & a aussi deux Gardes.

ARS EN RE'. On y reçoit les trente-cinq sols de brouage, le fret, & les nouveaux droits; il y a pour la régie de ce Bureau, un Receveur, un Contrôleur, un Scribe, & deux Gardes généraux.

Sous ce Bureau sont trois pataches; sçavoir, la patache de Saint-Martin montée d'un Capitaine, d'un Lieutenant, & de quatorze Gardes & Matelots; la patache de Loix qui a aussi un Capitaine, mais seulement six Gardes, Matelots, & Garçons; & la patache du Corps de Garde, avec un Capitaine.

A BRAULT, il y a un Corps de Garde en Chaloupe, composé d'un Capitaine & de six Gardes & Matelots.

A BREUIL DE MAGNE. C'est un Bureau, mais où il n'y a qu'un Receveur.

BROUAGE. On reçoit dans ce Bureau les droits de trente-cinq sols dénommés Droits de Brouage, les droits de fret sur les vaisseaux étrangers, & les nouveaux droits. Il est régi par un Receveur, un Contrôleur, & un Scribe.

Trois pataches en dépendent; sçavoir, celle de Brouage qui a un Capitaine & six Gardes & Matelots, & celles du courant d'Olleron & de Seudre, qui ont chacune un Capitaine & sept Gardes & Matelots.

Le Château d'Olleron, la Pérotine, & Saint-Troyan, sont encore trois postes de la dépendance du Bureau de Brouage, ils ont chacun un Garde.

On parlera plus bas du commerce des sels de Brouage.

## *INTENDANCE DE BORDEAUX.*

MORTAGNE-SUR-GIRONDE. Le Bureau de Mortagne-sur-Gironde, est établi pour la traitte de Charante, sur les marchandises & les sels, & pour les nouveaux droits. Les Commis de sa régie sont un Receveur, un Contrôleur, & un Visiteur.

Il y a une Chaloupe pour la conservation desdits droits, montée par six Gardes & Matelots, & une brigade à cheval établie à Mursac, commandée par un Capitaine qui a sous lui trois Cavaliers.

ROYAN. C'est un Bureau de contrôle de Charante, sur les marchandises & denrées, & pour les nouveaux droits; il y a un seul Commis qu'on nomme Receveur, & deux Gardes qui travaillent sous ses ordres.

## *INTENDANCE DE LIMOGES.*

CHARANTE. Le Bureau établi à Tonnay-Charante, est pour recevoir les droits de la traitte qu'on nomme de Charante, de ce lieu où en est le principal Bureau; elle se prend sur les marchandises, sels, & autres denrées; on y reçoit aussi le fret sur les vaisseaux étrangers, le Courtage, le Parisis, les douze & six deniers pour livres, & les nouveaux droits.

La régie s'en fait par un Receveur & deux Contrôleurs.

Il y a trois brigades & deux contrôles dépendant de ce Bureau; sçavoir,

La brigade des quais de Charante, composée d'un Capitaine & de sept Gardes.

Le Corps de Garde & Chaloupe de Carillon, composé d'un Capitaine & de trois Gardes.

La brigade de Champagne, composée d'un Capitaine & de cinq Gardes.

Les contrôles sont, Saint-Savinien & Tailleboug.

PARANÇAIS. On reçoit dans ce Bureau les droits de la traitte de Charante sur les vins & les eaux de vie; il n'a qu'un seul Commis pour sa régie, qui a sous ses ordres une brigade à cheval, composée d'un Capitaine & de trois Cavaliers.

RIBEROU. Ce Bureau est pour les droits de la traitte de Charante sur les marchandises, les sels & autres denrées, on y reçoit aussi les nouveaux droits. Pour l'exercice de ce Bureau, il y a un Receveur, un Contrôleur, & trois brigades; ces brigades sont Saint-Sulpice & Fauveau, toutes deux composées d'un Capitaine & de sept Gardes; celle de la Clisse n'a que cinq Gardes.

LIMOGES. Le Bureau de Limoges est pour la recette des droits d'ancienne marque de papier & ceux du tabac. Il y a un Receveur, un Contrôleur, trois Commis ambulans, & une brigade; de ce Bureau dépend aussi le contrôle de Tulles où l'on délivre des acquits à caution pour le papier.

## *INTENDANCE DE POITIERS.*

AIGRE. Ce Bureau est pour les traittes foraines, il est régi par un Receveur & un Contrôleur, & a deux brigades à cheval pour la conservation des droits, l'une à Aigre même, & l'autre à Chines, chacune d'un Capitaine & de deux Cavaliers.

BRIOU. C'est un Bureau des cinq Grosses Fermes. Il y a un Receveur, un Contrôleur, & un Visiteur.

CHAMPAGNE. Ce Bureau est pour la traitte de Charante sur les sels; il y a un Receveur & un Contrôleur, & une Brigade. Trois postes en dépendent; sçavoir, le contrôle de Fontenay pour le contre-mesurage des sels où il y a deux Gardes; Boisse, où il y a un Garde, & Charie, où il y en a deux.

CHEF-BOUTONNE. C'est un Bureau pour les cinq Grosses Fermes pour les entrées & les sorties, régi par un Receveur & un Contrôleur.

GRIF. Ce Bureau est comme le précédent; il y a un Visiteur de plus.

JARD. C'est encore un Bureau des cinq Grosses Fermes; on y reçoit aussi les nouveaux droits; il n'a qu'un Receveur.

LA POMERAYE. Ce Bureau est pour la Traitte de Charante sur les sels; il a un Receveur & deux Gardes.

LA TRANSTIE. C'est un Bureau d'entrée & de sortie des cinq Grosses Fermes, & pour les nouveaux droits; un Receveur & un Visiteur.

LA TRIMOUILLE. C'est aussi un Bureau d'entrée & de sortie des cinq Grosses Fermes, avec un Receveur, & un Contrôleur, & deux Gardes à Cheval, dépendant de la Brigade de Moulimais.

LA VILLE-DIEU. Comme dessus; ses Commis sont un Receveur & un Contrôleur. Dans le même lieu il y a une Brigade composée d'un Capitaine & de trois Cavaliers.

LUÇON. Les droits qu'on reçoit dans le Bureau, sont ceux d'entrée & de sortie des cinq Grosses Fermes, ceux de la Traitte de Charante sur les sels; un Receveur, & un Contrôleur en font la régie, quatre Gardes en dépendent; sçavoir, deux dans le même lieu, & deux au passage de la Claye.

MALIEURE. Bureau de la Traitte de Charante sur les sels avec un seul Commis.

MARŒUIL. Comme dessus. Un seul Commis qui a sous lui deux Gardes pour le service du Bureau. Le poste de Moutiers & celui de Lavaux, où il y a chacun un Garde en dépendent; il y a de plus une Brigade à cheval, composée d'un Capitaine & de deux Cavaliers, établie à Vincuse.

MORTAGNE-SUR-SEURE. On y reçoit les mêmes droits qu'à Marœuil; il n'y a aussi qu'un Commis.

MOULIMES. Bureau des droits d'entrée & de sortie des cinq Grosses Fermes; un Receveur & un Contrôleur, avec une Brigade à cheval, composée d'un Capitaine & de trois Cavaliers.

NIORT: comme le précédent. Outre le Receveur & Contrôleur, il y a un poste & deux portes qui en dépendent; les Portes sont celle de S. Jean de Niort, & celle de S. Gelais; le poste est celui de Magne: on fait une petite recette à ce dernier. Les portes & le poste ont chacun un Garde.

REAUMUR. Ce Bureau est pour la Traitte de Charante sur les sels; il n'y a qu'un Commis; une Brigade à pied & un poste en dépendent. La Brigade composée d'un Capitaine & de trois Gardes est établie au Coudrai: le poste est celui de Poussauge où il y a deux Gardes.

LES SABLES D'OLLONNE. On reçoit dans ce Bureau les droits d'entrée & de sortie des cinq Grosses Fermes, les droits de fret, la subvention, & les nouveaux droits; ses Commis sont un Receveur & un Contrôleur, & sous eux deux Gardes.

SAINT-AMAND. Bureau de la Traitte de Charante sur les sels; un seul Commis. La Brigade à cheval de Courlay en dépend; elle a un Capitaine & trois Cavaliers.

SAINT-BENOIST, SAINT-GILLES-SUR-VIE, & SAINT-MICHEL EN LHERM, sont trois Bureaux où se reçoivent les droits d'entrée & de sortie de la Traitte-foraine, & les nouveaux droits; le premier, a un Receveur & un Garde-Visiteur; le second, un Receveur & un Contrôleur; & le troisiéme, comme à Saint-Benoît.

SAINT-MAIXANT. Il y a dans cette petite Ville un Contrôleur général ambulant pour le tabac en bas Poitou.

SAINT-PHILBERT & TIFFAUGE, sont des Bureaux de la Traitte de Charante sur les sels. Saint-Philbert a un Receveur & deux Gardes pour le mesurage des sels. Tiffauge n'a qu'un Receveur.

USSON. Ce dernier Bureau n'est qu'un Bureau de conserve pour les droits de la Traitte-foraine. Il y a un Receveur, un Contrôleur, & un Garde.

### *DROITS SUR LES SELS & AUTRES DROITS qui se payent à BROUAGE.*

BROUAGE, est une Ville de Xaintonge à six lieues de la Rochelle, à trois de Rochefort, à quatre de Tonny-Charante, & à sept de Xaintes. Elle est située sur un canal que forme le flux & le reflux de la mer. Son port étoit bon autrefois; mais depuis que pendant les guerres de la Religion, le Prince de Condé en eut gâté l'entrée (1586) il n'a pas été possible d'en bien rétablir le canal; il y entre pourtant d'assez grands vaisseaux de haute-mer qui y sont en grande sureté.

Ce qui fait le principal objet du commerce de Brouage, sont ses marais salans qui l'entourent de tous côtés, & qui fournissent tous les ans une si grande quantité de sel, qu'elle pourroit seule suffire pour la provision de tout le Royaume & de tous les pays du Nord. *Voyez* l'article des Sels dans le Dictionnaire.

Ce n'est gueres aussi que pour enlever cette marchandise que l'on y voit arriver les vaisseaux François & Etrangers; & le Bureau qui y est établi, n'est ordinairement occupé que pour la recette des droits sur le sel. On parle ailleurs de la régie de ce Bureau. *Voyez ci-dessus* l'état du département de la Rochelle, & de ses dépendances.

Les François & les Etrangers qui arrivent à Brouage sont également obligés de souffrir la visite des Officiers & des Gardes des pataches, & de venir faire dans les vingt-quatre heures au Bureau du lieu leurs déclarations, d'où ils sont, d'où ils viennent, où ils veulent aller; de quel port est leur bâtiment, ce qu'ils ont apporté, & de quelles marchandises ils doivent charger; ils sont même tenus de dire la quantité de sel qu'ils prétendent prendre.

Le sel se compte par cent, ce qui est un compte marchand composé de vingt-huit muids de sel, mesure rase de Brouage, qui reviennent, par l'évaluation qu'on en a faite, à vingt-cinq tonneaux.

Les droits qui se levent à Brouage sur les sels, sont de différente nature; les uns appartiennent au Roi, d'autres à des particuliers, dont les Auteurs ont autrefois levé des charges de nouvelle création; d'autres, qui sont des droits locaux appartenant à la Ville, ou du moins qui sont employés pour elle; d'autres, qu'on nomme Droits Domaniaux; d'autres qu'on qualifie de droits maritimes sur les navires; d'autres qui sont dûs à M. le Grand-Amiral; & d'autres enfin, qu'on paye aux Commis pour l'expédition des Congés, Billets, Passeports, & autres tels actes qu'ils délivrent.

De ces droits il y en a quelques-uns qui ne sont payés que par les Etrangers, & dont les François sont exempts.

Les droits du Roi montent à 4 l. 9 s. 9 d. $\frac{3}{5}$; sçavoir, 35 s. par muid de sel ras, appellés les 35 s. de Brouage, & 24 d. pour livre sur les mêmes droits & sur ceux des Seigneurs particuliers; ces deux articles revenant à 2 l. 2 s. 9 d.

Plus, les 50 ſ. de fret par tonneau ſur les vaiſſeaux étrangers, évalués à 2 l. 4 ſ. 8 d. Il faut obſerver que depuis le Traité d'Utrecht, il y a quelques Nations qui en ſont exemptes. *Voyez* l'article du Fret dans le Dictionnaire univerſel.

Plus, les 10 d. $\frac{2}{3}$ par muid de ſel retranchés des 2 ſ. 8 d. impoſés pour le Contrôleur alternatif, Garde des meſures de ſel à Brouage.

Plus, 10 d. auſſi pour le tiers retranché du droit attribué à l'Office de Courtier Général du Gouvernement de Brouage.

Plus, pour l'entretien des Fontaines de Brouage, 6 d. par muid.

Enfin, 2 d. auſſi par muid pour l'entretien des Baliſes.

De ces droits du Roi, il n'y a que les Etrangers qui payent les 2 l. 4 ſ. 8 d. de fret; ce qui s'entend ſuivant l'obſervation ci-deſſus, & les 10 d. retranchés de l'Office de Courtier; en ſorte que les Etrangers payent au Roi 4 l. 9 ſ. 9 d. $\frac{2}{3}$ par muid de ſel ras, & les François ſeulement 2 l. 4 ſ. 3 d. $\frac{2}{3}$.

Les drois dûs aux Seigneurs particuliers montent à 2 l. 8 ſ. 1 d. $\frac{1}{3}$, auſſi par muid de ſel ras, qui ſont également payés par les François & par les Etrangers, à la réſerve d'un ſol huit deniers pour les deux tiers réſervés aux Propriétaires de la Charge de Courtier Général, qu'il n'y a que les Etrangers qui payent.

Les droits qui compoſent ce total ſont 5 ſ. 7 d. $\frac{1}{3}$, & 9 ſ. 10 d. $\frac{2}{3}$ impoſés lors de l'érection de la Cour Souveraine des Salins en 1630.

Plus, 8 ſ. pour la création d'un Office de Contrôleur-Garde des meſures en 1634.

Plus, 10 d. attribués aux acquéreurs de l'ancien droit domanial de 4 d. pour livre de la vente des ſels, qu'on croit être le premier droit établi ſur les ſels ſous le regne de Louis le Gros.

Plus, 7 ſ. pour partie du droit attribué aux Offices de Contrôleurs-Gardes des meſures d'une autre création.

Plus, 6 ſ. 3 d. pour autre partie dudit droit.

Plus, 3 ſ. d'une part, 3 ſ. d'une autre, 1 ſ. 1 d. d'autre; & encore 1 ſ. 9 d. $\frac{1}{3}$ pour d'autres Offices créés; enfin, 1 ſ. 8 d. pour l'Office de Courtier général créé de nouveau en 1641, *ad inſtar* des Courtiers de la Ville de la Rochelle.

Tous ces petits droits montent pour les Etrangers à 2 l. 8 ſ. 1 d. $\frac{1}{3}$ par muid de ſel ras, & à 2 l. 6 ſ. 5 d. $\frac{1}{3}$ pour les François.

Les droits domaniaux dont on attribue auſſi l'origine au Roi Louis le Gros, conſiſtent en 20 ſ. par tonneau de vin, vinaigre, blé, graine de lin, & autres légumes, & 20 ſ. par barique d'eau-de-vie chargée pour les Pays étrangers, & le demi droit ſur toutes ces eſpeces lorſqu'elles ſont pour le Royaume.

Droits maritimes ſur les vaiſſeaux : ils ſont de différentes ſortes.

1°. Il ſe leve tant ſur les vaiſſeaux François qu'Etrangers; ſçavoir, 20 ſ. par vaiſſeau étranger, 16 ſ. par les François de 50 tonneaux; 15 ſ. pour ceux depuis 30 juſqu'à 50; & 7 ſ. 6 d. pour ceux au-deſſous. Ces droits appartiennent à l'Office héréditaire de Garde-Viſiteur, de Leſteur, Conſervateur du Havre de Brouage, & chenaux en dépendans.

2° Le droit de Matarelle, conſiſtant en 2 ſ. par vaiſſeau François ou Etranger, entrant dans le Havre de Brouage.

3°. Le droit de petit ancrage pour toutes ſortes de vaiſſeaux qui entrent dans la riviere de Seuldre; ce droit eſt de 16 ſ. par bâtiment; il appartient au Prieur de Saint Geſine, comme Prévôt de ladite riviere.

4°. Le droit pour l'entretien des feux de la Tour de Saint-Denis en l'Iſle d'Olleron. Ce droit ſe paye par tous les vaiſſeaux étrangers & François, entrant ou ſortant dans les ports de l'étendue de la Ferme du Bureau des 35 ſ. de Brouage; ſçavoir, pour les navires de 60 tonneaux juſqu'à 100, 2 l. depuis 100 tonneaux juſqu'à 200, 4 l. & depuis 200 juſqu'à 300 tonneaux & au-deſſus, 6 l. 10 ſ.

A l'égard des droits de M. le Grand-Amiral, il lui appartient les droits de Congé ſur tous les vaiſſeaux, barques, & batteaux, ainſi qu'il eſt expliqué au Réglement de 1623; on en dira quelque choſe dans la ſuite.

Plus, les droits d'ancrage payables par les vaiſſeaux étrangers, ordonnés d'être levés par Arrêt du Conſeil du 23 Mai 1629 à raiſon de 3 ſ. par tonneau de plein, & de 5 ſ. par tonneau de vuide, évalués à 3 l. 18 ſ. par cent de ſel qui fait 28 muids ras; leſquelles 3 l. 18 ſ. reviennent à 2 ſ. 9 d. $\frac{1}{2}$ ſur chaque muid de ſel chargé par les étrangers.

Plus, le Pariſis deſdits droits & de ceux des paſſeports montant ſuivant l'évaluation précédente à 8 d. $\frac{1}{8}$ par muid ras : ce droit ſe leve par un Particulier à qui appartient ledit droit.

Plus, le droit de déleſtage à raiſon de 15 l. par vaiſſeau étranger, 7 l. 10 ſ. pour les vaiſſeaux François au-deſſus de 50 tonneaux, & de 5 l. pour ceux de 50 tonneaux & au-deſſous; on parle ailleurs du droit de déleſtage & du Réglement fait en 1667 entre les Officiers de l'Amirauté de Xaintonge, & le Conſul de la Nation Hollandoiſe. *Voyez* dans ce Dictionnaire l'article du Déleſtage.

Enfin pour ce qui eſt des droits & ſalaires de l'Amirauté de Xaintonge, ils conſiſtent en 7 l. 10 ſ. pour chaque enregiſtrement de Congé de vaiſſeau pour les voyages de long cours expliqués au Réglement du 20 Mars 1673 : 1 l. 10 ſ. pour les voyages depuis le détroit de Gibraltar & de Province en Province dans le Royaume; 10 ſ. pour les voyages de port en port dans les pertuis; & pour chaque déclaration des Maîtres faites au retour de leur voyage, pareilles ſommes que celles détaillées ci-deſſus pour les Congés.

Il y a encore les droits dûs aux Huiſſiers-Viſiteurs; ſçavoir, 16 ſ. pour chaque viſite de vaiſſeau pour les voyages de long cours; 5 ſ. pour ceux depuis le détroit du Sund juſqu'à celui de Gibraltar & autres de Province en Province dans le Royaume, & 2 ſ. 6 d. pour les voyages de port en port dans les pertuis.

Pour la commodité des Marchands François & Etrangers, qui viennent charger des ſels à Brouage, on a cru à propos de mettre ici deux états des droits que les uns & les autres payent pour la cargaiſon d'un vaiſſeau de 200 tonneaux portant 224 muids de ſel, ſur leſquels il ſera facile d'évaluer les droits des vaiſſeaux d'une moindre ou d'une plus grande cargaiſon.

### ETAT DE TOUS LES DROITS QUE *paye un Maître de Navire François dont le bâtiment est du port de deux cent tonneaux, & qui charge deux cent vingt-quatre muids de sel.*

*Nota.* Que les 224 muids de sel font juste deux cent tonneaux.

#### DROITS DUS AU ROI.

Au Bureau du Roi pour les 42 f. 9 d. par muid de sel pour la quantité de 224 muids, 478 l 16 f

Pour les 10 d. $\frac{2}{3}$ par muid dudit sel retranché des 2 f. 8 d. imposés pour le Contrôleur alternatif, &c. 9 19 2 d

Pour le droit d'acquit, 1

Pour le droit du timbre de l'acquit, 6

Pour le passeport, 1 10

*Nota.* Si le navire va en Hollande ou en Angleterre, il paye 2 l. pour le passeport, & s'il va en Terre-neuve, Espagne, & long cours, 7 l. 10 f.

Pour l'entretien des feux de la Tour de S. Denis, Isle d'Olleron, 6 10

#### POUR LES DROITS APPARTENANS *à des Particuliers dont quelques-uns ont des Receveurs particuliers.*

Pour les droits de 5 f. 7 d. $\frac{1}{2}$ de denier faisant partie de ceux imposés pour la Cour des Salins, 62 14 5

Pour une autre partie de ladite imposition montant à 9 f. 10 d. $\frac{2}{3}$ de denier, ci 110 17 8

Pour un autre droit de 3 f. par muid, 33 12

Plus, pour un autre droit de 6 f. 3 d. par muid, 70

Plus, pour un autre droit de 3 f. par muid, 33 12

Plus, pour un autre de 8 f. par muid, 89 12

Plus, pour un autre de 4 d. par livre du prix du sel, à raison de 50 f. le muid, 9 6 8

Plus, pour un autre de 7 f. par muid, 78 8

Plus, pour un autre d'1 f. 1 d. par muid, 12 2 8

Enfin, pour autre droit d'1 f. 9 d. $\frac{1}{2}$ de denier, 19 18 3

*Nota.* On a expliqué plus haut l'origine de tous les droits appartenant aux Particuliers dont on n'a pas cru nécessaire de mettre les noms, à cause des changemens qui ont coutume d'arriver parmi les Propriétaires desdits droits.

#### POUR LES DROITS DES OFFICIERS *de l'Amirauté.*

Pour la déclaration du Maître du navire, 1 10

*Nota.* Lorsque le navire vient de voyage de long cours, il paye 7 l. 10 f. pour sa déclaration.

1019 9 4

Pour l'enregistrement du passeport, 1 10

Pour le Parisis de la déclaration & du passeport, ce droit appartient à un Particulier, 1 2

*Nota.* Le Parisis augmente à proportion lors des voyages de long cours,

Pour le petit ancrage de Seuldre, qui appartient au Prieur de Saint-Gesmes, 16

*Nota.* Lorsque le navire charge à Brouage, il y a 2 f. 6 d. d'augmentation, & lorsqu'il charge au courant il ne paye point de petit ancrage,

Pour les 6 d. par muid des Fontaines, 5 12

Pour les balises 2 d. par muid de sel, 1 17 4

Pour le délestage, les vaisseaux François qui viennent dans la riviere de Seuldre & Courand d'Olleron qui sont au-dessus de 50 tonneaux, payent, 15

*Nota.* Les navires qui sont au-dessous de 50 tonneaux ne payent que 7 l. 10 f. Ceux qui viennent au havre de Brouage au-dessus de 50 tonneaux, payent 5 l. & au-dessous ne payent rien, & se font délester eux-mêmes.

Total des droits que paye un navire François de 200 tonneaux, chargé de 224 muids de sel, 1045 7 2

### ETAT DE TOUS LES DROITS QUE *paye un Maître de Navire étranger, dont le bâtiment est du port de deux cent tonneaux, & qui charge deux cent vingt-quatre muids de sel.*

#### DROITS DUS AU ROI.

Au Bureau du Roi pour les 42 f. 9 d. par muid de sel pour la quantité de 224 muids, 478 l 16 f

Pour les 10 d. $\frac{2}{3}$ de denier retranchés des 2 f. 8 d. par muids, 9 19 2 d

Pour les 10 d. aussi retranchés de 2 f. 6 d. du Courtier général, 9 6 8

Pour les 50 f. de fret par tonneau à 44 f. 8 d. par muid, 500 5 4

L'on peut voir ci-dessus les nations qui ont été exemptées de ce droit.

Pour l'ancrage appartenant au Grand-Amiral, à raison de 3 l. 18 f. par cent de sel, ledit cent faisant 28 muids & 25 tonneaux, 31 4 6

Pour le passe-port, 2

*Nota.* Quand le navire va en Espagne ou long cours, il se paye pour le passe-port, 7 l. 10 f.

Pour l'entretien des feux de la Tour Saint-Denis, Isle d'Olleron. 6 10 6

1038 2 2

Total de l'autre part, 1038 l. 1 s. 1 d.

*Droits des Particuliers.*

Pour le droit de 5 s. 7 d. $\frac{1}{7}$ de denier, 62 14 5

Pour le droit de 9 s. 10 d. $\frac{4}{5}$. 110 17 8

Pour le droit de 3 s. 33 12 6

Pour le droit de 6 s. 3 d. 70

Pour le droit d'autres 3 s. 33 12 6

Pour le droit de 8 s. 89 12

Pour le droit de 4 d. pour livre du prix du sel à raison de 50 s. le muid ras, 9 6 8

On augmente ou on diminue cet article, suivant que le sel vaut plus ou moins.

Pour le droit de 7 s. par muid, 78 8

Pour le droit d'1 s. 1 d. 12 2 8

Pour le droit d'1 s. 9 d. $\frac{1}{3}$ de denier restant de 2 s. 8 d. ci-dessus, 19 18 3

Pour le droit d'1 s. 8 d. restant des 2 s. 6 d.

Pour le droit de Parisis faisant le quart de l'ancrage dû au Grand Amiral, revenant pour lesdits 200 tonneaux, à 7 16 6

L'on avertit dans l'autre état où l'on peut trouver l'origine de tous les droits des Particuliers.

*Pour le droit des Officiers de l'Amirauté, & autres.*

Pour la déclaration, en deça le Détroit, 1 10

Lorsque le navire va aux voyages de long cours, il paye pour la déclaration, 7 l. 10 s.

Pour l'enregistrement du passeport, 1 10

Lorsque le navire va aux voyages de long cours, il paye 7 l. 10 s. pour l'enregistrement.

Pour le Parisis de la déclaration & de l'enregistrement, 1 5 6

Le Parisis augmente à proportion, si c'est pour des voyages de long cours; ces droits appartiennent à un Particulier.

Pour le petit ancrage en Seuldre appartenant au Prieur de S. Gesme, 16

*Nota.* Que lorsque le navire charge à Brouage il y a 2 s. 6 d. d'augmentation, & lorsqu'il charge au Courand d'Olleron, il ne paye point de petit ancrage.

Pour les 6 d. des Fontaines par muid de sel, 5 12

Pour le droit de balise à 2 d. par muid, 1 17 4

Pour le droit de délestage des vaisseaux Hollandois qui viennent dans la riviere de Seuldre & Courand d'Olleron, il se paye 5 s. par tonneau, revenant pour les 200 tonneaux, 50

*Nota.* Que lorsqu'ils viennent chargés de planches & autres marchandises, ils ne payent que 15 l. pour tout.

1628 14 2

Il faut encore observer que pour les vaisseaux Hollandois qui viennent dans le Havre de Brouage, ils ne payent que 13 l. 10 s. & se font délester eux-mêmes s'ils veulent.

Quand ce sont des Anglois au-dessus de 50 tonneaux qui chargent au Courand & en Seuldre, ils payent 15 l. & au-dessous seulement 7 l. 10 s. & lorsqu'ils chargent à Brouage, 13 l. 10 s. s'ils sont au-dessus de 50 tonneaux, & au-dessous, seulement 7 l. 10 s. & se délestent eux-mêmes comme ils l'entendent.

Total des droits que paye un vaisseau étranger de 200 tonneaux, chargé de 224 muids de sel, 1628 14 2

*Nota.* Le Mémoire suivant ne nous ayant été communiqué qu'après la mort de M. Savary, on n'a pû le fondre pour en faire un tout avec le précédent; & quoiqu'il se trouve dans l'un & dans l'autre quelques choses qui roulent sur les mêmes sujets, elles y sont traitées différemment, & chacun contient différens articles curieux & utiles, qu'on a cru capables de faire plaisir aux Lecteurs.

## *MEMOIRES DU SIEUR EDME; sur le Commerce de la Rochelle & des autres Provinces & Isles circonvoisines, en l'année 1727.*

La Rochelle & Pays d'Aunix contient cinq lieues de contour; dans ce circuit l'on compte qu'il y a 84000 quartiers de vignes; sçavoir,

49000 quartiers de vignes à vins blancs:

& 35000 quartiers de vignes à vins rouges.

Année commune chaque quartier de vignes à vin blanc, rapporte trois tonneaux de vin.

Un quartier de vignes à vin rouge ne rapporte l'un dans l'autre qu'un tonneau de vin. De cette maniere l'on compte que ces 84000 quartiers de vignes rapportent ordinairement chaque année 182000 tonneaux de vin blanc & rouge; la plus grande partie de ces vins blancs se brûlent en eau-de-vie, le reste se consomme pour boisson des Artisans & Domestiques.

Quand la recolte est entiere, elle peut doubler cette quantité.

Il se charge à la Rochelle, année commune, 14 à 15000 bariques d'eau-de-vie pour la Picardie, Normandie, Hollande, & Angleterre : ce seul commerce fait mouvoir beaucoup d'argent, parce que les eaux-de-vie s'achetent argent comptant.

Celles qui s'envoyent à l'Etranger ou dans les Provinces réputées étrangeres, doivent au Bureau des Fermes de la Rochelle les droits ci-après, par barique de 27 veltes.

| | l. | s. | d. |
|---|---|---|---|
| Pour la sortie, | 3 | | |
| Prévôté, | 1 | | |
| Jauge & Courtage, | 1 | 13 | 9 |
| | 5 | 13 | 9 |
| Et les 4 s. pour livre, | 1 | 2 | 9 |
| | 6 | 16 | 6 |

Les eaux-de-vie qui sortent pour aller dans le Royaume, ne doivent par barique de 27 veltes, que | 1 l 13 s 9 d
Et les 4 s. pour livre, qui montent à | 6 9

| | |
|---|---|
| | 2 6 |

Il y a auprès de la Rochelle deux Isles où l'on fait un commerce très considérable, qui s'appellent, l'une, l'Isle de Rhé, & l'autre l'Isle d'Olleron.

## *ISLE DE RHE'.*

L'Isle de Rhé contient six Paroisses; la Ville de Saint-Martin, la Flotte, Sainte-Marie, Ars, les Portes, & Lays.

Il se recueille, année commune, dans cette Isle 18000 tonneaux de vin, dont la huitiéme partie se consomme pour les habitans.

L'on compte qu'il s'y fait chaque année 10000 bariques d'eau-de-vie, qui s'embarquent pour l'Etranger sans payer aucuns droits.

Il s'y fait aussi une grande quantité de sel qui se vend au cent.

Le cent de sel est composé de 28 muids qui font 25 tonneaux; chaque tonneau pese au moins deux milliers.

Les marais salans de cette Isle, produisent année commune, environ 34000 muids de sel, qui vaut environ 6 à 8 l. le muid.

Chaque muid de sel ras paye au Roi pour droit de sortie, 4 l. 10 s. 3 d.

## *ISLE D'OLLERON.*

L'Isle d'Olleron est composée de six Paroisses; l'endroit où est le Château est la Ville capitale; les cinq autres Paroisses s'appellent Dolus, Saint-Pierre, Saint-George, Saint-Denis, & Saint-Troyant dans les sables.

Il se fait chaque année dans cette Isle environ 4000 bariques d'eau-de-vie, qui payent pour la sortie dans le Royaume 10 sols par barique, & 20 s. pour l'étranger.

Les vaisseaux étrangers y vont souvent charger du sel, qui paye les mêmes droits que ci-dessus.

## *SABLES D'OLLONNE.*

La Ville des Sables d'Ollonne & son Election contient 97 Bourgs, Villages, ou hameaux dépendans de l'Intendance du Poitou.

Le plus grand commerce des Sables est uniquement la pêche de la morue du Banc de Terre-neuve, par 70 ou 80 petits bâtimens d'environ 100 tonneaux chacun, partie desquels font deux voyages par année; il y a aussi 40 ou 50 chaloupes qui vont continuellement à la pêche du poisson de mer, & à celle de la sardine dans la saison.

Il se fait aussi, année commune, environ 20000 muids de sel qui sert en partie pour les bâtimens qui vont à la pêche de la morue, & qui ne paye aucuns droits; mais celui qui se vend pour l'Etranger ou Provinces réputées étrangeres, paye 2 l. 12 s. par muid, mesure rase de Brouage.

## *COMMERCE MARITIME DE LA ROCHELLE.*

La Rochelle seroit l'une des Villes les plus florissantes du Royaume, si ses port & havre n'étoient presque comblés de cailloux, pierres, & vases qui empêchent les vaisseaux marchands de faire un commerce plus étendu dans les Isles de l'Amérique. L'on ne peut exprimer la difficulté & les risques, lorsque les bâtimens entrent ou sortent de son havre; quoiqu'ils n'ayent qu'un peu de leste dans leurs fonds, il faut attendre les grandes marées, encore se perd-il très souvent des vaisseaux par le peu d'eau qu'ils trouvent dans le canal, soit en entrant ou en sortant.

Le commerce de mer de la Rochelle le plus considérable, est celui de l'Isle & côte de Saint-Domingue. Les Armateurs envoyent chaque année environ 22 vaisseaux, depuis 150 jusqu'à 250 tonneaux, dont la plus grande partie sont destinés pour le Cap François & Léogane, chargés de vin, eaux-de-vie, farine, bœuf d'Irlande, lard, chandelle, &c. & d'autres marchandises séches pour l'usage & consommation des habitans. Les Armateurs se déterminent rarement à envoyer leurs vaisseaux jusqu'à la Caille Saint-Louis & l'Isle à Vache, parce que les sucres sont moins bons qu'au Cap, & que les habitans les font trop attendre pour leurs payemens.

Les vaisseaux qui reviennent de la côte de Saint-Domingue, rapportent ordinairement de trois sortes de marchandises, du sucre brut, de l'indigo, & des cuirs de taureaux; il est rare de leur voir rapporter d'autres marchandises, à moins qu'elles ne proviennent de prises sur les Espagnols, sur les Interlopes Anglois ou Hollandois, ou sur les Forbans.

Le sucre brut paye au Roi, en arrivant, 3 pour cent de l'évaluation, estimé à 17 l. 12 s. par quintal net; c'est le propriétaire qui paye ce droit, & n'en doit aucun autre s'il le fait sortir du Royaume pour l'Etranger; ce qui arrive rarement, parce que la plus gande partie de tous les chargemens de sucre brut qui arrivent à la Rochelle, se consomment pour les rafineries de cette Ville; ils se vendent depuis 25 jusqu'à 26 l. le quintal suivant leur qualité, payables à différens termes de 3, 5 & 7 mois, à les prendre dans l'entrepôt; c'est-à-dire, que l'acheteur s'oblige d'en payer les droits d'entrées au Bureau des Fermes, qui consistent; sçavoir,

| | |
|---|---|
| Chaque quintal de sucre paye | 16 s 8 d |
| Les 4 s pour livre de 16 s 8 d. montent à | 3 4 |
| Pour le domaine d'Occident, chaque quintal doit | 1 l 13 4 |
| De maniere qu'un quintal de sucre brut non compris les trois pour cent, paye | 2 13 4 |

Comme ces bariques qui contiennent les sucres bruts sont très pésantes, le vendeur donne à l'acheteur 17 pour cent de tare, & en outre quatre livres de trait par chaque barique.

Lorsque ces sucres proviennent de vente de Negres, ils ne doivent que la moitié des droits de l'autre part, ce qui fait une différence de 26 s. 8 d. par quintal; mais on exige toujours au Bureau des Fermes le droit de trois pour cent en entier.

Le sucre blanc ou cassonade de Saint-Domingue, paye à l'arrivée le droit de trois pour cent de l'évaluation qui est réglée à 28 l. le quintal, dont on déduit la tare à 17 pour cent; si l'on envoye ces sucres à l'Etranger, ils ne doivent aucun autre droit.

S'ils se vendent pour se débiter en France, ils payent au Bureau des Fermes les droits ci-après.

| | |
|---|---|
| Chaque quintal de sucre blanc doit au Roi | 6 l |
| Pour les quatre sols pour livre | 1 4 s |
| Pour le domaine d'Occident par quintal | 2 |
| | 9 4 |

Ces sucres ou cassonades blanches, se vendent suivant leur bonté & qualité, depuis 35 jusqu'à 42 l. le quintal net, pris dans l'entrepôt; c'est-à-dire, que l'acheteur s'oblige encore de payer au Bureau des Fermes du Roi les droits de 9 l. 4 s. mentionnés ci-dessus.

Le vendeur donne à l'acheteur 12 pour cent de tare par quintal à cause du poids de la barique, & 4 l. de trait par chaque barique.

Afin de donner une idée parfaite à ceux qui ne sont pas instruits du commerce des sucres que les vaisseaux rapportent des Isles de l'Amérique, & du profit que l'on fait sur les marchandises & denrées que l'on y envoye à fret, qui ordinairement n'excede pas de 50 à 70 pour cent, à moins d'une disette extraordinaire, ce qui arrive rarement; pour lors l'on profite de l'occasion, & l'on peut gagner jusqu'à cent pour cent.

Un Particulier envoya à la Martinique en l'année 1724, les marchandises suivantes.

| | |
|---|---|
| 20 bariques de vin de Bordeaux, faisant 5 tonneaux, revenant avec les frais, commission, & droits de riviere, à raison de 220 l. le tonneau, fait la somme de | 1100 l |
| 50 barils de farine de Nerac à 25 l. 10 s. le baril, tous frais compris, | 1175 |
| Pour le fret d'encombrement de douze tonneaux à 100 l. | 1200 |
| Port à bord du vaisseau & arrimage, | 20 |
| Total | 3495 |

*Vente à la Martinique en troque de sucre blanc, à 37 livres le quintal.*

Sçavoir;

| | | |
|---|---|---|
| 18 bariques de vin à 140 l. la barique, les deux autres bariques ayant servi pour remplissage ou ouillage, monte à | 2520 l | |
| 50 barils de farine de Nerac, à 60 l. le baril, monte à | 3000 | |
| | 5520 | |
| Sur quoi à déduire pour magasinage, commission & autres dépenses, | 206 | 8 s |
| Reste | 5313 | 12 |

*Payement en sucre blanc ou cassonade.*

| | | |
|---|---|---|
| 24 bariques de sucre blanc, pésant ensemble net 14000 l. à 37 l. le quintal, fait la somme de | 5180 l | |
| Pour divers frais & port à bord, | 133 | 12 s |
| | 5313 | 12 |

*Réception & vente desdites 24 bariques de sucre à la Rochelle, en l'année 1725.*

Vendu à M.... 24 bariques de sucre blanc, payables comptant,

| | | | |
|---|---|---|---|
| prises dans l'entrepôt, pésant ort, | | 15440 l | Net 13491 l. à 35 l. 18 s. le quintal, 4843 liv. 5 s. |
| Déduction de 12 pour cent. | 1853 l | 1949 | |
| Trait à 4 liv. par barique, | 96 | | |

*Frais faits pour réception & vente desdits sucres à la Rochelle.*

| | | | | |
|---|---|---|---|---|
| Pour les porter au Bureau & dans le magasin, | 141 l | 12 s | | |
| Pour les avaries ordinaires & extraordinaires, | 71 | 10 | | |
| Pour les droits de 3 pour cent, | 98 | 16 | | |
| Pour le fret, à un sol de la livre, 14 pour cent déduit, | 663 | 18 | | |
| Pour le poids du Roi, | 3 | 15 | | 971 l 12 s 3 d |
| Aux Portefaix pour les péser, | 3 | 5 | | |
| Aux Commis de l'entrepôt, | 6 | | | |
| Pour la commission à 2 pour cent de la vente, | 96 | 17 | 3 | |
| Ports de Lettres & magasinage, | 12 | | | |
| Total du produit net des sucres, | | | | 3871 12 3 |
| Net produit | 3871 l | 12 s | | |
| Achapt | 3495 | | | |
| Profit | 376 | 12 | | |

Si ce Particulier avoit fait assurer pour l'aller & le retour, il lui en auroit couté 10 pour cent, ce qui auroit absorbé le gain qu'il a fait sur ses denrées.

Quoique ce profit paroisse modique, comme il est véritablement, il est encore à proportion plus favorable que celui qu'ont fait les Armateurs depuis trois années consécutives. Plusieurs ont perdu des sommes considérables sur leurs armemens; si leurs vaisseaux n'avoient pas rapporté des sucres & indigo à fret à très haut prix, la plupart n'auroient pû continuer leurs armemens; c'est ce seul article qui les a soutenus dans leur commerce maritime; & l'on peut avancer en général que ceux qui ont eu le plus de bonheur, n'ont pas gagné au-dessus de 15 à 25 pour cent; les gros frais que les Armateurs sont obligés de faire, tant en France qu'à l'Amérique, les droits du Roi, les assurances, & le haut prix que les habitans de l'Amérique vendent leur sucre & indigo, causent une perte considérable sur les retours & denrées que l'on rapporte, à cause des déchets ordinaires sur ces sortes de marchandises, qui sont au moins évaluées à 6 pour cent.

*Du commerce de l'Indigo.*

L'indigo que les vaisseaux rapportent de Saint-Domingue, est de deux qualités, que l'on appelle vulgairement cuivré & bleu; ce dernier est plus estimé, & vaut ordinairement huit sols par livre plus que le cuivré, s'il est tout bleu sans être mêlé.

L'indigo pris à Saint-Domingue en l'année 1727, a couté depuis 52 s. jusqu'à 58 s.

Le beau cuivré s'est vendu hors de l'entrepôt, de 3 liv. à 3 liv. 1 s. la livre; le bleu sans être mêlé, depuis 3 l. 6 s. jusqu'à 3 l. 10 s.

Lorsqu'on vend l'indigo, l'on le pese net, c'est-à-dire, qu'on le renverse sur une toile afin de péser la barique séparément pour en faire la tare.

Le vendeur fait à l'acheteur une déduction de 2

pour cent sur le total du montant de la vente.

L'indigo de la Grenade ou de la Martinique, est plus commun que celui de Saint-Domingue, & se vend 8 à 10 s. par livre de moins, à cause de sa qualité inférieure.

L'indigo paye à son arrivée 3 pour cent de l'évaluation estimée à 46 s. la livre; en outre 5 livre par quintal, & les 4 sols pour livre.

Les cuirs tannés payent au Roi les droits de 3 pour cent de l'évaluation à 48 liv. le quintal; ceux en poil payent les 3 pour cent de l'évaluation à 5 liv. 10 sols par cuir; ils se vendent ordinairement de 6 à 7 liv. selon leur plus ou moins de pésanteur.

## COMMERCE DE LA ROCHELLE. AVEC CAYENNE.

Les Armateurs de la Rochelle n'envoyent chaque année qu'un ou deux petits vaisseaux à Cayenne qu'ils chargent de vin, eaux-de-vie, farine, chandelle, & d'autres marchandises seches, propres pour l'habillement & consommation des habitans; ils rapportent en retour du sucre blanc ou cassonnade, du sucre terré, & du rocou en pain & en masses.

Le sucre blanc vaut à Cayenne depuis 25 l. jusqu'à 30 l. le quintal net.

Le sucre terré, depuis 17 jusqu'à 20 liv. le quintal net.

| | |
|---|---|
| Le rocou en pain, de 15 à 16 sols la livre.<br>Celui en masse, de 14 à 15 sols la livre. | Il se fait un déchet d'environ 15 pour cent sur cette marchandise, de l'Amérique en France. |

Le sucre blanc ou cassonnade de Cayenne, s'est vendu en l'année 1727, depuis 30 jusqu'à 33 liv. le quintal, suivant sa qualité, pris dans l'entrepôt à la tare de 17 pour cent, & de 4 livre de trait par chaque barique, payable à différens termes.

Ce sucre paye à son arrivée 3 pour cent de l'évaluation au Bureau des Fermes du Roi, qui est estimé à 22 liv. 8 s. le quintal à la tare de 17 pour cent. S'il se consomme dans le Royaume, il paye 4 liv. par quintal & les 4 sols pour livre. S'il sort pour l'Etranger, il est exempt de ce droit; le sucre brut de Cayenne paye le 3 pour cent de l'évaluation à 17 liv. 12 sols le quintal.

### Rocou.

Le rocou s'est vendu cette année 1727, pris dans l'entrepont, depuis 22 jusqu'à 25 s. la livre, à la tare de 17 pour cent, & 4 liv. de trait par barique. Celui qui est en pain vaut quelquefois 2 s. par livre plus que celui qui est en masse.

Le vendeur fait à l'acheteur une déduction de 4 pour cent sur le total du montant de la vente.

Tous les droits du rocou montent à 6 den. par livre pésant, ou de 50 s. par quintal, ce qui revient au même.

Le rocou n'est pas d'un grand débit en France, plus on le garde & plus l'on trouve de déchet; parce que ce n'est qu'une pâte qui seche continuellement.

## COMMERCE DE LA ROCHELLE AUX ISLES DE LA MARTINIQUE, LA GRENADE, & LA GUADELOUPE.

L'on apporte ordinairement à ces trois Isles les marchandises & denrées mentionnées dans ce Dictionnaire, qu'il est inutile de répéter ici.

Les marchandises les plus ordinaires que l'on rapporte en retours de ces trois Isles, sont les sucres blancs, du coton en bales, & du cacao.

Le sucre blanc paye le 3 pour cent à son arrivée, qui est évalué à 28 liv. le quintal, à la tare de 17 pour cent.

S'il se débite en France, il doit 9 l. 4 s. de droits par quintal, à la tare de 14 pour cent.

Le coton de la Martinique & de la Guadeloupe, paye le 3 pour cent d'évaluation à 82 l. 10 s. par quintal, l'on déduit pour la tare à 7 liv. par balle.

Les droits d'entrée sont à 30 s. par quintal & les 4 s. pour livre.

Le cacao de la Martinique, Grenade, & autres endroits des Colonies Françoises, paye le 3 pour cent à l'estimation de 72 liv. le cent: l'on déduit la tare à 80 liv. par boucaut, à 60 liv. par barrique, à 40 liv. par tierçon, à 30 liv. par quart, & à 15 liv. par ancre ou demi-quart. Les droits d'entrée se payent à 10 liv. du cent, & les 4 sols pour livre.

### Rafineries de la Rochelle.

Il y a dans la Ville de la Rochelle douze belles Rafineries, qui peuvent faire chacune tous les mois environ vingt milliers de sucre blanc en pain; les unes un peu plus, les autres moins. Ces sucres ne doivent aucuns droits au Bureau des Fermes pour la sortie, ils se chargent en boucauts pour une partie du Royaume sur des Rouliers; ceux destinés pour la Picardie & la Flandre, se chargent en tems de paix par mer. Le prix du sucre blanc, depuis longtems est depuis 65 jusqu'à 70 l. le quintal, pris dans la Rochelle.

### Observation.

Je ne parlerai pas ici de quelle maniere se fait le sucre blanc rafiné; parce qu'elle est parfaitement détaillée dans le Dictionnaire, où il est fait mention que le sentiment de plusieurs Sçavans des derniers siécles, ont été partagés sur la question de sçavoir; si les cannes à sucre sont originaires des Indes Occidentales, ou si elles ont été apportées des Indes Orientales, je crois qu'elles ont pû se trouver également & naturellement dans ces deux parties si éloignées l'une de l'autre, par les raisons que je vais détailler.

On ne sçauroit douter que les peuples Orientaux & Chinois, ont été les premiers qui ont trouvé la maniere de rafiner le suc de ces cannes en sucre candi, & qu'ils le font ordinairement mieux, & moins sujets à se rendre humides que celui qui se fait en Europe.

J'ai fait trois voyages le long des côtes d'Afrique; le premier fut dans le vaisseau l'Opiniâtre, en l'année 1703, à Loango de Boirie situé par les quatre dégrés & demi Sud de la ligne équinoxiale: je faisois la traitte des Negres à deux lieues de la côte de la mer pour la Compagnie de l'Assiento; je fus fort étonné de voir plusieurs Negres habitans de ce lieu, qui mâchoient & suçoient des cannes à sucre: je demandai à ces Negres s'ils les cultivoient ou si elles venoient naturellement; ils me répondirent qu'ils ne les cultivoient pas, & qu'il y en avoit une grande quantité auprès d'une petite riviere. Je dis à un de ces Negres de m'en aller chercher, il revint six heures après m'apporter un très gros fagot de ces cannes qui n'étoient pas fort remplies de suc, qui avoient quatre à cinq pouces de grosseur & de cinq pieds de longueur. Il est à présumer que les cannes à sucre bâtardes ont pû se trouver naturellement dans les pays chauds; puisqu'il s'en trouve dans cette partie de l'Afrique, qui viennent sans être cultivées, dont les Negres ne font d'autre usage que de les mâcher pour en avaler le suc.

### COMMERCE DE LA ROCHELLE POUR LE CANADA.

Les vaisseaux qui sont destinés pour le commerce du Canada, doivent partir dans le mois de Mai. Cette navigation est très ennuyeuse, parce qu'ils trouvent presque toujours les vents contraires, & que les vaisseaux ne font ordinairement cette route qu'à pointe de bouline. Ils partent de Quebec vers la fin d'Octobre, ou au commencement de Novembre au plutard, pour arriver en France dans le mois de Décembre.

La Compagnie des Indes ne tire du Canada que des castors; elle en a obtenu le privilége exclusif par des Lettres Patentes du mois d'Aout 1717, regîstrées en Parlement le 6 Septembre suivant, confirmées par autre Edit du mois de Juin 1725, le Roi séant en son Lit de Justice, le 8 dudit mois de Juin.

La Compagnie des Indes a un Comptoir établi à Quebec, pour recevoir & acheter de divers Marchands tous les castors que les Sauvages apportent dans le mois de Septembre, tant à Montreal qu'à Quebec.

Il n'y a à proprement parler, que de deux sortes de castor, le castor gras & le sec : la Compagnie paye en Canada ce premier à 4 liv. la livre; & le sec à 40 sols, sur lequel l'on déduit cinq pour cent du poids ou de la valeur, ce qui revient au même.

Quoiqu'il ne soit fait mention que de deux sortes de castor, il ne laisse pas de s'en trouver de diverses qualités dont on fait la différence à la réception.

Le castor Moscovite est d'un poil très long & fin, & le cuir est très délicat & mince; il rend beaucoup plus de poil que le castor sec ordinaire, & est plus estimé.

Les castors falsifiés, gros cuirs, veules, & d'Eté, sont les moins estimés, & s'achetent en Canada à plus bas prix.

Tous les castors que la Compagnie des Indes reçoit du Canada, s'envoyent de la Rochelle à Paris, par des Roulliers; elle n'en fait distribuer dans aucun autre lieu du Royaume que dans son Bureau général à Paris.

La Compagnie des Indes vend son castor de deux manieres différentes, en peau & en poil; sçavoir :

Le castor gras en peau, à 5 liv. 10 sols la livre.

Le castor sec en peau, à 3 liv. 10 sols la livre.

Sur chaque ballot de 120 livres, on déduit sept pour cent de tare, & on accorde trois pour cent d'excompte.

Le castor en poil se vend différemment, il y en a de quatre qualités.

Le castor gras blanc, vaut 19 liv. la livre.

Le castor sec blanc, vaut 14 liv. la livre.

Le castor gras brun, vaut 16 liv. 10 sols la livre.

Le castor sec brun, vaut 12 liv. 10 sols la livre.

Tout le castor en poil se vend net sans tare ni excompte.

La Compagnie des Indes est exempte de tous droits généralement quelconques sur les castors, en conséquence de l'Arrêt du 11 Juillet 1718, portant Réglement sur ce commerce.

La Compagnie des Indes envoyoit autrefois tous les ans à Quebec, un vaisseau du port de 300 à 350 tonneaux, pour rapporter les castors de la récolte de l'année, sur lequel elle faisoit seulement charger pour environ cent mille livres, de quatre ou cinq sortes de marchandises ou denrées, qui étoient absolument nécessaires pour faire son commerce du castor. Cette modique cargaison donnoit lieu aux Armateurs de la Rochelle de continuer leur commerce ordinaire, qui est de vendre & troquer leurs marchandises & denrées pour des Pelleteries & autres retours dont on fera le détail par la suite.

*Cargaison du vaisseau la Driade, appartenant à la Compagnie des Indes, armé a Rochefort pour Quebec par le Sieur Edme, au mois de Mai 1723.*

300 demies pieces [a] d'écarlatines d'Anglererre, bleues & rouges, contenant ensemble 5377 aunes $\frac{2}{36}$ lesquelles reviennent l'une dans l'autre avec les frais, à 9 l. 10 s. 3 d. l'aune, rendues en France, ci — 51149 l. 16 s

| | |
|---|---|
| 112 muids de [b] sel, faisant 400 de sel à 300 l. le cent, ci | 1200 |
| 200 bariques de 27 veltes chacune, d'eaux-de-vie de Cognac, à 120 l. la barique, ci | 24000 |
| 220 [c] bariques de vin de Palud de Bordeaux, faisant 50 tonneaux à 350 liv. | 17500 |
| 25 pieces de carisées contenant ensemble 533 aunes $\frac{1}{4}$ à 24 s. 6 d. l'aune, ci | 920 l 14 s 2 d |
| Pour le fret, réception, magasinage & autres frais pour lesdites marchandises, | 4415 |
| | 99185 l 10 s 2 d |

| | l | s | d | |
|---|---|---|---|---|
| La frégate la Driade a été estimée avant de faire son radoub, avec sa chaloupe & son canot, à la somme de, | 23555 | 11 | 11 | |
| Le radoub a couté, | 9572 | 16 | 10 | |
| La garniture & cordages, | 14728 | 15 | 8 | |
| Avituaillement de table & équipage, | 11774 | 10 | 7 | 65455 l 19 s 1 d |
| Avances de trois mois aux Officiers & à l'équipage, | 5595 | 15 | | |
| Frais de sortie & Amirauté, | 228 | 9 | 1 | |
| | | | | 164641 l 9 s 3 d |

Cette cargaison n'est pas suffisante pour faire l'achat des castors, mais l'Agent de la Compagnie des Indes à Quebec, paye le surplus en Lettres de Change qu'il tire sur le Caissier général de ladite Compagnie à Paris, qui sont acquittées très ponctuellement aux échéances.

Après le retour de ce vaisseau qui arriva à la Rochelle au mois de Décembre 1723, avec son chargement de castor, la Compagnie des Indes voulant économiser les frais d'un armement, & donner lieu aux Armateurs Marchands pour la Colonie du Canada, de faire un commerce plus étendu, leur proposa de rapporter à fret tous ses castors à un prix raisonnable, & qu'elle n'envoyeroit pas de vaisseaux en Canada. Cette proposition fut acceptée au mois d'Avril 1724, par les Armateurs des vaisseaux la Mutine & la Marguerite, à raison de 80 liv. par tonneau

[a] Il n'y a que la Compagnie des Indes, qui puisse faire venir des écarlatines d'Angleterre.

[b] 28 muids de sel font 25 tonneaux.

[c] La barique de Bordeaux contient 32 veltes.

tonneau composé de huit balots de castor, pésant chacun 120 livres. Les Armateurs de la Rochelle ont envoyé à Quebec en l'année 1727, cinq vaisseaux richement chargés, dont les noms & ports sont ci-après.

Le vaisseau la Reine des Anges, Armateur, le sieur Bourgine & Consorts, du port de 240 tonneaux.

Le vaisseau la Villemarie, Armateurs, le sieur la Pointe & Consorts, du port de 220

Le vaisseau le Comte de Toulouse, Armateur, Madame la veuve Pascaud, du port de 180

Le vaisseau l'Espérance, Armateur, le sieur Butler, du port de 130

Le vaisseau le Postillon, Armateur, le sieur Pascaud fils, du port de 80

## ETAT DES DIFFERENTES SORTES *de marchandises qui composent les cargaisons des vaisseaux destinés pour la Colonie du Canada, pour la consommation des habitans.*

Vin de Bordeaux du crû de Saint-Macaire.
Eau-de-vie de Cognac & de Bordeaux.
Fer en barres plat & carré, d'Espagne.
Pattes d'ancres de fer pour socs de charue.

### DE MONTAUBAN.

Cadis Daignan frisé.
Mazamet frisé.
Moleton blanc.

### DE ROUEN.

Toiles blanches d'aune de large de 50 à 60 sols l'aune.

Quelque peu de celles en ⅔ depuis 40 sols jusqu'à 60 sols l'aune.

Siamoises en toutes sortes de largeurs de différens prix.

Toiles de coton rayées.
Toiles de fil rayées.
Mouchoirs de coton.
Peignes de buis & d'yvoire.

Chapeaux de Caudebec, unis & à petits bords d'argent.

Gallon de fil, appellé Bolduc.
Epingles & aiguilles.
Flanelle rayée.
Dentelles & mignonettes de fil communes.

### DE LYON.

Taffetas noir lustrin pour le commerce avec les Anglois.

Autre taffetas pour l'usage des habitans.
Mouchoirs de soie.
Chapeaux demi-castor.
Futaines & bazins.
Etamines de Naples.
Bas de soie.

### DE SAINT-SIMPHORIEN.

Toiles blanches en ½ aunes, à 12 sols 9 d. l'aune.
*Idem*, en ⅝ à 14 sols 9 d. l'aune.

*L'on tire ces marchandises du Poitou.*

Carisé blanc, quelque peu de couleur.
Pinchinat de Niort tout laine.
Pinchinat sur fil.
Tiretaines croisées & non croisées.
Fil de Niort.
Etamine de Xaintes.
Etamine de Cognac.
Toiles appellées Mely.
Coutil rayé.

### DU MANS OU DU CHASTEAU-DU-LOIRE.

Toiles de commun.
Toiles de Brins.

*Ces marchandises se tirent de divers endroits.*

Toiles de Beaufort.
Marmites de fer.
Faux & faucilles.
Cuilliers à pot de fer.
Fil à retz.
Fer battu en taule.
Acier en barres.
Fer blanc.
Toutes sortes de chauderonneries.
Plomb en grain de toute espece.
Balles de plomb.
Poeles à chauffer.
Papier à écrire.
Poivre & épicerie.
Souliers à homme & à femme.
Gands communs à homme & à femme.
Bas drapés de S. Maixant, à homme & à femme.
Fil à coudre de Rennes, assorti.
Toiles de Morlaix.
Carreaux de vitres de toutes grandeurs.
Des ains à pêcher.

## ETAT DES DIFFERENTES SORTES *de marchandises, qui composent partie des cargaisons des vaisseaux de Canada, pour la Traitte avec les Sauvages en troque de Pelleterie.*

### DE MONTAUBAN.

Dourgne en couleur rouge & violet.
Moleton en même couleur.

### DE ROUEN.

Couvertes de laine de deux points de 5 liv. à 5 liv. 10 sols piece.

Ditto de trois points de 6 liv. 10 sols à 7 l. piece.
Ditto à berceau d'environ 50 sols piece.
Peignes de bois de différens prix.
Peignes de corne, *idem*.
Especes de dentelles fil & soie, nommées tavelles.

*Marchandises que l'on tire d'ALLEMAGNE, de ROUEN, & de HOLLANDE.*

Vermillon ou cinabre.
Petits miroirs couverts de fer blanc.
Petits miroirs couverts façon de chagrin.
Bagues de cuivre à grands cachets, dorées.
Petite rassade blanche, & quelque peu de couleur.

### DE SAINT-ESTIENNE.

Fusils de chasse mi-fins de 10 à 11 liv. piece.

Couteaux plians de différentes grandeurs, de 10 liv. jusqu'à 15 liv. la grosse.

Battefeux.
Alênes droites.
Tirebourres.
Cizeaux communs.
Bayonnettes.

Couteaux de Boucher, manche de corne & de bois.

Petits rubans ou galons de soie en toutes couleurs.

Petits galons d'or & d'argent faux.

Boutons d'or & d'argent faux.

Toiles de Saint-Jean en $\frac{1}{2}$ aunes & en $\frac{2}{3}$, de 14 & 16 sols l'aune.

DE LA ROCHELLE.

Petites chaudieres de cuivre jaune.

Grandes chaudieres de cuivre jaune & rouge.

Pierres à fusils.

L'on croit faire plaisir au Public de leur détailler toutes sortes de marchandises qui sont nécessaires pour les habitans ; & celles que l'on traite avec les Sauvages, pour des Pelleteries de toute espece.

L'eau-de-vie destinée pour le Canada, prise à la Rochelle, paye 40 sols par barique de 27 veltes : toutes les autres marchandises destinées pour le Canada, ne doivent aucuns droits.

## *ETAT DES DIFFERENTES SORTES DE PELLETERIES que les vaisseaux rapportent du Canada ; les droits qu'elles payent au Bureau des Fermes, & les prix qu'elles se sont vendues en France l'année 1727.*

| *Noms des Pelleteries.* | *Prix qu'elles se sont vendues en l'année 1727.* | *Droits qu'elles payent au Bureau des Fermes.* |
|---|---|---|
| Peaux d'Ours & d'Oursons | de 5 l. 10 s. à 6 l. piece | 20 s. de la douzaine. |
| Martes du Nord | de 4 à 5 l. piece | 24 s. la douzaine. |
| Martes ordinaires | 3 l. 5 s. la piece | 24 s. la douzaine. |
| Peaux d'Orignaux en poil | de 14 à 15 l. piece | 3 l. la douzaine. |
| Peaux d'Orignaux passées en blanc | à 12 l. piece | 3 l. la douzaine. |
| Peaux de Cerfs, vertes & en poil | de 9 l. à 9 l. 10 s. piece | 48 s. la douzaine. |
| Peaux de Cerfs passées en blanc | à 8 l. piece | 48 s. la douzaine. |
| Peaux de Chevreuil, en poil ou passées en blanc | à 3 l. piece | 48 s. la douzaine. |
| Peaux de Loups be bois | à 3 l. 10 s. piece | 36 s. la douzaine. |
| Peaux de Loups Cerviers | de 7 l. 10 s. à 8 l. piece | Ces Pelleteries passent pour communes, & payent 10 l. du cent pésant & les quatre sols pour livre. |
| Peaux de Chats Cerviers-Loutres<br>Renards de Virginie | de 55 s. à 3 l. piece | |
| Peaux de Pecands | à 4 l. piece | |
| Peaux de Renards rouges | à 3 l. 10 s. piece | |

Les vaisseaux qui ne trouvent pas suffisamment des Pelleteries à acheter ou à fret, chargent des planches de sap de 10 pouces de largeur, & de 10 pieds de longueur, qui coutent en Canada de 35 à 40 liv. le cent, & qui se vendent en France à 100 l. le cent.

Des bordages de chêne de différentes longueurs & épaisseurs. Le bordage de chêne d'un pouce d'épaisseur, se vend en France à 3 sols le pied courant.

Celui d'un pouce, à 5 sols le pied courant.

Celui de deux pouces à 7 sols le pied courant.

S'il s'en trouve de plus épais, on le vend à proportion de sa qualité. Les vaisseaux rapportent aussi du mérain, dont la plus grande partie est propre à faire des bariques, qui coutent en Canada 100 liv. le millier au petit compte ; & se vend ordinairement à la Rochelle de 280 liv. à 300 liv. le millier au grand compte.

S'ils rapportent du mérain à pipe, ils l'achetent en Canada suivant sa valeur ; & le vendent en France à proportion de sa qualité, sur lequel l'on gagne au moins cent pour cent.

Le profit le plus certain des Armateurs pour le Canada, est les marchandises qu'ils portent & rapportent à fret, qui ordinairement payent 100 liv. par tonneaux d'encombrement.

Il arrive souvent que les Pelleteries se vendent en France le même prix qu'elles ont couté en Canada ; mais l'on observe à ceux qui liront ces Mémoires, que l'on gagne quelquefois depuis 75 jusqu'à 80 pour cent sur les denrées ; ce qui dédommage les Armateurs ou autres intéressés, qui y envoyent des marchandises pour leur compte ou à fret.

### *COMMERCE DE LA ROCHELLE A LOUISBOURG, vulgairement appellé L'ISLE ROYALE.*

Les Armateurs de la Rochelle n'envoyent ordinairement chaque année qu'un ou deux petits vaisseaux à l'Isle Royale.

Cette nouvelle Colonie est très bien fortifiée, & les habitans qui ont des chaloupes ou autres embarcations, y font la pêche de la morue, qu[illegible] iré d'huile de poisson, & quelques Pelleteries qu'ils troquent pour des denrées & marchandises d'Europe.

Il n'est parti l'année 1727 du port de la Rochelle, que la frégate la Valeur ; Armateur, le sieur François Quienot ; Capitaine, Jean Dupré, qui a mis à la voile le 20 Juin de la même année, dont la cargaison consiste en denrées & marchandises suivantes.

70 muids de sel.

15 tonneaux de vin rouge.

3 tonneaux de vin blanc.

100 demies-bariques d'eau-de-vie.

100 quintaux de biscuit.

10 caisses de savon.

10 douzaines de bas à homme de Saint-Maixant.

12 douzaines de bonnets de laine.

8 douzaines de bas de Poitiers.

6 douzaines de bonnets, *idem*.

12 douzaines de gros chapeaux de laine communes de Poitiers.

12 douzaines de servietes ordinaires.

20 aunes de napes, *idem*.

200 aunes de toile de Beaufort.

20 pieces de Cambray communes, de 18 à 22 sols l'aune.

1 carton de dentelle depuis 4 sols jusqu'à 16 sols l'aune.

200 aunes de taffetas.

80 paires de souliers assortis.

1 barique & de demie de cloux de toutes sortes.

Après avoir parlé de tout ce qui concerne le commerce de la Rochelle, je donnerai une idée au Public de celui qui se fait dans les différentes Villes &

lieux dont j'ai pu recueillir des Mémoires fideles.

ROCHEFORT.

Il y a très peu de commerce dans la Ville de Rochefort qui est un port maritime du Roi; mais les adjudications que l'on y fait tous les ans, à tous ceux qui veulent fournir les agrets, apparaux & vivres nécessaires pour le port & les colonies, ne laissent pas de donner du profit aux Entrepreneurs.

CHARANTE.

Le Bourg de Charante est situé à une lieue de Rochefort, il est peu considérable pour le produit de ses vins qui se consomment la plus grande partie dans son lieu ou aux environs. C'est dans cet endroit qu'est établi un Bureau des Fermes, dont la recette des droits des vins, eaux-de-vie, & sels, se montent tous les ans de huit à neuf cent mille livres, à cause de la grande quantité des vaisseaux étrangers, qui viennent continuellement charger lesdites boissons.

L'on compte qu'il s'embarque à Charante, année commune, trente-cinq mille bariques d'eau-de-vie, qui proviennent des Elections d'Angoulême, Cognac, Xaintes, & Saint-Jean d'Angely, qui payent les droits de 15 liv. 16 sols par barique.

Il se charge dans cet endroit tous les ans, environ 7000 muids de sel; chaque muid de sel qui se charge pour les Provinces voisines de l'Angoumois & Limousin, &c. paye au Roi 54 liv. de droits.

Le sel s'achete actuellement à 10 & 12 l. le muid.

AIGRE.

Le Bourg d'Aigre est situé à lieues de Charante; son produit est de 5 à 6000 bariques de vin, les blancs se convertissent en eaux-de-vie, & les rouges s'envoyent dans le Poitou, & ne payent aucuns droits.

Les eaux-de-vie qui se chargent à Charante pour l'Etranger, payent les droits de 15 liv. 14 s. par barique de 27 veltes; celles qui s'envoyent en Picardie & Normandie, payent 13 liv. 12 sols: si elles vont par terre à Châtelleraud pour la route de Paris, elles ne payent point de droits, que ceux de remuage ou nouveaux droits, s'il y a de la revente ou mutation de main.

SAINT-JEAN D'ANGELY.

La Ville de Saint-Jean d'Angely, qui est distante de lieues de Rochefort, fait le commerce ci-après.

Saint-Jean d'Angely & son Election, peut produire, année commune, 80 mille tonneaux de vin.

Lorsque ces vins se chargent pour les Pays étrangers, ou pour d'autres Provinces réputées étrangeres, ils payent au Bureau des traittes de Charante ou Rochefort, pour tous droits 25 liv. 10 sols pour chaque tonneau.

Si ces vins se chargent pour les Isles Françoises, sous acquit à caution, ils ne doivent point ces droits.

L'on compte que tous ces vins produisent ordinairement huit mille bariques d'eau-de-vie de trois bariques de 27 veltes chacune; lorsqu'elles s'embarquent pour l'Etranger, chaque barique de 27 veltes paye au Bureau des traittes de Charante, 15 l. 16 s. pour le droit de sortie.

Il y a dans Saint-Jean d'Angely trois sortes de Manufactures, des étamines, des serges, & des droguets ou petits draps.

Les étamines valent depuis 25 sols jusqu'à 30 sols l'aune; les serges, 34 à 35 s. & les petits draps tout de laine, de 30 à 32 s. l'aune.

Lorsque ces marchandises se chargent pour le Royaume, elles payent 3 liv. du cent pésant & les 4 sols pour livre: si elles s'envoyent dans nos Colonies, elles ne doivent aucuns droits.

Il y a dans ladite Ville des moulins à poudre, dans lesquels il se fabrique tous les ans environ 150 milliers de poudre; sçavoir, 80 milliers de poudre à canon, qui se distribuent pour le service du Roi ou des autres Particuliers Armateurs, qui font leurs conditions avec les Commissaires généraux des poudres & salpêtres de France; 60 à 70 milliers de poudre à Giboyer, soit pour la fourniture des magasins de la Rochelle, Saint-Jean d'Angely, Limoges, Poitiers, Angoulême, & autres lieux qui en ont besoin, & se vend 27 s. la livre en détail, qui est le prix fixé par Arrêt du Conseil d'Etat du Roi, du 19 Septembre 1724, qui commet François-Pierre de Cayet pour faire exclusivement à tous autres la fabrique & vente des poudres & salpêtres dans tout le Royaume, Isles de l'Amérique, pays conquis & à conquérir; ces poudres ne doivent aucun droit, lorsque l'Acheteur rapporte un certificat d'un des Commissaires desdites poudres.

BARBESIEUX.

Il s'y fait des toiles qui sont presque toutes enlevées par les Anglois & Hollandois, & dont, au défaut de l'Etranger, la consommation se fait dans les Provinces voisines; il en vient jusqu'à Paris, & l'on en envoye jusques dans les Colonies Françoises.

XAINTES.

La Ville de Xaintes & ses environs, peuvent produire, année commune, huit mille tonneaux de vins rouges, qui ne se brûlent pas, & cinq mille tonneaux de vins blancs, qui rendent quatre mille bariques d'eau-de-vie ou environ.

Le vin rouge paye 36 s. pour le droit de remuage lorsqu'on le vend: s'il sort de la Province, il paye les droits de 25 liv. 10 s. par tonneau.

L'eau-de-vie doit pour nouveaux droits de remuage, 24 s. par chaque barique de 27 veltes; si elle s'envoye à l'Etranger, elle paye les droits de la traitte de Charante, qui est de 15 liv. 16 s. par barique de 27 veltes.

Il se fait à Xaintes par année, environ 2000 pieces de très bonnes étamines, qui contiennent chacune de 42 à 43 aunes; elle se vendent de 28 à 30 sols l'aune: lorsqu'elles sortent pour être envoyées dans les Provinces, elles payent 3 liv. du cent pésant, & les 4 sols pour livre.

COGNAC ET SON ELECTION.

La Ville de Cognac & son Election, est composée dans sept à huit lieues de circuit, de 149 Villes, Bourgs, Paroisses, Villages, Châtellenies, & Hameaux; toutes les terres sont labourables, vignes, prés, & bois d'un bon rapport. L'on n'a pas jugé à propos, crainte d'ennuyer le Lecteur, de rapporter par détail les noms de toutes ces Villes, Bourgs, & Paroisses, il suffira pour la satisfaction du Public, de sçavoir le grand commerce qui se fait chaque année d'eau-de-vie & de vin dans cette Ville & son Election.

Il se recueille, année commune, dans l'Election de Cognac, deux cent mille bariques de vin propre à brûler, qui font cinquante mille tonneaux, qui doivent produire 13400 pipes d'eau-de-vie de trois bariques. Chaque pipe que l'on appelle vulgairement sur le lieu, piece de trois bariques d'environ 81 veltes, quelquefois plus ou moins, parce qu'il y a des pieces qui contiennent jusqu'à 90 veltes; d'autres 75, 78, 80, & 85 veltes: l'on compte toujours que le produit ordinaire est de plus de quarante mille bariques, qui contiennent chacune 27 veltes d'eau-de-vie.

Lorsque l'année est abondante, ce produit peut augmenter considérablement & même doubler cette quantité.

Il y a des années que les vins sont foibles: en ce cas il faut six bariques de vin pour en faire une d'eau-de-vie de 27 veltes. Il est rare de faire une barique d'eau-devie avec quatre bariques de vin; si les vins sont passablement bons, neuf bariques de vin font deux bariques d'eau-de-vie de 27 veltes.

L'eau-de-vie de Cognac est supérieure & plus estimée que toutes les autres: les Etrangers en font charger à Charante chaque année de 24 à 27 mille bariques.

Lorsque les vignes de la riviere de Loire manquent, il s'en voiture de grandes quantités par terre à Châtelleraud pour la route de Paris, & même pour la Flandre dans le tems de guerre; mais dans celui de paix toutes les eaux-de-vie de Cognac & des environs, destinées pour l'Etranger, se chargent par mer à Charante, sur les vaisseaux de plusieurs Nations, ou à fret sur des bâtimens François.

Il se tient à Cognac tous les samedis de chaque semaine, un marché pour la vente des eaux-de-vie; tous les Marchands & Brûleurs s'y assemblent pour faire ce commerce: cette année 1728 la barique d'eau-de-vie de 27 veltes, vaut 80 liv. prises dans les magasins du Vendeur.

*Droits que payent les eaux-de-vie de Cognac.*

| | |
|---|---|
| Les nouveaux droits d'une barique d'eau-de-vie de 27 veltes ou de 216 pintes, sont de | 11 l 11 f |
| Le droit de revente est de | 15 |
| Si la barique d'eau-de-vie séjourne plus d'un jour dans le lieu où elle est transportée, | 1 4 9 d |
| Enfin, l'eau-de-vie doit le droit de vente à chaque mutation de main, à moins que celui qui la charge, ne prouve qu'elle est faite du vin de son crû; & que ce soit pour son propre compte qu'il l'envoye. | |
| Chaque barique d'eau-de-vie, qui se charge à Charante, paye au Bureau des traittes, | 15 16 |

De maniere que s'il se charge seulement à Charante chaque année 27 mille bariques d'eau-de-vie de Cognac, le droit seul de 15 liv. 16 f. par barique produit au Roi par année 426600 liv.

L'Election de Cognac produit encore, année commune, 2500 tonneaux de vin de grande, moyenne, & petite borderie; il s'en recueilloit autrefois une plus grande quantité, mais le grand Hiver de 1709 a fait mourir les plus anciennes vignes qui étoient celles qui produisoient le meilleur vin de cette qualité, & depuis ce tems ils ne sont pas aussi bons qu'ils l'étoient auparavant.

C'est dans les Paroisses de Richemond, Jauresac, & Saint-Laurent, qu'on recueille tous les ans environ 800 tonneaux de vin de grande borderie; lorsqu'ils sont doux & bons, ils se chargent pour Hollande, Angleterre, & le Nord; ils se conservent ordinairement à la mer pendant les voyages de long cours; mais si la douceur leur manque, ils ne sont point potables, & deviennent troubles, brunis, & tournés pendant le voyage.

Dans les bonnes & moyennes borderies, on y recueille ordinairement 250 tonneaux de vin; & dans les petites, de 14 à 1500 tonneaux dont la plupart se brûlent pour faire des eaux-de-vie, c'est-à-dire, ceux qui se trouvent de rebut.

| | |
|---|---|
| Le tonneau de vin de grande borderie tiré au fin, revient ordinairement à | 200 liv. |
| Le tonneau de moyenne borderie, à | 170 |
| Le tonneau de petite borderie, à | 140 |

Les prix ci-dessus sont à peu près ce que se vendent ces vins, année commune; quelquefois dans les grandes vinées ils valent moins, & se vendent suivant leur qualité & bonté.

Le vin ne paye que 36 sols par tonneau lors de l'enlévement, qui sont payés par le Vendeur, & 20 sols pour le droit de revente, qui se payent par le Chargeur. Si le vin séjourne plus d'un jour entier en Ville, il paye encore 33 f. par tonneau pour le droit d'Inspecteur aux boissons, soit qu'il se charge ou qu'il demeure en magasin; s'il passe d'une main à une autre, la revente est encore due comme dessus: les Traitans multiplient ce droit tant qu'ils peuvent, & l'interpretent à leur avantage. Car il est dit par l'Edit qu'il ne doit rien qu'après trois jours de séjour; mais ils comptent le jour de l'arrivée, celui du lendemain, & le jour qu'on le charge; ce qui se fait quelquefois en moins de quarante heures.

## ANGOULESME.

Le seul commerce d'Angoulême se borne à quatre sortes de denrées & marchandises.

Le plus considérable est celui des eaux-de-vie, qui peut aller tous les ans de 5 à 6000 bariques, qui payent les mêmes droits que celles de Cognac.

Le second commerce est celui du papier qui se fabrique dans ladite Ville.

Le troisiéme, est celui du safran, dont on recueille tous les ans environ 3000 liv. il s'est vendu autrefois jusqu'à 40 liv. la livre, cette année 1728 il ne vaut que 20 à 25 liv. la livre.

Le quatriéme, est celui du produit des forges de l'Angoumois & du Perigord, dont la description sera faite le plus succinctement qu'il sera possible, suivant plusieurs Mémoires qui ont été donnés par diverses personnes qui ont été sur les lieux.

La forge de Rancogne située sur la riviere de Tardouaire, appartenant aux héritiers de feu M. de Longiviere, consiste en quatre masses de fourneaux à la Halle à charbon; le moulin avec une petite forge; une forge à battre le fer, composée d'une Chaufferie & deux Affineries avec sa Halle au charbon.

## *FORGES DU PERIGORD.*

La Forge Dans dépendant de M. le Marquis d'Ajac-d'Hautefort, Paroisse de la Boissiere à quatre lieues de Périgueux, située sur la riviere de Blanse, qui fournit dans toutes les saisons assez d'eau pour fondre aux quatre fourneaux; il n'y en a jamais trop pour incommoder les fondages.

Cette Forge contient une fort belle Moulerie en sorerie en l'air: on y a ci-devant fait de grands ouvrages pour le Roi; mais comme il y a plusieurs années qu'on n'a travaillé à cette Forge, elle a besoin de grandes réparations, sans compter qu'il faut aller chercher le bois à deux lieues. La mine y est d'une excellente qualité, le fer qui en provient est très doux & liant; & lorsqu'on y a fait faire des canons pour le Roi, ils se sont trouvés aux épreuves d'une très bonne qualité, & meilleurs que dans toutes les autres Forges.

Ladite Forge est éloignée de trois lieues & demie de la riviere de la Vesere, sur laquelle on embarque les canons pour les voiturer à Libourne, & de-là aux endroits pour lesquels ils sont destinés.

La plus grande partie des mines se tirent dans le bois de Charbonnier, qui est éloigné d'environ une lieue de ladite Forge.

### FORGE D'AUBAROCHE.

Cette Forge est située dans la Paroisse de Boissiere, à une lieue de Cugac, située sur le ruisseau du Blame, qui est en mauvais état & sujette à l'inondation.

### FORGE DE RUDEAU.

Elle est située à trois lieues de Perigueux, sur un étang, appartenante à M. de Fontenelle, & affermée à M. de Lomigny; elle ne contient qu'un fourneau en mauvais état.

### FORGE DE LA CHAPELLE.

Elle est située dans la Paroisse de Saint-Robert sur la riviere du Bandia, appartenante à M. de Lamberty, affermée aux Sieurs du Maine & du Temple : elle n'a qu'un fourneau; la mine en est bonne & propre à faire des canons, qu'il faut après faire voiturer à Angoulême qui est à six lieues de distance.

### FORGE DE BOUREQUEIL.

Elle est située à sept lieues d'Angoulême dans la Paroisse de Saint-Sulpice, appartenante à M. de Fontenelle, située sur un étang qui peut fondre en tout tems; elle n'a qu'un fourneau.

### FORGE NEUVE.

Elle est située à six lieues & demie d'Angoulême dans la Paroisse de Javerline, sur la riviere du Bandia, appartenante à M. de Puigombert. Elle n'a qu'un fourneau.

### FORGE DE JOMELIERS.

Cette Forge est située à sept lieues d'Angoulême sur la riviere du Bandia : elle a deux fourneaux; il n'y en a qu'un en état de travailler, qui manque souvent d'eau.

## FORGES DE L'ANGOUMOIS.

Dans la Paroisse de Combien, à quatre lieues d'Angoulême, est située la Forge de ce nom, qui appartient à Madame la Comtesse de Brassac, affermée par les sieurs Temple & de Reix. Il n'y a qu'un fourneau en état de travailler pour fondre des canons de 12 & de 18 liv. de balle.

### FORGE DE PLANCHEMENIER.

Cette Forge est située à deux lieues d'Angoulême dans la Paroisse de Seres, appartenante au sieur de la Lande de Planchemenier, composée de quatre fourneaux, la plupart en mauvais état; & qui ont besoin de réparations, ainsi que l'étang : on ne laisse pas d'y travailler dans le printems, où l'on peut encore y fondre à deux fourneaux des canons de 12 & de 18, parce que toutes les eaux sont de sources de divers endroits.

### FORGE DE FEUILLADE.

Elle est située dans la Paroisse de ce nom sur la riviere du Bandia, à quatre lieues d'Angoulême : c'est le sieur Temple de Reix, qui la fait travailler actuellement en canons, depuis le calibre de 4, 6, 8, 12, & 18 liv. qui sont d'une bonne qualité, la mine étant très bonne.

### OBSERVATION.

Les Forges à fer s'établissent ordinairement sur le bord de quelque riviere ou étang, qui ait de la chûte, & où l'eau tombe avec rapidité, afin de servir à faire tourner plusieurs différentes sortes de roues, dont on a besoin pour faire jouer les marteaux qui servent à forger le fer sur l'enclume, & pour faire mouvoir d'autres roues qui servent à refendre le fer pour faire des menus cloux, ou à l'étirer pour faire des cercles à bariques de différentes grandeurs; le fer à faire des cloux se nomme fer en verge; l'autre fer à cercles, feuillard.

Lorsqu'on fait l'établissement d'une Forge, l'on cherche toujours un terrain où il se trouve de la mine de fer, de la castine, & du bois propre à faire du charbon, dont il faut une très grande quantité pour fondre la mine & forger le fer.

La mine se tire de la terre; on en trouve jusqu'à 60 pieds & plus de profondeur : elle se trouve aussi quelquefois à deux ou trois pieds.

Celui qui veut tirer la mine dans un terrain dont il n'est pas le propriétaire, est obligé de payer une certaine somme à celui à qui il appartient : on en paye ordinairement 10 à 12 liv. pour chaque ouverture de 5 à 6 pieds de diametre dans sa superficie.

Lorsque celui qui a payé ce droit a fait creuser fort avant dans la terre, & qu'il trouve abondamment devant & derriere, ou à droite ou à gauche, de la mine, il lui est permis de la fouiller & d'en tirer autant de mine qu'il pourra sans rien payer de plus; s'il ne trouve point de mine, il perd les 10 ou 12 liv. qu'il a payés au Propriétaire de ladite terre.

Il y a des Propriétaires qui font tirer eux-mêmes la mine de leurs terres, afin de la vendre pour leur compte, par une mesure que l'on appelle une Fondue, c'est le terme dont on se sert en Perigord & en Angoumois. La Fondue est composée de 32 petites tombrées rases; chaque tombrée contient environ deux bacs & demi pésant environ 200 liv. chaque bac, ce qui revient à 500 liv. la tombrée, & la fondue, à 16000 liv. pésant. La mine étant voiturée auprès de la Forge, il faut avant de la mettre dans le fourneau, casser les gros morceaux & la faire tirer & laver, il se trouve ordinairement $\frac{1}{6}$ ou $\frac{1}{8}$ de déchet : on mêle avec cette mine environ un cinquiéme de castine, qui est une espece de pierre blanchâtre, qui sert à adoucir la mine; & l'on met le tout ensemble dans le fourneau. Il est cependant d'usage de ne pas mettre toute la mine & la castine à la fois dans le fourneau : l'on en met ordinairement la huitiéme partie de chaque façon, afin de donner le tems à cette mine & cette castine, de fondre plus facilement & doucement ensemble : en sorte que le fourneau soit chargé à huit ou neuf fois, ce qui dure près de vingt-quatre heures avant de pouvoir couler, sur-tout lorsque la mine est douce; mais si au contraire la mine est riche, la fonte se fait en moins de tems. Le fer de mine riche n'est pas si bon que celui de mine douce : il est facile de faire la différence de la mine riche avec la mine douce ; cette premiere est fort serrée & n'est pas poreuse ; au contraire la mine douce est percée & spongieuse ; & encore plus legere que la mine riche.

Il y a plusieurs sortes de Forges dans le Royaume ; dans les unes on y fait du fer en barres rondes, carrées, & plattes : il y a aussi dans ces mêmes Forges des machines pour étirer & rendre minces les barres de fer plat ; & en faire du fer en feuillard propre à couler des pipes & bariques. Pour étirer lesdites barres de fer plat, qui ont quatre ou six lignes d'épaisseur, en faire du fer feuillard d'une ligne & demie à deux lignes d'épaisseur, l'on coupe lesdites barres de fer en morceaux de 3 à 4 pieds de longueur ; & l'on les met en pile triangulaire les unes sur les autres, de la maniere qu'on les voit ici représentées jusqu'à ce qu'il y en ait environ quatre pieds de hauteur : on les couvre ensuite de bon bois que l'on allume jusqu'à ce qu'elles soient bien rouges, après quoi le Forgeron les prend une à une avec des tenailles, & les porte entre les arbres de deux roues que l'eau fait tourner, qui applatissent lesdites barres, & les rendent propres à faire des cercles.

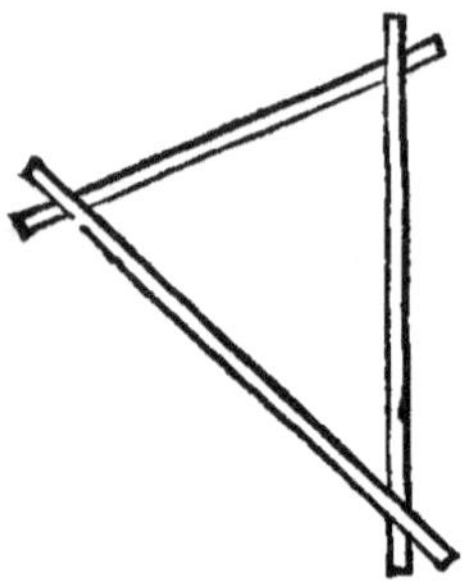

Dans ces mêmes Forges il y a des machines qui refendent les barres de fer en fer en verges pour faire des menus cloux.

Outre les Forges dont on vient de parler ci-dessus, qui ne font que du fer en barres & en verges ; celles du Perigord & de l'Angoumois ne font que des canons, bombes, & boulets.

Dans les Forges où l'on ne fait que des canons de 4, 6, & 8 liv. de balle, il n'y a qu'un seul fourneau pour fondre la mine ; parce qu'il doit être assez grand pour contenir la quantité de matiere pour faire de ces sortes de canons. Mais dans les Forges où l'on fait des canons de 12, 18, 24, & 36 liv. de balle, il faut deux ou trois fourneaux pour contenir la matiere suffisante tout près les uns des autres, afin que lorsque la matiere a acquis son degré de chaleur, elle puisse couler dans le même tems de tous les fourneaux dans le moule du canon : car les canons de fer se font un à un ; il n'en est pas de même des canons de fonte, dont les fourneaux contiennent assez de matiere pour couler six ou sept canons d'une même fonte.

Il est à remarquer que le moule dont on se sert pour faire les canons, doit être debout : lorsqu'on coule la matiere, on est obligé de faire un trou de 12 ou 13 pieds de profondeur au pied des fourneaux ; ce trou est rond de 5 à 6 pieds de diametre dans lequel est placé une cuve de bois bien étanché à peu près du même diametre ; dans laquelle cuve on place le moule du canon que l'on veut faire, cette cuve est pour empêcher qu'il ne tombe aucune humidité ni autre chose à l'entour du moule du canon que l'on veut faire. Lorsque ce fourneau est en bon train, & les moules bien préparés, s'il n'arrive pas d'accidens imprévus, on fait ordinairement un canon de fer chaque jour.

## COMMERCE D'ORLEANS, ET DE SA GENERALITE'.

### *DE'TAIL DU COMMERCE DES PRODUCTIONS DE LA GENERALITE' D'ORLEANS par ses Elections.*

Le grand Commerce de l'Election d'Orléans & de celles de Blois & de Beaugency, consiste en vins & en eaux-de-vie, qui s'enlevent pour Paris, ou qui se débitent dans le reste de la Généralité d'Orléans. On en vend aussi aux Anglois & aux Hollandois, lorsque les vignobles du pays Nantois & ceux de l'Isle de Rhé, ont manqué. On prétend qu'année commune, l'Orléanois peut donner jusqu'à cent mille tonneaux de vin, & que Blois & Beaugency n'en fournissent pas moins.

La Beausse & le Vendômois produisent quantité de blés & autres grains : ceux du Vendômois, la consommation du pays prélevée, se conduisent par terre dans les marchés de Tours & de Blois, & dans quelques autres petits marchés des environs : ceux de la Beausse sont la plupart pour Paris. Il se recueille aussi quelques vins dans le Vendômois qu'on mene par charrois en Normandie, dans le Maine, & dans le Perche.

L'Election de Châteaudun produit du vin, du blé, & des fruits. Les fruits servent à faire des cidres qui se consomment sur les lieux. Les blés & les vins ont le même débit que ceux de l'Election de Vendôme.

Le pays Chartrain & son Election est si fertile en blé, qu'il peut en fournir plusieurs Provinces ; aussi ceux qu'on y recueille en font tout le commerce. On les mene dans les marchés voisins, d'où les Marchands de Châtres les tirent en détail pour en faire des magasins ; & les vendre ensuite en gros avec de grands profits, lorsque l'occasion s'en présente.

Les Elections de Dourdans & de Petiviers, abondent pareillement en blés : ceux de l'Election de Dourdans se conduisent à Montlhery & à Paris par charrois : l'Election de Petiviers débite les siens à Orléans, à Montargis, & à Etampes.

Les vins, les blés, les fruits, & les foins, sont les productions des Elections de Montargis & de Clamecy ; mais il s'en fait peu de négoce au dehors, ce qui s'en recueille suffisant à peine pour le pays. Le débit s'en fait dans les marchés des Villes ou des gros Bourgs de l'une & l'autre Election.

Le safran qui se recueille à Boisne & à Boiscommun dans le Gâtinois, forme aussi un commerce considérable dans cette Généralité. *Voyez* SAFRAN.

Il y a aussi des mines de fer qui y entretiennent plusieurs Forges. Les fers & les ouvrages de ce métail qui y sont fabriqués, s'envoyent dans les grandes Villes voisines, à des marchands qui en font un trafic assez considérable.

### *COMMERCE DE LA VILLE D'ORLEANS.*

La Ville d'Orléans est proprement l'entrepôt de toutes les marchandises qui se transportent par la Loire sur laquelle elle est située, soit en montant, soit en descendant.

Il est vrai que la plus grande partie est destinée pour Paris, où on les conduit par les voitures de terre & par la commodité du Canal, que de l'Orléanois qu'il traverse, on appelle Canal d'Orléans ; mais il y en reste aussi beaucoup, partie pour l'usage du pays, & partie qui se répandent ensuite dans les Provinces voisines.

La Loire en descendant, lui procure les marchandises que produisent la Provence, le Languedoc, le Lyonnois, le Bourbonnois, le Nivernois, & le Berry; avec celles qui entrent en France par la Méditerrannée : & la même riviere en remontant, lui apporte les marchandises de l'Océan, & celles de la Bretagne, de l'Anjou, du Poitou, & de la Touraine.

Les marchandises de tous ces endroits qu'on amene à Orléans, sont des blés, des avoines, des vins, des eaux-de-vie, des vins de liqueurs, des épiceries, des sucres, des sels, des soies, des laines, des chanvres, des huiles, du fer, de l'acier, du poisson salé & d'eau douce; des fruits, des fromages, des bois quarrés, d'autres de sciage & de charonage; des planches de chêne & de sapin, des échalats, des bois de chauffage, du charbon de bois & de terre; de la poterie, de la fayance, des ardoises, des pierres, des cuirs, & plusieurs autres sortes de semblables marchandises, du crû des Provinces que la Loire arrose, ou qui n'en sont pas éloignées.

De toutes ces marchandises, celles dont les Marchands d'Orléans font le plus grand commerce, sont les vins, les eaux-de-vie, les blés, & l'épicerie; & de ces quatre, c'est le négoce des vins qui y est le plus considérable.

Presque tous ces derniers se voiturent à Paris par le moyen des Rouliers dont cette route est sans cesse couverte. Ils ne consistent pas seulement dans ceux de l'Orléanois; mais encore dans quantité d'autres, qui se tirent des Provinces voisines de la Loire, & même de celles qui en sont assez éloignées; comme les vins de Languedoc & de Bordeaux.

Le nombre de ces Rouliers est si extraordinaire, que pour ne pas laisser dépérir les grands chemins, on a été obligé de fixer la charge de leurs voitures par des Réglemens, qui leur défendent d'y mettre au-delà d'une certaine quantité de demies-queues de vin. *Voyez* l'article des Voituriers.

Les blés & autres grains qui se recueillent aux environs d'Orléans, n'étant pas assez considérables pour soutenir le grand trafic que ses Marchands ont coutume d'en faire, on y supplée par ceux de l'Anjou, du Poitou, de l'Auvergne, & de la Haute-Beausse, dont quand les années sont abondantes, on fait de grands amas dans les greniers & les magasins de la Ville, pour ensuite en faire la distribution dans les Provinces qui en ont besoin, & où les récoltes n'ont pas été si bonnes.

Les épiceries viennent de Provence, & Orléans en est comme l'entrepôt pour les Provinces intérieures du Royaume, qui ne les peuvent pas recevoir de la premiere main.

C'est de Bretagne & de la Rochelle qu'on tire les sucres bruts, qui s'y rafinent aussi parfaitement qu'en aucun autre lieu de France; les Epiciers de Paris estimant ceux qui sortent de ce raffinage plus blancs & mieux travaillés que tous les autres; & ayant coutume de les enlever presque tous.

Il y a quatre ou cinq raffineries à Orléans, où il se consomme plus de cinq millions de moscouades.

Un moulin à papier & une verrerie, entretiennent encore un assez bon négoce dans Orléans & aux environs, où ces Fabriques sont établies, & d'où, outre la consommation de la Province, il se tire encore pour Paris & d'autres Villes du Royaume, assez considérablement des diverses marchandises qui s'y font.

Les Manufactures d'étoffes de laines d'Orléans, n'ont pas grande réputation; & il s'y fait seulement quelques serges trémieres, des serges à deux estains, des frocs & des bayettes de demie-aune de large. Il ne laisse pas cependant de s'y faire un assez grand commerce de draperies & laineries; mais c'est moins de celles qui se fabriquent dans la Ville, que de celles qui s'y apportent du dehors, particuliérement de Saint-Agnan, de Romorantin, de Saint-Genoux, de Salbry, de Souesme, de Brinon, de Nonan-le-Fuzelier, de Vouzons, de Chartres, de Brou, d'Authon, & de quelques autres lieux de la Généralité.

Les laines qu'on employe dans le peu d'étoffes qui se fabriquent à Orléans, sont partie laines du pays, & partie de Beausse, de Sologne, & de Gâtinois, qui s'achetent par des Marchands en gros de la Ville, qui les revendent en détail aux Facturiers. Les mêmes Marchands font aussi le négoce des laines d'Espagne, qui entrent dans la Bonneterie qui se fait à Orléans.

La Manufacture des bas y a toujours été très considérable : il s'en fait de deux sortes; sçavoir, des bas au tricot ou à l'aiguille, & des bas au métier. La Fabrique des premiers y est ancienne & très estimée; il s'y vend pourtant quantité de ces ouvrages qui passent pour être faits à Orléans, quoiqu'ils viennent de Beausse : mais ils sont à la vérité aussi bons que ceux d'Orléans même.

La Fabrique des bas au métier y est très moderne : & cependant commence à étouffer celle des bas à l'aiguille, qui à la vérité sont bien meilleurs, mais qui ne se fabriquant pas avec la même facilité & la même vitesse que ceux au métier, ne peuvent s'y donner à aussi bon marché.

Les Ouvriers au tricot & ceux au métier, ont chacun leur Communauté séparée; qui chacune est composée de plus de cent vingt Maîtres, les derniers font travailler plus de quatre cent métiers.

Les Marchands de Paris, de Lyon, de Bordeaux, & autres principales Villes du Royaume, tirent beaucoup de l'une & l'autre Bonneterie; & il s'en envoye aussi un assez grand nombre à l'Etranger.

On estime qu'il se fait, année commune, à Orléans, environ soixante mille douzaines de paires de bas, où l'on employe quatre-vingt milliers de laines, partie laines de Berry, & partie laines d'Espagne.

Les Teinturiers y sont au nombre de seize, dont il y en a cinq du grand & bon teint. Les teintures y sont bonnes, à cause que les eaux y sont propres, outre qu'aux environs d'Orléans & dans quelques lieux de sa Généralité, il se trouve quelques-unes des drogues qu'on y employe.

Un autre objet de commerce, qui sert à enrichir la Ville d'Orléans, est celui de la préparation des cuirs, soit forts, soit menus, qui occupent près de quarante Corroyeurs & sept Tanneurs.

Le trafic des peaux de moutons passées en huile, & apprêtées en façon de chamois, est sur-tout en réputation. Il s'en consomme plus de douze mille douzaines par an dans la Ville même, & l'on ne peut dire combien on en tire pour Paris, & pour plusieurs Villes du Royaume, de celles qui sont préparées avec leurs laines, & de celles qui sont passées ou en chamois, ou en blanc.

La Chapellerie y est pareillement aussi bonne, & pour ainsi dire, aussi nombreuse que la Tannerie. Plus de vingt Maîtres Chapeliers sont occupés à la Fabrique des chapeaux, partie pour la consommation du pays; & partie pour des envois au-dehors.

On a dit quelque chose ailleurs du commerce des

arbres fruitiers, qui s'est établi à Orléans depuis environ cinquante ans, & qui semble augmenter chaque jour. Ces arbres ne servent pas seulement aux plants qui se font dans le Royaume; mais il s'en tire aussi beaucoup pour les Pays étrangers.

Enfin un dernier objet de commerce pour cette Ville, consiste dans ses confitures qui s'y font en quantité à cause du grand nombre de sucres bruts, qui s'y raffinent. Celles qui ont le plus de réputation, sont les coins & la gelée qui se fait de ce fruit, qu'on nomme Cotignac. *Voyez* cet article.

Il ne faut pas oublier qu'il se fait à Orléans des forces à tondre les draps, qui sont estimées très bonnes, & les meilleures après celles d'Angleterre.

On auroit dû parler ici du Canal de Briare & de celui d'Orléans, particuliérement de ce dernier qui commence au Bourg de Combleux à une lieue de cette Ville, parce qu'Orléans est l'entrepôt des marchandises qu'on voiture par l'un & l'autre Canal: on en a amplement traité ailleurs, & il suffit d'en indiquer l'endroit. *Voyez* CANAL.

### *MANUFACTURES DE LA GENERALITE' D'ORLEANS, particuliérement des étoffes de laine.*

ORLEANS. On ne répétera rien ici de ce qu'on a dit des Manufactures de cette Ville, dans le paragraphe précédent; on peut y avoir recours.

DOURDANS. Il n'y a point de Fabrique pour les étoffes de laine dans cette Ville: mais il s'y fait une très grande quantité de bas de laine & de soie, partie à l'aiguille, & partie au métier, dont le débit se fait principalement à Paris. Ces deux Fabriques occupent trente-cinq Maîtres & vingt métiers.

Il y a aussi à Dourdans quelque Chapellerie, mais peu, n'étant entretenue que par deux Maîtres Chapeliers.

BEAUGENCY. Ses Fabriques consistent en serges drapées, en serges trémieres, & en serges à deux estains. Toutes ces étoffes se font de laine de Beausse & de Sologne. Douze métiers & dix Maîtres Sergers entretiennent cette Manufacture, où il ne se fait gueres que cent pieces de serge par an: on y en marque environ autant, qui sont apportées de dehors. Le débit des unes & des autres se fait dans la Ville même & aux environs.

La Chapellerie a quatre Maîtres, & la Corroyerie autant.

BLOIS. On y fait des serges trémieres, des serges drapées, des étamines, & des crêpons; toutes ces étoffes se font de laine du pays. Le produit de la Fabrique est de six à sept cent pieces, année commune. On y apporte de dehors environ quatre cent pieces qui y sont marquées comme foraines: les unes & les autres se débitent pour la Ville & pour les lieux voisins.

Vingt Sergers, trente métiers, deux Teinturiers du grand teint, cinq du petit teint, & quatre Tondeurs sont employés pour cette Fabrique.

Il s'y fait aussi quantité de cuirs gros & menus, de chapeaux, & des ouvrages de Bonneterie.

Les cuirs occupent dix Tanneurs & autant de Corroyeurs; les chapeaux, seize Maîtres Chapeliers; & la Bonneterie, sept à huit Maîtres Bonnetiers.

Il s'y fait aussi quelque Ganterie qui s'envoye à Paris.

VENDÔME. Les étoffes de cette Fabrique sont des estamets, des serges à deux envers d'une aune de large, & des serges trémieres de demie-aune.

Les laines qu'on y employe, sont des laines de Beausse. Le produit de toutes ces laineries ne va pas à cent pieces par an, qui se consomment dans la Ville même; il y a cependant trente métiers, plus de vingt Maîtres Sergers, & deux Teinturiers; mais ils ne sont pas tous employés.

On y fait quantité de gands qui s'envoyent tous à Paris; cinquante Maîtres Gantiers y travaillent & en font le commerce.

C'est aussi pour Paris que se destinent les cuirs de ses Tanneries qui y sont au nombre de quatre. Six Maîtres Chapeliers y travaillent en Chapellerie; on estime assez leurs chapeaux.

LE MONTOIR. On y fait jusqu'à quatre cent pieces de serges blanches & grises, qui s'appellent des Tourangestes; & l'on en marque environ cent autres pieces foraines de même qualité. Ces étoffes se font tout de laines du pays, où il s'en recueille quatre à cinq milliers: leur destination est pour la Ville de Tours, & c'est peut-être de-là qu'elles ont pris leur nom. Elles occupent vingt-quatre métiers & deux moulins à foulon.

Il y a deux Chapeliers & deux Tanneurs.

SAINT-AGNAN. Cette Ville est célébre par les foires qui s'y tiennent cinq fois l'année, où se portent quantité de draperies des Villes voisines, outre une partie des sept cent pieces qui se font dans ses propres Manufactures.

Les étoffes qui en sortent, sont des serges blanches, grises, & brunes, d'une aune de large; des draps ou gros cordats propres pour les habits des Capucins; & des serges drapées blanches & gris de fer, d'une aune de large. Toutes ces étoffes se font de laines de Berry: elles se débitent à Paris, Orléans, & Tours.

Cette Fabrique occupe trente Maîtres Facturiers, trente-six métiers, & trois moulins à foulon.

La Chapellerie y est assez bonne, six Maîtres Chapeliers y travaillent.

ROMORANTIN. C'est la plus forte Manufacture de toute la Généralité; & on y fait au-delà de cinq mille cinq cent pieces d'étoffes par an.

Leurs qualités sont des draps blancs de cinq quarts de large; d'autres draps de même couleur, d'une moindre largeur; des serges blanches, gris-blanc & grises, d'une aune; & des serges croisées aussi d'une aune. Les laines qu'on y employe, sont partie du Berry & partie du pays: de celles-ci on y en recueille environ six milliers. La plupart de ces étoffes servent pour l'habillement des Troupes.

On y a aussi établi une Fabrique de draps blancs, moitié laines d'Espagne, & moitié laines fines de Berry; ces draps sont propres à mettre en écarlate.

Les Manufactures de Romorantin occupent en tout cent trente Maîtres Fabriquans, cent trente-cinq métiers, treize moulins à foulon, & vingt-cinq Maîtres Foulonniers. Le foulage & le dégraissage des étoffes y sont excellens, ce qu'on attribue aux eaux de la riviere de Sandre, qui sont très propres à leur donner ces apprêts.

Toutes ces draperies se distribuent à Paris, à Orléans, en Picardie, & en Champagne.

La foire de Romorantin est considérable, particuliérement pour les draperies.

Les étangs qui y sont aux environs, y entretiennent un petit commerce de poisson que l'on mene à Orléans par terre, & par le Canal à Paris.

Les Manufacturiers de Romorantin s'étant accoutumés à employer dans leurs draperies des laines de Navarre & de Barbarie, il leur en fut fait défense par Arrêt du Conseil du 27 Avril 1706, portant

Réglement

Réglement pour ladite Manufacture. Cet abus n'ayant point cessé, l'exécution de l'Arrêt fut de nouveau enjoint par une Ordonnance de l'Intendant de la Généralité du 10 Juillet 1716.

SAINT-DENIS, qu'on nomme autrement SAINT-GENOUX. On y fait environ trois cent pieces d'étoffes presque toutes destinées pour Paris & pour Orléans. Ce sont des draps d'une aune comme à Romorantin; mais toutes de laines du pays, où il s'en recueille quatre ou cinq milliers.

Le foulage & le dégraissage y sont très bons, ce qui y occupe quatre Maîtres Foulonniers & deux moulins à foulon. Sept Maîtres Facturiers & neuf métiers sont employés à cette Manufacture.

Il y a une foire où il se débite de la draperie.

SALBRY. Cette Fabrique travaille pour Paris & Orléans; le produit va environ à sept cent pieces d'étoffes de laine du pays; ces étoffes sont des serges drapées, blanches, & gris de fer, de demie-aune de large. Quinze Maîtres Facturiers, dix-sept métiers & un seul moulin à foulon, travaillent à la façon & à l'apprêt de ces étoffes.

SOUESME. Il ne se fait dans cette Fabrique que cent pieces d'étoffes par an, qui sont toutes serges blanches de demie-aune de large; elles s'envoyent à Orléans; leur laine est laine du pays. Les Facturiers, les métiers, & les foulons, sont proportionnés au peu d'étoffes qui s'y fait, n'y ayant que six Facturiers, autant de métiers, & un moulin à foulon.

PIERRE-FITE. Il s'y recueille environ deux milliers de laine, qui sont toutes employées ou en estamets à deux envers d'une aune de large, ou en serges blanches de demie-aune.

BRINON. Sa Fabrique est peu de chose; à peine neuf Facturiers font-ils par an sur neuf métiers quatre-vingt pieces d'étoffes. Ce sont des serges drapées de demie-aune de large; elles sont de laine du pays; on les porte à Orléans.

NONAN LE FUZELIERS. Les étoffes qui s'y font s'apprêtent à Orléans où on les débite en toile. Il s'y fait environ quatre-vingt pieces de serges drapées blanches de demie-aune de large. On y recueille, ou aux environs, jusqu'à six milliers de laine, dont une partie sert à faire ces étoffes; le reste se vend au dehors. Il y a sept métiers & autant de Facturiers.

VOUZONS. Les laines qui s'y recueillent & aux environs, montent à plus de six mille livres pésant, dont on fait chaque année jusqu'à six cent pieces de serges drapées blanches de demie-aune de large qui se débitent à Orléans.

Vingt-quatre Facturiers, vingt-huit métiers, & deux moulins à foulon composent cette Manufacture.

JARGEAU. On y travaille en serges drapées blanches & gris de fer, où l'on n'employe que des laines du pays. Il s'en fait jusqu'à cent soixante, ou cent soixante & quinze pieces, année commune, qui se débitent en détail dans la Ville même. Six Maîtres Facturiers y ont chacun un métier.

CHATEAU-NEUF. Le produit de cette Fabrique est très modique & va à peine à soixante pieces d'étoffes par an, partie serges drapées, & partie bayettes & tiretaines. Deux seuls Facturiers qui ont chacun deux métiers, en composent toute la Manufacture, qui pourroit cependant être plus considérable, vû la qualité des laines du pays qui sont bonnes, & la quantité qu'il s'en recueille qui va à près de huit milliers. Ce peu d'étoffe se débite dans la Ville même.

Quatorze Tisserans y font beaucoup de toiles qui ne sont pas mauvaises.

SULLY. Il s'y fait des serges drapées, des frisons, des étamines, & des crêpons des laines du lieu; ce qui s'y en fait ne va pas à deux cent pieces par an, qui occupent cependant jusqu'à vingt-deux métiers, & presque autant de Facturiers. Le débit se fait dans le lieu & aux environs.

GIEN. Les serges trémieres, les serges drapées blanches & grises, les frisons blancs, & les étamines sont les étoffes qui se font dans cette Fabrique. On y employe partie laines du pays & partie d'autres laines qui s'achetent à Orléans. Le foulage s'en fait à Poilly, où cependant l'eau & la terre ne sont pas trop bonnes. Il y a près de trente métiers & plus de quinze Facturiers, qui cependant ne donnent par an que cent vingt ou cent trente pieces d'étoffes; le débit s'en fait dans le lieu ou aux environs.

Il y a à Gien trois foires chaque année, à une desquelles s'apportent quelques draps par des marchands d'Orléans, & des droguets par des marchands de Viezon en Berry.

Les autres ouvriers qui soutiennent le commerce de cette Ville, sont un Teinturier, trois Chapeliers, autant de Tanneurs, & six Bonnetiers.

La Bonneterie qui s'y fait, consiste toute en bas drapés au tricot qui sont estimés; il s'en fait un assez bon débit à Orléans, d'où ils s'envoyent à Paris.

BONNY. Cette Manufacture est tout-à-fait tombée; il y a cependant encore quelques métiers & quelques anciens Maîtres, même deux moulins à foulon; mais rien de tout cela n'est occupé.

COSNE. Cette Fabrique n'a pas été plus heureuse que celle de Bonny. Les Facturiers & les métiers qui y restent encore n'ont point d'ouvrages, non plus que trois moulins à foulon qui y subsistent toujours. Les étoffes qu'on y faisoit étoient des droguets & des tiretaines.

Ce dépérissement a passé jusques aux divers ouvrages de fer dont on y avoit établi différentes Fabriques.

Il ne se fait plus rien dans une forge de fer fondu, où il se couloit quantité de tuyaux pour Versailles & plusieurs ustenciles de ménage, comme des pots, des chaudieres, & des marmites. Deux autres forges où il se fabriquoit de l'acier à la façon d'Allemagne, ont été aussi abandonnées, & l'on ne travaille plus pareillement aux menues armes qui s'y faisoient pour les armées du Roi, desquelles on tenoit des magasins toujours pleins dans un Arsénal qu'on y avoit construit.

La seule Fabrique de fer qui y subsiste présentement, est celle des ancres pour la marine, qui y avoit néanmoins été long-tems interrompue par celle du fer plat & du fer en bottes, mais qui enfin y a été rétablie.

Tout ce désordre arrivé dans les Fabriques de Cosne, soit de draperies, soit d'ouvrages de fer, a réduit son commerce à la Ganterie, à la Tannerie, & à la Chapellerie, qui soutiennent encore trois Tanneurs, quatre Gantiers, & quatre Chapeliers.

Il y a aussi un Teinturier, mais qui travaille peu.

LA CHARITE'. Son commerce consiste moins en Fabriques de lainages qu'en autres ouvrages, particuliérement en fers, en chapeaux, & en cuirs. A peine s'y fait-il soixante pieces d'étoffes, partie serges trémieres de demie-aune de large, & partie tiretaines sur fil de trois quarts aussi de large; les unes & les autres de laine du pays. Il y a néanmoins dix-huit métiers, autant de Facturiers, trois moulins à foulon, trois Tondeurs, & trois Tenturiers; on y apporte aussi quelques étoffes foraines, mais jamais jusqu'à cinquante pieces: le tout se débite dans la Ville & aux environs.

Pour le négoce du fer, il y a pas loin de la Ville onze forges où se fait du fer & de l'acier, & trois fourneaux pour en fondre la mine.

Les Tanneurs y sont au nombre de sept, & la Chapellerie y a quatre Maîtres.

Clamecy. La laine y est assez bonne, mais on n'en recueille que deux milliers, qui, mêlées avec des laines de Bourgogne, suffisent toutefois pour toutes les étoffes qui se font dans cette Fabrique.

Ces étoffes sont des draps d'une aune de large, qui sont assez estimés; il ne s'en fait guere que cent dix pieces par an, quoiqu'il y ait douze Maîtres & douze métiers; il est vrai que de ces métiers il n'y en a ordinairement que cinq qui travaillent. Il y a aussi pour les apprêts de ce peu d'étoffes, un Teinturier & trois moulins à foulon.

Les autres Manufactures sont celles des cuirs & celles des gands; huit Maîtres Gantiers sont occupés à celle-ci, & huit Maîtres Tanneurs à celle-là.

Il y a encore un moulin à papier à Clamecy.

Saint-Fargeau. Cette Fabrique produit à peine soixante pieces d'étoffes, qui sont des serges drapées blanches & grises, d'une demie-aune de large. Elle a pourtant autant de métiers, de Fabriquans, & de foulons qu'il en faudroit pour une manufacture plus considérable; mais à peine le quart en est-il présentement occupé, n'y ayant que trois Maîtres, trois métiers, & un moulin qui travaillent, & même encore assez peu. Il se recueille dans le pays quatre ou cinq milliers de laine. Le débit des étoffes se fait en détail dans le lieu.

Il y a à Saint-Fargeau un Tanneur, deux Chapeliers, & deux Gantiers.

Ses foires sont au nombre de quatre; mais il ne s'y apporte plus aucune Draperie foraine.

Chastillon-sur-Loing. La récolte des laines y est assez modique & passe rarement deux milliers; aussi sa Fabrique de Draperie qui se fait toute de laine du pays, est-elle peu considérable. Les étoffes qu'on y fait sont des draps d'une aune façon d'Usseau, & des serges drapées de demie-aune. Le produit de ces deux Fabriques ne va pas à cent pieces par an qui se débitent dans le lieu & à Troyes: elles occupent cependant neuf Maîtres, autant de métiers, & un moulin à foulon.

Six Bonnetiers & quatre Chapeliers y font un assez bon négoce, les uns de bas au tricot & les autres de chapeaux; il n'y a qu'un seul Tanneur.

Cette Ville a cinq foires; on y porte des laines, mais il y a déja long-tems qu'on n'y voit plus de Draperies.

Montargis. On y recueille & dans les environs, jusqu'à vingt milliers de laines par an. Quelques-unes se consomment dans les Fabriques de Draperie qui y sont établies; le reste se vend pour Orléans, pour Amiens, pour Gien, & pour Ambigny en Berry.

On fait à Montargis des draps d'une aune, & des serges trémieres de demie-aune. Les uns & les autres ne passent gueres cent cinquante pieces par an; il est vrai qu'il s'y en marque autant de foraines.

Le nombre des Facturiers & des métiers témoignent assez combien cette Fabrique avoit autrefois de réputation; mais des vingt-cinq métiers qui y sont montés, il n'y en a que six seulement qui travaillent; & de dix-sept Facturiers qui en composent la communauté, plus des deux tiers restent sans ouvrage. Deux moulins à foulon & deux Teinturiers, apprêtent & teignent les étoffes qui s'y font.

Sept Maîtres Chapeliers, dix Tanneurs & quatre Corroyeurs y font un grand commerce de chapeaux & de cuirs.

C'est aux quatre foires de Montargis que se vendent les laines qui s'y recueillent, aussi-bien que quantité d'autres qu'on y apporte du dehors; mais il ne s'y fait aucun commerce de Draperie.

Briare. Petite Ville du Gâtinois, très peu considérable par elle-même, & très peu connue dans le commerce; mais devenue célébre depuis qu'on s'en est servi pour commencer le merveilleux canal qui porte son nom. *Voyez* Canal de Briare.

Pithiviers. Les serges drapées & les serges appellées Filins, les unes & les autres de demie-aune de large, sont les seules especes d'étoffes qui se font dans cette Fabrique; il s'en fait par année environ deux cent cinquante pieces, toutes de laine du pays, dont il peut fournir jusqu'à douze milliers; le débit des étoffes est dedans le lieu même.

Huit Facturiers, douze métiers, & un moulin à foulon travaillent pour cette manufacture; le moulin est sur la riviere d'Essonne.

Il y a six Chapeliers & sept Tanneurs qui travaillent beaucoup & bien.

Il ne s'apporte aucune Draperie de dehors dans les trois foires qui se tiennent tous les ans à Pithiviers.

Chartres. C'est la plus forte Fabrique d'étoffes de laine de la Généralité d'Orléans après celle de Romorantin; on y en fait jusqu'à cinq mille pieces tout de laine du pays, dont il se recueille cinquante à soixante milliers. Ces étoffes sont des serges blanches à deux estains de demie-aune de large qui se débitent dans Chartres même, & à Paris, Rouen, & Orléans.

Cette manufacture occupe près de cent vingt-cinq métiers, soixante & quinze Maîtres Facturiers, cinq Tondeurs, & quatre Teinturiers, dont deux sont du bon & grand teint, & deux du petit teint, la teinture desquels est en réputation, à cause qu'on estime que les eaux de la riviere d'Eure y sont très bonnes.

Les moulins où l'on donne les apprêts du dégraissement & du foulage ne sont pas près de Chartres, mais en sont éloignés de sept à huit lieues; il y en a quatre sous autant de Maîtres Foulonniers.

Les bas au tricot & la Fabrique des chapeaux y sont un très grand objet de commerce; ils y occupent jusqu'à vingt Maîtres Bonnetiers & quinze Maîtres Chapeliers qui sont réunis dans la même Communauté.

Celle des Tanneurs étoit autrefois toute seule presqu'aussi forte que ces deux ensemble, & elle étoit composée de trente Tanneurs; présentement il n'y en a plus que sept, mais il y a aussi vingt Corroyeurs; de sorte qu'il s'y prépare toujours une très grande quantité de cuirs.

Pontgouin. Il s'y fait les mêmes serges qu'à Chartres, mais seulement deux cent pieces par an qui occupent dix-sept métiers & quatorze Facturiers; on n'y employe que des laines du pays.

Ces serges se vendent en écru aux Marchands de Chartres & d'Orléans.

Illiers. Cette Fabrique a le troisiéme rang parmi celles de la Généralité pour le nombre des pieces d'étoffes qui s'y font; aussi occupe-t-elle jusqu'à cent métiers & quarante Maîtres Facturiers qui fabriquent par an plus de trois mille pieces.

Ces étoffes sont des serges à deux estains de demie-aune de large, toutes faites de laine du pays, dont il se recueille, année commune, depuis quarante jusqu'à cinquante milliers.

Les Marchands de Chartres & d'Orléans enlevent toutes ces serges, & ne les achetent qu'en écru.

BROU. Les laines qui s'employent dans cette Fabrique sont toutes du pays, qui vont environ à quinze milliers par an. Les étoffes qui s'y font sont de deux sortes; sçavoir, des serges blanches à deux estains de demie-aune de large, & des étamines de même largeur. Le total des unes & des autres monte à plus de neuf cent pieces qui sont fabriquées sur cinquante métiers, par vingt Maîtres Facturiers.

Toutes ces étoffes sont portées aux marchés d'Authon & de Nogent qui se tiennent chaque mercredi de l'année, où elles sont vendues en écru aux Marchands d'Orléans.

AUTHON. Cette Fabrique fournit jusqu'à deux mille pieces d'étoffes qui occupent plus de soixante métiers & trente-cinq Maîtres.

Ces étoffes sont; sçavoir, des étamines grises & blanches des laines du pays, dont la récolte va par an à deux milliers, mais auxquelles on ajoute des laines du voisinage.

Des étamines de laine d'Espagne, appellées Lampes.

Et d'autres étamines muse naturel, qui se font sur des chaînes filées qui viennent du pays du Maine, que les ouvriers d'Authon couvrent de trémes de laines fines de Berry.

Toutes ces étoffes se débitent dans le lieu même, ou à Nogent & à Orléans.

CHAUDUN. Il s'y fait par an trois cent cinquante pieces d'étoffes qui sont des serges à deux estains, des serges drapées, des étamines doubles, & de gros droguets. Il y a apparence que le produit en augmentera, s'y établissant chaque année de nouveaux métiers & de nouveaux Facturiers.

BAZOCHES. Il sort tous les ans de cette Fabrique environ cent cinquante pieces d'étoffes qui sont des serges à deux estains, des étamines, & de grosses serges drapées. La Fabrique est mal soutenue & diminue de jour en jour.

*Récapitulation sur les Fabriques de la Généralité d'Orléans.*

Il se consomme dans les Manufactures de lainage de cette Généralité, deux cent milliers de laines, la plupart du pays.

Il s'y fabrique environ vingt-cinq mille pieces de draps, & autres sortes d'étoffes de laine.

Il s'y en marque de foraines; c'est-à-dire, qui y sont apportées des Provinces voisines, plus de quatorze mille pieces.

## COMMMERCE DE LA TOURAINE, DE L'ANJOU, DU MAINE, ET DU PERCHE.

Pour plus de commodité, on fera quatre articles de ces quatre Provinces.

### COMMERCE DE TOURAINE.

TOURAINE. Les principales Manufactures établies dans cette féconde & agréable partie de la France, sont la soierie, la draperie, & la tannerie.

La soierie a son établissement le plus considérable dans la Capitale de la Province; & c'est-là que se font ces belles étoffes de soie, comme velours, moires, pannes, serges de soie, brocards, taffetas, gros de Tours, satins, &c. qui ne cedent à aucune Fabrique étrangere, non pas même à celles de Venise, de Gennes, de Florence, ou de Lucques. *On en parlera amplement à l'article des* SOIES, *où l'on peut avoir recours.*

Le débit de toutes ces étoffes se fait plus en France que dans les Pays étrangers. Paris, Lyon, Toulouse, Rouen, Bordeaux, & la Bretagne, sont les lieux où il s'en consomme le plus; mais comme à Lyon il se fabrique d'aussi belles étoffes qu'à Tours, les envois pour cette Ville ne consistent gueres qu'en taffetas, en moires, & en pannes.

Pour l'Etranger, le plus grand Commerce s'en fait en Espagne & en Portugal. Autrefois il s'en transportoit aussi quantité en Angleterre & en Hollande; mais ce négoce est tombé depuis que ces deux Nations ont tâché d'imiter nos Manufactures, & qu'elles se contentent des étoffes qui se fabriquent chez elles, quoique moins belles, & de moindre qualité.

La Manufacture de Tours consommoir autrefois jusqu'à deux mille quatre cent balles de soie; à présent sept à huit cent balles suffisent. Les Tourangeaux les tirent de Messine, de Palerme, de Naples, de Milan, de Boulogne, de Languedoc, du Comtat d'Avignon, d'Espagne, & même de la Chine. On a dit ailleurs, que la Ville de Lyon étoit le passage & l'entrepôt de toutes les soies qui entrent en France. *Voyez* SOIE. Chaque balle pese depuis cent soixante jusqu'à deux cent livres.

On prétend que c'est à Tours qu'on a établi la premiere calandre qu'il y ait eu en France, pour onder les moires, les tabis, & les autres étoffes de soie. On en attribue l'invention à un nommé Chomey, qui l'apporta d'Italie.

Le négoce de la Draperie, & des autres étoffes de lainerie, étoit autrefois très considérable à Tours, & dans quelques autres Villes de Touraine. L'on a vû long-tems dans cette Capitale jusqu'à deux cent cinquante métiers ouvrans, au lieu que présentement à peine y en a-t-il quinze ou vingt.

On marque à Tours environ neuf mille pieces d'étoffes de laine par an, qui y sont apportées de diverses Manufactures du Royaume, pour y être vendues, mais il y en a peu dans ce nombre qui soient de la Fabrique de la Ville.

Le Commerce des cuirs tannés est aussi considérablement diminué en Touraine, & à proportion autant que celui de la lainerie; cependant il s'en fabrique & s'en prépare toujours une assez grande quantité dans quelques Tanneries de la Province. Celles de Tours, de Loches, & de Beaulieu, en fournissent en plus grand nombre, & de la meilleure qualité.

Les vins de Touraine & du Blaisois, qui s'envoyent à Nantes, ou qui se brûlent pour l'eau-de-vie; les fruits, ou secs, comme les pruneaux, les poires, & les pommes; ou confits, soit liquides ou autres, comme les gelées, les abricots, les prunes, les fleurs d'orange; ou enfin frais, comme les poires de bon Chrétien, & les prunes d'abricot, qui tous sont transportés à Paris, & dans les autres Provinces du Royaume: & les salpêtres de Chinon, & de quelques côteaux le long de la Riviere de Loire, font encore un Commerce dont cette belle Province, appellée par préférence sur les autres, le Jardin de la France, ne tire pas un médiocre avantage.

On peut encore mettre au nombre de ses productions naturelles, desquelles il se fait quelque trafic, les meules de moulin, dont il y a des carrieres dans les Paroisses de Parcenay, d'Ambillon, de Saint-Mars, & de Mettray; & le cuivre, duquel il a été découvert une mine près de l'Abbaye de Noyers, sur la fin du dix-septiéme siécle.

### *FABRIQUES DES DRAPERIES ET AUTRES ETOFFES DE LAINES de la Province de Touraine.*

TOURS. *Voyez* ce qu'on a dit ci-dessus du Commerce de cette Ville, & de la diminution qui y est survenue par rapport à ses Fabriques, tant en laine qu'en soie.

CHINON. Les étoffes qui s'y font sont des étamines de diverses façons, & des serges appellées trémieres. Elles sont faites les unes & les autres, partie de laines du pays, & partie de laine du Poitou; il s'en fabrique huit à neuf cent pieces par an. Ces deux Manufactures occupent plus de cent métiers, trente-huit Maîtres Fabriquans, & deux Foulonniers. Les étoffes qui en sortent se débitent aux marchés qui se tiennent à Tours.

La Chapellerie y est exercée par trois Maîtres Chapeliers, & la Tannerie par trois Maîtres Tanneurs.

RICHELIEU. On y fait des étamines & des serges des laines du pays. Il y a vingt & un métiers sous dix-sept Maîtres, qui fournissent environ cent pieces d'étoffe; le débit s'en fait dans le pays.

LOCHES & BEAULIEU. Toutes les étoffes qui se font dans ces deux endroits sont de laines du pays. Elles consistent en draps d'une aune de large; en étamines, & en serges d'une demie-aune. Le produit de ces trois Fabriques monte en tout à cinq cent pieces par an. Il y a près de soixante & dix métiers battans, & plus de vingt-cinq Maîtres, & trois moulins à foulon.

Les étoffes qui s'y font se vendent, partie à Tours, & partie aux foires de Montrichard, de S. Agnant, & de Noyers.

La Chapellerie y est considérable, & les vingt Maîtres Chapeliers qui y travaillent, en font un bon commerce.

LOUDUN. Les étoffes qui se font à Loudun sont tout de laines du pays. Il s'y en fabrique trois cent pieces, moitié d'étamines & moitié de serges, qui se débitent dans le pays. On y compte vingt-six métiers, & vingt-trois Maîtres.

Il s'y fait aussi de grosses dentelles, qui outre la consommation de la Ville, ont quelque débit au-dehors.

MONTRESOR, VILLELOING, & ORBIGNY. Ces trois endroits ne donnent que trois à quatre cent pieces d'étoffes, qui sont toutes des serges de Berry, de demie-aune de large; on n'y employe que des laines du pays. Vingt-huit métiers, autant de Maîtres, & cinq foulons sont partagés entre ces trois Fabriques.

Le débit de leurs étoffes se fait à Tours & aux foires de Montrichard, de S. Agnan, & de Noyers.

MONTRICHARD. Cette Ville est moins célébre par ses Fabriques que par les foires qui s'y tiennent cinq fois l'année, & où se vend une partie des Draperies & étoffes de laine qui se font dans la Province de Touraine.

Tout ce qui s'y fait d'étoffes ne va gueres qu'à cent cinquante pieces par an, droguets & serges blanches, de laine du pays. Elles se débitent à ses cinq foires, outre environ douze cent pieces qu'on y apporte de dehors, & qui s'y marquent dans le tems de ces mêmes foires.

Quatorze métiers, & onze Maîtres travaillent pour les Fabriques de la Ville.

Quatre Tanneurs y apprêtent une assez grande quantité de gros & de menus cuirs, un seul Chapelier y fait le commerce de chapeaux.

AMBOISE. Ses étoffes sont des droguets & des tiretaines, partie laine du pays, & partie laine de Berry. Il s'y en fait depuis treize jusqu'à quatorze cent pieces par an; elles se vendent aux Marchands de Tours & d'Orléans. La Fabrique de ces étoffes occupe quarante-sept métiers, vingt-trois Maîtres, & quatre foulons.

REUGNAY. Tout le produit de cette Fabrique ne va qu'à deux cent cinquante pieces tant droguets que tiretaines, dont le pays & la Beauce fournissent les laines. Elles se vendent à Tours. On compte à Reugnay quinze métiers & six Maîtres.

CHASTEAU-REGNAUD. On employe dans cette Fabrique moitié laine du pays & moitié laine de Beauce. Les étoffes qu'on en fait sont des ratz, des serges trémieres, des étamines, & des droguets, qui vont environ à mille pieces par an; le débit s'en fait aux Marchands de Tours.

Cinquante métiers, vingt Maîtres, & quatre foulons y travaillent à ces quatre sortes d'étoffes.

La Chapellerie & la Tannerie y sont en réputation; l'une a quatre Maîtres, & l'autre cinq.

BEAUMONT & LA RONCE. Les laines y sont les mêmes qu'à Château-Regnaud; on n'y fabrique que trois cent pieces de ratz, de serges trémieres, & d'étamines qui s'envoyent à Tours. Ces deux Fabriques partagent entr'elles vingt-sept métiers, vingt-cinq Maîtres, & deux foulons.

ROZIERES. Le produit de cette Fabrique est aussi de trois cent pieces, mêmes laines & même debit que les précédentes. Il y a dix-huit métiers & dix-sept Maîtres.

NEVILLE' & PONT-PIERRE. Ces deux Fabriques font cinq cent pieces d'étoffe par an, partie petits ratz, partie serges trémieres, & partie droguets. Quatorze Maîtres qui y travaillent ont près de quarante métiers: deux foulons en font le dégraissage & le foulage. Le débit s'en fait à Tours. On y employe des laines du pays & de Beauce.

NEUFAY, LOISTAULT, & MARAY. Mêmes laines, mêmes étoffes, & même débit que les précédentes. Le produit de ces trois Fabriques est de sept cent pieces; elles occupent soixante & quinze métiers sous vingt-trois Maîtres, & deux foulons.

SAINT-CHRISTOPHE, & SAINT-PATER. On y fait des étamines, des serges trémieres, & des serges sur fil, seulement de laines du pays; c'est aussi dans le pays qu'elles se débitent. Il n'y a qu'onze métiers, six Maîtres, & un foulon.

## COMMERCE D'ANJOU.

ANJOU. Les vins, les lins, & les chanvres, dont on fait quantité de fils & de toiles; les ardoisieres; les mines de charbon & de fer; les Blanchiries des cires & des toiles; les Affineries de sucres & de salpêtres; les Forges, & les Verreries; enfin les étamines & les droguets de toute sorte, font presque tout le Commerce de cette Province.

Une partie des vins s'envoyent à Nantes, par la riviere de Loire; l'autre se brûle pour l'eau-de-vie, dont les Nantois enlevent aussi beaucoup;

mais dont il vient aussi assez considérablement à Paris, par le canal de Briare.

Les principales ardoisieres sont aux environs d'Angers, & dans les Paroisses de l'Hôtellerie, du Flée, de la Jaille, & de Magné, dans l'Election de Château-Gontier. *Voyez* ARDOISES.

Les mines de fer & de charbon se trouvent plus abondamment qu'ailleurs, dans les Paroisses de Courson, de Saint-Georges, de Saint-Aubin, de Luigné, de Château-de-Fons, de Chalonne, & de Montejan sur Loire.

Les Forges, Fourneaux, & Fonderies pour diverses fontes, fabriques, & ouvrages de fer, sont à Château-la-Calliere, & à Paonnée.

Les Verreries sont établies à Chenu dans la forêt de Vesin, & en quelques autres endroits; mais de toutes, celle de Chenu est la plus considérable.

Il y a deux Raffineries de sucre, l'une à Angers, l'autre à Saumur; & encore une de salpètre dans cette derniere Ville.

Les blanchiries de cire sont au nombre de dix-huit; sçavoir, sept à Saumur, trois à Château-Gontier, & huit à Angers.

Ces deux Villes, c'est-à-dire, Saumur & Château-Gontier, ont aussi leurs blanchiries de toiles, & il y en a pareillement quelques autres ailleurs; mais celles-là l'emportent, & pour la beauté du blanchiment, & pour le grand nombre des toiles qu'on y blanchit.

Pour les toiles d'Anjou & de Touraine, les meilleures fabriques, & où il s'en fait davantage, sont Château-Gontier, Beaufort, & Cholet.

Les toiles de Château-Gontier s'envoyent à Saint-Malo, pour les Pays étrangers, & celles de Cholet se débitent en Poitou, à la Rochelle, & à Bordeaux.

Celles de Beaufort, dont le blanchiment se fait ordinairement à Doué en Anjou, sont destinées en partie, pour les Isles Françoises de l'Amérique; & en partie, si elles sont grosses, pour les menues voiles de navires, & des emballages de marchandises.

Il se fait aussi à Cholet quantité de belles toiles rayées, dont le débit est très considérable: elles sont ordinairement de lin écru, & servent à faire des vestes & des doublures pour hommes, & des robes de chambre d'été pour femmes. C'est aussi à Cholet que l'on fait les toiles de lin qu'on nomme Platille. *Voyez* PLATILLE.

Le marché de Craon est celui de tout l'Anjou où il se fait le plus grand négoce de fils de toute sorte, soit pour la couture, soit pour la tisserie.

## *FABRIQUES DES DRAPERIES ET AUTRES ETOFFES DE LAINES de la Province d'Anjou.*

ANGERS. Il s'y fait des étamines de différent prix & des serges trémieres, les unes & les autres tout de laines du pays. On y en fait, année commune, onze ou douze cent pieces, & il s'y en marque de foraines près de mille. Les trois quarts de toutes ces étoffes se consomment dans le pays, le reste s'envoye à Paris. Cette Fabrique occupe quatre-vingt dix métiers & quatre foulons.

Il s'y fait quantité de chapeaux & de cuirs de toutes sortes. La Chapellerie a plus de vingt Maîtres, & la Tannerie douze.

CHASTEAU-GONTIERS. Les étoffes qui s'y fabriquent sont des étamines & des droguets façon du Lude, & des serges croisées: les droguets se vendent aux Marchands du Lude, les autres à ceux d'Angers & de Laval.

Vingt-trois Maîtres qui font travailler cinquante métiers, donnent environ onze cent pieces des trois sortes d'étoffes qui s'y font. Trois foulons y font les apprêts du dégraissage & du foulage.

Il y a quatre Chapeliers & neuf Tanneurs.

LA FLECHE. Le produit de cette Fabrique n'est que de trois à quatre cent pieces d'étoffes par an, mais outre cela il s'y en marque encore environ trois cent autres pieces d'étoffes foraines. Celles qui s'y font sont des étamines & des serges trémieres où l'on n'employe que des laines du pays; le débit s'en fait à Saumur & à Angers.

Il y a jusqu'à soixante métiers qui travaillent pour cette Manufacture, mais seulement un foulon.

On y prépare quelques cuirs.

BEAUGE'. La Fabrique de cette Ville est presque semblable en tout à la précédente, soit pour les especes d'étoffes qui s'y font, soit pour leur nombre, soit pour celles du dehors qui s'y marquent, soit pour la quantité des métiers, soit enfin pour les lieux de débit.

La Fabrique des chapeaux y occupe quatre Maîtres Chapeliers.

On y fait aussi un assez bon commerce de vins, de grains, & de bestiaux.

SAUMUR. Il se marque à Saumur quatre ou cinq cent pieces d'étoffes foraines tous les ans: celles qui s'y fabriquent sont des étamines & des serges, & des droguets fil & laine, où l'on n'employe que de celles du pays. Il ne s'y en fait gueres que deux cent pieces, quoiqu'il y ait dans la Ville trente-deux métiers sous cinq Maîtres. Un seul Foulonnier y donne le foulage & le dégraissage.

Le commerce des chapeaux y est assez considérable & y occupe jusqu'à six Maîtres Chapeliers.

La Tannerie en a sept de son métier, qui travaillent également en gros & en menus cuirs.

LE LUDE. Ce sont des droguets & des étamines qui se font dans les Fabriques du Lude, d'où il en sort quatre à cinq cent pieces par an, qui s'envoyent par tout le Royaume, particuliérement à Paris. Il y a jusqu'à vingt-cinq métiers sous dix Maîtres seulement.

DOUE'. Les Fabriques de cette Ville consistent en étamines, en serges trémieres, & en droguets, où l'on ne se sert point d'autres laines que de celles du pays. Il s'y en fait environ deux cent pieces qui occupent quatorze métiers & dix Maîtres. Le débit s'en fait dans le pays & à Saumur.

La Tannerie y est très considérable; quinze Maîtres Tanneurs y travaillent. Les cuirs qui en sortent sont partie cuirs forts, & partie menus cuirs qui se débitent dans les Provinces voisines, & quelquefois jusqu'à Paris.

Neuf Chapeliers y font des chapeaux assez estimés, dont la consommation se fait pour la plupart dans le pays.

MONTREUIL-BELLAY. Il s'y fait les mêmes étoffes & le même nombre de pieces qu'à Doué. Treize Maîtres y font travailler quinze métiers, & deux foulons y donnent les apprêts. Tout se débite dans le pays.

BEAUFORT & DURTAL. La premiere de ces deux Fabriques donne cent quatre-vingt pieces d'étoffes par an, & la seconde deux cent; ce sont des étamines, des serges trémieres, & des droguets. Elles sont toutes de laines du pays. A Beaufort il y a neuf Maîtres & quatorze métiers; & à Durtal quatorze Maîtres, vingt métiers, & deux foulons.

Ces deux Villes ont aussi des Tanneurs, l'une six & l'autre onze. Il n'y a que la derniere qui ait des Chapeliers, mais seulement deux.

Les étoffes de Beaufort se débitent dans le pays, & celles de Durtal, partie dans le pays, le reste à Angers, à Saumur, & à la Fleche.

## COMMERCE DU MAINE.

LE PAYS DU MAINE. Le plus grand négoce qui se faisoit autrefois dans cette Province, étoit celui de la sergetterie; & les étamines du Mans sont encore très estimées.

Les Manufactures de lainerie y sont présentement beaucoup diminuées, sur-tout dans les Elections de Mayenne & de Laval; soit parce que les laines y sont trop dures, soit parce que la plupart des Ouvriers de la sergetterie l'ont quittée pour travailler en tisserie.

La grande quantité de lins & de chanvres qui se recueille dans le pays, y a toujours fait fleurir le Commerce des toiles; & l'on y a vû jusqu'à vingt mille Ouvriers occupés dans ces sortes de Fabriques, y compris les Fileuses & les Dévideuses.

Il se fait à Laval, & dans toute son Election, des toiles très fines, qui en portent le nom. On prétend que cette Manufacture y a été établie vers l'an 1298, par des Ouvriers de Flandre qui avoient suivi Beatrix, femme de Guy de Laval IX du nom.

Ce Commerce roule sur trois sortes de personnes; les Marchands en gros, qui achetent les toiles écrues pour les faire blanchir; les Marchands Tissiers, qui achetent le fil, & l'assortissent pour faire les tresses, les chaînes, & les ourdissemens; & les Ouvriers à façon qui travaillent pour les Maîtres, & quelquefois pour eux-mêmes.

Le débit de ces toiles se fait pour la plus grande partie à Saint-Malo, d'où on les fait passer en Espagne. Les Marchands de la Ville de Troyes en Champagne, en tirent aussi beaucoup en écru, qu'ils font blanchir dans leur Blanchirie.

Outre le négoce des toiles, on en fait encore à Laval un assez considérable des marchandises du Pays, par la riviere de Mayenne, avec les Provinces voisines. Celles qu'on y amene, sont toutes grosses marchandises, comme des ardoises d'Angers, des pierres de tuffau de Saumur, & des pierres de moulage de Touraine. On y conduit aussi des vins d'Anjou, & d'autres crûs.

Les marchandises dont les Voituriers se chargent pour leurs retours, sont du fer, des verres, & du bois de mairain, que l'on tire des Forges, des Verreries, & des Forêts du bas Maine.

Les toiles de Mayenne sont à peu près de la qualité de celles de Laval, & souvent on les vend comme si elles se fabriquoient dans cette derniere Ville.

On ne fait à la Ferté-Besnard qu'une sorte de grosse toile, qu'on nomme communément Treillis. *Voyez* TREILLIS.

Les Blanchiries de Laval pour les toiles, aussi-bien que celles pour les cires, sont considérables. Celles des cires des environs du Mans, le sont encore davantage; & c'est dans cette Ville que se fait le plus grand négoce de la Province, soit de cire ouvrée, soit de cire non-ouvrée, sur-tout la bougie qu'on y fait est très belle & fort recherchée; aussi les Marchands Ciriers de Paris qui tirent du Mans des cires blanches non-ouvrées, se plaignent qu'ils n'en reçoivent tout au plus que de la seconde & troisiéme sortes, ce qui ne manque pas de mettre une grande différence entre la bougie du Mans & celle de Paris, & de conserver la supériorité à la premiere.

On avoit voulu établir au Mans une Manufacture de toiles, mais elle n'y a pas réussi, & il ne s'y en fait que de fort grosses, qui se vendent écrues, & sans être blanchies.

Les Verreries de Gastines, de Mareil, de Saint-Denis Dorgues, & quelques autres, font subsister plusieurs familles de pauvre Noblesse. Le verre qui s'y fait, se débite dans le pays & dans les Provinces voisines; il s'envoye même des verres à boire, & des bouteilles de gros & de petit verre, jusqu'à Paris.

Il y a des mines de fer dans les Paroisses d'Andouilles, de Cheslons, de Sillé, de Bourgon, & de Vibray; & environ une douzaine de Forges à Montreuil, à Comée, à Saint-Jeme, à Champon, à Saint-Leonard, à Chemiré, & à Saint-Denis Dorgues.

Les deux carrieres de marbre, l'une ouverte à Saint-Bertin, & l'autre à Argentré, fournissent du marbre d'assez bonne qualité, qu'on estimeroit peut-être davantage, sans la difficulté du transport.

Il y a aussi des ardoisieres à Bernay & à Ville-Dieu, dont il se fait un assez grand débit, quoique la pierre soit bien au-dessous de celle d'Anjou, tant pour la couleur, que pour la bonté.

## *FABRIQUES DES DRAPERIES ET AUTRES ETOFFES DE LAINES de la Province du Maine.*

LE MANS. On fait dans cette Ville des étamines doubles, & des camelots que l'on teint ordinairement en noir. Les laines qu'on y employe sont laines du pays pour les trois quarts, & le reste du Poitou. Le produit de cette Fabrique va au moins à deux mille cinq cent pieces par an qui se débitent par tout le Royaume, particuliérement à Paris. La Manufacture du Mans occupe plus de cent trente métiers, & quatre-vingt-dix Maîtres fabriquans.

MANJETTE. Les étoffes de cette Fabrique sont des serges trémieres fortes. Il s'en fait environ deux cent pieces qui se vendent à Tours, au Mans, & aux deux foires du Lude.

CHASTEAU-DU-LOIRE. La Fabrique de cette Ville est peu considérable & n'occupe que six Maîtres & onze métiers. Les serges trémieres qu'on y fait sont tout de laines du pays. Il y a un marché où se vendent toutes les étoffes qui se fabriquent dans le lieu, aussi-bien que toutes celles qui y sont apportées du dehors & qui y sont marquées. Le tout ensemble peut aller à trois cent pieces, dont il y a les deux tiers de foraines, & le reste de la Ville.

LA FERTE'-BERNARD. On y fait des étamines toutes de laine, d'autres laine & soie, & des droguets fil & laine; on n'y employe que des laines du Pays. Il s'y fabrique, année commune, environ cinq cent pieces de ces trois sortes d'étoffes, qui occupent trente métiers, près de vingt Maîtres, & un foulon. Le débit s'en fait à Paris & aux marchés de Nogent-le-Rotrou.

BONNESTABLE. Cette Fabrique est considérable & fournit sept à huit cent pieces d'étoffes par an. Les étamines qui s'y font sont semblables à celles du Mans à la réserve qu'elles sont tout de laine du pays, & que dans les autres il y entre un tiers de celle de Poitou. Près de soixante métiers, vingt Maîtres, & un foulon entretiennent cette Manufacture. Les étoffes qui s'y fabriquent se vendent aux marchés du Mans & de Nogent-le-Rotrou.

BEAUMONT LE VICOMTE. Les Manufactures y sont à peu près sur le même pied qu'à Bonnestable; mêmes especes d'étoffes, mêmes laines qui s'y employent, & même nombre de pieces qui s'y font. Il y a moins de métiers, mais plus de Maîtres; les Maîtres allant à vingt-cinq, & les métiers seulement à trente; il y a aussi deux foulons.

Des huit cent pieces d'étoffe qui s'y fabriquent, la plus grande partie s'achette par les Marchands de Paris, le reste par ceux du Mans.

MAYENNE. Il s'y fait des serges trémieres & des droguets de fil.

LAVAL. Il s'y fait quatre cent pieces d'étoffes & il s'y en marque autant, qui y sont apportées de dehors. Celles des Fabriques de la Ville sont des étamines, des serges trémieres, & des droguets fil & laine, tout de laine du pays. On y compte jusqu'à soixante & dix métiers, trente Maîtres, & trois foulons. Il y a à Laval un marché considérable, où se débitent toutes les étoffes, ou qui s'y font, ou qui s'y marquent.

Il se fabrique dans toute la Généralité de Tours, c'est-à-dire, dans les Provinces de Touraine, d'Anjou, & du Maine, dont on vient de donner le détail, environ dix-huit mille pieces d'étoffes, & il s'y en marque plus de onze mille de foraines, qui y sont apportées de dehors, pour y être vendues à ses foires & à ses marchés concurremment avec celles des Fabriques des trois Provinces qui composent la Généralité.

Les laines qui s'employent aux Fabriques sont presque toutes laines du pays qui se vendent dans les tems ordinaires depuis soixante jusqu'à soixante & quinze livres le quintal.

Il s'en consomme, année commune, dans les Manufactures des trois Provinces, pour plus de trois cent trente mille livres au prix qu'on vient de marquer.

AVOISE. Il se fait dans ce lieu un trafic très considérable qui y attire un grand nombre de riches Marchands, outre ceux qui s'y sont établis. Les principaux objets de leur négoce sont, les fers, les ardoises, & les bois dont il se transporte au-dehors une quantité bien au-delà de ce qu'on devroit attendre d'un lieu qui ne se compte pas même parmi les petites Villes de la Province, n'étant mis qu'au nombre des Bourgs.

## COMMERCE DU PERCHE.

LE PERCHE. Les Manufactures de cette petite Province, sont celles des toiles, des étamines, & du papier.

Celles des toiles sont établies à Mortagne, à Belesme, à Nogent-le-Rotrou, & aux environs de ces Villes. Les toiles de Mortagne sont de chanvre, & assez fortes. Celles de Belesme ne servent gueres qu'à faire des serviettes, & ont deux liteaux de fil bleu à chaque serviette; & celles de Nogent-le-Rotrou ne sont que des treillis.

On ne fabrique que de grosses toiles, toutes de chanvre, très fortes, dans les Villages; on les appelle Canevas, & elles ne sont propres qu'à faire des paillasses & des torchons. On y fait pourtant quelques toiles bises, propres à la teinture. Les Rouliers de Mortagne transportent toutes ces toiles à Paris, à Rouen, & à Saint-Quentin.

Les étamines se font à Nogent. Ce sont les Marchands de Mortagne qui fournissent le fil d'estain qui convient à leur fabrique.

Leur destination est en partie pour Paris, Tours, Rouen, & Caen; l'autre partie, pendant la paix, s'envoye en Angleterre & en Hollande.

L'on ne fait gueres que deux sortes de papier dans la seule Papeterie qui est établie dans le Perche, & c'est pour envelopper & ficher les épingles qui se font à l'Aigle & à Rugles.

Le Commerce des cuirs, autrefois assez considérable à Mortagne, y est tout-à-fait tombé; mais celui du fer n'est pas un des moindres de cette Ville, & du reste de la Province.

Les Forges, où il se fond, & se travaille en divers ouvrages, sont à la Frette, à Caillon, à Rendonne, & à Bresolette; les lieux de sa destination Paris, Chartres, & quelques Villes voisines; & les mines, qui en fournissent la matiere, à Longny, à Moulicu, & à Maratable.

Il se fait aussi quelque négoce des Bestiaux qu'on éleve & qu'on engraisse dans les pacages du Perche; mais la grande quantité de chanvre qu'on y cultive & qu'on y recueille, fait que celui des fils & des toiles est le plus considérable de tous, sans compter une très grande quantité de ces chanvres bruts & non-ouvrés, qui se transporte dans les Provinces voisines.

## COMMERCE DU BERRY.

Les moutons, & les laines du Berry, sont le principal objet du négoce de cette Province.

Les grains, les mines de fer, les chanvres, les huiles de noix, les vins, & les bois, y entretiennent aussi un assez bon trafic; mais le défaut de rivieres navigables, rend ce trafic moins considérable qu'il ne pourroit être.

On a plusieurs fois, à la vérité, proposé de travailler à la riviere d'Auron, pour la rendre capable de transporter dans les Provinces voisines ces diverses marchandises; mais on en est toujours demeuré au projet, & cette entreprise si utile, &, à ce qu'estiment les Connoisseurs, si facile, ayant été entamée sous François Premier, & presque résolue en 1678, sous Louis le Grand, n'a point eu d'exécution.

Les laines de Berry sont assez bonnes, mais on n'en employe que les moindres dans la Province, les meilleures & les plus fines étant enlevées tous les ans par les Marchands de Rouen; ce qui fait que les Fabriquans Beruiers ne font gueres que de ces gros draps, qu'on nomme Draps de Berry, excellens à la vérité pour leur qualité, mais qui ne peuvent servir qu'aux habits des Soldats, des Domestiques, du menu peuple, des Artisans des Villes, ou des Habitans de la campagne.

Les autres étoffes de laine du Berry, sont des serges grossieres, des droguets, des tiretaines, & quelques pinchinats, mais toutes assez médiocres, & pour la beauté, & pour la bonté.

Bourges, Issoudun, Châteauroux, Vierson, Selles, Aubigny, & Romorantin, sont les lieux où sont établies les meilleures Manufactures de ces sortes d'ouvrages, dans chacune desquelles il s'en fabrique depuis trois jusqu'à quatre mille pieces, & dont celle de Romorantin est la plus estimée, & en fournit la plus grande quantité.

Les draps qui se fabriquent à Romorantin, sont de cinq quarts de large, tous faits de laine du pays: on y en fait pourtant quelques-uns, moitié laine d'Eſpagne, & moitié de la plus fine laine de Berry ; mais ce ſont ſeulement ceux qui ſont deſtinés pour la teinture en écarlate. Pour les ſerges, elles y ſont croiſées, & d'une aune de large. La conſommation des étoffes de lainerie de Romorantin, ſe fait à Paris, Orléans, en Picardie, & Champagne.

Le Blanc, Sancerre, Châtillon, Luniere, Ivrile-Pré, & Cinconet, fourniſſent chacun deux à trois mille pieces de draps, & autres étoffes de laine.

Les autres lieux de Fabrique de lainerie du Berry, ſont Saint-Amand, la Chaſtres, Mehun, Aubigny, Dun-le-Roi, Saint-Benoiſt-du-Sault, Buzancois, Leuvroux, Saint-Savin, Leret, la Chapelle-Danguillon, Aiſne-le-Château, Saint-Gautier, Argenton, Neuvy-Saint-Sépulcre, Argent, Valençay, Baugy, Sancergues, les Aix, Blancafort, & Enrichemont, dont les plus forts ne donnent gueres au-delà de huit à neuf cent pieces, y en ayant beaucoup qui n'en fourniſſent que depuis cinquante juſqu'à cent.

La plupart de ces draperies ſe vendent aux foires du pays, d'où elles ſont apportées à Paris pour celle de Saint-Germain & pour les deux foires de Saint-Denis.

Outre les laines qui ſe conſomment dans la Généralité pour les Fabriques des étoffes, il s'en employe auſſi une grande partie en ouvrages de Bonneterie, particuliérement en bas & quelque peu en tapiſſeries de Bergame ; les laines pour la bonneterie, ſont partie fines & partie moyennes ; celles pour la tapiſſerie ſont groſſieres.

Quelques-uns prétendent que la fabrique de ces dernieres eſt paſſée du Berry en Normandie.

A l'égard de la bonneterie, la meilleure ſe fait à Bourges, ou l'on y travaille partie au tricot & partie au métier ; ce qui ſe fait pareillement dans le reſte de la Province.

La plupart des ouvriers & des Marchands Bonnetiers conviennent que les laines de Berry ſont nonſeulement plus propres qu'aucunes autres pour leurs ouvrages, mais encore que ce ne devroit être qu'à la Bonneterie que ces laines fuſſent employées, étant l'uſage qui leur convient le mieux.

Tout ce qui reſte des laines, la conſommation du pays prélevée, ſe porte à quelques foires de la Province, qui ſemblent n'être établies que pour ce commerce, & qui ne ſont conſidérables que par le grand débit qui s'y fait de cette marchandiſe ; de tous les Marchands forains, ce ſont ceux de Rouen qui en enlevent davantage.

Les Teinturiers, les Tanneurs, les Parcheminiers, & les Tiſſerans, ont dans toute la Généralité un aſſez grand nombre de Maîtres de leur profeſſion ; on eſtime ſur-tout la teinture, les cuirs, & la parcheminerie d'Iſſoudun.

A l'égard des toiles, les ouvriers ne travaillent gueres pour leur compte dans cette Généralité, & leurs métiers ne ſont ordinairement montés que pour le Bourgeois.

Le négoce de l'huile de noix & du fer, y eſt conſidérable ; & les Marchands de Paris qui font l'un ou l'autre trafic, en enlevent beaucoup par la voie d'Orléans.

Le fer de Berry eſt de bonne qualité, & c'eſt une des Provinces de France d'où il s'en tire davantage.

Le terroir de la plus grande partie de cette Généralité eſt ingrat & mal cultivé ; en ſorte que tout le pays eſt preſque ſans commerce, peu peuplé, & peu riche ; ce qui pourtant ne doit pas s'entendre ſans exception, y ayant des Elections & des cantons aſſez fertiles, raiſonnablement habités & où il ſe fait un aſſez bon négoce, même au-dehors de la Province.

Les Terres de l'Election de Bourges, qui ſont aux environs de la riviere de Loire, ſont les meilleures & les mieux cultivées de toute la Province. Le débit des denrées que facilite la commodité de la riviere, en eſt la cauſe : cependant les plus fécondes ne rapportent pas plus de huit pour un ; encore eſt-on obligé de les laiſſer repoſer de trois ans en trois ans. Les médiocres ne donnent que cinq pour un ; & les mauvaiſes, qui ſont en bien plus grande quantité, au plus quatre pour un.

Il ſe fait quelque commerce de blé ſur la riviere de Loire, mais peu conſidérable, n'y ayant point de Marchands qui en faſſe expreſſément le négoce, comme il y en a dans preſque toutes les autres Provinces du Royaume, mais ſeulement quelques Fermiers & Laboureurs qui en chargent de petits bateaux, pour en porter dans les cantons qui n'en recueillent pas aſſez pour leur conſommation.

Il y a quantité de vignobles aux environs de Sancerre, dont le vin eſt d'aſſez bonne qualité. Outre le débit qui s'en fait dans le pays, qui n'eſt pas médiocre, on en voiture aſſez conſidérablement à Paris où ils ſont conduits par la Loire & par le Canal de Briare.

Les rivieres du Berry ſont peu navigables ; & c'eſt ce défaut qui empêche qu'on n'y faſſe un auſſi grand commerce qu'on y pourroit faire ſans cela ; mais par une eſpece de compenſation leurs rivages ſont bordés de ſi belles prairies & de ſi abondans pâturages, qu'il n'y a gueres de Provinces en France où l'on éleve plus de beſtiaux, particuliérement de bêtes blanches. Les plus conſidérables de ces rivieres ſont, la Sandre, l'Eure ou Yeurre, la Vaniſe, le Neere, & l'Auron ; ſans compter quantité d'autres moindres ruiſſeaux qui ne ſont point connus hors du pays, qui engraiſſent les terres qu'ils arroſent & qui leur font produire des herbages admirables pour la nourriture des animaux.

C'eſt dans l'Election de Bourges & dans celle d'Iſſoudun que ſe fait la plus grande quantité de ces nourritures, & ce ſont auſſi les beſtiaux qui en font le principal objet de commerce.

Le gros bétail ſert d'abord à labourer les terres ; au ſortir du labourage, on l'engraiſſe ; & quand il eſt engraiſſé on le conduit à Paris, où il ſe vend dans les marchés de Poiſſy & de Seaux.

Quelque bon que ſoit ce négoce, il n'approche pas de celui des bêtes à laine, dont on peut dire que tout le monde ſe mêle dans ces deux Elections & dans quelques autres de la Généralité, n'y ayant point de perſonnes un peu accommodées qui n'en rempliſſent leurs métairies ; outre que la plus grande part des Particuliers, Bourgeois, Gentils-hommes, même juſqu'aux Eccléſiaſtiques, ont coutume d'en donner à chetel aux payſans : ce commerce qui, ſelon les clauſes & les conditions du contrat, peut être légitime ou uſuraire, étant le plus commun & auſſi le plus utile qui ſe faſſe dans la Province, & y étant regardé comme un moyen honnête & ſûr de faire valoir ſon argent preſque ſans aucun riſque, & de le mettre à gros intérêt, avec le profit, mais non pas avec le blâme des Uſuriers. On parle ailleurs du Chetel. *Voyez* ce qu'on en dit à ſon propre article.

Ceux qui connoiſſent le commerce du Berry eſtiment que c'eſt à l'uſage du Chetel qui y eſt établi, qu'eſt principalement dûe la prodigieuſe quantité de moutons qui s'y élevent, tout le monde pouvant prendre

prendre part à ce négoce qui est d'ailleurs aisé à faire, & ne demande pas de grands fonds.

Le débit de tous ces moutons se fait ordinairement aux foires de la Province, auxquelles lorsqu'ils ont été engraissés, on les conduit depuis le mois de Mai, jusques au mois de Septembre, & où ils sont achetés par des Marchands qui les menent ensuite à Paris.

Un autre commerce considérable de l'Election de Bourges est celui des chanvres qui y croissent de très bonne qualité & en si grande quantité qu'on croit qu'année commune, le débit en peut aller à près de quatre cent mille livres; & en effet ce chanvre est si estimé que même dans les années les plus abondantes, tout ce qui s'y en recueille est enlevé avant le mois de Février.

Le pays qui s'étend du côté du Nivernois, est fort chargé de bois; ce qui a donné la commodité d'y établir quantité de forges de fer, dont la mine n'est pas éloignée. Ce métail qui est doux & d'une très bonne qualité, s'employe en partie à faire des ancres pour les armemens de mer, & des boulets pour l'artillerie; le reste se fabriquant en fer de différens échantillons, dont il en vient assez bon nombre à Paris.

Une autre consommation des bois, qui sont en Berry, se fait par le merain propre aux Tonneliers, qu'on y fabrique en quantité, & qui s'embarquant sur le Cher, passe dans la Loire, d'où on l'envoye dans tous les pays de vignobles qui sont en montant & en descendant le long des rivages de cette riviere. Les Villes d'Issoudun & de Saint-Amand sont celles qui font la plus grande partie de ce commerce.

Les terres des Elections de Bleré & de Château-Roux sont très mauvaises & peu propres à être cultivées, n'étant pour la plupart que des landes, des forêts, & des étangs. On nourrit dans les landes quelques bestiaux; les bois se débitent pour quantité de forges, & les étangs fournissent d'assez bon poisson; ce qui ne laisse pas d'y répandre quelque argent, qui fait subsister, mais qui n'enrichit pas les habitans.

## COMMERCE DE MOULINS, ET DE SA GENERALITE'.

Les Manufactures & les Fabriques de cette Généralité, qui contient le Bourbonnois, le Nivernois, & la haute Marche d'Auvergne, sont les Forges & Fonderies où se fabriquent des canons, des ancres, & autres gros ouvrages de fer; la Manufacture de fer-blanc, la fayance, les verreries, les ouvrages d'émail, la coutellerie, & quincaillerie, la Manufacture de tapisserie, & celle des draps.

Les productions naturelles consistent en vins, en chanvres, en mines de fer & d'acier, en charbon de pierre, en bestiaux, en poisson, en châtaignes, & en fromages.

Les chanvres se recueillent en abondance dans le Nivernois.

La même Province, le Bourbonnois, & sur-tout le Morvant, fournissent les bois qui se flottent jusqu'à Paris.

Les mines de fer se trouvent presque par-tout dans le Nivernois.

Les environs de Decize, petite Ville qui en dépend, ont quantité de mines de charbon, & le Bourbonnois quelques-unes.

Saint-Pourçain, Montluçon, Creuzieres, produisent les vins.

Les rivieres & les étangs donnent le poisson qu'on transporte à Paris par le canal de Briare.

Les fromages qu'on nomme Fromages d'Auvergne, dont il se consomme une si grande quantité par tout dans le Royaume, se font dans la haute Marche: & c'est aussi où croissent les châtaignes, dont les habitans font en partie leur pain, & qui se débitent, & dans le voisinage, & au loin.

Enfin, toute la Généralité nourrit des bestiaux au-delà de ce qu'on peut s'imaginer; & il est surprenant combien il en sort tous les ans de bœufs, de vaches, & de moutons, qui sont conduits dans les Provinces voisines, & aux marchés des environs de Paris; même, dans les tems de guerre, jusqu'en Flandre, en Allemagne, & en Italie.

Il s'y nourrit aussi, dans les années de glandées, quantité de pourceaux, desquels une partie se consomme dans le pays, mais dont le plus grand nombre se conduit par grands troupeaux dans les Provinces du Royaume les plus reculées.

A l'égard des Manufactures, le fer, l'acier, la tole, & le fer-blanc, se fondent, se coulent, & se fabriquent en divers ouvrages, presque dans toutes les forges bâties sur la petite riviere de Nievre, qui tombe dans la Loire, sous les ponts de Nevers; & qui, avant que de s'y joindre, donne le mouvement aux soufflets, aux marteaux, & aux autres machines de plus de cinquante Forges.

La coutellerie, & la quincaillerie fine, se font à Bourbon & à Nevers. Il se fait aussi dans cette derniere Ville quantité de fayance & d'ouvrages d'émail, qui s'envoyent par tout le Royaume, & même beaucoup à l'Etranger.

A Aubusson & à Feuilletin, il y a des Manufactures de tapisseries de verdure; mais que les mauvais desseins, & les laines de fausse teinture, qu'on y employe assez souvent, ont fort décréditées; & qui pourroient pourtant se perfectionner, & se rétablir, si l'on remédioit à ces deux défauts; la Fabrique en étant d'ailleurs assez bonne.

Il en est à peu près de même des chanvres qui s'y recueillent: les Tisserans ne font des toiles que pour l'usage des habitans; peu se débitent au-dehors, & les chanvres se transportent bruts dans les autres Provinces.

L'on peut en quelque sorte mettre au nombre des sources du Commerce de cette Généralité, cinq ou six mille habitans de la Haute-Marche, qui en sortent vers le mois de Mars, pour aller travailler, ou en Flandres, ou en Espagne; & qui y rentrent vers la fin de Novembre, avec l'argent qu'ils ont gagné, dont ils s'entretiennent assez commodément eux & leur famille, & payent leur taille, & autres impositions.

## *MEMOIRE SUR LES DRAPS ET AUTRES ETOFFES DE LAINES qui se font à Moulins, & dans sa Généralité.*

Il n'y a gueres de Généralités dans le Royaume où il se fasse moins d'étoffes de laine, que dans celle de Moulins. A peine y compte-t-on jusqu'à huit chefs-lieux, où ces sortes de Fabriques soient établies, & encore le produit des mieux entretenus est-il peu considérable.

Ces lieux de Fabriques sont Moulins, S. Pourçain, Montluçon, Hérisson, Decize, Cercy-la-Tour, Moulins-Engilbert, & Nevers.

Autrefois on mettoit encore de ce nombre, Bourbon-Larchambaud, Château-Chinon, Saint-Sauge, Saint-Pierre-le-Moutiers, & Dongy; mais présentement il ne s'y fait plus rien, & ces cinq Fabriques sont entiérement tombées. Entr'elles, celle qu'on regrette davantage est la Manufacture de Château-Chinon, où il se faisoit de très beaux draps: on croit qu'il ne seroit pas impossible d'en rétablir la Fabrique, si l'on aidoit les Ouvriers qui y restent & qui sont extrémement pauvres, à avoir des laines, & si on les obligeoit à mieux faire dégraisser leurs étoffes au foulon; ce défaut d'apprêt ayant en partie été cause du peu de crédit où leurs draps sont tombés par la mauvaise odeur, & les autres mauvaises qualités qui leur venoient du foulage.

MOULINS. Des huit Fabriques qui subsistent encore dans le Bourbonnois, le Nivernois, & les autres cantons qui composent cette Généralité, il n'y a gueres que celle de Moulins qui ait de la réputation & dont les étoffes, outre la consommation du pays, soient assez estimées pour venir jusqu'à Paris, & dans quelques autres principales Villes du Royaume; quoiqu'à la vérité ces envois soient peu considérables.

Les étoffes qui se font à Moulins & aux environs, sont des serges, des étamines, & des crêpons. Trente-six Fabriquans, plus de soixante & dix métiers, dix moulins à foulon, & six Teinturiers sont occupés à leur Fabrique & à leurs aprêts. Le débit s'en fait aux foires de Ville, qui se tiennent sept fois l'année, & où les Marchands forains viennent les ramasser pour en faire le commerce.

SAINT-POURÇAIN & ses dépendances. On y fait les mêmes étoffes qu'à Moulins, mais en moindre quantité, n'y ayant que sept à huit Fabriquans, & au plus quinze métiers. Il y a aussi un Teinturier du grand teint.

Les Tisserans y font quelques toiles, mais presque toutes pour les Bourgeois.

MONTLUÇON. Cette Fabrique est un peu plus forte que la précédente, & elle occupe jusqu'à dix Fabriquans & vingt métiers. Ce sont pareillement des serges, des étamines, & des crêpons.

La Tisseranderie y est comme à Saint-Pourçain.

HERISSON. Mêmes Fabriques que ci-dessus: on y compte sept Fabriquans & seize métiers.

Les Tisserans y travaillent pour leur compte, & vendent leurs toiles aux marchés du lieu & aux foires des Villes voisines.

DECIZE. La Fabrique de cette petite Ville du Nivernois fait travailler huit Fabriquans, douze métiers, & un moulin à foulon.

Les serges & les étamines qui s'y font, se vendent pour la plupart aux cinq foires qui s'y tiennent chaque année.

C'est aussi à ces foires que se débitent les toiles qui se fabriquent à Decize, & qui y font un objet de commerce assez considérable, n'y ayant point de lieu dans toute la Généralité, à l'exception de Moulins-Engilbert, où il s'en fasse davantage.

CERCY-LA-TOUR. C'est la moindre de toutes les Fabriques de la Généralité de Moulins, n'occupant que sept métiers, quoiqu'il y ait pourtant jusqu'à huit Fabriquans. Le produit des étoffes qui s'y font se portent aux foires de Montigny qui n'en est pas éloigné, & où il s'en tient quatre tous les ans. Ces étoffes sont partie serges & partie étamines.

MOULINS-ENGILBERT. On y fait des draps, outre quelques autres étoffes des qualités qu'il s'en fait à Moulins; elle a sept Fabriquans & autant de métiers.

Les toiles qui s'y font en assez grande quantité, occupent sept Tisserans & neuf métiers. Cette Toillerie, aussi-bien que les étoffes de laine, se débitent aux trois foires qui s'y tiennent.

NEVERS. Ses Fabriques consistent en draps communs & en serges communes, auxquelles sont employés douze Fabriquans & douze métiers.

Il s'y fait aussi des toiles dont il en va peu dehors la Ville, les ouvriers ne travaillent pas pour leur compte, mais plus ordinairement pour les Bourgeois.

Les Tanneries y sont assez bonnes, les cuirs qu'on y apprête sont du nombre de ceux qui par les Réglemens de la Halle aux Cuirs de Paris, doivent y être rapportés. *Voyez* CUIRS. *Voyez aussi* TANNEUR.

### *ESTIMATION DE TOUT LE COMMERCE qui se fait dans la Généralité de Moulins, soit par la vente de ses productions naturelles, soit par l'industrie de ses habitans.*

1°. Le commerce des bois du Nivernois, du Bourbonnois, & sur-tout du Morvant, va à plus de quatre cent mille livres.

2°. Le commerce du charbon de pierre du côté de Decize, cent vingt mille livres.

3°. Le commerce du poisson, trois cent mille livres.

4°. Le commerce des cochons, dans les années de glandées, trois cent mille livres.

5°. Le commerce des blés & des chanvres, celui des vins de Creuzieres, Saint-Pourçain, & Montluçon, & la vente des bestiaux, cinq cent mille livres.

6°. Le commerce du fer ordinaire, trois cent mille livres.

7°. Le commerce du fer-blanc, cinquante mille livres.

8°. La fayance & verrerie, deux cent mille livres.

9°. La Coutellerie & Quincaillerie, avec les ouvrages & curiosités d'émail, cent cinquante mille livres.

10°. Les Manufactures de Tapisseries de haute-lisse, de Feuilletin, & d'Aubusson, quatre-vingt mille livres.

11°. Enfin, le travail de plus de six mille ouvriers qui sortent tous les ans de la Marche, & qui y rapportent à leur retour leur gain & leurs salaires, plus de deux cent mille livres.

L'on peut y ajouter encore, comme un objet de commerce considérable, la consommation qui se fait aux eaux de Vichy & de Bourbon, qu'on peut évaluer à plus de cent cinquante mille livres; & celle sur la grande route de Paris, à Lyon, & en Auvergne qui produit presque autant.

On n'a point parlé du produit ni des Fabriques des étoffes de laines, ni de celui des toiles, ni de quelques autres semblables ouvrages & marchandises, parce que se consommant presque tous dans la Généralité sans aller au-dehors, elles ne sont pas l'occasion d'un nouveau profit pour ses habitans, & n'introduisent aucun argent dans le pays.

GANNAT. Cette Ville de Bourbonnois est aussi très considérable par son commerce, particuliérement pour celui des huiles de noix, qui est estimée une des meilleures qui se fassent en France. Il s'y en fait en quantité à cause du grand nombre de noyers dont tout son territoire est planté.

Ses blés & ses vins sont encore deux autres objets de négoce qui enrichissent ses habitans.

Il s'y tient une foire célébre tous les ans le jour de l'Exaltation de Sainte-Croix.

## COMMERCE D'AUVERGNE.

L'Auvergne se divise ordinairement en Haute & en Basse.

La basse Auvergne, dont la Limagne fait partie, s'étend depuis Saint-Pourçain, du côté du Bourbonnois, jusqu'au Brioude; & depuis Brod en Limosin sur la Dordogne, jusqu'à Massiac, petite Ville du côté du Velay.

La haute Auvergne comprend tout ce qui est au-delà de Brod & de Massiac, jusqu'au Quercy, au Rouergue, & au Gevaudan.

La Limagne est un grand vallon arrosé par la riviere d'Allier entre les montagnes qui sont du côté du Forêt, du Velay, & du Limosin; elle s'étend en longueur depuis Saint-Pourçain jusqu'à Brioude. C'est un pays fort abondant en blé, en vin, en chanvre, en noyers, & en prairies; mais le meilleur canton est depuis Gannat jusqu'à Issoire, le long de l'Allier. Les prairies, particuliérement auprès de Riom & de Clermont, se fauchent jusqu'à trois fois par an; les terres ne s'y reposent jamais, ou tout au plus une fois en vingt ans.

Les terres de la Haute Auvergne & des montagnes, qui sont à la droite & à lasgauche de la Basse, sont beaucoup plus ingrates, mais on y nourrit une quantité surprenante de gros bestiaux, qui font la richesse du pays, & qui se distribuent, non-seulement dans les Provinces voisines, mais encore dans les Provinces du Royaume les plus éloignées, & même dans les Pays étrangers, entr'autres en Espagne.

C'est aussi l'Espagne qui fournit de l'ouvrage à une partie des habitans de la Haute & de la Basse Auvergne, qui ne trouvant pas de quoi s'occuper dans la Province, vont tous les ans servir les Espagnols dans les travaux que la fierté naturelle de cette nation, lui fait regarder comme au-dessous d'elle; & ce sont ordinairement les Auvergnats qui labourent & sement leurs terres, qui coupent leurs blés, & qui fauchent leurs prés. On compte qu'il passe année commune en Espagne, cinq ou six mille de ces Travailleurs d'Auvergne, & qu'ils en rapportent sept ou huit cent mille livres, leur travail leur tenant aussi lieu de commerce.

C'est aussi d'Auvergne que sort la plupart de ces Chaudronniers qui parcourent le Royaume, & qui gagnent leur vie sur la batterie neuve de cuisine qu'ils fabriquent, ou sur la vieille qu'ils raccommodent.

Il y a bien des sortes de Manufactures en Auvergne, & presque tous les ouvrages qui s'y fabriquent, sont de très bonne qualité.

Les Manufactures de papier y sont sur-tout excellentes. Il ne s'en fait point ailleurs de plus propre pour être employé aux éditions des Livres; & c'est du papier d'Auvergne, que se font les plus belles impressions de Paris, de Hollande, & d'Angleterre.

Les moulins d'Ambert, & ceux des environs de Thiers, & de Chamailleres près Clermont, fournissent les papiers les mieux conditionnés: & il n'y a gueres d'apparence que les Anglois, Hollandois, & Genevois, qui depuis les guerres de la fin du Regne de Louis XIV, ont tenté d'établir chez eux de pareilles Fabriques, y puissent jamais réussir: y ayant quelque lieu de croire, que cette blancheur & cette excellente qualité du papier d'Auvergne, vient de celles des eaux sur lesquels les moulins sont bâtis, & qui servent à le fabriquer.

Nous parlerons ci-après des étoffes qui se fabriquent en Auvergne, & des lieux où elles se fabriquent.

Les bestiaux engraissés, la nourriture des mules & mulets, & les haras qu'on entretient en Auvergne, ne sont pas un des moindres Commerces de la Province.

Les bœufs & les vaches s'engraissent dans les montagnes, où les herbes sont très propres pour cet usage: mais outre ce qui est destiné pour la boucherie, qui se conduit jusqu'à Paris, & qui en tems de guerre se mene même jusqu'aux armées Françoises les plus éloignées, on en éleve un très grand nombre pour le tirage & le labourage; & c'est de-là que le Nivernois, le Berry, & une partie de la Guienne & du Languedoc, tirent tous les ans de jeunes bêtes pour remplacer les bœufs & vaches qu'on prend pour mettre à l'engrais.

Les vaches réservées pour donner du lait, se nourrissent en d'autres cantons, dont les herbes, sans produire de graisse, produisent beaucoup de lait; & c'est-là ce qui fait la grande quantité de fromages, qui se transportent à Paris, & dans quelques Provinces du Royaume.

Les fromages qui se font vers Aurillac, Moriac, & Volers, vont en Languedoc & en Guienne; & ceux du côté de Beze, de la Tour, & d'Ardes, se destinent pour Paris, pour les Villes sur la Loire, & se transportent jusqu'à Nantes par cette riviere.

Le menu bétail, qui se nourrit dans l'Election de Brioude, se mene à Paris & à Lyon.

Les mules & les mulets non-seulement naissent en Auvergne, mais on y en envoye aussi quantité de jeunes de Poitou, à neuf ou dix mois, pour y être élevés. Les meilleurs haras de ces sortes d'animaux, sont dans un Canton appellé la Planche, entre Saint-Flours & Murat. Les Marchands Espagnols, & les Voituriers de Lyon & de Languedoc, viennent les acheter aux foires de Saint Flours, du Puy en Velay, & de Maillargues. Le négoce en est très grand dans le tems de guerre.

Pour les haras de chevaux, ils ont été assez négligés après la mort du Marquis de Seignelay, & du Marquis de Louvois; qui successivement ayant été chargés de la direction générale des haras de France, s'étoient appliqués avec attention à leur rétablissement: mais depuis le commencement du dix-huitiéme siécle ils se rétablissent; & l'on recommence de faire estime des chevaux Auvergnats, & d'en tirer un assez bon nombre de la Province. Ces chevaux sont bons, pourvu qu'on les ménage jusqu'à six ans: alors ils peuvent servir avec beaucoup de vigueur bien au-delà de dix à douze ans. *Voyez* Cheval. *Voyez aussi* Haras.

Les autres Commerces de l'Auvergne, sont les bois de sapins, soit en planches, soit en bois quarré, qu'on voiture à Paris par la Loire, & le canal de Briare; soit aussi en mats de différentes hauteurs & grosseurs pour la marine, qu'on descend à Nantes par la même riviere.

Le charbon de terre, qu'on tire des mines de Braissac près Brioude; & qui au défaut de celui d'Angleterre, se voiture aussi à Paris par la Loire & le canal.

Les pommes de reinette & de calville, qui se recueillent en abondance dans la Limagne.

Les cires, qu'on tire d'Aurillac & de Monsaloy.

Les colles-fortes de Chaudes-Aigues.

Les suifs, la bourre de bœuf, & les lacets de fil,

qui se font aux environs de Thiers & d'Ambert.

Quelques toiles de chanvre ; le chanvre lui-même brut, & non ouvré.

Enfin les noix, & l'huile qu'on en tire.

*COMMERCE PARTICULIER DES PRINCIPALES VILLES D'AUVERGNE.*

CLERMONT. Cette Ville est très marchande, & quoiqu'elle ne soit située sur aucune riviere navigable, on la regarde cependant comme l'entrepôt de la plus grande partie du commerce qui se fait du bas Languedoc & de Provence à Paris, & l'on y trouve toutes les marchandises qui se fabriquent à Paris, même à Lyon, à Tours, & dans la plus grande partie des autres Provinces du Royaume, par la facilité qu'il y a de les y faire venir par le retour des mulets qui y passent continuellement, n'y ayant gueres de Villes ou d'autres lieux un peu considérables, où les Marchands de Clermont n'entretiennent des correspondances.

C'est aussi le passage de tant de Muletiers & d'autres Voituriers, qui lui tient lieu en quelque sorte de commerce par la grande quantité d'argent comptant qu'ils ont coutume d'y laisser, pour leur dépense & celle de leurs animaux.

C'est à Clermont que toute la Province d'Auvergne & quelques-unes de celles qui en sont voisines, viennent se fournir de tout ce qu'elles ont besoin, particuliérement d'étoffes, d'habits, de dentelles, de linge, de rubans, & de toutes sortes d'autres assortimens.

Il s'y prépare aussi des cuirs qui se débitent pour Lyon.

Il s'y fait aussi un assez grand commerce de pâtes d'abricots & de pommes qui sont extrémement estimées ; & que l'on préfere à toutes les autres confitures de cette sorte, qui se font ailleurs, même à Tours & à Paris. On croit qu'elles méritent cette préférence par la meilleure qualité des fruits qu'on y employe, autant que par l'habileté des Confiseurs qui les font.

On parlera plus bas des Manufactures de Clermont, lorsqu'on donnera le détail de celles de la Province.

AURILLAC. Son principal commerce consiste en fromages qui se font dans les montagnes voisines ; sur-tout dans celle de Salers qui n'en est pas éloignée.

Les pâturages y sont si excellens, & les herbes qu'ils produisent, sont si propres à faire venir du lait aux vaches, qu'il est ordinaire de donner tous les ans aux Propriétaires de ces animaux, jusqu'à deux quintaux de fromages pour chaque vache, ce qui est un produit très considérable, le quintal de fromage se vendant communément entre douze & quinze livres.

La Manufacture des points subsiste toujours à Aurillac, mais avec beaucoup moins de réputation qu'autrefois, puisqu'il en sortoit autrefois pour six à sept cent mille livres, & que ce commerce est présentement réduit à cent cinquante mille livres, ou environ.

SAINT-FLOURS. Cette Ville est célébre par les foires qui s'y tiennent, qui y attirent un grand commerce & beaucoup de Marchands, soit du Royaume, soit des Pays étrangers, particuliérement d'Espagne. Les mules & les mulets qui s'y vendent, passent pour les meilleurs de l'Auvergne, qui elle-même a la préférence sur le Poitou, & les autres lieux de France où on en éleve. Le canton de la Planche entre Saint-Flours & Murat a de la réputation, & il n'en sort gueres que d'excellentes bêtes.

Un autre objet de commerce pour Saint-Flours, consiste dans les seigles qui se recueillent aux environs, & elle est un des greniers du pays pour ces sortes de grains.

On y fait quantité de Quincaillerie, mais gueres autres choses que des couteaux, des rasoirs, & des ciseaux.

Il s'y prépare aussi des cuirs qui se débitent à Lyon.

On parle plus bas de ses Fabriques de lainage.

THIERS. Le commerce de Thiers a quatre objets différens ; sçavoir, les cartes à jouer, le papier, la Coutellerie, & le filet ou fil à marquer. La Fabrique du papier & des cartes sont les plus considérables ; le débit s'en fait par tout le Royaume, mais principalement en Espagne, d'où ces deux marchandises s'envoyent par les Gallions, dans l'Amérique Espagnole.

AMBERT. C'est une des Villes d'Auvergne des plus riches & des plus considérables par son commerce. Ce commerce consiste comme à Thiers, en cartes à jouer & en papier ; & de plus en rouleaux de fil, en épingles, & en étoffes de laine. On parlera plus bas de la Fabrique de ces étoffes. *Voyez* l'état des Manufactures d'Auvergne.

Les cartes ont le même débit qu'à Thiers, & s'envoyent principalement en Espagne. Pour le papier, on l'employe aux plus belles impressions de Paris, d'Angleterre, & de Hollande. Les Fabriques de papiers que les Etrangers ont établies chez eux, n'approchent point de la qualité & de la beauté de celui d'Ambert ; & les autres papeteries de France ayant même assez de peine à l'imiter. Cette sorte de papier sert aussi à imprimer des Theses & des Estampes.

On prétend que l'eau des ruisseaux sur lesquels les moulins d'Ambert sont bâtis, contribue autant qu'autres choses à la bonté & à la beauté de ce papier.

Les rubans de fil ou rouleaux sont après le papier & les cartes à jouer, le meilleur négoce d'Ambert, presque tout le menu peuple y travaille, & les enfans même de l'âge de quatre ou cinq ans, ont part au profit de cette Fabrique ; n'y en ayant point qui n'y puisse gagner deux ou trois sols par jour.

AUBUSSON. Son principal commerce consiste en tapisseries de haute-lisse. *Voyez* cet article.

BESSE. Est une petite Ville située dans les montagnes d'Auvergne du côté du Limosin ; elle est le centre & l'entrepôt pour le commerce des blés & des vins que les montagnes tirent de la Limagne, & des fromages qui se font de ce côté-là. Plusieurs Bourgeois accommodés font ce commerce ; & on y en trouve de grands magasins.

Les fromages vont de-là à Paris, à Orléans, à Nantes, & dans tous les Pays qui sont arrosés de la riviere de Loire.

Riom, Maringues, Anjon, Chaudes-Aigues, ont des Tanneries où il se prépare des cuirs qui se débitent à Lyon.

*SORTES D'ETOFFES QUI SE FABRIQUENT en Auvergne, la quantité qui s'y en fait, les lieux de leur fabrique, & le nombre de Marchands qui en font le commerce.*

En général, les étoffes qui se font dans la Généralité de Clermont, sont des étamines buratées, des rases, & des serges.

AMBERT. Les étoffes qui s'y font, sont des étamines buratées & des rases : il s'y en fabrique, année commune, deux mille pieces. Six Marchands en font le commerce.

CUNLHAC. Il ne s'y fait que des étamines buratées, environ deux mille pieces par an ; trois Marchands entretiennent cette Fabrique.

SAINT-FLOURS, a des raz & des serges ; & il s'en fait dix-huit cent pieces des premieres, & onze cent des autres. Il y a quatorze Marchands & quatre Teinturiers.

AURILLAC. On y fait des raz & des étamines ; de celles-ci six cent pieces ; & de celles-là quinze cent : il y a dix-neuf Marchands, sept Teinturiers, & six moulins à foulon.

On a parlé plus haut de ses dentelles.

BRIOUDE. On n'y fait que des serges environ cinq cent pieces par an. Elle a treize Marchands & trois Teinturiers.

Il y a outre cela dans la Généralité plusieurs Villes dans lesquelles il se vend quantité de draperies & autres étoffes, quoiqu'il ne s'y en fabrique point ; lesquelles étoffes & draperies y doivent être visitées & marquées par l'Inspecteur du Département. Les principales sont :

CLERMONT, qui a vingt-neuf Marchands & trois Teinturiers.

MONTFERRAND, où il y a deux Marchands.

RIOM, qui en a seize, & quatre Teinturiers. A MARINGUES il y a quatre Marchands, qui font un commerce très considérable. A THIERS, douze Marchands, à ISSOIRE, dix. Il se fait quelques grosses étoffes aux environs de cette Ville. A LANGEAT, quatre Marchands ; à MURAT, huit ; à SARLET SAINT-MARTIN, trois ; à MAURIAC, deux. Il y a aussi une foire assez considérable. Il se fait pareillement un grand concours aux deux foires d'ALLANCHE, où il y a cinq Marchands. BILLON en a trois & un marché par semaine : enfin ARDES a de même trois Marchands ; mais ni foires, ni marchés.

Murat, la Chaise-Dieu, Allanche, & Vinerolles, pour les points de France & d'Angleterre. Ce sont les Marchands de Clermont & du Puy en Velay qui les achetent & les débitent ensuite par tout le Royaume.

FELLETIN. On parle ailleurs des tapisseries de hautelisse, qui se fabriquent dans cette petite Ville de la haute-Marche. *Voyez* l'article de la Haute-Lisse.

Ses trois autres Manufactures sont des draps très grossiers, qu'on nomme Bures, qui servent à l'habillement du menu peuple & des paysans.

Son principal négoce consiste en gros & menu bétail, qui se conduit dans les Provinces voisines, & même jusqu'à Paris. Ce bétail se vend aux foires de Felletin même, ou à celles de Châtelus & de Faux, deux gros Bourgs qui n'en sont pas éloignés, où les Marchands de Picardie, de Touraine, du Berry, & du Blaisois, viennent enlever quantité de moutons. On y trouve aussi d'excellens bœufs pour le tirage, qui se vendent aux marchés qui se tiennent tous les mois à Felletin.

## COMMERCE DE NORMANDIE.

Pour donner plus d'ordre à ce qu'on a à dire du négoce de cette vaste & riche Province, on la divisera en ses trois Généralités, qui sont celles de Rouen, d'Alençon, & de Caen ; & l'on en fera trois articles séparés.

### *Généralité de Rouen.*

Le principal Commerce de cette Généralité consiste en draperies, sergeries, tapisseries, toiles, cuirs tannés, chapeaux, peignes, papier, cartes à jouer, blés, cidres, bestiaux, chanvres, lins, & en différentes pêches, qui se font à Dieppe, Honfleur, le Havre, &c.

Les toiles qui se font dans cette partie de la Normandie, sont :

1°. Des fleurets blanchards, qui se font dans les Elections de Ponteau-de-Mer, de Lizieux, & Bernay : elles se vendent au marché du Bourg Saint-Georges ; & s'assortissent avec des toiles nommées Toiles de coffre, fabriquées à Evreux & à Louviers, pour être envoyées en Espagne, & dans l'Amérique Espagnole.

2°. Des toiles fines pour chemises & mouchoirs.

3°. Des toiles pour servir aux voiles de navires, & aux emballages.

4°. Des toiles rayées, & à carreaux, dont une partie passe dans la nouvelle France.

Et 5°. Des toiles brunes pour doubler des habits, qui toutes se travaillent dans les Elections de Rouen, Caudebec, Arques, & Montiolliers. *Voyez* TOILES, *à l'endroit où il est parlé des toiles de Normandie.*

Les tanneries de Rouen, & des environs, sont considérables ; & c'est là qu'on prépare presque tous les cuirs verds du Pays, aussi-bien qu'une grande quantité de ceux qui sont apportés en France, des Indes Occidentales d'Espagne, du Sénégal, & du reste de la Côte d'Afrique.

Les chapeaux de toutes sortes, qui se fabriquoient autrefois en grand nombre dans plusieurs lieux de la Généralité, & qui s'envoyoient en Angleterre, en Hollande, & en Allemagne, sont presque réduits à la seule consommation de la Province ; ce qu'on peut dire aussi du papier, des cartes à jouer, des peignes de buis & de corne, & d'autres ouvrages de mercerie, dont néanmoins on fait toujours des envois dans le Nord, en Portugal, & en Espagne ; mais bien diminués, en comparaison du négoce qui s'en faisoit autrefois.

La pêche est aussi un objet important de Commerce pour les côtes & les Villes maritimes de la Généralité de Rouen. Les Dieppois, & les Marchands du Havre & de Honfleur, semblent se l'être partagée ; les premiers s'adonnant communément à la pêche du hareng, & les autres à celle de la morue. *Voyez* HARENG *&* MORUE.

Pour les autres pêches de poisson frais, elles sont restées en quelque sorte communes, & se continuent toute l'année ; mais de certains poissons, comme du maquereau, seulement dans leur saison.

Enfin, les beurres, les cidres, les bestiaux, & les blés du Pays de Caux, font encore une partie du négoce de la Généralité de Rouen, qui est très considérable. L'on parle ailleurs des chevaux Normands. *Voyez* HARAS *ou* CHEVAUX. *Voyez aussi l'article des* FOIRES.

Saint-Vallery en Caux. Gros Bourg de France dans la Haute Normandie, son port est assez bon, & y attire un commerce considérable. La navigation de ce Bourg consiste en quelques bâtimens pour la pêche de la morue en Terre-neuve ; en grosses barques pour la grande pêche du hareng, & pour le transport des denrées ; & en petites barques ou batteaux, pour les petites pêches le long de la côte.

*MEMOIRE SUR LES MANUFACTURES de Rouen & de sa Généralité.*

ROUEN. La principale Fabrique de draps de cette Ville, & qui y occupoit autrefois le plus de métiers, étoit celle des draps d'Usseau d'une aune de large. Présentement ce sont les draps façon d'Elbœuf, qui ont pris leur place. Cette derniere Fabrique est bonne & se perfectionne tous les jours; elle n'a pas néanmoins encore acquis la perfection des véritables Elbœufs. A l'égard de celle des draps d'Usseau, elle s'y soutient toujours; mais il s'en fait beaucoup moins, depuis que les façons d'Elbœuf ont prévalu.

Une troisiéme sorte de draps, qui se fait à Rouen, sont les draps façon d'Angleterre; mais cette Fabrique ne donne pas tant d'étoffes à beaucoup près, que les deux premieres.

Les autres étoffes de lainage, qui s'y font, sont des droguets blancs, appellés vulgairement Espagnolettes, d'autres droguets de toutes couleurs de demie-aune de large, & des ratines blanches de cinq quarts aussi de large.

Il s'y fait encore des barracans fil & laine, de deux tiers de large très communs, & des berluches ou droguets moins communs. Ces deux dernieres Fabriques occupent plus de soixante métiers; & les autres à peu près deux cent. Les Maîtres qui font travailler aux unes & aux autres, passent ordinairement le nombre de soixante.

Toutes ces étoffes se débitent dans tout le Royaume, & sur-tout à Paris.

Il y avoit autrefois à Rouen deux Communautés de Drapiers; l'une qu'on nommoit la grande Draperie; & l'autre, la Draperie foraine. Les premiers Statuts de celle-ci, sont ceux de 1401; la grande Draperie n'en eut qu'en 1408.

Les deux Draperies ayant été réunies en 1424, on leur donna des Réglemens communs en 1451, qui furent bien-tôt suivis de ceux de 1462, & encore depuis de ceux de 1490.

Ce sont les Réglemens de 1451, qui ont continué d'être observés jusqu'ici, à la réserve des Articles où il a été dérogé par le Réglement général de 1669.

Tous ces Réglemens étant absolument nécessaires pour maintenir la Police de la Draperie de Rouen, & pousser les étoffes qui s'y fabriquent, à la derniere perfection; on les trouvera à l'article général des Réglemens suivant l'ordre de leur date.

L'on fait aussi à Rouen des étoffes mêlées de soie & de laine, qu'on appelle vulgairement des Papelines ou Ferandines; les Maîtres qui y travaillent, se nomment Passementiers, qui composent une Communauté d'environ cinquante Maîtres; autant de métiers sont occupés à cette Fabrique. Il se débite beaucoup des étoffes qui s'y font, dans tout le Royaume, particuliérement pour Paris.

La Manufacture des brocatelles & des ligatures, qui sont des especes de tapisseries de fil & de laine, a été apportée à Rouen de la Flandre Espagnole, qui avant cet établissement en fournissoit toute la France; mais les Ouvriers de Rouen y sont devenus si habiles, & il s'y en fait une si grande quantité, que cette seule Fabrique entretient près de deux cent métiers; & que ses brocatelles se répandent dans tout le Royaume, qui n'en tire plus gueres des Flamans.

Une autre tapisserie dont il se fait aussi un assez grand négoce, est la Bergame que les Parisiens appellent tapisserie de la Porte de Paris; parce que ceux qui les vendent, tiennent leurs boutiques aux environs de cette ancienne Forteresse de Paris. Il s'y en fait de trois sortes; de fines où il entre de la soie, de belles laines, & du fil; d'autres de moins fines, qui ont la chaîne de fil, & la trame de laine; & d'autres plus communes, dont la trame n'est que de poil de chevre ou de vache. Il y a environ quarante Maîtres Tapissiers qui travaillent aux bergames. Beaucoup de ces tapisseries se débitent dans le Royaume: il en va aussi dans les Pays étrangers, particuliérement dans le Nord.

La Tisseranderie est aussi une Fabrique considérable à Rouen; & elle y occupe plus de soixante & dix métiers, sous trente à quarante Maîtres Toiliers, c'est ainsi qu'on y appelle ce qu'on nomme ailleurs des Tisserans. Les sortes de toiles qu'on y fabrique, sont des blancards, des fleurets, des toiles brunes & des toiles de coffre. On peut voir à l'article des Réglemens des Toiles, ceux de 1676, 1683, 1684, & 1716, donnés pour les toiles de Rouen & des environs.

Toutes ces toiles se vendent sur les lieux, d'où elles sont envoyées partie à Paris, & partie dans les Pays étrangers, entr'autres en Espagne.

La grande quantité qui s'y en fabrique & dans toute la Généralité, a fait établir à Rouen un des six Inspecteurs des Manufactures pour les toiles qui sont dans le Royaume. *Voyez* INSPECTEUR DES TOILES.

Il se fait, année commune, dans la Chapellerie de Rouen & des Villages circonvoisins, près de trois mille cinq cent douzaines de chapeaux de laine, & jusqu'à six cent douzaines de chapeaux à poil; cette grande quantité d'ouvrage se fait par quatre-vingt Maîtres Chapeliers établis tant dans la Ville & ses Faux-bourgs, qu'aux environs. Partie de ces chapeaux se débitent dans Rouen même; le reste va à Paris.

Il se fait dans plusieurs moulins établis dans quelques vallées voisines de Rouen, une très grande quantité de papier de toutes sortes, particuliérement de gros papier pour servir d'enveloppes aux étoffes & marchandises, & du papier pour l'Imprimerie. La Fabrique du papier à écrire n'y réussissant pas si bien que ces deux autres especes. Chaque moulin peut faire huit à dix rames de papier par jour, & occupe ordinairement jusqu'à six personnes.

Enfin les Maîtres Teinturiers y sont au nombre de près de quarante, partie du grand & bon teint, & partie du petit teint. Ils travaillent également les uns & les autres pour les Manufactures de la Ville & pour celles de Darnetal.

Il entre, année commune, dans la Ville de Rouen, neuf mille balles de laines, dont il y en a plus de la moitié de laines d'Espagne de différentes qualités; le reste est de celles de France qu'on nomme laines communes.

DARNATAL ou DARNETAL. La Fabrique de la Draperie du Bourg de Darnetal, y est très ancienne. Le Corps des Maîtres qui y travaillent, n'est pas seulement composé des Fabriquans de ce Bourg; mais aussi de tous les Villages de cette Vallée. On les nomme ordinairement Drapiers Façonniers, & c'est le nom qu'ils ont dans leurs Statuts.

Les premiers de ces Statuts sont du regne de Henri III en 1587, confirmés depuis & augmentés en 1605 par Henri IV, en 1626 par Louis XIII, & en 1644 par Louis XIV. On peut voir dans l'article des Réglemens, le Paragraphe où il est parlé de ceux dressés depuis 1601 jusqu'en 1721.

Les diverses draperies qui se fabriquent par les Maîtres de cette Communauté, sont des draps façon d'Angleterre & de Hollande, qui occupent ordinairement au-delà de quatre-vingt-dix métiers.

Des draps façon d'Elbœuf, où travaillent environ six métiers.

Des draps d'Usseau, pour lesquels il y en a jusqu'à vingt-cinq.

Et des droguets ou pinchinats, qui en ont quarante ou quarante-cinq.

On estime les draps de Darnetal d'une qualité un peu inférieure à celle des draps de Rouen; mais l'expérience a fait connoître qu'il étoit avantageux au commerce des uns & des autres, qu'ils ne fussent pas égaux. Le débit s'en fait par tout le Royaume.

La Fabrique des couvertures de laines, est la seconde branche du négoce de ce Bourg & de sa vallée; & ne le cede gueres à celle des draps. Il s'y fait des couvertures de toutes qualités, de grandes, de petites, de fines, de communes, & de grosses, & en si grande quantité, qu'elle en fournit seule à la moitié du Royaume. Près de quatre-vingt métiers sont employés pour cette Manufacture.

Saint-Aubin-la-Riviere. La Fabrique des draperies n'a commencé à Saint-Aubin qu'en l'année 1691; les Lettres Patentes de son établissement sont du mois de Septembre 1672: elles lui donnent la qualité de Manufacture Royale & Privilégiée.

Ses premiers Entrepreneurs ont été de riches Marchands de Rouen, entr'autres les Sieurs Ango & Cannu, qui y ont fait faire des draps façon de Hollande & d'Angleterre, qui ont assez bien réussi. Ses métiers sont présentement au nombre de plus de trente.

Elbœuf. La Manufacture des draps d'Elbœuf est d'un ancien établissement, & s'est toujours soutenue avec réputation, suivant la qualité des draps qui y ont été entrepris en différens tems.

Jusques au grand Réglement de 1669, il ne s'y étoit fabriqué que de gros draps blancs qu'on faisoit teindre en diverses couleurs pour faire des manteaux de pluye & des casaques de campagne. Mais toutes les Manufactures du Royaume ayant été alors animées & soutenues par la protection que leur avoit accordé Louis XIV à la sollicitation & par les soins de Monsieur Colbert, celles d'Elbœuf furent des premieres qui en ressentirent les effets par deux établissemens considérables, qui s'y firent de draps fins façon de Hollande & d'Angleterre, & par la perfection qu'y acquirent les autres sortes de draps qui s'y fabriquerent depuis.

Les Sieurs le Mounier & le Comte, furent les Entrepreneurs de ces nouveaux établissemens; l'un avec quatre Associés, & l'autre avec six. Quoique tous les deux fussent très habiles, le premier fut le plus heureux, & il donna son nom aux draps d'Elbœuf, qui furent long-tems appellés draps de Mounier.

Comme la plupart de ces Entrepreneurs faisoient profession de la R. P. R. on crut que leur retraite en Hollande, après la révocation de l'Edit de Nantes, causeroit la ruine de leurs Manufactures; mais elles ont été si heureusement soutenues par les Maîtres Catholiques, qui avoient travaillé sous eux, que les draperies d'Elbœuf, bien loin d'avoir souffert quelque diminution en les perdant, ont augmenté de réputation, & se sont conservées un rang honorable parmi les meilleures Fabriques du Royaume.

On compte présentement à Elbœuf environ quarante Maîtres, qui occupent près de trois cent métiers, dont la plus grande partie travaillent en draps fins ordinaires; n'y en ayant qu'une trentaine pour les draps fins façon de Hollande & d'Angleterre, & seulement quatre ou cinq pour les draps blancs.

La Manufacture des tapisseries façon de point de Hongrie, est assez considérable. Elles sont du nombre de celles qu'on nomme à Paris tapisseries de la Porte de Paris. On en parle ailleurs. *Voyez* Tapisserie.

Il y a à Elbœuf trois marchés par semaine; sçavoir, le mardi, le vendredi, & le samedi; & une foire à la Saint Gilles, où il se trouve quantité de Marchands; les blés sont le principal objet de commerce de ces marchés; & les draperies, de sa foire.

Une voiture d'eau, qui part tous les jours d'Elbœuf pour Rouen, facilite l'enlévement de ses marchandises & de ses grains.

Orival. Il ne se fait à Orival que des draps façon d'Elbœuf, d'une aune & un quart de large. Quatre ou cinq Maîtres y font travailler environ vingt métiers.

Louviers. Il se fait dans cette Fabrique de deux sortes de draps; les uns façon de Hollande & d'Angleterre; & les autres façon d'Elbœuf. Les premiers occupent environ vingt-cinq métiers; & les autres jusqu'à soixante. On y compte onze ou douze Maîtres, entre lesquels sont partagés ses quatre-vingt-cinq métiers.

C'est au sieur Langlois que la Ville de Louviers est redevable de l'établissement de ces deux Fabriques de draperies; mais ce sont les Sieurs Jean Maille & ses associés, André & Thomas le Mounier, qui les ont perfectionnées. Le premier en obtint le Privilége en 1681, que les autres comme ses cessionnaires ont exercé depuis. La plupart des Maîtres qui travaillent présentement dans cette Manufacture, sont enfans de la Ville, & ont fait leur apprentissage sous ces trois habiles Fabriquans.

Sa Majesté accorda un second Privilége en 1687, aux Sieurs Remalles Hollandois, mais les Etrangers n'ont pas si heureusement réussi que les François.

Pont de Larche. Les draps de cette Fabrique ont beaucoup de réputation; elle y fut établie en 1690 par les Sieurs de la Rue & Bourdon habiles Fabriquans d'Elbœuf, qui ont depuis étendu cet établissement dans deux Villages voisins. Les métiers du Chef-lieu & de ses deux annexes, vont jusqu'au nombre de vingt-cinq. Les draperies qu'on y fait sont des draps façon de Hollande & d'Angleterre.

Le commerce des bois y est aussi très considérable, & sa forêt qui s'étend jusques auprès de Louviers, en fournit quantité à Paris & à Rouen.

Evreux. Les draperies qui s'y font, consistent en draps, en frocs, & en serges. Ces dernieres sont des serges blanches de demie-aune de large de très bonne qualité, où l'on n'employe que des laines du pays. Le débit s'en fait aux Marchands de la Ville, & à ceux de Rouen. La Fabrique de ces étoffes occupe près de vingt-cinq métiers. Les eaux de la riviere d'Iron, une des deux qui traversent cette Ville, sont très bonnes pour l'apprêt des laines.

On fait aussi à Evreux une très grande quantité de toiles; & il se débite beaucoup de grains dans ses marchés.

Gizors. Il se faisoit autrefois à Gizors quantité de draps communs; mais comme on n'y employoit que des laines du pays, qui sont d'une très mauvaise qualité, cette Fabrique est presque tombée.

On y établit en 1693 une Manufacture de draps façon de Hollande & d'Angleterre, qui se soutient avec assez de réputation : cet établissement fut fait par le sieur Bussier Marchand de Rouen, en vertu de Lettres Patentes; les quatre métiers qui commencerent d'abord cet établissement, ont été depuis augmentés de plusieurs autres.

Gournay. Les Manufactures de cette Ville consistent toutes en serges façon de Londres, qui sont très bien travaillées, & qui pourroient passer pour parfaites, si les Facturiers pouvoient y employer de meilleures laines.

L'établissement de cette Fabrique a commencé en 1673, par ordre exprès du Roi, qui en chargea les Fermiers Généraux; deux Manufacturiers de Beauvais en avoient la conduite en 1693, mais toutes les avances se faisoient par les Fermiers. Elle continue toujours à peu près sur le même pied, & occupe environ soixante métiers.

On tient à Gournay tous les mardis de chaque semaine, un marché célébre par les bons beurres de Bray, qu'on y vient chercher de tous côtés.

Bolbec. Ce Bourg, un des plus considérables du pays de Caux, est célébre par la Fabrique des étoffes de laine, qu'on nomme Frocs, qui sont estimées les meilleures de toutes celles qui se travaillent en Normandie. Il s'en fait de deux sortes; les unes, de deux tiers de large : & les autres, de demie-aune un seize, qui sont les unes & les autres de pure laine du pays.

Cette Fabrique qui n'avoit d'abord été établie que dans le Bourg, s'est depuis étendue dans plus de vingt Villages circonvoisins, où plus de cinquante Maîtres font travailler près de quatre-vingt-dix métiers. Le produit des étoffes tant de Bolbec que des environs, va année commune à six mille pieces, qui se vendent partie sur les lieux, & partie aux Marchands de Rouen.

Les autres Fabriques de Bolbec sont des toiles, des dentelles de fil, des chapeaux, & des cuirs; la Tannerie sur-tout y est très considérable; il s'y fait aussi d'assez bonne Coutellerie.

Le territoire produit des grains, du bois à bâtir, & à brûler; & l'on éleve de gros & de menus bestiaux dans les pâturages.

La foire qui s'y tient à la Saint Michel est très considérable; & il s'y vend quantité de marchandise du crû du pays, & la meilleure partie des étoffes qui se fabriquent dans le Bourg ou aux environs : on en débite aussi beaucoup à ses marchés qui se tiennent tous les lundis de chaque semaine.

Gruchet. Les frocs qui se fabriquent dans ce petit Bourg, sont de mêmes qualités que ceux de Bolbec : neuf Maîtres y font travailler environ quinze métiers.

Fescamp. On peut distinguer les Manufactures de Fescamp en anciennes & en nouvelles. Les anciennes sont des serges très fortes, d'une aune de large, & des frocs de la qualité de ceux de Bolbec. Les nouvelles sont des draps fins façon d'Angleterre & de Hollande. Les premieres qui n'occupent que sept à huit Maîtres, & environ quinze métiers, se font tout de laine du pays. Les autres qui font travailler jusqu'à cinquante métiers, employent partie laines étrangeres, & partie laines des meilleures du Royaume. Cette derniere Fabrique est assez nouvelle, & n'a été établie à Fescamp qu'en l'année 1692, en vertu d'un privilége accordé au Sieur le Bailly, Marchand de Rouen.

Les commencemens de cet établissement ont été assez difficiles par la faute de ceux à qui l'Entrepreneur l'avoit d'abord confié; mais l'habileté de trois Etrangers qui en ont eu ensuite la conduite, l'a poussé si près de sa perfection, qu'il en est sorti des draps aussi beaux & aussi parfaits que ceux d'Angleterre même.

Les serges & les frocs qui se fabriquent à Fescamp, se débitent ordinairement sur les lieux, les draps fins se destinent pour Paris & pour Rouen.

Outre les étoffes de draperies, il se fait encore à Fescamp des toiles, des dentelles, & des chapeaux; mais sur-tout les Tanneries y sont considérables.

Les habitans de cette Ville sont du nombre de ceux qui envoyent leurs Bâtimens aux grandes pêches, particuliérement à celle du hareng dans la premiere saison : ils en envoyent moins sur le grand banc pour la morue. A l'égard de la pêche de la marée fraîche, ils la font toute l'année avec de petits bateaux le long des côtes. Ce poisson est la plupart destiné pour Paris.

Dieppe. Cette Ville si célébre par son grand commerce de mer, l'étoit aussi autrefois par ses Manufactures de lainage; & il s'y fabrique beaucoup de draps noirs & de ratines de cinq quarts de large. Il ne s'y en fait presque plus présentement, & il y a apparence que cette Fabrique tombera entiérement, sur-tout l'expérience ayant fait connoître que ce lieu est peu propre pour les Manufactures : aussi n'en fait-on mention que pour en conserver la mémoire. On parlera ailleurs des autres objets de son négoce. *Voyez aussi l'article des Foires.*

Villages du pays de Caux. Il se fait quantité de frocs & de belinges dans plusieurs Villages du Bailliage de Caux, particuliérement entre Fescamp & Dieppe, mais de moindre qualité que ceux de Bolbec, soit pour la fabrique, soit pour la bonté des laines.

Saint-Vallery en Caux. On y travaille en draperies, en frocs, & en toiles, qui se débitent aux marchés qui s'y tiennent tous les mardis & vendredis, & principalement à la foire qui s'y tient les deux Fêtes qui suivent celle de la Pentecôte.

### *Généralité de Caen.*

Cette Généralité n'a pas un Commerce moins étendu, & moins important, que celle de Rouen : mais il semble que chaque Election s'en soit, pour ainsi dire, approprié une portion, en s'appliquant à différens négoces.

Dans l'Election de Caen, on fait des draps, des lingettes, & des toiles façonnées, qu'on nomme communément Grand & Petit Caen, & Linge ouvré. C'est aussi à Caen qu'on transporte par charroi, tout ce qui se travaille de ces sortes de marchandises dans les Elections, de Vire, Falaise, & Argentan. *Voyez ci-après l'article des Manufactures.*

On y recueille aussi quantité de drogues & de plantes propres pour la teinture; comme du voide, de la gaude, de la gravelle, & du sumac. *Ces drogues sont expliquées à leur article.*

Les beurres d'Issigny, que les Marchands de Paris & de Rouen tirent par la mer; les sels blancs, qui se font dans diverses salines; les toiles depuis douze sols jusqu'à quatre livres l'aune, qui se font à Bayeux, & aux environs, sont les marchandises

chandises de l'Election de Bayeux.

L'Election de Carantan n'a de trafic que celui de ses laines & de son cidre.

A Cherbourg, on construit des navires marchands : & les Chantiers y occupent assez d'Ouvriers, & consomment assez de bois de la Généralité.

A Quieville, & l'Espieuse, où il y a marché toutes les semaines, on trafique de blé & de cidre.

A Montebourg, à la Hougue, & à la Pernette, il se vend beaucoup de laine du Pays, aux foires qui s'y tiennent tous les ans.

Enfin, à Portebail, il y a plus de vingt salines, où il se fait du sel blanc. *Voyez* Sel & Saline.

Les laines, la garence, le pastel, la gaude, toutes herbes à Teinturier, aussi-bien que les chardons à Drapier & à Bonnetier, qui se recueillent presque sans peine dans l'Election de Coutances, font une partie de son négoce, & sont transportés ailleurs, à la vérité avec quelque profit, mais non pas tel qu'il étoit, lorsque tout s'employoit dans les Fabriques du Pays.

Le chanvre & le lin, qui croissent beaux & en abondance dans cette Election, passent dans les Elections voisines, qui en sçavent mieux profiter.

Pour le Commerce de mer, & particuliérement la pêche de la morue, où les habitans du Coutantin maritime s'adonnoient fort, il est presque réduit à celui qui se fait à Granville; encore en sort-il à peine sept ou huit bâtimens pour le grand Banc, au lieu de quarante, qui y alloient autrefois. Les navires, qui en reviennent, vont ordinairement décharger leur morue; si c'est de la morue seche, à Marseille, & autres Ports du Levant; ou à Bordeaux, pour être envoyée en Espagne.

Les cidres de l'Election d'Avranches, qui passent pour les meilleurs de la Basse Normandie; les chanvres & les lins, qui s'y cultivent en quantité; & le petit sel blanc, qu'on nomme le Quart-bouillon, font tout son négoce. Les habitans des Côtes transportent toutes ces marchandises sur des bateaux plats de vingt à vingt-cinq tonneaux, à Granville, à Saint-Malo, & en basse Bretagne. Il va néanmoins une partie de leur chanvre, & de leur lin, en Anjou, & au Pays du Maine.

Il y a trois grosses forges de fer dans l'Election de Vire, où il se fabrique quantité de dinanderie; l'une, est celle d'Envou; l'autre, celle d'Alouze; & la troisiéme, celle de Cherbourg.

Il y avoit aussi jusqu'à quinze moulins à papier, dont ce qui s'en fabriquoit, se portoit à Caen, & de-là étoit embarqué pour l'Angleterre & la Hollande. La Fabrique en subsiste toujours, mais avec beaucoup moins de moulins; l'interruption du Commerce étranger les ayant diminués.

Le reste du Commerce de cette Election consiste en draperies, lingettes, poteries, & quelques grosses toiles.

Les toiles se font à Athis, Flers, & Halouze, & se portent à Caen, Rouen, & Bayeux.

Il se fait des poteries à Ville-Dieu.

Il y a à Ville-Dieu une fonderie considérable pour le cuivre.

Le pays d'Auge produit des grains & des lins, & une quantité extraordinaire de pommes dont on fait d'excellent cidre. La forêt de Jougne fournit des bois pour bâtir & pour brûler. Il y a aussi des Salines où l'on fait de très beau sel blanc. On parle ailleurs du gros bétail qui se nourrit dans ses pâturages.

## MANUFACTURES DE LA GENERALITÉ DE CAEN.

CAEN. Les draperies & autres étoffes de laine qui se fabriquent à Caen, consistent en draps façon de Hollande & d'Angleterre, en ratines, en serges nommées lingettes, en frocs, & en revêches.

Les draps & les ratines se font dans une Manufacture qui doit son établissement au sieur Massieu, qui en obtint le privilége sur la fin du dix-septiéme siécle. Les laines qu'on y employe, sont toutes laines d'Espagne. Douze métiers, un Teinturier, & un moulin à foulon, travaillent pour cette Fabrique; dont le produit va, année commune, à plus de soixante & dix pieces d'étoffes. Le principal débit s'en fait à Paris; on en tire néanmoins quelques pieces pour d'autres Villes du Royaume.

Les autres étoffes de laine occupent près de sept cent métiers, trois moulins à foulon, autant de Teinturiers du grand teint, & cinq Teinturiers du petit teint. Leur produit va, année commune, depuis neuf jusqu'à dix mille pieces, qui se débitent aux foires franches de cette Ville & à la Guibray, & delà par tout le Royaume.

On peut voir ce qu'on dit ailleurs de ces foires. *Voyez-en* l'article.

Les eaux de cette Ville sont très bonnes pour la teinture, & les campagnes des environs produisent plusieurs des Drogues des Teinturiers, comme on l'a déja dit.

La Bonneterie de Caen est très considérable & fort estimée, cent métiers fournissent tous les ans plus de vingt mille paires de bas.

Ses Tanneries n'ont pas moins de réputation, surtout pour les cuirs forts, qui s'y préparent aussi-bien qu'en aucun lieu du Royaume. On a dit ci-dessus, que les cuirs qu'on y travaille, sont presque tous des cuirs étrangers, particuliérement de Saint-Domingue, du Bresil, de la Havanne, de Cartagene, de Curaçao, du Mexique, & d'Irlande, qui y arrivent par la voie de Rouen.

Les toiles sont aussi un des principaux objets de commerce de cette Ville; il s'y en fabrique en si grande quantité & aux environs, qu'elle est un des six départemens des Inspecteurs des Manufactures pour les toiles, établies dans le Royaume. Son inspection comprend en particulier la fameuse foire de la Guibray, où se débitent la plupart des toiles des trois Généralités de Normandie & de celle de Bretagne. On peut voir le détail de ce négoce à l'article des toiles, où il est parlé de celles de Normandie.

Saint-Lo. Cette Ville est en réputation pour la Manufacture des serges fortes auxquelles elle a donné son nom : on y fait aussi des finettes & des raz qui sont fort estimés. Ces différentes Fabriques occupent plus de deux mille Ouvriers, quatre-vingt dix métiers, huit moulins à foulon, trois Teinturiers du grand teint, & un ou deux Teinturiers du petit teint. Leur produit monte, année commune, à près de quatre mille pieces d'étoffes, qui se débitent à Paris, à Rouen, à Lyon, & dans quelques autres Villes du Royaume, mais particuliérement aux foires de Saint-Lo même, de Caen, & à la Guibray.

Toutes ces étoffes sont d'un excellent user, surtout lorsqu'on n'y employe que des laines du Cotentin, où l'on voit que les vers ne se mettent jamais. Les serges de Saint-Lo servent communément aux habits des Religieux & Religieuses.

Un autre objet de commerce de cette Ville consiste dans les cuirs dont il y a plusieurs Tanneries, qui presque toutes ne travaillent qu'en cuirs menus, entr'autres à ceux qu'on nomme des cuirs de l'empeigne, qui servent à faire le dessus des souliers. L'apprêt en est si bon, que les peaux de vaches y égalent les veaux mêmes d'Angleterre, tant elles sont douces & molles. Il s'en tire quantité pour Paris, où les Cordonniers les estiment beaucoup.

Il y a trois foires à Saint-Lo; l'une à la Saint Gilles; l'autre à la Magdelaine; & la troisiéme à la Saint Matthieu. Il s'y tient aussi un marché considérable tous les jeudis.

Vire. Les draps qui se fabriquent à Vire, & qui en portent le nom, sont des draps communs d'une aune de large. Il s'y fait pareillement des serges ou lingettes aussi-bien que dans plusieurs Villages des environs, entr'autres à Condé, Caligny, Monsegre, Cartemont, Cerisy, & Frênes. Les draps se débitent à Paris, en Touraine, en Anjou, & en Bretagne, où on les transporte ordinairement par charroi ou sur des chevaux; les serges vont en Bretagne. Il vient aussi des uns & des autres à Paris & à Rouen.

Toutes ces Manufactures occupent plus de trois cent métiers, vingt-sept moulins à foulon, & deux Teinturiers. Les étoffes qui s'y fabriquent, montent ordinairement à près de douze mille pieces par an.

Le commerce du papier a été long-tems très considérable à Vire; & l'on y faisoit travailler jusqu'à cinq moulins, qui en envoyoient tous les ans une grande quantité à Caen, où on l'embarquoit pour l'Angleterre, la Hollande, & autres Pays étrangers. Les continuelles guerres du regne de Louis XIV avoient interrompu ce négoce, & diminué le travail des moulins, mais la paix si heureusement conservée sous celui de Louis XV a rétabli en partie ce commerce sur l'ancien pied. On voit néanmoins qu'il ne sera pas possible qu'il le soit jamais entiérement, à cause des droits qui y sont de quinze pour cent plus forts qu'en Bretagne, ce qui détermine les Marchands à s'en pourvoir dans les Papeteries de cette derniere Province.

La Dinanderie y occupe aussi quantité d'Ouvriers, comme sont les Fondeurs, les Briseurs, les Batteurs, & les Polisseurs. On y excelle sur-tout en forces à Tondeurs; & on s'y est si bien perfectionné, qu'au lieu que les Fabriquans de cette Ville en tiroient autrefois de Lyon, c'est elle présentement qui en fournit aux Facturiers de Lyon.

Il se tient à Vire quatre foires considérables chaque année; sçavoir, la premiere, le Vendredi d'après Pâques; la seconde, à la Saint Michel; la troisiéme, à la Sainte Catherine; & la quatriéme, à la Saint Nicolas. Il y a aussi un grand marché tous les vendredis de l'année.

Valogne. La Fabrique des draps de cette Ville étoit autrefois considérable, & avoit de la réputation pour la bonne qualité des draperies qui s'y faisoient. C'est peu de chose présentement; & à peine s'y trouve-t-il six Maîtres Facturiers, dont encore cinq seulement travaillent pour leur compte.

Les draps de Valogne sont tous draps forts; les uns blancs, les autres gris, qui sont propres pour les habits des Religieux; ils se font tous de laine de pays, qui est assez bonne quand elle est bien dégraissée. Il ne se fait que quarante pieces de draps blancs, & seulement une quinzaine de draps gris. Il y a cependant jusques à cinq moulins à foulon pour en faire les apprêts.

Cherbourg. Les draps qui se font en cette Ville, sont de même qualité que ceux de Valogne, tant pour la fabrique, que pour les laines; mais il y a bien de la différence pour le nombre des Ouvriers qui y travaillent, & la quantité de pieces qui s'y en fait chaque année.

Plus de trente Maîtres soutiennent cette Fabrique; & il y a jusqu'à treize moulins pour faire les apprêts du dégraissage & du foulage des étoffes. Le produit se monte, année commune, à quinze cent pieces, qui pour la plus grande partie, se tirent pour les Marchands de Paris.

Cette Ville étoit autrefois considérable par son commerce maritime, mais ayant été démolie en 1689, & son port ayant été négligé, il n'y peut plus entrer que des bâtimens au-dessous de trois cent tonneaux, avec lesquels néanmoins ses habitans font encore quelque commerce le long des côtes du Royaume & de celles d'Angleterre. Il s'y fait aussi des constructions de navires marchands, mais au plus de la quantité de tonneaux que l'on vient de dire.

Coutances. Cette Ville est très propre pour l'établissement des Manufactures de lainage, & réunit chez elle presque tout ce qui pouvoit contribuer à les y faire fleurir.

Les laines qu'on y recueille, sont excellentes, & ont de plus la qualité singuliere, que les vers ne s'y mettent jamais, ou du moins rarement. Les eaux y sont admirables pour les teintures, particuliérement pour celle en écarlate. On y trouve en quantité les chardons à Drapiers & à Bonnetiers, qui sont si nécessaires dans les Fabriques des étoffes de laine; & l'on y peut avoir en abondance la garance, le pastel, & la gaude, qui viennent presque sans culture dans tous les environs.

Coutances a long-tems profité de cet avantage, & l'on se souvient encore de la réputation des draps & des serges auxquelles elle avoit donné son nom; mais les guerres de la Ligue ayant dispersé la plupart de ses habitans, ses principaux Drapiers & ses plus habiles Ouvriers qui se retirerent à Valogne, Vire, Saint-Lo, Cherbourg, & quelques autres Villes de basse Normandie, de plus grande défense que Coutances, y porterent leurs Manufactures, qui y sont restées, & qu'il n'a pas été possible de rappeller depuis dans la capitale du Cotentin.

Les seules Fabriques qui s'y trouvent présentement, sont quelques petits droguets qu'on nomme vulgairement des belinges & d'autres legeres étoffes qu'on appelle des laines cordées, qui ne font pas un grand objet de commerce, & qui ne sont propres que pour le menu peuple & les paysans de la campagne: les unes & les autres se font partie de fil & partie des laines du pays: le reste de ces laines se débite dans les autres Fabriques de la Province, sur-tout à Saint-Lo, où l'ancienne Manufacture des serges de Coutances est principalement restée.

Il se fait néanmoins à Coutances un assez bon négoce d'autres draperies & étoffes de laine; mais les Marchands de cette Ville s'en pourvoyent aux foires de Caen & de Guibray.

Les toiles faisoient aussi autrefois un des principaux négoces de Coutance; il s'y en faisoit avant 1664, pour sept à huit cens mille livres par an, mais les Tisserans les ayant fabriquées d'une leze plus étroite que de coutume, & le blanchiment ayant commencé à s'y négliger & à s'y faire avec de la chaux & de la craye, les Marchands de Saint-Malo & les Espagnols, à qui elles se débitoient, s'en sont dégoutés; & quelques Réglemens qu'on ait pû faire depuis pour en rétablir la réputation, particuliérement ceux du 13 Novembre 1673, & du 7 Avril 1693, il n'a pas été possible de remédier au mal.

On voit qu'outre ces raisons, l'établissement d'un marché de Cerizy, à trois lieues de Coutances, a beaucoup contribué à faire tomber cette Fabrique, les Marchands n'ayant plus depuis ce tems-là fréquenté celui de Coutances, qui est resté entiérement fermé.

On peut voir ce qu'on a dit ci-dessus du commerce de l'Election de Coutances. *Voyez aussi* l'article des Toiles, où il est parlé de celles de Normandie.

Les Tanneries de Coutances sont assez considérables; elles sont pour la plupart établies dans le Fauxbourg de Soul, où il y a aussi quelques Teinturiers & divers autres Ouvriers. Les cuirs s'envoyent à Paris.

BAYEUX. Les étoffes qui se fabriquent dans cette Ville, sont des draps, des serges, & des ratines qui s'y font presque toutes pour les Bourgeois; s'en débitant très peu au-dehors. Elles sont d'une assez bonne qualité, & pourroient avoir cours dans le Royaume, si les Fabriquans étoient en état de soutenir ces Manufactures sur le pied qu'elles étoient autrefois.

On n'y compte plus présentement que vingt Maîtres, qui ne font qu'environ cent pieces d'étoffes par an.

Les Teinturiers n'y sont qu'au nombre de trois, qui pourtant par la beauté de leurs ouvrages, soutiennent encore assez bien l'ancienne réputation que cette Ville avoit pour les teintures.

On parle ailleurs du commerce des toiles, qui se fait à Bayeux. *Voyez ci-dessus* ce qu'on dit du négoce de son Election. *Voyez aussi* l'article des Toiles, où il est parlé de celles qui se font en Normandie.

Il se fait à Bayeux quelques ouvrages de Bonneterie, particuliérement des bas d'estame, qui sont estimés; mais il y a déja long-tems que cette Fabrique commence à déchoir.

FRESNE & SAINT-PIERRE D'ANTREMONT. Ces deux lieux fournissent environ douze cent pieces d'étoffes par an, partie serges de la même qualité de celles qui se fabriquent à Caen, & partie petites étoffes, fil & laine; les unes & les autres se font de laines du pays.

Près de cent métiers travaillent pour ces Manufactures, & dix-huit moulins à foulon font les apprêts du dégraissage & du foulage.

Toutes ces étoffes se débitent en basse Normandie, ou s'envoyent en Bretagne. Il se recueille une assez grande quantité de laines dans toute la Généralité de Caen; mais qui sont de différentes qualités, suivant les endroits. Celles des environs de la Ville de Caen, sont les moins bonnes de toutes; & celles depuis Bayeux jusques à Cherbourg, & le long de la côte, sont au contraire les meilleures: ce sont ces dernieres qui s'employent à Saint-Lo, Vire, Valogne, & Cherbourg.

L'on compte que dans toutes les Elections de la Généralité de Caen, il se fabrique environ, année commune, vingt-neuf à trente mille pieces d'étoffes de laine.

### *Généralité d'Alençon.*

Cette Généralité n'est point inférieure aux deux autres Généralités de Normandie, soit pour la diversité, soit pour l'importance de son Commerce.

Outre les laines du pays, qui sont employées dans les différentes Manufactures, les Fabriquans en tirent aussi des Provinces voisines en assez grande quantité. Il se fait cinquante ou cinquante-deux mille pieces d'étoffes de laineries dans cette Généralité, année commune; & il s'en marque tous les ans plus de seize mille à la seule foire de Guibray. On fera un article à part de cette Foire, la plus importante de la Normandie. *Voyez* GUIBRAY.

Les épingles qui se font à Laigle, & à Conches; la quincaillerie & dinanderie de cette derniere Ville; les Tanneries d'Argentan, Vimoutiers, Conches, & Verneuil; la Fabrique des sabots; les bois quarrés, les planches, & le mairein, qui se conduisent à la mer par les rivieres de Dive & de Touque; l'engrais des volailles, dont il se fait de si grands envois à Paris; les beurres & les œufs, qui y sont aussi conduits; & le salpêtre de l'Election d'Argentan, font encore d'une assez grande considération dans le négoce de la Généralité d'Alençon. Mais deux autres Commerces qui enrichissent davantage cette partie de la Normandie, sont les verreries, & les forges de fer.

A l'égard des verreries, on a déja dit, que ce sont des Manufactures nobles, & qu'il n'y a que des Gentilshommes qui puissent avoir des fours à verre: aussi y peuvent-ils travailler, sans déroger à noblesse: ce sont même eux seuls qui ont droit de souffler la selle. *Voyez* VERRE.

Les principales verreries de cette Généralité, sont, celle de Nonant, dans la forêt d'Exme: celle de Tortissambert, dans la forêt de Montpinson: & les deux qui sont établies dans le Thimarais.

On fabrique dans les deux premieres, des verres de cristal, de pierre de Chambourin, & des verres de fougere: dans les deux autres, il ne s'en fait gueres que de cette derniere sorte, & quelques petits ouvrages en cristal.

Pour les forges, les plus considérables sont à Chanségray, Varennes, Carouges, Rannes, Conches, & la Bonneville. Cette derniere, quoique seulement établie depuis le commencement du dix-huitiéme siécle, égale, si elle ne surpasse pas même, les anciennes, pour la bonne qualité de son fer & des ouvrages qui s'y font.

Les environs de Domfront, & le pays de Houlme, sont les lieux où les mines sont les plus abondantes, & desquels on tire le plus de matiere minérale pour l'entretien des forges.

Il ne faut pas non plus compter pour un médiocre objet de Commerce pour cette Généralité, le grand nombre de chevaux, qu'on éleve dans les herbages du Pays d'Auge, & qui se vendent aux foires de Caen & de Guibray; non plus que l'engrais des bestiaux, qu'on mene à Paris, au marché de Seaux, ou à celui de Rouen, du Neubourg, & des autres principales Villes de Normandie. On traitera des chevaux Normands dans un autre article. *Voyez* CHEVAUX, *ou* HARAS.

### *MANUFACTURES DE LA GENERALITÉ D'ALENÇON.*

ALENÇON. Les Fabriques de cette Ville consistent en serges fortes de deux tiers de large, en étamines de demie-aune, & en crêpons de même largeur: le produit de ces étoffes ne va gueres qu'à cent pieces par an. Il s'y fait cependant un assez grand commerce de menues draperies, comme droguets, tiretaines, & étamines de diverses sortes; mais ce sont toutes marchandises foraines dont il se marque au Bureau d'Alençon jusqu'à huit cent pieces, année commune.

La Manufacture des points de France, que dans le pays on appelle vélin, à cause du vélin ou parchemin, sur lesquels ils se travaillent, se soutient encore à Alençon & aux environs.

La plupart des femmes & des filles de la Ville y travaillent; outre quantité d'autres qui sont dispersées dans les Villages circonvoisins, ce qui occupe en tout plus de douze cent Ouvriers, & fait un négoce de plus de cinq cent mille livres par an. Le plus grand débit de ces points se fait à Paris, d'où l'on en envoye une partie dans les autres principales Villes du Royaume, & dans les Pays étrangers. *Voyez ci-devant. Voyez aussi* les articles des Points & des Dentelles.

La Fabrique des toiles que du nom de la Ville on nomme toiles d'Alençon, y est toujours très-considérable, mais beaucoup moins qu'avant la retraite des Religionnaires de France, qui y étoient en grand nombre parmi les Tisserans & les Marchands qui en faisoient le commerce : on estime que le produit du négoce des toiles va encore à plus de soixante mille livres par an, & que leur Fabrique occupe plus de quatre cent Ouvriers dans la Ville seule, sans parler de ceux des Paroisses de la campagne. La destination de la plupart de ces toiles est pour Paris. *Voyez* l'article des Toiles, où il est parlé de celles de la Province de Normandie.

Les Tanneries d'Alençon sont assez estimées, elles sont du nombre de celles dont les cuirs, en conséquence des Réglemens, doivent être renvoyés à Paris.

Il y a à Alençon trois foires considérables; l'une à la Chandeleur; l'autre, le premier lundi de Carême; & la troisiéme, à la mi-Carême. Ses marchés se tiennent trois fois la semaine; sçavoir, les lundis, les jeudis, & les samedis.

SEEZ. Le principal commerce de la Ville de Seez consiste en grains. Il s'y fait néanmoins quelques menues draperies; entr'autres de petites serges à deux estains, & des étamines; mais qui à peine vont à cent pieces par an.

Il s'y tient chaque année quatre foires; la premiere, le mercredi des Cendres; la seconde, le Jeudi-Saint; la troisiéme, à la Pentecôte; & la quatriéme, à la Saint Gervais.

Elle a aussi deux marchés par semaine, les mercredis & les samedis. C'est à ces marchés que se portent les grains qui se recueillent dans les environs.

On parle ailleurs des diamans d'Alençon. *Voyez* DIAMANT.

ARGENTAN. On y fait à peu près les mêmes étoffes qu'à Seez, & en même quantité; les Ouvriers les appellent des petits draps. Le débit ne s'en fait gueres au-dehors; & la plupart se consomme par les habitans du pays même.

Il s'y débite outre cela environ cinq cent pieces foraines; sçavoir, des frocs, des étamines, des droguets, & des tiretaines, qui sont marqués au Bureau de visite, établi dans cette Ville.

La Fabrique des cuirs tannés est proprement ce qui fait tout le commerce d'Argentan; plus de cent Ouvriers y travaillent dans diverses Tanneries de la Ville, & il y en a encore presque autant dans les Tanneries du dehors. On estime que la bonté de l'apprêt des cuirs qui s'y font, vient de la propriété des eaux de la riviere d'Orne, le long de laquelle tous les Tanneurs ont leurs atteliers. Presque toute cette Tannerie est destinée pour Paris, où les Ouvriers en cuirs leur donnent la préférence sur toutes les autres du Royaume.

Quelques-uns des cuirs qu'on y préparent, viennent des Boucheries de Paris; d'autres, des abbatis qui se font dans le pays; mais le plus grand nombre sont des cuirs verds du Perou, de Barbarie, & d'Angleterre.

On fait monter la vente de ces cuirs à près de quatre-vingt-dix mille livres par an en tems de paix; ce qui en tems de guerre peut diminuer environ d'un quart.

Le reste de son négoce consiste en grains, en toiles, & en Chapellerie, qui se vendent aux marchés, qui s'y tiennent tous les lundis & les jeudis de l'année.

Il y a aussi quatre foires par an; sçavoir, à la Saint Vincent, à la Quasimodo, à la Pentecôte, & au premier jour d'Août.

FALAISE. Les Fabriques de Falaise & de ses dépendances, sont très considérables. Ces dépendances, y compris le Chef-lieu, sont au nombre de quatorze; sçavoir, Falaise, le Fauxbourg de Valdante, le Bourg de Guibray, le Champ de la foire, l'Ormeau, le Fauxbourg de Rubrette, le Fauxbourg de Saint-Gervais, le Village d'Herene, le Village de la Vallée, Saint-Laurent de Vallon, Norron, Varsenville, Sainte-Anne, & Bons.

Près de deux cent métiers sont partagés dans tous ces lieux. Falaise en a dix; le Fauxbourg de Valdante, trente-sept; le Champ de la foire, deux; l'Ormeau, sept; le Fauxbourg de Rubrette, onze; le Fauxbourg de Saint-Gervais, douze; le Village d'Herene, sept; le Village de la Vallée, un; Saint-Laurent de Vallon, vingt-neuf; Norron, onze; Varsenville, trois; Sainte-Anne, deux; & Bons, onze.

Ces cent quatre-vingt dix-sept métiers fournissent, année commune, au-delà de quatre mille pieces d'étoffes, qui sont la plupart, ou serges sur estain, d'une aune de large; ou serges trémieres, de sept huitiémes. Le reste sont diverses petites étoffes de moindre conséquence.

Une partie de cette draperie se débite aux marchés & aux foires des Villes voisines, mais particuliérement aux foires de Caen & à celle de la Guibray, qui se tient à Falaise même, au mois d'Aout de chaque année; il s'en envoye aussi beaucoup à Paris & en Bretagne. On estime que le commerce des étoffes qui sortent des Fabriques de Falaise, peut aller à cent mille livres année commune.

Les moulins à foulon où se fait le dégraissage, & où l'on travaille aux autres apprêts de ces étoffes, sont situés sur la petite riviere d'Ante, dont les eaux sont très bonnes à cet usage, aussi-bien qu'aux teintures.

Les autres Manufactures de Falaise sont la grosse Coutellerie ou menue dinanderie, dont l'émoulage de divers ouvrages se fait par le moyen des moulins à eau de la même riviere d'Ante.

La Chapellerie, qui fournit quantité de chapeaux qui se débitent aux environs. La Tisseranderie, où il se fait beaucoup de toiles fines, qui sont propres pour les Pays étrangers & quelques Provinces du Royaume.

Enfin, la Fabrique des dentelles façon de Dieppe, dont les ouvrages s'envoyent à Paris.

On peut voir pour ces deux dernieres, l'article des Toiles de Normandie, & celui des Dentelles de Dieppe.

Ce seroit, ce semble, ici le lieu de dire quelque chose de la foire de la Guibray, qui se tient dans un des Fauxbourgs de Falaise : mais comme on en doit traiter ailleurs amplement, on se contentera seulement d'en indiquer les endroits. *Voyez* l'article général des Foires. *Voyez aussi* l'article particulier de cette Foire, qui se trouve au mot GUIBRAY.

On ajoutera cependant ici, que durant cette foire qui dure quinze jours, on y marque plus de seize mille pieces d'étoffes foraines ; & qu'outre cela il s'y en débite encore une grande quantité qui ne sont pas sujettes à la marque de cette foire. Celles qui ont déja les deux plombs ; sçavoir, celui de fabrique & celui de visite, n'étant point obligées d'y en prendre un nouveau, & ne s'y marquant que les étoffes qui n'ont que le seul plomb de fabrique.

A Domfront, Vimoutiers, & aux environs, il ne se fait que de grosses toiles qui se vendent en écru ; on les appelle quelquefois canevas, mais improprement.

LISIEUX. Il se fait dans cette Ville quantité de ces étoffes de laine qu'on nomme des frocs, dont suivant les Réglemens, la largeur doit être de demie-aune.

Les métiers qui y travaillent, montent à près de six vingt, qui en fournissent, année commune, jusqu'à sept mille pieces.

C'est aussi à Lisieux qu'est établi le Bureau pour la marque & la visite des Fabriques circonvoisines, entr'autres des serges de Verneuil, des tiretaines de Fresne & de Condé, & des frocs de Tardouet & de Ronceret. Ces étoffes foraines qui recevoient le plomb à Lisieux, vont ordinairement au-delà de quatre mille pieces.

Le débit de toutes ces draperies qui servent à habiller le menu peuple, se fait pour la plupart dans le pays même ou en Poitou ; il en passe aussi dans quelques autres Provinces voisines.

La Fabrique des toiles n'est pas moins considérable à Lisieux que celle des étoffes de laine. Il s'en fait de deux sortes ; de claires que les Marchands de Rouen enlevent pour l'Espagne, & de fortes dont le débit se fait à Paris. Ce commerce montoit autrefois à plus de trois cent mille livres par an, mais il s'en faut bien qu'il monte présentement si haut. La plupart de ces toiles se vendent sous le nom de blancars & de cretonnes ; les cretonnes sont celles dont la chaîne est de chanvre, & la trême de lin. *Voyez* l'article général des Toiles, à l'endroit où il est parlé de celles de Normandie.

L'apprêt des cuirs y est excellent, & l'on y compte plusieurs Tanneries ; dont presque tout le produit se renvoye à Paris, d'où ces mêmes cuirs leur avoient été envoyés en poil. *Voyez* l'article des Cuirs.

TARDOUET. Les frocs qui se fabriquent à Tardouet sont de même qualité que ceux de Lisieux, où ils doivent être envoyés pour la marque. Il s'y en fait onze à douze cent pieces, qui y occupent plus de soixante & dix métiers.

ROUVRAY. Ce sont aussi des frocs qui s'y font : cinquante métiers y travaillent, & en fabriquent six cent pieces par an.

BERNAY & ses dépendances. La Fabrique des frocs qui y est établie, est après celle de Lisieux, la plus considérable de Normandie : son produit a souvent passé le nombre de quatre mille pieces ; & l'on y a long-tems vû plus de cent métiers battans. Il est vrai qu'elle étoit un peu déchue d'un état si florissant, & qu'en 1693, on n'y comptoit gueres que cinquante métiers, quoiqu'en l'année précédente elle en eût eu jusqu'à cent quatre : mais le soin que le Conseil du commerce a pris de la soutenir par divers Réglemens, particuliérement par celui de 1716, lui a rendu sa premiere vigueur.

Les frocs de Bernay ont le même débit que ceux de Lisieux, & s'employent au même usage. *Voyez ci-dessus.*

Il s'y marque une partie des serges qui se font à Verneuil, & quantité de frocs, droguets, & tiretaines des Fabriques voisines.

Les toiles qui se font à Bernay, passent pour véritables Brionnes, & se vendent sous ce nom. *Voyez* l'article général des Toiles, où il est parlé de celles de Normandie.

Les cuirs tannés qui s'apprêtent à Bernay, sont excellens : ils se débitent presque tous à Paris.

Dans les Elections de Brionne, Bernay, & le Pont-au-de-mer, il s'y fait quantité de toiles de lin qu'on appelle Blancards.

VERNEUIL. Ses Fabriques sont des serges croisées tout de laine, & des droguets fil & laine. Leur produit va, année commune, à seize cent pieces. Elles ont eu pour le nombre des métiers, le même sort que celles de Bernay ; & de près de quatre-vingt qu'elles occupoient il n'y a pas long-tems, il ne lui en reste présentement que soixante.

On y marque aussi quelques étoffes foraines, entr'autres des frocs & des étamines.

On travaille assez bien dans les Tanneries de Verneuil à l'apprêt des cuirs ; & elles en fournissent quantité pour Paris.

DREUX. Il se fait à Dreux des draps, des serges fortes, des serges façon de Londres, des estamets, & des demi-estamets ; ces derniers se nomment doublures, parce qu'ils en servent aux draps qui pour la plupart s'employent à l'habillement des Troupes. Il ne se fait de toutes ces sortes d'étoffes, que cinq cent pieces, produit peu considérable pour le grand nombre de métiers qui y travaillent, dont l'on compte plus de deux cent cinquante.

Outre les étoffes qui se fabriquent dans la Ville, il s'y en marque de foraines au-delà de douze cent pieces, ce qui y entretient un commerce considérable de draperies. Ces étoffes foraines sont des serges de Falaise, des droguets, des tiretaines, & des frocs. Il s'y débite aussi quantité de laines qui s'employent, partie dans les Fabriques de la Ville, & partie dans le reste de la Généralité.

Les autres Manufactures de Dreux sont des toiles & des cuirs ; ces derniers s'envoyent la plupart à Paris, les toiles se vendent aux foires de Caen & à la Guibray. *Voyez* pour ces dernieres l'article général des Toiles.

Outre le négoce de la Draperie, de la Tisseranderie, & de la Tannerie, il se fait encore dans cette Ville un grand commerce de bestiaux & de vins ; mais ceux-ci sont d'une très médiocre qualité, le terroir leur communiquant un goût désagréable.

AUMALE. Cette Ville donne son nom à une Manufacture de serges qui est très estimée : elle en est comme le Chef-lieu : & l'on compte près de douze cent métiers qui y travaillent, tant dans Aumale même, que dans les Paroisses des environs.

Cette Fabrique de serges est la seule de cette espece qui soit dans le Royaume, & l'on estime que le commerce qui s'en fait, va à près de deux millions, lorsque les laines sont à un prix raisonnable. Elles servent ordinairement pour les meubles & pour des doublures. Le principal débit s'en fait à Paris & dans les autres Villes du Royaume ;

le reste s'envoye à l'Etranger.

La Ville d'Aumale est une des cent trente-sept Villes qui fournissent de cuirs tannés les Ouvriers de Paris, & les Tanneurs sont obligés de faire leur soumission à la Halle aux cuirs de cette Capitale, d'y rapporter apprêtés les deux tiers des cuirs que les Bouchers leur vendent en poil. *Voyez* l'article des Tanneurs.

Il s'y fait aussi quelques toiles des mêmes qualités de celles qui se fabriquent par les Toiliers du pays de Caux. *Voyez* l'article général des Toiles de Normandie.

Il se tient à Aumale trois marchés par semaine, & trois foires par an; sçavoir les marchés, les lundis, les jeudis, & les samedis : & les foires, l'une, à la Saint Laurent; l'autre, à la Décolation de Saint Jean; & la troisiéme, à la Saint Martin d'hyver. Il se vend une partie de ses serges à ses marchés & à ses foires; mais le plus grand débit s'en fait à la Guibray & aux foires de Caen.

NOGENT-LE-ROTROU. Ce Bourg est de la Province du Perche, mais du département des Manufactures d'Alençon. Les étoffes qui s'y font, sont de trois sortes; sçavoir, des étamines de laine; d'autres, de laines & soie; & des droguets, fil & laine. Plus de neuf cent Ouvriers & plus de quatre cent métiers sont occupés à ces fabriques, & fournissent près de vingt-cinq mille pieces de ces différentes étoffes. Le débit le plus grand s'en fait aux Marchands de Paris, de Lyon, de Rouen, & d'Orléans; mais il s'en envoye aussi quantité en Angleterre & en Hollande.

Les fils d'estain qu'on y employe dans la fabrique des étamines, se tirent pour la plupart de Mortagne, qui en fournit pour plus de deux cent mille livres par an.

Les toiles sont aussi un objet considérable du commerce de cette Ville; celles qu'on y fabrique, se nomment des treillis, dont l'usage le plus ordinaire est pour faire des sacs, des souguenilles, des guêtres, des culotes, & autres hardes semblables pour les valets, paysans, & manouvriers : les largeurs communes sont de trois quarts ou deux tiers & demi. *Voyez* l'article général des Toiles, où il est parlé de celles qui se font dans le Perche. *Voyez aussi* l'article particulier du Treillis.

Il s'y fait encore quantité de cuirs tannés, tant des abbatis du pays, que de ceux des Boucheries de Paris, où les Tanneurs de Nogent sont obligés d'en renvoyer les deux tiers, conformément aux soumissions qu'ils sont tenus d'en faire aux Officiers de la Halle aux cuirs. *Voyez* l'article des Cuirs & celui des Tanneurs.

De toutes les toiles qui se fabriquent dans la Généralité d'Alençon, les plus belles, les plus fortes, & les plus blanches se transportent à Paris; les plus claires se destinent pour Rouen, d'où elles passent à Cadix, pour être employées dans l'Amérique Espagnole; & les moindres restent dans le pays.

SOUENCE. On y fait des étamines; les unes, tout de laine; & les autres, de laine & de soie. Le produit, année commune, est de quatre à cinq cent pieces, qui occupent environ quarante métiers.

ECOUCHAY. Cette Fabrique donne des serges fortes d'une aune de large, & des serges trémieres de sept huitiémes. Trente métiers en donnent plus de sept cent pieces.

On fait aussi à Ecouchay quantité de bonne horlogerie; mais les Ouvriers y montent rarement leurs ouvrages, se contentant de fournir aux Maîtres de Paris & de Rouen, des mouvemens tous dressés pour monter leurs pendules ou leurs montres.

LAIGLE. Les Fabriques des étoffes de laine y sont peu considérables; & il ne s'en fait guere que cent pieces par an, partie serges, partie étamines; & partie autres semblables petites étoffes.

Son principal commerce est celui des épingles, & ensuite celui des cuirs. Les cuirs s'envoyent à Paris, & les épingles se vendent aux marchés de Rugles, où les Marchands forains viennent en faire leurs achats. *Voyez* l'article des Epingles.

Cette Ville a quatre foires par an; l'une, à la Translation de Saint Benoît; l'autre, à la Magdelaine; la troisiéme, le premier vendredi de Septembre; & la derniere, à la Saint Martin d'hyver. Ses marchés sont considérables; ils se tiennent les mardis de chaque semaine.

On a dit ci-dessus que les laines s'employent dans la Généralité d'Alençon; & l'on y trouve aussi le nombre des pieces d'étoffes qui s'y fabriquent par chaque année.

## COMMERCE DE DIEPPE ET DE QUELQUES AUTRES LIEUX DE NORMANDIE.

La Ville de Dieppe est très marchande, & ses habitans font un commerce également considérable, soit des différens ouvrages qui se fabriquent chez eux, soit de quantité de marchandises qui leur arrivent du dehors sur leurs propres vaisseaux ou sur les vaisseaux étrangers; soit enfin par les pêches du poisson frais & salé, qui occupent un grand nombre de bâtimens & de matelots, suivant les diverses saisons de l'année.

On va d'abord parler des principales fabriques où s'appliquent les Ouvriers de cette Ville, & l'on entrera ensuite dans le détail de ses pêches, & du commerce que font les Marchands du côté de la mer.

A l'égard des Manufactures, on peut voir ci-dessus ce qu'on a dit des draps & autres étoffes de laine, qui se fabriquoient autrefois à Dieppe, ou qui s'y fabriquent encore; & l'on ne fera pas une répétition inutile de ce qu'on en a rapporté en parlant des Manufactures de la Généralité de Rouen, où l'on peut avoir recours.

Les autres ouvrages qui s'y font, sont des dentelles, de la Quincaillerie, des peignes, & toutes sortes de curiosités d'yvoire.

Les dentelles de Dieppe se font au fuseau & sur l'oreiller. En général elles ne sont pas d'une grande finesse, mais elles sont d'un bon user; les unes sont à rezeau, & les autres à brides. Pour les hauteurs, il est difficile d'en rien dire de certain, dépendant de la mode. Autrefois il s'en faisoit depuis six à sept lignes de haut jusqu'à quatre pouces, présentement les plus hautes ne passent pas un pouce & demi, au plus deux pouces. Depuis quelque tems il s'y fait des mignognettes façon de Malines, & des Valenciennes; mais qui n'approchent pas des dentelles qu'elles veulent imiter. Comme la Fabrique de ces sortes de dentelles a commencé à Dieppe, elles en ont pris le nom, qu'elles ont ensuite communiqué à celles qui se font dans plusieurs Villes de Normandie, à la réserve de celles du Havre qui ont conservé leur propre nom.

Les lieux dont les dentelles passent pour vraies Dieppes, sont Honfleur, Harfleur, Pontlevêque, Gizors, Fecamp, Caen, & quelques autres; mais il s'en faut bien qu'elles soient ni aussi bonnes, ni aussi estimées : on en distingue cependant Honfleur & le Havre, qui pour la beauté de leurs dentelles, prennent rang peu au-dessous de Dieppe, le reste ne consiste qu'en ouvrages assez grossiers. Les Marchands de Paris tirent beaucoup de dentelles de Dieppe ; mais il s'en envoye encore davantage en Espagne, où elles sont d'un très bon débit.

La Quincaillerie y est assez bonne ; outre ce qui s'en consomme dans les Provinces voisines, elle en fournit aussi à Paris, & quantité pour l'Espagne, d'où elle passe aux Indes Occidentales.

La facilité que les Dieppois ont de tirer des Pays étrangers par la voie de Rouen, les différentes matieres qui servent à la Tableterie, particuliérement l'yvoire, le bouis, & la corne, y a établi une très grande Fabrique de toutes sortes de peignes, qui sont enlevés pour la plupart par les Marchands de Paris, qui les débitent pour ouvrages de Rouen, & même quelquefois pour ouvrages de Paris : il s'en fait aussi des envois assez considérables dans les Pays étrangers. *Voyez* l'article des Tabletiers, Peigniers. *Voyez aussi* celui des Peignes.

Il y a long-tems que les Dieppois se sont rendus célebres par leurs ouvrages d'yvoire, soit qu'ils les fassent au tour, soit qu'ils les embellissent de bas reliefs, & d'autres ornemens de rond de bosse.

L'avantage qu'ils ont eu de découvrir les premiers de tous les Européens, les côtes d'Afrique, où se trouve l'yvoire, & d'y entretenir un commerce considérable de dents d'éléphant plus d'un siecle avant que les Portugais eussent tenté l'heureux passage du Cap de Bonne Espérance pour aller aux grandes Indes : Cet avantage, dis-je, ayant rendu l'yvoire très commun dans leur Ville, ils ne le regarderent d'abord que comme une marchandise propre à entretenir quelque commerce avec leurs voisins, particuliérement avec les Tabletiers de Paris. Les ouvrages de ceux-ci ayant eu de la vogue, ils furent imités à Dieppe & bien-tôt surpassés ; en sorte que les Ouvriers de cette Ville se sont depuis conservés la réputation de mieux tourner & de mieux tailler l'yvoire qu'aucuns autres du Royaume.

Le débit de ces ouvrages se fait non-seulement à Paris & dans toutes les principales Villes de France ; mais encore par toute l'Europe ; & même jusqu'aux grandes Indes, & dans l'Amérique Espagnole où l'on en fait des envois considérables.

Un autre commerce, où à la vérité les Etrangers ont grand'part, est celui des épiceries que les Hollandois y apportent en quantité ; & à qui la Ville de Dieppe sert comme d'entrepôt, pour être de-là distribuées dans les Provinces voisines, & particuliérement à Paris.

A l'égard du commerce maritime, on peut dire en général, que celui des Dieppois embrasse toutes les quatre parties du monde, n'y ayant gueres de Villes marchandes où ils n'envoyent leurs vaisseaux ; & y en ayant presque tous les jours quelqu'un qui part pour la Hollande, l'Angleterre, les Pays-Bas, ceux du Nord, le Portugal, l'Espagne, les Isles Françoises de l'Amérique, les côtes d'Afrique, & l'une & l'autre Inde.

Le commerce néanmoins qui occupe davantage de matelots & de bâtimens Dieppois, est celui que produisent les différentes pêches qui s'y font, particuliérement du poisson salé ; comme de la morue, du hareng, & du macquereau.

On ne parlera ici que de ce qu'il y a de particulier pour la pêche du hareng par rapport aux Dieppois, renvoyant pour le reste aussi-bien que pour les autres pêches, aux articles de la morue, du hareng, & du macquereau.

La pêche du hareng se fait dans deux différentes saisons ; sçavoir, au mois d'Aout & la mi-Octobre.

La pêche d'Aout se fait le long des côtes d'Angleterre au Nord, proche la Ville de Gervine. Il y va ordinairement soixante gros bâtimens du port de vingt-cinq à trente tonneaux, montés chacun de douze à quinze hommes d'équipages, chargés seulement de sel pour la salaison du poisson, de barils vuides pour les encaquer, & de quelques vivres. Le retour est vers le milieu d'Octobre.

Ce poisson est beaucoup plus gros & bien meilleur que celui de l'arriere-saison.

La seconde pêche se fait avec de petits batteaux le long des côtes de France, depuis Boulogne jusques vers le Havre. Les Dieppois y employent au-delà de cent batteaux bien plus petits que les autres, & plus foibles d'équipage : cette pêche dure jusqu'à Noel. Ce poisson qui est beaucoup moins bon & moins gros que celui qui se pêche sur les côtes d'Angleterre, s'envoye pour la plupart à Paris où il se mange frais. Il s'en fait pourtant sorer une assez grande quantité.

La pêche du poisson frais qui se fait à Dieppe, est très abondante ; & le produit très considérable, & c'est d'elle que vient à Paris une partie de ce qui s'y en consomme.

Parmi les pêches de ce poisson, il y en a trois, qui sont, pour ainsi dire, des pêches de saison ; & le poisson, un poisson de passage ; sçavoir, les vives, le macquereau, & le merlan.

La vive se pêche en Carême vers les côtes d'Angleterre ; elle se nomme la Drege.

Celle de macquereau commence à la fin d'Avril ; les Dieppois y employent cinquante à soixante moyens batteaux.

C'est aussi vers le même tems que se pêche le merlan, quoiqu'il soit néanmoins vrai que toutes les saisons de l'année en fournissent, mais en moins grand nombre que le printems.

Les autres poissons frais qui se pêchent à Dieppe, & dont la pêche donne toute l'année, consistent en soles, barbues, saumons, limandes, éperlans, rayes, carlets, & autres semblables especes, que les Chasses-marée apportent journellement à Paris, & dans les meilleures Villes qui sont sur la route. *Voyez* l'article de la Marée & des Chasses-marée.

### La Ville d'Eu.

Le commerce de cette Ville est considérable : on y fabrique des serges, des frocs, & autres semblables étoffes de draperie. Il s'y fait aussi un grand négoce de toiles, & de quantité de dentelles de fil, qui passent pour dentelles de Dieppe. Son territoire produit des grains, & des bois à bâtir & à brûler. C'est cette derniere commodité qui y entretient plusieurs Verreries.

### Harfleur.

Cette Ville est dans le pays de Caux, à l'embouchure de la riviere de Seine. Son principal commerce consiste en grains & en chanvres. Ses Blanchieries de toiles sont estimées ; & l'on y en porte au blanchiment de plusieurs endroits de Normandie. On y fait aussi beaucoup de dentelles semblables à celles de Dieppe, mais de moindre qualité : Enfin elle a plusieurs Brasseries, dont la bierre se débite partie sur les lieux, & partie dans le reste de la Province.

Ses marchés qui se tiennent les mercredis de chaque semaine, sont considérables; & il y a grand concours de Marchands à ses deux foires franches; dont l'une se tient à la Saint Martin d'Eté; & l'autre, à la Saint Martin d'Hiver.

### CORMEILLES.

Ce Bourg qui est situé à trois lieues de Lisieux, est connu par son grand négoce de blés, de toiles, & de cuirs; les blés se débitent dans ses marchés; les toiles se portent à Rouen & à Lisieux; & les cuirs s'envoyent à Paris. Il s'y fabrique aussi du papier, dont il y a quelques moulins dans le voisinage.

### ESTREPAGNY.

Les dentelles qui s'y font, occupent un grand nombre d'ouvriers; elles sont des mêmes qualités que celles de Dieppe & du Havre, mais moins fines; il s'en tire beaucoup par les Marchands de Paris. Les chanvres qui s'y recueillent, y font aussi un objet de commerce assez considérable; mais le plus grand qui s'y fasse, est celui des grains de toutes sortes qui s'amenent à ses marchés de tout le Vexin Normand, où ce Bourg est situé. Ces marchés se tiennent tous les mardis de chaque semaine.

### MONTIVILLIERS.

Son commerce consiste en dentelles, en toiles, en Tanneries, & en quantité de petites étoffes de laine. Il y a aussi un assez grand nombre de Teinturiers, qui sont suffisamment entretenus par les teintures des Manufactures qui y sont établies; & par celles des lieux circonvoisins.

### BLANGY.

Ce Bourg situé dans le Comté d'Eu, est célébre par ses marchés, & par le grand commerce qui s'y fait.

Outre les marchés ordinaires qui se tiennent sous des halles couvertes, tous les lundis, mercredis, & vendredis de l'année, il y a encore un gros marché franc le troisiéme mercredi de chaque mois. C'est à ce dernier marché que s'amenent les chevaux & le gros & menu bétail qui s'élevent dans les prairies de ce Bourg & dans une partie de la Normandie. On y vend aussi des étoffes, des toiles, & diverses autres sortes de marchandises & de denrées. A l'égard des marchés ordinaires, on y débite le chanvre, le blé & les autres grains.

La riviere de Bréle sur laquelle Blangy est situé, sert à diverses usages, particuliérement aux Tanneries, qui sont au nombre environ de cinquante. Les cuirs qui s'y apprêtent s'envoyent pour la plupart à Paris.

C'est sur cette même riviere qu'est le moulin vulgairement appellé le Moulin de Hollande, à cause d'un Hollandois qui l'avoit établi & qui l'a longtems gouverné; c'est là qu'on dégraisse la plupart des draps qui se font à Abbeville.

Enfin les Verreries de la forêt d'Eu font encore un objet considérable de commerce pour les habitans de Blangy, qui outre cela fréquentent les grands marchés d'Abbeville, d'Aumale, de Neuf-Châtel, de la Ville d'Eu, & plusieurs autres où ils vendent & achetent diverses marchandises & ouvrages des Manufactures.

### RUGLES.

C'est à Rugles que se fait presque tout le commerce des épingles qui se fabriquent en Normandie. Plus de huit cent Ouvriers y travaillent, & l'on y employe les enfans dès l'âge de six à sept ans. Outre les ouvrages d'épinglerie qui se font à Rugles, c'est à ses marchés que s'apportent ceux qui se font à Laigle, à Couches, & dans plusieurs Villages des environs, & c'est là où les Marchands forains viennent ordinairement les acheter. *Voyez* l'article des Egingles.

## COMMERCE DE BRETAGNE.

Le Commerce de cette Province est de deux sortes: celui des marchandises du crû du Pays, ou qui s'y fabriquent: & celui des marchandises qui y sont apportées par les vaisseaux Bretons.

De la premiere espece sont:

1°. Les sels, qui se font en deux endroits; l'un, dans les marais de Bourneuf, d'où l'on en tire, année commune, jusqu'à seize ou dix-sept mille muids; l'autre, aux marais de Guerrande ou du Croisic, qui n'en fournissent pas moins de vingt-six mille muids. Ce sont ordinairement les Anglois, les Hollandois, & les Nations du Nord, qui les enlevent, comme meilleurs pour les salaisons de leurs pêches, que les sels d'Espagne & de Portugal.

2°. Les beurres, qui se font dans l'Evêché de Nantes, & qui s'envoyent à Paris & en Anjou.

3°. Les vins, sur-tout ceux de la riviere de Nantes. Ceux-ci ne se vendent gueres que brûlés, & réduits en eau-de-vie, dont il se débite aux Hollandois & Hambourgeois, &c. environ sept mille pipes par an. Les autres vins, que les Nantois vendent aux Nations du Nord, sans les brûler, sont tirés d'Anjou, de Vauvray, & du Pays Blesois.

4°. Les grains, particuliérement ceux de l'Evêché de Vannes. La Province fournie, l'on peut envoyer en Espagne six mille tonneaux de froment, & neuf mille de seigle.

5°. Les chanvres & les lins, dont la plus grande partie se cultive & se recueille dans les Evêchés de Rennes, de Tréguier, de Leon, & de Dol. Ces lins & ces chanvres se vendent quelquefois en filasses, comme ceux de l'Evêché de Dol, qu'enlevent les Malouins; ou se filent en fils retords, qu'on appelle Fils de Bretagne, comme plusieurs de l'Evêché de Rennes: mais pour la plupart, & le plus ordinairement, ils se fabriquent en diverses sortes de toiles dans beaucoup de Villes & de Villages de la Province.

Les toiles noyales, qui servent à faire des voiles de vaisseaux, se font, pour la plus grande partie, dans l'Evêché de Rennes. On les appelle aussi des Pertes, des Locrenans, des Polledanys, & des petites Olonnes, des lieux où en sont établies les Fabriques.

Les toiles des Quintin, qui sont toutes de lin, & dont il y en a d'aussi fines que les batistes de Picardie, se font à Quintin, d'où elles ont pris leur nom, à Condiac & à Moncontour. Les fines s'employent en rabats & en manchettes pour hommes, & en coeffures de tête pour femmes; & les plus fortes, en chemises & en mouchoirs. Les unes & les autres, outre le débit qui s'en fait à Paris, & dans plusieurs Provinces du Royaume, s'envoyent en Espagne, & dans les Isles Françoises de l'Amérique.

C'est aussi à Quintin, & aux environs, que se font

font ces toiles de lin bleuâtres, qu'on appelle Toiles à tamis.

Les toiles de Pontivy & les toiles Nantoises, sont beaucoup plus grosses que celles de Quintin; elles ont néanmoins la même destination, & servent à faire des assortimens pour les mêmes lieux.

Les toiles qui se travaillent à Morlaix, Roscoff, Saint-Paul de Leon, Guingamg, Grace, &c. se nomment des Cres. Comme elles sont de diverses largeur & finesse, pour les distinguer, on les partage en Cres larges, Cres communes, Cres Graciennes, & Cres Rosconnes. Les Cres larges s'envoyent en Espagne, & dans les Indes Occidentales: les communes & les Graciennes se portent aussi en Espagne, ou sont enlevées en tems de paix par les Anglois: & les Rosconnes sont seulement propres pour l'Espagne.

Outre les Cres, il se fabrique à Morlaix, les toiles qu'on appelle de Morlaix: elles se consomment toutes dans le Royaume. *Voyez ci-après le Commerce de Morlaix.*

Les haut-brins se font à Dinan; les vitré, à Vitré même, dont elles portent le nom, *Voyez ci-après le commerce de Vitré*; à Fougeres, & dans quelques Villages de l'Evêché de Rennes: enfin, les fleurets simples, les fins fleurets, les londeaux, les ufels, & les dalineres, dans celui de Tréguier. Ces dernieres sont ainsi appellées des lieux où elles se fabriquent. *Voyez* Toiles, *à l'endroit où il est parlé de celles de Bretagne.*

Il se consomme aussi une assez grande quantité de fils, en bas, en chaussons, & en gants, en divers lieux de cette Province, sur-tout à Rennes & aux environs. Cette bonneterie se débite dans les Provinces voisines, & s'envoye même jusqu'à Paris.

L'on n'a parlé qu'en passant du fil retors de Bretagne, parce qu'il en est traité ailleurs. *Voyez* Fil.

6°. Il y a quelques mines de fer en Bretagne, & plusieurs forges: trois dans l'Evêché de Nantes; une dans celui de Saint-Malo; & une autre dans l'Evêché de Dol. On y trouve aussi d'assez bon charbon de terre: & il y a plusieurs moulins à papier dans l'Evêché de Leon, & dans celui de Tréguier. Le papier qui s'y fabrique, se porte à Morlaix, où les Anglois viennent le charger, quand le Commerce est ouvert.

7°. La pêche de la sardine, & celle du maquereau, qui se fait au Port-Louis, Belisle, Concarnau, Audierne, & quelquefois à Brest, fait aussi une partie du Commerce de Bretagne, qui n'est pas méprisable; s'en fallant chaque année plusieurs milliers de bariques, qui se portent en Espagne, en Portugal, en Provence, & dans toute la Méditerranée.

8°. Enfin, on peut ajouter environ huit cent métiers, où il se fabrique diverses petites étoffes de laines; comme étamines, droguets, serges, molletons, crespons, & petits draps de laine du Pays.

Les principaux lieux où l'on y travaille, sont, Nantes, Rennes, Bourg, Dinan, Saint-Brieux, Lamballe, Château-briant, Nozay, Redon, Josselin, le Guay de Plelant, Sainte-Croix, Auvray, Vannes, Malestroit, Rochefort, Château-neuf, Longonna, & Herviliac.

Voilà à peu près toutes les marchandises du crû de la Bretagne, ou celles que peuvent fournir ses Manufactures, dont il se fait quelque Commerce, ou au dedans, ou au dehors de la Province.

A l'égard de celles qui lui viennent par la navigation, l'on ne mettra pas du nombre, ces riches retours de la mer du Sud, qui dans la seule année 1709, apporterent à Saint-Malo trente-six millions en especes; ce Commerce, depuis la paix d'Utrech, ayant été interdit aux Malouins, ainsi qu'aux autres Nations de l'Europe.

Des marchandises que les vaisseaux Bretons rapportent du dehors, la morue, soit la verte, soit la seche, n'est pas la moins considérable. La pêche s'en fait par les Nantois & par les Malouins; ceux-là envoyant ordinairement depuis trente jusqu'à quarante bâtimens en Terre-neuve, & ceux-ci jusqu'à soixante & soixante-cinq.

La morue verte, que rapportent les Nantois, se destine pour Paris, l'Auvergne, le Lyonnois, & quelques autres Provinces: leur morue seche est pour Bordeaux, la Provence, & Marseille. Les Marchands de cette derniere Ville l'embarquent ensuite pour le Levant, l'Italie, l'Espagne, & le Portugal.

La destination de la pêche des Malouins se fait autrement: le poisson du Chapeau rouge se porte à Bordeaux, & à Bilbao; & celui du petit Nord, dans les Pays du côté du Midi, comme la Provence, le Languedoc, l'Espagne, & l'Italie.

Il se tire aussi du foie de la morue, une huile qui se vend depuis soixante jusqu'à soixante-dix livres la barique. *Voyez* Morue; *la Pêche & le Commerce de ce poisson y sont expliqués.*

Les retours du Commerce que les Bretons font dans les Isles Françoises de l'Amérique, consistent principalement en sucres bruts, ou moscouades; & comme il ne leur est pas permis de les porter à l'Etranger, ils les rafinent en partie chez eux dans les rafineries de Nantes, & en partie dans les rafineries d'Angers, de Saumur, & d'Orléans. Ils en rapportent aussi des sirops de sucre, & des sucres blancs, dont le négoce est considérable.

C'est pareillement des Isles que leur viennent par leurs vaisseaux, l'indigo, le gingembre, le rocou, le caret, ou écaille de tortue, les cuirs, & les divers bois, soit pour la teinture, soit pour la tableterie & marqueterie: mais de ces diverses drogues & marchandises, il ne s'en répand gueres en France; la plus grande partie passant en Suéde, en Pologne, & par tout le Nord, sur les vaisseaux de Hollande, de Dannemarc, & de Hambourg.

Enfin, les Anglois, Hollandois, & Hambourgeois, y apportent quantité d'autres especes de marchandises; comme des planches, des mâts, du chanvre, du goudron, des fromages, des épiceries, du plomb, de l'étain, de la couperose, des noix de galle, des huiles & fanons de baleine, des harengs, &c. mais presque tout se consomme dans la Province; & c'est peu de chose que le trafic qu'il s'en fait ailleurs.

Nantes & Saint-Malo étant les deux Villes de Bretagne, du plus grand Commerce, on va entrer dans un détail plus circonstancié de celui qu'elles font tant au dedans, qu'au dehors du Royaume; après qu'on aura dit aussi quelque chose du négoce de Rennes.

## Commerce de la Ville de Rennes.

Il y a quelques Manufactures dans la Ville de Rennes & aux environs, qui lui donnent quelque relation avec les Etrangers, & qui y attirent un commerce assez avantageux; l'une est la Manufacture des toiles noyalles, & l'autre celle des fils retors.

A l'égard de la premiere, ces toiles sont de trois

sortes ; sçavoir, celles de six fils, celles de quatre, & celles de simple fil. Ces dernieres qui sont les moindres de toutes s'appellent communément Simples fils de la premiere sorte.

Le nom de Novalles leur vient de la Paroisse de Noyalles située à deux lieues de Rennes, où d'abord cette Fabrique a été établie. Présentement il s'en fait à Rennes même & dans huit ou dix Paroisses des environs. Leur usage est pour faire des voiles de navires. *Voyez* l'article des Toiles où il est parlé de celles de Bretagne.

Ce commerce étoit autrefois très considérable, & il en sortoit, année commune, pour plus de trois à quatre cent mille francs. Présentement les meilleures années ne vont pas à cent mille livres.

Deux raisons ont contribué à la diminution de ce négoce ; l'une qui vient des Etrangers, & l'autre de la France même. La premiere est que les Anglois & les Hollandois ont établi chez eux plusieurs Manufactures de ces toiles, en sorte qu'ils en ont suffisamment & pour eux & pour leurs voisins ; outre qu'ils les estiment mieux travaillées & meilleures que les Noyalles Bretonnes ; ce qui pourtant n'est pas l'opinion de tout le monde.

La seconde raison est, que le Roi pour la commodité de ses armemens de mer, a fait faire des établissemens de ces Manufactures auprès de ses Ports principaux, comme Rochefort & Brest, pour lesquelles même on enleve les chanvres qui croissent dans les Paroisses de Rennes ; ce qui fait qu'on ne tire que rarement de veritables Noyalles pour les Ports de Sa Majesté, & seulement au défaut de celles des Manufactures Royales.

Les Malouins sont présentement ceux qui en font le plus de consommation, soit pour eux, soit pour les envoyer à l'Etranger, particuliérement en Espagne.

La seconde Manufacture qui soutient le commerce de la Ville de Rennes, n'a pas eu le sort de la premiere, & ses fils retors ont du débit autant que jamais, soit au dedans, soit au dehors du Royaume.

Ces fils servent à la couture. Ils se retordent & se teignent en toutes couleurs à Rennes, mais ils sont ordinairement filés dans quelques Villages de l'Evêché, particuliérement aux environs de la petite Ville de Becherel : on en tire aussi de Dinan.

Les Marchands qui en font commerce ont soin de ramasser ces fils dans les lieux où s'en fait le filage, & les donnent aux Teinturiers de Rennes qui les apprêtent & les retordent par le moyen d'un moulin fait à peu près comme ceux dont on se sert pour le moulinage de la soie, après quoi ils leur donnent toutes les sortes de couleurs qu'on leur demande.

Les Marchands de Paris, de Rouen, & des autres principales Villes du Royaume, tirent beaucoup de ces fils, & il s'en envoye aussi quantité dans les Pays étrangers, particuliérement en Espagne & en Angleterre.

Ce Commerce peut aller, année commune, à près de trois cent mille livres.

## Commerce de Nantes.

Il n'y a gueres de Ville de France plus heureusement située pour le Commerce, que la Ville de Nantes. La mer lui ouvre une communication avec toutes les Nations du monde ; & la Loire lui fait pénétrer dans les plus riches Provinces du Royaume, & même jusqu'à Paris, par les canaux qui la joignent à la Seine.

Il est vrai que Nantes n'est pas proprement situé sur la mer ; mais la rade de Pimbeuf, qui n'en est éloignée que de huit lieues, où les plus grands vaisseaux sont en sureté ; & la facilité de faire monter jusqu'à la Fosse par la riviere, des barques de cinquante ou soixante tonneaux, & les gabares qui servent à décharger les marchandises des vaisseaux, lui donnent la commodité des Villes qui sont entiérement maritimes.

Le Département de Nantes comprend Pimbeuf Bourneuf, Pornic, le Croisic, & le Pouligen ; & c'est dans tous ces Ports que les Marchands Nantois font leurs armemens, soit qu'ils les fassent en leur propre nom, soit qu'ils soient intéressés avec les Bourgeois de ces cinq petites Villes.

On employe par an environ cinquante navires dans ce Département, depuis cinquante jusqu'à trois cens tonneaux, pour le Commerce des Colonies de l'Amérique : sçavoir, vingt-cinq ou trente pour la Martinique : huit ou dix pour la Guadeloupe : un ou deux pour la pêche de la tortue, qui passent ensuite dans ces deux Isles : autant pour Cayenne : & huit ou dix pour la côte de Saint-Domingue.

La cargaison d'un vaisseau de cent vingt tonneaux peut revenir à près de quinze mille livres, sans y comprendre les marchandises qui passent à fret, & qui vont souvent au double.

Cette cargaison doit consister en cent cinquante barils de bœuf d'Irlande, trente quarts de lard, dix quarts d'eau-de-vie, cinquante quarts de farine, dix tonneaux de vin, deux mille aunes de grosse toile pour habiller les Negres, cinq cent aunes de toile Nantoise pour le ménage, mille livres d'huile à brûler, autant à manger : en cuivre & ferrerie pour les moulins à sucre, pour six cent livres : mille livres de chandelle, quinze cent livres de beurre, vingt bariques de sel : du tuffeau, des briques, & des ardoises, pour bâtir, en tout pour trois cent cinquante livres : des pots & fourmes pour terrer & blanchir le sucre, pour deux cent livres : deux cent paires de souliers de toutes sortes : quatre ou cinq douzaines de chapeaux fins & communs : nipes, hardes, & étoffes de soie, ou laine, pour mille livres : vaisselle d'étain, & autres ustenciles de ménage, pour six cent livres : six fusils de Boucaniers, deux cent livres de poudre fine ; cinq cent livres de plomb, en plaques, balles, & dragées : quatre cent bariques en bottes, avec les cercles & l'osier pour les monter : & une barque en fagot de huit à dix tonneaux.

Outre cette cargaison, on fait quelquefois passer les vaisseaux aux Isles de Fayal & de Madere, pour y prendre des vins, qui sont propres pour les Isles ; parce qu'étant très forts, ils se conservent mieux que les autres.

Les navires que l'on fait passer à la pêche de la tortue, n'emportent pas de cargaisons si considérables : on n'y met que de legeres emplettes, mais beaucoup de sel pour saler la tortue, qu'on porte ensuite à l'Amérique, où les habitans l'achetent pour la subsistance de leurs Negres.

Le tems propre pour partir vers l'Amérique sont les mois de Novembre & de Décembre ; & la traversée est ordinairement de quarante-cinq ou cinquante-cinq jours.

*On peut voir à l'article de la Rochelle, les droits d'entrée & de sortie que payent en France les marchan-*

*difes qu'on envoye aux Colonies Françoifes, & celles qu'on en rapporte; on remarquera feulement ici, que les droits qui fe payent à Nantes, joints enfemble, montent environ à fix pour cent de leur valeur.*

Voici le total auquel on eftime, que toutes les marchandifes des Colonies, qui entrent dans le Royaume fur les vaiffeaux Nantois, peuvent aller, année commune, par eftimation, & par efpeces.

Les fucres bruts, ou mofcouade, à fix millions de livres péfant.

Les fyrops de fucre, environ quatre cent milliers.

Les fucres blancs & terrés, depuis trois jufqu'à cinq cent milliers.

Le cacao, deux cent milliers.

Le gingembre, environ cent milliers.

Le coton en laine, cent cinquante milliers.

L'indigo, cent cinquante milliers, ou environ.

Le rocou de Cayenne, dix milliers.

Le caret, ou écaille de tortue, cinq à fix milliers.

La caffe, cinquante milliers.

On apporte auffi des cuirs de bœuf & de vache, de Saint-Domingue, qu'on achete fur le lieu fix livres, & qu'on revend à Nantes neuf livres. A l'égard des bois verds & de gayac, il ne coute qu'à couper; & l'on n'en prend que pour fervir de chantiers fous le chargement des navires.

Il y a à Nantes huit raffineries à fucre, pour fondre les mofcouades, & les réduire en fucres blancs, en pain, ou en poudre, qui font enfuite envoyés à Orléans & à Paris.

Le refte des fucres bruts, qui ne peuvent être convertis dans les raffineries de Nantes, paffent ordinairement à celles de Saumur, d'Angers, & d'Orléans; n'étant pas permis de les tranfporter hors du Royaume.

A l'égard des autres marchandifes, comme le gingembre, l'indigo, le rocou, le cacao, & quelques autres, les Hollandois, & les autres Nations du Nord, les viennent enlever, à la réferve d'une affez petite partie, qui refte pour la confommation de la Bretagne, & d'une affez bonne quantité de cacao, qui paffe en Efpagne.

La pêche de la morue occupe plus de trente navires Nantois, ou du Département, du port depuis foixante-dix jufqu'à trois cent tonneaux. Quinze de ces vaiffeaux fe deftinent pour la morue verte; le refte pour la morue féche.

Les premiers font jufqu'à deux voyages par an; n'employant ordinairement à leur voyage que trois ou quatre mois au plus. Ils partent indifféremment dans les mois de Juillet, Aout, Décembre, & Janvier.

Un vaiffeau de cent vingt tonneaux n'emporte pour cette pêche, que trente charges de fel, & des victuailles; & quand la morue donne, & qu'il fait bonne pêche, ou, comme ils difent, bonne chere, il rapportent vingt à vingt-cinq milliers de morue en compte, à raifon de douze cent quarante morues le millier.

Outre la confommation de Nantes, il s'envoye quantité de cette morue à Orléans, à Paris, en Auvergne, & jufqu'à Lyon; ce Commerce étant encore augmenté par les morues des Olonnois & des Rochellois, qui viennent décharger dans la riviere de Nantes, une partie de celles de leur pêche.

Les navires pour la morue féche, font leurs cargaifons différemment, fuivant les différens deffeins qu'ils ont en partant pour cette pêche. Les uns vont uniquement avec du fel & des victuailles; les autres vont partie en pêche, & partie en faque, c'eft-à-dire, en troque; & d'autres encore feulement en troque; c'eft-à-dire, pour échanger des marchandifes contre du poiffon fec, avec les habitans des Colonies du Nord de l'Amérique, qui font ce Commerce.

Les cargaifons de ces derniers confiftent en bifcuit, farine, vin, fel, eau-de-vie, lard, bœuf, huile, fyrop, toiles, étoffes, & autres affortimens pour la fubfiftance de ces Colonies.

Les retours de ces cargaifons fe font non-feulement à Nantes, mais encore à Bordeaux, en Efpagne, & en Portugal.

On vend quelquefois cette morue aux Efpagnols & aux Portugais, depuis dix-huit jufqu'à vingt-quatre livres le quintal; mais les droits du Roi vont au quart de fa valeur, outre dix pour cent de commiffion ou de frais; enforte que le poiffon ne s'y vend gueres plus qu'en France: mais les retours récompenfent affez d'un gain fi modique, & font d'un très bon débit.

Les marchandifes de ces retours, fi c'eft à Lifbonne ou à Porto, font, des fucres & des tabacs de Brefil, des foumacs, & des huiles d'olive; & fi c'eft à Bilbao, Saint-Sebaftien, Cadix, Seville, ou quelques Ports de Catalogne & de Galice, outre les efpeces d'or & d'argent qu'on en rapporte, on peut encore employer fon fonds en fer, en laine, en huile, en coton, & en cochenille.

Les morues féches, qui fe déchargent à Nantes, fe confomment non-feulement dans la Province, mais encore dans les armemens de mer, qui s'y font, tant pour le Roi que pour les Particuliers, outre tout ce qui s'en envoye dans les pays voifins de la riviere de Loire, l'Auvergne, & le Lyonnois. A l'égard de Paris, il y va peu de cette forte de morue; & l'on n'y connoît gueres que la morue fraîche falée.

*Les morues des deux efpeces payent à Nantes à l'entrée, pour tous droits, trois pour cent de leur valeur.*

L'huile du foie de morue eft auffi à Nantes d'un affez bon débit. Un navire qui aura pêché deux mille cinq cent quintaux de poiffon, peut preffer trente bariques d'huile, qui s'achete trente livres la barique, & peut fe revendre en France, depuis cinquante jufqu'à foixante-dix livres. *Voyez* MORUE; *on y parle de fa pêche, & du Commerce qui s'en fait.*

Les Nantois font auffi quelque pêche de faumon & de hareng; mais c'eft peu de chofe. Ils ont encore envoyé quelques vaiffeaux à la pêche de la baleine; mais il y a long-tems qu'ils y ont renoncé.

Les Marchands de Nantes, outre leurs navires de morue, envoyent quelquefois à Bilbao, Saint-Sebaftien, la Corogne, & autres Ports de la Côte de Galice, des barques chargées de papier, toileries, étoffes de foie, dentelles d'or & d'argent, fucres, mercerie, quincaillerie; & des grains & légumes, quand le Commerce en eft permis. La cargaifon de ces barques va depuis cinq à fix mille francs jufqu'à vingt. Il s'y tranfporte auffi des fels du Croific & de Pouligneut; & environ cinquante barques font occupées à ce dernier négoce.

De l'or, de l'argent, du fer, des laines, des fardines, des peaux de mouton, des oranges, & des citrons, font les marchandifes qu'on en rapporte, dont la confommation fe fait en Poitou, en Anjou, & le long de la Loire.

Le Commerce que les Nantois ont avec le Portugal, particuliérement avec Lisbonne & Porto, se fait presque entiérement par les tartanes & les schitiés Provençales; les Marchands de Nantes y envoyent peu ou point de vaisseaux. Les marchandises que les Provençaux prennent à Nantes pour ces deux Ports Portugais, sont des étoffes de soie & de laine, des toiles de Quintin, du papier, du fer en verge, des eaux-de-vie, des dentelles d'or & d'argent, des rubans, de la quincaillerie, & de la mercerie; mais la plupart sont pour le compte des Marchands de Paris, de Lyon, de Tours, & de Marseille.

Les retours de Lisbonne & de Porto, sont des sucres, des tabacs, des cuirs tannés & à poil, du bois de Bresil, des soumacs, des huiles d'olive, des oranges douces, des citrons, & des figues.

Il faut remarquer, qu'à l'égard des fruits qui viennent de Portugal, les vaisseaux qui en apportent, sont obligés à leur arrivée d'en tenir planche pendant trois jours, c'est-à-dire, d'en détailler au public à un prix qui est fixé par les Officiers de Police.

La destination des marchandises qui viennent à Nantes, de Portugal, est la même que celle des marchandises d'Espagne.

Les autres Commerces, que les Nantois font par la mer, sont aux Canaries, à Fayal, & à Madere, où il faut de pareilles cargaisons, que pour le Portugal, & d'où on tire des vins, diverses confitures séches, &c.

A Salé, & Sainte-Croix en Barbarie, où l'on porte des toiles de Bretagne, du fer, & des tabacs, & d'où l'on rapporte des laines & de l'étain.

A l'égard du Commerce avec le Nord, la Hollande, l'Angleterre, l'Ecosse, & l'Irlande, qui est un des plus importans qui se fasse à Nantes, les Marchands Nantois ne le font gueres pour leur propre compte; ces Nations, particuliérement la Hollandoise, y apportant elles-mêmes leurs marchandises; & y ayant des Commissionnaires qui les vendent, & qui préparent les cargaisons pour les retours.

Les marchandises que les Hollandois tirent de Nantes, sont des vins, des eaux-de-vie, des syrops de sucre, du miel, du tabac de Saint-Domingue, du gingembre, de la caffe, de l'indigo, du papier, des prunes, & beaucoup de sel, qu'ils prennent au Bourneuf & au Poligen. Celles qu'ils y apportent, sont, des poivres, des girofles, de la canelle, de la muscade, de l'amidon, de la colle-forte, du plomb, de la céruse, de la mine de plomb, du cuivre, des pipes à fumer, du hareng, des raves, ou rogues de morue, des planches de sapin, des mâts, du goudron, du bray gras, des cordages, des chanvres, des poudres, du fil de fer & de leton, des suifs, des cuirs de roussy, des huiles & fanons de baleine, & beaucoup de mercerie & quincaillerie.

Les Anglois apportent du plomb, de l'étain, de la couperose, & du charbon de terre: leurs cargaisons de retour sont, des sels du Croisic, de Bourneuf, & de Poligen; de l'esprit de vin, des vins & eaux-de-vie, des syrops de sucre, du papier, des taffetas, & autres Manufactures de Tours & de Lyon; de la Rubannerie, beaucoup de toiles, & du gingembre.

Les Irlandois fournissent à Nantes des beurres, des suifs, des chairs salées en barils, du hareng, du saumon, des cuirs tannés & verds; quelquefois des laines, quand ils osent risquer cette contrebande. Leurs retours sont à peu près semblables à ceux des Anglois; hors qu'ils y ajoutent quantité de chapeaux, & des galons & dentelles d'or & d'argent.

Le Commerce des Ecossois consiste en charbon de terre, en hareng, en plomb, en étain, en cuirs, & en suif. Ils se chargent à Nantes, des mêmes marchandises que les Irlandois.

Les Flamands, ou comme on les appelle à Nantes, les Flandrins, particuliérement ceux de Bruges, Ostende, Gand, & Nieuport, viennent à Nantes avec leurs navires vuides, pour y chercher du fret, & des marchandises pour leur compte; celles qui leur conviennent, sont des sels, des vins, des eaux-de-vie, des syrops de sucre, avec quelques toiles à voiles.

Les marchandises qui composent les cargaisons des Hambourgeois à l'arrivée, sont, du plomb, du cuivre, de l'amidon, du mairain, des planches, de l'acier, du fer blanc & noir, & de toutes celles du Nord. Les marchandises du retour, consistent principalement en sels, vins, eaux-de-vie, indigo, gingembre, & papier.

Les Danois, Suédois, & ceux de Dantzic, apportent des mâts, des planches de sapin, du cuivre, du plomb, des poudres, de l'acier, du fer blanc, du bray gras, des raves, des tréfiches pour la pêche de la sardine, des cordages, des chanvres, des stocfichs, du cabillaud salé, des suifs, & des laines. Leurs retours sont comme ceux des Hollandois.

Il vient aussi à Nantes quelques vaisseaux Espagnols & Portugais; on peut voir ci-dessus quelles marchandises ils peuvent fournir, & quelles sont celles qui leur sont propres.

A l'égard du Commerce que la Ville de Nantes entretient avec plusieurs Villes & Provinces du dedans du Royaume:

La Rochelle fournit quelque morue, & prend du mairain, du fer, du charbon de terre, & des toiles à voiles.

Les Sables d'Olonne font à Nantes presque tous leur retour de la pêche de la morue verte, à laquelle ils employent près de cinquante bâtimens. Ils en tirent du fer, de la toile, des bordages pour la construction des navires; & le surplus du produit en argent.

Quand les Marseillois y envoyent des vaisseaux, ce qui est rare, & ne passe jamais deux bâtimens, ils apportent des aluns, des savons, des huiles, des raisins secs, des amandes, du caffé, des câpres, du sucre, de la manne, du séné, de la scamonée, du jalap, & autres drogues du Levant; & vont ensuite charger dans quelqu'autre Port, des sardines, & du congre. Ordinairement le Commerce de Marseille à Nantes se fait par les vaisseaux Granvillois & Malouins.

Les Marchands de Lyon ont à Nantes, des magasins d'étoffes de laine & de soie, de rubans, de dorures, & de futaines, dont ils fournissent en gros les Détailleurs de la Ville. Il vient aussi de Lyon quantité de fromages de Griers. Les retours pour les Epiciers Lyonnois sont des sucres blancs du Bresil, ou des Isles, rafinés à Nantes, de l'indigo, des bois de teinture, des huiles de morue & de la baleine, de la morue séche, du rocou, du gingembre, de la caffe, &c. qu'ils font remonter chez eux par la riviere de Loire.

Le Forest envoye à Nantes des armes blanches, des armes à feu, & beaucoup de quincaillerie & mercerie.

Le Nivernois, du charbon de terre, des canons, des boulets, des ancres, & des fayances. Ces deux

Provinces ne tirent de Nantes que quelques sucres, de la morue des deux sortes, & du plomb.

Les marchandises qui y viennent d'Auvergne, sont des chanvres, des fromages, & du papier: celles qui y retournent, des sucres, des morues seches & vertes, des huiles de baleine & de morue, des drogues pour la teinture, & peu d'autres.

Le Commerce de Nantes avec Paris est moins considérable par les marchandises qu'y envoye cette Capitale du Royaume, que par celles qu'elle en tire; celles-là ne consistant qu'en quelques étoffes de soierie & de lainerie, pour le détail des Marchands Boutiquiers; & celles-ci, dans tout ce qui est du crû de la Bretagne, ou qui lui vient du dehors.

De toutes les Villes du Royaume, Orléans est celle qui fait le plus grand Commerce avec Nantes; ayant coutume d'en tirer, non-seulement ce qui lui est nécessaire pour sa propre consommation, mais encore tout ce dont peuvent avoir besoin les Provinces voisines, avec lesquelles les Marchands d'Orléans entretiennent un Commerce réglé: aussi n'y a-t-il gueres de marchandises à Nantes qu'elle ne fasse remonter chez elle par la Loire; ayant soin ensuite de les distribuer à leurs Correspondans des autres Villes.

Enfin, pour abréger le détail de tous les lieux de l'intérieur du Royaume, qui contribuent à soutenir le grand Commerce que la Ville de Nantes fait au dehors, on se contentera d'ajouter, que la Normandie, la Guienne, Dunkerque, le Berry, l'Anjou, le Blesois, la Touraine, le Bas Poitou, le Maine, & les principales Villes de la Bretagne même, lui fournissent la plupart des marchandises, ou qui croissent chez elles, ou qui se fabriquent dans leurs Manufactures; & qu'elles en reçoivent en échange ce qui leur convient de tant de marchandises, ou du Royaume, ou du dehors, dont les magasins de Nantes sont toujours remplis.

LA PREVOSTE' DE NANTES. On nomme ainsi en Bretagne la Ferme des droits du Roi qui se levent sur certaines marchandises, à l'entrée ou à la sortie de la Ville de Nantes, ou en passant dans les Bureaux établis dans l'étendue de la Prevôté de ladite Ville.

Cette Ferme est très ancienne, & les droits qui s'y perçoivent ont été imposés par les Ducs de Bretagne, & ont toujours fait partie de leur Domaine. Elle a depuis passé à nos Rois, qui, après la réunion de cette belle Province à leur Couronne, ont continué d'en jouir à même titre.

La Pencarte des droits de cette Prevôté a été réformée par les Officiers de la Chambre des Comptes de Bretagne le 25 Juin 1565, & c'est encore sur cette Pencarte que ces droits continuent de se lever.

L'Arrêté de la Chambre des Comptes porte que la nouvelle Pencarte sera enregistrée au Registre des Extraits de la Chambre, & qu'il en sera fait des tableaux pour être mis au Tablier de la Prevôté de Nantes, & autres Tabliers en dépendans, c'est-à-dire, dans tous les Bureaux établis à Nantes & dans sa Prevôté, pour la levée de ses droits.

Les Tabliers ou Bureaux de cette Ferme, sont Nantes, Pelevin, Ingrande, Ancenis, Candé, Senonne & Pouencé, la Guerche, Vitré, Fougeres & le Bout, le Croisic, Pihiriac, Mesquier, le Polignan, & quelques autres du Territoire de Guérande.

La Pencarte de la Prevôté de Nantes contient six Chapitres.

Il est traité dans le premier du devoir ou droit de quarantiéme, qui est dû par toutes les Marchandises venant de la mer à Nantes, ou descendant de Nantes à la mer, qui passent pardevant Saint Nazaire. Ce droit revient à six deniers par vingt sols du prix que peuvent valoir lesdites marchandises. Il est permis au Fermier de le percevoir en marchandises ou en argent, à son choix.

Il y a plusieurs marchandises néanmoins qui ne sont pas sujettes au droit de quarantiéme, mais sur lesquelles se levent d'autres droits reglés par les Chapitres suivans de la Pencarte. De ce nombre sont les vins, les blés, les toiles, les épiceries, les merceries, les drogueries, & autres semblables, dont on parlera par la suite. Ce premier Chapitre contient encore les devoirs de l'ancienne Coutume qui se levent sur quelques marchandises, comme les draps, les cires, le porc salé, les cuirs & peu d'autres; ce qui s'observe aussi dans les cinq autres Chapitres.

Le second Chapitre comprend quelques-unes des marchandises, montant & baillant à la mer, qui ne sont pas sujettes au quarantiéme, mais qui payent un droit fixe de 2 sols 6 deniers par ballot, pesant demie charge ou cent cinquante livres. Ces marchandises sont les drogueries, épiceries, apoticaireries, garance, futaines, canevats, papier, *grades*, coutils, mercerie, & quincaillerie. Ce droit ne se paye qu'une fois, & si les marchandises ont payé à la venue, elles ne payent rien au baillage en retournant.

Le troisiéme Chapitre fixe le droit sur les blés & autres grains, & légumes venant de la mer.

Le quatriéme, est pour les droits sur les vins amenés au Port de Nantes, tant par la mer que par la riviere de Loire.

Le cinquiéme, parle des droits du sel venant d'aval, en Navires, Escaffes, Barques, Barges, & autres Vaisseaux.

Le sixiéme & dernier Chapitre, est encore des droits du sel, mais montant à mont la riviere de Loire, en Chalans, en Sentines, ou en petites & grandes Unzaines: on y traite aussi du droit de Senage qui se paye sur le poisson frais pendant le Carême. *Voyez* SENAGE. *Voyez aussi* UNZAINE.

Après ces six Chapitres suivent les droits des Tabliers ou recettes dépendans du Tablier de la Prevôté de Nantes, dont on a donné ci-dessus l'état.

Au Pelerin se paye le quarantiéme du poisson & autres marchandises qui y arrivent par mer à la foire de la mi-Août, ou six deniers pour livre du prix desdites marchandises au choix du Receveur.

A Ingrande il est dû 8 sols monnoie par pipe de vin descendu audit lieu, & entrant en Bretagne.

A Candé pareil droit de 8 sols monnoie, pour le vin entrant par-là en Bretagne.

A Senonne & Pouencé, de même; ce qui se paye pareillement à la Guerche, à Vitré, à Fougeres, & à l'Hôtellerie du Bout.

Au Croisic, Pihiriac, Mesquier, le Polignan, & autres lieux du territoire de Guerande, les Bureaux sont plus considérables, & les droits s'y levent non seulement sur les vins, mais encore sur quantité d'autres marchandises, comme les sels, les blés, le fer, l'acier, & les cuirs à poil.

Les sels qui se chargent pour sortir hors dudit territoire, payent le vingtiéme denier du prix qu'il est vendu.

Le vin venant du dehors, & y arrivant par mer, trente sols monnoie, du tonneau pour l'entrée; le vin Breton qu'on en tire par mer, 8 sols monnoie aussi par tonneau pour l'issue ; & le vin qui n'est pas du crû du pays, dix sols pareillement pour la sortie.

Chaque tonneau de froment sortant par mer, seize sols, & chaque tonneau des autres gros blés, huit sols de sortie.

Pour l'entrée & décharge de chaque Tonneau de fer ou d'acier, à vingt-deux cent, c'est-à-dire, à deux mille deux cent pour tonneau, vingt sols. Si ceux qui amenent ladite marchandise sont Etrangers, ils doivent outre ce droit le vingtiéme denier de la valeur desdits fer & acier.

La tracque de cuirs à poil, à dix cuirs pour tracque, paye deux sols monnoie.

Il faut remarquer que dans la Pencarte de la Prevôté de Nantes, dont on vient de donner l'extrait, les droits s'y payent toujours sur le pied de sols monnoie, c'est-à-dire, de bonne & forte monnoie pour la distinguer de la monnoie foible, qui avoit cours en Bretagne lorsque le Tarif fut renouvellé.

Outre la Pencarte de la Prevôté, il y a encore à Nantes trois autres Pencartes concernant les devoirs ou octrois, anciens, communs, & patrimoniaux de ladite Ville, accordés & confirmés par Lettres Patentes de Louis XIII données à Paris le 23 Avril 1638. *Voyez* DEVOIRS.

On n'a point parlé du Commerce que les Marchands de Saint-Malo font à Nantes, parce qu'il fera partie de la Section suivante.

### COMMERCE DE LA VILLE DE SAINT-MALO.

Le Commerce de Saint-Malo est d'une grande réputation dans toute l'Europe ; & il le mérite non-seulement par rapport à celui que cette Ville fait dans presque tous les Pays qui composent cette Partie du monde, mais encore par celui qu'elle porte jusqu'aux extrémités de l'Asie, & dans plusieurs endroits de l'Afrique & de l'Amérique.

Le plus grand Commerce que les Marchands de Saint-Malo entretiennent avec les Nations de l'Europe, est celui d'Angleterre, celui de Hollande, & celui d'Espagne. Ils envoyent aussi dans le Nord & dans la Mer Baltique.

Son Commerce dans l'Amérique comprend la pêche de la morue, la fourniture des Isles du Canada, & autres Colonies Françoises ; & souvent le négoce de la Mer du Sud ; mais presque toujours celui-ci est de contrebande, & sujet à de grands risques.

Le Commerce sur les Côtes d'Afrique, n'est gueres moins hazardeux ; & comme presque toutes ces Côtes sont comprises dans les concessions des Compagnies de Commerce, Françoises ou Etrangeres, les Malouins n'y envoyent que des vaisseaux interlopres qui y vont trafiquer, aux risques d'être enlevés par ceux des Compagnies à qui en appartient le négoce exclusif.

Enfin, l'Asie a vû aussi des vaisseaux de Saint-Malo dans ses mers, depuis que la Compagnie Françoise des Indes Orientales, a cédé aux Marchands de cette Ville, le privilége d'y envoyer, en partageant avec eux une partie des retours, suivant le contrat passé entr'elle & eux.

Le Commerce que la Ville de Saint-Malo entretient avec l'Angleterre, occupe chaque année environ cent bâtimens Anglois, du port depuis vingt, jusqu'à cent tonneaux. Les Ports d'où ils partent, sont Londres, Linne, & Yarmouth ; Hanton, & Waimouth, Excestre, & Plimouth ; les Ports & les Côtes de Cornouailles & Bristol.

De Bristol, il vient du charbon de terre & du plomb : on leur renvoye des toiles, du savon, du miel, & beaucoup d'huiles.

Les Ports de Cornouailles & de la Manche-Saint-George, fournissent de l'étain, du charbon de terre, & quelques barils de hareng blanc. Les Anglois destinent à ce négoce, jusqu'à trente ou quarante bâtimens de vingt à trente tonneaux. Il leur faut des toiles de Halle, Languenau, Vitré, Fougeres, Pontorson, Noyalles, & de Quintin ; des savons, des huiles, des vins, des eaux-de-vie, des peaux de veaux & de chevres en poil, du miel, des plumes, & de la volaille.

A Excestre & à Plimouth, il faut les mêmes marchandises qu'en Cornouailles. Il en vient année commune, pour cinquante ou soixante mille écus de serges, revêches, ratines, & quelques draps fins.

Il faut aussi à Hanton & à Waimouth, de pareilles marchandises que celles qui sont propres pour les Côtes de Cornouailles. Les cargaisons sont en draperies grossieres, comme limestres, poulles, crezeaux, mignonettes, & cotons, environ pour deux cent mille livres.

Linne & Yarmouth donnent du plomb, du charbon de terre, de la graine de lin, & des harengs sorets. Ils reçoivent des vins, des eaux-de-vie, & des toiles : ce Commerce entretient quatre vaisseaux de quarante à soixante tonneaux.

Enfin, à Londres, on charge beaucoup de plomb, de la couperose, de la noix de galle, & pour environ vingt mille écus de grosses draperies, penestons, frises, & crezeaux. On y envoye des toiles de Laval, de Rouen, de Quintin, de Halle, de Vitré, de Pontorson, & de Noyalles, avec du savon, de l'huile, & du vin de Bordeaux. Ce Commerce se fait avec vingt ou vingt-cinq vaisseaux, depuis vingt tonneaux jusqu'à cent.

Saint-Malo ne fait pas avec les Hollandois un négoce si considérable qu'avec les Anglois ; les bâtimens de Hollande, qui y viennent chaque année, n'allant gueres qu'à vingt-cinq ou trente navires.

Leur chargement consiste en planche de sapin, en mâts, en cordages, en chanvres, en goudron, en huiles & fanons de baleine, en fromages, en harengs, & en épiceries.

Les cargaisons de retour se font de miel, de savons, & d'huile de Genes & de Provence, que les Hollandois emportent quelquefois pour leur compte, mais que le plus souvent les Malouins chargent à fret sur leurs vaisseaux, pour les envoyer en Hollande.

Le Commerce en Espagne est très riche, & le plus considérable que fassent les Malouins avec leurs propres vaisseaux. Le nombre qu'ils y en envoyent, n'est pas certain, dépendant du besoin que l'Espagne ou les Indes peuvent avoir des marchandises de France ; cependant ils n'y employent pour l'ordinaire que jusqu'à quinze frégates.

Le tems du départ de ces vaisseaux, se régle par les avis que les Négocians reçoivent de celui des gallions & de la flotte pour l'Amérique Espagnole.

Les marchandises dont on fait leur chargement, sont des toiles de toutes sortes, des castors, des satins de Lyon & de Tours, des étoffes d'or & d'argent, des étoffes de laine d'Amiens, de Reims, & autres Fabriques du Royaume ; en un mot, ces cargaisons sont proprement comme la décharge de toutes les Manufactures de France, de toute espece.

Les retours sont composés, pour la plus grande partie, d'or & d'argent; il y a aussi des cuirs, de la cochenille, de l'indigo, du bois de campêche, & des laines du pays. Ces retours n'arrivent ordinairement à Saint-Malo, qu'après dix-huit mois ou deux ans, à compter du départ des cargaisons que les Malouins ont envoyé à Cadix. Il est certain qu'ils sont toujours extrêmement riches, n'allant gueres au-dessous de six à sept millions, & y en ayant eu qui ont quelquefois monté jusqu'à douze.

Après le Commerce d'Espagne, la pêche de la morue est un des plus considérables que fassent les Marchands de Saint-Malo.

La pêche du Chapeau-rouge occupe quinze à vingt vaisseaux, depuis cent jusqu'à trois cent tonneaux; celle du petit Nord, environ quarante ou cinquante; & celle du grand Banc, beaucoup moins que les deux autres.

Les vaisseaux pour la pêche du Chapeau-rouge, partent de Saint-Malo dans le mois de Février, & y rentrent dans les mois de Décembre & de Novembre. Ceux pour le petit Nord, sortent au mois d'Avril, pour être dans le mois de Juin au lieu de leur pêche; & ceux pour le grand Banc, sont environ six mois dans leur voyage, la pêche se faisant depuis le mois de Mars jusqu'en Juillet.

On peut voir ce qu'on a dit ci-dessus, de la pêche des morues que font les vaisseaux Nantois; de la destination & de la vente de leur poisson, & de tout ce qui concerne ce Commerce; n'y ayant gueres de différence entre celui de Saint-Malo & de Nantes. *Voyez aussi l'article de la* MORUE.

On ne dira rien ici du Commerce des Interlopres Malouins sur les Côtes de l'Afrique, ni de celui qu'ils font en cette qualité, dans les Ports de l'Amérique Espagnole, situés sur la mer du Sud; parce qu'outre que depuis la paix d'Utrecht, ce dernier est devenu un Commerce de contrebande sur peine de la vie, on parle ailleurs amplement de l'un & de l'autre. *Voyez le* COMMERCE D'AFRIQUE, *& celui de l'*AMERIQUE.

On se dispensera aussi de parler des vaisseaux que les Marchands de Saint-Malo ont commencé à envoyer en Orient, depuis la cession que la Compagnie Françoise des Indes Orientales, leur a faite de son privilége; premiérement, parce que cette Compagnie ayant été unie à celle d'Occident, les Malouins sont entrés dans l'interdiction générale de ce Commerce, comme les autres Sujets du Roi; & en second lieu, parce qu'on en a fait mention en un autre endroit de ce Dictionnaire. *Voyez le* COMMERCE DE L'ASIE, *& l'article des* COMPAGNIES.

On ajoutera seulement à ce qu'on avoit à dire du Commerce de Saint-Malo, que cette Ville en fait un considérable avec celle de Nantes, pendant la guerre, par les prises que ses Armateurs y amenent; & pendant la paix, par les retours de plusieurs bâtimens de Saint-Malo qui vont à la pêche de la morue, qui ayant été vendre leur poisson dans le Détroit, ou en Italie, viennent décharger à Nantes les marchandises qu'ils ont eues en échange, comme des aluns de Rome, des huiles de Genes, du caffé, du fromage de Parmesan, des drogues du Levant, du vin, des savons, des soudes d'Alicante, des vins & des raisins de Malgue, des savons, du souffre, & autres marchandises d'Espagne, d'Italie, & de Provence.

Ce sont aussi ces mêmes marchandises, dont les vaisseaux Malouins font des retours au Havre, d'où elles sont envoyées à Rouen & à Paris.

### COMMERCE DE VITRE'.

La Ville de Vitré située dans l'Evêché de Rennes, avoisine les Provinces de Normandie, du Maine, & d'Anjou, de trois, de quatre, & de sept lieues; ce qui favorise avec elles un assez bon commerce.

Il n'y a point néanmoins dans cette Ville, ni dans son territoire de commerce & de Manufactures reglées, les habitans y étant indifféremment de tout métier sans distinction.

Les Sergiers font des serges de fil & de grosses laines du pays, depuis douze jusqu'à vingt sols l'aune; [ce qui s'entend, aussi-bien que tous les prix dont on parlera dans la suite, sur le pied qu'étoit l'argent lorsque l'écu courant valoit soixante sols.] Ils font aussi des étamines depuis quinze jusqu'à trente sols l'aune, qui se débitent en détail & se consomment dans le pays.

Les Tisserans résidans dans la Ville & les Fauxbourgs, ne font que de grosses toiles, des lins, & des chanvres du pays pour l'usage des habitans, sans qu'il en sorte pour vendre ailleurs.

Toutes les femmes & les filles s'occupent à faire des bas, des chaussons, & des gans de fil blanc, mais moins de ces derniers que des deux autres sortes.

Le fil dont ils se fabriquent, s'appelle fil de Forêt. Il s'achete à Rennes où il est apporté de Quintin & de quelques autres lieux de basse Bretagne: son prix est depuis douze jusqu'à vingt-quatre sols la livre. La destination de ces ouvrages, outre la consommation du pays & quelques envois qui s'en font pour Paris & les Provinces du Royaume, est pour l'Espagne & les Indes Occidentales, particuliérement les bas. Il en sort, année commune, environ pour vingt-cinq mille francs.

Les gans de fil sont depuis dix jusqu'à soixante sols la paire. Les plus beaux bas avec le pied entier, qu'on appelle Chaussettes, ne passent pas quarante sols; ceux à demi pied, trente sols; & ceux à étrier, vingt-cinq sols: la plus belle paire de chaussons ne va qu'à dix sols.

Cette Fabrique occupe quantité d'ouvrieres, mais ne les enrichit gueres, les plus habiles & les plus laborieuses de celles qui y travaillent, ne pouvant gagner au plus que cinq sols par jour, & les autres communément trois sols.

Ceux qui font faire de ces ouvrages pour les envoyer à Saint-Malo, à Paris, ou ailleurs dans le Royaume, ont deux pour cent de commission. Les Grossiers de la Ville qui font ce négoce, pour leur compte, peuvent gagner dix pour cent par an; & s'ils veulent risquer de les envoyer à l'Etranger, leur gain peut aller à quinze pour cent.

Cette Fabrique des ouvrages de fil au tricot, est proprement la seule Manufacture qui soit établie dans Vitré & ses Fauxbourgs; car pour les toiles qu'on appelle Toiles de Vitré, dont il se fait un si grand commerce au dehors, il ne s'y en fabrique aucunes, & elles viennent toutes de trente Paroisses qui sont a trois lieues aux environs de cette Ville.

Ces toiles sont propres à faire de petites & menues voiles de navires, ou des emballages de marchandises: la plupart s'envoyent en Angleterre, pour l'usage des Colonies Angloises; le reste est destiné pour l'Espagne. Elles se vendent en écrû, & y demeurent toujours. Leur largeur est d'une aune, quelquefois plus, quelquefois moins, la longueur de quatre-vingt aunes.

Il y avoit autrefois à Vitré des Marchands en gros qui les achetoient sur les Paroisses, & qui en tenoient magasins, pour les envoyer de-là à Saint-Malo, à Rennes, & à Nantes où elles se vendoient en gros. Présentement ces trois Villes les ont de la premiere main, & elles s'y envoyent en droiture des lieux où elles se fabriquent.

Leur prix est depuis sept jusqu'à onze sols l'aune. Il s'en peut faire dans les quatre lieues aux environs de Vitré, pour quarante ou quarante-cinq mille livres par an.

Les droits de commission pour ces toiles & les profits que les Marchands en gros y peuvent faire, sont comme des ouvrages de fil blanc.

Il y a plusieurs habitans de Vitré qui font en Espagne un négoce assez considérable & qui même y tiennent maison; ce négoce s'y fait sans avoir de magasins, & sans que les marchandises passent par leurs mains; mais ils en font faire les achats par des Commissionnaires qui les envoyent directement à Saint-Malo, pour les embarquer sur les vaisseaux qui chargent pour l'Espagne.

Les marchandises qu'ils destinent à ce commerce, sont ordinairement des castors & des merceries qu'ils prennent à Paris, des étoffes de soie à Tours, des soies à Lyon, & différentes toiles fines & blanches à Rouen, Laval, Quintin, Morlaix, & autres Villes de Bretagne.

L'on fait aussi à Vitré quelque trafic des seigles qui se recueillent dans son territoire; Rennes, Fougeres, la Guerche, & Château-Giron, sont les Villes qui en tirent davantage. Le reste se consomme sur les lieux, aussi-bien que les fruits & denrées du crû.

### Commerce de Morlaix.

La Ville de Morlaix est célebre par le grand commerce qui s'y fait de toiles. Il s'en faut néanmoins beaucoup qu'il soit aussi considérable qu'autrefois; les Anglois qui avoient coutume d'en enlever, année commune, pour quatre à cinq millions, ayant diminué leurs achats depuis que les longues guerres que la France a eues avec eux sous le regne de Louis XIV, les a obligés d'établir des Fabriques de toiles chez eux, on les a accoutumé à substituer aux toiles de Morlaix, des toiles de Hollande & de Hambourg.

Plusieurs personnes intelligentes dans ce commerce croyent que celui des Anglois pourra se rétablir, non-seulement à cause que la qualité des toiles de Morlaix est meilleure que celle des toiles qui leur ont été substituées, mais encore parce que les toiles Bretonnes leur reviennent toujours à meilleure marché que celles qu'ils tirent de Hollande & de Hambourg, & même que celles qu'ils font fabriquer chez eux.

Après les Anglois, ce sont les Négocians de Saint-Malo qui en tirent le plus; ces toiles faisant une des meilleures parties de la charge des vaisseaux qu'ils envoyent en Espagne.

Il en vient aussi quantité à Paris & dans quelques autres Villes du Royaume.

Les Anglois payent une partie des toiles qu'ils enlevent, en plomb, en étain, en charbon de terre, & autres telles marchandises, ou de leur crû, ou qui leur viennent des Pays étrangers; le surplus s'acquite en Lettres de Change sur Londres, Paris, Rouen, &c.

A l'égard des Marchands de Saint-Malo, ils acquitent leurs achats par d'autres marchandises qu'ils tirent du Levant ou de la côte de Provence, comme savons, huiles, aluns, & fruits secs.

Quoique toutes les toiles qui font le fonds du commerce de Morlaix en ayent pris le nom, il ne s'y en fabrique pourtant aucune; & toutes celles qui s'y achetent y sont apportées par les Tisserans & Marchands, des Paroisses de l'Evêché de Leon, qui est le pays où ces toiles se font pour la plus grande partie.

Les habitans de Morlaix ont seuls droit de les acheter de la premiere main; c'est-à-dire, de celle du Fabriquant ou du Marchand qui les apporte vendre dans leur Ville; & c'est un privilége qui leur a été accordé par les Ducs de Bretagne, & confirmé par les Rois depuis la réunion de cette Province à la Couronne, qu'aucun Etranger ou Marchand forain ne puisse les acheter au préjudice des habitans, ni même entrer dans l'Hôtel de Ville, où les Fabriquans & les Particuliers de la Campagne sont obligés de les décharger quand ils les apportent à Morlaix, & de les y exposer à certains jours de la semaine, afin que les Bourgeois s'en fournissent.

Ce privilége est cause que les Anglois & même les Marchands de Saint-Malo, qui font le commerce des toiles de Morlaix, ou au moins les Commissionnaires que les Anglois tiennent dans cette Ville, ne les peuvent recevoir que de la main d'un habitant.

On croit que si les habitans de Morlaix faisoient le commerce des toiles par eux-mêmes dans les Pays étrangers, & qu'ils voulussent en faire des cargaisons pour l'Angleterre & pour l'Espagne, la Ville en retireroit encore un plus grand profit; mais ils n'ont jamais été dans l'usage d'avoir des vaisseaux à eux; soit parce que les bâtimens un peu forts ne peuvent pas aborder jusqu'à Morlaix, & sont obligés de se tenir à l'entrée de la riviere; soit parce que le principal trafic qu'ils en font est avec les Anglois, & que les Marchands de cette nation sont en possession d'introduire eux-mêmes en Angleterre la plupart des marchandises qu'ils tirent des Pays étrangers & de ne les y laisser entrer, autant qu'ils peuvent, que sur leurs propres vaisseaux, conformément au célebre acte de navigation passé en leur Parlement en l'année *1660.* *Voyez* Navigation.

Le commerce des fils est encore très considérable à Morlaix; on y en apporte de tous côtés, & les deux marchés où ils se vendent, & qui s'y tiennent le mercredi & le samedi, sont les plus fréquentés de toute la Bretagne; aussi n'est-il pas rare d'y voir enlever dans le tems que le trafic va bien, jusqu'à soixante & dix mille livres pésant de fil par semaine. On les paye ordinairement ou en argent ou en toiles.

### Commerce de Port-Louis.

La situation de Port-Louis est très avantageuse pour le commerce, & il y a lieu de s'étonner qu'il n'y soit pas plus considérable qu'il est, & qu'il ne s'y soit pas établi un plus grand nombre de Marchands.

Il est vrai qu'on prétend que quelques-uns de ceux qui y sont, ont voulu de tems en tems entreprendre le voyage des Isles de l'Amérique pour y faire le même commerce que les Marchands de Nantes, mais qu'ils n'y ont pas réussi, parce qu'étant obligés de tirer de Nantes les marchandises qu'ils y portoient, ils ne pouvoient pas les donner dans les Isles à un si bon prix que les Nantois, ni par conséquent

séquent en trouver le débit autrement qu'à beaucoup de perte pour eux.

Une autre entreprise qui n'a pas été plus heureuse, est celle de la morue, quoiqu'on n'en puisse pas bien concevoir la raison; cette Ville n'ayant pas moins d'avantage pour cette pêche que les autres Villes de Bretagne qui y envoyent.

Tout le commerce du Port-Louis se réduit donc en quelque façon à la pêche de la sardine qui occupe pendant l'Eté plus de trois cent chaloupes & tous les Matelots du pays. On n'entrera ici dans aucun détail sur cette pêche, parce qu'on en doit parler amplement dans un autre endroit de ce Dictionnaire. *Voyez* l'article de la Sardine.

Ce ne sont pas les Pêcheurs qui accommodent, pressent & salent la sardine, mais des Marchands qui en font le commerce en gros & qui les achetent d'eux à mesure qu'ils sont de retour de la mer.

Le débit s'en fait par bariques & l'on en charge beaucoup pour Saint-Sebastien & Bilbao, & pour toute la Méditerranée où il s'en fait une grande consommation. Ce sont ordinairement les Marchands de Saint-Malo qui enlevent cette marchandise.

La barique se vend depuis vingt jusqu'à cinquante livres, suivant la qualité du poisson, ou que la pêche a été plus ou moins abondante.

L'huile de sardine est encore un objet de commerce pour le Port-Louis. Trente à quarante bariques de sardine peuvent donner une barique d'huile. Elle se vend depuis cinquante jusqu'à quatre-vingt francs.

Le Port-Louis fait, année commune, jusqu'à quatre mille bariques de sardines, à neuf ou dix milliers de poissons par barique.

### Commerce de Chateau-Lin, de Coveron, & d'Avray.

Chateau-Lin, gros Bourg de la basse Bretagne dans le Diocèse de Quimper.

Il se trouve dans son voisinage quantité d'Ardoisieres qui fournissent de l'ardoise très fine, qui est presque toute enlevée par les Etrangers. Elle est aussi très considérable par les mines de cuivre & de fer que l'on prépare par le moyen de la petite riviere d'Auson, sur laquelle sont bâtis divers moulins pour le service des forges, des fonderies, & des martinets qui servent à fondre & à exploiter les minerais de ces deux métaux.

La pêche des saumons qui se trouvent en abondance à l'embouchure de l'Auson, qui se jette dans la baye de Brest, à peu de distance de Château-Lin, est aussi un objet considérable de commerce pour les habitans de ce Bourg.

Coveron. Gros Bourg de Bretagne avec un petit Port, à trois lieues de Nantes. Ses vins rouges sont les moins mauvais de la riviere de Nantes; aussi les Etrangers en enlevent-ils pour leur boisson, ce qu'ils ne font gueres des autres. Les eaux-de-vie qui se font avec ses vins blancs sont les meilleures de toute la Bretagne. Il s'y fait une pêche considérable aussi-bien qu'à Aunay, petit Port à une demie lieue au-dessous, où l'on prend les premieres aloses qui entrent dans la Loire.

Avray, petit Port de mer de la Province de Bretagne.

La commodité du Port d'Avray, où les plus gros vaisseaux sont en sureté, facilite à ses Marchands un commerce considérable avec les Espagnols. Les marchandises qu'ils portent en Espagne sont, du poisson salé, des peaux de vaches, du beurre, & d'autres denrées de la Province: les retours consistent en vins, en fruits secs, & particuliérement en fer de Biscaye.

### ETAT DES FABRIQUES ET DENRE'ES

*du crû de Bretagne, qui en sortent toutes les années pour les autres Provinces du Royaume & pour les Pays étrangers, ou qui se consomment pour les Armemens.*

On a cru ne pouvoir mieux faire connoître le vaste commerce de la Bretagne, & les richesses qu'il répand dans la Province, qu'en mettant ici, comme une espece de récapitulation, tout ce qui y entretient ce commerce, & les sommes que chaque espece de marchandise y peuvent produire; le tout vérifié sur des Registres des sorties, & réduit en une année commune, ainsi qu'il s'ensuit.

Sçavoir;

| | |
|---|---|
| Toiles de toutes sortes pour | 12000000 l. |
| Fils blancs, crûs & de couleur, | 1000000 |
| Papier, | 200000 |
| Etoffes de laine pour les Isles & pour les vaisseaux, | 40000 |
| Miel & Cire, | 600000 |
| Beurre, | 100000 |
| Chevaux, | 1000000 |
| Bœufs, | 350000 |
| Cochons, | 100000 |
| Moutons, | 40000 |
| Grains, | 100000 |
| Sel, | 100000 |
| Poisson, | 50000 |
| Gibier, | 10000 |
| Volaille, | 14000 |
| Cuirs & Peaux, | 60000 |
| Vins & Eaux-de-vie de Nantes pour les Isles, | 80000 |
| Chanvres, Etoupes, & Cordages, | 150000 |
| Vieux Linges, Drilles, & Pilot, | 10000 |
| Crin & Bourre, | 10000 |
| Mairin pour futailles, | 15000 |
| Bois de construction & de chauffage, | 230000 |
| Fer pour ancres de vaisseaux, | 10000 |
| Grosses de cartes, | 6000 |
| Suifs & Graisses, | 100000 |
| Total | 16375000 |

## COMMERCE DU DUCHE' DE BOURGOGNE.

Généralement parlant les vins de Bourgogne, & principalement ceux de Dijon, Nuis, Beaune, Pomarre, Chassagne, Mâcon, Tonnerre, Auxerre, & de ces autres cantons qui de tems en tems se mettent en réputation, & pour ainsi dire, à la mode, font le plus grand Commerce de cette riche Province, qui à juste titre est appellée la Mere des vins, moins encore par la grande quantité qu'elle en produit, que pour leur excellente qualité.

Ces vins se transportent non-seulement à Paris & dans toutes les Provinces du Royaume, où il s'en fait une grande consommation, mais aussi dans les Pays étrangers les plus éloignés. Tavernier, ce célébre Voyageur, se vante d'en avoir porté jusqu'à Surate & à Ispaham, qui avoit fort bien soutenu la mer; & il ajoute que Schah-Abbas, à qui il en fit présent de quelques flacons, le préféroit aux excellens vins de Schiras, si estimés dans toute la Perse,

Les blés de Bourgogne s'enlevent ordinairement pour l'Espagne & pour l'Italie.

Les bois, dont il y a quantité aux environs d'Autun, s'abbattent pour le chauffage, ou se scient, se débitent, & s'équarissent pour la charpente. Ceux de charpente, qui sont amenés à Paris, sont fort estimés, & on les employe par préférence dans les bâtimens, ou plutôt dans les Palais qui se construisent continuellement dans cette Capitale.

A l'égard du bois de chauffage, la Province en consomme elle-même une partie pour son usage, & encore une plus grande quantité pour l'entretien de ses Forges, qui y sont en grand nombre.

Ce sont les mines qui se trouvent dans l'Autunois, & en quelques autres endroits, qui fournissent les matieres & le fer propres à être fondus dans les fourneaux, & à être forgés dans les trente-deux Forges, où l'on fabrique continuellement de gros & de menus ouvrages de ce métail. Le fer y est bon pour tout ce à quoi on veut l'employer; & les Ouvriers de Paris s'en servent volontiers : aussi les Marchands de fer de cette Ville, en tirent-ils considérablement tous les ans de toutes sortes d'échantillons.

Comme il se fait de grandes nourritures de bêtes à laine en Bourgogne, le Commerce des laines y est très considérable. Une partie s'employe dans les Manufactures de lainerie, qui sont en grand nombre dans la Province; l'autre, qui n'est pas propre pour les especes d'étoffes qui s'y fabriquent, s'enleve par les Marchands des Provinces voisines; & pour remplacer ces laines du Pays, qui en sortent, on est obligé d'en faire venir de Reims & de Troyes, plus convenables à la qualité de certaines Fabriques, comme sont, par exemple, les serges façon de Londres, de Seignelay, où l'on mêle les laines de Troyes & de Reims, à celles de l'Auxerrois, qui sont les meilleures de la Bourgogne.

Les chanvres, ou en masses, ou peignés, se vendent partie à l'Etranger, & partie se consomment pour les Manufactures de toiles de la Province.

## *MEMOIRE SUR LE COMMERCE DE LA GENERALITE' DE BOURGOGNE, divisée en ses Bailliages & en ses principaux Cantons.*

En général le terroir de la Province de Bourgogne est excellent, mais il n'est pas propre aux mêmes productions, chaque canton en ayant, pour ainsi dire, de particulieres, qui leur constituent comme un objet singulier de commerce qui semble les distinguer les uns des autres.

Quelques-uns ne produisent que des blés, d'autres des vins, plusieurs des bois : les mines sont le partage de ceux-ci, & les pâturages & les foins se trouvent dans ceux-là. Ainsi pour donner une idée un peu détaillée du négoce de cette Province & de sa Généralité, on va marquer la qualité du sol de chaque Bailliage, & les différentes marchandises & denrées qui sont du crû de chacun d'eux, & qui en entretiennent le trafic. On entrera ensuite dans le détail de leurs Manufactures.

Le principal commerce du pays qui compose le Bailliage de Dijon, est celui des vins & des grains; à l'égard des grains, les terres y sont si propres, aussi-bien que celles des Bailliages de Châlons, de Beaune, d'Auxonne, de Saint-Jean de Laune, & généralement de tout le plat pays, jusqu'aux rivages de la riviere de Saone, qu'il n'est pas besoin de se servir de fumier pour les engraisser, & que la plupart portant alternativement du froment, de l'orge, de l'avoine, & de la navette, ont coutume de fournir trois récoltes en deux ans. Les autres marchandises & denrées du Bailliage de Dijon, sont des foins, des fers, & des bois à brûler que l'on conduit d'abord sur la Saone, aussi-bien que partie des vins & des grains, pour être ensuite voiturés à Lyon.

Il s'y fait aussi un commerce considérable de chevaux, de bêtes à corne, & d'autres bestiaux qui se débitent en Franche-Comté & en Allemagne.

Le Bailliage de Beaune est partie en plaines & partie en montagnes. Sur le penchant des montagnes sont deux excellens vignobles, dont l'un s'étend sur le territoire de quinze Paroisses, & l'autre qui est au de-là de cette premiere côte, occupe presque tout le terrain de vingt-trois autres Villages. Plus loin tout le pays consiste en terres labourables, à la réserve des communaux & des pâcages qui appartiennent aux habitans de plusieurs Paroisses où ils mettent paître leurs bestiaux.

Comme les vignobles y sont en plus grande quantité que les autres terres, le plus grand commerce du Bailliage de Beaune est en vins, dont les meilleurs sont enlevés pour Paris, pour la Flandre, & pour la Lorraine; les vins communs se débitent dans l'Auxerois, d'où en échange on ramene souvent des blés, qu'on envoye à Lyon par la Saone, ou qu'on transporte dans le pays de la Marche.

Les vins font pareillement le principal commerce du Bailliage de Nuis. Ils sont de bonne qualité, sur-tout pour l'arriere saison; ils se débitent pour Paris & pour les Pays étrangers.

La situation des terres du Bailliage de Saint-Jean de Laune, qui s'étend le long de la riviere de Saone, & la bonté de son terroir, réduisent son commerce à celui des foins & des grains qui se débitent & s'envoyent dans les mêmes lieux que ceux du Bailliage de Dijon.

Le négoce du Bailliage d'Auxonne consiste principalement en blés, non-seulement de ceux qui s'y recueillent, mais aussi des blés qui s'y amenent du Bassigny & de quelques autres lieux de Champagne, qui se vendent aux Marchands de Lyon, & qu'on y voiture par la Saone.

C'est aussi par la commodité de cette riviere, que s'y fait un assez grand commerce de bois; & quoiqu'il se recueille dans ce Bailliage peu ou point de vins, les Marchands d'Auxonne ne laissent pas d'y faire une espece de dépôt de ceux qu'ils vont acheter dans le Mâconnois & dans le Beaujollois, & qu'ils revendent ensuite pour la Lorraine & pour la Franche-Comté.

En général, le terroir du Bailliage d'Autun est fort ingrat, n'y ayant que très peu de froment & point du tout de vins; de sorte que le seul commerce qui s'y fasse, est de bétail qui se vend aux foires d'Autun & des Villes voisines. A l'égard des blés, ils se consomment tous dans le pays, & lorsque la récolte est abondante, on est souvent obligé de le garder plusieurs années, en attendant qu'il en manque, pour le débiter.

Le Bailliage de Châlons est presque par tout bon & fertile, & y rapporte beaucoup, soit en vins, soit en blés, & autres grains de toutes sortes, soit même en fruits, dont il y a quantité d'arbres plantés dans tout le pays. Il s'y recueille aussi beaucoup de foins & de chanvre, & l'on y pêche d'excellens poissons dans ses rivieres & ses étangs.

Les blés, l'avoine, les autres grains, les foins, & le poisson se débitent du côté de Lyon; les vins à Paris, en Lorraine, & dans le Charollois : les chanvres à Troyes, & dans le pays d'Autun, & souvent pour les magasins de la marine à Toulon.

La riviere de Saone, qui passe dans la Ville de Châlons, contribue beaucoup à ce grand commerce.

Le commerce d'Avalon consiste en toutes sortes de grains, en vins, & en bois, qui sont du crû du pays. Les vins sont propres pour l'arriere saison; les bois, particuliérement ceux du Morvant, se flotent sur les rivieres de Coussin & de Cure, jusqu'à Vermanton & à Cravant, où l'on en forme des trains pour les conduire à Paris.

Le trafic des bestiaux est encore un objet considérable pour ce Bailliage.

Le Bailliage d'Auxerre ne fait gueres commerce qu'en vins, qui sont fort recherchés, & dont il s'en envoye une très grande quantité à Paris & dans les Provinces voisines.

Le pays de Charollois a deux principaux objets de négoce, les bois & les bestiaux : les bestiaux se conduisent à Paris & à Lyon, & les bois, particuliérement ceux qui sont débités en mairain, se chargent sur la riviere de Loire.

Le Mâconnois n'est pas d'une égale fertilité par tout; ce qui le distingue sont ses vins qui ont beaucoup de réputation, & qui sont d'une très bonne qualité. Ils se recueillent seulement dans quarante Paroisses, situées la plupart sur les côteaux tournés à l'Orient le long de la riviere de Saone; quelques cantons du pays produisent des blés & des fourages, mais en trop petite quantité pour en faire aucun négoce : le reste du Mâconnois a un terroir très mauvais & très froid à cause des montagnes qui s'y rencontrent.

Il s'y fait néanmoins des chanvres dont les fils qui s'en fabriquent se débitent aux Marchands du Beaujollois qui les viennent chercher pour les toiles de cette petite Province; & l'on y nourrit des bestiaux qui se conduisent dans les Provinces voisines, & même jusqu'à Paris.

Le Comté de Bar-sur-Seine étant presque tout montagneux, a peu de terres labourables & encore moins de pâturages; aussi les grains qu'on y seme & les bestiaux qu'on y éleve suffisent-ils à peine pour la subsistance des habitans du pays. A l'égard des vins, qui se recueillent en quantité, les plus communs se vendent dans le Bassigny, dans la Lorraine & aux Laboureurs de Champagne; les plus délicats, comme ceux des Riceys, se voiturent en Flandre, en Picardie, & à Paris.

Toute la Bresse, à la réserve de la montagne & du canton qu'on appelle Renermont, est un terroir humide & en quelques endroits marécageux, à cause de la grande quantité de ruisseaux & d'étangs qui s'y trouvent.

Cette situation lui donnant d'excellens pâturages, les bestiaux qu'on y éleve font la meilleure partie de son commerce; le menu bétail de la basse Bresse se mene & se vend aux foires du pays, & le gros bétail de la haute, se débite pour la Ville de Lyon.

Deux autres branches de son négoce sont les grains & les chanvres. Les grains qui consistent particuliérement en froment & en seigle, s'enlevent par les Marchands de Lyon; les chanvres se réservent pour les magasins du Roi à Toulon & à Marseille. Quelques-uns pourtant se débitent pour les cordages nécessaires au service & au tirage des batteaux de sel.

Le commerce du poisson y est aussi très considérable, particuliérement dans la Bresse Méridionale, à cause de la grande quantité d'étangs qui y sont. La principale partie de ce poisson s'enleve pour Lyon, où il se voiture par la Saone.

Le pays de Bugey éleve quantité de bestiaux dans ses montagnes, & recueille un grand nombre de chanvre dans son plat pays. Les bestiaux sont des chevaux, des vaches, & des bêtes blanches, qui s'enlevent par les Marchands des Provinces voisines; les moutons entr'autres sont destinés pour la Franche-Comté.

Pour ce qui est des chanvres, la plus grande partie va pour l'ordinaire en Languedoc & en Dauphiné.

Le Bugey a aussi des vins & des blés, mais à peine assez pour la nourriture de ses habitans.

Le commerce du pays de Gex est très peu considérable, il ne manque pourtant point de plusieurs productions utiles, comme des blés, des vins, des bois, des charbons; mais comme tout ce négoce ne se peut faire que par charrois, le transport en étant difficile, il ne s'en fait pas un grand débit au dehors. Ses fromages qui sont assez estimés, s'envoyent néanmoins à Geneve, où il s'en fait une assez grande consommation. Il se fait aussi quelque trafic de gros & de menu bétail.

Pour achever de donner une idée assez juste du commerce de la Généralité de Bourgogne, on va ajouter ici, comme on l'a promis, un état des Fabriques d'étoffes de laine, & des autres Manufactures qui y sont établies.

### *MANUFACTURES DE LA GENERALITÉ de Bourgogne.*

En général, il se fait, année commune, dans le Département de l'Inspecteur des Manufactures de Bourgogne, 12 à 13000 pieces d'étoffes tout de laines du pays.

La récolte de ces laines y peut monter à trois ou quatre cent mille livres pésant, aussi par an, dont il s'y en employe 260000, le reste se vendant & s'employant en Champagne.

Il y a suffisamment de Tannerie pour fournir ce qui est nécessaire de cuirs à la Province.

Les Chapeliers ne travaillent gueres que pour le Paysan; ce qu'il en faut davantage venant particuliérement de Paris.

Il y a trente-deux forges dans la Province & huit Papeteries. *Voyez à l'article* PAPIER.

DIJON. Il se fait dans cette Capitale de la Bourgogne, un très grand commerce des Draperies de la Province qui s'y vendent presque toutes; il y en vient aussi quantité des autres Provinces, & il s'y en marque huit à neuf mille pieces de celles-ci, & cinq à six mille des autres.

La seule Fabrique d'étoffes de laine, qui soit établie à Dijon, est celle des serges qui ont deux tiers de large; il s'en fait, année commune, deux cent pieces; elle occupe onze à douze Facturiers & deux moulins à foulons. Les serges s'y font de laines du pays, qui y sont bonnes pour la teinture & pour la foulure. Auprès de la Ville il y a de la terre à dégraisser, qui est excellente.

On recueille aux environs quelques ingrédiens propres à la teinture. Le pastel sur-tout y réussiroit à merveille, mais on en a négligé la culture.

Il y a sept Maîtres Teinturiers, plus employés encore aux étoffes du dehors qu'à celles du dedans : les unes & les autres se débitent pour la Province, la Franche-Comté, & la Loraine.

Il se tient chaque année à Dijon deux foires très considérables, où se vendent la plupart de ces étoffes.

Il y a deux Manufactures établies dans l'Hôpital ; l'une de bas, qui en fournit trois mille cinq cent paires ; & l'autre de dentelles façon du Havre, dont il se débite beaucoup en Franche-Comté.

MARCY. On ne fait que des serges drapées dans cette Fabrique ; elles portent deux tiers de large & sont très bonnes.

Plus de cinquante Maîtres Facturiers sont employés à la Fabrique de ces serges, & il y a trois Foulonniers qui ont chacun un moulin pour y donner les apprêts. Ce lieu est d'autant plus propre pour une Manufacture, que les eaux y sont très bonnes, & la terre très propre au dégraissage.

Le produit de cette Fabrique va de deux à trois mille pieces d'étoffes par an.

VITAUX. Les deux Fabriques de ce lieu sont des draps & des toiles.

Les draps passent pour draps de Semur, ils sont très bons, & ont une aune de large. Il ne s'y en fait que cent pieces par an, qu'on porte fouler à Semur. Il n'y a que trois Facturiers.

Les toiles sont des toiles d'étoupes de trois quarts de large, qui se vendent en écrû aux Marchands de Troyes, qui les font blanchir & les vendent ensuite.

Il s'y recueille huit à neuf milliers de laines très bonnes, dont quelques Marchands du lieu font le commerce.

SEMUR. Il y a à Semur deux Fabriques d'étoffes de laine ; l'une de draps d'une aune de large, & l'autre de gros droguets qui ne sont propres qu'aux vêtemens du peuple, particuliérement des Paysans. Il s'y fait sept à huit cent pieces de draps, & seulement cent vingt-cinq pieces de droguets.

La Fabrique de ces étoffes occupe environ vingt-cinq Facturiers pour les faire en toiles, & deux moulins à foulon, pour leur donner les apprêts du dégraissage & du foulage. La terre à dégraisser n'y est pas mauvaise.

Sept Marchands y font le commerce des draperies, qui y sont visitées & marquées deux fois ; l'une au sortir du métier par les Jurés Facturiers ; & l'autre avant la vente que font les Marchands par le Juré de leur Corps.

Quoique cette Fabrique soit assez considérable, elle pourroit être encore plus forte ; sur-tout par ce qu'il s'y recueille des laines assez bonnes & en assez grande quantité.

SAULIEU. Il s'y fait des draps d'une aune de large, mêlés de laines du pays, qui sont très bonnes, avec celles de Champagne, qui sont assez grossieres.

Il s'y fait aussi des droguets fil & laine, de demie-aune demi-quart.

Et des toiles de trois quarts, & trois quarts & demi de large, & de quarante à quarante-cinq aunes de long.

MONTBART. Les draps qui s'y font, sont d'une aune de large, un peu gros ; on n'y employe que des laines du pays. On y en peut faire deux cent vingt à deux cent cinquante pieces par an, dont une partie se débite à Semur.

On y fait aussi quelques droguets de demie-aune de large.

Onze Maîtres Facturiers & deux moulins à foulon travaillent pour ces deux Fabriques.

ROUVRAY. Cette Fabrique a cinq Maîtres Facturiers, qui font par an cent vingt à cent trente pieces de draps façon de Semur, qui ont comme ceux-ci une aune de large, & qui sont comme eux fabriqués de laines du pays, qui sont fort bonnes.

AVALLON. Les laines y sont un peu grossieres ; cependant on ne s'en sert point d'autres dans les Fabriques des draps & des droguets qui y sont établies. Les draps sont d'une aune de large, assez forts & assez bien travaillés ; on y en fait environ deux cent pieces. Le produit des droguets ne va gueres qu'à cinquante.

Douze Facturiers & trois moulins à foulon, y soutiennent ces deux Fabriques. Le foulage des étoffes n'y est pas bien bon, ce qui vient plus de la faute des eaux qui n'y sont pas propres, que de celle des Foulonniers.

AUXERRE. Les Fabriques n'y sont pas considérables ; celles des draps fournissant à peine cinquante pieces d'étoffes ; & celle des droguets, environ quarante. Les draps ont une aune de large, & se font aussi-bien que les droguets de laines du pays, qui sont assez grossieres. Trois seuls Maîtres Facturiers y travaillent.

Il se fait encore dans l'Hôpital de cette Ville des serges façon de Londres, qui se confondent ordinairement avec celles de Seignelay. *Voyez* l'article suivant. *Voyez aussi* l'article des Serges.

SEIGNELAY. Les serges qui se fabriquent dans cette Manufacture, sont de celles que l'on nomme Serges façon de Londres, il n'y en a point dans le Royaume qui imitent si bien les véritables Londres. On peut voir à l'endroit cité ci-dessus, l'établissement de ces Fabriques en France, & la préférence que celle de Seignelay a toujours conservée sur les autres.

Par le Traité que le Sieur Rousseau avoit fait avec les Fermiers Généraux, qui sur la fin du dernier siecle s'étoient chargés de cette Manufacture, il s'y devoit faire neuf cent pieces de serges par an ; mais il y est arrivé depuis du changement.

Les laines qu'on y employe sont des laines de l'Auxois, qui sont très bonnes ; & que cependant on fait exactement laver & dégraisser avant que de les mettre en œuvre. Outre ce qui se consomme de ces sortes de laines dans la Manufacture de Seignelay, les Marchands de Troyes & de Reims, en tirent encore quinze à vingt mille livres par an.

NUIS. Il ne s'y fait que quarante pieces de draps d'une aune de large par an, & soixante ou quatre-vingt pieces de droguets. Il y a trois Facturiers & un moulin à foulon.

BEAUNE. Les pauvres de l'Hôpital de Beaune font des serges drapées de deux tiers de large ; elles se font de laines de l'Auxois. Cette Fabrique fournit environ deux cent pieces d'étoffes.

Les Facturiers de la Ville travaillent en draps d'une aune de large & en serges drapées, & du rebut des laines qu'ils y employent, ils font des droguets. Ces laines sont laines du pays, qui ne sont pas mauvaises. Les trois Fabriques ne donnent toutes ensemble que cent cinquante pieces par an.

Il y a à Beaune cinq ou six Marchands qui vendent toutes sortes de draperies, & cinq Maîtres Facturiers ; trois foulons, un Teinturier, & un Fondeur, pour le service des Manufactures.

Les eaux sont très bonnes pour la teinture, mais trop froides pour le dégraissage & le foulage, la terre à dégraisser y est excellente.

ARNAY-LE-DUC. Ses Fabriques sont des serges drapées & des droguets qui se font de laine du pays, qui ne sont pas extrêmement fines. Il se fait, année commune, douze cent pieces de serges, & deux cent cinquante de droguets.

Ces Manufactures occupent vingt Maîtres Facturiers & quatre foulons : comme la terre & les eaux sont propres au foulage, & que cependant il n'y est pas excellent, quelques-uns en rejettent la faute sur la négligence des Foulonniers.

CHASLONS. Il n'y a aucune Manufacture dans cette Ville; cependant il s'y marque par année jusqu'à douze cent pieces d'étoffes qu'on y apporte de toutes les Provinces; aussi s'y fait-il un commerce fort considérable de Draperie; sur-tout de celles de Languedoc, qui se vendent aux deux foires qui s'y tiennent tous les ans; l'une, à la Saint-Jean; & l'autre, dans la premiere semaine de Carême : celle de la Saint-Jean est la plus considérable.

TOURNUS. Les draps qui s'y débitent viennent du dehors, particuliérement de Lyon, n'y ayant point de Manufacture de Lainerie, non plus qu'à Châlons. Les Marchands qui en font le commerce, ont un Garde-Juré pour visiter & marquer les étoffes qu'ils débitent, la plupart y étant apportées sans être marquées.

VERDUN. Cette Ville, non plus que les deux précédentes, n'a aucune Fabrique de draperie; cependant c'est une de celles de la Généralité où il s'en fait un des plus grands commerces; s'en débitant, année commune, plus de quatre mille pieces à la foire qui s'y tient le 28 Octobre.

Les draperies qui s'y vendent, sont la plupart du Languedoc; ce sont les Marchands forains qui en font tout le négoce, n'y ayant pour l'ordinaire à Verdun qu'un seul Marchand pour les étoffes de lainage.

LONCHANS. Il ne s'y fait que des tiretaines de demie-aune de large, où il n'entre que des laines du pays qui sont assez grossieres. Il y a seize Maîtres Facturiers qui en font par an jusqu'à neuf cent pieces. Un seul foulon leur donne l'apprêt du dégraissage & du foulage.

CLUNY. Ses Fabriques sont des tiretaines & des droguets des laines du pays, dont il se fait deux cent pieces par an. Les Maîtres Facturiers n'y sont que cinq; mais il y a quantité d'assez bons Marchands qui font le commerce des draperies foraines, que pour la plupart ils tirent de Lyon. Comme elles viennent à Cluny sans être marquées, ils ont entre eux un Garde pour la visite & pour la marque.

MACON. Les Fabriques y sont peu considérables; à peine s'y fait-il trente à quarante pieces de droguets tout de laine du pays, qui est assez grossiere. Son plus grand commerce d'étoffes, est de draperies foraines, que ses Marchands tirent de Lyon sans aucune marque; ce n'est même que depuis l'année 1691 qu'ils se sont assujettis aux Réglemens à cet égard. Pour leur exécution, ils ont depuis ce temslà un Garde-Juré de leur Corps, qui fait la visite des étoffes qui leur viennent de dehors, & qui les marque.

Il n'y a que deux Maîtres Facturiers pour les Fabriques de la Ville.

BOURG EN BRESSE. On y fait deux sortes de droguets; les uns appellés Sardys qui sont tout de laine; & les autres nommés Talanches qui sont fil & laine. On n'y employe que des laines du pays, qui ne sont pas fort bonnes; il s'y en fait environ cent vingt pieces par six Maîtres Facturiers. Il y a deux foulons pour les apprêts, que ces sortes d'ouvriers ont coutume de donner aux étoffes de laine.

Plusieurs Marchands y vendent toutes sortes de draperies foraines, qu'ils font pour la plupart venir de Lyon. Il a été encore plus difficile qu'à Macon de les assujettir à la visite & à la marque; mais depuis le commencement du dernier siecle (1700) les Réglemens y sont assez réguliérement observés.

MONTLUET. Il n'y a que trois Maîtres Facturiers; ils y font des droguets appellés Sardys, mais en assez petite quantité. Les étoffes ne s'y marquent pas; mais sont visitées & marquées dans les lieux de leur débit.

PONT-LE-VAUX. Les draps qui s'y font n'ont qu'une demie-aune de large, & ne sont propres que pour les Paysans, ils se nomment des demis-draps. Comme on n'y employe que des laines du pays, qui ne sont pas excellentes, ces étoffes sont très grossieres : on y en fait quatre à cinq cent pieces par an. On y fabrique aussi quelques droguets, mais en petite quantité.

Huit Maîtres Facturiers & deux foulons soutiennent cette Fabrique.

CHAROLLES. Quelques Marchands y vendent des draperies foraines, ne s'en faisant aucune dans la Ville. Celles qui s'y débitent, viennent toutes de Lyon; mais comme on les envoye sans être marquées, elles y reçoivent la visite & la marque du Garde-Juré des Marchands Drapiers.

MONT-SAINT-VINCENT. Ce lieu est très commode pour l'établissement d'une Manufacture. On y recueille quantité de laine d'une excellente qualité; les eaux y sont bonnes pour la teinture & le foulage; & il s'y trouve de la terre très propre au dégraissage.

Tous ces avantages y avoient fait commencer une Fabrique de draps, vers la fin du dernier siécle (1698), mais, soit qu'elle ait été mal soutenue, soit pour quelqu'autres raisons, elle n'a pas eu le succès qu'on pouvoit en espérer.

AUXONNE. Il n'y a qu'un Facturier dans cette Ville, les serges qu'il fait sont de deux tiers, toutes semblables à celles qui se font à Dijon.

Pour compenser ce défaut de fabriquans, il y a plusieurs riches Marchands qui font le commerce de toutes sortes de draperies foraines, pour lesquelles ils sont exempts de droits de sortie, à cause qu'ils les envoyent toutes à l'Etranger.

Ils ont été des derniers de la Généralité à exécuter les Réglemens concernant la visite & la marque; présentement ils ont un Juré pour l'une & pour l'autre.

BELLEGARDE. Nulles Manufactures. Plusieurs Marchands y vendent toutes sortes de draperies des Provinces & des Fabriques voisines.

AUTUN. Les Manufactures de cette Ville sont des draps, des crêpons, & des toiles.

Les draps portent une aune de large, sont forts & bons pour les Troupes; il s'en fait environ cent soixante pieces.

Les crêpons sont pour l'usage des Bourgeois, & pour les distinguer des crêpons communs, on les appelle Crêpons Forts : le produit n'en est pas si considérable que celui des draps : les uns & les autres sont faits de laine du pays.

Les toiles sont de trois quarts & demi de large, il s'en fait quatorze à quinze cent pieces.

Douze Maîtres Facturiers & deux foulons, entretiennent les Fabriques de lainage de la Ville, &

pour le commerce des draperies foraines, il y a quantité de Marchands, & une foire assez considérable au mois de Septembre, où il s'en débite plus de six cent pieces.

Chastillon sur Seine. Ses Facturiers qui sont au nombre de plus de vingt-cinq, ne font que des serges drapées & croisées d'une aune de large. Le produit, année commune, en est de plus de mille pieces. Un seul foulon travaille pour cette Fabrique.

Outre le commerce des serges qui se font dans la Ville, il s'en fait encore un assez considérable de toutes sortes de draperies foraines par plusieurs gros Marchands qui y sont établis.

Joigny. Il s'y fait des draps d'une aune de large, & des droguets de demie-aune, mais peu: le tout n'allant qu'à 50 ou 60 pieces par an. On n'y employe que des laines du pays, qui sont grossieres. Trois Maîtres Facturiers & autant de foulons, travaillent pour ces deux Fabriques.

Sens. Ses Fabriques consistent en draps d'une aune, & en droguets fil & laine: les uns & les autres de laines du pays. Il s'en fait en tout cent pieces. Cette Manufacture a onze Facturiers & un foulon.

Ses Marchands Drapiers font un assez bon commerce des étoffes de draperie qu'ils font venir de dehors, particuliérement pendant la foire qui s'y tient au commencement du Carême.

Villeneuve-l'Archeveque, & Bigny. Il se fait dans ces deux lieux des draps d'une aune de large, dont le débit pour la plus grande partie, se fait aux Marchands de Troyes. Villeneuve en donne cent pieces, & Bigny environ cent dix ou cent vingt. Les Facturiers y sont à peu près au même nombre, ce qui ne passe gueres dix: la premiere a un foulon; l'autre n'en a pas.

Ancy-le-Franc. Les Fabriques de draps d'une aune, que Monsieur de Louvois y avoit établies, sont tombées à sa mort, & le beau moulin à foulon qu'il y avoit fait construire, est presque resté inutile. On y fait présentement des serges croisées, qui sont très bonnes; elles se vendent aux Marchands de Troyes.

Chasteau-Renard. Il s'y fait cinq ou six cent pieces de draps d'une aune de large, qui se débitent aux Marchands de Troyes, qui les vendent ensuite pour les habillemens des Troupes. Cette Manufacture occupe trente-deux Maîtres Facturiers & quatre foulons.

Toussy. C'est la même qualité de draps que ceux de Château-Renard; il s'en fait environ cent pieces par douze Maîtres Facturiers, qui ont deux Maîtres Foulonniers pour les apprêts. Il s'y fait aussi quelques droguets: les uns & les autres de laine du pays.

Il faut remarquer qu'on a employé dans cet état des Manufactures de la Généralité de Bourgogne, quelques lieux de Fabriques, qui sont de la Généralité, ou de Paris, ou d'Orléans: mais on a cru qu'il falloit plutôt suivre le département de l'Inspecteur des Manufactures, que celui de l'Intendant de la Bourgogne. Cette irrégularité étant d'ailleurs très peu considérable.

## COMMERCE DE LA FRANCHE-COMTE'.

Les blés, les avoines, & autres grains de cette Province; ses mines de fer, & ses forges; ses bois, ses salpêtres, ses sels, ses haras, ses bestiaux, ses beurres, & ses fromages, font presque tout son Commerce.

Les Suisses & les Genevois enlevent ordinairement une partie des blés de Franche-Comté; on en conduit aussi beaucoup à Lyon par la Saone: pour les avoines, & les autres grains, on les transporte dans les Provinces voisines.

Les rivieres de Saone, du Doux, de Lougnon, la Loure, & quelques ruisseaux, font travailler plus de trente forges ou fourneaux, où il se fabrique des fers de tout échantillon & de toute espece; sur-tout, l'on en tire quantité de bombes & de boulets pour l'artillerie de terre, & pour celle de la marine.

Les Connoisseurs croyent qu'il seroit également facile & utile d'établir d'excellentes Manufactures d'armes à feu, soit à Besançon, soit à Pontarlier, tant à cause de la bonté du fer de Franche-Comté, que pour le grand nombre d'habiles Armuriers qui sont dans ces deux Villes; les canons de fusils, de mousquets, & de pistolets, qui s'y fabriquent, & dont il se fait un grand négoce, étant déja fort en réputation.

Les bois, qui se coupent dans le Pays montagneux (comme on parle dans la Province,) fournissent des mâts, des planches, & autres pieces de sciage, propres aux constructions de la marine; il s'y fait aussi quantité de mairain.

La plupart de ces bois se mettent à flot sur les rivieres du Doux, de Lougnon, & de la Loure, jusqu'aux embouchures où elles se jettent dans la Saone, qui les porte ensuite à Lyon.

Les salpêtres qui se font en Franche-Comté, montent année commune, à douze cent milliers, qu'on pourroit augmenter de beaucoup avec quelque attention, & peu de dépense.

Les sels se tirent des salines de la Montagne dorée, ainsi nommée du riche trésor qui y est renfermé, qui pourtant ne consiste qu'en deux puits, ou écoulemens d'eaux, mais qui sont intarissables, & qui fournissent une quantité extraordinaire de sel. On en parle ailleurs. *Voyez* Sel, & Salines.

Ce sel suffit non-seulement à la Province, mais encore il s'en transporte beaucoup dans les Pays étrangers; & les Suisses entr'autres, ont un Traité avec la France, pour se conserver la liberté de ce Commerce. On peut juger de ce que ces célébres salines en fournissent, par le montant des droits du Roi chaque année, qui évaluées l'une par l'autre, vont à plus de six cent mille livres.

Les haras sont très considérables en Franche-Comté, & particuliérement dans la montagne. On compte près de quatre-vingt étalons, fournis & entretenus par des particuliers, aux conditions portées par les Déclarations du Roi. Les cavales propres à porter poulains, vont au delà de neuf mille; & il n'y a gueres d'année qu'il ne naisse environ cinq mille poulains, dont la plus grande partie est enlevée, ou du moins arrêtée à six mois. Ce sont les Marchands du Duché de Bourgogne, de la Champagne, de Brie, & de Berry, qui les achetent; & les Rouliers de ces Provinces en tirent outre cela plusieurs centaines de chevaux entiers par an.

Ces haras ont été d'un grand secours pendant les guerres presque continuelles des vingt dernieres années du Regne de Louis XIV, soit pour la remonte de la Cavallerie, soit pour l'équipage des Vivres; & il y a eu bien des années qu'il en est sorti, chevaux & jumens, jusqu'à quatre mille, que les Entrepreneurs payoient depuis deux cent, jusqu'à deux cent quinze livres. *Voyez* HARAS.

Il se fait un assez grand négoce de fromages dans cette Province, que l'on fait ordinairement passer pour fromages de Gruiers & de Berne; mais quoique ce soient des Suisses qui y travaillent, ils ne sont jamais si bons que les véritables fromages Suisses. *Voyez* FROMAGE.

Il n'y a aucune Manufacture de draperie en Franche-Comté, les laines n'y étant pas abondantes, à cause qu'il s'y fait peu de nourriture de bétail blanc, & que d'ailleurs elles sont d'une très mauvaise qualité.

Besançon, Capitale de la Franche-Comté. Le poids de cette Ville est égal à celui de Paris. Sa mesure pour les grains pese 36 livres, poids de marc, en sorte que 20 de ces mesures font trois septiers de Paris.

Le pied géométrique y est de 11 pouces 5 lignes, pied de Roi.

Gray est la Ville de toute la Province, où il se fait le plus grand Commerce, à cause que c'est-là que l'on embarque sur la Saone, les fers & les autres denrées & marchandises qu'on envoye au dehors.

## COMMERCE DU DAUPHINE', ET DE SA GENERALITE'.

Cette Province étant partie en montagnes, & partie en plaines, les productions de la terre, & le Commerce répondent à cette diversité de situation.

Les montagnes produisent des sapins, & autres arbres propres pour la marine & pour les bâtimens. On y trouve des mines de divers métaux, & de plusieurs minéraux. Les ruisseaux & les rivieres qui en sortent, servent à faire tourner les moulins des forges & fonderies où se fabriquent divers ouvrages de fer, d'acier, de cuivre, & de plomb, suivant la diversité des métaux qui s'y fondent & qui s'y travaillent, particuliérement des canons, des ancres, dans les fonderies & les forges pour le fer.

A l'égard des plaines, il y croît des chanvres; on y recueille diverses sortes de grains, & l'on y plante & éleve les meuriers blancs qui servent à la nourriture des Vers à soie.

La principale mine de fer est dans la montagne d'Allevard, à six lieues de Grenoble; son fer est d'une excellente qualité, doux, sans paille, facile à forger & à limer.

Les mines de cuivre sont dans la montagne de la Cloche, & celles de plomb, dans le Gapençois, près de la Baulme des Arnauds, & au Village d'Argentieres, à quatre lieues de Briançon.

Le terroir de Besses a des ardoisieres; celui de Larnage, une mine de vitriol & de couperose, & une de terre propre à faire des pipes à fumer du tabac, qui se fabriquent à Tain; Cezanne & Cestiers dans le Briançonnois, donnent de la craie; & plusieurs endroits du haut & bas Dauphiné, du charbon de pierre, & du salpêtre.

Les Manufactures que tous ces divers métaux & minéraux entretiennent dans le Dauphiné, sont répandues dans toute la Province.

L'acier se fabrique à Rives-Moirans, à Voiron, à Beaumont, Fures, à Tulins, à Beaucroissant, à Chabons, & à Vienne.

Les fers, qu'on nomme fers à forges, se font dans les Forges de Saint-Hugon, d'Hurtieis, de Thois, d'Allevard, de Laval, de Goncelin, de la Combe de Lantey, de Vriage, de Revel, des Portes, de Saint-Gervais, & de Royans. C'est à Rives, Beaucroissant, Tulins, Voiron, Beaumont, Fures, & plus qu'ailleurs, à Vienne, que se fabriquent les lames d'épées; comme à Voiron, & à Viziles, les faux & faucilles. Les canons se fondent à Saint-Gervais; les ancres se forgent à Vienne.

Enfin, il y a des Forges à cuivre à Vienne, à Tulins, à Voiron, & à Beaucroissant; & l'on prépare le vitriol & les autres minéraux dans les Fabriques & laboratoires d'Allevard, de Laval, de la Cloche, de Largentieres, de Leschet, de Bauriere, & de Larnage.

Les autres Manufactures du Dauphiné, sont les laineries, les toiles, & les soies.

Les laines pour ces Manufactures, sont presque toutes du Pays; & le négoce s'en fait principalement à Valence, Crest, Romans, & Royans. Il se faisoit autrefois un grand Commerce de toutes ces laineries, dans la plupart des Echelles du Levant; mais il est tout-à-fait tombé, par le peu de fidélité des Fabriquans, qui en a dégouté ces Peuples assez faciles à surprendre, mais qui ne pardonnent jamais la mauvaise foi, quand ils s'en sont apperçûs.

Les toiles, qui se font toutes de chanvre du Pays, se fabriquent à Saint-Jean-Cremieu, à la Tour-du-Pin, à Bourgoin, à Vienne, à Jarlieu, à Ruy, à Lisle-Dabo, à Artas, à Saint-Georges, à Voiron, & à la Buisse. C'est presque dans les mêmes lieux, ou leurs environs, que se filent les fils pour la couture, & pour divers ouvrages de bonneterie : il se fait des uns & des autres, un assez bon négoce.

Les soies se font dans toute la Province, à l'exception des Bailliages des Montagnes, & de quelques Terres trop froides. *Voyez* SOIE, *où il est traité de celles de Dauphiné.*

Il y a outre cela, dans toute cette Généralité plusieurs moulins à papier, où il s'en fabrique de très beau, & de très fin, des petites & moyennes sortes pour l'écriture; il s'y en fait aussi de commun. Une partie des uns & des autres se consomme en France; le reste s'envoye au Levant. Les Papeteries sont celles de Saint-Donat, de Château-double, de Perus, de Disimont, de Chabeuil, de Saint-Vallier, de Crest, de Vienne, de Rives, de Paviot, & de Vizille.

Les Fabriques de chapeaux sont établies à Grenoble, à Fontenil, à Sassenage, à Voreppe, à Moirans, à Crest, & à Pont-en-Royans.

L'on habille de gros cuirs à la Côte de Saint-André, à Saint-Jean-de-Bournay, à Vienne, à Serre, à Grenoble, à Lumbin, à Crôles, & à Goncelin.

Les peaux & menus cuirs, se passent & se mettent en mégie à Grenoble, Voiron, Romans, Valence, Loriol, Livron, Montelimart, Dieu-le-fit, Vienne, & Saint-Antoine de Viennois.

Les fromages de Sassenage, ou des autres cantons, qu'on débite sous ce nom; les gands de Grenoble, si legers & si fins; les pignons, les résines, & gallipots, & quelques autres denrées qui sont envoyées à Paris par la voie de Lyon, font aussi une partie du négoce de Dauphiné.

## *E'TAT DES MANUFACTURES DE LAINAGE DE DAUPHINE'.*

Le département de l'Inspecteur des Manufactures de cette Généralité, est divisé en dix-sept Bureaux ou Chef-lieux, qui ont sous eux un certain nombre de Paroisses; les uns plus, les autres moins, suivant l'éloignement des endroits où sont établies les Fabriques des étoffes, ce qui ne va pour l'ordinaire, qu'à une distance de deux ou trois lieues au plus.

C'est dans ces Chefs-lieux, dont on va donner le rôle, que doivent répondre tous les Facturiers du Dauphiné, & où ils doivent porter leurs étoffes pour y être visitées & marquées.

Il se marque dans tous ces Bureaux, année commune, depuis trente-huit jusqu'à quarante mille pieces d'étoffes.

GRENOBLE. C'est le Chef-lieu de toutes les Fabriques des environs à trois lieues à la ronde; il s'y fait cependant & il s'y marque moins d'étoffes que dans presque aucun des Bureaux de la Généralité; celles qui s'y fabriquent, sont des draps. Le produit desquels ne va gueres au delà de cinq cent pieces.

VOIRON. Cinq Paroisses y ressortissent, ses Fabriques sont des droguets & de gros draps; les droguets donnent huit à neuf cent pieces par an; & les draps un peu plus de deux cent.

TULIN. Ce Bureau a sous lui neuf Paroisses, on n'y fait que des draps, dont il s'en marque par année environ mille pieces.

SAINT-MARCELLIN. Il n'a que quatre Paroisses où il ne se fait que trois cent pieces de draps.

ROYBON. On y fabrique & dans les sept Paroisses qui en dépendent, des draps, des ratines, & des serges. Elles en fournissent par an sept à huit cent pieces en tout, des trois especes.

SERRE a huit Paroisses, dans lesquelles, aussi-bien qu'au Chef-lieu, on ne fait que des draps. Il s'en marque plus de huit cent pieces.

BEAUREPAIRE. Ce sont aussi des draps qu'on y fait, de même que dans les trois Paroisses qui en dépendent: c'est une des moindres Fabriques de toute la Généralité.

SAINT-JEAN DE ROYANS. Les six Paroisses qui en dépendent, y compris leur Chef-lieu, peuvent fournir, année commune, au delà de mille pieces d'étoffes. On y fait des draps.

Ce lieu est très commode pour une Manufacture, à cause d'une source d'eau vive admirable pour le dégraissage des laines & des étoffes.

ROMANS. Les Fabriques de cette Ville & des douze Paroisses qui en ressortissent pour la marque, sont les plus considérables de toute la Province, à la réserve de Dieu-le-Fit. On y fait de quatre sortes d'étoffes; sçavoir, des cordelats, des ratines, des estameaux, & des draps. Les cordelats donnent deux mille pieces par an; les ratines, mille; les estameaux, quatorze à quinze cent; & les draps, quinze à seize cent.

PONT EN ROYANS. Ce Bureau marque les étoffes de dix-sept Paroisses, leurs Fabriques consistent en draps, dont il se fait par an plus de deux mille pieces.

CREST. A Crest & dans les treize lieux, dont les Facturiers y vont pour la visite & pour la marque, il s'y fait des ratines & des cordelats; de ceux-ci, mille pieces; & de celles-là, quinze cent.

MONTELIMARD. Ce Bureau est celui de tout le Dauphiné, où il ressortit un plus grand nombre de lieux de Fabrique; on en compte jusqu'à vingt-cinq. Les étoffes qu'on y fait, sont des ratines & des sergettes. Les sergettes vont à deux mille pieces par an, & les ratines, à plus de quinze cent.

TOLLINIAN. Dans ce Chef-lieu & dans les neuf Paroisses qui y viennent marquer leurs étoffes, on ne fait que des sergettes, dont on marque par an plus de deux mille pieces.

DIEU-LE-FIT. Vingt endroits où l'on fabrique des étoffes, dépendent de ce Chef-lieu; toutes ces étoffes consistent en sergettes, dont il se fait, année commune, environ dix mille pieces.

BUIS. Trois seuls endroits portent leurs étoffes à ce Bureau pour la visite & pour la marque, les Fabriques qui y sont établies, sont à peu près partagées entre les sergettes & les cordelats. On y fait environ six cent pieces d'étoffes, moitié des uns & moitié des autres.

VALENCE. Ses Fabriques & celles de son ressort, sont des draps & des ratines: il se fait cinq cent pieces des premieres, & six cent pieces des dernieres. Il y ressortit six lieux de Fabrique.

VIENNE. Les étoffes qu'on y fait, sont des droguets, ce Chef-lieu & ses dix-sept Fabriques ressortissantes, en font jusqu'à cinq mille pieces, année commune.

Il y avoit autrefois à Vienne trente moulinets pour la fabrique des lames d'épée, à peine y en reste-t-il encore quelqu'un; bien des gens croyent cependant que celles qui s'y faisoient, ne cédoient en rien aux lames d'épées qui se font en Forêts, si même elles n'étoient meilleures.

La situation de cette Ville seroit propre pour y établir & y soutenir un grand commerce; sur-tout à cause de la commodité de la petite riviere de Giere, où l'on pouvoit construire des forges de fer, d'acier, & de cuivre, & des moulins à poudre & à papier, dont les ouvrages & les métaux qui s'y prépareroient, pourroient être aisément envoyés dans les Provinces voisines par le moyen du Rhône, sur le rivage duquel cette Ville est située.

On a dit en passant, que les canons de fer se fondoient à Saint-Gervais. Ce Bourg est au-dessous de Grenoble sur la riviere d'Isere. La Fabrique des canons y est établie depuis environ trente-cinq ans. On y avoit fait venir des ouvriers étrangers pour cet établissement; mais les ouvriers du pays s'y sont rendus si habiles, qu'ils suffisent seuls pour le soutenir.

Le fer dont on se sert dans cette fonte de canons, se tire de la montagne d'Allevar, & la mine qui le fournit, produit un métail si doux & si liant, qu'il n'y a gueres de différence pour le service, entre des canons fabriqués de ce fer, & des canons faits de fonte.

On en fait un grand usage pour la Marine marchande, & même pour les armemens des Vaisseaux du Roi.

## COMMERCE DE PROVENCE.

Cette Province est très féconde en vins, en olives, en safran, en oranges, en citrons, prunes, amandes, avelines, grenades; enfin, en toute sorte d'excellens fruits. Il s'y recueille aussi une assez grande quantité de soie & de laine.

Toutes ces différentes productions sont autant d'objets de différens Commerces.

Des olives mises sous la presse & au moulin, on tire ces huiles si douces & si bonnes, dont on fait tant de cas à Paris, & dans tout le reste du Royaume, où il s'en consomme une quantité extraordinaire. On fait aussi un grand négoce des olives adoucies & préparées par la saumure, qui s'envoyent pareillement

reillement à Paris & ailleurs dans de petits barils. *Voyez* OLIVE & HUILE. *Le Commerce de l'un & de l'autre y est expliqué.*

Les vins muscats de Saint-Laurent & de la Cioutat, font les délices des meilleures tables, & il s'en transporte considérablement, non-seulement à Paris, & dans les principales Villes du Royaume, mais encore dans les Pays étrangers.

Les raisins avec lesquels on fait ces vins, & particuliérement ceux qui se recueillent aux environs de Roquevaire & d'Auriol, se sechent en grapes, & se débitent dans des caisses de différente grandeur; les plus gros s'appellent Raisins au jubis; les plus petits, Raisins Picardans. *Voyez* RAISIN.

Les figues se séchent aussi: elles sont de deux sortes, les violettes & les blanches, & s'envoyent dans des caisses, & dans des cabas. *Voyez* FIGUE; *on y parle de la maniere de les sécher, & du négoce qui s'en fait.*

Le Commerce des amandes & des avelines, n'est pas non plus médiocre: les unes se débitent ou cassées, ou en coque, les autres toujours en coque. *Voyez* AMANDE, & AVELINE.

Les grenades, les oranges, & les citrons s'envoyent frais dans de grandes caisses de sapin; les prunes de brugnoles se confisent, & se débitent ou en de petites boetes rondes, ou en de plus grandes boetes carrées. Digne est un des lieux de Provence d'où il s'en tire davantage. *Voyez les divers articles de tous ces fruits.*

Le grand nombre de meuriers blancs qui se trouve dans cette Province, & la facilité de nourrir des vers à soie, qui vivent de la feuille de ces arbres, & qui se plaisent dans les pays chauds, y entretiennent un Commerce de soies assez considérable. Les plus belles s'achetent par les Marchands de Lyon, où elles s'employent à diverses Manufactures de soirie; les autres restent dans la Province, où l'on en fait quelques légeres étoffes, comme des bourres de Marseille, des satins façon de la Chine, & ces taffetas qu'on appelle d'Avignon. *Voyez* SOIE.

Les savons, particuliérement ceux de Toulon & de Marseille, sont fort estimés. Les Parfumeurs s'en servent pour faire leurs savonettes; & les Teinturiers en laine, en soie, ou en fil, suivant les Réglemens faits en France en 1664, n'en doivent employer d'aucune autre sorte. Il s'en fait un grand négoce, tant dedans, que dehors le Royaume, & il y a quantité de savonneries en plusieurs endroits de la Provence. *Voyez* SAVON.

Il y a en Provence jusqu'à soixante Papeteries, où il se fabrique plusieurs sortes de papiers excellens, entr'autres de fort bon papier à écrire. Une partie des différentes especes qui s'y font, s'envoye à Paris, & dans quelques Provinces de France; l'autre se transporte dans le Levant. *Voyez* PAPIER.

Les Tanneries y sont aussi très considérables. Il s'y prépare quantité de toute sorte de cuirs, soit des cuirs verts, qu'on apporte de Barbarie, & de quelques Echelles du Levant; soit de ceux qui proviennent des abbatis du Pays. *Voyez* CUIR.

Les laines du Pays s'employent en diverses Manufactures d'étoffes, & en plusieurs Fabriques de chapeaux.

Les chapeaux qui se font à Aix, se débitent aux foires d'Aix, de Sallon, & de Premont. Ceux de Marseille s'envoyent en Italie, en Espagne, en Savoye, en Allemagne, & dans le Levant. Ceux de Toulon, dans la basse Provence, en Italie, & en Espagne; & ceux de la Principauté d'Orange, à Lyon, d'où ils sont transportés dans diverses Provinces.

A Aix, il y a douze Maîtres Chapeliers; à Marseille, cinquante; à Toulon, douze; & à Orange, vingt: le Commerce des chapeaux, qui se fait en Provence, va à plus de 500000 liv. par an.

Les étoffes de lainerie que font les Fabriquans Provençaux, sont des draps tout de laine d'Espagne, & des bonnets de laine du Pays, qu'on travaille à Marseille.

Les draps ont une aune demi tiers de large, & sont teints en rouge de garance, ils sont tous destinés pour le Levant. C'est aussi au Levant qu'on envoye les bonnets, où il s'en débite, année commune, environ pour 400000 liv. parmi ces bonnets il y en a beaucoup de laine d'Espagne, ce sont les Ouvriers qui les teignent eux-mêmes en rouge de garance & de vermillon. Il se fait aussi à Marseille des draps d'or, dont la Manufacture y a été établie par le sieur Fabres.

On fabrique à Toulon, à la Roque, à Meuve, à Solieres, à Cuers, à Pequants, à Camoulles, au Luc, à Draguignan, & à Lorgues, de deux sortes de pinchinats, les uns tout de laine d'Espagne, & les autres seulement de laine du pays. Les premiers se consomment dans le Royaume; les derniers s'envoyent en Italie, en Barbarie, & dans l'Archipel.

Il s'en fabrique environ 4000 pieces par an.

Les cadis & les cordelats sont de laine de Provence. Ils se font dans les Villes d'Aix, de Gordes, d'Apt, d'Ayquiers, d'Auriol, de Signe, de Colmars, & de Digne. On fabrique aussi dans ces deux dernieres Villes, & aux environs, des draps de trois quarts & demi de large. Ces étoffes se débitent partie dans le Royaume, & partie en Savoye.

Il s'en fait en tout dans ces huit Fabriques 4800.

Enfin, il se fait dans plusieurs lieux de la Principauté d'Orange, des serges de deux tiers; à Arles, de petites razes; & à Grignan, des sergettes, le tout de laine du pays, qui se consomment dans le Comtat d'Avignon.

Il se fait dans la Principauté d'Orange jusqu'à deux mille pieces d'étoffes; à Arles presqu'autant, & à Grignan 600.

On compte que toutes les étoffes qui se fabriquent en Provence, peuvent monter année commune à plus de 30000 pieces, sans celles qu'on y apporte d'ailleurs, qui doivent être visitées & marquées.

Il y a aussi en Provence plusieurs martinets pour le cuivre.

*Voyez à l'article des Foires celle de Toulon.*

### COMMERCE DE MARSEILLE.

Marseille est non-seulement la Ville du plus grand Commerce de toute la Provence, mais elle peut encore, par la richesse & la réputation de son négoce, le disputer à quantité des principales Villes du Royaume, qui l'emportent peut-être sur elle par beaucoup d'autres avantages.

Le Commerce de cette fameuse Ville ne s'étend néanmoins gueres au delà de la Méditerranée; & si ses vaisseaux passent quelquefois le Détroit, ce n'est que pour aller dans les Ports que la France a sur l'Océan, & dans quelques autres des Nations voisines, ou tout au plus aux Isles Françoises de l'Amérique, auxquelles les Marseillois ont coutume de borner leurs voyages de plus long cours.

Les Echelles du Levant, pour lesquelles les Négocians de Marseille chargent leurs vaisseaux, sont le grand Caire, Capitale de l'Egypte moderne, dont le Port est Alexandrie; Seyde dans la Palestine, & les trois petites Echelles d'Acre, de Barut, & de Jaffa, qui en dépendent, & qui sont sur la même Côte; Alep dans la Syrie, qui a pour son Port Alexandrette, qui en est à deux journées; & Tripoli, que pour la distinguer de celle de Barbarie, on appelle Tripoli de Syrie; Satalie dans la Caramanie, Smirne en Natolie, Constantinople Capitale de l'Empire Ottoman, & presque toutes les Isles de l'Archipel, l'Isle de Chypre, celle de Candie, & encore les Ports de la Morée.

Les Echelles des Côtes de Barbarie où les Marseillois envoyent des vaisseaux, sont Tripoli, Tunis, Alger, le Bastion de France, Tetouan, & Salé, qui ont tous de très bons Ports.

Ils en envoyent aussi dans plusieurs Villes d'Italie, comme Genes, Livourne, & Civita-Vecchia; dans les Ports d'Espagne sur la Méditerranée, entre autres à Barcelone, Alicante, & Cartagene; & au delà du Détroit, Cadix & Seville. Lisbonne Capitale du Portugal, est aussi une des Villes sur l'Océan, où Marseille porte ses marchandises & son négoce.

On ne fera que parcourir toutes les Echelles du Levant où les Marchands de Marseille envoyent leurs vaisseaux, parce qu'on en traitera ci-après amplement. *Voyez ci-après le* COMMERCE DU LEVANT.

A l'égard du Commerce qu'ils ont en Espagne, en Portugal, en Italie, & en quelques autres lieux d'Europe, on y entrera dans un plus grand détail, aussi-bien que de ce qui regarde son Commerce avec les Isles Antilles.

En général, les principales marchandises que les Marseillois portent dans les Echelles du Levant, sont le papier, n'y ayant point d'Echelle si peu considérable qu'elle soit, qui n'en demande, soit pour son propre usage, soit pour son Commerce, le papier s'envoyant de là dans tous les Etats du Grand-Seigneur, & du Roi de Perse: les draps de différens assortimens, quelques-uns grossiers, de la Fabrique de Marseille; d'autres plus fins, de celle de Languedoc; on en donnera les factures à l'endroit cité ci-dessus: de la cochenille; des étoffes de soie, qui passent jusqu'à Ispaham; du corail taillé en olive, qu'on travaille à Marseille & à Genes, qu'on envoye à la Mecque; des piastres, soit Sevillanes, soit Mexiquanes; de l'aquifoux, minéral qui se tire d'Angleterre, propre à écurer la vaisselle; des amandes, & autres fruits secs de Provence & de Nice; du bois de Bresil & de Campêche; de la verroterie, ou ambre faux de différentes couleurs & figure, qu'on tire de Rouen; du vif-argent, du cinabre, du verdet, du tartre; quantité de quincaillerie de Forest; des épiceries, des bonnets de laine teints en rouge, qui se fabriquent à Marseille; de la cassonnade, que les Marseillois rapportent des Isles, & peu d'autres marchandises.

Les cargaisons des vaisseaux de Marseille pour leurs retours, ou, comme ils disent, pour revenir en Chrétienté, consistent en cuirs verds, qu'on tanne ensuite à Marseille, & dans d'autres Tanneries de Provence & de Languedoc; du lin de trois ou quatre especes; du sené, de la gomme Arabique, de l'encens, de la momie, du *saffranum*, qu'on nomme aussi graine de perroquet; des toiles teintes & blanches, de diverses sortes; des cendres; des soies de plus de dix especes; des plumes d'autruche; de la glue; du coton filé & non filé; des noix de galle, des laines de chevron, des laines surges de mouton, des pistaches, de la cire, de l'opium, des cordouans rouges & jaunes, des peaux de chagrin, du storax, de la scamonée, des Cambresines, ou toiles des Indes, d'autres plus communes, du musc en vessie, ou en grain; diverses drogues médécinales; de la semence de perles; du *lapis lazuli*, qui vient de Tartarie & de Perse; de la rubarbe, de l'esquine; des tapis de Perse, les uns de laine, d'autres de soie, & d'autres moitié soie, & moitié or & argent; des raisins de Damas, en grapes ou en grains; du fil de chevre, dont on fait les beaux camelots; des montcaillarts de diverses couleurs, travaillés avec ce fil.

Les autres Nations qui trafiquent au Levant, y portent diverses marchandises, & en tirent quantité d'autres, dont on n'a point fait mention ci-dessus, n'ayant eu dessein que d'embrasser ici le Commerce des Marseillois.

Il faut encore remarquer, que toutes les marchandises du négoce de Marseille ne sont pas propres à chaque Echelle en particulier, & que toutes ne fournissent pas non plus les mêmes marchandises; mais on a réservé ce détail à l'endroit où l'on traitera du Commerce du Levant en général, & de chaque Echelle en particulier. *Voyez* COMMERCE DU LEVANT.

Les Marseillois portent dans l'Isle de Chypre des piastres, quelque peu de draps, & des bonnets de laine teints en rouge, les uns & les autres faits à Marseille, Ils en rapportent des soies blanches du crû de l'Isle, qu'on nomme des Chypriotes, quelques cordouans, mais moins bons que ceux qu'on tire des autres Echelles; des cotons, & diverses sortes de toiles faites de cette matiere. Sept ou huit Marseillois en font le Commerce. Le Consul François demeure à Lornica.

Dans les Ports des Isles de l'Archipel & de la Morée, on ne porte point de marchandise, mais de l'argent en piastre. Les Marchands de Marseille n'y envoyent que des barques, avec un fonds de quatre ou cinq mille piastres, qui y chargent du blé, des fromages, des laines, & des huiles.

Il n'y a en Candie que deux ou trois Marseillois, outre le Consul. On y fait le Commerce avec des barques, comme dans l'Isle de Chypre: il y faut des draps grossiers & des bonnets rouges. L'huile, le blé, l'orge, & l'avoine, sont les marchandises qu'on en rapporte.

Le négoce que les Marseillois font à Tripoli de Barbarie, consiste en vins & en piastres, qu'ils y envoyent sur des barques. Ils en tirent du sené, que rapportent les Pelerins Turcs qui font le voyage de la Mecque; des laines, & des plumes d'autruche. Il n'y a point de Consul François, & seulement un ou deux Marchands de Marseille.

Tunis a un Consul de France, & trois ou quatre Marchands Marseillois. Cette Echelle leur fournit du blé, des cires, & de la caillotte, qui est une graine propre à la nourriture des oiseaux. On y envoye de Marseille, dans des barques, des noisettes, des châtaignes, & autres fruits du crû de la Provence; la moitié de la cargaison doit être en argent.

A Alger, le Commerce se fait comme à Tunis; on y trouve du blé & des cuirs. Il y a encore sur cette Côte, deux ou trois petits Ports, entr'autres Collo & Tourou, que les barques de Marseille fréquentent; mais le Commerce s'y fait avec précaution, & en donnant & recevant des ôtages: on n'y traite que des blés.

On ne dira rien ici du Bastion de France, dont le Commerce a toujours été entre les mains des Marseillois; on en parle ailleurs amplement. *Voyez ci-après le* COMMERCE DES CÔTES DE BARBARIE.

Les Marseillois font encore le négoce de Tetouan & de Salé, dans le Royaume de Maroc, situé sur la même Côte; ils ont un Consul dans chacune de ces Villes, & un ou deux Marchands.

Les barques qu'on y envoye, se chargent de fruits de Provence, & d'un peu de papier, qu'ils troquent contre de la cire, & quantité de cuirs. La cire n'y est pas si bonne que celle du Levant, les Mores la falsifiant, & la chargeant en dedans de farine, de légumes, de graisse, & autres villenies.

Le Commerce que les Marseillois entretiennent avec les Italiens, se fait principalement à Genes, à Livourne, à Civita-Vecchia, & à Venise; mais ce dernier, aussi-bien que celui de tout le Golfe, est peu considérable.

Dans les autres endroits, le négoce consiste en grande quantité de fruits de Provence, comme amandes, prunes séches, & raisins secs; en miel, en marchandises du Levant, en cotonines, qui sont des toiles de coton propres à faire des voiles de vaisseaux. On les envoye de Marseille, sur de petits bâtimens, qui se chargent pour le retour, de toutes sortes de marchandises d'Italie, particuliérement d'alun de Civita-Vecchia, & de soies de Messine, qu'on tire par Livourne, & que de Marseille, on envoye ensuite à Lyon.

Les Marseillois font avec l'Espagne un de leurs Commerces des plus considérables. Lorsque le blé y manque, (on doit entendre la même chose de l'Italie,) des barques de Marseille en vont charger à Tunis, en Candie, & en divers Ports de l'Archipel & de la Morée, & en portent aux lieux où l'on sçait qu'on en a davantage besoin; d'où, sans revenir à Marseille, ils s'en retournent en charger de nouveau; ensorte que chaque barque a coutume de faire trois ou quatre voyages de suite: au dernier voyage elles font leur cargaison des marchandises propres pour Marseille: en Italie, de celles qu'on a dit ci-dessus; & en Espagne, de fourrées, de barilles, qui sont des pierres d'herbes brûlées, qui entrent dans la fabrique des savons; mais qui n'y sont pas si bonnes que les cendres du Levant: des esparts, espece de jonc, dont les Provençaux font les paniers & les cabats, où ils mettent leurs figues, raisins, & autres fruits secs; & beaucoup d'or & d'argent des Indes.

Comme l'Espagne n'a point de correspondance dans le Levant, les Espagnols n'en reçoivent les marchandises que par le moyen des Marseillois, qui leur envoyent en droiture sur des tartanes, une partie de ce qu'ils en ont apporté, des diverses Echelles où ils trafiquent.

Les principales de ces marchandises sont, des toileries bleues de diverses qualités, tant de celles d'Alep que du Caire; quantité de laines qui viennent aussi de cette derniere Ville, dont les Espagnols font des mouchaiars, des drogues pour la médecine & la teinture, & beaucoup d'autres de celles dont on a parlé ci-dessus.

Le négoce le plus considérable que les Marseillois font en Espagne, est celui de Cadix. Outre les marchandises du Levant, qu'ils y portent, il font une partie de leur cargaison, de celles de France; comme de dentelles, qu'on travaille au Puy en Auvergne, des étoffes de soie, des dentelles d'or & d'argent, quantité de cire travaillée, des tapis de Turquie, ou façon; du sucre, du tabac, de la cochenille, & du bois de Bresil & de Campêche.

Si les vaisseaux n'ont pas leur charge entiere pour le retour, ils touchent, en revenant, à Alicante, & à Valence, où ils prennent des barilles, & des soudes.

C'est par ce négoce que les Négocians de Marseille attirent chez eux plus de piastres qu'il ne leur en faut pour le Commerce du Levant; si bien qu'il leur en reste encore assez, pour mettre l'abondance des especes dans leur Ville, & dans toute leur Province.

Lorsque la guerre avec l'Espagne interrompt ce trafic, les Nations neutres le font sous leur nom; mais pour le compte des Marchands de Marseille. Ce sont ordinairement les Génois qui s'en chargent.

A l'égard du Commerce de Marseille avec Lisbonne, il est à peu près sur le pied de celui d'Espagne. Il faut néanmoins observer, qu'outre ce que les Marseillois y font pour leur compte, ce sont leurs tartanes & sehitiés, qui servent aux Nantois, & autres Marchands de Bretagne, à y faire le leur; les Marseillois chargeant les marchandises Bretonnes à fret; mais employant pour eux-mêmes, ce qui manque à leur cargaison.

Il y a dans Marseille, & sur la côte de Provence, plus de quatre-vingt barques, qui ne font autre trafic, que d'aller en Italie, en Barbarie, & en Espagne, porter & rapporter des marchandises, & courir de part & d'autre avec une diligence incroyable. Ce sont proprement des Postillons de mer, qui ne mettent jamais plus de deux ou trois jours de distance, entre leur arrivée & leur départ, des lieux où ils font leur négoce.

Les Marseillois ont aussi tenté la pêche de la morue; & ils y ont quelque tems envoyé jusqu'à six vaisseaux par an: mais n'y ayant pas trouvé de profit, ils ont cessé leurs envois.

Ils ont été plus heureux dans les voyages aux Isles Françoises de l'Amérique, & ils en continuent le Commerce avec succès. Les marchandises qu'ils y portent, sont des vins, du vinaigre, de l'eau-de-vie, quelques farines, des chapeaux, des souliers, des chemises, & des habits pour hommes & pour femmes. Ils en tirent des moscouades, ou sucres bruts, qu'on travaille dans les raffineries de Marseille; & quelques autres marchandises des Isles. Ils n'employent jamais d'argent dans ce Commerce; leur négoce se faisant par échange de marchandises à marchandises.

On ne sera pas sans doute fâché de trouver ici un extrait de ce que Monsieur Pitou de Tournefort rapporte du Commerce de Marseille, dans la Relation de son Voyage au Levant, entrepris par ordre du Roi en 1700, & donné au Public en 1717, & de quelques autres Mémoires qui ont été communiqués depuis la premiere Edition de cet ouvrage.

Il y a à Marseille deux Intendans; l'un qu'on nomme Intendant de Marine ou des Galeres; l'autre qui est l'Intendant de Justice, comme dans les autres Généralités de France. C'est ce dernier qui a inspection sur les affaires du Commerce, & qui en est le Juge. Il est à la tête de la Chambre du Commerce de cette Ville: ainsi qu'on l'a remarqué dans ce Dictionnaire à l'article des Chambres du Commerce.

Cette Chambre fait une pension de dix-huit mille livres [ l'Edit du mois de Mars de 1669, pour l'affranchissement du port de Marseille, ne dit que seize mille ] à l'Ambassadeur de France à la Porte ; & une autre de six mille livres à l'Intendant : C'est elle aussi qui a soin de payer les appointemens des Consuls de la Nation au Levant, & de leurs Chanceliers ; elle est pareillement tenue de tous les frais extraordinaires qui se font, soit en présens, soit en avanies. Le fond de toutes ces dépenses se prend sur les droits de Consulat, & comme on l'a dit ailleurs, sur celui de Colimo, dont néanmoins Monsieur de Tournefort ne parle pas.

Les Députés de la Chambre ont disposé pendant quelques années des Consulats ; mais il y a déja du tems que la Cour y pourvoit, & qu'ils ne jugent des affaires du Commerce, qu'autant que le leur permet le Ministre qui en a la Sur-Intendance.

Les boutiques des Marchands de corail, les magasins des droguistes, les Raffineries de sucre, les Manufactures des étoffes d'or & de soie, & les Fabriques de savon, font voir combien est considérable le commerce qui se fait à Marseille.

Il n'y a plus que dans cette Ville & à Genes, qu'il se trouve des Marchands de corail ; ce sont ceux de Marseille qui en débitent davantage, tout l'Orient étant rempli de leurs colliers & de leurs bracelets.

Dans les Manufactures de savon on consomme non-seulement une partie des huiles de Provence, mais encore celles que les Provençaux tirent de Candie & de Grece.

Les drogues du Levant arrivent à Marseille, de Smirne, d'Alep, d'Alexandrie, &c. Celles des Indes Occidentales viennent en droiture, ou par la voie de Cadix.

Enfin, à l'égard des sucres qui s'y raffinent, ce sont ceux des Isles Françoises de l'Amérique.

On se sert à Marseille pour l'achat ou la vente de certaines marchandises d'une sorte d'écu qui n'est qu'une monnoie de compte, il vaut 3 liv. 4 sols, ou 4 florins, en évaluant le florin à 16 sols tournois. Cette monnoie est principalement d'usage dans le commerce des cotons & des noix de galle.

Les Hollandois y font un assez bon commerce, & en tirent quantité de marchandises, entr'autres des huiles d'olives ; des savons blancs & marbrés ; des eaux-de-vie ; des vins muscats de Saint-Laurent ; des olives de Saint-Chamas, qui passent pour olives de Lucques ; des capres ; des anchois ; des raisins de Corinthe de Santen ; du miel blanc ; des amandes ; des figues & des raisins secs ; du verd de gris ; des parfums ; du pastel que les Marseillois tirent du Languedoc ; des piqueures de Marseille ; des bas de soie de Nismes ; de toutes sortes de drogues du Levant, du caffé, des soies, des cotons filés & en laine ; du poil de chevre d'Angora, du poil de chameau, &c.

Il vient pareillement à Marseille quantité de marchandises de Hollande, particuliérement d'Amsterdam ; mais la plus grande partie y reste en dépôt dans les magasins des Correspondans des Marchands Hollandois, pour être envoyée dans les Echelles du Levant, sur des vaisseaux & des barques que les Marseillois équipent exprès pour ce négoce.

Rien ne peut davantage faire voir la solidité, la richesse & la grandeur du commerce des Marseillois, que les malheurs dont leur Ville a été affligée depuis l'année 1720 jusqu'en 1722. Malheurs sous lesquels toute autre que cette Ville, n'eût pas manqué de succomber. En effet cinquante mille de ses habitans enterrés en moins de deux ans, par des maladies contagieuses ; son port fermé, & toute communication interdite tant au dedans qu'au dehors du Royaume ; ses vaisseaux & ses marchandises brûlées par les propres mains de ses Marchands, ou par celles des Etrangers ; en un mot, tout ce que la contagion a de plus désolant & de plus plein d'horreur, n'a pas été capable de lui rien ôter de la réputation de son commerce ; & elle s'est si bien rétablie en moins d'une année, que présentement le nombre des habitans y est plus grand qu'auparavant, ses magasins plus remplis, & son port plus fréquenté qu'avant qu'elle eût éprouvé ce fleau terrible de la colere de Dieu.

### *PRIVILEGES ACCORDE'S A LA VILLE DE MARSEILLE EN FAVEUR DE SON COMMERCE.*

#### PORT FRANC DE MARSEILLE.

Bien avant que l'Empire des François se fût établi dans les Gaules, & que la Provence fût devenue une de ses Provinces, les vaisseaux de cette Ville fameuse avoient porté son négoce chez les Nations les plus éloignées de l'une & l'autre mer ; & les richesses que la bonté de son Port, le nombre de ses navires, la hardiesse & l'habileté de ses Pilotes & de ses Matelots, & la sagesse de son gouvernement y avoient attirées, l'avoient rendue si puissante, que Rome déja la maîtresse d'une partie du monde, s'étoit fait un honneur de l'avoir pour une de ses premieres & de ses principales Alliées.

Depuis que dans le quinziéme siecle Marseille, ainsi que le reste de la Provence, eût été réunie à la Couronne de France, les Rois, pour soutenir la réputation du Commerce d'une Ville si importante, avoient affranchi son Port de tous droits ; mais cet affranchissement & ces priviléges avoient eu le sort de la plupart des plus utiles & des meilleurs établissemens ; & en 1669, époque si remarquable pour le Commerce & les Manufactures de France, Marseille étoit autant surchargée de droits d'entrée & de sortie qu'aucune autre Ville du Royaume.

Louis XIV qui depuis qu'il avoit pris lui-même le gouvernement de son Etat, faisoit une de ses principales occupations d'y faire refleurir le négoce, pensa non-seulement à rétablir la franchise du Port de Marseille sur l'ancien pied, mais voulut encore, en y ajoutant des priviléges & des avantages extraordinaires, y rappeller le négoce que la surcharge de tant de droits avoit fait passer chez les étrangers.

L'Edit pour cet affranchissement & les Lettres Patentes en exécution sont du mois de Mars 1669, enregistrées au Parlement de Provence les 9 & 12 Avril ensuivant.

Par cet Edit, le Port & le Havre de la Ville de Marseille sont premiérement déclarés francs & libres à tous Marchands & Négocians, & pour toutes sortes de marchandises, de quelque qualité & nature qu'elles soient : Sa Majesté entendant que tous Etrangers & autres personnes de toutes Nations & conditions puissent y aborder & entrer avec leurs vaisseaux, bâtimens, & marchandises ; y charger & décharger, y séjourner, magasiner, entreposer, & en sortir par mer librement quand bon leur semble, sans être tenus de payer pour lesdites marchandises & vaisseaux entrans & sortans par mer aucuns droits d'entrée & de sortie ; Sadite Majesté supprimant à cet effet tous droits, tant à Elle appartenans, qu'à la Ville & aux Particuliers; même réduisant les marchandises de contrebande à un nombre bien moins considérable que celui porté par le Tarif de 1664.

Secondement, toutes marchandises qui sont transportées par mer de la Ville de Marseille hors du Royaume, sont pareillement déclarées exemptes de tous droits; sans que les bâtimens & vaisseaux qui sortent de son Port soient tenus de raisonner au Bureau des Foraines & Douanes qui y sont établis; ce qui s'entend aussi des marchandises, qui par violence du tems, par la crainte des Corsaires, même par fortune de naufrage, ou pour réparer les vaisseaux, seroient mises à terre; à la charge néanmoins pour celles-ci, & dans tous ces cas, d'en avertir les Commis, & d'en faire le chargement sur d'autres vaisseaux en leur présence dans le terme de deux mois pour tout délai.

En troisiéme lieu, non-seulement il est permis à tous Marchands étrangers d'entrer par mer dans lesdits Ports & Havres, y charger, décharger, & sortir leurs marchandises sans payer aucuns droits, quelque séjour qu'ils y ayent fait; mais encore ils sont déchargés de tous droits d'aubaine; & leur décès arrivant, leurs enfans, héritiers & ayans cause, peuvent recueillir leurs biens & successions mobiliaires, comme s'ils étoient vrais & naturels François; étant aussi déclarés exempts de tous droits de représailles, en cas de rupture & de déclaration de guerre entre la France & les Etats dont ils sont sujets; auquel cas il leur est accordé trois mois pour transporter en toute liberté leurs effets, biens, & facultés hors du Royaume.

Enfin pour engager les Marchands étrangers à venir s'établir à Marseille, il est déclaré que tout étranger qui y prendroit parti, qui épouseroit une fille de la Ville, ou qui y acquerroit une maison dans l'enceinte du nouvel aggrandissement, du prix de dix-mille livres & au dessus, qu'il auroit habitée pendant trois ans, ou de cinq cent livres jusqu'à dix mille livres, dans laquelle il auroit pareillement fait sa demeure durant cinq années; même ceux qui sans y avoir acquis de biens ni de maisons, y auroient établi leur domicile, & fait un commerce assidu pendant douze années consécutives, seroient censés naturels François, & réputés Bourgeois de Marseille, & comme tels participeroient à toutes les libertés, droits, priviléges, & exemptions attribuées aux Bourgeois, excepté seulement pour les charges municipales, à l'égard desquelles les anciens Réglemens seroient exécutés.

### AUTRES PRIVILEGES CONTENUS DANS LES *mêmes Edit & Lettres Patentes du mois de Mars 1669, & l'Arrêt du Conseil du 10 Juillet 1703.*

Ces Priviléges sont :

1°. La suppression de toutes sortes de droits, soit qu'ils se levassent pour le Roi, soit qu'ils appartinssent à la Ville, soit que les Particuliers en eussent la jouissance.

Les principaux de ces droits supprimés furent les droits de demi pour cent, levés pour la pension de l'Ambassadeur de France à Constantinople, & autres affaires de commerce.

Autre droit de demi pour cent pour le curage du port.

Les droits de la table de mer.

Ceux sur les Drogueries & Epiceries.

Celui de soixante sols pour quintal sur les aluns.

Les droits sur la millerolle de miel & d'huile.

Ceux appellés le vingtain de carenne.

Le droit de cinquante sols par tonneaux en partie.

Les droits d'encrage, de radoub, & de contre-carenne.

Enfin les droits sur le poisson salé.

Sa Majesté révoquant en outre le privilége des huiles & fanons de baleines, sardes, chiens, loups de mer, & autres poissons, & levant les défenses faites pour le transport & commerce de la poix noire, raisine blanche & de legarde.

2°. La réduction des marchandises de contrebande pour la sortie, à un plus petit nombre qu'elles n'avoient été réglées jusqu'alors, dans laquelle contrebande ne seroient comprises que les marchandises suivantes; sçavoir :

Le plomb, le fer, l'artillerie, les arquebuses, mousquets, & toutes sortes d'armes, tant à feu qu'autres; les harnois, les poudres, les boulets à feux & rouages de canons; le salpêtre, la meche, les cotonines à faire des voiles; l'herbage, les ancres, sarties, voiles, arbres ou mâts & antennes; toutes sortes de planches & bois servant aux bâtimens de mer; les rames, la poix, toutes sortes de clous, le bray ou gouldron : enfin la poix résine & le suif.

3°. Que conformément aux anciens Edits, toutes soies apportées par mer du crû d'Italie, du Levant, & Pays de la domination du Grand-Seigneur, Roi de Perse, & d'Afrique, pour le Royaume, y soient apportées en droiture, & entrent par les Villes de Marseille & de Rouen; & quant à celles voiturées par terre du crû de Piedmont, du Duché de Milan, & autres Villes & lieux d'Italie, elles puissent être portées en la Ville de Lyon : faisant défenses Sa Majesté, à tous Marchands, tant François qu'Etrangers, de faire entrer dans le Royaume lesdites soies, soit par mer, soit par terre, par autres Villes & lieux que celles de Rouen, Marseille, & Lyon, à peine de confiscation.

4°. Quant aux soies & autres marchandises venant du Levant & lieux ci-dessus, qui auront été interposées à Gennes, Livourne, & autres Villes des Pays étrangers, soit en la mer Méditerranée, soit en la mer Océanne, elles payeront à l'entrée du Royaume vingt pour cent de leur valeur; soit qu'elles appartiennent aux Sujets de Sa Majesté ou aux Etrangers : en sorte qu'il n'y ait que les seules marchandises portées en droiture du Levant au port de Marseille & de Rouen, qui soient exemptes de ladite imposition de vingt pour cent : Permettant néanmoins Sa Majesté, à ses Sujets de porter leurs marchandises du Levant en Italie & autres endroits, pourvû qu'elles y finissent & y terminent leurs voyages sous les conditions portées par ladite Déclaration de 1669.

5°. La permission d'emprunter les sommes nécessaires pour acquitter les dettes faites dans les Echelles du Levant, & autres mentionnées dans ladite Déclaration; comme aussi de mettre & imposer des droits sur toutes sortes de voiles tant des Sujets du Roi que des Etrangers qui apportent dans le Royaume des marchandises du Levant, Perse, Barbarie, & Afrique, seulement pour l'acquittement desdites sommes empruntées.

Cette imposition de droits, dont il n'est parlé

qu'en général dans la Déclaration, est expliquée en détail dans les Lettres Patentes qui la confirment ainsi qu'il suit.

Sçavoir; deux mille piastres pour vaisseaux, treize cent pour polacres, & mille pour barque, allant aux Echelles d'Alexandrie & Smirne.

Sur chaque bâtiment allant aux Echelles de Seyde & Tripoli, 1600 piastres pour vaisseau, 1000 pour polacre, & 800 pour chacune barque.

Pour les bâtimens allant aux Echelles d'Alep, Chipre, Constantinople, Satalie, Escale-neuve, & la Morée, 800 piastres pour chacun vaisseau, 500 pour polacre, & 400 pour barque.

Pour les bâtimens allant aux Echelles de Barbarie, comme Alger, Tunis, Tripoli, Bonnes, la Calle, le Bastion, & autres Echelles des côtes de la domination du Grand-Seigneur en Afrique, 400 piastres pour vaisseau, 250 piastres pour polacre, & 200 pour barque: toutes lesquelles sommes provenant de ladite imposition, doivent être reçues par le Trésorier du Commerce, lors du départ ou à l'arrivée de chaque vaisseau; & lorsque les vaisseaux qui chargent au Levant, ne viennent pas en droiture à Marseille, ils sont tenus de payer le cottimo aux Echelles, où ils feront leur chargement entre les mains des Consuls & Députés de la Nation, qui demeureront solidairement responsables du défaut de recouvrement dudit cottimo.

Il faut remarquer à l'égard de cette imposition sur les vaisseaux, que lorsque le sieur Fabre député du Commerce de la Ville de Marseille, présenta sa Requête au Conseil d'Etat, pour parvenir au Réglement qui intervint en 1703, les dettes de la Nation étoient déja diminuées de la moitié; & les Echevins & Députés à la Chambre du Commerce de cette Ville, avoient aussi d'eux-mêmes réduit les droits à la moitié.

6°. Un transit général pour faciliter le commerce des marchandises du Levant dans les Pays étrangers par la voie du Rône, pour être transportées à Geneve, & de-là par terre dans les Pays étrangers, sans payer aucuns droits.

Avant de parler du Réglement de 1703, on va rapporter ici différentes Ordonnances, Déclarations, & Arrêts du Conseil; les uns favorables au commerce du Levant, & les autres qui paroissoient préjudiciables aux priviléges de la Ville de Marseille, sur le vû desquels fut ordonné & dressé ledit Réglement, qui a, pour ainsi dire, fixé les franchises & les priviléges de cette Ville.

### *ARRESTS FAVORABLES AU COMMERCE DU LEVANT.*

L'Arrêt du Conseil du 9 Août 1670, qui ordonne que l'Edit du mois de Mars 1669, seroit exécuté selon sa forme & teneur, & que conformément à icelui, toutes les soies & autres marchandises venant des Pays de la domination du Grand-Seigneur, Roi de Perse, &c. qui auroient été entreposées à Gennes, Livourne, & autres Villes des Pays étrangers, ne pourroient entrer en France que par le port de Marseille, & par terre, par le pont de Beauvoisin & Lyon, à peine de confiscation, en payant aux Bureaux desdits lieux vingt pour cent de la valeur, soit qu'elles appartiennent aux Sujets de Sa Majesté, ou aux Etrangers.

L'Arrêt du 30 Mai 1672, qui ordonne l'exécution du précédent pour les soies venant d'Asie, de l'Egypte, & autres Pays du Levant.

L'Arrêt du 15 Août 1685, rendu en interprétation de l'Edit de 1669, par lequel il est ordonné que les marchandises du Levant, qui entreront par le port de Rouen, soit qu'elles y soient apportées à droiture, soit qu'elles ayent été entreposées, payeront également le droit de vingt pour cent, avec défenses de faire entrer les marchandises par les autres ports du Royaume, à peine de confiscation, & au Fermier, de faire aucune composition du droit.

L'Ordonnance du 3 Mars 1688, par laquelle il est permis à tous Capitaines de vaisseaux François revenant du Levant, d'aborder aux côtes d'Italie; & d'y décharger partie de leurs marchandises, sans qu'ils puissent, pour raison de ce, être obligés de payer le droit de vingt pour cent des marchandises qui leur resteront; ainsi qu'il est porté par l'Edit de 1669, auquel Sa Majesté a dérogé à cet égard seulement, sous les conditions toutefois portées par ladite Ordonnance.

L'Arrêt du 9 Novembre de la même année 1688, où Sa Majesté, en interprétation de celui du 15 Août 1685, ordonne que les marchandises du Levant qui n'auront point été entreposées dans les Pays étrangers, & seront arrivées à droiture à Marseille, passant de ladite Ville dans le Royaume, soit par terre par le Bureau de Septemes & autres, étant aux environs de ladite Ville, ou par mer par les ports de Provence & de Languedoc; & par ceux de Rouen, Dunquerque, & autres ports du Ponant, seront exemptes du droit de vingt pour cent, & acquitteront seulement les droits ordinaires dûs aux Ports & Bureaux, par lesquels lesdites marchandises entreront; & ce, sous les conditions portées par ledit Arrêt du 9 Novembre 1688, & les restrictions faites pour celles qui entreront par ledit port de Dunquerque.

L'Arrêt du 3 Juillet 1692, lequel en interprétation du précédent, ordonne que les soies & autres marchandises du Levant des Etats du Grand-Seigneur, Perse, &c. venant à droiture desdits Pays, ou entreposées aux Pays Etrangers sans exception, qui viendront au port de Dunquerque, y payeront le droit de vingt pour cent; même celles portées par l'Arrêt du 22 Février 1687, soit qu'elles soient destinées pour les Manufactures du pays conquis, ou autrement; ledit Arrêt & celui du 9 Novembre 1688, au surplus exécutés suivant leur forme & teneur, avec défenses de faire entrer lesdites marchandises venant à droiture, ou entreposées, par d'autres ports que par ceux de Dunquerque & Rouen, en y payant le droit de vingt pour cent.

L'Arrêt du 3 Mars 1693, par lequel il est ordonné que les droits sur l'étain, établis par l'Ordonnance des Fermes du mois de Janvier 1681, seront levés au Bureau des Fermes établis hors de la Ville de Marseille, sur les étains qui entreront par Marseille, & que le Bureau établi dans la Ville, sera ôté avec défenses d'y en établir d'autres.

### *REGLEMENS ET ARRESTS QUI DIMINUENT LA FRANCHISE DU PORT DE MARSEILLE.*

Le Reglement du 15 Janvier 1671, par lequel il est imposé des droits sur le tabac à l'entrée de Marseille, avec un établissement pour l'entrepôt pour le tabac, dont il seroit fait commerce dans les Pays étrangers.

L'Arrêt du Conseil du 25 Avril 1690, par lequel il a été imposé des droits considérables sur les sucres & cassonnades de Bresil & autres Pays étrangers entrant dans le Royaume par mer & par terre, même par le Port de Marseille, même d'un entrepôt, pour en faire le commerce dans les Pays étrangers sans payer de droits.

L'Arrêt du 10 Février 1691, par lequel il est expressément défendu de faire entrer dans le Royaume aucunes toiles de coton, blanches, bleues, & mousselines des Indes, à peine de confiscation & de trois mille livres d'amende; laquelle prohibition on a voulu étendre aux toiles de coton venant du Levant.

L'Arrêt du 4 Octobre de la même année 1691, qui augmente les droits d'entrée des morues séches de la pêche des Pays étrangers jusqu'à 4 liv. du cent pésant, ce qui a été exécuté à Marseille comme aux autres Villes du Royaume.

L'Arrêt du 11 Décembre encore de l'année 1691, par lequel il est imposé 20 liv. sur chaque cent pésant des cotons filés venant des Pays étrangers; lequel droit on a levé aux Bureaux des environs du territoire de Marseille.

Enfin l'Arrêt du 12 Mai 1693, lequel en supprimant la ferme du caffé, du chocolat & autres semblables marchandises, ordonne que le caffé ne pourroit entrer dans le Royaume que par le Port de Marseille, en payant à l'entrée du Port 10 sols par chacune livre pésant, avec l'établissement d'un entrepôt pour le caffé dont il seroit fait commerce dans les Pays étrangers.

Ce fut comme on l'a insinué ci-devant, sur le vû de toutes ces pieces rappellées dans la requête du Député de Commerce de la Ville de Marseille; & encore sur les Mémoires produits réciproquement au Conseil par ledit Député & par les Fermiers du Roi, que fut donné l'Arrêt du 10 Juillet 1707, par lequel l'état des franchises du commerce & du Port de Marseille fut réglé pour l'avenir, & les contestations fréquentes de la Chambre de Commerce de cette Ville avec lesdits Fermiers, furent assoupies; & qui s'exécute encore aujourd'hui par les uns & par les autres.

Cet Arrêt en forme de Réglement contient XIV. Articles.

I.

Que les habitans de la Ville de Marseille, & les Marchands & Négocians, tant Sujets de Sa Majesté, qu'Etrangers, & autres personnes de toutes Nations & qualité, jouiront dans toute l'étendue de la Ville, Port, & territoire de Marseille, des exemptions, priviléges, & franchises, accordées en faveur du commerce, & portées par l'Edit du mois de Mars 1669, Déclaration de Sa Majesté, Arrêts, & Réglemens rendus en conséquence.

II.

Que toutes sortes de marchandises venant du Levant, Pays de la domination du Grand-Seigneur, du Roi de Perse, de Barbarie, & autres Pays étrangers, excepté celles ci-après marquées, pourront entrer librement dans le Port & dans la Ville de Marseille par mer, sans payer aucuns droits; à la charge par les Capitaines, Maîtres de navires, & Patrons de barques & autres bâtimens de mer, de fournir dans les 24 heures de leur arrivée, & avant le déchargement au Bureau du Poids & Casse, un manifeste exact de toutes les marchandises qui arriveront par mer dans ladite Ville & Port de Marseille, & de donner pareillement par lesdits Capitaines, Maîtres, Patrons, &c. audit Bureau, avant le départ desdits vaisseaux & bâtimens, une déclaration par manifeste des marchandises qu'ils chargeront pour sortir par mer de ladite Ville & Port de Marseille; lesdits manifestes contenant la quantité, le poids, & la qualité des marchandises, la marque & le numero des balles, & le nom du Marchand de Marseille, à qui les marchandises y arrivant, seront adressées; & lesdites Déclarations qui seront données à la sortie, contenant pareillement la quantité, le poids, & la qualité des marchandises, la marque & le numero des balles, le nom du Marchand pour le compte de qui les marchandises seront chargées, & le lieu de leur destination, en payant seulement audit Bureau de Poids & Casse, 5 sols pour l'enregistrement de chaque manifeste ou déclaration des vaisseaux & gros bâtimens de mer, entrant ou sortant du Port de Marseille, & sans payer aucuns droits pour les barques & autres petits bâtimens.

III.

Que les draps, étoffes, & bas de laine de Manufactures étrangeres; les étoffes des Indes de toutes sortes, même celles d'écorce d'arbres; les toiles peintes des Indes; les morues séches de la pêche des Etrangers, & les cuirs tannés venant du Levant ou d'ailleurs, ne pourront entrer dans le Port & la Ville de Marseille, ni en être fait commerce par les Marchands & Négocians de ladite Ville, à peine de confiscation des marchandises & trois mille livres d'amende: permettant néanmoins Sa Majesté l'entrée, le commerce & l'usage dans ladite Ville, Port, & territoire de Marseille, des toiles blanches, peintes, teintes, ou à carreaux, venant à droiture du Levant.

IV.

Que les droits portés par le tarif de la Douanne de Lyon pour l'entrée, par le tarif de la Foraine pour la sortie, & par les autres Tarifs, Arrêts, & Réglemens, seront levés & perçûs seulement au Bureau de Septemes, & autres Bureaux des environs du territoire de Marseille; ainsi qu'aux autres Bureaux des Fermes établis dans les autres Villes & lieux de la Provence, & qu'à cet effet les Bureaux des Fermes de Sa Majesté seront levés & ôtés de ladite Ville, Port, & territoire de Marseille, & transportés aux extrémités, & hors ledit territoire, pour la régie des Fermes y être faite conformément aux Ordonnances & Réglemens, à l'exception néanmoins du Bureau des Chairs & Poissons salés dépendans de la Ferme des Gabelles, dudit Bureau des Poids & Casse; de celui de la Ferme du Domaine d'Occident; & de celui de la Ferme du tabac, dont la régie continuera d'être faite dans ladite Ville, Port, & territoire de Marseille, suivant les Usages, Ordonnances, & Réglemens.

V.

Que les Réglemens faits pour la fixation d'entrée de diverses marchandises par certains ports, ou pour la prohibition d'entrée d'autres marchandises, seront exécutés seulement aux Bureaux des confins du territoire de Marseille.

VI.

Que les Commis desdites Fermes ne pourront faire des visites dans les maisons de la Ville, Port, & territoire de Marseille, qu'en présence & assistés d'un Officier de l'Hôtel de Ville ou de Police, par lequel les procès verbaux de visite & saisie, s'il en est fait quelqu'une, seront signés.

V I I.

Que les entrepôts établis dans la Ville de Marseille pour les cassonnades de Bresil, demeureront supprimés pendant trois ans, pendant lesquels lesdites cassonnades & le caffé pourront entrer dans ladite Ville, port & territoire de Marseille, & en sortir librement par mer, pour être transportées dans les Pays étrangers ou dans les Provinces du Royaume, sans payer à Marseille aucuns droits, sauf à en être les droits d'entrée, payés suivant les Tarifs, Arrêts,& Réglemens,dans les autres ports du Royaume, aux Bureaux des Fermes de Sa Majesté.

V I I I.

Qu'à l'égard des cassonnades & autres sortes de sucres, & du caffé, qui entreront dans ladite Ville de Marseille par terre pendant lesdites trois années, les droits en seront payés suivant les Tarifs, Arrêts, & Réglemens, aux Bureaux des environs de Marseille.

I X.

Que l'entrepôt établi dans la Ville de Marseille pour la Ferme du Tabac, sera continué suivant l'usage, jusqu'à ce qu'autrement il en ait été ordonné.

X.

Que les marchandises venant du Levant, comprises & spécifiées dans l'état arrêté au Conseil, & étant ensuite du présent Arrêt, qui arriveront & seront déchargées dans les autres ports du Royaume, sans être accompagnées d'un certificat des Echevins & Députés du Commerce à Marseille, pour assurer que lesdites marchandises y auront été prises, payeront vingt pour cent de la valeur, outre & pardessus les droits d'entrée ordinaires.

X I.

Que les marchandises entrant par le Pont de Beauvoisin, ou venant à Marseille après avoir été entreposées en Italie ou ailleurs, payeront à l'entrée de ladite Ville de Marseille, ou au Bureau du pont de Beauvoisin, ledit droit de vingt pour cent.

X I I.

Que la Chambre de Commerce de Marseille pourra commettre des Receveurs pour la perception dudit droit de vingt pour cent, au profit de ladite Chambre de Commerce dans le port de Marseille & au Bureau du pont de Beauvoisin, sur les marchandises entreposées qui y arriveront, & des Contrôleurs dans les autres ports du Royaume, pour tenir Registre des marchandises du Levant, qui y seront apportées directement sans avoir été prises à Marseille, ou qui seront amenées dans les ports après avoir été entreposées dans les Pays étrangers; pour lesquelles marchandises dans lesdits cas, le droit de vingt pour cent de la valeur sera payé outre les droits d'entrée ordinaire; & seront les appointemens desdits Receveurs & Contrôleurs, payés sur le produit dudit droit s'il se trouve suffisant, sinon ce qui manquera pour payer lesdits appointemens, sera payé par ladite Chambre de Commerce à Marseille.

X I I I.

Que l'Inspecteur établi à Marseille en vertu de l'Arrêt du Conseil du premier Septembre 1693, pour visiter les draps & étoffes des Manufactures de Languedoc & des autres Provinces du Royaume, qui sont envoyées, sera chargé conjointement avec les Echevins & Députés du Commerce dans ladite Ville, port, & territoire, des bas, étoffes, & bas de laine de Manufacture étrangere, & des étoffes écorce d'arbre, & toiles peintes des Indes.

X I V.

Enfin que les Arrêts & Réglemens concernant le commerce du Levant, seront au surplus exécutés suivant leur forme & teneur.

Ce seroit, ce semble, ici le lieu de mettre l'état ou tarif des marchandises sujettes au droit de vingt pour cent dont il est parlé dans l'article X de ce Réglement, pour ne point interrompre ce qu'on a encore à dire des privilèges & franchises de la Ville, Port, & Territoire de Marseille; & que d'ailleurs ce tarif a été depuis augmenté & réformé comme on va le dire tout-à-l'heure. On a jugé à propos de le renvoyer à l'article des Droits, qui fait une addition considérable dans ce Dictionnaire. *V.* DROITS DE VINGT POUR CENT.

L'Arrêt qui autorise & qui ordonne un nouveau tarif pour la perception du droit de vingt pour cent sur les marchandises du Levant, ou entreposées dans les Pays étrangers, ou entrant par d'autres ports que celui de Marseille, est du 16 Janvier 1706.

Les Maire, Echevins, & Députés du Commerce de la Ville de Marseille, ayant représenté au Roi que lorsque le nouveau Réglement de 1703 pour le droit de vingt pour cent, avoit été publié à Marseille, la Chambre du Commerce avoit reconnu qu'on avoit obmis d'y comprendre un grand nombre de marchandises, qui avoient toujours été comprises depuis l'Edit de 1669, dans les tarifs dressés suivant l'usage par ladite Chambre: Que d'ailleurs l'estimation qui en étoit faite, étoit si foible, que si ce tarif étoit exécuté en l'état qu'il étoit, il arriveroit souvent que le droit ne seroit levé qu'à raison de dix ou douze pour cent de la valeur des marchandises, ce qui seroit contraire à l'esprit dudit Edit de 1669.

Que quand le tarif de 1703 & ses estimations devroient avoir lieu dans les autres ports du Royaume, il seroit néanmoins nécessaire d'y apporter quelque changement pour le port de Marseille, où le commerce du Levant doit être regardé différemment des autres ports.

Que ce droit établi pour favoriser le commerce de Marseille, ne seroit plus avantageux qu'aux Négocians étrangers, qui entreposent leurs marchandises à Gennes & à Livourne, si les estimations du tarif de 1703 subsistoient, à cause de la facilité qu'ils auroient de régler leur commerce à l'égard de ces marchandises, suivant qu'ils auroient avis de l'augmentation ou diminution de leur prix dans le Royaume.

Enfin que pour éviter ou prévenir de tels inconvéniens, il seroit nécessaire de maintenir & garder la Chambre du Commerce de Marseille dans l'usage & possession où elle étoit depuis l'Edit de 1669, d'arrêter tous les ans une estimation en forme de tarif, des marchandises du commerce du Levant pour la perception du droit de vingt pour cent; laquelle estimation seroit suivie dans les autres ports du Royaume, sans préjudice au surplus dudit Arrêt du Conseil du 10 Juillet.

Ce fut sur ces représentations qu'après le vû des pieces énoncées dans la Requête, & sur l'avis de M. le Bret Intendant de Provence, Sa Majesté en son Conseil, ordonna que les marchandises du commerce du Levant, comprises & spécifiées dans l'état arrêté le même jour [16 Janvier 1706] en sondit Conseil, qui arriveront & seront chargées dans le port

port de Marseille, ou qui entreront dans le Royaume par le port de Beauvoisin, après avoir été entreposées dans les Pays étrangers, payeront vingt pour cent de la valeur, suivant l'estimation portée par ledit état; & qu'au surplus ledit Arrêt du Conseil du 10 Juillet 1703, sera exécuté, jusqu'à ce qu'autrement il en ait été ordonné par Sa Majesté.

On trouvera cet état ou tarif de 1706 dans ce Dictionnaire à l'article des Droits, où il est parlé de celui de vingt pour cent.

Il se trouve encore quelques Arrêts du Conseil, soit pour assurer les franchises de la Ville, Port, & Territoire de Marseille, soit pour le payement du droit de vingt pour cent sur les marchandises du Levant, conformément aux tarifs arrêtés au Conseil.

Les principaux sont, l'Arrêt du 16 Mars 1715, l'Arrêt du 14 Septembre 1721, & l'Arrêt du 8 Février 1724.

Par le premier rendu en cassation d'un Arrêt de la Cour des Aydes, qui avoit déchargé du droit de vingt pour cent, des poils de chevre filés, venant du Levant; comme si le droit ne devoit avoir lieu que dans les Ports de Provence, Sa Majesté ordonne que l'Edit de 1669 pour l'affranchissement du port de Marseille, & les Arrêts des 3 Juillet 1692, 6 Septembre 1701, 10 Juillet 1703, & autres rendus en conséquence, seront exécutés suivant leur forme & teneur; ce faisant, que les poils de chevre filés venant du Levant, qui auront été entreposés dans les Pays étrangers, ou qui seront entrés dans le Royaume, par d'autres ports que celui de Marseille, payeront outre les droits du Tarif de 1667, le droit de vingt pour cent de leur valeur, suivant le Tarif arrêté le 10 Juillet 1703.

A l'égard de l'Arrêt du 14 Septembre 1721, comme il n'avoit été rendu que pour régler l'entrée des marchandises du Levant dans le Royaume, pendant que la Ville de Marseille étoit affligée de la contagion, & que son exécution ne devoit avoir lieu que tant que le port de cette Ville seroit fermé; on se contentera de l'avoir indiqué, après avoir cependant remarqué que le port de Cete en Languedoc fut en quelque sorte substitué à celui de Marseille, pour l'entrée des soies & autres marchandises du Levant, & qu'il fut permis de les introduire dans tous les ports du Royaume situés sur l'Océan, en ne payant que dix pour cent de la valeur de celles qui auroient été entreposées dans le Levant.

Enfin l'Arrêt du 8 Février 1724, concerne le commerce qui se fait à Marseille, des caffés venant des Echelles du Levant.

Sa Majesté par un Arrêt de son Conseil du 31 Aout 1723, avoit accordé à la Compagnie des Indes un privilége exclusif de la vente du caffé, & par une Déclaration du 10 Octobre suivant, avoit ordonné que les Maîtres des vaisseaux qui arriveroient dans le port de Marseille, feroient dans les 24 heures leurs déclarations des caffés dont ils seroient chargés, qui seroient mis dans des magasins d'entrepôts fermés à deux clefs, d'où ils ne pourroient être tirés qu'en présence & par la permission des Commis de la Compagnie. Ces dispositions gênant la liberté du Commerce des caffés, dont il se fait un grand négoce dans les Pays étrangers par les Marchands de Marseille; Sa Majesté pour la rétablir & pour prévenir les suites fâcheuses, que l'exécution de ladite Déclaration pourroit avoir par rapport aux pacodilles des Matelots, ordonna que tous les caffés venant des Echelles du Levant, pourront entrer dans la Ville, Port, & Territoire de Marseille, & en sortir librement par mer, à la charge seulement par les Capitaines, Maîtres de navires, & autres bâtimens, d'en fournir à leur arrivée & avant leur départ, au Bureau du Poids & Casse de Marseille, leurs manifestes ou déclarations desdits caffés & de leur destination : ainsi qu'il se pratiquoit avant l'Arrêt du 31 Aout 1723, & la Déclaration du 10 Octobre suivant : Et en conséquence veut Sa Majesté, que les Bureaux qui ont été établis par la Compagnie des Indes, pour l'exploitation dudit privilége de la vente exclusive du caffé, seront levés & ôtés de ladite Ville, Port, & Territoire de Marseille : permettant néanmoins à la Compagnie d'avoir un Commis dans ledit Bureau du Poids & Casse, pour recevoir lesdites Déclarations, & d'en établir dans le Bureau de Septemes & autres Bureaux des Fermes de Sa Majesté, qui sont aux extrémités du territoire de Marseille, pour empêcher l'interdiction & les versemens des caffés en fraude dans le Royaume.

## ETAT GENERAL DE TOUTES LES MARCHANDISES DONT ON FAIT COMMERCE A MARSEILLE.

Cet Etat unique jusqu'ici en son espece, & à la perfection duquel il ne manque rien, est un Ouvrage posthume du célébre Monsieur Gaspar Carfueil, Négociant de la Ville de Marseille.

C'est à Monsieur ........ Carfueil frere de l'Auteur, que l'on doit cet Ouvrage, & ce généreux Marseillois capable lui-même d'enrichir le commerce, où il excelle par d'utiles ouvrages, a bien voulu que ce Livre fût, pour ainsi dire, le garant de la gloire de Monsieur son frere, en le faisant le dépositaire d'un Ouvrage si utile & si exact.

On auroit bien voulu pour rapprocher en quelque sorte le tems où cet état a été composé de celui où il est donné au Public, y ajouter une neuviéme colomne, où l'on auroit mis les prix des marchandises sur le pied qu'elles sont aujourd'hui; mais l'on s'est fait une religion de présenter ce trésor au Public dans le même ordre qu'il a été dressé.

Tout ce qu'on a pû se permettre, & qui pourra en quelque sorte suppléer à cette neuviéme colomne, c'est d'en donner comme un essai, en comparant le prix que valoient en 1688 [ qui est l'année où il a été composé ] un certain nombre de marchandises, avec le prix qu'elles valent présentement, c'est-à-dire, en 1727.

Ce sera donc sur cette espece d'Etat abrégé qui se trouvera à la fin de celui de feu Monsieur Carfueil, que le Lecteur pourra, s'il le juge à propos, faire des comparaisons proportionnelles de tels articles de marchandises qu'il voudra, avouant néanmoins que la régle ne sera pas également certaine pour toutes, y en ayant qui ne sont presque d'aucun prix, parce qu'elles ne sont plus de demande; & d'autres au contraire, dont les prix sont augmentés considérablement.

On ne peut douter de l'exactitude de ce petit Etat; puisqu'il a été dressé à la priere de l'Auteur de ce Dictionnaire par Monsieur Carfueil, qui à la vérité en l'accordant avec quelque peine, a toujours protesté qu'il étoit difficile de rien faire de certain sur cette matiere, dans la situation douteuse & peu assurée où se trouve le Commerce, aussi-bien à Marseille que dans toutes les Villes de France.

Au reste, on trouvera après le titre en entier de l'Ouvrage de feu Monsieur Carfueil, une Préface dont on ne connoît pas la main, mais qui certainement ne dit rien de cet illustre défunt que l'on ne sçache déja par la grande réputation qu'il s'est faite parmi ses Concitoyens.

On verra aussi à la fin de cette Préface, deux Lettres; l'une, de Monsieur Daguesseau, dont nous voyons aujourd'hui le fils Chancelier de France; & l'autre de Monsieur le Bret, pere de celui qui présentement est Intendant de Provence & à la tête du Parlement de cette Province. On a crû ne les point devoir omettre, tant à cause du poids que donne à un pareil Ouvrage le témoignage de ces deux grands Magistrats, que pour rendre croyable quelque louange que l'Auteur de la Préface a pû donner à l'Auteur de l'Ouvrage.

# *ETAT GENERAL DE TOUTES LES MARCHANDISES DONT on fait commerce à Marseille, avec l'explication de leurs qualités, à quoi elles servent, de quels lieux elles viennent en cette Ville, si c'est par mer ou par terre, brutes ou fabriquées; quelle quantité par estimation il en vient à Marseille dans une année commune; quelle en est la valeur en la présente année 1688, & en quels lieux il s'en fait la consommation.*

Par le Sieur GASPAR CARFUEIL, Négociant de la Ville de Marseille.

## *PREFACE.*

LE Public jouiroit depuis long-tems de cet Ouvrage, si l'Auteur trop modeste n'en eût empêché la publication pendant sa vie; aussi-bien que d'autres manuscrits qu'il a laissés sur des matieres importantes, qui mériteroient l'attention des Sçavans.

On a cru ne devoir plus le priver de celui-ci, à cause de son utilité, puisque les Négocians y trouveront une notion générale & curieuse de toutes les marchandises qui font le sujet du commerce de Marseille, c'est-à-dire, d'une Ville dont la situation & le port franc la rendent le magasin & l'entrepôt de presque toutes celles qui passent dans les Pays étrangers.

Cet Ouvrage qui est revêtu de l'approbation de deux des plus illustres personnages du Royaume (feu MM. Daguesseau & le Bret, ) suivant les Lettres dont ils honorerent l'Auteur, est rangé par ordre alphabétique : on espere que la méthode qu'il a suivie, sera du goût de tout le monde; puisqu'on y voit d'un coup d'œil tout ce qu'on peut desirer d'une maniere nette & précise.

Il n'y auroit qu'une seule chose à souhaiter, c'est qu'on eût pû fixer parfaitement le prix des marchandises avec leur quantité : mais comme les variations sont aujourd'hui plus fréquentes dans le Commerce, soit pour le prix, soit pour la quantité, & la consommation qui s'en fait plus ou moins grande selon le tems & les occasions; surtout par les changemens qui surviennent à la valeur des especes, on a jugé à propos de ne rien changer au manuscrit, & de le donner tel qu'on la trouvé.

On doit seulement observer que l'Auteur ayant eu l'honneur d'instruire Monsieur Daguesseau des Affaires de la Chambre du Commerce de Marseille, lorsque ce Seigneur fut en cette Ville en qualité de Commissaire extraordinaire, Député par le Roi en diverses Provinces; l'Auteur, dis-je, donna dans cette occasion, comme en plusieurs autres, des preuves de son habileté, de même que de son désintéressement; car il conste dans les Registres de cette Chambre sous la datte du 14 Octobre 1688, qu'il refusa une gratification considérable qu'on avoit déliberé de lui donner; il refusa encore dans la suite des Lettres de Noblesse.

Avec un si parfait désintéressement, il avoit un esprit délié & pénétrant : il passa toute sa vie dans le travail, il étoit consulté sur les affaires les plus difficiles & les plus considérables, qu'on terminoit souvent par son seul arbitrage.

Il ne fut pas seulement gouté par ses compatriotes, il le fut encore par des premieres personnes de l'Etat, qui l'honoroient de leur estime, en lui demandant ses sentimens sur des sujets très importans; à toutes ces qualités il avoit joint une parfaite droiture avec beaucoup de religion.

Il mourut en 1723 sans enfans, âgé de 75 ans.

*LETTRE DE M. DAGUESSEAU, Conseiller d'Etat ordinaire, & Commissaire extraordinaire Député par Sa Majesté dans les Provinces du Lyonnois, Dauphiné, Languedoc, & Provence.*

A l'Auteur.

J'ai reçû, Monsieur, l'état général des marchandises dont on fait commerce à Marseille, que vous avez pris la peine de m'envoyer : c'est un très grand travail qui est très exact & fort méthodique ; & auquel vous avez apporté beaucoup de soin & d'application : aussi vous y avez parfaitement réussi ; & il est très bien fait, quant à la forme qui est la seule chose dont je puis juger ; à l'égard du fond & de la matiere, c'est-à-dire, de la vérité des faits, il faut que je m'en rapporte à votre fidélité & à votre exactitude dont je suis très persuadé. Il ne me reste qu'à vous remercier de la peine que vous avez prise pour composer cet Ouvrage, qui pourra être très utile dans la suite ; je rechercherai avec plaisir les occasions de vous témoigner mon estime, & de vous faire paroître que je suis entiérement à vous. *Signé*, DAGUESSEAU.

A Fontainebleau, ce 20 Octobre 1683.

*LETTRE DE M. LE BRET, Conseiller du Roi en ses Conseils, Maître des Requêtes ordinaire de son Hôtel, Intendant de Justice, Police, & Finances en Provence, & Commandant pour Sa Majesté audit Pays.*

Au mesme.

Quoique je n'aye pas eu le tems, Monsieur, de lire avec exactitude l'Ouvrage que vous avez pris la peine de m'envoyer, j'en ai pourtant assez vû pour vous assurer qu'il est parfaitement bien fait, & qu'il peut donner des vûes avantageuses au Commerce du Levant ; je ne doute pas qu'il ne vous ait couté beaucoup de tems, de peines, & de soins pour le faire juste autant qu'il est possible en pareille matiere, & que M. Daguesseau qui en connoîtra l'utilité mieux que personne, ne le fasse valoir autant qu'il le mérite : de ma part, je vous promets de faire mon devoir si-tôt que vous m'aurez envoyé la copie que vous me destinez, en faisant remarquer à M. le Contrôleur Général tout ce qui pourra sur cela être avantageux au Commerce, & vous persuader que je suis très surement, & avec une estime particuliere, Monsieur, entiérement à vous. *Signé*, LE BRET.

A Aix, le 25 Septembre 1688.

# ETAT GENERAL DE

## DONT ON FAIT COMMERCE A MARSEILLE,

## A QUOI ELLES SERVENT, DE QUELS LIEUX PAR MER OU PAR TERRE, BRUTES OU FABRIQUE'ES; année commune; quelle en est la valeur à Marseille en la présente

| *Noms des Marchandises.* | *Leur qualité.* | *A quoi elles servent.* | *Lieux d'où elles viennent à Marseille.* | *Si c'est par Mer ou par Terre.* |
|---|---|---|---|---|
| ACACIA VERA. | Suc du fruit d'un arbrisseau. | A la Médecine. | Egypte par Alexandrie. | Mer. |
| ACIER. | Fer rafiné. | A des ouvrages à ressort & autres usages. | Dauphiné, Hambourg, Hollande, Bresse, & Venise. | Mer & Terre. |
| AGARIC. | Boulet blanc qui croît sur les arbres à glands, & sur les meleses. | A la Médecine. | Satalie, Alep, Salez & Tetouan, Savoye & Briançon en Provence. | Mer & Terre. |
| AGNUS CASTUS. | Fruit d'un arbrisseau. | A la Médecine. | Environs d'Hyeres en Provence. | *Idem.* |
| ALAYAS. | *Voyez.* BOURGS. | | | |
| ALBASIRE. | Sorte de marbre tendre. | Pour le fard. | Italie. | Mer. |
| ALCANETTE. | Racine. | A la Teinture. | Tunis, Languedoc, & Terroirs de Marseille. | Mer & Terre. |
| ALOES. | Suc d'une herbe. Cicotrin est le meilleur. Apatie est le moyen. Cabalin est le commun. | Tous les trois à la Médecine; & encore aux cuirs dorés, à l'égard de l'Apatie. | Indes Orientales, par Alexandrie, Angleterre, & Hollande. | Mer. |
| ALUN. | Pierre ou minéral. De Smyrne. De Roche. De Plume. | De Smyrne & de Roche, à la Teinture. De Plume, à la Médecine. | Le premier de Smyrne. Le second de l'Etat du Pape par Civita-Vechia. Le troisiéme de Venise & Hollande. | *Idem.* |
| AMANDE. | Fruit d'un arbre. | A manger. | Provence, & quand il y a disette, de Barbarie & Espagne. | Mer & Terre. |
| AMBRE. | Jaune ou carabe, suc gras de terre, endurci par la salure de la mer. Gris, espece de bitume poussée sur le rivage de la mer par les flots, & qui s'endurcit à l'air & se forme. | A faire des coliers, des chapelets, de l'huile de Carabe, & à la Médecine. A la Médecine, & aux essences & parfums. | Indes Orientales, par la Hollande. Isles du Bresil, par Hollande, Portugal & l'Angleterre, & encore de la côte de Bayonne, Saphis, & Sainte-Croix dans le Royaume de Fez & de Maroc, & quelquefois d'Alep. | Mer. |

# TOUTES LES MARCHANDISES AVEC L'EXPLICATION DE LEUR QUALITE', ELLES VIENNENT EN LADITE VILLE; SI C'EST QUELLE QUANTITE' PAR ESTIMATION IL EN VIENT DANS UNE année 1688, & en quels lieux s'en fait la consommation.

| *Si elles viennent brutes ou fabriquées.* | *Quelle quantité par estimation il en vient dans une année.* | *Quelle est leur valeur à Marseille en la présente année 1688.* | *Lieux où s'en fait la consommation.* |
|---|---|---|---|
| En petites vessies. | 2 ou 3 quintaux. | 25 à 30 sols la livre. | Provence & Languedoc. |
| En barres & carreaux. | 1000 à 1500 quintaux de Bresse & Venise, 100 à 200 quintaux de Hollande, avant l'imposition ordonnée par Arrêt du Conseil du ...<br>Et 4 à 500 quintaux du Dauphiné. | 14 à 16 l. le quintal, celui de Bresse & Venise; 13 à 14 l. le quintal, celui de Hollande & Hambourg; & 24 à 25 le balon de 135 livres pésant, brut, celui de Dauphiné. | Marseille, Isles de Canarie, Espagne, Catalogne. |
| Brut, & on le monde à Marseille; & émondé le plus souvent. | 70 à 80 quintaux du brut.<br>3 à 4 quintaux de l'émondé. | Celui de Salez & Tetouan, 15 à 18 sols la livre, brut, & 40 à 50 sols émondé.<br>Du Levant, 20 à 25 s. brut, & 50 à 60 sols émondé.<br>Savoye & Briançon, 10 à 12 sols, brut, & 25 à 30 sols émondé. | Peu à Marseille, le reste à Paris, Rouen, Lyon, Espagne, Italie, & Portugal. |
| Il ne se fabrique pas. | 5 à 6 quintaux. | 8 à 10 livres le quintal. | Angleterre, Hollande; & peu à Marseille. |
| Brut, & on le pulvérise. | 50 à 60 l. pésant. | 4 sols la livre en poudre. | En Provence. |
| Brut, & fait de même. | De Tunis, 40 à 50 quintaux.<br>Du Languedoc, 6 à 7 quintaux.<br>De Marseille, 1 à 2 quintaux. | De Tunis, 15 à 20 livres le quintal.<br>Et les autres 25 à 30 livres le quintal, étant beaucoup meilleurs. | Presque tout en Hollande. |
| Fabriqué. | 150 à 200 quintaux, entre les trois sortes. | 28 à 30 sols la livre, le Cicotrin.<br>12 à 14 sols la livre, l'Apatie.<br>9 à 10 sols la livre, le Cabalin. | Provence, Languedoc, Espagne, & Piémont. |
| Brut, on ôte la poussiere qui sert au même usage. | De Smyrne, 1000 à 1200 quintaux.<br>De Roche, 7 à 8000 quintaux.<br>De Plume, 7 à 8 quintaux. | De Smyrne, 8 à 9 livres le quintal.<br>De Roche, 20 à 25 sols d'avantage.<br>De Plume, 20 à 25 sols le quintal. | De Smyrne & de Roche à Marseille, grande quantité en Barbarie, Espagne, & France.<br>Celui de Plume, Marseille, Lyon, Espagne, & Piémont. |
| Cassées & nettes. | 7 à 8000 quintaux. | 13 jusqu'à 18 livres le quintal. | Italie, Levant, Cadis, Portugal, Angleterre, Hollande, & Hambourg. |
| Jaune, brut, & travaillé, & en rognûre du travaillé. | 3 à 4 quintaux, jaune travaillé.<br>8 à 10 quintaux du brut. | Le jaune travaillé, 20 à 25 liv. la livre.<br>Le brut, 20 à 25 sols la livre. | En Levant, Espagne, Portugal & Piémont, brut ou rognûres, Espagne, Italie, & Marseille. |
| Le gris, noir, & renardet, brut. | Du gris, 10 à 15 l. pésant. | Le gris, 70 à 75 livres l'once, poids de marc. | Le gris, noir, & renar- |

| Noms des Marchandises. | Leur qualité. | A quoi elles servent. | Lieux d'où elles viennent à Marseille. | Si c'est par Mer ou par Terre. |
|---|---|---|---|---|
| | Noir & renardet, production de la mer. | A des parfums. | Même endroit. | |
| AMIDON. | Composé de pure farine. | A ôter les taches, faire de l'empois, poudre de senteur, & de la colle. | Hollande, Hambourg, & Rouen, peu de Marseille même. | |
| AMOMI VERUM. | Graine. | A la Thériaque. | Indes Orientales, par Hollande. | |
| ANARCADES. | Fruit d'un arbre. | A la Médecine. | Indes Orientales, par Hollande. | |
| ANCHOIS. | Poisson. | A manger. | Marseille & autres Ports de Provence, Nice & Catalogne. | Mer. |
| ANIS VERD. | Graine. | A la Médecine, & à manger sucrées, ou dans le pain, & à faire de l'eau-de-vie. | Malthe & Alicant. | *Idem.* |
| ANGELICA DE BOHEMA. | Racine. | A la Médecine. | Provence, & Dauphiné. | Terre. |
| ANTIMOINE. | Minéral. Crud. Prépaté. | A la Médecine. | Hollande & Dauphiné. | Terre & Mer. |
| APIOS ou SCHINE. | Racine. | A la Médecine. | Smyrne & Alep. | Mer. |
| ARCENIC. | Espece de cristal composé d'orpin & d'arcenic naturel qui est un minéral. | A la Médecine. A la Teinture. Et à empoisonner. | Hambourg. | *Idem.* |
| ARGENT VIF. | Minéral liquide, qu'on tire d'une pierre rouge qui est une mine. | A la Médecine, & à mettre au derriere des glaces à miroir. | Venise, par Genes & Livourne. | *Idem.* |
| ARISTOLOCE. | Racine. | A la Médecine. | Provence & Languedoc. | Mer & Terre. |
| ARMODATES. | Fruit d'un arbre. | *Idem.* | Egypte par Alexandrie. | Mer. |
| ARQUIFOU. | Espece de minéral. | A vernisser la vaisselle de fayance & de terre. | Angleterre, Sardaigne, & Salez; celui-ci sert en Levant à la Peinture, & particuliérement à peindre les sourcils des femmes. | Mer. |
| ASPHALTUM. | C'est un bitume. Fin. Commun. | Le fin à la Médecine. L'autre à la Peinture & à la Médecine. | Smyrne & Alep. | *Idem.* |
| ASPICANARDY. | *Voyez* ESPICANARDY. | | | |
| AVELANES ou NOISETES. | Fruit d'un arbre. | A manger. | Provence, Catalogne, & Sicile. | Mer & Terre. |
| AVELANEDES. | Espece de gland. | A la Teinture, & à tanner les cuirs. | Morée, Archipel, Smyrne, & Constantinople; mais elles ne viennent pas à Marseille. | Mer. |
| AUFES ou ESPARTS. | Jonc d'Espagne. | A faire des cordages, cabas & ouvrages nattés, & à des fi- | Alicant. | *Idem.* |

| *Si elles viennent brutes ou fabriquées.* | *Quelle quantité par estimation il en vient dans une année.* | *Quelle est leur valeur à Marseille en la présente année 1688.* | *Lieux où s'en fait la consommation.* |
|---|---|---|---|
| | Du noir, 3 à 4 l. pésant. Du renardet, 7 à 8 l. pésant. | Le noir, 28 à 30 livres l'once, poids de marc. Le renardet, 35 à 40 liv. l'once, poids de marc. | dét, Marseille, Provence, Languedoc, & Piémont. |
| Fabriqué. | 800 à 1000 quintaux, sans compter 80 à 100 quintaux qui s'en fait à Marseille. | 12 à 15 livres le quintal, celui de Hollande valant 15 à 20 sols de plus; le prix du blé sert de régle. | Provence & Languedoc. |
| Il ne se fabrique pas. | 3 à 4 quintaux. | 25 à 30 sols la livre. | Espagne, Italie, & Provence. |
| Il ne se fabrique pas. | 10 livres pésant. | 25 à 30 sols la livre. | Presque point de consommation. |
| Salées. | Des Etrangeres 8 à 9000 barils; anchois ou sardines, gros ou petits, & de Marseille 9 à 10000 barils pareils. | Environ 3 livres le gros baril d'anchois pésant 25 livres, & les sardines, un tiers moins pésant 30 livres, & les petits barils, deux pour un gros. | France, Angleterre, & Hollande. |
| Au naturel. | 7 à 800 quintaux de Malthe. 1000 à 1200 quintaux d'Alicant. | 12 à 15 livres celui de Malthe le quintal. 15 à 18 livres celui d'Alicant le quintal. | France, Angleterre, Hollande, & Portugal. |
| Il ne se fabrique pas. | 80 à 100 livres pésant. | 4 à 5 sols la livre. | A Marseille. |
| Crud & préparé. | 60 à 80 quintaux. | Le crud, 12 à 13 livres le quintal. Le préparé, 18 à 20 sols la livre. | Italie, Espagne, peu à Marseille & en Provence. |
| En échine & accommodé. | 15 à 20 quintaux. | En échine, sans être accommodé, 18 à 20 sols la livre. Et accommodé, 35 à 40 sols la livre pésant. | Marseille, Languedoc, Espagne, Portugal, & Piémont. |
| En cristal. | 2 à 300 quintaux. | 12 à 15 livres le quintal. | France & Levant. |
| Il ne se fabrique pas. | 100 à 150 quintaux. | 40 à 42 sols la livre pésant. | France, Espagne, Levant, & Barbarie. |
| *Idem.* | 25 à 30 quintaux. | 8 à 10 livres le quintal. | France, Angleterre, & Hollande. |
| *Idem.* | 80 à 100 quintaux. | 25 à 30 livres le quintal. | France, Espagne, Angleterre, Hollande, Portugal, & Piémont. |
| Brut. | 2500 à 3000 quintaux. | 5 à 6 livres le quintal, & celui de Salez 30 à 40 sols davantage. | Provence, Languedoc, & Levant, particuliérement au Caire, à l'égard de celui de Salez. |
| Il ne se fabrique pas. | 4 à 5 quintaux. | Le fin 18 à 20 sols la livre. Le commun 10 à 12 sols la livre. | Marseille & Espagne. |
| Sans être cassées. | 12 à 1500 quintaux. | Celles de Catalogne & Sicile qui sont les communes, 6 à 7 livres le quintal; les autres 12 à 14 livres le quintal. | Rouen, S. Malo, & autres Ports de Ponant, Levant, & Barbarie. |
| Il n'en vient point. | | | Civitavechia, Venise, Genes & autres endroits d'Italie, on n'en porte que quand on ne trouve autre chose à charger. |
| Brut, & se fabrique à Marseille. | 1000 à 1200 milliers d'Ause, de 1000 poignées le millier; 900 à 1000 dou- | Les Auses à millier, 36 à 40 livres le millier; les libans 10 livres la douzaine, | Provence, Languedoc, & Italie. |

| Noms des Marchandises. | Leur qualité. | A quoi elles servent. | Lieux d'où elles viennent à Marseille. | Si c'est par Mer ou par Terre. |
|---|---|---|---|---|
| | | lets ou madragues à pêcher thouns. | | |
| AULX. | Sorte d'oignon sec. | A manger. | Provence & Italie. | Mer & Terre. |
| ASSA FOEDITA. | Espece de gomme. | Médecine. | Perse & Surie, par Alep. | Mer. |
| AZARUM. | Racine. | A la Médecine. | Dauphiné & Provence. | Terre. |
| AZERBES, ou MUSCADES ROMPUES. | Pieces de Noix muscades. | A épicer. | Indes, par la Hollande. | Mer. |
| AZERCOR, ou MINI. | Cendre de Plomb calciné. | A la Peinture, & peu à la Médecine. | Hollande & Angleterre. | *Idem.* |
| AZUR. | Composition de terre.<br>Fin.<br>Commun.<br>Outre-mer qui se fait du Lapis lazuli. | A la Peinture. | Hollande, & l'Outre-mer de France & Italie, s'en faisant aussi à Marseille. | Mer & Terre. |
| BALAUSTRE. | Fleur d'un arbre. | A la Médecine. | Provence & riviere de Genes. | *Idem.* |
| BAQUE ou GRAINE DE LAURIER. | Fruit de Laurier. | *Idem.* | r o vence. | Terre. |
| BARBOTINE, ou SEMEN CONTRA. | Graine d'une plante. | *Idem.* | Perse, par Smyrne & Alep. | Mer. |
| BARRILLE. | Cendres d'une herbe. | A faire le savon & le verre. | Alicant, Carthagenes, & Almerie. | *Idem.* |
| BARRILS. | *Voyez* Douves. | | | |
| BAS DE SOIE. | Soie travaillée. | L'usage n'a besoin d'explication. | Lyon, Avignon, Angleterre, Sicile, & Italie; il s'en fait aussi à Marseille. | Mer & Terre. |
| BAS D'ESTAME. | Fil & autres. | *Voyez* MERCERIE. | | |
| BASANES. | Peaux de moutons tannées. | A couvrir des livres, & à faire des souliers & cuirs dorés. | Provence & Catalogne; il s'en fait à Marseille. | Mer & Terre. |
| BEDELIUM FIN. | Gomme d'un arbre. | A la Médecine. | Alep. | Mer. |
| BENJOIN. | Gomme odoriférante qui vient d'un arbre.<br>Fin.<br>Moyen.<br>Commun. | A la Médecine & aux parfums. | Indes Orientales, par Hollande, Angleterre, & Levant. | *Idem.* |
| BITUME DE JUDE'E. | Bitume. | A la Médecine. | Levant. | *Idem.* |
| BLANC DE PLOMB, ou CERUSE. | Composition d'une terre. | A la Peinture. | Venise, Genes, & Hollande. | *Idem.* |
| BLE'. | Froment. | A faire du pain. | Provence, Languedoc, & Ports de France dans le Ponent, Hollande, Hambourg, Isles de Canarie, Tercere, Madere, Espagne, Italie, Sicile, Archipel, Morée, Candie, & Barbarie. | Mer, Riviere, & Terre. |
| BOIS. | Gros, ou de mâture. | Aux arbres ou mâts de Navires. | Bourgogne, Dauphiné, & Hollande. | Mer. |

| *Si elles viennent brutes ou fabriquées.* | *Quelle quantité par estimation il en vient dans une année.* | *Quelle est leur valeur à Marseille en la présente année 1688.* | *Lieux où s'en fait la consommation.* |
|---|---|---|---|
| | zaines cordages appellés Libans cinquaines, quarnes, & ternes; & 2 à 300 cables ou poulomieres gros ou petits. | l'un portant l'autre, les poulomieres 4 livres 10 sols la piece, l'une portant l'autre. | |
| Il ne se fabrique pas. | Quelques batteaux entiérement chargés. | 7 à 8 livres le cent pendant. | A Marseille. |
| *Idem.* | 25 à 30 quintaux. | 15 à 16 sols la livre pésant. | France, Piémont, Espagne, & Portugal. |
| Il ne se fabrique pas. | 10 à 12 quintaux. | 15 à 20 livres le quintal. | France, Espagne, Italie. |
| *Idem.* | 15 à 20 quintaux. | 30 à 40 sols la livre pésant. | France, Espagne, & Piémont. |
| *Idem.* | 100 à 150 quintaux. | 8 à 9 liv. le quintal. | Provence, Espagne, & Levant. |
| Fabriqué. | Fin, 50 à 60 quintaux. Commun, 100 à 150 quintaux. L'outre-mer, 15 à 20 livres pésant. | 60 à 70 liv. le quintal. 18 à 20 liv. le quintal. 6 à 8 liv. l'once. | Le fin & commun en Provence, Languedoc, Piémont, & Constantinople; l'outre-mer à Marseille. |
| Il ne se fabrique pas. | 80 à 100 balles de 3 à 4 quintaux l'une. | 7 à 8 liv. le quintal. | Angleterre, Hollande, & fort peu à Marseille & en France. |
| *Idem.* | 80 à 100 quintaux. | 8 à 10 liv. le quintal. | Marseille, Angleterre, Hollande, & France. |
| *Idem.* | 2 à 300 quintaux. | 15 à 20 sols la livre. | France, Angleterre, Hollande, Espagne, Portugal, & Piémont. |
| Brute. | 25 à 30000 quintaux. | 4 liv. 10 à 4 liv. 15 sols le quintal. | Marseille, Toulon, & peu aux autres endroits de France. |
| Fabriqués. | 25 à 30000 paires. | De 3 jusqu'à 10 & 11 livres la paire. | Marseille & Espagne, d'où on les porte aux Indes: en Portugal, d'où on les porte dans le Bresil. |
| Fabriquées. | 2000 à 2500 quintaux, dont les deux tiers se font à Marseille & en Provence. | Celles de Catalogne, 20 à 21 liv. le quintal, & les autres 24 à 25 liv. le quintal. | Marseille, Genes, Livourne, d'où elles vont au reste de l'Italie. |
| Il ne se fabrique pas. | 40 à 50 quintaux. | 16 à 17 sols la livre pésant. | France, Espagne, Portugal, Hollande, & Piémont. |
| Fabriqué. | 80 à 100 quintaux entre les trois sortes. | Le fin, 50 à 60 sols la livre pésant. Le moyen, 35 à 40 sols la livre. Le commun, 18 à 20 sols la livre. | Provence, Languedoc, Barbarie, & quelquefois en Levant. |
| Il ne se fabrique pas. | 2 à 3 quintaux. | 20 à 25 liv. le quintal. | France. |
| Fabriqué. | 2 à 300 quintaux. | Celle de Hollande, 12 à 13 liv. le quintal, & l'autre 16 à 18 liv. le quintal. | Languedoc, Provence, jusqu'à Lyon, Espagne, Levant, & Barbarie. |
| Il ne se fabrique pas. | 150 à 160000 charges, de quatre esmines l'une. | 8 à 9 liv. & 11 à 13 liv. la charge; celui de terre vaut plus que celui de mer. | Marseille, & ses environs. |
| Dégrossé. | De Hollande, 7 ou 8 Navires chargés. Celui de France vient en radeaux à pieces inégales, 8 à 10 radeaux. | Suivant la grosseur des pieces: celui de Hollande vaut le double de celui de France, & depuis 30 jusqu'à 600 liv. | Provence. |

| *Noms des Marchandises.* | *Leur qualité.* | *A quoi elles servent.* | *Lieux d'où elles viennent à Marseille.* | *Si c'est par Mer ou par Terre.* |
|---|---|---|---|---|
| BOIS. | Garbe de chêne. | Pour le corps de Navires. | Provence. | Mer & Terre. |
| | Bordages, ou Rombaudes de chêne & de pin. | Pour le corps de Navires. | Provence, Frejus, la Napoule, & Saint-Tropez en Provence. | *Idem.* |
| | Planches, Tables, Ais, & Poutres; sçavoir, | | | |
| | Noyer. | A la Menuiserie. | Dauphiné, sur des radeaux, ou sur des barques. | Riviere & Mer. |
| | Membrures de noyer, ou pieds de lit de demi pan quarré chaque piece. | *Idem.* | *Idem.* | *Idem.* |
| | Chartreuses. | *Idem.* | *Idem.* | *Idem.* |
| | Villars & Fayards. | *Idem.* | *Idem.* | *Idem.* |
| | Dandanse & S. Pierre de Bœuf. | *Idem.* | *Idem.* | *Idem.* |
| | Condrieu, doubles & simples. | *Idem.* | *Idem.* | *Idem.* |
| | Filieres & Sommeirol. | Pour charpente de maisons. | *Idem.* | *Idem.* |
| | Doublin de charge & de S. Jean. | *Idem.* | *Idem.* | *Idem.* |
| | Poutres rondes. | *Idem.* | *Idem.* | *Idem.* |
| | Ais de Narbonne. | Menuiserie & caisses à savon. | Narbonne. | Mer. |
| | Sapin & Mesle, blanc & rouge. | Charpente & Menuiserie. | Nice. | *Idem.* |
| | Chevrons & Solives de sapin de 8 à 12 pans de long. | *Idem.* | *Idem.* | *Idem.* |
| | Poutres rondes de mesle blanc ou rouge. | *Idem.* | *Idem.* | *Idem.* |
| | Fauquetes de pin. | *Idem.* | Nice, S. Tropez, Frejus, & la Napoule. | *Idem.* |
| | Table de Hollande, sapin de 12 pans de long & 1 de large. | *Idem.* | Hollande. | *Idem.* |
| | Dictes d'un pan $\frac{1}{2}$ de large, & 18 ou 20 pans de long. | *Idem.* | *Idem.* | *Idem.* |
| | Dictes de 2 pans $\frac{1}{2}$ de large, demi-pan d'épaisseur, & 24 à 28 pans de long. | *Idem.* | *Idem.* | *Idem.* |
| | Tables de pin. | *Idem.* | Frejus, S. Tropez, & la Napoule. | *Idem.* |
| | Millieres. | | | |
| | Ais de pin à douzaine. | *Idem.* | *Idem.* | *Idem.* |
| | Chevrons & solives de pin. | Charpente & Menuiserie. | Frejus, S. Tropez, & la Napoule. | Mer. |
| | Douves, cercles, tonneaux, & barils. *Voyez* DOUVES. | | | |

| *Si elles viennent brutes ou fabriquées.* | *Quelle quantité par estimation il en vient dans une année.* | *Quelle est leur valeur à Marseille en la présente année 1688.* | *Lieux où s'en fait la consommation.* |
|---|---|---|---|
| *Idem.* | 90 à 100000 pieds cubes. | 17 à 18 sols le pied cube. | Provence, & pour le commerce seulement. |
| *Idem.* | 40 à 50000 pieds cubes de chêne, & 80 à 100000 pieds cubes de pin. | Le chêne, 16 à 18 sols le pied cube; le pin, 12 à 14 sols le pied cube. | *Idem.* |
| *Idem.* | 4 à 500 douzaines de 8 à 12 pans de long, ½ pan d'épaisseur; point de régle pour la largeur. | 14 à 15 & 20 écus la douzaine. | Marseille, & ses environs; Italie, Sicile, & Malthe. |
| *Idem.* | 3 à 400 douzaines. | 8 à 9 liv. la douzaine. | *Idem.* |
| *Idem.* | 6 à 700 douzaines. | 10 liv. la douzaine. | Marseille, & ses environs. |
| *Idem.* | 3 à 400 douzaines Villars. Fayards, 80 à 100 douzaines. | 5 liv. la douzaine. | *Idem.* |
| *Idem.* | 3 à 4000 douzaines. | Dandanses, 55 à 60 sols la douzaine; les autres 10 sols plus. | *Idem.* |
| *Idem.* | Doubles, 3 à 4000 douzaines. Simples, 100 à 150 douzaines. | Les doubles, 3 liv. la douzaine; les simples, 1 livre 10 sols la douzaine. | *Idem.* |
| *Idem.* | Filieres rondes & quarrées; des rondes 2 à 300 pieces; des autres 6 à 700 pieces. Sommeirol, 2 à 300 pieces. | Filieres, 100 à 120 liv. la douzaine; & Sommeirol, 300 à 400 liv. la douzaine. | *Idem.* |
| *Idem.* | Doublin de charge, 6 à 700 pieces, & de S. Jean, 3 à 400 pieces. | De charge, 60 à 70 liv. la douzaine; de S. Jean, 40 à 50 liv. la douzaine. | *Idem.* |
| *Idem.* | 2 à 300 pieces. | De 100 à 150 liv. la douzaine. | *Idem.* |
| Dégrossé. | 8 à 10000 douzaines. | 3 liv. 10 sols à 3 liv. 15 sols la douzaine. | Marseille & ses environs. |
| *Idem.* | Blanc, 1000 à 1200 douzaines. Rouge, 3 à 400 douzaines. | Le rouge 6 à 7 liv. la douzaine. Le blanc la moitié. | *Idem.* |
| *Idem.* | 800 à 1000 douzaines. | De 3 à 3 liv. 10 sols la douzaine. | *Idem.* |
| *Idem.* | 30 à 40 douzaines. | 60 à 70 liv. la douzaine. | *Idem.* |
| *Idem.* | 12 à 1400 douzaines. | 22 à 24 sols la douzaine. | *Idem.* |
| *Idem.* | 8 à 10000 pieces. | 10 à 12 sols la piece. | *Idem.* |
| *Idem.* | 1000 à 1200 pieces. | 30 à 35 sols la piece. | *Idem.* |
| *Idem.* | 2 à 300 pieces. | 4 à 5 liv. piece. | *Idem.* |
| *Idem.* | 800 à 1000 douzaines. | 3 liv. 5 sols à 3 liv. 10 sols la douzaine de huit pans de long. | *Idem.* |
| *Idem.* | 12 à 1500 douzaines. | 36 à 40 sols la douzaine. | *Idem.* |
| Dégrossé. | 5 à 6000 douzaines. | 38 à 40 sols la douzaine réduites à 12 pans de long. | Marseille & ses environs. |

| *Noms des Marchandises.* | *Leur qualité.* | *A quoi elles servent.* | *Lieux d'où elles viennent à Marseille.* | *Si c'est par Mer ou par Terre.* |
|---|---|---|---|---|
| BOIS D'INDES. *Voyez* CAMPECH. | | | | |
| BOL DE PAYS. | Composition de terre. | A des remedes pour les maladies des chevaux. | Provence. | Terre. |
| BOLIARMENI. | Terre ou argile. | A la Médecine, & à la Peinture. | Constantinople. | Mer. |
| BONNETS. | Laine travaillée la plupart en rouge. Fins. Surfins. Et communs. | L'usage n'a besoin d'explication. | Ils se fabriquent à Marseille, & quelque peu de Tunis pour le Levant. | Mer & Terre. |
| BORAX. | Métallique qu'on met en roche. Rafiné qui se tire du gras. Gras. | Le rafiné aux Orfévres & aux Chaudronniers pour la soudure. Le gras à la Médecine. | Des Indes en Hollande où on le rafine. | Mer. |
| BOUCASSIN. *Voyez* TOILE. | | | | |
| BOULETS DE CANON. | Fer. | A la Guerre. | Hollande & Hambourg. | Mer. |
| BOURDES. *Voyez* SOUTE. | | | | |
| BOURGS. *Voyez* TOILE. | | | | |
| BRAY. | Composé noir fait d'herbes & de poix raisine. | A froter les Bâtimens de mer & d'autres ouvrages. | Provence. | Terre. |
| BREZIL. | Bois rouge. | A la Teinture. | Brezil par le Portugal. | Mer. |
| BRONZE. | Airain léton. | A faire des pieces d'Artillerie. | Saphis & Ste Croix, au Royaume de Fez & Maroc, & Hambourg. | *Idem.* |
| BUFFLES. *V.* CUIRS. | | | | |
| BURATES. *V.* DRAPERIE. | | | | |
| BURATINES, BURATES DE SOIE. *Voyez* ETOFFES DE SOIE. | | | | |
| CADIS, CADISSONS. *Voyez* DRAPERIE. | | | | |
| CAFFE'. | Espece de féve blanche. | A faire un breuvage. | Arabie par Alexandrie. | Mer. |
| CALAMUS AROMATICUS. | Racine. | A la Médecine. | Hollande. | *Idem.* |
| CAMELOTS & MONCAYASCHANGEANS OU ONDES. *Voyez* DRAPERIE. | | | | |
| CAMPECH. | Bois. | A la Teinture. | Indes Occidentales par Cadix. | Mer. |
| CAMOMILLE. | Fleur d'une plante. | A la Médecine. | Provence & Languedoc. | Mer & Terre. |
| CANELLE OU CINAMOME. | Seconde écorce d'arbre. Fine. Commune. Giroflée. Rompue, ou Excavisson de canelle. | A épicer, & à la Médecine. | La fine, commune, & excavisson, Indes par la Hollande. Et la giroflée du Brezil par Portugal. | *Idem.* |
| CANFRE. | Comme d'un arbre. Rafiné. | A la Médecine, & aux artifices de feu, & parfums. Dans le Levant, on en lave les corps morts. | Indes par la Hollande & Venise. | Mer. |

| *Si elles viennent brutes ou fabriquées.* | *Quelle quantité par estimation il en vient dans une année.* | *Quelle est leur valeur à Marseille en la présente année 1688.* | *Lieux où s'en fait la consommation.* |
|---|---|---|---|
| Il ne se fabrique pas. | 25 à 30 quintaux. | 5 à 6 liv. le quintal. | En Provence. |
| *Idem.* | 150 à 200 quintaux. | 9 à 10 livres le quintal. | Provence, Languedoc, Piémont, Espagne, & Portugal. |
| Fabriqués. | 40 à 50000 douzaines. | Les fins de 8 à 12 liv. la douzaine.<br>Les surfins 18 à 21 liv. la douzaine.<br>Les communs de 3 jusqu'à 6 liv. la douzaine. | Provence, toutes les Echelles du Levant & Barbarie. |
| Fabriqué & brut. | 20 à 25 quintaux, du rafiné.<br>80 à 100 quintaux pésant du gras. | Le rafiné 20 à 22 sols la livre.<br>Le gras ne vaut que la moitié. | Le rafiné, Languedoc, Espagne, Portugal, & Piémont; le gras en Provence. |
| Fabriqués. | 1500 à 2000 quintaux. | 8 à 9 liv. le quintal. | Provence. |
| Fabriqué. | 1000 à 1200 quintaux de Provence, & 1500 à 2000 barils de Hollande de 3 quintaux l'un. | 60 à 70 sols le quintal celui de Provence, & 12 à 14 liv. le baril, celui de Hollande. | Marseille, Toulon, & autres Ports de Provence, & en Italie, Espagne, Portugal, Isles de la Madere, & quelquefois l'Archipel. |
| Il ne se fabrique pas. | 2 à 3000 quintaux. | 36 à 38 liv. le quintal. | Marseille, France, Levant, & Barbarie. |
| *Idem.* | 4 à 500 quintaux. | 35 à 45 liv. le quintal, suivant sa qualité. | Marseille, Toulon, & Espagne. |
| Brut. | 5 à 6000 quintaux (en 1687.) | 65 à 70 liv. le quintal. | France, Angleterre, Hollande, & quelquefois Italie & Savoye. |
| Brut, on l'employe de même. | 25 à 30 quintaux. | 15 à 20 liv. le quintal. | France, Espagne, & Piémont. |
| Il ne se fabrique pas. | 2 à 3000 quintaux. | 9 à 10 livres le quintal. | Provence jusqu'à Lyon, Languedoc, Piémont, Levant, & Barbarie. |
| *Idem.* | 7 à 8 quintaux. | 10 à 12 livres le quintal. | France. |
| *Idem.* | 2 à 300 quintaux, fine & commune.<br>80 à 100 quintaux excavisson.<br>150 à 200 quintaux giroflée. | La fine, 4 à 4 liv. 10 sols la livre.<br>La commune, 50 à 60 s. la livre.<br>La giroflée, 15 à 16 sols la livre.<br>Excavisson, 40 à 45 sols la livre. | Provence, Languedoc, Espagne, Piémont, Levant, & Barbarie. |
| Rafiné. | 50 à 60 quintaux rafiné. | 50 à 55 sols la livre pésant. | Provence, Languedoc, Piémont, Espagne, Levant, & Barbarie. |

| Noms des Marchandiſes. | Leur qualité. | A quoi elles ſervent. | Lieux d'où elles viennent à Marſeille. | Si c'eſt par Mer ou par Terre. |
|---|---|---|---|---|
| CANONS A FEU. | Arme à feu. | A la Guerre & à la Chaſſe. | Pays de Forêts, Milan, Breſſe, Italie, & Allemagne. | Terre & Mer. |
| CANONS DE FER POUR FUST. | Piece d'artillerie. | A la Guerre. | Hollande & Danemarc. | Mer. |
| CANTARIDES. | Inſecte qui reſſemble à la mouche. | A la Médecine. | Piémont. | Terre. |
| CAPOTS ou CABANS. | Drap groſſier appellé Pinchinat & Enverſin. | Aux Matelots & Pêcheurs. | Se font à Marſeille & autres Ports de Provence. | |
| CAPRES. | Fruit. | A manger. | Marſeille & Provence. | Terre & Mer. |
| CARDEMOMUN. | Eſpece de fruit. | A la Médecine. | Indes par la Hollande & l'Angleterre. | Mer. |
| CAROUBIS ou CARROUGES. | Fruit d'un arbre. | A la Médecine & à manger. | Riviere de Genes & Ports de Provence. | Mer. |
| CARPOBALSAMI. | Graine. | *Idem.* | *Idem.* | *Idem.* |
| CARVI SEMEN. | Petite graine d'une eſpece de panais. | A la Médecine. | Dauphiné. | Terre. |
| CARNASSE. | Graiſſe ou raclure des cuirs qu'on tanne. | A faire la colle forte, & à coller le papier. | Provence, Languedoc, où il y a des Tanneries. Il s'en fait beaucoup à Marſeille. | Mer & Terre. |
| CARTAMI. | Graine de ſafranon. | A la Médecine, & à nourrir les peroquets. | D'Egypte par Alexandrie. | Mer. |
| CARTES. | Papier collé. | Au jeu. | Se font à Marſeille, à la réſerve de 100 à 150 caiſſes de 60 douzaines de jeux chacune qui viennent d'Aix. | Terre. |
| CARTONS. | Rognures de cartes converties en cartons. | A des Reliûres, à faire des étuis, & aux Tondeurs à draps. | Se font à Marſeille & s'y conſomment; le tout ne va qu'à environ 3000 liv. | |
| CASSE EN CANON, ou CASSIA FISTULA. | Fruit d'un arbre. | A la Médecine. | Iſles de l'Amérique & d'Alexandrie. | *Idem.* |
| CASSIA LIGNA. | Ecorce d'arbre. | A la Médecine & à épicer. | Indes, par la Hollande & l'Angleterre. | *Idem.* |
| CASSONNADE *Voyez* SUCRE. | | | | |
| CASTOR EN BOUTONS. | Teſticules d'un animal nommé Caſtor. | A la Médecine. | Les uns de Canada & Terre-neuve, & les autres de Beſançon, & autres endroits de France dans l'Océan. | *Idem.* |
| CASTOR EN LAINE. | Laine du même animal. | A faire des chapeaux, & du fil dont on fait des bas. | Il n'en vient pas. | |
| CENDRES. | De Levant. | Aux Fabriques de Savon, & aux Verreries. | Acre, Tripoly, & Napoulouſe en Surie, par Seyde & Alexandrete. | *Idem.* |
| | Gravellées; c'eſt une compoſition. | A la Teinture. | Lyon. | Terre. |
| CERCLES. *Voyez* DOUVES. | | | | |
| CERUSE. *Voyez* BLANC DE PLOMB. | | | | |
| CHAMOIS. *Voyez* PEAUX. | | | | |
| CHANVRE. | Herbe. | A faire du fil & de la toile, & pour des cables & cordages de Mer. | Dauphiné & Piémont, Florence par Livourne. | Mer & Terre. |

| *Si elles viennent brutes ou fabriquées.* | *Quelle quantité par estimation il en vient dans une année.* | *Quelle est leur valeur à Marseille en la présente année 1688.* | *Lieux où s'en fait la consommation.* |
|---|---|---|---|
| Brut & fabriqué. | 5 à 6000 canons à feu, soit mousquetons, fusils, ou pistolets. | 4 à 5 liv. piece jusqu'à 10 à 12 liv. | Espagne, Portugal, Provence, & Languedoc, & Isles de l'Amérique. |
| Fabriqué. | 80 à 100 pieces. | 7 à 8 liv. le quintal. | Côte de Provence. |
| Il ne se fabrique pas. | 5 à 6 quintaux. | 18 à 20 sols la livre. | Provence, Espagne, Portugal, & Italie. |
| | 7 à 800 capots à Marseille; il n'en vient pas d'ailleurs. | De 6 jusqu'à 18 livres piece. | Sur les lieux mêmes. |
| Salées, mises au vinaigre, & fraîches. | 6 à 8000 quintaux. | 6 à 7 liv. le quintal. | Angleterre, Hollande, Portugal, & Provence. |
| Il ne se fabrique pas. | 10 à 12 quintaux. | 35 à 40 sols la livre. | France. |
| Il ne se fabrique pas. | 150 à 200 quintaux. | 3 à 4 liv. le quintal. | Provence & Languedoc. |
| *Idem.* | Presque point. | 8 à 10 sols la livre. | Point de consommation. |
| *Idem.* | 50 à 60 livres pésant. | 4 à 5 sols la livre. | Marseille, Languedoc, Italie, Espagne, Portugal, & Piémont. |
| *Idem.* | 1800 à 2000 quintaux. | De 50 sols jusqu'à 3 liv. 10 sols le quintal. | Marseille & Provence où l'on fait du papier & de la colle. |
| *Idem.* | 25 à 30 quintaux. | 8 à 10 liv. le quintal. | France. |
| Se fabriquent à Marseille. | 7 à 800 caisses, de 60 douzaines de jeux chaque caisse. | Celles qui viennent d'Aix, 12 à 14 sols la douzaine; celles qui se font à Marseille, les fines 30 s. la douzaine, & les autres 18 à 25 sols la douzaine. | Peu à Marseille; le reste en Espagne, en Italie: peu en Portugal, Roussillon, Indes d'Espagne: peu en Levant, de même qu'en Barbarie. |
| | Des gros, 2000 à 2500. Pour Reliûres, 50 à 60 quintaux. Pour Etuis, 2 à 300 douzaines. Et des petits, 1000 à 1500. | Les gros, 4 sols piece. Ceux pour Reliûres, 12 liv. 10 s. le quintal; & ceux pour Etuis 40 sols la douzaine, & les petits 3 livres le cent. | Marseille; peu en Italie. |
| *Idem.* | 5 à 600 quintaux, dont les trois quarts viennent de l'Amérique. | 8 à 9 livres le quintal celui de l'Amérique; & celui de Levant 25 à 30 l. le quintal. | Provence, Languedoc, quelquefois jusqu'à Lyon, & encore en Espagne, Italie, & Piémont. |
| *Idem.* | 30 à 40 quintaux. | 18 à 20 sols la livre pésant. | Provence, Languedoc, Espagne, & Piémont. |
| *Idem.* | Un quintal des uns, & autant des autres. | Ceux de Canada & Terre-neuve, 5 à 6 liv. la livre; les autres de 10 jusqu'à 15 & 20 l. la livre. | France, Espagne, Italie, & Piémont. |
| *Idem.* | 6 à 7000 quintaux. | 6 à 7 livres le quintal; celles de Napoulouse 10 s. moins que celui d'Acre, & 30 sols moins que celui de Tripoly. | Marseille, Provence; Rouen, & autres endroits de France où il y a Verreries & fabriques de Savon. |
| *Idem.* | 7 à 8 quintaux. | 5 à 6 sols la livre. | Marseille. |
| Brut, & la plupart se fabrique à Marseille. | 5 à 6000 quintaux. | Celui de Dauphiné, de 25 à 35 l. le quintal; celui de Piémont, 10 à 11 l. le qu. celui de Florence, 20 à 22 l. le quintal. | Marseille, Provence, & Languedoc. |

| *Noms des Marchandises.* | *Leur qualité.* | *A quoi elles servent.* | *Lieux d'où elles viennent à Marseille.* | *Si c'est par Mer ou par Terre.* |
|---|---|---|---|---|
| CHAPEAUX. | De poil de chameau mêlé avec de la laine. | L'usage n'a pas besoin d'explication. | Se fabriquent à Marseille. | Il n'en vient pas. |
| | Demi Vigogne, poil de chameau & de lapin. | | | |
| | Vigogne bâtard, de poil de chameau de Perse, & poil de lapin. | | | |
| | Façon de Vigogne, laine de Perse, & de poil de lapin d'Angleterre. | | | |
| | Vrai Vigogne est de laine vigogne fine des Indes, & de poil de lapin d'Angleterre. | | | |
| | Façon de Caudebec, laine de pays. | | Provence. | Terre. |
| | Vrais Caudebecs, laine d'Autriche. | | Normandie. | *Idem.* |
| | Vrais Castors, laine de castor. | | Paris. | *Idem.* |
| CHAPELETS. *Voyez* | MERCES. | | | |
| CHARBON DE PIERRE. | Minéral. | Aux Forgerons. | Provence, Forêt, Angleterre, Hollande, & Hambourg. | Terre & Mer. |
| CHASTAIGNE. | Fruit d'un arbre. | A manger. | Provence & Languedoc. | Mer. |
| CHINE. *Voyez* APIOS. | | | | |
| CINABRIUM. | Mixtion de soufre & de vif argent. | A la Peinture. | Venise & Hollande. | *Idem.* |
| CINAMOME. *Voyez* | CANELLE. | | | |
| CIPERI. | Racine. | A la Médecine. | Candie. | *Idem.* |
| CIRE. | Ouvrage d'abeilles. Jaune. | A faire des flambeaux & bougies; à la Médecine & au cirage. | Provence, toutes les Echelles du Levant & de Barbarie. | Mer & Terre. |
| CIRE D'ESPAGNE. | Composition de gomme, laque, vermillon, & autres drogues. | A cacheter les lettres. | Hollande, Angleterre, & France; il s'en fait à Marseille. | *Idem.* |
| CITRAN OU ZEDORIA. | Racine. | A la Médecine. | Egypte par Alexandrie. | Mer. |
| CITRONS. *Voyez* | ORANGES. | | | |
| CIVETTE. | Odeur renfermée dans une maniere de bourse qui est autour des aînes de l'animal qu'on appelle Civette. | Aux parfums. | Hollande & Angleterre. | *Idem.* |
| CLINCAILLERIE. | *V.* QUINCAILLE. | | | |
| CLOUX, ou CLAVESONS. | Fer de dix-huit différentes sortes. | A la Menuiserie, Charpente, construction de navires, & autres ouvrages. | S. Chaumon en Forêt, & Genes. | Riviere, Mer, & Terre. |
| | Pelles & fourches de fer. | Au ménage. | S. Chaumon. | *Idem.* |

Ils

| *Si elles viennent brutes ou fabriquées.* | *Quelle quantité par estimation il en vient dans une année.* | *Quelle est leur valeur à Marseille en la présente année 1688.* | *Lieux où s'en fait la consommation.* |
|---|---|---|---|
| Ils se font à Marseille. | 7 à 8000 douzaines. | 18 à 20 liv. la douzaine. | Provence, Languedoc, jusqu'à Lyon & en Guyenne, Espagne, Italie, Piémont, & Allemagne; autrefois la consommation en étoit grande en Portugal, où cela a cessé depuis une imposition qu'on y a faite. |
| | 7 à 8000 douzaines. | 28 à 30 liv. la douzaine. | |
| | 3 à 4000 douzaines. | 34 à 36 liv. la douzaine. | |
| | 2000 à 2500 douzaines. | 50 à 54 liv. la douzaine. | |
| | 3000 à 3500 douzaines. | 65 à 70 liv. la douzaine. | |
| Fabriqués. | 100 à 150 douzaines. | 10 à 12 liv. la douzaine. | |
| *Idem.* | 50 à 60 douzaines. | 40 à 50 liv. la douzaine. | |
| *Idem.* | 10 à 12 douzaines. | 24 à 25 liv. la piece. | |
| | 25 à 30000 quintaux d'Angleterre, Hollande, & Hambourg, & autant de Forêt & Provence. | 25 à 30 sols les deux quintaux ou environ, pesant une mesure; & celui d'Angleterre, Hollande, & Hambourg, vaut 5 sols plus par mesure. | Marseille. |
| Cela ne se fabrique pas. | 4 à 5000 quintaux. | 4 à 5 liv. le quintal. | Marseille, Italie, Barbarie, & principalement en Espagne. |
| Il vient fabriqué. | 80 à 100 quintaux. | 46 à 48 sols la livre pesant. | Marseille, France, & Levant. |
| Cela ne se fabrique pas. | 10 à 15 quintaux. | 8 à 10 liv. le quintal. | Provence, Languedoc, Espagne, Italie, & Portugal. |
| Brute, & on la blanchit à Marseille en Provence & en Languedoc. | 3500 à 4000 quintaux. | 72 à 78 liv. le quintal. | Se blanchit à Marseille, Provence, & Languedoc: brutes & blanches à Lyon, Dauphiné, Espagne, & Piémont, quelquefois en Italie; les blanches vont aux Indes d'Occident par Cadix. |
| Fabriqué. | 80 à 100 quintaux. | 15 sols jusqu'à 60 sols la livre, selon la qualité. | En Provence, Espagne, & Portugal. |
| Il ne se fabrique pas. | 4 à 500 quintaux. | 40 à 50 liv. le quintal. | France, Languedoc, Provence, Portugal, Espagne, & Hollande. |
| *Idem.* | 15 à 20 livres pesant. | 12 à 16 liv. l'once. | France, Espagne, Piémont, & Italie. |
| Fabriqués. | De S. Chaumont, 3 à 400 balles de deux quintaux l'une poids de marc, & de Genes 3 à 400 quintaux. | Ceux de S. Chaumont, depuis 6 sols jusqu'à 16 livres le millier, & de Genes 14 à 15 livres le quintal. | Marseille & ses environs, quelque peu en Espagne, Sardaigne, & Majorque. |
| *Idem.* | 50 ballons de 72 pieces l'un. | 25 liv. le ballon. | *Idem.* |

| *Noms des Marchandises.* | *Leur qualité.* | *A quoi elles servent.* | *Lieux d'où elles viennent à Marseille.* | *Si c'est par Mer ou par Terre.* |
|---|---|---|---|---|
| CLOUX DORE'S. | Cuivre doré ou bruni. | A garnir des chaises à porter & des chaises à meubler. | Lyon, & peu de Genes. | Mer & Terre. |
| COCHENILLE. | Graine. | A la teinture de l'écarlate & cramoisi. | Indes Occidentales par Cadix, d'où elle vient en tous les Ports de France, Hollande, Angleterre, & Italie. | *Idem.* |
| COLE. | C'est une composition; la forte se fait de la carnasse. | A coler. | Languedoc, Provence, & Piémont. | *Idem.* |
| | Celle de poisson se fait de la peau du ventre de la baleine. | | Hollande. | |
| COLOQUINTE. | Fruit de courge sauvage. | A la Médecine. | Chypres. | Mer. |
| CONFECTION. | Composition. Salquerines. Alkermes. Hiacinte. | Il n'en vient presque point. | Et il ne s'en fait à Marseille que pour sa seule consommation, & des Villages circonvoisins. | |
| CONFITURE. | Lize & candie. | A manger. | On la fait à Marseille. | |
| COQUE DE LEVANT. | Fruit d'un arbre. | A la Médecine & à la Pêche. | Alexandrie. | Mer. |
| CONTARIE. | Espece de chapelets de verre. | Pour ornement des femmes. | Venise. | Mer. |
| CORAIL. | Sorte de plante qui naît dans la mer & se pétrifie. | A faire des chapelets, filieres, coliers, bracelets pour les femmes & les enfans, & autres ouvrages; fort peu à la Médecine. | Catalogne, Corsegue, côte de Provence, Bastion de France, & Tabarque en Barbarie; très peu de Sardaigne & Trapens en Sicile. | Mer. |
| CORCOME OU TERRA MERITA. | Racine. | A la Teinture. | Indes, Alexandrie, & Hollande. | *Idem.* |
| CORDOANS. | Cuir de peau de bouc de chevre passé en tan. Teints en rouge & en jaune, sans couleur, accommodés avec l'avelanede. | A faire des souliers, reliures, & garnir des chaises. | Smyrne, Constantinople, Satalie, Morée, Alep, Chypres, & Salez. | *Idem.* |
| CORIANDRE. | Graine. | A faire des dragées sucrées, & à la Médecine. | Italie. | *Idem.* |
| CORNES. | De mouton, bœuf, & buffles. | A faire des écritoires de poche, manches de couteaux, & autres ouvrages. | Espagne, Italie, & Portugal, Provence; celles de buffles de Constantinople. | *Idem.* |
| | De cerf. *Voyez* OS DE CORNE DE CERF. | | | |
| CORTICIS CAPARIIS. | Ecorce de Caprier. | A la Médecine. | Provence. | Terre. |
| CÔTE DOUCE & AMERE. | Bois ou racine. | *Idem.* | Indes Orientales & Occidentales. | Mer. |
| CÔTE DE SOIE TEINTE. *Voyez* FILOUZELLE. | | | | |
| CÔTE DE BALEINE. | Os, côte de l'animal qu'on nomme Baleine. | A mettre dans les corps des jupes. | Bayonne & Hollande. | *Idem.* |

| Si elles viennent brutes ou fabriquées. | Quelle quantité par estimation il en vient dans une année. | Quelle est leur valeur à Marseille en la présente année 1688. | Lieux où s'en fait la consommation. |
|---|---|---|---|
| *Idem.* | 100 à 150 milliers de différente qualité. | De 30 jusqu'à 80 & 100 sols le millier, selon la qualité. | Marseille, & ses environs. |
| Il ne se fabrique pas. | 2 à 300 quintaux. | 16 liv. la livre pésant; elle a valu autrefois de 8 jusqu'à 24 liv. la livre. | Marseille, Provence, Languedoc, quantité en toutes les Echelles du Levant, & quelquefois en Barbarie & Italie. |
| Fabriquée. | 12 à 1500 quintaux. | 18 jusqu'à 25 liv. le quintal. | Provence. |
| | 40 à 50 quintaux. | 15 à 16 sols la livre pésant. | |
| Il ne se fabrique pas. | 80 à 100 quintaux. | 60 à 70 liv. le quintal. | France, Angleterre, Espagne, Hollande, Portugal, & Italie. |
| | 3 à 400 quintaux. | La lize 12 à 14 sols la livre, & la candie, 9 à 10 sols. | Marseille, France, Espagne, Hollande, Levant, Barbarie, & Piémont. |
| Brut. | 150 à 200 quintaux. | 45 à 50 liv. le quintal. | Marseille, France, Espagne, Portugal, & Piémont. |
| Fabriqué. | 30 à 40 barils de 7 à 8 quintaux l'un. | 25 à 30 liv. le quintal. | Toutes les Echelles du Levant, peu à Marseille aux boutiques en détail pour des chapelets. |
| Brut, & se fabrique à Marseille. | 100 à 150 quintaux. | Celui de Catalogne en race 10 à 11 liv. la livre brut; celui de S. Tropez, 8 à 10 liv. celui de Cassis, la Ciotat, Antibes, & Sixfours, 5 à 6 liv. celui de Trapens 6 à 7 liv. la livre, & celui de Barbarie autant. | Tout se travaille à Marseille & se consomme en Barbarie, Salez, Saphis, Tetouan, Levant, Indes Orientales par la Hollande & l'Italie, Ports de Ponant, & encore en Allemagne & à Siam. |
| Il ne se fabrique pas. | Il n'en vient presque plus. | 35 à 40 liv. le quintal. | Marseille. |
| Fabriqués. | 2 à 300 balles. | Ceux de Smyrne & Constantinople accommodés à l'avelancde, 9 à 10 sols la livre; les rouges & jaunes, 17 à 18 sols, & de Satalie, 20 sols; ceux de Morée sans couleur, 8 sols; les rouges & jaunes, 17 à 18 sols; ceux de Salez, 18 à 20 sols; les jaunes d'Alep & Chypres, 19 à 20 sols toujours la livre; les rouges, 30 à 35 l. la douzaine. | France, Italie, Sicile, & Piémont. |
| Il ne se fabrique pas. | 25 à 30 quintaux. | 18 à 20 liv. le quintal. | Marseille. |
| Brutes. | 4 à 500 milliers de paires. | De 15 jusqu'à 25 à 30 l. le millier, selon la qualité. | Marseille & en Forêt. |
| Il ne se fabrique pas. | 25 à 30 quintaux. | 10 à 12 liv. le quintal, fraîches, & 7 à 8 sols la livre, séches. | Angleterre, Hollande, & Hambourg. |
| *Idem.* | 50 à 100 liv. pésant. | 12 à 15 sols la livre pésant. | France. |
| Coupées. | 2 à 300 quintaux. | 12 à 14 sols la livre pésant. | Provence, Espagne, Piémont, & Italie. |

| *Noms des Marchandises.* | *Leur qualité.* | *A quoi elles servent.* | *Lieux d'où elles viennent à Marseille.* | *Si c'est par Mer ou par Terre.* |
|---|---|---|---|---|
| COTON. | Laine enfermée dans le fruit d'une plante appellée Coton. | A faire des toiles à voile, futaines, & autres toiles. | Smyrne, Chypres, & Acre par Sayde. | Mer. |
| | En rame; c'est à-dire, en laine. | Méche de flambeaux chandelles, & bougies; bas, & étoffes mêlées de soie & de coton. | | |
| | Filé; sçavoir, Once de Smyrne. Caragach. Montassen. Giozelazar. Echelle neuve. Genequié. Baquiers. | Au même usage ci-dessus. | Smyrne. | *Idem.* |
| | Once de Satalie. Fin dudit. Moyen dudit. | Au même usage. | Satalie. | *Idem.* |
| | Once de Sayde. Escar d'once. Hierusalem. Escar dudit. Fin de rame. Moyen dudit. Napoulouse. Basatz. Moyens de Basatz. | Au même usage. | Sayde. | *Idem.* |
| | Once d'Alep. Escar d'once dudit. Beledin. Moyen dudit. Gonzadelet. Payas. Marine. Turquimany. | Au même usage. | Alep. | *Idem.* |
| | Filets approchant de ceux appellés Genequié & Echelle neuve. | Au même usage. | Alexandrie d'Egypte. | *Idem.* |
| | Cossaire. Vilant. Socho. | | Il n'en vient plus. | |
| | Archipel, à peu près comme les Giozelazars pour la qualité & le prix. | | *Idem.* | |
| | Malthe à peu près comme les genequiés & baquiers pour la qualité & le prix. | | *Idem.* | |
| COTONINE. | Toile de fil & coton. Double. Simple. | Aux voiles des navires. | Se fait en Provence, il n'en vient à Marseille d'aucune part. | |

| Si elles viennent brutes ou fabriquées. | Quelle quantité par estimation il en vient dans une année. | Quelle est leur valeur à Marseille en la présente année 1688. | Lieux où s'en fait la consommation. |
|---|---|---|---|
| En laine, & se fabriquent à Marseille, quand les filets sont rares. | En laine 6 à 700 balles faisant 4 à 5000 quintaux. | 28 à 30 liv. le quintal. | Marseille, France, Piémont, Genes, Livourne, Espagne, Catalogne, Salez, & peu en Portugal. |
| Filé. | Du fil, 4 à 5000 balles faisant en tout 14 à 15000 quintaux, compris toutes les sortes ci-après déclarées en la colonne suivante. | Once de Smyrne 25 écus de 64 sols piece le quintal.<br>Caragach, 23 écus.<br>Montassen, 21 écus.<br>Giozelazar, 18 écus.<br>Echelle neuve, 18 écus.<br>Genequié, 14 écus.<br>Baquiers, 13 écus. | *Idem.* |
| *Idem.* | | Once de Satalie, 17 écus.<br>Fin dudit, 22 écus.<br>Moyen dudit, 16 écus. | *Idem.* |
| *Idem.* | | Once de Sayde, 29 écus.<br>Escar d'once dudit, 24 écus.<br>Hierusalem, 20 écus.<br>Escar dudit, 18 écus.<br>Fin de rame, 17 écus.<br>Moyen dudit, 12 à 13 éc.<br>Napoulouse, 11 à 12 écus.<br>Basatz, 20 écus.<br>Moyens de Basatz, 16 écus. | *Idem.* |
| *Idem.* | | Once d'Alep, 26 écus de 64 sols piece le quintal.<br>Escar d'once dudit, 23 écus.<br>Beledin, 20 écus.<br>Moyen dudit, 18 écus.<br>Gonzadelet, 17 écus.<br>Payas, 16 écus.<br>Marine, 15 à 16 écus.<br>Turquimany, 16 à 17 écus. | *Idem.* |
| *Idem.* | | Ceux d'Alexandrie, 14 à 15 écus le quintal; les écus sont toujours de 64 s. la piece, tel étant l'usage à l'égard des cotons & galles. | |
| | | 15 à 18 écus le quintal, toujours l'écu de 64 sols piece. | |
| | | Malthe, 14 à 15 écus le quintal, *Idem.* | |
| On la fabrique à Marseille. | Il s'en fait 4 à 5000 pieces par an de 65 à 70 cannes la piece. | Les doubles, 16 à 17 sols la canne, & les simples, 12 à 13 sols. | Marseille, côte de Provence, Espagne, Italie, & l'Archipel. |

| Noms des Marchandises. | Leur qualité. | A quoi elles servent. | Lieux d'où elles viennent à Marseille. | Si c'est par Mer ou par Terre. |
|---|---|---|---|---|
| COUCON DE SOIE. | Peloton de soie, que fait le vers à soie. | A la Médecine, & pour fourrer les hoetes; quand ils sont bons on en tire la soie, & du reste la filoufelle. | Provence, Languedoc, & peu d'Italie. | Mer & Terre. |
| COUPEROSE. | Composition d'une espece de minéral. | A la teinture en noir. | Angleterre & Italie. | Mer. |
| CREME, ou CRISTAL DE TARTRE. | Composition qu'on fait du tartre. | A la Médecine, & à la Teinture. | Montpellier; il s'en fait quelque peu à Marseille. | Mer. |
| CREPES DE BOULOGNE. | Sorte d'étoffe de soie de Boulogne, fort legere; il y a défense dans l'Etat du Pape d'en faire d'autre soie; il y en a de différentes largeurs, & se distinguent par 12 numeros. | Les noires, à marquer le deuil qu'on porte de la mort de quelqu'un, & à d'autres usages. Les blanches pour faire des coeffes & coeffures & autres ajustemens de femme. | Boulogne. | *Idem.* |
| CREPONS. *Voyez* DRAPERIE. | | | | |
| CUCUBE. | Graine. | A la Médecine. | Hollande & Alep. | *Idem.* |
| CUCUMULE, MOITIE' AGARIC. | C'est l'agaric femelle. | *Idem.* | Salez, Tetouan, Alep, Smyrne, & Satalie. | *Idem.* |
| CUIVRE. | Corps métalique. Rosete, c'est le cuivre de la premiere fonte sortant de la fournaise en forme de platine. | A faire des chaudrons & autres pareils ouvrages, & à faire du verdet. | Salez, Hambourg, & Hollande. | *Idem.* |
| CUMINS. | Graine. | A la Médecine & à la nourriture des pigeons, en Hollande, & Angleterre, on en met dans le pain & au fromage. | Malthe, & peu de la Morée. | *Idem.* |
| CUIRS. | Peaux d'animal. Buffles. | A faire des souliers, | Smyrne, Constantinople, & Alexandrie; rarement de Sayde, Alexandrette, & Chypres. | Mer. |
| | Buffles escarts. | *Idem.* | *Idem.* | *Idem.* |
| | Bufferins. | *Idem.* | *Idem.* | *Idem.* |
| | Cuirs Indiens. | *Idem.* | Des Indes par Cadix & Italie. | *Idem.* |
| | Cuirs de Smyrne, appellés Vaches en poil. | *Idem.* | Smyrne, rarement de Sayde, Alexandrette, & Chypres. | *Idem.* |
| | Cuirs de Constantinople en poil, premier couteau Saumes & baudans. | *Idem.* | Constantinople. | *Idem.* |
| | Cuirs d'Alexandrie. Tourous ou tauraux. Torillons. Vaches. Chameaux. | *Idem.* | Alexandrie d'Egypte. | *Idem.* |

| *Si elles viennent brutes ou fabriquées.* | *Quelle quantité par estimation il en vient dans une année.* | *Quelle est leur valeur à Marseille en la présente année 1688.* | *Lieux où s'en fait la consommation.* |
|---|---|---|---|
| Brut. | 4 à 500 quintaux. | 8 à 10 sols la livre pésant. | Marseille. |
| Il ne se fabrique pas. | 2 à 3000 quintaux. | Celle d'Italie, 5 à 6 livres le quintal; celle d'Angleterre, 3 liv. 10 s. à 4 livres le quintal. | Languedoc, Piémont; France, Espagne, & Barbarie. |
| Il ne se fabrique pas. | 2 à 300 quintaux. | 18 à 20 liv. le quintal. | Provence, Italie, Angleterre, & Hollande. |
| Fabriquées, & presque tout des noires de tout numero, & des blanches des numeros 32 & 36. | 2 ou 3 caisses de 80 à 100 pieces chacune, & chaque piece de 26 aunes de toute largeur. | Numero 2, deux sols l'aune; numero 4, trois sols l'aune; numero 6, quatre sols; numero 8, 6 sols; numero 10, 8 sols; numero 12, 10 sols; numero 14, 12 sols; numero 32, 25 sols; numero 36, 27 sols; & numero 45, trente-huit sols, toujours l'aune. | Marseille. |
| *Idem.* | 5 à 6 quintaux. | 25 à 30 sols la livre pésant. | France, Espagne, & Italie. |
| *Idem.* | 40 à 50 quintaux. | 5 à 6 liv. le quintal. | France, Espagne, Italie, en Piémont, & Portugal. |
| Le vieux brut & en rosete, l'autre travaillé en platine. | 5 à 600 quintaux. | Le vieux brut & en rosete, 12 à 13 sols la livre pésant, & l'autre 15 à 16 sols la livre. | Provence, Languedoc, & Piémont. |
| Brut. | 1800 à 2000 quintaux. | 14 à 16 liv. le quintal. | Peu à Marseille & en France, le reste en Espagne, Portugal, Angleterre, Hollande, & Hambourg. |
| Brut, & on les tanne à Marseille. Provence, Languedoc, & Dauphiné. Depuis l'imposition du droit de vingt pour cent, il ne vient plus de cuirs tannés. | 35 à 40000. | 11 à 12 liv. piece. | Marseille, Provence, Languedoc, Dauphiné; & tant bruts que tannés, à Majorque, Catalogne, Savoye, Riviere de Genes, & quelquefois en Italie. |
| *Idem.* | Environ le quint seulement du nombre des buffles. | 7 à 8 liv. piece. | *Idem.* |
| *Idem.* | 5 à 6000. | 3 à 4 liv. piece. | *Idem.* |
| *Idem.* | 1000 à 1500. | 24 à 25 liv. le quintal en poil. | Provence & Languedoc; Italie, Piémont, & Espagne. |
| | 1000 à 1200. | 3 à 4 liv. piece. | *Idem.* |
| | 10 à 12000. | Saumes, 5 à 6 liv. piece. Baudans, 6 liv. 10 s. à 7 liv. piece. | *Idem.* |
| | 10 à 12000. | 6 à 7 liv. piece. | *Idem.* |
| | 18 à 2000. | 4 à 5 liv. piece. | |
| | 7 à 8000. | De 3 liv. 10 sols à 4 liv. 10 sols piece. | |
| | 2 à 3000. | 5 à 6 liv. piece. | |

| *Noms des Marchandises.* | *Leur qualité.* | *A quoi elles servent.* | *Lieux d'où elles viennent à Marseille.* | *Si c'est par Mer ou par Terre.* |
|---|---|---|---|---|
| | Cuirs de Tripoly de Barbarie. | *Idem.* | Tripoly de Barbarie. | *Idem.* |
| | Cuirs de Tunis. | *Idem.* | Tunis. | *Idem.* |
| | Vaches d'Alger. | *Idem.* | Alger. | *Idem.* |
| | Cuirs de Tabarque & du Bastion. | *Idem.* | Tabarque & Bastion. | |
| | Cuirs de Palerme & Sardaigne. | *Idem.* | Palerme & Sardaigne. | *Idem.* |
| | Cuirs de Tetouan, Salez, Tagada, Saphis, & Tanger. | *Idem.* | Tetouan, Salez, Tagada, Saphis, & Tanger. | *Idem.* |
| | Cuirs d'Angleterre. | *Idem.* | Angleterre. | Terre. |
| | Vaquetes. *Voyez* VAQUETES. | | | |
| | Veaux d'Angleterre. *Voyez* VEAUX. | | | |
| DATES. | Fruit de palmier. | A manger. | La plus grande quantité de Tunis, & la moindre d'Alexandrie, d'Egypte, Tetouan, & Salez. | Mer. |
| DAUCUS CRETICUS. | Fleur d'une plante. | A la Médecine. | Indes par la Hollande. | *Idem.* |
| DENT D'ELEPHANT ou YVOIRE. | Os ou défense d'Elephant. | A faire des tabletes, boetes, & autres ouvrages des Tourneurs. | Alexandrie, Salez, & Hollande. | *Idem.* |
| DENTELLES. | Ouvrages de fil au fuseau ou à l'éguille. | A des ornemens à l'usage des hommes & des femmes. | Du Puy & Aureillas en Velay, & peu du Havre & Dieppe. | Mer & Terre. |
| DENTELLES OR & ARGENT. | Ouvrages d'or & d'argent & trait, fil fin. | Pour ornemens d'hommes & femmes. | Paris, Lyon, & Genes. | Terre. |
| | Faux. | *Idem.* | *Idem.* | *Idem.* |
| DERONICUM ROMANUM. | Fruit d'une plante. | A la Médecine. | Rome & Provence. | Mer & Terre. |
| DITAME. | Fleur d'un arbrisseau. | *Idem.* | Candie. | Mer. |
| DOUVES. | Bois de chastaignier, peu de noisetier bois de pin. | A faire des tonneaux. | Riviere de Genes, Naples, peu de Provence & Languedoc. | *Idem.* |

| Si elles viennent brutes ou fabriquées. | Quelle quantité par estimation il en vient dans une année. | Quelle est leur valeur à Marseille en la présente année 1688. | Lieux où s'en fait la consommation. |
|---|---|---|---|
| | 5 à 600. | 16 à 17 liv. le quintal. | *Idem.* |
| | 10 à 12000 gros ou petits. | 17 à 18 livres le quintal, les gros pésant 24 ou 25 livres la piece, & les petits, 15 à 18 livres la piece. | *Idem.* |
| | 1500 à 2000. | 3 ou 4 liv. la piece. | *Idem.* |
| | 18 à 20000. | 20 à 21 liv. le quintal. | *Idem.* |
| | 3 à 400. | 20 à 22 livres le quintal, & pésant 22 à 24 livres la piece. | *Idem.* |
| | Il en venoit 40 à 50000, mais à cause d'une grande mortalité il n'en est presque point venu; il en venoit aussi 6 à 700 quintaux de tannés, cela a cessé. | 15 à 16 liv. le quintal, les uns pésant 25 à 40 liv. piece, & les autres de 12 à 24 liv. piece. | *Idem.* |
| | 2000 en poil, avant l'imposition des 20 pour cent, il en venoit environ 1000 quintaux de tannés; cela a cessé. | 6 à 7 liv. 10 sols en poil la piece, & les tannés valoient 32 à 33 liv. le quintal. | *Idem.* |
| Il ne se fabrique pas. | 7 à 800 quintaux. | 12 à 15 liv. le quintal dans le Carême, & après, 9 à 10 liv. le quintal. | Marseille, France, Angleterre, Hollande, peu en Portugal. |
| *Idem.* | 3 à 4 quintaux. | 25 à 30 sols la livre pésant. | France, Espagne, & Italie. |
| *Idem.* | 40 à 50 quintaux. | 10 à 12 sols la liv. pésant. | Provence. |
| Fabriquées. | Celles du Puy & Aurcillas pour 300 à 350000 liv. & des autres de 3 à 4000 l. | Celles pour l'Espagne, depuis 12 sols jusqu'à 3 l. 5 sols la piece; & les autres depuis 15 sols jusqu'à 40 sols. | Pour environ 50000 liv. en Italie, 7 à 8000 liv. en Languedoc, 18 à 20000 liv. en Provence, & tout le reste en Espagne. |
| *Idem.* | Environ 40 à 50000 liv. | 5 à 5 liv. 10 sols l'once. | En Espagne & Portugal, peu à Marseille. |
| *Idem.* | Environ 40 à 50000 liv. | 50 à 60 sols la livre. | Presque tout en Espagne & Portugal, peu à Marseille. |
| Il ne se fabrique pas. | 50 à 60 liv. pésant. | 15 à 20 sols la livre. | France & Espagne. |
| *Idem.* | 5 à 6 quintaux. | 10 à 12 sols la livre. | France, peu en Espagne & Portugal. |
| Fabriquées, & l'on en fait des tonneaux & barils à Marseille. | Celles de Naples, 1800 à 2000 couvertes, composées d'environ 39 douves chacune pour tonneau. De Genes, 2 à 3000 couvertes composées diversement, ainsi qu'il sera expliqué en la colonne des différens prix aussi pour tonneaux. | Celles de Naples de 5 à 5 liv. 10 sols la couverte, composée d'environ 39 douves; celles de Genes, 3 à 4 liv. la couverte de 12 à 15 douves de six pans de long; la canelle de 4 couvertes de 12 douves chacune de 5 pans de long, 6 liv. à 6 liv. 10 sols; la canelle bois de pin de 8 couvertes de 4 pouces chaque douve, 6 à 6 liv. 10 sols; tout cela est pour des tonneaux. | Marseille, principalement pour les galeres, & pour du vin, huile, poisson salé, olives, on porte quantité de tonneaux & barils faits à Marseille tous vuides, long la côte de Provence en Catalogne, Italie, Candie, & autres endroits où l'on va les remplir du vin, de l'huille, du poisson salé, & des olives qu'on apporte à Marseille. |

| *Noms des Marchandises.* | *Leur qualité.* | *A quoi elles servent.* | *Lieux d'où elles viennent à Marseille.* | *Si c'est par Mer ou par Terre.* |
|---|---|---|---|---|
| | Pour barils. sont de mêle blanc, mêle rouge, châtagnier, & pin. | A faire des barils. | Nice, Genes, Frejus en Provence. | *Idem.* |
| | Cercles, bois de châtagnier, ou noisetier. | Tonneaux & barils. | Riviere de Genes, & Naples. | *Idem.* |
| DRAPS ETOFFES DE LAINE. | Draps de Manufactures Royales, de Sattes & Clermont; il s'en fait de fins à façon de Hollande & d'Angleterre, appellés Londrines & demi-Londrines, d'autres ordinaires à façon de Londres. | A faire des habits. | Sattes, Clermont, & Languedoc. | Terre. |
| | Draps serains. | *Idem.* | Faits à Marseille la plus grande partie, & il en vient du Languedoc. | *Idem.* |
| | Draps de Bederrieu, Cabardets, S. Pons, Romans, ou S Jean de Royan, & Sceaux. | | Des lieux dénommés à chaque article, plusieurs par Lyon. | |
| | Les communs, de S. Pons. | | | |
| | Cabardets. | | | |
| | Valence. | | | |
| | S. Chinian. | | | |
| | Carcassonne. | | | |
| | Rouen. | | | |
| | Pinchinats de Provence. | | | |
| | Serges de Londres. | | | |
| | Londres écarlates. | | | |
| | Châlons. | | | |
| | Romaine faite à Amiens. | | | |
| | Chartres & Noyan. | | | |
| | Sommaire. | | | |
| | Usez. | | | |
| | Alez. | | | |

| Si elles viennent brutes ou fabriquées. | Quelle quantité par estimation il en vient dans une année. | Quelle est leur valeur à Marseille en la présente année 1688. | Lieux où s'en fait la consommation. |
|---|---|---|---|
| *Idem.* | De Genes 90 à 100000 douves de châtagnier ; de Nice, 12 à 130000 douves mêle rouge, & 50 à 60000 mêle blanc ; de Frejus, 45 à 50000 douves pin : du reste de Provence, 2000 à 2500 quintaux, bois de saule. | Celles de Genes, 18 à 20 sols le cent, elles sont tout d'une sorte ; de Nice, 25 à 30 sols le cent, de mêle rouge ; 10 à 12 sols le cent, de mêle blanc ; de Frejus, 5 à 6 sols le cent, des courtes bois de pin, & les grandes, 18 à 20 sols le cent ; la saule, 8 à 9 sols le cent brut. | |
| *Idem.* | 40 à 50000 douzaines, tant gros que petits pour les barils, & 20 à 25000 faix pour les tonneaux, chaque faix de 8, 12, 24, 36, 48 cercles mêlés avec proportion. | Ceux pour barils, les petits un sol la douzaine, & les grands 2 à 3 sols aussi la douzaine ; ceux pour tonneaux, de 12 à 20 sols le faix, l'un portant l'autre. | |
| Fabriqués. | 7 à 800 pieces de 20 aunes de Lyon chacune.<br>3 à 400 pieces des ordinaires à façon de Hollande, je dis de Londres. | Les Londrines, 9 livres l'aune ; les demi Londrines, 7 liv. 10 sols l'aune.<br>5 liv. 5 sols ladite aune des ordinaires. | Smyrne, Constantinople, Alep, Sayde, & Acre, Morée & Barbarie.<br>Par tout le Levant, Morée, & Barbarie. |
| Ceux du Languedoc viennent partie teints & partie blancs qu'on teint à Marseille. | 1000 à 1100 pieces de 10 à 11 cannes l'une ; sçavoir, 800 à 1000 faites à Marseille, & le reste du Languedoc. | Ceux de Marseille les fins de 5 pans de large blancs, 7 liv. 10 sols à 8 l. la canne, & les autres de 6 liv. 10 sols à 7 liv. la canne, la teinture & apprêtage par-dessus revenant à 23 sols & 24 la canne.<br>Ceux du Languedoc, 5 liv. 10 sols à 6 liv. la canne blancs. | Alexandrie, Sayde, Alep, peu à Smyrne & Constantinople, Morée, & Barbarie. |
| | 15 à 16000 balles entre toutes ces sortes, chaque balle pésant de deux quintaux & demi à trois quintaux. | De 4 à 4 liv. 10 sols l'aune des Bederrieu, Cabardets, S. Pons, Romans, S. Jean de Royan & Sceaux.<br>10 sols moins les communs S. Pons.<br>3 liv. à 3 liv. 10 sols l'aune des Cabardets.<br>Valence, 5 liv. à 5 liv. 5 sols.<br>7 liv. à 7 liv. 5 sols de S. Chinian.<br>7 à 8 liv. de Carcassonne.<br>13 à 14 liv. Rouen.<br>42 à 45 sols l'aune du pinchinat.<br>Serges de Londres, 3 liv. 15 sols à 4 liv. l'aune.<br>5 à 6 liv. Londres écarlate.<br>37 à 38 sols, Châlons.<br>50 à 55 sols, Romaine faite à Amiens.<br>26 à 28 sols, Chartres & Noyan.<br>35 à 36 sols, Sommaire.<br>36 à 37 sols, Usez.<br>27 à 28 sols, Alez. | 4 à 5000 balles à Marseille, Genes ; le reste de Milantis, Piémont, Toscane, Naples, l'Etat du Pape, & Sicile, Espagne, Portugal, & peu en Levant. |

| Noms des Marchandises | Leur qualité. | A quoi elles servent. | Lieux d'où elles viennent à Marseille. | Si c'est par Mer ou par Terre. |
|---|---|---|---|---|
| | Orange façon de Politaire.<br>Façon de Seigneur, drapées.<br>Ratines. | | | |
| | Etamines de Reims, les unes toutes de laine, & les autres, laine & soie. | | | |
| | Droguet de Poitou, les uns laine & fil, les autres laine & soie. | | | |
| | Burates de Tarascon de laine.<br>De Nismes, laine & filouzelle. | | | |
| | Cadisserie.<br>Cadis de Nismes.<br>Daignane.<br>Usez.<br>Et Sommaire en Provence. | | | |
| | Dupuy, Marveges, S. Floux, & Mendes. | | | |
| | Cordeillats de Provence.<br>Boisez, ou Mazamet, & Castres.<br>Crêpons de Castres & Nismes. | | | |
| | Draps de Hollande & d'Angleterre. | | | Mer. |
| | Camelots de Hollande poil de chevre.<br>Amiens tout laine. | | | Terre & Mer. |
| | Moncayats. *Voyez* | MONCAYATS. | | |
| DRAPEAUX. *Voyez* | VIEUX LINGE. | | | |
| ELLEBORE. | Racine. | A la Médecine. | Provence. | Terre. |
| ENCENS. | Gomme d'un arbre.<br>Gros. | A la Médecine, & aux parfums. | Alexandrie d'Egypte. | Mer. |
| | En poussiere. | *Idem.* | *Idem.* | *Idem.* |
| EPITIMI. | Espece de capilemens qui viennent sur le thin & autres plantes. | A la Médecine. | Candie & Provence. | Terre & Mer. |
| ESCAMONE'E. | Suc de la racine d'une plante qui porte lait. | *Idem.* | Smyrne, Alep, & quelquefois Sayde. | Mer. |
| ESCAVISSON DE CANELLE. *Voyez* | CANELLE ROMPUE. | | | |
| ESCAYOLLE. | Graine. | A nourrir les oiseaux. | Tunis & Alger. | *Idem.* |
| ESCORCE DE CITRON. | Ecorce de citron confite. | A manger. | Madere, Tercere, & Portugal. | *Idem.* |
| ESCORCE DE TAMARIS. | Ecorce d'arbre. | A la Médecine. | Arles, & le long du Rône. | Mer & Terre. |

| Si elles viennent brutes ou fabriquées. | Quelle quantité par estimation il en vient dans une année. | Quelle est leur valeur à Marseille en la présente année 1688. | Lieux où s'en fait la consommation. |
|---|---|---|---|
| | | 32 à 34 sols, Orange. | |
| | | 34 à 35 sols l'aune, étamine de Reims. | |
| | | 30 à 32 sols l'aune, droguet de Poitou. | |
| | | 26 à 28 sols, burates. | |
| | | 22 à 24 sols, cadisserie. | |
| | | 15 à 16 sols. | |
| | | 30 à 31 sols. | |
| | | 28 à 30 sols. | |
| | | 16 à 18 sols. | |
| | A cause de la nouvelle imposition il n'en viendra plus. | 14 à 15 liv. l'aune. | |
| | Hollande, 30 à 40 pieces. | Depuis 3 liv. 10 sols jusqu'à 6 liv. l'aune. | |
| | Amiens, 2 à 300 pieces. | 40 à 42 sols l'aune. | |
| On l'employe brute. | 3 à 4 quintaux. | 10 à 12 liv. le quintal. | France, Espagne, & Italie. |
| Cela ne se fabrique pas. | 900 à 1000 quintaux du gros. | 50 à 55 liv. le quintal celui en larmes ou à liban, 35 à 40 liv. le commun. | France, Piémont, Espagne, Portugal, quelquefois Hollande, Angleterre, & Hambourg. |
| *Idem.* | 2 à 300 quintaux en poussiere. | 8 à 9 liv. le quintal. | Provence, Languedoc, Espagne. |
| *Idem.* | 5 à 6 quintaux. | 2 à 3 sols la livre pésant. | Angleterre. |
| *Idem.* | 40 à 50 quintaux. | Celle de Smyrne, 5 à 6 liv. la livre. Celle d'Alep, 6 à 7 liv. la livre. Et de Sayde, 4 à 5 liv. la livre pésant. | France, Espagne, Piémont, Portugal, & quelquefois en Hollande. |
| *Idem.* | 1000 à 1200 quintaux. | 5 à 6 liv. le quintal. | Provence & Languedoc. |
| Confite. | 2 à 300 quintaux. | 55 à 60 liv. le quintal. | France. |
| Cela ne se fabrique pas. | 10 à 12 quintaux. | 10 à 11 liv. le quintal. | Angleterre, peu à Marseille. |

| Noms des Marchandises. | Leur qualité. | A quoi elles servent. | Lieux d'où elles viennent à Marseille. | Si c'est par Mer ou par Terre. |
|---|---|---|---|---|
| ESCORCE D'ORANGE. | Seche. | A la Médecine & à la cuisine. | Provence & Riviere de Genes. | *Idem.* |
| ESGUILLETES. *Voyez* MERCERIE. | | | | |
| ESMAIL. | Composition. Email épais. | L'un qui est l'épais sert aux Orfévres, Vitriers, & Email-leurs. | Venise. | Mer. |
| | Email fin. | L'autre, à faire une huile qui est l'azur fin, & sert aux Peintres. | Hollande. | *Idem.* |
| ESPARTS. *Voyez* AUFFES. | | | | |
| ESPICANARDY. *Voyez* ASPICANARDY. | | | | |
| ESPINGLES. *Voyez* MERCE. | | | | |
| ESPONGES. | Matiere aride & poreuse, pleine de trous, qu'on trouve attachée aux rochers. Fines. Moyennes. Petites. | A nétoyer & laver certaines choses. | Archipel, Satalie, Tripoly de Barbarie, Smyrne, Tunis, Cap Negre, & Chypres. | Mer. |
| ESTAFISAIGRE. | Graine. | A la Médecine. | Provence & Languedoc. | Mer & Terre. |
| ESTAIN. | Sorte de métail. Fin. Commun. | A étamer les vases de cuivre & faire de la vaisselle. | Angleterre & Salez. | *Idem.* |
| ESTAMINES. *Voyez* DRAPERIE. | | | | |
| ESTECADES ARABIQUE & CITRIN. | Fleur. | *Idem.* | Provence & Candie. | *Idem.* |
| ESTIN MARIN. | Animal marin. | *Idem.* | Egypte par Alexandrie. | Mer. |
| ESTOFFES DE SOIE. *Voyez* SOIE. | | | | |
| ESTOUPE DE SOIE. *Voyez* COUCON. | | | | |
| ESTOUPE. | Ce qui sort du chanvre quand on l'habille & qu'on le passe par le serans. | A étouper ou calfater. | Dauphiné & Livourne. | Terre & Mer. |
| ESTRASSES. *Voyez* VIEUX LINGE. | | | | |
| ESUSTUM. | Cuivre brûlé. | A la Chimie. | Hollande & Venise. | Mer. |
| EUPHORBE. | Gomme d'un arbre. | A la Médecine. | Salez. | *Idem.* |
| EXTORAS. | Gomme d'un arbre. Calamit. Liquide. | Le calamit aux parfums. Le liquide aux parfums & à la Médecine. | Le calamit, Satalie, Chypres, & Alexandrette; le liquide, Smyrne & Satalie. | Mer. |
| EZULA. | Herbe. | A la Médecine. | Provence & Dauphiné. | Terre. |
| FAUVIL. *Voyez* SUMAC. | | | | |
| FENOUIL GREC. *Voyez* SINEGREC. | | | | |
| FER. | Métail. *Voyez* CLOUX. *Voyez* FIL DE FER. *Voyez* CANONS. | A divers usages qu'on n'ignore pas. | Suéde par Hollande, Bourgogne, Roussillon, Comté de Foix en Languedoc, Dauphiné, Biscaye, & Genes. | Mer & Riviere. |

| *Si elles viennent brutes ou fabriquées.* | *Quelle quantité par estimation il en vient dans une année.* | *Quelle est leur valeur à Marseille en la présente année 1688* | *Lieux où s'en fait la consommation.* |
|---|---|---|---|
| Seche. | 80 à 100 quintaux. | 8 à 10 liv. le quintal. | Hollande & Angleterre. |
| Brut. | 2 à 300 livres pésant. | 40 à 50 sols la livre. | France. |
| *Idem.* | 100 à 150 quintaux. | 65 à 70 liv. le quintal. | *Idem.* |
| Cela ne se fabrique pas. | 5 à 600 quintaux. | Les fines, 80 à 90 liv. le quintal. Les moyennes, 30 à 40 liv. le quintal. Et les petites, 18 à 20 liv. aussi le quintal. | France, Espagne, Portugal, Piémont, & quelquefois en Hollande & Hambourg. |
| Cela ne se fabrique pas. | 25 à 30 quintaux. | 20 à 25 liv. le quintal. | Marseille, Angleterre, & Hollande. |
| Brut: on fait le commun à Marseille en fondant le fin & y mêlant du plomb. | 5 à 600 quintaux. | 60 à 65 liv. le quintal, le fin. Et 8 à 9 sols la livre le commun qui ne se vend qu'en vaisselle. | Provence, Languedoc, & autres Provinces de France; on ne souffre pas le transit pour les Pays étrangers. |
| *Idem.* | 3 à 4 quintaux. | 5 à 6 sols la livre pésant. | Angleterre, fort peu à Marseille. |
| *Idem.* | 1500 à 2000 pieces. | 7 à 8 liv. les cent pieces. | Peu en France, beaucoup en Hollande. |
| *Idem.* | 5 à 600 quintaux, sans la consommation pour le Roi. | 6 à 7 liv. le quintal. | Provence. |
| *Idem.* | 5 à 6 quintaux. | 20 à 25 sols la livre pésant. | France, & peu en Italie. |
| *Idem.* | 25 à 30 quintaux. | 10 à 12 sols la livre pésant. | France, Espagne, Portugal, & Italie. |
| Il ne se fabrique pas. | Du calamit, 70 à 80 quintaux. Du liquide, 3 à 400 quintaux. | Le calamit, 35 à 40 sols la livre. Le liquide 22 à 25 liv. le quintal. | France, Espagne, Portugal, & Piémont. |
| *Idem.* | Il n'en vient presque point. | 4 à 5 sols la livre. | Cela n'a presque aucune consommation. |
| En barres. | De celui de Suede, 8 à 1000 quintaux; de Bourgogne, 1500 à 2000 quintaux, mais il n'est que pour le Roi; de Roussillon & Languedoc, 2500 à 3000 quintaux. De Genes, 4 à 5000 quintaux en rondins & cercles. De Biscaye, quelque peu par occasion; de Dauphiné, point du tout. Il n'en viendra plus desdits Pays étrangers, à cause de l'imposition qu'on a mise. | Celui de Suede, 7 à 8 livres le quintal; celui de Bourgogne, comme il ne vient que pour le Roi, on n'en sçait pas le prix; celui de Roussillon & Languedoc est de deux prix; sçavoir, celui dit de Lacombe, de 9 liv. 10 sols à 10 liv. le quintal, & l'ordinaire, 8 liv. 15 sols à 9 livres le quintal. | Provence, Malthe, Espagne, Sardaigne, & Majorque. |

| *Noms des Marchandises.* | *Leur qualité.* | *A quoi elles servent.* | *Lieux d'où elles viennent à Marseille.* | *Si c'est par Mer ou par Terre.* |
|---|---|---|---|---|
| FER BLANC. | Feuille de fer. | Aux ouvrages de Taillandiers en fer blanc. | Hambourg. | Mer. |
| FIGUES. | Fruit. | A manger. | Antibes, Fréjus, Cannes, Toulon, la Ciotat; les plus excellentes se recueillent à Marseille même. | Terre & Mer. |
| FIL DE MADRAGUE. *Voyez* AUFES. | | | | |
| FIL DE LÉTON. | Corps métalique; ou cuivre mêlé avec de la calamine. | A faire des chaînes & ouvrages de fil d'archal, & au Caire en Egypte, sert à des ornemens pour les femmes, & des harnois pour les chevaux. | Hambourg. | Mer. |
| FIL DE FER. | Fer. | *Idem.* | *Idem.* | *Idem.* |
| FIL DE BOURGOIN. | Chanvre filé. | A faire des toiles cotonines pour les voiles de navire. | Bourgoin, Cremies, & autres endroits du Dauphiné. | Terre. |
| FIL. | De Bresse, d'estame fin, & grossier de Selque. | *Voyez* MERCE. | | |
| FILOUSELLE ou FLORE'E. | Sorte de grosse soie. | A faire des étoffes, bas, & autres ouvrages. | Levant, & il s'en fait à Marseille qu'on tire des soies qu'on y travaille. | Mer. |
| FLEUR DE ROMARIN. | Fleur d'une sorte de plante. | A distiller. | Provence. | Terre. |
| FLEUR DE GIROFFLE. *Voyez* GIROFFLE. | | | | |
| FLEUR D'ASQUINANTI, ou D'ASQUIMAN. | Fleur. | A la Médecine. | Venise. | Mer. |
| FLEUR D'ASPIC. | Fleur d'une plante. | Aux bains & étuves. | Provence. | Terre. |
| FOLIUM INDI, ou MARABATRON. | Feuille d'une espece de laurier. | A la Médecine. | Indes par Alep. | Mer. |
| FOURCHES DE FER. *Voyez* CLOUX & CLAVISONS. | | | | |
| FROMAGE. | Composé de lait. | A manger. | Petrache, Morée, Chipres, Languedoc, Auvergne, Flandres, Majorque, Milan, Sardaigne, Cailleri, & Candie. | *Idem.* |
| FUSTAINE. *Voyez* MERCERIE. | | | | |
| FUSTET. | Bois. | A la Teinture. | Provence, Alexandrie, & Sayde. | Terre & Mer. |

En

| Si elles viennent brutes ou fabriquées. | Quelle quantité par estimation il en vient dans une année. | Quelle est leur valeur à Marseille en la présente année 1688. | Lieux où s'en fait la consommation. |
| --- | --- | --- | --- |
| En feuilles. | 5 à 600 barils de 450 feuilles chacun. | 70 à 72 liv. chaque baril. | Provence, Languedoc, Piémont, Espagne, Barbarie, & Levant. |
| Séches. | 3 à 4000 quintaux. | Les fines, 5 à 6 liv. le quintal; les communes, 40 à 50 sols le quintal, & celles de Marseille, à 10 & 11 liv. aussi le quintal. | France, Angleterre, & Hollande. |
| Travaillé en fil. | 900 à 1000 quintaux. | 65 à 75 liv. le quintal. | Peu en Provence, grande quantité au Caire & peu aux autres Echelles du Levant. |
| *Idem.* | 5 à 600 quintaux. | 25 à 30 liv. le quintal. | Peu en Provence, grande quantité au Caire & peu aux autres Echelles du Levant. |
| Fabriqué. | 5 à 600 balles d'environ 220 livres pésant l'une. | Le fil bâtard, 25 à 27 liv. le quintal, & toutes les autres sortes; sçavoir moyen, prin fin, surfin, passé surfin, quatre fois fin, cinq fois fin, en augmentant toujours de 4 liv. par quintal d'une qualité à l'autre, dans l'ordre qu'elles sont ici rangées. | Marseille & ses environs. |
| Brute. | 150 à 200 quintaux. | 45 à 60 sols la livre teinte. | Grese ou crue, à Lyon, Provence & Languedoc, Naples & Italie; la teinte à Marseille. |
| Cela ne se fabrique pas. | 2 à 3000 quintaux. | 30 sols le quintal. | Angleterre & Hollande. |
| *Idem.* | 3 à 4 quintaux. | Ordinairement 40 à 50 sols la livre, & présentement, 8 à 10 livres la livre. | France & Espagne. |
| *Idem.* | 7 à 800 quintaux. | 3 à 4 liv. le quintal. | Hollande, Levant, & Barbarie. |
| *Idem.* | 1 à 2 quintaux. | 25 à 30 sols la livre. | France, Espagne, & Italie. |
| Cela ne se fabrique pas. | De Morée & Petrache, 1500 à 2000 quintaux.<br>Chypres, 1000 quintaux.<br>Auvergne & Languedoc, 4 à 500 quintaux.<br>Flandres, 4 à 500 quintaux.<br>Majorque, 2 à 300 quintaux.<br>Milan, 100 quintaux.<br>Sardaigne & Cailleri, 2 à 3000 quintaux.<br>Candie, 4 à 500 quintaux. | Celui de Morée & Petrache, 9 à 10 liv. le quint.<br>Chypres, 12 à 15 liv. le quintal.<br>Auvergne, 18 à 20 liv.<br>Flandres, 15 à 16 liv.<br>Majorque, 15 à 16 liv.<br>Milan, 24 à 25 liv.<br>Sardaigne & Cailleri, 11 à 12 liv.<br>Candie, 11 à 12 liv. aussi le quintal. | Provence, Languedoc, Riviere de Genes, & quelquefois à l'armée Venitienne. |
| Sans écorce. | 4 à 500 quintaux de Provence, & autant d'Alexandrie & Sayde. | 3 à 4 liv. le quintal. | France, Angleterre, & Hollande. |

| *Noms des Marchandises.* | *Leur qualité.* | *A quoi elles servent.* | *Lieux d'où elles viennent à Marseille.* | *Si c'est par Mer ou par Terre.* |
|---|---|---|---|---|
| GALANGA. | Racine. Fin. Sauvage, dit Acorus, ou gros Galanga. | A la Médecine. | Le fin, Indes Orientales, & quelquefois Alep; & le sauvage, Dauphiné. | Mer & Terre. |
| GALBANUM. | Gomme d'un arbre, en larme, fin, & commun. | *Idem.* | Smyrne & Alep. | Mer. |
| GALES. | Fruit, espece de noix, du Levant, Romaines, Legeres, ou de pays. | A la teinture en noir. | Alep, Sayde, Smyrne; les Romaines, d'Italie; & les legeres, de Provence. | Mer & Terre. |
| GANDS. | Peau purgée, passée dans une lavûre & paillonnée, à laquelle on donne la figure de la main. | L'usage n'a pas besoin d'explication. | Ils se font à Marseille, & il en vient de Provence. | Terre. |
| GARANCE. | Racine d'une herbe. | Peu à la Médecine, & presque tout à la Teinture. | Mildebourg en Hollande. | Mer. |
| GARBEAU DE GOMME ARABIQUE. | Rebut de Gomme Arabique, qui est une humeur visqueuse qui sort de certains arbres. | A une mixtion pour des emplâtres. | Alexandrie, Barbarie, & Salez. | Mer. |
| GARBEAU DE SENNÉ. *Voyez* SENNÉ. | | | | |
| GAUDES. | Herbe, espece de paille. | A la Teinture. | Languedoc, & Catalogne. | *Idem.* |
| GAYAC. | Bois, Ecorce, Rappe. | Le bois, à faire des grosses poulies des arbres de navires; l'Ecorce & Rappe à la Médecine. | Hollande, & l'Amérique. | *Idem.* |
| GINGEMBRE. | Racine. | A épicer. | Isles de l'Amérique & de la Martinique. | Mer. |
| GIROFFLE. | Fleur d'une plante. Fust de capeletes, Fleur de giroffle, ou capuçon, c'est le Garbeau. | *Idem.* | Indes par la Hollande. | *Idem.* |
| GLU. | Le blanc est composé de grains de Gui avant qu'ils soient mûrs; l'autre se fait d'un fruit appellé Sebeste. | A prendre des oiseaux. | Le noir, Sayde. Le blanc, Provence. | Mer & Terre. |
| GOMME. | Humeur visqueuse qui sort de certains arbres. | A gommer les étoffes, rubans, chapeaux, & autres ouvrages. | Sayde & Alexandrie. | |
| | Garbeau de gomme Arabique. *Voyez* GARBEAU. | | | |
| | Turique, Dragan. | *Idem.* | Alep, Smyrne, & Satalie. | Mer. |
| | Armoniac, | A la Teinture & Médecine. | Alep & Smyrne. | |

| *Si elles viennent brutes ou fabriquées.* | *Quelle quantité par eſtimation il en vient dans une année.* | *Quelle eſt leur valeur à Marſeille en la préſente année 1688.* | *Lieux où s'en fait la conſommation.* |
|---|---|---|---|
| Cela ne ſe fabrique pas. | 4 à 5 quintaux du fin, & 80 à 100 liv. péſant du ſauvage. | 15 à 20 ſols la livre du fin.<br>10 à 12 ſols la livre du ſauvage. | Eſpagne & peu en France. |
| *Idem.* | 30 à 40 quintaux entre les trois ſortes. | En larme 30 à 35 ſols la livre.<br>Le fin, 20 à 22 ſols, & le commun, 10 à 12 ſols auſſi la livre. | France & Eſpagne. |
| *Idem.* | D'Alep, 3 à 4000 quintaux.<br>De Sayde, 1000 à 1200 quintaux.<br>De Smyrne, 4 à 500 quintaux.<br>D'Italie ou Romaines, 200 à 250 quintaux.<br>Legeres ou de pays, 800 à 1000 quintaux. | D'Alep & Smyrne, 36 à 38 liv. le quintal.<br>De Sayde, 34 à 35 liv. le quintal.<br>Romaines, 15 à 16 liv.<br>Legeres ou de pays 4 à 5 liv. auſſi le quintal. | Marſeille, France, Eſpagne, Barbarie, Salez, Tetouan; & des legeres ou de pays, en Angleterre & Hollande. |
| Ceux de Provence en blanc, & les autres ſe fabriquent à Marſeille. | 6 à 8000 douzaines. | Les ſimples, 5 livres 10 ſols à 6 liv. la douzaine; les doubles, 8 à 9, & ceux de Provence en blanc, 3 livres 10 ſols à 3 liv. 15 ſols la douzaine. | Marſeille & ſes environs, Eſpagne, Italie, Piémont, Portugal, Malthe, Angleterre, & en Allemagne. |
| Cela ne ſe fabrique pas. | 6 à 700 quintaux. | 24 à 30 liv. le quintal. | Provence & Languedoc. |
| *Idem.* | 2 à 300 quintaux. | 9 à 10 liv. le quintal. | France, Eſpagne, Angleterre, & Hollande. |
| *Idem.* | 3 à 400 quintaux. | 4 à 5 liv. le quintal. | Provence, & quelquefois juſqu'à Lyon. |
| Brut, & quelquefois en écorce & rapé. | 6 à 700 quintaux. | Le bois 10 à 12 livres le quintal.<br>L'autre en écorce ou rapé, 4 à 5 liv. | Le bois en Provence; l'écorce & rapé, France, Eſpagne, & Italie. |
| Cela ne ſe fabrique pas. | 1000 à 1200 quintaux. | 12 à 14 liv. le quintal. | France, Eſpagne, Levant, & Barbarie. |
| *Idem.* | 7 à 800 quintaux.<br>Garbeau, 30 à 40 quintaux. | 4 liv. 8 ſols à 4 liv. 10 ſols la liv.<br>45 à 50 la livre. | *Idem.* |
| Fabriqué. | 40 à 50 quintaux. | 60 à 70 liv. le quintal. | Provence & Languedoc. |
| | 5 à 600 quintaux. | 30 à 35 liv. le quintal. | France, Eſpagne, Portugal, & Piémont. |
| | 8 à 900 quintaux. | 23 à 24 livres le quintal. | Preſque tout à Lyon. |
| Cela ne ſe fabrique pas. | 2 à 300 quintaux.<br>50 à 60 quintaux. | 70 à 80 liv. le quintal.<br>18 à 20 ſols la livre péſant. | Comme l'Arabique.<br>*Idem*, & en Barbarie. |

| *Noms des Marchandises.* | *Leur qualité.* | *A quoi elles servent.* | *Lieux d'où elles viennent à Marseille.* | *Si c'est par Mer ou par Terre.* |
|---|---|---|---|---|
| | Eleni, | A faire des emplâtres. | Indes Orientales. | |
| | Edéric, | A la Médecine. | | |
| | Laque. | A faire la Cire d'Espagne, & à la Teinture. | | |
| | Sagapenum, | A la Médecine. | Perse, par Smyrne & Alep. | |
| | Cedre. | Il n'en vient pas. | | |
| GOUDRON. *Voyez* POIX. | | | | |
| GRAINE DE CANARIE. *Voyez* ESCAVOLLE. | | | | |
| GRAINE D'ESCARLATTE ou VERMILLON. | Graine. | A la Teinture de l'écarlate. | Provence, Languedoc, Espagne, & Chypres. | Mer & Terre. |
| GRAINE DE PARADIS, ou MANIGUETTE. | Graine. | A épicer, mêlée avec le poivre & le gingembre. | Indes, par la Hollande. | Mer. |
| GRAINE DE VER A SOIE. | Graine que le ver à soie produit. | A faire des coucons. | Espagne, Portugal, & Languedoc. | Mer & Terre. |
| GRAISSE, ou SUIF. | Graisse de Bœuf, de Vache, & Mouton, fondue. | A donner le suif aux navires, à faire des chandelles, & aux Corroyeurs pour travailler leurs cuirs. | Italie, Portugal & Barbarie, Hollande, Angleterre, & Provence. | Mer & Terre. |
| GRENAILLE. *Voyez* PLOMB. | | | | |
| GUIPURE. *Voyez* MERCERIE, & encore SOIE, à l'article ETOFFES DE SOIE. | | | | |
| GUTAGAMBA. | Suc d'une herbe. | A la Médecine, & à la Peinture. | Indes Occidentales. | Mer. |
| HARANGS. | Poisson. Sorets, Blancs. | A manger. | Du Ponent; sont apportés par les François, Anglois, Hollandois, & Ostendois qui les pêchent dans leurs mers; les François à celle de Dieppe. | Mer. |
| HARENCADES. | Poisson. | *Idem.* | D'Islande, & Port-Louis en France. | *Idem.* |
| HERMODATES. | Fruit. | A la Médecine. | Egypte, par Alexandrie. | *Idem.* |
| HIPOSQUIDITE, ou HYPOCITIDES. | Suc d'une herbe. | *Idem.* | Candie & Languedoc. | Mer & Terre. |
| HUILE. | Huile d'Olive. | A manger, à faire des savons, draperies, & Bonnets. | Provence, Languedoc, Catalogne, Almerie, la Pouille, Calabre, Majorque, Cicile, Riviere de Genes, Nice, Morée, & Candie. | *Idem.* |
| | D'Aspic; celle qui en est véritablement, se fait de la graine d'Aspic; L'autre se fait du bois qui produit la poix & la résine; on y mêle de la graine d'Aspic. | A la Peinture. | La véritable se fait à Marseille, & l'autre vient de Provence. | Terre. |
| | Petrole, vient d'une espece de source comme l'eau. | A des onctions sur le corps humain. | Languedoc. | Terre & Mer. |

| *Si elles viennent brutes ou fabriquées.* | *Quelle quantité par estimation il en vient dans une année.* | *Quelle est leur valeur à Marseille en la présente année 1688.* | *Lieux où s'en fait la consommation.* |
|---|---|---|---|
| | 40 à 50 quintaux. | 15 à 16 sols la livre. | France, Espagne, Portugal, & Piémont; & en Barbarie, la laque. |
| | 7 à 8 quintaux. | 50 à 60 sols la livre. | |
| | 50 à 60 quintaux. | 18 à 20 sols la livre. | |
| | 80 à 100 quintaux. | 55 à 60 liv. le quintal. | |
| Cela ne se fabrique pas. | 150 à 200 quintaux. | Celui d'Espagne, 3 à 4 liv. la livre. Et tous les autres 4 à 5 liv. la livre. | France & Barbarie. |
| *Idem.* | 80 à 100 quintaux. | 18 à 20 liv. le quintal. | Provence & Languedoc. |
| *Idem.* | 2 ou 3 quintaux. | 30 à 35 sols l'once pésant. | *Idem.* |
| *Idem.* | 4 à 5000 quintaux. | 15 à 18 liv. le quintal. | Marseille, Toulon, & autres Ports de Provence. |
| *Idem.* | 7 à 8 quintaux. | 30 à 40 sols la livre pésant, & autrefois 15 à 16 liv. la livre. | Marseille, Portugal, Constantinople, peu en Espagne & en France. |
| Salez. | 3500 à 4000 barils de 1050, l'un pésant 3 quintaux & demi piece. | Les forets, de 20 à 25 liv. le baril; & les blancs, de 20 à 30 liv. aussi le baril. | France, Riviere de Genes, & peu en Espagne, Archipel & Morée. |
| *Idem.* | 800 à 1000 tonneaux des Françoises, & autant des Etrangeres, de 1000 à 1500 harencades l'un. | Les Françoises, 30 à 36 liv. le tonneau; les Irlandoises, 45 à 60 liv. le tonneau. | *Idem.* |
| Cela ne se fabrique pas. | 80 à 100 quintaux. | 25 à 30 liv. le quintal. | France, Portugal, Espagne, Hollande, Piémont, & Angleterre. |
| *Idem.* | 3 à 4 quintaux. | 10 à 12 sols la livre pésant. | Presque tout en Angleterre & Hollande, peu à Marseille. |
| *Idem.* | 7 à 8000 millerolles. | Celle à manger, 18 à 19 liv. la millerole pésant 140 livres; l'autre 16 à 17 liv. aussi la millerole. | Marseille, France, Isles de Canarie, Tercere, & Madere, Hollande, Hambourg, & Angleterre. |
| Cela ne se fabrique pas. | De la véritable, 50 à 60 quintaux; de l'autre, 8 à 900 quintaux. | La véritable 60 à 70 liv. le quintal. Et l'autre, 9 à 10 liv. le quintal. | La veritable, France, Hollande, Piémont, Espagne, Italie, & Portugal. Et l'autre, *idem*, & en Angleterre, Constantinople, & Smyrne. |
| *Idem.* | 30 à 40 quintaux. | 25 à 30 liv. le quintal. | Provence, Espagne, Portugal, Hollande, & Piémont. |

| *Noms des Marchandises.* | *Leur qualité.* | *A quoi elles servent.* | *Lieux d'où elles viennent a Marseille.* | *Si c'est par Mer ou par Terre.* |
|---|---|---|---|---|
| | Therebentine, liqueur qui sort des jeunes sapins; la fine se tire du mastic qui est la gomme d'un arbre. | A la Médecine. | La fine de Chio, & la commune de Piémont. | Terre & Mer. |
| | Laurier, se fait de la graine de laurier. | A des onctions sur le corps humain. | Provence. | Terre. |
| | Lin & Chanvre, se fait de la graine du lin & du chanvre. | A la Peinture. | Sicile & Alexandrie. | Mer. |
| | Baleine, Fanons, & Poissons, se fait de ces sortes de poissons. | Aux Chamoiseurs. | S. Malo, Dieppe, Bayonne, Bordeaux, & autres Ports de Ponent. | *Idem.* |
| JALAP. | Racine. | A la Médecine. | Indes Occidentales. | *Idem.* |
| JAYET. | Sorte de Pierre noire qui a grand rapport avec le bois. | A faire des chapelets & autres ouvrages de Tourneurs. | Provence & Languedoc. | Mer & Terre. |
| IMAGES, *Voyez* LIVRES. | | | | |
| INDIENNES, *Voyez* MERCERIE. | | | | |
| INDIGUE. | Mixtion. | | | |
| | Lauris. Gatimale. Serquy. | A la Teinture. | Indes Occidentales. | Mer. |
| IRIOS, ou IRIS de Florence. | Racine. | A la Médecine, & aux parfums. | Italie. | *Idem.* |
| JUJUBES, ou CHICHOURLES. | Fruit. | A la Médecine & pour la ptisanne. | Provence. | Terre. |
| JUS DE LIMON. | Suc d'un Fruit. | A la Teinture. | Riviere de Genes, Sicile, Espagne, & Alexandrie. | Mer. |
| JUS DE REGLISSE. | Suc d'une racine. | A la Médecine. | Espagne. | *Idem.* |
| LADANUM. | Certaine graisse qui se trouve attachée sur les feuilles d'un arbrisseau appellé Ledum. | A la Médecine. | Chypres. | *Idem.* |
| LAINES. | Poil ou Toison de brebis. De Smyrne. Fines, Bâtardes, Metelin surges. | Aux Manufactures de draperie, chapeaux, bonnets, & autres. | Smyrne. | *Idem.* |
| | De Constantinople. Laines pelades fines & pelades grosses, & Laines tresquiles surges. Laines tresquiles grosses surges. Laines Issolat, surges. | *Idem.* | Constantinople. | *Idem.* |

| *Si elles viennent brutes ou fabriquées.* | *Quelle quantité par estimation il en vient dans une année.* | *Quelle est leur valeur à Marseille en la présente année 1688.* | *Lieux où s'en fait la consommation.* |
|---|---|---|---|
| Cela ne se fabrique pas. | De la fine, 15 à 20 quintaux; de la commune, 150 à 200 quintaux. | La fine, 30 à 40 sols la livre; & la commune, 25 à 28 liv. le quintal. | France, Espagne, Portugal, Hollande, & Angleterre. |
| *Idem.* | 50 à 60 quintaux. | 20 à 25 liv. le quintal. | *Idem.* |
| *Idem.* | 80 à 100 quintaux. | 18 à 20 liv. le quintal. | France, Espagne, Portugal, & Piémont. |
| *Idem.* | 7 à 800 quintaux. | 12 à 15 liv. le quintal. | Provence & Languedoc. |
| *Idem.* | 50 à 100 quintaux. | 14 à 15 sols la livre pesant. | France, Piémont, & Catalogne. |
| Fabriqué. | 150 à 200 quintaux. | 25 à 30 sols la livre. | Marseille, Italie, Sicile, Espagne, Portugal, & Piémont. |
| Cela ne se fabrique pas. | Lauris, 150 à 200 quintaux. Gatimale, 4 à 500 quintaux. Serqui, 40 à 50 quintaux. | 3 liv. 10 sols à 4 liv. 10 sols la livre. 10 sols par livre moins que la Lauris. 40 à 50 sols la livre pesant. | France, Levant, Piémont, & peu en Barbarie. |
| *Idem.* | 150 à 200 quintaux. | 18 à 20 liv. le quintal. | France, Espagne, Angleterre, Hollande, Portugal, & Piémont. |
| Seches. | 150 à 200 quintaux. | 6 à 7 liv. le quintal. | France, Espagne, Angleterre, Hollande, & Portugal. |
| Cela ne se fabrique pas. | 7 à 800 quintaux. | 10 à 11 liv. le quintal. | France. |
| *Idem.* | 150 à 200 quintaux. | 20 à 25 liv. le quintal. | France, & Piémont. |
| *Idem.* | 50 à 60 quintaux. | 20 à 30 liv. le quintal. | France, Espagne, Portugal, Hollande, Piémont, peu en Italie. |
| Surges, c'est-à-dire, brutes. | 1800 à 2000 quintaux entre ces trois sortes. | Les fines, 17 à 18 liv. le quintal. Les bâtardes, 13 à 14 livres. Les metelins, 11 à 12 liv. aussi le quintal. | Provence, Languedoc, & Piémont. |
| Les Tresquilles & Issolat surges; les autres lavées. | 2 à 3000 quintaux. | Les pelades fines, 22 à 23 liv. le quintal. Les pelades grosses, 14 à 15 livres. Les tresquilles surges, 16 à 17 liv. Les tresquilles grosses surges, 13 à 14 liv. Et les Issolat surges, 25 à 26 liv. aussi le quintal. | *Idem.* |

| *Noms des Marchandises.* | *Leur qualité.* | *A quoi elles servent.* | *Lieux d'où elles viennent à Marseille.* | *Si c'est par Mer ou par Terre.* |
|---|---|---|---|---|
| | Satalie Turquimany. Tripoli de Syrie & Chypres. Alexandrette. | A faire des matelas. | Satalie. Tripoly de Syrie, par Sayde & Chypres. Alexandrette. | Mer. |
| | Alexandrie d'Egypte. | A la Draperie. | Alexandrie. | *Idem.* |
| | Tripoli & Tunis, sa Côte & celle d'Alger. | A faire des gros draps, couvertes, & matelas. | Barbarie. | *Idem.* |
| | Morée. | A faire des couvertes & matelas. | Morée. | *Idem.* |
| | Espagne. | Aux draps, bonnets fins & chapeaux, les laines fines. Albrasin ou Ségovie venant de Maligo, servent aux draps fins de Sattes & Clermont, & aux bonnets fins de Tunis. Et les Agies surges qui viennent aussi d'Espagne, servent aux Manufactures des chapeaux. | Majorque, Catalogne, Alicant, Almarie, Valence, Cartagene, & Maligo. | Mer. |
| | Aignis du Languedoc. | Aux Chapeaux. | Du Languedoc. | *Idem.* |
| | Marseille & Provence. | A la Draperie & Cadillerie. | Marseille & Provence. | Terre. |
| | De Salez & Tetouan. | Aux Manufactures des draps. | Salez & Tetouan. | Mer. |
| LAPIS BEZOAR. | Sorte de Pierre qui se forme dans les reins d'un animal. | A la Médecine. | Espagne & Smyrne. | Mer. |
| LAPIS LAZULI. | Minéral. | A la Peinture; on en tire l'outre-mer. | Perse, par Alep & Smyrne. | *Idem.* |
| LAQUE. | Composition; la fine se fait du vermillon, & la commune de l'écarlate. | A la Peinture. | Venise & Florence. | *Idem.* |
| LEGUMES. | Lentilles, Féves, Féverolles, Pois chiches, & autres. | A manger. | Provence, Ports de France ou Ponent, Hollande, Angleterre, Sicile, Barbarie, & quelquefois Alexandrie. | Terre & Mer. |
| LETON. | Cuivre mêlé avec de la calamine. | A la fonte pour des chandeliers, vases, & autres choses. | Hambourg. | Mer. |
| LIGNUM ALOES. | Bois. | A la Médecine, & aux Parfums. | Indes Orientales, par la Hollande & Alep. | Mer. |
| LIGNUM BALSAMI. | Bois. | A la Médecine. | Indes, il n'en vient pas. | |
| LIMONS. *Voyez* ORANGES & CITRONS. | | | | |

| *Si elles viennent brutes ou fabriquées.* | *Quelle quantité par estimation il en vient dans une année.* | *Quelle est leur valeur à Marseille en la présente année 1688.* | *Lieux où s'en fait la consommation.* |
|---|---|---|---|
| Surges. | 350 à 400 quintaux. | 14 à 15 liv. le quintal. | *Idem.* |
| *Idem.* | 5 à 600 quintaux. | 12 à 13 liv. le quintal. | *Idem*, même à Lyon, Rouen, & autres endroits de France. |
| *Idem.* | 800 à 1000 quintaux. | 14 à 15 liv. le quintal. | |
| *Idem.* | 80 à 90 quintaux. | 14 à 15 livre. | Provence & Languedoc. |
| *Idem.* | 1500 à 2000 quintaux. | 12 à 15 livre. | *Idem*, & plus avant en France. |
| *Idem.* | 800 à 1000 quintaux. | 9 à 10 liv. le quintal. | Provence, Languedoc, & Italie. |
| La plupart surges. | Ordinairement il en venoit 15 à 16000 quintaux de surges, & 4 à 500 quintaux de pelades; mais depuis un an il n'en vient pas la sixiéme partie, parce qu'on les achete en grande quantité à des prix extraordinaires pour la Hollande; autrefois il en venoit des Albrasin 1000 à 1500 quintaux, & des laines pelades, il en venoit 7 à 800 quintaux. | Autrefois, 20 à 22 liv. le quintal, & présentement 28 à 30 liv. Les Albrasin, 70 à 80 liv. le quintal. Les laines pelades valent 5 à 6 liv. le quintal plus que les ordinaires surges d'Espagne. | Provence, Languedoc, Dauphiné, Piémont, & Tunis. |
| | Il n'en vient presque plus. | | |
| | Se consomment dans les mêmes lieux, c'est-à-dire, à Marseille & en Provence. | | |
| Surges, & la 20e partie pelades. | 3 à 4000 quintaux ordinairement; il n'en vient que fort peu présentement, & cette plus grande quantité vient de ce que les Saletins & ceux de Sainte-Croix sont en guerre. | 14 à 15 liv. le quintal les surges, & 17 à 18 liv. le quintal les pelades. | Provence & Languedoc, & plus avant en France. |
| Cela ne se fabrique pas. | Environ 2 livres de celui de Levant, & 4 à 500 onces de celui d'Espagne. | De Levant, 8 à 10 liv. l'once; & d'Espagne, 30 à 40 sols l'once. | Provence & Piémont. |
| *Idem.* | 25 à 30 quintaux. | Le prix est distingué depuis 5 liv. jusqu'à 20 liv. la liv. pésant, selon le plus ou le moins de pierres dont il est chargé. | France. |
| *Idem.* | De Venise, 5 à 6 livres pésant de la fine, & 70 à 80 quintaux de la commune; & de Florence, 80 à 100 liv. pésant de la fine. | La fine de Venise, 20 à 30 s. l'once; la commune, 18 à 20 sols la livre; celle de Florence, 7 à 8 liv. la livre pésant. | France, Angleterre, & Hollande. |
| *Idem.* | 8 ou 9000 quintaux entre toutes les sortes, lesquelles ne viennent pas également des mêmes lieux, mais les unes d'un endroit, & les autres de l'autre. | Lentilles, 6 à 7 liv. le quintal; les féves & féveroles 7 à 8 liv. la charge; les pois, 5 à 6 liv. le quintal, & les pois chiches, 4 à 5 livres le quintal. | Provence. |
| En lingots, platines ou rouleaux. | 7 à 800 quintaux. | 90 à 95 liv. le quintal en rouleaux & lingots; 70 à 75 liv. le quintal en platines. | Provence & Levant, la plupart au Caire. |
| Cela ne se fabrique pas. | 100 à 150 liv. pésant. | 4 à 5 liv. la livre. | Marseille, France, & Espagne. |

| *Noms des Marchandises.* | *Leur qualité.* | *A quoi elles servent.* | *Lieux d'où elles viennent à Marseille.* | *Si c'est par Mer ou par Terre.* |
|---|---|---|---|---|
| LIN. | Espece de feuille, ou peau du canon d'une plante. | A faire des toiles. | Alexandrie. | Mer. |
| | Fieume. | | | |
| | Olep. | | | |
| | Manouf & Farfette. | | | |
| | Noir. | | | |
| LINGE. *Voyez* VIEUX LINGE. | | | | |
| LITARGE D'OR & D'ARGENT. | Composée de plomb. Il y en a de deux sortes; l'une est nommée Litarge d'or, parce qu'elle a la couleur de l'or; & l'autre est appellée Litarge d'argent, parce qu'elle a la couleur de l'argent. | A la Médecine & à la Peinture. | Hambourg. | *Idem.* |
| LIVRES ET IMAGES. | Impression & Taille-douce. | L'usage n'a pas besoin d'explication. | Paris, Lyon, & autres endroits de France. | Terre. |
| LIZARS. *Voyez* TOILES. | | | | |
| MACIS. | Fleur & derniere couverture de la noix muscade. | A la Médecine. | Indes, par la Hollande. | Mer. |
| MANIGUETTE. *Voyez* GRAINE DE PARADIS. | | | | |
| MANNE. | Suc ou liqueur blanche, douce & condensée par les rayons du soleil, qui coule d'elle-même en forme de larmes, des branches, des rameaux, des feuilles même des frênes ordinaires & sauvages; ou une rosée condensée & épaissie, qu'on ramasse en petits grains; ou une liqueur qui tombe en forme de rosée dans le tems des équinoxes, sur les arbres & sur les herbes, où elle se condense en petits grains. | *Idem.* | Sicile, Calabre, & Tolphe dans l'Etat du Pape, par Civita Vecchia. | *Idem.* |
| MAROQUIN. | Peaux de moutons & de boucs, corroyées. | A faire des souliers & reliûres. | Provence & Languedoc. Il s'en fait à Marseille même; ceux qui viennent de Levant sont appellés Cordoans. *Voyez* CORDOANS. | Mer & Terre. |
| MARTRES ZEBELINES. | Peaux d'animal sauvage. | A faire des fourures. | *Voyez* PELLETERIE. | |
| MASCOUADES. | Sucre noir, espece de moelle spongieuse qu'on tire de certaines cannes à sucre. | A faire sucre blanc & rafiné, & pour la confiture. | Des Isles de l'Amérique, & peu de Lisbonne, à cause du bas prix des autres. | Mer. |
| MASTIC. | Raisine de Lentisque. | A la Médecine. | Scio, par Smyrne & l'Archipel. | *Idem.* |

| *Si elles viennent brutes ou fabriquées.* | *Quelle quantité par estimation il en vient dans une année.* | *Quelle est leur valeur à Marseille en la présente année 1688.* | *Lieux où s'en fait la consommation.* |
|---|---|---|---|
| Brut & en rame, & se travaille à Marseille. | | | |
| | Fieume, 600 à 800 quintaux. | 17 à 18 liv. le quintal. | Marseille, Provence, Languedoc, & plus avant en France. |
| Entre & sort en partie de même. | Olep, 1500 à 2000 quintaux. | 16 à 17 liv. le quintal. | Provence, & brut en Espagne Catalogne, Majorque, Sicile, & Calabre. |
| Brut. | Manouf & Farfete, 1800 à 2000 quintaux. | 13 à 14 liv. le quintal. | *Item.* |
| Brut, on le peigne à Marseille. | Noir, 2 à 300 quintaux. | 14 à 15 liv. le quintal. | On l'envoye tout peigné en Provence & Languedoc. |
| Cela ne se fabrique pas. | 4 à 500 quintaux. | 9 à 10 liv. le quintal. | Provence & Languedoc, jusqu'à Lyon, Espagne & Piémont, & quelquefois en Levant. |
| En feuilles & fabriqués. | 12 à 1500 balles. | 3 à 400 liv. la balle l'une portant l'autre. | Espagne, Portugal, Piémont, Italie, Provence, & Languedoc. |
| Cela ne se fabrique pas. | 9 à 10 quintaux. | 8 liv. la livre pésant. | Provence, Languedoc, & Piémont. |
| *Idem.* | 8 à 900 quintaux entre tous les endroits marqués ci-devant. | La premiere qualité en larmes, 40 à 50 sols la livre pésant; la seconde, 20 à 25 sols; la troisiéme, 16 à 18 sols, & la plus commune 12 à 14 sols aussi la livre pésant. | France, Espagne, & Portugal. |
| Corroyées, il s'en corroye aussi. | 2500 à 3000 quintaux. | 9 à 10 sols la liv. pésant. | Marseille, Piémont, Italie, Sicile, & Malthe. |
| Brutes. | De l'Amérique, 10 à 12000 quintaux. | 8 à 9 liv. le quintal de l'Amérique. | A la rafinerie de Marseille, Provence, Languedoc, Constantinople, Venise, & Italie. |
| | De Lisbonne, 800 à 1000 quintaux. | 12 à 13 liv. le quintal de Lisbonne. | |
| Cela ne se fabrique pas. | 70 à 80 quintaux. | 27 à 28 sols la livre pésant. | France, Espagne, Portugal, Piémont, & Barba- |

| *Noms des Marchandises.* | *Leur qualité.* | *A quoi elles servent.* | *Lieux d'où elles viennent à Marseille.* | *Si c'est par Mer ou par Terre.* |
|---|---|---|---|---|
| MAUGARBINE. *Voyez* TOILE. | | | | |
| MECOACAN, ou MACADOUSIN. | Racine. | A la Médecine. | Indes Occidentales, par Cadix. | Mer. |
| MECONIUM. | *Idem.* | *Idem.* | Provence. | Terre. |
| MERCES, ou MERCERIE. | Epingles, dés à coudre, chevelieres, cordelles, fil de Bresse, estame, Selque. & autres; toute sorte d'ouvrage de fil: cornets, éguilles, Crucifix, figures de Saints, boettes, jouets d'enfans, tabatieres, ventoirs, galon de fil, canetille, petite miroiterie, auripeau, fil & lame de léton, éguillettes, écritoires, chapeleterie S. Claude, & d'autres sortes; petits ouvrages d'Allemagne; peignes de corne, bas de laine & de coton pour homme & pour femme; futaines & autres choses entrant dans la signification de merces ou mercerie, excepté pourtant les toiles dont il sera fait un article exprès sous le titre de Toile; excepté aussi les étoffes de soie rapportées au titre Soie; la Rubanterie, *voyez* RUBANS; les Passemens, *voyez* PASSEMENS. | Chaque chose donne assez à connoître à quoi elle sert. | Paris, Rouen, Dieppe, Flandres, Thiers en Auvergne, Genéve, Hollande, Italie, Angleterre, Allemagne par Hambourg. Il en vient d'Allemagne environ le tiers. Toutes les choses de l'article ne viennent pas également des mémes lieux, mais seulement de chaque lieu quelque sorte de marchandise de l'article. Il se fait à Marseille sur les Galeres du Roi & dans la Ville, une quantité de bas de coton qui consomme 4 à 500 quintaux de coton. | Terre, Mer, & Riviere. |
| MERTILLE. | Graine de mirthe. | A la Médecine. | Provence. | Terre. |
| MIEL. | Ouvrage d'abeilles, qui est une liqueur jaune, blanche, & douce. | A manger. | *Idem.* | *Idem.* |
| MILLET. | Sorte de petite graine. | A nourrir les oiseaux. | Languedoc & Provence. | Terre & Mer. |
| MINY. *Voyez* AZERCOR. | | | | |
| MIROBOLANS. | Fruit, certaines especes de prunes.<br>Embis,<br>Citrins,<br>Kebus,<br>Belerins,<br>Indies & autres. | A la Médecine. | Indes Orientales; sçavoir, les citrins, Kebus, & Indies par Alexandrie, les Embis & Belerins par Hollande. | Mer. |
| MIRRHE. | Gomme odorante d'un arbre. | *Idem.* | Arabie Heureuse, par Egypte, Hollande, & Angleterre. | *Idem.* |
| MOLUES. | Poisson de l'Océan. Molue ou Merluche séches Françoises. | A manger. | Mers de Terre-Neuve, qu'on appelle du Petit Nord; Côte de Canada, dite Chapeau Rouge; Isles Percées, Fougues. | *Idem.* |
| | Morue verte. | *Idem.* | *Idem.* | *Idem.* |

| *Si elles viennent brutes ou fabriquées.* | *Quelle quantité par estimation il en vient dans une année.* | *Quelle est leur valeur à Marseille en la présente année 1688.* | *Lieux où s'en fait la consommation.* |
|---|---|---|---|
| Cela ne se fabrique pas. | 80 à 100 quintaux. | 16 à 18 sols la liv. pésant. | France & Piémont. |
| *Idem.* | 30 à 40 liv. pésant. | 4 à 5 sols la liv. pésant. | Marseille, Espagne, & Italie. |
| Fabriquées. | 3 à 4000 balles de 2 à 3 quintaux l'une, y ayant plus de 500 balles de chapelets S. Claude. | 200 liv. la balle, l'une portant l'autre, les toiles n'y étant point comprises. | Marseille, Nice, Italie, Espagne, Portugal, & toutes les Echelles du Levant, peu en Barbarie. |
| Cela ne se fabrique pas. | 15 à 20 quintaux. | 6 à 7 liv. le quintal. | Hollande, Angleterre, peu à Marseille. |
| *Idem.* | 2 à 3000 quintaux. | 8 à 9 liv. le quintal. | Marseille, Italie, Hollande, Angleterre, peu en Levant. |
| *Idem.* | 1500 à 2000 quintaux. | 50 à 60 s. le quintal. | Marseille & ses environs. |
| Partie bruts, & partie confits. | Des citrins, Kebus & Indies, 60 à 70 quintaux non confits, des Embis & Belerins, 15 à 20 quintaux non confits; un à deux quintaux des uns, & autant des autres confits. | Les citrins, 5 à 6 sols la livre; les Kebus, 12 à 14 sols la livre; les Indies, 2 à 3 sols; les Embis & Belerins, 8 à 10 sols aussi la livre pésant. | France, Espagne, Italie; les citrins sont de plus grande consommation. |
| Cela ne se fabrique pas. | 100 à 150 quintaux. | 70 à 80 liv. le quintal. | France & Piémont. |
| Salées & séches. | 11 à 120000 quintaux. | 8 à 9 liv. le quintal: celle du Petit Nord est la plus estimée en Provence, sans être de plus haut prix, & les autres le sont davantage en Languedoc, Roussillon, & Ponent. | Provence, Languedoc, Vivarets, Lyonnois, Savoie, Roussillon, Catalogne, Italie, Naples, & Sicile. |
| Salées. | 4 à 500 quintaux. | 4 à 5 liv. le quintal. | *Idem.* |

| Noms des Marchandises. | Leur qualité. | A quoi elles servent. | Lieux d'où elles viennent à Marseille. | Si c'est par Mer ou par Terre. |
|---|---|---|---|---|
| | Molue Angloise. | A manger. | Avant l'imposition qu'on vient d'y mettre, les Anglois en apportoient d'Irlande; il n'en viendra plus. | Mer. |
| MOMIE. | Corps embaumé; sorte de composition de cire & d'amomum, dont on se sert pour conserver les cadavres des personnes mortes. | A la Médecine. | Egypte par Alexandrie. | *Idem.* |
| MONCAYATS CHANGEANS OU ONDE'S. | Etoffe de fil de chévre. | A des vêtemens. | Smyrne & Constantinople. | *Idem.* |
| MUSC. | Sang grossier qui sort à moitié corrompu d'un animal des Indes, au moyen d'une enflure qui créve. | A la Médecine & aux Parfums. | Indes, par Smyrne, Alep, & Alexandrie, & par la Hollande. | *Idem.* |
| MUSCADES. | Noix, fruit d'un arbre des Indes. | A épicer. | Indes, par la Hollande. | *Idem.* |
| NATRON. *Voyez* | le Dictionnaire de | Commerce. | | |
| NOISETTES. *Voyez* | AVELANES. | | | |
| NUX VOMICA. | Fruit d'un arbre. | A la Médecine, & de poison aux rats. | Egypte, par Alexandrie. | *Idem.* |
| OCRE. *Voyez* le | Diction. de Commerce. | | | |
| OLIVES. | *Idem.* | A manger. | Marseille, Provence; point d'Espagne, si ce n'est quelque petit présent; non plus de Genes & du Languedoc. | Mer & Terre. |
| OPIUM. | Jus d'une espece de pavot. | A la Médecine; les Turcs en usent beaucoup pour s'assoupir & faire leurs prieres. | Smyrne, Alep, Satalie. | Mer. |
| OPOPONAX. | Gomme d'un arbre. | A la Médecine. | Indes Orientales, par Alep, Smyrne, & Hollande. | *Idem.* |
| OR & ARGENT TRAIT ET FILE'. *Voyez* | DANTELLE OR ET ARGENT. | | | |
| ORANGES & CITRONS. | Fruit. | A manger. | Provence, Nice, & Riviere de Genes. | *Idem.* |
| ORPIMEN. | Minéral. | Le commun, à faire fondre le plomb pour la grenaille, & le fin, à accommoder les cuirs; on le broye pour la Peinture & pour faire les peignes de bois à façon de buis. | Venise. | *Idem.* |
| ORSEILLE. | Composition de la mousse des rochers avec de la chaux & de l'urine. | A la Teinture. | Auvergne. | Terre & Riviere. |

| Si elles viennent brutes ou fabriquées. | Quelle quantité par estimation il en vient dans une année. | Quelle est leur valeur à Marseille en la présente année 1688. | Lieux où s'en fait la consommation. |
|---|---|---|---|
| Salées & séches. | 18 à 20000 quintaux : il n'en viendra plus, à cause de la nouvelle imposition. | 8 à 9 livres le quintal. Elles étoient plus estimées que les Françoises en Italie & en France, à cause qu'elles se conservent mieux. | Idem. |
| Cela ne se fabrique pas. | 80 à 100 quintaux; autrefois il en venoit 4 à 5000 quintaux. | 20 à 25 liv. le quintal. | France, Hollande, & Piémont. |
| Fabriqués. | 40 à 50 balles de 40 pieces l'une, & de 10 cannes piece. | 11 à 13 liv. piece. | La plupart en Espagne, & peu en Provence & Languedoc. |
| En vessie & hors de vessie. | 7 à 800 onces. | Celui qu'on tire par le Levant & qui est plus estimé, vaut 10 à 12 liv. l'once pésant, & l'autre 8 à 10 liv. le tout en vessie, & celui hors de vessie vaut le double. | France, peu en Italie & Malthe. |
| Cela ne se fabrique pas. | 2 à 300 quintaux. | 3 à 3 liv. 10 sols la livre. | Provence, Languedoc; toutes les Echelles du Levant, & Barbarie. |
| Idem. | 40 à 50 quintaux. | 24 à 25 liv. le quintal. | France & Hollande. |
| Salées à la Pesciolini. | Il s'en fait à Marseille & en Provence 80 à 100000 barils gros ou petits; les petits pésant l'un 15 à 16 livres, & les gros un quintal. | Les petits barils, 15 à 16 sols piece; les gros 5 à 6 liv. piece. | France, Hollande, Angleterre, Allemagne, Piémont, Italie, Levant, & Barbarie. |
| Cela ne se fabrique pas. | 20 à 30 quintaux pour l'ordinaire, mais présentement il n'en vient pas, & s'il s'en trouvoit à Marseille, on en envoyeroit au Levant. | Ordinairement il ne vaut que 3 à 4 liv. la livre pésant, mais comme il n'en vient pas à présent, il vaut 15 à 16 liv. la livre pésant. | France, Espagne, Portugal, Piémont, Barbarie, Salez, & Tétouan. |
| Cela ne se fabrique pas. | 3 à 4 quintaux. | Pour l'ordinaire, 35 à 40 sols la livre pésant, & présentement 7 à 8 livre la livre aussi pésant. | France, Espagne, Italie, & Portugal. |
| Idem. | 800 à 1000 caisses, citrons ou oranges, de 400 chacune; & 2 ou 300 batteaux oranges bigarrats. | 7 à 8 livre la caisse des citrons, & quant aux oranges bigarrats, les uns 18 à 20 sols le cent, & les communs 12 à 14 sols le cent. | Marseille, Havre de grace & autres endroits de France, & en Hollande. |
| Broyé. | Du fin, 30 à 40 quintaux. Du commun, 100 à 150 quintaux. | Le fin, 30 à 35 liv. le quintal. Le commun, 10 à 12 livres le quintal. Le broyé, 14 à 15 sols la livre pésant. | France, Espagne, Piémont, Portugal, & Levant. |
| Frabriquée. | 30 à 40 quintaux. | 15 à 16 liv. le quintal. | Provence & Languedoc. |

| *Noms des Marchandises.* | *Leur qualité.* | *A quoi elles servent.* | *Lieux d'où elles viennent à Marseille.* | *Si c'est par Mer ou par Terre.* |
|---|---|---|---|---|
| OS DE CORNE DE CERF. | Bois. | A la Médecine. | Italie. | Mer. |
| OUVRAGES DE SOIE. *Voyez* SOIE. | | | | |
| PANCE, ou RAISINS SECS. | Fruit. | A manger. | Damas, par Sayde, Belveder en Calabre, Alicant, Isles de Lipary, Toulon, Roquevaire, Aubagne, Auriol, & autres endroits de Provence. | Mer & Terre. |
| | Raisins secs de Corinthe. | *Idem.* | Satalie, Zantes, Petrache en Morée. | Mer. |
| PAPIER. | Composition faite de vieux linge; il s'en fait de plusieurs sortes. | A écrire, au pliage de la marchandise, & à faire des chassis. | Provence, Dauphiné, & Languedoc. Il s'en fait aussi au terroir de Marseille. Il en vient de Genes, mais seulement de la premiere sorte. | Mer & Terre. |
| PARCHEMIN. | Peau de mouton raturée. | A écrire, à faire des éventails, à couvrir des livres, & à faire des cartouches à poudrer. | Languedoc, Vivarets, Lyon, & Dauphiné. | Terre, Mer, & Riviere. |
| PASSEMENS, *Voyez* MERCERIE & SOIE, en l'article ETOFFES DE SOIE. | | | | |
| PASTEL. | Sorte de Plante. | A la Teinture. | Languedoc. | Mer. |
| PEAUX DE SENTEUR & PELLETERIE. | Peaux de moutons, agneaux, boucs, chevreaux, fouines, martres, renards, tigres, loutres, petit-gris, cerfs, biches, chameaux, chicalys, & autres animaux. | A faire des gands, manchons, & fourures. | Provence, Ponent, Espagne, Barbarie. Il s'en fait à Marseille de mouton & chevreau; quant aux peaux de senteur, il n'en vient plus. | Mer & Terre. |
| PEIGNES. | De bois & de bouis, de cornes. *Voy.* MERCE. | A peigner les cheveux. | Dauphiné, Languedoc, Oyonas en delà de Lyon, & il s'en fait quantité à Marseille. | *Idem.* |

| *Si elles viennent brutes ou fabriquées.* | *Quelle quantité par estimation il en vient dans une année.* | *Quelle est leur valeur à Marseille en la présente année 1688.* | *Lieux où s'en fait la consommation.* |
|---|---|---|---|
| Brut. | 20 à 30 quintaux. | 25 à 30 liv. le quintal. | France, Espagne, & Portugal. |
| Cela ne se fabrique pas. | De Damas, 3 à 4000 quintaux. De Belveder, 2 à 3000 quintaux. D'Alicant, 4 à 500 quintaux. De Lipary, 5 à 600 quintaux. Il n'en vint pas l'année derniere. | De Damas, 25 à 30 liv. le quintal. De Belveder, 8 à 10 liv. le quintal. D'Alicant, 6 à 7 liv. le quintal. De Lipary, autant. | France, Hollande, & Angleterre, Marseille, Provence, Languedoc, & plus avant en France. |
| | Et de Toulon & autres lieux de Provence 2500 à 3000 quintaux, sans parler de celles qui desdits lieux vont à droiture à Lyon. | Provence, 6 à 7 liv. le quintal. | *Idem.* |
| *Idem.* | 1500 à 2000 quintaux. | 14 à 15 liv. le quintal. | *Idem.* |
| Fabriqué. | 5 à 6000 ballons, les uns de 24 rames, & les autres de 14 rames le ballon; il en vient moins de la premiere sorte que des autres. | Premiere qualité pour écrire, 40 à 50 liv. le ballon de 24 rames. Seconde qualité, 30 à 34 liv. En Levant on s'en sert pour écrire & pour le pliage, partie de 24 rames, & partie de 14, pésant néanmoins autant ceux de 14 que ceux de 24. Troisiéme sorte fort mince, de 22 à 24 liv. le ballon de 24 rames, pour le pliage seulement. | Premiere sorte, à Marseille, Levant, Barbarie, Espagne, & Portugal. Seconde & troisiéme sorte, la plupart en Levant, & le reste en Barbarie, Espagne, & Portugal. |
| *Idem.* | 80 à 100 balles d'environ 3 quintaux l'une. | 28 à 30 liv. la grosse des grands, composée de 12 douzaines, & les deux grosses des moyens pour une grosse des grands. | Marseille, Italie, Espagne, Portugal, peu en Levant. |
| Cela ne se fabrique pas. | 2 à 300 quintaux. | 7 à 8 liv. le quintal. | Provence, Piémont, & Portugal. |
| En poil & fabriquées. | 80 à 90000 peaux, compris celles des articles passées sous les noms de maroquins & bazanes. | La peau de renard, 35 à 45 sols piece; chevreau, 11 à 12 sols; agneau, 24 à 25 liv. le cent; les petits-gris, 35 à 40 liv. le cent; l'outre, 9 à 10 liv. piece; tigre, 18 à 26 liv. piece; fouines, martres, 28 à 30 sols piece; chamois, mouton commun, 11 à 12 liv. la douzaine; les moutons ramaye, 20 à 21 livres la douzaine; les boucs, 70 à 75 l. la douzaine; cerfs, 4 à 5 liv. piece; biches, 30 à 35 sols piece, le tout habillées. | Provence, Piémont, Italie, Espagne, Levant, & Portugal. |
| Fabriquées. | De bouis, presque point, & 4 à 5 caisses seulement. De bois blanc, 7 à 800 caisses de 2000 peignes chacune, & quelquefois ce sont des tonneaux de quatre caisses l'un. | D'une sorte, 25 à 30 sols le cent; autre sorte de 3 livres la grosse de douze douzaines. | Barbarie. |
| | | Autres de 3, 4, 5 liv. la grosse, selon leur grandeur. Autres de delà Lyon plus cheres de 20 à 30 sols la grosse. | Espagne. |

| *Noms des Marchandises.* | *Leur qualité.* | *A quoi elles servent.* | *Lieux d'où elles viennent à Marseille.* | *Si c'est par Mer ou par Terre.* |
|---|---|---|---|---|
| PELLES DE FER. *Voyez* CLOUS & CLAVEZON. | | | | |
| PERRUQUES. | Cheveux. | L'usage n'a pas besoin d'explication. | Provence, Dauphiné, & Auvergne. | Terre. |
| PIERRE D'AYMAN. | Pierre qui attire le fer, & lui communique ses propriétés. | A la Médecine, & pour les boussoles. | Lampedouse & Porte de Ferrare. | Mer. |
| PIERRE PONCE. | Sorte de pierre fort legere qui se trouve au rivage de la mer dans l'Archipelague, Morée, & Barbarie. | Pour poncer. | Archipelague, Morée, & Barbarie. | *Idem.* |
| PIGNONS. | Noyau de pomme de pin. | A manger. | Catalogne. | *Idem.* |
| | Indy. | A la Médecine. | Indes Orientales, par Alep. | |
| PIRETTES. | Racine. | A la Médecine, & à la Teinture. | Tunis. | *Idem.* |
| PISTACHES. | Fruit. | A manger. | Alep. | *Idem.* |
| PLOMB. | Sorte de métal. | Aux Plombiers, Vitriers, & Potiers d'étain dans leurs ouvrages. Il y a à Marseille plusieurs Manufactures de grenaille à la chasse aux oiseaux, & pour des balles à mousquets. | Angleterre la plus grande quantité, & le reste d'Hambourg ; point du Dauphiné, à cause que les mines y en sont fort petites, & que celui des Etrangers est à beaucoup meilleur marché. | *Idem.* |
| PLUMES. | Sortes de plumes de beaux oiseaux étrangers.<br>Premiere sorte de Tripoly de Barbarie.<br>Tunis, Alger, & Salez.<br>Seconde sorte desdites.<br>Troisiéme sorte desdites.<br>Femelles claires,<br>Femelles obscures,<br>Aigrettes grandes,<br>Aigrettes petites,<br>Bouts de queues,<br>Bayoques.<br>Noir grand,<br>Noires.<br><br>D'Alexandrie.<br>Premieres,<br>Secondes,<br>Tierces,<br>Femelles claires,<br>Femelles obscures,<br>Bout de queues,<br>Bayoques,<br>Noir grand,<br>Noires. | A parer les chapeaux de gens d'épée, les bonnets des enfans, & le haut des colomnes des lits. | Alexandrie, Sayde, & Barbarie. | Mer. |

| *Si elles viennent brutes ou fabriquées.* | *Quelle quantité par estimation il en vient dans une année.* | *Quelle est leur valeur à Marseille en la présente année 1688.* | *Lieux où s'en fait la consommation.* |
| --- | --- | --- | --- |
| En cheveux, & se fabriquent à Marseille. | 10 à 12000 perruques. | Depuis 10 liv. jusques à 40 liv. Il y en a quelques-unes de plus bas & de plus haut prix. | Marseille & ses environs, Espagne, Italie, & Portugal. |
| Brut. | 20 à 25 quintaux. | 8 à 9 sols la livre celui de la Lampedouse, & 20 à 25 liv. le quintal, l'autre qui n'est pas si bon. | France, Espagne, Portugal, & Piémont. |
| Cela ne se fabrique pas. | 12 à 1500 quintaux. | Les grandes, 6 à 7 liv. le quintal; & les petites, 4 à 5 liv. le quintal. | Provence, Languedoc, & autres endroits de France. |
| Net. | 1500 à 2000 quintaux des premiers, & 25 à 30 quintaux des Indys. | 14 à 15 liv. le quintal des premiers, & 20 à 25 sols la livre pésant des Indys. | France, Italie, Sicile, Calabre, Hollande, & Angleterre les premiers; & les Indy, France, Espagne, Portugal, & Piémont. |
| Cela ne se fabrique pas. | 30 à 40 quintaux. | 16 à 18 liv. le quintal. | Peu en France, la plupart en Angleterre; quelque peu en Hollande & Piémont. |
| Comme on le prend sur l'arbre. | 150 à 200 quintaux. | 35 à 40 liv. le quintal. | France, Espagne, Piémont, Angleterre, & Hollande. |
| En saumon. | 18 à 20000 quintaux, sçavoir, 5 à 6000 quintaux d'Hambourg, & le reste d'Angleterre. | 7 liv. 10 sols à 8 liv. le quintal brut celui d'Angleterre.<br>L'autre d'Hambourg 10 sols moins, & 9 à 10 liv. le quintal travaillé. | La plupart en grenaille, en Provence, Nice, Piémont, Riviere de Genes, Côte d'Espagne jusques à Cartagene, Catalogne, Majorque, Sicile; peu en Italie en saumon. |
| Brutes. | Entre toutes les sortes, pour environ 30 à 40000 livres. | Barbarie, premiere sorte, 65 à 75 liv. les cent Plumes.<br>Seconde sorte, 20 à 30 liv. le cent.<br>Troisiéme sorte, 5, 6, & 7 liv. le cent.<br>Femelles claires, 14 à 16 liv. le cent.<br>Femelles obscures, 7 à 9 liv. le cent.<br>Aigrettes grandes, 18 à 22 liv. le millier.<br>Et les petites, 5 à 7 liv. le millier.<br>Bouts de queues, 45 à 55 sols le cent.<br>Bayoques, noir grand, & noires, 5 à 7 liv. le cent.<br><br>D'Alexandrie, les premieres 65 à 75 liv. les cent Plumes.<br>Secondes, 25 à 35 liv. le cent.<br>Tierces, 7 à 9 liv. le cent.<br>Femelles claires, 18 à 22 liv. le cent.<br>Femelles obscures 6 à 9 liv. le cent.<br>Bouts de queues, 40 à 45 sols le cent.<br>Bayoques, noir grand, & noires, 5 à 7 liv. le cent. | En France, brutes & travaillées; & en Espagne, travaillées. |

| Noms des Marchandises. | Leur qualité. | A quoi elles servent. | Lieux d'où elles viennent à Marseille. | Si c'est par Mer ou par Terre. |
|---|---|---|---|---|
| | De Sayde.<br>Premieres,<br>Secondes,<br>Tierces,<br>Femelles claires,<br>Femelles obscures,<br>Bayoques,<br>Bouts de queues.<br>Noir, grand & petit. | | | |
| POIL DE CHAMEAU, ou LAINE DE CHEVRON. | Toison ou Laine de chameau. | A faire des chapeaux. | Smyrne, Satalie, & Alep. | Mer. |
| POIL DE CHEVRE. | Toison ou Laine de chévre. | A faire des camelots, moires, raz, & autres pareilles étoffes. | Smyrne, Alep, & Angora. | *Idem.* |
| POIVRE. | Sorte d'aromate; vient dans des gousses sur un arbre des Indes appellé Poivrier. | A épicer. | Indes Orientales, autrefois par Alexandrie d'Egypte, & présentement par la Hollande & l'Angleterre. | Mer. |
| POIX. | Suc gras qui coule d'un arbre.<br>Poix de pays, résine noire, blanche, & d'élegade.<br>Bray, Goudron ou Guitran; composé, noir, fait d'herbes & de poix-résine. | A froter les Bâtimens de mer, en boucher les jointures; à goudronner les cables, & à plusieurs autres choses. | Provence & Hollande. | Mer. |
| POLIPODY. | Racine. | A la Médecine. | Provence & Languedoc. | Mer & Terre. |
| PRUNEAUX. | Fruit.<br>Brignoles.<br>Noirs & communs. | A manger, & les noirs à la Médecine. | Provence, & les noirs du Languedoc. | *Idem.* |
| QUINQUAILLE, ou CLINCAILLERIE. | Ouvrages de ferrerie ou d'acier. Eguilles, couteaux, ciseaux & autres pareilles choses.<br>Fine, tout ce qui est limé.<br>Et grosse, tout ce qui se fait à la forge, comme étriers, étrilles, fiches françoises, fiches, gonds, & autres pareilles choses. | A plusieurs usages. | Les fines de Thiers, & les grosses, de S. Etienne en Forêt, fort rarement d'Angleterre. | Terre, Mer, & Riviere. |
| QUINQUINA. | Ecorce d'un arbre. | A la Médecine. | Indes Occidentales, par Cadix. | Mer. |
| RAISINS SECS. *Voyez* PANCE. | | | | |

| *Si elles viennent brutes ou fabriquées.* | *Quelle quantité par estimation il en vient dans une année.* | *Quelle est leur valeur à Marseille en la présente année 1688.* | *Lieux où s'en fait la consommation.* |
|---|---|---|---|
| | | De Sayde, les premieres, 45 à 55 liv. les cent plumes. Les secondes, 14 à 16 liv. le cent. Les tierces, 4 à 6 liv. le cent. Femelles claires, 18 à 22 liv. le cent. Femelles obscures, 5 à 7 liv. le cent. Bayoques 3 liv. 10 sols à 4 liv. 10 sols le cent. Bouts de queues, 35 à 45 sols le cent. Noir grand & petit, 5 à 7 liv. le cent. | |
| Brut. | 15 à 1600 quintaux. | Premiere sorte, de 110 à 120 liv. le quintal. La seconde, de 90 à 100 liv. le quintal. La troisiéme, de 60 à 70 liv. le quintal. | France, Piémont, & Hollande. |
| *Idem.* | 100 à 150 quintaux. | Celui de Smyrne, 45 à 50 sols la livre. D'Alep, 35 à 45 sols la livre. Et d'Angora, 3 liv. à 3 liv. 5 sols la livre. | France, & principalement aux Pays conquis, & quelquefois en Hollande. |
| Cela ne se fabrique pas. | 6 à 7000 quintaux. | 55 à 65 liv. le quintal. | France, Italie, Espagne, Levant, Barbarie, & Piémont. |
| Fabriquée. | Poix de Provence ou de Pays, entre toutes les sortes 6 à 7000 quintaux; & de Hollande, 1000 à 1200 quintaux. Bray ou Guitran, ou Goudron de Provence, 1000 à 1200 quintaux; de Hollande, 1500 à 2000 barils de 3 quintaux l'un. | Poix de Provence, 2 liv. à 3 liv. 5 sols le quintal. Celle de Hollande, 4 liv. 10 sols à 5 liv. le quintal. Bray, Guitran ou Goudron de Provence, 3 liv. à 3 liv. 10 sols le quintal. Et de Hollande, 12 à 14 liv. le baril de 3 quintaux. | Provence, quantité pour le Roi, & le reste en Italie, Naples & Espagne, Portugal & Isles de la Matere, & quelquefois l'Archipel. |
| Cela ne se fabrique pas. | 30 à 40 quintaux. | 15 à 20 liv. le quintal. | Espagne, Provence, & Lyon. |
| *Idem.* | Des blancs, 2 à 3000 quintaux. Des noirs, 100 à 150 quintaux. | 12 à 15 liv. le quintal les blancs, & 5 à 6 liv. le quintal les noirs. | Les blancs, France, Angleterre, Hollande, Espagne, Portugal, peu en Levant & en Barbarie; & les noirs en Provence. |
| Fabriqué. | 1000 à 1200 balles, fine ou grosse, de 2 quintaux l'une, de Thiers & Forêt, & 2 ou 3 tonneaux seulement d'Angleterre. | La fine, 200 liv. la balle; & la grosse, la moitié. | Levant, Italie, Espagne, Portugal, peu en Barbarie. |
| Cela ne se fabrique pas. | 150 à 200 quintaux. | 30 à 40 sols la livre. | France, Angleterre, Hollande, Piémont, & Italie. |

| *Noms des Marchandises.* | *Leur qualité.* | *A quoi elles servent.* | *Lieux d'où elles viennent à Marseille.* | *Si c'est par Mer ou par Terre.* |
|---|---|---|---|---|
| RAPONTIQUE. | Racine de la couleur de la rhubarbe. | A la Médecine. | Perse, par Smyrne & Alep, & dans les montagnes du Bourg S. Esprit en France. | Mer & Terre. |
| REAGAL. | Minéral. | A la Médecine, à la Teinture, & à empoisonner. | Hambourg. | Mer. |
| RECOURT. | Suc d'une herbe. | A la Peinture, & Teinture des toiles. | Isles de l'Amérique. | Mer. |
| REGLISSE. | Racine. | A la Médecine. | Espagne. | *Idem.* |
| RIS. | Espece de froment ou de légume qui est produit par une plante. | A manger. | Rosset & Damiette en Egypte par Alexandrie; la plus grande quantité vient par l'Archipel où le portent les Corsaires de Malthe qui l'ont pris sur les Turcs. Il vient aussi de toutes les Echelles de Levant, lorsqu'on y rencontre des Bâtimens Turcs qu'on appelle Saiques, qui l'y portent d'Alexandrie. Il en vient aussi du Piémont par Genes, Final & Nice, & de Barbarie & Sicile. | *Idem.* |
| RHUBARBE. | Sorte de Racine. | A la Médecine. | Perse, par Smyrne & Alexandrette. | *Idem.* |
| ROCAILLE. | Grains de Verre. | A faire des chapelets, colliers & brasselets de femme. | Rouen. | Mer & Terre. |
| ROCHE DE BORAX. *Voyez* BORAX. | | | | |
| ROSES DE PROVINS. | Fleurs rouges qu'on appelle Roses fines. | A la Médecine. | Provence & Languedoc. | *Idem.* |
| ROSETTES DE CUIVRE. *Voyez* CUIVRE. | | | | |
| RUBANTERIE. | Ruban tissu de soie uni ou figuré, étroit ou large. | Pour ligature d'embellissement ou de nécessité. | Lyonnois, S. Chaumont & S. Etienne en Forêt, & Avignon. Il s'en fait aussi à Marseille. | Terre. |
| RUBEA MAJOR. | Racine. | A la Médecine. | Provence & Catalogne. | Mer & Terre. |
| RUSQUES. | Ecorce de racine d'un arbre. | A tanner les cuirs. | Languedoc, Roussillon, & fort peu de Provence. | *Idem.* |
| SAFFRAN. | Trois ou quatre filets qui viennent dans chaque fleur de saffran qui est une plante bulbeuse. | a Médecine, & dans les viandes. | Provence, & la plupart du Comtat d'Avignon. | Terre. |
| SAFFRANON. | C'est du Saffran sauvage produit par une plante qui fait une gousse pleine de filets, & qui fait une graine que les perroquets mangent. | A la Teinture. | Egypte, par le Caire & Alexandrie. | Mer. |
| SALICOT. | Cendre d'une herbe. | A faire le Savon & le Verre. | Languedoc, | *Idem.* |

| *Si elles viennent brutes ou fabriquées.* | *Quelle quantité par estimation il en vient dans une année.* | *Quelle est leur valeur à Marseille en la présente année 1688.* | *Lieux où s'en fait la consommation.* |
|---|---|---|---|
| Cela ne se fabrique pas. | 3 à 4 quintaux. | 30 à 40 sols la livre. | France, Espagne, & Portugal. |
| *Idem.* | 100 à 150 quintaux. | 12 à 14 liv. le quintal. | France & Levant. |
| Cela ne se fabrique pas. | 70 à 80 quintaux. | 18 à 20 sols la livre. | Provence, Languedoc, Italie, & quelquefois plus avant dans la France. |
| *Idem.* | 4 à 500 quintaux. | 3 à 4 liv. le quintal. | France, & Piémont. |
| *Idem.* | 10 à 12000 quintaux du Levant, & 800 à 1000 quintaux de celui de Barbarie ou Sicile; & 7 à 8000 quintaux de celui du Piémont. | Celui du Levant, 6 à 8 liv. le quintal, & l'autre environ 20 sols moins par quintal. | France, Espagne, & Portugal. |
| *Idem.* | 100 à 150 quintaux. | 5 à 6 liv. la livre. | France, Piémont, Espagne, & Portugal. |
| Fabriqué. | 4 à 500 quintaux. | 28 à 30 liv. le quintal. | Barbarie, & toutes les Echelles du Levant, peu en Provence, Espagne, & Italie. |
| Cela ne se fabrique pas. | 7 à 8 quintaux. | 20 à 25 sols la livre. | Hollande, peu à Marseille, & en Espagne & Portugal. |
| Fabriqué. | *Voyez* Soie, *à l'article* Etoffes de Soie. | | |
| Cela ne se fabrique pas. | 40 à 50 liv. pésant. | 7 à 8 sols la livre pésant. | Presque nulle consommation, & seulement par les Apoticaires de Marseille. |
| *Idem.* | 25 à 30000 quintaux. | 30 à 35 sols le quintal. | Provence. |
| *Idem.* | 0 à 100 quintaux. | 15 à 20 liv. la livre pésant, & dans les abondantes récoltes, 8 à 9 liv. la livre. | Marseille, Espagne, Italie, Piémont Hollande, Angleterre, Portugal, & Barbarie. |
| *Idem.* | 3 à 4000 quintaux. | 45 à 50 liv. le quintal. | France, principalement à Lyon; Piémont, Espagne, Italie, Sicile, & Portugal. |
| *Idem.* | 2 à 3000 quintaux. | 4 à 5 liv. le quintal. | Marseille & Toulon. |

| *Noms des Marchandises.* | *Leur qualité.* | *A quoi elles servent.* | *Lieux d'où elles viennent à Marseille.* | *Si c'est par Mer ou par Terre.* |
|---|---|---|---|---|
| SALPETRE. | Sorte de minéral qui se trouve dans les cavernes, caves, & autres endroits. Il y en a de quatre qualités; sçavoir, d'une premiere cuite, jusqu'à la quatriéme, le nitre compris. | Principal ingrédient dans la composition de la poudre à canon, & le rafiné à la Médecine. | Provence, Languedoc, Hollande, & autres endroits de France. | Mer & Terre. |
| SALSAFRAS. | Racine. | A la Médecine. | Hollande. | Mer. |
| SANDARACHE. | Gomme. | A la Médecine, & à faire le vernis. | De Saphis & Sainte-Croix dans le Royaume de Fez & Maroc, & de Sayde. | *Idem.* |
| SANG DE DRAGON. | Composition qui se fait de la liqueur d'un fruit qui a la figure d'un dragon. Larmes, Fin, Et moyen. | Celui en larmes, à la Peinture. Les autres à la Médecine. | Des Indes, par les Hollandois & Anglois; & du Levant, par Alep. | *Idem.* |
| SANTAL. | Branche d'arbre. Blanc, Citrin, Rouge. | A la Médecine. | Le blanc, Isles de l'Amérique. Citrin & rouge, des Indes, par la Hollande. | *Idem.* |
| SARACOLE. | Gomme d'un arbre. | A la Médecine. | Perse, par Alep. | Mer. |
| SARÇOPAREILLE. | Racine. Fine, Silvestre. | *Idem.* | Indes Occidentales, par Cadix. La Silvestre, des nouvelles Indes. | *Idem.* |
| SARDES. *Voyez* ANCHOIS. | | | | |
| SARGES. *Voyez* DRAPERIE. | | | | |
| SAUMON. | Poisson. | A manger. | Ponent, Angleterre, Irlande, & Hollande. | Mer. |
| SAVON. | Composé de soute & d'huile d'olive, & de quelque autre chose. Blanc, Noir, Marbré ou Madré. | A blanchir le linge & faire des savonettes quand il est bien purifié, & aux Manufactures de drap particuliérement le marbré. | La grande quantité de marbré se fait à Marseille, & du blanc à Toulon. Il en vient quelquefois du Levant, mais fort peu. | *Idem.* |
| SAVONETTES. | Savon purifié. | A faire le poil. | Italie, & il s'en fait à Marseille. | Mer & Terre. |
| SAUCISSONS. | Sorte de fort grosses saucisses pleines de viandes assaisonnées de sel, de poivre, & autres épiceries. | A manger. | *Idem.* | *Idem.* |
| SEBESTEN. | Fruit d'un arbre. | A la Médecine, & à faire du glu. | Sayde. | Mer. |

Cela

| *Si elles viennent brutes ou fabriquées.* | *Quelle quantité par estimation il en vient dans une année.* | *Quelle est leur valeur à Marseille en la présente année 1688.* | *Lieux où s'en fait la consommation.* |
|---|---|---|---|
| Cela ne se fabrique pas. | 300 à 320 milliers de livres pésant. | Premiere cuite de celui de Provence & Languedoc, de la plus inférieure qualité, 10 à 12 liv. le quintal, & de meilleure qualité, 30 à 32 liv. le quintal; & le rafiné, 10 à 15 sols la livre pésant. Il ne peut être vendu qu'aux Fermiers de la poudre, excepté le rafiné. Celui de Hollande, 15 à 20 liv. le quintal. Les 2e, 3e, & 4e sortes ou cuites n'entrent pas en commerce, car il est défendu d'en envoyer. | Marseille. Les 2e, 3e, & 4e sortes ou cuites n'entrent pas en commerce, comme il est déja dit. |
| *Idem.* | 7 à 8 quintaux. | 4 à 5 sols la liv. pésant. | France, Espagne, Italie, Portugal, & Piémont. |
| *Idem.* | 25 à 30 quintaux. | Celle de Sayde, 18 à 20 liv. le quintal; & l'autre un sol pour livre davantage. | *Idem.* |
| *Idem.* | De celui en larmes, 50 à 60 livres pésant; du fin, un à deux quintaux, & autant de l'autre. | De celui en larmes, 7 à 8 liv. la livre pésant; du fin, 4 à 5 liv. la livre; & du moyen, 30 à 40 sols la livre aussi pésant. | *Idem.* |
| *Idem.* | 30 à 40 quintaux de chacune des trois sortes. | Le blanc, 7 à 8 sols la livre pésant. Le citrin, 8 à 10 sols aussi la livre. Le rouge, 12 à 14 liv. le quintal. | *Idem,* |
| Cela ne se fabrique pas. | 2 ou 3 quintaux. | 65 à 70 liv. le quintal. | France, Espagne, Piémont, Portugal, & quelquefois en Italie. |
| *Idem.* | De la fine, 7 à 8 quintaux, & de la Sivestre, 80 à 100 quintaux, mais seulement de trois en trois ans, parce qu'elle ne vient que par la flotte d'Espagne. | La fine, pour l'ordinaire, 20 ou 30 sols la livre pésant, au lieu que présentement elle vaut 3 liv. à 3 liv. 10 sols; & la Silvestre, 10 ou 12 sols la livre pésant. | France, Piémont, Italie, & Portugal, & toutes les Echelles de Levant, & Barbarie. |
| Cela ne se fabrique pas. | 800 à 1000 bariques d'environ 3 quintaux l'une. | 45 jusqu'à 60 liv. la barique. | Provence, Dauphiné, jusqu'à Lyon. |
| Fabriquées. | 50 à 60000 quintaux. | 11 à 11 livre 10 sols le quintal du marbré, & le blanc, 10 sols moins. | France, Hollande, Angleterre, & Hambourg. |
| *Idem.* | 25 à 30 caisses d'environ deux quintaux l'une. | 250 à 300 liv. la caisse. | Marseille & France. |
| *Idem.* | 2 à 300 quintaux. | Ceux d'Italie, 40 à 45 liv. le quintal. Ceux de Marseille, 70 à 75 liv. aussi le quintal. | France. |
| Brut. | 80 à 100 quintaux. | 20 à 25 sols le quintal. | France, Espagne, Piémont, & Portugal. |

| *Noms des Marchandises.* | *Leur qualité.* | *A quoi elles servent.* | *Lieux d'où elles viennent à Marseille.* | *Si c'est par Mer ou par Terre.* |
|---|---|---|---|---|
| SEL ARMONIAC. | Espece de salpêtre. | Aux Orfévres & à la Médecine. | Egypte, par Alexandrie. | Mer. |
| SEL GEME. | Autre espece de salpêtre. | A la Chimie. | Terragone en Espagne. | *Idem.* |
| SEL NITRE. *Voyez* SALPETRE. | | | | |
| SEMEN CARTAMI. | Graine de safranon. | A la nourriture des pertoquets, & à la Médecine. | Egypte, par Alexandrie. | *Idem.* |
| SEMENCE DE BEN. | Fruit d'un arbre. | A faire une huile qui sert à préparer les peaux aux parfums. | *Idem.* | *Idem.* |
| SEMENCE DE PERLES. | Petites perles. | A la Médecine, & pour enrichir des ouvrages en broderie. | Indes Orientales & Occidentales, par Smyrne, Alep, & Hollande. | *Idem.* |
| SEMENSINE OU SEMEN CONTRA. *Voyez* BARBOTINNE. | | | | |
| SENNE'. | Feuille d'une plante; Garbeau & Fenicule | A la Médecine. | Alexandrie, Sayde, & Tripoly de Barbarie. | *Idem.* |
| SENOBRE. | Terre minérale. | A la Peinture commune. | Espagne. | *Idem.* |
| SQUILLE OU OIGNONS MARINS. | Oignons. | A la Médecine. | Barbarie & Archipel. | *Idem.* |
| SINIGRE' OU FENOUIL GREC. | Graine. | *Idem.* | Provence. | Terre. |
| SIROP. *Voyez* SUCRE. | | | | |
| SORBET. | Composition de sucre. | A boire. | Alexandrie & Constantinople. Il s'en fait à Marseille. | Mer. |
| SOUDE, OU SOUTE, OU BOURDE. | Composée d'une certaine herbe marine. | A faire le Savon & le Verre. | Alicant, Cartagene, & Almerie. | *Idem.* |
| SOUFFRE. | Sorte de graisse terrestre épaissie dans les minieres, & qui étant desséchée s'appelle Souffre. | A faire la Poudre & autres choses, même à la Médecine. | Italie. | Mer. |
| SOUFFRE VIF. | Minéral naturel, artificiel, luisant. | A la Médecine. | Venise & Hollande. | *Idem.* |
| SOIES. | Ouvrage qui se tire du coucon que fait un certain ver qu'on appelle Ver à soie. | A faire des étoffes & rubans, & à coudre. | | |
| | Ardasse. | Aux Manufactures de soie, & à coudre. | Smyrne & Alep, Espagne, Italie, & beaucoup en France. | Mer. |
| | Ardassine. | Aux étoffes. | Smyrne & Alep. | *Idem.* |
| | Legis Bourme cherbassy. | Aux étoffes, comme Velours, Pannes, Brocards & Gros de Tours, même à quelque sorte de rubans. | *Idem.* | Mer |
| | Legis ordinaires. | Aux étoffes. | *Idem.* | *Idem.* |

| Si elles viennent brutes ou fabriquées. | Quelle quantité par estimation il en vient dans une année. | Quelle est leur valeur à Marseille en la présente année 1688. | Lieux où s'en fait la consommation. |
|---|---|---|---|
| Fabriqué. | 3 à 400 quintaux. | 38 à 40 liv. le quintal. | Hollande, Angleterre, & en France. |
| *Idem.* | 80 à 100 quintaux. | 7 à 8 liv. le quintal. | *Idem.* |
| Cela ne se fabrique pas. | 50 à 60 quintaux. | 10 à 15 liv. le quintal. | France. |
| Brut. | 4 à 500 quintaux. | 24 à 25 liv. le quintal. | Provence, peu en Piémont & en Espagne. |
| Cela ne se fabrique pas. | 40 à 50 livres pésant. | Les fines, 10 liv. l'once, & les communes, 35 à 40 sols l'once. | France, Catalogne, & Piémont. |
| *Idem.* | 3 à 400 quintaux de celui d'Alexandrie, qu'on appelle de la Palte; & de l'autre il est défendu d'en apporter : garbeau & fénicule; 80 à 100 liv. le quintal. | 125 à 130 liv. le quintal, celui de la Palte, & le garbeau & fénicule 55 à 60 liv. le quintal. | France, Espagne, Italie, Portugal, Piémont, Hollande, & Angleterre. |
| Brut. | 1000 à 1500 quintaux. | 40 à 50 sols le quintal. | Provence, beaucoup à Constantinople. |
| Cela ne se fabrique pas. | 20 à 30 quintaux. | 5 à 6 liv. le quintal. | France. |
| *Idem.* | 20 à 30 quintaux. | 5 à 6 liv. le quintal. | *Idem.* |
| Fabriqué. | 40 à 50 quintaux. | 15 à 18 sols la livre. | France. |
| Brute. | 12 à 15000 quintaux. | 50 à 60 sols le quintal. | Marseille & Toulon. |
| En pain, & on le convertit en canon à Marseille. | 5 à 6000 quintaux. | 4 liv. à 4 liv. 10 sols le quintal, & celui en canon 12 à 15 sols par quintal davantage. | France, Espagne, Portugal, Hollande, & Angleterre. |
| Net. | 8 à 10 quintaux. | 13 à 14 liv. le quintal. | France, Piémont, Portugal, Espagne, Hollande, & Angleterre. |
| Greze. | 4 à 600 balles d'environ 250 liv. pésant l'une. | 3 liv. 12 sols à 3 liv. 15 sols la livre pésant. | Languedoc, Provence, & Lyon où elles sont ouvrées & teintes, & de-là en France, Espagne, Portugal, Allemagne, Isles de la Madere & Tercere, par Bordeaux, Bayonne, & Biscaye; & aux Pays conquis, par Genêve. Et greze, en Barbarie aussi-bien qu'en Portugal, & auxdits Pays conquis par le transit. |
| *Idem.* | 15 à 20 balles. | 4 liv. 10 sols à 4 liv. 15 sols la livre pésant. | |
| *Idem.* | 200 à 250 balles. | 6 liv. 10 sols à 6 liv. 12 sols la livre pésant. | Tours & Lyon. |
| Greze. | 15 à 20 balles. | 5 liv. à 5 liv. 5 sols la livre pésant. | Tours, Lyon, & Marseille, & quelquefois en Barbarie. |

| *Noms des Marchandises.* | *Leur qualité.* | *A quoi elles servent.* | *Lieux d'où elles viennent à Marseille.* | *Si c'est par Mer ou par Terre.* |
|---|---|---|---|---|
| Soie. | Blanches, qu'on nomme Bayas, sont argentines & pésantes. | Aux ouvrages de fil d'or & d'argent. | Alep. | Mer. |
| | Tripolines, sont blanches & de bonne qualité. | Aux dentelles or & argent. | Tripoly de Syrie. | *Idem.* |
| | Castravane. | *Idem.* | Alep. | Mer. |
| | Chouf & Choufette. | Aux étoffes. | Sayde. | *Idem.* |
| | Barutines, sont blanches & fines; il y en a aussi des jaunes, mais peu. | Les plus fines pour le fil & dentelles or & argent, & les autres pour des étoffes de poids. | Barut, par Sayde. | *Idem.* |
| | Satalie, sont blanches. | *Idem.* | Satalie. | Mer. |
| | Saydavy, sont fort légeres. | Aux dentelles or & argent. | Sayde. | *Idem.* |
| | Chypriottes, sont blanches. | Aux ouvrages d'or & d'argent. | Chypres. | *Idem.* |
| | Candie. | A coudre. | Candie. | Mer. |
| | Tino & l'Archipel. | *Idem.* | Tino & l'Archipel. | *Idem.* |
| | Andros. | *Idem.* | Andros dans l'Archipel. | *Idem.* |
| | Calabre. | A la trame, à coudre, & aux grosses étoffes. | La Calabre. | Mer. |
| | Antioche. | Aux dentelles or & argent. | Alep. | *Idem.* |
| | Palerme. | A la trame, à coudre, & à faire des grosses étoffes. | Palerme. | *Idem.* |
| | Messine: ouvrée, qu'on appelle Organsin. Premier fil. Autres, dites second fil. Autres, dites Grezes. Autres, dites Furie. Autres, dites Meze. } Autres, dites Mezettes. } Et assortiment pour France. | Aux étoffes & rubanterie. | Messine. | Mer. |
| | Reggio & Montagne. Fines & grosses. | *Idem.* | Sicile. | *Idem.* |
| | Tiria & Foilleri. | A coudre. | Smyrne. | *Idem.* |
| | Espagne. | Les fines, aux étoffes & rubans, les autres, à coudre. | Catalogne & Royaume de Valence. | *Idem.* |
| | Majorque. | *Idem.* | Majorque. | Mer. |
| | Pays de Provence. | Aux étoffes, rubanterie, & à coudre. | Provence. | Terre. |

| *Si elles viennent brutes ou fabriquées.* | *Quelle quantité par estimation il en vient dans une année.* | *Quelle est leur valeur à Marseille en la présente année 1688.* | *Lieux où s'en fait la consommation.* |
|---|---|---|---|
| Greze. | Il n'en vient presque plus, à cause qu'on les a reconnues fraudées, & seulement 25 à 30 balles. | Elles valoient de 6 liv. 10 sols à 7 liv. la livre pésant. | Genêve & Lyon. |
| *Idem.* | 50 à 60 balles. | 6 liv. 15 sols la livre pésant. | Genêve, Lyon, & peu en Barbarie. |
| *Idem.* | 10 à 12 balles. | 6 liv. 10 sols la livre. | France, & quelquefois en Barbarie. |
| Greze. | 8 à 10 balles Chouf, & 2 ou 3 balles Choufettes. | 7 liv. à 7 liv. 5 sols la livre pésant. | Barbarie, Lyon, & Tours. |
| *Idem.* | 25 à 30 balles des blanches, & 2 ou 3 balles des jaunes. | 7 liv. à 7 liv. 10 sols la livre. | Lyon, & les jaunes en Barbarie. |
| *Idem.* | 5 à 6 balles. | 6 liv. 5 sols à 6 liv. 10 sols la livre. | Lyon & Barbarie. |
| Greze. | 10 à 15 balles. | 5 liv. à 5 liv. 5 sols la livre pésant. | Barbarie, & peu à Lyon. |
| *Idem.* | 150 à 200 balles. | 6 liv. 15 sols à 7 liv. la livre. | Lyon, & peu en Barbarie. |
| Greze. | 30 à 40 balles. | 4 liv. 5 sols à 4 liv. 10 sols la livre. | Marseille, Nismes, & Lyon. |
| *Idem.* | 60 à 70 balles. | 4 liv. 5 sols à 4 liv. 10 sols la livre. | Barbarie & Lyon. |
| *Idem.* | 40 à 50 balles. | 3 liv. 15 à 3 liv. 17 sols la livre. | *Idem.* |
| Greze. | 50 à 60 balles. | 5 liv. à 5 liv. 10 sols la livre pésant. | Presque tout à Lyon, & peu en Barbarie. |
| *Idem.* | 7 à 8 balles. | 6 liv. 5 sols à 6 liv. 10 sols la livre. | France, & quelquefois en Barbarie. |
| Greze. | 50 à 60 balles d'environ 250 liv. pésant l'une. | 6 liv. à 6 liv. 10 sols la livre pésant. | Presque tout à Lyon, & peu en Barbarie. |
| *Idem.* | 150 à 200 balles entre toutes les qualités. | Les Organsins, 10 à 12 liv. la livre pésant. | Lyon. |
| | | Furie, 8 liv. 10 sols à 9 liv. la livre pésant. | Lyon, peu en Provence & Languedoc. |
| Greze. | 40 à 50 balles entre les fines & les grosses. | Meze & Mezette, 8 liv. à 8 liv. 5 sols la livre. Assortiment pour France, 6 liv. 15 sols à 7 liv. la livre pésant. Les fines, 6 liv. 10 sols à 6 liv. 15 sols la livre pésant; & les grosses, 10 sols moins. | Lyon. |
| *Idem.* | 25 à 30 balles. | 4 liv. 5 sols à 4 liv. 15 sols la livre pésant. | Marseille, Lyon, & la plupart en Barbarie. |
| *Idem.* | 80 à 100 balles. | 6 liv. à 6 liv. 15 sols la livre pésant les fines, & 3 liv. à 3 liv. 10 sols la livre les grossieres. | France, & peu en Barbarie. |
| Greze. | 8 à 10 balles. | *Idem.* | *Idem.* |
| *Idem.* | 3 à 400 quintaux. | Les fines, de 6 liv. 10 sols à 7 liv. la livre. Les moyennes, 5 liv. à 5 liv. 10 sols. Et les grosses, 50 à 60 sols la livre. | Marseille & Barbarie. |

| *Noms des Marchandises.* | *Leur qualité.* | *A quoi elles servent.* | *Lieux d'où elles viennent à Marseille.* | *Si c'est par Mer ou par Terre.* |
|---|---|---|---|---|
| | Etoffes de soie Rubanterie. Brocard or & argent. Dentelles or & argent. Fin & faux passement. | | Paris, Lyon, Tours, Avignon, & peu de Provence & Languedoc; & quelquefois du damas & du satin de Genes & de Livourne. | Riviere, Terre, & Mer. |
| SPERME DE BALEINE. | Partie générative de la baleine. | A la Médecine & au fard. | Hollande & Mers de Ponent. | Mer. |
| SPICA-CELTICA. | Herbe. | A la Médecine, & en Egypte & Barbarie à laver des corps morts. Les Turques font promettre à leurs maris lors de leur mariage, d'en tenir dans leurs caisses, à cause de l'odeur qu'elles trouvent agréable. | Francfort, par Hambourg. | *Idem.* |
| SPICANARDI. *Voyez* ASPICANARDI. | | | | |
| SCHINE. *Voyez* APIOS. | | | | |
| SPODIUM, ou SPODEA. | Petites pieces d'yvoire brûlée. | A la Médecine. | Hollande. | Mer. |
| SQUILLE. *V.* SGUILLE. | | | | |
| STECADES. *Voyez* ESTECADES. | | | | |
| STAFISAIGRE. *Voyez* ESTAFISAIGRE. | | | | |
| SUBLIMÉ. | Composition. | A la Médecine, & au fard. | Venise & Genes. | *Idem.* |
| SUCRE. | Espece de moele spongieuse pleine de suc, douce & blanche, qu'on tire de certaines cannes à sucre qu'on trouve aux Indes, aux Canaries, à Madere, & ailleurs. | A sucrer. | Hollande, Nantes & Bordeaux; d'Angleterre il commence à en venir, mais fort peu. | *Idem.* |
| | Melis. | *Idem.* | Isles de l'Amérique. | Mer. |
| | Cassonnade, sorte de sucre un peu gros, & qui n'est point rafiné. | *Idem.* | Bresil, par Lisbonne; Isles de Tercere & Madere. | *Idem.* |
| | Mascouades. *Voyez* MASCOUADES. | | | |
| | Sirop se fait de sucre melasse. | A la confiture liquide. | Il se fait à la Rafinerie de Marseille. | Terre. |
| SUIF. *Voyez* GRAISSE. | | | | |
| SUMAC ou FAUVIL. | Feuille d'un arbrisseau. | A la Teinture. | Provence. | *Idem.* |
| TABAC. | Feuilles d'une plante. | A fumer, & à prendre en poudre. | Bresil & Isles de Tercere & Madere, par Lisbonne. | Mer. |
| | Bresil, | | | |
| | Cleirac, | | Cleirac. | Terre, Riviere, & Mer. |
| | Mondragon. | | Provence. | *Idem.* |
| | En poudre, il n'en vient pas. | | | |
| | Scafarlati, il n'en vient pas. | | | |
| TALC. | Minéral. En feuille. En pierre. | En feuille, à faire lanternes. En pierre, au fard. | Allemagne celui en feuille. Venise celui en pierre. | Mer. |

| *Si elles viennent brutes ou fabriquées.* | *Quelle quantité par estimation il en vient dans une année.* | *Quelle est leur valeur à Marseille en la présente année 1688.* | *Lieux où s'en fait la consommation.* |
|---|---|---|---|
| Frabriquée. | 12 à 1500 balles. | 2 à 3000 liv. la balle de 2 à 3 quintaux l'une portant l'autre. | Marseille, Italie, Levant, Barbarie, Espagne, Portugal, Isles de Canarie, & de la Tercere & Madere. |
| Préparé. | 80 à 100 liv. pésant. | 10 à 12 liv. la livre. | France. |
| Cela ne se fabrique pas. | 250 à 300 quintaux. | 50 à 52 liv. le quintal. | Alexandrie & Barbarie; presque point à Marseille. |
| Fabriqué. | 15 à 20 quintaux. | 30 à 35 liv. le quintal. | France. |
| Cela ne se fabrique pas. | 100 à 130 quintaux. | 46 à 50 sols la livre pésant. | France, Espagne, Barbarie, & Levant. |
| Rafiné. | D'Hollande, 15 à 20 tonneaux de 10 quintaux piece; & de Nantes & Bordeaux, 2 à 300 quintaux. Il s'en fait à la Rafinerie de Marseille 1500 à 2000 quintaux. | 30 à 35 liv. le quintal. | Provence, Languedoc, Levant, Piémont, Espagne, Calabre, Sicile, Italie, & Genêve. |
| En pain. | 3 à 400 quintaux. | 20 à 22 liv. le quintal. | Provence, Languedoc, Piémont, Levant, & principalement à Constantinople & Smyrne, peu en Catalogne. |
| Brute, & s'en rafine beaucoup à Marseille. | 1500 à 2000 caisses de 12 à 13 quintaux l'une. | 20 à 25 liv. quintal. | Calabre, Sicile, & Italie. |
| Liquide. | 15 à 1600 quintaux. | 5 liv. le quintal. | Naples, Malthe, & Hollande. |
| Cela ne se fabrique pas. | 3 à 400 quintaux. | 5 à 6 liv. le quintal. | Marseille, & ses environs. |
| En roulleaux. | 1000 à 1200 roulleaux d'environ 2 quintaux l'un. | 30 à 40 liv. le quintal. | Provence, Languedoc, Piémont, Espagne, & Italie. |
| *Idem.* | 150 à 160 tonneaux de 18 à 20 quintaux l'un. | 18 à 20 liv. le quintal. | *Idem*, & Barbarie, Sicile, & Calabre. |
| *Idem.* | 80 à 100 quintaux. | 25 à 30 liv. le quintal. | Barbarie. |
| En feuille & en pierre. | 15 à 20 quintaux en pierre, & en feuille presque point. | En pierre, 12 à 15 sols la livre pésant. En feuille, 50 à 60 sols l'once pésant. | France. |

| *Noms des Marchandises.* | *Leur qualité.* | *A quoi elles servent.* | *Lieux d'où elles viennent à Marseille.* | *Si c'est par Mer ou par Terre.* |
|---|---|---|---|---|
| TAMARINS. | Fruit à noyau qui croît aux Indes, & qui a quelque ressemblance avec les dattes. | A la Médecine. | Indes Orientales, par Alexandrie. | Mer. |
| TANGOUL. | Cuivre & fonte mêlés ensemble. | Au même usage que le cuivre à l'égard du cuivre; & quant à la fonte, à l'Artillerie. | Salez. | *Idem.* |
| TAPIS. | Ouvrage de tapisserie. | A parer une table, ou quelque endroit par lequel on marche, ou sur lequel on se repose. | | |
| | Pic, Mousquets, Demi Mousquets, Cadenes. | | Smyrne. | *Idem.* |
| | Cairens & Gimians. | | Du Caire, par Alexandrie; & quelques Gimians de Smyrne. | *Idem.* |
| TAPISSERIES. | Ouvrages de laine. | A tapisser les maisons. | France & Venise. | Mer & Terre. |
| TARTRE. | Sel ou croûte rougeâtre qui se forme & s'épaissit autour des tonneaux pardedans. | A la Teinture. | Languedoc & Provence. | *Idem.* |
| TERRA MERITA. *V.* CORCOME. | | | | |
| TERRE D'OMBRE. | Terre qui se tire d'une mine. | A la Peinture. | Chypres. | Mer. |
| TERRE SIGELE'E. | Espece d'argile. | A la Médecine. | Constantinople, Archipel, & Chypres. | *Idem.* |
| THEREBENTINE. *V.* HUILE DE THEREBENTINE. | | | | |
| THERIAQUE. | Composition de Médecine. | *Idem.* | Montpellier, & à Marseille chaque Apoticaire en fait pour sa provision. | Mer & Terre. |
| THURBIT. | Racine. | *Idem.* | Alep. | Mer. |
| TOILES. | Ouvrage de Tisserant, fait de fil de chanvre, ou de lin, ou de coton. | Pour faire des draps, des chemises, des serviettes & autres choses. | | *Idem.* |
| | Toiles de coton de Levant. | | | |
| | Aman bleues. Aman blanches. | | Alep & Sayde. | |
| | Ojemi bleues. Ojemi blanches. | | Alep. | |

Cela

| *Si elles viennent brutes ou fabriquées.* | *Quelle quantité par estimation il en vient dans une année.* | *Quelle est leur valeur à Marseille en la présente année 1688.* | *Lieux où s'en fait la consommation.* |
|---|---|---|---|
| Cela ne se fabrique pas. | 7 à 800 quintaux. | 35 à 40 liv. le quintal. | France, Espagne, Piémont, & Portugal. |
| En pains. | 6 à 700 quintaux. | 45 à 50 liv. le quintal. | A Marseille & Toulon; peu aux Chaudronniers, & le reste à la fonte du Roi. |
| Fabriqués. | 30 à 40 balles de 4 à 5 quintaux l'une. | 40 à 50 sols le pan les tapis de Pic. 3 liv. 10 sols à 4 livres piece ceux de Cadene. Depuis 4 écus jusqu'à 40 ou 50 écus piece les tapis Mousquets; & depuis 3 jusqu'à 25 ou 30 écus piece les Demi-Mousquets. | France, Espagne, & peu en Piémont. |
| *Idem.* | 4 à 5 balles de 4 à 5 quintaux l'une. | Depuis 10 écus jusqu'à 150 écus piece. | *Idem.* |
| Fabriquées. | 80 à 100 balles. | Celles de Flandres, de 30 à 40 écus la canne. Celles d'Auvergne, de 25 à 60 liv. la canne. Celles de Bretagne, de 8 à 15 liv. la canne. | Provence, Italie, & Espagne. |
| Cela ne se fabrique pas. | 4 à 5000 quintaux. | Celui de Languedoc, 8 à 8 liv. 10 sols le quintal; & celui de Provence, 9 à 10 liv. le quintal. | Levant, Espagne, & Barbarie. |
| Cela ne se fabrique pas. | 5 à 600 quintaux. | 5 à 6 liv. le quintal. | France, Angleterre, & Hollande. |
| *Idem.* | 10 à 12 quintaux. | 8 à 10 sols la livre. | France, Espagne, Portugal, & Piémont. |
| Fabriquée. | 25 à 30 quintaux. | 4 à 5 liv. la livre pésant. | Espagne, Portugal, Piémont, & Italie. |
| Cela ne se fabrique pas. | 30 à 40 quintaux. | 18 à 20 sols la livre. | France, Espagne, Portugal, & Piémont. |
| Fabriquées. | Avant l'imposition de l'Arrêt du 30 Avril 1686, il en venoit les quantités ci-dessous déclarées, & du depuis le tiers seulement. | | |
| | Aman bleues, 140 à 160 balles de 60 pieces chacune. Aman blanches, 15 à 20 balles. | 7 à 9 liv. la piece. | Espagne, Piémont, & Genes; & en France avant l'Arrêt du 30 Avril 1686. |
| | Ojemi bleues, 200 à 250 balles. Ojemi blanches, 15 à 20 balles. | 7 à 8 liv. 10 sols la piece. | |

| *Noms des Marchandises.* | *Leur qualité.* | *A quoi elles servent.* | *Lieux d'où elles viennent à Marseille.* | *Si c'est par Mer ou par Terre.* |
|---|---|---|---|---|
| TOILES. | Auquili bleues. | | | |
| | Auquili blanches. | | | |
| | Bebi de la frange blanches. | | | |
| | Montagne blanches. | | Alep & Sayde. | |
| | Bengales blanches. | | | |
| | Cambrasines du Fer. | | Alep. | |
| | Cambrasines Marmas. | | | |
| | Cambrasines de 12 cannes. | | Alep & Smyrne. | |
| | Indiennes de Perse. | | | |
| | Indiennes Serongi. | | | |
| | Indiennes Varos. | | | |
| | Indiennes Jafarcanis. | | Alep. | |
| | Indiennes de Levant. | | | |
| | Tapis Indiennes Serongi. | | | |
| | Tapis Indiennes de Levant. | | Alep & Smyrne. | |
| | Mouchoirs d'Indiennes. | | | |
| | Mouchoirs Cheveli. | | Alep. | Mer. |
| | Mouchoirs Chirongi. | | | |
| | Toile de coton de Levant. | | | |
| | Demites & Demiton. | | Chypres, Smyrne, & Sayde. | |
| | Escamites. | | | |
| | Boutanes. | | Chypres. | |
| | Jerusalem. | | Sayde. | |
| | Rame. | | | |
| | Boucassin blanches. | | Smyrne. | |
| | Boucassin peintes. | | | |
| | Demites couleur de layas. | | *Idem.* | |
| | Toiles de fil de lin. | | | |
| | Bleues du Caire, grandes. | | | |
| | Tanari blanches du Caire. | | | |
| | Cassie. | | Alexandrie. | |

| *Si elles viennent brutes ou fabriquées.* | *Quelle quantité par estimation il en vient dans une année.* | *Quelle est leur valeur à Marseille en la présente année 1688.* | *Lieux où s'en fait la consommation.* |
|---|---|---|---|
| Fabriquées. | Auquili bleues, 250 à 300 balles. Auquili blanches, 40 à 50 balles. | 4 liv. 10 sols à 6 liv. 15 sols la piece. | |
| | Bebi, 30 à 40 balles. | 5 à 5 liv. 10 sols la piece. | |
| | Montagne, 50 à 60 balles. | 3 à 3 liv. 10 sols la piece. | |
| | Bengales, 10 à 12 balles. | 27 à 30 liv. la piece. | |
| | Cambrasines, Indiennes, & Tapis de toutes sortes, 100 à 120 balles de 60 à 100 pieces chacune. | Cambrasines, 12 à 15 liv. la piece. Indiennes de Perse, 13 à 14 liv. la piece. Et toutes les autres Indiennes Serongi, 5 à 6 liv. la piece. Tapis Indiennes de Levant, 3 à 4 liv. la piece. | |
| | Mouchoirs de toutes sortes, 30 à 40 balles de 200 pieces la balle. | Mouchoirs Chirongi, de 15 à la piece, 6 à 7 liv. la piece. Et les autres à la moitié. | Espagne, Piémont, & Genes, & en France avant l'Arrêt du 30 Avril 1686. |
| | 200 à 250 balles de 100 à 200 pieces l'une. | 40 à 60 sols la piece. | |
| | 200 à 250 balles de 5 à 600 cannes l'une. | 55 à 60 sols la piece. | |
| | 15 à 20 balles de 100 pieces l'une. | 3 liv. à 4 liv. la piece. | |
| | 60 à 80 balles de 70 pieces l'une. | 4 liv. à 4 liv. 10 sols la piece. | |
| | 40 à 50 balles de 70 à 80 pieces l'une. | 5 liv. à 6 liv. la piece de 10 cannes. | |
| | 150 à 200 balles de 100 pieces l'une entre les deux sortes. | Les blanches, 40 à 50 sols la piece. Les peintes, 55 à 60 sols la piece. | |
| | 30 à 40 balles de 150 à 200 pieces l'une. | 35 à 40 sols la piece. | |
| | 130 à 150 balles de 50 pieces l'une. | 6 liv. à 6 liv. 10 sols la piece des grandes; & les autres, 4 liv. 10 sols à 5 liv. la piece. | |
| | 130 à 150 balles pareilles. | 5 liv. 10 sols à 6 liv. la piece. | |
| | 150 à 160 balles de 60 pieces l'une. | 5 liv. à 5 liv. 5 sols la piece. | |

| *Noms des Marchandises.* | *Leur qualité.* | *A quoi elles servent.* | *Lieux d'où elles viennent à Marseille.* | *Si c'est par Mer ou par Terre.* |
|---|---|---|---|---|
| TOILES. | Bataloni bleues. | | | |
| | Librets bleues du Caire. | | | |
| | Librets d'Alexandrie. | | | |
| | Bourgs du Caire. | | | |
| | Bourgs d'Alexandrie. | | | |
| | Bourgs de Damiette. | | Alexandrie. | |
| | Maugarbines. | | | |
| | Tayolles bigarrées de Roller, fil & coton. | | | |
| | Tayolles de laine blanche. | | | |
| | Mouchoirs. | | | |
| | Mouchoirs moyens. | | | |
| | Mouchoirs petits. | | | |
| | Fouques fil & coton. | | | |
| | Les autres qualités de Toiles du Levant qui ne sont pas dénommées ici, ne viennent plus. | | | |
| | Toiles de coton des Indes. | | | |
| | Guinées fines. | | | |
| | Guinées moyennes. | | | Mer. |
| | Guinées ordinaires. | | | |
| | Salamporis fines. | | | |
| | Salamporis moyennes. | | | |
| | Salamporis ordinaires. | | | |
| | Percalis fines. | | | |
| | Percalis ordinaires. | | | |
| | Doutis fines. | | Indes, par Angleterre & Hollande. | |
| | Baftas fines. | | | |
| | Baftas ordinaires. | | | |
| | Moris fines. | | | |
| | Moris moyennes. | | | |
| | Moris ordinaires. | | | |
| | Sauvagusses. | | | |

| Si elles viennent brutes ou fabriquées. | Quelle quantité par estimation il en vient dans une année. | Quelle est leur valeur à Marseille en la présente année 1688. | Lieux où s'en fait la consommation. |
|---|---|---|---|
| Fabriquées. | 30 à 40 balles de 60 pieces l'une. | 4 liv. à 4 liv. 10 sols la piece. | Provence, la plupart en Espagne, Majorque, Sicile, Piémont, & Genes. |
| | 100 à 150 balles de 150 à 200 pieces l'une entre les deux sortes. | 30 à 33 sols la piece celles du Caire, & 22 à 23 sols celles d'Alexandrie. | |
| | 100 à 150 balles de 200 pieces l'une entre les deux sortes. | 40 à 45 sols piece. | |
| | 80 à 100 balles de 200 pieces l'une. | 41 à 42 sols la piece. | |
| | 60 à 80 balles de 150 à 200 pieces l'une. | 3 liv. 10 sols à 4 liv. la piece. | |
| | 60 à 80 balles de 100 douzaines la balle. | 3 liv. à 3 liv. 10 sols la douzaine. | |
| | 150 à 200 balles de 40 douzaines l'une. | 8 liv. 10 sols la douzaine. | |
| | Mouchoirs entre les trois sortes, 60 à 70 balles de 3 ou 400 masses l'une. | De 15 à 25 sols la piece. | |
| | 30 à 40 balles. | 40 à 45 sols la piece. | |
| | 130 à 150 balles de 30 pieces la balle, de 18 cannes la piece entre les trois sortes. | Guinées fines, 30 liv. la piece. Moyennes, 24 liv. Les ordinaires, 16 liv. | Provence, Languedoc, jusqu'à Lyon & Piémont. |
| | 130 à 150 balles de 80 pieces la balle, & de 7 cannes & demie la piece entre les trois sortes. | Salamporis fines, 14 liv. la piece. Moyennes, 11 liv. Les ordinaires, 8 liv. | |
| | 10 à 15 balles de 200 pieces la balle, & de 30 dans la piece entre les deux sortes. | Percalis fines, 6 liv. la piece. Les ordinaires, 4 liv. | |
| | 80 à 100 balles entre les trois sortes, de 100 pieces la balle, & de 8 cannes & demie la piece Doutis, & 8 cannes celle de Baftas fines. | Doutis fines, 9 liv. 10 sols piece. Baftas fines, 9 liv. Baftas ordinaires, 8 liv. | |
| | 40 à 50 balles de 120 pieces la balle, & de 4 cannes la piece entre les trois sortes. | Moris fines, 16 à 18 liv. la piece. Moyennes, 12 liv. Ordinaires, 8 liv. | |
| | 25 à 30 balles de 100 pieces la balle, & de 7 cannes & demie la piece. | Sauvaguses, 7 livres la piece. | |

| *Noms des Marchandises.* | *Leur qualité.* | *A quoi elles servent.* | *Lieux d'où elles viennent à Marseille.* | *Si c'est par Mer ou par Terre.* |
|---|---|---|---|---|
| TOILES. | Canequines. Beatilles. Bengales. Casse Bengales de 20 aunes. Casse Bengales de 16 aunes. Casse Bengales de 13 aunes. Malomore de 5 pans & demi de large. Malomore de 4 pans de large. Aman de 7 pans & demi de large. Mouchoirs Cassaris bigarrés. Mouchoirs ordinaires. | | Indes, par Angleterre & Hollande. | Mer. |
| | Toiles piquées. | | Se font à Marseille. | Terre. |
| | Estoupieres cordat. Ortigues. Trente-aunes. | A des emballages. | Les Ortigues, de Languedoc; & les autres, de Lyon & Dauphiné. | Terre, Riviere, & Mer. |
| | Toiles d'Allemagne. Rouens de divers aunages. Rouens plus fins. Cambray d'Allemagne. Cannes de Genes. Alemanetis d'Allemagne. Gambanos. Mouchoirs. Treillis fins. Olondiles ou toiles teintes de diverses couleurs. Sangales noires & de toutes autres couleurs. Treillis Sangales. Boucassins ordinaires & de toutes couleurs. Rouen gris, musc, & noir. Montbelliard à carreau, blanches & bleues. Voiles de coton. Saint-Jean, de quatre diverses largeurs. Renis, blanches & crues. | | Lyon. | Terre, Riviere, & Mer. |

| *Si elles viennent brutes ou fabriquées.* | *Quelle quantité par estimation il en vient dans une année.* | *Quelle est leur valeur à Marseille en la présente année 1688.* | *Lieux où s'en fait la consommation.* |
|---|---|---|---|
| Fabriquées. | 30 à 40 balles entre les deux sortes, de 200 pieces la balle; les Canequines, de 7 cannes & demie la piece; & les Beatilles, de 6 cannes. | Canequines, 7 liv. 10 sols la piece.<br>Beatilles, 9 liv. la piece. | Provence, Languedoc, jusqu'à Lyon & en Piémont. |
| | 50 à 60 balles entre les sept sortes, de 100 pieces la balle les Bengales & Malomore de 10 cannes la piece, & les Amans de 7 cannes. | Bengales, 27 liv. la piece.<br>Premieres. Casses Bengales, 24 liv.<br>Secondes, 18 liv.<br>Troisiémes, 15 liv.<br>Malomore plus larges, 45 liv. la piece.<br>Les autres, 36 liv.<br>Aman, 24 liv. la piece. | |
| | 15 à 20 balles entre les deux sortes, de 200 pieces la balle, & de 15 mouchoirs à la piece. | Mouchoirs Cassaris bigarrés, 9 liv. la piece.<br>Les ordinaires, 7 liv. | |
| Se font à Marseille. | Environ 150000 liv. | Le prix en est passé en bloc en la colonne précédente de la quantité. | France, Espagne, Portugal, Italie, Piémont, Hollande, Angleterre, & Hambourg. |
| Fabriquées. | 8 à 900 balles de 3 quintaux à 3 quintaux & demi l'une. | Estoupieres, 10 à 11 liv. la piece.<br>Cordat, de 7 jusqu'à 12 liv. la piece.<br>Ortigues, 12 à 13 sols la canne.<br>Et les Trente-aunes, 6 à 7 liv. la piece. | Marseille, Levant, & Espagne. |
| Fabriquées. | 2 à 3000 balles, caisses ou tonneaux entre toutes les sortes ci-contre & celles de la page suivante. | 4 jusqu'à 8 ou 900 liv. la balle. | Espagne, Portugal, & Barbarie. |

| *Noms des Marchandises.* | *Leur qualité.* | *A quoi elles servent.* | *Lieux d'où elles viennent à Marseille.* | *Si c'est par Mer ou par Terre.* |
|---|---|---|---|---|
| TOILES. | Tarare, blanches & crues. Beaujeu, blanches & crues. S. Rambert, crues. Rietes de Vienne, crues. Troye. Baptiste, S. Quentin. Hollande, diverses. Cambrai, S. Quentin, de $\frac{3}{5}$ & de $\frac{3}{4}$. Trufetes ou Toiles à mouchoirs. Baptiste crue & rayée. Cambrai, de Flandres. | | Lyon. | Terre, Riviere, & Mer. |
| TONNEAUX. *Voyez* DOUVES. | | | | |
| TOURNESOL en pain & en drapeaux. | Composition. | A la Teinture. | Languedoc. | Mer. |
| TUTIE. | Minéral artificiel. | A la Médecine. | Hollande, Smyrne, & Alep. | *Idem.* |
| VACHES DE RUSSIE. | Peau d'un animal. | A faire des souliers & garnir des chaires & autres choses. | Angleterre, Hollande, & Hambourg. | *Idem.* |
| VANES, ou COUVERTURES. | Toiles remplies de coton ou d'ouate, qu'on pique. *Voyez* TOILES PIQUE'ES. | Pour couvrir un lit, & mettre sur la couverture de laine, ou seulement sur le drap. | Elles se travaillent à Marseille. | Terre. |
| VAQUETES. | Cuirs. | A faire des souliers. | Smyrne. | *Idem.* |
| VEAUX D'ANGLETERRE. | Cuirs. | Aux dessus des souliers. | Angleterre. | Mer. |
| VELOURS. *V.* ETOFFE DE SOIE, *à l'article* SOIE. | | | | |
| VERD DE VESSIE. | Suc du fruit d'un arbrisseau épineux nommé Nerprun. | A la Médecine, & à mettre les peaux en verd pour les Relieurs. | Provence & Dauphiné. | Terre. |
| VERDET. | Composition de cuivre & de marc de raisin. | A la Teinture. | Languedoc. | Mer. |
| VERMILLON. *Voyez* GRAINE D'ECARLATE. | | | | |
| VERNIS à peindre. Il n'en vient pas, & il ne s'en fait à Marseille que pour ce qui s'y consomme. | | | | |
| VERRES. | Matiere fragile, claire, & transparente. | A des verres à boire, des vîtres & autres ouvrages. | Provence & Venise. | Terre & Mer. |

| *Si elles viennent brutes ou fabriquées.* | *Quelle quantité par estimation il en vient dans une année.* | *Quelle est leur valeur à Marseille en la présente année 1688.* | *Lieux où s'en fait la consommation.* |
|---|---|---|---|
| Fabriquées. | 2 à 3000 balles, caisses ou tonneaux entre toutes les sortes ci-contre & celles de la page précédente. | 4 jusqu'à 8 ou 900 liv. la balle. | Espagne, Portugal, & Barbarie. |
| Fabriqué. | 30 à 40 quintaux en pain. 80 à 100 quintaux en drapeaux. | 12 à 15 sols la livre en pain. 20 à 22 liv. le quintal en drapeaux. | Provence, Languedoc, Espagne, Piémont, & Hollande. |
| *Idem.* | 20 à 30 quintaux. | 55 à 60 liv. le quintal. | *Idem*, & Italie, Barbarie, & Portugal. |
| *Idem.* | 3 à 400 quintaux. | 60 à 65 liv. le quintal. | Provence. |
| Se fabriquent à Marseille. | Autrefois il s'en faisoit 40 à 50000, mais présentement il ne s'en fait pas le tiers depuis l'Arrêt d'imposition sur les Toiles de coton, sans y comprendre les Toiles piquées. | De 3 jusqu'à 15 écus la piece. | Marseille, Italie, Espagne. |
| Elles viennent tanuées. | Avant l'imposition du droit de vingt pour cent, il en venoit 100 à 120 balles, du depuis il n'en vient presque plus. | Elles valoient 28 à 30 liv. le quintal. | Elles se consommoient en Provence & Languedoc. |
| Corroyés. | 130 à 150 balles de 2 à 3 quintaux l'une. | 35 à 40 liv. le quintal. | Provence, Languedoc, & Piémont. |
| Fabriqué. | 8 à 10 quintaux. | 15 à 20 sols la livre. | Marseille. |
| *Idem.* | 1000 à 1200 quintaux. | 40 à 45 liv. le quintal. | Marseille, Italie, Piémont, Espagne, Levant, Barbarie, Portugal, Angleterre, & Hollande. |
| Fabriqués. | De Provence, 800 à 1000 charges; & de Venise, pour des vitres, grands ou petits, 8 à 9000 caisses. | Ceux de Provence, 44 à 45 liv. la charge. Ceux de Venise, les grands, 65 à 70 liv. la caisse; les petits, 28 à 30 liv. la caisse; & les grossiers, 18 à 20 liv. la caisse. | Ceux de Provence, à Marseille. Ceux de Venise, *Idem*, & dans le reste de la France. |

| *Noms des Marchandises.* | *Leur qualité.* | *A quoi elles servent.* | *Lieux d'où elles viennent à Marseille.* | *Si c'est par Mer ou par Terre.* |
|---|---|---|---|---|
| VIEUX LINGES, ou DRAPEAUX. | Toiles déchirées & usées, qu'on appelle Pates ou Estrasses. | A faire du papier. | Provence, Languedoc, & Espagne. | Terre & Mer. |
| VIF-ARGENT. *Voyez* ARGENT VIF. | | | | |
| VIN : l'entrée en est interdite à Marseille. | | | | |
| VISC. *Voyez* GLU. | | | | |
| VITRIOL. | Sel minéral qui approche de la nature de l'alun, mais qui contient en soi quelque substance métallique, comme de fer ou de cuivre. | | | |
| | Blanc, | A la Médecine, & à la Teinture. | Hollande. | Mer. |
| | Chypres, | A la Médecine. | Smyrne. | Mer. |
| | Verd, de Flandres. | A la Teinture. | Angleterre & Hollande. | Mer. |
| YREOS. *Voyez* IRIS DE FLORENCE. | | | | |
| ZEDORIA, ou ZEDOART. | Racine. | A la Médecine. | Indes Occidentales, par la Hollande. | *Idem.* |

IL n'y a point de Lecteur qui à la simple inspection de cette piece, ne comprenne aisément combien il seroit avantageux & nécessaire pour la facilité du Commerce du Royaume, qu'il y eût de pareils états dressés pour chacune des Villes où le Négoce fleurit le plus. Il est vrai qu'il se trouveroit toujours le même inconvénient que dans celui de Marseille, c'est-à-dire, que jamais les colonnes des prix & des quantités ne pourroient être long-tems assurées, à cause de l'incertitude de la vente & de l'achat qui augmente ou diminue si souvent & d'une maniere si imprévûe : mais on y remédieroit, ce semble, aisément en renouvellant ces états de tems en tems, & en les donnant, par exemple, de dix années en dix années, soit qu'on les rendît publics chacun à leur particulier par l'impression, soit en les confiant à ce Dictionnaire, si le Public vouloit bien encore lui continuer sa faveur.

Cependant en attendant qu'il s'éleve en France de nouveaux Carfueils, on va donner ici le petit état qu'on a promis, qui ne contiendra qu'une trentaine d'articles, mais sur lesquels il sera aisé [ comme on l'a dit en faisant des comparaisons proportionnelles pour les marchandises qui n'y seront pas exprimées ] d'en connoître le prix comme par une espece d'estimation.

## Etat de comparaison du prix de quelques Marchandises de Marseille dans les années 1688 & 1727.

| | *Prix de l'année* 1688. | | *Prix de l'année* 1727. |
|---|---|---|---|
| AMANDES. | 13 jusqu'à 18 liv. le quintal. | AMANDES. | De Provence en sorte, 17 liv. le quintal. |
| BLE'. | 8 à 9 liv. & 11 à 13 liv. la charge. Celui de terre vaut plus que celui de mer. | BLE'. | De mer, 13 liv. sans demande ; celui de terre, un tiers de plus. |
| CAFFE'. | 65 à 70 liv. le quintal. | CAFFE'. | 3 liv. la livre, & en détail 3 liv. 5 sols. |
| CIRE. | 72 à 78 liv. le quintal. | CIRE. | De Smyrne-jaune, 140 l. De Constantinople, 138 liv. le quintal. |
| COCHENILLE. | 16 liv. la liv. pésant. Elle a valu autrefois de 8 liv. jusqu'à 24 liv. la liv. | COCHENILLE. | 33 liv. la livre garbelée. |
| CORAIL. | Celui de Catalogne en race, 10 à 11 liv. la livre, brut. Celui de S. Tropés, 8 à 10 liv. Celui de Cassis, la Cistat, Antibes, & Six-fours, 5 à 6 liv. Celui de Trapens, 6 à 7 liv. la livre. Et celui de Barbarie autant. | CORAIL. | En branche, 8 liv. l'once poids de table. |

| *Si elles viennent brutes ou fabriquées.* | *Quelle quantité par estimation il en vient dans une année.* | *Quelle est leur valeur à Marseille en la présente année 1688.* | *Lieux où s'en fait la consommation.* |
|---|---|---|---|
| Cela ne se fabrique pas. | 4 à 5000 quintaux. | 4 à 5 liv. le quintal. | Aux environs de Marseille. |
| Fabriqué. | 25 à 30 quintaux du blanc.<br>15 à 20 quintaux de Chypres.<br>1500 à 2000 quintaux verd de Flandres. | 25 à 30 liv. le quintal.<br>18 à 20 sols la liv. pésant.<br>4 liv. à 4 liv. 10 sols le quintal. | France, Espagne, Piémont, & Portugal.<br>Provence, Languedoc, Espagne, & Barbarie. |
| Cela ne se fabrique pas. | 4 à 5 quintaux. | 18 à 20 sols la livre pésant. | Provence, Piémont, & Espagne. |

| | *Prix de l'année 1688.* | | *Prix de l'année 1727.* |
|---|---|---|---|
| Coton d'Acre. | 28 à 30 liv. le quintal. | Coton d'Acre. | 62 liv. le quintal.<br>Celui de Chypre, 50 liv.<br>D'Alexandrette, 46 liv. |
| Cuivre en feuille. | Le vieux, brut & en rosette, 12 à 13 sols la livre pésant.<br>L'autre, 15 à 16 sols la livre. | Cuivre en feuille. | 130 liv.<br>Vieux, 90 liv.<br>Tangoul, 80 liv. le quintal. |
| Draps. | Les Londrines, 9 liv. l'aune.<br>Les demi-Londrines, 7 liv. 10 sols l'aune. | Draps. | Londrines secondes, 10 liv. 10 sols.<br>Londres larges, 9 liv. 5 sols. |
| Encens. | 50 à 55 liv. le quintal celui en larmes ou à Liban.<br>35 à 40 liv. le commun. | Encens. | En larmes, 70 liv.<br>Demi-larmes, 50 liv.<br>En sorte, 44 liv. |
| Etain. | 60 à 65 liv. le quintal fin.<br>Et 8 à 9 sols la livre le commun, qui ne se vend qu'en vaisselle. | Etain. | En verges, 85 liv.<br>En lingots, 83. |
| Fer. | Celui de Suede, 7 à 8 liv. le quintal.<br>Celui de Bourgogne, comme il ne vient que pour le Roi, on n'en sçait pas le prix.<br>Celui du Roussillon & du Languedoc est de deux prix; sçavoir, celui dit de la Combe, de 9 liv. 10 sols à 10 liv. le quintal; & l'ordinaire 8 liv. 15 à 9 l. le quintal. | Fer. | De Suéde, 15 liv. 10 s.<br>De Bourgogne, 14 liv. |
| Galles. | D'Alep & Smyrne, 36 liv. à 38 liv. le quintal.<br>De Sayde 34 à 35 liv. le quintal.<br>Romaines, 15 à 16 liv.<br>Legeres ou de Pays, 4 à 5 liv. aussi le quintal. | Galles. | D'Alep, 65 écus.<br>De Tripoly, 63.<br>De Smyrne, 60. |
| Girofle. | 4 liv. 8 sols à 4 liv. 10 sols la liv.<br>Le garbeau, 45 à 50 sols la livre. | Girofle. | 8 liv. la livre. |

| | *Prix de l'année 1688.* | | *Prix de l'année 1727.* |
|---|---|---|---|
| Huiles. | Celle à manger, 18 à 19 liv. la millerole péſant 140 livres. L'autre, 16 à 17 liv. auſſi la millerole. | Huiles. | Du Levant, 33 liv. |
| Indigue. | Gatimale, 3 liv. 10 ſ. à 4 liv. 10 ſols la livre. | Indigue. | Gatimale, 3 liv. la livre. Celle de S. Domingue, 3 liv. 3 ſols. |
| Leton. | 90 à 95 liv. le quintal en rouleaux & lingots. 70 à 75 liv. le quintal en platines. | Leton. | En fil, 135 liv. le quintal. |
| Manne. | La premiere qualité en larmes, 40 à 50 ſols la livre péſant; la ſeconde, 20 à 25 ſols; la troiſiéme, 16 à 18 ſols; & la plus commune 12 à 14 ſols auſſi la livre péſant. | Manne. | En larmes 50 ſols la livre; celle de Sicile 33 ſols. |
| Molues. | 8 à 9 liv. le quintal, celle du petit Nord eſt la plus eſtimée en Provence, ſans être de plus haut prix; & les autres le ſont davantage en Languedoc, Rouſſillon, & Ponent. | Molues. | 19 liv. le quintal. |
| Nux Vomica. | 24 à 25 liv. le quintal. | Nux Vomica. | 30 liv. le quintal. |
| Opium. | Ordinairement il ne vaut que 3 à 4 l. la livre péſant; mais comme il n'en vient pas à préſent, il vaut 15 à 16 liv. la livre péſant. | Opium. | 7 liv. 10 ſols la livre. |
| Plomb. | 7 liv. 10 ſols à 8 liv. le quintal brut celui d'Angleterre; l'autre d'Hambourg 10 ſols moins, & 9 à 10 liv. le quintal travaillé. | Plomb. | D'Angleterre en ſaumon, 17 liv. d'Hambourg 16 liv. |
| Poivre. | 55 à 65 liv. le quintal. | Poivre. | 70 liv. le quintal, d'Angleterre 68 liv. |
| Ris. | Celui du Levant 6 à 8 liv. le quintal; & l'autre environ 20 ſols moins par quintal. | Ris. | 10 liv. le quintal. |
| Rubarbe. | 5 à 6 livre la livre. | Rubarbe. | 100 liv. la livre. |
| Savon. | 11 à 11 liv. 10 ſ. le quintal du marbré. Et le blanc 10 ſols moins. | Savon. | Marbré, 20 liv. le quintal. En blanc, de même. |
| Senné'. | 125 à 130 liv. le quintal celui de la palte, & le garbeau & fenicule 55 à 60 liv. le quintal. | Senné'. | 25 liv. la livre. |
| Sucre. | 30 à 35 liv. le quintal. | Sucre. | De l'Amérique premiere qualité 50 l. ſeconde 44 l. |
| Verdet. | 40 à 45 liv. le quintal. | Verdet. | Humide 100 le quintal. |

## COMMERCE DU LANGUEDOC, ET DE SES DEUX GENERALITE'S, TOULOUSE ET MONTPELLIER.

Cette féconde Province, une des plus grandes, des plus riches, & des plus agréables du Royaume, a deux marais ſalans; l'un à Mardirac, qui fournit de ſel au Bas Languedoc, à l'Auvergne, à la Bourgogne, & à la Savoye; l'autre à Sigean, d'où ſe tire le ſel pour le Haut Languedoc & le Rouſſillon. Ces ſels doivent être un an dans le magaſin, pour être de bonne qualité, & en état de ſervir aux ſalaiſons.

Les denrées du crû du Pays, comme les huiles, les fruits ſecs, les châtaignes, les fromages de Roquefort, faits de lait de brebis; les vins de pluſieurs couleurs, ſortes & qualités, s'envoyent ſur la côte d'Italie, en Angleterre, dans le Nord, en Suiſſe, en Allemagne, même quelques-unes juſqu'à Tunis & Alger. Il s'en fait auſſi des envois conſidérables à Paris, & dans les Provinces du Royaume.

Les Manufactures de laineries, établies dans les deux Généralités du Languedoc, ſont celles des draps, des cadis, des burats, des ſerges, des ratines, des cordillats, des bayettes, des crêpons, des razes, des tiretaines, & des droguets, dont la plus grande partie est destinée pour le Levant, comme les mahons & les londrins; & l'autre pour la Suisse, pour l'Allemagne, & pour plusieurs Provinces de France. *Voyez tous les articles où il est traité de ces diverses étoffes.*

Les lieux où ces laineries se fabriquent, sont, Rieux, la Grange des Prez, Lodêve, Carcassonne, Limours, Castres, Alby, Alet, Sainte-Colombe, Lavelanet, Laissac, la Grace, les Saptes, Chalabre, Mazamet, Ferrieres, la Caune, Bedarieux, Saint-Sivian, Guissac, Saint-Hypolite, Bauzely, Vigan, Ganges, Saumennes, Anduze, Alais, S. Gervais, Sommieres, Gardonnenque, la Salle, Beziere, Avianne, & Beaucaire.

Les laines qu'on employe dans toutes ces Manufactures, sont en partie laines du pays; mais la plus grande quantité se tire de Marseille par les Marchands de Montpellier, qui les achetent surges; & qui après les avoir fait préparer, les vendent aux foires de Pezenas & de Montagnac, où les Fabriquans de la Province les vont prendre.

Dans les Manufactures de soierie, qui sont pour la plupart, au moins les plus considérables, établies à Toulouse, à Montpellier, à Nismes, à Alais, & en quelques petites Villes, ou gros Bourgs, le long du Rhône, on fait des taffetas, des tabis, des crêpons de soie, des burats soie & laine, des ferandines, & quelques brocards & damas; & c'est à quoi l'on employe toute la soie qui se recueille dans la Province, qui année commune, peut aller à douze ou quinze cent quintaux.

L'on cultive en Languedoc une assez grande quantité de pastel & de safran, sur-tout dans le Diocèse d'Alby. La graine d'écarlate se trouve dans les bois de Gramont, & la Morelle, ou Tournesol, dans le Diocèse de Nismes.

Le verd-de-gris, qui se fait à Montpellier, & aux environs, aussi-bien que le cristal de tartre, qui se prépare à Aniane, sont en grande réputation dans les Pays étrangers, où l'on en envoye considérablement.

Les mines de la Province sont, une mine de fer, à Saint-Germain de Calberte; une d'étain, dans la Paroisse de Vibron; & une de jais, ou jayet, dans celle de Pompidoux, toutes du Diocèse de Nismes.

Le Diocèse de Mirepoix a aussi des mines de fer, des forges, & des martinets; des mines de charbon, & des mines de jais. Le fer se trouve, & se travaille à Coursouls, à Sainte-Colombe, à Quillau, & à Belestat: le charbon, à Tremont, & à Saint-Benoist: & le jais, à Lovan, & à Ralanet.

La Fabrique des chapeaux est considérable dans la Généralité de Montpellier. On en fait à Montpellier même, à Guissac, à Sauve, à Saint-Hypolite, à Saumennes, à Anduses, à Alais, Usez, Saint-Geniez, la Salle, Nismes, Clermont, Beaucaire, Valborgne, & à Mairvain, & Valaragne.

Dans le Vivarez, il croit des chanvres; & l'on y recueille quantité de châtaignes, qui se consomment en partie dans le Pays; les châtaignes pour la nourriture des Habitans; & les chanvres pour la fabrique de quelques toiles; mais il en va aussi beaucoup aux Provinces voisines.

Dans le Diocèse de Carcassonne, tous les Habitans des six bourgs, qui composent le petit Pays de Graissesac, travaillent en clouterie.

La Fabrique des dentelles occupe une bonne partie des Ouvriers du Velay. Elles sont propres pour l'Espagne.

*Détail plus particulier du Commerce de cette Province, & de ses Manufactures.*

TOULOUSE. Cette Ville est la Capitale du Languedoc, elle est située sur la Garonne; & son heureuse situation la rend une des plus grandes Villes du Royaume, & des plus riches par son trafic.

Ses Manufactures sont des couvertures de laine, des bas de même matiere, des chapeaux, des cuirs, des bergames, & de petites étoffes.

Les couvertures sont faites de laines du pays; il s'en fait depuis 5 liv. jusqu'à 12 liv. la piece: autrefois il s'en faisoit pour jusqu'à dix mille livres par an, présentement le débit ne va gueres qu'à cinq mille livres; la Communauté des Couverturiers n'est composée que de neuf Maîtres qui n'ont chacun qu'un métier. Toulouse même, Montauban, Bordeaux, & Limoges, sont les lieux du débit de cette marchandise.

Les bas de laine sont travaillés au métier, dont il y en a dix dans la Ville.

La Fabrique des chapeaux y est très considérable, mais d'un très mauvais travail; il y a jusqu'à quarante-six Maîtres actuellement occupés & Fabriquans pour leur compte.

Les cuirs sont de deux sortes, de la Blancherie & de gros cuirs. Ceux-ci se font des peaux de bœufs, de vaches, & de veaux; ceux-là sont des chevres & des moutons, dont on fait des bazanes & des maroquins. Les Maîtres Tanneurs pour les gros cuirs, sont au nombre de sept; & il y a seize Blancheries pour les menus cuirs.

Les bergames qui se font à Toulouse, ont la chaîne de fil de lin ou de chanvre gris; la trame est de laine. Treize Maîtres y travaillent ou y font travailler sur vingt métiers.

Des étoffes qui s'y fabriquent, les unes sont soies & laines; & les autres, fil de coton & poil de chevre. Quatre gros Marchands soutiennent cette Manufacture, qui occupe environ vingt Maîtres. Les envois s'en font dans le haut & bas Languedoc, dans la haute & basse Guienne, en Béarn & en Basque.

ALBY, Capitale de l'Albigeois dans le haut Languedoc, n'a que deux sortes de Manufactures, des cordelats ou bayettes, & des toiles grises.

Les cordelats sont faits tout de laines du pays; il s'y en fabrique environ dix-huit cent pieces; elles se vendent à Toulouse, à Montauban, & à Bordeaux.

Les toiles grises s'appellent autrement des étoupes; on n'en fait gueres que trente mille cannes, qui se débitent dans les mêmes lieux que les cordelats.

CARCASSONNE. Quoique le Territoire de cette Ville & de son Diocèse, ne produise gueres que ce qu'il faut de denrée pour les habitans, le pays ne laisse pas d'être riche par le grand nombre de Manufactures qu'on y a établies, qui y sont en si grande quantité, qu'on pourroit dire que Carcassonne n'est proprement qu'une seule Manufacture de toutes sortes de draps.

Les gros Marchands y font travailler un certain nombre de familles qui leur sont attachées: ainsi presque tous les habitans sont occupés à la fabrique des étoffes de laines.

Les draps s'y font de laine de Bezieres, de Narbonne, & d'Espagne, & ont depuis sept jusqu'à quatorze aunes. Les Marchands qui en font le plus de commerce, sont ceux de Toulouse, de Bordeaux, de Bayonne, & de Marseille.

LES SAPTES. La Manufacture de draps qui y est établie, est très considérable. On y employe des laires d'Espagne, qui sont fournies par les Marchands de Toulouse, de Bayonne, & de Marseille. C'est de cette Fabrique que se tire une partie des draps Londrins, qu'on envoye au Levant; le reste se débite dans le Royaume. Il s'y fait, année commune, six cent pieces de Londrins; cinq cent autres de trente aunes de longueur; & trois cent cinquante de seize aunes. Il y a ordinairement quarante à cinquante métiers battans, qui occupent cinq à six cent Ouvriers. C'est le Sieur de Varenne qui en a fait l'établissement. *Voyez* la fin de cet article.

Les Tanneries des Saptes sont aussi en réputation; & on y fait par an quatre mille cuirs forts, douze mille bazannes, & trois mille peaux de veau en maroquin.

LIMOUX ALET. Ces deux Villes du bas Languedoc sont si unies & si voisines, que leur commerce est proprement le même. Les draperies qui s'y fabriquent se font des laines du pays & du Roussillon. On y en fait, bon an mal an, cinq à six cent pieces, dont la plus grande partie va à Paris, beaucoup à Lyon, & quelque peu en Italie. Il y a à Limoux vingt-cinq Marchands qui font travailler, & seulement cinq à Alet.

Huit Maîtres Tanneurs y fournissent chaque année deux mille gros cuirs, sept à huit mille bazannes, & deux mille peaux de maroquin.

Il y a cinq forges & trois martinets à clous.

CHALABRE, STE COLOMBE, LAVELANET, } Ces trois lieux ont des Fabriques de draps & de cordelats. Celle des draps va à quinze cent pieces par an; & celle des cordelats, seulement à quatre cent. Quatorze Marchands entretiennent cette Manufacture. Le débit s'en fait à Lyon, Bordeaux, Limoges, Montauban, & Toulouse.

SAISSAC. Il y a une Fabrique de draps communs que trois seuls Marchands soutiennent; on y en fait jusqu'à cinq cent cinquante pieces. Ces étoffes se vendent aux Marchands de Lyon.

LA GRASSE. Cette Manufacture fournit cinq cent pieces de draps, elles se tirent pour Lyon.

LA MONTAGNE DE CARCASSONNE. Les draps qui s'y fabriquent, se débitent à Lyon, Bordeaux, Toulouse, & quelques autres Villes du Royaume: on en peut tirer jusqu'à seize cent pieces par an. Les draps qui s'y font, sont de plusieurs couleurs & de différentes largeurs.

CASTRES. Il y avoit autrefois dans cette Ville une grande Manufacture de crêpons, qui en portoient le nom; mais la mode en étant passée, le commerce en est présentement presque entiérement tombé: en sorte qu'au lieu de plus de douze mille pieces qui en sortoient chaque année, à peine aujourd'hui s'en fait-il quelque centaine.

Les autres Fabriques qui s'y sont conservées, sont des bayettes, des burats, & des cotonines; ceux-là, raz & de soie, fil & laine; & celles-ci avec la chaîne de chanvre ou de lin, & la trame, de coton. Il s'y en fait quelques centaines de pieces, qui occupent cinq Facturiers, vingt Ouvriers, & dix Tondeurs.

Il y a une Papeterie sur la riviere de Dureuque.

MAZANET & SES DEPENDANCES. Il s'y fabrique environ quatre mille pieces de cordelats par an en blanc & en muse. Elles se partagent pour le débit, entre Lyon, Nismes, Toulouse, Montauban, & Bordeaux. Il y a six Maîtres Tondeurs.

Les moulins à papiers, qui sont sur la riviere de Mette, sont au nombre de trois, qui fournissent 120 à 125 rames de papier grand & petit par mois. Le débit s'en fait dans les mêmes Villes que les cordelats.

BOISSESON. Il s'y fait, année commune, jusqu'à deux mille cinq cent pieces de cordelats, que font fabriquer onze ou douze Marchands. Toulouse, Montauban, & Bordeaux, sont les lieux où se débitent ces étoffes.

VABRES. Il y a une Fabrique de serges depuis 10 sols jusqu'à 20 sols l'aune; elles sont propres toutes pour l'Espagne; il s'en envoye aussi quelques-unes dans le Royaume. Le produit va jusqu'à deux mille cinq cent pieces par an: une vingtaine de Marchands en font le commerce.

FERRIERES. Dix ou douze Marchands y font aussi fabriquer des serges qu'ils débitent en Languedoc & en Roussillon. Il s'y en fait environ dix-huit cent pieces.

LA CAUNE. Il s'y fait de gros draps de quatre pans & demi de large, du prix de quarante à quarante-cinq sols l'aune. Il en sort environ deux mille quatre cent pieces par an, qui sont envoyées à Lyon, Montpellier, & Nismes, pour de-là passer en Piémont & dans la Savoye. Douze Marchands du lieu font ce négoce & entretiennent cette Fabrique.

BEDARRIEUX. Il y a deux sortes de Manufactures; l'une de droguets, & l'autre de draps. Celle de draps en peut fournir plus de trente mille pieces; sçavoir de larges, six cent pieces, & de communs trente mille quatre cent pieces; les droguets ne vont qu'à six cent pieces. Ces Fabriques occupent douze Maîtres Tondeurs. Toutes ces étoffes se vendent aux foires de Pezenas, de Montagnac, & de Beaucaire.

SAINT-PONS LA BASTIDE. Les draps qui s'y fabriquent, sont des draps blancs, qui s'envoyent à Paris, Lyon, Bordeaux, & Toulouse. Il y a vingt Maîtres Drapiers qui en fournissent jusqu'à quatre mille pieces par an.

SAINT-CHINIAN. C'est aussi des draps blancs qu'on fait dans cette Manufacture, leur prix est depuis 3 liv. 10 sols jusqu'à 4 liv. 10 sols l'aune: on en tire par an environ deux mille deux cent pieces. Ils sont propres pour les mêmes lieux que les draps de Saint-Pons.

PEZENAS. Il n'y a point de Manufacture; mais il s'y tient trois foires par an, chacune de huit jours, où il vient beaucoup de Marchands de Languedoc, qui y apportent les étoffes de leurs diverses fabriques.

LODEVE. La Fabrique de draps qui est établie à Lodeve, est très considérable & d'une grande réputation: elle fournit des draps blancs & gris pour les Troupes; il s'y en fait jusqu'à quarante-cinq mille pieces: Il s'y fabrique aussi quantité de toiles & de chapeaux.

MONTPELLIER. Les Manufactures de cette Ville consistent en petites étoffes, en couvertures, en chapeaux, en passemens pour des livrées, en futaines, en toiles & en Tanneries.

Les étoffes sont, les unes de soie & laine; les autres, de soie & poil de chevre; & d'autres, de soie & de filoselle. Ces Fabriques entretiennent seize Facturiers & seize métiers.

La Fabrique des couvertures est très considérable: il s'en débite, année commune, jusqu'à dix mille qui se distribuent dans tout le Royaume, particuliérement en Languedoc, en Auvergne, en Rouergue, dans le Lyonnois, en Dauphiné, en Provence, & en Guienne, ou qui passent à Genêve, en Suisse, en Allemagne, & en Italie. Elle occupe vingt Tisserans, dix Maîtres Pareurs, sept Tondeurs, & dix Teinturiers. Environ vingt-cinq Marchands soutiennent cette Fabrique.

La Manufacture des chapeaux est peu de chose, n'y ayant que cinq Maîtres Chapeliers.

Celle des futaines entretient vingt-quatre métiers, & autant de Maîtres Futainiers. Il s'en fait environ neuf cent pieces de deux pans de large, & de douze cannes de long.

La Fabrique des toiles a vingt-quatre Maîtres Tisserans & trente-quatre métiers, les pieces sont de 20 cannes de long; il s'en fait, bon an mal an, trois cent pieces.

Enfin le produit des Tanneries consiste en quatre cent cuirs forts, trois cent douzaines de peaux de veaux, douze à quinze cent peaux de genisses, & deux cent peaux de vaches. La plupart de ces cuirs sont pour l'Espagne & pour Toulouse, le reste se consomme à Montpellier même.

Il s'y blanchit les cires jaunes qui viennent du Levant.

On y fait ces excellentes liqueurs, peut-être trop estimées, dont on fait une si grande consommation à Paris, & dans les principales Villes du Royaume.

Il y a aussi un martinet à cuivre, qui peut donner cent quintaux de ce métail.

GUISSAC. La Fabrique des cadis y est assez considérable, elle occupe trente Maîtres & cinquante métiers. On en fait huit à neuf cent pieces par an, qui vont toutes à l'Etranger.

Les chapeaux qui s'y font & les cuirs qui s'y tannent, ne sont pas un grand objet de commerce: ceux-ci n'allant gueres qu'à trois cent peaux de vaches; & les autres à sept ou huit douzaines de chapeaux.

SAUVE. On y fait des cadis qui se vendent aux marchés d'Anduze. Le produit de cette Fabrique va à quinze ou seize cent pieces, où sont employés trente-six Maîtres & quatre-vingt-douze métiers.

On y fabrique aussi des chapeaux, des bas d'estames, & des cuirs, mais en petite quantité.

SAINT-HIPOLYTE. La Manufacture des cadis de Saint-Hipolyte a ordinairement trente-cinq Maîtres & soixante & quinze métiers, qui peuvent fabriquer, année commune, sept à huit cent pieces d'étoffes.

Ses Tanneries fournissent huit cent cuirs, trente douzaines de bazannes, & trois cent peaux passées en chamois.

A l'égard de la Chapellerie, elle donne au plus quarante douzaines de chapeaux par an.

BAUZELY. Sa Fabrique de cadis a près de quarante Maîtres & de soixante métiers; tout ce qui s'y en fait se vend aux marchés de la Province.

VIGAN. La Fabrique des draps & des cadis y est très considérable, elle fait travailler plus de quatre-vingt-dix métiers, & est soutenue par douze ou treize Marchands, & près de vingt-cinq Maîtres Facturiers.

Vingt Maîtres Chapeliers y font un assez bon négoce, & peuvent fabriquer par an environ douze cent douzaines de chapeaux.

Ses Tanneries donnent soixante peaux de vaches, cinq ou six douzaines de menus cuirs, & deux cent grosses de parchemin.

Il y a aussi une blanchirie pour les toiles.

GANGES. On y fait quelques cadis; mais qui ne vont gueres qu'à quarante-cinq pieces par an, qui occupent pourtant neuf Maîtres & neuf métiers.

Sa Tannerie est plus considérable; vingt Tanneurs qui la composent, peuvent donner onze à douze cent gros cuirs, & trois cent douzaines de menus.

SUMENES. Il s'y faisoit autrefois jusqu'à deux mille pieces de cadis, à peine aujourd'hui s'y en fait-il vingt pieces: aussi n'y a-t-il que trois ou quatre Marchands & autant d'Ouvriers.

Ses Chapeliers font jusqu'à soixante & dix douzaines de chapeaux; & ses Tanneurs, environ quatre cent cinquante cuirs de vaches.

ANDUZE. Ce lieu est fameux par ses marchés où se vendent la plupart des étoffes de lainages, qui se fabriquent aux environs. Il a lui-même une assez bonne Manufacture de cadis, qui occupe vingt-quatre Maîtres & quarante métiers; les huit ou neuf cent pieces qui s'y font par an, se portent partie à Beaucaire, & partie se vend aux marchés d'Anduze même.

Ses Tanneries peuvent fournir 500 peaux de vaches, quarante douzaines de veaux, deux cent douzaines de bazannes communes, & vingt douzaines d'aludes.

Quatre ou cinq Chapeliers qui y sont établis, font environ cinquante douzaines de chapeaux.

ALAIS. Le principal commerce de cette Ville consiste en diverses étoffes de lainerie; comme en serges, en cadis, & en ratines: on y fait aussi quelques étoffes de soie, des soies qui se recueillent dans le pays. Le reste du négoce consiste en cuirs, en chapeaux, en grains, en olives, en huiles, & même en quelques vins.

Les Fabriques de lainerie ont plus de trente Maîtres & quatre-vingt métiers, qui fournissent par année mille à onze cent pieces d'étoffes de laine.

Les étoffes de soie n'ont que sept Fabriquans, qui à peine en font une vingtaine de pieces par an.

La Tannerie y est très considérable, & dix-huit Tanneurs qui y travaillent, fournissent, année commune, 2500 cuirs forts, 10000 vaches, 100 douzaines de veaux, & 300 grosses de bazannes.

La Communauté des Chapeliers consiste en huit ou dix Maîtres, qui font deux cent douzaines de chapeaux.

USE'S. Il se fabrique dans cette Ville dix-huit ou dix-neuf cent pieces de serges, sur soixante ou soixante & dix métiers, gouvernés par quarante Maîtres. Pendant la paix le débit s'en fait en Allemagne, en Hollande, & en Piémont.

Sept Chapeliers fournissent plus de deux cent douzaines de chapeaux, qui sont presque tous pour les Troupes du Roi.

Il se prépare dans ses Tanneries peu de gros cuirs, & seulement trois cent vaches & trente veaux.

SAINT-GIGNAIX. Les cadis qui s'y fabriquent se vendent brutes & en toile, aux Marchands de Nismes, d'Usés, & de Montpellier; & ce qui en reste se porte aux marchés d'Anduse. Il y a dix ou douze Maîtres & quarante métiers, qui en donnent plus de huit cent pieces par année.

Il s'y fait quelques chapeaux qui ne passent pas soixante douzaines.

SOMMIERES. Il s'y fait des serges drapées, des ratines, & des cadis; ces derniers, d'une demie-aune de largeur. Toutes ces différentes Fabriques peuvent donner jusqu'à quatorze cent pieces d'étoffes. Vingt-deux Maîtres y travaillent dans la Ville sur autant de métiers, & trente aux environs, qui n'ont aussi chacun qu'un métier; ce sont les Marchands de Nismes & d'Usés, qui les enlevent.

Tous les cuirs qui sortent de ses Tanneries, ne vont gueres qu'à quatre-vingt douzaines de bazannes.

Il y a à Sommieres des foires considérables.

SAINT-JEAN DE GARDONNENQUE. Cette Fabrique fournit sept ou huit cent pieces de cadis, qui se vendent aux foires de Sommieres, de Lunel, & de Beaucaire; vingt Maîtres & leurs Ouvriers y travaillent sur quarante métiers.

Il y a des Tanneries qui peuvent donner trois cent gros cuirs, & trois cent vaches. La Communauté des Tanneurs est de sept Maîtres.

LA SALLE. Il y a dans cette Manufacture trente métiers & vingt-cinq Maîtres pour les cadis; il s'en fait par an de six à sept cent pieces.

Deux Chapeliers & deux Tanneurs y font, les uns seize douzaines de chapeaux, & les autres cent soixante peaux de vaches.

NISMES. Cette Ville est comme le centre du Languedoc, & ses Marchands font le principal commerce de la Province, soit de leurs propres Manufactures soit des Marchandises qu'ils amassent de tous côtés, particuliérement aux Marchés d'Anduse où ils vont tous les jeudis avec de grosses sommes d'argent comptant, qu'ils distribuent aux Marchands Manufacturiers du Gevodan, de qui ils prennent toutes les étoffes qui s'y fabriquent, entr'autres des cadis, des serges, & des ratines.

Les diverses fabriques qui s'y font, sont des étoffes de soie, des étoffes de laine, d'autres mêlées de diverses matieres, des bas au métier, des chapeaux, & des cuirs.

Les soies qu'on employe à Nismes, sont en partie du Languedoc, & en partie de Provence, du Dauphiné, & de la Principauté d'Orange. La plûpart de ces soies s'y fabriquent; les unes en soies qu'on nomme soies de Grenade, dont on fait des franges, des broderies, & des passemens, qui s'envoyent à Paris; les autres en soies à coudre, qui se débitent dans toutes les Provinces du Royaume & dans les Pays Etrangers; & les autres en diverses sortes d'étoffes à fleurs en taffetas façon de Florence & d'Avignon; en gazes, ferandines, grisettes, & autres petites étoffes mêlées: on en consomme aussi quelques-unes en rubannerie.

Les étoffes qui se fabriquent dans les Manufactures de Nismes, peuvent monter par an à six cent cinquante ou sept cent pieces de taffetas, neuf cent ou mille pieces mêlées, & jusqu'à deux mille cinq cent pieces de burats filosele & laine. Pour soutenir toutes ces Fabriques, il y a cinquante à soixante Maîtres, trois cent vingt métiers, dix ou douze Teinturiers en draps, autant en soie, & quatre en laine.

La Fabrique des bas au métier est à proportion aussi considérable. Elle y occupe trois cent cinquante métiers sous cent dix Maîtres, qui font, année commune, deux cent cinquante douzaines de paires de bas.

Dix Maîtres Chapeliers font environ neuf cent douzaines de chapeaux.

La Tannerie a vingt Maîtres, qui donnent par an deux cent cuirs forts, six cent vaches, & quinze cent douzaines de menus cuirs.

NARBONNE. Le plus grand commerce de cette Ville est en blés. C'est l'entrepôt de tous ceux qui viennent du Languedoc par le canal, & qui se recueillent dans le pays. De Narbonne ils sont transportés jusqu'à la mer, par un canal qu'on nomme la Rombine, & de-là en Provence, en Roussillon, & même jusqu'en Italie, quand la récolte n'y a pas été bonne. Ce sont de riches Marchands établis à Narbonne, qui font ce commerce aussi-bien que de tous les autres grains où ils sont très intelligens.

Il n'y a à Narbonne aucune Fabrique d'étoffes. Il s'y fait seulement des bas de laine à l'aiguille, par les enfans de la Charité, qui en fournissent environ cinq à six cent paires par an.

Ses Tanneries donnent cent cinquante cuirs forts, & mille douzaines de peaux legeres.

BEZIERES. Il se fait à Bezieres & dans tout son Diocèse, un commerce assez considérable de diverses marchandises, ou qui sont de son crû, ou qui se font dans ses Manufactures.

A l'égard du dehors, à Roquebrune il y a du marbre. Gabian fournit cette huile qui porte son nom, dont on donne un article dans ce Dictionnaire. Dans le même endroit il y a des mines de charbon de terre, & une espece de gomme propre à faire du gouldron. A Bedarieux, ainsi qu'on l'a dit ci-dessus, il se fait de très beaux droguets; & dans le petit canton de Graissesac, composé de six Bourgs, on y fabrique de la clouterie, qui se débite dans le reste du Languedoc, & dans les Provinces voisines.

Dans la Ville il y a diverses Manufactures de laineries, entr'autres celle des draps fins; & celle des droguets semblables à ceux de Bedarieux, qui les uns & les autres, se débitent pour la plupart en Allemagne.

Enfin on fait dans ses Tanneries, année commune, trois cent cuirs forts, cent cinquante douzaines de bazannes, soixante douzaines de parchemins, & cent douzaines de peaux en blanc.

CLERMONT. La Manufacture Royale de draps fins, établie à Clermont, est très considérable, elle occupe jusqu'à cinquante métiers battans pour ceux de la grande largeur, & trois ou quatre pour les draps étroits. Tous ces draps sont destinés pour le Levant. Cette Manufacture en fournit jusques à huit cent pieces.

Outre ces draps, il s'en fait encore beaucoup d'autres par les Fabriquans particuliers, qui y sont au nombre de dix-huit ou vingt, qui y employent jusqu'à trente métiers. Ces draps sont de différentes largeurs, & peuvent aller par an depuis six jusqu'à sept cent pieces.

Il y a aussi un Entrepreneur particulier de draps fins, qui en fait environ cent pieces.

La Fabrique des chapeaux de Clermont est une des plus fortes de tout le Languedoc, elle peut fournir par an jusqu'à trois mille douzaines de chapeaux.

Ses Tanneries sont bien moins considérables, à peine donnent-elles cent gros cuirs, & deux cent grosses de parchemins.

ANIANE. La Fabrique des cadis y occupe quinze Maîtres & vingt à trente métiers. Ces étoffes sont de deux sortes; les unes, de demie-aune; & les autres, de deux pans de large. Il s'en fait en tout, l'une portant l'autre, jusqu'à près de huit cent pieces.

Trois Maîtres y travaillent au savon roux, qui est assez estimé.

Sa Fabrique de cristal de tartre, pour la teinture d'écarlate, est pareillement en réputation; elle en fournit deux cent quintaux par an.

On fait dans ses Tanneries jusqu'à deux cent cuirs forts, neuf cent trente à neuf cent cinquante peaux de vaches, & quatre-vingt-dix douzaines de veaux.

Enfin, pour dernier objet de commerce, il y a un martinet qui travaille au cuivre.

BEAUCAIRE. Cette Ville est fameuse par sa foire, une des plus célébres de l'Europe; nous en allons dire

dire quelque chose, après que nous aurons parlé de ce qui regarde son commerce particulier & annuel.

Les Fabriques établies à Beaucaire, sont celles des cadis, celle des bas au métier, & celle des chapeaux ; il y a aussi une assez bonne Tannerie de cuirs forts.

La Fabrique des cadis occupe quatorze métiers, d'où il sort, année commune, environ trois cent pieces d'étoffes. Huit Maîtres travaillent aux bas au métier. Trois ou quatre Maîtres Chapeliers peuvent faire jusqu'à trente ou quarante douzaines de chapeaux ; & dix Maîtres Tanneurs qu'on y nomme des Cuiratiers, préparent environ trois cent cuirs forts.

La Foire fameuse qui s'y tient est une des plus célébres qui se tiennent en France. Elle se tenoit autrefois dans l'enceinte de la Ville de Beaucaire en Languedoc, d'où elle a pris son nom ; & l'on y voit encore plusieurs arcades, qui traversent les rues, où apparemment les Marchands faisoient leurs étalages ; mais depuis long-tems sa réputation & le concours qui s'y fait, se sont tellement accrus, qu'on a été obligé de la tenir en partie en pleine campagne, sous des tentes qu'on éleve dans une prairie voisine de la Ville.

Cette foire commence le 22 Juillet, Fête de la Magdelaine, & ne dure que trois jours. On y vient de toutes les parties du monde ; & il n'y a point de marchandises, quelque rares qu'elles soient, qu'on n'y puisse trouver. Aussi, malgré le peu de tems qu'elle dure, le commerce y est si grand, qu'il s'y fait pour plus de six millions de livres d'affaires.

C'est l'Inspecteur des Manufactures de Nismes, aidé quelquefois de ses Confreres des Départemens voisins, qui avec les Juges de Police des Manufactures, & les Maîtres & Gardes & Jurés, y va faire la visite & la marque des étoffes foraines.

Les Directeurs des cinq Grosses Fermes de quelques Départemens du voisinage, ont coutume de s'y assembler, pour veiller aux intérêts de la Ferme.

La franchise de la foire de Beaucaire est un privilége accordé aux habitans de cette Ville en 1217, par Raimond Comte de Toulouse, tant à cause de leur constante fidélité à son service, qu'en considération du commerce pour lequel cette Ville est très heureusement située.

Ce privilége, depuis la réunion du Languedoc à la Couronne, a été confirmé par plusieurs de nos Rois, particuliérement en 1483 par Charles VIII, & encore sous le regne de Louis XII, & sous celui de Louis XIII.

La commodité du Rhône, sur lequel la Ville de Beaucaire est située, fait venir à sa foire les marchandises de Bourgogne, du Lyonnois, de Suisse, & d'Allemagne. La mer dont elle n'est éloignée que de sept lieues, lui apporte celle du Levant, d'Italie, & d'Espagne ; & elle reçoit par le Canal Royal tout ce qui peut venir du haut Languedoc, de Bordeaux, de Bretagne, & de l'Océan.

Les Marchands qui fréquentent davantage cette foire sont ceux de presque toute la France, soit par eux-mêmes, soit par leurs Commissionnaires. Les Espagnols, les Italiens, les Allemands y viennent aussi en grand nombre, & il n'y a gueres de nations de l'Europe dont les Négocians ne s'y intéressent. On y voit toujours des Arméniens, souvent des Persans, & quelquefois des Orientaux encore plus reculés.

Les principales marchandises qui s'y vendent sont des épiceries, des drogueries, des merceries, des étoffes de laine & de soie, des laines d'Espagne, d'autres de Barbarie, outre celles du crû du pays, enfin de tout ce que fabrique & produit la France, ou qui lui vient du dehors, assez souvent même des pierreries.

Il s'y fait aussi un grand commerce d'argent par le Change, & des remises dans toutes les parties du monde.

Comme c'est la seule foire véritablement franche, qui soit dans le Languedoc, c'est proprement pour jouir de sa franchise que les Marchands fréquentent les autres foires de la Province pour y ramasser les marchandises qu'ils veulent mener à celle de Beaucaire ; & toutes célébres que soient les foires de Pezenas & de Montagnac, on peut dire qu'elles ne se font que pour préparer les affaires de la foire de Beaucaire.

Avant l'année 1632, la franchise de cette foire étoit entiere, mais depuis ce tems-là elle a reçû quelque atteinte par l'établissement du droit de réappréciation qui fut imposé sur toutes les marchandises de la Province de Languedoc, & dont celles de la foire ne furent pas exemptes. Il est vrai que ce droit n'est pas considérable, puisque, année commune, il ne rapporte au Roi que 25000 livres. On y paye encore un autre petit droit de douze sols par balle de marchandises qui ne sont point déballées, le Fermier prétendant qu'elles y doivent toutes l'être. Ce droit s'appelle Abbonnement & ne produit qu'environ 5000 l. peut-être que si la franchise totale étoit rétablie, les Marchands pourroient être davantage animés à y augmenter leur commerce.

Saint-André' de Val-borone. Les Fabriques qui y sont établies, sont peu considérables : on y fait cependant des cadis, des chapeaux, & quelques cuirs.

Les cadis occupent douze Maîtres & vingt-quatre métiers, qui présentement en font au plus quatre-vingt pieces ; au lieu qu'autrefois il s'en fabriquoit jusqu'à huit cent dans cette Manufacture.

Un seul Chapelier fait à peine dix douzaines de chapeaux ; & un Blancher ou Mégissier environ trente douzaines de peaux d'aludes.

Mairvaix. Sa Fabrique de cadis ne va gueres qu'à deux cent pieces par an ; il y a cependant dix-sept ou dix-huit Maîtres, & près de trente métiers.

La Chapellerie y est meilleure ; treize Maîtres Chapeliers y font deux cent douzaines de chapeaux.

Les Blanchers n'y font que du parchemin ; ils sont deux ou trois qui en peuvent fournir environ deux cent grosses.

Valarangue. Il s'y fait quelques chapeaux, mais qui ne passent pas trente douzaines par an.

Le principal objet de son commerce sont les cadis, dont il y a plus de trente Maîtres & près de cinquante métiers ; le produit par année monte à sept cent ou sept cent cinquante pieces.

Le Puy. Cette Ville est la Capitale de Velay, petit pays du Languedoc presque entiérement situé dans les montagnes.

On y fait des dentelles qu'on débite dans les Pays étrangers, particuliérement en Espagne & en Allemagne ; c'est ce commerce qu'on fait monter à plus de soixante mille livres par an, qui fait subsister la meilleure partie du peuple.

On y fait aussi un assez grand négoce de mulets dans les foires, & de cuirs apprêtés, qui s'y apportent de toute part.

### *Des Manufactures Royales établies en Languedoc.*

Quoiqu'on ait parlé ci-dessus de quelques-unes de ces Manufactures ; comme on ne l'a fait qu'en passant, on croit ne pas déplaire au Lecteur d'en ajouter ici une espece d'Histoire abrégée un peu plus suivie.

C'est à Monsieur Colbert qu'on est redevable de leur premier établissement, par la protection qu'il leur donna, & par les secours qu'il obtint du Roi pour les soutenir.

Le Sieur de Varennes ayant fait venir des Ouvriers de Hollande, avec l'agrément du Ministre, entreprit la fabrique des draps propres pour le commerce du Levant. Saptes près de Carcassonne, fut le lieu où il établit sa Manufacture, & l'on peut la regarder comme le modele, & pour ainsi dire, comme la mere de toutes les autres qui sont dans la Province de Languedoc.

La Manufacture de Clermont de Lodève, suivit bien-tôt après, & l'on commença d'y travailler vers l'an 1678. Pour soutenir ces deux établissemens naissans, les Etats de Languedoc leur fit un prêt de cent trente mille livres pour plusieurs années sans intérêts, & leur accorda outre cela une pistole de gratification pour chaque piece de draps fins qui s'y fabriqueroient ; chacune de ces Manufactures ont au moins trente métiers battans pour cette sorte de draps, sans compter les autres métiers qu'elles font travailler des autres qualités.

La troisiéme Manufacture est celle de Carcassonne, établie & soutenue par le Sieur Castenier, qui n'a pas moins réussi que celles de Saptes & de Clermont Lodève : aussi la Province lui a-t-elle fait les mêmes avantages qu'aux deux autres Manufactures Royales.

Ces trois Manufactures font, année commune, trois mille pieces de draps fins pour le Levant, qui à trois cent livres chacune, montent à neuf cent mille livres.

Les Etats de Languedoc ont encore depuis, c'est-à-dire, vers la fin du dix-septiéme siécle, & le commencement du dix-huitiéme, ajouté deux nouvelles Manufactures pour le Levant aux trois anciennes, & toujours avec les mêmes prérogatives & les mêmes secours accordés aux premieres.

L'une, établie à Rieux, a été mise sous la conduite du Sieur Gurse Hollandois ; & l'autre qui est dans le Château de la Grange des Prez près Pezenas, est sous la direction de Manufacturiers François.

La derniere Manufacture Royale du Languedoc est celle du Sieur Chamberlin, établie pareillement sous l'autorité des Etats. Elle ne regarde pas la Fabrique des draps fins propres au commerce du Levant, mais seulement les étoffes de laine à la façon d'Angleterre, dont le débit se fait en Espagne.

On a cru ne pouvoir mieux finir ce long détail du commerce du Languedoc, qu'en donnant ici une balance de toutes les marchandises de son crû, qui vont à l'Etranger, ou qui se consomment dans le pays, & de celles qui y sont apportées du dehors, avec une évaluation du prix desdites marchandises, fixé sur le commerce qui s'en peut faire année commune.

On pourroit entrer dans un assez long détail de beaucoup d'autres Manufactures établies en Languedoc ; comme du papier, dont il y a des moulins à Annonay dans le Vivarez, & qui s'envoye en partie dans le Levant ; des parchemins, des bergames, des cartes à jouer, des bas de soie & de laine, de la colle-forte, & de plus de vingt-cinq excellentes Tanneries, qui sont répandues dans les deux Généralités de Toulouse & de Montpellier. On remarquera, en finissant cet article, que quoique le Languedoc n'ait de Ports un peu considérables, que ceux de Cette & d'Agde, son Commerce, la consommation de la Province déduite, se monte, année commune, à plus de quatorze millions.

## *BALANCE DU COMMERCE DE LA PROVINCE DE LANGUEDOC.*

| Marchandises & denrées du crû & Manufactures de Languedoc. | Prix à quoi chaque article est fixé par le commerce qui s'en peut faire année commune. | Sommes pour le montant desquelles il sort à l'Etranger, & pour les autres Provinces, desdites marchandises & denrées. |
|---|---|---|
| * Grains, | 1200000 l. | 400000 l. |
| * Vins, | 830000 | 830000 |
| * Eaux-de-vie, | 440000 | 440000 |
| * Eau de la Reine d'Hongrie, | 120000 | 120000 |
| * Liqueurs, | 150000 | 150000 |
| * Verdet, | 200000 | 200000 |
| * Huiles d'Olives, | 2000000 | 1000000 |
| * Pastel, | 50000 | 25000 |
| * Saffran, | 100000 | 80000 |
| * Prunes, | 120000 | 60000 |
| * Salicor, | 50000 | 30000 |
| * Tourne-sol, | 15000 | 15000 |
| * Châtaignes, | 150000 | 60000 |
| Coupe & commerce des bois, | 300000 | 150000 |
| Futailles & tonneaux, | 60000 | 30000 |
| Commerce de Soierie, | 1800000 | 1500000 |
| Bestiaux à laine, | 1000000 | 600000 |
| Forges à fer, | 120000 | 8000 |
| Clouterie, | 140000 | 60000 |
| Refonte de vieux cuivre, | 20000 | |
| Papeteries, | 140000 | 100000 |
| Manufactures de Parchemin, | 15000 | |
| Cartes à jouer, | 60000 | 30000 |
| Savon, | 105000 | 5000 |
| Blanchirie de cire, | 150000 | 50000 |
| Toiles, | 30000 | |
| Lacets, | 10000 | |
| Salage de sardine, | 100000 | 60000 |
| Apprêt & commerce de peaux d'agneaux & de chevreaux, | 800000 | 400000 |
| Gands, | 50000 | 30000 |
| Peaux de moutons, de chevres, & de boucs habillés en chamois, | 258000 | 150000 |
| Colle forte, | 50000 | |
| Verres & vitres, | 20000 | |
| Verreries, | 30000 | |
| ** Dentelles du Puy, | 60000 | 40000 |
| Futaines & basins, | 90000 | 60000 |
| Couvertures de laine, | 230000 | 200000 |

* Nota. *Le commerce des denrées & fruits monte à la somme de 5425000 liv. sur quoi il en sort pour l'Etranger & les autres Provinces du Royaume pour 3410000 liv.*

** *Un Mémoire met le produit des dentelles du Puy à 600000 liv. & les envois à l'Etranger à 400000 liv. il paroît qu'il y a erreur, plusieurs autres ne mettant que 60000 liv.*

| Marchandises & denrées du crû & Manufactures de Languedoc. | Prix à quoi chaque article est fixé par le commerce qui s'en peut faire année commune. | Sommes pour le montant desquelles il sort à l'Etranger, ou pour les autres Provinces, desdites marchandises & denrées. |
|---|---|---|
| Bergames & autres tapisseries, | 20000 | |
| Petites étoffes fines & grossieres de laine. | 4100000 | |
| Draperies fines & autres, | 8450000l. | 5300000l. |
| Bas de laine, | 40000 | |
| Chapeaux, | 400000 | 150000 |
| Taffetas, rubans, & bas de soie, | 900000 | 600000 |
| Etoffes de filoselle, | 80000 | 50000 |
| Confection d'Alkermes, | 50000 | 50000 |
| Anguilles d'Aygue-mortes, | 35000 | 20000 |
| Melaittes de Pecais, | 30000 | 15000 |
| Commerce de graines de jardins, | 30000 | 15000 |
| | 26738000l. | 14038000l. |

Il entre dans la Province de Languedoc des marchandises & denrées, tant étrangeres qu'originaires des autres Provinces du Royaume, pour la somme de . . . . . . . . . . . . . . 4790225 l.

Sçavoir ;

| | |
|---|---|
| En toiles de Normandie, de Bretagne, d'Anjou, & Lyonnois, pour | 4000000l. |
| Toiles d'Auvergne, Rouergue, Quercy, & Velai, | 600000 |
| Toiles de Suisse venant par Lyon, | 450000 |
| Toiles, Manufactures des Indes avant qu'elles fussent défendues, | 300000 |
| Toiles de Hollande par Bordeaux, | 30000 |
| Bœufs & moutons par l'Auvergne, le Limosin, & le Rouergue, | 1240000 |
| Epiceries par Bordeaux, | 471000 |
| Poisson salé de Marseille & de Bordeaux, | 349225 |
| Fer de Bourgogne & du Comté de Foix, | 100000 |
| Quincaillerie de Forest & d'Auvergne, | 50000 |
| Mercerie d'Allemagne, par Lyon, | 50000 |
| Laines d'Espagne, de Constantinople, Salé, Alger, & tous les lieux de Barbarie $\frac{m}{40}$ quintaux valant par estimation, | 400000 |
| | 4790225 l. |

De maniere que la Province de Languedoc, outre sa propre consommation, envoyant à l'Etranger & dans les Provinces du Royaume pour quatorze millions & plus de marchandises & denrées de son crû, & n'en recevant que pour 4500000 liv. il lui reste de profit en argent 9500000 liv.

## COMMERCE DE LA BASSE NAVARRE, ET DU BEARN.

Si le Bearn n'est gueres fertile, la Basse Navarre l'est encore moins : & ce n'est qu'à l'assiduité, au travail, & à l'industrie des habitans, que l'on doit le peu de denrées, & le peu de marchandises qui y sont propres au Commerce.

Les vallées de Baretons, d'Aspe, & d'Ossant, dans la Sénéchaussée d'Oléron en Bearn, produisent des sapins pour les mâts des vaisseaux du Roi. Elles ont aussi des mines de plomb, de cuivre, & de fer, qui entretiennent quantité de forges, de fonderies, & de martinets.

Ce sont les Habitans d'Oléron, qui sont presque tous Négocians, qui enlevent ces métaux ouvrés, ou non ouvrés, & qui en font négoce avec l'Arragon, & quelques autres lieux des frontieres d'Espagne.

Il se fait du sel dans quelques endroits du Bearn ; mais ce n'est gueres que pour la consommation du pays ; n'en passant que peu à l'Etranger.

Les fruits qu'on recueille dans cette Généralité, dont on fait quelque Commerce, sont, des vins, des blés, du millet, de l'avoine, des pommes, du lin, & du chanvre.

Les vins de la Sénéchaussée de Morlac passent pour excellens : les Anglois y viennent tous les ans en tems de paix, & les enlevent presque tous ; les Habitans se contentant pour leur boisson, du cidre qu'ils font de leurs pommes, dont même ils font quelque petit trafic avec leurs voisins.

Les Fabriques de toiles, qui sont établies en plusieurs lieux, consomment à peu près les lins & les chanvres de leur récolte. Ces toiles sont assez grossieres, mais cependant propres pour l'Arragon, & l'Espagne, où les font passer les Négocians de Saint-Jean-Pied-de-Porc, & d'Oléron.

La Basse Navarre & le Bearn, sur-tout les montagnes de la premiere, ayant des pâturages admirables, le plus grand Commerce du pays consiste en gros & menu bétail, & en chevaux, qu'on y éleve, & qu'on conduit en Espagne. Les chevaux ne sont pas excellens ; mais ils accommodent les Espagnols, qui en tirent bon service.

Les laines y sont bonnes, & passent pour laines d'Espagne. Les plus fines s'enlevent par les Marchands François de diverses Provinces : des autres, on en fabrique quelques étoffes assez grossieres, dont le menu peuple s'habille, & dont sont faits cette espece de manteaux avec un long & large capuche pour couvrir la tête, qu'on appelle Capes de Bearn.

## COMMERCE DE LA FLANDRE, ET DU BRABANT.

Pour plus de facilité, & pour s'accommoder à la division de la Flandre en plusieurs Généralités, on traitera d'abord de la Flandre Françoise ; ensuite de la Flandre Flamingante, comme on l'appelle ; & enfin du Hainault : Et quoique l'Empereur & les Hollandois occupent plusieurs places dans les unes & dans les autres, particuliérement depuis les Traités d'Utrecht & de Rastath, on parlera de leur Commerce, comme si elles étoient toutes entieres sous la domination de la France.

FLANDRE FRANÇOISE. Lisle en est la Capitale, & le centre de son Commerce. Ses diverses Manufactures, & les entreprises que font ses Négocians, occupent & entretiennent plus de cent mille Ouvriers, soit au dedans de la Ville, & dans ses Fauxbourgs, soit dans le plat Pays, soit dans les Villes voisines.

Les choses que produit cette partie de la Flandre, sont les grains pour la nourriture des hommes & des bestiaux ; des navettes, des foins, des bois, des fruits, des laines, des cheveux, des lins, des bestiaux, du beurre, & des huiles de Colzat.

Les Manufactures consistent en draps, en serges, en ratines, & en diverses autres étoffes de laine seule, ou mêlées de soie & de fil : les autres sont des toiles ouvrées & unies, des cuirs diversement passés, des coutils, des camelots, des damas, des velours, des dentelles blanches, & noires, de fil, ou de soie; des tapisseries, des cuirs dorés, des pipes, des méches, du carton, des bas & culottes, & autres ouvrages de bonneterie, à l'aiguille, & au métier; des paniers d'osier fin, des chapeaux, des bouracans, des bees, des polimites, des bourats, des crêpons, des couvertures, & quelques autres semblables marchandises. Toutes ces Fabriques sont établies dans la Ville de Lisle; & le Commerce qui s'en fait soit dans la Province, soit au loin, ne peut gueres s'imaginer. Voici celles des autres Villes.

Il se fait à Orchies, des tripes de velours : à Douay, à proportion les mêmes choses qu'à Lisle : à Armentiers, des étamines, quelques draps, & quelques petites étoffes de laine, mais peu. C'est aussi dans cette Ville, que se vendent toutes les toiles qui se font aux environs. A Lanoy, & ses dépendances, on fait aussi de petites étoffes de laine.

On fabrique à Gorgche quantité de toiles unies & ouvrées, qui se blanchissent dans les blanchiries établies dans le même lieu, & dont le blanchiment est excellent. La foire, qu'on nomme de la Mayolle, qui s'y tient tous les ans, le premier jour de Mai, est célébre par le grand débit qui s'y fait de toiles de toutes qualités, qu'on y apporte de toutes les tisseries du pays.

Il y a plusieurs métiers d'étoffes de laine, ou mêlées de soie & laine, à Roubais, & à Turcoing, qui sont principalement destinées pour l'Espagne, & pour les autres Pays étrangers; mais dont il vient quelques-unes en France, & même jusqu'à Paris.

A Menin on fait des toiles, on y blanchit des fils, & il y a une Fabrique de chapeaux de laine fine sans apprêt. Enfin, à Tournay, on fait des bas de laine, des moquettes ou moucades, & des fayances. Les bas de laine vont en Espagne, & jusqu'aux Indes Occidentales. Les moucades viennent en France. Pour la fayance, elle est peu estimée, à cause de celle de Hollande, & particuliérement de Delf, qui est infiniment plus belle.

Outre toutes ces marchandises, les fils de sayette, qui sont des laines filées à Turcoing, & dans le plat Pays, dont on ne peut gueres se passer dans les meilleures Manufactures de lainage; les lins en masse, ou préparés; les fils blanchis & écrus; les tourbes de terre bitumineuse, qui se tirent de quelques marais; même quantité de fleurs curieuses & rares, pour l'embellissement des jardins, qui se débitent à Paris, & ailleurs, ne sont pas un médiocre objet de Commerce pour cette Province.

La Ville de Lisle entretient un grand Commerce, non-seulement avec les Etats voisins, comme la France, la Hollande, les Pays-Bas, & quelques endroits d'Allemagne; mais encore avec ceux qui sont beaucoup plus éloignés, tels que sont l'Espagne, le Portugal, l'Angleterre, l'Irlande, l'Italie, & les Pays du Nord.

Son Commerce de proche en proche se fait par le moyen des canaux & des rivieres; & l'on employe le charroy pour Paris, & quelques autres Provinces méridionales de France. C'étoit aussi par les Voituriers de terre, que se faisoit le Commerce d'Espagne, tant qu'a duré la guerre pour la succession de cette Monarchie; & il y en a encore beaucoup qui prennent cette voie, en prenant des transits, & en donnant des acquits à caution.

Le Port de Calais, & celui de Dunkerque, servent au chargement des marchandises, que les Négocians de Lisle veulent embarquer pour la Normandie, la Bretagne, la Guienne, la Provence, & le Languedoc. C'est aussi dans les mêmes Ports, & dans celui d'Ostende, qu'ils chargent pour le Nort, l'Angleterre, l'Italie, la Hollande, l'Espagne, & le Portugal.

Les marchandises que les Négocians de Lisle envoyent en France, sont, des velours, des toiles, du lin, du filet, ou fil de sayette; des dentelles du Pays, & de celles de Bruxelles, Malines, & Louvain, du beurre, des fleurs, des huiles de colzat, & quantité d'étoffes de laine.

Les envois pour la Hollande, consistent en toiles écrues, en fils de sayette, en huile de colzat, & en fruits crus.

Ceux pour l'Espagne, & pour le Portugal, sont diverses étoffes de laine, des dentelles de fil, blanches & noires, d'autres de soie des mêmes couleurs, des toiles, du fil, de la quincaillerie, de la mercerie, & des bas.

On envoye dans les Pays du Nord, des vins & des eaux-de-vie de France, des sels, de gros draps, & des épiceries : en Italie, & en Savoye, des toiles, & des étoffes de laine : en Angleterre, presque rien; mais elle en tire beaucoup : enfin, les envois pour les Pays-Bas de la Maison d'Autriche, sont, des étoffes de laine, des vins de France, des soieries, & des colzats.

Les marchandises que les Marchands de Lisle tirent en retour de celles qu'ils envoyent, sont, pour la France, des vins, des eaux-de-vie, des confitures, des fruits secs, des huiles, des étoffes de soie, des gazes, des galons d'or & d'argent, des soies, des rubans, des draps, des étoffes fines de laine, différentes de celles qui se font dans le Pays, de la quincaillerie & mercerie, des livres, du papier, de la cire d'Espagne, de la bougie, des chapeaux, des bas, des perruques, des armes, du soufre, du salpêtre, des verres, & des fayances.

Ils tirent de Hollande, des draps, du poisson salé, des épiceries, des chevaux, des drogues, de l'indigo, des fanons de baleine, des cendres vedasses & potasses, des bois pour la teinture, d'autres à ouvrer & à bâtir, du salpêtre, du soufre, de l'alun, des fromages, des chairs salées, de la corne, de l'yvoire, des cires, des chanvres, des étoffes des Indes, des Porcelaines, & autres curiosités de la Chine, & du Japon; enfin, de toutes ces sortes de marchandises, dont presque aucune n'est du crû des sept Provinces-Unies; mais qui s'y trouvent, si on l'ose dire, plus abondamment que dans les lieux où elles croissent.

L'Espagne & le Portugal leur fournissent de l'or & de l'argent, des laines, des huiles, des sels, des oranges, des citrons, des olives, & des fruits, ou secs, ou confits.

Il leur vient d'Angleterre & d'Irlande, des draps & étoffes de laine, des beurres, des chairs salées, des liqueurs, des suifs, des cuirs, du plomb, de l'étain, du charbon de terre, des bouteilles, des chapeaux de castor, des pelleteries, des ouvrages de canne & de jonc, des bas de soie & de laine, & des curiosités des Indes.

Les retours du Nord sont, des blés, du chanvre,

du cuivre, du miel, des cordages, des mâts, des potasses, des vedasses, de la poix, des graines de lin, des peaux, & des fanons de baleine.

L'Italie & la Savoye leur donnent des soies, des huiles, des citrons, des oranges, des fruits secs, des gazes, & des liqueurs.

Enfin, ils ont des Pays-Bas cédés à la Maison d'Autriche, de quelques cantons d'Allemagne, & du Pays de Liege, des laines, des soies, des beurres, des fromages, de la houille, du verre, du cuivre, du fer, du plomb, des fils d'archal & de léton, des camelots, des dentelles, & des toiles blanches & bleues.

On compte que la Province de Lisle fait tous les ans pour quatre à cinq millions de Commerce avec l'Espagne, qui paye en or & en argent une partie, des marchandises qu'elle y envoye : cet argent cependant ne revient jamais jusqu'à Lisle; mais il est transporté en Angleterre & en Hollande, sur les vaisseaux Anglois & Hollandois, qui y retournent d'Espagne en droiture; tant parce que ces matieres y sont d'un meilleur débit qu'en France qu'à cause que les Islois ont besoin d'argent comptant, pour y faire la balance des marchandises qu'ils en tirent, qui sont toujours beaucoup plus considérables que celles qu'ils y envoyent.

*La Province de Lisle est réputée étrangere à l'égard de la France ; & les marchandises & denrées étrangeres qui y sont amenées, payent les droits suivant le Tarif de 1671, à moins qu'on ne les veuille faire passer plus avant ; auquel cas on prend un acquit à caution, pour payer les droits d'entrée à Peronne, à Amiens, ou autres Bureaux de France, sur le pied du Tarif de 1664, & les Arrêts du Conseil rendus en interprétation. Il en est à peu près de même des droits de sortie, qui se payent aussi suivant ce dernier Tarif.*

FLANDRE FLAMINGANTE. Cette partie de la Flandre a pour principales Villes, Gand, qui en est la Capitale, Ypres, Bruges, l'Ecluse, Ostende, Nieuport, Dunkerque, Gravelines, Courtray, &c. partie sous la domination de France, partie sous celle de la Maison d'Autriche, & partie en dépôt entre les mains des Hollandois, en conséquence du Traité de la Barriere, convenu à Utrecht, & depuis réglé par un Traité particulier entre l'Empereur & eux.

Le Commerce de cette Province est très considérable, soit pour les productions de la terre, soit pour les diverses Manufactures qui y sont établies, soit pour la grande quantité de marchandises & de denrées, qu'elle tire du dehors, & dont elle sert comme de magasin d'entrepôt pour les Provinces voisines.

Les tabacs, qui se cultivent à Warvick; les lins, qui se recueillent par tout, particuliérement dans le territoire de Malines; les beurres, & les fromages façon de Hollande, & de trois autres sortes, qui se font dans les Châtellenies de Furnes & de Bergues; les huiles de colzat, propres à faire du savon; le houblon, qui se transporte dans la Flandre Autrichienne, & jusqu'en Angleterre, font une partie du négoce & de l'occupation des Habitans.

Une autre branche du Commerce, sont les bestiaux, tant bœufs & vaches, que moutons & chevaux. L'on comptoit, avant le Traité d'Utrecht, que dans les seules Châtellenies sujettes à la France, (ce qui se justifioit par les Registres du Vaclage) il y avoit, année commune, de quatre-vingt-huit à quatre-vingt-dix mille bœufs, ou vaches, au dessus de deux ans, & de trente-neuf à quarante mille moutons. A l'égard des chevaux, il n'y a point de haras; mais le Paysan y éleve beaucoup de poulains, de ceux qui naissent chez eux, ou qu'ils font venir de dehors; & ce négoce est considérable.

Il y a aussi quantité de diverses Manufactures. Celle des draps fins, autrefois si florissante par toute la Province; & qui, si on en croit la tradition, y occupoit jusqu'à quatre mille métiers, ne se soutient plus gueres qu'à Ypres, Bailleul, & Poperingue.

La teinture en écarlate est très belle dans la premiere de ces trois Villes; & l'on y fait aussi, de même qu'à Honscotte, & quelques autres lieux, des serges, ou sayettes très estimées.

Les Tanneries d'Ypres le sont pareillement beaucoup : on y prépare non-seulement les cuirs verds du Pays, mais encore ceux qu'on y apporte en quantité d'Angleterre & d'Irlande.

Les toiles de toute sorte, soit pleines, soit ouvrées, soit de petite Venise, & damassées, pour l'usage de la table, se fabriquent en grand nombre dans tout le plat Pays, où le Laboureur prend ordinairement la navette au retour de la charue.

Il s'y fait aussi beaucoup de fils de toute finesse, & de toute qualité; les femmes & les filles n'étant gueres sans le rouet devant elles, ou la quenouille au côté. Il s'en envoye quantité à l'Etranger, partie en écrû, partie blanchis, outre la consommation de la Province.

Les blanchisseries de Bailleul sont les plus en réputation pour le blanchissage des fils; mais il y en a encore plusieurs pour les toiles, dont le blanchiment n'est pas moins estimé.

Les Manufactures de dentelles façon d'Angleterre, & celles que l'on appelle de Bruxelles & de Malines, y fleurissent en plusieurs endroits; & c'est de cette Province que vient à Paris la plupart de celles qui y passent pour véritables dentelles d'Angleterre & de Malines.

Le savon noir & blanc, les poteries de toute espece, & les pipes à tabac, sont encore des Fabriques du Pays, qui, quoiqu'en apparence peu importantes, ne laissent pas d'y entretenir un bon négoce, par la grande quantité qu'il s'y en fait, qu'il s'y en consomme, & qu'il en sort.

Il y a à Ypres, Dunkerque, & Merville, des raffinages des sels gris de France. Non-seulement les Raffineurs les rendent extrémement blancs, mais quoiqu'ils les fassent dissoudre, & bouillir dans l'eau, ils sçavent leur conserver leur grain; & c'est en quoi consiste tout le fin de cette Fabrique.

Ypres & Dunkerque ont aussi des raffinages de sucres, où se raffinent les sucres bruts, qui leur viennent des Isles de l'Amérique.

Malgré tous les changemens qui sont arrivés à Dunkerque depuis le Traité d'Utrecht, & quoiqu'il semble qu'il ne lui soit plus resté que son nom, avec son ancienne réputation d'avoir fourni à la France les plus hardis & les plus braves Armateurs dans le tems de guerre, & de très habiles & de très heureux Négocians pour le Commerce de mer pendant la paix, on ne laissera pas de parler ici en particulier du négoce d'une Ville si célèbre; autant pour en conserver le souvenir, que parce que ses Habitans, qui ne sont plus capables d'inspirer ni crainte, ni jalousie à leurs Voisins, ne laissent pas de faire toujours avec eux, & avec les Nations plus éloignées, un négoce qui n'est pas méprisable; & qui sans avoir toute l'étendue & tout l'éclat d'autrefois, a plus de tranquillité & de sureté.

## *Commerce de Bruxelles, & autres Villes de Flandres & du Brabant.*

ANVERS. Ville de Brabant, Capitale de cette partie des Pays-Bas, qu'on nomme le Marquisat du Saint-Empire.

Quoique le commerce de cette Ville soit toujours très considérable; il est cependant certain qu'il n'est à peine que l'ombre de celui qui y florissoit autrefois. La superbe & fameuse Maison des Osterlins ou Osterlingues comme d'autres l'appellent, est une marque de l'étendue de ce commerce; & les vastes magasins qu'on y voit, peut-être les plus grands qu'il y ait au monde, où chaque nation mettoit en dépôt ses marchandises, & qui servent encore à cet usage, seront un témoignage éternel de la grandeur d'un négoce, qui partagé entre Amsterdam, Roterdam, & les autres Villes les plus marchandes des sept Provinces-Unies, suffit encore pour les enrichir toutes, & leur donner la réputation de faire le plus grand commerce de l'Europe.

Il se tient à Anvers diverses foires franches, qui y attirent des Marchands de toutes les parties du monde. Les principales de ces foires sont celle de la Pentecôte, & celle d'entre la Saint Remy & la Saint Bavon.

Les blanchiries établies aux environs de la Ville, sont très estimées, & la prévention où l'on est, que les eaux de la petite riviere de Schenidt, sont plus propres qu'aucune autre pour le blanchiment des toiles, est cause qu'on y en envoye des cantons les plus éloignés des Pays-Bas Autrichiens.

Les Manufactures de tapisseries de hautelisse y sont en réputation; elles se vendent sous une espece de grande halle couverte, que de là on nomme Tapisseries pans.

On y continue aussi d'y exceller en Imprimerie, & quoiqu'il soit certain qu'elle a beaucoup dégénéré depuis le fameux Plantin, qui avoit poussé cet art presque à sa perfection, il est toujours vrai que les Libraires d'Anvers ne sont pas indignes d'avoir succédé à un si grand homme.

La principale de toutes les Manufactures qui sont établies à Anvers, & qui en soutient davantage le commerce, est celle des dentelles de fil, qui sont connues en France sous le nom de dentelles de Malines, & il n'est pas possible de s'imaginer combien la France & la Hollande en enlevent tous les ans; aussi-bien que des fils de toutes sortes, dont le filage est excellent dans cette Ville & aux environs.

Les marchandises que les Etrangers y envoyent, sur-tout les François & les Hollandois, & qui sont du meilleur débit, sont :

Toutes sortes d'étoffes d'or, d'argent, & de soie.

Des draps & étoffes de laine.

Des épiceries.

Des potasses & vedasses.

Des vins & des eaux-de-vie.

Des sels de France, d'Espagne, & de Portugal.

Du hareng & du stockvis.

Des huiles d'olives, de baleine, & de graines.

Des toiles peintes & de mousselines.

Des sucres soit rafinés, soit en cassonade.

Il y a deux sortes de monnoies tant à Anvers que dans tout le Brabant & la Flandre, ou plutôt c'est la même à laquelle on donne deux différentes valeurs. L'une est celle que l'on appelle argent de change; & l'autre, celle à quoi l'on donne le nom d'argent courant.

Suivant cette division le patagon ou richedale vaut 8 schellings ou 48 sols argent de change, & 7 argent courant. Enfin une livre de gros de six florins argent de change, fait 7 florins argent courant : de sorte qu'il faut 116 florins $\frac{5}{8}$ ou 116 livres de gros $\frac{5}{8}$ d'argent courant, pour faire 100 florins ou 100 livres de gros argent de change.

Les écritures mercantilles se tiennent à Anvers en livres, sols, & deniers de gros. La livre de gros de 20 sols de gros ou schellings, & le sol de gros de 12 deniers de gros.

La livre d'Anvers est plus foible que celle de Paris & d'Amsterdam d'environ 5 pour 100; en sorte qu'il faut 100 livres d'Anvers pour 95 livres $\frac{1}{4}$ de ces deux Villes; & que 100 livres de ces deux Villes en font 105 d'Anvers.

A l'égard de l'aunage, cent aunes d'Anvers en font 101 $\frac{3}{4}$ d'Amsterdam, & 100 aunes d'Amsterdam, 98 aunes $\frac{1}{4}$ d'Anvers.

On tire d'Amsterdam sur Anvers, & d'Anvers sur Amsterdam, par livres de gros & par florins, ordinairement à cours jours, & quelquefois à un ou à deux mois de datte. Le change y est assez souvent au pair, mais plus souvent encore de deux à quatre pour cent de perte pour Anvers.

BRUXELLES. Ville Capitale des Pays-Bas Autrichiens. Le commerce de Bruxelles est à peu près sur le même pied que celui d'Anvers, soit pour ses Manufactures & les marchandises qu'on en tire, soit pour celles dont elle a besoin; & qu'on lui envoye de l'Etranger. Les monnoies & les poids de ces deux Villes sont aussi semblables.

A l'égard de l'aune, elle y est un peu plus forte que celle d'Anvers; en sorte que 100 aunes de Bruxelles font 99 aunes $\frac{1}{4}$ d'Amsterdam, & 100 aunes d'Amsterdam, 100 aunes $\frac{1}{4}$ de Bruxelles.

Il se fait peu de change entre Bruxelles & Amsterdam. *Voyez ci-dessus* ce qu'on a dit du Commerce d'Anvers.

Le port de Bruxelles est toujours rempli de quantité de divers bâtimens qui y apportent les marchandises, soit du côté de la terre, soit du côté de la mer, par le moyen des canaux qui y aboutissent, particuliérement les deux que forme la Sinne. On voit surtout quantité de barques & de Hollande & de Zelande, qui entretiennent le commerce de ces deux riches Provinces.

MALINES. Ville du Brabant, célébre par la beauté de ses dentelles, & la finesse du filage de ses fils. Il y a peu de différence entre son commerce & celui d'Anvers, même mesures, même poids, même monnoie. *Voyez comme dessus.*

Ses Manufactures de cuirs dorés sont les plus estimées de celles de Flandres, qui l'ont toujours emporté sur toutes les autres, qui sont établies dans le reste de l'Europe. C'est aussi un des plus considérables objets de négoce, & l'on ne peut dire combien les Etrangers en enlevent chaque année.

GAND. Capitale du Comté de Flandres, est la plus grande des Pays-Bas, & ne le cede gueres à la plupart des plus grosses Villes de l'Europe. Sa situation est très commode pour le commerce, à cause de la quantité de canaux, qui s'y rendent de tous les côtés de la Flandre, du Brabant, de la Zelande, & de la mer.

Les principales marchandises qu'on en tire, sont des grains, du lin, du chanvre, & du colzat ou graine de chou pour faire de l'huile. Le négoce de cette derniere marchandise est très considérable, & est d'un très grand profit pour cette Ville.

Ses fils & ses dentelles approchent de la beauté de celles de Malines, & se vendent sous leur nom; il y a aussi diverses Fabriques de toiles, & un assez grand nombre de Manufactures de petites étoffes de laine.

Les marchandises qui sont propres pour cette Ville, sont les mêmes que pour Anvers. *Voyez ci-dessus.*

On change d'Amsterdam sur Gand à $\frac{1}{2}$ ou à un pour cent de plus de perte que sur Anvers.

Ses mesures, ses poids, & ses monnoies, ne sont point différentes de celles de cette derniere Ville.

Gand est une des trois Villes des Pays-Bas de la domination de la Maison d'Autriche, où les Directeurs de la nouvelle Compagnie d'Ostende, doivent résider de trois ans en trois ans.

Bruges. Cette Ville est une des plus marchandes de tous les Pays-Bas Autrichiens; aussi est-elle avec Ostende & Gand, une des Villes destinées à la résidence des Directeurs de la Compagnie Impériale des Indes Orientales.

La proximité d'Ostende, & la commodité des canaux, qui facilitent la communication de Bruges avec cette premiere Ville, sont cause que ses Marchands ont tourné le plus fort de leur négoce du côté de la mer, quoique pourtant ils en fassent aussi un très considérable du côté de la terre.

Son port est au bout du canal qui vient d'Ostende, & le bassin où le canal aboutit, est si vaste, qu'il y peut tenir jusqu'à cent navires marchands.

Il se fabrique à Bruges & aux environs quantité de belles toiles qui passent pour toiles de Hollande, elles se vendent dans un marché qui se tient toutes les semaines sur les Arcades de l'Hôtel-de-Ville.

C'est dans la place qui est devant cet Hôtel, que sont presque tous les magasins de laines d'Espagne & d'Angleterre, de soie d'Italie, de coton & autres matieres qui servent à soutenir les Manufactures de cette importante Ville.

Les étoffes qui s'y font, sont entr'autres des anacostes, des lamparilles, & des serges, qui sont propres pour l'Espagne & pour les Indes Espagnoles. On y fait aussi quantité de bazins & quelques camelots.

Les dentelles de Bruges passent pour dentelles de Malines & se vendent sur le même pied.

Les autres marchandises qui y sont les plus communes, & dont il se fait aussi un assez grand commerce, sont des grains & toute sorte de graines propres à faire de l'huile, particuliérement du colzat.

Pour ce qui est des marchandises que cette Ville tire du dehors, ou que les Marchands Etrangers y envoyent, ce sont à peu près les mêmes qui sont propres aux autres Villes de Flandres & du Brabant.

Les poids, les mesures, & les monnoies, sont comme à Anvers. *Voyez ci-dessus.*

Ostende. La situation de cette Ville, le seul port considérable des Pays-Bas Autrichiens sur l'Océan, est des plus commodes pour y entretenir un grand commerce. Le flux qui y monte par la petite riviere de la Geule à l'embouchure de laquelle elle est située, porte les plus grands vaisseaux jusqu'au milieu de son enceinte, où ils sont dans une entiere sureté dans les deux ports que les eaux de la riviere & de la mer y forment.

C'est par les navires marchands qui s'arment dans Ostende, que la plupart des autres Villes de la Flandre & du Brabant, qui ont été cédées à l'Empereur par le Traité de Rastat, particuliérement Anvers, Bruges, & Gand, font leur commerce du côté de la mer.

Jusqu'à ce Traité les Ostendois s'étoient contentés d'envoyer leurs vaisseaux dans divers ports Espagnols, entr'autres à Saint-Sebastien & à Bilbao, d'où ils rapportoient des laines, des fers, & quelques autres marchandises du crû de l'Espagne. Au plus, ils visitoient quelques autres ports de l'Europe; mais la puissance & la protection de leur nouveau Maître les ayant animés, ils ont porté leurs entreprises de commerce en Afrique, en Amérique, & jusqu'aux Indes Orientales, & aux autres parties de l'Asie les plus reculées.

C'est pour soutenir ce nouveau commerce, que les Négocians d'Ostende y formerent en 1718 cette Compagnie, qui enfin en 1722 a obtenu des Lettres Patentes de l'Empereur, & qui déja excite la jalousie de ceux de leurs voisins, qui par la réputation de leur négoce & le bonheur dont il a toujours été suivi, sembloient avoir le moins à craindre de cet établissement.

On parlera ailleurs de cette Compagnie, de ses Lettres Patentes, des oppositions des Anglois & des Hollandois; & de tout ce qui s'est passé dans cette importante affaire, depuis que les Marchands d'Anvers, de Bruges, de Gand, & de toutes les Villes de commerce des Pays-Bas Autrichiens, se sont associés avec ceux d'Ostende pour en assurer le succès. *Voyez ci-après* l'article de Compagnies.

### *Commerce de Dunkerque.*

La Ville de Dunkerque, soit qu'on la considere sous la domination des Espagnols, soit qu'on la veuille prendre pendant le tems qu'elle est restée en dépôt entre les mains des Anglois; soit enfin qu'on la regarde depuis qu'elle a été réunie à la France, par l'acquisition qu'elle en fit sous le Regne de Louis XIV, cette Ville s'est toujours distinguée par son grand Commerce, & par le succès de ses entreprises maritimes.

Il faut cependant avouer, qu'elle n'a jamais été si florissante, que depuis que les François en ont été les maîtres; sur-tout après que par une Déclaration de l'année 1662, elle eût été rétablie dans toutes ses anciennes franchises, exemptions, & immunités, & que son port eût été déclaré Port franc, où tous les Marchands & Trafiquans, de quelque Nation qu'ils fussent, eurent permission d'aborder, vendre, débiter, acheter, & tirer hors de la Ville, toutes sortes de marchandises franches & quittes de tous droits d'entrée & de sortie foraine & domaniale, & de tous autres droits, sans en excepter ni retenir aucun.

Il est vrai qu'on a depuis donné atteinte à quelques-unes de ces franchises, mais peu, & en choses de peu de conséquence.

Les Négocians de Dunkerque ont deux principaux Commerces; sçavoir, celui qu'ils font par eux-mêmes, & avec leurs propres vaisseaux, en portant leurs marchandises au dehors; & celui qu'ils ont avec les Etrangers, qui viennent avec leurs navires leur apporter les marchandises de leur crû. Tous les deux sont très considérables; le dernier l'est encore davantage.

Un troisiéme négoce pour Dunkerque, est de charger à fret quantité de marchandises, qui lui sont envoyées des Provinces voisines, particuliérement de la Flandre Françoise, & de Lisle, qui en est la Capitale. Enfin, un quatriéme est celui qu'elle entretient dans l'intérieur du Royaume, & dans les Villes des Pays-Bas Autrichiens, comme Bruges, Gand, Anvers, Bruxelles, & plusieurs autres.

Il y a à Dunkerque des Marchands de toute espece, & de presque toutes les Nations de l'Europe; dont les uns font le négoce pour leur compte, d'autres par commission, & la plus grande partie l'un & l'autre.

Les Etrangers avec qui les Dunkerquois font le plus d'affaires, ou qui envoyent le plus de vaisseaux à Dunkerque, sont les Espagnols, les Portugais, les Anglois, les Irlandois, les Ecossois, les Hollandois, les Suédois, les Danois, & tout le reste du Nord, & de la mer Baltique.

Il vient d'Espagne quantité de vins, particuliérement de ceux de Cheres, d'Alicante, de Malgue, de Tinte, & des Canaries; du bois de Campêche, des raisins de Corinthe, & plusieurs marchandises des Indes Occidentales.

Le Portugal lui fournit des fruits, des huiles, du tabac de Bresil, beaucoup de sucre, & des vins, lorsque la récolte en a manqué en France.

Les marchandises qu'on y apporte d'Angleterre, sont, des charbons de terre, du plomb, de la couperose, de l'alun, de l'étain, du beurre, des cuirs en poils, salés, ou secs; des peaux de veau non apprêtées, & du tabac de Virginie, propre à fumer. Celles d'Irlande consistent en beurre, en viandes salées, en suif, en cuirs salés en grand nombre, en cuirs secs, & en saumon salé en baril. D'Ecosse, il ne vient gueres à Dunkerque, que du charbon de terre, mais en quantité; & du saumon salé, aussi en baril.

Ces trois Commerces sont très vifs; & en tems de paix, on y voit plus de vaisseaux de ces trois Nations, que de toutes les autres: mais il faut remarquer, qu'il en arrive beaucoup plus de navires chargés par commission, que pour le compte des Marchands de Dunkerque; & que, malgré la franchise du Port, les cuirs apprêtés payent vingt pour cent de leur valeur en entrant.

Pour ce qui est du Commerce des Hollandois à Dunkerque, il consiste en tant de diverses sortes de marchandises, qu'il n'est pas possible d'en donner le détail; & il suffit de renvoyer à ce qu'on en dira plus bas, en parlant du négoce de la Hollande.

A l'égard du Nord, & de la Mer Baltique, il vient de Norvege pour Dunkerque, des bois, des planches de sapin, & du goudron; mais qui n'est pas si bon que celui de Suéde.

De Riga; des chanvres, des mâts, du fer, de l'acier, du goudron, de la cire, des cordages, du fil de carret, du bourdillon, des douves pour faire des pipes & des bariques, des planches de Prusse, de la potasse, de la filasse, du froment, du seigle, & quantité de graine de lin, propre sur-tout pour la Bretagne.

De Suéde; du fer, du cuivre, du goudron, & du bray.

De Dantzic; des blés, des potasses, de l'acier, des laines, & des cuirs, qui viennent de Prusse & de Pologne.

Enfin, de Hambourg; des laines, du fer blanc, de l'amidon, des bordages de chêne, des douves, de l'avoine, des pois, & du blé sarrasin.

Pendant les longues guerres du Regne de Louis XIV, où les Hollandois, les Anglois, & les Espagnols, ont presque toujours été ligués contre la France; les Suédois, les Danois, & quelques autres Nations neutres, ont fait tout le Commerce de Dunkerque; mais toujours avec beaucoup de risques, à cause des Armateurs d'Ostende & de Zelande, qui ordinairement en bouchoient l'entrée; & qui, malgré la neutralité, enlevoient tout ce qu'ils pouvoient de leurs vaisseaux, dont ils faisoient aussi-tôt vendre les cargaisons, quitte à leur en rendre ensuite le produit en argent, quand ils étoient réclamés; croyant avoir assez gagné, que d'en priver les Dunkerquois.

Il est vrai qu'alors Dunkerque ne se sentoit gueres de cette interruption de son Commerce; les vaisseaux armés en course, qui en sortoient chaque jour, & qui y rentroient continuellement avec de riches prises, lui tenant lieu de négoce, & lui fournissant à meilleur compte, & en plus grande abondance, de toutes les sortes de marchandises, avec lesquelles elle avoit coutume d'entretenir son négoce pendant la paix.

Cette ressource manquera désormais aux Dunkerquois: mais si leur Commerce n'est pas si grand, il en sera & plus aisé, & plus tranquille, sur-tout en cas de rupture entre la France & ses voisins; puisque ceux-ci n'ayant plus à craindre des autres, ces derniers se trouveront aussi délivrés de ces escadres, qui n'étoient destinées qu'à le troubler.

Outre les vaisseaux Etrangers, qui sont attirés à Dunkerque par le Commerce, il y vient aussi quantité de barques, & de navires François, la plupart chargés de vins, d'eaux-de-vie, de sels, de vinaigre, de prunes, de résine, de miel, & de syrops, qui en s'en retournant, y prennent du charbon, des planches, du goudron, des petits mâts, du bourdillon, du plomb, & du chanvre; mais le tout en assez petite quantité, & suivant que ces marchandises se trouvent plus ou moins cheres aux lieux d'où ils sont partis; y ayant même souvent une partie de ces barques & de ces vaisseaux, qui s'en retournent sans charge.

Les Ports de France, d'où il en vient davantage, sont Bordeaux, Nantes, la Rochelle, Brouage, le Bourneuf, S. Martin de Rhé, & quelques autres Ports de Bretagne, & du Pays d'Aunis.

Il en arrive aussi de Languedoc & de Provence, particuliérement de Marseille, qui apportent à Dunkerque, des huiles, des figues, des raisins, des anchois, des amandes, de l'anis, du ris, & de toutes sortes de drogues & de marchandises, qui se tirent du Levant.

Quelquefois la cargaison de ces derniers est composée en partie de vins & d'eaux-de-vie de Provence & de Languedoc; mais c'est seulement lorsque les vins & les eaux-de-vie, qui se chargent à Nantes & à Bordeaux, ne sont pas bons, ou n'ont pas donné.

Toutes les marchandises qui viennent de Marseille, se vendent très bien à Dunkerque; parce que les Marchands de cette derniere Ville en fournissent en partie, Bergues, Ypres, Lisle, Cambray, Valenciennes, Tournay, Saint-Omer, l'Artois, & la Picardie.

Les marchandises de Nantes & de Bordeaux, sont aussi d'un bon débit, mais non pas si considérable; parce qu'il en arrive pareillement à Calais, à Boulogne, & en quelques autres Ports de Picardie, qui en répandent beaucoup dans le Pays concurremment avec la Ville de Dunkerque.

Lorsque les blés sont rares en Provence, en Languedoc, ou en Espagne, les Dunkerquois y en portent beaucoup; & c'est un de leurs meilleurs négoces: mais ces cas sont rares.

Ils

Ils chargent aussi pour Cadix quantité de petites étoffes, qui se fabriquent dans les Manufactures de Flandres, particuliérement de celles de Lisle. De ces étoffes, les unes sont tout de laine, d'autres mêlées de soie; & d'autres, de soie, de poil de chevre, ou de chameau. Ils ajoutent à ces cargaisons, des toiles de plusieurs sortes, sur-tout de celles de Cambray, qu'en France on nomme des Batistes.

Il est vrai que la plupart des navires destinés pour l'Espagne, aussi-bien que ceux qui partent de Dunkerque pour Lisbonne, sont chargés à fret par les Négocians de Lisle, & quelques autres des principales Villes de la Flandre Françoise; les Marchands Dunkerquois n'ayant gueres que l'avantage du fret dans ces embarquemens. Il y en a pourtant qui chargent pour leur compte, mais peu; le plus grand nombre étant des Fretteurs, c'est-à-dire, de ceux qui donnent leurs vaisseaux à louage, soit au mois, soit au voyage, soit autrement.

On prétend qu'autrefois la pêche de la morue étoit tellement florissante à Dunkerque, qu'elle y entretenoit jusqu'à cinq ou six cent bâtimens pêcheurs, & plusieurs milliers de matelots, outre cinquante Maîtres Tonneliers, qui avoient chacun sept ou huit Garçons, pour travailler au barillage. C'est présentement peu de chose, ou plutôt rien du tout.

On a déja parlé ci-dessus des raffinages des sels gris, & des raffinages des sucres bruts, qui sont à Dunkerque: les uns lui viennent des salines de Bretagne; & les autres, des Isles de l'Amérique, où elle entretient un Commerce assez considérable.

On finira ce qu'on a à dire du Commerce de Dunkerque, & du reste de la Flandre Flamingante, en ajoutant, que de même que la Flandre Françoise, elle est traitée sur le pied de Province étrangere pour les droits d'entrée & de sortie.

Le Hainault. La plus grande richesse du Hainault, par rapport au Commerce, consiste dans les mines de fer, & dans celles de la houille, ou charbon de terre.

La houille ne se trouve que depuis Kievrin près Condé jusqu'à Marimont, ce qui fait environ sept lieues de longueur: à l'égard de la largeur, les veines du charbon s'étendent environ deux lieues. Dans toute cette étendue de Pays, il se trouve au moins cent vingt trous de houilleres ouverts; & le Pays fourni, qui en consomme quantité, il en sort au moins trois cent mille wagues, à quinze sols la wague. La superficie des terres, d'où se tire la houille, n'est pas moins cultivée, ni moins féconde, que les autres endroits du Hainault. *Voyez* Houille & Wague.

La grande quantité de mines de fer, qui se trouvent dans la partie du Hainault, qui joint l'entre-Sambre & Meuse, & celles du Pays même d'entre-Sambre & Meuse, entretiennent dans l'une & dans l'autre, un nombre considérable de fourneaux, de forges, & de fonderies, où se consomme partie des bois de la Province.

Dans le Pays qui joint l'entre-Sambre & Meuse, on compte quatorze fourneaux, vingt-deux forges, & deux fonderies. Des fourneaux, il y en a neuf sur la Terre de Chymay, trois sur celle de Treslou, & deux sur celle d'Avênes. Des vingt-deux forges, Chymay & Beaumont en ont treize; Maubeuge & ses dépendances, six; & Avênes trois. Une des Fonderies est sur Maubeuge, & l'autre sur Chymay.

Dans l'entre-Sambre & Meuse, y compris la Prévôté de Poilevache, il y a dix fourneaux, vingt-huit forges, & quatre Fonderies; il y a aussi quelques forges du côté de Charleroy, dont tout le fer se fabrique en clou. Les envois de tous les ouvrages de grosse & menue ferrerie, qui se font en Hainault, sont pour Paris, Liege, & Hollande.

Les autres Manufactures, Fabriques, & productions de cette Province, consistent:

1°. En verreries, dont il y a quatre fours, desquels trois sont à Anor, & un à Barbançon; dans deux de ces fours, on fait du verre plat pour les vîtres, & dans les deux autres, seulement des verres à boire.

2°. En toiles, qui se fabriquent, environ les deux tiers vers Enghein, & dans la Châtellenie d'Ath; & l'autre tiers, du côté de Renay & de Grammont: celles-ci sont plus grosses, & les autres plus fines; elles passent toutes dans le Pays conquis, ou à Liége. Les toiles bleues pour les Batteliers, dont il se fait quantité dans le Hainault, ont principalement leur destination pour cette derniere Ville.

3°. En dentelles. Elles se font du côté de Binch, & presque dans tous les Monastéres de la Province, qui subsistent en partie par le négoce qu'ils en font. La fabrique en est bonne, & peut-être autant que celles du Brabant & de Flandre; mais il s'en faut bien qu'il ne s'y en fasse une aussi grande quantité, ni par conséquent un aussi grand débit.

4°. En poterie de terre, qui se fabrique à Sars, & qui se débite dans les Provinces voisines, & s'envoye même jusqu'à Paris.

5°. En lins, en houblons, en grains de toute sorte, en écorces propres pour le tan, qui s'enlevent par les Tanneurs de Namur; en bois à brûler, en perches à houblon pour Liége, & en étançons pour soutenir les digues, qui s'envoyent en Hollande par la Meuse; enfin, en beurres & en fromages, qui s'y font en quantité, n'y ayant pas moins de soixante-quinze mille vaches dans la Province.

Il y a aussi des Blanchiries pour les toiles aux environs d'Ath, & en quelques autres endroits; & des carrieres d'ardoise près de la petite Ville de Fumay, qui peuvent en fournir cent vingt milliers par an.

Les Manufactures du Hainault, par rapport aux étoffes de lainerie, sont si peu considérables, qu'on pourroit n'en point parler, sans rien obmettre de son Commerce, le peu qu'il s'en fait ne suffisant pas à beaucoup près pour la consommation de la Province. C'est de France qu'on tire tous les draps, & une partie des legeres étoffes de laine dont on y peut avoir besoin.

Les vins & les eaux-de-vie viennent aussi de France, & les tabacs du côté de l'Allemagne. La consommation des vins va année commune, de douze à quinze cent pieces; celle des eaux-de-vie à environ quatre-vingt mille pots; & celle du tabac, pour la valeur de plus de soixante mille livres.

## COMMERCE DE LORRAINE, ET DU BARROIS.

Quoique cet Etat ne soit plus uni à la France, sa proximité, & une espece de dépendance, du moins pour le Duché de Bar, ont fait croire que sans aucun préjudice des droits du sage Prince qui en est le Souverain, on pouvoit encore le laisser comme engagé parmi les Provinces Françoises, par rapport à son Commerce.

Il y a peu de Manufactures de lainerie ni dans la Lorraine, ni dans le Barrois; & nulle Manufacture de soie.

Charles III, ce Prince si brave & si constant, avoit voulu en établir une de soie à Nancy. Il en avoit même assez avancé le projet avant sa derniere sortie de ses Etats, en 1670, où il n'est plus rentré depuis; mais l'éloignement du Protecteur fit tomber l'établissement, & l'on n'y a plus pensé depuis ce tems-là.

Ce qu'il y a de Fabriques de lainerie ne sont qu'à Saint-Nicolas & à Sainte-Marie-aux-Mines; mais les draps qui s'y font, sont très grossiers, peu estimés, & d'un difficile débit.

Il y a à Nancy une Fabrique d'une espece de tapisserie un peu différente de la bergame & des ligatures qui se font à Rouen; c'est peu de chose. On n'en parle, que pour n'obmettre aucune des Manufactures de Lorraine.

Celle des dentelles de fil non-seulement est plus considérable; c'est même presque la seule qui mérite quelque attention. Mirecourt, Vezelize, Neufchâteau, & quelques Villages des dépendances de ces Villes, sont les lieux où il s'en fait davantage; & ce travail y occupe cinq ou six cens femmes ou filles. Ces dentelles, à la vérité, sont grossieres, mais étant bonnes pour l'Espagne, le débit en est assez grand; & on y en fait tous les ans des envois de plusieurs milliers de pieces.

Les toiles de ménage, les toiles d'étoupes, les treillis, les bas, & les bonnets de laine au tricot, les chapeaux façon de Caudebec, la corderie, la Fabrique des clous, & celle du papier, sont encore toutes Manufactures établies en Lorraine & dans le Barrois; mais le Commerce qu'il s'en fait au dehors est si peu de conséquence, & elles sont même si peu suffisantes pour la consommation du dedans, qu'il semble qu'il y en ait, moins pour enrichir les Lorrains par le négoce qu'ils en font, que pour faire connoître leur industrie, & qu'ils sont capables de toute sorte d'ouvrages, s'ils vouloient s'y appliquer.

Leur Commerce le plus important consiste dans les salines, dans les mines de fer, d'alun, & de salpêtre; dans les bois, les bestiaux, les laines, les huiles de navette, la cire, le miel, les vins du Barrois, les eaux-de-vie de Pont-à-Mousson, les pelleteries, & le verre.

L'on conserve en Lorraine la mémoire de deux mines d'argent, l'une à Sainte-Marie-aux-mines, & l'autre au Village de la Croix, qui étoient, à ce qu'on dit, encore ouvertes en 1670, lorsque le Duc Charles quitta ses Etats; mais depuis ce tems, il n'en a plus été mention.

Les salines se trouvent en beaucoup de lieux de Lorraine, & l'on en compte près d'une douzaine où l'on pourroit faire une grande quantité d'excellent sel. Il n'y en a néanmoins que trois qui travaillent, l'une à Rozieres, l'autre à Château-Salins, & la troisiéme à Dieuse; les autres sont sur les bords de la Seille & de la Sarre.

Comme le sel des trois salines travaillantes est plus que suffisant pour l'usage du Pays, l'excédent se vend à assez bon compte, en Alsace, dans le Palatinat, & dans les Evêchés de Treves & Mayence, à Wormes, & dans d'autres Terres de l'Empire situées en de-çà du Rhin. On en parle assez au long en un autre lieu. *Voyez* SEL & SALINES.

Les mines de fer sont dans les montagnes de Vosge; il y en a aussi en plusieurs endroits du plat pays; elles sont abondantes, & entretiennent un grand nombre de forges. Le fer qui s'y fabrique, a son débit dans le Pays, & dans quelques Etats voisins.

Les mines d'alun ne se trouvent que dans le Voyvre, du côté de Longwi, mais peu utiles aux Lorrains, qui ne sçavent l'art ni de le tirer, ni de l'apprêter.

Le salpêtre n'y a point de mines; il se ramasse comme ailleurs, par les Entrepreneurs des poudres à canon, le long des vieilles maisons, ou autres édifices antiques.

Les bois s'abbattent dans les montagnes de Vosge, & dans quelques cantons du plat pays. On les y scie & débite en planches, qu'on conduit à Nancy & Verdun par la Meuse, après en avoir composé des trains, qu'on fait voguer sur l'eau. Ces trains, en langage du Pays, s'appellent Voiles, & les Conducteurs, Voileurs. Il s'en coupe aussi de propres aux constructions navales.

Les Verreries sont établies dans les bois de la Prévôté d'Arnay, dans ceux de Saint-Michel, & au Village de Tavoy, à trois lieues de Nancy. C'est des Verreries de Lorraine que vient l'invention de faire ce verre plat assez épais, & sans boudine, dont on se sert au lieu de glaces, aux chaises de poste & aux carosses de peu de conséquence, & que de sa premiere origine, on appelle toujours en France, Verre de Lorraine, quoique tout celui qui s'employe à Paris, se fasse dans les Verreries de Normandie. *Voyez* VERRE.

Les eaux-de-vie se font à Pont-à-Mousson, non en brûlant les vins, comme en Anjou, en Bretagne, & ailleurs; mais en se servant du marc des raisins, qui presque par-tout est inutile, & qu'on ne croyoit bon qu'à faire du feu, quand il est sec. Ce trafic, qui est très considérable, a passé dans le Barrois, & dans tous les endroits des trois Evêchés où il y a des vignobles. Il se consomme une grande quantité de bois, pour faire ces eaux-de-vie qui se débitent en Allemagne, & du côté de Mayence & de Wormes.

Les pelleteries, particuliérement les peaux des ours, qu'on prend en quantité dans les montagnes & la forêt de Vosge, se débitent à Strasbourg, à Basle, à Metz, & à Nancy, d'où elles sont envoyées plus loin.

C'est aussi aux Marchands de ces quatre Villes, que se vendent une partie des bestiaux engraissés dans ces montagnes & dans les pâturages de la Lorraine; mais le plus grand débit s'en fait dans les foires de Vosge, aux Allemands & aux Suisses, qui y viennent acheter des bœufs, des vaches, & de jeunes taureaux.

Les blés y croissent, & s'y recueillent en abondance; mais il y a peu de débouchement pour ces grains, à moins que dans les tems de guerre les Munitionaires François ne s'en pourvoyent, pour remplir leurs magasins.

Les Lorrains passent pour les meilleurs Fondeurs de l'Europe, particuliérement pour les canons, les mortiers, & les cloches; & ils sont ordinairement appellés dans les Fonderies de France & des autres Etats. Les Habitans des Villages de Levescour, d'Outremecour, & de Breranne, sont les plus en réputation pour cette fabrique; & l'on peut regarder cet art comme une espece de négoce pour les Lorrains.

## COMMERCE DES TROIS EVESCHE'S.

On comprend sous ce nom, Metz, Toul, & Verdun, trois Villes Episcopales & Impériales, qui furent soumises à la France en 1552, à titre seulement de protection; mais qui lui sont depuis restées en pleine souveraineté par le Traité de Westphalie.

Des vins, des bois, des grains, des sels, des cuirs, des fourages, des fruits, des confitures & dragées, des eaux-de-vie, des toiles, des ouvrages de bois de Sainte-Lucie, & diverses Manufactures de lainage & de bonneterie, entretiennent le Commerce intérieur des Trois-Evêchés.

Ce qui y vient de dehors, sont des chevaux, des bestiaux, des bois de charpente, des planches, & autres bois de sciage; des pelleteries, du fer, des beurres, des fromages; des vins de Bourgogne, de la graine de navette; des draps de France & de Hollande, & diverses autres marchandises, dont une partie se consomme dans le Pays, & l'autre passe dans les Provinces voisines, & même jusqu'en Hollande, par la Meuse.

Les meilleures Manufactures de lainage sont établies à Metz, & aux environs; elles n'y sont pas bien anciennes, du moins pour quelques-unes; mais elles s'y sont tellement perfectionnées, & il s'y en fait un si grand débit, que le Conseil Royal de Commerce de France, a cru nécessaire dans le commencement du dix-huitiéme siécle, d'y établir un Inspecteur des Manufactures, pour veiller à la bonne fabrique des étoffes qui s'y font.

Ces étoffes sont des ratines de toutes sortes; diverses especes de petites serges pour l'habillement des femmes; des draps en façon de pinchinats, dont les Paysans du Pays s'habillent, & quelques droguets & étamines.

Toul & Verdun ont aussi quelques-unes de ces Manufactures, mais peu considérables pour leur nombre, & pour la beauté des ouvrages qui en sortent.

Il se fait des bas de laine à l'aiguille dans toutes ces trois Villes, & dans leurs environs. Ce sont encore ceux de Metz qui sont les plus estimés; il y en a depuis 30 sols, jusqu'à 3 liv. la piece.

Les Tanneries établies à Metz sur la riviere de Seille, sont au nombre de plus de quarante; celles de Verdun montent encore à davantage, & Toul a aussi les siennes. Les cuirs qui s'y apprêtent, se consomment en partie dans le Pays, & en partie sont envoyés à l'Etranger.

Ce sont les Juifs qui font le plus grand Commerce des Trois-Evêchés, & il n'en est gueres dont ils ne se mêlent, le génie de cette Nation y étant très propre; & ceux de Metz, la seule Ville de France où ils sont soufferts, ayant là-dessus une réputation qu'ils ne démentent pas.

Un des principaux négoces des Juifs de Metz, sur-tout pendant la guerre, est celui des chevaux, qu'ils tirent de Suisse; & l'on sait que ce fut eux qui rétablirent en quelque sorte la Cavalerie Françoise, qui après la malheureuse campagne d'Hostect étoit presqu'entiérement à pied, par la maladie qui se mit parmi les chevaux; maladie qui, pour ainsi dire, devint universelle, & passa bien-tôt de l'Allemagne, où elle commença, presque dans tous les autres Etats de l'Europe.

Quoiqu'il vienne une assez grande quantité de vins de Bourgogne dans le Pays Messin, il y en a peu néanmoins qui entrent dans la Ville de Metz, la destination en étant ordinairement pour le Pays de Liége, & pour Toul & Verdun; & d'ailleurs le Magistrat de Metz ne permettant pas qu'il s'y débite aucun vin étranger, afin de ne pas empêcher la consommation du vin Bourgeois, les Habitans de cette Ville en recueillant beaucoup dans les vignobles qu'ils ont le long de la Moselle, quatre lieues au dessus & quatre lieues au dessous de la Ville.

Les sels pour la fourniture des Trois-Evêchés, se tirent des salines de Moyenvic, cédées à la France par le Traité de 1661, & par celui de 1697, qui a remis le Duc de Lorraine en possession de ses Etats. Ces salines donnent environ neuf mille muids de sel par an.

La graine de navette vient de Lorraine: on en fait quelques huiles dans les Trois-Evêchés, pour l'usage des Manufactures de lainage & de bonneterie qui y sont établies, & pour brûler à la lampe; mais la plus grande quantité descend en Hollande par la Moselle. Ce sont ordinairement les Marchands de Metz qui font ce Commerce, qui est un des plus considérables de la Province.

Il y a aussi à Metz quantité de Blâtiers & Marchands de blés, qui ramassent des fromens, des avoines, & autres grains, qu'ils font ensuite voiturer, soit par terre, soit par eau, dans les Villes & Etats voisins, particuliérement à Liége.

Les voitures par terre se font par des Rouliers de Salins & de Vosge, qui sont les Voituriers les plus ordinaires, ou plutôt les seuls du Pays pour ce Commerce. Leurs retours sont plusieurs marchandises de Liége, de Hollande, de Francfort, de Mayence, & de Wormes, suivant les lieux où ils ont mené leurs grains.

Les montagnes de Vosge fournissent les Trois-Evêchés, de bestiaux, de beurres, de fromages, de pelleteries, particuliérement de peaux d'ours, & de quantité de bois de sciage & de charpente. Ces bois, parmi lesquels il y en a plusieurs qui sont propres pour les constructions navales, descendent par la Meuse, sur laquelle on en forme des trains, qu'on nomme Voiles, & les Mariniers qui les conduisent, Voileurs.

Il n'y a pas long-tems que le Commerce des eaux-de-vie est établi à Metz, la maniere de les faire avec le marc du raisin, y étant passée assez nouvellement de Pont-à-Mousson, où elle a été inventée. Cependant le négoce en est déja considérable, & outre celles qui se consomment dans le Pays, il s'en débite encore à Liége, à Francfort, & dans quelques autres Villes d'Allemagne.

Enfin, pour ne rien oublier du négoce des Trois-Evêchés, on fait à Metz diverses sortes de confitures liquides, dont les plus estimées sont les mirabelles & les framboises blanches; & à Verdun, quantité de ces petites dragées, comme cannelas, anis, nompareilles, & tant d'autres, qu'on comprend ordinairement sous le nom d'anis de Verdun.

Un autre petit trafic de Metz consiste dans des ouvrages de bois de Sainte-Lucie, qui ne sont pas moins beaux que ceux qui se font en Lorraine, où ce bois se trouve en plusieurs cantons, du côté d'Epinal.

## COMMERCE D'ALSACE.

Il ne se fait pas en Alsace autant de Commerce que la fertilité de la Province, & la quantité de choses propres au négoce qui s'y trouvent, sembleroient le promettre.

Il y a bien de l'apparence que ses Habitans ne négligent de s'appliquer au trafic, que parce qu'étant naturellement paresseux, & d'ailleurs trouvant chez eux tout ce qui est nécessaire à la vie, il y en a peu qui veuillent s'embarrasser des soins qu'en traîne nécessairement après soi un Commerce considérable, particuliérement celui qui se fait avec les Etrangers.

Aussi un Personnage très connu par sa probité, par les grands Emplois qu'il a exercées pendant près de trente ans dans l'Alsace, & par les grades militaires où ses services l'ont élevé, remarque-t-il dans les Mémoires qu'il a bien voulu fournir sur le Commerce qui s'y fait, que cette indolence, ou si l'on veut, cet amour du repos, va si loin, que pendant près d'un demi-siécle de guerres presque continuelles entre la France & l'Allemagne, aucun des gens du Pays n'a voulu se mêler des entreprises pour les armées Françoises, bien qu'il s'en fit pour plus de huit ou dix millions par an, pour les Vivres, l'Artillerie, les Etapes, l'Extraordinaire des guerres, & les Fortifications; si ce n'est quelques Banquiers de Strasbourg, mais peu riches, & en petit nombre, qui faisoient quelques remises d'argent pour les Troupes. Ajoutant, que c'est encore par le même principe de leur paresse naturelle, que les Habitans de l'une & l'autre Alsace laissent faire à des Paysans Suisses, qui y viennent tous les ans, leurs moissons, leurs foins, & leurs vendanges, quoique par-là il sorte de grandes sommes de la Province, qu'ils pourroient épargner, s'ils avoient le courage de s'y occuper eux-mêmes.

Ce sont donc les Etrangers qui font la plus grande partie du Commerce de l'Alsace; qui y apportent les marchandises qui manquent à la Province, & qui en tirent beaucoup de celles qu'elle produit : Commerce qui s'étend d'un côté bien avant dans l'Allemagne, vers le haut Rhin; & de l'autre, dans tous les Pays situés depuis Strasbourg, jusqu'à l'embouchure de ce Fleuve.

Le Commerce de Strasbourg, Capitale de la basse Alsace, consiste en tabac, en eau-de-vie, en chanvre, en garance pour la teinture, en écarlate, en safran, en cuirs, en suifs, en bois, & en gros choux pommés.

Une partie de ces marchandises se transporte à Mayence & en Hollande; & des choux seuls, qui paroissent un objet peu considérable, il s'en débite dans ces deux Villes pour plus de trente mille écus tous les ans.

Les Manufactures de cette Ville sont des tapisseries de moquette & de bergame, des petits draps, des couvertures de laine, des futaines, & quelques toiles de chanvre & de lin.

Il y a aussi un martinet pour la fabrique du cuivre, & un moulin pour les épiceries.

Ce sont les Magistrats de Strasbourg qui y font eux-mêmes le Commerce du bois de chauffage, qu'ils vendent jusqu'à huit liv. la corde; ne permettant à aucun Particulier d'en faire des magasins dans la Ville, ni même aux environs.

Il faut remarquer sur ce Commerce des bois, que quoique l'Alsace en ait de toute espece, néanmoins la plus grande partie de ceux qui se consomment à Strasbourg, vient de l'autre côté du Rhin, même pendant la guerre; ce qui emporte plus de deux cens mille liv. par an hors du Royaume, sans apporter aucun profit aux Sujets du Roi.

Les Tanneries sont aussi assez considérables à Strasbourg, mais on n'y tanne gueres que de petits cuirs, comme des chamois, des boucs, des chévres, & des moutons, *sur lesquels la Ville prend un droit de 4 sols par peau.*

*Les droits du chanvre & du lin, dont le négoce y est assez bon, sont de 8 deniers par chacun quarante sols, & de 4 deniers au dessous de cette somme.*

*Ceux des suifs, de 4 sols par quintal.*

*Ceux du poisson sec & salé, à raison de 16 sols par tonneau de hareng, & de 8 sols pour quintal de morue, ou stocfich.*

*Enfin, les droits pour la vente des chevaux, 1 sol par écu du prix qu'ils sont vendus.*

*On paye aussi un droit, qu'on nomme Droit de grue; il est dû pour chaque piece de vin, ou ballot de marchandise qu'on tire des batteaux, ou qu'on y met : son nom lui vient de la machine dont on se sert à cet usage.*

*Il s'en paye encore un pour les vins qui reposent sur le Marché, c'est-à-dire, qui y restent pour la vente; un pour la marque des eaux-de-vie, & un autre pour la bierre; ce dernier est de 2 liv. pour six mesures, faisant 150 pots.*

Les Juifs, qui comme ailleurs, se mêlent à Strasbourg de toute sorte de négoce, n'ont pas néanmoins la liberté de coucher dans la Ville : pour celle d'y entrer & d'y négocier, ils payent 13 sols par tête.

Le Commerce du reste de la Province consiste,

1°. En bois, que la basse Alsace produit en quantité, qui la plupart sont propres pour les constructions navales : ce négoce est presque tout pour la Hollande, où ils descendent par le Rhin.

2°. En vins de la haute Alsace, qu'on transporte pareillement en Hollande, d'où ils passent en Suéde & en Dannemarc, où les Hollandois les vendent pour vins du Rhin.

3°. En eaux-de-vie, & en vinaigres, qui se font dans les mêmes cantons d'où on tire ces vins; & qu'on destine, partie encore pour la Hollande, & partie pour l'Allemagne.

4°. En blés, seigles, avoines, & autres grains, qui se recueillent dans l'une & l'autre Alsace, dont les Suisses enlevent une bonne partie.

5°. En porcs, & bestiaux engraissés, qui se consomment presque tous dans le Pays.

6°. En tabac, dont il se vend plus de cinquante mille quintaux par an, partie en Suisse, partie en Allemagne, partie en Lorraine, & partie dans les Villes de la Sarre.

7°. Enfin, en safran, en térébenthine, en chanvre, en lin, en tartre, en suifs, en poudre à giboyer, en châtaignes, en prunes, & autres fruits; & en graines de toutes sortes de légumes & de plantes, comme d'oignons, de choux, de pavot, d'anis, & de fenouil.

Le Commerce de toutes ces choses, & particuliérement des graines, est considérable, la France en tirant beaucoup, aussi-bien que la Hollande. A l'égard des châtaignes, des prunes, & des autres fruits, le plus grand trafic s'en fait à Cologne, à Francfort, & à Basle.

Il faut remarquer à propos du Commerce de ces deux dernieres Villes avec l'Alsace, que leurs Marchands le font presque tout par charroi, à cause du risque qu'il y a d'envoyer les marchandises par eau, le tirage des batteaux sur les bords du Rhin étant très difficile, & la rapidité de ce fleuve en rendant la navigation très dangereuse.

Il y a beaucoup de Manufactures en Alsace, mais non pas d'étoffes ni bien cheres, ni bien fines : les principales sont, des tiretaines moitié laine, & moitié fil; des treillis, des cannevas, & quelques toiles.

Les tiretaines & les toiles se consomment dans le pays; les treillis & les cannevas vont en Angleterre, en Hollande, & en Allemagne.

Les métaux dont il y a des mines en Alsace, sont l'argent, le cuivre, le fer, & le plomb. Hors les mines de fer, toutes les autres sont peu abondantes, celles-ci sont du côté de Beffort; celles d'argent, de cuivre, & de plomb, à Giromani, à Sainte-Marie-aux-Mines, à Astembarc, & à Munster.

La mine d'argent de Giromani, produit environ seize cens marcs de métail purifié; celle de cuivre, ou plutôt celle d'argent, qui donne aussi du cuivre, plus de vingt-quatre mille livres pésant de ce dernier métail.

Toutes ces mines sont dans la haute Alsace.

Il y a pour fondre & préparer le fer des mines de Beffort, plusieurs forges & fourneaux dans les forêts voisines; & pour celles de cuivre, quantité de fonderies & de martinets.

### COMMERCE DU ROUSSILLON.

Les laines, le fer, & les huiles d'olive, font le meilleur Commerce de ce Comté.

Les laines sont fines, & très belles, & presque de la qualité de celles d'Espagne; ce qui fait que les Manufactures de France en tirent tous les ans pour des sommes considérables. Aussi pour conserver & augmenter le Commerce des laines, le Réglement du Conseil Souverain de Roussillon, de l'année 1658, ordonne à tous les Habitans de faire tous les ans la déclaration de leurs bestiaux à laine, aux plus prochains Bureaux de leur demeure, & de la quantité de laine qui en sera provenue.

C'est pareillement pour assurer le négoce du fer, & le bon état des forges, que ceux qui en sont ou les Propriétaires, ou les Fermiers, sont tenus en vertu du même Réglement, de faire auxdits Bureaux une semblable déclaration de la quantité de fer qui y aura été fabriqué, & même du débit qu'ils en auront fait.

A l'égard des huiles, il en sort année commune, pour deux à trois cens mille liv.

Les vins sont bons, mais il ne s'en fait qu'un médiocre débit hors de la Province; le plus grand négoce de ces vins, est quand il y a des Troupes Françoises en Roussillon.

Le reste du négoce consiste en blés, en millet, en gros bétail, & en bêtes blanches. Le principal Marché pour les bestiaux, se tient toutes les semaines à Apouls, petite Ville d'environ deux cens feux.

Le Roussillon n'a point de Manufactures considérables: il s'y fait cependant quelques couvertures de laine, des toiles assez grossieres, & des especes de bures, ou de gros draps dont s'habillent les Paysans.

Toutes les étoffes de laine qui se fabriquent dans l'étendue du Comté, doivent être bouillées, ou marquées de la marque de l'Adjudicataire des Fermes du Roi; & pour cela, les Marchands, Ouvriers, & Facteurs de draps, sont semblablement tenus, conformément audit Réglement du Conseil Souverain de 1658, d'y faire apposer la bouille, ou marque, par les Commis des plus prochains Bureaux des lieux où ils habitent.

## COMMERCE D'ALLEMAGNE.

L'Allemagne, composée comme elle est, de quantité d'Etats Souverains, & de Villes libres, qui sous un Chef qu'on nomme Empereur, ne laissent pas d'être presque aussi libres, & aussi souverains que ce Chef même qu'ils se choisissent; ne pouvant être regardée comme une Monarchie particuliere, par rapport à la Souveraineté, on ne peut aussi parler en général du Commerce qui s'y fait, presque chaque Etat ayant un négoce qui lui est propre, soit pour envoyer aux Etrangers les productions qui lui sont naturelles, soit pour tirer d'eux les marchandises & les denrées dont il a besoin.

C'est par cette raison qu'on a fait des articles particuliers du Commerce qui se fait dans la plupart des Etats d'Allemagne, & particuliérement de celui que les François, Anglois, & Hollandois entretiennent dans les Ports de l'Est, comme ils disent, & avec les Villes Anséatiques, où ils portent leurs propres marchandises; & celles de l'Asie, comme les épiceries, & autres semblables; & d'où ils tirent presque toutes celles de l'intérieur de l'Allemagne, par les grandes rivieres qui viennent se décharger dans l'Océan Germanique, près ou du moins pas bien loin de plusieurs de ces Villes depuis tant de siécles si fameuses par leur Commerce.

### *COMMERCE DES PRINCIPALES VILLES D'ALLEMAGNE SUIVANT LEUR ORDRE ALPHABETIQUE.*

AIX-LA-CHAPELLE. Ville libre & Impériale, enclavée dans le Duché de Juliers.

Presque tout le négoce de cette Ville se fait par la voie de Liége. On en tire quantité de Chauderonnerie, comme bassins, poelons, casseroles, chaudrons, platines, &c. du fil de fer & de léton; & des cuirs propres à faire des semelles de bottes & de souliers.

Les marchandises qui s'y envoyent, sont des cuivres de toutes sortes, de la calamine, des épiceries, des drogues & des laines, particuliérement de celles d'Espagne.

Les Hollandois, particuliérement les Marchands d'Amsterdam, sont ceux qui y font les envois les plus considérables; & qui en tirent davantage de marchandises, entr'autres de cuivre ouvré. Surquoi il faut observer que les bassins de cuivre qui viennent d'Aix-la-Chapelle, se vendent à Amsterdam au poids d'Aix dont les 106 livres ne font que 100 livres d'Amsterdam, en sorte que quand on achete à Amsterdam, on n'a qu'environ 94 liv. poids de cette Ville, au lieu de 100 livres qu'on avoit en poids d'Aix-la-Chapelle.

AUSBOURG. Grande Ville Impériale Capitale de la Souabe. Cette Ville qui est devenue si fameuse par la ligue qui y fut signée contre la France sur la fin du dix-septiéme siécle, est très marchande; & il n'y en a point en Allemagne où il se trouve plus d'ouvriers qui travaillent à ces curiosités d'Orfévrerie & de Bijouterie, qui plaisent tant aux Etrangers; & qui sont faites avec une si grande industrie.

Il s'y fait aussi un très grand négoce avec la France, l'Italie, & les Pays-Bas. La France y envoye beaucoup de riches étoffes, & un nombre infini de ces nouveautés dont les modes s'inventent à Paris, & qui sont si recherchées dans les Cours des Princes d'Allemagne.

L'Italie, quantité de soies; les Pays-Bas & la Hollande, des draps & des étoffes de laine, des épiceries & des drogues pour la teinture des toiles de coton peintes, des mousselines, & des batistes.

Ces marchandises y arrivent en si grande abondance & si continuellement, qu'il n'y a gueres de jours qu'on n'y voye entrer à la Douanne quarante ou cinquante grands chariots, qui ensuite déchargent leurs marchandises dans les vastes magasins, qui sont presque tous dans la grande rue, au bout de laquelle est placée cette Douanne.

Les monnoies y sont les mêmes qu'à Nuremberg. *Voyez ci-après.*

L'usance de cette Ville est de 14 jours de vûe. Les jours de faveur y sont réduits à cinq, dans lesquels ne sont point compris ni les Dimanches ni les Fêtes. Pour les Lettres payables à vûe, ou à deux ou trois jours de vûe, elles doivent être payées au plus tard vingt-quatre heures après la présentation ou après l'échéance. On ne tire gueres d'Amsterdam sur Ausbourg, mais beaucoup d'Ausbourg sur Amsterdam, en donnant à Ausbourg depuis 124 jusqu'à 130 rischedales, pour en recevoir 100 à Amsterdam monnoie de Banque.

Les monnoies qui ont cours à Ausbourg, sont le ducat pour l'or.

La rischedale, le taler, le florin, le gulden, la demie-rischedale ou alue-taler pour l'argent.

Le crustzer ou kraister, & le penin pour le billon.

Toutes les especes s'évaluent sur le crustzer, qui vaut huit deniers de France.

Le ducat du poids de deux deniers dix-sept grains au titre de vingt-trois carats $\frac{1}{4}$, vaut trois florins de soixante crustzers, & monnoie de France 6 liv.

La rischedale, un florin & demi ou 90 crustzers, monnoie de France, 3 liv.

Le taler comme la rischedale.

Le florin, 60 crustzers, valant monnoie de France 2 liv.

Le gulden comme le florin.

La demie-rischedale ou alue-taler, 45 crustzers, monnoie de France, 1 liv. 10 sols.

Enfin le crustzer, 8 den. & le penin 1 den. l'un & l'autre monnoie de France.

Le louis de France & la pistole d'Espagne de 11 liv. sont comptés à Ausbourg pour trois rischedales & un florin, ou pour 5 florins & demi.

L'écu blanc de 60 sols, un florin & demi.

Et le philippe d'Espagne, pour 100 crustzers de 8 den. chacun.

Berlin. Capitale des Etats de Brandebourg, son principal commerce se fait presque tout par Hambourg, & c'est par cette voie qu'elle reçoit les marchandises de France, de Hollande, & des autres Nations, qui font le négoce d'Allemagne par mer.

Les marchandises qui lui sont propres, sont toute sorte de Manufacture d'or, d'argent, & de soie.

De la rubannerie de toute façon, particuliérement celle de France & d'Angleterre.

Des draps & autres étoffes de laine.

Des épiceries.

Des drogues pour la médecine & la teinture.

Des mousselines & des batistes.

Des toiles de coton peintes.

Et des dentelles d'or & d'argent, de soie & de fil.

Les marchandises qu'on en tire, sont quantité d'ouvrages d'acier, des glaces de miroirs, dont les Réfugiés de France ont porté la Fabrique dans les Etats du Roi de Prusse, & divers ouvrages curieux, qui la plupart sont travaillés par les mêmes Réfugiés.

Le pair des monnoies se calcule à Berlin sur le pied des struivers ou sols d'Hollande, dont on donne 62 $\frac{1}{2}$ pour une rischedale nouvelle à la croix de Brandebourg, qui vaut 25 pour 100 plus que la monnoie ordinaire.

Le struiver valant 1 sol 2 den. $\frac{2}{5}$ monnoie de France: ainsi la rischedale à la croix vaut à Berlin de la même monnoie de France, 3 liv. 15 sols.

La rischedale ou écu ordinaire, 3 liv. pareille monnoie, & ses diminutions à proportion.

Le gros vaut 12 fenins revenant à 2 sols 6 den.

Et le fenin, 2 den. $\frac{1}{2}$ tournois.

Les Négocians de France, qui ont à remettre ou à tirer des Lettres de change sur Berlin, ont ordinairement recours à leurs correspondans de Hollande, moyennant la provision: mais si on vouloit remettre en droiture, on n'a qu'à convenir de tant de gros pour écu, & multiplier la somme des écus par les gros de change, le produit divisé par 24 gros donnera la quantité des rischedales ordinaires, ou par 30 pour avoir des rischedales à la croix à recevoir à Berlin.

Breslau, Capitale de la Silesie, située sur l'Oder, est célébre par son commerce avec Amsterdam, Hambourg, Berlin, & quantité d'autres Villes du Nord & de la mer Baltique. Les marchandises qui y arrivent se déchargent & se débitent sous trois grandes halles couvertes qui renferment plusieurs magasins pour le gros, & quantité de boutiques pour le détail. C'est là principalement que se fait le commerce des toiles de Silesie, si connues dans les quatre parties du Monde, où les Marchands d'Europe, sur-tout les Hollandois les distribuent.

Les monnoies qui y ont cours sont les mêmes qu'à Francfort. *Voyez* l'article de cette derniere Ville.

Les écritures s'y tiennent de deux manieres; sçavoir, par rischedales de 30 silvergros, ou de 90 crustzers courants qui valent un écu de France de 60 s. tournois; par silvergros, ou gros d'argent, de 2 s. tournois, & par fenins, dont douze font le gros & 2 deniers.

L'autre maniere de tenir les livres est en florins, crustzers, & fenins, que l'on évalue par 60 crustzers au florin, & huit fenins au crustzer.

Les Négocians de France qui ont à remettre ou tirer des Lettres de Change sur Breslau, se servent de leurs Correspondans de Hollande.

La mesure pour les corps étendus, s'appelle Aune. Elle a de longueur 1 pied 8 pouces $\frac{1}{13}$ de ligne, pied de Roi.

Les 100 aunes de Breslau, font 45 aunes $\frac{5}{8}$ de Paris.

Les belles toiles de Silesie se vendent par schoés de 60 aunes de Breslau faisant un peu moins de 27 aunes $\frac{1}{2}$ de Paris.

Le schoé est composé de 4 ou de 5 pieces, mais les toiles au schoé de cinq pieces sont bien plus belles qu'à quatre pieces.

La livre pese 12 onces $\frac{4}{5}$ poids de marc. Sur ce pied 100 livres de Paris font 125 livres de Breslau.

Brunswick. Cette Ville est de la basse Saxe située sur la riviere d'Oere. Sa foire la rend célébre aussi-bien que le négoce de ses fils écrus, dont les Etrangers enlevent quantité, particuliérement les Hollandois qui les font blanchir à Harlem.

La bierre de Brunswick est aussi en réputation, elle est très forte & soutient facilement la mer, ce qui fait qu'on en envoye quantité aux Indes: on l'appelle Monde Brunswick.

Les livres des Marchands s'y tiennent en rischedales, en mariengros, & en penins. La rischedale, de 36 mariengros; & le mariengro de huit penins.

COBLENTZ. Ville de l'Archevêché de Treve sur le confluent du Rhin & de la Moselle.

Son plus grand commerce se fait avec la Ville de Cologne, où elle envoye quantité de vins, qui delà passent en Hollande. Les Hollandois en tirent aussi par la même voie des bois de charpente, & du fer qui vient de Lorraine.

COLOGNE. Cette Ville qui est située sur le Rhin, a toujours été recommandable pour son commerce; & on la comptoit autrefois comme une des quatre capitales des Villes Anseatiques. Elle soutient encore la même réputation par rapport au négoce; & comme on l'a remarqué, elle est l'étape d'une partie des marchandises d'Allemagne, qui se voiturent sur le Rhin.

Son port sur cette riviere est vaste & commode, il est toujours rempli de diverses sortes de bâtimens ou petits navires pour transporter, soit en montant, soit en descendant, les vins ou les autres marchandises que les Etrangers y apportent ou qu'ils en tirent, particuliérement les Hollandois, qui sont ceux qui y font le plus de commerce.

Les principales marchandises qu'on tire de cette Ville, sont:

Quantité de vins de Rhin & de Moselle.

Des canons de fer, des boulets, des grenades, des carcasses, des bombes, & autres armes, qui servent pour l'attaque & la défense des Villes.

Toutes sortes d'autres ouvrages aussi de fer & ustenciles de ménage.

Des bois de charpente, débités en poutres, en solives & lablieres, en courbes, en planches, soit pour les bâtimens ordinaires, soit pour les constructions navales: ces bois sont fort estimés, & passent pour les meilleurs qui viennent d'Allemagne.

Des poteries de terre & de grez, de toutes sortes.

Des ardoises & des carreaux de terre grise pour paver.

Les marchandises qui sont propres pour Cologne, & que les Etrangers y envoyent, consistent en épiceries de toutes sortes, en drogues pour la teinture & pour la médecine, en sucre raffiné, en cassonade, en bois de teinture rapés & moulus, en poisson sec & salé, particuliérement du hareng; des huiles d'olive, de graine, & de poisson; en toutes sortes d'étoffes de soie & de laine, en rubans, & dentelles d'or & d'argent, de soie & de fil; en diverses especes de bijouterie, en toiles de coton, mousselines & batistes; en savons, en fruits secs, en fromages, beurres, & diverses provisions de bouche; en porcelaine: enfin en quantité de caffé, de thé, & de chocolat.

Toutes celles de ces marchandises qui sont de gros volume, se vendent au quintal, ou comme on l'appelle à Cologne, au centenear de cent livres; les autres comme les macis, les muscades, le gerofle, la canelle, l'indigo, la cochenille, le verdet, le rocou, le caffé, le thé, & autres semblables épiceries ou drogueries,, se vendent à la livre.

Les huiles d'olive se vendent en livres de gros par des mesures appellées matz, dont il en faut 640 pour faire la tonne.

Les huiles de baleine par quarteaux.

Les huiles de poisson venant du Nord à la tonne.

Les huiles de navettes & lin à l'aam.

Les eaux-de-vie & le vinaigre de même.

Enfin les vins d'Espagne & les vins secs, à la pipe.

Toutes les marchandises qui passent par Cologne en remontant le Rhin, & qui sont destinées pour Francfort ou pour d'autres Villes d'Allemagne, doivent y être déchargées, & être remises sur d'autres batteaux pour continuer leur route, après avoir payé le droit de passage, qui se paye pareillement pour les marchandises qu'on voudroit laisser dans leurs premiers batteaux; ce droit qui est dû à Cologne, l'est aussi à Mayence. On peut voir le tarif de ce droit dans le Traité du Négoce d'Amsterdam de M. Pierre Ricard.

Les poids de Cologne sont différens de ceux d'Amsterdam de 4 pour 100; en sorte que 100 livres de Cologne n'en font que 96 d'Amsterdam; & que les 100 livres d'Amsterdam en font 104 de Cologne.

A l'égard de l'aune, 100 aunes de Cologne font 83 aunes $\frac{1}{3}$ d'Amsterdam, & 100 aunes d'Amsterdam font 120 aunes de Cologne.

Les livres des Marchands se tiennent à Cologne, en rischedales, en albus, & en penins.

La rischedale se divise en 78 albus, l'albus en 12 deniers ou deux crutzers, & le crutzer en 4 hellers.

Le daaldes y vaut 52 albus, le florin 24, & le blaffart 4.

On ne tire gueres de Lettres de Change d'Amsterdam sur Cologne, mais fort souvent de Cologne sur Amsterdam. On donne ordinairement à Cologne depuis 100 jusqu'à 500 rischedales de 78 albus, pour recevoir à Amsterdam 100 rischedales argent courant.

ERFORD est située dans la Turinge dont elle est la Capitale, son commerce consiste particuliérement en fil, en pastel, & en saffre.

Le poids y est plus foible que celui de Paris & d'Amsterdam, 100 d'Erford n'en faisant que 92 de ces deux Villes, & 100 liv. de ces deux Villes en faisant 108 $\frac{2}{3}$ d'Erford.

A l'égard de l'aunage, 100 aunes d'Erford sont comptées pour 61 aunes d'Amsterdam, & 100 aunes d'Amsterdam en font 164 d'Erford.

ERVERVELT. Petite Ville de Westphalie sur la riviere de Wuper à deux lieues de Dusseldorp. Le principal commerce de cette Ville consiste en fils & dans divers ouvrages qui s'en fabriquent. Sçavoir, des fils écrus, des rubans de fils de toutes couleurs & largeurs, des toiles rayées de couleur, & des coutis: on en tire aussi de la soie de cochon ou poil de porc.

Ce sont les Hollandois, particuliérement les Marchands d'Amsterdam, qui y font le plus de négoce, sur-tout de rubans qu'ils envoyent dans toutes les parties du monde.

Les marchandises qu'on y porte de Hollande, sont toutes sortes de drogues pour la teinture, des épiceries, des toiles de coton, & des mousselines.

FRANCFORT sur le Mein. Cette Ville est fameuse par son commerce. Celui qui se fait à ses deux foires est une des plus considérables d'Allemagne. *Voyez* ce qu'on en dit à l'article des Foires.

Les Marchands Etrangers qui font le négoce de Francfort, prennent soin que les marchandises qu'ils y envoyent, y arrivent dans les deux ou trois premiers jours de ces deux foires; parce que tant qu'elles durent, on n'y paye aucun droit, outre qu'alors il est permis à tout le monde d'y étaller, ce qui hors ce tems-là n'appartient qu'aux seuls Bourgeois de la Ville.

Les marchandises dont on fait le plus négoce, & qui se trouvent en plus grande quantité à ces foires, sont des vins du Rhin & de Franconie, des potasses blanches calcinées, du tartre, des laines, du saffre, des soies d'Italie, & du tabac en feuilles. C'est aussi à ces foires que se trouvent ce grand nombre de toutes sortes de livres, dont les Libraires de cette Ville ont coutume de faire imprimer les Catalogues pour les annoncer aux Etrangers : on parle ailleurs de l'infidélité de ces Catalogues. *Voyez* l'article des Foires.

Il s'y vend encore un nombre infini d'excellens chevaux, qui s'y rassemblent de tous les endroits de l'Allemagne.

A l'égard des marchandises qui y viennent de l'Etranger, & particuliérement que les Hollandois y font voiturer, celles qui y ont un meilleur débit, sont :

Toutes sortes d'étoffes d'or, d'argent, & de soie.

Des draperies & petites étoffes de laine de toute façon.

Des dentelles d'or, d'argent, de soie, & de fil.

Des rubans des mêmes matieres.

Des chapeaux, des gands, des épingles, des aiguilles.

Toutes sortes de galanterie & de bijouterie.

Des toiles de chanvre, de lin, & de coton.

Des toiles peintes & de toutes sortes.

Toutes sortes de marchandises & de curiosités de la Chine & des Indes.

Des épiceries.

Des drogues pour la médecine & pour la teinture.

De l'étain, du plomb, & du cuivre.

### *POIDS, MESURES, ET MONNOIES DE FRANCFORT.*

La livre de Francfort est plus forte que celle d'Amsterdam de deux pour cent ; ensorte que 100 livres de Francfort en font 102 d'Amsterdam, & 100 liv. d'Amsterdam seulement 98 de Francfort. Il faut remarquer que la livre d'Amsterdam est égale à celle de Paris.

L'aune au contraire est plus foible à Francfort qu'à Amsterdam, 100 aunes de Francfort n'en faisant que 84 $\frac{1}{2}$ d'Amsterdam, & 100 aunes d'Amsterdam en faisant 120 de Francfort.

Dans le tems des foires, ce n'est gueres à l'aune du pays qu'on mesure, à moins qu'on n'en soit convenu, & il est permis aux Marchands Etrangers d'auner à leurs propres aunes, les François à celle de Paris, les Hollandois à celle de Hollande ; & ainsi des autres : mais il faut aussi que ce soit une clause du marché.

Il y a à Francfort deux sortes de monnoies, la monnoie de change & la monnoie courante. Le pair entre l'une & l'autre, se prend sur le pied des vieilles especes d'Espagne, qu'on nomme Philippe-Dallers, qui sont estimées quatre-vingt crutzers argent de change, & cent crutzers argent courant.

Les écritures mercantilles se tiennent en rischedales & en crutzers, la rischedale de 90 crutzers, & le crutzer de 4 hellers.

Francfort change avec Nuremberg, & Venise par gouldens ou florins de 60 crutzers de change avec Amsterdam. Le change se fait par rischedales en donnant à Francfort depuis 125 jusqu'à 130 rischedales argent courant, pour recevoir à Amsterdam 100 rischedales aussi argent courant.

L'usance ordinaire entre Amsterdam & Francfort, est de 14 jours de vûe.

### *MONNOIES RE'ELLES, QUI ONT COURS A FRANCFORT, ET LEUR EVALUATION EN MONNOIE DE FRANCE.*

Le ducat d'or d'Allemagne vaut deux rischedales ou 180 crutzers, ou 3 florins, chacun de 60 crutzers, & monnoie de France, 6 liv.

Le Philippe d'Espagne ou Philippe-Daller, vaut 100 crutzers communs ou 82 crutzers de Change ; & monnoie de France, 3 liv. 6 sols 8 den. tournois.

La rischedale ou taler vaut 90 crutzers ou un florin $\frac{1}{2}$, & 3 liv. monnoie de France.

Le florin ou gulden commun vaut 60 crutzers communs, ou 2 liv. monnoie de France.

Le crutzer commun vaut 4 den. ou 8 fenins, & monnoie de France, 8 den. tournois.

Le fenin vaut le denier de France.

Toutes les monnoies auxquelles dans le paragraphe précédent on a donné le nom de monnoies communes, s'appellent ordinairement argent de marchandises : comme elles sont fabriquées d'un assez mauvais argent de l'Empire, elles valent toujours depuis 6 jusqu'à 10 pour cent moins que le florin courant.

HANAW, petite Ville à quatre lieues de Francfort. Son commerce consiste en quantité de tabac en feuilles, & en camelots & gros grains ; ce sont les Hollandois qui y font le principal négoce, les camelots & gros grains leur servant pour envoyer en Espagne, d'où ils passent dans les Indes Occidentales Espagnoles. A l'égard du tabac, ils l'envoyent en plusieurs lieux après l'avoir fait filer en corde.

Les monnoies y sont les mêmes qu'à Francfort. *Voyez ci-dessus.*

LIEGE. Ville située sur la Meuse, est la Capitale de l'Evêché du même nom. Son commerce se fait particuliérement en toutes sortes d'armes défensives & offensives, qui s'y fabriquent très bien. En fer, soit en barre, soit en verge. En clouterie, en diverses quinquailleries ; comme vis, écrous, serrures, & toutes sortes d'autres ouvrages de fer.

Ses Manufactures consistent en gros draps, qu'on nomme Pileakens ; en soies appellées vulgairement serges de Liege, en rubans de fil blanc & de couleur, & en boutons de crin.

Les mines de charbons de terre & celles d'alun, qui se trouvent aux environs de Liége & dans plusieurs endroits de son petit Etat, ne sont pas non plus un médiocre objet de commerce. Il s'y débite aussi quantité d'ardoise.

Les vins, les eaux-de-vie, les draps de France, d'Angleterre, & de Hollande, les étoffes de soie de Lyon, de Tours, d'Italie, & même d'Amsterdam, & de Leyden, où il s'en fait présentement ; les toiles de coton, les mousselines, les épiceries, & toutes sortes de drogues pour la médecine & pour la teinture, sont les principales marchandises que les Etrangers y envoyent.

### *POIDS, MESURES, ET MONNOIES DE LIEGE.*

Les Livres des Marchands se tiennent à Liége en livres, sols, & deniers. La livre est de 20 sols, & le sols de 16 penins.

L'écu ou rischedale y vaut 4 liv. qui sont comptées au pair de la rischedale de 50 sols d'Amsterdam argent courant.

On tire d'Amsterdam sur Liége, mais assez souvent de Liége sur Amsterdam, en donnant depuis 155 jusqu'à 160 livres, pour recevoir 100 florins argent courant à Amsterdam.

Il n'y a point d'Usance réglée pour les Lettres de Change ; mais on tire à un ou deux mois de datte, ou à tant de jours de datte.

Les

Les poids de Liége sont plus foibles que celui de Paris & d'Amsterdam, 100 livres de Liége ne faisant que 95 de ces deux Villes; & 100 liv. de ces deux Villes en faisant 105 de Liége.

A l'égard de l'aune, 100 aunes de Liége font 80 aunes d'Amsterdam, & 100 aunes d'Amsterdam en font 125 de Liége, ce qui est un cinquiéme de différence.

LEIPSICK. Cette Ville de la Haute Saxe est très célébre par son commerce & par ses foires. *Voyez* ce qu'on en dit à l'article des Foires, où il est parlé de celles d'Allemagne.

On trouve aux foires de Leipsick toutes sortes de marchandises, & toutes sortes de Marchands du reste de l'Allemagne, de France, de Suisse, de Geneve, de Hollande, & d'Italie.

Les principales de ces marchandises sont:

Toutes sortes de Manufactures d'étoffes d'or, d'argent, & de soies.

Des draps fins de France, d'Angleterre, & de Hollande.

Quantité de petites étoffes de laine, de même fabrique.

Des dentelles d'or, d'argent, & de fil.

De la bijouterie, de la galanterie, particuliérement de Paris.

De la mercerie de toutes les façons.

Des toiles peintes, des Indiennes, des toiles de coton: enfin des mousselines & des toiles de Cambray.

L'on tire de Leipsick quantité de fil & d'excellent fer blanc.

Le poids de Leipsick est de 5 pour 100, plus foible que celui de Paris & d'Amsterdam. 100 liv. de ces deux Villes en font 105 de Leipsick, & 100 de Leipsick n'en font que 95 $\frac{1}{4}$ de Paris & d'Amsterdam.

Les 100 aunes d'Amsterdam sont comptées pour 120 de Leipsick, & les 100 de Leipsick pour 83 $\frac{1}{3}$ d'Amsterdam.

Les écritures s'y tiennent en rischedales ou écus, en gros & en fenins. La rischedale de 24 gros, & le gros de 12 fenins.

Les Lettres qu'on tire sur Leipsick, sont ordinairement payables à l'une des foires. Le Change se fait entre Amsterdam & cette Ville, en donnant à Amsterdam depuis 36 jusqu'à 40 sols argent courant, pour recevoir à Leipsick une rischedale de 24 gros; mais quand le Change se fait de Leipsick à Amsterdam, on donne depuis 127 jusqu'à 134 rischedales de 24 gros, pour recevoir à Amsterdam 100 rischedales de 50 sols courans.

LANGENSALTZ. Cette Ville est située dans la Turinge. Les marchandises qui y sont propres, sont des drogues pour la médecine & pour la teinture, des épiceries, des draps, des étoffes de soie & de laine.

On en tire des sayettes, des raz, & autres petites étoffes de laine qu'on y fabrique ou aux environs; on y trouve aussi du saffre & de l'anis.

L'aune de Langensaltz est d'un sixiéme plus foible que celle de Hollande; six aunes de la premiere n'en faisant que cinq de la seconde.

NAUMBOURG, est célébre par son marché. *Voyez* l'article des Marchés; le commerce s'y fait à peu près sur le même pied qu'à Leipsick, soit pour les marchandises qui y sont propres, soit pour celles qu'on en tire, soit pour les poids, les mesures, & les monnoies. Le Change, quand il s'y en fait, se régle sur celui de Leipsick. *Voyez* cet article.

NUREMBERG. Cette Ville qui est du nombre des Villes libres & Impériales, passe pour l'une des plus grandes de toute l'Allemagne, & la plus fameuse que le commerce de la Mercerie & de la Quinquaillerie, qui se répandent dans toutes les parties du monde.

Les diverses sortes de marchandises qui se tirent de Nuremberg, sont en si grand nombre, qu'il n'est pas possible de les rapporter toutes ici. On se contentera donc d'en parler en gros.

De ces marchandises les principales sont:

Le cuivre en plaque, & tous les ouvrages & ustenciles qui se font de ce métail, soit pour l'ornement, soit pour la chambre & la cuisine.

Du fer de différens échantillons non-ouvrés, & parmi les fers ouvrés, des coffres forts pour serrer l'argent; & tout ce qui sert, ou aux bâtimens, comme serrures, pentures, loquets, verouils, &c. ou aux arts & métiers, comme limes, scies, cizeaux, compas, marteaux, &c. ou aux ustenciles de ménages; comme pincettes, pelles, chenets, crémaillers, &c.

Toutes sortes d'ouvrages de tours, faits d'yvoire ou de bois, d'une délicatesse que les autres Nations ne peuvent qu'à peine imiter.

Des automates ou machines marchantes, d'une grande industrie.

Une infinité de poupées ou de jouets d'enfans.

Enfin tout ce que l'art peut imaginer de plus délicat, & en même tems de plus parfait & de plus surprenant dans les ouvrages de la main.

Outre toutes ces marchandises communes, où les métaux les moins estimés ont coutume d'entrer, mais qui sont d'un grand usage, Nuremberg en fournit aussi, qui sont faites des métaux les plus précieux, entr'autres des filagrames d'or & d'argent, & du fil d'or & d'argent trait.

Les Hollandois, particuliérement les Marchands d'Amsterdam, entretiennent un grand commerce avec Nuremberg, & c'est de-là qu'ils tirent ce nombre incroyable de Mercerie & de Quinquaillerie, qu'ils répandent ensuite dans toutes les parties du monde; & qu'ils donnent chez eux à si bon marché, qu'on a peine à comprendre comment on peut les faire & les transporter en Hollande à si bas prix.

Les marchandises que les Hollandois y envoyent, sont:

Du poivre & toute sorte d'épicerie.

Du gingembre.

De l'indigo.

Des bois propres à la teinture, rapés & moulus.

Des sucres rafinés & en cassonades.

Des dents d'éléphant.

Des cuirs de Russie, & des cuirs à semelle.

Des camelots de Leiden, & autres étoffes légeres de laine.

Des draps, des serges, des carisets, & des flanelles.

Des toiles fines de Hollande.

Des toiles peintes des Indes.

Enfin des mousselines & des batistes.

Outre que les droits de sortie que l'on paye pour les marchandises qu'on tire de Nuremberg, sont très modiques, il y a tous les ans une franchise qui dure trois semaines, pendant laquelle toute sorte de marchandise de quelque qualité & valeur qu'elle soit, est exempte de droits d'entrée, ce qui fait que la plupart des Marchands attendent ce tems pour faire entrer celles qu'ils font venir de l'Etranger. Cette exemption commence le jour de Pâques.

Cette Ville a une Banque très riche où l'on ne reçoit que des especes du plus haut titre; toutes Lettres de Change doivent être payées dans cette Banque, où les transports & viremens de parties se font à peu près comme dans celle d'Amsterdam.

Il y a six jours de faveur pour les Lettres de Change, non compris les Dimanches ni les Fêtes. Le Protest doit se faire le sixiéme jour, à moins que la Lettre ne soit échûe pendant que la Banque est fermée; car alors les six jours ne se comptent que du jour de l'ouverture. Lorsque les six jours sont interrompus par la fermeture de la Banque, ce qu'il en reste à échoir ne se continue pareillement que de l'ouverture.

Il n'y a point de Change ouvert entre Amsterdam & Nuremberg, c'est-à-dire, que l'on tire rarement d'Amsterdam sur Nuremberg; mais on tire assez souvent de Nuremberg sur Amsterdam, en donnant à Nuremberg depuis 114 jusqu'à 130 rischedales, pour recevoir à Amsterdam 100 rischedales en argent de Banque.

L'usance ordinaire de Nuremberg est de quatorze jours de vûe.

### *Poids, Mesures, et Monnoies de Nuremberg.*

La livre d'Amsterdam est de deux pour cent plus foible que celle de Nuremberg; en sorte que cent livres d'Amsterdam n'en font que 98 de Nuremberg, & que cent livres de Nuremberg en font cent deux d'Amsterdam.

A l'égard de l'aune, cent aunes de Nuremberg en font cent quatre un tiers d'Amsterdam, & cent aunes d'Amsterdam, seulement quatre-vingt seize de Nuremberg.

Les livres s'y tiennent en gouldens ou florins, en crutzers, & en hellers.

Le florin ou goulden est de soixante crutzers, & le crutzer de 4 hellers. La rischedale est d'un florin & demi ou de quatre-vingt-dix crutzers.

Osnabrug, Capitale de l'Evêché du même nom, est une des Villes du plus grand commerce de la Westphalie. Ses toiles qui sont très estimées, & qui font le principal objet de son négoce, ne se vendent gueres qu'en écru. Les Hollandois en enlevent beaucoup tous les ans, qu'ils mettent au blanchiment d'Harlem.

La seconde branche du commerce d'Osnabrug, & qui peut-être ne lui donne pas moins de réputation en Allemagne, consiste en jambons, en saucisses fumées, & en lard salé & fumé.

Les écritures s'y tiennent comme à Brunswick; & les monnoies y sont sur le même pied.

Les cent aunes d'Osnabrug en font cent soixante & quinze d'Amsterdam, & cent aunes d'Amsterdam, cinquante-sept aunes d'Osnabrug.

*On peut voir ci après, ce qu'on y dira du Commerce de l'Elbe, du Nord, de la Mer Baltique, des Villes Anseatiques, de la Prusse, de la Pomeranie, &c.*

A l'égard du commerce des Etats héréditaires de l'Empereur en Allemagne, il ne paroît pas qu'avant le dix-huitiéme siécle, & particuliérement avant les Traités d'Utrecht & de Rastath, qui ont assuré à l'Empereur Charles VI, une grande partie de la succession d'Espagne en Italie & dans les Pays-Bas, la Cour de Vienne se soit beaucoup attachée à y faire fleurir le Commerce: mais depuis ces Traités faits en 1713 & 1714, on diroit que la principale application de cette Cour, est d'assurer & d'étendre le négoce de ses Sujets, tant anciens que nouveaux, soit par un Port franc, établi sur la Mer Adriatique; soit par les Compagnies de Commerce projettées dans les Pays-Bas; soit enfin par les invitations faites, & les priviléges accordés par divers Décrets Impériaux, aux Négocians & Marchands des Etats de l'Empereur en Allemagne, comme sont l'Autriche, la Hongrie, & la Bohême, pour les animer à faire des entreprises de négoce. *Voyez l'article des* Compagnies de Commerce *& celui de* Port.

L'on peut mettre au nombre de ces vûes de Commerce du nouvel Empereur, & de ses Ministres, le Traité conclu entre les Plénipotentiaires Impériaux, & ceux de la Porte à Passarowitz en 1718, dans lequel il a été arrêté entr'autres choses:

Que les Sujets de l'Empereur, entre lesquels sont compris non-seulement les Hongrois & les Allemands, mais encore les Italiens & les Peuples des Pays-Bas, de quelque Religion qu'ils soient, pourront librement commercer dans les Etats de l'Empire Ottoman:

Que pour le Commerce qui se fera par le Danube, les vaisseaux portant pavillon Impérial ne pourront naviger plus bas que Vidin; mais que depuis Vidin, les Impériaux pourront se servir, en payant, de saïques Turques, pour transporter leurs marchandises par la mer Noire, soit à Constantinople, soit en Tartarie, Crimée, Trebisonde, Sinopolis, &c:

Qu'à l'égard des vaisseaux portant pavillon de l'Empereur, qui feront le Commerce par la Méditerranée, ils pourront aborder, & porter des marchandises, pourvû qu'elles ne soient pas de contrebande, dans tous les Ports de Turquie, en payant seulement une fois, trois pour cent de leur valeur, tant à l'entrée, qu'à la sortie; sans que les Douaniers, Gouverneurs, & Commandans des Villes, Ports, & Châteaux appartenans au Grand-Seigneur, puissent exiger aucuns autres droits:

Qu'il sera permis à l'Empereur d'établir des Consuls, Agens, Interpretes, & Facteurs, dans les lieux où d'autres Nations, alliées de la Porte, en ont déja; où ils jouiront des mêmes priviléges, libertés, & protections accordées à ces Nations étrangeres:

Que les Marchands Impériaux venant à mourir, leurs biens & effets ne seront point sujets à confiscation:

Qu'aucun Sujet de l'Empereur ne pourra être tiré en Justice devant les Juges Ottomans, qu'en présence du Consul Impérial, qui seul aura le droit de les faire châtier, s'ils sont trouvés coupables:

Que les Sujets de S. M. I. ne seront assujettis à aucunes représailles & avanies, pour les dommages faits aux Turcs par les Maltois, ou autres Nations Chrétiennes:

Que les Marchands Impériaux pourront aller, pour fait de leur Commerce, & avec passeport, par toutes les Terres, Villes, & Etats du Grand-Seigneur, sans être tenus de payer aucun tribut, ni carache, & sans être molestés dans leurs personnes, biens, & marchandises.

Enfin, que les avantages accordés aux Marchands Impériaux, seroient communs à tous les Marchands Ottomans, dans l'étendue de la domination de l'Empereur.

# COMMERCE

## DE LA SUISSE, ET DE GENEVE.

LA Suisse si connue par la candeur, la fidélité, & la bravoure de ses habitans, est aussi très célébre par le commerce que la plupart des principales Villes de ses cantons font avec les Etrangers.

La France, l'Allemagne, l'Italie, & la Hollande, sont ceux des Etats d'Europe, avec lesquels elle entretient le plus considérable négoce.

La France lui fournit des blés d'Alsace, des sels de Franche-Comté, des vins de Bourgogne; des ouvrages d'or, d'argent, & de soie de Lyon, & diverses petites étoffes de laine, qui se font dans les Manufactures des Provinces voisines des Cantons.

Elle tire d'Allemagne toute sorte de Mercerie, & particuliérement de Nuremberg, une grande quantité de Quinquaillerie; aussi-bien que des cuirs de Francfort.

L'Italie, sur-tout le Piémont & la Savoye, lui envoyent des soies ordinaires, des orgencins, & des fleurets soit filés, soit autrement, ou en matasses.

Enfin on lui porte de Hollande des draps, des serges, des flanelles, des calemandes, des toiles peintes, des mousselines, des batistes, des cotons, de l'yvoire, des drogues pour la médecine & pour la teinture; des épiceries, du thé, du chocolat, de la baleine, des cuirs de Russie, & des étoffes de soie des Indes.

Les marchandises que la Suisse produit de son crû, ou qui se font dans ses Manufactures, sont des crêpons de Zurich tout de laine; d'autres moitié laine & moitié soie; les uns foulés, d'autres non foulés. Des crêpes de tout numero, des toiles de Saint-Gal, dont il se fait de grands envois en Allemagne, en France, en Espagne, en Italie. Quantité de petites étoffes de laine, des fromages, des laines, du bétail blanc, & des chevaux, qui sont fort estimés, soit pour la Cavalerie, soit pour le service de l'Artillerie. Les Villes de Suisse, où se fait le plus grand commerce, sont Zurich, Zurzach Bourg célébre par ses foires, Schafouse, Berne, Saint-Gal, & Basle.

ZURICH. Les livres des Marchands se tiennent à Zurich en rischedales & en crutzers. La rischedale ou ducat vaut 28 bats & 2 schellings de Zurich, qui valent plus que les bats ordinaires de Suisse, & moins que ceux que l'on nomme bons bats.

Le goulde ou florin, qu'on appelle bon goulde, est de 16 bats ou de 40 schellings de Zurich. Le bat y vaut 2 schellings $\frac{1}{2}$ de Zurich ou 4 crutzers.

Le schelling, 6 anters, ou un crutzer & $\frac{1}{2}$ de crutzer.

ZURZACH. Toutes les diverses especes qui ont cours en Suisse, sont reçûes à Zurzach sur le pied qu'elles valent dans chaque Ville de leur fabrication; aussi faut-il que les Marchands conviennent, soit en achetant, soit en vendant, de quelles especes ils payeront ou seront payés. *Voyez l'article des* FOIRES.

SCHAFOUSE. Le commerce y est à peu près sur le même pied qu'à Zurich, quoique moins considérable. La rischedale y vaut 27 bons bats, le goulde 15 bons bats, le bon bat, 10 bats, le bat est de 4 crutzers.

Tous les bâtimens qui descendent du Lac de Constance, sont obligés de décharger leurs marchandises à Schafouse, pour les transporter par terre sur des charettes & autres voitures, au-delà d'une cataracte ou cheute du Rhin, qui à cent pas de cette Ville se précipite à travers des rochers impraticables avec un bruit effroyable, & quand ce saut est passé, on les rembarque sur la riviere. Ce transport continuel de marchandises est d'un grand profit pour les habitans, par le nombre considérable de voituriers & de voitures, qui y sont employés sans cesse.

BERNE. La rischedale y vaut 30 bats communs ou de Suisse. Le bon goulde, 16 bats & 2 schellings communs, le bat, 4 crutzers ou 2 schellings $\frac{1}{2}$.

A l'égard des mesures, il faut 6 aunes de Berne pour 5 de Hollande; en sorte que 100 aunes de Berne font 82 aunes $\frac{1}{2}$ d'Amsterdam, & 100 aunes d'Amsterdam font 120 aunes de Berne.

Les poids y sont aussi moins forts qu'en Hollande, 100 livres de Berne ne faisant que 90 livres d'Amsterdam, & 100 livres d'Amsterdam en faisant 111 de Berne.

SAINT-GAL. Les livres sont tenus à Saint-Gal en gouldens, en crutzers, & en hellers.

La rischedale y vaut 25 bats $\frac{1}{2}$ ou 102 crutzers.

Le goulde, 15 bats ou 60 crutzers. Le schelling, 6 crutzer ou 1 bat $\frac{1}{2}$. Le bon bat est de 5 crutzers, le bat commun de 4 crutzers, & le crutzer de 4 hellers ou penins.

Le pair entre Saint-Gal & Amsterdam, est de 30 bats ou 120 crutzers pour une rischedale de 50 sols courant d'Amsterdam; mais il n'y a point de Change ouvert entre ces deux places; & lorsqu'on tire de Saint-Gal sur Amsterdam, on donne à Saint-Gal un certain nombre de crutzers dont on convient, pour recevoir à Amsterdam une rischedale de 50 sols de banque.

L'on se sert à Saint-Gal de deux sortes d'aunes; l'une pour mesurer les toiles; & l'autre pour les étoffes de laine. 100 aunes de Saint-Gal pour les toiles, en font 116 à Amsterdam, & 100 aunes d'Amsterdam, 86 de Saint-Gal. A l'égard de l'aunage des étoffes, 100 aunes de Saint-Gal font à Amsterdam 89 aunes $\frac{1}{3}$, & 100 aunes d'Amsterdam, 112 de Saint-Gal.

Le principal commerce de cette Ville consiste dans les toiles qui s'y fabriquent. Ce négoce y est tellement considérable, que les Tisserans y vont de pas égal avec la Noblesse; en sorte qu'ils font avec les Gentilshommes la premiere des douze Tribus dont cette Ville est composée. Les Manufactures des petites étoffes de laine y fleurissent aussi beaucoup.

BASLE. Les especes qui ont cours dans cette Ville sont la rischedale, le goulde, le bat, le florin, le gros, le rap, & le plapper.

La rischedale est de 27 bon bats, le bon goulde de 15 bons bats ou de 60 crutzers, le bon bat de 10 raps ou de 4 crutzers. Le florin de l'Empire, 25 schellings ou plappers; il y vaut aussi 20 gros, le gros est de 7 raps $\frac{1}{2}$, & le plapper de 6 raps.

L'aune de Bâle est d'un sixiéme moins forte que celle d'Amsterdam; en sorte qu'il en faut 6 de Bâle pour 5 d'Amsterdam. Sur cette évaluation 100 aunes de Bâle ne font que 83 aunes $\frac{2}{3}$ d'Amsterdam, & 100 aunes d'Amsterdam en font 120 de Bâle.

Le commerce que toutes ces Villes Suisses font au dehors, est très considérable; mais il faut avouer que si le négoce qu'elles entretiennent avec la France n'a peut-être pas autant d'étendue que celui qu'elles ont avec quelques autres de leurs voisins ; il leur est cependant tout ensemble & plus profitable, & plus honorable que pas un autre, par le grand nombre de privileges que les Rois de France ont accordés en général à toute la Nation Helvetique, & en particulier à ses Négocians.

Les principaux des privileges dont les Suisses jouissent en France, sont le droit de naturalité, qui les égale en tout aux François même de naissance, la franchise des foires de Lyon, qu'ils peuvent exercer & étendre quinze jours au-delà de la franchise ordinaire, ce qui n'a été accordé à aucune autre Nation, non pas même à la Françoise. La diminution ou la remise entiere de plusieurs droits d'entrée pour les Manufactures qui se fabriquent chez eux. La liberté d'enlever tous les ans certaine quantité de blés d'Alsace & des autres Provinces de France qui leur sont voisines : enfin la même faculté pour ce qui regarde les sels de Franche-Comté, & quelques autres que l'on peut lire dans les divers Traités qui ont été faits entre la France & les louables Cantons, depuis le regne de Charles VII & de Louis XII, qui sont rapportés à l'article des Traités de paix & de Commerce.

GENEVE. La Ville de Geneve est très considérable par son antiquité, par sa situation avantageuse, par le nombre de ses habitans, & particuliérement par son grand commerce. Elle est enclavée dans la Savoye, & est alliée avec les Cantons de Fribourg, de Berne, & de Zurich.

Ses correspondances avec les Négocians de Marseille & d'Amsterdam, lui facilitent celui des deux mers, & il n'y a gueres de partie de la terre pour éloignée qu'elle soit, où les Nations d'Europe envoyent des vaisseaux, où l'on ne voie des Genevois, soit en qualité de Commissionnaires, soit trafiquant de leur chef ; y en ayant même plusieurs qui fretent des navires entiers pour leur compte, ou qui les achetent en propre pour les voyages du Levant, ou de ceux qu'on nomme communément voyages de longs cours.

A l'égard du commerce par terre, le plus considérable est celui qu'elle a avec la France, particuliérement avec Lyon ; ensuite sont ceux d'Italie, d'Allemagne, & de Hollande.

La Librairie de Geneve est en réputation : on reproche cependant à ses Imprimeurs qu'ils n'employent pas d'assez bon papier, & qu'ils n'ont pas des Correcteurs assez exacts : malgré ces deux défauts le commerce des livres est un des plus riches qui s'y fasse.

L'Horlogerie y est pareillement assez bonne, & elle suit de près celles de Paris & de Londres.

Les Manufactures qui y fleurissent le plus, sont les dorures, comme les dentelles & galons d'or & d'argent, les rubans unis & façonnés, soit d'or, d'argent, & de soie, ou même de simple fil, les étoffes de soie ; enfin diverses bijouteries, que les Ouvriers Genevois imitent assez bien sur celles de Paris.

Outre toutes ces marchandises qui se fabriquent à Geneve, les Etrangers y en peuvent trouver quantité d'autres que les Genevois tirent de leurs voisins ; comme toutes sortes de soie d'Italie, des taffetas de Lyon, & d'autres étoffes de soie de cette même Ville. Des toiles peintes, des mousselines, des batistes, des toiles fines de chanvre & de lin, des draps des meilleures sortes, des porcelaines, du thé, & du chocolat que les Hollandois y apportent : enfin toutes les especes de drogues & d'épiceries qui y viennent de Marseille.

### *POIDS, MESURES, ET MONNOIES DE GENEVE.*

Cent livres de Geneve font cent douze livres $\frac{1}{8}$ d'Amsterdam, & cent douze livres d'Amsterdam n'en font que quatre-vingt-neuf livres de Geneve.

Il y a encore plus de différence dans l'aunage de ces deux Villes. Cent aunes de Geneve font cent soixante-six aunes $\frac{1}{3}$ d'Amsterdam, & cent aunes d'Amsterdam, seulement soixante aunes de Geneve.

La rischedale ou écu vaut à Geneve dix florins six sols. Le florin est de douze sols, & le sol de 12 deniers.

On change entre Amsterdam & Geneve en donnant à Amsterdam, quatre-vingt-douze jusqu'à quatre-vingt-dix-huit deniers de gros argent de Banque, pour recevoir à Geneve un écu de soixante sols tournois ou de vingt sols d'or sol.

L'écu se divise en 60 sols tournois, & le sol tournois en 12 den. *Voyez* ces articles dans le Dictionnaire universel.

L'écu d'or sol se divise en 20 sols d'or sol, & le sol d'or sol en 12 den. ainsi un sol d'or sol vaut 3 sols tournois, & le den. d'or sol vaut 3 den. tournois.

### *MONNOIES RE'ELLES QUI ONT COURS A GENEVE, ET LEUR EVALUATION AVEC CELLES DE FRANCE.*

La rischedale d'Allemagne vaut 10 florins 6 sols à prendre le florin sur le pied de 12 sols de Genéve, ce qui revient monnoie de France, à 3 liv. 3 sols.

La pistole d'Espagne vaut 38 florins 6 sols, & monnoie de France, 11 liv. 11 sols.

La pistole d'Italie vaut 37 florins 6 sols, & monnoie de France, 11 livres 5 sols.

Le croisat de Geneve vaut 15 florins 6 sols, & monnoie de France, 4 liv. 13 sols.

Le ducaton de Milan & de Savoye vaut 10 florins 10 sols, & monnoie de France, 3 liv. 17 sols.

Le florin 12 sols valant 6 sols de France.

Il faut remarquer que, quoiqu'on mette ici le florin de Geneve pour 6 sols tournois, cependant il ne vaut proprement que 5 sols 8 den. $\frac{4}{7}$, & qu'on ne le fait que pour faciliter les évaluations, & n'y pas employer un si grand nombre de fractions.

La monnoie la plus ordinaire de Geneve sont des pieces de 4 sols, de 2 sols, & d'un sol, qui valent argent de France, 2 s. 1 s. & 6 den.

Elles ont d'un côté un aigle & une clef avec cette légende *CIVITAS GENEVA*, & de l'autre une croix, & au milieu ces mots *POST TENEBRAS LUX.*

L'écu de France de 60 sols vaut 126 sols de Geneve.

### *MONNOIES RE'ELLES QUI ONT COURS A TURIN, réduites à celles de France.*

Le pair des monnoies se calcule sur le pied de l'écu de 3 liv. ou de 60 sols tournois de France, qu'on reçoit à Turin pour 3 lires 12 soldi du pays. On peut aussi le régler sur la pistole d'Espagne valant 11 livres, qui y a cours pour 13 lires 4 soldi de Savoye.

La pistole de Piémont, qu'on nomme aussi Madouine, vaut 13 lires, & monnoie de France 10 liv. 16 sols 8 deniers.

Le ducaton vaut 7 florins de Savoye ou 84 soldi :

& monnoie de France 3 livres 10 sols.

L'écu de Savoye vaut 3 lires 12 soldi, & monnoie de France 3 livres.

La lira vaut 20 soldi, & monnoie de France 16 sols 6 deniers.

Le florin de Savoye, qui est imaginaire, vaut 12 soldi, monnoie de France 10 sols.

Le soldo vaut 4 quatrins ou liards, & monnoie de France 10 deniers tournois. Le quatrin ou liard vaut 2 deniers ½ de France.

Les Négocians tiennent leurs Livres par lire, soldi, & quatrins.

Il faut remarquer que dans toute la Savoye & le Piémont, on se sert plus ordinairement des especes d'or & d'argent de France, que de celles du Pays.

Dans les achats & ventes on entend beaucoup parler de florin, qui est imaginaire, comme la livre de 20 sols de France, la livre de gros d'Amsterdam de 6 florins, & la livre sterlin d'Angleterre de 2 schelings.

### POIDS ET MESURES.

La mesure pour les corps étendus a de longueur un pied 9 pouces 10 lignes.

La livre de poids pése un peu moins de 10 onces 4 gros ½, en sorte que 100 livres de Paris sont égales à 151 liv. ½ de Turin.

Le pied Géométrique a 10 pouces, pied de Roi.

*Voyez ci-devant le Commerce de la Franche-Comté; voyez aussi l'article des Traités de Paix.*

---

## COMMERCE

## D'ESPAGNE.

Ce seroit peu de chose que le Commerce d'Espagne, si celui des deux vastes Empires du Perou & du Mexique, & de tant d'autres Régions du nouveau Monde, où cette Monarchie étend sa domination, & qui ne se peut faire que par les Espagnols naturels, ne l'avoit rendu un des plus riches & des plus profitables de l'Europe.

L'Espagne a plusieurs Ports considérables, également bien situés sur l'une & l'autre Mer, ou sur le fameux Détroit de Gibraltar, qui tout ensemble, les unit, & les sépare.

Le Port de Cadix, Ville située au Nord du Détroit, vers la côte Occidentale de l'Andalousie, est celui où se fait le plus grand Commerce, parce que c'est où arrivent, & d'où partent les gallions du Perou, & la flote du Mexique.

Les autres Ports sont, Sainte-Marie, Porto-Real, S. Lucar, & Rom, dans la baye de Cadix; Bilbao, S. Sebastien, la Corogne, le Passage, sur les Côtes Septentrionales: & sur les Méridionales, Malaga, Cartagene, Alicante, Valence, Almerie, & quelques autres, auxquels on peut ajouter les Ports de la Catalogne.

On ne parle ni de Gibraltar, ni du Port-Mahon, dans l'Isle de Maïorque, parce que l'un & l'autre ont été cédés à l'Angleterre par le Traité d'Utrecht.

On dira plus bas, quel est le Commerce qui se fait dans tous ces lieux; mais auparavant on va parler du Commerce de l'Amérique Espagnole, que les Espagnols se sont réservé pour eux seuls, mais où néanmoins, malgré toutes leurs précautions, les autres Nations, & particuliérement les François, les Anglois, les Hollandois, ont beaucoup plus de part qu'eux-mêmes.

Quand on parle ici du Commerce de l'Amérique Espagnole, on entend seulement celui des marchandises qui en viennent par la voie des Espagnols, & que les autres Nations de l'Europe vont charger dans les Ports d'Espagne; car pour le Commerce de contrebande, qui se fait par la mer du Sud, ou sur les Côtes de la mer du Nord, ou même celui qui se fait dans l'intérieur de ce vaste Continent, on se réserve d'en parler ailleurs, lorsqu'on traitera plus bas, dans ce même article, du Commerce de l'une & de l'autre Amérique, la Méridionale, & la Septentrionale.

Les Indes d'Occident, que posséde l'Espagne, ne peuvent se passer des marchandises & des Manufactures de l'Europe: mais l'Espagne, dont les peuples sont peu laborieux, & dont la terre, pour la plupart n'est pas fertile, ou du moins est mal cultivée, n'étant pas en état de fournir les choses nécessaires à ces nombreuses Colonies, il faut nécessairement qu'elle ait recours aux Etrangers.

Ceux-ci certains de recevoir presque tout le prix de la charge de leurs vaisseaux en or, & en piastres, y portent en abondance les marchandises qui sont propres pour l'Amérique; mais n'étant pas satisfaits du profit immense qu'ils font en les vendant aux Espagnols, ils ont trouvé un moyen de les faire avoir aux Américains de la premiere main, & par-là de ne partager le produit de leurs marchandises avec qui que ce soit.

Pour ce Commerce, ils s'assurent d'un Espagnol fidéle; & à l'honneur de la Nation, il faut avouer qu'aucun jusqu'ici n'a trahi son ami. Lorsque cet Espagnol est choisi, le Négociant étranger lui confie ses effets, qui sont envoyés sur les gallions, ou sur la flotte, & vendus dans les lieux de leur destination, sous le nom du Négociant National, qui remet avec la même fidélité, les retours à son ami, sans en retenir autre chose que les frais nécessairement faits pour leur passage, & pour leur vente dans l'Amérique, & les droits de commission dont ils sont convenus.

On prétend qu'à chaque retour de la flotte & des gallions, les Hollandois retirent environ cinq millions sur les marchandises qu'ils ont envoyées aux Indes sur leur compte, & qu'ils font encore pour autant de profit sur celles qu'ils ont vendues à Cadix. Sur quoi l'on peut juger, à proportion, de ce que font les François & les Anglois, qui se servent aussi de ce moyen de négocier en droiture à l'Amérique.

Les marchandises qui sont propres pour l'Espagne, dont néanmoins il n'y en reste que la moindre partie, la plus grande étant envoyée dans l'Amérique, sont des étoffes d'or, d'argent, de soie, & de laine, de toutes qualités, & de divers prix; des dentelles, des chapeaux, des épiceries, des drogues pour la Médecine, pour les Teinturiers, & pour les Peintres; du musc, de la civette, de l'ambre gris, de la quincaillerie, de la mercerie, de l'acier, du cuivre; des cuirs de plusieurs sortes, tout préparés, particuliérement des vaches de Russie, vulgairement appellées Cuirs de Roussi; du papier, des cartes à jouer, des mâtures pour les vaisseaux, des planches, des cordages, du bray, du goudron, du mairain pour faire des pipes, des futailles, & des barils pour leurs vins & leurs huiles; des toiles de toutes especes, & en très grande quantité; de la cire blanche & jaune, du hareng, de la morue séche & verte; du saumon, des beurres, des fromages, & même des grains, quand la récolte n'a pas été abondante en Espagne ; ce qui n'arrive que trop souvent.

On peut aussi mettre au nombre des marchandises dont le débit est des meilleurs, les Négres, desquels les Colonies Espagnoles de l'Amérique ne peuvent se passer, & qui leur sont fournis par des Compagnies étrangeres, comme étoit pendant la guerre pour la succession d'Espagne, la Compagnie Françoise de Guinée, nommée depuis, de l'Assiente, qui a passé, par le Traité d'Utrecht aux Anglois, qui en font présentement le Commerce.

Avant cette même guerre, les Hollandois étoient presque les seuls qui fissent ce Commerce de Négres pour les Espagnols; mais ils en sont présentement exclus, aussi-bien que les François, un article exprès de leur Traité avec Philippe V, le réservant aux Anglois. *Voyez* COMPAGNIE DE GUINE'E, & DE L'ASSIENTE.

Toutes ces marchandises, propres pour l'Espagne, & pour l'Amérique Espagnole, sont apportées sur les vaisseaux François, Anglois, Hollandois, & de quelques-unes des Nations du Nord, soit qu'elles soient de leurs fabriques, & qu'elles croissent chez eux, soit qu'ils les ayent tirées d'ailleurs pour ce Commerce. Voici à peu près celles que chacune de ces Nations chargent pour les débiter en Espagne.

Les François fournissent des étoffes d'or, d'argent, & de soie ; des velours pleins & façonnés, des pannes, des dentelles d'or & d'argent fin & faux ; des chapeaux de castor & de vigogne, des bas de soie & de laine ; quelques petites étoffes de laine, d'Amiens, de Reims, de Lisle, d'Arras, & de quelques autres fabriques de France ; quantité de toiles de toutes sortes, particuliérement de celles de Bretagne, de Rouen, de Coutance, de Morlaix, & de Laval ; beaucoup de papier pour l'écriture, pour l'impression, & pour d'autres usages ; des cartes à jouer, de la mercerie & quincaillerie de France ; des dentelles de fil & de soie, noires, assez grosses, mais d'un bon débit ; de la morue séche, &c. Toutes ces marchandises sont envoyées par mer de France en Espagne ; mais il y en passe aussi quantité par terre, du côté de la basse Navarre & du Béarn ; entre autres du plomb, du cuivre, du fer ouvré, ou non ouvré, que les Négocians d'Oléron envoyent en Arragon ; des toiles de chanvre & de lin, assez grossieres, mais dont l'Arragon s'accommode aussi assez bien : elles y sont débitées par les Marchands de Saint-Jean-Pied-de-Porc. Pour de la basse Navarre, il n'y passe que des chevaux, petits, mais de bon service, & dont les Espagnols font grand cas. Enfin, il va aussi en Espagne par la voie de terre, un assez bon nombre de marchandises de la Flandre Françoise, en traversant le Royaume par des passe-ports de *transit*, & sous acquit à caution. Cette route, longue & de grands frais, ne se prend que pour des marchandises cheres & de petit volume.

L'on estime qu'avant que les longues guerres entre la France & l'Espagne eussent donné occasion aux Hollandois de s'emparer de la meilleure partie du Commerce d'Espagne, dont ils sont restés les maîtres jusqu'à la guerre pour l'acceptation du Testament de Charles II en faveur du Duc d'Anjou, le seul article des toiles Françoises se montoit, année commune, à près de huit millions.

Ce sont ordinairement les Négocians de Paris, Rouen, S. Malo, Nantes, & Bordeaux, qui font les principaux envois de France pour l'Espagne : les Malouins seuls y envoyent ordinairement jusqu'à vingt bâtimens par an, depuis quinze, dix-huit, & vingt, jusqu'à trente canons ; du port depuis cent cinquante tonneaux, jusqu'à quatre cens.

Les Hollandois pendant plus de vingt années, & jusqu'au commencement du dix-huitiéme siécle, faisant presque seuls tout le Commerce d'Espagne, ainsi qu'on vient de le remarquer, y débitoient, à la place des François, toutes les marchandises dont on vient de parler, & dont, en partie, ils avoient établi des Manufactures chez eux.

Depuis que les François sont rentrés en part de ce négoce, lorsque Philippe V est monté sur le Trône, quoique les vaisseaux de Hollande fassent encore une partie de leur cargaison de ces mêmes marchandises, ce ne sont pourtant pas celles dont ils font le plus grand débit.

Leur commerce principal consiste dans leurs épiceries, leurs toiles, leurs draps, & autres étoffes de lainerie.

A l'égard des épiceries, le négoce du poivre se partage entre eux & les Anglois, ces derniers en débitant en Espagne presque une aussi grande quantité qu'eux ; mais pour la muscade, le girofle, la canelle, comme ils en sont absolument les maîtres, c'est nécessairement de leurs mains qu'il faut que les Espagnols les reçoivent.

C'est la canelle qui est du plus grand débit en Espagne ; & l'on croit que plus des deux tiers de celle que les Hollandois apportent des Indes Orientales, se vendent & se consomment en Espagne & dans l'Amérique, particuliérement au Perou, à cause du chocolat dont ces Peuples ne peuvent se passer.

Les toiles que les Hollandois portent en Espagne, sont ordinairement des toiles fines, qui se fabriquent dans la Province d'Overissel, & aux environs de Douay & de Valenciennes : elles se vendent pour toiles de Cambray & de Batiste.

Il y en a d'autres qu'ils appellent des Perseilles, qui se font en Brabant : elles sont fort grosses, & fort larges, & ne servent qu'aux pauvres gens.

Enfin, ils y vendent des toiles de coton des Indes, fines & grosses, teintes en Hollande, de diverses couleurs, qui servent à faire des doublures d'habits.

Les autres ouvrages de fil, sont du linge de table ouvré ou uni ; du ruban de fil, & des fils à coudre, de toutes couleurs, & de toute finesse.

Quoique les épiceries & les toiles soient un grand objet de Commerce pour les Hollandois en Espagne, le plus considérable qu'ils y fassent, est néanmoins celui de leurs Manufactures de laineries ; & l'on auroit peine à s'imaginer combien ils y portent & y vendent de draps, de serges, de camelots, & d'anacostes ; ce que les autres Nations en fournissent toutes ensemble, y comprenant même les Anglois, qui en font un assez bon débit, n'approchant nullement de ce que les Hollandois y en débitent eux seuls.

Les autres marchandises qui viennent en Espagne sur les vaisseaux de Hollande, sont des étoffes de soie de fabrique Hollandoise, beaucoup au dessous à la vérité, de celles de France, mais que le bon marché de quinze & vingt pour cent leur fait préférer ; de la quincaillerie & de la mercerie, qu'ils tirent de Nuremberg, de Francfort, & de Liége ; de l'acier, & du cuivre de Suéde ; des cuirs & des grains de Dantzic ; de la cire blanche & jaune du Nord, aussi-bien que les mâts, les autres bois de construction, & le mairain.

Enfin, outre les saumons, les harengs, & les morues salées qui viennent de leurs pêches, ils fournissent en partie l'Espagne de beurres & de fromages, dont, comme on sçait, il se fait quantité en Hollande, & peut-être plus qu'en lieu du monde.

Les Anglois, outre les poivres dont, comme on l'a dit, ils partagent le Commerce qui s'en fait en Espagne avec les Hollandois, y envoyent beaucoup de leurs draps, & autres étoffes de lainerie, comme serges de toutes sortes, perpetuannes, bayettes, flanelles, &c. & après ces derniers, ce sont eux qui en font le plus grand commerce. Ils tirent aussi du Nord, des Indes, & d'Allemagne, à peu près les mêmes Marchandises que les Hollandois, pour composer leur chargement; mais ils y ajoutent de leurs propres Manufactures, quantité de chapeaux de castor, ou de laine & de poil; des bas de soie & de laine, plusieurs étoffes de soie, d'une excellente fabrique, & de l'horlogerie, qui ne cede à aucune de l'Europe. Enfin ils y débitent beaucoup d'étain, de plomb, de chairs salées, qu'ils tirent d'Irlande, & de poissons aussi salés, qui proviennent de leur pêche: en sorte qu'un Auteur de réputation, qui a écrit des intérêts de l'Angleterre en 1704, assûre que le gain que les Anglois font année commune, sur les marchandises qu'ils portent en Espagne, ou qu'ils en tirent, va au-delà de quatre cent mille livres sterlings.

L'on n'entrera pas dans le détail du Commerce que les Suédois, les Danois, ou autres Négocians du Nord font en droiture en Espagne, n'étant pas un objet assez considérable pour s'y arrêter.

L'on vient de voir les diverses marchandises qui se portent en Espagne, & qui pour la plupart passent dans l'Amérique; voici présentement celles qu'on en tire, soit qu'elles y soient apportées par les gallions du Pérou, & la flotte du Mexique, soit qu'elles soient du crû de l'Espagne même. On va faire deux articles des unes & des autres, après qu'on aura dit quelque chose des gallions & de la flotte qui apportent celles de l'Amérique en Europe.

L'on appelle Gallions, les vaisseaux Espagnols qui vont tous les ans charger les marchandises qui ont été amassées dans le Perou pour l'Espagne; & simplement, la Flotte, ceux qui partent pour le Mexique.

On nomme Flotille, quelques vaisseaux qui devancent les autres au retour, & qui viennent donner avis du départ & du chargement de la flotte & des gallions.

Outre ces trois sortes de vaisseaux, il en part souvent d'autres, suivant la nécessité & l'occasion; & même quelquefois il en arrive de ceux que les Anglois & Hollandois appellent Interlopres, c'est-à-dire, qui arment en cachette, & qui font leur possible pour frauder les droits du Roi.

On appelle Navire de Registre, ceux des Marchands Espagnols qui moyennant une certaine somme, obtiennent de la Chambre des Indes la permission de trafiquer aux Indes; l'enregistrement de cette permission leur a donné leur nom: on en parle ailleurs amplement. *Voyez* NAVIRE DE REGISTRE, *ou* REGISTRE. *On en parlera aussi lorsque l'on traitera plus loin du Commerce de* BUENOS-AYRES.

Les gallions peuvent partir en tout tems de Cadix, où s'en fait l'armement; mais il n'en est pas de même de la flotte, qui est obligée de ne partir qu'au mois d'Août, à cause des coups de vent qui regnent ordinairement dans le golfe du Mexique, presque tout le mois de Septembre.

Lorsque les deux flottes partent ensemble, elles vont de conserve jusqu'à la hauteur des Isles Antilles, où elles se séparent; les gallions pour Cartagene, & de-là à Porto-Bello; ou au contraire à Porto-Bello, & de-là à Cartagene; & la flotte pour la Vera-Crux.

Au retour, la jonction des flottes se fait au Port de la Havanne, dans l'Isle de Cuba, d'où, après avoir débouqué le canal de Bahama, & monté à la hauteur des Açores, elles se rendent à Cadix, à la faveur des vents que les Pilotes Espagnols appellent Avalaisons.

De ces deux flottes, les gallions sont toujours les plus richement chargés, quoique le chargement de la flotte du Mexique ne laisse pas d'être aussi très considérable.

Les marchandises que l'une & l'autre flotte apportent, sont de l'or en lingots & en poudre; de l'argent en barres, ou en piastres; des perles, des émeraudes; de l'indigo; des laines de vigogne, du quinquina, du cacao, de la vanille, du tabac, des cuirs verds; des bois de Campêche & de Gayac, de la salsepareille, du baume du Perou, de l'ypecacuana, du contrayerva, & quelques autres drogues & denrées moins considérables.

*Il est amplement parlé de toutes ces marchandises dans leurs propres articles, où l'on peut avoir recours.* On ajoutera seulement, que comme, des marchandises que les François, Anglois, Hollandois, &c. chargent pour l'Espagne, la moindre partie, ainsi qu'on l'a déja dit, y demeure; il en est à peu près de même de celles qui y arrivent de l'Amérique, que les Etrangers emportent pour la plupart.

CONSEIL DES INDES. On nomme ainsi en Espagne le Conseil Souverain où se porte & où se juge en dernier ressort tout ce qui concerne le gouvernement & le commerce des Indes Occidentales.

Il y a pour la direction de ce commerce trois Tribunaux établis en Espagne; le Conseil, la Contractation, & le Consulat: ces deux derniers tiennent leurs Siéges à Seville, le premier a le sien à Madrid.

Le Conseil de Madrid a une autorité presque absolue dans les affaires des Indes; c'est lui qui connoît avec le Roi de tout ce qui regarde la navigation, la paix, la guerre, aussi-bien que de toutes les causes civiles & criminelles de cette vaste partie de la Monarchie d'Espagne.

Il propose les sujets pour remplir les Viceroyautés, les Gouvernemens, les Emplois, les Magistratures, les Bénéfices vacans; enfin de toutes les places dont Sa Majesté Catholique a coutume de disposer.

C'est ce Conseil qui fait rendre compte à tous les Officiers à leur retour en Espagne après que le tems de leur administration est fini; qui nomme les Officiers subalternes des Gallions & de la Flotte; qui accorde les congés soit pour les navires de registre, soit pour les autres qui font le commerce des Indes sous l'escorte des grands convois; enfin c'est ce Conseil qui reçoit les avances qui se font au Roi d'Espagne pour obtenir la liberté de ce négoce, & qui au retour des Gallions & de la Flotte régle & reçoit l'indult qui se leve sur les effets & marchandises qu'ils rapportent des Indes.

Le Conseil des Indes est composé d'un grand Chancelier, d'un Président, de huit Conseillers, quatre de robe & quatre d'épée, d'un Vice-Chancelier, d'un Fiscal ou Procureur Général, d'un

Algouasil Mayor, de deux Secretaires qui ont chacun douze Commis, de deux Agens du Fiscal, de quatre Contadores ou Trésoriers, & de cinq Rapporteurs.

On compte encore au nombre des Officiers subalternes un Historiographe, un Géographe, un Chapelain, un Sacristain, un Avocat & un Procureur des Pauvres, dix Portiers, un Ecrivain, & un Conseiller de la Contractation de Séville. Ce dernier est chargé de ramasser & de garder les Ordonnances & les Loix concernant le gouvernement & le commerce des Indes.

Le Conseil des Indes fut établi en 1511; mais il ne reçut sa derniere perfection qu'en 1524, lorsque Charles-Quint ajouta à tous ses autres privilèges déja si grands, celui de connoître des choses qui concernent la Religion.

La Contractation de Séville est composée d'un Président & de huit Juges ou Conseillers, dont quatre sont de robe & quatre d'épée; ceux de robe sont préposés à l'administration de la Justice, & ceux d'épée à ce qui regarde l'armement des Flottes & des Gallions.

En général ce Tribunal prend connoissance de toutes les affaires qui arrivent au sujet du commerce des Indes, & veille que les droits du Roi ne soient point fraudés, soit au départ, soit au retour de la Flotte & des Gallions; mais il y a appel de ses Sentences au Conseil Souverain établi à Madrid.

Autrefois les Marchands étoient obligés de faire enregistrer à Séville toutes les marchandises embarquées pour les Indes; présentement l'enregistrement se fait à Cadix, mais seulement dans le tems marqué par les Officiers de la Contractation de Séville, à peine de confiscation des marchandises & effets non déclarés & enregistrés pendant le terme fixé.

Pour veiller à cet enregistrement & empêcher la fraude & les contraventions, le Président & quatre Conseillers de la Contractation se rendent à Cadix dans le tems de l'embarquement, & mettent des Gardes aux portes de la Ville & sur les Gallions: mais cette précaution devient inutile non-seulement par l'adresse des Marchands Espagnols & Etrangers, qui ont mille inventions pour frauder les droits, mais encore par la connivence des Gardes & des Officiers mêmes qui sont toujours disposés à les favoriser. Il est vrai que la Contractation pour prévenir les fraudes ou les découvrir, a coutume d'envoyer aux Indes les Registres de Cadix, & de faire venir à Cadix ceux des Indes, ce qui n'opere pas grand'chose, les Officiers des Indes, n'étant pas plus fidéles que ceux d'Espagne, & les Marchands y trouvant une égale facilité pour cette contrebande.

Comme par les Ordonnances du Roi d'Espagne il est défendu aux Capitaines des Gallions ou vaisseaux de guerre des flottes destinées pour les Indes, de charger aucune marchandise sur leurs bords pour leur compte; ce sont aussi les Officiers de la Contractation qui vont les visiter en personnes; mais cette visite est aussi infructueuse que leurs autres précautions; ces Messieurs, ainsi qu'ils en sont soupçonnés, ne visitant point les endroits où ils pourroient trouver ces marchandises embarquées en fraude.

C'est encore la Contractation de Séville qui prend soin au retour des Flottes, que les droits du Roi ne soient point fraudés, mais à ce qu'on dit avec le même succès qu'au départ, à cause des grands gains que les Officiers peuvent faire sur des vaisseaux si richement chargés, & dont les retours sont au moins pour les Gallions de trois millions d'écus en or, & de vingt millions d'écus en argent; & pour la Flotte d'environ un million d'écus en or, & pour dix ou douze millions aussi d'écus en argent, outre quantité de riches marchandises, comme perles, émeraudes, amatistes, laines de vigogne, quinquina, cuirs, bois de campêche, cochenille, indigo, &c. qui montent encore à plusieurs millions d'écus.

Lorsque les Gallions ou la Flotte arrivent à Cadix, le Président & quatre Juges de la Contractation de Séville vont à bord de l'Amiral où ils font publier de nouvelles défenses sous peine de la vie d'en sortir ni d'en débarquer aucunes choses.

Après cette publication le Président reste sur le Gallion Amiral, & envoye les quatre Juges sur les quatre Gallions qu'on estime être le plus richement chargés, mettant aussi des Officiers de confiance sur chacun des autres vaisseaux qui arrivent des Indes, sur lequel aussi on fait de pareilles publications.

Toutes ces précautions se prennent pour assurer le payement des droits du Roi qui sont de six pour cent sur l'or, l'argent, & les pierreries, & de huit pour cent sur le reste; mais il est certain que les déclarations des effets chargés sur les Gallions & sur la Flotte ne vont jamais à plus de la moitié de ce qu'ils contiennent, sur-tout pour l'or & l'argent non monnoyés, qui lorsqu'ils sont déclarés, doivent être portés à la monnoie, le reste entrant en fraude à Cadix, ou étant embarqué de bord-à-bord pendant la nuit, particuliérement pour les effets que les Capitaines & autres Officiers rapportent pour leur compte, à cause que s'ils étoient trouvés, ils ne manqueroient pas d'être confisqués.

Il paroît indubitable que le Conseil d'Espagne est instruit de cette conduite des Officiers de la Contractation de Séville, ou du moins qu'il la soupçonne, mais qu'il la dissimule par politique, sçachant bien le moyen de s'en dédommager en partie.

En effet les indults que le Conseil des Indes met sur les Gallions & sur la Flotte, soit à leur départ de Cadix, soit à leur arrivée aux Indes, ou lorsqu'ils reviennent en Espagne, ne sont pas de médiocre dédommagement, le Roi d'Espagne recevant au départ des Gallions de Cadix quatre cent mille écus & deux cent mille pour la Flotte; autant quand ils arrivent aux Indes, & encore beaucoup plus à leur retour à Cadix; ce dernier indult étant réglé ou sur la richesse qu'ils rapportent des Indes, ou sur les besoins de l'Etat, y en ayant eu dans les derniers tems qui ont été jusqu'à 2 & 3 millions d'écus.

Le troisiéme Tribunal établi en Espagne pour le commerce des Indes Occidentales est le Consulat de Séville.

Cette Jurisdiction est composée d'un Président ou grand Juge qu'on nomme Prieur, & de plusieurs Conseillers qu'on appelle Consuls ou Juges du Consulat.

Ces Consuls sont choisis parmi les principaux & les plus habiles Négocians pour décider les différens qui naissent entre Marchands au sujet du commerce des Indes, pour maintenir les privilèges accordés à ce commerce, & pour régler avec les Juges de la Contractation le départ des Gallions & des Flottes.

C'est encore à leurs instances & sur leurs représentations que le Conseil accorde la permission aux Marchands

Marchands d'envoyer des vaisseaux sous l'escorte des Gallions, ou d'en fretter de ceux qu'on nomme Navires de Registres qui font ce négoce en particulier, & qui ne partent pas avec les Flottes. On parle ailleurs des Navires de Registre. *Voyez* REGISTRE. A l'égard des autres qui vont de conserve avec les Gallions ou la Flotte, il en coute au moins quatre mille écus par navire pour en obtenir la permission; ils doivent être montés de cent cinquante hommes d'équipage, & armés de 30 ou 34 canons.

Enfin, ce sont les Juges du Consulat qui sont chargés de la répartition des Indults tant aux Indes qu'en Espagne; en Espagne par eux-mêmes, & aux Indes par deux Députes qu'ils y envoyent: comme ils ne rendent compte à qui que ce soit, non pas même au Roi de cette répartition, ils sont soupçonnés de ne pas faire une imposition conforme à la taxe, & de faire contribuer bien au-delà des sommes réglées par le Conseil des Indes, qui pourvû que l'induit accordé au Roi entre tout entier dans ses coffres, ne s'informe gueres du reste, laissant aux Consuls le moyen de s'enrichir par cette espece de péculat; & peut-être les moins scrupuleux des Ministres qui composent ce Conseil y ont leur part, toute l'Espagne étant persuadée que les Officiers depuis les plus grands jusqu'aux plus petits, aussi-bien que tous les particuliers, sont comme de complot à frauder les droits du Roi, & à profiter de l'occasion de s'enrichir aux dépens de l'Epargne Royale.

Quoique les marchandises du crû de l'Espagne ne soient pas, à beaucoup près, aussi riches & aussi précieuses que celles qui lui viennent du Perou & du Mexique, elles ne laissent pas néanmoins d'être très considérables, & d'un très bon débit.

Les principales sont, des laines, des vins, des huiles, des savons, des soudes, des sels, du fer, & des fruits: comme olives, figues, raisins, amandes, câpres, citrons, oranges, & châtaignes.

Les laines se tirent principalement d'Andalousie, de Valence, de Castille, d'Arragon, & de Biscaye. C'est véritablement le plus grand objet du Commerce particulier d'Espagne: & non-seulement les François, les Hollandois, & les Italiens, ne s'en peuvent passer pour la fabrique de leurs draps fins, & de leurs autres étoffes fines de lainerie; mais les Anglois eux-mêmes, qui ont des laines si fines & si belles, en employent une si grande quantité, sans aucun mélange des leurs, dans la plupart de leurs plus beaux draps, que le même Auteur qu'on a déja cité, ne craint point d'exagérer, en assurant qu'il se fait en Angleterre, année commune, environ trente mille pieces de draps fins, de la premiere & de la seconde beauté, des seules laines de Castille & d'Andalousie. On sçait cependant que la consommation qui se fait dans les Manufactures de France & de Hollande, des laines d'Espagne, est encore beaucoup plus grande, que celle qui se fait dans les Fabriques Angloises. *Voyez l'article des* LAINES.

Les vins d'Espagne sont de deux sortes, des blancs & des clairets, presque tous excellens. La plus grande quantité se recueille dans la partie la plus méridionale; & le débit en est considérable, quand les Anglois & les Hollandois, par l'interruption du Commerce, n'en peuvent avoir de ceux de France.

En tems de paix, il s'en vend environ trois à quatre mille bottes à l'Etranger; mais pendant la guerre, il est des années qu'il s'en enleve au-delà de quinze mille bottes; & l'on a vû même dans la seconde année de celle qui fut terminée par la paix de Riswick, qu'on avoit acquitté les droits de sortie pour plus de seize mille.

On y fait aussi des eaux-de-vie, mais qui ne sont gueres enlevées, qu'au défaut de celles de la riviere de Nantes, de l'Anjou, & de la Rochelle.

Les vins des Canaries, quoiqu'ils ne soient pas du crû d'Espagne, s'y trouvent aussi en quantité; & ceux qui ne veulent pas en faire le commerce en droiture, n'y en manquent jamais, pour en faire telle cargaison qu'ils veulent.

Les Ports d'Espagne, où il se fait le plus grand Commerce de vins, sont Malaga & Alicante dans la Méditerranée; & le Port Sainte-Marie, Porto-Real, S. Lucar, & Rom, dans la Baye de Cadix. La plupart des vins de Malaga & d'Alicante sont rouges, les autres sont blancs. Ces derniers sont ceux qu'on nomme Vins de Xerez.

L'huile d'olive se tire de Mayorque, de Séville, & de Malaga, aussi-bien que la plupart des fruits.

Les savons, & la soude propre à faire du verre, & à blanchir le linge; d'Alicante, de Carthagene, de Valence, & de Murcie.

Les sels, de plusieurs endroits, mais particuliérement de l'Isle d'Yuna, & de la Baye de Cadix.

Enfin, le fer, des mines de Biscaye & de la haute Navarre.

Après le Port de Cadix; Bilbao & S. Sébastien, sont ceux où se fait le plus grand Commerce. C'est par le premier que s'entretient le négoce de la vieille Castille, & du Royaume de Léon.

Pour répandre plus de clarté dans ce qu'on a dit jusqu'ici du Commerce de l'Espagne en général, on va entrer dans un détail plus circonstancié de celui qui se fait dans plusieurs Villes & Ports les plus considérables, & l'on finira par le négoce de Cadix, qui en est le plus important, & où les François envoyent le plus de leurs vaisseaux.

MADRID. Quoique cette Ville qui est la Capitale de l'Espagne soit presque située au cœur du Royaume, elle ne laisse pas de faire un grand commerce du côté de la mer par le moyen des Correspondans & des Facteurs, que ses Marchands entretiennent dans plusieurs Villes maritimes, particuliérement à Cadix.

On a dit ci-dessus, que la différence de la vieille & de la nouvelle plate, faisoit celle du change que les Etrangers font avec les Villes d'Espagne. Ainsi, par exemple, quand le change sur Cadix & sur Séville où la vieille monnoie a cours, est à 110 deniers de gros par ducat à Amsterdam; il n'est sur Madrid & Bilbao qu'à 80 ou 90, où l'on se sert de la nouvelle monnoie.

Le quintal de Madrid est de 4 arobes; l'arobe est de vingt-cinq livres, ce qui fait à Paris & à Amsterdam 25 livres ½.

SEVILLE. Capitale de l'Andalousie, la plus grande Ville après Madrid.

Les principales marchandises que l'on tire de Séville, sont des huiles d'olive, de grosses olives en saumure, des laines en quantité, des oranges, des citrons, des cuirs, des maroquins, & des vins d'Espagne.

On a déja dit que la monnoie de vieille plate y a cours.

Cent livres de Séville font 93 livres ½ de Paris & d'Amsterdam, & cent livres de ces deux Villes 108 de Séville.

Les cent varres de Séville font 123 aunes ½ d'Amſterdam, & cent aunes d'Amſterdam 81 varres de Séville.

Le quintal y eſt de 100 livres, qui ſe diviſe en 4 arobes de 25 livres chaque arobe.

L'arobe de Séville doit péſer 23 livres $\frac{1}{8}$ de Paris & d'Amſterdam.

Grenade. Cette Ville Capitale du Royaume de même nom eſt célébre par le grand commerce qu'elle entretient avec les Etrangers.

Les principales marchandiſes qu'on en tire, & qui pour la plupart ſont du crû du Royaume, ſont des vins, des grains, des huiles, du lin, & du chanvre; elle fournit auſſi quantité de fruits frais ou ſecs ou confits dans de la ſaumure. Les fruits frais, comme les grenades, les oranges, les citrons, les limes, & les olives. Les fruits ſecs, comme les amandes, les figues, & les raiſins, ſoit ceux qu'on appelle Paſſas del ſol, ſoit ceux qu'on nomme Paſſas del Laxia. Enfin les fruits mis en ſaumure, comme les olives & les capres.

Son plus riche & plus important commerce, eſt cependant celui des ſoies qu'on y recueille en quantité, à cauſe du grand nombre de meuriers qui y croiſſent & ſervent à nourrir les vers qui la produiſent. Cette ſoie eſt excellente pour la couture, c'eſt celle que par diſtinction on nomme en France ſoie de Grenade. La plus ronde ſert aux Tailleurs & Couturieres pour la couture des étoffes, & la plus fine aux Gantiers pour coudre leurs gans. *Voyez* l'article des ſoies.

Malaga. Port du Royaume de Grenade ſur la Méditerranée; ſon principal commerce conſiſte en laines, en huile d'olives, en olives, en raiſins ſecs, en figues, & en excellens vins d'Eſpagne.

Les écritures s'y tiennent en reaux de veillon ou cuivre, dont les quatre-vingt-ſept & demi valent cent reaux de plate.

Carthagene. Ville du Royaume de Murcie ſur la Méditerranée; ſon port eſt eſtimé le meilleur de tous les ports d'Eſpagne. Ses marchandiſes ſont quelques laines, des huiles d'olive, & des olives, des raiſins ſecs, des figues, & quelques amandes.

Les livres des Marchands s'y tiennent comme à Malaga; ſes poids ſont un peu plus légers que ceux de Séville.

Valence. Capitale du Royaume de Valence. Tout ce qu'elle fournit pour le commerce, ſont des amandes, des fruits, & quelques vins. Ses amandes ſont admirables, & dans le commerce que les Marchands Epiciers en font, il les appellent amandes de Valence pour les diſtinguer de toutes les autres.

Saint-Sebastien, dans la Province de Biſcaye, eſt une rade foraine, qui n'a qu'un petit mole pour des barques, & qui aſſéche dans toutes les marées. Les Habitans ont huit à dix vaiſſeaux, qui vont faire la pêche de la morue à la Pierre percée, & aux Côtes de Plaiſance; & pareil nombre pour la pêche de la baleine. Ils tiennent leurs vaiſſeaux au Paſſage, qui eſt un excellent Port fermé, dans lequel il ne peut entrer qu'un navire à la fois; mais qui eſt très grand & très profond, & capable de tenir une armée entiere. C'eſt où le Roi d'Eſpagne tient ſes atteliers pour la conſtruction des gallions, & de la plupart de ſes vaiſſeaux de guerre.

Les François portent à Saint-Sebaſtien des blés, des féves, des pois, & quelques toiles: les Hollandois, des mâtures, des cordages, du goudron, des planches, & de l'acier: les Anglois, des étoffes de laine & de l'étain. Les trois Nations n'en tirent gueres que du fer, & ſont payées du reſte de leurs marchandiſes en argent comptant.

La Ville de Saint-Sebaſtien eſt petite, & comme il n'y a gueres de maiſons vacantes pour retirer les Marchands étrangers & leurs marchandiſes, ils ſont obligés de loger chez les Bourgeois, à qui ils donnent un pour cent de toutes celles qu'ils vendent.

Le fer faiſant un des principaux objets du commerce de cette Ville, il a un poids qui lui eſt propre; on le nomme quintal, mais il eſt de 150 liv. la livre de 16 onces, les onces un peu plus fortes que celles de Paris & d'Amſterdam: cette différence qui va environ à deux pour cent ne s'obſerve gueres dans l'achat ou la vente de cette marchandiſe, & le plus ſouvent les cent livres de S. Sebaſtien & celles ou de Paris ou d'Amſterdam ſe paſſent pour égales.

Biscaye. Province d'Eſpagne, dont Bilbao eſt la Capitale.

La Biſcaye eſt abondante en bois qui ſervent aux conſtructions marines; elle fournit auſſi quantité de freſne dont on fait d'excellentes piques & de très bonnes lances. Le cidre qui y eſt la boiſſon la plus ordinaire, quoiqu'elle produiſe d'aſſez bon vin, eſt fait de pommes, & l'on croit que c'eſt de-là que vient en François le mot de cidre. Les noix, les châtaignes, le millet, la raiſine, le fer, l'acier, & le plomb, ſont les autres marchandiſes qui entretiennent ſon commerce, ſur-tout le fer & l'acier, dont on tient qu'il y a juſqu'à trois cent martinets, dans chacun deſquels il ſe fabrique au moins mille quintaux par an qui ſe tranſportent en France, en Angleterre, en Hollande, & dans preſque tous les Etats de l'Europe.

Bilbao n'a de Port que pour des barques; encore n'eſt-ce qu'un Port de barre, dont l'entrée eſt très difficile. Les vaiſſeaux vont faire leur décharge à Saint-Toya, ou Saint-Antoine, d'où l'on tranſporte les marchandiſes en chaloupe à Bilbao. Cette Ville eſt la plus riche & la plus marchande de toute la Biſcaye.

Les Baſques & les Bayonnois y envoyent tous les ans cinq ou ſix de leurs vaiſſeaux de morue; les Malouins, juſqu'à dix ou douze; & ceux de Granville, quatre ou cinq. Toute cette morue doit être du Chapeau rouge ou de Plaiſance; celle du petit Nord étant moins eſtimée. Elle ſe paye, partie en fer, partie en laine de Ségovie, & partie en argent.

Tous ces vaiſſeaux François arrivent à Bilbao aux mois d'Aout & de Septembre, & ſont de retour dans les Ports d'où ils ſont partis, en Novembre & Décembre.

Outre la morue, les François y portent beaucoup de groſſes toiles pour l'emballage des laines Eſpagnoles, & des toiles de Quintin & de Morlaix.

Les Anglois envoyent à Bilbao vingt à vingt-cinq vaiſſeaux de morue. Ils y portent auſſi toutes ſortes de draperies & d'étoffes de laine, & en quantité; cette Ville ſervant d'entrepôt pour toute la Caſtille, & juſqu'à Madrid. Leurs retours ſont ſemblables à ceux des François.

Les cargaiſons des vaiſſeaux Hollandois, qui vont à Bilbao, conſiſtent en toiles, en dentelles, en camelots, en toutes ſortes de laineries de leurs Fabriques, & en épiceries. Ils en tirent des laines, de l'argent, du fer, du ſafran, des châtaignes, des oranges, des citrons. Le quintal de fer y eſt comme à Saint-Sebaſtien de 150 liv.

Il faut remarquer, que toutes les étoffes de laine & les toiles que l'on envoye à Bilbao, pour la conſommation de Madrid, doivent être d'un quart plus fortes, & meilleures, que celles qu'on porte à Cadix, pour l'Andaloufie & les Indes.

LE PORT DE LA COROGNE en Galice, eft admirable, & un des meilleurs de toute l'Efpagne. il s'y fait néanmoins très peu de Commerce; & les vaiffeaux étrangers n'y vont gueres. La pêche des fardines fait prefque tout le négoce des Habitans. Ils pêchent auffi quantité de poiffon frais qu'ils envoyent dans les Villes voifines, & jufqu'à Madrid.

MALGUES eft une rade qui eft très bonne : toutes les Nations y vont: le débit des marchandifes n'y eft pourtant pas confidérable, & on en rapporte peu d'argent. On n'eftime pas que les François y faffent pour quatre cent mille livres de Commerce. On y charge toutefois tous les ans plus de cent vaiffeaux François, Anglois, & Hollandois, de raifins, de vins, & de laines. Les Hollandois leur portent des douves pour faire leurs barils & leurs pipes.

ALICANTE eft auffi une très bonne rade, mais une très petite Ville. Il s'y vend communément cinq à fix mille quintaux de morue de pêche Françoife. Celle du petit Nord y eft la plus eftimée. Il s'y confomme peu de toiles des Manufactures de France, non plus qu'à Malgues. On en tire quantité de foudes, communément appellées Barilles; des favons, & des vins.

Le plus grand commerce de cette Ville confifte en vins d'Efpagne qu'on nomme vins d'Alicante, quoiqu'ils ne fe recueillent pas tous dans le territoire de cette Ville. On en tire auffi quantité de fruits fecs ou mis à la faumure, comme des raifins, des figues, des olives, des capres, &c. dont il s'en enleve quantité par les Etrangers; le favon qui s'y fabrique eft eftimé un des meilleurs d'Europe pour les Manufactures de lainerie. Il y a auffi quelques ouvriers en foie, qui font tous réunis dans un des Fauxbourgs. Les marchandifes qu'on porte à Alicante, font des blés, des étoffes, des toiles, & même quelques pierreries.

BARCELONE. C'eft de Barcelone que viennent les excellentes couvertures de laines d'Efpagne connues en France fous le nom de Catalognes. On y fabrique auffi d'affez bons draps. Les eaux-de-vie qu'on y fait font de très mauvaife qualité, les Hollandois cependant s'en accommodent au défaut de celles de France. Les Etrangers font peu de commerce à Barcelone, un feul vaiffeau de morue de la pêche Françoife y fuffit.

On tire quantité d'huiles des Ifles Mayorque & Minorque, qu'on achete argent comptant : on y débite d'ailleurs peu de marchandifes.

### *Des Monnoies d'Efpagne en général.*

On fe fert de deux fortes de monnoies en Efpagne, la vieille plate & la nouvelle plate. La vieille y vaut 25 pour cent plus que la nouvelle.

La vieille plate a cours à Cadix & à Séville; la nouvelle à Madrid, à Bilbao, & à Saint-Sebaftien. Cette différence eft caufe que le change fur Cadix & Séville, eft toujours plus haut que fur Madrid.

Les écritures Mercantilles fe tiennent en Efpagne le plus communément en reaux; quelques-uns pourtant les tiennent en maravedis. *Voyez* ces deux articles.

Le real vaut 34 maravedis, & la piftole d'or 32 reaux, ce qui fait 1088 maravedis de vieille plate.

Le ducat n'y eft qu'une monnoie imaginaire, & n'eft compté que pour 11 reaux pour l'achat des marchandifes; mais en fait de change, le ducat eft eftimé un maravedis davantage.

La piaftre qu'on nomme indifféremment reale, piece, ou piece de huit, eft de huit reaux. *Voyez* cet article.

### *Commerce de Cadix.*

Comme on a ci-deffus parlé déja affez amplement du Commerce qui fe fait à Cadix pour les cargaifons des Gallions & de la Flotte, qui en partent pour aller porter dans les Ports de l'Amérique Efpagnole, les marchandifes de prefque toutes les Nations de l'Europe, & leur en rapporter les tréfors de toute l'Inde Occidentale. On fe réduira ici au négoce particulier que les François font dans ce Porr célébre de l'Andaloufie, fur le pied qu'il eft préfentement, en y comprenant auffi les autres Ports de fon département, comme Sainte-Marie, S. Lucar, Séville, &c. On y ajoutera le prix des marchandifes qu'on en tire, & quelques remarques fur le défaut de quelques-unes de celles qu'on y envoye, qui en rendent la vente moins aifée, & caufent les plaintes des Marchands Efpagnols.

Les navires François qui viennent de S. Malo, de Morlaix, de Nantes, du Havre-de-Grace, & de plufieurs Ports du Ponent, apportent à Cadix, & dans les Ports de fon département, des toiles de Bretagne, de Morlaix, de Rouen, de Laval, & des autres Manufactures de France; des étoffes de laine & de poil, comme des draps d'Abbeville, de Sédan, & d'Elbeuf; des bouracans, des ferges, & des ras d'Amiens, de Beauvais, de Reims, & de Châlons; des foieries de Tours & de Lyon; entr'autres, des pannes, des velours, des brocards, des ras, des moires, des ferges de foie, des taffetas pour doubler, des fatins, des tiffus, ou draps d'or & d'argent, des galons de même matiere, des bas de foie, de laine, & d'eftame; des merceries, de la quincaillerie, & quantité d'autres marchandifes, dont on a parlé ci-deffus.

Toutes ces marchandifes, à la réferve des draps, confervent toujours leur réputation en Efpagne, & y font d'un bon débit. Il faut cependant obferver, à l'égard des toiles, des foieries, & des galons & étoffes d'or & d'argent, que les toiles, quelque eftime que les Efpagnols en faffent, pourroient enfin s'y décréditer, fi les Fabriquans François, ou plutôt les Infpecteurs des toiles, continuoient d'en négliger la qualité & l'aunage, particuliérement pour la largeur; ce qui caufe fouvent de grandes plaintes, & de grandes conteftations entre les Marchands des deux Nations; les Acheteurs qui les prennent de bonne foi fur le pied de l'aunage, prétendant des diminutions confidérables des Vendeurs.

L'obfervation à l'égard des foieries, & des galons & étoffes d'or & d'argent des Manufactures de France, confifte en ce que depuis la paix d'Utrecht, le débouchement en eft bien moindre qu'auparavant, parce qu'il vient quantité de ces marchandifes de fabrique Hollandoife, par les vaiffeaux de cette Nation; qui, quoique d'une qualité infiniment inférieure aux autres, continueroient d'avoir la préférence, à caufe du bon marché, fi les Marchands François ne tâchoient à l'avenir de les donner à un prix prefque pareil, qui eft le feul moyen d'en foutenir le Commerce, & de l'ôter aux Hollandois.

On pourroit auffi remédier au difcrédit dans lequel les draps de France font tombés en Efpagne, particuliérement ceux de la feconde & de la troifiéme forte, les draps fins, qui font ceux de la premiere sorte, s'y soutenant toujours; mais ne s'y en faisant qu'un très petit débit, à cause de leur prix excessif.

Ce qui empêche les Marchands Espagnols, particuliérement les Boutiquiers, de se charger des draps de France, & qui les oblige de leur préférer les draps d'Angleterre, quoiqu'ils sçachent fort bien que ceux-ci cédent aux autres, & pour la qualité, & pour la teinture; la raison, dis-je, de cette préférence, est, que par une contravention manifeste aux Réglemens faits en France pour la fabrique des draps, dans la plupart de ceux qu'on envoye en Espagne, le chef est différent du reste de la piece; n'y ayant gueres que les trois ou quatre premiers plis, qui soient de bonne qualité, les autres étant & plus lâches & moins frappés; ensorte que dans le détail, le Marchand est obligé de donner les dernieres barres de ces draps à un réal, & quelquefois à deux réaux de platte meilleur marché que les autres, qui est une perte de trois, & souvent de six pour cent du profit qu'ils espéroient d'y faire.

Le remede à cet abus, & l'unique moyen de remettre les draps de France en crédit dans le Commerce d'Espagne, seroit de tenir sévérement la main à l'exécution des Réglemens dans toutes les Manufactures du Royaume; & sur-tout qu'on n'en destinât aucuns pour envoyer aux Marchands Espagnols, qui ne fussent dans la derniere perfection, chacun suivant leur qualité.

Les navires de Bayonne apportent à Cadix, du goudron, du bray noir & rouge, des rames, des planches, & quelques autres marchandises propres pour la navigation : mais ce Commerce n'est pas considérable.

Les Marseillois y envoyent quantité de draps des Manufactures de Carcassonne, de Toulouse, & du reste du Languedoc; mais presque tous avec le défaut qu'on a remarqué dans ceux de Normandie. Les autres marchandises des cargaisons Marseilloises sont des merceries, des soieries, des tissus, & galons d'or & d'argent de Lyon, de toutes especes; de la quincaillerie de Forest, des toiles de coton blanches & peintes, du papier de toutes sortes, du ris du Levant, du caffé, des liqueurs, des eaux de senteur, des eaux de la Reine d'Hongrie, de Marseille & de Montpellier; enfin, des drogues pour la Médecine, qui viennent tant de France, que du Levant.

Le débit de toutes ces marchandises, à la réserve des draps, est très considérable, & très prompt.

Les François font encore deux Commerces très importans à Cadix; l'un, des fruits, & des productions des Colonies Françoises de l'Amérique; & l'autre, des marchandises des Indes Orientales, & de la Chine, que les vaisseaux de France y apportent en droiture.

A l'égard des marchandises d'Orient, elles s'y sont toujours bien débitées, & avec grand profit, soit pendant la guerre pour la succession d'Espagne, soit depuis la paix arrêtée à Utrecht, qui l'a finie. Il est vrai que le navire de Saint-Malo, nommé le Comte Amelot, commandé par le Capitaine Gardin, qui y arriva de la Chine au mois d'Aout 1716, éprouva quelque difficulté pour le débit de sa cargaison; la Cour d'Espagne prétendant lui faire payer un droit d'habilitation de quinze pour cent, outre les autres droits, sous prétexte qu'elle est toujours en guerre avec l'Empereur de la Chine, où le chargement du vaisseau avoit été fait : mais l'Ambassadeur de France ayant fait voir le peu de fondement de cette prétention, les marchandises furent vendues avec le même succès, & les mêmes profits, qu'avoient fait quinze mois auparavant les Intéressés au vaisseau François, la Reine d'Espagne, qui y étoit pareillement arrivé des Indes Orientales.

Ces vaisseaux étoient chargés de toutes sortes d'étoffes de soie de la Chine & des Indes, comme damas, brocarts, satins, taffetas, & autres semblables; de bas de soie, de quantité de toiles de coton peintes, d'une espece de cuivre blanc, de morfil, de porcelaines, & d'épiceries.

Les marchandises que les Isles Françoises envoyent à Cadix, sont, de l'indigo, du cacao, des sucres en cassonnades, & quelques tabacs, & autres productions de ces Colonies, qui sont achetées même au préjudice de celles qui se tirent des habitations Espagnoles, sur-tout les tabacs de Saint-Domingue, que les Dames Espagnoles trouvent plus doux & mieux lavé que celui de la Havane; & les cacaos & les indigos, qui ne sont pas inférieurs à ceux de Caracao & de Guatimala, & que les François donnent à meilleur marché, que ceux que les gallions & la flotte apportent de l'Amérique.

Les navires François qui repassent de Cadix, & des Ports de son département, en ceux de France, remportent, comme on l'a déja remarqué, deux sortes de marchandises; sçavoir, celles du crû de l'Espagne, & celles du crû de l'Amérique, comme on en peut voir ci-dessus le détail. On se contentera d'ajouter ici les prix des principales de ces marchandises sur le pied qu'elles se vendoient à Cadix sur la fin de l'année 1716.

1°. Les laines de Ségovie, d'Estramadure, d'Andalousie, aussi-bien que celles de Cazeres, de Cabera, del Boey de Merida, & autres semblables, de la premiere sorte, se vendent, rendues à bord, depuis cent vingt-cinq, jusqu'à cent trente-huit reaux de vellon, l'arobe du poids de vingt-cinq livres.

Celles de Moron, d'Ossune, de Séville, Xerez, de Bajas, & autres lieux d'Andalousie, de pareille qualité, depuis soixante-dix à quatre-vingt reaux de vellon, les plus fines.

Celles de ces différens cantons, de la seconde & troisiéme sorte, proportionnellement à celles de la premiere.

2°. Les huiles de Séville, d'Exjia, & de Lebrijao, la pipe de trente-quatre arobes, faisant huit cent cinquante livres poids du Pays, rendue à bord, jusqu'à soixante-huit piastres.

3°. Les vins de Seez, de Xerez, & des environs, aussi-bien que ceux de liqueur, se vendent, rendus à bord, dix-huit, vingt, & vingt-deux piastres, la botte de trente arobes, pésant sept cent cinquante livres.

Ceux de Tinto, de San-Lucar, & de Rota, qu'on nomme improprement à Paris, Vins d'Alicante, environ le double de ceux de Xerez.

4°. Les eaux-de-vie de Séville, de Xerez, San-Lucar, Rota, & le Port Sainte-Marie, cinquante à cinquante-trois piastres la botte.

5°. Les olives du terroir, & des environs de Séville, deux reaux & demi de platte, la jarre du poids de huit à neuf livres.

6°. Les citrons des environs de Séville, de San-Lucar, du Port Sainte-Marie, de l'Isle de Leon, de Chictane, & lieux voisins, trois piastres & demie le millier.

Les oranges aigres des mêmes terroirs, deux piastres & demie le millier.

Les oranges douces & les citrons doux, comme les oranges aigres.

Celles appellées Oranges de Portugal, six piastres le millier.

7°. Les passes, ou raisins séchés au soleil, des environs de Séville, Arcos, Palacios, & Ulrera, vingt-deux reaux de platte le quintal.

Les raisins secs, à la lessive, deux piastres le quintal.

8°. Les figues séches de Lepe, & de ses environs, une piastre & demie le quintal.

9°. La graine de vermillon, qui se ramasse à Chiclame, Puerto, Real, Conil, & dans le Comté de Niebla, quatre reaux de platte la livre.

10°. Les balais de Palme, huit quartos la douzaine.

11°. Le sel des salines de San-Lucar, & de l'Isle de Leon, depuis neuf jusqu'à dix piastres le lastre, ou lests.

12°. La cochenille, cent à cent deux ducats l'arobe, le ducat de onze reaux de platte chacun.

13°. Le meilleur indigo, dix à douze reaux de platte la livre; & l'indigo avarié, seulement sept.

14°. La vanille, la masse du poids d'onze à douze onces, à raison de cinquante goussets chaque masse, six piastres.

15°. Le jalap, depuis quatre-vingt jusqu'à cent piastres le quintal. Il a coutume d'être à meilleur marché; mais la flotte en apporta très peu en 1716.

16°. La salsepareille, quinze à seize piastres l'arobe.

17°. Le quinquina, quatre piastres la livre.

18°. La laine de vigogne, seize à dix-huit reaux de platte, aussi la livre.

19°. Le cacao de Caracao, dix à douze reaux le millier.

20°. Le bois de Bresil, depuis cinq jusqu'à sept piastres le quintal.

Celui de Campêche, jusqu'à neuf piastres.

21°. Les cuirs de Buenos-Ayres, cinq à six piastres la piece.

22°. Le tabac en poudre de la Havane, depuis deux jusqu'à six reaux de platte la livre, suivant sa qualité.

Celui en feuilles, ou en monoios, depuis huit jusqu'à douze reaux de platte les trois livres.

Il faut remarquer, que quoiqu'on n'ait pas ajouté à chaque article, que le prix de ces marchandises est, rendues à bord, c'est cependant ainsi qu'on doit l'entendre.

Une seconde remarque est, que la différence du poids d'Andalousie à celui de France, poids de marc, est de six pour cent, & de quelque chose de plus, ensorte que cent livres d'Andalousie, ne font que quatre-vingt-treize livres & demie, poids de marc.

Outre le Commerce de toutes ces marchandises dont on vient de donner les prix, il s'en fait encore un à Cadix, bien plus considérable, qui est celui de l'or & de l'argent: mais ce Commerce doit se faire avec discrétion par les François, particuliérement pour ce qui regarde l'achat des piastres, à cause du peu de profit qui s'y trouve quelquefois, par rapport au prix de l'argent, tant en Espagne qu'en France. On va en donner ici un exemple, & comme une espece de tarif.

Si un Négociant établi à Cadix, veut, par exemple, acheter mille piastres Mexicaines, il faut d'abord qu'il en paye la prime. Or supposé que cette prime ne soit que de deux pour cent, qui est le plus bas prix où elle puisse être, les mille piastres, avec cette prime, font mille vingt piastres, ci . . . . . 1020 piastres.

Un pour cent pour l'extraction, ci 10 p.

Le fret de Cadix en France, un & demi pour cent, ci . . 15 p.

La commission à un pour cent, ci 10 p.

Ainsi le tout ensemble revient à mille cinquante piastres, ci . 1050 p.

Si l'on tire de cette somme une Lettre de change pour Paris, ou sur quelqu'autre place de France, supposé que la piastre soit à soixante-cinq sols, cela fera la somme de trois mille quatre cent vingt-huit livres quinze sols tournois.

Les mille piastres ainsi achetées à Cadix, ne péseront en France que cent dix marcs; & supposé que le marc d'argent n'y vaille que trente-deux livres, les cent dix marcs ne produiront que trois mille cinq cens vingt livres; de sorte que le profit du Négociant ne seroit que de quatre-vingt-une livres cinq sols; ce qui n'est pas un objet assez considérable, quand il n'auroit à craindre que les seuls risques de la mer.

Pour finir cet article du Commerce de Cadix, on remarquera qu'en 1716, les retours des vaisseaux qui y arriverent de l'Amérique dans le mois d'Aout, furent environ de quinze ou seize millions de piastres en especes, & plus de six millions de piastres en marchandises.

On sera sans doute bien-aise de trouver ici une balance de tous les effets, marchandises, & fruits de la terre, comme disent les Espagnols, qui arrivent en Espagne par les retours des gallions & de la flotte. Ces retours consistent:

SÇAVOIR;

En or; dont les gallions rapportent pour environ deux ou trois millions d'écus, & la flotte pour environ un million.

En argent; par les gallions, dix-huit à vingt millions d'écus; & par la flotte, dix à douze.

En pierreries; par les gallions, sçavoir; en perles, deux cent mille écus; en émeraudes, deux à trois cens mille écus; en bezoards, en amethytes, & autres pierres de peu de valeur, vingt à trente mille écus. Il n'en vient point par la flotte.

En laines de vigogne; par les gallions, quarante à cinquante mille écus: point par la flotte.

En quinquina; par les gallions, pour vingt mille écus: aucun par la flotte.

En cuirs; par les gallions, pour environ soixante-dix mille écus; autant par la flotte.

En bois de Campêche, pour environ soixante mille livres: la flotte n'en apporte point.

En autres cuirs, de Buenos-Ayres, pour environ deux cent mille écus. Ils viennent par des vaisseaux de registre.

En cochenille, pour environ un million d'écus. Il n'y a que la flotte, ou les vaisseaux de registre, qui en apportent.

Enfin, en indigo, pour environ six cent mille livres.

De ces marchandises, qu'on appelle Fruits de la terre, il en passe en France, année commune:

En cochenille, pour plus de cinquante mille écus.

En cuirs, pour environ six cens mille livres; presque tous ceux de Buenos-Ayres y étant transportés.

En indigo, pour environ trente à trente-cinq mille écus.

En laines de vigogne, pour environ vingt mille écus.

En quinquina, pour huit à dix mille écus.

En bois de Campêche, peu; la France n'employant gueres de ce bois dans ses teintures.

On n'a point mis dans la balance, les sucres, les tabacs, les cacao, & autres petites drogues & marchandises, qui viennent de l'Amérique Espagnole, tant par les gallions que par la flotte; parce qu'à l'égard des trois premieres especes, les François en portent plutôt en Espagne qu'ils n'en tirent; & que pour les autres, la consommation s'en fait presque toute par les Espagnols; les François n'en enlevant que rarement, & en petite quantité.

A l'égard de l'or & de l'argent, les Hollandois & les Anglois y ont meilleure part que les François. *Voyez ce qu'on en a dit ci-dessus.*

## COMMERCE
### DE PORTUGAL.

IL n'y a gueres d'Etat dans l'Europe, qui porte titre de Royaume, & qui ait un Roi particulier, qui ait moins d'étendue que celui de Portugal; & il n'y en a gueres cependant qui ait poussé le Commerce plus loin, & qui l'ait soutenu avec plus de réputation.

Ses grandes conquêtes dans l'une & l'autre Inde, ses établissemens dans plusieurs endroits des Côtes d'Afrique, & la possession des Isles Açores, de Madere, & du Cap-verd, avoient long-tems soutenu ce Commerce, qui peut-être encore conserveroit son premier éclat, si l'union du Portugal & de l'Espagne n'étoit jamais arrivée.

Cette union, si fatale au Commerce des Portugais, arriva en 1580, après la mort du Cardinal Henry, successeur de l'infortuné Sébastien tué en Afrique, à la journée d'Alcacer, le 4 Aout 1578.

Les Portugais devenus sujets du Roi d'Espagne, eurent de redoutables ennemis dans les Hollandois, qui combattoient pour leur liberté, presque en même tems que ceux-là commençoient à subir le joug des Espagnols, que ceux-ci venoient de secouer.

Bien-tôt le Bresil, à peu de places près, fut enlevé aux Portugais. Ils perdirent une partie de leurs conquêtes des Indes Orientales, dont ces nouveaux Ennemis se rendirent maîtres, autant par leurs intrigues, que par la force ouverte: & ayant aussi perdu quelques-unes de leurs Colonies sur les Côtes de Guinée, à peine leur resta-t-il la force de soutenir une partie de leur Commerce d'Afrique, qui leur étoit auparavant également glorieux & lucratif.

Il est vrai, qu'après soixante ans d'une union forcée, le Portugal rentra dans ses premiers droits; & que tout ce qui lui restoit d'Etats dans les trois autres parties du monde, reconnut avec lui pour Roi, Jean Duc de Bragance, qui fut proclamé le premier Décembre 1640.

Mais le coup fatal au Commerce des Portugais étoit frappé; & quoiqu'ils soient rentrés depuis en possession du Bresil, & qu'on leur ait restitué les forts & les établissemens de la Côte d'Afrique, celui des grandes Indes ne s'est jamais bien rétabli; ensorte que quel que soit encore celui qui se fait à Lisbonne, il n'est rien en comparaison de leur ancien Commerce, lorsque toutes les richesses du Sein Persique, de l'Arabie, des Etats du Mogol, des Côtes de l'Inde, de la Chine, du Japon, & de toutes les Isles de cette vaste partie de l'Océan, au-delà de la Ligne, venoient se rassembler à Goa, la Capitale de leurs conquêtes aux Indes Orientales, & arrivoient à Lisbonne sur de nombreuses flottes, pour y être distribuées à toutes les Nations de l'Europe, par les mains seules des Portugais.

Le Commerce du Portugal, tel qu'il est présentement, se fait, ou par les Nations Etrangeres, Françoise, Angloise, & Hollandoise, qui chargent leurs vaisseaux pour Lisbonne & Porto, les seuls Ports considérables de ce Royaume; ou par les Portugais eux-mêmes, qui viennent apporter leurs marchandises chez leurs voisins, & y chercher celles qui leur manquent.

Cette derniere sorte de Commerce est moins ordinaire; & il l'est davantage, de voir les vaisseaux étrangers dans les Ports de Portugal, que de voir les navires Portugais sur les Côtes, & dans les Ports des étrangers.

L'on a dit que le Portugal n'étoit pas d'une grande étendue; & en effet, à peine contient-il la sixiéme partie de toute l'Espagne; cependant il est si fertile, que si on le compare à tous les Royaumes, qui reconnoissent en Europe la domination Espagnole, on n'exagérera pas, quand on dira qu'il produit lui seul presque autant de marchandises propres au Commerce, que tout le reste de l'Espagne.

On tire de Portugal, des laines, des vins, des huiles, des anis, des raisins, des figues, des oranges, & des citrons, ou frais, ou confits; enfin, des sels; qui toutes sont marchandises du crû du Pays.

Celles du dehors leur arrivent des grandes Indes, du Bresil, de Madere, du Cap-verd, de S. Thomé, de la Côte de Melynde, de Mossambique, & de plusieurs Colonies des Côtes de Guinée, d'où il part tous les ans de riches flottes, particuliérement de Goa, dans les Indes d'Orient, & de la Baye de tous les Saints; & de Pernambouc, dans celles d'Occident.

Les plus précieuses de ces marchandises, sont, des perles, des diamans bruts, & de toute sorte de jouaillerie: les autres consistent en cotons, sucres, cassonnades, tabacs, gingembre, indigo, bois de Bresil & de Campêche, & autres bois propres à la teinture & à la marquetterie; des peaux de bœuf, des vins de Madere, & toutes especes de drogues médecinales, & autres; enfin, du poivre, & même quelque canelle.

C'est de toutes ces marchandises que les étrangers font leurs retours: & l'on peut juger de la quantité qu'ils en enlevent; puisqu'il passe pour constant, que les seuls Hollandois tirent tous les ans de Portugal, la charge de dix à douze vaisseaux seulement de citrons & d'oranges, sans compter beaucoup d'écorces & de citrons confits, & d'autres excellentes confitures, qui se font, tant en Portugal, qu'au Bresil; & dans les Isles de Madere & de Fayal.

Il est vrai qu'il s'en faut bien, que les vins de Portugal approchent de la bonté de ceux d'Espagne & de Canarie: & les Anglois ayant voulu, pendant la guerre pour la succession de cette derniere Monarchie, en enlever, pour se passer des autres, & de ceux de France, ont été obligés d'en abandonner le négoce, non-seulement à cause d'un certain dégoût, ou déboire, comme parlent les

Gourmets de vin, que l'usage ne peut surmonter; mais principalement pour leur qualité âcre & corrosive, que les Médecins Anglois estiment très dangereuse, & peu convenable au tempérament de la Nation.

Les marchandises étrangeres propres pour le Portugal, sont, des fromens, des seigles, des orges, & toutes sortes de légumes : des soieries, des sels, des toiles, du ruban de fil, de la mercerie, de la quincaillerie, du papier, des cartes, des cuirs préparés, des habits tout faits; en un mot, les cargaisons & les assortimens pour le Portugal, sont peu différens de ceux destinés pour l'Espagne : & c'est aussi, (comme on l'a dit de celle-ci) au Bresil, & dans les autres Colonies Portugaises de l'Amérique & des Côtes d'Afrique, que se fait la plus grande consommation des marchandises que les vaisseaux François, Anglois, & Hollandois transportent à Lisbonne.

Les François ont fait long-tems seuls presque tous les envois des étoffes de soie qui se vendoient en Portugal; & jusqu'en 1667, il n'y avoit gueres que les Marchands de Paris, de Lyon, & de Tours, qui en fissent le Commerce.

Deux choses ont fait tomber ce négoce, d'un grand profit pour la France; l'une, l'infidélité des Commissionnaires François, dont on voit un mémoire si détaillé dans le chapitre 5 du livre 2 de la 2e partie du parfait Négociant; l'autre, l'établissement des Manufactures de soie à Lisbonne, & dans quelques autres Villes de Portugal, qui ont aussi enfin détruit le Commerce des Genois, Florentins, Vénitiens, & autres Italiens, qui avoient profité de la décadence de celui des François.

On peut ajouter une troisiéme raison à ces deux premieres; c'est la défense qu'on fit en France, des sucres & des tabacs de Portugal, pour favoriser le débit de ceux de la Compagnie Françoise des Indes d'Occident, établie en 1664; les Portugais, par une espece de représaille, ayant aussi de leur part interdit dans leurs Etats, le Commerce des Manufactures de France.

Il se fait cependant encore en Portugal, quelque négoce d'étoffes de soie de Fabrique Françoise, particuliérement des plus beaux brocards, sur-tout de ceux d'or & d'argent, dont les Dames de la Cour font une estime singuliere. On en peut dire de même des perruques faites par les Perruquiers de Paris, dont les Seigneurs Portugais ne se peuvent passer.

Ce sont les Hollandois qui ont le plus profité de ces contre-tems, & de cette mésintelligence entre les deux Nations, si unies depuis les secours que les François avoient si généreusement donnés dans la révolution de Portugal.

Un des premiers soins du nouveau Roi, fut de traiter avec les Hollandois, en leur faisant représenter, par un Ministre qu'il leur envoya, que l'union des Portugais avec les Espagnols ayant cessé, ceux-là ne devoient plus être considérés comme Ennemis par les Etats Généraux.

La représentation fut suivie d'un Traité de Tréve en 1641. Elle devoit durer dix ans, pendant lesquels la navigation restoit libre, & chacun en possession de ce qu'il occupoit.

Les Portugais se plaignant d'une inobservation de la Tréve de la part des Hollandois aux Indes Orientales, la rompirent de leur côté dans le Bresil en 1646, & s'y remirent en possession de ce dont ils y avoient autrefois été les maîtres. La guerre repassa ensuite la Ligne; & les deux Nations se la déclarerent en Europe, où elle dura jusqu'au mois d'Aout 1661, que la paix se conclut entr'elles, par la médiation de Charles II. Roi d'Angleterre, qui vouloit épouser l'Infante de Portugal.

Les Hollandois n'ont point depuis ce tems-là interrompu ce Commerce, que quantité d'articles favorables du nouveau Traité leur rendoient plus avantageux, & plus facile à soutenir, qu'à aucune des autres Nations de l'Europe. Ils y employent tous les ans quarante à cinquante vaisseaux, depuis quinze jusqu'à trente pieces de canon.

Les bâtimens qui vont charger des sels à Saint-Ubez, ne sont que des flûtes de trente à quarante tonneaux, qui vont toujours en flotte, & avec un convoi, à cause des Corsaires de Barbarie.

L'on s'étonnera peut-être, que l'on porte du sel en Portugal, d'où les Anglois & Hollandois en tirent une si grande quantité par S. Ubez : mais cela vient de ce que les Portugais préferent pour leur usage, le sel de Brouage au leur; & qu'au contraire, celui de Saint-Ubez est plus estimé dans une partie du Nord, où il y a long-tems qu'on s'en sert, & où les vaisseaux d'Angleterre & de Hollande le portent, que celui du Pays d'Aunis, & du Comté Nantois.

### *Commerce de Lisbonne.*

Il part tous les ans de Lisbonne & de Porto, vingt ou vingt-deux vaisseaux Marchands pour le Rio-Janeyro, trente pour la Baye de tous les Saints, autant pour Pernambouc, & sept ou huit pour le Paraïba. Ceux qui vont à Rio-Janeyro, & à la Baye de tous les Saints, sont d'environ cinq cent tonneaux : & ceux pour Pernambouc, & le Paraïba, seulement de deux cent cinquante; parce que de plus grands bâtimens ne pourroient entrer dans les Ports de ces deux derniers Capitanats, ou Provinces du Bresil.

Tous les bâtimens destinés pour un même lieu, partent ensemble, & reviennent de même; ceux de Porto se joignant à ceux de Lisbonne. Les vaisseaux destinés pour Paraïba & Pernambouc, vont toujours de conserve, & reviennent aussi en flotte.

Le Roi de Portugal donne tous les ans cinq vaisseaux de guerre, pour escorter les navires marchands : sçavoir, deux pour Rio-Janeyro, autant pour la Baye de tous les Saints, & un pour Pernambouc. Au retour, il envoye encore au devant quelques autres vaisseaux, jusqu'à la hauteur des Isles Açores.

Le départ de tous ces bâtimens pour le Bresil, est ordinairement dans le mois de Mars; & le retour, en Septembre & Octobre.

Il étoit autrefois permis d'envoyer de l'argent au Bresil; mais présentement tout ce Commerce se fait en marchandises; la permission d'y porter des especes ayant été révoquée, tant parce qu'elle en épuisoit le Royaume, qu'à cause que la Douane en souffroit une grande diminution de ses droits de sortie.

Les marchandises qu'on porte au Bresil, sont, des farines, du vin, de l'eau-de-vie, de l'huile, des étoffes communes de laine, des toiles de lin, & du fil, qu'on prend en Portugal.

Des bas de soie, des chapeaux, des bayettes, des serges, & autres semblables laineries, qu'on tire d'Angleterre & de Hollande.

Des toiles blanches, appellées *Panicos*; des toiles écrues, nommées *Aniages* & *Grega*; des platines &

fonds de cuivre, propres pour les engins, ou moulins à sucre, qu'on fait venir de Hambourg.

Des toiles de Bretagne, de la moindre largeur; des droguets, des serges, & des brocards nués, de toutes sortes de couleurs, que la France fournit.

Enfin, des tabis de soie, des taffetas, des soies pour coudre, & du papier, qui viennent d'Italie.

Les marchandises d'Angleterre font la moitié de ce Commerce, & sont celles dont le débit est plus grand, parce qu'elles conviennent à tout le monde.

Les retours du Bresil sont, en sucre, en tabac, en cuirs, &c. *Voyez ci-après dans l'article du* COMMERCE DE L'AMERIQUE, *l'endroit où il est parlé du* BRESIL.

Tout le négoce du Bresil se fait par les vaisseaux Portugais; & il n'est pas permis aux autres Nations d'y envoyer leurs navires. Il y va cependant quelques Interlopres; & assez souvent les Anglois ont part aux cargaisons, qui se font pour ce Pays à Lisbonne & à Porto, mais sous le nom des Marchands Portugais; à peu près comme on en use pour le Commerce de l'Amérique Espagnole.

Les Etrangers, à ce qu'on croit, ne perdent pas beaucoup à cette interdiction de Commerce avec le Bresil; non-seulement à cause de la longueur du voyage, qui dure ordinairement une année; mais encore pour le peu de fret que l'on paye pour les marchandises qu'on y envoye; sur lequel même le Roi de Portugal, pour contribuer aux frais de l'escorte qu'il donne, leve un droit, qui, l'un portant l'autre, va au quart de ce qui en revient au Fretteur; outre que l'armement, & les équipages des vaisseaux Portugais, reviennent à beaucoup meilleur marché, que les Etrangers ne le pourroient faire, à cause de la sobriété de la Nation, & du peu de gages qu'on donne aux Matelots.

*Les marchandises que l'on envoye au Bresil, qui sont prises en Portugal, payent les droits de sortie, à raison de cinq pour cent. Celles qui viennent de l'Etranger, n'en payent que trois; mais elles ont déja payé les droits d'entrée sur le pied d'environ douze pour cent, compensation faite d'une marchandise à l'autre; y en ayant dont les droits sont plus hauts, & les autres moins; outre le droit de commission, qui est de six pour cent pour celles qui y vont, & de quatre pour celles qui en reviennent.*

*Les marchandises qu'on porte de Portugal au Bresil, n'y payent aucuns droits d'entrée; & celles qui en sortent, n'en payent aucun de sortie. La même franchise est établie dans toutes les Colonies de la domination de Portugal.*

Le bois de Bresil n'est point dans le Commerce: il appartient au Roi seul. Il en vient, année commune, quatre à cinq mille quintaux, qui se débitent à Lisbonne & à Porto, & qui passent à l'Etranger; le tout au profit du Roi, qui en tire ordinairement, tous frais faits, 300000 liv. par an.

On parlera ailleurs du Commerce de Goa, & des autres Colonies, que les Portugais ont aux Indes Orientales. *Voyez ci après le* COMMERCE DE L'ASIE. On en ajoutera seulement ici quelques particularités, qui regardent les armemens qui se font à Lisbonne pour ce négoce.

Il part tous les ans de Lisbonne pour Goa, un navire, au plus deux, qui mettent à la voile à la fin du mois de Mars. C'est le Roi qui les fournit, qui les fait armer, & qui en paye l'équipage. Ils sont ordinairement de huit cent tonneaux: la cargaison des marchandises n'est gueres pourtant que de deux cent tonneaux; à cause qu'outre les Passagers & les Soldats, ils sont chargés de quantité de choses, qui n'entrent point dans le Commerce. Il est vrai que le salaire des Matelots étant très médiocre, on leur permet quelques pacodilles, soit en argent, soit en marchandises.

Le voyage de ces vaisseaux, tant à l'aller qu'au retour, est de dix-huit mois. En allant, ils ne touchent en aucun endroit: en revenant, ils vont toujours au Bresil, pour venir de conserve avec la flotte. Presque toujours les bâtimens qui ont été aux Indes, y restent; & il y en vient d'autres à la place.

Les cargaisons de ces vaisseaux pour l'envoi, montent ordinairement à deux ou trois millions; mais plutôt moins que plus. Les marchandises consistent en corail ouvré, & non ouvré, en papier d'Italie, en écarlate de Hollande, en tabac de Portugal, en quelques autres marchandises, dont on a parlé ci-dessus, & en argent.

L'argent, qui est presque tout en patagues, va, année commune, à douze cens mille livres; & le corail, à cinq cent mille francs. Tout le tabac est pour le compte du Roi.

Les marchandises du retour sont, des diamans bruts, toutes sortes d'étoffes & de toiles de la Chine & des Indes; du salpêtre, de l'indigo, du musc, de l'ambre-gris, & toutes ces autres choses précieuses, ou de pure curiosité, dont on parlera, en traitant du Commerce de l'Orient.

Ce Commerce est très bon: on peut compter trente-cinq pour cent de bénéfice, en traitant par échange; & trente à quarante sur l'argent seulement. Le droit de commission est de treize pour cent à Goa.

*Le droit d'entrée, que l'on paye en Portugal, pour les diamans qui viennent des Indes, est réglé à sept pour cent; mais on les évalue si bas, qu'il ne va qu'à trois ou quatre. On en use ainsi, pour éviter qu'on les fasse entrer en fraude; le petit volume de cette précieuse marchandise, rendant la chose très aisée.*

Les Portugais font un assez bon négoce sur les Côtes d'Afrique. Outre les Noirs, dont ils ont besoin pour leurs Colonies du Bresil, ou qu'ils transportent dans celles des autres Nations, ils en tirent de la cire, de l'yvoire, & de la poudre d'or. *Voyez ci-dessus. Voyez aussi le* COMMERCE DES CÔTES D'AFRIQUE.

L'Isle de S. Thomé sur les mêmes Côtes, fournit les mêmes marchandises; & de plus, quantité de sucre, mais qui n'est pas fort beau. On y envoye de Portugal, quelques vaisseaux de deux ans en deux ans. *Voyez le négoce de cette Isle.*

Il s'étoit formé à Lisbonne en l'année 1696, une Compagnie pour le Commerce de Guinée, & des Indes, sous le titre de Compagnie de Carcheo, qui traita avec le Roi d'Espagne, pour avoir la permission d'introduire, pendant cinq années, cinq mille Négres par an, dans les Ports des Indes d'Espagne, sous diverses conditions, également avantageuses à Sa Majesté Catholique, & aux Intéressés dans cette Compagnie.

Les premieres avances monterent à plus de trois millions; & Sa Majesté, pour donner plus de relief à cette entreprise, & afin de la soutenir, pour ainsi dire, en son nom, souhaita d'y prendre intérêt pour les deux tiers de son fond capital.

La concession ayant fini, à peu près dans le tems que commença la guerre de la succession d'Espagne; & le Roi de Portugal s'étant déclaré contre Philippes V, appellé à cette succession par ses propres droits,

droits, & par le testament de Charles II, les Portugais ne furent pas en état d'en demander la continuation. Aussi la fourniture des Négres passa-t-elle pendant la guerre aux François; & à la paix d'Utrecht aux Anglois. *Voyez les articles des Compagnies de l'ASSIENTE, ou Françoises, ou Angloises.*

Le Commerce de Portugal, aux Isles de sa domination, comme la Tercere, Fayal, Saint-Michel, & Madere, n'est que d'une médiocre considération. On y porte des huiles, des bayettes, des serges, du ris, & du papier.

On tire de la Tercere & de S. Michel, du blé, & de l'orge, pour le Portugal. *Ces grains payent quatre pour cent de sortie, quand on les charge sous pavillon Portugais; & quatorze pour cent, sous pavillon Etranger. Ils ne payent point de droits d'entrée en Portugal.*

Fayal & Madere fournissent des vins, qu'on porte en différens endroits, particuliérement au Bresil, aux Barbades; & en tems de guerre, dans le Nord. Madere donne aussi des sucres & des confitures séches. *Voyez le* COMMERCE DE L'AFRIQUE, *où il est parlé de ces quatre Isles, & de quelques autres de moins de conséquence.*

Il y a à Lisbonne, à Porto, à Faro, & dans quelques autres Villes de Portugal, des Marchands François, Anglois, Italiens, Hollandois, & Hambourgeois. Le Commerce des Anglois y est le plus considérable. On parlera dans la suite un peu plus en détail du négoce de Porto, particuliérement par rapport à la France.

Le Commerce d'Italie avec le Portugal, se fait par des vaisseaux Génois, qui sont ordinairement fort gros. Il y vient aussi de tems en tems quelques navires de Livourne.

Le négoce des Suédois est plus réglé; & il vient tous les ans de Suéde à Lisbonne, cinq ou six vaisseaux de trois ou quatre cent tonneaux, fort bien armés. Ils apportent des planches, du goudron, du cuivre, & du fer. On y voit aussi quelques vaisseaux Danois, chargés de mâtures & de bois de charpente. Les uns & les autres font leurs retours en sels.

Le Commerce que les Portugais entretiennent avec l'Espagne, leur est très avantageux; & il leur en revient quantité d'argent en especes; les Espagnols apportant en Portugal beaucoup moins de marchandises, qu'ils n'en tirent.

Les marchandises que les Espagnols apportent, sont des moires, des taffetas, de l'indigo, de la cochenille, & du mastic. Celles qu'ils tirent, sont, des sucres, & des tabacs.

### *Poids, Mesures, & Monnoies de Lisbonne, & de tout le Portugal.*

Le quintal est composé de 128 liv. & se divise en 4 arobes de 32 liv. chacune.

L'arobe rend 28 à 29 liv. à Amsterdam.

La livre Portugaise est près de 10 pour cent plus foible que celle de Paris & d'Amsterdam, ne faisant que 89 liv. $\frac{1}{16}$ de ces deux Villes, & 100 liv. de ces deux Villes en produisant 112 $\frac{1}{5}$ de Lisbonne.

Les 4 muids de Portugal pour le sel font un last d'Amsterdam.

Les grains s'y vendent à l'alquiere, dont les 4 font un fanegue, il faut 15 fanegues pour faire un muid, ce qui revient à 216 alquieres pour le last d'Amsterdam.

Les huiles d'olives se vendent par almoudes de 12 canodors; chaque canodor d'environ un mingle d'Amsterdam. Les 50 almoudes font un tonn[illegible], & les 26 une pipe.

Il y a deux mesures pour les longueurs en Portugal, le canido qui est égal à l'aune d'Amsterdam, & le barro ou varra, dont les soixante & un en font cent d'Amsterdam.

Les Ecritures s'y tiennent en reiz, dont les 400 font une creusade. Dans les comptes on somme les reitz par millions, par milliers, & par centaines.

Il y a quatre sortes de monnoies d'or, qui se fabriquent & ont cours en Portugal. La premiere espece est du plus fin or de ducat, & vaut 10000 reitz, la dopio-mœda ou double pistole en vaut 4000, la mœda ou pistole en vaut 2000, & la mi-mœda ou demie-pistole en vaut 1000.

La creuzade qui est une espece d'argent, vaut 400 reitz.

Dans les connoissemens qui se font d'Amsterdam pour Lisbonne, le payement du fret se stipule à tant de creuzades de 480 reitz la piece.

### MONNOIES RE'ELLES, QUI ONT COURS A LISBONNE, AVEC LEUR RAPPORT A CELLES DE FRANCE.

#### *Especes d'Or.*

La doppo-moeda ou double pistole, vaut 4000 reis, & monnoie de France 20 livres.

La moeda ou pistole, vaut 2000 reis, & monnoie de France 10 livres.

La mi-moeda ou miltrain, qui est la demie-pistole; vaut 1000 reis, monnoie de France 5 livres.

#### *Especes d'Argent & Billon.*

Le patagon-réal-marcado, ou patagon marqué, vaut 600 reis, & monnoie de France 3 livres.

Le patagon non marqué, vaut 500 reis, & monnoie de France 2 liv. 10 sols.

Le creuzat non marqué, vaut 400 reis, & monnoie de France 2 livres.

La piece de 8 reaux de platte de 1643, vaut 480 reis, & monnoie de France 2 liv. 8 sols.

Le teston de 5 vaintains, vaut 100 reis, & monnoie de France 10 sols.

Celui de 4 vaintains, vaut 80 reis, & monnoie de France 8 sols.

Les $\frac{3}{20}$, les $\frac{2}{20}$, le $\frac{1}{20}$ le $\frac{1}{2}$ vaintains, qui sont argent & cuivre, valent à proportion 60, 40, 20, & 10 reis, qui font monnoie de France, 6, 4, 2, & 1 f.

Le reis vaut 1 d. $\frac{1}{5}$ monnoie de France.

#### *Commerce de Porto.*

Toutes les Nations qui trafiquent à Lisbonne, ont aussi des établissemens & des Consuls à Porto. Les Anglois & les Hollandois, sur-tout les premiers, y font un Commerce considérable. Celui des François y est médiocre, quoiqu'il leur fût aisé de l'augmenter de beaucoup. Les vaisseaux qui y viennent de France, ne passent gueres le nombre de huit, au plus vont-ils jusqu'à dix.

Les marchandises qu'on peut charger à Porto, sont, des vins, des sucres, des huiles, des cuirs tannés, du tabac de Bresil, du liége, du sumac, des oranges & des citrons, des bois de Bresil & de Campêche, & du suif.

On a parlé ci-dessus des vins de Portugal & des cargaisons que les Anglois ont coutume d'en faire pendant la guerre. On estime qu'ils en peuvent enlever de Porto, année commune, jusqu'à dix-huit ou vingt mille pipes, à raiſon de cent vingt livres la pipe; mais plus pour tranſporter ailleurs, qu'en Angleterre.

Les François n'enlevent gueres de ces vins, que quand on en manque en France; les droits d'entrée dans le Royaume étant très conſidérables.

Les ſucres du Breſil valent (en 1716) treize à quatorze liv. l'aroue ou arobe, du poids de trente-deux liv. à raiſon de quatorze onces la livre. On les eſtime meilleurs & plus blancs, que ceux de la Martinique; cependant on n'en charge que très peu pour la France, à cauſe qu'ils payent vingt & vingt-deux livres par quintal plus que ceux des Iſles Françoiſes.

Les huiles qu'on tire de Porto, ne ſont pas pour la plupart extrémement fines, & ne ſont bonnes que pour les Manufactures. L'almonde d'huile, péſant quarante livres, s'y vend treize francs. Quoique celles d'Eſpagne ſoient encore de moindre qualité, les François les préferent à celles-ci; ce qui fait qu'ils n'en tirent pas conſidérablement.

Le tabac de Bréſil en rouleau, vaut trente livres l'aroue.

Le liége, ſept livres dix ſols le quintal.

Le ſumac fin, deux livres quatre ſols l'aroue.

Les oranges, douze livres; & les citrons, quinze livres, le millier.

Enfin, le bois de Breſil, de quatre-vingt à quatre-vingt-dix livres le quintal.

C'eſt de ces dernieres marchandiſes, dont les vaiſſeaux François font ordinairement leurs retours, particuliérement du ſumac & des fruits.

Il ſe fait auſſi aſſez ſouvent des chargemens de ſels pour Bayonne; & quelquefois de ſuifs pour Rouen: mais de ceux-ci, ſeulement quand ils ſont chers en France, comme ils le furent en 1714.

Les François pourroient tirer de Porto, trois ou quatre mille coffres de ſucre, mille pipes d'huile, dix ou douze mille cuirs, quatre ou cinq mille rouleaux de tabac, du liége, autant qu'on en pourroit conſommer en France; dix mille quintaux de ſumac, huit à dix mille caiſſes de citrons, mille quintaux de bois de Breſil & de Campêche, & cinq cens quintaux de ſuif: mais le montant de leurs retours ne va gueres, année commune, au-delà de trente coffres de ſucre, de vingt ou trente pipes d'huile, de quatre à cinq cens livres de tabac, de deux ou trois cent quintaux de liége, de mille quintaux de ſumac, & de deux à trois mille caiſſes d'oranges.

En général, toutes les marchandiſes de France, particuliérement ſes étoffes & ſes Manufactures, ſont fort eſtimées à Porto, ainſi que dans le reſte du Portugal; mais elles y ſont trop cheres; & les Anglois & les Hollandois, donnant les leurs à meilleur marché, quoique moins en réputation que les Françoiſes, nuiront toujours au Commerce de ces dernieres.

Les marchandiſes qui ſont d'une plus grande conſommation à Porto, & qui donnent le plus de profit, ſont, le bacaillau, le millet, le bray, le fer, & le goudron.

Le bacaillau François ſe vend ordinairement vingt à vingt-cinq livres le quintal de cent vingt-huit livres. *Les droits vont de vingt-cinq à vingt-ſix pour cent.*

Le gros millet vaut une livre quatorze ſols l'alquere; les quatre alqueres & un tiers, faiſant le boiſſeau de Paris.

Le prix du bray en pain, eſt de treize à quatorze livres le quintal.

Le fer, de quatorze à quinze livres auſſi le quintal.

Et le goudron, dix-huit livres le baril.

Tous ces prix ſont réglés ſur le pied de 1716.

Les François, s'ils prenoient le Commerce de Porto à cœur, pourroient y débiter par année vingt-cinq à trente mille quintaux de bacaillau: de millet, la cargaiſon de cinq à ſix bâtimens de ſoixante tonneaux chacun: du bray, juſqu'à quatre mille quintaux, ſur-tout de celui en pain: de fer de Biſcaye, trois à quatre mille quintaux: & trois à quatre cens bariques de goudron.

On pourroit encore y apporter trois à quatre mille pieces de toiles de Bretagne, larges & étroites, dont la fineſſe régle ordinairement le prix. Elles ſont bonnes pour le Breſil, où l'on en envoye beaucoup.

---

# COMMERCE
## D'ANGLETERRE, D'ECOSSE, ET D'IRLANDE.

TOut ſemble contribuer au Commerce conſidérable, que font les Habitans de la Grande Bretagne, ſoit au dedans, ſoit au dehors de leurs Iſles.

La ſituation commode pour les voyages de long cours, ou de proche en proche; quantité de Ports excellens, où ſe bâtiſſent une infinité de vaiſſeaux: l'habileté & l'intrépidité de leurs Pilotes & de leurs Matelots: un ſol fertile en fruits, en grains, & en pâturages, où il ne manque gueres que l'olivier & la vigne; cette derniere ayant été même aſſez heureuſement cultivée dans les parties de l'Iſle les plus méridionales: des montagnes, qui renferment diverſes mines de métaux & de minéraux: des beſtiaux de toutes eſpeces, ſur-tout le bétail blanc, qui leur fournit ces précieuſes laines dont ils ſont ſi jaloux: des Manufactures preſque de toutes ſortes, où ils excellent dans la plupart: enfin, ces Colonies ſi bien établies dans le nouveau Monde, & ces Comptoirs ſi riches, qu'ils ont dans les Indes Orientales; leur donnent, autant qu'à aucune autre Nation, de quoi faire valoir leur génie pour le négoce; dont auſſi il faut avouer, qu'ils ſçavent ſe prévaloir admirablement.

Une choſe peut-être manque encore aux Anglois, par rapport au Commerce; c'eſt cette douceur, cette politeſſe, qui uniſſent & concilient les eſprits, & qu'ils n'ont pas aſſez pour les Etrangers avec qui ils trafiquent, & particuliérement pour les François; qui ſembleroient pourtant mériter ces égards, par ceux qu'ils ont toujours eu pour eux. *Voyez la ſeconde partie du Parfait Négociant, Livre 2, Chapitre 2.*

Les Anglois n'ont gueres commencé à ſentir ce dont ils étoient capables en fait de Commerce, que vers le milieu du Regne d'Eliſabeth; ce Regne, qui n'en auroit point qui lui fût comparable parmi les Anglois, ſi celui d'une autre Reine de la même Nation, qui a eu la gloire de rendre la paix à l'Europe par le Traité d'Utrecht, ne l'avoit encore ſurpaſſé, par la grandeur de tant d'événemens, également glorieux à l'Etat, & utiles au Commerce de l'Angleterre.

Ce fut la protection que cette ſage & habile Princeſſe, fille de Henry VIII, accorda aux Compagnies Angloiſes, qui commencerent à ſe former de ſon tems, & aux diverses Manufactures qui s'établirent à Londres, du débris de celles des Pays-Bas, qui rendit le Commerce de l'Angleterre si florissant; & qui le porta bien-tôt à Archangel, dans la Mer Baltique, dans toutes les Echelles de la Méditerranée, sur les plus riches Côtes d'Afrique; enfin, dans les Indes d'Orient & d'Occident, où il a jetté des racines si profondes & si solides, qu'il paroît désormais inébranlable, & avoir moins besoin d'agrandissement, que de modération.

C'est le génie de la Nation Angloise, d'aimer mieux aller porter ses marchandises chez les autres, & d'y aller chercher ce qui lui est nécessaire, que de permettre qu'on vienne chez elle établir un Commerce réciproque. Aussi faut-il avouer, que la maniere dont les Marchands étrangers sont reçûs en Angleterre; les droits extraordinaires & excessifs d'entrée & de sortie, qu'on les force de payer; & les avanies qu'ils y souffrent assez souvent, ne les conviënt gueres à y faire des établissemens, & à y prendre des correspondances.

Il n'y a gueres cependant de magasins en Europe, dans lesquels, après les incroyables magasins d'Amsterdam, de Rotterdam, & des autres principales Villes de Hollande, dont on parlera dans l'article du Commerce des Hollandois, & quelques-uns des Villes maritimes de France, il se trouve rassemblé tant de diverses & tant de précieuses marchandises, que dans ceux de Londres & des autres Villes Angloises de Commerce.

Des marchandises du crû de l'Angleterre, y compris celles de l'Ecosse & de l'Irlande, les deux principales sont, les laines & l'étain: les autres sont, le fer, le plomb, la couperose, le vitriol, l'alun, le charbon de terre, les suifs, les chairs salées, les cuirs verds, l'aquifou, l'amidon, les ardoises; des bœufs & vaches en vie, des bonnets de toutes sortes, des boutons de crin, des buffles apprêtés, des beurres, des bas de soie, de laine, & de peau: des bois de teinture, des bouteilles de verre, des cuirs apprêtés de toutes sortes, des chandelles de suif, des couvertures de laine & de poil, des cidres, de la colle-forte, du crin de cheval, des chapeaux de laine & de castor; des cornes de bœuf brutes, des cornes à lanternes, des cerceaux pour barils, des clous de toutes sortes, de la cire jaune, des chevaux, des dentelles de fil & de soie, au fuseau & à l'aiguille; de l'yvoire, ou dents d'éléphants & de veaux marins; des fromages; toutes sortes d'armes, toute sorte de quincaillerie & de coutellerie; quantité de grains moulus, ou non moulus; diverses especes de légumes, de la litharge, de la calamine; plusieurs liqueurs, comme la biére, eaux des Barbades, &c. toutes sortes d'extraits: quantité d'étoffes & Manufactures de laine, comme draps, ratines, serges, bayettes, perpetuanes, creseaux, flanelles, frisons, molletons: tapis de laine, tapisseries, droguets, & plusieurs autres especes d'ouvrages mêlés de laine, de soie, de fil, de coton, & autres matieres: des meules à Taillandier, des merceries de toutes sortes, des drogues, des os de bœuf, de l'ocre jaune & rouge, du parchemin & vélin en peau: diverses fourrures: des peignes d'écaille de tortue, d'yvoire, de buis, & de corne: de toutes sortes de poisson sec & salé de la pêche Angloise: enfin, des plumes à écrire.

Quoiqu'on ait compté les laines, comme l'une des deux principales marchandises, que l'on peut tirer d'Angleterre, & qu'en effet ç'en soit la plus importante, & celle du plus grand produit pour la Nation, l'on pourroit dire qu'elles ne seroient d'aucun négoce pour les Etrangers, si les Loix, qui en défendent le transport, étoient aussi-bien observées, qu'elles sont sévérement établies.

Ces Loix ont commencé sur la fin du seiziéme siécle; & depuis ce tems-là, il n'y a gueres eu de Parlement, qui n'ait renouvellé les premiers Bils qui ont interdit le Commerce des laines en toison, sous peine de punition corporelle, & entr'autres, sous celle d'avoir le poing coupé; ce qui s'est même étendu jusqu'aux peaux de mouton & de veau verds ou secs; cependant la rigueur de la punition n'a effrayé, ni les Anglois, ni les Etrangers; & il sort tous les ans plus de la moitié des laines écrues d'Angleterre, par le moyen des barques lainieres des Côtes de Flandre, de Normandie, & de Picardie, qui en apportent en assez grande quantité, pour en fournir les Manufactures de Leyden, & des autres Villes de Hollande; & celles d'Abbeville, d'Elbeuf, de Sédan, & d'autres semblables Fabriques de France.

Il est vrai qu'on en tire aussi beaucoup d'Ecosse, & d'Irlande, qui sont à peu près de la même qualité que celles d'Angleterre, & dont le transport est moins difficile: mais quand celles-là manqueroient, les Anglois gênés dans ce Commerce, & accoutumés à ce négoce de contrebande, n'auront pas à l'avenir plus de respect pour les Bils de leurs Parlemens, qu'ils en ont eu par le passé.

### COMMERCE DE LONDRES, DE BRISTOL, DE NEUFCHATEL, ET DE SUNDERLAND.

LONDRES, qui est la Capitale de l'Angleterre, l'est aussi, pour ainsi dire, de tout le commerce que les Anglois font dans les quatre parties du monde. Presque tous les vaisseaux des Marchands Etrangers arrivent dans la Tamise pour y exercer leur négoce, les ports des autres Villes Angloises étant à peine fréquentés en comparaison de celui de cette riche & grande Ville. *Voyez l'art. des* FOIRES.

La Ville de Londres a une Banque très accréditée, où les Particuliers déposent leur argent quand ils le veulent, & d'où ils le retirent lorsqu'il leur plaît. Les payemens s'y font ou par transport des comptes, ou par billets payables au porteur, ou en argent, qui ne differe en rien de l'argent courant. Cette Banque qui est composée d'un certain capital fourni par plusieurs Particuliers, fait valoir ses fonds, soit en prêtant de l'argent à l'Etat, soit en excomptant les Lettres de Change qu'on lui présente; & le profit qu'elle en tire, se partage entre les Intéressés ou Actionnaires.

Les Actions de cette Banque se trafiquent à peu près de la même maniere que celles des Compagnies de Commerce, & ont souvent le même sort qu'elles, augmentant ou baissant, suivant le crédit qu'elles conservent, ou le discrédit où elles tombent.

Il se fait un grand commerce de Change entre Londres & les Pays Etrangers, particuliérement avec les Hollandois, qui y font eux seuls plus de remises que toutes les autres Nations.

La cause d'un commerce si considérable vient de ce que toutes les Villes marchandes d'Angleterre, d'Ecosse, & d'Irlande, au moins la plus grande partie, reçoivent ou font leur remise par le moyen des Banquiers & Négocians de Londres: Aussi lorsque les Marchands Etrangers ont fait venir quelques marchandises des autres Villes des trois Royaumes, ils ordonnent à leurs Correspondans de tirer sur leurs amis de Londres, auxquels ils ont soin de remettre les fonds nécessaires.

Les Lettres d'Ecosse & d'Irlande sur Londres, gagnent ordinairement depuis 4 jusqu'à 10 pour cent.

Le Change de Londres à Amsterdam se fait en donnant à Londres une livre sterling, pour recevoir à Amsterdam depuis 32 jusqu'à 37 schelins ou sols de gros.

Les Lettres d'une place à l'autre ont coutume de se tirer à deux usances qui sont deux mois.

On suit à Londres le vieux stile.

Un des plus grands commerces qui se fasse à Londres, est celui des matieres d'or & d'argent, soit en lingots ou en barres, soit en especes qui ne sont pas frappées dans les Hôtels des Monnoies d'Angleterre.

Le Parlement dans la juste crainte de voir le Royaume épuisé de ces riches métaux, a souvent tenté de les faire mettre au nombre des marchandises de contrebande, mais la liberté Angloise n'a pû jusqu'à présent souffrir cette contrainte, & l'on ne peut lire sans étonnement dans le Journal de Verdun, combien chaque semaine on fait de déclaration à la Douanne de Londres, de milliers d'onces d'or & d'argent, & à combien depuis six ans monte le produit total de ce qu'il en est sorti d'Angleterre.

### *Poids, Mesures, et Monnoies de Londres.*

Le poids ordinaire de Londres differe de celui de Paris & d'Amsterdam, d'un peu plus de trois pour cent, mais dans le calcul ordinaire on ne fait la différence que de deux pour cent, & suivant cette proportion 100 liv. de Paris ou d'Amsterdam qui en devroient faire 103 de Londres, ne se comptent que pour 102.

Le quintal ou grand cent est différent suivant les marchandises, étant de 112 livres pour quelques-unes, & pour d'autres seulement de 104; encore faut-il être Bourgeois de Londres pour jouir de ces 4 pour cent, ne les accordant jamais aux Etrangers, non pas même aux Anglois, qui n'ont pas le droit de Bourgeoisie dans cette Ville.

Le poids des soies greges est de 24 onces à la livre, qui font une livre & demie; mais le poids de toutes les autres soies; comme organcins, trames, rondelettes ou perlées, & des soies teintes est de 16 onces à la livre.

Le quintal ou grand cent se divise en quarts de quintal & en livres, & lorsqu'on reçoit des marchandises de Londres achetées au quintal, on est surpris si l'on ne sçait pas cette division, de voir les comptes de ces marchandises, dressés en quintaux, quarts, & livres. On peut voir dans le Traité de M. Ricard, sur le commerce d'Amsterdam, des formules de ces comptes dressés à l'Angloise, & la maniere de les additionner.

L'on se sert à Londres de deux mesures pour les longueurs; l'une qui sert pour auner les étoffes, qu'on nomme yard; l'autre avec laquelle on aune les toiles, qu'on appelle verge. *Voyez* ces deux articles.

Les mesures de continence pour les liquides & pour les grains, sont les galons. *Voyez comme dessus.*

Les livres & écritures mercantilles se tiennent à Londres & dans toute l'Angleterre, en livres, sols, & deniers sterlins. *Voyez comme dessus* à l'article des Livres Marchands.

Après Londres c'est Bristol, qui tient le premier rang pour le commerce; & l'on met ensuite Neuf-Châtel & Sunderland. Ces deux dernieres Villes ne sont gueres recommandables que par leur charbon de terre, dont les mines inépuisables en fournissent, non-seulement en Angleterre, où la consommation en est comme infinie; mais encore à la France, à la Hollande, & à quelques autres Nations de l'Europe.

A l'égard de Bristol, elle est célébre par ses Manufactures de laine; & l'on y fabrique quantité de beaux draps, de petites étoffes de laine, & divers ouvrages de Bonneterie soit au tricot, soit au métier.

Ensuite de la révocation de l'Edit de Nantes, on peut dire que le Commerce de ces deux Villes est encore infiniment augmenté par le grand nombre d'habiles Ouvriers de la Religion Prétendue Réformée, qui y ont été établir des Manufactures, & des Fabriques, dont les Anglois n'avoient eu jusques-là aucune connoissance, que par le besoin qu'ils en avoient, & par la grande quantité qu'ils en enlevoient tous les ans des Ports de Normandie, de Bretagne, de Guienne, & de Provence.

Les plus belles Manufactures Angloises d'étoffes de lainerie, sont celles des draps, si beaux & si fins, soit ceux qui sont fabriqués de leurs propres laines, soit ceux qui sont faits de pure laine d'Espagne; qu'on auroit certainement raison de regretter en France, si les François ne les avoient imités, jusqu'à tromper les yeux des Anglois mêmes.

Ils ont encore les serges de Londres carisées, les serges d'Exchester, les kersays blancs & de couleur, les bayes ou bayettes de Manchester & de Colchester, les perpetuanes, les frises, les revêches, les molletons, les flanelles, les couvertures si fines, si légeres, & si chaudes; les bas d'estame, & quantité de petites étoffes, qui se consomment en Angleterre, & qui ne vont gueres à l'Etranger.

On peut aussi mettre du nombre des fabriques de lainage, celle des chapeaux, où non-seulement on employe les poils de castor & de lapin, mais aussi une assez grande quantité de laines fines d'Angleterre & d'Espagne.

Cette derniere Manufacture est une des plus florissantes qu'ayent les Anglois, par le grand débit qu'ils en font, particuliérement en Espagne, où ils en portent chaque année, au moins pour cent mille livres sterling; ce qui a presque ruiné celles de Rouen, de Caudebec, & de quelques autres Villes de Normandie.

L'on parlera plus commodément dans un autre endroit de cet article, du premier établissement des Manufactures de lainerie en Angleterre, qui n'y sont pas extrémement anciennes, quoiqu'elles le soient pourtant davantage, que ne le prétend un célébre Auteur, trompé par une expression de M. de Thou, le plus habile & le plus exact des Historiens François.

Les Manufactures Angloises de soierie, sont encore plus modernes, que celles de lainerie. Les principales étoffes qui en sortent, sont, des moires ondées & tabizées, tant noires que de couleur; des taffetas de diverses qualités; des toiles de soie; des dentelles aussi de soie, également admirables pour le dessein & pour la fabrique; des bas de soie au métier, dont les Anglois ont eu les premiers l'invention, qu'ils avoient reçûe d'un François, & qui est depuis repassée en France; des rubans de toutes sortes, sur-tout de cette admirable couleur de feu, dont il faut avouer, que nulle rubannerie étrangere n'a encore pû approcher; & quelques autres semblables.

Il faut aussi mettre au nombre des excellentes Fabriques d'Angleterre, l'horlogerie, qui est estimée la meilleure de l'Europe, même en France, où l'on sçait que cet art a été poussé à un si haut point de perfection; mais où, sans doute, la seule difficulté d'avoir des montres d'Angleterre, & la qualité de venir de de-là la mer, lui donnent le prix sur les ouvrages des Horlogeurs de Paris.

A l'égard des dentelles de fil, qu'on nomme Points d'Angleterre, elles y sont très fines & très belles: mais depuis qu'elles ont été imitées & surpassées en Flandres, en Picardie, & en Champagne, on n'en tire plus de Londres pour la France.

Outre ces marchandises du crû de l'Angleterre, & ces étoffes & ouvrages, qui se fabriquent dans ses Manufactures, elle reçoit encore de ses Colonies, quantité de drogues, de denrées, & de pelleteries; même des especes d'or & d'argent, qui ne font pas un des moindres objets de son négoce.

L'on prétend qu'il y a dans les Colonies Angloises de l'Amérique, jusqu'à soixante mille familles, qui y ont passé d'Angleterre; & que le Commerce qui s'y fait, y entretient chaque année plus de quatre cent vaisseaux de toute grandeur.

L'Acte de Navigation du 23 Septembre 1660, autorisé par un Bil du Parlement, ordonne, que tout le Commerce de ces Colonies se fasse par la voie d'Angleterre: & ce n'est que dans les tems de guerre, que les Négocians de Bastou & de Philadelphie, osent entreprendre d'envoyer leurs vaisseaux en droiture jusques dans la mer Méditerranée, pour y porter les denrées & les marchandises de leur crû.

C'est de ces Colonies, que les Anglois reçoivent leurs sucres, leurs tabacs, leur indigo, leurs moscouades, leur bois de Bresil & de Campêche, le fustel, le bresiller, le santal, leur cochenille mesteique, & autres especes: leur cacao: plusieurs pelleteries, comme castors, loutres orignaux: des cuirs en quantité, ou verds ou secs, ou salés: enfin, ce qui est de plus important, l'or & l'argent, & autres marchandises précieuses, que l'on tire de l'Amérique Espagnole, par le moyen des contrebandes qu'exercent les Habitans de la Jamaïque; y portant en cachette ce qui est propre pour le Pérou & le Mexique, qui leur est envoyé d'Angleterre; & recevant en échange, ou de l'argent comptant, ou des denrées, sur lesquelles les profits ne sont pas moins grands, que dans le négoce qui se fait en piastres.

Ceux qui croyent connoître à fond ce Commerce secret des Anglois avec les Espagnols de l'Amérique, assurent qu'il monte au moins à six millions de pieces de huit par an, dont les trois quarts consistent en lingots, ou en especes.

Une autre branche du Commerce des Anglois, que l'on peut, ainsi que tout ce qu'on a dit jusques ici, considérer comme une partie des marchandises que l'Angleterre produit de son crû, est la pêche; qui non-seulement occupe une grande quantité de ses Matelots, & de ses bâtimens; mais qui (la consommation de l'intérieur de la Grande Bretagne déduite) produit, de la vente qui se fait à l'Etranger, des harengs ou salés ou fumés, & de la morue ou verte ou séche, plus de deux cent mille livres sterling par an.

Le débit de ces poissons se fait ordinairement en Espagne, en Italie, & dans plusieurs Ports de la Méditerranée, & Isles de l'Archipel.

L'étain d'Angleterre, sur-tout celui de Cornouaille, mériteroit quelque détail, à cause du grand Commerce qui s'en fait, aussi-bien que le plomb, dont les Anglois vendent aussi considérablement: mais il est parlé ailleurs amplement de l'un & de l'autre. *Voyez l'article de l'*ESTAIN, *pour le premier; & celui du* PLOMB, *pour le second.*

Le charbon de terre se débite en quantité, & avec grand profit, dans le dedans du Royaume, où ce Commerce entretient six à sept mille Matelots: mais il est peu considérable au dehors. Les Anglois en portent néanmoins en Bretagne, & en Normandie: & il est estimé en France le meilleur de ceux que les Ouvriers en fer y employent. *Voyez* CHARBON DE TERRE.

Pour ce qui est des autres marchandises, qu'on peut regarder comme marchandises étrangeres, & que les flottes Angloises rapportent du Sein Persique, des Côtes de l'Inde, de celles de l'Afrique, de Moscovie, de la Mer Baltique, & du reste du Nord; de Smyrne, & de toutes les Echelles du Levant; comme, aux épiceries près, ce sont presque les mêmes, dont on parlera fort en détail au Traité du Commerce de la Hollande, qui suivra immédiatement celui de l'Angleterre, on y renvoye, pour ne pas entrer dans une ennuyeuse répétition.

Ce n'est que dans le quinziéme siécle, que les Fabriques des draps & des autres étoffes de lainerie, sont passées en Angleterre. Avant ce tems-là ils vendoient leurs laines à ceux de leurs voisins qui en avoient besoin; dont néanmoins les Flamands & les Brabançons, particuliérement les Marchands de Gand & de Louvain, enlevoient la plus grande partie, pour employer aux Manufactures, qui florissoient depuis le dixiéme siécle dans ces deux Villes, qui étoient, comme on parloit alors, les Etapes les plus considérables de l'Europe, pour toutes sortes de draps, & d'ouvrages de lainerie.

Les richesses des Manufactures de Gand, & le nombre presque infini d'Ouvriers qui travailloient dans leurs Manufactures, ayant enorgueilli cette Capitale de la Flandre, jusqu'à se révolter plusieurs fois contre ses Souverains, à cause de quelques impôts qu'ils refusoient de payer, les séditieux furent enfin punis & dispersés. Une partie se réfugia en Hollande, & l'autre à Louvain.

Ceux qui se retirerent dans cette importante Ville du Brabant, y porterent, avec l'art de fabriquer des draps, leur esprit de révolte: & ce fut pour éviter la juste punition qu'ils méritoient, pour avoir tué quelques-uns de leurs Magistrats dans une sédition, que plusieurs d'entr'eux passerent en Angleterre vers l'an 1420, & apprirent aux Anglois la maniere de mettre en œuvre leurs propres laines. C'est en effet depuis ce tems-là, qu'ils font tous leurs efforts pour profiter seuls de cette espece de trésor qu'ils avoient chez eux, dont auparavant les Etrangers qui les fabriquoient, enlevoient presque tout le profit; & que malgré leurs soins, comme on l'a déja dit, leurs voisins ne laissent pas encore aujourd'hui de partager avec eux.

Monsieur le Président de Thou rapproche cette époque de plus de cent ans, & attribue l'établissement des Manufactures de lainerie en Angleterre, à la Reine Elisabeth, & aux troubles pour la Religion, que la sévérité du Duc d'Albe & l'Inquisition Espagnole, causerent & entretinrent si long-tems dans les Pays-Bas. Mais ce n'est proprement que de leur entiere perfection qu'il faut entendre ce que dit cet illustre Président, des Manufactures qui furent alors établies à Norwik, à Clochester, à Sandwik, à Hampton, puisqu'il est parlé dans plusieurs autres Historiens, ou Anglois, ou Flamans, des draperies de Londres, dont cette Ville étoit redevable aux Ouvriers de Louvain, bien long-tems avant qu'une partie des dix-sept Provinces eût tenté de secouer le joug de l'Espagne.

Les Anglois sont si jaloux de leurs étoffes de lainerie, qu'aux précautions qu'ils prennent pour y employer seuls toutes leurs laines, ils ajoutent encore celles de les vendre eux-mêmes, & de les transporter dans les lieux où ils en font Commerce, ne permettant gueres aux Etrangers de les aller querir en Angleterre.

C'est de là qu'est venu l'établissement de plusieurs magasins qu'ils ont chez les Hollandois, dans le Levant, & dans le Nord, où ils mettent leurs draps en dépôt, qui sont ensuite débités par des Commissionnaires de leur Nation.

Le magasin qu'ils ont en Hollande, a changé diverses fois. On l'a vû successivement à Midelbourg, à Delft, à Rotterdam, & enfin à Dordrect. Celui des Ecossois est à Vere en Zelande, où il fut établi en 1612. A l'égard des Irlandois, ils n'y en ont point, & c'est chez eux qu'il faut aller querir leurs marchandises & leurs manufactures. Dublin, Corck, & Waterfort, sont les lieux où il s'en fait le plus grand Commerce.

C'est dans le magasin des laineries Angloises de Dordrect, que presque tous les Allemands viennent s'en fournir; & afin que les Etrangers n'y envoyent point à faux, ils font sçavoir par des lettres circulaires, lorsque quelque grande voiture de draps leur est arrivée.

Le magasin des draps d'Angleterre pour le Levant, est à Smyrne; & c'est-là qu'ils transportent sur leurs vaisseaux, plusieurs milliers de pieces de ces draps qu'ils appellent Londrins, & Nins-Londrins, d'où ils les distribuent ensuite dans tout l'Archipel & à Constantinople, où sur les certificats des Douaniers de Smyrne, ils entrent sans payer de nouveaux droits. C'est aussi de Smyrne qu'ils envoyent par les Caravanes, qui en partent tous les ans pour la Perse, beaucoup de ces mêmes draps, en échange desquels ils tirent quantité de soies, & d'autres précieuses marchandises.

Enfin, un de leurs plus considérables magasins étoit autrefois celui d'Archangel; mais quoiqu'ils y en ayent toujours un, il s'en faut bien qu'il se soutienne avec la même réputation qu'il eut d'abord.

Archangel, Port de Moscovie, à l'embouchure de la Douina, dans la Mer Blanche, a long-tems été inconnu aux autres Nations de l'Europe. Les Anglois le découvrirent en 1553, en cherchant un passage pour aller à la Chine & aux Indes Orientales par le Nord. Ils en firent presque seuls tout le Commerce, jusqu'à la fin du seiziéme siécle, jouissant de plusieurs grands priviléges qui leur avoient été accordés par les Czars, & débitant une quantité extraordinaire de leurs draps de toutes couleurs & de toutes qualités.

Les Hollandois, dont le Commerce croissoit chaque jour, depuis qu'ils se furent érigés en République, partagerent celui d'Archangel avec les Anglois, vers le commencement du dix-septiéme siécle. Profitant ensuite de l'occasion, ils les en exclurent tout-à-fait après la mort de Charles le Martyr Roi d'Angleterre; & tant que dura l'usurpation du Protecteur, les Anglois n'y purent être reçûs.

Ils y furent, à la vérité, rétablis peu après le rétablissement de Charles II, mais les Moscovites s'étoient déja dégoûtés des draps d'Angleterre; & ceux de Hollande, où ils s'étoient accoutumés, ne leur coutoient pas tant: de sorte que quoique les Anglois y envoyent encore quelques vaisseaux, & y fassent assez de débit de leurs draps, le principal Commerce d'Archangel est presque resté entre les mains des Hollandois, & particuliérement des Marchands d'Amsterdam.

L'on peut dire, que par une espece de compensation, les Anglois ont regagné dans la Mer Baltique, ce qu'ils ont perdu à Archangel par rapport à leurs draps; les Suédois, Danois, & Polonois estimant peu ceux de Hollande, & donnant la préférence à ceux d'Angleterre.

Après cette espece de digression sur les Manufactures & le Commerce des draperies d'Angleterre, on va finir ce qui reste à dire de son négoce, par les marchandises qui sont propres à y être envoyées, & particuliérement par celles que les Anglois & Ecossois ont coutume de venir enlever tous les ans pendant la paix dans les Ports de France.

Ces marchandises sont des grains de toute sorte, des vins, des eaux-de-vie, des sels, des huiles d'olive & de noix; plusieurs fruits secs, cuits, & cruds, tels que les figues, les amandes, les raisins, les prunes, les châtaignes; ou conservés dans la saumure, comme sont les olives & les capres.

Ils tirent aussi de France des résines, du bray, des savons, du miel; des toiles de toutes sortes, particuliérement de Bretagne, de Rouen, & de Laval; des tabis, des taffetas, tant pleins, que façonnés; des toiles d'or & d'argent, des satins, des pannes, des velours; toute sorte de mercerie; du pastel, de la gaude, du safran, & autres drogues pour la teinture; du papier & des plumes, des chardons à Bonnetier, du liége, des fromages, des jambons, des meules de moulin, des pierres & carreaux de meules; des peaux de chevreaux en poil; du plâtre; des pommes & des poires fraîches, des unes & des autres séches; du verd de gris; de la dominoterie, ou images & estampes; des rubans d'or, d'argent, & de soie; enfin, de l'eau de la Reine de Hongrie, & autres liqueurs de Montpellier.

Les Hollandois leur fournissent quelques-unes de ces marchandises, dont ils ont établi des Manufactures chez eux; mais la plupart sont du crû de la France, ou de ses Fabriques, qui ne se trouvent gueres ailleurs, ou à si bon prix, ou de si bonne qualité.

Le plus grand Commerce des Anglois pour les vins & les eaux-de-vie de France, se fait à Bordeaux, à la Rochelle, à Nantes, & à Rouen.

Ils chargent à Bordeaux des vins & des eaux-de-vie de Bordeaux même, de l'Agénois, de Condom, de Montauban, & du Languedoc.

A Nantes & à la Rochelle, ce sont les eaux-de-vie de la Rochelle, de Nantes, celles d'Anjou, & de l'Isle de Ré; & les vins de Touraine, de Vauvray, du Blesois, & de l'Anjou.

Enfin ils enlevent par Rouen, des vins de Champagne, de Bourgogne, & de Mante.

C'est aux marais salans de Brouage, de Marans, de l'Isle de Ré, ou à ceux du Bourneuf, du Croisic, & de Guerande, dans le Comté Nantois, que les Anglois se fournissent de sels pendant la paix; ne se servant de ceux d'Espagne, de Portugal, de Catalogne, &c. que lorsque la guerre interrompant le Commerce des deux Nations, ils n'en peuvent tirer de France, qu'ils préferent toujours aux autres pour les salaisons de leurs poissons & de leurs chairs.

Pour les toiles de France, ils les tirent principalement de Saint-Malo, où ils envoyent tous les ans plus de cent bâtimens, depuis vingt jusqu'à cent tonneaux, qu'ils chargent de toiles de Laval, de Rouen, de Quintin, de Vitré, & de Pontorson, particuliérement de celles qu'on nomme des Noyalles, qui sont propres à faire des voiles. Ils enlevent aussi quantité d'autres diverses toiles & marchandises de France, par la voie de Rouen, de Nantes, de Bordeaux, & de la Rochelle.

Le Commerce que les Anglois entretiennent dans les Ports de l'Est, comme ils parlent; c'est-à-dire, à Hambourg, & Pays adjacens, & dans tout le Nord, est très considérable; & on compte qu'ils y envoyent tous les ans deux ou trois cent vaisseaux.

Leurs envois pour ce côté-là, n'étoient autrefois que de marchandises & de denrées, ou de leurs Colonies, ou de l'Angleterre même; ce qui leur produisoit de grands profits. Présentement ils sont obligés d'y porter quantité d'argent en especes, sur-tout depuis que les Rois du Nord ont établi chez eux plusieurs Manufactures, & y ont défendu l'entrée des fabriques étrangeres: cependant leurs retours sont toujours importans.

Mais ceux qu'ils estiment davantage, dont ils ne peuvent se passer, & qui les engageront toujours à soutenir ce négoce, sont les bois de toutes sortes, soit pour les constructions marines, soit pour les autres; les goudrons, la poix; les chanvres pour les cables, cordages, & agretz de vaisseaux, dont l'Etat a également besoin pour ses flottes, & les Particuliers pour les bâtimens destinés à leur Commerce.

Ils tirent aussi du cuivre de Suéde, dont une partie se consomme dans la Monnoie de la Tour de Londres, pour en fabriquer de basses especes, & l'autre est employée en Angleterre à divers ouvrages, ou envoyée à l'Etranger.

L'on a déja dit quelque chose du Commerce que les Anglois font dans la Méditerranée, & dans les Echelles du Levant, en parlant du magasin de leurs draperies établi à Smyrne. On ajoutera seulement ici, que les draps qu'ils y portent, sont presque tous fabriqués de pure laine d'Espagne, & que le reste de leur négoce, à la réserve de leur pêche, & de peu d'autres marchandises, s'y fait en especes qu'ils y portent, particuliérement en pieces de huit; en échange de quoi ils reviennent chargés de soies écrues de diverses especes, de poils de chameau & de chévre; de savons, d'olives, de souffre; de quelques fruits secs, des raisins de Corinthe, & de quantité d'autres drogues utiles à leurs Manufactures, & aux usages domestiques de la Nation, ou propres au Commerce qu'ils entretiennent au dehors.

L'on dira ici peu de chose du Commerce de l'Angleterre aux Indes Orientales, parce qu'on en parlera à la fin de cet article du Commerce où l'on traitera de celui des Indes en général, & que d'ailleurs on ne l'oubliera pas dans l'article des Compagnies.

Après les Hollandois, ce sont les Anglois qui font aux Indes Orientales, le plus grand & le plus riche Commerce; qui y ont les établissemens les plus solides, & qui y envoyent le plus grand nombre de vaisseaux.

Jusqu'en 1698, qu'a subsisté l'ancienne Compagnie Angloise, elle entretenoit pour ce négoce, jusqu'à vingt-cinq vaisseaux; & outre quantité de marchandises propres à y être débitées, elle y envoyoit année commune, cinq cent mille liv. sterlings en argent, pour faire ses achats.

La nouvelle Compagnie, qui a succédé aux droits & au Commerce de l'ancienne, & qui même a été fortifiée par celle d'Ecosse, peu après l'union des deux Royaumes, a doublé son négoce & ses vaisseaux; & depuis qu'elle a obtenu sa chartre, elle a presque toujours eu en mer quarante bâtimens, & envoyé chaque année un million sterling en especes.

L'on peut juger par-là de l'abondance & de la richesse de leurs retours. Mais quelques Anglois croyent qu'un négoce si brillant, & dont les profits paroissent immenses, est très préjudiciable à l'Etat, dont il ruine absolument les Manufactures par rapport au négoce du dedans; la plupart des Dames & femmes Angloises, comme on l'a long-tems vû en France, méprisant les étoffes qui se fabriquent en Angleterre, pour ne s'habiller que de celles des Indes & de la Chine; ou simplement des toiles de coton peintes de divers desseins & couleurs, qui leur arrivent par les vaisseaux de la Compagnie. Les toiles des Indes ont depuis été défendues en 1721, par un Bil du Parlement.

## COMMERCE D'ECOSSE.

EDIMBOURG, est la Capitale d'Ecosse, les marchandises qui y sont propres & qu'on y apporte de l'Etranger, sont les mêmes que pour l'Angleterre.

A l'égard de celles qu'on en tire, elles consistent en diverses Manufactures de laine, principalement en draps, en flanelles, en serges, en bayes ou bayetes, & en quelques autres fabriques de lainage.

La Bonneterie y est aussi excellente, sur-tout les bas au métier ou au tricot.

On y trouve encore quantité de charbon de terre, mais qui n'est pas de si bonne qualité que celui d'Angleterre.

## COMMERCE D'IRLANDE.

IRLANDE. Quoiqu'en parlant du Commerce d'Angleterre, on ait dit quelque chose par occasion de celui d'Irlande, on va entrer ici dans un plus grand détail de ce qu'on n'en a dit presque qu'en passant; & y ajouter ce qui n'a pû y trouver place.

Le Commerce d'Irlande consiste partie en productions naturelles, & partie en Manufactures.

Les Manufactures sont des frises, des draps, des fils, & des toiles.

Les productions naturelles; des laines, du lin, des beurres, des chairs salées, particuliérement de bœufs; des suifs, du fer, des cuirs, du poisson sec & salé; & des bestiaux, chevaux, bœufs, veaux, & moutons.

Les laines sont à peu près de la qualité des laines Angloises provenant des moutons de la race de ceux qui y ont été autrefois transportés d'Angleterre: on les estime aussi belles que celles de Northampton, & de Lesceftershire.

Ce qui fait que l'Irlande a tant de laines, c'est

qu'outre qu'aussi-bien qu'en Angleterre, il n'y a point de loups, elle n'est point sujette aux mortalités des troupeaux, si ordinaires ailleurs.

Les cuirs, les suifs, les beurres, & les chairs salées, se vendent au poids; & c'est un des meilleurs Commerces de l'Isle. Mais les Etrangers doivent être sur leurs gardes lorsqu'ils enlevent ces marchandises, aussi-bien que pour tout ce qu'ils achetent des Irlandois; ces Insulaires ne se faisant gueres de scrupule d'y ajouter plusieurs mauvaises drogues, pour en augmenter la pésanteur; comme des crottes dans les cuirs, de mauvais beurre, & du suif au fond des tinettes de beurre; des pierres dans les suifs, & des cornes & pieds de bœuf dans les barils de chairs salées.

Le Commerce des bestiaux qu'on transportoit d'Irlande en Angleterre, étoit autrefois très considérable; mais depuis que ce transport a été défendu par un Bil du Parlement, ce trafic a passé aux Etrangers, à qui les Marchands d'Irlande donnent leurs moutons à aussi bon marché avec la toison, que la toison toute seule devroit couter: cette défense ayant d'ailleurs causé une espece de cessation de Commerce entre les deux Nations, les Irlandois tirent depuis ce tems-là de Rouen, d'Amsterdam, & de Lisbonne, les marchandises qu'ils avoient coutume de tirer de Bristol, de Chester, & de Londres.

Le lin d'Irlande est très fin, & d'un beau filage; & le fil qu'on en fait, très propre à faire de belles toiles. Mais il n'y en croît gueres, quoique pour encourager les Habitans à en semer, il ait été accordé par un Bil du Parlement 20 liv. sterlings par an, dans chaque Province, pour ceux qui en feroient la culture; & l'on a remarqué qu'une seule personne avoit mérité cette récompense.

On tire d'Irlande, du fer; mais il y est apporté d'Angleterre.

Les toiles qui s'y font, se fabriquent presque toutes dans les Provinces du Nord: elles sont étroites; mais comme elles ne suffisent pas pour le Pays, il en passe peu à l'Etranger.

Les frises d'Irlande sont assez belles, & il s'en débite beaucoup au dehors. Pour les draps, la fabrique n'en est que médiocre; on en fait depuis six, jusqu'à quatorze schellings l'aune.

Il n'y a point de correspondances pour les remises entre Dublin, Capitale de l'Irlande, & Paris, Rouen, Nantes, Saint-Malo, & les autres Villes de Commerce de France. Lorsque nos Marchands veulent y tirer, il faut qu'ils ayent recours à ceux de Londres, dont le change se régle sur le pied de tant pour cent de gain ou de perte pour le tireur, & cela par rapport au plus grand ou moindre prix des monnoies, qui ont cours dans l'une ou l'autre de ces Villes.

Il y a de deux sortes de poids à Dublin, dont le plus fort qui s'appelle le grand cent, est de 112 liv. qui se calcule par 28 liv. par quarteron, à raison de quatre quarterons pour cent.

Il n'y a point d'Etat en Europe, & peut-être dans tout le Monde, où les marchandises soient chargées de tant de divers droits à l'entrée, & de si grands, qu'en Angleterre.

Les deux principaux, sont les droits de Tonnage & de Pundage. On appelle droit de Tonnage, celui qui est imposé sur les liqueurs, & qui s'exige à la mesure de continence; c'est-à-dire, au tonneau. Le droit de Pundage est celui qui est imposé sur les autres marchandises & denrées; & qui se paye suivant leur valeur estimée dans un Tarif.

Ces deux droits, qui étoient établis en Angleterre depuis long-tems, y furent renouvellés en 1660, sous le regne de Charles II, lorsqu'après être remonté sur le Trône de la Grand'Bretagne, le Parlement abrogea tous les Actes faits sous Cromwel, & ordonna l'exécution des anciens Réglemens.

Les nouveaux droits imposés par Charles II, & par ses Successeurs, ou plutôt par le Parlement d'Angleterre, à qui appartient seul le droit d'ordonner de nouvelles impositions, quoiqu'avec le consentement & l'approbation du Roi; sont au nombre de dix-huit, dont dix sont pour les liqueurs; & les huit autres, sur diverses autres sortes de marchandises.

Les droits sur les liqueurs, sont l'ancien droit de tonnage ou vieux subside; le droit additionel, le droit d'excise, le droit de monnoyage, le droit de la vieille imposition, le droit de l'imposition additionnelle, le droit des orphelins, le droit sur les vins de France, le nouveau subside, le droit sur les vins de Hongrie; & les $\frac{1}{3}$ & $\frac{2}{3}$ de subsides.

Les droits sur les autres marchandises sont, l'ancien droit de pundage, le droit additionnel sur les toiles & soieries, de 1660; le droit d'excise, de la même année: ce droit est une espece de droit d'Aydes, comme on diroit en France, auquel sont assujetties toutes les denrées étrangeres; son établissement a commencé sous le Regne de Charles II, & a été augmenté sous les Regnes suivans: la nouvelle imposition du pundage, appellée l'impôt de 1690; autre imposition de $\frac{2}{3}$ en 1693; le droit de vingt-cinq pour cent sur les marchandises de France, imposé en 1695; le nouveau subside de pundage en 1697; un autre subside additionnel du tiers du pundage en 1703; un troisiéme en 1704; un droit sur les huiles de poisson, & nageoires de baleine de la pêche étrangere, en 1709; un autre sur toutes les peaux apprêtées vélin & parchemin, en 1711; un autre encore sur la même marchandise, en 1712; & enfin dans la même année, un droit sur le papier, le carton, & le savon.

On va entrer dans un plus grand détail sur les droits qui se payent en Angleterre pour les vins, eaux-de-vie, vinaigres, cidres, & autres liqueurs, à cause du Commerce que la France a coutume d'y faire de toutes ces marchandises.

### *Droit de Tonnage, ou vieux Subside.*

Ce premier droit a été rétabli, comme on l'a dit ci-dessus, dans la douziéme année de Charles II, pour être levé pendant toute sa vie. Il fut ensuite continué sous Jacques II aussi pour toute sa vie, par un Acte de la premiere année de son Regne. Enfin, par divers Actes de celui de la Reine Anne, il fut de nouveau continué pour quatre-vingt-seize ans; c'est-à-dire, jusqu'en 1808.

Cette premiere imposition du tonnage, est de 4 livres 10 sols sterlings par tonneau, sur les vins de France apportés par les vaisseaux Anglois, dans le Port de Londres; & seulement de 3 dans les autres.

Le même vin apporté par des vaisseaux étrangers, dans le Port de Londres, paye 6 livres; & dans les autres Ports, 4 livres 10 sols sterlings.

Le vinaigre de France fait de vin, paye 4 livres 10 sols par tonneau, apporté par les Anglois; & 6 livres, par les Etrangers.

Le cidre & le poiré de France, & le vinaigre fait de ces deux liqueurs, payent comme à l'article précédent.

cédent, en conséquence d'un Bil de 1662.

Le vin du Rhin, apporté dans tous les Ports d'Angleterre, paye, en vertu du même Acte, 1 livre sterling l'awine, mesure qui fait environ le sixiéme d'un tonneau; en sorte que l'imposition par tonneau revient à 7 livres 10 sols, ce qui est un quart plus que celui de France.

Les vins d'Espagne & de Portugal, les muscats, malvoisies, & autres du Levant, payent de même que les vins de France; ce qui doit aussi s'entendre des vinaigres faits de tous ces vins.

*Droit additionnel du vieux Subside.*

Cette premiere augmentation du vieux tonnage a été faite en 1660, & continuée comme l'ancien subside, jusqu'en 1808. Pour ce droit, les vins de France payent par tonneau 3 livres sterlings.

Les vins du Rhin, comme ceux de France; les vins d'Espagne, 4 livres; le vin de Portugal, 3 livres; les vins muscats, malvoisies, & autres du Levant, de même que ceux d'Espagne.

A l'égard des cidres, du poiré, & du vinaigre, ils ne sont point assujettis à ce droit.

*Droit d'Excise.*

Ce droit a été imposé en 1660, & on l'a continué & augmenté par différens Actes du Parlement, sous les Regnes de Jacques II, de Guillaume, & Marie, & de la Reine Anne: il ne s'exige point sur le vin, mais seulement sur quelques liqueurs.

*Droit de Monnoyage.*

Ce droit est appellé *Coynage* en Anglois, & Monnoyage en François. Il fut imposé dans la dix-huitieme année de Charles II, pour les frais du monnoyage des especes, qui a coutume d'être fait en Angleterre aux dépens de l'Etat. Ce droit a depuis été continué par divers Actes, jusqu'en 1715, & même encore depuis.

Les vins de France & d'Espagne, les vins muscats & autres du Levant, les vins de Portugal & du Rhin, payent pour ce droit 10 schelins par tonneau dans tous les Ports.

Les vinaigres payent le même droit.

*Droit de vieille imposition de Tonnage.*

Ce droit a été établi en 1685, & continué par divers Actes. Le Bil de 1711 l'a enfin imposé pour toujours.

Par ce droit, les vins de France payent 8 livres sterlings par tonneau, dans tous les Ports d'Angleterre.

Les vins du Rhin, d'Espagne, de Portugal; les vins muscats, & autres du Levant, 12 livres.

Les vinaigres de France, & de tous les autres Pays, payent 8 livres.

*Droit de l'Imposition additionnelle.*

Ce droit, qui avoit été établi en 1693, & continué par différens Actes, jusqu'en 1710, l'a été enfin pour toujours, dans la neuviéme année du Regne de la Reine Anne. Il n'y a que les François qui le payent, les autres Nations n'y étant pas assujetties.

Chaque tonneau de vin de France paye pour ce droit 8 livres sterlings dans tous les Ports. A l'égard du cidre, du poiré, & du vinaigre, ils sont taxés par le même Acte de 1693, à vingt-cinq pour cent de leur valeur, fixée par les Tarifs qui en ont été dressés.

*Droit des Orphelins.*

Il n'y a que les vins qui sont apportés dans les Ports de Londres, qui soient sujets à ce droit. Son nom marque assez les œuvres de piété auxquelles son produit est destiné. Il n'a commencé que dans la sixiéme année du Regne de Guillaume III. Il est de 4 schelins, par tonneau, dont aucunes sortes de vins ne sont exempts.

*Droit additionnel sur les vins de France.*

C'est encore un de ces droits auxquels il n'y a que les vins François qui soient assujettis. L'Acte qui l'a établi, est de l'année 1695. Il a depuis été continué pour vingt ans, qui devoient finir au 28 Février 1716.

Les vins de France y sont taxés à 25 livres sterlings le tonneau; & les vinaigres à 15 livres.

*Nouveau Subside.*

L'établissement de ce droit est de 1695, accordé à Guillaume III pendant sa vie, & continué à la Reine Anne, aussi pendant sa vie. C'est proprement un doublement du droit de tonnage ou vieux subside, auquel les vins de France, & tous les autres vins sont sujets, suivant qu'ils sont apportés sur des vaisseaux Anglois, ou sur des navires étrangers.

Il y a cependant quelque différence pour les vinaigres, pour les cidres, & pour les poirés; les vinaigres de France, d'Espagne, & de Portugal, ne payant par le nouveau subside, sur quelques vaisseaux qu'ils soient apportés, que 4 sols 9 deniers sterlings par tonneau; les cidres, 4 sols; & le poiré, cinq pour cent de sa valeur. *Voyez ci-dessus le premier article des droits sur le vin.*

*Droit sur le vin de Hongrie.*

Ce droit est très nouveau, & seulement établi dans la premiere année du Regne de la Reine Anne; il est semblable à celui que payent les vins du Rhin. *Voyez comme dessus.*

*Droit appellé Tiers-Subside.*

Ce droit est le tiers du vieux subside; il avoit été établi en 1703, & depuis continué par divers Actes, pour ne finir qu'en 1805.

*Droit appellé deux Tiers-Subside.*

C'est encore un nouveau droit, qui n'a commencé qu'en 1704, pour ne durer qu'un certain tems; mais qui depuis a été continué pour toujours, par un Bil de 1711. Il consiste aux deux autres tiers du vieux subside; ensorte que ces deux droits de 1703 & de 1704, en font proprement un tiercement.

Outre tous ces droits qui sont imposés sur tous les vins & liqueurs qui se transportent en Angleterre, il y a encore le droit de Bouteiller du Roi; un autre droit appellé Etranger, & un droit de Bristol & de Southampton, qui montent environ à 40 schelins par tonneau. Mais comme tous ces droits ne doivent être levés que sur les vins apportés sur des vaisseaux étrangers, ils ne se levent que rarement, presque tout le Commerce des vins se faisant par les navires Anglois.

*Récapitulation de ce que payent les vins & les liqueurs de toutes sortes, arrivant en Angleterre, par la réunion de tous ces droits.*

Les vins de France, apportés par les Anglois dans le Port de Londres, payent 55 livres, 16 sols, 8 deniers sterlings le tonneau, sur le pied de 13 livres tournois la livre sterling; ce qui revient, monnoie de France, à 725 livres 18 sols 8 deniers.

Ceux apportés par les mêmes dans les autres Ports d'Angleterre, 51 livres 13 sols 6 deniers & demi sterlings, qui font 671 livres 15 sols 9 den. de France.

Ces vins apportés par les Etrangers dans le Port de Londres 61 livres 15 sols 10 deniers un quart sterlings; & monnoie de France, 803 livres 5 sols 10 deniers: & dans les autres Ports, 57 livres 12 sols 8 den. sterlings, faisant, monnoie de France, 749 livres 4 sols 9 deniers.

Les vins d'Espagne & d'Italie, vins muscats, malvoisie, & autres sortes du Levant, apportés dans le Port de Londres par les Anglois, 27 livres 7 sols 10 deniers & demi monnoie d'Angleterre; & monnoie de France, 356 livres 1 sol 10 deniers. Et conduits par les mêmes, dans les autres Ports, 23 livres 4 sols 9 deniers sterlings; ou 302 livres 1 sol 9 deniers tournois.

Les mêmes vins apportés à Londres par les Etrangers 33 livres 7 sols & trois quarts de deniers sterlings; faisant en livres tournois, 433 livres 11 sols: & dans les autres Ports, 29 livres 3 sols 10 deniers & demi sterlings; ou 379 livres 10 sols tournois.

Les vins de Portugal apportés à Londres par les Anglois, argent d'Angleterre, 26 livres 10 sols 3 deniers & demi; ou 344 livres 13 sols 3 den. tournois: & entrant dans les autres Ports, 22 livres 7 sols 2 deniers sterlings; ou 290 livres 13 sols 2 den. monnoie de France.

Les mêmes vins apportés à Londres par les Etrangers, 32 liv. 9 sols 5 deniers trois quarts de deniers argent d'Angleterre; faisant, argent de France, 422 livres 2 sols 5 deniers: & dans les autres Ports, 28 livres, 6 sols 3 deniers & demi sterlings; ou 368 livres 1 sol 3 deniers tournois.

Les vins du Rhin & de Hongrie apportés à Londres sur des vaisseaux Anglois, 26 livres 10 sols 3 deniers & demi sterlings; revenant, monnoie de France, à 344 livres 13 sols 3 deniers: & dans les autres Ports, 22 livres 7 sols 2 deniers sterlings, ou 290 livres 13 sols 2 deniers tournois.

Les mêmes vins apportés par les Etrangers dans le Port de Londres, 32 liv. 9 sols 5 deniers, trois quarts sterlings; faisant 422 liv. 2 sols 5 den. de France: & dans les autres Ports, 28 liv. 6 sols 3 den. & demi sterlings; revenant à 368 liv. 1 sol 3 den. tournois.

Les vinaigres de France conduits à Londres par les Anglois, 27 liv. 10 sols 11 den. sterlings; faisant, monnoie de France, 358 liv. 11 sols 11 deniers: & dans les autres Ports, 26 liv. 4 sols 6 den. & demi sterlings; ou 340 liv. 18 sols tournois.

S'ils sont apportés par les Etrangers dans le Port de Londres, 28 liv. 17 sols 3 deniers trois quarts sterlings; revenant à 375 liv. 4 sols 3 den. de France: & dans les autres Ports, 27 liv. 10 sols 11 den. sterlings; ou 358 liv. 11 sols 11 den. tournois.

Les vinaigres d'Espagne & de Portugal, apportés à Londres par les vaisseaux Anglois, 12 liv. 10 sols 11. den. sterlings; revenant à 163 liv. 1 sol 11 den. de France: & dans les autres Ports, 11 liv. 4 sols 6 den. & demi sterlings; ou 145 liv. 18 sols 6 den. tournois.

Les mêmes vinaigres conduits à Londres par les Etrangers, 13 liv. 17 sols 3 den. trois quarts sterlings; revenant à 180 liv. 4 sols 3 den. tournois, & dans les autres Ports, 12 liv. 10 sols 11 den. sterlings; faisant 163 liv. 1 sol 11 den. de France.

Les cidres qui sont apportés à Londres par les vaisseaux Anglois, payent 18 liv. 12 sols 2 deniers & demi sterlings; faisant, argent de France, 241 liv. 18 sols 2 deniers: & ceux arrivant dans les autres Ports, sur les mêmes vaisseaux, 17 liv. 5 sols 10 den. sterlings; ou 224 liv. 15 sols 10 deniers tournois.

Les mêmes apportés à Londres par les Etrangers, 18 liv. 18 sols 7 den. & un quart sterlings; revenant à 259 liv. 1 sol 7 deniers monnoie de France: & dans les autres Ports, 18 liv. 12 sols 2 den. sterlings; ou 241 liv. 18 sols, 2 den. tournois.

Enfin, le poiré, 18 liv. 4 sols 2 den. & demi sterlings, quand il arrive à Londres sur les vaisseaux Anglois; faisant 236 liv. 14 sols 2 den. de France: & arrivant dans les autres Ports sur les mêmes vaisseaux, 16 liv. 17 sols 10 den. sterlings; ou 219 liv. 11 sols 10 den. tournois.

Et lorsqu'il est apporté à Londres par les Etrangers, 19 liv. 10 sols 7 den. un quart sterlings; faisant 253 liv. 17 sols 7 den. tournois: & dans les autres Ports, 18 liv. 4 sols 2 den. & demi sterlings; revenant à 236 liv. 14 sols 2 deniers, monnoie de France.

Comme les eaux-de-vie font un des principaux objets de Commerce, que les Anglois entretiennent, soit avec la France, soit avec l'Espagne, & le Portugal, & quelques autres Nations, on va ajouter les droits d'entrée qu'elles payent en Angleterre, réduits sur le même pied de l'argent d'Angleterre, & de l'argent de France: mais sans distinction de vaisseaux, ou de Ports; n'y ayant de distinction pour les droits, que par rapport aux lieux d'où elles sont tirées.

Les eaux-de-vie de France, payent argent d'Angleterre, . . . . 78 livres 4 s. sterl. faisant, argent de France, 1016 liv. 12 s.

Et les eaux-de-vie d'autres lieux que de France, seulement . . . . 48 livres 4 s. sterl. montant, argent de France, à 626 liv. 12 s. attendu que les eaux-de-vie étrangeres sont exemtes des droits de 30 livres sterlings portés par les Actes donnés sous le Regne de Guillaume III, au sujet des eaux-de-vie de France.

Les Etats suivans méritent d'être inserés ici à la suite de ce qui vient d'être dit sur les Droits qui se payent en Angleterre.

## ETAT DES DROITS D'ENTRE'E *que payent en Angleterre les denrées & productions de la terre qui leur viennent de dehors.*

### *Amandes de France.*

Elles sont évaluées à 6 l. st. le cent pésant, qui font argent de France 78 liv. Cette estimation triple la valeur de cette marchandise en France; car elle n'y vaut pas au-delà de 22 à 24 liv. le cent pésant.

Elle est sujette à cinq droits; sçavoir:

| | | l. | s. st. |
|---|---|---|---|
| 1660 | Le vieux subside 5 pour cent de la valeur, | | 6 s. st. |
| 169$\frac{2}{3}$ | L'imposition additionale de tonnage & poundage de 25 pour cent, | 1 l. | 10 |
| 1695 | Droit de 25 pour cent sur les marchandises de France, | 1 | 10 |

| | | | |
|---|---|---|---|
| 1697 | Le droit du nouveau subside cinq pour cent, | | 6 s. |
| 170¼ | Les ⅓ & ⅔ subsides 5 pour cent, | | 6 |
| | Argent d'Angleterre | 3 l. | 18 |
| | Argent de France | 50 | 14 |

Ce qui va à plus de 220 pour cent de la valeur de cette denrée.

*Amandes des Pays étrangers.*

Elles sont sujettes à quatre droits, sçavoir ;

| | | | |
|---|---|---|---|
| 1660 | Le vieux subside, | | 6 |
| 1690 | La nouvelle imposition du pundage, | | 12 |
| 1697 | Le nouveau subside, | | 6 |
| 170¼ | Les ⅓ & ⅔ subsides, | | 6 |
| | Argent d'Angleterre | 1 | 10 |
| | Argent de France | 19 | 10 |

*Anchois de France.*

Ils sont estimés 7 s. 6 d. st. le baril de 16 liv. pésant, qui font en argent de France 4 liv. 17 s. Cette estimation quadruple la valeur de cette denrée en France ; car elle n'y vaut que 20 à 25 s. le petit baril.

Ils sont sujets à 5 droits, sçavoir ;

| | | | | |
|---|---|---|---|---|
| 1660 | Le vieux subside. | | 4 d. | ½ |
| 169⅔ | L'imposition additionale, &c. | 1 | 10 | ½ |
| 1695 | Droits sur les biens de France de 25 pour cent, | 1 | 10 | ½ |
| 1697 | Le nouveau subside, | | 4 | ½ |
| 170¼ | Les ⅓ & ⅔ subsides, | | 4 | ½ |
| | Argent d'Angleterre | 4 | 10 | ½ |
| | Argent de France | [illegible] [illegible] | 4 | |

Ce qui triple presque la valeur de la marchandise.

*Anchois des autres Pays.*

Ils sont sujets à quatre droits seulement, sçavoir ;

| | | | | |
|---|---|---|---|---|
| 1660 | Le vieux subside, | | 4 | ½ |
| 169⅔ | L'imposition additionale, | | 4 | ½ |
| 1697 | Le nouveau subside, | | 4 | ½ |
| 170¼ | Les ⅓ & ⅔ subsides, *idem* | | 4 | ½ |
| | Argent d'Angleterre | 1 | 6 | |
| | Argent de France | 19 | 6 | |

*Avelines de France.*

L'estimation de 10 sols st. par baril, portée par le tarif est raisonnable & revient monnoie de France à 6 liv. Cette denrée paye les cinq droits suivans, sçavoir ;

| | | | | |
|---|---|---|---|---|
| 1660 | Le vieux subside, | | | 6 |
| 169⅔ | L'imposition additionale, | | 2 | 6 |
| 1695 | Droits sur les biens de France, *idem*, | | 2 | 6 |
| 1697 | Le nouveau subside, | | | 6 |
| 170¼ | Les ⅓ & ⅔ subsides, | | | 6 |
| | Argent d'Angleterre | | 6 | 6 |
| | Argent de France | 4 | 4 | 6 |

Ce qui revient à près de 65 pour cent de la valeur.

*Avelines des autres Pays.*

Elles sont sujettes à trois droits, sçavoir ;

| | | | | |
|---|---|---|---|---|
| 1660 | Le vieux subside, | | | 6 d. |
| 1697 | Le nouveau subside, | | | 6 |
| 170¼ | Les ⅓ & ⅔ subsides, | | | 6 |
| | Argent d'Angleterre | | 1 s. | 6 |
| | Argent de France | | 19 | 6 |

*Bois, planches, & madriers de Noyers de France.*

Cette denrée n'est point tarifiée & s'acquite par conséquent *ad valorem*. Elle est sujette aux cinq droits suivans.

1660 Le vieux subside 5 pour cent de valeur.
169⅔ L'imposition additionale de 25 pour cent, *idem*.
1695 Droits sur les biens de France 25 pour cent, *idem*.
1697 Le nouveau subside, 5 pour cent de valeur.
170¼ Les ⅓ & ⅔ subsides, 5 pour cent de valeur.

Ce qui revient pour tous les droits à 65 pour cent.

*Nota*. Ce commerce est perdu pour la France depuis la gelée de 1709, & ne sçauroit se rétablir de plus de 30 ans.

*Des autres Pays.*

Ils ne sont point tarifiés non plus, & sont sujets à trois droits, sçavoir ;

1660 Le vieux subside, 5 pour cent de la valeur.
1697 Le nouveau subside, 5 pour cent de la valeur.
170¼ Les ⅓ & ⅔ subsides, 5 pour cent de la valeur.

Ce qui revient pour tous les droits à 15 pour cent.

*Brai ou raisine de France.*

Cette denrée est estimée 6 s. 8 d. st. le quintal ; ce qui fait argent de France 4 liv. 6 s. 8 d. L'estimation de cette denrée est portée à un tiers au dessus de sa valeur qui est 3 liv. à 3 liv. 10 sols en France, & elle paye les droits suivans ;

| | | | | |
|---|---|---|---|---|
| 1660 | Le vieux subside, | | | 4 |
| 169⅔ | L'imposition additionale de 25 pour cent, | | 1 | 8 |
| 1695 | Droits sur les biens de France, *idem* | | 1 | 8 |
| 1697 | Le nouveau subside, | | | 4 |
| 170¼ | Les ⅓ & ⅔ subsides, | | | 4 |
| | Argent d'Angleterre | | 4 | 4 |
| | Argent de France | 2 l. | 16 | 4 |

Ce qui revient à près de 30 pour cent de la valeur.

*Brai des autres Pays Etrangers.*

Ils sont sujets à quatre droits suivans, sçavoir ;

| | | | | |
|---|---|---|---|---|
| 1660 | Le vieux subside, | | | 4 |
| 169⅔ | L'imposition additionale, | | | 8 |
| 1697 | Le nouveau subside, | | | 4 |
| 170¼ | Les ⅓ & ⅔ subsides, | | | 4 |
| | Argent d'Angleterre | | 1 | 8 |
| | Argent de France | 1 | 1 | 8 |

*Capres de France.*

Elles sont estimées 6 d. st. la livre, ce qui fait pour le quintal 2 liv. 10 s. st. & argent de France 32 liv. 10 sols ; l'estimation est trop forte d'un grand tiers, car cette denrée n'est estimée en France que 20 liv. le quintal au plus : elle est sujette aux cinq droits suivans.

| | | | |
|---|---|---|---|
| 1660 | Le vieux subside pour le quintal, | 2 | 6 |

| | | l. | s. | d. |
|---|---|---|---|---|
| 169⅔ | L'impofition additionale, | | 12 f. | 6 d. |
| 1695 | Droits fur les biens de France, | | 12 | 6 |
| 1697 | Le nouveau fubfide, | | 2 | 6 |
| 170¾ | Les ⅓ & ⅔ fubfides, | | 2 | 6 |
| | Argent d'Angleterre | 1 l. | 12 | 6 |
| | Argent de France | 21 | 2 | 6 |

Ce qui revient à 105 pour cent de la valeur.

*Capres des autres Pays.*

Elles font fujettes aux trois droits ci-après.

| | | l. | s. | d. |
|---|---|---|---|---|
| 1660 | Le vieux fubfide pour chaque quintal, | | 2 | 6 |
| 1697 | Le nouveau fubfide, | | 2 | 6 |
| 170¾ | Les ⅓ & ⅔ fubfides, | | 2 | 6 |
| | Argent d'Angleterre | | 7 | 6 |
| | Argent de France | 4 | 17 | 6 |

*Châtaignes de France.*

Cette denrée n'eft point tarifiée & s'acquite *ad valorem*; elle eft fujette aux cinq droits fuivans.

1660 Le vieux fubfide, 5 pour cent de la valeur.
169⅔ L'impofition additionale de 25 pour cent, *idem.*
1695 Droits fur les biens de France de 25 pour cent.
1697 Le nouveau fubfide, 5 pour cent.
170¾ Les ⅓ & ⅔ fubfides, 5 pour cent.
Ce qui revient à 65 pour cent de la valeur.

*Châtaignes des autres Pays.*

Elles font fujettes à trois droits.

1660 Le vieux fubfide de 5 pour cent de la valeur.
1697 Le nouveau fubfide de 5 pour cent, *idem.*
170¾ Les ⅓ & ⅔ fubfides de 5 pour cent, *idem.*
Ce qui revient à 15 pour cent de la valeur.

*Chardons de France.*

De même qu'à l'article des châtaignes ci-deffus.

*Confitures feiches & liquides.*

Elles font eftimées par le tarif 3 fols ft. la livre, ce qui fait 15 liv. ft. le cent péfant, & argent de France 195 liv. Cette eftimation eft exhorbitante : car elles ne valent en France que 70 liv. le cent; de façon que cette eftimation excéde de 125 liv. au-deffus de la jufte valeur de cette marchandife en France.

Elle eft fujette aux droits fuivans.

| | l. | s. | d. |
|---|---|---|---|
| Le vieux fubfide pour chaque quintal, | | 15 | |
| L'impofition additionale de 25 pour cent, | 3 | 15 | |
| Droits fur les biens de France, *idem.* | 3 | 15 | |
| Le nouveau fubfide, | | 15 | |
| Les ⅓ & ⅔ fubfides, | | 15 | |
| Argent d'Angleterre | 9 | 15 | |
| Argent de France | 126 | 15 | |

Ce qui revient à 181 pour cent de la valeur.

*Confitures des autres Pays.*

Elles font eftimées comme ci-deffus & fujettes aux droits fuivans.

| | | s. |
|---|---|---|
| 1660 | Le vieux fubfide, | 15 |
| 1697 | Le nouveau fubfide, | 15 |
| 170¾ | Les ⅓ & ⅔ fubfides, | 15 |

| | l. | s. |
|---|---|---|
| Argent d'Angleterre | 2 l. | 5 f. |
| Argent de France | 29 | 5 |

*Eaux de la Reine de Hongrie*
*Eaux & effence* } *de France.*

De même qu'à l'article des Chardons ci-deffus.

*Figues de France.*

Elles font eftimées 1 liv. 13 fols 4 d. ft. le cent péfant; ce qui fait argent de France 21 liv. 13 fols 4 d. Cette eftimation eft jufte puifqu'elles ne valent en France que 20 liv. le quintal.

Elles font fujettes à 5 droits, fçavoir;

| | | l. | s. | d. |
|---|---|---|---|---|
| 1660 | Le vieux fubfide, | | 1 | 4 d. |
| 169⅔ | L'impofition additionale de 25 pour cent, | | 8 | 4 |
| 1695 | Droits fur les biens de France, *idem* | | 8 | 4 |
| 1697 | Le nouveau fubfide, | | 1 | 8 |
| 170¾ | Les ⅓ & ⅔ fubfides, | | 1 | 8 |
| | Argent d'Angleterre | 1 | 1 | 8 |
| | Argent de France | 14 | 1 | 8 |

Ce qui revient à 70 ¼ pour cent de la valeur.

*Figues des autres Pays.*

Elles font fujettes à 4 droits, fçavoir;

| | l. | s. | d. |
|---|---|---|---|
| Le vieux fubfide, | | 1 | 8 |
| La nouvelle impofition du pundage, | | 1 | 4 |
| Le nouveau fubfide, | | 1 | 8 |
| Les ⅓ & ⅔ fubfides, | | 1 | 8 |
| Argent d'Angleterre | | 8 | 4 |
| Argent de France | 5 | 8 | 4 |

*Fromages de France.*

Il eft eftimé 6 f. 8 d. ft. le cent péfant; ce qui fait argent de France 4 liv. 6 f. 8 d. Cette eftimation eft infiniment modique & au deffous de fa valeur de ¼.

Cette denrée eft fujette à cinq droits.

| | | l. | s. | d. |
|---|---|---|---|---|
| 1660 | Le vieux fubfide, | | | 4 |
| 169⅔ | L'impofition additionale, | | 1 | 8 |
| 1695 | Le droit fur les biens de France, | | 1 | 8 |
| 1697 | Le nouveau fubfide, | | | 4 |
| 170¾ | Les ⅓ & ⅔ fubfides, | | | 4 |
| | Argent d'Angleterre | | 4 | 4 |
| | Argent de France | 2 | 16 | 4 |

Ce qui revient à 64 pour cent de la valeur.

*Fromages des autres Pays.*

Il eft fujet à trois droits.

| | | l. | s. | d. |
|---|---|---|---|---|
| 1660 | Le vieux fubfide, | | | 4 |
| 1697 | Le nouveau fubfide, | | | 4 |
| 170¾ | Les ⅓ & ⅔ fubfides, | | | 4 |
| | Argent d'Angleterre | | 1 | |
| | Argent de France | | 13 | |

*Huiles d'olives de France.*

Elles font eftimées 32 liv. ft. le tonneau, ce qui fait argent de France 416 liv. & pour chaque cent péfant 20 liv. 16 fols. Cette eftimation eft jufte, & cette denrée eft fujette à 5 droits.

| | | l. | s. | d. |
|---|---|---|---|---|
| 1660 | Le vieux fubfide 5 pour cent par tonneau, | 1 | 12 | |
| 169⅔ | L'impofition additio- | | | |

| | l. | s. | d. |
|---|---|---|---|
| nale de 25 pour cent, | 8 l. | | |
| 1695 Les droits sur les biens de France 25 pour cent, | 8 | | |
| 1697 Le nouveau subside 5 pour cent, | 1 | 12 s. | |
| 170¼ Les ⅓ & ⅔ subsides, 5 pour cent, | 1 | 12 | |
| Argent d'Angleterre | 20 | 16 | |
| Argent de France | 270 | 8 | |

Ce qui fait 65 pour cent de la valeur,

*Huiles des autres Pays.*

Elles sont sujettes à trois droits.

| | l. | s. |
|---|---|---|
| 1660 Le vieux subside 5 pour cent, | 1 | 12 |
| 1697 Le nouveau subside, *idem* | 1 | 12 |
| 170¼ Les ⅓ & ⅔ subsides, | 1 | 12 |
| Argent d'Angleterre | 4 | 16 |
| Argent de France | 62 | 8 |

Ce qui revient à 15 pour cent de la valeur.

*Jambons de France.*

Ils sont estimés 1 liv. 6 sols 8 d. st. le cent pésant qui font argent de France 17 liv. 6 s. 8 d. Cette estimation est juste, ils sont sujets à 5 droits; sçavoir;

| | l. | s. | d. |
|---|---|---|---|
| 1660 Le vieux subside à cinq pour cent de la valeur, | | 1 | 4 d. |
| 169⅔ L'imposition additionale est sur cette denrée d'une estimation excessive, car elle est portée par le tarif à 37 liv. 6 sols 8 d. st. laquelle estimation va à plus de vingt fois de la valeur de cette denrée; ce qui fait pour le droit, | 1 | 17 | 4 |
| 1695 Les droits sur les biens de France de 25 pour cent, | | 6 | 8 |
| 1697 Le nouveau subside, de même que le vieux, | | 1 | 4 |
| 170¼ Les ⅓ & ⅔ subsides, *idem*, | | 1 | 4 |
| Argent d'Angleterre | 2 | 8 | |
| Argent de France | 31 | 4 | |

Ce qui revient à 180 pour cent de la valeur.

*Jambons des autres Pays.*

Ils sont sujets à 4 droits.

| | l. | s. | d. |
|---|---|---|---|
| 1660 Le vieux subside, | | 1 | 4 |
| 169⅔ L'imposition additionale de même que dessus, | 1 | 17 | 4 |
| 1697 Le nouveau subside, de même que le vieux, | | 1 | 4 |
| 170¼ Les ⅓ & ⅔ subsides, *idem*, | | 1 | 4 |
| Argent d'Angleterre | 2 | 1 | 4 |
| Argent de France | 26 | 17 | 4 |

*Liége de France.*

Il est estimé 7 sols 8 d. st. le cent pésant qui font argent de France 4 liv. 19 sols. Cette estimation est juste, & cette denrée est sujette à cinq droits; sçavoir;

| | l. | s. | d. |
|---|---|---|---|
| 1660 Le vieux subside, 5 pour cent de la valeur, | | | 4 d. ½ |
| 169⅔ L'imposition additionale de 25 pour cent, | | 1 s. | 10½ |
| 1695 Le droit des biens de France *idem*, | | 1 | 10½ |
| 1697 Le nouveau subside 5 pour cent, | | | 4½ |
| 170¼ Les ⅓ & ⅔ subsides, 5 pour cent, | | | 4½ |
| Argent d'Angleterre | | 4 | 10½ |
| Argent de France | 3 l. | 3 | 4 |

Ce qui fait en tout 65 pour cent de la valeur.

*Liége des autres Pays.*

Il est sujet à trois droits, sçavoir;

| | s. | d. |
|---|---|---|
| 1660 Le vieux subside de 5 pour cent, | | 4½ |
| Le nouveau subside, *idem*, | | 4½ |
| Les ⅓ & ⅔ subsides, *idem*, | | 4½ |
| Argent d'Angleterre | 1 | 1½ |
| Argent de France | 14 | 7 |

Ce qui revient à 15 pour cent de la valeur.

*Miel de France.*

Il est estimé le tonneau 12 liv. st. qui font argent de France 156 liv. Cette estimation est trop forte d'environ 30 liv. car cette denrée ne vaut en France qu'autour de 120 liv. à 126 liv. le tonneau, & elle est sujette aux cinq droits suivans.

| | l. | s. |
|---|---|---|
| 1660 Le vieux subside 5 pour cent, | | 12 |
| 169⅔ L'imposition additionale de 25 pour cent, | 3 | |
| 1695 Le droit sur les biens de France, *idem*, | 3 | |
| 1697 Le nouveau subside, | | 12 |
| 170¼ Les ⅓ & ⅔ subsides, | | 12 |
| Argent d'Angleterre | 7 | 16 |
| Argent de France | 101 | 8 |

Ce qui revient à environ 82 ½ pour cent de la valeur.

*Miel des autres Pays.*

Il est sujet à trois droits, sçavoir;

| | l. | s. |
|---|---|---|
| 1660 Le vieux subside comme dessus, | | 12 |
| 1697 Le nouveau subside, *idem*, | | 12 |
| 170¼ Les ⅓ & ⅔ subsides, *idem*, | | 12 |
| Argent d'Angleterre | 1 | 16 |
| Argent de France | 23 | 8 |

*Meules de moulins de France.*

Elles sont estimées par le tarif 10 liv. st. la piece qui font argent de France 130 liv. L'estimation est trop forte de deux tiers, car elles ne valent en France que 80 liv. Elles sont sujettes aux droits suivans.

| | l. | s. |
|---|---|---|
| 1660 Le vieux subside, | | 10 |
| 169⅔ L'imposition additionale de 5 pour cent, | 2 | 10 |
| 1690 Le droit sur les biens de | | |

| | | l. | ſ. | d. |
|---|---|---|---|---|
| | France, *idem*, | 2 l. | 10 ſ. | |
| 1697 | Le nouveau ſubſide, | | 10 | |
| 170¼ | Les ⅓ & ⅔ ſubſides, | | 10 | |
| | Argent d'Angleterre, | 6 | 10 | |
| | Argent de France, | 84 | 10 | |

### *Meules des autres Pays.*

Elles ſont ſujettes aux droits ſuivans.

| | | | | |
|---|---|---|---|---|
| 1660 | Le vieux ſubſide, | | 10 | |
| 1697 | Le nouveau ſubſide, | | 10 | |
| 170¼ | Les ⅓ & ⅔ ſubſides, | | 10 | |
| | Argent d'Angleterre, | 1 | 10 | |
| | Argent de France, | 19 | 10 | |

Ce qui revient environ à 105 ¼ pour % de la valeur.

### *Pierres ou carreaux de Meules de moulins de France.*

Elles ſont tarifiées en deux eſpeces; c'eſt-à-dire, en grandes & petites, toutes deux au laſt qui eſt de 4000 péſant. Les grandes ſont eſtimées le laſt 4 l. 10 ſols ſt. ce qui fait argent de France 58 liv. 10 ſols. Nous n'avons pas pû faire la comparaiſon de leur valeur avec l'eſtimation portée par le tarif de Londres, parce qu'elles ſe vendent en France au nombre dont le cent vaut 60 liv. ſans diſtinction de grandes ni de petites. Les petites ſont tarifiées à 2 liv. 5 ſols ce qui fait argent de France 29 liv. 5 ſols. Les grandes ſont ſujettes à 5 droits.

| | | | | |
|---|---|---|---|---|
| 1660 | Le vieux ſubſide, | | 4 | 6 d. |
| 169⅔ | L'impoſition additionale, 25 pour cent, | 1 | 2 | 6 |
| 1695 | Le droit ſur les biens de France, *idem*, | 1 | 2 | 6 |
| 1697 | Le nouveau ſubſide, | | 4 | 6 |
| 170¼ | Les ⅓ & ⅔ ſubſides, | | 4 | 6 |
| | Argent d'Angleterre, | 2 | 18 | 6 |
| | Argent de France, | 38 | | 6 |

Pour les petites la moitié des droits ci-deſſus.

### *Pierres à Meules des autres Pays.*

Elles ſont ſujettes à trois droits; ſçavoir, les grandes.

| | | | | |
|---|---|---|---|---|
| 1660 | Le vieux ſubſide, | | 4 | 6 |
| 1697 | Le nouveau ſubſide, | | 4 | 6 |
| 170¼ | Les ⅓ & ⅔ ſubſides, | | 4 | 6 |
| | Argent d'Angleterre, | | 13 | 6 |
| | Argent de France, | 8 | 15 | 6 |

Les petites payent la moitié des droits ci-deſſus.

### *Pignons de France.*

Ils ne ſont point compris dans le tarif, & ſont eſtimés *ad valorem*.

1660 Le vieux ſubſide, 5 pour cent de la valeur.
169⅔ L'impoſition additionale de 25 pour cent, *idem*.
1695 Les droits ſur les biens de France, *idem* 25 cent.
1697 Le nouveau ſubſide, 5 pour cent, *idem*.
170¼ Les ⅓ & ⅔ ſubſides, 5 pour cent, *idem*.

Ce qui monte à 65 pour cent de la valeur de cette marchandiſe.

### *Pignons des autres Pays.*

Ils ſont ſujets à trois droits;

1660 Le vieux ſubſide, 5 pour cent de la valeur.
1697 Le nouveau ſubſide, 5 pour cent, *idem*.
170¼ Les ⅓ & ⅔ ſubſides, 5 pour cent, *idem*.

Ce qui revient pour la même denrée à 15 pour cent de ſa valeur.

### *Paſtel de France.*

Il eſt eſtimé 1 liv. 13 ſ. 4 d. ſt. le cent péſant; ce qui fait argent de France 21 liv. 13 ſols 4 d. Cette eſtimation eſt des deux tiers au-deſſus de ſa valeur; car cette denrée ne vaut en France qu'environ 14 ou 15 l. le cent péſant. Elle eſt ſujette à deux droits, ſçavoir;

| | | | | |
|---|---|---|---|---|
| 1660 | Le vieux ſubſide, | | 1 ſ. | 6 d. |
| 1695 | Le droit ſur les biens de France 25 pour cent, | | 8 | 4 |
| | Argent d'Angleterre, | | 10 | |
| | Argent de France, | 6 l. | 10 | |

Ce qui revient à près de 45 pour cent de la valeur.

*Nota.* Il faut remarquer que l'eſtimation qu'ils ont faite du paſtel eſt moins forte que celle du paſtel de France, & c'eſt pour ſe paſſer du nôtre; ce qui fait que nous n'y en envoyons point du tout.

### *Paſtel des autres Pays.*

Il eſt eſtimé 15 liv. ſt. les 2000 péſant; ce qui revient à 195 liv. monnoie de France. Il eſt ſujet au vieux ſubſide ſeulement.

| | | | | |
|---|---|---|---|---|
| 1660 | Le droit du vieux ſubſide, | | 15 | |
| | Argent d'Angleterre, | | 15 | |
| | Argent de France, | 9 | 15 | |

Ce qui eſt un fort petit droit par rapport à la valeur de cette denrée.

### *Peaux de chevreaux de France en poil.*

Elles ſont eſtimées le cent en nombre, 1 liv. ſt. qui fait argent de France 13 liv. ce qui eſt un peu moins de la moitié de leur juſte valeur; car elles valent en France le cent en nombre, 30 liv. 12 ſ. 6. d. Elles ſont ſujettes aux droits ſuivans.

| | | | | |
|---|---|---|---|---|
| 1660 | Le vieux ſubſide, | | 1 | |
| 169⅔ | L'impoſition additionale de 25 pour cent, | | 5 | |
| 1695 | Les droits ſur les biens de France, | | 5 | |
| 1697 | Le nouveau ſubſide, | | 1 | |
| 170¼ | Les ⅓ & ⅔ ſubſides, | | 1 | |
| 1712 | Par acte de la dixiéme année d'Anne, 6 d. ſt. pour chaque douziéme, ce qui fait pour le cent en nombre, | | 4 | 8 |
| | Argent d'Angleterre, | | 17 | 8 |
| | Argent de France, | 11 | 9 | 8 |

Ce qui revient environ à 37 & demi pour cent de la valeur.

### *Peaux de chevreaux en poil des autres Pays.*

Elles ſont ſujettes aux droits ſuivans.

| | | | | |
|---|---|---|---|---|
| 1660 | Le vieux ſubſide, | | 1 | |
| 169⅔ | L'impoſition additionale, | | 1 | |
| 1697 | Le nouveau ſubſide, | | 1 | |
| 170¼ | Les ⅓ & ⅔ ſubſides, | | 1 | |
| 1712 | Par acte de la dixiéme année d'Anne 6 d. ſt. pour chaque douzaine, | | | |

| ce qui fait pour le cent en nombre, | | 4 f. | 8 d. |
|---|---|---|---|
| Argent d'Angleterre, | | 8 | 8 |
| Argent de France, | 5 l. | 12 | 8 |

*Plâtre de France en pierre.*

Il est estimé les 3000 pésant 2 liv. st. qui font argent de France 26 liv. & en France 7 liv. 10 f. de sorte que l'estimation d'Angleterre excéde sa juste valeur de 250 pour cent. Cette denrée est sujette aux droits suivans.

| | | | |
|---|---|---|---|
| 1660 | Le vieux subside, | | 2 |
| $169\frac{2}{3}$ | Le droit additional de 25 pour cent, | | 10 |
| 1695 | Le droit sur les biens de France, | | 10 |
| 1697 | Le nouveau subside, | | 2 |
| $170\frac{3}{4}$ | Les $\frac{1}{3}$ & $\frac{2}{3}$ subsides, | | 2 |
| | Argent d'Angleterre, | 1 | 6 |
| | Argent de France, | 16 | 8 |

*Plumes de lits de France.*

Elles sont estimées le cent pésant 6 liv. st. qui font argent de France 78 liv. Cette estimation est juste; & elles sont sujettes à 5 droits, sçavoir;

| | | | |
|---|---|---|---|
| 1660 | Le vieux subside, | | 6 |
| $169\frac{2}{3}$ | Le droit de l'imposition additionale de 25 pour cent, | 1 | 10 |
| 1695 | Le droit sur les biens de France, *idem*, | 1 | 10 |
| 1697 | Le nouveau subside, | | 6 |
| $170\frac{3}{4}$ | Les $\frac{1}{3}$ & $\frac{2}{3}$ subsides, | | 6 |
| | Argent d'Angleterre, | 3 | 18 |
| | Argent de France, | 50 | 14 |

Ce qui revient à 65 pour cent de la valeur.

*Plumes des autres Pays.*

Elles sont sujettes à trois droits.

| | | | |
|---|---|---|---|
| 1660 | Le vieux subside, | | 6 |
| 1697 | Le nouveau subside, | | 6 |
| $170\frac{3}{4}$ | Les $\frac{1}{3}$ & $\frac{2}{3}$ subsides, | | 6 |
| | Argent d'Angleterre | | 18 |
| | Argent de France | 11 | 14 |

Ce qui va à 15 pour cent de la valeur.

*Pommes de France.*

Les rainettes sont estimées le baril contenant trois boisseaux, 3 sols st. qui font argent de France 39 f. ce qui ne va qu'à la moitié de leur juste valeur en France, n'y étant estimées que 4 l. le boisseau d'Angleterre. Elles sont sujettes aux cinq droits suivans.

| | | | | | |
|---|---|---|---|---|---|
| 1660 | Le vieux subside, | | | 1 | $\frac{3}{4}$ |
| $169\frac{2}{3}$ | L'imposition additionale, | | | 8 | $\frac{3}{4}$ |
| 1695 | Le droit sur les biens de France, | | | 8 | $\frac{3}{4}$ |
| 1697 | Le nouveau subside, | | | 1 | $\frac{3}{4}$ |
| $170\frac{3}{4}$ | Les $\frac{1}{3}$ & $\frac{2}{3}$ subsides, | | | 1 | $\frac{3}{4}$ |
| | Argent d'Angleterre | | 1 | 10 | $\frac{3}{4}$ |
| | Argent de France | 1 | 3 | 10 | $\frac{1}{4}$ |

Ce qui revient à moins d'un tiers de la valeur suivant l'estimation.

Les pommes communes ne sont estimées qu'à 1 f. st. c'est-à-dire, à un tiers de l'estimation des rainettes: ainsi les droits en doivent être tirés aux $\frac{2}{3}$ moins du calcul ci-dessus.

*Poires de France.*

Elles ne sont point tarifiées; & elles payent par conséquent les droits *ad valorem* qui sont les suivans.

1660 Le vieux subside, 5 pour cent.
$169\frac{2}{3}$ L'imposition additionale de 25 pour cent.
1695 Le droit sur les biens de France, 25 pour cent.
1697 Le nouveau subside, 2 pour cent.
$170\frac{3}{4}$ Les $\frac{1}{3}$ & $\frac{2}{3}$ subsides, 5 pour cent.

Ce qui revient à 65 pour cent de la valeur.

*Poires & pommes seiches de France.*

Elles sont estimées le baril 10 f. st. qui font argent de France 6 liv. 10 f. l'estimation est juste. Elles sont sujettes à cinq droits.

| | | | | |
|---|---|---|---|---|
| 1660 | Le vieux subside, | | | 6 d. |
| $169\frac{2}{3}$ | Le droit additional, de 25 pour cent, | | 2 f. | 6 |
| 1695 | L'imposition sur les biens de France, | | 2 | 6 |
| 1697 | Le nouveau subside, | | | 6 |
| $170\frac{3}{4}$ | Les $\frac{1}{3}$ & $\frac{2}{3}$ subsides, | | | 6 |
| | Argent d'Angleterre | | 6 | 6 |
| | Argent de France | 4 l. | 4 | 6 |

Ce qui revient à 65 pour cent de la valeur de cette denrée.

*Prunes de France.*

Elles sont estimées 15 sols st. le cent pésant, qui font argent de France 9 liv. 15 f. & elles ne valent que 4 liv. de sorte que cette estimation est forte de plus de 70 pour cent. Elles sont sujettes à 5 droits.

| | | | | |
|---|---|---|---|---|
| 1660 | Le vieux subside, | | | 9 |
| $169\frac{2}{3}$ | Le droit additional de 25 pour cent, | | 3 | 9 |
| 1695 | L'imposition sur les biens de France, | | 3 | 9 |
| 1697 | Le nouveau subside, | | | 9 |
| $170\frac{3}{4}$ | Les $\frac{1}{3}$ & $\frac{2}{3}$ subsides, | | | 9 |
| | Argent d'Angleterre | | 9 | 9 |
| | Argent de France | 6 | 6 | 9 |

Ce qui revient à plus des deux tiers de la valeur de cette denrée.

*Prunes de Brugnoles & de Tours.*

Elles n'ont point une appréciation particuliere par le tarif; & quoique eur valeur excéde de cinq ou six fois celle des autres prunes, elles ne doivent payer cependant en Angleterre que le droit des prunes ordinaires.

*Raisins secs de France.*

Ils sont estimés 1 liv. 10 sols st. le cent pésant, ce qui fait argent de France 19 liv. 10 f. Cette estimation est juste, & ils sont sujets à

| | | | | |
|---|---|---|---|---|
| 1660 | Le vieux subside, | | 1 | 6 |
| $169\frac{2}{3}$ | Le droit additional de 25 pour cent, | | 7 | 6 |
| 1695 | Le droit sur les biens de France, | | 7 | 6 |
| 1697 | Le nouveau subside, | | 1 | 6 |
| $170\frac{3}{4}$ | Les $\frac{1}{3}$ & $\frac{2}{3}$ subsides, | | 1 | 6 |
| | Argent d'Angleterre | | 19 | 6 |
| | Argent de France | 12 | 13 | |

Ce qui va à environ 65 pour cent de la valeur de cette denrée.

*Raisins secs des autres Pays de la même espece.*

Ils sont sujets à 4 droits.

| | | l. | s. | d. |
|---|---|---|---|---|
| 1660 | Le vieux subside, | | 1 s. | 6 d. |
| 1690 | La nouvelle imposition du poundage, | | 1 | 6 |
| 1697 | Le nouveau subside, | | 1 | 6 |
| 170$\frac{1}{4}$ | Les $\frac{1}{3}$ & $\frac{2}{3}$ subsides, | | 1 | 6 |
| | Argent d'Angleterre, | | 6 | |
| | Argent de France, | 3 l. | 18 | |

Ce qui revient à 20 pour cent de la valeur de cette denrée.

*Redons de France.*

Ils ne sont point estimés & s'acquitent *ad valorem.*

Ils sont sujets aux droits suivans.

1660 Le vieux subside, 5 pour cent de la valeur.

1695 Le droit sur les biens de France de 25 pour cent.

Ce qui revient à 30 pour cent de la valeur de cette denrée.

*Raisine.* Voyez *Brai.*

*Safran de France.*

Il est estimé 1 liv. 10 sols st. la livre, ce qui fait 19 liv. 10. sols de France. Cette estimation est plus forte de 20 pour cent de sa juste valeur, n'étant estimé en France que 14 à 15 liv. la livre.

Il n'est sujet qu'à deux droits, parce qu'il est mis sur le tarif parmi les drogues servant aux teintures.

| | | l. | s. | d. |
|---|---|---|---|---|
| 1660 | Le vieux subside, | | 1 | 6 |
| 1695 | Le droit de 25 pour cent sur les biens de France, | | 7 | 6 |
| | Argent d'Angleterre, | | 9 | |
| | Argent de France, | 5 | 17 | |

Ce qui va à un tiers de la valeur de cette denrée.

*Safran des autres Pays.*

| | | l. | s. | d. |
|---|---|---|---|---|
| 1660 | Il n'est sujet qu'au vieux subside, & paye, | | 1 | 6 |
| | Argent d'Angleterre, | | 1 | 6 |
| | Argent de France, | 1 | 19 | 6 |

Ce qui va à la dix-neuviéme partie de la valeur de cette denrée.

*Savon de France.*

Il est estimé 3 liv. st. le cent pesant, ce qui fait argent de France 39 liv. Cette estimation double presque de sa valeur; car il ne vaut que 20 liv. en France. Il est sujet à cinq droits.

| | | l. | s. |
|---|---|---|---|
| 1660 | Le vieux subside, | | 3 |
| 169$\frac{2}{3}$ | Le droit additional de 25 pour cent, | | 15 |
| 1695 | Le droit sur les biens de France, *idem*, | | 15 |
| 1697 | Le nouveau subside, | | 3 |
| 170$\frac{1}{4}$ | Les $\frac{1}{3}$ & $\frac{2}{3}$ subsides, | | 3 |
| | Argent d'Angleterre, | 1 | 19 |
| | Argent de France, | 25 | 17 |

Ce qui va à environ 135 pour cent de la valeur de cette denrée.

*Savons des autres Pays.*

Ils sont sujets à trois droits, sçavoir;

| | | l. | s. |
|---|---|---|---|
| 1660 | Le vieux subside, | | 3 s. |
| 1697 | Le nouveau subside, | | 3 |
| 170$\frac{1}{4}$ | Les $\frac{1}{3}$ & $\frac{2}{3}$ subsides, | | 3 |
| | Argent d'Angleterre, | | 9 |
| | Argent de France, | 5 l. | 17 |

Ce qui va à environ 28 pour cent de la valeur de cette denrée.

*Sel gris de France.*

Il est estimé 1 liv. st. ou 13 liv. de France le wey contenant 40 boisseaux, ce qui fait environ 3360 liv. pesant; & ce qui revient à peu près à un muid $\frac{2}{3}$ mesure de France; il y vaut 10 liv. le muid, ce qui fait pour le muid $\frac{2}{3}$ 16 liv. 13 sols, 4 den. en sorte qu'il y a une différence entre l'estimation d'Angleterre & de France d'environ un quart moins. Il est sujet aux droits suivans.

| | | s. |
|---|---|---|
| 1660 | Le vieux subside, | 1 |
| 169$\frac{2}{3}$ | Le droit additional de 25 pour cent, | 5 |
| 1695 | Le droit de 25 pour cent sur les marchandises de France, | 5 |
| 1697 | Le nouveau subside, | 1 |
| 170$\frac{1}{4}$ | Les $\frac{1}{3}$ & $\frac{2}{3}$ subsides, | 1 |

*Pour le droit d'excise.*

| | d. |
|---|---|
| $\frac{1}{8}$ Guillaume & Marie, ch. 7. s. 3 den. par gallon, ci, | 3 d. |
| $\frac{9}{10}$ du même, ch. 44 par chaque gallon, | 7 |
| | 10 |

| | l. | s. | d. |
|---|---|---|---|
| Ce qui fait pour le wey de 40 boisseaux à 8 gallons par boisseau, | 13 | 6 | 8 d. |
| Argent d'Angleterre, | 13 | 19 | 8 |
| Argent de France, | 181 | 15 | 8 |

Ce qui excéde de onze fois la valeur du prix de cette denrée.

*Sel blanc d'Espagne.*

Il est estimé 1 liv. 6 s. 8 d. st. le wey ou 17 liv. 6 s. 8 d. de France, & est sujet aux droits suivans.

| | | l. | s. | d. |
|---|---|---|---|---|
| 1660 | Le vieux subside, | | 1 | 4 |
| 169$\frac{2}{3}$ | Le droit additional de 25 pour cent, | | 5 | |
| 1697 | Le nouveau subside, | | 1 | 4 |
| 170$\frac{1}{4}$ | Les $\frac{1}{3}$ & $\frac{2}{3}$ subsides, | | 1 | 4 |
| | Pour le droit d'excise, comme dessus. | 13 | 6 | 8 |
| | Argent d'Angleterre, | 13 | 15 | 8 |
| | Argent de France, | 179 | 3 | 8 |

*Verd de gris.*

Il est estimé 1 s. 8 d. st. la livre, ce qui fait argent de France 21 s. 8 den. il vaut chez nous 65 liv. le quintal. Cette drogue est donc estimée par le tarif d'Angleterre à plus de 30 pour cent de sa juste valeur.

Elle est sujette à deux droits comme drogue servant aux teintures.

| | | s. | d. |
|---|---|---|---|
| 1660 | Le vieux subside, | | 1 |
| 1695 | Les droits sur les marchandises de France de 25 pour cent, | | 5 |
| | Argent d'Angleterre, | | 6 |
| | Argent de France, | 6 | 6 |

Ce

Ce qui revient à 50 pour cent de la valeur de cette drogue.

## ETAT DES DROITS QUE PAYENT *les Marchandises & Manufactures à leur entrée en Angleterre.*

### *Bougrans de France.*

Ils sont estimés 2 liv. 10 s. st. les douze pieces contenant chacune quatre aunes, ce qui revient argent de France, à 32 liv. 10 s. & ils valent en France 26 liv. ce qui porte l'estimation du tarif d'Angleterre sur cette marchandise à vingt-cinq pour cent au-delà de sa juste valeur, ils sont sujets aux cinq droits suivans.

| | | l. | s. | d. |
|---|---|---|---|---|
| 1660 | Le vieux subside, | | 2 s. | 6 d. |
| $169\frac{2}{3}$ | Le droit additional de 25 pour cent, | | 12 | 6 |
| 1695 | Les droits sur les biens de France, 25 pour cent, | | 12 | 6 |
| 1697 | Le nouveau subside, | | 2 | 6 |
| $170\frac{3}{4}$ | Les $\frac{1}{3}$ & $\frac{2}{3}$ subsides, | | 2 | 6 |
| | Argent d'Angleterre, | 1 l. | 12 | 6 |
| | Argent de France, | 21 | 2 | 6 |

Ce qui va à $\frac{4}{6}$ de la valeur de cette marchandise, c'est-à-dire, à plus de quatre-vingt-un pour cent.

### *Bougrans d'Allemagne.*

Ils sont estimés 10 s. st. la piece; ce qui fait pour les douze pieces 6 liv. & argent de France 78 liv. Ils sont sujets aux droits suivans.

| | | l. | s. | d. |
|---|---|---|---|---|
| 1690 | Le vieux subside, 5 pour cent, | | | 6 |
| $169\frac{2}{3}$ | Le droit additional, *idem*, | | | 6 |
| 1697 | Le nouveau subside, | | | 6 |
| $170\frac{3}{4}$ | Les $\frac{1}{3}$ & $\frac{2}{3}$ subsides, *idem*, | | | 6 |
| | Argent d'Angleterre, | | 1 | 4 |
| | Argent de France, | | 15 | 12 |

Ce qui revient sur le pied de cette estimation à vingt pour cent de la valeur.

### *Brocards & Moires d'or & argent de toutes sortes.*

Ils ne sont point estimés dans le tarif & doivent s'acquitter par conséquent *ad valorem.* Ils sont sujets aux droits suivans.

1660 { Le vieux subside, 5 pour cent.
La moitié du vieux subside, deux & demi pour cent.

$169\frac{2}{3}$ Le droit additional de 25 pour cent.

1695 Le droit sur les biens de France, 25 pour cent.

1697 Le nouveau subside, 5 pour cent.

$170\frac{3}{4}$ Les $\frac{1}{3}$ & $\frac{2}{3}$ subsides, 5 pour cent.

Ce qui revient à 67 & demi pour cent des droits de la valeur de ces marchandises.

### *Brocards, &c. des autres Pays.*

Ils sont sujets à six droits.

1660 { Le vieux subside, 5 pour cent.
La moitié du même, 2 & demi pour cent.

1690 La nouvelle imposition du pundage, 10 pour cent.

$169\frac{2}{3}$ Le droit additional, 5 pour cent.

1697 Le nouveau subside, 5 pour cent.

$170\frac{3}{4}$ Les $\frac{1}{3}$ & $\frac{2}{3}$ subsides, 5 pour cent,

Ce qui revient à 32 & demi pour cent des droits de la valeur de ces marchandises.

### *Soieries de France, c'est-à-dire :*

Brocards de soies de toutes sortes.
Damas.
Velours & pannes.
Satins.

Taffetas de toutes sortes, excepté les alemodes ou lustrés, elles sont toutes tarifiées à 2 liv. st. la livre contenant 16 onces, ce qui revient à 26 liv. argent de France. Elles y sont estimées à présent l'une dans l'autre 42 liv. la livre pésant; l'estimation d'Angleterre est moindre de 16 liv. pour la livre : elles sont sujettes aux droits suivans.

| | | l. | s. |
|---|---|---|---|
| 1660 { | Le vieux subside, | | 2 s. |
| | La moitié du même, | | 1 |
| $169\frac{2}{3}$ | Le droit additional de 25 pour cent, | 1 l. | |
| 1695 | Le droit sur les biens d France, *idem*, | 1 | |
| 1697 | Le nouveau subside, | | 2 |
| $170\frac{3}{4}$ | Les $\frac{1}{3}$ & $\frac{2}{3}$ subsides, | | 2 |
| | Argent d'Angleterre, | 2 | 7 |
| | Argent de France, | 30 | 11 |

Ce qui revient à 117 & demi pour cent de la valeur de cette marchandise suivant le tarif.

### *Soieries des autres pays de même espece.*

Elles sont sujettes aux droits suivans.

| | | l. | s. |
|---|---|---|---|
| 1660 { | Le vieux subside, | | 2 |
| | La moitié du même, | | 1 |
| 1690 | La nouvelle imposition du poundage, | | 4 |
| $169\frac{2}{3}$ | Le droit additional, | | 2 |
| 1697 | Le nouveau subside, | | 2 |
| $170\frac{3}{4}$ | Les $\frac{1}{3}$ & $\frac{2}{3}$ subsides, | | 2 |
| | Argent d'Angleterre, | | 13 |
| | Argent de France, | 8 | 9 |

Ce qui revient à 32 & demi pour cent de la valeur de cette marchandise.

### *Taffetas à la mode ou lustrés, qui sont les taffetas noirs de Lyon.*

Ils étoient ci-devant estimés comme les autres soieries; mais par l'acte de l'année $\frac{9}{10}$ de Guillaume, Chap. 30, l'estimation en a été portée à 4 liv. la livre de 16 onces, ce qui revient à 52 liv. de France la livre pésant. Ils valent en France environ 30 liv. la livre l'un dans l'autre, ils sont sujets à 7 droits.

| | | l. | s. |
|---|---|---|---|
| 1660 { | Le vieux subside, | | 4 |
| | Le demi subside du même, | | 2 |
| $169\frac{2}{3}$ | Le droit additional de 25 pour cent, | 1 | |
| 1695 | Le droit sur les biens de France, *idem*, | 1 | |
| | Le nouveau subside, | | 4 |
| | Les $\frac{1}{3}$ & $\frac{2}{3}$ subsides, | | 4 |
| | Argent d'Angleterre, | 2 | 14 |
| | Argent de France, | 35 | 2 |

Ce qui revient à 117 pour cent de la valeur.

### *Taffetas, &c. des autres Pays que ceux de France.*

Ils sont sujets aux droits suivans.

| | | s. |
|---|---|---|
| 1660 { | Le vieux subside, | 4 |
| | Le demi subside, | 2 |

| | | | |
|---|---|---|---|
| 1690 | La nouvelle imposition de poundage de 10 pour cent, | | 8 f. |
| 169$\frac{2}{3}$ | Le droit additional de 15 pour cent, | | 12 |
| 1697 | Le nouveau subside, | | 4 |
| 170$\frac{1}{4}$ | Les $\frac{1}{3}$ & $\frac{2}{3}$ subsides, | | 4 |
| | Argent d'Angleterre, | 1 l. | 14 |
| | Argent de France, | 22 | 2 |

Ce qui revient à 42 & demi pour cent de la valeur.

*Dentelles de fil de France.*

Elles sont défendues par l'Acte de la $\frac{12}{14}$ année de Charles II. Chap. 13; mais ces défenses ont été révoquées par un autre Acte de la cinquiéme année d'Anne Ch. 17, à l'exception seulement de celles de France & des Pays-Bas appartenans à l'Espagne. Elles sont estimées dans le tarif d'Angleterre sur le pied de 4 liv. st. ou 52 liv. de France, les 12 verges qui font à peu de chose près 9 aunes de France, & pour chaque aune 5 liv. 16 f. Elles sont sujettes à ces droits-ci.

| | | | |
|---|---|---|---|
| 1660 | Le vieux subside, | | 4 |
| 169$\frac{2}{3}$ | Le droit additional de 25 pour cent, | 1 | |
| 1695 | Le droit sur les biens de France, | 1 | |
| 1697 | Le nouveau subside, | | 4 |
| 170$\frac{1}{4}$ | Les $\frac{1}{3}$ & $\frac{2}{3}$ subsides, | | 4 |
| | Argent d'Angleterre, | 2 | 12 |
| | Argent de France, | 32 | 16 |

Ce qui revient à 63 pour cent de la valeur.

*Dentelles de Bretagne.*

Il y a dans le Tarif d'Angleterre une estimation particuliére pour les dentelles de Bretagne, qui sont grossieres & peuvent être comparées à celles du Puy. Elles sont estimées les 12 douzaines de verges, qui font environ 108 aunes de France, 6 liv. st. & de France 78 liv. Elles payent les droits suivans.

| | | | |
|---|---|---|---|
| 1660 | Le vieux subside, | | 6 |
| 169$\frac{2}{3}$ | Le droit additional de 25 pour cent, | 1 | 10 |
| 1695 | Le droit sur les biens de France, *idem*, | 1 | 10 |
| 1697 | Le nouveau subside, | | 6 |
| 170$\frac{1}{4}$ | Les $\frac{1}{3}$ & $\frac{2}{3}$ subsides, | | 6 |
| | Argent d'Angleterre, | 3 | 18 |
| | Argent de France, | 50 | 14 |

Ce qui revient à 65 pour cent suivant leur tarif.

*Dentelles de fil des autres Pays.*

Elles sont sujettes à trois droits.

| | | | |
|---|---|---|---|
| 1660 | Le vieux subside, | | 4 |
| 1697 | Le nouveau subside, | | 4 |
| 170$\frac{1}{4}$ | Les $\frac{1}{3}$ & $\frac{2}{3}$ subsides, | | 4 |
| | Argent d'Angleterre, | | 12 |
| | Argent de France, | 7 | 15 |

*Dominoteries, Images, Estampes, & Cartes Géographiques de France.*

Elles ne paroissent pas tarifiées, & sont sujettes aux droits suivans.

1660 Le vieux subside, 5 pour cent.

169$\frac{2}{3}$ Le droit additional de 25 pour cent.

1695 Le droit sur les biens de France, 25 pour cent.

1697 Le nouveau subside, 5 pour cent.

170$\frac{1}{4}$ Les $\frac{1}{3}$ & $\frac{2}{3}$ subsides, 5 pour cent.

1712 Par un acte de la dixiéme année d'Anne, 30 pour cent de la valeur.

Ce qui revient à 95 pour cent de la valeur.

*Dominoteries, &c. des autres Pays.*

1660 Le vieux subside, 5 pour cent.

1697 Le nouveau subside, 5 pour cent.

170$\frac{1}{4}$ Les $\frac{1}{3}$ & $\frac{2}{3}$ subsides, 5 pour cent.

1712 Par un acte de la dixiéme année d'Anne, 30 pour cent de la valeur.

Ce qui revient à 45 pour cent de la valeur.

*Fil de chanvre & de lin de France, teint de toute couleur.*

Ils ne sont point tarifiés & s'acquittent *ad valorem*.

1660 Le vieux subside 5 pour cent.

169$\frac{2}{3}$ Le droit additional, 25 pour cent.

1695 Le droit sur les biens de France, *idem*.

1697 Le nouveau subside, 5 pour cent.

170$\frac{1}{4}$ Les $\frac{1}{3}$ & $\frac{2}{3}$ subsides, 5 pour cent.

Ce qui revient à 65 pour cent de la valeur.

*Fil teint des autres Pays.*

Il est sujet aux droits suivans.

1660 Le vieux subside, 5 pour cent.

1690 Le droit de la nouvelle imposition de poundage, 5 pour cent de la valeur par le tarif; quoique l'Acte qui impose le droit, le fixe à 10 pour cent.

1697 Le nouveau subside, 5 pour cent.

170$\frac{1}{4}$ Les $\frac{1}{3}$ & $\frac{2}{3}$ subsides, 5 pour cent.

Ce qui revient à 20 pour cent de la valeur de cette marchandise suivant le tarif, & à 25 pour cent suivant l'Acte de 1690.

*Fil trait d'or de France.*

Il n'est point tarifié & s'acquitte *ad valorem*.

1660 Le vieux subside, 5 pour cent.

169$\frac{2}{3}$ Le droit additional de 25 pour cent.

1695 Le droit sur les biens de France, 25 pour cent.

1697 Le nouveau subside, 5 pour cent.

170$\frac{1}{4}$ Les $\frac{1}{3}$ & $\frac{2}{3}$ subsides, 5 pour cent.

1712 Et par un acte de la dixiéme année d'Anne, 1 sol st. par once de Troy.

Ce qui revient en tout à environ 66 pour cent de la valeur.

*Nota.* Cet article ne peut point être compris dans notre Commerce avec l'Angleterre; parce que les matieres y sont à meilleur marché qu'en France; & parce que nos impositions de l'affinage & du contrôle chargent trop cette Manufacture pour être portée au dehors.

*Fil trait des autres Pays.*

Il est sujet à quatre droits.

1660 Le vieux subside, 5 pour cent.

1697 Le nouveau subside, 5 pour cent.

170$\frac{1}{4}$ Les $\frac{1}{3}$ & $\frac{2}{3}$ subsides, 5 pour cent.

1712 Et par un Acte de la dixiéme année d'Anne, il paye 1 sol. st. par once du poids de Troy.

Ce qui va à environ 16 pour cent de la valeur.

*Fil d'argent de France.*

Il est sujet aux mêmes droits ci-dessus énoncés à l'article du Fil d'or, à l'exception du droit porté par l'Acte de la dixiéme année d'Anne, qui n'impose que 9 s. st. sur chaque once du poids de Troy : au lieu d'un sol imposé pour l'or.

{ *Gazes simples, unies ou rayées de soies.*
*Gazes simples à fleur brochées de soie & de laine.*
*Gazes damacées.*
*Gazes avec or & argent.* }

*Nota.* On ne sçauroit envoyer de France en Angleterre ces marchandises ; parce qu'on les y fabrique, & les matieres dont elles sont faites, reviennent à meilleur marché aux Anglois qu'à nous.

*Papiers de France.*

Papier de la Rochelle, c'est-à-dire, de la Charente grand & moyen, il est estimé la rame 9 s. st. qui font argent de France, 5 liv. 17 sols.

Grand papier Royal, il est estimé 1 liv. st. la rame, 13 liv. de France.

On peut s'en tenir à ces deux especes de papiers fins. La premiere contiendra les Carrés, les Ecus, &c.

Et la seconde, aux papiers grand Raisin & autres grands papiers. Les premiers valent 6 l. l'un dans l'autre, & les autres de 14 à 15 l. Les autres sortes de papiers sont estimés dans le tarif à 5 pour cent de la valeur. Ils sont sujets à six droits, sçavoir ;

1660 Le vieux subside, 5 pour cent.
$169\frac{2}{3}$ Le droit additional, de 25 pour cent.
1695 Le droit sur les biens de France, de 25 pour cent.
1697 Le nouveau subside, 5 pour cent.
$170\frac{3}{4}$ Les $\frac{1}{3}$ & $\frac{2}{3}$ subsides, 5 pour cent.
1712 Et par un acte de la dixiéme année d'Anne
Ce qui revient à pour cent de la valeur.

*Papiers des autres Pays.*

Ils sont sujets à cinq droits.

1660 Le vieux subside, 5 pour cent.
1690 Le droit de la nouvelle imposition du poundage, taxé inégalement, les uns à 15, d'autres à 10, & quelques-uns à 5.
1697 Le nouveau subside.
$170\frac{3}{4}$ Les $\frac{1}{3}$ & $\frac{2}{3}$ subsides, 5 pour cent.
1712 Et par un acte de la dixiéme année d'Anne
Ce qui revient à pour cent.

*Livres en feuilles de France.*

Ils sont sujets aux droits suivans.

1660 Le vieux subside, 5 pour cent.
$169\frac{2}{3}$ Le droit additional, 25 pour cent.
1695 Le droit sur les biens de France, 25 pour cent,
1697 Le nouveau subside, 5 pour cent.
$170\frac{3}{4}$ Les $\frac{1}{3}$ & $\frac{2}{3}$ subsides, 5 pour cent.
1712 Par un acte de la dixiéme année d'Anne, 30 pour cent de la valeur.
Ce qui revient à 95 pour cent de la valeur.

*Livres Etrangers.*

Ils sont sujets aux droits suivans.

1660 Le vieux subside, 5 pour cent.
$169\frac{2}{3}$ Le droit additional, 20 pour cent.
1697 Le nouveau subside, 5 pour cent.
$170\frac{3}{4}$ Par un acte de la dixiéme année d'Anne, 30 pour cent.
1712 Ce qui revient à 65 pour cent de la valeur.

*Rubans d'or & d'argent de France.*

Ils ne sont point compris dans le tarif, & doivent s'acquitter par conséquent *ad valorem*. Ils sont sujets aux droits suivans.

1660 Le vieux subside, 5 pour cent.
$169\frac{2}{3}$ Le droit additional de 25 pour cent.
1695 Le droit sur les biens de France, 25 pour cent.
1697 Le nouveau subside, 5 pour cent.
$170\frac{3}{4}$ Les $\frac{1}{3}$ & $\frac{2}{3}$ subsides, 5 pour cent.
Ce qui revient à 65 pour cent de la valeur.

*Rubans de soie de toutes sortes, de France.*

Ils sont estimés 4 liv. la livre pesant, ce qui fait argent de France 42 liv. Cette estimation excéde de beaucoup la valeur de cette marchandise : ils sont sujets aux droits suivans.

| | | l. | s. |
|---|---|---|---|
| 1660 | Le vieux subside, | | 4 s. |
| | *Idem*, Le demi subside, | | 2 |
| $169\frac{2}{3}$ | Le droit additional de 25 pour cent, | 1 l. | |
| 1695 | Le droit sur les biens de France, *idem*, | 1 | |
| 1697 | Le nouveau subside, | | 4 |
| $170\frac{3}{4}$ | Les $\frac{1}{3}$ & $\frac{2}{3}$ subsides, | | 4 |
| | Argent d'Angleterre, | 2 | 14 |
| | Argent de France, | 35 | 2 |

Ce qui revient à $67\frac{1}{3}$ pour cent de la valeur suivant le Tarif d'Angleterre.

*Nota.* Il est impossible de faire commerce avec les Anglois d'aucuns rubans de notre fabrique ; parce qu'ils les ont imités chez eux, & que la matiere premiere y paye moins de droits.

*Rubans de soie des autres Pays.*

Ils sont sujets aux droits suivans.

| | | l. | s. |
|---|---|---|---|
| 1660 { | Le vieux subside, | | 4 |
| | Le demi subside, | | 2 |
| 1690 | La nouvelle imposition du poundage, | | 8 |
| | Le droit additional, | | 2 |
| | Le nouveau subside, | | 4 |
| | Les $\frac{1}{3}$ & $\frac{2}{3}$ subsides, | | 4 |
| | Argent d'Angleterre, | 1 | 4 |
| | Argent de France, | 15 | 12 |

Ce qui va, outre l'estimation qui est trop forte, à 30 pour cent.

*Nota.* Quoique les rubans de soie soient tariffés, ils sont néanmoins compris dans le nombre des marchandises défendues par les anciens Réglemens.

*Nota.* Encore qu'il ne soit point fait mention du demi-subside dans le tarif, néanmoins l'imposition de $169\frac{2}{3}$ revient à ce demi-subside.

Les rubans d'or & d'argent ne sont point tariffés ; aussi en use-t-on peu ou point du tout en ce pays-là.

*Toiles de France.*

Toiles larges pour faire des napes & des draps de lits, blanches & brunes ; elles sont estimées 15 l. st. les 100 aunes, qui font argent de France 195 liv. Cette estimation est plus forte de sa valeur de onze & demi pour cent : car elles ne valent en France que 30 à 35 sols l'aune, & les cent aunes sur ce dernier pied reviendroient à 175 liv. les droits d'Angleterre suivant cette valeur, iroient à $74\frac{1}{3}$ pour cent.

Cette marchandise est sujette aux droits suivans.

| | | l. | s. | d. |
|---|---|---|---|---|
| 1660 { | Le vieux subside, | | 15 | |
| | Le demi-subside, | | 7 | 6 d. |
| 1693 | Le droit additional de 25 pour cent, | 3 | 15 | |

| | | | | |
|---|---|---|---|---|
| 1695 | Le droit sur les biens de France, *idem*, | 3 l. | 15 s. | |
| 1697 | Le nouveau subside, | | 15 | |
| 170¼ | Les ⅓ & ⅔ subsides, *id.* | | 15 | |
| | Argent d'Angleterre, | 10 | 2 | 6 d. |
| | Argent de France, | 131 | 12 | 6 |

Ce qui revient à 44½ pour cent de la valeur sur le pied de leur estimation.

Toiles de Normandie, étroites, blanches, & brunes; elles sont tariffées & estimées 6 liv. st. les 100 aunes de France, ce qui revient à 78 liv. de notre monnoie, l'estimation est très modique : car elles valent en France 20 sols l'aune, ce qui revient pour les 100 aunes à 100 liv. les droits d'Angleterre iroient suivant cette derniere valeur, à quelque chose de plus de 52 pour cent.

Cette marchandise est sujette aux six droits suivans.

| | | | |
|---|---|---|---|
| 1660 | Le vieux subside, | | 6 |
| | Le demi-subside, | | 3 |
| 169⅔ | Le droit additional de 25 pour cent, | 1 | 10 |
| 1695 | Le droit sur les biens de France, *idem*, | 1 | 10 |
| 1697 | Le nouveau subside, | | 6 |
| 170¼ | Les ⅓ & ⅔ subsides, | | 6 |
| | Argent d'Angleterre, | 4 | 1 |
| | Argent de France, | 52 | 13 |

Ce qui va à 67 & demi pour cent de la valeur sur le pied de leur estimation.

Toiles de Bretagne appellées Quintin de Morlaix, appellées créées étroites : toiles blanches de Morlaix, appellées créées larges, & toiles de Cholet.

Elles sont estimées les unes dans les autres par le Tarif d'Angleterre à 6 liv. 13 sols 4 den. st. les 100 aunes, ce qui revient argent de France à 86 liv. 13 s. 4 den. Cette estimation approche beaucoup du prix commun que valent ces sortes de toiles en France; & elles sont sujettes aux droits suivans.

| | | | | |
|---|---|---|---|---|
| 1660 | Le vieux subside, | 7 | 5 | |
| *Idem.* | Le demi-subside, | 3 | 8 | ½ |
| 169⅔ | Le droit additional de 25 pour cent, | 18 | 6 | ½ |
| 1695 | Le droit sur les biens de France, *idem*, | 18 | 6 | ½ |
| 1697 | Le nouveau subside, | 7 | 5 | |
| 170¼ | Les ⅓ & ⅔ subsides, | 7 | 5 | |
| | Argent d'Angleterre, | 3 | 9 | 0 ½ |
| | Argent de France, | 40 | 19 | 6 |

Ce qui va à environ 47 & demi de la valeur de la marchandise.

Toiles de Silesie, qui peuvent être comparées aux especes de toiles de France ci-dessus.

Toiles larges, blanches, & brunes, les cent aunes sont estimées 10 liv. st. qui font 130 liv. de France : elles sont sujettes aux droits suivans.

| | | | | |
|---|---|---|---|---|
| 1660 | Le vieux subside, | 10 | | |
| *Id.* | Le demi-subside, | 5 | | |
| 1690 | La nouvelle imposition du poundage, | 7 | 6 | |
| 1697 | Le nouveau subside, | 10 | | |
| 170¼ | Les ⅓ & ⅔ subsides, | 10 | | |
| | Argent d'Angleterre, | 2 | 2 | |
| | Argent de France, | 27 | 6 | 6 |

Ce qui va à vingt & un pour cent de la valeur de cette marchandise.

Toiles de Silesie, étroites, brunes, & blanches. Elles sont estimées 8 liv. st. les 100 aunes, ce qui fait argent de France 104 liv. Elles sont sujettes aux droits suivans.

| | | | |
|---|---|---|---|
| 1660 | Le vieux subside, | | 8 s. |
| *Id.* | Le demi subside, | | 4 |
| 1690 | La nouvelle imposition de poundage, | | 6 |
| 1697 | Le nouveau subside, | | 8 |
| 170¼ | Les ⅓ & ⅔ subsides, | | 8 |
| | Argent d'Angleterre, | 1 l. | 14 |
| | Argent de France, | 22 | 2 |

Ce qui va à 21¼ pour cent de la valeur de cette marchandise.

On pourroit comprendre dans cet article les linons, parce qu'ils sont portés par leur tarif; mais on estime que depuis l'usage des mousselines, on ne se sert plus en ce pays-là de linons.

## ETAT DES MARCHANDISES *d'Angleterre, que les Négocians Etrangers en peuvent tirer suivant le Tarif de sortie des Anglois.*

### *Alé & Bierre de toutes sortes.*

Elle est estimée 1 liv. st. le tonneau, qui font 13 liv. de France. Cette denrée est estimée les trois quarts moins de sa valeur, & elle est assujettie pour la sortie au vieux subside qui est cinq pour cent de droits, lesquels montent à un sol st. qui vaut de notre monnoie 13 sols. 13 s.

### *Alun.*

Le cent pésant contenant 112 liv. est estimé 1 liv. st. qui vaut 13 liv. de France : cette valeur est juste, & le droit 1 s. st. sur le pied de cinq pour cent, revient monnoie de France à 13 sols. 13 s.

### *Arquifou.*

Il paye cinq pour cent de droit de sortie, & cette drogue n'est point comprise dans le livre des valeurs ou tarifs d'Angleterre.

### *Amidon.*

Il est estimé 1 liv. st. le cent pésant, ce qui fait 13 liv. de France, l'estimation est raisonnable; sur ce pied le droit de cinq pour cent iroit à 1 sol st. qui vaut 13 sols de notre monnoie. 13 s.

### *Ardoises.*

Elles sont estimées 15 sols st. le millier, qui font argent de France 9 liv. 15 s. l'estimation est raisonnable, & sur le pied de cinq pour cent. Pour le droit de sortie, elles payeroient 9 den. st. qui font 9 s. 9 den. de France.

### *Bœuf salé.*

Il est franc de sortie par l'acte de l'année ¾ de Guillaume III. chap. 4 avec une allouance ou remboursement de l'impôt payé pour le sel à l'entrée.

### *Bœufs & Vaches en vie.*

Ils sont estimés 1 liv. st. ou 13 liv. de France, ce qui est un prix très modique aussi-bien que les droits de cinq pour cent qui se levent sur cette valeur, qui est d'un sol st. ou 13 sols de France.

Ce droit est infiniment modique, car chaque bœuf ou vache peuvent être estimés l'un dans l'autre 100 liv. & ce droit est équivalent à une exemption.

*Biscuit.*

Il est franc de sortie.

*Bonnets de toutes sortes.*

Bonnets de laine ou mêlés avec quelqu'autre matiere que ce soit, sont francs de sortie.

*Boutons de crin.*

La grosse contenant douze douzaines, est estimée 6 den. st. qui font 6 s. 6 den. de France. Cette estimation est très-modique aussi-bien que le droit de cinq pour cent, qui ne va qu'à $\frac{1}{3}$ de denier sterlin, qui iroit à environ 4 den. de France.

*Buffles apprêtés en habits.*

Il est franc de sortie.

*Beurre.*

Il est franc de sortie.

*Bas de soie.*

*Voyez* Manufactures de soie.

*Bois de Teinture.*

Rouge & autres.

Drogues servant aux teintures, venant de l'Etranger en Angleterre.

Franc de sortie par la régle générale.

*Bouteilles de verre.*

Elles sont estimées le cent en nombre 3 sols 4 d. st. qui font 2 liv. 3 s. 4 d. de France. Cette estimation est extrémement modique: car elle vaut 10 à 12 liv. le cent en nombre. Le droit de sortie sur le pied de cinq pour cent, n'iroit qu'à 2 den. st. qui font 2 sols 2 den. de France.

*Toutes sortes de Manufactures de cuivre & de léton.*

L'estimation est de 16 schelins & 8 sols le cent pésant, qui font argent de France 10 liv. 16 sols 8 den. cette estimation est très modique aussi-bien que les droits qui se levent sur le pied de cinq pour cent, qui font 1 den. st. ce qui revient à six den. & demi de France.

*Chandelles de suif.*

Franches de sortie.

*Charbon de terre.*

Le tonneau de 2000 pésant paye 4 sols st. par les vaisseaux Etrangers, & 1 sol st. par les vaisseaux Anglois; ce qui fait pour les 4 sols st. 4 liv. 12 sols de France, & pour le sol 13 sols.

*Couvertures de laine & de poil.*

Fanches de sortie.

*Cydres.*

Il est estimé 1 liv. st. le tonneau, ou 13 liv. de France, ce qui est très modique: car il vaut ordinairement de 50 à 60 liv. argent de Frauce.

*Cuirs manufacturés, sçavoir:*

Gans.

Harnois de carrosses. Ils sont estimés la paire avec les brides, 1 liv. st. qui font 13 liv. de France.

Manufacture de cuirs qui ne sont point tariffés. Ils sont estimés dans le tarif 10 den. st. la livre, ou 10 s. 10 den. de France.

Aiguillettes de cuir, la grosse de douze douzaines est estimée 6 den. st. qui font 6 sols 6 den. de France.

Grandes selles, 5 sols st. la piece, qui font 3 liv. 5 s. toutes les autres 3 s. st. qui font 1 liv. 19 s.

Brides, la douzaine 1 s. 8 den. st. qui font argent de France 1 liv. 1 s. 8 den.

*Colle d'Angleterre.*

Elle est estimée 16 sols 8 den. le cent pésant, qui font argent de France 10 liv. 16 sols 8 den. & paye pour la sortie 10 den. st. lesquels font argent de France 10 s. 10 den. sur le pied de cinq pour cent de droits.

Cette marchandise vaut de 25 à 30 liv. le quintal: sur ce pied là le droit de sortie ne seroit que d'un & deux tiers pour cent de sa valeur.

*Crin de cheval.*

Il est estimé 6 liv. st. le cent pésant, qui valent argent de France 78 liv. Cette marchandise ne vaut au plus que 30 à 32 liv. de sorte que sur le pied de cinq pour cent de droits qu'elle paye à la sortie, cela iroit à plus de douze & demi pour cent de la valeur.

*Chapeaux de castor & de laine.*

Francs de sortie.

*Cornes de bœufs brutes.*

Elles sont tariffées au Livre des valeurs à fol. 182 pour la sortie, & estimées 2 liv. 10 s. st. le cent, & argent de France 32 liv. 10 s. ce qui est une taxe modique, puisque le cent en nombre vaut 5 liv. en France, qui revient à 50 liv. les 200 en nombre: de sorte que l'estimation sur le pied de sa valeur seroit moindre de $\frac{2}{5}$: de façon que les 5 pour cent qui se levent à l'ordinaire, se trouveroient réduits à 3 pour cent de la valeur de cette marchandise.

*Cornes à lanternes.*

Elles sont estimées le millier de feuilles en nombre 1 liv. st. ce qui fait argent de France 13 liv. Elles y valent 7 livres le cent en nombre, ce qui feroit pour le millier 70 liv. & elles payent pour le droit de sortie en Angleterre 1 liv. st. le millier, qui vaut 13 sols de notre monnoie; de sorte que ce droit sur le pied de sa valeur chez nous n'iroit pas au-delà du sixiéme d'un pour cent; quoique le droit à la sortie d'Angleterre & sur le pied de leur tarif, soit de 5 pour cent.

*Cerceaux pour barils.*

Le 200 est estimé 13 sols 4 den. qui font argent de France 8 liv. 13 sols 4 den. Cette estimation est modique; car cela vaut en France de 10 à 11 liv. le millier: de sorte que le droit de 5 pour cent de la valeur est de 8 den. st. ce qui revient à 8 s. 8 den. de France, & à 4 pour cent de la valeur.

*Cartes Géographiques de toutes sortes.*

Le cent pésant estimé 5 sols st. qui font argent de France 3 liv. 5 s. l'estimation est extrêmement modique: les droits sur le pied de 5 pour cent, vont à 3 d. st. qui font 3 s. 3 d. de France. Ce droit est si modique, qu'il est équivalent à une franchise.

*Clous de toutes sortes.*

Ils sont estimés 5 sols st. le cent, qui font argent de France 3 liv. 5 s. cette estimation est beaucoup au-dessous de la valeur juste de cette marchandise: car elle vaut en France 13 à 14 liv. le cent pésant, le droit sur ce pied de 5 pour cent, va à 3 den. st. qui font 3 s. 9 d. de France, ce qui n'iroit qu'à environ un quart pour cent.

*Caboches ou têtes de vieux clous.*

Ils ne sont point estimés dans le tarif, cependant c'est une marchandise dont on peut faire des envois en France; elle paye à la sortie 5 pour cent de droits.

*Cire jaune.*

Le cent pésant est estimé 6 liv. st. qui font argent de France 78 liv. l'estimation est assez raisonnable, & le droit de cinq pour cent de sortie iroit à 6 s. st. qui font 3 liv. 18 s. de France.

*Chevaux & juments.*

Ils sont estimés 5 liv. st. la piece, & argent de France, 65 liv. ce qui est d'un prix très modique par rapport à leur valeur: car sur le pied de 5 pour cent qu'on leve pour les droits, cela ne vas pas à deux ou deux & demi pour cent.

*Dentelles de fil.*

Faites au fuseau, à l'aiguille, & points fabriqués d'Angleterre. Franches de sortie.

*Dents d'éléphant & de veau marin.*

Franches de sortie par la régle ordinaire.

*Enclumes.*

Elles sont estimées le cent pésant 10 sols st. qui font 6 liv. 10 sols de notre monnoie. L'estimation est modique sur le pied de la véritable valeur de cette marchandise, aussi-bien que le droit qui se leve sur le pied de 5 pour cent.

*Estampes & peintures faites en Angleterre, imprimées ou peintes.*

Elles sont estimées le cent pésant 5 sols st. qui font argent de France 3 liv. 5 s. L'estimation est infiniment modique sur le pied de la véritable valeur de cette marchandise, aussi-bien que le droit qui se leve sur le pied de 5 pour cent.

*Estain.*

Ouvré, estimé le cent pésant 2 liv. st. qui font 26 l. de France; il vaut communément 80 liv. le cent pésant; de sorte que les 5 pour cent que l'on paye à la sortie, ne vont pas au-delà d'un pour cent de la juste valeur de cette marchandise.

En saumon & non ouvré, il est estimé 3 liv. st. qui font 39 liv. de France. Il vaut autour de 50 à 55 liv. au plus, ce qui va à près de 2 pour cent de sa juste valeur.

*Fromages.*

Francs de sortie.

*Fer travaillé, sçavoir;*

Fusils, mousquets, pistolets, carabines, tous outils de Charpenterie, Gravure, Serrurerie, Quinquaillerie, Coutellerie, & tous autres ouvrages de fer: tout cela l'un dans l'autre est estimé 10 s. st. le cent pésant, ce qui fait argent de France 6 l. 10 s. Cette estimation est très modique, & le droit sur le pied de 5 pour cent, est de 6 den. st. qui font 6 s. 6 den. de France; ce que l'on doit regarder comme une exemption.

*Futaines.*

Franches de sortie.

*Grains, sçavoir;*

Froment, seigle, orge, malt ou drestre, qui est une orge préparée pour la bierre, avoine, pois, fèves, bleds sarasins, & farine d'avoine ou gruau. Tous ces grains sont francs de sortie, & on donne une allouance pour le froment, le seigle, l'orge, le malt, & la farine d'avoine, sçavoir;

Pour le froment, quand le prix n'excéde pas 48 s. st. le quartier, on restitue 5 sols st. cinq de cette mesure du quartier font 20 boisseaux; lesquels font le tonneau de mer de 2000 pésant: de sorte qu'on alloue pour chaque tonneau 25 sols st. qui font argent de France 16 liv. 5 sols.

Pour le seigle, quand il n'excéde pas 32 sols le quartier, onalloue 3 sols 3 den. st. qui font 2 liv. 2 s. 3 den. de France.

Pour l'orge & le malt, lorsqu'ils n'excédent pas 24 sols st. le quartier, on alloue 2 s. 6 den. st. par quartier, qui font 1 liv. 12 s. 6 den. de France.

Pour la farine d'avoine, lorsqu'elle n'excéde pas 15 sols st. on alloue 2 sols 6 den. st. par quartier, qui font 1 liv. 12 s. 6 den. de notre monnoie.

Il n'y a point d'allouance pour les autres grains.

Cette allouance est payée par les Collecteurs des Douannes dans les lieux de l'embarquement sans acquit à caution de rapporter certificat du Magistrat du lieu de la décharge, ou de deux Marchands Anglois famés.

*Habits de toutes sortes faits.*

Francs de sortie.

*Joyaux, perles, & pierres précieuses.*

Francs de sortie.

*Livres imprimés, reliés, & non reliés.*

Le cent pésant de 112 liv. est estimé 5 sols st. qui font argent de France 3 liv. 5 s. Cette estimation est fort modique: car cette marchandise vaut environ 90 liv. le quintal, & sur ce pied les cinq pour cent qu'on leve en Angleterre, n'iroient pas à la huitiéme d'un pour cent de la juste valeur de cette marchandise.

*Lapis Calaminaris.*

Cette drogue n'est pas estimée, mais le droit de sortie en a été fixé à 12 s. st. le tonneau. Cette denrée vaut en France de 50 à 60 liv. le tonneau; de sorte que ce droit n'iroit pas au-delà d'un demi-quart pour cent de la valeur de cette marchandise.

*Litarge ou blanc de plomb.*

Il est estimé 4 sols st. le cent pésant, qui font argent de France 2 liv. 12 s. Cette marchandise vaut de 10 à 10 liv. 10 sols le cent pésant, le droit de 5 pour cent, qui se leve à la sortie à $2\frac{1}{2}$ d. st. qui font 2 sols 8 den. de France: cependant sur le pied de la valeur de cette même marchandise en France, le droit n'iroit pas à un & un quart pour cent.

*Liqueurs, sçavoir;*

Eaux des Barbades.
Eaux d'Irlande.
Eaux de miel.
Eaux de Scobar, faites avec safran.
Et autres sortes d'extraits.

Elles ne sont point tariffées, & elles payent 5 pour cent de droits à la sortie.

*Manufactures de laine, sçavoir;*

Draps larges fins, moyens, & grossiers.
Lisieres de draps.
Ratines.
Serges.
Bayettes.

Perpetuanes ou sempiternes.
Unseot.
Kerseys ou creseaux.
Wadmol.
Flanelle.
Frises.
Frisons.
Moletons.
Etoffes nommées coton de Manchester, de Torton, & du pays de Galies.
Tapis de laine.
Tapisserie où il entre de la laine.
Mantes d'Irlande.
Droguets.
Wolsey.
Worsteid.

Toutes autres sortes de manufactures de laine ou mêlées avec poil, coton, fil, soie, ou quelqu'autre matiere que ce soit.

Franches de sortie.

*Meules à Taillandier.*

Le chalder qui est une mesure d'Angleterre de est estimé 13 sols 4 den. st. qui font argent de France 8 liv. 14 sols.

*Merceries de toutes sortes, sçavoir ;*

Fiscelle, fil, ruban de fil, tissu de fil, boutons de toutes sortes, crochets, & porte-crochets, écritoires de cornes; & toutes autres merceries non évaluées dans le tarif.

Elle est estimée 1 liv. st. le cent pésant, qui fait 13 liv. de France. Cette marchandise vaut communément de 60 à 65 liv. le cent pésant, de façon que l'appréciation du tarif d'Angleterre ne va qu'à environ la cinquiéme partie de la valeur, & sur ce pied-là le droit de cinq pour cent n'iroit qu'à un pour cent de cette même valeur.

*Montres de toutes sortes, chaînes de montres & pendules avec leurs boetes.*

Elles sont estimées 10 sols st. la piece, qui font 6 liv. 10 s. de France. Cette estimation est infiniment modique, & le droit sur le pied de 5 pour cent de sortie iroit à 6 den. st. qui font 6 sols 6 den. de France.

*Marchandises d'Apoticairerie & de Confectionerie, & toutes sortes d'extraits & sels pour remedes.*

Estimées 2 liv. st. le cent pésant, faisant 26 liv. de France. Cette estimation est extrémement modique, les 5 pour cent de sortie reviennent à si peu, qu'ils sont équivalens à une exemption.

*Manufacture de soie, poil & soie, fil & soie.*

La livre est estimée 1 s. 8 den. st. qui font argent de France 1 liv. 1 s. 8 den. Cette estimation est extrémement modique, & le droit de 5 pour cent n'iroit qu'à 1 den. st. qui fait 1 s. 1 d. de France.

*Os de bœuf.*

Ils sont estimés les deux cent pésant 6 sols 8 d. st. qui font argent de France 4 liv. 6 s. 8. den. L'estimation en est modique aussi-bien que le droit de sortie, qui se leve sur le pied de 5 pour cent.

*Ocre jaune & rouge.*

Il est estimé 1 liv. st. le cent pésant, qui fait 13 liv. de France. Cette estimation est raisonnable, & le droit de 5 pour cent sur ce pied-là iroit à 1 s. st. ou 13 s. de France, & reviendroit à cinq pour cent de la valeur de cette denrée.

*Plomb.*

Jetté ou non jetté.

Il est estimé les deux mille pésant 20 l. st. qui font argent de France 260 liv. ce qui est environ 13 liv. le quintal, parce que le fodder ne pese que 1950 l. de France. Cette estimation excede de 5 liv. par quintal la juste valeur de cette marchandise, & le droit de sortie sur le pied de 5 pour cent porté par le tarif d'Angleterre, reviendroit à 8 pour cent de la valeur de cette marchandise.

Il faut remarquer par cet exemple que les Anglois sont sortis de leurs régles ordinaires, qui est de taxer peu leurs marchandises à la sortie; mais comme celle-ci ne peut gueres être tirée que de leur pays, ils ont voulu s'en prévaloir pour faire un revenu à l'Etat.

*Pipes à tabac.*

La grosse de douze douzaines, estimée un schelin, qui est 13 sols de France. Cette estimation est moins de la moitié de sa juste valeur. Le droit de sortie de 5 pour cent est de 7 den. st. ou 7 s. 7 d. de France.

*Parchemin ou veslin en peaux.*

Le rouleau contenant 36 peaux, est estimé 13 sols 4 den. st. qui font argent de France 8 liv. 13 s. 4 den. Cette estimation est raisonnable; & sur le pied de cinq pour cent, le droit à la sortie iroit à 8 den. st. qui font 8 s. 8 den. de France.

*Poivre de la Compagnie d'Angleterre.*

Il est chargé de deux & demi pour cent de sa valeur.

*Porc salé en baril & lard.*

Franc de sortie.

*Peaux de lapins blanches & argentées.*

L'appréciation portée par le tarif d'Angleterre, est pour les 120 peaux 2 liv. 13 sols 4 den. qui font argent de France 34 liv. 12 sols 4 d. Cette appréciation est bonne, & sur ce pied-là le droit de 5 pour cent iroit à 1 s. 8 d. st. & argent de France, 1 l. 1 s. 8 den.

*Peaux de liévres.*

Elles sont estimées 3 den. st. la piece, qui font 3 sols 3 den. de France. Cette estimation est raisonnable; & sur ce pied-là le droit de 5 pour cent iroit à un den. trois quarts st. qui font environ 2 sols de France.

*Peaux de chat-fouin.*

Le timbre de 40 peaux est estimé 1 liv. 13 s. 4 d. qui font argent de France 21 liv. 13 s. 4 den.

*Peaux de veaux en poil.*

La sortie en est défendue.

*Peaux tannées sçavoir;*

De bœuf.
De veau.
De mouton.
D'agneau, & toutes autres sortes de peaux.

Le cent pésant de 112 liv. est estimé 1 liv. st. qui

vaut 13 liv. de France. Cette estimation est infiniment modique ; car le cent de ces peaux vaut communément en tems de paix 75 à 80 liv. Elles payent sur le pied du tarif d'Angleterre 1 sol st. de droits à la sortie, qui fait 13 sols de France, ce qui est presque équivalent à une exemption.

*Pierre d'Emery.*

Elle est estimée 3 sols 4 den. st. qui font argent de France 2 liv. 3 sols 4 den. Cette estimation est moindre de la moitié de la valeur de cette marchandise : car elle vaut environ 4 liv. 10 s. à 5 liv. le cent pésant ; de sorte que le droit de 5 pour cent à la sortie, qui est de 2 den. ne reviendroit qu'à deux & demi pour cent de la juste valeur de cette même marchandise.

*Peignes d'écailles, d'yvoire, d'os, de buis, de cornes, & autres sortes.*

Ils sont taxés comme mercerie au tarif des droits de sortie à fol. 180, à une liv. st. ou 13 liv. de France le cent pésant, contenant 112 liv. ce qui revient pour le droit sur le pied de 5 pour cent à un sol st. ou 13 s. de France. L'estimation est infiniment modique ; puisque cette marchandise vaut 150 liv. le quintal, & ce droit est équivalent à une exemption.

*Poissons, sçavoir ;*

Harengs blancs & sorés.
Morues.
Saumons.
Sardines.
Pelamides.
Millet.
Huitres franches & marinées.
Et toutes sortes de poissons de la pêche Angloise.

Ils sont francs de sortie par des vaisseaux Anglois, & étant salés, l'on restitue les droits payés pour le sel.

*Huiles de poissons de la pêche d'Angleterre.*

Franches de sortie, & par-dessus cette exemption elles jouissent d'une allouance de 6 sols st. par tonneau, qui font argent de France 3 liv. 18 s.

*Plumes d'Oyes à écrire.*

Elles sont estimées les deux cent pésant, 2 schelins, qui font 1 liv. 6 sols de France. Cette estimation est modique : car elles valent de 4 liv. 15 sols à 5 liv. les deux cent pésant ; de sorte que le droit de quint pour cent, qui est d'un denier & d'un cinquiéme de denier st. & argent de France, 1 sol 3 den. ne reviendroit pas à un & deux tiers pour cent de sa juste valeur.

*Salpêtre.*

Il est estimé les deux cent pésant 4 liv. st. qui font 52 liv. de France. Cette estimation double le prix de sa juste valeur, les droits sur le pied de 5 pour cent vont à 4 sols st. qui font 2 liv. 12 sols de notre monnoie : les 5 pour cent de droits vont à cause de cette augmentation de valeur à 10 pour cent.

*Suifs.*

Ils sont estimés 2 liv. st. le quintal, qui font 26 liv. de France. Cette marchandise vaut 16 à 18 liv. le cent : ainsi l'évaluation est trop forte d'un tiers, de sorte que les 5 pour cent que l'on paye à la sortie, vont à $6\frac{2}{3}$ de la valeur.

*Souliers vieux & rognûres de cuirs.*

Ils sont estimés la centaine de douzaines de paires à 4 liv. st. qui font 52 liv. de France. Cette estimation est très modique : les droits sur le pied de cinq pour cent iront à 4 sols st. ou à 2 liv. 12 s. de France.

*Tabac.*

Il est estimé 1 sols 8 den. st. la livre, ce qui fait 21 sols 8 den. de France. Il n'est assujetti en sortant qu'au demi subside, ce qui ne fait que 6 den. & demi argent de France, dont chaque livre de cette denrée est chargée à la sortie.

*Thé.*

Franc de sortie.

*Verres cassés ou Groisil.*

Le baril est estimé 3 sols 4 den. qui font 2 liv. 5 sols 4 den. de France.

Il faut remarquer, que les Marchands Anglois ne sont tenus de payer ces droits d'entrée, que dans douze mois, & les Etrangers dans neuf, en donnant caution : en sorte qu'en les payant comptant, on leur accorde cinq pour cent de rabais sur les droits du vieux, du nouveau, & du tiers & deux tiers subsides ; & encore sur tous les autres droits, six & un quart, aussi pour cent.

Une seconde remarque, est que les Anglois & autres, peuvent envoyer toutes ces marchandises à l'Etranger, après qu'elles sont entrées en Angleterre ; & qu'alors on leur fait la restitution des droits : mais seulement un an après ladite entrée, pour les Anglois, & neuf mois pour les autres.

Ces droits exhorbitans sur toutes les liqueurs étrangeres, qui ont été apparemment imposés pour faire valoir les bierres, les cidres, & les poirés d'Angleterre, & en augmenter la consommation dans le dedans du Royaume, empêchant qu'il n'y entre suffisamment de vins, d'eaux-de-vie, de vinaigres, & autres boissons venant du dehors, pour la provision des Habitans ; les Anglois se sont avisés de faire des eaux-de-vie de melasses & de grains ; des especes de vins avec des raisins secs de Provence & du Levant, auxquels ils donnent la couleur avec du bois de Bresil, & quelques autres ingrédiens ; & des vinaigres avec leurs bierres & leurs cidres, qu'ils font aigrir, & qu'ils mêlent de fleurs de sureau, d'estragon, ou d'autres herbes fortes ; en sorte que s'étant accoutumés à ces boissons bizares & malfaisantes, ils commencent à se passer de celles qui leur venoient du dehors, qu'ils ne peuvent avoir qu'à un prix excessif ; aimant mieux épargner leur bourse, que leur santé.

*Marchandises de contrebande pour l'Angleterre.*

De même qu'en France, & presque dans tous les autres Etats, il y a en Angleterre des marchandises qui sont de contrebande pour la sortie, & d'autres pour l'entrée. Celles pour la sortie sont, des cornes brutes, des cendres blanches, des laines surges, ou toisons ; des laines de brebis, ou de moutons morts, qu'on nomme en France du mortain ; des moutons & brebis en vie, des métiers à faire des bas, ou partie d'iceux ; du ploc en bourre, des peaux de mouton avec leur laine, des peaux de mouton tondues, des peaux de bœufs, vaches, & veaux non tannées, toutes peaux écrues ; des suifs, & de la terre à foulon, ou à dégraisser.

De ces quatorze especes de marchandises, il y en a quatre qui sont tarifées, mais apparemment par

par inadvertance, ayant toutes été défendues par quelque Bil du Parlement.

Les marchandises de contrebande pour l'entrée, sont au nombre de plus de cinquante, dans les listes dressées avant l'année 1662; cependant s'en trouvant plus de vingt-cinq de tariffées, il sembleroit que l'inexécution des Actes qui les défendoient, les ont, pour ainsi dire, remises dans l'usage commun, & que l'entrée en a été permise en payant les droits.

Les principales de ces marchandises qui sont restées dans la contrebande, & qui n'ont point été tariffées, sont des bonnets de laine, des draps de laine, des selles à chevaux, & tout ce qui appartient à leur harnois; des dez à jouer, des balles de paume; toutes sortes de cuirs tannés; des fourures tannées, des souliers, & toute sorte d'ouvrages de cordonnerie; des serrures, & diverses autres ustenciles de fer de quincaillerie; des forces; toute sorte de marchandises peintes, à l'exception du papier; diverses ustenciles de cuivre, du fil d'archal blanchi, du fil de léton & de fer, des boucles de souliers, de l'or & de l'argent battu, & des cornes pour lanternes.

Depuis l'année 1662, on y a ajouté diverses autres marchandises, en vertu des Bils, ou Actes du Parlement; entr'autres les dentelles au fuseau, les points coupés, les broderies, les franges, les glands à rabats, les boutons, & autres ouvrages à l'aiguille de fil & de soie. L'Acte qui les met au nombre des contrebandes, est de la treiziéme année de Charles II.

Les boutons de poil, & tous autres boutons, ce qui comprend tous ceux qui n'avoient point été défendus par l'Acte précédent, l'ont été par un Bil de la quatriéme année de Guillaume & de Marie.

L'or & l'argent filés, & les dentelles, les franges, les galons, & autres marchandises qui en sont faites, sont déclarées de contrebande par un Acte de 1712, dixiéme année de la Reine Anne.

On peut encore mettre au nombre des contrebandes, les deux articles suivans; sçavoir, le brandevin qui est apporté en Angleterre sur des bâtimens qui sont du port de moins de quinze tonneaux: l'Acte de l'année 1701 en défendant l'entrée dans ce cas, sous peine de confiscation.

Et les taffetas noirs de Lyon, appellés Taffetas à la mode, & lustrés, dont l'entrée est à la vérité permise; mais qui ont été estimés si haut, par un Bil de 1697, qu'il n'est pas possible d'y en faire entrer sur cette estimation, ce qui les réduit en quelque sorte à la contrebande.

L'ancien pied d'estimation, quoique déja bien fort, n'étoit que de 2 liv. sterlings la livre pésant; c'est-à-dire, 26 liv. argent de France: la nouvelle estimation est de 4 liv. sterlings, qui font 52 liv. monnoie de France.

On ne dira rien davantage ici des droits d'entrée ou de sortie contenus dans les Tarifs Anglois, parce qu'ayant dessein d'ajouter à la fin du second Volume de ce Dictionnaire, tous les Tarifs étrangers qu'on pourra recouvrer, ceux d'Angleterre y seront mis en leur rang.

*Outre les droits de tonnage & de pundage, dont on vient de parler, on peut voir ci-après, à l'article des* DROITS EN GENERAL, *quelques autres impositions qui se payent en Angleterre.*



## REGLEMENS FAITS EN FRANCE

*sur l'entrée des marchandises du crû & fabrique d'Angleterre, Irlande, & Pays en dépendans.*

Ces Réglemens sont ceux du 6 Septembre 1701, du 5 Février 1713, du 17 Mars 1717, du 3 Mars 1722, & du 7 Mars 1724. Les quatre derniers ne sont proprement que des modifications ou des confirmations du premier. On les donne ailleurs, & l'on peut voir celui de 1722 concernant les plombs à l'article de cette marchandise, & celui de 1724 au sujet des cuirs secs de Buenos-aires, à l'article des Cuirs.

On se restraint donc ici au Réglement de 1701, qui est le plus important, & que les Anglois qui font le commerce de France, ou les François qui font celui d'Angleterre, ne peuvent ignorer, devant être considéré comme un Acte de navigation, que la Cour de France a trouvé à propos d'opposer au fameux Acte du Parlement d'Angleterre de 1660, si préjudiciable aux Négocians Etrangers, particuliérement aux François; & que les Anglois regardent comme le *PALLADIUM* du commerce de leur Nation. *Voyez* NAVIGATION.

## ARREST DU CONSEIL DE SA MAJESTÉ TRES CHRETIENNE du 6 Septembre 1701.

Sa Majesté étant informée que, par les Réglemens faits dans quelques Pays étrangers, & principalement en Angleterre, les Négocians & Marchands du Royaume n'y peuvent faire un commerce aussi étendu, & avec les mêmes avantages que les Etrangers, & entr'autres les Anglois, peuvent faire en France, où ils apportent librement, non-seulement les marchandises du crû d'Angleterre; mais encore celles qui y sont fabriquées avec des matieres venant d'autres pays; & même des marchandises qui ne sont ni du crû, ni de la fabrique d'Angleterre, mais qu'ils tirent d'ailleurs.

Qu'ils peuvent aussi décharger leurs marchandises d'une même cargaison en différens ports, & les y vendre; refaire pareillement leurs cargaisons de retour en différens ports du Royaume, & y faire les achats par eux-mêmes, des marchandises dont ils ont besoin; au lieu que les Marchands & Négocians François ne peuvent porter en Angleterre que des marchandises du crû de France, dont quelques-unes sont même entiérement prohibées, & d'autres tellement chargées de droits à l'entrée, qu'on ne peut y en faire commerce qu'avec beaucoup de perte.

Q'ils n'ont pas même la liberté de négocier de port en port, & de vendre par eux-mêmes les marchandises de leurs cargaisons, ni acheter celles dont ils peuvent avoir besoin, étant obligés pour faire la vente des marchandises qu'ils ont portées, & pour faire l'achat de celles du pays, de se servir des Courtiers ou Marchands des Villes & Ports où ils veulent négocier.

Que d'ailleurs les Négocians François sont obligés de payer outre les droits d'entrée, 3 liv. 10 sols pour droit de fret par tonneaux de la continence des vaisseaux François, qui abordent en Angleterre, tandis qu'en France les Négocians ou Maîtres de navires étrangers [les Anglois comme les autres] qui arrivent & déchargent leurs marchandises dans les Ports du Royaume, ne payent que 2 liv. 10 sols par tonneau pour le droit de fret.

Et Sa Majesté voulant établir dans son Royaume

des régles convenables, au moyen desquelles les Etrangers, chez lesquels les Marchands François ne peuvent négocier librement, ne soient pas plus avantagés dans le commerce qu'ils font en France, que le sont chez eux les Sujets de Sa Majesté.

A CES CAUSES, s'étant fait représenter les Ordonnances, Tarifs, Arrêts, & Réglemens, tant pour les droits qui doivent être levés aux entrées du Royaume, sur les marchandises & denrées venant des Pays Etrangers, que pour les formalités auxquelles les Négocians François & les Etrangers sont assujettis à leur arrivée dans les Ports du Royaume, lesquelles formalités sont presque égales pour les uns & pour les autres, Sa Majesté en son Conseil, a interdit & prohibé, interdit & prohibe l'entrée dans le Royaume par les Ports, Passages, Provinces, Pays, Terres, & Seigneuries de son obéissance, des marchandises ci-après énoncées, du crû & fabrique d'Angleterre, Ecosse, Irlande, & autres pays en dépendans; soit qu'elles viennent à droiture desdits pays, ou après avoir été entreposées en d'autres pays, à peine de confiscation des marchandises & des vaisseaux, & autres bâtimens de mer sur lesquels elles seront apportées; soit que lesdits vaisseaux & autres bâtimens de mer, soient ou Anglois ou François, ou d'autres Nations, & de trois mille livres d'amende contre les Marchands du Royaume, qui recevront lesdites marchandises.

SÇAVOIR:

Toutes sortes de bas & autres ouvrages de Bonneterie, de soie, laine, fil ou coton, faits à l'aiguille ou metier.

Toutes sortes de draps, ratines, bayettes, burails, serges, frises, moletons, crezeaux, camelots, moheres, taffetas, mocades, pluches, & autres étoffes de pure laine, de pure soie, de poil ou mêlées de laine, soie, poil, fil ou coton.

Toutes sortes de chapeaux de quelque matiere ou qualité qu'ils soient.

Toutes sortes de couvertures de laine, fines, moyennes, ou grosses.

Toutes sortes de cuirs tannés, corroyés, & apprêtés.

Toutes sortes de gands.

Toutes sortes de coutellerie, quincaillerie & serrurerie.

Toutes sortes de boutons de soie, de crin, de fil, ou autre matiere.

Toutes sortes de rubans de soie, de laine, ou de fil.

Toutes sortes de montres de poches, de pendules de chambre, & autres ouvrages d'horlogerie.

Toutes sortes de vins, de liqueurs.

Toutes sortes d'estain ouvré & non ouvré.

Toutes sortes de plomb en saumon ou autrement.

Fait Sa Majesté défenses à tous Marchands & Négocians, & à toutes autres personnes tant de ses Sujets qu'Etrangers, sous les peines ci-dessus marquées, d'apporter dans le Royaume des merceries, drogueries, épiceries venant d'Angleterre, Ecosse, Irlande, ou autres Pays en dépendans, & sur des vaisseaux Anglois.

Fait pareillement Sa Majesté très expresses inhibitions & défenses à tous Marchands & Négocians tant en gros qu'en détail, des Villes & autres lieux du Royaume, & à toutes autres personnes, de faire commerce, exposer en vente, vendre, ni débiter aucunes desdites marchandises ci-dessus prohibées, du crû des fabriques, ou commerce d'Angleterre, Ecosse & Irlande, & autres Pays en dépendans, à peine de confiscation des marchandises, & de trois mille livres d'amende pour la premiere fois, & d'interdiction du commerce pour toujours en cas de récidive.

Ordonne Sa Majesté que sur les marchandises ci-après spécifiées, venant desdits Pays d'Angleterre, d'Ecosse, & d'Irlande & autres en dépendans, il sera payé à toutes les entrées du Royaume pour tout droit.

SÇAVOIR;

| | | |
|---|---|---|
| Alun en roche, le cent pésant, | 10 l. | |
| Bouteilles de verre doubles & simples, le cent pésant, | 20 | |
| Bierre d'Angleterre, la bouteille, | | 10 s. |
| Cire jaune, le cent pésant, | 5 | |
| Cire blanche, le cent pésant, | 20 | |
| Charbon d'Angleterre, le baril, | 1 | 10 |
| Chairs salées, le cent pésant, | 5 | |
| Chevaux d'Angleterre du prix de 90 livres & au-dessous pour chaque cheval, | 10 | |
| Et du prix au-dessus de 90 livres par chaque, | 20 | |
| Colle d'Angleterre, le cent pésant, | 20 | |
| Corne ronde ou plate, le cent pésant, | 1 | 10 |
| La couperose, le cent pésant, | 3 | |
| Cuirs verds d'Angleterre & d'Irlande, la piece, | | 10 |
| Cristaux de quelque nature que ce soit, le cent pésant, | 60 | |
| Dents d'éléphant, le cent pésant, | 6 | |
| Forces à tondre, la piece, | 3 | |
| Hareng sort, le lest de 12 barils, | 80 | |
| Laines, le cent pésant, | 2 | |
| Meules à Taillandier assorties, la douzaine, | 15 | |
| Molue séche, le cent pésant, | 8 | |
| Os de bœuf, le millier en nombre, | 3 | |
| Pelleteries, le cent pésant, | 100 | |
| Peaux de veaux, la douzaine, | 12 | |
| Peaux de bœuf, la douzaine, | 30 | |
| Ploc ou poil de vache, le cent pésant, | 2 | |
| Saumon salé d'Irlande & d'Ecosse, les six Hambourgs, ou huit barils, | 40 | |
| Suifs de toutes sortes, le cent pésant, | 1 | 10 |
| Talons de cuirs, le cent pésant, | 6 | |
| Tapis d'Angleterre, cinquante pour cent de la valeur. | | |
| Toiles de toutes sortes, cinquante pour cent de la valeur. | | |
| Verres à boires, caraffes & autres verreries, le cent pésant, | 20 | |

Ordonne pareillement Sa Majesté que les Négocians Anglois, soit qu'ils viennent sur des vaisseaux d'Angleterre ou sur des vaisseaux d'autres nations à eux appartenans, & les vaisseaux Anglois, soit qu'ils appartiennent ou soient commandés par des Anglois, ou qu'ils appartiennent à des Négocians d'autres Nations, ou soient commandés par d'autres Etrangers, ne pourront apporter dans le Royaume d'autres marchandises que celles du crû, & celles fabriquées avec des matieres du crû d'Angleterre autres que celles dont l'entrée est ci-dessus prohibée; & si lesdits vaisseaux se trouvoient chargés d'autres marchandises, ils ne pourront en faire aucun dechargement dans les Ports du Royaume, à peine de confiscation de la marchandise & du vaisseau, & de trois mille livres d'amende contre le Marchand qui les recevra dans le Royaume.

Comme aussi ordonne Sa Majesté, que les Négocians Anglois, ou Maitres de navires Anglois, ou autres venant d'Angleterre, excepté les Sujets de Sa Majesté, ne pourront par eux-mêmes faire aucune vente ni débit dans aucunes des Villes, Ports, & autres lieux du Royaume, des marchandises d'Angleterre non prohibées, qu'ils auront apportées; & qu'ils seront obligés de prendre un Courtier ou Marchand habitant de la Ville, ou autres lieux, où ils auront abordé, & où ils en voudront faire la vente, pour en procurer & faire la vente.

Ordonne en outre Sa Majesté que les vaisseaux Anglois qui aborderont dans les Ports du Royaume, soit pour y décharger des marchandises d'Angleterre non prohibées, ou pour charger des marchandises de France, payeront outre les droits d'entrée & de sortie établis par les Tarifs, Arrêts, ou Réglemens, trois livres dix sols pour droits de fret, au lieu de cinquante sols portés par l'Ordonnance des Fermes de 1681, par chaque tonneau de la continence à morte charge desdits vaisseaux Anglois, soit qu'ils soient commandés par des Anglois, ou par des Maitres de navires d'autres Nations, &c. Fait au Conseil d'Etat du Roi, Sa Majesté y étant, &c.

### *ARRESTE' DU CONSEIL DE COMMERCE, concernant l'exécution du Réglement précédent.*

Par délibération prise dans le Conseil de Commerce, & approuvée par S. A. R. Monseigneur le Duc d'Orléans, Regent du Royaume; il a été décidé que l'ordre du Conseil donné le 5 Février 1713 concernant l'entrée du plomb & autres marchandises d'Angleterre, ne seroit plus exécuté à l'avenir, & que les dispositions de l'Arrêt du Conseil d'Etat du 6 Septembre 1701, doivent être observées en leur entier, sans qu'on puisse dire ni prétendre qu'il y ait des marchandises d'Angleterre, qui ne sont ni permises ni défendues par cet Arrêt; n'y en ayant point qui ne soient comprises dans la prohibition ou dans la permission. C'est ce que les Intéressés aux Fermes générales du Roi, auront soin de faire exécuter par leurs Commis, & d'y tenir exactement la main. Fait au Conseil de Commerce, tenu à Paris le 18 Mars 1717. Signé, DE NOAILLES & AMELOT.

Il y a encore quelques Arrêts concernant l'exécution du Réglement de 1701; sçavoir, un du 30 Avril 1722, un autre du 4 Octobre 1723, & un troisiéme du 12 Septembre 1724. Ces deux derniers portent une modération des droits sur le charbon de terre venant d'Angleterre, Ecosse, & Irlande; mais attendu que cette modération de droits n'est que pour peu de tems, on s'est contenté de les indiquer sans en rapporter ni les motifs, ni le dispositif: on ajoutera seulement que le droit est réduit à huit sols par baril du poids de deux cent cinquante livres poids de marc.

A l'égard de l'Arrêt du 30 Avril 1722, il concerne la compétence des Juges qui doivent connoître des contestations au sujet du Réglement de 1701.

Sa Majesté y dit, qu'ayant été informée qu'il survenoit journellement des difficultés dans l'exécution de l'Arrêt de son Conseil d'Etat du 6 Septembre 1701, portant réglement pour les marchandises venant d'Angleterre, Ecosse, & Irlande, & Pays en dépendans; en ce que les Employés des Fermes de Sa Majesté se pourvoyent, les uns devant les Intendans, & les autres devant les Officiers des Traites; à quoi étant nécessaire de pourvoir, pour éviter les frais & la longueur des procès: Sa Majesté ordonne qu'à l'avenir toutes lesdites contestations, circonstances, & dépendances seront portées devant lesdits Sieurs Intendans & par eux jugées définitivement, sauf l'appel au Conseil: auxquels Sa Majesté attribue à cet effet toutes Cour, Jurisdiction, connoissance, &c.

---

## COMMERCE DE HOLLANDE.

Rien ne donne une plus grande, & une plus magnifique idée de ce Commerce, que l'Etat florissant de la République de Hollande; aussi jamais aucune Nation n'en a-t-elle fait un si étendu: ce qui va engager à un plus grand détail de son négoce, que tout ce qu'on a dit, ou que l'on dira dans la suite des autres Nations du monde, à la réserve du Commerce de la France.

Tout le monde sçait que quelques Provinces des Pays-Bas, également touchées de l'amour de leur nouvelle Religion, & de celui de leur ancienne liberté, s'unirent en 1568, pour la conservation de l'une & de l'autre; & bien-tôt après s'affranchirent du joug des Espagnols.

Il est vrai que les secours de la France, de l'Angleterre, & des Princes Protestans d'Allemagne, contribuerent à former & à soutenir cette République naissante; mais il n'est pas moins véritable, que sans les fonds inépuisables qu'elle trouva dans l'établissement d'un nouveau Commerce, les Troupes & les subsides de ses Alliés, ne l'eussent pû sauver des fers qu'elle n'avoit encore qu'à demi rompus.

Dès le commencement de la révolte, Philippe II avoit bien interdit toute sorte de Commerce aux Confédérés dans ses Etats; mais le besoin qu'il avoit des marchandises du Nord pour l'armement de ses flotes, l'obligea long-tems de feindre de ne pas s'appercevoir que tout ce négoce continuoit de se faire par les Hollandois, quoique sous la banniere des Nations amies.

Quelques années avant sa mort, ce Prince changea de politique; & après lui, Philippe III, son fils, & son successeur, suivant les dernieres idées de son pere, fit publier au mois de Février 1599, une interdiction de tout Commerce, sous les peines les plus rigoureuses, qui furent exécutées avec la plus grande sévérité.

Voilà proprement l'époque de la naissance du Commerce des Hollandois, & du plus solide fondement de leur puissance, c'est-à-dire, la fin du Regne de Philippe II, & le commencement de celui de Philippe III depuis l'an 1594, que se firent les premieres associations des Négocians de Zelande, jusques à l'an 1602, que toutes celles qui s'étoient faites, se réunirent dans une seule Compagnie. *Comme on en a parlé ailleurs, on peut y avoir recours. Voyez* COMPAGNIE.

Il n'y a point de lieux depuis ce tems-là, où les Hollandois n'ayent porté leur Commerce, sur-tout depuis la tréve de 12 ans conclue entre l'Espagne & eux en 1609; & encore davantage depuis la paix de

Munster, signée en 1648, où ils furent reconnus pour Etats libres, & par laquelle ils obtinrent de grands priviléges, pour leur négoce, de leurs anciens Maîtres, de qui ils ont été ensuite les plus sûrs, & les plus fidéles alliés.

Trois choses soutiennent davantage le Commerce de la Hollande ; l'une est le grand crédit de la Banque d'Amsterdam, de laquelle le fond monte à plus de trois mille tonnes d'or, & dont les billets sont toujours estimés un quart pour cent, & quelquefois davantage, plus que les payemens en argent comptant. [ *On en traite ailleurs.* Voyez BANQUE. ]

La seconde chose si utile au négoce de Hollande, est ce nombre presque incroyable de vaisseaux qui sortent chaque jour de tous les Ports de cet Etat, & qui portent, ou qui vont querir dans toutes les parties du monde, tant, & de si diverses marchandises, qu'il sera difficile qu'il n'en échape plusieurs dans le détail qu'on en donnera ci-après.

Enfin la troisiéme, est la sureté avec laquelle se fait ce Commerce, par les convois que l'Etat accorde aux vaisseaux Marchands, qui les font respecter des Corsaires, ou des Armateurs, & qui n'obligent pas les Négocians à de si grosses assurances.

L'on peut ajouter une quatriéme raison du grand succès du négoce des Hollandois ; c'est cette franchise, & cette bonne foi dont ils en usent avec tous leurs Correspondans, de quelque Nation qu'ils soient. Il est vrai cependant qu'il faut tomber d'accord, que si c'est une louange que leurs Négocians méritent en particulier, leur Compagnie des Indes Orientales s'est réglée quelquefois sur d'autres maximes, & qu'elle n'a pas toujours cru qu'il lui fût défendu de violer la justice quand il s'agissoit de regner.

*Port d'Amsterdam.*

Il n'est point de Port au monde où il se fasse un plus grand commerce, & où il entre ou sorte plus de vaisseaux que celui d'Amsterdam. Il est en demie lune, & peut contenir environ quatre mille bâtimens tant grands que petits ; les petits se rangent tout le long des quais, & les grands entre des estacades de grosses poutres qui soutiennent & brisent l'effort des vagues de l'Y ou Tey, & qui empêchent qu'ils ne s'endommagent les uns les autres dans les gros tems.

Ces estacades sont ouvertes en divers endroits pour laisser passer les bâtimens qui vont & qui viennent dans la Ville. On nomme ces ouvertures des Booms, elles servent comme de portes à la Ville du côté de la mer, & se ferment toutes les nuits avec deux grosses pieces de bois garnies de pointes de fer, pour empêcher que rien n'y puisse entrer. Pendant le jour, il y a des Commis de l'Amirauté aux Booms pour visiter tout ce qui entre ou qui sort.

Ce sont les huit écluses qui soutiennent les eaux du Tey, qui en fournissent au Port & à tous les canaux de la Ville ; & ce sont ces canaux qui facilitent le transport des marchandises, soit quand on veut charger, soit lorsqu'on veut décharger les vaisseaux.

Les batteaux qui servent à ce transport, sont au nombre de près de quatre cent ; il y en a de quatre sortes ; sçavoir, les lichters, les vlot-schuiten, les styggers-schuiten, & les chaloupes.

Les lichters sont des especes d'aleges, qui peuvent contenir trente à trente-six lasts, ils servent à transporter les grains, les graines, les sels, & autres semblables marchandises.

Les vlot-schuiten sont de grands batteaux plats, qui portent depuis vingt jusqu'à vingt-cinq tonneaux de vin, ils servent pour décharger les vins, eaux-de-vie, vinaigres, & autres boissons : on s'en sert aussi pour les sucres & quelques autres marchandises.

Les styger-schuiten sont destinés au même usage que les précédens, mais ils ne sont ni si grands, ni si plats, & ne tiennent que dix à onze tonneaux de vin.

Enfin les chaloupes peuvent porter 15 à 20 bariques de vin ; on les employe néanmoins plus souvent aux transports des personnes à bord des vaisseaux, qu'à celui des marchandises, à moins, que ce ne soit que quelques petites parties.

Le prix de ces batteaux n'est pas réglé, & se paye suivant qu'il y a plus ou moins de vaisseaux à charger, ou de marchandises à transporter, y ayant des tems où on les a pour quarante ou cinquante sols par jour, & d'autres où l'on en paye jusqu'à dix florins.

C'est peu de chose que le Commerce des marchandises du crû de la Hollande ; & à la réserve de ses beurres, de ses fromages, & de sa vaisselle de terre, qu'on nomme communément Fayance, dont il se fait un très grand négoce, il y en a peu d'autres qui passent à l'Etranger. On y peut pourtant ajouter leurs bestiaux, & d'assez bons chevaux, qu'on nourrit dans ses excellens pâturages.

Avant la révocation de l'Edit de Nantes, & l'établissement d'une partie des Réfugiés François, en diverses Villes des Provinces-Unies, leurs Manufactures, comme on l'a dit de celles des Anglois, ne consistoient presque qu'en leurs draps, & en leurs toiles ; mais depuis ce tems-là, il n'y en a gueres qui n'ayent passé de France, & qu'on n'y ait porté à un dégré de perfection suffisant, pour n'avoir pas besoin des fabriques Françoises en tems de guerre ; mais incapable de les remplacer en tems de paix.

Les principales Manufactures de lainerie, sont établies à Leyden ; & c'est-là où l'on travaille les draps les plus fins, les plus beaux camelots, les serges les plus estimées, & beaucoup d'autres étoffes de laine de grande réputation.

Il s'en fait aussi quantité à Amsterdam & à Harlem ; mais il s'en faut bien que celles de ces deux Villes approchent de la beauté des fabriques de Leyden. Les laines qu'on y employe, sont tirées d'Espagne, d'Angleterre, d'Allemagne, de Pologne, & du Levant, & quelques-unes du Perou & de Perse ; celles-ci se nomment, Laines de Caramanie, & celles-là, Laines de Vigognes. *Voyez* LAINE.

Les toiles se fabriquent en plusieurs endroits des Provinces-Unies, & il s'en fait beaucoup dans les Provinces de Groningue & d'Ouvreissel ; mais il s'en faut beaucoup que celles qui se vendent sous le nom de toiles de Hollande, y ayent été faites. Il est vrai qu'elles y sont toutes blanchies, & qu'ayant été tirées en écru des Etats voisins, on les met au blanchiment d'Harlem, qui a la réputation d'être le meilleur de toute la Hollande.

Outre ces toiles fines, on imite aussi assez bien les Noyalles de Bretagne, qui servent aux voiles, dont, outre la consommation du Pays, il se fait un assez bon négoce en Angleterre.

Les autres Manufactures de chanvre ou de lin, sont des toiles moitié fil, moitié coton ; des coutils des rubans de fil, des passemens, des cordages, & des filets.

Outre ce qui croît de lin & de chanvre en Hollande, les Hollandois en tirent une très grande quantité de Moscovie, de Dantzic, de Riga, &c. qu'ils employent en toutes ces fabriques, ou qu'ils vendent en masses, & non ouvrés, aux Etrangers.

Les nouvelles Fabriques, d'étoffes d'or, d'argent, & de soie, portées en Hollande par les Réfugiés François, sont principalement établies à Amsterdam : dans les autres Villes, on ne travaille gueres qu'à celles de soie ; & de cette derniere espece, ce sont celles de Harlem qui sont les plus estimées.

Les soieries qu'on y fait, sont des velours à fleurs, assez grossiers ; des toiles de soie, des gazes, & autres semblables petites étoffes, qui sont bien au dessous des fabriques de Lyon, de Tours, ou de Paris ; mais qui pourtant ont un plus grand débit en Allemagne, dans le Nord, & en Portugal, que celles de France, parce qu'on les a à quinze, ou vingt pour cent meilleur marché.

Leurs soies leur viennent d'Italie, du Levant, de Perse, de Bengale, du Tonquin, & de la Chine.

Outre ces principales Manufactures, les François Protestans ont montré aux Hollandois, ou leur ont perfectionné la Rubannerie, la Papeterie, la Bonneterie, la Chapellerie, les franges, les passemens, la Tannerie ; les différentes manieres de passer les cuirs en maroquin & en chamois ; la fabrique des cuirs dorés, & toutes sortes de raffinages de sucres, de sels, & de blanchissages de cire, &c. ou qui ne leur étoient pas connues, ou qu'ils ne sçavoient qu'imparfaitement.

On parle ailleurs de la fayance, & particuliérement de celle de Delft. *Voyez* FAYANCE.

### *ETAT DES MANUFACTURES & Fabriques établies à Amsterdam & aux environs.*

Il se fabrique à Amsterdam des étoffes d'or & d'argent, des damas, des brocards, des parteres, des taffetas, des moheres, des raz de soie, des armoisins, des velours, des tripes, des pannes, des gazes unies & à fleurs ; enfin de presque toutes les autres étoffes de soie qui autrefois ne se fabriquoient gueres qu'en France & en Italie.

Des bas, des bonnets, tant de soie que de fil & de laine.

Des draps, des serges, des calaminques ou calamandres, des étamines, des camelots, & quantité d'autres étoffes de laine, de poil de chévre & de chameau.

Des rubans d'or & d'argent, de soie, de fil, de coton & de fleuret.

Des chapeaux de toutes sortes.

Des tapisseries de haute-lisse, d'autres de tontures de laine, & d'autres encore peintes sur des toiles ou sur des basins.

Des imprimeries de toiles de coton, dont les Imprimeurs se vantent d'avoir trouvé le secret de faire des couleurs aussi belles & aussi sûres que celles dont on se sert aux Indes & en Perse.

Des imprimeries pour les livres & les tailles-douces.

Toutes sortes de teintures, particuliérement pour les noires & les écarlates.

Des cuirs dorés.

Des tanneries où l'on prépare toutes sortes de peaux & de cuirs.

Soixante raffineries de sucre.

D'autres raffineries pour le camphre, le vermillon, le souffre, l'azur, le sel, le borax, le sel, & la résine.

D'excellente civette ; plusieurs personnes y nourrissent les animaux qui la produisent.

Des savoneries où l'on fabrique des savons noirs.

Des blanchiries pour la cire.

Des brasseries pour la bierre.

Des vinaigreries pour le vinaigre.

Des corderies tant pour les gros cables que pour moyens & menus ouvrages.

Divers moulins pour la poudre, pour les drogues propres aux teintures, pour le tabac, pour le tan, pour le bois de reglisse, pour moudre les grains, pour scier des planches, pour scier & polir du marbre, pour les huiles de grains, pour les foulons, & pour forrer des canons.

On y fabrique aussi quantité d'ancres pour la marine, & dans ses chantiers un nombre presqu'incroyable de bâtimens de toutes sortes d'especes & de grandeurs.

HARLEM. On fabrique à Harlem quantité de velours de toutes sortes, des peluches, des tripes, & grand nombre de petites étoffes de laine.

On y fait aussi des rubans de fil, de coton, de fleuret, & des cordons de toutes especes.

Cette Ville est en réputation pour le blanchiment des toiles, particuliérement de celles que l'on nomme par distinction Toiles de Hollande. Ses fils sont pareillement fort estimés pour leur bonté & leur blancheur, aussi-bien que ses toiles de couleur à carreaux ; mais ces dernieres toiles sont des plus communes.

Le négoce des fleurs y est encore assez considérable, cependant bien moins qu'autrefois, quand on y voyoit des oignons de tulipes qui s'y vendoient jusqu'à cinq mille florins.

ROTERDAM. La Ville de Roterdam n'a presque point de Manufactures ; mais son commerce s'étend dans toutes les parties du monde ; elle en fait surtout un très considérable en France, particuliérement en Normandie ; en Angleterre, en Ecosse, en Irlande, dans le Brabant, en Flandres, & dans plusieurs Villes d'Allemagne. Elle est outre cela l'Entrepôt des Garences Robées & non Robées, & elle fournit deux fois l'année pour la pêche du hareng, une très grande quantité de ces petits bâtimens que l'on appelle des Buches.

L'on voit assez par ce qu'on vient de dire du peu de productions naturelles de la Hollande, & de l'état de ses Manufactures, que le Commerce des Hollandois ne seroit gueres considérable, si c'étoit elles seules qui dûssent l'entretenir. Mais à leur défaut, l'on peut dire, que tout ce qu'il y a de lieux dans les quatre parties du monde, où il se fait quelque négoce, contribuent au leur ; & que c'est comme une espece de tribut, ou d'hommage que ces entreprenans & sages Négocians ont mérité, pour avoir appris au reste des Nations, jusqu'où l'on pouvoit pousser la gloire & la richesse du Commerce.

Le Commerce des Hollandois est donc un Commerce universel, auquel eux-mêmes ne contribuent presque que de leur habileté, & de leur industrie.

Leurs Ports, à la vérité, contiennent un nombre de vaisseaux presque incroyable ; & le Chevalier Temple, dans ses curieuses & exactes Remarques sur l'état de la Hollande, estime qu'il s'y trouve plus de vaisseaux, que dans tout le reste de l'Europe ensemble. Cependant le même Auteur parle avec assez de mépris de tous les Ports des quatre Provinces maritimes de cette République ; dans le plus considérable desquels, & le plus fréquenté, qui est celui d'Amsterdam, les moindres vaisseaux ne peuvent entrer qu'à haute marée, & les plus grands, sans avoir été déchargés, pour franchir avec sureté l'entrée du Texel, & le passage du Zuiderzée.

Cette difficulté n'empêche pas cependant qu'il ne sorte presque à chaque instant, & sur-tout dans les saisons propres à certaines navigations, de tous les Ports de ces Provinces, particuliérement de celui d'Amsterdam, des vaisseaux pour les quatre parties du monde ; & en particulier pour la France, l'Espagne, l'Angleterre, le Portugal, la Méditerranée, les Echelles du Levant, le Nord, la mer Baltique, les Côtes d'Afrique & de Guinée, les Isles, & le Continent de l'Amérique ; enfin pour les grandes Indes, d'où étant arrivés à Batavie, la Capitale de leur Commerce de l'Orient, ils se partagent d'un côté dans la mer Rouge, le sein Persique, les Côtes de l'Arabie, celles du Mogol, &c. & de l'autre, dans le Japon, & jusques dans la Chine, aussi-bien que dans toutes les Isles de l'Océan Indique, où ils ont des Comptoirs & des Commis établis.

Pour donner quelque idée du nombre de vaisseaux qui se chargent en Hollande, pour tous les lieux dont on vient de parler, il suffit de faire remarquer que du seul Port d'Amsterdam, il en sort tous les ans plus de quinze cens, frettés pour le Nord & pour la mer Baltique ; & qu'à proportion tous les autres Commerces n'en entretiennent pas moins : & un Auteur Hollandois assure qu'on a vû quelquefois en trois jours sortir des Ports de Hollande plus de quinze cens buisses, ou bûches, bâtimens propres à la pêche du hareng ; & qu'ordinairement cette pêche en occupe plus de trois mille tous les ans.

Avant que d'entrer dans le détail de tous les lieux où les Hollandois ont porté leur Commerce, & de la maniere qu'ils l'y entretiennent, on va dire quelque chose d'une espece de partage, non pas concerté, mais établi par l'usage, que les principales Villes de Hollande se sont fait pour le Commerce & le débit des marchandises qui leur viennent du dehors, ou qu'ils fabriquent au dedans.

Amsterdam est comme l'étape générale de toutes les marchandises, mais particuliérement de celles des Indes Orientales, de l'Espagne, de la Méditerranée, & de la mer Baltique, dont le Commerce lui est en quelque sorte réservé.

La navigation du Groeland, de la mer Glaciale, & la pêche des baleines, & des autres monstres marins, comme les waltrus, qui se trouvent dans ces mers, se font par les Habitans de la Frise.

Enchuysen, Maeslandt, Sluys, & Ulaerdinque, s'occupent de la pêche du hareng.

Le Commerce des Indes Occidentales se fait plus ordinairement par les vaisseaux Flessingois.

A Midelbourg, est l'étape d'une partie des vins de France.

A Dordrect, celle du vin du Rhin ; & les magasins des draps, & autres marchandises d'Angleterre.

A Vere en Zelande, ceux des marchandises d'Ecosse.

A Rotterdam, c'est le Commerce d'Angleterre qui fleurit le plus ; & il s'y trouve aussi une étape considérable des vins de France.

Les diverses Manufactures de Leyden font son principal négoce ; & l'on y fabrique toutes sortes d'étoffes de laine, de soie, de poil, & même d'or & d'argent.

Les toiles d'Harlem, & les étoffes de soie, ou à fleurs, ou unies, y occupent la plupart des Habitans.

A Delft, c'est la bierre & la porcelaine du Pays.

Enfin, c'est à Saerdam que se fait la plus grande construction de toutes sortes de bâtimens, soit pour le Commerce de mer, soit pour celui qui se fait par les rivieres & les canaux ; quoiqu'il s'en bâtisse aussi beaucoup dans les chantiers d'Amsterdam, de Roterdam, d'Edam, de la Brille, d'Enchuysen, & de Horn, qui sont non-seulement pour l'usage du Pays, mais qui se vendent aussi aux Etrangers.

Le Commerce le plus proche, & l'on peut dire le plus commode pour la sureté & les voitures que les Provinces-Unies fassent au dehors, est celui qu'ils entretiennent avec une partie de l'Allemagne, par le moyen des grands fleuves & des rivieres qui traversent leurs Etats, ou qui en sont voisines.

Ces rivieres sont le Rhin & la Meuse, qui arrosent leurs Etats ; le Weser, l'Ems, & l'Elbe, qui n'en sont pas éloignées par l'Océan Germanique.

Le trafic du Rhin, qui est aussi celui de la Moselle & du Mein, rivieres dont ce fleuve est grossi dans son cours, est très considérable. Cologne est proprement le centre du Commerce qui s'y fait, & la principale étape des vins du Rhin, & de la Moselle.

C'est aussi là où se rassemblent les marchandises de la Lorraine & de l'Archevêché de Tréves, que la Moselle traverse ; comme des bois, du fer en barres, des canons, & des boulets du même métail.

C'est pareillement par le Rhin que se conduisent les marchandises de Mayence & de la Franconie, qu'arrose la riviere du Mein, & qui se vendent dans les foires célébres qui se tiennent deux fois l'année à Francfort, ou qui se tirent de Nuremberg ; telles que sont la quincaillerie, & le cuivre en platines de cette derniere Ville, &c.

Enfin, c'est par le Rhin que les Hollandois tirent du lin, des fils, & des toiles, des Duchés de Juliers & de Bergue.

La Meuse facilite le Commerce de Hollande à Liége, qui est sur cette riviere ; & même celui d'Aix-la-Chapelle, qui n'en est pas fort éloignée, & dont quasi tout le négoce se fait dans cette premiere Ville. Les Hollandois tirent de Liége, des serges, de l'ardoise, du charbon de terre, du plomb, du fer, des boulets, & de la chauderonnerie faite à Aix-la-Chapelle ; du cuivre que les Hollandois apportent à Liége, &c.

Le Weser, qui a sa source dans les montagnes de Turinge, arrose une partie de la basse Allemagne ; & après avoir passé dans le Pays de Hesse & de Brunswick, se jette dans l'Océan Germanique. Bremen, qui est située à quinze lieues de son embouchure, dans la Peninsule que le Weser forme avec l'Ems, est le dépôt de toutes les marchandises de ces quartiers-là ; & c'est dans cette Ville que les Hollandois enlevent les bois de charpente, les fromens, les laines, divers métaux, & des bierres, qui y sont conduits de la basse Saxe, de Hesse, & de Brunswick, &c.

Emden, Capitale de la Frise Orientale, à l'embouchure de l'Ems, est l'étape de tout le Commerce de cette partie d'Allemagne que traverse cette riviere. La Ville se gouverne par ses Magistrats ; & les Hollandois, qui en sont alliés, (l'on pourroit dire les maîtres, par le crédit qu'ils y ont,) en tirent toutes les marchandises de la Westphalie, & particuliérement des Evêchés de Paderborn & de Munster; qui consistent principalement en bois propres à batir, en draps, en laines, & en toiles. C'est aussi de là que viennent ces jambons qui ont tant de réputation. La Frise Orientale fournit encore à la Hollande des bestiaux & des chevaux.

Enfin, le Commerce de l'Elbe est un des plus considérables que les Hollandois fassent dans la mer Germanique. Cette fameuse riviere a sa source dans la Bohême, vers les frontieres de la Silesie; de là traversant plusieurs riches Provinces, entr'autres les Etats de Saxe, de Brandebourg, & de Brunswick, elle passe à Hambourg, cette Ville qui par son négoce, a mérité le nom de l'Amsterdam du Nord; d'où à vingt lieues environ au dessous, elle se jette dans la mer, grossie de toutes les rivieres de la Bohême & de la Saxe, &c. qu'elle a reçûes pendant un si long cours.

C'est ordinairement à Hambourg que les Hollandois font le Commerce de la basse Allemagne; mais souvent ils remontent jusqu'à Harbourg & Magdebourg, pour y charger des vins & des bois: achetant même dans ces quartiers-là des forêts entieres, qu'ils font débiter, & dont ils remplissent de grands magasins, d'où ils les enlevent quand ils en ont besoin, ou qu'ils le trouvent à propos. Les marchandises qu'ils tirent de Hambourg, sont presque toutes celles dont on parlera dans le Commerce du Nord. *Voyez* COMMERCE DU NORD, *ou celui de* HAMBOURG.

A l'égard des marchandises que les Hollandois portent en Allemagne, par les cinq rivieres dont on vient de parler, ce sont des Manufactures de soie & de laine, de la mercerie, de l'épicerie, des drogues, des bois propres pour la teinture, des sucres, des fromages, des harengs, des cuivres, & de la dinanderie.

L'on a vû long-tems le Commerce fleurir dans les Pays-Bas qui appartiennent à la Maison d'Autriche: Anvers & Bruges y étoient ce que sont présentement en Hollande, Amsterdam & Roterdam; & il n'y avoit point de Ville, qui, comme on sçait, y sont en grand nombre, qui n'eût un négoce florissant, & bien établi.

L'établissement de la nouvelle République de Hollande, qui s'empara de la navigation de l'Escaut; & les conquêtes de la France, qui ont partagé ces Provinces avec l'Espagne, qui en étoit en possession, ont beaucoup diminué ce Commerce: cependant les Hollandois ne laissent pas d'y en entretenir un assez bon, soit par la quantité des marchandises qu'ils y envoyent, soit par celles qu'ils en tirent; qu'ils font d'autant plus commodément, qu'ils sont maîtres d'une partie du pays & des canaux, par les Villes qu'ils ont en dépôt, en conséquence du Traité de la Barriere conclu avec l'Empereur en 1715.

Anvers, Bruxelles, & Malines, fournissent aux Hollandois, du fil, & de ces ouvrages qu'on appelle Dentelles de Malines: Gand & Bruges, des toiles, des chanvres, des basins: Bruxelles & Oudenarde, des tapisseries de haute-lisse; & Lille qui est de la domination Françoise, des toiles de Batiste, des picots, & des baracans. Ils donnent en échange des étoffes de soie & de laine, & quantité de drogues, & d'épiceries, &c.

Le Commerce que les Hollandois faisoient autrefois en France, étoit très considérable; & quoiqu'il le soit encore beaucoup, il s'en faut bien qu'il soit rétabli, ni qu'il puisse jamais se rétablir sur le pied qu'il étoit avant les premiers démêlés survenus entre les deux Nations depuis le Traité de la Triple-alliance, que la République, qui devoit sa liberté & sa puissance, en partie à la France, fit avec l'Angleterre & la Suéde, contre ses Bienfaiteurs.

L'on voit un Mémoire d'un Ambassadeur de Hollande, qui justifie qu'alors les Hollandois enlevoient chaque année, pour trente-cinq millions de marchandises de France, non compris, ni évalués les grains, qui quelquefois alloient à quatre millions; ni les sels, dont ils chargeoient jusqu'à cinq à six cent bâtimens.

Les longues guerres de la France, qui ont duré presque continuellement jusqu'à la fin du Regne de Louis XIV, & dans lesquelles les Hollandois ont toujours été unis aux Puissances alliées contre elle, ont achevé la ruine de ce Commerce, la nécessité ayant appris aux Hollandois à imiter les Manufactures des François, ou à se passer de leurs marchandises.

Il faut avouer cependant qu'aussi-tôt que la paix réunit les deux Nations, le besoin mutuel qu'elles ont l'une de l'autre, renoue aisément leur Commerce; que les Ports de la Hollande revoyent bientôt les navires François, & que les bâtimens Hollandois reprennent facilement la route des Ports de la France.

Les marchandises que la France fournit à la Hollande, sont des pannes, des velours, des satins, des draps d'or & d'argent, des taffetas, des rubans de soie, des franges, des dentelles, des passemens, des boutons, des lacets, des chapeaux de toutes sortes, des laines filées en Picardie, des papiers, de la lingerie, & des toiles; des emmeublemens, lits, matelats, tours de lits, & couvertures; de la quincaillerie, de la mercerie, comme épingles, aiguilles, peignes de buis; gants de Paris, de Vendôme, de Blois, de Grenoble; des plumes, des éventails, des coeffes, des masques; des vins, des eaux-de-vie, du vinaigre, du saffran, du savon, des huiles, des olives, des câpres, des amandes, des figues, & autres fruits; de l'horlogerie, du verre pour les vîtres, du pastel, du miel, de la térebenthine; enfin, des grains, & des sels, & quelques beurres.

L'on n'expliquera pas ici les marchandises que la France tire de la Hollande; elles seront comprises dans le catalogue général qu'on donnera à la fin de cet article, de toutes celles dont les Hollandois trafiquent.

L'on a traité assez amplement aux articles du Commerce d'Espagne & de Portugal, de celui que les Hollandois y font, pour n'être pas obligé d'en rien dire ici, ce qui ne seroit qu'une répétition inutile & ennuieuse. *On peut y avoir recours.*

Le voisinage de l'Angleterre & de la Hollande, a toujours facilité un grand Commerce entre les deux Nations; & la commodité de la Meuse est cause que c'est sur-tout par les Marchands & par les vaisseaux de Roterdam que ce Commerce est entretenu.

Il est vrai que l'on peut dire, qu'il ne s'exerce pas avec des conditions égales, la jalousie des Anglois pour le négoce de leurs Isles, en ayant imposé d'assez dures aux Hollandois; & le besoin que les Hollandois ont des Ports que les Anglois ont dans la Manche, les obligeant de s'accommoder aux loix un peu séveres qui leur sont imposées.

La principale inégalité de ce négoce consiste en

ce que les Hollandois permettent aux Anglois de transporter chez eux toutes sortes de marchandises, soit que leurs Isles les ayent produites, soit qu'elles leur viennent d'ailleurs ; & qu'au contraire, à l'exception des épiceries, les Hollandois n'ont la liberté de porter en Angleterre que ce qui est de leur crû, ou ce qui est fabriqué dans les diverses Manufactures qu'ils ont chez eux.

Les marchandises qui viennent d'Angleterre en Hollande, sont des draps, & autres étoffes de lainerie ; des étoffes de soie, des bas aussi de soie, ou de laine ; des chapeaux, de l'étain, du plomb, du charbon de terre, du vitriol, des tabacs de Virginie, du sucre des Barbades, de l'horlogerie, &c. Celles qui passent de Hollande en Angleterre, sont, des toiles fines, des toiles à voiles, du papier, & des soieries. On peut lire ci-dessus, dans l'article du Commerce d'Angleterre quelques autres particularités de celui que la Hollande fait avec elle.

Le Commerce du Nord, & de la Mer Baltique, est un des plus importans Commerces que fassent les Hollandois. Dans les autres négoces, il semble qu'ils ne travaillent que pour le reste de l'Europe : dans celui-ci, presque tout les regarde ; & c'est delà qu'ils tirent les grains qui les nourrissent, & les choses nécessaires pour leur navigation, sans laquelle ni l'Etat, ni les Particuliers, ne pourroient subsister.

L'on ne dira ici de ce Commerce, que ce qui regarde plus particuliérement les Hollandois, & qu'on ne pourroit pas expliquer si commodément ailleurs ; le reste se trouvera ci-après au titre du Commerce du Nord, & de la Mer Baltique.

Quoique la Suéde, le Dannemarc, & les autres Etats qui sont sur la mer Baltique, soient compris dans le terme général du Nord ; la Norwege, Archangel, & quelques Provinces de Moscovie, & de Dannemarc, plus septentrionales, méritent plus particuliérement ce titre ; & c'est par elles qu'on va commencer ce qu'on a dessein de mettre ici du Commerce du Nord en général.

Avant l'année 1553, le Commerce de la Moscovie se faisoit par la voie de Nerva & de Revel, Villes de la Livonie, dans le fond de la mer Baltique.

Le Port d'Archangel ayant été découvert par les Anglois, comme on l'a dit au titre du Commerce de l'Angleterre, tout le négoce de ce vaste Empire passa dans ce nouveau Port, qui avoit bien des commodités, qu'on ne trouvoit pas dans les deux autres, particuliérement à cause du passage du Sund, qui ôte, ou du moins qui gêne la liberté du Commerce des deux Villes de Livonie.

Les Hollandois délivrés des dépenses d'une guerre ruineuse, par la tréve de douze ans avec l'Espagne, acheverent d'établir leur Commerce à Archangel ; & après l'avoir quelque tems partagé avec les Anglois, qui jusques-là l'avoient fait tout seuls, ils s'en emparerent si bien, qu'encore à présent ils en font la meilleure partie.

Il part tous les ans pour Archangel, des Ports de Hollande, & particuliérement d'Amsterdam, à qui ce négoce semble être échû en partage, environ quarante vaisseaux depuis deux cent jusqu'à quatre cent tonneaux. Ils sont toujours partagés en deux escadres ; l'une, seulement de cinq ou six navires, qui met à la voile au mois de Juin, & qui revient au mois de Septembre ; & l'autre, de trente ou trente-deux vaisseaux, dont le départ est fixé au mois de Juillet, & le retour à la fin d'Octobre.

Ces deux escadres, quelquefois plus, quelquefois moins fortes, ont toujours un convoi, que leur donne la Ville d'Amsterdam, même au milieu de la plus profonde paix.

Les marchandises, qui font la charge des vaisseaux des deux escadres, sont des étoffes de laine & de soie, des toiles, des castors de Canada, du papier, de la mercerie, de la quincaillerie, des canons, & autres armes ; de la poudre, du souffre, du cuivre, du plomb, de l'étain, des eaux-de-vie, des vins, des huiles, du vinaigre, des confitures, des fruits secs, du safran, du sucre, des épiceries, du poivre, des harengs de la premiere pêche, de l'encens, de la couperose, de la céruse, ou blanc de plomb ; de l'indigo, & des bois de teinture, pour les cuirs de Russie ; des passemens, des dentelles, du fil d'or & d'argent, & de l'argent en especes.

L'on peut voir les marchandises qui se tirent d'Archangel, à l'article du Commerce du Nord.

Le Commerce de Norwege occupe tous les ans plus de trois cent vaisseaux Hollandois, depuis quatre jusqu'à cinq cent tonneaux, mais seulement de dix ou douze hommes d'équipage. Ils sortent la plupart des Villages de Frise, ou de ceux qui sont dans le voisinage d'Amsterdam.

Berghem, qui est le Port le plus considérable du Royaume de Norwege, est aussi celui où les Hollandois font leur principal négoce.

Drouthcim, Copperwich, & quelques autres, sont, après Berghem, les lieux où ils font quelque trafic. L'on a parlé ailleurs du fameux Cloître de cette Ville, où les Marchands vivent dans une espece de Communauté & de célibat. *Voyez* CLOISTRE.

Les marchandises, dont les Hollandois font négoce en Norwege, sont, des épiceries, des sels, des vins d'Espagne, du vinaigre, de l'eau-de-vie, du fromage, du tabac en rouleau, & quelques draperies.

Comme les bois pour la construction des navires, est ce que les Hollandois en rapportent de plus considérable, ils ont fait plusieurs Traités avec les Rois de Dannemarc, concernant le Commerce des bois, entr'autres celui de Christianopel du 13 Août 1645, & un autre de la Haye du 12 Avril 1669.

Les marchandises que l'on tire de la Mer Baltique, étant d'un gros volume, les Hollandois sont obligés d'y envoyer une grande quantité de vaisseaux, qui partent moins qu'à demi-charge, mais qui reviennent toujours avec un entier chargement.

Le nombre des bâtimens de Hollande, qui sont occupés à ce Commerce, vont, année commune, de mille à douze cent navires.

Diverses marchandises y sont propres : mais comme la balance n'est pas égale entre celles qui en viennent, & celles qui s'y envoyent ; & que la consommation n'y est pas considérable, à la réserve de celle de Dantzick, qui est l'étape pour le Commerce de la Pologne, il faut que les Hollandois y portent un grand nombre de rischedales, pour payer le surplus des marchandises, dont ils chargent les vaisseaux pour leur retour.

Après le Commerce des Indes Orientales, il n'y en a point dont les Hollandois soient plus jaloux, que de celui de la Mer Baltique : aussi veillent-ils avec une grande attention à se le conserver, soit en empêchant les autres Nations de s'y trop établir ; soit en prenant soin que les Suédois & les Danois,

Danois, qui dominent en quelque sorte sur l'important Détroit, par où l'on peut entrer dans le vaste Golphe, qu'on appelle la mer Baltique, ne le puissent fermer aux vaisseaux Etrangers, ou qu'ils n'imposent de nouveaux droits sur les bâtimens qui y vont négocier; soit enfin, en empêchant, autant qu'ils peuvent, que les Nations du Nord, qui ont des Ports sur cette mer, n'aillent elles-mêmes porter leurs marchandises à celles du midi.

Les marchandises, que les Hollandois portent en Suéde & en Dannemarck, sont, des épiceries, des drogueries, des sels d'Espagne & de Portugal, (ceux de France n'y étant pas si propres;) du sucre, des vins, de l'eau-de-vie, des toiles, & des étoffes de laine & de soie.

En Poméranie, ce sont des draps, des vins, des fromages, du sel, du tabac, des épiceries, du fer, du plomb, de l'étain, & de vieilles rischedales.

A Dantzick, ce sont quantité d'étoffes de soie de toutes façons, force draperies, des bois propres à la teinture, soit rapés, soit moulus; de la garance, beaucoup d'épiceries, des drogues, de la crême de tartre d'Italie, du sucre, de l'huile, du papier, des vins de diverses sortes, des eaux-de-vie, & du sel de France: celui-ci n'est propre que pour la Prusse.

Enfin, ils envoyent à Riga, Revel, Nerva, & Pernau, Villes de Livonie, du sel, des épiceries, du sucre, du tabac, du verre de France; & sur-tout quantité de vieilles rischedales, dont ils payent les marchandises, non-seulement de cette Province, qui appartient à la Suéde, mais aussi celles qui y sont transportées de la Moscovie, de la Pologne, & de la Lituanie. *Voyez au Titre du Commerce du Nord, & de la Mer Baltique, les marchandises qui servent pour les retours des vaisseaux de Hollande; & le reste de ce qui concerne le négoce que toutes les Nations de l'Europe y font.*

Ce n'est que depuis le commencement du dix-septiéme siécle, que les Hollandois font le Commerce du Levant sous leur propre baniere; ayant été assujettis jusques-là à n'y venir que sous celle de France, suivant les anciennes Capitulations de cette Couronne avec le Grand-Seigneur.

La République en ayant fait de particulieres pour elle avec la Porte en 1612, de même que les Anglois en avoient obtenu aussi pour eux dès 1599, leur négoce du Levant, particuliérement celui de Smyrne, devint bien-tôt le plus considérable, qui s'y fit par les Nations Chrétiennes; & l'on peut dire qu'il s'est toujours soutenu depuis avec une grande réputation.

Ce Commerce a paru si important à la République, que les Etats Généraux ont établi à Amsterdam une Chambre particuliere, pour veiller à tout ce qui peut y avoir rapport.

Cette Chambre est composée de six Députés & d'un Greffier; tous Marchands, qui, sous l'autorité des Bourguemestres, réglent & ordonnent tout ce qui concerne la navigation & le négoce de la mer Méditerranée.

C'est cette Chambre qui convient des convois; qui, avec l'agrément des Etats, nomme au Consulat des Echelles du Levant; & qui enfin, décide sur tous les différents qui surviennent entre les Marchands au sujet de ce négoce.

La République, qui n'a gueres d'autres intérêts à démêler avec la Porte, que ceux de son Commerce, y entretient un Ministre, qui n'a eu long-tems que le titre de Résident. Non-seulement il maintient les Capitulations de la Nation, mais encore il juge des contestations qui surviennent entre les Particuliers; & c'est à lui que vont les appellations des Consuls. Il y a douze mille francs d'appointemens des Etats Généraux; mais de plus, il jouit de la moitié du revenu de tous les Consulats, qui sont très considérables: le Chevalier Chardin assurant, que les droits du seul Consulat de Smyrne, ont quelquefois été jusqu'à cinquante mille écus par an.

Les vaisseaux qui font en droiture le Commerce des Etats du Grand-Seigneur, sont ordinairement au nombre de trente ou trente-cinq, qui partent en divers tems & en diverses escadres; mais toujours avec des convois, à cause des Corsaires de Barbarie.

Il y en a cependant beaucoup d'autres, qu'on frette pour divers Ports de France, d'Italie, & de Barbarie; d'où ayant ramassé les marchandises qui leur sont propres, ils continuent leur route au Levant, & les y vendent, soit pour leur compte, soit pour celui des Marchands François & Italiens, pour qui ils ont chargé, & à qui ils viennent ensuite partager les retours qui leur appartiennent à chacun.

Les vaisseaux de fret, qui s'arment en Hollande pour la Méditerranée, ne peuvent avoir moins de vingt à vingt-six pieces de canons, & de soixante à soixante-dix hommes d'équipages; & les convois sont ordinairement des vaisseaux de cinquante ou soixante pieces de canon, montés depuis cent jusqu'à cent soixante-dix hommes.

Les escadres destinées pour les Echelles du Levant, ont coutume, en allant, de toucher à Livourne, pour se rafraîchir, & pour y prendre des piastres, que les Génois leur fournissent. Ils en prennent aussi assez souvent à Cadix.

Les Hollandois font beaucoup d'affaires à Smyrne, & plus qu'aucune autre Nation de l'Europe: mais ce qu'ils font ailleurs, est peu de chose. Un de leurs grands profits consiste dans l'argent qu'ils y portent, comme écus, demis écus, testons, & pieces de quinze sols, au coin de Hollande; sur quoi ils gagnent beaucoup, parce que le métail est de bas aloi, & que ces especes sont mêlées de pieces fausses. Les Turcs les appellent *Aslani*; ce qui signifie *Lion*, à cause du lion qui fait les armes de la République, & dont la figure est empreinte des deux côtés.

Un autre grand profit, est le fret de leurs vaisseaux, sur lesquels ils chargent pour l'Europe, & les Arméniens, & leurs marchandises.

Les draperies de Hollande, qui de Smyrne se répandent à Constantinople & en Perse; sont le principal objet du négoce des Hollandois, par rapport au débit des manufactures qu'ils transportent au Levant. Ils y vendent cependant aussi des épiceries, de la cochenille, de l'indigo, de l'étain, du plomb, de l'acier, &c. *On peut voir à l'article du* COMMERCE DU LEVANT, *ce qui concerne ce négoce en général; & en particulier, les marchandises qu'on en peut tirer.*

Quoique les Hollandois n'ayent pas de grands établissemens aux Indes Occidentales, depuis qu'ils ont été obligés d'abandonner les conquêtes qu'ils avoient faites de presque tout le Bresil sur les Portugais, ils y font cependant un très grand négoce; & leur nouvelle Compagnie des Indes Occidentales, établie en 1674, sous le nom de Compagnie de *West-Indes*, s'y soutient toujours avec réputation.

L'Isle de Curaçao ou Curassau, qu'ils prirent sur les Espagnols en 1632, & qui n'est qu'à sept ou huit lieues du continent de l'Amérique, leur favorise un

Commerce de contrebande avec les Espagnols mêmes, qui leur apporte de grands profits : aussi y envoyent-ils d'Europe plusieurs gros vaisseaux chargés de marchandises, dont les retours sont la plupart en lingots d'or & en especes d'argent ; on en a parlé ailleurs. *Voyez ci-devant le* COMMERCE DE L'ESPAGNE.

C'est aussi de Curaçao, que les Habitans de la Carthagene Américaine tiroient autrefois presque tous les Négres, dont ils avoient besoin ; & on les a vû souvent en enlever jusqu'à douze & quinze cent têtes à la fois : mais les Anglois de la Jamaïque se sont emparés de ce Commerce, qui depuis étoit passé aux François ; mais qui est retourné aux Anglois par le Traité d'Utrecht.

Les autres établissemens des Hollandois dans l'Amérique ; sont les deux petites Isles d'Aruba & de Bonairos, à quelques lieues de Curaçao ; l'Isle de Tabago, une partie de celle de Saint-Martin, & la Colonie de Surinam, que les Hollandois enleverent aux Anglois dans la guerre de 1666, & qui leur a été cédée par le Traité de paix qui la termina. Toutes ces Colonies leur fournissent du tabac, du sucre, du gingembre, de l'indigo, du coton, & de cette précieuse écaille de tortue qu'on appelle du Caret.

Les Hollandois, ou plutôt leur Compagnie du West-Indes, entretient un assez bon négoce sur toutes les Côtes de l'Afrique, soit celles qui sont sur la Méditerranée, soit celles qui s'étendent depuis le Détroit de Gibraltar, jusqu'au Cap de Bonne-Espérance.

Leur principal établissement est au Cap même, si commode pour servir d'entrepôt à leurs flottes, soit en allant, soit en revenant des grandes Indes. Ils ont aussi divers autres établissemens en Guinée, au Cap-Verd, & à la Côte d'Or, particuliérement en ce dernier lieu, où ils ont les Forts de Saint-George de la Mine & de Nassau : les autres sont, Anemabo, Acaro, Achim, Sama, & Bouten. Leur plus grand trafic est de Négres, quoiqu'ils y en fassent aussi beaucoup de poudre d'or, de dents d'éléphants, de cuirs, de gommes, de plumes d'autruche, de cire, & de quelques drogues pour les teintures, &c.

On parlera plus au long de ce Commerce en un autre endroit. *Voyez le Titre du* COMMERCE DES CÔTES D'AFRIQUE.

Quelque riche que soit le Commerce que font les Hollandois dans tous les Etats des trois Parties du Monde, dont on vient de parler ; il est certain que celui que leur Compagnie des Indes Orientales entretient dans tous les Royaumes de l'Asie, depuis un peu plus d'un siécle, est bien d'une autre conséquence, soit pour les profits, soit pour la réputation.

On dit ailleurs (dans l'article des Compagnies,) ce qui donna occasion aux Négocians des Provinces-Unies, d'entreprendre ce nouveau Commerce, & l'on ne le répétera pas ici. On remettra pareillement au Titre du Commerce de l'Orient, ce qui regarde en général toutes les Nations de l'Europe qui y trafiquent ; & l'on se fixera présentement à ne traiter que ce qui est particulier aux Hollandois.

Les Compagnies Hollandoises des Indes Orientales qui se formerent avant l'Union de 1602, contentes qu'on ne troublât point leur Commerce, n'entreprirent rien contre la vaste domination des Portugais, qui avoient presque assujetti toutes les Côtes & les Isles de l'Asie, depuis qu'ils en avoient découvert la route par le Cap de Bonne-Espérance.

La Compagnie générale, qui se forma de toutes celles-là, fut quelque tems dans ce même esprit : mais enfin, soit par la nécessité de donner des bornes aux insultes de ses Ennemis ; soit parce que ses forces accrues & réunies lui inspirassent de plus grands desseins ; elle osa attaquer cette puissance formidable, qu'elle ne trouva pas si difficile à vaincre, qu'elle se l'étoit d'abord imaginé.

Les prémices de ses conquêtes sur les Portugais, furent le Fort de l'Isle d'Amboine, qu'elle prit en 1605, près de cent ans après que ceux-ci s'en furent emparés sur le Roi de Ternate ; ce qui facilita ensuite aux Hollandois la prise des autres Moluques, ces Isles si célébres pour les épiceries.

La flotte de la Compagnie manqua l'importante Forteresse de Malaca en 1606, & n'en put faire la conquête qu'en 1640 ; mais ce fâcheux événement fut suivi de tant d'heureux succès, qu'en 1663, à peine restoit-il aux Portugais la célébre Ville de Goa, & l'importante forteresse de Diu, de tant de Villes, de Forts, d'Isles, & d'établissemens, qu'ils avoient eu auparavant depuis Ormus dans le Sein Persique jusqu'à Macao, Isle & Ville de la Chine, sur la côte de la Province de Kantung, & même jusqu'au Japon.

BATAVIA, Capitale de la Compagnie Hollandoise dans l'Asie, & qui est le centre de tout son Commerce des Indes Orientales, a été bâtie sur les ruines de l'ancienne Jacatra, située dans l'Isle de Java. Les Hollandois n'y avoient eu qu'un magasin jusqu'en 1618 ; mais ils en devinrent les maîtres en 1619, qu'ils la prirent sur le Roi de Jacatra ; qui, excité par les Anglois, ou animé, comme d'autres le disent, par les mauvais traitemens de ses nouveaux Hôtes, avoit assiégé le Fort qui leur servoit de Comptoir, sur la fin de l'année précédente.

C'est dans cette Ville, qui est comparable aux plus belles de l'Europe, que de simples Marchands ont établi le siége d'une souveraineté formidable à l'Asie ; & qui dans l'Europe même, a mis une République, qui a à peine un siécle & demi d'antiquité, en état d'y balancer les plus grandes Puissances, & d'y être presque l'arbitre de la paix & de la guerre.

Ce sont à la vérité les Directeurs de la Compagnie, qui demeurent en Hollande, qui gouvernent cet Etat mercantille : mais c'est proprement dans le Gouverneur Général, qu'ils ont à Batavie, qu'en réside la majesté, & la toute-puissance.

Ce Général a un Conseil d'Etat, composé d'un Directeur Général, & de six Conseillers. Il y a double suffrage ; & les affaires n'y doivent passer qu'à la pluralité des voix.

Le Directeur Général est la seconde personne du Gouvernement ; & c'est lui de qui dépendent toutes les affaires du Commerce. Une différence bien grande entre ces deux principaux Officiers de la Compagnie, c'est que le Général n'est point obligé de rendre compte ; privilége que n'a pas le Directeur Général, qui est tenu de le rendre.

Les autres Officiers pour la guerre ; sont, le Major Général, les six Gouverneurs de Provinces, qui sont ceux de Coromandel, d'Amboine, de Ternate, de Banda, de Ceylan, & de Malaca ; les Commandeurs particuliers des places ; & les Capitaines de Batavia, qui deviennent Colonels, quand ils sortent de la Ville.

Les troupes réglées montent à douze mille hommes ; mais le Général peut en armer jusqu'à trente mille. Les vaisseaux passent le nombre de cent cinquante.

Les Officiers Marchands sont, après le Directeur Général; le premier Marchand, les Présidens, ou Chefs des Comptoirs; les Marchands de ces Comptoirs; les premiers Commis des Loges, & une grande quantité de Receveurs, Sous-Commis, & Teneurs de Livres.

C'est à Batavia qu'est le magasin général de tout le Commerce, que les Hollandois font aux Indes: c'est là que sont premiérement apportées presque toutes les marchandises qui soutiennent leur négoce: & c'est aussi de-là qu'elles sont ensuite distribuées dans tous les Comptoirs, & où il est nécessaire.

Les Anglois s'étoient autrefois établis à Bantam, qui n'est qu'à vingt lieues de Batavia: mais la jalousie du Commerce ne permit pas aux Hollandois de souffrir si près d'eux, de si dangereux Voisins: & sous le prétexte de protéger le jeune Roi de Bantam contre son pere, qu'ils prirent enfin prisonnier; & entre lesquels on ne doute pas qu'ils n'eussent fait naître cette mesintelligence. Ils se sont si bien assûrés de Bantam, qu'ils en ont éloigné non-seulement les Anglois, mais encore tous les autres Etrangers.

Il seroit difficile d'entrer dans le détail du négoce de tous les lieux, où la Compagnie envoye ses vaisseaux: on se contentera de les assembler sous quelques titres généraux, à peu près dans l'ordre que suivent les Officiers Marchands Hollandois, quand à leur retour en Europe, ils rendent compte à leurs Maîtres, de l'état de leurs affaires en Asie.

Les principaux lieux de leur Commerce; sont, Banda, Amboine, Ternate, Macassar, Timor, Siam, le Japon, la Chine, le Tonquin, Malaca, Palimbourg & Jambi, Bengale, Coromandel, Ceylan, Malabar, Surate, & la Perse.

BANDA, est une des Isles du Détroit de la Sonde, vers l'Orient, dans la mer des Indes. Elle n'est proprement considérable, que par le macis & la noix muscade, qui y croissent en abondance, aussi-bien que dans cinq ou six autres petites Isles qui en sont voisines, & qui sont regardées comme en faisant partie. Les Hollandois en font seuls tout le Commerce, dont ils se sont assûrés par les deux Forts de Nassau & de Belgica. Ce négoce de la noix muscade & du macis, épiceries qui sont également propres pour l'Europe, & pour toutes les Indes, est un des plus importans que fasse la Compagnie; & qui les dédommage avec usure des grands frais qu'ils sont obligés de faire, pour se le conserver, & pour soutenir les garnisons & les Officiers Marchands de ses Comptoirs, à qui l'Isle ne peut presque rien fournir de ce qui est nécessaire à la vie. Le reste du Commerce qui s'y fait, n'est presque rien.

AMBOINE, que quelques-uns mettent au nombre des Moluques, est une de celles, où le clou de girofle croît avec le plus d'abondance; cette Isle seule en pouvant fournir plus que n'en peut consommer tout le monde connu. On a dit ci-devant que les Hollandois s'en étoient emparés en 1605; ils en furent chassés en 1620: mais l'ayant reprise peu après sur les Portugais, ils s'en sont conservé jusqu'ici la possession, aussi-bien que du Commerce du clou; dont, ainsi que de la muscade & du macis, ils font seuls le négoce.

La Compagnie veille avec une égale attention à ne se pas laisser enlever ce riche trafic; soit par les Naturels de l'Isle, dont elle se défie, & qui sont au nombre de plus de soixante mille; soit par les Etrangers, toujours jaloux de les en voir en possession. Elle entretient contre les uns & les autres de fortes garnisons, dans trois Forts qu'elle a à Amboine, qui sont ceux de la Victoire, de Hitten, & de Low. Le premier est toujours muni de soixante pieces de canon, & de plus de six cent hommes.

Par le Traité que les Hollandois ont fait avec les Habitans, ceux-ci doivent livrer à la Compagnie toute leur récolte de clous à un certain prix; & ceux-là sont obligés de l'acheter toute entiere, si grande qu'elle puisse être. Le prix est de sept sols six deniers la livre.

Un autre article du Traité est, que les Indiens sont tenus de planter tous les ans un certain nombre de jeunes arbres. Le premier article est toujours réguliérement observé, mais on se néglige un peu sur l'autre; les provisions de clous, qui sont dans les magasins, excédant de beaucoup le débit qu'ils en peuvent faire.

Quoique l'Isle soit assez fertile, & d'une grande étendue, les Naturels en sont si paresseux, que les garnisons d'Amboine, comme on l'a dit de celles de Banda, sont obligés de tirer leur subsistance de Batavia.

Outre le clou, on y fait quelque négoce de toiles & d'habillemens, mais de peu de considération. Le Gouverneur Général réside à Victoria.

TERNATE, est la Capitale des Moluques, qui donnoit autrefois quantité de clous de girofle, aussi-bien que plusieurs autres Isles qui en dépendent; mais où les arbres qui le produisent, ont été arrachés depuis que les Hollandois s'y sont établis à la place des Portugais.

La Compagnie, pour empêcher qu'on n'y en cultive de nouveaux, paye une espece de tribut au Roi, & fait de grands présens aux Grands de sa Cour. La pension du Roi est de douze mille écus par an; & ce qu'elle donne aux Grands, va encore à dix-huit mille livres.

Il s'y fait un assez bon débit de toiles, qu'on nomme des Guinées, & autres toiles grossieres; & l'on en tire aussi de l'écaille de tortue, qui est une assez bonne marchandise; mais tout cela ne suffit pas pour dédommager les Hollandois, des deux Comptoirs qu'ils y ont: aussi les soutiennent-ils moins pour ce négoce, que pour empêcher la culture des clous, dont quelques Etrangers pourroient s'emparer.

MACASSAR, qu'on nomme aussi CELEBES, est la plus grande de toutes les Isles, qu'on met au nombre des Moluques. Elle n'a pas moins de cent lieues de large, & de deux cent de long, & est peuplée d'un grand nombre d'habitans, également féroces & braves.

C'est pour se conserver à eux seuls le Commerce des macis, de la muscade, & des clous de girofle, que les Hollandois ont entrepris une guerre contre le Roi de Macassar, qui leur a couté beaucoup; mais qui enfin leur a assujetti ces Insulaires, & les a obligé de chasser les Portugais de chez eux, de fermer leurs Ports à tous les Etrangers, & de livrer aux Hollandois leurs meilleures forteresses.

Ce n'est pas que Macassar produise des épiceries; mais c'est que les Macassarois, très voisins des Isles où elles croissent, en tiroient quantité en cachette, qu'ils vendoient aux Anglois & aux Portugais; qui les donnant à meilleur marché que la Compagnie, faisoit tomber son Commerce.

Le négoce qui s'y fait, consiste en toiles, en ris, en or, en yvoire, & en coton, qui pourroit être considérable, si les Commis de la Compagnie ne le ruinoient, par le trafic secret qu'ils en font pour eux-mêmes.

L'on parlera bien-tôt de l'Isle de Ceylan, & de la canelle qui y croît, dont les Hollandois sont aussi les maîtres : mais on dira ici, que ces trois épiceries sont, pour ainsi dire, la base du Commerce que les Hollandois font dans toutes les parties du monde, où elles sont également recherchées & utiles ; & qui, sur-tout dans les Indes, leur tiennent souvent lieu d'argent comptant, que les autres Nations sont obligées d'y donner pour le payement de plusieurs sortes de marchandises : aussi est-il certain, que quelque grande quantité que la Compagnie en envoye en Europe, elle en débite plus de deux fois autant dans les Etats du Mogol, en Perse, dans la Mer Rouge, au Coromandel, au Bengale, & quantité d'autres endroits de l'Asie.

Le prix du girofle est fixé à soixante-quinze sols la livre, & la muscade à soixante, pour le payement des obligations de la Compagnie, ou pour ceux qui l'achetent d'elle argent comptant.

Le prix de la muscade a depuis été mis à soixante & quinze sols, comme celui du girofle.

Timor, est une Isle au Sud Sud-Est de la petite Java, où les Hollandois n'ont qu'un petit Château. Le négoce qu'ils y ont long-tems fait, n'étoit pas capable de payer les frais de leur garnison, & de leur comptoir ; & ils ne le gardoient que pour les Esclaves, qu'on y négocie parmi les Naturels, qui y sont plus qu'à demi barbares ; & plus encore pour ne la pas laisser occuper par les autres Européens, étant assez bien située pour le négoce.

Présentement que le Commerce est ouvert avec la Chine pour les Nations de l'Europe, le trafic y est devenu considérable, à cause des bois de sental, jaune & blanc, dont il y a des forêts entieres, qui est une marchandise fort estimée, & fort demandée par les Chinois.

Siam. Les Hollandois ont une Loge dans la Capitale du Royaume de Siam, où ils n'entretiennent qu'un petit nombre de Commis, la plupart Ecrivains, qui ont soin de leur négoce. Ce négoce consiste principalement en peaux de cerf, pour les vendre de-là au Japon ; & en étain, qu'ils achetent seuls à Ligor ; ayant obtenu du Roi de Siam, un privilége exclusif pour le trafic de ce métail, qu'ils débitent ensuite avec beaucoup de profit dans plusieurs endroits des Indes, & même jusqu'en Europe. Ils en tirent aussi du ris, des dents d'éléphant, des éléphans même, du plomb, & du bois de Siampan.

Les toiles de Coromandel, & d'autres semblables, sont une bonne marchandise pour Siam : mais les Hollandois n'y ont jamais pû bien établir ce négoce ; parce que les Maures de Coromandel y apportent eux-mêmes leurs toiles, & les y peuvent donner, & les y donnent en effet à meilleur marché que les Commis de la Compagnie.

Les autres marchandises qu'elle y débite ; sont, des épiceries, du poivre, de l'ambre, du corail rouge, du vif-argent, du bois de Sandal, & des draps.

Japon. Il n'y a, des Nations de l'Europe, que les Hollandois qui fassent le Commerce des riches Isles du Japon ; & encore ne l'y font-ils qu'avec de grandes précautions, & peu de liberté. Leur Comptoir est situé dans une petite Isle près de la Ville de Mangazaki, ou Nangazaki, à qui même elle tient par un pont.

Les Japonois vivent dans une telle défiance d'eux, qu'il n'est permis à aucun Hollandois de passer le pont, sur peine de la vie ; & qu'ils n'ont Commerce avec pas un des Habitans, si ce n'est avec les Truchemens ou Courtiers, qui les servent à leur négoce ; ce qui leur cause un grand préjudice ; le Gouverneur de Mangazaki & les Truchemens, qui sont d'intelligence, étant en quelque sorte les maîtres du prix des marchandises, que les Commis de la Compagnie vendent ou achetent. Cette contrainte a été néanmoins un peu relâchée depuis l'an 1684 ; & ils ont eu permission de faire eux-mêmes leurs marchés.

Cet obstacle à leur Commerce ayant été levé, il en est survenu un autre ; & par une jalousie d'Etat conçue contre les Chinois, qui abordent au Japon, les Ministres de l'Empereur, pour empêcher qu'ils n'y viennent, ni si fréquemment, ni en si grande quantité, ont fixé jusqu'à quelle somme chaque Nation pourroit apporter & vendre de marchandises.

La cotte des Hollandois a été réglée à trois cent mille sayles, qui n'est pas, à beaucoup près, ce qu'ils en débitoient avant ce Réglement.

L'établissement des Hollandois au Japon, est d'une grande dépense, particuliérement à cause des présens considérables qu'ils sont obligés de faire : mais aussi est-il d'un grand produit.

Des vaisseaux, que la Compagnie envoye au Japon, il y en a toujours un chaque année, dont les retours sont pour Batavia : les autres sont obligés d'aller à Malaca, & quelquefois passent plus loin dans quelques autres Ports des Indes.

*Les marchandises ne payent point de droits d'entrée ni de sortie dans le Japon.*

Celles qu'on en tire, consistent principalement en argent, & en cuivre. A l'égard de l'or, quoiqu'il y en ait quantité au Japon, il est défendu sous de grandes peines, d'en faire sortir. On dira ailleurs quelles sont les autres marchandises qu'on en peut tirer.

Les Hollandois y portent des soies non ouvrées, des étoffes de soie de la Chine, des draps, des peaux de cerf, passées & non passées, dont ils vendent quelquefois jusqu'à trois cent mille peaux ; du chanvre, des toiles, de la laine, du vif-argent, du clou de girofle, du poivre, du sucre, du musc, du camfre, du borax, des bois de Sapan & de Bresil, des dents d'éléphant, du corail rouge, & du calambac.

La Chine. Depuis que la Compagnie de Hollande se trouva assez établie aux Indes, pour penser à y supplanter toutes les autres Nations ; & plus encore depuis 1641, qu'elle fut reçue dans le Japon, à l'exclusion de tous autres Européens, elle tourna toute son attention à s'emparer aussi du Commerce de la Chine.

Les Hollandois firent d'abord quelque Commerce à Macao ; mais les Portugais y ayant un trop puissant établissement, ceux-là formant de nouveaux desseins, surprirent l'Isle de Pehou, nommée autrement Piscadores, & y bâtirent un Fort.

Les Chinois, qui ne les voulurent pas souffrir si près de leurs Côtes, permirent pourtant qu'ils prissent poste dans l'Isle de Formose, plus grande, plus fertile, & plus peuplée, mais plus éloignée d'eux de douze ou quinze lieues. C'est de-là que, pendant plus de vingt années, la Compagnie Hollandoise fit un grand Commerce avec la Chine, dont les marchandises jointes aux peaux de cerf, que cette Compagnie tiroit en abondance de l'Isle même, étoient très utiles pour soutenir leur Commerce du Japon, qui n'en est environ qu'à deux cent quarante-cinq lieues.

L'état florissant de la Colonie de Formose dura jusqu'en *1661*, que Coxinga, ce fameux Chinois, qui, aussi-bien que son pere Equan, balança si longtems la fortune des Tartares, qui s'étoient rendus maîtres de la Chine, & qui y regnent présentement, se trouva obligé par la situation de ses affaires, d'en chasser les Hollandois, dont il prit les Forts de la Providence & de Zelande, après un siége assez long & assez meurtrier.

La Compagnie privée de la commodité d'un poste si avantageux pour le Commerce de la Chine, qu'elle auroit pû même soutenir, sans la mésintelligence du Conseil de Batavia, & du Gouverneur de Formose, sembloit y avoir renoncé, sur-tout parce que les Anglois & les Portugais faisoient tout celui de Macao, où les Hollandois n'osoient aller qu'en cachette : mais l'Empereur de la Chine ayant ouvert les Ports de son Empire à toutes les Nations en 1685, ils firent partir une nombreuse Ambassade, avec plus d'espérance du succès, que celle qu'ils y avoient envoyée en 1659, où l'on assure qu'ils furent beaucoup traversés par le crédit que les Jesuites ont en cette Cour. *Voyez ce qui concerne le* COMMERCE GENERAL DE LA CHINE, *au Titre où il en sera traité ci après.*

TUNQUIN. L'établissement que les Hollandois ont au Tunquin, est très peu de chose ; & leur négoce y est si fort tombé, qu'ils n'y ont plus qu'une Loge & peu de Commis. Il y va cependant tous les ans un vaisseau, mais qui passe aussi à Malaca. Les soies, le bois d'aloës, & le musc, sont les principales marchandises qu'ils en tirent. Ils y portent des épiceries, du poivre, du vif-argent, du vermillon, de l'ambre, & des draps.

MALACA. La conquête de Malaca couta six mois de siége aux Hollandois, qui, comme on l'a dit, la prirent en 1640 sur les Portugais, auxquels elle appartenoit, depuis que le fameux Albukerque la leur avoit soumise en 1511.

Avant que les Européens eussent porté leur Commerce jusqu'aux Indes, cette Ville étoit comme l'étape & le magasin de tout l'Orient. Elle est à la vérité beaucoup déchûe de cette grande réputation ; mais elle est également utile aux Hollandois, & pour un florissant négoce qu'ils y entretiennent, & par sa situation, qui les rend maîtres du Détroit, qui la sépare d'avec la grande Isle de Sumatra.

C'est à Malaca que tous les vaisseaux de la Compagnie, qui reviennent du Japon, sont obligés de se rendre, à la réserve de celui qui est destiné pour Batavia ; & c'est-là aussi que le Chabander, le Président, & les autres Officiers Marchands Hollandois, partagent la charge des vaisseaux, pour les envoyer, suivant le besoin, dans les divers Comptoirs des Indes, de Coromandel, de Bengale, &c.

Les toiles de toutes sortes s'y débitent en quantité ; & c'est la principale marchandise qui y est propre. Les Hollandois tirent en échange beaucoup d'or & d'étain. Les gains y seroient plus considérables, si les Commis étoient fidéles ; mais c'est un des lieux des Indes, dont les Directeurs reçoivent de plus grandes & de plus fréquentes plaintes.

SUMATRA. L'Isle de Sumatra, à laquelle quelques Géographes donnent huit cent lieues de tour, est une des plus grandes Isles de la Sonde : elle n'est séparée de Malaca, que par un détroit d'environ dix lieues de large. Les Hollandois y ont plusieurs Comptoirs & quelques Forts, qu'ils y entretiennent pour le Commerce du poivre : les principaux sont Palimban, Jambi, Padang, & Alaou.

Ce dernier lieu est une espece de Colonie Hollandoise, divisée en plusieurs habitations, qui occupent une assez grande étendue de pays. On les appelle les Habitations de Vescoust.

Padang est dans le Royaume d'Achem, dont le Roi est le maître de presque la moitié de l'Isle de Sumatra. Le Roi de Palimban est aussi assez puissant ; & la protection des Hollandois, qui y ont une bonne Forteresse, le rend redoutable à ses Voisins. Ils ont un Traité avec ce Prince, qui leur livre tout le poivre de son Pays, & qui en reçoit la moitié du payement en toiles. A l'égard du fort de Jambi, la Compagnie ne l'entretient gueres, que pour en tenir le Roi & ses Sujets en respect ; & empêcher les projets des Anglois, qui de tems en tems font des tentatives pour s'approprier le Commerce du poivre, dont l'Isle de Sumatra produit une quantité incroyable.

L'or, l'argent, l'étain, le fer, le cuivre, le camphre, le benjoin, la cire, le miel, l'yvoire, & quelques pierres précieuses, sont, outre le poivre, les marchandises qu'on en peut tirer. Le sel & les toiles sont les plus considérables de celles qu'on y porte.

LE BENGALE, est situé dans la terre ferme des Indes, & a près de 200 lieues d'étendue de côtes. Les Hollandois y font un grand négoce, & s'y conduisent avec moins de hauteur, que dans la plupart des autres lieux où ils ont des Comptoirs.

Leur principal Comptoir est à Ongly, à trente lieues de l'embouchure du Gange, en le remontant ; mais où les vaisseaux peuvent arriver facilement. Leur magasin est tout de pierre de taille, défendu par quatre bastions, par douze pieces de canon, & par une garnison raisonnable.

Les soies crues, les cotons non ouvrés, diverses étoffes & toiles fabriquées de ces deux matieres ; de l'amphion, du salpêtre, du sucre, du poivre long, de la laque, de la cire, de la civette, de la rubarbe, & des pierreries brutes, sont les meilleures marchandises que la Compagnie en tire, & qui sont presque toutes pour le Japon.

Celles qu'elle y envoye ; sont, des épiceries, de la mine d'or de Sumatra, du cuivre, de l'étain, du plomb, du vif-argent, des draps d'écarlate, quelques autres étoffes, des pierres précieuses taillées, & mises en œuvre ; & sur tout des éléphans, dont les moindres se vendent jusqu'à cinq cent écus.

La soie du Bengale est estimée la meilleure des Indes. Le seul village de Cazumbazar en fournit jusqu'à vingt-deux mille balles, de cent livres pésant chacune, dont les Hollandois enlevent ordinairement six à sept mille ; ne leur étant pas permis d'en acheter davantage.

Le magasin de salpêtre, & la raffinerie que la Compagnie a à Choupard, sont très considérables ; & c'est de-là que sort la plupart de celui qu'elle débite dans les Indes, ou qu'elle envoye en Europe.

Les profits du négoce qui se fait au Bengale, seroient bien plus considérables, sans l'avarice insatiable des Rajas, que les plus grands présens, & le plus souvent réïtérés, peuvent à peine satisfaire.

Les Hollandois dissimulent cependant, pour n'en point venir à une rupture ouverte ; estimant, suivant l'avis que Daniel Braems, Teneur général des Livres à Batavia, leur donna sur la fin du dix-septiéme siécle, à son retour des Indes, dont il ramena une flotte ; que cette conduite est préférable à la guerre, qui pourroit les priver des marchandises du Bengale, qui leur sont absolument nécessaires, pour soutenir cent autres Commerces.

Il ne semble pourtant pas que cette politique leur paroisse également bonne par tout ; & ce n'est pas celle qu'ils ont suivie pour le Coromandel, dont les Côtes commencent ou finissent celles du Bengale.

COROMANDEL. Un des principaux établissemens de la Compagnie, sur les Côtes du Coromandel, est la Ville de Negapatan ou Pelicate, qu'ils prirent en 1606 sur les Portugais. Ils y ont le fort de Gueldres ; & c'est la résidence de leur Sous-Gouverneur Général. Les Comptoirs sont ceux de Henepataam, Sadrespatnam, Malispatnam, Palicol, Datzkeron, Biniolis-patuam, Naguernanze, & Golconde. Les marchandises qu'ils y portent, & qu'ils en tirent, sont presque les mêmes que celles de Bengale.

Les Rois des divers Royaumes, qui partagent le Coromandel, ont coutume d'affermer les Gouvernemens de leurs Villes maritimes ; & les Gouverneurs, pour payer ce qu'ils sont obligés de leur en rendre chaque année, font de continuelles avanies aux Négocians, soit du dedans, soit du dehors.

Jusqu'en 1682, les Hollandois les avoient souffertes avec la même patience qu'au Bengale : mais enfin, aigris par une nouvelle injustice, ils déclarerent la guerre au Roi de Golconde, & s'emparerent de Masulispatan, une des Villes de ses Etats.

L'accommodement suivit de près la rupture ; & les Hollandois s'y rendirent d'autant plus faciles, qu'ils craignirent de perdre ce riche Commerce, dont les Anglois, ou quelqu'autre Nation de l'Europe, eussent pû aisément s'emparer.

Un des obstacles, & peut-être le plus grand que la Compagnie trouve au Coromandel, c'est qu'il faut que presque tout le négoce passe par les mains des Marchands Maures, qui font entr'eux une Compagnie ; & qui d'intelligence rendent difficile & moins lucratif, celui des toiles, qui en est le plus considérable : cependant il n'y a gueres d'années qu'elle n'en tire pour deux ou trois millions de marchandises, dont une partie est envoyée en Hollande ; & l'autre est distribuée en Perse, & dans les Etats du Grand-Seigneur.

CEYLAN. L'Isle de Ceylan n'est séparée du Coromandel, que par un Détroit, qui a peu de largeur, mais qui a plus de cinquante lieues de longueur. C'est dans cette Isle que croît la véritable canelle, bien différente de la canelle grise, que les Portugais ont long-tems débitée au lieu d'elle. Elle fut découverte en 1506 : les Hollandois ne commencerent à y faire quelque Commerce qu'en 1602. Ils s'y établirent, après qu'ils eurent pris le fort de Ponto de Gallé sur les Portugais ; mais ils n'en sont restés tout-à-fait les maîtres, que depuis qu'en 1657, ils se furent emparés de la Ville de Colombo, que ces derniers y occupoient encore.

Il n'y a gueres de lieux dans les Indes, où la Compagnie ait un plus grand nombre de Forts, de Villes, & d'Habitations, & où elle entretienne de plus fortes garnisons. Les dépenses où cela l'engage, emportent presque tout le profit, que la vente de la canelle lui pourroit produire ; cette épicerie ne lui revenant qu'à quarante-huit sols le quintal de cent vingt-huit livres.

Ce qui les oblige à de si grands frais, c'est qu'ils ne sont en possession que des Côtes & des pays bas de l'Isle ; & que les pays hauts, où il est difficile de pénétrer, sont habités par des peuples fiers & indomptables, qui n'ont jamais subi le joug ; & qui, pour peu que les Hollandois se relâchassent, se remettroient dans leur premiere liberté, ou appelleroient les autres Nations de l'Europe, pour faire le Commerce de leur Isle ; comme ils firent en 1672, que les François furent reçus dans la Baye de Trinquentale ; où ils ne purent néanmoins s'établir, ni soutenir le Fort que M. Deshayes, Commandant d'une escadre Françoise, avoit commencé d'y élever.

Outre le Commerce de la canelle, il s'en fait encore quelqu'un d'or & de pierreries dans l'Isle de Ceylan, mais en cachette, le Roi de Candy l'ayant défendu à ses Sujets, sous peine de la vie.

Les éléphans de cette Isle entrent pareillement dans le négoce ; & les Hollandois en enlevent quantité, qu'ils transportent dans les Continens voisins. Le Gouvernement de Ceylan est un des six Gouvernemens généraux de la Compagnie. Le Gouverneur réside à Colombo.

MALABAR. Le Commerce de Malabar est considérable, particuliérement en poivre. C'est à Cochin la neuve, que les Hollandois ont prise sur les Portugais, qu'est établi leur principal Commerce ; mais la conservation de cette Ville leur est plus onéreuse que lucrative ; & ils avouent eux-mêmes, que ce n'est que par politique qu'ils continuent de la garder.

Ils ont plusieurs Comptoirs, ou postes fortifiés le long de cette Côte, jusqu'au Cap de Comorin ; & dès l'année 1664, ils ont fait divers Traités avec les Princes, dans les Etats de qui ils sont établis, pour enlever tous leurs poivres à un certain prix. Les choses y sont encore à peu près sur le même pied.

SURATE. Les Hollandois ont à Surate un de leurs plus profitables, & de leurs plus nécessaires Comptoirs.

Cette Ville située dans le Royaume de Guzurate, l'un de ceux qui composent le vaste Empire du Mogol & le seul bon Port de ses Etats ; est, pour ainsi dire, l'étape générale de toutes les marchandises que les Indes produisent, ou qui s'y fabriquent. Il n'est gueres de Nations, dont on n'y voye arriver les vaisseaux ; & sur tout celles de l'Europe, y font un de leurs plus grands Commerces. On en parlera ailleurs : on se fixe ici à celui des Hollandois.

La Compagnie y a une Loge, aussi magnifique par les bâtimens, que forte par divers ouvrages qui la mettent en sureté. C'est là que ses Commis ont toujours des magasins remplis de toutes sortes de marchandises, sur lesquelles elle avoue qu'elle fait des profits immenses ; moins à la vérité sur celles qu'elle en tire, que sur celles que ses vaisseaux y portent ; & qu'ils ont rassemblées de tous les lieux où elle a des Comptoirs dans les Indes.

Les marchandises, dont le débit y est le meilleur ; sont, les épiceries, le cuivre, l'étain, l'alquemie, l'écaille de tortue, le camphre, le vermillon, le benjoin, & des draps de toutes couleurs. Celles dont on fait les retours, consistent en coton, en toiles, en étoffes de soie, fines & grosses, blanches ou imprimées, ( ces dernieres s'appellent en France des Furies ) ; en agate, en indigo, en salpêtre, en laque, en opium, ou amphion, en gingembre, & autres drogues médicinales, qui croissent dans le Pays, ou qui sont apportées de l'Arabie.

C'est aussi à Surate que les Hollandois se fournissent de quantité de roupies d'argent, dont ils ont besoin pour le Commerce du Bengale ; & c'est pareillement de-là qu'ils tirent d'assez bonnes parties de diamans bruts, qui viennent des mines de Golconde ; & des perles qu'on pêche vers le Cap de

Comorin, ou dans le Sein Persique. *Voyez l'article des* DIAMANS, *& celui des* PERLES.

Le négoce de Surate a les mêmes inconvéniens, que celui du Bengale & du Coromandel : & il y est au moins aussi difficile d'y satisfaire l'avidité insatiable du Gouverneur, & autres Officiers de la Ville ou des Rajas qui commandent sur les Côtes.

Les vaisseaux qu'on construit dans les chantiers de cette Ville, sont très bons, sur tout pour la qualité des bois qu'on y employe, qui peuvent durer à la mer plus de quarante ans; au lieu que ceux que la Compagnie fait bâtir ailleurs, servent à peine dix ou douze ans. Elle pourroit s'en fournir à Surate, peut-être même à meilleur prix qu'aux autres lieux, où ils en font construire; mais l'intérêt des Commis & des Particuliers, l'emporte sur le bien général de la Compagnie : aussi un de leurs plus habiles Marchands semble lui reprocher cette négligence, dans le rapport qu'il fit aux Directeurs d'Amsterdam en 1688.

BENDER-ABASSI. Depuis qu'à l'aide des Anglois, les Persans se sont remis en possession d'Ormus, Isle dont les Portugais s'étoient emparés dans les commencemens de leurs conquêtes dans les Indes, le Port de Gamron, qu'on nomme aussi Bender-Abassi, est devenu célébre pour le négoce de Perse.

Les Hollandois y ont un Comptoir considérable, dont les Commis travaillent d'intelligence avec ceux qui sont établis à Ispaham. Ils y portent de l'argent comptant; diverses marchandises d'Europe; mais beaucoup davantage de celles des Indes.

Les especes consistent en reaux ou piastres d'Espagne, & en rischedales, que les Perses préférent à toutes les autres, à cause du profit qu'ils y trouvent, en les convertissant en celles du Pays.

Les draps de Hollande de diverses couleurs viennent d'Europe; & les épiceries, le sucre, l'anis, le gingembre, l'indigo, le bois de Chiampan, le vermillon, l'encens, le benjoin, le vif-argent, le plomb, le cuivre, les toiles fines de Surate & de Coromandel, sont la plupart ramassées dans différens lieux des Indes.

La Compagnie ne paye aucun droit d'entrée & de sortie en Perse; mais elle est obligée de prendre tous les ans jusqu'à six cens balles de soie à un certain prix, qu'elle convient qui ne lui est pas avantageux : aussi ce n'est pas sur le retour des marchandises de Perse, mais sur les envois qu'elle y fait des siennes, qu'elle fonde ses plus grands profits.

Les retours, outre les soies; sont, des velours, des étoffes, des tapis, mais particuliérement des fruits & des vins.

Enfin, pour ne rien oublier du Commerce des Hollandois aux Indes, & aux lieux qui en sont voisin, on va finir ce long Titre de celui qu'ils font dans les quatre parties du Monde, par le négoce qu'ils entretiennent avec les Arabes.

MOCHA sur la Mer Rouge, à deux lieues du Détroit de Babel-mandel, est le meilleur Port de l'Arabie; & c'est là aussi où la Compagnie fait son principal Commerce; quoique ses vaisseaux abordent aussi à Adem, Zebit, Mascate, & Balsora : mais dans ces derniers lieux ils trafiquent autant pour le compte des Indiens, que pour le leur.

L'Arabie fournit de l'encens, de la mirrhe, diverses autres sortes de gommes; de la manne, de la casse, du baume, de l'aloës, du sang de dragon, & beaucoup de caffé. Ces marchandises, & quelques autres, se payent pour la plupart en épiceries, dont les Arabes sont grands amateurs.

L'on juge aisément par ce détail du Commerce des Hollandois, qu'on a cru pouvoir être aussi utile qu'agréable au Lecteur, qu'il n'y a point de sortes de marchandises, qui ne se trouvent dans les magasins d'Amsterdam, de Roterdam, & des autres principales Villes de Hollande. L'on va cependant en faire une espece de catalogue, d'abord des épiceries & des drogues, & ensuite des autres marchandises; où l'on n'ajoutera aucune explication; étant toutes exactement décrites à leur article particulier, où l'on peut avoir recours.

EPICERIES.

| | |
|---|---|
| Poivre blanc. | Canelle longue. |
| Poivre noir. | Canelle courte. |
| Poivre long. | Gingembre blanc. |
| Clou de girofle. | Gingembre bleu. |
| Bois de girofle. | Gingembre confit. |
| Muscade. | De la Maniguette. |
| Macis. | |

DROGUES.

| | |
|---|---|
| Aloës succotrin. | Armoniac. |
| Aloës de la Barbade. | Adragant. |
| Agaric. | Elemi. |
| Ambre gris. | Caraune. |
| Ambre noir. | Galbanum. |
| Assa fœtida. | Gutte. |
| Antimoine crû. | Labdanum. |
| Antimoine préparé. | Opoponax. |
| Barbotine. | Sagapenum. |
| Baume du Perou. | Sandarac. |
| Baume de Copahu. | Tacama. |
| Bezoar d'Orient. | Laque en bâton. |
| Bezoar d'Occident. | Laque en grain. |
| Borax crû. | Laque en table. |
| Borax raffiné. | Huile de Laurier. |
| Benjoin. | Iris de Florence. |
| Bois d'Aloës. | Jalap. |
| de Sandal blanc, | Jalap du Mexique. |
| de Sandal citrin, | Jus de Réglisse. |
| de Sandal rouge, | Manne. |
| de Sassafras. | Mastic. |
| Camphre. | Mirrhe. |
| Cantharides. | Musc en vessies. |
| Cardamum. | Musc hors des vessies. |
| Coque du Levant. | Opium. |
| Casse en bâton. | Poudre à vers. |
| Cassia-lignea. | Perles à piler, |
| Castoreum de Levant. | Orientales & Occidentales. |
| Colloquinte. | Quinquina. |
| Civette. | Radix Contraierva. |
| Corail rouge. | Ellebore noir. |
| Corail blanc. | Ellebore blanc. |
| Cristal de tartre. | Galanga. |
| Coquilles des Indes. | Zodoar. |
| Cubebes. | Rubarbe. |
| Caffé. | Salsepareille. |
| Cacao. | Storax. |
| Ecorces Venturiennes. | Sang de dragon. |
| Essence de Canelle, | Sené d'Alexandrie. |
| de Bois de roses, | Sené commun. |
| de Girofle, | Sperme de baleine. |
| d'Anis, | Spica-nardi. |
| de Geniévre. | Spica Celtica. |
| Encens. | Scamonée. |
| Esquine. | Sel Armoniac. |
| Fleurs de Grenade. | Sublimé. |
| Gomme Animæ. | |

Thamarins.
Thé.
Térébenthine de Venise.
Térébenthine de Stralsund.
Turbit.
Tutie.
Tartre blanc.
Vitriol bleu.
Vitriol blanc.
Vif-argent.
Yeux d'écrevisse.

*Pour la Teinture.*

Indigo, Lauro en banc,
de Cirquée en banc,
de Guatimala en caisse,
du même en barils,
de S. Domingue,
de Curaçao.
Cochenille mesteque.
Cinabre entier.
Cinabre broyé.
Verd-de-gris.
Alun de Rome.
Alun de Liége.
Garance de Zelande, de quatre sortes.
Curcume.
Galles d'Alep.
Galles de Smyrne.
Colle d'Angleterre.
Colle de poisson.
Ceruse.
Pastel de France.
Pastel d'Espagne.
Sumac de Porto-à-Porto.
Tartre d'Allemagne.
Tartre d'Italie.
Bois de Pernambouc,
de Campêche,
de Caliapour,
de Bresil.
Amidon.
Estain d'Angleterre.
Plomb.
Salpêtre des Indes Orientales.
Souffres cuits.
Souffres raffinés.
Poix de Stokolm,
de Wibourg,
de Christiantast,
de Carelshaven.
Goudron de Moscovie,
de Wib,
de Stokolm.
Sels de Saint Ubez,
de Cadix,
d'Allematte,
de Sudres,
de la Baye,
de Poulguim,
de Lisbonne,
de S. Lucar,
d'Oleron,
de Brouage,
de l'Isle de Ré.
Sel blanc.
Tabac de Virginie,
de Strasbourg,
de Hanau,
de Hollande,
de Bresil,
de Verine,
des Isles,
de Brandebourg.
Cuirs de Carragene,
du Mexique,
de la Havane,
de S. Domingue,
du Bresil,
de Pologne,
de Dannemarc,
de Moscovie,
d'Islande.
Cuirs de Russie,
Maroquins.
Suifs d'Allemagne,
de Moscovie,
d'Irlande,
de Hollande.
Poissons secs ou salés, comme
Harengs pleins,
Harengs vuides,
Harengs de marque de Rouen,
Harengs de la croix.
Stocfich, soit le long, soit le rond,
de Fero,
de Rooschard,
d'Islande.
Soies filées d'Italie.
Orgencin de Bologne,
de Bergame,
de Reggio,
de Plaisance,
de Venise,
de Modene,
de Messine,
de Milan.
Trame de Bergame, & de Milan.
Soies écrues du Levant;
de Smyrne,
d'Alep,
de Tripoli,
de Messine,
de Reggio.
Cotons de Chipre,
d'Acre,
de Barbarie,
de Smyrne.
Fil de coton des mêmes lieux, & des Indes Orientales.
Laines de Ségovie,
de Los-Rios,
de Molines,
de Castille,
de Navarre,
d'Arragon,
de Campos,
de Séville,
de Portugal,
de Malaga,
d'Estramadoure de toutes les sortes.
Laines d'Allemagne,
de Rostoc,
de Gripsw,
de Stralsund,
d'Anclam,
de Nieumarc,
de Dantzic,
de Prusse,
de Kolberg,
de Lunebourg,
de Bremen,
d'Halberstat,
de Mulhausen,
du Rhin,
de Wismar,
d'Irlande.
Agnelins de Ségovie,
de Moline,
de Castille,
d'Albarassin,
de Navarre,
de Pologne,
de Thoorn.
Vins de France,
de Suterne,
de Langon,
de Haanties,
de Basaracq,
de Basadoxe,
de S. Foix,
de Coutou,
de Scattelny,
d'Anjou,
de Nantes, &c.
Vins d'Espagne,
de Sera,
de Malaga,
des Canaries,
de Fayal,
de Porto-à-Porto.
de Lisbonne,
de Piersevin,
de Passado, &c.
Eaux-de-vie de Cognac, de

MARCHANDISES DIVERSES.

Huiles de Provence,
de Genes,
de Seville,
de la Pouille,
de Malaga,
de Portugal,
de Mayorque.
Huiles de baleine,
du foye de baleine, & de celles nommées Robes.
Fanons de baleine, entiers.
Fanons coupés.
Sucres du Bresil,
des Barbades,
de Surinam.
Syrops de sucres & moscouades.
Candi blanc.
Candi brun.
Safran de Gastinois,
de Montauban,
d'Orange,
de la Roche.
Savon d'Alicante,
de Marseille,
de Genes,
d'Amsterdam.
Anis d'Alicante,
de Venise,
de Malthe,
de Magdebourg.
Amandes longues de Valence,
de Provence,
de Barbarie.
Amandes ameres.
Ris de Milan,
de Veronne,
Ris submergé.
Lin de Conisberg,
de Riga,
de Lithuanie,
de Prusse,
de Memel.
Chanvre de Nerva,
de Riga,
de Moscovie,
de Courlande,
de Conisberg,
de Memel.
Cordages de chanvre,
de Conisberg,
de Moscovie.
Fil à cable, de chanvre de Moscovie,
de Hollande.
Fil à voiles.
Potasses de Dantzic,
de Conisberg,
de Moscovie,
de Riga,
d'Allemagne,
de Dannemarc.
Cendres de Dannemarc.
Wedasses de Dantzic.
de Conisberg,
de Riga,
de Moscovie.
Fer de Suede,
d'Espagne,
de Liége,
en verges, en barres, & autrement:
Fil de fer.
Fil à faire des cardes.
Fer-blanc simple, & à la croix.
Acier de Dantzic.
Cuivre de Suede.
Cuivre de Norvege, en platines, en mitrailles, rouge & jaune; en potin, jaune & gris, ou en feuilles.
Léton noir plié.
Fil de léton.

de la Rochelle,
de Nantes,
de Bordeaux,
d'Espagne,
de Marseille,
Eau-de-vie de grain.
Fromens de Pologne.
de Warder,
d'Elbing,
de Hugs,
de Stetin,
de Conisberg,
de Worlande,
de Magdebourg.
Seigles de Prusse,
de Poméranie,
de Conisberg,
de Colberg,
Orges de Dantzic,
d'Elbing,
de Magdebourg,
de Groningue,
de Worlande,
Avoines, soit pour brasser, soit pour les chevaux;
d'Eyder,
de Pologne,
de Ditsmars,
de Steurs,
de Conisberg,
de Dantzic,
d'Elbing.
Blé sarasin d'Amefort,
de Braban,
de Flandres.
Féves, & autres légumes.
Graine de navette,
Graine de lin, soit à battre, soit à semer,
de Riga,
de Conisberg,
de Memel,
de Libault,
de Filsel.
Graine de choux de Frise,
de Zelande,
de Flandres,
d'Angleterre,
de Worlande,
d'Oostfrise.
Graine de chanvre,
de Riga,
de Moscovie.
Les huiles de toutes ces graines.
Fruits salés.
Fruits confits.
Fruits secs.
Miel de Bordeaux,
de Bayonne,
de Bretagne,
de Nantes,
de Marseille,
de Breme,
de Hambourg,
du Pays.
Cire du Pays.
Cire de Pologne.

L'on n'ajoutera pas ici les diverses étoffes d'or & d'argent, de soie, de laine, de coton, de fil, ou d'écorce d'arbre, & de poil de chévre & de chameau, dont quelques-unes se fabriquent en Hollande, mais que les Hollandois tirent la plupart de France, d'Angleterre, d'Italie, ou que les vaisseaux de la Compagnie rapportent de la Chine, du Japon, de Perse, & du reste de l'Orient. L'on ne dira rien non plus de toutes les curiosités des Indes, comme porcelaines, paravents, cabinets, cannes, rotins, éventails, &c. qui font aussi une partie de leurs retours des Indes; ni de tous les ouvrages de mercerie, de quincaillerie, & autres sortes, que les Hollandois débitent. Il suffit de les indiquer, étant certain que les magasins de Hollande en sont autant, ou plus remplis, que ceux des lieux mêmes où les Manufactures & les Fabriques en sont établies.

Il ne reste plus, pour faire voir l'étendue, & la force du Commerce de cette République, également habile dans la politique & dans le négoce, que de donner, en finissant cet article, un état des lieux pour lesquels on peut trouver dans la ville d'Amsterdam, à assurer les vaisseaux qu'on frette, pour y passer des marchandises : ce sont les suivans.

Smyrne,
Constantinople,
Zante,
Bari,
La Pouille,
Venise,
Naples,
Messine,
Marseille,
Genes,
Livourne,
Malaga,
Barcelonne,
Alicante,
Cadix,
S. Lucar,
Séville,
Lisbonne,
S. Ubez,
Porto,
Nantes,
La Rochelle,
Bordeaux,
Rouen,
S. Malo,
Calais,
Dieppe,
S. Vallery,
Londres,
Archangel,
Coppenhague,
Le Sunde,
Le Belt,
Stokolm,
Riga,
Revel,
Dantzic,
Conisberg,
Lubeck,
Stetin,
Hambourg,
Breme,
Curaçao,
Surinam.

## COMMERCE DU NORD, ET DE LA MER BALTIQUE.

L'On comprend sous ce nom, non-seulement ce qui est enfermé dans l'enceinte de cette mer, où l'on ne peut entrer que par le célébre Détroit du Sund; mais aussi quelques Villes situées sur les rivieres qui tombent dans l'Océan Germanique, qui en sont proches; & tout ce qui est plus vers le Septentrion, comme la Norvege, la Laponie, ou Danoise, ou Suédoise, ou Moscovite; Archangel, le Boronday, la Siberie, le Groenland, & la nouvelle Zemble.

Les Villes Hanséatiques *ou* Hansiatiques, sont des Villes de grand Commerce, unies & alliées ensemble pour le fait du négoce. Ces Villes présentement réduites à sept ou huit, dont les principales sont Lubeck, Hambourg, Bremen, & Dantzic, étoient autrefois & très fameuses & en très grand nombre; quelques-uns n'en comptent que soixante & douze, d'autres en ajoutent huit, & on les fait monter jusqu'à quatre-vingt ou quatre-vingt un, y faisant entrer tout ce qu'il y avoit alors de Villes de plus importantes pour leur Commerce, non-seulement dans l'Allemagne où cette association commença, mais encore dans le reste de l'Europe, comme entr'autres Marseille, Calais, Bordeaux, S. Malo, Rouen, & Bayonne pour la France; Lisbonne, Cadix, Séville, & Barcelonne pour l'Espagne & le Portugal; Londres pour l'Angleterre; Ligourne, Messine, & Naples pour l'Italie; enfin Amsterdam, Roterdam, Anvers, Dort, & Dunkerque pour cette partie de la basse Allemagne, qu'on a depuis appellée les Pays-Bas.

L'on ne convient pas trop de ce qui a donné le nom de Hanse à cette association, & celui de Villes Hanséatiques aux Villes qui s'étoient associées.

Quelques-uns qui ne paroissent peut-être pas les plus mal fondés, croyent que le mot de Hanse signifioit autrefois Société, Compagnie; & en effet on trouve le terme de Hanse dans cette signification dans quelques anciennes Coutumes & Ordonnances Françoises, ainsi Villes Hanséatiques ne voudroient dire autre chose que Villes Associées; mais pourquoi, demandera-t-on, des Villes Allemandes auroient-elles pris un nom de Société qui n'étoit d'usage qu'en France?

Aussi d'autres Auteurs leur donnent une étymologie Allemande, & prétendent que les premieres de ces Villes à cause de leur situation pour la plupart sur l'Océan Germanique, furent d'abord nommées *A En-zée Steden*, Villes sur mer; & ensuite par abréviation, *Hansée*, qui resta leur nom de société, dont depuis elles ont pris & conservé celui de Villes Hanséatiques.

Le tems de l'association de ces Villes ne paroît gueres plus certain que l'origine de leur nom, y ayant un siécle entier de différence entre les diverses époques qu'on lui donne. Ceux qui la font remonter le plus haut la fixent à l'année 1164, & les autres la raprochent jusqu'en 1254.

La confédération de tant de Villes dépendantes de différens Souverains, qui avoient souvent divers intérêts, & qui n'étoient pas toujours en paix les uns avec les autres, ne subsista pas long-tems dans sa premiere étendue, & fut réduite vers la fin du seiziéme siécle, à ce quon a depuis appellé la Hanse Teutonique; c'est-à-dire, l'association des Villes d'Allemagne, dont Lubeck, Brunswick, Cologne, & Dantzic furent depuis la séparation des autres, comme les quatre Métropoles.

Pendant la plus grande réputation de cette hanse ou société, non-seulement elle fit des Traités d'alliance avec plusieurs Souverains, comme celui de l'an 1370, avec le Roi de Dannemarck; mais encore elle arma souvent des flotes considérables, & leva des troupes pour diverses entreprises, & particuliérement pour se maintenir dans les priviléges & la liberté de son Commerce. Les Auteurs remarquent entr'autres l'armement que les Villes confédérées firent en 1428, contre le Roi Eric de Dannemarck, qui fut, si on les en doit croire, de plus de deux cent cinquante vaisseaux, & de douze mille hommes de débarquement.

Les principaux Comptoirs de ces Villes furent d'abord ceux de Londres; de Bruges, qui fut ensuite transféré à Anvers; de Berghen en Norwege, & de Novogord en Russie; mais le premier & comme le chef de tous fut celui de Lubeck qui a toujours été, & qui est encore comme le centre de l'association où se tiennent les assemblées, où la caisse générale est établie, & où se conservent les Archives.

On croit communément que la superbe maison des Osterlins à Anvers, & celle qu'on appelle le Cloître à Berghen servoient de Comptoirs pour ces deux Villes, & que c'étoit là que chacune des diverses Nations qui étoient entrées dans cette grande alliance de Commerce tenoient séparément leurs magasins, restes certainement magnifiques de la puissance de ces Marchands, qui étoient capables d'élever pour leurs Commis & pour leurs marchandises, des bâtimens propres à loger des Souverains: ce qu'on ne doit dire cependant que de la maison des Osterlins d'Anvers; le Cloître de Berghen ayant été auparavant que d'appartenir aux Villes Hanséatiques, le Palais de l'Evêque de cette derniere Ville, avant que la Religion Protestante en eût chassé les Catholiques. *Voyez* CLOISTRE *&* OSTERLINS.

Il ne paroît pas que les Villes Hanséatiques ayent jamais eu de ces grands établissemens ou Comptoirs dans aucune Ville de France. On trouve cependant que plusieurs de nos Rois leur ont accordé des priviléges considérables, & l'on voit encore ceux de Louis XI & de Charles VIII son fils, qui les affranchit de tous droits de tributs & de péages pour leurs marchandises, & qui donne permission à leurs Marchands de disposer librement par Testament ou autrement des biens qu'ils pourroient avoir dans le Royaume.

Les Comptoirs des Villes Hanséatiques établis dans les Pays étrangers, étoient dirigés par un principal Marchand, qui avoit sous lui un Greffier ou Sécretaire: c'étoit une espece de Consul qui jugeoit en premiere Instance les différens survenus entre les Marchands de l'association, dont les appellations ressortissoient aux Magistrats des Villes associées, qui en décidoient souverainement.

Ce privilége qu'on appelloit Liberté de Cour, & qui enlevoit à la Jurisdiction des Juges des lieux la connoissance des affaires de ces Etrangers, est peut-être ce qui a contribué davantage à rompre la confédération, les Souverains n'ayant pas voulu souffrir dans les principales Villes de leurs Etats, cette indépendance qui pouvoit avoir des suites considérables.

Ce qui reste des Villes Hanséatiques conserve encore entr'elles ce droit, mais qui n'est pas de grande conséquence, dans l'état où est présentement réduite la Hanse Teutonique, qui sous un grand nom ne jouit presque d'aucun des priviléges de l'ancienne confédération; ce qui doit pourtant s'entendre seulement par comparaison à l'état florissant où elle s'est vûe autrefois, y ayant encore plusieurs de ces Villes, entr'autres Hambourg, Lubeck, Breme, Dantzic, &c. qui se sont maintenues dans la liberté de leur Commerce, & dans quantité de priviléges considérables qu'elles ont obtenu de la plupart des Puissances Maritimes de l'Europe, & qu'elles ont soin de se faire confirmer de tems en tems par de nouveaux Traités.

On peut mettre au nombre des plus importans priviléges que ces Villes ayent obtenus dans les derniers tems, ceux que Louis XIV leur accorda par le Traité de Marine & de Commerce fait entre la France & les Villes de Hambourg, Lubeck, & Bremen, au mois de Mai 1665, & depuis confirmés & augmentés dans la premiere année du Régne de Louis XV, par le nouveau Traité du 28 Septembre 1716.

Par ce Traité qui consiste en quarante-quatre articles y compris deux articles séparés, les habitans des Villes Hanséatiques doivent jouir de la même liberté de commerce dont ils ont joui depuis plusieurs siécles, & peuvent trafiquer & naviger en toute sureté, tant en France qu'autres Royaumes, Etats, Pays, &c. situés en Europe, pour y aller, venir, passer, repasser, tant par mer que par terre avec leurs navires & marchandises, dont l'entrée, sortie, & transport ne sont ou ne seront point défendus aux Sujets de Sa Majesté, par les Loix & Ordonnances du Royaume.

Ceux des Sujets desdites Villes qui trafiquent ou demeurent en France, ne sont point assujettis au droit d'Aubaine, & peuvent disposer de leurs biens meubles & immeubles par Testament, Donation, &c. suivant qu'il leur plaît & le trouvent à propos; même leurs héritiers leur succéder *ab intestat*, sans avoir besoin de Lettres de Naturalité; le tout ainsi que peuvent faire les propres & naturels Sujets du Roi.

Ils ne sont tenus à payer d'autres ni de plus grands droits, impositions, &c. sur leurs personnes, biens, denrées, navires, &c. que lesdits naturels Sujets de Sa Majesté.

Ils sont exemts du droit de fret, de cinquante sols par tonneau, dans tous les cas, si ce n'est lors qu'ils prennent des marchandises dans un port de France pour les transporter & décharger dans un autre port du Royaume.

Ils jouissent conformément à l'Edit du mois de Mai 1669, concernant la franchise du port & havre de Marseille, de la même liberté & franchise dont jouissent les François mêmes, ne payant le droit de vingt pour cent pour les marchandises du Levant qu'ils y apportent, ou dans les autres Villes du Royaume où l'entrée en est permise, que dans les cas où les Sujets naturels du Roi sont tenus de les payer.

Outre toutes les franchises, immunités, & privilèges concernant la navigation & le commerce par mer contenu dans le Traité, il leur est encore accordé par avance, tous ceux qui par la suite pourroient être concédés aux Etats des Provinces-Unies & aux autres Nations Maritimes dont les Etats sont situés au Nord de la Hollande.

On se contente de rapporter ici ces divers Priviléges contenus dans six des premiers articles du Traité, le reste ne concernant que la liberté de la navigation, les marchandises permises ou de contrebande, la visite des vaisseaux des Villes Hanséatiques, lorsqu'ils sont rencontrés en mer par les vaisseaux François, le tems accordé en cas de guerre aux Sujets desdites Villes pour retirer leurs effets de France, les formules des Passe-ports, & plusieurs autres semblables choses ordinaires dans les Traités de Marine & de Commerce; remarquant néanmoins que par le XLI article de ce même Traité, il est expressément convenu que les Sujets du Roi jouiront réciproquement des mêmes avantages, franchises, privilèges, &c. dans l'étendue des terres, pays, rivieres, & mers de l'obéissance des Villes Hanséatiques, accordés aux sujets, navires, & marchandises desdites Villes, nommément de l'exemption du fret qui se leve à Hambourg sous le nom de *Last Gheldt*; ensorte que les Sujets de Sa Majesté soient traités aussi favorablement que leurs propres Sujets, & que ceux des autres Rois, Princes, & Etats, le sont ou le seront à l'avenir par lesdites Villes Hanséatiques.

Il ne faut pas omettre que le cinquiéme article de ce Traité contient une espece de Tarif des droits d'entrées pour certaines marchandises qui sont apportées en France du Nord & de la mer Baltique par les vaisseaux de Hambourg, de Bremen, & de Lubeck, réduits à peu près sur le pied du Tarif accordé aux Hollandois, en conséquence du Traité d'Utrecht, & qui sont beaucoup moindres que les droits portés par le Tarif du 18 Avril 1667; sçavoir,

*La Baleine coupée le cent pésant, neuf livres, ci,* . . . . 9 *liv.*

*Les Fanons de Baleine le cent en nombre, tant grands que petits, du poids de trois cent livres ou environ, vingt livres, ci,* . . . 20 *liv.*

*L'huile & graisse de Baleine, & d'autres poissons en barique, du poids de cinq cent vingt livres, sept livres dix sols, ci,* . 7 *l.* 10 *s.*

*Le Fer-blanc, le baril de quatre cens cinquante feuilles doubles, vingt livres, ci,* 20 *liv.*

*Le Baril de simples feuilles, dix livres, ci,* 10 *liv.*

*Les Plumes à écrire, le cent pésant, quatre livres, ci,* . . . . 4 *liv.*

*La Soie de Porc, le cent pésant, quatre livres, ci,* . . . . 4 *liv.*

*Ensemble les quatre sols pour livre desdits droits pendant le tems seulement que les Sujets du Roi y seront assujettis.*

## COMMERCE DE HAMBOURG.

Hambourg, Ville Impériale & Hanséatique, est la plus considérable de toutes celles qui sont situées sur l'Océan Germanique. Non-seulement on y fait tout le Commerce de l'Elbe, mais c'est aussi par le moyen de ses Négocians, qu'on fait la plupart des traites & remises d'argent pour toutes les Villes du Nord; avantage qu'elle ne partage gueres qu'avec la seule Ville d'Amsterdam.

Cette fameuse Ville Hanséatique est à plus de vingt lieues de l'embouchure de l'Elbe; mais les vaisseaux y remontent par cette riviere, jusqu'à deux ou trois lieues près, où il faut les alléger, à cause d'un banc de sable qui en barre le passage, & qui les empêche d'y arriver avec toute leur charge.

Les marchandises qui y sont propres, sont quelques sels de France, mais non pas en quantité, parce que les Hambourgeois sont accoutumés à ceux d'Ecosse & de Lunebourg; des vins blancs, & des eaux-de-vie; le débit des vins, va à six ou sept mille bariques par an; & celui des eaux-de-vie, environ à quatre mille bariques par an. On y porte aussi du vinaigre, mais en petite quantité; des draperies, des Manufactures de soie, des épiceries, des drogues, de la mercerie, des prunes, & autres fruits secs; enfin, du papier: cette derniere marchandise est d'un bon débit, & le Commerce en est avantageux.

Les marchandises qu'on tire de Hambourg, sont des grains, du bois de charpente pour les vaisseaux, du mairain, & du bourdillon pour les futailles; du fil de léton, & du fer-blanc, qui se font en Saxe; & de toutes sortes de chauderonnerie. On y trouve aussi presque toutes les marchandises du Nord & de la mer Baltique, mais pas à si bon compte, n'étant que de la seconde main.

### DE LA VENTE ET DE L'ACHAT des Marchandises de Hambourg.

Les soies crues s'y achetent à payer en 15 mois, mais on rabat huit deux tiers pour cent en les payant comptant.

Les pelleteries s'y achetent à payer en 7 mois: si on les paye comptant, on rabat 4 deux tiers pour cent.

Les manufactures de soie se vendent à l'aune de Brabant, dont les 5 font 6 aunes de Hambourg.

Les marchandises de France se vendent à 7 mois de terme, mais sans escompte pour le comptant, les acheteurs fournissant leurs billets aux vendeurs, qui peuvent les négocier & les endosser pour en faire de l'argent.

Les grains & toutes sortes de vivres se vendent comptant.

Certaines marchandises se payent en argent courant, mais la plupart en argent de banque.

Les sucres raffinés & les sucres candis se vendent à sept mois de rabat.

Les douves se vendent au millier de douze cent.

Les huiles d'olives par pipes de 820 liv. pésant net.

Les huiles de graines au quintal de cent douze livres.

Le plomb, le fer, l'étain, le cuivre, le lin & le chanvre se vendent au schippond de deux cent quatre-vingt livres.

Les laines à la pierre du poids de dix livres.

Le fil de fer par torches de dix livres.

Le gouldron & la poix par last de douze tonnes.

Le sel par last de 18 tonnes.

### *Droits d'entrée et de sortie des Marchandises à Hambourg.*

Les droits d'entrée & de sortie par mer sont d'un demi pour cent ; outre cela on paye à Stadin qui appartient au Roi de Suéde, quatre sols par last.

Les Bourgeois de Hambourg sont exemts des droits d'entrée & de sortie par terre, pour lesquels les Etrangers payent environ un tiers pour cent.

Le droit de convoi est un droit qui se prend sur toutes sortes de navires pour l'entretien des vaisseaux de guerre qu'on donne aux bâtimens qui vont dans la Méditerranée. Ces droits vont jusqu'à deux cent marcs par chaque navire. On paye aussi une rischedale par last pour la décharge des marchandises.

Les eaux-de-vie payent 30 sols par barique de droits d'entrée.

### *Poids, Mesures, et Monnoies de Hambourg.*

Le poids de Hambourg est plus foible de 2 pour cent que le poids de Paris & d'Amsterdam ; en sorte que 100 livres de Hambourg n'en font que 98 de ces deux Villes, & que 100 liv. de ces deux Villes en font 102 de Hambourg.

Le cent de sel de France rend à Hambourg depuis 11 last & un quart jusqu'à 11 last & demi.

Il y a à Hambourg des Jurés Peseurs, qui prêtent serment devant le Senat, de bien & fidélement exercer leurs emplois, ils sont obligés de tenir registres de tout ce qu'ils pésent.

Les 100 aunes d'Amsterdam font 120 aunes de Hambourg, & cent aunes de Hambourg n'en font que quatre-vingt-trois & un tiers d'Amsterdam.

Les livres y sont tenus en marcs, sols, & deniers lubs argent de banque, par ceux qui sont en Banque, ou seulement en marcs, sols, & deniers courant par ceux qui ne sont pas en banque.

Le marc lubs se divise en seize sols lubs, & le sol lubs en 12 den. lubs.

La rischedale est de 48 sols lubs ou de trois marcs lubs.

Le daalder qui n'est qu'une monnoie de compte, est de 32 sols lubs ou de deux marcs lubs.

Les schellings & deniers de gros sont aussi des monnoies imaginaires. Le schelling lubs vaut 6 sols lubs ou 12 den. gros.

Il y a à Hambourg douze jours de faveur pour les Lettres de Change, y compris les Dimanches & les Fêtes. Si le douziéme jour échéoit une Fête ou un Dimanche, il faut protester le onziéme jour.

Le pair entre Hambourg & Amsterdam est de 48 s. lubs ou d'une rischedale de banque de Hambourg, pour une rischedale de 50 sols d'Amsterdam aussi argent de banque.

Il se fait un grand commerce en change entre Amsterdam & Hambourg. On donne à Amsterdam depuis 33 jusqu'à 33 sols argent de banque, pour recevoir à Hambourg un daalder de banque.

La Ville de Hambourg envoye tous les ans 40 ou 50 navires à la pêche de la baleine. *Voyez* l'article de la Baleine & celui de la Pêche.

### *Monnoies réelles, qui ont cours a Hambourg, et leur evaluation avec celles de France.*

Le pair des especes suivantes est calculé sur l'écu de France de 60 sols reçu à Hambourg pour 48 sols lubs ou pour 96 den. de gros.

Le ducat d'or vaut 6 marcs 8 sols lubs, & monnoie de France 6 liv. 10 sols.

Le ducaton d'argent vaut 3 marcs 14 sols lubs, monnoie de France 3 liv. 17 s. 6 d.

La rischedale Albertus, 3 marcs 4 sols lubs, monnoie de France 3 liv. 5 s.

La rischedale courante, 3 marcs ou 48 sols lubs, monnoie de France 3 liv.

La couronne de Dannemarck, 2 marcs, monnoie de France 2 liv.

Le daalder qui a toujours un prix fixe, 2 marcs, monnoie de France 2 liv.

Le marc, 16 sols lubs, ou 1 liv. de France.

Le sol ou schelling de gros, 6 sols lubs, monnoie de France 7 s. 6 den.

Le sol lubs courant, 2 den. de gros, qui font monnoie de France 1 s. 3 den.

Les Hambourgeois ne se contentent pas qu'on aille négocier chez eux ; ils vont chercher chez les autres ce qu'ils ont besoin, & l'on voit tous les ans de leurs vaisseaux dans plusieurs Ports, particuliérement dans ceux de France, sur-tout en Bretagne, à la Rochelle, & en Guienne.

*On peut voir ci-depuis, au* Commerce de Hollande, *quelques particularités de celui que les Hollandois font a Hambourg. Voyez* Banque de Hambourg.

Bremen, sur le Weser, a beaucoup de réputation pour son négoce, mais non pas tant que Hambourg ; les grands vaisseaux ne peuvent monter chargés, qu'à quatre lieues de la Ville, & les médiocres à une lieue & demie.

Les marchandises qu'on y porte, sont presque les mêmes que pour Hambourg, à la réserve des sels de France, dont il ne s'y en consomme point. On y débite pourtant aussi de la rubannerie, & quelques bois propres pour la teinture : à l'égard des vins, ils doivent être forts & vigoureux ; l'on n'y estime que les blancs, & sur-tout ceux d'Anjou, de Cognac, & du haut Pays de Guienne.

Les bois qu'on en tire, sont les meilleurs du Nord ; mais les plus chers de tous. On y peut pareillement charger des fromens, des laines, quelques métaux, & des bierres de Brunswick, qu'on nomme *Mun*, qui soutiennent la mer, & qu'on transporte même jusqu'aux Indes Orientales : celle de Bremen n'est pas moins bonne.

L'on a parlé ci-dessus du Commerce d'Emden, & de l'Ems. *Voyez le titre du Négoce de Hollande.*

Le Dannemarck, la Suéde, la Moscovie, la Pologne, la Curlande, quelques Provinces de la basse Allemagne, environnent de tous côtés cette partie de l'Océan qui forme une espece de grand Golfe, qu'on appelle la Mer Baltique. L'on ne peut y entrer que par deux passages ; l'un est nommé le Belt, difficile & très dangereux ; l'autre est le Détroit du Sund, dont le Roi de Dannemarck est le maître, par la Forteresse de Cronenbourg, près d'Elseneur.

Cette mer a quantité d'excellens Ports, ou des Villes qui en sont peu éloignées, dans lesquelles il se fait un très grand Commerce. Les principaux Ports, & les Villes les plus marchandes ; sont Lubeck, Coppenhague, Elseneur, Stokolm, Rostoc, Stralsund, Stetin, Colberg, Dantzic, Elbing, Conisberg, Riga, Revel, Nerva, Pernaut, & Visbourg.

En général, l'on tire beaucoup plus de marchandises de la mer Baltique, qu'on n'y en porte, à la réserve de Dantzic, où la consommation est très grande, à cause que cette fameuse Ville est comme le magasin de tout ce qui est nécessaire pour la Pologne; ainsi la balance des échanges se fait en rischedales, que les Nations qui y trafiquent, sont obligées d'y porter, & qu'on prend à Amsterdam ou à Hambourg : l'argent de France n'y est pas propre.

Les droits d'entrée & de sortie sont à peu près les mêmes à Bremen qu'à Hambourg, c'est-à-dire, d'un & demi pour cent, avec cette différence que personne n'en est exemt, non pas même les Bourgeois, dont tout le privilége consiste à pouvoir faire passer leurs marchandises au-delà de la Ville sur la riviere; ce qui n'est pas permis aux Etrangers.

Le poids de Bremen est de trois pour cent moins fort que celui de Paris & d'Amsterdam; cent livres de Bremen n'en faisant que 97 de ces deux Villes, & cent livres de ces deux Villes en faisant 103 de Bremen.

Le pied est égal à celui d'Amsterdam.

100 aunes de Bremen font 83 aunes & demi d'Amsterdam, & 100 aunes d'Amsterdam 120 de Bremen.

Les écritures y sont tenues en rischedales & en gros. La rischedale se divise en 72 gros; le marc lubs en 16 sols lubs, & le sol lubs en 24 gros.

Il n'y a point de change réglé entre Amsterdam & Bremen, quoique les Hollandois y fassent un très grand Commerce; mais lorsqu'on a de l'argent à tirer ou à remettre d'une place à l'autre, l'on donne à Bremen depuis 100, 102 ou 103 rischedales de 72 gros, pour recevoir à Amsterdam 100 rischedales de 50 sols argent courant.

Lubeck, Ville Impériale, & comme la Capitale des Hanséatiques, située dans la basse Saxe, sur la riviere de Traves, qui se jette à 10 lieues de là dans la mer Baltique, tient, pour le Commerce, le milieu entre Hambourg & Bremen; plus considérable que Bremen, mais beaucoup moins que Hambourg.

On peut y débiter par an deux mille letz de sels de France, qu'on y raffine pour la salaison des chairs, & pour en faire quelque Commerce en Curlande & en Livonie.

Les vins & les eaux-de-vie du même Royaume, y sont fort estimés : on y en porte, année commune, quatre mille bariques des uns, & quatre cent bariques des autres, aussi-bien qu'environ cent cinquante de vinaigre.

Le débit du papier y est très bon à cause du négoce qu'on en fait en Moscovie, par Kenel.

Les autres marchandises que les François y envoyent; sont, du sucre, de la mercerie, & quelques étoffes de soie. Les Hollandois & les Anglois y ajoutent leurs draps, leurs drogues pour la teinture, & du poivre; & de plus, les Hollandois, les trois épiceries dont ils sont les maîtres; c'est-à-dire, la muscade, la canelle, & le girofle.

Les navires marchands qui font le Commerce de Lubeck, ne peuvent monter tout chargés que jusqu'à Travemunde petite Ville qui en est à trois lieues, où ils déchargent dans des alléges une partie de leur cargaison, pour se mettre à huit pieds d'eau, & ensuite monter jusqu'à Lubeck.

Les marchandises qu'on en tire sont des lins, des chanvres, des vaches de Russie qui viennent de Moscovie, du fer ouvré ou non ouvré, particuliérement des ancres de navires, du bois de charpente, des grains, & des laines.

Les droits d'entrée & de sortie sont très médiocres; les premiers n'excédant pas trois quarts pour cent, & les autres n'allant qu'à deux tiers aussi pour cent qui se payent également par les Bourgeois & les Etrangers; ceux-là à cet égard n'ayant pas plus de privilége que ceux-ci.

Il n'est pas permis aux Etrangers de vendre leurs marchandises à d'autres qu'aux Bourgeois : mais aussi on ne manque pas de Bourgeois qui prêtent leur nom moyennant une très modique commission : ce qui remédie au préjudice que ce privilége pourroit apporter au négoce des Marchands qui viennent du dehors.

La livre de Lubeck est d'environ cinq pour cent plus foible que celle de Paris & d'Amsterdam; cent livres de Lubeck ne rendant que 95 un quart de ces deux Villes, & cent livres de Paris & d'Amsterdam en rendant 105 de Lubeck.

Le schippond qui est comme le quintal de Lubeck pése 300 liv. qui en rendent 285 d'Amsterdam. Il se divise en 20 liespond, de quinze livres chacun.

Les grains s'y vendent par last de 96 schepels.

100 aunes de Lubeck n'en font que 83 un tiers d'Amsterdam, & 100 aunes d'Amsterdam en produisent 120 de Lubeck.

Le pied contient 10 pouces & demi du pied de Roi de France.

Les livres & les comptes s'y tiennent en marcs schellings, & penins ou deniers lubs. Le marc se divise en 16 sols ou schellings, & le sol ou schelling en 12 penins ou deniers.

La rischedale vaut 3 marcs lubs ou 48 schellings lubs.

## COMMERCE DE DANNEMARCK.

Le Port de Coppenhague est non-seulement le plus beau de la mer Baltique, mais encore un des plus commodes, & des plus sûrs de toute l'Europe. C'est aussi où se fait le plus grand Commerce du Dannemarck, quoiqu'il s'en fasse pourtant quelqu'un à Elseneur. C'est néanmoins peu de chose que le négoce qui se fait dans l'une & l'autre de ces deux Villes, en comparaison de celui du reste de cette mer.

Après Coppenhague, les Villes de Dannemarck où il se fait plus de Commerce; sont Usted, Christiaanstad, Carelsvoon, Salsbourg, Carelshavem, & particuliérement Elseneur. On tire de ces Villes quelques petits mats, des planches de sapin, du goudron, du suif, des peaux de bœufs & de vaches, & des peaux de boucs.

La plupart du Commerce que l'on fait avec toutes les Villes du Dannemarck à l'exception de la Capitale, se fait en troc de marchandises, ou en rischedales que l'on y porte en especes; ce sont les Capitaines & Maîtres des vaisseaux étrangers, particuliérement s'ils sont Hollandois, qui sont ordinairement chargés de la direction de tout ce Commerce.

Les écritures mercantilles s'y tiennent en rischedales, en marcs & schellings dantz. La rischedale sur le pied de 6 marcs ou 4 oorts, le marc 16 schellings, & le schelling 3 penins.

L'oort vaut 24 schellings ou 1 marc & demi.

Deux marcs danois font un marc lubs.

Il se fait peu de change entre Amsterdam & Coppenhague; mais quand il s'en fait on donne à Amsterdam des rischedales courantes pour recevoir à

Coppenhague des rischedales de six marcs Danois ; & si l'on tire de Coppenhague à Amsterdam, on donne des mêmes rischedales de six marcs Danois pour recevoir des rischedales courantes de 50 sols pieces. Ce change se fait à un ou à deux pour cent de perte ou de bénéfice pour les tireurs suivant le besoin qu'on en a.

Il y a dix jours de faveur pour les Lettres de Change.

Le vieux stile est en usage dans tout le Dannemarck.

### *Poids et Mesures.*

Le poids de Coppenhague pour les marchandises grossieres, est le schippond qui pese 320 liv. Il se divise en 20 liespons, & chaque liespond en 16 l.

La livre y est plus foible que celle de France & d'Amsterdam d'environ deux & demi pour cent ; en sorte que 100 liv. de Coppenhague n'en font que $98\frac{1}{2}$ de ces deux Villes ; & que 100 liv. de ces deux Villes en rendent $101\frac{1}{4}$ de Coppenhague.

L'aune est d'un tiers plus courte que celle de Hollande, & a la même proportion avec la verge d'Angleterre.

Les 100 pieds de Coppenhague ne font que $103\frac{1}{3}$ d'Amsterdam.

### *Monnoies réelles, qui ont cours a Coppenhague.*

Le pair des monnoies suivantes est calculé sur le pied du rixdaelder de 6 marcs danois, revenant à 3 liv. de France ou écu de 60 sols.

Un rozenobel vaut 4 rixdaelders ou 24 marcs danois, monnoie de France, 12 liv.

Le ducat, 2 rixdaelders ou 12 marcs danois, monnoie de France, 6 liv.

Un rixdaelder ou daller vaut 6 marcs danois, monnoie de France, 3 liv.

Le même pour 3 marcs lubs ou 48 schellings lubs ou 96 schellings danois.

Le halft ou $\frac{1}{2}$ rixdaelder & le $\frac{1}{4}$ à proportion.

Un flecht daller, 4 marcs danois ou 32 schellings lubs, monnoie de France, 2 liv.

Le halft ou demi flecht daller & le quart à proportion.

Un rixmarc danois, 16 schellings lubs ou stuivers danois, monnoie de France, 1 liv.

Le halft ou demi rixmarc danois, 8 schellings, ou 10 s. de France.

Le lubs schelling ou schelling de Lubeck vaut un schelling danois 3 fenins ou doubles, monnoie de France, 7 den. & un tiers.

Les marchandises qui se débitent le mieux en Dannemarc, sont les sels, mais plus ceux d'Espagne & de Portugal, que ceux de France. C'est le contraire pour les vins & les eaux-de-vie ; ceux de France étant les plus estimés. Il s'y vend aussi quantité de papier, quelques étoffes d'or & d'argent, de soie & de laine, plutôt de celles de Hollande, que des autres ; enfin, des épiceries, des drogues pour la Médecine, & des poivres.

Les suifs, les chanvres, du cabillaud, du stocfich, des fromens de la petite Isle de Zeland, du seigle de Zelande, sont presque toutes les marchandises qu'on en tire, étant défendu d'en enlever du bois de charpente.

Les Hollandois transportent aussi du Pays de Zutland, quantité de bêtes à cornes maigres, qu'ils font engraisser dans leurs pâturages, sur lesquelles ils font un gain considérable.

Les François ont un avantage sur les autres Nations au passage du Sund, leurs marchandises n'y étant ni vues, ni visitées ; & n'en payant les droits, s'ils ne veulent, que trois mois après, sur les déclarations des Maîtres des vaisseaux, & sur la police du chargement. On parlera plus bas de la Norwege, qui fait partie du Dannemarc.

## COMMERCE DE SUEDE.

C'Est à Stokolm que se fait presque tout le Commerce de la Suéde ; les Etrangers n'ayant pas la liberté de négocier dans le sein Bothnique, ni les Sujets du Roi de Suéde, de porter leurs marchandises ailleurs que dans la Capitale ; ce qui ne s'entend pas néanmoins de la Livonie Suédoise, du Commerce de laquelle il sera traité en particulier.

Le Port de Stokolm est profond & sûr ; mais l'entrée & la sortie sont longues & dangereuses. Les Suédois font eux-mêmes la meilleure partie du Commerce de leurs marchandises, qu'ils vont porter, sur leurs vaisseaux, en Hollande, en Espagne, & en Portugal. Il en vient aussi en France ; mais beaucoup plus quand elle est en guerre avec ses voisins, que pendant la paix ; les Suédois faisant alors de grandes cargaisons de vins, d'eaux-de-vie, & de sels.

Les Anglois & les Hollandois sont ceux qui font le plus grand négoce en Suéde ; ceux-là, à cause de leurs draperies, & ceux-ci, à cause de leurs épiceries. Celui des Hollandois est néanmoins le plus considérable, particuliérement depuis qu'ils se sont en quelque façon rendus les maîtres des mines de cuivre du Royaume, du bray, & du goudron qui s'y fait, par les grandes avances où ils sont avec les Fermiers des mines, & les Marchands de ces deux matieres si nécessaires à la navigation : aussi trouve-t-on ces marchandises presqu'à aussi bon marché à Amsterdam, qu'à Stokolm.

Il est permis aux Etrangers de décharger à Stokolm, les marchandises qu'ils y apportent, sans payer les droits, qu'à mesure qu'ils en font la vente ; & ils peuvent, s'ils ne trouvent pas à s'en défaire, les remettre sur leurs vaisseaux, pour les vendre ailleurs, en payant seulement un droit de demi pour cent.

Outre le cuivre, le bray, & le goudron, la Suéde fournit du fer & de l'acier, & des armes fabriquées de ces métaux ; soit grosses, comme les canons & les mortiers ; soit légeres, comme les mousquets, pistolets, fers de piques, &c. Le fil de léton & d'archal, le plomb, la couperose, & les planches & blaques de sapin, sont encore du nombre des marchandises de Suéde.

Il faut remarquer à l'égard du cuivre ; premiérement, qu'il se paye comptant ; & en second lieu, qu'il s'achete à meilleur marché l'hiver que l'été, & qu'en été, on ne peut l'avoir que de la seconde main.

On vient de parler des draperies, des épiceries, & des vins & eaux-de-vie qui se débitent en Suéde, ou que les Suédois vont querir : les autres marchandises qui y sont propres, sont du papier, dont à peine il s'en consomme deux mille rames dans le Pays ; du vinaigre, des fruits de Provence, quelque mercerie, peu d'étoffes d'or, d'argent, & de soie pour la fourniture de la Cour, avec des toiles, & des sucres.

L'eau-de-vie de blé convenant mieux aux Suédois, à peine en faut-il cent bariques de celle de France.

### DES DROITS D'ENTRE'E QUI SE PAYENT EN SUEDE.

Les droits d'entrée sur les marchandises qui viennent du dehors à Stokolm, sont si excessifs, que la plupart des Etrangers se dégoutent d'y en apporter, étant certain que si les Suédois entendoient bien leurs intérêts, ils trouveroient plus de profit dans la modération de ces droits, qu'ils ne sont en les tenant si haut, puisqu'ils regagneroient aisément sur la quantité de marchandises & de vaisseaux qui entreroient dans leurs Ports, ce qu'ils sembleroient perdre en les diminuant, si même le produit de leur Douanne n'augmentoit pas par une conduite si propre à entretenir un grand Commerce dans un Etat.

Pour donner une idée de ces droits excessifs qui se payent à Stokolm sur les marchandises étrangeres; on va mettre ici ceux qui se levent sur les vins, les eaux-de-vie, & les sels de France.

Les vins y payent soixante rischedales d'entrée par tonneau.

Les eaux-de-vie, douze rischedales trois quarts par barique de trente verges.

Et les sels, dix-huit rischedales par last.

### DES MONNOIES TANT DE COMPTE *que des réelles, qui ont cours en Suéde, réduites sur le pied de celles de France.*

Le pair de ces especes va se calculer sur le ducat d'or de 2 rischedales d'argent ou 12 dallers de cuivre, valant en France 6 liv. tournois, & sur la rischedale d'argent valant l'écu de 3 liv. ou de 60 sols de France.

Le rixdaelder de cuivre ou patagon ordinaire, qu'on nomme aussi pieces de 24 tolers, vaut 6 dallers ou 24 marcs de cuivre, & monnoie de France, 3 livres.

Les deux marcs de Stokolm font un marc lubs.

On y frappe de la monnoie d'argent qu'on nomme silvergelt ou silvermont. Son rapport avec la monnoie de cuivre, est qu'on compte un marc monnoie d'argent pour deux marcs & demi monnoie de cuivre.

Le daller d'argent se divise en 3 marcs, & le marc en 3 oorts. Ce daller vaut 12 marcs de cuivre, & monnoie de France, 1 liv. 10 s. tournois.

Un carolin, 7 marcs & demi de cuivre; & monnoie de France, 18 s. 9 den.

Le daller de cuivre vaut 4 marcs aussi de cuivre, & monnoie de France, 10 s.

Le marc d'argent comme le scalin de Brabant, 3 marcs de cuivre; & monnoie de France, 7 s. 6 d.

Le marc de cuivre vaut 8 roustings, & monnoie de France, 2 s. 6 d.

Le roustings ou roustique, 2 allures; & les allures ou alleveures, 4 den. de France.

Les Négocians y tiennent leurs écritures en dallers, en marcs, & en oorts, monnoie de cuivre; le daller de 4 marcs, & le marc de 8 oorts qu'on nomme aussi romstuchens. 20 dallers font le rixdaelder: sur ce pied le daller qui est une monnoie de compte, vaut 3 sols.

D'autres en rixdaelders, & leurs diminutions, qui sont ordinairement accompagnées de $\frac{1}{2}$ $\frac{1}{3}$ $\frac{1}{4}$ $\frac{1}{6}$ $\frac{1}{8}$, &c.

Les Lettres de Change ont dix jours de faveur comme à Coppenhague.

On se sert du vieux stile dans toute la Suéde.

### DES POIDS ET MESURES DE SUEDE.

Il y a en Suéde deux sortes de poids, qui tous deux s'appellent Schippond, l'un auquel se pésent toutes les marchandises grossieres & de grand volume, est de 400 livres Suédoises ou 342 liv. de Paris, & se divise en 20 liesponds de 20 livres chacun. L'autre qui sert pour les marchandises fines, n'est que de 320 liv. du pays, qui reviennent à 273$\frac{1}{2}$ poids de marc. Il se divise aussi en 20 liesponds; mais seulement de 16 liv. chacun. C'est aussi à ce dernier schippond que se pése le cuivre.

La livre de poids de Stokolm revient à 13 onces 6 gros un peu moins poids de marc. Elle est plus foible que celle de Paris & d'Amsterdam d'environ 15 pour cent; en sorte que 100 liv. de la premiere ne rendent que 85 $\frac{1}{4}$ des deux autres, & que les 100 liv. de Paris & d'Amsterdam, font environ 117 liv. de Stokolm.

La mesure pour les corps étendus s'appelle aune, & a de longueur un pied 9 pouces & près de 7 lignes. Sept aunes de Suéde font six aunes d'Amsterdam.

La mesure pour les grains est le last, & est comptée pour vingt-trois tonnes du pays, qui font 19 septiers de Paris.

Le pied géométrique a 12 pouces une ligne pied de Roi.

## COMMERCE DE LIVONIE ET DE SES PRINCIPALES VILLES.

LA possession de cette vaste Province avoit longtems été disputée entre les Moscovites, les Polonois, & les Suédois; mais enfin par le Traité d'Oliva, de l'année 1660, elle avoit été partagée entre ces deux dernieres Puissances, auxquelles on peut en ajouter une troisiéme; c'est-à-dire, les Ducs de Curlande, qui en jouissent d'une partie sous la protection de la Pologne.

La paix conclue entre la Moscovie & la Suéde après la mort de Charles XII, tué au Siége de Christiaanstad, a enfin ajugé la Livonie au Czar, & l'a rendu en quelque sorte le Maître de tout le Commerce de la mer Baltique, en lui ouvrant les portes de Riga, de Revel, de Nerva, & de Pernau, ces quatre Villes fameuses par leur grand négoce, particuliérement avec les François, les Anglois, & Hollandois.

Cette partie de la Livonie a quatre Ports considérables, Riga, Revel, Nerva, & Pernau. Le Commerce qui s'y fait, est d'autant plus important, que non-seulement les marchandises du Pays, mais encore quantité de celles de Moscovie & de Pologne, y sont apportées en été, par les rivieres sur lesquelles trois de ces Villes sont situées, & en hyver sur des traîneaux.

RIGA, Capitale de la Province, est bâtie sur la Duina, qui après avoir traversé une partie de la Lithuanie & de la Livonie, vient se jetter dans la mer Baltique, deux lieues au-dessous de la Ville. Les navires qui ne tirent que jusqu'à douze pieds d'eau, peuvent monter jusqu'à Riga, où la riviere a près de deux lieues de large; les autres sont obligés de s'alléger.

Le tems le plus propre pour le Commerce, est celui des deux foires qui s'y tiennent chaque année, l'une au mois de Mai, & l'autre au mois de Septembre. Les achats s'y font, pour la plus grande partie, en rischedales, & le reste en échange des marchandises qu'on y porte; mais le négoce y a quelque chose de gênant pour les Etrangers, qui ne peuvent décharger leurs vaisseaux, qu'après avoir vendu aux Bourgeois; il s'y trouve cependant des prête-noms qui se contentent d'un droit de commission.

Le peu de marchandise qu'on charge pour Riga, consiste en vins du Rhin & de France. A peine en faut-il quatre cent bariques de ce dernier, & encore du plus doux; l'autre y a plus de débit. Les épiceries & les sels, dont il s'y vend bien par an cinq à six mille lestes, sont celles dont on debite davantage. Il faut aussi du sucre, du tabac, du vinaigre, du papier, quelques fruits, & de la mercerie; mais de tout cela en petite quantité.

Les retours que les vaisseaux François, Anglois, & Hollandois font des marchandises qu'ils tirent de cette Ville, sont très considérables. Les principales sont des pelleteries, dont il descend chaque année, par la Daina, plus de mille batteaux chargés, outre ce qu'il vient pendant l'hyver, sur les traineaux.

Les mâts de Livonie, qui sont très estimés, aussi-bien que les bois de chêne pour les bordages; des blés, des chanvres, du lin, & de leurs graines, surtout de cette derniere, tant pour semer, que pour faire des huiles; de la poix, du goudron, des cendres pour faire du savon & des verres, qui se tirent des sapins, & sont excellentes; des planches de sapin; enfin, de la cire & du suif.

Le bourdillon est une des principales marchandises qu'on tire de cette Ville. Il se vend au grand cent qui est de 46 schock, & le schock de 60 pieces; de sorte que le grand cent est de 2880 pieces.

Le schippond est le poids de Riga, & y tient aussi lieu du quintal. Il pese 400 livres. Le liespond est au-dessous & est de vingt livres. La livre est de 16 pour cent plus foible que celle de Paris & d'Amsterdam; 100 de Riga n'en faisant que 84 de ces deux Villes.

A l'égard de l'aune; cent aunes de Riga en font 130 d'Amsterdam, & cent aunes d'Amsterdam environ 77 aunes de Riga.

Le pied y est égal, à quelque chose près, à celui d'Amsterdam.

Les comptes s'y font en rischedale & en gros; la rischedale de 90 gros.

Une autre division de la rischedale est en 15 marcs de Riga, qu'on nomme Rigisch; & encore en 30 gros de Pologne.

Le florin de Pologne se divise en cinq marcs de Riga & en 30 gros Polonois.

Le négoce en argent comptant y est plus avantageux que celui à crédit ou en troc.

L'intérêt ordinaire qu'on paye pour l'argent qu'on emprunte, est environ de 10 pour 100 pour 7 ou 8 mois; ceux qui empruntent en hiver pour le rendre en été, ayant coutume de rendre au terme onze florins Polonois pour dix qu'on leur a prêté.

L'on tire plus ordinairement de Riga sur Amsterdam que d'Amsterdam sur Riga. Le change entre ces deux Villes se fait en donnant à Riga depuis 96 jusqu'à cent rischedales de 90 gros, pour recevoir 100 rischedales argent courant à Amsterdam.

Les lettres de change se font à 41 jours de datte, ou à un mois de vûë.

Revel est presque à une égale distance de Riga & de Nerva; elle a été quelque tems du nombre des Villes Hanseatiques, mais elle renonça à leur alliance en 1550.

Son Commerce est toujours très grand; mais il s'en faut bien qu'il y florisse autant qu'il faisoit avant que les Anglois eussent découvert le Port d'Archangel dans la mer Blanche, & lorsqu'elle étoit le magasin de la plus grande partie des marchandises de Moscovie.

Celles qu'on y porte présentement, & celles qu'on en tire, sont à peu près les mêmes qu'on tire de Riga, ou qu'on y porte.

Le last de Revel est de 400 liv. & rend environ 342 livres de Paris & d'Amsterdam. Le cent de sel d'Amsterdam rend à Revel cinq lasts & un tiers.

100 aunes de Revel en font $128\frac{8}{19}$ d'Amsterdam, & 100 aunes d'Amsterdam en font 78 de Revel. Le change de Revel sur Amsterdam se fait en donnant à Riga depuis 100 jusqu'à 130 rischedales de 52 witen, pour recevoir à Amsterdam 100 rischedales argent courant.

Nerva, sur une riviere du même nom, qui n'est pas moins large que l'Elbe, a joui long-tems des privilèges des Villes Hanseatiques. Ayant été presque ruinée, & son Commerce ayant cessé près d'un siecle, elle n'a commencé à se remettre en réputation que depuis le milieu du dix-septiéme. Olearius remarque, qu'en 1654, il y aborda du moins soixante vaisseaux Hollandois, qui en enleverent pour plus de cinq cent mille écus de marchandises: depuis ce tems, elle a disputé de Commerce avec Riga même, & l'a emporté sur Revel.

La proximité de Novogorod & de Pleskou, villes marchandes de Moscovie, dont la derniere n'en est gueres qu'à 40 lieues, lui facilite celui de tout ce vaste Empire; & elle est le passage par où s'y transportent presque toutes les marchandises qui vont jusqu'à Moscou.

Les marchandises propres pour Nerva, ou celles dont les Etrangers font leurs retours, sont les mêmes qu'à Riga & à Revel.

Pernau, petite ville sur une riviere du même nom, ne faisoit autrefois qu'un Commerce de blé, qui y attiroit quelques vaisseaux étrangers; mais depuis qu'on a trouvé le moyen d'y faire descendre, par sa riviere, quantité de mâts, qu'on n'estime pas moins que ceux de Norwege; & beaucoup d'autres bois de sapin; son négoce est extrêmement augmenté, & depuis 1680, les Hollandois y ont envoyé chaque année plus de soixante vaisseaux, au lieu de cinq ou six qu'ils y envoyoient auparavant.

Il y faut peu de marchandises, & presque tout le négoce s'y fait avec de vieilles rischedales.

## COMMERCE DE CURLANDE, DE PRUSSE, ET DE POMERANIE.

Le petit Etat de Curlande n'a proprement qu'un Port sur la mer Baltique, qui est Libaw. Memel, qui est à l'entrée du Golfe de Curlande, quoiqu'il soit de la Prusse Ducale, lui en sert aussi, & c'est dans ces deux Villes que se fait tout son Commerce, dont les grains & les bois font la partie la plus importante.

Les graines de lin qu'on en tire en quantité, sont les plus estimées de toutes celles du Nord; il s'en consomme beaucoup, soit en Hollande, pour faire des

des huiles, soit en France, ou en Flandre, pour semer.

Ce Commerce n'est pas si peu considérable, que les Hollandois seuls n'y employent jusqu'à vingt-cinq vaisseaux par an.

CONISBERG est la Capitale de la Prusse Ducale, située sur le Pregel, qui se jette dans le Trischaf, que d'autres nomment le Hac, espece de lac qui communique à la mer.

C'est au Pilau, Forteresse considérable à l'entrée de ce lac, que s'allegent les vaisseaux, pour pouvoir aller à Conisberg, qui en est à plus de huit lieues, où ils ne peuvent monter qu'à dix pieds d'eau.

Cette incommodité qui engage à de grands frais, est suivie de deux autres; les Etrangers ne pouvant mettre leurs marchandises en magasin, pour attendre le tems favorable pour la vente, & ne leur étant pas permis de les porter dans les terres, par les canaux, pour les négocier avec d'autres, que les habitans de la Ville même.

Outre les marchandises du crû de la Province, le Pregel, qui prend sa source en Lithuanie, sert à transporter à Conisberg quantité de celles de la Lithuanie même, ou de la Pologne; comme des bois de chêne pour les Tonneliers, & des planches de sapin; des blés, du ris, de l'orge, du millet, des cuirs, des pelleteries, du chanvre, mais moins bon que celui qu'on tire des autres endroits du Nord; du lin, de la cire, du miel, du suif, des potasses, & wedasses.

On y porte des draps & des sels. Les sels de France y sont presque seuls en usage, & il s'y en débite environ huit mille lasts par an, qui se consomment en Prusse & en Lithuanie: il faut que ces sels soient un peu noirs.

Les autres marchandises propres pour ce Commerce, sont du fer, du plomb, de l'étain; quelques vins, jusqu'à mille bariques; un peu d'eau-de-vie & de vinaigre, environ cent bariques de chacun; du beurre, du fromage, du sucre, du tabac, principalement du Clairac & de la Martinique, dont il se peut vendre cent milliers année commune; enfin, des épiceries, & comme dans tout le reste de la mer Baltique, des rischedales.

Le schippond de Conisberg est de 400 livres & se divise en 10 stéens; chaque stéen du poids de 40 livres. Les marchandises qui sont pesées au schippond produisent à l'acheteur un bénéfice de 4 & demi ou 5 pour cent, suivant qu'il les achete d'un Bourgeois ou d'un Marchand de dehors; les Bourgeois n'ayant jamais coutume de rien accorder pour le bon poids, & le Forain ne faisant point de marché sans quelque gratification.

La livre de Conisberg est de vingt pour cent plus foible que celle de Paris & d'Amsterdam; 100 liv. de Conisberg n'en faisant que 80 de ces deux Villes, ce qui est un cinquiéme de différence.

Le cent de sel de France rend à Conisberg environ 10 lasts qui font un peu plus de 40000 livres.

L'aune est environ d'un cinquiéme plus courte que celle d'Amsterdam, 100 aunes de Conisberg n'en faisant que 80 d'Amsterdam, & 100 aunes d'Amsterdam en faisant 125 de Conisberg.

Le pied est plus long que celui d'Amsterdam, d'environ 1 & demi pour cent.

Les écritures & les comptes, se tiennent en rischedales & en gros, ou en florins Polonois & en gros Polonois, & en deniers ou penins.

La rischedale se divise en 90 gros Polonois, ou en 3 florins Polonois, & le gros en 18 penins ou deniers.

Le florin qu'on nomme aussi Tinpfen, fait 30 gros Polonois.

Le change se fait de Conisberg sur Amsterdam, en donnant à Conisberg depuis 250 jusqu'à 300 gros Polonois, pour recevoir à Amsterdam une livre de gros de 6 florins argent courant.

Les lettres de change de l'une à l'autre place, se font à 41 jours de datte.

DANTZICK est de toutes les Villes qui sont situées sur la mer Baltique, celle où il se fait le plus grand Commerce. La Vistule, sur les bords de laquelle elle est bâtie, environ à une lieue de son embouchure, lui apporte toutes les marchandises de la Pologne, dont cette riviere, qui a plus de cent lieues de cours, arrose les plus riches Palatinats, & lui sert à y renvoyer celles que les Etrangers viennent décharger dans ses magasins.

Les vaisseaux qui tirent plus de huit pieds d'eau, ne peuvent monter jusqu'au canal qui communique de la Vistule à la Ville; il faut les alléger à la rade, qui est excellente, & en porter une partie de la cargaison dans des barques appellées des Bordins, dont le Marchand est responsable en cas de naufrage.

Les magasins de grains établis à Dantzick, dans une Isle formée en partie par les eaux du Canal de la Vistule, sont en grande réputation dans toute l'Europe; & ils la méritent certainement, s'il n'y a point d'exagération dans ce qu'on dit des huit cent mille tonneaux de blé, que les Etrangers en tirent tous les ans.

C'est un privilége des Bourgeois, qu'il n'y ait qu'eux qui puissent acheter les blés des Polonois, lorsqu'une fois ils sont entrés dans leur Ville; mais aussi ils sont obligés de prendre tout celui qui y entre, au prix réglé par le Magistrat.

Les Etrangers n'ont pas, non plus qu'à Conisberg, la liberté d'envoyer leurs marchandises dans les terres, ou de les vendre à d'autres qu'aux Dantsikois; mais ils ont du moins celle de les mettre dans des magasins, & d'attendre la commodité de s'en défaire avec plus de profit.

Les Hollandois semblent presque aussi jaloux de la liberté de cette Ville, que de la leur propre; & ils ne souffriroient pas volontiers de la voir assujettie par quelque Puissance que ce fût, non pas même par les Polonois, qui en sont pourtant les véritables Souverains; mais qui la laissent vivre suivant ses loix, se contentant que la monnoie y soit frappée au coin du Roi de Pologne, & la justice rendue en son nom.

Le chargement des vaisseaux François, Anglois, & Hollandois, pour Dantzick, sont quantité de draperies & de soieries; des épiceries, des bois pour la teinture, moulus & rapés; des drogues qui y servent, & d'autres pour la Médecine; de la crême de tartre d'Italie, des sucres, de l'huile, du papier; des cuirs passés de diverses manieres; enfin, des sels, des vins, & des eaux-de-vie de France.

Ces trois dernieres marchandises ne se débitent qu'en Prusse; les Polonois ayant chez eux les sels de Walisca, & n'estimant que les eaux-de-vie de grain, & les vins de Hongrie, particuliérement ceux de Tokai; pour toutes les autres, ils ont coutume de s'en fournir à Dantzick.

Les blés, & les autres grains, comme on vient de le dire, font le principal de ce qui se tire de Dantzick. On y trouve néanmoins encore quantité d'autres marchandises, dont les plus considérables sont des mâts de navires, des bois de chêne & de sapin, pour la charpente; du chanvre, du lin, des potasses, & des wedasses, du miel, de la cire, du suif, de l'acier, du fer, du cuivre, du plomb, du salpêtre, du goudron, de l'ambre jaune, dont le brut se débite en Guinée, & le travaillé, aux Indes Orientales; des cuirs de taureaux & de vaches, des pelleteries, des laines, & même des sels de Pologne, dans le tems que les Anglois & Hollandois ne peuvent avoir de ceux de France.

Les marchandises se vendent diversement à Dantzick; les unes, comme la cochenille, l'indigo, le girofle, le caffé, l'amidon, les cuirs, le tabac, & la baleine, se vendent à la livre.

D'autres marchandises, comme le poivre, l'anis, les sucres, les figues, les raisins, & autres fruits secs: les noix de galle, les huiles d'olive, les sirops, & le gingembre, se vendent à la petite pierre qui pese 24 livres de Dantzick.

D'autres, comme les amandes, le ris, les suifs, les laines, la graine de laurier, les capres, les lins, & les chanvres, se vendent à la grosse pierre qui est de 24 livres.

D'autres enfin, comme les garences, le tartre, les bois de teinture, l'alun, le brai, la terebentine, le plomb, l'étain, le souffre, le sumac, le salpêtre, l'acier, la calamine, & le fil de léton, se vendent au quintal ou centenar qui est du poids de 120 livres.

Les douves pour pipes & bariques, se vendent au grand cent de 48 schocks, à raison de 60 pieces le schock; ce qui fait en tout 288 pieces.

La cire, le stokvisch, les potasses, le houblon, & le fer de Suéde, se vendent au schippond de 320 liv. Le schippond se divise en 20 liesponds de seize livres chaque liespond.

Le last des grains y est de 60 scheepels.

Le cent de sel de France rend 11 & demi à 12 lasts de Dantzick; le last de ce sel est de 18 tonnes; celui du sel de Lunebourg n'y est que de 12 tonnes. C'est aussi de 12 tonnes qu'est le last de hareng.

La livre de Dantzick est plus foible d'un peu moins de douze pour cent que celle de Paris & d'Amsterdam; cent livres de ces deux Villes n'en faisant que 88 ⅞ de ces deux Villes. Cent livres de Paris & d'Amsterdam en font 112 & demi de Dantzick.

Cent aunes de Dantzick font 82 aunes d'Amsterdam, & cent aunes d'Amsterdam en font environ 121 de Dantzick.

Les cent pieds de Dantzick en rendent 101 à Amsterdam.

Les écritures s'y tiennent de deux manieres; sçavoir, en rischedales & en gros, ou en florins & en gros. La rischedale est de 3 florins, ou de 90 gros Polonois.

Le florin est de 30 gros Polonois, & le gros de 18 penins. Le florin se nomme aussi Tinf.

Le change entre Dantzick & Amsterdam est de 250 à 300 gros Polonois pour une livre de gros argent courant d'Amsterdam. Les lettres de change de l'une à l'autre place, se tirent presque toujours à 40 jours de date.

Les lettres de change doivent se payer à Dantzick, suivant l'Ordonnance du 18 Mars 1701, en pieces de six ou de dix-huit gros, & dans dix jours après leur échéance; faute de quoi les Porteurs les doivent faire protester.

*MONNOIES RE'ELLES, QUI ONT COURS A DANTZICK.*

Le pair des monnoies suivantes, est calculé sur la rischedale de 90 gros valant 3 liv. de 60 sols monnoie de France.

Le ducat d'or de Conisberg vaut 7 tinfs 12 gros, monnoie de France, 7 liv. 8 s.

Le ducat d'or de Dantzick 6 tinfs, monnoie de France 6 liv.

La rischedale 3 tinfs ou 90 gros, monnoie de France 3 liv.

Un tinf gulden ou florin 30 gros, monnoie de France 1 liv.

L'hord de Dantzick 18 gros, monnoie de France 12 sols.

Le croutac ou demi-hord neuf gros, monnoie de France 6 sols.

Le gros ou sol vaut 18 penins, monnoie de France 8 deniers.

La Poméranie Suédoise a souffert dans la derniere guerre du Nord, qui duroit encore en 1717, les mêmes révolutions que la Livonie; & les Rois de Dannemarck, de Prusse, & d'Angleterre, comme Electeur d'Hanover, après l'avoir enlevée à la Suede, aussi-bien que la Ville & le Duché de Bremen, se les sont partagées entre eux.

C'est à Stétin, qui en est la Capitale, que se fait le principal négoce de cette partie de la basse Allemagne: il y a, à la vérité, encore quelques Ports, comme ceux de Stralsund, de Wolgast, & de Colberg, ce dernier dans les Etats du Roi de Prusse, où l'on peut faire quelque négoce; mais c'est peu de chose en comparaison de celui de Stétin.

Cette Ville est sur celle des quatre branches de l'Oder qui conserve son nom, & qui se jette dans la mer Baltique à huit ou dix milles de là.

Les navires ne peuvent monter jusqu'à Stétin, & les marchandises se déchargent ordinairement à Stenwert, ou à Wolgast, pour être portées sur des bordins, jusqu'à la Ville, qui est une des Hanséatiques & qui a le droit d'étape; c'est-à-dire, ce privilége qui oblige les Marchands étrangers d'y décharger toutes les marchandises qui y passent, de quelque nature qu'elles soient.

L'on trouve à Stetin, non-seulement les marchandises du crû de la Poméranie, mais encore celles de la Silesie, & de la Marche de Brandebourg, qui y arrivent par l'Oder, qui les traverse en partie. Elles consistent en grains, en mâts de vaisseaux, en bois de charpente, en cuirs, en laines assez grossieres, en miel, en lin, & en des draps & des toiles de Silesie: ces dernieres sont propres pour le Commerce d'Espagne, & des Côtes d'Afrique.

Les marchandises qu'on y porte, sont des épiceries, quelques étoffes de laine & de soie, des sucres en quantité; beaucoup de harengs; des sels de France, environ douze à quinze cens lasts, dont une partie se raffine à Stetin, pour la haute & basse Poméranie; & l'autre se débite brut, en Saxe & en Silesie; peu de vins, & encore moins d'eaux-de-vie; mais, comme ailleurs, force rischedales.

L'on se sert à Stetin de deux sortes de poids, du schippond qui y est de 180 liv. & de la pierre qui en pése 21.

La livre de Stetin est de 10 pour cent plus légere que celle de Paris & d'Amsterdam; cent livres de Stetin n'en rendant que 90 de ces deux Villes, & 100 livres de ces deux Villes en faisant 110 de Stetin.

Le pied y est égal à celui d'Amsterdam.

La rischedale y est de 36 sols ou schellings lubs.

Les livres s'y tiennent en rischedales & en sols lubs.

La guerre du Nord, dont on a parlé ci-dessus à l'occasion des changemens arrivés en Livonie, en Pomeranie, & dans le Duché de Bremen, a fait naître divers écrits, par lesquels on tâche de persuader que le Czar Pierre Alexowits a de grands desseins pour ruiner le Commerce des autres Nations dans la mer Baltique, & s'emparer de tout celui qui s'y fait.

La lettre supposée écrite par les Marchands de Hambourg & de Dantzick, à ceux de Londres & d'Amsterdam, en donne un plan assez bien imaginé; & s'il n'est pas fondé sur la vérité, du moins l'est-il sur ce que l'on connoît du vaste génie & de la sage Politique de ce Prince, le plus grand de ceux qui ont régné sur la Moscovie; & qui ayant déja sçû apprendre à ses Troupes peu aguerries, l'art & la discipline de la guerre; la navigation à des Matelots sans expérience; la politesse, les beaux arts, les sciences, à des Peuples à demi Barbares, ne négligera pas non plus de les exciter au Commerce, & de les rendre capables de l'exercer avec le même succès dont il a été lui-même le témoin, dans les divers voyages qu'il a faits en Hollande en 1697, & depuis encore en 1717.

L'Auteur de la Lettre met le centre de ce nouveau Commerce des Moscovites, dans leur nouvelle Ville de Petersbourg, située au fond de la mer Baltique, dans le Golfe de Finlande; Ville qu'il prétend, avec quelque exagération apparemment, être prête à devenir aussi magnifique que Versailles, aussi forte qu'étoit Dunkerque, & plus florissante par le Commerce, que n'est Amsterdam.

C'est dans cette Ville que, suivant leur systême, les prétendus Marchands de Hambourg assûrent, qu'il sera facile de faire transporter d'un côté, toutes les marchandises de l'Orient, de l'Empire du Turc & de la Perse, par le Tanaïs & le Volga, en faisant la jonction de ces deux rivieres, & conduisant encore un canal de ce dernier, jusqu'au grand lac de Ladoga, qui tombe dans la mer Baltique; & du côté du Nord, toutes celles d'Archangel, par la riviere d'Onega, en la remontant jusqu'au petit lac de Kargapol, qu'on peut facilement joindre à une riviere qui tombe dans le grand lac d'Onega, qui lui-même se décharge dans le Ladoga, par la riviere de Sueri.

Ces jonctions faites, & ces passages établis, les faux Hambourgeois croyent déja voir toute la mer Baltique couverte des vaisseaux du Czar, bâtis à Petersbourg, & dans les Ports de la Livonie, dont il est le maître; & ils ne doutent point que ces puissantes flottes ne servent bien-tôt à fermer le Sund aux autres Nations de l'Europe, & à porter toutes les marchandises de l'Orient, & du Nord même, jusqu'en Hollande & en Angleterre, où les Anglois & les Hollandois, qui les distribuent depuis si long-tems aux autres Nations, avec des profits immenses, seront obligés de les recevoir de la main des Moscovites, au prix que ces nouveaux Marchands trouveront à propos d'y mettre.

Quoi qu'il en soit de la réalité de ce projet, magnifique à la vérité, & peut-être pas tout-à-fait indigne du grand Prince qu'on suppose qui l'a conçû, mais qui sans doute seroit moins facile dans l'exécution, qu'il ne le paroît dans la lettre des deux Villes Hanséatiques; on a crû qu'en traitant du Commerce de la mer Baltique, ce petit extrait d'une piece curieuse, qui y a rapport, ne seroit point hors de sa place.

## COMMERCE DE NORWEGE, LAPONIE, SIBERIE, &c.

LE Royaume de Norwege, qui appartient au Roi de Dannemarc, & qui est limitrophe de quelques Provinces de Suéde, n'est peuplé que le long des Côtes. C'est de là que se tirent les plus beaux mâts, & les meilleurs bois de tout le Nord, pour la construction des vaisseaux. Berghen, Christiana, & Dronthem, en sont les Villes & les Ports du plus grand négoce: les petits mâts, & les bois de sapin se chargent dans ces deux dernieres Villes; mais c'est à Berghen qu'on trouve les plus beaux mâts, & d'où l'on tire le plus des autres marchandises que produit la Norwege. L'on a parlé ailleurs de ce qui s'appelle le Cloître de Berghen. *Voyez* CLOISTRE.

Le cuivre est une des principales marchandises, & le plus important négoce de la Norwege, après les bois: les mines d'où on le tire, sont à six ou sept lieues de Dronthem, pas loin du Village de Steckbi. Ils en fournissent par an, environ deux mille schipponds, qui reviennent à six cent soixante milliers, poids de France.

Il y a aussi une mine d'argent à deux lieues de celles de cuivre; mais il ne s'en fait point de négoce, elle appartient au Roi.

Les autres marchandises sont, du fer, du goudron, des poissons secs, qu'on nomme autrement Stocfich, & Poisson rond; de la pelleterie, des suifs, des beurres, des cendres, des peaux de boucs, & peu d'autres semblables.

On y porte en échange des épiceries, des vins, des sels, des eaux-de-vie, du vinaigre, du fromage, des tabacs; quelques draperies, & beaucoup de vieilles rischedales.

Il s'y consommeroit quantité de sels de France, qui y sont fort estimés, sans que les Danois ont plusieurs de ces vaisseaux, qu'ils appellent Vaisseaux privilégiés, qui transportent des bois de charpente, & des planches en Espagne & en Portugal; & qui y chargent des sels pour leurs retours.

A l'égard des vins, il s'y en débite quelques-uns d'Espagne, mais davantage des vins François, dont il faut environ huit cent bariques par an; pour des eaux-de-vie, deux à trois cent bariques suffisent.

Les Hollandois, qui font presque tout le Commerce de la Norwege, mais qui ne pourroient donner les vins & les eaux-de-vie de France, au même prix que les François, se sont avisés de les mettre en petits barils, & en petite quantité dans chaque vaisseau, afin que les faisant plus facilement entrer en fraude, & sans payer les droits, ils puissent même les donner à meilleur marché qu'eux.

Les principales Villes de la Norwege, & où il se fait le plus grand Commerce, sont Christiana, Cooperwick, Laarwick, Mardou, Ulexeren, Jedder, Stafanger, Berghen, Romsdal, & Druntheim.

Les Hollandois, comme on l'a déja remarqué, font presque tout le négoce de la Norwege, & il n'y a point de ces Villes où ils n'envoyent tous les ans un grand nombre de bâtimens.

En tems de paix ceux de leurs vaisseaux, qui sont destinés pour cette partie du Nord, partent quand ils veulent, ou seuls ou en convoi. En tems de guerre ils ne partent qu'en flotte de cent cinquante ou deux cent navires, & toujours sous l'escorte de quelques vaisseaux de guerre que l'Amirauté leur fournit.

Ce sont ordinairement les Maîtres ou Capitaines des navires que l'on envoye à Norwege, qui ont le maniement de tout le Commerce qui s'y fait, & qui vendent & achetent les marchandises suivant qu'ils le trouvent plus convenable pour le profit de leur Armateur, leur étant même permis d'aller charger dans d'autres Ports que ceux de leur destination, si le chargement est moins bon ou moins prompt dans ceux où ils sont d'abord arrivés.

L'argent est très rare dans la plupart des Villes de Norwege, sur-tout dans celles qui sont le plus avancées vers le Nord, & c'est pour cela que l'argent en espece est la meilleure marchandise qu'on y puisse envoyer. Etant certain que quoiqu'on y puisse avoir des marchandises du crû du pays en troc à un prix raisonnable, on peut encore les avoir à meilleur marché en les payant en argent comptant.

Les especes qu'on y envoye le plus, sont des rischedales & des ducats.

### *POIDS, MESURES, ET MONNOIES DE NORVVEGE.*

Le schippond de trois cent livres est le poids du pays, & c'est à ce poids que se vendent toutes les marchandises, à moins qu'on n'en convienne autrement.

La livre est environ de cinq pour cent plus forte que celle de Paris & d'Amsterdam; en sorte que 100 livres de Norwege en font 105 de ces deux Villes; & que 100 livres de ces deux Villes n'en font que 95 liv. $\frac{5}{21}$ de Norwege.

Les écritures se tiennent à Berghen en rischedales, marcs, & schellings Danois, qu'on nomme autrement DANKS. La rischedale de 6 marcs, & le marc de 16 schellings.

A COOPERWICK & dans presque toutes les autres Villes, c'est en rischedales, en oorts, & en schellings. La rischedale de 4 oorts & l'oort de 24 schellings.

Dix aunes d'Amsterdam en font onze de toutes ces Villes.

L'aune y a un pied 10 pouces 7 lignes $\frac{4}{5}$; sur ce pied 100 aunes de Norwege font 52 aunes moins $\frac{1}{10}$ mesure de Paris.

On croit ne pas devoir omettre ici ce qu'un Auteur moderne, dont l'ouvrage est resté manuscrit, rapporte d'une Coutume qui s'observe à Berghen à l'égard des Marchands étrangers, qui veulent s'y établir; comme l'Auteur n'en donne aucun garant, & qu'on ne veut pas non plus le garantir lui-même, n'ayant lû cette particularité en aucun autre lieu; on va la mettre ici dans ses propres termes. » Les » Marchands, dit-il, qui veulent s'établir à Berghen, sont obligés pour devenir citoyens, & » jouir du privilége de Bourgeoisie, pour faire le » Commerce, de souffrir que les Négocians de la » Ville leur donnent cent coups de fouet, & d'être » plusieurs fois plongés dans l'eau. Il est vrai qu'il » est à croire que ceux qui veulent y aller demeu- » rer, se rachetent de cette peine, en finançant » quelque somme, ou si cela n'est pas, & qu'ils fas- » sent observer cette coutume à la rigueur, c'est ap- » paremment pour ôter l'envie aux autres Etrangers » de s'y venir établir à leur préjudice, afin de faire » seuls le trafic qui est considérable.

*On peut voir au titre du* COMMERCE DE HOLLANDE, *quelques autres particularités du négoce de la Norvvege, par rapport aux Hollandois.*

Il n'y a gueres que les Danois qui fassent le négoce de la Laponie, du Borandai, de la Siberie, & des autres Côtes du grand Continent, qui s'étendent depuis la Norwege, jusques bien avant dans la mer de Moscovie.

Depuis qu'il s'est établi à Coppenhague une Compagnie du Nord, sous le regne de Frederic III, il va tous les ans quelques vaisseaux trafiquer avec ces Nations Septentrionales, presque inconnues au reste des Nations de l'Europe.

Le principal négoce qu'on y fait, consiste en toutes sortes de pelleteries; & les marchandises qu'on y porte, sont de l'eau-de-vie, de la monnoie de cuivre, du tabac, des toiles, des rischedales, & même de l'or pour quelques endroits.

Le meilleur Port pour trafiquer avec les Lapons Danois, Suédois, & Moscovites, est celui de Varanger, dans le fond de la petite mer, ou golfe du même nom: ce n'est pas que les Lapons y apportent leurs fourures, qui sont les seules marchandises qu'ils puissent fournir; mais c'est qu'on y trouve peu loin de là, des traîneaux & des rennes, pour avancer dans le Pays, & les aller déterrer, au risque d'un froid insupportable, & de plusieurs périls, dans leurs malheureuses cabanes presque ensevelies dans la neige.

On peut cependant trafiquer avec les Lapons Moscovites, par la mer, en allant à Kola, petite Ville presqu'à l'embouchure d'une riviere, nommée aussi Kola, qui est de la jurisdiction du Czar.

La sauvagine Laponoise, comme les ours, les loups, les lievres, les renards, est presque toute blanche: les autres pelleteries qu'on y traite, sont des petits-gris, des hermines, des martes zibelines, des linx tachetés comme les tigres; des écureuils, des vietfras, ou gloutons, especes de blaireaux d'un rouge noir. Outre les renards blancs, il y en a aussi de noirs & de gris: tout cela se troque contre du tabac, des toiles, & de l'eau-de-vie.

Le Commerce du Borandai & de la Siberie, ne se fait pas avec moins de risque & de fatigue que celui de la Laponie. On y employe aussi des traîneaux & des rennes; mais outre le tabac, les toiles, & l'eau-de-vie, il y faut porter des especes d'or, d'argent, & de cuivre.

SIBERIE. Trois des principales Villes de cette vaste partie des Etats du Czar, sont Surgut, Tuméen, & Jappantrin.

SURGUT. C'est aux environs de Surgut, sur-tout en avançant dans le pays vers Narum en remontant l'Obit, que se trouvent les plus belles pelleteries de la Siberie. Ces pelleteries sont des martes zebelines d'un brun pâle, d'autres d'un noir parfait; des hermines & des renards noirs d'une beauté inestimable.

Ces renards se conservent presque tous pour Sa Majesté Czarienne, on les estime deux à trois cent rubes la piece; y en ayant même qui surpassent en couleurs les plus belles martes noires de la Daurie. On les prend avec des chiens.

Ces renards noirs sont très rares; mais on en trouve quantité de demi-noir & de mêlés de gris. Il y a aussi beaucoup de loutres & de bievres d'une grandeur extraordinaire.

TUMEEN. Ses habitans qui sont la plupart Russiens, font un grand Commerce avec les Tartares, particuliérement avec les Kalmuques & les Bulgares.

Il ne s'y trouve guere de Pelleteries, si ce n'est des peaux d'ours & des renards rouges. Il y a cependant un bois à quelques lieues de la Ville, qui est rempli de quantité de ces animaux qui fournissent ces fourures grises, si estimées parmi les Moscovites, qu'elles sont toutes destinées pour la Cour, & qu'il est défendu sous de grosses amendes de les transporter au dehors. La couleur de ces petits gris ne change point en hiver, & le cuir en est très fort. On dit que ces animaux ne souffrent dans les bois que ceux de leur espece, & qu'ils détruisent les autres qui sont de la moitié plus petits.

Le bois où ils se trouvent se nomme Hectkoiwolloc.

Les fourures grises de Samaroskoi-jam autre Ville de Siberie, sont celles que l'on estime le plus après celles de Tuméen.

JAPPANTRIN. Petite Ville de Siberie, située sur la riviere de Tura. Elle n'est considérable que par ses belles fourures qu'on y apporte tous les ans de divers endroits, & qui sont presque toutes destinées pour les magasins du Czar.

Les OSTIACKES, anciens habitans de la Siberie, présentement soumis au Czar. Ce qui reste de ces Peuples est très pauvre, & la plupart est réduite à la derniere misere. Ils font cependant une espece de Commerce avec les Etrangers, pour trouver du secours & du soulagement dans leurs besoins; mais comme ils n'ont rien à donner en assurance à ceux qui veulent bien leur avancer des marchandises, & que d'ailleurs étant aussi ignorans que pauvres, ils ne peuvent faire de promesses ni de billets pour la sûreté de leurs Créanciers, ils ont trouvé une maniere bien nouvelle de suppléer à ce double inconvénient.

Ils ont coutume pour cela de se faire de certaines marques sur leurs mains, comme des figures d'oiseau, des chifres & autres telles représentations, & les montrent à ceux qui leur prêtent pour en être reconnus. Au défaut de ces marques artificielles, si la nature ou quelque accident leur en a fait au visage ou autre part, comme quelques signes, des verues, des cicatrices, des blessures, &c. ils les font pareillement voir aux Marchands avec qui ils traitent, s'engageant par là comme par une espece de contrat à les payer dans le tems convenu, à quoi ils ne manquent jamais. Quand ils se sont acquittés, ils représentent de nouveau leur marque pour annuler leur obligation.

Les marchandises qu'ils donnent pour payement de celles qu'ils ont empruntées, sont du poisson, des fourures, & quelquefois de l'argent.

On tire de cette partie du Nord les mêmes pelleteries que de la Laponie, à la réserve des zibelines, qu'on réserve pour le Czar, & qui feroient confisquer toutes les autres marchandises, si elles n'avoient été vendues par les Commis des magasins du Grand Duc, & si elles ne portoient sa marque.

Virzora & Portzora, sont deux petites Villes du Borandai où il y a garnison Moscovite, & où il y a un négoce plus commode, mais plus cher que celui qu'on fait en y allant sur les traineaux tirés par les rennes.

Pepinogorod, Capitale de la Siberie, mais presque toute peuplée de Moscovites, est le plus grand magasin des pelleteries du Czar de ce côté-là; & les Danois qui se hasardent d'y porter leurs marchandises par le Borandai, y font parfaitement leur compte.

## COMMERCE D'ARCHANGEL, & de LA MOSCOVIE.

LE Commerce d'Archangel comprend aussi celui que l'on peut faire dans une partie de la Moscovie, & même jusqu'à Moscou, par le moyen de la Duina, sur laquelle est situé Archangel, ou des autres rivieres dont ce vaste Empire est tout entrecoupé.

Il n'y a gueres plus d'un siécle & demi que les Nations plus méridionales de l'Europe ont connoissance de ce fameux Port de la mer Blanche. On dit ailleurs à qui l'on est redevable de cette découverte; & comment les Anglois d'abord, & ensuite les Hollandois s'y sont établis. On ne le répétera pas ici. *Voyez ci-dessus les Titres du* COMMERCE *d'Angleterre, & de celui de Hollande.*

Outre les Anglois & Hollandois, dont ceux-ci font seuls plus de Commerce que toutes les autres Nations ensemble, les François, les Suédois, les Danois, les Hambourgeois, & ceux de Brême, ont aussi leurs magasins & leurs Correspondans à Archangel.

Le tems de la Foire, qui commence le 20 Août, & qui dure dix jours, est celui du plus grand négoce: cependant on y peut faire d'assez bons marchés dès la quinzaine qui précéde cette Foire, & dans toute celle qui la suit.

Ce négoce se fait de trois manieres: 1° En troc de marchandises; c'est le plus ordinaire: 2°. Partie en marchandises, & partie argent comptant; c'est le plus avantageux: & 3°. Tout en argent, que payent comptant les Marchands étrangers pour les marchandises qu'ils achetent des Russiens; & à crédit pour un an, pour celles que les Russiens prennent des Etrangers: c'est le moins lucratif, & qui n'est pas commun. *Voyez l'article des* FOIRES.

Les Anglois, Hollandois, & Hambourgeois, envoyent quantité de marchandises à Archangel, qui ne s'y débitent pas; mais qui (comme on dit en France) y passent debout, pour être transportées jusqu'à Moscou.

*Les droits d'entrée & de sortie de ces sortes d'envois sont de dix pour cent, quoiqu'ils soient seulement de cinq pour cent, pour les marchandises qui se vendent à Archangel. Voyez ci après* les droits d'entrée & de sortie qui se payent à Archangel.

Le principal bâtiment de cette Ville Moscovite est le Palais, qui est tout bâti de pierres de taille. Il est divisé en trois parties, dont la premiere est occupée par les Marchands étrangers, qui y tiennent leurs marchandises, & qui y ont même des logemens. Les Marchands qui y viennent tous les ans de Moscou, y ont pareillement des appartemens & des magasins; mais ceux-ci n'y demeurent que jusqu'au départ des vaisseaux, après quoi ils vont loger ailleurs, où ils attendent que l'hiver soit venu pour s'en retourner chez eux en traîneaux.

Dans la seconde partie du Palais, sont les magasins du Czar, dont les Etrangers se servent aussi quelquefois. Enfin la troisiéme partie est toute destinée pour les Marchands Russiens, qui ne sont pas logés néanmoins à beaucoup près avec tant de commodité que ceux de dehors.

Devant ce Palais est une place assez grande, qui va jusqu'à la riviere. Au tems que les vaisseaux y arrivent, on y fait deux grands ponts de poutres, qui avancent dans l'eau pour la commodité du transport des marchandises qu'on y charge & qu'on y décharge. Ce pont se défait après le départ des navires.

La Citadelle où demeure le Gouverneur, contient un grand nombre de boutiques, où les Russiens qui s'y rendent au tems de la Foire, exposent leurs marchandises.

La bierre qu'on brasse à Archangel, est très bon.

ne; mais il n'est pas permis d'en vendre sans un octroi du Grand Duc, qui s'achete assez chérement; les habitans en peuvent cependant brasser pour leur propre usage en payant 50 sols par muids.

L'eau-de-vie de France y est fort estimée, mais elle y est si chere à cause des grands droits qu'elle paye, que les habitans & les Etrangers même, se contentent de l'eau-de-vie de grains qui se fait dans le pays; & qui outre qu'elle est très bonne, se vend un prix raisonnable.

Les Marchands d'Archangel, depuis le regne du Czar Pierre Alexowits, avoient coutume de transporter eux-mêmes leurs marchandises à Riga, à Nerva, à Revel, & jusqu'à Conisberg & à Dantzick; mais une partie de ce commerce ayant été interrompu par la guerre entre les Moscovites & les Suédois, les Etrangers en ont profité & ont, pour ainsi dire, doublé le nombre des vaisseaux qu'ils avoient coutume de freter pour la Moscovie; en sorte que les Hollandois qui n'en envoyoient ordinairement que trente ou trente-cinq avant la rupture entre ces deux Nations, en ont chargé depuis le commencement du dix-huitiéme siécle jusqu'à cinquante-cinq, & même quelquefois soixante par an. Ce qu'ont fait aussi à proportion les Anglois, les Hambourgeois, les Danois & ceux de Breme. En 1703 il vint à Archangel soixante-huit vaisseaux Anglois, cinquante Hollandois, dix-huit Hambourgeois, & trois Danois, outre neuf navires de guerre qui leur servoient d'escorte.

Les choses ont changé depuis la paix entre les Moscovites & les Suédois, la Livonie ayant été cédée au Czar, & les Sujets de ce Prince en faisant présentement presque tout le négoce.

Les droits que les Etrangers doivent pour les marchandises qu'ils apportent sur leurs vaisseaux, se payent moitié en rubes, à raison de cinq florins argent de Hollande la rube, & moitié en ducats d'or: ce qui est une espece de convention faite entre les Douanniers & eux; ensorte qu'à la Douanne on en refuseroit le payement, si l'on vouloit le faire tout en ducats: ils veulent pourtant bien se contenter de rischedales.

On estime que le revenu de la Douanne pour les seules marchandises étrangeres, vaut au Czar, année commune, cent trente mille rubes ou deux cent soixante mille rischedales.

Il vient tous les ans à Archangel un grand Douannier dans le tems que les vaisseaux étrangers y doivent arriver, c'est lui qui veille à la perception des droits qui sont dûs au Czar, & qui en même tems achette les marchandises dont la Cour a besoin. Il a sous lui quatre assistans & un grand nombre d'autres Commis pour empêcher la contrebande, ou que les droits ne soient fraudés.

### *Droits d'entre'e et de sortie qui se payent a Archangel.*

Toutes les marchandises qui se transportent à Archangel, payent cinq pour cent d'entrée, à la réserve de celles qui ne doivent y passer que debout, & être conduites plus loin, qui, comme on l'a dit ci-devant, payent dix pour cent: il en faut aussi excepter les vins & les eaux-de-vie, dont les droits sont payés sur l'estimation qu'en font les Fermiers du Czar.

On paye aussi cinq pour cent de sortie de celles qu'on y achette pour faire les retours.

Il faut néanmoins observer, que lorsque l'on déclare que les marchandises qu'on fait entrer, sont pour vendre sur le lieu & en faire le retour en marchandises du pays, alors on ne paye le droit de cinq pour cent, que de la marchandise qui monte le plus; de sorte que si par exemple on n'en a déclaré en entrant que pour cent roubles, & que la déclaration à la sortie soit de 150 roubles, on ne paye en tout que le droit de cent cinquante roubles (c'est-à-dire, seulement cinquante roubles) qui est l'excédent, outre les cent roubles qui ont déja été payés.

### *Poids, mesures, et monnoies d'Archangel.*

Il y a deux poids à Archangel, l'un qu'on nomme poët ou poëde; l'autre qu'on appelle berkevits. Le poët pese quarante livres d'Archangel, qui en font trente-deux ou trente-trois de Paris & d'Amsterdam. Le berkevits est de dix poëdes ou quatre cent livres d'Archangel, qui reviennent à trois cent vingt ou trente livres d'Amsterdam ou de Paris. Les grosses marchandises comme les chanvres & les potasses se pesent au berkevits, les autres aux poëts.

Les roubles, les copecks, les grives ou grifs, & les moscosques, sont les monnoies du pays, qui y ont cours. Le rouble vaut cent copecks, & le copecks deux moscosques: On divise aussi le rouble en grives, & la grive en dix copecks ou vingt moscosques.

Depuis le regne du Czar Pierre Alexowits les monnoies ont été augmentées; en sorte que la rischedale de banque, qui ne valoit que depuis cinquante-deux jusqu'à cinquante-quatre copecks, parce que le copeck valoit environ un sol de Hollande, a présentement cours pour davantage. Le change d'Archangel sur Amsterdam n'étant qu'à cinquante-six sols argent courant pour un rouble de cette premiere Ville, ce qui n'est que cent copecks pour cinquante-six sols de Hollande.

Les écritures se tiennent à Archangel en roubles, grives, & moscosques.

Les quatorze rischedales de banque pesent justement une livre poids d'Archangel, lorsqu'elles ont toutes leurs pesanteurs, & qu'elles ne sont point altérées. C'étoit seulement en ces sortes de rischedales qu'on payoit autrefois le droit; presentement on le paye en toutes sortes d'especes, & même en barres d'argent: mais lorsque c'est en rischedales, si elles sont légeres & que les quatorze ne pesent pas une livre, il faut y ajouter ce qui manque.

On tire beaucoup de Lettres de Change d'Archangel sur Amsterdam, pendant les mois de Septembre & d'Octobre, qui est le tems du plus grand commerce; elles sont ordinairement à un mois de vûe ou payables au dernier Décembre.

Les Lettres de Change qu'on tire sur Archangel, n'ont aucun privilége, & ne passent que pour de simples obligations. Elles n'ont même aucun jour de faveurs, ce qui fait que les Etrangers ne s'avisent guere d'en tirer sur cette Ville.

On observe le vieux stile à Archangel.

Astracan. Ville de la domination de l'Empereur des Russes, située à l'embouchure du Volga dans la mer Caspienne.

Les principaux Marchands qui trafiquent à Astracan, sont Russiens, Tartares, Arméniens, & Indiens.

Toutes sortes de marchandises peuvent se vendre le matin au Bazar ou marché des Tartares, où les autres Nations ont la liberté de porter les leurs. L'après-dîné le Bazar des Russiens se tient où les Arméniens sont pareillement reçus. Pour les Indiens, tout leur négoce se fait dans leur propre caravansera.

Les Arméniens d'Astracan ne composent qu'environ quarante familles; les Indiens y sont autant, mais il n'y a point de femmes : les caravanseras des uns & des autres ne sont que de bois; mais ils y ont des magasins de pierre contre les accidens du feu.

Ces deux Nations ne demeurent point dans la Ville, mais ont leur caravansera au dehors; les Arméniens y ont cependant des boutiques, ce que n'ont pas les Indiens qui, comme on l'a dit, font tout leur négoce sans sortir de chez eux.

Les caravanseras Arméniens ne servent pas seulement aux Marchands Arméniens qui sont sédentaires; on y reçoit aussi les passagers qui y sont très commodément & très surement, les portes se fermant à une certaine heure, & y ayant toujours des soldats de garde.

BRATOFFIENA. Village qui est assez près de Moscou du côté qu'on y arrive d'Archangel.

Il y a des Commis établis dans ce Village pour faire la visite de toutes les marchandises destinées pour Moscou. Ils les enregistrent & y mettent leur plomb, qui ne se leve néanmoins qu'à la Douanne de cette derniere Ville.

BURATES. Peuples de la Tartarie Moscovite, qui habitent le long de la riviere d'Angara & du lac de Bekal.

Les Burates sont fort riches en bétail, particuliérement en bœufs & en chameaux. C'est d'eux ordinairement que les caravanes Moscovites qui vont à la Chine ou qui en reviennent, se fournissent de ces sortes d'animaux qu'on leur paye en marchandise, & non pas en argent monnoié dont ils ne font aucun cas.

Les marchandises qui leur sont propres, sont des martres zebelines pâles, des bassins d'étain ou de cuivre, des draps rouges de Hambourg, des peaux de loutre, des soies de Perse de toutes sortes de couleurs, & de l'or & de l'argent en lingots.

Le plus gros bœuf ne revient guere qu'à quatre ou cinq rubes, & le plus fort chameau à dix ou douze. Le rube, sur le pied de cinq florins comme en Russie.

JEROSLAW. Ville de Moscovie, sur la riviere de Wologda. Cette Ville est extrêmement marchande; & il s'y fait un des plus grands commerces de toute la Russie. Son principal négoce consiste en cuirs, en suifs, en toiles, & en brosses.

MAKARIA, grand Monastere avec un Village du même nom, situé sur la riviere de Kersimie, qui tombe dans le Wolga grand fleuve de Moscovie.

Ce lieu est fameux par une grande foire qui s'y tient tous les ans au mois de Juillet, & qui dure quinze jours. La plûpart des Marchands de Russie ont coutume de s'y rendre pour acheter ou pour vendre. Pour la commodité du Commerce, il y a un chan ou caravansera de bois, où les Négocians logent & retirent leurs marchandises.

SOLOWITZIOGDA. Ville de Moscovie célebre par son Commerce. Il s'y trouve quantité de bons Marchands & d'excellens Ouvriers, particuliérement pour les ouvrages en argent, en cuivre, & en yvoire. Elle a aussi dans son voisinage plusieurs salines qui produisent beaucoup de sel qu'on transporte à Vologda & plusieurs autres endroits, & même jusqu'à Archangel.

TOMSKOI. Ville de la domination du Czar, située sur la riviere de Tom dans la Tartarie Moscovite.

Il se fait à Tomskoi un grand Commerce à la Chine par les Sujets du Cham de Busuchtu, & par les Buchares, parmi lesquels se mêlent quelques Marchands Russiens. On fait ce voyage en trois mois & l'on en revient de même, mais avec une peine inexprimable; parce qu'il faut tout transporter sur des chameaux, jusqu'au bois & à l'eau en quelques endroits. Il seroit impossible aux Russiens seuls ou à d'autres Nations étrangeres de faire ce voyage, parce que le pays est rempli de voleurs qui pillent tous ceux qui y passent, à moins qu'ils ne soient bien accompagnés.

Le Commerce de Moscou en droiture a plus de réputation que de profit. Les avanies qu'il faut essuyer, les grands frais qu'il en coute, les mauvaises dettes qu'on fait, la fierté, la hauteur, & le peu de bonne foi de ces peuples, jusqu'à présent à demi barbares, devroient en dégouter les Etrangers : mais peut-être que les Moscovites changés sous le sage gouvernement de leur Czar Pierre Alexowits, affermiront ce négoce, que les Hollandois même, qui y sont les plus intéressés, ne soutiennent que par politique, ou par honneur.

L'on peut voir dans le Titre déja cité du Commerce de Hollande, les marchandises qui sont propres pour Archangel; auxquelles on peut ajouter les vins de Bordeaux & d'Anjou, dont les trois quarts doivent être rouges, & seulement l'autre quart blanc : des syrops, de l'aigre de cédre, du moyen tabac, des toiles blanches, des futaines; des grosses draperies, & autres légeres étoffes de laine de Rouen, de Caen, & de semblables fabriques de Normandie; des rubans, des chapeaux, même quelques draps & moires d'or & d'argent : des bagues, joyaux, & bijoux; mais ceux-ci de peu de valeur : enfin, des ustenciles de ménage, & des outils propres aux Artisans.

De toutes les marchandises, il n'y en a point dont le débit soit plus sûr & meilleur que le castor de Canada, qui souvent se vend argent comptant; ce qui n'arrive gueres des autres.

Ce castor doit être neuf, c'est-à-dire, qu'il n'ait été ni porté, ni engraissé par les Sauvages; la peau mince, le poil long & serré. On en tire la laine en Moscovie, qu'on renvoye en France, pour faire des chapeaux. La peau chargée de son poil, sert à border & enrichir les habits des Moscovites, hommes & femmes.

Les putois, autre fourure qui s'apprête en France, sont aussi de bonne défaite. On en double les habits.

Le Commerce du papier est ensuite le plus considérable; & il s'en vend de celui de France, plus de huit mille rames, tant de blanc que de gris, sans compter beaucoup d'autres que les Hollandois tirent de leurs propres papeteries, ou de celles d'Allemagne.

Après le castor & le papier, ce sont les épiceries & les drogues, particuliérement l'indigo, qui y ont le plus de cours.

Les pelleteries sont, pour ainsi dire, le fond du Commerce qui se fait en Moscovie, & les principales marchandises qu'on en tire. Elles ne sont gueres différentes pour la qualité, de celles de la Laponie, du Borandai, & de la Siberie, dont on a déja parlé : mais elles s'y trouvent en plus grande quantité, à meilleur compte, & à moins de risques.

Les vaches de Russie, les cuirs secs & salés, les peaux de bouc, d'ours, & de loup; le chanvre, le lin; la soie de porc, propre à plusieurs sortes d'Ouvriers, comme Brossiers, Selliers, Cordonniers, &c. l'huile de poisson, le caviard, ou œufs d'esturgeon ; le suif, le goudron, la cire, le saumon salé, &c. sont encore des marchandises que fournit la Moscovie, & dont l'étape générale est établie à Archangel, qui, depuis qu'il a été fréquenté par les Anglois, & ensuite par les autres Nations, a enlevé la plupart de ce Commerce à la Mer Baltique, & particuliérement à Revel.

De toutes ces denrées & marchandises, les plus estimées sont, les cuirs de Jeroslaw, la cire & le miel de Pleskou, le suif de Vologda, l'huile des environs du Volga, le lin & le chanvre de la grande Novogorode, la poix de Dwin, les martes zibelines, & les autres fourures de Siberie.

Tomskoi. Grande Ville des Etats du Czar, située sur le Tom ; elle est considérable par son commerce qui consiste particuliérement en poisson, en blé, & dans toutes les choses nécessaires à la vie : on y trouve aussi quantité de plomb, de fer, & de cuivre, qui se tirent des montagnes qui en sont voisines ; mais ce qui la rend plus fameuse, est le négoce de ses fourures blanches qu'on nomme Telarskibielxi, qui ne se trouvent gueres ailleurs. *Voyez* cet article.

Il y a aussi du cristal de Roche dans le voisinage de cette Ville, & sur le bord de la riviere diverses pierres de différentes couleurs ; mais qui ne sont gueres plus belles que les pierres factices d'Europe, à la réserve d'une espece de diamans, qui sont plus beaux que ceux de Bohême, & qui approchent de ceux de Bristol en Angleterre.

On ne dira rien ici du négoce que les Moscovites font, ou peuvent faire par le Volga & la mer Caspienne, dans la Perse ; par la Tartarie, dans la Chine ; & par la mer Noire, dans les Etats du Grand-Seigneur ; les Nations du reste de l'Europe, & sur-tout la France, y ayant peu d'intérêt. Si pourtant on a quelque curiosité de voir un essai des projets formés là-dessus, on peut lire l'article des Soies, où il est parlé de celles de Perse, que l'on tire par la voie de Smyrne.

## COMMERCE
### D'ISLANDE ET DE GROENLANDE.

Ce sont les seuls Danois, qui font le Commerce d'Islande ; & il y a une Compagnie à Coppenhague, établie durant le Regne de Frederic III. sous le nom de Compagnie d'Islande, qui y a ses Comptoirs, & qui tous les ans y envoye des vaisseaux.

Le principal négoce de cette Isle, qui a passé sous la domination du Dannemarck, en même-tems que la Norwege, est celui des bestiaux, comme bœufs, vaches, moutons : on en tire aussi d'assez bons chevaux ; & les cuirs secs ou salés de toutes ces sortes d'animaux.

Entre les moutons, il y en a d'une espece extraordinaire, qui sont fort grands, & qui ont huit cornes, qu'il faut leur scier, de peur qu'ils ne blessent l'autre bétail, étant furieux, & difficiles à apprivoiser. Leur laine est épaisse & délicate ; & pour cela d'un assez bon débit, aussi-bien que celle des moutons communs.

Les Danois leur portent en échange, du tabac, des toiles, & une partie des choses les plus nécessaires à la vie.

L'Islande est une grande Isle de la mer Océane, célébre par les flâmes du Mont Hecla & par les fables, qu'on rapporte, du pouvoir qu'ont les habitans de trafiquer des vents ; & de les vendre aux Etrangers qui abordent chez eux. Elle est si Septentrionale, qu'on la peut compter pour une des principales Isles de la mer Glaciale. Sa situation est à treize dégrés 30 minutes de longitude, & à 65 dégrés 44 minutes de latitude.

Ses habitans, quoique présentement Chrétiens, sont presque encore aussi barbares qu'avant que le Christianisme eût été établi dans leur Isle. Ils n'achetent ni ne vendent rien, n'ayant parmi eux aucun usage des monnoies ; mais ils échangent diverses denrées ou entr'eux, ou avec les Etrangers, & particuliérement avec la Compagnie établie en Dannemarck.

Les principales marchandises qu'on leur porte, sont de la farine, de la bierre, du vin, de l'eau-de-vie, du fer, du drap, & du linge. Celles qu'on en tire, sont des poissons secs, du beurre, du suif, des draps grossiers, du souffre, & des peaux de divers animaux, entr'autres de renards, d'ours, & de loups cerviers.

Avant que les Danois eussent établi chez eux une Compagnie pour ce Commerce, les Hambourgeois & quelques autres Marchands Allemands y portoient quantité de Quincaillerie de Nuremberg, dont ces barbares paroissoient très curieux. A leur arrivée dans l'Isle, ils dressoient des tentes sur le bord de la mer, sous lesquelles ils étaloient leurs diverses bagatelles ; comme des miroirs, des cizeaux des couteaux, &c. Ils y portoient aussi des manteaux, des souliers, & quelques habits complets.

Pendant tout le tems de la vente, c'étoit une assemblée continuelle de ces Insulaires de l'un & de l'autre sexe, où les différentes boissons dont les Allemands faisoient la principale partie de la cargaison de leurs navires, n'étoient pas épargnées, n'y ayant gueres d'Islandois qui voulût retourner chez lui avant d'avoir vuidé les bariques de vin, de bierre, & d'eau-de-vie qu'il avoit troquées.

Quelques historiens ajoutent même qu'ils se mettoient tous de si bonne humeur tant que duroit cette espece de foire, que l'honneur de leurs femmes & de leurs filles eussent pû faire une partie de leurs échanges, si les Etrangers eussent voulu consentir à cet infâme commerce, que les Loix saintes du Christianisme, dont ils font présentement profession, ont encore bien de la peine d'empêcher.

Pour la Groenlande, Pays très inconnu, & qu'on ne sçait encore s'il est un continent attaché à celui de l'Amérique, ou à celui de la Tartarie ; ou si n'étant joint à pas un des deux, ce n'est qu'une Isle, n'a ni beaucoup de marchandises, ni des Habitans bien propres au Commerce.

Des couteaux, des ciseaux, des aiguilles, des miroirs, & quelques instrumens de fer ou d'acier, sont ce qu'ils estiment davantage ; & ils donnent en échange, du lard, & de l'huile de baleine, des peaux de chiens & des veaux marins ; & des dents d'un poisson nommé Towak, plus estimées que l'yvoire par leur blancheur.

Quand les Barbares sont en Commerce avec les Européens, qui y abordent souvent, à cause de la pêche de la baleine, qui se fait dans les mers du Groenland, ils font un bloc des marchandises qu'ils ont à troquer, & un autre de celles qu'on leur apporte, & en augmentant ou diminuant de l'un ou de l'autre bloc, jusqu'à ce que les Parties paroissent être contentes, ils achevent leur échange & leur marché seulement par signes.

Ce qui entretient cette espece de petit négoce, c'est que les Pêcheurs vont dépecer à terre leur poisson,

poisson, & fondre leur graisse. *Voyez* BALEINE, & VALRHUS.

# COMMERCE D'ITALIE.

VEnise, Ligourne, Genes, & Messine, sont de toutes les Villes maritimes d'Italie, celles où se fait le plus grand négoce, & où aborde le plus grand nombre de vaisseaux Etrangers.

Milan, Florence, Bologne, Modene, Reggio, Parme, & Luques, font pareillement un Commerce considérable : mais comme elles sont situées dans les terres, il faut qu'elles se servent des autres, qui sont sur la mer, comme d'entrepôt, soit pour envoyer leurs marchandises à l'Etranger, soit pour en recevoir celles dont leurs Négocians ont besoin.

Il faut pourtant en excepter une partie des marchandises destinées pour la France, qu'on charge sur des mulets; qui ayant traversé les Alpes, viennent se rendre à Lyon, qui est la Ville du Royaume, qui fait le plus de Commerce en Italie.

## *MARCHANDISES QUI SONT PROPRES POUR L'ITALIE.*

Du poivre, de la canelle, du girofle, de la muscade, & du macis ou fleurs de muscade.

Du cacao, du gingembre, du thé.

Des porcelaines & autres curiosités des Indes.

Des toiles peintes, des Indiennes, des furies.

Des satins, des damas, & des petites étoffes des Indes.

Diverses toiles; comme des mousselines, des batistes, des toiles fines, Hollande & demi Hollande, des toiles de Silesie, des toiles d'Osnabrug.

Des draps de Hollande, d'Angleterre, & de France.

Des camelots, des serges, & autres petites étoffes de laine des mêmes fabriques.

Des étoffes de Lyon.

De la mercerie & de la quincaillerie.

Diverses modes de France à l'usage des Dames.

Des fils blancs de Harlem & de Flandres.

Des rubans de fil.

Du vermillon & toutes sortes de bois de teinture.

Des dents d'éléphant.

Diverses sortes de garances.

Des cuirs de Roussi.

Des fanons & des huiles de baleine.

Du cuivre rouge & jaune.

Du fer, du plomb, de l'étain.

Du goudron, du bray, de la résine.

Des câpres.

Du musc, de l'ambre, de la civette.

Du hareng salé & fumé, du saumon, du stosic.

Du fer blanc, de l'acier.

De la morue verte & séche, du caviart.

Des vins de Languedoc & de Provence.

Des blés & autres grains.

Toutes sortes de merceries de France, de dentelles & guipures d'argent & de soie.

Enfin des étoffes & draps d'or & d'argent & de soie, des fabriques de Lyon & de Tours, & quantité de Rubannerie, particuliérement de Paris.

On y envoye aussi des perruques & des cheveux, des bas d'estame, & des chapeaux.

## VENISE.

Les Italiens, particuliérement les Vénitiens, & les Génois, ont long-tems fait tout le Commerce de l'Europe, du côté du Midi & du Levant, tandis que les Villes Hanséatiques faisoient pareillement tout celui du côté du Nord.

Les Vénitiens, sur-tout tant qu'on a crû la route de l'Orient impraticable par l'Océan, sont restés presque seuls, les Maîtres des épiceries, des drogues & des autres précieuses marchandises qui en viennent, & qu'ils tiroient de plusieurs Ports & Villes de l'Egypte, & de la Syrie, jusqu'où elles étoient transportées de la mer Rouge & du Caire, soit par des caravannes, soit en les embarquant sur le Nil.

Les Portugais ayant doublé heureusement le Cap de Bonne-Espérance sur la fin du quinziéme siécle, firent passer à Lisbonne ce riche Commerce, dont cent ans après ils furent eux-mêmes dépouillés à leur tour par les Hollandois, qui présentement les fournissent à Venise même, & aux autres Nations de l'Europe.

Quoique cette partie la plus importante du négoce des Vénitiens leur ait été enlevée, le Commerce qu'ils font encore, ne laisse pas d'être un des plus considérables de l'Europe; & après celui de Genes, le plus riche de l'Italie.

Leurs vaisseaux Marchands vont à Marseille, pour le négoce de France; à Alicante, pour celui d'Espagne; à Ancône sur la mer Adriatique, pour l'Etat de l'Eglise; à Naples, à Ligourne, & à Genes, pour l'autre côté d'Italie: mais le plus grand qu'ils fassent par mer, est le Commerce de Smyrne, de Constantinople, & des autres Etats du Grand-Seigneur, situés sur la Méditerranée.

L'Ambassadeur que la République entretient à Constantinople, se nomme *Baile*, qui en langage Lombard signifie Juge-Consul; aussi en fait-il toutes les fonctions: & quoiqu'il ait de grands intérêts politiques à ménager avec la Porte pour ses Maîtres, ceux du négoce ne lui sont pas moins recommandés; & c'est proprement comme premier Consul des Vénitiens, qu'il prend de grands droits sur tous les vaisseaux Marchands, qui portent le pavillon de S. Marc.

On croit que ces droits, toute dépense déduite, peuvent lui produire cent mille écus, pendant les trois années qu'il y demeure; ce qui fait qu'on regarde l'Ambassade de Constantinople, comme une récompense & un dédommagement, que le Sénat donne aux Nobles, qui ont passé par les autres, qui pour la plûpart sont ruineuses, par la magnifique représentation qu'ils ont coutume d'y faire.

Sous le Baile sont deux autres principaux Consuls, qui résident, l'un à Alep, qui est le centre de tout le Commerce de l'Asie, qui se fait par la Méditerranée; & l'autre à Alexandrie, qui l'est de l'Egypte, & d'une partie de l'Afrique.

Ce sont toujours deux Nobles Vénitiens, peu à leur aise, qui exercent ces deux Consulats, & qui ordinairement l'exercent toute leur vie; la République voulant leur laisser le tems de rétablir leurs affaires dans ces emplois très-lucratifs, & qui n'engagent à aucune dépense.

Dans les autres Echelles, les Consuls ne sont que de simples Citadins. Les lieux de leur résidence sont, Chypre, Tripoli de Syrie, Smyrne, Chio, Rosette; & en Italie, Ancône, & Genes.

Il est surprenant la quantité de draps d'or, & d'étoffes de soie des fabriques de Venise, qui se débitent dans toutes les Echelles du Levant; & c'est une opinion, dont on ne veut pas qu'on doute parmi les Vénitiens, que les Turcs en consomment tout seuls, autant que toute l'Europe ensemble.

Il se fait aussi à Constantinople un grand débit de leurs draps; qui sont à la vérité moins fins, & moins beaux, que ceux de France, d'Angleterre, & de Hollande; mais qui pour cela même sont plus estimés des Turcs. Il paroît cependant qu'ils commencent à s'en dégouter; & la guerre déclarée entr'eux & la République en 1714, pourroit bien achever de ruiner ce Commerce.

Les Arméniens, qui sont établis à Venise, & ceux qui y arrivent tous les ans, contribuent beaucoup à entretenir le Commerce. C'est ordinairement sur les vaisseaux Hollandois, qui retournent du Levant, qu'ils chargent leurs marchandises; & le fret qu'ils payent, n'est pas un des moindres profits que fassent ces derniers dans la Méditerranée.

Les marchandises que les Etrangers tirent de Venise, sont des velours à fond de satin, de toutes couleurs; d'autres à fond d'or & d'argent; des brocatelles propres à être employées en divers emmeublemens, & qu'on imite difficilement ailleurs; des tabis, tant d'or, que d'argent, & de soie; des glaces de miroirs; des dentelles de fil, qu'on appelle Points de Venise; & des verres, ou autres vases de cristal, soit pour boire, soit pour servir d'ornemens.

Les François n'enlevent plus de ces trois dernieres especes de marchandises, depuis qu'ils en ont établi chez eux des Manufactures, qui l'emportent beaucoup sur celles de Venise. *Voyez* GLACE, POINTS DE FRANCE, *&* VERRE.

Outre cela l'Etranger tire encore de Venise du ris, des raisins de Corinthe, du tartre, de la crême de tartre, des grains de verre ou rastads, des soies, des gands, des tabatieres, du corail, des olives, des huiles d'olives. Toutes sortes de drogues du Levant, de la laque fine, de l'orpiment, de l'anis, de la coriande, du soufre, de la térébentine, des savons, & de l'acier très fin.

On apporte à Venise toutes les marchandises, dont il sera parlé dans la suite du Titre du Commerce d'Italie, à la réserve du cuivre & du fer, & sur-tout des draps, qui y sont marchandises de contrebande.

L'on ne répétera pas ici ce qu'on a dit ci-devant du célébre Banco, ou Banque de Venise, qui a servi de modéle à toutes les autres Banques de l'Europe. *Voyez* BANCO.

Il ne reste plus gueres à Venise de Commerce considérable que celui de Constantinople & celui d'Allemagne, aussi prend-elle soin de les entretenir l'un & l'autre avec une égale application.

Dans ce dessein, la République a accordé de grands priviléges, tant aux Marchands Turcs qu'aux Marchands Allemands qui sont établis dans sa Capitale, & a assigné aux uns & aux autres de vastes bâtimens, tant pour leur servir de logemens, que pour être l'entrepôt de leurs marchandises, celui des Turcs s'appelle IL PALAZZO DE TURCHI, & celui des Allemands, IL FONDEGO DE TUDESCHI.

C'est dans le Palais des Turcs que les Marchands de cette Nation conservent les cuirs, les cires, & les soies qu'ils font venir du Levant en abondance, en attendant l'occasion de les vendre à profit; & c'est là aussi qu'ils rassemblent les marchandises de Venise qu'ils veulent envoyer à leurs Correspondans.

Pour rendre le Commerce plus facile & plus assuré, on a établi une espece de demie Galeace qu'on appelle la Galere des marchandises. Cette Galere qui sert aussi aux Vénitiens qui font le Commerce du Levant, se charge sept ou huit fois l'année, & porte les balots à Spalatro en Dalmatie, où on les charge sur des chameaux pour les conduire à Constantinople & en plusieurs lieux d'Asie. Il n'en coûte qu'un écu par balot pour le fret de la demie Galeace, ce qui est d'un grand profit à la République, & d'une grande commodité aux Particuliers.

S'il arrive quelque démêlé entre les Turcs & les Sujets de la République, où les premiers croyent avoir été offensés, ils en vont demander si hautement la satisfaction, & l'obtiennent si promtement, qu'il sembleroit qu'on n'oseroit la leur refuser.

A l'égard du Commerce des Allemands, il se fait en Stirie en partie par mer & en partie par terre sur des chariots.

Dans les remises qui se font sur Venise, on n'y admet point de Lettres de Change payables à ordre, & il faut qu'elle soit payable à celui qui se présente pour en recevoir le payement; & s'il y en a quelqu'une endossée ou faite à l'ordre d'un autre, il faut que celui à l'ordre duquel elle est, envoye sa procuration à Venise à celui qui la doit recevoir, sans quoi il n'est pas en droit de l'exiger.

La différence entre l'argent de banque & l'argent courant, est de vingt pour cent, que le premier vaut plus que l'autre, ce qui est fixé par une Ordonnance de la République, qui défend aux Courtiers de le négocier à plus haut prix.

Les écritures se tiennent à Venise en ducats & en sols.

Le ducat tant de change que de banque, est de 24 sols.

Le ducat de compte est une monnoie imaginaire, & y fait cinq livres & un cinquiéme de livres autrement 5 liv. 4 s. la livre étant de 20 s.

Dans les calculs de change le ducat se divise en 20 s. & le sol en 12 d.

On donne toujours à Venise un ducat de banque pour recevoir à Amsterdam depuis 80 jusqu'à 100 deniers de gros aussi d'argent de banque.

La brasse est la mesure d'étendue dont on se sert à Venise; mais elle est différente suivant les étoffes qu'on y doit mesurer. Celle pour les draps de laine a 2 pieds 8 lignes, & est plus longue de 6 & $\frac{1}{4}$ que la brasse pour les étoffes d'or & d'argent, & pour les toiles.

## GENES.

La République de Genes a long-tems disputé à celle de Venise, l'empire de la mer Méditerranée, & le Commerce du Levant: mais depuis la célébre Victoire de Chiozza, où le Doge André Contarini ruina l'armée navale des Génois, ils ont cessé d'être rivaux des Vénitiens, après l'avoir été pendant près de 300 ans.

Il est cependant certain, que ce n'est que pour le Commerce du Levant, qu'ils le cédent aux Vénitiens; l'emportant de beaucoup sur eux, pour celui du reste de l'Europe, sur-tout en Espagne; & parce que d'ailleurs c'est par Genes, que les Etrangers, font tout le négoce de la Lombardie.

Les soies greges, & en matasses, que les Génois tirent de Messine, & autres Ports de Sicile, & les belles & riches étoffes, qui se fabriquent à Genes, font son plus grand négoce; & les Génois voyent arriver tous les ans plusieurs vaisseaux dans leur

Port, qui en font une partie de leur charge.

Ses étoffes sont, des velours plains, tant noirs, que de couleur; d'autres façonnées à grandes fleurs, dont les fonds sont d'or, d'argent, ou de soie; des damas de toutes couleurs, qui sont estimés; des satins, des tapis, des draps d'or & d'argent, & plusieurs autres especes de soieries. On y charge pareillement des olives, de l'huile, & de toutes sortes de confitures séches & glacées; & il s'y fait aussi quelque négoce de point de Genes; mais par rapport à la France, ces points ont eu le même sort que ceux de Venise. *Voyez ci-devant.* On peut encore ajouter ici, des bas, des gans, des culottes, & des camisolles de soie; des rubans, des galons, & des cordons de la même matiere; du papier, du savon, du ris; des figues, des amandes, & des anchois; du marbre blanc; des limons, des huiles de senteur, & des parfums; de la crême de tartre d'Italie; des fromages de Parme, du corail rouge, du caffé, des cotons, & de toutes les drogues pour la Médecine & pour la teinture qui viennent du Levant.

C'est présentement peu de chose, que le Commerce que les Génois font à Smyrne, où pourtant ils entretiennent toujours un Consul.

Dans les tems florissans de cette République, elle étoit Maîtresse de beaucoup d'Isles de l'Archipel, & possédoit plusieurs Villes sur les Côtes de la Grece, & de la mer Noire: Pera même, un des Fauxbourgs de Constantinople, étoit sous sa domination; ce qui lui facilitoit un très grand négoce dans le Levant.

La décadence de ses forces, & la perte de tant d'Etats, causerent la ruine de son Commerce dans ceux du Grand-Seigneur; & à peine y voit-on paroitre quelqu'un de ses vaisseaux, sous la baniere de France.

La guerre de Candie, qui commença en 1645, fit croire aux Génois, qu'ils pourroient s'emparer de tout celui des Vénitiens; & ils n'oublierent rien, pour obtenir des capitulations, comme celles des Anglois & des Hollandois.

N'ayant pû alors réussir, ils tenterent la même chose dix ou douze ans après, mais avec plus de succès; & depuis ce tems-là, la Compagnie du Levant, qui se forma à Genes, y envoya assez réguliérement ses vaisseaux pendant sept ou huit ans: mais n'ayant pû soutenir ce Commerce, sur-tout à cause du décri des pieces de cinq sols, sur le négoce desquelles ils avoient fondé leur plus solide espérance, pour les grands profits qui s'y faisoient, ils n'entretiennent plus leur Consul de Smyrne, qui est le seul qu'ils ayent au Levant, ayant retiré celui de Constantinople, que par honneur, pour ne se pas tout-à-fait décréditer; & un peu aussi par nécessité; les Turcs ne permettant gueres aux Nations établies chez eux, de se retirer tout-à-fait.

On parlera plus bas des marchandises qui sont propres pour Genes.

Lorsque les vaisseaux des Etrangers, qui les y apportent, arrivent dans le Port, qui est un des plus beaux, & des plus vastes d'Italie, ayant plus de trois mille de circuit, on met les marchandises dont ils sont chargés, en dépôt dans un grand magasin, qu'on nomme *Porto-Franco*, ou Port-franc; parce que les marchandises qui y entrent, pour y être vendues, ou qui en sortent, sans l'avoir été, ne payent aucun droit, ni d'entrée, ni de sortie; les Marchands ne les payant au Bureau de la République, qu'à proportion de la vente qu'ils font; & leur étant permis de les rembarquer, faute de débit, sans être tenus d'aucune imposition.

### POIDS, MESURES, ET MONNOIES DE GENES.

On se sert à Genes de cinq sortes de poids pour peser les marchandises; sçavoir, le gros poids, le poids de caisse, le cantaro, la balance grosse, & la balance légere.

Le gros poids est le poids de la Douanne, auquel se pésent toutes les marchandises qui y entrent ou qui en sortent; c'est celui sur lequel s'acquittent les droits d'entrée & de sortie, 90 ¾ du gros poids font 100 liv. de Paris & d'Amsterdam.

C'est au poids de caisse que se passent les piastres & autres especes d'argent, 100 livres de ce poids sont égales à 100 liv. de Paris & d'Amsterdam.

On se sert du cantaro, qui est proprement le quintal de France & de Hollande, pour les marchandises ou très pésantes, ou de grand volume; sa réduction en livres de Paris & d'Amsterdam, est semblable à la précédente.

134 livres de la grosse balance n'en font que 100 de Paris & d'Amsterdam; on y pése les soies crues & non fabriquées.

Enfin 153 livres de la balance légere n'en font aussi que 100 des deux Villes ci-dessus, elle sert pour les marchandises les plus fines.

Les mesures de continence pour les grains sont la mine, la quarte, & la gombette; la mine est de huit quartes, & la quarte de 12 gombettes: il faut 25 mines de Genes pour un last d'Amsterdam.

Les draperies, les toiles, & les étoffes de soies, se mesurent, les premieres à la canne, & les autres à la brasse, avec cette différence que la canne pour les draperies & les étoffes de laine, est de 9 palmes; & celle pour les toiles, seulement de 8 palmes. La brasse pour les étoffes de soie, est de 2 palmes ½.

La palme commune est d'environ 8 pouces, celle dont on se sert ordinairement à Genes, est de 9 pouces 2 lignes.

Les livres des Banquiers & Négocians se tiennent ou en lires ou en piastres. Les lires sont de 20 s. & les sols de six sixains ou de 12 deniers: à l'égard des piastres, il y en a de 100 s. & d'autres seulement de 96 s. celles-ci s'appellent piastres ou écus courans.

Le change entre Amsterdam & Genes, se fait en donnant une piastre à Genes pour recevoir à Amsterdam depuis 90 jusqu'à 100 d. de gros. En fait de change, la piastre se divise en 20 s. & le sol en 12 deniers.

### MONNOIES RÉELLES, QUI ONT COURS A GENES, ET LEUR EVALUATION AVEC CELLES DE FRANCE.

La pistole d'Espagne & de Genes vaut également 17 lire 10 s. de cette Ville, revenant monnoie de France à 11 livres.

L'écu de marc d'or vaut 9 lire, monnoie de France, 5 liv. 13 s. 1 d. $\frac{5}{7}$.

Le croisat ou genoise, 7 lire 10 soldi, & monnoie de France, 4 liv. 14 s. 3 d. $\frac{3}{7}$.

L'écu courant ou piastre, 5 lire, & monnoie de France, 3 liv. 2 s. 6 d. $\frac{5}{7}$.

Le teston vaut 1 lire 10 soldi, monnoie de France, 18 s. 10 d. $\frac{2}{7}$.

La lira ou livre vaut 20 soldi, monnoie de France, 12 s. 6 d. $\frac{6}{7}$.

Le soldo vaut 6 sixains ou 12 deniers Genois, monnoie de France, 7 d. $\frac{19}{35}$.

### LIGOURNE ou LIVOURNE.

Cette Ville, l'une des plus importantes, & le meilleur Port des Etats du Grand Duc, ne le cede gueres pour le Commerce, ni à Venise, ni à Genes; la grande liberté, dont y jouissent toutes les Nations, de quelque Religion qu'elles soient, & les droits modiques d'entrée & de sortie qu'on y paye, les y rassemblant presque toutes : l'on y voit non-seulement des Marchands François, Espagnols, Anglois, Hollandois, mais aussi des Arméniens, des Juifs, & des Turcs.

Les Anglois & les Hollandois, sur-tout ces premiers, sont ceux qui y font un plus grand négoce; Ligourne étant proprement l'entrepôt, ou magasin de la plupart des marchandises qu'ils apportent du Ponant, ou qu'ils tirent du Levant.

Les Juifs & les Arméniens y font la plus grande partie des affaires : presque tout le négoce passe par leurs mains; & ils y sont à peu près les Courtiers & les Commissionnaires de toutes les Nations.

Leur courtage est de demi pour cent, tant aux ventes, qu'aux achats; de demi pour mille pour les changes; & d'un quart pour cent des assurances pour l'entrée, & autant pour la sortie, que l'Assureur paye seul.

Outre les riches Fabriques d'or, d'argent, & de soie, comme brocards, satins, damas, velours; & les fines étoffes de lainerie, comme les ratines légeres de toutes couleurs, & les serges drapées noires, qui se font dans les Manufactures de Florence, de Pise, de Lucques, & dans les autres Villes de la Toscane, ou des Etats qui en sont voisins; on y trouve des soies de toutes sortes, des huiles, des olives, & autres denrées, ou fruits du crû du Pays; à la réserve néanmoins des huiles qui sont étrangeres, & qui y sont apportées de Gallipoli & de la Pouille, la sortie de celle du Pays étant défendue. Outre cela l'Etranger tire de Ligourne, du coton filé & en laine, du caffé qui y vient par la voie d'Alexandrie; de l'alun, de l'anis de Rome; de la laque fine; des marbres blancs, noirs, & rouges; du corail rouge, du savon, & des vins de Florence.

Mais ce qui n'en fait pas le négoce le moins important, ce sont les marchandises du Levant, dont, comme on a dit, les Anglois & Hollandois tiennent leurs magasins toujours bien garnis, aussi-bien que de celles qu'ils y apportent du Ponant, dont on parlera dans la suite.

Les François font à Ligourne deux sortes de Commerce; l'un consiste dans les marchandises qu'ils y portent, ou qu'ils en tirent; l'autre a pour objet le fret des vaisseaux de France, qu'on charge pour le compte des autres Nations. Ce dernier est de peu de conséquence, à cause des frais qu'il en coûte pour se mettre sous la banniere de France, qui vont à près de neuf pour cent, tandis que ceux de quelques autres Nations ne vont gueres qu'à deux pour cent.

A l'égard du Commerce des marchandises, le plus considérable étoit autrefois celui des draperies, qui y entretenoit jusqu'à neuf ou dix grosses maisons Françoises. Il est présentement beaucoup déchû; les Anglois l'ayant fait tomber, en donnant les leurs à beaucoup meilleur marché que celles de France. Il y a néanmoins toujours quatre maisons Françoises, ou soi-disant telles, qui soutiennent ce négoce; mais auquel elles joignent encore la vente de diverses autres denrées, venant sur les vaisseaux François.

Les principales de ces marchandises, que les François y apportent, sont, des blés, des vins, des eaux-de-vie, du tabac, des étoffes de Lyon, de la quincaillerie, diverses modes de France à l'usage des Dames; des câpres, du savon, du verd-de-gris, du goudron, des bas d'estame, des chapeaux, des cheveux.

Les marchandises dont les vaisseaux François font leurs retours, sont certaines especes de soie, des laines, des chanvres, du souffre; & dans les conjonctures, quelquefois des grains, comme ris, millet, & autres; outre toutes les marchandises du reste de l'Italie, du Levant, & de Barbarie. *Mais toutes celles-ci payent en France les droits d'entrée, lorsqu'elles ont été entreposées à Ligourne, à raison de vingt pour cent de leur valeur, en conséquence de l'Arrêt du Conseil du 15 Août 1685.*

### *Poids, Mesures, et Monnoies de Ligourne.*

A Ligourne ainsi qu'à Venise, à Genes, & presque dans toute l'Italie, on se sert de deux poids; l'un qui est le gros poids, & l'autre le poids leger ou *Sotile*, comme disent les Italiens; le poids leger est de 45 livres moins fort que le gros poids; en sorte qu'il ne faut que 95 livres de celui-ci pour faire 100 livres de Paris & d'Amsterdam, tandis qu'il en faut 140 livres de l'autre.

Le quintal est plus ou moins fort suivant les marchandises qu'on y pese. Par exemple, pour l'alun de Rome, pour la morue, pour le saumon salé & pour le hareng de toute sorte, il est de 150 livres; & de 151 livres pour les sucres & les moscouades.

Les mesures de longueur sont la palme, la brasse, & la canne, mais différentes suivant qu'on y mesure ou des étoffes de soie ou des étoffes de laine.

En général la brasse est de deux palmes, & la canne de huit. Quand on mesure des étoffes de laine, il faut pour faire 100 aunes d'Amsterdam, 349 palmes $\frac{5}{9}$, ou 116 brasses $\frac{1}{9}$, ou 29 cannes $\frac{7}{9}$ de Ligourne; & lorsque ce sont des étoffes de soie, la proportion avec le même aunage d'Amsterdam est de 238 palmes $\frac{2}{7}$ de Ligourne ou 119 brasses $\frac{1}{7}$ ou 29 cannes $\frac{11}{14}$. Pour faire cette derniere réduction sans fraction, 400 brasses de Ligourne font juste 343 aunes d'Amsterdam.

Les mesures de continence pour les grains, sont le rubbi, le ruggi, le sacchi, & le stara. Celui-ci pese ordinairement 54 livres.

10 rubbi $\frac{1}{4}$, ou 11 ruggi $\frac{1}{3}$, ou 40 sacchi, ou 112 stara $\frac{2}{8}$, font un last d'Amsterdam.

Le sac de froment pese environ 150 livres gros poids de Ligourne.

Les livres des Banquiers & Marchands s'y tiennent en écus, sols & deniers d'or. L'écu sur le pied de 7 liv. & demi, la livre de 20 sols d'or, & le sol d'or en 12 den. d'autres tiennent leurs écritures en piastres ou écus de 6 liv.

Les ducats d'or y valent 7 liv. 10 sols; les ducats courans 7 liv. juste, & la lire 20 sols ou un jule & demi.

Il n'y a point de jours de faveurs limités à Ligourne pour les Lettres de Change, & il dépend du porteur d'une Lettre de la faire payer aussi-tôt après l'échéance, ou d'attendre autant qu'il le trouve à propos.

Le Change entre Amsterdam & Ligourne, se réduit comme celui de Genes sur Amsterdam, qui donne depuis 90 jusqu'à 100 deniers de gros argent de banque, pour recevoir une piece à Ligourne.

MILAN fournit de l'or trait & filé, des velours

à fleurs, dont les fonds sont d'or, d'argent ou de soie, plusieurs belles étoffes aussi de soie, & des soies apprêtées dont il se consomme beaucoup dans les Manufactures de France.

NOVE, petite Ville dans le Milanois. *Voyez ce qu'on en dit à l'article des* FOIRES.

BOLOGNE. Les Manufactures de cette Ville sont des draps, des étoffes de soie (particuliérement des satins,) des bas de soie, des toiles, & des crêpes.

On y éleve aux environs quantité de vers à soie, qui fournissent aux Bolonnois la plus riche partie de leur négoce. Outre les soies greges & en matasses, on y prépare des organcins qui sont très estimés.

Les autres marchandises qu'on tire de Bologne, consistent en saucissons, mortadelles, vermichelles, en fruits secs & en alun. Elle est aussi célebre par la bonté de ses savonnettes, dont les Etrangers enlevent tous les ans une quantité surprenante, elles s'envoyent avec du coton dans de petites boetes de sapin, enjolivées de peintures & de dorures.

Tout son Commerce se fait par la voie de Genes & de Ligourne : c'est aussi par ces deux Villes ou par Venise qu'on y fait le change.

### POIDS ET MESURES DE BOLOGNE.

100 livres de Bologne en font 66 de Paris & d'Amsterdam, & 100 livres de ces deux Villes en font 151 & demi de Bologne.

La brasse pour les étoffes de soie, est différente de celles pour les étoffes de laine les 100 brasses pour les étoffes de soie, faisant 92 aunes $\frac{1}{16}$ d'Amsterdam, & les 100 brasses pour les laines, seulement 86 aunes $\frac{1}{3}$.

### MONNOIES DE BOLOGNE.

Les monnoies réelles qui ont cours à Bologne, sont la pistole d'Espagne, la pistole d'Italie, l'écu du Pape, la piastre d'Espagne ou écu, la lira, le soldo Bolognese ou Bayoque.

La pistole d'Espagne vaut 15 lire $\frac{1}{5}$ ou 304 bolognesi, 11 liv. monnoie de France.

La pistole d'Italie, 15 lire ou 300 bolognesi, monnoie de France, 10 liv. 16 sols 8 den.

L'écu du Pape vaut 5 lire ou 100 soldi bolognesi, monnoie de France, 3 liv. 12 s. 2 den. $\frac{2}{3}$.

Le piastre d'Espagne ou écu de Bologne, 4 lire 5 soldi bolognesi ou 85 bolognesi, monnoie de France, 14 s. 5 d. $\frac{1}{3}$.

Le soldo ou bayoque, six quadrini, monnoie de France, 8 d. $\frac{2}{3}$.

Cette parité des monnoies réelles est calculée sur l'écu de France de 3 liv. ou de 60 s. reçû à Bologne pour 85 bolognesi, & de la pistole d'Espagne de 11 liv. comptée dans la même Ville pour 15 lire $\frac{1}{5}$ ou 4 soldi.

Les livres se tiennent à Bologne en lire, soldi & quadrini, qu'ils calculent par 6 & par 20, & réduisent ensuite en écus bolognesi, en les divisant par 85 soldi pour écus.

REGGIO fournit des soies greges & en matasses; & l'on y fait des velours à quatre poils qui sont fort estimés.

LUQUES. Petite République en Italie sur la riviere de Serchio à cinq lieues de Pise.

La Ville de Luques est célebre par ses belles Manufactures d'étoffes de soie, particuliérement ses velours, ses damas, ses satins, & ses taffetas; on en tire aussi quantité de soies greges & en matasses aussi-bien que des huiles & des olives; celles-ci sont des meilleures & des plus estimées de toute l'Italie.

### POIDS, MESURES, ET MONNOIES DE LUQUES.

Le poids dont on se sert à Luques, s'appelle rottoli; il est de deux sortes comme dans les autres Villes d'Italie, le gros & le leger. 94 rottoli $\frac{1}{3}$ gros poids font 100 livres de Paris & d'Amsterdam, il en faut 141 $\frac{1}{3}$ poids leger.

La brasse sert à mesurer les longueurs. Elle est différente suivant les étoffes, plus forte pour celles de laine, moins forte pour celles de soie. 114 brasses $\frac{2}{7}$ de la premiere font cent aunes d'Amsterdam; il en faut 119 $\frac{5}{7}$ de la derniere.

La mesure de continence pour les grains est le stara dont les 119 font le last d'Amsterdam.

Les écritures mercantilles s'y tiennent en livres, sols, & deniers d'or, qu'on appelle écu de banque; on les tient aussi en écus de 7 liv. 10 s. la livre vaut 20 s. le sol 12 den.

La plupart des marchandises se vendent par ducats de 7 liv. 18 s. 6 den. monnoie de Luques, qu'on réduit en ducats de banque sur le pied de 71 ducats courant, pour 75 ducats de banque.

Le change se fait à Luques par la voie de Genes ou de Ligourne.

FLORENCE. Le Commerce de Florence se fait par la voie de Ligourne. Il consiste en quantité de riches étoffes qui se fabriquent dans cette Capitale des Etats du Grand Duc, & jusques dans ses Palais. Les principales sont des draps & des brocards d'or & d'argent & de soie, des satins de toutes couleurs, particuliérement des blancs qui sont fort estimés, des raz de soie, des armoisins, & des taffetas. Il s'y fait aussi quelques légeres étoffes de laine; comme des ratines très légeres. Les autres marchandises qu'on tire de Florence, sont des soies crues & préparées, des laines de la Pouille tant en suin que lavées, des vins de Florence, & de l'or trait & filé en bobines.

Les poids & mesures y sont les mêmes qu'à Ligourne.

L'argent se vend à livres, onces, grains, & deniers; la livre de 12 onces; l'once de 24 deniers, & le denier de 24 grains.

Les livres s'y tiennent en écus, sols, & deniers d'or. L'écu de 7 lire $\frac{1}{2}$, la lire de 20 s. & le sol de 12 deniers.

Le change avec Florence se fait ordinairement par Ligourne.

### MONNOIES RE'ELLES QUI ONT COURS A FLORENCE, ET LEUR EVALUATION AVEC CELLES DE FRANCE.

Le pair de ces monnoies se calcule sur le pied de la pistole d'Espagne, estimée monnoie de France 11 liv. ou 20 lires 10 soldi de Florence.

La pistole de Florence vaut 20 lire ou 30 jules, & monnoie de France, 10 liv. 14 s. 8 d. $\frac{25}{41}$.

Le ducat, piastre, ou écu de Florence, vaut 7 lire, & monnoie de France, 3 liv. 15 s. 1 d. $\frac{19}{41}$.

Le teston vaut 2 lire, & monnoie de France, 1 liv. 1 s. 5 d. $\frac{23}{41}$.

La lira ou livre vaut 20 soldi ou 1 jule $\frac{1}{2}$ & monnoie de France, 10 s. 8 d. $\frac{32}{41}$.

Le jule vaut 8 graces, & monnoie de France, 7 s. 1 d. $\frac{35}{41}$.

La grace qui est de billon, c'est-à-dire, d'argent mêlé avec du cuivre, & dont les 12 font la lira, se divisé en quatre quatrins, & vaut monnoie de France un peu moins de 11 den.

Le quatrin vaut environ 2 d. $\frac{3}{10}$ de France.

Il faut remarquer que les soldi dont il est parlé dans cette évaluation, ne sont pas une monnoie réelle, mais sert seulement à réduire celles qui le sont. Chaque soldo ou sou vaut un peu plus de 6 d. tournois.

MODENE. Le Commerce de cette Ville est assez semblable à celui de Bologne, à sept lieues de laquelle elle est située; on en tire entr'autres choses des étoffes de diverses sortes, des velours & des organsins.

PARME. C'est par Venise que se fait la plupart du négoce de cette Ville: ses soies crues & ses fromages sont ses principales marchandises. *Voyez* l'article des Soies & celui des Fromages.

VERONNE, Ville de l'Etat de Terre-ferme de la République de Venise. C'est par Venise même que se fait tout le Commerce avec les Etrangers, ils en tirent du ris, des huiles d'olive, des olives qui sont fort estimées, & de la terre verte pour la peinture. Les Manufactures de cette Ville consistent en diverses étoffes & autres étoffes de soies.

BERGAME. Ville de la domination des Vénitiens. Il y a quantité de Manufactures à Bergame, qui y attirent un grand Commerce. Les principales sont des tapisseries de laine de toutes couleurs, qui ont conservé en France le nom de cette Ville, où la fabrique en a d'abord été établie. Des étamines, des pous de soie, des ferandines, & des crêpes.

On en tire aussi des grains, des huiles, des lins, des toiles, des cheveux, des épiceries: & enfin de la civette, du musc, & de l'ambre pour les parfums que les Bergamasques composent mieux qu'aucuns autres Parfumeurs d'Italie: mais ces trois drogues sont des marchandises qui leur viennent du dehors.

### *MONNOIES QUI ONT COURS A BERGAME ET LEUR EVALUATION.*

Le pair des monnoies se calcule à Bergame sur le pied de la pistole d'Espagne, valant 11 liv. qu'on y reçoit à raison de 32 lire monnoie courante. Chaque lire valant 6 f. 10 den. & demi monnoie de France; sur ce pied,

L'écu de 60 sols vaut 8 lire 14 soldi 6 danari & $\frac{6}{11}$ de danari de Bergame.

Une livre Françoise de 20 sols vaut 2 lire 18 soldi 2 danari & $\frac{2}{11}$.

Le sol tournois, 2 soldi, 10 danari & $\frac{4}{5}$, & 4 d. $\frac{1}{8}$ tournois, 1 soldo de Bergame.

### *ESPECES ETRANGERES.*

La pistole d'Espagne se reçoit pour 32 lire argent courant, comme on vient de le dire.

La pistole d'Italie pour 32 lire & demi.

Le sequin pour 16 lire.

Le hongre pour 15 lire.

L'écu de Genes pour 11 lire 6 soldi.

Le ducaton pour 9 lire 12 soldi.

Le ducat de Venise pour 8 lire & demi.

Le philippe de Milan pour 8 lire 6 soldi.

Le ducat du pays vaut 7 lire.

Les livres se tiennent à Bergame par lire, soldi, & danari, qu'on calcule par 20 & par 12 pour les convertir en écus ou ducats dudit Bergame valant 7 lire.

### *POIDS ET MESURES DE BERGAME.*

Il y a deux poids à Bergame, le gros poids de 30 onces à la livre, & le poids leger ou subtil, qui n'est que de 12 onces.

On se sert du poids subtil pour les soies, la cochenille, l'indigo, la cire, & pour toutes les drogues. Le gros poids est pour les laines & pour toutes les marchandises grossieres ou de gros volume.

Cent livres poids leger de Bergame, font 59 liv. de Paris & d'Amsterdam; & cent livres gros poids font 147 livres & demi des mêmes Villes.

Il faut remarquer que dans les réductions de ces deux poids on compte la livre sur le pied de l'once du pays, qui est de près d'un quart plus foible que celle du poids de marc, les 12 de Bergame n'en faisant que 9 & demi poids de marc.

La brasse qui est la mesure des longueurs, est environ 3 pour cent plus foible que l'aune d'Amsterdam; en sorte qu'il faut 100 brasses de Bergame pour 97 aunes d'Amsterdam, & que 100 aunes d'Amsterdam font 102 brasses $\frac{1}{4}$ de Bergame.

100 brasses de Bergame font 59 aunes & demi, 1 pouce, 6 lignes de Paris.

Cette brasse porte 2 pieds, 3 lignes de long.

Les Négocians de France, hors ceux de Lyon, ne trouvent pas facilement à tirer & à remettre à Bergame, il faut qu'ils se servent de leur Correspondant de Lyon.

SINIGAGLIA, petite Ville d'Italie, dans le Duché d'Urbin; *voyez ce qu'on en dit à l'article des Foires.*

ANCONE. Ville d'Italie dans l'Etat Ecclésiastique, son principal Commerce consiste en étoffes de soie, & en cuirs apprêtés.

Il ne s'y fabrique point de monnoie; mais toutes les especes étrangeres y sont reçues sur le pied de la pistole d'Espagne qui y est comptée pour trente & un jules, le jule à raison de 7 f. 1 d. $\frac{1}{11}$ monnoie de France; la pistole sur le pied de onze livres, & l'écu sur celui de soixante sols.

C'est sur le prix du jule que s'évaluent à Ancone toutes les especes qui viennent du dehors, sçavoir:

*Especes d'or.*

| | |
|---|---|
| La pistole d'Espagne | 31 jules |
| La pistole d'Italie | 30 |
| Le sequin neuf | 19 |
| Le sequin vieux | 18 |
| Et le hongre | 17 |

La plupart des vaisseaux qui vont aux Echelles du Levant, prennent à Ancone de ces dernieres especes dont ils donnent aux Changeurs depuis $\frac{1}{8}$ $\frac{1}{6}$ $\frac{1}{4}$ $\frac{1}{3}$ jusqu'à $\frac{1}{2}$ jule de bénéfice, suivant la rareté & le besoin qu'ils en ont.

A l'égard des autres monnoies leur évaluation est, sçavoir:

*Monnoies.*

| | |
|---|---|
| L'écu d'Ancone | 10 jules |
| Le jule | 10 bayoques. |
| La bayoque | 4 quadrins. |
| Le quadrin | 1 d. $\frac{7}{10}$ de France. |

*Des poids & mesures.*

La livre d'Ancone n'a que 9 onces $\frac{3}{5}$ de Paris; de sorte que 100 liv. de la premiere n'en font que 60 de la derniere.

La brasse a de longueur un pied onze pouces six lignes, pied de Roi; ainsi 100 brasses d'Ancone font environ 54 aunes de Paris.

NAPLES, Capitale du Royaume du même nom. Cette Ville est très marchande, & la bonté de son port y attire quantité de vaisseaux étrangers. Ses principales marchandises sont :

Diverses sortes d'étoffes de soie.

Quantité de soies greges & en matasses.

Des bas & des camisolles au tricot aussi de soie, ou de soie mêlée d'or & d'argent.

Des huiles de la Pouille.

De l'huile & des bayes de laurier.

Du souffre crû.

De la manne de Calabre.

De la fleur de romarin.

De l'anis & de la coriandre.

Des raisins secs, des raisins de Corinthe, des figues, & olives.

De la crême de tartre, des savons.

Des écorces d'orange & de citron séches.

Des essences, des quintessences, & des parfums de toutes sortes.

### *Poids et Mesures de Naples.*

Le poids de Naples s'appelle rottoli & est de deux sortes comme à Luques ; mais il est différent pour la pésanteur.

100 rottoli gros poids font un peu plus de 185 liv. $\frac{1}{2}$ de Paris & d'Amsterdam, & 100 rottoli poids leger, n'en font que 65 $\frac{1}{3}$ de ces deux Villes ; de sorte que 100 liv. de Paris & d'Amsterdam ne font que 54 rottoli gros poids, & en font 152 poids léger.

La mesure pour les étoffes tant de soie que de laine, est la canne ; la canne est de 8 palmes : cent cannes ou 800 palmes font 310 aunes d'Amsterdam, 30 cannes $\frac{1}{7}$ ou 258 palmes $\frac{1}{8}$ de Naples.

La palme rend à Amsterdam $\frac{1}{8}$ d'aunes & 4 lignes du pied de Roi mesure de France, & la canne 3 aunes $\frac{1}{8}$ moins 6 lignes du même pied.

Les grains s'y vendent au carro, le carro de 36 tomoli, & le tomolo de 40 rotoli gros poids. Un carro & demi ou 54 tomoli font le last d'Amsterdam.

Les livres s'y tiennent en ducats, tarins, & grains, le ducat de 5 tarins, & le tarin de 20 grains.

Tous les changes entre Amsterdam & Naples, se font par Ligourne ou par Venise.

PALERME. Le principal négoce de Palerme se fait en soies & en soieries, en souffre cru, en crême de tartre, & en éponges fines ; on en tire encore aussi-bien que des autres places de l'Isle de Sicile, quantité de fromens, & c'est-là ordinairement que Marseille & la plupart des Villes d'Italie, ont coutume de s'en fournir.

Le poids de Palerme se nomme rottolo, il est de deux sortes, le poids léger & le gros poids. 100 rottoli de gros poids font 141 liv. $\frac{3}{5}$ de Paris & d'Amsterdam, & 100 rottoli du poids léger n'en font que 65 des mêmes Villes.

La canne est la mesure étendue. Elle se divise en huit palmes, on y mesure indifféremment les étoffes de soie & de laine, ce qui n'est guéres ordinaire en Italie. 100 cannes de Palerme font 287 aunes $\frac{1}{4}$ d'Amsterdam, & 100 aunes d'Amsterdam font 33 cannes $\frac{9}{17}$ de Palerme.

Il y a trois mesures pour les grains, le salme, le tomolo, & le mondilo, il faut 16 tomoli pour le salme, & 4 mondili pour le tomolo.

10 salmes $\frac{5}{7}$ }
117 tomoli $\frac{1}{7}$ } font le last d'Amsterdam.
685 mondili $\frac{1}{7}$ }

Les monnoies y sont comme à Naples, & l'on y tient les écritures de même.

MESSINE. La Sicile n'a point de Ville plus marchande que Messine ; le grand négoce de soie qui s'y fait, & la commodité de son Port, qui se trouve sur la route de tous les vaisseaux qui vont ou qui viennent du Levant, y attirant sans cesse un grand nombre d'Etrangers, qui y font fleurir le négoce.

Il n'y avoit pas d'apparence qu'elle perdît rien de la réputation de son Commerce, sous la nouvelle domination où elle étoit passée par le Traité d'Utrecht ; & les Manufactures que le Duc de Savoye a établies à Turin, & dans plusieurs lieux de ses anciens Etats, étant capables d'exciter la jalousie des Ouvriers de Lyon & de Tours même, & peut-être de préjudicier au débit de leurs plus belles étoffes, devoient faire espérer à Messine, que devenu Roi de Sicile, il auroit de semblables attentions pour son négoce.

Mais les nouvelles révolutions de la Sicile, dont les Espagnols s'étoient emparés en 1717, & qui depuis par la force des armes, & la cession du Duc de Savoye, est passée sous la domination de la Maison Impériale d'Autriche, pourroient peut-être faire craindre, qu'elles n'eussent été capables d'altérer le Commerce de Messine, si l'on ne sçavoit d'ailleurs ce que le nouveau souverain des Messinois a déja fait, pour attirer le négoce étranger dans les Etats qui lui ont été cédés par les Traités d'Utrecht & de Rastadt. *Voyez le* COMMERCE D'ALLEMAGNE.

C'est dans le grand Fauxbourg de Messine, qui s'étend le long de la mer, du côté du Fare, que demeurent la plupart des Ouvriers en soie ; & l'on y voit une place publique de plus de mille pas de largeur, qui n'est environnée que des atteliers, où ils travaillent à ces organcins de Sainte-Lucie, si estimés dans les Manufactures de soierie ; & aux filage, devidage, moulinage, & autres préparations de cette riche marchandise.

Les Genois, les Florentins, & les Luquois, sont à peu près les Maîtres du négoce des soies, qui se fait à Messine, qui est le principal, & presque l'unique objet qui y attire les Etrangers.

Une autre difficulté de ce Commerce, c'est que les Messinois en sont nécessairement les seuls Commissionnaires, & ne souffriroient pas, comme on le fait ailleurs, qu'il s'y en établît des autres Nations. On a traité en un autre endroit amplement de ce Commerce. *Voyez* SOIE, *où il est parlé de celles de Messine.*

Les toiles de toutes sortes & les lingeries communes pour la table, sont de toutes les marchandises qui s'y portent, celles qui sont du plus grand & du meilleur débit : elles ne se vendent pourtant qu'à terme, aussi-bien que toutes celles dont on donnera plus bas le catalogue ; les Italiens ayant établi de vendre comptant, toutes celles qu'on tire d'eux, & de ne payer qu'à terme de deux, de trois, & de six mois, quelquefois plus, celles qu'on leur porte.

Les payemens des soies & autres marchandises, se fait ordinairement en réaux d'Espagne, qu'on tire d'Espagne même, ou qu'on trouve à Genes & à Ligourne.

Lorsque les Négocians ne veulent pas emporter sur leurs vaisseaux tant d'argent en especes, à cause des risques de la mer, on peut prendre des lettres de crédit pour Messine & Palerme, où l'on trouve facilement à tirer pour la foire de Noui dans le Milanès, avec peu de désavantage. L'on peut aussi remettre de Lyon à Noui avec quelque bénéfice. Cette remarque ne concerne que les Marchands François, qui font ce négoce de soie.

Il est remarquable que, quoique la France tire la plupart de ses soies d'Italie, & que d'ailleurs il se fabrique dans toutes les Villes, qu'on vient de nommer, d'aussi belles étoffes d'or, d'argent, & de soie, qu'en France même; cependant les Italiens préferent les Manufactures Françoises aux leurs; & que les Princes & grands Seigneurs d'Italie, croiroient n'être pas bien habillés, s'ils n'avoient tiré leurs étoffes de Paris, de Lyon, ou de Tours.

Outre les marchandises qui semblent propres à quelques Villes d'Italie, comme on vient de le voir, les Etrangers y en trouvent encore quantité d'autres.

Les principales sont des fruits secs, comme raisins, figues, & amandes; des citrons, des limons, de l'anis, de l'alun, du souffre, de l'acier, du ris, de la manne, de l'ambre, de la térébenthine, de la crême de tartre, de la laque fine, du papier, du savon, des essences, des gants parfumés, divers tabacs en poudre, du marbre blanc en carreaux, & des tables aussi de marbre, de toutes couleurs, & des plus précieux.

Peri, dans son *Negotiante*, fait le détail de tout le Commerce de l'Italie. On peut le consulter sur cette matiere.

## COMMERCE
### DU LEVANT ET DES COSTES DE BARBARIE

L'On joindra sous ce titre tout le Commerce qui se fait par les François, Anglois, Hollandois, & Italiens, à Smyrne, à Alexandrette, à Alep, à Seyde, à Chypre, à Echelle-neuve, à Constantinople, à Alexandrie, à Rosette, au Caire même, à Angera, & Beibazara sur les Côtes de Barbarie, & au Bastion de France.

Les Capitulations entre la Cour de France & la Porte du Grand-Seigneur, sont très anciennes, & ont duré long-tems sans aucune altération.

Un des principaux articles de ces Traités, réservoit aux seuls Marchands François, ou à ceux qui trafiquoient sous la banniere de France, le Commerce du Levant; & en conséquence de cette convention, ç'avoit toujours été devant l'Ambassadeur de France, qui résidoit à Constantinople, & les Consuls, que la Nation entretenoit dans les Etats du Grand-Seigneur, que s'étoient portées les contestations sur le fait du négoce, qui survenoient entre les Nations Chrétiennes.

Les Vénitiens furent les premiers, à qui il fut permis d'arborer la banniere de Saint-Marc, & d'avoir des Consuls Nationaux.

Les Anglois, après eux, obtinrent des Capitulations en 1599, sur la fin du Regne d'Amurat III. & le crédit de M. de Germini, alors Ambassadeur de France, ne put les empêcher d'être presque traités d'égaux avec les François, du moins pour le négoce; leur ayant été accordé, non-seulement de trafiquer sous leur propre banniere, mais encore la liberté aux autres Nations de s'en servir, pour venir négocier au Levant.

M. Savary de Breves, qui succéda à M. de Germini, ne put réparer la chose qu'à demi; & dans les Capitulations, qui furent renouvellées en 1604, entre Henry IV. & Achmet I. on n'excepta que les Anglois & les Vénitiens de la protection de l'Ambassadeur & de la Jurisdiction des Consuls François, non plus que de la nécessité de ne paroître au Levant que sous la banniere de France.

Le même Achmet donna bien-tôt atteinte au nouveau Traité qu'il avoit fait; & huit ans après il accorda des Capitulations aux Etats Généraux de Hollande, semblables à celles des Anglois.

Enfin, les Genois sont les derniers qui en ont obtenu, & le Marquis de Durazzo leur Ambassadeur, acheta bien cher l'honneur de la banniere pour sa République en 1665, sous le regne de Mahomet IV.

Les principales Nations qui étoient obligées de prendre la banniere de France avant 1599, & qui sont nommées dans les Capitulations de 1604, étoient les Anglois, les Espagnols, les Portugais, les Catalans, les Ragusiens, les Genois, les Anconetins, & les Florentins; les autres y étant compris en termes généraux & collectifs.

Ce seroit ici le lieu de parler des Consuls, qui sont établis dans les Echelles du Levant, par les diverses Nations qui y font Commerce, & de dire quelque chose de leurs droits, & de leur Jurisdiction; mais il en est traité ailleurs plus amplement. *Voyez* CONSUL.

Il y aura aussi un article particulier, où l'on expliquera le terme d'Echelle, & tout ce qui peut y avoir rapport. *Voyez* ECHELLE.

### *ETABLISSEMENT DES NATIONS Chrétiennes dans les Echelles du Levant, & de leurs Capitulations avec la Porte.*

La France est la premiere qui ait fait des Capitulations, c'est-à-dire, des Traités de Commerce avec la Porte Ottomane. Le Sieur de la Forêst les signa en 1535, au nom de François I. & obtint quantité de prérogatives en faveur de la Nation, dont elle a joui seule jusqu'à ce que les Vénitiens, les Anglois, Hollandois, & enfin les Genois ont obtenu pour eux des Capitulations particuliéres.

Les principaux priviléges accordés aux François par les Capitulations obtenues par le Sieur de la Forest, furent:

I. L'Etablissement d'une Justice, sous le nom de Consulat, dans toutes les Echelles ou lieux dans lesquels les Marchands François pourroient s'habituer, pour rendre la Justice civile & criminelle entre tous lesdits François, & entre eux & les Turcs; avec défenses aux Officiers du Grand-Seigneur d'en connoître, s'il n'y avoit un consentement par écrit du François.

II. Le privilége pour les Consuls & autres Officiers du Consulat, de ne pouvoir, en matiere criminelle, être jugés par les Officiers des lieux; mais d'être envoyés à la Porte, ou au plus prochain Lieutenant du Grand-Seigneur.

III. La liberté entiere de la Religion à tous les François.

IV. La permission aux seuls François de trafiquer dans tous les Etats du Grand-Seigneur; & la défense aux autres Nations d'y venir autrement que sous la banniere de France.

Les Vénitiens furent les premiers en faveur de qui la Porte dérogea à ce dernier article qui étoit aussi honorable qu'utile aux François; & lorsqu'en 1580 Henry III. envoya Jacques de Germini, Baron de Germolles, pour renouveller les Capitulations, les Sujets de la République de Venise furent exceptés nommément de la liste des Nations qui pourroient naviger sous la banniere de France.

Dans

Dans les Capitulations de 1604 obtenues de Sultan Amat ou Acmet par M. Savary de Breves Ambassadeur de France à la Porte, les Anglois furent aussi exceptés de la liste.

Enfin ces dernieres Capitulations des François n'ayant point été renouvellées jusqu'en 1673, que M. de Nointel en obtint la confirmation qui avoit été refusée à M. de la Haye son prédécesseur, à cause des secours envoyés par Sa Majesté très Chrétienne en Hongrie & en Candie; enfin, dis-je, les Hollandois & ensuite les Génois profitant du chagrin du Grand-Seigneur contre la France, & d'une espece d'indolence où elle étoit tombée par rapport au Commerce du Levant, se firent donner des Capitulations particulieres, qui quoiqu'exprimées dans des termes moins honorables que celles de France, où le Roi est toujours traité d'Empereur & du plus ancien allié de la Porte, leur accordent le plus essentiel pour le Commerce, qui consiste au privilége d'avoir des Consuls, & de pouvoir trafiquer dans tout le Levant sous leur propre banniere.

L'on peut même dire que dans une chose très essentielle, les autres Nations avoient été mieux traitées que la Nation Françoise, puisque les droits des marchandises de ces dernieres pour l'entrée & la sortie, avoient été réduites à 3 pour cent, tandis que ceux des Marchands François continuoient toujours de se payer sur l'ancien pied de 5 pour cent; mais cette différence a été ôtée par les Capitulations de 1673.

### *Réglemens & Police de la Nation Françoise au Levant.*

Tant que le Commerce du Levant resta tout entier entre les mains des François, il fut si considérable & si riche, qu'on remarque dans les instructions dressées pour le Marquis de Nointel Ambassadeur du Roi à la Porte, que les droits d'entrée & de sortie qui se payoient aux Douannes du Grand-Seigneur pour les marchandises qui y entroient ou qui en sortoient sous la banniere de France, montoient alors à plusieurs millions de livres par an.

Les choses ont bien changé depuis, & il s'en faut infiniment que les affaires de la Nation y soient sur un pied aussi florissant qu'autrefois, & que les Marchands François trafiquent dans les Echelles avec leur premiere réputation, puisqu'il est certain que des vingt millions de marchandises qu'on suppose que toutes les Nations Chrétiennes qui font le Commerce du Levant peuvent tirer chaque année des Etats du Grand-Seigneur, il y en a quinze pour les Anglois & les Hollandois; seulement deux & demi, au plus trois, pour les François; & le reste pour les Vénitiens & les Génois.

On ne peut douter que deux des principales raisons qui ont contribué à la décadence du Commerce des François, n'ayent été premiérement ce grand nombre de nouvelles Capitulations accordées aux autres Nations; & en second lieu les longues guerres civiles qui agiterent la France sous les régnes de Henry II, & de ses Successeurs, qui détournant le Ministere des pensées du Commerce, donnerent occasion aux Vénitiens, & ensuite aux Anglois, de s'assurer la navigation & le négoce du Levant sous leur propre banniere.

Il est néanmoins certain que la mauvaise conduite de la Nation, avoit autant qu'autre chose réduit son négoce dans l'état déplorable où il se trouvoit, lorsque Louis XIV, résolut en 1665 de le soutenir; & confia à Monsieur Colbert, Ministre & Sécrétaire d'Etat, le soin de rendre au Commerce du Levant du moins une partie de son ancienne vigueur, s'il n'étoit pas possible de lui redonner sa premiere splendeur, en faisant rentrer les autres Nations sous sa banniere.

La premiere chose qui se fit en France pour soutenir le Commerce du Levant, fut l'établissement d'une Compagnie composée de 20 des plus riches & des plus habiles Négocians de Paris, de Lyon, & de Marseille.

Une autre précaution qui ne parut pas moins importante, fut de faire cesser les plaintes que les Turcs faisoient sur les mauvaises qualités des marchandises que les Marseillois leur portoient, & de pourvoir aux abus qui se passoient dans les Consulats, qui avoient entiérement décrié la Nation.

A l'égard des Manufactures, il se fit divers Réglemens concernant la fabrique des draps destinés pour le Levant, qu'on peut voir ci-après à l'article général des Réglemens pour les draperies & les étoffes de laineries de France.

Les pieces de cinq sols s'étant depuis introduites en Levant, les Turcs trouverent cette monnoie si belle qu'ils la rechercherent avec empressement, & donnoient leurs marchandises à moitié meilleur marché, pourvû qu'on les payât en cette monnoie; ce qui donna lieu aux Genois d'y en porter: mais ne se contentant pas du profit qu'ils y trouvoient, ils altérérent le titre de ces especes de plus de la moitié, & en porterent en Levant une si grande quantité de ces dernieres, & les François à leur imitation, qu'ils faisoient fabriquer à Mourgues, que les Turcs ouvrirent enfin les yeux, & accuserent les François de cette friponnerie, auxquels ils firent mille avanies. Afin de faire cesser ces plaintes, l'Ambassadeur du Roi eut ordre d'en poursuivre le décri à la Porte, pour que la perte pût tomber en partie sur ceux qui en étoient la cause. *Voyez l'article des Louis de cinq sols.*

Le succès du Commerce dépendant en partie de la bonne conduite des Consuls établis dans les Echelles, & Sa Majesté étant informée que la plupart de ceux qui remplissoient alors ces emplois étoient ou inconnus ou même étrangers, en qui il étoit difficile que les Sujets du Roi pussent prendre confiance, il fut ordonné par un Arrêt du Conseil du 29 Mars 1669, que tous les Consuls François rapporteroient incessamment entre les mains de Monsieur Colbert leurs Lettres de Provisions & autres titres en vertu desquels ils exerçoient lesdits Consulats. Ce fut en conséquence de cet Arrêt qu'il fut délivré dans les deux années suivantes de nouvelles Provisions aux anciens Consuls, & qu'il en fut établi un grand nombre de nouveaux dans diverses Echelles où il n'y en avoit point eu jusqu'alors.

Par une Déclaration de la même année enregistrée au Parlement de Provence, il fut ordonné que toutes les avanies qui arriveroient dans les Echelles du Levant seroient portées & acquittées par les vaisseaux & voiles qui se trouveroient dans les Ports & Havres où les avanies seroient arrivées, dont il seroit fait régalement sur les marchandises de leur chargement.

Le 12 Juin de l'année suivante 1670, l'exécution de la Déclaration au sujet des avanies fut de nouveau ordonnée; & en conséquence il fut fait expresses défenses à tous Consuls établis dans les Echelles du Levant, de faire ni convoquer à l'avenir aucune assemblée du corps de la Nation sous quelque prétexte que ce soit, à peine d'interdiction de leurs charges, & de répondre en leur propre & privé nom des sommes auxquelles lesdites assemblées auroient entrepris d'obliger la Nation entiere, Sa Majesté enjoignant à son Ambassadeur à la Porte de faire exécuter ces deux Ordonnances.

Monsieur Colbert écrivit en même tems une lettre circulaire à tous les Consuls établis dans les Echelles du Levant, qui contenoit quatre principaux articles de police.

Par le premier il leur étoit ordonné d'entretenir une correspondance réglée avec le Marquis de Nointel, nommé Ambassadeur du Roi à la Porte, pour ce qui regarderoit le Commerce de leur Echelle. Le second leur enjoignoit de lui envoyer incessamment un mémoire de tout ce qu'ils jugeroient nécessaire pour l'avantage du Commerce dans leurs Echelles ; & un autre mémoire certifié des principaux Marchands de leursdites Echelles, contenant toutes les avanies que les Turcs y faisoient aux François. En troisiéme lieu on leur ordonnoit d'envoyer tous les six mois à la Cour & à l'Ambassadeur une liste des François habitués & actuellement demeurans dans leurs Echelles, où ils rendroient compte sans passion & avec vérité, de ceux qui y étoient en réputation de probité, aussi-bien que des autres, dont la conduite n'étant pas réguliere, pouvoit donner occasion aux Turcs de concevoir du mépris de la Nation. Enfin on leur recommande d'observer exactement l'Ordonnance qui défend aux Consuls de tenir des assemblées du corps de la Nation au sujet des avanies.

L'Instruction qui fut donnée au Marquis de Nointel contenoit aussi plusieurs articles de Réglemens.

I. La suppression de tous les droits de Consulat qui avoient été pris jusqu'alors par les Ministres de Sa Majesté à Constantinople, aussi-bien que de tous ceux que leurs Sécretaires & leurs Drogmans s'étoient attribués.

II. Que sous prétexte d'aucune avanie, il ne fût à l'avenir rien levé ni pris sur le Commerce de la Nation en général.

III. Que pour cela toutes sortes d'assemblées qu'on avoit coutume de tenir à ce sujet, fussent abolies, & qu'on évitât d'emprunter de l'argent aux Juifs, & de leur payer des intérêts lunaires.

IV. Que les dettes tant celles de la Ville de Marseille, pour le payement desquelles on avoit établi le droit de Cotimo, que celles des Echelles du Levant, seroient examinées & liquidées pour être acquittées avec le plus de soulagement qu'il se pourroit pour le Commerce de la Nation.

V. Qu'aucun François ne demeure dans les Echelles, & ne s'y établisse que par la permission expresse des Ministres du Roi à la Porte.

Il avoit été ordonné par un Arrêt du Conseil du 8 Novembre 1669, qu'à l'avenir les Drogmans & Interpretes des Echelles du Levant résidans à Constantinople, Smyrne, & autres lieux, ne pourroient s'immiscer en la fonction de leurs emplois s'ils n'étoient François de naissance, nommés par une assemblée du corps de la Nation de chaque Echelle, & s'ils n'avoient prêté le serment entre les mains des Consuls. Le même Arrêt, pour s'assurer à l'avenir de la fidélité des Drogmans, avoit encore réglé qu'il seroit envoyé aux Echelles de Constantinople & de Smyrne, de trois ans en trois ans, six jeunes garçons pour y être instruits aux langues, & y servir ensuite d'Interpretes. Sa Majesté, pour avancer le profit que la Nation pourroit tirer de cet établissement, ordonna par un second Arrêt du dernier Octobre 1670, qu'il en seroit envoyé six par chacune des trois premieres années. On parle ailleurs de cet établissement. *Voyez* DROGMANS.

Les Ambassadeurs de France, prédécesseurs du Marquis de Nointel, avoient extrêmement chargé le Commerce par diverses levées de deniers qu'ils faisoient sur la Nation en vertu d'Ordonnances qu'ils décernoient d'eux-mêmes, sans être causées ni prétextées d'aucun sujet, & sans en vouloir donner aucune connoissance aux Marchands résidans sur les lieux ; Sa Majesté pour arrêter & prévenir cet abus, défendit au Marquis de Nointel par une lettre du 10 Décembre 1670, de faire à l'avenir aucune Ordonnance pour des levées de deniers sur les Négocians pour quelque prétexte que ce pût être, sans en avoir auparavant communiqué le sujet aux Marchands, Capitaines, & Ecrivains de navires ou autres bâtimens de mer qui seront sur les lieux, & qu'ils n'eussent auparavant opiné & donné leurs suffrages sur la matiere, avec toute sorte de liberté.

Les escortes que le Roi accordoit pour la sûreté du Commerce de ses Sujets, particuliérement de ceux qui trafiquoient au Levant, n'ayant pas tout le succès qu'on auroit eu sujet d'en attendre, par la faute de ceux qui les commandoient, qui ne se joignoient pas assez-tôt aux navires Marchands qu'ils devoient escorter, ou qui les abandonnoient avant qu'ils fussent arrivés dans les Ports de leurs destinations ; Sa Majesté donna une Ordonnance le 20 Mai 1671, par laquelle il enjoint à tous Chefs d'Escadre, Capitaines, & autres Officiers de Marine commandés pour escorter des vaisseaux Marchands, soit qu'ils les rencontrent en mer, soit qu'ils partent des Ports du Royaume sous leur conduite & convoi, de les accompagner jusques au dedans ou à la vûe des Ports où ils doivent faire leur décharge ; & ensuite pour leur retour jusques dans les Ports du Royaume, leur faisant très expresses inhibitions & défenses de les abandonner, pour quelque cause & sous quelque prétexte que ce puisse être à peine de la vie, si ce n'est par la violence des vents, à condition toutefois que les Maîtres desdits navires Marchands se rendront sous les pavillons des vaisseaux d'escorte au jour qui sera indiqué par les Capitaines, de concert avec les Consuls & les principaux Marchands qui y ont intérêt.

Avant que la Cour eût obligé les Consuls de rapporter leurs Titres & Provisions, presque tous étoient à vie ; quelques-uns avoient obtenu des survivances pour leurs enfans ou leurs parens ; & il y en avoit même qui étoient héréditaires & qui se comptoient parmi les effets patrimoniaux des familles. Dans la nouvelle réforme qui se fit alors des Consuls, ils furent réduits pour la plupart à six années, mais ils pouvoient être continués, & le sont en effet.

Les droits de Consulat ne sont pas égaux dans toutes les Echelles, étant dans des endroits, de deux pour cent, & dans d'autres de trois.

Ce fut par ces premiers Réglemens que Monsieur Colbert commença à donner une autre forme au Commerce de la Nation Françoise au Levant, & ce fut ainsi qu'il pourvut d'abord à la correction des principaux abus qui s'y commettoient.

Il fut dans la suite dressé un Réglement général pour la Police des Consulats & de leur Chancellerie, & pour tout ce qui regarde les assemblées & le Commerce de la Nation, auquel de tems en tems &

presque jusqu'à la mort de Louis XIV. on a ajouté de nouveaux articles suivant l'exigence des cas qui se présentoient; mais comme on en parle ailleurs très amplement, on se contentera ici de les indiquer. *Voyez l'article des Consuls.*

## REGLEMENT CONCERNANT *le Commerce que les François font au Levant, arrêté au Conseil du Roi le 4 Fevrier 1727.*

Sa Majesté ayant été informée du préjudice que les Juifs & autres Etrangers, Commissionnaires de ses Sujets dans les Echelles du Levant & dans celles de Barbarie, apportoient au Commerce de France, par la négligence de quelques-uns des Consuls François dans ces Echelles; & voulant y pourvoir en réduisant lesdits Juifs & les autres Etrangers au seul Emploi de Commissionnaire, & en les empêchant de faire, sous prétexte de leurs Commissions, le Commerce de France auxdites Echelles en leur propre nom, a fait dresser les articles de Réglement suivant, que Sa Majesté veut être observé dans toutes lesdites Echelles, tant par les Négocians François que par leurs Commissionnaires Juifs ou autres Etrangers: à l'exécution desquels articles de Réglement, elle entend que les Consuls de la Nation tiennent exactement la main.

I.

Qu'aucun Juif ou autre Etranger Sujet du Grand-Seigneur, ou résidant dans ses Etats, ne sera reçû sous la protection de France, qu'il ne l'ait demandée & obtenue du Consul & du Corps de la Nation Françoise avec lui, & qu'il n'ait donné une caution solvable pour répondre de sa conduite & de ses actions.

I I.

Que les Etrangers protégés ne pourront faire aucun Commerce du Levant en France, à peine de confiscation de leurs marchandises & des bâtimens, & de trois mille livres d'amende contre le Capitaine.

I I I.

Que les François & résidans dans le Royaume, qui prêteront leurs noms à ces Etrangers pour faire ce Commerce, seront sujets aux mêmes peines, qui auront pareillement lieu pour ceux qui recevront leurs marchandises, denrées, ou autres effets, ou qui leur en envoiront de France.

I V.

Que ces Etrangers protégés ne pourront recevoir les commissions ni adresses des bâtimens & marchandises allant de France en Levant ou en Barbarie, & que les François qui s'adresseront à eux pour la Commission, troc ou échange de leurs marchandises & effets, seront condamnés pour chaque contravention à 1500 liv. d'amende. Ce qui n'empêchera pas qu'on ne puisse vendre, acheter d'eux, ou faire des échanges avec eux, pourvu que pour ces ventes, trocs, ou achapts, on se serve de la médiation d'un Négociant François.

V.

Que tout Capitaine ou Maître de bâtiment qui n'aura pas la commission de la cargaison d'entrée & de sortie, ni aucune adresse sur l'Echelle, sera obligé de s'adresser à un Négociant François.

V I.

Qu'au surplus les Etrangers protégés pourront continuer leur Commerce en Italie & dans les autres Pays étrangers, & se servir pour ce Commerce de leurs amis & correspondans François ou autres, comme aussi des bâtimens portant le Pavillon de Sa Majesté.

### *Autre Réglement au sujet des François qui se marient au Levant, & particuliérement à Smyrne.*

Plusieurs des jeunes François qui vont à Smyrne pour le Commerce, ayant coutume de s'y marier, & les filles qui viennent de ces mariages prenant pour l'ordinaire des maris dans le Pays, cet abus privoit le Royaume de quantité d'habitans & d'habiles Négocians qui n'y ramenoient presque jamais leur famille; Sa Majesté instruite d'un abus si préjudiciable à ses Etats, a défendu à tous les François trafiquant à Smyrne, de s'y marier, & a en même tems ordonné au Consul de faire repasser en France toutes les filles sorties de pareil mariage.

M. de Tournefort dans la Relation de ses Voyages imprimée en 1717, remarque quatre choses en parlant du commerce que les Marchands de Marseille font dans les Echelles du Levant.

1°. Que les marchandises de France y sont très bien reçues quand elles ont les qualités requises.

2°. Que le Commerce n'y demande pas un grand génie, mais beaucoup de droiture.

3°. Que toutes les affaires y passent par les mains des Juifs, & qu'ainsi il faut nécessairement s'accommoder à l'usage du Pays, c'est-à-dire, leur confier ses effets; les vendre suivant leurs avis; acheter les marchandises, ou en faire les échanges, suivant qu'ils le jugent à propos: ces Courtiers concluant tous les marchés, & se contentant de quelques droits assez modiques pour leurs vacations.

4°. Qu'il suffit d'être sage au Levant pour gagner du bien, mais sur-tout qu'il faut éviter la fréquentation des Grecques, qui est l'écueil le plus ordinaire & le plus dangereux des Nations Chrétiennes.

### *Réglemens concernant le commerce de la Nation Hollandoise au Levant.*

Smyrne est le principal comptoir des Hollandois dans les Etats du Grand-Seigneur.

Les Hollandois ont à Smyrne un Consul, un Trésorier, trois Assesseurs, & un Chancelier. Le Consul & le Trésorier ne doivent rester en charge que trois ans; ils sont néanmoins le plus souvent continués quand on est content de leur administration; mais ils doivent en obtenir la confirmation par de nouvelles Patentes.

A l'égard des Assesseurs leur emploi est annuel, ils sont proposés par les trois Assesseurs en charge, le Consul & le Trésorier, aux Directeurs du négoce du Levant établis à Amsterdam, qui les approuvent ordinairement, & qui en choisissent un des trois anciens pour continuer l'année suivante; celui-ci est appellé le premier Assesseur, & les deux autres les nouveaux Assesseurs.

Les Ordonnances, les Réglemens, & les Lettres de la Direction d'Amsterdam, qui sont envoyées au Levant, aussi-bien que les dépêches de l'Ambassadeur de la République qui réside à la Porte, sont toujours adressées au Consul, Trésorier, & Assesseurs; & ne peuvent s'ouvrir par le Consul qu'en pleine assemblée & en présence des autres Officiers, ou du moins de deux Assesseurs, si le troisiéme & le Trésorier ne peuvent s'y trouver; ce qui s'observe aussi lorsqu'il est question d'ordonner quelque dépense, ou pour souscrire aux résolutions qui se prennent pour les affaires du Commerce, qui sont autentiques, & qui s'exécutent quand elles sont signées par le Consul & deux desdits cinq Officiers.

Quand il est nécessaire de faire une assemblée en corps de Nation, le Chancelier & un Drogman vont en avertir les Marchands : lorsqu'ils sont arrivés & qu'ils ont pris place, le Consul leur expose l'affaire dont il s'agit & fait lire à haute voix par le Chancelier les mémoires qui la concernent, après quoi la conclusion se prend à la pluralité des voix ; mais l'exécution s'en remet au Consul & aux Assesseurs.

Le Trésorier doit nécessairement être présent aux assemblées, quand il s'agit de quelque payement ou de quelque chose qui a rapport à la caisse ; & tout ce qui se résout sans lui ne peut être exécuté, & est déclaré nul & de nul effet.

Les procès entre Marchands sont portés par devant les Consuls, & sont jugés à la pluralité des voix tant par lui que par ses Assesseurs. Les appels de leurs Jugemens vont à l'Ambassadeur résidant à Constantinople, de l'Ambassadeur aux Directeurs du Commerce du Levant établis à Amsterdam, & des Directeurs aux Etats Généraux, ensorte qu'il y a quatre dégrés de Jurisdiction pour ces sortes d'affaires.

Les Ordonnances rendues par le Consul, sans l'intervention & la communication de ses Assesseurs, sont regardées comme nulles.

Dans les occasions où le Consul est appellé chez le Cady, le Douanier, le Capitan Pacha, ou quelques autres Ministres Turcs, avant d'y aller il doit assembler la Nation pour délibérer sur l'affaire dont il s'agit, & prendre les résolutions convenables ; ensuite de quoi le Consul seul la sollicite, la traite, & la conclut.

Si le Consul vient à être cité pour quelque raison que ce soit à la Jurisdiction du Pays, il s'y rend accompagné de sa Nation, & requiert une copie des demandes qu'on lui fait pour en délibérer avec elle.

En cas de mort du Consul, l'Ambassadeur nomme en sa place, mais seulement par maniere de provision. A l'égard des emplois de Trésorier & de Chancelier, c'est au Consul & aux Assesseurs de nommer aux places vacantes, mais ce n'est pareillement que sous le bon plaisir des Directeurs d'Amsterdam.

Le droit de Consulat est dû pour tout ce qui se décharge & se charge, soit marchandise, soit argent comptant ; celui-ci à raison d'un pour cent tant d'entrée que de sortie ; les autres sur le pied de deux pour cent.

Lorsqu'il y a beaucoup d'argent dans la caisse, on réduit le droit de Consulat à la moitié, c'est-à-dire, à demi pour cent pour l'argent, & à un pour cent pour les marchandises ; mais cela ne se peut faire qu'avec la permission des Directeurs d'Amsterdam, que demandent & qu'obtiennent le Consul, le Trésorier & les Assesseurs au nom de la Nation, en certifiant & affirmant par tous ces Officiers que la demande des Marchands est juste.

Si au contraire la caisse est épuisée par les avanies souffertes par la Nation, ou par les dépenses extraordinaires qu'elle est quelquefois obligée de faire, on double les droits du Consulat ; en sorte que l'argent paye deux pour cent, & les marchandises quatre pour cent.

Les Etrangers qui trafiquent au Levant sous la banniere de Hollande ne payent jamais que le droit ordinaire de deux pour cent de Consulat, ni plus ni moins.

Le Trésorier ou son Commis sont chargés du recouvrement du droit de Consulat, lequel s'exige de la maniere suivante.

Les Etrangers doivent payer en monnoie blanche, c'est-à-dire, en piastres au lion, le droit pour les marchandises d'entrée : à l'égard de l'argent comptant, le droit se prend en mêmes especes qu'elles se trouvent dans les sacs.

On fait la vérification de l'argent comptant à bord du navire, avant qu'il puisse être débarqué. Le Consul, le Trésorier, & les Assesseurs l'examinent bourse par bourse, dont on tire quelques especes, lesquelles étant trouvées de bon aloi, on les remet dans les sacs que l'on ferme, & que l'on cachette avec le sceau de la Chancellerie, & ensuite on en permet le débarquement, qui pour l'argent doit se faire tout en un même tems. S'il se trouve quelques especes fausses, elles sont mises en sequestre dans la Chancellerie.

Les Etrangers après le départ du convoi payent le droit de Consulat suivant le tarif & les polices de chargement ; copies desquelles, après avoir été signées par les Capitaines, doivent être portées à la Trésorerie.

Les Négocians Hollandois doivent huit jours après le départ du convoi, donner une déclaration de la quantité & qualité des marchandises qu'ils ont reçûes & chargées, & en payer le Consulat, en monnoie blanche. On leur fait ordinairement une remise de six pour cent, ensorte qu'ils ne payent que 94 au lieu de 100 ; mais s'ils ne payent point au tems dû, c'est-à-dire, dans le mois au plus tard, il faut qu'ils ajoûtent aux 94 un pour cent autant de mois qu'ils retardent leur payement ; ce qui cependant ne peut aller au-delà de six mois, après lesquels le Consul les doit poursuivre, & les contraindre à payer, même par l'emprisonnement de leurs personnes.

Quand on a payé le droit de Consulat à Constantinople, à Smyrne, & à Chio, on a la liberté de transporter les marchandises où l'on veut ; mais lorsqu'elles vont en d'autres lieux, ou qu'elles en viennent, il en est dû le Consulat.

Les Hollandois & ceux qui sont sous la protection, doivent payer le Consulat suivant l'argent qu'il y a en caisse, ainsi qu'on l'a dit ci-dessus ; mais ils ne le payent pas double pour ce qu'ils reçoivent, ou ce qui leur vient sur des navires portant une autre banniere que celle de Hollande ; ce qui s'appelle Consulat Etranger. Ils sont cependant tenus de le payer de la même maniere & sous les mêmes peines que pour les marchandises qui sont chargées sur des vaisseaux Hollandois.

Une fois l'année le Trésorier, son Commis, & la Nation se rendent en cérémonie au Temple, où après le sermon & le chant de quelques Pseaumes ils font tous serment, suivant la formule qu'en a lû tout haut le Chancelier, de ne frauder directement ni indirectement aucuns droits de Consulat, ni de ce qui y a rapport, à peine de mille écus d'amende, & d'être rembarqués s'ils se trouvent parjures ; & de souffrir même d'autres peines, si les Etats le jugent ainsi.

Ceux qui révelent le secret des Assemblées sont sujets à un pareil châtiment.

Les Capitaines, Pilotes, & Ecrivains, à leur arrivée à Smyrne & avant leur départ, auparavant de remettre leurs manifestes ou déclarations entre les mains du Consul, vont faire le même serment, & sous les mêmes peines : & de plus les Capitaines qui sont trouvés en contravention, ne peuvent pendant six ans commander de vaisseaux.

Le Trésorier tient en Chancellerie tout l'argent dont il est chargé, à la réserve de quelques sommes pour servir aux menues dépenses. La caisse du dépôt est de fer à trois clefs, dont l'une se garde par le Consul, l'autre par les Assesseurs, & la troisiéme reste entre les mains du Trésorier.

Il n'y a que le Trésorier qui ait connoissance du fonds de sa caisse, dont il ne doit rendre compte qu'aux Directeurs du Levant établis à Amsterdam. Les Assesseurs de Smyrne examinent néanmoins toutes les recettes & dépenses qui ont été faites, & en font la vérification sur les déclarations des Marchands, sur les manifestes des Capitaines, & sur ce qui a été reçû ou chargé par les Etrangers par chaque convoi, ou autrement.

Le Trésorier paye de trois mois en trois mois en monnoie de poids, avec un agio de dix pour cent, sçavoir :

| | |
|---|---|
| A l'Ambassadeur pour son entretien par an dix mille piastres . . . . | 10000 pias. |
| Au Consul aussi par an . . . . . | 4000 |
| Le Trésorier retient par ses mains | 1000 |
| Au Ministre . . . . . | 400 |
| | 15400 pias. |

Lesquelles 15400 piastres avec l'agio à dix pour cent, font en monnoie blanche, c'est-à-dire, en piastres au lion ou asselani, qui sont la

| | |
|---|---|
| monnoie courante du Pays . . . . | 16940 pias. |
| Plus au premier Drogman . . | 300 |
| Au second idem . . . . | 300 |
| Au troisiéme . . . . . | 150 |
| Au Chancelier . . . . . | 200 |
| A trois Janissaires, outre trois vestes de drap Londres . . . . . | 240 |
| Aux mêmes au premier jour de l'an | 36 |
| Aux Drogmans aussi pour estrenes | 36 |
| | En tout 18202 pias. |

Le Trésorier paye toutes les dépenses qui se font à la Porte & à Constantinople, tant pour les présens que pour les voyages d'Andrinople & autres, qu'il rembourse à l'Ambassadeur, & à Smyrne au Consul.

Le Vice-Trésorier qui réside à Constantinople, envoye à Smyrne au Trésorier le mémoire des dépenses qu'il a faites, qu'il lui rembourse après avoir été examinées & approuvées par les Assesseurs & la Nation. On appelle cette Assemblée, l'Assemblée des Assesseurs.

L'Ambassadeur est tenu de payer le loyer de sa maison, où il donne une chambre pour tenir la caisse de la Nation. Il est aussi obligé de payer le Chancelier, les Drogmans, & les Janissaires de Constantinople, & toutes autres dépenses qui regardent son entretien, sa bouche, & ses domestiques.

Le Consul de Smyrne est obligé aux mêmes choses, à la réserve des appointemens du Chancelier, du Ministre, des Drogmans, & des Janissaires, qui sont payés par le Trésorier, des deniers de la caisse. Si cependant il veut bien nourrir le Chancelier, celui-ci doit lui servir de Secretaire & faire toutes ses écritures; & lorsqu'il reçoit le Ministre à sa table, ce dernier lui paye soixante piastres au lion pour sa nourriture. Le Ministre & le Chancelier sont nommés par les Directeurs d'Amsterdam.

Les Directeurs du Levant résidans à Amsterdam, sont au nombre de dix-sept. Par leur institution, il devroit y en avoir trois de chaque Province; mais l'usage a emporté que quelques-unes n'en ont que deux, & d'autres seulement un. Ils prennent la qualité de Ministres ou Conseillers près les Etats Généraux pour les affaires du Levant; & c'est en effet eux qui sont consultés sur tout ce qui regarde ce Commerce, & qui en décident presque souverainement, quoique sous l'autorité des Etats. Aucune rétribution n'est attachée à leur emploi, qui n'est qu'une place d'honneur, où les Etats Généraux qui les choisissent, ne nomment que les Marchands les plus habiles, & qui ont le plus de crédit.

Le Trésorier de Smyrne envoye tous les ans aux Directeurs un compte de toutes les dépenses de l'année, & un autre de la recette des droits de Consulat, avec le bilan de la caisse. Le premier compte contient les appointemens, les avanies, les présens, l'expédition des Messagers, enfin généralement tout ce qui a été dépensé pour le service de la Nation & l'utilité de son Commerce, pourvû que la Nation, le Consul, & les Assesseurs l'ayent ordonné, ou du moins approuvé. On met aussi au nombre des dépenses un tapis de moquette de la valeur de quinze piastres, que le Trésorier, suivant un ancien usage, a coutume de donner aux Capitaines & Commandans des vaisseaux Marchands à leur départ. On envoye aussi aux Directeurs par la premiere commodité qui se trouve après le départ du convoi, la copie des manifestes ou déclarations de tous les navires, & les comptes en détail de tous les droits de Consulat qu'on a exigé, soit de ceux qui ont chargé, soit de ceux qui ont reçû des marchandises; le tout bien examiné & certifié par les Assesseurs; & s'il s'y trouve quelques erreurs au désavantage de la caisse, le Trésorier en reste responsable.

Tous les deniers qui restent en caisse, les dépenses préalablement payées & acquittées, demeurent à Smyrne entre les mains du Trésorier. Les Directeurs les ont quelquefois fait venir à Amsterdam, & sembloient vouloir établir cet usage pour toujours; mais la Nation en ayant porté ses plaintes aux Etats Généraux, & soutenant que l'excédent de la caisse devoit aller à son profit en diminuant le droit de Consulat, puisqu'elle en soutenoit l'augmentation quand le cas écheoit, les Etats ordonnerent qu'à l'avenir l'excédent des fonds resteroit au Levant, pour être employé à diminuer les charges de la Nation.

Il y a à Smyrne huit ou dix Maisons considérables de Marchands ou de Commissionnaires Hollandois qui soutiennent tout le Commerce.

Il est permis à tous les Sujets de la République de charger des marchandises pour le Levant, soit que les Armateurs veuillent se mettre sous la protection du convoi, soit qu'ils se déterminent de faire le voyage en particulier. La seule chose qu'il faut observer, est que les vaisseaux soient de vingt-huit canons & de cinquante hommes d'équipage, tant en paix qu'en guerre.

Pour l'observation de ce Réglement, il y a un Commissaire établi au Texel pour visiter tous les vaisseaux qui s'expédient pour le Levant; & s'ils sont armés en contravention, les Capitaines qui les commandent sont condamnés à deux mille écus d'amende pour la premiere fois; & en cas de récidive, outre l'amende de deux mille écus, ils sont cassés, & les navires restent en séquestre jusqu'à ce qu'on les ait pourvûs de nouveaux Capitaines.

Lorsqu'il part un convoi, les Directeurs du Levant demandent aux Commissaires de l'Amirauté le nombre de vaisseaux que les Marchands, les Capitaines, & les Propriétaires des navires qui composent ce convoi jugent néceſſaire pour lui ſervir d'eſcorte ; ce qui leur eſt toujours accordé ; l'armement s'en faiſant aux dépens de l'Amirauté même, à cauſe du droit d'un pour cent de la valeur du chargement des vaiſſeaux, qu'elle a coutume de recevoir de tous ceux qui entrent dans les Ports de l'Etat, ſoit ſous convoi, ſoit ſans convoi.

Les convois qui vont au Levant touchent ordinairement dans toutes les Echelles d'Eſpagne, de Genes, Livourne, Naples, & Meſſine, & y demeurent autant de jours qu'il eſt néceſſaire pour décharger & charger ; ce qui eſt pourtant réglé.

Ils ſuivent le même ordre quand ils ſont à Smyrne ; mais s'il arrive que les vaiſſeaux marchands ne puiſſent être prêts dans le tems marqué, qui eſt ordinairement de quatre-vingt-dix jours en tems de paix, en ce cas les Négocians de Smyrne & les Capitaines des vaiſſeaux marchands préſentent une Requête au Conſul, au Tréſorier, & aux Aſſeſſeurs, afin d'obtenir du Commandant du convoi de reſter encore ſur l'Echelle autant de tems qu'ils en ont beſoin pour leurs expéditions ; ce que le Commandant accorde s'il le trouve à propos ; lui étant toutefois permis de mettre à la voile, s'il ne l'accorde pas.

Lorſque le Commandant fait quelque difficulté de différer le départ du convoi, à cauſe des ordres précis qu'il a de l'Amirauté, d'obſerver réguliérement les ſtaries, c'eſt-à-dire, les jours marqués pour reſter ſur l'Echelle, toute la Nation a ordinairement coutume de s'obliger envers lui, non-ſeulement de l'indemniſer de la dépenſe du retardement que l'on pourroit rejetter ſur lui, mais encore des reproches qu'on pourroit lui faire à ſon arrivée en Hollande de n'avoir pas ſuivi exactement les ordres.

En effet, au retour des convois les Commandans remettent un journal de leurs voyages entre les mains du Procureur Général de l'Amirauté ; lequel n'approuvant pas les ſtaries faites extraordinairement, en rejette toute la dépenſe ſur le compte des Commandans, qui ſeroient tenus de la payer, ſi, comme on vient de le dire, ils n'avoient pas l'indemnité de la Nation.

C'eſt encore le Procureur Général de l'Amirauté qui informe contre les Capitaines des vaiſſeaux de guerre qui ont fait la contrebande, en chargeant des marchandiſes ſur leurs bords ; & c'eſt à ſa réquiſition qu'ils ſont condamnés à l'amende pour cette contravention, qui eſt une des plus ſévérement défendues & punies. Il eſt vrai qu'il leur eſt permis de charger de l'argent ou en eſpeces ou en barres, à cauſe qu'elles n'embaraſſent gueres les vaiſſeaux, en cas qu'ils ſe trouvaſſent obligés au combat pour défendre le convoi & le mettre en ſureté.

Comme il peut arriver que les vaiſſeaux de guerre ſoient ſéparés des vaiſſeaux marchands qu'ils convoient, par quelque fortune de mer, l'Amirauté a coutume de choiſir parmi les Capitaines qui commandent ces derniers, des Commandans en premier & en ſecond, à qui tous les autres ſont obligés d'obéir, tant que le convoi eſt ſéparé de ſon eſcorte.

Les vaiſſeaux du convoi, & généralement tous ceux qui viennent à Smyrne ſous la banniere de Hollande, payent d'ancrage quatre-vingt piaſtres au lion, qui ſont diſtribuées partie au Cady & au Gouverneur de Château, & partie aux Drogmans & aux Janiſſaires de la Nation. Il s'en réſerve auſſi quelque choſe pour les Eſclaves & pour l'entretien du Prêche & du Cimetiere. Cette diſtribution ſe fait par le Conſul, qui en diſpoſe à ſa volonté.

La Nation ſe défend autant qu'elle peut de prêter ſes vaiſſeaux aux Turcs ; & lorſque ceux-ci en font la demande, les Capitaines s'en excuſent ſous le prétexte du prix de leurs navires, & même du fret qu'ils veulent qui ſoit auparavant mis en dépôt ; ce qui en dégoute les Turcs. Il eſt néanmoins quelquefois arrivé qu'on les ait pris par force ; ce qu'on eſt obligé de ſouffrir, crainte de plus grandes avanies.

On a paſſé aſſez légérement ſur quelques articles de ces Réglemens, à cauſe qu'on en traite plus amplement dans d'autres endroits de ce Dictionnaire. *Voyez l'article général du Commerce, où il eſt parlé de celui des Hollandois en général, & du Levant en particulier. Voyez auſſi l'article des Compagnies Hollandoiſes de Négoce.*

### *Réglement & police de la Nation Angloiſe au Levant.*

Il y a une Compagnie établie en Angleterre, pour la direction du Commerce de la Nation Angloiſe au Levant. Elle eſt compoſée d'un Préſident, de ſix Directeurs, & de vingt-quatre Conſeillers. Le Préſident, qu'on appelle Milord Gouverneur, eſt nommé par le Roi ; les Directeurs & les Conſeillers ſont élus à la pluralité des voix, par les Marchands qui compoſent le Corps de la Compagnie.

L'autorité du Gouverneur & des Directeurs eſt ſouveraine, mais ſeulement pour ce qui regarde le Commerce de la Compagnie. On en parle ailleurs très amplement. *Voyez l'article des Compagnies Angloiſes de Commerce.*

Les Ambaſſadeurs & les Conſuls ſont nommés par le Gouverneur & les Directeurs ſous le bon plaiſir de Sa Majeſté Britannique. Leurs Charges ne ſont que pour cinq ans ; mais ils peuvent être continués pour cinq autres années, & même davantage.

Les Chanceliers ſont à vie, & les Tréſoriers ſeulement pour deux ans. En cas de mort des uns & des autres, il eſt pourvû à leurs emplois par l'Ambaſſadeur & les Conſuls, ſous le bon plaiſir de la Compagnie.

Ces principaux Officiers, auſſi bien que tous les Officiers ſubalternes, & ceux qui ſont du Corps de la Compagnie qui s'établiſſent au Levant, ſont tenus de faire ſerment d'obſerver les Réglemens.

Tous les droits de Conſulat ſe levent au profit de la Compagnie, qui a ſes Tréſoriers pour en faire la recette. Ces Tréſoriers ſont choiſis par la Direction d'Angleterre ; mais ils rendent leurs comptes pardevant des Auditeurs nommés par l'Ambaſſadeur ou les Conſuls, avec le conſentement du Corps des Marchands de la Nation réſidans dans les Echelles. Les droits ſe levent ſur le pied de deux pour cent, tant d'entrée que de ſortie.

Les appointemens du Gouverneur de la Compagnie, des Directeurs, de l'Ambaſſadeur, des Conſuls, des Vice-Conſuls, des Tréſoriers, des Drogmans, des Chanceliers, des Janiſſaires, &c. ſont payés du provenu des droits de Conſulat. Le ſurplus, s'il s'en trouve, s'incorpore au fonds de la Compagnie ; & au contraire ſi la recette ne peut porter les charges, les droits s'augmentent à proportion du beſoin.

On augmente auſſi les droits de Conſulat, quand les avanies qui ſurviennent ſont trop conſidérables pour être payées ſur le produit des droits ordinaires ; ce qu'on fait afin de libérer entiérement la Nation, & qu'elle ne ſoit point obligée de ſe charger d'aucun intérêt.

Il eſt défendu aux Marchands Anglois de vendre

aucunes marchandises à perte, sans le consentement du Corps de la Nation. Il ne leur est pas non plus permis d'en vendre aucunes à crédit aux Turcs, aux Juifs, aux Grecs, & aux Arméniens.

Il ne se peut aussi faire aucune vente de Marchand à Marchand ; toutes les négociations de Commerce ne devant se traiter & se conclure que par l'entremise des Censaux ou Courtiers.

Toutes les marchandises qui viennent d'Angleterre doivent être des meilleures qualités, particuliérement les draperies ; la Nation veillant avec une grande attention à soutenir la réputation de ses Manufactures.

Quand il se trouve dans les Echelles une trop grande quantité de quelque sorte de marchandise, on en suspend quelquefois le Commerce pour un tems ; quelquefois aussi on fixe le prix de certaines especes de marchandises ; ce qui ne se fait cependant jamais sans l'avis des Directeurs, & seulement dans une Assemblée de la Nation, dont les résolutions demeurent d'autant plus secretes, que si quelqu'un les révéloit, il seroit chassé honteusement de la Compagnie & des Echelles.

Aucune Assemblée ne peut se tenir qu'en présence de l'Ambassadeur & des Consuls, chacun dans le lieu de sa résidence ; & en cas d'absence ou de légitime empêchement des premiers Officiers, le plus ancien de la Compagnie, établi dans le lieu de l'Assemblée, y préside. Les jeunes Marchands au-dessous de vingt-cinq ans ont droit d'y assister ; mais ils n'y ont voix délibérative que lorsqu'ils ont atteint l'âge de majorité.

Les Ecrivains des vaisseaux sont obligés de remettre des manifestes ou déclarations fidéles des chargemens, à peine d'être punis comme Contrebandiers, & chassés du service.

On préfere de prendre des marchandises de ceux de la Compagnie qui ont des Fabriques, parce que si elles se trouvent de mauvaise qualité à leur arrivée au Levant, les Manufacturiers font bon du dommage, sur les attestations en forme qu'on leur en fournit.

Quand les Anglois sont en paix, ils hazardent d'envoyer des vaisseaux sans escorte. En tems de guerre la Compagnie obtient des convois.

Les vaisseaux Anglois qui se trouvent au Levant, & qui ont servi à porter des Passagers & des marchandises d'une Echelle à l'autre pour le compte des Sujets du Grand-Seigneur, ne peuvent se charger en Levant de marchandises fines pour porter en Chrétienneté.

Ils peuvent se noliser en Italie & en Provence, tant aux Italiens & Provençaux, qu'aux Juifs, Arméniens, & autres, ou y charger pour leur propre compte, si bon leur semble, en payant le Consulat suivant la coutume ; mais si ces vaisseaux apportent des draperies d'Angleterre, de l'étain, du plomb, & autres telles marchandises, ils en payent vingt pour cent au Trésorier de la Compagnie.

Tous les Etrangers qui chargent des vaisseaux Anglois pour le Levant, aident à payer les avanies qui sont sur l'Echelle où ils arrivent ; ce qui pourtant ne s'exige pas à la rigueur : Mais à l'égard des marchandises que les Facteurs ou Marchands des Echelles reçoivent sur les bâtimens étrangers venant d'Espagne, d'Italie, de France, de Barbarie, & de Turquie même, elles ne sont sujettes qu'aux droits ordinaires de Consulat, & non pas aux avanies qui peuvent être survenues à la Nation.

Toute avanie qui regarde la Nation en général est payée par la Compagnie. Les avanies particuliéres se payent par ceux qui se les sont attirées par leur mauvaise conduite.

Tous les gages des Officiers se payent par les Trésoriers ; sçavoir :

A l'Ambassadeur, dix mille piastres Espagnoles.

Au Consul, deux mille piastres d'appointemens ; plus, mille pour menues dépenses, & cinq cens pour gratification.

Au Trésorier, six cent piastres.

Au Chancelier de Constantinople, pareille somme de six cent piastres ; & à ceux de Smyrne & d'Alep, deux cent piastres chacun, outre leurs émolumens.

Aux Drogmans de Smyrne, quatre cent piastres au premier, trois cent au second, deux cent au troisiéme, & cent au quatriéme. Ils ont outre cela chacun une veste le premier jour de l'an.

Aux Janissaires, chacun cinq piastres & demie par mois.

Au Ministre, deux cent piastres outre sa nourriture à la table du Consul, qu'on paye au Consul, à raison de cent quatre-vingt piastres par an, pour lui & son valet.

On paye aussi la nourriture du Chancelier, comme celle du Ministre.

Les bâtimens Anglois, ou ceux qui viennent sous la banniere d'Angleterre, payent trente piastres pour droits d'ancrage : de cette somme il n'y en a gueres que quatre piastres & demie pour les Officiers du pays.

Enfin, l'on peut voir ci-dessus, aux Titres du Commerce d'Angleterre, de Hollande, de Genes, & de Venise, plusieurs particularités de celui que les Anglois, Hollandois, Génois, & Vénitiens, font au Levant.

## COMMERCE DE SMYRNE.

La grande quantité de vaisseaux d'Europe, qui abordent à Smyrne, & les nombreuses caravannes, qui y arrivent d'Asie, en ont toujours fait, & en font encore la Ville du plus grand Commerce de tout le Levant ; pour lequel elle est heureusement située dans un golfe de l'Archipel, dans cette partie de la petite Asie, que les Grecs appelloient Ionie, & que l'on nomme présentement Natolie.

Le Port de cette Ville, si célébre pour son Commerce, peut contenir plusieurs flottes ; & l'on y voit toujours plusieurs centaines de vaisseaux de diverses Nations.

La plupart des principaux Marchands Etrangers y ont de belles & commodes maisons en propre ; & l'on ne peut rien de plus superbe, & de plus magnifique, que la demeure des Consuls, qui sont presque tous logés proche de la mer.

Les Particuliers qui n'y restent pas long-tems, ou qui veulent épargner la dépense, ont la commodité des kans, qui sont comme autant de grandes hôtelleries, où peuvent loger jusqu'à mille personnes, & où chaque chambre ne se loue que sur le pied d'une piastre par mois.

Il y a deux Douannes à Smyrne ; l'une, qui est la plus grande, qu'on appelle la Douanne du Commerce, où se payent les droits de la soie, & des autres marchandises, que les Arméniens apportent de Perse, & de celles que les Nations Chrétiennes y déchargent, ou embarquent pour leurs retours ; l'autre, qu'on nomme la Douanne de Stamboul, ou Constantinople, ne regarde que le Commerce de cette Capitale de l'Empire Ottoman, de Salonique, & autres lieux de la Turquie.

Les caravannes ont des tems & des saisons fixes pour leur arrivée & pour leur départ; & c'est aussi sur quoi se reglent les Nations d'Europe, pour faire les envois de leurs vaisseaux; afin que les Asiatiques puissent emporter les marchandises du Ponent, & les Européens se charger pour leurs retours de celles de l'Asie.

Des Nations de l'Asie, ce sont les Arméniens qui font le plus grand Commerce à Smyrne; les caravannes de Perse en étant presque toutes composées; & y en ayant plus de douze mille établis dans cette Ville.

A l'égard des Nations d'Europe, les Anglois y sont les plus considérés, & le plus favorablement traités: les Hollandois y envoyent le plus de vaisseaux: les François y sont en plus grand nombre, & pour cela même se nuisent davantage les uns aux autres.

Les Marchands de Ligourne y font aussi un assez bon négoce: ceux de Venise un peu moins: les Genois, malgré les grands frais qu'il leur en a couté, pour trafiquer sous leur propre banniere, presque rien: & les Messinois, depuis environ l'année 1660, rien du tout.

Les vaisseaux François partent ordinairement de Marseille: leur nombre va, année commune, jusqu'à dix navires, sans compter trois ou quatre barques, ou polacres.

Leur chargement consiste en piastres, en draps de Carcassonne, de Sapte, & de Dauphiné, en perpetuanes, ou serges Impériales; en bonnets, en papier, en cochenille, en tartre, en verdet, en indigo de Saint-Domingue & de Guatimala, dont le premier vaut toujours dix à treize sols par livre plus que l'autre; en étain, en bois de teinture, en épiceries, & en sucre.

Les retours étant presque les mêmes pour toutes les Nations de l'Europe, qui trafiquent à Smyrne, on n'en fera qu'un seul article, qui aura place plus bas.

On estime que l'Echelle de Smyrne peut consommer par an, des marchandises que les vaisseaux François y apportent 150 balles de draps Londrins seconds.

100 balles de Londres larges.

100 balles d'Impériales des Sevennes, & non pas du Givaudan.

1500 ocques de cochenille, revenant à quatre mille cinq cent livres, poids de France.

200 caisses de bonnets de toutes sortes, de soixante à quatre-vingt douzaines la caisse.

600 ballons de papier de pliage.

30 caisses de papier à écrire, de vingt-quatre rames la caisse.

500 quintaux d'indigo de l'Amérique.

300 quintaux de sucre, ou de cassonade des Isles.

Si l'on compare le Commerce que les François font présentement dans cette Ville, avec celui qu'ils y faisoient autrefois, à peine y reconnoîtra-t-on quelque légere trace de cet état si florissant, qui causoit la jalousie de toutes les Nations de l'Europe.

Un Auteur célébre a remarqué, que ce n'est gueres que depuis le milieu du dix-septiéme siécle, que ce négoce de la Nation Françoise a commencé à tomber; & il en apporte trois raisons, auxquelles on peut en ajouter une quatriéme, qui est de l'Auteur du Parfait Négociant.

Pour commencer par celle-ci, M. Savary prétend, que le plus grand & le plus sûr négoce des François à Smyrne ayant toujours consisté dans leurs draps qui y étoient fort estimés, il est tombé nécessairement aussi-tôt que l'on s'est apperçû des mauvaises teintures, & des fausses largeurs des draperies de Rouen, qui y avoient le plus de cours; surtout quand les Levantins en ont pû faire la comparaison avec celles d'Angleterre, & de Hollande, qui ne se sont jamais démenties, ni pour la bonté de la teinture, ni pour la fidélité des largeurs. Il croit pourtant que les draps de Carcassonne & de Sapte pourroient rétablir l'honneur & le Commerce des François à Smyrne pour ces marchandises, si les Manufacturiers y vouloient travailler avec quelque attention.

A l'égard des raisons que l'autre Auteur rapporte du dépérissement du Commerce des François, il prétend:

1°. Que ce sont les fréquentes avanies, que l'indiscrétion de quelques Ministres de France à la Porte, ou la mauvaise conduite des Marchands de la Nation lui ont souvent attirées, & qui ont monté à des sommes qu'on auroit peine à croire.

2°. Le décri des pieces de cinq sols, dont le négoce avoit commencé vers l'an 1656, & qui dura treize ans, dans lequel les François avoient d'abord gagné cent pour cent, les donnant sur le pied de dix sols; mais qui ayant été dans la suite considérablement altérées, particuliérement par les Italiens, furent enfin décriées dans tous les Etats du Grand-Seigneur; ce qui ruina la plupart des Provencaux, des Genois, & des Marchands de Ligourne, qui s'en trouverent les plus chargés.

Enfin, le trop grand nombre de Marchands François, qui sont établis à Smyrne, & la jalousie qui regne entr'eux, dont les Anglois & les Hollandois ne sçavent que trop bien profiter, est une troisiéme raison de la chute de leur Commerce.

Autant que le Commerce des François à Smyrne s'est affoibli, autant celui des Anglois y a pris de force, & y a fleuri.

Les vaisseaux Marchands, qui partent d'Angleterre pour Smyrne, y vont toujours sous l'escorte d'un convoi de deux vaisseaux de guerre de la Compagnie du Levant, établie à Londres.

Le nombre des navires chargés de marchandises n'est pas fixé; & on l'augmente ou diminue, suivant que cette Compagnie apprend que les magasins Anglois sont pleins ou vuides de marchandises.

On estime que leur Commerce dans les Etats du Grand-Seigneur monte à plus de sept ou huit millions par an, & qu'ils y envoyent près de trente mille pieces de drap. Les autres marchandises qu'ils y portent sont, du poivre, de l'étain, & du plomb; mais sur-tout beaucoup d'argent en especes, qu'ils tirent particuliérement d'Espagne & d'Italie. Leurs retours se font des marchandises dont on parlera dans la suite.

La Compagnie Angloise est d'une espece particuliere. Ce n'est point une Société, dont plusieurs personnes contribuent à faire les fonds, mais une simple association, où les Associés n'ont rien de commun, que l'octroi & la régie qui se fait en général, & à laquelle chaque Particulier est tenu de s'assujettir.

Son établissement & sa discipline sont si singuliers, qu'ils méritent bien qu'on en traite en détail: mais c'est ce qu'on fera plus commodément à un autre endroit. *Voyez* COMPAGNIE, *où il est parlé de celle d'Angleterre.*

On

On n'oubliera pas cependant ici un des plus sages Réglemens de cette Compagnie, à qui peut-être la jalousie & la division des François a pû donner lieu : c'est que dans l'appréhension que la vûe d'un profit particulier n'excite les Marchands Anglois établis à Smyrne, ou dans les autres Echelles, à augmenter ou diminuer à leur gré le prix des marchandises d'Angleterre, ou à trop se charger de quelques-unes du Levant, on leur envoye tous les ans un tarif des prix auxquels ils doivent vendre les unes, & un second, de la quantité qu'on leur ordonne d'acheter des autres. *Voyez ci-dessus, au Titre du* COMMERCE D'ANGLETERRE, *les autres particularités de celui que les Anglois font à Smyrne.*

On a peu de chose à dire ici du Commerce des Hollandois à Smyrne; en ayant été traité amplement au titre de celui de Hollande : on ajoutera seulement, que c'est presque le seul endroit du Levant, où ils fassent Commerce; mais aussi que ce sont eux qui y font le plus d'affaires; moins à la vérité par la quantité de leurs draps, de leurs épiceries, & autres marchandises qu'ils y apportent, quoique leurs cargaisons en soient toujours considérables, que par les profits qu'ils font sur leur argent; qui pourtant n'est gueres de meilleur aloi, que les pieces de cinq sols dont on a parlé; leurs quarts d'écus étant presque tous faux.

Les navires Hollandois, qui sont particuliérement frettés pour Smyrne, ne passent pas ordinairement le nombre de douze. Ils vont toujours en deux escadres, qui partent à quelques mois l'une de l'autre, & qui ont des vaisseaux de convoi. Le tems qu'ils restent à débiter leurs marchandises du Ponant, & à prendre leur charge de celles d'Asie, est de quatre ou cinq mois; mais à leur retour ils touchent en quelques lieux d'Italie, & principalement à Ligourne, où ils ont de grandes correspondances, & un grand Commerce, & où ils abordent aussi, en venant à Smyrne.

Les Ligournois envoyent tous les ans quatre vaisseaux & deux polacres à Smyrne; les Venitiens, deux ou trois; & de tems en tems on en voit aussi quelques-uns de Genes.

Le chargement des navires de Ligourne se fait de draps, de satins, de cochenille, de plomb, d'étain, & d'épiceries, qu'ils reçoivent des Hollandois. *Voyez ci-dessus le* COMMERCE *de Ligourne.*

Les Venitiens composent leur cargaison de draperies, qui sont toujours bonnes pour Constantinople, mais peu pour la Perse : des brocards, des satins, des perles fausses, des glaces de miroirs, des verres à vitres, &c. *Voyez plus haut le* COMMERCE *de Perse.*

Enfin, lorsqu'il y va quelque vaisseau Genois, sa charge ne consiste qu'en especes, qui ont cours à Smyrne; & en toutes sortes d'étoffes de soie de leur fabrique. *Voyez aussi le* COMMERCE *de Genes.*

Les marchandises que l'on tire du Levant, & particuliérement de Smyrne; sont, les soies, les poils de chévre & de chameau, soit filées, soit non filées, & ceux qu'on appelle Torts : diverses toiles de coton blanches ou peintes : des mousselines, dont il y en a avec des broderies d'or, d'argent, & de soie, inimitables au reste des Ouvriers de l'Europe : du coton en laine ou en fil : des cuirs passés, soit cordouans, soit maroquins : d'autres cuirs en poil, & non apprêtés, buffles, bœufs, & vaches : des camelots de couleur; des laines, entr'autres de celles de Caramanie : de la cire, de l'alun, des noix de galle, du bois de buis, du raisin de Corinthe, des avelanedes, des vaquettes : quantité de drogues, comme du galbanum, de la rubarbe, de la semencine, de l'hippoponax, de la tutie, de l'ambre, du musc, du lapis pour faire l'outremer : diverses gommes, telles que l'agaric & l'adragant.

On en tire aussi du sel armoniac, de la scamonée, de l'opium, du mastic, du storax, du saffran, du savon, des tapis de plusieurs especes; enfin, des perles, des diamans, des rubis, des émeraudes, & autres pierres précieuses : mais à l'égard de cette jouaillerie, elle ne se vend qu'en cachette par les Arméniens, qui les ont apportées avec les caravannes, & qui le plus souvent viennent eux-mêmes en faire le débit en Chrétienté, ainsi qu'on parle dans le Levant.

De ce grand nombre de marchandises, il n'y a gueres que la scamonée, l'opium, & les noix de galle, qui soient, pour ainsi dire, du crû de Smyrne, & qui se cultivent ou se recueillent aux environs de la Ville : mais les autres y sont apportées de tant d'endroits, & en si grande abondance, & les boutiques y sont toujours si bien remplies, qu'on diroit que toute la Ville n'est qu'un seul bazar, où il se tient une foire continuelle, dans laquelle se trouve sans cesse tout ce qu'on peut souhaiter pour les besoins ordinaires, & même pour le luxe.

Il y a des années que l'on achete à Smyrne jusqu'à sept à huit cent balles de soie, trente milliers de rubarbe, & quatre à cinq mille balles de laine.

L'on ne dira rien ici de particulier de toutes ces marchandises, en étant traité de chacune dans leur propre article; & plus amplement que d'aucune autre, des soies & des laines.

En général, le plus grand débit que les Nations Chrétiennes fassent de leurs marchandises à Smyrne, est celui de leurs draperies; & leur plus grand achat des marchandises du Levant, celui des soies, & des poils de chévre, de chameau, & de testic ou chevron.

Les draps qu'on y porte, sont de trois sortes; les Londrines, les Nins-Londrines, & les Londres.

Les Londrines sont les draps de Hollande, desquels les plus fins passent à Constantinople & à Andrinople; & les plus gros restent à Smyrne, ou sont envoyés dans quelques autres Echelles du Levant. Ceux de France, qui se fabriquent à Sapte en Languedoc, passent aussi pour Londrines.

Il ne faut que des draps de couleur pour le Levant; mais elles sont differentes, suivant qu'on les destine pour la Perse ou pour Smyrne.

Les couleurs pour Smyrne sont, l'écarlate, ou rouge-cramoisi, le violet, le pourpre, le verd, & la couleur de prince, & canelle : & celles pour Perse sont, l'isabelle, la feuille-morte, le jaune, le citron, l'orangé, la couleur de chair, le celadon, le pourpre clair, la couleur de rose, & l'incarnadin; quelquefois l'amarante, le gris de perle, le bleu, le gris de plomb, & l'écarlate. La proportion de ce qu'il faut de balles de draps pour ces deux destinations, sont seulement d'un cinquiéme pour la Perse, & des quatre cinquiémes pour Smyrne.

Les draps Nins-Londrins sont les draps les plus fins d'Angleterre, & qui sont tous faits de laine d'Espagne. Les couleurs propres pour le Levant, sont le violet, le verd-brun & naissant, le bleu céleste, le pourpre, & le cramoisi. Il faut pour la Perse les mêmes couleurs que des Londrines. Les François font des draps à Carcassonne, qui approchent des Nins-Londrins, & qu'ils débitent sous leur nom.

Les Londres sont aussi des draps d'Angleterre, mais d'une plus basse qualité. Le menu peuple s'en habille à Smyrne; les Anglois y en vendent, ou en troquent de cette sorte plus de sept ou huit mille pieces par an.

Il y a en Languedoc & en Dauphiné, des Manufactures de cette qualité de draps, qui s'envoyent aussi au Levant, & qui s'y vendent pour Londres.

Les assortimens pour la Perse, sont les mêmes que des Londrines; & ceux pour Smyrne; sont, le bleu, le verd, & le violet.

La consommation des Londres étant à peu près égale dans les deux endroits, il faut partager les envois, & en faire autant pour la Perse, que pour Smyrne.

La rotte ou rotton, le batteman, l'ocos, & le chequis, sont les poids dont on se sert à Smyrne; mais non pas indifféremment, chacun de ces quatre poids étant propre à certaines especes de marchandises.

Les cotons se pésent à la rotte; les soies au batteman; les laines, les fils de chévre, les épiceries, les drogues, l'étain, les cordouans, à l'ocos; & le poil de chevron ou testic, au chequis.

Le pic est la seule mesure pour les longueurs, & qui est commune non-seulement aux draps, aux camelots, & autres étoffes, & à toutes les sortes de toiles, mais encore aux maroquins jaunes & rouges, & aux tapis de Perse.

Ces deux dernieres especes de marchandises se mesurent au pic quarré. *Voyez ces poids & mesures à leurs articles.*

Le change baisse ou augmente à Smyrne, comme par tout ailleurs, suivant la situation des affaires. Quand les marchandises sont à un prix extraordinaire, il y a une perte de quinze à vingt pour cent; & quand il y a du profit sur les marchandises, le change est quelquefois au pair, & assez souvent à trois ou quatre pour cent de bénéfice.

Le change maritime se fait de six à huit pour cent, & le Porteur en court les risques.

Le change de Smyrne à Constantinople, perd un à deux pour cent.

Les droits d'entrée & de sortie, qu'on appelle Droits d'Ermin, sont différens, suivant les différentes Capitulations des Nations Chrétiennes avec la Porte. Les Anglois, par celles qu'ils obtinrent pour la premiere fois en 1599, n'en ont toujours payé que trois pour cent.

Les François, quoique les plus anciens Alliés du Grand-Seigneur l'ont payé long-tems sur le pied de cinq pour cent: & ce n'est qu'en vertu des Capitulations renouvellées en 1673, par M. de Nointel, Ambassadeur de France, que leur Tarif a été réglé sur celui des Anglois.

Les Nations Chrétiennes, qui ont des Consuls à Smyrne; sont, la Françoise, l'Angloise, la Hollandoise, la Vénitienne, & la Génoise, qui toutes ont leurs Capitulations, & peuvent y envoyer des vaisseaux sous leurs propres bannieres. Les autres prennent la banniere de France, & sont sous la protection & la jurisdiction des Consuls François.

Il est certain que les Marchands Etrangers sont exposés à de grandes avanies de la part des Bachas, des Gouverneurs, & autres Officiers subalternes de Smyrne, & de toutes les Echelles du Levant; & que souvent même ces Officiers y sont autorisés par le Divan, & par les ordres du Grand-Seigneur.

La Nation Françoise, sur-tout, se souviendra long-tems, & ne se relevera peut-être jamais, de celles qu'elle a payées, pendant que Messieurs de Cesy, de la Haye, & de Nointel, ont été Ambassadeurs à la Porte.

Cependant il n'y a gueres de Commerce qui se fasse avec plus de facilité, & qui soit moins chargé de droits & d'impositions.

L'on a déja remarqué, qu'on ne paye jamais qu'un droit d'entrée; & que quand on l'a une fois acquitté dans quelques-uns des Ports des Etats du Grand-Seigneur, en prenant un certificat du Douanier, il est permis d'en tirer sa marchandise, pour l'aller vendre ailleurs, sans payer de nouveaux droits.

En second lieu, les déclarations fausses du poids, qualité, ou nombre des marchandises, n'est puni ni de confiscation, ni de doublement de droits, comme dans la plupart des Etats des Princes Chrétiens; mais on en est quitte seulement pour payer les droits de ce qui n'a point été déclaré.

Troisiémement, les droits même non-seulement sont très modiques, comme on vient de le dire; mais encore on en obtient souvent quelque diminution, particuliérement sur les marchandises dont les droits se payent par estimation, que les Douaniers Turcs ne font jamais à la rigueur.

Enfin, dans les contestations qui surviennent entre les Marchands pour fait de Commerce, chaque Nation a son Juge naturel; ce qui les tire de la jurisdiction des Cadis, qui, quoique très sommaire, est toujours pleine d'avarice, & souvent d'injustice, quand ce sont des Etrangers qui en doivent être jugés.

Outre le Commerce de Smyrne, il s'en fait encore un assez considérable sur les Côtes qui en sont voisines, & dans quelques Isles de l'Archipel, qui en sont les moins éloignées.

Les bâtimens destinés à ce négoce, ne touchent à Smyrne que pour changer leurs piastres Sevillanes en iselotes, qui sont de meilleur cours dans tous ces endroits.

Les huiles & les blés sont les deux principaux objets du voyage de ces vaisseaux; & Siaty, Ourlac, Merelin, Cassedally, Moscouis, & quelques autres, les lieux d'où les Marseillois en enlevent davantage.

Il y a des années qu'on charge depuis vingt jusqu'à trente mille quintaux d'huile; d'autres seulement quinze mille; & d'autres encore, où le Commerce en est réduit à quatre à cinq mille; & cela suivant que les défenses du Grand-Seigneur, d'en vendre aucunes aux Etrangers, sont plus ou moins exactement observées.

A l'égard des blés, quand la vente en est libre, on en enleve quantité; & même malgré la défense, on en enleva en 1716 jusqu'à 150000 charges pour la Provence.

Tout ce qu'on a dit du négoce de Smyrne, est tiré de tant & de si excellens Mémoires, qu'il sembloit qu'il n'y auroit plus rien à y ajouter. On y va faire cependant deux additions si considérables, que cet article paroîtroit imparfait si l'une ou l'autre y manquoit.

L'une de ces additions est tirée du voyage du Levant du célebre M. de Tournefort, fait en 1702, & imprimé en 1717. L'autre consiste dans un Mémoire sous le titre d'Instructions pour le Commerce de Smyrne, d'autant plus important qu'il est très nouveau, & qu'il servira à rectifier quelques endroits des Mémoires dont on s'étoit servi dans ce Dictionnaire, où l'on a été averti qu'on avoit parlé de certains usages comme subsistans encore, qui cependant étoient abolis avant le commencement du siecle courant.

Pour suivre l'ordre des dattes, on va commencer par l'extrait du voyage de M. de Tournefort; & l'on donnera ensuite les Instructions sans y rien changer, que quelques expressions provençales échappées à l'habile homme qui les a dressées, & qui ne changent rien au fond de la matiere qu'on y traite.

### COMMERCE DE SMYRNE en 1702, *tiré du voyage du Levant de M. de Tournefort.*

SMYRNE, est une des plus grandes & des plus riches Villes du Levant. La bonté de son Port si nécessaire pour le Commerce, l'a conservée & l'a fait rebâtir plusieurs fois, après avoir été renversée & comme ruinée de fond en comble par des tremblemens de terre, auxquels elle est fort sujette. On en compte au moins six jusqu'à la fin du dix-septiéme siécle.

Les vaisseaux marchands abordent à une portée de mousquet de la Ville, d'où l'on porte les marchandises à terre avec des barques & des chaloupes. Son port est d'un excellent ancrage, & est presque toujours plein de toutes sortes de bâtimens, n'y ayant point de Nation d'Europe qui n'y trafique.

Les Arméniens qui y font un négoce très considérable, ne sont qu'au nombre de deux cent, & les Francs à peu près autant.

En 1702 la Nation Françoise étoit composée d'environ trente Marchands bien établis, sans compter plusieurs François qui y faisoient un Commerce moins considérable. La Nation Hollandoise ne consistoit qu'en dix-huit ou vingt Marchands, mais tous riches & très accrédités. Il n'y avoit que deux Genois; encore trafiquoient-ils sous la banniere de France. Les Vénitiens y avoient un Consul sans aucun Marchand de la Nation. Enfin la Nation Angloise y étoit toute seule presque aussi nombreuse que toutes les autres ensemble.

La rue des Francs, qui est le plus bel endroit de la Ville, regne tout le long du port.

Smyrne est un des plus riches magasins du monde; aussi est-elle placée comme au centre du Commerce de tout le Levant, à huit journées de Constantinople par terre, à vingt-cinq journées de caravanne d'Alep, à six de Cogna, à sept de Cutaye, & à six de Satalie.

Les Caravannes de Perse ne cessent point d'arriver à Smyrne depuis la Toussaint jusqu'à la mi-May, & même jusqu'en Juin. Elles y apportent quelquefois plus de deux mille balles de soie par an, sans compter les drogues & les toiles.

On y appelle quelquefois les François, Mercanti di barretti, parce qu'ils ont toujours fait, & font encore un grand commerce de bonnets & de calotes de laine de Marseille.

Les François y portoient aussi quantité de fayence; mais présentement la plupart de celle qui s'y débite, vient d'Anconne.

On estime à Smyrne les fouines de France, surtout celles de Dauphiné: on mêle les plus foncées en couleur dans les fourures avec le samour ou martre zibeline qui y vient de Moscovie: on y employe néanmoins plus de fouines de Sicile que de France; mais celles de France y sont plus cheres, passant ordinairement sur le pied de fouines d'Arménie & de Georgie. Une belle veste de ces fourures mêlées, vaut depuis cinquante jusqu'à quatre-vingt écus.

Tout le Commerce se fait à Smyrne par l'entremise des Juifs, & l'on ne sçauroit rien vendre ni acheter, qui ne passe par leurs mains.

## INSTRUCTIONS *pour le Commerce de* SMYRNE.

Quoique l'on donne ici ces Instructions toutes entieres & non par extrait, on a crû devoir mettre à la tête pour la commodité du Lecteur une espece de Table des différentes matieres qui y sont traitées, afin que sans avoir besoin de les parcourir toutes, on puisse trouver d'abord ce qu'on a envie de sçavoir.

TABLE:

ont sur les Commissionnaires, avec une Table qui montre le profit que le premier fait sur le poids des marchandises.

20°. Une Table du poids de Smyrne & de son évaluation à celui de Marseille, depuis un rotton jusqu'à cent.

21°. Tarif pour les droits de la Douanne de Smyrne tant pour l'entrée que pour la sortie, suivant l'ordre alphabétique.

22°. Tarif pour les droits de poids, qui se payent sur les marchandises qui y sont sujettes.

23°. Tarif des nolis de Smyrne à Livourne.

24°. Primages.

25°. Instruction pour la qualité des marchandises du pays, particuliérement des soies; du fil de chevre d'Angora, des filés de Caragach, des cotons en laine, des laines de mouton, des galles, de la cire, du mastic, de la scamonée, de la rubarbe, de l'opium, de l'agaric, de l'aloes, du lapis, de la tutie, de la gomme adragant, de la gomme armoniac, de la gomme Arabique, des tapis à pic, des tapis mousquets, des tapis cadennes, des moncayards, des camelots rouges & blancs, des escamittes, des demittes, des demittons, des boucassins, des cambrasines, des bengales, des lisatz, des Indiennes, des seronges, & des chaferquanis.

26°. Réduction du poids de France en celui de Turquie & de Livourne; & celui de Turquie en l'un & en l'autre, avec la réduction des aunes en pics.

27°. Usage sur l'achat des huiles.

28°. Usage sur l'achat des bleds.

29°. Usage sur l'achat du ris.

Il faut remarquer que chacun de ces 29 titres répond à autant d'articles qui font la division des matieres contenues dans ce Mémoire.

## ARTICLE PREMIER.

### *Des Poids & Mesures.*

Toutes les marchandises se pesent à rottons, dont l'un est composé de 180 dragmes du pays; lesquels rottons suivant la qualité des marchandises, sont réduits en ocques, chequis, battemens; sçavoir, l'ocque composé de 400 dragmes, & le battement de 6 ocques: à l'égard du chequis suivant la marchandise, il est composé ou de 2 ocques, de 250 dragmes, ou de 120 dragmes, comme on verra ci-après.

*Marchandises qui s'achetent à rottons.*

| | |
|---|---|
| Amandes. | Encens. |
| Anis. | Estaing. |
| Bresil. | Gingembre. |
| Campeche. | Laines. |
| Cassonnade. | Galles. |
| Coton filé & en laine. | Tabac. |
| Cire jaune. | Tarta. |

*Celles qui s'achetent à ocques.*

| | |
|---|---|
| Canelle. | Fil de chevre. |
| Cochenille. | Poivres. |
| Cordouans. | Rubarbe. |
| Escamonées. | Salsepareille. |
| Gérofles. | Semencine. |
| Gomme. | Verdets. |
| Indigo. | Vacquettes. |
| Muscade. | |

*Celles à battemens.*

Soies de toute qualité.

*Celles qui s'achetent à chequis de 2 ocques chacun.*

Testif ou poil de chameau.

*Marchandises qui s'achetent à chequis de 120 dragmes.*

Saffran.

*A chequis, de 250 dragmes chacun.*

Opium.

Le mastic est une drogue que les Fermiers du Grand-Seigneur s'attribuent; ils en font faire des caisses égales de 70 ocques; & ils le vendent à tant la caisse, qui est boulée du cachet du Grand-Seigneur.

*Réduction des rottons aux susdits poids.*

Pour donner une intelligence parfaite de la réduction des rottons en ocques, chequis, & battemens, il ne sera pas hors de propos de supposer quelques achats de marchandises, qui s'achettent aux poids des ocques, chequis, & battemens.

*Du battement.*

Le battement, comme on a déja dit ci-dessus, est composé de 6 ocques, qui font 2400 dragmes ou 13 rottons 66 dragmes; de sorte qu'il faut 7 battemens & demi pour cent rottons.

Achat de trois balles de soies ardasses à piastre 31 ½ le battement pésant; sçavoir:

| | | |
|---|---|---|
| N°. 1 | rottons | 328 |
| 2 | | 320 |
| 3 | | 400 |
| | | 1048 |
| Multiplier par battemens | | 7 ½ |
| | | 7336 |
| | | 524 |
| Battemens | | 78 \| 60 |
| | | \| 24 |
| | | 240 |
| | | 120 |
| Dragmes | | 1440 |

Lesdites 3 balles soies ardasses pésant rottons 1048 rendent 78 battemens 1440 dragmes.

| | | |
|---|---|---|
| 2 dits | 1500 | qu'il faut déduire pour la tarre, chemise & corde, à raison de 2100 dragmes par balle. |
| 75 dits | 2340 | |
| 1 dits | 640 | pour tarre de tête de 40 dragmes le battement. |
| 74 | 1700 | net à 31 ½ le battement, piastres, 2355. 31 |
| | | déduit pour la gramonie à ¾ de piastre par liv. 2. 25 |
| | | piastres 2353. 6 |

## FIL DE CHEVRE

### *De l'ocque.*

L'ocque, comme nous avons déja dit, est composé de 400 dragmes, qui font 2 rottons & 40 dragmes; de sorte que 45 ocques font 100 rottons.

Achat de trois charges fil de chevre d'Angora à 1 ½ piastre, l'ocque pésant, sçavoir;

N°. 1 334 rottons
2 342
3 338 *Nota* que la charge est divi-
1014 sée en deux sacs.

Rottons 1014 bruts
45
5070
4056
Ocques 456|30
4
Dragmes 120

Ocques 456. 120 dragmes brut,
9 tare à trois ocques par charge pour les sacs & cordes.

447 120 net à 1 piastre ½ l'ocque ci piastres 670. 68

On peut réduire les rottons en ocques par une autre régle qui est même plus briéve; sçavoir :
Rottons 1014 multiplier par 4 ½ en coupant
4 ½ une figure, font autant d'ocques.

4056
507
Ocques, 45|63
400
Dragmes, 120|0

L A I N E S D E C H E V R O N S.

*Du chequis de deux ocques chacun.*

Le chequis susdit de deux ocques est composé de 800 dragmes, qui font 4 rottons 8 dragmes; de sorte que 22 chequis ½ font 100 rottons, n'y ayant que le poil de chameau ou laines de chevron, qui se vendent sous ce poids.

Achat de six balles laines de chevron pésant
Rottons 1544, qui multipliés par 22 ½ en coupant 2 figures
22 ½ donneront autant de chequis.

3088
3088
772
Chequis 347|40 Les 40 restant, le mul-
8 tiplier par 8 donneront autant de dragmes.

320 dragmes à 1 piastre ¼ le chequis, piastres 434. 25

*Du chequis de 250 dragmes chacun.*

Les 72 chequis font 100 rottons, n'y ayant que l'opium qui s'achete sous ce poids.

Achat d'une caisse opium à 2 piastres ¼ le chequis, pésent net rottons 337, que multiplierez par 72 en coupant deux figures, donneront autant de chequis.

Opium rottons 337
72
674
2359
Chequis, 242|64
250
3200
128
Dragmes, 160|00

Ladite caisse opium pésant net rottons 337, font 242 chequis, 160 dragmes à piastre 2 ¼ le chequis ci, piastres 545. 94

*Du chequis de 120 dragmes.*

Les 150 chequis de 120 dragmes, font 100 rottons, il n'y a que le saffran qui s'achete sous ce poids.

S A F F R A N.

Achat d'une balle de saffran à piastre 3 ½ le chequis pésant net rottons 122, qui multipliés par 150
150 en coupant les deux figures font de chequis,

6100
122
Chequis, 183|00

Lad. balle saffran pésant net rottons 122; qui font chequis 183 à piastre 3 ½ le chequis, piastres 640. 60

*Du rotton.*

Le rotton, comme on a dit ci-devant, est composé de 180 dragmes. Il est marqué au commencement du premier article toutes les marchandises qui s'achetent sous ledit poids : il faut pourtant observer, que bien que les 100 rottons fassent 45 ocques, on achete les laines, cotons en laine, étain, & anis sous le quintal de 44; de sorte qu'il est d'une ocque moins aux susdites marchandises qu'à toutes les autres, ainsi qu'il s'ensuit à l'achat suivant.

C O T O N S E N L A I N E.

Achat de quatre balles coton en laine à piastre 11 le quintal pésant net rottons 1436 qu'il faudra ajouter pour l'augmentation de l'ocque.
32 ½
1468 ½ net à 11 piastre le quintal, . . . . . piastres 161. 53

1436|44
116 32 ½
28

Par cette division on voit qu'en divisant le poids par 44, le produit fait l'augmentation de l'ocque.

C O T O N S F I L É S.

A toutes les autres marchandises qui se vendent à rottons, on n'y fait aucune augmentation ni diminution de poids comme l'on verra par l'achat suivant.

Six balles cotons filés janequins pésant net, rottons 1039 à 21 piastres le quintal, montent, ci, piastres 274. 89

L A I N E S D E S M O U T O N S F I N E S.

Cette sorte de marchandise, lorsqu'on l'achette, il est toujours censé qu'on doit prendre sur chaque 100 rottons; sçavoir :

Rottons 81, laines fines
14 de noires,
5 de bâtardes,
rottons 100
} à moins qu'on ne s'explique au marché, ce qui ne se pratique pas ordinairement; & quand à la consignation ou réception, il se trouve plus ou moins de laines noires ou bâtardes, qu'on n'est obligé d'en prendre suivant l'usage, l'on observe de rabattre sur la

noire qui se trouve de plus, une piastre par quintal : à l'égard de la bâtarde, elle ne vaut que deux tiers du prix convenu, & sur lesdites laines qui se trouvent de moins, il faut faire bon au vendeur la plus value de la fine, comme on verra par l'achat ci-après de rottons 16864 de diverses qualités : Sçavoir ;

Achat de 50 balles laines pésant avec l'augmentation de l'ocque,

Rottons 16864 net à piastres 8 $\frac{1}{4}$ le quintal,
10000 rottons laines fines,
864 rottons de noires,
6000 de bâtardes.
16864 rottons.

Il est d'usage aujourd'hui que les 14 pour cent de laines noires, & les 5 de bâtardes, se prennent sur les 100 quintaux de fines.

Il faut en premier lieu faire le compte de la partie des laines fines sur le prix convenu. Sçavoir :

10000 rottons net à piastres 8 $\frac{1}{4}$ le quintal, ci, piastres 825

Ces 100 quintaux demandent rottons 1724 de noires, ce qui se fait par la regle de trois, disant : Si 81 rottons prennent 14 rottons, combien prendront 10000 rottons ? cependant il ne se trouve 864 rottons, dont il faut en faire le compte sur le pied de piastres 8 $\frac{1}{4}$ le quintal. Sçavoir :

Rottons 864 de laine noire à piastres 8 $\frac{1}{4}$ le quintal 71. 28

860 qu'il faut encore pour remplir l'obligation des 14 rottons.

Rottons 1724. des 14 rottons par quintal, sur lesquels rottons 860, il faut faire une augmentation d'une piastre par quintal qu'il faut faire bon au vendeur.

Piastres 896. 28

Lesdits 100 quintaux de laine fine demandent rottons 617 de laine bâtarde, en faisant ladite regle de trois : Si rottons 81 demandent rottons 5, combien donneront 10000 rottons ? & ils rendront lesdits rottons 617 desquels il faut faire le compte au prix convenu. Sçavoir :

Rottons 617 de laine bâtarde à 8 piastres $\frac{1}{4}$ le quintal, 50. 90

5383 restant de ladite bâtarde ne se doit payer que

rottons 6000 sur le prix de 5 piastres $\frac{1}{2}$ qui font les deux tiers de 8 piastres $\frac{1}{4}$ prix convenu, sur lequel pied ils montent, ci 296. 6

Le juste montant desdits rottons

16864 laine, est de 1251. 84

Par les exemples ci-devant, l'on voit assez clairement la différence qui se trouve entre la diversité des poids du pays ; ce qui se verra plus briévement par la table ci-après, avec le rapport des principales Places de Chrétienté, qui ont un Commerce sur cette Echelle.

## Article II.

*Table du rapport des poids de Smyrne avec ceux de Marseille & de Livourne.*

| | *Battemens.* | *Ocques.* | *Chequis de 2 ocques.* | *Chequis de 250 dragmes.* | *Chequis de 120 dragmes.* | *Rottons.* | *Dragmes.* | *Poids de Marseille.* | *Poids de Livourne.* |
|---|---|---|---|---|---|---|---|---|---|
| 100 Battemens font | 100 | 600 | 300 | 960 | 2000 | 1333 $\frac{1}{3}$ | 24000 | 1875 | 2205 $\frac{7}{8}$ |
| 100 Ocques | 16 $\frac{2}{3}$ | 100 | 50 | 160 | 333 20 dragmes. | 222 40 dragmes. | 40000 | 312 $\frac{1}{2}$ | 367 $\frac{2}{3}$ |
| 100 Chequis de 2 ocques. | 33 $\frac{1}{2}$ | 200 | 100 | 320 | 666 40 dragmes. | 444 80 dragmes | 80000 | 625 | 735 $\frac{1}{3}$ |
| 100 Chequis de 250 dragmes | 10. 100 dragm. | 62 $\frac{1}{2}$ | 31 $\frac{1}{4}$ | 100 | 208 $\frac{1}{3}$ | 138 $\frac{8}{9}$ | 25000 | 195 40 dragmes. | 229 $\frac{4}{7}$ |
| 100 Chequis de 120 dragmes | 5 | 30 | 15 | 48 | 100 | 66 120 dragmes. | 12000 | 93 $\frac{3}{4}$ | 110 $\frac{1}{8}$ |
| 100 Rottons font | 7 $\frac{1}{2}$ | 45 | 22 $\frac{1}{2}$ | 72 | 150 | 100 | 18000 | 140 l. 10 onces. | 165 $\frac{1}{2}$ |
| 1000 dragmes. | 4. 400 dragm. | 25 | 12 $\frac{1}{2}$ | 40 | 83 40 dragmes. | 55 100 dragmes. | 1000 | 78 10 onces. | 91 $\frac{9}{10}$ |
| 100 Livres de Marseille. | 5 $\frac{1}{3}$ | 32 | 16 | 51 $\frac{1}{3}$ | 106 $\frac{2}{3}$ | 71 $\frac{1}{3}$ | 128000 | 100 | 117 $\frac{2}{3}$ |
| 100 Livres de Livourne. | 4 1280 dragmes. | 27 80 dragmes. | 13 480 dragmes. | 43 150 dragmes. | 90 83 dragmes. | 60 80 dragmes. | 10880 | 85 | 100 |

Le quintal de Genes est de 100 rottons, qui font 150 livres dudit lieu, & 116 liv. de Marseille ; les

100 liv. de Genes font 82 à 83 liv. de France; la cochenille à livres de 12 onces de France, & il y a 6 pour cent de tarre, la poussiere & garbeau.

ARTICLE III.

De ce que les marchandises de Smyrne à poids, doivent rendre à Marseille à la commission ordinaire. Sçavoir :

Chaque 100 rottons doivent rendre à Marseille 133 livres ½ attendu qu'il se trouve un bénéfice pour le Couagy sur les tarres, & ils se content, c'est-à-dire, de 33 pour cent.

Chaque battement doit rendre à Marseille 18 livres ½ attendu qu'il se trouve un bénéfice pour le Couagy sur les tarres.

Chaque ocque doit rendre à Marseille 3 livres.

Chaque chequis laine de chevron, doit rendre à Marseille 6 livres.

Chaque chequis d'opium doit rendre à Marseille 30 onces ou 1 livre 14 onces.

Les laines & cotons en laine ne se repésent point en magasin, on ne fait qu'augmenter 3 ½ pour cent sur le poids de l'achat pour l'avantage du Couagy sur chaque balle, & l'on envoye cette même facture.

*Nota*, que les rottons sur la Romaine Turque sont de 2 en 2.

Chaque 110 rottons huile, fait la milherolle à Marseille.

Il faut 4 quillots ½ pour faire la charge de Marseille.

Sur les soies il y a la tarre ordinaire de la chemise & corde, ce qu'elle pése, en prenant sur la partie des balles la chemise la plus pésante; outre ce une augmentation de 100 dragmes par trois chemises, & 40 dragmes de tarre pour les sortes de masse par battement des ardasses, & 20 dragmes pour les soies fines.

Comme toutes les marchandises se pésent sous la Romaine des rottons, & que c'est à ce poids qu'on réduit tous les autres, l'on verra par la table ci-après la réduction dudit rotton en toute sorte de poids du pays, comme aussi en celui de Marseille.

ARTICLE IV.

Toutes les marchandises d'un Corps étendu se vendent à pics, qui est la seule mesure du pays, ou à tant la piece.

*Marchandises qui se vendent à Pics.*

Draps de toute qualité, cadissons & autres étoffes de laine, étoffes de soie, la plupart venant de Provence & autres Villes, Italie, & tapis au pic carré, dont on doit multiplier le long par le large.

*Du Pic.*

Trois pics font une canne de Marseille; & cinq aunes font neuf pics, sur quoi il y a 2 pour cent à déduire pour la différence de la mesure seulement, sur les aunes converties en pics, bien qu'il soit d'usage d'en déduire 3 pour cent, à quoi le Couagy doit remédier pour le profit de son ami.

ARTICLE V.

*Réduction des aunes en pics.*

Pour faire la réduction des aunes en pics, il faut ajouter les ⅘ aux aunes; & en additionnant le tout ensemble viendra de pic.

Supposé

| | |
|---|---|
| 7675 aunes. | Desorte que suivant la régle ci-contre, les 7675 aunes font 13815 pics. |
| 1535 | |
| 1535 | |
| 1535 | |
| 1535 | |
| 13815 pics. | |

Autre régle pour réduire les aunes en pics par 18: en coupant une figure, ce sont autant de pics. Par exemple;

7675 aunes.
18
61400
7675
pics 13815 | 0

Cette réduction est trop forte de deux pour cent; mais pourtant, comme on l'a dit, on ne laisse pas de déduire 3 pour cent, qui se monte 414 pics ½ sur ledit nombre desdits 13815; desorte qu'il reste 13400 pics ½ sur lesquels on fait le compte.

*Réduction des pics en aunes.*

Pour faire cette réduction, il faut prendre le tiers desdits pics & les deux tiers du tiers, le produit donnera des aunes; ou bien ajouter une figure aux pics, & les partir par 18, & ils donneront autant d'aunes, en observant pourtant avant que de faire les régles de réduction ci-dessus, d'y ajouter les 3 pour cent du produit, ce qui se fait de cette sorte. On a dit que les 7675 aunes ont rendu juste 13400 pics ½: il faut donc dire par la régle de trois, si 97 donnent 3, combien 13400 ½, & l'on verra qu'il viendra 414 ½ qu'en ajoutant auxdits 13400 ½ feront 13815, sur lesquelles figures l'on fera ladite régle. Par exemple,

| | 13815 | pics. |
|---|---|---|
| le ⅓ | 4605 | |
| le ⅓ dudit ⅓ | 1535 | |
| autre | 1535 | |
| | 7675 | aunes |

## ARTICLE VI.

*Table des mesures des principales Places qui négocient sur cette Echelle, avec leur rapport au pied qui est la mesure de ce Pays.*

| | *Venise.* *Brasses.* | *Smyrne.* *Picqs.* | *France & Angleterre.* *Aunes.* | *Hollande, du ressort d'Amsterdam.* *Aunes.* | *Angleterre.* *Verges.* | *Marseille.* *Cannes.* | *Genes.* *Cannes de 9 pans.* | *Florence, Luques & Livourne.* *Brasses.* |
|---|---|---|---|---|---|---|---|---|
| Venise. 100 brasses font | 100 | 101 | $57\frac{1}{3}$ | 98 | $73\frac{1}{2}$ | $34\frac{1}{3}$ | $29\frac{3}{4}$ | $114\frac{2}{5}$ |
| Smyrne. 100 picqs font | 99 | 100 | $56\frac{1}{3}$ | 97 | $71\frac{1}{2}$ | $34\frac{2}{3}$ | 30 | $115\frac{1}{3}$ |
| France & Angleterre. 100 aunes font | $174\frac{4}{5}$ | $176\frac{2}{5}$ | 100 | 171 | $128\frac{1}{4}$ | $59\frac{4}{5}$ | $52\frac{1}{4}$ | $199\frac{1}{3}$ |
| Angleterre. 100 verges font | 136 | $137\frac{2}{3}$ | 78 | 133 | 100 | $46\frac{2}{3}$ | $40\frac{2}{3}$ | $154\frac{3}{4}$ |
| Hollande du ressort d'Amsterdam. 100 aunes font | 102 | 103 | $58\frac{1}{2}$ | 100 | 75 | 35 | $30\frac{1}{2}$ | $116\frac{1}{2}$ |
| Marseille. 100 cannes font | $291\frac{3}{4}$ | 296 | $167\frac{1}{3}$ | 286 | $214\frac{1}{2}$ | 100 | $87\frac{1}{4}$ | $333\frac{1}{3}$ |
| Genes. 100 cannes de 9 pans font | $333\frac{1}{2}$ | $337\frac{2}{3}$ | $191\frac{1}{3}$ | 327 | $245\frac{1}{4}$ | $114\frac{1}{2}$ | 100 | 381 |
| Florence, Luques, & Livourne. 100 brasses font | $87\frac{1}{5}$ | $88\frac{1}{5}$ | 50 | $85\frac{1}{2}$ | $65\frac{1}{5}$ | 30 | $26\frac{1}{5}$ | 100 |

La plupart des autres marchandises d'un Corps étendu se vendent à tant la piece, & afin qu'on y puisse prendre des mesures justes, l'on verra ci-après.

## ARTICLE VII.

### *Marchandises à pieces.*

Camelots de toute sorte de couleur venant d'Angora, tirant 56 pics la piece, dont 13 pieces font la table ordinaire.

Moncayars 24 pics, dont 40 pieces font la table.

Boucassins du pays, Pic $7\frac{1}{2}$

dits de Perse, $8$ à $8\frac{1}{2}$

Turbans caymacanys, 8

Indiennes de Perse, 20

Alayas, il y en a de pic & d'autres de pieces.

Il y a encore quelques toiles qui viennent de Menemen dont le pic est différent de celui de Smyrne, de moins; sçavoir,

Escamites 30 pics de Menemen font de Smyrne pics 27

Escamites dites de montagne de 20, font 18

dites de 12, font $10\frac{3}{4}$

Il faut remarquer à la table des mesures ci-dessus, que le rapport des mesures ne s'y trouve pas tout-à-fait juste, attendu qu'il y a presque toujours du courtage aux pieces qu'on apporte de Chrétienté; ce qui fait que les gens du pays s'avantagent de quelque chose sur les réductions, pour n'être pas obligés de toutes les mesurer, & de se dédommager en même tems dudit courtage.

## ARTICLE VIII.

### *Mesures des grains.*

#### *Du Quillot.*

Bien que la sortie des grains soit défendue à Smyrne & aux environs, si l'on n'a pas la facilité d'en avoir dudit Smyrne, l'on en fait des chargemens dans les lieux circonvoisins fort aisément, en faisant quelque petit présent aux Maîtres dudit lieu.

Ils s'achetent à tant le quillot, qui est la mesure du pays, & dont les $4\frac{1}{2}$ font une charge de Marseille, y ayant même toujours quelque chose de bonne mesure; sur quoi l'on peut se régler. On achete le blé au quillot de Constantinople, de 22 ocques; toutefois à Sanderly il se trouve un peu moindre par la friponnerie des mesures. On en prend encore au Volos, & au golfe de Salonie, au golfe d'Izerot, & à Tenedos: aux premiers endroits on l'achete à fortins d'environ 4 quillots, mais on réduit toujours au quillot de Constantinople de 22 ocques.

## ARTICLE IX.

### *Des huiles & des vins.*

Les huiles & les vins s'achetent à l'ocque ou au quintal réduit en ocque, lequel quintal est différent suivant les lieux où on les charge.

A

A Ourla & Siagy, le quintal est de 45 ocques.

A Mettelin, Mosconisy & Terre ferme } le quintal n'est que de 44 ocques.

A Mettelin la jarre est de 6 ocques.

A la Cannée on achete à mistache dont les 5 1/3 font la milherolle.

### ARTICLE X.

### *Du poids de Marc.*

Comme les piastres colonnes s'achetent à Marseille au poids de marc, il est nécessaire d'en dire un mot en passant.

Le marc est composé de 8 onces, & l'once de 24 deniers; & il rend 79 dragmes & 1/10 du poids de Smyrne.

Pour faire la réduction de tant de marc en dragmes du poids des monnoies usitées au pays, il faut supposer que 1000 piastres colonnes pésent à Marseille 111 marcs 2 onces, qui multipliées par 79 dragmes 1/10 font 8824 dragmes, quelques rompus ou fractions, lesquelles 8824 dragmes divisées par 150, feront 58 pezées de 150 dragmes chacune & 124 dragmes; lesquelles 58 pezées & 124 dragmes multipliées par 17, feront 1000 piastres & deux onces, qui seront autant de piastres.

### ARTICLE XI.

### *Hypotéques pour Italie.*

Il faut observer que quand on donne de l'argent à hypotéque pour Genes & Livourne, & qu'on est d'accord de faire payer ladite hypotéque en piastres Sevillanes ou Mexicanes du poids de 22 deniers chacune, ce qui s'en va à quelque chose de plus que du grand poids de Marseille; les gens pratiques au pays ne manquent point de se servir de cette clause.

### ARTICLE XII.

### *Des Tarres.*

Il y a de deux sortes de tarres, l'une qui est d'usage sur quelques articles de marchandises, & l'autre effective. Sçavoir :

Sur les soies, les Censeaux traitent de la tarre des embalages, chemises & cordes en gros, qu'on augmente ou on diminue selon que les dernieres sont plus ou moins chargées jusqu'à 2600 dragmes par balle. Outre ladite tarre il y a encore celle des restes qui est d'usage, qui va à 40 dragmes par battement aux ardasses, & de 20 dragmes aux soies fines.

Il y a encore une déduction d'usage par dessus lesdites tarres de 1/4 de piastres par balle qu'on appelle la gramonie.

Caisses d'acier de rottons 440; environ 22 rottons de tarre par caisse.

Sacs de poivre d'Hollande avec des nattes, 12 rottons par sac.

Etain. Les tarres barils d'environ rottons 380, sont de 20 à 24 rottons.

Caisses cassonnades, 14 pour cent de tarre.

Barils de sucres, 10 pour cent.

Cottons en laine 13 rottons 1/2 par sac & cheville de fer.

### ARTICLE XIII.

### *Des frais que font les marchandises de Chrétienté, tant à l'achat à Marseille qu'à la vente à Smyrne, ainsi qu'il paroît par l'état ci-dessous*, sçavoir :

| | Pour l'expédition à Marseille. | A la réception & vente à Smyrne. | Font de France en tout. |
|---|---|---|---|
| Cochenille | } 2 2/3 pour cent. | 7 1/2 | 8 2/5 pour cent. |
| Poivres | | 7 3/4 | 10 2/5 |
| | | | 11 2/5 |
| Casson des | | 8 3/4 | 10 1/3 |
| Etains | | 7 3/5 | |
| Geroffles, Canelle, Muscades, Draps | } 2 1/2 pour cent. | } 6 1/2 à 7 pour cent. | } 8 1/2 pour cent. |
| Serges Impériales | } 3 1/2 p. % | 6 1/3 | 9 2/3 |
| Acier | | 9 1/3 | 12 2/3 |
| Verdet | | 7 1/4 | 10 1/2 |
| Campêche | | 14 1/2 | 17 4/5 |
| Quinquailles | | 7 1/4 | 10 1/2 |
| Indigo. | | 6 1/3 | 9 1/2 |
| Amandes | } 5 1/3 pour cent | 11 | 16 1/2 |
| Feuilles de fer | | 9 1/3 | 14 2/3 |
| Papiers | 10 | 9 1/3 | 17 1/2 |
| Bonnets fins | | 6 1/2 | |
| Communs | | 1/2 | |

### ARTICLE XIV.

### *Formules de quelques comptes d'envoi des marchandises de Chrétienté, par lesquelles on voit en détail les frais qui se font.*

Cochenilles du compte de Jean-François de Smyrne, chargées sur le vaisseau du Capitaine Martin à l'adresse dudit Jean-François, doivent à Pierre de Marseille 4190. 16. 6 pour le montant de l'achat & frais d'un baril. Sçavoir :

| | | | |
|---|---|---|---|
| 1 Baril pésant 255 net à 16 la livre | | | 4080 |

*Frais.*

| | | | |
|---|---|---|---|
| Pour cercles dudit baril & port en marine. | | 17 | } 28 15 |
| Poids du Roi & courtoisie. | 2. | 14 | |
| Garbellage à 14 s. par quintal. | 2. | 10 | |
| Emballage & façon d'emballage. | 2. | 10 | |
| Censerie à 1/2 pour cent. | 20. | 4 | |
| Provision à 2 pour cent. | | | 82. 11 |
| | | | 4190. 16 |

| | |
|---|---|
| 255 que pése le susdit baril à 16 la livre .... | 4080. |
| 4080 à 2 2/3 pour cent | 108. 16 |
| | 4188. 16 |

La régle ne peut jamais être juste, suffit qu'on sçache à peu près les frais que fait la marchandise.

INDIGO DE SAINT-DOMINGUE.

Chargé sur le vaisseau de Buech pour compte de Jean-François de Smyrne, doit à Pierre de Marseille 888. 11. pour l'achat & frais d'une caisse, dit : Sçavoir :

1 caisse Indigo pésant net 266 à 66 s. la liv. 858

*Frais.*

| | | |
|---|---|---|
| Poids du Roi & courtoisie au péseur. | 2. 5 | 12.11 |
| Garbellage à 14 s. le quintal. | 2. 2 | |
| Pour la caisse. | 2. 5 | |
| Emballage & façon. | 1. 10 | |
| Censerie à ½ pour cent. | 4. 5 | |
| Port en marine. | 6 | |
| Provision à 2 pour cent. | | 17 |
| | | 887. 11 |

Une caisse Indigo 260 net à 66 s. la liv. 858

858 à 3 ⅓ pour cent 28 12

886 12

## Article XV.

*Des frais que font les marchandises du pays tant à l'envoi qu'à la vente à Marseille, ainsi qu'il paroît par l'état ci-après.* Sçavoir :

| | A leur expédition. | A leur réception & vente. | Total. |
|---|---|---|---|
| Soies | 3 ½ à 4 p% | 6 ⅕ | 9 ⅘ p% |
| Fil de chevres | 7 ⅗ | 6 | 13 ⅗ |
| Galles | 13 | 17 ¾ | 29 ½ |
| Camelots & Mocayars | 7 | 5 ¼ | 12 ¾ |
| Cires jaunes | 7 ½ à 9 | 11 | 19 |
| Laines fines | 19 ½ | 21 | 39 |
| Cotons en laines | 12 ⅓ | 24 | 36 ⅓ |
| Cotons filés | 9 ½ | 11 | 20 ½ |
| Jeannequins | 10 ¼ | | |
| Laines de chevron | 10 ⅓ | 15 ½ | 25 ⅘ |
| Indiennes | 7 ½ | 8 | 15 ½ |
| Opium | 7 ¼ | 6 ⅓ | 14 |
| Semencine | 9 | 7 ⅓ | 16 ⅓ |
| Storax | 15 | 22 | 37 |
| Galbanum | 12 | 20 | 32 |
| Gomme armoniac | 12 | 20 | 32 |
| Rubarbe | 8 | 7 | 14 |
| Caffé | 12 ½ | 24 | 36 ½ |
| Escamites & tamites. | 8 | | |

## FORMULES DE QUELQUES

*comptes d'envoi des marchandises du pays, par lesquels on verra en détail les frais, suivant l'usage du pays. Sçavoir :*

Soies ardasses du compte de M. Joseph de Marseille dito piastres 492. 52, a pris pour l'achat & frais d'une balle N°. 1 chargée pour son compte sur le vaisseau du Capitaine Buech. Sçavoir :

1 balle soie ardasse N° 1 battement 15 dragmes 2020 net à 30 piastres le battement, piastres 475. 25

*Frais.*

| | | |
|---|---|---|
| Poids & courtoisie, sortie du Caravansera, porte au valet & port en marine, . . . . piastres | 1. 75 | 7. 62 |
| Magasinage & port en marine, . . . . . . . . . . . . . . | 50 | |
| Emballage & façon d'emballage, . . . . . . . . . . | 3 | |
| Censerie à ½ pour cent, . . | 2. 37 | |
| Provision à 2 pour cent, . . . . . . | | 9. 65 |
| | piastres | 492. 52 |

*Facture.*

| | |
|---|---|
| N° 1 battemens 15 dragmes 2020 net, à 30 piastres le battement, . . . . . . . . . . piastres | 475. 25 |
| Piastres 475 à 3 ½ pour cent, | 16. 62 |
| . . . . . . . piastres | 491. 87 |

La formule ci-dessus peut suffire pour dresser les comptes de tous les autres articles de marchandises qu'on envoye du pays ; mais comme les frais sont souvent différens, il faut en donner un état de chaque marchandise, comme l'on verra par les exemples suivans.

### Fil de Chevres.

3 facs fil de chevres pésant 261 ocques à 2 piastres 27 aspres l'ocque, . . ci, 592. 47

*Frais.*

| | | |
|---|---|---|
| Poids & courtoisie, sortie du Caravansera, porte au valet & port en magasin, à ¼ de piastres par sac, . . . . . | 2. 75 | 30. 91 |
| Pour double emballage, cotton, corde, fil, & façon d'emballage, à 2 piastres ¼ le sac, | 6. 75 | |
| Magasinage & port en marine, à ¼ de piastres, . . . | 75 | |
| Censerie à ½ pour cent, . . | 2. 96 | |
| Douanne à trois pour cent, | 17. 76 | |
| | | 623. 44 |
| Provision à 2 pour cent, . . . . | | 12. 71 |
| | piastres | 636. 15 |

### Opium.

1 caisse opium pésant 113 chequis à 2 piast. 226

*Frais.*

| | | |
|---|---|---|
| Poids & courtoisie, sortie du Caravansera, porte au valet & port en magasin . . . . | 1. 20 | 11. 61 |
| Caisse, canevas, corde, fil & façon d'emballage, . . | 2. | |
| Magasinage & port en marine, . . . . . | 1. 13 | |
| Censerie à ½ pour cent, . . | 50 | |
| Douanne à 3 pour cent, . . | 6. 78 | |
| | | 237. 61 |
| Provision à 2 pour cent, . . | | 4. 74 |
| | piastres | 242. 35 |

### Cire jaune.

4 facs pésant rottons 2162 net à piastres 32 ¾ le quintal, . . . piastres 708. 5

*Frais.*

| | | |
|---|---|---|
| Poids & courtoisie, sortie du Caravansera, porte au valet & port en magasin à ¾ de piastre le sac . . piastres | 3. | 41. 78 |
| Pour double emballage, corde & façon, à 3 piastres l'un, . | 12. | |
| Magasinage & port en marine à ½ piastre, . . . | 2. | |
| Censerie à ½ pour cent . | 3. 54 | |
| Douanne à 3 pour cent . . | 21. 24 | |

749. 83

Provision à 2 pour cent . . 14. 98

piastres 764. 81

## GALLES.

13 sacs pésant rottons 5164 à piastres 9 ¾ le quintal, . . . . . piastres 503. 49

*Frais.*

Poids & courtoisie, sortie du Caravansera, porte au valet & port en magasin à ⅓ piastres par quintal, . . . . piastres 4. 33
Emballage & façon à 1 piastre ¾, . . . . . 22. 75
Magasinage & port en marine à ¼ le sac, . . . . 3. 25
Censerie à ½ pour cent . 2. 51
Douanne à 3 pour cent . 15. 9
} 47. 93

551. 42

Provision à 2 pour cent, . . 11. 2

piastres 562. 44

## CAMELOTS.

6 tables camelots contenant 82 pieces à 20 piastres la piece, . . . . . . 1690

*Frais.*

Sortie du Caravansera, porte au valet & port en magasin à 45 f. la table, . . piastres 2. 70
Pour double emballage, corde, fil, & façon à piastres 2 ¼ par table, . . . . 13. 50
Magasinage & port en marine, . . . . . . 3.
Censerie à ½ pour cent, . 8. 20
Douanne à 3 pour cent . 49. 20
} 76. 60

1716. 60

Provision à 2 pour cent . . . 34. 32

piastres 1750. 92

## MONCAYARS.

3 tables moncayars contenant pieces 122 à 4 piastres ½ la piece, ci . . piastres 549

*Frais.*

Sortie du Caravansera, porte au valet & port en magasin à ⅕ de piastres la balle, ci . 1.
Pour double emballage & façon à 2 piastres la table, . 6.
Magasinage & port en marine à ¼ piastre, . . . . 75
Censerie à ½ pour cent, . 2. 74
Douanne à 3 pour cent, . 16. 47
} 26. 96

575. 96

Provision à 2 pour cent, . . 11. 50

piastres 587. 46

## LAINES FINES.

40 balles laines pésant rottons 13156 net à piastres 7 le quintal . . . piastres 920. 92

*Frais.*

Poids & courtoisie, sortie du Caravansera, porte au valet & port en magasin à piastre ⅔ la balle, . . . . piastres 26. 66
Emballage & façon à 1 piastre ¾ la balle, . . . 70.
Magasinage & port en marine à ½ piastre la balle, . . 20.
Censerie à ½ piastre, . 4. 52
Douanne à 3 pour cent, . 27. 60
} 148. 78

piastres 1069. 70

Provision à 2 pour cent . . 20. 69

piastres 1090. 39

## COTTONS EN LAINE.

12 balles cotton en laine pésant rottons 3062 à piastres 13 le quintal, . . . . 398

*Frais.*

Poids & courtoisie, sortie du Caravansera, port en magasin à ⅔ de piastre la balle piastres 8.
Emballage & façon d'emballage à 1 ¾ la balle, . . . 21.
Magasinage & port en marine à ½ piastre, . . 6.
Censerie à ½ pour cent, . 1. 99
Douanne à 3 pour cent, . 11. 94
} 48. 93

piastres 446. 93

Provision à 2 pour cent, . . 8. 92

piastres 455. 85

## COTTONS FILÉ'S JOSELASSAR.

4 balles dits pésant rottons 1440 net à 29 piastres le quintal, . . . piastres 417. 60

*Frais*

Poids & courtoisie, sortie du Caravansera, porte au valet, & port en magasin à ⅓ de piastre la balle, . . piastres 1. 33
Double emballage, corde, soie, fil, & façon à 3 piastres ½ la balle, . . . . 14.
Magasinage & port en marine, . . . . 1.
Censerie à ½ pour cent, . 2. 8
Douanne à 3 pour cent, . 12. 51
} 30. 92

piastres 448. 52

Provision à 2 pour cent, . . 8. 96

piastres 457. 48

## COTTONS FILÉ'S JANNEQUINS.

6 balles pésant rottons 1914 net à piastres 21 le quintal, . . . piastres 401. 94

*Frais.*

Poids & courtoisie, sortie du Caravansera, porte au valet, & port en magasin à ½ piastre la balle, . . . piastres 3.
Pour double emballage, corde, fil, & façon à 3 piastres ¼. 19. 50
Magasinage & port en marine à ¼ la livre . . . . . 1. 50
Censerie à ½ pour cent, . 2.
Douanne à 3 pour cent, . 12. 3
} 38. 3

piastres 439. 97

Provision à 2 pour cent, . . 8. 78

piastres 448. 75

### LAINES DE CHEVRON DE PERSE.

3 balles pésant net 217 chequis $\frac{1}{3}$ à 29 tonnins le chequis, . . . . piastres 525. 22

*Frais.*

| | | |
|---|---|---|
| Poids & courtoisie, sortie du Caravansera, porte au valet, & port en magasin à 1 piastre la balle, . . . . piastres | 3. | |
| Emballage & façon à 2 piastres la balle . . . . | 6. | |
| Magasinage & port en marine à $\frac{1}{2}$ piastres, . . | 1. 50 | 31. 89 |
| Censerie aux Censas Kizirbas à 1 pour cent, . . . . | 5. 25 | |
| Douanne à 3 pour cent, & agio à 2 $\frac{1}{2}$ pour cent, . . | 16. 14 | |
| | piastres | 557. 11 |
| Provision à 2 pour cent, . . | | 11. 14 |
| | piastres | 568. 25 |

### SEMENCINE.

2 sacs semencine pésant rottons 234 ocques à 14 tonnins $\frac{1}{2}$ l'ocque, ci . . . piastres 282. 75

*Frais.*

| | | |
|---|---|---|
| Poids & courtoisie, sortie du Caravansera, porte au valet, & port en magasins à 1 $\frac{1}{4}$ le sac . | 2. 50 | |
| Emballage, double toile de canevas, corde, fil, & façon, à piastres 2 $\frac{1}{2}$ le sac, . . . | 5. | |
| Garbellage à 1 piastre le sac, | 2. | |
| Magasinage & port en marine à $\frac{1}{2}$ piastre le sac, . . . | 1. | 22. 4 |
| Censerie aux Censas des Kizirbas à 1 pour cent, . . . | 2. 82 | |
| Douanne à 3 pour cent, . | 8. 72 | |
| | | 304. 79 |
| Provision à 2 pour cent . . | | 6. 8 |
| | piastres | 310. 87 |

### RUBARBE.

1 caisse pésant net ocques 36 $\frac{2}{3}$ à 14 piastres l'ocque . . . . . piastres 513. 33

*Frais.*

| | | |
|---|---|---|
| Poids & courtoisie, sortie du Caravansera, porte au valet & port à la maison à 2 piastres la caisse . . . . piastres | 2. | |
| Emballage, caisse, chemise, canevas, corde, & façon à 3 piastres $\frac{1}{4}$ la caisse . . | 3. 25 | |
| Magasinage & port en marine à $\frac{3}{4}$ de piastre . . . | 75 | 26. 89 |
| Censerie aux Kizirbas à 1 pour cent . . . . | 5. 13 | |
| Douanne à 3 pour cent, & agio d'icelle à 2 $\frac{1}{2}$ pour cent . | 15. 76 | |
| | piastres | 540. 22 |
| Provision à 2 pour cent . . | | 10. 80 |
| | piastres | 551. 2 |

### STORAX LIQUIDE.

4 tonneaux dit pésant rottons 1835 net à 10 piastres le quintal . . . . . 183. 50

*Frais.*

| | | |
|---|---|---|
| Poids & courtoisie, sortie du Caravansera, porte au valet, & port en magasin à $\frac{1}{4}$ de piastre par tonneau . . piastres | 3. | |
| Tonneaux, estivage, cercles, clous, & au Tonnelier à 3 piastres l'un . . . | 12. | |
| Magasinage & port en marine à $\frac{3}{4}$ de piastre . . . | 3. | 24. 57 |
| Censerie à $\frac{1}{2}$ pour cent . | 91 | |
| Douanne à 3 pour cent, & agio d'icelle à 2 $\frac{1}{2}$ pour cent . | 5. 66 | |
| | piastres | 208. 7 |
| Provision à deux pour cent . . | | 4. 16 |
| | piastres | 212. 23 |

### GALBANUM.

2 caisses dit pésant rottons 480, net à 60 piastres le quintal . . . . . piastres 288.

*Frais.*

| | | |
|---|---|---|
| Poids & courtoisie, sortie du Caravansera, & port en magasin à 1 piastre par caisse . piastres | 2. | |
| Magasinage & port en marine à $\frac{2}{3}$ de piastre la caisse . | 1. 33 | |
| Emballage, caisse, cordes, & façon à 2 piastres $\frac{1}{4}$ . . | 4. 50 | 18. 11 |
| Censerie à $\frac{1}{2}$ pour cent . | 1. 44 | |
| Douanne à deux pour cent, & agio d'icelle à 2 $\frac{1}{2}$ . . | 8. 84 | |
| | piastres | 306. 11 |
| Provision à 2 pour cent . . . | | 6. 12 |
| | piastres | 312. 23 |

### CAFFE'.

3 balles de nº. 1 à 3, pésant 456 ocques $\frac{1}{2}$ à 143 piastres les 100 ocques . piastres 652. 79

*Frais.*

| | | |
|---|---|---|
| Poids & courtoisie, sortie du Caravansera, & porte aux valets à $\frac{1}{2}$ piastre la balle . piastres | 1. 50 | |
| Port en magasin à $\frac{1}{3}$ . . . | 1. | |
| Magasinage & port en marine à $\frac{1}{2}$ piastre . . . | 1. 50 | |
| Criblage à $\frac{1}{4}$ de piastre . | 75 | 67. 11 |
| Double emballage, corde, & façon à 1 piastre $\frac{1}{2}$ . . | 4. 50 | |
| Censerie à 1 pour cent . | 6. 52 | |
| Douanne à 6 pour cent . | 40. 9 | |
| Pour le droit du Cady 2 sequins sur chaque 100 ocques . | 11. 25 | |
| | piastres | 719. 90 |
| Provision à 2 pour cent, ci . . | | 14. 39 |
| | piastres | 734. 29 |

### ESCAMITES ET DEMITES DE MENEMEN.

2 balles Nº 2 à 3 contenant 258 pieces escamites de 20 pieces à 9 temins la piece, & 67 pieces Demites à dix témins, piastres, . . 249. 33

*Frais.*

| | | |
|---|---|---|
| Sortie du Caravansera & port au magasin, à ½ piast. la balle, | 1. | |
| Emballage, corde, & façon, à 2 piastres ¼ la balle, . . . | 4. 50 | |
| Magasinage & port en marine à ¼ de piastre, . . . | 50 | 14. 89 |
| Censerie à ½ pour cent, . . | 1. 24 | |
| Douanne à 3 pour cent & agio à 2 ½, . . . . | 7. 65 | |
| | piastres | 264. 22 |
| Provision à 2 pour cent, . . . | | 5. 28 |
| | piastres | 269. 50 |

INDIENNES DE PERSE.

1 balle N° 1 contenant 73 pieces dites à 4 piastres ¼ l'aune, ci, . . . piastres 310. 25

*Frais.*

| | | |
|---|---|---|
| Sortie du Caravansera & port en magasin, à ¼ de piastres la balle, . . . piastres | 75 | |
| Double emballage, canevas, corde, & façon, . . . | 2. 50 | |
| Magasinage & port en marine, . . . . . | 50 | 15. 88 |
| Censerie aux Kizirbas à 1 pour cent, . . . . | 3. 50 | |
| Douanne à 3 pour cent, à 21 agio à 2 ½ pour cent, . | 9. 53 | |
| | piastres | 326. 13 |
| | | 6. 52 |
| Provision à 2 pour cent, | piastres | 333. 65 |

## ARTICLE XVII.

### *Comment l'on doit dresser les Comptes de vente des marchandises de Chrétienté.*

DRAPS du compte de tel de Marseille, doivent piastres 1124 aspres 46, pour frais & net produit d'une balle dite Londrine seconde, N° 1 de la manufacture de S. Agnès de Carcassonne, reçue sur le vaisseau S. Joseph, Capitaine, Pierre Abeille. Sçavoir :

| | | |
|---|---|---|
| Nolis suivant la Police, . . . piastres 4. | | 33 |
| Port, magasin, & estivage, . . . | | |
| Magasinage à 2 piastres la balle, | 2. | |
| Douanne à trois pour cent, & agio à 2 ½, . . . . . . . . . . . | 34. | 58 |
| Censerie à 1 pour cent, . . . | 11. | 24 |
| Provision à 2 pour cent, . . . | 22. | 48 |
| | 74. | 63 |
| Et piastres 1049. 83 pour net provenu, fait créditeur ledit sieur en compte courant, sans préjudice du débiteur, . . . . . . . . . . . . . . | 1049. | 83 |
| | 1124. | 46 |

AVOIR.

Janvier 17, pour la vente de la balle N° 1, faite à Elià Levy Juif, pour 3 mois de terme. Sçavoir :

1 balle L S. tirant aunes 322 faisant pics de Turquie 562. $\frac{23}{100}$ à 2 piastres le pic pour 3 mois. piastres 1124. 46

*Facture.*

| | |
|---|---|
| N° 1, tirant aunes 322 faisant pics ci, | 579. 60 |
| Déduit à 3 pour cent, pour réduire le pic à la juste mesure, . . . . . . . . . | 17. 37 |
| pics net | 562. 23 |

DRAPS du compte de tel de Marseille, doivent piastres 1045 aspres 5, pour frais & net produit d'une balle Londre fine, N°. 10 de la manufacture de la porte de S. Chignian, reçue sur le vaisseau le S. Joseph, Capitaine, Joseph Bruch. Sçavoir :

| | | |
|---|---|---|
| Nolis suivant la Police, . . piastres 3. | | 33 |
| Port en magasin & estivage, . . | | |
| Magasinage à un piastre la balle, | 1. | |
| Douanne à 3 pour cent & agio à 2 ½, . . . . . . . . . . . . . | 32. | 16 |
| Censerie à 1 pour cent, . . . | 10. | 46 |
| Provision à 2 pour cent, . . . | 20. | 92 |
| | 67. | 87 |
| Piastres 978. 18, pour net produit fait créditeur ledit sieur en compte courant, . . . . . . . . . . . . | 978. | 18 |
| piastres | 1046. | 5 |

AVOIR.

Janvier 17, pour la vente de la balle N° 10, faite à Isnard Sousino. Sçavoir :

1 balle L L. tirant aunes 341 ½, faisant pics de Turquie 598 $\frac{2}{100}$ à 21 tumin le pic, piastr. 1046. 5

*Facture.*

| | |
|---|---|
| N° 10, tirant aunes 342. ½ & pic de Turquie, . . . . . . . . . . . . . . . . . | 616. 50 |
| Déduction à 3 pour cent, pour reduire les pics à la juste mesure, . . | 18. 48 |
| faisant pic net | 598. 2 |

COCHENILLE du compte de tel de Marseille, doit piastres 1200 pour frais & net provenu d'un baril dit reçu sur le vaisseau tel,

AVOIR.

Janvier 17, pour la vente faite d'un baril à Morino.

Capitaine tel. Sçavoir :

| | | |
|---|---|---|
| Nolis suivant la Police, . . . piastres | 4 | |
| Port en magasin à ¼ de piastres, . | | 25 |
| Magasinage, . . . . . . . . . . . | 1 | |
| Douanne à 3 pour cent & agio à 2 ½, . . . . . . . . . . . . . . | 36. | 90 |
| Poids & courtoisie au péseur, . . | 1. | 50 |
| Censerie à 1 pour cent, . . . . | 12. | |
| Provision à 2 pour cent, . . . | 24. | |
| | 79. | 65 |
| Et piastres 1120. 45 pour net provenu, porte créditeur ledit sieur en compte courant, . . | 1120. | 45 |
| | 1200. | |

Sçavoir :

1 baril N° 4 pésant net 60 ocques à 20 piastres l'ocque monte, . . . piastres 1200

*Facture.*

N° 4 pésant 63 ocques 200 dragmes,
Tare baril 3 200
net 60 ocques.

INDIGO du compte d'un tel de Marseille, doit piastres 186 aspres 81 pour frais & net provenu d'un baril N° 1, reçu sur le vaisseau d'un tel. Sçavoir :

| | | |
|---|---|---|
| Nolis suivant la police à ¾ de piastres le quintal, . . . . . piastres | 1. | 27 |
| Port en magasin à ¼, . . . . | | 25 |
| Poids & courtoisie au péseur, à ½ pour cent, . . . . | | 50 |
| Magasinage à ½ piastres le baril, | | 50 |
| Douanne à 3 pour cent & agio à 2 ½, . . . . . . . | 8. | 58 |
| Censerie à ½ pour cent, . . . | 1. | 43 |
| Provision à 2 pour cent, . . . | 5. | 72 |
| Et piastres 268. 56 pour net provenu, fait créditeur ledit sieur en compte courant, . . . | 18. | 25 |
| | 268. | 56 |
| | 286. | 81 |

AVOIR.

Janvier 17, pour la vente d'un baril. Sçavoir :
1 balle N° 1, pésant 206 rottons,
Tare, corde, . . . 2

| | | |
|---|---|---|
| | 204 rottons faisant | 91. 320 |
| Tare, baril, corde, ocques, | | 9. 340 |
| | ocques, | 81. 380 |
| à 3 piastres ½ l'ocque, | | 286. 81 |

*Compte de vente de 1000 Sevillannes du compte de tel de Marseille, reçues sur le pinque Sainte-Anne, Capitaine, Joseph Gache, chargé comme suit. Sçavoir :*

| | | |
|---|---|---|
| 1000 Sevillannes qui ont pésé de juste poids net, . . . . . | piastres | 983. 50 |
| Pour change d'icelles à 46 ½ pour cent, . . . . . . . | | 457. 32 |
| | | 1440. 82 |

*Frais.*

| | | |
|---|---|---|
| Censerie à ½ pour cent, . . . . . . | piastres 1. 67 | 16. 7 |
| Provision à 1 pour cent, . . . . . . . . . | 14. 40 | |
| Créditeur ledit sieur en compte courant pour solde, . . . . | | 1424. 75 |

POIVRES du compte d'un tel de Marseille, doivent piastres 1318. 87, pour frais & net provenu de 8 balles dits N° 1 à 8, reçues sur le pinque S. Anne, Capitaine Joseph Gache. Sçavoir :

| | | |
|---|---|---|
| Nolis suivant la Police à 2 piastres la balle, piastres | 16 | |
| Magasinage à ½ piastre la balle, | 4 | |
| Port en magasin à ¼ de piastre, | 2 | |
| Poids & courtoisie au péseur, | 4 | |
| Douanne à 3 pour cent & agio à 2 ½ | 40. | 42 |
| Censerie à 1 pour cent, . . | 13. | 18 |
| Provision à 2 pour cent, . . | 26. | 36 |
| | 106. | 6 |
| Et piastres 1212. 31 pour net provenu, porté créditeur en compte courant, . | 1212. | 31 |
| | 1318. | 37 |

AVOIR.

Pour la vente de 8 balles poivres vendues aux ci-après. Sçavoir :

| | | |
|---|---|---|
| 1 balle vendue à Mossé Falcon N° 1 pésant net 145 ocques, . . . . . | 175 dragm. | |
| à 15 temins ½ comptant, . | 187. | 85 |
| Sept balles dites vendues à Samuel Juif, pésant net 1043 ocques 225 à 13 temins l'ocque comptant, | 1130. | 52 |
| | 1318. | 37 |

*Frais du Gerofle d'une caisse de 120 ocques.*

Nolis suivant la Police, . . . 1
Port en magasin, . . . . 33
Poids & courtoisie au péseur . . 1
Magasinage, . . . . 50
Censerie à 1 pour cent, . .
Douanne à 3 pour cent & agio à 2 ½, .
Provision à 2 pour cent, . . .

*Frais de l'Etain.*

Nolis suivant la Police, . .
Poids & courtoisie à ⅓ le baril, . .
Magasinage à ¼ le baril, . .
Douanne à 3 pour cent & agio à ½, .
Censerie à 1 pour cent, . .
Provision à 2 pour cent, . .

*Frais du Gingembre blanc.*

Nolis suivant la Police, . .
Port en magasin à ⅙ le sac, . .
Magasinage à ⅙ le sac, . . .
Douanne à 3 pour cent & agio à 2 ½, .
Poids & courtoisie à ⅙ le sac, . .
Censerie à 1 pour cent, . . .
Provision à 2 pour cent, . . .

*Frais du bois de Bresil.*

Nolis suivant la Police, . .
Port en magasin sur trois balles ½ piastres .
Magasinage à ½ piastres la balle, . .
Poids & courtoisie au péseur à ⅓ de piastre la balle,
Censerie à 1 pour cent, . .
Douanne à 3 pour cent & agio à 2 ½, .
Provision à 2 pour cent, . .

*Frais du bois de Campêche.*

Nolis suivant la Police, . .
Port en magasin, poids, & courtoisie au péseur,
à ⅛ de piastre le quintal, . .
Magasinage à 3 parats le quintal, .
Douanne à 3 pour cent & agio à 2 ½, .
Censerie à 1 pour cent, . .
Provision à 2 pour cent, . .

*Frais du Papier.*

Nolis suivant la Police, . .
Port au magasin à ⅙ le balot, . .
Magasinage à ⅙ le balot, . .
Censerie à 1 pour cent, . .
Douanne à 3 pour cent & agio à 2 ½ . .
Provision à 2 pour cent, . . .

---

Bonnets du compte de tel de Marseille, doivent piastres 451. 67 aspres, pour frais & net provenu de deux caisses reçues sur le vaisseau le saint Jacques, Capitaine Jean Gamel. Sçavoir :

| | | |
|---|---|---|
| Nolis suivant la Police, . | 4 | |
| Port en magasin à ⅙ la caisse, . | | 33 |
| Magasinage à ¼ la caisse, . . | | 50 |
| Pour censerie à 1 pour cent, . | 4. | 51 |
| Douanne à 3 pour cent & agio à 2 ½, ci, . . . . | 13. | 86 |
| Provision à 2 pour cent, . . | 9. | 2 |
| | 32. | 22 |
| Et piastres 419. 45, pour le net provenu, porté créditeur ledit sieur en compte courant, | 419. | 45 |
| | 451. | 67 |

AVOIR.

Janvier 17, pour la vente de deux caisses bonnets. Sçavoir :

| | | |
|---|---|---|
| 1 caisse communs N° 1 vendus à Jacob Juif, contenant 80 douzaines à 20 temins ½ la douzaine comptant, ci, . . . . | 136. | 67 |
| 1 caisse N° 1 Reffins vendus audit, contenant 70 douzaines à 4 piastres ½ la douzaine comptant, . . | 315. | |
| | 451. | 67 |

*Frais des serges Impériales.*

Nolis suivant la Police, . .
Port en magasin à ¼ la balle, . .
Magasinage à 1 piastre la balle, . .
Douanne à ½ piastre la balle & agio à 2 ½ pour cent, . . . .
Censerie à 1 pour cent, . .
Provision à 2 pour cent, . .

*Frais des Satins de Florence.*

Nolis suivant la Police, . .
Port en magasin à ¼ la caisse, . .
Magasinage à ¾ la caisse, . . .
Douanne à 3 pour cent & agio à 2 ½, .
Censerie à 1 pour cent, .
Provision à 2 pour cent, . .

*Frais de la Cassonade.*

Nolis suivant la Police, . . .
Port en magasin à ¼ de piastres la caisse, .
Magasinage à ½ piastre la caisse, . .
Poids & courtoisie au péseur, à un temin par quintal, . . . .
Douanne à trois pour cent & agio à 2 ½, .
Censerie à 1 pour cent, . .
Provision à 2 pour cent, . . .

## ARTICLE XVIII.

### *Avis sur le Commerce des Piastres.*

Quand les piastres Sévillanes sont destinées pour employer en marchandise, l'on ne prend aucune provision sur icelles ; seulement les frais qu'elles font, quand on compte de fonds provenant de la vente des marchandises, pour être employés en bled ou huile, l'usage est de prendre 2 pour cent de provision sur le fond qu'on donne.

Par le tarif des nolis, il se voit en détail les frais que toutes les marchandises font à Marseille, en y ajoutant un pour cent pour frais de quarantaine & avaries provision à deux pour cent, censerie à ½ pour deux cent avec les frais de magasinage & poids, ce qui n'est pas grande chose.

## ARTICLE XIX.

### *Avantages du Couagy sur les Commissions.*

Le Couagy prend sa commission de deux pour cent sur toutes les affaires d'entrée & sortie ; il ne prend aucune provision sur les argents qu'il reçoit. Par dessus de deux pour cent, il profite sur les frais qu'il passe à l'Amy, qui se passent suivant l'usage de l'Echelle, conformément aux exemples rapportés ci-devant.

Premiérement, à l'égard de la Douanne, on les paye toujours à trois pour cent, & l'agio d'icelle à deux & demi sur le pied de la vente ou de l'achat de la marchandise; il est vrai qu'on le paye au Douannier sur ce pied-là, mais sur un tarif ou prix des marchandises beaucoup inférieur que du courant, sans compter que ledit Douannier donne toujours environ 15 pour cent de bon poids sur les marchandises.

Par dessus l'usage, l'avantage qu'on trouve sur l'évaluation des marchandises sur le pied du tarif de la Douanne qu'on paye à 3 pour cent, & l'agio à $2\frac{1}{2}$.

Il s'en trouve encore sur le payement qu'on fait des pésages, magasinages, emballages, &c. beaucoup plus considérables que ce qu'il coute effectivement au Couagy, particuliérement à l'emballage des soies & fil de chevres, qui sont donnés au Vendeur & qu'on ne laisse pas de passer à plein.

Outre les susdits avantages, il s'en trouve encore un sur le bon poids de toutes les marchandises du pays, par exemple le Couagy est d'accord avec ces Commettans de Chrétienté de leur faire rendre le battement 18 liv. $\frac{1}{2}$ de Marseille, l'ocque 3 liv. le chequis de 20 ocques, 6 liv. celui de 250 dragmes, 1 liv. 14 onces, celui de 120 dragmes 14 onces, & le 100 rottons 44 ocques le quintal, pour les laines & autres, 1 liv. 5 onces $\frac{1}{4}$, & celui de 45 ocques ordinaires, 1 liv. 5 onces sur les marchandises qui se vendent à piece ou à prix, il n'y a aucun avantage par la note ci-dessus, il paroît le gain qu'il y a sur lesdits poids : Sçavoir ;

| | *Pésant juste poids de Marseille.* | *Le Couagy ne les fait rendre que les poids ci-dessous ou de Marseille.* | *Reste de bon.* | *L'avantage monte à tant pour cent.* |
|---|---|---|---|---|
| Le Battement. | 18 liv. 12 onces. | 18 liv. 8 onces. | 4 onces. | $1\frac{1}{3}$ pour cent. |
| L'ocque. | 3 liv. 2 onces. | 3 liv. | 2 onces. | 4 pour cent. |
| Le chequis de 250 dragmes. | 1 liv. 15 onces 2 dragmes. | 1 liv. 14 onces. | 1 once 2 dragmes. | 4 pour cent. |
| Le chequis de 120 dragmes. | 15 onces. | 14 onces $\frac{1}{2}$. | $\frac{1}{2}$ once. | $3\frac{1}{3}$ pour cent. |
| Le rotton ordinaire. | 1 liv. 6 onces $\frac{2}{3}$. | 1 liv. 5 onces $\frac{1}{4}$. | 5 dragmes $\frac{1}{5}$. | $3\frac{1}{2}$ pour cent. |
| Le chequis de 2 ocques. | 6 liv. 4 onces. | 6 liv. | 4 onces. | 4 pour cent. |
| Le rotton de 44 ocques le quintal. | 1 liv. 6 onces. | 1 liv. 5 onces $\frac{1}{4}$. | 5 dragmes $\frac{1}{5}$. | $3\frac{1}{2}$ pour cent. |

Le Couagy ne profite pas toujours de cette augmentation, comme il arrive très souvent que la marchandise venant à se sécher, elle diminue de quelque chose, les commettans lui font payer sans avoir aucun égard à cet inconvénient.

Il se trouve encore beaucoup de Commettans qui donnent au Couagy 4 pour cent de provision sur toutes les commissions, moyennant quoi il est obligé de leur donner compte de clerc à maître, & de les faire jouir de tous les avantages; en ce cas, il est obligé de passer les frais au juste de son déboursé, comme aussi de leur faire bon le bon poids.

ARTICLE

## ARTICLE XX.

*Table des poids de Smyrne avec celui de Marseille, depuis un rotton jusqu'à cent.*

| *Rottons.* | *Ocques.* | *Battemens.* | *Chequis de 2 ocques.* | *Chequis de 250 dragmes.* | *Chequis de 120 dragmes.* | *Livre de Marseille.* | *Dragmes.* |
|---|---|---|---|---|---|---|---|
| 1 | 0 | 0 | 0 | 0 60 d. | 1. 60 d. | 1. 6 onces $\frac{2}{5}$ | 180 |
| 2 | 0 | 0 | 0 | 1 110 | 3 | 2. 12 onces $\frac{1}{5}$ | 360 |
| 3 | 1. 140 | 0 | 0 | 2. 40 | 4. 60 | 4. 3 onces $\frac{1}{5}$ | 540 |
| 4 | 1. 320 | 0 | 0 | 2. 220 | 6 | 5. 9 onces $\frac{3}{5}$ | 720 |
| 5 | 2. 100 | 0 | 1. 100 | 3. 150 | 7. 60 | 7 | 900 |
| 6 | 2. 280 | 0 | 1. 280 | 4. 80 | 9 | 8. 6 onces $\frac{2}{5}$ | 1080 |
| 7 | 3. 60 | 0 | 1. 460 | 5. 10 | 10. 60 | 9. 1 $\frac{4}{5}$ | 1260 |
| 8 | 3. 240 | 0 | 1. 640 | 5. 190 | 12 | 11. 3 $\frac{1}{5}$ | 1440 |
| 9 | 4. 20 | 0 | 2. 20 | 6. 120 | 13. 60 | 12. 9 $\frac{3}{5}$ | 1620 |
| 10 | 4. 200 | 0 | 2. 200 | 7. 50 | 15. | 14 | 1800 |
| 11 | 4. 380 | 0 | 2. 380 | 7. 230 | 16. 60 | 15. 6 $\frac{2}{5}$ | 1980 |
| 12 | 5. 160 | 0 | 2. 560 | 8. 160 | 18 | 16. 11 $\frac{4}{5}$ | 2160 |
| 13 | 5. 340 | 0 | 2. 740 | 9. 90 | 19. 60 | 18. 3 $\frac{1}{5}$ | 2340 |
| 14 | 6. 120 | 1. 120 | 3. 120 | 10. 20 | 21 | 19. 9 $\frac{3}{5}$ | 2520 |
| 15 | 6. 300 | 1. 300 | 3. 300 | 10. 200 | 22. 60 | 21 | 2700 |
| 16 | 7. 80 | 1. 480 | 3. 400 | 11. 130 | 24 | 22. 6 $\frac{2}{5}$ | 2880 |
| 17 | 7. 260 | 1. 660 | 3. 660 | 12. 60 | 25. 60 | 23. 12 $\frac{4}{5}$ | 3000 |
| 18 | 8. 40 | 1. 840 | 4. 40 | 12. 240 | 27 | 25. 3 $\frac{1}{5}$ | 3240 |
| 19 | 8. 220 | 1. 1020 | 4. 220 | 13. 170 | 28. 60 | 26. 9 $\frac{3}{5}$ | 3420 |
| 20 | 9. | 1. 1200 | 4 $\frac{1}{2}$ | 14. 100 | 30 | 28 | 3600 |
| 30 | 13 $\frac{1}{2}$ | 2 $\frac{1}{4}$ | 6 $\frac{1}{4}$ | 21. 150 | 45 | 42 | 5400 |
| 40 | 18 | 3 | 9 | 28. 200 | 60 | 56 | 7200 |
| 50 | 22 $\frac{1}{2}$ | 3 $\frac{3}{4}$ | 11 $\frac{1}{4}$ | 35 | 75 | 70 | 9000 |
| 60 | 27 | 4 $\frac{1}{2}$ | 13 $\frac{1}{2}$ | 43. 50 | 90 | 84 | 10800 |
| 70 | 31 $\frac{1}{2}$ | 5 $\frac{1}{4}$ | 15 $\frac{3}{4}$ | 50. 100 | 105 | 98 | 12600 |
| 80 | 36 | 6 | 18 | 57. 150 | 120 | 112 | 14400 |
| 90 | 40 $\frac{1}{2}$ | 6 $\frac{3}{4}$ | 20. 74 | 64. 200 | 135 | 126 | 16200 |
| 100 | 45 | 7 $\frac{1}{2}$ | 22 $\frac{1}{2}$ | 72 | 150 | 140 $\frac{1}{2}$ | 18000 |

## ARTICLE XXI.

*Tarif pour les droits de la Douanne d'entrée & sortie, la piastre composée de 80 aspres.*

| MARCHANDISES D'ENTRE'E. | | | MARCHANDISES DE SORTIE. | |
|---|---|---|---|---|
| *Qualité des Marchandises.* | *Estimation de Douanne.* | | *Qualité des Marchandises.* | *Estimation de Douanne.* |
| Amandes, | piastre 10 le quintal. | A | Agaric, | piastre 1 l'ocque. |
| Argent vif, | 2 l'ocque. | | Anis, | 4 le quintal. |
| Acier de toute sorte, | 14 le quintal. | | Aloes de toute sorte, | 1 l'ocque. |
| Ambre travaillé, | 80 l'ocque. | | Alun en pierre, | 2 ½ le quintal. |
| Dit brut, | 5 l'ocque. | | Dit en poussiere, | 1 ½ le quintal. |
| Arcenic, | 15 le quintal. | | Avelanede, | aspres 2 le quintal. |
| | | | Alayas de coton teint, | 1 la piece. |
| Bresil Fernambourg, | piastre 20 le quintal. | B | Baracans, | piastre 1 ½ l'un. |
| Bresillet & autres sortes, | 10 le quintal. | | Buffles les 10, | 1 *idem.* |
| Bonnets de Tunis, | 10 la douzaine. | | Bazannes les 300, | 1 ½ *idem.* |
| Bonnets de France de toute sorte, | 1 les vingt douzaines. | | Boucassins blancs, | ½ la piece. |
| | | | Dits peints, | ¼ l'un. |
| Benjoin premiere sorte, | 5 l'ocque. | | Bourg de Tiria, Manacia & Satalie, | ½ l'un. |
| Dit seconde sorte, | 2 ½ l'ocque. | | Buys, | 2 le quintal. |
| Cochenille, | piastre 20 l'ocque. | C | Cotons filés de toute sorte, et, | piastre ½ le quintal. |
| Dite tesquare, | 5 l'ocque. | | Cotons en laine, | 75 aspres la balle. |
| Canelle, | 5 l'ocque. | | Cire, | 75 aspres le quintal. |
| Campêche, | 10 le quintal. | | Cuirs salés, | 5 aspres la piece. |
| Cassonnade, | 15 le quintal. | | Cuirs de vaches, | 3 aspres la piece. |
| Cadis perpétuans, Cadis larges & étroits, | } piastre ½ la piece. | | Carse, | ½ l'ocque. |
| | | | Cordouans de couleurs ou maroquins, | 2 la piece. |
| Cinabrion, | ½ l'ocque. | | Cordouans blancs ou maroquins, | piastre 2 ½ les 300 |
| Camphre, | 3 l'ocque. | | Caimacanis, | piastre 2 ½ la piece. |
| Corail de 30 jusques 80 l'ocque | | | Cambresines de Kace, | 5 la piece. |
| Corail faux, | ⅔ le marc. | | Dits Mermery, | 8 l'une. |
| Canavas de Messine, | 10 la balle. | | Dits grossiers ou Caimerany, | 2 la piece. |
| Canavas de France, | 3 ½ la piece. | | Calenikian de 5 jusques à 15 pieces. | |
| Caisse de verre, | 50 l'une. | | Camelots gris de 13 pieces la table, & de 32 pics chacune payent 4 piastres la table. | |
| Cinabre, | 1 le quintal. | | | |
| Ceruse, | 5 la caisse. | | | |
| Clinquant, | 25 la caisse. | | | |
| Cloux de fer, | 10 le quintal. | | | |
| Corail gros, | 80 l'ocque. | | | |
| Dit mesanio, | 50 l'ocque. | | | |
| Dit milano, | 40 *idem* | | | |
| Dit azaria, | 30 *idem.* | | | |
| Dit brut sans être travaillé, | 5 *idem.* | | | |
| Contarie de poids, | 25 aspres, *idem.* | | | |
| Dit granat de couleur, | ¼, *idem.* | | | |
| Dite de comto 6 masson, | 1, *idem.* | | | |
| Cotonino de France, | 25 la piece. | | | |
| Couteaux, le paquet de deux douzaines, | 1 le paquet. | | | |
| Caffé, les 100 ocques, | 8 ¼. | | | |
| Draps Londrins de Hollande, | 4 ½ la piece. | D | Demittes de Menement, estimées à ½ piastre la piece. | |
| Draps Londres d'Angleterre, | piastre 1 ¾ la piece. | | | |
| Draps fins de France, | 3 *idem.* | | | |
| Dits Nims, | 1 ¾ *idem.* | | | |
| Dits Londres larges, | 1 ½ *idem.* | | | |
| Dits de Carcassonne ordinaires, Dits de S. Pons & autres grossiers, | } piastre 1 *id.* | | | |
| Draps or & argent, | 4 le pic. | | | |
| Draps or famis, | 5 *idem.* | | | |
| Damasquette avec or, | 2 *idem.* | | | |
| Dits simples sans or, | 1 *idem.* | | | |
| Damas de Messine, | 1 ½ le pic. | | | |

| ENTRÉE. | | SORTIE. |
|---|---|---|
| Pinchinats, piastre ½ la piece. | **D** | |
| Paragons de Venise 4½ } la piece. | | |
| Padouans, 2 } la piece. | | |
| Draps d'or de Venise, | | |
| Dits Balastry, estimés, 5 la piece. | | |
| Dits Lamis, 3½ le pic. | | |
| Draps d'or & d'argent, ou moires de France, 4 le pic. | | |
| Dents de poisson, 3½ l'ocque. | | |
| Dents d'éléphant, 1½ l'ocque. | | |
| Dez à coudre, 1 le paquet. | | |
| Etain, piastre 1 le quintal. | **E** | Escamonée, piastre 3 l'ocque. |
| Epingles & grelots de Venise, 5 la caisse. | | Encens, 22 le quintal. |
| Eguilles, épingles, & ameçons, 50 aspres le 1000. | | Escamittes de 30 pics, 1 l'une. |
| | | Dº. de 20 pics, ½ *idem*. |
| Fil de fer de toute sorte, piastre 22 le quintal. | **F** | Fil de chévre paye 1 piastre les 20 ocques. |
| Feuillets de fer blanc, de 450 feuilles, 1 piastre le baril. | | |
| Fer en rouleau, 1 le quintal. | | |
| Fer en barre, 5 le quintal. | | |
| Fer acier, 14 le quintal. | | |
| Fil & feuille de léton, 1 l'ocque. | | |
| Fil à coudre de Venise, 2½ l'ocque. | | |
| Gérofle estimé, piastre 5 l'ocque. | **G** | Galles, 15 piastres le quintal, & 15 aspres de 80 à la piastre. |
| Gingembre, 22 le quintal. | | Galbanum, piastre 1 l'ocque. |
| Ecorce de gérofle, 1 l'ocque. | | Goute de toute sorte, ¼ l'ocque. |
| Glaces de miroir, 33 aspres l'une. | | |
| Gomme lacque, 75 aspres l'ocque. | | |
| Dite cachatin, 4 l'ocque. | | |
| Dite geinbrice, 2½ l'ocque. | | |
| Grelots, 5 la caissette. | | |
| Grenaille, 5 le quintal. | | |
| Huile d'aspic, ⅓ de piastre l'ocque. | **H** | |
| Indigo laure, piastre 3 l'ocque. | **I** | Indiennes du pays, ou bons boucassins peints, estimés à ¼ de piastre. |
| Dite de toute qualité, 2¼ l'ocque. | | Dites de Perse, 3 piastres l'ocque. |
| Lastre blanc ou carreau de vitre estimé 25 piastres la caisse. | **L** | Laines de Smyrne fines & bâtardes, payent ⅛ le quintal. |
| Dits de couleurs, 30 *idem*. | | Laines de chevron de Perse, ci 50 aspres le quintal. } 80 |
| Lunettes, le paquet estimé, 1 piastre. | | Dites rousses & grises, 33 aspres le quintal. } 80 |
| | | Laines tresquilles, 10 aspres le quintal. |
| | | Lapis azuly estimé 5 jusques à 15 piastres l'ocque. |
| Manne estimée, 2 piastres l'ocque. | **M** | Mastic ne paye aucun droit lorsqu'on l'achete du Douanier, pour être de revenus du Grand-Seigneur; mais l'achetant des particuliers, paye 3 piastres la caisse de 70 ocques. |
| Mincin d'Angleterre & de Hollande, 5 le quintal. | | Mire, 3 piastres l'ocque. |
| Dit de Venise, piastre 15 le quintal. | | Moncayars, 4 piastres les 40 pieces. |
| Noix muscade, 3½ l'ocque. | **N** | |
| | **O** | Opium, estimé 2 piastres l'ocque ou chequis de 250 dragmes. |
| | | Opoponax estimé, piastres 1 l'ocque. |
| Parangons de Venise, 4 piastres la piece. | **P** | Peaux des doaes, 1 piastre la piece. |
| Poivre, 3 le sac. | | |
| Papier de toute sorte, 10 le balon. | | |
| Papier de Venise marqué au croissant, 25 le balon. | | |
| Dit de France à écrire, 1½ la rame. | | |
| Pinchinats, ½ la piece. | | |
| Plomb, 4 le quintal. | | |
| Perles fines 1 jusqu'à 5 le metical de 1 dragme ½. | | |
| Perpetuanes, ½ la piece. | | |
| Peaux d'agneaux, 1 la douzaine. | | |

| ENTRE'E. | | | SORTIE. | |
|---|---|---|---|---|
| D°. en tables, | piastre 2 la pelice. | P | | |
| Peaux de renard de Messine, | 33 aspres l'une. | | | |
| D°. en tables, | 10 piastre la pelice. | | | |
| Perles fausses, | 1 piastre masse. | | | |
| Quina, | 1 l'ocque. | Q | | |
| Rocaille, | $\frac{1}{2}$ piastre le millier. | R | Rubarbe estimée 4 piastres l'ocque. | |
| Razoirs à manches noirs, | 50 aspres la douzaine. | | | |
| D°. à manche rouge, | 1 piastre les 8 paquets. | | | |
| Salseparcille, | piastre 1 $\frac{1}{2}$ l'ocque. | S | Semencine, | piastre 1 l'ocque. |
| Sel armoniac, | $\frac{1}{2}$ piastre. | | Sené, | (idem) |
| Selpêtre, | $\frac{1}{4}$ *idem.* | | Storax liquide, | $\frac{1}{4}$ piastre l'ocque. |
| Sucre en pain, | $\frac{1}{8}$ *idem.* | | | |
| Satin de Florence, | 1 $\frac{1}{4}$ le pic. | | | |
| Saffran estimé, | 5 l'ocque. | | | |
| Sublimé, | 3 l'ocque. | | | |
| Satin dit de linquet, | 1 le pic. | | | |
| Soies de Venise, | 6 piastres la piece. | | | |
| Serges de toute sorte, | $\frac{1}{2}$ la piece. | | | |
| Souffre, | 5 le quintal. | | | |
| Samis estimés, | 3 $\frac{1}{2}$ le pic. | | | |
| Tabis de soie de Messine, | piastre 1 $\frac{1}{2}$ le pic. | T | Turbit, | 1 le quintal. |
| Tabis larges, | 1 $\frac{1}{2}$ *idem.* | | Tutie, | (idem) |
| Taffetas, | 1 $\frac{1}{4}$ le pic. | | Térébentine de Kio, | 1 l'ocque. |
| Tarta, | 5 le quintal. | | Dite de Venise, | 50 aspres l'ocque. |
| Toile de Troyes de toute sorte, | 10 la piece. | | Tapis de Cadenne, | $\frac{1}{2}$ la piece. |
| | | | Dits de pic, | $\frac{1}{2}$ le pic. |
| | | | Dits baracans, | 1 $\frac{1}{2}$ la piece. |
| Vitriol, | piastre 7 le quintal. | V | Vaquettes, | 1 aspre l'une. |
| Verder, | 1 l'ocque. | | | |
| Velours ras sans or, | 2 le pic. | | | |
| Dit à fleur sans or, | 1 $\frac{1}{2}$ *idem.* | | | |
| Dit avec or, | 3 le pic. | | | |
| Dit fleuris avec or, | 5 *idem.* | | | |
| Vely ou crêpe de Boulogne, | 25 aspres le pic. | | | |
| Verres, | piastre 50 la caisse. | | | |

## ARTICLE XXII.

*Tarif pour les droits de poids, la piastre de 90 aspres.*

| | |
|---|---|
| **A** | |
| Agaric, | 5 aspres le quintal. |
| Aloës épatique & sicotrin, | 10 aspres le quintal. |
| Amandes, | 5 aspres |
| Alun, | 1 aspre |
| Auclanede, | 1 aspre |
| Argent vif, | 20 aspres |
| **B** | |
| Bois de bresil, | 5 aspres le quintal. |
| **C** | |
| Cotons filés, | 1 aspre le quintal. |
| Cotons en laine, | (idem) |
| Cordouans blancs, | (idem) |
| Cire, | (idem) |
| China, | 10 aspres |
| Cochenille, | $\frac{1}{2}$ aspre |
| Canelle, | 20 aspres |
| Campêche, | 5 aspres le quintal. |
| Cassonnade, | (idem) |
| Caffé, | (idem) |
| **E** | |
| Escamonée, | $\frac{1}{4}$ piastre le quintal. |
| Eponges, | 2 aspres le quintal. |
| Encens, | 5 aspres le quintal. |
| Etain, | (idem) |
| **F** | |
| Fil de chévre, | 20 aspres le quintal. |
| Fil de fer de toute sorte, | 10 aspres |
| Feuilles de fer blanc, | 10 aspres |
| Fer en rouleau, | 10 aspres |
| Fer, | 1 aspre |
| **G** | |
| Galle, | 2 aspres le quintal |
| Gomme de toute sorte, | (idem) |
| Galbanum, | 10 aspres |
| Gerofle, | 20 aspres |
| Gingembre, | 5 aspres |
| **H** | |
| Huile d'aspic, | 5 aspres |
| **I** | |
| Indigo de toute sorte, | 10 aspres |
| **L** | |
| Laines de chevron, | 5 aspres |
| Laines, | 1 aspre le quintal. |
| Lapis-azuly, | 10 aspres |
| **M** | |
| Mirre, | 10 aspres |
| **N** | |
| Noix muscades, | 20 aspres |

| | | |
|---|---|---|
| **O** | | |
| Opium, | | piastre $\frac{1}{4}$ le quintal. |
| Oppoponax, | | 10 aspres |
| **P** | | |
| Poivre, | | 5 aspres |
| Plomb, | | 1 aspre |
| **R** | | |
| Rubarbe, | | piastre $\frac{1}{4}$ l'ocque. |
| **S** | | |
| Soies de toute sorte, | | $\frac{1}{4}$ le quintal. |
| Semencine, | | 5 quintaux à la piastre. |
| Storax, | } | 20 aspres le quintal. |
| Salseparcille, | } | 20 aspres le quintal. |
| Sené, | } | 20 aspres le quintal. |
| Sublimé, | } | 20 aspres le quintal. |
| Storax liquide, | } | 5 aspres |
| Sucre en pain, | } | 5 aspres |
| Selpêtre, | | 2 aspres |
| Sel armoniac, | | 3 aspres |
| **T** | | |
| Tutie, | } | 10 aspres le quintal. |
| Turbit, | } | 10 aspres le quintal. |
| Tarta, | | 1 aspre |
| **V** | | |
| Vacquettes, | | 1 aspre le quintal. |
| Vitriol, | } | 10 aspres, *idem.* |
| Verdet, | } | 10 aspres, *idem.* |

### Article XXIII.

## *Tarif des nolis de Smyrne à Livourne.*

| | |
|---|---|
| Cotons filés de toute sorte, le quintal desdites piastres de la rose, | piastres 2 |
| Soies de toute sorte, le battement, | $\frac{1}{2}$ |
| Cotons en laine, le quintal, | 1 $\frac{3}{4}$ |
| Cire jaune, le quintal, | 1 $\frac{1}{4}$ |
| Gomme adragant, le quintal, | 1 $\frac{1}{4}$ |
| Galles, le quintal, | 1 $\frac{1}{4}$ |
| Semencine, le quintal, | 1 $\frac{1}{4}$ |
| Mastic, la caisse, | 2 $\frac{1}{4}$ |
| Poil de chameau, le quintal, | 1 $\frac{1}{4}$ |
| Laine de toute sorte, | 1 $\frac{3}{4}$ |
| Poil de chévre, les 14 ocques, | 1 |
| Demittes & escamittes, les 100 pieces, | 4 |
| Bourgk, les 100 pieces, | 2 $\frac{1}{4}$ |
| Vaquettes, les 10, | 1 |
| Cordouans de couleur, les 100, | 2 $\frac{1}{4}$ |
| Dits blanc, les 100, | 3 $\frac{1}{2}$ |
| Vaches avec le poil, les 100, | 12 |
| Buffles, les 100, | 30 |
| Caffé, le quintal, | 1 $\frac{1}{2}$ |
| Rubarbe, les 14 ocques, | 1 |

### Article XXIV.

## *Primages.*

| | |
|---|---|
| Cotons filés, | 5 piastres la balle. |
| Dits en laine, | 1 temin la balle. |
| Soies, cire, & toute sorte de toileries, | 10 piastres la balle. |
| Caffé, | 10 piastres |
| Mastic, | 10 piastres la caisse. |
| Poil de chameau, | 5 piastres la balle. |
| Azur, | 1 temin |
| Pour chaque 10 buffles, | 1 temin |
| Pour chaque 10 vaquettes, | demi temin |

### Article XXV.

## *Instructions pour la qualité des Marchandises.*

Soie Legis Bourine. C'est la soie la plus fine venant de Perse. Il faut que le masson soit bien gros, que la ligature soit petite, & voir qu'il n'y ait point de toupe de soie dedans; quand on la veut acheter, il faut bien observer qu'elle soit bien fine à la main, & chargée de blanc. Pour peu qu'elle soit rude, ce n'est que de legis fine, qui vaut de 3 à 4 piastres par battement moins, & à Marseille 20 à 30 sols par livre de déchet. Il faut que le premier coup d'œil qu'on donne sur ladite soie vous prenne, & ne la regarder pas si fixement: car la beauté de cette soie vous éblouit. Cette marchandise & le fil de chevre sont les plus difficiles de toutes celles qu'on peut acheter. Il faut choisir toujours un beau jour quand on veut emballer; mais aux achats il faut le voir avec un jour obscur pour voir leur défaut; & lorsqu'elles vous paroissent belles, elles le sont effectivement quand on les voit ensuite en son jour.

Il y a une sorte de soies qu'on appelle Legis fines, qui valent ce que j'ai marqué ci-dessus; il y a encore les Legis ordinaires ou ardassines qui sont plus grossieres: il en va très peu à Marseille; les Anglois les achetent en troc de leurs draps, ou bien les Arméniens les envoyent à Venise ou à Livourne; les Fabriquans de Chio en achetent aussi pour en faire des ouvrages qu'on porte ensuite à Brousse.

A l'égard des soies ardasses dont il passe grande quantité en France, il faut que la couleur soit belle, que le fil soit rond, & qu'il n'y ait point de finastre ni de frise, & prendre garde qu'elles ne soient point humides: cela étant, elles se consommeront & s'employeront mieux que les autres. Il faut observer que la ligature qu'on met aux masses, ne soit point grosse, qu'il n'y ait aucune forseure dans les masses, étant ordinaire que les Vendeurs n'y en fassent mettre en Perse. Il faut pour n'être point trompé se servir de toutes ces observations.

Fil de chevre d'Angora. C'est la marchandise la plus difficile de toutes celles qui se tirent de Smyrne; il faut prendre garde qu'il n'y ait point de faux jours dans les magasins où on les voit; parce qu'il les montre plus beaux de beaucoup qu'ils ne le sont: le masson est plus court; & ils sont plus fins que ceux de Baybassard; mais ils ne sont pas si blancs: il faut prendre garde qu'on ne fourre la tête de grosses ligatures, ce qui fait un grand déchet à la marchandise, qui ne doit avoir qu'une petite ligature. Cette marchandise, comme on l'a dit, est difficile à connoître, & les Vendeurs sont des gens très habiles à leur métier. Il s'en vend très peu au comptant, les Hollandois en achetant des grosses parties en troc de leurs draps. Ces habiles Négocians font souvent leurs achats avant la consignation des draps, qui restent souvent des six à sept mois depuis leur arrivée, ne faisant le marché que sur les échantillons des draps, auxquels l'on met le sceau pour les confronter lors de la consignation, & ils reçoivent toutes les semaines les fils de chevre qu'on apporte à leur maison.

Les fils Caragach, sont dans des sacs qui viennent de Josseplassard. Ils sont très fins; mais il en vient ordinairement des villages voisins, qui ne sont pas de si grands sacs, n'étant que d'un quintal tout au plus, qu'il faut préférer aux gros sacs; parce qu'ils sont plus beaux & non fraudés; les autres fils suivant leur qualité, ont leur prix.

Les cotons en laine. Il faut qu'ils soient blancs & longs, qu'ils ne soient point chargés de graine; & qu'en les maniant ils soient doux à la main. Il faut ouvrir les sacs à côté, enfoncer la main bien profondément, pour voir s'il est de même qu'à l'entour ou à la tête du sac, cette marchandise est ordinairement fraudée; parce qu'elle se fait à la plaine de l'Echelle neuve & par les mains des Juifs qui en font la plus grosse partie.

Les laines de mouton. Il faut que ces laines soient fines & non chargées de surges & de noirs; & s'il y en a, il faut qu'ils le séparent.

Il faut aussi observer lorsqu'on fait un marché de laines, après avoir pris la clef du magasin, d'y mettre le sceau avec de la cire rouge, en façon qu'on ne puisse pas l'ôter sans emporter le cachet, étant souvent arrivé qu'après avoir acheté d'eux quelque magasin de laine, & avoir pris garde qu'il n'y avoit point du tout d'humidité provenant du surge, les Vendeurs avoient une autre clef; & la nuit avoient arrosé les laines, en sorte qu'elles avoient pris 15 à 20 livres pour cent d'eau, ce qui étoit capable de mettre le feu aux laines & au vaisseau dans lequel on les charge, outre que si on les garde en magasin dans cet état, de blanches elles deviennent jaunes, ce qui cause un très grand déchet à leur vente.

Les autres laines qu'on achete de la premiere main des Grecs de Miyialiq qui est proche de Constantinople, sont très fidelles; mais dès qu'on est obligé d'acheter des Revendeurs, l'on court beaucoup de risque d'être trompé, si l'on n'observe ce qui est marqué ci-dessus.

Les Galles. Il s'en fait tout proche de Smyrne, qui sont presque toutes noires & bien pésantes; mais elles ne sont pas fort grosses ni jaunâtres, & se vendent presque autant que celles d'Alep, parce qu'elles sont tout au moins les deux tiers noires.

La Cire. Il la faut jaune & couper les pains par le milieu avec une hache pour lui ôter la crasse qu'elle a, & prendre garde qu'ils ne mettent point de farine, de pois chiche, ou de graisse; cette cire fraudée ne valant que la moitié de la bonne.

Le Mastic. Il se fait à Scio, c'est un parti annexé à la Douanne de Smyrne. Le Douannier en retire 150 & quelquefois 200 caisses; le surplus on les paye aux habitans de Scio au prix qu'on est convenu: il se vend en caisse, qui sont d'un certain poids, qu'il faut ouvrir par dessous pour en voir la tarre. Il faut que la larme soit bien grosse & blanche; & qu'elle ne soit pas chargée de terre ou de figues: quand on a besoin de cette drogue, il faut avoir de celle du Douannier avant qu'elle soit tombée entre les mains des Juifs; lorsqu'il est bien blanc, c'est la marque qu'il est nouveau, car le vieux est jaunâtre.

La Scamonée. Il faut qu'elle soit grise, qu'elle frise bien en la serrant avec les doigts; & que la mettant sur la langue elle marque avoir du lait. Il la faut acheter sans qu'elle soit dans des sacs de peaux. Elle est difficile à bien connoître, à moins que d'avoir fait apprentissage chez les Droguistes.

La Rubarbe. Il faut qu'elle ne soit point carrée, & qu'en la rompant elle soit d'une vive couleur de chair, les pieces sont de 3 à 4 onces, les plus grosses ne sont pas d'ordinaire les bonnes. On doit prendre garde que le tronc qu'elles ont ne soit pas garni de corde; le principal est qu'elle pese & qu'elle soit bien en piece, ce qui est très avantageux à la vente. Il lui faut mettre une chemise de toile bleue.

L'Opium. Il faut l'acheter sec pour mieux connoître la fraude; car on y met de la gomme Arabique dedans, ce qui le gâte, & n'est bon qu'à jetter à la mer.

L'Agaric est une drogue venant de Satalie, blanche & légere comme du coton en laine, mais fort sujette aux vers.

L'Aloes e'patique et cicotrin. Il faut qu'il soit de couleur de caffé pilé, qu'il soit dans des vessies de peau, & observer qu'il ne soit point brûlé, & qu'il soit bien transparent.

La Semencine. Il faut qu'elle soit bien nourrie & sur-tout bien verte, qui est la véritable marque qu'elle est nouvelle; il la faut bien faire nettoyer & lui mettre une toile bleue qui la fait mieux paroître.

Lapis azuly autrement Outremer: c'est une pierre que ceux qui portent ordinairement la rubarbe & la semencine vendent aussi; il faut qu'il soit bien bleu, qu'il ne soit point chargé de veines blanches. Il y a quelquefois dans cette pierre quelques veines qui reluisent comme de la poudre d'or, qu'on appelle masquadisse. Les Peintres se servent de l'outremer dans leur peinture. Il faut que cette pierre soit extraordinairement nette & belle, d'un bleu foncé comme on a dit ci-dessus, autrement elle n'est estimée que pour caillou.

La Tutie vient de Perse. Il faut qu'elle soit en petits grains, c'est une drogue qu'on tire de Brousse.

La gomme Adragant se fait à Satalie, il la faut bien blanche, & qu'elle n'ait point de figues qui la rende mauvaise & moins vendable; il faut aussi observer qu'il n'y ait point de terre au fonds des sacs, n'étant que trop ordinaire qu'on y en mette.

La gomme Armoniac vient de Perse. Il faut qu'elle soit en larmes comme des amandes cassées bien blanches; & qu'elle ne soit pas attachée l'une contre l'autre: la jaunâtre est vieille & ne vaut que la moitié de l'autre.

La gomme Arabique. Il la faut blanche & qu'elle ne soit point chargée de figues: les saïques qui viennent de Damiette en apportent; mais celle du Caire tourne mieux à compte.

Les Tapis a pics. Il faut que le travail soit bien égal au dessein, car autrement ils sont difformes; & par dérision on les appelle Tapis aveugles: il faut aussi que le travail soit joli & les entours aussi, qu'ils soient bien tondus, & que la laine soit fine & de couleur vive; ceci s'entend des grands tapis de pic, qui est une mesure dont trois font huit pans & une canne.

Tapis mousquets. Ils se vendent à piece, & non à mesure comme ceux ci-dessus, la laine & les couleurs sont très belles, mais fort sujets d'être borgnes, ce qu'on doit observer en les achetant, la beauté du travail & la grandeur en regle le prix.

Tapis cadene: ce sont les plus petits & les plus grossiers de tous. Ils ont d'ordinaire trois pics à trois & demi de long & un & demi de large; il y en a de plus petits qui se vendent un piastre, & lorsqu'ils sont beaux & grands, une piastre & un tiers la piece.

Les Moncayards de couleurs différentes, viennent d'Angora, les couleurs melangico sont les plus demandées. Il faut observer qu'il en ait autant qu'on peut des doubles couleurs qui sont teints avec la cochenille: il faut aussi prendre garde que les Vendeurs mêlent ordinairement quelques pieces fort communes aux têtes, ce qu'il faut tâcher de leur faire écarter, & ne jamais jetter l'œil sur le milieu de la table; puisqu'ils y mettent toujours les plus fins; mais voir l'extrémité & bien observer qu'ils ne soient point piqués de vers. Comme les Marchands ont de faux jours dans leurs magasins, il faut mettre la table sur la porte pour les bien voir, & lorsqu'on traite & qu'on fait le marché, les attacher d'un fil avec son cachet : car les Vendeurs de cette marchandise & du fil de chevre sont des maîtres fripons ; ce sont des Grecs & des Arméniens qui résident à Smyrne.

Il y a des couleurs qu'on demande expressément, qui se consomment en Espagne : l'on achete cette marchandise en troque des draps, de la cochenille & du tarta rouge dont ils consomment beaucoup ; ou suivant qu'ils sont demandés, on les achete argent comptant.

Les Camelots rouges et blancs sont d'une autre qualité que les moncayars, & sont propres pour les gens du pays. Ils se vendent depuis 10 jusqu'à 15 piastres la piece ; il ne s'en demande guere n'étant employés qu'à des chasubles de Capucin ; autrefois on en faisoit des manteaux, & pour lors il s'en vendoit beaucoup.

Escamittes de coton. Elles se font à Menement ; il faut qu'elles soient bien larges, garnies de coton, bien serrées & pésantes, & observer de les voir par la lisiere ; dès qu'elles sont bien unies & bien pésantes, c'est une marque qu'elles sont bien garnies du coton ; elles doivent tirer dix cannes de France, qui font 30 pics. Il y en a de celles de 20 pics, dont trois pieces en font deux des autres.

Demittes. Il faut qu'elles soient bien fournies du coton ; elles ont d'ordinaire deux tiers de pic de large, il faut observer que la lisiere soit bien unie, on les apporte de Menement comme les escamittes.

Demittons. Ils sont moins larges & moins serrés que les demittes.

Les Boucassins : on les apporte de Tiria & autres lieux. Il faut prendre garde qu'on les empâte avec de la farine ; & que lorsqu'on les apporte ils sont encore mouillés, ce qu'ils font à dessein pour les faire paroître plus fins & plus serrés ; & dès qu'ils sont secs, on leur voit tous les défauts qu'ils peuvent avoir ; de sorte qu'il les faut acheter sous la condition qu'on les fera sécher à la maison, après quoi on les choisira & l'on prendra ceux qu'on voudra.

Ces sortes de boucassins se font peindre en Indiennes de joli dessein pour être plus vendables. Il faut prendre garde de ne jamais donner des toiles aux Maîtres Arméniens & Grecs pour les peindre en Indiennes sans les marquer de son bout, comme on marque les futaines, il faut un peu de noir de fumée avec de l'huile de lin pour faire ce bout qui ne peut s'effacer ; & de cette maniere on n'est pas sujet qu'on les change ; car ces Ouvriers sont tous fripons.

Les Cambrasines fines & ordinaires viennent de Perse, ces sortes de toiles doivent être très fines ; surtout il faut observer qu'elle soit bien unie & non rayée ; les plus fines se connoissent facilement en leur passant la main dessous ; & si on en prend une partie sans les voir au dedans en lui passant la main dessous, celle qu'on trouve la plus douce à la main, on la trouvera la plus fine de toute la partie ; il y en a d'une sorte qu'on apporte de la Meque qu'on appelle Mamoudy, elles sont jaunâtres & sont plus douces à la main que celles que les Arméniens apportent de Perse, elles tirent d'ordinaire 36 pics qui font 12 cannes & ont 4 pans de large, & se vendent 4 piastres $\frac{1}{3}$ à 4 $\frac{1}{2}$.

Les Bengales que les Arméniens apportent de Perse. Il s'en trouve par fois quelques pieces mamoudy, toutes les cambresines véritables bengalles tirant 12 cannes de long & 4 pans de large, il y a diverses autres cambresines qui tirent 30 pics, qui font 10 cannes ; d'autres 20 pics & d'autres 15 pics, & n'ont que 3 pans $\frac{3}{4}$ de large. Il y en a d'autres sortes qu'on appelle fer de cheval, qui tirent 30 à 36 pics de long ; encore d'autres qu'on appelle turbans, & d'autres caimacanis qui sont assez fines : de cette sorte de toile il y en a plus de trente qualités, leur longueur, largeur & finesse en regle le prix.

Les Lisats. C'est une autre sorte de toile qui vient des Indes, de Perse, & de la Meque ; il y en a de diverses qualités & ont 2 pics $\frac{1}{4}$ de large, ce qui fait approchant de 5 pans & demi, & d'autres qu'on appelle Selempous qui ont six pans. Il y a diverses sortes de toiles de coton fort fines qu'on appelle toutes Lisats, dont la finesse & le large regle le prix.

Les Indiennes. Il en vient des Indes & de Perse, les principales s'appellent Calencard, qui veut dire faites avec la plume ; il y a aussi des tapis qui sont fort grands. Ce qu'il faut principalement observer, est que la toile soit fine, les couleurs vives, & les desseins jolis & fins : elles doivent être à fonds blanc.

Il y a des Indiennes Sérongis, qui viennent aussi des Indes, elles n'ont que deux pans & un tiers de large, quelques-unes 1 pic ; elles doivent tirer 30 pics ; il y en a qui tirent plus & d'autres moins : il faut observer que la toile soit fine, les couleurs voyantes & de jolis desseins. Il vient aussi de ce lieu & de même qualité, des mouchoirs qu'on vend à piece ou à courge de 20 pieces, & à chaque piece 14 & quelquefois 15 mouchoirs ; les Arméniens qui sont ordinairement grands fripons en coupent un, mais dès qu'une piece est coupée, l'Acheteur est en droit de la refuser ; ou s'il s'en contente, il faut qu'elle ait 14 mouchoirs tout au moins à la piece. Quand les Arméniens veulent prendre ce mouchoir, ils coupent la piece par le milieu, & la recousent après en avoir tiré le mouchoir. Ils replient la piece, & par ce moyen on trouve la lisiere des deux mouchoirs, qui font le commencement & la fin de la piece, & l'Acheteur ne s'en apperçoit point à moins de la déplier au long.

Il y a des Indiennes Chaferquanis, qui viennent de Perse, elles ne tirent que 16 pics de long & 2 pics de large ou environ ; cette sorte d'Indienne est d'un très beau & bon usage, elles sont d'ordinaire emplâtrée de colle d'amidon. Il faut observer que les Arméniens qui font le voyage d'Alep à Smyrne, apportent souvent des Indiennes qu'ils appellent Chaferquanis, qu'ils font travailler à Diarbekier au voisinage d'Alep, lesquels sont contrefaits à Alep, on les connoît très bien, il faut prendre garde qu'aux Indiennes qu'on fait à Diarbekier la toile est bonne, & les couleurs très belles ; mais la toile est comme des escamittes.

A Brousse qui est entre Smyrne & Constantinople, il s'en fait aussi beaucoup. Les Indiennes d'Hispahan se font à Hispahan Capitale du Royaume de Perse, les Arméniens les apportent & ils les mettent avec des Indiennes de Tauris : mais ces dernieres ne tirent que 44 à 45 pans ; & celles d'Hispahan tirent d'ordinaire de 52 à 56 pans, & les couleurs sont meilleures. Pour connoître les Indiennes Turques, il faut voir si elles ont un bout ou cachet rond au dos avec une inscription en Turc ou en Arménien ; ce bout est de la largeur d'un écu blanc : la toile est plus fine ; mais elle n'est pas si large que les véritables Hispahans.

## Article XXVI.

### *Réduction du poids de France en celui de Turquie & de Livourne, & de celui de Turquie à l'un & à l'autre, avec la réduction des aunes en pics.*

100 liv. de France font en Turquie 32 ocques & 72 rottons 128 dragmes.

100 liv. dites poids de marc, font 38 ocques 160 dragmes, rottons 87. 48 dragmes.

100 liv. de Livourne font 85 liv. de France, à Livourne 117 liv. 47 dragmes.

100 rottons de Turquie font livres de France 137 livres $\frac{1}{2}$, & ocques 44.

100 rottons à Smyrne font 140 liv. 80 dragmes de France, & ocques 45.

100 liv. de Livourne font en Turquie 27 ocques 100 dragmes.

L'ocque pese 400 dragmes, la rotte 180 dragmes.

La livre de France poids de marc, 153 dragmes $\frac{1}{2}$.

La livre de France poids de table, 128 dragmes.

La livre de Livourne, 109 dragmes onces douze.

L'once poids de marc, 8 dragmes $\frac{1}{2}$ de 18 onces la livre, & poids de table, 8 dragmes 16 onces à la livre.

L'once de Livourne, 9 dragmes $\frac{1}{12}$ à 12 onces à la livre.

1 pic de Turquie 2 pans $\frac{3}{5}$, 9 pics font 5 aunes en déduisant 3 pour cent, le nombre des aunes étant multiplié par 180 coupant deux figures, & les rompus qui restent, font des points qu'il faut 100 pour un pic.

## Article XXVII.

### *Usage d'acheter les huiles en Turquie.*

A Smyrne on achete à quintaux de 45 ocques.

A l'Isle de Meselin on fait de même.

Dans le Golfe de Mesconisse, le quintal de 44 ocques.

A la Canée,<br>
A Mistache,<br>
A Ratimo, } aussi au quintal de 44 ocques.

## Article XXVIII.

### *Usage d'acheter le bled avec le quillot de compte.*

*Par toute la côte de Smyrne.*

Quatre quillots & demi font la charge de Marseille 300 livres.

Huit dito font la salme à Malthe.

Deux dito font le sac à Livourne.

Quatre dito font à Genes trois émines & demi.

Deux dito & demi font la quartiere à Mathiorque & quelque chose de plus.

Deux dito font à Barcelone la fanague & quatre pour cent de plus.

Six dito font le caffis à Alicant, & une charge & demi de France.

## Article XXIX. & dernier.

### *Usage pour acheter le ris à Constantinople, Smyrne, & sur les Côtes de Gisete.*

En Damiette un ardiq pese 224 ocques faisant en France 700 liv.

A Alexandrie & Rousset à ocques, 1500 pics pésant en France 4687 liv.

A Constantinople & à Smyrne au quillot pésant 10 ocques, faisant 31 liv. $\frac{1}{4}$, & quelque chose de plus suivant la qualité du ris.

## ECHELLE NEUVE.

L'on appelle Echelle Neuve, un Port de la Natolie, éloigné de Smyrne d'environ seize lieues. Ce nom, qui lui a fait perdre en quelque sorte celui sous lequel il étoit connu auparavant, lui vient de ce que les Nations de l'Europe, qui trafiquent au Levant, n'y ont établi leur Commerce, que bien long-tems depuis qu'ils eurent commencé de le faire dans les autres Echelles de la Méditerranée.

Le Commerce se feroit avec avantage dans ce petit Port des Etats du Grand-Seigneur, s'il étoit permis d'y négocier; y ayant plusieurs marchandises qu'on en peut tirer à meilleur compte que de Smyrne; & d'ailleurs les Marchands, comme on en a fait l'expérience pendant quelques années, y étant de meilleur foi, & les Officiers moins avides, & nullement sujets à faire des avanies aux Etrangers.

Les François & les Anglois y avoient eu un établissement considérable jusques vers le milieu du dix-septiéme siécle; & même les premiers y entretenoient un Consul : mais une jalousie de Commerce entre les Douanniers de Smyrne, & ceux de l'Echelle Neuve, fit fermer ce Port à toutes les Nations de l'Europe : & celles qui y étoient établies, furent obligées d'en retirer leurs effets, & les François, leur Consul.

Le débit des marchandises du Ponant n'y est pas considérable; & à peine s'y consomme-t-il pour mille piastres par an, de draps, de bonnets, & de papier : aussi tout le Commerce de cette Echelle ne consiste-t-il gueres qu'en achats.

Les cotons filés, & en laine, sont le principal objet du négoce de l'Echelle Neuve; étant aisé d'en ramasser plus de deux mille balles par an : ou de la premiere main, en les achetant des Paysans, qui les viennent vendre au marché : ou en gros, en les faisant venir de Joselassar, à dix lieues de-là, où il y a des Marchands qui en font des amas.

Les autres marchandises qu'on en peut tirer; sont, de la cire, des vacquettes, des cordouans passés en rouge & en jaune, des laines tresquilles, des éponges fines, de la scamonée, & de la vellanede.

## COMMERCE DE L'ARCHIPEL.

ARCHIPEL signifie Amas de plusieurs Isles.

Les Anciens ne connoissoient gueres que l'Archipel de la mer Egée qui fait une partie de la mer Méditerranée; mais les voyages que les Modernes ont entrepris aux Indes Orientales par le Cap de Bonne Espérance, & la découverte de l'Amérique leur ont donné la connoissance de quantité d'autres, comme de l'Archipel de S. Lazare, de celui des Maldives, de celui des Philippines, de celui des Moluques, de celui des Isles Mariannes, de celui du Mexique, & de quelques autres.

On renvoye donc les Lecteurs à l'article du Commerce de l'Asie & de l'Amérique, & où ils trouveront tout ce qui regarde le négoce des Moluques, des Maldives, des Philippines, des Isles Mariannes, & de celles du Golphe du Mexique; & l'on va seulement parler ici du Commerce de la mer Egée & de de toutes ses Isles, du moins de celles qui sont assez considérables pour être visitées par les vaisseaux des Nations Chrétiennes, y en ayant plusieurs qui ne sont habitées que par de pauvres Pêcheurs, & quelques-unes ne servent de retraite qu'à des Caloyers ou Religieux Grecs, encore plus misérables que les Pêcheurs.

Pour la commodité du Lecteur on va les mettre ici, non pas suivant leur position géographique, mais par ordre alphabétique; après avoir pourtant remarqué que toutes ces Isles sont comprises entre le 35 & le 38 dégré; que les unes sont appellées Cyclades, parce qu'elles forment comme une couronne ou un cercle autour de l'Isle de Delos; & les autres Sporades, à cause qu'elles sont répandues sans ordre, & comme éparses & semées au hazard entre l'Asie & l'Isle de Candie.

### *ISLES DE LA MER EGE'E & leur Commerce.*

AMORGOS. Les denrées qu'on tire de cette Isle sont quelques huiles, beaucoup de grains & de vins que viennent charger des tartannes de Provence.

Une autre marchandise qui y attire les Anglois est une plante propre à teindre en rouge qui est une espece de lichen; elle se vend dix écus le quintal. On en consomme considérablement en Angleterre: on en porte aussi quantité à Alexandrie. *Voyez* LICHEN.

ANDROS. Le principal Commerce de cette Isle consiste en soies qui ne sont pas de la meilleure qualité, n'étant propres qu'à faire de la tapisserie: on croit qu'on la pourroit perfectionner, & que si elle étoit mieux préparée on pourroit l'employer en étoffes, en rubans, & en soie pour la couture.

On en recueille environ mille livres pésant, qui se vendent, année commune, un écu & demi la livre.

Le reste des marchandises est peu de chose, les vins, les huiles, l'orge, & le froment qui y croissent suffisant à peine pour la consommation des habitans.

Les mures noires & les fruits de l'arbousier y servent à faire des eaux-de-vie qui ne sont pas mauvaises.

Les François entretiennent un Consul à Andros.

ANTIPAROS. Petite Isle où il se fait quelque Commerce de vin & de coton.

CANDIE, grande Isle de la Méditerranée située à l'entrée de l'Archipel, connue autrefois sous le nom de Crete: elle est éloignée de Marseille d'environ 1600 mille, de 600 de Constantinople, 400 de Damiette en Egypte, 300 de Chipres, 100 de Milo, & 40 de Cerigo.

Le commerce qui se fait dans cette Isle est considérable, & la plupart des Nations Chrétiennes qui trafiquent dans les Echelles du Levant, y ont des Consuls. Les Villes de l'Isle du plus grand négoce, sont la Canée, Retimo, Candie, & Gira-petra. Le Consul François réside à la Canée, où cependant il n'y a gueres que dix ou douze Marchands de la Nation établis.

Les environs de cette Ville aussi-bien que tout le reste de l'Isle, sont couverts d'un nombre infini d'oliviers qui n'y meurent pour ainsi dire jamais, parce qu'il n'y gêle point. L'huile qu'on en tire est bonne & fait le principal trafic de l'Isle. Quand la récolte des olives est bonne, on en peut recueillir jusqu'à trois cent mille mesures d'huile. En 1699 les Provençaux en enleverent deux cent mille mesures à leur part; & en 1700 les huiles après la récolte ne valoient que 36 à 40 parats la mesure, au plus 44½ à prendre le parat sur le pied de six liards de France, & la mesure à raison de huit ocques & demi, l'ocque pésant trois livres deux onces: il est vrai qu'elles monterent ensuite à 60 & 66 parats, par l'empressement des Marchands François qui enchérissoient les uns sur les autres.

Ces huiles sont propres aux Savonneries de Marseille, sur-tout lorsque celles de Provence ont manqué. Les meilleures de l'Isle, sont celles de la Canée & de Retimo; celles de Gira-petra étant noires & bourbeuses, parce qu'avant de vuider leurs cruches, les habitans de cette derniere place ont coutume de brouiller l'huile & la lie avec un bâton, pour vendre le tout ensemble.

On enleve aussi de Candie quantité de vins & de malvoisie; la malvoisie de Retimo est la plus estimée; les François ont un Vice-Consul dans cette derniere Ville.

Les autres marchandises sont la gomme adragant, le ladanum, des laines, de la soie, du miel, de la cire, des fromages, du coton, & du sesanne. On en pourroit aussi tirer du froment qui est excellent, particuliérement aux environs de Candie; mais le transport en est souvent défendu.

CHIO ou SCIO. Cette Isle, que les Turcs, qui en sont présentement les Maîtres, nomment Salzizadaci, ou Sachezada; c'est-à-dire, l'Isle du mastic, est une des plus grandes & des plus peuplées de la mer Egée.

Son Commerce est très considérable, mais cependant beaucoup moins que ne sembleroit le promettre le nombre de ses Habitans, & les diverses marchandises qui y croissent, ou qui s'y fabriquent.

Les vins, les beurres, les soies, les cotons, la térébenthine, & le mastic, d'où elle a pris son nouveau nom, sont les principales productions qui y attirent les Européens, surtout les François & les Anglois, qui y ont des Consuls comme dans une des plus importantes Echelles du Levant.

L'on estime qu'il se tire tous les ans pour plus de cent mille écus de soies filées, non compris quantité d'étoffes qui se font dans l'Isle, entre autres des damas, des satins, & des taffetas qu'on transporte au Caire, ainsi que dans toutes les Villes des Côtes de Barbarie & de la Natolie, particuliérement à Constantinople.

Les cotons sont en laines, ou filés: on y en employe aussi beaucoup en futaines & en basins, qui sont assez estimés, & qui ont la même destination que les étoffes de soie.

A l'égard du mastic, qui fait son principal négoce, ne s'en trouvant presque point ailleurs que dans cette Isle, le meilleur est destiné pour le Grand-Seigneur, ou plutôt pour les Dames de ses sérails; aussi celui qu'achetent les Européens, ne peut être que du rebut, que l'Officier que la Porte y envoye tous les ans pour veiller à la récolte de cette précieuse gomme, n'a pas trouvé assez beau pour être envoyé à Constantinople. On parle ailleurs de la plante qui pleure le mastic, de son usage, & de son Commerce. *Voyez* MASTIC.

Le reste de cet article est tiré du Voyage de M. de Tournefort, donné au Public en 1717.

Le vin de Chio est agréable & stomacale; il y en a de trois sortes; l'un qui a un peu de cette verdeur qui se convertit en seve, l'autre qui a de la liqueur, & le troisiéme qui tient des deux autres.

Les raisins dont on fait ces trois sortes de vins, se

coupent dans le mois d'Août. Après les avoir laissé sécher pendant huit jours, on les foule, puis on les laisse cuver dans des celliers bien fermés. Pour faire le meilleur vin on méle parmi les raisins noirs une espece de raisin blanc qui est de la forme des noyaux de pêches : mais pour faire le nectar qui porte encore ce nom à Chio, on employe une autre sorte de raisins dont le grain a quelque chose de stiptique qui le rend difficile à avaler quand on le mange, mais qui se tourne en liqueur quand il est mêlé avec le raisin commun.

On ne recueille gueres que deux cent muids d'huile à Chio, le muid pésant quatre cent ocques, à raison de trois livres deux onces l'ocque.

Les François tirent aussi du miel & de la cire de cette Isle ; mais la marchandise la plus considérable du Pays est la soie ; on y en fait tous les ans soixante mille masses qui, à une demie livre la masse, font trente mille livres poids de France. Presque toute cette soie est employée dans l'Isle aux Manufactures de velours, de damas, & autres étoffes destinées pour l'Asie, l'Egypte, & la Barbarie, où l'on mêle quelquefois de l'or & de l'argent. Chaque livre de soie doit à la Douanne quatre timins ; c'est-à-dire, vingt sols de notre monnoie : elle s'y vend quelquefois jusqu'à 35 timins la livre ; & celui qui l'achete est encore obligé de payer la douanne.

Les autres denrées de l'Isle sont de la laine, des fromages, des figues, & du mastic. Les figues y viennent par caprification. *Voyez* l'article des Figues. A l'égard du Mastic, *voyez-en aussi* l'article.

Les Turcs & les François payent trois pour cent de toutes les marchandises de l'Isle. Les Juifs & les Arméniens en payent cinq.

Metelin. Cette Isle est la fameuse Lesbos. Elle produit de bon froment, d'excellente huile, & les meilleures figues de l'Archipel. Elle fournit aussi quantité de vins qui n'ont rien perdu de leur réputation. Elle porte quantité de sapin dont on fait des mâts, & des planches qui ont un grand débit dans tout le Levant.

Milo. Avant que le Roi de France eût défendu à ses Sujets d'armer en course sur cette mer contre les Turcs, l'Isle de Milo étoit la retraite la plus ordinaire de ces honnêtes Corsaires, & comme une foire perpétuelle où ils venoient vendre leurs prises ; ce qui rendant l'Isle abondante en toutes sortes de marchandises, en avoit presque banni tout autre commerce.

A présent il s'y en fait un assez considérable de vin, d'huile, de sel, de soulfre, d'alun, de coton, de sesanne, de coloquinte, & de toutes sortes de légumes.

Le sel s'y donne presque pour rien ; la mesure ordinaire qui pese soixante & six livres poids de France, ne coûte ordinairement que sept sols.

Le soulfre de Milo est parfaitement beau & a un petit œil verdâtre & luisant. On trouve ce soulfre en grands morceaux en creusant la terre, & par grosses veines dans les carrieres d'où l'on tire les meules de moulin.

Le coton y est beau & s'y vend bien, on l'a cependant pour un sequin le quintal lorsqu'il est en coque ; c'est-à-dire, encore enveloppé dans son fruit, & pour dix ou douze francs quand il est épluché & sans coque, ce qu'on nomme Coton en rame.

On trouve aussi à Milo de la terre à savonner, aussi bonne que la terre cimolée qu'on tire de l'Argentierre. *Voyez* Terre cimolée.

Il s'y fait aussi un prodigieux débit de meules de moulin, & non-seulement elle en fournit toutes les autres Isles de la mer Egée, mais encore Constantinople, le Royaume de Chypres, & une grande partie de l'Egypte. Ses molieres sont si abondantes que le Grand-Seigneur en tire année commune, un revenu de plus de 50000 liv.

C'est cette Isle qui donne des Pilotes à la plupart des vaisseaux qui navigent dans la mer Méditerranée, personne ne la connoissant mieux qu'eux.

Micone, en langage Franc Miconi. Son Port est excellent & son territoire produit quantité de marchandises propres au Commerce. Les Matelots de Micone passent pour les plus habiles de ceux de l'Archipel, & semblent le disputer à ceux de Milo ; aussi peut-elle fournir toute seule jusqu'à cinq cent hommes de mer, avec plus de cent batteaux pour le négoce des Isles, & quarante ou cinquante grosses caïques pour celui de Turquie & de la Morée.

Le Commerce de Turquie se fait en cuirs, particuliérement en maroquins ou cordouans que l'on va charger à Siagi proche de Smyrne & à Scala nova. Le Commerce de Morée consiste particuliérement en vins ; les Miconiotes en recueillant année commune depuis 25 jusqu'à 30 mille barils, le baril pésant 50 ocques, c'est-à-dire, 150 livres de France. Chaque caïque peut porter jusqu'à sept ou huit cent barils.

Outre le Consul de France, il y a aussi dans cette Isle des Consuls Anglois & Hollandois. Ce n'est pas qu'il y vienne aucun bâtiment de ces deux Nations, mais les Grecs qui trafiquent, se mettent sous leur protection.

Les vaisseaux François destinés pour Smyrne & pour Constantinople, passent toujours dans le Canal de Tine & de Micone. Outre ces navires qui touchent presque toujours à Micone, il y vient souvent des barques Provençales, qui y chargent des grains, de la soie, du coton, & d'autres marchandises des Isles voisines.

Naxia ou Naxie. Quoique cette Ville manque presque de port, il ne laisse pas de s'y faire un bon Commerce. Les principales marchandises qu'on en tire sont, de l'orge, des vins, des figues, de coton, de la soie, du lin, du fromage, [illegible] des moutons, des mulets, [illegible]

On y trouve aussi [illegible] d'ordure, de poil de che[illegible] ne prenant pas la peine de [illegible] fouets comme en Candie, mais se [illegible] de couper le poil ou la laine des animaux qui se sont frottés aux arbrisseaux qui le produisent.

L'huile d'olive y est à très bon compte, huit ocques ne coutant qu'un écu ; le sel y est encore à meilleur marché, douze ou quinze mesures de sel, chaque mesure pésant 120 livres de France, se donnant aussi pour un écu.

L'émeril se trouve en plusieurs endroits de l'Isle par les Laboureurs qui en cultivent les terres, d'où on le porte à la Marine pour l'embarquer à Triangata ou à S. Jean. Les Anglois en lestent souvent leurs vaisseaux. Il ne leur coûte ordinairement qu'un écu les vingt quintaux, chaque quintal pésant 140 livres.

Les marbres de Naxia sont aussi fort estimés.

Les François ont un Consul à Naxia.

Paros. Cette Isle étoit autrefois très célebre pour son marbre blanc, que les Sculpteurs préféroient à tous les autres marbres pour en tailler des statues, & l'on prétend que c'est du marbre de Paros dont sont faites la plupart des statues antiques, qui soient venues jusqu'à nous.

Les Sculpteurs d'aujourd'hui ne sont pas de l'avis des Anciens, & les plus habiles conviennent que le marbre d'Italie est préférable à celui de Grece, celui-ci étant d'un grain trop gros, & s'éclatant aisément en le travaillant, au lieu que l'autre est doux, & semble obéir au ciseau.

On estime que la carriere de marbre qui est en Provence entre Marseille & les Pennes, est de même grain que ce marbre Grec.

Le Commerce de cette Ville consiste en froment, en orge, en légumes, en vins, en sesanne, & en toiles de coton; elle étoit aussi autrefois très abondante en huile, mais pendant la guerre de Candie l'armée Vénitienne en brûla presque tous les oliviers.

PATINO ou PATMOS. Cette Isle est très petite; mais elle est devenue très fameuse par le séjour qu'y a fait S. Jean l'Evangéliste, qu'on croit communément y avoir écrit son Apocalypse.

Cette Isle ne produit presque rien de propre au Commerce, le froment, l'orge, & les figues qui y croissent, suffisant à peine pour la nourriture de ses habitans; mais en récompense elle a une douzaine de caïques, & quantité d'autres plus petits bâtimens, dont les Patiniens se servent pour aller chercher du bled en Terre Ferme, & même jusques sur les côtes de la Mer Noire, pour venir en charger des bâtimens François.

Il y a dans cette Isle un vice-Consul de France.

POLICANDRO. Cette Isle est petite, pelée, séche, & pierreuse; les habitans en sont très pauvres & font peu de Commerce, ne recueillant du bled, du vin, & des huiles que pour leur consommation.

Le seul négoce un peu considérable est de toiles de coton, propre à faire des serviettes; on en a une douzaine pour un écu, mais si petites, qu'à peine ont-elles un pied en carré; pour le même prix on en donne huit qui sont plus grandes, & bordées des deux côtés d'un passement.

SAMOS. Il se fait à Samos un négoce assez considérable: la Douanne à la vérité ne s'afferme que dix mille écus, mais l'Aga qui en exige les droits, y en gagne bien autant, dont il ne charge pas ses registres.

Les muscats sont les plus beaux & les meilleurs fruits de l'Isle; mais le vin qu'on en fait, n'est pas des plus excellens, ce qu'on croit qui vient de la mauvaise façon, celui qu'on fait pour les Nations Chrétiennes établies à Smyrne, étant ordinairement assez bon parce qu'on y prend plus de soin; & que d'ailleurs on n'y met point d'eau comme font la plupart des Grecs. On en recueille environ 3000 barils pésant 50 ocques le baril, c'est-à-dire, 158 livres quatre onces poids de France. La charge qui contient un baril & demi, se vend depuis quatre francs jusqu'à sept livres dix sols, le vin rouge ne vaut que quatre francs ou cent sols.

Les Grecs qui achetent le vin dans l'Isle, payent 4 ou 5 pour 100 de droits de sortie suivant le caprice du Douannier; les François n'en payent que la moitié. La plupart de ces vins se portent à Chio, à Rhodes & à Napoli de Romanie.

Les huiles de Samos sont assez bonnes, mais il ne s'en recueille pas beaucoup; à peine les meilleures récoltes vont-elles à huit ou neuf cent barils, qui pésent autant que les barils de vin; on en donne 1139 livres pour un écu. Les Grecs payent quatre pour cent de droits de sortie pour cette marchandise, les François n'en payent que deux.

On charge ordinairement tous les ans dans cette Isle trois barques de froment pour France, chaque barque contient huit ou neuf cent mesures, chaque mesure faisant soixante & quinze livres poids de France. Cette mesure s'appelle un quilot, qui contient trois panaches, chaque panache est de huit ocques, & les huit ocques pésent vingt-cinq livres.

On ne seche des figues à Samos que pour l'usage du pays, elles sont fort blanches & trois ou quatre fois plus grosses que celles de Marseille, mais moins délicates; on ne s'y sert point de la caprification comme dans la plupart des autres Isles de l'Archipel. *Voyez* CAPRIFICATION.

Quoique les fromages de Samos ne soient pas excellens, on en charge tous les ans une barque pour la France. 100 liv. ne coutent que 2 écus ou un sequin.

Cette Isle peut aussi fournir jusqu'à 400 quintaux de poix, elle vaut un écu le quintal, & paye quatre pour cent de droits de sortie.

Une autre marchandise qu'elle donne, est le volani ou avelanede, qui sert à tanner les cuirs; on en charge quantité pour Venise & pour Ancône.

Enfin on en tire des soies, du miel, de la cire, de la scamonée, des laines, différens bols, & de l'émeri.

La soie est fort belle, elle s'y vend quatre livres dix sols ou cent sols la livre. Le commerce qu'on en fait monte environ à vingt-cinq mille écus par an, elle paye quatre pour cent de sortie.

Le miel n'y vaut qu'un écu les cinquante livres, & est excellent. Pour la cire, elle y coute 9 à 10 sols. On ne recueille gueres que cent quintaux de cire dans toute l'Isle. Le miel y va jusqu'à deux cens quintaux à raison de cent quarante livres le quintal, comme il se prend dans tous les Etats du Grand-Seigneur.

La scamonée de Samos n'est gueres bonne, elle est rousse, dure, & coriasse; par conséquent difficile à mettre en poudre. On trouve qu'elle purge avec trop de violence. Cette scamonée se consomme dans la Natolie, ne s'en chargeant point pour le Ponent. Elle ne paye point de droits.

Les François y chargent une barque de laine par an, on en donne trois livres deux onces pour quatre ou cinq sols.

Parmi les bols on estime celui des environs de Bavonda, qui est rouge foncé, fort fin & fort sec; c'est une espece de saffran de Mars naturel.

L'ocre y est commun, il devient d'un assez beau jaune quand on le met légérement au feu, & rouge brun si on l'y laisse plus long-tems. Cette terre n'a point de goût & teint naturellement en feuille morte.

On trouve auprès de Carlovassi un autre bol très noir & très fin; on s'en sert pour teindre en noir le fil à coudre.

SANTORIN. Cette Isle n'est proprement qu'un grand écueil, tout de pierre de ponce. Le Consul de France fait sa résidence à Scaro petite Ville bâtie au fond du port. Les habitans y sont très laborieux, & y aiment beaucoup le commerce. Les marchandises desquelles ils trafiquent avec leurs voisins, sont de l'orge, des vins, du coton, & des toiles.

Les vins ont la couleur de celui du Rhin; mais ils sont violens & pleins d'esprits.

On y taille le coton de même que la vigne, & la plante qui le produit s'éleve en forme d'arbrisseau assez semblable à nos groseilliers, il est néanmoins la même espece que les Botanistes appellent coton herbe, & qu'ils distinguent du coton arbrisseau,

A l'égard des toiles, ce sont les Religieuses soit du rit Latin, soit du rit Grec, qui en font les plus belles. On estime sur-tout celles qui sont croisées; & il s'en transporte en Candie, en Morée, & par tout l'Archipel.

Sikino. Le Commerce de cette Isle consiste principalement en froment, qui passe pour le meilleur de l'Archipel. Les Tartanes de Provence en enlevent beaucoup, & en font presque tout le négoce, depuis que celui du Cap-Négre a été discontinué. Il est vrai que les Turcs ne voyent pas volontiers enlever leurs grains, & qu'assez souvent ils les mettent du nombre des marchandises de contrebande pour la sortie; mais pour peu qu'on répande d'argent, les Officiers ferment les yeux, & les chargemens se font la nuit.

Les autres marchandises de Sikino sont des vins, quelques cotons, & des figues; ces dernieres y sont excellentes quand elles sont fraîches; mais il n'en est pas de même des séches, parce qu'on les passe par le four pour les garantir des vers.

La Nation Françoise y entretient un Consul.

Siphanto. Cette Isle n'est éloignée de celle de Milo que de six milles.

Les marchandises qu'on en tire sont des huiles, des capres, de la soie, des toiles de coton, des figues, de la cire, du miel, & du sesamé.

Les toiles sont de deux sortes, la schamite qui est toute unie, & la dimite qui est croisée; celle-ci est beaucoup plus belle & d'un plus grand débit.

L'Isle produit aussi quantité de coton; mais il se consomme entiérement dans les Manufactures de ces toiles pour lesquelles il en faut encore faire venir beaucoup des Isles voisines.

La soie y est assez belle, mais en petite quantité.

Skiros. Tout son Commerce consiste en blé, en orge, en vins, & en cire. Les François y chargent quelques barques d'orge & de blé; les vins se transportent dans les Isles voisines, & ne se vendent à Skiros qu'un écu le baril. Pour la cire, on n'en recueille guéres que cent quintaux par an. Elle a aussi des fromages excellens.

Syra. Les marchandises qu'elle produit propres au Commerce, sont d'excellens fromens, mais en petite quantité, beaucoup d'orge & de vin, des figues, des olives, & du coton.

Thermie. L'Isle de Thermie est une des Isles de l'Archipel, où les François entretiennent un Consul. Le principal commerce des habitans consiste en soie, qu'on n'estime pas moins que celle de Tine autre Isle de cet Archipel; elle s'y vend sans coques, au lieu qu'à Tine on y en laisse beaucoup; elle vaut ordinairement un écu la livre, quelquefois cent sols, & même jusqu'à deux écus. Il s'en fait par an mille ou douze cent livres pésant.

Les autres marchandises qu'on tire de Thermie, sont du vin, du miel, de la cire, de la laine, & du coton, dont on fait diverses toiles, particuliérement une espece de gaze jaune très jolie, avec laquelle les femmes de cette Isle font les voiles dont elles se couvrent la tête.

Tine. Cette petite Isle est assez près de celle d'Andros.

Le principal négoce de Tine consiste en soies, on en recueille, année commune, jusqu'à seize mille livres pésant; elle y vaut ordinairement un sequin la livre, c'est-à-dire, deux écus & demi de France; quelquefois même elle va jusqu'à trois écus.

Cette soie est la mieux préparée de toutes celles de l'Archipel, & hors les étoffes auxquelles elle n'est pas propre, elle peut être employée à toutes autres sortes d'ouvrages, comme en bas & en gans au tricot, en rubans, & en soie pour coudre.

Les François ont coutume de l'enlever presque toute. Ceux qui la font embarquer pour Venise ne payent aucun droit de sortie; mais ils donnent caution, & la caution paye si l'on découvre que la soie ait été conduite autre part.

L'Isle appartient aux Venitiens, les François y ont un Consul.

Tine produit des vins, des figues, des olives, du froment, & de l'orge; mais à l'exception de l'orge dont on fait un assez bon négoce, le reste suffit à peine aux habitans.

Les droits de sortie pour les soies, lorsqu'elles sont destinées pour autre part que pour Venise, ne sont que de trois écus trois quarts pour chaque centaine de livres pésant.

Zia. Ses marchandises sont du froment, de l'orge, du vin, des figues, des soies, & beaucoup de velani. *Voyez* Velani & Velanelle.

Les soies de Zia sont d'assez bonne qualité, les habitans de l'Isle, lorsqu'ils veulent la filer, s'attroupent ordinairement, & s'asséoient sur le bord de leurs terrasses, afin de laisser tomber leur fuseau jusque dans la rue, qu'ils retirent ensuite en roulant le fil.

Pline & quelques autres Auteurs assûrent que les étoffes de soie furent inventées dans cette Isle. Monsieur de Tournefort dans son voyage du Levant, prétend qu'il est facile de démontrer que l'invention en est due aux habitans de l'Isle de Cos.

Il se fait à Zia des capots de poil de chévre, qui sont excellens contre la pluie qui ne les perce que difficilement; l'étoffe dont ils sont faits, n'est d'abord qu'une toile fort lâche en sortant du métier, mais lorsqu'elle a été mouillée & foulée sur le table & avec l'eau de la mer, les fils se rapprochent & se serrent tellement, qu'elle devient comme impénétrable à celle de la pluie. Pour faire que les fils se serrent également, & que l'étoffe se retire moins, on l'étend au soleil sur des perches, avec des contrepoids de pierre.

Les figues de l'Isle de Zia sont de deux sortes, & on les y cultive ainsi que dans la plupart des autres Isles de l'Archipel, en leur donnant cette façon que les anciens & encore aujourd'hui les modernes appellent caprification. *Voyez* ce mot & l'article des Figues.

## ANGOURI, autrement ANGORA, & Beibazar.

Angouri, autrefois Ancire, Capitale de la Galatie, a toujours conservé sa réputation pour la beauté & la finesse du poil de ses chévres, & la fabrique des étoffes qu'on en fait, qu'on nomme présentement Camelots.

C'est de cette Ville, & de celle de Beibazar, qui n'en est qu'à une journée, que sont encore aujourd'hui transportés à Smyrne tous les poils de chévre, que les François, Anglois, & Hollandois en tirent tous les ans.

Les chévres qui portent ce poil, que les Anciens appelloient Chévres de Cilicie, & de Pamphilie, sont peu différentes des chévres communes, soit pour la figure, soit pour la grandeur. Leur poil est ordinairement de plus de dix pouces de longueur, aussi fin & plus lustré que la soie; d'un blanc éclatant, mais mêlé de quelques teintes tirant sur le roux.

*On peut voir au mot de* CHEVRE *ce qui regarde le Commerce de cette sorte de marchandise, ses différentes qualités, & les étoffes qu'on en fabrique. Voyez aussi* POIL DE CHEVRE.

Il est presque incroyable la quantité qu'on en envoie à Smyrne; les Anglois n'en transportant pas moins de cinq cent balles, les Hollandois jusqu'à quinze cent, & les François encore plus que les Anglois.

Il est vrai que depuis qu'il s'est établi en France plusieurs Fabriques de camelots, les Hollandois s'en sont un peu moins chargés; mais en récompense les achats des François en sont augmentés.

La consommation des poils de chévre est presque aussi grande dans le Pays, que le transport qu'il s'en fait au dehors.

Quoique les profits que l'on fait sur les poils de chévre, qui arrivent à Smyrne, & que les Marchands du Pays y conduisent par les caravannes soient considérables, ils augmentent encore de beaucoup, quand on les a de la premiere main, comme font les Anglois & les Hollandois.

Les Marchands de ces deux Nations ont ordinairement des Correspondans Anglois & Hollandois, qui résident à Angouri, pour y faire les achats des poils de chévre dans les saisons, & lorsque les Paysans les apportent au marché; ce qu'ils font pareillement à Beibazar, où ils n'envoyent que dans les tems que la coupe & la vente y commencent: & au passage, ou au départ des caravanes, il les font partir pour Smyrne, où leurs Correspondans les reçoivent.

Les François ont aussi quelquefois des Correspondans Nationaux à Angouri, pour faire leurs achats; mais le plus souvent ils se fient aux Coagis du Pays, ou achetent leurs poils de la seconde main à Smyrne; ce qui en augmente le prix, ou en diminue les gains.

Les remarques suivantes sont de M. de Tournefort.

On nourrit dans les campagnes d'Angora les plus belles chévres du monde, elles éblouissent par leur blancheur & leur poil qui est aussi fin que la soie, frisé naturellement par treilles, qui n'ont pas moins de huit ou dix pouces de long; aussi les bergers qui en ont soin, n'épargnent-ils pas leurs peines pour les tenir propres, les lavant & les peignant souvent. C'est de ce poil qu'on fait ces beaux camelots du Levant; & qu'on employe aussi en Europe dans les meilleures Manufactures où l'on fabrique les plus fines de ces étoffes.

Les chévres qui portent une si belle toison, ne se trouvent qu'aux environs ou au plus à quatre ou cinq journées d'Angora & de Beibasar; leurs portées dégénérant quand on les transporte plus loin. Il est rare que l'on laisse aux Etrangers la liberté d'emporter le poil de chévres sans être filé, la plupart des pauvres gens du pays gagnant leur vie à réduire le poil en fil.

Le fil de chévre se vend depuis 4 francs jusqu'à douze ou quinze francs l'ocque; il y en a même de vingt ou vingt-cinq écus l'ocque; mais ce dernier est destiné uniquement au camelot que l'on fait pour le Sérail du Grand-Seigneur.

Les Ouvriers d'Angora employent le fil de chevre tout pur dans leurs camelots, au lieu qu'à Bruxelles on est obligé d'y mêler du fil de laine.

Les fils de chévre & les camelots font presque tout le trafic d'Angora & sa richesse: aussi n'y a-t-il gueres de Marchands qui ne s'y appliquent.

En Angleterre on mêle de cette toison dans les perruques, mais il ne faut pas qu'elle soit filée.

Les Arméniens qui sont à Angora au nombre de quatre ou cinq mille, y font la plus grande partie du commerce.

Angora est à quatre grandes journées de la Mer Noire par le plus court chemin; la caravanne qui va de cette Ville à Smyrne est 20 jours en marche; celles qui vont à Pruse ou à Sinope, employent dix jours. Pour Kesarie, il en faut huit; pour Ismith, huit; & pour Assemboul, douze ou treize.

## COMMERCE DE PRUSE ou BOURSE.

Cette Ville qui étoit la Capitale de l'ancienne Bithinie, est encore aujourd'hui une des plus belles & des plus grandes Villes de la domination du Grand-Seigneur.

Ses Caravanseras sont vastes & commodes; & son Bezestan avec ses riches boutiques ressemblent assez aux salles du Palais de Paris, pour la quantité des Marchands & des marchandises qui s'y trouvent.

Les plus habiles Ouvriers de la Turquie sont à Pruse, ses Manufactures d'étoffes de soie y sont admirables; & l'on estime sur-tout les tapis & les tapisseries qu'on y fait sur les desseins qu'on y envoye de France & d'Italie.

La soie s'y recueille en abondance, & est des plus belles que fournissent les Etats du Grand-Seigneur: elle ne suffit pas néanmoins pour ses Fabriques; & l'on y emploie encore beaucoup de celles de Perse, qui ne sont ni si cheres, ni si recherchées que celles de Pruse.

La soie de Pruse vaut jusqu'à quatorze ou quinze piastres l'ocque & demi.

L'on trouve aussi dans cette Ville quelque gomme adragant; mais elle se recueille à Caraissar ou Château-Noir à quatre journées de Pruse.

## ALEP & ALEXANDRETTE.

Ces deux Villes de Syrie ont un grand rapport pour leur Commerce: ou plutôt c'est le même qui se fait dans tous les deux; Alexandrette n'étant proprement que le Port d'Alep, qui est vingt-deux, ou vingt-cinq lieues, comme d'autres disent, avant dans les terres.

Alep est une des principales Villes de l'Empire des Turcs; ne cédant qu'à Constantinople & au Caire, pour la grandeur, & seulement à Smyrne, pour le Commerce.

Deux choses entr'autres y sont remarquables par rapport au négoce: l'une est l'usage des pigeons pour servir de courriers, & donner avis de l'arrivée des vaisseaux, & d'autres affaires pressées, secrettes, & de conséquence: & l'autre, la défense d'aller d'Alexandrette à Alep, autrement que sur des chevaux.

Les pigeons courriers ne sont que trois heures à faire le chemin d'Alexandrette à Alep: mais tous les pigeons n'y sont pas propres; & ceux qui y sont propres, ne peuvent pas servir en tout tems. On attend pour cela que ceux qui y sont dressés, & qui sont gardés & nourris dans les colombiers d'Alep, ayent des petits; alors on les leve de dessus, & on les envoye en diligence dans des cages à Alexandrette; d'où, quand il est tems, ayant été lâchés avec un billet au col, ils vont retrouver leurs petits avec cette vivacité que la nature inspire à tous les animaux, pour ce qui reproduit leur espece; & qui est plus grande encore dans ces oiseaux, que dans aucun autre : ainsi ils rapportent à leurs Maîtres les nouvelles dont ils ont besoin ; & qu'ils ne recevroient que beaucoup plus tard par toute autre voie.

La défense d'aller à pied d'Alexandrette à Alep, est aussi fondée sur une raison de Commerce. Autrefois, lorsqu'un navire d'Europe y étoit arrivé, si quelques Matelots avoient apporté avec eux un petit fond en especes, ils couroient aussi-tôt à Alep l'employer en achat de marchandises, dont souvent ils donnoient, ou par ignorance, ou par l'impatience du retour à leur bord, quatre ou cinq pour cent plus qu'elles ne valoient ; ce qui en fixoit en quelque sorte le prix, que les Interessés à la charge du vaisseau, ne pouvoient faire baisser que difficilement.

Ce fut donc de concert que, pour prévenir ces courses, & ces achats préjudiciables à leur Commerce, les Marchands d'Europe obtinrent, qu'à l'avenir aucun Franc ne pourroit aller d'Alexandrette à Alep, que sur des chevaux, dont le louage fut fixé à six piastres pour l'aller, & autant pour le retour ; ce qui, avec les autres frais du voyage, & du séjour, montant à plus de trente piastres, fit cesser ce négoce prématuré des Matelots, dont la meilleure partie du petit fond auroit été consommée par cette dépense.

Toutes les Nations de l'Europe qui font le Commerce du Levant, ont des Consuls à Alep, & presque toutes des Vices-Consuls à Alexandrette ; quelquefois même elles se servent les unes les autres dans cette derniere fonction, lorsqu'elles sont en paix ensemble, & l'on a vû assez souvent le Vice-Consul François y exercer le Vice-Consulat des Hollandois. Alep est un des deux grands Consulats de Venise, qui ne se donnent qu'à des Nobles. *Voyez ci-dessus au* COMMERCE DE VENISE.

Il n'y a gueres d'endroits des trois anciennes parties du Monde, dont on ne voye des Marchands à Alep. Outre les François, Anglois, Hollandois, & Italiens qui y résident, ou qui y arrivent sur les vaisseaux, les Caravanseras sont toujours remplis d'Arméniens, de Turcs, d'Arabes, de Persans, & d'Indiens, qui y viennent en si grande quantité par les Caravannes, que quoiqu'il y ait plus de 40 de ces bâtimens publics, ils suffisent à peine pour contenir ceux qui n'y paroissent que pour un négoce passager, & qui après avoir vendu leurs marchandises, s'en retournent par la même voie, avec leurs achats.

Les Arméniens qui y sont établis, ne sont gueres moins de douze mille ; & c'est par leurs mains que passe une partie du Commerce.

Lorsque les vaisseaux d'Europe sont arrivés à Alexandrette, on y décharge les marchandises pour être envoyées à Alep par des Caravanes, qui est la voie la plus sûre & la plus commode pour les envois. On paye 22 piastres de droits pour chaque Caravane.

Les marchandises propres pour cette Echelle, sont les mêmes qu'on porte à Smyrne. *Voyez ci-dessus ce qu'on en a dit.*

Celles dont on fait les chargemens du retour, sont des soies, ou de Perse, ou du Pays ; des toiles de coton de diverses sortes, entr'autres des amanblucées, des anguilis, des lizales, des toiles de Beby, d'autres qu'on nomme Toiles en Taquis, Toiles à Jamis, & force toiles Indiennes :

Différens cotons, soit en laine, soit filés : pour distinguer le filage des derniers, les plus gros s'appellent Filés Payas ; & les plus fins, Filés Gondozoletris :

Des noix de galle, des cordouans, des savons ; enfin diverses étoffes de soie, & ces admirables camelots, particuliérement couleur de feu ondés, qui ne sont gueres moins estimés que la moere.

Les Ouvriers qui fabriquent ces camelots, & ceux qui travaillent aux étoffes de soie, sont en plus grande quantité qu'aucuns autres, & occupent à Alep les principaux Bazars.

Toutes les marchandises qui ont coutume d'être pesées, se pesent à la rotte, qui est un nom commun à tous les poids d'Alep, qui pourtant sont de trois especes, dont les pésanteurs sont différentes. *Voyez* ROTTE.

Les toiles & les cordouans se vendent à la piece ; les draps & autres étoffes se mesurent au pic. *Voyez* PIC.

## SEYDE.

Cette Ville est l'ancienne Sidon de Phénicie, si renommée autrefois pour son grand Commerce, peu différent de celui de Tyr même, qui a toujours été d'une si grande réputation dans l'antiquité, comme on le peut voir également dans les Livres saints, & dans les Auteurs profanes.

Les Sidoniens modernes n'ont plus rien des anciens, que leur inclination pour le négoce : tout le reste est changé ; leur puissance sur mer ne subsiste plus ; la vaste étendue de leur Ville est réduite à moins du quart de ce qu'elle étoit autrefois ; & le grand nombre des Habitans à peine se monte-t-il à six mille, dont les Etrangers font presque la moitié.

Il se fait peu de débit à Seyde des marchandises du Ponant ; mais il s'y fait un assez bon Commerce de celles du crû du Pays, ou qui y sont apportées des Provinces voisines. On y porte cependant quelques draps de couleurs vives, des satins, & des damas de Genes & de Luques, & du papier ; tout cela en petite quantité.

Comme la balance n'est pas égale des marchandises que les Occidentaux y débitent, & de celles qu'ils y achetent, il faut y suppléer en especes : Celles qui y ont cours, sont les piastres au bouquet, qui sont reçues pour 80 aspres ou médins ; ce qui revient environ à 55 sols de France.

Entre les marchandises qui se chargent à Seyde, les soies & les cotons sont les principales : les cotons viennent en partie de Jérusalem, l'autre partie se cultive aux environs de Seyde. Pour les soies, elles sont presque toutes du Pays, où la nourriture des vers, & si on le peut dire, la culture & récolte de la soie se fait diversement que par-tout ailleurs ; ceux qui s'en mêlent ne prenant pas la peine de dresser chez eux des atteliers pour les vers, mais les construisant en pleine campagne, & sous les meuriers même ; ce qui leur épargne le soin d'aller au loin en cueillir les feuilles, & donne aux vers une nourriture plus fraîche. *Voyez* SOIE.

On tire aussi de Seyde, des cendres, des noix de galle, des huiles, du savon, & de la glue.

Les François font, année commune, pour trois cent cinquante mille piastres de Commerce, tant à Seyde, qu'à Acre, & à Rame, qui sont de son Département.

Il y a quatorze maisons de François à Seyde, encore davantage à Acre, & huit à Rame ; ce qui est beaucoup trop pour le peu de négoce qu'ils y font.

Ils tirent chaque année de Seyde, pour cent mille piastres de filet fin-bazar ; n'y ayant que les François établis dans cette Ville, qui depuis un tems immémorial l'achetent argent comptant des femmes qui l'ont filé, & qui viennent tous les lundis & les mardis le vendre à un Marché qui est près du Kan de la Nation.

Ils chargent pareillement à Rame, pour cent mille piastres environ de filet fin-Jérusalem, & quelques toiles, qui servent à finir les chargemens qu'on fait à Seyde, par le moyen des batteaux qui en font le transport.

Acre peut aussi fournir pour près de cent mille piastres de coton en laine, & quelques filets grossiers de Napelouse, aussi-bien que des huiles, du ris, des cendres, des galles, du savon, & du caffé.

Autrefois on chargeoit aussi dans ce Département des bourres de Damas; mais celles qu'on a faites depuis quelque tems à Marseille, en ont fait tomber le négoce.

A l'exception des piastres, & d'environ 30 balles de draperies grossieres, les cargaisons des vaisseaux François pour Seyde, sont peu considérables. Ils y portent pourtant quelques caisses d'indigo & de cochenille, un peu de bois de Bresil, des bonnets, du papier, quelques épiceries, & du sucre, qui se consomment dans le Pays; encore faut-il qu'une partie de ces marchandises passe à Damas. On y porte aussi quatre-vingt, ou cent mille piastres en Lettres de Change, qu'on remet aux Commissionaires de Marseille à Seyde & à Acre, qui les négocient sur leurs Correspondans de Constantinople.

Les piastres y ont leur révolution: en 1716, elles étoient à quarante-cinq pour cent en change, & leur dernier prix au comptant à Marseille, étoit de trois livres dix-sept sols; d'où l'on peut juger du profit qu'elles donnent à Seyde.

Les François établis à Seyde & à Acre, ne se contentent pas de négocier leurs propres fonds, ou ceux de leurs Majeurs de Marseille, mais ils font encore valoir secrettement ceux des Juifs du Pays; ce qui préjudicie au Commerce de la Nation.

Un autre abus, c'est l'argent que quelques-uns avancent aux Chefs des Villages, pour avoir des huiles & des cotons après la récolte; ce qui les enchérit pour les autres.

Les poids qui y sont en usage, sont le damasquin & l'acre; le premier plus leger que l'autre environ d'un sixiéme. *Voyez* ACRE & DAMASQUIN.

La mesure des longueurs est la même qu'à Smyrne & à Alep.

Les Nations Chrétiennes qui ont des Consuls dans ces deux Villes, en ont aussi à Seyde, à l'exception des Vénitiens & des Genois.

## RAME ou RAMA.

RAMA. Ville de la Terre-Sainte dans la Tribu d'Ephraïm. Cette Ville qui étoit autrefois très considérable, n'est présentement qu'un Bourg sans murailles, mais qui pourtant est toujours fort célebre par le grand Commerce qui s'y fait, & par le passage de quantité de Caravannes, particuliérement de celles qui vont du Caire à Damas, à Alep, & à Constantinople. Il y a près du Bourg deux grands enclos que les Arabes nomment des Caseries, où logent les Marchands & les Chameaux; on y trouve aussi des magasins pour les marchandises.

Toutes les semaines il se tient à Rama un grand marché ou espece de foire, où les Arabes du Desert apportent quantité de séné, de galles, & de gomme Arabique.

Outre ces drogues, le négoce de cette Ville consiste en huile, en savon, en fil, & en toiles de coton qui se transportent à Jaffa pour être chargées sur les vaisseaux d'Europe. La France y entretient ordinairement un Vice-Consul; il n'y a néanmoins que quatre ou cinq Marchands de cette Nation. Les Anglois & les Hollandois n'y font presque aucune affaire, & l'on n'y voit pas souvent de leurs Marchands.

## CHIPRE.

L'Isle de Chipre n'entretient gueres son Commerce avec les Européens, que des marchandises des fruits, & des denrées qui croissent, ou qui se fabriquent chez elle.

Sa grandeur, & la fertilité de son sol, sont cause qu'elle en peut fournir beaucoup, particuliérement de cotons & de soies, qui s'y cultivent presque par tout.

Les cotons sont estimés les plus beaux & les plus fins de tout le Levant. La campagne entre Nicosie & Famagouste, & les environs de Paphos & de Limisso, sont les lieux de l'Isle qui en produisent davantage.

Les soies se recueillent aussi, & les vers se nourrissent dans quelques Villages de la dépendance de ces deux dernieres Villes; mais la meilleure, & en plus grande quantité, se fait au Village de Cyterrée. Il s'en faut bien néanmoins que la soie de Chipre ait la même réputation que ses cotons.

Les laines, les vins, les noix de galle, quelques drogues pour la Médecine; des terres, ou bols jaunes, rouges, & grisâtres, pour la peinture; des étoffes, & toiles de coton, qu'on nomme Damittes, ou Damittons, & Boutanes, sont les autres marchandises dont on fait quelque négoce à Chipre.

On peut mettre aussi de ce nombre les especes d'ortolans, dont les Vénitiens sont si friands: on les prend avec des gluaux, aux mois de Septembre & d'Octobre; & après les avoir fait bouillir deux ou trois bouillons, on les encaque comme les enchois, avec du sel & du vinaigre.

Il s'en prend en si grande quantité, & le débit en est si considérable, particuliérement de ce qu'en enlevent les bâtimens de Venise, qu'outre ce qui s'en consomme dans l'Isle, il en sort plus de mille barils tous les ans.

Quelques balles de draps, du papier, des bonnets, & du verdet, sont presque les seules marchandises qu'on porte dans l'Isle de Chipre; ce qui fait que la plupart des retours se payent comptant, ou en piastres au bouquet, ou en piastres Sevillannes: les Sevillannes sont celles que les Marseillois y portent le plus communément.

Les droits de Consulats & de Consuls, sont les mêmes qu'à Smyrne.

L'occos est le poids; & le pic, la mesure des longueurs: celui-ci semblable au pic de Seyde; l'occo seulement de 3 liv. 2 onces, poids de Marseille.

## CONSTANTINOPLE.

Cette Ville, autrefois la seconde Rome, ou plutôt la vraie Capitale de l'Empire Romain, depuis que le Grand Constantin l'eut choisie pour son séjour; après avoir long-tems été le siége des Empereurs Grecs, & un peu plus d'un demi siécle celui des Empereurs Latins, devint enfin la Capitale de l'Empire des Turcs, qui la prirent sur les Grecs en 1453, pas tout-à-fait deux cent ans après qu'elle étoit rentrée sous la domination de ces derniers, qui l'avoient reprise sur Baudouin II, le cinquiéme des Empereurs Latins.

L'heureuse situation de cette grande Ville, jointe à la beauté & la sureté de son Port, en pourroit faire la Ville du plus grand Commerce du Monde, si les Habitans, qui sont assujettis à une servitude qui leur ôte presque la propriété de leurs biens, osoient penser à s'enrichir par le négoce; ou si les Etrangers, que le Commerce y attire, y étoient traités avec moins de hauteur & de sévérité, ou n'y étoient pas exposés à de si grandes & de si fréquentes avanies.

Malgré ces raisons, si propres à dégouter les Nations Chrétiennes du Commerce de Constantinople, on y voit cependant arriver bon nombre de leurs vaisseaux; & il n'y a gueres de ces Nations qui n'ayent un Ministre, plus pour protéger leurs Marchands, que pour des intérêts politiques, n'y ayant que l'Empereur & les Vénitiens qui en ayent à démêler avec la Porte, à cause de la proximité de leurs Etats.

Des Européens, ce sont les Anglois & les Hollandois qui y font le plus d'affaires; mais particuliérement à cause du débit de leurs draps, qu'ils y envoyent en droiture, sur les vaisseaux qui partent d'Angleterre & de Hollande, ou qu'ils tirent des magasins qu'ils ont à Smyrne, qui en sont toujours bien remplis.

Les François y ont aussi un Commerce assez considérable de leurs draperies de Carcassonne, de Sapte, & d'autres endroits de Languedoc & de Dauphiné, qui approchent de la qualité de ceux que les deux autres Nations fabriquent exprès pour le Levant.

A l'égard des draperies de Venise, elles ont eu long-tems la préférence à Constantinople sur toutes les autres; les Turcs ont même de la peine à se défaire de cette prévention: mais par tout ailleurs dans le Levant, les draps Vénitiens sont les moins estimés.

Les draps qu'on destine pour Constantinople, doivent être fins & déliés, bien foulés, tondus de près, & que le poil ne se leve point; sur-tout il leur faut de la meilleure teinture, & une grande fidélité pour les largeurs.

Les couleurs les plus propres pour Constantinople sont violet, pourpre, verd, rouge-cramoisi, écarlate, bleu-céleste, couleur de chair & de canelle; point de noir, à moins qu'il ne soit de la derniere beauté, encore faut-il n'en mettre qu'une piece sur 40 ou 50 des autres couleurs.

La vente des draps peut aller, année commune, à huit ou neuf mille pieces; un quart de ceux de Hollande, un peu plus d'un tiers de ceux d'Angleterre, & le reste de France & de Venise.

Les draps ne se vendent ordinairement que le tiers comptant, & les deux autres tiers à crédit pour six mois. Ce sont les Anglois & les Hollandois qui ont établi cette maniere de les vendre, qui, à la vérité, a ses incommodités, par les risques du feu si ordinaire à Constantinople, qui consumant les magasins de l'acheteur, ôte aux Marchands toute espérance de payement; & encore plus de la mort des débiteurs, qui n'ayant aucun fond en propriété, suivant l'usage des Turcs, ne laissent rien sur quoi les vendeurs puissent avoir recours.

Mais ces Nations, si intelligentes dans le Commerce, ont trouvé que le crédit facilitoit la vente, & leur donnoit occasion de hausser considérablement le prix de leurs draps: ce qui a obligé les François, & les autres Nations, de suivre leur exemple, pour ne se pas laisser enlever tout le Commerce des draps, que cette commodité du crédit attireroit sans doute à ces deux Nations.

Les autres laineries du Ponant, qui se vendent à Constantinople, sont des perpetuanes, ou Cadix larges, dont la fabrique vient d'Espagne, mais que les François ont parfaitement imitées; des pinchinats, qui se font à Marseille, & dans le reste de la Provence; & des Vigans, qui sont des especes de gros draps qui se vendent à la foire de Beaucaire.

Les couleurs des perpetuanes sont à peu près les mêmes que celles des draps, hors la couleur de chair, la canelle, & le pourpre; mais il y faut à la place du jaune, & du rouge-soupe de vin. Il ne s'en vend gueres que quatre ou cinq cent pieces par an, à peu près sur le pied de 3 liv. 10 sols l'aune de France, tous frais faits.

Les pinchinats de Marseille doivent être d'une couleur tirante sur le roux, pour être de débit: la piece de 10 cannes s'y vend environ 60 livres 15 sols; on les tire de Marseille en Juillet & en Septembre, mais ils ne se débitent à Constantinople qu'en hyver.

La couleur des vigans doit être semblable à celle des pinchinats; ils sont comme eux des étoffes d'hiver, leur prix est d'une piastre le pic.

Il se fait aussi à Constantinople un Commerce considérable de diverses étoffes d'or, d'argent, & de soie de France & d'Italie, & même de Hollande & d'Angleterre, où on en a imité les Manufactures.

Les principales sont les satins de Florence, les tabis, les damasquetes de Venise à fleurs d'or, ou sans or; les brocards à fleurs, à fond d'or & d'argent; & les velours de Genes à fleurs. Quoique toutes ces étoffes conservent le nom de leur ancienne fabrique, beaucoup néanmoins sont de Lyon, de Tours, d'Amsterdam, & de Londres, qu'on vend aux Tailleurs Turcs, & aux Marchands Arméniens, pour vrais Venise, ou vrais Genes.

Le débit des satins monte, année commune, à cinq ou six cent pieces; des tabis, à trois ou quatre cent; des damasquettes sans or, seulement à soixante pieces, avec or, à cent pieces, & gueres davantage des velours.

C'est des brocards d'or & d'argent à fleurs qu'il se vend davantage à Constantinople, mais seulement de ceux qui sont faits exprès, & sur des patrons propres pour cette Echelle: la richesse de l'étoffe n'est pas ce qui plaît le plus aux Turcs, mais seulement l'éclat, & sur-tout le bon marché.

On y en porte de trois sortes, peu différens de prix & d'aunage; mais beaucoup pour les couleurs & les desseins: les plus chers ne doivent pas passer 24 liv. le pic, monnoie de France; les moindres sont de 19 liv. aussi le pic, même monnoie.

Le papier est une des meilleures marchandises qui se portent à Constantinople, & sur laquelle il y a quelquefois le plus de profit à faire. On n'y en débite gueres que de celui de France ou de Venise; mais beaucoup plus du premier.

Celui de France est de deux sortes; l'un aux trois croissans, qui se manufacture en plusieurs endroits de Provence; & l'autre à la croisette, qui se fait à Marseille. Il ne s'en vend gueres que cent balles par an, de 12 rames chacune, de celui aux croissans; pour la vente de la croisette, elle va ordinairement à plus de huit cent ballons, de 24 rames le ballon.

Les papiers de Venise sont, le grand & le petit royal, en Italien, *Carta Reale*; & la couronne. il s'en s'en fait de la derniere espece en Provence, qui se vend pour papier de Venise, à raison de 42 livres le ballon de 14 rames.

Les autres marchandises propres pour Constantinople, sont de la quincaillerie, particuliérement de Forest; des aiguilles en quantité, des rocailles de diverses couleurs, entr'autres vertes & jaunes, qui se font à Rouen; de la pierre de mine, qu'on tire de Lyon; du fer-blanc, du fil de léton, ou de fer, que les Anglois & Hollandois apportent en quantité de Hambourg, & de la mer Baltique; du fil d'or fin de Pologne, & d'autres fils d'or & d'argent faux du même Pays, dont les Vénitiens font le débit; des bonnets de Marseille, ou de ceux de Tunis, qu'on appelle bonnets de Fez; du verdet de Montpellier, de l'huile d'aspic de Marseille, du tartre, des sucres, que les Anglois & Hollandois y portent quand la récolte n'a pas été bonne en Egypte, qui en fournit ordinairement Constantinople par la voie d'Alexandrie. Enfin des épiceries, du canfre, du vif-argent, du plomb, de la cochenille, du Bresil, de la ceruse, &c. dont ces deux Nations font presque seules le Commerce.

Il se tire peu de marchandises de Constantinople, en comparaison de celles qu'on y porte: aussi pour en faire la balance, les Négocians d'Europe font tirer des lettres de Change sur Constantinople, par les Correspondans de leur Nation qu'ils ont à Smyrne & Alep; ou leur font faire des remises d'argent dans ces deux Villes, pour y acheter de quoi achever leur cargaison.

Ce peu de marchandises qu'on a dit qui se charge à Constantinople, sont des laines pélades & tresquilles, dont il sort année commune, deux mille balles des premieres, & trois milles des dernieres. *Voyez* LAINES.

Des peaux de buffles, jusqu'à dix mille peaux, qui se transportent en France & en Italie; des peaux de bœufs ou de vaches, tant de celles qu'on appelle premiers Couteaux, que des Pastrements & Acrements, jusqu'à cinquante mille peaux, dont la consommation est pour l'Italie.

Des cendres nommées Potachy, qui viennent de la mer Noire, que les Anglois & Hollandois enlevent pour dégraisser leurs draps.

De la cire; quelque fil de poil de chévre; enfin quantité de caviac, ou œufs d'esturgeons salés, que les Italiens aiment beaucoup, & qu'achetent ordinairement les Vénitiens, & les Marchands de Ligourne.

La vente des Esclaves de l'un & de l'autre sexe, peut aussi se regarder comme un des principaux Commerces qui se fassent à Constantinople, mais où néanmoins les Francs ont le moins de part.

Outre ceux qui y sont amenés de Barbarie, ou qui sont pris en guerre sur les Chrétiens, il en vient quantité de Georgie, de Mingrelie, de Circassie, & de divers lieux de la mer Noire; & ce sont ces derniers, particuliérement les jeunes filles, lorsqu'elles ont de la beauté, qui servent à peupler les serails du Grand-Seigneur, des Visirs, & des Bachas.

On appelle Jassir-Bazar, ou Marché aux Esclaves, le lieu destiné dans Constantinople à ce cruel négoce. C'est un endroit fermé de murailles, avec de grands arbres au milieu, & des galleries tout-autour, sous lesquelles sont les Marchands & les Esclaves.

La vente se commence toujours par une priere pour le Sultan: lorsqu'elle est finie, le Crieur publie tout haut le prix que le Vendeur en veut, celui-ci se tenant toujours auprès de son Esclave, qui a le visage & le corps couvert d'une couverture, dont il tient un bout. S'il se presente un Acheteur, il leve la couverture, pour voir si la marchandise lui plaît; & lorsque l'on est convenu du prix, la malheureuse victime de l'avarice & de la cruauté, suit son nouveau maître en sa maison.

## CAFFA & LA MER NOIRE.

Les Vénitiens ont tenté plusieurs fois de faire le Commerce de la mer Noire, & sur-tout celui de Caffa; ils l'avoient même obtenu en 1672, par les vives sollicitations, & les grands présens du Chevalier Quirini leur Bayle: mais sur la remontrance du Douanier de Constantinople, qui eût perdu les droits de sortie des marchandises destinées pour cette Ville, & les autres de la même mer; & aussi sur quelque crainte politique que les Chrétiens d'Europe ne pûssent par cette voie avoir plus facilement des intelligences avec les Chrétiens qui sont sur ces Côtes, le privilége fut révoqué, & depuis aucune Nation de l'Europe ne l'a pû obtenir.

La rade de Caffa est excellente, & son Port est celui de toute la mer Noire où il se fait le plus grand Commerce; étant assez ordinaire d'y voir arriver ou partir jusqu'à quatre ou cinq cent bâtimens.

Il s'y fait un grand négoce de blé, de sel, de fourures, & de beurre; ce dernier étant estimé le meilleur de toute la Turquie. Mais ce qui y attire le plus de navires, & ce qui avoit obligé l'Ambassadeur de la République à en acheter si chérement la liberté du Commerce, c'est la grande quantité d'esturgeons qui se pêchent dans les Palus Meotides, dont les œufs salés, qu'on nomme Caviac, font les délices des Italiens, aussi-bien que d'une partie des autres Nations de l'Europe & de l'Asie.

Peut-être y a-t-il de l'exagération dans ce que rapportent quelques relations, qu'il y a de ces poissons qui pésent huit à neuf cent livres, & dont on peut tirer trois ou quatre quintaux de caviacs; mais du moins paroît-il certain qu'il n'y en a point ailleurs ni de si gros, ni en si grande quantité.

Le Commerce des pelleteries qui viennent de Moscovie à Constantinople, ou qui y sont apportées de Natolie, de la mer Noire, de Krim, & de quelques autres Villes de Tartarie, y est très considérable. Les Marchands d'Europe n'y ont, à la vérité, aucune part ni pour l'achat, ni pour la vente; & ce sont les Grecs qui le font: mais l'Auteur du Parfait Négociant, croit qu'ils pourroient le faire plus avantageusement que ces derniers, en apportant les pelleteries en droiture d'Archangel, où on les peut avoir à meilleur compte, & d'où les frais de transport par mer seroient moins grands, aussi-bien que les droits de Douanne, qui ne se payeroient qu'à Archangel & à Constantinople: au lieu qu'en les voiturant par terre, on les paye en Moscovie, à Megin, en Moldavie, dans le Pays des Cosaques, & à Constantinople.

Les pelleteries que les Grecs tirent de Moscovie, sont des martres zibelines, des peaux d'hermines, & des petits-gris.

Les martres s'achetent & se vendent à la caisse; la caisse de 10 masses, depuis numero 1, qui sont les plus belles, jusqu'au numero 10, qui sont les plus communes; & la masse est composée de 20 paires de peaux entieres, c'est-à-dire, avec la tête, les pieds, & le col; le ventre n'étant pas de débit à Constantinople.

L'on distingue trois parties dans chaque peau de martre ; l'eschine de l'animal, qu'on nomme proprement Martre, qui est la plus belle ; les jambes, qu'on appelle Jambettes, qui suivent en beauté ; & le col, à qui les Turcs ont donné le nom de Satudul-Bacha, qui sont les moindres.

Il se peut débiter à Constantinople, année commune, 200 caisses de zibelines, depuis quinze cent jusqu'à deux mille cinq cent piastres la caisse ; chaque caisse ayant couté, tant pour frais de voiture, que pour droit de Douanne, aux divers Bureaux qu'on a dit ci-dessus, un peu plus de trois cent piastres.

Les hermines ne sont estimées que quand elles sont extrémement blanches ; elles se vendent à la masse, qui est de 40 peaux entieres. Les frais de voiture, & les droits de Douanne, reviennent pour chaque masse, à environ 6 piastres, qui pourtant ne se vend gueres à Constantinople, que sur le pied de dix à onze piastres.

Le petit-gris se vend au millier, par assortiment, depuis numero 1, jusqu'à numero 4 ; il se transporte dans des sacs, dont deux font la charge d'un cheval : les frais, & droits du millier jusqu'à Constantinople, sont de 40 piastres, & il s'y vend jusqu'à 70 piastres.

Les marchandises que les Grecs portent en Moscovie, qu'ils troquent & échangent contre ces trois sortes de pelleteries, sont des brocards de Venise, des taffetas du Pays, du fil d'argent doré, qu'on appelle Firmier ; des émeraudes de bas prix, des saphirs, des toiles rouges, & de l'argent en especes, comme piastres, & sequins de Hongrie.

Les autres pelleteries qui s'apportent à Constantinople, sont des martres, des fouines noires, des loups cerviers, des renards. Ces quatre sortes de peaux viennent de Natolie ; il s'en débite par an, environ pour soixante mille piastres.

Il vient aussi quantité de peaux de renards noirs de Caffa & de Tartarie, dont il se peut vendre pour cent mille piastres ; elles sont fort estimées, & en effet, beaucoup plus belles que celles de Natolie. Les peaux d'agneaux, qui servent à fourrer les vestes du peuple, s'y vendent aussi assez bien ; & l'on peut en débiter pour 7 à 8 mille piastres.

Les poids de Constantinople sont la rotte, dont le cent fait le quintal, qui revient à 140 livres, 10 onces de Marseille ; & l'ocos, qui pese 3 livres, 2 onces aussi de Marseille.

Les laines, l'étain, le plomb, le cuivre, les fils de fer & de léton, & le tartre, se pésent au quintal de cent rottes ; & les épiceries, la cire, la chochenille, le camfre, & le verdet, à l'ocos ; le papier se vend par ballon ; les bonnets, à la douzaine ; & les cuirs, au cent.

Le pic est la mesure des longueurs, comme dans les autres Echelles du Levant ; mais il est plus petit que celui de Smyrne.

L'on ne dira rien ici des monnoies qui ont cours à Constantinople, en étant traité dans l'article des Monnoies, où l'on peut avoir recours.

Les Ambassadeurs, ou Ministres des Nations Chrétiennes qui résident à Constantinople, ont la protection & la direction générale de tout le Commerce que font les Marchands de leur Nation, dans les Etats du Grand-Seigneur, & de ceux qui y trafiquent sous leur banniere.

Les Ambassadeurs, sont ceux de France, d'Angleterre, & de Venise : les Ministres du second rang, sont les Résidens de Hollande & de Genes. L'Ambassadeur de France reçoit ses appointemens du Roi son Maître, & un présent annuel, dont la somme est fixée, que lui fait la Chambre du Commerce de Marseille. L'Ambassadeur d'Angleterre est choisi, présenté, & payé par la Compagnie du Levant établie à Londres. Pour celui de Venise, c'est, à la vérité, de la République qu'il tire ses appointemens, qui sont fixés ; mais ses comptes étant arrêtés, sans qu'il soit obligé de justifier de la dépense à cause des pensions secrettes qu'il distribue à son gré dans le Divan. Les émolumens de son emploi vont à ce qu'il trouve à propos qu'ils aillent.

A l'égard du Résident de Hollande, qu'on a vû sur la fin du dix-septiéme siécle, changé en Ambassadeur, c'est proprement le premier Consul de sa Nation, n'ayant d'autres appointemens que les droits du Consulat, que chaque vaisseau Hollandois qui arrive à Constantinople, lui paye sur le pied de 2 pour cent ; & les deux tiers des droits que levent les Consuls de Smyrne & d'Alep, qui sont presque les seuls qu'ils ayent au Levant.

Le Résident de Genes fait peu de figure : il a pourtant quatre mille piastres d'appointemens, & leve outre cela un droit de 2 pour cent sur les navires Genois.

L'on a dit, en parlant du Commerce de Constantinople, quelque chose de la Mer noire, particuliérement de Caffa qui en est la principale Echelle.

Entre différentes observations qu'on a faites sur le négoce de cette Mer, la plus importante est celle qu'on a prise des rélations sur la foi d'un Auteur célebre, (le Chevalier Chardin,) qu'il est presqu'impossible que les Nations d'Europe puissent jamais s'y établir, & que l'exemple des Véniciens, qui en avoient obtenu la permission à grands frais, & qui en furent presqu'aussi-tôt dépouillés, doit les en dégouter pour toujours.

On a néanmoins recouvré depuis un Mémoire curieux, qui non-seulement comprend le détail de tout le commerce qui se fait dans chacune des Echelles de la Mer Noire ; mais qui semble aussi flatter les François d'un plus heureux succès que les Marchands de Venise, s'ils s'y conduisent avec les précautions qu'on leur prescrit.

Comme en effet les tems ne sont pas toujours les mêmes, & que ce qui a échoué une fois peut réussir une autre, on a crû ne pas devoir priver le Public d'un si beau projet ; & qu'il le verroit avec plaisir ici, quand ce ne seroit que pour être instruit à fond d'un commerce peu connu des François, & qui est un des principaux qui se fasse dans la vaste étendue des Etats du Grand-Seigneur. On va donc le donner ici divisé en deux parties, dont l'une peut servir d'instruction à une Compagnie Françoise, qui voudroit entreprendre ce commerce ; & l'autre contient le détail de toutes les marchandises qui sont propres pour les diverses Echelles de la Mer Noire ou qu'on en peut tirer.

### *INSTRUCTION POUR L'ETABLISSEMENT d'une Compagnie pour le Commerce de la Mer Noire.*

Le Commerce de la Mer Noire est si considérable par les profits qu'on y fait, & par la grande quantité de marchandises & des denrées qui en viennent, qui montent à plus de trois millions de piastres par an, que l'on ne doute point que quand les Associés d'une Compagnie Françoise, formée exprès pour y faire un établissement, seront instruits du détail de ce Commerce, & des profits qu'ils peuvent y trouver, ils ne l'entreprennent avec joie, & ne le soutiennent avec honneur & avec avantage.

Les Turcs & les Grecs de ce pays-ci, (c'est-à-dire, de Constantinople où ce Mémoire a été dressé, ce qu'on observera une fois pour tout,) les Turcs & les Grecs, dis-je, n'ayant point de fond pour entretenir le négoce à la Mer Noire, prennent de l'argent *à retour de voyage*, à 30 & 40 pour cent; quoiqu'ils ne les fassent pas plus longs de deux ou de trois ou de quatre mois, & cependant ne laissent pas outre cela de gagner de leur part, tous frais payés, quarante à cinquante pour cent.

Si l'on étoit établi dans ces Echelles, l'on pourroit faire de plus grands profits, parce qu'on acheteroit les marchandises du pays à leur récolte, & que l'on auroit la facilité d'attendre le débit de celles qu'on y auroit portées.

Les avantages que l'on trouveroit dans ce commerce, doivent faire passer sur toutes les considérations du risque que l'on court, à ce qu'on dit, dans la navigation de la Mer Noire, à laquelle on suppose dans l'opinion commune, que les fréquens naufrages qui y arrivent, ont donné un nom de si triste augure; il est vrai qu'elle est orageuse, & que les ports pour s'y retirer en cas de mauvais tems, n'y sont pas fréquens: cependant il est de notoriété que, quoique les Turcs n'entendent pas la marine, & ne soient pas Matelots, & que d'ailleurs ils ne se servent gueres que de sayques qui vont fort mal à la bouline, & à qui il est toujours besoin de vent-arriere pour bien naviger; cependant il s'en perd fort peu, & quand cela arrive, il ne provient que de leur peu de jugement & d'expérience, ayant coutume dans les gros tems d'investir la terre où ils se brisent, au lieu de tenir le large où ils seroient hors de danger.

Pour ne rien craindre & négocier avec sûreté, il faudroit joindre aux Pilotes de ce pays, des Pilotes François, qui auroient bien-tôt reconnu toute la Mer Noire; & comme on y fait beaucoup de vaisseaux, on les pourroit noliser à bon marché, pour les lieux éloignés, comme Caffa & Synope, les nolis n'étant pas chers ici, à cause du peu de dépense que font les Matelots de ce pays; & pour Kili, Kirman, Prevat, & les autres Echelles, on pourroit noliser de simples saïques, étant certain que ces nolis tourneroient beaucoup mieux à compte que celui des vaisseaux & des barques de Chrétienté qu'on y pourroit employer, & que d'ailleurs le danger ne seroit guere plus grand.

Il faut remarquer qu'il ne se peut faire ici d'*assurettes*, pour quelque endroit que ce soit; & qu'ainsi l'on seroit contraint de courir tout le risque de la Mer; mais aussi c'est tout celui qui s'y peut rencontrer, n'y ayant jamais de Corsaires.

Avant d'en venir aux établissemens des Commis dans les Echelles, il faudroit les faire reconnoître par quelques personnes habiles dans le Commerce, afin de sçavoir à fond en quoi consiste celui qu'on y peut faire, & les avantages qu'on en pourroit retirer, pour ensuite l'entreprendre avec vigueur, si l'on y trouvoit un profit proportionné à ce qu'on en dit dans ce Mémoire.

Il seroit bon que celui qui seroit commis à cet emploi, portât à chaque Echelle une montre de toutes sortes de marchandises, pour sçavoir s'il en pourroit introduire le débit; mais il faudroit aussi qu'il y en portât de celles qui y sont déja connues & en usage, dont on parlera dans la suite, afin qu'il y établît la réputation des François, & qu'il y passât pour Marchand, étant sûr qu'on ne le souffriroit pas autrement, les Turcs ayant coutume de regarder ordinairement pour espions tous les Etrangers qui voyagent chez eux par pure curiosité.

Il faudroit aussi pour plus de sûreté qu'il eût de bons & amples commandemens du Grand-Seigneur, enjoignant à tous Gouverneurs & Officiers de Justice, de lui donner toute la protection nécessaire pour la liberté & l'établissement de ce Commerce; & il seroit même bon qu'il fût accompagné d'un Capigi de la Porte, pour faire exécuter ses commandemens en cas de refus, dans tous les lieux dépendans des Turcs, ce qui couteroit peu de chose.

Il faudroit pareillement tâcher d'obtenir du Grand-Seigneur des Lettres de recommandation pour le Prince Tartare de Krim Capitale de la Tartarie, qui a pris son nom de cette Ville, pour qu'il ne fût point inquiété dans les affaires qu'il y feroit, ce qui ne seroit pas difficile d'obtenir, & qui seroit d'un grand poids auprès de ce Prince, qui releve du Grand-Seigneur, qui ne manqueroit pas d'exécuter ponctuellement les ordres qui lui viendroient de la Porte.

Pour mieux affermir ce Commerce de Krim, Sa Majesté pourroit aussi écrire au Prince Tartare par la voie de celui qui seroit établi dans son pays de la part de la Compagnie, pour éviter la dépense d'un Envoyé: mais quand le Roi ou le Grand-Seigneur refuseroient ces Lettres pour le Souverain de Krim, on ne pourroit courir aucun risque, son pays étant ouvert à tous les Marchands Etrangers.

Pour faire ce premier voyage qui seroit environ d'un an, il faudroit noliser un vaisseau de cinq à six mille quintaux, qui couteroit par mois environ deux cent piastres, & commencer par la visite des Echelles de la Natolie jusqu'à Synope, où l'on pourroit prendre des marchandises de Perse pour porter à Caffa, & delà aller à Krim, à Azapt, à Kirman, à Kily, à Prevat, & aux autres Echelles de la Mer Noire.

Au retour de cette course, le Commis rapporteroit à la Compagnie toutes les observations qu'il y auroit faites sur le Commerce, & particuliérement au sujet des marchandises qui se pourroient porter dans chacune de ces Echelles, & de celles qu'on en peut tirer; du prix des unes & des autres, des dépenses qu'il faudroit faire pour leur transport, tant pour l'aller que pour le retour, de ce qu'elles valent ici, [Constantinople]; de quelle façon l'on achete & l'on vend; quel Commerce les Perses, les Moscovites, & les autres Nations voisines y font; des monnoies, des poids, & des mesures; des obstacles ou des difficultés qui pourroient se trouver dans les établissemens: enfin de tout ce qui peut regarder directement ou indirectement le Commerce de tout le pays, n'oubliant pas sur-tout d'observer la liaison & la correspondance que les diverses Echelles peuvent avoir ensemble.

Ce voyage seroit apparemment de peu de frais à la Compagnie, sur-tout parce que celui qui le feroit, pourroit faire quelque profit sur les fonds qu'il auroit portés aux Echelles, & sur les marchandises du retour; la plus grande dépense qu'il y auroit à faire dans cet établissement, consisteroit donc dans quelques présens qu'il faudroit faire aux Pachas & Gouverneurs qui encore ne seroient pas considérables.

## DETAIL DU NEGOCE DES ECHELLES DE LA MER NOIRE.

### CAFFA.

La Ville de Caffa est une des principales de ces Echelles, elle est éloignée de Constantinople d'environ sept cent milles. Les Turcs, les Grecs, les Perses & les Moscovites y font un grand Commerce, & il s'y débite beaucoup de marchandises, soit pour la consommation du pays même, soit pour être envoyées en quantité d'autres lieux avec lesquels elle a correspondance.

Il s'y vend, année commune, pour douze ou quinze mille piastres de brocards de Venise de la valeur de six piastres jusqu'à dix. Les Marchands y portent aussi une autre sorte de brocard de Venise, dont l'or & l'argent sont faux, & dont les fleurs sont semblables à celles du damasquette, duquel il se débite assez avantageusement jusqu'à sept à huit mille piastres par an.

Il s'y débite dix ou douze balles de Londrine aussi par an; lorsque la nin-Londrine est bonne, on en peut mêler quelques pieces, ou même en faire les balles entieres, les gens du pays trouvant peu de différence entre l'une & l'autre, sur-tout quand celle-ci est bien fabriquée : elles valent ordinairement quatre piastres à quatre piastres & demi le pic. A l'égard des Londres, elles se vendent deux piastres à deux piastres & demi le pic; il en faut environ quinze à seize balles.

*FACTURE D'UNE CAISSE DE BROCARD.*

Une piece violet.
Une verd clair.
Une jaune.
Une rouge chargée.
Une bleu céleste.
Une écarlatte.

*FACTURE D'UNE CAISSE DE BROCARD faux, dont le fond doit être de soie.*

Une piece violet à fleur d'or.
Une jaune à fleur d'argent.
Une d° à fleur d'or.
Une verd fleur d'argent.

*FACTURE D'UNE BALLE LONDRINE ou nin-Londrine.*

Quatre pieces bleu céleste.
Quatre violet.
Une piece écarlatte.
Une piece rouge cramoisi.

*FACTURE D'UNE BALLE DE LONDRES.*

Deux pieces bleues fort obscur.
Deux bleu céleste.
Deux rouge.
Deux verd naissant.

Il s'y débite par an pour environ vingt mille piastres de damas de Scio. Ces damas valent à Constantinople 55 à 60 aspres menus le pic; on gagne sur cette marchandise 45 à 50 pour cent. La piece doit tirer environ 50 pics, & la caisse doit être de quatre pieces.

*FACTURE D'UNE PIECE DE DAMAS DE SCIO.*

Une piece violet.
Une piece rouge.
Une piece bleu céleste.
Une piece jaune.

On peut faire imiter la fabrique de ces damas, & en ce cas il faut, s'il se peut, s'attacher à les faire de même qualité, qui n'est pas extrêmement bonne. On peut aussi en faire de meilleure pour les débiter à Constantinople, où on les vendroit à proportion de leur bonté, pourvû néanmoins qu'elles ne passent pas la valeur d'une piastre & demie le pic.

Les taffetas sont d'un grand débit à Caffa; & il s'y en vend pour plus de cent cinquante mille piastres par an : sçavoir, environ quatre-vingt mille piastres de taffetas rayés & satinés, pourvû que les rayes ne soient pas larges, & soixante & dix mille piastres de taffetas étroits de Brousse. Le profit sur ces taffetas va ordinairement à 30 ou 35 pour cent.

La piece de taffetas de Brousse étroite peut tirer environ quatre-vingt pics, & vaut à Constantinople . . . . . . . .

*FACTURE D'UNE CAISSE DE TAFFETAS.*

Une piece couleur de feu.
Une bleu céleste.
Une jaune clair.
Une rouge.
Une verd naissant.
Une verd obscur.
Une verd de perroquet.

On porte aussi à Caffa pour quinze mille piastres de futaine de Scio, qui se vend à Constantinople 14 à 15 aspres menus le pic. Le profit sur cette marchandise est d'environ 50 pour cent.

On y porte encore quatre à cinq mille pieces d'autres futaines qui se fabriquent à Constantinople même & aux environs, de dix aspres le pic; les profits sur ces derniers sont de 40 pour cent.

Il y a un pareil profit sur le caffé dont il se vend pour quinze ou vingt mille piastres, & sur le lin du Caire dont il s'y en débite pour cinq à six mille piastres.

De toutes ces marchandises il s'en consomme une grande partie à Krim, éloignée d'environ 150 mille de Caffa; une autre partie s'envoye aux Echelles situées près des Palus Méotides, comme Goslerée, Bolovelava, Kirerei, & quelques autres dépendantes de Caffa, qui leur sert de magasin.

Les marchandises qui viennent de Chrétienté, & qu'on envoye à la Mer Noire, ne payent point de Douanne à Constantinople pour la sortie, si elles l'ont payée à l'entrée, & ne payent que le droit qu'on nomme la *Missitavie*. A l'égard de celles de Scio, quoiqu'elles ayent payé les droits de Douanne à l'entrée, si elles ont changé de main, elles payent environ trois pour cent; mais à Caffa généralement toutes les marchandises payent cinq pour cent de Douanne, & un pour cent, à quoi peuvent monter les présens que l'on fait aux Ecrivains, Portiers, & Janissaires de ladite Douanne, qui sont en tout 6 pour cent.

On employe ordinairement le provenu de toutes ces marchandises en cuirs, en cires, en fromens, en orges, en beurre, en miel, & en caviac, qui sont les principales marchandises du pays.

Il y a deux sortes de cuirs, dont les meilleurs sont ceux de Caffa, qui sont pour le moins aussi bons que les cuirs de Constantinople : on les porte à Smyrne par la voie de la Natolie, & peuvent coûter une piastre la piece; on en peut tirer par an depuis 35 jusqu'à 40 mille.

La seconde sorte consiste en d'assez mauvais cuirs,

qui viennent des environs de Caffa ; ils coutent trois quarts de piastres ; on en peut enlever plus de cent mille qu'on porte à Constantinople.

Les cuirs bons ou mauvais payent de sortie à Caffa cinq aspres par balle de cinq cuirs la balle, & elles coûtent de nolis depuis 10 jusqu'à 14 aspres : les droits d'entrée pour le cuir à la Douanne de Constantinople, sont de 6 aspres. Il s'y fait aussi des bufles, mais en petite quantité & très mauvais.

On ramasse à Caffa environ trente mille ocques de cire, dont une partie va à Smyrne & l'autre à Constantinople, elle coûte moins de demie piastre l'occo, & paye de Douanne pour la sortie 5 pour cent, & 1 pour cent d'autres frais ; le nolis va de 40 à 45 aspres, le quintal de 44 ocques, les entrées de la Douanne de Constantinople sont de trois pour cent.

Il vient tous les ans de Caffa à Constantinople cinquante à soixante saïques de froment, qui s'achete sur le pays plus ou moins suivant la récolte ; mais ordinairement on en a cinq ou six quillots pour une piastre, & à Constantinople le quilot se vend environ demie piastre. Le quillot pese 25 ocques.

Il vient aussi 15 à 20 saïques chargées d'orges, sur quoi il se fait des profits considérables.

Le beurre coûte à Caffa net 18 à 20 aspres l'ocque, & se vend à Constantinople 35 à 40.

Il en peut venir par an depuis 50 jusqu'à 60 mille ocques. Lorsqu'il est brut, il ne vaut que de 8 à 12 aspres l'occo, & se vend à proportion à Constantinople.

Les profits qui se font sur les miels, dont Caffa fournit une très grande quantité, ne sont pas moindres que ceux sur la cire & sur le beurre.

Enfin on pourroit aussi tirer quelques soies de Caffa ; mais il y en a peu, & elle n'est pas d'un bon débit.

### *Monnoies, Poids, et Mesures de Caffa.*

La piastre Sévillane & Mexiquanne de 8 dragmes $\frac{1}{4}$, vaut toujours 10 pour cent plus que l'asselani : elle est monnoie courante à Caffa, où elle est fort connue même du peuple. Les Arméniens qui font un grand Commerce dans cette Echelle, en enlevent tous les ans une grande quantité qu'ils envoyent en Perse.

La piastre du Perou y vaut moins que l'asselani.

L'asselani vaut de 90 à 100 aspres suivant les révolutions de l'Etat, & les changemens qui arrivent dans la succession des Princes Tartares de Krim, chacun de ces Princes ayant coutume à leur avénement à la Couronne, de fixer les monnoies à un certain prix, qui ne dure qu'autant que leur vie ; mais qui cependant est toujours suivi par les habitans de Caffa, à cause du grand commerce qu'ils ont avec les Tartares, & particuliérement avec Krim qui est la Capitale de la Krimée. Quelque changement toutefois qu'il arrive, la piastre vaut toujours, comme on l'a dit, 10 pour cent plus que l'asselani, les Tartares se connoissant mieux en argent que les Turcs.

Les sequins Vénitiens valent deux asselanis & demi comme à Constantinople. Les sequins cherifs ont cours pour 2 asselanis $\frac{1}{4}$.

Les sequins Hongres se prennent aussi pour deux asselanis $\frac{1}{4}$, mais il y a toujours quelques aspres de profit.

L'abros passe pour $\frac{1}{4}$ d'asselani.

L'isselote pour $\frac{2}{3}$ d'asselani.

Le tourq pour $\frac{1}{3}$.

Les aspres du Prince de Tartarie quoique du titre de l'asselani, se portent à la fonte de Krim aussi-tôt que sa mort arrive, sur quoi il y a plus de 30 pour cent à perdre, mais à Caffa ils continuent d'avoir cours.

L'occo de Caffa est le même que celui de Constantinople. *Voyez* Occo.

Il y a à Caffa deux sortes de mesures de longueur, dont l'une sert à mesurer toute sorte de draperie & de soierie ; & l'autre est d'usage pour la mesure des toilleries de fil de lin & de coton ; toutes deux s'appelloient *Pics* ; mais la premiere par distinction est nommée *Pic-arsem* : le pic des toiles est trente pour cent plus grand que celui de Constantinople.

### Azach ou Azofh.

La Ville d'Azach est située sur le Do ou Tanaïs, pas bien loin de l'endroit où le grand fleuve se jette dans les Palus Meotides. Cette place d'Asie n'étoit gueres connue en Europe que par les Géographes avant l'année 1695 ; mais le fameux Czar Pierre Alexovis s'étant emparé de cette forteresse cette même année, & l'ayant enlevée aux Turcs à qui elle appartenoit, dans le dessein d'y établir une flotte, non-seulement propre à s'attirer tout le commerce de la Mer Noire, mais encore capable de faire trembler le Grand-Seigneur jusques dans la Capitale de son Empire ; Azach attira bien-tôt l'attention de tous les peuples, & il en couta plus d'un siége & une bataille sanglante où le Czar pensa périr avec toute son armée, pour rendre cette place à son premier Maître, qui en ayant connu l'importance, en a augmenté les fortifications & la garde avec une extrême jalousie.

C'est d'Azach que vient une partie du caviac qui se debite à Constantinople, où, année commune, il y en arrive jusqu'à dix mille bouttes, la boutte pesant sept quintaux & demi.

Cette drogue coute ordinairement à Azach, $\frac{1}{8}$ d'asselani l'ocque ; sur quoi l'on se régle sur le pied que les monnoies ont cours à Constantinople, à cause, comme on l'a dit, qu'Azach appartient au Grand-Seigneur. Le nolis du caviac d'Azach à Caffa n'est que d'une demie piastre par boutte, & de Caffa à Constantinople trente aspres ; il paye 1 $\frac{1}{4}$ pour cent de Douanne y compris les autres petits frais.

Personne n'ignore que le caviac se fait avec des œufs d'esturgeons, de mouronnes, de seirix & d'autres grands poissons qui se pêchent en abondance à l'embouchure du Tanaïs, du Danube, du Volga, &c. *Voyez* l'article du Caviac.

Il vient aussi d'Azach chaque année deux ou trois saïques chargées d'esturgeons & de mouronnes. Mais quoique ces poissons ne soient pas si bons que ceux qu'on pêche à Kily, dont on parlera au paragraphe suivant, il ne laisse pas d'y avoir quelque profit à faire.

Les Turcs & les Grecs font un grand trafic en Esclaves Russiotes, Mingreliens, Moscovites & d'autres Nations qu'ils achetent des Tartares de Krim. Mais outre qu'on ne permettroit pas ce commerce à des François, il ne seroit gueres digne d'eux, & répondroit mal au nom de Chrétien qu'ils portent, & à l'humanité qui les distingue de presque toutes les autres Nations.

### Kily.

La Ville de Kily que les Géographes nomment Kilia, est située à la côte Septentrionale du Danube, à sept ou huit lieues de l'endroit où il se jette dans la Mer Noire. Elle est environ à cinq cens milles de Constantinople avec laquelle elle entretient un commerce considérable.

On porte à Kily des damas de Scio, assortis des mêmes couleurs qu'il faut pour Caffa : pour cinq ou six mille piastres suffisent; les profits qu'on y fait sont comme à Caffa. *Voyez ci-devant.*

Il se vend davantage de boucassins, & il s'y en débite, année commune, pour plus de trente mille piastres, assortis comme il suit.

#### *Facture d'une caisse de boucassins.*

Une piece couleur de feu.
Une bleu fort obscur.
Une bleu céleste.
Une de couleur .....
Une violet chargé.
Une violet ouvert.
Une couleur d'olive.
Une canelle.
Une verd naissant.
Une verd obscur.
Une chinquiavy.
Futaines de Scio, quatre à cinq mille pics.
Futaines du pays, deux mille pics.
Caffé, pour 14 ou 15 mille piastres.
Lin, pour 3 à 4 mille piastres.

Sandal rayée dont les rayes soient étroites, pour plus de soixante mille piastres.

Taffetas étroit de Brousse, environ pour soixante & dix mille piastres.

Londrines, deux à trois balles de douze pieces chacune.

Londres, deux balles aussi de douze pieces.

Toutes ces marchandises payent de Douanne & de petits frais 5 pour cent, & produisent les mêmes profits qu'à Caffa. *Voyez ci-dessus.*

Il se consomme peu de ces marchandises à Kily, & cette Ville n'en est que proprement l'entrepôt & le magasin, d'où elles sont envoyées à diverses Echelles situées sur le Danube ou dans les Terres, entr'autres à Ismael, à Tomarvas, à Chias, à Galas, & à quelques autres moins considérables.

De tous ces lieux on tire quantité de marchandises; sçavoir :

De Hias, environ cinquante mille ocques de cire dont on porte une partie à Smyrne par la Natolie, & l'autre à Constantinople. L'ocque de cire y vaut $\frac{1}{3}$ d'asselani, & paye de sortie à la Douanne d'Hias 10 pour cent; mais celle que les paysans portent d'Hias à Tomarno Ville située sur le Danube, n'y paye rien, & fait dépense pour être voiturée par terre jusqu'à Kily ou Tomarvas de demi pour cent, & paye à Kily deux pour cent de Douanne, & $\frac{1}{2}$ pour cent pour les petits frais de ladite Douanne. Le nolis est de trente aspres le quintal.

Le beurre vient des autres Echelles, & l'on en peut ramasser plus de cent mille ocques par an, que l'on achete brut depuis huit jusqu'à douze aspres, & net depuis dix-huit jusqu'à vingt. Ces beurres ne payent de Douanne qu'à Kily qui est de deux pour cent pour les droits, & demi pour cent pour les autres frais de Douanne. La dépense pour les porter par le Danube à Kily, ne va qu'à 1 pour cent, & pour le nolis trente aspres le quintal.

La grande pêche de la mouronne se fait à l'embouchure du Danube devant Kily. Le Douannier a le parti de cette pêche qui monte à plus de soixante mille piastres par an. Chaque poisson pése l'un portant l'autre un quintal & demi de quarante-quatre ocques, sans compter les œufs du poisson, que le fermier vend à part, & desquels on fait le caviac. Le poisson vuide coute depuis trois piastres & demi jusqu'à quatre piastres; celui qui l'achete est obligé de le faire saler, & le salage peut couter trente aspres par poisson. Il ne paye aucuns droits, mais on fait quelques présens à l'écrivain & aux autres Officiers de la Douanne, qui ne monte pas à $\frac{1}{2}$ pour cent, le tonneau pésant vingt quintaux, paye de nolis de six piastres à six piastres & demi.

L'on trouve souvent son compte à troquer des marchandises contre du poisson.

Le caviac qui se fait à Kily de ces mouronnes, ne vaut rien, parce qu'on ne sçait pas l'apprêter comme il faut : si on le vouloit faire bon, il donneroit peu de profit à cause qu'il seroit trop cher.

Il vient des Echelles le long du Danube plus de six cent sayques de froment & d'orge, sur lesquels on fait des gains considérables, quoique ceux qui font le négoce prennent de l'argent à 15 & 30 pour cent à retour de voyage.

#### *Monnoies de Kily.*

La monnoie de Kily consiste en asselanis, qui valent comme à Constantinople quelquefois jusqu'à 115 aspres, leur prix ayant coutume de s'y régler sur celui de cette derniere Ville.

L'isclote y est reçue pour $\frac{2}{3}$ de piastres.

La sévillanne & le caragrousch y ont aussi le même cours qu'à Constantinople.

Il y passe aussi des pieces de 5 sols du Pape & de Pologne sur le pied de douze à l'asselani.

### Prevat.

Prevat, est à deux cent milles de Constantinople à quatre journées de la mer, où l'on porte les marchandises qu'on en tire pour les embarquer. On n'y en débite aucune de celles d'Europe; & tout le commerce s'y fait en asselani, en abras, en tourqs, en isclotes, en sequins Vénitiens, en hongres, en cherifs, en aspres, & en paras; toutes ces especes y sont ordinairement reçues à 15 pour cent plus haut qu'à Constantinople.

Il s'y fait, année commune, depuis vingt jusqu'à vingt-cinq mille buffles, sur lesquels on fait des profits considérables; quoique ceux qui en font le négoce prennent de l'argent à fort haut prix à retour de voyage.

On en tire aussi quelque cire.

Les buffles payent la douanne à Constantinople pour l'entrée sur le pied de 14 aspres la piece.

### Kirmant.

Cette Echelle est un port de mer éloigné de Constantinople de plus de cinq cent cinquante milles; on n'y porte aucunes marchandises non plus qu'à Prevat, & toutes celles qu'on en tire se payent dans les mêmes monnoies que dans cette derniere Ville & sur le même pied, excepté, la sévillanne & le caragrousch, qui ne valent pas plus qu'à Constantinople aussi-bien que l'asselani.

On en peut tirer vingt-cinq à trente mille cuirs,

qui ne sont pas inférieurs à ceux de Constantinople. Il en vient aussi quelques beurres.

### SYNOPE.

Cette Echelle est un port de mer situé sur le Pont-Euxin du côté de la Natolie, environ à cinq cent milles de Constantinople.

On y porte quelques marchandises, mais le plus grand commerce s'y fait en especes de toutes sortes.

La sévillanne & le caragrousch y valent quinze pour cent plus que l'asselani.

Les Perses y font un grand négoce d'étoffes, de Cambresines, d'Indiennes, de Tapis, de Lizats, &c. dont la plus grande partie vient à Constantinople & l'autre à Caffa. Ce sont les Tartares, les Grecs, & les Turcs qui achetent la plupart de ces marchandises.

Les marchandises payent à Synope trois pour cent de droits d'entrée y compris les petits frais de douanne. Les droits de sortie se payent sur le même pied.

On y porte de Trebisonte quelques toiles, mais c'est peu de chose.

### NICOPOLIS ET CASTAMBOLI.

NICOPOLIS est un port de mer à trois cent milles de Constantinople, la monnoie y est sur le même pied qu'à Synope; & comme dans cette Ville, il y faut peu de marchandises.

CASTAMBOLI est à deux journées de Nicopolis. Il s'y fait pour plus de quatre-vingt mille piastres de boucassins grossiers de toutes couleurs, dont une partie va à Constantinople, & l'autre à Caffa & à Kily.

Il s'y fait aussi beaucoup de cire qu'on porte à Smyrne.

Les Perses y font un grand commerce, comme aussi à Kupur qui est à une journée de Synope. Les droits d'entrée & de sortie s'y payent également à 3 pour cent, y compris les petits frais de Douanne.

### LA MASTRE.

Le port de cette Ville est assez sûr, & il s'y fait un assez bon commerce. Son éloignement de Constantinople est d'environ deux cent milles. Les monnoies qui y ont cours sont seulement les asselanis, les quarts, les tourqs, les iselotes, & les aspres; la sévillanne, les caragrouschs n'y étant pas même connus. Son principal négoce consiste en ficelle pour faire des cordages & des cables, dont année commune on charge pour Constantinople jusqu'à dix sayques. Il y a de grands gains à faire sur cette marchandise.

Il en vient aussi & de plusieurs autres Echelles voisines quantité de bois, presque tous destinés pour Constantinople, où il s'employe à la construction des vaisseaux & des galeres du Grand-Seigneur. Les mats qui en viennent sont très beaux, & si longs & si bons, qu'on en fait des mâts tout d'une piece pour des navires de 60 à 70 pieces de canon.

On tire de quantité d'endroits de la Mer Noire des chairs de bœuf salé, qu'on nomme Pastranea, & des cendres nommées Potach ou Potaki; ces dernieres viennent presque toutes à Constantinople & à Smyrne, où les Anglois & les Hollandois en enlevent quantité, qui leur servent à dégraisser leurs draps & à faire des savons. Si l'on s'établissoit dans la Mer Noire, on les auroit de la premiere main & par conséquent à meilleur marché qu'eux.

On transporte par la Mer Noire à Constantinople toutes les fourures qui viennent de Moscovie. On peut voir dans l'article général du Commerce à l'endroit où il est parlé de celui de Constantinople & de la Mer Noire, la facilité que les François auroient d'enlever le commerce aux Grecs, qui sont ceux qui s'y adonnent le plus.

### LE CAIRE, ALEXANDRIE, & ROSETTE.

Le Caire, Capitale de l'Egypte, est situé sur le Nil, au-dessus des sept bouches par lesquelles ce fleuve se décharge dans la Mer Méditerranée. Alexandrie & Rosette, qui sont à deux des embouchures du Nil, servent de Ports à cette fameuse Ville, qui n'en est éloignée qu'environ de 90 lieues; & c'est devant l'une ou l'autre que les vaisseaux d'Europe viennent aborder, pour y décharger leurs marchandises, dont la meilleure partie est destinée pour le Caire, & où ils prennent & attendent celles qu'on doit leur envoyer pour achever la cargaison de leur retour.

Si tout ce que l'on dit de la vaste étendue du Caire, qui lui a mérité le nom de Grand au-dessus de toutes les autres Villes, n'est point un effet de l'exagération des Historiens Arabes, ou de celle de la plupart des Voyageurs d'Europe, qui sont également suspects, certainement il ne seroit point de Ville au monde qui l'eût porté, ou qui le portât encore à meilleur titre; mais sans entrer dans cette discussion historique, on ne peut douter qu'elle n'ait été, & qu'elle ne soit toujours une Ville de grand Commerce.

Avant que les Portugais, par une heureuse témérité, eussent doublé le Cap de Bonne-Espérance, toutes les marchandises des Indes, & du reste de l'Asie, qu'ils ont appris aux Européens à aller querir en droiture dans les lieux où elles se fabriquent & où elles croissent, ne venoient en Europe que par la voie du Caire. Cette Ville en étoit comme l'étape générale, & c'étoit de ses magasins ou des Caravanes, qui les lui apportoient du Suez, Port célebre de la mer Rouge, que les François & les Vénitiens les venoient enlever, pour en faire à leur tour des dépôts à Marseille & à Venise, d'où elles se débitoient dans le reste de l'Europe.

Cette nouvelle découverte d'une route pour aller aux Indes par l'Océan, a bien pû diminuer, mais n'a pû faire tomber tout-à-fait le Commerce du Caire, où, à la réserve des trois épiceries dont les Hollandois se sont rendus, & sont encore absolument les maîtres, qui, à la vérité, ne s'y vendent pas en si grande quantité; il n'y a gueres de marchandises de l'Asie qui ne s'y puisse trouver.

Les François ont un Consul au Caire, qui est le plus considérable, & pour ainsi dire, le premier de tous ceux qu'ils entretiennent dans les Echelles du Levant. Sous ce Consul, sont deux Vice-Consuls, l'un à Alexandrie, & l'autre à Rosette; mais tous deux à ses gages, & qui lui rendent compte des droits de Consulat, qu'ils reçoivent sur le pied de trois pour cent.

Les Vénitiens, qui, après les François, y font le plus de Commerce, tiennent leur Consul à Alexandrie; & ce Consulat est un des deux qui ne se donnent qu'à des Nobles Vénitiens, comme on l'a remarqué au titre du Commerce de Venise.

Quelque diminution qu'il y ait dans le Commerce du Caire, il n'y a gueres d'année qu'il n'aborde au

Port d'Alexandrie plus de soixante bâtimens de Provence, & quelquefois même on en a compté jusqu'à quatre-vingt quatorze. Ceux qui vont à Rosette, ne sont pas en si grand nombre; mais il y en va toujours aussi quantité.

*Les droits d'entrée que l'on paye pour les marchandises d'Europe, à Alexandrie, à Rosette, & au Caire, sont de 20 pour cent; & seulement d'un demi aussi pour cent, pour la sortie des marchandises du crû du Pays, ou qui y viennent de la mer Rouge.*

La sage politique des Turcs, qui passent néanmoins pour Barbares, parmi les Chrétiens, comprenant facilement que la richesse d'un Etat consiste à se défaire de ses marchandises & de ses Manufactures, & à se passer autant qu'on peut de celles des autres; outre que la vente des Européens ne pouvant être égale à leurs achats, à cause de cette inégalité de droits qui dégoutent les Egyptiens de celles d'Europe; il faut qu'ils y suppléent en argent comptant, qui reste dans le Pays, & l'enrichit.

Les marchandises que les François & les Italiens portent dans ces Echelles, ou celles qu'ils en tirent, étant à peu près les mêmes pour le Caire, & pour les deux Villes qui lui servent d'entrepôts, on n'en parlera pas séparément, faisant seulement remarquer que le plus grand négoce, soit pour les ventes, soit pour les achats, se fait au Caire, & que ceux d'Alexandrie & de Rosette, ne sont rien en comparaison.

On va entrer dans un assez grand détail des unes & des autres, où l'on ajoutera même les prix courans & ordinaires; après que, pour mettre mieux les Lecteurs au fait, on aura dit quelque chose des poids & mesures, & des monnoies qui y ont cours, dont on traitera plus amplement ailleurs. *Voyez* MONNOIES, POIDS, & MESURES.

L'Ocque ou Ocos, est de 400 dragmes.

Le Rotol, de 140 dragmes, dont 110 font 108 livres de Marseille.

Le Quintal Gerouin est de 217 rotols.

L'Abukesb, ou Daller de Hollande, vaut depuis 33 meidins, jusqu'à 38, un peu plus.

La Piastre courante, monnoie imaginaire, comme la livre en France, vaut 30 meidins.

Les Reaux d'Espagne, depuis 33 meidins, jusqu'à 40.

Le Sequin ou Ducat d'or de Venise, qui après les reaux d'Espagne, y ont le plus de cours, 100 meidins dans le trafic, quoique le Divan du Caire ne le prenne que pour 85.

Enfin le Meidin ou le Para, vaut environ 18 deniers, ou 1 sol & demi de France.

Le Pic, qui est la mesure des longueurs, est semblable à celui de Smyrne.

*Marchandises qu'on tire d'Egypte.*

Benjoin, 110 rotols coutent 75 piastres.

Bdellion, le quintal, 50 piastres.

Gomme Arabique, 133 rotols coutent 6 abukesbs.

Adragant, le quintal de 110 rotols, 10 piastres.

Lacque, le quintal comme dessus, 15 piastres.

Turique, 130 rotols, coutent 9 abukesbs.

Myrrhe Abissinique, 110 rotols coutent 40 piastres.

Encens en larme, le même poids vaut 12 piastres.

Le Storax.

L'Aloës cicotrin se vend, le quintal, 80 piastres; & l'Epatique, les 150 rotols, 28 piastres.

Opium, le quintal de 110 rotols, 120 piastres.

L'Indigo serquis, 130 rotols, 70 piastres. Il y a de l'indigo de Bagdat, & de Baludre, dont on ne met point les prix, parce qu'ils ne valent rien.

La Cassonade, le quintal, 5 piastres.

Le Sucre en gros pains, le quintal, 16 à 17 piastres; en petits pains, seulement 16; le Candi, 28; & celui qu'on nomme Soltam, le même prix.

Sorbet, 20 piastres le quintal.

La Canelle, nommée Conchi, coute 60 piastres les 150 rotols; celle qu'on appelle Malabari, 25; & la Zeilant, 100 piastres.

La Casse, les 150 rotols, 20 piastres.

Le Coco de Levant, 23 piastres les 133 rotols.

La Coriandre, 3 piastres le quintal.

Le Caffé, 25 piastres aussi le quintal; & le même poids de dattes, 3 piastres.

Les Mirabolans kebus, 20 piastres les 150 rotols.

Les Mirabolans baduri, 23.

Les Citrins, seulement 6 piastres, mais ils ne valent rien.

Noix-muscades, 200 abukesbs les 110 rotols.

Noix-vomiques, 7 piastres le même poids.

Cardamome, le quintal de 139 rotols, 140 piastres.

Le Ben, qui est un fruit des Indes, 7 piastres ½ le rotol.

Tamarnis, les 110 rotols, 15 piastres.

Coloquinte, 100 rotols, 10 piastres.

Poivre, le même poids coute 22 piastres ½.

Girofle, les 125 rotols, 25 piastres.

Le Lin peigné, le quintal de 110 rotols, coute 5 piastres.

Celui qu'on nomme Lin de menuf, 6 à 7 piast.

Le Squinanti, & le Lin noir, 10 piastres la schivé.

Celui de Fium, autant pésant, 8 piastres.

Le Lin de Forfette, 7 & ¼, aussi-bien que le Lin d'Oleb.

Le Séné s'achete 40 piastres le quintal.

Le Spica-nardi, 120 piastres les 133 rotols.

Le Safran nembrosi, 12 piastres les 110 rotols.

Celui de Sayde, seulement 6 piastres.

Le Coton, dit *in ramo*, coute, le quintal de 110 rotols, 6 piastres.

Le Coton filé fin, 20 piastres.

Le Coton ordinaire, 10 piastres.

Les Racines d'Hermodates, le quintal de 110 rotols, s'achete 3 piastres.

La Cire fine, 200 piastres le même poids.

Le Gingembre, 25 piastres les 133 rotols.

Le Cretonart, 15 piastres les 110 rotols.

La Rubarbe, 5 piastres le rotol.

La Salsepareille, 200 piastres le quintal de 110 rotols.

Les Dents d'Eléphant se vendent au quintal de 110 rotols; les plus grandes & les plus fines, coutent 25 piastres le quintal.

La Laine sale s'achete 6 piastres les 200 rotols gerouins.

Celle qui est lavée, 10 piastres le quintal.

Les Plumes d'Autruche, de la premiere & seconde sorte, coutent 24 piastres le rotol.

Les Queues, & les noires, aussi 24 piastres les 4 rotols.

Les Aigrettes se vendent au compte, ainsi que les Plumes de Heron, dont le cent, compte, se vend 6 piastres.

Le quintal de Momies, de 110 rotols, se vend 2 abukesbs.

Le Sel armoniac coute 16 piastres le quintal de 204 rotols.

Le

Le Nitrum, ou Sel nitre, une piastre les 140 rotols.

L'Alun de roche, 9 piastres le même poids.

Le Stinc marin, 30 piastres le quintal de 110 rotols.

La Boutargue, qui sont des œufs de poisson, salés, nommés Monges, 25 piastres les 200 rotols.

Les Nacres de perle, 10 piastres les 110 rotols.

Les toiles bleues, 65 meidins la piece de 40 pics.

Celles d'Alexandrie, 55 meidins la piece de même longueur.

Celles de Menuf, 80 meidins la piece de 83 pics.

Les grandes Imbabs, 150 meidins la piece de 30 pics.

La petite bleue du Caire, la piece de 10 pics, coute 19 meidins.

Celle d'Alexandrie, de même espece, & même aunage, seulement 14.

Les Toiles qu'on appelle Toiles de Col, 15 meidins les 20 pics.

Les Toiles peintes, 60 meidins la piece de 28 pics.

Les Magrabines, 55 meidins la piece.

Les Messalines, 80; & les Lizardes, 120.

Enfin, les Cambrasines coutent 5 piastres la piece.

On tire aussi d'Egypte quelques étoffes, ou autres ouvrages de diverses matieres, comme des Bordats, dont ceux du Caire coutent 18 meidins la piece; ceux de Damiette, 25 à 28, & ceux d'Alexandrie, 24.

Les Ceintures de Rosette se vendent 14 meidins la douzaine; & les ceintures ordinaires, 10 meidins.

Les Mouchoirs se vendent à la botte, dont l'une est composée de 18 mouchoirs & l'autre seulement de 10: ceux de 10 coutent 10 meidins: ce sont les plus communs. Des autres, ceux qui sont fins, en valent 24; & les ordinaires, 12.

Le Tapis se vend au pic carré; les fins, depuis une piastre & demi, jusqu'à 2 piastres le pic; & les gros, demie-piastre.

Enfin, le Musc en vessie coute une piastre la dragme.

L'on tire pareillement du Caire & d'Alexandrie quantité de Peaux de buffles, de bœufs, & de vaches en poil. Celles du Caire se vendent toutes par les Fermiers du Grand-Seigneur, à qui appartiennent la tête & la peau de toutes les bêtes qui sont tuées dans les boucheries de cette grande Ville, à la réserve des chévres; ce qui fait un des plus grands revenus qu'il retire de l'Egypte.

Les Cordouans rouges & jaunes, & les Peaux de chagrin, ne sont pas non plus un petit objet du Commerce de ces Echelles.

*Marchandises d'Europe qu'on porte en Egypte.*

Agaric, dont l'ocos vaut une piastre.

Arsénic blanc, 9 piastres le quintal de 125 rotols.

Le jaune, 14.

Arquifou, les 150 rotols, 8 piastres.

Orpiment: il se vend à la caisse, qui vaut 25 piastres.

Antimoine, le quintal, 200 piastres.

Sublimé, une piastre & demi le rotol.

Vif-argent, 100 piastres les 102 rotols.

Vitriol, 70 piastres le quintal.

Vermillon, 14 piastres les 110 rotols.

Cinabre, 150 piastres le quintal de 102 rotols.

Le Fil de leton du grand échantillon, 60 piastres les 105 rotols, & 50 piastres le petit.

Le Fil d'archal, 20 piastres.

Le Fer-blanc, 40 piastres le baril.

L'Acier de Venise, les 110 rotols, 15 piastres.

Le Plomb, les 130 rotols, 45 piastres.

Le Papier, 20 piastres la balle, ou ballon de 24 rames; 22 piastres celle de 14; & 24 celle de 12; ces derniers sont les plus fins, & les premiers sont de la moindre qualité.

Les Satins de Florence, 60 meidins le pic.

Les Draps, ceux nommés Londrines, 5 abukelbs le pic.

Ceux dits à Bucioche, 60 meidins le pic.

Ceux de S. Pont de Romans, 50 meidins.

Ceux façon de Hollande, qu'on appelle Forastieri, ou Draps étrangers, 80 meidins.

Enfin, les Draps écarlatte, 90 meidins aussi le pic.

Les Bonnets, comme dans tout le Levant, se vendent à la douzaine; ceux de Marseille, 5 piastres; les demi Fez, 10; & les Fez, 14.

La Cochenille, 20 piastres l'ocos.

Le Corail brut de Messine, se vend 100 piastres le quintal gerouin; & 25 seulement celui qu'on nomme Toraille.

Les Corails travaillés, coutent 400 piastres les 100 rotols.

Le Tartre rouge se vend 12 piastres les 125 rotols; & le blanc, 14.

L'Alun de roche, 10 piastres les 139 rotols.

Enfin, le Bois de Bresil, 30 piastres les 110 rotols, & à proportion les autres bois.

Toutes ces marchandises s'achetent, ou se vendent au Caire, par des Commissionnaires François & Italiens qui y sont établis, qui reçoivent & vendent les marchandises d'Europe qui leur sont addressées par leurs Commettans; & qui achetent celles qui leur sont ordonnées. Leur droit de commission est de 2 pour cent pour la vente, & autant pour l'achat.

Il y a pareillement des Commissionnaires de ces deux Nations, à Alexandrie, & à Rosette, pour y débiter & acheter quelques marchandises; mais leur principal emploi est de recevoir celles qui arrivent d'Europe sur les vaisseaux François, Venitiens, & Ligournois, & de les faire conduire au Caire, sur des barques, en remontant le Nil; & ensuite de faire rembarquer celles qui leur sont renvoyées par les Commissionnaires du Caire; ou dont eux-mêmes ont fait les achats dans les lieux de leur résidence.

Le plus grand négoce du Caire passe par les mains des Juifs & des Arabes, qui y sont en quantité, & qui font, avec quelques Marchands Turcs, le Commerce de la mer Rouge, d'où ils tirent la plus grande partie des marchandises dont on a parlé ci-dessus. Ce sont aussi des *Censals* Arabes qui en font presque tout le courtage.

Ce Commerce se fait par le Sués, Ville située au fond de la mer rouge, du côté de l'Egypte, environ à 45 lieues du Caire. C'est de cette petite Ville, dont néanmoins le Port n'est pas fort bon, que les marchandises d'Europe, qui y sont conduites par des Caravannes, se transportent d'abord à Gidda, ou Giddé, à une lieue de la Mecque, & ensuite à Mocqua, Ville de l'Arabie, à l'entrée du Détroit de Bebel-Mandel, par où la mer Rouge communique avec l'Océan Indique: & c'est aussi au Sués qu'abordent toutes les marchandises que les Négocians Turcs du Caire, tirent des Indes Orientales, & dont l'étape générale pour l'Egypte est à Mocka, où ces

Négocians ont leurs Commissionnaires.

L'Auteur du Parfait Négociant estime que les François pourroient faire eux-mêmes ce Commerce avec de grands profits ; & en effet, la difficulté semble beaucoup plus consister dans la nouveauté de l'entreprise, que dans son exécution. *Voyez ses raisons, & les instructions qu'il en donne dans son excellent Ouvrage, Liv. 5. Ch. 8. de la seconde Partie.*

Outre ce que les Européens tirent du Caire & d'Alexandrie, de marchandises d'Orient, les Négocians Turcs en transportent aussi une très grande quantité à Constantinople, & dans d'autres Villes de l'Empire du Grand-Seigneur, sur des bâtimens qu'ils appellent des Sayques, qui sont des especes de grosses tartanes, depuis 4, jusqu'à 16 pieces de canon. *Voyez* Sayques.

Ils les chargent pareillement de ris, de lin, de sucre, & d'autres denrées du crû de l'Egypte ; & tout ce Commerce n'est pas si peu considérable, qu'il ne monte par an à dix millions de livres, & que les Turcs n'y employent jusqu'à cent, & sixvingt de ces sayques.

### *Pesches de la haute et basse Egypte ; & le commerce qui s'y fait du poisson, tant frais que salé.*

L'Egypte a plusieurs grands lacs, entr'autres le Manzale, le Brullos, le Beheire, la Mareste, la Corne de Mœris, le Cheïb, & celui qu'on nomme le lac des Pelerins de la Mecque.

Elle est d'ailleurs traversée & arrosée d'un bout à l'autre par le Nil qui tous les ans remplit ses canaux & la couvre presque entiere par ses fertiles inondations.

Enfin au dehors elle est baignée d'un côté par la mer Rouge, & de l'autre par la Méditerranée ; cependant quoique toutes ces eaux soient très poissoneuses, & malgré tous ces avantages pour faire d'abondantes & de riches pêches, il est certain que le commerce du poisson n'y est point consideré comme un objet important, & que les Egyptiens n'en tirent pas tout le profit qu'ils en pourroient tirer.

La seule pêche qui leur soit un peu avantageuse, est celle du lac de Manzale, du lac de Brullos, & du lac Beheire, mais particuliérement du premier.

### Lac Manzale.

Le lac de Manzale commence à demie lieue Est de Damiette, & finit au château de Thine. Il a vingt-deux lieues de long Est-Ouest, & cinq ou six de large Nord-Sud ; son fond est boueux, plein d'herbes, & n'a partout que trois ou quatre pieds d'eau : il n'est séparé de la mer que par une langue de sable de deux ou trois mille de large ; au Nord il a communication avec elle par trois bouches, & au Sud avec plusieurs canaux tirés du Nil. Il est naturellement salé, mais son eau s'adoucit par l'inondation de ce fleuve, ce qui pourtant ne dure que quelques mois.

Plusieurs petites Isles couvertes de roseaux, de jonc, & d'autres menues broussailles, où un nombre infinie de différens oiseaux se cachent & se nourrissent, y sont semés d'espace en espace, & ne sont pas inutiles aux pêcheurs dont on va parler, pour y habiller, sécher, ou saler leur poisson.

Ces poissons sont le Quejage, le Sour, le Jamal, le Bouri ou Muge, le Geran, le Nocqt, le Karous, &c.

En général tout le poisson de ce lac est excellent & d'un fort bon gout ; le meilleur de tous est le Quejage ; il a le dessous du museau verd, & est de la grosseur d'une Alose.

Le Sourd est plus gros que le Quejage, & presque aussi bon.

Le Jamal ressemble en bonté & en grosseur au précédent.

Le Bouri ou Muge est le plus utile aux pêcheurs, comme on va le dire ; & c'est presque le seul qu'ils font sécher.

Il ne faut pas oublier de remarquer que les Dauphins y fourmillent, sur-tout vers les embouchures du lac dans la mer, mais qu'on n'en pêche pas souvent.

De tous ces poissons le seul qui, pour ainsi dire, figure dans la pêche qu'on fait sur ce lac & qui occupe le plus les pêcheurs, est le Bouri, à cause de la prodigieuse quantité qu'on en prend, & que c'est des œufs de sa femelle qu'on fait la boutargue. *Voyez* Boutargue.

Les pêcheurs du lac sont au nombre de deux mille qui ont à eux tous environ mille batteaux. Ces batteaux qui sont plats par dessous & pointus par la proue, n'ont que trois ou quatre brasses de long sur une de large. On pêche de deux façons, l'une avec la seine, & l'autre avec une espece d'épervier.

Leur seine est un long filet, dont on entoure certaines enceintes de jonc plantées dans le lac pour y engager & retenir le poisson. Ces enceintes se nomment Gabés, elles appartiennent en proprieté aux pêcheurs qui en ont plus ou moins, suivant qu'ils sont plus ou moins à leur aise ; au reste aucun autre que le maître de Gabés n'ose toucher au poisson qui s'y trouve pris.

L'épervier est un filet rond, dont on se sert à peu près comme font nos pêcheurs du filet à qui ils donnent le même nom. Lorsque le pêcheur veut s'en servir, il lance auparavant dans l'eau à dix pas de lui une corde de deux brasses, à l'une des extrémités de laquelle est attachée une pierre qui va au fond, & de l'autre un morceau de bois qui surnage : alors il jette son filet, ensorte qu'il couvre le bois qui surnage, & en le retirant, il y trouve pris un grand nombre de poissons, qui suivant leur naturel vorace s'étoient assemblés autour de la pierre qu'ils avoient cru être une proie propre à leur servir de nourriture, ce qui est le seul appas dont on se sert dans cette pêche.

La plus grande partie du poisson que l'on prend est porté dans les Isles pour l'habiller, le boucanner, le saler, en faire la boutargue. L'autre va à Damiette & dans les Villes & Villages voisins, pour être vendus frais dans les poissonneries.

Il faut remarquer qu'on n'expose jamais en vente dans les marchés, du Bouris femelle pour être mangé frais, parce qu'on les porte toujours dans les Isles du lac pour en enlever les œufs ; ensuite de quoi on en sale ou l'on en sore le reste.

Chaque pêcheur est taxé par année à cinq cent meidins, qui reviennent environ à quarante livres monnoie de France, que l'Aga ou Seigneur du lac retire, & dont il est obligé de compter au Bacha du Caire ; outre cela le tiers de la pêche tant fraîche que boucannée & salée, appartient au Fisc ou domaine du Grand-Seigneur, à quoi ajoutant certains droits de dixmes & de douanne, on assure que ce lac rend par an au trésor royal environ quatre-vingt bourses, qui font quarante mille écus de notre monnoie.

### LAC BRULLOS.

Ce lac qui a quinze ou seize lieues de long sur quatre ou cinq de large, fournit le même commerce de Boutargue que le lac Manzale, mais de la moitié moins considérable. Le lac Brullos est situé entre Damiette & Rosette.

### LAC BEHEIRE.

Le Lac Beheire est entre Rosette & Alexandrie. Il est le plus petit des trois lacs où se fait la Boutargue, il n'a gueres que vingt à vingt-cinq lieues de tour. La Boutargue, le poisson salé, & le poisson ferme, y sont à proportion sur le même pied que dans les deux autres lacs.

Il faut remarquer que le poisson du Manzale est habillé, salé, ou séché sur les Isles de ce lac, & que dans les deux autres lacs qui n'ont point d'Isles, le poisson se prépare, & la Boutargue se fait sur leurs bords.

Les pêcheurs de Damiette & ceux qui sont riverains des trois lacs, sont les seuls Marchands de saline, quand on la veut avoir de la premiere main. Celle qui se transporte au-dehors, particuliérement sur les Côtes de la Syrie, est chargée sur des vaisseaux que fretent les Marchands de Damiette & de Rosette qui l'ont achetée des pêcheurs.

Bien des gens croyent qu'on peut tirer d'Egypte du Thon & de l'Esturgeon & du Caviac; mais il est certain qu'on n'y en prépare point; il est vrai qu'il vient au Caire du Caviac de la mer Noire, mais ce n'est que pour la consommation de l'Egypte, particuliérement de sa capitale, n'en passant point à l'Etranger. Pour la boutargue, il n'y en vient point du dehors; & l'on ne se sert au Caire & ailleurs, que de celles qui se préparent dans les trois lacs.

### *DES PESCHES DU POISSON FRAIS.*

La grande chaleur qu'il fait en Egypte, empêche qu'on ne puisse transporter un peu loin le poisson de mer, qu'en France nous nommons de la marée; aussi se consomme-t-il tout dans les Villes maritimes près desquelles il se pêche: & au Caire où les habitant sont riches & si friands, on ne sçait gueres plus que dans la haute Egypte ce que c'est que marée.

A l'égard du poisson frais du Nil & des lacs, ce dernier est préférable à l'autre; tous ceux qu'on a nommés ci-dessus, en parlant du lac Manzale étant excellens, & y en ayant peu dans le Nil de bons, à la réserve du Variole nommé en Arabe Quecher, qui est d'un goût délicieux. Il pese jusqu'à deux cens livres, & les anciens Egyptiens l'estimoient tant, qu'ils l'adoroient sous le nom de Λατος. Le Quechoué, le Brunni, & le Quarmou, quoiqu'ils ayent reçu les mêmes honneurs divins que les Λατος, n'approchent pourtant pas de la bonté de ce poisson Dieu. Toutes ces pêches n'ont rien de singulier, non plus que le commerce qui s'en fait, se vendant aux poissonneries des Villes prochaines des lieux où ces poissons se prennent; ce qui peut se faire dans toutes les saisons de l'année.

Le poisson, soit salé, soit frais, se vend à la livre si c'est en détail, ou au compte si c'est en gros.

### *RECAPITULATION DU COMMERCE que les François, Anglois, Hollandois, & Venitiens, font au Levant, & des marchandises qu'ils y portent & qu'ils en rapportent, à commencer par l'Espagne, l'Italie & Isles adjacentes, la Barbarie, l'Egypte, la Palestine, la Syrie, la Caramanie, la Romanie, les Isles de l'Archipel, le Royaume de Candie, la Sicile, la Sardaigne, la Provence, & le Languedoc.*

Cette récapitulation est tirée d'un excellent Mémoire dressé par ordre de la Cour pour servir d'instruction aux Plénipotentiaires du Roi, aux Conférences de Riswick en 1697, & depuis encore communiqué en 1713 aux Plénipotentiaires de Sa Majesté à l'Assemblée d'Utrecht.

### *COMMERCE DES FRANÇOIS.*

| *Marchandises qu'ils y portent.* | *Marchandises qu'ils en rapportent.* |
|---|---|
| Papiers de plusieurs sortes | Cuirs. |
| Draperie. | Bufles. |
| Cochenille. | Cuirs de Bœufs. |
| Vermillon. | Vaches en cuirs. |
| Indigo. | Cuirs de Chameaux. |
| Corail rond & olivâtre. | Lin. |
| Bois de Bresil. | Sené. |
| Campêche. | Gommes. |
| Ambre faux, ou grains de verre. | Drogueries. |
| Quinquaillerie. | Epiceries. |
| Mercerie. | Safranum. |
| Poivre. | Plumes d'Autruches. |
| Gerofle. | Caffé. |
| Canelle. | Toiles de lin teintes & en blanc. |
| Muscade. | Soyez. |
| Gingembre. | Cendres. |
| Tartre. | Coton en laine. |
| Bonnets de laine. | Coton filé. |
| Minéral. | Noix de galle. |
| Cassonade. | Laine de Chevron. |
| Argent en piastres. | Pistaches. |
| Sévillannes. | Cires. |
| | Opium. |
| | Maroquins rouges & jaunes. |
| | Peaux de chagrin. |
| | Toutes sortes de toileries de coton & Indiennes. |
| | Musc. |
| | Gomme lacque. |
| | Rubarbe. |
| | Semen contra. |
| | Fil de Chévre. |
| | Moncayards. |
| | Tapis de Turquie. |
| | Damittes. |
| | Laines de Perse. |
| | Laines surges. |
| | Fromages. |
| | Huiles. |
| | Cuivre. |
| | Blés. |
| | Orges. |
| | Ris. |
| | Légumes différentes. |
| | Sel armoniac. |

*COMMERCE DES FRANÇOIS dans la Mediterranée pour l'Espagne, Portugal, & Italie.*

| *Les François y portent.* | *Ils en rapportent pour passer avec les marchandises du Levant en la Mer Océane.* |
|---|---|
| Toutes les Manufactures de France en général venant de Provence, Languedoc, Dauphiné, Lionnois, & Auvergne. | Des huiles. |
| Vins de Provence & de Languedoc pour toute l'Italie & l'Armée Vénitienne. | Des savons. |
| *Nota.* La République étoit alors en guerre avec les Turcs. | Des soudes & barilles. |
| Du hareng sort. | De la cochenille. |
| Du hareng blanc. | De l'indigo. |
| Des sardines de Bretagne. | Des laines de Ségovie, d'Alicant & d'Andalousie. |
| Du poisson sec. | Du souffre. |
| | De l'alun. |
| | Des cassonades pour l'Italie & le Levant. |
| | Du fer de Catalogne. |
| | Des ancres, Grapins & Clous, de Savonne. |
| | Des cordages. |
| | Du chanvre de Piémont. |
| | Du cumin de Malthe. |
| | Des blés de Messine & de Sardaigne, pour la Provence. |
| | Des cercles & mairins de Naples. |
| | Des soies de Messine. |
| | Des fromages de Sardaigne. |
| | Des passes & raisins d'Alicant. |
| | Des oranges & citrons de Genes. |
| | Des vins de Malgue & d'Alicant. |

*MARCHANDISES ET PROVISIONS qui passent de la Méditerranée dans l'Ocean, qui sont du crû de la Provence, Dauphiné, & Languedoc, que les François, Anglois, & Hollandois viennent prendre.*

| | |
|---|---|
| Amandes. | Thon mariné. |
| Huiles. | Prunes de Brignolles. |
| Citrons. | Vins de Provence. |
| Figues. | Sardines. |
| Savon blanc. | Liqueurs. |
| Anchois. | Olives. |
| Raisins secs. | Oranges. |
| Savons madres. | Vins de Languedoc. |

*COMMERCE DES ANGLOIS AU LEVANT, &c.*

| | |
|---|---|
| Ils portent au Levant dans tous les lieux marqués ci-dessus, toutes sortes de fines & grosses draperies. La quantité en est si considérable qu'elle produit aux Anglois une vente de plus de vingt millions de livres & en outre. | Ils en rapportent toutes les mêmes marchandises que les François, mais en plus grande quantité, à cause des retours considérables qui leur sont dûs des marchandises qu'ils y portent; ils en rapportent de plus, |
| Du poivre. | Des raisins secs de Corinthe. |
| Du gérofle. | Des vins de Malgue & d'Alicant. |
| De la muscade de gingembre. | |
| De l'étain. | |
| De la poudre. | |
| Des armes. | |
| Du hareng sort. | |
| Du hareng blanc. | |
| Du hareng salé. | |
| Des sardines. | |
| De la morue seche. | |
| Des cassonades de Portugal. | |
| Du tabac de Bresil. | |

*COMMERCE DES HOLLANDOIS AU LEVANT, &c.*

| | |
|---|---|
| Ils portent les mêmes marchandises que les Anglois, avec cette différence que leurs draperies y sont moins estimées que celles des Anglois. | Les Hollandois retirent de ce commerce les mêmes marchandises que les François & les Anglois. |

*COMMERCE DES VENITIENS AU LEVANT, &c.*

| *Les Vénitiens y portent.* | | *Ils en tirent les mêmes marchandises que les François, les Anglois, & les Hollandois.* |
|---|---|---|
| Des draperies. | Des miroirs. | |
| De la ceruse. | Des étoffes de soies, or, & argent. | |
| Du vif argent. | Du vitriol. | |
| Du sublimé. | Du papier. *Nota* que cet article est très considérable. | |
| De l'opium. | Du fil de fer. | |
| De la mercerie & quinquaillerie d'Allemagne. | Du léton. | |
| Des grains de verre. | | |
| De l'émail. | | |

## COSTES DE BARBARIE.

*Cet article devroit être inséré dans le Commerce d'Afrique, mais à cause de la convenance des matieres, on l'a placé ici.*

On appelle Barbarie, cette vaste partie de l'Afrique maritime, qui s'étend plus de six cent lieues depuis l'Egypte, jusqu'au Détroit de Gibraltar, & un peu au de-là dans l'Océan Atlantique. La Barbarie est moins connue par son Commerce, quoiqu'il s'y en fasse un très grand, que par les courses de ses Corsaires, qui troublent celui que toutes les autres Nations font dans la Méditerranée & dans l'Océan, n'en ayant eux-mêmes point d'autre, que leurs pirateries.

Les principaux Royaumes ou Républiques, qui partagent les Côtes de Barbarie sont Tripoli, Tunis, Alger, Maroc, & Fez. Le Gouvernement de Maroc & de Fez est entiérement Monarchique; celui de Tripoli est Républicain; & ceux de Tunis & d'Alger tiennent de l'un & de l'autre.

Tous ces Etats ont quantité de Ports sur la Méditerranée, & les Royaumes de Maroc & de Fez en ont même quelques-uns sur l'Océan, qui servent également au Commerce des Nations Chrétiennes, & à la retraire des vaisseaux corsaires.

Les plus considérables de ces Ports, où se fait le plus de négoce, & où résident les Consuls, sont Tripoli, la Goulette, qui est celui de Tunis, qui n'en est qu'à 4 lieues; Alger, & Salé. C'est dans ce dernier où se fait le principal Commerce de Fez & de Maroc, quoiqu'il s'en fasse aussi beaucoup à Tetouan.

Arzille, Alcassar, Azamor, Saphie, & Sainte-Croix, sont les autres Ports des Royaumes de Maroc & de Fez, où il y a quelque négoce.

Le Royaume d'Alger a aussi Tremecen, Constantine, Bonne, Bugie, Gigery, la Calle, Cap de Rose, Colle, & ce qu'on appelle le Bastion de France, près du Golfe Storacourcouri. Outre la Goulette, Tunis a Bizerte, & Port-farine.

Il y a à Alger des Marchands de diverses Nations, & en si grande quantité, que l'on dit qu'il s'y trouve au moins trois mille familles d'Etrangers, que le Commerce y attire; & qu'ils y occupent dans les deux Basars environ deux mille boutiques.

Les Juifs qui y sont au nombre de huit mille, habitent un quartier particulier. C'est par leurs mains que passe presque tout le trafic qui s'y fait.

Le plus grand Commerce des Algériens consiste dans les courses qu'ils font sur les vaisseaux Chrétiens dans toute la Méditerranée & une partie de l'Océan. Leur marine est si forte, qu'ils arment ordinairement chaque année jusqu'à vingt-deux ou vingt-trois vaisseaux montés chacun de trois à quatre cent hommes.

On peut tirer d'Alger & des environs, quantité de grains; entr'autres, du froment, de l'orge, & de l'avoine.

Couco que les Marseillois appellent Couque, est un petit royaume d'Afrique de la dépendance de celui d'Alger. Les Provençaux y font un assez bon négoce, & quelques Marchands de Marseille y sont même établis, ou y ont leurs correspondans. Le principal commerce consiste en grains, en olives, en huiles, en figues, & raisins secs, en miel, & en cire; on y trouve aussi du fer, de l'alun, & quantité de bétail blanc & de chevres.

TRIPOLI. A l'égard des Tripolitains, ils n'ont que le Port de leur Ville; quelques petites places qu'ils ont sur la mer, où il ne se fait pas, ou du moins il se fait peu de Commerce, ne devant pas se compter.

Les Nations Chrétiennes, qui ont des Consuls dans les quatre principaux Ports de Barbarie, sont les mêmes qui ont des Ambassadeurs à Constantinople, & sur-tout la Françoise, l'Angloise, & la Hollandoise. Les Vénitiens & les Genois sont ceux qui font le plus grand Commerce à Tripoli.

Les Marchands d'Europe n'ont des magasins que dans les principales Villes de la Côte. Dans la plupart des autres, ils ne descendent que rarement à terre, à cause des avanies qui y sont ordinaires, trafiquant, comme on dit, parmi eux la pique à la main, c'est-à-dire, en se tenant exactement sur leurs gardes.

En général, les marchandises que l'on tire de Barbarie, sont, des plumes d'autruche, de l'indigo, de l'or en poudre, qu'on appelle Tibir; des dattes, des raisins de Damas, des cuirs tannés, & non tannés; du cuivre en barres faites en façon de briques; de la cire, de l'étain, des laines, des peaux de chevre pour faire le maroquin; du corail, qui se pêche au Bastion de France, & sur quelques Côtes des Royaumes de Fez & de Maroc; des grains, entr'autres des blés, des orges, des féves, du millet; & enfin, des chevaux.

Le Commerce des chevaux & des grains n'est cependant pas libre par-tout; & il est interdit dans les Royaumes de Fez & de Maroc, à moins qu'on ne donne en échange, des armes, de la poudre, & d'autres munitions de guerre, que les Princes Chrétiens de leur côté défendent qu'on ne porte, pour vendre dans aucun endroit de Barbarie.

Les Marchands d'Europe chargent leurs vaisseaux pour ces Côtes, de draps de France, d'Espagne, d'Angleterre, & de Hollande, de toutes couleurs, & à peu près des mêmes finesse & qualité, que ceux destinés pour les Echelles du Levant; sur-tout de drap d'écarlatte; de brocards, de velours, de taffetas rayés & unis: de toiles de Bretagne, de Rouen, & de Hollande: de mousselines, pour faire des turbans: des bonnets fins, rouges & noirs à l'usage des Maures & des Juifs: de la soie apprêtée pour les Manufactures, qui sont établies principalement à Tunis, & à Maroc, où les Morisques les porterent, quand ils furent chassés d'Espagne: des épiceries: toutes sortes de drogues: du coton: du tabac des Isles Antilles, de Bordeaux, & du Bresil: du sucre, du bois de Campêche, du tartre, de l'alun, du souffre, de la cochenille, & autres drogues propres aux teintures, & à la peinture: du papier de toutes façons: de l'acier, du fer, du plomb: enfin, de la quincaillerie & mercerie, comme des couteaux, ciseaux, épingles, aiguilles, cadenats, petits miroirs, & des peignes de buis & d'yvoire à menues dents.

Ce n'est pas aussi un des moindres Commerces, & c'est certainement celui sur lequel les Marchands Chrétiens font les plus grands profits, y gagnant quelquefois quatre cent pour cent, que l'achat du butin, que les Corsaires rapportent au retour de leurs courses; qui ayant coutume de mettre en vente tout ce qui ne convient pas au Pays, ou à leur Religion, & ne trouvant que des Chrétiens pour Enchérisseurs, sont obligés de leur délivrer à très bon compte.

Ces marchandises sont des vins, des eaux-de-vie, des biéres, des huiles, des chairs, & des poissons salés, & plusieurs autres semblables, dont on fait ordinairement des cargaisons pour les Isles Antilles.

Il n'y a que les Négocians établis dans les Ports où rentrent ces Corsaires, qui puissent ainsi profiter du malheur des Nations Chrétiennes, & souvent de leurs propres Compatriotes, & même de leurs parens; n'y ayant qu'eux qui puissent s'y trouver précisément, lorsque ces Infidéles y déchargent leur butin. Les Consuls font souvent ce trafic, & renvoyent en Europe ces marchandises rachetées des mains des Infidéles.

De toutes celles que l'on peut tirer de Barbarie, ce sont les cuirs qui sont les plus considérables, & dont il se fait le plus grand Commerce. Les François, qui font seuls le négoce du Bastion de France, en tirent, & de quelques autres petits Ports voisins, plus de quatre-vingt-dix mille cuirs; par où l'on peut juger ce qu'on en peut traiter dans toute la vaste étendue des Côtes d'Afrique, qui sont sur la Méditerrannée. *Voyez l'article des* CUIRS.

La plupart de la monnoie dont on se sert en Barbarie, est étrangere. Il s'en frappe cependant au coin des Rois & des Deys, dans quelques-unes de leurs Villes. Les réales d'Espagne, les écus de France, les ducats de Hongrie, & les sultanins d'or de Turquie, sont les especes qui y sont les plus communes, & qui y ont cours, suivant les endroits.

Les monnoies qui se fabriquent à Alger, sont les burbas, petite monnoie, dont il faut six pour faire un aspre. Le doubla est d'argent, & vaut un peu plus de trois livres de France. La rubie est d'or, aussi-bien que les medians & les zians: la premiere est de trente-cinq aspres, & les zians de cent. C'est à Tremecen particuliérement que ces trois especes se frappent.

Les métecals sont des especes de ducats d'or, qui se fabriquent à Maroc. Les anciens sont les meilleurs, les nouveaux étant d'un plus bas titre, & encore fort incertain; les Juifs en faisant tant qu'il leur plaît, & comme il leur plaît; n'y ayant point de Monnoieurs en titre d'office. Les blanquilles sont de petites pieces d'argent, qui valent deux sols six deniers; & les felours sont de cuivre, comme de gros doubles de France : il en faut huit pour faire une blanquille.

Les réales de 8, de 4, & de 2, sont presque les seules especes étrangeres, qui ont cours à Maroc; l'or & l'argent de France, d'Angleterre, & de Hollande, & même les pistoles d'Espagne, y étant rarement reçues : aussi n'y en porte-t-on gueres, parce que le Commerce de Maroc se fait principalement pour avoir de l'or en poudre.

Il se frappe aussi à Tunis quelques especes d'or & d'argent. Les sultanins sont d'or, mais plus forts d'un tiers que ceux d'Europe : ils sont du titre de 24 carats. Les nasara sont d'argent, taillés bisarement en quarré. Les doublas & les burbas qui s'y fabriquent, sont de la même valeur que ceux d'Alger.

Le Commerce se faisant à peu près de la même maniere dans tous les Ports de Barbarie; & n'y ayant quelque chose de singulier que dans ce qui regarde le Commerce de Salé, ou plutôt de Maroc, & celui du Bastion de France, l'on n'entrera dans quelque détail, qu'à l'occasion de ces deux endroits, dont l'un est à l'extrêmité du Royaume d'Alger, du côté qu'il confine avec celui de Tunis; & l'autre est dans le Royaume de Fez, sur l'Océan.

SALE', Ville d'Afrique, située au-delà du Détroit de Gibraltar, est le Port des Royaumes de Fez & de Maroc, où il se fait le plus grand Commerce. L'entrée de la riviere de Guerou, sur laquelle elle est bâtie, est barrée par un banc de sable, qui change suivant les vents qui soufflent; ce qui est d'une assez grande incommodité pour les vaisseaux Marchands; mais qui est aussi une ressource pour les vaisseaux Saltins, quand ils sont poursuivis par ceux de Malte, ou des autres Nations Chrétiennes; y étant plus en sûreté, qu'en aucun autre Port de Barbarie.

C'est dans cette Ville que résident les Consuls François, Anglois, & Hollandois, aussi-bien que les Marchands Chrétiens, & les Juifs, qui viennent d'Europe pour le Commerce de Maroc, & Pays qui en dépendent; & c'est-là qu'ils ont leurs magasins.

Les trois Nations, qui ont des Consuls à Salé, ont souvent fait des tentatives, pour en avoir à Maroc même, ou dans le royaume de Sus, qui en dépend : mais jamais les Rois ne l'ont voulu permettre; il leur a fallu se contenter d'en avoir à Salé, comme on vient de le dire, & à Tetouan, autre Ville maritime du Royaume de Fez.

*Les droits d'entrée & de sortie, qui se payent à Salé, & dans les autres Ports de la domination du Roi de Maroc, sont de dix pour cent, à la réserve de l'argent, qui n'en paye que deux. Les droits de Consulat sont aussi de deux pour cent.*

Les marchandises d'Europe se déchargent d'abord dans les magasins, que les Chrétiens ont à Salé, ou dans les autres Villes maritimes, & se vendent ensuite en gros aux Maures & aux Juifs. Ceux-ci les envoyent à leurs Associés; soit jusqu'à Maroc, qui est éloigné de plus de trente lieues des Ports les plus proches, & de quarante & davantage des autres; soit à Fez, Miquenes, Tarudant, & Illec, qui, après cette Capitale, sont les principales des trois Royaumes qui en dépendent.

La meilleure partie de ces marchandises se vend & se consomme dans ces cinq Villes, particuliérement à Miquenes, qui n'est qu'à douze lieues de Fez, & qui a les plus grands magasins de grains, de cuirs, & de cire, qui sont les principales marchandises du crû de Maroc, & des Etats qui en dépendent.

La mesure des longueurs de Miquenes est la palme, qui est de huit pouces de Roi.

Ce qui reste de marchandises d'Europe, qui ne se consomment pas dans les cinq Villes dont on vient de parler, s'envoye dans les Provinces de Sara, de Dras, & de Touet, qui sont du Royaume de Tafilet, où les Arabes donnent en échange, du tibir, ou or en poudre, de l'indigo, des plumes d'autruche, des dattes, & quelquefois un peu de dents d'éléphans, qu'on nomme autrement Morfil.

L'or, les plumes d'autruche, & l'yvoire, ne se trouvent dans aucun des Royaumes soumis au Roi de Maroc, quoique les Chrétiens enlevent tous les ans une assez grande quantité des deux premieres marchandises.

L'or & l'yvoire se vont querir par des cafillas Arabes, jusqu'au Royaume de Sudan & de Gago, qui font partie de la Guinée, & qui sont à plus de quatre cent lieues de Maroc.

Pour les plumes d'autruche, elles viennent de Sara, ou comme d'autres l'appellent, Dara, Pays au Sud de Maroc, vers la mer de Sable, où les Maures & les Arabes les tuent en grand nombre, & les prennent même quelquefois en vie.

Ce sont ces dernieres qui se conduisent à Maroc, qui ont fait croire à quelques Marchands d'Europe, qui les y ont vûes, que ce Royaume en nourrissoit en abondance; ce qui a aussi trompé plusieurs Auteurs Géographiques, qui les comptent parmi les animaux de cette partie de l'Afrique, jusqu'où s'étendent les Côtes de Barbarie, & que l'on y comprend ordinairement.

Le Commerce de l'or se fait par les Arabes de Maroc, & de Sus; mais principalement par ces derniers, qui le vont querir jusqu'à Tambouctou, Capitale du Royaume de Gago, où ils l'échangent pour le sel qu'ils y transportent.

Ce voyage se fait par des cafillas, qui sont, comme on l'a dit plus haut, les caravannes de l'Afrique. Les chameaux & les dromadaires, especes d'animaux peu différens des chameaux, sont les voitures les plus ordinaires, autant parce qu'ils portent des charges fort pésantes, que parce qu'ils sont fort sobres, & sur tout qu'ils boivent peu; ce qui est absolument nécessaire pour passer un désert de plus de deux cent lieues, qu'on appelle la mer de Sable, où il faut porter presque toute l'eau, & absolument tous les vivres pour l'usage des hommes & des animaux.

La cafilla n'arrive qu'après deux mois de route à Tambouctou, ne marchant que la nuit, & ne se conduisant que par la boussole, & en observant le lever & coucher du soleil.

La mer de Sable est à cent lieues de Maroc : elle dure 200 autres lieues; & il en faut faire encore cent après qu'on l'a passé, avant que d'arriver à Gago. Au milieu de ce vaste désert, on trouve, comme par miracle, plusieurs puits d'une eau très fraîche, sans quoi il seroit impossible de le traverser. Il y a aussi des salines de sel blanc, qui ne sont pas éloignées des puits.

L'eau de ces puits sert à rafraîchir la cafilla, & à remplir les outres, ou peaux de bouc, dont ils se servent pour la transporter. Le sel des salines, dont ils chargent une partie de leurs chameaux, est la meilleure, & quelquefois la seule marchandise qu'on échange à Tamboućtou pour de la poudre d'or. Il s'y porte pourtant quelques toiles, de la mercerie, & de la quincaillerie d'Europe.

La maniere de trafiquer entre les Arabes & les Négres de Tamboućtou, est trop singuliere, & trop curieuse, pour n'en pas dire quelque chose.

Lorsque la cafilla est arrivée au lieu où l'échange des marchandises a coutume de se faire entre les deux Nations, l'Alcair qui commande dans cette endroit, ou le Roi de Tamboućtou lui-même, s'il s'y trouve, envoye au-devant la recevoir avec beaucoup de cérémonie, & joint toujours à ses Députés quelque Arabe établi parmi les Négres, pour prendre le nom des Marchands de sel, ou d'autres denrées, & les avertir que le négoce doit se faire sans se parler les uns aux autres, de peur de querelle & de désordre; ce qui s'observe plus religieusement qu'on ne peut dire.

Ce Commerce silencieux se fait toujours par échange, & seulement deux fois le jour, au matin, & au soir, à cause de la trop grande ardeur du soleil dans le reste de la journée; ayant soin d'ailleurs que les premiers venus des deux Nations, soient aussi ceux qui débitent les premiers leurs marchandises.

Pour ce trafic, l'on étend des nattes de jonc sur la terre, où chaque Arabe vient successivement mettre son sel en divers monceaux de différente mesure, se retirant après qu'il les a fait. Aussi-tôt qu'il s'est retiré, un Négre vient à son tour sur les nattes; & ayant considéré le tas de sel qui lui convient, il met à côté autant de poudre d'or, qu'il en veut donner en échange.

Si l'Arabe, qui y revient, après que le Négre n'y est plus, est content de ce qu'on lui offre, il met une poignée de sel auprès de l'or; ce qui est le signe qu'il donne, que le marché lui agrée; autrement il ôte de son sel, ou bien le Négre augmente son or.

L'échange conclu, les Gardes de l'Alcair viennent mesurer le sel, & péser l'or; prenant pour son droit, ou celui du Roi, le douziéme du sel, & une once pour chaque livre d'or.

Ce qui s'observe pour l'échange du sel & de l'or, se fait à proportion pour les autres marchandises, quand l'une ou l'autre Nation en a à troquer.

Les échanges finis, (ce qui dure assez long-tems, & même souvent des mois entiers,) la cafilla se remet en marche; & les Arabes à leur retour vendent leur or, & leurs autres denrées, à des Marchands Maures ou Juifs, qui sont établis parmi eux; ou plutôt en font un second échange contre les marchandises d'Europe, qui leur conviennent.

Ces voyages de Tamboućtou apportent beaucoup d'or dans tous les Etats du Roi de Maroc, dans lesquels il est très commun, & où il le seroit encore davantage, s'il ne s'en perdoit une très grande quantité dans la terre, où les Arabes le cachent, soit pour n'en point payer les droits, soit pour s'en servir au besoin; y restant pour toujours, lorsqu'ils meurent sans l'avoir retiré, ou sans avoir indiqué à leurs enfans où il est.

Les Européens, qui veulent faire le Commerce de la poudre d'or, doivent bien s'y connoître; y en ayant souvent de mêlée de limaille de léton par les Juifs, & par les Morisques, qui les leur vendent. Aussi la grande maxime qu'on donne ordinairement aux Négocians Chrétiens, qui arrivent à Salé, c'est de se défier des Marchands de ces deux Nations, comme de trompeurs de profession, & les plus experts dans cet art. Les Maures sont bien de meilleure foi, quoique pourtant pas tout-à-fait exempts du soupçon d'infidélité dans le négoce

Le Bastion de France, est une petite Forteresse, bâtie à l'extrémité du Royaume d'Alger, du côté où il a ses frontieres communes avec celles du Royaume de Tunis.

Les François, à qui il appartient, & de qui il a pris son nom, en sont en possession depuis la fin de l'Empire de Soliman II, de qui ils en obtinrent la concession vers l'an 1561, après en avoir traité auparavant avec le Divan d'Alger, & les petits Princes, ou Commandans Maures du Pays.

Les limes, ou tributs qu'il faut leur payer, montent à près de quarante mille livres: sçavoir, vingt-trois mille à Alger, neuf mille pour l'Echelle de Bonne, cinq mille aux Maures du Pays, & deux mille cinq cent au Gouverneur de Constantine, de qui Bonne dépend.

Dans le Traité fait par les François avec le Divan d'Alger, il leur est permis d'envoyer tous les ans deux barques chargées de marchandises de France, sans payer aucun droit.

Il y a aussi un article qui porte, qu'en cas de rupture avec la France, la Colonie continuera de jouir de la paix avec les Algeriens.

On parle ailleurs de cet établissement. *Voyez l'article des* Compagnies de Commerce, *où il est traité de celle du Bastion de France.*

Ce Bastion, qui est situé sur la Côte de la Mer Méditerranée, n'a qu'un petit Port, ou plutôt une simple Plage, capable seulement de recevoir les barques, ou chaloupes, qui vont à la pêche du corail, en considération de laquelle les François se sont principalement établis dans ce poste.

Le véritable Port du Bastion où arrivent les vaisseaux de la Compagnie, est la Calle, à sept milles plus haut vers le Levant, où elle a aussi quelque réduit fortifié, avec quelques Soldats pour la sureté des marchandises; entretenant pareillement une espece de garnison au Cap de Rose pour le même sujet.

Le principal établissement est le Bastion même; c'est où réside le Gouverneur, de qui les Capitaines de la Calle, & du Cap de Rose, prennent leurs ordres: c'est aussi là où sont établis les magasins, où les Corailleurs viennent décharger leur corail, & où se trouvent l'Eglise & les Ecclésiastiques destinés pour l'administration des Sacremens aux François, qui y ont été autrefois jusqu'à plus de huit cent, mais dont le nombre est beaucoup diminué.

Les Soldats des garnisons, les Commis, & les Frégataires, c'est-à-dire, ceux qui chargent les blés, ou autres marchandises, à bord des fregates, sont François établis au Bastion, & entretenus aux dépens de la Compagnie. Les Frégataires sont nourris, & ont neuf francs par mois de gages. Pour les Corailleurs, ce sont des Pêcheurs qui ne travaillent que dans le tems de la pêche, & sous les conditions dont on parlera dans la suite.

Cette pêche se fait depuis le commencement d'Avril jusqu'à la fin de Juillet. Quand la saison est proche, les Corailleurs viennent au bastion faire leur marché, recevoir les avances qu'on a coutume de leur faire, & prendre possession du satteau, ou barque, que la Compagnie leur fournit avec tous ses apparaux, dont néanmoins ils doivent rendre compte, quand la pêche est finie.

Les avances que l'on fait aux Corailleurs, sont environ de deux cent piastres, à condition que ni les Maîtres de barque, ni leurs Compagnons, ou Matelots, ne pourront vendre le corail de leur pêche, qu'aux Commis du magasin, à peine de punition corporelle, & seulement au prix fixé par la Compagnie, qui est de cinquante-huit sols la livre.

On employe ordinairement vingt-cinq satteaux, & chaque satteau ne pêche gueres moins de dix quintaux de corail par saison; & l'on compte, année commune, sur deux cens quintaux du produit de la pêche.

Les Patrons de satteau, & leurs Gens payent tout ce qu'ils prennent au magasin sur le pied convenu avec eux, qui est d'une piastre pour le cent de pains, deux piastres pour le millerolle de vin, & un aspre de la livre de viande. Ils achetent même le fil propre à faire leurs engins à pêcher, sur le pied de vingt-cinq livres le quintal. On ne dira rien de la maniere que se fait cette pêche, se réservant d'en parler plus bas. *Voyez* CORAIL.

Le corail a beaucoup perdu de son prix en France; mais on en fait toujours cas dans plusieurs autres Pays de l'Europe, comme en Italie, & en Portugal, particuliérement dans les Echelles du Levant, & aux Indes Orientales.

Celui de la pêche du Bastion de France, se met en caisse du poids de cent trente livres, poids de Marseille, où il se vend ordinairement à raison de trois cent piastres la caisse, s'il est beau; & au dessous, s'il est moindre.

La Compagnie, outre le bastion, la Calle, & le Cap de Rose, a encore dans sa concession les Ports de Bonne & de Colle, dont, aussi-bien que des trois autres, elle fait le Commerce, à l'exclusion de tous Négocians François.

Les grains, les légumes, les cuirs, les suifs, la cire, quelques laines surges, & les chevaux, qu'on nomme en France Barbes, à cause de la Barbarie d'où on les tire, sont les marchandises dont on peut trafiquer avec les Maures de la concession de la Compagnie.

Ceux du Bastion peuvent fournir douze mille mesures de froment, quatre mille d'orge, deux mille de féves, trois mille cuirs, & un peu de cire.

Les chevaux qu'on y achete, payent au Checq, ou Gouverneur Maure, dix piastres de droits de sortie, & deux à l'Alcair. On donne aussi environ une piastre au Truchement.

A la Calle on peut traiter trente à quarante mille mesures de blé, six mille d'orge, trois mille de féves, & six mille cuirs.

Ce que fournit le Cap de Rose est moins considérable: trois ou quatre mille mesures de blé, mille mesures d'orge, seulement trois à quatre cent de féves, & mille ou douze cent cuirs, est tout ce qu'on en peut tirer.

On n'enleve ni grains, ni légumes de Bonne; mais le négoce des cuirs y est bon; & la Compagnie y charge tous les ans environ vingt mille peaux de toutes grandeurs. Elle y achete aussi trois ou quatre cent quintaux de cire, & autant de laines surges, le quintal de cent trente livres, poids de Marseille. La cire y revient depuis seize jusqu'à vingt piastres le quintal, & les laines depuis quatre jusqu'à seize.

Enfin, c'est à Colle où se fait le plus grand négoce de cuirs, dont les achats vont quelquefois jusqu'à cinquante mille peaux par an. On en tire aussi quantité de cire, de conscoussons, de millet, de lentilles, & de suifs.

La plus grande partie de ces marchandises se transportent à Marseille, à la réserve des grains & des légumes, qu'on envoye en quelques lieux d'Italie, & particuliérement à Genes, où il y a vingt pour cent de bénéfice sur la mesure; celle des Maures étant plus grande d'un cinquiéme, que celle de cette Ville.

Le Bastion de France est présentement réuni à la Compagnie du Cap Negre, Place qui est dans la dépendance du Royaume de Tunis. Cette Compagnie se nomme aussi en Provence, Compagnie d'Afrique.

Le Port du Cap Negre est très mauvais; & les bâtimens n'y sont point du tout en sureté, pour peu que le tems soit fâcheux.

Le Commerce qu'on fait au Cap, consiste en blés, en cuirs, en laines, & en cires, qu'on traite avec les Maures, quand la récolte est bonne. On y en fait des chargemens considérables.

Entre ce Bastion, & le Cap Negre, est l'Isle de Tabarque, dépendante de la Sardaigne; mais qui appartient depuis long-tems en propriété à Messieurs Lhommelini de Genes. Quoique cette Isle soit bien fortifiée, & hors d'insulte, les Propriétaires payent une espece de tribut à Alger, & à Tunis, pour conserver à leurs Habitans la liberté de la pêche du corail. On y fait aussi sur les Côtes un assez bon négoce de blés, de cuirs, & de cire, dont le transport en Europe se fait par des bâtimens François.

Les Princes, qui sont les Maîtres du Royaume de Sardaigne, ont un droit sur la pêche du corail, qui se fait aux environs de cette Isle.

# COMMERCE DE L'AFRIQUE.

L'AFRIQUE est une des quatre Parties du Monde : l'Océan, la Méditerranée, & la Mer Rouge, en forment une Presqu'isle ; & elle n'est attachée à l'Asie, que par une espece de grand Istme, qui se trouve entre le Sus, Ville située à l'extrémité de la Mer Rouge ; & Damiette, qui est sur la Méditerranée.

Cette situation lui donne une vaste étendue des Côtes, sur lesquelles seulement les Européens font leur Commerce ; le dedans de son continent leur étant peu connu ; soit à cause de l'âpreté du terrain, & des chaleurs insupportables qui y regnent presque par tout ; soit à cause de la férocité de ses Habitans, dont la plupart sont plus qu'à demi sauvages.

Il n'y a pas même bien des siécles que les Négocians d'Europe se sont ouvert une route par l'Océan, pour porter leur Commerce sur cette partie des Côtes de l'Afrique, qui en est arrosée : & quoiqu'on prétende que les Anciens ayent connu les Isles Canaries, peu éloignées des Côtes du Royaume de Maroc, sous le nom des Isles Fortunées, il est certain qu'avant le quatorziéme siécle, qu'elles furent de nouveau découvertes, & le commencement du quinziéme, que Jean de Betancourt, Gentilhomme Normand, en fit la conquête, l'on ne connoissoit gueres de l'Afrique, que la haute & basse Egypte, & les Côtes qui sont sur la Méditerranée, depuis les embouchures du Nil, jusqu'au Détroit de Gibraltar, ou peu au delà.

L'heureuse navigation des Portugais, qui, comme on l'a dit ailleurs, doublerent le Cap de Bonne-Espérance en 1487, & qui depuis reconnurent toutes les Côtes d'Afrique jusqu'à la Mer Rouge, a presque ôté aux François l'honneur de les avoir parcourues, au moins jusqu'au de-là de la Côte d'Or, bien long-tems avant que les Portugais eussent pensé à tenter la route de l'Asie par l'Océan.

Il paroît cependant indubitable, que les Normands, & particuliérement les Dieppois, ont eu connoissance du Cap-verd dès l'année 1364 ; & que les deux vaisseaux, que ces derniers avoient équippés, pour découvrir au-delà des Canaries, déja découvertes par la flotte que Louis Comte de Clermont avoit équippée en 1348, furent les premiers qui firent quelque négoce avec les Négres.

La Baye de Rio-Fresco, qu'on appelle encore aujourd'hui la Baye de France, le petit Dieppe à l'embouchure du Rio-Sextos, le grand Sestre, qui conserve le nom de Paris, sont une espece de titre, pour assurer aux François cette découverte ; l'usage étant commun parmi ceux qui ont jusqu'ici entrepris d'en faire quelqu'une, de donner, ou le nom des Princes dont ils sont sujets, ou celui des Etats & Villes d'où ils sont partis, ou même les leurs propres, aux nouvelles terres où ils arrivent.

Ce n'est donc tout au plus que depuis le milieu du quatorziéme siécle, que les Européens ont commencé à faire le Commerce des Côtes d'Afrique, & d'y avoir des établissemens, du moins à les prendre à la hauteur des Canaries, où finissent les Côtes de Sus, jusqu'à celles de Melinde, que les Portugais occupent en partie, où ils font un fort grand négoce.

La convenance des matieres, autant que pour ne point séparer tout ce qui concerne le Commerce du Levant & de la Méditerranée, ayant engagé à parler dans l'article de ce Commerce de celui du Caire, d'Alexandrie, de Rosette, & de toutes les Côtes de Barbarie, qui font une partie si considérable de l'Afrique, on n'en dira plus rien ici ; & l'on va commencer ce nouveau titre, par donner une idée générale de tous les lieux où il se fait quelque Commerce sur le reste des Côtes d'Afrique, & des établissemens que les diverses Nations d'Europe y ont. *Voyez aussi* Commerce du LEVANT.

A l'égard du Commerce de la Mer Rouge, comme il appartient en quelque sorte plus à l'Asie qu'à l'Afrique, on n'en traitera que dans le titre du Commerce de l'Asie.

L'on ne fait point de Commerce, ou du moins l'on en fait peu, & les Européens n'ont aucune habitation, sur les Côtes qui continuent, depuis les Royaumes de Maroc & de Sus, jusqu'assez près du Cap-Verd.

Vers ce Cap, & dans l'étendue comprise entre la riviere de Sénégal, qui est une des branches du Niger, & la riviere de Serre-Lionne, les François & les Portugais ont des établissemens. Les Anglois & Hollandois y en avoient aussi autrefois ; mais les uns les ont abandonnés, & les autres les ont cédés à la France.

La Côte de Serre-Lionne est visitée par les vaisseaux des quatre Nations : elle étoit même de la concession de la Compagnie Françoise de Guinée ; mais il n'y a que les Anglois & les Portugais qui y sont établis.

Les Anglois seuls résident près du Cap Miserado, entre les Côtes de Serre-Lionne, & celles de Malaguette ; & ils ont dix ou douze cases dans toute cette étendue.

Avant l'an 1604, que ceux-ci & les Hollandois en chasserent les Portugais, qui se retirerent plus avant dans les terres, ces derniers y avoient de solides établissemens. Ils ont même encore une grande autorité sur les Négres, qui les préféreroient volontiers aux autres, si la crainte ne les retenoit.

Les François font quelque négoce sur les Côtes de Malaguette, qu'on nomme aussi Côtes de Gréves ; mais ils n'y ont point de résidence. C'est principalement au petit Dieppe, & au grand Sestre, autrement appellé Paris, que les Dieppois s'étoient établis dans leurs voyages de 1368.

La Côte de l'Yvoire, qu'on nomme aussi Côte des Dents, à cause de la grande quantité de dents d'éléphans qu'on y négocie, suit celle de Malaguette. Toutes les Nations d'Europe, qui ont coutume de faire le Commerce d'Afrique, s'y arrêtent, & y font la plus abondante traitte de morfil, qu'on puisse faire sur toutes ces Côtes. Aucune néanmoins n'y a ni loges, ni établissemens ; & c'est toujours avec une grande précaution qu'on y négocie; mettant rarement pied à terre, à cause de la férocité des Habitans, qui sont antropophages, & qu'il n'est pas possible d'apprivoiser.

La Côte de l'Or, qui vient après, est la plus visitée par les Européens, de toutes celles d'Afrique; & pour se conserver le Commerce du riche métail qui lui a donné son nom, il n'y en a gueres qui n'y ayent des habitations, ou même des Villes & des Forteresses considérables.

Les François avoient encore un Fort à Tokarai, & une case à Comendo, sur la fin du seiziéme siécle; mais ils en furent chassés par les Portugais pendant les guerres de la Ligue; le désordre des affaires de France n'ayant pas permis aux Dieppois, qui avoient fait cet établissement, de le soutenir.

Après les François, les Portugais ont été les premiers qui se sont établis sur la Côte d'Or; & le Fort qu'ils y bâtirent en 1482, & qu'on nomma Saint-Georges de la Mine, fut élevé dans le lieu même, où cent ans auparavant les Dieppois avoient laissé une Colonie Françoise.

Les Hollandois y vinrent ensuite: ils s'établirent d'abord à Mouré en 1595, où ils firent le Fort de Nassau. En 1638 ils se rendirent maîtres du Fort de la Mine sur les Portugais; & depuis ils ont bâti encore ceux d'Axime & de Botrou, & pris celui de Cormentin sur les Anglois. Ils ont outre cela une loge à Nemabon, & une autre dans le Royaume de Fantin.

Le Cap de Corse est le principal établissement des Anglois sur cette Côte: ils ont aussi un fortin à Eniochan.

Enfin, les Danois qui s'étoient d'abord établis au Cap de Corse, en ayant été chassés par les Hollandois, bâtirent Frederisbourg un peu plus haut, & encore Christiambourg dans le Royaume d'Acara. Ils ont cependant toujours une loge, ou maison de pierre, fortifiée au Cap de Corse, que les Anglois leur ont accordée, en reconnoissance de ce qu'ils leur avoient aidé à prendre cette Place sur les Hollandois.

Ardres est un petit Royaume sur la Côte qui suit la Côte d'Or. Les François s'étoient imaginés y pouvoir faire un bon négoce; & ce petit Roi Négre avoit même envoyé pour cela une espece d'Ambassadeur en France en l'année 1670: mais ces projets n'ont pas réussi; les Etats de ce Prince étant trop peu de chose, & y ayant trop peu de marchandises à y traiter, pour mériter un établissement dans les formes. On en tire pourtant d'assez bons Négres.

Après la Côte d'Ardres, on trouve celle de Benin, qui fait une partie de celle du Golfe de Saint Thomé.

L'Isle du même nom, située sous la Ligne, appartient aux Portugais, depuis qu'ils l'ont reprise sur les Hollandois, qui s'en étoient emparés pendant l'union du Portugal avec l'Espagne. Ils ont aussi quelques établissemens dans plusieurs lieux du Golfe, & particuliérement dans ceux qui sont dans le voisinage du Royaume de Congo.

C'est de ce Royaume, & de celui d'Angola, qui en faisoit autrefois une portion, que se tire la meilleure partie des Négres, qu'on transporte dans les Colonies de l'Amérique, & où chaque Nation en va traitter la quantité dont elle a besoin; à la réserve néanmoins des Colonies Espagnoles, qui reçoivent présentement ceux qu'il leur faut de la main des Anglois, en conséquence du Traité d'Utrech, & qui auparavant les avoient achetés des Hollandois, & depuis des François.

Les Portugais sont presque les Maîtres de ces deux Royaumes, où ils sont également craints & aimés des Naturels du Pays. Cependant leur autorité n'empêche point les François, Anglois, Hollandois, &c. d'y faire le Commerce des Négres avec facilité & avec profit.

La Cafrerie, ou Pays des Cafres, commence presque où finit la Côte d'Angola, & continue jusqu'à Rio di Sancto Spirito, où commence celle de Sofala. Les Européens ne font aucun Commerce dans toute cette vaste étendue de Côtes; mais elle ne laisse pas d'être la plus célébre de toutes celles de l'Afrique, à cause du Cap de Bonne-Espérance, qui se trouve à peu près situé au milieu.

Les Hollandois ont un établissement considérable au Cap, qui à la vérité n'est pas d'un grand profit pour le négoce qu'ils y font avec les Naturels du Pays; mais qui servant de rendez-vous, & de lieu de rafraîchissement à leurs flottes des Indes, soit à l'aller, soit au retour, est plus utile à leur Commerce, que quelqu'autre qu'ils puissent avoir, non-seulement en Afrique, mais presque même en Asie.

Après la Côte des Cafres, on trouve celle de Sofala. Les seuls Portugais y sont établis, aussi-bien qu'à Mozambique, qui vient après, & qui a devant elle la grande Isle de Madagascar.

Enfin, ce sont aussi les Portugais qui font tout le Commerce de Melinde, qui est le dernier lieu où l'on en puisse faire jusqu'au Cap de Guadarfu, que l'on double, avant que d'entrer dans la Mer Rouge; la Côte d'Ajan, qu'on appelle aussi Côte Déserte, qui s'étend depuis le Royaume de Melinde jusqu'au Cap, ne produisant rien de propre pour le négoce: à peine même a-t-elle des Habitans pour le faire.

L'on n'a point parlé des Isles qui se trouvent sur les Côtes de l'Afrique, à la réserve de S. Thomé & de Madagascar: mais dans la suite on n'en oubliera aucune de celles où il se fait quelque Commerce. On va présentement entrer dans le détail de celui des Européens sur toutes ces Côtes, à commencer par le Cap-verd.

## COMMERCE DES COSTES D'AFRIQUE, DEPUIS LE CAP-VERD JUSQU'AU CAP DE SERRE-LIONNE.

Le Cap-verd, ainsi nommé des arbres qui le couvrent, & qui ne perdent jamais leur verdure, est situé entre les rivieres de Senegal & de Gambie, qui sont deux des principales embouchures du Niger, fleuve presque semblable en tout au Nil, avec lequel il partage, pour ainsi dire, toute l'Afrique, dont il traverse une moitié, avant de se jetter dans l'Océan, comme le Nil arrose l'autre moitié, avant de s'emboucher dans la Méditerranée.

Le Commerce qui se fait en remontant ces deux rivieres, ou sur les Côtes du Senegal, & sur celles qui s'étendent depuis Gambie jusqu'au Cap de Serre-Lionne, consiste en poudre d'or, en yvoire, en cire, en cuirs & gommes, en plumes d'autruches & d'aigrettes, en musc, en ris, en millet, en indigo, en paignes, ou tapis de coton; enfin, dans un assez grand nombre de Négres pour les Isles, qui ne sont pas mauvais, quoique moins estimés que ceux dont on fait la traitte dans quelques autres lieux de l'Afrique, dont on parlera dans la suite.

Les Portugais ont eu de grands établissemens sur toutes ces Côtes; mais présentement leurs habitations sont plus avant dans les terres, sur-tout en remontant la riviere de S. Domingue, qui est environ à trente lieues de celles de Gambie.

L'habitation, ou espece de Ville, qu'ils ont à cinq ou six lieues dans la riviere de S. Domingue, se nomme Cachoots: elle n'a pas moins de trois cens familles, partie blancs, & partie mulâtres; & est défendue par plusieurs petits forts, dont le plus considérable, qui est du côté de la mer, est la résidence du Gouverneur.

C'est à Cachoots que la Compagnie d'Afrique, établie à Lisbonne, tient son magasin des marchandises d'Europe, & rassemble celles du Pays, qu'elle traitte sur cette riviere, qui y est navigeable plus de deux cent lieues, & d'où ils tirent par an environ cent milliers de cire, cinquante milliers d'yvoire, & plus de huit cent Négres, quelquefois jusqu'à mille, qu'ils envoyent aux Isles de S. Jacques & au Bresil, sans ceux qu'ils vendent sur les lieux mêmes aux Anglois & aux Hollandois, dont les vaisseaux y abordent chaque année.

Le Commerce des Portugais se fait avec de petits bâtimens de quarante tonneaux, construits dans le Pays même, & dans lesquels ils se servent de Négres pour Matelots. Ils employent aussi ces especes de barques, pour le négoce qu'ils font dans la riviere de Cazuma, peu éloignée de S. Domingue, où ils ont une petite Ville nommée James, dans laquelle ils entretiennent un Gouverneur, & quelques Soldats. Ils s'en servent aussi dans les rivieres de Pongues & de Nonnes, & même jusqu'à la riviere de Serre-Lionne.

Cazuma fournit la plus grande quantité de cire; Rio-Pongues & Rio-Nonnes, de l'indigo; & Serre-Lionne, un fruit qu'ils nomment Cosse, dont il se fait un grand trafic.

Tous ces lieux donnent aussi quantité d'yvoire & d'Esclaves, qu'on troque pour des paignes teintes à Cachoots, de l'indigo de Rio-Pongues, de l'eau-de-vie, du fer, de l'étain, &c.

C'est aussi avec ces mêmes bâtimens que les Portugais vont aux Isles de Bizagam, à la traitte des Noirs, où il n'y a gueres qu'eux qui fassent ce Commerce, à cause de la férocité de ces Barbares, qui égorgent assez ordinairement les Européens, qui vont trafiquer avec eux, s'ils ne sont toujours sur leurs gardes; & même quelquefois les Portugais, quoiqu'ils en soient fort connus, & souvent visités.

Les Anglois avoient autrefois plusieurs habitations, & quelques forts dans la riviere de Gambie. Le Fort de S. Jacques, appartenant à la Compagnie Angloise du Sud, situé un peu plus haut que l'embouchure de cette riviere, fut pris & ruiné au mois de Juillet 1695, par l'Escadre Françoise, commandée par M. de Gennes.

La riviere de Gambie a deux passes, l'une au Nord, & l'autre au Sud. Les vaisseaux de trois à quatre cent tonneaux peuvent entrer par celle du Sud, qui est la plus usitée; mais ils ne peuvent la remonter que six ou sept lieues. Ceux de cent cinquante tonneaux peuvent aller jusqu'à Majugard, environ à cent cinquante lieues de l'embouchure; & les Anglois avec des barques plus legeres se sont même souvent avancés encore cent cinquante autres lieues plus haut, d'où ils rapportoient quantité d'Esclaves, d'or, & d'yvoire, en tems de paix.

Ils avoient un magasin à Majugard; & leur Fort avec leur principale habitation, étoit dans une Isle de la riviere à sept lieues de son embouchure.

## SENEGAL.

La Compagnie Françoise du Senegal, unie à celle d'Occident en 1718, & qui depuis l'année 1719, fait partie de la grande Compagnie des Indes, a deux principaux établissemens sur cette Côte; l'un à l'Isle de Gorée, & l'autre dans l'Isle S. Louis, à l'embouchure de la riviere de Senegal. Cette derniere habitation a encore sous elle l'Isle au Bois, & l'Isle aux Anglois.

L'Isle de Gorée est environ à trente lieues du Senegal, à une lieue de la terre ferme du Cap-verd, & à quatre lieues de ce Cap.

Les Hollandois l'avoient d'abord occupée, & y bâtirent les Forts de S. François & de S. Michel; mais qui sous leurs premiers Maîtres avoient d'autres noms. Les François s'en emparerent en 1678; en 1692 les Anglois la prirent sur ces derniers, qui en 1693 s'en remirent en possession. Elle est depuis restée à la Compagnie du Senegal, qui y fait une partie de son Commerce; dont néanmoins le plus fort continue toujours de se faire du côté de l'Isle de S. Louis, & de la riviere du Senegal.

Le principal Commerce que fait la Compagnie, est avec les Sujets du Roi d'Amel, ou d'Houmel, comme d'autres l'appellent, dans les dépendances duquel ces habitations sont situées.

Ils traitent aussi à Rio-fresco, Portudat, Seringue, Jovar, & la riviere de Bresaline.

A trois lieues de cette riviere, est une saline, où les Portugais & les Négres de Gambie & de la Côte chargent du sel, pour aller négocier en remontant la riviere de Gambie, où cette marchandise est très bonne pour la traitte.

Tout ce que la Compagnie Françoise peut traitter dans tous ces lieux, y compris même le Senegal, peut aller, année commune, à six mille cuirs, qui sont de petits taureaux ou bœufs; quarante ou cinquante quintaux de gomme arabique, qu'on nomme à Rouen Gomme de Senegal; cent cinquante ou cent soixante quintaux de cire jaune, sept ou huit mille livres de dents d'éléphans, deux mille pagnes de coton, vingt-cinq ou trente marcs d'or, & quinze cent Negres de tous les deux sexes.

On en tire aussi des plumes d'autruches, & des aigrettes, de l'ambre-gris, de l'indigo, de la civette, & quantité de grosses toiles de coton, rayées de bleu & de blanc, que l'on revend à la Côte d'Or.

La grande traitte de la gomme se fait avec les Maures, qui l'apportent sur des chevaux jusqu'à un lieu qu'on nomme le Terrier-rouge, à cinquante lieues de la Côte, en y allant par la riviere du Senegal. Cette traitte commence au mois d'Avril, & dure environ six semaines.

Plus haut, en remontant la Côte, on trouve le Royaume des Jalofes, & celui du Ceratique. C'est à ce dernier que l'on paye les Coutumes; c'est-à-dire, les droits, pour avoir la liberté de la navigation, & du Commerce de la riviere du Senegal.

Ces coutumes peuvent monter à 2000 liv. monnoie de France, réduites en marchandises propres pour le négoce.

Les Anglois & Hollandois font un Commerce considérable avec les Jalofes, dont les lieux du plus grand négoce, sont Camino, Jamesil, & Geroep.

Les mois de Mars & d'Avril, ceux de Novembre & Decembre sont les plus commodes pour cette traitte.

Les marchandises propres pour le Senegal, &

pour Gambie, sont en partie les mêmes, & en partie différentes.

Celles pour la riviere de Gambie, particulierement pour les Jalofes, dont les Hollandois font ordinairement la cargaison de leurs vaisseaux pour cette traitte, sont des barres de fer, dont vingt-huit ou trente pesent dix quintaux; de l'eau-de-vie, de la biére; des bassins de cuivre de différens poids; des planches de cuivre du poids d'une livre; des cordes de laine; des serges grossieres, étroites & bleues; des draps rouges, jaunes, & bleus de quatre fils; des ratines rouges, jaunes & blanches; de la laine peignée blanche, bleue, rouge, & jaune; de la veroterie de diverses sortes; du corail en roche, des sabres, des trompettes de cuivre, des bonnets rouges, des cadenats ronds, du cristal de roche, des couteaux de Matelots; de grosses chemises d'hommes, des chemises fines avec des dentelles au cou & aux manches; des habits de Harlem, des toiles de Silesie, des toiles fines de lin & de chanvre, des toiles de coton fines, du papier fin & commun, des pots de terre blancs & bleus, des couvertures de Leyde, des manteaux d'Irlande, des souliers de maroquin, des chapeaux, du basin brun, du fil blanc grossier, des bouteilles de verre avec un bouchon d'étain, & toutes sortes d'aiguilles.

Les cargaisons des vaisseaux François pour le Senegal, sont composées d'une partie de ces marchandises; & outre cela de toiles de coton noires, teinture des Indes: de toiles calendrées de Rouen: des chaudieres depuis quatre à cinq livres jusqu'à huit à dix livres pésant: quelques petits bijoux d'argent de peu de conséquence; comme des maccarons d'argent avec leur chaîne, pésans huit à dix onces; des cornets pésant trois onces chacun, des chaînes de deux onces piece, des grelots, de petites coquilles, des sifflets de même métail, mais très legers; de l'ambre jaune moyen, couleur de paille; de l'étain; de petits miroirs à bordure de bois peint, ou de cuir, depuis huit livres jusqu'à dix livres la douzaine: quelques monnoies, entr'autres, des pataques & des escalins: du corail gros & sanguin: des taffetas cramoisi, couleur de cerise, jaune & bleu, mais peu: du clou de girofle, aussi en petite quantité: enfin du bois de Sambouc, qui est un bois odoriférant, & de l'iris de Florence; mais ces deux dernieres ne sont que pour faire des présens aux Rois Negres; ainsi que quelques aunes de draps d'écarlate.

Les armes, comme des fusils façon de Boucaniers, des mousquetons, des pistolets, des armes à deux coups, de la poudre à giboyer, du plomb en balles, & menu plomb, & des pierres à fusil, sont aussi également propres à Gambie & au Senegal.

Mais une des meilleures marchandises, & dont le débit est, pour ainsi dire, le plus grand, sont les coquilles des Maldives, qu'on appelle aux Indes Orientales, des Cauris; & sur les Côtes d'Afrique, des Bouges.

Ces coquilles s'apportent ordinairement d'Orient par les Hollandois, qui les revendent ensuite assez cher aux autres Nations d'Europe, qui font le négoce de Gambie, Senegal, & Guinée. *Voyez ce qu'on en dit à l'article de* BOUGES *ou des* CAURIS.

Toutes ces marchandises, & quelques autres dont on parlera dans la suite, sont propres pareillement pour le Commerce qui se fait sur toutes les autres Côtes d'Afrique, à la réserve des bouges ou coquilles des Maldives, qui n'ont cours que depuis le Cap blanc, jusques & y compris Juda, ou Xavier, en deça de la riviere d'Ardes; Angole, où se fait la plus grande traitte de Negres pour l'Amérique, ne recevant pas ces coquilles dans leur négoce.

Il est vrai que les Habitans de Congo se servent aussi de coquillages, qu'ils appellent Zimbi; mais qui leur sont portés par les seuls Portugais, qui sont comme les maîtres de tout ce grand Royaume.

CANTOR petit Royaume d'Afrique sur les bords de la riviere de Gambie.

Les habitans de ce Royaume entretiennent un assez bon Commerce avec les Européans, particuliérement avec les Hollandois qui leur portent diverses marchandises d'Europe, & qui en tirent de l'yvoire, de l'or, & quantité de cuirs verds. Le sel & le fer y sont d'un bon débit, celui-ci à Jolier, l'autre à Tinda, deux des principales habitations de ces barbares.

Les habitans n'y exercent que deux sortes de métiers, ils sont tous ou Tisserans ou Forgerons.

Les ouvrages des premiers sont des Pagnes, qui sont des especes de couvertures qui leur servent d'habits, dont les Blancs tirent quantité à cause qu'elles leur servent dans le Commerce qu'ils font avec plusieurs autres peuples de cette côte d'Afrique.

Ces Pagnes sont de trois différentes sortes: sçavoir, des Panossares, des Bontans, & des Barfouls; les premieres sont à fond blanc avec des bandes de couleur de feu, elles ont deux aunes & demi de long sur une & demie de large: leur prix ordinaire est d'une barre de fer la piece.

Les Bontans sont de même couleur traversés de six bandes cousues l'une à l'autre; leur largeur est semblable à celle des Panossares, mais ils ont une demie aune de moins de longueur. On donne deux barres de fer pour trois Bontans.

Enfin les Barfouls qui sont les moins estimées de toutes, sont à rayes bleues; on en a deux pour une barre de fer.

Les Portugais qui ont quelque établissement dans les terres de la domination du Roi de Cantor, en tirent d'assez bons esclaves.

Les Maures de Barbarie y font aussi un assez bon négoce de poudre d'or. On en a parlé dans l'article du Commerce des Côtes de Barbarie.

CASSAN, petit royaume d'Afrique sur la rive septentrionale de la riviere de Gambie; la Capitale porte le même nom, mais on l'appelle le grand Cassan, pour le distinguer d'une autre habitation qu'on nomme le petit Cassan.

C'est dans ces deux lieux que se fait tout le Commerce du pays. Le petit Cassan a un marché tous les lundis, & le grand Cassan deux foires par an, où non-seulement on voit des Negres de divers endroits comme de Riofrisco, de Porto-dale, & de Juda, mais aussi des Européans, particuliérement des François, des Portugais, des Anglois, des Hollandois, & des Flamands, avec qui le Roi de Cassan a un commerce ouvert.

Les marchandises qu'on y trouve sont des cuirs, de l'yvoire, des boucs & des vaches vivantes, des Pagnes ou habits de coton, du tabac, de l'or, des esclaves, du sel, du coton, des nates, des poulets, & quelques autres fruits ou productions de la terre.

Des Mémoires plus récens, & plus circonstanciés sur l'état du Commerce des François au Senegal, ayant été communiqués à l'Editeur de cet Ouvrage pendant le cours de l'impression de cet article, il a crû faire plaisir au Public, & particuliérement à ceux qui s'intéressent à ce négoce, d'en ajouter ici un extrait, qu'on espere qu'on trouvera aussi exact que curieux.

*Commerce des François au Senegal en 1718.*

La Compagnie Roïale du Senegal a présentement six Départemens dans toute l'étendue de sa concession ; sçavoir, ceux du Senegal, de Galam, de Gorée, de Joal, de Gambie, & du Bisseaux. Les Départemens du Bisseaux & de Galam sont les plus nouveaux ; mais ils sont si bien établis, que la traitte y est aussi abondante & aussi sûre que dans aucun des quatre anciens.

Le Senegal peut fournir, année commune, cinquante captifs, quatre mille cuirs, douze cent quintaux de gomme, & vingt quintaux de morfil.

Galam, six cent Esclaves, vingt quintaux de morfil, & cinquante marcs d'or.

Gorée, trois à quatre cent captifs, & deux mille quatre cent cuirs.

Joal, cent captifs, quatre cent cuirs, & dix quintaux de morfil.

Gambie, quatre cent captifs, deux cent quintaux de cire, & deux cent de morfil.

Le Bisseaux, deux cent cinquante captifs, deux cent cinquante quintaux de cire, & pareil nombre de morfil.

Ensorte que le total du produit des traittes, qui se font dans ces six Départemens, montent à dix-sept à dix-huit cent captifs, six mille huit cent cuirs, quatre cent soixante quintaux de cire, douze cent quintaux Maures de gomme, quatre cent cinquante quintaux de morfil, & 50 marcs d'or.

Les marchandises d'Europe, qu'il faut pour cette traitte, estimées sur le pied du Tarif du Pays, montent à quatre cent mille livres, qui se distribuent dans les six Départemens, suivant le plus ou le moins de Commerce qui s'y fait, ou des dépenses qu'il y faut faire, soit pour les coutumes, les présens, les vivres du Pays, les à compte, & autres choses imprévues & journalieres.

*Distribution des marchandises dans les six Départemens.*

| | |
|---|---|
| AU SENEGAL, il faut pour traitter cinquante Negres, à raison de cinquante livres pieces en marchandises, . . . . . . . | 2500 livres. |
| Pour quatre mille cuirs en poil, à dix sols le cuir, . . . | 2000 |
| Pour douze cent quintaux Maures de gomme, à vingt-trois livres le quintal, . . . . . | 27600 |
| Pour vingt quintaux de morfil, à vingt livres le quintal, . . . | 400 |
| | 32500 |
| Et pour les coutumes, présens, &c. | 35600 |
| Total, . . . . . | 68150 livres. |
| A GALAM, pour la traitte de six cent Captifs, à raison de dix-sept barres & demie chacun, . . . | 10500 barres. |
| Pour cinquante marcs d'or, faisant trois mille deux cent gros, à une barre le gros, . . . . | 3200 |
| Pour l'augmentation de trois barres & demie par Negre, faite le 21 Octobre 1718, . . . | 2100 |
| Pour vingt quintaux de morfil, à six barres un quart le quintal, . | 125 |
| | 15925 |
| Dépense annuelle, . . | 1000 |
| Total, . . . . . | 16925 barres. |
| A GORE'E & DAMEL, pour la traitte de trois cent soixante-six Captifs, à trente barres la piece. | 10980 barres. |
| Pour deux mille quatre cent cuirs en poil, à douze pour barre, . | 200 |
| | 11180 |
| Dépense annuelle, . . | 5500 |
| Total, . . . . . | 16680 barres. |
| A JOAL, & à BOURSIN, qui n'en est pas éloigné, pour la traitte de cent Captifs, à trente barres chacun, . . . . . | 3000 barres. |
| Pour dix quintaux de morfil, à dix barres le quintal, . . | 180 |
| Pour quatre cent cuirs en poil, à dix sols la piece, . . . . | 50 |
| | 3230 |
| Dépense annuelle, . . | 300 |
| Total, . . . . | 3530 barres. |
| A GAMBIE, au Comptoir de Bintan, pour traitter quatre cent Negres, à quarante barres chacun, . | 16000 barres. |
| Pour deux cent quintaux de morfil, à dix-huit barres le quintal, . | 3600 |
| Pour deux cent quintaux de cire, à seize barres le quintal, . . | 3200 |
| | 22800 |
| Dépense annuelle, . . | 2000 |
| Total, . . . . . | 24800 barres. |
| AU BISSEAUX, pour la traitte de deux cent cinquante Captifs, à trente barres chacun, . . . | 7500 barres. |
| Pour deux cent soixante quintaux de cire, à seize barres le quintal, | 4160 |
| Pour deux cent quintaux de morfil, à dix-huit barres le quintal, . | 3600 |
| | 15260 |
| Dépense annuelle, . . | 4447 |
| Total, . . . . . | 19707 barres. |

Pour mieux faire comprendre en quoi consiste la dépense annuelle des Comptoirs ou Départemens, on va mettre ici un compte de celle du Comptoir de Gorée, y compris Damel. L'estimation de cette dépense se fera en barres, suivant qu'il se pratique dans cette partie des Côtes de l'Afrique. *Voyez ci-après la réduction de la barre en monnoie de France.*

*Compte de la dépense annuelle du Comptoir de Gorée.*

| | |
|---|---|
| Pour quatre cent bœufs, à deux barres piece, . . . . | 800 barres. |
| Pour trois mille livres de beurre, à vingt livres par barre. . . | 150 |
| Pour cinq cent barils de mil, de trois cent livres chacun, à deux barres le baril, . . . . . | 1000 |
| Pour du poisson, . . . . | 200 |
| Pour douze cent livres de poudre pour les saluts, à deux livres par barre, . . . . . . | 600 |
| Pour quatre cent livres de plomb à giboyer, à un quart de barre la livre, . . . . . . | 100 |

| | |
|---|---|
| Pour quatorze cent pierres à fusil, à cent par barre, | 14 |
| Pour la coutume du bois & de l'eau qu'on fait au Cap, | 50 |
| Dépense extraordinaire pour les Etrangers & les Negres, | 100 |
| Gages des Laptos & Gourmets, servans sur l'Isle, | 311 |
| A comptes aux Officiers & Habitans, | 800 |
| Rations en eau-de-vie, aux mêmes, trois mille pintes, à trois pintes pour barres, | 1000 |
| Dépense extraordinaire pour l'entretien des cases de l'Isle, & à la grande terre, | 200 |
| Pour trois mille poules, à trente pour barres, | 100 |
| Pour trois cent livres de plomb en balles, à un quart de barre la livre, | 75 |
| Total, | 5500 barres. |

Il seroit trop long d'entrer dans le détail du fond des marchandises d'Europe qu'il faut pour chaque Comptoir, aussi-bien que de leur nature, qualité, & différence, toutes n'étant pas également propres à la traitte de chaque Département : mais pour en donner une idée générale, on va ajouter ici un catalogue de toutes celles qui sont nécessaires dans toute l'étendue de la concession de la Compagnie, & combien il en faut de chaque espece.

*Cargaison des Marchandises que les vaisseaux de la Compagnie Royale du Senegal envoye chaque année dans tous les Comptoirs de sa concession.*

### Argent Monnoyé.

| | |
|---|---|
| Pataques, | 13650 |
| Escalins, | 50 |
| Pieces de 4 sols 6 deniers, | 214 |

### Argent Ouvragé.

| | |
|---|---|
| Cornets, & leurs chaînes, | 10 |
| Grands Macatons, & leurs chaînes, | 10 |
| Petits Macatons, & leurs chaînes, | 10 |

### Armes.

| | |
|---|---|
| Fusils boucanniers, garnis de cuivre, | 218 |
| Fusils communs, | 20 |
| Sabres courbés & montés, | 850 |
| Lames de sabres de 3 pieds de long, & de 2 pouces de large, | 300 |
| Lames de sabres ordinaires courbés & droits, | 400 |
| Pistolets, | 42 |

### Marchandises.

| | |
|---|---|
| Ambre jaune, | 96 ℔. |
| Ambre jaune moyen, | 110 ℔. |
| Ambre jaune petit, | 135 ℔. |
| Ancres de 150 ℔. chacune, | 4 |
| Ancres de 110 ℔. chacune, | 6 |
| Bassins de cuivre jaune, de 2 ℔. chacun, | 1000 |
| Bassins d°. d'une ℔ & demie piece, | 4362 |
| Bassins d°. d'une ℔. piece, | 6812 |
| Bassins d'étain, ou Gamelles de 2 ℔. pésant la piece, | 212 |
| Bassins d°. d'une ℔. chacun, | 446 |
| Bas de laine écarlatte, grands & fins, | 48 paires |
| Bas de laines à l'aiguille, grands, de diverses couleurs, | 130 paires |
| Bas de fil, grands, | 330 paires |
| Barette de cuivre rouge, du poids de trois quarts de ℔. piece, | 1050 |
| Bouges, | 2350 ℔. |
| Bray sec, | 2000 ℔. |
| Bonnets de laine rouge, communs, | 12 |
| Bassins d'étain, creux, de 4 ℔. pésant, | 12 |
| Canettes de Hollande, couvertes d'étain, | 200 |
| Couteaux Flamans, | 2320 |
| Corail assorti, fin, | 194 ℔. |
| Corail faux, long, en olivettes, | 60 ℔. |
| Cornaline longue, la corde de 10 pierres, | 7000 cordes |
| Cornaline longue, la corde de 100 pierres, | 50 cord. |
| Cristaux fins du n°. 18, | 53 milliers |
| *Idem*, du n°. 22, | 105 mil. |
| *Idem* du n°. 24, | 120 mil. |
| Casaques d'écarlatte, garnies de galon d'argent faux, | 2 |
| Cadenats grands, | 20 |
| Cadenats moyens, | 50 |
| Cadenats petits, | 100 |
| Cardes neuves d'Angleterre, | 400 paires |
| Chaudieres de fer à trois pieds, grandes, | 12 |
| Chaudieres de fer, moyennes, | 20 |
| Chaudieres de fer, petites, | 30 |
| Chaudieres de cuivre, de 12 ℔. piece, | 100 |
| Chaudieres de cuivre, de 6 ℔. piece, | 200 |
| Chemises fines, | 134 |
| Chemises demi-fines, | 50 |
| Chemises communes, | 160 |
| Chapeaux fins, | 74 |
| Chapeaux communs de Caudebec, | 144 |
| Chapeaux demi-fins, | 50 |
| Cravates de mousseline, | 50 |
| Cordages menus de toutes especes, | 1000 ℔. |
| Cuivre vieux, | 600 ℔. |
| Cire brute, jaune, | 400 ℔. |
| Draps écarlate, | 173 aunes |
| Ratine écarlate, | 50 aun. |
| Drap de Berry, rouge, | 230 aun. |
| Drap bleu, | 20 aun. |
| Drap noir, | 20 aun. |
| Bayette noire, | 500 aun. |
| Revêche rouge, | 251 aun. |
| Revêche jaune, | 146 aun. |
| Revêche blanche, | 20 aun. |
| Revêche bleue, | 50 aun. |
| Eau-de-vie de France, | 18500 pintes |
| Eau-de-vie de canne, ou Rome, | 4400 pint. |
| Echarpes de soie, avec frange fausse, | 20 |
| Esparres, | 50 |
| Etain vieux, | 100 ℔. |
| Fer plat, | 9000 barres |
| Fil à coudre, de toutes couleurs, | 10 ℔. |
| Girofle, | 17 ℔. |
| Grelots de fonte, | 6 |
| Grelots de cuivre, | 50 |
| Grapins de 150 ℔, | 6 |
| Autres de 100 ℔, | 6 |
| Autres de 60 ℔, | 6 |
| Laine filée, rouge & jaune, | 635 ℔. |
| Miroirs à cadres dorés, n°. 12, | 6 |
| Miroirs à carton, | 100 douzaines |
| Miel, | 50 ℔. |
| Papier, | 700 rames |
| Poudre à canon, | 3950 ℔. |
| Pierres à fusil, | 13400 |
| Pagnes bleues, Sabo, & Bantam, | 1100 |
| Pots d'étain d'une ℔, | 200 |

Plomb en balles, . . 1825 ℔.
Plomb à giboyer, . . . 2000 ℔.
Poivre, . . . . 30 ℔.
Pantoufles pour hommes, . 50 paires
Pantoufles pour femmes, . . 50 paires
Peignes de bois, . . 100 douzaines
Ruban ordinaire, rouge, noir, & jaune, 320 aun.
Robes de chambre de soie, . . 10
Robes de chambre d'Indiennes, ou toiles peintes, 24
Souliers pour hommes, grands & propres, 260 pair.
Soie à coudre, noire & autre, . 2 ℔.
Sonnettes de fonte, . . 2
Sucre pour les coutumes, . 50 ℔.
Sambouc, ou *Spica celtica*, . 30 ℔.
Sel, . . . . . 60 bariques
Toiles de Rouen, . . 2400 aun.
Toiles platilles, la piece de 6 aunes & demi, 1000 pieces
Toiles Indiennes, de 14 aunes à la piece, 884 p.
Toiles Bafta bleu, & Salempouri, de 12 aunes & demie à la piece, . . 6100 p.
Toile de Bretagne, ou Quintin, de 5 aunes & demie à la piece, . . . 50 p.
Toiles à sac, ou d'étoupes, . 500 aun.
Taffetas rouge, . . . 3 aun.
Tambours, & leurs baguettes, . . 4

### Verroterie.

Ambreade, grosse, rouge, le millier de 20 cordes, pésant 3 livres, . . 20 milliers
Ambreade, petite, rouge, le millier de 20 cordes, pésant 2 livres & demi, . . 75 m.
Compte de laid rond, petit, le millier de 20 cordes, pésant 2 livres & demi, . 250 m.
Cristaux faux, gros, le millier de 3 livres pésant, 60 m.
Galet rouge, gros, le millier pésant 2 liv. 234 m.
Galet rayé, le millier pésant 2 livres, 400 m.
Grains rayés, le millier pésant 2 livres, 400 m.
Margriettes rayées de jaune, le millier pésant 3 livres, . . . . . 400 m.
Margriettes rayées de blanc, le millier pésant 3 livres, . . . . . 100 m.
Olivettes citron, à corde longue, le millier de 20 cordes, pésant 2 livres, . 1313 m.
Olivettes blanches, à corde longue, pésant comme dessus, . . . . 500 m.
Pésant jaune, le millier pésant 3 livres, 200 m.
Pésant verd, le millier pésant 3 livres, 200 m.
Rassade citron, la corde de 7 pouces de long, de 9 onces le millier, . . 100 m.
Verrot rouge, gros & menu, . 3760 ℔.
Verrot jaune, gros & menu, . 1200 ℔.
Verrot blanc, gros & menu, . 1200 ℔.
Verrot noir, gros & menu, . 2460 ℔.

Outre toutes ces marchandises, qui ne doivent servir qu'à la traite qui se fait pendant une année dans tous les Comptoirs de la Compagnie, il faut que ses vaisseaux apportent encore une grande quantité d'ustenciles, de vivres, & de rafraîchissemens, pour l'entretien des Officiers & Habitans distribués & établis dans toute l'étendue de la concession, comme eau-de-vie, farines, huiles, vinaigre, confitures, oignon, ail, & autres semblables, particuliérement quelques coffres de remedes bien assortis, & complets.

### *Remarques sur le Commerce de la Riviere du Senegal, & des autres Départemens que la Compagnie royale a sur cette Côte.*

### Departement du Senegal.

Les Royaumes d'Oval & de Foules, bordent en partie la riviere du Senegal : leurs Rois s'appellent l'un, le Brac ; & l'autre, le Seratique. L'intérêt de ces petits Princes seroit de bien vivre avec la Compagnie ; mais en 1717, le Roi Brac rompit avec elle, en faisant surprendre une double chaloupe, où il y avoit deux Blancs. En 1718, on usa de represailles contre lui, & l'on fit des Captifs sur ses Terres, outre qu'on ne lui paya plus ses coûtumes. Le Roi Damel, autre petit Prince des environs de la riviere, ayant fait des offres pour lui, l'affaire fut à demi accommodée.

Le Seratique est puissant, & mérite d'être ménagé par les François : mais le Royaume de Foules est troublé depuis 1716 par deux Prétendans, en sorte qu'on ne sçait auquel des deux on doit payer les coûtumes ; outre qu'on a de grandes prétentions contre le Seratique, à cause d'un compte de Captifs, & de quelque pillage fait par les Maroquins sous son autorité, ou du moins par sa connivence.

Une des principales attentions que les Commis de ce Département doivent avoir, est de ne point laisser augmenter les coûtumes, & de les réduire à l'ancien usage ; les Négres ayant souvent fait des tentatives pour cette augmentation.

Les Escales, ou comme on dit dans le Levant, les Echelles, c'est-à-dire, les lieux de ces deux Royaumes où l'on fait la traitte, sont Enguiau, qu'on nomme autrement le Terrier rouge, qui est à 70 lieues de l'Habitation ; Donay, qui est au-dessous ; Guiece, ou l'Escale du désert, qui est à 30 lieues du Senegal ; & quelques autres, dont on parlera dans la suite.

C'est dans ces trois Escales que se fait principalement la traitte de la gomme, que les Maures vont cueillir dans les bois de Sael, & qu'ils apportent vendre aux François, dans ces trois endroits.

L'on fait deux recoltes de gomme dans l'année ; l'une au mois de Décembre, qui est la plus abondante, les boules plus grosses & plus dures ; l'autre au mois de Mars, dont les boules sont molles & plus petites.

Cette traitte ne commence ordinairement au Terrier rouge, qu'en Février, quand les Maures n'ont pas de gomme de la précédente recolte ; & elle continue jusqu'au mois de Mai. A l'égard du Désert, on traitte la gomme depuis Avril jusqu'en Juin. Cette derniere gomme se recueille dans les bois de Delebiar, qui sont éloignés de 60 lieues au Nord de l'Habitation.

Les Maures qui vendent la gomme, se nomment *Auladelbagi* en Arabe, & *Darmenios* en langue Negre : leur Chef, qu'ils appellent Chems, exige un droit de huitiéme sur toute la gomme qu'il fait vendre aux François. Ces Maures sont tous Marabous.

On peut traiter dans ces deux Escales, jusqu'à 1200 quintaux de gomme, pésant jusqu'à 450 ℔. poids de marc, au moins le quintal. Le Terrier rouge en a quelquefois fourni lui seul jusqu'à 900 quintaux ; mais cela est rare. On parlera plus bas de Portendis, qui est une autre Escale, où il se peut faire une grande traitte de gomme.

*Etat des Marchandises nécessaires pour traitter mille quintaux Maures de gomme.*

| Marchandises | Quintaux Maures |
|---|---|
| 3 liv. d'ambre jaune, gros, à 4 onces par quintal, font . . | 12 quintaux Maures |
| 100 bassins de cuivre jaune, à 4 au quintal, . . . . . | 25 |
| 100 chaudieres de cuivre, de 6 ℔. piece, à une demie au quintal, | 50 |
| 50 chaudieres de cuivre, de 12 ℔. piece, & d'une au quintal, | 50 |
| 600 pierres cornalines, rondes, à 200 par quintal, . . . | 3 |
| 20 aun. drap bleu, 10 aun. drap noir, 10 aun. drap écarl. } 40 aun. à 4 aunes au quintal. | 10 |
| 200 barres de fer, à 2 barres au quintal, . . . . | 100 |
| 240 pagnes, à 6 au quintal, . | 40 |
| 10 rames de papier, à une rame au quintal, . . . . | 10 |
| 700 pieces toiles Bafta, de 12 aunes & demie la piece, d'une piece au quintal, . . . . | 700 |
| Total | 1000 quintaux Maures. |

Les autres marchandises qu'on peut traitter dans ces deux Escales, sont environ 300 bœufs & 400 moutons; un peu d'ambre gris, & quelques plumes d'autruches: chaque paquet de ces plumes doit être au moins fourni de deux plumes mâles blanches; les 50 paquets valant le prix d'un quintal Maure de gomme.

Le Département du Senegal tire des Escales voisines, quantité de mil de deux sortes; l'un gros, & l'autre petit, qui sert pour la nourriture des Negres, tant dans les magasins de la Compagnie, que pendant la traversée, quand on les transporte aux Isles: les François sont même assez souvent réduits à cette nourriture.

Le gros mil se séme à la fin d'Octobre, dans le Royaume des Foules; & s'y recueille en Mars & Avril. Dans le pays d'Oval, il ne se séme qu'à la fin de Decembre, & se cueille en Mai & en Juin.

A l'égard du petit, on le seme par-tout au mois de Juin; c'est-à-dire, aux premieres pluies; & la récolte s'en fait en Novembre & Décembre.

Les Escales de la grande riviere du Senegal, où l'on trouve du mil, sont Lamtor, Guoianguel, Mariraguiam, la Baguery, Barrobbé, Voualalday, Decte, Caede, Guirol, Condel-sivi, Dorol, Laide, Baspulais, & Bitel.

Les Escales de la riviere au Morphil, sont Guyon, Ayré, & Bol.

Quand les eaux sont hautes, on peut aller au lac du Pania-foule, & au lac de Cayor. Dans le premier, on peut trouver du bois d'ébene, & l'on peut traitter du mil; l'autre donne du morphil, des pois, des cuirs, & quelquefois de l'ambre gris.

On peut pareillement traitter du mil à Gueleard, à 6 lieues à l'Ouest du Senegal; de même qu'à l'Isle de Beguio, où il y a aussi quelques cuirs.

La forte levée du mil est dans les mois d'Avril, May, Juin, & Juillet; à cause que le fer est fort recherché alors pour la culture des terres.

On doit observer, à l'égard de la traitte des cuirs, que les cuirs marchands doivent au moins péser 10 liv. sans être viciés par des piqueures de vers; & quand ils pesent moins, on en fait des équivalens de deux pour un, trois pour deux, & trois pour un, que l'on paye 10 sols; mais on doit absolument rebuter les cuirs auxquels on a tiré des semelles, de même que les viciés.

La grande levée des pagnes, se fait au Senegal dans le tems des pluies, depuis Juillet, jusqu'en Octobre; parce que lorsqu'elles sont passées, les Marchands apportent du mil.

Les Escales où l'on peut traitter du sel, dans la riviere du Senegal, sont Maca, dans les Terres de Brac; & Guiarra, sur celles du Roi d'Amel. La saison de la traitte est dans le tems sec; c'est-à-dire, depuis le mois de Janvier, jusqu'en Mai: il revenoit autrefois de 8 à 10 liv. la barique; mais en 1718, il a été réglé à 3 liv. 7 sols.

Ce sel est nécessaire, tant pour la salaison des cuirs, que pour la consommation du Senegal & de Gorée, & encore pour la traitte du mil à Galam: on en peut cependant aussi tirer de Fariiil, qui est près Joal; & en cas de besoin, des Isles du Cap-Verd.

Enfin, la derniere observation qu'il faut faire au sujet du Département du Senegal, c'est que la bonne saison pour le passage de la barre de la riviere, est depuis le mois de Mars, jusqu'en Août & Septembre, parce que le flot porte en haut; mais que les meilleurs mois sont ceux d'Avril jusqu'en Juillet: la plus mauvaise saison est depuis Octobre, jusqu'en Février, à cause du débordement des eaux, & du vent qui regne à l'Est.

## DE'PARTEMENT DE GALAM.

L'ancienne Compagnie du Senegal avoit un Fort en Galam, auprès de Dramanet. Ce Fort, qui fut bâti en 1700, ayant été emporté par les eaux, il en a été construit un autre, une lieue plus bas, par ordre de la nouvelle Compagnie de Rouen. Ce dernier Fort subsiste toujours, & soutient le négoce qui se fait de ce côté-là.

Le Commerce de Galam consiste principalement en Negres, en or, & en morfil. On estime qu'il y a dans les Terres des Mandingues, des Malincops, des Saracolés, & autres Negres qui n'en sont pas éloignés, & avec qui les François sont en amitié, des mines d'or, d'argent, de cuivre, de fer, de pierres, d'azur, d'aimant, & de salpêtre.

On croit encore y pouvoir trouver du cristal de roche, des pierres fines, & du marbre, aussi-bien que différentes sortes de bois rares pour leur odeur & leurs couleurs.

Les Negres de ce Département sont intraitables; & l'on ne peut gueres rien regler de bien certain avec le Roi de Galam, sur les coutumes, & encore moins sur le prix des Captifs.

Le prix des Captifs y étoit en 1697, à 13 barres & demie; il augmenta jusqu'en 1701, à 15 barres & demie, & ensuite à 17 barres & demie; enfin en 1718, il étoit à 20 barres & demie.

## DE'PARTEMENT DE GORE'E.

L'Isle de Gorée est presque au milieu de la concession de la Compagnie: elle en est comme le dépôt; & c'est-là où sont ses principaux magasins, & ses captiveries, comme on parle sur cette Côte; c'est-à-dire les lieux où l'on tient les Captifs enfermés jusqu'à ce qu'ils soient en assez grande quantité pour être envoyés aux Isles, ou qu'il y ait des vaisseaux pour les y transporter.

La traitte des cuirs étoit autrefois très considérable dans ce Département, & l'on en pouvoit tirer jusqu'à qu'à cinquante, & quelquefois jusqu'à quatre-vingt mille par an ; présentement, on n'y en peut plus gueres faire que deux mille cinq cent.

Cette grande diminution est arrivée depuis l'usurpation du Royaume d'Amel, dont le Roi de Tin s'est emparé il y a environ 25 ans ; ce Prince, qui est un des plus puissans de cette partie de l'Afrique, mais dont la domination est la plus tyrannique, ayant empêché ses nouveaux Sujets de porter des cuirs aux François de Gorée, pour les obliger à établir des Comptoirs à Rufisch, & à Portudal, & à augmenter ses droits de coutume ; ce qui a toujours paru également préjudiciable aux intérêts de la Compagnie.

Comme cependant on peut tirer de ses Terres jusqu'à quatre ou cinq cent Negres, on entretient toujours Commerce avec lui ; & l'on a même consenti de lui payer une nouvelle coutume d'une pinte d'eau-de-vie par chaque chaloupée d'eau & de bois qu'on envoye faire de Gorée chez lui, quoiqu'auparavant on n'y fût point obligé.

Les Negres qu'on traitte dans ce Département, sont beaux ; mais il faut observer de n'en point prendre de grands au-dessus de 30 ans, ni de jeunes au-dessous de 10.

La qualité des cuirs est aussi très bonne. Aussi-tôt qu'on les a traittés, il faut les faire saler, les plier en deux, les empiler, & les faire battre tous les quinze jours, dans la haute saison.

C'est à Rufisch & à Portudal que l'on fait toutes les levées de mil dont on a besoin à Gorée. Comme il arrive souvent des famines en Afrique, à cause des sautérelles, il faut que les magasins de l'Isle en soient toujours bien remplis : tout le soin qu'on doit prendre du mil, pour le conserver, est de le remuer souvent, crainte qu'il ne s'échauffe.

Le prix des Captifs, pieces d'Inde, est réglé avec le Roi de Damel, sur le pied de 30 barres par Captif.

Quand il y en a de jeunes, on en fait des équivalens de deux pour un, ou de trois pour deux, qui se payent aussi 30 barres.

S'il manque à un Captif des dents, on lui en fait payer une barre de chacune ; & quand il y en a 30, on les paye d'une piece d'Inde.

*Tarif avec Damel, par ordre alphabétique.*

ARGENT MONNOIE' ET OUVRAGE'.

30 pataques, ou pieces de 28 sols pour un Captif, piece d'Inde, ci . . . . 1 Captif
Un grand macaton, & sa chaîne, pour 1 Cap.
Deux petits macatons, & leurs chaînes, pour 1 C.

MARCHANDISES.

| | |
|---|---|
| 4 fusils boucanniers, de 5 pieds, pour | 1 Cap. |
| 6 fusils de 3 pieds 8 pouces, pour | 1 Cap. |
| 30 bassins de cuivre, pour | 1 Cap. |
| 9 onces de gros corail, pour | 1 Cap. |
| 2 caisses de Tambours, pour | 1 Cap. |
| 100 livres de cire jaune, pour | 1 Cap. |
| 4 aunes de drap écarlate, pour | 1 Cap. |
| 30 aunes de revêche, pour | 1 Cap. |
| 100 pintes d'eau-de-vie, pour | 1 Cap. |
| 4 écharpes de soie, à frange fausse, pour | 1 Cap. |
| 30 barres de fer, pour | 1 Cap. |
| 4 livres de girofle, pour | 1 Cap. |
| 15 rames de papier, en un ballot, pour | 1 Cap. |
| 100 livres de plomb en balles, pour | 1 Cap. |
| 1000 pierres à fusil, pour | 1 Cap. |
| 20 livres de poivre, pour | 1 Cap. |
| 4 liv. de Sambouq, ou *Spica celtica*, pour | 1 Cap. |
| 100 pieces toiles platilles, pour | 1 Cap. |
| 4 pieces toiles Indiennes, pour | 1 Cap. |



A l'égard du galet, ou verroterie, le Roi de Damel prétend ne donner qu'un captif pour six masses de quatre milliers chacune, pésant en tout 480 livres ; mais le Tarif n'est pas réglé sur ce pied, la Compagnie n'en donnant que le moins qu'il lui est possible.

DE'PARTEMENT DE JOAL.

Cet établissement est un des plus nouveaux de la Compagnie : il a été fait, afin de s'assurer une Escale pour la traitte, lorsque le Roi de Damel la défend dans ses Etats ; & encore pour s'ouvrir celle de Cohone, qui est au haut de la riviere de Salum, dont l'embouchure n'est qu'à 6 lieues de Joal, qui par conséquent lui peut servir d'entrepôt.

Le sel, le mil, les Négres, le morfil, les cuirs, la cire, & le ris, sont les différens objets du Commerce de Joal.

La barique de mil, du poids de 200 livres, n'y revient qu'à une barre : celle de ris, pésant 400 livres, quatre barres ; & le sel, à 3 liv. le baril, qu'on paye en fer, en bouges, en laine filée, en couteaux, & en galet rouge.

DE'PARTEMENT DE GAMBIE.

La Compagnie a deux établissemens dans la riviere de Gambie ; sçavoir un ancien, à Albreda, & un nouveau, à Bintau, qui ne s'est fait que depuis le mois de Janvier 1718. Ce dernier est abondant en mil, en ris, en cabrils, en bœufs, & en poules, tous rafraîchissemens qu'il est difficile d'avoir à Albreda ; outre qu'on en peut tirer des cires jaunes de Gerges, & des Captifs des Feloupes & des Bagnonnes.

Ces marchandises s'échangent contre des armes à feu, des sabres courbes, de la poudre, des balles, & des pierres à fusil ; ces peuples étant très belliqueux : les pagnes y sont aussi très bonnes pour la traitte de Bintau.

Les Anglois partagent avec les François le Commerce & la traitte de la riviere de Gambie ; mais outre cela, il y vient quantité d'interlopes Portugais, Hollandois, Anglois, & même François, qui diminuent beaucoup le négoce des deux Nations qui y sont établies.

Les Portugais ont quelques Habitations dans le haut de la riviere. Il y a aussi d'anciens François qui y ont des établissemens : les uns & les autres font leur Commerce sous la protection des Rois Négres, s'étant fait déclarer *Enfans de la terre*, comme on dit en langage du Pays ; ce qui est une espece de naturalité. La Compagnie fait des avances & du crédit aux uns & aux autres ; mais ordinairement elle se trouve assez mal de ce qu'elle prête aux Portugais.

La saison la plus propre pour la traitte des Négres à Gambie, est le mois de Mai & de Juin ; les Mercadois & les Guineas y conduisant alors jusqu'à sept ou huit cent Captifs.

Les Habitans François, Anglois, & Portugais, qui sont établis à Gambie, sont de retour au mois de Juillet, de la traitte qu'ils font au haut de la riviere, & en ramenent communément jusqu'à 200 Négres pieces d'Inde. En Décembre, Janvier, & Février, les petits Rois du bas de la riviere, vendent aussi quelques Captifs, mais c'est peu de chose.

Les pataques, ou pieces de 28 sols de Hollande;

les bassins de cuivre jaune, les cristaux, la cornaline longue, les olivettes citron, & la rassade de même couleur, sont propres pour la traitte des Négres, que l'on fait avec les Guineas; les autres marchandises ne servent que pour les Négres du Pays, les François, les Anglois, & les Portugais, & pour avoir des vivres.

### DE'PARTEMENT DE BISSEAUX.

Ce Département étoit autrefois le plus considérable de ceux de l'ancienne Compagnie; & l'on voit dans les Journaux des Commis, qu'en 1685 & 1686, il y fut traitté plus de dix-huit cent Négres, & trois cent quintaux de cire. Les Interlopes, & les Portugais Creols, l'avoient depuis si fort décrédité, les uns en donnant leurs marchandises à plus bas prix que la Compagnie, & les autres, par leurs intrigues avec les Habitans Négres du Pays, qu'il avoit été abandonné; mais les François en rétablirent le Comptoir en 1700.

La saison pour la traitte de Bisseaux, ce qui comprend les rivieres & les isles qui en sont voisines, est dans le tems sec; elle consiste en Captifs, en morfil, & en cire. La plus grande consommation que les Négres fassent de l'eau-de-vie, est ordinairement dans le tems des pluies, qu'ils ne peuvent tirer de vin des palmiers pour leur boisson.

### *Traitte de la Gomme à Portendic.*

L'Escale de Portendic est au Nord du Senegal, à 18 dégrés, 6 minutes; c'est-là où se fait la plus grande traitte de la gomme. Outre que cette Escale est comprise dans la concession de la Compagnie, elle lui a encore été cédée par un Traité fait le 29 Juillet 1717, entre le Chef des Maures, & les François.

Le Commerce de la gomme, qui est presque la seule chose qu'on en tire, est très considérable; mais il se fait pour la plupart par les Interlopes.

Cette traitte, sur le pied de mille quintaux Maures, à raison de 700 liv. par quintal, revient, tant pour l'achat, pour les coûtumes, & pour les presens, que pour les dépenses qu'il convient faire pendant qu'elle dure, en argent, & en marchandise, environ à quarante mille livres; sçavoir,

### *Pour l'achat des mille quintaux.*

1000 piastres, à 3 liv. piece, à raison d'une piastre le quintal.

1000 pieces de toile bleue, appellée Blaw-katou.

500 douzaines de miroirs à carton, à 7 sols la douzaine.

500 douzaines de peignes de bois, à 6 sols la douzaine.

2000 cadenas, à 5 sols piece.

2000 couteaux Flamans, aussi à 5 sols piece.

### *Pour les Coûtumes.*

La coûtume, pour un seul vaisseau, est de deux mille quatre cent piastres, qu'on paye à Alichandora, qui commande dans le Pays. Il peut à son option, prendre toute la somme en argent, ou partie argent, & partie marchandise: quand il prend ce dernier parti, on lui donne ordinairement douze cens piastres comptant, & les autres douze cent, en toile bleue, à 21 liv. la piece.

### *Pour le présent au même Commandant.*

Environ trois mille livres en marchandises, particuliérement des armes, des draperies, de la verrerie, du fer, de la farine, du girofle, des miroirs, de la poudre à canon, du plomb, du pain d'épice, du syrop de miel, ou de sucre, du tabac, du poivre, des toiles, & quelques autres denrées, dont les prix sont réglés par un Tarif.

### *Pour les autres frais pendant les cent jours que dure la Traitte.*

Pour l'Interprête, ou Maître des Langues, 50 piastres, à une demie piastre par jour; partie en argent, & partie en toile bleue.

Et 500 piastres pour vingt Laptos Maures, servant à la charge du navire; à un quart de piastre par jour chacun, pareillement moitié en argent, moitié en toile bleue.

La traitte des Négres étant le principal objet de l'établissement de la Compagnie Françoise du Senegal, & ces Négres se destinant tous pour la fourniture des Isles Françoises de l'Amérique; pour une plus parfaite intelligence de ce Commerce, on va ajouter la maniere de les évaluer à la Martinique, qui est la même qui se pratique dans les autres Isles.

On appelle Piece d'Inde, tout Négre sans défaut notable, depuis quinze, jusqu'à trente-cinq, ou trente-six ans; de même que les Négresses ayant des enfans à la mamelle, ou non.

A l'égard des Négres qui sont d'un âge moindre, ou excédant, mais sans défaut, on en fait des équivalens de Pieces d'Inde; sçavoir,

Ceux de huit, jusqu'à quatorze ans, trois pour deux.

Ceux depuis deux, jusqu'à sept ans, deux pour un.

Ceux au-dessous de deux ans suivant leurs meres, ne sont pas comptés.

Depuis trente-six, jusqu'à quarante-cinq ans, trois pour deux.

Depuis quarante-cinq, jusqu'à cinquante, deux pour un.

Mais il est bon, autant qu'on peut, de rejetter les Négres trop jeunes, ou trop vieux.

Tous les Négres ne sont pas également bons à toutes sortes d'ouvrages; & il faut en les employant, étudier le génie de la Nation d'où on les a tirés. Les Corentins, & les Aradas, quoique mutins, sont les meilleurs pour le travail, étant communément forts & robustes. Les Senegalais sont foibles, & de peu de fatigue; mais d'un naturel doux & bon: ils sont propres pour les bestiaux. Les Congos sont assez bons aussi, mais ils sont sujets au maronnage, c'est-à-dire, à déserter, ainsi que les Papos. Les Carbaris ne sont pas non plus mauvais; mais comme on dit aux Isles, ils piglient aisément fantaisie, & pour le moindre chagrin, ou vont se pendre dans les bois, ou s'étouffent, en s'ôtant la respiration par une certaine maniere de tourner leur langue qui bouche le conduit que la nature a destiné à cet usage.

Plusieurs estiment que les terres du Senegal seroient propres à la culture des mêmes drogues & marchandises qui se cultivent & se recueillent dans les Isles Françoises de l'Amérique; & quelques essais qu'on y a faits, & qui y ont réussi, ne laissent presque aucun lieu de douter que les cannes de sucre, le tabac, l'indigo, le rocou, le coton, même le cacao, n'y vinssent parfaitement bien.

On croit la même chose à l'égard des graines & des racines qui servent à la nourriture des Négres dans les Isles; telles que sont le mays, ou blé de Turquie, le magnoc, les ignames, la tayone, la patate, & quelques autres. *Ceux qui voudront être instruits de la maniere de cultiver toutes ces plantes, & d'en fabriquer les diverses drogues & marchandises, qui font la richesse des Isles Antilles, n'ont qu'à en consulter les articles répandus dans tout ce Dictionnaire, suivant leur ordre alphabétique.*

## COMMERCE DE CANIOR.

Canior, Royaume d'Afrique dans le pays des Négres.

Les François font un assez bon commerce sur les côtes de ce Royaume, où ils ont un Fort pour la sûreté de leurs Commis & de leur négoce. Le principal trafic se fait en diverses sortes de peaux & de cuirs, pour lesquels ils payent au Roi seize pour cent de droits. Outre ces droits chaque vaisseau qui entre dans ses ports, lui doit pour les coûtumes trois barres de fer. Ce Roi tient un Fermier ou Douannier à Bey-houte pour les recevoir.

## COMMERCE DE CALBARIE.

Calbarie, Province d'Afrique, où les Hollandois font un négoce considérable.

Le principal lieu de négoce des Hollandois est le Bourg de Calbarie, situé sur une riviere du même nom. Ils y ont un Fort pour leur sureté, la plupart des Négres de ces côtes étant Antropophages & plus que demi-sauvages.

La traitte des esclaves y est assez bonne. On les échange contre des bracelets de cuivre gris qui n'est pas poli, ou contre de petites barres de cuivre jaune poli au marteau, chaque barre pésant cinq quarterons, & ayant près de deux pieds & demi de long; on en donne quatorze ou quinze pour un esclave, tête d'Inde.

Ils font de ces barres de cuivre une espece de fil de léton, qu'ils emploient ensuite en bracelets & en colliers pour se parer; à l'égard des bracelets qui leur viennent tous faits d'Europe, ils s'en servent entr'eux comme de monnoie.

## COMMERCE DES COSTES D'AFRIQUE, DEPUIS LE CAP DE SERRE-LIONNE, JUSQU'A LA RIVIERE D'ARDRES.

Toutes les Côtes de l'Afrique, qui sont depuis le Cap-Blanc, jusqu'au Cap de Bonne-Espérance, ayant été partagées en France au commencement de l'année 1685, entre l'ancienne Compagnie du Senegal, & la nouvelle Compagnie de Guinée, la riviere de Serre-Lionne fut le point de division de ce partage; l'ancienne Compagnie conservant tout ce qui est depuis cette riviere en descendant, jusqu'au Cap-Blanc; & la nouvelle, tout ce qui est en montant, jusqu'au Cap de Bonne-Espérance.

Comme on parle amplement ailleurs de ces deux Compagnies, on s'abstiendra d'en rien dire davantage ici; & l'on ajoutera seulement, qu'en 1716, le Commerce fut déclaré libre dans toute l'étendue de la Compagnie de Guinée, dont le privilége fut révoqué. *Voyez* Compagnie.

C'est à cette riviere de Serre-Lionne, que commencent les Côtes de Malaguette, ainsi nommées d'une espece de poivre qui fait le principal négoce des Noirs de cette partie de l'Afrique. Les Anglois & les Portugais, font presque toute la traitte de cette riviere: ceux-là y ont une Loge, & un Commis commodément placé dans une des Isles; ceux-ci sont établis dans les terres.

Les marchandises qu'on tire de ce Pays, sont du ris, du morfil, un des meilleurs de la Côte d'Afrique; de la civette, & un peu d'ambre gris. Le Commerce y est bon, & il y a deux cent pour cent à gagner; mais les Portugais emportent le principal profit de ce négoce, ayant les marchandises de la premiere main, & les allant chercher bien avant dans les terres, particuliérement les dents d'éléphant, qu'ils revendent ensuite aux Européens qui fréquentent cette riviere.

Les Caps de Monte & de Miserado, l'un situé par 6 dégrés 45 minutes Nord, & par 7 ½ de longitude; l'autre par la latitude de 6 dégrés 14 minutes Nord, & 7 dégrés de longitude, seroient d'assez bons endroits pour le négoce du morfil, si les Habitans en étoient traitables.

On tire aussi d'assez belles nattes du premier, mais rarement les vaisseaux François s'y arrêtent-ils; ou s'ils y abordent, ce n'est que pour prendre des rafraîchissemens qui y sont à très bon compte, & qu'ils traittent pour de la rassade noire & blanche, & pour de l'eau-de-vie; encore le font-ils avec beaucoup de précaution, crainte de quelque surprise de la part de ces Barbares.

Ces rafraîchissemens consistent en poules, poulets, pintades, pigeons, oyes, canards, perroquets, cabrils, cochons, &c. outre le poisson, qui y est en très grande quantité.

Les Anglois y ont un établissement, & sont fort aimés des Naturels du Pays.

Rio de Junco, qui est à 10 ou 12 lieues du Cap de Miserado, seroit pareillement assez bon pour le Commerce du morfil; mais la mer y rompt tellement, qu'il est difficile d'aborder sans se perdre.

## GRAND SESTRE, & COSTE DE MALAGUETTE.

Le Commerce du grand Sestre, que les Portugais appellent Rios-Sextos, à cause qu'ils nomment Sextos, une espece de poivre qui y croît, plus communément connu sous le nom de Malaguette; consiste principalement en cette sorte de poivre, dans le morfil, & dans quantité de rafraîchissemens, qui y sont à meilleur marché qu'en aucun lieu de la Côte d'Afrique fréquenté par les Européens.

Les vaisseaux du Roi le Medembilck & l'Amphitrite, qui y arriverent au mois de Décembre 1704, y traitterent plus de trois mille poulets, ou chapons, qui ne revenoient qu'à 1 sol 6 deniers chaque volaille. Le bois qu'on y trouve ordinairement au bord de la mer, tout coupé, & en pile, ne coutoit que 15 sols la corde; le quintal de ris 40 sols, & les cabrils & cochons à proporton: tout cela payé en rassade blanche & noire, ou en toiles de coton blanches.

Les coûtumes qui sont dûes au Roi du Pays, pour en obtenir la permission de faire de l'eau & du bois, sont peu de choses; & il se contente ordinairement d'un baril d'eau-de-vie de 10 pots, & d'une barre de fer: il est vrai qu'il en faut payer encore autant à un Capitaine qui commande sur la Côte. Le Roi Négre fait sa résidence à une lieue & demie dans la riviere.

L'eau s'y fait facilement, les Négresses vous l'apportant jusques dans les chaloupes, & se croyans bien payées, si après que les bariques sont remplies, on leur donne à chacune un collier de rassade de verre noir & blanc, ou bien de contrebrodé de verre, aussi noir & blanc.

On peut quelquefois traitter à Rios-Sextos, quelques Négres; mais ce n'est pas un lieu propre pour cette traitte d'Esclaves, qui s'y donnent pourtant à très bon compte, quand il s'y en rencontre. Ceux que les Commis de la Compagnie de l'Assiente y traitterent dans le même voyage de 1704, ne leur revenoient pas à 40 liv. piece; ils en eurent même un pour deux trompettes de cuivre, avec une piece de coton bleue; & un autre, pour lequel ils ne donnerent que deux pieces de toile peinte, 4 barres de fer, & 12 couteaux.

Il est vrai que le même vaisseau l'Amphitrite & l'Indien étant retournés au grand Sestre, en 1712, au mois de Mars, trouverent les rafraîchissemens, le bois & les coûtumes augmentés de moitié, les volailles leur revenant à 5 sols piece, & le reste à proportion: ce qu'ils trouverent sur l'ancien pied, furent les Esclaves, qui comme au premier voyage, ne leur revenoient qu'à 40 liv. chacun.

Les lieux de la Côte où l'on traitte le plus de maniguette, ou poivre d'Afrique, que les Hollandois appellent Grain, sont Rio-Sanguin, Cestre-Crou, Broua, Bassou, ou Basso-Zino, Crou, Crou-Sestre, Wapo, Barou, le petit Sestre, & Goiane.

Ce poivre est beaucoup plus âcre que celui des Indes Orientales; mais il y peut suppléer, quand les retours de la flotte Orientale de Hollande n'ont pas été heureux en cette marchandise; & alors il y a beaucoup à gagner, ce poivre ne s'achetant le quintal que 3 liv. en marchandise contrebordée jaune & noir, ou noir & blanc; ou en toiles de coton bleues des Indes, nommées Salempouris; en Indiennes peintes, ou en toiles de coton blanc.

De tous les lieux de la Côte de Malaguette, c'est Basso, situé à 5 lieues du grand Sestre, par 7 dégrés, 29 minutes de longitude, que les François visitent le plus souvent: outre les rafraîchissemens ordinaires de volailles, de cabrils, & de moutons, on y trouve aussi des bœufs, qui coûtent environ 60 liv. piece, en marchandises, & les vaches à proportion.

Les légumes, comme le ris, le mil, les pois, les féves, & les citrouilles y sont excellentes, aussi-bien que les fruits; entr'autres les citrons, les oranges, les baccos, les bananes, les prunes, & une espece de noix qui n'a point de zeste au milieu, & qui est toute ronde comme les avelines d'Espagne. On y traitte pareillement du vin de palme, & le tout à si bon compte, qu'il est presque vrai de dire, qu'on les a pour rien.

## COSTE DES DENTS.

Les Habitans de la Côte des Dents, qui suit celle de Malaguette, & qui s'étend jusqu'à la riviere d'Assené, qui la sépare de la Côte d'Or, ont la réputation d'être antropophages; ce qui fait que les Européens descendent rarement à terre, qu'ils s'y tiennent fort sur leurs gardes, & qu'ils font ordinairement leur traitte à bord.

Ce Commerce ne consiste gueres qu'en morfil, ou dents d'éléphans, d'où la Côte a pris son nom.

Cette marchandise s'y trouve en si grande quantité, que quelque nombre de navires d'Europe qui y passent, ils y trouvent toujours leur charge.

C'est le plus beau morfil de toute la Côte d'Afrique, & il n'est point extraordinaire d'y voir des dents d'éléphans qui y pésent jusqu'à 200 livres.

On tient que ces animaux mettent leurs défenses bas tous les trois ans, & que c'est en partie d'où vient que l'yvoire est si commun sur cette Côte; les éléphans s'y trouvant en si grande quantité, que les Négres sont obligés pour s'en garantir, de faire leurs maisons sous terre.

Il y a aussi quelque or sur cette Côte, mais la traitte n'en est pas abondante; & c'est à la Côte d'Or, qui, comme on a dit, suit celle des Dents, qu'il faut aller faire le Commerce de ce riche métail.

On tire encore de la Côte des Dents, quantité de petites étoffes de coton rayées de bleu & de blanc, dont les pieces ont communément trois quarts de large, sur trois aunes de long; c'est une des meilleures marchandises que l'on puisse porter à la Côte d'Or, où les Paysans s'en servent pour faire cette espece de vêtement dont ils couvrent à demi leur nudité.

Les menilles de fer, & les petites sonnettes de cuivre, sont celles des marchandises d'Europe qui plaisent davantage à ces Barbares; & ils en ont ordinairement les bras & les jambes toutes couvertes.

On trouve tout le long de cette Côte, quantité de rafraîchissemens, & à bon marché. Les François qui y allerent faire la traitte du morfil en 1667, eurent des bœufs qui ne leur coutoient au plus, qu'une douzaine de couteaux de 20 sols, & le reste à proportion sur le même pied.

Ces rafraîchissemens consistent en bœufs, chévres, chevreaux, & cochons, aussi-bien qu'en quantité de ris, pois, féves, baccos, bananes, citrons, oranges, ananas, cocos, & des cannes de sucre d'une grosseur prodigieuse.

Le grand Drouin, situé dans une Isle que forme une petite riviere, est le lieu du plus grand Commerce de cette Côte: les autres sont Grou, Tabo, le petit Tabo, Tao, Rio, S. André, Giron, le petit Drouin, Bortrou, Cap-la-Hou, Jacques-la-Hou, Wallochk, & Gommo.

## COSTE D'OR.

Cette Côte est de toutes les Côtes d'Afrique celle qui est la plus fréquentée des Européens, & où plusieurs d'entr'eux, & entr'autres les Anglois, les Hollandois, & les Danois ont leurs plus considérables établissemens.

Les François & les Portugais, qui en ont les premiers fait la découverte, ont été long-tems les seuls qui y eussent des Habitans; présentement ce sont au contraire les seuls qui n'y en ont point, avec cette différence, que les François qui en ont été chassés par les Portugais, ou qui n'étant point secourus, ont été obligés d'abandonner leurs habitations, n'y conservent plus rien; & que les Portugais, dont les Hollandois ont pris les meilleurs postes, se sont retirés dans les terres, où ils sont très puissans, très respectés, & très aimés, & où ils font la plupart du négoce de cette terre.

La quantité d'or qui se trouve & qui se traite le long de cette Côte, lui a donné le nom de Côte d'Or. Les principaux lieux d'où on le tire, sont Axime, Acara, qu'on nomme aussi Tason, Acanis, Acherva, & Fetu.

L'or d'Axime est le meilleur, & est du titre de 22 à 23 carats; les autres sont moindres, & celui du Fetu est même assez foible.

Les Négres le trouvent en partie dans le sable

des ruisseaux & des torrens; & c'est celui qu'on nomme communément Poudre d'or, dont la recolte est plus ou moins abondante, selon qu'il pleut plus ou moins dans les montagnes d'où ces torrens & ces ruisseaux prennent leur source : cette sorte d'or est celui d'Axime & d'Achen.

Un autre or, est l'or de mine, dont on dit, qu'il y en a une très considérable dans les montagnes de Tafou, à 30 lieues d'Acara. Les morceaux qui s'en tirent, sont si gros, qu'on a peine à s'en fier à ce qu'en ont écrit quelques Commis de vaisseaux François, qui ont été en traitte sur la Côte d'or; lorsqu'ils rapportent que le Roi de Tafou en a un morceau de la grosseur d'une barique, & les Rois de Fetu & d'Acanis, chacun un qui n'est pas moindre qu'un boisseau.

Une troisiéme sorte d'or est celui d'Acanis & de Fetu, qui se trouve dans les terres, qu'il faut fouiller plus ou moins avant, suivant les endroits : cet or n'est que de 20 à 21 carats.

L'or qui se tire des mines & des terres, n'est point purifié quand les Maures en font la traitte avec les Européens, & ils l'apportent à bord tout comme ils l'ont tiré; ce qui fait qu'il faut être intelligent à connoître la bonté du minerai, pour n'être point trompé.

Il ne faut pas une moindre habileté pour la traitte de l'or en poudre, ces Barbares y mêlant de petits morceaux de cuivre, qu'ils appellent *Quaquara*; ou le mélangeant à la fonte, sur-tout à Commando, où sont les plus grands trompeurs de la Côte : il n'y a néanmoins que les petits Marchands de qui il faille se défier, les gros Marchands, ou leurs Courtiers, étant assez fidéles.

Ceux qui viennent négocier à bord, sont pour l'ordinaire Officiers ou Capitaines des Villages, qui tous sont Marchands.

Comme ils sont de différens lieux, ils en usent aussi différemment pour la traitte; ceux qui sont établis sur les Côtes, traitant par eux-mêmes; & ceux qui sont plus reculés dans les terres, qui ne sçavent ni la langue, ni la maniere de trafiquer avec les Européens, se servant de Courtiers, moyennant un certain droit de courtage dont ils conviennent. Ces Courtiers sont communément de gros Marchands de la Côte, qui ne négligent pas ces petits profits; ces Barbares étant presque tous également intéressés.

Pour l'ordinaire, ce sont ces Marchands de la Côte, ou qui n'en sont éloignés que de 10 ou 12 lieues, qui achetent toutes les marchandises des vaisseaux qui viennent à leur rade, & qui après que ces vaisseaux ont fait voile, les revendent à ceux qui sont plus avant dans les terres, avec un profit de six pour cent.

Lorsque les Négres font quelque marché avec les Européens, ils demandent toujours avant de le conclure, ce qu'on leur donnera de *Daché*, c'est-à-dire, de présent, outre les marchandises dont on est convenu pour l'échange.

Ce sont les Hollandois qui ont introduit cette coutume dans le Commerce, pour dégager les Négres d'avec les Portugais, qu'ils ont beaucoup aimés : mais ce qui étoit d'abord volontaire, est devenu par la suite nécessaire; & l'on ne peut plus rien conclure avec un Négre, qu'il ne sçache auparavant de quel *Daché* on le regalera.

On ne sçait parmi eux ce que c'est que crédit, & d'ailleurs tout se paye en or; aussi ont-ils toujours à leur côté, de petites balances pour le péser, si la quantité qu'ils en veulent donner, est un peu considérable; sinon, ils prennent l'or avec le doigt, & l'augmentent & diminuent autant qu'ils le jugent à propos.

Les balances dont ils se servent, sont composées de deux petites plaques, ou bassins de cuivre, environ d'un pouce & demi de diametre, qu'ils suspendent avec du fil, aux deux bouts d'un petit bâton, dont le milieu est coupé avec une boucle de fil, qu'ils passent dans leur pouce quand ils veulent péser.

Leurs poids ne sont pas de cuivre, comme en Europe, mais ils se servent en leur place, de certains grains rouges, qu'ils appellent *Tacous*, avec quoi ils pésent à la fois environ pour deux sols d'or; & ainsi petit à petit, jusqu'à un marc d'or. Il est vrai que ces balances ne sont gueres d'usage que parmi le peuple, & entre les Négres; les gros Marchands usant de balances & de poids, qu'ils achetent des Européens, & dont ils sçavent parfaitement se servir.

Outre le Commerce que les Négres de la Côte d'Or, ou ceux qui viennent du dedans des terres, font avec les Nations d'Europe établies parmi eux, & les vaisseaux qui y viennent faire la traitte tous les ans; ils en font entr'eux de très considérables, soit dans les Marchés établis pour tous les jours, dans les principales de leurs Habitations, ou Villages; soit dans les foires, qui se tiennent en quelques endroits une fois, & dans d'autres deux fois l'année.

Ces foires ne se tiennent jamais un même jour dans deux Villages du même Royaume; afin que le concours y soit plus grand, & que les Marchands ne puissent se nuire les uns aux autres.

C'est là que les Négres apportent ce qu'ils ont de plus beau & de meilleur, soit qu'ils les ayent achetés & traittés des Européens, soit qu'ils les ayent été quérir dans les Marchés ordinaires, qui se tiennent dans les Villages qui sont les plus éloignés de la Côte, & quelquefois à plus de 100 & 200 lieues de leurs Habitations.

A l'égard de ces Marchés journaliers, l'étalage des marchandises se fait dans une place destinée à cet usage, qui pour l'ordinaire est au milieu du Village : là, chaque marchandise a un lieu qui lui est propre, ce qui évite la confusion; chaque Marchand se plaçant à l'endroit où il doit être; & attendant avec un grand ordre, & un grand silence, que les Acheteurs se présentent, ce qu'ils font la pipe à la main, & fumant le tabac qu'ils y apportent en feuille, n'ayant point encore l'industrie de le mettre en corde.

A la pointe du jour, les Paysans apportent des cannes de sucre liées en fagots, des fruits, & les autres choses nécessaires à la vie, comme du ris, du mil, du mays, de la malaguette, des poules, des œufs, du pain, &c. A midi, viennent ceux qui vendent du vin de palme; & entre quatre & cinq heures, les Pêcheurs avec le poisson qu'ils ont pris.

Aux Foires, il n'y a que les Noirs qui y viennent trafiquer; mais aux Marchés, si les Villages sont proche des Habitations des Européens, les Blancs y vont aussi se pourvoir de ce qu'ils ont besoin.

AGUVANA, Royaume d'Afrique sur la Côte d'Or.

Les François font dans quelques endroits de ce petit Etat la traitte des Noirs & de la poudre d'or, particuliérement du côté de Bercu. Les Hollandois y vont aussi quelquefois, mais rarement. Les marchandises que ces derniers y portent sont des étamines & des toiles qu'ils échangent contre des esclaves, dont le prix est estimé environ à deux onces d'or par tête.

## ACARA, JUDA, LAMPY, & ARDES.

ACARA est un grand Royaume situé à l'extrémité de la Côte d'or, où les Anglois, Hollandois, & Danois ont chacun un Fort considérable, qui les rendent maîtres de la traitte de l'or & des Négres; ce qui oblige ordinairement les vaisseaux François, lorsque la France est en guerre avec ces Nations, d'aller charger & trafiquer à Lampy, à Juda, & à Ardes. Ce dernier Royaume confine avec le Royaume de Benin.

Avant que Mouré & Cormantin eussent attiré la plus grande partie du négoce de la Côte d'or, le Village du petit Acara, situé à l'extrémité de cette Côte, étoit le lieu où il se faisoit le plus grand débit des marchandises d'Europe; ce Village fournissant seul un tiers de l'or que les Européens traittoient le long de toute cette Côte.

La traitte des Négres y est encore assez bonne, & l'on y en peut acheter, année commune, jusqu'à trois ou quatre cent, à un prix assez médiocre.

Les Marchands Maures du petit Acara sont très entendus: ils font presque tous le Commerce en gros pour l'achat, & en détail pour le débit; achetant des Européens quantité de marchandises, pour les aller ensuite détailler dans un Marché qui se tient trois fois la semaine à Abouoé, à deux heures de chemin du grand Acara, séjour ordinaire du Roi; sur quoi ils font un profit considérable.

Autrefois tout le Commerce se faisoit à bord des vaisseaux, dans toute l'étendue des Côtes du Royaume d'Acara, n'étant permis à aucun Européen d'avoir des magasins, ou d'établir à terre des Bureaux pour la vente de leurs marchandises: c'est la Compagnie des Indes Occidentales de Hollande qui la premiere a obtenu cette permission.

La traitte de Lampy & de Juda, petit Royaume entre Acara & Ardes, est assez considérable, particuliérement pour l'achat des Négres.

En 1706 & 1707, les vaisseaux de la Compagnie de l'Assiente qui y allerent, en traitterent chaque fois plus de 250 Pieces, qui ne leur revenoient pas à Lampy, à plus de 45 à 50 livres chacun, en marchandise d'Europe; sçavoir 6 fusils, revenant en France à 7 livres; ou bien 5 pieces de perpetuanes à 8 livres la piece; ou un baril de poudre de 100 livres pésant, qui ne coutoit que 30 livres; avec 6 pieces d'Indiennes, ou 5 pieces de tapsels.

Il est vrai qu'à Juda, les Négres revenoient au double, à cause des coûtumes qui sont exorbitantes dans ce lieu là, & des grands frais qu'il en coute pour d'autres droits, & le service du Comptoir.

Les coûtumes qui furent payées à Juda dans ces deux voyages des François, furent; sçavoir pour le Roi, la valeur de 8 Captifs, en bouges, ou cauris, c'est-à-dire, environ 864 livres pésant de ces coquilles, à raison de 25 à 30 sols la livre.

Cent quatre-vingt livres pésant aux Officiers du Roi.

Quinze livres à celui qui publia l'ouverture de la traitte.

La valeur d'un Captif à l'Interpréte; mais à celui-ci, en marchandises & non en bouges.

La valeur de deux Captifs, aussi en marchandises, aux Capitaines Négres qui conduisoient au Comptoir les Marchands de la Côte.

Pour chaque canot qui alloit de terre aux vaisseaux, & du navire à terre, pendant toute la traitte, pour 72 livres, pareillement de marchandises, sur le pied qu'elles avoient couté en France.

Enfin, à chaque Porte-faix, pour le port des marchandises depuis la mer jusqu'au Comptoir, une toque de bouges composée de 40 bouges.

Il faut remarquer que la galline de bouges, qui est une autre maniere de faire prix avec les Negres, qui travaillent pour le service du Comptoir, est composée de 200 bouges.

Les rafraîchissemens y sont aussi très chers; ce qui tout ensemble augmente la dépense, & par conséquent le prix des Negres.

*Etat des marchandises néceßaires pour traitter 612 Noirs, Hommes, Femmes, Negrillons, & Negrillonnes, le long de la Côte, & dans les Terres, depuis & compris la riviere de Sestre, jusques & compris Juda ou Xavier, en deçà de la riviere d'Ardres.*

Pour la Côte, 600 fusils, 23 pieces de perpetuanes, & 180 pieces de tapsels.

Pour les Terres, 3000 livres pésant de bassins de cuivre, 300 pieces de basins de Hollande rayés de couleur, 12000 livres pésant de bouges, 24 chapeaux, 20 livres pésant de cristal de roche, 1200 livres de contre-borde, 920 pots d'eau-de-vie, 594 livres de fer en barres, 800 livres de rassades, 960 livres de rassades de verre, 400 pieces de platilles, 1000 livres de poudre.

Pour les rafraîchissemens, 30 douzaines de couteaux, 20 milliers de pierres à fusil, 150 grosses de pipes à tabac, 50 livres de poivre ou grabeau, & 300 livres de tabac.

Le prix commun pour chaque tête de Negre, payé en chacune de ces diverses sortes de marchandises, est de 6 fusils pour chaque Negre, ou 4 pieces de perpetuanes, ou 3 pieces de tapsels, ou 60 livres pésant de bassins de cuivre, ou 4 pieces de basin, ou 80 livres de bouges, ou 6 chapeaux, ou 10 livres de cristal de roche, ou 40 livres de contre-borde, ou 35 pots d'eau-de-vie, ou 18 barres de fer, ou 100 livres de rassades, ou 60 livres de rassades de verre, ou 10 pieces de platille, ou enfin 100 livres de poudre.

A l'égard du prix des marchandises pour lequel elles sont mises dans cet état, elles y sont estimées sur le pied; sçavoir, chaque fusil à 7 liv. piece, les perpetuanes à 13 liv. 15 s. les tapsels, à 16 liv. les bassins de cuivre à 23 s. la livre pésant, les basins à 9 liv. la piece, les bouges à 25 s. la livre pésant, les chapeaux à 8 liv. piece, le cristal à 6 liv. la livre pésant, le contreborde à 25 s. l'eau-de-vie à 20 s. le pot, le fer en barre à 3 liv. 10 s. les rassades à 10 s. la livre, les platilles à 4 liv. 10 sols la piece, la poudre à 50 liv. le quintal, les couteaux à 2 liv. 5 s. la douzaine, les pierres à fusil à 1 liv. 10 s. le millier, les pipes à tabac à 20 s. la grosse, le poivre ou grabeau à 10 s. la livre, & le tabac pareillement à 10 sols.

Ensorte que le total du prix de ces marchandises pour la traitte de 612 Noirs, revient à 49581 livres.

ARDES, petit Royaume d'Afrique vers les côtes de Guinée, où les Hollandois font un commerce assez considérable, la traitte des esclaves n'y étant pas mauvaise.

Lorsqu'ils arrivent sur les côtes, il sort au devant d'eux une troupe nombreuse d'habitans, qui en dansant & chantant, leur témoignent la joie qu'ils ont de les voir. Les Officiers du Roi sont à la tête de tous, & sont accompagnés de gens destinés à porter à terre les marchandises. La permission de négocier coute ordinairement pour le droit du Prince, une masse de corail fin, six habits de Chypre, trois pieces de Mourica & une piece de toile de serviettes. On donne outre cela seize bagues jaunes ou vingt coquilles aux danseurs; ces coquilles se nomment Boëje ou Buges, ce sont les Cauris des Maldives. Les porte-faix ont dix bracelets pour chaque panier plein de marchandises, outre la dépense du porteur.

Il faut aussi des présens aux enfans du Roi, au Foëlle ou Capitaine des Européans, aux Portiers du palais, & à plusieurs des Courtisans les mieux aimés du Prince.

Quand les Députés des vaisseaux ont obtenu ce qu'ils demandent, on leur donne une maison qui sert de bureau & de logement aux Commis qui font la traitte des esclaves. Quand la traitte est finie, il faut encore au Roi pour ses droits deux mousquets, vingt-cinq livres de poudre ou la valeur de neuf esclaves, en étoffes de soies; le Hongo & le Foëlle ont aussi une piece de taffetas & de velours. Ce Hongo est celui qui a soin de l'embarquement & débarquement tant des personnes que des marchandises.

Dans les achats les payemens se font un tiers en coquilles: & le reste en marchandises qui doivent être des taffetas de Java blancs & rouges, du cuir doré, des habits de Chypre, du drap rouge à franges larges, du fer, des réchauts de cuivre rouge, des bracelets de même métail, des toiles fines, du corail rouge, des queues de cheval blanches, des bonnets de prêtre, des chapeaux noirs plats de forme & à grands bords, de la toile de Cambray, des miroirs dorés, de l'eau-de-vie, des draps rouges bordés d'or & de soie, du damas des Indes à fleurs blanches, des habits de coton, des Indiennes de soie & de l'acori ou corail bleu.

Ces marchandises ont cours non-seulement sur les côtes d'Ardes, mais encore dans celles de Benin & de Rio-Lagos.

A l'égard de l'acori quand on en veut faire commerce, outre les coutumes ordinaires on donne au Crieur quarante bracelets de cuivre jaune, vingt poulets, un chevreau, une piece de canequin & une petite piece de taffetas.

## COSTE DU ROYAUME DE BENIN.

Les Européens font peu de Commerce dans le Royaume de Benin, quoiqu'il ait plus de 150 lieues de Côte, & que les habitans en soient beaucoup moins sauvages, que les Negres de Guinée, & du reste de l'Afrique.

Les marchandises qu'on peut en tirer, sont des habits de coton rayés à leur mode, qui se débitent ensuite sur la Côte d'Or; & d'autres bleus, qui sont propres pour la traitte de la riviere de Gabon, & sur celle d'Angola; de pierres de jaspe; des femmes esclaves, car ils ne veulent pas vendre des hommes; des peaux de leopard, du poivre, & de l'acori, qui est une espece de corail bleu, qui croît dans l'eau sur un fond pierreux, en forme d'arbre.

On leur donne en échange, des étoffes d'or & d'argent, des draps rouges, & de l'écarlatte, du velours rouge, du fleuret violet, des étoffes d'Harlem, fort gommées, & à fleurs; des pendans d'oreilles de verre rouge, des miroirs à bordure dorée, de la rassade, des bouges, du corail fin, des pots de terre à boire rayés de rouge, de toute sorte de coton fin, de la toile, des oranges, des limons, & autres fruits verds confits, des bracelets de cuivre jaune du poids de cinq onces & demie; de la lavande, & des barres de fer.

Les Hollandois sont presque les seuls qui entretiennent commerce avec ces peuples; & il n'y a qu'eux des Nations d'Europe, qui ayent un magasin sur leurs terres, que le Roi leur a permis d'établir à Gotou, grand village sur la riviere de Benin.

Il n'est pas libre à tous les Negres de traitter avec les Blancs; mais seulement à ceux à qui le Prince en accorde la permission.

Si-tôt qu'un vaisseau Chrétien a jetté l'ancre à la Côte, on en donne avis au Roi, qui députe quelques-uns de ses Officiers, & vingt ou trente Marchands pour régler la traitte.

Après les premiers complimens, les marchandises sont étalées devant ces especes de Courtiers, ou Commissionnaires: si ce sont des choses qu'ils ont coutume de voir, ils les prennent sur l'ancien pied; mais si ce sont des nouveautés, ils en fixent le prix, & souvent marchandent des mois entiers, avant que d'en convenir.

Tout ce Commerce se passe avec beaucoup d'ordre & de fidélité; n'étant permis qu'aux Marchands d'entrer dans le magasin des Européens; ce qui est défendu aux Gens de guerre, sous peine de punition.

Ce qui fait que les Nations d'Europe n'entretiennent point de commerce avec des peuples si tranquilles, &, si on l'ose dire, si polis, c'est qu'on ne trouve chez eux, ni or, ni morfil, ni cuirs, ni gomme, ni cire, ni esclaves à traitter, qui sont les marchandises pour la traitte desquelles les Nations d'Europe s'exposent souvent à de grands dangers parmi des Barbares, la plupart cruels & sans foi.

BOUTROU. Fort sur la côte de Guinée qui appartient aux Hollandois qui y ont établi leur principal Comptoir pour la traitte des Negres de cette Côte.

## CONGO.

Les Portugais, qui découvrirent ce Royaume en 1484, & qui s'y étant établis en 1491, y introduisirent le Christianisme, sont les seuls qui en font le commerce; les autres Nations ne s'arrêtant guéres sur ces Côtes, & seulement pour avoir des rafraîchissemens, qu'ils traittent avec les Negres, & pour lesquels ils donnent en échange de petits miroirs, de la verroterie, & quelques autres legeres merceries.

Le principal établissement des Portugais, est à Loanda, résidence du Viceroy; & pour ainsi dire, la Capitale de ce que les Blancs possedent dans ce Royaume.

Le Port de Loanda est vaste & beau, & l'abordage y est sûr; aussi est-ce le lieu où abordent, & d'où partent tous les vaisseaux de Portugal, soit ceux qui viennent d'Europe, ou qui y vont, soit ceux qui sont destinés pour le Bresil.

La traitte des Esclaves est le plus important Commerce que les Portugais fassent au Congo; & il est surprenant combien est grand le nombre qu'ils en envoyent tous les ans à l'Amérique, pour faire subsister les Colonies qu'ils y ont, qui ne peuvent s'en passer.

Ce qui rend ce négoce si considérable, & si lucratif, c'est que la traversée de Loanda au Bresil, se fait facilement, & qu'elle ne dure ordinairement qu'un mois, ou trente-cinq jours, & qu'en si peu de tems la mortalité est moins fréquente, que parmi les Negres que transportent les autres Nations, qui ont une plus longue course à faire.

Des cinq Provinces de Congo, qui sont, Banza, que l'on nomme San-Salvador; Bamba, Sondy, Pemba, & Sogno, il n'y a gueres que San-Salvador & Sondy, qui fournissent de bons Esclaves, au moins pour être transportés; les Negres des trois autres ne s'accoutumant jamais bien au travail, & mourant lorsqu'ils changent d'air & de sol.

Il est difficile de dire combien à Loanda, à Colombo, à San-Salvador, & dans tous les lieux de cette partie de l'Afrique, où les Portugais ont des habitations, il y a d'Esclaves qui leur appartiennent en propre. Les moins riches en ont cinquante, cent, & deux cent; & plusieurs des plus accommodés en possedent jusqu'à trois mille: y ayant même une seule Société de Religieux à Loanda, qui a la propriété de douze mille Esclaves de différentes Nations, comme Forgerons, Menuisiers, Tourneurs, Tailleurs de pierre, &c. qui presque tous rapportent à leurs Patrons un croisat par jour, du gain qu'ils font en travaillant pour le Public.

Ce n'est cependant d'aucun de ces Esclaves dont se fait le chargement des vaisseaux pour le Bresil; ceux-ci provenant de la traitte des Negres, qui ont été pris en guerre, ou vendus par le Roi, & les grands Seigneurs du Pays.

Outre les Negres, les Portugais tirent encore de Congo, du morfil, de la cire, du miel, de la civette.

San-Salvador est proprement le rendez-vous de tous les Marchands Portugais; & c'est-là qu'ils font leur plus grand Commerce. Les marchandises qu'ils y portent, sont, des étoffes d'or & d'argent, des velours, des draps d'Angleterre, des galons d'or, de la ratine noire, de petits tapis d'Angleterre, des bassins de cuivre, des cruches de terre bleue, des chapeaux, des bagues, du corail, des simbos de Lovando, des armes à feu, & des bouges, que les Habitans du Congo nomment Zimbi, qui leur servent de menue monnoie. *Voyez* ZIMBI.

Ils portent aussi de l'eau-de-vie & du vin d'Europe, dont la pipe se vend ordinairement jusqu'à cent cinquante écus; & quand il y en a cherté, jusqu'à 100000 rays, ce qui revient à 700 ou 800 livres de France.

Les Portugais de San-Salvador, de Loanda, de Colombo, &c. se servent de monnoies, de poids, & de mesures semblables à celles de Portugal; ce que ne font pas les Negres, qui aussi-bien n'en ont pas besoin, étant extrêmement pauvres, & faisant un très modique trafic entr'eux.

Dans le Commerce que les Etrangers font avec eux, ou qu'ils font ensemble, on se sert de macuttes, de birames, & de muleches, ou pieces d'Inde.

Les macuttes sont cinq empans d'une espece de toile faite de paille, dont la dixaine vaut 100 rays.

Les birames sont des pieces de grosse toile de coton faites aux Indes, de cinq aunes de long, qui coutent 200 rays la piece; & les muleches sont de jeunes Negres d'environ 20 ans, qui valent 20000 rays chacune.

C'est sur ces trois especes de monnoie de compte, que s'évalue tout ce qui se vend, ou qui s'achette dans toute l'étendue du Royaume de Congo.

A l'égard des bouges ou zimbi, les deux mille valent une macutte sur le pied évalué ci-dessus.

Il y a dans le Royaume de Congo, des mines de fer & de cuivre, dont il se fait quelque Commerce. A l'égard des mines d'argent qu'on dit qui sont dans la Province de Bamba, il ne paroît pas, ou qu'on les exploite, ou qu'on en tire un grand profit.

## ANGOLA.

Angola est de toutes les Côtes de l'Afrique, celle qui fournit aux Européens les meilleurs Negres, & en plus grande quantité, quoiqu'elle ait à peine vingt-cinq ou trente lieues d'étendue de Côtes. Il est vrai que ce Royaume s'élargit extrêmement en remontant dans les terres; & qu'il n'a gueres moins de cent cinquante lieues de longueur, & autant de largeur.

Quoique les Portugais soient extrêmement puissans dans l'intérieur du Royaume d'Angole, & que la plupart des Negres des Provinces qu'ils ont soumises, ne soient, pour ainsi dire, que les Vassaux de la Couronne de Portugal, à laquelle ils payent chaque année un tribut d'Esclaves: cependant la traitte des Negres qui se fait sur les Côtes, est toujours demeurée libre aux autres Nations d'Europe; & les François, Anglois, & Hollandois, y envoyent tous les ans un assez grand nombre de vaisseaux, qui enlevent plusieurs milliers de ces pauvres malheureux, & qui les transportent dans leurs Colonies de l'Amérique, ou dans celles de la domination Espagnole.

Les Portugais sont cependant ceux qui en traittent le plus; & il est étonnant qu'ils n'en ayent pas déja dépeuplé le pays; n'y ayant guéres d'années qu'ils n'en tirent jusqu'à 15000, qu'ils envoyent au Bresil.

Les villages, ou comme on les appelle dans le Royaume d'Angole, les Libattes de Cambamba, d'Embaco, & de Massingomo, sont ceux qui fournissent le plus d'Esclaves aux Marchands Portugais qui en font le négoce.

Les marchandises avec lesquelles les Marchands le payent, sont des draps à grandes lisieres, des lits de plumes rayés, des étoffes de soie cramoisi, des toiles, du velours, des dentelles d'or & d'argent, des serges noires & larges, des tapis de Turquie, du fil blanc & de toute couleur; de la soie à coudre & à piquer, du vin de Canaries, de l'eau-de-vie, de l'huile d'olive, des couteaux de Matelots, des épiceries, du sucre affiné, de grands hameçons, de grandes épingles de la longueur du doigt, & d'autres communes de divers numeros, des aiguilles, &c.

Les Portugais ont aussi une habitation à Benguela, petit Royaume qui dépend de celui d'Angole, où ils font quelque Commerce; mais ce lieu est mal-sain, & plutôt propre à être le sejour des Criminels, que le Tribunal de Lisbonne y relegue, qu'à servir de demeure à des personnes libres qui exercent le négoce.

## LOANGO, MALIMBO, & CABINDO.

La traitte des Negres, qui se fait dans ces trois endroits de la Côte d'Angole, situés par les quatre & six dégrés Sud, n'est pas une des moins considérables que les François, Anglois, & Hollandois, fassent sur les Côtes de cette partie de l'Afrique, soit pour le nombre des Esclaves qui s'y trouvent, soit pour leur bonté & leur force; les Européens les préférant à tous les autres; & les habitans des Colonies de l'Amérique les achetant toujours plus cher, comme me plus propres à soutenir le travail & les fatigues de la culture & fabrique du sucre, du tabac, de l'indigo, & des autres ouvrages pénibles auxquels on a coutume d'employer ces misérables.

A Loango de Boirie, la traitte se fait par macoutes & par cent : chaque macoute vaut dix, & il faut dix macoutes pour un cent.

Pour faire ce compte, on convient avec les Marchands d'Esclaves, du nombre de macoutes que chaque espece de marchandises doit valoir : par exemple, deux couteaux Flamands s'estiment une macoute ; une annabasse, trois ; un bassin de cuivre de deux livres pésant, & de douze pouces de diametre, aussi trois ; un fusil, trente ; un baril de poudre de dix livres pésant, pareillement trente ; une piece de salempouris bleu, cent vingt macoutes, que les Negres comptent douze cent ; & ainsi du reste.

Ce prix des marchandises convenu, on convient ensuite de celui des Esclaves, qui se fait par 100 ; de sorte que si l'on achette un Negre, piece d'Inde 3500, il faut donner 350 macoutes de marchandises, suivant l'estimation précédente.

Il faut remarquer, qu'il paroît que l'on paye au Roi ou à la Reine, les Esclaves un peu moins cher qu'aux Particuliers ; à cause que les salempouris bleus, qu'on évalue 1200 aux Marchands ordinaires, ne valent pour le Roi ou la Reine, que 600 ; ce qui se fait aussi de quelques autres marchandises ; mais cependant cela revient à peu près à la même chose.

Le prix des Negres se fixe autrement à Malimbo & à Cabindo : on y compte par pieces ; ce qui est plus facile que le compte par macoutes, mais qui pourtant n'est pas différent dans le fond ; chaque sorte de marchandise s'évaluant à tant de pieces.

Lorsque les vaisseaux de la Compagnie Françoise de l'Assiente y allerent pour la premiere fois, dix annabasses valoient une piece ; un fusil, une piece ; un baril de poudre, une piece ; une piece de salempouris, quatre ; dix bassins de cuivre, une ; une piece de toile indienne, une ; une nicannée, une ; & ainsi du reste : de sorte que le prix d'un Esclave étant alors de douze pieces, on en donnoit le nombre de marchandises ci-dessus spécifiées, ou d'autres à proportion.

On entrera plus bas dans un détail plus circonstancié de l'évaluation des marchandises d'Europe en pieces. *Voyez ci-après les Coutumes qui se payent à Calimbo & Malimbo.*

La mesure des longueurs dont on se sert à Loango, s'appelle Pau. Il y en a de trois sortes : le pau de la Reine, qui a vingt-huit pouces, & s'évalue à trois macoutes : le pau des Fidalgues, qui est de vingt-quatre pouces : & celui des Particuliers, qui est de seize & demi. On en parle ailleurs. *Voyez* PAU.

Les coutumes de ces trois lieux, c'est-à-dire, les droits que l'on paye, pour avoir permission de faire la traitte, ne sont pas sur le même pied ; celles de Loango étant un peu plus fortes que celles de Malimbo & de Cabindo. A l'égard des marchandises, les mêmes especes sont propres pour les trois endroits. On donnera dans la suite un état de ces coutumes.

Outre les coutumes, qui sont des droits convenus, on fait aussi des présens aux Rois ou Princes Negres de la Côte, pour en avoir audience ; & il est établi de ne pas paroître devant eux, sans leur présenter quelque chose.

Les présens que la Compagnie de l'Assiente fit en 1703, pour avoir cette audience de la Reine de Loango, furent dix annabasses, une cannevette d'eau-de-vie de neuf pots, & un pau & demi de drap rouge.

On fait pareillement des présens aux Fidalques, ou Seigneurs : ils étoient alors trois, & ces présens furent pour eux trois, quinze annabasses, une cannevette d'eau-de-vie de neuf pots, & un pau & demi de drap rouge.

### *Coutumes qui se payent à Loango.*

Les coutumes qui se payerent dans la même année 1703, furent de cinq sortes ; les unes pour la Reine ; les autres pour les Fidalques ; une troisiéme pour la Mere du Roi, & au Fils du Roi ; d'autres pour le Capitaine de la Côte, & une cinquiéme pour l'Interprete.

Les coutumes de la Reine furent réglées à quarante annabasses, deux pieces de baffetas bleus, deux barils de poudre, trente bassins de cuivre, deux cannettes d'étain, autant de terre, trente-six cadenats, quarante-huit couteaux, deux cannevettes d'eau-de-vie, de neuf pots chacune ; trois paux de drap rouge, autant de bleu, deux fusils, vingt-quatre grelots, quatre miroirs à bordure noire, deux nicannées, deux plats d'étain, quatre livres de rassade noire, deux sabres, deux pieces de salempouris blancs, autant de tapsels & de toiles peintes, & deux trompettes ; ce qui, suivant la maniere de compter des Negres, revenoit à dix ou onze mille, c'est-à-dire, à 1100 macoutes.

Les coutumes des trois Fidalques monterent environ à 22 ou 23000, qui fut pour chacun 7500, qui réduites en macoutes, valoient 750 macoutes.

L'Interprete eut environ 3000, ou 300 macoutes.

La Mere du Roi, & le Fils du Roi, 2800, ou 280 macoutes ; & le Capitaine Manabaza, Commandant de la Côte, environ la moitié ; ce qui revient à 1400 ou 140 macoutes.

Outre ces grandes coutumes, il y a encore une petite coutume, ou présent, qui consiste en une annabasse, & deux couteaux, que l'on donne à chaque Marchand qui amene les Esclaves.

Toutes ces coutumes se payent en marchandises évaluées en macoutes.

C'est aussi en macoutes que se regle le prix des Esclaves ; & dans la traitte de 1704, on étoit convenu de celui des Captifs de la Reine, & de Macoude son principal Favori, à 2500 les Négres piece d'Inde, à 2230 les Négresses aussi piece d'Inde, & les Négrillons & Négrillonnes à proportion, c'est-à-dire, les uns à 250, & les autres à 230 macoutes.

A l'égard des Esclaves qu'on traitte avec les Marchands particuliers, le prix n'en est pas fixe, & l'on en donne le moins de macoutes qu'on peut.

### *Coutumes qui se payent à Cabinde, & présens qui s'y font.*

Ces coutumes sont plus ou moins fortes, suivant qu'on y vient traitter plus ou moins de Négres. Ainsi pour les fixer sur un pied en quelque sorte certain, on va donner ici un état pour la traitte de 500 Captifs.

Quand on descend à terre, & qu'on va voir le Roi pour la premiere fois, son présent est de dix paux de drap rouge, à raison de trois quarts d'aune de France le pau.

Ses coutumes sont 20 annabasses, 20 bassins, 2 pieces de salempouris bleus, 2 fusils, 2 sabres, deux cannevettes d'eau-de-vie de 9 flacons, 2 pieces de nicannées, 2 tapsels, 2 pieces de toile peinte, 2 de bourg, une de toile blanche, 2 douzaines de couteaux, 2 douzaines de cadenats, 2 douzaines de grelots, deux cannettes de terre de Hollande, 2 miroirs à coulisse, 2 barils de poudre de 9 à 10 liv.

Le présent pour Mambouck, premier Capitaine, ou Ministre, n'est que la moitié de celui du Roi. Ses coutumes sont les mêmes, avec cette seule différence, qu'on ne lui donne qu'une demie piece de salempouris, & une demie piece de toile blanche; mais pour l'égaler en quelque sorte, on y ajoute 2 masses de rassade.

Le second Capitaine, ou Lieutenant de la Côte, qu'on nomme autrement Mafougue, n'a que la moitié des coutumes du premier. A l'égard du présent, il est ordinairement égal.

Machingue, autre Capitaine, n'a pareillement que la moitié des coutumes de Mafougue, en bassins, en annabasses, en salempouris, & autres toiles de couleur; mais il a autant des autres marchandises, c'est-à-dire, une douzaine de couteaux, une masse de rassade, un miroir, une cannevette d'eau-de-vie, une cannette de terre, un fusil, un sabre, un baril de poudre, une douzaine de grelots, & une piece de toile blanche. Son présent est de deux paux de drap rouge.

Les coutumes de Mallambelle, qui est le dernier des Officiers du Roi de Cabindo, à qui l'on en paye, sont en tout semblables à celle de Machingue. Il a le même présent.

Le Secretaire du Roi n'a ordinairement, tant en coutumes, qu'en présens, qu'une demie-piece de bourg, & un demi pau de drap rouge.

On paye pour le bois, que les Négres fournissent au vaisseau pendant la traitte, la valeur d'un Captif évalué suivant qu'ils sont plus ou moins rares depuis 10 jusqu'à 15 pieces; & pour le service des Négres environ 20 annabasses.

Il faut remarquer que sur cette Côte, les Négresses valent par tête deux pieces moins que les Négres. Pour les Négrillons & Négrillonnes, ils se payent à proportion de leur âge.

Les Hollandois estimoient que toutes les coutumes qu'ils payoient, & les présens qu'ils faisoient à Cabindo, leur revenoient autrefois à 700 florins: présentement il faut compter sur un quart ou un tiers d'augmentation.

*Coutumes & présens de Malimbo.*

Lorsque les vaisseaux de la Compagnie Françoise de l'Assiente firent leur traitte en 1703, 1704, & 1712, ils payerent aussi quatre sortes de coutumes; sçavoir, au Roi, à Mafougue, au Manbouck, & au Mangos. Ces trois derniers sont les principaux Capitaines, ou Officiers du Roi Négre.

Ces coutumes, sur le pied d'une traitte de deux cent Captifs, furent pour le Roi, 10 annabasses, 10 bassins, 2 pieces de salempouris, 2 de tapsels, & 2 de toile peinte, 2 sabres, 2 paux de drap rouge, 2 masses de rassade, 1 douzaine de cadenats, 1 douzaine de couteaux, 2 cannettes de terre, 1 fusil, 1 baril de poudre, 1 cannevette d'eau-de-vie de 9 flacons. On donna aussi au Prince Négre, un fauteuil garni d'étoffe pour présent.

A l'égard des coutumes des trois Capitaines, elles furent semblables, & revenoient à la moitié de celles du Roi, à la réserve qu'ils eurent aussi-bien que lui, 1 douzaine de couteaux, 1 baril de poudre, & 1 fusil. Ils eurent même de plus une piece de nicannée.

Le Secretaire, autrement le Mallambelle, eut une demie piece de salempouris bleu, & une demie piece de nicannée.

On en donna aussi autant à deux jeunes Fils de Mafougue, & d'un autre Capitaine.

On ne dira rien ici de particulier des coutumes qui se payent, & des présens qui se donnent à Manabaza, autre lieu de la Côte, où il se traitte aussi des Négres; tout y étant sur le pied de la traitte qui se fait à Cabindo, dont on a parlé ci-dessus.

On a déja remarqué que la traitte des Négres se faisoit à Cabindo & à Malimbo, sur le pied d'une espece de monnoie de compte, que l'on nomme Piece; & l'on y a expliqué la maniere d'en faire la réduction. L'on va présentement donner l'évaluation qu'on a promise, de toutes les marchandises d'Europe pour ces deux lieux des Côtes d'Afrique, réduites en pieces.

*Prix & évaluation des marchandises, tant pour Cabindo, que pour Malimbo.*

| | | |
|---|---|---|
| 1 Piece de Salempouris bleu vaut, . | 3 | Pieces. |
| 1 Piece de Tapsel, . . . | 2 ½ | |
| 1 Piece de Toile peinte, . . | 2 ½ | |
| 1 Piece de Nicannée, . . . . | 2 | |
| 10 Annabasses, . . . . | 1 | |
| 10 Bassins de cuivre, . . . | 1 | |
| 1 Fusil, . . . . . | 1 | |
| 1 Sabre, . . . . . | ½ | |
| 1 Masse de Rassade de 3 liv. ½, . | ½ | |
| 1 Gamelle d'étain de 3 liv. . . | ½ | Pieces. |
| 1 Cannette d'étain, d'une pinte & demie, | ½ | |
| 1 Plat d'étain de 4 liv. . . | ½ | |
| 1 Plat d'étain de 2 liv. . . | ¼ | |
| 2 Assiettes d'étain, . . . | ½ | |
| 1 douzaine de cuillieres d'étain, . | ⅛ | |
| 2 Cannettes de terre, . . . | ¼ | |
| 1 Miroir pliant, . . . . | ⅜ | |
| 1 Miroir à coulisse, . . . . | ¼ | |
| 1 douzaine de Couteaux Flamands, . | ¼ | Pieces. |
| 1 douzaine de Grelots, . . . | ¼ | |
| 1 douzaine de Cadenats, . . . | ½ | |
| 1 Baril de poudre, . . . | 1 | |

Au reste, ni les marchandises, ni les Négres ne sont pas tous sur le même pied dans ces trois lieux de traitte; c'est-à-dire, à Loango, Cabindo, & Malimbo; & en 1712, que les vaisseaux de l'Assiente y firent leur derniere traitte, les Négres ne voulurent recevoir les marchandises, qu'à un quart de diminution de ce qu'elles avoient été estimées dans les traittes précédentes: ce qui pourtant ne doit s'entendre que des toiles; les fusils, & les autres marchandises, ayant toujours valu leur ancien prix.

Pour un plus grand éclaircissement sur la traitte qui se fait à Loango, Cabindo, & Malimbo, on va donner ici une cargaison Françoise des marchandises nécessaires pour y traitter 600 têtes de Négres; à quoi on ajoutera ensuite une cargaison Hollandoise pour la même Côte, & pour celle de Rio-Réal, à la Côte de Guinée.

*Cargaison Françoise pour la traitte de 600 têtes de Négres sur la Côte d'Angole.*

| | | | |
|---|---|---|---|
| Annabasses, pieces, | 7000 | feront | 60 Négres. |
| Baffetas, ou Salempouris bleus, . | 800 | . . . | 266 |
| Barils de poudre, . | 600 | à 10 lib. | 50 |
| Bassins de cuivre, . | 6000 | . . . | 51 |
| Canettes d'étain, . | 300 | . . . | 8 |

| | | |
|---|---|---|
| Canettes de terre, | 500 . . . | 4 Négres. |
| Cadenats à quatre resforts, | 100 douzaines, | 4 |
| Couteaux Flamands, | 300 douzaines, | 7 |
| Cannevettes à flacons, | 30 . . . | |
| Corail, | 4 lib. | 2 |
| Eau-de-vie, | 4 bariques, | |
| Etoffes de soie, | 12 aunes, | 1 |
| Drap rouge, | 36 . . . | 7 |
| Drap bleu, | 72 . . . | 9 |
| Fusils à gros calibre, | 600 . . . | 50 |
| Miroirs plians, | 20 douzaines, | 6 |
| Miroirs à coulisses noires, | 150 douzaines, | 15 |
| Nicannées, | 100 pieces, | 20 |
| Plats d'étain, | 300 . . . | 8 |
| Rassade noire, semence, | 300 . . . | |
| Sabres, | 300 . . . | 8 |
| Salempouris blanc, | 100 pieces, | 33 |
| Tapsels, | 40 . . . | 9 |
| Toiles peintes de sept aunes, | 400 pieces, | 66 |
| Trompettes, | 8 douzaines, | 8 |
| Tabac, | 200 lib. | |
| Pipes à fumer, | 20 grosses, | |
| Total des Négres, . . . | | 686 Négres. |

Le surplus des marchandises au-delà de 600 Négres, aussi-bien que celles qui ne sont pas tirées en ligne dans l'état, servent à traiter du morfil, à payer les coutumes, à faire les présens, à se rédimer des palabres ou avanies, à traitter des vivres pour l'équipage du vaisseau, & pour les Négres, & autres faux frais qu'on est obligé de faire pendant le séjour de la traitte.

Ces faux frais sont pour le portage des hamacs, pour le transport des marchandises du navire à la case du Comptoir, pour le port & la charge des vivres, pour la construction des cases, pour la tapade ou garde que les Négres font autour des cases, pour la nourriture des Négres Serviteurs du Comptoir; pour les Serviteurs du Roi, qui vont en guerre chercher des Esclaves; pour les Joueurs d'instrumens, & beaucoup d'autres semblables.

### *Cargaison Hollandoise pour la Côte de Guinée, & celle d'Angole.*

Cette cargaison ne contient pas seulement la quantité & la qualité des marchandises propres pour la traitte des Négres sur les Côtes de Guinée & d'Angole; mais explique encore de quels bâtimens il est plus à propos de se servir, l'équipage qui doit les monter, les gages de l'équipage, & les victuailles nécessaires, tant pour les Européens, que pour les Négres.

Les bâtimens les plus convenables pour ces Côtes, sont ceux de 200 lestes, montés de 60 hommes, si c'est une pinasse, & de 50, si c'est une flute.

Les victuailles pour ce nombre de Matelots, pour 13 ou 14 mois, sont;

60 sacs de gruau.
60 sacs de pois gris.
80 sacs de pois blancs.
50 barils de viande.
15 barils, ou 10 seipponts de lard fumé, le seippont pesant 300 livres.
6 barils de beurre.
4 poinçons, ou deux pipes d'huile.
250 fromages.
8000 livres de pain dur: c'est du biscuit.
300 pain mollets, de demie-livre piece.
8000 livres de poisson sec.
60 bariques de biére.
300 pipes d'eau avec des cercles de fer.
200 livres de chandelle, moitié cire.
Un demi-tierçon d'huile de baleine pour la lampe.

Pour la graine de moutarde, pierre à broyer moutarde, plats, écuelles, lanternes, enseignes, compas, chauderons pour la cuisine, chanvre, mousse, vinaigre, & autres menues choses nécessaires pour le vaisseau & l'équipage, 1200 liv.

Pour les gages des Matelots, sur le pied de 60 hommes, par mois environ 900 liv.

### *Victuailles pour 600 Négres.*

14 lests, ou 152 sacs de gruau.
8 lests de féves.
4 pieces d'eau-de-vie, y compris ce qu'il en faut pour l'équipage.
1 botte de vin d'Espagne.
1 ou 2 pipes de prunes pour les purger.
300 livres de tamarins, pour le même usage.
2 chauderons, contenant 16 tierçons d'eau chacun, pour faire cuire leurs féves & gruau.

### *Marchandises pour Rio-Réal.*

Bagnes de cuivre, grises ou brunes, non polies; 32000 livres, à 40 ou 45 francs le cent.

6000 livres de cuivre en barre, à 56 ou 60 francs le cent.

300 barres de fer, d'environ 50 à 55 s. la barre.

### *Marchandises pour Loango & Malimbo.*

Du drap d'écarlatte, avec les lisieres larges.
Du drap bleu à quatre plombs.
Du drap jaune, mais peu.
Des toiles blanches de Silesie.
Des annabasses en pieces, & en demies-pieces.
Des légatures à fleurs noires.
De la rassade noire.
Des bassins grands & petits.
Des sonnettes & grelots.
Des fusils & de la poudre.
Et beaucoup d'eau-de-vie.

La dépense de cette cargaison, soit pour Guinée, soit pour Angole, non compris l'achat du vaisseau, peut monter à 40 ou 45000 liv. monnoie de Hollande, plus forte d'un cinquiéme que la livre de 20 sols de France.

Comme c'est à Angole que finit la traitte des Négres, que les Européens transportent à l'Amérique, dans les différentes Colonies qu'ils y ont, il est à propos de remarquer, qu'aussi-tôt que la traitte est finie, il ne faut point différer de mettre à la voile, de peur que les Négres ne s'attristent à la vûe de leur Pays, & qu'il faut les entretenir & fort propres & fort gais. On entre ailleurs dans un plus grand détail de la maniere de gouverner ces malheureux Esclaves pendant la traversée des Côtes d'Afrique en Amérique. *Voyez* NEGRES.

ACKRAM, Ville d'Afrique sur les Côtes de Guinée. La Ville d'Ackram n'est pas loin de Bregu, où les François vont souvent faire la traitte de diverses marchandises. Les Portugais y avoient autrefois un fort d'où ils ont été chassés par les Négres.

Le principal trafic consiste en poudre d'or, pour

laquelle on donne en échange des draps teints en rouge, des chaudieres, des bassins, des chaudrons, & autres ustenciles de cuisine de cuivre.

Boke-Meale, Province ou Royaume d'Afrique, située au Nord-Est de celui de Lovango dont il est tributaire.

On croit que cette Province est à plus de 150 lieues de la côte, à cause que les Négres de ce Royaume que le trafic y attire, ont coutume d'employer plus de trois mois à leur voyage.

La plupart de l'yvoire que les habitans de Lovango vendent aux Européens vient de Boke-meale; ils l'échangent ordinairement contre du sel qu'ils y envoyent dans des paniers que leurs esclaves portent sur leur tête. On y traitte aussi de grands couteaux de Majaniba, de petits pots à boire, de l'huile palme, & des lits de plumes qu'on échange contre des pieces d'étoffes qu'on nomme Libongos.

## COMMERCE DES COSTES D'AFRIQUE, DEPUIS LE CAP DE BONNE-ESPERANCE, JUSQU'A L'ENTRE'E DE LA MER ROUGE.

Les Portugais découvrirent le Cap de Bonne-Espérance en 1487; & les Hollandois en prirent possession, & s'y établirent en 1653, après qu'il eut resté près de deux siécles comme en commun à tous les Européens.

Par cet établissement, le plus considérable qu'ils ayent sur les Côtes d'Afrique, ils ont ôté aux autres Nations de l'Europe, qui font le Commerce des Indes Orientales, un lieu commode de rafraîchissement; & se sont assurés pour eux-mêmes un entrepôt, sans lequel il est difficile de faire heureusement une si longue navigation.

Le Commerce qu'on y fait avec les Naturels du Pays, est peu considérable, ou pour mieux dire, il ne s'y en fait aucun; les Hotentots étant les plus misérables, les moins intelligens, & les plus paresseux de tous les Négres, qui habitent la Côte des Cafires, où ce Cap est situé.

Mais les Hollandois ne laissent pas d'y faire un bon négoce avec les navires qui y relâchent, à qui ils vendent toutes sortes de rafraîchissemens à un prix assez raisonnable, & cependant avec de grands profits, par la grande quantité de nourritures qu'ils font de vaches, de moutons, de chévres, & de cochons, & par les fruits excellens qu'ils recueillent dans les beaux jardins qu'ils ont planté au pied du Fort qu'ils y ont élevé, contre les Ennemis du dedans & du dehors.

## SOFALA, & MONOMOTAPA.

Le Royaume de Sofala est riche en mines d'or & en morfil; & ce sont ces deux précieuses marchandises, qui y attirent les Etrangers, & qui y entretiennent le Commerce.

Les Arabes sont les premiers, à ce qu'on croit, qui y sont venus trafiquer: quelques-uns néanmoins prétendent que Salomon, & Hiram Roi de Tyr, y envoyoient leurs vaisseaux; & que cette partie de l'Afrique, est cette célébre Ophir, dont les Sçavans ont tant de peine à fixer la véritable situation.

Les Portugais s'y établirent vers la fin du quatorziéme siécle; & obtinrent même en 1500 la permission d'élever un Fort assez près de la Capitale, dans lequel ils n'ont que des Facteurs; faisant leur principal Commerce dans ce Fort bâti sur le bord de la Quama, où ils ont leur magasin des marchandises d'Europe, qu'on leur envoye de Mosambique.

Les mines d'or les plus riches de ce Royaume, sont celles de Sofala, d'où l'on en tire chaque année (si pourtant on s'en doit fier à ce qu'en disent les Négres,) plus de deux millions de mérigaux, qui à 14 liv. monnoie de France, le mérigal, montent à plus de 28000000 de livres.

Ces richesses se partagent entre les Portugais, qui sont les seuls des Européens, qui fassent le négoce de Sofala; les Arabes, sur tout ceux de Zidem & de la Mecque; & les Mahometans de Quihoa, de Monbase, & de Melinde.

Ces derniers y viennent dans de petits bâtimens, qu'ils nomment Zambucs, & y apportent des étoffes de coton blanches & bleues, des draps de soie, de l'ambre gris, & du *succinum*, ou ambre jaune & rouge, diversement taillé.

Le négoce des Arabes va à plus de deux millions par an; échangeant diverses sortes de marchandises, qu'ils tirent des Indes Orientales, & de la Mer Rouge, contre de l'or, & de l'yvoire.

A l'égard du Commerce des Portugais, il se fait par ceux de cette Nation, qui sont établis à Mosambique, qui y envoyent les denrées d'Europe, qui y sont propres; sur lesquelles ils font un profit si extraordinaire, que les seuls droits du Gouverneur se montent à près d'un million par an, sans compter la paye des troupes Portugaises, qui sont entretenues sur le produit de ce négoce; non plus que le quint, ou tribut, qu'on envoye chaque année au Roi de Portugal, qui est très considérable.

Il ne se consomme dans le Royaume de Sofala, que la moindre partie des marchandises que les Etrangers y apportent; le reste passant au Monomotapa, où les Sofalois les échangent contre de l'or, qu'on leur donne sans péser; ces peuples ne se servant pas de poids; & faisant, pour ainsi dire, un Commerce arbitraire, & qui dépend du caprice du Vendeur & de l'Acheteur.

Sofala est de la concession de la grande Compagnie des Indes, établie en France en 1719. *Voyez l'article des* Compagnies.

Le Royaume de Monomotapa étant assez avant dans les terres, & aucune de ses Provinces n'étant voisines de la mer, les Etrangers, & particuliérement les Européens, n'y font directement aucun négoce.

Il est vrai que les Portugais y ont quelque établissement; mais le négoce y a moins de part que la Religion: aussi tout ce qu'ils tirent d'or, de morfil, & de plumes d'autruche, (qui sont les principales marchandises que fournisse cette vaste partie de l'Afrique, que quelques Géographes, mais ce semble sans beaucoup de fondement, étendent depuis le Cap de Bonne-Espérance jusqu'à la Mer Rouge,) passent, comme on l'a dit ci-dessus, par les mains des Sofalois.

L'or du Monomotapa est de deux sortes: l'un se tire des mines; & l'autre se trouve dans le gravier des rivieres. Il s'en recueille chaque année en si grande quantité, & les Marchands de Sofala en font un si riche négoce en échange des étoffes de l'Asie & de l'Europe, qui viennent des Arabes & des Portugais, que ces derniers appellent communément le Prince à qui le Monomotapa est assujetti, l'Empereur de l'or.

## MOSAMBIQUE.

Les Portugais sont les seuls Européens, qui ayent des établissemens dans le Royaume de Mosambique,

& qui y fassent le Commerce : les Arabes cependant le partagent avec eux, quoique les premiers fassent leur possible, pour les y troubler, afin de se le conserver tout entier.

Les habitations Portugaises qui sont le long de la Côte, sont considérables, & toutes soutenues par de bons Forts, ou du moins par des maisons de défense, qui leur servent de magasins pour le négoce, & de sureté contre les Naturels du Pays, qui sont également perfides & lâches.

Mais le centre de leur Commerce dans ces quartiers-là, est l'Isle de Mosambique, située par les 15 dégrés de latitude Sud, à une grande demie lieue du continent; ayant dans cette Isle une Ville commode & bien fortifiée, qui est le séjour ordinaire du Gouverneur Général, & des plus riches Marchands.

Cette Isle & son Port sont aux vaisseaux Portugais qui font le voyage des Indes, ce qu'autrefois étoit aux François l'Isle de Madagascar, & ce qu'est présentement aux Hollandois le Cap de Bonne-Espérance, & l'Isle Sainte-Helene aux Anglois, c'est-à-dire, un lieu d'entrepôt & de rafraîchissement.

Les Hollandois tenterent deux fois de s'emparer du Commerce de Mosambique au commencement du dix-septiéme siécle; l'une en 1604, & l'autre en 1607; mais les Portugais, pour lors unis aux Espagnols, firent une si belle défense, que les escadres Hollandoises furent contraintes de se retirer à demi ruinées, quoique pourtant avec un riche butin, trouvé sur plusieurs caraques Portugaises, dont ils se rendirent maîtres : malheur qui fut peut-être avantageux à ces nouveaux Navigateurs des grandes Indes; puisque depuis ils établirent leur entrepôt au Cap de Bonne-Espérance; qui le cédant à Mosambique pour le négoce, l'emporte néanmoins de beaucoup par la commodité de sa situation, pour le rafraîchissement des flottes marchandes, soit en allant aux Indes, soit en revenant, ainsi qu'on l'a déja remarqué.

Le Commerce qui se fait avec les Habitans de Mosambique, consiste en or, qu'ils tirent du fond des rivieres, ou des mines; en argent qui s'y fouille pareillement en quelques endroits; en ébéne, qui prend très bien le poli, & dont leurs forêts sont pleines; en yvoire, qui s'y trouve plus abondamment qu'en aucun lieu d'Afrique, tant les éléphans y sont communs, & en grand nombre; en Esclaves, qu'ils prennent à la guerre, ou qui sont des Vassaux du Roi, & des grands Seigneurs, qui en disposent, & les vendent suivant qu'il leur plaît; en nattes, que font les Négres, & qu'on envoye à Goa, où elles sont fort estimées; enfin, en toutes sortes de rafraîchissemens, tels que sont, du gros bétail, des poules d'Inde, quelques venaisons, de la biére de ris, du vin de palme, des fruits, & des légumes.

Les marchandises qu'on leur donne en échange, sont, du vin d'Espagne, ou des Canaries; de l'huile; diverses étoffes de soie, de laine, ou de coton; & du corail, partie brut, & partie taillé, que l'on trouve toujours en abondance dans les magasins des Portugais, qui sont le long de la Côte, ou qu'ils vont porter eux-mêmes dans de legers batteaux à Senna, & autres lieux considérables du Royaume.

Lorsque les marchandises d'Europe arrivent à Mosambique sur les vaisseaux Portugais, elles sont taxées à un certain prix par le Facteur du Roi, qui ensuite les envoie à Chilimani, qui est à l'embouchure de la Senna, où l'on ne va qu'avec des galiotes, & de petites pataches, à cause des séches, & du peu d'eau.

De Chilimani les marchandises remontent la riviere sur des almandies, ou petites barques; ce qu'on ne fait qu'en dix jours, quoiqu'il n'en faille que cinq pour la descendre.

C'est dans le Port d'une petite Ville Portugaise, qui est au haut de la Senna, que les Caffres & les Noirs viennent des Royaumes & des Provinces méditerranées de l'Afrique, quelquefois éloignées de trois ou quatre mois de chemin, acheter, ou recevoir à crédit, les marchandises des Portugais, pour une certaine quantité d'or dont ils conviennent, & qu'ils ne manquent jamais de rapporter fidélement.

Ce négoce donne ordinairement cent pour cent; & c'est proprement le Perou & le Chilly des Portugais; l'or y étant si commun, que les ustenciles de cuisine, les clouds, & autres choses semblables, servant au ménage, ont coutume de s'en fabriquer, dans les Pays seulement éloignés des Côtes d'un mois de chemin.

C'est aussi de l'Isle de Mosambique que partent les petits bâtimens dans lesquels les Portugais font le Commerce de Sofala, où, comme on a déja dit, ils ont un bon Fort, dont le Gouverneur n'est que le Lieutenant de celui de Mosambique.

## MELINDE.

Le Commerce de la Côte & du Royaume de Melinde, qui est le dernier endroit depuis le Cap de Bonne-Espérance jusqu'à l'entrée de la Mer Rouge, où les vaisseaux d'Europe abordent pour trafiquer, est presqu'entiérement entre les mains des Portugais, qui ont un grand établissement dans la Capitale; & qui ont eu même le crédit d'y bâtir jusqu'à dix-sept Eglises, bien que le Roi en soit Mahométan.

Les Naturels du Pays ne laissent pas cependant de faire eux-mêmes, & sur leurs propres vaisseaux, quelque négoce dans la Mer Rouge, & fréquentent assez souvent les meilleurs Ports de l'Arabie.

On voit aussi de leurs bâtimens dans la mer des Indes, particuliérement à Cambaye, Ville maritime des Etats du Grand Mogol; mais avec tout cela, & quoique les Arabes & les Indiens viennent quelquefois apporter des marchandises à Melinde, c'est proprement par les mains des Portugais que passe tout ce Commerce, qui n'est gueres moins considérable que celui de Mosambique.

L'or, l'yvoire, le cuivre, le vif-argent, toutes sortes d'étoffes de soie & de coton d'Europe & des Indes; diverses toiles peintes, particuliérement des mouchoirs de Cambaye; des épiceries, du ris, & d'autres semblables légumes ou fruits, sont les principales marchandises, ou que les Etrangers apportent à Melinde, ou qu'ils en tirent des Naturels du Pays.

Ces derniers sont fort entendus dans le négoce; & il s'en trouve parmi eux qui font de grands profits, particuliérement avec les Portugais; avec qui non-seulement ils trafiquent, mais auxquels ils servent aussi de Courtiers, & dont ils tirent un droit de courtage très considérable.

Ce seroit ici le lieu de parler du Commerce qui se fait sur les Côtes de la Mer Rouge, qui appartiennent à l'Afrique : mais comme les Côtes de cette mer, qui sont de l'Asie, offrent un objet de négoce bien autrement considérable que celles d'Afrique, on ne traitera des unes & des autres, que lorsqu'on parlera de celui de l'Asie, ainsi qu'on s'y est engagé au commencement de cette section, destinée au Commerce de l'Afrique.

L'on a peu de chose à dire du Commerce que les Européens font, ou peuvent faire avec ce nombre infini de Nations barbares, qui occupent les parties méditerranées de l'Afrique, puisqu'outre qu'elles leur sont presqu'entiérement inconnues, ce ne peut gueres être que par le moyen des Habitans des Côtes, que l'on traitte avec elles, & qu'on en puisse tirer les marchandises qui croissent & qui se trouvent dans leur Pays; & c'est ce qu'on a déja rapporté, quand l'occasion s'en est présentée, ainsi qu'on le peut voir aux endroits de cet article, où il est parlé du Commerce de Maroc, & de celui du Senegal, de Gambie, & de quelques autres Côtes de l'Afrique.

Il ne faut pas cependant mettre les Abissins au nombre de ces Nations Afriquaines, dont les Européens ont si peu de connoissance; & la réputation de ce vaste Empire mérite qu'on n'en oublie pas le Commerce, particuliérement celui que les Portugais de Goa, de Mosambique, & de Melinde, y entretiennent, ou que font les Abissins eux-mêmes avec les différens peuples dont ils sont voisins.

## ABISSINIE, ou EMPIRE DU PRESTE-JEAN.

L'Abissinie, plus connue des anciens Géographes sous le nom de Haute Ethiopie, produit toutes les marchandises qui seroient propres à entretenir un Commerce considérable, soit au dedans, soit au dehors, si la paresse naturelle de ses Habitans, ne les empêchoit de profiter de leurs avantages.

Plusieurs des Auteurs qui ont tâché de découvrir & de fixer la situation de la célébre Ophir, ont crû la reconnoître dans les vastes & riches Etats de ce fameux Empire; & quelques-uns n'ont point fait de difficulté d'assurer, que le mot d'*Ophir* étoit un terme général, qui comprenoit toute la Côte Orientale d'Afrique, depuis le Tropique du Cancer jusqu'à l'Océan; ce qui renferme non-seulement les Côtes de l'Arabie, mais encore toutes celles qui s'étendent au dessus de l'Egypte, vers le Midi, où les Géographes modernes placent le plus communément l'Abissinie, plus connue sous le nom d'Empire du Prête-Jean.

Quoi qu'il en soit de cette opinion, il est certain que l'Empire d'Ethiopie est présentement d'une très vaste étendue, & qu'il seroit un des plus riches du monde, si ses peuples sçavoient profiter des trésors, ou qui sont cachés dans le sein de leurs terres, abondantes en toutes sortes de métaux, ou que la fertilité de son sol leur offre presque sans aucun travail.

L'Empire d'Ethiopie, dont les confins du côté du Nord sont au dixiéme dégré de latitude septentrionale, est composé de plusieurs Royaumes, particuliérement de l'Abissinie proprement dite, dans laquelle est la Ville Impériale, & le séjour de l'Empereur; du Royaume de Tigré, divisé en vingt-quatre Principautés, ou Gouvernemens, qui a son Viceroi particulier; & le Royaume d'Agan, qui étoit autrefois une République; mais qui sur la fin du dix-septiéme siécle fut conquis, & réduit en Province par l'Empereur des Abissins à présent régnant (1721.)

Les Portugais, après qu'ils eurent pris l'Isle & la Ville d'Ormus dans le Golfe Persique, Mascate sur la Côte de l'Arabie Heureuse, & l'Isle de Zocatora à l'entrée du Golfe Arabique, s'ouvrirent bien-tôt un passage en Ethiopie, où ils établirent un Commerce considérable, & où ils transporterent dans la suite quantité de familles Portugaises, pour y former des especes de Colonies.

Ces nouveaux Hôtes des Abissins leur étant devenus suspects, furent chassés, & tout commerce interdit avec eux. On leur imputa même le dessein chimérique de détourner les sources du Nil; afin que n'arrosant plus l'Egypte, ils pussent transporter tout le négoce qui se fait par ce fleuve, du côté de la mer Rouge, où il leur eût été facile de s'en emparer, & de s'en rendre les seuls Maîtres. Il leur reste néanmoins quelque Commerce avec l'Ethiopie, comme on le dira dans la suite; mais bien différent de celui qu'ils y entretenoient autrefois.

Depuis l'expulsion des Portugais, les Empereurs d'Ethiopie n'ont plus voulu souffrir que leurs Sujets eussent des liaisons de Commerce trop étroites avec les Nations d'Europe; encore moins permettre à ces Nations de venir s'établir dans le Pays, sous le prétexte du négoce.

Les Hollandois, après avoir, pour ainsi dire, fondé un Empire dans l'Orient, en partie des dépouilles des Portugais, & en partie des usurpations qu'ils avoient faites sur plusieurs Princes des Indes Orientales, penserent à pousser leur Commerce, & peut-être leurs entreprises jusqu'en Ethiopie; mais l'entrée leur en fut refusée; & il fallut qu'ils se contentassent de quelque négoce indirect avec les Ethiopiens, qu'ils font encore aujourd'hui par la Mer Rouge.

Les Anglois eurent les mêmes desseins: mais quoique moins à craindre que les Hollandois, ils eurent un succès semblable.

A l'égard des François, ils n'ont jamais été assez bien établis dans l'Orient, pour se trouver en état de tenter de porter leur Commerce en Ethiopie; & s'ils l'eussent fait, indubitablement ils eussent rencontré d'aussi grandes difficultés que les autres.

Mais un Auteur anonime, dans un manuscrit communiqué par M. Masson, à qui on est redevable de tant d'autres excellens mémoires sur le Commerce, répandus dans tout le corps de ce Dictionnaire, semble vouloir persuader, que depuis l'année 1698, la Nation Françoise avoit tout lieu de se promettre une heureuse réussite, en cas qu'elle jugeât convenable de tenter une liaison de Commerce avec l'Ethiopie; l'Empereur de ce vaste Empire, à ce que rapporte l'Auteur, étant favorablement prévenu pour les François, depuis qu'il avoit été guéri par un Médecin de cette Nation, d'une maladie qui paroissoit incurable; ensorte qu'il avoit même formé le dessein en 1700, d'envoyer en France le Neveu de son premier Ministre, en qualité d'Ambassadeur, avec de riches présens pour Sa Majesté Très Chrétienne.

Il ne paroît pas que ce projet ait eu d'exécution: mais quoiqu'il en soit de cette avanture; comme une telle entreprise ne peut, ni se faire, ni se soutenir, que par une Compagnie accréditée, & bien établie, il ne paroît pas que la France puisse être si-tôt en état de profiter des favorables dispositions de l'Empereur d'Ethiopie pour la Nation.

Après cette courte digression, qu'on se flatte qui n'aura pas été désagréable au Lecteur, on revient au Commerce, soit intérieur, soit extérieur de l'Abissinie.

L'or, l'argent, le cuivre, & le fer, sont les métaux qui se tirent des mines de cette vaste Région de l'Afrique; mais les trois premiers n'y sont que marchandises, & n'y sont pas converties en monnoie, dont il n'y a aucun usage dans l'Abissinie, à moins qu'on ne veuille regarder comme une espece de monnoie, l'or qu'on réduit en plaques, & qu'on coupe selon le besoin en petites pieces du poids d'une demie dragne; ce qui revient environ à trente sols de France.

Ces plaques d'or ne servent gueres que pour le payement des troupes, & pour la dépense de la Cour; encore cet usage est-il assez moderne; l'or du Roi avant la fin du dix-septiéme siécle, s'étant toujours mis en lingots dans son trésor, pour n'en sortir jamais, du moins pour n'être employé qu'en vaisselle & en bijoux pour le service du Palais.

On se sert de sel de roche pour la petite monnoie: il est blanc comme la neige, & dur comme la pierre, On le tire de la montagne de Lasta, d'où on le porte dans les magasins du Roi, où on le réduit en petites tablettes longues d'un pied, & larges de trois pouces; dix de ces tablettes valant 3 liv. monnoie de France. Lorsqu'elles sont entrées dans le Commerce, on les rompt encore en plus petites pieces, suivant le besoin qu'on en a. On emploie aussi ce sel à tous les usages ordinaires du sel marin.

Ce sel se vend, pour ainsi dire, au poids de l'or; l'une & l'autre de ces marchandises se pésant au même poids, & s'échangeant presque avec égalité.

C'est aussi avec ce sel minéral que les Ethiopiens achetent le poivre, les épiceries, & quelques étoffes de soie, que les Indiens viennent leur apporter dans les Ports que les premiers ont sur la Mer Rouge.

Le cardamum, le gingembre, l'aloës, la myrrhe, la casse, la civette, le bois d'ébéne, l'yvoire, la cire, le miel, le coton, & des toiles de diverses sortes & couleurs, faites de cette matiere, sont encore des marchandises qu'on tire d'Abissinie; & l'on pourroit y ajouter le sucre, le chanvre, le lin, & d'excellens vins, si ces Peuples à demi Barbares, avoient l'art d'apprêter & de cuire le suc des cannes, de cultiver les vignes, & d'exprimer la liqueur de leurs raisins, ou de filer & de tistre leurs chanvres & leurs lins: toutes ces choses croissant chez eux, & avec plus d'abondance, & avec autant de bonté qu'en aucun autre lieu du Monde.

Quelques-uns croyent que la féve de caffé a été transportée d'Ethiopie dans l'Arabie, d'où on la tire présentement: mais cette opinion paroît assez incertaine, n'étant gueres probable que la plante qui le produit fût entiérement périe chez les Ethiopiens, qui n'en cultivent plus présentement, ou qui du moins n'en font aucun Commerce.

La plupart des marchandises dont on a parlé jusqu'ici, sont plus pour l'Etranger, que pour le dedans du Royaume: chez eux, le plus grand Commerce ne consiste gueres qu'en sel, en miel, en sarasin, en pois gris, en féves, en citrons, oranges, limons, & autres denrées, fruits, & légumes nécessaires pour l'usage de la vie.

Les lieux que les Marchands Abissins, qui osent se hazarder à porter eux-mêmes par mer leurs denrées, fréquentent le plus, sont l'Arabie Heureuse, & les Indes, particuliérement dans celles-ci, Goa, Cambaye, Bengale, & Sumatra.

A l'égard des Ports qu'ils ont sur la mer Rouge, où les Marchands Etrangers abordent le plus ordinairement, les plus considérables sont, Mette, Azum, Zajalla, Maga, Dazo, Patea, & Brava. Ils avoient aussi autrefois Ercocco & Quaqueu; mais les Turcs qui s'en sont emparés vers le milieu du 17ᵉ siécle, en font tout le Commerce; ce qui a presque ruiné celui que les Abissins font dans les autres Villes maritimes qu'on vient de nommer.

Ce sont les Portugais qui, pour ainsi dire, ont instruit ces Peuples de l'art de naviger, pour lequel ils ont de grandes dispositions; & ce sont eux pareillement, & les autres Européens qui se sont établis à la Cour du Roi d'Abissinie, depuis deux ou trois siécles, c'est-à-dire, depuis que la route des Indes a été ouverte par le Cap de Bonne-Espérance; qui leur ont donné quelque goût pour les Arts, & quelque connoissance du Commerce avec les Etrangers.

Celui qu'ils font par terre, est peu considérable; cependant l'on voit chaque année des bandes d'Abissins arriver en Egypte, particuliérement au Caire, chargés de quelque poudre d'or, qu'ils y viennent échanger contre les marchandises du Pays, ou d'Europe, qui leur sont nécessaires.

Ces Cafilas ou Caravannes, si pourtant on peut nommer ainsi des troupes de 40 ou 50 malheureux qui s'assemblent pour s'aider mutuellement dans leur voyage, sont ordinairement des trois & quatre mois en route, & traversant des forêts & des montagnes presque impratiquables, viennent faire leurs achats, ou plutôt leurs échanges; & repartent aussi-tôt, pour porter à leur famille (la plupart sur leur dos, à la mode des Portes-balles de France) le peu de marchandises qu'ils ont traittées pour leur or, ou que les Juifs ou les Egyptiens veulent bien leur confier sur leur parole.

Il paroît extraordinaire que des personnes raisonnables, & sur-tout des Marchands aussi intéressés que les Juifs, osent se confier à la bonne foi de ces misérables, contre lesquels, s'ils en manquoient, il n'y auroit aucun recours. Cependant l'expérience a fait connoître que cette confiance n'a jamais été trompée, non pas même par leur mort; puisque si elle arrive, soit à l'aller, soit au retour, leurs Compagnons de voyage & de négoce, conservent les effets du défunt, ou pour leur famille, ou pour acquiter les dettes qu'il pourroit avoir faites au Caire.

Les autres Nations avec lesquelles les Abissins font le Commerce par terre, sont les Habitans du Royaume d'Adel, les Turcs qui sont maîtres d'Ercocco & de Quaqueu, les Melindois, les peuples de Mosambique, & les Portugais qui sont établis sur ces Côtes.

L'on ne doit pas oublier, qu'un des plus grands négoces de l'Abissinie consiste dans la traitte des Esclaves, qui sont estimés aux Indes & en Arabie, pour les meilleurs & les plus fidéles de tous ceux que fournissent les autres Royaumes d'Afrique; jusques là, que les Marchands Indiens & Arabes s'en servent comme de Commissionnaires & de Facteurs dans leur Commerce, & que souvent pour prix de leur fidélité & de leur service, ils les mettent en liberté, & leur font part avec libéralité des biens qu'ils doivent en partie à l'habileté & aux soins qu'ils ont eu pendant leur esclavage.

## COMMERCE DES ISLES D'AFRIQUE.

Les principales Isles que les Géographes attribuent à l'Afrique, sont Madagascar, les Terceres, ou Açores, Madere, les Canaries, les Isles du Cap Verd, Saint-Thomé, Sainte-Helene, Zocotora, & Malte: cette derniere dans la Méditerranée, toutes les autres dans l'Océan.

Toutes ces Isles sont fréquentées ou possédées par les Nations d'Europe, qui y font un négoce assez considérable, pour mériter qu'on entre dans un détail de celui qui se fait dans chacune d'elles en particulier. Et attendu que l'Isle de Madagascar est la plus grande de toutes les Isles d'Afrique, & peut-être de toutes celles du reste du monde, on a crû à propos de commencer par elle, sur-tout ayant été l'entrepôt de l'ancienne Compagnie Françoise des Indes Orientales, établie en 1664, & étant encore de la concession de la Compagnie des Indes, dont l'établissement s'est fait à Paris en 1719.

### Isle de Madagascar.

Cette Isle, que les Naturels du Pays appellent Madecasse, les Portugais Isle de Saint-Laurent, & les François Isle Dauphine, pourroit être, soit pour son abondance en toutes sortes de riches productions de la nature, soit pour son heureuse situation sur la route des Indes d'Orient, une des plus fameuses Isles du monde par le Commerce, si la férocité de ses Habitans, & l'intempérie de l'air & du sol des lieux où les Européens, & particuliérement les François se sont d'abord établis, ne les avoient dégoûté d'y affermir leurs Colonies, & de les soutenir avec cette persévérance & cette fermeté que demandent ces sortes d'établissemens.

Elle est située vis-à-vis, & le long des Côtes du continent d'Afrique, où sont les Royaumes de Sofala, de Mosambique, & de Melinde, desquels elle s'éloigne quelquefois de plus de 100 lieues, & souvent seulement de 70, & même de moins.

Les Portugais la découvrirent sur la fin du 15e siécle, & en reconnurent toutes les Côtes en 1508. Les autres Nations de l'Europe, qui ont depuis doublé le Cap de Bonne-Espérance, pour aller aux Indes Orientales, l'ont aussi très souvent abordée, soit qu'ils y eussent été jettés par la tempête, soit qu'ils eussent besoin d'y aller faire de l'eau & des rafraîchissemens; mais il n'y a eu parmi les Européens, que les François qui ayent tenté d'y faire un établissement solide & permanent; celui que les Anglois y avoient fait, ayant très peu duré.

Le premier projet de cette Colonie se fit en 1640; & en 1642, Ricault Capitaine de vaisseau dans la Marine de France, qui en avoit obtenu la concession pour 10 ans, y envoya un navire fretté aux frais de la Compagnie d'Orient, qui fut le nom que les Lettres Patentes qui lui furent accordées, donnerent à lui & à ses associés.

On se réserve de rapporter ci-après, à l'article des Compagnies de Commerce, quel succès eut cette premiere entreprise pour l'établissement d'une Colonie Françoise à Madagascar. On ajoutera seulement, que le Fort Dauphin, & les Habitations de cette Nation n'y ont jamais été abandonnées, quoique souvent négligées, & même quelquefois oubliées; & que la France en est toujours restée en possession, & semble vouloir y faire refleurir le Commerce, depuis que cette Colonie fait partie de la concession qui en a été faite par Louis XV à la grande Compagnie des Indes en 1719, sous la Régence & la protection de Philippes Duc d'Orléans Régent du Royaume, comme on vient de le dire.

Les marchandises d'Europe qui sont propres pour le Commerce de cette Isle, sont des toiles peintes, des menilles, ou bracelets d'argent, d'autres de cuivre, & d'autres encore d'étain; quantité de menue mercerie & quincaillerie; plusieurs sortes de verroterie, particuliérement de bleues, de rouges, de blanches, de vertes, de jaunes, & d'orangées; de la rassade de diverses couleurs, dont la bleue est la plus estimée des Insulaires, quoiqu'on y en débite aussi de rouge & de jaune, mais peu de noire & de violette; de l'eau-de-vie, du vin d'Espagne & de France; du corail en grain, des cornalines longues & en olives, rouges & blanches; du cuivre jaune en gros fil, & des chaînettes de même métail; des clous de tout échantillon; enfin divers outils pour la forge & la menuiserie, aussi-bien que plusieurs ouvrages de serrurerie, comme serrures, gons, pentures, &c.

Les marchandises qu'on en peut avoir en échange, consistent en diverses gommes, soit pour la Médecine, soit pour la peinture, soit aussi pour les parfums; comme le *cancanum*, ou gomme blanche de fourmies; le sang de dragon de plusieurs sortes, la gomme gutte, la tacamacha, & quantité d'autres: différens bois, dont les uns peuvent servir à la teinture, & les autres à la marqueterie; tels sont pour la teinture, le vahatz, qui fait un beau nacarat, ou couleur de feu; & un jaune doré, en ajoutant du citron dans sa décoction; & le tambonbitsi, qui donne un très parfait orangé. Et pour la marqueterie, l'ébene noire & grise; le mandrisse violet-marbré; le menaghamette rouge-brun; le sandraha plus noir que l'ébene, & qui prend mieux le poli; le bois d'aloës; le tarantantille, espece de buis; le lencafatrahé verd-veiné; le mera, & l'endra-chendrach, tous deux jaunes; & quelques autres.

On peut aussi tirer de Madagascar, de la cire, des cuirs verds, du sucre, du tabac, du poivre, du coton, de l'indigo, de l'ambre gris, de l'encens, du benjoin, de l'huile de *palma Christi*, du baume verd pour les plaies, du salpêtre, du souffre, de la canelle blanche, de la civette, du cristal de roche, la pierre de *sanguine*, des Orfévres; celle de touche, pour l'épreuve des métaux; la terre sigillée; plusieurs bols, ou terres de couleur pour la Peinture & la Médecine; des nattes de roseau & de lin, & même des soies. Mais la culture & la recherche de toutes ces choses étant négligées par les Naturels de l'Isle; & les Européens, qui se sont établis parmi eux, n'ayant pas d'abord donné leurs soins à faire chercher & préparer tant de différentes marchandises, ils n'ont pû aussi profiter de ces richesses, que quelque travail, & un peu de tems pouvoient aisément leur assurer.

Quelques-uns comprent aussi au nombre des productions naturelles de cette Isle, dont les Nations d'Europe peuvent faire un riche Commerce, l'or, l'argent, & plusieurs pierres précieuses, entr'autres des topases, des ametistes, des grenats, des girasols, des aigues-marines, & de l'ambre jaune, ou succinum.

Mais à l'égard des métaux, il est très incertain qu'il y en ait des mines dans l'Isle; ce qui s'en trouve entre les mains des Naturels, y ayant été apporté par les Rohandrians (ce sont les Grands du Pays) lorsqu'ils y passerent d'Arabie; & le reste leur venant du naufrage de quelques vaisseaux échoués sur leurs Côtes. Et pour les pierres précieuses, quoiqu'il soit véritable qu'il s'y en trouve, elles sont si imparfaites, & de si mauvaise qualité, qu'elles ne vaudroient pas le tems que l'on perdroit à en faire la recherche.

Quoique les Madecasses (on nomme ainsi les Habitans de Madagascar) paroissent peu disposés à entretenir un Commerce réglé avec les Nations d'Europe, à cause des mauvais traitemens qu'ils en ont souvent reçus, il semble néanmoins, ainsi que les François l'ont souvent éprouvé, qu'ils y seroient plus propres que quantité d'autres Peuples d'Afrique; ayant

ayant entr'eux pour la facilité du négoce, la plupart des choses que les Nations les plus policées, & qui s'addonnent le plus au trafic, ont imaginées pour le faire commodément & surement.

De ce nombre sont les calculs, l'écriture, l'encre, le papier, des especes de plumes, les poids, les mesures; enfin les Arts & Métiers les plus nécessaires à la vie.

Leur maniere de compter n'est point différente de celle d'Europe, l'ayant reçue des Arabes aussi-bien que les Européens; ainsi ils font des calculs depuis un, jusqu'à un million, & ont des termes propres pour exprimer chaque différente combinaison des nombres qui composent toute sorte de sommes, ou de quantité.

Leur écriture est pareillement celle des Arabes; leur papier, la moyenne écorce de l'arbre qu'ils nomment Avo, qu'ils réduisent en boulie, & qu'après avoir dressée en feuilles, comme on fait le papier d'Europe, ils colent dans de l'eau de ris; leur encre, une décoction du bois appellé Arandranto; & leurs plumes, des morceaux de cannes de bambou, auxquelles à Madagascar, on donne le nom de Voulou.

Bien que les Madecasses ayent des poids, ils ne s'en servent néanmoins que pour l'or & l'argent; encore ne passent-ils pas la dragme, ou le gros, ne connoissant point l'once ni la livre, & n'ayant pas même de termes pour l'exprimer. Le gros se nomme Sompi; le demi-gros, Vari; le scrupule ou denier, Sacare; le demi-scrupule, ou obole, Nanqui: les six grains, Nanque: le grain n'a point de nom parmi eux.

Toutes les autres marchandises, ou denrées s'échangent à l'estimation, & non au poids.

Leurs mesures sont de deux sortes; les unes de continence, & les autres des longueurs.

Les mesures de continence, qui sont des especes de boisseaux, sont le troubahoüache, qu'ils nomment aussi Moncha, qui contient six livres de ris mondé; le voule, qui n'en contient que demie-livre; & le zatou, avec quoi on mesure le ris entier, qui en contient cent voules, revient environ à 25 livres.

Ils n'ont qu'une mesure des longueurs, qu'ils nomment Refe, & qui est à peu près comme la brasse en Europe; c'est à la refe qu'ils mesurent leurs pagnes, leurs cordes, & autres choses semblables. Ils connoissent aussi ce que c'est que l'empan, & se servent de l'ouverture de la main pour le mesurer.

Les Arts & Métiers qu'ils ont poussés à une perfection qu'on doit certainement admirer dans des Sauvages, sont particuliérement ceux des Forgerons qui fondent la mine de fer, & en forgent des haches, des marteaux, des enclumes, des couteaux, des bêches, des rasoirs; plusieurs sortes d'armes, & toutes sortes d'ustenciles de ménage.

Les Orfévres, qui après avoir réduit l'or en lingot, en font des menilles, des pendans d'oreilles, & autres bijoux d'or qui leur servent d'ornement.

Les Potiers de terre, qui non-seulement sçavent fabriquer & tourner toute sorte de poterie pour l'usage de leurs maisons; mais qui les cuisent & les vernissent comme en Europe, quoiqu'avec une pratique & des drogues différentes.

Les Tourneurs, qui font toute sorte d'ouvrages de bois, soit à la main, soit au tour; & qui creusent & dressent les canots avec lesquels ils navigent, soit sur mer, soit sur les rivieres.

Les Charpentiers & Menuisiers qui se servoient de la régle, du rabot, & du ciseau, même avant que les Européens leur fussent connus; & qui depuis qu'ils en ont reçû les autres outils pour la Charpente & la menuiserie, en font des ouvrages qui ne cédent point à ceux d'Europe.

Enfin les Cordiers, qui font des cordes de toutes sortes de grosseurs & de longueurs, où ils n'employent que diverses écorces d'arbres, & qui cependant approchent de la bonté des cordes qui se font avec le chanvre.

Il ne faut pas oublier l'art de la Tisseranderie, qui n'est exercé que par les femmes, les hommes le croyant au dessous d'eux, & regardant comme des infâmes ceux qui s'y seroient occupés.

Ce sont donc les femmes qui filent, qui ourdissent, & qui teignent ces sortes d'ouvrages qu'elles font la plupart de soie, de coton, & quelquefois des écorces d'arbres, ou des filamens de plusieurs sortes de plantes. Ce sont de ces étoffes qu'elles font leurs pagnes, qui pour la façon, les desseins, & les couleurs, ne cédent gueres à plusieurs ouvrages des Tisserans & des Teinturiers d'Europe.

C'est de toutes ces sortes d'ouvrages, comme aussi de gros & menu bétail, de ris, de légumes, de fruits, de miel, qu'ils mangent avec la cire; de l'huile de *palma Christi*, de coton filé, ou non filé, & de plusieurs autres productions de leurs terres, ou qu'ils en tirent par la culture, ou qu'ils y trouvent sans la cultiver, qu'ils font entr'eux tout leur Commerce, non à la mode d'Europe, par l'achat & la vente, mais par échange; n'ayant aucun usage de la monnoie d'or ou d'argent, convertissant en menilles, ou autres bijoux, celles que les Européens leur donnent; bien que cependant l'on puisse dire, que depuis que ceux-ci ont commencé à fréquenter leur Isle, la menue mercerie & la rassade soient devenues parmi eux comme une monnoie courante, avec quoi ils achetent & payent diverses sortes de denrées.

Il est remarquable qu'ils n'ont ni Foire, ni Marché, pour faire tout ce négoce; & que celui qui a besoin de quelque chose, la va chercher où il y en a en abondance, ou bien attend en repos, chez lui, qu'on y vienne prendre ce qu'il a de trop de ses ouvrages, ou de ses marchandises, & qu'on lui apporte en échange celles dont il peut avoir besoin.

### Isle de Bourbon.

Cette Isle autrefois appellée Mascaraigne, est du nombre des Isles d'Afrique: elle est située & peu éloignée de l'Isle Maurice, qu'on nomme présentement l'Isle de France, & distante d'environ 40 lieues de la Grande Isle de Madagascar ou de S. Laurent. Sa figure est presque ovale.

Les François en prirent possession au nom du Roi vers le milieu du 17e siécle, & lui donnerent le nom qu'elle porte à présent. Ses premiers habitans y furent portés de Madagascar, & ne consisterent qu'en trois malheureux qu'on y relegua. A leur retour à Madagascar, où ils revinrent au bout de trois ans, ils en firent une si magnifique & si agréable description, que plusieurs des habitans de la Grande Isle demanderent à s'y aller habituer.

Cette Isle est séparée en deux parties inégales, dont l'une qui est la plus petite, s'appelle le Pays brûlé, où les terres sont tout-à-fait stériles; l'autre partie qui est la plus grande, est si fertile, qu'on prétend qu'il n'y en a point au monde qui le soit davantage. Il ne manqueroit rien à cette Isle si elle avoit des ports sûrs pour les vaisseaux; mais elle n'a que quelques rades.

Cette Isle ainsi que celle de Madagascar, fait partie de la concession de la Compagnie des Indes; laquelle concession s'étend sur tout ce qui est au-delà du Cap de Bonne-Espérance. L'Isle de Bourbon est un entrepôt principal de cette Compagnie, & les féves de caffé qu'on y cultive, peuvent dans la suite être pour elle un grand objet de commerce.

On peut voir à l'article du Caffé ce qu'on y dit de celui de l'Isle de Bourbon.

### Isle de France.

Cette Isle a changé de nom aussi souvent qu'elle a changé de Maître. Les Portugais qui furent les premiers qui la découvrirent, l'appellerent Ilha do Cerno. Les Hollandois qui y toucherent depuis dans leur second voyage aux Indes en l'année 1598, lui donnerent le nom de Maurice à cause du Prince d'Orange, qui étoit alors Amiral des Provinces-Unies: & enfin les François qui s'y sont établis les derniers, la nomment Isle de France.

Cette Isle est située sous le vingt & uniéme dégré de latitude Méridionale, à vingt & une lieues de l'Isle Bourbon ou Mascaraigne, & pas bien loin de la grande Isle de Madagascar sur les côtes d'Afrique.

Les Portugais n'y ont jamais eu d'établissement, les Hollandois n'y ont eu que pendant peu de tems un petit Fort pour la sureté des gens qu'ils y envoyoient alors couper des bois. Les François ont commencé à y établir un entrepôt pour la commodité de la Compagnie des Indes.

Cette Isle n'a gueres que quinze lieues de tour; mais le sol y est très bon & très fertile, & y produit également des fruits des Indes & des fruits d'Europe. L'air y est aussi très sain & propre à rétablir les équipages fatigués de la mer. Sa principale utilité & ce qui l'a fait choisir par la Compagnie Françoise, consiste dans ses deux Ports.

### Isles Açores, Madere, Isles du Cap-Verd, & Saint-Thome'.

Toutes ces Isles appartenant à la Couronne de Portugal, on a crû qu'on ne devoit pas les séparer dans ce qu'on a à dire de leur Commerce.

Les Açores, qu'on nomme aussi Terceres, du nom de la principale de ces Isles, & que les Hollandois appellent Isles Flamandes, sont au nombre de neuf, sçavoir, Flores, Cuervo, Fayal, Pico, Saint-George, Gratiosa, Sainte-Marie, Saint-Michel, & Terceres.

Ces Isles, situées dans l'Océan, entre les deux continens d'Europe & d'Afrique, vis-à-vis les Côtes de Portugal, furent découvertes en 1439, par les Portugais, qui les ayant trouvées sans Habitans, & les estimant propres à être cultivées, y établirent presque aussi-tôt des Colonies.

Leur situation commode pour la navigation des Indes Orientales & du Bresil, contribuerent beaucoup à les peupler, & à y établir un Commerce considérable, particuliérement à la Tercere, qui est la résidence du Gouverneur, & le Siége d'un Evêque.

La Ville d'Acra, le seul Port qu'il y ait dans l'Isle, qui est inaccessible par tout ailleurs, est le lieu où abordent les vaisseaux d'Europe, & où se transportent de toute l'Isle, & des autres Açores, les marchandises qui sont propres pour le négoce, quoique pourtant les vaisseaux ne laissent pas assez souvent de toucher aux autres Isles, pour y faire leur Commerce de la premiere main, ou pour y prendre des rafraîchissemens.

Les blés, le vin, le pastel, & les cuirs, sont les principales marchandises qu'on en tire; mais c'est sur le pastel que les Habitans de la Tercere fondent leur principal négoce.

Les batates, sorte de grosses raves, du poids au moins d'une livre, entrent aussi dans la cargaison des vaisseaux Portugais qui viennent trafiquer aux Açores; ce légume, peu estimé dans ces Isles, & qui n'y sert qu'à la nourriture des pauvres, faisant les délices des Portugais, & un des meilleurs mets des tables les plus délicates de Lisbonne.

On tire aussi de ces Isles quantité de citrons, d'oranges, & de limons frais; & beaucoup de confitures, particuliérement d'écorces de citrons, ou de citrons entiers: les plus estimées de ces confitures, sont celles de Fayal, dont chaque année les Hollandois enlevent la charge de plusieurs navires.

Enfin on peut pareillement compter comme un objet assez considérable du Commerce qui s'y fait, ces petits oiseaux, dont le chant est si vif & si harmonieux, qu'on nomme en Europe Serins de Canarie; y ayant des gens qui s'occupent uniquement de ce négoce, & qui y font très bien leurs affaires.

Outre toute sorte de mercerie de toiles & d'étoffe qu'on envoie de Portugal pour le Commerce de ces Isles, on y porte aussi quantité d'huile & de sel, la Tercere, qui est fertile en tout, manquant absolument de l'une & de l'autre de ces deux choses si nécessaires dans l'usage commun. Il s'y débite aussi quantité de vins de Canarie & de Madere; ceux de ces Isles étant foibles, & n'y ayant gueres que le peuple qui en boive.

Autrefois le Commerce des François à la Tercere, étoit très considérable, & il y venoit tous les ans quantité de vaisseaux de la Rochelle, de Nantes, & de Marseille: présentement (1717) ce négoce est presque tout-à-fait tombé, & à peine y a-t-on vû quatre ou cinq vaisseaux de France, depuis que la paix a été rétablie entre cette Couronne & la Couronne de Portugal, par le Traité d'Utrecht.

Ce qui semble avoir dégoûté les Négocians François du Commerce des Açores, est l'établissement de diverses Manufactures de France, que des Ouvriers de la Nation ont portées depuis quelques années, dans l'Isle de Saint-Michel; ces Manufactures, qui faisoient autrefois une partie des cargaisons des navires qui venoient de France, étant présentement presque suffisantes pour la consommation des Isles; y ayant même quelque apparence qu'elles pourront dans la suite passer à Lisbonne & au Bresil, où il sera facile aux Portugais de les donner à meilleur marché que les François, les premiers ne payant que deux pour cent de droits de sortie.

Il est vrai que les Ouvriers établis à Saint-Michel, qui sont presque tous François, manquent souvent de laines, de soies, & de drogues pour la teinture, ce qui retarde le progrès de leurs Manufactures, & pourroit laisser aux François l'espérance de soutenir à la Tercere leur ancienne réputation, & d'y continuer leur négoce avec avantage.

Les étoffes dont les fabriques sont passées de France à S. Michel, & qui s'y font le plus communément, sont des draps, des droguets, des camelots, des serges de Saint-Mexent, & des chapeaux. On y fait aussi quelques étoffes de soie, à l'imitation de celles de Lyon & de Tours; mais c'est peu de chose.

Ce n'est pas qu'on ne voie toujours à la Tercere une assez grande quantité d'étoffes de fabrique Françoise, mais elles y viennent la plupart par la voie de Lisbonne, & sur des vaisseaux Portugais.

Ces envois consistent en étoffes de soie, particuliérement en taffetas, en rubans, en droguets, en draps, en futaines, en bas de soie, en ris, en papier, en chapeaux, & en quelques petites étoffes de laine.

Les retours pour Lisbonne, outre les marchandises du crû des Isles, sont de la monnoie d'or du Bresil, & les autres productions de cette partie de l'Amérique, comme des sucres blancs, des moscouades, du bois de Jacaranda, du cacao, du bois de girofle, de maragnau, & de ces oranges qu'on nomme Oranges de la Chine.

Ce sont aussi ces mêmes marchandises dont les Anglois, qui font aujourd'hui presque tout le Commerce de la Tercere, chargent leurs vaisseaux, qu'ils transportent en Hollande; prenant aussi quelques vins blancs communs, qu'ils portent en droiture à la nouvelle Angleterre.

Ce que les Anglois portent aux Açores, consiste en étoffes, & en laines d'Angleterre & d'Irlande, en fer, en harengs, en sardines, en fromage, en beurre, & en chairs salées en baril.

Le Change de la Tercere en France, valoit en 1717, depuis deux cens quarante, jusqu'à deux cent cinquante reys par livre; il avoit été plus haut l'année précédente, & l'on avoit payé jusqu'à huit cent soixante-dix reys pour l'écu de France de 3 livres.

Madere, située sur les Côtes d'Afrique, au Midi des Canaries, du nombre desquelles les Pilotes la mettent, & dont elle n'est éloignée que de 60 lieues, fut découverte en 1410, ou comme d'autres prétendent, seulement en 1420.

Les Portugais, qui la découvrirent, & qui en furent les premiers Habitans, la trouverent couverte par tout d'une forêt si impénétrable, que dans le dessein de s'y établir, & de la cultiver, ils furent obligés d'y mettre le feu.

Cet expédient, qui leur réussit, pensa coûter la vie à tous ceux qui composoient alors cette Colonie naissante, qui furent près de mourir de soif dans leurs barques où ils s'étoient retirés, & où ils demeurerent tant que l'Isle resta embrasée; mais enfin y ayant fait leur établissement, l'Isle est devenue une des plus peuplées & des plus fertiles de l'Océan.

Les blés, les vins, le sucre, les gommes, le miel, la cire, les cuirs, toutes sortes de fruits frais, secs, ou confits, particuliérement des citrons, des limons, des grenades; enfin des planches de bois d'if & de cédre, sont les principales marchandises qu'on peut tirer de cette Isle.

Les vins de Madere, quoique excellens, n'égalent pas la délicatesse de ceux de Canarie. Ce sont les Hollandois & les Anglois qui en enlevent davantage; il s'en transporte toutefois beaucoup en Portugal, où les autres Nations d'Europe vont les prendre, s'ils ne veulent pas en faire le Commerce en droiture.

Le plant des vignes qui produisent les vins, a été apporté de Candie, & chaque grape de raisin n'a gueres moins de deux pieds de longueur, & presque autant de grosseur.

L'expérience a fait connoître que les vins qu'on en tire, sont moins bons dans la premiere année, & qu'ils ne sont dans leur véritable boitte qu'à la troisiéme feuille.

Le sucre y est très bon, & s'y fait en quantité: on l'a long-tems préféré à tous les autres sucres qui se consommoient en Europe; mais quoiqu'il ne soit point diminué de qualité, on convient présentement que ceux des Isles Antilles, & de quelques autres lieux de l'Amérique, ne lui cédent en rien.

Le Commerce des blés n'y est pas moins considérable que celui des vins & des sucres; & les Marchands étrangers en transportent année commune, jusqu'à trois mille mesures, pésant chacune environ 300 livres.

Les planches d'if & de cédre se scient dans plusieurs moulins construits sur les ruisseaux, dont il y a quantité dans l'Isle; & s'envoyent en Portugal, où elles sont estimées. Les Etrangers en font aussi quelque Commerce, mais de peu de conséquence.

Les fruits confits de Madere s'enlevent particuliérement par les Hollandois & les Anglois, la plupart du tems en droiture; mais aussi quelquefois à Lisbonne, où ils sont portés par les vaisseaux de Portugal.

A l'égard des gommes, le sang de dragon est la principale que l'on tire de Madere; & les arbres qui la produisent, la répandent dans cette Isle plus abondamment qu'en aucun lieu du monde.

Mais ce qui augmente la réputation du Commerce qui se fait à Madere, est la franchise & l'honnêteté que les Habitans pratiquent avec tous les Etrangers qui y viennent trafiquer; ce qu'il faut avouer qu'on ne trouve pas dans tous les lieux de l'Asie & de l'Afrique où les Portugais sont établis, la plupart y conservant un certain faste rebutant, qui est assez ordinaire à cette Nation.

Les Isles du Cap-Verd, découvertes par les Portugais en 1472, sont au nombre de dix; S. Jago, S. Atonio, S^ta Lucia, S. Vincente, S. Nicolao, l'Isle Blanche, l'Isle du Sel, l'Isle du Maï, l'Isle de Fogo, & la Buona-Vista.

On les appelle souvent les Isles Vertes, à cause de la verdure continuelle dont elles sont couvertes; & quelquefois Isles Salées, à cause de la quantité de sel qui se trouve dans celle de ces dix Isles qui en a pris son nom, aussi-bien que dans quelques-autres.

L'Isle de Buona-Vista est la plus proche du Cap-Verd, & n'en est qu'à 70 lieues; & celle de S. Jago est la Capitale des dix Isles, & la demeure du Gouverneur, qui est une espece de Vice-Roi qui commande sur tout ce que posséde la Couronne de Portugal en Afrique, depuis le Cap-Verd, jusqu'au Cap de Bonne-Espérance.

Les Nations d'Europe qui font le Commerce des Indes Orientales, & de l'Afrique, abordent assez ordinairement ces Isles, pour s'y rafraîchir; touchant à San-Jago, quand elles sont en paix avec les Portugais, & se contentant de faire leur eau & leurs autres rafraîchissemens à l'Isle de Maï, à S. Antoine, à S. Vincent, ou à l'Isle de Sel, lorsqu'elles sont en guerre; le peu de Portugais qui sont dans ces trois Isles, les recevant volontiers en tout tems, & traittant avec elles de leurs denrées en échange de quelques marchandises d'Europe; outre qu'ils ne seroient pas en état de leur en disputer la descente, en cas qu'ils ne voulussent pas traitter avec elles.

Ce sont les Portugais qui ont les premiers habité & cultivé ces Isles, autrefois désertes, & qui présentement produisent en abondance quantité de marchandises propres à y entretenir un Commerce assez considérable.

Les cuirs verds, particuliérement les peaux de chévres & de cabrils, sont un des meilleurs négoces de ces Isles, toutes nourrissant quantité de ces animaux; mais sur-tout l'Isle de Maï en ayant en si grand nombre, que les Habitans de San-Jago, qui y font tous les ans une chasse générale, n'en rapportent pas moins de cinq mille peaux, y ayant même des années qu'ils tuent jusqu'à 6000 bêtes.

On fait aussi quelques cuirs de bœufs & de vaches sauvages; mais peu, ces animaux étant fort difficiles à approcher, & à tuer. Tous ces cuirs se portent en Portugal, où ils se consomment dans diverses de leurs Manufactures, ou sont vendus aux Etrangers.

Le bétail domestique s'y nourrit aussi en quantité, & l'on en charge plusieurs vaisseaux pour le Bresil; y ayant des Marchands qui ne s'enrichissent que de ce Commerce, & des vaisseaux qui ne font qu'aller & venir pour les transporter.

C'est encore une marchandise propre pour les Colonies que les Portugais ont dans l'Amérique, que le poisson qui se pêche aux environs des Isles du Cap-Verd, à la salaison duquel ils employent une partie du sel qui se trouve en abondance dans l'Isle de Sel, & dans l'Isle de Maï, ce qui occupe chaque année une très grande quantité de Matelots, pour en faire la pêche; & de bâtimens, pour les porter à la Baye de tous les Saints, ou à Fernambourg.

Les Isles de S. Vincent, & de S. Antoine, font en particulier un Commerce assez lucratif de l'huile qu'ils tirent des tortues qui y terrissent en certain tems de l'année; aussi-bien que de peaux de boucs, qu'ils sçavent passer à la maniere d'Espagne & de Portugal.

Enfin, le ris, le mil, le blé de Turquie, les oranges, les citrons, les ananas, & plusieurs autres fruits délicieux, aussi-bien qu'un grand nombre de volailles domestiques & de gibier, y servent non-seulement à la nourriture des Habitans de ces Isles, mais aussi au trafic qu'ils en font avec les Etrangers qui viennent s'y rafraîchir, & y faire de l'eau, du bois, du sel, & des vivres.

L'Isle de Saint-Thomas, que les Négres de la Côte appellent l'Isle Poncas, a pris son nouveau nom de celui du saint Apôtre dont l'Eglise Catholique célébroit la fête lorsque les Portugais la découvrirent vers le milieu du seiziéme siécle.

Quoiqu'elle soit située précisément sous la ligne, & que les chaleurs y soient excessives, les Portugais n'ont pas laissé d'y établir une des plus florissantes Colonies qu'ils ayent en Afrique; & sa situation même a paru si commode aux Hollandois, pour le Commerce d'Angole, & des autres Côtes qui en sont voisines, qu'ils s'en sont rendus maîtres par deux fois, l'une en 1610, & l'autre en 1641; quoique pourtant ils n'ayent pû s'y maintenir, les Portugais l'ayant reprise sur eux, & ayant en peu de tems réparé le dommage, presque inestimable, que leurs ennemis y avoient fait en l'abandonnant, l'ayant presque ruinée par le fer & par le feu.

Les Portugais sont les premiers qui l'ont habitée & cultivée, mais présentement les Négres y sont en plus grand nombre qu'eux; & ils pourroient aisément s'en emparer, si leur lâcheté naturelle, & l'habitude qu'ils ont à l'esclavage, ne les rendoit incapables d'une telle entreprise.

Les cannes de sucre, & le gingembre, y croissent aussi-bien qu'en lieu du monde, & font le principal objet du Commerce intérieur de l'Isle; les Portugais les cultivant avec un soin extrême; mais qui malgré les grandes chaleurs du ciel & du sol, ne sont presque jamais trompés, la récolte de l'une & de l'autre de ces drogues se faisant tous les mois.

On compte jusqu'à 45 ou 50 moulins à sucre, mais qui ne travaillent qu'alternativement, & qui ont chacun leur mois marqué pour le travail.

Ces moulins peuvent fournir année commune, six ou sept cent charges de sucre noir, dont tous les ans il en sort de l'Isle environ cent mille arobes, poids de Portugal, à 32 livres pésant chacun: ce sucre s'envoie en Portugal enveloppé dans des feuilles.

Les autres marchandises du crû de l'Isle, ou qui s'y fabriquent, sont diverses étoffes de coton propres pour la traitte des Négres de la Côte; des fruits, & particuliérement de celui qu'ils nomment Cola, qui est une espece de noix qui a le goût de châtaigne, & qui se troque avec un grand profit à Louando, S. Paolo, & d'autres endroits du Royaume d'Angole, & de Congo, d'où il se transporte encore plus loin, ainsi qu'on l'a déja dit en parlant du Commerce de Guinée.

Les marchandises d'Europe que les Portugais portent à S. Thomé, sont des toiles de Hollande & de Rouen, ou d'autres de semblable qualité; du fil de toute couleur, de petite serge, des bas de soie, des camelots de Leyden, des serges de Nismes, des serges de Seigneur mêlées, des haches, des serpes de fer, du sel, de l'huile d'olive, du cuivre rouge en lame, des chauderons, du goudron, de la poix, du bray, des cordages, des moules à sucre, de l'eau-de-vie, & toutes sortes de liqueurs distillées, du vin de Canarie, des olives, des capres, de fine fleur de farine, du beurre, & du fromage.

Outre la grande Isle dont on vient de parler, quelques Pilotes nomment en général Isles de Saint-Thomas, plusieurs autres Isles qui en sont proches, & même d'autres qui en sont assez éloignées.

De ces Isles, les principales sont, l'Isle du Prince, celle de Fernando-Pao, celle de l'Ascension, & celle d'Anobon, même celle de Sainte-Helene, quoique dans une grande distance de l'Isle de Saint-Thomas.

On parlera dans la suite de celle de Sainte-Helene.

A l'égard des quatre autres, il ne s'y fait aucun Commerce, & les vaisseaux qui vont aux grandes Indes, n'y relâchent que pour faire de l'eau, du bois, ou la pêche des tortues, lorsqu'ils ont grand besoin de vivres, & beaucoup de malades; si l'on en excepte pourtant Anobon, où les Portugais qui y sont établis, font Commerce du coton qu'ils recueillent en abondance dans leur Isle; aussi-bien que de pourceaux, de boucs, de volailles, & de quantité de fruits excellens, comme oranges, limons, citrons, figues, cocos, ananas; à quoi l'on peut encore ajouter du millet, & du blé de Turquie.

### ISLES CANARIES.

Les Isles Canaries sont les mêmes que les Anciens connoissoient sous le nom d'Isles Fortunées.

On ne compte néanmoins leur découverte que depuis l'année 1348, ou tout au plus 100 ans auparavant; ces Isles ayant été comme oubliées pendant plusieurs siécles, & pour ainsi dire, perdues tout ce tems-là, pour les Nations d'Europe, qui n'en avoient nulle connoissance.

Les Espagnols en sont présentement les maîtres, & les possédent depuis l'année 1522, qu'elles leur furent cédées par les successeurs de ceux qui en avoient d'abord fait la conquête; du nombre desquels on compte un Betancour, Gentilhomme Normand, qui s'y établit le premier, mais qui n'en possèda que les cinq plus petites, ayant trouvé trop de résistance dans les Barbares qui habitoient les deux autres.

Ces Isles, situées à l'Occident de l'Afrique, entre le 26 & le 28 dégré, 30 minutes de latitude, vis-à-vis le Royaume de Maroc, à 80 lieues des Côtes de Barbarie, sont au nombre de sept, dont la principale est celle qu'on nomme la Grande Canarie; les six autres sont, Palme, Ferro, Gomere, Teneriffe, celle-ci fameuse par son pic, ou montagne qu'on croit la plus haute qu'il y ait au monde; Fuente, Fortaventura, & la Lencerotte.

Le terrein de ces Isles est extrêmement fertile en toutes sortes de grains, de fruits, & de légumes, particuliérement en ces excellens vins si estimés par toute l'Europe, où il s'y en transporte une si grande quantité chaque année.

Les Anglois & les Hollandois sont ceux qui en enlevent davantage, & l'on estime qu'année commune, il en passe en Angleterre 16000 tonneaux; & en Hollande presqu'autant. Les autres Nations en font aussi un assez bon Commerce, mais bien au dessous de celui de ces deux premieres Nations.

Les sucres s'y cultivent pareillement en abondance, & la grande Canarie toute seule, a de quoi employer plus de 12 moulins à sucre, travaillant actuellement; ce qui est à proportion dans les autres Isles.

Parmi les grains, l'orge y vient en plus grande quantité, & y est d'un bon débit.

Les autres marchandises qu'on tire de ces Isles, sont le miel, la cire, des peaux de boucs, de la poix, ou gomme noire; diverses sortes de fruits frais, secs, & confits; des volailles domestiques, du gros & menu bétail, dont les navires qui y trafiquent, achetent pour le rafraîchissement.

Il s'y fait aussi un Commerce considérable de serins, qui du nom de ces Isles, où ils se trouvent en quantité, ont pris celui de serins de Canaries; & c'est à cause de ce Commerce que les Habitans y cultivent l'orisselle, plante dont la semence est propre à la nourriture de ces petits oiseaux.

### *Memoire concernant le commerce que les Anglois font aux Isles Canaries, sur-tout à celle de Teneriffe.*

Les Bâtimens Anglois viennent ordinairement en droiture à l'Isle de Teneriffe depuis le tems de la récolte des vins de Malvoisie jusqu'en Avril.

Les marchandises qu'ils y apportent sont partie des étoffes & des ustenciles qui se fabriquent la plupart dans leurs Manufactures, & partie de ce qui sert à la vie & à la nourriture qu'ils prennent chez eux ou chez leurs voisins. Ces diverses sortes de marchandises & de denrées sont:

Quelques draperies.

Des camelots ordinaires.

Des Bayettes, la plus grande partie noires, & vert d'émeraude.

Des anacostes blanches & noires.

Des sempiternes presque toutes bleues de Roi.

Des lamparilles de toutes couleurs.

Des bas d'estame à l'aiguille & au métier.

Des chapeaux.

Des gorgonelles & collets de Hollande & de Hambourg, large d'environ demie-aune de France, de deux ou trois différentes qualités.

Des crues ou crés de Flandre, d'environ une aune de large, & d'autres plus grossieres d'Ecosse.

Du lin fin, d'autres plus ordinaires, & des fils de toute sorte de N°.

Divers meubles & ustenciles de bois, comme des bureaux, des chaises, des armoires.

Des harnois de chevaux.

De l'étain.

Diverses quincailleries & merceries.

Du merain pour faire des pipes.

Quelques cuirs d'Irlande.

De toutes sortes de marchandises & d'ouvrages de soie; entr'autres:

Des étoffes de soie.

Des bas d'hommes & de femmes.

Des rubans de toutes especes.

Des taffetas de toutes sortes, mais peu, parce qu'il en vient d'Espagne à meilleur compte.

Des blés d'Angleterre & d'Irlande.

De l'orge des mêmes endroits.

Toutes sortes de légumes.

Des harengs & des sardines.

Des bœufs & des porcs.

Du beurre, du fromage, & de la chandelle.

Enfin de la farine de la nouvelle Angleterre.

Les autres Isles ont coutume de tirer de l'Isle de Teneriffe les marchandises d'Europe dont ils ont besoin.

Le principal retour des Anglois consiste en vins, dont pendant la guerre pour la succession d'Espagne ils enlevoient presque les trois quarts moins que lorsqu'ils étoient ligués avec l'Espagne contre la France.

Depuis la paix d'Utrecht, ils peuvent charger quatre mille pipes ou environ de malvoisie de la premiere qualité, qu'ils achetent la plus grande partie en troc de leurs marchandises, & le surplus comptant à un an ou dix-huit mois de terme, qu'ils payent par semaine ou par mois jusqu'à l'entier payement; le reste consiste en vins secs.

Le Roi d'Angleterre retire de droits d'entrée douze à treize livres sterlin par pipe, ce qui fait que Sa Majesté Britannique protége beaucoup ce commerce.

Lorsque les Anglois étoient, pour ainsi dire, les maîtres du négoce des Canaries, ils ne bornoient pas ce négoce aux seules Isles; & leur principale vue étoit de se faciliter celui des Indes Occidentales, par le moyen des navires de registre qui ont coutume d'y charger pour les côtes de l'Amérique Espagnole. Aussi y avoient-ils alors de grosses maisons toujours bien remplies de leurs manufactures, qu'ils trouvoient facilement occasion d'y embarquer malgré les défenses, & dont ils recevoient les retours en argent & en fruits & marchandises des Indes Occidentales qu'ils faisoient ensuite passer en Angleterre.

Il est certain que les Marchands Anglois retirent à peine des marchandises qu'ils apportent des Isles Canaries, le prix qu'elles leur coûtent jusqu'à ce qu'elles soient remises en Angleterre, ce qui sans doute les pourroit dégouter de ce commerce, s'ils ne se dédommageoient sur celles qu'ils y apportent, sur lesquelles ils gagnent depuis soixante jusqu'à soixante & dix pour cent en tems de paix, & beaucoup plus en tems de guerre. Mais il est vrai aussi que le débit est long, & qu'ils sont obligés de faire quelques mauvaises dettes, quoique néanmoins tout se paye avec le tems.

Lorsque la récolte des vins est bonne aux Canaries, la seule Isle de Teneriffe en donne au de-là de trente mille pipes, dont environ le tiers est de vins de Malvoisie, & les deux autres tiers de vins secs : le reste des Isles, comme la Canarie, l'Isle de Palme, & l'Isle de Fer, n'en fournissent chacune gueres moins de quinze à seize mille pipes ; la plupart vins secs.

Le prix des malvoisies, quand l'année est raisonnablement abondante, ne passe gueres cinquante à soixante piastres la pipe, celui des vins secs vingt-cinq à trente piastres ; & celui des eaux-de-vie soixante piastres ; les uns & les autres rendus à bord. Lorsqu'on prend bien ses mesures ce commerce est fort aisé, surtout si l'on est présent à la vente, & qu'on ne fasse pas de grandes cargaisons, autrement on les paye plus cher.

On paye sept pour cent de droits d'entrée des marchandises qu'on y apporte ; mais l'estimation ne s'en fait jamais sur le pied de la vente, ainsi ces droits se réduisent environ à quatre ou cinq pour cent.

Pendant la guerre pour la succession d'Espagne, les Anglois n'y venoient que masqués, c'est-à-dire, sous pavillon d'ami : moyennant quelques présens, ils y étoient pourtant reçus ; mais outre les droits ordinaires de sept pour cent, on leur faisoit encore payer neuf pour cent ; & malgré tout cela ils ne laissoient d'y faire assez bien leurs affaires, n'y ayant point eu d'année qu'ils n'ayent enlevé jusqu'à quatre mille pipes de vins des deux sortes.

Présentement leur commerce s'y est rétabli à peu près sur l'ancien pied, & il est certain que leurs vaisseaux enlevent seuls plus de vins que toutes les autres Nations ensemble, fournissant presque tous ceux dont on a besoin en Hollande, dans la Mer Baltique & dans le Nord, outre ce qui s'en consomme en Angleterre.

### DES NAVIRES DE REGISTRE QUI SE FRETENT *aux Isles de Canaries pour l'Amerique Espagnole.*

L'on a expliqué dans ce Dictionnaire ce qu'on entend en Espagne par navire de Registre, & l'on peut voir ce qu'on en a dit à l'article du Registre.

Outre ces sortes de navires dont les permissions s'expédient en Espagne, il s'en frete aussi beaucoup aux Canaries, qui reçoivent leurs congés des Officiers de Sa Majesté Catholique, établis dans ces Isles. Les Permissions de ceux-ci sont à la vérité moins étendues que celles des autres, ne leur étant accordé de porter à l'Amérique que des fruits de la terre, comme des vins, & de ne revenir non plus chargés que des productions des Indes Occidentales, à la réserve néanmoins de l'argent & de la cochenille, dont il leur est défendu de faire leurs retours.

Ces exceptions n'empêchent pas pourtant qu'il ne se charge sur ces navires toutes sortes de marchandises propres pour les côtes de l'Amérique ; & qu'ils n'en rapportent quantité d'argent & de cochenille, avec les autres marchandises qui leur sont permises.

Les Etrangers qui font le commerce des Isles Canaries, ont encore plus de part à cette contrebande que les Insulaires mêmes, soit qu'ils veulent l'entreprendre sur leurs propres vaisseaux, soit qu'ils se contentent d'envoyer leurs marchandises à fret sur les navires des Sujets du Roi d'Espagne.

Il est vrai que pour l'un & pour l'autre, il faut se conduire avec beaucoup de prudence & de secret, pour que les Officiers du Roi n'en ayent point de connoissance : mais en ce cas même ces Officiers ne sont point intraitables, & il est facile d'acheter leur silence & leur dissimulation.

Lorsque l'on se contente d'envoyer ces marchandises à fret, on les fait transporter la nuit sur les vaisseaux de Registres qui sont en charge ; & l'on ne manque point de gens affidés qui les tirent des magasins où elles sont en dépôt, ou bien si le vaisseau Etranger qui les a apportées ne les a pas encore mises à terre, il est facile avant le départ du navire de Registre, de les passer d'un bord à l'autre, & c'est le plus sûr, mais aussi le plus rare ; parce qu'il n'arrive pas souvent qu'un navire Etranger arrive justement dans le tems qu'un navire de Registre a achevé sa cargaison.

Si c'est sur son propre navire qu'un Etranger veut charger en obtenant le Registre pour son bâtiment : il faut en ce cas congédier l'équipage en arrivant, en faire une vente supposée, & l'armer de matelots Espagnols ; & ensuite obtenir le Registre sous le nom d'un Négociant des Isles, étant facile de trouver parmi les gens du pays des Marchands & d'autres personnes toujours prêts à faciliter toutes ces choses aux Etrangers, avec lesquels ils en usent avec un secret & une fidélité incroyables.

Cette voie pour envoyer des marchandises d'Europe dans l'Amérique Espagnole, a plus de commodité que celle de Cadix, qui est celle qu'on prend ordinairement, non-seulement à cause des droits excessifs qu'on paye dans cette derniere place, du fret qui y est toujours plus fort qu'aux Canaries, & des indultes que le Roi d'Espagne a coutume de lever au retour des gallions & de la flotte ; mais encore parce que le voyage par la route des Isles ne dure ordinairement que six mois au plus dix ; outre la liberté que l'on a d'établir aux Isles Canaries des magasins d'entrepôt pour le tabac, & les autres fruits & denrées qui viennent de l'Amérique pour ensuite les faire passer en Europe ; desquels on ne paye d'autres droits que ceux d'entrée.

Quelques-uns croyent que pour faire ce commerce, il ne faut pas venir aux Canaries avec des projets tous faits ; mais de les former sur les lieux suivant que les occasions s'en présentent, & en se laissant conduire par quelque habitant fidéle & pratique de ce négoce, les gens du pays étant naturellement jaloux, & ne pouvant souffrir que les Etrangers veulent se passer d'eux dans cette contrebande ; qui fait une partie de leur commerce.

Quand les vaisseaux de Registre arrivent dans les ports de l'Amérique, ou qu'ils reviennent dans ceux des Isles, les Officiers royaux sont en droit de saisir & confisquer toutes les marchandises qui ne sont pas comprises dans la déclaration du chargement, & qui sont toujours les plus riches & les plus importantes ; mais cela n'arrive jamais, ou du moins rarement, les présens considérables qu'on leur fait leur fermant les yeux, & d'ailleurs faisant toujours payer les droits à dix pour cent pour ces marchandises de contrebande qu'ils s'approprient & partagent entr'eux, il est vrai que la plupart du tems ils les réduisent à six ou sept pour cent.

Les navires de Registre qui chargent dans les Isles Canaries, ont droit d'aller dans tous les ports de l'Amérique Espagnole, à l'exception de la Vera-Crux, de Cartagene & de Porto Bello qui leur sont prohibés.

Chaque pipe de vin paye 44 piastres & 5 reaux de fret en allant, & les marchandises seches à proportion de leur volume un peu plus. Le fret du retour est de cinq à six piastres du quintal du tabac & autres telles marchandises, les Capitaines s'obligeant de payer sur cela les droits d'entrée, qui peuvent aller à une piastre aussi le quintal l'une portant l'autre ; pour le fret de l'argent, il se paye à deux pour cent.

Pour donner un plus grand éclaircissement sur le commerce des navires de Registre, qui se chargent aux Canaries, on va ajouter ici un état de ce qu'il en coute pour obtenir la permission de naviger à l'Amérique, avec un bâtiment de six cent cinquante tonneaux évalué à six cent ; sçavoir, trois cent pour être chargés à Teneriffe, cent à Canarie, & deux cent à la Palme.

| | |
|---|---|
| Premiérement pour quinze personnes, qui devoient être passées à Saint-Domingue, & qui n'ont pas été embarquées, pour chaque tonneau à cinquante reaux, ci, | 3000 reaux. |
| Pour droit de permission, | 200 |
| Pour droit lorsque le navire est Etranger, se paye chaque voyage en lettres sur Madrid à trente-trois reaux de platte chaque tonneau, | 2475 |
| Pour droit du Séminaire de Séville à 17 ½ reaux chaque tonneau, | 1050 |
| Pour trois mille reaux au Juge des Indes pour donner le Registre, | 3000 |
| Pour trois mille reaux au Général, pour donner permission de sortir, | 3000 |
| Pour mille reaux au Garde-Major pour grace, | 1000 |
| Pour deux mille reaux à l'Ecrivain du Registre & ses Commis, | 2000 |
| Pour cinq cent reaux à deux Echevins du Registre, qui assistent aux visites, pour qu'on n'embarque point de marchandises prohibées, | 500 |
| Pour cinq cent reaux à différens Gardes, | 500 |
| | Total 16725 reaux. |

Les seize mille sept cent vingt-cinq reaux courans font mille six cent soixante & douze piastres, qu'a couté l'expédition du présent vaisseau registré.

### COMMERCE DES FRANÇOIS AUX ISLES CANARIES.

Les François font peu de négoce aux Canaries en comparaison de quelques autres Nations, particuliérement des Anglois : il leur seroit cependant aisé de les égaler & peut-être de les surpasser, s'ils sçavoient user de leurs avantages, sur-tout de l'inclination que ces Insulaires ont pour eux, & du dégoût qu'ils ont commencé depuis long-tems à prendre de la Nation Angloise, soit à cause de l'acte de la navigation de 1660, qu'ils ont toujours crû contraire à la liberté de leur commerce, soit pour les droits excessifs d'entrée que leurs malvoisies & leurs vins secs payent en Angleterre.

La principale raison qui a empêché jusqu'ici les François de prendre plus de part à ce commerce, est que consistant presque tout en deux sortes de vins, qui n'ont gueres de consommation en France, où cinq cent pipes des uns & des autres sont plus que suffisantes, ils n'ont rien pour achever leur cargaison au retour.

L'exemple des autres Nations pourroit cependant lever aisément cet obstacle, & les François faisant comme elles leurs retours en malvoisies & en vins secs, ils pourroient après avoir envoyé en France ce qui suffiroit pour la consommation du Royaume, porter ailleurs, & particuliérement dans la mer Baltique & dans le Nord, ce qui leur en resteroit.

Mais ce qui doit davantage exciter les François à entreprendre ce commerce, c'est que les marchandises & les Manufactures du Royaume sont plus courantes & plus propres pour les Canaries & pour les Indes que la plupart de celles que les autres Nations leur portent ; & que ces Insulaires ne peuvent gueres avoir que de la seconde main.

Voici les marchandises qu'un habile Négociant duquel on a eu les Mémoires sur ce commerce, estime être les plus convenables pour les Canaries, & dont il croit que les François pourroient faire un très grand débit.

Des crues ou crés larges de bonne qualité, qui pourroient se vendre trois reaux & demi de villon la barre, dont les cent quarante font cent aunes de France, & les dix reaux une piastre.

D'autres crues appellées Recouvées, à deux reaux de villon.

Des Bretagnes larges & étroites suivant leurs qualités, de vingt-cinq à trente reaux la piece.

Des halles-crues à trois reaux de villon.

D'autres de la même espece, mais plus ordinaires ou des vitré, de deux à deux reaux & demi de villon.

Des rouens ordinaires, grises, pour faire des vestes & pour doubler les habits. La consommation en est petite dans le pays ; mais elles sont fort demandées pour les Indes ; elles doivent être depuis 15 s. jusqu'à 20, dans les assortimens il faut qu'il y en ait à fort petites rayes bleues & rouges.

Des dentelles de toutes sortes de qualités & façons depuis 2 sols l'aune jusqu'à 3 liv. elles ne sont pas de grand débit parmi les habitans des Isles, mais très bonnes pour les Indes, d'où elles sont continuellement demandées.

Toutes sortes de marchandises de laine d'Amiens & de Lisle.

Quelque quincaillerie.

Quelques draperies de Carcassonne, ou autres qui imitent celles des Anglois, qu'il faudroit avoir s'il se peut à bon compte, pour les pouvoir donner au même prix qu'eux.

Des chapeaux de toutes especes tant pour le pays que pour les Indes.

Toutes sortes de marchandises de soie, comme des bas d'hommes & de femmes.

Des étoffes hors de mode, mais d'apparence pour leur prix.

Des rubans de toute sorte.

Des taffetas d'Avignon.

Quelques brocards aussi hors de mode, mais qui paroissent beaucoup.

Des mantes, des dentelles de soie noire, & d'autres à point d'œil de perdrix pour les Indes.

Du papier contrefait de Genes pour le pays & pour les Indes de cinq feuilles au cahier, avec la marque de cette Ville.

Enfin, toutes les autres marchandises qu'on a rapportées ci-dessus en parlant du Commerce des Anglois aux Isles de Canaries, & qui se trouvent en France.

### SAINTE-HELENE.

L'Isle de Sainte-Helene est située dans la partie Occidentale de la mer d'Ethiopie, à 16 dégrés, 12 minutes de latitude australe, presque à 400 lieues des Côtes d'Angole, & de celles du Bresil ; mais cependant un peu plus près de l'Afrique que de l'Amerique, ce qui fait que les Géographes l'ont attribuée à la premiere.

Les Portugais la découvrirent en 1508, & la laisserent, pour ainsi dire, comme un azile commun à toutes les Nations qui voudroient faire le Commerce des grandes Indes.

Les Hollandois s'y établirent vers le milieu du 17e siécle, & en firent un entrepôt pour les vaisseaux de leur Compagnie d'Orient; mais depuis l'ayant quittée pour le Cap de Bonne-Espérance, infiniment plus commode que cette petite Isle, qui n'ayant que 10 ou 12 lieues de tour, est facile à manquer, les Anglois en prirent possession, & en sont restés depuis les maîtres, après s'y être rétablis malgré les Hollandois, qui les en avoient chassés en 1672.

Cette Isle (qui proprement n'est qu'une montagne, ou plutôt qu'un rocher très élevé, au dessus duquel il y a quelques plaines assez fertiles) fournit néanmoins suffisamment aux vaisseaux Anglois les rafraîchissemens dont ils ont besoin; & même ses Habitans font un petit Commerce de leurs denrées avec leurs Compatriotes, ou les autres Européens qui y abordent quelquefois, qui les y fait subsister commodément, & leur fait moins regretter la vie triste & laborieuse qu'ils menent dans la solitude de leurs rochers.

La Compagnie Angloise des Indes Orientales, a dans l'Isle un Fort de trois bastions, & au pied du Fort, un Bourg, ou petite Ville de 40 ou 50 maisons.

C'est dans cette villotte, qui n'est habitée qu'à l'arrivée des vaisseaux d'Europe, les Habitans dans le reste de l'année, étant occupés sur leurs montagnes, à la culture de leurs terres, que se tient une espéce de foire où se fait tout le Commerce de l'Isle, & où les nouveaux venus se pourvoyent des rafraîchissemens de l'Isle; & les Insulaires, des marchandises d'Europe ou des Indes qui leur sont convenables.

Les rafraîchissemens consistent en oranges, citrons, grenades, figues, pois, féves, & autres fruits & légumes, dont les premiers plants y ont été apportés par les Portugais; & en bœufs, moutons, cabrils, cochons, volailles, que la même Nation y a fait passer, n'y ayant trouvé, lorsqu'ils en firent la découverte, ni hommes, ni animaux, ni arbres fruitiers.

On peut aussi traitter avec les Habitans, de sel blanc, qui est excellent; du bol, ou terre rouge; d'une terre assez semblable à la terre sigillée, & de quelque drogue propre à teindre en rouge.

Les marchandises qu'on leur donne en échange, sont quelques vins, des étoffes légeres, & de bas prix; diverses sortes de toiles, entr'autres des chemises & caleçons tout faits; & quelque menue mercerie, quincaillerie, & taillanderie, soit pour le ménage, soit pour la culture de leurs terres.

## Zoccotara, ou Socotara.

Cette Isle, située à 12 dégrés 30 minutes de latitude, par le travers de l'embouchure de la mer Rouge, vulgairement appellée le Détroit de Babelmandel, est la derniere des Isles d'Afrique, vers l'Orient, & la plus proche du continent de l'Asie.

Cette situation, qui la met presque à une égale distance de ces deux parties de la terre, la rend très commode, soit pour les vaisseaux qui viennent des Indes, soit pour ceux qui partent de Madagascar, de Mosambique, & de Melinde, pour faire le Commerce de l'Arabie Heureuse, & trafiquer à Aden, à Mocha, la Mecque, & autres Villes de la mer Rouge.

Les Portugais, qui sont les premiers des Européens qui en ont eu connoissance, ont commencé vers l'an 1507 à y faire quelque négoce, & ont été long-tems seuls à le faire. Présentement toutes les Nations d'Europe qui ont des établissemens aux Indes Orientales, y entretiennent quelque Commerce, ou du moins y touchent pour s'y rafraîchir, en allant, ou en revenant de Mocha.

Outre de bons rafraîchissemens qu'on y traitte à assez bon compte, on y trouve à acheter, ou à échanger contre les marchandises des Indes ou d'Europe, de l'aloës, de l'ambre gris, de l'indigo, de la civette, de l'encens, du sang de dragon, & d'autres gommes medecinales, du ris, du tabac, & des dattes.

De ces marchandises, le Commerce de l'aloës, de l'indigo, & de la civette, est réservé au Roi seul; celui des autres est libre à tout le monde.

L'aloës de Zoccotara a la réputation d'être le plus excellent du monde, aussi les Droguistes d'Europe donnent-ils le nom d'Aloës Zocotrin, ou Socotrin, à celui de la meilleure qualité qu'ils ayent dans leurs magasins, ou boutiques. Les Habitans de l'Isle le recueillent dans des vessies de divers animaux, ou dans des peaux de boucs, dans lesquelles ils le font sécher au soleil; & c'est ainsi que le véritable socotrin est apporté en Europe.

Les dattes, qu'on y recueille en abondance, font un des principaux objets du Commerce de ces Insulaires, soit au dedans, soit au dehors; & c'est de ce fruit qu'ils se servent au lieu de pain, après l'avoir réduit en une espece de pâte.

Le Commerce s'y fait en apparence, avec assez de fidélité & de droiture; mais comme les Zoccotrins se défient de toutes les autres Nations avec qui ils trafiquent, toutes ont aussi raison de n'avoir gueres de confiance en eux, leur étant ordinaire de falsifier la plupart des marchandises, à moins qu'on n'y soit bien attentif: d'ailleurs ils sont fort habiles dans leur négoce.

## Malte.

L'Isle de Malte, située dans la mer d'Afrique, entre Tripoli de Barbarie & la Sicile, par le 39e dégré de longitude, & le 35e de latitude, est moins connue par son Commerce, que par la réputation de l'Ordre militaire de Saint-Jean de Jerusalem, qui en est en possession depuis l'année 1530, huit ans après que cet Ordre eût été dépouillé de l'Isle de Rhodes par le grand Soliman Empereur des Turcs.

Le négoce cependant y est assez considérable, non pas de ce que produit cette Isle, qui n'étant presque qu'un rocher, ne fournit que peu de choses aux Habitans de ce qui est nécessaire à la vie, & encore moins aux Etrangers, de ce qui pourroit entretenir un Commerce d'échange avec les Insulaires; mais par l'abord de plusieurs vaisseaux François, Anglois, Hollandois, & Italiens, qui y apportent toutes sortes de marchandises; ou par ceux que les Marchands Maltois ont coutume de fretter pour aller charger des blés, & d'autres denrées, & choses dont ils ont besoin, dans différens Ports d'Italie, sur-tout en Sicile.

On peut néanmoins tirer de cette Isle, du coton, qui y croît en abondance; de la cire, & du miel, dont ce dernier, qui est fort estimé, lui a donné son nom Latin *Melita*; outre plusieurs rafraîchissemens,

mens, comme divers fruits, entr'autres des figues, des melons, & des raisins, qui y sont aussi excellens qu'en aucun autre lieu du monde : ces raisins pourtant ne sont bons qu'à manger frais ou secs, & l'expérience a fait connoître aux Maltois qu'on n'en pouvoit faire du vin.

*Monnoie de Malte.*

Les monnoies qui se fabriquent à Malte sont des tarins, des grains, & des pietots.

Les tarins sont de quatre sortes ; sçavoir, des pieces de huit, de six, de quatre, & d'un tarin & demi. On peut voir à l'article du TARIN le prix de cette monnoie.

Il y a aussi quatre sortes de grains, qui sont la piece de 15 grains, qui vaut, monnoie de France, 7 sols 6 deniers.

La piece de 10 grains, qui vaut 5 sols.

La piece de 5 grains, qui vaut 2 sols 6 den.

Et le grain qui vaut 6 deniers.

Le pietot ou demi-grain, vaut 3 d. de France.

# COMMERCE DE L'ASIE.

L'ASIE, est l'une des quatre parties du Monde, & est la plus grande, & la plus riche des trois qui composoient l'ancien continent.

Ses bornes sont l'Océan Scithique, autrement la mer de Tartarie, au Septentrion ; l'Océan Oriental à l'Orient ; l'Océan Indien, ou la mer des Indes au Midi ; & la mer Rouge, l'Isthme de Suez, la mer Méditerranée, le canal de la mer Noire, le Pont-Euxin, la mer de Zuabache, le Don, & l'Oby, à l'Occident ; ensorte que d'Occident en Orient, elle peut avoir 1750 lieues, & du Midi au Septentrion, environ 1550.

Plusieurs Peuples de ce vaste continent, particuliérement ceux qui en occupent le milieu, aussi-bien que les Côtes de l'Océan Septentrional, nous sont peu connus ; & si l'on en excepte les Moscovites, qui en possédent quelque portion, & dont les Caravanes, depuis le régne du Czar Pierre Alexowitz, partent réguliérement chaque année de Petersbourg, pour se rendre à la Chine, & en traversent quelques endroits ; on peut dire que les Européens n'y font aucun Commerce, & n'en ont même que des relations fort incertaines, & à demi fabuleuses.

Ce n'est aussi que du négoce des Côtes Méridionales & Orientales de l'Asie, qu'on va présentement parler, en les suivant depuis Mocha, la Ville maritime de l'Arabie Heureuse la plus marchande & la plus riche, jusqu'à la Chine, où les Européens ont coutume de borner leurs voyages de long cours, & leur entreprise de Commerce ; se réservant néanmoins de faire quelques excursions jusqu'au dedans des terres, particuliérement pour ce qui regarde le négoce de Perse, de l'Empire du Grand-Mogol, de la Chine, du Royaume de Siam, & de quelques-autres : ensuite de quoi on parcourra ce grand nombre d'Isles de l'Orient que le Commerce des épiceries, & d'autres précieuses marchandises, rend si célébres, & attire tous les ans un si grand nombre de vaisseaux de toutes les Nations de l'Europe, & de toutes les Indes.

A l'égard des Côtes Orientales de l'Asie qui sont baignées par la Méditerranée, la mer Noire, & l'Archipel, on se dispensera d'en parler ici ayant joint le Commerce qui s'y fait, à celui du Levant, où l'on peut avoir recours, particuliérement aux paragraphes où l'on a traité du négoce de Constantinople, de Caffa, d'Alep, d'Alexandrette, de Seyde, & de quelques autres.

L'on commencera donc ce Traité du Commerce d'Asie, par les Villes de l'Arabie Heureuse qui sont sur la mer Rouge, ou vers son embouchure, dans l'Océan, comme la Mecque, Mocha, Aden, & quelques autres : ensuite on entrera dans les Golphes d'Ormus, & de Bassora, où se trouvent Bassora, Ormus, Gombron, ou Bander-Abassi, de la dépendance du Royaume de Perse, qu'on ira visiter jusques dans Ispaham sa Capitale.

Les Côtes de l'Inde, soit de deça, soit de de-là le Gange, suivront après ; & l'on parcourra celles des Etats du Grand-Mogol, principalement dans le Royaume de Guserate, où sont Amedabath, Cambaye, Surate, Daman, &c.

Puis le Bengale, le Decan, dont Goa est la Capitale ; le Malabar, dont les principales Villes de Commerce sont Calicut, Granganor, & Cochin ; la Côte de Coromandel, qui a Narsingue, & Saint-Thomé.

Le Royaume de Golconde, ceux de Pegu, de Siam, & Tanacrin.

Enfin Malaca, la Cochinchine, le Tunquin, & la Chine, par où l'on finira le Commerce de ce vaste continent.

Les Isles de l'Asie, du négoce desquelles on se propose de parler ici, sont les Maldives qui se présentent les premieres à ceux qui veulent aller en droiture d'Europe au fameux Cap Comorin ; celles de Ceilan, & de Manar, qui touchent presque le Cap ; les trois Isles de la Sonde ; sçavoir, Sumatra, où est le Royaume d'Achen ; Java, si célébre par celui de Batan, & encore plus par la fameuse Batavia ; & l'Isle de Borneo : les Philippines, qu'on nomme aussi Manilles ; les Moluques si fécondes en épiceries ; les Isles des Larrons, ou Isles Marianes, qui sont sur la route de l'Amérique aux grandes Indes, par la mer du Sud ; & les Isles du Japon, dont toutes les Nations d'Europe sont exclues, à la réserve de la Hollandoise.

On doit avertir ici, qu'on a déja dit quelque chose du Commerce des Indes Orientales, lorsqu'on a traité dans la section du négoce de l'Europe, de celui que les Européens, particuliérement les François, Anglois, & Hollandois, font par des voyages de long cours avec les Nations d'Orient ; mais outre qu'on n'y est pas entré dans un grand détail, on ne répetera rien ici de ce qu'on y a déja rapporté, à moins qu'il ne parût nécessaire pour la liaison des matieres. Ainsi le Lecteur peut voir à l'endroit qu'on lui indique, ce qui sembleroit manquer à celui-ci, du Commerce que ces trois Nations font aux grandes Indes.

## COMMERCE DE L'ARABIE.

Cette partie de l'Asie que l'on nomme Arabie, & qui n'a pas moins de 1300 lieues de circuit, est divisée en Arabie déserte, Arabie Petrée, & Arabie heureuse.

Celle-ci, qui est presque toute seule aussi grande que les deux autres, qu'elle surpasse pareillement beaucoup, soit pour ses richesses, soit pour le nombre de ses Habitans, s'en distingue encore davantage par son Commerce, l'un des plus grands qui se fasse en Orient.

Ses principales Villes, & celles qui ont le plus de réputation pour le négoce, sont Mocha, Hidedan, Chichiri, Zibet, & Ziden sur la mer Rouge; Aden, Fartack, sur l'Océan, ou mer d'Arabie; & Bahr, Barhem, & El-catif, dans le Golfe de Bassora, que les Arabes nomment plus communément Golfe d'El-catif. Enfin Bassora, qu'on nomme aussi Balsara, dans le fond de ce golfe; mais cette derniere est de l'Arabie déserte, & non pas de l'Arabie Heureuse.

On pourroit ajouter la Mecque & Medine, ces Villes estimées si saintes par les Mahométans, & qui sont célébres par les richesses immenses que cinq Caravannes qui y arrivent tous les ans, y apportent, partie par dévotion, ce que font les Pellerins; partie pour le Commerce, qui est l'intention des Marchands dont ces Caravannes sont également composées; mais l'entrée de ces deux Villes étant interdite sous peine de la vie à tous ceux qui font profession du Christianisme, & les Européens n'y faisant aucun Commerce, on se contentera de dire, que le négoce que les Nations Mahométanes des Indes & d'Afrique y entretiennent, se fait par Ziden, qui est proprement le Port de la Mecque, quoiqu'elle en soit pour le moins éloignée de 25 lieues; & par Mocha, qui en est comme l'entrepôt.

MOCHA, située à l'entrée de la mer Rouge, par les 13 dégrés 18 minutes de latitude Nord, est présentement la Ville du plus grand Commerce de l'Arabie heureuse, où il a été transféré d'Aden vers la moitié du 16^e^ siécle, c'est-à-dire, depuis que les Turcs se furent rendus maîtres d'une partie des Côtes de la mer Rouge, changement qui arriva, tant à cause de la commodité de la situation de Mocha, que parce que le vaisseau royal, comme on l'appelle, qui descend tous les ans du Suez, chargé de précieuses marchandises pour le négoce de l'Arabie, couroit trop de risque à Babel-mandel, par où il falloit qu'il passât pour aller à Aden, qui étoit autrefois le Port de sa destination.

Il n'est gueres de Compagnie de Commerce, ni de Nations, soit de l'Asie, soit de l'Europe, soit de l'Afrique, qui fassent le Commerce maritime, dont on ne voie des navires à Mocha. C'est delà que viennent presque tous les caffés qui se consomment en Europe.

Les Anglois & Hollandois y envoyent ordinairement leurs navires des lieux des Indes où ils sont établis; ce que faisoient aussi les François, quand leur Commerce y étoit encore florissant. Présentement ces derniers y vont en droiture, & font souvent de riches retours; mais il y a bien de l'apparence que la nouvelle Compagnie des Indes, établie en France en 1719, reprendra son ancienne route; & que le Commerce de l'Arabie fera une partie de celui qu'elle va porter en Orient.

Les autres bâtimens que l'on voit chaque moisson arriver à Mocha, & qui souvent s'y trouvent au nombre de plus de 50, viennent ordinairement de Goa, de Diu, de Touvel, de Dabul, de Goga, de Calicut, d'Achen, de Masulipatan, de Negeva, de Promiens, de Cadts, de Mosambique, de Melinde, & d'Ethiopie, tous chargés des plus précieuses marchandises que produisent les lieux d'où partent ces vaisseaux, ou que les Marchands qui frettent, ont tiré des lieux les plus éloignés de l'Orient, comme de la Chine & du Japon.

Outre ce Commerce maritime, il s'y en fait encore un très riche par terre, par le moyen des caravanes d'Alep & du Suez, qui y arrivent dans le mois de Mars.

Ces caravanes, qui sont ordinairement deux mois en route, & qui ont coutume de se joindre en entrant dans l'Arabie, font partie de celles qui conduisent les Pelerins Mahométans à la Mecque & à Médine; mais qui alors ne sont plus composées que de Marchands & de marchandises.

Environ mille chameaux servent à voiturer ces marchandises, les vivres, & les autres choses nécessaires aux Marchands, & aux Troupes qui marchent avec elles, pour les défendre des Arabes; & ces Caravanes sont estimées peu riches, si elles apportent en argent comptant moins de 200000 reales de huit, & 100000 ducats d'or, Hongrois, Vénitiens, ou Maures; ce qui ne s'entend seulement que de ce dont les Marchands font leur déclaration à la Douanne; y en ayant presque autant qui entre en fraude, & dont on tâche de sauver les droits, qui sont assez considérables.

Les marchandises qui viennent par ces caravanes, sont, des velours, des satins, des armoisins, des étoffes d'or du Levant, des camelots, des draps, du safran, du mercure, du vermillon, & des merceries de Nuremberg.

Le vaisseau Royal de Suez apporte aussi à peu près les mêmes sortes de marchandises, que celles qui viennent par les caravanes, & outre cela quantité de cuirs de Moscovie, d'étain, & de fonwa, dont on fait des teintures en écarlate. A l'égard de sa cargaison en especes, elle est toujours plus forte en argent, que ce qui vient par terre, mais moins riche en or, apportant, année commune, jusqu'à 400000 reales de 8, mais seulement 50000 ducats.

Les marchandises que les caravanes, le vaisseau Royal, & les autres bâtimens étrangers, chargent à Mocha pour leur retour, proviennent, partie des productions naturelles de l'Arabie, ou des Manufactures des Arabes; & partie de ce qui a été apporté par les navires des Indes, d'Afrique, & d'Europe.

Les Manufactures Arabes fournissent peu d'étoffes considérables, mais seulement quelques toiles de coton, la plupart assez grossieres. En récompense on tire du crû de l'Arabie, des parfums de plusieurs sortes; entr'autres, de l'encens, de la mirrhe, & de l'ambre gris: des pierreries, particuliérement des perles de Baheram, dont on parlera dans la suite, & des cornalines: de l'aloës, du baume, de la canelle, de la caffé, du sang de dragon; de la gomme, qui, du Pays dont on la tire, se nomme Gomme Arabique: du corail: quantité de plantes, ou medicinales, ou odoriférantes: & ce qui fait présentement un des plus considérables objets du Commerce des Européens en Orient & au Levant, du caffé, dont chaque année on enleve pour l'Europe seule, presqu'autant qu'il s'en consomme dans les Indes & l'Empire du Turc, d'où cette boisson a passé dans l'Occident.

Le caffé qui croît aux environs de la Mecque, est estimé un des meilleurs que fournisse l'Arabie; & c'est de-là que par le Port de Zizen, on envoie à Mocha la plus grande partie de celui qu'on charge dans cette dernière Ville.

Quelques-uns croyent que les Arabes, pour se conserver ce Commerce, alterent par le feu la semence du caffé, afin que cette espece de féve ne puisse produire ailleurs. Il est cependant certain que quelques Curieux d'Europe en ont élevé dans leurs jardins : mais ce qui apparemment empêche qu'elle n'y vienne en parfaite maturité, est la diversité du sol, & de la température de l'air.

Le Commerce de Mocha, & des autres Villes d'Arabie, où il s'en fait quelqu'un, passe par les mains des Juifs, & des Benjanes, dont la plupart sont Banquiers, Marchands, ou du moins Courtiers. On auroit peine à décider laquelle de ces deux Nations est la plus habile dans le négoce; du moins est-il sûr qu'il faut également se défier de l'une & de l'autre, dans la nécessité où l'on est presque toujours de se servir de l'une des deux.

Ce n'est que depuis peu d'années que Mocha s'est fait connoître par la grandeur de son commerce; & pour le mettre dans l'état florissant où elle est présentement, il en a coûté presque tout le commerce de quatre ou cinq des plus célébres Villes situées sur la mer Rouge, ou qui n'en sont pas éloignées.

Les vaisseaux des Nations qu'on voit le plus ordinairement arriver dans son port, sont ceux de Surate, de Cambaye, de Diu, de Malabar, & de tous les endroits des Indes, où il se fait quelque négoce considérable; on y voit aussi des navires de Cassen, de Socotra, de Mascate, & de tout le Golfe Persique. A l'égard des Européens, il y en vient de France, d'Angleterre, de Hollande, de Dannemarck, & de Portugal : Enfin, on y trouve des Marchands de Barbarie, d'Egypte, de Turquie, & de toute l'Arabie, dont elle est comme le magasin où se réunit une espece de Commerce universel.

Le débit de toutes sortes de marchandises y est prompt & facile, & les Marchands Etrangers n'y en apportent jamais assez.

Les Européens payent trois pour cent de toutes celles qu'ils y débitent ou qu'ils y achetent, & ils ont le privilége de les mettre dans des maisons qu'ils louent, sans être obligés de les porter à la Douanne. Les autres Marchands payent cinq pour cent : on fait de plus la visite des marchandises de ces derniers, ce qui ne se fait pas à l'égard de celles des premiers; mais ces priviléges qui d'abord ont été accordés en faveur de ceux-ci, ont tourné dans la suite à leur préjudice, y ayant des personnes préposées pour en examiner les qualités qui en font leur rapport au Gouverneur, qui a coutume de leur faire payer les droits suivant le prix qu'elles se vendent, les Courtiers étant punis, après le départ des vaisseaux, lorsqu'ils n'en ont pas exposé la véritable valeur.

Toutes les marchandises qui s'achetent ou se vendent au poids, sont portées à la Douanne pour y être pesées.

Les poids en usage à Mocha sont le Bahars, le Trossel, le Man, le Tuckec & le Cossila.

Les mesures de continence pour les liquides, sont le Teman & le Memecde. Celle pour les longueurs est le Couit qu'on nomme aussi Guz. *Voyez* toutes ces Mesures & ces Poids expliqués & évalués à leurs articles propres.

La seule monnoie réelle qui se fabrique à Mocha, est le Comasse, petite espece qui hausse ou qui baisse suivant le caprice ou l'intérêt du Gouverneur.

Toutes les especes d'or ou d'argent étrangeres y sont aussi reçues, mais seulement au poids suivant leur dégré de finesse.

On se sert dans les comptes du Cabéers, qui ne vaut gueres que 8 deniers de France. *Voyez* l'article des Monnoies.

Les vaisseaux qui vont de Surate à la Mer Rouge, partent ordinairement vers le mois de Mars, & arrivent à Mocha vers la fin d'Avril, ou du moins avant le 20 du mois de Mai; ceux qui n'y sont pas avant ce tems-là, ne peuvent y arriver de l'année, à cause des vents qui s'élevent & qui empêchent l'entrée de cette Mer. Il faut alors qu'ils passent l'Isle de Socatra, & qu'ils se mettent à l'abri du Cap de Guardifeu pour éviter la force des Courans, qui sont le long des côtes de l'Arabie.

L'entrée du Port de Mocha est difficile; & l'on n'y peut arriver que par le secours des Pilotes du pays, à cause des bans de sable qui rendent le passage dangereux.

Aden, comme on l'a déja remarqué, jouissoit autrefois de tous les avantages du Commerce, qui se fait présentement à Mocha. Ces deux Villes appartiennent aux Turcs, qui s'emparerent de la premiere en 1538, peu de tems après que le grand Albuquerque, si fameux par les conquêtes que les Portugais ont faites sous ses ordres dans les Indes, l'eut attaquée inutilement, quoiqu'avec une armée considérable & victorieuse.

C'est le seul Port que le Grand-Seigneur ait sur l'Océan, & la Ville la plus grande & la mieux fortifiée qu'il posséde en Arabie.

Sa situation, assez près de l'embouchure de la mer Rouge, la rend comme un Port commun aux deux mers; ce qui y entretient un assez bon Commerce, mais beaucoup au dessous de celui de Mocha.

Les vaisseaux étrangers, qu'on y voit le plus communément, sont Arabes, Persans, ou Indiens. Pour le reste, le négoce y est à proportion comme à Mocha. Les Hollandois, qui ont commencé en 1613 à y trafiquer, continuent toujours d'y envoyer. *On peut voir ce qu'on en dit à l'endroit de cet article général du Commerce, où il est parlé de celui des Hollandois aux Indes & en Arabie.*

Chichiri, située par les 14 dégrés 50 minutes de latitude Nord, & qui est plus avancée qu'Aden vers le Golfe Persique, est la premiere Ville de l'Arabie Heureuse, où les Hollandois ayent fait quelque Commerce; y ayant abordé, avant que d'aller à Aden.

Cette Ville a un Emir, ou Sultan Arabe, qui est Souverain, quoiqu'il paye aux Turcs une espece de tribut annuel de 4000 reales de huit, & de 20 livres d'ambre gris.

Les vaisseaux des Indes, de Perse, d'Ethiopie, des Habitans des Isles de Comorre, de Madagascar, & de Melinde, sont ceux qu'on voit le plus souvent dans ce Port. Les Portugais y faisoient autrefois un bon négoce, & y étoient aimés; à peine présentement y sont-ils connus.

Les choses, tant pour les marchandises qu'on en tire, que pour celles qui y sont propres, sont à peu près sur le même pied qu'à Aden. En général, il faut remarquer que les épices sont d'un grand profit pour le Commerce de l'Arabie; les Arabes les aimant beaucoup, & en assaisonnant avec profusion tout ce qu'ils mangent.

MASCATE. Ville de l'Arabie Heureuse, située sur le Golfe Persique à l'Orient du Mogol, elle est située au vingt-troisiéme dégré trente minutes de latitude Septentrionale, précisément sous le tropic du Cancer. C'est la Ville du plus grand commerce de toutes celles qui sont situées près du Golfe d'Ormus, la seule pêche des perles, qui se fait au mois de Juin, de Juillet & d'Aout, près de l'Isle de Baharem, qui n'en est pas éloignée, & dont on a parlé amplement dans ce Dictionnaire, seroit capable de l'enrichir; mais outre cela, elle est comme l'entrepôt de toutes les drogues & marchandises de l'Arabie, qui de Mascate se transportent en Perse, en Egypte, en Sirie, aux Indes, & jusques en Europe.

Il n'est permis à aucune chaloupe d'aborder la terre, ni d'aller d'un vaisseau à un autre après le coucher du soleil & avant qu'il soit levé, afin que personne n'y trafique secrétement; mais que tout le négoce s'y fasse en plein jour.

CASSEN. Cette Ville est située au quinziéme dégré: son port est à l'abri des vents d'Oüest, mais il est exposé à ceux de l'Est. Le commerce y est peu considérable, & passe presque tout par les mains du Roi. Il y vient quelques bâtimens chargés de ris, de dattes & d'une espece d'habillemens de poil qui se fait en Perse: ces marchandises s'échangent pour de l'oliban, de l'aloës, & du beurre. L'argent y a peu de cours, & presque tout le négoce se fait par échange. Il y a cependant quelques monnoies courantes, mais toutes étrangeres; comme des écus, des abassis, & des mamodes. Au lieu de petite monnoie, on se sert d'une espece de graine qu'on compte par poignée.

Le tems le plus propre pour trafiquer à Cassen, est Mai, Juin, & Juillet.

SER. Le commerce de cette Ville qui n'est pas éloignée de Cassen, est très considérable, ses habitans aiment les Etrangers & son port est très bon. On y voit plusieurs vaisseaux qui y viennent de différens endroits, particuliérement de Mascate, de Homron, de Surate, de Galla, & des autres lieux situés sur la côte d'Ethiopie.

Les marchandises qu'on en tire, sont du beurre, de la myrhe, des Esclaves, de l'oliban, de l'aloës, & de toutes les autres drogues que produit l'Arabie.

MOSECK. Cette Ville n'est éloignée de Mocha que de dix lieues. Cette proximité a ruiné son commerce: tout celui qu'on y fait présentement, ne consiste gueres qu'en sel.

HODECDA. Cette Isle est située environ au quatorziéme dégré cinquante minutes à soixante mille de Mocha.

Elle a un ance propre à la construction des vaisseaux, & un port très sur. Ces avantages y attirent un commerce assez considérable, particuliérement en caffé qui y est apporté de Judda, de Mocha, & de quelques autres endroits.

GEZEON. La pêche des perles rend cette Ville célébre & son commerce assez florissant. Les Benjans qui en ont la direction, y font de grands profits.

FERSHAM. Isle qui n'est éloignée seulement que de trois lieues de Gezeon, outre la pêche des perles que les Benjans y font faire par les Insulaires, elle est célébre par son grand négoce de blés dont elle fournit presque toutes les parties de l'Arabie.

JUDDA OU ZIDEN. C'est proprement le port de la Mecque. Son terrain est très fertile, & le Grand-Seigneur à qui elle appartient, est obligé d'envoyer tous les ans 20 ou 25 vaisseaux chargés de toutes sortes de provisions & d'argent pour la subsistance des habitans.

Le plus grand commerce qui s'y fasse est celui du caffé, que les Arabes y apportent, & que les Turcs enlevent presque tout. On y voit aussi des Marchands du Mogol, de la Perse, & de divers endroits des côtes de l'Ethiopie.

*Nota*. Il paroît que le nouvel Auteur dont on a tiré cet article, confond Judda avec Ziden, qui dans les autres relations sont deux Villes différentes.

## DU GOLFE PERSIQUE, ET DU COMMERCE QUI S'Y FAIT.

Ce Golfe, qu'on nomme aussi Golfe d'Ormus, à cause de l'Isle d'Ormus, qui n'est pas loin de son entrée; Golfe de Bassora, du nom d'une Ville de l'Arabie Déserte, qui est à l'autre extrémité; & Golfe d'El-catif, d'un Royaume de l'Arabie Heureuse, qui s'étend le long de la Côte opposée à celle de Perse, est également célébre, & par la pêche des perles, qui se fait près de l'Isle de Baharem, & par le grand Commerce de toutes les Nations de l'Orient, & de l'Europe, qui envoyent leurs vaisseaux, soit à Bender-Abassy, (qui a pris la place d'Ormus, depuis que le grand Abbas eut repris cette Isle sur les Portugais, qui étoit autrefois comme l'étape de toutes les marchandises d'Ispaham, & du reste de la Perse;) soit à Bassora, dont les Persans, les Turcs, & les Arabes, se sont si long-tems disputé la possession, & qui étant enfin restée à ces derniers, qui en étoient les anciens maîtres, s'est conservée tout le trafic qui peut se faire par le Tigre & l'Eufrate, à l'embouchure desquels elle est située, & une partie de celui des trois Arabies.

La Ville d'Ormus, & son Isle, quoique tout-à-fait déchues de leur premier éclat, & entiérement détruites & démolies par les ordres de Schaf-Abbas, après qu'il les eut repris sur les Portugais, méritent cependant qu'on en fasse mention, à cause du rang qu'elles ont si long-tems tenu parmi les Isles & les Villes du plus grand Commerce de l'Asie.

Cette Isle, située dans le Golfe Persique, assez près de son embouchure, & à deux lieues de la Côte de Perse, par les 27 dégrés de latitude, n'a gueres plus de vingt lieues d'étendue; & cependant a porté long-tems le titre de Royaume, ayant eu ses Rois particuliers, tributaires néanmoins des Rois de Perse.

Les Portugais, qui crurent ce poste nécessaire à leur Commerce, qui commençoit à s'établir dans les Indes, la prirent en 1507, & par-là fermerent à toutes les Nations l'entrée de la Perse, où il ne fut plus permis à personne de trafiquer que sous leurs passeports, ou sous leur baniere.

Tant que les Portugais resterent seuls de tous les Européens, les Maîtres du négoce & de la navigation des Indes Orientales, les Perses ne se trouverent point en état de sécouer cette espece de joug, que ces nouveaux venus avoient mis sur un des plus fameux Empires de l'Asie: mais les Hollandois étant passés en Orient sur la fin du seiziéme siécle, & les Anglois au commencement du dix-septiéme, Schaf-Abbas se servit de ces derniers, pour l'aider à chasser les Portugais de leur Isle, qu'ils furent enfin obligés de rendre en 1622, ayant perdu à sa prise, à ce que l'on prétend, plus de six à sept millions en marchandises, & en autres sortes d'effets.

COMRON, COMORON, ou GAMRON, le Port de toute la Perse, & peut-être de toute l'Asie, où il se fait le plus grand Commerce, n'a commencé d'avoir de la réputation, que depuis que les Portugais eurent été chassés d'Ormus.

Avant cela ce n'étoit qu'un petit Village d'une cinquantaine de misérables cabanes, où pourtant, à cause de la commodité de sa rade, les Portugais tenoient 25 ou 30 barques armées pour soutenir leur Commerce, & troubler celui des autres.

Ce fut Schaf-Abbas qui en fortifia le Port, qui commença à en bâtir la Ville; & qui par des priviléges & des franchises y attira le Commerce, lui ayant changé son premier nom, & l'ayant appellé du sien Bender-Abassi, qui en langue Persane signifie Port-d'Abbas.

Ce Port est ouvert à toutes sortes de Nations, à la réserve des Espagnols & des Portugais; & l'on y voit des Perses, des Arabes, des Indiens, des Benjans, des Arméniens, des Turcs, des Juifs, des Tartares, des Maures, des François, des Hollandois, & des Anglois.

Au milieu de la Ville est une grande place, qu'ils nomment Passer; ce qui est la même chose que ce qu'on appelle ailleurs un Bazar, qui est toute voutée, avec des boutiques des deux côtés, & une allée ou coridor au milieu. C'est-là que les Marchands étalent leurs marchandises les plus précieuses, particuliérement les Benjans, à qui elles appartiennent presque toutes; Gens habiles, mais fourbes; & qui sont aux Indes, ce que sont par tout les Juifs.

Le tems du Commerce est depuis le mois d'Octobre, que finissent les grandes chaleurs, jusqu'au mois de Mai qu'elles recommencent: alors on voit aborder par mer les vaisseaux de tous les Européens qui sont établis dans les Indes, & quantité d'autres bâtimens de Maures & d'Indiens; & du côté de terre arrivent à jour nommé diverses caravanes de Marchands; entr'autres, celles d'Ispaham, de Schiras, de Laor, d'Alep, de Bagdat, de Herat, & de Bassora.

Les Hollandois y apportent de l'argent comptant, des marchandises qui viennent d'Europe sur leurs vaisseaux, & quantité d'autres qu'ils ramassent dans tous les lieux des Indes, où ils ont des Comptoirs; & sur tout des épiceries, dont ils fournissent presque toute la Perse: du bois de chappan, & du santal; du sucre, de l'anis, du gingembre, de l'indigo, du vermillon, de l'encens, du benjoin, du vif-argent, du plomb, de l'étain, du cuivre, des draps de couleur, & des toiles.

L'argent qu'ils employent dans leur Commerce ne sont que des reaux, ou piastres d'Espagne, & des rischedales; les Marchands n'en voulant point d'autres, à cause du profit qu'ils y font, en les convertissant en monnoie du Pays.

Les Anglois ont moins d'argent que les Hollandois dans leur cargaison; mais ils ont quantité de draps, de l'étain, de l'acier, de l'indigo, des étoffes de soie, & des toiles de coton des Indes, les plus belles & les plus fines.

Ce sont les Marchands Anglois, qui les premiers ont porté des draps d'Europe en Perse; aussi cette marchandise y a-t-elle retenu leur nom; les draps à Ispaham étant appellés Londres; & ceux qui les vendent en détail, Marchands de Londres; ce qui fait ordinairement une partie du négoce des Arméniens dans cette Capitale de l'Empire des Perses.

A l'égard des bâtimens Indiens, Arabes, & Maures, ils ne sont chargés que des productions & des manufactures de leur Pays.

Les marchandises qui viennent par les caravanes (qui sont pour l'ordinaire composées de chameaux, qui portent jusqu'à 800 pésant, qu'en Perse à cause de cela on nomme Vaisseaux de terre, & de quantité de mulets & de bêtes asines d'une force extraordinaire,) consistent en plusieurs étoffes d'or & d'argent, en velours, en taffetas, en porcelaines, en plumes, en maroquin, en laines, en brocards, en riches tapis de Perse, de Coraçon, & de Dias; en camelots de Turquie, & d'autres plus simples d'Arabie; en drogues médicinales, en sang de dragon, en manne, en myrrhe, en encens, en raisins secs, en dattes, en chevaux de Barcun; mais particuliérement en soies crues, qu'ils ont le plus grand Commerce qui se fasse en Perse.

On trouve aussi à Bender-Abassy, des turquoises, mais plus de la nouvelle que de la vieille roche, & bon nombre de perles, qui se pêchent dans le Sein Persique, ainsi qu'on le dira en parlant de l'Isle Baharem.

Toutes les Nations qui trafiquent à Gamron, y ont des magasins & des maisons. Celles des François, Anglois, & Hollandois, ont plus l'air de Palais, que de Comptoirs de Marchands, & sont placées le long de la Marine; ce qui leur est très commode pour charger & décharger les vaisseaux, quand ils arrivent.

Les Anglois commencerent à faire le Commerce de Perse en 1613, & y furent d'autant mieux reçus, que le grand Abbas forma dèslors le dessein de les opposer aux Portugais, & de s'en servir pour chasser ces derniers d'Ormus, & de quelques autres Places qu'ils occupoient sur la Côte de Perse.

Le Traité de cette Ligue des Anglois & des Perses, se fit en 1620; & en 1622 les Portugais furent obligés de rendre Ormus, comme on l'a dit ci-dessus.

Une des clauses du Traité portoit, que la Compagnie Angloise partageroit les profits de la Douanne de Gamron, où Abbas vouloit transporter le Commerce de la conquête projettée; mais les Anglois furent trompés: quand on n'eut plus besoin de leurs troupes, & de leurs vaisseaux, chaque année on diminua leurs droits; & à peine présentement en retirent-ils huit ou dix mille écus, bien que la Douanne de Bender-Abassy monte à plus de sept à huit cent mille livres.

Il est vrai que les Persans, pour se justifier, prétendent que les Anglois de leur côté n'ont pas rempli les conditions du Traité, & qu'ils n'ont point entretenu, & n'entretiennent pas dans le Golfe, la quantité de vaisseaux à laquelle ils s'étoient engagés.

Les Hollandois ne parurent dans les Ports du Golfe Persique, que dix ans après les Anglois; mais ils l'emporterent bien-tôt sur eux, & par les franchises qu'on leur accorda, & par le Commerce qu'ils y firent; quoique par la suite, aussi-bien que les Anglois, ils crurent avoir sujet de se plaindre de plusieurs avanies qui troublerent leur négoce.

Ce négoce se fit d'abord par une espece d'échange: les marchandises de la Compagnie se déchargeoient dans les magasins du Roi; & après une estimation convenue, les Marchands & les Commis Hollandois en recevoient d'autres des Facteurs du Roi.

La Compagnie ayant été inquiétée dans son Commerce, soit par les ordres secrets de la Cour même d'Ispaham, comme on le croyoit, soit par les Officiers de la Douanne de Gamron, qui d'office en augmentoient les droits, ou qui les exigeoient avec trop de rigueur, tâcha de remédier à ces désordres par un Traité qu'elle conclut en 1652.

Mais si d'un côté ce Traité paroissoit avantageux aux Hollandois, à cause qu'il leur fut accordé un affranchissement de tous droits pour un million de marchandises, qu'ils s'obligerent d'apporter à Bender-Abassy, au-delà desquelles ils seroient assujettis à la Douanne, comme les autres Nations; d'un autre côté il leur devint à charge, par l'engagement qu'ils prirent, d'enlever des soies du Roi plus qu'il ne leur convenoit; c'est-à-dire, 600 balles par année, de 216 livres pésant chaque balle.

Il est vrai que par une espece de compensation, les habiles Marchands, pour se dédommager d'avoir été trompés par les Persans sur le prix excessif des soies, qui leur reviennent à mille ou onze cent livres chaque charge plus cher que le cours du marché, ne manquent gueres de les tromper à leur tour, en faisant passer franches & quittes de droits, pour plus de deux millions de marchandises, au lieu d'un million seulement que contient le Traité.

Ils ont cependant quelquefois obtenu de la diminution sur la quantité des balles de soie; comme en 1673, qu'il ne leur arriva point de vaisseaux, à cause de la guerre que Louis XIV. Roi de France, leur avoit déclarée l'année précédente, qui pensa leur être si funeste, qu'on leur accorda de n'en prendre que 300 balles; & depuis encore sur le prix, qu'on baissa de 30 ou 40 écus par balle, vers l'an 1690: mais outre que cela leur couta en présens à la Cour, plus qu'on ne leur accordoit par ce rabais, c'est que ces Traités n'ont jamais été bien exécutés; & que d'ailleurs les soies qu'on leur donnoit, étoient de si mauvaise qualité, qu'à peine pouvoient-elles leur servir à Batavie à faire des traits & des cordages pour leurs chevaux.

Le nombre des vaisseaux que les Hollandois envoyent à Gamron, n'est pas réglé; mais il n'est pas extraordinaire de voir entrer chaque année dans ce Port jusqu'à dix bâtimens de la Compagnie, dont la cargaison monte jusqu'à trois ou quatre millions de toutes les marchandises dont on a parlé ci-dessus.

Le Gouverneur, ou Sultan de Bander, reçoit souvent des Hollandois des présens, pour l'engager à favoriser leur Commerce: mais outre ces présens, pour ainsi dire, volontaires, ils lui donnent une espece de pension annuelle, qui consiste en 10 livres de clou de girofle, 30 livres de noix muscades, 50 livres de poivre, autant de sucre candi, 120 livres de sucre en poudre, & 5 morceaux de draps de diverses couleurs, de deux aunes chacun, chaque aune faisant cinq quarts d'aune de Hollande.

On parle ailleurs du négoce des Anglois & des Hollandois dans le Sein Persique; & l'on y rapporte quelques particularités qu'on omet ici, pour éviter la répétition. *Voyez les Paragraphes du* COMMERCE D'EUROPE, *où il est traité de celui de ces deux Nations.*

Les François sont les derniers des Européens, qui ont paru à Bander-Abassy, du moins sous le nom & pour le compte d'une Compagnie.

Dès qu'on pensa en France à l'établissement de celle des Indes Orientales, on songea aussi à lui assurer le Commerce des Etats du Roi de Perse.

Les premiers Députés arriverent à Ispaham en 1664, & firent leur Traité en 1665, par lequel on accorda à la Compagnie la remise des droits de la Douanne de Gamron pendant trois ans, à la charge d'un présent qui égaleroit cette remise.

D'autres Députés, envoyés en 1674, obtinrent non-seulement la confirmation de ces privileges, mais encore une exemption de droits sans terme limité; ce qui leur couta un présent de plus de 20000 écus; dépense, ce me semble, assez inutile, puisque la Compagnie, qui commençoit déja à décheoir, quoiqu'à peine établie depuis dix ans, n'y a gueres envoyé ses vaisseaux: mais exemple qui pourra servir à la nouvelle Compagnie Françoise des Indes de 1719, pour mieux assurer son Commerce, & à meilleur marché dans le Golfe Persique, si, comme il y a bien de l'apparence, elle le veut porter de ce côté-là.

Il ne faut pas oublier d'ajouter, qu'en 1715, derniere année de la vie de Louis XIV. l'on vit paroître à la Cour un Ambassadeur de Perse, qui y fut reçu avec de grands honneurs, dont les instructions ne concernoient, à ce qu'on suppose, qu'un renouvellement d'un Traité de Commerce entre les deux Empires.

La Perse a encore quelques Ports sur le Sein Persique, mais moins considérables que Bander-Abassy, qui s'est attiré tout le Commerce.

CONGRE, ou, comme quelques-uns l'appellent, BANDER-CONGO, aussi-bien que BANDER-ERRIC, a aussi quelque réputation; & les Etrangers y envoyent leurs vaisseaux, ou y conduisent leurs caravanes. Le principal Commerce qui s'y fait, est celui des perles de l'Isle de Baharem, dont on parlera plus bas.

Les Portugais, tant qu'ils furent maîtres d'Ormus, & par conséquent de la navigation du Golfe, jouirent de la moitié des droits de ce Port: depuis ils furent réduits à 15000 écus: enfin, sur la fin du dix-septiéme siecle, ils perdirent entiérement ce droit.

A quelques lieues de Bander-Congo, on trouve une rude montagne, que les Gens du Pays nomment Chiampa: c'est de-là que les Teinturiers & les Peintres Persans tirent la plupart de leurs teintures & de leurs couleurs en rouge & en verd; s'y trouvant diverses petites collines, qui ne sont composées que de bols ou terres, les unes vertes, & les autres rouges.

C'est encore cette montagne qui fournit une espece de bol médicinal, qui approche fort de celui que les Droguistes d'Europe appellent Bol Arménien. Ce bol Persan n'est proprement que des marbres blancs & rouges, calcinés au soleil.

Ce qu'on a dit jusqu'ici du Commerce de la Perse, ne regardant que celui qui se fait par mer, & surtout par le Port de Bander-Abassy, ce seroit, ce semble, le lieu d'y ajouter ce qui concerne le négoce d'Ispaham, & du reste de l'intérieur du Royaume: mais pour ne pas interrompre l'ordre qu'on s'est proposé, & qu'on a établi d'abord, on remettra à en parler, après qu'on aura achevé ce qu'il y a encore à dire du Golfe Persique; ce qui se réduit à la pêche des Perles à Baharem, & au Commerce de Bassora.

BAHAREM, Isle située dans le Golfe Persique, devant la Côte d'Arabie, de laquelle elle n'est pas éloignée, appartient au Roi de Perse. Le terroir en est assez fertile, & produit quantité de fruits, particuliérement des dattes: mais l'eau est de si mauvais goût, que les Etrangers ne s'y peuvent accoutumer, & qu'il faut que des Plongeurs leur en aillent puiser au fond de la mer, à des endroits peu éloignés de l'Isle, où l'on trouve à quelques pieds du sable, des sources d'une eau très douce & très agréable.

Ce n'est point aussi sa fertilité, ni le Commerce qui s'y fait, qui la rendent célébre par tout l'Orient, & qui obligent les Persans d'y avoir une bonne citadelle, où ils entretiennent une garnison de 300 hommes; mais la pêcherie des perles, qui en est proche, & qui en fournit au moins pour un million chaque année.

Le tems de la pêche est depuis le commencement de Juin jusqu'à la fin de Septembre. Les Pêcheurs sont tous Arabes, accoutumés de jeunesse à demeurer long-tems sous l'eau; & ils y sont quelquefois jusqu'à un demi-quart d'heure.

Chaque barque, que des Relations font monter jusqu'à 3000 avec assez peu de vraisemblance, & d'autres seulement à 300, ce qui paroît plus probable, paye plusieurs droits, pour avoir la liberté de la pêche; l'un au Roi de Perse, l'autre au Sultan de Baharem, & un troisiéme au Prince, dont les Pêcheurs sont sujets.

Il y avoit un quatriéme droit, qui n'étoit pas le moins considérable, qui appartenoit aux Portugais; mais il a diminué peu à peu avec leur puissance; & enfin est entiérement cessé.

On trouve quelquefois dans cette pêcherie, des perles pésant jusqu'à 50 grains, mais rarement: le poids le plus ordinaire est de 10 à 12 grains. Les perles qui sont au-dessus, doivent se conserver pour le Roi; ce qui s'observe très mal; les Arabes s'en dispensant autant qu'il leur est possible. Les plus petites, c'est-à-dire, celles qui peuvent passer par les trous d'une espece de crible fait exprès pour cet usage, sont estimées semence, & se vendent à l'once.

La maniere dont se fait la vente des perles est fort extraordinaire. Lorsqu'elles ont été triées, & partagées chacunes suivant leurs qualités, les Marchands s'assemblent; & s'étant arrangés en rond autour des perles qu'on a mises au milieu, & qu'ils ont examinées à leur aise, le Vendeur se couvre la main avec un mouchoir, & touche celle de tous les Acheteurs les uns après les autres, marquant par certains signes le prix qu'il en veut, & les autres par des signes différens ce qu'ils en peuvent donner; & quand le Vendeur est content, il délivre sa marchandise, sans que personne sçache le prix qu'on lui en donne.

Quand un Courtier intervient à ce marché, s'il conclut, il prend les mains de l'Acheteur & du Vendeur, & les joignant ensemble, donne dessus un coup du plat de la sienne; ce qui en est la consommation.

A l'égard de la signification des signes, si l'on presse toute la main, on veut dire Mille, si l'on ne touche que la paume, Cinq cens; si c'est un doigt, Cent; & si c'est une jointure, Dix.

La Douanne pour les droits de sortie des perles est si rigoureuse à Bander-Congo, qu'on y fouille jusques dans les souliers, & aux parties les plus secrettes, pour découvrir s'il n'y en a point de cachées: cependant il n'y a point d'année qu'il ne s'en enleve en fraude pour 100000, 200000 & 300000 livres.

On parle amplement ailleurs du Commerce des perles, & de la maniere d'en faire la pêche, soit en Orient, soit en Occident. *Voyez l'art. des* PERLES.

BASSORA, qu'on nomme aussi BALSORA, est située à 30 dégrés de latitude, sur un fleuve nommé par les Arabes, *Schat-el-Arab*, qui se forme de l'union de l'Eufrate & du Tigre, qui se joignent à une bonne journée au-dessus de cette Ville, & qui ainsi unis, vont se jetter dans le Golfe Persique douze lieues au-dessous.

Cette Ville la plus riche & la plus marchande de l'Arabie Déserte, après avoir été long-tems disputée entre les Arabes, les Perses, & les Turcs, est enfin demeurée à ces derniers depuis l'année 1668, qu'ils en firent la conquête, pendant que la Perse étoit engagée dans une grande guerre avec le Mogol.

Aussi-bien que Bander-Abassi, Bassora a profité de la destruction d'Ormus, & l'on y voit présentement des vaisseaux de toutes les Nations de l'Asie & de l'Europe; & principalement parmi ces derniers, les Anglois & les Hollandois, qui y ont des Comptoirs considérables, que les deux Compagnies des Indes de Londres & d'Amsterdam, y entretiennent, soit pour leur négoce, soit pour faire passer par terre les lettres qu'ils veulent qui arrivent en diligence en Hollande & en Angleterre; ce qu'ils font par la voie de Damas & d'Alep, pour lesquels ils dépêchent des Arabes, qui sont une espece de Couriers à pied très legers & très vîtes.

Les Portugais y ont aussi un Facteur; mais ils y font peu d'affaires.

Le Commerce qui s'y fait, passe presque tout par les mains des Indiens, des Perses, & des Arméniens.

La caravane de Bassora est une de celles qui viennent par terre apporter à Bander-Abassi une partie de ces riches marchandises, qui y entretiennent le Commerce; & cette même caravane en rapporte au retour les marchandises des Indes, de la Chine, du Japon, & de l'Europe, dont Bander, ainsi qu'on l'a déja remarqué, est comme l'entrepôt & l'étape pour la Perse & les trois Arabies.

Outre le Commerce de Bander-Abassi, & celui que Bassora entretient du côté de la mer avec les Indiens, les Maures, & les Européens, qui y envoyent leurs vaisseaux chaque moisson, cette Ville en a encore un considérable avec Bagdet, qui n'en est pas extrêmement éloigné, & qui a la commodité du Tigre, pour y transporter les marchandises; & pareillement avec Alep, & le reste de l'Empire du Turc en Asie, d'où il part des caravanes, dont une partie est destinée pour Bassora.

On peut mettre aussi au nombre des choses qui rendent son Commerce florissant, le passage des Perses, qui font le pélerinage de la Mecque, qui prennent ordinairement cette route; & qui non-seulement payent de grands droits au Bacha Turc, qui en est le Gouverneur perpétuel, mais encore qui y laissent par échange, ou par vente, quantité de marchandises, dont leurs petites caravanes ont coutume de se charger, soit en allant, soit en revenant.

Enfin, elle s'enrichit encore, & profite des fraudes qui se commettent en Perse en fait de monnoies étrangeres; qui étant de meilleur aloi que celles qui se frappent dans le Pays, sont envoyées à Bassora par la connivence du Sultan, ou Bassa de Bander-Abassi, qui a sa part à ce Commerce de contrebande.

## COMMERCE INTERIEUR DE LA PERSE, ET DES ETATS QUI EN DÉPENDENT.

Le Commerce est une profession très honorable en Perse: le nom même de Marchand y est une espece de titre de distinction, & a quelque chose de respectable; & les plus grands Seigneurs, aussi-bien que le Roi, ne dédaignent point d'exercer le négoce, & d'avoir des magasins, des Commissionnaires, & des navires, avec lesquels ils envoyent leurs marchandises, non-seulement dans les Pays voisins, mais encore dans les lieux les plus éloignés de l'Asie & de l'Europe.

Il faut néanmoins remarquer, que par le mot de Marchand, que les Persans appellent **Sandaguer**, c'est-à-dire, Faiseurs de profits, ils n'entendent pas la même chose qu'il signifie ordinairement en France, & qu'ils n'en donnent jamais la qualité à ceux qui tiennent boutique, ou qui trafiquent de menues denrées, mais seulement aux personnes qui entretiennent un Commerce au-dehors, & qui ont des Commis & des Facteurs dans les Pays étrangers.

Ce qui fait que le Commerce est si considéré en Perse, c'est qu'outre qu'il est la profession la plus stable & la plus lucrative du Royaume (toutes les autres conditions n'étant gueres assurées dans un Etat où le Souverain a un pouvoir despotique,) les Marchands y sont regardés comme des personnes sacrées, que la guerre même respecte, eux & leurs marchandises passant sans nul péril au milieu des armées amies & ennemies.

On peut ajouter outre cela, qu'une partie de son relief lui vient, de ce qu'assez souvent la Cour de Perse choisit parmi les Marchands, les Ambassadeurs qu'elle envoye dans les Cours Etrangeres; & que le Roi de Perse honore du titre de ses Hôtes, les Marchands un peu considérables qui viennent trafiquer à Ispaham; ce qui est les traiter en quelque sorte sur le même pied que les Ambassadeurs & les Envoyés des Princes.

Les Persans ne font jamais, ou du moins très rarement, le Commerce de mer par eux-mêmes; se contentant de voir arriver les vaisseaux des Indes & d'Europe dans leurs Ports; & confiant ceux qu'ils envoyent au dehors à des Chrétiens, particuliérement aux Arméniens, qui sont leurs Facteurs presque dans tous les Pays Etrangers, sur-tout en France, en Italie, & en Hollande: aussi ont-ils une grande horreur pour la navigation; traitant d'Athées ceux qui risquent leur vie sur un élément aussi peu assuré que la mer, & dans des machines aussi peu solides & aussi fragiles que des vaisseaux.

Ils se servent aussi de Facteurs Juifs pour les Indes, aussi-bien que pour le Commerce qui se fait dans le dedans du Royaume, où ils employent pareillement des Persans.

Les Marchands de Perse appellent leurs Commis, *Vikils*, Mes enfans; & ils ont de ces Commis jusqu'à la Chine, & jusqu'en Suede.

Le Royaume de Perse est d'une si grande étendue & ses Provinces pour la plupart sont si abondantes & si riches, qu'il n'est pas étonnant que le Commerce qui s'y fait, soit un des plus considérables de l'Asie.

Ispaham est comme le centre de ce Commerce; c'est de-là que partent les caravanes, qui vont porter à Bander-Abassi les marchandises que les Facteurs des Nations Etrangeres y ont achetées; & c'est-là où il en arrive tous les ans plusieurs, soit du dedans du Royaume, soit du dehors; comme celles de Schiras, de Laar, d'Alep, de Bagdet, de Herat, de Bassora, & toutes celles du Levant.

On remarquera en passant, que pour la commodité de ces caravanes, & des Marchands qui les composent, elles trouvent sur leur route, & à Ispaham même, quantité de caravanseras, que la dévotion Mahométane a inspiré à des Particuliers de bâtir, ou que les Rois de Perse ont fait construire par politique, pour soutenir & augmenter le Commerce dans leurs Etats. On en parle ailleurs. *Voyez* CARAVANSERA *&* CARAVANE.

C'est à Ispaham que résident les Facteurs des principales Nations de l'Europe, qui y entretiennent quelque négoce; & les Anglois & Hollandois y ont des maisons, ou plutôt des palais, que les premiers tiennent de la faveur de Schaf-Abbas, après qu'ils lui eurent aidé à reprendre Ormus; & que les autres ont acheté, pour leur servir tout ensemble de logement & de magasin.

Il n'y a gueres de Villes où le négoce rassemble plus d'Etrangers que dans cette Capitale de la Perse.

Les plus considérables sont les Arméniens de Zulfa, Colonie que le grand Abbas a établie dans un des Fauxbourgs; & les Indiens, qui y sont au nombre de plus de 12000, & qui tiennent leurs boutiques dans le grand meidan, ou marché, auprès de celles des Persans.

Les Arméniens sont honnêtes, polis, pleins de bon sens & de probité, fort appliqués au négoce dont ils font leur principale, ou pour mieux dire, leur unique occupation. Non-seulement ils sont les maîtres du Commerce du Levant, mais ils ont encore beaucoup de part à celui des plus grandes Villes de l'Europe: étant ordinaire d'en trouver à Livourne, à Venise, en Angleterre, en Hollande, tandis que d'un autre côté ils passent chez le Mogol, à Siam, à Java, aux Philippines, & dans tout l'Orient, excepté à la Chine. Il n'y a pas même long-tems qu'on en a vû plusieurs établis à Marseille.

L'on ne convient pas sous lequel des Abbas Rois de Perse, la colonie de Julfa a été transférée d'Ispaham à l'endroit où elle est présentement; mais il est du moins certain que ce fut le grand Schaf-Abbas, contemporain d'Henry IV. qui, pour assurer la conquête de l'Arménie, qu'il avoit prise sur les Turcs, fit passer en Perse les premiers Arméniens qui s'y sont établis, en ayant transporté jusqu'à vingt mille familles dans la seule Province de Guilan d'où viennent les plus belles soies de Perse; & ayant fait venir à Ispaham même tous les habitans de Julfa grande Ville d'Arménie, d'où la nouvelle Julfa de Perse a pris son nom.

C'est cette derniere Julfa qui est présentement le centre de tout le Commerce des Arméniens, & c'est au même Schaf-Abbas que ces peuples doivent, pour ainsi dire, leur génie & leur capacité pour le négoce, qui jusqu'à leur transmigration en Perse n'avoit pas extrêmement paru.

Comme le grand Abbas n'avoit d'autre vûe que d'enrichir ses Etats, & qu'il étoit convaincu qu'il ne le pouvoit faire que par le Commerce, il jetta les yeux sur la soie, comme la marchandise la plus précieuse, & sur les Arméniens, comme les gens les plus propres à la débiter; en un mot, de laboureurs qu'étoient les Arméniens, il en fit des marchands, & ces marchands sont devenus les plus habiles & les plus célebres négocians de la terre.

Pour commencer ce Commerce, ce Prince habile confia aux plus intelligens des habitans de Julfa une certaine quantité de balles de soie pour faire voiturer par caravanes dans les Pays étrangers, & sur-tout en Europe, à condition qu'ils les accompagneroient eux-mêmes, & qu'à leur retour ils payeroient les balles au prix qu'elles auroient été arrêtées avant leur départ par des personnes judicieuses, leur remettant tous les profits qu'ils pourroient faire au-delà du prix fixé.

Le succès répondit aux espérances du Prince & des Marchands. Schaf-Abbas fit en quelque sorte changer de face au Commerce de toute la terre; & les Arméniens par les richesses de leur retour, après avoir porté en Occident les plus belles marchandises de l'Orient, firent voir ensuite à l'Orient tout ce que l'Occident

cident avoit de plus précieux ou de plus curieux.

Le commerce des Arméniens étant suffisamment établi, les Rois de Perse ont cessé de s'en mêler. Ce sont les Bourgeois de Julfa qui ont seuls continué de le soutenir, & qui par le moyen de leur Procureur ou Agent de la même nation qu'eux, font distribuer dans le reste du monde ce que l'Asie a de plus beau & de plus riche.

Ces Agens, pour un profit assez médiocre, se chargent de conduire les marchandises jusqu'aux lieux où elles sont destinées, d'en avoir soin pendant les marches des caravanes, & de les débiter avec le plus d'avantage qu'il leur est possible, pour en rendre ensuite compte à ceux qui les leur ont confiées.

On ne peut dire combien ces Procureurs sont fidéles, & combien ils sont attentifs à la conservation des marchandises qu'ils conduisent, ne craignant pas même de s'exposer au hazard de périr pour secourir aux passages des rivieres ou à ceux des montagnes, les chameaux ou les autres bêtes de somme qui en sont chargés.

Leur charité les uns pour les autres est extrême, & lorsque ceux qui sont établis dans les Villes sont avertis qu'une caravane en approche, ils ne craignent point d'aller un jour ou deux au devant, pour porter à leurs confreres des rafraîchissemens.

Quand les caravanes font séjour dans les Villes, ils ont coutume de se mettre par chambres pour vivre à moins de frais. En Asie ils débitent sur le chemin de la quincaillerie de Venise, de France, & d'Allemagne, pour avoir des vivres; en Europe, c'est avec du musc & quelques épiceries qu'ils s'en fournissent. Enfin pour la sobriété, le ménage, & la fidélité, il n'est point de nations qui leur soient comparables.

Il est vrai que, lorsque leurs affaires réussissent mal dans les pays étrangers où ils négocient, ils retournent rarement chez eux, n'ayant pas à ce qu'ils disent le front de paroître devant des créanciers, de la confiance de qui ils ont abusé. Mais il faut avouer que cela arrive rarement, n'étant pas ordinaire qu'on voie faire banqueroute aux Arméniens.

Il n'y a rien de plus extraordinaire & en même tems de plus plaisant que la maniere dont les marchés se font entre les Arméniens.

On commence par mettre de l'argent sur la table, après quoi on chicane autant qu'on peut pour le prix : l'acheteur & le vendeur se présentent ou se repoussent alternativement les pieces de monnoie qu'ils ajoutent au marché, ou qu'ils en veulent diminuer; ce qui se fait toujours avec tant de clameur & une mauvaise humeur si grande qu'on croiroit qu'ils vont se dévorer : tout cela cependant n'est que grimace & qu'affectation; & lorsqu'enfin le courtier qui est présent à cette comédie croit les choses à peu près à leur valeur, il serre avec tant de violence la main du vendeur, qu'il le fait crier, ne le quittant point qu'il n'ait consenti à l'offre de l'acheteur. Cela finit enfin par des plaisanteries, chacun riant de son côté de ce qu'il croit avoir trompé son compagnon.

On trouve aussi à Ispaham, mais en moins grand nombre, des François, des Anglois, des Hollandois, des Italiens, des Espagnols, des Tartares, des Arabes, des Turcs, des Géorgiens, des Persans de toutes les Provinces du Royaume, & des Juifs. Ceux-ci y sont en très petit nombre, pauvres, & méprisés, ainsi que dans le reste du Royaume.

Le Commerce se fait en Perse par l'entremise des Courtiers, que l'on y nomme Delal, ou Grands Parleurs; & qui là plus qu'ailleurs sont adroits & intriguans : mais on n'y connoît ni les bourses, ni les banques publiques, imaginées en Europe pour la facilité du Commerce; & qui de l'Italie, où elles ont d'abord été inventées, ont passé en France, en Angleterre, en Hollande, & presque dans toutes les Villes de grand négoce. Ils se servent cependant de Banquiers, qui font tenir de l'argent par des Lettres de change dans tous les lieux où l'on en a besoin.

Les Marchands pour le Commerce en gros ont des magasins, qui presque tous sont dans les caravanseras; les Ouvriers, & ceux qui vendent en détail, ont des boutiques; mais qui sont séparées de leur demeure, & des lieux où ils travaillent à leurs Manufactures, ou à leurs métiers.

C'est de ces boutiques que sont ordinairement composés ce qu'ils nomment des Bazars, où l'on étale & l'on vend les plus précieuses marchandises; comme l'orfévrerie, les pierreries, les riches étoffes, les drogues, & les épiceries. Chaque sorte de négoce y ayant sa place, & son quartier séparé, même jusqu'aux marchandises du plus grand volume; ce qui se pratique particuliérement dans le grand Meidan, ou marché Royal, qui est devant le Palais du Roi.

Au milieu de la place se vend le bois & le charbon : un peu plus loin les vieilles férailles, les vieux harnois, de vieux tapis, & tout ce qui est en France du métier des Frippiers : près ceux-ci est le quartier de la volaille & des viandes cuites : les boutiques des Vendeurs de cuir de roussy viennent ensuite; puis celles des Droguistes, & celles de ceux qui vendent des arcs & des fléches.

Du côté du couchant sont les Selliers, qui vendent des selles, des brides, & tout ce qu'il faut pour équiper un cheval. Auprès d'eux sont les Libraires & les Relieurs. Enfin, les Verriers, qui font Commerce de babioles de verre de Nuremberg & de Venise, les suivent.

Presque toutes les boutiques de ces Marchands, & de ces Artisans, sont faites comme celles qu'on nomme à Paris, des échopes & des baraques : mais il y en a beaucoup d'autres qui sont enfermées dans des caravanseras; entr'autres, celles des Lingers, des Cordonniers, des Teinturiers, des Fondeurs, & Ouvriers en cuivre; de ceux qui vendent le musc, le chagrin & le maroquin; les pierres précieuses, les étoffes d'or, d'argent, & de soie, & les toiles fines des Indes.

Il est vrai que quoique les caravanseras soient de fondation Royale, on n'y est reçu qu'en payant un certain droit par jour ou par mois; mais les Marchands qui y ont leurs boutiques, ont en récompense l'avantage, que les Concierges y répondent des marchandises, qu'ils sont tenus d'enregistrer; & que même, moyennant deux pour cent qu'on leur donne, ils ont soin de procurer le payement de celles qui ont été vendues à crédit.

Les Bazars sont de longues & de larges rues voûtées de 40 ou 50 pieds de hauteur, ornées d'espace en espace, de dômes, pour y donner du jour. Des deux côtés sont les boutiques, & au milieu un large passage pour la commodité de ceux qui y vont acheter.

Quoique les Bazars d'Ispaham soient magnifiques, celui de Tauris, qui contient plus de 15000 boutiques, passe pour le plus superbe de la Perse. On appelle dans cette derniere Ville, le Bazar des pierreries, Kaiserié, c'est-à-dire, Marché Royal.

On remarquera en passant, qu'après le négoce de la Capitale, il n'y a point de Ville en Perse, où il se fasse un plus grand négoce qu'à Tauris; son Commerce s'étendant non-seulement dans toute la Perse, mais encore en Turquie, en Moscovie, en Tartarie, aux Indes, & sur la Mer Noire.

Il n'y a point de sortes de marchandises qu'on ne puisse trouver à Ispaham; mais le plus grand Commerce qui s'y fasse, est celui des soies, dont il se recueille chaque année en Perse une quantité presque incroyable.

Les Provinces du Royaume qui en produisent davantage, sont le Guillan, le Mesanderan, la Medie, la Bactriane, la Caramanie, & la Georgie, qui en tout en peuvent fournir jusqu'à 22000 balles, chaque balle de 276 livres; ce qui fait un produit de 10 à 12000000 de soie, dont la culture augmente sans cesse, à cause du grand débit qu'on en fait, & du profit que les Etrangers y trouvent.

On compte de quatre especes de soie: la Chirvan, ainsi nommée de Chirvan en Medie, près la mer Caspienne; c'est ce qu'on appelle en Europe, la Soie Ardasse.

La Karvary, c'est la soie Legis, qui se recueille à Legiam, petite Ville du Guillan.

La Kedcoda-penfend, ou soie bourgeoise.

Et la Charbasse, qu'on appelle aussi Soie de Brocard. On traite ailleurs de toutes ces soies *Voyez* SOIE.

L'on prétend que de tout ce grand nombre de soies, il ne s'en emploie gueres que mille balles par an dans les Manufactures de Perse, & que le reste se vend en Turquie, aux Indes, en Italie, & presque par toute l'Europe & l'Asie.

Ceux qui font le Commerce des soies graises ou écrues, ont coutume de les garder dans des lieux humides, pour en conserver & augmenter le poids; quelquefois même ils les arrosent.

Ce sont les Anglois & Hollandois qui en tirent le plus par Bander-Abassi; & ceux-ci en enlevent ordinairement chaque année pour cinq à six cent mille livres. Les Arméniens en transportent aussi beaucoup à Smyrne; & il n'en passe pas en Moscovie une médiocre quantité.

Les Manufactures pour les étoffes sont en Perse à peu près sur le pied de celles de France, à la réserve des draps, dont il n'y a point de fabrique établie; les Ouvriers Persans faisant seulement des especes de feutres de laine très fins, qu'ils sçavent parfaitement fouler, de la même maniere que les Chapeliers François feutrent l'étoffe de leurs chapeaux.

Ces feutres servent pour faire des manteaux de pluie, ou des tapis communs, qu'on met par dessus les précieux tapis, dont les Persans, ainsi que la plupart des Levantins & des Orientaux, ont coutume de couvrir leurs sofas, ou estrades.

Il se fait en Perse un grand Commerce de draps d'Europe, que les Anglois & Hollandois apportent à Gamron; & ces étoffes y sont si estimées, qu'une aune de drap d'une qualité médiocre s'y vend quelquefois jusqu'à 20 ou 24 écus.

Parmi les assortimens de draps d'Angleterre & de Hollande, qui se font pour la Perse, on y met aussi des draps de France, particuliérement de ceux qui se nomment Draps de Berry, & Draps Dusseau: & il y a apparence qu'à présent que les Ouvriers François se sont perfectionnés dans les Manufactures des draps, assez pour faire douter s'ils ne l'emportent point sur leurs Voisins, la nouvelle Compagnie des Indes n'aura plus besoin de chercher à Londres, ou à Leyden, de quoi en fournir les cargaisons qu'elle destinera pour la Perse.

Les étoffes que les Persans fabriquent le plus communément dans leurs Manufactures, sont faites de laine, de coton, de poil de chévre, de celui de chameau, & sur-tout de soie, avec laquelle ils mêlent aussi assez souvent les trois dernieres matieres.

Le filage, le dévidage, & le moulinage, sont assez semblables à ce qui se pratique en France, à Lyon, & à Tours; & les Persans ont connoissance des quenouilles, des fuseaux, des dévidoirs, & des moulins, dont on se sert dans ces deux Villes pour les préparations des soies.

Les étoffes de soie pure qu'ils fabriquent, sont des taffetas, des tabis, des satins, des gros de tour, des turbans, des ceintures, & des mouchoirs.

Leurs brocards s'appellent Zerbafe, tissus d'or. Il y en a de trois sortes; le simple, qui est comme en France, de diverses façons, desseins, & especes; le double, qu'ils nomment Orraye, c'est-à-dire, étoffe à deux faces, parce qu'il n'a point d'envers; & le Machruely, ou velours d'or.

De cette derniere sorte il s'en fait qui coute jusqu'à 50 tomans la geuse, ou aune de Perse; ce qui revient à 1100 écus de France. Ainsi cette étoffe est certainement la plus chere qu'il y ait au monde; & beaucoup au dessus de ce velours de l'invention du Sieur Charlier, Manufacturier François, dont on parlera à l'article des Velours.

Il faut cinq ou six hommes pour travailler à ce brocard; & l'on y emploie jusqu'à 24 ou 30 navettes, au lieu qu'aux brocards ordinaires, il n'y a que deux navettes, & un seul Ouvrier: aussi à peine en peut-on faire l'épaisseur d'une piece de 30 sols par jour. Ce brocard s'emploie en meubles, particuliérement en portieres, en rideaux, & en carreaux. Les plus beaux se font à Yezde, à Cachan, à Ispaham, à Masched, & à Ieschi.

Communément les pieces d'étoffes de soie ne portent gueres que cinq à six aunes de long; parce qu'il n'en faut pas davantage pour faire une veste à la mode de Perse.

La plupart se consomment dans le Pays, hors le peu qu'on en voit en Europe. Autrefois il en passoit beaucoup dans les Indes, particuliérement dans les Etats du Grand Mogol: mais ce Prince, pour en empêcher le débit dans ses Etats, en a défendu l'usage à ses Sujets; ce qui s'observe avec une exactitude & une sévérité, qui seroient bien nécessaires dans quelques endroits de l'Europe, où certaines étoffes de l'Asie ne sont pas permises.

Les plus beaux tapis de Perse, qu'on appelloit il n'y a pas encore long-tems en France, Tapi. de Turquie, parce qu'ils venoient autrefois tous par Smyrne, se fabriquent dans la Province de Kirman, sur-tout à Sistan.

La bonté de ces tapis consiste dans le nombre des fils, qui cependant ne doivent pas passer 14 ou 15 fils par pouce.

Parmi les étoffes unies de soie, il y en a plusieurs qui sont peintes de diverses couleurs, & même rehaussées d'or & d'argent, qu'ils appliquent avec des moules & de l'eau de gomme, qu'ils sçavent si bien employer, qu'on les prendroit pour de vrais brocards.

Les meilleurs Peintres d'étoffes, & les plus en réputation, sont ceux de Ieschi & de Cachan. Ce sont eux aussi qui peignent les toiles de coton communes, qu'ils appellent Kerbaz: car pour les belles, qui passent en France & ailleurs pour vraies Perses, comme les Dames & les Marchands les appellent à Paris, elles leur viennent des Indes; & il ne s'en fait en aucun lieu de Perse; la facilité d'avoir les autres ayant empêché les Persans de faire des toiles si fines : ce qui ne doit pourtant s'entendre que pour les toiles en blanc, qui toutes, quand elles sont belles, viennent des Indes; mais qui sont quelquefois peintes par les Persans.

Les Manufactures des étoffes de laine, ou de poil de chameau, sont pour la plupart établies à Yesde, à Kirman, & à Mongnay.

Celles de laine ne sont que des especes de grosses serges, dont le peuple s'habille : mais on fait avec le poil de chameau, qu'on nomme en Persan Tastik ou Kourk, & en France, Poil de chevron, qui n'est gueres moins fin que celui du castor, d'assez belles étamines, des droguets, & des camelots, qui ne cédent gueres à ceux de Picardie & de Flandres.

Le poil de chevron, qui vient en Europe par Smyrne, se tire ordinairement de la Caramanie & de Casbin.

Les étoffes de poil de chévre se travaillent en Hircanie, & ressemblent au baracan. Les plus fines viennent de Dourak dans le Golfe Persique.

Les couleurs que les Teinturiers de Perse donnent aux soies, & aux autres matieres qu'ils employent en étoffes, sont plus vives & plus belles que celles des Teinturiers d'Europe, soit que l'habileté des Ouvriers en soit la cause, soit que la sécheresse & la pureté de l'air leur donne cette vivacité.

Les drogues qu'ils employent pour leurs teintures, sont le bol rouge, le rouvat ou oppoponax, tous deux fort abondans en Perse; le bois de Sapan, & l'indigo des Indes; des herbes, des simples, des gommes, des fruits du Pays; entr'autres, la noix, la grenade, le jus de citron, & l'outremer, ou *lapis lazuli*.

Les autres marchandises que les Perses envoyent à l'Etranger, outre leurs soies & leurs étoffes; sont, des porcelaines, dont on parle à leur propre article; des plumes, du maroquin, du coton filé ou non filé; du chagrin de toutes couleurs, particuliérement de verd pour les babouches, dont les fabriques de Tauris & de Kom sont les plus estimées. Il se fait de la croupe des asnes, passée avec la graine de casbin, plus propre à cet usage que la graine de moutarde, dont on se sert ailleurs. *Voyez l'article du* CHAGRIN.

Du tabac, des noix de gale, du filet, des nattes très fines, des paniers d'osier & de jonc, qui se font à Siston; des ouvrages de buis; du fer & de l'acier de Casbin & du Korasan : ( ces deux marchandises sont de contrebande; ce qui pourtant n'en empêche pas le transport, particuliérement en Turquie, du côté de Bagdet; ) des fourures, entr'autres celles de mouton de Kirvan, que les Moscovites estiment beaucoup : du lapis, qui vient des Yusbecs; mais dont la Perse est comme le magasin : des parfums, sur-tout de l'ambre gris & du musc; tous deux productions étrangeres à la Perse, mais qui s'y trouvent en abondance, & qui y sont apportées, l'un des Indes, & de la Mer Rouge; & l'autre, du Tibet : des perles du Golfe Persique : des turquoises, dont l'ancienne & nouvelle mine, qu'on appelle l'ancienne & nouvelle Roche, sont dans les Etats du Roi de Perse, à Nichapour, & à Carasson. *On peut voir à leurs propres articles, ce qu'on y dit de ces quatre riches marchandises.*

On tire aussi de Perse toutes sortes d'épiceries, que les Hollandois apportent à Bander-Abassi : du safran, le meilleur du monde, particuliérement celui des Côtes de la Mer Caspienne, & d'Amadan : de l'alun, du souffre : diverses eaux distillées, comme l'eau de roses, & celle de napsite, qui se transportent dans l'Asie, du côté de l'Orient : du verre, des cristaux, & diverses peaux d'animaux, qui se préparent à Schiras : du caffé, qui leur vient d'Arabie, & qui se porte en Europe par Alep : enfin, diverses drogues & gommes médicinales, qui croissent en Perse, ou qui y viennent du dehors; entr'autres, la quinquina & la rubarbe, le sang de dragon & la gomme Arabique.

Il faut aussi mettre au nombre des marchandises du crû du Royaume de Perse, les excellens vins de Schiras & d'Yerd, dont non-seulement il se consomme une très grande quantité dans le Pays; les Habitans, particuliérement les grands Seigneurs, malgré les défenses de l'Alcoran, étant extrémement addonnés à l'yvrognerie; mais desquels aussi il se transporte tous les ans pour de grandes sommes dans tout l'Indolstan, & même jusques dans la Chine.

Ces vins ne se conservent pas dans des futailles, comme en Europe; mais dans de grands vaisseaux de terre vernissés en dedans, ou seulement frottés avec de la graisse de queue de mouton.

Les pistaches & les amandes sont encore des fruits du crû du Pays; celles-ci qu'on tire en abondance d'Yerd; & celles-là qui viennent de Casbin & de Sultanie.

Enfin, les chameaux, les chevaux, les mules, & les agneaux, dont il va tous les ans une grande quantité dans les Etats du Grand-Seigneur, dans l'Indolstan, & dans d'autres endroits de l'Asie.

En Perse, les Arts & Métiers n'y font point de corps, & n'ont point de maîtrises. Nuls Gardes, nuls Inspecteurs, nuls Visiteurs, nul apprentissage, nul chef-d'œuvre : ils ont seulement chacun un Chef, nommé par le Roi, qui leur fait observer certaines coutumes, dont une des plus importantes, & à laquelle ils sont les plus attentifs, est qu'il y ait quelque distance raisonnable entre les boutiques du même métier, pour qu'ils ne puissent s'enlever la chalandise les uns des autres.

Quiconque veut lever boutique, s'adresse au Chef du métier, dont il prétend travailler, lui paye un petit droit, & fait enregistrer son nom & sa demeure dans un Registre, que chaque Chef est tenu d'avoir : après cela, habile ou non, il peut travailler & vendre ses ouvrages.

Ce défaut de police, qui peut être également avantageux & préjudiciable à la perfection des Arts, est cause que les divers métiers n'ont rien de réglé entr'eux; & qu'ordinairement ils entreprennent les uns sur les autres; le Chauderonnier travaillant en argent comme l'Orfévre, s'il en est requis; & l'Orfévre de sa part pouvant faire aussi les ouvrages de chauderonnerie.

Chaque métier est obligé à des corvées pour le Roi, à la réserve des Cordonniers, Bonnetiers, Chaussetiers, & quelques autres, qui à la place payent un droit qu'ils nomment *Cargh Padcha*, Dépense du Roi.

Les Persans se servent dans le Commerce, pour tenir leurs livres, de dinars, de bistis, & de tomans, qui ne sont pas des especes réelles, mais des monnoies de compte, comme en France, les livres, les sols, & les deniers.

Les billets & promesses entre Marchands, & pour

fait de marchandises, n'ont pas besoin de la présence du Cadi, ou d'aucun autre Officier de Justice. Celui qui contracte, met seulement son sceau au bas de l'acte, & son nom au haut; & quelques Témoins certifient le sceau du Contractant, en y joignant le leur, après quoi le billet est valable; & le Marchand peut être poursuivi, comme s'il avoit été passé pardevant un Officier public.

Les payemens s'y font tout en argent; l'or n'ayant point de cours dans le Commerce.

Leurs sacs d'argent sont de 50 tomans, qui font 2500 abbassis, à raison de 18 s. l'abbassis. Ces sacs se pésent, & ne se comptent pas. Chaque pésée est d'un toman, c'est-à-dire, de 50 abbassis. S'il y a des abbassis legers, ils se découvrent aisément, en les pésant 25 contre 25, & ainsi jusqu'à la fin du sac.

Le poids commun de Perse est de deux sortes; l'un, que l'on nomme Poids civil; & l'autre, Poids légal. Le civil, qu'ils appellent Cheray, est le double du légal.

Le poids de la médecine & des pierreries, est une troisiéme sorte de poids, différent des deux autres, & qui a différentes divisions.

Le poids civil est encore de deux sortes; celui du Roi, & celui de Tauris. Le poids du Roi, qu'on nomme aussi le grand poids, est le double de l'autre.

Le man, ou batman, est le poids ordinaire, & signifie la même chose que la livre en France, quoique cinq fois plus pésant.

Le man de petit poids pése 5 livres quatorze onces de Paris : ses divisions sont le rutel, qui en est le sixiéme, c'est-à-dire, environ une livre Parisienne; le derheim, ou dragme, qui pése la cinquantiéme partie d'une livre; le mescal, qui est le demi derheim; le dung, qui est la sixiéme partie du mescal, & fait huit grains, poids de carat; enfin, le grain d'orge, qui est la quatriéme partie d'un dung.

Ils ont encore le vakié, qui revient à l'once de Paris, & le sah-cheray, qui contient 1170 derheim.

Il y a en Perse deux mesures pour les longueurs; l'une que l'on nomme l'Aune Royale, qui a trois pieds moins un pouce; & l'autre, l'aune racourcie, en Persan, *Gueze mouke-ser*, qui n'a que les deux tiers de l'aune Royale.

Les tapis se mesurent à l'aune carrée, en prenant la largeur pour le multipliant, & la longueur pour le multiplié; ce qu'ils nomment Mesurer d'aune en aune.

Il n'y a point de mesure ronde, ou de continence, comme sont en France le boisseau & le muid; tout, même les liqueurs, se vendant au poids.

Il n'y a point de monnoie d'or en Perse, marquée au coin du Souverain; celle qui se frappe à l'avénement de chaque Roi à la Couronne, & qui est environ du poids d'un ducat, étant moins une monnoie qu'une médaille, & n'ayant nul cours dans le Commerce. On les appelle Teler, Piece d'or, ou Cherrafis des Nobles.

Les especes d'or étrangeres qu'on y porte, s'y reçoivent, mais à si bas prix, que les Européens, qui n'y ont aucun profit, ne font plus gueres ce négoce, sur lequel aussi-bien le Roi ne fait plus qu'un gain très modique; la plupart de ces monnoies passant à Bassora & aux Indes, par la connivence du Gouverneur de Bander, & des autres Ports du golfe Persique, quoique cette contrebande soit très sévérement défendue.

Les monnoies courantes sont d'argent, ou de cuivre, qui se frappent à Ispaham, Erivan, Dadian, Tauris, Ardaville, Hamadan, & Avisa.

Celles d'argent sont de très bon aloi, & à un titre très haut; mais à peine sont-elles hors du coin, que les Indiens les font sortir du Royaume, ou que les Faux-monnoyeurs, dont la punition en Perse est très legere, les alterent; ce qui ôte les especes du Commerce, ou n'en met que de très mauvaises; en sorte que tous les payemens ne se font presque qu'en cuivre, ce qui ruine le Commerce de Perse, & qui seroit capable de le faire un jour tout-à-fait tomber, si les Européens pouvoient se passer de soies, & d'autres marchandises qui s'y trouvent.

Le chayé est la plus petite monnoie d'argent qui ait cours dans le négoce : il vaut 4 sols 6 deniers de France. Le mamoudi vaut 2 chayés, ou 9 sols; l'abassi, 4 chayés, ou 18 sols; le toman, 50 abassis, ou 10000 dinars; mais ce dernier, comme on l'a dit ci-dessus, n'est pas une monnoie réelle.

Les especes de cuivre sont le kasbequi, & le demi kasbequi : le kasbequi, que quelques-uns nomment aussi Gaze, est la dixiéme partie d'un chayé, c'est-à-dire, environ 2 liards de France.

Il y a aussi des larins, qui sont des especes qui ne sont plus frappées en Perse, mais qui ont cours dans le golfe Persique, où de toutes les especes, ils sont les plus recherchés : ils sont d'argent très fin, & valent deux chayés & demi, c'est-à-dire, 11 sols, 3 deniers. On en parle ailleurs. *Voyez* LARIN.

A l'égard des especes d'argent des Pays étrangers, sur-tout les réales & les rischedales, que les Caravanes par terre, & les Européens par mer, y apportent, elles sont toutes converties en monnoie du Pays; sur quoi le Roi gagne considérablement; mais beaucoup moins qu'il ne feroit, si aussi-bien que les especes d'or, il n'en sortoit en fraude quantité pour Bassora & pour les Indes.

Au reste, comme il n'y a point en Perse de mine d'or ni d'argent, & que ce qu'on y trouve de ces deux métaux, y est apporté du dehors, il ne faut pas s'étonner si le transport qui s'en fait aux Indes & ailleurs, est si préjudiciable au Commerce, qui ne se fait presque plus qu'avec des especes de cuivre, ou avec des especes d'argent, souvent fausses, ou du moins très altérées.

On a cru qu'on ne devoit rien changer ici à l'égard des Provinces que les révolutions arrivées en Perse, ont fait passer sous la domination ou du Grand-Seigneur ou du Czar, en vertu du Traité fait entre ces deux Princes en 1724, pour le rétablissement du Prince de Perse dans les Etats de ses Ancêtres, dont un fameux rebele en a dépouillé le dernier Roi de Perse sous prétexte de Religion, ni par rapport aux dernieres révolutions arrivées jusqu'en 1732.

BAKU. Ville de Perse, une des principales de la Province de Schirwan sur la Mer Caspienne.

Le principal négoce qui se fait à Baku, est en huile de noix, qui passe pour la meilleure qui soit au monde : il y en a de brune & de blanche; celle-ci se transporte dans toutes les Provinces de la domination du Roi de Perse, l'autre n'est propre que pour le Gilan & quelques Provinces voisines.

BOGHAR ou BOCARA. Ville de la Bactriane, située entre l'Indonstan & le Royaume de Perse. Elle faisoit autrefois partie de ce dernier état; mais elle a présentement son Prince particulier.

Le commerce de Boghar est considérable, & il y vient tous les ans beaucoup de marchandises des Indes, de Moscovie, de Perse, & de Balgh.

Les Indiens y apportent des toiles de coton blanches, dont les Tartares qui habitent cette Ville font des turbans & la plupart de leurs habits; mais ils n'y apportent ni or, ni argent, ni pierres précieuses, ni épiceries. Ils remportent de la soie travaillée, des peaux de vaches de Russie qu'y amenent les Moscovites, ils en tirent aussi des Esclaves & des chevaux.

Les Persans y conduisent des draps de laine, des toiles, & des étoffes de soie: enfin en tems de paix & lorsque le commerce est ouvert avec le Catay, il leur en vient du musc, de la rubarbe, des satins, & des damas.

CACHAN. Ville de Perse remplie de riches Marchands & d'habiles Ouvriers en toutes sortes de manufactures.

Le principal Bazar ou marché de Cachan la traverse toute entiere d'une porte à l'autre, il est vouté & rempli de quantité de boutiques, dont chacune occupe une voute. C'est dans ce Bazar que les Orfévres, les Droguistes, les Confituriers, les Pelletiers, & les Chauderonniers, étallent leurs marchandises: on y voit aussi des Patissiers, des Boulangers, des Cuisiniers, des Fruitiers, où l'on trouve toutes les denrées nécessaires à la vie. Au milieu est la monnoie Royale.

Outre ce grand Bazar il y en a plusieurs autres destinés à quelques sortes de marchandises particulieres, comme celui des draps & des étoffes de soie, & celui des Teinturiers; ces deux-ci sont couverts & se ferment la nuit.

C'est à Cachan que se font les plus belles étoffes de soie d'or & d'argent qui se fabriquent en Perse, & le commerce en est si considérable, qu'on y emploie tous les jours dans les Manufactures sept balots de soie pésant 1512 livres.

ARON. Bourg dans le voisinage de Cachan, est aussi très célebre par la beauté de ses étoffes de soie. De deux mille maisons qu'il est composé, il y en a au moins mille qui ne sont occupées que par des métiers & des Ouvriers en soie; les ouvrages qu'on y fait sont des satins, des velours, des taffetas, des tabis, des brocards unis, d'autres à fleurs de soie; & d'autres mêlés d'or & d'argent.

SAMACHI, Ville de la domination du Roi de Perse, capitale de la Province de Schirwan à trois journées de cheval de la Mer Caspienne.

Les marchandises qui viennent d'Astracan & qui sont destinées pour Samachi, se déchargent sur les côtes de Nisawacy, où l'on paye les droits de Douanne à raison de quarante sols par ballot, chaque ballot pésant quatre cent qui est la charge d'un cheval. Ceux qui transportent les marchandises qui arrivent sur ces côtes, sont Arabes ou Turcs, qui habitent sous des tentes en été, & en hiver dans des Villages assez éloignés de la mer. Les voitures se font ou avec des chevaux, ou avec des chameaux; mais plus ordinairement avec ces derniers.

A l'arrivée des marchandises à Samachi, on les dépose dans un Caravansera où les Officiers de la Douane se rendent pour en faire la visite qui est très exacte & très rigoureuse; mais à la vérité seulement pour celles qu'on transporte en Perse. Les droits sont de cinquante sols pour chaque charge de chameau, qui est de huit à neuf cent livres pésant; on n'en payoit autrefois qu'un florin, c'est-à-dire, vingt-cinq sols.

Comme le transport des marchandises destinées pour la Perse, se fait ordinairement sur des chevaux, & que les ballots, comme on l'a dit, sont de 400 liv. il faut les partager en deux chacun de deux cent livres.

Il y a à Samachi quantité de basarts & une vingtaine de caravanseras. Ceux des Indiens sont les plus grands & les plus commodes, & sont tous bâtis de pierre à deux étages. C'est dans les caravanseras que se vendent les principales marchandises, & que logent les plus riches Négocians. C'est là principalement que se fait le commerce des draps qui est très considérable dans cette Ville.

La Province de SCHIRWAN dont Samachi est la capitale, produit quantité de soie, de coton, & de safran, aussi-bien que d'excellens vins rouges ou blancs; aussi ces marchandises y font-elles un grand objet de négoce.

SAMGAEL, Ville de la domination du Roi de Perse sur le chemin d'Ardeuil à Cora.

Cette Ville fait un assez grand commerce de draperie & de toiles de coton. Les droits de la Douanne s'y payent à raison de 30 sols la charge de 400 l. pour les soies & les draps, & seulement 15 s. pour les autres marchandises moins considérables.

### *Projet de Commerce entre la France & la Perse, par la Moscovie.*

Avant que de sortir du Royaume de Perse, on va ajouter ici le projet d'un Commerce qu'on pourroit établir entre ce grand Empire & la France, par le moyen d'un passage par les Etats du Czar, pour les marchandises que les François voudroient envoyer en Perse ou en tirer. Passage que l'Auteur du Mémoire dont on a extrait ce projet, croit également aisé à pratiquer, & facile à obtenir.

Cet Auteur suppose d'abord deux choses: l'une, que par le Traité de Commerce conclu avec l'Ambassadeur de Perse, qui vint en France dans la derniere année du Regne de Louis XIV, il a été accordé à la Nation Françoise une exemption entiere des 10 pour cent de droits de sortie, que toutes les autres Nations payent au Bander-Abassi: l'autre, qu'outre cette exemption, les deux Rois sont convenus d'une ligue offensive contre l'Iman, ou Prince de Mascatte, petit Roi de l'Arabie heureuse, dont on a parlé ci-dessus; & qu'une des principales clauses du Traité étoit, qu'après la prise de cette Ville par les armes communes des deux Alliés, elle seroit remise entre les mains des François, à qui elle demeureroit en toute propriété.

Sans contester à l'Auteur la parfaite connoissance qu'il prétend avoir eue des clauses secretes de ce Traité; mais aussi sans garantir la vérité de quelques-uns des faits qu'il avance, non plus que la solidité de tous ses principes, on va donner l'analyse de son Mémoire, autant qu'on pourra dans ses propres termes, ou du moins sans y rien obmettre ou changer d'essentiel.

Pour la facilité de ce Commerce, on propose en premier lieu d'établir trois entrepôts; le premier à Petersbourg, cette Ville encore si nouvelle, mais déja si fameuse, que le Czar Pierre Alexiowits a fait bâtir dans le fond de la mer Baltique: le second à Astracan, autre Ville célebre située à l'autre extrémité de la Moscovie, à l'embouchure du Volga, dans la mer Caspienne: & le troisiéme à Mascatte, qu'on considére déja comme remise entre les mains des François, & dont il leur seroit aisé de faire comme la Batavia de leur nouveau négoce.

L'entrepôt de Petersbourg serviroit à recevoir non-seulement toutes les marchandises de France destinées à passer en Perse, ou celles de Perse envoyées pour la France; mais encore deviendroit l'étape de quantité d'autres marchandises qui seroient propres pour la Moscovie, & qu'on y débiteroit avec un profit considérable, sur-tout parce que les François ne seroient plus obligés de les recevoir de la main des Anglois & des Hollandois, ou de les aller querir à Archangel, dont la navigation est toujours si longue, & souvent si périlleuse.

Dans l'entrepôt d'Astracan, on rassembleroit toutes les marchandises que fournissent les Provinces du Royaume de Perse, qui sont voisines de la mer Caspienne; comme des soies, de la rubarbe, du séné, de l'huile de nafte, des couleurs pour les Teinturiers & pour les Peintres, & quantité de drogues pour la Médecine. Entrepôt qui seroit d'autant plus avantageux, qu'il procureroit aux François toutes ces marchandises de la premiere main, & sans qu'ils fussent obligés d'aller à Smyrne, ou à Constantinople, les acheter des Arméniens, qui les y apportent; ou des Turcs qui les reçoivent d'eux, pour les revendre bien cher aux Nations Chrétiennes, leur politique intéressée ne permettant à aucune d'elles de faire ce négoce en droiture par les Etats du Grand-Seigneur; ce qui a même obligé les Anglois de retirer le Consul qu'ils avoient établi à Erzerom, dans le dessein d'y faire un Commerce immédiat.

Ce même entrepôt pourroit aussi servir pour établir la vente des draps & des serges de France dans la Georgie, la Mingrelie, & la Circassie, qu'on y envoyeroit par la voie de Chamaké, où ces Peuples, qui sont obligés de les faire venir à grands frais de Turquie ou de Perse, aimeroient mieux les aller prendre, sur-tout à cause que les François seroient en état de les leur donner à beaucoup meilleur compte.

Enfin ce seroit à l'entrepôt de Mascatte que se rendroient toutes les marchandises d'Ispaham & des Provinces intérieures de la Perse, qu'on en tireroit par le Port de Bander-Abassi, aussi-bien que toutes celles qui viendroient de l'Arabie, des Indes, & de la Chine.

Comme les plus grandes difficultés pour l'exécution de ce projet, semblent consister dans le transit de toutes ces marchandises par les Etats du Czar, soit en allant, soit en revenant, & dans l'embarras de les voiturer, quand bien on en auroit obtenu le passage; l'Auteur du Mémoire croit remédier à l'une & à l'autre; à la premiere, en accordant à Sa Majesté Czarienne, comme pour une espece d'équivalent, la permission d'un Commerce direct avec la France, dont depuis long-temps ce Prince a formé le dessein; & à la seconde, en proposant pour la conduite des marchandises, la voie des lacs & des rivieres, dont une grande partie de la Moscovie est remplie, & des canaux que Sa Majesté Czarienne a fait faire pour aider à la communication des uns aux autres, particuliérement avec le grand fleuve du Volga, qui, comme on l'a déja remarqué, se décharge dans la mer Caspienne.

Il paroît que l'Auteur de ce projet a pris les matériaux dont il a composé son Mémoire, partie de la lettre aux Hollandois sur les desseins du Czar par rapport au Commerce de la mer Baltique, dont on a donné l'extrait en parlant du Commerce de la Moscovie; & partie de la relation qu'Olearius a donnée de la célebre ambassade que le Duc de Holstein envoya en Perse vers le milieu du dix-septiéme siecle, pour établir le négoce des soies en droiture par les Etats du Moscovite.

La seule circonstance de la prise de Mascatte, & du Port de cette Ville entre les mains des François, doit sembler nouvelle; & c'est aussi à son occasion que l'Auteur entre dans un plus grand détail.

Il prétend donc premiérement, que Mascatte est également facile à prendre & à garder.

2°. Que par sa situation, elle peut (comme il s'exprime) tenir en bride le Commerce des trois plus puissans Princes de l'Orient; du Mogol, à cause de sa proximité de Surate; du Grand-Seigneur, pour son voisinage avec Bassora & la mer Rouge; & du Roi de Perse, parce qu'elle se trouve à l'entrée du golfe Persique.

3°. Qu'après la prise de Mascatte, les François pourront faire revivre, s'ils le trouvent à propos, tous les droits dont jouissoient les Portugais tandis qu'ils ont été les maîtres de cette Place, entr'autres ceux de passe-port sur tous les vaisseaux qui négocioient dans ces mers; ceux de dix écus sur chaque barque de Pêcheur; ceux sur la Douanne de Bander-Congo, dont ils avoient la moitié; ceux sur l'Isle de Bahareim, où ils partageoient avec le Roi de Perse la pêche des Perles; enfin ceux sur la Ville de Bassora, dont ils avoient aussi la moitié de la Douanne, & où ils avoient un Feitor, ou Consul, à qui le Bacha donnoit quinze francs par jour.

4°. Que par la prise de Mascatte, les François deviendroient maîtres de tout le Commerce de l'Arabie heureuse, & seroient en état de donner une retraite sûre aux Arméniens répandus par toute l'Asie, qui ne demanderoient pas mieux que de sortir de dessous la domination des Princes Mahométans, qui leur est si odieuse, pour venir vivre parmi des Chrétiens; & que cette Nation si habile & si heureuse dans le négoce, le rendroit plus florissant à Mascatte, qu'il n'a été autrefois à Ormus, & qu'il n'est présentement à Surate.

5°. Que Mascatte réduite sous l'obéissance de la France, Monbase qui se trouve à l'entrée du Détroit de Babel-Mandel, ne pourroit s'empêcher de tomber d'elle-même; & que les François par la conquête de ces deux Places, s'ouvriroient le chemin de l'Ethiopie, & se rendroient aisément les maîtres des fameuses Côtes d'Ophir & du Mosambique, si fertiles en mines d'or & d'argent.

6°. Enfin par l'heureuse situation de ces deux Villes, il ne tiendroit qu'aux François de fermer la mer Rouge aux Pelerins qui vont tous les ans en si grand nombre au tombeau de Mahomet; de leur faire payer une espece de capitation que les Portugais exigeoient d'eux, pour avoir la liberté d'aller par mer à la Mecque; & de rétablir tous les droits qui appartenoient autrefois à la Nation Portugaise, sur toutes les marchandises qu'on apportoit aux foires de cette Ville si célebre parmi les Mahométans.

On laisse à juger au Lecteur ce qu'on peut espérer d'un si magnifique projet: toujours est-il certain qu'on doit sçavoir gré à une personne qui s'est ainsi occupée de l'intérêt de sa Patrie, & qui lui a offert le plan d'un Commerce, qui malgré ses difficultés n'auroit point été au-dessus de ses forces dans des tems plus heureux, & dont on peut espérer le retour.

## ARMENIE,
### GRAND ROYAUME D'ASIE.

Ce Royaume après diverses révolutions qui ne sont pas du sujet de ce Dictionnaire, a passé en partie sous la domination du Turc, & en partie sous celle du Roi de Perse.

On a parlé ailleurs du Commerce de la partie de

ce Royaume qui appartient au Persan. *Voyez* l'article du Commerce de Perse & des Etats qui en dépendent.

A l'égard de la partie soumise au Grand-Seigneur dont on n'a presque rien dit, on va donner ici ce qu'on a pû recueillir de son négoce ou du moins de ses deux principales Villes, qui semblent avoir réuni & s'être partagé tout celui du reste du Royaume.

Erzeron, Capitale de la partie de l'Arménie, qui appartient au Grand-Seigneur.

Le Commerce de cette Ville est très considérable, il consiste principalement en vaisselle de cuivre, en fourures, en noix de galle, en caviac, & en garance.

Ce sont les Juifs de Sinope qui fabriquent la vaisselle de cuivre, où ils employent celui qu'on leur apporte des montagnes voisines. Comme ils sont tous presque Chauderonniers, & que leur métier est d'un grand bruit, ils sont comme relegués dans un fauxbourg, les Turcs aimant trop le repos pour les souffrir parmi eux. Cette vaisselle se transporte en Turquie, en Perse, & même jusques dans les Etats du Mogol.

Leurs fourures sont des especes de martres très communes dans le pays; elles s'y appellent Jardava ou Zerdava, les peaux les plus foncées sont les plus estimées, particuliérement les queues; parce qu'elles tirent sur le noir. C'est aussi de cette partie de l'animal qu'on fait les plus précieuses fourures, ce qui les rend très cheres, parce qu'il faut assembler bien des queues pour doubler une veste.

Les noix de galles viennent à Erzeron de cinq ou six journées d'un lieu où il se trouve quantité de chênes, aussi le Pacha donne-t-il des ordres pour les y bien conserver, afin de ne pas perdre une marchandise si utile à la teinture. *Voyez* Galles.

Le caviac n'est autre chose que des œufs salés des esturgeons que l'on prépare dans divers lieux, situés près de la Mer Caspienne. Celui qu'on débite à Erzeron est détestable. *Voyez* Caviac.

Enfin la garance qu'on y trouve en très grande quantité, & que l'on y nomme *Boya*, y vient de Perse. Elle sert aux habitans d'Erzeron pour la teinture de leurs cuirs & de leurs toiles.

Outre toutes ces marchandises dont la plupart se trouve aux environs d'Erzeron, on y voit toutes celles qui viennent des Indes; comme la soie, le coton, les drogues, & les toiles peintes : cette Ville en étant comme l'étape, mais à la vérité seulement pour le passage, ne s'y en débitant guere en détail; & la plupart y passant debout, comme on dit en France.

Les marchandises qui entrent dans la Province ou qui en sortent, payent trois pour cent, quelquefois le double, les especes d'or & d'argent sur-tout, sont sujettes à de grands droits.

La soie de Perse, soit qu'elle soit finie ou non, paye quatre-vingt écus par charge de chameaux, qui est du poids depuis huit cent jusqu'à mille livres.

Les caravanes qui partent d'Erzeron pour Tifles & pour Tocat, se tiennent ordinairement prêtes dans tout le mois de Juin.

Lorsque les environs d'Alep & de Bagdat sont occupés par les Arabes, toutes les caravanes du Levant, même celles qui sont destinées pour les Indes Orientales, passent par Erzeron.

Les Anglois font un grand Commerce dans cette Ville, & y ont un Consul qui est fort accrédité.

Tocat, est la seconde Ville de l'Arménie Turque pour le négoce.

Il faut regarder Tocat comme le centre du Commerce de l'Asie mineure, où il arrive & d'où il part sans cesse des caravanes. Celles de Diarbequis y viennent en dix-huit jours, celles d'Erzeron ne sont que 15 jours en route. Les caravanes de Tocat à Sinope mettent six jours, celles pour Prusse vingt jours. Les caravanes qui vont en droiture à Smyrne sans passer par Angora ni par Prusse sont 27 jours en chemin s'ils ne sont que de mulets, & 40 si on se sert de chameaux. Enfin il y a aussi des caravanes qui vont seulement de Tocat à Angora.

Le grand négoce de Tocat consiste en vaisselle de cuivre; comme marmites, tasses, chandeliers, fanaux, que les Ouvriers de cette Ville travaillent très proprement. Cette marchandise s'envoye à Constantinople & en Egypte. Le cuivre qu'on y employe vient des mines de Gumiscana à trois journées de Trébisonde, & de celle de Castamboul à dix journées de Tocat du côté d'Angora.

On prépare à Tocat quantité de maroquins jaunes que l'on porte à Samson sur la Mer noire, & de-là à Calas port de la Valachie. On y en porte aussi de rouge; mais les Marchands de Tocat les tirent du Diarbec & de la Caramanie, les peaux jaunes se teignent avec le fustet, & les rouges avec la garance.

Les toiles peintes sont encore un grand objet de négoce, il est vrai que celles de Tocat ne sont pas si belles que celles de Perse; mais les Moscovites & les Tartares de la Crimée pour qui elles sont destinées, s'en contentent. Il en passe néanmoins quelques-unes en France, & ce sont celles qu'on y appelle toiles du Levant.

Enfin le trafic des soies est assez considérable à Tocat; mais aucune de celles qui se recueillent aux environs de cette Ville ne passent à l'Etranger, étant toutes employées dans les Manufactures du Pays, qui outre ses propres soies, y en consomme encore tous les ans 8 ou 10 charges de celles de Perse : les unes & les autres s'employent en petites étoffes, en soie à coudre, & en boutons.

## GEORGIE & MINGRELIE.

La Georgie, pour la possession ou la protection de laquelle les Persans & les Turcs ont si long-tems combattu, étant enfin restée aux premiers; & la Mingrelie, qui en est voisine, faisant aussi-bien qu'elle, un des Etats de l'Asie dont on traite présentement du Commerce, on va ajouter ici quelque chose de leur négoce & des marchandises qu'on en peut tirer.

Il n'est gueres de Pays dans l'Asie plus abondant, ni où le bétail, le gibier, les volailles, les fruits, les vins, enfin tout ce qui est nécessaire à la vie, soient plus excellens que dans la Georgie.

Ses vins, particuliérement ceux de Teftis sa Capitale, se transportent en Arménie, en Médie, & jusqu'à Ispaham, où ils sont fort estimés, & où on les réserve pour la table du Roi.

La soie s'y recueille en quantité; mais les Georgiens qui la sçavent mal apprêter, & qui n'ont gueres de Manufactures chez eux pour l'employer, la portent chez leurs voisins, & en font un grand négoce en plusieurs endroits de Turquie, sur-tout à Arzerun, & aux environs.

Les Seigneurs & les Peres étant maîtres en Georgie, de la liberté & de la vie, ceux-ci de leurs Enfans, & ceux-là de leurs Vassaux, le Commerce des Esclaves y est très considérable; & il en sort chaque année plusieurs milliers de ces malheureux, de l'un & de l'autre sexe, presque tous au-dessous de vingt ans, qui, pour ainsi dire, se partagent entre les

Turcs & les Persans, qui en remplissent leurs sérails.

C'est particuliérement parmi les jeunes filles de cette Nation, dont le sang est si beau, qu'on assure qu'on n'y voit aucun visage qui soit laid, que les Rois & les grands Seigneurs de Perse choisissent leurs femmes, ou plutôt ce grand nombre de concubines dont les Orientaux se font honneur; y ayant même des défenses très expresses d'en trafiquer ailleurs qu'en Perse, étant, pour ainsi dire, regardées comme une marchandise de contrebande qu'il n'est pas permis de faire sortir hors du Pays.

Ce sont les Arméniens qui font la plus grande partie du Commerce de Georgie, où ils sont regardés & méprisés comme les Juifs le sont en Europe, quoiqu'ils y soient presque en aussi grand nombre que les Naturels même, & qu'ils y exercent la plupart des petites Charges.

On y voit néanmoins des Grecs, des Juifs, des Turcs, des Persans, des Indiens, des Tartares, des Moscovites, & des Européens que le Commerce y attire.

A l'égard de celui que font les Georgiens, il est presque toujours usuraire; & l'on y trouve parmi eux des Marchands qui prennent jusqu'à deux pour cent d'intérêt par mois.

La Mingrelie ne fait pas un Commerce d'Esclaves moins considérable que celui des Georgiens; il en sort année commune, plus de 12000, dont il y en a 3000 pour Constantinople.

Les autres marchandises qu'on en tire, sont de la soie, du lin en fil & en toile, de la graine de lin, des cuirs, des martres, du castor, du buis, de la cire, & du miel de deux sortes, l'un roux, l'autre blanc; tous deux excellens.

Ce sont les Turcs de Constantinople, & les Marchands de Caffa, de Gonie, d'Irissa, & de Trébisonde, qui font ce négoce; & l'on y voit ordinairement chaque année douze voiles de Constantinople, & plus de soixante felouques des autres lieux, qui leur apportent diverses marchandises & denrées, dont ils font des échanges avec celles du Pays, ne s'employant que peu ou point d'or & d'argent en especes, dans le trafic que font les Mingreliens.

Presque tout le trafic des choses nécessaires à la vie se fait dans la Georgie & dans la Mingrelie par échange; & c'est ainsi que s'y achetent toutes sortes de provisions, comme sont le pain, le vin, les poules, les cochons, les agneaux, & les moutons, surtout si ce sont des Francs qui ayent besoin de toutes ces choses.

Les marchandises propres à cet échange, sont des bracelets, des bagues, des coliers de verre ou plutôt d'émail, des petits couteaux, des éguilles ou des épingles, & autres petites merceries, qui le plus souvent produisent le centuple de ce qu'elles ont couté; mais les voyageurs doivent prendre garde à s'en peu charger, n'y ayant, comme on l'a dit, que les choses dont on a besoin journellement qui s'échangent: ainsi les grosses marchandises se traffiquent comme par tout ailleurs.

Les Marchands peuvent entrer dans la Georgie ou en sortir sans en demander la permission, ce qui se pratique aussi dans tous les autres Etats du Roi de Perse, bien différent en cela de celui des Turcs où l'on n'entre & d'où l'on ne sort point qu'en payant une espece de capitation. A l'égard des marchandises, les droits qu'on y exige pour l'entrée sont très modiques.

On trouve du souffre & du nitre assez près de Teflis, dont chacun se sert à son gré pour faire de la poudre à canon, étant libre à tout le monde d'en fabriquer. Le sel fossile qui y est très commun, se tire de quelques mines sur le chemin d'Erivan. L'huile d'olive y est fort chere; & l'on n'y mange & l'on n'y brûle que de l'huile de lin, qui est la seule utilité que les Georgiens retirent de cette plante dont ils jettent la tige, de laquelle ils pourroient cependant faire d'excellente toiles, mais il y a apparence qu'ils leur préferent les toiles de coton dont ils font un grand négoce.

Leur plus grand Commerce est en fourures que l'on envoye en Perse & à Erzeron pour Constantinople, la soie du Pays de même que celle de Schamaki & de Gangel, ne passent point Teflis pour éviter les droits excessifs qu'on y paye. Les Arméniens vont l'acheter sur les lieux, & la font porter à Smyrne ou aux autres Echelles de la Méditerranée.

On envoye tous les ans à Erzeron plus de deux mille charges de chameaux de garance ou bois, comme on l'appelle en ces cantons, qui se tirent de Teflis & du reste de la Georgie, elle passe de-là dans le Diarbequis, où on l'employe à teindre des toiles qu'on y fabrique pour la Pologne; on ne porte guere moins de cette racine dans l'Indoustan, dont les Mogols font la teinture de leurs plus belles toiles.

Avogasie. Ce Pays fait partie de la Mingrelie. L'Avogasie est abondante en lin, en chanvre, en pois, en cire, & en miel; mais le miel y est ordinairement amer à cause des buis & des ifs qui croissent en quantité, sur lesquels les abeilles vont le recueillir.

On y trouve du vermillon dans un rocher presque inaccessible, & c'est en plusieurs endroits de cette Province qu'est le véritable rhapontic, que plusieurs prennent pour la rhubarbe, & que les Droguistes de mauvaise foi ont coutume de vendre pour elle.

## COMMERCE DE LA TARTARIE.

Extrait d'une Relation imprimée au commencement du dix-huitiéme siecle.

Cambalu. Ville Capitale du Royaume de Catay dans la Grande Tartarie.

Cette Ville entretient un grand Commerce nonseulement avec les Peuples qui habitent les vastes Provinces du Catay, mais encore avec diverses Nations de l'Orient.

On y apporte des Indes beaucoup d'épiceries, de perles & de pierreries; & il y entre tous les ans plus de mille chariots chargés de soies.

Les principales Manufactures qui y sont établies, sont des draps de soie, mêlés d'or, & des especes de crespes très fins & très déliés. Il s'y fait aussi des armes excellentes, dont les Caravanes des Indes qui y arrivent tous les ans, ont coutume de se charger.

Tunguses, Peuples de la Tartarie Russienne, qui habitent le long de la riviere d'Argum. Ils font un Commerce considérable avec les Targasi ou les Xixi Tartares Chinois. Ce Commerce consiste principalement en pelleteries qu'ils échangent contre du tabac, & diverses sortes de toiles, entr'autres des toiles de cotons bleues.

## *COMMERCE DES TARTARES qui confinent avec la Syberie.*

Ces Tartares sont ceux de Mungul, de Bratskoi, de Tungoëse, de Bogdos, & de Yousbeck, qui habitent

bitent une grande étendue du Pays depuis le Sud de la Syberie jusqu'aux frontieres de la Chine.

Tous ces Tartares dont une partie sont sous la protection du Czar, vivent en bonne intelligence avec les Moscovites, & entretiennent avec eux un assez bon Commerce. Ils viennent tous les ans sur les bords du Volga par troupe de 8 & de 10 jusqu'à 15 ou 20 mille hommes, & demeurent deux ou trois semaines ou davantage, dans un endroit vis-à-vis les Villes habitées par les Moscovites, avec lesquels ils échangent leurs chevaux, leurs moutons ou autres bestiaux dont ils ont grande abondance, pour du bled, de la farine, du cuivre, du fer, des chaudrons, des couteaux, des ciseaux, du drap, de la toile, &c.

Ils se servent de Dromadaires pour porter leurs familles & leurs bagages; & du poil de ces animaux ils font en pleine campagne une étoffe assez semblable au camelot, qui entre aussi dans leur Commerce avec les Moscovites. Ces derniers enlevent aussi quantité de poil de ces animaux sans apprêt, qu'ils employent à faire des chapeaux, depuis qu'ils commencent à quitter la mode des bonnets.

Les moutons que nourrissent la plupart des Tartares, sur-tout ceux de ces Peuples errans, qui viennent sur le Volga, sont d'une nature différente de ceux d'Europe; leurs agneaux portent une toison que l'on met au nombre des plus précieuses fourures. *Voyez* les articles d'Agneau & de Mouton.

## COMMERCE DES INDES ORIENTALES EN GENERAL.

Les Indes Orientales commencent où finit le Royaume de Perse, duquel elles sont séparées par une longue chaîne de montagnes, & par le fleuve Indus, qui leur a donné son nom, & qui au sortir du mont Taurus, où il a sa source, prend son cours vers les parties septentrionales des Indes, comme le Gange, qui sort de la même montagne, prend le sien vers les parties les plus méridionales, pour se jetter tous deux dans l'Océan Indique; l'Indus, dans le golfe qui porte son nom, & le Gange dans le golfe de Bengale.

Cette vaste région de l'Asie s'appelle Inde Orientale, parce qu'elle est plus avancée vers l'Orient qu'aucun autre pays qui nous soit connu; ce qui aussi la distingue de l'Amérique, que sa situation à l'Occident a fait nommer Inde Occidentale.

On distingue ordinairement l'Inde Orientale, en Inde au-deçà, & Inde au-delà du Gange. La premiere partie comprend l'Empire du Grand-Mogol, le Royaume de Decan, celui de Narsingue, le Canara, la Côte de la Pêcherie, celle de Coromandel, le Besnagar, & l'Orixa. La seconde embrasse les Royaumes de Bengale, d'Aracan, Pegu, Siam, Malaca, Camboya, Campa, la Cochinchine, Brama, Jangomea, la Chine, & quelques autres moins considérables.

Toutes deux ont leurs Isles, mais l'Inde au-delà du Gange en a de beaucoup plus grandes & plus célebres pour leur Commerce, que l'autre; celle-ci n'ayant gueres que les Maldives & Ceylan, & celle-là comptant parmi les siennes les Isles de la Sonde, les Moluques, celles du Japon, qui sont les plus Orientales de toutes; & quantité d'autres.

On ne peut disconvenir, qu'il n'y a point au monde de Commerce plus riche que celui des Indes Orientales, & quand on n'en tireroit que le poivre, la noix muscade, la canelle, le clou de girofle, le macis, & quantité de plantes & de drogues ou odoriférantes, ou médicinales, ou qu'on emploie à la teinture, qui sont toutes des productions propres à l'Orient, & qui ne se trouvent nulle part ailleurs; il est certain que cela seul suffiroit pour exciter les Européens à risquer de doubler le Cap de Bonne-Espérance, pour aller chercher aux Indes toutes ces riches épiceries & ces drogues précieuses, si l'heureuse témérité de la Nation Portugaise ne leur avoit pas encore ouvert une route qu'on avoit crue jusqu'alors impraticable.

Ce n'est pas qu'avant la découverte des Indes Orientales par les Portugais, l'Europe fût entiérement privée du Commerce & des marchandises de l'Orient: mais outre qu'on ne les avoit point de la premiere main, ce qui en augmentoit extrêmement le prix; c'est qu'il n'y avoit qu'une seule Nation qui se fût rendue comme la maîtresse de ce négoce, les Italiens seuls, & particuliérement les Venitiens, le tirant de plusieurs Ports & Villes de l'Egypte & de la Sirie, où elles étoient apportées de la mer Rouge & du Caire.

Ce fut en 1498, le 20 Mai, que les Portugais aborderent pour la premiere fois aux Indes Orientales; & Calicut, sur la Côte de Malabar, le premier lieu dont ils y eurent connoissance, après avoir auparavant touché à Sofala, Mosambique, & Melinde, sur la Côte d'Afrique, où ils prirent des Pilotes qui les menerent aux Indes.

Vasques de Gama commandoit la flotte, & ce nom est fameux parmi les Portugais, pour cette découverte; mais celui d'Alphonse Albuquerque l'est encore davantage, ayant même mérité le nom de Grand, par ses conquêtes aux Indes, & par la hardiesse & le bonheur des entreprises qu'il y fit.

Les premiers établissemens des Portugais furent Cochin, Cananor, l'Isle d'Anchedive, où ils bâtirent des Forts; Diu, Daman, Malaca, Goa, qu'Albuquerque prit en 1510; Ormus, dont il avoit fait la conquête dès 1507; Ceylan, Macao dans la Chine, où ils s'introduisirent, & se maintinrent plus par ruse que par force; enfin le Japon, d'où la Religion, & peut-être l'intrigue de quelqu'autre Nation nouvellement arrivée dans les Indes, les fit enfin chasser, pour s'y introduire en leur place.

On ne dit rien de plusieurs autres établissemens des Portugais, dont les Hollandois les ont depuis chassés, aussi-bien que d'une partie de ceux qu'on vient de nommer; se réservant d'en parler lorsque l'on traitera en détail du Commerce de chaque lieu des Indes où les Européens en font quelqu'un.

L'Empire des Portugais en Orient, s'accrut tellement pendant cent ans, qu'il s'étendoit jusqu'au pole arctique, & qu'il est difficile de nommer tous les Peuples qu'ils s'assujettirent, & tous les Forts qu'ils bâtirent.

Tant que leur puissance dura, ils furent les maîtres absolus du Commerce, & les Indiens ne purent plus en faire aucun sans leur permission, & autrement qu'avec leurs passe-ports.

Ils ne leur permettoient pas même le négoce de toutes sortes de marchandises; & ils s'étoient réservés pour eux-seuls celui de la canelle de Ceylan, de la canelle sauvage de Cochin, du gingembre, du fer, de l'acier, du plomb, de l'étain, du léton, du cuivre, des planches, du bois de charpente, de la méche, & des armes, du bambou, du miel, & du poivre.

Ces réserves, aussi-bien que leurs passe-ports, &

les visites qu'ils faisoient des navires qui passoient devant les Places de leur domination, ont duré assez long-tems après leur décadence ; mais tout cela a été enfin aboli en 1678.

Présentement, le Commerce des Portugais est presque réduit à rien, & c'est le moindre de ceux que les autres Nations d'Europe font aux Indes.

Goa & Diu, qui sont presque imprénables ; Macao, à la Chine ; Daman, & peu d'autres Places sur la Côte de Malabar, sont presque les seules qui leur restent ; & il semble que les Hollandois les leur ayent laissé comme par pitié, leur ayant été facile de les en dépouiller ; si pourtant ce n'est point la crainte de la dépense qui les ait rendus si indulgens.

Le négoce de ces premiers Conquérans des Indes, qui pouvoient y armer des flottes de trente vaisseaux, & qui chaque année, en renvoyoient en Europe & au Bresil, jusqu'à 15 & 20 chargés des plus précieuses marchandises de l'Orient, sans compter ceux avec lesquels ils faisoient le Commerce de la Chine, du Japon, de la Perse, de l'Arabie, de Melinde, de Mosambique, & de Sofala ; leur négoce, dis-je, est réduit à une telle extrémité, qu'à peine leur arrive-t-il tous les ans un ou deux navires de Lisbonne chargés d'huile, de vin, & d'autres denrées ; & qu'un seul suffiroit pour les retours, n'y ayant point de Marchand qui puisse faire une cargaison de 50000 livres, & s'associant ordinairement plusieurs pour faire un médiocre Commerce en Perse, à Macao, au Pegu, & aux Manilles. On dira encore quelque chose du négoce des Portugais, lorsqu'on parlera ci-après, dans leur ordre, de Goa & de Macao.

Les Hollandois, qui ont ruiné le Commerce des Portugais aux Indes, se sont, pour ainsi dire, mis en leur place de toute maniere ; & ils ont également succédé à leur puissance, & à la hauteur avec laquelle les premiers traitoient les Nations d'Europe & les Peuples de l'Asie.

Le désespoir & la vengeance furent les premiers guides qui apprirent le chemin des Indes aux Hollandois, cette Nation née pour le Commerce.

L'Espagne leur ayant fermé tous ses Ports, par un Edit, & sous le prétexte de la Religion, les persécutant avec une rigueur, pour ne pas dire avec une barbarie extrême ; ils entreprirent en 1595 d'aller chercher en Asie ce qu'on leur refusoit en Europe, c'est-à-dire, un Commerce libre & assuré, & des fonds pour entretenir les armées qu'ils avoient levées pour maintenir leurs priviléges & leur liberté.

L'entreprise fut heureuse, & en moins de sept ans, divers Particuliers armerent jusqu'à dix ou douze flottes, qui presque toutes retournerent avec des profits immenses.

Ce fut en 1602 que de toutes ces Compagnies réunies, se forma la grande Compagnie des Indes, qui subsiste encore avec tant de réputation, & dont on parlera ci-après amplement, à l'article des Compagnies de Commerce.

Le succès de cette nouvelle Compagnie accrut les espérances & les desseins des Hollandois ; & pour se venger des Espagnols, à qui les Indes Portugaises étoient alors soumises, aussi-bien que le Portugal, après avoir été quelque tems sur la défensive dans la mer des Indes, ils y devinrent les agresseurs, & dépouillerent les Portugais avec tant de rapidité, qu'en moins de 60 ans, c'est-à-dire, depuis l'année 1605, qu'ils prirent sur eux Amboine, qui fut les prémices de leurs conquêtes, jusqu'en 1663, que les Portugais, qui avoient secoué le joug des Espagnols, s'accommoderent avec les Etats Généraux des Provinces-Unies ; il ne restoit gueres au Portugal que Goa, Diu, & Macao, comme on l'a dit ci-dessus.

Les passe-ports des Hollandois prirent alors la place de ceux que les Marchands Indiens étoient obligés de prendre des Portugais, avec cette différence néanmoins, que ceux-ci ne prenoient que cent écus par vaisseaux de 400 tonneaux, & que ceux des Hollandois coutent quelquefois jusqu'à sept à huit mille livres, sur-tout si c'est pour la Côte de Malabar, Java, Sumatra, & le golfe de Malaca, pour lesquels même très souvent on n'en veut point accorder, comme il arriva en 1678, qu'il y eut des défenses générales du Conseil de Batavia, d'en délivrer aucuns ; mais qui furent aussi-tôt levées, les Gouverneurs des Places maritimes du Mogol ayant fait arrêter les vaisseaux Hollandois dans leurs Ports, jusqu'à ce que la liberté du Commerce eût été rétablie.

Il est vrai que les Indiens prennent aussi des passeports des François, des Anglois, & des Danois ; mais c'est volontairement, outre qu'ils ne reviennent qu'à six écus piece, qu'on paye pour les frais de la Chancellerie.

Comme c'est à regret que les Hollandois souffrent les autres Nations Européenes aux Indes, d'où ils tâcheroient de les exclure à force ouverte, s'ils ne craignoient qu'elles ne s'en ressentissent en Europe ; ils se servent souvent contre elles de moyens moins violens, mais qui ne vont pas moins à les rebuter de ce Commerce, c'est-à-dire, en donnant quelquefois leurs marchandises à si bas prix, & à tant de perte ; ou achetant celles du Pays si haut, que les autres ne puissent les imiter sans se ruiner : ce qu'un Auteur, d'ailleurs de leurs amis, avoue qu'ils ont fait aux François à Bander-Abassi, au sujet des toiles & du poivre, dont ceux-ci y avoient bon débit ; & ce qu'ils font presque toujours aux Portugais de Macao, envoyant de leurs vaisseaux dans quelques Isles voisines, où ils donnent aux Chinois leurs marchandises à trente pour cent meilleur marché qu'eux ; & achetent pareillement celles de la Chine à trente pour cent plus cher ; sûrs de s'en dédommager sur les épiceries, dont il n'y a qu'eux qui fassent Commerce, & que communément ils vendent aux Indes presque aussi cher qu'en Europe.

Aussi le même Auteur convient-il que presque tous ceux qui trafiquent en Orient avec les Hollandois, particuliérement en Perse, sont bien heureux s'ils ne s'y ruinent pas ; ajoutant que les Persans ont coutume de dire, qu'avec les autres Nations de l'Europe, ils trafiquent en Marchands ; mais qu'avec les Hollandois, ils ne traitent que comme des Esclaves avec leurs Maîtres, tant la Compagnie de Hollande s'est rendue l'arbitre du Commerce de leur Royaume.

Ce n'est que depuis l'année 1600 que les Anglois ont paru aux Indes ; & c'est encore bien plus tard que les François se sont avisés d'en vouloir partager le Commerce, leur Compagnie pour les Indes Orientales, n'ayant été établie qu'en 1664.

Mais il faut avouer que ces deux Nations ont eu un succès bien différent d'une entreprise toute semblable, les Anglois ayant de grands établissemens aux Indes, & ne cédant gueres, par l'étendue & la richesse de leur négoce, aux Hollandois ; tandis que les François ont eu peine à s'y soutenir, & se seroient peut-être vû obligés d'y renoncer entiérement, si une Compagnie nouvelle, établie en 1719, & à ce qui sembloit d'abord, sous de plus heureux auspices que la premiere, n'y continuoit encore le Commerce avec quelque réputation.

*On peut voir à l'article des* COMPAGNIES DE COMMERCE, *ce qui concerne l'etablissement de ces Compagnies; aussi-bien que celle des Danois, qui est plus ancienne que la Compagnie de France, d'environ 23 ans.*

### *Etablissemens, Comptoirs, Factories, & Loges, que les Nations d'Europe ont aux Indes Orientales; & le nombre des vaisseaux qu'ils emploient tant dans le Commerce d'Inde en Inde, que dans celui qu'ils font en droiture.*

Ponticheri, situé sur la Côte de Coromandel, est le lieu où les François font leur plus grand Commerce: ils ont encore un Comptoir à Masulipatan, & des Loges dans quelques autres lieux moins importans de cette Côte. A peine leur venoit-il depuis 20 ans, c'est-à-dire, depuis l'année 1699, jusqu'en 1719, un ou deux vaisseaux par an, quelquefois même ne leur en venoit-il point du tout: mais sur la fin de cette derniere année, & dans le commencement de la suivante, la nouvelle Compagnie des Indes en fit partir jusqu'à quinze, dont une partie étoit pour Ponticheri, & le reste pour Surate, & quelques autres lieux des Indes, où les François ont aussi des Comptoirs, mais qui avoient presque été abandonnés, à cause des grandes dettes qu'ils y avoient faites.

On attend les retours de ces nouveaux envois (1720) & des nouvelles du rétablissement des anciens Comptoirs.

Canton, dans la Chine; Mocha, dans l'Arabie; & Bander-Abassi, en Perse, sont aussi du nombre des établissemens que la Compagnie Françoise a dans l'Orient, & pour lesquels elle a aussi chargé quelques-uns des vaisseaux qui ont fait voile pour les Indes Orientales. Ils en ont eu pareillement pendant un tems à Siam, à Bantam, à Ceylan, à Mirzeou; ce dernier est sur la Côte de Malabar, à Tilseri, qu'on nomme Talicerес en langue du Pays, & quelques autres de moindre importance.

Les Anglois ont en propre, à la Côte de Coromandel, Madras, situé à 30 lieues Nord de Ponticheri; & le Goudelour, à 4 lieues au Sud, dans la premiere Place, ils ont une garnison de sept cent hommes; & dans l'autre, une de quatre cent cinquante.

C'est dans ces deux endroits qu'ils assemblent les cargaisons de marchandises qu'ils envoyent en Europe; ils en tirent aussi de Vinagpatan, & de Mazulipatan, où ils ont des Comptoirs.

Il part tous les ans, quatre à cinq vaisseaux de Madras pour l'Angleterre, chargés chacun, pour le compte de la Compagnie, de sept à huit cent mille livres de marchandises; & pour le compte des Particuliers sur tous les vaisseaux, cinq à six cent mille francs de diamans, à cinq pour cent de fret.

Le Comptoir principal des Anglois au Bengale, est le Fort Guillaume, ou qu'on nomme autrement Calcuta, à 60 lieues à l'Est de l'embouchure du Gange, & à 8 au dessous de Chandernager, qui est à l'Ouest. Ils ont encore dans ce fleuve plusieurs Factories qui dépendent de cette premiere, comme Kasembazar, Daca, & Patna, d'où ils tirent quantité de marchandises.

L'entrepôt de toutes ces marchandises est le Fort Guillaume, d'où l'on envoye en Angleterre trois ou quatre vaisseaux, qui partent en Janvier ou Février, chacun avec une cargaison estimée sept à huit cent mille livres.

Ils ont aussi fait autrefois un Commerce considérable à Surate, où ils ont un de leurs plus grands & des plus riches établissemens; mais ils s'en retirent peu à peu, & portent leur négoce à Bombay, Ville que les Portugais leur ont cédée: elle est à cent lieues de Surate, parfaitement bien fortifiée, & gardée par une forte garnison. Il part de ces deux Villes trois ou quatre vaisseaux pour Europe.

Les établissemens des Anglois sur la Côte de Malabar, sont Aujango, Calicut, Telechery, Carouvari, & Beaucour. Ce dernier est situé à l'Ouest de Sumatra; l'air y est mauvais, & le Pays est sujet à des tremblemens de terre: il y a une très bonne Forteresse, où ils envoyent les Déserteurs & les Malfaicteurs de leurs différens établissemens: on y charge deux ou trois vaisseaux pour l'Angleterre.

Ils avoient aussi autrefois un Comptoir considérable à Bantam, dans l'Isle de Java; mais ils en ont été chassés, de même que les François, par les intrigues & la surprise des Hollandois.

Le Commerce de Madras, d'Inde en Inde, se fait à Merguy & à Jausilou, appartenant au Roi de Siam, au Pegu, & à Gusda.

Il en sort aussi tous les ans, deux vaisseaux, qui vont aux Manilles sous pavillon Gentil; & qui en revenant, touchent quelquefois à la Chine, où ils convertissent en or les marchandises qu'ils ont eues des Espagnols, ce qui leur produit un profit de vingt-cinq pour cent.

Quelquefois aussi ils entreprennent le voyage de Madras à la Chine en droiture; mais alors ils relâchent à Malaca, établissement célebre des Hollandois, où ils débitent quelques marchandises en fraude.

Le Commerce de Madras au Tunquin, ne leur occupe qu'un petit vaisseau, & de tems en tems ils en chargent aussi un pour Siam; mais ce dernier Commerce se fait avec peu d'avantage.

Les envois d'Inde en Inde, que font les Anglois établis au Bengale, sont à peu près semblable à ceux de Madras, à l'exception qu'il ne va point de vaisseaux à la Chine & au Tunquin; mais par une espece de compensation, ils en envoyent deux à Surate, autant en Perse, & à la mer Rouge, quelques-uns aux Isles Maldives, & à la Côte de Malabar: ils en envoyent aussi à Chuim; mais ils l'ont quitté, y ayant été maltraités.

Outre le nombre de vaisseaux employés à ces différens Commerces, il en arrive du Gange tous les ans, 10 ou 12 à Madras.

Il faut remarquer que tous les navires Anglois qui font la navigation de Bengale & de Madras, & qui y chargent pour Europe, ou pour faire le négoce d'Inde en Inde, ont coutume de se rassembler tous dans le Port de cette derniere Place; en sorte qu'on y en voit quelquefois jusqu'à quarante & cinquante dans le même tems, ce qui rend Madras le plus considérable de tous les établissemens des Anglois dans les Indes, qui la regardent sur le même pied que les Hollandois font leur Batavia.

Avant que quantité de riches Négocians Anglois, qui s'étoient établis à Madras, & qui y faisoient pour leur compte particulier le Commerce d'Inde en Inde, se fussent retirés en Angleterre, pour y jouir de leur fortune, les revenus de cette Ville montoient à soixante, ou quatre-vingt mille pagodes ; mais présentement ils sont réduits à vingt-cinq ou trente.

Il se faisoit autrefois un assez bon Commerce à Batavia, par les Anglois de Madras ; mais ils l'ont abandonné, les Hollandois leur permettant à peine d'y faire de l'eau, parce qu'ils y portoient en fraude de l'opium, & qu'ils trouvoient le moyen d'en tirer de la même maniere, toutes sortes d'épiceries.

Dans le Commerce d'Inde en Inde, que font les Anglois dont on vient de parler, la Compagnie n'y a que le moindre intérêt ; se faisant, pour la plus grande partie, par les Gouverneurs des Places Angloises, les Directeurs de leurs Comptoirs, & les autres Commis particuliers qui y sont employés, aussi-bien que par des Négocians de la Nation qui y sont établis, ou par les gens du Pays.

On n'entrera pas dans un aussi grand détail que celui qu'on vient de faire au sujet des Anglois, pour ce qui regarde les établissemens & les Comptoirs des Hollandois dans les Indes, non plus que sur le nombre des vaisseaux qu'ils y employent à leur Commerce, en ayant déja parlé assez amplement lorsqu'on a traité ci-dessus de leur négoce en Europe : l'on se contentera d'ajouter ce qu'on s'étoit réservé d'en dire ici, comme à l'endroit le plus convenable, & plus propre à donner une idée générale du Commerce immense qu'ils font aux Indes Orientales. *Voyez ci-devant le* COMMERCE DES HOLLANDOIS.

Batavia est l'entrepôt de tout le Commerce que les Hollandois font en Orient ; & c'est où arrivent & d'où partent tous les vaisseaux ou qui leur viennent d'Europe, ou qu'ils y renvoyent, ou dont ils se servent au négoce qu'ils font d'Inde en Inde.

Les vaisseaux qu'on expédie tous les ans de Batavia pour le Gange, sont ordinairement au nombre de 10 ou 12 ; il y a néanmoins des années qu'on y en envoye jusqu'à 16. Ils y arrivent en différens tems, pendant la moisson du Sud, c'est-à-dire, depuis le 15 Mars, jusqu'à la fin de Septembre. En arrivant, ils trouvent leurs cargaisons prêtes, qu'on leur a préparées pendant la moisson du Nord, qui dure tous les mois d'Octobre, Novembre, Décembre, Janvier, Février, & partie de Mars. C'est à Bengale, & autres lieux de ce Département, que se font ces chargemens.

Ils n'envoyent au Japon que deux seuls vaisseaux, au plus trois, encore leurs cargaisons sont-elles réglées à une certaine quantité de marchandises, évaluée à une somme fixée par les Edits du Roi du Japon. Nanquesaque, ou Nankesaki, est le seul Comptoir qu'ils y ayent : ils y sont traités plutôt en Espions dont on se défie, qu'en Marchands avec qui on négocie sous la bonne-foi du droit des gens.

Les retours des vaisseaux qui ont été au Japon, se partagent entre Batavia & Malaca.

Leur Comptoir principal à la Côte de Coromandel, est Chinchour, à une lieue de la Loge de la Compagnie de France. Les autres sont Patna, Kasembazar, & Bolosou ; auxquels il faut ajouter les Loges qu'ils ont à Portonova, Masulipatan, Paliacate, Negapatan, & Sadras.

C'est à Negapatan que se rassemblent toutes les marchandises de la Côte, qui doivent faire la cargaison des vaisseaux qu'on y envoye de Batavia.

Ils ont à Sadras, & à Paliacut, deux Fortins de peu de conséquence, gardez chacun par trente hommes ; mais où les Princes de qui dépendent ces endroits, ne souffrent pas qu'ils ayent de canons montés.

Il va tous les ans de Batavia à Negapatan, trois gros vaisseaux : on en renvoye deux en droiture ; le troisiéme va dans les Comptoirs du Nord de la Côte, ramasser les marchandises qui y restent.

Ils sont seuls qui ayent des établissemens dans l'Isle de Ceylan, ayant forcé les François en 1672, d'abandonner celui qu'ils y avoient commencé : leurs principaux Comptoirs dans cette Isle, sont Colombo & Galle.

Il y vient toutes les moissons trois vaisseaux de Batavia, de quarante à cinquante canons ; l'un y retourne, les deux autres partent de Galle, pour aller en droiture en Europe.

Les Hollandois ont huit Comptoirs sur la Côte de Malabar : le principal est Cochin, dont les fortifications sont excellentes, & la garnison très forte. Les autres sont Culan, Cariculan, Porca, Cranzenor, Chedoua, &c. Des huit ou dix vaisseaux qui vont tous les ans de Batavia à Surate, & en Perse, il en touche toujours quatre à Cochin.

Outre Batavia, ils ont encore Bantam dans l'Isle de Java, dont ils sont presque aussi jaloux que de la premiere.

*On peut voir le reste des établissemens des Hollandois, particuliérement ceux qu'ils ont à Amboine, & dans les autres Moluques, aussi-bien qu'à Ternate, & dans les Isles voisines, ou à l'endroit indiqué ci-dessus, ou plus bas au paragraphe destiné pour parler du Commerce de toutes ces Isles.*

Il faut seulement remarquer, qu'il n'en est pas du négoce de la Compagnie de Hollande dans les Indes, comme de celui de la Compagnie d'Angleterre, celle-ci y permettant aux particuliers Anglois de trafiquer d'Inde en Inde, pour leur propre compte ; & celle-là n'y souffrant aucun Commerce que celui qu'elle y fait elle-même. Il est néanmoins vrai que par la connivence, ou le peu d'attention de ses Commis, la contrebande y est très ordinaire, & très considérable ; mais à la vérité, toujours sur les vaisseaux de la Compagnie, qui souvent sont chargés d'autant de marchandises pour les Particuliers, que pour son propre compte.

Goa est le centre du peu de Commerce que les Portugais font encore aux Indes Orientales : Daman & Diu sont après Goa, leurs principaux Comptoirs. Ils en ont encore quelques-uns sur la même Côte, mais peu considérables : Macao, autre Comptoir qu'ils ont dans la Chine, se soutient toujours avec quelque réputation.

Un ou deux vaisseaux au plus, leur suffisent pour le Commerce qu'ils entretiennent avec Lisbonne : ces vaisseaux, au retour, sont tenus de toucher au Bresil ; le négoce qu'ils font d'Inde en Inde, ne se fait que sur de petits bâtimens, & encore le plus souvent sous pavillon Gentil.

Les Danois ont pour principal, & presque pour seul établissement Trinquebar, sur la Côte de Coromandel, à vingt lieues au Sud de Pontichery : ils y ont un Fort assez bon, avec une garnison de cent cinquante hommes.

Ils avoient autrefois une Factorie dans le Gange ; mais n'étant pas contens du traitement qu'ils y recevoient des Gens du Pays & du Prince, ils en ont retiré leurs Commis, & leurs marchandises, dans le commencement du dix-huitiéme siecle, dans le dessein d'en demander la satisfaction les armes à la main : ils y avoient même envoyé un vaisseau de cinquante canons, avec cent cinquante hommes d'équipage, mais on n'a pas encore sçu les suites de cette entreprise.

Les Danois ont aussi un petit Comptoir sur la Côte de Malabar ; & ils y envoyent tous les ans quelques legers bâtimens, aussi-bien qu'à Malaca, malgré les mauvais traitemens qu'ils reçoivent assez souvent dans ce dernier endroit.

Il leur venoit ordinairement deux vaisseaux d'Europe, tous les ans, dont la charge pouvoit aller en tout à cent mille écus, ou quatre cent mille livres ; mais depuis la guerre du Nord, où le Dannemarck a eu tant de part, on y a fort négligé le Commerce des Indes Orientales, & il s'est passé quelquefois jusqu'à quatre années sans y voir arriver aucun vaisseau Danois.

Outre le Commerce des Européens dont on vient de parler, les Maures, les Gentils, & les Arméniens, y entretiennent encore vingt à vingt-cinq vaisseaux de quarante, de cinquante, & de soixante canons, qui sortent tous les ans de Surate & de Bengale, & vont en Perse, à la Moka, & dans les autres Ports de l'Arabie & de la mer Rouge, quelquefois même jusqu'aux Manilles, sans compter un plus grand nombre de bâtimens plus legers, avec lesquels ils font le Commerce d'Inde en Inde.

On entrera dans la suite de ce paragraphe, dans un plus grand détail de tout ce qui regarde, soit le Commerce des Européens dans les Indes Orientales, & le reste de l'Orient, soit le négoce qu'y font les Gens du Pays, tant entr'eux, qu'avec les Etrangers.

Ce plan général du Commerce que les Européens font aux Indes, sembleroit demander qu'on en donnât aussi un de toutes les marchandises qu'ils en rapportent, & des lieux d'où on les tire ; mais crainte de tomber dans des répétitions qu'il seroit difficile d'éviter, on n'en va parler ici qu'en gros, & très superficiellement, réservant le détail lorsque l'on parlera du Commerce de chaque partie des Indes, où elles se trouvent ; & renvoyant pour leur description & leur nature, aux différens articles de ce Dictionnaire, où il est traité de chacune d'elles en particulier.

### *Des Marchandises des Indes.*

On peut diviser les diverses marchandises qu'on tire de l'Orient, comme en quatre classes.

La premiere, des épiceries, & des drogues.

La seconde, des soies, & des diverses étoffes qui s'en fabriquent.

La troisiéme, du coton, & des toiles de coton.

La quatriéme, des métaux, des diamans, des pierreries, des bois, des porcelaines, & des autres curiosités des Indes, particuliérement de la Chine & du Japon.

On croit devoir à la vérité & à la justice (avant d'aller plus loin) d'avouer que la plupart des choses qu'on va dire sur cette matiere, est extraite d'un Mémoire de bonne main concernant le Commerce des Hollandois dans les quatre parties du monde, qu'on a trouvé dans les papiers de M. Savary des Bruslons après sa mort, mais sans nom d'Auteur ; ce qui empêche de faire connoître au Public à qui il doit cet excellent Ouvrage, qu'on va ici abréger dans ce qui regarde le Commerce des Indes.

### *Drogues & Epiceries.*

L'on ne comprend ordinairement sous le nom d'épiceries que la canelle, le clou de girofle, la noix muscade, & le macis.

La canell ene se trouve présentement que dans l'Isle de Ceylan, encore n'est-ce que dans un espace de 14 lieues le long de la mer ; mais cette petite étendue de pays la produit si abondamment, que sur le pied de la consommation qui s'en fait aujourd'hui, elle pourroit en fournir à quatre Mondes comme le nôtre.

Les Hollandois sont seuls les maîtres de cette épicerie ; mais au lieu de la multiplier par la culture des arbres qui la produisent, ils prennent grand soin d'arracher de tems en tems une partie de ceux qui croissent sans être cultivés, persuadés qu'ils en ont plus que suffisamment pour leur Commerce, & qu'ils n'en vendroient pas davantage, quand ils la donneroient à meilleur marché.

Ce qu'ils en apportent en Europe, va année commune, à sept ou huit cent mille livres pesant, en débitant à peu près autant dans les Indes.

Il y a une canelle qu'on appelle Canelle sauvage, Canelle grise, ou Canelle des Portugais, qui croît dans le Royaume de Cochin, sur la Côte de Malabar, & que les Portugais, chassés par les Hollandois, de Ceylan, débitoient à la place de la véritable canelle ; mais ces derniers jaloux jusqu'à l'excès de leur canelle, ont même envié aux autres le négoce de celle de Cochin ; & l'on croit que c'est cette jalousie qui les engagea de s'emparer de Cochin en 1661, dont ils firent arracher toute la canelle sauvage, afin de mettre la leur au prix qu'il leur plairoit.

Toutes les Isles Moluques produisent du clou de girofle ; mais ce n'est que de l'Isle d'Amboine que les Hollandois tirent celui qu'ils apportent en Europe, ou qu'ils distribuent dans l'Asie, ayant fait arracher dans toutes les autres, les arbres qui portent cette épicerie ; dont pourtant ils ne sont pas tellement les maîtres, que pour dédommager le Roi de Ternate, qui est le Souverain de ces Isles, ils ne lui payent une espece de tribut, qu'ils nomment Pension, de 12000 écus par an, outre un présent de 6000 livres ; étant d'ailleurs obligés par le même Traité, de prendre à 7 sols 6 deniers la livre, tout le clou que les Habitans d'Amboine, & des autres Isles où il en reste encore, apportent dans leurs magasins.

La noix muscade, & le macis croissent dans les Isles de Banda, dont les Hollandois sont maitres, & où ils prennent les mêmes soins qu'à Ceylan & aux Moluques, pour que personne n'en partage avec eux le Commerce ; s'étant même engagés dans une grande guerre avec le Roi de Macassar, & l'ayant réduit à fermer ses Ports à toutes les autres Nations, particuliérement aux Anglois & aux Portugais, à cause que ses Sujets voisins des Moluques & de Banda, leur en vendoient des parties considérables, qu'ils enlevoient la nuit, & à l'insçu des Hollandois ; ce qui faisoit tort au Commerce de ces derniers, les autres la vendant à meilleur marché que les Facteurs de la Compagnie de Hollande.

Ces épiceries sont proprement la base du Commerce des Hollandois ; & c'est avec elles qu'ils achetent toutes les marchandises qu'ils apportent d'Orient en Europe.

Le poivre croît particuliérement sur la Côte de Malabar, & dans les Isles de Java & de Sumatra. Il y en a de deux sortes, du gros, & du petit ; le gros s'apporte en Occident, le menu reste aux Indes, où les Indiens, soit Mahométans, soit Idolâtres, en font une grande consommation, le mangeant en grain dans leurs ragoûts, quelquefois concassé, mais jamais en poudre.

Il n'a pas tenu aux Hollandois qu'ils se soient rendus les maîtres du commerce du poivre, comme des autres épiceries, ayant souvent tenté, par promesses & par menaces, de faire des Traités avec les Rois de l'Inde dont les terres produisent cette marchandise, pour exclure de leurs Ports, & de l'achat de leur poivre, toutes les autres Nations; & l'on se souvient encore des plaintes que la Compagnie des Indes Orientales, établie en Angleterre, en porta au Parlement en 1663, & qu'elle a souvent renouvellées depuis.

Le gingembre croît en plusieurs endroits des Indes; mais Amadabat, Capitale du Royaume de Guzarate, est le lieu où il en vient de meilleur, & en plus grande quantité.

L'indigo d'Agra est le plus estimé des indigos Orientaux. Il s'en fait aussi beaucoup dans plusieurs autres Provinces du Mogol; celui de Golconde ne lui cede gueres, & on en tire encore de bon du Bengale. On prétend que les Hollandois apportent tous les ans en Europe 50 ou 60 milliers d'indigo, dont une bonne partie est portée en Allemagne & en Moscovie.

Le salpêtre est aussi une marchandise de l'Empire du Mogol: il s'affine à Choupart, dans le petit Royaume de Patna; on le porte de là à Ougli, qui est le principal Comptoir des Hollandois, & des autres Européens, dans le Royaume de Bengale.

Les vaisseaux de la Compagnie de Hollande en rapportent bon an, mal an, jusqu'à 12000 quintaux, qui se consomment tous dans les Etats des Provinces Unies.

Le Bengale fournit quantité de cassonade, qui se raffine en Hollande. La laque se trouve aussi dans quelques Provinces de ce Royaume, & encore dans le Guzarate, à Azem, & en quelques autres lieux. C'est de cette gomme que les Indiens tirent l'écarlate, & les autres couleurs dont ils peignent leurs chites, ces toiles qui sont si estimées en Europe: les Chinois & les Japonois s'en servent pour leurs plus beaux ouvrages de vernis.

Quand on en a tiré la couleur, on en fait cette cire à cacheter les lettres, qu'on appelle Cire d'Espagne: elle ne revient ordinairement qu'à 10 sols la livre aux Hollandois, qui la revendent 10 sols l'once.

La rhubarbe vient de Bouton, sur les frontieres de la grande Tartarie, & aussi de la Chine: celle de Bouton est la meilleure; c'est une drogue difficile à conserver, & qui sur-tout craint d'être mouillée.

Le musc se trouve pareillement à Bouton, d'où il se transporte à Surate, & à Patna, dans le Bengale, où les Indiens & les Européens le vont acheter: cette drogue est facile à falsifier.

On ne falsifie pas moins facilement l'ambre gris; il ne s'en trouve gueres qu'au Cap de Comorin, mais on en apporte aux Indes, des Côtes d'Afrique, particuliérement de Melinde.

Le thé vient de la Chine, du Japon, & de la Cochinchine; mais c'est de celui de ces deux derniers lieux dont les vaisseaux Hollandois sont ordinairement chargés: celui du Japon est le meilleur; on en trouve à Surate d'excellent à 20 sols la livre, & il y en a en Europe qui coute jusqu'à 100 francs.

### *Soies, & Etoffes de soie.*

Les soies des Indes Orientales se tirent particuliérement de la Chine, de la Cochinchine, du Tunquin, de Tripara, d'Azem, & de Bengale.

Toutes ces soies sont de différentes qualités: la soie Chinoise est blanche & très fine; la Tunquinoise ne lui céde gueres en finesse; celle de Tripara est grossiere, & celle de Bengale rude & sans lustre: ces deux dernieres, lorsqu'elles passent en Europe, ne s'employent gueres que dans les Manufactures de Hollande & de Hambourg.

On trouve aussi à la Chine, ou dans le Royaume d'Azem, une sorte de soie qui est filée sur les arbres, & sur les buissons, par une espece de chenille, qui ne la file pas en cocons, comme les vers à soie, mais en filets & en toiles, comme les araignées: les étoffes qu'on en fait sont un peu plus grossieres que celles fabriquées avec la soie ordinaire; mais elles sont plus serrées & plus fortes.

Il y a des Manufactures d'étoffes de soie dans tous les lieux des Indes où il se recueille des soies, si l'on excepte le Royaume de Tripara, qui envoie vendre les siennes à la Chine, & qui n'en fait aucun ouvrage.

La Province de Chekiang, dans la Chine, est l'endroit du monde qui en fournit le plus; & l'on croit communément qu'elle en produit toute seule autant que l'Asie entiere & l'Europe: aussi s'y fabrique-t-il des étoffes en si grande quantité, que ce qu'on en dit paroît presque incroyable: il y a au moins cent pour cent à gagner sur ces étoffes.

C'est de la Chine que se tirent les draps de soie or & argent: il s'en fait aussi dans les Etats du Mogol, mais les premiers sont les plus estimés.

Les Chinois se vantent d'avoir l'usage de la soie, & des étoffes qu'on en fait, plus de deux mille ans avant la naissance de Jesus-Christ.

### *Du Coton, & Toiles de coton.*

Le coton croît abondamment dans les Etats du Grand-Mogol, le long des Côtes de Coromandel, dans tout le Bengale, & à la Chine.

Dans tous ces lieux, il se vend tout filé, ou en bourre, c'est-à-dire, tel qu'il sort de la coque. Il y a du coton filé d'une si grande finesse, qu'il échappe presque à la vûe; c'est de ce fil que se fait ce nombre infini de toiles qui se distribuent dans toute l'Asie, & qui se portent en si grande quantité dans les trois autres parties du monde.

Ces toiles sont de trois sortes, ou blanches, ou colorées, ou peintes.

Les plus belles des blanches, qu'en France on appelle Mousselines, ont ordinairement une raie d'or & d'argent le long de la piece, & aux deux bouts; & de cette sorte il y en a d'unies & de brodées. On estime le plus les mousselines de Bengale, dont les Mogols enlevent toute l'élite pour les serrails de l'Empereur.

Des autres toiles blanches, il y en a de différens dégrés de finesse, depuis les plus grosses, qui sont des toiles à voiles, jusqu'aux plus fines, qui ne cédent gueres pour le grain & la beauté aux plus belles toiles de Hollande.

Les toiles colorées sont, ou toutes d'une couleur, ou rayées de diverses couleurs, ou à carreaux: ces deux dernieres especes se font de fil teint, avant de les mettre dessus le métier: les autres se mettent à la teinture, quand elles sont faites. Celles-ci se nomment Baffetas, & sont toutes ou rouges, ou bleues, ou noires.

Des toiles peintes, il y en a d'imprimées avec des moules, & de peintes au pinceau. Celles au pinceau sont infiniment plus belles que les autres. On en apporte moins de celles-ci en Europe, que des imprimées. Toutes en général s'appellent des Chites.

Les plus belles chites sont celles du Royaume de

Golconde, & particuliérement de Masulipatan, Port fameux de ce Royaume, sur la Côte de Coromandel.

En général, le Commerce des toiles est le plus considérable qui se fasse aux Indes Orientales, soit par les Nations d'Europe, soit par les Indiens mêmes, ou les autres Peuples de l'Asie; & le produit total du nombre de pieces de toiles qui s'y fabriquent, & qui se vendent, paroîtroit incroyable, si seulement l'on vouloit rassembler les cargaisons de celles que les François, les Anglois, & les Hollandois, en rapportent tous les ans par le retour de leurs vaisseaux & de leurs flottes.

### *Métaux, Diamants, Pierreries, &c.*

Quoique les Européens qui trafiquent dans les Indes, n'en rapportent ni or, ni argent; & qu'au contraire ils y en portent une grande quantité, en ducats, en rischedales, & en piastres: ils y font néanmoins un grand Commerce de ces riches métaux, qu'ils tirent de plusieurs Etats où il y en a des mines, mais qu'ils distribuent aussi-tôt, &, pour ainsi dire, de la même main qu'ils les reçoivent, dans d'autres lieux de l'Orient, où il n'y en a pas.

La Chine, le Japon, le Pegu, Siam, Azem, Tripara, Camboya, la Cochinchine, & les Isles de Sumatra & de Macassar, sont les seuls lieux des Indes, d'où l'on peut tirer de l'or; encore en faut-il ôter le Japon, où quoique très riche en mines de ce métail, l'or est une marchandise de contrebande pour la sortie.

De tous ces Etats, c'est la Chine qui fournit le plus d'or; les Chinois l'échangeant volontiers pour de l'argent, (dont ils n'ont point de mines dans tout leur Royaume,) particuliérement pour des piastres Mexicaines, sur lesquelles il y a un grand profit à faire pour ceux qui leur en fournissent.

Les mines d'argent sont moins communes aux Indes que celles d'or; & il n'y a, à proprement parler, que celles du Japon, qui ayent de la réputation; mais aussi sont-elles si abondantes & si riches, que ce n'est presque qu'en argent que l'on y paye les marchandises que les Etrangers y portent.

Comme il n'y a des Européens, que les seuls Hollandois qui fassent le Commerce du Japon, il n'y a qu'eux aussi qui puissent profiter de ce riche métail, qu'on en tire, sur lequel ils font un grand profit dans les Etats du Mogol, où ils en envoyent la plus grande partie; les Maîtres des monnoies leur en donnant même deux ou trois pour cent plus qu'ils ne donnent des écus de France, & des piastres Espagnoles.

Cet argent est au titre des écus qui se frappoient en France au milieu du dix-septiéme siécle.

Le cuivre se tire aussi du Japon: il est admirable & même meilleur que celui qu'on nomme en Europe, de la Rosette: aussi se vend-il jusqu'à 25 pour cent davantage. Les Hollandois en ont un grand débit sur les Côtes de Coromandel & de Bengale. Celui qu'ils apportent en Hollande, s'employe dans la chauderonnerie d'Aix-la-Chapelle, & dans la fonte des canons. Il n'y a gueres d'années que leurs flottes n'en apportent deux ou trois cens mille livres.

L'étain & le plomb se trouvent en quelques endroits de la Côte de Malaca, particuliérement à Piamet. Il y a aussi de l'étain à Ligor dans le Royaume de Siam. Ces métaux sont bons pour le Commerce du Japon, du Coromandel, du Bengale, du Mogol, de la Perse, & de l'Arabie.

Les Hollandois, qui sont en quelque sorte les maîtres des mines de Ligor, en apportent aussi en Europe, souvent au-delà de deux ou trois cent milliers.

Le fer & l'acier se trouvent en plusieurs lieux des Indes; & on en tire particuliérement de la Chine quantité de tout ouvragé en divers ustenciles de ménage & de cuisine, dont la plupart est destinée pour le Japon.

Les diamants se tirent de quatre endroits de l'Orient, qui sont les seuls qui produisent cette précieuse pierre:

De Golconde, de Visapour, de Bengale, & de l'Isle de Borneo.

Les pierres de couleur se trouvent dans la mine de Hava, dépendant du Pegu, & dans une riviere de l'Isle de Ceylan.

Les mines de Hava produisent des rubis, des saphirs bleus, d'autres blancs, des topases, & des ametistes.

Ce sont aussi des rubis, des saphirs, & des topases, que la riviere de Ceylan entraîne dans son gravier.

Camboya produit la plus belle agate Orientale.

Enfin, Tucotrin & Anian; celui-ci sur les Côtes de la Chine; l'autre sur celle, que de-là on appelle Côte de la Pêcherie, donnent toutes les perles qui se trouvent en Orient. Il y a néanmoins sur les Côtes du Japon une pêcherie, mais elle est négligée; les Japonois, non plus que les Chinois, ne faisant pas grand cas des perles, ni des pierres précieuses.

Les Européens n'apportent gueres que des perles à l'once ou à piler pour la Médecine; le profit sur les grosses étant peu considérable, & trop casuel; & les perles à l'once se débitant au contraire fort bien en Europe.

La porcelaine ne se fait qu'à la Chine, & au Japon; mais l'on en trouve en quantité de ces deux sortes au Tunquin & à Siam. Les Chinois eux-mêmes en apportent beaucoup à Batavia.

On met au nombre des porcelaines, les pots de terre rougeâtre, dans lesquels les Chinois prennent leur thé, & dont l'on se sert aussi présentement en Europe au même usage.

C'est aussi de la Chine & du Japon, que s'apportent les paravants, les cabinets, les bahus, les coffres, les cabarets, les évantails, & tant d'autres ouvrages de cette nature, de laque, de vernis, & de peinture, qui font l'ornement des plus beaux appartemens. On en tire aussi des mêmes endroits que la porcelaine, c'est-à-dire, de Siam & du Tunquin.

Enfin, les Indes fournissent quantité de bois pour la médecine, pour la teinture, pour la damasquinerie, & pour les parfums. Les principaux sont, le bois d'aigle, le siampan, le sandal, l'aloës, le bois de rose, le sapan, le calambat, & le cascatour, dont une partie se débite dans les Indes mêmes, & dans le reste de l'Asie; & le surplus passe en Europe.

On tire de Siam d'excellent bois de sciage & de charpente; & c'est de ce bois que les Hollandois transportent à Batavia, que sont construits la plupart des bâtimens de terre & de mer, qu'ils font aux Indes.

Après cette espece de Traité préliminaire du Commerce des Nations d'Europe aux Indes, & de la figure qu'elles y font présentement par rapport au négoce, on va entrer dans le détail, commençant par celui de l'Indostan, ou Empire du Grand-Mogol, qui se présente le premier, en quittant la Mer de Perse, pour entrer dans l'Ocean Indique.

## DE L'INDOLSTAN, ou EMPIRE DU GRAND-MOGOL.

L'Empire du Grand-Mogol comprend une vaste étendue de Côtes dans la Mer des Indes, & s'avance bien avant dans les terres; ensorte qu'il occupe la plus grande partie de la terre-ferme de l'Inde.

Autrefois le Bengale lui étoit soumis, & lui appartenoit à titre de conquête: il en a même encore une partie; mais les Rayas, ou Gouverneurs Maures, à qui il en avoit confié la garde, s'étant soulevés, & se l'étant partagé, l'Empereur du Mogol a été privé d'une de ses plus riches Provinces, & des plus commodes pour le Commerce; dont néanmoins il est en quelque sorte dédommagé par la souveraineté qu'il en a toujours conservée, & par les Royaumes de Decan, de Cachemir, de Breampour, & de Maliquo, situés dans l'Inde; & celui de Candahar, sur la frontiere de la Perse, qu'il a ajouté à son Empire.

En général, l'Indolstan est si fertile en tout ce qui peut contribuer à la commodité de la vie, qu'il pourroit se passer de tout Commerce avec les Etrangers, & subsister de sa propre abondance; mais la plupart de ses Habitans, particuliérement ceux qu'on nomme Benjans, sont si portés au négoce, & s'y entendent si bien, qu'il n'est pas étonnant qu'il s'en fasse un si considérable sur toutes les Côtes de cet Empire, & jusqu'à Agra, qui en est la Capitale.

Le Commerce des Européens au Mogol, consiste principalement en or & en argent monnoyé, qu'ils y apportent, & qui n'en sort gueres, quand il y est une fois entré.

Les Hollandois, outre l'argent qui leur vient d'Europe, y destinent encore tout celui qu'ils tirent du Japon: mais soit pour celui-ci, soit pour toutes les diverses especes de France, d'Angleterre, de Portugal, & de Hollande, qui entrent en si grande quantité dans les Etats du Mogol, les Européens ne reçoivent que des marchandises; tous ces riches métaux, & même tout l'or que les Mogols vont eux-mêmes chercher dans les Ports de l'Arabie Heureuse, se convertissant à Agra en orfévrerie, ou passant à la filiere pour leurs Manufactures; entr'autres, pour celles des toiles d'or & d'argent, & des brocards.

Les marchandises qui manquent à l'Indolstan, sont des épiceries, du cuir, des éléphans, & quelques autres, que les Hollandois leur fournissent, & qu'ils tirent du Japon, de la Chine, des Moluques, & de Ceylan, ou qui font la cargaison des vaisseaux qu'on leur envoye d'Europe: de l'étain & des draps, qu'y portent les Anglois: des draps d'écarlate, teinture des Gobelins, qui font une partie du Commerce des François: & de chevaux, qu'on y mene de Perse, & des Usbechs.

## COMMERCE D'ASEM.

ASEM ou AZEM. Royaume des grandes Indes, un des meilleurs pays de l'Asie.

Il se trouve dans le Royaume d'Asem des mines de presque toute sorte de métaux, entr'autres d'or, d'argent, d'acier, de plomb, & de fer. On y recueille aussi quantité de soie mais assez grossieres.

Il y en a d'une espece que produisent des vers assez semblables aux vers à soie communs, à la réserve qu'ils sont plus ronds & qu'ils demeurent sur les arbres toute l'année; les étoffes qu'on en fait sont fort lustrées; mais elles se coupent & durent peu.

La laque d'Asem est la meilleure de toute l'Asie, soit pour en tirer la teinture rouge dont on peint les toiles de coton, soit pour en laquer diverses ouvrages du Japon & de la Chine; aussi en transporte-t-on une grande quantité dans ces deux Royaumes.

L'or est à Asem une marchandise de contrebande pour la sortie; on n'y en fait cependant aucune monnoie, demeurant en grands & petits lingots, dont le Peuple se sert dans le Commerce intérieur du Royaume, sans oser le transporter au dehors.

La monnoie d'argent est de la grandeur & du poids des roupies, d'une figure octogone; il est permis d'en emporter & d'en faire Commerce avec les Etrangers.

Les mines de ces deux métaux aussi-bien que de tous les autres, appartiennent en propre au Roi, qui pour ne pas fouler ses Sujets, n'y fait travailler que des Esclaves que ses voisins lui vendent.

On fait à Asem de deux sortes de sel; l'un avec cette matiere verdâtre qu'on trouve sur les eaux dormantes; & l'autre avec des feuilles de cette plante, qu'on nomme figuier d'Adam. *Voyez* l'article du sel.

C'est aussi avec les cendres de ce figuier que se font les lessives qui servent à blanchir les soies, & qui leur donnent un si beau lustre & un si grand éclat; mais n'ayant pas assez de ces feuilles pour le blanchiment de toutes leurs soies, on distingue des autres celles qui en ont été blanchies, qui pour cela sont de beaucoup plus cheres.

Un autre objet de négoce qui y est très considérable, consiste dans des bracelets & des carquans d'écaille de tortues ou de certains coquillages de mer de la forme d'un œuf de poule, qu'ils portent aux bras & aux jambes; & dont ils consomment une grande quantité aux funérailles de leurs parens, chacun pour honorer leur sépulture, jettant dans la fosse ceux dont il est paré dans le tems de la cérémonie funebre; les Grands Seigneurs en portent de corail ou d'ambre jaune.

Ces brasselets sont propres pareillement pour le Commerce du Royaume de Boutan.

## COMMERCE DE BOUTAN.

BOUTAN. Royaume des Indes qui confine aux Etats du Grand Mogol.

Le pays de Boutan est très peu connu, il y a néanmoins tous les ans une Caravane de Marchands, qui part sur la fin de Décembre de Patna la plus grande Ville de Bengale.

Cette Caravane arrive en huit jours à Gorrochepour, derniere Ville du Mogol, où les Marchands font leurs provisions pour une partie du reste du voyage. Delà jusqu'aux pieds des montagnes de Naugrocel, il y a huit ou neuf journées de chemin fort pénibles. Ces montagnes ne se passent qu'en huit ou dix jours; & comme elles sont très rudes, les habitans qui s'y retirent & qui sont demi sauvages, sur-tout quantité de femmes & de filles viennent s'offrir pour porter les voyageurs, leurs marchandises & leurs provisions jusqu'au pied de la descente. Les provisions & les marchandises se chargent sur des boucs, qui portent jusqu'à 150 livres pésant; pour les hommes, ils passent assis sur une espece de bourlet, que ces pauvres gens attachent sur leurs dos, trois femmes se relayant ordinairement pour porter un homme.

Au sortir des montagnes on a des bœufs, des chameaux, & des chevaux, & même des palanquins pour ceux qui en veulent, avec lesquels on va jusqu'à Boutan.

On fait un très grand Commerce de musc dans tout le pays de Boutan; & c'est aussi où l'on trouve la plus excellente rubarbe; il y croît pareillement de la semencine ou *Semen-contra*. Le pays est très abondant en martres, & l'on peut en tirer de très belles fourures.

Il se trouve fort peu d'or dans tout ce Royaume, & celui qui y est, est apporté de dehors par les Marchands qui y viennent trafiquer. A l'égard de l'argent, on croit qu'il y en a des mines; & que c'est de celui du pays que le Roi de Boutan fait frapper sa monnoie; cette monnoie est du poids & du prix des roupis, d'une forme octogone avec des caracteres qui ne sont ni Indiens ni Chinois.

Leurs seules manufactures sont de grosses toiles toutes de chanvre ou de coton, dont ils s'habillent en été, & des draps mal tissus, qui ne sont guere meilleurs que du feutre, qui leur servent l'hyver.

## GUZARATE.

De tous les Royaumes qui composent l'Indostan, il n'en est point qui ait des Ports plus considérables, & où il se fasse un plus grand Commerce que celui de Gusarate, que quelques-uns nomment aussi Royaume de Cambaye, du nom d'une de ses plus importantes Villes, qu'on appelle par distinction le Caire des Indes.

Ce Royaume est presque tout maritime, formant une Presqu'isle, qui s'avance entre les Golfes de l'Indus & de Cambaye, & qui contient plus de 120 lieues de Côtes.

C'est dans cette étendue que sont situées Cambaye & Surate, les deux Villes, particuliérement la derniere, les plus célebres des Indes, par le négoce que les Nations de l'Europe y font, ou que les Marchands du Pays entretiennent à Java & Sumatra vers le Levant; Aden, Mocha, & la Mecque sur la Mer Rouge; & à Bander-Abassi dans le Golfe Persique; où, quoique très mauvais hommes de mer, & avec des vaisseaux d'une construction très peu sûre, ils font tous les ans de très grands envois des marchandises de leurs Pays, ou de celles qu'ils achetent des Etrangers.

Ces marchandises sont des toiles de coton, des courtepointes, des tapis, & des tapisseries brodées, du cristal de roche; des pierreries, comme grenats, hiacintes, ametistes, turquoises, &c. d'excellentes drogues, des herbes médicinales, & des bois pour la teinture, les parfums, & autres usages; de l'indigo excellent, qui se cultive & se fait à Amadabat, Capitale du Royaume, & à Sirches; du camphre, du tabac, du souffre, du turbit, du galanga, du nard, du lapis, de l'assa-fœtida, du borax, de la scamonée, du benjoin, du poivre, du cumin, du gingembre, des mirobolans, des étoffes de soie de leurs Manufactures, du froment, du sel, de l'huile, & du beurre.

Leurs retours d'Aden, sont de l'or & de l'argent monnoyé, du corail, de l'ambre gris, du misseit, drogue pour la teinture; & le meilleur opium de tout l'Orient.

A l'égard de la Perse, ils en tirent des brocards, des étoffes de soie, du velours, des camelots, des perles: des fruits secs, comme amandes, raisins, noix, dattes, & particuliérement de l'eau-rose, qu'ils aiment extrêmement, & qu'ils transportent dans plusieurs lieux des Indes.

Les Portugais ont long-tems fait seuls tout le Commerce du Royaume de Gusarate, dont ils s'étoient rendus maîtres par les forteresses qu'ils avoient élevées à Daman, Diu, & Goa, qu'ils possédent encore à la vérité; mais où leur puissance n'étant plus redoutable, ne peut empêcher que présentement ce négoce ne soit ouvert à toutes les Nations de l'Europe & de l'Orient, qui envoyent tous les ans leurs vaisseaux à Surate, où depuis un demi siécle tout le Commerce de Gusarate s'est, pour ainsi dire, réuni; quoique pourtant il s'en fasse toujours un très considérable à Cambaye, à Boritschia, à Boodera, & à Sirches, où les Anglois & les Hollandois ont des Comptoirs.

Lorsque les Portugais étoient les maîtres du Commerce de Gusarate, ils y portoient seuls de l'étain, du vermillon, toutes sortes de draps, de l'yvoire, du bois de sandal, du poivre, du cardamum, du clou de girofle, de la porcelaine, des étoffes de la Chine, & des vases d'or & d'argent. Depuis leur décadence, toutes sortes de Nations fournissent au Mogol ces marchandises, & quantité d'autres; & l'on voit dans leurs Ports, & dans leurs principales Villes, non-seulement des François, des Anglois, des Hollandois, & des Portugais; mais encore des Juifs, des Turcs, des Persans, des Arabes, & des Marchands de toutes les Villes des Indes, à la réserve des Chinois & des Japonois.

On parlera au long du Commerce de toutes ces Villes après qu'on aura dit ici quelque chose de celui d'Amadabath, Capitale du Royaume, & de quelques Villes du dedans du Royaume.

## AMADABATH.

Cette Ville, qui est une des plus grandes de l'Empire du Mogol, & qui ne céde gueres à Agra, est située par les 23 dégrés 32 minutes de deçà la Ligne, à 18 lieues de Cambaye, & 45 de Surate, sur une petite riviere qui se jette dans l'Indus.

Son Commerce est également florissant au dedans & au dehors, envoyant tous les ans de grandes caravanes à Agra; & faisant transporter à Surate, à Cambaye, & à Boritschia, les étoffes de ses Manufactures, & quantité d'autres marchandises, ou que le Pays produit, ou qui font les retours de ses caravanes.

On compte environ 25 gros Bourgs, & plus de 3000 petits de la jurisdiction d'Amadabath, dont presque tous les Habitans sont occupés à travailler aux Manufactures.

Les principales sont toutes sortes d'étoffes de soie & de coton, pures, ou mêlées de l'une & l'autre de ces matieres, dont la fabrique est particuliere au Pays, tels que sont les tulbandes, les allégias, les attelasses, les baffetas, & les chilfes. Ils font aussi des brocards, des draps d'or & d'argent; mais qui n'approchent pas de la beauté de ceux de Perse; des damas, des satins, des taffetas, & des velours de toutes couleurs: des alcatifs, ou tapis à fond d'or, d'argent, de soie, ou de laine: enfin, toutes sortes de toiles de coton, blanches ou peintes; qui pour leur finesse, la beauté de leurs desseins, & la vivacité de leurs couleurs, ne cédent à aucune des Indes. *On peut voir l'article général des* TOILES, *où sont rapportés les noms de toutes les toiles de coton, blanches ou de couleur, qui se fabriquent aux Indes; ou avoir recours à leurs articles particuliers, où il est parlé de leur façon, & de leur aunage.*

La plupart de ces ouvrages, que l'on fait à Amadabath, sur-tout les plus beaux, & les mieux travaillés, sont destinés pour Surate. Les Benjans, qui font presque tout le négoce de cette derniere Ville, & qui y sont comme les Courtiers des Marchands d'Europe, ayant leurs Facteurs sur les lieux, qui enlevent ces marchandises aussi-tôt qu'elles sont fabriquées; ou étant eux-mêmes, par leurs Commis, les Entrepreneurs de la plupart des Manufactures d'Amadabath, & des environs.

Les productions du Pays sont, l'indigo, qui se cultive & se prépare en abondance dans le terroir de cette Capitale, particuliérement à Sirches, petite Ville; mais qui a acquis une grande réputation, par la parfaite culture & la bonne préparation de cette drogue: du sucre candi, de la cassonade, de toutes sortes de confitures, du cumin, du miel, de la laque, de l'opium, du borax, du gingembre sec & confit, des mirabolans, du salpêtre, du sel armoniac, de l'ambre gris, du musc, & des diamants; mais ces trois dernieres marchandises y sont apportées du dehors, & revendues aux Marchands Etrangers.

Toutes les marchandises qu'on tire d'Amadabath, & toutes celles qui y entrent par les retours des caravanes, n'y payent aucun droit de Douane, à la réserve d'une espece de présent qu'on y fait au Commis, qui ne va gueres qu'à 15 s. par charge, soit de charrette, soit de chameau.

La poudre à canon, le plomb, & le salpêtre, sont les seules contrebandes pour la sortie, qui y soient défendues; encore est-il facile d'obtenir la permission d'en enlever. D'ailleurs, les Marchands sont libres; & ils y peuvent acheter & y vendre tout ce qu'il leur plait, & à qui & de qui ils le trouvent à propos.

Le Maydan, ou marché d'Amadabath, est un des plus grands & des plus agréables des Indes; étant bordé des deux côtés de deux rangs de palmiers & de tamarins, entremêlés d'orangers & de citroniers, sous lesquels les Marchands tiennent leurs boutiques, étalent leurs marchandises, & font leur Commerce.

Les Benjans, qui la plupart sont Banquiers, y font de grandes affaires pour la traitte d'argent; & il n'y a point de Villes de l'Empire du Mogol, & même des Indes, pour peu considérables qu'elles soient, où ils ne puissent faire des remises; ce qui est très commode aux Marchands, à cause du peu de sureté pour les Voyageurs dans tout l'Indostan, à moins qu'on n'aille en caravane; & des Pirates de Malabar, qui courent toutes les mers des Indes; comme les Corsaires de Barbarie, la Méditerranée, & une partie de l'Océan.

Les Anglois & Hollandois ont coutume, pour aller à Amadabath, de prendre les caravanes qui y vont de Surate; & ensuite celles d'Amadabath à Agra, lorsqu'ils ont affaire dans cette Capitale.

C'est à Amadabath, où les Anglois & Hollandois font teindre leurs toiles, & raffiner leur Salpêtre; & c'est de cette même Ville que viennent toutes les toiles bleues qui vont en Perse, en Arabie, dans le Royaume des Abissins, à la Mer Rouge, à la Côte de Melinde, à Mosambique, à Madagascar, à Java, à Sumatra, à Macassar, & aux Isles Moluques.

Boritschia, ou Brotchia, grande Ville dans le Royaume de Guzarate, située à 12 lieues au Nord de Surate, sur une riviere qui à 8 lieues de la Ville se rend dans la mer par deux bouches, est également comptée parmi les Villes maritimes, & parmi celles que les Guzarates nomment Villes du dedans.

Les grands vaisseaux ne peuvent remonter la riviere, où il n'y a que des bâtimens legers qui puissent entrer; encore faut-il qu'ils s'arrêtent à moitié chemin de la Ville; ce qui l'a empêché de l'emporter sur Cambaye & sur Surate; sa rade étant très mauvaise, & les navires n'y étant point en sûreté.

On y fabrique des toiles de coton, aussi-bien que dans 80 Villages qui en dépendent, qu'on met du nombre des plus fines & des plus belles, qui se fassent dans le reste des Indes.

Les Comptoirs que les Anglois & les Hollandois y ont, sont très anciens, & des premiers que ces deux Nations ayent établis sur cette Côte. La plupart des Habitans sont Benjans, & par conséquent presque tous Marchands.

Bisantagar est presqu'au milieu du Royaume de Guzarate: on y fabrique des toiles; & l'on y file beaucoup de fil, qui s'envoie à l'Etranger.

Pettan est célebre par ses Manufactures: elles consistent en étoffes de soie, en toiles de coton, en tulbandes, en allegias, & en quelques autres pareilles fabriques. On fait aussi à Amadabath, Brodera, Goga, Chist, Pour, Nariaath, Vasset, & quelques autres Places, de semblables étoffes; & c'est de-là que les Benjans tirent beaucoup de celles dont les Européens font une partie de leur cargaison.

## CAMBAYE.

Le Commerce de cette Ville est très considérable, & ne cede gueres qu'à celui de Surate, sur lequel elle l'emportoit, avant que celle-ci eût profité de la décadence de Goa, & de la ruine des Portugais.

Elle est située à l'embouchure de la riviere de Carari, par les 23 dégrés de latitude Nord, au fond du Golfe auquel elle donne son nom, à 16 lieues de Boritschia, & à 30 de Surate.

Les Anglois & les Hollandois y ont des loges, à cause de la proximité de Surate, où ils font leur principal négoce dans les Etats du Grand-Mogol, & où ils ont un Comptoir, que l'on peut presque regarder comme le second des Comptoirs qu'ils ont aux Indes.

Les Naturels du Pays, particuliérement les Benjans, qui presque tous s'adonnent au Commerce, y sont plus subtils & plus habiles que dans aucun autre lieu de l'Orient, mais aussi plus fourbes & plus trompeurs. Ils ont sur-tout une très parfaite connoissance des pierreries.

Le Commerce des Benjans de Cambaye est pour l'ordinaire à Diu, Goa, Cochin, Achem, Batavia, Bantam, la Côte de Coromandel, celle du Bengale, la Perse, & la Mer Rouge, où ils envoyent des vaisseaux; mais la plupart avec des Pilotes Hollandois, qu'ils louent chérement de la Compagnie; ceux du Pays étant peu expérimentés dans la Marine.

Quoique l'envoi de leurs marchandises dans tous ces lieux soit un objet considérable de leur négoce, ce n'est rien en comparaison de celui qu'ils font avec les Etrangers, qui abordent tous les ans à Cambaye; n'y ayant gueres de Nations des Indes, dont on n'y voie des Marchands & des navires, aussi-bien que de Mosambique, de Melinde, de l'Arabie, & du Sein Persique; les Européens d'ailleurs y envoyant aussi chaque moisson quantité de bâtimens, ordinairement plus chargés de réales, de rischedales, de ducats, & de sequins, que de marchandises; l'or & l'argent étant, ainsi qu'on l'a déja remarqué, la meilleure cargaison qu'on puisse faire pour cette Côte; si pourtant on en excepte les épiceries, dont les Habitans de Cambaye, non plus que le reste des Guzarates, ne peuvent se passer.

Les principales marchandises qu'on tire de Cambaye, sont des toiles de coton très fines, & parfaitement bien fabriquées, qu'on n'estime pas moins que celles de la Côte de Coromandel & de Bengale, bien que celles-ci soient d'une grande réputation dans les Indes & en Europe : des canafasses, dont on fait des voiles de navires & des sacs : plusieurs sortes d'étoffes de soie : des tulbandes, des ceintures, des écharpes pour couvrir la tête & le visage des femmes : des tapis, des draps d'or : des couvertures de lit, de soie, & de coton, piquées ou brodées : des pavillons, des matelas, des cadels, ou bois de lit des Indes : des fauteuils, des triquetracs, & autres ustenciles de ménage à la mode du Pays : de l'indigo, du salpêtre, du borax, de l'amphion, du cumin, du gingembre, de la rubarbe, des mirabolans : plusieurs autres excellentes drogues, du sucre, de l'huile, & du beurre ; sans compter plusieurs sortes de pierreries, ou qui se trouvent dans le Guzarate, ou qui y sont apportées d'ailleurs, dont les Benjans, qui tiennent leurs boutiques dans l'un des trois grands bazars de Cambaye, font un Commerce très riche, & où les Européens peuvent faire aussi de grands profits, s'ils sont connoisseurs, & s'ils se tiennent sur leurs gardes contre les ruses & l'artifice des Jouailliers Indiens.

Il se fait aussi à Cambaye quantité d'excellens ouvrages d'agathe, qui ne cédent en aucune maniere à ceux qui se fabriquent en Europe, ni pour la beauté de la pierre, ni pour la perfection de l'ouvrage.

La plupart de ces marchandises, dont les Européens font les plus grands achats, ne sont pas celles dont ils composent la cargaison de leurs vaisseaux pour leur retour en Europe ; mais ils s'en servent pour les porter dans divers lieux des Indes, & les échanger contre d'autres marchandises qui leur conviennent : ce qu'on peut dire aussi des grains, des fruits, & des légumes ; comme du froment, du ris, des pois, des féves, du kitzeri, du millet, de l'orge, des oranges, des limons, des citrons, des mangas, & des cocos, dont les Hollandois, entr'autres, enlevent quantité chaque année, & sur lesquelles ils font de grands gains, en les portant dans des lieux qui manquent de ces denrés.

Cette remarque doit servir pour tout ce qu'on dira dans la suite du négoce que les Hollandois, & les autres Nations d'Europe, font dans toutes les Indes Orientales.

## SURATE.

Il n'est point dans les Etats du Mogol, & l'on pourroit dire dans toutes les Indes, de Ville plus célebre pour le Commerce, que Surate.

Elle est située sur la riviere de Taphi, ou comme d'autres l'appellent, de Tapta, par le 21$^{e}$ dégré 40 minutes.

SOUALI, qui en est à 7 ou 8 lieues, à l'embouchure du Taphi, est proprement le Port de Surate ; la riviere n'étant pas navigable jusqu'à la Ville pour les grands vaisseaux, & n'y ayant que de legers bâtimens qui y puissent monter ; ce qui oblige les Marchands d'y décharger leurs vaisseaux, & d'envoyer leurs marchandises à Surate, ou dans des barques en remontant la riviere, ou par terre sur des charriots & charrettes traînés par des bœufs.

A l'égard des marchandises, dont la destination n'est pas pour Surate, elles restent à Souali, dans des magasins que chaque Nation y a, attendant le tems de leur envoi aux autres Comptoirs qu'elles ont aux Indes.

Il y a pourtant quelques Marchands dans ce petit Bourg, mais seulement ceux qui font les affaires des Compagnies d'Europe, & peu d'autres, qui débitent en détail aux Matelots & Soldats, quelques marchandises de peu de conséquence, ou les choses nécessaires à la vie.

Les Portugais prirent Surate en 1520, & la ruinerent : mais comme elle étoit déja assez célebre par son Commerce, elle sortit plus considérable de ses ruines ; toutes les Nations des Indes, qui avoient coutume d'y trafiquer, s'étant, pour ainsi dire, réunies pour la rétablir : mais ce n'a été que près d'un siécle après, qu'elle devint comme l'étape générale des marchandises de l'Europe & de l'Orient ; s'étant, par une espece de compensation du mal que lui avoient fait les Portugais, enrichie de leur perte, lorsque les Hollandois ayant paru dans l'Océan Indique, leur enleverent presque toutes leurs places, & ruinerent entiérement leur négoce.

Depuis ce tems-là le Mogol veille avec une telle jalousie à la conservation de cette importante Place, dont les Douanes lui rapportent plusieurs millions, qu'il ne souffre aucun vaisseau étranger dans sa riviere ; ce qui les oblige d'aller passer ailleurs le tems des pluies, qui durent près de cinq mois, pendant lesquelles ils seroient exposés à d'épouvantables tempêtes, auxquelles la rade de Surate est sujette.

Les Anglois y établirent un Comptoir en 1609, & les Hollandois en 1616. Celui des François est plus nouveau ; les vaisseaux de la Compagnie n'y étant arrivés qu'en 1665.

Les loges des Européens sont le long de l'eau, & occupent des quartiers entiers, étant composées de plusieurs appartemens, chambres, galeries, magasins, salles, & atteliers, où ils entretiennent grand nombre de Commis, de Courtiers, & d'Ouvriers, qui servent à la fabrique & au débit de leurs marchandises ; outre une bonne quantité de Soldats pour leur défense dans l'occasion ; tous ces Comptoirs étant assez bien fortifiés, & se distinguant par de grands pavillons aux armes des Princes dont ils sont sujets, plantés au plus haut de chaque loge.

La maison des Anglois est la plus magnifique ; & c'est cette Nation qui de tous les Européens y fait la meilleure figure : aussi ce Comptoir est-il le centre de leur Commerce des Indes de ce côté-là, & la résidence d'un des Présidens de la Compagnie Angloise ; comme Pondichery l'est aux François, & Batavia aux Hollandois.

Tout le Commerce que les Européens font à Surate, passe par les mains des Benjans, qui sont presque tous très riches ; y en ayant plus de 30, qui ont jusqu'à 200000 écus de bien ; & plus de 10, qui n'ont pas moins de deux à trois millions.

Ce qui fait qu'on les préfére aux Marchands Mahométans en fait de courtage, quoiqu'il y en ait aussi de ceux-ci de très riches & de très entendus, c'est que tous les Ouvriers, avec lesquels ils doivent avoir correspondance, sont tous idolâtres ; & qu'ils ne voudroient pas traiter, ou qu'ils ne traiteroient pas avec la même confiance, avec un Courtier qui ne seroit pas de leur secte.

Les Compagnies d'Europe ont coutume d'avoir un Courtier principal, qui en a plusieurs autres sous lui ; & c'est ce Courtier, qui avec les Chefs des Comptoirs, & leur Conseil, décide de tout, tant pour l'achat que pour la vente des marchandises.

Il est très important que ce premier Courtier soit honnête homme & habile Marchand ; tout le succès du Commerce dépendant de ces deux qualités, dont le défaut est presque également préjudiciable, puisque sans elles il est capable de se tromper, ou de tromper ses Maîtres; ce qui pour les suites revient à la même chose.

Les marchandises que l'on achete à Surate, par l'entremise de ces Courtiers, sont de diverses sortes, & se débitent en différens endroits.

Celles qui sont bonnes à transporter en Europe, sont les cotons filés, & en bourre: les toiles de coton unies, blanches & teintes: plusieurs façons d'étoffes de soie, soit unies, soit rayées, d'or ou d'argent: des tapis de laine ou de soie: d'autres de soie, travaillés avec de l'or ou de l'argent: des toiles peintes au pinceau, ou imprimées: des soies crues, de l'indigo des trois sortes, de l'aloës, du bois de sapan, du caffé, des cauris des Maldives, si nécessaires pour la traitte des Négres en Guinée: de l'encens, du salpêtre, du borax, la gomme laque en bois, & de la cire d'Espagne toute préparée, qui se fait de cette laque, quand on en a tiré la couleur: de la mirrhe, de la terra-merita, de la terre, ou bol rouge, le musc, le bezoar, & quelquefois l'ambre gris: les perles, les diamans, & quelques autres pierreries moins précieuses.

Les marchandises de Surate, propres pour le Commerce qui se fait à Mocha, & sur les Côtes de la Mer Rouge & de l'Arabie Heureuse, sont les grosses toiles blanches, bleues, & noires.

Celles pour Bander-Abassi & Bassora dans le Golfe Persique, des toiles blanches, grosses, & fines; peu de teintes en bleu & en noir.

Celles pour Sumatra, & tout le Royaume d'Achem, pour Java & Macassar, des toiles bleues & noires; beaucoup plus de fines que de grosses.

Pour les Philippines, toutes sortes de toiles grosses & fines, blanches & teintes: des tapis & des étoffes de soie.

Enfin de l'opium pour les côtes de Malabar, & pour les autres lieux des Indes, d'où l'on tire le poivre; n'y ayant point de marchandises de meilleur débit que celle-là, pour échanger contre cette épicerie.

### *Toiles de coton de Surate.*

Des barams blancs, des barams rayés.

Des baffetas blancs, des coutelines blanches, d'autres bleues, toutes toiles fort grossieres.

Des chelles & des chacarts; ces deux especes sont à carreaux de couleur.

Des doutis; ce sont des toiles blanches très grosses: des koraitres, ou toques de Cambaye, de quatre toques à la piece: on les nomme Toques, parce qu'elles servent à couvrir la toque ou bonnet, qui forme le turban des Orientaux. On en fait en Europe des cravates, mais très vilaines.

Des kattegny à carreaux bleus.

Des sauvagis blancs, & d'autres bleus à carreaux.

L'aunage de toutes ces toiles est expliqué à leurs articles particuliers, suivant leur ordre alphabétique.

Comme la plupart des Marchands, des Courtiers, & des Ouvriers Indiens, sont naturellement portés à altérer les marchandises qu'ils fabriquent, qu'ils vendent, ou qu'ils traittent pour les Européens, il ne sera pas inutile de découvrir ici une partie des tromperies qu'ils ont coutume de pratiquer, & d'y ajouter la maniere de s'en garantir.

Les cotons en fil, & les toiles de coton, sont le principal objet du Commerce de Surate, & aussi les marchandises où il se peut faire le plus de tromperies.

Les cotons se filent tous dans le Royaume de Guzarate; & les Indiens, si l'on n'y a beaucoup d'attention, ont coutume de les altérer, ou dans le poids, ou dans la qualité.

Dans le poids, en les gardant dans des lieux humides, en fourant dans le milieu de chaque écheveau quelque matiere qui le rend plus pésant; ou en ne les pésant pas juste en les livrant au Courtier, qui souvent par collusion dissimule ce faux poids.

Dans la qualité, en mettant dans chaque mein, ou paquet, trois ou quatre écheveaux de moindre qualité que celui qui est dessus; ce qui dans une grande quantité monte bien haut; y ayant du coton filé qui vaut 100 écus le mein.

On ne peut éviter cette double défectuosité, de la qualité & du poids, qu'en faisant tout péser en sa présence, & en visitant chaque mein, écheveau par écheveau; ce que font les Hollandois, qui ensuite font fermer les balles, & y attachent un bordereau, dont les Commis qui ont fait la visite, sont responsables.

On peut tromper sur les toiles, dans la finesse, dans la longueur, & dans la largeur. La finesse se juge à l'œil; la longueur & la largeur, à la mesure: cependant avec une Nation aussi rusée, & aussi accoutumée à tromper, ces expériences ne suffisent pas.

Toutes ces toiles se font dans les Etats du Grand-Mogol, partie dans les Provinces éloignées, & partie dans celles qui sont voisines de Surate; mais toutes également, soit fines, soit grosses, doivent être livrées aux Courtiers dans les mois d'Octobre & de Novembre.

Elles arrivent en balles, chaque balle d'environ 200 pieces; & il est rare, si les Courtiers ne sont exacts & fidéles, qu'on ne trouve dans chacune 5 ou 6, & jusqu'à 10 pieces de toile moins fine, plus claire, moins longue, ou moins large, que ne porte l'échantillon de la balle.

Pour reconnoître le défaut, il faut compter le nombre des fils de la trême que doit porter la largeur de l'échantillon; & quand le nombre manque, elle est plus claire, ou plus étroite, ou plus grosse; ce qui quelquefois fait une différence de plus d'un écu, & même de deux, sur les pieces qui valent depuis 15 jusqu'à 20 écus.

Une autre tromperie sur les toiles se fait au blanchiment. Comme elles sont livrées écrues au Courtier, qui les donne au Blanchisseur, à qui on paye tant par corge de toile, c'est-à-dire, par 20 pieces, pour le jus de limon, & pour le blanchissage. Cet Ouvrier, pour épargner le jus de limon à son profit, & en moins mettre, bat extrêmement les toiles sur la pierre; ce qui, quand elles sont séches, leur cause une grande diminution de prix.

Les étoffes de soie unies se peuvent altérer de la même maniere que les toiles, mais particuliérement dans leur qualité, en ne les frappant pas également; ne leur donnant pas le poids qu'elles doivent avoir selon leur largeur & longueur; & en y mêlant du coton dans la trême; ce qui est fort ordinaire aux Indiens.

A l'égard des étoffes de soie rayées d'or & d'argent, c'est au compte des fils contenus dans chaque raye, qu'on connoît l'altération; toutes les pieces d'une balle devant avoir le nombre de fils que porte l'échantillon.

Pour ce qui est des taffetas unis, il suffit d'examiner si les pieces se suivent pour la finesse; & après avoir vû si elles n'ont rien au dedans, qui en augmente le poids, les péser toutes séparément.

Enfin, pour toutes les riches étoffes, & ces beaux tapis, où l'or & l'argent sont mêlés avec la soie, qui se font principalement à Amadabath, il n'y a que l'œil qui en puisse juger, à moins que pour plus de sûreté, on n'en tire quelques fils d'or ou d'argent, pour en faire l'épreuve, & voir s'ils sont au titre qu'ils doivent être.

L'indigo qui se cultive, & qui se prépare dans les Etats du Mogol, particuliérement celui d'Agra, est toujours de vingt par cent plus cher que celui du reste des Indes.

Les autres lieux où l'on en fait, sont Biana, Indoua, Corsa, Sarquesses, ou Serchies. L'indigo de Sarquesses est plat: celui d'Agra & les autres sont ronds.

Comme il y en a de trois sortes; sçavoir, celui de la premiere herbe, celui de la seconde herbe, & celui de la troisiéme, les Indiens tâchent de les substituer les uns aux autres, bien que la seconde herbe vaille 12 pour cent moins que la premiere, & la troisiéme 24 pour cent moins que la seconde.

On découvre la tromperie par la couleur, & en rompant quelque morceau de la pâte; la premiere herbe étant d'un violet bleuâtre, plus brillant & plus vif que les deux autres; & la seconde, d'une couleur plus haute que la derniere.

Une autre maniere de tromper dans le Commerce de l'indigo, est lorsqu'il est réduit en pâte, de le faire sécher sur le sable, qui s'y attachant, en augmente le poids; ou lorsqu'il est sec, d'en conserver la pâte dans des lieux humides. L'altération qui se fait par le sable qui s'y mêle, se connoît au feu, l'indigo se consumant, & ne restant que le sable.

Le musc qu'on tire des Etats du Mogol, vient de Patna, où les Sujets du Roi de Boutan l'apportent, qui ordinairement l'échangent contre de l'ambre jaune & du corail.

Il se peut altérer de deux manieres; l'une, en mêlant dans la petite bourse ou vessie, qui contient la drogue, du foye, ou du sang de l'animal qui l'a produit, après en avoir ôté une partie du véritable musc; l'autre, en substituant de petits morceaux de plomb à ce qu'on en ôte, pour lui rendre à peu près son poids ordinaire. Cette derniere tromperie ne change rien à la qualité du musc; mais l'autre le gâte, en y faisant naître de petits animaux, qui le mangent, ou qui le corrompent.

Il est difficile d'altérer la rubarbe; mais c'est une des marchandises dont les Européens ne doivent se charger qu'avec précaution, parce qu'elle se gâte d'elle-même aisément, sur-tout si elle est mouillée. Celle qu'on tire de Surate, vient de Bocara vers la Tartarie, à l'Orient d'esté des Etats du Mogol; ou de Boutan, au Nord de Bengale.

On falsifie le bezoard, en augmentant les petites pierres avec une pâte composée de gomme, & d'une autre matiere de la couleur du bezoard, que les Indiens sçavent si bien appliquer, qu'elle imite les diverses enveloppes qui sont naturelles à cette pierre.

L'épreuve pour découvrir la tromperie, consiste, ou à la mettre dans l'eau tiéde, qui reste colorée, si le bezoard est falsifié; ou à le sonder avec une pointe de fer rougie au feu, qui y entre, & qui le fait rissoler, si l'on y a ajouté de la pâte.

Outre ces tromperies, qui se font sur les marchandises du Pays, il s'en peut faire aussi par les Courtiers sur les especes d'or ou d'argent, & sur les métaux en lingots, en barres, & en poudre, que les Européens y apportent pour faire leur Commerce.

L'une est, de s'entendre avec les maîtres de la monnoie, pour estimer ces métaux à moindre titre qu'ils ne sont en effet; une autre, de les péser à fausses balances, pour gagner sur le poids.

Les Hollandois long-tems trompés de la sorte par leurs Benjans, se sont depuis précautionnés contre cette friponnerie, en faisant éprouver dans leurs Comptoirs, en présence de leurs Courtiers, leur matiere d'or & d'argent par un Affineur du Pays, afin d'en fixer le titre, avant de les envoyer à la monnoie, & en les faisant péser devant eux avec des poids & des balances justes & bien étalonnés.

*Les droits d'entrée & de sortie, qui se payent à Surate par les Marchands d'Europe, pour les marchandises qu'ils y apportent, ou pour celles qu'ils en enlevent, sont assez modérés; montant même à presque moitié moins que ceux où sont sujets les Naturels du Pays; ceux-ci payant jusqu'à trois & demi pour cent, & les Européens seulement deux pour cent.*

Il part tous les ans de Surate deux navires pour la commodité des Mahométans, qui vont en pélerinage à la Mecque; mais pour l'ordinaire ils sont autant chargés de marchandises pour le compte du Mogol, que de Pélerins; & leurs retours sont si riches, qu'ils font partie du négoce des Européens pour les marchandises de l'Arabie heureuse.

Les Turcs d'Aden & de Mocha, envoyent pareillement chaque année un navire à Surate, dont la cargaison est pour le compte du Grand-Seigneur.

### *Prix courant de toutes les marchandises que les Européens tirent de Surate.*

Ce détail sur le prix des marchandises que fournissent les Etats du Mogol, soit qu'elles s'y fabriquent, ou y croissent, soit qu'elles y soient apportées de dehors, est dû au Sieur Tavernier, qui l'a donné dans ses Observations sur le Commerce des Indes Orientales, imprimées en 1679; mais que l'on n'a mis ici, qu'après l'avoir conferé avec plusieurs Mémoires de bonne main, & l'y avoir trouvé conforme, à l'exception néanmoins de ces petits changemens, qui arrivent ordinairement d'année en année dans le cours des marchés, pour la vente & l'achat, qui baisse, ou qui augmente, suivant la rareté ou l'abondance des marchandises.

Quoiqu'on parle en plusieurs endroits de ce Dictionnaire des poids, des mesures, & des monnoies des Indes, particuliérement de celles de Surate, ainsi qu'on le peut voir aux trois articles généraux du Poids, de la Mesure, & de la Monnoie, & aux articles particuliers de chacune de celles dont on se sert aux Indes; on va néanmoins en rappeller ici ce qui paroîtra nécessaire, pour qu'on en puisse faire plus facilement la réduction avec les poids, les mesures, & les monnoies de France, par rapport au prix de chacune des marchandises dont on va parler.

Dans toutes les Indes de deçà & de delà le Gange, le Commerce se fait en roupies, qui valent 1 livre 10 sols, monnoie de France, à la réserve du seul Royaume de Guzarate, dans lequel Surate est située, où les mamoudis ont cours. Ces mamoudis valent 12 s. aussi de France.

Le cobit est l'aune de Surate, qui est de deux pieds de Roy, 16 lignes. On le divise en 24 tassots, chaque tassot d'un peu plus d'un pouce.

Enfin, le mein qui contient 40 serres, & qui revient à 34 livres de Paris, & 5 onces un peu fortes, est le poids qui est en usage dans cette Ville.

C'eſt ſur le pied de ce qu'on vient de dire des monnoies, des meſures, & des poids de Surate, que ſont faites toutes les évaluations ſuivantes; hors qu'on y parlera quelquefois de réales aſſez connues en Europe, pour n'avoir pas beſoin d'être expliquées; outre qu'on dira plus bas le prix pour lequel chaque eſpece de réales eſt reçue à Surate.

*Epiceries.*

Le gros Poivre, qui vient pour la plupart de la Côte de Malabar & de Viſapour, ſe vend depuis 28 juſqu'à 30 réales, le bahar de 500 livres.

Le petit Poivre, qu'on tire de Bantan, d'Achen, & de quelques autres lieux vers l'Orient, 14 mamoudis le mein.

Le Cargamon, ſorte d'épicerie très rare, qui ne croît que dans les terres de Viſapour, & encore en petite quantité, depuis 100 juſqu'à 110 réales les 500 livres péſant.

La Canelle de Ceylan, depuis 50 juſqu'à 60 mamoudis le mein. Il y avoit autrefois une autre canelle de Cochin, qui étoit à meilleur marché, mais auſſi moins bonne. Depuis que les Hollandois ſont maîtres de cette Ville, ils ont ruiné toutes les plantations où il y en avoit, pour mieux vendre celle de Ceylan, qui paſſe toute préſentement par leurs mains.

Le Clou de girofle, 103 mamoudis, à 104 le mein.

Le Macis, ou feuille de muſcade, 157 mamoudis, ou 158.

La Noix muſcade, 56 à 57 mamoudis.

Le Poivre long, 15 mamoudis; & le Bois de poivre long, 4 mamoudis, le tout le mein.

*Drogues.*

Toutes les drogues dont on va parler, ſe vendent au mein de Surate, à la réſerve du premier article.

L'Indigo d'Agra, & des villages circonvoiſins, 84 mamoudis le mein d'Agra, qui vaut un mein & demi de Surate.

L'Indigo d'Amadabath, 45 mamoudis.

Le Salpêtre raffiné, 7 m.

Le Sel armoniac, 20 m.

La Gomme laque, 7 m. ½.

La même lavée, 10 m.

La même en cire d'Eſpagne, 40 m. Il y en a de cette ſorte de 50 & 60 mamoudis le mein, quand on y ajoute du muſc.

Le Safran de Surate, qui ne ſert que pour la couleur, 4. m. ½.

Le Borax, 35 m.

Le Cumin blanc, 8 m.

Le noir, ſeulement 3 m.

Le petit Arlet, 3 m.

L'Encens de la Côte d'Arabie, 3 m.

Le Gingembre, 7 m.

La Myrrhe nommée Mira-gilet, 7 m.

Celle qu'on appelle Mira-bolts, qui vient d'Arabie, 30 m.

Le Sucre-candi, 18 m.

La Caſſe, 2 m.

L'Aſſutinat, ſorte de graine, qui eſt fort chaude, 1 m.

Le gros Fenouil, 3 m. ½; le petit, 1 ½.

L'Oupelote, qui eſt une racine, 14 m.

Le Cointre, 5 m.

L'Auſeron, qui vient de Perſe, 120 m.

L'Aloes ſucotrin, 28 m.

La Régliſſe, 4 m.

Le Vez-cabouli, ſorte de racine, 12 m.

Le bois d'Aloes du grand morceau, 200 m.

Le bois d'Aloes du petit morceau, 400 m.

Il y a de ce bois, ſuivant qu'il eſt gros, qui coute le mein juſqu'à 4000 mamoudis.

*Toiles de Coton blanches.*

On nomme Baffetas, les toiles qui ſe font aux environs de Surate, comme à Brouta, Baroche, Ronouſari, &c. Il y en a de deux ſortes, les baffetas étroits, & les baffetas larges, qu'on appelle auſſi Dotis.

Tous les baffetas étroits ſont de même largeur, c'eſt-à-dire, de 22 taſſots: à l'égard de la longueur, il y en a de 20 cobits, qui doivent en avoir 21 en écru, & d'autres de 19 cobits ½ blanches, qui n'en ont que 20 au ſortir du Tiſſeran. Ces derniers ſe font à Brouta.

Les dotis, ou baffetas larges, portent 31 à 32 taſſots de largeur, & ſeulement 20 cobits de long, comme les étroits.

Les baffetas étroits, qui ſont de ſix ſortes, coutent depuis 2 mamoudis ⅜ la piece juſqu'à 6 mamoudis, en augmentant d'un demi, ou deux quarts de mamoudis, ſuivant la fineſſe, au plus d'un mamoudis.

Les dotis valent depuis 5 mamoudis, qui ſont les moindres, juſqu'à 12 mamoudis, qui ſont les plus chers. Au milieu ſont des pieces de 6 mamoudis, & d'autres de 7 & ¼.

On ne parle ici que des toiles ordinaires, & qui font le gros du Commerce des Européens; y ayant des baffetas de 20 cobits de long, & de 22 taſſots de large, dont les uns ſe vendent 300, les autres 400, 500, & quelques-uns juſqu'à 1000 mamoudis: mais ces toiles ſont trop cheres, pour être apportées en Europe, où il n'en faut au plus que juſqu'à 16 mamoudis. Les plus belles ſont propres pour la Perſe, où on les aime extrêmement fines.

Les Bétilles qu'on vend à Surate, y ſont apportées de Maſulipatan. Il y en a, comme parmi les baffetas, de très fines, & de plus communes. Pour l'ordinaire les Anglois & les Hollandois n'en font fabriquer que de 2 mamoudis ½, de 5, de 9 ½, de 12, & de 16.

La différence de toutes ces toiles d'avec celles d'Agra, où il s'en fabrique auſſi des mêmes ſortes, conſiſte en ce que celles-ci deviennent plus laides, & plus pleines de duvet, quand on les lave; & qu'au contraire celles-là paroiſſent plus belles, & plus preſſées, à meſure qu'elles ſont lavées.

*Toiles de couleur.*

Ces toiles s'appellent des Chites, qui, de quelque couleur qu'elles ſoient, noires, bleues, rouges, &c. coutent toutes également; ce qui s'entend, ſi elles ſont de même ſorte; n'y ayant que la fineſſe, & non la couleur, qui en augmente le prix.

Il en coute ordinairement pour teindre chaque piece, la battre, la plier, y mettre la chape, & pour le papier qui lui ſert d'enveloppe, un mamoudi & demi. Celles de Brampour, Ville entre Agra & Surate, ne coutent que 3 mamoudis; & celles de Seronge, qui n'ont que 16 cobits de long, 9 mamoudis. Il y en a auſſi de 30 & 40 mamoudis.

A l'égard des toiles peintes, leur prix n'eſt pas réglé; & il dépend de leur fineſſe, de la beauté du deſſein, & de la vivacité de leurs couleurs. Il y en a de deux ſortes, d'imprimées, & de peintes au pinceau; celles-ci infiniment plus belles que les autres. Les Maſulipatanes ſont les plus eſtimées.

*Cotons filés.*

Les cotons se vendent au poids; les moins chers sont de 15, de 20, de 25, de 35, & 55 mamoudis le mein; les plus beaux vont jusqu'à 400 & 700 mamoudis. De ceux de 400 mamoudis, les Indiens en font des baffetas de 30 à 32 mamoudis la piece; & de ceux de 700 mamoudis, des baffetas de 80 à 100 mamoudis, aussi la piece.

*Taffetas.*

Les Taffetas communs de 15 cobits de longueur, valent 14 mamoudis la piece.

Les Cotonis de soie pure, la piece de 9 cobits, 18 mamoudis.

Les Cotonis de soie & or, 13 à 14 mam.

Les Cotonis soie & argent, 12 à 13 mam.

Les Atclas de 9 cobits de long, 21 mam.

Les Allegas baroches, 18 mam.

Les étoffes, qu'on nomme Herbes filées, les 3 pieces 20 mamoudis.

Ces dernieres étoffes se font & s'achettent plus par curiosité, que pour l'usage, se coupant aisément. Elles paroissent de véritable soie; mais ne sont faites que d'herbes filées, ou, comme d'autres croyent, du fil que produit une certaine espece de mouches, qui font leurs coucons sur les arbres à la façon des vers à soie.

*Monnoies étrangeres qui ont cours à Surate.*

Les Mogols distinguent de trois sortes de réales, qu'ils reçoivent avec quelque différence de prix; la vieille réale, la seconde, & la nouvelle. Le cent de nouvelles réales ne vaut que 208 roupies un quart; la seconde, 212 un quart; & la vieille, 215 un quart. *Voyez l'article des* REALES.

Le 100 de rischedales de Flandres se reçoit pour 214 roupies; & le 100 de celles d'Allemagne, de Pologne, de Suede, de Dannemarck, de Suisse, & de Geneve, pour 216 un quart. *Voyez* RISCHEDALE.

A l'égard des especes d'or, tous les ducats qui se font en Europe, passent pour 9 mamoudis & 3 pechas. Les Indiens, pour les péser, ont un poids de 100 ducats; & si les 100 ducats ne pesent pas, il y faut suppléer. *Voyez* DUCAT.

Les nouveaux jacobus d'Angleterre, valent 22 mamoudis.

Pour les louis d'or de France, les pistoles d'Espagne & d'Italie, & autres especes d'or, aussi-bien que toutes les chaînes d'or, & semblables ouvrages; comme pareillement l'or & l'argent en barres, & en lingots, on les prend au poids, & ils se payent suivant le titre; de sorte qu'il est plus avantageux aux Marchands d'apporter de l'or & de l'argent non monnoyé, ni ouvré, à cause de la perte qu'il est sûr de faire, soit pour l'alliage, soit pour la soudure, qui se trouvent dans la monnoie, & l'or & l'argent monté; ce que les Hollandois sçavent bien faire; employant au Commerce de Surate, & du reste des Etats du Mogol, tout l'argent qu'ils tirent du Japon, où ce métail fait la partie la plus considérable des marchandises qu'ils en rapportent.

Les meilleures marchandises pour Surate, après l'or & l'argent, sont, du cuivre, de l'écaille de tortue, du camphre, du vermillon, du benjoin, de l'alquemy, de l'étain, & des draps.

*Du change qui se fait à Surate & dans quelques autres lieux des Indes.*

On a remarqué ci-dessus, en parlant du Commerce d'Amadabath, que les Benjans y faisoient un grand négoce d'argent, par lettres de change, & beaucoup de remises en divers endroits de l'Orient: on va ajouter ici quel est le change dans les Etats du Mogol, & dans ceux du Roi de Golconde; où néanmoins, comme en Europe, il peut hausser & baisser dans certaines circonstances.

Le change de Labor à Surate est de sept à sept & demi pour cent.

De Janabat & d'Agra, de quatre à cinq.

D'Amadabath, d'un jusqu'à un & un quart.

De Bengale, de Patna, de Casembasar, & d'Ougouly, de huit à neuf.

De Golconde, & des lieux circonvoisins, de cinq à six.

Et pour Goa, de quatre pour cent.

C'est ordinairement à Surate, que les Anglois & les Hollandois font leur cargaison pour la Perse, la Mer Rouge, & l'Arabie Heureuse; & c'est aussi où les Marchands Persans s'embarquent, pour porter aux mêmes lieux les marchandises des Particuliers, qu'ils chargent, comme on dit, à cueillette, sur quoi ils font de très grands profits.

Le Mémoire suivant étant de très bonne main, & fait sur les registres de l'ancienne Compagnie, par un de ses principaux & plus habiles Commis, on a cru qu'il ne seroit pas inutile à ceux qui font le Commerce des Indes, non plus que les réflexions qui accompagnent chaque article.

## MEMOIRE DES MERCERIES, *Drogueries, Epiceries, & autres marchandises qui se tirent de Surate.*

*Coton filé.*

On n'en peut tirer au plus que 25000 livres par an, qui ne couteront pas plus de dix à 12000 livres.

*Coton en laine.*

Cette marchandise étant d'un petit prix & d'un grand volume emplit trop les vaisseaux. C'est un petit objet qui ne vaut pas les frais.

*Caffé.*

Le Caffé vient de Mocha dans la mer Rouge, les Maures l'apportent à Surate, ainsi on l'achete de la seconde ou troisiéme main.

*Ris.*

C'est une marchandise dont on n'a apporté que deux ou trois fois, parce que les rats la mangent.

*Encens.*

Ce n'est que du galipot. Celui qui est venu jusqu'à présent n'est pas de bonne acabie, le bon se tire du Levant; on n'en apporte que pour assortiment.

*Cauris ou Coquillages.*

Les Cauris se prennent aux Maldives. Cet objet est de peu de valeur; ils servent pourtant à la traitte des Négres en Guinée.

*Bois de Sapan, bois Rouge, & bois de Sandal.*

Il s'en trouve quelques parties à Surate, d'où les vaisseaux de la Compagnie en rapportent par année commune environ 20000 liv. pésant. Cette marchandise sert à la teinture; elle est de peu de valeur.

*Terra Merita.*

Cette drogue sert pour la teinture, on peut en

apporter lorsque l'occasion se présente de l'acheter & qu'elle est bonne, environ 15000 livres.

*Lacque sans bois, & lacque en bois.*

Ces lacques servent aussi pour la teinture. Les vaisseaux de la Compagnie n'en rapportent qu'environ 15000 livres par année commune.

*Cire à cacheter.*

On n'en trouve pas souvent à faire achat, & c'est un très petit objet.

*Indigo d'Agra & de Cerqueze.*

L'indigo d'Agra est le meilleur; on en trouve rarement une partie considérable, parce qu'il y a cinq cent lieues de Surate à Agra.

Celui de Cerqueze est bien inférieur en qualité, mais plus abondant; on en apporte ordinairement deux à 3000 livres: il n'est point estimé & donne peu ou point de profit

*Poivre.*

Le poivre se tire de la côte de Malabar; il s'en trouve quelquefois à Surate une partie de cent mille livres dans une année.

*Camphre.*

C'est un objet de très peu de valeur sur lequel il n'y a pas cinquante pour cent de bénéfice. 5 à 600 livres suffisent pour l'assortiment.

*Esquine.*

Il s'en trouve à Surate quelques milliers; & si l'on en emportoit plus de deux milliers, ce seroit trop pour la consommation.

*Aloës.*

L'Aloës est bon; la consommation qui s'en fait est petite. Deux ou trois mille livres suffisent.

*Sené.*

Il n'est pas ordinairement bon, & la Compagnie a écrit de n'en plus envoyer.

*Gomme gutte.*

C'est un objet de peu de consommation. Cette drogue entre dans la composition de quelques remedes: les Peintres s'en servent aussi pour leurs couleurs, & les Maréchaux pour les chevaux.

## AGRA.

Avant de quitter l'Empire du Mogol, il paroît juste de ne pas oublier Agra, qui en est la Capitale, & qui est le centre de son Commerce.

Cette Ville est située par les 28 dégrés de deçà la Ligne sur la riviere de Gemini, ou de Gemma, qui tombe dans le Gange.

Le nombre de ses meidans, où se tiennent les marchés publics de toutes sortes de denrées; de ses bazards couverts, où chaque Marchand & chaque Artisan ont leurs boutiques & leurs quartiers, dont quelques-uns ont près d'un demi quart de lieue de longueur; & celui de ses caravanseras, qu'on fait monter à plus de 80, suffit pour faire juger également, & de sa vaste étendue, & du grand Commerce qui s'y fait, tant par les Etrangers que par les Habitans.

Ce Commerce y est entretenu par plusieurs caravanes, qui partent d'Amadabath, de Surate, & d'ailleurs, ordinairement composées de 400 ou 500 chameaux, dont se servent les François, les Anglois, les Hollandois, les Maures, les Turcs, les Arabes, les Persans, & les autres Nations, qui trafiquent à Surate, pour y porter leurs marchandises dans cette Capitale, & en rapporter plusieurs autres propres à leur négoce.

Outre l'indigo d'Agra, le meilleur de tout le monde, on en tire quantité d'étoffes & de toiles; ces dernieres propres pour le Couchant & le Nord.

C'est-là aussi que viennent toutes les marchandises de Boutan & de la Tartarie; & où se rendent pareillement par d'autres caravanes, les Marchands des parties intérieures de l'Indostan.

Les frais des marchandises qu'on tire d'Agra pour Surate, vont depuis 15 jusqu'à 20 pour cent, y compris les remises de lettres de change à 5 pour cent, l'emballage, les voitures, & les droits des chemins, suivant leurs différentes qualités.

On doit aussi remarquer en général, que dans les Etats du Mogol la confiscation n'a pas lieu, pour avoir fait entrer ou sortir des marchandises en fraude; mais qu'on en est quitte pour payer le double du droit, lorsqu'on est découvert.

Daman, Bacaim, Diu, & Chaoul, sont encore quatre Places maritimes du Royaume de Guzarate, mais toutes quatre appartenantes aux Portugais. Ils avoient aussi Bombaye entre Daman & Chaoul; mais ils la céderent aux Anglois en 1662, en faveur du mariage de Catherine Infante de Portugal, & de Charles II. Roi d'Angleterre.

Le Port de cette derniere Ville est assez bon, & un des plus surs de cette côte: les Anglois y tiennent un de leurs Directeurs Généraux des Indes; & pour y attirer le Commerce, après qu'ils en furent en possession, ils en firent un Port franc, & y reçurent toutes sortes de Nations, avec exemption de droits pendant dix ans.

Daman est située dans la presqu'isle de deça le Gange, sur le Golfe de Cambaye, entre Surate & Bacaim, dont elle est également éloignée; ayant celle-ci à 20 lieues au Midi, & l'autre à pareille distance au Nord; & n'étant qu'à 40 lieues de Diu, & à 80 de Goa.

Sa situation, & la bonté de sa forteresse, aussibien qu'un Commerce assez considérable qui s'y fait, la font présentement estimer des Portugais plus qu'aucune autre des Places qui leur restent en Orient; cependant le négoce de Bacaim ne lui cede gueres: mais celui de l'une & de l'autre Ville, de même que de Diu, est bien tombé, depuis que les Anglois, les Hollandois, & les autres Nations d'Europe, ont mis Surate en réputation; & que les Portugais ont perdu, pour ainsi dire, l'Empire des Indes, dont ils avoient été en possession pendant plus d'un siécle.

Ce sont les Benjans qui tiennent la Ferme de la Douane de Daman, & de la plupart des autres Villes qui restent encore aux Portugais dans les Indes. *Les droits d'entrée se payent à Daman sur le pied de dix pour cent.*

Diu, qui a la réputation d'être imprenable, a toujours été, & est encore la plus forte Place des Portugais aux Indes: c'étoit là qu'ils tenoient autrefois leurs armades; & c'étoit-là que les vaisseaux des Maures étoient visités, & qu'ils prenoient des Passeports pour assurer leur Commerce.

Aussi n'y avoit-il point de Ville d'où le Roi de Portugal tirât un plus gros revenu, soit des droits de la Douane, soit du produit de la visite, & des passeports.

C'est

C'est de cette Ville dont parle le célebre Tavernier dans ses Observations sur le Commerce des Indes, & qu'il croit la plus propre pour faire le principal établissement d'une Compagnie de Commerce : soit pour la sureté de son Port pendant la moisson ; soit pour la bonté de ses eaux, infiniment meilleures que celles de Soualy & de Surate ; soit pour la quantité extraordinaire qu'on y trouve de toutes sortes de rafraîchissemens ; soit enfin par sa proximité de Surate, où l'on peut aller en quatre ou cinq jours par terre, en traversant le Golfe, ou tout au plus en sept, en faisant le tour du Golfe.

Chaoul ou Chaul. Cette Ville appartient aux Portugais, qui dans le commencement de leur arrivée, & de leurs conquêtes aux Indes, l'enleverent au Roi de Decan.

Le commerce de cette Ville est très considérable, mais beaucoup moins qu'il ne l'étoit autrefois. Elle est surtout célebre par ses soies & par les manufactures de soieries qui s'y fabriquent, dont elle fournit presque seule la Ville de Goa aussi-bien qu'une grande partie de l'Inde.

Il y vient quantité de navires Chinois, qui y apportent de leur marchandise, & qui en tirent des épiceries qu'on y trouve à assez bon compte. Les autres ouvrages qui s'y font, sont toutes sortes de Vernis à la maniere de la Chine, & divers ouvrages de laque de toutes couleurs, qui approchent assez de la perfection de ceux des Chinois.

On y trouve aussi quantité de chevaux, de bœufs, & de vaches, & toutes sortes de fruits & de productions de la terre, à la réserve des raisins, des noix, & des chataignes.

## COMMERCE DE LA COSTE DES INDES, ET DE MALABAR.

On nomme Côte des Indes, cette étendue de Côtes, qui s'étend depuis les frontieres de Guzarate, jusqu'au Cap de Comorin.

Les Royaumes qui se trouvent sur cette Côte, à qui on donne plus de 180 lieues d'étendue ; sont, Decan, Cuncan, Canara, le Malabar, qui tout seul en contient au moins huit ou dix ; entr'autres, Cananor, Calicut, Cranganor, Cochin, Porcats ou Porcati, Calicoulang, & Coulan.

Les Portugais ont été long-tems les maîtres de toute cette Côte ; & c'est par elle qu'ils ont commencé leurs découvertes & leurs conquêtes dans les Indes Orientales ; Calicut étant la premiere Ville où ils aborderent, & Cananor le lieu où ils éleverent leur premiere forteresse.

Ils en avoient bâti depuis dans presque toutes les Villes maritimes de ces petits Etats ; mais lorsque leurs affaires commencerent à tomber en décadence dans l'Orient, ils en abandonnerent & en raserent eux-mêmes une partie, qu'ils jugerent bien ne pouvoir défendre contre les Hollandois ; & ceux-ci les chasserent du reste ; entr'autres, de Cochin & de Cranganor, qu'ils prirent en 1661, les Portugais n'ayant pû conserver que la Ville de Goa, & peu d'autres lieux obscurs & sans réputation.

Decan est le premier Royaume de cette Côte que l'on trouve après celui de Gusarate ; il a longtems été, aussi-bien que celui-ci, une Province de l'Empire du Mogol, présentement il n'en est que tributaire.

Ses Villes maritimes, où il se fait quelque Commerce, sont Geytapour, Razapour, Carapatar, Dabul, & Sifardan.

Leur Commerce consiste en étoffes de soie, & en toiles de coton, qui s'envoyent à Surate par mer, ou que les Habitans de Decan transportent eux-mêmes par terre, dans les Etats du Mogol, dans ceux de Golconde, & jusqu'à la Côte de Coromandel : c'est dans le Royaume de Decan où commence à se trouver le poivre.

Rajapour est une Ville située dans les terres du Sevagy, ce fameux rebelle qui a si long-tems occupé toutes les forces du Mogol, & du Roi de Visapour son maître : elle est environ à 20 lieues de Goa. Les Anglois y avoient autrefois une Habitation, d'où ils furent chassés par les Indiens. La Compagnie Françoise s'y établit en 1669, & y a une belle maison, & un agréable jardin : son Commerce consiste en salpêtre & en toiles ; mais sur-tout en poivre, qui s'y recueille abondamment.

Ballagate. Royaume d'Asie dans la Presqu'Isle de l'Inde de deçà le Gange, il fait partie du Royaume de Decan.

Le Royaume de Ballagate produit quantité de soie & de coton ; on y trouve aussi d'excellente laque & aussi bonne qu'au Pegu ; de l'arreca, du ris, du betel, dont il se fait un commerce considérable avec les Européens.

Les diamans qu'on tire de la mine que les Portugais appellent *Rocca Vieja*, sont fort estimés, surtout ceux à qui on donne le nom de *Nayffez* ou Pointes Naines, parce qu'ils sont naturellement taillés. Il y a aussi des amethistes, des crisolites & de ces pierres que les Lapidaires nomment Hamatites. *Voyez* l'article du Diamant & de ces autres pierres précieuses.

Cuncan, dont quelques-uns font un Royaume particulier, & que d'autres mettent au nombre des Provinces de Decan, est célebre par la Ville de Goa, qui y est située ; outre laquelle néanmoins il y a encore quatre autres Villes, Visapour, Saliapour, Paranda, & Wingurta, ou Versara, où il se fait quelque négoce, mais en tout semblable à celui de Decan. Les Hollandois ont une loge dans la derniere : présentement les Portugais y ont un petit Fort.

La Ville de Baticala, qui est la Capitale de ce Royaume, & qui lui a donné son nom, fait un négoce considérable, qui passe presque tout par les mains des Juifs. Le principal commerce consiste en ris, dont la recolte se fait deux fois chaque année. Il y en a de quatre sortes, la premiere & la meilleure s'appelle *Gracateli*, la seconde *Jambucal*, la troisiéme *Canacar*, & la quatriéme *Pacharil*. Chacune a son prix, & il y a grande différence de l'une à l'autre espece.

Les autres marchandises sont du sucre en poudre & des mirabolans confits de toutes sortes. Le ris & le sucre s'enlevent par les vaisseaux d'Ormus, & les mirabolans sont destinés pour la Perse & l'Arabie.

On y débite beaucoup de cuivre, qu'on met partie en monnoie, & qu'on emploie partie en différens ouvrages & instrumens de cuisine.

Goa est la Capitale des Pays que les Portugais possédent dans les Indes. Alphonse Albuquerque la prit sur le Roi de Decan en 1520 ; & depuis elle est restée au Portugal, qui l'a toujours heureusement défendue contre les plus redoutables Puissances de cette partie de l'Inde, & qui la garde encore avec une grande jalousie, contre les entreprises des Hollandois, qui lui ayant enlevé presque toutes ses autres Places, trouveroient celle-ci autant, pour le moins, à leur bienséance pour le Commerce des

Surate, que toutes celles qu'ils possedent sur la Côte des Indes & de Malabar.

Cette fameuse Ville est située par les 15 dégrés 6 minutes, dans une Isle que forment à leur embouchure les rivieres de Mandoua & de Guari.

C'est le séjour du Viceroi, qui avoit autrefois sous lui cinq grands Gouvernemens, desquels dépendoient tous les autres Gouvernemens particuliers des Places que les Portugais avoient depuis Mosambique jusqu'à la Chine.

Ces grands Gouvernemens étoient celui de Mosambique en Afrique, de Mascate sur la Côte de l'Arabie, d'Ormus sur celle de Perse, de Ceylan vis-à-vis le Cap de Comorin; & de Malaca, que le Détroit qui porte son nom, sépare de l'Isle de Sumatra.

Présentement, l'autorité du Viceroi ne s'étend gueres au-delà de Goa; & le Commerce que les Portugais font aux Indes, est presque réduit à celui de cette Ville, encore est-ce peu de chose, & un seul Marchand un peu riche & un peu accrédité, avec un seul vaisseau, suffiroit pour l'entretenir aux Indes & à Lisbonne.

Aussi Goa ne soutient-il plus son ancienne réputation; les Benjans, qui en faisoient autrefois tout le Commerce, étant passés à Surate, & ayant achevé par leur retraite, de ruiner le peu de négoce qui étoit échappé aux entreprises des Hollandois, aux courses des Pirates du Malabar, & si on l'ose dire, à la lâcheté, & à l'indolence des Portugais mêmes, dans lesquels depuis long-tems on ne reconnoît plus ces vaillans hommes qui sous les Gamas & les Albuquerques, avoient fait trembler toute l'Asie; ni ces Marchands habiles & entreprenans qui avoient porté leur Commerce jusqu'au pole arctique.

Ce qui reste de Marchands à Goa, font encore quelques cargaisons pour la Perse, le Pégu, Manille, & Macao : mais outre que la plupart du tems la charge de leurs vaisseaux appartient entiérement aux Marchands Indiens, il n'y a gueres de Portugais assez riches pour faire un chargement de 10000 écus; de sorte qu'à peine dans toutes les Indes, font-ils pour 200000 écus de bon négoce.

Leurs meilleurs retours sont ceux de Mosambique, quoique beaucoup diminués, ou par la prise de Monbaze & de Pate, sur la Côte de Melinde, par les Arabes; ou parce que les Négres n'y apportent plus en si grande quantité l'or & l'ambre gris, par la crainte des mêmes Arabes qui en ravagent tous les environs.

Le peu d'or que les Portugais tirent de Mosambique, se débite à Diu & à Goa, d'où il ressort rarement, y étant converti en une monnoie qu'on nomme de Saint-Thomé, qui vaut six livres monnoie de France, mais dont le titre est bien au-dessous de toutes les autres especes d'or qui se fabriquent dans les Indes.

On a dit ailleurs que pour soutenir le Commerce des Portugais, à peine leur venoit-il deux vaisseaux d'Europe chaque année.

On croit communément que ce qui acheve de ruiner le Commerce des Portugais aux Indes, qui avec les Places qu'ils y ont encore, pourroit reprendre vigueur; c'est que chaque Gouverneur a comme en parti le négoce de la Ville où il commande, & que les Marchands n'ayant plus de liberté, n'osent rien entreprendre de considérable.

Il y a cependant à Goa une Jonte, ou Tribunal, établi seulement pour y juger les affaires d'une nouvelle Compagnie, qui moyennant de grandes sommes, a obtenu le privilége exclusif de faire seule le Commerce de Mosambique, de Monbaze, de Macao, & des autres lieux appartenans dans les Indes à la Couronne de Portugal; mais quoique cette Compagnie ait une grande protection, à cause que les appointemens des Officiers Royaux se prennent sur les fonds annuels qu'elle fournit au Trésor du Roi, non-seulement c'est peu de chose que son Commerce, mais c'est même précisément ce qui acheve de ruiner celui de cette Capitale des Portugais dans les Indes d'Orient; quoique le Viceroi & l'Archevêque y ayent pris des actions pour plusieurs milliers de Pardaos, afin d'encourager les Marchands à soutenir ce nouvel établissement, dont les profits doivent se partager tous les trois ans aux Actionnaires.

Il ne faut pas omettre que ce n'est qu'à Goa qu'il est permis aux Portugais de charger pour Bengale & pour la Chine.

*Poids, Mesures, & Monnoies, dont on se sert, & qui ont cours à Goa.*

L'on ne parlera ici de cette matiere que très superficiellement, & seulement comme pour indiquer les endroits de ce Dictionnaire, où on l'a traitée avec plus de précision & d'exactitude, & où l'on peut avoir recours.

Les poids de Goa sont le Cantaro, ou Chintal qui contient 5 mans, & 8 rotolis; le man, 24 rotolis; un rotolo, 16 onces de Goa, qui font une livre ½ poids subtile de Venise. *Voyez* CHINTAL *ou* CANTARO.

Le Candil, dont il y a deux sortes, l'un fort, & l'autre foible, pese, le premier 20 mans, & le second seulement 16; le Rubis fait 32 rotolis. *Voyez* CANDIL, *&* RUBIS.

On s'y sert aussi du poids de marc de 8 onces, si connu en Europe, particuliérement en France. *Voyez* MARC, *ou* POIDS DE MARC.

Enfin, il y a le Mangielino, & le Fanno; celui-ci de deux carats de Venise, pour peser les rubis; & l'autre de cinq grains, pour peser les diamans. *Voyez ces deux articles.*

Les mesures de Goa pour les longueurs, sont le Cando & le Varre, qui ont, comme les poids, leur article particulier.

Pour les monnoies, celles de billon sont les Bazaruchos & les Vingtins.

Le Tanga est d'argent; il vaut 5 vingtins, ce qui revient à l'escalin, ou 6 sols de Hollande; le Serafin, aussi d'argent, vaut 5 Tangas; la Pagode, si elle est vieille, vaut 8 tangas; & 7 & demi, si elle est nouvelle. *Voyez tous ces articles.*

Les Larins, autre monnoie d'argent, valent 93 à 94 bazaruchis. *Voyez* LARIN.

Enfin les Croces & les Rintimos sont, l'un d'un demi tanga, & l'autre de 14 bazaruchis, 3 quarts; ils sont pareillement d'argent.

Les Reaux de 8 d'Espagne, sont presque les seules monnoies d'argent d'Europe qui ayent cours à Goa, mais sur différens pieds, plus bas, & plus haut, suivant la rareté ou le Change. *Voyez* REALE.

Les Serafins d'or, qui se battoient autrefois à Ormus, lorsque les Portugais en étoient les maîtres, & qui sont présentement très rares, se prennent pour 5 larins à Goa, à cause que le titre en est très haut. *Voyez* SERAFIN.

Les Sequins d'or, ou Ducats de Venise & de Turquie, se recevoient à Goa, dans le cours ordinaire, sur le pied de 9 tangas & demi; ce pied cependant n'est pas fixe, & monte quelquefois jusqu'à 10 tangas. *Voyez* SEQUIN, *ou* DUCAT.

## MALABAR.

On a dit ci-dessus que toute cette partie des Indes, qui d'un nom commun est appellée Malabar, étoit divisée en divers petits Etats, qui avec la qualité de Royaume, qu'ils portent presque tous, ont des noms particuliers, qui les distinguent. On va présentement les parcourir les uns après les autres, ou du moins leurs Villes du plus grand Commerce, & où les Européens sont établis; en commençant depuis Goa, en remontant jusqu'au Cap Comorin, après avoir dit quelque chose du Commerce du Malabar en général.

L'air est bon par toute la Côte de Malabar, & il n'y a gueres en Asie, de terre plus fertile; le ris noir & blanc, qui font une partie du Commerce du Pays, & peut-être le plus considérable, s'y recueillant deux fois l'année.

Outre quantité de fruits excellens, qui servent au rafraîchissement des vaisseaux, on y peut charger quantité de cardamome, de canelle, de betlé, ou betel, cette herbe si fameuse dans tout l'Orient; & sur-tout de poivre: les François en tirent année commune 150 mille livres.

Il y a plusieurs autres pays des Indes qui produisent cette derniere marchandise; mais il n'y en a point où il croisse plus abondamment, ni de meilleur, que dans le Malabar, depuis Visapour, jusqu'au Cap Comorin.

Le plus gros vient de Visapour & de Canara; le reste en produit de plus petit, mais qui est plus estimé des Indiens, qui le mangent en grain, & qui viennent s'en fournir au Malabar.

Le cardamome se recueille au Royaume de Cananor, sur une montagne, à 6 ou 7 lieues de la mer; on croit que c'est le seul lieu du monde où l'on en trouve. On en transporte un peu en Europe pour la Médecine, le reste est pour les Indes, la Perse, & l'Arabie; & l'on n'y trouve le ris excellent, que lorsqu'il est assaisonné de cette précieuse épicerie.

La canelle ne vaut pas celle de Ceylan, & il n'y en a même presque plus, depuis que les Hollandois ont fait arracher celle de Cochin: le betel n'est que pour l'Orient.

MIRZEOU est la premiere Place du Royaume de Canara, près des frontieres du Royaume de Visapour, auquel quelques Relations l'attribuent: elle est située à 18 lieues au Midi de Goa. Les Portugais y avoient une de leurs plus anciennes Forteresses; mais les Canarins la prirent sur eux en *1661*, après une défense qui ne fit honneur ni aux Assiégeans ni aux Assiégés.

La Compagnie Françoise y avoit établi un Comptoir en *1669*, qu'elle abandonna la même année, pour le transférer à Rajapour. Quelques-uns ont cru que le premier établissement valoit mieux que l'autre, & que le poivre pouvoit s'acheter à Mirzeou d'un tiers meilleur marché qu'à Rapajour. Depuis que les François ont fait cette translation de Comptoirs, tout ce qui se fait de poivre, se vend aux Hollandois, qui ont une loge à Barsaloor.

MANGALOR, qui est à 18 lieues de Baliepatan, & BARCOLOR, qui est à 9 lieues de Mangalor, sont deux des plus importantes Places du Canara, soit pour le Commerce, soit pour la bonté de leur rade. Les Portugais y avoient des Forts, d'où les Canarins les chasserent, pendant qu'ils étoient occupés dans les longues guerres qu'ils ont eues avec les Hollandois: mais la paix qui fut faite entre les deux Nations, ayant donné au Viceroi de Goa la facilité de se venger des Indiens par des courses qui ruinoient toute la Côte; le Roi de Canara voulut leur remettre les Forts de ces deux Places, ce que néanmoins les Portugais refuserent, étant peu en état de les garder, se contentant d'y établir deux Bureaux ou Facturies, pour recevoir la moitié des droits de tout ce qui y entre, ou qui en sort.

Le poivre, & le ris blanc & noir, sont les principales marchandises qu'on tire de ces deux Villes; & le Commerce du ris est si considérable à Mangalor, qu'il s'y en charge tous les ans 50 ou 60 bâtimens.

ONOR est un petit Royaume du Binasgar, dont il fait partie. Les Portugais, qui y ont une Facturie, font presque tout le Commerce du poivre qui s'y recueille dans le Pays, qui a la réputation d'en produire le meilleur, & le plus pésant qu'il y ait aux Indes. Ils en peuvent charger jusqu'à 8000 quintaux, qu'ils achetent du Roi de Baticala, qui l'est aussi d'Onor, & qu'ils sont obligés de payer six mois devant la recolte, sans quoi leurs Facteurs sont renvoyés sans poivre: on en tire aussi quantité de ris, qu'on porte dans plusieurs endroits des Indes.

Avant que les Portugais se fussent établis sur cette Côte, le Commerce fleurissoit à Onor plus qu'en aucun autre lieu; mais après la prise de Goa par Albuquerque, il passa tout dans cette derniere Ville: malgré cela cependant, les Rois d'Onor ont toujours été admis des Portugais, & n'ont pû jamais être détachés de leur alliance.

CANANOR est un des plus grands Royaumes du Malabar; il le céde cependant à celui de Calicut pour l'étendue, mais il l'emporte sur lui de beaucoup pour son Commerce, & pour la multitude de ses Habitans.

Ses principales Places maritimes sont Baliepatan, Framapatan, & Cananor, qui en est la Capitale, & qui lui a donné son nom. Les Portugais y ont conservé long-tems le premier Fort qu'ils ayent eu aux Indes: ils le perdirent en même tems que Cochin, en *1662*; & depuis ce tems, les Hollandois, qui le prirent, sont demeurés en quelque sorte les maîtres du Commerce qui se fait dans cette partie du Malabar, qui n'a pas moins de 25 lieues de Côtes.

Les marchandises qu'on en tire, sont le sucre, le poivre, le gingembre, le cardamome, de la casse, du miel, de l'ambre gris, qui se trouve au Cap Comorin: il s'y fait aussi quelque négoce de pierreries, comme grenats, saphirs, hyacinthes, rubis, topases, & particuliérement de cette pierre qu'on appelle en France chez les Epiciers Droguistes, la Pierre de Cananor, qui a quelque usage en Médecine.

On assure qu'il vient chaque année à Cananor plus de 200 bâtimens; mais quoiqu'on y fasse un Commerce considérable de toutes les marchandises dont on vient de parler, il est certain que le ris que ce Royaume produit en quantité, & du meilleur de Malabar, fait la cargaison de la plus grande partie de ces navires.

C'est à Cananor que l'on débarque les chevaux de Perse qui sont destinés pour le Royaume de Narsingue.

*Les droits d'entrée qu'on y paye pour ces animaux, sont de 25 ducats piece.*

A une lieue au Midi de Cananor, est le Village de Caola, où il se fait de très belles toiles; & un peu plus loin Tremepatan, renommé aussi pour son basar, ses Marchands, & ses toiles: les toiles de ces deux lieux conservent le nom de leur Village.

BALIEPATAN est la Ville du Cananor où il se fait le plus grand Commerce de poivre; elle est située à 11 dégrés 40 minutes de latitude méridionale.

Ce n'est proprement qu'un Bourg, mais grand, & habité par de riches Marchands Mahométans: il est à l'embouchure d'une petite riviere, à une lieue de la mer: les Anglois y ont un Comptoir considérable; & c'est là que les deux vaisseaux que la Compagnie Angloise envoie tous les ans sur la Côte de Malabar, pour faire la traitte du poivre, prennent la plus grande partie de leur cargaison.

Ce Comptoir des Anglois est à plus d'une lieue de la mer, bâti sur une éminence, sur le bord de la riviere; dans laquelle les grands vaisseaux ne peuvent entrer, étant obligés de se tenir à la rade; ce qu'ils ne peuvent faire que dans la bonne moisson.

Les François y avoient aussi un établissement; mais attendu que leur loge étoit mal placée, & trop loin de la mer, elle fut transférée à Tilcery.

TILCERY est un nom nouveau que les Directeurs de la Compagnie Françoise des Indes Orientales donnerent à Talichere, lieu où le Prince Onitri leur donna la permission en 1670, de transporter leur Comptoir de Baliepatan.

Cette nouvelle Habitation des François est à 4 lieues de cette derniere Ville, à 3 de Cananor, seulement à une de Tremepatan, & au Midi de toutes ces Places. Le Commerce y est à peu près sur le même pied des Villes dont elle est voisine, & l'on y trouve les mêmes marchandises, & particuliérement le poivre, à assez bon compte; en 1671, il ne couroit que 2 sols 9 deniers la livre; on y trouve aussi du bois de santal. Il se transporte grande quantité de poivre du Royaume de Cananor en Perse, à Bassora, à Mocha, à Mascate; le plus petit est le meilleur pour tous ces endroits-là.

CALICUT, qu'on nomme autrement l'Empire du Samorin, est le plus vaste de tous les Royaumes du Malabar; & le nom d'Empereur, que tous les autres Princes lui donnent, marque quelque sorte de supériorité, quoique pourtant il soit vrai que tous les Rois de cette partie des Indes, si peu d'étendue & de force qu'ayent leurs Etats, sont tout-à-fait indépendans les uns des autres.

Ce Royaume s'étend depuis la riviere de Pudepatan, jusqu'à celle de Cranganor, ce qui contient environ 30 lieues de Côtes. Ce fut à Calicut où les Portugais, comme on l'a déja remarqué, aborderent dans leur premier voyage des Indes.

La bonne intelligence entre les Sujets du Samorin & eux, & l'alliance qu'ils traiterent avec ce Prince, n'ayant pas long-tems duré, à cause des continuelles entreprises de ces nouveaux Hôtes; on en vint aux armes, & les Portugais vainqueurs s'assurerent par de bonnes Forteresses, des meilleures Places de Calicut, & de tout le Commerce qui s'y faisoit.

Depuis ils démolirent eux-mêmes ces Forteresses, que dans la décadence de leur puissance & de leur force, ils n'étoient plus en état de conserver; & présentement foibles & méprisés comme ils sont aux Indes, à peine paroissent-ils dans les Ports du Samorin, où les François, les Anglois, les Hollandois, & les Danois ont tous des Comptoirs considérables.

La Ville de Calicut est à 11 dégrés de latitude Septentrionale, environ à 11 lieues de Tilcery, principal Comptoir des François dans les terres de Cananor.

Il s'y faisoit autrefois le plus grand Commerce de toutes les Indes, soit par l'abord des Marchands étrangers, Indiens, Maures, Turcs, Ethiopiens, & Arabes, soit par la navigation & le négoce que ses vaisseaux entretenoient avec les Villes les plus célebres de l'Asie. Mais d'abord Goa, & ensuite Surate, le lui ont enlevé; outre que la Côte qui est très mauvaise, & les inondations trop fréquentes, ont beaucoup contribué à en éloigner le Commerce du dehors, quoique pourtant il s'y en fasse encore un assez considérable.

Les Hollandois y sont établis, & y trafiquent depuis 1604; les Anglois les ont suivi de près: pour les François, ils n'y ont été reçus que plus de 60 ans après.

Quoique Calicut soit la Capitale de l'Empire du Samorin, il l'a quitté néanmoins, pour aller tenir sa Cour plus avant dans les terres; & cela encore contribue à en diminuer le Commerce. Son basar néanmoins est un des plus beaux du Malabar; il contient quatre ou cinq belles rues, & est toujours rempli de riches marchandises, dont les principales sont du poivre, des toiles très belles, du salpêtre naturel, qui n'a besoin que de très peu de purification, & qui se trouve en quantité par-tout le Royaume, particuliérement du côté de Sirinpatan; du bois de santal, & d'excellent ris, qui là, aussi-bien que par-tout le reste de cette Côte, n'est pas un des moindres objets de négoce.

Les François firent sur la fin de l'année 1672, un Traité pour s'établir à Sirinpatan; mais les mauvais succès de Trinquemaille & de S. Thomé, les empêcherent d'exécuter ce projet.

Le sable du rivage de la mer qui baigne les Côtes de Calicut, particuliérement à l'embouchure des rivieres, se trouve mêlé de grains d'or très fins, dont plusieurs pauvres gens subsistent assez commodément; les plus gros grains peuvent valoir 15 sols, mais le plus communément ils ne sont que de 4 ou 5 sols piece.

TANOR est le principal lieu de Commerce d'un très petit Royaume, à qui il donne son nom, dont le Roi, quoique son Etat ait à peine 10 lieues en quarré, est aussi Souverain que le Samorin même.

Cette Ville, si pourtant elle mérite cette qualité, est à 5 lieues au Midi de Calicut; elle n'a qu'une rade peu sûre, & point de riviere: les Habitans de son basar sont de riches Mahométans.

Cette Nation est ennemie des Hollandois, & fort liée avec les Portugais: les François y furent très bien reçûs en 1672.

CRANGANOR, entre Tanor & Cochin, n'est qu'un très petit Royaume, où néanmoins les Portugais avoient un Fort considérable, qu'on appelloit Cranganor des Portugais, pour le distinguer de Cranganor des Malabares: les Hollandois le prirent en 1662.

COCHIN, autre Royaume, qui commence où finit celui de Cranganor, avoit aussi comme deux Capitales, qu'on distinguoit de même que celles de Cranganor: la Cochin des Portugais fut prise au mois de Janvier 1667, par la flotte Hollandoise.

PORCA, ou PERCATS, vient après; & ensuite CALICOULANG, & COULANG, qui sont les derniers Royaumes du Malabar.

Les Anglois & les Hollandois ont des Comptoirs dans les Capitales & les meilleures Places de ces petits Royaumes; & les Hollandois, qui n'y sont gueres plus aimés, mais plus craints que les Portugais, ont des Forts à Coulang & à Cochin, pour s'assurer le Commerce du poivre, qui y est considérable, & que chaque année leurs vaisseaux chargent en passant, continuant leur route vers Surate, la Perse, & la mer Rouge, où ils en débitent la meilleure partie, en échange de plusieurs riches marchandises, que tous ces lieux fournissent, & qu'ils rapportent ensuite à Batavia.

Le Commerce de ces six petits Royaumes, n'est gueres différent de celui du reste de Malabar, quoique pourtant il y ait des productions naturelles, qui sont propres à quelques-uns, & qui ne se trouvent pas chez les autres, qui en différentient en quelque sorte le négoce.

En général, on en tire du poivre, du cardamome, de la laque, du gingembre, des tamarins, de l'amphion, de l'ambre gris, du ris blanc & noir, du kerseri, & du catiang, qui sont des especes de petits pois; du bois de santal, du salpêtre, & quantité de toiles de diverses especes; mais qui ne sont ni si fines en blanc, ni si bien peintes que celles des environs de Surate, dont on a déja parlé; non plus que du Coromandel & du Bengale, dont on parlera dans la suite.

COULANG. Royaume situé dans la Presqu'isle de l'Inde sur la côte de Malabar.

Le plus grand négoce de ce Royaume consiste en poivre; les vaisseaux des Européens, aussi-bien que les jonques Indiennes y fréquentent beaucoup, à cause de cette Epicerie. Il y a aussi sur cette côte une pêcherie de perles assez considérable, qui appartient au Roi.

Ceux qui pêchent ces perles travaillent pour eux toute la semaine, & le Vendredi pour le Maître de la barque. Sur la fin de la pêche la derniere huitaine est pour celui à qui le Roi l'afferme, outre un droit qu'on lui paye pour les petites perles.

Les poids, les mesures, & les monnoies sont sur toute cette Côte, particuliérement à Cochin, à peu près sur le pied qu'à Goa, dont on a parlé ci-devant.

## COSTE DE LA PESCHERIE.

Cette Côte, qu'on nomme aussi Côte des Perles, s'étend depuis le Cap Comorin, jusqu'à Negapatan, qui est la premiere Place du Coromandel : elle a devant elle l'Isle de Manar & celle de Ceylan, & c'est dans le Détroit qui sépare ces Isles du continent, que se fait la pêche des perles.

Le dedans du Pays est aride & presque stérile, ne s'y recueillant aucun de ces légumes & de ces fruits admirables qui rendent la vie si commode dans toutes les Indes; à la réserve d'un peu de ris, qui suffit à peine pour la nourriture des Habitans : aussi n'est-ce que pour cette pêche des perles, qu'on ne met néanmoins que la troisiéme de l'Orient, bien que beaucoup de gens l'estiment autant que celles de Beharem, dans le golfe de Bassora, & de Aynan sur la Côte de la Chine; c'est, dis-je, pour cette pêche, que les Hollandois l'ont enviée aux Portugais.

TUTOCORIN est comme la Capitale de cette Côte, moins par sa grandeur & sa beauté, que parce que la pêche des perles s'y fait, & que ses Habitans sont les meilleurs pêcheurs : on estime aussi ceux de Calipatnam; & c'est de ces deux Villes que partent le plus grand nombre de barques.

Les Portugais, qui s'étoient rendus les maîtres de la pêche presque dès le commencement de leur établissement aux Indes, n'avoient fait aucune fortification pour la défense du Tutocorin; & les Hollandois, qui la prirent en 1658, & qui la possedent depuis ce tems, les ont imités par politique, pour ne point donner de l'ombrage à des Peuples jaloux à l'excès de leur liberté.

Ce n'est aussi qu'à titre de Protecteurs de la pêche, que les Hollandois y assistent avec quelques frégates, de même que faisoient les Portugais, qui en avoient deux destinées à cet usage; quoiqu'en effet ils en soient véritablement les maîtres.

Lorsque le tems de la pêche approche, qui se fait en Avril, ou au commencement de Mai; le Naik, c'est ainsi qu'on appelle le Souverain du Pays, fait avertir du jour qu'elle doit s'ouvrir, & du lieu où elle doit se faire; ce qui est toujours de concert avec les Officiers de la Compagnie, afin qu'ils puissent envoyer leurs vaisseaux.

Le jour arrivé, on voit venir de toutes parts des milliers d'hommes, de femmes, & d'enfans, & surtout quelque centaine de Plongeurs dans des barques, tous les autres restant sur le rivage, sous des tentes, pendant les 15 jours que dure la pêche; ce qui ressemble assez à une armée dans son camp, y ayant quelquefois jusqu'à cinquante ou soixante mille hommes.

Avant de commencer, on régle les droits de la Compagnie, qui de son côté s'engage de maintenir les Pêcheurs en cas d'attaque, & de réparer leurs bâtimens, s'il leur arrive quelque accident.

*Les droits du Naik sont ordinairement du produit de la pêche du premier jour.*

A un signal qui se donne, tous les Pêcheurs débordent le rivage, s'efforçant de gagner l'avant, pour se mettre sur les fonds qu'ils croient les plus abondans en huitres; alors chacun plonge, & est retiré chargé des meres perles qu'il a pû détacher du rocher.

La pêche de chaque jour se porte à terre, où on la met dans le sable, jusqu'à ce que l'ardeur du soleil ait corrompu les huîtres, & que les perles, s'il y en a, se détachent; y en ayant souvent où il ne s'en trouve point.

Quand elles sont bien nettoyées, on les passe successivement par divers cribles, dont la grosseur des trous régle celle des perles; après quoi on marque le lieu où elles doivent être vendues, ce qui dépend du Naik; & là il se tient une espece de foire depuis le mois de Juin, jusqu'à la fin de Septembre.

Les plus petites se vendent au poids, pour semence de perles; les grosses sont mises à l'enchere, & vendues au plus offrant.

Cette pêcherie fournit d'assez belles perles, & il s'en trouve beaucoup qui se vendent depuis 80 jusqu'à 100 rischedales, & quelquefois davantage. *Voyez ce qu'on a dit à l'article des* PERLES, *des Pêcheurs de l'Amérique & de Beharem.*

## COSTE DE COROMANDEL.

La Côte de Coromandel commence à la pointe de Negapatan, où finit celle de la Pêcherie, & s'étend jusqu'à la riviere de Nagund, & la Ville de Masulipatan : quelques-uns néanmoins lui donnent plus d'étendue, & la continuent jusqu'au Bengale.

Le Commerce que les Nations d'Europe y font, est très considérable, & toutes y ont de grands établissemens, des Forts & des Comptoirs, ayant été, pour ainsi dire, conviées à s'y établir par la bonté des Ports & des rades de cette Côte, les meilleurs de toutes les Indes, & qui sont d'une grande ressource à leurs vaisseaux, lorsque pendant l'hyver ils sont obligés de quitter la Côte de Gusarate & de Malabar, où ils ne pourroient rester en sureté.

Les principaux Comptoirs des Européens sur la Côte de Coromandel, sont PONTICHERY, qui appartient aux François, & qui est la résidence de leur Directeur Général dans les Indes.

NEGAPATAN, NISIPATAN, autrement PORTAPOULI, TEGEPATNAM, SATRISPATMAN, MALISPATNAM, DATZSKERON, BINISLISPATNAM, NAGUERVANTZE, CONJUMELLE, & PALIACATE, appartiennent aux Hollandois, qui ont commencé en 1606 à trafiquer sur la Côte de Coromandel, & qui prirent Negapatan sur les Portugais en 1658, aussi-bien que Tegepatnam : ils ont aussi un Comptoir considérable à Golconde Capitale du Royaume de ce nom, qui contient une partie de cette Côte.

MADRAPATAN, ou MADRAS est aux Anglois, &

TRANQUEBART aux Danois.

On pourroit mettre Saint-Thomé, que les François prirent en 1672, sur le Roi de Golconde, & qu'ils perdirent l'année d'après, pour le Comptoir des Portugais sur cette Côte, étant le lieu où ils font le Commerce de Coromandel : mais cette Nation n'y a point de Forteresse, comme les autres en ont dans tous les lieux qu'on vient de nommer.

Outre ces Comptoirs, soutenus par des Forts, les François, Anglois, & Hollandois en ont encore à Masulipatan, pour le Commerce des toiles, & en quelques autres lieux de moindre conséquence, & qui n'ont pas tant de réputation.

PONTICHERY est situé dans les Terres du Prince de Gingy, à 12 dégrés de latitude, & 114 de longitude.

Le Fort, où la Compagnie de France entretient une cargaison de 200 François, consiste en 5 tours, ou especes de bastions, qui sont en tems de guerre défendus par 30 pieces de canon.

Au dehors du Fort est un Bourg de Négres assez considérable, au milieu duquel est le basar. Les François qui s'y sont mariés, y ont aussi leurs maisons, assez commodes, & assez bien bâties pour le Pays.

Les magasins sont grands ; partie dans le Fort, & partie dans le Bourg.

Les marchandises dont ils sont ordinairement remplis, & qui sont destinées pour l'Europe, ou pour le Commerce des Indes, de la Perse, & de la mer Rouge, se tirent moins du Coromandel, que de Bengale, de Surate, & de la Côte de Malabar, où les vaisseaux de la Compagnie les vont charger. *Aussi on peut voir ce qu'on a dit ci-dessus du Commerce de ces deux endroits, & ce qu'on dira dans la suite de celui de Bengale.*

On fabrique cependant à Pontichery, & aux environs, quantité de toiles de coton blanches ; & l'on en tire de peintes de Masulipatan, qui sont les plus belles de cette espece, qui se fassent dans tout le reste des Indes, & qui sont les plus estimées en Europe.

Les toiles de Pontichery, sont

Des betilles organdy, ou mousselines fines à grain rond.

Des betilles tarnantanes, & des tarnantanes charonis ; ces deux especes sont des mousselines très claires.

Il y a aussi des mousselines plus grosses, à qui on donne pareillement le nom de Betilles ; mais qu'on distingue par l'aunage, les belles ne passant jamais 12 aunes, & les grosses ayant jusqu'à 16, ou 20 aunes.

Des guinées blanches, des percailles mauris, des salempouris blanches, & des socretons. Toutes ces sortes de toiles sont d'une finesse raisonnable, & plus belles de beaucoup que la plupart de celles de Surate. *On peut voir les longueurs & les largeurs de ces toiles, à leurs propres articles.*

On tire aussi du Coromandel par Pontichery, plusieurs étoffes de soie, de l'acier, des mouchoirs de coton, d'autres de soie, même des diamans, & autres pierreries des mines de Golconde ; des cotons filés, & en bourre, de l'indigo, des serges de Masulipatan, & de Nisampatnam, & une quantité extraordinaire de ris, & d'autres rafraîchissemens, dont les vaisseaux des Nations d'Europe enlevent une grande quantité, soit pour leur provision, soit pour celle de leurs Comptoirs des Indes, qui en manquent, soit enfin pour les porter en plusieurs lieux de l'Orient.

Le Commerce du Coromandel est un des plus importans que les Hollandois fassent dans les Indes, comme on en peut juger par le grand nombre des Comptoirs qu'ils ont sur cette Côte, & jusques dans la Capitale de Golconde, dont on a ci-dessus rapporté les principaux. Cependant peu d'années avant la fin du dix-septiéme siécle, il leur étoit devenu comme à charge par les continuelles avanies que leur faisoient les Rajas Maures, qui paroissoient n'être pas désavoués par le Roi.

Les mauvais traitemens les ayant obligés à prendre les armes, pour obtenir la satisfaction qu'ils croyoient leur être due ; ils s'emparerent de Masulipatan, & par là obligerent le Roi de Golconde non-seulement de leur confirmer leurs anciennes capitulations, mais encore d'y en ajouter de plus avantageuses ; & même de mieux fixer les droits d'entrée & de sortie, que les Rajas, qui les tenoient à ferme, chacun dans son Gouvernement, ne levoient plus qu'à leur gré, ou exigeoient des présens qui ôtoient à la Compagnie presque tout le profit qu'elle pouvoit faire sur les marchandises qu'ils apportoient, ou qu'ils en tiroient.

Trois des plus avantageuses prérogatives dont jouissent les Hollandois dans les Etats du Roi de Golconde, consistent :

La premiere, en ce qu'aucun Marchand avec qui les Commis des Comptoirs sont en traité de négoce, ne peut être inquiété ni en sa personne, ni en ses biens, même pour les affaires du Roi, que préalablement la Compagnie n'ait été satisfaite de tout ce qu'elle a à prétendre sur le Marchand.

La seconde, en ce que les Tisserans, Peintres, & autres Ouvriers qui sont employés par la Compagnie, ne peuvent être détournés de leurs ouvrages, quoique pour le service du Roi, qu'ils n'ayent achevé ceux contenus dans leurs marchés.

Et la troisiéme, en ce qu'il leur est libre de se servir de tels Courtiers qu'ils veulent, sans être obligés de prendre ceux du Roi, ou des Rajas.

Ils ont encore un autre privilége, dont les autres Européens jouissent aussi-bien qu'eux, qui est de ne point payer le droit de Chappa-dellalla, c'est-à-dire, le droit de la marque des toiles, qui pour les Gens du Pays, monte à 12 pour cent.

*Les droits d'entrée sont à trois & demi, & à quatre pour cent.*

Les marchandises que les Hollandois portent au Coromandel, sont principalement des épiceries, sur lesquelles ils font un grand profit ; de l'argent, & du cuivre du Japon ; de la mine d'or, de l'étain de Malaca, du mercure, du plomb, du vermillon, du camfre, des dents d'éléphans, du sandal, du sciapa, des draps, & des étoffes d'Europe; pour lesquelles ils échangent des toiles, & toutes les autres choses dont on a parlé ci-devant à l'article de Pontichery.

Le principal établissement des Anglois sur la Côte de Coromandel, est Madras, à 30 lieues de Pontichery. Ils y entretiennent une cargaison d'environ 800 hommes, & témoignent pour sa conservation, la même jalousie qu'ont les Hollandois pour leur Batavia.

Madras est situé par les 102 dégrés 30 minutes de longitude Est, & 13 dégrés dix minutes de latitude Nord. Depuis que les Hollandois ont fermé l'entrée de Bantam aux Anglois, elle est devenue la résidence d'un des deux Présidens que la Compagnie Angloise a dans les Indes; & on la regarde comme le centre de son Commerce, soit avec l'Europe, soit d'Inde en Inde.

Le nombre des vaisseaux qui y arrivent tous les ans en droiture d'Angleterre pour le compte de la Compagnie, est ordinairement de quatre ou cinq; il en vient quelquefois jusqu'à six, mais rarement: c'est à peu près la même chose pour le retour. La charge de ceux-ci ne va gueres moins qu'à cinq à six millions en marchandises du Pays, & du reste de l'Orient, qu'ils rassemblent à Madras de tous leurs autres Comptoirs du Coromandel, ou que leur fournit le Commerce qu'ils font d'Inde en Inde: ces marchandises sont les mêmes qu'en tirent les François & les Hollandois.

Le Royaume de Siam, celui de Pegu, les Manilles, & la Chine, sont les lieux que les vaisseaux Anglois de Madras fréquentent le plus communément pour leur Commerce d'Inde en Inde: les deux derniers sont les plus considérables. On se réserve de parler de celui de Madras à Canton, quand on traitera du Commerce extérieur de la Chine; & l'on ajoutera seulement ici celui des Manilles, le négoce à Siam & au Pegu ne méritant pas assez qu'on s'y arrête.

Ce ne sont gueres les vaisseaux de la Compagnie qui font le Commerce d'Inde en Inde; elle laisse presque tout ce Commerce aux Particuliers établis à Madras, aussi-bien qu'à ses Directeurs, & principaux Commis.

*Toutes les marchandises qui entrent à Madras, qui ne sont pas pour le compte de la Compagnie, payent les droits d'entrée à raison de cinq pour cent de leur valeur; & le Commerce y est si considérable, que le produit de ce droit va souvent à plus de 80000 mille pagodes.*

L'aune ou mesure d'étendue dont on se sert à Madras, est le cobre, qui revient à 17 pouces & demi de France. Les poids sont le candy, & le quintal; le premier pése 5 quintaux d'Angleterre, & le quintal est 10 pour cent moindre que celui de France. A l'égard des monnoies, on y a des fanons, ou, comme on les appelle quelquefois des Fenants, des roupies, & des pagodes; dix fanons font une roupie, & 36 fanons une pagode; la pagode fait depuis un taël un mas Chinois, jusqu'à un taël deux mas. *Voyez l'évaluation de ces monnoies sur le pied de celles d'Europe, à leurs propres articles, suivant l'ordre alphabétique.*

### *Commerce de Madras aux Manilles.*

Le Commerce de Madras aux Manilles, est de deux sortes; l'un qui se fait par les Marchands Anglois établis sur la Côte de Coromandel, particuliérement à Madras; l'autre par les Marchands Anglois d'Europe: les uns & les autres n'y vont que sous pavillon étranger; ceux-ci sous pavillon Irlandois; ceux-là sous pavillon Gentil: les Espagnols permettant à toutes les Nations, soit d'Europe, soit des Indes, de venir aux Manilles dans leurs propres vaisseaux, & sous leur pavillon, à la réserve des Anglois & des Hollandois, pour les raisons qu'on dira ailleurs. *Voyez ci-après le Commerce des Isles Philippines.*

Peu d'Anglois d'Europe font le Commerce d'Angleterre aux Manilles en droiture; & presque tous touchent à Madras, pour y acheter les marchandises propres pour ces Isles.

Ceux qui vont par Madras, doivent y arriver au plus tard dans le mois de Décembre, pour en partir dans le mois de Juin. Ils doivent être munis d'un passe-port d'Irlande, ou du moins d'un passe-port d'Espagne, faisant mention que le vaisseau est Irlandois: il faut aussi que tout l'Equipage soit composé de Matelots de cette Nation, sur-tout que les Officiers en soient. Les vaisseaux les plus propres pour aller d'Europe aux Manilles par Madras, sont ceux de 250 à 300 tonneaux, armés de 24 à 30 canons, & montés de 80 à 100 hommes d'équipage.

Il faut arriver extrêmement de bonne heure aux Manilles, si l'on veut aller la même année à la Chine: mais comme quelque diligence qu'on fasse, on arrive souvent trop tard pour profiter de la même mousson pour faire le voyage de Canton, à cause du retardement qu'il y a quelquefois à vendre sa cargaison; on a coutume de prendre de l'argent à compte sur les marchandises qu'on a apportées, & de laisser un Facteur à Manille, pour vendre le reste des effets, & en tenir l'argent tout prêt pour l'envoyer l'année suivante à Madras, ou pour aller en droiture à la Chine.

Les marchandises que l'on envoye de Madras aux Manilles, sont des loncloath, ou toiles de coton blanches de 72 cobres de longueur, & 2 cobres ¼ de large; elles s'achetent à Madras, 32 pagodes, & se vendent à Manille, 80 à 100 piastres la piece.

Des mêmes toiles plus fines, ayant pareille longueur & largeur, elles s'achetent 41 pagodes, & se vendent 90 à 120 piastres.

Des mêmes bleues communes, avec les longueur & largeur ci-dessus, s'achetent 40 pagodes, se vendent comme les fines.

Des salempouris blanches communes, des longueur & largeur ci-dessus, s'achetent 15 pagodes, se vendent 32 à 40 piastres.

Les mêmes bleues, de 32 cobres de long, sur 2 ¼ de large, s'achetent 20 pagodes, se vendent 48 à 50 piastres.

Des percales blanches de 38 cobres de long, sur 2 ¼, s'achetent 11 pagodes, se vendent 25 à 30 piastres.

*Idem*, fines bleues, même longueur & largeur, s'achetent 23 pagodes, se vendent 50 à 53 piastres.

*Idem*, fines blanches, longueur & largeur comme dessus, s'achetent 19 pagodes, se vendent 40 à 45 piastres.

Des cambayes communes de Madras, de 15 cobres de long, sur 2 de large, s'achetent 7 pagodes, se vendent 20 piastres.

*Idem*, de Bengale, même longueur & largeur, s'achetent 19 pagodes, se vendent 50 piastres.

Des mogonpoes, de largeur & longueur comme

dessus, s'achetent 7 pagodes, se vendent 20 piastres.

Des taffetas rouges de Bengale, de 20 cobres de long, sur 2 de large, s'achetent 36 à 39 pagodes, se vendent 95.

*Idem*, mêlés de couleur, de même aunage, & de même prix d'achat, se vendent 90 piastres.

Des sulces de Bengale, de 40 cobres de long, sur 2 de large, s'achetent 40 pagodes, se vendent 80 à à 100 piastres.

Des belelacs communes, de même aunage, s'achetent de 20 à 25 pagodes, & se vendent 35 à 45 piastres.

*Idem*, fines, de même aunage, s'achetent 30 à 32 pagodes, se vendent 50 à 55 piastres.

Satins de Melchapatan, de 20 cobres de long, sur $\frac{3}{4}$ de large, s'achetent 20 pagodes, se vendent 37 à 45 piastres.

Des lampasses, ou toiles peintes, de 15 cobres de long, sur 2 de large, s'achetent 20 pagodes, se vendent 35 à 70 piastres.

*Idem*, appellées Chites, de même aunage, s'achetent 40 pagodes, se vendent 120 à 200 piastres.

Des gurraes de Bengale, de 36 cobres de long, sur 2 de large, s'achetent 18 pagodes, se vendent 40 à 50 piastres.

De la soie crue de Bengale, de la premiere sorte, se vend depuis 130 jusqu'à 200 piastres la piece.

On a mis ici les prix les plus ordinaires de ces marchandises pour la vente, augmentant & diminuant presque toujours, suivant la quantité d'argent qui est arrivée aux Manilles de la mer du Sud, par les vaisseaux d'Acapulco.

Outre ces marchandises Indiennes, les Anglois de Madras, envoyent aussi un assez grand nombre de celles d'Europe, entr'autres des camelots, des draps, des serges, des chapeaux, des bas de laine, des cristaux, des dentelles de Flandres, & des perpétuanes.

Quand la cargaison se fait en Europe, pour aller aux Manilles par Madras, il faut y ajouter des piastres, pour acheter dans cette derniere Ville l'assortiment des toiles & des taffetas qui sont propres pour les Manilles. Il y faut aussi quelques tonneaux de bon vin de Grave, & quelques barils d'eau-de-vie de Nantes, les uns & les autres en bouteilles, se débitant également bien & aux Espagnols des Manilles & aux Anglois de Madras.

Les marchandises que l'on rapporte des Manilles à Madras, sont quantité de piastres, du soufre, & du tabac en feuille : le soufre se vend 8 à 9 pagodes, & le tabac 13 à 15 pagodes le candy; le candy revenant à 450 livres poids de France.

Quelquefois les Anglois de Madras touchent à la Chine en revenant, pour y porter les marchandises qu'ils ont eues des Espagnols, & les échanger contre de l'or, sur quoi il y a encore un profit de 25 pour cent.

Golconde, dont on a souvent fait mention dans ce qu'on vient de dire du Commerce qui se fait sur cette Côte, est le plus considérable de tous les Royaumes qui sont dans cette partie de l'Inde, soit pour son étendue, soit pour le négoce que les Etrangers y font, ou que ses Marchands vont porter dans toutes les parties de l'Asie.

Outre l'ancien domaine des Rois de Golconde, il s'est accru encore par une partie du Bisnagar & de l'Orixa; celui-ci qui confine avec le Bengale, & l'autre qui est le voisin du Mogol, & que les montagnes séparent du Malabar.

Deux choses rendent principalement célebre ce Royaume; le Port de Masulipatan, & les mines de diamans. On parlera des mines à l'article des diamans, & de Masulipatan dans la suite de celui-ci.

La plus grande partie des terres de Golconde sont si fertiles, qu'ordinairement on y fait deux récoltes de ris par an, & souvent trois; aussi le ris fait-il un de ses principaux trafics.

Les toiles de coton, entr'autres les toiles peintes de Masulipatan, les salempouris, les percalles, & les betilles de Golconde & de Ragamandra; les dougrais de Tatepaque, qu'on nomme Dougrais de Peta; & les betilles fines de Nasapori, & de Condepouli, n'y sont pas un moindre objet de négoce; & il n'est pas concevable combien il en sort tous les ans, qui sont portées par toute l'Asie, & dont il n'en vient que trop en Europe, où plusieurs Souverains, entr'autres les Rois de France & d'Angleterre, en ont sagement défendu l'usage & la consommation dans leurs Etats.

Le Commerce de ces toiles passe entiérement par les mains des Gentives, qui sont Naturels du Pays, mais seulement de ceux que l'on nomme entr'eux Comitis, qui composent la troisiéme Caste, ou Tribu de ces Idolâtres, & qui sont tous Marchands, Courtiers, Facteurs, ou Changeurs.

Ce sont eux qui ont soin de faire travailler les Ouvriers que les Européens employent, qui font les marchés des marchandises que ces derniers apportent dans le Royaume de Golconde, & qui vont par les villages ramasser les différentes étoffes qui s'y fabriquent, ou les choses que la terre produit, pour les revendre en gros aux Etrangers.

L'indigo de Golconde ne cede gueres à celui de Lahor; mais il n'est pas si bon que celui d'Agra. Il se cultive principalement à Condepouli, à Masulipatan, à Sandrapatla, à Gelapoudi, & à Esçoines, d'où les Hollandois ont coutume de le tirer, pour le porter du côté du Nord, à Chaul & à Dabul.

Le cristal, les grenats, les topases, les agates, les amétistes, le bezoar, le betel, l'orge, aussi-bien que l'acier, le fer, & quantité de rafraîchissemens pour les vaisseaux qui y viennent trafiquer, font pareillement une partie de son Commerce.

Ces rafraîchissemens sont à si bon compte, qu'une poule ne coute que 2 s. & un mouton 11 s.

Le Commerce de Golconde, & des Ports qui en dépendent, est si avantageux aux Hollandois, qu'il y a des années qu'ils en tirent pour près de trois millions de marchandises, dont une partie passe en Europe, & l'autre se distribue dans les Indes.

On parlera des monnoies, des poids, & des mesures, après qu'on aura dit quelque chose de Masulipatan.

Masulipatan est le principal Port du Royaume de Golconde, sur la Côte de Coromandel, à 16 dégrés 30 minutes de latitude Nord.

Sa rade, la plus sûre de toutes les Indes, y attire les Marchands de toutes sortes de Nations, & est commode à tous ceux du Pays, pour envoyer leurs vaisseaux dans presque tous les endroits de l'Asie.

C'est de Masulipatan que partent la plupart des navires qui vont à Pegu, à Siam, à Aracan, à Bengale, à la Cochinchine, à la Mer Rouge, à Madagascar, & aux Manilles.

Quoiqu'on tire de Masulipatan les mêmes marchandises, que du reste du Royaume de Golconde, c'est principalement par la beauté de ses toiles peintes qu'elle est connue en Europe.

Il y en a de deux sortes, comme à Surate, & dans le

le reste des Indes ; sçavoir, les unes peintes au pinceau, & les autres seulement imprimées.

Quoiqu'on se serve des mêmes couleurs pour les deux especes de toiles, celles qui sont faites au pinceau, l'emportent de beaucoup sur les autres.

La plante qui sert à les peindre, principalement pour le rouge, se nomme Chay ; & ne se trouve que dans le Royaume de Golconde, où elle est estimée comme en Europe la cochenille.

L'avantage des toiles qui en sont ou peintes, ou imprimées, est de devenir plus belles, plus on les lave ; la vivacité des couleurs augmentant à l'eau, & durant, pour ainsi dire, plus que l'étoffe même.

On trouve aussi à Masulipatan, du sel, des serges, quelques autres légeres étoffes, & du ris plus qu'en aucun lieu de la Côte.

*Mesures, Poids, & Monnoies de Golconde, & de la Côte de Coromandel.*

Il y a double poids & double mesure sur cette Côte ; ou plutôt les poids & les mesures, qui sont la même chose, pésent & contiennent plus ou moins, suivant les lieux.

Ces poids ou mesures se nomment en des endroits Barres, & en d'autres Candis.

Le candi le plus pésant est de 500, le leger de 380.

Un candi contient 2 mans, 1 man 8 biis, 1 bii 5 ceers, & 1 ceer 24 tols.

Les monnoies du Pays sont, la pagode, le fanon, le nevel, & les casses : les monnoies étrangeres qui y ont cours, les serafins, les larins, & les réales.

La pagode vaut 15 fanons, le fanon 8 à 9 nevels, le nevel depuis 3 jusqu'à 6 casses. Le serafin est reçu pour 16 à 17 fanons ; 7 ou 8 larins font la pagode ; & la réale vaut 10, 10 & demi, ou 11 fanons.

Ces différentes valeurs viennent de la rareté, ou de l'abondance de ces especes, souvent du titre.

Tous ces poids, mesures, & monnoies sont expliqués à leur propre article dans ce Dictionnaire, où l'on y fait leur réduction sur les monnoies d'Europe.

## COMMERCE DE BENGALE.

Ceux qui terminent la Côte de Coromandel à Masulipatan, nomment Côte d'Orixa, celle qui continue jusqu'au Bengale ; & même quelques-uns y comprennent la Ville de Pipeli, bien qu'elle soit du Bengale.

Quoique le Royaume d'Orixa, qui donne le nom à cette Côte, y ait plusieurs Ports, ils sont tous si mauvais, que les Européens n'y font que peu, ou point de Commerce : ainsi on va passer à celui du Royaume de Bengale, un des plus riches des Indes.

Le Bengale prend son nom de sa Ville capitale, qui est située sur une des bouches du Gange. Le Commerce qui s'y fait, tant par les Etrangers, que par les Habitans, est très considérable ; & l'on y voit des Perses, des Abyssins, des Arabes, des Chinois, des Guzarates, des Malabres, des Turcs, des Maures, des Juifs, des Georgiens, des Arméniens ; enfin, des Marchands de tous les endroits de l'Asie.

Toutes les Nations Chrétiennes qui sont établies aux Indes, y envoyent aussi leurs vaisseaux ; & c'est des marchandises de Bengale qu'ils font en partie leurs retours en Europe, outre celles qu'ils en tirent, ou qui leur servent au négoce des Indes mêmes.

*Marchandises qui se trafiquent à Bengale.*

Soies Tany. On en apporte de cette sorte six à huit mille livres année commune.

Le Poivre & le Ris comme à Surate.

Le Salpêtre. Il est bon ; on peut en apporter par chaque vaisseau 100 milliers ; il sert de lest.

Les bois de teinture comme à Surate ; soit pour la quantité, soit pour la qualité, à la réserve du Sapan, qui n'est pas si bon au Bengale qu'à Surate.

La Terra-Merita moins bonne & moins commune qu'à Surate.

Les Lacques. Celles de Surate valent mieux. Le teint est presque toujours ôté des Lacques du Bengale.

Cire jaune & blanche ; on en trouve quelques parties. La plus grosse qui soit venue par les vaisseaux de la Compagnie, n'a pas passé trois mille livres.

L'Indigo. Il est très mauvais, ce n'est que de la terre.

Le Camphre, l'Esquine, l'Aloës, & la Gomme gutte, comme à Surate.

Cannes en jet ; on en trouve rarement.

Les Villes du plus grand Commerce, & où les François, Anglois, & Hollandois ont leurs plus puissans établissemens, sont Kassembazar, Ongli, Pipeli, & Bellezoor. On peut aussi y ajouter Patna ; quoique quelques-uns ne la mettent pas dans le Bengale, & en fassent la Capitale d'un petit Royaume dépendant du Mogol : mais comme son négoce se fait par Ongli, on ne la séparera pas de ces quatre Villes du Bengale.

Les François ont des loges à Ongli & à Pepeli ; les Anglois, à Ongli, Pepeli, & Bellezoor ; & les Hollandois, dans toutes les cinq Villes nommées ci-dessus.

Ongli est la Ville où se rassemblent toutes les Nations, qui font le Commerce du Bengale ; & où il y a les plus riches Marchands du Pays, Maures, ou Idolâtres.

Les magasins & les boutiques y sont toujours remplies des plus riches marchandises des Indes : mais chaque secte d'Indiens a son quartier dans les bazars, & ne se mêlent point ensemble, autant pour la liberté du Commerce, que par principe de Religion, qui empêche que ces peuples superstitieux ayent une plus grande familiarité ensemble.

La loge que les Hollandois ont à Ongli, est vaste & magnifique, & a en même tems de l'air d'une Forteresse & d'un Palais. Le Directeur Général y fait une dépense de Prince ; & c'est après Batavia, le lieu des Indes, où paroissent davantage la magnificence & le pouvoir de la Compagnie Hollandoise.

Kasembazart est l'endroit de l'Asie d'où les Hollandois tirent la plus grande quantité de soies, qu'ils font descendre par le Gange à Ongli, & qu'ils envoyent, partie au Japon, & partie en Europe. C'est pour ce négoce qu'ils y entretiennent un Comptoir considérable, qui pourtant leur fournit aussi quantité de taffetas unis & rayés, & les plus belles toiles, qu'ils enlevent du Bengale.

La recolte des soies à Kasembazart peut aller, année commune, à 22000 balles, chaque balle de 100 liv. dont la Compagnie de Hollande n'a permission d'acheter que six à sept mille balles, le reste se partageant entre les Tartares & les Sujets du Mogol, ou restant dans le Pays pour les Manufactures.

C'est à Choupar, de la dépendance de Patna, que se font les plus grands achats de salpêtre, & où sont les meilleurs raffinages : c'est aussi d'où vient la plus grande quantité de celui qu'on tire du Bengale ; & c'est seulement pour ce Commerce que les Hollandois y ont des Commis.

Il faut observer à l'égard des marchandises qu'on tire de Patna & de Kalembazart, qu'il faut qu'elles soient prêtes pour descendre à Ongli, à la fin de la saison des pluies ; les canaux par où on les conduit, se séchant deux mois après la moisson du beau tems ; & alors la voiture par terre augmente de beaucoup la dépense.

Les marchandises qui sont propres pour le Bengale, sont, de l'argent du Japon, du cuivre, de l'étain de Malaca, du vermillon, de l'alkemi, du mercure, du plomb ; des tables, des cabinets, & autres meubles vernis ; de la porcelaine du Japon, ou de la Chine, de l'écarlate, des miroirs, des draps, & toutes sortes de marchandises d'Europe, du poivre, des épiceries, de l'areque, des dents d'éléphants, des éléphants de Ceylan, qui se vendent ordinairement 500 florins, & quelquefois jusqu'à 800 ; même des oiseaux, comme ceux que l'on nomme Oiseaux de Paradis ; & des perroquets de Ternate, appellés Louris, dont les Maures donnent depuis 30 jusqu'à 40 rischedales.

Les marchandises, ou du crû du Pays, ou qui y sont apportées des Royaumes voisins, dont les Européens ont coutume de faire leur cargaison pour le retour, consistent en soies crues, dont il y a de deux sortes, les Tany & les Mouta ; (celles-ci sont ce qu'on appelle en France, du Fleuret ;) en soies cuistis, en cotons filés, ou en laine ; en bois rouge, en divers bois, en caffé, en cauris, ou coquilles des Maldives, qui servent aussi de menue monnoie à Bengale : en cire blanche & jaune, en cannes & rottins : en gomme gutte : en indigo de Bengale, de Laor, de Coromandel, & d'Agra : en laque de trois sortes ; sçavoir, en table, en bois, ou sans bois : en laque cupara, en mirrhe, en plusieurs autres parfums de diverses sortes ; entr'autres, du musc de Patna, & de l'ambre gris de Comorin : en sel, en ris, en salpêtre brut, ou raffiné de trois cuites : en terra-merita : enfin, en sucre commun & sucre candi.

Les Hollandois chargent de ces deux sortes de sucre, plusieurs navires entiers chaque année, partie pour le compte de la Nation, partie à fret pour les Marchands Maures, qui en font le négoce. Leur principale destination est pour la Perse.

On tire encore du Bengale, du borax, de l'amphion, des graines, des gommes, & des racines médicinales, des couvertures brodées, des tapisseries, & des étoffes, qu'on envoie à la Chine, au Japon, à Camboya, au Tunquin, & en plusieurs autres endroits des Indes, & dont beaucoup passent en Europe : des fruits : du beurre, qu'on met dans des pots de cuir, ou dans des sacs de peaux de buffles : du miel, & des confitures de plusieurs sortes : enfin, des diamans, dont il y a une ancienne mine dans le Royaume : plusieurs autres pierreries ; & des Esclaves, soit de ceux du Pays, les pauvres gens y vendant souvent leurs enfans pour subsister : soit de ceux d'Aracan, Royaume voisin, duquel les Habitans s'exercent plus à la piraterie qu'au Commerce, & dont la principale marchandise consiste dans leurs malheureux voisins de l'un & l'autre sexe, qu'ils réduisent en esclavage.

Quoique toutes ces choses fassent un riche objet de Commerce pour toutes les Nations qui font le négoce du Bengale, il faut cependant avouer que les basins, les coutils, les toiles, & les autres ouvrages de coton filé, qui s'y fabriquent, sont les marchandises que les vaisseaux des Compagnies d'Europe en rapportent en plus grande quantité, & dont les Marchands Indiens font aussi une bonne partie de la charge de leurs bâtimens ; ce qui a fait croire que le Lecteur ne seroit pas fâché qu'on entrât ici dans quelque détail de cette marchandise, & qu'on en donnât au moins les noms & les especes ; se réservant de parler de leurs aunages à leurs articles particuliers, où l'on peut avoir recours.

### *Coutils, Basins, & Toiles du Bengale.*

Les coutils qui se fabriquent dans ce Royaume, se nomment Bolsas. Il y en a de tout blancs, & d'autres rayés de jaune, dont les rayes se font avec du fil de coton écru.

Les basins sont tout blancs, mais à façon ; les uns seulement croisés, comme les serges ; les autres à carreaux, d'un ouvrage assez semblable à ces toiles de France, qu'on appelle Petit-ouvré. C'est sur ces basins qu'on fait ces admirables broderies à chaînettes avec des soies rondes, dont la finesse, les desseins, & la vivacité des couleurs, ne se peuvent imiter en Europe. On en fait des couvertures, des tapisseries, des carreaux, des vestes, des bonnets, des corcets de femme, & autres meubles & habillemens, suivant les patrons & les modéles que les Européens fournissent aux Benjans, qui ont la conduite de leurs Ouvriers.

Les toiles sont, des Adatays, des Abrohany, des Casses, des Chabnam, des Mallemolles, des Doulebsais, des Hamedis, des Tarnantanes, des Mametiaty, & des Terindannes : c'est ce que l'on appelle en France, Moussclines : elles sont unies, les plus belles, & les plus fines qui viennent des Indes.

Les Coupis, les Chilas, & les Fottes, sont des toiles de coton à carreaux.

Les Calandaris sont rayées, quelques-unes de rouge, d'autres de noir.

Les Dorcas sont des mousselines façonnées, les unes à rayes, & les autres à carreaux. Il y en a de cette sorte de plusieurs dégrés de finesse, mais plus de grosses que de fines. Les Mamotbanis sont aussi des mousselines rayées, mais très fines.

Les Garas sont de grosses toiles de coton, blanches, de divers aunages.

Les Guingans ou Guinguais, sont des toiles de coton bleu & blanc, mêlé quelquefois d'écorce d'arbre : elles ne sont ni fines, ni grosses.

Les Hamans sont des toiles fines & serrées, qui approchent de la beauté des toiles de Hollande.

Des Sanas, il y en a de blanches, & d'autres bleues : ce sont des toiles de coton communes.

Des Tapsels, grosses toiles rayées de couleurs, ordinairement de bleu. Elles sont propres pour la traitte des Négres sur la Côte de Guinée & d'Angole.

Des Tanjebs : ce sont des mousselines doubles & demi-claires. Il y en a d'unies, & d'autres brodées avec du fil.

Des toiles à voiles, les plus grosses de toutes. Leur nom marque leur usage.

Les Tocques tout de mousselines, dont on couvre en Orient les turbans des Turcs, des Maures, & des autres peuples qui se servent de ces habillemens de tête. En Europe on en fait des cravates.

On tire de Bengale deux sortes de mouchoirs, les uns de coton, & les autres soie & coton : ils sont tous de couleur, mais dont les fils des plus beaux sont teints, avant que de les travailler sur le métier : les autres sont peints ou imprimés. La plupart des plus fins sont apportés à Ongli, de Masulipatan.

Enfin, il en vient aussi quantité de cravates de mousselines, les unes brodées de fil, & les autres rayées, aussi de fil.

Outre ces étoffes & toiles de coton, il s'en fait aussi dans plusieurs endroits de ce Royaume, qui sont fabriquées du fil qu'on tire d'une herbe, qui ne croît que dans ce Pays. On les appelle simplement Herbes. On en fait des tapis & des couvertures.

La tige de l'herbe dont elles sont faites, a un pouce d'épaisseur, & au haut une espece de houpe, qui contient une matiere en forme de bourre, que les femmes du Pays filent. On prendroit ces étoffes pour de la soie; mais elles sont sujettes à se couper dans les plis.

Ceux des Naturels du Pays, qui font le plus grand commerce dans l'intérieur du Bengale, & par les mains de qui passent presque toutes les affaires des Européens, sont les Benjans, qui sont tous, ou Marchands, ou Courtiers, ou Banquiers, ou Teneurs de livres. Plusieurs d'entr'eux font aussi le Commerce de mer, & ont des vaisseaux, ou qu'ils louent à fret, ou sur lesquels ils chargent leurs propres marchandises.

Il faut observer que les vaisseaux Hollandois, qui vont de Batavia au Bengale, ou à Aracan, partent à la fin du mois d'Aout, ou pendant tout celui de Septembre, pour trouver au sortir du Détroit de la Sonde les vents alisés, sans lesquels cette navigation est difficile & dangereuse.

## ARACAN, & PEGU.

Ces deux Royaumes, qui suivent celui de Bengale, & dont les Côtes du dernier joignent celles de Malaca, sont plus connus dans les Indes par les courses des Pirates de l'un, & par les grandes guerres de l'autre avec le Roi de Siam pour le fameux Eléphant blanc, que pour leur grand Commerce avec les Européens.

Les Anglois & les Hollandois conservent cependant quelque correspondance avec Aracan, à cause des rafraîchissemens que leurs vaisseaux sont quelquefois obligés d'y prendre sans pourtant y avoir des Comptoirs, quoique le Roi ait souvent convié ces deux Nations de s'établir sur ses terres.

A l'égard du Royaume de Pegu, les Hollandois y envoyent tous les ans des vaisseaux de leurs Comptoirs de la Côte de Coromandel & de Bengale, chargés de toiles de ce dernier lieu; de Masulipatan, & de Meliapour, plus connu sous le nom de S. Thomé.

Les toiles propres pour ce Commerce sont, des Topitis, des Corpi-pintadi, & des Lagias. Toutes ces toiles doivent avoir seize coudis de long, le coudis revenant à l'aune de Venise: ils se vendent par paggiavelles, de 4 pieces la paggiavelle.

Les Peguans préferent les toiles de Meliapour à toutes les autres; & c'est d'elles dont ils se servent à s'habiller, sans avoir besoin de Tailleur; chaque piece faisant un habit complet, en les tournant plusieurs fois, & de plusieurs sens autour du corps. Les femmes les coupent en quatre, & s'en couvrent jusqu'aux genoux.

On leur porte aussi de l'amphion, du poivre, de la canelle, de la muscade, du bois de santal, & du bois de Paradis.

On en tire du gingembre, de l'or, de l'argent, des pierreries, & des perles. Ces deux dernieres marchandises sont de contrebande; & il faut avoir permission du Roi, pour en vendre, & en acheter. Il s'y trouve aussi quantité de ris; & c'est de celui-là que les Hollandois portent à Malaca.

Les marchés se font entre les Peguans sans dire une seule parole: l'Acheteur & le Vendeur se donnent la main couverte d'un mouchoir; & par les différens mouvemens de leurs doigts, se font connoître le prix qu'ils offrent, ou qu'ils veulent avoir de leur marchandise.

Les payemens sont ordinairement à trois mois; & les Etrangers ne sont pas même privilégiés sur ce terme. Le terme échû, on paye en or, suivant son titre, à moins qu'on ne veuille être payé en ganzas, qui sont une monnoie d'alliage de cuivre & d'étain, que chacun a la liberté de fabriquer, en payant les droits du Roi.

Il y a à gagner sur cette monnoie, quand on veut rester long-tems à Pegu; l'or, l'argent, les pierreries, les perles, & les autres marchandises se payant en ganzas.

Le poids dont on se sert pour les marchandises, est le même avec lequel on pese la monnoie: il s'appelle Biza, & est de la même matiere que les ganzas. Il revient à 2 livres 5 onces, poids pésant de Venise; ou 3 livres 9 onces du poids subtil de la même Ville. Chaque biza pese 100 tecalis.

Il y a encore des poids au dessous du biza, dont le plus petit, qu'on nomme Abocco, ne pese que 12 tecalis & demi; 2 abocchis font l'agito, qui en pese 25; 2 agiti, la demie biza, c'est-à-dire, 50 tecalis; & les 4 agiti, la biza entiere, ou 100 tecalis.

## MALACA.

Cette Ville est située à deux dégrés & demi de deçà la Ligne, dans le Détroit à qui elle a donné son nom, qui sépare la terre ferme où elle est, d'avec l'Isle de Sumatra.

Alphonse Albukerque la prit sur le Roi d'Ihor en 1511. Les Hollandois l'attaquerent inutilement près de 100 ans après: mais enfin ils en chasserent les Portugais en 1641, après un siége de six mois; & ils en sont depuis toujours restés les maîtres.

Son Port est un des plus beaux & des plus sûrs des Indes; & l'on y peut entrer dans tous les tems de l'année; avantage que n'ont pas ceux de Surate & de Goa, non plus que tous les autres du Guzarate & du Malabar, qui sont sujets aux moissons.

Tant que cette Ville demeura entre les mains des Portugais, elle fut une des étapes des marchandises des Indes, & comme le magasin de tout l'Orient, où toutes les Nations Indiennes, qui fréquentent la mer, se rassembloient.

Elle soutient encore sa réputation; & son Commerce y est assez considérable, particuliérement en toiles de Surate, du Coromandel, & de Bengale, qui se débitent à Malaca même, à Andra, Giery, & dans les rivieres de Siaca & de Pera. On y trouve aussi plusieurs autres marchandises, d'où une partie passe par terre à Siam & au Pegu.

Les payemens de ces toiles, & des autres marchandises que les Hollandois y portent, s'y font pour la plupart en or & en étain, sur lesquels ils trouvent de grands profits dans les autres lieux des Indes où ils les envoyent.

Le Chef du Commerce, que la Compagnie Hollandoise entretient à Malaca, se nomme Chabander, nom Indien, qui signifie Sur-Intendant: il est indépendant du Gouverneur; & c'est lui seul qui a la direction du négoce & des Douanes.

Les Hollandois y sont au nombre de deux à trois cent familles : les autres Marchands sont, ou Malais, ou Maures, ou Chinois. Ceux-ci ne se mêlent que du détail de quelques menues marchandises, comme de thé, de sucre-candi, & de confitures : les autres ont toujours leurs boutiques bien fournies de toutes les marchandises qui y viennent par les vaisseaux Hollandois.

Le Commerce qui se fait à Malaca, est moins ce qui a d'abord engagé les Hollandois à l'enlever au Portugal, ou qui les oblige présentement à le maintenir, & à garder cette Place avec beaucoup de jalousie, que sa situation admirable pour celui de la Chine & du Japon; outre qu'elle domine sur tout le Détroit où elle est située, par lequel aucune Nation ne peut passer pour s'avancer dans l'Orient, qu'autant qu'ils le veulent bien permettre.

C'est à Malaca que doivent aborder tous les vaisseaux de la Compagnie, qui viennent de la Chine & du Japon; & c'est-là que se fait la distribution & le partage des riches marchandises qu'ils en rapportent, pour les envoyer, une partie à Batavia, & y faire les retours de leurs flottes en Europe; & l'autre partie dans tous les Comptoirs qu'ils ont aux Indes, à Bengale, sur la Côte de Coromandel, à Surate, en Perse, & dans la Mer Rouge.

Ligor & Tenasserin, sont deux petits Royaumes de la Presqu'isle de Malaca, qui dépendent du Roi de Siam. Les Hollandois y ont des Comptoirs, & y font un bon Commerce de poivre & d'étain. On en parlera dans le paragraphe suivant, où l'on va traiter de celui de Siam.

## SIAM.

Le Royaume de Siam, même depuis que le Tunquin & la Cochinchine en sont séparés, est un des plus puissans Royaumes des Indes.

Ses bornes sont présentement Camboya à l'Orient, Laor au Septentrion, Ava & Pegu à l'Occident, & la Mer du Golfe de Siam, auquel il donne son nom, au Midi.

Sa Capitale est Seia-Juthaia, dont les Européens ont fait Judtia, Judia, Judea & Odia. Les Portugais l'appellent Siam.

Cette Ville est située sur le Menam, grande riviere qui s'embouche dans le golfe de Siam, à quatre journées de Seia-Juthaia; & qui, comme le Nil, se débordant, & inondant tout le Pays dans des saisons réglées, le rend très fertile en toutes les chosses nécessaires à la vie, particuliérement en ris, dont les Etrangers enlevent chaque année la charge de plusieurs vaisseaux, qu'ils revendent ailleurs avec grand profit.

Les grands navires ne peuvent remonter le Menam, & attendent leur charge au bas de la riviere : les moyens bâtimens s'avancent jusqu'à Bencok, cinq ou six lieues plus haut; mais il n'y a que des barques & des jonques, qui puissent aller jusqu'à la Capitale.

Il n'y a point d'endroit de l'Asie, dont on ne voye des Marchands à Juthaia; & il en vient du Japon, de la Chine, des Philippines, du Tunquin, de la Cochinchine, de Chiampa, de Camboya, des Isles de la Sonde, du Bengale, de la Côte de Coromandel, de Surate, de la Perse, & de l'Arabie.

On parlera plus bas assez amplement du Commerce que les Chinois de Canton font dans le Royaume de Siam. *Voyez au paragraphe de la Chine le* Commerce *extérieur des Chinois.*

Les Nations d'Europe qui y ont des Comptoirs, sont les Anglois, les Hollandois, & les Portugais.

Les François y avoient aussi en 1686, un établissement assez considérable, pour espérer d'y faire à l'avenir le meilleur Commerce de tous les Etrangers; mais chacun sçait les révolutions qui les en chasserent en 1688, & qui les obligea de sortir de Banko, que le Roi de Siam leur avoit confié; & qu'ils ne rendirent qu'après une longue défense, & à des conditions honorables.

Ils ont depuis été rétablis dans le Royaume; mais le Commerce qu'ils y font, est peu considérable, & incapable de renouveller cette jalousie de Nations, qui fut cause, à ce qu'on croit, de la mort du Roi, de celle du celebre M. Constant, & de l'expulsion des François, qui présentement y envoyent plus de Missionnaires que de Marchands.

Il n'y a que les Marchands Européens, les Chinois, & les Maures; c'est-à-dire, tous les Mahométans, qui ayent le privilége d'avoir des maisons dans la Ville; les Nations des Indes ayant au dehors, mais toutes séparément, leurs quartiers, qu'on appelle des Camps, où ils font leur négoce & les exercices de leur Religion.

Les Hollandois y sont les plus accrédités; aussi y font-ils le plus grand Commerce. La maison qu'ils y bâtirent en 1634, est une des plus belles qu'ils ayent en Orient; & leur Directeur Général tient un des premiers rangs parmi ceux que la Compagnie a dans les Indes.

Le trafic est une des principales professions des Siamois; mais l'on peut dire que le Roi de Siam est lui-même le plus grand Négociant de ses Etats, soit au dedans, soit au dehors.

Son Commerce au dehors est principalement à la Chine, où il envoye tous les ans cinq ou six grands bâtimens, de ceux que les Chinois appellent de Sommes; au Japon, où il en va deux ou trois; à Camboya, au Tunquin, & à la Cochinchine, où il en destine autant; enfin, dans toutes les Côtes des Indes, sur-tout à Surate, & même jusqu'en Perse, où il y a toujours de ses navires, commandés néanmoins pour la plupart par des Chrétiens; les Siamois étant peu habiles dans la Marine.

Le Commerce du dedans de son Royaume, que fait le Roi de Siam par ses Facteurs, consiste nonseulement dans les précieuses marchandises que lui apportent ses navires, dont ses magasins sont toujours pleins, & qu'il vend au prix qu'il veut; mais aussi dans les différentes productions de ses Etats, soit qu'il les reçoive pour tribut de ses Peuples, soit qu'il les fasse cultiver dans les terres qui lui appartiennent; de sorte que seulement en betel & en araque, tant verd que sec (qui sont des plantes qui croissent en plusieurs lieux de Siam, & qui sont fort à la mode parmi les Indiens, qui en mâchent sans cesse,) les Facteurs du Roi en font un négoce de plus de six à sept cent mille francs : aussi dit-on que la Douanne de Bancok, & la Ferme des Jardins, qui sont aux environs, produisent plus de quatre millions de revenus au Roi.

Le Royaume de Siam a quantité de mines d'étain, de plomb, d'argent, & même d'or; mais celles-ci produisent peu, & le métail est à très bas titre.

Les mines d'étain de Lagor sont les plus considérables; & ce métail fait une des meilleures parties du Commerce des Hollandois à Siam; la Compagnie ayant un Traité avec le Roi, qui ne permet qu'à elle seule d'en acheter à l'exclusion de tous les autres.

C'est de cet étain dont les vaisseaux Hollandois

sont leur lest, lorsqu'ils retournent en Europe; conservant néanmoins beaucoup de ce métail pour plusieurs endroits des Indes, où ils l'échangent pour d'autres marchandises avec un profit très considérable.

Les autres marchandises que l'on tire de Siam, sont des bois pour les constructions des bâtimens de mer, dont les vaisseaux Hollandois chargent une grande quantité pour Batavia : des peaux de cerfs, de bœufs, de buffles, & de tigres, dont on ne peut se passer pour le négoce du Japon.

De la gomme laque, du plomb, du bois de sapan, du Calembac, du miel, de la cire, du sucre, du betel, de l'aroque, du poivre, du ris, du sel, du vernis, divers bois de senteur, du thé, qui vient de la Chine & du Japon; du calin, de l'ambre gris, des toiles du Pays, du morfil, du salpêtre, de la gomme gutte, des cannes ou rotins, du coton, de l'yvoire, du bois d'aigle, du musc, du benjoin, & de la soie; mais ces trois derniers y sont apportés de Laor, lorsque ce Royaume n'est pas en guerre avec celui de Siam.

On trouve aussi à Siam des pierreries; mais rarement les Européens s'en chargent-ils; leur plus grand profit se faisant sur les autres marchandises.

Les marchandises étrangeres, qui sont bonnes pour le Commerce de Siam, sont, des étoffes de soie, des épiceries : toutes sortes de marchandises de la Chine & du Japon, comme des pannes, des ouvrages vernissés, des porcelaines, des ouvrages d'orfévrerie, diverses marchandises d'Europe, de l'or & de l'argent en barre, & des épiceries : mais les marchandises dont le débit est le plus prompt & le plus sûr, sont les toiles de Surate, de Coromandel, & de Bengale, sur lesquelles les profits seroient immenses, si les Mogols, les Sujets du Roi de Golconde, & les Habitans du Bengale, chez qui se font toutes ces toiles, ne les y apportoient eux-mêmes, & ne tiroient tout l'avantage de ce Commerce, les pouvant donner à meilleur compte que les Européens, qui ne les ont que de la seconde main.

Aussi ce sont moins les profits que les Nations d'Europe peuvent faire sur les marchandises qu'elles apportent à Siam, qui les engagent à soutenir les Comptoirs qu'ils y ont, que le gain qu'ils font sur celles qu'ils en tirent, en les distribuant dans toutes les Indes, qui ne s'en peuvent passer que malaisément.

On porte encore à Siam, du corail rouge, de l'ambre jaune, du vif argent, du sandal, & des draps. Le poivre y étoit autrefois une bonne marchandise; mais depuis qu'on en a planté dans le Royaume, il en fournit même aux Etrangers.

A l'égard du Commerce que les Siamois font entre eux, il est si plein d'indolence, ou de bonne foi, que dans les bazars & les marchés où ils font leur petit négoce, le Vendeur ne compte point l'argent qu'il reçoit, ni l'Acheteur la marchandise qu'on lui livre.

L'heure des Bazars est depuis cinq heures du soir jusqu'à huit ou neuf.

### *Poids, Mesures, & Monnoies de Siam.*

Les Siamois n'ont point de véritables mesures des longueurs pour les étoffes & les toiles; & ils achettent ordinairement les pieces entieres. Lors cependant qu'on les veut détailler, on les mesure au KEN, qui n'est pas une mesure réelle & de police; mais qui est la distance qui se trouve entre le coude & le bout de la main; aussi Ken signifie-t-il *Coude*; c'est ce qu'on nommeroit en François, *une Coudée* : il est cependant bien rare qu'il se trouve des personnes assez misérables, pour n'acheter qu'au KEN.

Ils ont aussi une espece de brasse, ou de toise, mais qui ne sert que pour mesurer les terres. Elle n'est que d'un pouce moins longue que la toise de France de six pieds de Roi. Voici ses divisions.

Le voua, (c'est le nom qu'ils donnent à leur toise) est composé de 2 KENS, le ken de 2 SOKS, le SOK de 2 KEUBS, le KEUB de 12 nions, le nion de 8 grains de ris entiers, qui n'ont pas été brisés au moulin : ainsi 8 grains valent 9 lignes du pied de Roi. Au dessus du voua est le sex, qui en vaut 20; 100 sexs font une lieue, ou 2000 brasses Siamoises. La lieue s'appelle Rôé-neug; 4 sexs font 1 jod.

Les cocos vuides de leurs eaux, & de leur moele, servent de petites mesures pour les grains & les liqueurs. Comme ils sont d'une continence inégale, y en ayant de plus gros les uns que les autres, afin de juger de leur capacité, on les jauge, pour ainsi dire, avec des cauris, ou coquilles des Maldives. Ainsi il y a des cocos de 1000, de 500, de 250 cauris, même de moins; ce qui est comme en France la pinte, ou litron, & leurs diminutions.

Le sat est une espece de boisseau fait de bambou entrelassé, comme cette mesure d'osier, qu'en France les Grainiers appellent Picotin. 40 sats font le seste, & 40 sestes le cohi. Il est difficile de faire les réductions de ces mesures aux nôtres : quelques-uns néanmoins estiment le seste 100 catis; ce qui revient à 125 livres de Paris.

Le can, ou canan, est la plus grande mesure pour les liquides. Le quart du canan s'appelle Leeng.

Les poids sont le pic, qui vaut 50 catis, le catis, qui vaut 20 teils, le teil 4 ticals, le tical environ demie-once. Ce dernier est aussi une monnoie.

Il ne se frappe point de monnoie d'or dans le Royaume de Siam, ou du moins elle n'y a point cours dans le Commerce; celle qui s'y trouve au coin des Rois n'ayant été fabriquée que par curiosité.

Les especes d'argent servent tout ensemble de monnoie, & de poids pour les matieres peu pésantes. Ces especes sont toujours fidéles pour la pésanteur, quoique souvent très altérées pour le titre, & même tout-à-fait fausses.

Toutes les monnoies d'argent sont de même figure, & ne different que par la grosseur & le poids. Leur forme est comme d'une balle de plomb applatie, qui seroit formée d'un petit cylindre de métail, dont les deux bouts se réuniroient. Il y a deux coins frappés sur chaque piece. La plus grande des monnoies d'argent est le tical; le mayon est la quatriéme partie du tical; le foang, la moitié du mayon; & la sompaye, la moitié du foang.

Pour la menue monnoie, on se sert de cauris : on en donne 800 pour le foang; ensorte que 8 cauris ne valent pas le denier de France.

Tous ces poids & ces monnoies, aussi-bien que les cauris, sont expliqués & évalués à leur propre article, où l'on peut avoir recours.

## CAMBOYA.

Le Royaume de Camboya, qu'on nomme aussi Cambodia, faisoit autrefois une des Provinces de Siam; présentement il ne le reconnoît que par un tribut annuel d'un bouquet de fleurs d'or. La Capitale de Camboya, à qui les Européens donnent le même nom qu'au Royaume, & que les Habitans appellent Ravecca, est située à 60 lieues de l'embouchure d'une riviere, qui se jette dans le Golfe de

Siam; & qui, comme le Nil & le Menan, inonde le Pays réguliérement chaque année.

Les Portugais en ont long-tems fait tout le négoce, en ayant fait refuser l'entrée aux autres Nations; mais enfin il est ouvert pour tous ceux qui veulent y trafiquer; & l'on y voit des Hollandois, des Anglois, des Portugais, des Chinois, des Japonnois, des Siamois, des Cochinchinois, des Malais, &c. dont une partie y vont par la mousson du Sud, & s'en retournent par la mousson du Nord; & les autres au contraire, s'y rendent par celle du Nord, & en sortent par celle du Sud.

Les Hollandois y envoyent de Malaca, des toiles, dont les meilleures pour Camboya sont, des caffa de Bengale, des bétilles blanches, d'autres rouges, & des assortimens de serrasses. Il y faut aussi du coton filé.

Les marchandises qu'on en peut tirer, sont, du benjoin, de la gomme laque, de la cire, des bassins de cuivre, des poeles de fer de la Chine; du ris qu'on charge pour Quinam, où il se vend à grand profit; & quantité de peaux de cerf, de buffle, de bœuf, & d'autres animaux sauvages, qui, aussi-bien qu'à Siam, sont une des meilleures marchandises, & dont le débit soit plus facile, à cause du Commerce que les Chinois & les Hollandois en font au Japon.

Les Chinois sont ceux des peuples Orientaux, qui font le plus grand Commerce à Camboya. *Voyez ci-après le* COMMERCE *extérieur de la Chine, où il est parlé de celui qui se fait de Canton à Camboya.*

Le Roi de Camboya ne fait battre que des pieces d'argent, qui ne valent gueres que 4 s. de France. La monnoie de cuivre est de la grandeur des liards de France, & à peu près du même prix: pour lors il se donne au poids, & est tout ensemble marchandise & monnoie.

## LA COCHINCHINE.

Ce Royaume est situé entre ceux de Camboya & du Tunquin, sur un Golfe qui porte son nom. Il y a 150 ans qu'il n'étoit qu'une Province de ce dernier. Sa longueur n'est que de 110 lieues, & sa largeur de 10, 20, ou 25 au plus, suivant que les frontieres sont resserrées par les Etats voisins.

Malgré une si petite étendue, il a d'autres Royaumes tributaires, comme Chiampa & Thien; & il s'y fait un grand Commerce.

Son principal négoce pour le dehors, est celui de la Chine & du Japon, que font les Chinois établis dans la Cochinchine, ou ceux de Canton. *Voyez ci-après l'article du* COMMERCE *extérieur de la Chine.*

Les Européens, particuliérement les Hollandois, y vont charger diverses marchandises. Les François, comme on l'a dit de Siam, n'y ont gueres que des Missionnaires.

Les marchandises qu'on en tire, & qui sont du crû du Royaume, sont, de l'or qui vient des mines, ou qu'on ramasse en poudre dans le gravier de quelques rivieres: du bois de calembac, qui ne se trouve qu'à la Cochinchine, & qui se vend au poids de l'or, même dans le Pays.

Il y en a de trois sortes; celui qui conserve le nom de Calambac, c'est le plus précieux; l'Aquila & le Calambouc, qui sont moins bons, mais qui servent également pour la médecine & pour les parfums.

On en tire aussi du poivre, qui se transporte à la Chine: des soies, qu'on y recueille en telle quantité, qu'il n'y a pas jusqu'aux cordages des galeres, & aux filets des Pêcheurs, qui en soient faits: des taffetas très larges, qui sont presque les seules étoffes qu'on y fabrique: du sucre, qu'on y vend au plus 2 sols la livre, & qu'on envoie au Japon: de la cire, de l'areque, & du betel: du ris, dont on charge plusieurs vaisseaux tous les ans: enfin, ces nids d'oiseaux, qui font les délices de tous les Indiens, & dont ils se servent comme d'une épicerie, mais plus chere & plus précieuse que toutes les autres, pour mettre dans ce qu'ils mangent.

L'argent y est apporté du Japon: les porcelaines, du Japon & de la Chine, aussi bien que quantité d'ouvrages vernissés, & de laque: l'ébéne & l'yvoire se tirent de Chiampa: les perles viennent d'Anian; mais il est défendu d'en vendre aux Etrangers, non plus que des diamans. Le Commerce est libre du reste; & les Hollandois, qui y envoyent leurs vaisseaux, font un très bon négoce de toutes ces marchandises, qu'ils distribuent ensuite dans le reste de l'Asie.

Des toiles des Indes, des épiceries, des draps, diverses marchandises d'Europe, du corail, & de l'ambre jaune, du vermillon, du vif-argent, du poivre, sont bons pour ce Royaume.

La monnoie qui y a plus de cours, sont les caches ou cassis de la Chine & du Japon.

## LE TUNQUIN.

Le Tunquin a long-tems été une Province de la Chine; & alors la Cochinchine & Chiampa faisoient partie de cette Province: présentement ces deux Royaumes en sont séparés; & le Tunquin, beaucoup plus resserré qu'autrefois, est borné de deux côtés par trois Provinces de la Chine, qui sont Canton à l'Orient, & Invan & Quansi au Septentrion: à l'Occident il touche le Royaume de Brama, & au Midi la Cochinchine, & le Golfe à qui cette derniere a donné son nom.

Les Tunquinois n'ont renoncé qu'assez tard à la politique qu'ils avoient prise des Chinois, de ne faire négoce avec aucune Nation du dehors: mais à la fin ils se sont apprivoisés; ayant d'abord permis aux Etrangers d'aller trafiquer chez eux; & ensuite s'étant enhardis d'aller chez les autres, comme ils font présentement à Siam, à Batavie, & en plusieurs autres lieux des Indes, où ils envoyent des vaisseaux.

La meilleure marchandise que les Européens puissent porter au Tunquin, est de l'or ou de l'argent, particuliérement des piastres; quoique pourtant il n'y manque aucun de ces métaux; leur venant beaucoup d'or de la Chine, & quantité d'argent du Japon.

Quelques-uns prétendent que ce Royaume a des mines de l'un & de l'autre métail: M. Tavernier le nie; & il paroît qu'il faut s'en tenir à sa décision.

On ne fabrique au Tunquin aucune monnoie d'or ou d'argent.

Dans les gros payemens on se sert de pains d'or de la Chine, dont les uns sont de 300 livres, & les autres de 600 livres, monnoie de France; ou de barres d'argent du Japon, qu'on donne au poids.

Dans le détail & les payemens médiocres, on donne des piastres, ou, si on n'en a pas, des morceaux d'argent, qu'on coupe de ces barres; chaque Marchand ayant toujours à sa ceinture, une petite balance en forme de Romaine, pour péser ces morceaux de métail, suivant la somme qu'il faut compter; & des cisailles pour les couper.

Enfin, les plus petits payemens se font avec une monnoie de cuivre & d'étain, qui vient du Japon & de la Chine, qu'on nomme Cachas ou Cassis. C'est la même dont on a parlé à l'article de la Cochinchine, & pour laquelle il y a un article particulier dans ce Dictionnaire.

On ne dira rien ici des poids & des mesures du Tunquin; les Tunquinois n'en ayant point d'autres que celles dont on se sert dans la Chine, dont, comme on l'a dit, ils faisoient autrefois partie. *Voyez ci-après à la fin de l'article du* COMMERCE *de la Chine.*

Les autres marchandises qu'on porte au Tunquin, outre l'or & l'argent, sont des épiceries, du poivre, du vif-argent, du vermillon, des draps, & de l'ambre jaune.

Les Tunquinois sont francs & fidéles dans le Commerce; en cela bien différens des Chinois, qui tirent vanité de tromper les Marchands Etrangers, & qui leur font mille chicanes dans l'achat ou la vente des marchandises. *On en parlera a l'article suivant, où il sera traité du négoce de la Chine.*

Les soies sont au Tunquin en si grande quantité, que les riches & les pauvres s'habillent également de diverses légeres étoffes qui se fabriquent dans le Pays; & l'on y fait de cette matiere la plupart des choses qui sont faites ailleurs de filasse, de lin, ou de chanvre.

Les Hollandois enlevent beaucoup de ces soies pour le Japon; ce qui leur est plus commode que d'y en porter de celles de Perse & du Bengale, comme ils faisoient avant que leur Commerce fût établi au Tunquin.

Le musc, l'écaille de tortue, le bois d'aloës, dont il y en a jusqu'à mille écus la livre: du sucre en petit pain, d'une livre, & demie-livre, propre pour le Japon: des porcelaines, mais qui y sont apportées de dehors: de la laque, du ris, & de ces nids d'oiseaux, dont on a parlé à l'article de la Cochinchine, qui se trouvent dans cinq petites Isles du Golfe, où les Tunquinois & les Cochinchinois vont également les chercher.

C'est pareillement dans cinq autres Isles voisines qu'ils vont prendre les tortues, dont ils vendent l'écaille, qui terrissent en si grande quantité dans certaines saisons, qu'un des meilleurs négoces du Tunquin consiste en la chair de ce poisson testacé, que les Tunquinois salent, & dont ils portent beaucoup au dehors, outre la consommation qu'il s'en fait dans le Royaume.

Ils ont, comme dans toutes les Indes, des oranges & des citrons; mais ceux-ci sont si aigres, qu'ils n'en peuvent vendre aux vaisseaux Etrangers parmi les rafraîchissemens qu'ils leur fournissent en quantité; mais ils l'employent chez eux au lieu d'eau-forte, pour nétoyer le cuivre, le léton, & le fer, lorsqu'ils le veulent dorer; s'en servant aussi dans la teinture de leurs soies, & dans les lessives de leurs toiles, que le jus de ces citrons rend d'un blanc éblouissant.

*Voyez ce qu'on dit plus bas du Commerce que les Chinois de Canton font au Tunquin.*

## LA CHINE.

Cette vaste partie de la Terre, la plus Orientale de l'Asie, est également célebre par sa fertilité, qui lui fournit avec abondance tout ce qui peut entretenir un grand Commerce; & par le génie de ses Habitans, qui plus qu'aucun peuple du monde, sçavent employer en toutes sortes de Manufactures & d'ouvrages, les riches productions de toutes especes, qui croissent & qui se trouvent dans les quinze Provinces de ce vaste Empire, qui toutes ensemble composent une étendue de Pays de plus de 750 lieues de longueur, & au moins de 500 de largeur.

Ce qui rend la Chine plus propre au Commerce, qu'aucun autre Etat de l'Orient; sont, au dedans, la grande quantité de rivieres & de canaux, qui traversant toutes ses Provinces, y facilitent le transport des marchandises; & au dehors, les bons Ports qui se trouvent dans six de ses Provinces, qui sont baignées de l'Océan Oriental.

La politique des Chinois, qui craignoient que la fréquentation des Etrangers ne corrompît leurs Loix, ou ne donnât à ceux-ci une occasion d'entreprendre sur leur liberté, sous le prétexte du Commerce, les avoit obligé pendant plusieurs milliers d'années, de fermer l'entrée de leur Empire à toutes sortes de Nations, & de se contenter du négoce intérieur qu'ils y faisoient eux-mêmes. Mais enfin, l'Empereur régnant ayant ouvert ses Ports à tout le monde en 1685, les Indiens & les Européens se sont également empressés d'user de la liberté de ce nouveau Commerce; & l'on a vû même en France de riches Marchands, & d'autres personnes d'un grand crédit, s'associer, & y former une Compagnie de Commerce, sous le nom de Compagnie de la Chine. *Voyez l'article des* COMPAGNIES.

Les Portugais jusques-là avoient été les seuls des Nations de l'Europe, qui eussent fait à la Chine une espece de Commerce direct, par le moyen de leur Ville de Macao, dont on parlera dans la suite; & les Hollandois, qui les avoient voulu imiter, & qui s'étoient établis dans l'Isle de Formose, ayant été chassés de ce poste en 1661, avoient renoncé à ce Commerce, ou du moins, aussi-bien que les Anglois, ne le faisoient que dans des Isles à demi désertes, où les jonques des Chinois leur apportoient des marchandises, & en venoient prendre des leurs.

Il est vrai que plusieurs Nations des Indes, & les Hollandois eux-mêmes, ne manquoient point de marchandises de la Chine; mais c'étoit les Chinois qui les leur alloient porter jusques chez eux; leur ayant presque toujours été permis d'aller chez les autres, tandis qu'il étoit le plus sévérement défendu aux autres d'aller chez eux.

Les lieux que les jonques Chinoises fréquentoient le plus, & dont ils continuent toujours le négoce, sont le Japon, les Manilles, la Cochinchine, Achin, Malaca, Camboya, Siam, le Tunquin, Patane, Jambi, Andriegeri, Batavia, & quelques autres. *On parlera amplement à la fin de ce Paragraphe, du Commerce extérieur des Chinois.*

Le Commerce des Etrangers dans la Chine n'a pas seulement été ouvert du côté de la mer, leurs caravanes y ont été pareillement reçues du côté de la terre: & outre les Tartares Orientaux, qui y ont toujours envoyé les leurs, particuliérement depuis que ce sont des Empereurs de leur Nation, qui gouvernent cet Empire, on voit tous les ans arriver à Pekin une nombreuse caravane de Moscovites, qui part de Petersbourg, cette nouvelle & célebre Ville située au fond de la Mer Baltique, qui doit son nom & sa construction au Czar Pierre Alexiovits, Prince qui de nos jours a rendu ses Sujets également habiles dans la guerre, dans les sciences, & dans le Commerce de terre & de mer.

Il n'y a point de Nation plus propre au Commerce, & qui l'entende mieux, que la Chinoise; aussi ne refuse-t-elle aucun gain qui se fasse par le négoce; trafiquant de tout, & profitant sur tout avec une grande habileté, mais non pas avec cette fidélité, qui ailleurs est regardée comme l'ame du Commerce.

En un mot, les Chinois sont en Asie, comme les

Juifs dans l'Europe, répandus par tout où il y a quelque chose à gagner; trompeurs, usuriers, sans parole, pleins de souplesse & de subtilité pour ménager une bonne occasion; & tout cela sous une apparence de simplicité & de bonne foi, capable de surprendre les plus attentifs & les plus défians. Aussi les Chinois ont-ils coutume de dire en espece de proverbe, Que toutes les autres Nations sont aveugles en matiere de Commerce: Que les seuls Hollandois ont un œil; mais que pour eux ils en ont deux.

Comme une des maximes du Gouvernement Chinois a toujours été de donner un grand cours au Commerce dans tout le Royaume, l'on peut dire que tout le monde s'en mêle; n'y ayant gueres de Chinois, même de Mandarins, qui ne le fasse, au moins en société, en donnant leur argent à des Marchands, pour le faire valoir dans le négoce.

Un des principaux Commerces de la Chine, tant au dedans qu'au dehors, consiste dans les soies, & dans les étoffes, ou unies, ou mêlées d'or & d'argent, qui s'en fabriquent; y en ayant en si grande quantité, que la plûpart du peuple, & jusqu'aux Domestiques, qu'en France on nommeroit Laquais, sont ordinairement habillés de satin, ou de damas.

On nourrit des vers à soie dans presque toutes les Provinces du Royaume; mais Nanquin & Chekiam, particuliérement cette derniere, sont celles où il s'en recueille davantage, & où il y a le plus de Manufactures d'étoffes de soie; n'y ayant point d'année qu'elles n'envoyent à Pekin près de 400 barques chargées de draps d'or, de damas, de satins, de velours; outre celles qui se fabriquent exprès pour l'Empereur, qui en fait des présens à ses femmes, aux Princes, & à toute sa Cour.

Toutes les autres Provinces payent aussi une partie de leurs tributs en soie, & en étoffes de soie, qui pour l'ordinaire se revendent pour le compte de l'Empereur; mais qui n'approchent pas toutes ensemble à la moitié de ce qu'en fournit Chekiam toute seule.

On croit communément qu'il y auroit 200 pour 100 à gagner sur les soies crues de la Chine, si les Européens les pouvoient tirer de Nanquin en droiture, & qu'elles ne passassent pas par les mains des Chinois de Canton, ni des autres peuples de l'Inde; d'habiles Négocians ayant supputé que les soies qui ne valent que 100 écus à Nanquin, s'achetent 150 à Canton, & jusqu'à 300 à Siam.

C'est dans la Province de Nanquin que se fabriquent les plus belles étoffes; & c'est où presque les meilleurs Ouvriers viennent établir leurs Manufactures. Les Etrangers cependant n'enlevent gueres de celles-ci; & presque toutes les étoffes dont ils chargent leurs vaisseaux, & qu'ils apportent en Europe, aussi-bien que les soies écrues, se font à Canton, & dans la Province dont cette Ville est la Capitale, & qui porte son nom.

On fait à la Chine de toutes les étoffes de soie pure, ou mêlées d'or & d'argent, qu'on fabrique en France; entr'autres, des brocards à fleurs, sans or, & avec or; des velours, des pannes, des satins, des damas, des crespons, des taffetas, & plusieurs autres, que les Européens ne connoissent pas.

Il y en a même dont l'or & l'argent ne sont que de papier doré, tels qu'on en a vû en France par le premier retour de l'Amphitrite; mais qui n'y furent estimés que pour la curiosité, & non pas pour l'usage.

Les noms Chinois de ces étoffes, sont des Bouilles-charmay, des Bouilles-coronis, des Biambonnées, des Baffetas, des Soucis ou Soutis, des Sersakers, des Shaufs, des Souchas; des Atlas de diverses sortes, comme les Cancanias, les Calquiers & les Cotonis; des Chuquelas ou Chercolées, des Charcannas, des Chanicours, des Cirsacas, des Cherquemolles, des Nilas, des Mohabut, des Moutichicours, des Mallemolles ou Fichus brodés, des Romalles, des Quenkas, des Pinasses, des Pansi, des Longuis, des Kemeas, des Linées, des Sayas, des Jamavas; des Gingiras, des Guinéastufs, des Goraes, des Elatches, des Daridas, & des Damanes.

La plupart de ces étoffes sont des taffetas & des satins unis, à fleurs, de soie, ou d'or rayé ou à carreaux. Quelques-unes ont des noms Indiens, à cause qu'il s'en fabrique de semblables aux Indes, que les Commis qui ont soin de dresser les factures, confondent assez souvent.

Outre les étoffes à noms Chinois, il en vient encore quantité de la Chine, à qui les mêmes Commis ne donnent que les noms sous lesquels elles sont connues en Europe: comme trois sortes de dorures; les dorures de Nanquin, les dorures fines, & les dorures fausses; des damas, des moeres, des gros-de-tours, des gazes brodées d'or ou de soie, des serviettes à caffé, des ceintures ou écharpes qu'on nomme en Mogol, Pomeré; des robes de chambre brodées toutes taillées, mais non assemblées, dont les Européens ont porté les patrons à la Chine: enfin, des courtepointes ou couvertures aussi brodées, de satin, de taffetas, ou de mousseline.

Toutes ces étoffes, tant celles dont on a rapporté les noms Chinois, que les autres, sont chacune expliquées séparément dans ce Dictionnaire à leur propre article, suivant l'ordre alphabétique; & l'on y peut voir leur qualité & leur aunage.

L'on fabrique encore à la Chine quatre sortes d'étoffes de soie, qui sont peu connues en Europe; l'une, qu'on nomme Touanse, qui approche de ce qu'on appelle en France, Furies d'étoffes, ou Satins façonnés; l'autre qu'on nomme Cha, plus légere, & qui sert l'été, est une sorte de taffetas ordinairement à fleurs percées à jour, comme les dentelles d'Angleterre; la troisiéme est aussi un taffetas très serré, mais si maniable, qu'il ne conserve jamais son pli. Enfin il y a le Kiemtcheou, fait avec de la soie de vers sauvages; elle ne s'engraisse jamais, & on la lave comme de la toile. *Voyez ces quatre articles.*

Il y a quantité de laine dans plusieurs Provinces de la Chine, mais ils n'en sçavent point faire de draps à la mode d'Europe; & les étoffes qu'ils font de cette matiere, ne sont que des serges de plusieurs sortes, la plupart très fines, qui leur servent en hyver; ou des camelots. Les Etrangers y portent néanmoins de leurs draps; mais ils les tiennent si chers, que quoiqu'ils y soient très estimés, particuliérement ceux d'Angleterre, les Chinois n'en achetent gueres, coutant incomparablement plus que les plus belles étoffes de soie.

Les Chinois ont aussi diverses fourures, même des plus belles, telles que sont le petit gris, les hermines, & les martres; mais elles se consomment toutes dans le Pays, en doublures de vestes pour hommes ou pour femmes; ils en fourrent aussi leurs bonnets, les selles de leurs chevaux, & plusieurs de leurs meubles. Toutes ces fourures leur viennent de Tartarie; & il y en a de si cheres, qu'une doublure de veste revient souvent à 2000 écus.

Les autres marchandises qu'on tire de la Chine, outre les soies & les étoffes, sont les cotons filés, ou en bourre, & les toiles qui s'en fabriquent; des cuivres jaunes, en plaque, & en saumons; du tintena-

que,

que, autre métail qui approche du cuivre; du thé, du camfre, du musc, du lin, du sucre, du sel, du gingembre confit, du vif-argent, du vermillon, du lapis, du vitriol, de l'ambre gris, de la rubarbe, du galangal, de l'esquine, des mirabolans, de l'encre de la Chine, des cheveux, de la porcelaine, des ouvrages de laque & de vernis, des poteries propres pour les Indes, des camelots, du chanvre, des toiles de chanvre, de l'or très fin, de l'étain, du fer, de l'acier, & plusieurs instrumens faits de tous ces métaux, fort bien travaillés; enfin des pierres précieuses, des perles, du marbre très beau, des bois d'aigle, de rose, de Bresil, & d'ébene, du quinquina, & de l'ambre jaune & rougeâtre.

A l'égard des marchandises étrangeres qui sont propres pour le Commerce de la Chine, l'argent en est comme la base, soit qu'il soit en piastres, qui viennent du Mexique aux Manilles par la mer du Sud; soit qu'il soit en barres, comme les Hollandois le tirent du Japon: les Chinois qui n'en ont point, l'estiment beaucoup, & l'échangent volontiers contre leur or & leurs meilleures marchandises.

L'on doit remarquer, à propos de ce Commerce d'or & d'argent, qui se fait dans la Chine, que l'argent, n'y étant, par rapport à l'or, que comme un à dix; & étant communément en Europe comme un à quinze, le profit est très grand dans cet échange; & c'est en effet un des meilleurs trafics qu'on y puisse faire, que celui de l'or & de l'argent.

Les épiceries & le poivre y sont encore d'un bon débit, particuliérement ce dernier, dont les Hollandois font une partie de leur cargaison.

On y porte aussi des toiles de plusieurs sortes; des draps, des serges rases; des étamines de diverses especes & couleurs, dont les rouges, les blanches, & les noires sont les plus recherchées; du bois de sandal, des dents d'éléphant, de l'ambre, & du corail rouge, mais pâle.

*Poids, Mesures, & Monnoies de la Chine.*

Les poids de la Chine sont le Pic, le Picol, le Taël, le Bahar, le Catis, le Mas, le Casche, & les Condorins. Tous ces poids, qui sont expliqués chacun à leur article, ont encore différens noms accommodés à la prononciation & à l'idiome des Nations d'Europe & des Indes.

Le Bahar se nomme Bahaire, & Barre; le Catis s'appelle Cattis, & Cate; le Mas a souvent le nom de Mase; & les Condorins s'appellent Conduris.

Dix condorins font un mas; dix mas font un taël; seize taëls font un casche; cent casches font un pic; & le pic pese 122 livres poids de France.

La livre des Chinois, ou plutôt le poids qui leur tient lieu de la livre, se divise en 16 Onces comme la livre de Paris; chaque once en 10 Gros, qu'on nomme Tcien; chaque gros en 10 Deniers; & chaque denier en 10 Grains. Au dessous du grain sont encore quelques divisions, qui décroissent toujours de 10 en 10.

Presque toutes choses se vendent à la Chine, au poids, ainsi que par-tout l'Orient.

Les Chinois n'ont point de mesure de continence, soit pour les liquides, soit pour les grains.

La mesure des longueurs est le pied, qu'ils nomment Cobre, & qui sert à auner les étoffes, les toiles, & autres semblables choses qui ont de l'étendue. C'est aussi le cobre qui sert à faire l'arpentage & le mesurage des terres. Quatre cobres dans le Commerce, font environ l'aune de Paris.

Ce pied n'est pas sensiblement différent du pied de Roi qui est en usage en France, duquel il n'est qu'une centiéme partie plus petit; aussi cette legere différence s'évanouit-elle parmi les Chinois dans la pratique, & il n'y a que les Mathématiciens & les Géometres qui en fassent usage dans leurs opérations.

On a parlé ailleurs du cobre, & de la maniere de le réduire en aunes Françoises. *Voyez* COBRE.

Une autre mesure des longueurs parmi les Chinois, est le Ponts, dont dix font un cobre; mais elle n'est pas en usage par-tout.

Il n'y a proprement qu'une seule monnoie dans la Chine, frappée au coin du Prince. Elle est de cuivre, avec un trou au milieu, pour la commodité du Commerce, s'enfilant ordinairement plusieurs ensemble, dont on compose des cordons, qui valent plus ou moins, suivant qu'ils sont plus ou moins longs.

Cette monnoie s'appelle Caxa, ou Casche, & ne vaut gueres plus que l'ancienne maille de France, les dix caxas ne faisant qu'un sol de 12 deniers.

On frappe aussi à Chinceo & dans quelques autres Provinces maritimes, de mauvaise monnoie de plomb, & d'écume de cuivre; mais elle n'a point de cours dans le Royaume.

On compte néanmoins encore au nombre des monnoies, les condorins, le mas, & le taël; dix casches font un condorin; dix condorins un mas, & dix mas un taël.

On a déja dit ailleurs, que l'or & l'argent sont marchandises à la Chine, & non pas monnoie; cependant quoique ces métaux ne soient point marqués, ils ont cours, comme les especes qui en sont fabriquées ont coutume de l'avoir dans les autres Etats, mais seulement au poids, chaque morceau d'une certaine pésanteur valant un certain prix.

Ce que les Chinois nomment Leam, & que les Portugais appellent Taël, revient à un peu plus de 4 livres monnoie de France, lorsque l'écu vaut 3 liv. ce n'est pourtant pas une espece, mais un morceau d'argent que chacun coupe à sa maniere, mais du même poids: c'est proprement l'écu Chinois. Il y a des demi leams, & des quarts de leams, même d'autres diminutions, suivant qu'il en a besoin pour les payemens.

Voici une réduction des monnoies de la Chine sur le pied de celles de France, à raison de l'écu à 3 livres 12 sols: c'est la derniere sur laquelle les Commis de la Compagnie Françoise de la Chine ont dressé leurs Comptes.

Quand l'écu de France vaut 3 livres 12 sols, le taël de la Chine vaut 5 livres, le mas 10 sols, le condorin 10 deniers, & le casche ou caxa, un denier.

La raison que l'on apporte pourquoi il n'y a point de monnoie dans la Chine, est que les Chinois, qui sont également adroits & infidéles, ne manqueroient pas d'en fabriquer de fausse, sur-tout pour l'argent; ayant à ce qu'on dit, le secret de fixer le mercure, & de le rendre maleable, en sorte qu'il n'y a que l'épreuve du feu qui en puisse faire reconnoître la friponnerie.

Le titre de l'argent se divise en cent parties, qu'on nomme des Tocques, & se reçoit dans le Commerce depuis 80 jusqu'à 100; au dessous on le rejette, & ceux qui s'en servent sont punis.

L'argent de France n'a cours que sur le pied de 95, & même les Connoisseurs ne l'estiment que 93; ainsi en 100 onces d'argent de France monnoyé, il y a 7 onces de déchet pour l'alliage.

L'or se vend en masse, que les Portugais appellent Pains, & les Hollandois Goltschus, ou Batteau : il y en a de différens poids ; les plus gros jusqu'à quatorze ou quinze cent livres monnoie de France ; d'autres de 600, & de moindres encore de 300. On le détaille même quelquefois comme l'argent ; & ainsi l'on pourroit dire en ce sens, que comme les Chinois ont leur écu, & ses diminutions, ils ont aussi des pistoles, des demies, & des quarts de pistoles ; dépendant de chaque Marchand de donner l'or dans le négoce, à si petits poids qu'il le veut.

L'argent qui se trouve dans la Chine, y est presque tout apporté du dehors : l'or s'y recueille dans les sables & les boues que les torrens entraînent des montagnes ; & cet or qu'on ramasse en très grande quantité, est d'un titre très haut. Ce n'est pas qu'il n'y ait dans plusieurs Provinces du Royaume, des mines très riches de ces deux métaux, mais les Princes qui ont gouverné jusqu'à présent, aiment mieux n'y point faire travailler, & les laisser inutiles, que d'exposer dans un travail si pénible & si hasardeux, la vie de leurs Sujets.

La balance qui sert à péser ces métaux, & que chaque Marchand porte toujours dans sa poche, ou à sa ceinture, est une espece de petite romaine enfermée dans une boëte legere de vernis, à peu près comme nos trébuchets. Il y en a de deux sortes, mais pourtant avec très peu de différence, la plus forte ne l'emportant sur la plus foible, que d'un 73ᵉ. On en a fait la description à l'article de la balance.

Outre la balance, chacun a pareillement des ciseaux bien acerés, pour débiter son métail.

On auroit pû entrer dans un plus grand détail des poids, mesures, & monnoies de la Chine ; mais crainte de répétition, on se contente d'indiquer les articles généraux ou particuliers où l'on a traité plus amplement de ces matieres. *Voyez* POIDS, MESURES, MONNOIES, *& dans leur ordre alphabétique, chaque article particulier des choses dont on n'a donné ici presque que les simples noms.*

Tout ce qu'on a dit jusqu'ici du Commerce de la Chine, ne regardant gueres que celui qui se fait dans l'intérieur de ce vaste Empire, par les Habitans des diverses Provinces qui le composent ; ou tout au plus, n'ayant rapport qu'au négoce que les autres Nations, particulierement les Européens, y viennent faire, depuis que l'Empereur de la Chine leur a ouvert ses Ports ; on va présentement entrer dans le détail qu'on a promis du Commerce que font les Chinois sur leurs propres vaisseaux, dans toutes les parties de l'Orient.

### *Commerce extérieur de la Chine.*

CANTON est le Port où se font tous les chargemens des jonques Chinoises pour l'Etranger, & où elles viennent rapporter leurs retours. Les lieux pour lesquels elles chargent le plus ordinairement, sont, comme on l'a déja remarqué, l'Isle de Hainam, la Cochinchine, Camboya, le Tunquin, Siam, Batavia, le Japon, Manille, Surate, les Maldives, & Achim.

On va parler du Commerce que les Chinois font dans tous ces endroits, dans l'ordre qu'on les a mis ici ; & l'on expliquera les diverses marchandises qu'ils y portent, celles qu'ils en tirent, les droits d'entrée & de sortie qu'elles payent, le fret qu'il en coute ; enfin tout ce qu'il peut y avoir de particulier & de curieux dans la maniere des Chinois, de trafiquer au dehors.

### *Commerce de Canton à l'Isle de Hainam.*

L'Isle de Hainam, située à 90 lieues au Sud-Ouest de la riviere de Canton, est de la domination de l'Empereur de la Chine ; ainsi il sembleroit qu'elle ne devroit pas être comprise dans ce qu'on a à dire du Commerce extérieur des Chinois : mais comme eux-mêmes la comptent parmi les lieux où ils portent au dehors leur négoce, on va commencer par elle d'entrer dans le détail de celui qu'ils font sur leurs propres vaisseaux avec les Etrangers.

La monnoie, les poids, & les mesures sont les mêmes à Hainam, que dans le reste de la Chine. Toutes les marchandises s'y vendent pour de l'argent du titre de 80 à 85 tocques, à la réserve de la cire jaune, des aîles ou nageoires de requein, & de la premiere sorte de l'*agulla*, ou bois d'aigle, pour lesquels on donne de l'argent de 94 tocques.

Les bâtimens peuvent aller & venir de Canton à l'Isle de Hainam pendant toute l'année ; mais la meilleure saison pour partir de Canton pour l'Isle, est la fin de Novembre, & celle pour revenir de Hainam à Canton, le mois de Juin ; ceux qui partent dans la bonne moisson, pouvant faire le trajet en moins de huit jours ; & ceux qui partent contre la moisson, y employant ordinairement un mois, & quelquefois six semaines.

Les droits d'entrée & de sortie qui se payent à Hainam, appartiennent au Roi de la Chine, & sont reçus par ses Houppous, ou Receveurs des Douanes.

Les marchandises que l'on porte de Canton à Hainam ; sont,

Du fer non ouvré, qui paye à Canton 1 mas le pic de droits de sortie, & 1 mas 6 condorins de fret.

Du fer ouvré, qui paye comme dessus.

Des chaudiéres de fer, pour faire bouillir du goudron, trois chaudiéres dans une, qui payent 2 mas le pic de droits de sortie, & 2 mas 2 condorins de fret pour quinze chaudiéres.

Des chaudiéres de fer pour faire cuire du ris, cinq l'une dans l'autre ; payent comme dessus.

Ces sortes de marchandises servent ordinairement de lest.

Du coton, qu'on nomme en Chinois Argoudan, qui paye 2 mas du pic de droits d'entrée, & 2 condorins de fret.

Des toiles de coton, appellées Canques de Fochien, la piece de 15 cobres de long, sur 14 ponts de large ; qui payent 3 mas pour droits de sortie par pic, & 1 mas 6 condorins de fret, aussi par pic.

Des canques de Nanquin, de 20 cobres de long, sur la largeur des précédentes ; 4 mas le pic de droits de sortie, & 1 mas, 6 condorins, 9 casches de fret.

Ces deux sortes de toiles servent de premier habillement aux hommes ; c'est comme la chemise des Chinois.

Des nattes communes de paille, appellées *Chistira*, qui payent de droits de sortie 5 mas, 5 condorins le cent, & 2 mas de fret par pic.

Enfin de l'ail, ou *alla*, qui paye 10 pour cent de sa valeur pour les droits de sortie, & autant pour le fret.

Les marchandises que l'on rapporte de Hainam à Canton, sont diverses sortes de rottins, entr'autres les rottins propres à faire des nattes, les rottins jaunes, & les rottins verds. Tous ces rottins sont assez communs : ils payent les droits d'entrée à Canton, à raison d'un mas le pic, & le fret, sur le pied de 2 mas, 6 condorins aussi le pic.

De la cire jaune; les droits d'entrée, & le fret comme dessus.

Du galangal, *idem.*

De la venaison salée & séche, *idem.*

Des aîles de requein, *idem.*

De l'araque pour manger avec le betel; *idem* pour le fret, & 5 casches le pic de droits d'entrée.

Des noix de coco; 5 casches d'entrée par cent de noix, & 40 pour cent de fret.

Des peaux de cerf; *idem* pour le fret, & 2 mas pour les droits d'entrée.

Des nerfs de cerf, *idem.*

Du bois d'*aguilla*, ou bois d'aigle. Les droits & le fret se payent plus ou moins, suivant sa sorte & sa qualité; on en compte jusqu'à treize especes, qui donnent l'une portant l'autre, 50 pour cent de profit: la premiere sorte vaut jusqu'à 16 taëls le cati, & la derniere seulement 12 taëls le pic.

### *Commerce de Canton à la Cochinchine.*

Le Roi de la Cochinchine est le seul Marchand avec lequel on puisse trafiquer publiquement: quelquefois il donne la permission de vendre & d'acheter des Particuliers, mais cette permission se paye toujours assez chérement; il est cependant très avantageux de l'obtenir. Chaque navire en arrivant, lui fait, ou à ses Officiers, environ pour 400 taëls de présens. Les poids & le mesurage sont de même qu'à Canton: pour de monnoies, il n'y en a point d'autres que des casches de Hainam & de Canton.

*Toutes sortes de marchandises qui entrent ou qui sortent de la Cochinchine, payent au Roi 4 pour cent de leur valeur.*

Les vaisseaux Chinois partent de Canton au commencement du mois de Mars, & arrivent ordinairement à la Cochinchine vers le 15 du même mois; quelquefois pourtant ils ne prennent Port qu'au 25, suivant le tems. Pour revenir de la Cochinchine à Canton, il faut partir au commencement de Juillet, afin d'arriver au 15 ou 25.

Les marchandises de la Chine propres pour la Cochinchine, sont des casches de cuivre de Hainam, qui payent les droits de sortie de Canton à raison de 2 mas le pic, & le fret sur le pied de 5 pour cent.

D'autres casches de Canton, qui payent comme dessus.

Du souffre, *idem* pour les droits de sortie, & 7 pour cent de fret.

Du salpêtre, *idem.* Il faut remarquer que l'on ne peut transporter hors de la Chine du souffre & du salpêtre tout à la fois sur un même vaisseau, ni même une de ces marchandises toute seule sans permission, qui toujours s'achete fort cher, à cause qu'elles sont une des principales contrebandes pour la sortie.

Les autres marchandises sont des étoffes d'or de deux sortes; sçavoir, les unes de huit fils, qui ont 13 aunes de long, & 26 pouces de large; les autres de cinq fils, dont la longueur est de 13 aunes, & la largeur de 25 pouces: elles payent également les droits de sortie, à raison de 2 taëls & 2 mas le pic, & 5 pour cent de fret.

Des crespons fins blancs, d'autres rouges, la piece pésant 10 taëls; ils payent les droits & le fret comme dessus.

Du jensen; les droits de sortie sont de 3 mas le pic, & le fret à 5 pour cent.

Des satins minces de Canton, & des satins cramoisi, la piece de 7 aunes & demie de long, & de 14 pouces de large; payent les droits & le fret comme crespons.

De grosses porcelaines, pour l'usage ordinaire; elles payent 3 mas le pic, & le fret à raison de 10 pour cent.

Toutes sortes de drogues médicinales; elles payent le fret sur le pied ci-dessus.

Du gros papier, pour brûler devant les Pagodes, 3 mas de sortie les dix mille feuilles, & 40 pour cent de fret.

Des bracelets communs de verre, d'autres plus fins; ils payent les droits à raison de 2 mas le pic, & 5 pour cent de fret.

Des chaudiéres de fer, cinq l'une dans l'autre; elles payent dix pour cent de fret.

De l'or en feuilles de 70 à 80 tocques: il y a communément 20 pour cent de perte sur cette marchandise: mais il en faut porter, pour faire passer les casches.

Les marchandises que l'on rapporte de la Cochinchine à Canton, sont de l'or en lingots, qui est de 96 tocques, & se vend pour 84.

Du bois d'agracaramba, dont il y a de quatre sortes; le plus fin qui paye à Canton 3 mas par cati de droits d'entrée; la seconde sorte 2 taëls par pic; la troisiéme, & la quatriéme 1 taël, 4 mas aussi par pic; toutes les quatre sortes payent 5 pour cent de fret.

Des dards, & des aîles de requein; ils payent 3 mas par pic de droits, & 7 pour cent de fret.

De l'araque, le meilleur des Indes; il paye de droits 5 condorins le pic, & de fret 10 pour cent.

Du bois noir; les droits d'entrée sont d'un mas par pic, & le fret de 10 pour cent.

Des cornes de rinoceros de trois sortes; les unes du poids de 3 à 4 catis la corne; les autres de 2 catis, & la troisiéme sorte pour les médicamens; elles payent toutes également le fret, à raison de 5 pour cent; à l'égard des droits, la premiere sorte paye 1 mas, 8 condorins par cati, & les deux autres seulement 9 condorins.

Des cornes de buffles, & de vaches; payent de droits 1 condorin le pic, & 10 pour cent de fret.

Du poivre; il paye de droits 4 mas le pic, & 7 pour cent de fret.

Du poisson appellé Bitchemarée; il paye 3 mas de droits, & le fret comme le poivre.

Des peaux de chien de mer; les droits sont d'un mas par pic, & le fret de 10 pour cent.

Des étoffes de soie fort grosses, de différentes largeurs & longueurs; la premiere sorte, de 15 aunes de long, sur 39 pouces de large; la seconde de 12 aunes, sur 17 pouces; & la troisiéme de 9 aunes, sur 14 pouces; elles payent toutes 2 taëls & 2 condorins la piece, de droits d'entrée, & 5 pour cent de fret.

Des nids d'oiseaux de la premiere sorte; on s'en sert comme d'épicerie; ils payent 4 taëls le pic de droits d'entrée, & 5 pour cent de fret.

Du sucre blanc & candi; il paye 7 pour cent de fret, & 1 mas de droits le pic.

Du bois de sapan, pour peindre en jaune; les droits sont de 3 mas le pic, & le fret de 10 pour cent.

### *Commerce de Canton à Camboya.*

Les vaisseaux Chinois qui font ce Commerce, partent de Canton au commencement du mois de Janvier, & employent à leur traversée depuis 15 jusqu'à 30 jours, suivant le tems qu'ils ont. Leur retour se fait à la fin de Juin, pour se rendre à la Chine dans tout le mois de Juillet. Tout le négoce se fait dans la partie la plus Sud du Royaume de Camboya, qui est par les 9 dégrés 30 minutes de latitude Nord, & 120 dégrés 30 minutes de longitude, environ à 350 lieues de la riviere de Canton.

Chaque vaisseau qui va à Camboya, fait en y arrivant un présent au Roi, & à ses quatre principaux Officiers ou Ministres, de trois à quatre cent taels; après quoi l'on a liberté entiere de trafiquer avec qui l'on veut.

Les marchandises n'y payent aucuns droits d'entrée ni de sortie : les poids & les mesures sont comme à la Chine.

Leur monnoie d'argent s'appelle Gallo, & pése 1 mas, 5 condorins Chinois : le titre du gallo étoit autrefois à 80 tocques, présentement (1718) il n'est qu'à soixante.

On trouve à Camboya quantité de drogues propres à la Médecine, & beaucoup d'autres marchandises précieuses; mais le Roi & le peuple y ont peu de fidélité dans le Commerce avec les Européens, comme les Anglois & les Hollandois l'ont souvent éprouvé; ils sont néanmoins ordinairement assez fidéles avec les Chinois.

Les marchandises particuliéres que ces derniers portent de Canton à Camboya, ne sont que de cinq sortes; des pattes d'ancre de fer, des parasols, des nattes de rottins, toutes sortes de fruits, & quantité de porcelaines.

Les pattes d'ancre payent 1 mas le pic de droits de sortie à Canton, & 10 pour cent de fret.

Les cent parasols payent 1 mas de sortie, & 15 pour cent de fret.

Les cent nattes payent le fret comme ci-dessus, & les droits de sortie, à raison de 2 mas.

Il y a 50 à 60 pour cent de profit sur les fruits, & 50 sur les porcelaines.

Toutes les marchandises que l'on envoie de Canton à la Cochinchine, sont propres pour Camboya; les fines payent 8 pour cent de fret, & les grosses 15. On y gagne 40 à 50 pour cent.

Les retours que les Chinois font de Camboya, consistent en bois de sapan, qui paye à Canton les droits d'entrée à raison de 3 mas le pic.

A l'égard du fret, ce qu'on vient d'en dire pour les marchandises qui vont à Camboya, doit aussi s'entendre pour celles qui en reviennent; ainsi on se dispensera de l'ajouter aux articles suivans.

Morphil, ou dents d'éléphans, dont il y a de dix sortes, qui se comptent suivant leur poids : les deux premieres payent de droits d'entrée 3 taëls & 8 mas du pic; les quatre sortes suivantes, seulement 3 taëls, & les autres à proportion.

Lacque pour vernir; elle paye de droits 4 mas du pic.

Loung pour peindre en jaune; les droits sont d'un taël, 5 mas le pic.

Diverses peaux, comme peaux d'oiseaux, peaux de buffles, peaux de chameaux, peaux de vaches, & peaux de cerfs : des peaux d'animaux à quatre pieds, celles de buffles & de vaches payent de droits d'entrée 2 mas le pic; celles de chameau, 2 mas, 6 condorins; & celles de cerf, 2 mas, 5 condorins : à l'égard de celles d'oiseaux, elles payent 4 condorins du cent. Ces peaux ont leurs plumages à peu près des diverses couleurs qu'ont les plumes de perroquets; les Dames Chinoises s'en servent pour orner leurs coëffures.

Cornes de buffles & de vaches; les droits qu'elles payent sont d'un mas par pic.

Plumes de queues de paon; le cent de queues paye 4 condorins.

Enfin en taffousia, qui est une drogue médicinale; elle paye 1 mas le pic.

### *Commerce de Canton à Tunquin.*

Le Tunquin est à 225 lieues de la riviere de Canton : la traversée en partant de la Chine, est de 10 à 20 jours, & celle du retour est à peu près semblable : les Chinois partent pour y aller, au commencement de Janvier; & pour en revenir, au commencement de Juillet.

Les présens que les Chinois font au Roi, & à sept de ses Officiers, ne montent gueres qu'à 300 taëls. Toutes les autres Nations payent beaucoup plus. L'avarice, & les avanies des Mandarins, ont presque dégouté les Européens de ce Commerce; & les Anglois & Hollandois ont abandonné vers la fin du dix-septiéme siécle, les loges qu'ils y avoient : ils font présentement la cour aux Tunquinois pour y revenir.

Les marchandises n'y payent aucun droit de Douane, tant à l'entrée, qu'à la sortie. On s'y sert des mêmes poids & mesures qu'à la Chine. Il y a quatre sortes de monnoies d'argent, mais à différens titres, c'est-à-dire, depuis 92 tocques, jusqu'à 95 & 98.

Il y a quantité de musc au Tunquin; mais les Chinois ne s'en chargent gueres; étant moins bon que celui de la Chine, & n'y ayant point de profit à faire.

Les marchandises que l'on porte de Canton au Tunquin; sont,

Des casches de Canton, qui payent 2 mas le pic de droits de sortie, & 10 pour cent de fret.

Des chaudiéres de fer, cinq dans une; les droits de sortie comme dessus, le fret, 15 pour cent.

De petits canons de fonte, dont 20, 25, ou 30 pésent un pic; ils payent 3 mas, 5 condorins le pic, & 10 pour cent de fret.

De l'étain en feuilles dorées; les droits sont de 3 mas le pic, & le prix du fret, 3 pour cent.

Toutes sortes de drogues, au moins de cent especes; l'on y gagne 60 pour cent; le fret est de 15 pour cent.

Toutes sortes de porcelaines communes, pour l'usage ordinaire; les profits sont de 40 à 50 pour cent, le fret comme dessus.

Du clou de girofle; il paye les droits sur le pied de 2 mas le pic; le fret coute 8 pour cent.

Pouchoc, drogue qui sert en Médecine, & en Teinture pour le jaune; il paye de droits 7 mas, 5 condorins, & le fret, comme à l'article précédent.

Soie, ou petit tafferas de Canton; le fret est comme ci-dessus, & les droits, 1 taël, 8 mas le pic.

Du crespon rouge de Canton, la piece pésant 10 taëls; *idem*, tant pour les droits, que pour le fret.

Du lo, ou gaze de la troisiéme sorte, la piece contenant 12 aunes de long, sur 23 pouces de large, *idem*.

Des colliers de verre; payent le fret comme dessus, & les droits à raison de 2 mas le pic.

Du vermillon; pour le fret, *idem*, & pour les droits, 1 taël, 2 mas le pic.

De l'alun; paye les droits à raison d'un mas le pic, le fret coute 15 pour cent.

De la rupiedfic, drogue pour teindre en noir, *idem.*

Toutes fortes de fruits de la Chine; ils payent le fret comme deffus; l'on y gagne 40 pour cent.

Les marchandifes dont les Chinois fe chargent au retour du Tunquin, font,

De la foie crue jaune; elle paye à Canton, pour les droits d'entrée 1 mas, 8 condorins le pic, & 8 pour cent de fret.

Des mudis, ou étoffes d'écorce d'arbre, dont il y en a de deux fortes, qu'on diftingue feulement par la qualité, étant toutes également de 56 cobres de long, fur 13 ponts de large; les droits & le fret, comme à l'article précédent.

Diverfes fortes de taffetas; fçavoir du jaune fort mince, la piece contenant 44 cobres de long, fur 14 ponts de large: du bleu, de même longueur & largeur: du blanc, de 24 cobres, fur 14 ponts. Des taffetas blancs, nommés Hollande, la piece péfant 9 taëls, contenant 24 cobres: d'autres de femblable qualité, ne péfant que 6 taëls; & d'autres encore de même fabrique, de toutes couleurs. Tous ces taffetas payent les droits & le fret comme les mudis.

De groffes canques, ou toiles de coton, la piece contenant 40 cobres, fur 14 ponts de large; elles payent les droits d'entrée fur le pied d'un condorin, 5 cafches le pic, & 8 pour cent de fret.

D'autres plus fines, la piece de 45 cobres de long, fur la largeur des précédentes, payent de même.

Du bois de fapan; paye 3 condorins le pic de droits, & 15 pour cent de fret.

De la canelle, qui n'eft pas extrêmement bonne; paye de droits 1 mas, 5 condorins, & 8 pour cent de fret.

De la lacque pour vernir; paye de droits 3 condorins le pic, & 15 pour cent de fret.

De l'anis; les droits font de 2 condorins le pic, & le fret comme ci-deffus.

Enfin du caramangce, drogue qui fert en Médecine; elle paye 3 condorins le pic de droits d'entrée, le fret eft comme à l'article précédent.

*Commerce de Canton à Siam.*

Les vaiffeaux partent de Canton pour Siam, vers le 20 Novembre, & font 30 ou 40 jours en route; le retour fe fait en Juin, pour arriver à Canton à la fin de Juillet. Les marchandifes qu'on y porte, ou qu'on en rapporte, payent toutes également 8 pour cent de fret. Celles qui en viennent, font généralement bonnes pour le Commerce du Japon, à la réferve des nerfs de cerfs. Enfin le Roi eft le feul avec qui l'on puiffe commercer. On a parlé ailleurs des poids, des mefures, & des monnoies de Siam. *Voyez ci-deffus le* COMMERCE DE SIAM.

Les Chinois portent à Siam un très grand nombre de toutes fortes de marchandifes, & n'en rapportent pas en moindre quantité; celles qu'ils y portent, font,

Du fer non ouvré; il paye à Canton les droits de fortie, à raifon de 5 condorins le pic.

Du tontenacq; les droits font de 3 mas le pic.

De l'alun, 1 mas le pic.

Du fucre blanc, *idem.*

Du cuivre ouvré; 3 mas, 5 condorins le pic.

Du fer ouvré, 2 mas le pic.

Du fil de cuivre de trois fortes, 5 mas le pic.

Du fil de fer, auffi de trois fortes, 3 mas.

Des baffins de cuivre de différentes grandeurs, 5 mas.

Des citernes de cuivre fondu, *idem.*

Des chaudiéres de fer, cinq l'une dans l'autre; les cinq payent les droits fur le pied de 2 mas.

Toutes ces marchandifes fervent de left.

Des damas & fatins; ils payent 2 taëls, 2 mas la piece de droits de fortie.

D'autres damas jaunes, à cinq fils, de 12 aunes de long, fur 27 pouces de large, *idem.*

Des fatins de toutes couleurs, auffi à cinq fils, & contenant les mêmes longueur & largeur que les damas, *idem.*

Des taffetas barrés, de 10 cobres de long, fur 2 cobres, 9 ponts de large, fervant à faire des juppes de femmes, *idem.*

Des gazes de 30 cobres de long, fur 15 ponts de large, péfant 6 taëls, *idem.*

De la foie à coudre, de deux fortes, l'une plus fine; 2 taëls, 2 mas le pic.

Des taffetas communs de Canton, de 22 cobres de long, fur 11 ponts de large, péfant 5 taëls; 2 taëls, 2 mas la piece.

De la peinture rouge de Nanquin, appellée Marelle; elle paye de droits de fortie 3 mas le pic.

Du chaanquon, drogue propre à la Médecine; paye 2 mas du pic.

Du figie caqué, forte de fruit qui croît à la Chine, 1 mas le pic.

Du fucre candi de Canton, *idem.*

Des raifins fecs, *idem.*

Des prunes confites, *idem.*

Des châtaignes féches, *idem.*

Des graines de melons d'eau, *idem.*

Des tambours de cuivre appellés Gans; 3 mas, 5 condorins le pic.

Du vif-argent; 1 taël, 2 mas le pic.

Du fil d'or de trois fortes; 2 taëls, 2 mas le pic.

Les marchandifes de Siam qui compofent les cargaifons des vaiffeaux Chinois à leur retour, confiftent,

En morphil, ou dents d'éléphant, dont il y en a de 20 fortes; ce qui s'entend du plus ou moins de dents qu'il faut pour faire un pic péfant: les deux premieres fortes, qui font d'une dent, ou de deux dents au pic, payent à Canton les droits d'entrée à raifon de 3 taëls, 8 mas le pic; tout le refte feulement 3 taëls.

En plomb, qui paye les droits d'entrée à raifon de 3 mas le pic.

En étain, qui paye 8 mas du pic.

En areque: le prix du Roi, eft un taël, 6 mas le pic; les Particuliers ne le vendent qu'un taël; il paye les droits fur le pied de 5 condorins le pic.

En bois de fapan, qui paye 3 mas.

En tafoufic, ou taffouffa, qui eft une drogue médicinale; elle paye 1 mas du pic.

Toutes ces marchandifes fervent de left.

En lacque pour vernir; elle paye les droits à raifon de 4 mas par pic.

En peaux de chevaux, de vaches, & de buffles; les droits font de 2 mas par pic.

En peaux de cerfs; celles-ci payent 2 mas, 5 condorins.

En cornes de buffles de deux fortes; elles payent 1 mas du pic.

En mirrhe; elle paye 1 taël, 2 mas, & 3 condorins le pic.

En cornes de rinoceros de deux fortes; les droits font d'un mas, 8 condorins.

En loung, couleur propre à la peinture ; il paye 1 taël le pic.

En nids d'oiseaux de trois sortes ; la premiere sorte paye 4 taëls du pic, les autres seulement 2.

En puchoc ; 7 mas, 5 condorins.

En encens, 9 mas.

En peaux d'oiseaux avec leurs plumes ; 4 condorins les cent peaux.

En queues de paons ; 4 condorins les cent queues.

En nerfs de cerfs de deux sortes ; ils payent les droits à raison de 2 mas, 5 condorins le pic.

Enfin en caye-lac, bois de senteur, pour brûler devant leurs Pagodes ; ce bois paye les droits d'entrée sur le pied de 3 mas le pic.

*Commerce de Canton à Batavia.*

Batavia est à 700 lieues de Canton. Les navires qui viennent de la Chine à Batavia, partent au commencement de Décembre, pour arriver dans le mois de Janvier : ceux qui retournent de Batavia à Canton, partent du 2 au 4 de Juin, & arrivent en Juillet.

Tous les navires qui déchargent à Batavia, payent 4 pour cent à la Compagnie pour ce qu'ils apportent ; mais attendu qu'ils achetent tout d'elle, ils ne sont sujets à aucuns droits de sortie pour les marchandises qu'ils y chargent.

La monnoie de Batavia est par pataques, & par casches ; 24 casches font une pataque, quand on vend en troc ; la pataque vaut 6 mas, monnoie de la Chine : mais quand on vend pour des piastres d'Espagne, la pataque n'est que de 5 mas 4 condorins. L'argent des casches n'est que de 57 tocques, à cause de la grande quantité d'alliage qui entre dans leur fabrication.

Les marchandises que les Chinois portent à Batavia, sont :

Du tontenacq, qui paye à Canton les droits de sortie à raison de 3 mas le pic : le fret est de 10 pour cent.

De l'or du titre de 93 tocques : il paye le fret comme ci-dessus ; il y a 30 à 40 pour cent de profit, suivant qu'on l'achete plus ou moins à la Chine.

Des porcelaines fines & grosses : même fret que pour l'or, il y a ordinairement 40 pour cent à gagner sur les fines ; à l'égard des grosses, on y perd quelquefois, mais il faut des assortimens.

Du thé de plusieurs sortes, entr'autres le thé sonto, le thé de Nanquin, le thé bou de Canton, & le thé bohée de trois sortes : ils payent tous 3 mas le pic de droits, & 10 pour cent de fret.

Des bassins de cuivre : ils payent 5 mas le pic de droits, & le fret comme dessus.

Le fil d'or fin de Canton, & d'autre plus fin de Nanquin, 2 taëls, & 2 mas le pic, & 5 pour cent de fret.

Des satins & damas de six fils, la plus grande partie noirs ; comme à l'article précédent : ils payent à la piece.

Des taffetas à six & quatre fils : *idem.*

De la soie de trois sortes, pour coudre : 2 taëls, & 2 mas le pic, le fret comme dessus.

De l'anis pour manger : 2 mas le pic, 10 pour cent pour le fret.

Du vif-argent : il paye les droits à raison d'un taël, & 2 mas le pic, le fret est de 5 pour cent.

Du vermillon : *idem.*

Du musc : paye les droits sur le pied de 2 mas le cati, même fret que dessus.

Du borax : 6 mas le pic, 5 pour cent de fret.

Des chaudieres de fer, cinq dans une, & d'autres, sept l'une dans l'autre : elles payent 2 mas de droits par pic, & 10 pour cent de fret.

De la rubarbe sans être choisie : *idem* pour les droits & pour le fret.

De l'arcassoul, drogue médicinale : *idem.*

Du cuivre imité du Japon : 4 mas le pic, le fret comme ci-dessus.

De petits taffetas de Canton, fort minces, de toutes couleurs : la piece pésant 6 taëls, paye de droits 2 taëls, & 2 mas le pic, & 5 pour cent de fret.

Du verre de Canton : paye 2 mas le pic, & 10 pour cent de fret.

De l'esquine : elle paye les droits à raison d'un mas le pic, le fret comme dessus.

Les marchandises que les Chinois rapportent de Batavia, sont :

Du plomb : il paye les droits d'entrée à Canton, à raison de 3 mas le pic, le fret est de 8 pour cent.

De l'étain : les droits sont de 8 mas le pic, même fret que ci-dessus.

Du poivre : 1 taël le pic, le fret comme à l'article précédent.

De l'encens : 9 mas de droits par pic, même fret que le poivre.

Du puchoc : 7 mas, 9 condorins par pic, le fret comme ci-dessus.

Du caramongee, drogue médicinale : elle paye de droits 1 taël, 4 mas le pic, & le fret comme le puchoc.

Du camphre : les droits sont de 8 mas par cati, & le fret de 5 pour cent.

Du corail : 1 taël par cati, le fret comme dessus.

Des nattes de rottins, de 52 ponts de large, pour faire des lits : 4 mas le cent, le fret comme dessus.

D'autres nattes, de 44 ponts ; & encore d'autres de 32 : les premieres payent 2 mas du cent de droits ; & les secondes 1 mas : le fret est semblable à celles de 52 ponts.

Des rottins en pacquet : 2 mas le pic, le fret comme le précédent.

Des noix muscades : elles payent les droits à raison d'un taël, & 8 mas le pic ; & de fret 5 pour cent.

Du clou de girofle : *idem* pour le fret, paye 2 taëls de droits par pic.

De l'ambre jaune, ou carabé, de 16 numero, c'est-à-dire, contenant depuis une piece au cati, jusqu'à 16 pieces au même poids : payent tous également les droits à raison d'un taël par cati, & 5 pour cent de fret.

L'ambre en plus petites pieces que de 16 au cati, paye les droits & le fret comme les autres.

De la myrrhe : le fret comme dessus, & pour les droits, 1 taël, 2 mas, & 3 condorins le pic.

De l'hing, appellé en Europe *Assa-fœtida* : le fret comme dessus, & pour les droits, 1 taël, 2 mas le pic.

De l'azebroucq, drogue médicinale : elle paye comme la myrrhe.

Du fouli ou piment : le fret comme dessus, & de droits, 4 mas le pic.

Des nids d'oiseaux de deux sortes : le fret comme dessus, & les droits à raison de 3 taëls le pic.

Du sucre candi : le fret comme dessus, & les droits, 2 mas par pic.

*Commerce de Canton au Japon.*

Comme on doit parler amplement au paragraphe du Japon, du Commerce tant intérieur qu'extérieur de ces Isles, si peu fréquentées des Européens, à la réserve des Hollandois ; on se contentera de mettre ici seulement, & même assez en abrégé, ce qui regarde le négoce que les Chinois y font, par un grand nombre de jonques qu'ils y envoyent tous les ans de Canton.

Le Port du Japon où les vaisseaux Chinois vont faire leur Commerce, s'appelle Langi-asaxie, situé par les 36 dégrés 6 minutes de latitude Nord, & les 151 dégrés de longitude Est.

Pour faire un bon voyage, il faut que les navires partent de Canton le premier May, & qu'ils ne soient qu'environ vingt-cinq jours en route, étant très important d'y arriver de bonne heure, afin d'avoir la préférence pour la vente, qu'on accorde toujours aux premiers venus, lorsque les Marchands ou les Capitaines le demandent : il y a même des années où la précaution de demander la vente est absolument nécessaire, les Chinois y envoyant souvent une si grande quantité de jonques, que les derniers arrivés sont obligés de remporter toute leur marchandise, ou au moins une partie.

En approchant du Port, il faut mouiller à trois lieues loin, pour donner le tems aux Houppons, ou Receveurs des Douannes, de venir visiter le vaisseau & recevoir la déclaration du Capitaine. Cette déclaration, qui se fait par écrit, doit contenir le nom du Capitaine, celui du vaisseau, l'endroit d'où il vient, le nombre de l'équipage, les lieux où il a touché en venant, quand il est parti, l'état de ses marchandises, le port du vaisseau, combien il a de canons, & quelles menues armes de chaque espece il peut y avoir.

La visite faite, des Pilotes & des Matelots Japonois viennent aussi-tôt à bord, pour faire entrer le vaisseau dans le Port ; où quand il est entré, ils en font décharger la cargaison dans des magasins que les Directeurs Généraux du Commerce fournissent, où s'en fait la vente au jour & à l'heure marquée, de la maniere suivante.

Les Acheteurs, qui ont été instruits de la qualité & quantité des marchandises, par des affiches qu'on a eu soin de faire mettre en divers endroits, s'étant rendus au magasin, où les Directeurs Généraux se rendent aussi ; donnent à ces derniers un billet cacheté, contenant les marchandises qui leur conviennent, & le prix qu'ils en veulent donner, chacun faisant un mystere de ses offres.

Les billets ayant été ouverts en particulier par les Directeurs, ils adjugent les marchandises au plus offrant, & en reçoivent le payement en argent : mais avant que de le recevoir, ils montrent la vente aux Chinois propriétaires, qui ne manquent jamais, quels que soient les prix, de dire qu'ils en sont contens ; s'ils témoignoient du mécontentement, on les obligeroit de reprendre leurs marchandises, de la recharger sur leurs vaisseaux, & de partir aussi-tôt, sans en vendre la moindre chose.

Quoique les Directeurs Généraux reçoivent en argent comptant le payement de toutes les marchandises qui se vendent, pour le remettre ensuite aux Chinois à qui ces marchandises appartenoient ; ils ne leur en rendent néanmoins qu'à peu près la moitié, leur donnant ordinairement 20 pour cent de la cargaison en cuivre du Japon, & 35 autres pour cent, en quatre sortes de poisson sec ou salé, ne leur laissant que la disposition d'environ 45 pour cent pour employer en marchandises, comme vernis, porcelaines, perles fines, acier, & cuivre ouvré, & une sorte de camphre qui est propre pour la Chine ; pour le payement desquelles, les Chinois tirent des Lettres de Change sur les Directeurs Généraux, qui les payent à vue.

Il y a 20 à 30 pour cent à gagner sur les perles ; mais on perd ordinairement 20 pour cent sur le vernis, les porcelaines, & le poisson : ainsi tout le profit du Commerce que les Chinois font au Japon, ne se tire gueres que des marchandises qu'ils y portent.

Les Chinois ne payent aucun droit d'entrée & de sortie au Japon, pour quelques marchandises que ce soit ; mais comme les Directeurs Généraux leur fournissent de magasins pour leurs marchandises, & de maisons, & de vivres pour eux qu'ils font payer bien cher, cette franchise est peu considérable.

Quand les jonques Chinoises arrivent de bonne heure, les Marchands peuvent gagner deux à trois cent pour cent, & souvent plus, de net sur leurs marchandises.

Il faut repartir du Japon le 10 Octobre, pour arriver à Canton le premier, ou au moins le 10 de Novembre, avant que les vaisseaux d'Europe en ayent fait voile ; autrement il faut garder toutes ses marchandises une année, sans les pouvoir vendre.

Autrefois l'argent du Japon étoit de 85 tacqs, qui est la même chose que ce qu'on appelle Tocque en Chinois ; mais présentement (1717) il n'est que de 60, les Japonois l'ayant abaissé, pour en empêcher le transport ; ce qu'ils ont fait aussi à l'égard de l'or, dont le titre n'est aujourd'hui qu'à 78 tacqs, au lieu de 85 qu'il étoit auparavant.

*Cargaison d'une Jonque Chinoise pour le Japon, avec les prix des marchandises, tant pour l'achat, que pour la vente.*

Corail en grain, chaque grain pésant 4 mas : il n'en faut porter que 4 catis à la fois : on donne au Japon 120, poids d'argent, pour un poids de corail, quand il est parfait.

Agra-caramba : il n'en faut que 8 à 10 catis : il s'achete à Canton 10 taëls d'argent, chaque taël de poids ; son prix au Japon est de 70 taëls.

Outremer : 10 catis suffisent : il s'achete 20 taëls le cati, & se vend 100 taëls.

Il n'y a que le Roi du Japon qui puisse acheter ces trois sortes de marchandises.

Email de cinq différentes couleurs : chaque jonque n'en doit porter que 4 pics pésant : il s'achete 50 taëls le pic, & se vend 180.

Alun : son prix à Canton est de 8 mas, 5 condorins le pic, & celui qu'on le vend au Japon, 4 taëls.

Fer : il s'achete 1 taël, 6 mas le pic, & se vend 4 taëls, 5 mas.

Tontenacq : il s'achete 2 taëls, 8 mas le pic, & se vend 5 taëls, 5 mas.

Sucre blanc : il se donne à Canton pour 1 taël, 6 mas le pic, & se vend au Japon 4 taëls, 5 mas.

Sucre brun : il s'achete 9 mas le pic, & se vend 2 taëls, 5 mas.

Ces cinq articles servent de lest.

Sept cent pieces de satin, dont 500 sont noirs, le reste de couleur, contenant 40 cobres de long, sur 26 ponts de large : ils s'achetent 5 taëls, 8 mas la piece, & se vendent 16 taëls.

Taffetas blanc de Canton, pésant 10 taëls : il s'achete 9 mas, 5 condorins la piece, & se vend 2 taëls, 2 mas.

*Idem* de Nanquin, pésant 7 taëls, 5 mas : il coute à Canton 1 taël, 1 mas, 5 condorins la piece ; on en donne au Japon 2 taëls, 4 mas.

*Idem* de Nanquin, pésant 10 taëls, 5 mas: coute 1 taël, 6 mas la piece; se vend 2 taëls, 5 mas.

Crespon blanc de Nanquin, pésant 9 taëls, 5 mas: coute 1 taël, 5 mas la piece; se vend 3 taëls 5 mas.

*Idem* rouge, pésant 10 taëls, 5 mas: coute 2 taëls, 5 mas la piece; se vend 5 taëls, 8 mas.

Il ne faut porter que 500 pieces de chacune de ces cinq sortes de taffetas.

Des lignes de Canton, pour pêcher: s'achetent 35 taëls le pic; se vendent 130.

Vif-argent: s'achete 40 taëls le pic; se vend 115.

Vermillon: s'achete 40 taëls le pic; se vend 122.

Soie crue de Nanquin: s'achete 125 taëls le pic; se vend 230.

Galanga: s'achete 1 taël, 2 mas le pic; se vend 4 taëls.

Légumes: s'achetent 1 taël, 2 mas le pic; se vendent 4 taëls, 2 mas.

Lacque jaune, comme elle coule de l'arbre: elle s'achete 11 taëls le pic, & se vend 35.

Ecorce d'areque: s'achete 1 mas, 4 condorins, & 1 casche le pic; & se vend 1 taël, 6 mas.

Ychitzée, drogue médicinale: elle s'achete 6 taëls, 5 mas le pic; & se vend 38 taëls.

Caramonga de la Chine: s'achete 16 taëls le pic, & se vend 57.

Folio chiroze, drogue médicinale: elle s'achete 5 taëls, 5 mas le pic; se vend 24.

Cire jaune: s'achete 12 taëls le pic, se vend 40.

Toile blanche de la Chine, appellée *Nunna*, premiere sorte, contenant 24 cobres de long, sur 15 ponts de large: s'achete 8 mas la piece; se vend 2 taëls, 4 mas.

*Idem*, seconde sorte: s'achete 5 mas, 5 casches la piece; se vend 1 taël, 6 mas.

*Idem*, troisiéme sorte: s'achete 3 mas, 3 casches la piece; se vend 1 taël, 5 mas.

Il ne faut que 400 pieces de chacune de ces trois sortes de toiles.

Alun verd: 10 pics suffisent: il s'achete 2 taëls, 8 mas le pic; & se vend 6 taëls, 8 mas.

Miel: s'achete 2 taëls, 4 mas le pic; se vend 5 taëls, 8 mas.

Chien-fou, drogue médicinale: s'achete 7 taëls, 8 mas le pic; se vend 40.

Sucre candi de Canton: s'achete 2 taëls, 4 mas le pic; se vend 5 taëls, 2 mas.

Benjoin de la premiere sorte: s'achete 60 taëls, se vend 300.

Bois d'aigle de la premiere sorte: s'achete 90 taëls le pic, & se vend 410.

*Idem*, seconde sorte: coute 80 taëls, se vend 300.

*Idem*, de la troisiéme sorte: coute 80 taëls, se vend 190.

Un pic de chaque sorte de bois d'aigle suffit.

Sanglargan, drogue médicinale, propre pour arrêter le sang: elle s'achete 45 taëls le pic, se vend 160.

Ecailles de tortue, s'achetent 90 taëls le pic, se vendent 350.

Camphre de trois sortes: la premiere coute 11 taëls le cati; se vend 40: la seconde coute 8 taëls, 8 mas le cati; se vend 33: & la troisiéme s'achete 6 taëls, 2 mas le cati, & se vend 25.

Puchoc: s'achete 15 taëls le pic, se vend 65.

Encens, premiere sorte de Surate: s'achete 3 taels, 5 mas le pic; se vend 12.

Myrrhe, premiere sorte de Surate: s'achete 32 taëls le pic, se vend 80.

Loung, pour la peinture: s'achete 32 taëls le pic, se vend 98.

Musc: s'achete 11 taëls le cati, se vend 58.

Rubarbe, sans être choisie: s'achete 6 taëls le pic, se vend 14.

Canelle, premiere sorte de la Cochinchine: s'achete 50 taëls le pic, se vend 170.

Chuengon, drogue médicinale: s'achete 6 taëls, 5 mas le pic; se vend 23 taëls.

Safran très mauvais: s'achete 1 taël, 3 mas le pic; se vend 5 taëls.

Toutes ces marchandises augmentent, ou diminuent au Japon, suivant qu'il y arrive de jonques Chinoises, ou qu'elles en sont plus ou moins chargées: mais quelque diminution qu'il puisse y avoir sur le prix qu'elles s'y vendent, à cause de la trop grande abondance, les profits en sont toujours immenses, puisque sur les moindres, il y a deux & trois cent pour cent à gagner, & qu'il y en a même qui valent à la vente, 400, 500, & 600 pour cent plus qu'elles n'ont couté à l'achat.

### *Commerce de Canton à Manille.*

Manille est à 200 lieues de la riviere de Canton: les navires Chinois partent pour y aller, au mois de Mars au plus tard, & appareillent pour en revenir, au mois de Juillet.

Toutes les jonques qui vont de Canton à Manille, font en arrivant, au Gouverneur, & au Chef de la Douanne, un présent: cette gratification qui étoit d'abord volontaire, est devenue depuis de droit.

Toutes sortes de marchandises qui entrent à Manille, ou qui en sortent, payent 4 pour cent de droits. Les contrats entre Négocians, s'y font en piastres de 6 mas, 9 condorins la piece, qu'on troque ensuite pour des piastres au pilier, moyennant 3 pour cent de change.

Le Commerce de Canton à Manille étoit autrefois très avantageux; mais il est beaucoup tombé. En l'année 1700, les marchandises de la Chine perdirent 30 pour cent: elles se sont depuis un peu rétablies.

Quand les Espagnols vont de Manille à Canton, ils en rapportent quantité de broderies, & un peu de musc.

Les marchandises que les Chinois portent de Canton à Manille, sont:

Du tontenacq, du fer, & des porcelaines de toutes sortes: des cangues de Canton, d'autres de Nanquin: des toiles de voiles très communes, des toiles blanches appellées Nunna, d'autres de même espece, qui ne sont pas blanches: des damas à fleurs de six, de cinq, & de trois fils: des satins unis: diverses sortes de taffetas de Canton & de Nanquin: d'autres taffetas de six & de quatre fils: des crespons blancs & rouges: des moëres unies de quatre & de six fils, d'autres à fleurs de même largeur: quantité de soies crues, entr'autres, de celles qu'on appelle des Chetys, des Chistes, des Queues, & des Latros: enfin, de la soie pour coudre.

Les soies payent à Canton les droits de sortie à raison de 5 taëls, 4 mas le pic, & 7 pour cent de fret.

Le fret des étoffes est aussi de 5 pour cent; & les droits qu'elles payent, de 2 taëls, 2 mas le pic.

A l'égard des toiles, elles payent 12 pour cent de fret, & 3 mas de droits, à la réserve des canques de Nanquin, qui payent les droits sur le pied de 5 mas le pic.

Pour

Pour le tontenacq & le fer, ils payent de fret 15 pour cent; & de droits, le premier 3 mas du pic, & le dernier 5 condorins.

Il y a pour l'ordinaire 50 pour cent à gagner sur les porcelaines.

Les marchandises qu'on rapporte de Manille à Canton, sont du bois de sapan, qui paye dans cette derniere Ville les droits d'entrée à raison de 3 mas le pic.

Des chairs de cerf salées, ou boucannées, dont les droits sont de 2 mas par pic.

Des nerfs de cerf qui payent 4 mas, & du souffre qui en paye 5. Ces quatre marchandises payent 15 pour cent de fret.

Il en vient aussi toutes sortes de perles, sur lesquelles il y a 20 pour cent de profit.

### *Commerce de Canton aux Isles Maldives, en passant par Achim.*

Pour ce voyage, il faut avoir un navire de 150 à 200 tonneaux, monté de 5 à 6 Européens au plus; & le restant de l'équipage de Matelots Maures, qu'on appelle aux Indes, des Lasquares. La saison du départ est à la fin d'Octobre, afin d'arriver à Achim depuis le premier jusqu'au 10 Décembre au plutard, pour aller de-là aux Maldives.

La cargaison de ce vaisseau doit être composée, 1°. De marchandises propres aux Maures d'Achim, qui font le Commerce de Surate: 2°. De marchandises convenables aux Gens du Pays: & 3°. De marchandises qui doivent passer aux Maldives.

Les marchandises pour Surate sont,

50 tonneaux de sucre blanc.

100 pics de cuivre du Japon.

20 à 50 pics de sucre candi.

200 pics de tontenacq.

20 à 40 pics de vif-argent.

Ces marchandises se vendent à Achim, à 40 pour cent de profit.

Les marchandises convenables pour les Gens du Pays, sont de grosses porcelaines, environ pour 500 taëls.

Des bassins de cuivre de différente grandeur, 20 pics.

Du tabac de la Chine, du plus clair, dans des papiers d'une livre, & demie-livre, 50 pics.

Du fil d'or de la troisiéme sorte de Canton, 20 catis. Il faut que les bouts soient de soie.

Trois ou quatre barces de belles tasses & soucoupes à thé & à caffé.

Cinquante pieces de taffetas à carreaux, telles qu'on en envoye à Siam, pour servir de jupes aux femmes.

Cinquante pieces de damas de cinq fils, avec des fleurs rouges, bleues, & jaunes.

Ces huit especes de marchandises donnent depuis 40 jusqu'à 60 pour cent de profit.

Il ne faut gueres que de l'or pour les Maldives: il doit être de 80 tocques. Les marchandises qu'on en tire, sont des coquilles, qu'on nomme des cauris, qui servent de monnoie dans plusieurs lieux des Indes Orientales, & que les Européens portent sur les Côtes d'Afrique: du poisson sec, qui se vend à Achim depuis 50 jusqu'à 80 pour cent de profit: & une espece de chanvre qui se tire du palmier, pour faire des cables.

7000 taëls suffisent pour faire la cargaison d'un vaisseau de 200 tonneaux en cauris. Ces coquillages se mesurent au cotta, qui en contient 11000. Le cotta vaut 6 à 7 larrés, dont les cinq font une piastre.

On peut aussi faire entrer dans la cargaison qui se fait à Canton pour Achim, plusieurs sortes de marchandises d'Europe; comme toutes sortes de clous; des ancres de fer, depuis 3 quintaux jusqu'à 14; des canons de fer, depuis 2 jusqu'à 5 quintaux; du vin & de l'eau-de-vie en bouteilles; quelques ciseaux; des lunettes; 20 barils de goudron; du papier à 48 jusqu'à 72 sols la rame; du fer en barres plattes & larges; des cordages depuis un jusqu'à 5 pouces de grosseur; pour 200 écus de cadenats de Hollande pour des malles, portes, coffres, & écoutilles de navires; enfin, des toiles bleues pour des juppes de femmes.

### *Commerce des Anglois de Madras à Canton.*

Les vaisseaux partent de Madras pour Canton dans le mois de Juillet, & arrivent dans les mois d'Aout & de Septembre. Quelquefois ils perdent leur passage, étant obligés d'attendre les vaisseaux Anglois, qui viennent d'Europe, afin d'avoir des piastres, sans lesquelles ils ne peuvent faire le Commerce de la Chine.

Les vaisseaux repartent de Canton pour Madras dans les mois de Janvier & Février. La traversée, soit en allant, soit en venant, est de 45 à 60 jours.

Les marchandises que les Anglois portent de Madras à Canton; sont, du plomb d'Angleterre, du plomb du Pegu, de l'étain de Pegu, du storax liquide de Malaca, des rottins du même endroit, de l'encens, du hing ou *assa-fœtida*, du bois rouge de Madras, de la mirrhe, du puchoc, des perles fines de toutes sortes.

Toutes ces marchandises produisent un profit depuis 50 jusqu'à cent pour cent.

Les marchandises du retour sont de l'or de 94 tocques. Quand on l'achete tocque pour tocque, il y a 40 à 50 pour cent à gagner.

Du cuivre du Japon, du cuivre de Canton, qui imite celui du Japon; du tontenacq, de l'alun, du vif-argent, du vermillon, de grosses porcelaines pour l'usage des Maures, du sucre blanc, & du sucre candi de la Chine.

Les profits que l'on fait sur ces marchandises, vont depuis 100 jusqu'à 200 pour cent.

### *Commerce de Surate à Canton.*

L'on porte de Surate à Canton, les mêmes marchandises que de Madras; & de plus, quantité de coton.

Celles qui reviennent de Canton à Surate, sont aussi les mêmes, à la réserve de l'or.

Les profits de la Chine à Surate sont 30 pour cent plus forts que ceux de Madras.

On part de Surate pour Canton aux mois de Maî & Juin, afin d'y arriver au mois d'Aout. Le retour de Canton pour Surate est vers le 15 Décembre, pour y être dans le mois de Mars.

## MACAO.

Quoique la Ville de Macao ne soit pas des plus considérables de la Chine par sa grandeur, & par le nombre de ses Habitans, on a cru cependant qu'elle méritoit qu'on en fit mention en particulier; non-seulement à cause de la réputation qu'elle a toujours eue parmi celles où les Portugais se sont établis dans l'Orient, & qu'ils y possedent encore; mais aussi parce qu'elle est la premiere par où les Européens se sont ouverts le Commerce de ce grand Empire; &

qu'elle a été pendant près de deux siécles la seule où il leur a été permis de venir trafiquer.

Cette Ville fameuse est située dans une Presqu'isle de l'Océan Oriental, sur la Côte de la Province de Canton, à laquelle elle est jointe par une langue de terre, à 40 lieues par mer de la Capitale de cette Province.

Les Portugais s'y établirent au commencement du seiziéme siécle.

Avant que les Chinois se fussent apprivoisés avec ces nouveaux venus, qui sous prétexte de Commerce, s'étoient déja emparés des plus fortes Villes des Indes, & dont les flottes avoient déja l'empire de toutes les mers d'Orient, il étoit seulement permis aux Portugais de venir tous les ans apporter leurs marchandises dans l'Isle déserte de Sanchan, & de les y étaler dans des cabanes faites à la hâte de branches d'arbres & de gazons, sans pourtant y pouvoir bâtir de maisons.

La confiance augmentant, les Portugais s'avancerent jusqu'à Macao, à 10 lieues de Sanchan; où se servant ensuite des conjonctures, ils eurent permission de bâtir des maisons & des magasins, & d'entourer leur nouvelle Ville d'une simple muraille.

Les Hollandois jaloux du Commerce de la Chine, où ils ne pouvoient être reçus, tenterent d'en chasser les Portugais, cent ans après que ceux-ci s'y étoient établis; mais ayant manqué leur coup, leur entreprise ne servit qu'à y mieux assurer l'établissement de leurs ennemis, qui prirent de-là occasion d'obtenir la liberté de faire des fortifications à leur Ville; les Chinois les aimant mieux pour voisins, que les Hollandois.

Les fortifications de Macao sont belles & régulieres; & les Portugais y ont présentement trois forteresses bâties sur autant d'éminences, ou de petites montagnes, toujours gardées par une forte garnison, & défendues, à ce qu'on dit, par 200 pieces de canon.

La langue de terre, qui attache la Presqu'isle de Macao au continent, est fermée par une forte muraille qui la traverse, au milieu de laquelle est une porte, par laquelle tous les Chinois ont permission d'entrer & de sortir; mais où aucun Portugais ne peut passer sous peine de la vie. C'est à cette porte où se payent aux Officiers de l'Empereur de la Chine, les droits d'entrée & de sortie pour toutes les marchandises, vivres & denrées, qui viennent à Macao, ou qui en sortent par terre.

Tout le Commerce des Portugais fut d'abord renfermé dans l'enceinte de Macao, où ils apportoient leurs marchandises, & où les jonques de Canton, & des autres Provinces maritimes de la Chine, les venoient prendre en échange de leurs soies, de leurs étoffes, & des autres manufactures, ou productions Chinoises.

Depuis, les Marchands de Macao ont eu permission d'aller eux-mêmes deux fois l'année aux foires de Canton, acheter les marchandises qui leur sont propres: ce qui pourtant ne s'accorde pas indifféremment à tout le monde; n'y en ayant qu'un certain nombre de Privilégiés pour ce voyage, qui font les commissions des autres, en même tems qu'ils achetent pour eux-mêmes.

Les Marchands qui vont à Canton, laissent ordinairement à des Commissionnaires, les mémoires des marchandises dont ils ont besoin, afin qu'ils y fassent travailler pendant les quatre ou cinq mois qui se passent d'une foire à l'autre; oubien s'ils veulent y rester tout ce tems, ils demeurent sur leurs vaisseaux, autant pour leur propre sûreté, qu'à cause de la défiance & de l'insolence extrême des Chinois.

Les bâtimens dont les Portugais se servent pour le Commerce, s'appellent des Lanteas: ils sont larges & creux, & portent environ 7 à 800 tonneaux. C'est sur ces especes de barques que demeurent les Commis, & que les marchandises se chargent à Canton, pour les porter à bord des vaisseaux Portugais, qui les attendent au bas de la riviere.

Le droit de commission est de deux pour cent, de tout ce que ces Commis embarquent.

Lorsque ces lanteas approchent de Canton, on les amarre à une petite Isle, vis-à-vis de la Ville; & cependant les Marchands vont saluer le Viceroi, pour obtenir la liberté du Commerce, qui, suivant l'ancienne coutume, leur coute au moins 4000 réales de huit.

Quand elle est accordée, ils donnent de l'argent aux Manufacturiers pour les étoffes qu'ils ont commandées, & souvent en avancent pour celles de la prochaine foire; ensuite de quoi ils demandent la foire, c'est-à-dire, la permission à tous les Chinois d'aller porter leurs soies & leurs autres marchandises à l'Isle où sont amarrés leurs lanteas; ce qui leur coûte encore un présent.

Quand le chargement de leur lanteas est fait, le congé de partir ne s'obtient que par un troisiéme présent, mais toujours plus considérable que les deux autres, allant souvent jusqu'à 8000 reales de huit; ce qu'on appelle Droit de Chappe, ou de Sceau; nul Marchand ne pouvant se retirer, sans l'avoir obtenu.

Enfin, il y a les droits de Douanne, qui se payent à un Bourg nommé Anseon, qu'on trouve en descendant la riviere.

C'étoit de toutes ces marchandises de Canton, & de celles que les jonques Chinoises apportoient à Macao, ou qui leur venoient du côté de la terre, que les Portugais faisoient autrefois les riches cargaisons des vaisseaux qu'ils envoyoient tous les ans au Japon, aux Manilles, & dans tous les lieux des Indes, depuis Goa jusqu'à la Chine, où ils portoient leur Commerce, avant que les Hollandois fussent venus les y troubler.

Présentement ce Commerce est presque réduit à rien; & ils ont peu joui des avantages du nouveau Traité qu'ils avoient fait en 1680 avec la Cour de Pékin, par lequel, à l'exclusion de toute autre Nation, ils avoient obtenu qu'ils feroient seuls tout le négoce de la Chine: ce privilége n'ayant duré qu'environ cinq ans; les Ports de ce vaste Empire ayant été ouverts en 1685 à tous ceux qui voudroient y venir trafiquer, ainsi qu'on l'a déja remarqué ci-devant.

La Douanne de Macao appartient aux Chinois, qui y ont des Commis, pour y recevoir les droits tant à l'entrée qu'à la sortie.

Les étoffes d'or, d'argent, & de soie, aussi-bien que les autres marchandises précieuses, payent suivant leur qualité; ce qui néanmoins, l'un portant l'autre, ne va qu'à un pour cent de leur valeur, ou tout au plus à un & demi.

## COMMERCE DES ISLES DE L'ASIE.

Les Isles, du Commerce desquelles on a dessein de parler, sont, les Maldives: les trois Isles de la Sonde, sçavoir, Sumatra, Java, & Borneo: les Isles

Moluques : les Philippines, qu'on nomme aussi Manilles : les Isles des Larrons, présentement Isles Mariannes : & , les plus fameuses de toutes, les Isles du Japon.

On auroit pû dire aussi quelque chose de l'Isle d'Anian, sur la Côte de la Chine, où il y a une pêcherie de perles, & de celle de Formosa, où les Hollandois avoient bâti le Fort de Zélande : mais celle-ci étant rentrée en 1661 sous la domination des Chinois, & les Européens ne faisant aucun négoce, ni dans l'une, ni dans l'autre, on se contente de les indiquer ici.

On a cru devoir suivre pour ces Isles, le même ordre qu'on a observé pour le Continent de l'Asie; c'est-à-dire, d'en parler selon qu'elles se présentent, à mesure qu'on s'avance dans la Mer Orientale; & ainsi de les parcourir depuis les Maldives, qui en sont les premieres, jusqu'aux Isles du Japon, au delà desquelles les Européens ne portent point leur Commerce.

## LES MALDIVES.

Ces Isles, plus fameuses par leur nombre, que par leur grandeur, sont situées dans la Mer des Indes, à 150 lieues du Cap Comorin, depuis les huit dégrés de la ligne équinoxiale du côté du Nord, où elles commencent, jusqu'à quatre dégrés du côté du Sud, où elles finissent.

Leur nombre n'est pas certain; & il décroît même tous les jours. On le fait néanmoins monter à 12000, partie habitées, & partie désertes, qui sont divisées en 13 Attolons, c'est-à-dire, en 13 grandes parties, par des canaux assez larges qui les séparent : les Isles de chaque Attolon étant d'ailleurs si proches les unes des autres, qu'en basse marée on peut passer de l'une à l'autre, n'ayant de l'eau gueres plus haut que les genoux.

Le plus grand Commerce de ces Isles consiste en ces petits coquillages blancs, & d'un poli extraordinaire, qu'on nomme Cauris, qui servent de menue monnoie presque dans toutes les Indes Orientales, & dont on porte aussi une si grande quantité sur les Côtes d'Afrique, pour y faire la traitte des Negres.

Ce sont les Hollandois qui en font le plus grand négoce, soit aux Indes, où ils en distribuent une partie; soit en Europe, où ils les vendent à la plupart des autres Nations, qui envoyent des vaisseaux en Guinée, à Juda, & sur les autres Côtes, qui sont entre le Cap-Verd, & le Cap de Bonne-Espérance.

Les Insulaires en vont aussi porter eux-mêmes une asez bonne quantité à Ceylan, dont les Hollandois sont les maîtres, & à quelques autres lieux de la Côte de Malabar, d'où il en passe beaucoup à Surate, & dans les Etats du Grand-Mogol.

Les marchandises qu'on leur donne en échange de ces coquillages, sont de grosses toiles de coton, du ris, & quelques autres denrées propres pour la vie, qui ne croissent pas dans leurs Isles. On parle ailleurs amplement du Commerce de ces coquilles. *Voyez* CAURIS.

L'arbre qui porte le cocos, leur fournit aussi quelques marchandises qu'ils vendent aux Etrangers; cet arbre admirable pour la diversité de ses usages, croissant aux Maldives mieux qu'en aucun lieu des Indes. On en traite aussi en un autre endroit de ce Dictionnaire. *Voyez* COCOS.

## CEYLAN.

Cette Isle, que quelques-uns nomment aussi Ceylon, & d'autres Leylan, est située dans la mer des Indes, à 45 lieues à l'est du Cap de Comorin. Sa longueur est d'environ 60 lieues, & elle en a plus de 200 de tour. On croit que c'est la Taprobane des Anciens.

Les Portugais la découvrirent en 1506, ou selon d'autres, seulement en 1509 : mais ils ne purent s'établir que sur les Côtes; ne leur ayant jamais été possible de pénétrer dans le haut Pays.

Ils jouirent seuls pendant plus d'un siécle, de leur conquête, & du Commerce de la canelle, qui rend cette Isle si fameuse : mais les Hollandois ayant commencé à s'y faire connoître en 1602, & s'étant ensuite emparés de la pointe de Galle, & successivement de tous leurs autres Forts, les chasserent enfin entiérement de l'Isle en 1657, par la prise de Colombo, la plus belle & la plus forte de toutes les Villes qu'ils avoient dans Ceylan.

Cette conquête avoit été faite avec le secours du Roi de Candi; & une des clauses du Traité étoit, que la Place lui seroit remise entre les mains : mais les Hollandois ayant cru plus convenable à leur intérêt de la garder pour eux-mêmes, le Roi se brouilla bien-tôt avec ses nouveaux Alliés; & depuis ce tems-là jusqu'à présent l'intelligence n'a pas été meilleure entr'eux, qu'elle l'étoit auparavant entre les Portugais & les Chingalais : étant même défendu à ces derniers, sous peine de la vie, d'avoir aucun Commerce avec les Hollandois.

Les François en 1672, firent quelques tentatives, pour s'établir aussi dans l'Isle de Ceylan : & le Roi de Candi, qui auroit été bien aise de les opposer aux Hollandois, comme il avoit fait auparavant ceux-ci aux Portugais, leur avoit cédé par un Traité, le Port de Cottiar, situé au fond de la Baye de Trinquemaille, dans la partie Orientale de l'Isle : mais l'entreprise de S. Thomé, où M. Deshayes engagea un peu légérement l'Escadre Françoise, dont il étoit Amiral, l'ayant empêché de soutenir cet établissement, qu'il avoit commencé; & la guerre qui fut alors déclarée entre la France & les Etats Généraux des Provinces-Unies, ayant donné l'occasion & le tems aux Hollandois de déplacer les François, la Compagnie de Hollande est restée dans sa premiere possession, c'est-à-dire, seule maîtresse des Côtes & du Commerce de la canelle; mais toujours mal avec les Chingalais, qui lui reprochent continuellement son infidélité, & ne peuvent plus prendre confiance en elle.

Les principales Places que les Hollandois ont sur les Côtes de cette Isle, qu'ils occupent tout entieres, à la réserve de quelques-unes à l'Occident de l'Isle, sont Colombo, Capitale des Côtes, & la résidence du Gouverneur Général; Negombo, Gallietes, la pointe de Galles, Negapatnam, & plusieurs petits Forts & Habitations.

Ils ont aussi l'Isle de Manar, & le Royaume, ou grande Presqu'isle de Jaffempatnam; toutes deux au Nord.

Un des principaux Officiers de la Compagnie Hollandoise, qui ramena la Flotte Marchande des Indes en 1688, semble être persuadé, (dans le rapport qu'il fit la même année à la Chambre des Directeurs Généraux, de l'état du Commerce des Hollandois aux Indes, dont on a eu une copie, ) que cette grande quantité de Postes, de Forts, & d'Habitations, qu'ils ont sur les Côtes de Ceylan, & le nombre extraordinaire de Commis & de garnisons, qu'ils sont obligés d'y entretenir, consomment bien au-delà le produit des profits sur la canelle, & sur les autres marchandises qu'on tire de l'Isle, proposant d'en supprimer quelques-uns; ce qu'il avoue pourtant n'être pas possible, tant que dureroit la mauvaise intelligence avec le Roi de Candi, qui, autant qu'il peut, interrompt par de fréquentes courses la moisson de la canelle.

L'Isle de Ceylan produit quantité de choses, dont les Habitans pourroient entretenir un grand Commerce, soit au dedans, soit au dehors, si celui avec les Etrangers leur étoit permis; ou si leur paresse naturelle, & la dure servitude où le Roi & les Grands les retiennent, ne les empêchoit de s'adonner au négoce entr'eux; n'amassant proprement que pour leurs Maîtres, & non pour eux: aussi n'ont-ils point de marchés, mais seulement quelques méchantes boutiques, où ils vendent des denrées & des fruits propres pour l'usage de la vie.

Il en faut pourtant excepter le coton & les étoffes qu'on en fabrique, qu'ils portent dans les Provinces où il n'en croît point, & qu'ils échangent pour d'autres productions du Pays. Ce sont les Chittiis qui font ce trafic, c'est-à-dire, les Tisserans: chaque famille étant toute du même métier; & les Loix défendant aux fils de quitter celui du pere.

Les marchandises qui se trouvent communément & presque sans peine, dans plusieurs endroits de l'Isle; sont, du poivre long, du coton, de l'yvoire: plusieurs drogues & racines pour la teinture, & pour la médecine, du cardamum, des mirabolans, de la soie, du tabac, de l'ébéne, d'excellent bois à bâtir, de la mine de plomb, du betel, du miel sauvage, du musc, de la cire, du cristal, du salpêtre, du souffre, du sucre, du corcoma, du ris, dont les Hollandois portent quantité sur la Côte de Coromandel: du fer, de l'acier, du cuivre, de l'or, & de l'argent, & toutes sortes de pierreries, hors le diamant: enfin, de la canelle & des éléphans.

Quoique toutes ces choses se trouvent en abondance dans tout le haut Pays de l'Isle, qui est sous la domination du Roi de Candi, il y en a plusieurs néanmoins qu'il est presqu'impossible d'avoir, quand les Chingalais oseroient s'exposer à contrevenir aux défenses de trafiquer avec les Hollandois.

De ce nombre sont l'or & l'argent, dont il est défendu de fouiller les mines: les pierreries, qui sont toutes réservées pour le Roi: & le souffre & le salpêtre, qu'il ne permet pas qu'on tire, & qu'on affine chez lui.

Ce n'est donc proprement que de la canelle, dont les Hollandois fassent Commerce; & encore seulement avec ceux des Chingalais, qui leur sont soumis, & qui sont tenus dans le respect par la crainte de leurs garnisons.

Toute l'Isle ne porte pas également l'arbre qui produit cette précieuse écorce; y ayant des endroits où il n'en vient point du tout, & en d'autres très peu.

Ce qu'on appelle le Champ de la Canelle, & qui appartient tout entier aux Hollandois, est depuis Negambo jusqu'à Gallietes; ce qui comprend une partie des Côtes Occidentales & des Méridionales de l'Isle.

La meilleure canelle est celle des environs de Colombo & de Negambo: celle de la pointe de Galle est aussi très bonne: le reste est médiocre.

On en distingue de trois sortes: de fine, de moyenne, & de grossiere.

Les jeunes arbres produisent la plus fine, & toujours de moindre qualité, à mesure qu'ils sont âgés. L'écorce doit avoir au moins deux ou trois ans.

L'arbre se multiplie beaucoup, & presque sans culture: mais les Hollandois, pour la rendre plus chere, en empêchent la multiplication.

Le prix ordinaire que la Compagnie en paye aux Chingalais soumis, est de 48 f. le quintal de 120 livres. *Voyez l'article de la* CANELLE.

Les Hollandois transportent aussi dans les Indes quantité d'éléphans de Ceylan, qui y sont très estimés; les moindres se vendant 500 florins, & les plus forts jusqu'à 7 à 800, même davantage. Leurs dents, pour leur grosseur, pour la blancheur, & la finesse du grain de leur yvoire, l'emportent pareillement sur toutes celles qu'on tire, ou des Indes, ou de l'Afrique.

Les monnoies dont se servent les Chingalais, sont des larrins d'argent: des fanons d'or, d'autres d'argent: ceux-là ont plus de cours; mais ils sont si petits, qu'ils échappent à la main; à peine valent-ils 7 f. 6 d. de France: enfin, des pagodes: ces especes leur viennent de Malabar & de Coromandel. Ils ont aussi des monnoies Portugaises, entr'autres des patenôtres, & quelques-unes de Hollande. On n'y en fabrique aucune dans le Pays.

Avant que les Européens eussent paru aux Indes, les Chinois étoient les maîtres du Commerce de Ceylan: ensuite les Perses, les Arabes, & les Ethiopiens le partagerent avec eux: enfin, les Hollandois en ont exclu toutes les autres Nations.

## LES ISLES DE LA SONDE.

Ce qu'on appelle les Isles de la Sonde, est un grand corps d'Isles, situées dans la mer des Indes, au couchant des Moluques, depuis le 8e dégré de latitude Septentrionale, jusqu'au 8e de Méridionale. On leur donne de longitude environ 20 dégrés, c'est-à-dire, ce qui est compris entre le 138e & le 158e.

Les Portugais les nomment Isles du Sud, & y comprennent les Moluques & les Philippines.

Les trois principales de ces Isles, tant pour leur étendue, que pour leur Commerce, sont Sumatra, Java, & Borneo: & c'est entre les deux premieres que se trouve ce fameux Détroit, qu'on appelle Détroit de la Sonde, par où l'on s'avance dans les parties les plus Orientales de l'Asie.

On ne sçait si c'est le Détroit qui a donné son nom aux Isles, ou si ce sont les Isles qui ont donné le leur au Détroit. Quelques-uns croient cependant que c'est Bantam, Ville célebre dans l'Isle de Java, située sur le Détroit, dont le Port, à ce qu'ils supposent, se nommoit Sonda, qui a communiqué ce nom, & au Détroit, & aux Isles.

BORNEO est la plus grande des trois Isles. Quelques Géographes lui donnent jusqu'à 600 lieues de circuit, d'autres 400, & les Hollandois seulement 300. Elle a les Isles de Celebes à l'Orient, Java au Midi, Sumatra à l'Occident, & les Philippines au Nord.

SUMATRA est au second rang pour la grandeur, ayant environ 190 lieues de long sur 60 de large, & 420 de tour. Elle est située par les 6 dégrés de latitude Sud, à 10 lieues de la Presqu'isle de Malaca, & à 4 ou 5 de Java, dont elle est séparée par le Détroit de la Sonde.

JAVA, située au Sud de Sumatra, s'étend depuis le Détroit de la Sonde jusqu'à celui de Balambuan; ce qui fait un peu plus de 130 lieues de longueur, mais sur une largeur inégale: en sorte qu'elle n'a gueres que 300 lieues de circuit. On l'appelle cependant la Grande Java ; mais plutôt pour la distinguer de la petite Java, autre Isle qui n'en est pas éloignée, que pour faire entendre qu'elle est plus grande que les deux autres grandes Isles de la Sonde.

Ces trois Isles sont très fertiles, mais avec inégalité; Java de ce côté-là l'emportant sur les deux autres, & Borneo le cédant aussi à Sumatra.

Borneo fournit principalement des diamans; Sumatra, de l'or; & Java, presque toutes les marchandises de l'Orient & de l'Europe, dont elle est devenue comme l'entrepôt, depuis que les Hollandois ont établi le centre de leur Commerce dans Batavia, qu'ils y ont élevée sur les ruines de Jacatra, ancienne Ville de l'Empire de Mataran.

On va parler en détail du Commerce de ces trois Isles, particuliérement de celui de Java, un des plus considérables des Indes, & du reste de l'Asie.

## JAVA.

Les Hollandois sont présentement les seuls Européens, qui soient établis dans l'Isle de Java; ayant chassé les Anglois d'abord de Jacatra, & ensuite de Bantam; & ne permettant plus qu'aucun autre s'y établisse.

Les Javans jaloux de leur liberté & de leur Commerce, avoient long-tems refusé aux Nations d'Europe des établissemens sur leurs terres; & ce n'étoit même qu'à force ouverte que les Anglois y avoient pris poste sur la fin du seiziéme siécle : mais enfin ils y furent reçûs par des Traités; le Mataran, de qui dépendoit Jacatra, ayant permis à ces derniers d'y avoir un petit Fort, avec une loge & des magasins pour leurs Facteurs & leurs marchandises: & le Roi de Bantam, pour ne se pas voir enlever le négoce des Etrangers par ses Voisins, leur ayant pareillement accordé d'établir un Comptoir dans la Capitale de ses Etats.

Ce fut en 1617 que les Hollandois, qui jusques-là n'avoient point eu, pour ainsi dire, de Commerce fixe à Java, vinrent s'y établir: mais, suivant leur coutume aux Indes, aux dépens des autres; ayant surpris pendant l'heure du prêche, le Fort que les Anglois avoient à Jacatra, & ayant pillé leur loge & leurs marchandises: & c'est où depuis ils ont bâti la Ville de Batavia, dont on parlera dans la suite.

Les Anglois bien affermis, comme il le paroissoit, à Bantam, qui étoit la résidence du second Président de leur Compagnie, continuoient d'y faire un négoce considérable, & qui ne cédoit guéres à celui des Hollandois : mais ceux-ci leur enleverent encore ce poste en 1680, sous le prétexte des différens qui survinrent alors entre l'ancien Roi & le nouveau Roi de Bantam. On en parlera plus bas.

Avant que les Hollandois fussent maîtres de Bantam, les Javans, qui sont naturellement nés pour le Commerce, en faisoient eux-mêmes un très considérable, soit dans les différens Ports de leur Isle, soit dans les lieux les plus reculés des Indes.

Ce négoce à la vérité est considérablement diminué : mais quoi que fassent les Hollandois, pour le faire tomber tout-à-fait, il subsiste toujours, à cause de quantité de Havres & de Ports de l'Isle, où la Compagnie n'est point établie, d'où partent, & où viennent aborder en sureté, les bâtimens des Javans, soit pour vendre, soit pour acheter des marchandises.

Les lieux de leur plus grand Commerce, outre les Ports de la grande & de la petite Java; sont, Sumatra, Siam, Malaca, Borneo, Celebes, Botton, les Moluques, Banda, Salor, & Timor. Il est vrai que pour les Moluques, & pour les autres Isles qui en dépendent, dont les Hollandois sont absolument les maîtres, il faut qu'ils prennent des permissions & des passeports de la Compagnie, qui ne les accorde que difficilement & à grands frais.

Les Javans trafiquent aussi par mer à Batavia; & c'est même leur plus grand Commerce, à cause du concours de diverses Nations, qui s'y rendent de toutes les parties de l'Asie.

Leur principal Commerce consiste en ris, soit qu'ils en aillent querir, soit qu'ils en transportent ailleurs. Il y en a cependant qui font négoce de tout ce qui croît dans l'Isle, comme de poivre, de noix de cocos, d'huile, de sucre, d'arrack, de plusieurs drogues médicinales, de benjoin, de gingembre, de cuivre, même de l'or, &c. & qui rapportent en échange plusieurs sortes d'étoffes de soie de Coromandel, de Bengale, & de Surate : des toiles de coton, des couvertures, des nattes, des fotas, sorte d'habillemens dont aiment à se parer les femmes de Java : de la laque, de la résine transparente, de l'écaille de tortue, de l'étain, du plomb, des porcelaines, du thé, du santal, & de l'yvoire.

Les marchandises d'Europe, aussi-bien que les trois épiceries, la canelle, la muscade, & le clou de girofle, entrent pareillement dans leur négoce; mais ils les achetent des Hollandois de Batavia, à moins qu'ils n'en puissent tirer en secret quelques-unes des deux dernieres especes, des Moluques, & de Banda, dont ils sont fort voisins.

Le Commerce en détail des Javans, consiste en toutes sortes de marchandises d'Europe & d'Asie, particuliérement de l'Isle de Java même, étalées & arrangées dans leurs boutiques avec un ordre & une propreté qu'on ne voit point ailleurs.

Ceux de Bantam ont trois bazars, ou marchés, qui s'ouvrent chaque jour à des heures différentes, & où l'on voit un concours infini d'Acheteurs & de Vendeurs.

Dans ces bazars, comme presque dans toute l'Asie, chaque sorte de marchandise a son quartier séparé. Ainsi l'on voit en un endroit, les armes propres à la Nation, dont celles qui se fabriquent dans l'Isle de Java, sont les plus estimées dans les Indes: en un autre, les épiceries, les drogues médicinales, les gommes, les semences, les racines : là les étoffes & les toiles: ici les porcelaines, les vernis de la Chine & du Japon : les Marchands de pierreries & de jouaillerie y ont pareillement leur place : ceux qui trafiquent de miel, de sucre, de cire, & de confitures, ont la leur. Enfin, tout le poisson, la viande, les volailles, & les diverses denrées, se trouvent pareillement rassemblées chacun dans son quartier, qui leur est marqué par le Magistrat de Police, hors desquels il n'est pas permis d'étaler.

Toutes ces boutiques & ces places sont tenues également par l'un & l'autre sexe, & l'on peut dire par des Marchands de tout âge ; les Javans, presqu'au sortir de l'enfance, s'accoutumant à la marchandise, sçachant le jargon du négoce ; & apprenant de leurs parens, pour unique maxime, & pour seul apprentissage, de n'être point trompés, & de tromper les autres, s'il leur est possible : ce qu'ils retiennent parfaitement: n'y ayant point aux Indes de Marchands plus rusés & plus infidéles que les Javans; & étant ceux qui en cela ressemblent le plus aux Chinois.

Ce qu'on vient de dire du Commerce des Javans, doit s'entendre pareillement des Chinois, qui sont établis parmi eux en très grand nombre, & qui partagent ce négoce avec les Naturels du Pays.

Les principales Villes de l'Isle pour le Commerce, sont Balambuan, dont la Compagnie Hollandoise n'a pû encore tout-à-fait s'emparer : Panarucan, où les Portugais faisoient autrefois presque tout leur négoce : Joartam, célebre par l'abord des vaisseaux Javans, & de plusieurs autres peuples des Indes : Cidaio, dont les Hollandois ont presque ruiné le trafic, pour l'attirer à Japara, dont ils sont les maîtres.

Japara, à 60 lieues de Bantam, d'où les mêmes tirent la plus grande partie de leur bois de charpente ; & le ris, le bétail, & les fruits, dont ils ont besoin à Batavia, Amboine, Ternate, & Banda ; & dans le Port de laquelle les Javans, les Macassarois, & plusieurs autres Nations, même des plus reculées de l'Asie, envoyent toujours leurs vaisseaux : Cheriban sur la même Côte, à 20 lieues de Bantam, où la Compagnie a un Fort, aussi-bien qu'à Japara : enfin, Bantam & Batavia, qui seront les deux seules, du Commerce desquelles on parlera ici ; les Hollandois y ayant réuni le principal négoce de l'Isle de Java.

Bantam est la Capitale d'un des deux Royaumes dont les Rois partagent l'Empire de l'Isle de Java : celui de Bantam étendant même sa domination jusques dans l'Isle de Sumatra, de l'autre côté du Détroit, où il possède Sillebart, Dampin, & Liampon.

Avant que les Européens eussent pénétré dans l'Orient, Bantam étoit déja une des Villes les plus marchandes des Indes ; les Arabes, les Turcs, les Maures, les Chinois, & presque toutes les Nations de l'Asie y envoyant leurs vaisseaux. Les Portugais y ont aussi fait un bon Commerce ; mais ils n'y ont point eu d'établissement.

Les Anglois ont été les premiers des Européens, qui ont obtenu une loge dans cette Ville ; & leur Commerce y a long-tems fleuri.

Les Hollandois s'y établirent ensuite ; mais ils s'y firent moins aimer que les Anglois. Avant cela ces deux Nations faisoient leur Commerce à bord de leurs vaisseaux, & presque toujours lorsqu'ils avoient voulu aller à terre, ils avoient éprouvé la barbarie & l'infidélité de ces Insulaires.

Jusqu'en 1666 il y eut, au moins à l'extérieur, une assez bonne intelligence entre les Anglois & les Hollandois : mais alors ces derniers ayant laissé échapper quelques marques de leur jalousie de Commerce, & ayant fait un affront au Pavillon d'Angleterre, Charles II. qui en avoit demandé satisfaction, & ne l'avoit pû obtenir, s'unit avec la France, dans la guerre que le Roi Louis XIV déclara en 1672 aux Etats Généraux des Provinces-Unies.

La paix ayant réuni les esprits en Europe, les deux Nations se réunirent aussi dans les Indes : mais enfin une heureuse conjoncture s'étant présentée aux Hollandois, de se rendre tout-à-fait les maîtres du Commerce de Bantam, ils en profiterent ; & sçurent sous le nom du Roi, mais véritablement de leur propre autorité, exclure de cette Ville, les Anglois, & toutes les autres Nations d'Europe ; auxquelles même ils ne permettent pas de mettre pied à terre à Bantam, bien que toujours, quand ils ne sont point en guerre avec elles, ils les reçoivent assez bien à Batavia.

Une jalousie d'Etat fut cause de cette révolution, Sultan Agan, Roi de Bantam, déja âgé, & las du Gouvernement, le remit à Sultan Agni son fils. Le nouveau Roi maltraitant ses Sujets, & méprisant les conseils de son pere, le vieux Roi reprit les ornemens Royaux ; & à la tête de 30000 Indiens, vint assiéger Agni dans la Forteresse de Bantam, où presque abandonné de tout le monde, le jeune Roi s'étoit retiré.

Les Hollandois toujours prêts à se mêler des querelles des Princes Indiens, & à en profiter, furent appellés au secours du Roi assiégé. 3000 hommes de troupes réglées, conduits par S. Martin, Officier François de grande réputation à Batavia, font heureusement la descente ; & après un combat opiniâtré, mettent l'armée du vieux Roi en fuite.

Mais cet heureux succès fut presqu'aussi fatal au Prince vainqueur, qu'au Prince vaincu, tous deux y ayant perdu la liberté, les Hollandois seuls profitant de la victoire, dont il leur resta pour fruit la Forteresse de Bantam, de laquelle ils s'emparerent, aussi-bien que de la personne du jeune Roi.

Ils laisserent cependant à celui-ci les apparences de la Royauté, rien ne se faisant que sous son nom, ayant des Gardes, un Palais, & un Serrail ; tandis que son pere gardé d'abord à Bantam, & ensuite pour plus de sureté transféré à Batavia, fut traité en véritable prisonnier, privé presque de toutes les commodités de la vie.

Ce fut après ce grand événement, qui changea toute la face du Royaume & de la Ville de Bantam, que les Hollandois, qui abusant de leur victoire, avoient pillé les Comptoirs & les Magasins des Européens établis dans cette Capitale, & particuliérement ceux des Anglois, qui étoient remplis de richesses immenses, acheverent ce qu'il y avoit longtems qu'ils avoient projetté ; & sous le nom du jeune Roi, interdisant l'entrée de leur nouvelle conquête à toutes les Nations d'Europe, en resterent seuls en possession, aussi-bien que du Commerce qui s'y faisoit, qui alors ne cédoit pas même à celui de Batavia.

Il n'y a point de lieu dans l'Isle de Java, où les rafraîchissemens coutent moins qu'à Bantam ; les Javans, qui, à l'arrivée des vaisseaux, leur en apportent quantité, se contentant pour payement, d'épingles, d'aiguilles, de petits couteaux, & d'autres menues merceries.

Les Européens ont perdu cette commodité, depuis que les Hollandois se sont emparés de la Ville, ne leur permettant pas de s'y rafraîchir, & les renvoyant à Batavia, comme ils firent en 1685 aux vaisseaux François, qui portoient à Siam le Chevalier de Chaumont, Ambassadeur de France.

A Bantam il n'y a que de la monnoie de cuivre, marquée au coin du Roi : elle vaut un liard de [illegible]ce. Les cayas de la Chine y ont aussi cours, de m[illegible]e que les especes d'argent étrangeres.

Avant que les Hollandois se fussent emparés de Jacatra, Bantam leur tenoit en quelque sorte le même lieu que Batavia leur tient présentement. C'étoit où résidoit le Président, ou Directeur Général de la Compagnie, où se chargeoient & déchargeoient leurs vaisseaux, d'où partoient les ordres & les instructions pour les autres Comptoirs, & où tous les Commis envoyoient leurs comptes & leurs livres.

Batavia est située dans l'Isle de Java, par la hauteur de 5 dégrés 50 minutes de latitude méridionale, à l'Ouest du Royaume de Bantam, & à 12 ou 14 lieues de la Ville de Bantam, qui en est la Capitale. Elle est bâtie sur la riviere de Jacatra, & presque sur les ruines de l'ancienne Jacatra, que les

Hollandois avoient surprise sur les Anglois en 1617, comme on l'a dit ci-dessus, & qu'ils avoient souvent défendue contre toutes les forces de l'Empereur de Mataran, le plus puissant Roi de l'Isle.

Ce fut en 1619 qu'elle prit le nom de Batavia; mais ce ne fut qu'en 1660, qu'elle fut achevée, & mise dans l'état qu'elle est.

La nouvelle Ville, qui ne cede en rien aux plus belles Villes de Hollande, soit pour la largeur des rues, toutes tirées au cordeau; soit pour la magnificence des maisons qui les bordent; soit enfin pour les canaux qui les traversent, & les arbres toujours verds, qui sont des deux côtés; est défendue par une Citadelle à quatre bastions, bâtis sur pilotis, dans laquelle la Compagnie entretient toujours une garnison de 1000 hommes de troupes réglées.

Outre cette Citadelle, il y a divers postes avancés dans les terres, & soutenus par des redoutes ou de petits forts, pour la mettre à couvert des surprises & des courses des Javans.

La Ville est peuplée de diverses Nations, parmi lesquelles il n'y a gueres qu'un quart d'Européens; & de ce quart un tiers de François, tous Catholiques, qui y ont un Consul.

Autour de la Ville sont divers Fauxbourgs, dont les Habitans augmentent sans cesse; la plupart Chinois, Maures, Javans, & Malais.

Ce sont les Habitans de ces Fauxbourgs, qui cultivent les terres des environs de la Ville, où ils sement du ris, qui y vient si bien, & déja en telle abondance, qu'il n'est plus besoin à cet égard d'envoyer au dehors pour la provision de Batavia.

Le sucre s'y fait aussi en quantité; & il y a sur la riviere de Jacatra plusieurs moulins, pour en briser les cannes, aussi-bien que divers autres pour le papier, la poudre à canon, & la mouture des grains.

Mais tous ces avantages, capables de faire fleurir une Ville particuliere, ne sont rien en comparaison de ceux qu'y apporte le Commerce immense de la Compagnie, qui y rassemble toutes les marchandises de l'Europe & de l'Asie, dont elle a toujours ses magasins remplis; soit pour en faire les cargaisons des vaisseaux qu'elle renvoye en Europe; soit pour charger ceux avec lesquels elle fait le négoce de la Chine, du Japon, de toutes les Indes, de la Perse, de l'Arabie, & de la Mer Rouge; Batavia étant le centre d'où sort ou rentre par une perpétuelle circulation, tous les effets de la Compagnie; mais toujours avec des profits à peine concevables, quoique beaucoup diminués par les gains indirects de tant de Directeurs principaux, & de Commis subalternes, par les mains desquels passent ses affaires; & qui dans des lieux si éloignés, se croyent les maîtres des biens, dont ils ne sont que les dépositaires.

A l'égard du Gouvernement de la Compagnie dans les Indes, tout s'y fait par un Conseil résidant à Batavia.

Ce Conseil est composé du Général, qui ne fait qu'ordonner, & qui ne rend compte de rien; du Directeur Général, qui a tout entre les mains, & qui en répond; de six Conseillers ordinaires, & de quelques Conseillers extraordinaires; de ceux-ci plus ou moins, suivant qu'il plaît aux Directeurs de la Compagnie en Europe d'en nommer; de deux Fiscaux, ou Procureurs Généraux, l'un de terre, & l'autre de mer; enfin, du Secretaire Général.

Le Général a deux voix: les Conseillers extraordinaires n'en ont point, lorsque le Conseil est complet, & ne disent que leur avis; autrement on compte leurs voix.

Ce sont les Fiscaux qui visitent les vaisseaux à leur arrivée & à leur sortie; & ce sont eux qui vont porter les derniers ordres pour le départ.

Le Conseil donne toutes les Charges, tous les Gouvernemens, & tous les Emplois, en attendant la confirmation d'Europe: c'est lui aussi qui décide de la paix & de la guerre.

Du Conseil de Batavia dépendent six Gouvernemens Généraux, qui sont, un sur la Côte de Coromandel; trois aux Moluques; sçavoir, Amboine, Banda, & Ternate; un dans l'Isle de Ceylan, & le sixiéme à Malaca.

Il y a aussi plusieurs Gouvernemens particuliers, dont les Gouverneurs se nomment Commandeurs.

Les principaux sont, le Cap de Bonne-Espérance, dont néanmoins la nomination se fait toujours en Europe, & n'est point de la dépendance du Conseil de Batavia; Macassar; Padan, dans l'Isle de Sumatra; Bima, Timor, Andragyry, & Cochin.

Les Comptoirs, les Loges, & les Factories, ne sont pas des postes moins considérables que les Gouvernemens particuliers, dont ils ne sont proprement différens que de nom: mais ils ne s'établissent que dans les lieux où les Hollandois ne sont pas les maîtres, & où les Princes leur permettent d'avoir des Facteurs sédentaires; ce que les autres Nations d'Europe ont de commun avec eux.

Leurs plus considérables Comptoirs sont, Ispaham & Bender-Abassi, en Perse: Surate, Agra, Amadabath, Bengale, Ongli, Pipeli, & Cazembazar, dans les Etats du Grand-Mogol: Palimbang & Jamby, dans l'Isle de Sumatra: Judia & Ligor dans le Royaume de Siam: Banka, le Tunquin, & le Japon.

La Compagnie avoit autrefois aussi à la Chine, l'Isle de Formosa; mais elle en fut chassée dans le milieu du dix-septiéme siecle, tant par sa négligence & sa trop grande confiance, que par la bravoure des Chinois.

Outre le grand nombre de vaisseaux de la Compagnie, qui arrivent d'Europe à Batavia, ou qui en sortent, pour entretenir cet immense Commerce qu'elle fait dans toutes les Indes, on y en voit aussi aborder chaque jour de Bengale, de Siam, du Mogol, de la Côte de Coromandel, des Moluques, de Malaca, des Philippines, de la Chine, &c. qui y viennent charger les marchandises dont ils ont besoin, & y apportent celles que produit leur Pays, ou qui s'y manufacturent.

On n'entrera pas ici dans un plus grand détail de ce qui regarde le Conseil de Batavia, & la puissance des Hollandois aux Indes; se réservant d'en dire encore quelque chose à l'article des Compagnies de Commerce, où l'on traitera de celle de Hollande pour l'Orient.

## SUMATRA.

Le principal Commerce de l'Isle de Sumatra, dont on a donné ci-devant la situation, consiste en or, en argent, en étain, en cuivre, en fer, en diamans, & autres pierreries, en poivre, en cire, en miel, en camphre, en casse, en sandal, en bortou, en souffre, en ris, en sucre, en gingembre, & en benjoin.

L'or se trouve particuliérement entre Ticou & Manincabo, où les Habitans le recueillent au pied des montagnes, dans des fosses qu'ils y font, pour recevoir les eaux des torrens, qui dans le tems des pluies entraînent beaucoup de ce métail avec elles; ces peuples n'ayant point encore l'art de travailler aux mines ; ou bien leur pareſſe naturelle les empêchant de s'expoſer à un travail ſi dur.

Ceux qui font la récolte de l'or, ſont des peuples à demi ſauvages, qui n'ont aucun Commerce avec les Etrangers, & qui l'échangent avec leurs voiſins pour diverſes marchandiſes ; ceux de Manimcabo leur donnant des armes, des outils de fer, ou des toiles de coton ; & ceux de Priaman, du poivre, de l'acier, du ſel, & des talis de Surate.

Cet or n'eſt qu'à 30 ou 35 pour cent meilleur marché qu'en France.

On en tire auſſi de Jambi, d'Andrigeri, & de Padam, ſur lequel il y a plus à gagner.

Preſque toute l'Iſle, à la réſerve du milieu des terres, fournit quantité de poivre. Les lieux où l'on en recueille davantage, ſont, Andrigeri, Jambi, Palembang, & ſur-tout Andripouro. On en tire auſſi de Priaman, de Ticou, de Sillobart, de Manimcabo, & de Barrou, mais de moindre qualité. Il s'en charge de l'un & de l'autre beaucoup, ſoit pour les Indes, ſoit pour l'Europe.

Le ſouffre ſe trouve à Pedir, où il y en a une montagne. C'eſt auſſi proche de cette Ville, que coule cette eſpece de réſine, que l'on nomme Baume de Sumatra.

Les diamans & les pierreries y viennent de dehors, particuliérement de Borneo.

Les autres drogues & marchandiſes ſe trouvent & ſe cultivent dans pluſieurs endroits de l'Iſle, ſur-tout dans le milieu des terres.

Outre les lieux qu'on vient de nommer, on fait auſſi du Commerce à Achem, Pacam, Dely, Arau, Campao.

Achem, ſituée dans la partie la plus Septentrionale de Sumatra, eſt la Capitale d'un grand Royaume, & preſque de toute l'Iſle : c'en eſt le lieu le plus ſain ; l'air du reſte, à cauſe des terres baſſes, & des eaux, étant communément très mauvais.

C'eſt à Achem où les Etrangers font leur plus grand négoce ; & l'on voit preſque toujours à ſa rade 15 ou 16 vaiſſeaux, Anglois, Hollandois, Portugais, Danois, Chinois, Guzarates, Arabes, Perſans, Abyſſins, & de pluſieurs autres endroits des Indes & de la Chine.

Les marchandiſes qu'on y porte, ſont, des draps d'or, des étoffes de ſoie, des mouſſelines, des toiles peintes, du coton, & de la ſoie non filée ; du poiſſon, du beurre, des huiles, des armes, des munitions de guerre, de l'argent, & ſur-tout du ris, que toutes les Nations y apportent en quantité ; cette partie de l'Iſle en manquant preſqu'entiérement.

Les Hollandois ont quatre ou cinq Fortereſſes & Comptoirs dans les Etats du Roi d'Achem, & dans ceux de quelques autres petits Princes ; entr'autres, Pedam ſur la Côte Sud-oueſt, & Palimbang & Jambi dans les terres ; ce qui les y rend en quelque ſorte maîtres du négoce du poivre & de l'or de cette Iſle.

Jamby, qui eſt un des meilleurs établiſſemens des Hollandois, eſt ſur une riviere du même nom, à plus de 25 lieues de la mer, par les 50 minutes de latitude Sud. On en peut tirer juſqu'à 1000 laſts de poivre, qui vient du Pays des montagnes. Les toiles & les mouchoirs de coton ſont bons pour ce négoce : on y porte auſſi des réales de 8. Souvent le picol de poivre de 120 l. ne coute que 6 réales.

C'eſt à Sillebart, Ville ſur le Détroit, qui appartient au Roi de Bantam, ſur la Côte de Sumatra, qu'eſt la fabrique des cris ou poignards, dont ſe ſervent les Javans, & la plupart des peuples des Indes. Ces cris ſont fort eſtimés ; & il s'y en fait un grand débit.

Les Guzarates font preſque tout le négoce en détail d'Achem ; achetant en gros les marchandiſes qu'apportent les Etrangers, & les détaillant enſuite dans leurs boutiques. Ils ſont preſque tous riches, particuliérement ceux qui vendent le ris.

Les Chinois, qui y viennent tous les ans dans la moiſſon d'été, amenent avec eux divers Artiſans & Ouvriers, Menuiſiers, Peintres, & autres ſemblables, & dreſſent auſſi-tôt des atteliers & des boutiques, où chacun travaille de ſon métier ; enſorte que pendant quatre ou cinq mois qu'ils y demeurent, leur camp eſt une eſpece de foire, où l'on trouve toutes ſortes de meubles laqués, & autres curioſités Chinoiſes, de bois ou de carton verniſſés, mais tous faits ſur le lieu.

Le mois de Septembre venu, chacun ſe rembarque, & laiſſe le lieu vuide ; remportant ordinairement de l'or, du poivre, & pluſieurs autres ſortes de denrées & de marchandiſes ; ſi pourtant ils n'ont point perdu tout cela au jeu, les Chinois étant grands joueurs ; & tel s'en retournant à fret comme paſſager, qui étoit arrivé avec une jonque richement chargée.

Les Habitans de Sumatra ont deux ſortes de monnoies, qui ſe fabriquent chez eux, & que fait frapper le Roi d'Achem, mais qui ne ſortent gueres de leur Iſle.

L'une eſt d'étain, dont les 75 ne font qu'un ſol de France ; l'autre eſt d'or, & revient à 16 ſ. 8 d. La premiere ſe nomme Caſte, & l'autre Maſſ. Ils n'ont point d'eſpeces d'argent ; mais ils reçoivent les monnoies étrangeres dans le Commerce.

## BORNEO.

On ne connoît gueres de cette Iſle, qui toute ſeule eſt auſſi grande que Java & Sumatra enſemble, qu'une partie des Côtes, ſur-tout celles du Royaume de Borneo ; la barbarie & l'infidélité de ces Inſulaires ayant dégouté les Européens de s'y établir, & d'en continuer le Commerce.

Les Hollandois y aborderent pour la premiere fois en 1609, & y eurent d'abord quelques Comptoirs à Borneo, à Sambas, & à Succadana : mais outre qu'ils n'y purent obtenir l'excluſion des autres Nations pour le négoce, qu'ils ſolliciterent longtems, ils y éprouverent ſi ſouvent la férocité de ces Barbares, qui cherchoient chaque jour de nouveaux prétextes de piller leurs magaſins, dont ils tuoient les Commis, qu'ils les ont enfin abandonnés ; & qu'ils ont laiſſé aux Marchands de cette Iſle ſanguinaire, le ſoin de venir eux-mêmes à Batavia apporter leurs marchandiſes, & continuer leur Commerce.

Ce Commerce conſiſte principalement en diamans, en or, en perles, en bezoard, en bois de ſapan, en cire, en poivre, en encens, en maſtic, & en quelques autres gommes médicinales.

L'or ſe trouve à Pahang, à Sey, à Calantan, à Seribas, à Catra, & à Melanouhe ; mais c'eſt tout or en poudre, que l'on recueille dans le ſable des rivieres.

Sambas & Succadena ſont les lieux où l'on apporte à vendre les diamans, dont la mine eſt plus avant dans les terres. Il s'en trouve beaucoup depuis 4 carats juſqu'à 24, & quelquefois 30 & 40. Le plus qu'on en puiſſe tirer par an, ne va pas juſqu'à 600 carats en tout.

Le Commerce des diamans ſe fait ſeulement avec de

de l'or : les autres marchandises, & l'or même, s'y échangent contre des toiles de coton, des étoffes, & une partie des autres marchandises dont on a parlé à l'article de Sumatra.

Les Chinois, qui faisoient le plus grand Commerce de Borneo, avant que les Européens y fussent arrivés, le continuent toujours ; & l'on voit encore chaque année plusieurs de leurs jonques à Benger-Morssin, dans la partie Septentrionale de l'Isle. Ils trafiquent aussi quelquefois à Mampana, Teye, Landa, & Sambas.

ANDEMAON. On appelle l'Archipel d'Andemaon, une chaîne d'Isles qui se trouvent dans la mer Indique vers celle de Sumatra. Les habitans en sont féroces & antropophages ; les Européens font néanmoins quelques négoces avec eux, mais en se tenant toujours sur leurs gardes, à cause de la perfidie naturelle de ces barbares. Les marchandises qui leur sont propres sont de menue mercerie & quelques quincailleries : on en tire du gingembre, du poivre, du benjoin, & quelques autres drogues.

## CRIMATI,

### PETITE ISLE DE LA MER DES INDES.

Elle n'est éloignée que de quatre ou cinq lieues de celle de Borneo : on y trouve quelques diamans que les habitans vont vendre à Malaca : on trouve aussi quelques perles aux environs de cette Isle ; & ces diamans & ces perles sont cause qu'on n'y laisse aborder aucun Etranger.

## LES ISLES MOLUQUES.

Ces Isles font partie de l'Archipel Oriental, & néanmoins composent entr'elles un Archipel particulier de plus de 70 Isles.

On les divise en grandes & en petites Moluques ; & ces dernieres sont encore partagées en Moluques proprement dites, & en Isles de Banda. Quelques-uns mettent aussi l'Isle d'Amboine au nombre des Moluques.

Toutes ces Isles, dont on parlera dans la suite, suivant cette division, furent découvertes par les Portugais en 1511.

Les Espagnols les leur disputerent pendant quelque tems, fondés, à ce qu'ils publioient, sur ce fameux partage, dans lequel Rome, devenue comme l'Arbitre des Indes Orientales & Occidentales, avoit adjugé celles-là au Portugal, & celles-ci à l'Espagne : mais par le Traité de 1520 entre les deux Nations, les Moluques furent cédées aux Portugais.

Ces derniers les posséderent jusqu'en 1601, que les Hollandois, nouvellement arrivés aux Indes, commencerent à les troubler dans leur possession, qui est enfin demeurée à ceux-ci ; les Portugais n'y ayant pû conserver aucun établissement, & ayant été entiérement chassés de ces Isles, que communément ils appelloient les Isles des Epiceries, à cause de la noix muscade, du macis, & du clou de girofle, que plusieurs d'entr'elles produisent en abondance, & qui ne se trouvent en aucun autre lieu du monde.

## GRANDES ISLES MOLUQUES.

Les grandes Isles Moluques sont, entr'autres, Celebes, Gilolo, Ceram, & Bottou.

CELEBES, qu'on nomme aussi MACASSAR, est la plus considérable de toutes, ayant 100 lieues de large, & 200 de long ; ce qui pourtant doit s'entendre, non d'une Isle d'un seul continent, mais de quantité d'Isles si proches les unes des autres, qu'elles semblent n'en composer qu'une.

Le nom de Macassar lui vient d'un de ses Royaumes, le plus fertile de tous, & presque le seul où les Européens fassent Commerce.

La Capitale, célebre par sa grandeur, le nombre de ses Habitans, & la beauté de ses bâtimens, presque tous à l'Européenne, est située dans la partie méridionale de l'Isle, à 5 dégrés 6 minutes de la Ligne.

C'est-là où les Portugais faisoient autrefois presque seuls un de leurs plus grands négoces des Indes.

Les Hollandois s'y étoient depuis établis ; & du consentement du Roi de Macassar, qui paroissoit fatigué de cette espece de servitude, où les premiers le retenoient, y avoient bâti Panakoke & Samboupo, deux Forts qui assuroient leur négoce, &, à ce qu'ils vouloient faire croire aux Macassars, la liberté de leur Pays.

Mais ces nouveaux Hôtes n'étant gueres plus traitables que les anciens en fait de Commerce, & voulant faire les maîtres à Macassar, & y donner l'exclusion à toutes les autres Nations, les Portugais reprirent leur crédit ; & les Hollandois étoient prêts d'en être chassés, lorsque prévenant les desseins de leurs Ennemis, qu'ils avoient pressentis, ils parurent devant Macassar en 1660 avec une flotte de trente-trois vaisseaux ; & après avoir été également victorieux sur mer, où ils prirent, brûlerent, ou coulerent à fond six gros navires Portugais richement chargés ; & sur terre, où dans une descente, ils forcerent l'épée à la main deux Forts aux portes de la Ville, ils intimiderent tellement le Roi & ses peuples, quoique les plus braves des Indes, qu'ils s'obligerent par un Traité, qui fut conclu à Batavia la même année, de ne plus souffrir les Portugais dans tout le Royaume, & de laisser les Hollandois en possession de leurs Forts & de leur Commerce.

Ce ne fut cependant qu'en 1669, que ces derniers subjuguerent entiérement cette Nation inquiéte & féroce, qui malgré le Traité de 1660, & un autre de 1667, les troubloient continuellement dans le Commerce des épiceries ; envoyant en secret sur les Côtes des Isles de Banda, & des Moluques, de petits bâtimens qui traitoient avec les Habitans, de clous de girofle, & de noix muscades, qu'ils revendoient ensuite aux Anglois ; & entretenant, disoit-on, des intelligences avec les Ennemis de la Compagnie, pour lui enlever Amboine, un de ses six grands Gouvernemens des Indes.

Cependant, malgré tant de dépense, & tant de sang répandu, les Hollandois n'ont pû établir à Macassar un négoce exclusif ; le Port & la Ville étant restés ouverts à toutes les Nations des Indes & de l'Europe, à la réserve des Portugais, qui pourtant y viennent trafiquer comme les autres, depuis qu'à cause de leur foiblesse aux Indes, ils ne donnent plus de jalousie aux Hollandois.

Ce qui y attire le plus de Négocians, est la franchise des entrées & des sorties, les marchandises n'y payant aucun droit.

Les principales de celles qu'on en tire ; sont, du ris en très grande quantité, dont les Hollandois font des cargaisons considérables pour les Moluques & les Isles de Banda ; de l'or, de l'yvoire, du sandal, du coton, du camphre, du fer, plusieurs sortes de quincaillerie de ce métail, des armes propres aux Indiens, du gingembre, du poivre long, & des perles qui se pêchent sur quelques Côtes de l'Isle

Celebes; celles qu'on y porte, consistent en draps d'écarlate & étoffes d'or & d'argent, en toiles de Cambaye, en étain, & en cuivre.

L'Isle de GILOLO tient le second rang parmi les grandes Isles de l'Archipel des Moluques. Quelques-uns lui donnent 200 lieues de circuit, & d'autres seulement 150. Les Hollandois y sont établis, & y ont les Forts de Tacome & de Jabou, moins pour y faire Commerce, que pour empêcher qu'on n'y cultive les clous de girofle, qui y viennent assez bien.

La meilleure marchandise qu'ils en tirent, est le sagu, dont ils ne peuvent guéres se passer pour la nourriture des Habitans de leurs petites Isles Moluques, & des Isles de Banda, qui en usent au lieu de ris, & qui même en font leur boisson.

Le sagu est la moelle d'une espece d'arbre assez semblable au sapin pour la légéreté de son bois: cette moelle se rape, & se réduit en une farine douce & blanche, dont les Moluquois font des especes de galettes, soit au feu, dans une sorte de tourtiere de fer; soit au soleil, en les y laissant exposées jusqu'à ce qu'elles soient très séches: on en fait aussi de la bouillie, qui est gluante, mais d'assez bon goût, & fort nourrissante; détrempée dans de l'eau, elle sert de boisson.

On tire aussi du ris pour les mêmes Isles, & quantité de toutes sortes de vivres.

CERAM n'est gueres moins grande que Gilolo. Une partie des Côtes a long-tems appartenu au Roi de Ternate, & ont été long-tems un sujet de guerre entre ce Prince & les Hollandois, à cause du clou qui s'y cultive. Depuis la paix faite entr'eux, en 1638, Ceram a eu le même sort que Ternate & les autres Isles qui en dépendent. Les girofliers ont été arrachés, & les Hollandois ont bâti en plusieurs endroits, des Redoutes & des Forts, pour empêcher ce Commerce, ou s'en rendre maîtres. *Voyez ci-après* TERNATE.

BOTTON, est la derniere des quatre grandes Isles Moluques, & peut avoir environ 80 lieues de circuit; il n'y croît point de ris, mais il s'y fait un assez grand Commerce d'Esclaves. On y trouve aussi un peu d'ambre gris, d'assez médiocre qualité.

Le meilleur négoce est celui des tamettes, especes de toiles qui s'y fabriquent, & qui sont bonnes pour les Moluques. Les Hollandois en enlevent quantité chaque année, & les achetent avec des cassies, cette menue monnoie de cuivre des Indes, dont on a déja parlé plusieurs fois.

Jusqu'en 1612, il n'y avoit aucune monnoie dans cette Isle, au lieu de quoi on se servoit de petits morceaux de fer ou de plomb, bizarrement taillés. Les Hollandois, par le Traité qu'ils firent cette année avec le Roi, qui les avoit favorablement reçûs, s'engagerent d'y apporter des cassies, & autres especes de cuivre; ce qu'ils exécuterent avec un grand profit, leur ayant donné cours sur un pied bien plus haut qu'ils n'avoient alors dans le Java, & dans le reste des Indes.

## PETITES ISLES MOLUQUES.

Les Isles qu'on appelle proprement Moluques, ne sont qu'au nombre de cinq; TERNATE, TIDOR, MOTIER ou MOTIR, MACHIAM, & BACHIAM; & c'est ce qui compose le quatriéme des six grands Gouvernemens des Hollandois en Asie.

Le terrain de ces Isles est fort élevé, chacune n'étant composée que d'une seule montagne, qui commence dès les Côtes, & qui porte son sommet très haut.

Elles sont toutes très petites, Ternate, qui en est la principale, n'ayant que 7 lieues; Machiam environ 6, Motier seulement 4; Bachiam est plus grande, mais à demi déserte.

Toutes ces Isles sont aux environs de la Ligne; Motier est précisément dessous.

Le Roi de Ternate dominoit autrefois, non-seulement sur ces cinq Isles, mais encore sur celles de l'Archipel des Moluques, au nombre de 72. Ses Sujets étoient alors obligés d'apporter leurs épiceries dans sa Capitale, & c'étoit-là que les Marchands Etrangers, Javans, Malais, Chinois, & les Portugais au commencement, venoient s'en fournir.

Peu après que ces derniers furent arrivés aux Indes, cette grande puissance des Ternatois commença à s'ébranler; & les Habitans de Macassar, de Tidor, & de plusieurs autres Isles, s'étant révoltés, & s'étant ligués, allerent attaquer leur Roi jusques dans la sienne.

Les Portugais attentifs à tout ce qui pouvoit étendre leur empire & leurs conquêtes dans les Indes, se mêlerent bien-tôt de la querelle; & profitant de la conjoncture, s'établirent dans Ternate, même du consentement du Roi; & ensuite par droit de conquête, dans Tidor, Machiam, Amboine, Banda, Timor, & Solor, où ils éleverent des Forts, qui les rendirent les maîtres des Epiceries.

En 1605, les Hollandois parurent à Ternate: les Ternatois las de la domination Portugaise, les reçûrent, & leur permirent d'y bâtir le Fort de Terlucco, un des premiers qu'ils ayent eu aux Indes.

Ce changement de Maîtres n'ayant point adouci la servitude des Ternatois, qui au joug des Portugais, avoient ajouté celui des Hollandois; ils tâcherent plusieurs fois de secouer celui de ces derniers, mais toujours inutilement, ayant été obligés de faire divers Traités, en 1609, en 1612, & enfin en 1638, qui achevant de leur ôter le peu de liberté qui leur restoit, exclurent entiérement les Etrangers des Isles Moluques, & assurerent uniquement aux Hollandois tout le Commerce du clou qui se recueille dans ces Isles.

Par ce Traité, qui renouvelle tous les anciens, & qui restitue au Roi de Ternate toutes les Places dont les Hollandois s'étoient emparés dans cette derniere guerre de 1638; il est convenu que tous les Sujets du Roi sortiroient d'Amboine, & que ce Prince renonceroit pour toujours en faveur des Hollandois, aux droits qu'il avoit sur cette Isle.

Que dans ses Ports, il ne seroit reçû aucun Négociant, Indien, ou Européen, sans passe-port du Gouverneur Général de Batavia, & que ceux qui y arriveroient avec passe-port, ne pourroient aborder à Amboine que sous le Fort de la Victoire; à Hitou, à la Hou, & à Cambelles dans l'Isle de Ceram, que sous les redoutes.

Que ceux qui mouilleroient en ces endroits, pourroient trafiquer de marchandises, & non charger du clou, ou des queues, ou balles de clou, à peine de confiscation, & de la vie.

Que ceux qui y arriveroient sans passe-port, payeroient les amendes réglées par le Traité.

Que pour empêcher le Commerce du clou, il sera loisible aux Hollandois de faire des Retranchemens & des Forts où ils jugeront à propos, & que les Ternatois seront obligés d'y travailler.

Que les délits des Sujets du Roi, seroient jugés par le Gouverneur des Hollandois à Ternate, comme ayant la principale autorité ; & le Gouverneur que le Roi nommeroit.

Que le clou ne seroit livré qu'aux seuls Commis de la Compagnie ; sçavoir la barre de 550 livres, poids de Hollande, au prix de 60 réales de 8 en especes, ou de 70 réales courantes, le tout bien net, & bien sec.

Enfin, qu'en cas d'inexécution de cet Article, tous les Pays & les Habitans dépendans du Roi de Ternate, qui depuis l'an 1605, avoient pris des engagemens avec les Hollandois, & dont les Hollandois s'étoient emparés sur les Portugais, & tout ce qui étoit alors cédé & restitué au Roi, appartiendroit à la Compagnie, laquelle néanmoins se réservoit la liberté d'aller faire du sagu à Ceram, & autres lieux rendus aux Ternatois.

Il faut ajouter ici ce qu'on a remarqué ailleurs, que cette paix fut en quelque sorte achetée par les Hollandois, qui quoique victorieux & maîtres d'une partie des Etats du Roi de Ternate, qui avec ses grands & ses plus braves soldats, s'étoit retiré dans des lieux inaccessibles, aimerent mieux convenir de lui payer une espece de tribut annuel, que de risquer le Commerce du clou, dont ils ont été & sont encore si jaloux ; ce qu'ils firent aussi en faveur des Onimas & des Oroncais, à qui ils donnent pareillement tous les ans, une sorte de pension, pour les récompenser d'avoir bien voulu faire arracher tous les girofliers de leurs Terres, & de ne pas permettre que leurs Vassaux y en plantent à l'avenir.

Depuis ce Traité de 1638, les Hollandois sont absolument restés en possession des cinq petites Isles Moluques, dans lesquelles ils ont divers Forts, & des magasins pour le Commerce du clou.

Les Forts de Ternate sont au nombre de trois ; Maloya, ou Fort d'Orange ; ( c'est près de ce Fort que le Roi fait sa résidence ; ) Toluco, qu'on nomme aussi Hollande, au bout Oriental de l'Isle, & Tacomme, que les Hollandois appellent Villemstad.

L'Isle de Machiam en a pareillement trois ; Taffalo, Nostagnia, & Tabillola.

Motir n'a qu'un Fort.

Les Forts de Bachiam sont, Labora, sur la Côte, & Gemmedoura, dans les terres.

Enfin la Compagnie a trois Forts à Tidor.

Toutes ces Isles ne sont gueres fertiles qu'en clou, & c'est presque le seul Commerce que les Hollandois y fassent.

Ternate fournit année commune, quatre à cinq cent barres de clou, & environ 1000 dans la grande moisson, qui arrive tous les sept ans ; quelques Mémoires disent tous les quatre ans.

Tidor, 300 barres, & 12 à 1300 dans la bonne moisson ; Motir seulement 100 ; Machiam 300 ; Bachiam gueres plus que Motir : mais ces trois augmentent aussi à proportion dans les bonnes moissons ; Motir & Bachiam en donnant environ 400, & Machiam 15 à 16 cent. On a dit ci-dessus que la barre est de 550 livres, poids de Hollande.

Outre le clou, on tire aussi quelques écailles de tortue, de Ternate, mais peu. On y porte quantité de toiles grossieres, particuliérement de Guinée, d'autres toiles & mouchoirs, qu'on nomme Tamettes, qui viennent de Botton ; plusieurs étoffes, & autres marchandises d'Europe pour les Hollandois qui y sont en garnison, ou habitués ; & des vivres, entr'autres du ris & du sagu : tout cela vient de Batavia.

## ISLES DE BANDA.

Ces Isles, les seuls endroits du monde où se recueillent la muscade & le macis, font une partie de l'Archipel des Moluques, & sont du nombre de celles qu'on appelle petites Moluques.

On en compte sept, qui ordinairement sont comprises sous le nom de Banda, qui en est la principale : les six autres sont LONTOR, NERA, PULLO-WAY, PULLO-RON, ROSAGEIN, & GORNUMGAPI, autrement appellée GUMTAPI.

Les Hollandois en sont présentement les maîtres ; & toute la muscade & le macis qui s'y cultivent, passent par leurs mains.

BANDA, qui est le troisiéme des six grands Gouvernemens des Hollandois aux Indes, est par les 4 dégrés de latitude Sud, à 400 lieues de Batavia.

Les Hollandois y parurent pour la premiere fois en 1601, & c'est un de leurs premiers établissemens dans les Indes.

Le premier Fort qu'ils y eurent, fut dans l'Isle Nera ; c'est celui qu'on nomme encore le Fort Nassau.

En 1609, ils firent un Traité avec les Orancais, ou Seigneurs de ces Isles, par lequel ceux-ci s'obligeoient d'envoyer toutes leurs muscades & leur macis au Fort de Nassau, & de les y livrer aux Commis de la Compagnie à un prix convenu ; les Hollandois s'engageant de leur part de les défendre & protéger particuliérement contre les Portugais.

Ce Traité ayant été mal exécuté, & les Comptoirs Hollandois insultés, leurs Commis massacrés, & ce qui étoit le principal grief, le Commerce de la muscade passant ailleurs par la connivence des Orancais ; après des hostilités de part & d'autre, qui durerent quelques années, on fit deux autres Traités, l'un en 1616, & l'autre l'année suivante, qui à la sollicitation des Anglois, alors en guerre avec les Etats Généraux des Provinces-Unies, ne furent pas mieux observés.

Enfin la paix entre les deux Nations d'Europe ayant été concluë en 1619, les Hollandois penserent l'année d'après à se venger des Orancais de Banda, & ayant offert aux Anglois, à ce qu'ils ont publié depuis, de partager la conquête des Isles, & ceux-ci l'ayant refusé, ils attaquerent Banda au mois de Mars 1621, & forcerent les Insulaires à demander grace ; & en livrant leurs Villes, leurs Forts, leurs Armes, & leurs Isles, de reconnoître qu'elles appartenoient aux Etats Généraux, tant par droit de conquête, que par cession.

C'est depuis ce dernier Traité que les Hollandois en sont en possession de fait, & soutiennent qu'elles doivent aussi leur appartenir de droit, les Anglois ayant refusé de prendre part à cette conquête, eux qui par le Traité de 1619 devoient faire avec les Hollandois le Commerce des Moluques, de Banda, & d'Amboine en commun, & dans les Places communes aux deux Nations.

Pour assurer le négoce de la muscade & du macis, les Hollandois ont fait bâtir des Forts dans toutes les Isles de Banda ; & pour l'augmenter, peupler, & cultiver les terres, ils en ont partagé le terrain en vergers, qu'ils distribuent aux Bourgeois Hollandois qui y sont établis, à proportion de ce qu'ils ont d'Esclaves, les obligeant de planter tous les ans un certain nombre d'arbres de muscade, & de porter au Comptoir toute la recolte des noix & du macis, où la Compagnie leur paye le macis 7 sols la livre, & la noix à un peu moins d'un sol.

Il y a aussi des Maures soumis, à qui l'on distribue des vergers sur le même pied qu'aux Hollandois.

Toutes ces Isles ne subsistent que par les vivres, les denrées, & les marchandises qu'on leur envoye de Batavia, le terrain n'y étant gueres propre que pour la muscade. Il s'y fait quelque débit d'étoffes, de toiles, & de quincaillerie, qu'achetent les Hollandois Soldats & Habitans, aussi-bien que les Insulaires naturels.

## AMBOINE.

L'Isle d'Amboine est située à 4 dégrés, 20 minutes de la Ligne équinoxiale, à 20 lieues des Isles de Banda. Quelques-uns la mettent du nombre des grandes Moluques, quoiqu'elle n'ait que 24 lieues de tour : elle est divisée en deux, en sorte que l'Istme qui en sépare les deux parties, étant très étroit, elle semble comme deux Isles.

Lorsque les Portugais s'en emparerent en 1517, elle étoit au Roi de Ternate. Les Hollandois la prirent en 1603, d'autres disent en 1605, & ne la garderent que jusqu'en 1620; mais l'ayant reprise depuis, ils l'ont toujours gardée jusqu'à présent, & prétendu qu'outre le droit de conquête, elle leur appartient encore par la cession que le Roi de Ternate leur en a faite par le Traité de 1638, dont on a parlé ci-devant.

Outre la grande Isle d'Amboine, il y en a quelques petites qui en sont proche, que les Hollandois font cultiver, & où ils ont planté des girofliers, qui n'y viennent pas moins bien qu'à Amboine même.

Ces Isles sont OMA, ULEASTER, NOSSLAW, ONIME, MASSALON, MULANA, & OCTAVA, où la Compagnie a des Redoutes & des Comptoirs, pour contenir les Habitans, & empêcher la diversion du Commerce du clou.

A Amboine, les Hollandois ont trois Forts, la Victoire, Hitou, & Low.

Le Fort de la Victoire, qui est à quatre bastions, est situé à deux lieues dans la baye. Il est défendu par 60 pieces de canon, & l'on y entretient toujours une Garnison de 600 hommes : il est au bord de la mer, & les vaisseaux y viennent ancrer à demie portée.

C'est la résidence du Gouverneur, & le second des grands Gouvernemens de la Compagnie aux Indes, qui y entretient un Conseil de quinze personnes, pour régler les affaires de l'Isle & de son Commerce, mais subordonné à celui de Batavia.

Lorsque les Hollandois se rendirent maîtres de cette Isle, il y avoit peu de clou de girofle; mais ils y en ont tellement fait planter, qu'elle en fournit elle seule plus que tout le reste des Moluques.

La plus grande récolte s'en fait à Hitou, Lohor, Cambelle, & Lissedi, Natua, Cayola, Cabear, Larisque, Vasquesie, Ouri, & Asselouli, partie dans les petites Isles, & partie dans les grandes qui en dépendent.

C'est au Fort de la Victoire qu'est le plus grand magasin de clou, & où se rassemble tout celui des autres Comptoirs, les Habitans étant obligés d'y porter toute leur récolte, dont la Compagnie a réglé le prix comme aux Moluques, à 60 réales de huit la barre, quoique les Portugais & les autres Etrangers en payassent jusqu'à 100 & 120.

Toute l'Isle est divisée en divers Villages, & chaque Village en plusieurs vergers, que cultivent également des Hollandois, des Métifs, & des Insulaires, qui tous sont obligés de planter chacun 10 girofliers par an; ce qui les a extrêmement multipliés, & ne laisse gueres de place pour la culture des autres fruits, légumes & denrées propres pour la nourriture & l'usage de la vie, qui y sont apportés d'ailleurs, particuliérement de Batavia.

Les girofliers d'Amboine & des environs, ont d'une année à l'autre une bonne & une mauvaise récolte, ce qui est différent des autres Moluques, où la bonne récolte ne vient que tous les quatre ans, & quelquefois tous les sept.

On a voulu planter dans l'Isle des noix muscades, & l'on en voit même dans quelques jardins, mais qui y réussissent assez mal.

A Victoria, il y a de grands magasins toujours remplis d'étoffes, d'habillemens tout faits, de toiles de coton, & d'autres marchandises des Indes & d'Europe, où les Habitans vont se fournir de ce qu'ils ont besoin; sur quoi la Compagnie fait un assez grand profit.

Les vivres, les munitions, & les marchandises, qui, comme on l'a dit, y viennent de Batavia, sont apportés chaque année par deux vaisseaux de la Compagnie, qui pour tout retour, se chargent uniquement de clou, qui quelquefois est en si grande quantité, qu'on est obligé d'en brûler, ou d'en jetter une partie dans la mer; ce qui provient du Traité que les Hollandois ont fait avec les Habitans, de prendre tout leur clou au prix convenu.

On compte à Amboine plus de 60000 Habitans, dont la moindre partie est Hollandoise, en sorte qu'il faut les ménager, & entretenir de grosses Garnisons, pour les tenir en respect, si on ne leur donnoit pas satisfaction sur la réception de leur clou.

On a vû ci-dessus par combien de dépenses & de guerres la Compagnie de Hollande s'est assuré le Commerce des épiceries, & avec quel soin, & quelle jalousie elle s'applique à se le conserver; cependant il est certain qu'elle n'a pû jusqu'ici, & qu'elle ne pourra jamais empêcher qu'il ne s'en fasse un assez grand déversement, même par ses propres Officiers, en plusieurs lieux des Indes, sur-tout du clou de girofle.

Il est vrai qu'il est défendu aux Matelots des vaisseaux qui vont aux Isles des épiceries, aussi-bien qu'aux Capitaines & Subalternes qui les commandent, d'en apporter plus que pour leur propre usage, c'est-à-dire, une livre, ou deux : mais il est rare que les uns & les autres se réduisent à une pacodille si modique; & il n'arrive gueres de bâtiment chargé d'épiceries pour Batavia, qui avant que d'y aborder, ne laisse à terre, en quelque endroit sûr, une bonne quantité ou de muscade, ou de girofle, dont les Directeurs Généraux n'ont aucune connoissance, ou du moins qu'ils feignent d'ignorer.

Une autre maniere de tromper la Compagnie, particuliérement pour le girofle, que pratiquent assez ordinairement les Commandans & Marchands qui sont sur les vaisseaux, est d'en vendre aux navires des autres Nations qu'ils rencontrent en mer, & de mouiller le reste, afin que le nombre des bahares, ou quintaux de cette marchandise qui fait leur cargaison, s'y trouve toujours; ce qui peut aller à 10 & 15 par cent, sans que les Commis des magasins qui les reçoivent à Batavia, puissent s'en appercevoir.

TIMOR & SOLOR sont encore deux Isles de l'Archipel Oriental, entre la pointe de l'Isle de Celebes, & les Isles Flores, où les Hollandois font aussi quelque Commerce, & ont des Forts.

A Timor, on négocie des Esclaves, de la cire, & du bois de sental. On peut tirer chaque année environ 2000 barres de sental, à 560 livres poids de Hollande la barre; & c'est principalement pour ce bois que la Compagnie conserve cet établissement, à cause du grand débit qu'il a dans la Chine : la cire y est à bon compte.

Le Commerce de Solor est encore moins considérable que celui de Timor : on en tire les mêmes choses, & outre cela ce qu'on appelle en Médecine la Pierre de Solor, qui est une espece de bezoard qu'on croit souverain contre les poisons.

## ISLES PHILIPPINES, ou MANILLES.

Le fameux Magellan à qui on doit la découverte du Détroit qui porte son nom, est le premier des Européens qui a eu connoissance des Isles Philippines; mais ce fut aussi où il finit ses découvertes & sa vie, ayant été tué dans un combat contre les Habitans de Cebut, ou comme d'autres le rapportent, dans un festin où il avoit été convié par les Insulaires.

Cette découverte se fit en 1520; les Espagnols cependant ne s'y établirent qu'en 1564, sous le regne de Philippes II. de qui ces Isles ont pris leur nouveau nom, les grandes guerres qui occuperent Charles-Quint jusqu'à sa retraite ne lui ayant pas permis de penser à étendre ses conquêtes de ce côté-là.

Ce fut Louis Velasco Viceroi de la nouvelle Espagne, qui ordonna l'armement destiné à cette entreprise, dont il confia la conduite à Miguel Lopès de Legaspi.

Les guerres intestines qui troubloient alors la plupart des Isles Luçon, (les Indiens nomment ainsi les Philippines,) aiderent beaucoup les Espagnols à s'en rendre maîtres; cependant des deux grandes, qui sont Manille & Mindanao, ils ne pûrent s'emparer que de la premiere, les Habitans de l'autre n'ayant jamais pû être soumis, & jouissant encore de leur ancienne liberté, mais aussi de leur barbarie.

Ces Isles sont situées dans la mer des Indes, entre la Chine & les Moluques, à 100 lieues des Côtes de Camboya & de Champa, & à 200 des Isles Mariannes : elles composent un des cinq Archipels de l'Ocean Oriental.

Quelques-uns ne comptent qu'onze cens Isles dans cet Archipel, mais d'autres y en mettent jusqu'à 11000, ce semble avec un peu d'exagération, quand même on y joindroit tous les écueils & les rochers de cette mer.

L'Isle Manille, ainsi nommée de sa Capitale, est la plus considérable de toutes celles qu'occupent les Espagnols, & le centre de leur Commerce, qu'ils étendent d'un côté jusqu'à la Chine, & de l'autre sur les Côtes de l'Amérique, qui sont sur la mer du Sud.

Cette Isle, quoique située sous la zone torride, aussi-bien que le reste des Philippines, jouit d'un air sain & assez tempéré, malgré la réputation qu'elle avoit eue d'abord de dévorer les Espagnols qui s'y habituoient. Elle est la plus Septentrionale de toutes les Manilles, & n'a gueres moins de 400 lieues de tour.

Mindanao, qui au contraire est la plus Méridionale de ces Isles, ne cede gueres en grandeur à celle de Manille; mais ses Habitans font en quelque sorte un Commerce à part, soit avec les Espagnols mêmes, quand ils ne sont point en guerre avec eux; soit à la Chine, où ils envoyent des Champans de leurs Chefs; soit enfin à l'Isle de Borneo, & aux autres Isles de la Sonde, où ils portent diverses denrées de leurs Pays, & en rapportent les marchandises dont ils ont besoin.

Ils avoient aussi une espece de Commerce réglé avec les Isles Moluques, avant que les Portugais, & ensuite les Hollandois s'en fussent rendus maîtres.

Les marchandises que ces Peuples portent dans tous ces lieux, sont de l'or, qu'ils recueillent dans leurs montagnes, & dans leurs rivieres, particuliérement dans celle de Batuam; de la cire, du ris, du sagu, des étoffes d'écorce d'arbre, des noix de coco, de l'huile de sesamme & de lin, qu'ils nomment Libby; du fer, de l'acier, du safran. On tire aussi de cette Isle quantité de bois de charpente, & les Espagnols s'en servent pour bâtir des gallions plus grands que ceux qu'ils font construire en Europe : enfin elle fournit plusieurs milliers de peaux d'animaux, particuliérement de cerfs & de buffles, qui sont propres au négoce du Japon.

L'on peut mettre au nombre des marchandises du crû de cette Isle, la muscade, le clou de girofle, le betel, le cacao, & le poivre : mais à l'égard des deux premieres épiceries, les Insulaires n'en cultivent gueres qu'autant qu'il leur est nécessaire pour leur usage, de peur que s'ils en plantoient davantage, cela ne déterminât les Hollandois à venir chez eux, & à tâcher de se rendre maîtres de ce négoce, comme ils ont fait dans les Moluques, & dans les Isles de Banda, ainsi qu'on l'a dit ci-dessus.

Presque tout le Commerce des Espagnols se fait, comme on l'a dit, dans la Ville de Manille.

Cette Capitale, résidence de l'Archevêque & du Viceroi, est située à 14 dégrés 15 minutes de latitude, dans la partie la plus Méridionale de l'Isle. Son Havre est très beau, très spacieux, & très sûr. C'est-là qu'arrivent tous les ans les deux gallions qui se chargent à Acapulco, Ville de la nouvelle Espagne, pour les Manilles; & d'où partent les deux vaisseaux qui tous les ans aussi, mais dans des moissons différentes, vont des Manilles à Acapulco.

On parlera ailleurs de ce Commerce réciproque des Espagnols. *Voyez ci-après le négoce de l'Amérique, où l'on traite de celui de la mer du Sud.*

C'est aussi à Manille qu'abordent sans cesse ce grand nombre de jonques, & d'autres bâtimens Chinois & Japonois, qui, pour ainsi dire, y apportent toutes les richesses de leurs Empires, pour les y échanger contre celles du Nouveau Monde, dont cette Ville est comme l'entrepôt pour l'Orient.

Ces Nations y font ordinairement leur Commerce depuis Décembre jusqu'en Avril; & alors on y voit toujours 30 ou 40 de leurs gros bâtimens à la rade, n'y en ayant gueres moins pendant le reste de l'année, de quatre à cinq cent de toute grandeur, qui appartiennent aux Espagnols & aux Chinois habitués aux Isles, avec lesquels ils font le négoce de cet Archipel.

Les Portugais y font aussi un bon négoce, & c'est presque le seul où ils fassent des gains considérables, depuis qu'ils ont perdu celui du Japon.

Enfin de toutes les Nations, soit d'Europe, soit des Indes, il n'y a que les Anglois & les Hollandois qui soient exclus des Manilles; encore les premiers y font-ils une espece de négoce précaire, sous le nom & sous le pavillon Irlandois, ainsi qu'on l'a dit ci-dessus en parlant des Anglois de Madras, où l'on est entré dans un assez grand détail concernant le Commerce que la Nation Angloise fait aux Manilles, soit en droiture d'Europe sous pavillon d'Irlande, soit seulement de Madras sous pavillon Gentil. *Voyez le* COMMERCE *du Coromandel*; les Anglois qui sont établis à S. George, y envoyant aussi des vaisseaux, mais montés de Pilotes & de Matelots Portugais.

L'exclusion des Hollandois semble assez bien fondée, cette Nation ayant fait plusieurs tentatives pour s'emparer de ces Isles, particuliérement l'entreprise de *1649*, qui ne leur réussit pas; & ayant la réputation dans les Indes, de n'être pas scrupuleux, & de se servir volontiers du droit de bienséance, pour se mettre en possession du bien d'autrui, quand d'autres prétextes leur manquent.

De toutes les Nations qui trafiquent aux Manilles, ce sont les Chinois qui y font le plus grand Commerce; soit ceux qui y résident, qui sont comme les Facteurs des autres; soit ceux qui y viennent tous les ans, & qui y apportent les marchandises.

Les Chinois habitués dans ces Isles, sont au nombre de plus de vingt mille, & ce sont eux qui y exercent presque tous les Arts & Métiers, où la fierté naturelle des Espagnols ne leur permet pas de s'occuper.

Les marchandises que les Chinois & les autres Nations y apportent, sont des étoffes de soie & de coton de toutes couleurs, des soies écrues & filées, du coton en bourre & en fil, de la poudre à canon, du soufre, du fer, de l'acier, du vif-argent, du cuivre, de la farine de froment, des noix, des châtaignes, du biscuit, des dattes, des porcelaines, des cabinets, des écritoires, des bahuts de lacque & de vernis, du ris; toutes sortes de drogues; du salpêtre, des toiles de coton, d'autres de lin, blanches, & de couleur, des coëffures de femmes de raiseau, des voiles à leur usage, de l'étain, & plusieurs ustenciles de ménage qui en sont faits; des franges de soie, du fil de plusieurs façons; enfin diverses merceries & quincailleries de la Chine & d'Europe, & plusieurs masses de veroterie & de rasade, qui sont bonnes pour l'Isle de Mindanao.

On tire des Philippines une partie des marchandises qui se fabriquent & qui se trouvent au Perou, au Chily dans la nouvelle Espagne, & sur toutes les Côtes Espagnoles de la mer du Sud, qui sont apportées à Manille par les vaisseaux d'Acapulco; mais principalement de l'or & de l'argent, que les mines du Potosi & du Chily fournissent en abondance pour l'Orient, malgré la grande quantité que la flotte & les gallions en transportent chaque année en Occident.

Les marchandises du Pays sont l'or de Mindanao, la cire, le miel, le tabac, & le sucre, que les Espagnols y ont transplanté de l'Amérique, & qui y réussit parfaitement bien; des peaux de cerf, & de plusieurs autres animaux domestiques & sauvages; des bois pour les bâtimens de terre & de mer; du fil, & des draps de plantain, dont la piece a sept à huit verges de long; diverses huiles, entr'autres celles de graine de lin & de sesanne; les graines dont ces huiles se font; de la civette, & les animaux qui la produisent; du vin de palme, du safran, des noix de cocos, & de toutes les marchandises que cet arbre merveilleux produit; enfin du sagu, qui sert de nourriture aux pauvres du Pays, & qui est très bon pour les Moluques.

On a parlé à l'article des Moluques, de la maniere dont on y apprête la moelle de cet arbre, pour en faire ou du pain, ou de la boisson. A Mindanao, & dans le reste des Manilles, l'apprêt s'en fait différemment: au lieu de le raper, comme aux Moluques, on le pile dans un mortier avec de l'eau; & le sédiment qui reste, après qu'on a laissé reposer l'eau, & qu'on l'a tirée par inclination, sert à faire des tourteaux, qu'on cuit sous la cendre.

Avant que les Hollandois fussent maîtres des Isles des épiceries, c'étoit à Manille (qui les tiroit en droiture des Moluques, & des Isles de la Sonde) que les Chinois & les Japonois venoient querir leur canelle, leur muscade, & leur clou. Depuis ce sont les Hollandois qui en fournissent ces Nations, & tout le reste des Indes & du monde.

Les vivres & toutes les denrées sont à si bon marché aux Manilles, que quatre arobes de vin de palme, qui font 100 livres poids de France, ne coutent que 3 livres, monnoie aussi de France; douze boisseaux de ris, *6* livres; trois poules, *6* sols; un bœuf, 1 écu; le cent pésant de sucre, 4 livres; deux grands paniers de safran, 15 sols; le quintal de fer ou d'acier, 7 livres 10 sols, & le reste à proportion.

## ISLES MARIANES.

Les Européens ont connoissance de ces Isles depuis l'année 1520, que Magellan les découvrit après avoir passé de la mer du Nord dans celle du Sud, par le célebre Détroit qui porte son nom. Il les nomma Isles des Larrons, à cause des petits vols que les Insulaires lui firent de quelque bagatelle, & particuliérement de clous, & autres vieilles ferailles; & Isles de Las Velas, pour le grand nombre de canots à une voile qui vinrent environner son vaisseau.

Depuis on les a appellées Isles Marianes, du nom de Marie-Anne d'Autriche, Reine d'Espagne, qui y envoya des Missionnaires en *1665*, après les avoir fait occuper par les Espagnols.

Elles sont à l'extrémité de l'Orient, dans cette grande étendue de mer qui est située entre le Japon, les Philippines, & le Mexique.

On n'en connoît encore que 14, bien qu'elles soient en plus grand nombre. Guahans & Saypan, sont les plus considérables, & les plus peuplées, ayant chacune plus de 30000 Habitans, quoique la plus grande n'ait pas 40 lieues de circuit.

Quelques-uns ont cru qu'elles avoient toujours fait quelque Commerce avec les Tartares; mais il est certain qu'avant que Magellan y arrivât, ils se croyoient les seuls Habitans de la terre, ignorant même l'usage du feu, qu'ils prirent d'abord pour un animal dévorant, de qui il étoit dangereux de s'approcher.

Depuis que les Espagnols s'y sont établis, ceux des Philippines qui n'en sont qu'à 200 lieues, y entretiennent quelque Commerce; & tous les ans les vaisseaux d'Acapulco y vont prendre des rafraîchissemens, qu'ils échangent contre des toiles, du fer, de la mercerie, & de la quincaillerie: mais ce négoce naissant est encore peu de chose, & l'on n'en a parlé ici, que pour ne pas oublier des Isles, qui par leur situation entre l'Asie & l'Amérique, peuvent favoriser celui qui se fait par la mer du Sud dans l'Orient.

## ISLES DU JAPON.

Ces Isles sont situées dans la mer de la Chine, entre les 31 & 40 dégrés de latitude, étant éloignées du continent en quelques endroits, de 280 lieues, & en d'autres, seulement de *60*.

Les trois principales sont Niphon, où se trouve Meaco, la plus importante Ville des Isles pour le négoce ; Ximus & Xicocun ; un grand nombre d'autres Isles plus petites les environnant, mais qui sont peu connues aux Européens, à la réserve de celles de Firando, où les Hollandois avoient d'abord leurs Comptoirs ; & de celle de Bongo, qu'on nomme aussi CIKOKO, où est Nanquesaque, Ville où les Hollandois font maintenant tout leur Commerce, & où étoit aussi le principal établissement des Portugais, avant qu'ils eussent été chassés du Japon.

Il est incertain si Niphon, la plus grande des Isles du Japon, ou quelques autres des Isles de ce vaste Empire les plus avancées vers le Nord, ne tiennent point à la grande Tartarie, ou à Jesso, cette terre assez nouvellement découverte, & encore peu connue. Quelques Relations assez modernes, la séparent néanmoins de tout continent par le Détroit de Sangaar, jusqu'où les Hollandois ont pénétré ; ce qui pourtant n'a pas encore été suffisant pour obliger les Historiens & les Géographes à les appeller sans restriction, Isles du Japon.

Un seul Empereur commande à ce vaste Empire ; il y a néanmoins plusieurs Rois, mais c'est plutôt un nom d'honneur, qu'un titre de souveraineté, ceux qui le portent, n'y ayant gueres plus d'autorité que les Gouverneurs de Province.

Il s'est fait de tout tems un très grand Commerce au Japon, soit que les Etrangers y vinssent apporter leurs marchandises, soit que les Japonois les allassent querir, & leur portassent celles du crû de leurs Isles.

Le Commerce des Chinois au Japon, est presque aussi ancien que les deux Empires. Il étoit autrefois réciproque, & l'on voyoit autant de Japonois à la Chine, que de Chinois au Japon. Présentement il n'y a que les Chinois qui le continuent, le Roi de la Chine ayant interdit l'entrée de ses Etats aux Japonois, sous peine de la vie, & dissimulant plutôt qu'il ne permet, le négoce que ses Sujets font au Japon ; en sorte que les Chinois qui y vont, donnent toujours de fausses déclarations aux Bureaux des Villes de la Chine d'où partent leurs jonques, ne déclarant jamais que leur cargaison soit faite pour ces Isles.

Les autres Nations des Indes qui font le Commerce du Japon, sont les Siamois, & les Camboyars ; mais depuis que les Hollandois se sont rendus maîtres de ce négoce, celui de ces deux Peuples, & même celui des Chinois, sont beaucoup déchus de ce qu'ils étoient autrefois.

Les Japonois trafiquent à la Cochinchine, à Siam, à Camboya, & aux Manilles. Leurs principaux retours sont en soies.

Les Portugais ont été les premiers des Européens qui ayent eu connoissance des Isles du Japon ; soit (comme quelques-uns disent) sur la relation des Chinois & des Siamois ; soit (comme d'autres le rapportent) qu'ils y eussent été jettés par la tempête en 1534, ou en 1542, en allant à la Chine.

Le lieu où les Portugais s'établirent d'abord, fut sur les Côtes de Sarunga, assez près de la Ville qui donne son nom à l'Isle ; mais le rivage n'y étant pas de bonne tenue, ils passerent quatre ou cinq ans après dans l'Isle de Quisna, près de Nanquesaque, poste qu'occupent présentement les Hollandois, comme on le dira dans la suite.

C'étoient les Portugais de Macao qui faisoient tout le Commerce de la Nation Portugaise au Japon ; ce qui leur étoit d'autant plus facile & plus avantageux, qu'ils y pouvoient porter toutes les marchandises qu'ils tiroient de la Chine, qui sont d'un bon débit parmi les Japonois ; & que d'ailleurs tout leur négoce, à cause de la proximité, se faisoit en moins de quatre mois, n'étant gueres que vingt jours en mer. Ce Commerce étoit d'un grand profit, & alloit année commune, à plus de 5000000 de livres.

Une jalousie de Commerce, plutôt qu'un véritable intérêt d'Etat, fit chasser en 1636 les Portugais du Japon, & avec eux la Religion Chrétienne, que Saint François Xavier avoit commencé d'y prêcher en 1549.

Une seule Nation d'Europe a profité de leur exclusion ; & présentement tout ce qui professe le Christianisme, n'ose venir faire Commerce dans un Pays qui étoit autrefois ouvert à tous les Marchands du monde, & où en 1629 on comptoit jusqu'à 400000 Chrétiens.

Avant l'Edit qui ferma l'entrée du Japon aux Chrétiens, les Anglois y avoient fait aussi quelque Commerce, & les Espagnols de la nouvelle Espagne, & des Manilles, y avoient voulu établir le leur ; mais les premiers avoient été rebutés par le peu de profit qu'ils y firent d'abord, & par les grands présens, ou castos, qu'il falloit faire tous les ans, & qui y tiennent lieu de droits d'entrée & de sortie ; & les autres n'y penserent plus, quand ils virent qu'on leur refusoit l'exclusion des Hollandois, alors leurs ennemis, quoique d'ailleurs l'Empereur leur eût accordé toutes les conditions les plus avantageuses qui pussent favoriser leur négoce.

Ce sont donc les Hollandois qui seuls des Européens, sont restés les maîtres du Commerce du Japon, sans avoir été rebutés des formalités dures & incommodes que la jalousie des Japonois leur impose ; & dont, à ce qu'on prétend, ils ne sont redevables qu'à celle qu'ils avoient inspirée à cette Nation contre les Portugais & les autres Chrétiens.

Les Hollandois avoient été conviés dès l'année 1605, par les Japonois même, d'aller établir leur Commerce chez eux, ce que néanmoins ils différerent d'exécuter jusqu'en 1609.

Ce fut au mois de Juillet de cette année qu'on vit paroître à Firando, où ils eurent ensuite la permission de s'établir, le premier vaisseau de la Compagnie ; & que ses Députés allerent à la Cour faire leur Traité de Commerce, dont le principal article fut, que tous les ans il y viendroit au moins un navire de Batavia, avec des marchandises d'Europe & des Indes.

N'ayant pû exécuter cette clause du Traité l'année suivante, à cause d'un mauvais succès que leur flotte avoit eu contre les Espagnols ; ils y en envoyerent un en 1611, mais avec une cargaison si légere, qu'ils auroient eu assez de peine à faire confirmer leur premiere capitulation, sans un Hollandois établi à la Cour, & qui avoit la confiance de l'Empereur, qui les servit si bien, que même contre les loix du Commerce toujours observées au Japon, on les déchargea de la visite du Facteur de l'Empereur, des Gardes, & des Inspecteurs qu'on met sur les vaisseaux étrangers, tant qu'ils restent sur les Côtes de ces Isles.

Dès l'année 1616, les Hollandois s'étoient si bien établis à Firando, qu'ils y avoient attiré un des plus grands négoces qui se fit alors dans le Japon, quoiqu'auparavant il n'y en eût presqu'aucun dans ce lieu là ; & qu'ils y avoient une loge mieux bâtie & plus magnifique que n'étoit celle des Portugais à Nanquesaque, quoique ceux-ci fussent plus anciens qu'eux dans le Japon de plus de 80 ans.

Lorsque les Chrétiens furent exclus de tout Commerce avec les Japonois, les Hollandois n'en furent pas plus exemts que les autres : mais ils avoient si bien pris leurs mesures, qu'ils y revinrent trois ans après, non pas à Firando, comme auparavant, mais à Nanquesaque, ou plutôt à Disma, où on leur donna l'Habitation qu'y avoient auparavant les Portugais ; & c'est présentement où ils font tout leur Commerce, & où réside le Président de la Compagnie depuis l'année 1641.

## *EXTRAIT D'UN MEMOIRE SUR LE gouvernement & commerce du Japon.*

Tout le commerce extérieur qui se fait dans le Japon, passe par les mains des Etrangers. Ce commerce n'est pas grand, à proportion des richesses du pays. Entre les Etrangers, les Chinois y ont trafiqué de tout tems ; les Espagnols & les Portugais y ont négocié pendant environ cent ans ; les Anglois en ont aussi essayé, mais le peu de profit qu'ils y faisoient les en ayant d'abord dégoutés, ils y renoncerent presque aussi-tôt. Il y vient tous les ans deux vaisseaux de Camboya & de Siam : les Hollandois y sont enfin venus & y sont bien établis.

Toutes les marchandises des Etrangers sont portées à la Ville de Meaco qui en est comme l'étape générale.

On y apporte tous les ans quatre ou cinq mille picols de soie ; deux cent mille peaux de cerfs, cent mille peaux vertes ; beaucoup de chanvre & de toile, de la laine, du vif-argent, du spiaulter, qu'on nomme autrement du zinch, des cloux de gerofle, du poivre, du musc, du bois de sapan, du bois de Bresil, du sucre, de la porcelaine, du canfre, du borax, du calamba, des dents d'éléphant, du corail rouge, & toutes sortes de merceries que les Chinois y apportent ordinairement.

Les Etrangers ont peu de part au commerce intérieur du Japon, & depuis que les Chinois ont défendu aux Japonois l'entrée de leur pays, tout ce commerce passe par les mains des Japonois mêmes, dont quelques-uns ne laissent pas de s'y enrichir ; ce qui pourtant est rare, à cause des grands frais qu'il faut faire pour le transport des marchandises qui presque toutes se portent sur des chevaux ; quoique d'ailleurs il n'y ait aucun impôt sur les marchandises, soit au profit de l'Empereur, soit à celui des particuliers. Une autre raison pourquoi les Marchands font ordinairement si peu de profit au Japon, est la grande quantité de ceux qui s'y mêlent de commerce, n'y ayant gueres personne qui ne fasse quelque trafic.

L'Empire du Japon a tout ce qui peut être nécessaire à la vie, & quantité d'autres marchandises qui pourroient soutenir un plus grand commerce qu'il n'en entretient avec les Etrangers. Ces marchandises sont de l'or, de l'argent, du cuivre, de l'étain, du plomb, & de tous ces métaux en abondance. Du coton, du chanvre, du poil de chévre, de la soie, de la filoselle, beaucoup de peaux de cerfs, toutes sortes d'ouvrages & d'ustenciles vernis, & beaucoup de drogues pour la médecine.

Il n'y a au Japon qu'une même monnoie, un même poids & une même mesure. Il est vrai à l'égard de la monnoie que les cassies ont été pendant un tems d'un prix different dans plusieurs Provinces de l'Empire, mais cela n'a pas duré, & cette petite monnoie de cuivre a été refondue & réduite à une égale valeur pour y avoir cours par-tout sur le même pied. Il y a trois sortes de monnoie d'or, dont la plus haute pese le poids de six réales, qui font quarante taëls & demi, chaque taël peut valoir quarante sept sols. Dix pieces de la moyenne monnoie pésent ensemble six réaux & demi, & font six taëls & demi ; enfin les dix pieces de la troisiéme espece de ces monnoies d'or pésent cinq huitiémes d'une réale, & chacune de ces pieces fait une taël & une seiziéme partie de taël. Pour l'argent, l'alliage y est semblable à celui des écus de soixante sols qui avoient cours en France dans le commencement du regne de Louis XIV. Les pieces d'argent sont en forme de bâtons, sans qu'elles ayent de poids certain. On pése ensemble autant de ces bâtons ou petits lingots qu'il en faut pour faire cinquante taëls ; on les envelope ensemble dans un sac de papier, & on compte les sacs sans les dépaqueter. Il y a encore une petite monnoie d'argent qui a la figure d'une féve ronde, qui n'a point aussi de poids arrêté, & qui pése depuis un maës ou schelling jusqu'à dix mares. Les cassies réformées, comme on l'a dit, suivent après ; il y en a de différentes valeurs, le millier valant depuis huit jusqu'à vingt-six schellings.

L'aune, le boisseau, & le catis, sont les poids & mesures du Japon, & sont les mêmes dans toutes les Provinces de l'Empire.

Les Marchands y tiennent leurs livres avec tant d'exactitude & de facilité, que les Italiens qui sont si fort estimés dans l'Europe pour cette science, & qui l'ont apprise aux autres Européens, n'en approchent pas. Ils font même toutes les régles d'Arithmétique dont nos Négocians se servent dans leur commerce, & ils ont comme eux l'addition, la division, la multiplication, la régle de trois, & tout ce qui peut regarder les fractions.

## COMMERCE DE JESSO.

La terre de Jesso qu'on nomme aussi Jeco, Jedio, & Eso, ne fait qu'un seul continent avec quelques-unes des Isles du Japon, quoiqu'il y ait eu des navigateurs & des Géographes qui l'en ayent crû séparée par un bras de mer, ce qu'affirment aussi les Japonois eux-mêmes. Ses habitans & son commerce ont été long-tems tout-à-fait inconnus aux peuples de l'Europe qui fréquentent les mers de l'Asie, & ce n'est que depuis l'année 1643 qu'on en a eu quelques nouvelles par le retour d'un vaisseau Hollandois nommé le Castricam, qui en fit la découverte.

Les habitans de ce pays, qui est très montagneux, sont la plupart sauvages & de mœurs & de figures, étant tout-à-fait sans religion, & étant presque couverts de long poil comme des ours, sur-tout les montagnards ; il y en a qui habitent des Villes, qui sont plus polis ; ils sont tous également sous la domination d'un Prince ou Gouverneur qui reconnoît le Roi du Japon pour Souverain, & qui lui paye tous les ans une espece de tribut qu'il va présenter lui-même. Ce tribut consiste ordinairement en argent & en plumes d'oiseaux.

A l'égard de leur commerce ils en font un assez bon avec les Japonois, qui étoient avant que les Hollandois y eussent paru, les seuls peuples qui leur fussent connus.

Les marchandises qu'ils troquent avec les Japonois, sont du lard de baleine, des huiles de divers poissons gras, des langues de baleine séchées à la fumée, des fourures, plusieurs sortes de plumes d'oiseaux, & quelques autres denrées de leur chasse ou du du produit de leur terre, entr'autres du chanvre qu'ils filent en le serrant entre leurs dents, & en le tournant dans la paulme de leurs deux mains.

Les Marchands Japonois viennent visiter les habitans de la terre de Jesso une fois tous les ans, & leur portent du ris, du sucre, des robes Japonoises de soie, d'autres d'une étoffe bleue, qu'en langue du pays on nomme Kangan, des pipes à fumer de cuivre, du tabac, des boetes pour le mettre, de petites tasses, des pots vernis, & autres petits vaisseaux & ustenciles de ménage pour mettre leur boire & leur manger, des pendans d'oreilles d'argent, des anneaux de cuivre pour mettre aux oreilles, des haches, des couteaux, enfin presque tout ce qu'ils ont leur viennent des Japonois. Ces peuples malgré leur naturel barbare & sauvage, sont néanmoins très subtils & très intelligens, sur-tout dans leur commerce, où ils sont fort fidéles & point du tout enclins au larcin.

En général ils estiment fort le fer, & en particulier ceux qui sont sous le 46e dégré le préférent dans le négoce qu'ils font avec les Etrangers à toute autre marchandise.

Nanquesaque, ou Nankesaki, Capitale de l'Isle de Bongo, ou Cikoko, est située à 33 dégrés de latitude Septentrionale.

Devant cette Ville, se trouve une petite Isle, qui n'en est séparée que par un bras de mer seulement de 40 pieds de large.

Pour la communication de l'Isle à la Ville, est un pont de 150 pas de longueur, sur 50 de largeur; à un des bouts duquel est une bâcule en forme de pont-levis, dont les Japonois sont les maîtres, & par où il est défendu aux Hollandois de sortir sans permission du Gouverneur de Nanquesaque, sous peine de la vie; & aux Japonois d'entrer, à la réserve des Interprétes, & des Facteurs, avec qui seuls les Officiers & les Commis de la loge peuvent avoir communication.

Toute l'Isle, pour la sureté des magasins de la Compagnie, est entourée de palissades; quatre grandes rues la partagent, & sont coupées par quelques Places publiques: des deux côtés sont quantité de magasins, dont le principal est à la porte du pont: c'est dans celui-là qu'on vend les marchandises.

Une autre porte est sur la marine; & c'est par où l'on charge & l'on décharge les vaisseaux.

Lorsque ces vaisseaux sont arrivés, des Visiteurs Japonois viennent à bord; prennent un état de la cargaison, & font porter à terre les mâts, les voiles, & les cordages; après quoi l'on porte aussi les marchandises dans les magasins, où il n'est pas libre aux Hollandois de les vendre au plus offrant & dernier enchérisseur, comme il se pratique par-tout ailleurs, mais seulement suivant le taux que le Gouverneur de Nanquesaque, & les Facteurs de l'Empereur y mettent; ce qui fait une différence de profit souvent de 20 ou 30 pour cent, particuliérement sur les soies.

Une autre incommodité de ce négoce, mais qui n'a commencé que depuis 1685, c'est qu'il n'est plus permis à la Compagnie de faire le chargement de leurs vaisseaux d'autant de marchandises qu'elle trouve à propos; la Cour de Meaco les ayant fixés à trois cent quatre-vingt mille taëls par an; ce qui, à la vérité, lui est commun avec toutes les Nations de l'Asie qui trafiquent encore au Japon, & particuliérement avec les Chinois, pour qui même ce Réglement a été fait, pour diminuer le grand nombre de jonques de cette Nation, qui y arrivoient tous les ans, & dont les Japonois soupçonneux jusqu'à l'excès, avoient commencé à s'allarmer. *Voyez ci-devant le* Commerce *de Canton au Japon.*

Les marchandises Hollandoises vendues au prix du Gouverneur & des Facteurs, & pour ainsi dire, sans consulter les Commis Hollandois, on leur apporte leur argent; ensuite de quoi ils attendent ou dans leur loge, ou sur leurs vaisseaux, que la moisson propre à partir soit arrivée, sans avoir pendant tout ce tems-là aucune communication avec les Japonois; & lorsque la saison est bonne pour faire voile, on leur rend tous les agrès de leurs bâtimens, pour se mettre aussi-tôt à la mer.

Les inquiétudes des Japonois vont jusqu'à ne pas vouloir que le même Président du Comptoir y demeure plus d'une année, sauf pourtant à y être nommé une seconde fois, quand il a été deux ans hors de l'emploi: aussi y en a-t-il toujours trois, un actuellement en place, l'autre en chemin, pour aller le relever; & le troisiéme qui se repose à Batavia.

Ce n'est pas seulement dans toutes ces formalités extraordinaires, que paroît la bizarrerie des Japonois qui les ordonnent, & la patience des Hollandois qui s'y soumettent; mais encore dans la forme des vaisseaux que ces derniers envoyent à Nanquesaque, qui ne doivent être ornés d'aucune figure ni à l'avant, ni à l'arriere, les Japonois regardant ces ornemens indifférens dont les navires d'Europe sont ordinairement embellis, comme un affront fait par les Européens aux Idoles qui sont l'objet de leur Religion.

On pourroit trouver étrange que les Hollandois si fiers avec les autres Nations des Indes avec qui ils traitent, paroissent si soumis avec les Japonois: mais les profits de ce Commerce sont si grands, qu'il n'est point étonnant qu'ils digerent ces especes d'affronts qu'on leur fait, y ayant au moins 150 par cent de gain sur les marchandises qu'on y porte, & encore plus sur celles qu'on en rapporte, dont la plus grande partie est de l'argent comptant, des cuivres, & d'autres métaux dont ils ne peuvent se passer pour leur négoce. On croit que toute dépense déduite, même les pertes de vaisseaux, assez ordinaires dans les mers du Japon, ce Commerce peut valoir à la Compagnie jusqu'à 50 tonnes d'or, ou 5 millions.

Des vaisseaux que la Compagnie envoye au Japon, une partie porte ses retours à Batavia, & l'autre à Malaca; & c'est dans ces deux lieux que les Directeurs Généraux, ou le Conseil, font la répartition des marchandises qui y sont chargées, suivant qu'elles sont propres aux différens endroits des Indes, & du reste de l'Asie, où cette Compagnie fait Commerce.

Les marchandises d'Europe, des Indes, & de la Chine qui sont propres pour le Commerce du Japon, sont des draps de Hollande, écarlate, & autres couleurs vives; des camelots croisés, & simples; sans lustre, & lustrés; des burats, & des carisets rouges; des brocards d'or, d'autres de soie; des damas, des armoisins noirs, & de couleur; des gazes, & autres étoffes de soie; des soies blanches, des soies écrues; du coton filé, & en bourre; des broderies, des tapis, des toiles; des robes de chambre de soie toutes faites, des carpettes de Flandres; des bouteilles de verre, des bouteilles de terre; du plomb, de l'étain, de l'acier; des bois de sapan, de Calambour, d'aigle, & de Bresil; du sucre noir & blanc, des noix de Cambodia, des peaux de crocodilles, de l'alun, du cuir rouge, du capoc, de la cire, du métal d'alliage, qu'on nomme Calin, du sublimé, de la casse, du verdet, du thé, des couleurs pour faire de la porcelaine, du camphre, du musc, du papier, du poivre, des épiceries, particuliérement de la canelle; des dents d'éléphants, des chanvres, de la laine rouge, des drogues médicinales, du borax, du vif-argent, des porcelaines de la Chine; des merceries de toutes sortes du même Pays, & de Nuremberg; du corail rouge; enfin des peaux de cerf, & d'autres animaux.

Ce dernier Commerce des cuirs verds, est un des plus importans que les Hollandois fassent au Japon, y portant année commune 200000 peaux de cerfs, & 100000 de bœufs & de vaches, qu'ils tirent pour la plus grande partie, de Siam; & dont l'Isle de Formosa leur fournissoit quantité, tandis qu'ils en étoient les maîtres.

Presque toutes ces marchandises se payent en argent, sur lequel il y a un grand profit à faire, en le portant à la Chine & au Bengale.

On tire aussi du Japon toute sorte de meubles de bois peints, laqués, vernissés; comme paravents, tables, coffres, boetes, cabarets à thé, & à caffé, & autres semblables; les Japonois n'excellant pas moins que les Chinois dans ces sortes d'ouvrages: des éventails, des porcelaines de couleur; des drogues qui servent à la Teinture & à la Médecine, qui sont du crû du Pays; du cuivre, quelques minéraux, des peaux de boucs, & même de la soie, & de la filoselle; les Japonois se défaisant assez souvent d'une partie de celle qui se recueille chez eux, pour avoir des soies étrangeres, particuliérement de celle de la Chine.

La Compagnie de Hollande envoie tous les ans au Japon, trois à quatre navires de 30 à 50 pieces de canon, mais assez mal armés. Ces vaisseaux partent de Batavia vers le 20 de Juin, & relâchent à l'Isle de Poltimon, qui est à 2 dégrés 50 minutes de latitude Nord, au commencement de Juillet, ordinairement depuis le premier jusqu'au sept. Pendant les deux jours qu'ils y demeurent, ils font de l'eau, du bois, & des rafraîchissemens pour le reste du voyage, les vivres y étant à bien meilleur compte qu'à Batavia.

Les navires Hollandois arrivent au Japon dans le commencement du mois d'Aout, & en partent en Octobre ou en Novembre, au jour que les Inspecteurs Japonois leur prescrivent, n'y ayant jamais de délai, pour quelque cause que ce puisse être; outre que les vents sont toujours bons dans cette moisson.

A leur retour ils relâchent encore à l'Isle de Poltimon, où ils arrivent vers le 20 Décembre. C'est-là que les vaisseaux se séparent; l'un, qu'on charge de tout l'or qui est sur la flotte, dont chaque vaisseau a ordinairement deux caisses en Coupans, va en droiture à Batavia; les autres, qui n'ont que des marchandises, continuent leur route vers Malaca, où ils arrivent vers la fin de l'année, & d'où après s'être rafraîchis huit jours, ils font voile pour Bengale & Surate.

On a dit ci-dessus, que les Hollandois n'avoient permission de porter au Japon que pour trois cent quatre-vingt mille taëls de marchandises; voici la répartition, & l'emploi qui s'en fait.

300000 Taëls pour le compte de la Compagnie.
40000 T. pour le compte du Général, & des Commis de Batavia.
10000 T. pour le compte du Directeur, qui va chaque année au Japon.
8000 T. pour le compte du Directeur qui est relevé.
22000 T. pour le compte de l'Equipage.

380000 Taëls.

Les vingt-deux mille taëls pour l'Equipage s'employent suivant la répartition suivante.

1100 Taëls pour le compte de chaque Capitaine.
300 T. pour chaque Ecrivain.
300 T. pour chaque premier Pilote.
130 T. pour chaque premier Maître.
100 T. pour le second Pilote.
80 T. pour le troisiéme Pilote.
30 T. pour chaque Officier marinier; & à chaque Matelot à proportion.

S'il y a des Matelots qui n'ayent pas d'argent, ils peuvent vendre leur privilége à qui ils veulent.

Tout ce qu'on a dit jusqu'ici du Commerce du Japon, ne regarde que celui qui se fait avec les Etrangers: voici ce qui concerne le négoce du dedans.

MEACO, qui en grandeur, en magnificence, & par la multitude de ses Habitans, ne céde gueres à Jedo, qui est la Ville Impériale, l'emporte sur elle par son Commerce, par le concours des Marchands, & par le nombre des foires qui s'y tiennent tous les ans.

C'est à ces foires qu'on méne les principales marchandises que les Hollandois, les Chinois, & les autres Nations des Indes apportent au Japon; & où l'on rassemble de deux & trois cent lieues loin la plupart de celles que fournit ou la terre de ce vaste Empire, un des plus fertiles du monde, ou l'industrie de ses Habitans, qui ont un génie très propre pour les Arts & les Manufactures.

Les Etrangers n'ont aucune part à ce Commerce intérieur, leur étant même défendu de s'avancer dans le Pays au de-là de Nanquesaque, à moins qu'ils ne soient Ambassadeurs des Rois, ou Députés de la Compagnie de Hollande, ou qu'ils soient appellés à la Cour.

Quand les foires sont ouvertes les marchandises sont mises à prix par les Inspecteurs, qui les délivrent au plus offrant; ce qui ne se fait pas néanmoins par des encheres publiques, comme en Europe, mais, afin de prévenir la jalousie & l'aigreur entre les Enchérisseurs d'une même marchandise, chaque Marchand met entre les mains du Commis un billet, dans lequel est écrit le prix qu'il en peut donner; & ce Commis la délivre à celui qui en a le plus offert, jettant au feu tous les autres billets.

Les Marchands sont peu estimés au Japon, & on les regarde comme des menteurs, qui ne se refusent aucun mensonge, pour faire valoir, & vanter leur marchandise; ou comme des trompeurs qui la surfont, & qui, s'ils peuvent, la vendent au de-là du juste prix.

La fraude cependant, & la mauvaise foi dans le Commerce, sont punies avec une extrême sévérité, & même, on le peut dire, beaucoup au de-là de ce que semblent exiger l'équité & la justice: la rigueur de la loi ne s'étendant pas seulement sur celui qui est trouvé en fraude, mais y enveloppant toute sa famille, même 20 de ses plus proches voisins, qui tous sont condamnés à la mort, si le cas est considérable; ou à l'amende, s'il est moins important.

Pour empêcher la fraude des Marchands en détail, & qui vendent à l'aune; il y a des aunes publiques attachées aux coins des rues, où l'on peut aller mesurer ce qu'on a acheté : cette aune s'appelle Ikien. On en a parlé ailleurs. *Voyez cet article.*

L'on ne compte ni l'or, ni l'argent dans le Commerce en gros; & il se distribue, pour ainsi dire, sans le voir & sans le toucher, lorsque les payemens sont au-dessus de 2000 livres.

Pour ces payemens, on se sert de sacs cachetés du sceau du Maître des monnoies, qui contiennent chacun 2000 livres. Ce qu'on examine en les recevant, c'est si ce cachet est entier : quand il est sain, tout ce qui pourroit manquer au dedans, lorsqu'on s'avise de les ouvrir, ce qui dépend de celui qui les reçoit, est sur le compte de l'Officier dont ils portent l'empreinte; mais il n'arrive gueres que ces sortes de sacs soient ouverts, y en ayant tels qui passent par plus de deux mille mains, sans qu'on en leve le cachet.

Les grandes sommes se payent en or entre Japonois, & en argent aux Etrangers; en sorte qu'on ne voit gueres que de ce dernier métail à Nanquesaque, & dans la Loge des Hollandois; le transport de l'or hors du Royaume étant interdit : on en obtient cependant quelquefois la permission, mais difficilement.

L'or & l'argent du Japon sont à peu près au même titre qu'ils sont en France.

Les Japonois ont trois sortes de monnoie d'or, outre les coupans; ils ont aussi des coupans d'argent, & des especes de lingots de ce métail, de divers poids; ordinairement depuis 7 onces, jusqu'à un gros & demi 24 grains : leur monnoie de cuivre s'appelle Cassie. *Voyez ce qui est dit de toutes ces especes à l'article des* MONNOIES, *où il est parlé des especes courantes de l'Asie.*

Ce n'est pas proprement les Officiers du Prince qui frappent la monnoie, chaque Particulier est, pour ainsi dire, Monnoyeur; mais il est obligé de la faire juger par l'Intendant des monnoies.

Lorsque quelque Marchand en veut avoir, il va trouver le Fermier des mines, & achete de lui l'or & l'argent tels qu'ils sortent de la fonte. Lui ayant ensuite fait donner par des Ouvriers, la forme & le poids réglés par les Tarifs, il les porte à l'Intendant des monnoies du Royaume, qui les éprouve, & qui les pése : le défaut d'un demi grain suffit pour les faire rejetter; & afin qu'on ne les expose pas dans le négoce, on les coupe, & on les rend à celui à qui les especes appartiennent.

Outre les sacs de 2000 livres que font les Intendans des monnoies, dont on a parlé ci-dessus, on se sert aussi dans le Commerce de coffres d'or & d'argent, qui sont de petites cassettes de différentes formes, suivant la diversité du métail; dont celles d'or contiennent jusqu'à 40000 livres, & celles d'argent seulement 3000 florins, à 25 f. le florin.

## COMMERCE DU ROYAUME DE CORÉE.

Le Royaume de Corée, qu'on nomme aussi Caoli & Tiocencouk s'étend depuis le trente-quatriéme dégré de latitude, jusqu'au quarante-quatriéme. Du côté du Sud, il est fort voisin du Japon, dont il est séparé par un bras de mer, & du côté du Nord il touche à la Chine par une haute montagne qui empêche que la Corée ne soit une Isle.

Le pays n'est pas également fertile, & le côté du Nord produit à peine de quoi nourrir ses habitans, qui ne vivent que de mauvais orge, & ne s'habillent que de peaux d'animaux.

Le reste du Royaume au contraire, produit en abondance tout ce qui est nécessaire à la vie; entre autres, du ris & des grains de diverses sortes, du coton, du chanvre, & même de la soie qu'ils ne sçavent pas préparer. On y trouve pareillement de l'argent, du plomb, des peaux de tigre, de la racine de nisy si estimée des Tartares & des Chinois, & quantité de gros & menu bétail, sur-tout des chevaux, des vaches, & des pourceaux.

Les Coréfiens ne trafiquent gueres qu'avec les Japonois & avec les habitans de l'Isle de Suissima, située entre le Japon & la Corée. Ces derniers ont même un magasin ou entrepôt pour leurs marchandises au Sud-est, dans la Ville de Pousant.

Les marchandises qu'on apporte en Corée, sont du poivre, du bois de sapan, de l'alun, des cornes de buffle, des peaux de cerfs & de boucs, & d'autres marchandises même de celles d'Europe, que les Hollandois & les Chinois vendent aux Japonois. Toutes ces marchandises s'échangent & se troquent avec les manufactures & les productions du pays.

Les Coréfiens ont aussi quelque commerce en droiture à Pequin, & aux contrées septentrionales de la Chine, mais ce négoce est de si grande dépense à cause qu'il se fait tout par terre & à cheval, qu'il n'y a que de très gros Marchands qui puissent l'entreprendre. Ce sont ceux de Sior qui vont à la Chine, & qui ne sont pas moins de trois mois dans leur voyage; tout ce commerce consiste en toiles.

A l'égard de la maniere de trafiquer entr'eux, les grands & les principaux Marchands payent en argent comptant ce qu'ils achetent, mais le peuple ne trafique qu'avec du ris & des denrées.

Il n'y a qu'un poids & une mesure dans le Royaume, mais les Marchands en abusent fort, malgré toutes les précautions & les Réglemens des Gouverneurs.

Ils ne connoissent de monnoie que les cassies, encore n'ont-ils cours que sur les frontieres de la Chine.

Ils donnent l'argent au poids par petits lingots, comme ceux du Japon.

# COMMERCE DE L'AMERIQUE.

L'Amerique fut découverte en 1492, par Christophe Colomb Genois de Nation. Ce n'est pas néanmoins de ce fameux Navigateur qu'elle a pris son nom; & Améric Vespuce Florentin, qui n'y alla qu'en 1497, lui a enlevé cette gloire.

On donne aussi à l'Amérique les noms de Nouveau Monde, & d'Indes Occidentales; ce dernier par opposition aux Indes Orientales, que les Portugais avoient découvertes peu de tems auparavant: l'autre, parce que cette quatriéme partie du Monde parut comme une nouvelle terre sortie du sein de l'Océan, & qu'occupant seule un des deux hémispheres, sans être jointe à aucune des trois autres parties jusqu'alors connues, elle faisoit comme un Monde à part; différent, pour ainsi dire, de l'ancien, par ses productions, ses Habitans, & ses animaux. Ce fut Christophe Colomb qui lui donna le dernier nom de Nouveau Monde.

L'Amérique est séparée en deux grandes parties, en forme de Presqu'isles, qui ne tiennent que par un Isthme, à peine de 17 lieues.

La situation de ces deux parties, leur a donné leur nom; celle qui est au Nord, s'appellant Amérique Septentrionale; & celle qui est au Sud, Amérique Méridionale. On nomme aussi cette derniere Peruviane, & l'autre Mexicane; l'une du Perou, l'autre du Mexique, les plus grands Empires que les Espagnols ayent conquis dans ces nouvelles terres.

La découverte des Indes Occidentales ayant été faite au nom & aux dépens de Ferdinand & d'Isabelle Rois de Castille & d'Arragon, les Espagnols ont toujours prétendu qu'elles devoient appartenir à eux seuls; mais les autres Nations, en attendant la discussion de ce droit, se sont chacune mises en possession de ce qui étoit à leur bienséance dans l'une & dans l'autre partie de l'Amérique; en sorte que présentement les Portugais partagent la Peruviane avec les Espagnols, & que les François, Anglois, Hollandois, & Danois, sont les maîtres de la plus grande partie de la Mexicane, & des Isles de la mer du Nord.

Dans l'Amérique Septentrionale, sont le Saguenai, les Cacoucas, le Canada, les Etechemers, l'Acadie, la nouvelle Angleterre, la nouvelle Yorc, la Virginie, la Floride, la Louisiane ou Mississipi, le nouveau Mexique, & la nouvelle Espagne. Cette derniere, qu'on nomme aussi le Royaume de Mexique, comprend tout ce qui est entre la Floride, le nouveau Mexique, & l'Isthme de Panama; & se divise en quantité de grandes Provinces.

On trouve dans l'Amérique Méridionale, Panama, ou le Royaume de terre ferme; la nouvelle Andalousie, le nouveau Royaume de Grenade, le Pepayan, la Guiane, le Perou, le Chily, le Paraguay, le Bresil, & la Magellanique.

L'Amérique est presque par-tout environnée de l'Océan, qu'on appelle ou mer du Nord, ou mer du Sud, selon que les Côtes qu'il baigne sont situées vers l'un ou l'autre de ces deux points du monde: la mer du Sud s'appelle aussi mer Pacifique.

Dans l'une & l'autre mer, qui se joignent par les Détroits de Magellan, de le Maire, & de Browerts, sont diverses Isles; mais beaucoup plus dans celle du Nord que dans celle du Sud, celle-ci n'ayant de considérable que l'Isle de Californie, & peu d'autres le long des Côtes.

Les Isles de la mer du Nord sont les Bermudes, les Lucayes, les Antilles, les grandes Isles, comme Cuba, Saint-Domingue, ou l'Hispaniola, la Jamaïque, Saint-Jean de Porterico, Terre-neuve, le Cap Breton, ou Louis-Bourg, & quelques autres de moindre importance, ou inhabitées.

*Partage de l'Amérique entre les Nations d'Europe.*

Les Espagnols, qui sont les premiers Conquérans de ces nouvelles Terres, y sont aussi les mieux établis, & dans le Continent, & dans les Isles.

Dans le continent ils possedent toute l'Amérique Méridionale, à la réserve du Bresil sur la mer du Nord, qui appartient aux Portugais, & à l'exception aussi de quelques endroits, soit du Chilly, soit de la Magellanique, soit de l'Isthme de Darien, dont ils n'ont pû encore se soumettre les Indiens, que de là ils appellent *Indios Bravos*.

L'Espagne occupe aussi la plus riche & la meilleure partie de l'Amérique Septentrionale, jusqu'au Mississipi, à la nouvelle Albion, & à la Floride.

Les Isles qui appartiennent aux Espagnols, sont l'Hispaniola, qu'on nomme autrement S. Domingue, que les François partagent présentement avec eux; Cuba, Portorico, la Marguerite, les Lucayes, & quelques autres de peu de réputation, que les Espagnols visitent quelquefois, mais où ils n'ont point de Colonies.

Les François ont dans la Terre-ferme, le Canada, où sont Quebec, Mont-Real, Port-Royal, Richelieu, & Frontenac; le Missíssipi, Cayenne, & quelque chose vers la riviere de Surinam.

Leurs Isles sont, la Désirade, la Grenade, Sainte-Alousie, la Martinique, Marie-Galande, la Guadeloupe, S. Barthelemi, S. Martin, où les Hollandois ont aussi des habitations, & Sainte-Croix. Toutes celles-ci sont du nombre des Antilles.

La France a outre cela la partie Méridionale de S. Domingue; la petite Isle de la Tortue, qui en est proche; enfin, Louis-Bourg ou Cap-Breton, sur les Côtes du Canada. Elle possédoit encore avant la guerre pour la succession d'Espagne, l'Acadie dans le Continent, Plaisance dans l'Isle de Terre-neuve, & partie de l'Isle de S. Christofle, une des plus considérables des Antilles; mais tout cela a été cédé aux Anglois par le Traité d'Utrecht.

Après les Espagnols, ce sont les Anglois, qui ont les plus florissantes Colonies de l'Amérique, autant pour le nombre de leurs Habitans, & pour la quantité des vaisseaux qu'ils y envoyent tous les ans, que pour les précieuses & riches marchandises qu'ils en tirent.

Leurs Colonies de Terre-ferme sont, la nouvelle Angleterre, la nouvelle Yorc, où se trouve la Pinsilvanie, fameuse par cette espece de République

que les Quakers Anglois y ont établie ; l'Acadie, la Baye d'Hudſon, la Virginie, & une partie de la Floride.

A l'égard des Iſles, ils ſont maîtres de S. Chriſtofle, de la Barbade, de la Barboude, de l'Anguille, d'Antigoa, de Montſara, de Niemes, & de la Redonda, toutes du nombre des Antilles : mais leurs Iſles les plus fameuſes, & où ils ſont le plus ſolidement établis, ſi pourtant on en excepte la Barbade, qui eſt la plus importante que les Anglois ayent dans l'Amérique, ſont les Bermudes, & la Jamaïque ; celle-ci pas loin de S. Domingue ; & les autres ſur la route d'Europe, au ſortir du canal de Bahama : enfin, l'Iſle de Terre-neuve, célebre par la pêche des morues, qui ſe fait ſur le grand banc qui n'en eſt pas éloigné.

Les Portugais ne poſſedent dans l'Amérique que la Côte du Breſil, qui s'étend depuis la riviere des Amazones juſqu'à celle de S. Gabriel, proche de la riviere de la Plata. Cette Côte eſt diviſée en quatorze Capitainies, dont les plus connues en Europe, ſont Fernambourg ou Pernambourg, la Baye de Todos los Santos, & le Rio-Janeïro.

Les Hollandois ſi bien partagés dans les Indes Orientales, le ſont aſſez mal dans celles d'Occident, où toutes les Colonies qu'ils y ont, ſe réduiſent à Saba, S. Euſtache, Tabago, & la moitié de Saint-Martin, toutes Iſles preſque les plus petites & les moins conſidérables des Antilles : mais pour les en dédommager en quelque ſorte, ils ont celles de Bonaire, d'Aruba, & de Curaſſo, qu'on nomme autrement Curaçao ; qui n'étant pas éloignées de la Cartagene & de Porto-bello, leur fournit de fréquentes occaſions d'y faire un riche Commerce de contrebande, ſur lequel les Gouverneurs pour le Roi d'Eſpagne ont coutume de fermer les yeux.

Surinam, à l'embouchure de la riviere du même nom, ſur les Côtes de la Guaiane, eſt encore une Colonie qui appartient aux Hollandois, auſſi-bien que Bamrom, Aprouvace & Berbice : toutes celles-ci ſont en Terre-ferme, & ſont, pour ainſi dire, coupées par la Cayenne, qui appartient aux François.

Enfin, les Danois ſont établis dans la petite Iſle de S. Thomas, où les Hambourgeois ont auſſi un Comptoir. Cette Iſle n'eſt pas fort éloignée de celle de Porto-Rico. Ils ont encore une petite Iſle de celles qu'on nomme les Vierges.

Il eſt vrai que le Duc de Courlande avec ſes Allemands, auſſi-bien que les Suédois, ont fait quelques tentatives pour prendre pareillement poſte ; celui là dans quelques Iſles des Antilles ; & ceux-ci dans l'Amérique Septentrionale : mais les projets des uns & des autres n'ayant point réuſſi, ils ne peuvent être comptés parmi les Nations d'Europe, qui ont diſputé aux Eſpagnols l'entiere poſſeſſion de ce nouveau Monde, qu'ils auroient bien voulu ne partager avec perſonne.

Il en eſt de même des Ecoſſois, qui s'étant établis dans l'Iſthme, & ſur la riviere de Darien au commencement du dix-huitiéme ſiécle, furent preſqu'auſſi-tôt chaſſés par les Eſpagnols, comme on le dira à l'article des Compagnies de Commerce. Ainſi on ſe réduira dans cet article du Commerce de l'Amérique, à ſix Nations de l'Europe, c'eſt-à-dire, aux François, aux Eſpagnols, aux Anglois, aux Portugais, aux Danois, & aux Hollandois, qui ſont les ſeuls qui préſentement y ayent des Colonies conſidérables, & des établiſſemens ſolides.

Au reſte, on a cru qu'en parlant du Commerce du nouveau Monde, (dont on doit la découverte aux Eſpagnols, qui d'ailleurs, pour ainſi dire, en ſont toujours reſtés les véritables maîtres, ſi l'on compare ce qu'ils poſſedent, avec le peu que les cinq autres Nations, même réunies enſemble, y occupent,) on ne devoit pas ſe faire un ſcrupule de leur donner le premier rang, & de commencer par eux ce qu'on a à dire du négoce qui ſe fait dans les Iſles de l'Amérique, & dans les diverſes parties de ſon vaſte Continent.

## COMMERCE DE L'AMERIQUE ESPAGNOLE.

L'on peut diviſer ce Commerce en quatre ; celui des Iſles ; celui de la mer du Nord ; celui de la mer du Sud ; & celui du dedans des terres.

On va ſuivre cette diviſion, pour confondre moins les matieres ; ſe reſtraignant néanmoins à ne dire du Commerce du dedans, que ce qui regarde celui qui ſe fait dans les Provinces maritimes, ou qui ſont voiſines de celles-ci ; les Etrangers n'ayant, pour ainſi dire, aucun intérêt au négoce des autres, dans leſquelles même il leur eſt défendu, ſous peine de la vie, de voyager par ſimple curioſité.

Mais avant d'entrer dans ce détail, on va donner une idée générale de toutes les marchandiſes qui ſe tirent de l'une & l'autre Amérique ; ſoit que les Européens les échangent contre les marchandiſes qu'ils y envoyent d'Europe ; ſoit qu'ils les tranſportent dans celles de leurs Colonies, où il ne s'en trouve pas de pareilles.

### *Marchandiſes de l'Amérique.*

L'or & l'argent ſont les plus précieuſes des marchandiſes que produiſe l'Amérique Méridionale ; comme les pelleteries ſont les plus conſidérables de celles que l'on tire des parties les plus avancées vers le Nord de l'Amérique Septentrionale.

L'or eſt de trois ſortes ; en lingots, en pailles ou pepins, & en poudre : l'argent de deux ſortes ; en barres & en piaſtres. *Voyez les articles de ces deux métaux.*

Les pelleteries ſont des caſtors, des loutres, des origneaux, des loups cerviers, & quelques autres. *Voyez ces quatre articles, & l'article général des* PELLETERIES.

Les perles viennent, ou de la Marguerite dans la mer du Nord, ou des Iſles des las Perlas dans celle du Sude ; & les émeraudes, d'une mine près Sainte-Foy de Bogotta, Ville du nouveau Royaume de Grenade. *Voyez* PERLES *&* EMERAUDES.

Les autres marchandiſes plus communes ſont, des ſucres bruts, en caſſonade, ou affinés ; du tabac, du gingembre, de l'indigo, de la caſſe, du maſtic, de l'aloës, des cotons filés, ou en bourre ; du carret, ou écaille de tortue ; des laines de vigogne ; des cuirs de taureau, de vache, & de chévre ; ces derniers paſſés en cordouans, les autres verds, c'eſt-à-dire, ſeulement ſecs, & ſans l'apprêt du Tanneur : du quinquina, du cacao, de la vanille : divers bois pour la teinture, la marquetterie, & la médecine ; entr'autres, du bois de campêche, du ſantal jaune, du ſaſſafras, du breſil, du breſillet, du gayac, du bois de canelle, du bois de roſe, du fuſtel ou fuſtok, du bois d'Inde, & de l'ébene verd : de la ſalſepareille : trois ſortes de baumes ; le baume de Tolu, celui de Copahu, & le baume du Perou : du bezoard Occidental, de la cochenille des trois ſortes, de l'attolt ou rocou, du ſilveſtre, de l'ypécacuana, du contray-erna, du sang de dragon, de la résine, de l'ambre gris, de l'ambre liquide, ou liquide ambar, de la gomme de Copal, de la muscade-sauvage, du vif-argent, du sel marin, du sel geme, du souffre : plusieurs sortes de confitures séches ou liquides, comme annanas, citrons, oranges, des sirops de limons : des suifs, de la cire, du miel, de l'herbe du Paraguai, des deux sortes ; du jalap, du mecoacham, du bray, du goudron, des olives, des huiles tirées de ces fruits, de l'huile de poisson, des fromens, des farines, toutes sortes de légumes séches : des vins, quelques eaux-de-vie de Melasses, des eaux de liqueurs, comme celles des Barbades : des chevaux, des mulets, & toute sorte de bétail : enfin, des draps, des flanelles, & des bayettes du Perou, aussi-bien qu'une sorte de toile nommée Tocouy, que les Espagnols appellent Lienzo de la Tierra, pour les distinguer des toiles étrangeres, comme ils font de toutes les Manufactures de lainage, auxquelles ils donnent le nom de Pannos de la Tierra, draps du Pays.

Toutes ces marchandises ne se trouvent, & ne croissent pas par-tout également ; mais les unes dans un endroit, & les autres dans un autre, selon que le sol & le climat sont propres pour leur production, ou leur culture.

Ainsi les montagnes & les rivieres du Chilly & du Potosi donnent plus d'or & d'argent, qu'aucune autre : le sucre, le tabac, l'indigo, & le gingembre se trouvent en plus grande abondance dans les Isles Antilles qu'ailleurs : les plus riches fourrures se tirent du Canada, de l'Acadie, du Mississipi, & de la Nouvelle Angleterre : Buenos-Ayres, S. Domingue, & la Havane, donnent les meilleurs cuirs ; & ainsi du reste : ce que, sans entrer ici dans un plus grand détail sur cette matiere, on fera remarquer, à mesure que l'occasion s'en présentera, & lorsqu'on parlera du Commerce de chaque lieu en particulier.

Toutes ces drogues, marchandises, & denrées sont expliquées à leurs propres articles, où l'on peut voir leur nature, leur propriété, leur espece, & leur usage.

Après cette observation générale sur le Commerce de toute l'Amérique, & sur les marchandises qui en sont l'objet, il faut encore en faire une ou deux particulieres sur celui de l'Amérique Espagnole, & la maniere dont il s'y fait, avant de commencer à en traiter.

La premiere de ces observations consiste dans l'entiere exclusion que les Espagnols ont donnée de tout tems aux autres Nations, pour tous les lieux qui appartiennent dans l'Amérique à la Couronne d'Espagne ; exclusion si rigoureusement exécutée, que jusqu'à la guerre pour la succession d'Espagne, & l'installation de Philippe V sur le Trône de cette Monarchie, que la Cour de Madrid trouva à propos de se relâcher un peu de cette sévérité, il y alloit de la vie pour tous ceux qui n'étant pas Espagnols, ou Sujets du Roi d'Espagne, étoient surpris en faisant le négoce dans les Indes Espagnoles : ce qui depuis la paix d'Utrecht a encore été renouvellé, même du consentement de la France, & des autres Nations intéressées.

On parlera néanmoins à l'article de Buenos-Ayres, d'une nouvelle modération de cette loi, accordée en faveur de la Compagnie Angloise de l'Assiente. *On peut voir aussi là-dessus l'article des* Compagnies de Commerce, *& celui d'*Assiente.

Cependant malgré cette exclusion si expresse, & quoiqu'on ne voie aux Indes Espagnoles que des gallions & des vaisseaux de cette Nation, il est certain, comme on l'a remarqué ci-dessus au Commerce de l'Espagne, qu'elle a la moindre part à celui qui se fait à l'Amérique ; & que les François, les Anglois, & les Hollandois, qu'elle en a voulu exclure, le font presque tout entier ; à la vérité sous le nom des Marchands Espagnols, qui ne font en cela que l'office de Commissionnaires ; mais avec une exactitude & une fidélité, qu'on ne peut trop admirer ni louer.

La seconde observation, dont on ne parle pareillement ici, que pour indiquer les articles de ce Dictionnaire, où l'on en traite, est qu'il y a de trois sortes de vaisseaux Espagnols, qui font le Commerce des Indes Occidentales ; sçavoir, la Flotte, les Gallions, & les Navires de registre.

La flotte est destinée pour le Mexique, & décharge à la Vera-Crux. Les gallions vont à Porto-Bello, & sont pour le Perou. A l'égard des navires de registre, ce sont ceux que la Chambre des Indes permet à des Marchands particuliers de fretter pour divers Ports de l'Amérique, où il est difficile que les marchandises chargées sur la flotte, ou sur les gallions, puissent être transportées, comme sont Buenos-Ayres, Maracacbo, & quelques autres.

Ce qu'on appelle la Flotille, est une frégate ou deux, quelquefois davantage, qui précedent l'arrivée des gallions & de la flotte, qui en apportent des nouvelles ; & qui, pour ainsi dire, sont chargées des échantillons des marchandises, qui chaque année, ou du moins tous les deux ans, doivent arriver des Ports de l'Amérique Espagnole.

*On peut voir ce qu'on a deja dit sur cette matiere à l'article du* Commerce d'Espagne ; *& ce qu'on en dira encore dans la suite à ceux de* la Havane, *de* Porto-Bello, *de* la Vera-Crux, *de* Buenos-Ayres, *de* Maracabba, *& principalement de* Panama, *cette Ville si fameuse de la Mer du Sud. Voyez aussi* Gallion, Flotte, *&* Registre.

## ISLES ESPAGNOLES.

Cuba, S. Domingue, Porto-rico, & La Marguerique, sont les seules Isles que la Couronne d'Espagne possede dans l'Amérique, dont l'on parlera ici ; n'y ayant qu'elles où il se fasse un Commerce assez considérable, pour avoir place dans cet article.

L'Isle de Cuba est la plus grande des Isles de l'Amérique, dans la mer du Nord, après celle de Saint-Domingue, qu'elle surpasse néanmoins de beaucoup par son Commerce & ses richesses. Quelques-uns la mettent au nombre des Antilles ; mais, à ce qu'il paroît, sans beaucoup de raison.

Sa situation est de l'Est à l'Ouest, depuis 20 jusqu'à 23 dégrés de latitude Septentrionale. Elle a environ 400 lieues de tour, 200 de long, & 45 dans son plus large ; y ayant des endroits où sa largeur n'est que de 15 lieues. Une longue chaîne de montagnes la coupe presque en deux. De ces montagnes sortent plusieurs rivieres & gros ruisseaux, qui entraînent un or très fin dans leur gravier ; ce qui ne laisse gueres lieu de douter, qu'il n'y ait des mines de ce métail : mais jusqu'ici elles n'ont point été ouvertes, non plus que celles d'argent & de cuivre, qu'on suppose qui se trouvent à trois lieues de Sanjago, Capitale de l'Isle.

Au pied des montagnes sont quantité de vastes prairies, que les Espagnols appellent Savanas, dans lesquelles se nourrit un nombre infini de gros bétail, tant privé que sauvage, dont les peaux sont une des principales richesses de l'Isle.

Ce sont ces peaux, qu'on nomme en Europe, Cuirs de la Havane, de la Ville de la Havane, où elles sont chargées sur les gallions, ou les vaisseaux de la flotte, lorsqu'au retour des Côtes de l'Amérique, ils s'y arrêtent, avant que d'embouquer le Détroit de Bahama. Ces cuirs sont les plus estimés de tous ceux qui se tirent des Indes Occidentales.

Ce que les Espagnols appellent des *Coraux*, sont des especes de parcs, où ils font des nourritures de cochons. Ils les cachent ordinairement dans les bois, pour en ôter la connoissance aux Flibustiers. C'est un des meilleurs Commerces de l'Isle, soit au dehors, soit au dedans; n'y ayant point de viande plus saine; de sorte qu'on l'ordonne aux malades préférablement à toute autre.

C'est aussi au milieu des bois que les Boucaniers établissent leurs *Materias*, c'est-à-dire, les lieux où ils se retirent, pour tuer des bêtes sauvages, & y faire sécher leurs cuirs.

Les autres marchandises que l'Isle de Cuba produit, outre les cuirs, sont, des sucres, du tabac, des suifs, des confitures séches, du gingembre, de la casse, du mastic, de l'aloës, de la salsepareille, & beaucoup d'écailles de tortues, qui dans la saison de la ponte terrissent en grande quantité sur les petites Isles, qu'on appelle le Jardin de la Reine, qui ne sont pas loin de la Côte de la grande Isle.

Les meilleurs cuirs viennent du Port au Prince; & le plus excellent tabac, de la petite Ville de la Trinité, & de celle du S. Esprit. C'est de ce tabac qu'on fait en Espagne, celui qu'on nomme Tabac de Seville, auquel les Espagnols donnent la préférence sur tous les autres tabacs en poudre : aussi s'en charge-t-il chaque année plusieurs navires de celui-là seul.

Il se fait aussi dans ces deux Villes un grand Commerce de cette sorte de tabac, que les Espagnols appellent *Cigarros*, c'est-à-dire, les feuilles de cette plante, qui ne sont point filées, qui se fument sans pipes, en les tournant en forme de cornets.

Le plus grand négoce de toutes ces marchandises se fait à la Havane, au Port de Palme, à Baracoa, à Puerto, à Scondido, à la Trinité, & particuliérement à S. Jago, où il vient des bâtimens des Canaries, qui les échangeant contre leurs vins, & d'autres marchandises à l'usage du Pays, dont ils sont chargés, en font toute leur cargaison, soit pour les Canaries mêmes, soit pour l'Espagne, soit pour quelques endroits de l'Amérique, où elles ne sont pas communes, sur-tout des confitures séches & liquides, qui sont bonnes pour toute la Côte de la mer du Nord.

On peut mettre aussi au nombre des marchandises qu'on tire de l'Isle de Cuba, une espece d'épicerie, qui a assez de débit dans les Isles Espagnoles: on la nomme *Canica*. C'est une sorte de canelle sauvage; mais dont le gout approche plus du clou de girofle, que de la vraie canelle. On s'en sert aussi dans la Médecine, où elle peut être substituée à la casse.

La Ville Capitale de l'Isle est San-Jago, qui pourtant céde de beaucoup à la Havane, soit pour la sureté & la beauté de son Port, soit pour le Commerce qui s'y fait : aussi y a-t-il long-tems que le Gouverneur Général de l'Isle fait sa résidence dans cette derniere; ce qui est cause que plusieurs la regardent comme la vraie Capitale.

C'est à la Havane (que les Espagnols appellent S. Christoval de la Havana, & qu'ils regardent comme la clef de toutes les Indes Occidentales, & l'étape générale des marchandises de l'Amérique) que doivent toucher au retour, les gallions, la flotte, & tous les autres vaisseaux qui font le Commerce du continent, & des Isles de l'Amérique Espagnole, afin de s'en retourner de conserve en Espagne, après avoir pris des rafraîchissemens pour cette traversée à la Havane, & fait de l'eau dans la Baye de Malaca; ensorte qu'on peut dire qu'alors toutes les richesses de l'Amérique y sont rassemblées, tant celles qui viennent du revenu du Roi d'Espagne, que des marchandises qui appartiennent aux Négocians; ce qui souvent monte à plus de 30000000 de pesos, ou d'écus.

Tant que ces vaisseaux sont à la Havane, qui souvent s'y trouvent au nombre de 50 à 60 de toute grandeur, il se tient dans cette Ville une foire continuelle, où les Habitans fournissent les gallions & la flotte de tout ce qu'ils ont besoin, & y chargent quantité de marchandises du crû de leur Isle, qu'ils envoyent à leurs Correspondans en Espagne, ou qu'ils échangent contre d'autres marchandises, ou d'Europe, ou du Continent de l'Amérique. Il s'y voit aussi quantité de piastres dans le Commerce, qu'ils tirent du Continent, particuliérement de la Nouvelle Espagne.

Lorsque le tems du départ est arrivé, qui est ordinairement au mois de Septembre, les flottes réunies débouchent le canal de Bahama, faisant voile, sans pourtant beaucoup s'éloigner des terres, jusqu'à la hauteur des Açores, vers lesquelles alors elles dressent leur route, pour de-là descendre à Cadix, à la faveur des avalaisons.

C'est aussi de la Havane, & des Ports du Saint Esprit, de la Trinité, & de Sancta-Crux, que partent la plupart des petits bâtimens avec lesquels les Habitans de Cuba font le Commerce de Campêche, de la nouvelle Espagne, & de la Floride; y en ayant même qui se hazardent de porter leurs marchandises jusqu'en Espagne, d'où ils rapportent des draps, des étoffes de soie, des toiles, & autres choses semblables, dont on donnera une cargaison à l'article du Commerce de Buenos-Ayres.

L'HISPANIOLA, qu'on nomme plus communément S. DOMINGUE, du nom de sa Capitale, est située entre le 18 & le 20ᵉ dégré de latitude Nord, presqu'au milieu des Isles de Cuba, de la Jamaïque, & de Porto-rico; n'étant séparée de cette derniere que par un très petit Détroit.

Quelques-uns ne l'estiment que la seconde grande Isle de l'Amérique, dans la mer du Nord, comptant Cuba pour la premiere : mais il est certain que sa forme triangulaire lui donne pour la grandeur quelque avantage sur Cuba; différence néanmoins qui n'est pas considérable, quoi qu'on en lise dans l'agréable Rélation de Thomas Gage, qui lui donne quinze cent mille de circuit; en quoi certainement il se trompe, comme en quantité d'autres choses qu'il rapporte, à ce qu'il dit, sur la foi de ses yeux; mais auxquelles néanmoins le Lecteur ne doit donner créance qu'avec précaution.

Christofle Colomb découvrit l'Hispaniola en 1492; & ce fut même le premier établissement des Espagnols dans l'Amérique; cet Amiral y ayant laissé 30 ou 40 Soldats dans un assez méchant fort, qu'il bâtit à la hâte des débris d'un de ses vaisseaux.

Colomb y étant retourné l'année suivante, & ayant trouvé son Fort détruit, & ses Gens massacrés par les Insulaires, y bâtit dans la Province de

Cubaho, une Ville à laquelle il donna le nom d'Isabelle; & quelque tems après dans le Casuna, autre Province de l'Isle, la Ville de S. Domingue, qui s'augmenta bien-tôt des ruines de l'Isabelle, & de quelques autres, que les Indiens détruisirent; ne pouvant supporter la cruauté & l'avarice de leurs nouveaux maîtres, qui ne resterent tranquilles dans leur nouvelle conquête, qu'après en avoir fait périr tous les anciens Habitans, au nombre, comme quelques-uns le disent, de plus de trois millions; ensorte que présentement il n'y en reste plus aucun.

Les Espagnols sont long-tems restés seuls en possession de l'Hispaniola; mais un peu avant le milieu du dix-septiéme siécle, les François sont venus la partager avec eux; & s'y sont si bien établis, que présentement ils s'y trouvent assez forts, non-seulement pour s'y maintenir malgré eux; mais encore pour entreprendre de les en chasser, si l'Espagne vouloit les troubler dans leur établissement.

On parlera plus bas du Commerce des François dans cette Isle, ne traitant ici que de celui qu'y font les Espagnols.

Les principales marchandises, dont cette Nation y fasse négoce; sont, les cuirs, les suifs, le sucre, le gingembre, le cacao, la cire, le miel, quelque ambre gris, le bois de Bresil, & le Gayac, qui y croissent, & celui de Campêche, qui y est apporté de dehors: enfin, des citrons, des oranges, & plusieurs autres fruits, ou qu'on vend frais, ou dont on fait d'excellentes confitures séches & liquides.

Il y a aussi dans l'Hispaniola des mines d'or, dont les Indiens tiroient celui que les Espagnols trouverent entre les mains des Caciques, lorsqu'ils y arriverent: mais depuis leur entiere destruction, elles sont restées inconnues; & ce qu'on y recueille présentement d'or, se trouve parmi le gravier des rivieres & des torrens, particuliérement près de la Ville S. Jago Cavalleros, où l'on en ramasse des grains, qui pésent jusqu'à un demi écu d'or.

Ces mines de l'Hispaniola, particuliérement celles de Cabao, étoient si abondantes, qu'on en tiroit par an 460000 poids à 4 liv. 10 s. le poids, & gueres moins de celles de la Vega & de Buenaventura.

La Ville de S. Domingue, (située dans la partie Méridionale de l'Isle, à l'embouchure de la riviere d'Osana,) est la Capitale de ce qui appartient aux Espagnols dans l'Hispaniola, & l'étape de toutes les marchandises, soit du dedans, soit du dehors; les Habitans des autres Villes venant s'y fournir de celles d'Europe, & du Continent de l'Amérique, qui y arrivent sur les vaisseaux Espagnols; & y apportant les leurs, pour y être embarquées & envoyées en Espagne.

Les Espagnols ont long-tems fait dans la Ville de S. Domingue, le principal Commerce de ces Terres nouvellement découvertes: mais la conquête du Perou d'un côté, & celle du Mexique de l'autre, l'ayant d'abord affoibli, il est tombé peu à peu; & celui qui s'y fait présentement, soutient mal sa premiere réputation, & suffit à peine pour la subsistance des Habitans Espagnols de l'Isle, qui y sont environ au nombre de 20000, y compris les Mulâtres & Esclaves.

Les autres lieux de l'Isle, où il se fait quelque Commerce, sont S. Jago Cavalleros, Ville champêtre, dont les Habitans sont presque tous Chasseurs, qui ne font que des cuirs de bœuf, & des suifs qu'ils vendent à S. Domingue.

Cotui au Midi de S. Jago, où l'on cultive le tabac & le cacao, & qui fournit du bois de gayac, que ses Habitans vont couper dans la petite Isle de Sarva, qui en est éloignée de six lieues.

Asso où l'on fait des cuirs & du tabac.

Puerto de la Plata, où le Commerce a été presque égal à celui de S. Domingue, mais qui est réduit à rien, à cause des Avanturiers, qui par leurs courses ont plusieurs fois désolé ces Côtes.

Ce sont aussi ces courses qui ont pareillement fait tomber celui de la Conception, de la Vega, de Monte-Christo, Salva-Leon, Zeybo-Cotay, Aqua Jaquana, & quelques autres, où les vaisseaux Espagnols ne vont plus, n'y étant pas en sureté contre les entreprises des Flibustiers; & dont les Habitans portent leurs marchandises à S. Domingue, dans de petits bâtimens qui ne s'éloignent gueres des terres.

Les salines de l'Isle de S. Domingue sont presque également partagées entre les François & les Espagnols; y en ayant plusieurs dans la partie Septentrionale, que les premiers occupent; & quantité aussi dans la partie Méridionale, où les derniers ont leurs principaux établissemens. Les plus abondantes, & d'où l'on tire le meilleur sel, sont celles de la Baye d'Ocoa & de Coridou, au Midi; & celles de Caracol, de Limonade, & de Monte-Christo, au Septentrion de l'Isle, vers l'Orient.

On croit que si ces salines étoient préparées, &, pour ainsi dire, cultivées, comme celles du Pays d'Aunis, de Bourneuf, du Croisil, & autres semblables, qui sont en France, elles pourroient fournir plus de sel, que tout ce qu'on en tire de celles de France, de Portugal, & d'Espagne.

On trouve aussi dans quelques montagnes, du sel gemme; mais on l'y néglige, aussi-bien que quelques autres minéraux, qui pourroient y faire un objet assez considérable de Commerce.

PORTO-RICO est située à 15 lieues de l'Hispaniola, qu'elle a à l'Ouest. C'est la plus petite des trois grandes Isles que les Espagnols possédent dans la mer du Nord; n'ayant gueres que 30 ou 35 lieues de long sur 20 de large.

Elle fut d'abord nommée simplement Isle Saint Jean, par Christofle Colomb, qui la découvrit le jour de S. Jean Baptiste de l'année 1493, dans son second voyage aux Indes; mais depuis on y ajouta le nom de Porto-Rico, lorsqu'il y passa une Colonie Espagnole en 1510; soit à cause du Port de sa Capitale, un des plus spacieux, des plus commodes, & des plus assurés de toute l'Amérique; soit pour la quantité d'or qui se tiroit alors des mines de cette Isle.

L'or n'entre plus gueres présentement dans le Commerce assez considérable que font encore ses habitans; les mines ayant été ou épuisées, ou négligées faute d'Ouvriers; les Espagnols ayant en moins de vingt ans exterminé tous les Indiens de l'Isle, qui y étoient alors au nombre de plus de 600000.

On y ramasse cependant toujours quelque peu de ce métail, qu'on trouve mêlé dans le sable de quelques rivieres, & particuliérement dans les torrens qui descendent des montagnes, & plus abondamment que dans aucun autre, dans ceux de Manatuabon & Cecubo.

Le principal Commerce qu'on y fait présentement, consiste en sucre, en gingembre, en cuirs de bœuf & de vache, en coton filé, ou en bourre; en casse, en mastic, en gayac, en mays, en sel, dont il y a d'excellentes salines; en oranges, & en limons

mons frais ou confits, & en toute sorte de bétail, que les Espagnols élevent & nourrissent dans quantité d'estancias, ou métairies, répandues sur toute l'Isle.

Ses principales Villes sont Porto-Rico, qui en est la Capitale, S. Germain, Arezibo, & Guadiamila. C'est à Porto-Rico que se fait tout le Commerce avec les Etrangers; ce qui ne s'entend pourtant que des seuls Espagnols, ou d'Europe, ou du Continent de l'Amérique, qui y envoyent leurs bâtimens.

Les Habitans de l'Isle vont aussi eux-mêmes porter leurs marchandises aux Côtes & aux Isles voisines; & c'est pareillement cette Isle qui sert comme d'entrepôt pour le Commerce de contrebande, que les François, les Anglois, & les Hollandois font, malgré les défenses, avec les Sujets du Roi d'Espagne.

Ce qui empêche le Commerce de fleurir dans l'Isle de Porto-Rico, autant que la fertilité de la terre sembleroit le faire espérer, sont trois fleaux terribles auxquels elle est souvent exposée; la sécheresse, qui y est très grande; les ouragans, qui y sont fréquens; & celui que les Espagnols craignent davantage, les descentes des Avanturiers, qui y ont plusieurs fois fait des désordres épouvantables.

LA MARGUARETA, ou l'Isle aux Perles sur la Côte de l'Amérique Méridionale, à 11 dégrés de latitude Nord, ne fut découverte par Christofle Colomb qu'en 1498, quoique peu éloignée des Antilles, découvertes six ans auparavant.

Cette Isle a long-tems été fameuse par la pêche des perles qui s'y faisoit, aussi-bien qu'aux environs de Cubagna & de Coche, deux autres Isles qui se trouvent entr'elle & le Continent, dont la Marguerite n'est éloignée que de six ou sept lieues : mais depuis le milieu du dix-septiéme siécle, cette pêche est fort diminuée; & il n'y a plus présentement que quelques Particuliers qui y aillent.

On croit que cette pêche ne s'est détruite que par l'avarice des Espagnols, qui y ont pêché hors des saisons, & qui ont pris indifféremment toutes sortes d'huîtres. D'ailleurs, ceux de cette Nation qui habitoient ces trois Isles peu fertiles, & même sans eau douce, y ont été tellement fatigués par les Flibustiers, qu'ils ont abandonné & les forts, & les habitations qu'ils y avoient; & ont même renoncé à la pêche, qu'ils ne pouvoient plus soutenir qu'avec des dépenses extraordinaires, qui en emportoient tout le profit.

C'est toujours au mois de Juillet que cette pêche se fait; mais non pas, comme autrefois, sous l'escorte des frégates du Roi d'Espagne.

Lorsque cette pêche soutenoit sa premiere réputation, il s'y pêchoit, année commune, pour près de 100000 ducats de perles, qui, tant celles des Marchands, que le quint qui en appartenoit au Roi, étoient portées à Carthagene pour être percées, d'où ensuite elles étoient envoyées en Espagne sur les gallions qui ont coutume d'y toucher en allant à Porto-Bello, & en revenant de cette Ville pour retourner en Europe.

La Rancheria est encore une pêcherie de perles, que les Espagnols ont dans la riviere de la Hache; mais qui a été mieux conservée que celle de la Marguerite. Il y va tous les ans dix ou douze barques perlieres de Carthagene, pour y faire la pêche, accompagnées d'une armadille, ou vaisseau de guerre de 24 pieces de canon.

Des barques, il y en a une qu'on nomme la Capitana, sur laquelle toutes les autres sont obligées de porter chaque soir ce qui a été pêché pendant la journée. C'est aussi à Carthagene qu'on porte & qu'on perce ces perles.

*On peut voir à l'article des Perles, de quelle maniere se fait cette pêche, & la différence qu'il y a entre les perles Orientales & les Occidentales. Voyez aussi ci-dessus au Commerce de l'Asie, ce qu'on a dit de la pêche des perles au Cap Comorin.*

## COMMERCE DES COSTES DE L'AMERIQUE ESPAGNOLE SUR LA MER DU NORD.

Il seroit sans doute trop long, & peut-être assez inutile, d'entrer dans un détail exact de toutes les Villes maritimes où il se fait quelque négoce dans cette partie de l'Amérique Espagnole que l'on a dessein de parcourir.

On se fixera donc à celles de ces Villes qui servent comme d'entrepôt & d'étape aux autres, & où la flotte, les gallions, & les navires de registre qui viennent de conserve avec eux, ont coutume de charger les marchandises d'Europe, & de faire leur cargaison de celles du Pays.

Les principales de ces Villes d'étape, situées sur la mer du Nord; sont, Porto-Bello pour le Perou & la Castille d'Or; Carthagene pour la nouvelle Grenade & partie de Guatimala; la Vera-Crux pour tout le Mexique; Porto-Cavallo pour les Honduras & l'autre partie de Guatimala; Maracaibo pour la Venezuella & les Provinces voisines; Buenos-Ayres pour le Paragai & le Chilly; & quelques autres de moindre conséquence, dont on pourra aussi faire quelque mention.

### GUATIMALA.

Ville de l'Amérique Espagnole dans la nouvelle Espagne. Le Commerce qui s'y fait est très considérable, particuliérement du cacao, de la vanille & de l'indigo qu'on estime extrémement, & des cuirs. Les Négocians de cette Ville trafiquent volontiers dans les Provinces éloignées, sur-tout au Perou par Realcio qui est un port considérable pour son Commerce.

### PORTO-BELLO.

Cette Ville n'est pas ancienne, & n'a été bâtie qu'en 1584, pour servir de retraite aux gallions d'Espagne à la place de Nombre-de-Dios, dont la situation moins avantageuse, & l'air mal-sain & corrompu causoient de grandes incommodités, tant aux Marchands d'Europe, qui y arrivoient sur la flotte, qu'aux Marchands de Panama, & des autres endroits de l'Amérique Espagnole qui s'y rendoient pour y faire leur Commerce.

Elle est située sur la mer du Nord, dans la Province de Panama, à huit dégrés de latitude Septentrionale.

L'on ne commençoit qu'à la bâtir, lorsque le Chevalier Drack, ce brave Avanturier Anglois, dont le nom seul fait encore trembler les Espagnols, après avoir pris & pillé la Ville de Nombre-de-Dios, qui n'en est qu'à six lieues, vint détruire cette Colonie naissante.

D'autres Anglois la pillerent encore en 1591, mais sans la ruiner : & enfin en 1668, les Flibustiers François & Anglois s'en étant rendus maîtres, quoiqu'alors défendue par trois forteresses, la mirent à rançon, qui leur fut payée toute en barres d'argent.

La Ville est petite, & presque aussi mal-saine que Nombre-de-Dios; cependant elle s'est relevée aisément de toutes ses pertes; & c'est toujours le lieu du plus riche Commerce qu'il y ait au monde: ce qui ne doit pourtant s'entendre que du tems que dure sa foire, c'est-à-dire, pendant un mois, ou six semaines, que les gallions ont coutume d'y séjourner; les principaux Marchands se tenant à Panama sur la mer du Sud, pendant tout le reste de l'année. *Voyez l'article des* FOIRES.

Le concours est si grand à Porto-Bello, pendant que les gallions y demeurent, que les moindres boutiques s'y louent souvent jusqu'à 1000 écus pour ce tems-là, & une chambre très médiocre jusqu'à 120 écus; les vivres augmentant de prix à proportion; le bœuf, qui n'y coute toute l'année qu'une demie réale les 13 livres, s'y vendant alors 2 réales la livre; & les volailles 12 réales piece, qui à peine en coutoit une auparavant.

C'est aussi durant ce tems-là que l'air y est le plus mal-sain; n'y ayant gueres d'année que pendant la foire il n'y meure jusqu'à 500 personnes, particuliérement de celles qui y arrivent d'Europe.

Deux mille mulets font ordinairement le transport des marchandises de Panama à Porto-Bello, & rapportent à Panama celles qui sont arrivées d'Europe par la flotte; n'y ayant gueres que seize lieues de distance de l'une de ces Villes à l'autre.

L'on peut faire aussi ce Commerce par la riviere de Chiagre, en embarquant les marchandises à Venta de Cruzes, à 10 lieues de Panama, sur des batteaux plats que conduisent des Mulâtres & des Négres; & par-là l'on évite le passage des montagnes, qui est très difficile, quand on va par terre: mais aussi la route est plus longue, sur-tout lorsque la riviere est basse; outre les hazards de la mer, les Flibustiers enlevant souvent de ces barques, lorsqu'elles traversent de l'embouchure de la Chiagre à Porto-Bello; quoique pour l'ordinaire elles ne quittent point la terre de vûe.

Pendant la foire il ne se fait aucun détail: tout s'y vend en gros, c'est-à-dire, au peso, ou à la piece, ne s'y faisant point de vente à l'aune & à la livre.

L'or & l'argent qui arrivent de Panama, & qui font la principale charge des 2000 mulets destinés à ce transport, se déchargent dans la place de la foire, y sont pesés & marqués par les Officiers, & y restent jusqu'à l'embarquement avec plus de négligence, que l'on ne voit ailleurs les saumons & navettes de plomb rangés dans un coin de magasin.

A l'égard des marchandises, tant celles du Pays, que celles d'Europe, on les met, les unes jusqu'à l'embarquement sur les gallions, & les autres jusqu'à leur départ pour Panama, dans des magasins, qui font la plus grande partie des bâtimens de la Ville; tous les Marchands de Panama ayant à Porto-Bello de grandes maisons qui ne servent qu'à cet usage; aussi-bien que quantité de vastes écuries, pour y retirer les mulets, & les autres bêtes de somme, tant qu'elles sont obligées d'y rester.

C'est ordinairement sur les gallions que se chargent les revenus du Roi, les lingots d'or, & les barres d'argent qui appartiennent aux Particuliers, afin qu'un si précieux dépôt soit plus en sureté. Pour les autres marchandises, comme les indigos, cochenilles, cacaos, sucres, tabacs, cuirs, & autres semblables effets, on les embarque sur les vaisseaux marchands qui y viennent toujours de conserve avec la flotte Royale.

Cette flotte, comme on l'a déja dit ailleurs, se nomme les Gallions, pour la distinguer de celle qui est destinée pour la Vera-Crux, qu'on appelle simplement la Flotte. Elle est ordinairement composée de huit à dix gallions, ou vaisseaux de guerre, & de douze à quinze navires marchands à qui les gallions servent de convoi. Il y a aussi quelques navires de registre qui vont plus loin, & qui la rejoignent à Carthagene ou à la Havane, qui est le lieu d'assemblée pour le retour en Europe, de tous les vaisseaux Espagnols qui font le Commerce des Indes Occidentales.

Pendant que les gallions restent à Porto-Bello, ou même avant qu'ils arrivent à Carthagene, on en détache un, qu'on appelle la Patache Royale, pour aller recueillir le tribut de la Côte. Ce navire touche ordinairement à la Marguerite, à Ponta-Guyara, à Maracaybo, Rio de la Hache, Sainte-Marie, & plusieurs autres lieux qui n'ont point ou peu de Commerce avec Porto-Bello.

Quand le chargement des gallions est achevé, la flotte met à la voile pour Carthagene. Ce passage, quoique peu considérable par sa longueur, étoit très dangereux, lorsque les Anglois étoient maîtres de l'Isle de la Providence, qu'ils avoient nommée Sainte-Catherine; & il en coutoit toujours quelque vaisseau marchand, dont les Corsaires Anglois diminuoient la flotte: mais les Espagnols s'en sont depuis remis en possession; & ils ont même été assez heureux de la retirer des Avanturiers, qui s'en étoient encore emparés vers le milieu du dix-septiéme siécle.

Avant le départ de la flotte de Porto-Bello, les Officiers du Roi font la visite des vaisseaux, pour voir s'il ne s'embarque rien qui n'ait payé le quint du Roi: mais ce n'est proprement que pour la forme; étant presque toujours d'intelligence avec les Marchands; ensorte qu'il ne se déclare gueres que la moitié de l'or & de l'argent, & des autres riches marchandises qui s'embarquent pour l'Espagne; où, à l'arrivée de la flotte, les Officiers d'Europe, aussi fidéles que ceux de l'Amérique, ferment à leur tour les yeux au déchargement des navires, & veulent ignorer que ce qui a été déchargé sans déclaration, se met à terre pendant la nuit, & sans le faire passer par les Bureaux.

On peut voir ci-dessus à l'article du Commerce d'Espagne, & ci-après à celui de Lima & de Panama, quantité de choses singulieres qui concernent le Commerce général des Espagnols à l'Amérique, qu'on supprime ici, pour ne point tomber dans la répétition; ajoutant seulement à ce qu'on a dit en gros des marchandises d'Europe, qui sont propres pour ce négoce, une cargaison détaillée de toutes ces marchandises, qui servira pour toutes les autres Villes d'étape, dont on a encore à parler; la différence consistant moins dans la qualité, que dans la quantité des marchandises dont chaque lieu a besoin.

*Marchandises dont les Espagnols font la cargaison de leurs vaisseaux pour l'Amérique.*

LINGERIE.

Toiles
- de Bretagne; de Pontivy, larges & étroites.
- de Rouen, fleuret & coffre.
- de Morlaix.
- de Flandre, de toutes sortes.

Toiles

de Hollande.
rayées de couleur, de Bretagne.
Platilles de Hambourg.
Linge damassé ordinaire.
à faire des matelas.
Baptistes de Flandre, & ordinaires.
grosses de Hambourg.
de coton de Marseille.

LAINAGE.

Serges d'Angleterre, noires & blanches.
Etamines du Mans, de différentes couleurs.
Serges de Londres, assorties.
Serges de Londres, vrai écarlate.
Serges d'Allemagne, assorties.
Etamines de Montauban.
Camelots ordinaires assortis.
Flanelles d'Angleterre, larges, de couleurs.
Draps de toutes sortes.
Calmandres de toutes couleurs assorties.
Serges à doubler les habits.
Bas de laine à homme.
Bonnets de laine.

SOIRIE.

Soie à coudre, & de Grenade, assorties.
Dentelles de soie noire pour les mantes des femmes.

Taffetas

d'Angleterre, assortis.
de Florence, assortis.
demi Florence, assortis.
d'Avignon, rouge, cramoisi, & verd.
Noirs de toutes façons.

Ras de Chipre, noirs, pour habits.
Etoffes de soie à fleurs.
Etoffes légeres, avec or & argent.
Velours noirs ciselés.
Velours pleins, noirs, & de différentes couleurs.
Pannes de toutes couleurs.
Damas à fleurs & unis.
Gros de Tours à fleurs, couleur vive.
Gros de Tours, avec or & argent.
Bas de soie pour hommes & pour femmes.
Rubans de toutes couleurs, façonnés.
Rubans d'or & d'argent, assortis.
Rubans de soie, unis & étroits.
Satins unis, assortis, & à fleurs.
Mantes toutes faites pour les Dames.

QUINCAILLERIE, ET AUTRES MARCHANDISES.

Fil blanc, de toutes les sortes.
Fil de Bretagne, de toutes couleurs.
Chaussettes à talon sans pied, pour hommes & femmes.
Tabac d'Espagne, repassé à Seville.
Poudre bleue ou azur, pour le linge.
Blanc d'Espagne.
Epiceries, de toutes sortes.
Encens & Benjoin.
Couteaux de Hollande, à manche de bois uni.
Chapeaux de castor, blancs & noirs.
Chapeaux de vigogne.
Chapeaux à forme platte, noirs & blancs.
Dentelles de Flandre, negées, à palmes, & à petites fleurs.
Dentelles de Lorraine, & d'Auvergne.
Mouchoirs à tabac.
Gants assortis.
Serrures & cadenats.
Fer en barres de Biscaye.
Acier en billes.
Tabatieres de toutes sortes.
Ciseaux.
Muse.
Cire blanche.
Billes de billard, d'yvoire, de 9, 10, & 11 onces pésant.
Bonnets de plumes, avec des aigrettes fort hautes.
Crucifix d'yvoire sur du velours noir.
Toiles de soie, pour passer la farine.
Bas d'hommes & de femmes, de capiton.
Toutes sortes de clous de différens échantillons.
Peignes de buis, d'yvoire, d'écaille de tortue, & de corne, de tous les numeros.
Savon de Castille.
Papier de France, de toutes les sortes.
Clous dorés, de toute grandeur.
Galons d'or & d'argent, fins, legers, de toute largeur.
Galons d'or & d'argent faux.
Epingles & aiguilles de France, de tous les numeros.
Dentelles d'or & d'argent faux.
Franges d'or & d'argent, fines & fausses.
Vaisselle d'étain.
Diverses dinanderies, entr'autres, des bassins de cuivre, & chauderons.
Marmites de fer, de toute grandeur.
Ustenciles de cuisine, aussi de fer.
Diverses sortes de vins.
Des Huiles.
Du Saffran.

Enfin toute sorte de petite quincaillerie & mercerie, comme rasoirs, lunettes, miroirs, grelots, estampes avec quadres, & sans quadres, tableaux de dévotion, & autres veroteries, rassades, &c.

On a dit ailleurs combien il y avoit à gagner sur toutes ces sortes de marchandises, y en ayant plusieurs où le profit va jusqu'à 300 pour cent, & plus; les autres se vendant au moins à 100, & 150 de gain. *Voyez l'article des navires de registre, au mot* REGISTRE.

PORTO-BELLO est un des Ports de l'Amérique Espagnole, où, par le Traité de l'Assiente avec les Anglois, il étoit permis à la Compagnie du Sud de cette Nation, d'envoyer un navire dans le tems de la foire, pour y vendre concurremment avec les Marchands Espagnols, des marchandises d'Europe.

Cette liberté de négoce a été, à la vérité, suspendue par la guerre survenue en 1719; mais il y a apparence que la paix, qui ne sera pas long-tems à la terminer, rétablira la Compagnie Angloise dans un droit dont l'Espagne avoit été alors si jalouse, & qui peut tout seul dédommager les Anglois des pertes qu'ils ont faites depuis peu de plusieurs vaisseaux que les Forbans de leur propre Nation leur ont pris sur la Côte de Guinée, où ils étoient à la traitte des Négres.

## CARTHAGENE.

CARTHAGENE est une des quatre Provinces de la Castille d'or. Sa Capitale, du même nom, est située sur la mer du Nord, pas extrémement loin de Porto-Bello, à qui elle ne céde gueres pour son Commerce, & sur qui elle l'emporte beaucoup par sa grandeur, le nombre de ses Habitans, & de ses richesses.

C'est un des meilleurs Ports du nouveau Monde, & que les Espagnols ont davantage pris soin de fortifier, à cause que les gallions ont coutume de s'y retirer, quand ils sont obligés de passer l'hyver aux

Indes, & qu'ils y font toujours un assez long séjour allant à Porto-Bello, en arrivant d'Europe, & encore lorsqu'ils reviennent de cette Ville pour retourner en Espagne, chargés de l'or & de l'argent du Perou & du Chily.

Outre ce passage, & ce séjour des gallions, qui enrichit Carthagene, & qui y entretient un grand Commerce, on peut dire qu'elle est encore riche de son propre fond, n'y ayant gueres de Royaumes & de Provinces de la Mexicane & de la Peruviane, où elle ne fasse négoce, soit par mer, soit par terre; sans parler de celui qu'y font les Anglois de la Jamaïque, & les Hollandois de Curaçao, malgré toutes les armadillas Espagnoles, qui veillent pour empêcher le Commerce des Etrangers.

C'est à Carthagene que se transportent tous les revenus que le Roi d'Espagne tire de la Castille d'or, & toutes les marchandises des Particuliers, qui viennent des quatre Provinces de ce Royaume, particuliérement de la nouvelle Grenade, pour être envoyées en Espagne par les gallions.

Elles y descendent par le grand fleuve de la Madelaine, sur lequel, à 6 lieues de la mer du Nord, est le Bureau de recette que les Espagnols appellent Baranca de Malambo, où se déchargent toutes les marchandises d'Europe destinées pour la nouvelle Grenade, qui y remontent ensuite avec des canots. Ce Bureau est à 30 lieues de Carthagene, & à 20 lieues de Sainte-Marthe.

Les marchandises de la Castille d'or, consistent particuliérement en or, qui lui a donné son nom, en argent, en drogues, & plantes médicinales, & en épiceries.

La Grenade a en particulier des mines d'émeraudes, près de la Ville de Sainte-Foy de Bogatta; & c'est de là que venoient toutes celles dont les François firent un si riche butin lorsqu'ils prirent Carthagene en 1697.

Cette Ville a aussi un Commerce direct & réglé avec Lima Capitale du Perou, qu'elle fait par terre sur des mulets, en passant au milieu de la nouvelle Grenade. Elle tire du Perou quantité d'or & d'argent, en échange des marchandises d'Europe qu'elle y envoye, & qu'elle reçoit, partie par les gallions, & partie par le Commerce de contrebande qu'elle a avec la Jamaïque & Curaçao; Commerce dont on parlera, lorsqu'il sera ci-après traité de celui des Anglois & des Hollandois dans l'Amérique.

L'on envoie aussi à Carthagene la plus grande partie de l'indigo, de la cochenille, du sucre, & du cacao qui se recueillent dans la Province de Guatimala; les Espagnols croyant plus sûr de transporter les marchandises sur le lac de Grenade, à Nicaragua, & de là à Carthagene, que de les envoyer par le golfe d'Olce, sur les navires des Honduras, où elles sont plus exposées aux courses des Avanturiers.

C'est encore dans cette Ville où se fait le négoce de toutes les perles qui se pêchent dans la mer du Nord, qui y sont portées des Pêcheries de la Marguareta, & de la Rancheria, pour y être percées, vendues, & envoyées en Espagne.

Enfin Cuba & l'Hispaniola lui fournissent du sucre, du tabac, diverses confitures, particuliérement de la marmelade en tonnes: la Côte vis-à-vis les Isles Sembales, lui donne du mays, des cochons, des volailles, & d'autres vivres & rafraîchissemens, qui y sont envoyés dans de petits bâtimens nommés Peragos, qui y viennent en flotte sous l'escorte d'une armadille de 2 ou 3 canons de fonte, & de 7 ou 8 pierriers; & elle tire du dedans du Pays, de l'or qui se recueille dans les torrens & les rivieres; des gommes aromatiques, des baumes excellens, qui coulent d'eux-mêmes des arbres, ou qu'on en tire par incision, entr'autres celui de Tolu, Ville à 5 ou 6 lieues de la mer; du poivre long, ou piment, qu'on nomme ordinairement Poivre de Bresil; d'excellens fruits, & même des blés, mais qui pourtant n'y meurrissent que difficilement, à cause de l'intemperie de l'air, qui y est trop pluvieux, & qui rend les terres trop marécageuses.

Carthagene est une des Villes des Côtes de l'Amérique Espagnole des plus peuplées, y ayant au moins 4000 Espagnols, & plus de 14000 Mulâtres & Négres. Cependant le négoce y est si bon, & les profits si grands, qu'il n'y a point de Marchand ni d'Habitant qui n'y soit à son aise; & l'on en peut juger par plus de huit millions en or & en argent, que M. de Pointis & les Flibustiers François rapporterent de leur expédition de 1697, quoiqu'ils eussent laissé aux Habitans un dixiéme de tout ce qu'ils en déclarerent eux-mêmes, sans compter ce que les Espagnols, avertis du dessein des François, avoient eu le tems de porter dans les terres, qui montoit, à ce qu'on prétend, à plus de deux fois autant qu'il n'en fut trouvé dans la Ville.

## VERA-CRUX.

Cette Ville, qu'on nomme aussi Saint-Jean de Ulhua, du nom de son Port, est située au fond du golfe de Mexique, dans l'enfoncement que forme le Yucatan. Elle est par les 19 dégrés de latitude Nord, à 60 ou 65 lieues de la Ville de Mexique, dans la Province de Tlascala.

Ce n'est pas la même Vera-Crux par où Fernand Cortès commença la conquête du Mexique, avec moins de centaines de soldats, qu'il n'en avoit de millions à combattre; & où il coula à fond ses vaisseaux, pour ne laisser à ses Espagnols aucune espérance de retourner à Yucatan, ou à Cuba, d'où ils étoient partis; & les mettre par-là dans la nécessité de vaincre ou mourir.

Cette ancienne Vera-Crux est à 6 lieues de la nouvelle, pour laquelle elle a été abandonnée, à cause de son mauvais air, & du peu de sureté de son Port; quoique pourtant celui de Saint-Jean, bien que meilleur, ait aussi ses incommodités, & qu'on trouve pareillement dans cette autre Vera-Crux, du côté de l'intempérie de l'air, presque les mêmes dangers qu'on croyoit éviter en quittant celle de Fernand Cortès.

La nouvelle Vera-Crux est en quelque sorte la Ville du plus grand Commerce de toute l'Amérique Espagnole sur l'une & l'autre mer, ses Marchands envoyant leurs vaisseaux par toute la mer du Nord, & dans toutes ses Isles: à Cuba, à S. Domingue, au Jucatan, à Porto-bello, à Carthagene, & dans les autres lieux Espagnols où il se peut faire du trafic; & faisant remonter leur marchandise du côté de terre, par la riviere d'Alvarado, jusqu'aux Zapotecas, & à Saint-Alphonse; & par celle de Grijaval, jusqu'à Tabasco, aux Loques, & à Chiapa des Indiens.

Quoiqu'un négoce si étendu, pût être suffisant pour enrichir une plus grande Ville que celle de la Vera-Crux, ce n'est cependant que le moindre objet du Commerce de ses Habitans; & c'est encore chez eux que se réunissent, pour ainsi dire, toutes les richesses de l'ancien & du nouveau Monde; celles de l'ancien y étant apportées tous les ans des Manilles & des Indes Orientales, par Acapulco, qui est le Port du Mexique du côté du Sud, & d'Europe par la flotte d'Espagne; & les marchandises du nouveau Monde y étant rassemblées de tout le Mexique, & des autres Royaumes de l'Amérique Mexicane, pour faire les retours de cette Flotte.

Le nombre des Habitans n'est pas considérable, montant à peine à trois mille; mais ils sont tous Marchands, ou Facteurs des Marchands de Mexique, & des autres Villes de Commerce de la Mexicane; & c'est être peu à son aise parmi eux, que de n'avoir que trois ou quatre cent mille ducats de bien.

Le tems de la foire de la Vera-Crux, commence à l'arrivée de la flotte, durant presque aussi longtems que les vaisseaux restent dans le Havre; & c'est alors que le concours est le plus grand, les principaux Marchands n'y demeurant que pendant ce tems-là, & se retirant dans les terres, pour y passer le tems des pluies.

C'est aussi à la Vera-Crux que la flotte hiverne, quand elle est obligée de rester dans ces mers. Pour l'ordinaire, son chargement se fait en Avril, pour partir en Mai; quelquefois néanmoins son départ se retarde jusqu'au mois d'Aout, selon que les vents sont favorables, ou qu'il y a à craindre de la part des Nations d'Europe avec qui les Espagnols peuvent être en guerre.

En tout tems, on commence l'embarquement par les marchandises; & pour plus de sureté, ce n'est que les derniers jours qu'on charge l'or & l'argent du quint du Roi & des Particuliers: même lorsqu'on pourroit appréhender d'être attaqué jusques dans le Havre, comme il arriva en l'année *1686*, que les Avanturiers, sous la conduite de Jean Roussel, s'emparerent de la Vera-Crux; les revenus du Roi, & l'argent des Marchands, restent à Pueblo de los Angelos, grosse Ville à 40 lieues de Saint-Jean de Ulhua, d'où on ne les apporte que fort peu de tems avant que la flotte doive mettre à la voile.

## PORTO-CAVALLO.

C'est à Porto-Cavallo que se fait tout le Commerce d'Espagne & de la mer du Nord, avec Guatalima, grande Province du Mexique située sur la mer du Sud.

Les Habitans de cette Ville sont presque tous Facteurs des Marchands de Guatalima; & ses bâtimens presque tous des magasins pour y recevoir les marchandises.

Ce Port, peu considérable par le nombre de ses Habitans, mais le plus célebre, par son négoce, de tous ceux qui sont dans le Golfe des Honduras, est situé au fond de ce Golfe, assez près de Rio-dolce, qu'on nomme aussi Riviere de Guatalima; non pas à cause qu'elle arrose cette Province, dont elle est séparée par de hautes montagnes, mais parce qu'elle sert au Commerce qui s'y fait.

De petits bâtimens conduisent les marchandises d'Espagne jusqu'à une petite Ville bâtie au pied de ces montagnes, d'où par un chemin taillé dans le roc, on les transporte sur des mulets à Guatalima; & comme c'est aussi par la même voye qu'arrivent à Porto-Cavallo les marchandises du Pays, cette petite Ville d'entrepôt est nommée le Port de Golfodolce, ou du Golfe des Honduras, qui est la même chose.

Le navire Espagnol qui y apporte les marchandises d'Europe, est un de ceux qu'on a dit ci-dessus qu'on appelloit Navire de Registre, à cause que ceux qui les frettent, achettent de la maison des Indes le droit de venir trafiquer dans certains Ports de l'Amérique; & qu'on enregistre la permission qui leur en est accordée.

Celui-ci est ordinairement une Hourque de sept ou huit cent tonneaux, chargée de la plupart des marchandises dont on a donné ci-dessus la cargaison, mais particuliérement de quantité de fer, d'acier, de papier pour l'Imprimerie & pour écrire; de toiles, de draps fins, de soieries, de safran, d'huile, de serges, de ruban, de fil, & de quelques menues quincailleries, merceries, & véroteries; ces dernieres, pour la traitte avec les Indiens, tant des Honduras, que du Jucatan: ce qui monte quelquefois à plus d'un million de livres en toutes ces marchandises.

Les marchandises qui viennent de Guatalima, sont de l'or, de l'argent, de la cochenille, de l'indigo, des cuirs, de la salsepareille, du jalap, du mécoacham, du cacao, du coton, du baume, une espece d'huile de pétrole, & du pastel.

La cochenille, l'indigo, & l'argent, viennent ordinairement sur une patache armée, comme étant estimées les plus riches marchandises dont le navire d'Europe doit faire le retour.

Quoiqu'on ait nommé le cacao parmi les marchandises qui viennent de Guatalima, par Porto-Cavallo, & qu'en effet il y en vienne quantité, ce n'est rien cependant en comparaison de celui qu'elle fournit à l'Espagne, par Porto-Bello; en envoyant chaque année la charge de plusieurs vaisseaux à Panama, sur la mer du Sud, qui passe dans celle du Nord, par la riviere de Chiagre; ou sur des mulets, comme on l'a déja dit.

On ne veut pas obmettre ici que le cacao est dans la Province de Guatalima, tout ensemble marchandise & monnoie, & que ces précieuses amandes servent non-seulement aux Indiens, mais même aux Espagnols, pour acheter plusieurs menues denrées, dont on donne 10, 20, 30, & quelquefois jusqu'à 100 de ces amandes, suivant la valeur de la chose.

Au reste, l'Amérique ne produit pas également par-tout du cacao, & l'on n'en trouve du côté de la mer du Sud, que sur la riviere de Quiaquil, & dans la vallée de Colimer, au Midi du Méxique; & du côté de la mer du Nord, seulement dans la baye de Campêche, à Costa-recha, & entre Porto-Bello, & Necaraque, principalement le long de la riviere du Charpentier. *Voyez* CACAO.

## MARACAIBO.

On nomme ainsi un grand lac qui est au bout de la baye de Venezuela, & l'on donne pareillement ce nom à la Ville, ou principale Habitation que les Espagnols ont sur ce lac.

La Ville de Maracaibo, qui par corruption, s'appelle aussi Maracaïe, est petite, mais bien bâtie à la moderne: son Port est excellent, & ses Marchands si riches, qu'ils y bâtissent, arment, & chargent des vaisseaux qui trafiquent dans toute l'Amérique, & qui vont même jusqu'en Espagne.

Comme cette Ville a le privilege d'un navire de registre, qui vient chaque année enlever les marchandises du Pays, & y en apporte de celles d'Europe; les Habitans y entretiennent quantité de barques de 25 à 30 tonneaux, avec lesquelles ils vont ramasser le long des Côtes du lac, où ils ont plusieurs Habitations, les diverses productions de la terre, comme du tabac, du cacao, du sucre, & de l'indigo, dont ils remplissent leurs magasins jusqu'à l'arrivée du vaisseau d'Espagne : on y trouve aussi beaucoup de cuirs verds, les pâturages étant excellens pour le gros bétail, qui s'y nourrit en quantité, & que l'on ne tue que pour avoir les peaux.

C'est pareillement l'entrepôt des marchandises de Merida, & de quelques autres Villes situées sur les frontieres de la nouvelle Grenade, & de la Venuzuela, à 18 lieues, ou comme d'autres veulent, à 40 lieues de Gilbratart, gros Bourg sur le lac où les principaux Marchands de Maracaibo ont leurs terres.

C'est de Merida que vient tout l'or, l'argent, & les pierreries qu'on voit à Maracaibo ; & de Gilbratart, le meilleur tabac, & le plus excellent cacao du continent de l'Amérique Espagnole.

Les marchandises propres pour la baye de Venezuela, & le lac de Maracaibo, sont des toiles de soie, des toiles de lin, des vins, des outils à cultiver la terre, quantité de quincaillerie, & menue mercerie, & plusieurs autres de celles dont on a donné ci-dessus la liste.

## BUENOS-AYRES.

La Ville de Buenos-Ayres, située par les 35 dégrés de latitude Sud, est bâtie sur la rive Méridionale du grand fleuve de la Plata, sur le penchant d'une colline, à l'embouchure d'une petite riviere qui tombe dans le fleuve.

Les Espagnols ont eu beaucoup de peine à s'y établir, & l'ont souvent abandonnée depuis l'année 1535, qu'ils en jetterent les premiers fondemens, jusqu'en 1582 qu'enfin ils en resterent en possession, malgré les efforts des Indiens, qui furent alors obligés de se soumettre à ces nouveaux Maîtres.

La Ville contient environ 4000 maisons, toutes bâties de terre, mais couvertes de tuiles, à la réserve d'une cinquantaine qui sont de brique.

Les Habitans sont riches, & doivent leurs richesses au grand Commerce qu'ils font tant au dedans qu'au dehors.

Le Commerce du dedans est avec le Paraguay, le Chily, & le Perou : & celui du dehors, 1°. avec le Bresil, où les Marchands du Buenos-Ayres envoyent leurs vaisseaux, quoiqu'ils n'en reçoivent point dans leurs Ports de ceux des Portugais ; 2°. avec les Espagnols d'Europe, qui chargent plusieurs navires de registre, pour y porter toutes les marchandises dont on a donné une cargaison à l'article de Porto-bello ; 3°. avec les Anglois qui ont succédé aux François dans le Traité de l'Assiente pour la fourniture des Negres ; 4°. Il y vient aussi des bâtimens de plusieurs endroits de l'Amérique Espagnole.

Tant que la guerre pour la succession d'Espagne a duré, les François ont fait presque tout le Commerce de Buenos-Ayres, & pendant tout ce tems, on y a souvent plus vû de leurs vaisseaux, que de vaisseaux Espagnols, quoique chaque année il y aille deux, trois, & quelquefois jusqu'à quatre navires de registre.

On parle ailleurs du préjudice que tant de marchandises d'Europe apporterent alors au négoce. *Voyez* REGISTRE, & NAVIRES DE REGISTRE.

C'étoit à Buenos-Ayres où la Compagnie Françoise de l'Assiente avoit son principal établissement, & où elle débarquoit les Negres qu'elle devoit fournir aux Espagnols en conséquence de son Traité ; & c'est aussi où, avant la derniere guerre avec les Espagnols, c'est-à-dire jusqu'à 1719, les Anglois qui avoient succédé aux François dans ce Traité, ont continué de faire le Commerce de ces malheureux Esclaves, dont une partie reste dans le Pays, & l'autre passe jusqu'au Chily & au Perou, pour le service des Espagnols.

On traite amplement des Assientistes François & Anglois dans plusieurs endroits de ce Dictionnaire, ainsi que des droits qui se payent au Roi d'Espagne pour chaque Negre piece d'Inde ; & de la maniere d'en faire l'évaluation par rapport à leur sexe & à leur âge. *Voyez l'article des* COMPAGNIES DE COMMERCE, *& ceux de l'*ASSIENTE, *& des* NEGRES.

La principale marchandise qui se tire de Buenos-Ayres, & sur laquelle il y a le plus grand profit à faire, sont les cuirs verds de taureaux sauvages, c'est-à-dire, les cuirs de ces animaux en poil, & sans être tannés ; lesquels, tous droits payés, n'y coutent ordinairement que cent sols monnoie de France, & se vendent en Europe 21 livres. Il est vrai que les vaisseaux François en ayant fait de trop forts, & de trop fréquens retours, le débit en avoit baissé en France jusqu'à 16 livres, mais depuis les choses se sont remises à peu près sur l'ancien pied.

*On peut voir à l'article du* TAUREAU, *non-seulement tout ce qui concerne le Commerce des Cuirs verds, de quelque partie du monde qu'on les tire ; & en particulier le détail des droits qui se payent à Buenos-Ayres pour l'achat & pour la sortie de ces cuirs : mais encore ce qu'il y a de plus curieux dans la maniere de chasser ces Taureaux, de les tuer, & d'en apprêter les peaux.*

La cochenille pétrie en petits pains, qu'on trouve à Buenos-Ayres, y est apportée du Perou ; elle n'y vaut au plus que jusqu'à 2 piastres la livre : mais comme elle est d'assez mauvaise qualité, il y a peu de gain à faire, & l'on fait mieux de ne s'en point charger. *Voyez* COCHENILLE.

La laine de vigogne vient aussi du Perou : elle coute une piastre la livre. Ce que le Directeur de l'Assiente en envoya en France en 1705, ne réussit pas, & l'on eut bien de la peine à s'en défaire au prix coutant. *Voyez* LAINE *&* VIGOGNE.

Le cuivre de Coquimbo, ville sur la Côte du Perou, est encore une marchandise qui a de la réputation parmi les Espagnols, à cause qu'ils prétendent qu'on y trouve de l'or mêlé : il revient à deux réaux la livre, c'est-à-dire, environ quinze sols de France ; mais il n'y a aucun profit à faire sur cette marchandise, les essais n'ayant produit aucun or, & n'étant pas d'ailleurs meilleurs que les cuivres de Suede, qui reviennent à moins.

Les autres marchandises dont les Européens achevent leur cargaison, sont de l'herbe de Paraguay, du tabac en feuilles, lié par poignées, qui se vend à la livre ; du sucre en pain, & en cassonade ; du coton filé, & de la cire jaune ; toutes choses que les Habitans tirent de la Ville de las Corrientes, & de celle du Paraguay ; celle-ci à 250 lieues, & celle-là à plus de 500 de Buenos-Ayres.

On apporte aussi de ces deux Villes de grosses toiles de coton, qu'ils nomment Lienzo della Tierra, parce qu'elles se fabriquent dans le Pays ; mais il n'en passe point en Europe, & se consomment toutes à Buenos-Ayres, & aux environs, où l'on en fait des chemises aux Domestiques & aux Esclaves, étant de meilleur usage que les toiles de France & de Hollande. Ces toiles portent 200 barres, ou environ 120 aunes de France de longueur : les Indiens les nomment Toconnis.

Les prix ordinaires de ces marchandises, sont 3 piastres l'arobe, ou les 25 livres d'herbe de Paraguay : 3 réaux la livre de tabac ; 2 celle de sucre ; 5 le coton filé ; 4 la cire jaune ; & une piastre la barre, ou l'aune Espagnole les toconnis.

Les marchandises propres pour las Corrientes & le Paraguay, sont des couteaux Flamans, des ciseaux, des rubans assortis, des taffetas, des toiles de Bretagne, des toiles fleurets de Rouen, des bas de soie, des flanelles d'Angleterre, de couleur; des chapeaux de castor, gris; des étoffes de soie, des draps & des flanelles du Perou, ou de Quito: toutes ces choses se donnent en troc pour celles qu'on a dit ci-dessus qui se tiroient de Corrientes & du Paraguay, ne se recevant, & ne se voyant même jamais d'argent dans ces deux Villes.

Les Marchands qui font le Commerce de las Corrientes, chargent leurs marchandises sur des charrettes, & les rapportent de même, quoiqu'il y ait 15 ou 16 rivieres à passer, qu'ils font traverser à la nage à leurs bœufs, se servant de radeaux pour leurs marchandises & charrettes; ou bien même, dans la nécessité, construisant ces radeaux de leurs charrettes qu'ils démontent.

Las Corrientes est environ à moitié chemin de Buenos-Ayres au Paraguay.

Le Commerce de cette derniere Ville, outre les difficultés des rivieres, qui lui sont communes avec l'autre, en a encore qui lui sont particuliéres; ceux qui l'entreprennent, devant compter d'être deux années au moins dans leur voyage, parce que chaque récolte de l'herbe qui est le principal objet de ce négoce, qui monte à plus d'un million de piastres par an, se vendant par avance, il faut toujours qu'ils en attendent une seconde, sans compter les présens qu'ils sont obligés de faire aux Gouverneurs, & à des Particuliers qui sont les maîtres de la meilleure herbe; & outre les avanies où ils sont exposés: il est vrai que pour s'en dédommager, ils vendent les marchandises qu'ils donnent en échange, à plus de 300 pour cent de profit.

On parle ailleurs des diverses especes de cette herbe, de ses qualités, & du Commerce qui s'en fait, soit dans l'Amérique, soit dans l'Europe. *Voyez* PARAGUAY.

La Ville de Santa-Fé est l'entrepôt de toute l'herbe & des autres marchandises qui viennent de las Corrientes, & du Paraguay, & qui sont destinées pour le Perou & le Chily; les Marchands ne faisant venir à Buenos-Ayres que ce qui doit y être consommé, ou vendu, évitant par-là de payer deux fois les droits d'entrée & de sortie, si tout se transportoit dans cette derniere Ville, pour être de-là envoyé sur la mer du Sud.

De ceux qui font le Commerce de Buenos-Ayres au Perou & au Chily, les uns ne se chargent que d'herbe de Paraguay, & les autres y conduisent des marchandises qui arrivent par les vaisseaux d'Espagne.

Ce dernier négoce, qui étoit d'un grand profit avant que les François eussent obtenu des permissions d'aller trafiquer dans les Ports Espagnols de la mer du Sud, n'étoit plus gueres considérable, tant que ces permissions ont duré; mais il y a bien de l'apparence que depuis la Paix d'UTRECK, qu'il a été défendu sur peine de la vie aux François, aussi-bien qu'aux autres Nations d'y aller, les Marchands de Buenos-Ayres l'ont continué avec les mêmes profits.

A l'égard du Commerce de l'herbe, il y a ordinairement 100 pour cent de profit, & encore davantage, s'ils ont beaucoup de celle nommée *Camini*; celle-ci se vendant ordinairement 8 ou 9 piastres l'arrobe; & l'autre, qu'on appelle *Terva con palos*, Herbe avec les pailles, seulement 5 ou 6: mais les Marchands observent en vendant la meilleure, de faire passer une partie égale de celle qui est inférieure.

Au reste, cette marchandise est d'un si bon débit au Chily & au Perou, particuliérement au Potosi, qu'elle se paye toujours comptant, & en or, ou en argent: aussi les Espagnols, les Indiens, & les Negres ne peuvent s'en passer; & le travail des mines cesseroit, si l'on ôtoit aux Indiens qui sont presque les seuls qui y travaillent, l'usage de cette boisson.

On a indiqué ci-dessus où l'on pouvoit trouver les particularités de cette herbe, & de son Commerce.

Pour aller de Buenos-Ayres au Potosi, on peut partir en tout tems, parce que les montagnes se peuvent passer également en hyver comme en été.

Partie de ce chemin se fait avec des charrettes, & partie sur des mulets, qui portent les Marchands, leur bagage, & leurs marchandises: le chemin est d'environ 500 lieues.

Le voyage du Chily quoiqu'il n'y ait gueres que 50 lieues davantage, n'est pas aussi facile que celui du Potosi, ne pouvant se faire que dans une seule saison de l'année, à cause des Cordelieras, montagnes qui composent une chaîne de près de 300 lieues, entre le Paraguay & le Chily, qui sont impraticables, à cause des neiges pendant près de 9 mois.

Le tems propre pour le passage des montagnes, est depuis Décembre, jusqu'au mois de Mars: le voyage se commence avec des chariots traînés par des bœufs, qui vont jusqu'à Mendoza, petite Ville à 300 lieues de Buenos-Ayres, où l'on trouve des mulets de louage pour aller à San-Jago de Chily, la premiere Ville de ce Royaume au sortir des Cordelieras.

La traversée des montagnes est de près de 60 lieues, qui se font ordinairement en six ou sept jours, pendant lesquels on porte de la nourriture, tant pour les Voyageurs, que pour les mulets, tout le chemin se faisant par des précipices & des roches arides. Depuis San-Jago, jusqu'aux mines, la route est belle & commode.

Tout l'or & l'argent qui se trouve à Buenos-Ayres, y est apporté par les Marchands qui font le Commerce du Chily & du Perou.

Il y a ordinairement de trois sortes d'argent; en piastres, en saumons, & en pignes.

Les piastres se nomment Peruvianes, pour les distinguer des Mexiquanes, qui se fabriquent au Mexique, & qui pesent un peu plus que celles du Potosi, mais qui ne sont pas d'un argent si pur.

Les saumons sont à un plus haut titre que les piastres, & sont quintés à la Monnoie du Potosi: les plus pésans sont du poids de 75 livres.

Les pignes ne payent point le quint du Roi, aussi sont-elles marchandises de contrebande, dont le Commerce est défendu; mais quelques présens aux Gouverneurs, & aux Officiers, le facilitent, & c'est aussi sur quoi les Marchands d'Europe font leurs plus grands profits. Cet argent s'achete au Potosi, 7 piastres & 2 réaux le marc; & se vend à Buenos-Ayres, 8 piastres & 2 réaux.

Il y a encore ce que les Mineurs appellent de l'Argent vierge, qui étant très pur, & sans mélange au sortir de la mine, n'a pas besoin d'être fondu comme les autres minerais: il vaut 9 piastres le marc.

Pour ne pas répéter ce qu'on a dit ailleurs sur cette matiere, *on peut voir les articles de l'*ARGENT, *des* PIGNES, *des* MINERAIS, *& des* PIASTRES, *particuliérement le premier.*

Outre ce qu'on a dit jusqu'ici du Commerce de

Buenos-Ayres, il s'y en fait encore deux considérables; l'un de vaches & l'autre de mulets pour le Perou.

Les Marchands qui entreprennent le négoce des vaches, sont obligés d'aller demander une permission au Gouverneur, qui ne manque jamais de s'interesser avec celui qui fait l'entreprise, ou d'en exiger un présent de plusieurs milliers de piastres.

La permission porte, que celui à qui elle est accordée, pourra prendre dans les campagnes du Roi, jusqu'à trente ou quarante mille vaches sauvages, pour conduire au Perou; ce qui demande des Entrepreneurs riches, & capables de faire de grandes avances, s'employant ordinairement jusqu'à 150 Chasseurs, ou Conducteurs, pour ces entreprises, à qui on donne jusqu'à 8 piastres par mois, avec de la viande pour leur nourriture, & une certaine quantité d'herbe pour leur boisson.

Quand toutes ces vaches sont arrivées au Potosi, elles reviennent à 3 piastres chacune, tous frais déduits, & se vendent jusqu'à 8 piastres, & quelquefois plus.

A l'égard du négoce des mulets, il se fait par les Habitans du Potosi même, qui viennent tous les ans en faire de grandes levées dans le Gouvernement de Buenos-Ayres, après néanmoins en avoir obtenu la licenza du Gouverneur, comme disent les Espagnols; c'est-à-dire, en bon François, en avoir payé bien chérement la permission; rien ne se faisant aux Indes qu'à force d'argent, & toujours aux dépens des droits du Roi.

Les Marchands ayant fait leur capitulation avec les Officiers, vont dans plusieurs Habitations éloignées de la Ville de 20, 30, 40, & même jusqu'à 50 lieues à la ronde, où chaque Habitant s'oblige par écrit d'en fournir telle quantité, de tel âge, & à tel prix, dans un tems fixé; à faute de quoi, ils conviennent d'une certaine somme pour le dédommagement de l'Acheteur.

Le jour de la livraison arrivé, l'Entrepreneur va recevoir ses bêtes, qu'il marque d'un fer chaud à la fesse, & qui, dès qu'ils ont cette marque, demeurent pour son compte.

Tout ce Commerce se fait comptant, ordinairement moitié en argent, & moitié en bayettes, ou draps du Pays, à raison de 2 piastres chaque mulet.

Quand l'Acheteur a reçû tous ses mulets, il a ses gens qui les gardent, & qui les conduisent à Salta, qui est aux deux tiers du chemin du Potosi, où ils les font hyverner, pour les remettre des fatigues du chemin, & les engraisser.

Le beau tems revenu, & lorsque les bêtes sont arrivées au lieu de leur destination, l'Entrepreneur les vend aux Gouverneurs & Corregidors, des Bourgs du Potosi, 7 à 8 piastres chacune; qui ensuite les revendent aux Indiens de leurs Gouvernemens, 40 & 50 piastres la piece, pour les louer aux Passagers, & Marchands qui voyagent.

Il ne reste plus qu'à dire un mot du Commerce des Habitans de Buenos-Ayres, avec les Portugais du Bresil; & c'est par où l'on va finir cet article.

Ce négoce, qui avoit pour objet les marchandises d'Europe, qui manquoient assez souvent à cette Ville, avant que d'autres Nations que les Espagnols eussent eu permission d'y en apporter, est presque tombé, depuis que les François, & ensuite les Anglois, y ont été reçûs. Cependant les Marchands de Buenos-Ayres envoyent toujours au Bresil des farines, du biscuit, & des chairs salées, ou séchées au soleil, pour lesquelles on rapporte en échange, du sucre, du tabac, de l'indigo, & d'autres productions de cette terre, avec des vins, & quelques marchandises de Portugal.

La Baye de Campesche, & la Côte de Caraccos, peuvent aussi tenir leur place parmi les lieux de Commerce de l'Amérique Espagnole sur la mer du Nord.

C'est dans la premiere que l'on trouve le bois de teinture si estimé en Europe pour le noir & le violet, qui a pris son nom de la partie du Yucatan où il se trouve. Les Espagnols l'appellent Palo de Campachy, & les François, Bois de Campêche.

La Ville de Campêche, qui est la Capitale du Pays, étoit autrefois l'étape de tout le bois de cette espece; & les Indiens du voisinage étoient employés à le couper à une réale par jour; ce qui étoit d'un grand profit pour leur Maître, ce bois se vendant alors jusqu'à 120 livres sterlings par tonneau.

Lorsque les Anglois se furent emparés de la Jamaïque, & qu'ils eurent connu le prix & l'usage de ce bois, ils voulurent partager ce négoce avec les Espagnols; mais voyant que les lieux où ceux-ci avoient coutume d'en faire couper, étoient désormais assez bien fortifiés, & gardés par assez de Troupes, pour qu'il ne leur fût plus si facile d'y aller, comme auparavant, enlever celui qu'ils y trouvoient tout transporté sur le bord de la mer, & prêt à y être embarqué; ils en chercherent ailleurs, & c'est présentement aux environs du lac Triste, dans la baye de Campêche, qu'ils continuent ce négoce; ayant engagé les Coupeurs Indiens de cette Côte, & quelques Anglois établis parmi eux, de ne travailler que pour eux.

Les marchandises avec lesquelles les Anglois de la Jamaïque payent leurs Coupeurs de bois de Campêche, sont des boissons fortes, des scies, des haches, des chapeaux, des bas, des souliers, des couteaux, & d'autres menues quincailleries & merceries.

Les Espagnols continuent toujours le Commerce de ce bois, & de diverses autres marchandises, dans la Ville de Campêche, où quantité de vaisseaux de leur Nation vont tous les ans prendre charge. *Voyez* Campesche *ou* Bois de Campesche.

La Ville de Campêche est à 19 dégrés de latitude, & la seule qu'il y ait depuis le Cap de Catock, jusqu'à la Vera-Crux. Elle est défendue d'une assez bonne Forteresse, qui ne put cependant la défendre en 1659, contre l'attaque des Anglois; & encore depuis en 1678, la sauver des Boucanniers Anglois François, qui la surprirent & la pillerent.

Les marchandises qu'on en tire, outre les bois de teinture, sont quantité de bois de charpente, du miel, de la cire, du sucre, de la casse, de la salseparelle, & des cuirs.

La Côte de Caraccos est fertile en cette sorte d'amande, ou de noix dont on fait le chocolat; & c'est de là que les Hollandois tirent la plupart du cacao qu'ils apportent en Europe.

Quoique cette Côte ne paroisse qu'une longue chaîne de montagnes, elle a plusieurs vallées, où les Habitans de Caracco, Capitale du Pays, assez avant dans les terres, & qui donne le nom à la Côte, font travailler leurs Négres à la culture des arbres qui produisent le cacao, dont les noix, quoique plus petites que beaucoup de celles qui croissent dans quelques autres lieux de l'Amérique, sont néanmoins plus estimées que les plus grosses.

Ce fruit est presque la seule marchandise qu'on tire de cette Côte, dont la principale Ville est Guiare.

On

On y trouve néanmoins aussi des cuirs, & quantité d'argent, qui, à la vérité, y est une marchandise de contrebande pour les Etrangers; mais dont pourtant les Anglois de la Jamaïque, & les Hollandois de Curaço, enlevent beaucoup tous les ans, aussi-bien que de cacao; sur-tout ces derniers, qui y envoyent plusieurs vaisseaux chaque année, de 30 & 40 tonneaux.

Les toiles de lin & de chanvre d'Europe, & celles de coton des Indes Orientales, sont une très bonne marchandise pour ce Commerce. On y porte aussi de l'eau-de-vie & des poteries de terre, & quantité d'autres marchandises de France, d'Angleterre, & de Hollande, sur lesquelles il y a beaucoup à gagner, quoique les Jamaïquains & ceux de Curaço, ne les ayent souvent que de la seconde & troisiéme main: les plus grands profits sont pour les vaisseaux Hollandois, qui y viennent trafiquer en droiture de Hollande.

Le cacao sert de monnoie sur la Côte de Caraccos, aussi-bien qu'à Campêche, & tout le long de la Baye.

## COMMERCE DES COSTES DE L'AMERIQUE ESPAGNOLE SUR LA MER DU SUD.

On appelle Mer du Sud, cette partie de l'Océan où l'on entre de la mer du Nord, par les Détroits de Magellan, de le Maire, & de Brouvers; & qui baigne les Côtes Méridionales de l'Amérique, depuis ces Détroits, jusqu'à l'Isle de Californie.

On l'appelle aussi Mer Vermeille, Mer Pacifique, Mer de Cefalonie, & Mer de Jesso; mais c'est seulement lorsqu'on en veut spécifier quelque partie, le nom de Mer du Sud les comprenant toutes, quand on en parle en général.

Les principales Villes que les Espagnols possedent sur ces Côtes, & où il se fait le plus grand Commerce, en les remontant depuis le Chily, jusqu'à la nouvelle Espagne, sont Baldivia, la Conception, Valparaiso, Arica, Lima, & Colao son Port, Panama, Acapulto, & la Natividad.

Entre ces principaux lieux, il y a encore un grand nombre de petits Ports, ou qui sont les ambarcaderes des Villes situées plus avant dans les terres, ou qui servent au négoce que les Habitans font ensemble de proche en proche, des denrées qui croissent chez eux.

De ces petits Ports, les plus connus sont, Auroca, Lavelia, Guiarme, Paita, Rio-Tomba, Selaques, la Trinité, Saint-Michel, Tomaco, Sansonnat, Sagno, Nasca, Pisca, Pachacama, Barbacoa, Tecoantepeque, Nicoya, Chiricito, & quelques autres.

On ne parcourera ces derniers que comme en passant, méritant moins de détail que les autres, qui sont pour la plupart, l'étape des marchandises du Chily, du Perou, & de la nouvelle Espagne, pour les Villes des Côtes de la mer du Nord; ou qui servent d'Entrepôt pour celles des Indes Orientales, & des Philippines, avec lesquelles elles entretiennent un Commerce très considérable.

### BALDIVIA, LA CONCEPTION, & VALPARAISO.

Ces trois Villes sont situées sur la Côte du Chily, & c'est dans leurs Ports que se fait tout le Commerce de ce Royaume avec celui du Perou; la voie de terre, quoique plus courte, étant plus difficile & plus dangereuse, à cause des montagnes qu'il faut traverser, qui sont presque toutes désertes, & si impraticables par le froid affreux qu'il y fait toujours, qu'il y a peu de Marchands qui veuillent s'y hasarder: l'autre chemin, par le désert de Datacama, qui est le plus court, n'étant pas moins difficile, à cause qu'on y manque d'eau douce.

BALDIVIA, qu'on nomme aussi VALDIVIA, est la premiere Ville que l'on trouve sur la Côte, après avoir débouqué le Détroit de Magellan. Aranca, où les Espagnols tiennent une Garnison de 500 hommes, pour arrêter les courses des Indiens révoltés, étant plus dans les terres, & n'ayant point de Port.

Baldivia est situé à deux lieues de la mer, par le 40^e^ dégré de latitude, entre les branches de deux rivieres, qui à leur embouchure, forment un des plus beaux Ports, & des plus sûrs de toute cette Côte.

Les mines d'or, qui n'en sont pas extrémement éloignées, & qui étoient plus abondantes & plus riches qu'aucune autre du Chily, la rendoient autrefois très célebre; mais la révolte des Indiens Arauques, qui s'en emparerent, & la prirent en 1599, & qui n'ont pû être soumis depuis, a beaucoup diminué & de sa réputation, & de son Commerce, quoique les Espagnols s'y soient rétablis, & y entretiennent une Garnison de 200 hommes.

Son principal négoce par mer, est à Lima Capitale du Perou, où elle envoie chaque année 8 ou 10 vaisseaux de quatre ou cinq cent tonneaux, chargés de toutes les marchandises du Pays, & entr'autres de cuirs de bœufs & de chévres, ceux-ci passés en corduan; des suifs, des viandes salées, & des blés. Les retours de ces bâtimens, sont des vins, des sucres, du cacao, des épiceries, & de toute sorte de marchandises d'Europe, qui arrivent à Lima de Porto-bello, par la voie de Panama.

Son Commerce au dedans des terres, se fait à San-Jago Capitale du Chily, par où elle reçoit de Buenos-Ayres, les diverses marchandises dont on a parlé en traitant du négoce de cette Ville fameuse de la mer du Nord.

LA CONCEPTION, qu'on compte pour la seconde Ville du Chily, en mettant Baldivia pour la troisiéme, & San-Jago pour la premiere, est à 70 lieues de celle-ci, & à 60 de l'autre. Son Port, qui est en forme de fer à cheval, & qui de là est appellé par les Espagnols della Herradura, est à 5 lieues de la Ville, où l'on monte avec des bâtimens legers, par la riviere d'Andalien, qui la traverse.

Les mines de Quilacoya & de Quilacura n'en sont qu'à 4 lieues; & la Estancia del Re, où se trouvent les principaux Lavaderos du Royaume, n'en est gueres plus éloignée.

C'est de ces lavaderos qu'on tire, par le lavage des terres, quantité de ces morceaux d'or, qu'en langage du Pays on nomme Pepitas, qui sont d'un métail très pur, & à un plus haut titre que tout celui que produit le reste du Chily. On en parle ailleurs. *Voyez* LAVAREDOS.

Tout l'or qu'on tire ou des lavaredos, ou des mines de la Conception, se porte à la Monnoie de San-Jago, pour y être quinté, & de là envoyé à Lima avec les autres revenus du Roi; comme on le dira, en parlant de Valparaiso.

Les Habitans de la Conception nourrissent quantité de chévres dans leurs hattos, mais seulement pour en avoir le suif & les peaux, qu'ils passent en cette sorte de maroquin qu'on nomme Cordouan,

& qu'ils envoyent à Lima ; d'où, par Panama, & la riviere de Chiagra, elles sont transportées à la mer du Nord. Les autres marchandises dont on y trafique, ne sont gueres différentes de celles de Baldivia, à la réserve des laines & des draps, & autres étoffes qui se fabriquent dans le Pays.

Les vaisseaux que les Habitans de la Conception envoyent tous les ans au Perou, au nombre de 10 ou 12, font aussi à peu près les mêmes retours que ceux de l'autre Ville.

La Conception entretient quelque négoce avec la Nation des Puelches, Indiens qui ne sont pas soumis, mais qui aussi ne sont point en guerre avec les Espagnols.

Ces Indiens, qui habitent une partie des montagnes de la Cordeliere, sont de véritables Sauvages, que le Commerce avec les Européens n'a pû encore adoucir.

Lorsque quelqu'un veut négocier avec eux, il va directement chez le Cacique, qui l'interroge le premier, en lui disant : *Es-tu venu?* Le Marchand répond : *Je suis venu. Que m'apporte-tu?* répond l'Indien : *Un présent*, réplique l'autre : *Sois donc le bien venu*, ajoute le Cacique.

Alors on lui donne un logement près de celui du Cacique, dont toute la famille, dans l'espérance d'avoir aussi un présent, va aussi-tôt faire la bienvenue à l'Etranger.

Pendant qu'on traite & qu'on caresse l'Hôte, un coup de trompe avertit les Indiens dispersés qu'il est arrivé un Marchand : chacun accourt ; les marchandises s'étalent, couteaux, haches, peignes, aiguilles, fil, miroirs, rubans, veroteries, & autres semblables menues merceries & quincailleries. Tout est ensuite enlevé & emporté sans payement, mais seulement avec la convention de telle & telle chose en troc, qu'on fait avec des Barbares qu'on n'a jamais vû, & qu'on ne doit jamais revoir. Mais un second coup de trompe les rappelle ; & fideles jusqu'à l'excès, jamais personne ne manque à revenir avec la marchandise promise, qui pour l'ordinaire consiste en animaux sauvages, comme mules, chévres, bœufs, & vaches qu'ils ont pris dans les forêts, dont leurs montagnes sont toutes couvertes, & qu'ils apprivoisent dans des parcs qu'ils ont en divers endroits : quelques-uns apportent de l'or, mais peu, se souvenant que c'est ce métail qui a couté la liberté à leur Patrie, & tant de sang à leurs ancêtres pour se la conserver, & à leurs voisins les Arauques, pour s'y rétablir.

Valparaiso est situé dans une baye du même nom, à l'embouchure de la riviere de Topocalma. Cette petite Ville sert de Port, ou comme parlent les Espagnols, d'Embarcadere à la Ville de San-Jago Capitale du Chily, bâtie sur la même riviere, à 15 lieues de la mer. C'est dans le Port de Valparaiso, un des plus sûrs & des plus commodes de la Côte du Sud, que s'embarquent pour le Perou, tous les revenus du Roi d'Espagne au Chily, & tous les effets des Particuliers, qu'on destine pour la mer du Nord ; consistant particuliérement en or, qui se tire des mines qui sont près de Baldivia & de la Conception, ou de celles de Tistil, qui sont entre Valparaiso & San-Jago.

On porte aussi à Lima, des turquoises, qu'on trouve dans une excellente roche ouverte dans la vallée de Copiapo, située dans la partie Septentrionale du Chily.

Comme les vaisseaux qui portent ces trésors, sont pour l'ordinaire escortés de quelques armandillas, ou fregates armées, les Marchands ont coutume de se servir de ce convoi, pour envoyer le reste de leurs marchandises à Lima, & dans les autres Ports du Perou ; d'où ils rapportent, ou des productions du Pays, & entr'autres quantité de piastres, qui leur servent dans leur Commerce avec Buenos-Ayres, ou des marchandises d'Europe, qui y arrivent par Panama.

Quintero & Coquimbo, sont encore deux Villes maritimes du Chily, où il se fait quelque négoce, particuliérement cette derniere ; près de laquelle est une mine de ce cuivre, que par distinction on appelle cuivre de Coquimbo, dont l'on fond toute l'artillerie qui se trouve au Perou & au Chily, & dont on a parlé en traitant du Commerce de Buenos-Ayres. Le Havre de Coquimbo est excellent, & c'est ce qui y entretient un grand Commerce, par la quantité de vaisseaux qui y viennent & qui y sont en sureté. Les environs de Coquimbo suffiroient seuls pour soutenir ce négoce ; & l'on y recueille en abondance du froment, de l'huile, de la poix, du coton, de cette espece d'herbe qui sert à faire des cordages & des toiles, enfin de toutes sortes de denrées, de fruits, & de légumes.

## ARICA.

Quoique cette Ville soit une des moins considérables du Perou, par le nombre de ses Habitans, & par la beauté de ses édifices ; il n'y en a gueres néanmoins où il se fasse en si peu de tems, un plus riche Commerce.

Quoique ce ne soit plus présentement par Arica que se transportent les richesses du Potosi & des autres mines de las Charcas ; & qu'elles ayent changé de routes, & pris en droiture celle de Lima, comme plus sûre & moins exposée à l'insulte des avanturiers : cela n'empêche pas qu'Arica ne soit encore une place de grand Commerce.

La Ville d'Arica est située par les 18 dégrés 40 minutes de latitude, à 70 lieues de la Ville du Potosi ; à laquelle néanmoins, comme on vient de le dire, elle sert de Port, ou d'Embarcadere.

On nomme Pecos les bêtes de somme dont on se sert à Arica, elles sont d'une figure singuliere & d'une espece qu'on ne connoît qu'au Perou, plus petites qu'un très médiocre bidet ; mais plus fortes & plus hautes que les plus grandes brebis d'Europe, à qui elles ressemblent un peu ; ce qui leur a fait donner aussi le nom de Brebis du Perou. Le poids qu'elles peuvent porter ne va qu'à 150 livres ; & si on les surcharge, elles se laisseroient plutôt tuer, que de se lever de terre, où elles ont coutume de rester sur les genoux, jusqu'à ce que la charge soit accommodée sur leur dos.

C'est de ces animaux qu'on se sert pour transporter les marchandises, ou d'Europe, ou du Pays, & les autres denrées qu'on envoye par mer à Arica, pour nourrir les Habitans du Potosi, & pour le travail des mines : on voit sans cesse sur le chemin de cette Ville fameuse, des caravanes de pecos, qui ne sont occupés qu'à cela pendant toute l'année ; y ayant de quatre lieues en quatre lieues de gros Bourgs, ou au moins des Ventas, (on nomme ainsi les Hôtelleries,) où l'on a soin qu'il se trouve tout ce qui est nécessaire pour la nourriture de ces bêtes, & de leurs Conducteurs ; ces animaux ne pouvant faire que cette traitte par jour.

C'est aussi les pecos qu'on employe pour porter les minerais des mines aux moulins & aux fonderies ; ce qui augmente de beaucoup le nombre de ces animaux, dont un seul Indien peut conduire aisément une centaine; ayant cela de commun avec les moutons, à qui ils ressemblent, qu'ils aiment la compagnie, & à aller par bandes.

Les marchandises qui se transportent de Lima, & des autres Ports du Perou, à Arica pour le Potosi; sont, des draps & des serges d'Europe; d'autres de Quito, où sont les meilleures manufactures de lainage du Perou : des étoffes d'or, d'argent, de soie, & de coton; celles-ci qui se font dans le Pays, celles-là qui viennent d'Espagne par les gallions : des farines, du froment, du mays, de l'acicoca, herbe dont on se sert à la place de celle du paraguay : des vins d'Araquipa, les meilleurs du Perou, où le Roi d'Espagne a permis qu'on plantât des vignes : des huiles, des olives, du beurre, du fromage, du sucre, du sel, du mercure, des confitures, des sirops : enfin, toutes sortes de quincailleries & d'ustenciles de fer pour le ménage & pour les mines.

Ces dernieres marchandises viennent d'Europe; n'y ayant aucun fer dans le Perou, non plus que dans tout le reste de l'Amérique.

Toutes ces marchandises se payent en argent des mines; la Ville du Potosi, qu'on appelle aussi Cité Impériale, étant située dans un Pays si stérile & si ingrat, qu'elle ne pourroit rien fournir de son fond pour le Commerce, si ces montagnes n'étoient inépuisables en mines d'argent.

C'est aussi la richesse de ses mines qui en a fait la plus belle Ville, la plus peuplée, & la plus abondante en toutes sortes de choses qu'il y ait dans le Perou; le nombre de ses Habitans montant à plus de 60000, parmi lesquels il y en a au moins 10000 d'Espagnols; & ses marchés, ses magasins, & ses boutiques, étant toujours remplis de toutes sortes de fruits, de confitures, de vins, d'étoffes, de pierreries, de curiosités d'Europe, & des Indes Orientales; enfin, d'une infinité d'autres marchandises & denrées pour la seule volupté, ou pour l'ornement; quoique, comme on l'a dit, il n'y croisse & ne s'y trouve naturellement rien de tout cela.

Comme c'est de cette Ville que l'argent commence à se répandre, & à circuler dans tout le reste du Perou, il n'y a gueres aussi de lieu de ce vaste Empire, qui ne contribue à y entretenir l'abondance; & l'on ne rencontre sans cesse sur les grands chemins, que des voitures chargées pour le Potosi; y ayant au moins 2000 Indiens Voituriers, qui entretiennent son Commerce avec Arica; & plus de 10000 autres, qui viennent de Lima, de Cusco, & de plusieurs autres Villes & gros Bourgs du Pays, quelquefois de plus de 200 lieues loin.

Ceux-ci se servent de chevaux, de mulets, & de charrettes tirées par des bœufs, à cause de la longueur du chemin; les pecos, dont on se sert à Arica, & aux mines, n'étant pas propres pour de si grandes courses : aussi les ventas sont-elles distribuées de dix lieues en dix lieues sur toutes ces routes, qui est la journée ordinaire des grandes bêtes de somme.

On parle ailleurs du travail des mines, de la maniere d'en tirer la pierre minérale, des diverses especes des minerais; enfin, comment les Espagnols s'y prennent à fondre & à affiner le métail. *Voyez les articles de l'*ARGENT, *& des* MINES.

On peut voir aussi ce qu'on a dit ci-dessus à l'article de Buenos-Ayres, du Commerce que cette Ville entretient avec le Potosi.

## AREQUIPA.

Ville de l'Amérique Espagnole sur la mer du Sud. L'encrage de son port est bon, mais son entrée est étroite & difficile. C'est dans ce port qu'on charge pour Callao & Panama la meilleure partie du produit de l'argent de l'As Charcas & des mines du Potosi & de Porto; ce qui entretient un Commerce très considérable & presque le meilleur de cette Côte.

## LIMA & CALLAO.

LIMA, qu'on nomme en Espagnol, *Ciudad de los Reyes*, est la Capitale du Perou. Le premier nom lui vient de la vallée où elle est bâtie : le second, de ce que la Colonie que François Pizare y envoya en 1535, y arriva le jour de l'Epiphanie, qu'on nomme vulgairement la Fête des Rois.

Cette Ville, située à deux lieues de la mer du Sud, est le lieu du plus grand Commerce de l'Amérique Méridionale; toutes les richesses du Perou & du Chilly y abordant des Ports de la Conception & d'Arrica, où on les rassemble, & la plus grande partie des marchandises qui arrivent d'Europe à Porto-Bello & à Vera-Crux, y étant apportées de l'un, par les vaisseaux de Panama; & de l'autre, par ceux d'Acapulco.

Le Commerce de Lima, au-dedans des terres, n'est pas moins considérable que celui qu'elle fait du côté de la mer : & si elle entretient celui-ci avec toutes les Villes situées sur les Côtes de la mer du Sud, depuis le Chily jusqu'à la nouvelle Espagne; celui de terre s'étend non-seulement dans toutes les Provinces qui composent l'Empire du Perou, mais encore dans tous les autres Royaumes de la Peruviane, même jusqu'à Buenos-Ayres, & à Carthagene sur la mer du Nord.

Le Commerce de Lima se fait, partie par les Espagnols, & partie par les Indiens; ces derniers y ayant plus de liberté qu'en aucun autre lieu des Indes de la domination d'Espagne; & n'y étant obligés qu'à un léger tribut de deux pesos en argent, d'une poule, qui vaut environ une réale; & d'une demie piece de l'étoffe dont ils font leurs habits, qu'ils payent au Roi tous les six mois.

Les Espagnols ne s'occupent que de ce qu'il y a de plus important dans le négoce, laissant aux Indiens tout le petit détail, & presque tous les ouvrages des arts & métiers, & de la campagne; étant rare de voir un Espagnol s'abaisser jusqu'à faire des souliers, des habits, ou à travailler à la forge, & à la menuiserie; encore moins se mêler du ménage des champs; faisant faire tout cela par des Esclaves, ou du moins par des Indiens libres, à qui ils payent leurs journées & leurs marchandises.

Ce sont aussi les Indiens qui travaillent à toutes les manufactures de lainage, qui se font au Perou; & c'est là où ils employent les précieuses laines des vigognes & des pecos, dont ils font des tapis, des tapisseries, des draps, & des serges, qui ne cédent gueres aux étoffes d'Europe pour l'ouvrage, & qui l'emportent sur eux par l'industrie, sur-tout dans celles qui n'ont point d'envers, & qui sont également lustrées des deux côtés. Les draps de Quito sont ceux qui ont le plus de réputation.

La grande place, ou marché de Lima, dans laquelle les Indiens font leur trafic, s'appelle Pobel-Carcado, du nom du quartier de la Ville, où presque tous les Indiens Artisans ont leurs demeures & leurs boutiques. C'est dans cette place qu'ils étalent tous les jours leurs marchandises; & que ceux du dehors, qui sont la plupart Jardiniers, vendent leurs légumes, comme oignons, choux, salades, raves, concombres, melons, &c.

El Sato de los Cavallos, est une autre place, où se tient le marché de bestiaux, particuliérement des chevaux, des mulets, & des asnes, dont il se fait de grandes nourritures dans les vastes & fertiles savanas, qui sont dans le plat Pays du Perou.

Les Marchands de draps ont aussi une place particuliere, où l'on ne voit que des boutiques de Gens de leur profession.

L'Hôtel de Ville est le lieu d'assemblée des Marchands pour traiter de leur Commerce : c'est ce qu'on nomme dans les Villes Marchandes d'Europe, la Place ou la Bourse.

Ce Commerce des Espagnols consiste principalement en or & en argent, en étoffes & marchandises d'Europe, en draps & serges du Pays, en vins, en fromens, en farines, en mercure, en huiles, en olives, en sucre, en conserves, en sirops, en confitures, en mays, en sel, en limons, en oranges, en poisson sec, en bestiaux, en coton; enfin, en bois de charpente pour les bâtimens de terre & de mer, & en perles & pierreries.

L'or leur vient du Chily, de la Castille d'or, de Cusco, & de quelques autres Provinces du Perou; l'argent, des mines du Potosi, & de celles d'Oruco, de Tarapaca, & de la Chocolocora; & le mercure, d'Europe, & de la Juanca-beluca, à 40 lieues de Lima.

Ils tirent les étoffes du Pays de Quito, & des Bourgs des montagnes, qui sont aux environs de leur Capitale : le coton & ce qui s'en fait, des plaines qui en sont voisines.

On leur apporte les vins d'Araquipa, d'Yca, de Pisco, & de Nasca.

On leur amene les bestiaux de Xaura, de Cusco, de Caneto, & de Guemangua.

Les sucres, les confitures, les sirops, & les conserves, se font à Jamanga & à Guara : les fromens, les farines, & les mays viennent de ce même lieu, & encore de Varancas, & des Villages qui sont près de Lima : le poisson sec, de Peita : les bois de charpente, de Quiaquil; mais qu'on coupe sur l'Isle de Gallo, qui en est proche : le sel, des salines de Guara, de deux étangs salans, dont on a parlé ailleurs, & des montagnes. *Voyez* Sel Marin.

Enfin, les huiles & les olives, de presque tous les Ports de la Côte, depuis Arica jusqu'à Lima.

Pour les pierreries & les perles, partie de celles-ci se pêchent aux Isles de las Perlas, dans la mer du Sud; & partie est apportée par Panama, des pêcheries de la Marguerita, ou de Rancheria, dans la mer du Nord : & à l'égard des pierreries, elles se trouvent dans plusieurs mines, roches, & rivieres du Perou.

Sous le nom de pierreries, qui aussi-bien que l'or & l'argent payent le quint au Roi, on comprend non-seulement toutes les pierres qui ont de l'éclat, mais encore le bezoard, le corail rouge, l'aimant, le jayet, l'arcanson, & le vitriol.

L'argent du Perou est tout ensemble monnoie & marchandise. L'argent monnoyé consiste en piastres, qu'on nomme Piastres Peruvianes, pour les distinguer de celles qui se fabriquent dans le Mexique, qu'on appelle Piastres Mexiquannes. *Voyez* Piastres.

L'argent marchandise est en barres quintées, & marquées à la monnoie Royale, pour en indiquer le poids & le titre. *Voyez* Barres. *Voyez aussi* Argent.

Ce métail, soit monnoie, soit marchandise, fait partie de ce qu'on appelle au Perou, la Flotte d'argent, dont on parlera dans la suite de ce paragraphe; l'autre partie consistant en lingots d'or, ou en or monnoyé, qui vient du Chily, de Cusco, de quelques autres endroits du Perou, & de la Castille d'or, comme on l'a déja dit.

Toutes ces mines, tant d'or que d'argent, sont si riches & si abondantes, qu'on assure qu'en moins de 50 ans le Roi d'Espagne a tiré pour son quint, des seules mines du Potosi, cent onze millions de pesos, à treize réales & un quart le peso.

L'on n'a point mis au nombre des marchandises dont les Habitans de Lima font Commerce, celles des Manilles, de la Chine, & des Indes Orientales; parce que la plupart sont réputées de contrebande pour le Perou; & qu'on parlera des autres au paragraphe suivant.

Callao, (on nomme ainsi le Port de Lima,) est à deux lieues de la Ville. Il est grand & très assuré, sans basses ni rochers. Il a deux passes; l'une pour les grands vaisseaux, en doublant l'Isle de Lobos qui le couvre; l'autre pour les barques & petits bâtimens, en passant par un canal étroit, qui est entre l'Isle & le Continent.

Le long du rivage est la Ville. Tous ses Habitans, qui sont au nombre de plus de 2000, sont, ou Facteurs de Lima, ou Voituriers, ou Matelots, ou Hôteliers; & ses principaux bâtimens sont des magasins, pour y recevoir en dépôt les marchandises qui arrivent d'Acapulco, de Panama, d'Arica, & de la Conception; ou des ventas pour y loger les Marchands qui y abordent de toutes parts, lorsque les flottes y viennent charger, ou y débarquer les marchandises.

Deux flottes, qui toutes deux ont le nom de Flotte d'argent, s'équippent tous les ans dans ce Port; l'une pour Arica, & l'autre ensuite pour Panama.

La flotte pour Arica part de Callao sur la fin de Février; & après y avoir chargé l'argent des mines du Potosi, revient à Lima à la fin de Mars, ou au commencement d'Avril, à peu près dans le même tems que les vaisseaux de Valparaiso y apportent les revenus du Chilly.

Aussi-tôt que cette flotte est de retour, & que les vaisseaux du Chily sont arrivés, on en décharge les marchandises, pour attendre la saison propre pour aller à Panama; les moins importantes se mettant dans les magasins; l'or, l'argent, & ce qu'il y a de plus précieux, se portant à Lima sur des charrettes & des bêtes de somme, dont le chemin de Callao à la Ville est presque tout rempli pendant toute l'année; mais particuliérement dans les trois ou quatre mois de l'arrivée & du départ des flottes.

C'est aussi pendant les mois de Mars & d'Avril qu'arrivent à Lima par terre, l'or, l'argent, & les marchandises de toutes les Provinces du Perou, qui sont destinées pour Porto-Bello, & qui doivent se trouver prêtes au départ de la flotte de Panama.

Le départ de cette seconde flotte se fait toujours dans le commencement de Mai; & elle est ordinairement plus forte des deux tiers, soit en navires marchands, soit en vaisseaux de guerre, que celle d'Arica; parce qu'alors, outre les richesses du Potosi, que la flotte d'Arica avoit seulement apportées, celle pour Panama est encore chargée de tous les revenus du Roi, & des effets des Particuliers du Chily, du

Perou, & d'une grande partie des autres Royaumes de l'Amérique Méridionale.

C'est par le retour de cette flotte, qu'arrivent à Lima toutes les marchandises destinées pour le Perou & le Chily; & c'est de-là que, soit par mer, soit par terre, elles sont envoyées aux lieux de leur destination.

Outre les deux flottes pour Arica & pour Panama, il s'arme aussi tous les ans à Callao un navire de vingt canons pour Acapulco, Port fameux de la Nouvelle Espagne, par lequel les Espagnols du Mexique entretiennent un grand Commerce avec les Isles Philippines, & par où ils reçoivent quantité de marchandises de la Chine, & des Indes Orientales.

Ce vaisseau arrive à Acapulco un peu devant Noel, & y apporte du cacao, des pieces de huit, & du vif-argent. Les marchandises qu'il charge au retour, & qu'il reçoit des Hourgues qui reviennent des Manilles, sont des épiceries, des soies, des toiles Indiennes peintes, des toiles de coton blanches, & peu d'autres marchandises des Indes d'Orient; ce Commerce, comme on l'a déja remarqué, étant de contrebande pour tout autre que pour les Interessés à ce petit bâtiment; & la Cour d'Espagne l'ayant interdit au reste du Perou sous des peines très séveres, dans la crainte qu'il ne fît tomber, & qu'il ne décréditât celui que l'Amérique Méridionale entretient avec l'Espagne par Panama & Porto-Bello.

Avant que les Anglois & les Hollandois, & ensuite les Flibustiers François & Anglois, fussent venus troubler la profonde sécurité où vivoient les Espagnols sur les Côtes de la mer du Sud, presque tous les vaisseaux qu'ils avoient sur cette mer, & dont ils se servoient pour trafiquer, n'étoient montés d'aucunes grosses armes; n'ayant tout au plus que quelques pierriers: présentement les Marchands de Lima ont jusqu'à quarante navires montés depuis six jusqu'à vingt pieces de canon de fonte, & quantité d'autres petits bâtimens assez bien fournis de petites armes.

C'est avec ces deux sortes de navires qu'ils courent & fréquentent toutes les Côtes de cette mer; se servant des bâtimens legers pour le négoce de proche en proche; & de ceux qui sont armés, pour ce qu'ils appellent les voyages de long cours, c'est-à-dire, du côté du Sud, jusqu'à Baldivia; & du côté du Nord, jusqu'à Realeye dans la Nouvelle Espagne; Lima faisant peu de négoce au-delà de cette derniere Place, si ce n'est celui d'Acapulco, dont on a parlé. Les plus longs de ces voyages sont environ de 600 lieues.

Les principaux lieux avec lesquels les Espagnols de Lima entretiennent un Commerce réglé dans toute cette vaste étendue de Côtes; sont; Leon, Quiaquil, Truxillo, Lesparso, Lavillia, Nicaya, Chiriquita, Paita, Sagna, Nasca, Pisca, & Pacama.

On ne parlera que des quatre premiers, ayant déja dit quelque chose des autres, en traitant ci-dessus des marchandises qui se vendent à Lima.

Leon est la Capitale de la Province de Nicaragua, située à 12 lieues de la mer du Sud. Cette Ville qui n'a gueres moins de 1200 maisons, trafique sur les deux mers du Nord & du Sud, par où elle reçoit les Marchandises d'Europe, & celles de la Chine & de plusieurs lieux des Indes. Ria-Lixa, qu'on nomme aussi Realayos, est son embarcadere. On tire de Leon quantité de sucre, des bestiaux, des cuirs, de la poix, de la résine, & d'excellens cordages pour la marine. Il s'y trouve aussi quantité de bois propres aux bâtimens de mer; & c'est après Quiaquil, dont l'on va parler, le lieu de la mer du Sud où il s'en fabrique davantage.

Realayo, ou Realeio. Port de l'Amérique Espagnole sur la mer du Sud. Les habitans de Guatimala y font un assez grand commerce, & en tirent quantité de sucre, de cire, de miel, de poix, de goudron, &c. en échange des marchandises qu'ils y portent.

Grenade. Ville de l'Amérique Espagnole dans la Province de Nicaragua. Cette Ville est une des plus riches de la Nouvelle Espagne, elle porte son commerce en divers lieux, mais principalement à Carthagene, à Guatimala, & à Comayaga.

Le meilleur négoce de Grenade se fait au départ des fregates qui partent du Lac pour Carthagene; parce qu'alors on y voiture quantité de marchandises de grand prix qu'on y porte sur des mulets, entr'autres de l'indigo, de la cochenille, du sucre, des cuirs, & même de l'argent.

C'est aussi par le Lac que l'on envoye à Carthagene les revenus du Roi & le quint des mines.

Quito. Ville de l'Amérique Espagnole sur la mer du Sud. Cette Ville est comme la Capitale du haut Perou; elle est située à un dégré de hauteur méridionale.

C'est principalement à Quito, que l'on se sert pour le transport des marchandises de ces sortes d'animaux ou moutons-chameaux, que les Naturels appellent Lamas, & les Espagnols Carneros de la Lierra. Comme on a parlé amplement de ces animaux dans ce Dictionnaire, on y renvoie le Lecteur à leur article.

A l'égard du commerce de cette Ville, il y a à Quito des Manufactures de draps, de serge, & de toiles de coton, mais comme ils ne suffisent pas pour la consommation de la Ville & des environs, on en fait venir en assez grande quantité des Villes & des Provinces voisines, & même assez pour en envoyer dans le reste du Perou & dans le Chily, & même à la Terra Fierma, comme disent les Espagnols, & à Panama par Quiaquil, qui est comme le port de Quito. La quantité d'or que les torrens & les rivieres qui sortent des montagnes voisines de Quito entraînent dans leur sable, y attirent beaucoup de monde pour traiter avec les Indiens qui le recueillent, à qui on donne en échange diverses marchandises d'Europe & des ustenciles de menage.

Quiaquil, Ville du Perou, dans la Province de Quito; ses marchandises sont, de l'or, des pierreries, du cacao, des cuirs verds, du suif, de la salsepareille, des étoffes de laine du Pays, du salpêtre, du souffre, & du bois de charpente.

Les habitans de cette Ville font un assez bon commerce avec les Etrangers, qui passant de la mer du Nord dans celle du Sud, se hazardent d'aller faire la contrebande dans les Pays de l'Amérique sujets au Roi d'Espagne.

L'or se trouve dans les torrens & les rivieres, où les Indiens, qui le ramassent, en emplissent des callebasses. Le cacao se cultive le long des deux bords de la riviere sur laquelle la Ville est située; & il s'en recueille en si grande abondance, que non-seulement il suffit pour tout le Perou, mais que Quiaquil en fournit encore à Acapulco pour son négoce avec les Philippines. Les étoffes viennent de Quito, Capitale de la Province; les unes sont des draps très larges, & peu fins: les autres, d'assez belles serges. Enfin, les bois se coupent dans l'Isle de Gallo; & c'est à Quiaquil que sont les principaux atteliers pour la construction des vaisseaux d'Espagne.

On porte de Lima à Quiaquil, du vin, de l'huile, des épiceries, & autres marchandises d'Europe, dont une partie y reste, & l'autre est envoyée à Quito, dont elle est un des Ports sur la mer du Sud, quoiqu'elle en soit éloignée de plus de 60 lieues.

Le Commerce de cette Ville a toujours été très florissant; & quoiqu'elle ait été prise & pillée deux fois en moins de cinquante ans; l'une par les Flibustiers en 1687, qui la brûlerent; & l'autre en 1709 par des Armateurs Anglois, qui se contenterent de la mettre à rançon, elle continue de faire un négoce très florissant, particuliérement celui qu'elle entretient avec Lima Capitale du Perou, ou plutôt avec Colao qui est le port.

L'ambarcadere de la Ville de Quiaquil, c'est-à-dire, le lieu où les vaisseaux prennent leur charge, & où ils abordent pour décharger leurs marchandises, est à Puna, Isle à l'embouchure d'une riviere du même nom, à près de vingt lieues de la Ville; c'est à cet ambarcadere que les François ont fait une partie de leur commerce au Perou pendant la guerre pour la succession d'Espagne.

Un des principaux objets du Commerce de Quiaquil, & qui lui donne le plus de réputation, sont ses bois de charpente, soit pour les constructions des bâtimens de mer, soit pour celles des bâtimens de terre; particuliérement pour les premiers, y ayant continuellement des vaisseaux sur ses chantiers, & fournissant la plupart de ceux qui composent la Marine Espagnole dans la mer du Sud.

On remarque que ce commerce est si à cœur aux habitans de cette Ville, que pour favoriser davantage les Ouvriers qui travaillent à la construction des navires non-seulement du Roi, mais même des Particuliers, on leur a fait élever de grands appentis, pour les garantir des excessives chaleurs qu'il fait sous ce climat.

Le cacao est encore une marchandise très abondante, & d'un très grand débit pour Quiaquil. C'est elle qui en fournit à presque toutes les places de la Mer du Sud, & il n'y a gueres d'année qu'on n'en enleve jusqu'à trente mille balles qui pésent 81 liv. & quelquefois jusqu'à soixante mille. Cette précieuse amande se vendoit autrefois une demie réale la livre; mais présentement le prix en est fort baissé, & en 1709 il ne valoit que 2 piastres & demi le ballot.

Le sel & le poisson salé, qui se tirent de la pointe de Sainte Helene, fait une partie du négoce de Quiaquil; mais il se transporte tout dans les terres, & particuliérement à Quito.

Les Négocians de Quiaquil tirent en échange de cette derniere Ville diverses étoffes de laine, qui s'y fabriquent; comme des draps & des bayes qui sont fort estimés dans tout le Perou; & outre ce qui leur en faut pour leur provision, ils en envoyent quantité dans les autres ports de la Mer du Sud.

Enfin on y fait un grand négoce de ris, de coton, de bœuf fumé, de gros & menu bétail.

A l'égard des marchandises qui y viennent du dehors; comme le vin, l'eau-de-vie, l'huile d'olive, le sucre & autres telles denrées, ce sont les places au-dessus du vent qui les lui fournissent, entr'autres Piscola & Nasca.

Avant la guerre pour la succession d'Espagne, & depuis qu'elle est finie, les marchandises d'Europe ne leur venoient & ne leur viennent encore que par la voie de Panama, qui elle-même les reçoit par terre de Porto-Bello, à moins que quelque navire étranger ne risque de faire cette contrebande malgré les Loix séveres de tout tems observées dans cette mer, & renouvellées avec encore plus de sévérité depuis la paix d'Utrecht.

On compte qu'année commune, il arrive dans le port de Quiaquil ou qu'il en sort jusqu'à quarante vaisseaux, sans compter ceux qui négocient le long des côtes, & de proche en proche.

Il ne faut pas oublier que, pour la facilité de son commerce, il se tient tous les jours un marché public devant la Ville sur des chaloupes & des radeaux, où l'on trouve en abondance tout ce que le pays peut fournir.

Il est vrai que dans toute la Province de Quiaquil il n'y a aucune mine de ces riches métaux, que les Européens vont chercher dans la mer du Sud, mais il y en vient des Provinces voisines en assez grande quantité, pour que Quiaquil en puisse beaucoup fournir dans les marchés qu'elle fait en secret avec les Etrangers.

TRUXILLO est à 6 lieues de la mer du Sud. Son Port, ou Embarcadere, se nomme Guanchagüo, un des plus difficiles & des moins sûrs de toute la Côte. Son principal négoce est de fromens, de farines, de vins, d'eaux-de-vie, de sucres, de confitures, entr'autres, de marmelades, de coins en tonnes, de soies, de bestiaux, de chevaux, & de mulets, dont il se fait de grandes nourritures dans les prairies qui sont aux environs.

Il part tous les ans de Truxillo pour Panama, quatre navires remplis de marchandises du pays, & souvent des vaisseaux entiers sont chargés de belles toiles de coton fabriquées par les Indiens, qui les y apportent de plus de cinquante & soixante lieues loin, d'où elles sont ens[illegible]e distribuées en divers lieux des Indes Occidentales.

La Ville de LESPARSO est située dans la Baye de Caldaira, à 2 lieues de la mer. C'est l'Embarcadere de Carthage, Ville de l'Amérique Méridionale, dans la Province de Quimbaïa, à 24 lieues de Lesparso. Les Marchands de Carthage y avoient autrefois six grands magasins; mais ils les ont abandonnés, depuis que les Flibustiers ont paru dans la mer du Sud. Son négoce est de sucre & de cuirs: on en tire aussi quantité de vivres pour Lima.

## *MEMOIRE SUR LE COMMERCE d'or & d'argent, qui se fait dans les Royaumes du Perou, du Chily, & de la nouvelle Espagne.*

Toutes les mines d'or & d'argent qui sont dans les Royaumes du Perou, du Chily, & du Mexique, appartiennent au Roi d'Espagne, à qui il est dû le cinquiéme de tout ce qu'on en retire.

Si ce droit étoit payé exactement, il n'y auroit point de Roi si riche que ce Monarque; mais les mineurs s'accommodent ordinairement pour quelque somme modique avec les Officiers Royaux les plus voisins des Villes & des lieux d'où ils font tirer les matieres des mines; de sorte que sans courir aucun risque, ils trouvent la facilité de faire transporter leurs pignes d'argent, & leur or dans des endroits où ils peuvent le commercer, & principalement aux côtes du Perou & du Chily, lorsqu'il y a des navires étrangers, se hazardant même de les faire passer jusqu'aux foires de Carthagene & de Porto-Bello; aussi est-il certain que les navires qui vont dans la mer du Sud, rapportent beaucoup plus d'or & d'argent qui n'étoit point quinté aux monnoies du Perou, que de piastres; ce que font pareillement les vaisseaux de Registre Espagnols, qui vont à Buenos-Ayres, & les Gallions qui vont aux foires de la nouvelle Espagne, qui se trouvent presque tous chargés de matieres frauduleuses, & qui n'ont point payé les droits du quint au Roi d'Espagne.

Le terrain où est la mine d'or ou d'argent dans le Perou ou au Chily, se vend aux Mineurs à la toise; & ce qui en provient entre dans la caisse du Roi; mais les Officiers commis pour faire cette vente, en tirent toujours une paraguante de l'acheteur; en sorte qu'ils ne font aucune vente qu'il ne leur en revienne un gros benefice au préjudice du Droit Royal.

Les mines se fouillent de la même maniere que l'on fait nos carrieres en France. Les Mineurs expérimentés observent néanmoins de fouiller le moins profondément qu'ils peuvent, parce qu'ordinairement les sources d'eaux qui y sont fort fréquentes empêchent le travail, & obligent les Ouvriers d'abandonner la mine qu'ils font fouiller, ce qui leur cause une perte considérable par la dépense excessive qu'ils ont été obligés de faire pour parvenir jusqu'à l'endroit où l'on trouve les matieres d'or ou d'argent, y ayant des mines très riches dans le Perosi & autres lieux du Perou, qui ont été abandonnées à cause de ces sources qu'il a été impossible de mettre à sec, quoiqu'on ait tenté de le faire avec des machines & des soins qui ont couté des sommes considérables, revenant plus d'eau dans ces mines en une heure que l'on ne peut en tirer pendant un jour.

Il n'y a que les Indiens du Perou, du Chily, & de la Nouvelle Espagne, qui puissent resister à la fatigue du travail des mines, les Blancs & les Négres y mourant en très peu de tems. Pour les Indiens, ils se préservent des maladies en mâchant continuellement d'une herbe qu'ils appellent Coca, ne cessant point d'en avoir dans la bouche pendant tout le tems qu'ils travaillent dans la mine; aussi cette herbe se vend-elle chérement, les Indiens ne pouvant absolument s'en passer.

L'on trouve communément dans le Perou, le Chily, & la Nouvelle Espagne, des mines très riches; mais il y en a aussi d'autres très ingrates: comme ces dernieres ruinent absolument les Mineurs, les premieres au contraire les enrichissent en très peu de tems.

Pour preuve de cette inégalité des mines, on assure qu'un des plus célébres Mineurs du Potosi mort vers le commencement du dix-huitiéme siécle, n'avoit laissé pour tout bien qu'environ deux cent mille piastres, quoiqu'il eût payé au Roi plus de dix-huit millions de piastres pour son quint; & qu'il n'en eût gueres moins passé en fraude, & cela parce qu'il avoit successivement trouvé des mines riches & des mines ingrates, & que le peu de produit des unes avoit emporté tout le profit des autres; ce qui en général est cause que la plupart des Mineurs meurent peu accommodés, outre qu'ils sont obligés à beaucoup de dépenses nécessaires; & qu'ils en font encore beaucoup plus d'inutiles.

La pierre de mine dans laquelle se trouve l'or ou l'argent, se casse avec des masses de 25 livres pésant, de gros ciseaux de fer & autres instrumens qui se fabriquent dans la Province de Biscaye en Europe. Quand les Mineurs ont amassé une certaine quantité de ces pierres, ils les font moudre dans un moulin, & les mettent dans des creuzets d'une extrême grandeur, avec le vif argent proportionné pour séparer l'or & l'argent d'avec la pierre.

Il se trouve de quatre sortes d'argent dans les mines: le plus ordinaire est celui qui est incorporé avec la pierre: le second est celui qui est en feuilles dans les fentes de la pierre: le troisiéme est l'argent qui se trouve presque de la couleur du plomb, que les Espagnols appellent Plomo Ronco, il est plus fin que les deux ci-dessus. Le quatriéme est l'argent vierge qui tombe goute à goute dans des trous de la pierre. Ce dernier se pétrit avec la main comme une pelotte de neige, il est le superfin de tout autre argent, & peut souffrir un cinquiéme d'alliage. On peut voir ce qu'on dit de ces mines dans ce Dictionnaire.

Les mines du Potosi sont meilleures & plus faciles à travailler que celles du Chily, ces dernieres étant ordinairement assez ingrates.

Toutes les montagnes de la Cordeliere qui ont plus de 1000 lieues de longueur, & environ 80 lieues de largeur, sont remplies d'or & d'argent; mais on y travaille rarement à cause de l'éloignement & des neiges dont elles sont remplies huit mois de l'année sans pouvoir y habiter ni voyager, n'y ayant point d'année qu'il ne périsse quelqu'un de ceux qui se hazardent de vouloir passer ces montagnes dans l'arriere saison, pour aller ou revenir de Buenos-Ayres au Chily, parce que les neiges les surprennent dans les cinq ou six jours qu'il faut pour passer ce trajet de traverse, qui est rempli de précipices d'une profondeur effroyable.

Il n'en est pas de même de ces mêmes montagnes qui continuent jusqu'au chemin pour aller au Potosi, elles se passent en tout tems sans aucun risque avec des mulets, que les Espagnols ou les Indiens louent à un voyageur, mais à un prix exorbitant.

Quand un Mineur trouve une mine qui lui rend 10 livres d'argent sur 100 liv. de matiere, il devient riche en peu de tems. Il s'en trouve à la vérité qui rendent beaucoup plus; mais par compensation il y en a d'autres qui ne vont qu'à trois ou quatre pour cent.

Le meilleur argent est celui qui se fabrique au Perou dans la Ville de Lipés, parce qu'il souffre moins d'alliage que celui des autres endroits: aussi les Espagnols le vendent-ils à un plus haut prix: c'est aussi dans cette Ville qu'ils font fabriquer leur vaisselle d'argent.

L'on sçait par expérience que tous les navires, particuliérement les François, qui pendant la guerre pour la succession d'Espagne, ont été trafiquer à la côte du Perou & à la Nouvelle Espagne, ont reçû en payement des barres & saumons d'argent, & des lingots d'or à un prix beaucoup au-dessus de leur valeur, parce que ceux qui étoient chargés de la vente des cargaisons, ne sçavoient pas réduire les matieres quintées au titre où elles devoient être. C'est pour y remédier & empêcher à l'avenir cette erreur, qu'on a principalement dressé ce Mémoire.

Les barres d'or & d'argent qui ne sont point de contrebande, sont celles qui ont payé le cinquiéme de leur valeur au Roi d'Espagne, ou pour mieux dire aux Officiers des Monnoies des lieux d'où l'on a tiré les matieres. Ces Officiers mettent sur chaque lingot d'or ou barre d'argent, l'empreinte de la monnoie, & marquent exactement le titre du métail. Ces barres ou lingots se peuvent transporter sans crainte; mais rarement sont-elles au titre que doit avoir l'or & l'argent.

Le titre de l'or est de 22 karats & demi, & celui de l'argent à 2376 maravedis, & lorsqu'on trouve des lingots ou barres qui ne sont point du titre ci-dessus, la réduction s'en fait facilement en se servant des régles suivantes.

Les Espagnols font ordinairement leurs payemens en lingots d'or ou en pignes d'argent, qui ne sont point quintées, sur lesquelles il y a beaucoup de tromperie, principalement sur les pignes qu'ils font chauffer dans un four, & les mettent ensuite sur un endroit humide, ce qui augmente le poids de chaque pigne de plus de cinq pour cent, sans compter que l'on y trouve quelquefois des morceaux de fer, & même des cailloux qui sont mêlés avec l'argent.

Pour voiturer en fraude l'or & l'argent qui n'est point quinté, les Espagnols préviennent les Gouverneurs ou Officiers du Roi, des Villes & des lieux où doivent passer les charettes ou mulets chargés de ces matieres, leur donnant un présent à proportion de la quantité qu'ils veulent transporter. Il arrive cependant assez souvent qu'il leur en coûte plus que s'ils avoient payé les droits du cinquiéme au Roi, sans compter qu'ils courent risque de la confiscation & de la peine de mort qui est imposée à ceux qui font un pareil commerce; mais les plus hazardeux font passer leurs voitures par des chemins de traverse, qui les exemptent ordinairement de la plus grande partie des presens qu'ils seroient obligés de faire.

La plupart de ceux qui font travailler aux mines vendent presque toutes leurs matieres aux premiers du pays, qui prennent ensuite des sûretés pour les faire voiturer dans le port de mer ou autre endroit destiné pour le commerce, d'autres le réduisent en piastres s'ils craignent d'être confisqués. En général il est certain que dans tout le Chily, le Perou, & la nouvelle Espagne, les Mineurs ne payent pas la centiéme partie des droits qu'ils doivent au Roi, presque tout l'or & l'argent se transportant en fraude dans l'Europe, les Capitaines de Registres & ceux des Gallions, ne déclarent ordinairement qu'une partie de l'argent qui est quinté, & passent en fraude tout celui qui ne l'est point, dont ils reçoivent le fret jusqu'à 13 ou 14 pour cent; mais ils s'obligent de remettre en Europe au correspondant à leurs frais & risques, l'argent qui aura été chargé dans leurs Gallions, sauf les risques & perils de la mer: ainsi qu'il est d'usage pour toutes les affaires maritimes, à moins qu'ils ne fassent des assurances.

## *REGLES CURIEUSES POUR CEUX qui vont commercer au Perou & à la Nouvelle Espagne.*

Le titre de l'argent est de 2376 maravedis, & vaut dans le Perou huit piastres & six réaux le marc.

EXEMPLE.

L'on donne en payement une barre d'argent marquée à la monnoie du titre de 2368 maravedis, qui pése 185 marcs & 7 onces; pour connoître sa juste valeur & la réduire au titre de 2376 maravedis, il faut faire la régle suivante.

| | |
|---|---|
| Le titre de l'argent est de 2376 maravedis, | 1 diviseur. |
| La huitiéme partie de 2376 maravedis est 297, | 2 diviseur. |
| Et la huitiéme partie de 297 maravedis est 37, | 3 diviseur. |

| | |
|---|---|
| Barre d'argent quintée à | 2368 maravedis, |
| pésant | 185 marcs 7 onces, multiplicateur. |
| | 11840 |
| | 18944 |
| | 2368 |
| pour 4 onces . | 1184 |
| pour 2 onces . | 592 |
| pour 1 once . | 296 |
| Divisez par 2376 . . . . | 440152 maravedis. |
| 185 marcs 1 once 7 gros $\frac{7}{8}$ | 20255 |
| | 12472 |
| Divisez par 297 | 592 |
| 1 once | 295 |
| Divisez par 37 . . | 295 |
| 7 gros | 36 |

Cette régle se fait en multipliant les marcs que pése la barre d'argent par 2368 maravedis, dont elle a été quintée à la monnoie, qui ont produit 440152 maravedis, lesquels étant divisés par 2376 ont rendu 185 marcs d'argent; il reste de cette operation 592 maravedis: lesquels étant divisés par la huitiéme partie de 2376 qui est 297, ont produit 1 once d'argent: il reste de cette derniere opération 295 maravedis qu'il faut diviser par 37, qui est la huitiéme partie de 297, qui ont produit 7 gros $\frac{7}{8}$ de gros; ainsi cette barre d'argent ne doit se payer que pour le poids de 185 marcs 1 once 7 gros $\frac{7}{8}$ de gros, qui est la juste réduction. C'est de cette maniere que les Officiers Royaux des monnoies du Perou & de la nouvelle Espagne, se font payer les droits du cinquiéme de l'argent ou de l'or qui se tire des mines, lorsque les barres ou lingots ne se trouvent pas du titre de 2376 maravedis, & de 22 karats & demi.

Preuve

*Preuve de la régle ci-contre.*

| | | | |
|---|---|---|---|
| Barre d'argent du titre de | . . | 2368 | maravedis. |
| pésant | . . | 185 | marcs 7 onces, multiplicateur. |
| | | 11840 | |
| | | 18944 | |
| | | 2368 | |
| pour 4 onces | . . . | 1184 | |
| pour 2 onces | . . . | 592 | |
| pour 1 once | . . . | 296 | |
| Divisez par 2376 maravedis | . . . . | 440152 | maravedis. |
| 185 marcs 1 once 7 gros $\frac{7}{8}$ | . . . | 20255 | |
| | | 12472 | |
| | | 592 | reste. |
| Multipliez par | . . | 8 | |
| | | 4736 | onces. |
| | | 2360 | |
| Multipliez par | . | 8 | |
| | | 18880 | gros. |
| | | $\frac{2248}{2376}$ | reste qui se rapporte à $\frac{7}{8}$ de gros. |

*Avertissement.*

Divisez toujours par 2376 maravedis les restans que vous aurez, multipliez par 8, pour avoir des onces & des gros.

La preuve de cette régle se fait en multipliant le titre qui est marqué sur la barre d'argent par 185 marcs 7 onces, qui est le poids que pése ladite barre, dont le produit se monte à 440152 maravedis, qu'il faut ensuite diviser par 2376, qui est le titre que doit avoir l'argent qui sort du Perou & de la nouvelle Espagne, lorsqu'il a été marqué de l'empreinte de la Monnoie & payé le 5e de sa valeur aux Officiers Royaux; après avoir fait la premiere opération, il reste 592 maravedis qu'il faut multiplier par 8, pour en faire des onces : cette seconde opération produit une once, il reste 2360 qu'il faut encore multiplier par 8 pour avoir des gros.

Cette troisiéme opération produit 7 gros $\frac{7}{8}$; de maniere que la barre d'argent ne doit être donnée en payement que pour 185 marcs 1 once 7 gros $\frac{7}{8}$ de gros, suivant la réduction qui en a été faite ci-dessus.

Il y a des Espagnols au Perou qui achetent des barres d'argent, à raison de 148 pour cent.

L'on suppose qu'un Marchand reçoive ou donne en payement une barre d'argent du titre de 2372 maravedis, qui pése 140 marcs 5 onces & 3 gros, à raison de 148 pour cent qui est le prix courant du Perou : pour sçavoir combien vaut ladite barre, il faut faire la régle suivante.

Prenez le quart de 2372 maravedis, qui est le titre de l'argent, que vous multiplierez par le poids de votre barre :

| | |
|---|---|
| | 593 |
| Multipliez par | 180 marcs 5 onces & 3 gros. |
| | 47440 |
| | 593 |
| pour 4 onces | 296 $\frac{1}{2}$ |
| pour 1 once | 74 $\frac{1}{8}$ |
| pour 2 gros | 18 $\frac{1}{2}$ |
| pour 1 gros | 9 $\frac{1}{4}$ |
| | 107138 $\frac{1}{3}$ |
| Multipliez par | 148 qui est le prix de l'argent. |
| | 857104 |
| | 428552 |
| | 107138 |
| pour le $\frac{1}{3}$ de 148 | 47 |
| piastres | 1585\|6471 & 4 réaux $\frac{1}{2}$, qu'il faudra payer pour ladite barre. |

Cette régle se fait de la maniere ci-dessus, qui fait connoître que ladite barre d'argent du titre de 2372 maravedis, pésant 180 marcs, 5 onces, & 3 gros, à raison de 148 pour cent, comme il est ordinaire au Perou, vaut la somme de 1585 piastres 4 réaux & demi; & à l'égard des 6471 maravedis qui restent, on évalue chaque mille à $\frac{3}{4}$ de réal; c'est-pourquoi les 6000 restans valent 4 réaux & demi, comme il est expliqué ci-dessus. L'on ne doit pas faire cas des centaines qui restent, il est pourtant à remarquer que si les 471 maravedis restans alloient jusqu'à 500, ils vaudroient $\frac{3}{8}$ de réal.

*Preuve de la régle ci-d'autre part.*

Autre maniere pour faire l'achat d'une barre d'argent achetée au Perou à 148 pour cent, pésant 180 marcs 5 onces & 3 gros, du titre de . . . 2372 maravedis.

| | |
|---|---|
| Multipliez par . . . | 180 marcs 5 onces 3 gros. |
| | 189760 |
| | 2372 |
| pour 4 onces | 1186 |
| pour 1 once | 296 ¼ |
| pour 2 gros | 74 |
| pour 1 gros | 37 |
| | 428553-¾ |
| Multipliez par | 37- qui est le quart de 148 pour cent. |
| | 2999871 |
| | 1285659 |
| Prenez le ¾ de 37 . . | 9 |
| piastres | 1585\|6470 & 4 réaux & demi que vaut la barre d'argent. |

L'on connoît par cette opération que ladite barre d'argent achetée au Perou à 148 pour cent, vaut la somme de 1585 piastres quatre réaux & demi, ainsi qu'il est marqué ci-dessus & ci-d'autre part, & quoiqu'il y ait une différence d'un maravedis sur le total, on ne doit pas prendre garde à cette bagatelle, qui ne provient que des chiffres rompus.

*Nota.* Cette barre couteroit plus de 8 piastres 6 réaux le marc au prix de 148 pour cent, ce qui est exorbitant; cependant beaucoup d'Espagnols en achetent au Perou à ce prix.

Il se trouve dans le Perou des barres d'argent dans lesquels il y a de l'or après que l'essai en a été fait; on se sert de la régle suivante pour sçavoir la quantité de chaque matiere d'or & d'argent qu'il y a dans ladite barre.

Un Marchand du Perou veut vendre ou donner en payement une barre d'argent du titre de 2270 maravedis qui pése 45 marcs & 4 gros, dans laquelle on a estimé avoir 466 grains d'or dans chaque marc d'argent.

Barre d'argent du titre de 2270 maravedis, pésant 45 marcs 4 gros.

| | |
|---|---|
| multiplicateur | 45 marcs 4 gros |
| | 11350 |
| | 9080 |
| Pour les 4 gros prenez le 16e de 2270 | 141 |
| | 102291 maravedis. |
| Multipliez par | 8 |
| | 8183\|28 pour cent. |
| Coupez les deux derniers chiffres des 8183\|28, | |
| & ôtez de . . . . | 102291 |
| | 8183 |
| Divisez par 2210 | 94108 |
| 42 marcs 4 onces 5 gros | $\frac{662}{2210}$ 5708 |
| | 1288 restant 1er |
| multipliez par | 8 |
| | 11304 |
| | 2464 restant 2e |
| *Avertissement.* Divisez toujours par 2210 les sommes que vous avez multipliées par 8. } Multipliez par | 8 |
| | 11712 |
| | $\frac{662}{2210}$ } restant 3e |

Ladite barre d'argent contient 42 marcs 4 onces 5 gros $\frac{662}{2210}$ }

Il faut encore faire l'opération suivante.

Barre d'argent qui pése 45 marcs 4 gros,
qu'il faut multiplier par 6 réaux qui sont les ¾ d'une piastre.

270 réaux ⅜ de réal.

Ces 270 réaux ⅜ de réal se doivent rabatre du prix de la valeur que l'on doit payer ladite barre d'argent qui font 33 piastres & 6 réaux ⅜ de réal. On expliquera ci-après la maniere de faire cette régle & la suivante.

*Compte de l'or que contient la barre d'argent ci-contre.*

Ladite barre d'argent contient 466 grains d'or par chaque marc.
Combien y a-t-il de castillans d'or du titre de 22 karats.

| | |
|---|---|
| Commencez par multiplier | 22 karats |
| par | 8 |
| ces 88 seront votre diviseur. | 88 |
| Les | 466 grains d'or |
| se doivent multiplier par | 45 marcs 4 gros. |
| | 2330 |
| | 1864 |
| Prenez le 16ᵉ pour les 4 gros. | 29 |
| divisez par 88 | 20999 |
| 238 castillans 5 tomins | 339 |
| | 759 |
| | 55 restant. |
| Multipliez par | 8 |
| | 440 |
| | 00 |

L'on connoît par ces deux régles que ladite barre d'argent contient 42 marcs 4 onces 5 gros $\frac{662}{2210}$ du titre de 2210 maravedis & 238 castillans d'or & 5 tomins du titre de 22 karats, ainsi qu'il est marqué & spécifié dans lesdites deux régles : l'on trouvera ci-après les explications nécessaires.

*Poids & valeur de l'or à la maniere d'Espagne.*

| | |
|---|---|
| Un marc d'or contient | 8 onces. |
| Un marc d'or contient | 50 castillans. |
| Une once d'or contient | 6 castillans & 2 tomins. |
| Un castillan contient | 8 tomins. |
| Un tomin contient | 12 grains. |
| Un karat contient | 4 grains. |
| Un écu d'or contient | 24 karats. |

*Explication & la maniere de faire les deux régles pour l'argent & l'or estimés dans ladite barre.*

POUR LA BARRE D'ARGENT.

Il faut multiplier 2270 maravedis par les 45 marcs & 4 gros, qui produiront 102291 maravedis qu'il faut ensuite multiplier par 8 pour cent, qui produiront encore 818328 maravedis dont il faut couper les deux chiffres, il restera 8183- qu'il faut ôter de 102291 maravedis, il restera 94108 maravedis qu'il faudra diviser par 2210, qui est son diviseur, & l'on trouvera que ladite barre d'argent contient 42 marcs 4 onces & 5 gros du titre de 2210 maravedis.

Vous multiplierez ensuite les 45 marcs & 4 gros par 6 réaux, pour ce qu'on doit ôter de la valeur du prix de la barre d'argent, à cause de l'or qui s'est trouvé dans ladite barre.

*Explication touchant l'or que ladite barre doit contenir suivant l'essai qui en a été fait.*

On a supposé que ladite barre contenoit 466 grains d'or par chaque marc d'argent; pour faire cette opération, il faut multiplier lesdits 466 grains par les 45 marcs & 4 gros d'argent qui ont produit 20999 grains, que vous réduirez à raison de 22 karats qui font 88 grains, qui est le titre ordinaire de l'or à la nouvelle Espagne; & en Europe à 22 karats & demi. Vous diviserez les 20999 grains par 88, & vous trouverez que le produit se monte à 238 castillans d'or & cinq tomins du titre de 22 karats : c'est de cette maniere que toutes ces sortes de régles se doivent faire.

EXEMPLE.

| | | |
|---|---|---|
| Les 42 marcs 4 onces & 5 gros d'argent à 70 réaux le marc, valent | 2996. réaux | $\frac{2}{8}$ |
| Les 238 castillans d'or & 5 tomins à 21 réaux le castillan, valent | 5011. | $\frac{1}{8}$ |
| Il faut déduire 270 réaux $\frac{3}{8}$ pour les 6 réaux par chaque marc, pour ce qu'il faut ôter de l'argent, à cause de l'or qui s'est trouvé dans ladite barre, ci, . . . . . . . . . | 8000. réaux<br>270. réaux | <br>$\frac{3}{8}$ |
| Ladite barre coutera 7737 réaux & $\frac{5}{8}$, qui font 967 piastres un réal & $\frac{5}{8}$ de réal. | 7737. réaux | $\frac{5}{8}$ |

*Autre régle qui réduit l'or qui n'est pas à bon titre à celui de 22 Karats & demi.*

Je suppose qu'un Marchand me donne en payement un lingot d'or du titre de 21 karats & deux grains, qui pése 949 castillans & 4 tomins, combien me rendra-t-il du titre de 22 karats & demi?

Lingot d'or qui pése 949 castillans & 4 tomins du titre de 21 karats 2 grains,
Multipliez par 86 — Multipliez par 4

Titre de l'or 22 karats $\frac{1}{2}$ 5694 — 86 multiplicateur.
multipliez par 4 — 7592
43 valeur des 4 tomins.

Diviseur 90 grains 81657

907 castillans.
2 tomins 4 grains $\frac{1}{2}$ — 657
27
Multipliez par — 8 tomins.

216
36
Multipliez 36 par — 11 $\frac{1}{4}$ qui est un tomin du titre de 22 karats $\frac{1}{2}$.

36
36
pour le quart — 9

405
$\frac{45}{90}$ qui valent un demi grain d'or.

E x p l i c a t i o n.

Cette régle & les autres qui sont de cette nature, se font en multipliant les 21 karats par 4 grains, auxquels il faut ajouter les 2 grains qu'il y a de plus, qui fera 86 grains, par lesquels il faut multiplier les 949 castillans & 4 tomins, dont le produit sera de 81657 grains d'or qu'il faut diviser par 90 grains, qui est le titre de 22 karats & demi. Après cette premiere operation il restera 27, que vous multiplierez par 8 tomins que contient un castillan, qui produiront 216 tomins qu'il faut aussi diviser par 90, vous aurez deux tomins; il restera de cette opération 36 tomins que vous multiplierez par 11 $\frac{1}{4}$ qui est la valeur d'un tomin; cette multiplication produira 405 qu'il faut encore diviser par 90 grains, qui produiront 4 grains & demi : ainsi on ne doit payer ce lingot d'or que pour le poids de 907 castillans 2 tomins & 4 grains $\frac{1}{2}$ du titre de 22 karats & demi.

*Prix du lingot d'or.*

907 castillans d'or 2 tomins 4 grains $\frac{1}{2}$,
à 21 réaux.

907
18145 $\frac{1}{4}$
1 $\frac{1}{2}$
$\frac{1}{4}$

19054 réaux qui font 2381 piastres & 6 réaux.

Un Marchand veut vendre un lingot d'or du titre de 22 karats qui pése 453 castillans & six tomins, à condition de le réduire à 22 karats & demi, & qu'on lui payera ledit lingot à raison de 133 pour cent; la régle se doit faire de la maniere suivante.

Vous réduirez premiérement les 453 castillans & six tomins, au titre de 22 karats & demi, comme il est expliqué par la régle précédente; la réduction produira 443 castillans 5 tomins.
Ajoutez encore 443 castillans 5 tomins.

887 castillans 2 tomins.
Multipliez les 887 castillans 2 tomins par — 133

2661
2661
887
pour les 2 tomins — 33 $\frac{1}{4}$

Coupez les deux derniers chiffres de — 1180|04 $\frac{1}{4}$

Vous trouverez que les 1180 piastres est le prix qu'on doit payer pour ledit lingot d'or.

Il est facile de connoître par la régle ci-dessus, que l'on peut acheter de l'or au Perou à des prix différens.

Après avoir réduit ledit lingot d'or au titre de 22 karats & demi, le produit sera de 443 castillans & 5 tomins; vous doublerez cette quantité qui produira 887 castillans & 2 tomins que vous multiplierez par 133, dont le produit sera de 118004 castillans $\frac{1}{4}$ dont vous couperez les deux dernieres figures; il vous restera 1180 piastres, qui est le prix & la valeur du lingot d'or.

S'il vous restoit deux chiffres coupés qui fussent

plus haut que ceux ci-dessus, vous les évaluerez de la maniere suivante.

75 valent 6 réaux.
50 valent 4 réaux.
25 valent 2 réaux.
12 ½ valent 1 réal.

L'on peut acheter de cette maniere quelque or que ce soit, en le réduisant au titre de 22 karats & demi; mais la plupart des Espagnols l'achetent à un réal par castillan moins que le titre. Par exemple, si le titre est à 22 karats, ils le payent à 21 réaux le castillan, ils rabatent toujours un réal du titre marqué sur le lingot.

Un Marchand du Perou viendra dans un magasin ou vaisseau pour employer 13520 réaux, il trouve à acheter du taffetas à 12 réaux la barre (qui est la mesure de l'aune d'Espagne); du gros de Tours à 18 réaux, & du damas à 35 réaux; mais il demande la même quantité de barres de chacune de ces trois sortes de marchandises: cette régle est des plus faciles lorsqu'elle est faite de la maniere suivante. Il faut additionner les trois prix des marchandises.

12
18
35
Divisez 65 par 13520 réaux.
208 barres. 520
00

| Taffetas, | Gros de Tours, | Damas. |
|---|---|---|
| 208 barres | 208 barres | 208 barres |
| à 12 réaux, | à 18 réaux | à 35 réaux |
| 416 | 1664 | 1040 |
| 208 | 208 | 624 |
| 2496 réaux. | 3744 réaux | 7280 réaux. |

*Preuve.*

2496 réaux.
3744
7280
13520 réaux.

Un Marchand du Perou veut employer 36688 réaux ½, & qu'il y ait la même quantité de barres de réaux & acheter de l'étoffe de soie à 32 réaux, de la toile de Bretagne à 3 réaux ¼, & d'autre toile à 2 chaque sorte de marchandise.

Additionnez les 3 prix des marchandises.

32 réaux
3 réaux ¼
2 réaux ¼
Doublez 38 réaux ½ — Doublez 36688 réaux.
38 réaux ½ — 36688 réaux.
Divisez par 77 — 73376
952 barr. $\frac{72}{77}$ — 407
226
$\frac{72}{77}$

Pour faire la preuve de cette régle, il faut multiplier 77 par 4, qui produiront 308 qui seront votre diviseur, & multiplier les 952 barres par 77 & y ajouter les $\frac{72}{77}$ qui restent de la régle ci-dessus, & multiplier ensuite par 4 les trois prix des marchandises séparément, qui produiront 128 réaux, 15 réaux, & 11 réaux, qui seront le second multiplicateur de chaque opération, comme il paroît ci-après.

*Etoffe de soie.*

952 barres $\frac{72}{77}$
1 Multiplicateur 77
6666
6671
32 réaux 73376
4
128
2 Multiplicateur 128
587008
146752
73376
Divis. 308 9392128
30493 R. $\frac{284}{308}$ 1521
2892
1208
$\frac{284}{308}$

*Toile.*

952 barres $\frac{72}{77}$
77
2 R. $\frac{3}{4}$ 6666
4 6671
11 73376
2 Multiplicateur 11
73376
73376
Divis. 308 807136
2620 R. $\frac{176}{308}$ 1911
633
$\frac{176}{308}$

*Bretagne.*

952 barres $\frac{72}{77}$
77
3 R. $\frac{3}{4}$ 6666
4 6671
15 73376
2 Multiplicateur 15
366880
73376
Diviseur 308 1100640
3573 R. $\frac{156}{308}$ 1766
2264
1080
$\frac{156}{308}$

*Preuve.*

| | | | |
|---|---|---|---|
| Etoffe | 30493 | réaux | $\frac{284}{308}$ |
| Bretagne | 3573 | réaux | $\frac{156}{308}$ |
| Toile | 2620 | réaux | $\frac{176}{308}$ |
| | 36688 | réaux | $\frac{616}{308}$ valent 2 réaux. |

## PANAMA.

Toutes les Villes dont on a fait jusqu'ici mention, avec lesquelles Lima entretient Commerce, à la réserve néanmoins d'Acapulco, ne lui fournissent que des marchandises du Pays; mais elle ne tire au contraire de Panama, dont on va présentement parler, & avec qui elle fait son plus grand négoce, que des marchandises d'Europe.

Avant que cette Ville eût été prise, pillée, & brûlée en 1673, par le Chevalier Henry Morgan, qui y passa par terre de la mer du Nord, avec un corps d'Avanturiers François & Anglois, elle étoit située sur le rivage de la mer du Sud, au neuviéme dégré de latitude Septentrionale.

Ce qui reste encore des ruines de cette Ville, s'appelle le Vieux Panama, à quatre lieues duquel est rebâti le nouveau Panama, plus magnifique, mieux fortifié, & avec un plus grand nombre d'Habitans que le premier.

Cette Ville, qui donne son nom à une grande Baye, sur laquelle elle est située, & à l'Isthme, qui séparant les deux mers, joint l'Amérique Septentrionale à la Méridionale, est également fameuse par son négoce par terre avec Porto-Bello sur la mer du Nord, & par celui qu'elle fait par mer avec Lima sur la mer du Sud; rassemblant dans ses magasins tout ce que d'un côté les gallions apportent de marchandises d'Europe; & toutes les richesses du Chily & du Perou, qui y viennent de l'autre sur la flotte d'argent.

Quoique Panama fasse en tout tems un Commerce considérable, & que sa rade soit toujours remplie d'un grand nombre de vaisseaux, c'est néanmoins à l'arrivée de la flotte d'argent, & des marchandises des gallions, que se fait le plus grand concours de Marchands, & que le négoce y est le plus florissant, à cause de la foire qui s'y tient alors, & qui y attire la Noblesse & les Peuples des environs.

Aussi-tôt que les gallions ont touché à Carthagene, où ils restent quelque tems, avant que d'aller à Porto-Bello, on dépêche un Courier à Lima, qui fait le chemin par terre jusqu'à Panama, en traversant le Continent Méridional de l'Amérique, & qui de Panama acheve son voyage par mer jusqu'à la Capitale du Perou.

Sur l'avis de l'arrivée des gallions à Carthagene, le Viceroi de Lima fait charger la flotte d'argent, dont on a parlé ci-dessus, qu'il envoie à Panama, sous le convoi d'un armadillas, ou flotte de guerre de quatre ou cinq vaisseaux; & le Président de Panama de son côté fait tenir prêts les mulets qui doivent porter par terre à Porto-Bello une partie des marchandises du Perou; faisant aussi préparer les barques de la Chiagra, où l'autre partie doit s'embarquer, afin de ne point perdre de tems, & les faire partir si-tôt qu'on a eu nouvelle que les gallions sont arrivés à Porto-Bello, où ils n'ont coutume de rester qu'environ 30 jours, pendant lesquels tout le Commerce doit s'achever.

Ce qui fait qu'on dépêche de si bonne heure un Exprès à Lima, c'est qu'il faut du tems pour décharger la flotte du Perou, lorsqu'elle est arrivée à Panama; les vaisseaux qui la composent, ne restant point à la rade de cette Ville, qui n'est pas extrémement sûre: mais se tenant à celle de Pericon, qui sont trois petites Isles à deux lieues de Panama.

L'on estime que les effets du Roi, qui se chargent sur les gallions, montent, année commune, à trois millions de pieces de huit; & que les effets des Marchands, du moins ceux dont ils font la déclaration, vont à trois ou quatre fois davantage. On a ajouté, *qui en font la déclaration*; parce qu'il y en a plusieurs, qui pour sauver les droits de Quint & de Douane, emballent leur argent avec les marchandises qu'ils envoyent par la Chiagra; ce qui souvent va à plus d'un tiers du total de la cargaison en argent.

Tous les vaisseaux qui sont arrivés avec les gallions, doivent être prêts à faire voile le trentiéme jour, sans quoi ils courent risque d'être laissés. Cependant on leur accorde ordinairement une huitaine; ce qui est d'un grand secours aux Marchands, & d'une utilité non médiocre à l'Amiral, qui est toujours régalé d'un présent considérable.

Quand la flotte a mis à la voile, les Marchands de Panama y retournent, & y font voiturer les marchandises d'Espagne sur les mêmes mulets qui avoient apporté celles du Perou; & c'est alors qu'on en charge la plus grande partie sur les vaisseaux de Lima, qui demeurent tout ce tems à la rade, d'où elles se distribuent dans le Perou & le Chily; l'autre partie restant pour la fourniture de la Ville & des Provinces voisines, où elles s'envoyent, les unes par terre, & les autres par mer, en échange de diverses choses dont on manque à Panama, particuliérement de froment & de farines.

Les marchandises d'Europe les plus propres pour le Perou & le Chily, sont toutes sortes d'instrumens de fer, comme houës, haches, enclumes, socs de charrues, & plusieurs autres qui servent aux mines; l'arobe de 25 livres de fer ouvré s'y vendant au moins huit piastres. Il y faut aussi quantité d'épiceries, des vins, des huiles, & diverses dentelles & étoffes de soie & d or.

Le Commerce des Négres de Guinée, & des autres Côtes d'Afrique, est aussi un des principaux objets de celui de Panama; les Anglois de la Jamaïque en transportant quantité à Porto-Bello, d'où on les conduit par terre à Panama, & ensuite par mer dans le Perou, & dans une partie de la Nouvelle Espagne, où ils se vendent très chérement, particuliérement pour être employés au service des moulins à sucre, & à la culture & fabrique de l'indigo.

C'étoit aussi par Panama qu'arrivoient dans la mer du Sud, tous les Noirs que les Genois de la Compagnie des Grilles étoient obligés de fournir à Porto-Bello; & c'est encore en partie pour Panama, que les Hollandois de Curaço en font un Commerce de contrebande avec les Habitans de Carthagene, & de quelques autres lieux de cette Côte.

Les Villes maritimes, où après Lima les Marchands de Panama font le plus de Commerce; sont, Lavillia, qui lui fournit des cochons, des volailles, du bœuf salé, & des sirops: Paita, ou plutôt Piura, dont l'autre est l'Embarcadere, d'où elle tire du vin, de l'huile, des farines, du sucre, des savons, & des peaux de chévre passées en cordouan: Rialexa, dont on a dit déja quelque chose, où elle trouve des eaux-de-vie, du sucre, de l'huile, des farines, & des vins: Galeo, Tomago, & Chiloe, trois Isles, d'où elle enleve tous les ans quantité de bois de charpente & de menuiserie: Pisco, dont les vignobles sont excellens: Truxillo, abondante en blé, en farines, & en sucre: Nicoia, où il se trouve beaucoup de Charpentiers & d'atteliers de marine, aussi-bien que quantité de cuirs, de bétail, de blé, & particuliérement du bois rouge pour la teinture.

C'est ce bois que les Anglois appellent Bois Sanglant, ou Bois de Nicaragne, quoiqu'il n'en croisse point dans cette partie de l'Amérique, & qu'il vienne tout de Nicoia, d'où il est transporté dans la mer du Nord, par le lac qui s'y jette: enfin, Coquimbo, renommé pour son cuivre.

Il y a aussi quelques barques de Panama, qui vont à l'Isle Gorgonia pour la pêche des perles. Cette Isle étant le seul lieu où il s'en trouve dans la mer du Sud; les Isles, qu'on appelle Isles de las Perlas, à 12 lieues de Panama, n'en produisant plus aucune.

Il faut remarquer sur le Commerce que les Marchands de Paita, & de quelques autres Villes font à Panama, que non-seulement ils y vendent les diverses marchandises qu'ils y portent, mais qu'ils s'y défont aussi des bâtimens sur lesquels ils les ont portées; ces barques par leur construction n'étant pas propres pour le retour, qu'ils sont obligés de faire sur de plus gros vaisseaux, qui partent de Panama; ensorte qu'il faut qu'ils construisent de nouvelles barques pour chaque voyage qu'ils entreprennent.

C'est à Paita que les armades de Panama se rendent souvent, aussi-bien que quantité de vaisseaux marchands, pour y décharger les marchandises destinées pour Lima, qu'on y envoie ensuite par terre; les uns prenant ce parti, pour éviter la difficulté qu'on trouve par mer à surmonter la force des courans, qui sont sur cette Côte, & les autres, pour ne pas tomber entre les mains des Flibustiers, lorsqu'ils sçavent qu'il y en a aux environs de Lima.

Comme presque tous les Habitans de Panama s'appliquent au négoce, & que l'expédition des flottes d'argent est l'affaire la plus importante que la Cour de Madrid ait de ce côté-là; c'est aussi principalement pour ces deux choses que l'Audience de Panama a été établie; les Officiers servant comme de Juges-Consuls, pour terminer sommairement les contestations entre Marchands sur le Commerce; & le Président avec son Conseil, ne s'occupant gueres que du détail de l'arrivée & du départ des gallions pour la mer du Nord, & de la flotte d'argent pour la mer du Sud.

On remarquera, en finissant ce qu'on a à dire du Commerce de Panama, que tant que les François ont eu la permission de faire celui de la mer du Sud, leurs vaisseaux n'ont gueres remonté au-delà de cette Ville; & que le plus fort de leur trafic a toujours été dans les Ports du Chily & du Perou, où les marchandises d'Europe sont plus rares & plus cheres; & où l'or & l'argent, qui étoient le principal objet de leur négoce, sont plus communs.

## TECOANTEPEQUE, LA TRINITE', VATULCO, &, REALAYO.

Avant que de parler du Commerce d'Acapulco, un des plus considérables que fassent les Espagnols sur la mer du Sud, on va dire quelque chose de quelques autres Ports, qui se trouvent depuis Panama jusqu'à cette Ville, dans l'espace de plus de 650 lieues, que dure cette Côte, afin de ne pas laisser un si grand vuide dans ce qu'on a encore à dire du Commerce de cette mer.

De ces Ports, ceux qui ont le plus de réputation, sont Realayo, dont on a déja fait mention, en parlant du Commerce de Lima; Vatulco, la Trinité, & Tecoantepeque. C'est par ces quatre embarcaderes que se fait tout le trafic de Guatimala, de Leon, de Quaxaca, de Nicaraga, & de quelques autres Provinces de la Nouvelle Espagne.

Le Commerce qu'on y fait, consiste en cacao, en vanille, en achiolt ou anet, ou méchasuchil, en indigo, en cochenille, en cuirs, en froment, en mays, en laine, en sucre, en coton, en sel, en miel, en casse, en cire, & en quelques autres denrées & marchandises du crû du Mexique, & particuliérement de la Province de Guatimala, qui sont portés par terre sur des mulets jusqu'aux magasins que les Espagnols ont dans ces trois embarcaderes, & ensuite à Panama, ou au Perou par mer.

Avant le milieu du dix-septiéme siécle, c'est-à-dire, avant que les Avanturiers eussent passé de la mer du Nord à celle du Sud, ces Ports n'étoient que des lieux tout ouverts: mais ils ont été assez bien fortifiés depuis; ce qui mettroit en sûreté les marchandises qu'on y rassemble, si les Espagnols de cette partie de l'Amérique, avoient encore la bravoure des premiers Conquérans du Mexique, ou si les Flibustiers n'étoient pas plus terribles, que les malheureux Indiens à qui ils eurent alors affaire.

Acapulco vient après le Port de Tecoantepeque; mais quoiqu'elle ne soit gueres plus considérable pour le nombre de ses Habitans, pour sa grandeur, & pour les fortifications qui défendent l'entrée de son Port, elle est infiniment au dessus par le Commerce qui s'y fait, particuliérement par celui qu'elle entretient annuellement avec les Philippines; ce qui mérite qu'on en parle dans un paragraphe particulier.

## ACAPULCO.

La Ville d'Acapulco, par laquelle on va finir ce qu'on avoit à dire du Commerce de l'Amérique Espagnole, est située à 17 dégrés Nord de la Ligne.

C'est le Port de la Ville de Mexique, du côté de l'Ouest du Continent, comme la Vera-Crux, autrement S. Jean de Ulhua, dans la Baye de la nouvelle Espagne, l'est du côté du Nord.

Le Commerce qui se fait par le Port d'Acapulco, a trois objets; le Perou, les Philippines, & les Côtes les plus proches du Mexique.

On vient de parler de ce dernier, qui se fait tout entier par Realayo, la Trinité, Vatulco, Tecoantepeque, & quelques autres petits Havres, où les Marchands d'Acapulco envoyent leurs marchandises sur de legers bâtimens, pour en tirer des vivres & des rafraîchissemens, quoiqu'ils en reçoivent aussi quantité du côté de la terre sur des mulets, particuliérement de la farine, du chocolat, de petits fromages, des chairs salées, & toutes sortes de denrées semblables, pour lesquels il s'y tient tous les jours un marché. C'est aussi du côté de terre qu'Acapulco reçoit les bestiaux dont elle a besoin.

On a aussi traité du principal Commerce d'Acapulco au Perou, qui, comme on l'a dit, se fait tout par un seul vaisseau, lequel part tous les ans de Lima; ce qui pourtant ne doit s'entendre que pour les marchandises de l'Orient; le négoce de celles du Perou, & de la nouvelle Espagne, étant libre & permis entre les Habitans de la Peruviane & de la Mexicane, qui pourtant se servent peu de cette faculté; les Marchands d'Acapulco ne faisant gueres qu'un Commerce de proche en proche, le long des Côtes de la nouvelle Espagne. C'est donc le Commerce des Philippines & de l'Orient, qui fait la plus grande richesse d'Acapulco, & qui lui donne le plus de réputation.

Ce Commerce néanmoins ne se soutient que par 2 seuls vaisseaux, qu'on nomme Hourques, qui sont des especes de grands gallions du port de 800 ou 1000 tonneaux.

Lorsque ces hourques partent, ce qu'elles ne font pourtant jamais ensemble, y en ayant toujours une en charge aux Manilles, qui met à la voile pour le retour, aussi-tôt que l'autre y est arrivée, on leur donne pour convoi une fregate de 28 canons, quoiqu'elles de leur côté soient aussi montées de 40 pieces au moins.

Leur charge, au départ d'Acapulco, est composée, partie de marchandises d'Europe, qui viennent au Mexique par la Vera-Crux, & partie de marchandises de la nouvelle Espagne, qui les unes & les autres sont envoyées à la mer du Sud sur des mulets.

La cargaison, au retour, est de tout ce que la Chine, les Indes Orientales, & le reste de l'Orient, produisent de plus riche & de plus précieux, même des perles, des pierreries, & de l'or en poudre, dont ces vaisseaux reviennent si chargés, qu'ordinairement la batterie d'entre deux ponts leur devient inutile; & qu'en cas de combat contre les Avanturiers, qui souvent les attendent au passage, leur principale ressource ne seroit que dans la frégate de convoi.

Le voyage de ces vaisseaux, y compris le séjour, est presque toujours de douze mois; partant pour l'ordinaire à la fin de Mars, ou au commencement d'Avril.

Deux mois après leur départ, ils touchent à Guam, la principale des Isles Mariannes, où ils se rafraîchissent deux ou trois jours, & arrivent aux Manilles dans les premiers jours de Juillet.

Celui des deux gallions qui est en charge aux Manilles, se prépare aussi-tôt au retour, & part avec sa frégate avant la fin de Juillet, pour arriver à Acapulco au tems de Noel; la différence de l'arrivée n'étant jamais de plus de 8 ou 10 jours devant ou après cette Fête, tant les vents alisés, qu'ils ont soin de prendre, leur sont sûrs & favorables.

Pour faire cette route de retour, il faut s'avancer du côté du Nord jusqu'au 36e, & quelquefois jusqu'au 40e dégré de latitude Septentrionale, avant que de pouvoir prendre le vent, pour aller vers la Côte de l'Amérique; puis ranger celle de Californie; ensuite retourner au Sud le long des Côtes; après quoi, quand on a doublé le Cap de San Lucar, qui est la pointe la plus Méridionale de Californie, on va par le travers du Cap de Corientes, environ à 20 dégrés de latitude Septentrionale: enfin, après avoir touché à Sallagues, on continue sa route jusqu'à Acapulco.

Les vaisseaux des Manilles ne manquent point de reconnoître Sallagues; & c'est toujours là qu'ils mettent à terre les Passagers qui veulent aller à Mexique; le chemin étant & plus beau & plus court, que par Acapulco.

Le Port d'Acapulco est très commode & très grand, pouvant contenir en sureté plusieurs centaines

nes de vaisseaux : une Isle de plus de demie lieue de long le couvre, & y forme deux passes, dont l'une est à l'Est, & l'autre au Sud-ouest. C'est par celle de l'Est qu'entrent les vaisseaux des Manilles; & par celle du Sud-ouest, ceux de Lima.

La Ville qui est au bord de la mer, est défendue d'un fort Château d'un côté, & d'une plate-forme de l'autre, garnie de quantité de canon de fonte. Ce n'est que depuis que les Avanturiers fréquentent cette mer, qu'elle est ainsi fortifiée.

Au dessous d'Acapulco, sur la route des Manilles, sont deux petits Ports ; les Sallagues, dont on a déja parlé ; & la Natividad, où les Marchands d'Acapulco font quelque négoce d'oranges, de limons, & d'autres fruits, qui sont assez rares dans leur Ville, dont le sol est stérile, & qui ne peut subsister que par ces petits Commerces par mer, & par les grosses caravanes qui lui viennent du Mexique, d'où, outre sa subsistance, elle tire aussi tous les vivres dont ont besoin les vaisseaux qui font le voyage des Manilles.

C'est par l'Embarcadere de S. Bonaventure qu'Acapulco fait le Commerce de Cali, une des Villes du plus grand Commerce de l'Amérique Méridionale, à 28 lieues de la mer du Sud ; & c'est ensuite de Cali, que le Popayan, & plusieurs autres Provinces du milieu des terres, reçoivent les marchandises de la nouvelle Espagne.

## COMMERCE DE L'AMERIQUE FRANÇOISE.

Ce seroit, ce semble, ici le lieu de parler des premieres découvertes des François dans les Indes Occidentales, & de fixer, pour ainsi dire, l'époque des divers établissemens que cette nation a faits, soit dans les Isles, soit dans la terre-ferme de l'Amérique : mais comme on en doit parler ailleurs avec quelque étendue, on se contentera de traiter ici du négoce que la France y entretient présentement ; renvoyant le Lecteur pour le reste à l'article des Compagnies de Commerce, particuliérement au paragraphe de celles des Indes Occidentales, de Cayenne, de Canada, & du Mississipi.

On ne rappellera pas non plus le dénombrement qu'on a fait plus haut, de ce que les François possedent dans le nouveau Monde, tant parce que ce seroit une répétition tout-à-fait superflue, qu'à cause que dans le détail où l'on va entrer, d'abord du négoce qu'ils font dans leurs Isles, & ensuite de celui de la terre-ferme, où ils ont des Colonies, on sera plus d'une fois obligé d'en parler, & d'expliquer plus au long quantité de particularités qui conviendroient moins bien en cet endroit.

### ISLES FRANÇOISES DE L'AMERIQUE.

On ne comprend ordinairement sous ce nom que celles des Isles Antilles dont les François sont en possession ; on y ajoutera cependant ici l'Isle de Saint-Domingue, quoiqu'elle soit du nombre des grandes Isles, & celle de la Tortue qui en est une dépendance. On pourroit encore y joindre l'Isle d'Anticostie, celle de Cap-Breton, & l'Isle de Cayenne : mais les deux premieres ont tant de liaison avec le Canada, qu'il n'est pas aisé de les en séparer : & pour l'autre, bien qu'on lui donne le nom d'Isle, à cause qu'elle ne tient pas à la grande terre, la riviere de Cayenne étant entre deux, elle est véritablement du Continent de l'Amérique Méridionale.

Les Isles Antilles, situées sous la zone torride, à prendre depuis le 11e dégré de l'Equateur, jusqu'au 18e tirant vers le Nord, sont au nombre de 28, dont les François en possedent 10.

Avant le Traité d'Utrecht de 1713, ils étoient aussi les maîtres de la moitié de celle de S. Christofle, qu'ils partageoient avec les Anglois : mais, comme on l'a déja remarqué, cette derniere est devenue toute Angloise, par la cession que la France en a faite à l'Angleterre par le 12e article de ce même Traité.

Les François ont commencé d'avoir des Colonies aux Antilles en 1625 ; & par un hazard extraordinaire, les deux Nations d'Europe, qui devoient dans la suite y avoir les plus grands établissemens, y arriverent le même jour ; & commencerent, pour ainsi dire, par l'Isle de S. Christofle, où les François & les Anglois aborderent en même tems, le partage qui devoit se faire dans la suite entr'eux, des meilleures & des plus fertiles de ces Isles.

La Martinique est la principale des Isles Françoises, & en même tems la plus belle, la plus riche, & la plus florissante de toutes les Colonies que les François ayent dans les Isles.

La Guadeloupe est aussi très considérable ; mais beaucoup au dessous de la Martinique.

La Desirade, Marie Galande, la Grenade, Sainte-Alousie, & Saint-Barthelemi, viennent après ; & dans différens dégrés de bonté & de fertilité, le cédent elles-mêmes à la Guadeloupe.

Enfin, les moindres de toutes sont Saint-Martin & Sainte-Croix, que les François ont en commun avec les Hollandois.

Plus de 200 vaisseaux François font le Commerce des Isles ; & il n'est pas extraordinaire d'en voir à la rade de la Martinique jusqu'à 80 navires marchands en charge.

Ces bâtimens sont ordinairement depuis 100 jusqu'à 250 tonneaux, que l'on préfere à de plus grands ; à cause que ceux-ci étant trop long-tems à faire leur chargement, les tabacs, & les autres marchandises courent risque de se gâter.

La saison du départ de France de ces vaisseaux, est depuis le mois de Septembre jusqu'au mois de Février ; parce que quoique la navigation pour les Isles Françoises puisse se faire presque en tout tems, il est mieux d'éviter la saison des ouragans, qui regnent aux Isles pendant les mois de Juillet, d'Aout, & de Septembre ; outre que les vaisseaux, qui ne partent que dans les mois d'Octobre, Novembre, Décembre, & Janvier, arrivent aux Isles précisément dans la récolte des sucres, qui font un des principaux objets de ce Commerce.

Le tabac a été long-tems la marchandise dont il se faisoit le plus grand trafic aux Isles : c'est présentement le sucre ; ne s'y cultivant plus de tabac, particuliérement à la Martinique, que pour la consommation du Pays.

Les autres marchandises qu'on y fait ; sont, de l'indigo, du cacao, du rocou, du coton, du gingembre, de la casse, du piment, des ananas confits, & quelques gommes médicinales.

On en tire aussi des cuirs, de l'écaille de tortue ; enfin, des bois pour la teinture, ou pour la marquetterie, comme le bois de rose, le bois d'inde, le bresil, le bresillet, le fustock, & l'ébene verd.

On estime que la Martinique fournit, année commune, cinq à six millions de livres pésant de sucre ; la Guadeloupe, près de quatre millions ; Marie Galande, cinq à six cent mille livres ; la Grenade & Sainte-Croix, quatre ou cinq cent mille livres à elles deux. Les autres Isles ne cultivent que du tabac, & quelques-unes seulement des légumes, dont elles font un assez bon négoce à la Martinique, à S. Christofle, & à la Guadeloupe.

Avant l'établissement de la Compagnie Françoise des Indes Occidentales, fait en 1664, les François d'Europe étoient ceux qui profitoient le moins du florissant Commerce de ces Colonies; les Hollandois s'en étant, pour ainsi dire, presqu'entiérement emparés.

C'étoit alors à Flessingue & à Midelbourg que se faisoient les principales cargaisons pour la Martinique; les Marchands de ces deux Villes y envoyant tous les ans plus de cent bâtimens, qui trouvoient toujours leur charge prête, que de riches Marchands de leur Nation, qui s'y étoient établis, prenoient soin de rassembler dans les immenses magasins, qu'on leur avoit permis assez légérement d'y construire.

Le privilége exclusif de la Compagnie ayant fait tomber ce Commerce étranger, que les Hollandois tâcherent pourtant de soutenir, en lui offrant une redevance considérable tous les ans pour la liberté de ce négoce, ce ne fut pendant quelque tems que les vaisseaux de cette Compagnie qui le firent: mais enfin les Marchands de la Rochelle, de Bordeaux, de Rouen, de Saint-Malo, & de Nantes, même ceux des Ports de Provence, particuliérement de Marseille & de Toulon, ayant pris goût pour ces voyages, pour lesquels il ne leur étoit pas difficile d'obtenir des passeports; & le privilége de la Compagnie ayant été révoqué au bout de huit ou dix ans, tout le Commerce est demeuré aux François; qui malgré les longues guerres du Regne de Louis XIV qui l'ont souvent interrompu, est encore un des plus riches & des plus florissans que la France fasse par les ports qu'elle a sur l'Océan & sur la Méditerranée.

Les marchandises que les vaisseaux François portent aux Isles, consistent en tout ce qui est nécessaire pour la nourriture & l'entretien des Habitans, la culture de la terre, le travail des Négres, & le ménage; mais cependant différentes, suivant les Ports de France où se font les chargemens.

Si les vaisseaux partent de la Rochelle ou de Bordeaux, la cargaison se fait de bœuf & de lard salés, de farines, d'eau-de-vie, de vins de la Rochelle & de Bordeaux, quelquefois de Madere, que l'on prend en passant; de morues, de harengs, d'huile d'olive, de fromages, de beurres, de savon, de fer, de toiles, de chaudieres, & de quantité de mercerie & de quincaillerie.

Les vaisseaux de Rouen, qui chargent pour les Isles, semblent laisser aux Marchands de la Rochelle & de Bordeaux, le soin de la nourriture, & ne prendre pour leur part, que ce qui peut servir au vêtement & à l'entretien des Habitans de ces Colonies.

Les marchandises de leur cargaison sont:

Des futaines.

Des basins.

Du padou, de diverses largeurs.

Des rubans & galons de laine, qu'on nomme Rouleau, de toutes couleurs.

Des plumes à écrire, des écritoires.

Du fil de Bretagne, de toute couleur.

Des chapelets de diverses sortes.

Des dez à coudre.

Toutes sortes de vaisselle d'étain, comme plats, écuelles, salieres, pintes, seringues, & autres semblables ustenciles.

Des souliers pour hommes & pour femmes, de toutes grandeurs.

Des aiguilles & des épingles, de tous numeros.

Du papier à écrire.

Des cartes à jouer.

Des fusils, des mousquets, des épées, & autres petites armes.

Des bandolieres, des ceinturons.

De la méche, de la poudre, du plomb à giboyer.

Des selles, des bâts de chevaux, des brides, des sangles, des étriers, des éperons.

Toutes sortes d'ustenciles de ménage de cuivre, chaudieres, chauderons, marmites, poelons, platines à sécher le linge, réchauds, mortiers, & autres batteries de cuisine.

Toutes sortes de serrurerie, de coutellerie; & autre quincaillerie.

Des toiles de chanvre, depuis 16 s. jusqu'à 30 s. l'aune.

Des toiles de lin demi-blanches, depuis 20 jusqu'à 30 s.

Des toiles rayées, de 15 s. l'aune.

De grosses toiles d'étoupes, depuis 10 s. jusqu'à 16 sols l'aune.

Des couvertures de lit, de laine.

Quelques étoffes de soie, sergerie, & camelotterie.

Des droguets & étamines du Lude & de Bressuire.

De toutes sortes de miroirs à bordure, de bois uni ou doré; d'autres de cuir & plians.

Des jupes de femmes toutes faites, de diverses étoffes de soie, de laine, de coton, de toutes couleurs & façons.

Des habits & juste-au-corps pour hommes.

Des bas de soie & de laine, de toutes sortes.

Des chapeaux garnis, de castor, de vigogne, de caudebec, & autres sortes.

Toutes sortes de rubannerie unie, ou à façon, avec or, & sans or, de toutes couleurs & largeurs.

Enfin, toutes autres especes de menue quincaillerie & mercerie.

Marseille & Toulon fournissent des huiles, des olives, des fruits secs, des vins, & quelques légeres étoffes des Manufactures de Provence.

On estime que, année commune, il sort de France pour les Isles Françoises, environ pour quatre millions de livres, de toutes ces denrées, manufactures, & marchandises, & qu'on en rapporte pour près de sept millions.

Les François de Canada entretiennent aussi un grand Commerce avec les Isles; & ce sont eux qui leur fournissent la plupart des bestiaux dont ils ont besoin, aussi-bien que quantité de blés, de légumes, de poissons secs, & de bois de mairain, de charpente, & de menuiserie, pour lesquels ils remportent des sucres, du tabac, & diverses autres productions du Pays; tout ce Commerce, aussi-bien que celui des François d'Europe, ne se faisant que par échange, & ne s'y employant que peu ou point d'argent comptant.

C'est pareillement par échange qu'on y fait le négoce des Négres, d'autant plus considérable, qu'il est plus nécessaire; la culture des terres, & le travail des sucreries, ne se soutenant que par ces malheureux Esclaves, dont les Compagnies d'Afrique & de Senegal, présentement réunies à la grande Compagnie des Indes de France, ont continué de fournir les Isles ; les vendant à tant de milliers pésant de sucre, piece d'Inde, comme on les vend à Porto-bello, à Carthagene, à Buenos-Ayres, & autres Places de la Domination Espagnole dans l'Amérique, à tant de piastres par tête.

Le Bureau & les magasins de ces Compagnies, sont établis à la Martinique ; & c'est là où les Habitans des autres Isles viennent s'en fournir.

On ne dira rien davantage de cet important Commerce des Noirs ; en ayant traité amplement dans deux articles de ce Dictionnaire, où l'on peut avoir recours. *Voyez ci-dessus le* COMMERCE *de* SENEGAL, *de* GAMBIE, *de* GUINE'E, *d'*ANGOLE, *& de* MALIMBO. *Voyez aussi les articles des* NEGRES, *& du* CODE NOIR.

On a déja remarqué que la Martinique est la principale, & comme la Capitale des Isles Françoises : mais pour donner une plus juste idée d'une Isle si célebre par son Commerce, on va ajouter ici quelques particularités, qui ont rapport au négoce qui s'y fait, & qui lui ont fait mériter d'être la résidence du Gouverneur Général, & de l'Intendant des Isles, aussi-bien que le Siége du Conseil Souverain, dont la Jurisdiction, outre les autres Isles Antilles, s'étend sur S. Domingue & la Tortue.

La Martinique est située par les 14 dégrés 30 minutes de latitude. Sa longueur est d'environ 18 lieues sur une largeur inégale ; ce qui lui donne près de 60 lieues de circuit de pointe en pointe.

Dans les enfoncemens de cette grande étendue de Côtes, l'Isle a trois Ports, le Carmage, celui du Fort S. Pierre, & le Cul-de-sac de la Trinité. Les vaisseaux abordent, & sont en sureté, dans tous les trois ; mais c'est au Fort S. Pierre, dont la rade s'appelle le Mouillage, que se fait presque tout le négoce ; les Fermiers du Roi y ayant leurs Bureaux ; les Compagnies d'Afrique & du Senegal, aussi-bien que les plus riches Marchands, leurs magasins ; & étant d'ailleurs le rendez-vous ordinaire des Flibustiers François, qui dans le tems de guerre, y viennent vendre leurs prises.

On compte présentement dans l'Isle plus de 10000 Blancs, & près de 20000 Négres.

Ce sont ces derniers qu'on employe à la fabrique des sucres, & à la culture de l'indigo, du cacao, du rocou, du coton, & du tabac.

Comme le principal trafic de l'Isle consiste en sucre, c'est aussi à le préparer, que ces malheureux Esclaves sont davantage occupés ; y ayant plus de 300 moulins pour le service des plantations où sont les sucreries.

Enfin, l'affinage des sucres, qui est présentement établi dans la plupart des Isles Françoises, fait aussi une partie de leur travail, & du Commerce de leurs Maîtres, qui gagnent beaucoup plus sur les sucres affinés, que sur les sucres bruts, ou seulement en cassonade, tels qu'ils les envoyoient autrefois en France.

Ce qu'on dit ici de la Martinique, peut servir pour les autres Isles, qui à proportion produisent les mêmes marchandises, & font le même trafic.

On parle ailleurs de la nature, qualité, propriété, culture, fabrique, & négoce de toutes les drogues que produisent les Antilles : aussi il suffira de les indiquer. *Voyez* SUCRE, TABAC, CACAO, INDIGO, ROCOU, FUSTOCK, BOIS D'INDE, BOIS DE ROSE, ECAILLE DE TORTUE, CASSE, GAYAC, *&c.*

## SAINT-DOMINGUE, & LA TORTUE.

L'Isle de S. Domingue, ainsi qu'on l'a remarqué, en traitant du Commerce des Isles Espagnoles de l'Amérique, est partagée entre la Couronne de France & celle d'Espagne.

Comme on a parlé en cet endroit, de la partie que les Espagnols occupent, & du négoce qui s'y fait, & qu'on y a pareillement rapporté tout ce qui concerne la découverte, la situation, les richesses, & les productions de l'Isle en général, on va ici se fixer à la partie que possédent les François, & aux différens Commerces qu'ils y font ; en disant néanmoins un mot par occasion des Flibustiers, qui semblent avoir pris cette Isle, & celle de la Tortue, pour leur rendez-vous général.

Les premiers François qui passerent dans l'Isle de S. Domingue, & qui s'y établirent, y vinrent de S. Christofle, d'où ils avoient été chassés par les Espagnols.

Le désespoir & le désir de la vengeance d'avoir été troublés dans leur Colonie naissante, les avoit d'abord réunis aux Zélandois, qui faisoient des courses sur les Espagnols, leurs ennemis communs ; mais leur nombre ayant augmenté par plusieurs secours qui leur arriverent de France, ces premiers Avanturiers chercherent un lieu propre pour y porter leur butin, s'y radouber, & y passer les tems qui ne sont pas commodes à tenir la mer.

L'Isle de la Tortue, située au 20e dégré 40 minutes de latitude, à trois quarts de lieue de S. Domingue, leur ayant paru convenable à leur dessein, ils s'en emparerent, après en avoir chassé une trentaine d'Espagnols, qui y avoient un petit Fort, & quelque commencement d'habitation.

Ce fut sur cette Isle, qui a environ 16 lieues de tour, que se fit le partage de ces Avanturiers, comme en trois bandes. Les uns, qui s'appliquerent à la chasse, prirent le nom de Boucaniers, à cause qu'ils faisoient boucaner leur viande à la façon des Indiens : les autres qui continuerent à armer en course contre les Espagnols, s'appellerent Flibustiers, du mot Anglois, *Filbuster*, qui signifie Corsaire : & les troisiémes, qui s'adonnerent au travail de la terre, se nommerent Habitans, nom commun à tous ceux qui composent les Colonies de l'Amérique, dont les terres qu'ils cultivent, s'appellent des Habitations.

De ces trois bandes, les Habitans resterent à la Tortue ; les Boucaniers passerent à Saint Domingue ; & les Flibustiers tinrent la mer ; ces derniers revenant néanmoins de tems en tems à la Tortue, y partager leur butin avec les deux autres, qui leur fournissoient ; les uns, toutes sortes de chairs salées ; & les autres, quantité de vivres, soit en légumes, soit en bestiaux, qu'ils cultivoient & élevoient dans leur Isle.

Cette petite Isle, qui devoit un jour peupler de François la meilleure partie de S. Domingue, & dont les Avanturiers s'étoient rendus maîtres dès l'année 1635, leur fut long-tems disputée par les Espagnols ; & la France n'en est enfin restée en possession, qu'après plus de vingt années, & diverses révolutions, tantôt favorables à une Nation, & tantôt à l'autre.

S. Domingue a eu à peu près le même sort. Les Espagnols rebutés de plusieurs vaines tentatives, pour en chasser les Boucaniers François, qui s'y étoient extraordinairement multipliés, & dont une partie s'étoit réduite à la vie plus tranquille d'Habitans, ont semblé consentir tacitement au partage de cette Isle ; leur ayant comme abandonné tout ce qui est depuis le Cap de Lobos, qui est au Midi de l'Isle, vers le Ponant, jusqu'au Cap de Samana, qui est au Nord de la même Isle vers le Levant.

De cette grande étendue de Pays & de Côtes, plus vastes que deux des principales Provinces de France, les Chasseurs ou Boucaniers, occupent ce qui est entre le Cap Lobos & le Cap Tibron. Le reste, sur-tout dans le voisinage de la mer, est entrecoupé de plusieurs riches habitations, où l'on cultive la plupart des marchandises qui se trouvent dans les Isles Antilles, & qui font aussi le Commerce de l'Isle de la Tortue.

Les quartiers les plus habités sont, la Grande Ance, Léogane, la Grande Terre, le Port de Paix, le Port Margot, Lancon Louise, le Trou Charles Morin, Limonade, le Cap François, & le Petit Goare.

Lorsque la grande Compagnie des Indes Occidentales fut établie en France en 1664, & qu'elle se fut mise en possession du négoce de l'Isle de la Tortue, & des habitations de l'Isle de Saint Domingue, qui étoient de sa concession, l'on n'y vit plus arriver que des vaisseaux de cette Compagnie : mais l'humeur libre & volontaire des François de ces Isles, qui se sentoient encore de leur premier métier d'Avanturiers, ne s'accommodant pas de cette contrainte, & la Compagnie n'y trouvant pas son compte, elle en quitta le Commerce dès l'année 1666; & depuis ce tems tous les bâtimens François y ont été également bien venus; ce qui néanmoins quelquefois a presque autant nui que servi au Commerce de ces Isles, par le grand nombre de marchandises qu'ils y ont apportées, & par le peu que bien souvent ils y en trouvent, pour faire leur retour.

La réputation des Colonies Françoises de Saint Domingue, déja si florissantes, fut encore augmentée en 1698, par l'établissement d'une nouvelle Compagnie, pour achever de cultiver les endroits où les François n'avoient point encore d'habitations.

La concession contenue dans ses Lettres Patentes données à Versailles, comprend tout ce qui est depuis le Cap de Tiberon jusqu'à la riviere de Naybe, l'un & l'autre inclusivement, dans la profondeur de trois lieues dans les terres, à prendre sur les bords de la mer dans toute cette largeur.

Les principales conditions pour l'avantage du Commerce de cette Isle, sont, que la Compagnie seroit obligée de peupler la nouvelle Colonie, dans l'espace de cinq années, de 1500 Blancs tirés d'Europe, & de 2500 Negres; & après ledit tems, d'y faire passer pendant le reste des 50 années de son Privilége, seulement 100 Blancs & 200 Noirs par an; sans néanmoins pouvoir permettre à aucun Habitant du Cap François de Léogane, du petit Goare, & autres lieux déja peuplés, de venir s'établir dans toute l'étendue de sa concession.

*On peut voir à l'article général des Compagnies de Commerce, ce qui est de particulier à celle de S. Domingue; & particuliérement sa réunion à la grande Compagnie des Indes de France, par des Lettres Patentes en forme d'Edit, du mois d'Avril 1720.*

Les marchandises communes à ces deux Isles, c'est-à-dire, de S. Domingue, & de la Tortue, sont, le tabac, le sucre, l'indigo, le gingembre, le rocou, le coton, le cacao; mais principalement le tabac, qu'on n'estime pas moins que celui de Verine.

Celles qui sont propres à S. Domingue, sont les cuirs, & les bois de bresillet; de sandal jaune, du fustel, du cedre, du grenadille, & de quelques autres, qu'on employe, soit à la teinture, soit à la marqueterie. On trouve aussi à la Tortue quelques plantes médicinales.

Les cargaisons des vaisseaux pour ces deux Isles, sont à peu près les mêmes que pour les Antilles, qu'on a données ci-dessus; à la réserve des chairs salées, qui n'y sont pas nécessaires, S. Domingue en ayant en abondance, & en faisant même un grand Commerce aux autres Isles Françoises; mais en récompense on y porte beaucoup d'eau-de-vie & de vin, dont les Flibustiers & les Boucaniers font grande consommation.

*Toutes ces marchandises payent 3 pour cent de droits d'entrée & de sortie.*

Plus de 40 vaisseaux font ce Commerce, sans compter les six navires que la Compagnie est obligée d'entretenir, tant en paix qu'en guerre, pour le seul négoce de sa concession.

Ce seroit ici le lieu de parler des Chasseurs, ou Boucaniers François de l'Isle de S. Domingue, aussi-bien que de ces malheureux Engagés, qu'on appelle Trente-six mois, qui sont à leur service; & qui pendant les trois ans de leur engagement, sont encore plus maltraités que les Negres des Antilles; mais on a cru qu'ils méritoient des articles à part. *Voyez* BOUCANIER & TRENTE-SIX MOIS.

Le Mémoire suivant ayant été dressé en 1719, l'Auteur n'a pû parler ni de la réunion de la Compagnie de Saint Domingue à la grande Compagnie des Indes, ordonnée par Edit du mois de Septembre 1720, ni des troubles que l'exécution de cette réunion causa dans l'Isle l'année suivante, & qui furent presque aussi-tôt appaisés.

On peut voir à l'article des Compagnies, tout ce qui concerne la réunion; & à l'égard des troubles, comme on voudroit volontiers en étouffer la mémoire, il suffira d'ajouter que la prompte obéissance des habitans a entiérement effacé cette tache.

## *ETAT DES COLONIES FRANÇOISES ET ESPAGNOLES DE SAINT-DOMINGUE en 1719.*

Jusqu'à la Paix conclue à Risvich en l'année 1697, les Espagnols avoient toujours regardé les nouveaux habitans François de S. Domingue comme des usurpateurs, & sur ce pied avoient souvent fait de grands efforts pour les en chasser, mais à la vérité, toujours inutilement.

Le partage de cette Isle entre les deux Nations fut stipulé par un article de ce Traité, & les Gouverneurs François & Espagnols, qui commandoient alors à Saint-Domingue, furent chargés de le faire.

Par ce partage, les François sont restés les maîtres des parties de l'Isle qui sont au Nord & à l'Ouest, & d'un tiers de celles qui sont au Sud, les Espagnols ne s'étant réservés que la partie de l'Est : ce qui pourtant fait à peu près une division égale, du moins pour les côtes, chaque Nation en possédant environ 200 lieues, à compter de pointe & pointe, & près de trois cent en suivant les différentes sinuosités que la mer forme en s'avançant dans les Terres.

Dans toutes les parties Françoises de cette Isle il y a des ports excellens, très grands, très spacieux, très surs & tous faciles à fortifier avec peu de dépense, avantage que n'ont pas les côtes de la partie Espagnole, où il ne se trouve que quelques rades & quelques embarquaderes assez mauvais.

Les ports appartenans aux François sont; sçavoir au Nord, celui de Bayaha qui est encore peu habité, & le port du Cap qui est le plus peuplé de tous leurs quartiers.

Dans la partie de l'Ouest Nord-ouest, le port de Paix; celui-ci est le moindre de tous, & où il se trouve le moins d'habitans.

Dans la partie de l'Ouest, le port du petit Goare, excellent & bien peuplé.

Enfin dans la partie du Sud où se trouve la concession accordée en 1698 à la Compagnie de Saint-Domingue, il y a trois ports très bons & très surs; sçavoir, le Port Saint-Louis bien fortifié & bien habité; le Port Haquin, dont cette Compagnie a chassé les Anglois qui avoient commencé à s'y établir en 1691; & le Port de Jaemel, où elle a aussi quantité de belles habitations.

En général les terres de Saint-Domingue sont très bonnes, les bords de la mer sont des plaines, au dedans il y a des montagnes.

Il y a dans les parties Françoises de l'Isle environ quatre mille familles.

Quoique les Espagnols soient de près d'un siecle plus anciens dans l'Isle que les François, il s'en faut bien que leur Colonie soit aussi forte & aussi bien établie que celle de cette derniere, ne s'y trouvant qu'environ deux mille hommes portant les armes, & cinq à six mille autres blancs tant hommes, femmes, qu'enfans.

Les terres sont presque d'une égale fertilité dans ce qui est possédé par l'une & l'autre Nation; mais la culture n'est pas égale, les habitations des François étant en grand nombre, très bien plantées & très bien entretenues; tandis que celles de la partie des Espagnols restent incultes, & ne leur servent guere que pour nourrir & élever des bestiaux, dont la chair sert à les nourrir, & les peaux font presque leur unique commerce, n'y ayant guere d'années qu'ils ne tuent trente à quarante mille bœufs, dont ils vendent les cuirs verds aux François, Anglois, & Hollandois, qui vont leur porter leurs besoins en vivres & en habillemens.

Il faut observer, pour finir ici tout d'une suite ce qui regarde la Colonie Espagnole de Saint-Domingue, qu'il y a plus de trente ans que le Roi d'Espagne ni les Espagnols d'Europe, n'ont envoyé aucun navire dans cette Isle; & que tout le secours qu'ils reçoivent leur vient du continent de l'Amérique, & ne consiste que dans un seul bâtiment que le Viceroi du Mexique y envoye tous les ans, pour porter la paye de la garnison que Sa Majesté Catholique y entretient, qui devroit être de deux cent hommes, mais qui n'est jamais de vingt soldats effectifs.

La premiere culture que les François ont établie à Saint-Domingue, a été celle du tabac, & il y avoit une si grande réputation tant en France que chez les Etrangers, qu'on le préféroit à tous les autres, surtout en Hollande & par tout le Nord.

Cette culture a été abandonnée depuis la ferme exclusive du tabac en France, par un mal-entendu de part & d'autre qu'on a peine à concevoir; mais qui n'a pas laissé d'être cause de la destruction entiere des plantations de tabac, dont le commerce occuperoit actuellement plus de cent Navires; & qu'il ne seroit peut-être pas impossible de rétablir sur l'ancien pied, sans porter aucun préjudice à la ferme du tabac.

Le sucre de cette Isle est très estimé, & les Raffineurs de France trouvent plus de profit à travailler sur les sucres qui en viennent, que sur ceux des Isles; aussi valent-ils communément trente sols, quarante sols, & quelquefois jusqu'à trois & quatre livres par cent plus que les autres. Il est vrai qu'on a eu quelque peine à y réussir dans les commencemens, à cause que le trop de nourriture que la terre fournissoit aux cannes, les rendoit grasses & difficiles à purger; mais on a appris par l'expérience, qu'à la seconde ou troisiéme coupe on en tiroit du plus excellent sucre. Celui de la plaine de Leogane est surtout en réputation. Une seule chose qui peut préjudicier au débit de ces sucres, est la trop grande quantité qui s'en fait.

L'indigo a été long-tems aussi une des principales marchandises de Saint-Domingue, on ne laisse pas même d'y en faire encore beaucoup; mais on s'y néglige un peu dans la préparation, ce qui le rend moins bon qu'autrefois, étant certain que si on apportoit toute l'attention nécessaire à le bien fabriquer, il égaleroit en bonté celui de Guatimole dans le continent de l'Amérique Espagnole, & même celui d'Agra dans les Indes Orientales.

Ce qui soutient encore la culture de cette drogue, c'est que c'est l'usage de commencer presque toutes les habitations par le plantage de l'indigo & du tabac; parce que n'y étant pas nécessaire de beaucoup d'attirail, ni d'un grand nombre de Négres, & le profit en étant prompt & considérable, cette culture met les habitans en état de faire des sucreries, qui est le but où ils aspirent tous, à cause que c'est le principal objet du commerce de l'Isle; & que d'ailleurs les profits en sont plus grands & plus certains.

Le coton, le cacao, la vanille, le rocou, & le gingembre, sont aussi des cultures établies à Saint-Domingue, qui réussissent parfaitement bien; mais on n'en fait qu'en petite quantité, faute de monde, qu'on aime bien mieux occuper aux trois grandes fabriques de l'Isle, qui, comme on vient de le dire, sont le sucre, le tabac, & l'indigo.

On y a porté depuis peu le caffé; & il commence à s'y cultiver avec succès: si les premiers essais ne sont point trompeurs, on n'enviera bien-tôt plus à l'Arabie & à Moka le commerce de cette précieuse féve.

Le ris, le mays, le magnoc, les patates, les ignames, & les bananes, viennent à Saint-Domingue & plus beaux & meilleurs qu'en aucun autre endroit de l'Amérique; surtout celles des trois dernieres qu'on cultive à Leogane, y sont si pésantes, si grosses, si bien nourries, & d'un goût si exquis, qu'elles y peuvent facilement tenir lieu de cassave & de farine.

Tous les légumes de France y viennent plus beaux qu'en France même & en plus grande abondance, & il est surprenant combien on recueille de pois, de féves, & de fayolles, &c. ce qui doit aussi s'entendre de toutes sortes d'herbages, dont les graines y ont été apportées d'Europe.

Il est vrai que les blés & les vignes y réussissent mal, les raisins y venant rarement en maturité; & les fromens qu'on seme dans les plaines, portant des épics dont les grains sont plutôt murs les uns que les autres, & tombent à mesure qu'ils mûrissent. On a cependant éprouvé que ceux qui viennent sur les montagnes n'ont pas ce défaut; mais bien loin de regarder le manque de blé & de vin comme désavantageux à la Colonie, les personnes intelligentes croyent que les habitans de Saint-Domingue & les Marchands de France y trouvent également leur compte; parce que ces deux choses si nécessaires à la vie, qui manquent à Saint-Domingue, & que la France y peut fournir plus abondamment & à meilleur marché qu'aucune autre Nation, entretiendront toujours entr'eux un commerce dont l'un & l'autre ne se peut absolument passer.

Il y a dans l'Isle peu ou point de manufactures, & l'on voit qu'il ne seroit pas d'une bonne politique d'y en laisser établir.

A l'égard des bestiaux, peut-être n'y a-t-il point de pays au monde plus propre pour en élever que Saint-Domingue: ceux que les Espagnols y avoient mis pour peupler aussi-tôt qu'ils eurent fait la découverte, particuliérement les bœufs, les vaches, & les cochons, y avoient tellement multiplié, que les Boucaniers François & les Chasseurs Espagnols, qui comme de concert se sont à l'envi occupés à les ruiner depuis près de trente ans, n'ont pû encore en venir à bout.

On éleve beaucoup de ces bestiaux dans les habitations; & l'on y a aussi quantité de moutons qui s'y nourrissent très bien, & qui portent des toisons d'une très bonne qualité; en sorte que si la Colonie sçavoit profiter de cet avantage, & si le bon ordre y étoit établi, on feroit un commerce très considérable de toutes les marchandises qui se tirent de ces sortes d'animaux, particuliérement de cuirs, de suifs, & de laine.

Les chevaux, les jumens, & les poulains domestiques bien loin d'y être rares, y sont présentement en si grand nombre, qu'il y a des quartiers, particuliérement ceux de Leogane, de l'Esterre, & du Cap, où la plupart des habitans rougiroient d'aller autrement qu'en chaises roulantes ou en carosses, la simple voiture du cheval ne leur paroissant pas assez honorable.

Outre tous ces bestiaux dont les François font des nourritures, les Espagnols leur en amenent encore quantité jusques dans leurs quartiers, qu'ils leur donnent à très bon compte, & pour ainsi dire, pour rien.

Toutes les montagnes & les plaines qui ne sont pas encore défrichées, sont couvertes de toutes sortes de bois propres ou à la charpente, ou à la teinture, ou à la marqueterie. Il est vrai que ceux qui font des défrichemens ne les ménagent pas assez, ayant coutume de les brûler tous, afin d'avoir plutôt fait, au lieu d'en réserver pour le sciage, étant très facile d'établir en divers endroits des moulins à scier, qui ne seroient pas d'une médiocre utilité pour les divers bâtimens dont on a sur-tout besoin pour établir les sucreries, & souvent pour le radoub des navires.

A l'égard des bois propres à la teinture, dont les deux principales especes sont le bresillet & le fustel, il est vrai que la Compagnie de l'Isle à Vaches a appris à leurs Colons à les conserver & à les multiplier, ayant ordonné par leurs Réglemens d'en planter le long des grands chemins, aussi-bien que des chemins de traverses, qui séparent les habitations; mais cet usage devroit être établi dans tous les autres quartiers des François.

L'Auteur du Mémoire auroit dû ajouter qu'il n'est point d'Isle plus commode que celle de Saint-Domingue pour entretenir avec les Espagnols du continent ce riche commerce de contrebande, dont les Anglois de la Jamaïque & les Hollandois de Curaçao sçavent si bien profiter; commodité qui a paru si grande au célebre Pere Labbat, qu'il n'a point craint d'avancer en parlant de l'établissement d'une Compagnie Françoise à l'Isle à Vaches en 1698, que le but de cette Compagnie sembloit n'avoir pas tant été de peupler & de faire habiter cette partie de l'Isle de Saint-Domingue, que d'avoir un entrepôt commode pour les vaisseaux, & pour les barques qu'elle envoie en traitte aux côtes de la Terre-Ferme. *Voyez* ce qu'on dit de ce Commerce en parlant de celui des Hollandois aux Indes Occidentales.

## COMMERCE DE LA TERRE-FERME DE L'AMERIQUE FRANÇOISE.

Les François possedent dans le continent de l'Amérique Septentrionale, le Canada, & la Louisiane, qu'on nomme aussi Missisipi; & dans le continent de l'Amérique Méridionale, Cayenne, & quelques Habitations sur la riviere de Surinam.

Ils étoient aussi les maîtres de l'Acadie, ou nouvelle Ecosse, située entre le Canada, & la nouvelle Angleterre; ce Pays leur ayant été restitué par les Anglois, en vertu du Traité de 1629, confirmé par celui de 1632, & encore depuis par celui de Breda, de 1667. Mais cette Colonie célebre par le négoce de la morue séche, & par son Commerce de pelleterie, ayant repassé sous la domination Angloise en 1713, en conséquence du 12e Article du Traité d'Utrecht; on remettra à en parler, quand on en sera au Commerce de l'Amérique Angloise.

Ce sera aussi en cet endroit qu'on traitera de l'Isle de Terre-neuve, pareillement cédée par la France aux Anglois, par le 13e Article du même Traité. Mais on remarquera ici, que quoiqu'il ne soit plus permis aux François d'y établir des Habitations, de s'y fortifier, ni même d'y aborder dans tout le reste de l'année; leurs Pêcheurs ont pourtant toujours la liberté d'y venir dans la saison de la pêche, & d'y dresser des échafauts & des cabanes, & tout ce qui est nécessaire pour faire sécher leur poisson; mais seulement depuis le Cap de Bona-Vista, jusqu'à l'extrémité Septentrionale de l'Isle, & de là en suivant la partie Occidentale, jusqu'à la Pointe riche.

## CANADA, ou NOUVELLE FRANCE.

On parle si amplement, à l'article des Compagnies de Commerce, de la découverte du Canada par les François, & des premieres Habitations qu'ils y ont eues, qu'on croit pouvoir se dispenser d'en rien dire ici, & de se contenter d'y traiter du Commerce qui s'y fait sur le pied qu'il est présentement; après néanmoins qu'on aura donné comme un plan général de cette vaste partie de l'Amérique Septentrionale, des lieux qu'y occupent les François, & des Nations sauvages avec lesquelles ils entretiennent quelque négoce: détail préliminaire, sans lequel il seroit difficile de bien comprendre ce qu'on aura à dire dans la suite.

Le Canada, que quelques-uns estiment aussi grand que la moitié de l'Europe, s'étend depuis le 39e dégré jusqu'au 65, c'est-à-dire, du lac Errié, jusqu'au Nord de la baye de Hudson; & en longitude, depuis 284 dégré, jusqu'à 336; sçavoir du fleuve Missisipi, jusqu'au Cap de Rase en l'Isle de Terre-neuve.

Le grand fleuve de Saint-Laurent, qui a plus de 22 lieues à son embouchure, & dont la source est encore inconnue, quoique les Coureurs de bois François l'ayent remonté plus de 800 lieues; traverse presque entiérement le Canada, formant dans son cours jusqu'à 5 ou 6 grands lacs, dont il y en a d'une telle étendue, qu'ils mériteroient le nom de Mer autant que plusieurs amas d'eaux à qui on a coutume de le donner.

Ces lacs si commodes pour le Commerce que les François vont porter aux diverses Nations qui en habitent les bords, ou qui servent à ces Nations à les venir visiter jusqu'à Quebec Capitale de la nouvelle France, sont le lac de Frontenac, celui d'Errié, ou de Conti; le lac des Hurons, le lac Supérieur, & le lac de Lenemipigon.

Les Sauvages assûrent qu'il y a encore au de-là le lac d'Assinipouals, plus grand qu'aucun de ceux-ci; & ils prétendent que c'est de ce lac que le grand fleuve de Saint-Laurent prend sa source : mais les François n'ont point encore pénétré jusques-là, & les Sauvages sont trop peu sûrs dans leurs relations, pour qu'on s'y fie entiérement.

C'est des eaux du lac de Frontenac, qui est le dernier en descendant vers la mer, qu'est proprement formé le cours régulier du fleuve de Saint-Laurent, qui dure près de 200 lieues; & qui après avoir passé à Mont-réal & à Quebec, les deux principales Colonies des François, se jette dans l'Océan, à plus de 100 lieues de cette derniere.

Sans l'incommodité des sauts, ou chûtes d'eau, qui entrecoupent le cours de ce fleuve, & celui de quantité de grosses rivieres qui s'y jettent, ce qui oblige à faire souvent le portage des canots & des marchandises; il n'y auroit point de Commerce plus commode que le Commerce du Canada, & il seroit facile de passer de Quebec au golfe du Mexique, par les lacs & les rivieres qui joignent le fleuve de S. Laurent à celui du Mississipi, qui va se jetter dans ce golfe.

A l'entrée de l'embouchure du fleuve de S. Laurent, est l'Isle d'Anticostie, où il y a une Habitation de François, qui font Commerce de peaux de loups marins, & de quelques autres pelleteries, avec les Montagnois & les Papinachois, à qui ils donnent en échange, des armes & des munitions.

On compte que les François sont à présent au nombre de plus de 200000 Habitans dans le Canada, tous riches, ou au moins tous à leur aise.

Ils ont peu de Villes, & ils ne donnent gueres ce nom qu'à Quebec la Capitale du Pays, qui pourroit le disputer en beauté & en richesses, à plusieurs Villes considérables de l'ancienne France; & à Mont-real, & aux Trois Rivieres, deux bicoques, dont pourtant les Habitans ne font pas moins de Commerce, & n'amassent pas moins de biens que ceux de Quebec, si même ils ne les surpassent en cela, aussi-bien qu'en la magnificence des bâtimens.

Le Fort de la Colonie Françoise consiste dans le grand nombre d'Habitations qui sont situées des deux côtés du fleuve, depuis Quebec jusqu'à Montréal, & qui n'étant éloignées les unes des autres que d'une portée de mousquet, composent comme deux especes de grands Villages de plus de 50 lieues de longueur.

Ces Habitations, dont quelques-unes sont comme de petits Villages, n'en ont pourtant pas le nom, mais s'appellent des Côtes; & l'on ne nomme pas non plus Paysans ceux qui y demeurent, ou qui cultivent la terre, mais Habitans.

Les moins accommodés de ces Habitans, ont 4 arpens de terre de front, sur 30 ou 40 de profondeur; mais pour les grandes concessions, qui sont proprement les Seigneuries du Pays, d'où dépendent les simples Habitations, elles ont souvent jusqu'à trois, quatre, & cinq lieues de front, sur une profondeur à discrétion; dont pourtant celui à qui on l'accorde, ne retient qu'une partie, comme pour en faire le chef-lieu, donnant le reste à trois livres par arpent de cens seigneurial, à des Habitans particuliers.

Il y a aussi des habitations dans quelques Isles du fleuve, dont celles de l'Isle d'Orléans, à une lieue & demie de Quebec, ne sont pas les moins en réputation; cette Isle, qui a environ sept lieues de long, & trois de large, étant très fertile, sur-tout en froment.

Une partie du Commerce du Canada, consiste dans les grains & les légumes de toutes especes qui se recueillent dans les terres de toutes ces habitations, & dans les planches & les bois de charpente qu'on y débite dans les lieux nouvellement essartés; dont, outre la consommation du Pays, il se charge tous les ans quantité de vaisseaux pour les Isles Françoises, d'où ils rapportent en échange, des sucres, des tabacs, & autres semblables marchandises, desquelles les Habitans ont besoin, & qu'ils ne cultivent point chez eux.

Ce sont néanmoins les pelleteries, particuliérement le castor, qui font le principal objet du négoce de ces Colonies; Commerce qui passe entiérement par les mains des Sauvages, de qui on en tire tous les ans pour plusieurs millions en troc de marchandises d'Europe, sur lesquelles on fait des profits immenses, bien que beaucoup moindres qu'ils n'étoient, avant que la jalousie de Commerce entre les François & les Anglois, eût excité ces deux Nations d'aller, pour ainsi dire, sur le marché l'une de l'autre, dans la traite qu'ils font avec ces Barbares.

Ces Sauvages, premiers habitans du Canada, sont au nombre de plus de 40 Nations différentes, presque toujours en guerre les unes contre les autres; mais toutes également jalouses de leur liberté, & qui ne voyent qu'à regret les Etrangers établis parmi elles.

Les Iroquois, qui ne composent que cinq petites Nations, sont les plus farouches, & les plus braves de tous; également rédoutés des Européens, & des Naturels. Ils paroissent amis des Anglois, qui sçavent mieux les ménager que les François; & c'est à eux aussi qu'ils portent presque toutes leurs pelleteries, dont ils sont payés à meilleur prix qu'à Montréal, & aux Trois-Rivieres, lorsqu'ils y descendent quelquefois pour y traiter avec les François.

Cependant, lorsqu'on n'est point en guerre avec eux, ils font quelque négoce au Fort de Frontenac, où il leur est plus commode de conduire leurs pelleteries sur le lac, en canot, que de les transporter par terre à la nouvelle Yorc.

On a aussi d'eux, pour l'entretien de la Garnison de ce Fort, toutes sortes de viandes de cerfs, & de chevreuils; de poulets d'Indes & de poissons, pour lesquels on leur donne en troc, des aiguilles, des couteaux, de la poudre, & des balles.

Parmi les autres Sauvages, il y a plusieurs Nations qui sont amies des François, & quelques-unes même qui ont embrassé le Christianisme, & fixé leurs demeures au milieu des Colonies Françoises: de ces dernieres, sont les Hurons & les Abenakis; ceux-là établis à Lorette, & ceux-ci qui demeurent à Sillery, & au Sault de la Chaudiere, villages qui ne sont pas bien éloignés de Quebec.

Il y a aussi deux Villages d'Iroquois Chrétiens auprès de Mont-réal; mais ces derniers ne sont gueres que des enfans enlevés à ces Sauvages pendant les guerres qu'ils ont eues avec les François.

C'est avec ces Nations moins inquietes & moins soupçonneuses que les Iroquois, que les François font le Commerce des pelleteries : ce qui se pratique en deux manieres; l'une que l'on peut appeller en quelque sorte un négoce sédentaire, & l'autre à qui l'on pourroit donner le nom de négoce ambulant.

Le négoce sédentaire est celui qui se fait avec les Nations sauvages, qui viennent tous les ans apporter leurs castors & autres pelleteries, jusques dans les Villes & les Habitations des François.

Le négoce ambulant est au contraire celui qui se fait par ceux des François qui s'appellent Coureurs de bois, qui vont porter les marchandises d'Europe chez toutes les Nations sauvages de ce continent.

MONT-REAL est le lieu où se fait le plus de l'un & l'autre de ces Commerces; n'y ayant point d'année qu'on n'y voye arriver trente ou quarante canots conduits chacun par trois de ces Coureurs de bois, qui reviennent chargés de castors qu'ils ont été échanger avec les Sauvages, jusques dans leurs Villages: & plusieurs autres Sauvages y descendant aussi presque tous les ans, des grands lacs, aux environs desquels ils habitent, avec une quantité prodigieuse de riches pelleteries, qu'ils troquent pour des armes, des chaudieres, des haches, des couteaux, & mille autres marchandises, sur lesquelles il y a pour l'ordinaire 200 pour cent à gagner. On a parlé ailleurs du Commerce des Coureurs de bois. *Voyez leur article.*

A l'égard de celui des Sauvages, voici comme il se passe. Lorsque leurs canots sont déchargés, leurs tentes dressées, & leurs marchandises mises en ordre, ils font demander audience au Gouverneur Général, s'il s'y trouve; ou au Gouverneur particulier de la Place où ils arrivent, en l'absence de l'autre.

Le Gouverneur l'ayant accordée, la leur donne le même jour au milieu de la Place publique; lui dans un fauteuil, & chaque Nation formant son cercle particulier, assise autour de lui la pipe à la bouche.

Tous étant placés & le silence imposé, l'Orateur de l'une des Nations dit en forme de harangue, en adressant la parole au Gouverneur: « Que ses » Freres sont venus pour le visiter, & renouveller » en même tems avec lui leur ancienne amitié: Que » le principal motif de leur voyage est de procurer » de l'utilité aux François, dont plusieurs ne pourroient manier de castors, s'ils ne venoient eux-» mêmes leur en apporter jusques dans les Colonies: » Qu'ils sçavent combien les Castors sont estimés en » France, & de combien peu de valeur sont les marchandises qu'on doit leur donner en échange: Que » cependant l'amitié qu'ils ont pour les François, » leur fait faire ce troc, & que pour être en état de » leur apporter une autre année davantage de ces » pelleteries qu'ils aiment tant, ils viennent prendre en échange des fusils, de la poudre, & des » balles, pour s'en servir à faire des chasses plus » abondantes, ou pour tourmenter davantage les » Iroquois, en cas qu'ils se mettent en état d'attaquer » les Habitations de leurs amis les François: & » qu'enfin pour assurer leur parole, ils jettent un » collier de porcelaine, avec une quantité de castors » pour le Kichiokima (ils nomment ainsi le Gouverneur Général) dont ils demandent la protection, en cas qu'on les vole, ou qu'on les maltraite » dans la Ville.

Le discours fini & l'Orateur ayant repris sa place & sa pipe, le Gouverneur parle à son tour, & fait aussi son présent; après quoi la liberté du Commerce ayant été accordée, l'Assemblée se rompt; les Sauvages retournant à leurs cabannes, pour se préparer à faire l'échange, qu'ils commencent dès le lendemain.

Tout ce négoce se fait par troc de marchandises à marchandises, l'or & l'argent n'y entrant jamais. Comme tout ce trafic est très libre, les Sauvages ne pouvant souffrir de contrainte; tous les habitans deviennent alors Marchands, & aucune marchandise n'y est de contrebande, à la réserve du vin, & de l'eau-de-vie, qu'il est sévérement défendu de leur donner, à cause des excès & des querelles où ces peuples sont sujets, quand ils se sont enyvrés.

Leurs emplettes finies, & leurs peaux échangées, chaque Nation s'en retourne chez soi, après avoir pris congé des Gouverneurs.

Quebec, Mont-real, les Trois-Rivieres, Tadoussas, Richelieu, & Chambli, sont les principaux lieux où les Sauvages viennent faire la traite des pelleteries.

CHAMBLI avoit autrefois beaucoup de réputation, & c'étoit là principalement que se rendoient les Soccokis, les Mahingans, & les Openangos; mais la crainte des Iroquois les a obligés de ne faire plus de Commerce qu'avec les Anglois.

Il y a néanmoins quelques Nations qui y descendent, & les François y ont même un petit Fort; mais moins pour y maintenir ce Commerce, que pour empêcher le négoce de contrebande que les François font assez souvent par-là avec les Anglois de la nouvelle Yorc, à qui les Coureurs de bois trouvent mieux leur compte de porter leurs castors, qu'aux Bureaux de la Compagnie du Canada.

Présentement, comme on l'a dit, Mont-réal est le lieu des Habitations Françoises où il se fait les plus grandes traittes de pelleteries.

Les plus précieuses de ces pelleteries, & qui sont le principal objet du Commerce avec les Sauvages, sont les castors, dont on distingue de diverses especes, qui font une grande différence pour le prix.

Ces especes sont les castors d'hyver, qu'on appelle aussi Castors de Moscovie, parce qu'ils sont propres pour Archangel; les castors gras, les castors veules, les castors secs, & les castors d'été. Il y a aussi des castors blancs; mais ceux-ci, pour leur rareté, font comme une espece à part.

On parle ailleurs amplement de toutes ces sortes de castors, de leur prix, de leur usage, & de leur Commerce. *Voyez* CASTOR. *Voyez aussi l'article des* CHAPEAUX; *& dans celui des Compagnies, le paragraphe de la Compagnie du* CASTOR, *ou de* CANADA.

Les autres fourures qui proviennent de la traitte des Sauvages; sont,

Des renards ordinaires, des noirs, & des argentés.

Des martres communes, & de celles qu'on appelle Martres zibelines.

Des loutres rousses & rases, d'autres brunes, qu'on nomme Loutres d'hyver.

Des ours noirs ou blancs.

Des peskans, ou chats sauvages, à qui on donne aussi le nom d'Enfans du Diable.

Des foutereaux, des fouines, & des belettes.

Enfin des loups, des écureuils, & des rats musqués, avec leurs testicules.

On tire aussi des Sauvages, quantité de peaux de divers animaux; les unes en verd, c'est-à-dire, sans apprêt; les autres en blanc, ou passés à la mode du Pays.

Ces peaux sont des peaux d'élans, qu'on nomme aussi Orignaux; de loups marins, de cerfs, de chevreuils, & de caribous.

Il faut remarquer que lorsque dans la traitte on parle simplement de peaux, sans ajouter le nom de l'animal, pour les spécifier; on entend toujours les peaux d'orignaux, qui sont les plus cheres de toutes celles du Canada.

Les

Les François de Quebec envoyent aussi durant l'été des barques faire le troc des peaux de loups marins avec les Esquimaux, Peuples farouches, & les plus barbares de tous ceux du continent.

Ceux-ci habitent la grande terre de Labrador, au delà du fleuve de Saint-Laurent.

Ces Sauvages sont si défians, qu'ils n'entrent jamais dans les barques des François ; & tout le Commerce qui se fait avec eux, se fait à bord de leurs petits canots, dont ils montrent au bout d'une perche, les pelleteries qu'ils veulent vendre, demandant en même tems ce qu'ils veulent en échange, comme couteaux, poudre, balles, fusils, haches, chaudiéres, &c.

Les François de leur côté, qui ne se fient pas davantage à eux, attachent aussi leurs marchandises à d'autres perches, restant toujours dans leur bord, d'où ils leur délivrent de cette sorte ce qu'ils ont besoin, en recevant de même leurs pelleteries ; mais ne souffrant jamais qu'ils en approchent en trop grande quantité, ces Barbares sans foi ayant souvent enlevé de cette maniere des bâtimens qui n'étoient pas assez sur leurs gardes. Le Commerce fini, chacun se retire.

On a dit ci-dessus, que toutes ces pelleteries s'échangent contre des marchandises à l'usage des Sauvages ; l'on va présentement donner un état de ces marchandises, tiré, comme beaucoup d'autres choses qu'on a dites, & qu'on dira encore du négoce de la nouvelle France, des Mémoires du Baron de la Hontam ; mais rectifiés en quelques endroits, sur d'autres Mémoires qu'en ont fourni des Marchands qui font ce Commerce.

*Etat des Marchandises propres pour la traitte du Castor.*

Des fusils courts & légers.
De la poudre à giboyer.
Des balles, & du menu plomb.
Des haches grandes & petites.
Des couteaux à gaine.
Des lames d'épées pour faire des dards.
Des chaudiéres de toutes grandeurs.
Des alênes de Cordonnier.
Des hameçons de toutes grandeurs.
Des batte-feu, & pierres à fusil.
Des capots de petite serge bleue.
Des chemises de toile commune de Bretagne.
Des bas d'estame courts & gros.
Du tabac de Bresil.
Du gros fil blanc pour des filets.
Du fil à coudre de diverses couleurs.
De la ficelle, ou fil à rets.
De la conterre de Venise, ou rassade.
Quelques fers de fléche, mais peu.
Quelques sabres.
Un peu de savon.
Des aiguilles & des épingles.

La meilleure marchandise, & de plus sûre vente, seroit l'eau-de-vie ; mais la traitte, comme on l'a déja dit, en est défendue : c'est cependant une de celles dont les canots des Coureurs de bois ne sont pas le moins chargés.

C'est avec ces canots, qui sont construits d'écorces de bouleau que se fait tout le Commerce du grand fleuve & des lacs, pendant l'été. En hyver, on se sert de traîneaux tirés par des chevaux ou par des chiens ; & c'est la voiture ordinaire pour aller de Quebec à Mont-réal pendant cette saison, lorsque la riviere de Saint-Laurent est glacée.

Il ne faut pas oublier de remarquer que le Commerce des Lacs ne se peut faire que par ceux des Habitans qui en ont obtenu les congés du Gouverneur Général, & que ces congés sont fixés à un certain nombre par an ; ce négoce particulier, qui est très lucratif, étant très préjudiciable au négoce général de la Colonie, à cause qu'il empêche une partie des Sauvages d'y venir apporter leurs pelleteries, où, comme on l'a dit ci-dessus, tous les Habitans, les riches & les pauvres, les privilégiés & non privilégiés pourroient avoir part. On en parle ailleurs. *Voyez* CONGE'.

L'on n'a presque parlé jusqu'ici que du Commerce intérieur de la nouvelle France ; on va présentement ajouter quelque chose de celui que les vaisseaux y viennent faire.

Les Normands ont été les premiers qui ont fait le Commerce de Canada ; & pendant plus d'un siécle, on n'a gueres vû à Quebec, que des vaisseaux de Rouen, de Dieppe, & du Havre.

Les Malouins & les Nantois ont ensuite partagé ce négoce avec eux ; mais enfin il est presque tout demeuré aux Marchands de la Rochelle, quoiqu'ils y ayent envoyé les derniers.

Les vaisseaux de Bordeaux & de Bayonne ne laissent pas néanmoins d'y aller ; & c'est par eux que les Canadiens reçoivent la plus grande partie des vins, des eaux-de-vie, du tabac, & du fer qui leur viennent de France.

Il y a deux saisons dans l'année, pour le départ des vaisseaux François qui vont au Canada ; l'une à la fin d'Avril, ou au commencement de Mai ; l'autre vers le mois de Septembre : celles-là pour trouver les glaces fondues ; celles-ci pour arriver avant qu'elles soient formées.

Les navires qui partent de France pour ce négoce, ne payent aucun droit de sortie du Royaume pour leur cargaison, non plus que d'entrée lorsqu'ils arrivent à Quebec ; à la réserve néanmoins du tabac de Bresil, qui paye 5 sols par livre, c'est-à-dire, 25 livres par quintal.

La cargaison de ses vaisseaux est en partie semblable à celle pour les Isles, & en partie différente ; le tabac, le sucre, & plusieurs autres marchandises qui viennent des Antilles, étant du nombre de celles qui se portent en Canada, où le sol & le climat ne sont pas propres pour leur culture.

Il y a aussi quelque différence pour les draps & les étoffes ; un Pays aussi froid que la nouvelle France, en demandant de plus chaudes, & de plus épaisses qu'en Pays situé sous la zone torride, comme le sont les Antilles.

Quoiqu'il y ait de grands profits à faire sur toutes les marchandises qu'apportent à Quebec les navires François, & qu'il n'y en ait gueres qu'on ne vende à 50 pour cent de gain ; ce sont cependant celles qui sont les moins nécessaires, & qui ne sont que pour la parure ou la curiosité, qui se vendent le plus ; & l'on ne peut dire combien le génie de la Nation paroît dans l'achat de mille bagatelles agréables, mais souvent inutiles, comme de rubans, de dentelles, de dorures, de tabatieres, de montres, & d'autres tels bijoux, dont il n'arrive jamais assez par les vaisseaux, quoiqu'ils se vendent ordinairement plus de quatre fois leur juste prix, même tous frais déduits.

Dès que les vaisseaux sont arrivés à Quebec, les Marchands de cette Ville, qui ont leurs Commis à Mont-réal, & aux Trois-Rivieres, font charger sur des barques une partie des marchandises qui sont pour leur compte, & les y envoyent pour les vendre en gros aux Détailleurs.

Il y a néanmoins plusieurs riches Négocians de ces deux Villes qui les reçoivent de la premiere main, & qui viennent faire eux-mêmes leur emplette à Quebec, frettant ensuite des barques qui les remenent eux & leurs marchandises au lieu de leur résidence.

Toutes ces marchandises se payent ou en argent ou en Lettres de Change sur la Rochelle, ou en pelleteries, comme martres, ours, chats sauvages, renards, & autres dont on a parlé ci-dessus; à-la réserve du castor, qui doit se porter au Bureau de la Compagnie, qui a ses propres vaisseaux pour les envoyer en France; ou enfin en farines, en blés, en légumes, particuliérement en pois secs; en bois de charpente & de ménuiserie, & en madriers.

Les retours en pelleteries sont les meilleurs; mais ni de celles-là, ni des autres marchandises, il n'y en a jamais assez pour charger tous les vaisseaux qui sont venus de France; n'y en ayant que quelques privilégiés qui puissent avoir leur charge entiere pour s'en retourner.

Souvent les vaisseaux de la Rochelle, pour ne pas s'en aller à vuide, vont charger du charbon de terre à l'Isle du Cap Breton, pour les Isles de la Martinique & de la Guadeloupe, où il s'en consomme beaucoup pour le raffinage des sucres, dont ils font ensuite leur cargaison de retour.

D'autres alloient acheter des morues séches à Plaisance, qu'ils payoient argent comptant; mais ce négoce ne pouvant plus se faire depuis la cession de Plaisance & de l'Isle de Terre-neuve aux Anglois, ils portent des farines à Louis-Bourg, (c'est ainsi que les François nomment l'Isle du Cap Breton,) où ils sont payés en Lettres de Change, jusqu'à ce que la pêche de la morue, qu'on commence à y établir, puisse leur en fournir assez pour faire leur retour entier en poisson sec.

C'est à Quebec, dans la basse Ville, que les plus riches Négocians de la Rochelle ont leurs magasins, & leurs Facteurs; & c'est où les Marchands des autres Villes, & de Quebec même, qui ne sont pas assez forts pour avoir des Correspondans en France, viennent se fournir de toutes les marchandises dont ils ont besoin.

Il y a aussi des Marchands du Pays qui ont de pareils magasins à Quebec; mais ceux-là ont des navires à eux, qui vont & viennent de Canada en France, & qui leur apportent les diverses marchandises dont ils envoyent les factures à leurs Correspondans de la Rochelle, à qui ils adressent aussi par la même voie, les pelleteries, & autres productions du Pays qu'ils peuvent amasser d'une saison à l'autre.

## MISSISSIPI, ou LOUISIANE.

On appelle Louisiane, ou Missíssipi, une vaste étendue de Pays de plus de 1800 lieues, situé dans l'Amérique Septentrionale, entre le Canada, la Caroline, le nouveau Mexique, & l'Océan.

Le nom de Louisiane lui a été donné, parce que la découverte en a été faite par les François, sous le régne de Louis XIV, & on l'appelle Missíssipi, d'un grand fleuve, qui après l'avoir traversé par un cours de plus de 800 lieues, vient se jetter dans le golfe du Mexique.

C'est dans ces terres nouvellement découvertes, qu'est établie cette fameuse Colonie, qui depuis l'année 1717, fait l'attention de toute l'Europe, & l'espérance de la France, pour l'établissement d'un de ses plus importans négoces.

*On peut voir a l'article des* COMPAGNIES DE COMMERCE, *les différens progrès de cette Colonie; d'abord sous le sieur Robert Cavillier de la Salle son Fondateur, ensuite successivement sous Messieurs d'Hiberville & de Croisat; & enfin sous les Directeurs de la Compagnie d'Occident, ou comme on l'a depuis appellée, de la Compagnie des Indes.*

C'est donc seulement de l'état où elle se trouve présentement, & de son Commerce naissant, qu'on a dessein de parler ici.

Le principal établissement de cette Colonie, ou pour mieux dire, la Capitale de tout le Pays, & le centre de son Commerce, est la Ville à laquelle on a donné le nom de nouvelle Orléans, pour conserver la mémoire de la Régence du Prince sous la protection & les auspices duquel elle a été fondée.

Sa situation est sur le bord du fleuve, assez près de la mer, pour en avoir la commodité, & faciliter la charge & décharge des marchandises des vaisseaux; & assez éloignée, pour ne pouvoir souffrir de son mauvais air, ou de son voisinage, quand elle est irritée.

Le plan de cette Ville est dressé pour qu'elle ait une lieue de circuit; & déja plus de 600 bâtimens commencent à y former des Places publiques, & des rues toutes tirées au cordeau, chaque Habitant qui les occupe, & qui y exerce sa profession, ayant, par une espece de don gratuit, outre une exemption de tous droits, 120 arpens de terres à la campagne, qu'il peut faire cultiver pour son compte.

Les Engagés de la Compagnie, dont le service, comme dans les Colonies des Isles Françoises, est de trois ans, mais dont le traitement est bien différent, reçoivent pour récompense au bout de leur tems, 30 arpens de terre en propre, avec les grains nécessaires pour les ensemencer, & les instrumens pour les cultiver.

Les magasins bâtis dans la nouvelle Ville, doivent être toujours remplis de marchandises, vivres, denrées, outils, & instrumens nécessaires pour le soutien du grand nombre d'Habitans, de Laboureurs & d'Artisans qu'on y a déja passé; qu'on leur vend, ou qu'on leur avance à un prix très modique, & suivant les Tarifs qui y sont affichés, pour prévenir les abus trop ordinaires dans les autres Colonies, qui sont souvent la cause de leur dépérissement.

C'est le long des deux Côtes du fleuve que sont placées les concessions que plusieurs Personnes puissantes de Paris, & des Provinces, ont acquises de la Compagnie, pour les faire valoir à leurs dépens; y en ayant de 10 & de 20 lieues en carré, & même davantage, où l'on commence déja à défricher les terres, à semer des blés, planter du tabac, cultiver du coton, faire de l'indigo, élever des vers à soie; enfin faire tout ce qui est propre à mettre en valeur un Pays très fertile, & qui ne demande qu'un assez leger travail, pour payer au centuple les frais des Propriétaires des concessions, & la peine de leurs Ouvriers & des Habitans à qui ils en confient le soin.

Outre les marchandises qui proviennent de la culture de la terre, dont on a déja vû des retours en France; on peut faire aussi dans la Louisiane un grand Commerce avec les Habitans naturels de ce vaste Pays, qui ne sont ni farouches ni cruels, comme la plupart de ceux du Canada; mais qui s'apprivoisent aisément avec leurs nouveaux Voisins, & qui semblent disposés à ne faire qu'un Peuple avec eux, tant ils traittent avec familiarité, & peu de défiance avec les François de la Colonie, soit que ceux-ci se hasardent d'aller porter des marchandises d'Europe jusques dans leurs Villages, soit que les Sauvages viennent apporter & échanger les leurs dans les magasins de la nouvelle Orléans.

Les principaux de ces Sauvages avec qui on a déja commencé de faire la traitte, sont les Hannetons, les Issalis, les Chuas, les Tintonkas, & les Nadonessans, qui habitent les environs du fleuve.

Les marchandises qu'on en peut tirer, sont toutes les mêmes especes de pelleteries que fournissent les Sauvages du Canada, & quelques-unes qui leur sont propres; mais particuliérement les peaux, ou cuirs verds des taureaux du Pays, que les Espagnols appellent Cibola, & le poil de ces animaux, qui est une espece de laine longue, fine, & lustrée, dont ils font quantité de petits ouvrages à leur usage, & qu'on ne doute point qui ne réussisse parfaitement dans les Manufactures de lainerie de France.

On y traitte aussi quantité de peaux d'autres animaux, sur-tout d'ours, de chevaux, & de chevreuils; celles-ci y étant à si bon marché, que chaque peau ne vaut que depuis 10 jusqu'à 20 balles de fusil, suivant que le plomb est rare, ou commun dans la Colonie.

L'espérance d'y trouver de l'argent, dont on s'est flatté d'abord, semble de plus en plus se fortifier; & par les épreuves qu'on a faites des diverses minerais qui ont été apportés en France, il paroît qu'on en peut tirer jusqu'à 6 livres d'argent par quintal; ce qui est un produit où il n'y a gueres de mines des Espagnols qui puissent aller; les Ouvriers de cette Nation qui y travaillent, estimant bonnes celles qui rendent 2 pour cent.

Il y a même quelques-uns des Sauvages qui habitent le haut pays de Missisipi, qui ont déja apporté des échantillons des minerais d'or, qu'ils disent qui se trouve dans les montagnes voisines de leur Nation. Ils nomment cet or, Cuivre jaune, & ne l'estiment pas plus que le véritable cuivre dont sont faites les chaudiéres qu'ils troquent avec les François.

Les mines des autres métaux que les Sauvages font entendre que l'on pourroit tirer de leurs montagnes; sont de l'argent, du cuivre, du plomb, & du vif-argent; il y en a qui y mettent aussi le fer & l'acier, avantage, si cela étoit, que la Louisiane auroit sur tout le reste de l'Amérique, où il ne se trouve aucune mine de ces deux métaux.

Ces mines, si les Relations des Sauvages sont certaines, pourront un jour enrichir la Colonie; mais les vraies richesses dont elle peut jouir dès à présent, consistent dans cette grande quantité de bestiaux, dont les plaines & les forêts de la Louisiane sont remplies, qu'il est facile d'apprivoiser, & dont on voit déja plusieurs dans quelques Habitations, devenues aussi privées, & comme on dit, aussi domestiques que le gros & menu bétail, dont on voit de si grands troupeaux dans les meilleurs pâturages de France.

Ces bestiaux sont des chevaux, des ânes, des taureaux, des vaches, des moutons, des chevres, & des cochons, dont les Sauvages font de grands abbatis dans leurs chasses, & dont ils apportent les chairs & les peaux à la Colonie, qu'ils troquent presque pour rien aux Habitans.

Les poules, & les autres volailles du Pays, commencent aussi à peupler les basses-cours des Habitations, outre celles qu'on a soin d'y porter par tous les vaisseaux qui partent de France pour la Louisiane.

On y trouve aussi en quantité diverses sortes de bois, ou propres pour les constructions de marine & de terre, ou qu'on peut employer en marqueterie & en menuiserie de placage; ou qui peuvent servir aux Teinturiers dans plusieurs de leurs ouvrages. Les principaux sont le chêne, le noyer, le cyprès, & le cedre blanc & rouge.

Mais c'est sur-tout l'abondance des mûriers, & les vers à soie qui s'y trouvent communément, qui semblent préparer un grand Commerce à la Colonie. Les mûriers commencent à 5 lieues de la mer; & il est ordinaire d'y trouver dessus des coques de vers à soie qui s'y perpétuent naturellement, & dont on tire une soie excellente, que quelques-uns préferent même à celle de Messine.

Le bray & le goudron se peuvent aussi fabriquer en plusieurs endroits de la Louisiane.

Les marchandises de France qui sont propres pour ce Commerce, ne sont point différentes de celles dont on a donné la cargaison pour les Isles Françoises, & pour le Canada; à la réserve que jusqu'à ce que la terre soit capable de nourrir ses Habitans, il faut y ajouter quantité de farines, de fromens, de grains, de ris, de légumes, & de tout ce qui sert à la nourriture d'une si nombreuse Colonie.

A l'égard des marchandises propres pour la traitte avec les Sauvages, celles dont jusqu'ici ils paroissent faire le plus de cas, sont:

De grosses couvertures de laine, qui servent d'habits à la plupart.

Des draps de Limbourg, rouges ou blancs, les couleurs sombres ne leur plaisant pas.

Des habits tout faits de ces mêmes draps.

Des chapeaux communs, dont l'usage s'établit beaucoup parmi eux.

Des couteaux, des haches, des pioches.

De petits miroirs, de la rassade, & du vermillon.

Il s'y fait aussi un grand négoce de Negres, que les vaisseaux de la Compagnie vont traitter sur les Côtes de Guinée; non pas en droiture de la Louisiane, ce qui est défendu par les Lettres patentes accordées à la Compagnie, mais en partant de France, & y faisant leur cargaison pour le Commerce de ces malheureux Esclaves.

L'argent en espece qui a le plus de cours dans la Colonie, sont les piastres, qui y sont reçus sur le pied de cent sols, & les matieres d'argent à proportion.

Sa Majesté a ordonné au surplus, que celles qui viendroient de cette Colonie, seroient reçues aux Hôtels des Monnoies, & payées comptant sur le pied de 60 livres le marc; & en cas de variation dans le prix des monnoies du Royaume, que la valeur desdites piastres seroit payée poids pour poids en especes qui se fabriqueront alors, sans réservation des frais de la fabrication; ce qui s'entend aussi des matieres d'argent, mais celles-ci à proportion de leur titre: le tout néanmoins à la charge de rapporter des certificats dans les formes ordonnées par l'Arrêt, que les piastres, ou matieres d'argent ont été embarquées à la Louisiane, & qu'elles appartiennent à la Compagnie.

*Etat de la Colonie de la Louisiane en 1720 & 1721.*

Les deux principaux Officiers de la Colonie, sont, un Directeur Ordonnateur, qui a toute autorité sur les Employés pour le Commerce, la navigation, & les établissemens faits ou à faire; & un Commandant des Troupes, dont l'inspection & le pouvoir ne s'étendent que sur le militaire & les Nations sauvages.

Les Ports, les postes, & les établissemens que les François y occupent présentement, sont déja jusqu'au nombre de seize ; sçavoir, l'Isle aux Vaisseaux, le Biloxi, ou Fort-Louis ; la nouvelle Orléans, le Manchac, les Natchez, les Natchitoches, les Yasous, les Illinois, Ouabache, l'Isle Dauphine, le Fort de Condé, les Alibamons, la Baye S. Bernard, la Riviere aux Cannes, les Padoucas, & les Missouris. On va entrer dans le détail de tous ces établissemens.

Isle aux Vaisseaux. Le mouillage des bâtimens de la Compagnie étoit autrefois à la passe de l'Isle Dauphine ; mais cette passe s'étant bouchée, l'on a choisi l'Isle aux Vaisseaux pour en servir à l'avenir ; sa situation à 4 lieues de la terre ferme, & sa commodité pour le chargement & déchargement des vaisseaux, l'ayant fait préférer à tous les autres endroits qui avoient été proposés.

L'on y a ordonné, & l'on y commence la construction d'un Fort, avec les casernes, les logemens, & les magasins nécessaires : la Compagnie y entretiendra un Commandant particulier, & un Major.

La rade de cette Isle est excellente ; les vaisseaux y sont en sureté, & ils peuvent mouiller assez près de l'Isle, pour être à portée d'un canon de deux livres de balle.

Le Biloxi, ou Fort-Louis. Ce poste est situé en terre ferme, à 4 lieues de l'Isle aux Vaisseaux, qu'il a devant lui, & qui en quelque sorte le couvre.

Sa situation est si heureuse, que non-seulement il est facile de le mettre en sûreté avec très peu de fortifications ; mais encore qu'en tems de guerre, on aura la commodité d'en transporter, presque sans danger, les marchandises & les Habitans à la nouvelle Orléans, ou à la Mobile.

Ces considérations & ces avantages, ont fait prendre le parti d'en faire le principal établissement pour y recevoir les nouveaux cotons, & les marchandises à leur arrivée de France.

On a déja commencé à y construire des magasins & des bâtimens de toute espece. Le grand nombre d'Ouvriers qu'on y employe, ne laissant aucun lieu de douter que ce poste ne soit bien-tôt à sa perfection.

Entr'autres bâtimens, on y doit faire un Hôpital pour les Passagers & les Matelots qui seront tombés malades sur les vaisseaux pendant la traversée ; & afin qu'il n'y manque aucun des rafraîchissemens dont on a besoin après un si long voyage, on a commencé à y former une Habitation considérable, accompagnée de jardins & de basses-cours ; celles-ci pour y élever toutes sortes de gros & menu bétail, & de volailles ; & ceux-là pour y semer les diverses légumes qu'on y apporte de France, & y planter des arbres fruitiers de toutes les especes, ou qui se trouvent dans le Pays, ou qui viennent d'Europe.

Les terrains qui se trouvent aux environs du Biloxi, ne sont pas également propres pour la culture ; il y en a néanmoins d'excellens par intervalles.

Ce Poste a son Commandant particulier, & son Major.

La nouvelle Orleans & le Manchac. On joint ensemble ces deux établissemens, quoiqu'ils soient à plus de vingt-cinq lieues l'un de l'autre, parce que le dernier est comme la décharge du premier, & qu'ils ont été, pour ainsi dire, faits pour se soutenir l'un l'autre ; outre qu'on a résolu que le nom de nouvelle Orléans restera à celui des deux qui deviendra le plus considérable.

Monsieur de Bieuville Gouverneur Général de la Louisiane, est celui qui a fait l'établissement de la nouvelle Orléans. Il l'a placée au portage des Colapissas, environ à 40 lieues de l'embouchure du Missisipi, également à portée du Commerce qui se fait par cette riviere, & de celui qu'on peut faire par les lacs. Il y avoit déja 300 Habitans en 1718, & le nombre s'en est depuis de beaucoup augmenté.

La premiere vue de la Compagnie en établissant la nouvelle Orléans, étoit d'y former de gros magasins, pour fournir tous les établissemens qui se feroient sur le Missisipi, & sur les rivieres qui viennent s'y décharger ; mais l'expérience ayant fait reconnoître la difficulté qu'il y auroit de faire des bâtimens solides sur les bords de ce fleuve, à cause qu'il est sujet à se déborder, on a commencé à construire au Manchac les magasins qu'on avoit d'abord résolu de faire à la nouvelle Orléans.

Le Manchac est un petit ruisseau qui sort du Missisipi, & qui tombe dans le lac de Maurepas, qui a communication avec celui de Pontchartrain ; ce dernier communiquant lui-même avec la mer : en sorte que les barques & batteaux qui partiront de l'Isle aux Vaisseaux, ou du Biloxi, pour porter au magasin du Manchac, les marchandises arrivées par les vaisseaux de France, allant gagner le lac de Pontchartrain en rangeant la Côte, n'auront à craindre ni Corsaires, ni coups de mer.

Une autre commodité du Manchac, est que l'on y établira le Port des petits bâtimens destinés à la navigation de la riviere du Missisipi ; ce qui les conservera plus long-tems, parce que ne descendant point à la mer, ils ne seront pas piqués de vers.

Le terrain de la nouvelle Orléans est excellent pour la culture du ris ; il y a aussi de bons cantons pour le tabac. Cet établissement s'avance beaucoup, par le grand nombre de petits Colons qui y sont, & qui y ont déja défriché quantité de terres. Pour l'augmenter, la Compagnie a ordonné d'y placer tous les Soldats de la Colonie qui voudront se faire Habitans.

On y a établi un Commandant particulier, & un Major, dont l'autorité s'étend pareillement sur le Manchac.

Les Natchez. Ce poste est établi pour se faire respecter des Sauvages, & faciliter la navigation du Missisipi, par les vivres qu'on y prend en passant.

Il est à 90 lieues de la nouvelle Orléans ; le terrain y est assez bon pour le blé, & très excellent pour le tabac : il y a des cantons où le ris vient à merveille.

Les Cultiveurs de tabac, que la Compagnie a envoyés en 1719, y ont été établis au mois de Février 1720, & le canton commence à se bien peupler. Pour la sûreté des Habitans & de la navigation, on y a élevé un petit Fort, où la Compagnie entretient une Garnison ; il n'y a pas néanmoins de Commandant particulier, ni de Major.

Les Natchitoches. Ce poste est établi sur la riviere rouge depuis l'année 1717. La vûe qu'on a eue dans cet établissement, a été de s'approcher des Espagnols, & de se conserver le Commerce des Sauvages, dont les Habitations sont répandues en assez grand nombre le long de cette riviere.

Le terrain est assez bon, & il commence à se découvrir, & à se cultiver.

Les Yasous. Cet établissement prend son nom de la riviere sur laquelle il a été fait, qui est environ à 15 lieues du Mississipi, & à 30 au dessous des Natchez. Son terrain est un des meilleurs de la Louisiane, facile à cultiver, & également propre pour les productions de l'Amérique, comme le tabac & l'indigo; & pour les grains & les légumes d'Europe.

L'utilité de ce poste est double; il fournit des vivres pour les convois qui montent aux Illinois, & tient en respect les Coureurs des Nations voisines.

Les Illinois. Ce poste est situé sur le Mississipi, vers l'embouchure du Missouri. On croit ce canton rempli de mines; le terrain y peut produire toutes les choses nécessaires à la vie, & l'on y peut faire un Commerce considérable de pelleterie.

Cet établissement projetté depuis long-tems, n'a été fait qu'au commencement de l'année 1720, deux Compagnies d'Infanterie, & un assez bon nombre d'Ouvriers & d'Habitans y ayant été conduits par M. de Boisbriant Lieutenant de Roi de la Louisiane, pour en exécuter le projet.

Le Fort qu'on y a construit, est situé à 8 lieues au dessus du Village des Kaskassias, sur le bord du Mississipi: on le nomme le Fort de Chartres.

Aux environs du Fort, est une plaine de plus de 6 lieues d'étendue, propre à produire du ris & du blé en abondance, & presque sans aucun travail, le terrain étant disposé à recevoir la charue sans aucune de ces préparations qui dans les Colonies naissantes causent tant de fatigues aux Habitans.

L'épreuve des premieres semences ayant bien réussi depuis un an ou deux, les Habitans des Illinois ont semé en 1720, 525 minots & demi de froment, & 36 minots & demi de pois, & de fayols; & il y a toute apparence que lorsque cette Habitation se sera fortifiée, & qu'elle aura reçu tous les secours qu'on lui prépare, & qui avoient été en partie interrompus par la guerre avec l'Espagne, elle pourra aisément fournir tous les vivres qui seront nécessaires pour le bas de la Colonie; ensorte qu'il ne sera plus nécessaire d'y porter des farines, ni des grains.

Il y a un Commandant particulier, & un Major au Fort de Chartres.

Les Jesuites qui sont établis aux Illinois, sont ceux qui y ont poussé avec plus de succès la culture des blés. Ils avoient dès l'année 1718, construit un moulin à vent, & travailloient à la construction d'un second. Ils avoient même découvert dans le Pays, des salines, dont le sel étoit propre à la salaison des chairs, dont ils avoient envoyé à la Colonie du bas de la riviere, jusqu'à 200 quintaux.

Ouabache. L'établissement de ce poste n'a encore guere été plus loin que le projet de le faire. On y a néanmoins déja envoyé quelques gens en prendre possession. L'Habitation, & le Fort qui doit la soutenir, seront placés dans une fourche formée par la riviere d'Oüabache, qui tombe dans le Mississipi à 25 lieues au dessous des Illinois.

Ce canton est très fertile, & les belles prairies qui s'y trouvent, sont couvertes de quantité de bœufs sauvages, des peaux desquels on pourra faire un grand Commerce.

On destine une Compagnie d'Infanterie pour la garde du Fort d'Oüabache, dont le Capitaine commandera dans tout le canton.

L'Isle Dauphine. On a dit ci-dessus pourquoi ce poste avoit été abandonné; on y a néanmoins conservé un Fortin, où l'on a laissé un Officier avec 10 Soldats, pour avertir des vaisseaux qui paroissent à la Côte.

Le Fort de Condé. Ce poste est situé sur la Baye de la Mobile: il a d'abord été appellé Fort-Louis; mais depuis que le Biloxi est devenu le principal établissement des François sur les Côtes de la Louisiane, il a pris le nom de Fort de Condé, & a cédé celui de Fort-Louis au Fort qu'on a bâti à l'Habitation du Biloxi.

Comme ce poste est le premier que les François ayent occupé à la Louisiane, il est le plus peuplé, & le mieux établi de la Colonie; il est même si heureusement situé depuis que la passe de l'Isle Dauphine s'est bouchée, qu'il n'a plus besoin d'être fortifié, étant inabordable du côté de la mer, & n'ayant rien à craindre du côté des terres.

Il y a beaucoup de sable, ainsi que tout le long de la Côte; mais il se soutiendra toujours par le Commerce des Alibamons.

Il y a un Commandant particulier, & un Major.

Les Alibamons. Cet établissement prend son nom d'une riviere qui tombe dans la Mobile, le long de laquelle habitent les Alibamons, Nation sauvage très considérable dans cette partie de l'Amérique.

Le terrain est très bon pour le blé, & pour toutes sortes de légumes; on commence aussi à y faire du tabac, qui y réussit parfaitement bien.

Ce poste étant très important pour mettre à couvert la Colonie des courses & des surprises des Peuples voisins, on y entretient une forte Garnison; & l'on a résolu de le faire fortifier, pour le mettre tout-à-fait hors d'insulte. Il a un Commandant particulier, & un Major.

La Baye Saint-Bernard. Cette Baye est à l'Ouest du Mississipi, elle sert comme de limites entre les François & les Espagnols; & c'est de là que ces deux Nations pourront aisément entretenir réciproquement un Commerce très considérable, soit par mer, soit par terre.

Quantité de rivieres tombent dans cette Baye, le long desquelles sont les terres les plus fertiles de la Louisiane. La Compagnie en a pris possession, mais elle n'y a pas encore d'Habitations réglées; on se dispose néanmoins d'y faire un des plus solides établissemens de la Compagnie, & déja on en a nommé le Commandant, & le Major. Il y a bien de l'apparence qu'à l'arrivée des vaisseaux qu'on attendoit de France, & qui devoient transporter à la Colonie quantité de nouveaux Habitans Allemands & Suisses, on y en aura envoyé une partie, comme on l'avoit projetté.

On remarquera en passant, que c'est dans cette Baye, & au même endroit que les François y vont occuper présentement, que le sieur de la Salle avoit fait son établissement en 1685. Les Espagnols avoient depuis semblé vouloir s'y établir, mais ils n'y ont jamais eu ni de Fort, ni d'Habitation.

C'est un Pays abondant en toutes sortes de bestiaux; on dit même qu'on y trouve de la cochenille en quantité, & du gensein.

La Riviere aux Cannes. Ce poste est le plus avancé du côté des Espagnols, & est, pour ainsi dire, à la porte du nouveau Mexique; la Riviere aux Cannes, vers le haut de laquelle on a fait cet établissement, ayant sa source aux mines de cette riche partie de l'Amérique Espagnole, d'où elle vient s'emboucher dans la Baye Saint-Bernard.

L'établissement de ce poste est nouveau, & il n'y a des Troupes & des Habitans, que depuis le mois d'Aout 1720. On prétend y mêler aux Colons François, des Colons Suisses & Allemands, du nombre de ceux qu'on attendoit de France.

Le Fort qu'on y a commencé, & qui aura son Commandant particulier, & son Major, tiendra les Espagnols du Mexique en respect, & assurera le Commerce qu'on pourra faire avec eux; Commerce qui paroît presque immanquable, par la nécessité que ceux des Espagnols qui sont sur cette frontiere, ont de presque toutes les marchandises d'Europe, que les François leur pourront fournir; & par la grande quantité de piastres qu'ils ont, qu'ils donneront en échange, & qui restent comme inutiles entre leurs mains, n'ayant personne avec qui en traitter.

Les Padoucas. Ce poste est aussi d'un très nouvel établissement, le sieur Diron Inspecteur Général des Troupes de la Louisiane, n'ayant commencé d'y travailler qu'en 1719. Il est situé au haut de la riviere des Akanças, qui tombe dans le Missisipi, à 80 lieues au dessous de celle des Yasous.

Cette riviere des Akanças prend sa source chez les Padoucas, Nation sauvage, qui a ses habitations dans la partie du Nord du Nouveau Mexique. Le Pays qu'ils occupent est très fertile, & a beaucoup de mines d'or & d'argent. On y trouve aussi plusieurs sortes de pierreries. Les Espagnols y vont en caravane, & ont avec eux une espece de Commerce réglé.

C'est pour leur enlever ce Commerce, ou du moins pour le partager avec eux, qu'on s'est assuré d'un poste au haut de la riviere, dans un des Villages des Padoucas, où l'on a commencé un Fort, dans lequel on entretiendra une forte garnison, qui aura son Commandant particulier & son Major.

Le nom Espagnol, qui est odieux à tous les peuples de l'Amérique, particuliérement à ceux qui ne leur sont pas encore assujettis, & la commodité de la riviere pour le transport des marchandises, font croire aux François, que les Padoucas leur donneront au moins la préférence dans le négoce qu'ils voudront bien entretenir avec les Nations d'Europe.

Les Missouris. Ce poste n'est presque encore qu'en projet: cependant le sieur de Bourmont, qui s'est fait reconnoître Chef de toutes les Nations sauvages, qui habitent le long de la riviere des Missouris, & des autres qui y tombent, a été chargé d'en faire l'établissement dans un endroit commode de la premiere de ces rivieres.

La vûe qu'on a dans l'établissement de ce poste, est de soutenir celui des Padoucas, en empêchant toutes ces Nations de le troubler; & en les engageant au contraire à le favoriser, en considération du négoce qu'on va établir parmi elles.

Pensacola. On ne met point ce poste au nombre de ceux que les François occupent à la Louisiane, quoiqu'il soit présentement entre leurs mains, & qu'il leur appartienne jusqu'ici par droit de conquête.

M. de Bienville Gouverneur Général de la Louisiane, prit sur les Espagnols Pensacola au mois de Juillet 1719. Une escadre de la Havane, fortifiée des vaisseaux François le Villars & le Comte de Toulouse, que les Espagnols avoient arrêtés contre la Capitulation, la reprit le 10 du mois d'Aout suivant; mais M. de Champmelin, Chef d'Escadre des armées navales de France, étant arrivé à la Louisiane le dernier du même mois avec quelques vaisseaux du Roi & de la Compagnie, il alla le 17 Septembre attaquer l'Escadre Espagnole jusques dans le Port de Pensacola; & après s'être rendu maître de tous les bâtimens qui la composoient, il obligea la garnison du Fort de se rendre le même jour à discrétion.

Le Port de Pensacola est le plus beau Port qu'il y ait sur les Côtes de la Louisiane, où il est situé à l'Est; mais il est trop éloigné de la riviere du Missisipi, pour y faire le déchargement des vaisseaux qui arrivent de France: tout au plus il pourroit servir aux Escadres du Roi; encore faudroit-il, pour qu'elles y fussent en sureté, y construire trois Forts; deux pour défendre l'entrée du Port; & le troisiéme pour couvrir les vaisseaux du côté de la terre.

Le terrain y est très mauvais, & ne peut absolument rien produire. Il y passe néanmoins une petite riviere bordée de très beaux arbres, propres à faire des mâts.

La Louisiane étant, pour ainsi dire, d'une étendue immense, la Compagnie n'a pû se dispenser d'établir ce grand nombre de postes, dont on vient de parler, soit pour se conserver la possession des terres de sa concession, soit pour protéger son Commerce contre les Ennemis du dedans & du dehors; soit enfin pour se faire respecter des Sauvages, & soutenir les nouveaux Colons qui se sont établis à portée de ces postes.

Il passa à la Louisiane en 1720, plus de 1500 personnes pour le compte de divers Concessionnaires particuliers, qui y avoient acquis des habitations dans tous les lieux protégés par les postes ci-dessus; & l'on en attendoit encore plus de 4000, Suisses ou Allemands, qui étoient à l'Orient, Port de France accordé à la Compagnie pour ses armemens, où on leur préparoit des vaisseaux de transport.

Il est vrai que depuis l'année 1720, il est arrivé divers changemens en France, par rapport à la grande Compagnie des Indes, dont la Louisiane fait une partie de la concession: mais la Colonie du Missisipi n'a point été abandonnée; & les nouveaux Directeurs, ou Regisseurs, comme on les appelle présentement, en prennent autant & plus de soin que jamais.

L'Etat Major général de la Louisiane, sur le pied qu'il est présentement (1721,) est composé d'un Commandant Général, de deux Lieutenans Généraux, d'un Major Général, & d'un Inspecteur Général des Troupes & Milices.

Il y a outre cela un Commandant particulier & un Major dans chaque poste important, comme on l'a déja expliqué.

Les Troupes entretenues consistent en vingt-une Compagnies d'Infanterie Françoise de 50 hommes chacune, & en une Compagnie d'Ouvriers Suisses de 210 hommes; ce qui compose en tout 1260 Soldats, sans y comprendre les Officiers des Compagnies.

On entretient encore quelques Officiers réformés, qu'on a jugé nécessaires pour contenir le Soldat & le discipliner; & aussi pour commander les Milices, en cas de besoin. Ces Officiers montent à leur rang aux places qui viennent à vaquer.

Outre ces Officiers, il y a pour la direction & conduite des fortifications, un Ingénieur en chef, deux Ingénieurs en second, & un troisiéme pour suppléer au défaut des autres; & une Compagnie de près de 200 Ouvriers, qui aussi-bien que les Suisses, dont on a parlé ci-dessus, sont destinés à travailler aux fortifications.

## REGLEMENT POUR LA COLONIE de la Louisiane.

Le Roi ayant trouvé à propos de nommer en 1721 des Commissaires du Conseil pour la régie de la Compagnie des Indes ; & cette Compagnie ayant résolu pour se conformer aux intentions de Sa Majesté, de soutenir la Colonie de la Louisiane, & de procurer aux habitans qui y sont établis, les moyens de tirer tous les avantages qu'ils pouvoient espérer de leur travail : les premiers soins de Messieurs les Commissaires furent de mettre cette nouvelle Colonie dans une meilleure régle qu'elle n'avoit été jusqu'alors ; & pour cela de donner un Réglement général qui seroit observé à l'avenir dans toutes les habitations & les quartiers qui la composent.

Ce Réglement consiste en douze articles, dont une partie régle les prix que la Compagnie doit payer des marchandises que les habitans fourniront dans ses magasins ; & l'autre le prix des marchandises soit d'Europe, soit d'autre part, que la même Compagnie aura dans ses magasins, pour être prêtées ou vendues auxdits habitans, les Négres sont compris dans cette seconde classe. Le reste des articles regarde la Religion, & divers établissemens utiles à la Colonie, soit par rapport à la Police & au Gouvernement, soit par rapport à la conduite des Employés & Commis de la Compagnie dans ses Bureaux & magasins.

Ce Réglement est trop important pour n'être donné qu'en extrait, & l'on croit faire plaisir au Lecteur de le mettre ici en son entier.

### ARTICLE PREMIER.

Les Négres seront vendus aux habitans au prix de six cent soixante livres piece d'Inde, conformément à ce qui a été précédemment réglé par la Compagnie, pour le payement desquels ils feront leurs billets payables en trois ans par parties égales, du jour de la livraison du tabac, ou en ris, suivant qu'il sera réglé par les Directeurs, par rapport à la qualité des terres des habitans.

Si après la seconde année échue, l'habitant qui aura reçu des Négres, se trouve débiteur de ses billets en entier, sans avoir fait le payement de la premiere année, les Négres seront vendus au profit de la Compagnie après un seul commandement de payer, & sera la vente desdits Négres affichée, indiquée & publiée dans toutes les habitations du quartier un mois d'avance : si le produit de la vente desdits Négres ne suffit pas pour le payement de la Compagnie, le débiteur sera contraint par corps au payement du surplus, & sera conduit en prison dans le Chef-lieu ou Résidence du Commandant du quartier, pour y demeurer jusqu'à parfait payement.

### II.

Le tabac bon & marchand en feuilles ou manoques, sera payé aux habitans à raison de vingt-cinq livres le quintal poids de marc, & sera seulement pris deux pour cent de bon poids.

Il sera libre aux habitans de le fournir en futailles ou en caisses suivant leur commodité.

Les habitans qui voudront le mettre en caisses, s'assujettiront à les faire de la grandeur convenable pour contenir deux cent livres de tabac bien pressé, & afin qu'il n'y ait point de difficulté sur la tarre des caisses, il sera libre aux habitans d'en faire vuider quatre caisses sur cent, le poids desquelles servira de regle pour la tarre des autres.

### III.

Le tabac & le ris seront livrés par les habitans aux comptoirs du nouveau Biloxi, de la nouvelle Orléans, & de la Mobile, & non ailleurs. Le tabac sera reçu également dans ces trois comptoirs, au prix de vingt-cinq livres le quintal.

### IV.

Le ris sera payé à douze livres le quintal poids de marc, deux pour cent de bon poids ; & la même chose sera observée tant pour la tarre des barils, que pour celle des caisses de tabac. Il sera libre aux habitans de le livrer en balles de toile, auquel cas la tarre d'une balle de deux cent livres sera de deux livres.

Si les habitans trouvent moyen de le livrer dans quelque espece de natte de jonc ou autre de la fabrique du pays, pour épargner la toile, la tarre en sera vérifiée sur le pied que péseront quatre de ces emballages pour cent.

### V.

Nous exhortons les habitans à ne pas négliger la fabrique de la soie, & à replanter des mûriers sur leurs habitations pour qu'ils se multiplient, en attendant qu'il y ait assez de monde pour travailler à la soie, qu'ils doivent regarder comme un objet considérable.

### VI.

Le surplus des autres marchandises du crû & culture de la Colonie & celles de la Traitte, comme peaux de chevreuils, castors & autres, seront reçus dans les trois comptoirs ci-dessus, aux prix ordinaires portés par le tarif de la Compagnie des Indes.

### VII.

Les marchandises de France seront vendues aux habitans sur le pied ci-après.

Sçavoir :

Au Biloxi, à la Mobile, & à la nouvelle Orléans, à cinquante pour cent de bénéfice sur la facture de France ; au Natchez & aux Yasous, à soixante & dix de bénéfice ; aux Natchitoches & aux Akansa, à quatre-vingt pour cent ; aux Illinois à cent pour cent ; & aux Alibamons à cinquante pour cent.

Le vin sera vendu cent vingt livres la barique, le quart d'eau-de-vie cent vingt livres, les demi-quarts, & ancres à proportion.

### VIII.

Sur ce que nous avons été informés que les Commis de la Compagnie ont ci-devant détourné les marchandises les plus recherchées, pour les survendre aux habitans à leur profit, à des prix bien plus forts que ceux réglés par la Compagnie ; nous leur avons défendu de faire aucun commerce directement ni indirectement, pendant le tems qu'ils seront employés au service de la Compagnie ; en cas que quelques-uns d'eux contrevînt à nos défenses, nous ordonnons aux habitans de les dénoncer aux Directeurs ; qui leur adjugeront la confiscation des marchandises, & de nous en donner avis en même tems.

### IX.

Pour que les habitans soient informés des marchandises qui seront dans les magasins de la Compagnie, nous avons donné nos ordres pour que tous les premiers jours de chaque mois il en soit affiché une liste à la porte des magasins du nouveau Biloxi, de la nouvelle Orléans, & de la Mobile ; & attendu qu'il pourroit y avoir des marchandises au nouveau Biloxi, qui ne se trouveroient point à la nouvelle Orléans & à la Mobile, la liste de celles des magasins du nouveau Biloxi sera affichée à la Mobile & à la nouvelle Orléans, où elle sera envoyée par les premieres occasions qui se trouveront les premiers jours de chaque mois.

X.

Il sera envoyé des especes de cuivre pour payer la solde des troupes, & les dépenses journalieres de la Compagnie, lesquelles auront un cours invariable; sçavoir, celles de vingt au marc pour dix-huit deniers; celles de quarante au marc, pour neuf deniers; & celles de quatre-vingt au marc pour quatre deniers & demi. Les habitans ne doivent faire aucune difficulté de recevoir lesdites especes des Troupes & autres, en payement des marchandises qu'ils leur vendront; parce que ces mêmes especes seront reçues dans les comptoirs de la Compagnie en payement de toutes sortes de marchandises pour la même valeur, sans aucune distinction des especes d'or & d'argent.

XI.

Nous envoyons des ordres pour diviser la Colonie en neuf quartiers; qui sont la nouvelle Orléans, le Biloxi, la Mobile, les Alibamons, les Natchez, les Yasous, les Natchitoches, les Akansa, & les Illinois.

Les habitans seront informés par le Conseil de la Louisiane de quel quartier ils seront.

Il y aura dans le Chef-lieu de chaque quartier un Commandant & un Juge, du jugement duquel les appellations seront portées au Conseil supérieur établi au nouveau Biloxi.

Cet ordre est établi pour que les habitans soient à portée de demander au Commandant de leur quartier la protection dont ils auront besoin, & ne soient point obligés de s'éloigner de leurs habitations pour faire juger les affaires qui pourront naître entr'eux, & nous les exhortons d'éviter les procedures autant qu'il leur sera possible, de vivre en bonne union & concorde, & de se secourir mutuellement.

XII.

Nous les exhortons pareillement à être plus réguliers à remplir les devoirs de Chrétien & de la Religion, qu'ils ne l'ont été jusques à présent; & pour les mettre en état d'y satisfaire, nous donnons nos ordres pour qu'il soit établi des chapelles & Eglises en nombre suffisant, pour que les habitans soient à portée d'aller au Service Divin & de recevoir les Sacremens.

Ce Réglement est datté du 2 Septembre 1721, & signé Ferrand, de Machaut, & Dodun.

Depuis ce tems-là, il a été fait par la Compagnie des Indes plusieurs autres Réglemens concernant les cultures & le commerce de cette Colonie, où ils ont été publiés.

Ce pays produit beaucoup de ris; on y fait de bel indigo, du coton, du bray, du gaudron. On compte y faire beaucoup de soie, attendu que les mûriers y sont communs, & que les vers y réussissent parfaitement bien; mais jusques à présent la principale production de cette Colonie est le tabac.

La Nouvelle Orléans qui est le Chef-lieu, est déja bien bâtie, le Conseil Supérieur de la Province y réside; & c'est-là que la Compagnie tient son Comptoir général & ses principaux magasins. La Paroisse est desservie par des Capucins. Il y a des Religieuses Ursélines, qui sont chargées du soin de l'Hôpital.

L'Eglise de la Louisiane est partagée entre les RR. PP. Jésuites & les RR. PP. Capucins; les premiers ont les Missions Sauvages; les autres ont les Etablissemens François.

Les vaisseaux qui vont à la Louisiane ne mouillent plus à l'Isle aux Vaisseaux, parce que l'établissement du Biloxi a été transféré à la nouvelle Orléans. Ils vont droit à l'Isle de la Balise, qui est à l'entrée du fleuve Saint-Louis, d'où ils montent à la nouvelle Orléans, à moins qu'ils n'ayent ordre de décharger leurs cargaisons à l'Isle de la Balise.

## COMMERCE DE L'ISLE ROYALE, ou CAP-BRETON.

La Colonie de l'Isle Royale est encore plus nouvelle que celle de la Louisiane; les François ne s'y étant établis qu'en 1714, c'est-à-dire, depuis qu'ils ont cédé aux Anglois, par le Traité d'Utreck, le Fort de Plaisance, & les autres postes qu'ils occupoient dans l'Isle de Terre-neuve.

Cette Isle avoit toujours appartenu à la France sous le nom de Cap-Breton, comme faisant partie du Canada; & les François, dès avant l'année 1640, y avoient eu & des Forts, & des Habitations; mais qu'ils avoient ensuite abandonnés; leurs établissemens sur l'Isle de Terre-neuve suffisant à leurs Pêcheurs, & à leurs Marchands, pour y établir & la pêche & le Commerce de la morue seche.

La cession de Terre-neuve aux Anglois, où il n'est plus permis aux Pêcheurs François de faire une pêche sédentaire de ce poisson, a fait reprendre l'ancien projet de peupler l'Isle de Cap-Breton: & pour en assurer encore davantage la possession à la France, le même article du Traité d'Utreck, qui lui ôte Plaisance, lui cede Cap-Breton; & il y est dit, *Que l'Isle appellée Cap-Breton, & toutes les autres quelconques, situées dans l'Embouchure & dans le Golfe de Saint-Laurent, demeureront à l'avenir à la France; avec l'entiere faculté au Roi Très-Chrétien, d'y fortifier une ou plusieurs Places.*

C'est donc du débris de la Colonie Françoise de l'Isle de Terre-neuve, & des restes de celle de l'Acadie, cédée aussi aux Anglois, que le Cap-Breton s'est peuplé, & qu'il compose déja une Colonie florissante, non-seulement par la culture des terres, mais encore par la pêche des morues, pour laquelle, & pour l'abondance du poisson, & pour la commodité des grêves pour le faire sécher, on se flatte que l'Isle ne cédera point à celle qu'on a abandonnée.

Cette Isle est située par les 45 dégrés cinquante minutes de latitude Nord, & peut avoir environ 80 lieues de tour, y compris la petite Isle Sainte-Marie, qui en est proche, qu'on nomme présentement l'Isle-Madame.

La gande Isle est presque coupée en deux par un Golfe ou grand intervale de mer, qu'on nomme Labrador, qui ne laisse environ que 800 pas de terrain, par où se joignent les deux Presqu'isles qui la composent; les huit cent pas qui séparent le Labrador, aboutissent au Port Saint Pierre qu'on nomme aujourd'hui Port Toulouse.

Les terres autour du Labrador ne sont que médiocres, & l'on y trouve quantité de pierres à plâtre. Celles du Golfe de Saint-Pierre, & de la montagne qui en est proche, sont excellentes. On trouve dans l'Isle des mines de charbon, qu'on transporte aux Antilles, & des carrieres de divers beaux marbres, dont on a envoyé des échantillons en France. On en peut tirer aussi quantité de sapins, de pins, & de chênes, pour la matiere & la construction des bâtimens de mer.

Louis-Bourg est le principal poste fortifié dans l'Isle,

l'Isle, il est situé à l'endroit de la Côte qu'on nommoit autrefois le Havre aux Anglois, c'est le séjour du Gouverneur, & où est établi le Conseil souverain. On y compte déja plus de deux cent familles Françoises, & en 1723 il y arriva quatre-vingt-dix vaisseaux pour la pêche dont les équipages avec les habitans sédentaires, faisoient plus de six mille hommes; on se flattoit même d'un plus grand concours de bâtimens pour l'année suivante, & l'on espéroit qu'il passeroit le nombre de cent.

L'établissement de l'Isle-Royale est devenu un objet très considérable de Commerce pour les François depuis la cession de Terre-neuve & de Plaisance aux Anglois, on n'a rien oublié du côté de la France, non-seulement pour le soutenir, mais encore pour en tirer par rapport à la pêche de la morue, des avantages encore plus grands que ceux que la possession des deux postes cédés, n'avoit pû cidevant en procurer.

Parmi un grand nombre de témoignages que Sa Majesté a bien voulu donner de son attention à faire fleurir cette nouvelle Colonie, un des principaux a sans doute été l'exemption générale pour un tems de tous droits d'entrée sur les morues vertes & séches; aussi-bien que pour les huiles qu'on en tire, provenant de l'Isle-Royale, qui sont apportées dans le Royaume sur les vaisseaux des Sujets du Roi.

L'Arrêt du Conseil d'Etat qui accorde cette exemption, est du 3 Mai 1723.

Par cet Arrêt Sa Majesté ordonne, que pendant dix années, à commencer du premier Janvier suivant, les morues tant vertes que séches, & les huiles qui proviendront de la pêche de ses Sujets à l'Isle Royale, appellée ci-devant Isle du Cap-Breton, seront & demeureront déchargées dans tous les ports du Royaume, tant de l'Océan que de la Méditerranée; & à Ingrande, de tous les droits d'entrée des cinq Grosses Fermes; même de ceux d'abord & de consommation, entrant par les ports de Normandie & par Ingrande; comme aussi des droits de la Prévôté de Nantes, de ceux des ports & havres, des droits de comptablie & courtage, dans les ports de la Sénéchaussée de Bordeaux & de la Coutume de Bayonne; des droits de Douanne de Lyon, Tierssur-taux & quarantiéme; table de mer & deux pour cent d'Arles, venant par les ports de Languedoc, Provence, & par la riviere de Loire.

Le tout néanmoins à la charge qu'au départ des navires des ports du Royaume, les Maîtres & Capitaines des vaisseaux feront leur déclaration au Bureau des Fermes de Sa Majesté, & au Greffe de l'Amirauté de la destination du navire pour la pêche des morues de l'Isle Royale; de laquelle déclaration il leur sera délivré un extrait par le Receveur du Bureau des Fermes sans frais; & qu'au retour de leur pêche, arrivant dans les ports de l'Océan, Languedoc, Provence, & par la riviere de Loire, après avoir fait leur déclaration au Bureau des Fermes en la maniere accoutumée, des morues de leur chargement, & des huiles provenant de leur pêche dans ladite Isle Royale, ils représenteront l'extrait de la déclaration qu'ils auront faite au Bureau du départ; lequel extrait sera retenu & enliassé par le Receveur, qui en fournira une ampliation aussi sans frais, pour servir où il appartiendra.

Le 13 Septembre de la même année 1723, il fut accordé pareille exemption pour les morues vertes & séches, & les huiles qui proviennent de la pêche des Sujets du Roi aux Isles Saint-Jean. *Voyez* le Paragraphe suivant.

Isles Saint-Jean. On nomme ainsi une grande Isle & quelques petites qui sont dans la grande Baye de Saint-Laurent.

La pêche de la morue y a toujours été très abondante, & le poisson qui s'y prend n'est pas moins bon ni moins grand que celui de Terre-neuve & du grand Banc; c'étoit autrefois où les Basques avoient établi leur pêche.

La grande Isle Saint-Jean n'a gueres moins de vingt-cinq à trente lieues de longueur, mais seulement sur une lieue de largeur, étant à peu près de la figure d'un croissant. Les autres Isles sont peu considérables; mais il s'y prend aussi d'assez beau poisson.

La commodité que Terre-neuve & Plaisance donnoient aux François pour la pêche de la morue, leur avoit fait abandonner les établissemens qu'ils avoient sur ces Isles, mais depuis que l'Isle-Royale est devenue pour ainsi dire pour eux le Chef-lieu de cette pêche, ils s'en sont remis en possession, & les Sujets de Sa Majesté qui y envoyent des vaisseaux, ont obtenu pour le retour de leurs poissons en France, les mêmes exemptions qui avoient été accordées pour les morues vertes & séches, & les huiles qui en proviennent, qui se tirent de l'Isle Royale. *Voyez* le Paragraphe précédent, l'Arrêt qui ordonne ces exemptions, y est rapporté.

En général, les Côtes de cette Isle ne sont pas bien saines; & sur-tout le Chenal, entre la grande Isle, & l'Isle Sainte-Marie, est très dangereux. On y a cependant plusieurs bons Ports, comme le Port de la baleine, le Havre aux Anglois, la Baye aux Espagnols, & le Havre Sainte-Anne, qui sont de bonne tenue, & où les vaisseaux peuvent être en sureté.

Le meilleur de tous est le Havre de Sainte-Anne, qu'on nomme présentement le Port Dauphin, où les vaisseaux de trois & quatre cent tonneaux peuvent entrer de toute marée, & qui peut contenir plus de 1000 navires. Le Havre est abondant en saumon, & en maquereau.

C'est quatre lieues avant dans la baye aux Espagnols, que sont les mines de Charbon de terre, aussi-bien qu'à l'entrée du petit Chibou. Il y en a encore en quelques autres lieux.

Les premiers François qui ont habité cette Isle, pour éviter le péril des Côtes, & s'épargner un long circuit, avoient fait ouvrir un chemin du fond du Labrador, par lequel ils portoient à force de bras les chaloupes d'une mer à l'autre, afin de travailler plus aisément à leur pêche; ce poisson donnant en abondance pendant tout l'Esté presque par toute l'Isle, on a recommencé à se servir de ce passage en 1722, & l'on y a transporté des bâtimens de vingt-cinq tonneaux, qu'on met sur des rouleaux, & qu'on fait tirer par des bœufs.

Les meilleurs endroits pour cette pêche, qui est le principal & presque le seul objet du Commerce de cette Colonie, sont l'Isle verte, & les Isles Michaux, qui sont à 3 lieues du Port de Saint-Pierre; & le Havre aux Anglois, qui en est à 15 lieues. C'est où les Olonois venoient autrefois hiverner, pour être des premiers sur le grand banc, & par conséquent les premiers de retour en France, où la morue est d'un bon débit dans la nouveauté.

Le poisson donne aussi beaucoup dans le Fourillon, qui est derriere le Cap-Breton, aussi bien qu'à Niganiche, & au Cap de Nord. Ces derniers endroits sont difficiles; l'un ne pouvant tenir au plus que trois navires, & l'autre seulement un; c'est pourtant la place la premiere prise, parce que la pêche y est bonne, & prime, c'est-à-dire, que le poisson y donne, & s'y pêche de bonne heure. Il faut remarquer que les navires ne sont pas en sureté à Niganiche, qu'on nomme présentement le Port d'Orléans, à cause que les fonds, qui sont de rocher, en coupent les cables.

C'est du hareng & du maquereau, qui donnent beaucoup autour de l'Isle, dont les Pêcheurs font leur boitte. On nomme ainsi l'appas dont on se sert pour pêcher la morue, qui y court plus qu'à toute autre chose.

On peut voir à l'article de la Morue, la maniere de pêcher & d'habiller ce poisson, tant verd que sec, aussi-bien que le triage & le commerce qui s'en fait en France.

Les Sauvages ont autrefois habité cette Isle, qui étoit abondante en orignaux. On espere les y rappeller pour la traitte des pelleteries; & il y en a déja plusieurs des amis des François, qui s'étoient habitués à l'Acadie, lorsque ceux-ci en étoient les maîtres, qui commencent à y venir.

Depuis que la Colonie est établie à l'Isle-Royale, les bâtimens qui vont au Canada, y passent à leur retour, & s'y chargent des marchandises de l'Isle, particuliérement de morue, qu'ils payent, ou argent comptant, ou en farines, ou en autres denrées de Quebec & d'Europe. Il y vient aussi des navires Normands & Nantois, & d'autres de la Rochelle, qui y apportent la plupart des marchandises comprises ci-dessus, dans les cargaisons pour la nouvelle France, & pour les Isles. Enfin, le Roi y envoye réguliérement tous les ans ses vaisseaux, qui remplissent les magasins de Sa Majesté, de tout ce qui est nécessaire pour la nourriture & l'entretien des Officiers & des Troupes des garnisons; & c'est où les Habitans s'en fournissent lorsqu'il en manque à la Colonie.

## CAYENNE.

La Colonie de Cayenne est la seule que les François ayent dans l'Amérique Méridionale, à la réserve néanmoins de quelques habitations qu'elle a poussées du côté de Surinam, & de la riviere des Amazones; ce qui forme une espece de Gouvernement de plus de 100 lieues de Côtes.

L'Isle de Cayenne, qui donne son nom à ce Gouvernement, & qui le prend elle-même d'une riviere, dont les deux branches la sépare de la Terreferme, est située au quatriéme dégré 40 minutes de latitude, à 100 lieues du grand fleuve des Amazones, dont les François prétendent disputer en partie la possession aux Portugais du Bresil; & à beaucoup moins de distance de Surinam, célebre Colonie des Hollandois.

Cette Isle a environ 17 lieues de tour, dont cinq sont baignées par l'Océan, & le reste par les deux branches de la riviere de Cayenne.

Les François s'y établirent d'abord en 1635, sous le sieur Poncet de Bretigny, qui y périt, massacré par les Indiens.

Un reste de sa Colonie s'étant maintenu dans le Fort-Louis, bâti sur une pointe de terre élevée, qui s'avance dans la mer, à l'embouchure de la Cayenne, la nouvelle Compagnie formée à Paris en 1651, par l'Abbé de Marivaux, en prit possession en 1652: mais elle l'abandonna deux ans après, ainsi qu'on le peut voir à l'article des Compagnies de Commerce.

Les Anglois la trouvant sans maîtres, s'y posterent presque aussi-tôt, & ne la garderent que jusqu'en 1664, qu'ils en furent chassés par Messieurs de Tracy & de la Barre, que le Roi Louis XIV, y envoya avec des troupes, pour y rétablir ses Sujets.

Les Hollandois l'ayant prise sur les François en 1676, l'armée commandée par M. d'Estrées, Vice-Amiral de France, en remit ces derniers en possession en 1677; & c'est à eux que depuis ce tems-là elle est restée.

Le principal négoce de Cayenne consiste en sucre, en rocou, en indigo, en coton, & en vanille. Le manque de Négres, qui sont à peine dans toute la Colonie au nombre de 4 à 500, empêche les Habitans de pousser leur négoce autant qu'ils le pourroient sans cela.

Il est vrai qu'ils remédioient à ce défaut par la traitte d'Esclaves, qu'ils faisoient avec les Indiens de la riviere des Amazones; mais les Portugais ayant interrompu ce Commerce, en massacrant ceux de ces Indiens, qui osoient venir à Cayenne, la Colonie est restée dans la même indigence d'Ouvriers pour la fabrique de leurs sucres, & la culture de leur Indigo, & de leurs autres marchandises; ensorte que les vaisseaux sont quelquefois obligés de rester une année entiere en charge, avant que d'avoir leur cargaison.

On tiroit aussi de ces Indiens, outre les Esclaves, du poisson sec, des amacs, & quantité de vivres; & ils apportoient même quelquefois des échantillons des mines d'argent, qu'ils assuroient n'être pas bien éloignées de leurs Villages.

C'est pour renouer avec eux l'ancien Commerce, & pour pénétrer jusqu'à ces mines, qu'on a commencé d'ouvrir un chemin au milieu des terres, pour pouvoir aller en droiture, à l'aide des rivieres, de l'Isle de Cayenne à la riviere des Amazones, sans être obligé de passer auprès des habitations des Portugais, qui ont trois forts vers les bouches de ce fleuve, un des plus grands de l'Amérique Méridionale.

Les marchandises qui viennent de France à Cayenne, consistent principalement en farines, en vins, en eaux-de-vie, en toiles, en étoffes, en mercure, en quincaillerie, & sur-tout en viandes salées, qu'on y porte en quantité; le gros bétail étant très rare dans l'Isle; & étant défendu d'y tuer des bœufs, sans en avoir auparavant obtenu la permission du Gouverneur.

Les Habitans, sans compter les Soldats des garnisons, les Négres & Esclaves, sont au nombre d'environ 1200 ou 1500 hommes, répandus dans plusieurs habitations, dont la principale, qui compose un Bourg de 200 maisons, & de 350 Blancs, est au dessous du Fort-Louis. C'est là où sont les magasins.

Parmi les Blancs on compte 60 Juifs, qui demeurent tous à l'habitation de Lance de Remire, où 80 Négres travaillent à la culture de leurs plantations.

## COMMERCE DE L'AMERIQUE ANGLOISE.

On a déja remarqué que les Anglois sont ceux des Européens, qui, après les Espagnols, ont les Colonies les plus florissantes de l'Amérique: on va présentement entrer dans le détail du Commerce qu'ils y font; traitant d'abord de leurs Isles, & ensuite de ce qu'ils possedent en Terre-ferme.

## ISLES ANGLOISES.

La Barbade, une des Antilles, qu'il ne faut pas confondre avec la Barboude, petite Isle aussi du nombre de celles-ci, qui appartient pareillement à l'Angleterre, est la plus forte Colonie des Européens dans l'Amérique, & où les Anglois font un plus grand Commerce.

Ceux qui lui donnent le plus de circuit, ne vont au plus qu'à 25 lieues; selon d'autres elle n'en a même que 16 : cependant ses Habitans sont au nombre de près de 100000, dont un tiers est de Blancs, & l'autre de Négres; & son Commerce y entretient jusqu'à 600 vaisseaux, partie qui y viennent d'Europe, partie qui appartiennent aux Habitans.

Sa situation, qui est à 13 dégrés 20 minutes de latitude Septentrionale, y rend le climat très chaud : mais une humidité continuelle, qui en modere la chaleur, donne une telle fécondité à la terre, qu'il n'y a gueres de lieu où les arbres & les plantes profitent davantage, & deviennent plus grands.

Les productions d'une Isle si fertile, qui font le principal objet de son négoce; sont, le sucre, le tabac, l'indigo, le rocou, le coton, la laine, le gingembre, le *lignum vitæ*, & les cuirs. On y fait aussi quantité de confitures; & c'est aussi de-là que vient en Europe cette eau des Barbades, si estimée de ceux qui aiment les liqueurs fortes.

Les bois propres pour la teinture & la marqueterie, que la Barbade fournit; sont, le locuste, le mastic, le bois rouge, le fustock, le bois gris, & le cédre.

Le Commerce de toutes ces marchandises est réservé aux seuls Anglois, soit d'Europe, soit de l'Amérique; & les Habitans de l'Isle ne peuvent les envoyer qu'à la nouvelle Angleterre, à l'Acadie, aux Barmudes, à la Virginie, à la Floride, & particuliérement dans les trois Royaumes de la Grande-Bretagne.

Les vaisseaux Anglois qui partent d'Europe, portent à la Barbade tout ce qu'on peut s'imaginer, qui est propre pour la nourriture & le vétement; ensemble des meubles, des ustenciles de ménage, des outils pour les Artisans, des instrumens pour cultiver la terre; enfin, tout ce qui est nécessaire à la vie, & qui peut la rendre douce, commode, agréable, & même voluptueuse.

Il y vient de la nouvelle Angleterre, particuliérement de la riviere de Pantagouest, quantité de maquereau, que les Anglois de Baston y prennent au printems, & une espece de morue séchée à la gelée, dont la pêche se fait l'hyver. C'est aussi de-là que la Barbade tire ses mastures, & les bois de charpente pour les bâtimens de mer & de terre. Enfin, elle reçoit la morue verte & séche des Anglois de l'Isle de Terre-neuve.

C'est de toutes ces marchandises que les magasins & les boutiques des quatre Villes de l'Isle, & des principaux Bourgs, sont toujours remplis avec une si grande abondance, que les Habitans même de la campagne ne sçauroient regretter celles de la Ville de Londres, où l'on sçait que se rassemble tout ce que peut fournir le Commerce que la Nation Angloise entretient avec les quatre parties du Monde.

Saint-Christofle est aussi une des Isles Antilles Angloises.

Elle appartenoit autrefois en commun aux François & aux Anglois, qui par un hazard peu ordinaire, y étant abordés le même jour, & presque à la même heure, pour en prendre possession, se l'étoient de concert partagée entr'eux, chacun en occupant deux quartiers, des quatre où l'Isle fut divisée.

Ce partage, qui duroit depuis près d'un siécle, finit en 1713; l'Isle, dont les Anglois s'étoient emparés par surprise pendant la guerre pour la succession d'Espagne, & dont il n'avoit tenu qu'aux François de les chasser à leur tour en 1706, qu'ils la pillerent, ayant été cédée à l'Angleterre par le 24e article du Traité d'Utrecht.

Elle est située au 17e dégré 25 minutes de latitude, & peut avoir 25 lieues de tour. Ses salines & sa souffriere sont d'une assez grande utilité à ses Habitans; mais il n'est pas vrai, comme on le croit communément, qu'il y ait une mine d'argent dans les montagnes, qui en occupent le milieu.

Ses véritables richesses consistent dans la culture du tabac, de l'indigo, du gingembre, & particuliérement du sucre, dont les François, lorsqu'ils y avoient des Colonies, fabriquoient eux seuls près de sept millions de livres pésant, année commune; ce qui néanmoins n'approchoit point encore de ce qu'en faisoient les Anglois, qui y ont toujours été en plus grand nombre, & dont les habitations étoient mieux fournies de Négres, sans lesquels il n'est pas possible de réussir dans ce Commerce.

Des vins, de l'eau-de-vie, de la biére, des étoffes légeres de soie & de laine, propres au Pays; des toiles, des chapeaux, des bas, des souliers, des chairs salées d'Irlande, des épiceries; enfin, toutes les marchandises & les rafraîchissemens qui ne se trouvent point dans l'Isle, en remplissent néanmoins les magasins, & y sont apportées d'Angleterre; se payant presque tout en sucre, qui est, pour ainsi dire, la monnoie courante de cette Isle.

Les Habitans de Saint-Christofle n'ont pas plus de liberté pour le Commerce avec les Etrangers, que ceux de la Barbade; & toutes les marchandises que leur Isle produit, doivent être envoyées en Angleterre, ou dans les Colonies de l'Amérique, qui en dépendent.

Les autres Isles Antilles, qui sont occupées par les Anglois, sont la Barboude, l'Anguille, Antigoa, Mont-Sara, les Nieves, & la Rodonda. Elles produisent les mêmes marchandises que la Barbade & S. Christofle; & le Commerce, à proportion de la force ou de la foiblesse de leurs Colonies, y est à peu près sur le pied que dans ces deux Isles.

La Jamaïque est une des Isles que les Espagnols comptent du nombre des grandes Isles de la mer du Nord de l'Amérique, & qu'ils mettent au rang de Cuba, de l'Hispaniola, & de Porto-Rico : mais quand elle ne mériteroit pas cette distinction par sa grandeur, qui en effet n'est au plus que de 110 lieues de circuit, son Commerce la lui devroit faire avoir; étant après la Barbade, la plus importante Colonie des Anglois.

Cette Isle est située entre les deux Tropiques, au 17 & 18e dégrés de latitude Septentrionale, à 160 lieues de Porto-Bello, à pareille distance de Rio de la Hache, & seulement à 140 de Carthagene.

Les Espagnols s'y étoient établis en 1509, & y avoient d'assez belles plantations, où ils faisoient quantité de sucre & de tabac. Les Anglois les vinrent troubler dans leur possession en 1596; & c'est à eux qu'elle est enfin restée, après néanmoins que les premiers Maîtres la leur eurent assez long-tems disputée ; n'en ayant été paisibles Possesseurs qu'en 1655, que l'Amiral Pen la réduisit enfin entiérement sous la domination Angloise.

Les Anglois y sont présentement au nombre de plus de 20000, dont la meilleure partie s'occupe à cultiver leur plantation ; & le reste, au nombre d'environ 3000, sert sur les vaisseaux, que les Jamaïquains bâtissent pour la plupart dans leur Isle, ou sur celle de Saint-André, petite Isle inhabitée près du Continent, où l'on trouve les plus beaux cédres, & les meilleurs bois pour les constructions de marine, qu'il y ait en aucun autre lieu de l'Amérique.

Les marchandises qui se cultivent & se préparent dans les habitations de la Jamaïque ; sont, le sucre, le tabac, le cacao, le gingembre, l'indigo, le coton, le piment, ou poivre long, la casse, les tamarins, la vanille, le guacum, la salsepareille, le china, l'achiot, ou anet, & quantité de drogues, ou herbes médicinales.

Les forêts de l'Isle fournissent quantité de bois pour la teinture, pour la marqueterie, & pour les bâtimens de mer.

Les taureaux & vaches sauvages, qui sont en très grand nombre dans les savanas, & dans les montagnes, donnent des suifs & des cuirs verds ; les Chasseurs ne les tuant gueres que pour l'une & l'autre de ces marchandises ; le gros & menu bétail domestique, dont les plantations sont suffisamment pourvues, fournissant assez de viande aux Habitans.

Enfin, l'écaille de Tortues, qui dans certaines saisons viennent tarir en très grande quantité aux Côtes de l'Isle, n'est pas pour les Jamaïquains un médiocre objet de Commerce ; & c'est de toutes ces marchandises que se font en partie les cargaisons des vaisseaux, ou qu'ils envoyent eux-mêmes en Angleterre, ou qui leur en arrivent tous les ans ; lesquels tous ensemble vont au nombre de plus de 300 bâtimens depuis deux jusqu'à quatre cent tonneaux, & même de plus.

Les marchandises dont on acheve les cargaisons des navires, qui partent pour l'Europe, viennent du négoce que la situation de l'Isle de la Jamaïque, & la grande quantité de bâtimens que les Jamaïquains y construisent, leur facilitent avec les Espagnols, & les Indiens du Continent de l'Amérique.

Les principaux lieux où ils trafiquent, sont, Carthagene, Porto-Bello, la riviere de la Hache, celle de Darien, la Côte de la Rancherie, & celles qui sont devant les Isles Sembales.

A Carthagene & à Porto-Bello, le Commerce consiste principalement en Negres, que les Jamaïquains y portent, & qui sont presque les seuls qui passent au Perou par Panama. Ces Negres sont si nécessaires aux Espagnols, que les Gouverneurs de ces deux Places en ont toujours souffert le négoce, ou du moins ont feint d'ignorer qu'il se fit, sans pourtant l'approuver, hors depuis la paix d'Utrecht, que les Assientistes Anglois ont eu permission de le faire publiquement.

Il n'en est pas de même des marchandises d'Europe, que les Jamaïquains portent aux Espagnols, soit de ces deux Villes, soit de la riviere de la Hache ; celui-ci étant entiérement de contrebande, & ne se faisant gueres que de nuit, ou dans des lieux détournés de la Côte & au péril de la liberté, & souvent de la vie des Anglois qui s'en mêlent ; sévérité qui n'empêche pourtant pas que ce trafic secret ne soit un des plus riches de la Jamaïque, & par lequel entrent dans l'Isle presque toutes les piastres qui y sont, & qui de-là s'envoyent en Angleterre. Il faut pourtant aussi en excepter le vaisseau que la Compagnie du Sud Angloise peut envoyer à Porto-Bello dans le tems de la foire, pour y vendre ses marchandises concurremment avec celles qui sont venues sur les gallions.

De l'or, des perles, des éméraudes ; du cacao, & quelques autres précieuses marchandises, font ordinairement les retours des bâtimens, que les Jamaïquains envoyent traitter avec les Indiens de la riviere de Darien, de la Baye de Campêche, de la Côte de la Rancherie, & de quelques autres lieux du Continent ; & tout cela ne leur coute que quelque menue mercerie d'Europe : mais ce commerce n'a pas moins de péril que l'autre, s'il n'en a pas même davantage ; les Espagnols regardant comme un bien qu'on leur vole, tout ce qu'on tire des Indiens, qu'ils croyent ne devoir vivre & ne travailler que pour eux.

Il est vrai que quelques-uns de ces Barbares sont du nombre de ces Indiens Bravos, qui ne reconnoissent pas la domination Espagnole : mais si l'on n'a pas à appréhender la jalousie des Espagnols, on n'est pas toujours à couvert de la férocité de ces Indiens.

Une derniere branche de Commerce, qui augmente beaucoup celui des Jamaïquains, & qui répand dans l'Isle de grandes richesses, est la retraitte que les Gouverneurs donnent ordinairement dans leurs Ports aux Avanturiers Anglois, qui font de la Jamaïque, ce qu'on a dit ci-dessus, que les Avanturiers François faisoient de l'Isle de la Tortue ; c'est-à-dire, le lieu de leur assemblée, pour faire leur charte-partie, avant que de mettre en mer ; & celui de leur retour, pour y vendre leur butin, & se préparer à de nouvelles entreprises.

Les marchandises que l'on envoye d'Angleterre à la Jamaïque, sont pour le fond les mêmes, que les François portent à leurs Isles Antilles, à la réserve qu'il n'y faut point de viandes salées, & que les Anglois substituent quantité de leurs manufactures de soie & de lainerie, leurs dentelles & leur rubannerie, à ces mêmes especes de marchandises que les François tirent de chez eux ; faisant néanmoins une partie de leurs cargaisons, de vins, d'eaux-de-vie, de toiles, & d'autres choses semblables, qu'ils vont charger en France, particuliérement à Nantes, & à la Rochelle.

C'est de la Jamaïque que sont sorties les Colonies que les Anglois ont en quelques endroits du Continent, particuliérement celles de la Baye de Campêche, dont le principal Commerce, comme on l'a dit ailleurs, consiste au bois de teinture, qui a conservé le nom de cette Baye.

Les BARMUDES, qu'on nomme aussi ISLES DE L'ESTE', appartiennent aux Anglois depuis l'année 1612. Leur situation entre le 31 & le 35e dégrés de latitude, est cause qu'on les évite rarement au sortir du Détroit de Bahama.

Ces Isles avoient d'abord appartenu à la premiere Colonie Angloise de la Virginie, s'étant trouvées dans l'étendue de sa concession, en conséquence de la Charte du 12 Mars 1613, par laquelle Jacques I. Roi de la Grande Bretagne, avoit accordé à cette Colonie toutes les Isles à 300000 au large de ses Côtes.

Les Intéressés à cette Colonie ayant l'année suivante cédé les Isles Barmudes à une Compagnie de Marchands de Londres, moyennant 2000 liv. sterling, le Roi les retira en 1616 ; & en 1617, les donna par une nouvelle Charte à de nouveaux

Avanturiers, la plupart des plus grands Seigneurs d'Angleterre.

Par cette Charte ces Isles furent érigées en Province, avec tous les priviléges & exemptions contenues dans celle de 1613; outre lesquelles il leur en fut accordé de particulieres, entr'autres : Que les bâtimens, navires, Matelots, provisions, & marchandises destinées pour les Barmudes, ne pourroient jamais, & pour quelque raison que ce fût, être arrêtées ou retardées par les ordres de S. M. B. ou ses Successeurs : Qu'il seroit permis au Conseil desdites Isles, d'y faire battre une espece de monnoie, de tel métail, titre ou valeur qu'il jugeroit à propos, pour avoir cours parmi les Habitans : Que la Barmude & les autres Isles seroient divisées en quatre parties, dont les trois seroient partagées entre les Intéressés; & la quatriéme resteroit à la Colonie en général, pour le produit être employé à ses besoins : Enfin, que le Conseil seroit composé de 24 Assistans, d'un Gouverneur, & d'un Sous-Gouverneur, ou Député; & auroit un Sceau qui lui seroit propre.

La Colonie, qui s'y est accrue jusqu'à 6000 Habitans, y est assez florissante; & il y va quantité de vaisseaux d'Angleterre, soit exprès pour en faire le Commerce, soit en allant ou en revenant de la Virginie, pour y prendre des rafraîchissemens.

Le Commerce qui s'y fait, consiste en soie, y ayant quantité de mûriers blancs dans l'Isle; en tabac, en cochenille, en oranges, & en caret, ou écaille de tortue.

On y trouve aussi de l'ambre gris, que la mer jette souvent à la Côte, & des perles, dont les huitres sont attachées aux rochers, ou petites Isles, qui environnent la grande Barmude, qui a environ six lieues de tour.

Les marchandises d'Europe, propres pour les Barmudes, sont particuliérement des vins, des eaux-de-vie, des farines, des chairs salées d'Irlande, des étoffes, des toiles, & de la quincaillerie & menue mercerie.

TERRE-NEUVE. C'est le nom que les François ont donné à une Isle de l'Amérique, qui n'est pas fort éloignée des côtes du Canada; les Anglois la nomment Nevv-Founland.

L'Isle de Terre-neuve, qui jusqu'en 1713 étoit partagée entre les François & les Anglois, a eu le même sort que celle de S. Christofle, étant devenue entiérement Angloise par le treiziéme article du Traité d'Utrecht, à l'exception néanmoins de la liberté qui a été réservée aux Pêcheurs François, de pouvoir y pêcher de la morue, & même d'établir leurs échaffaux & leurs cabanes, pour y préparer, saler, sécher, & encaquer leur poisson sur les grêves de l'Isle; mais à la vérité seulement dans l'étendue des Côtes situées depuis le Cap de Bonavita, jusqu'à la pointe riche.

Cette Isle, qu'on met dans les limites du Canada, est située par les 46 & 53 dégrés de latitude, au devant du Golfe de S. Laurent; n'étant séparée du Continent que par un très petit détroit, qu'on nomme passage du Nord.

Elle a environ 300 lieues de tour, d'une figure triangulaire, remplie presque par-tout de montagnes & de forêts impraticables, ou de landes stériles, plutôt couvertes de mousse que d'herbe; n'ayant aucune terre propre à être cultivée & ensemencée; & le fond du sol étant par-tout mêlé de gravois, de sable, & de pierre; outre que le climat y est trop froid, pour que les grains & les légumes y puissent venir en parfaite maturité.

Tous ces désavantages n'ont pas néanmoins empêché les Nations d'Europe, ou de s'y établir, ou de la fréquenter, à cause de la proximité du grand banc, où se fait la pêche de la morue verte, & de la commodité de ses grêves pour l'apprêt de la morue seche; ce poisson pendant toute l'année donnant en quantité sur les Côtes de l'Isle, & particuliérement dans la Baye de Plaisance.

Les Anglois firent la découverte de l'Isle de Terre-neuve à la fin du seiziéme siecle; ils ne s'y établirent néanmoins qu'au commencement du dix-septiéme.

Les François, qui la fréquentoient aussi dès l'année 1504, n'y eurent des habitations que bien longtems après.

Avant la cession de l'Isle entiere à l'Angleterre, toute la Côte Méridionale, entr'autres, la Ville & le Fort de Plaisance appartenoient à la France; les Anglois n'occupant que la partie Orientale; le reste n'étant habité ni par les Européens, ni par des Sauvages.

Tout le Commerce de l'Isle ne consiste qu'en poisson sec, les Habitans ne s'amusant gueres à la culture d'une terre si ingrate; outre que quand elle seroit aussi fertile qu'en Canada, les profits de la pêche y sont si grands & si surs, qu'on les préfereroit toujours au travail de l'agriculture, qui, sur-tout en Eté, apporte dix fois moins de gain que celui de la pêche de la morue.

Lorsque Plaisance appartenoit aux François, il y venoit ordinairement de France 40 ou 50 vaisseaux, & même quelquefois 60; la plus grande partie pour faire la pêche, qui commence à l'entrée de Juin, & finit à la mi-Août; & le reste pour faire la troque avec les Habitans.

Les Anglois y envoyent encore davantage de vaisseaux; & présentement qu'ils en ont réuni tout le Commerce, il y arrive tous les ans d'Angleterre, des Barbades, de l'Acadie, & de Bastou Capitale de la nouvelle Angleterre, au-delà de 120 ou 150 bâtimens, soit pour traitter avec les Habitans, soit pour y pêcher.

Ce qu'on appelle la Troque dans le jargon de l'Isle, est l'échange des marchandises d'Europe avec la morue seche, que les Habitans préparent presque toute l'année, afin que les navires trouvent leur charge en arrivant, & qu'ils ne soient pas obligés d'y rester pendant des trois & quatre mois, comme ceux qui viennent eux-mêmes y faire la pêche.

Cette pêche pour la morue seche se fait à deux lieues des Côtes, où les Habitans & les vaisseaux envoyent tous les jours leurs chaloupes, qui en reviennent si chargées, qu'elles paroissent au retour comme ensevelies dans la mer.

Le poisson arrivé, s'éventre, se vuide, se sale, & se seche sur les grêves, de la maniere qu'on l'a dit ailleurs. *Voyez l'article de la* Morue.

On appelle Boete, le petit poisson qui sert d'appas pour mettre aux hameçons avec lesquels on pêche les morues. Cette boete se trouve en quantité dans le Port de Plaisance. En quelques lieux on dit Boitte.

La pêche de la morue verte se fait sur le grand banc, qui est presque parallele à l'Isle de Terre-neuve dans sa meilleure partie, n'en étant éloigné que d'environ 40 lieues, & s'étendant depuis le 41 dégré jusqu'au 52. *Cette pêche est aussi expliquée à l'Article de la* Morue, *où l'on peut avoir recours.*

*Tems pour aller à la pêche à l'Isle de Terre-neuve.*

On peut se hazarder si l'on veut sur les côtes de cette Isle, sur le grand Banc & aux autres lieux propres à la pêche de la morue dans toutes les saisons de l'année. Cependant la saison la plus propre est la fin du mois de Mars, parce qu'alors les orages cessent, les glaces se fondent, la mer s'abaisse, & devenant plus calme, devient moins dangereuse; obstacles que l'on trouve ordinairement dans une pêche trop prématurée.

L'arriere-saison, c'est-à-dire, le mois de Juin & les suivans, a aussi ses difficultés à cause des vents qui deviennent contraires, & qui alors soufflent constamment de l'Ouest, aux environs de Terre-neuve.

Ceux qui partent d'Angleterre, & à proportion de France pour Terre-neuve, en Mars & Avril, & au commencement de Mai, y arrivent en vingt-huit ou trente jours, quelquefois en vingt-quatre, & même aussi en vingt-deux.

En tout tems les courans sont dangereux le long de l'Isle; & l'on y est pareillement exposé aux vagues détachées que les gens de mer François appellent Ressac.

*Remarques sur le grand Banc & les petits Bancs ou Banquereaux, de la pêche qui s'y fait, & de celle de Terre-neuve.*

Grand Banc. On nomme ainsi un Banc situé dans les mers du Canada, où se fait la pêche de la Morue. Il est appellé Grand, non-seulement à cause de sa vaste étendue, que les François estiment être de près de cent lieues de long, & les Anglois de deux cent de leurs milles, mais encore à cause de quantité d'autres petits Bancs, où l'on pêche aussi de ce poisson, qui sont aux environs & pas éloignés de celui-ci, en comparaison desquels il mérite certainement ce nom de distinction. Les petits Bancs se nomment communément Banquereaux.

La pêche sur ce Banc est commune à toutes les Nations de l'Europe; & il n'y en a guere qui n'y envoyent de leurs Vaisseaux : mais ceux qui le fréquentent davantage sont les François, les Anglois, & les Hollandois, qui y font une pêche si considérable, qu'outre la grande consommation qu'ils en font eux-mêmes, ils en entretiennent un riche Commerce avec tous les autres Peuples de l'Europe, ou qui n'y envoyent point de Navires, ou qui n'apportent point assez de poisson pour se passer du secours de ces trois Nations.

Le grand Banc est fameux par la pêche abondante de la morue, que les Européens y font. Ce n'est pas seulement un sable mouvant comme quantité d'autres bancs, c'est un terrain ferme, pierreux, mêlé de sable & de gravier, qui s'éleve au milieu & au-dessus de la mer, & qui a plus de 200 milles Angloises d'étendue du Nord au Sud. La mer est très profonde aux environs, & l'on y trouve cent cinquante & jusques à deux cent brasses d'eau. Sa largeur est diverse & très inégale, s'étrécissant en maniere de cône par ses deux extrêmités; en sorte néanmoins que son extrêmité Septentrionale est plus étroite de moitié que la Méridionale.

Les brumes sont quelquefois si épaisses sur le grand Banc, que souvent on ne se voit pas d'un bout à l'autre d'un vaisseau.

Ce Banc est un de ces lieux privilégiés pour les gens de mer, où ceux qui n'y ont pas encore été, sont obligés de recevoir une espece de Batême.

L'on y pêche avec des lignes, & la pêche y est quelquefois si abondante, qu'en deux heures de tems on y peut pêcher avec deux seules lignes jusqu'à deux cent cinquante morues.

La pêche de la morue se fait le jour, parce que la nuit le poisson ne mord pas si bien, & même presque point du tout à l'hameçon.

Lorsque c'est de la morue seche qu'on apprête, il faut prendre garde à ne la point laisser au brouillard, qui immanquablement la fait pourir.

Il faut aussi observer de tourner presque continuellement cette morue, lorsqu'elle est exposée au soleil pour la sécher, de peur qu'il ne la jaunisse & ne la durcisse.

Ce n'est pas seulement au grand Banc que l'on va pêcher la morue, il y a plusieurs autres petits bancs où l'on en pêche d'aussi bonne, & même, selon quelques-uns, de meilleure; ces petits bancs sont le Banc au Verd, le Banc neuf, le petit Banc & les Banquereaux. Quoique tous ces petits bancs s'appellent en général banquereaux, il n'y a néanmoins que ceux qui sont situés en l'Isle de Sable & Terre-neuve, qui gardent spécifiquement le nom de banquereaux.

Les loges ou habitations où l'on apprête la morue, sont plus ou moins grandes selon qu'on le trouve à propos; mais généralement elles sont très longues. C'est à proprement parler un pont de bois bâti sur terre, avec de gros arbres fichés bien avant, les pêcheurs appellent cela un degras.

Enfin il se trouve quelques petites Isles aux environs du Cap-Breton, où l'on pêche de meilleure morue que sur le grand Banc même.

On parle ailleurs amplement de la pêche de la morue, de la maniere de l'habiller, de la saler, & de la sécher, & des réglemens qui s'observent par les François & autres nations qui vont en Terre-neuve & sur le grand Banc *Voyez* les articles de la Morue & des Pêches.

L'on pourroit faire Commerce dans l'Isle de Terre-neuve, de quelques pelleteries, comme de renards, d'ours, de castors, d'écureuils, & de loups marins, qui s'y trouvent en assez grande quantité; & l'on y a même découvert des carrieres de quelques marbres assez beaux, dont on avoit envoyé des échantillons en France, lorsque les François étoient encore maîtres de Plaisance: mais tout cela n'apporteroit point assez de profit à ceux qui s'appliqueroient à ce négoce, pour les tirer de la pêche, où les gains sont certains & grands.

Les habitans de Terre-neuve manqueroient absolument de toutes les commodités de la vie, soit pour la nourriture, soit pour le vêtement, ou pour les autres choses les plus communes & les plus nécessaires, si les vaisseaux d'Europe, qui vont y faire la troque, ou ceux des Colonies que les Anglois ont dans l'Amérique, n'avoient soin de les en fournir.

Pendant que les François y étoient, les farines & les légumes leur venoient presque toutes de Quebec; mais les vins, les eaux-de-vie, les chairs salées, les beurres, les huiles, les étoffes, les toiles, toutes sortes de batteries & d'ustenciles, pour la cuisine & le ménage; enfin, la menue mercerie, & jusqu'aux aiguilles & aux épingles, y étoient envoyées de France.

Baston & l'Angleterre font présentement pour la fourniture de Terre-neuve, ce que faisoient alors Quebec & la France, particuliérement Nantes, Dieppe, & la Rochelle.

## COMMERCE DES COLONIES ANGLOISES
### DE LA TERRE-FERME DE L'AMERIQUE.

Les Anglois n'ont point de Colonies dans l'Amérique Méridionale, si l'on en excepte quelques petites habitations, que les Barbades & la Jamaïque ont poussées en divers endroits du Continent qui leur est opposé.

Leurs grands établissemens sont dans l'Amérique Septentrionale, où ils occupent plus de 6 à 700 lieues de Côtes sur la mer du Nord, c'est-à-dire, tout ce qui est depuis la Floride, où ils ont la Caroline, jusqu'auprès du Cap-Breton, où finit l'Acadie, que la France leur a cédé par le Traité d'Utrecht.

C'est dans cette vaste étendue de Pays, mais plus sur les côtes que dans les terres, qu'ils ont la Caroline, la Virginie, le Marilland, la nouvelle Yorc, la nouvelle Angleterre, & l'Acadie, ou nouvelle Ecosse, toutes Colonies très florissantes par le nombre de leurs Habitans, & par leur grand Commerce. On en va parler dans le même ordre qu'on les a mises ici.

On fera aussi un paragraphe du Commerce de la Baye d'Hudson, que les François avoient enlevée aux Anglois pendant la guerre pour la succession d'Espagne, & qui leur a été restituée à la paix qui l'a heureusement terminée.

### LA CAROLINE.

La Colonie de la Caroline est assez nouvelle, les Anglois n'ayant commencé à y avoir des Habitans qu'en l'an 1660, sous le Regne de Charles II. fils de Charles le Martyr.

Elle est située entre le 29 dégré de latitude du côté du Sud, & le 36 du côté du Nord, par où elle touche à la Virginie; ayant au Midi le reste de la Floride, dont elle fait partie, au couchant les vastes contrées qui vont jusqu'à la mer du Sud, & à l'Orient la mer Atlantique.

C'est proprement ce qu'on appelle la Floride Françoise, parce que Ribaut en 1562, & Laudiniere en 1564, tous deux François, y menerent des Colonies, & y bâtirent, l'un Charlefort, & l'autre Carolin, qu'ils nommerent ainsi de Charles IX. qui régnoit alors en France.

Ces établissemens, détruits presque aussi-tôt par les Espagnols, n'eurent point de suite; les François occupés chez eux par les guerres de Religion, n'ayant été de long-tems en état de penser à y renvoyer; mais ces troubles n'ôterent pas au brave Dominique de Gourgues Gentilhomme Gascon, le desir & le moyen de venger ses Compatriotes & leurs Chefs, que les Espagnols, contre la capitulation faite avec eux, avoient fait mourir honteusement; & tout le monde sçait que ce déterminé Vengeur de la foi violée ayant armé à ses dépens quelques vaisseaux, arriva à la Floride en 1567, où il força les Espagnols dans trois Forts, dans lesquels, quoique plus forts que lui, ils s'étoient renfermés, & les punit du même supplice qu'ils avoient fait souffrir aux François; après quoi n'ayant eu aucun dessein de rétablir ces derniers dans la Floride, mais seulement de les venger, il revint couvert de gloire, mais non pas approuvé de la Cour de France, qui avoit alors de trop grandes liaisons avec celle d'Espagne, pour ne pas regarder cette action héroïque comme un attentat.

La Colonie Angloise, fondée sous de plus favorables auspices, a aussi eu un plus heureux succès; & les huit Seigneurs à qui Charles II en avoit accordé la concession, y ayant fait transporter d'Angleterre grand nombre d'Habitans, depuis encore fortifiés par beaucoup d'Anglois de la Virginie & des Barmudes, qui vinrent s'y établir, elle est devenue l'une des plus florissantes que cette Nation ait dans cette partie de l'Amérique.

On remarquera, avant que d'entrer dans le détail du Commerce de cette riche Colonie Angloise, qu'il y a eu deux Chartes de sa concession, l'une du 24 Mars de la quinziéme année du Regne de Charles II, & l'autre donnée deux ans après, c'est-à-dire en 1666.

C'est par cette seconde Charte, que les véritables bornes de la Caroline furent fixées; ayant été augmentée de près de la moitié de ce qui avoit été accordé par la premiere.

Les Seigneurs en faveur de qui furent expédiées ces deux Chartes, étoient Edouard Hydde, Comte de Clarendon, Grand Chancelier d'Angleterre; Georges Duc d'Albermale, Grand Ecuyer; Guillaume Comte de Craven, Jean Seigneur de Bercley, Antoine Ashley, Georges Carteret, Jean Colleton, & Guillaume Bercley.

Les redevances réservées par S. M. B. furent la foi & hommage, comme d'un fief relevant du Château Royal de Greenwich, situé dans le Comté de Kent; la quatriéme partie de tout l'or & l'argent qui seroit trouvé dans les terres de la Colonie; & outre cela une rente annuelle de vingt martres, payable audit Château.

Ce fut par la premiere de ces Chartes que la Colonie eut le nom de Caroline, au lieu de celui de Floride, que toute cette partie de l'Amérique avoit porté jusqu'alors.

On ne parlera point ici des autres privileges, qui furent accordés aux nouveaux Seigneurs de la Caroline, & à ses Habitans; renvoyant le Lecteur à la Charte donnée en 1633 pour le Mariland, dont on donnera plus bas l'extrait; y ayant peu de différence entre les clauses de tous les actes de concession, suivant le stile de la Chancellerie d'Angleterre.

Les deux principales habitations de la Caroline sont; l'une sur la riviere d'Albermarle, à quelques lieues de son embouchure; l'autre plus avant dans les terres, en tirant au Septentrion, sur la riviere d'Ashley, toutes deux ainsi appellées du nom de deux Seigneurs de la concession; de même que les autres lieux les plus considérables de la Colonie, ont aussi pris le leur des six autres Seigneurs.

La Caroline n'est pas seulement abondante dans toutes les sortes de plantes, d'arbres, & de fruits, qui sont naturels aux cantons les plus fertiles & les plus tempérés de l'Amérique; mais encore elle est propre à tous ceux que l'Europe produit; les arbres fruitiers qui y ont été transportés, les grains & les légumes qui y ont été semés, réussissant parfaitement; le Pays pouvant à cet égard se passer de ses Voisins, & étant même en état de les en secourir.

Parmi les arbres qu'elle nourrit en quantité, & dont plusieurs sont utiles à la teinture & à la marquetterie, on y trouve beaucoup de meuriers blancs; ce qui fait que plusieurs Habitans se sont addonnés à la nourriture des vers à soie; ensorte que cette précieuse marchandise y fait présentement un objet de Commerce très considérable.

Les autres marchandises qui y entretiennent le négoce; sont, les huiles, le coton, l'indigo, le gingembre, le tabac, & quantité de vins excellens

Ces vins sont de diverses sortes, suivant le sol ou le plant; les uns ressemblant aux vins du Rhin; d'autres égalant la bonté de ceux des Canaries, de Madere & d'Espagne; & d'autres encore ne cédant gueres aux meilleurs vins muscats.

Les vaisseaux d'Angleterre apportent dans cette Colonie toutes les marchandises qui y manquent, qu'ils échangent contre les productions du Pays; & cette Colonie a aussi des bâtimens, avec lesquels ses Marchands fréquentent les Isles Antilles, & les autres Colonies de la Côte, & vont même jusques dans la Tamise.

Outre le Commerce du dehors, les Anglois de la Caroline font aussi au dedans un assez grand trafic avec les Indiens de la terre, & avec les Appalachites, peuples qui habitent à l'extrémité de la Floride, vers les montagnes d'Appalaché.

Les marchandises qu'ils en tirent, sont des peaux & des pelleteries. Les pelleteries sont des martres, des renards, des loutres, des léopards, des tigres, & des ours.

Parmi les peaux, sont des chamois, des cerfs, & des chevreuils; qu'ils échangent contre des grains, du corail, du cristal, de la rassade, des épingles, des aiguilles, des couteaux, des serpes, & quelque autre menue mercerie & quincaillerie.

On échange aussi avec eux une sorte de pierre verte ou d'émeraude, qu'ils trouvent dans les terres, aussi-bien que quelques gommes aromatiques, entr'autres, une espece d'ambre d'une odeur agréable, qui coule par incision de l'arbre qu'ils nomment *Labiza*, c'est-à-dire, joyau; parce que c'est de cette gomme, qui est de la couleur, & lorsqu'elle est seche, qui a presque le solide du *succinum*, ou ambre jaune, qu'ils font en partie leurs bracelets & leurs colliers.

Bien que tout le Commerce se fasse par échange avec ces peuples, les Appalachites ont cependant deux especes de petite monnoie, qui a cours entr'eux pour le détail, & qui même sont passées chez les Européens, avec qui ils trafiquent.

La plus petite de cette monnoie est blanche; la plus forte est noire; un grain noir valant autant que vingt blancs. Elles sont toutes deux en ovale, & sont faites de l'extrémité d'un petit coquillage. Comme elles ont beaucoup d'éclat, ils en font aussi des colliers & des bracelets qu'ils mêlent avec ceux de la gomme *abiza*; ce qui fait un effet assez agréable.

Les Appalachites ne connoissoient autrefois ni poids, ni mesures: ils se servent présentement de ceux des Européens avec qui ils ont affaire, & sçavent fort bien distinguer la différence qu'il y a entre les poids & les mesures d'Espagne, d'Angleterre, ou de Hollande.

Cette Colonie Angloise, qui avoit ses Seigneurs particuliers, comme on l'a dit au commencement de ce paragraphe, a été réunie au Domaine de la Couronne d'Angleterre sur la fin de l'année 1720.

Plusieurs plaintes ayant été portées aux Lords Justiciers de Londres, par les Habitans de la Caroline, contre les Seigneurs Propriétaires de cette Province de l'Angleterre Américaine, ces Juges ordonnerent au mois de Septembre, qu'en conséquence le Procureur Général dresseroit un Acte portant révocation de la Charte accordée aux Seigneurs, & l'union de cette propriété à la Couronne; attendu qu'il avoit été suffisamment prouvé, que les Propriétaires avoient contrevenu à plusieurs articles de cette Charte; & pour l'exécution de ce jugement, un nouveau Gouverneur a été nommé, pour aller prendre possession de la Colonie au nom du Roi.

## LA VIRGINIE.

Ce sont les Anglois qui ont les premiers découvert cette partie de l'Amérique Septentrionale, à qui ils ont donné le nom de Virginie, en l'honneur du célibat d'Elisabeth leur Reine, sous le Regne de laquelle elle fut découverte en 1584.

Les François néanmoins prétendent y avoir été avant eux, & qu'elle fait partie des nouvelles terres que parcourut le célebre Varazan, que François I avoit envoyé pour reconnoître toutes ces Côtes.

Sa situation est entre la Caroline, qui la borne au Midi; & le Mariland, qu'elle a au Septentrion; ayant au Levant la mer du Nord, & au Couchant ces terres immenses, mais presque encore inconnues, qui vont jusqu'à la mer du Sud.

Les premiers Habitans Anglois y passerent sous le Regne de Jacques I successeur d'Elisabeth.

Le Chevalier Thomas Gastes ayant formé une Compagnie de quantité de personnes de considération, & de riches Marchands de la Ville de Londres & de celles de Bristol, Excester, & Plimouth, pour aller établir des Colonies dans la Virginie, en obtint une Charte, tant en son nom, que de ses Associés, en datte du 10 Avril de la quatriéme année du Regne de Jacques I en Angleterre, c'est-à-dire, en 1607.

Par cette Charte, S. M. B. partagea ce nouvel établissement en deux Colonies; l'une sous le nom de Premiere Colonie de la Virginie, pour les Avanturiers & Planteurs de la Ville de Londres; l'autre sous celui de Seconde Colonie de la Virginie, pour les Avanturiers & Planteurs des Villes de Bristol, Excester, & Plimouth.

Ces deux Colonies devoient s'établir & se conduire par les mêmes Directeurs, avoir en Angleterre le même Conseil, & dans l'Amérique le même Gouverneur, avec un seul Sceau pour l'une & pour l'autre.

Cette union des Compagnies de Londres & de Plimouth ne dura que trois ans; & le 23 Mai de la septiéme année du Regne Jacques I (1610,) celle de Londres poursuivit & obtint une seconde Charte, qui la sépara de celle de Plimouth, & lui fixa l'étendue de sa concession, lui accordant un Conseil, un Sceau & un Gouverneur particuliers, & lui confirmant avec son premier nom, tous les privilèges, prérogatives, & exemptions, qui avoient été données aux deux Colonies par la Charte du 10 Avril.

Il y a apparence que cette désunion des deux Colonies fut causée par le mauvais succès qu'elles eurent d'abord, ayant été chassées de leur concession par les Espagnols.

On parlera plus bas de la seconde Colonie, qui changea de nom onze ans après, & fut appellée Nouvelle Angleterre.

Les bornes de la concession de la Compagnie de Londres pour la Virginie, fixées par la Charte du 23 Mai, furent toutes les terres, pays & territoires situés dans l'Amérique, depuis le Cap de Consolation ou Confort, le long des Côtes au Septentrion, l'espace de 200 milles ou lieues Angloises, du côté du Sud, en largeur; & pour sa longueur, tout l'espace & circuit, en passant à travers les terres, depuis lesdites bornes jusqu'à la mer du Septentrion, avec toutes les Isles qui pouvoient se rencontrer le long des deux mers, dans l'étendue de 100000 en mer.

Les

Les Priviléges accordés à la nouvelle Colonie, furent :

1°. La possession incommutable & successive pour toujours, de toutes les Terres, Ports, Havres, & Bayes, qui seroient dans l'étendue de sa concession, en faveur des Avanturiers & Planteurs de ladite Colonie, & de leurs Héritiers, Cessionnaires, & Ayans-cause ; à la charge seulement de relever du Château Royal de Greenwich en Angleterre.

2°. La propriété de toutes les mines d'or, d'argent, de cuivre, d'étain, de fer, & de plomb, ou de quelques minéraux que ce fût, même des pierres précieuses, carrieres, & autres productions qui s'y découvriroient, sur lesquelles le Roi ne se réservoit aucun droit, hors le cinquiéme sur l'or & l'argent.

3°. La faculté & permission de vendre & aliéner à d'autres Anglois, nouveaux Avanturiers & Planteurs, ou même aux Etrangers établis dans la Colonie, partie desdites terres & concessions.

4°. La permission de transporter dans ladite Colonie, tous les Anglois qui se présenteroient pour y aller cultiver les terres, établir des plantations, & faire le Commerce avec les Sauvages du Pays ; comme aussi d'y recevoir des Etrangers pour s'y habituer, qui par-là y acquereroient le droit de naturalité.

5°. La liberté d'y envoyer toutes sortes de vaisseaux armés, ou en guerre, ou en marchandises ; chargés d'armes, de munitions, & de vivres pour la Colonie ; & encore de toutes especes de marchandises & denrées, draps, étoffes, bétail, chevaux, jumens, &c. sans payer aucuns droits de Douane, ni à l'entrée, ni à la sortie, pendant 7 ans.

6°. Exemption aux Habitans Planteurs, de toutes tailles, impôts, droits de traitte & de douane dans la Virginie pour vingt-un ans, & de toutes autres taxes & impôts, pour toujours ; à la réserve d'un droit de cinq livres sterling pour cent pour les marchandises apportées de la Colonie dans les Ports d'Angleterre ; moyennant le payement desquels cinq pour cent, il seroit libre auxdits Avanturiers & Planteurs de transporter leursdites marchandises hors de la Grande Bretagne, sans payer d'autres droits ; pourvû néanmoins que ce ne fût que treize mois après leur débarquement dans lesdits Ports.

7°. Le privilége exclusif de s'habituer, ou de trafiquer dans toute l'étendue de ladite concession, avec pouvoir de prendre, saisir, & arrêter les vaisseaux, effets, & marchandises de ceux qui le feroient contre la volonté des Avanturiers & Planteurs : libre à eux néanmoins d'accorder la permission aux Anglois, qui ne sont point de la Compagnie, d'y apporter des marchandises, moyennant un droit de cinq pour cent, & aux Etrangers, en payant dix pour cent ; lesquels droits appartiendront à la Colonie, & seront employés à ses besoins pendant l'espace de vingt années, après quoi ils se percevroient au profit de S. M. B.

8°. Il fut défendu de transporter, ou laisser passer à la Colonie, aucun Catholique Romain ; & pour assurer davantage l'exécution de cet article, il fut ordonné qu'on feroit faire le serment de Supremacie à tous ceux qui voudroient s'y aller habituer.

Pour la conduite & direction de la Compagnie de cette premiere Colonie des Avanturiers & Planteurs de la Virginie pour la Ville de Londres, il fut établi dans cette même Ville un Conseil, dont les membres prêterent le serment entre les mains du Grand Chancelier du Royaume.

Le nombre des Conseillers fut fixé à douze, tirés de celui des Intéressés ; & pour y présider, on nomma un Trésorier Général, à qui il appartiendroit de convoquer les Assemblées.

Il fut donné à ce Conseil le pouvoir de faire, d'établir, & de publier toutes sortes de Loix, Ordonnances, & Réglemens convenables pour la conduite de la Compagnie en Angleterre, & le gouvernement de la Colonie dans l'Amérique ; comme aussi d'y nommer les Gouverneurs, Officiers, & Ministres, tels, & en tel nombre qu'il l'estimeroit à propos ; ensemble de les casser & révoquer suivant l'exigence des cas, & le bien commun de la Colonie.

Enfin il fut ordonné qu'il seroit fait deux sceaux ; l'un général, pour la Chancellerie qui seroit établie dans la Virginie ; & l'autre particulier, pour le Conseil de Londres.

Deux ans après cette seconde Chartre, les Avanturiers & Planteurs de Londres en obtinrent une troisiéme, en datte du 12 Mars de la neuviéme année du Regne de Jacques, ( 1612, ) qui leur avoit accordé les deux autres.

La Compagnie, qui s'étoit extrêmement fortifiée, & qui comptoit déja jusqu'à 400 Avanturiers & Planteurs, du nombre desquels étoient l'Archevêque de Cantorbery, les Evêques de Worcester & d'Oxford, & quantité d'autres des plus grands Seigneurs & Dames d'Angleterre ; se trouvant en état de pousser plus loin son Commerce, demanda à S. M. B. qu'il lui plût d'augmenter les bornes de sa concession du côté de la mer, afin d'y embrasser une plus grande quantité d'Isles.

Ces nouvelles bornes qui furent données à la concession de la Compagnie de Londres, furent toutes les Isles non habitées par les Anglois, ou par d'autres Nations d'Europe, qui se trouveroient à 300 lieues au large des Côtes de la Virginie, entre le 30ᵉ & le 40ᵉ dégré de latitude Septentrionale ; ce qui y renfermoit les Barmudes, qui n'étoient pas de la premiere concession.

Pour soutenir l'ancienne Colonie, & les nouveaux établissemens qu'elle projettoit, il lui fut aussi accordé des lotteries ; ressource assez ordinaire en Angleterre, pour trouver des fonds dans les besoins publics & particuliers.

Les Isles Barmudes ne resterent pas long-tems entre les mains des Avanturiers & Planteurs de Londres ; elles furent cédées un an après à une Compagnie de quelques Marchands de la Ville de Londres, qui s'associerent pour les aller habiter. Le Contrat de cession est du 10 Novembre de la 10ᵉ année du Roi Jacques, ( 1613, ) moyennant la somme de 2000 livres sterlings : on en a parlé ailleurs. *Voyez ci-devant le Commerce des* BARMUDES.

Le privilége exclusif accordé à la Compagnie de Londres, & peut-être la jalousie si ordinaire aux Anglois, ayant fait murmurer, & l'affaire étant prête d'être portée au Parlement, le Roi Jacques révoqua ses Chartres peu de tems avant sa mort, c'est-à-dire, vers l'an 1624, & il resta libre à tout le monde de prendre des terres, & de s'établir dans tous les lieux de la Virginie qui avoient été de la concession des Avanturiers & Planteurs de Londres ; à la réserve néanmoins des Barmudes, dont les Avanturiers jouirent du privilége qui leur avoit été accordé en l'année 1616 par le même Roi.

Les Anglois y sont présentement au nombre de plus de 40000, & ont la plupart leurs Habitations le long des rivieres, pour la commodité du débit de leurs marchandises, & de la cargaison des vaisseaux; y ayant plusieurs de ces rivieres qui toutes se jettent dans le golfe de Chesepeax, qu'on peut remonter jusqu'à plus de 40 lieues de leur embouchure.

Outre ces Habitations répandues le long des rivages des rivieres, il y a plusieurs Villes bâties à l'Européenne, dont les maisons sont la plupart de brique, qu'on peut regarder comme les étapes des marchandises d'Europe & de la Virginie; les vaisseaux y venant décharger dans de grands magasins, celles qu'ils apportent d'Angleterre, & y prenant leur charge des productions du Pays.

La Capitale de ces Villes est Jaimes-Jown, assez avant dans les terres, sur la riviere de Cily. Les plus considérables après elle, sont l'Elisabeth, à l'embouchure de la même riviere; Vicomo, les Barmudes, & Dailes-Quist.

Le tabac de Virginie est estimé un des meilleurs de l'Amérique, & c'est aussi la culture de cette plante qui fait la principale occupation des Habitans, & un des plus considérables Commerces du Pays.

On y fait néanmoins aussi quantité d'indigo, de gingembre, & de coton; outre beaucoup de grains & de légumes, qui presque toujours rendent le centuple de leur semence.

Ce que les Anglois nomment Herbe de soie, est une espece de chanvre qui croît naturellement & sans culture dans la Virginie, & qui se file comme le chanvre & le lin d'Europe, mais dont le fil est plus beau & plus lustré. Les Sauvages n'en font que des cordages & des rets pour pêcher; mais les Habitans Européens commencent à en fabriquer des toiles qui réüssissent parfaitement.

Le négoce qui se fait avec les Indiens qui composent 10 ou 12 Nations peu considérables, mais presque toutes ennemies les unes des autres; ne consiste qu'en pelleteries, dont les principales sont des peaux de leopards, de tigres, de castors, de loutres, de renards, de fouines, d'écureuils, de rats musqués, d'élans, & de buffles.

Les Appalachites dont on a parlé ci-dessus, y apportent aussi leurs marchandises; & leurs petites monnoies de coquillage y sont reçues dans le détail, de même qu'à la Caroline.

Quelques-uns mettent au nombre des animaux de la Virginie cette espece de chats qui produisent le précieux parfum que de leur nom on appelle Civette; & l'on dit aussi qu'on tire quelquefois des Sauvages du Pays, des perles; & des Appalachites, de l'or: mais ces riches marchandises ne sont assurément pas du Pays, & l'on n'a pû jusqu'ici découvrir d'où ces Barbares pouvoient les avoir.

## MARILAND.

Le Mariland, situé entre le 37e dégré 50 minutes & le 40e de latitude Septentrionale, vient après la Virginie, en remontant vers le Nord; il en faisoit autrefois une partie, aussi-bien que la nouvelle Angleterre, la nouvelle Yorck, la Baye des Matachusets, la Connecticute, & la Pensilvanie, qui en ont été démembrées, comme on le dira dans la suite.

Les bornes du Mariland, sont la Virginie, la nouvelle Yorck, & la nouvelle Angleterre; ces trois Colonies Angloises l'environnant de toutes parts, à la réserve de ce qui est baigné par la mer.

Le Golfe de Chosopeack, ou Kesapeake, qui entre dans les terres plus de 70 lieues, le partage presque en deux.

C'est le long de ce golfe, ou plutôt sur les rivieres qui s'y déchargent, que les Anglois, qui en sont les maîtres depuis moins d'un siecle, ont leurs Habitations, auxquelles ils ont donné le titre de Comté; & à chaque Comté le nom des dix Seigneurs à qui la concession en fut accordée par le Roi Charles Premier, par une Charte du huitiéme de son Regne, donnée sous le nom du Baron de Baltimore, dont on rapportera l'extrait à la fin de cet article.

Des dix Habitations, ou Comtés, cinq sont au Levant, & cinq au Couchant du Golfe.

Le Pays est presque pour tout, semblable à la Virginie, mêmes productions, mêmes pelleteries, même Commerce; le tabac y faisant pareillement le principal objet du négoce. *Voyez ci-devant ce qu'on a dit de la* VIRGINIE.

### *Extrait de la Charte de Concession accordée en 1633 au Baron de Baltimore, pour l'établissement de la Colonie du Mariland.*

Cette Charte est du 20 Juin de la huitiéme année du Regne de Charles Premier.

Dix Seigneurs Anglois & Irlandois s'étant associés pour établir une nouvelle Colonie dans la Virginie, Cecil Calvest Baron de Baltimore en Irlande, qui en étoit un des plus considérables, la poursuivit, & l'obtint en son nom.

Les bornes que la Charte donne à cette Colonie, sont toute la partie de la Peninsule, ou Chersonese située entre l'Ocean, à l'Orient, & la Baye de Kesapeake, à l'Occident, en tirant une ligne droite depuis le Cap appellé la Pointe de Watkins, vis-à-vis de ladite Baye, situé près de la riviere de Wigth, à l'Occident; & s'étendant jusqu'à la mer Océane dans la partie Orientale, sous le 40e dégré de latitude Septentrionale, où se termine la nouvelle Angleterre: & dans les terres, depuis le rivage de la Ware en droite ligne, jusqu'au Midi de la premiere source de la riviere de Patouneche, en tournant ensuite jusqu'au lieu nommé Cinquake, où le Patouneche se jette dans la Baye de Kesapeake; avec toutes les Isles dans la partie Orientale de cette concession, dans l'étendue de 10 lieues de mer.

Après les bornes de la Colonie ainsi établies, S. M. B. donne & accorde au Baron de Baltimore, ses héritiers, successeurs, & ayans cause, tous les fonds de Terre, Forets, Montagnes, Marais, Lacs, Rivieres, & Etangs contenus dans lesdites bornes, avec la Pêche de toutes sortes de poissons, même des poissons royaux, comme baleines, esturgeons, & dauphins; ensemble les Mines d'or & d'argent, perles, & pierres précieuses, & les Minieres de toutes autres sortes de métaux & minéraux.

S. M. B. lui accorde pareillement dans toute l'étendue de ladite concession, tous droits de Patronage sur les Eglises qu'il y fera bâtir; avec permission d'en édifier & construire dans tous les lieux où il le jugera nécessaire; d'y nommer & y établir des Ministres pour y faire l'Office suivant le Rit Anglican; enfin tous les droits Régaliens, pour en jouir de la maniere, & dans toute l'étendue qu'en jouit, ou en doit jouir l'Evêque & Comte de Durham en Angleterre.

S. M. B. se réserve néanmoins l'hommage pour Elle & ses Successeurs Rois de la Grande Bretagne, déclarant ladite Colonie relever du Château Royal de Windzor en Angleterre; dans lequel Château, il sera présenté tous les ans le mardi de la semaine de Pâque, par ledit Baron & ses successeurs, pour toute redevance, deux fléches des Sauvages de la Virginie; à l'exception pourtant des mines d'or & d'argent qui y seront découvertes, sur lesquelles il sera payé le cinquiéme à Sadite Majesté, & ses Successeurs Rois.

Afin que ladite région, ainsi cédée & accordée au Baron de Baltimore, puisse jouir de plus amples priviléges, Sa Majesté érige en Province toutes les terres & dépendances de ladite concession, sous le nom de Mariland, c'est-à-dire, Terre de Marie, dont le Baron & ses successeurs jouiront en toute propriété; avec autorité & pouvoir de faire des Loix & Réglemens pour le bien public & particulier de ladite Province, du consentement toutefois, & avec l'approbation des Habitans & Planteurs qui y seront établis, ou de la plus grande partie d'iceux.

Sa Majesté accorde pareillement aux Magistrats & Justiciers institués par ledit Baron & ses successeurs, tout droit de vie & de mort sur les Habitans & Sujets de Sadite Majesté, qui seront demeurans dans ledit Pays; même de donner Lettres d'abolition, & faire tout ce qui se pratique dans les Tribunaux d'Angleterre, tant en cause civile, que criminelle.

Pour peupler ladite Province, S. M. permet à tous ses Sujets d'Angleterre de s'y transporter dans des vaisseaux propres à ce passage, y bâtir des Forts & Châteaux pour leur défense, suivant & où ledit Baron le trouvera à propos: voulant que ceux qui s'y trouveront déja, ou qui y passeront dans la suite, ou qui y naîtront, soient tenus & réputés comme vrais Anglois, de même que s'ils étoient nés, ou demeurans en Angleterre; & accordant une permission générale auxdits Habitans de faire passer à Mariland tous leurs meubles, marchandises, denrées, ustenciles, armes, artillerie, & instrumens de guerre offensifs & défensifs, & les faire sortir des Royaumes de la Grande Bretagne, sans payer aucuns droits de Douane, pourvû que pour ledit transport, ils en obtiennent permission par écrit, ou du Grand Trésorier d'Angleterre, ou des Commissaires de la Trésorerie, ou de six Conseillers du Conseil de Sa Majesté.

Les autres priviléges accordés par la Charte, au Baron, & aux Habitans de la nouvelle Compagnie, sont, à l'égard du Baron, qu'il pourra conférer toutes les Charges, Emplois, & Dignités, en y attribuant tels droits, honneurs, titres, & prérogatives qu'il voudra, pourvû qu'ils ne soient point tels que ceux qui se distribuent en Angleterre: qu'il pourra lever des Troupes dans la Colonie, pour sa défense contre les ennemis tant du dehors que du dedans; & les commander par lui-même, ou par des Capitaines & Officiers par lui établis: qu'il lui sera loisible d'établir & construire des Ports pour la sûreté, décharge & charge des vaisseaux, dans lesquels seulement les bâtimens qui arriveront au Mariland, pourront charger & décharger leurs marchandises; & où il lui sera libre d'établir des droits d'entrée & de sortie, ou d'y laisser toute franchise desdits droits; & que s'il y établit des droits, ils appartiendront à lui & à ses successeurs: qu'il lui sera permis d'aliéner, accorder, & inféoder partie des Terres de sa concession, pour le tems, & sous les conditions que lui, ou ses héritiers trouveront convenables, pour être par les Acquereurs, tenus en Fief de lui, & non du Roi. Enfin, qu'il pourra ériger en *Manoirs* quelles Terres du Mariland qu'il voudra; y avoir des *Francipleges*, ou personnes qui s'y cautionnent les unes les autres; enfin d'y exercer toutes Jurisdictions qui appartiennent à la Cour des Barons: Sa Majesté Britannique promettant pour Elle, & pour ses successeurs Rois, de ne jamais imposer à l'avenir aucune taille sur [illegible] meubles & immeubles, marchandises & denrées des Habitans de ladite Province, ses Ports, & ses Havres.

Les Priviléges accordés aux Habitans, autres que ceux ci-dessus, sont 1°. Que tous Anglois qui voudront s'aller habituer au Mariland, pourront dans toute l'année, après en avoir fait leur déclaration, transporter tous leurs effets dans ou hors des Terres de l'obéissance de S. M. B. & en disposer sans payer aucuns droits; laquelle faculté néanmoins ne dureroit que pendant 10 années. 2°. Que les Habitans auront la liberté de transporter eux-mêmes, ou par leurs Facteurs, les marchandises, commodités, fruits, & denrées de la terre, dans les Royaumes de la Grande Bretagne, aussi-bien que dans les Pays étrangers de de-là la mer, dont les Princes sont alliés de S. M. B. pour en disposer à leur volonté, ou les vendre soit aux Anglois, soit aux Etrangers qui les voudront venir prendre dans les Ports du Mariland.

Sa Majesté Britannique déclare toutefois que par les priviléges ci-dessus accordés, Elle n'entend point interdire la pêche aux vaisseaux Anglois dans toute l'étendue des Côtes du Mariland, S. M. entendant au contraire qu'elle s'y fasse comme auparavant, & que les Pêcheurs puissent y saler & sécher leur poisson, & dresser pour cela sur ses bords, tous échafaudages nécessaires, à condition néanmoins qu'ils n'apporteront aucun dommage ni audit Baron, ni aux Habitans.

## NOUVELLE YORCK.

Il n'y a pas long tems que les Anglois sont en possession de cette Colonie, & elle a eu avant eux plusieurs Maîtres.

Les Suédois, qui s'y étoient établis sous le Regne de la Reine Christine, lui avoient donné le nom de nouvelle Suéde, & à sa principale Ville, le nom de Christine.

Les Hollandois, qui s'en emparerent sur eux, l'appellerent les nouveaux Pays-Bas, & leur Capitale, nouvelle Amsterdam.

Enfin les Anglois, qui en ont chassé ces derniers, & à qui elle est restée, la nomment la nouvelle Yorck, nom qu'ils ont aussi donné à la nouvelle Amsterdam, dont ils ont continué de faire la Capitale du Pays.

Cette Ville a plus de 500 maisons, que les Hollandois avoient bâtis pendant qu'ils en étoient les maîtres; ces derniers y font encore la meilleure partie des Habitans, & y partagent les priviléges & le Commerce avec les Anglois.

Le Commerce de la nouvelle Yorck consiste en peaux d'élans, de daims, d'ours, & autres semblables; en fourures de loutres & de castors, & en quelques autres marchandises: mais comme il est tout semblable à celui de la nouvelle Angleterre, dont plusieurs prétendent qu'elle n'est qu'une Province, pour ne pas s'engager dans une répétition inutile, on renvoie le Lecteur à ce qu'on doit dire de cette célebre Colonie, une des plus riches, & des mieux établies de toutes celles que les Anglois possédent dans le continent de l'Amérique.

On ajoutera seulement ici quelques particularités qu'on a tirées d'un Recueil des Chartes d'Angleterre, communiquées par M. Masson, tant de fois nommé dans ce Dictionnaire, & qui ne sçauroit y être cité ni trop souvent, ni trop honorablement, pour la quantité de Mémoires curieux qu'il a fournis pour enrichir cet Ouvrage.

La nouvelle Yorck n'est connue sous ce nom, que depuis l'année 1665, c'est-à-dire, depuis que Charles II Roi d'Angleterre, en eût accordé la propriété à Jacques Duc d'Yorck son frere, qui depuis a été Roi sous le nom de Jacques II.

La Charte de cette concession est du 12 Mars de la seiziéme année de Charles II. Les bornes qu'on lui donne, sont toute cette troisiéme partie du continent de la nouvelle Angleterre, commençant à la Ville de Sainte-Croix, dans le voisinage de la nouvelle Ecosse, & de-là s'étendant le long de la Côte jusqu'au lieu appellé Pemaquié, ou Pemaquie; & ainsi en montant la riviere de Lieij, jusqu'à sa pointe la plus éloignée, qui regarde le Septentrion, s'étendant de là jusqu'à la riviere de Kinebequié, & ainsi en allant par la voie la plus courte, à la riviere du Canada, du côté du Septentrion; & aussi toute cette Isle, ou Isles connues sous le nom ordinaire de Matouacks, ou Isle de Terre, regardant vers l'Océan du Cap Coce, & du Détroit de Higanset; joignant le continent entre les deux rivieres appellées & connues par les divers noms de Connertecute & de Riviere de Hudson; ensemble ladite riviere, & toutes les terres qui sont depuis la partie Occidentale de ladite riviere de Connertecute, jusqu'à la partie Orientale de la Ware-Craye: & aussi toutes les différentes Isles connues sous le nom de Martin Viniard, & de Nantukes, ou Nantuket.

Toutes les Terres, Isles, Rivieres, Havres, Mines, Carrieres, Marais, Eaux, Lacs, Pêcherie, Oiselerie, Chasse, & autres droits appartenans à S. M. B. dans toute l'étendue de cette concession, sont cédés au Duc d'Yorck & à ses héritiers, pour toujours, & en toute propriété, à la réserve néanmoins de l'hommage, comme relevant du Château Royal de Greenwich dans le Comté de Kent; & à la charge, pour toute redevance, de 40 peaux de castor par an, que ledit Duc d'Yorck, ou ses héritiers, sera tenu de présenter à S. M. B. & à ses successeurs Rois, lorsqu'elles lui seront demandées.

Tous les priviléges accordés par cette Charte, au Duc d'Yorck, & à la Colonie, étant semblables pour l'essentiel, à ceux rapportés ci-dessus dans la Charte donnée pour le Mariland, on y renvoie le Lecteur, en remarquant pourtant qu'ils sont différens en deux choses essentielles; l'une que S. M. B. se réserve pour Elle & ses successeurs le pouvoir de recevoir, d'entendre, & décider des appels de toutes les personnes qui sont de la Colonie, au sujet de quelque Sentence ou Jugement que ce soit; & l'autre, que les marchandises, denrées, & effets appartenans auxdits Habitans, ne sont pas déclarés exemts de tous droits, comme dans la Charte de Mariland; mais au contraire, que S. M. B. entend qu'en passant, & en repassant, ils payent, & soient sujets à tous les droits & coutumes dûs & payables, suivant les loix du Royaume d'Angleterre.

## PENSILVANIE.

La Pensilvanie est une petite Province de l'Amérique Angloise, qui fait partie de la nouvelle Yorck. Elle a pris son nom du Chevalier Guillaume Penn, ce fameux Chef des Quakers d'Angleterre, qui a fait tant parler de lui sous le Regne de Jacques II, & dans les premieres années de la révolution qui mit sur le Trône de la Grande Bretagne Guillaume III, auparavant Prince d'Orange, gendre de Jacques.

Avant que le Chevalier Penn en eût obtenu la concession, elle se nommoit nouvelle Jerzey, & se divisoit en Orientale & Occidentale; c'est l'Orientale qui a pris le nom de Pensilvanie, depuis que Penn l'eut achetée en 1682 du Lord Barclay, & du Chevalier Georges Carteret, qui en étoient les Propriétaires, moyennant la somme de 4000 livres sterlings.

L'Occidentale qui appartenoit au sieur Edouard Billing, ne fut point comprise dans la concession.

La Charte de cette concession est du 8 Février 1682, trente-troisiéme année du Regne de Charles II. Les motifs furent la conversion des Sauvages à la Religion Chrétienne, & la culture de beaucoup de terres abandonnées, qui pouvoient fournir à l'Angleterre quantité de riches marchandises.

Les bornes de la Colonie sont, tout ce qui est borné du côté de l'Est par la riviere de Lanuarre, à douze mille; du côté du Nord, de la Ville de Neucastel, au 43ᵉ dégré de latitude Septentrionale, si la riviere s'étend jusques là; & si elle ne va pas si loin, du côté du Nord, jusqu'à l'endroit où elle s'étend. Depuis la source de ladite riviere, les limites en sont terminées, par une ligne Méridionale, tirée jusqu'audit 43ᵉ dégré, s'étendant en longitude cinq dégrés du côté du Couchant, lesquels on compte depuis les limites du côté de l'Orient & du côté du Nord, par le commencement du 4ᵉ dégré de latitude Septentrionale: & du côté du Nord, par une ligne courbe, qui est tirée à la distance de douze mille, depuis Neucastel, jusqu'au commencement du quarantiéme dégré de latitude Septentrionale; & puis par une ligne droite du côté du Couchant, jusqu'aux limites de longitude ci-dessus spécifiées.

La propriété de toutes les Terres & Isles de cette concession est accordée au Chevalier Guillaume Penn, pour lui & ses héritiers, S. M. B. s'en réservant seulement la souveraineté, comme relevantes du Château Royal de Vindzor au Comté de Berks, avec une redevance de 2 peaux de castor chaque année, payable audit Château le premier Janvier; & aussi le quint de tout l'or & l'argent qui se trouvera dans les terres de la Colonie, Sa Majesté érigeant lesdites terres en Province, sous le nom de Pensilvanie.

Les autres priviléges de cette Charte sont les mêmes que ceux accordés pour l'établissement de la Colonie du Mariland, que l'on a rapportés plus haut, à la réserve d'une clause qui ne regarde que la Pensilvanie, où l'on sçavoit que le Chevalier Penn vouloit faire passer la plupart des Quakers & Trembleurs d'Angleterre, dont il y avoit long-tems qu'il s'étoit déclaré le Protecteur & le Chef.

Cette clause spécifique porte, que si les Habitans de la Pensilvanie, au nombre de soixante & dix, demandent ci-après, soit par écrit, soit par leurs Députés, à l'Evêque de Londres, de leur envoyer un, ou plusieurs Prédicateurs approuvés de lui, pour les instruire; qu'en tel cas, ce Prédicateur, ou ces Prédicateurs pourront aller & demeurer dans le Pays, sans en pouvoir être empêchés, ou sans y être molestés.

La Ville Capitale de la Colonie se nomme Philadelphie, nom certainement convenable à l'esprit de son Fondateur, & au génie des Habitans dont il la peuploit, qui s'appellant tous Freres, & se piquant d'une extrême charité entr'eux, ne pouvoit mieux marquer le caractere dont ils prétendent se distinguer des autres Sectes Chrétiennes.

Cette Ville, comme on la voit décrite par le Chevalier Penn lui-même, dans une de ses lettres adressée au Comité de la Compagnie des Trafiquans de la Pensilvanie, demeurant à Londres, est située dans une langue de terre entre deux rivieres, dont l'une s'appelle la Delanuare, & l'autre la Skulkill : sa longueur est de deux mille, & sa largeur d'environ un mille : le terrain en est sec, uni, & sain ; les rivieres sont navigables, ayant en tout tems six à huit brasses d'eau.

L'air de la Colonie est doux & clair ; les eaux y sont généralement bonnes ; les principaux arbres qu'on y trouve, & qui sont d'un bon débit, sont le noyer noir, le cédre, le cyprès, le châtaignier, le peuplier, l'arbre à gomme, le hickery, le sassafras, le frêne, le fan, qui est une espece de chêne ; & quantité de diverses sortes de véritables chênes, entr'autres de rouges, de blancs, & de noirs.

Les fruits qui lui sont naturels, sont des mures blanches & noires, des châtaignes, des noix, des prunes, & des raisins de plusieurs especes, & même des pêches ; mais on doute si les pêchers sont des arbres du Pays, ou si les plants en sont venus d'Europe.

Les grains & les légumes que le Pays produit par l'art, sont le froment, l'orge, l'avoine, le ris, les pois, les féves, les melons, & de toutes sortes d'herbages & de racines que l'on cultive dans les jardins d'Angleterre. Les grains y multiplient tellement, qu'il est ordinaire de recueillir pour un boisseau de semence, jusqu'à 40 & 50, & même jusqu'à 60 boisseaux de grain.

Les animaux à quatre pieds qui se trouvent dans le Pays, sont des élans, des daims, des castors, des lapins, des écureuils, des chats sauvages, des pantheres, des loutres, des loups, des renards, des minxs, des rats musqués, & celui qu'on nomme le Pêcheur. On y a aussi transporté d'Europe des chevaux, & du gros & menu bétail.

Pour ce qui est des oiseaux, il y a des coqs d'Inde qui pésent jusqu'à 40 & 50 livres, des faisans de plusieurs sortes, des pigeons, des perdrix, des cignes, des oyes, des canards, des sarcelles, des beccassines, & des corlis.

A l'égard du poisson, il y en a de toute sorte, & en très grande quantité ; mais particuliérement des baleines, & de la morue.

C'est de toutes ces productions naturelles, ou que l'art y a ajouté, dont les Habitans de la Pensilvanie entretiennent leur Commerce.

Les principales de leurs marchandises, sont l'huile qu'ils tirent de la baleine, pour la pêche de laquelle il y a plusieurs Compagnies établies à Philadelphie ; la morue verte ou séche, qu'on fait dans la Baye ; les cuirs verds, & les pelleteries que l'on traitte avec les Sauvages ; les chevaux que l'on envoie à la Barbade ; les arbres percés à la tarriere, pour faire des tuyaux ; des planches, & toutes sortes de bois de construction, qui sont propres pour la même Isle ; enfin, des cuirs tannés dans le Pays, & du verre, dont il y a plusieurs fours établis.

Pour la préparation de toutes ces marchandises, les Anglois ont plusieurs tanneries, avec des moulins, pour couper & préparer le tan, des moulins à scie pour le bois de charpente & de menuiserie ; des verreries, des atteliers pour dépecer & fondre la graisse de baleine ; enfin, tous les équipages & les échafaudages pour la pêche & la préparation de la morue.

Les bœufs y sont si communs, que le labourage ne se fait plus que par le moyen de ces animaux, comme dans plusieurs endroits de l'Europe.

On y cultive aussi la vigne avec assez de succès ; mais pour y réussir, il faut y apporter, & se servir de plant de France.

La nourriture des Naturels du Pays, est le mays, qu'on nomme communément en François, Blé de Turquie. Ils se servent d'une espece de monnoie qui a aussi cours parmi les Habitans de la Colonie : elle est faite d'arrêtes de poisson, dont les unes sont blanches, & les autres noires ; les blanches tiennent lieu d'argent, & les noires, d'or ; ils les appellent en leur langue Wampum.

Les premiers Planteurs qui ont cultivé la Pensilvanie, étoient, comme dans le reste de la nouvelle Yorck, des Suédois, ou Finmarkois, & des Hollandois : ceux-ci s'appliquerent au Commerce avec les Sauvages, ceux-là à l'agriculture. Les Hollandois en resterent les maîtres, par la cession qui leur en fut faite en 1655, par le Général des Suédois, Jean Rizeing.

Les Hollandois habitent, pour la plupart, cette partie de la Pensilvanie qui est le long ou près de la Baye ; les Suédois demeurent sur les bords de la riviere de Lanuare : le négoce que ces deux Nations font avec les Indiens, est peu considérable ; ils en tirent pourtant quelques pelleteries pour du rum, & autres boissons fortes.

La partie habitée par les Anglois : est divisée en six Comtés, sçavoir Philadelphie, Buckingham, Chester, Neucastel, Kent, & Sussex, qui sur la fin du 17e siécle contenoient environ 4000 ames.

## NOUVELLE ANGLETERRE.

Cette partie de l'Amérique Septentrionale, que les Anglois nomment New-England, est située entre la nouvelle Yorck, le Canada, l'Acadie ou nouvelle Ecosse, & la mer Septentrionale ; ce qui comprend environ 70 lieues, depuis le 41e jusqu'au 43e dégré de latitude.

Jean Varazan, Florentin, dont on a déja parlé plus d'une fois, la découvrit, & en prit possession en 1524, pour François Premier.

Les Anglois y allerent en 1607 & en 1608 ; mais les deux Compagnies qui s'étoient formées à Londres & à Plimouth, pour y porter des Habitans, & qui en avoient obtenu la concession par des Lettres patentes de Jacques Premier, n'ayant pu soutenir leurs entreprises, soit à cause des Espagnols, qui vinrent ruiner leurs Habitations ; soit à cause de la guerre qu'ils eurent contre les Sauvages, qu'ils avoient irrités mal-à-propos ; les François, qui la trouverent abandonnée, & qui d'ailleurs prétendoient y avoir droit, par la découverte, & la prise de possession de 1524, y établirent quelques Colonies. Mais ces nouveaux Habitans en furent ensuite chassés à leur tour par des Anglois qui venoient de la Virginie.

Ce ne fut pourtant qu'en 1621 que ceux-ci y jetterent enfin les fondemens des Colonies qu'ils y ont présentement, qui pour le Commerce, & pour le nombre de leurs Habitans, sont les plus fortes, & les plus florissantes que la Couronne d'Angleterre posséde dans la terre ferme de l'Amérique.

Ce ne fut qu'en 1621 que cette Colonie prit le nom de nouvelle Angleterre. Comme elle fait partie de la Virginie, elle ne fut d'abord établie en 1607, que sous le nom de seconde Colonie de la Virginie, pour la Compagnie des Avanturiers & Planteurs de Bristol, Excester, & Plimouth, comme on l'a dit ci-dessus en parlant du Commerce de la Virginie.

La Compagnie de Londres ayant pris de nouvelles Lettres pour sa concession en 1610, & s'étant rétablie dans la partie de la Virginie qui lui avoit été accordée; celle de Plimouth ne le put faire qu'en 1621, soit que ses pertes eussent été plus grandes lorsque les Espagnols les en chasserent l'une & l'autre; soit, comme il le paroît, que la division se fût mise parmi ses Planteurs & Avanturiers.

La nouvelle Charte, en datte du 3 Novembre de la 18e année du Régne de Jacques II Roi de la grande Bretagne, fut obtenue à la poursuite du Chevalier Ferdinand Georges, Gouverneur du Fort & Isle de Plimouth, tant en son nom, qu'en celui de ses Associés.

Les bornes de la Colonie y furent de nouveau fixées, & ses limites augmentées & étendues dans tout ce qui est contenu en largeur depuis le 40e dégré de latitude Septentrionale de la Ligne équinoxiale, jusqu'au 48 dégré de la même latitude; & en longueur, depuis la largeur susdite, à travers de la grande terre, d'une mer, jusqu'à l'autre; avec toutes les Mers, Isles, Bayes, Golfes, Ports, & Havres qui sont entre lesdits dégrés & limites.

Pour la distinguer davantage de la premiere Colonie de la Virginie, avec qui elle avoit eu d'abord même Charte, même Conseil, & même Sceau; celle-ci fut érigée en Province particuliere, sous le nom de nouvelle Angleterre; & pour en avoir la direction, il fut établi à Plimouth, un Comité de 40 personnes, tirées des principaux Associés, sous le nom de Conseil établi à Plimouth, pour peupler & gouverner la nouvelle Angleterre en Amérique; duquel nombre, il seroit choisi un Président à la pluralité des voix, pour rester en Charge autant qu'il plairoit aux Intéressés composant ledit Conseil: avec permission de se faire graver deux sceaux avec telle légende & armes que le Conseil trouveroit bon, l'un pour être le sceau public de la Compagnie, & l'autre le sceau particulier du Conseil.

Par un des articles de la Charte, la Colonie est déclarée relever en plein Fief, & en foi & hommage, du Château Royal de Gréenwich au Comté de Kent en Angleterre, S. M. B. ne se réservant pour tous droits & redevance, que le cinquiéme de l'or & de l'argent qui seroit trouvé en quelque tems que ce fût, dans toute l'étendue de la concession.

Un autre article accorde un privilége exclusif aux Intéressés à ladite Colonie, de pouvoir s'y établir & trafiquer, avec défense à toutes personnes, tant Anglois qu'Etrangers, de visiter, ou fréquenter directement ou indirectement, dans ledit Pays de la nouvelle Angleterre, sans la permission par écrit, & scellée du sceau du Conseil, à peine de prison pour les personnes, & de confiscation pour les vaisseaux & marchandises, dont la moitié appartiendroit à S. M. B. & l'autre moitié aux Intéressés à la Colonie.

Enfin, par un troisiéme article, il est dit, que de tous les droits qui pouvoient être dûs pour les marchandises appartenantes à ladite Colonie, soit en entrant, soit en sortant des Pays & Etats de la grande Bretagne; il n'en seroit payé que la moitié comptant; & que pour l'autre moitié, les Fermiers desdits droits accorderoient un délai de 6 mois, en donnant néanmoins caution par les Facteurs, ou Commis desdits Avanturiers & Planteurs de la nouvelle Angleterre.

Les autres priviléges, exemptions, & prérogatives contenus dans cette Charte, étant les mêmes que dans la Charte de l'année 1610, accordée à la Colonie de la Virginie, dont on a donné ci-devant l'extrait, on peut y avoir recours.

On remarquera seulement que la Charte pour la nouvelle Angleterre, est la seconde de celles qui ont été données pour les Colonies Angloises de l'Amérique, où les Catholiques Romains ont été exclus du nombre des Habitans, & où il a été ordonné de faire prêter le serment de suprématie à ceux qui voudroient y passer.

Depuis l'établissement de cette Colonie, il y est arrivé quelques changemens; mais qui bien loin de faire tort à son Commerce, n'ont fait qu'en augmenter la réputation, par l'érection de deux nouvelles Provinces, qui y ont été établies, l'une sous le nom de Colonie de Connecticute, & l'autre sous celui de Colonie de la Baye des Matachusets. On en parlera plus bas, après avoir ici traité du Commerce de la nouvelle Angleterre.

Comme ce fut à Plimouth que se fit l'embarquement pour cette nouvelle Colonie, ces premiers Habitans, pour conserver la mémoire de leur ancienne Patrie, donnerent le nom de nouvelle Plimouth, à l'endroit où ils fixerent leur demeure, Ville si peu considérable dans ses commencemens, qu'elle ne consistoit qu'en 19 familles; d'où pourtant sont sortis depuis, comme autant d'essains, ce grand nombre de Bourgs & de Villes, dont quelques-unes ne le cédent gueres aux plus belles Villes d'Angleterre.

Boston, qu'on nomme aussi Baston, est présentement la Capitale de tout le Pays.

La beauté de ses rues, la magnificence de ses bâtimens, la richesse & le nombre de ses Habitans, enfin l'abondance de toutes sortes de marchandises, dont ses magasins & ses boutiques sont toujours remplies, soutiennent bien la réputation du grand Commerce qui l'a enrichie, & qu'elle continue avec plus de succès que jamais.

Les autres Villes de la nouvelle Angleterre; sont, Charles Towon, Cambrige, Plimouth, & Reding, presque toutes situées sur la mer, ou sur des rivieres qui sont navigables, depuis leurs embouchures, jusques bien avant dans les terres.

Les principales marchandises qu'on tire du Pays, sont des fourures, particuliérement le castor, & les orignaux; des mâtures, & des bois propres aux constructions de marine, meilleurs que ceux de Norwege; des fromens, des farines, du biscuit, diverses sortes de grains & de légumes secs; du sel, des viandes salées, du poisson, entr'autres, de la morue verte & seche, & du maquereau salé; du chanvre, du lin, de la poix, du goudron, & quelquefois de l'ambre, que la mer jette assez souvent sur ses Côtes.

Les pelleteries, qui sont le principal objet du Commerce des Anglois, leur viennent de plus de 40 Nations de Sauvages, qui sont répandues dans la nouvelle Angleterre, qui ne chassent proprement que pour eux; du nombre desquels on peut mettre les cinq petites Nations d'Iroquois, qui, quoique voisines des François de Canada, sont néanmoins attirées dans les Colonies Angloises par le bon marché qu'on leur fait des marchandises d'Europe, & par les soupçons où on les entretient, que la France a le dessein de les exterminer; aussi parmi les marchandises que les Anglois leur donnent en échange de leur pelleterie, le plomb, la poudre, & les armes en sont les principales, & à meilleur marché;

moins pour leur chasse, que pour faire des courses sur les François, avec qui ils sont souvent en guerre.

L'Article 15 du Traité d'Utrecht a néanmoins de nouveau pourvû à ces infractions des anciens Traités; & il y est expressément porté, que les François & les Sujets de la Grande Bretagne se comporteront pacifiquement avec les Amériquains sujets ou amis des deux Nations; & que les Sauvages pourront, pour l'avantage réciproque du Commerce, visiter à leur choix les Colonies Françoises & Britanniques, sans aucune molestation, ni empêchement de part ni d'autre.

Les Sauvages de la riviere de Pantagouet, & ceux de celle de Saint-Jean, sont ceux avec qui l'on traitte davantage de pelleterie; les premiers fournissent plus de peaux d'élans & d'ours, les autres plus de castors & de loutres.

Les peaux d'orignaux de la riviere de Saint-Jean, vont année commune à 3000, celles de la riviere de Pantagouet, à près du double.

C'est à l'embouchure de la riviere de Pantagouet que se fait au printems, la pêche des maquereaux, dont les Anglois de la nouvelle Angleterre font un si grand négoce aux Barbades, & aux autres Isles Antilles Angloises.

C'est là aussi où pendant l'hiver, se fait une pêche de morue, qu'on séche à la gelée, que les François avoient coutume autrefois d'aller enlever, donnant en échange, du sel, des eaux-de-vie, & autres marchandises de France; mais ce trafic est cessé, depuis que les Anglois ont toutes ces choses en plus grande abondance, & à meilleur marché que les François mêmes.

On croit que quelques montagnes situées sur le haut de la riviere de Saint-Jean, ont des mines de fer, de cuivre, & de lapis; mais il ne paroît pas que les Anglois ayent encore découvert aucune de ces richesses prétendues.

Les Habitans de Baston entretiennent un Commerce réglé avec toutes les Colonies Angloises de la terre-ferme, & des Isles de l'Amérique, aussi-bien qu'avec l'Irlande & l'Angleterre; & ils y envoyent tous les ans quantité de vaisseaux bâtis sur les chantiers, & chargés des marchandises du Pays.

Les navires qui vont aux Barbades, & aux autres Isles Antilles, y portent du biscuit, des farines, du sel, des viandes salées, de la morue, du maquereau, quelquefois des bestiaux. Leur retour consiste en sucre, en tabac, en coton, gingembre, & autres marchandises de ces Isles.

Les fourures, & les bois de constructions de marine, sont destinés pour l'Angleterre; aussi-bien que la morue séche, les cuirs verds, & les peaux d'orignaux. Ils en rapportent en échange, des vins étrangers, des étoffes de soie, des draps, du fer, du cuivre, des toiles, de la rubannerie, de la mercerie, des dentelles, du papier, toutes sortes d'ustenciles pour le ménage & la culture de la terre; enfin tout ce qui ne croît pas, ou ne se fabrique pas dans leur Colonie.

C'est aussi des mêmes marchandises dont est la cargaison des vaisseaux Anglois qui viennent d'Europe charger à Baston les marchandises du Pays; ce négoce se faisant également par les navires frettés par les Habitans de la nouvelle & de l'ancienne Angleterre.

## LA BAYE DES MATACHUSETS, & LA CONNECTICUTE.

Ces deux Colonies ont été détachées de la grande Colonie de la nouvelle Angleterre; l'une par une Charte de Charles Premier, en 1629; & l'autre en 1663, par des Lettres patentes de Charles II.

Les bornes de la premiere renferment tout le Pays situé entre la riviere de Monomark, & la riviere de Charles, qui tombe dans le fond de la Baye des Matachusets, dans l'étendue de 3 milles au Sud, le long de ladite riviere de Charles, & de la Baye des Matachusets, aussi-bien que de la riviere de Monomark; & tout le Pays compris dans lesdites limites, depuis le Nord, jusqu'au Sud, en largeur & longueur, à travers du continent, jusqu'à la mer du Midi.

La seconde a pour limites à l'Orient, la riviere ou baye de Norrogancet, à l'endroit où cette riviere tombe dans la mer; au Nord, la ligne tirée pour borner la Colonie des Matachusets; & en longueur, aussi loin que court cette ligne depuis l'Orient jusqu'au Couchant; c'est-à-dire, depuis la Baye de Norrogancet, du côté de l'Orient, jusqu'à la mer du Midi, avec les Isles circonvoisines.

Ces deux Colonies sont entiérement indépendantes de celle de la nouvelle Angleterre, ne relevant que de S. M. B. à cause de son Château de Gréenwich; l'une ayant acheté sa liberté par un Contrat du 19 Mars 1628, & l'autre en jouissant partie par achat, & partie par conquête, ayant chassé quelques Nations sauvages des terres qu'elle occupe présentement. L'une & l'autre ne doivent au Roi, pour toute redevance, que le quint de l'or & de l'argent qui se peut trouver dans l'étendue de leur concession.

Enfin, pour qu'il ne manquât rien à leur entiere indépendance, & pour les égaler en tout à la Colonie matrice, de laquelle elles ont été détachées; elles jouissent des mêmes priviléges, & ont comme elle, un Sceau & un Conseil; celui de la Baye des Matachusets, composé d'un Gouverneur, d'un Député ou Sous-Gouverneur, & de dix-huit Assistans ou Conseillers; & celui de la Connecticute, un Gouverneur, & un Sous-Gouverneur, mais seulement douze Directeurs.

A l'égard du Commerce de ces deux Colonies, il est tout semblable à celui de la nouvelle Angleterre, soit pour les productions naturelles du Pays, & les manufactures qui y sont établies, que les Habitans vont porter au dehors, sur leurs propres vaisseaux; soit pour les marchandises étrangeres qu'ils en rapportent en échange, ou que les navires d'Europe viennent leur apporter; soit enfin pour la traitte qu'ils font avec ce grand nombre de Nations sauvages qui sont dans leur voisinage, ou dans leur alliance. *Voyez ce qu'on en a dit ci-dessus.*

Il faut seulement observer, qu'il n'y a gueres que les Anglois qui fassent de la différence entre ces trois Colonies de la nouvelle Angleterre, les autres Nations d'Europe les confondant ordinairement, & mettant tout le Commerce qui s'y fait, sur le compte de l'ancienne Colonie, dont Baston est la Capitale, quoique chacune des autres ait aussi la sienne, qui ne céde gueres à celle-ci ni pour la beauté, ni pour le négoce.

Il faut aussi remarquer, que la pêche est libre à tous les Anglois, soit d'Europe, soit de l'Amérique, sur toutes les Côtes des trois Colonies de la nouvelle Angleterre; qu'ils y peuvent sécher & saler leur morue & leur maquereau, & se servir des bois qui s'y trouvent, & qui leur sont nécessaires pour faire leurs établis & échafauts; ce droit leur ayant été réservé par une clause expresse de chacune de leurs Chartes.

## ACADIE, ou NOUVELLE ECOSSE.

L'Acadie a toujours fait partie du Canada, & c'est-là proprement le titre en vertu duquel les François ont prétendu jusqu'en 1713, que cette vaste contrée de l'Amérique Septentrionale leur appartenoit.

Les Anglois y ont aussi toujours eu un droit, qui enfin a prévalu; & c'est par ce droit, qu'on appelle en politique droit de bien-séance, que la Couronne d'Angleterre profitant des conjonctures, se l'est enfin fait céder par la France, en conséquence du Traité d'Utrecht; ce qu'elle avoit déja tenté inutilement, particuliérement en 1620 & en 1666.

Ce grand Pays, si commode pour la traitte des pelleteries, & pour la pêche de la morue, contient près de 300 lieues de Côtes, depuis Kenebeki, derniere Place de la nouvelle Angleterre, jusqu'à l'Isle Percée, vers l'embouchure de la riviere de Saint-Laurent; ce qui pourtant n'entre pas entiérement dans ce qui a été cédé à l'Angleterre.

Ce que les Anglois possédoient dans l'Acadie avant la cession qui leur en a été faite par le Traité d'Utrecht, étoit peu considérable, comme on le peut voir par la Commission de Gouverneur de la nouvelle Ecosse, expédiée en 1652, au sieur Thomas Brédon Marchand de Londres; où l'on peut observer que les Anglois ne songeoient pas en ce tems-là à disputer l'Acadie aux François.

Les bornes que cette Charte donne au Gouvernement de la nouvelle Ecosse, sont, depuis le Mereliquith à l'Orient, jusqu'au Port & Cap de la Heve, le long de la Côte du Cap de Sable, de là, au Port nommé présentement de la Tour, & autrefois l'Isle Longue; & de là, suivant la Côte de l'Isle, au Cap Clouen; ensuite au Cap & à la riviere d'Ingogen, suivant la Côte de Port-Royal; & de là, jusqu'au fond de la Baye; puis le long des Bayes, jusqu'au Fort Saint-Jean; & de là, tout du long de la Côte, jusqu'à Pentagouet, & la riviere de Saint-George, jusqu'à Musconcus, situé sur les confins de la nouvelle Angleterre, du côté de l'Occident; & s'étendant depuis la Côte de la mer jusques dans la terre, le long des limites susdites, l'espace de plus de 100 lieues, jusqu'aux Plantations voisines faites par les Hollandois, ou par les François, ou par les Anglois de la nouvelle Angleterre.

Il faut remarquer, que cet Acte n'est pas seulement une Commission de Gouverneur de l'Acadie Angloise, mais encore une Charte de concession au sieur Thomas Breédon, de tout le Pays contenu dans les bornes qui y sont décrites: il paroît même que c'est la premiere fois que les Rois d'Angleterre ont fait expédier de pareilles Chartes pour la nouvelle Ecosse.

La Ville de Port-Royal, ainsi que l'appelloient les François; ou d'Annapolis, comme la nomment présentement les Anglois, en est la Capitale, ou plutôt la seule Place un peu considérable qui y soit; le reste de la Colonie ne consistant qu'en Habitations dispersées dans les terres, & le long des rivieres, suivant que les Habitans en ont trouvé ou le terrain meilleur pour le cultiver, ou les lieux plus propres pour le Commerce avec les Sauvages.

Presque toutes les terres y sont fertiles en blé, pois, fruits, & légumes, qui, avec le gros & menu bétail, dont les Habitations sont plus que raisonnablement fournies, suffisent pour la subsistance de la Colonie, & pourront bien-tôt en secourir les Colonies voisines.

On tire de plusieurs endroits, des mâtures plus fortes, & aussi bonnes que celles de Norwege, & l'on y peut construire aisément des bâtimens de mer de toutes sortes, les chênes surpassant en bonté ceux des autres Pays.

Le bois mérain qu'on y fait, & qui sert aux bariques à encaquer le poisson, & à mettre l'huile de loups marins, est aussi excellent, & il s'en envoye jusqu'en Europe.

L'Isle aux Loups, ainsi nommée de la grande quantité de loups marins qui y terrissent, fournit beaucoup de peaux de ces amphibies, & de l'huile qu'on tire du lard des plus jeunes, dont trois ou quatre suffisent pour faire une barique. Cette huile, quand elle est fraîche, est très douce, & très bonne à manger; on s'en sert aussi à plusieurs autres usages, particuliérement à brûler, n'ayant point de mauvaise odeur.

Mais c'est sur-tout par la traitte des pelleteries, & par l'apprêt de la morue séche, qui donnent en abondance à la Côte, que les Habitans de l'Acadie peuvent s'enrichir.

Lorsque les François en étoient les maîtres, il s'y étoit formé une Compagnie du Castor, différente de celle du Canada, qui pouvoit apporter à la Rochelle chaque année jusqu'à six milliers pésant de cette pelleterie, dont néanmoins il ne s'en pouvoit débiter en France que jusqu'à deux milliers. *On peut voir à l'article des* COMPAGNIES DE COMMERCE, *ce qui y est dit de l'établissement de celle-ci.*

Les autres pelletéries, outre le castor, sont les loutres, les loups cerviers, les renards, & presque toutes celles dont on a parlé ci-dessus au paragraphe du Canada. On y traitte aussi quantité de peaux d'élans & de loups marins.

A l'égard de la pêche de la morue, elle se fait dans la plupart des rivieres, & des petits golfes de cette Côte; où néanmoins, par l'article 12 du même Traité d'Utrecht, il est défendu aux Sujets du Roi Très Chrétien, d'exercer ladite pêche, & à 30 lieues près les Côtes de la nouvelle Ecosse au Sud-est, en commençant depuis l'Isle de Sable inclusivement, & en tirant au Sud-ouest.

C'est des débris de la Colonie Françoise de l'Acadie, qu'est en partie formée la nouvelle Colonie du Cap-Breton, comme on le peut voir ci-dessus: mais les Anglois ont déja bien réparé les breches que le départ des Habitans François y avoient pû faire; & par les secours qui leur sont venus, ou d'Angleterre, ou de Baston, ils la comptent présentement pour un de leurs plus solides établissemens dans l'Amérique.

Les marchandises d'Europe, que l'on porte à la nouvelle Ecosse, dont les magasins sont à Annapolis, d'où elles se distribuent dans le reste du Pays, consistent en tout ce qui est necessaire pour la subsistance, le vêtement & le ménage, dont pourtant les Anglois Acadiens se fournissent aussi en partie à Baston, & dans les autres Colonies Angloises qui sont plus au Sud.

## BAYE D'HUDSON.

Cette Baye est la plus Septentrionale de tous les Pays de l'Amérique, où les Européens ont présentement des Colonies, s'étendant depuis le 52e dégré 30 minutes de latitude jusqu'au 63e.

Frederic Anschild Danois fut le premier qui la découvrit, en cherchant un passage par le Nord, pour

pour aller aux Indes Orientales; mais elle porte le nom de Henry Hudson Anglois, qui y alla en 1612, dans le même dessein que le Pilote de Dannemarc, & à ce qu'on dit, sur son Journal & ses Mémoires.

Les belles pelleteries qu'Hudson, qui avoit été obligé de passer l'hyver dans cette Baye, en avoit rapporté, ayant fait croire en Angleterre, qu'on pouvoit y établir un bon Commerce de cette marchandise, plusieurs Marchands Anglois formerent une Compagnie, & y envoyerent le Capitaine Nelson, qui fonda la premiere Colonie Angloise de cette Baye, & éleva un Fort de son nom à l'embouchure d'une grande riviere qui s'y jette, & qui prend sa source du lac des Assinipouals, qu'on croit aussi être celle du grand fleuve de S. Laurent, comme on l'a remarqué en parlant du Commerce du Canada.

La Compagnie qui fut formée en Angleterre en 1681, pour faire le Commerce de la Baye d'Hudson, est celle qui a le plus solidement établi cette Colonie.

Sa Charte est du 2 Mai de la 32e année du Régne de Charles II Roi de la Grande Bretagne, accordée en faveur du Prince Robert, & de ses Associés.

Son privilége est exclusif pour tout le Commerce qui peut se faire dans la Baye d'Hudson, & dans toutes les mers, détroits, bayes, rivieres, lacs, & passages, en quelque latitude qu'ils puissent être, avec la propriété de toutes les Isles & Terres qui y sont, & qui ne sont point occupées par quelque autre Nation; lesquelles Terres & Territoires seront appellées les Terres de Robert.

La Colonie est déclarée relever du Château Royal de Greenwich, dans le Comté de Kent; S. M. B. ne se réservant que la foi & hommage, avec une redevance de deux élans & de deux castors noirs par an, qui seront payés quand ils seront demandés.

Pour le gouvernement de la Compagnie, il est établi un Gouverneur, un Sous-Gouverneur, un Député, & sept Commissaires, ou Directeurs.

Enfin, il lui est accordé un Sceau, pour sceller ses Actes & Expéditions.

Le fonds capital de la Compagnie étoit de 10500 liv. sterling. Les actions y ont valu jusqu'à 500; mais les guerres presque continuelles qui ont été entre la France & la Grande Bretagne jusqu'à la paix d'Utrecht, y ont souvent apporté de grandes diminutions.

Les François du Canada ont toujours été jaloux de cet établissement des Anglois; & les deux Nations s'en sont plusieurs fois alternativement chassées; l'une, pour se confirmer son ancien Commerce de pelleterie sur le lac supérieur; l'autre, pour se maintenir dans le nouveau négoce qu'elle en avoit attiré à Hudson.

Mais enfin elle a été restituée à l'Angleterre par le Traité d'Utrecht; & les François, qui s'en étoient emparés pendant la guerre pour la succession d'Espagne; & qui y avoient même établi une Compagnie pour en faire le Commerce, & construit de nouveaux Forts, furent obligés de l'abandonner dans l'état qu'elle se trouvoit alors; avec liberté néanmoins à la Compagnie d'en retirer ses effets, & aux Sujets de la Couronne de France, d'en sortir avec leurs biens, marchandises, &c. pour aller s'établir ailleurs. *Voyez ce qu'on a dit à l'article des* COMPAGNIES DE COMMERCE.

Le seul négoce du Pays est celui des pelleteries, sur lesquelles il faut que les profits soient bien grands, puisque les deux Nations qui s'en sont si souvent disputé la possession, ne se sont point rebutées du froid extrême qu'il y fait, & qui pendant sept ou huit mois les retient comme en prison dans leurs maisons; la neige y tombant ordinairement de dix ou douze pieds de hauteur, la mer s'y glaçant presque à la même épaisseur, & les arbres & les pierres s'y fendant communément par l'excessive rigueur du froid.

Les Anglois y font aussi un assez bon négoce de colle de poisson, dont ils ont établi jusqu'à trois fabriques dans les trois Forts qu'ils y ont.

Les Sauvages recevoient en échange de leurs pelleteries, des armes, des munitions, des chaudiéres, & toutes ces autres menues merceries & quincailleries, dont on a donné un état en parlant du Canada.

A l'égard des marchandises propres pour le soutien des Colonies, elles consistent généralement en tout ce qui est nécessaire à la vie; le Pays ne fournissant absolument rien, ni pour la nourriture, ni pour le vétement, ni pour les autres besoins des Habitans de ces riches, mais malheureuses Colonies.

## COMMERCE DES PORTUGAIS DANS L'AMERIQUE.

Les Portugais ne possedent dans l'Amérique que le Bresil; mais cette partie du nouveau Monde est si vaste, si fertile, & si riche, qu'ils auroient tort de se plaindre de leur partage.

Les Espagnols le reconnurent en 1500. Alvarès Cabral Portugais, qui y fut poussé en 1501, par un hazard de mer, lorsqu'il faisoit route vers les Indes Orientales, en prit possession pour la Couronne de Portugal; mais ce fut Améric Vespuce, qui en fit proprement la découverte; en ayant couru presque toutes les Côtes, depuis la riviere des Amazones jusqu'à celle de la Plata, qui font présentement à peu près les bornes du Bresil au Nord & au Sud.

Ces Côtes, qui se courbent en demi cercle, n'ont gueres moins de 1200 lieues, que pourtant les Portugais n'occupent pas entiérement; n'ayant point d'habitations au-delà de la Capitainerie de Rio-Janeiro, qui est à plus de 200 lieues de la riviere de la Plata.

Le dedans des terres du Bresil n'est pas encore bien connu, les Portugais n'y ayant pénétré qu'environ 80 lieues; à cause que ces vastes Pays, qui le séparent du Perou, sont habités par des Indiens innombrables, qui aiment la liberté, & qui disputent pied à pied la possession d'une terre qui leur appartient, & dont ils ne regardent les Etrangers que comme des Usurpateurs.

OVETACATES. Peuples Barbares du Bresil, ces Peuples qui sont Antropofages, & que les Portugais n'ont pû encore apprivoiser, font cependant avec eux une espece de Commerce la pique à la main, prenant réciproquement des précautions pour n'être point surpris par des Marchands qui ne sont presque jamais de bonne foi.

Lorsque le marché est ouvert, on porte en un endroit neutre également éloigné des Troqueurs, la marchandise qui se négocie. On se la montre de loin sans dire mot, & chacun va prendre ce qu'il doit avoir en retour, si l'échange ne plaît pas, on augmente ou on diminue la marchandise, & quand chacun est content, les Troqueurs emportent ce qui leur appartient.

Les Portugais sont présentement paisibles, & les seuls possesseurs du Bresil.

Les François avoient d'abord voulu le partager avec eux, & s'y étoient établis en 1550, à l'embouchure de Rio-Janeiro, où ils avoient élevé un Fort, & jetté les fondemens d'une assez nombreuse Colonie: mais les Portugais les en ayant chassés en 1558, y bâtirent la Ville de Saint-Sebastien, célebre aujourd'hui par son grand Commerce; & peut-être pas moins par l'expédition d'une Escadre Françoise, qui la prit & la pilla au commencement de la guerre pour la succession d'Espagne.

Les Hollandois furent dans le siecle suivant de plus dangereux Ennemis que les François; & peu s'en fallut même que les Portugais ne fussent entiérement chassés du Bresil par la Compagnie des Indes Occidentales, établie à Amsterdam en 1623, qui signala ses premiers exploits contre l'Espagne, dont le Portugal faisoit alors partie, par la prise de Fernambouc, de Tamaraca, de Paraiba, & de Rio grande, quatre des Capitaineries du Bresil.

Le Comte de Nassau, qui y fut envoyé en 1636, en qualité de Gouverneur Général pour cette Compagnie, ajouta à ces conquêtes les Gouvernemens de Siara, de Sirigi, & de Maragnan; ensorte que de quatorze Capitaineries qu'il y a dans le Bresil, les Hollandois en possédoient sept.

Mais ces progrès ayant été arrêtés en 1641, par la Tréve conclue entre les Etats Généraux & le Portugal, qui s'étoit depuis peu soustrait à la domination Espagnole, les Portugais profiterent tellement de ce relâche, aussi-bien que de la négligence & de l'avarice des Directeurs de la Compagnie, qui avoient passé au Bresil en 1644, pour en prendre le gouvernement, qu'en l'année 1655, ils avoient déja réparé toutes leurs pertes, & s'étoient remis en possession de tout ce que les Hollandois leur avoient enlevé pendant vingt années.

Les Etats Généraux tâcherent en vain de remédier à cette révolution, par la guerre qu'ils déclarerent au Portugal en 1656. Leurs efforts furent inutiles; & il leur fallut céder toutes les prétentions de la Compagnie des Indes Occidentales sur le Bresil, en vertu du Traité qui se fit en 1661, par la médiation du Roi d'Angleterre qui pensoit alors à épouser l'Infante de Portugal.

Il est vrai qu'il en couta aux Portugais des sommes considérables, & que les Hollandois obtinrent la liberté de trafiquer, mais seulement comme amis, sur les Côtes du Bresil, dont ils avoient été si longtems les maîtres.

C'est à cette Paix de 1661, que les Portugais du Bresil doivent le repos de leurs Colonies, & les Portugais d'Europe, le grand Commerce qu'ils y font avec quantité de navires, qui partent tous les ans de Lisbonne pour la Baye de tous les Saints, Pernambouc, & Rio-Janeiro, qui sont les trois plus considérables Capitaineries des quatorze, dont on a dit ci-devant, qui composent le Bresil.

On ne parlera ici que de ces trois Gouvernemens, dont les Capitales, S. Salvador, Olinde, & S. Sebastien, sont, pour ainsi dire, les étapes de toutes les marchandises d'Europe, qui viennent au Bresil, & de toutes celles que le Bresil fournit pour l'Europe.

## BAYE DE TOUS LES SAINTS.

En général, le Bresil est un Pays agréable & fertile, dont l'air est bon & tempéré, à cause des pluyes fréquentes, qui moderent l'ardeur du soleil, qui sans cela seroit insupportable en quelques endroits pour la trop grande proximité de la Ligne.

La Baye de tous les Saints, sur la Côte Septentrionale de laquelle la Ville de S. Salvador, Capitale du Bresil, & résidence du Viceroi, est située, jouit plus qu'aucune autre de tous ces avantages.

Le terrain en est plat; & c'est dans les plantations qui sont aux environs, & qui en quelques endroits s'avancent plus de 50 lieues dans les terres, que se cultive le tabac de Bresil, qui est si estimé en Europe.

Il est vrai que quelques Capitaineries, sur-tout celle de Rio-Janeiro, n'en produisent pas de moins bon; mais il est défendu aux Habitans d'en faire au-delà de ce qu'il leur en faut pour leur usage, & pour quelque Commerce qu'ils entretiennent avec les Espagnols de Buenos-Ayres; cette défense ayant été faite, afin de soutenir la réputation & le débit de celui de la Baye de tous les Saints.

La Ville de S. Salvador est sous le 14^e^ dégré au Sud de la Ligne, dans une situation peu avantageuse pour la commodité des Habitans, à cause que les rues y sont hautes & basses; mais en compensation, très heureuse pour la défense; la hauteur sur laquelle elle est bâtie, & qui est coupée comme à pic du côté de la marine, la rendant presque inaccessible.

La plupart des magasins sont entre la Ville & le Port; le transport des marchandises y étant trop difficile, & ne pouvant y entrer de ce côté-là, que par le moyen des grues, & des autres machines avec lesquelles on est obligé de les guinder, & de les élever sur les remparts. Il y a cependant un autre chemin, en cotoyant la montagne, mais très long & très incommode, sur-tout pour un lieu où de misérables Négres sont obligés de servir de bêtes de somme, & de porter leurs Maîtres dans des palanquins, & toutes les marchandises sur le dos.

Les Habitans de S. Salvador sont riches, & aiment le Commerce; & plusieurs, contre l'ordinaire des Portugais du Bresil, y ont de l'inclination pour les Etrangers: aussi c'est où se tiennent les Consuls des Nations d'Europe; entr'autres, ceux de France, d'Angleterre, & de Hollande.

Le Port, qui n'est qu'à 200 toises de la Ville, est excellent, & capable de contenir quantité de vaisseaux. C'est là où aborde tous les ans au mois de Juin la flotte de Lisbonne; & où se rassemblent au mois d'Aout pour le retour, tous les vaisseaux qui se sont séparés de cette flotte, pour aller à Pernambouc, Rio-Janeiro, Maraguan, Paraiba, Tamaraca, & les autres Ports de la Côte du Bresil.

Le nombre des vaisseaux de cette flotte n'est pas réglé, & roule ordinairement entre 40 & 50 bâtimens de toutes grandeurs, depuis 12 jusqu'à 36 pieces de canon.

C'est aussi à la Baye de tous les Saints, que viennent les vaisseaux Portugais des Indes Orientales, & ceux de cette Nation qui font le Commerce de Loango, de Colombo, & des autres Côtes d'Afrique, où le Portugal a des Colonies.

Les marchandises qu'on charge à la Baye de tous les Saints sont, du tabac, qui est la principale de toutes; du sucre commun, pour la fabrique duquel il y a plus de 40 moulins dans cette Capitainerie, quoique une des moins abondante en cette marchandise; du sucre candy, ainsi nommé du Village du Bresil, où il se cristalise, d'où le nom a depuis passé en Europe; de l'indigo, des huiles & fanons de baleine, qui viennent échouer en quantité dans la Baye, depuis Juin jusqu'en Septembre; du coton, de l'huile, ou baume de Copahu, de l'ipecacuana, de la para-ayra-brava, quelque canelle, du poivre long, du gingembre, des dents d'éléphans, qui viennent des Côtes d'Afrique; du cuivre, qui vient d'Angola; des cuirs du Pays, des soies, des bois pour la teinture & pour les parfums; du safran, du rocou, de la laque, du cristal de roche, des cocos propres pour la tabletterie, à cause de leur épaisseur; & d'autres si petits, que chacun forme son grain de chapelet; même de l'ambre gris, que la mer jette quelquefois dans le Golfe; des amethistes, dont il y a une mine dans cette Capitainerie; & de l'or, qui se trouve dans le gravier d'une riviere de la Capitainerie de S. Vincent, au lieu nommé S. Paul, dont le quint du Roi peut monter par an à 8 ou 900 marcs : enfin, toutes sortes de fruits confits, secs & liquides, entr'autres, des oranges, des citrons, des limons, & des ananas.

L'on dit qu'il y a aussi dans le Bresil des mines d'argent; mais il ne paroît pas qu'on y travaille, ou du moins qu'elles apportent un grand profit. Quelques-uns prétendent cependant, que certaines especes qui se frappent à S. Salvador, & qui n'ont de cours que dans le Pays, en sont faites. Cette monnoie a pour écusson les armes de Portugal; & pour effigie une croix chargée d'une sphere, avec cette légende, *Subq. signo stabo.*

La flotte de Lisbonne apporte à S. Salvador, des vins, des eaux-de-vie, des farines, de l'huile, du fromage, des draps, des étoffes, des toiles, du fer ouvré & non ouvré, du papier, toutes sortes d'ustenciles de cuivre & de fer; enfin, de tout ce qui est nécessaire à la vie, & qui ne se trouve pas au Bresil.

Il est vrai qu'il y a des Provinces du Bresil, qui pourroient produire assez de vin & de froment, pour en fournir toutes les autres, sans avoir besoin de recourir à ceux d'Europe; mais jusqu'ici on a eu pour politique d'y empêcher la culture des vignes, & la semence des grains, afin que les Habitans du Bresil ne puissent se passer du Portugal, & soient toujours dans la nécessité d'y avoir recours: politique que les Espagnols ont aussi dans leur Amérique, au moins pour les unes; n'y étant gueres permis de planter des vignes qu'au Perou; parce qu'on n'est pas à portée d'y en envoyer assez par la mer du Nord.

C'est par les vaisseaux qui viennent de Goa, & qui touchent à la Baye de tous les Saints, en allant en Europe, que S. Salvador & le reste du Bresil sont fournis d'épiceries, & des autres drogues & marchandises de l'Orient; & c'est par les navires d'Afrique, qui partent des Ports d'Angola & de Congo, qu'ils reçoivent leurs Négres, du morfil, de la cire, du miel, de la civette, de l'or, & toutes les autres choses qu'on tire de ces quartiers-là : mais ordinairement ces marchandises, à la réserve des Esclaves, s'envoyent en Portugal sur la flotte de Lisbonne.

Pour ne pas répéter ce qu'on a dit du Commerce des Négres, qui se fait au Bresil, en parlant de celui d'Afrique, on se contentera de remarquer qu'il y en vient tous les ans au moins 15000; qu'il est défendu, sur peine d'excommunication, d'y en transporter aucun, qui n'ait été auparavant instruit; & que de tous les Pays de l'Amérique, où l'on se sert de ces malheureux Esclaves, il n'en est point où ils soient plus maltraités qu'au Bresil, où on leur refuse même le nécessaire; ces misérables étant trop heureux, quand après un long travail & bien des coups, dont ils restent quelquefois estropiés, ils trouvent pour nourriture quelque petit morceau de chair de baleine, assaisonnée avec l'huile puante du même poisson.

## PERNAMBOUC.

La Capitainerie de Pernambouc, que les Hollandois nommerent Fernambouc, est située entre celles de la Baye de tous les Saints, & de Tamarica. Sa Capitale, & presque la seule Ville, est Olinde, à 100 lieues de S. Salvador.

Cette Ville est des plus grandes, & des plus peuplées du Bresil, située au bord de la mer, sur une hauteur dont le terrain est inégal & incommode.

Le Port en est petit, & d'une entrée difficile; cependant il y vient quantité de vaisseaux de Portugal, des Canaries, & plusieurs bâtimens des Ports des autres Capitaineries, sans lesquels elle auroit peine à subsister, manquant presque de tout ce qui est nécessaire à la vie. Il s'y fait d'ailleurs un grand Commerce des productions du Pays.

Le sucre & le bois de Bresil sont le principal objet de ce négoce; le sol étant très bon pour le premier, & l'autre se trouvant en abondance dans tout ce Gouvernement, particuliérement dans l'endroit que les Portugais appellent *O Matta de Brasil*, à 10 lieues d'Olinde, où il est le meilleur, & où il s'en coupe davantage : aussi en Europe l'appellet-on tantôt Bois de Bresil, tantôt Bois de Pernambouc. *Voyez* BOIS DE BRESIL.

L'on compte dans toute cette Province environ 100 moulins à sucre, qui en fournissent, année commune, près de 60 arobes, à 27 ou 28 liv. l'arobe.

Le reste du Commerce y est à peu près sur le pied de celui de la Baye de tous les Saints.

## RIO-JANEIRO.

La Ville de S. Sebastien est la Capitale de cette Capitainerie.

La plaine qui l'environne, & les bords de la riviere de Janeiro, sont extrêmement fertiles en cannes de sucre, en indigo, en tabac, & en coton. On y a semé aussi du froment, qui y viendroit parfaitement; mais on n'y en fait aucun Commerce, non plus que de tabac, pour les raisons qu'on a rapportées, en parlant du négoce de la Baye de tous les Saints.

Les montagnes qui s'élevent autour de cette plaine, sont remplies de quantité de bois de Bresil, qui avec le sucre, l'indigo, le coton, les cuirs, & les huiles de poisson, font le principal Commerce de Rio-Janeiro, & suffisent pour en enrichir les Habitans, qui sont des plus riches, & des plus appliqués au Commerce, de tous ceux du Bresil.

Leurs sucreries & leurs plantations sont entretenues & cultivées par des Noirs, comme par-tout ailleurs; mais outre cela ils ont plusieurs familles d'Indiens habitués parmi eux, qui y travaillent; avec cette différence, que ceux-ci jouissent d'une entiere liberté, & que les autres y sont dans une servitude insupportable.

C'est particuliérement avec les Portugais de Rio-Janeiro, que les Espagnols de Buenos-Ayres entretiennent leur négoce; ceux-ci leur fournissant des farines, du biscuit, & des chairs salées, ou séchées au soleil; & ceux-là leur donnant en échange du sucre, du tabac, de l'indigo, des vins, des eaux-de-vie, & plusieurs marchandises d'Europe, que les vaisseaux de Portugal apportent à Rio-Janeiro.

Les eaux-de-vie que les Portugais fournissent aux

Espagnols, sont de deux sortes; l'une, de vin, qui vient de Lisbonne; l'autre, de sucre, qu'on nomme Guildine, qui se fait dans le Pays: celle-ci est moins bonne, & même mal-faisante.

## COLONIES ET COMMERCE DES HOLLANDOIS DANS L'AMERIQUE.

SURINAM, APPROWACQ, BERBICE, & BORON, toutes situées dans la Terre-ferme de l'Amérique Méridionale; BONNAIRE, ARUBA, & CURAÇAO, trois Isles du nombre de celles qu'on nomme de Sotto-vento; enfin, SABA, S. EUSTACHE, TABAGO, & la moitié de S. MARTIN, quatre des plus petites Isles des Antilles, sont les seules Colonies que les Hollandois possédent présentement dans les Indes Occidentales.

### TERRE-FERME.

LA GUYANE. Grand Pays dans la Terre-ferme de l'Amérique Septentrionale, qui s'étend depuis la riviere des Amazones jusqu'à celle d'Orenoque, ce qui fait plus de quatre cent lieues de côtes, avec une profondeur immense dans les terres qui percent d'un côté jusqu'au Bresil, & de l'autre jusqu'à la nouvelle Andalousie.

Les François de Cayenne ont commencé à pénétrer jusqu'aux Aroquas, peuples belliqueux de ce vaste pays, & y font quelque commerce depuis l'année 1674, que deux Missionnaires Jésuites (les Peres Grillet & Bechemel) en entreprirent le voyage.

Les principales Marchandises qui font l'objet de ce commerce, sont:

Le lamatin, poisson qui se pêche dans les rivieres avec le harpon, dont le débit est toujours prompt & assuré dans les Isles, où il s'en fait une grande consommation, & si grande, qu'on peut dire qu'il est pour ces Colonies, ce qu'est la morue en Europe.

Le coton que tous ces Indiens cultivent dans leurs jardins, & que leurs femmes filent aussi fin qu'on le souhaite, & qu'on leur demande.

Les hamacs ou lits à l'Indienne, faits de cette même matiere, qui se débitent aux Antilles avec un profit considérable, chacun y voulant avoir le sien à quel prix qu'il puisse.

Le rocou, qui a cet avantage qu'il n'a pas encore été falsifié, comme la plupart de celui qui passe des Indes Occidentales en Europe.

Diverses sortes de gommes de bois & de racines propres à la Médecine; d'autres bois pour la Teinture & la Marquetterie; entr'autres le lettre, que les François nomment bois de la Chine, & les Hollandois Lettre-hout, qui ne croît en aucun autre lieu du monde que dans cette partie de l'Amérique. On a parlé de ce bois à l'article LETTER-HOUT.

Les quatre Colonies de Terre-ferme prennent leur nom de quatre rivieres de la Province de Guyane, le long desquelles elles sont établies; dont trois, qui sont Boron, Berbice & Surinam, sont au Nord de Cayenne; & l'autre, qui est Approwacq, est au Sud; cette Colonie Françoise la séparant des trois autres.

SURINAM est la plus considérable des quatre, & avec cela d'une très médiocre conséquence. Les Hollandois y ont néanmoins un très bon Fort, & en ont grand besoin; les Indiens qu'ils ont irrités mal-à-propos, ne faisant aucun quartier aux Hollandois, qu'ils trouvent loin de leurs Habitations, qui pour cela sont presque toutes sous le canon de leur Fort.

Les Anglois étoient autrefois maîtres de Surinam; mais les Hollandois s'en étant emparés pendant les guerres entre les deux Nations, les premiers la leur céderent à la Paix de Breda. *On peut voir à l'article des* COMPAGNIES DE COMMERCE, *ce qu'on y a dit de celle de* SURINAM.

Le sucre, qui y vient en abondance, fait le principal objet de son Commerce. On y cultive aussi l'indigo, le tabac, le gingembre, & le coton, pour la culture desquels les Hollandois, qui sont établis au Fort de la Mine, sur la Côte d'or en Afrique, y envoyent tous les ans quantité de Négres, aussi-bien que plusieurs marchandises de cette Côte; même une assez grande quantité d'or.

Ce sont néanmoins les Marchands d'Amsterdam, qui y font le plus grand négoce, & qui y tiennent des magasins remplis de toutes les marchandises que les Européens ont coutume de porter dans les Colonies de l'Amérique, & dont on a déja tant de fois parlé dans cet article.

Les François de Cayenne ont aussi une petite Colonie sur la riviere de Surinam, moins considérable encore que celle des Hollandois; mais ils sont plus heureux qu'eux, en ce qu'ils sont assez bien avec les Sauvages.

BORON, BERBICE & APPROWACQ fournissent les mêmes marchandises, & font le même Commerce que Surinam. Ce qui est de particulier à Berbice, c'est qu'outre que les Cotonniers sont en plus grande quantité que dans les trois autres Colonies, elle produit une teinture excellente, qu'on nomme Orellane, qu'on tire d'une plante de même nom, en la cultivant & la préparant à peu près comme l'indigo.

Elle a aussi l'avantage d'avoir pour voisins, des Indiens très doux & très amis des Européens, qui leur rendent de grands services dans leurs Colonies, & avec qui ils traittent des vivres, quelques cuirs, & autres marchandises.

### ISLES.

Des quatre Isles Antilles, où les Hollandois se sont établis, il n'y en a point qui soient bien considérables.

TABAGO, qui en est la plus grande, ayant environ 30 lieues de tour sur 12 de long, & 4 de large, avoit autrefois de la réputation; & Messieurs Lampsins freres, riches Marchands de Flessingue, qui y avoient rétabli en 1664 les Colonies Hollandoises, que les Espagnols en avoient chassées 20 ans auparavant, avoient rendu celle-ci si florissante, qu'il n'y en avoit gueres parmi les Antilles, à qui elle ne pût alors le disputer.

Les Anglois avoient voulu auparavant s'y établir; & dès l'année 1628, Charles I Roi d'Angleterre en avoit fait expédier une Charte en faveur de Philippes Comte de Montgomery, aussi-bien que pour l'Isle de la Trinité, les Barbades, & S. Bernard; mais il ne paroît pas que ce projet ait eu de l'exécution.

Les François prirent l'Isle de Tabago pendant la guerre de 1672; mais après l'avoir gardée quelque tems, ils l'abandonnerent; ce qui lui a redonné plusieurs années après quelques Habitans Hollandois, mais en petit nombre, & avec peu d'espérance de la rétablir sur son ancien pied, & d'y attirer le Commerce que les Flessingois y faisoient auparavant.

Les productions de cette Isle sont, du tabac, du

sucre, du gingembre, de l'indigo, du coton, de la casse, du cacao, de la muscade, & du macis sauvage; du bois de canelle, du sassafras, du rocou, du fustock, de la gomme de Copal, des citrons, des oranges, des grenades, des ananas, du ris, du mays, des pois, & des féves.

Les fruits, les grains, & les légumes se consomment dans l'Isle, ou se portent dans les Isles voisines, à la réserve des fruits en confitures séches ou liquides, qui s'envoyent en Europe, aussi-bien que les autres marchandises.

Les principales de celles qu'on y apporte de Hollande, sont, des vins, des bieres, des eaux-de-vie, des toiles, des étoffes, & des merceries.

S. Eustache est au Nord-ouest de S. Christofle, sur la hauteur de 10 dégrés 40 minutes : ce n'est proprement qu'une montagne d'environ cinq lieues de tour.

Ce sont aussi des Marchands Flessingois qui en ont obtenu la concession des Etats Généraux des Provinces-Unies; & qui malgré l'âpreté du terrain, y ont fait quantité de plantations de tabac, qui à la vérité est presque tout le Commerce de la Colonie; mais qui étant estimé un des plus excellens des Antilles, y attire les vaisseaux de Zélande, qui en font l'échange contre des marchandises semblables à celles qu'on porte à Tabago.

Saba est encore plus petite que S. Eustache; cependant les Habitans de celle-ci l'ont peuplée; & quoiqu'elle ne soit presque qu'une roche, ils y ont trouvé assez de terre, pour y travailler à la culture du tabac, & pour entretenir de ce négoce plusieurs familles Hollandoises, qui y subsistent commodément. Elle est au Nord-ouest de S. Eustache, au 17e dégré 35 minutes de latitude.

S. Martin est la derniere des Antilles, où les Hollandois ayent des Colonies : celles qu'ils y ont établies vers l'année 1653, n'occupent cependant que la moitié de l'Isle; l'autre appartenant aux François.

Son tabac & ses salines font toutes ses richesses, & tout son Commerce. Les salines sont au quartier des Hollandois; mais les François en ont l'usage.

Sa situation est par les 18 dégrés 16 minutes; sa grandeur environ de 7 lieues de long sur 4 de large.

Sa Colonie Hollandoise est aussi un essain de celle de S. Eustache; & c'est pour cela que les Flessingois y font, comme à celle-ci, tout le négoce.

Curaçao ou Currassau, est proprement la seule Isle de conséquence que les Hollandois ayent aux Indes Occidentales; non pas par sa grandeur, ou ses productions propres au Commerce, n'ayant au plus que 5 lieues de large sur 9 ou 10 de long, & ne fournissant que quelques sucres, des laines, & des cuirs; mais par le négoce considérable que sa situation lui facilite avec les Espagnols du Continent, d'où elle n'est éloignée que de 7 à 8 lieues.

La pointe de cette Isle, la plus Septentrionale & la plus voisine de la Terre-ferme, est à 12 dégrés 40 minutes de latitude.

Le Port, la Ville, & le Fort qui défend ces deux ci, sont à 4 ou 5 lieues de cette pointe, dans la partie Méridionale de l'Isle. C'est-là où les vaisseaux de Carthagene & de Porto-bello venoient autrefois faire la traitte de presque tous les Négres qui s'envoyent au Perou; & elle y étoit si considérable, que souvent des Espagnols en enlevoient jusqu'à 1500 à la fois.

Ce Commerce est beaucoup baissé, depuis que les Anglois de la Jamaïque s'en sont mêlés, & qu'ils ont, pour ainsi dire, obtenu la liberté de le faire comme publiquement; mais celui des marchandises d'Europe y a succédé; & quoique de contrebande, on ne peut dire combien ces deux Villes en enlevent tous les ans de Curaçao, & combien les Hollandois en vont porter dans toute la Côte de Venezuella, qui est vis-à-vis, aussi-bien qu'à la riviere de la Hache, & à la nouvelle Andalousie, qui n'en sont pas éloignées.

Ce Commerce avec les Espagnols est cause que les Hollandois de Curaçao ne veulent pas recevoir les vaisseaux des Avanturiers dans leur Port, ni acheter le butin que ces déterminés Pirates font sur la Nation Espagnole : mais cette mésintelligence apparente avec les Flibustiers, n'est guéres préjudiciable aux intérêts des Marchands de l'Isle; & lorsque l'occasion s'en présente, ils les renvoyent à S. Thomas, qui appartient aux Danois, où ils les font suivre par des bâtimens chargés d'argent ou de marchandises, pour acheter ou échanger celles qui se trouvent dans les prises qu'ils font sans cesse sur les Espagnols.

## MEMOIRE DRESSE' en 1721, CONCERNANT *le Commerce des Hollandois avec les Espagnols dans les Indes Occidentales.*

Les Hollandois avoient autrefois un plus grand nombre de Colonies dans les Indes Occidentales qu'ils n'en ont à présent. Elles consistoient alors du côté de la Guyana en Viapoco, Apervaque, Surinam, Berbice, & Steperche.

La premiere de ces Colonies fut entiérement ruinée en 1677, par une Escadre Françoise commandée par le Comte d'Estrée, depuis Maréchal de France. Apervaque & Steperche n'ont pû se soutenir, & les habitans ont passé à Surinam; en sorte qu'il ne reste plus aux Hollandois de ce côté-là que Surinam & Berbice.

Du côté des Antilles ils ont Aruba, S. Eustache, Curaçao & quelques autres petites Isles.

Tout le commerce qui se fait dans leurs Colonies du côté des Antilles tant aux Indes Occidentales, qu'en Afrique, est entre les mains d'une Compagnie établie par Lettres Patentes, qui lui ont accordé un privilége exclusif, & une exemption de tous droits d'entrée.

Cette Compagnie n'a qu'un tiers dans ce commerce; des deux tiers restans, l'un appartient à la Ville d'Amsterdam; & l'autre aux héritiers de M. de Sommerdych : mais la Compagnie a toute la régie du commerce.

Les Particuliers obtiennent des permissions de la Compagnie d'y aller trafiquer, moyennant deux pour cent des marchandises qu'ils y envoyent, & cinq pour cent des retours. La déclaration des marchandises, tant en allant que venant, se fait au Bureau de la Compagnie; après quoi elles sont déchargées de tout droit, comme si elles appartenoient à la Compagnie même.

Le commerce qui s'y fait est de deux sortes; sçavoir, celui qui se fait de Hollande avec les Colons, & celui qui se fait avec les Espagnols. Ce dernier commerce est celui qui fait proprement le sujet de ce Mémoire.

La Compagnie emploie plusieurs vaisseaux qu'elle fait partir, les uns de Hollande avec des marchandises propres tant pour la subsistance des Colons, que pour le commerce avec les Espagnols; & les autres du Château de la Mine, un des principaux établissemens qu'elle ait sur les côtes d'Afrique, chargés de Négres soit pour leurs propres Colonies, soit pour celles des Espagnols.

Il faut remarquer qu'il n'y a que les vaisseaux de la Compagnie qui ayent part à ce dernier commerce, n'accordant jamais à aucun particulier la permission de faire la traitte des Noirs.

Quand ces derniers vaisseaux qui ne passent gueres le nombre de deux ou trois par chaque année, sont arrivés à Curaçao, les Espagnols de la Terre-Ferme, de l'Amérique, & ceux de Portorico, & de l'Isle Espagnole, s'y rendent avec des pirogues, qui sont des especes de barques longues pour y acheter ce qui leur convient de Négres, qu'ils choisissent toujours des plus robustes. Ceux qu'ils rebutent, qu'ils appellent Négres Macrons, restent partie pour le service de la Colonie Hollandoise de Curaçao, & partie pour celle de Surinam où la Compagnie les envoie.

Lorsque les Espagnols négligent de venir prendre leurs Noirs, la Compagnie les leur porte jusques chez eux, mais avec les précautions dont on va parler, pour n'être pas surpris dans un négoce de contrebande si sévérement défendu par les Ordonnances des Rois d'Espagne, & cependant si continuellement & si sûrement pratiqué par la collusion des Officiers Royaux.

A l'égard des marchandises qui viennent sur les vaisseaux de la Compagnie, qui partent de Hollande; en arrivant, elles sont déchargées & mises en dépôt dans les magasins qu'elle a dans l'Isle, en attendant le tems favorable pour s'en défaire, c'est-à-dire, jusqu'à ce qu'on ait lié quelque intelligence ou avec les Gouverneurs mêmes des Places maritimes; ou s'ils sont trop chers ou qu'ils paroissent trop retifs, avec des particuliers qui conviennent d'une rade foraine pour faire leur commerce, & qui y envoyent leurs barques avec les marchandises qu'ils veulent échanger, particuliérement beaucoup de piastres ou d'or ou d'argent en lingots & en barres. Cependant de quelque maniere que cela arrive, il est rare que les Officiers du Roi d'Espagne n'ayent point de part aux profits de cette contrebande, ceux même qui à l'extérieur affectent le plus de régularité pour l'empêcher, chargent en secret leurs confidens de négocier pour leur compte; en sorte que les particuliers ne sont le plus souvent que de simples Commissionnaires de ces Officiers.

Les marchandises qui sont propres à ce commerce, sont des toiles fines, des toiles de Cambray, des toiles de coton, imprimées de diverses couleurs, qu'on appelle Hollandoises; des dentelles communes à picots faites à Anvers à la mode d'Espagne, toutes sortes de mercerie & de quincaillerie fines & grosses de Nuremberg & de Liége, grande quantité d'épicerie, principalement de la canelle, toutes sortes de manufactures de laine fabriquées à Lille, Valenciennes, Abbeville, Leyden, & Harlem; des toiles & fils de voiles, des cordages pour les agrés des vaisseaux, de la cire blanche & jaune, des chapeaux, de toutes sortes d'étoffes, & des rubans d'or, d'argent & de soie, des eaux-de-vie de France en barils & en bouteilles de gros verre; & quelques autres semblables marchandises.

Il faut remarquer à l'égard des étoffes & des rubans, que la nouveauté n'y fait rien, étant toujours nouvelles pour les Espagnols lorsqu'elles arrivent d'Europe : aussi la Compagnie n'achete des Fabriquans que des étoffes d'or & d'argent hors de mode; même celles qui ne peuvent plus servir pour le commerce d'Allemagne.

Tout ce qu'on a dit jusqu'ici de ce commerce ne regarde que celui que la Compagnie fait elle-même. A l'égard des vaisseaux de permission, qui prennent ordinairement leur chargement à Amsterdam, à Roterdam, & en Zelande, outre leur cargaison qui est composée des marchandises dont on a donné ci-dessus la liste, ils sont armés de plus de canons & d'un plus nombreux équipage que ceux de la Compagnie, afin de se défendre en cas de surprise dans les rades foraines, ayant coutume de ne toucher à Curaçao que pour y prendre langue, & s'y pourvoir de quelqu'un qui connoisse les endroits où il faut mouiller, pour faire plus promptement & plus sûrement leur négoce : mais lorsque leur traitte est finie, ils ont coutume de repasser à Curaçao, pour y achever leur charge des marchandises du crû du pays, comme de sucre, d'indigo, de coton en laine, de bois de teinture, de cuirs, & de sel, qui se fait dans les salines de Curaçao & de l'Isle de Boncaire.

Outre l'or & l'argent, soit en lingots ou en barres, soit en especes, que produit ce commerce avec les Espagnols, & qui en sont le principal objet; les Hollandois en tirent aussi quantité de cochenille, de cuirs, de cacao, de vanille, de tabac, de verine, de quinquina, & de salsepareille.

C'est là tout le commerce que la Compagnie des Indes Occidentales de Hollande, & les particuliers qui en obtiennent la permission, font avec les Espagnols de l'Amérique; & c'est ce commerce, que les François de S. Domingue, les Anglois de la Jamaïque, & les Danois de S. Thomas partagent avec les Hollandois, qui acheve de ruiner celui de Cadix & des autres Villes d'Espagne, qui font le négoce de l'Amérique, aussi-bien que du reste des Négocians de l'Europe qui y sont intéressés avec les Espagnols; étant facile de s'appercevoir que depuis que ces quatre Nations se sont habituées à ce commerce, & qu'elles portent annuellement aux habitans de l'Amérique une si prodigieuse quantité de marchandises, qu'ils ne recevoient autrefois que par la voie d'Espagne, les gallions & les flottes n'en reviennent plus si richement chargées.

L'Auteur de ce Mémoire n'expliquant que très superficiellement la maniere dont se fait ce commerce de contrebande, on a cru faire plaisir au Lecteur d'y ajouter ce qu'en dit l'Auteur François (le Pere Labbat), dont les curieuses & agréables relations des Isles Françoises de l'Amérique, ont été données au Public en 1722.

### *Du Commerce des Nations d'Europe avec les Espagnols de l'Amérique.*

Il n'est permis à aucune Nation, sous quelque prétexte que ce puisse être, d'aller traitter chez les Espagnols. Ils confisquent sans miséricorde tous les bâtimens qu'ils peuvent prendre, soit qu'ils les trouvent mouillés sur leurs côtes, soit qu'ils les rencontrent à une certaine distance, parce qu'ils supposent qu'ils n'y sont que pour faire le commerce; & pour être convaincus de l'avoir fait, il suffit qu'ils trouvent dans le bâtiment, ou des marchandises fabriquées chez eux, ou de l'argent d'Espagne.

Ce sont leurs loix, auxquelles on ne manque jamais de trouver bon nombre d'exceptions : en voici quelques-unes.

Lorsqu'on veut entrer dans quelques-uns de leurs Ports pour y faire le commerce, on feint qu'on a besoin d'eau, de bois, de vivres. On envoye un placet au Gouverneur par un Officier qui expose les besoins du bâtiment : d'autres fois c'est un mât qui a craqué, ou une voie d'eau considérable qu'on ne peut trouver ni étancher, sans décharger le bâtiment & le mettre à la bande. On détermine le Gouverneur à croire ce qu'on veut qu'il croie par un présent considérable qu'on lui fait ; on aveugle de la même maniere les Officiers dont on a besoin, & puis on obtient permission d'entrer, de décharger le bâtiment pour chercher la voie d'eau, & remettre le bâtiment en état de continuer son voyage.

Les formalités sont observées : on enferme soigneusement les marchandises ; on met le sceau à la porte du magasin, par laquelle on les fait entrer : mais on a soin qu'il y en ait une autre par laquelle on les fait sortir de nuit, & l'on remplit ce que l'on ôte, par des caisses d'indigo, de cochenille, de vanille, par de l'argent en barres & monnoyé, du tabac, & autres marchandises ; & dès que le négoce est achevé, la voie d'eau se trouve étanchée, le mât assuré, le bâtiment prêt à mettre à la voile.

Mais cela ne suffit pas, il faut trouver un expédient, afin que ceux qui ont acheté les marchandises les puissent vendre. On explique pour cela au Gouverneur & à ses Officiers, qu'on manque d'argent pour acheter les vivres dont a besoin, & pour payer ce qu'on a pris pour raccommoder le bâtiment, & on le supplie de permettre qu'on puisse vendre des marchandises au prorata de ce qu'on doit acheter ou payer.

Le Gouverneur & son Conseil y consentent, après les grimaces qu'ils jugent à propos de faire, & on vend quelques caisses de marchandises, afin que le gros de la cargaison, que ces Messieurs ou leurs agens ont acheté, puisse être vendu publiquement, sans qu'on puisse s'en plaindre ; parce qu'on supposera toujours que c'est ce qu'on a permis aux Espagnols d'acheter des étrangers. C'est ainsi que se débitent assez communément les plus grosses cargaisons.

A l'égard de celles qui sont moindres, & dont les barques Françoises, Angloises, Hollandoises & Danoises sont ordinairement chargées, on les porte dans les Esterres, c'est-à-dire, aux lieux d'embarquement ou embarquaderes, qui sont éloignées des Villes ou aux embouchures des rivieres. On avertit les habitans par un coup de canon, & ceux qui ont envie de trafiquer viennent dans leurs canots pour faire leurs empletes.

C'est particuliérement la nuit qu'on fait ce commerce ; mais il faut être toujours sur ses gardes, toujours armé, & ne laisser jamais entrer dans le bâtiment plus de monde qu'on ne se trouve en état d'en chasser, s'il leur prenoit envie de faire quelque insulte. On appelle cette maniere de trafiquer, traitter à la pique. On ne parle jamais de credit dans ce négoce, il ne se fait qu'argent comptant ou marchandises présentes.

L'on fait ordinairement un retranchement devant la chambre ou sous le gaillard de la barque ou autre bâtiment, avec une table sur laquelle on étale les échantillons des marchandises, à mesure qu'on les montre. Le Marchand ou le Commis & autres gens armés, sont au dedans du retranchement avec de menues armes ; on en met encore quelques-uns au dessus de la chambre ou sur le gaillard, le reste de l'équipage bien armé & sur le pont avec le Capitaine ou un Commis, pour faire les honneurs, recevoir les personnes qui viennent, les faire boire, les reconduire avec civilité ; & quand ce sont des gens de quelque distinction, ou qui font de grosses emplettes, les saluer en sortant de quelque coup de canon. Ils se piquent beaucoup de ces sortes d'honneurs, & on est sûr de n'y rien perdre.

Mais avec tout cela il faut être sur ses gardes & toujours le plus fort ; car s'ils trouvent l'occasion de s'emparer du bâtiment, il est rare qu'ils y manquent, ils le pillent & le coulent à fond avec l'équipage, afin qu'il ne se trouve plus personne qui puisse se plaindre de leur perfidie. Au reste il faut extrêmement prendre garde aux mains des Espagnols, qui sont presque tous fort sujets à caution.

Tout ce qu'on vient de rapporter du livre du Pere Labbat est dans ses propres termes, n'ayant pas cru devoir lui prêter d'autres paroles que les siennes, étant sûr de n'en pouvoir substituer de meilleures.

BONNAIRE & ARUBA, dont l'une est à 10 lieues de Curaçao, du côté de l'Est, & l'autre seulement à 7, du côté de l'Ouest, sont deux Isles qui appartiennent aussi aux Hollandois, & où ils ont quelques Habitations, particuliérement dans celle de Bonnaire, qui est presque une fois plus grande que Curaçao, mais beaucoup moins habitée.

C'est de ces deux Isles que cette derniere tire presque toute sa subsistance ; les Hollandois y envoyant journellement quantité de barques, qui en reviennent chargées de mays, de blés de Guinée, d'yanes, de patates, & de chairs de chevres salées, pour la nourriture de leurs Soldats & de leurs Négres.

L'Isle de Bonnaire fournit encore quantité de cuirs, les Habitans faisant beaucoup de nourritures de chevaux, de taureaux, & de vaches. Il y a aussi du sel, qui se tire d'un marais salant, où les Hollandois en vont charger leurs vaisseaux.

Quoique le sucre qui se fait à Curaçao, & le tabac qui s'y recueille, fassent, aussi-bien que les laines, les cuirs, & quelques autres marchandises, une partie des cargaisons des vaisseaux qui retournent en Europe, cet objet cependant seroit trop peu considérable, pour les y attirer en aussi grand nombre qu'ils y viennent tous les ans ; & le négoce de Curaçao tomberoit bien-tôt, si les plus riches marchandises de l'Amérique Espagnole ne les payoit avec usure du soin qu'ils prennent, de tenir les magasins de cette Isle toujours abondamment remplis de celles d'Europe.

Cinq ou six gros vaisseaux ont coutume de faire ce négoce, qui est si sûr & si riche, qu'ils ne restent en charge pour le retour, qu'autant qu'il en faut pour en sortir les effets qu'ils y apportent, & y remettre ceux qu'ils y trouvent toujours prêts à être embarqués.

Les Hollandois sont les maîtres de Curaçao, & des deux autres Isles, depuis l'année 1632, qu'ils s'en emparerent sur les Espagnols.

## COMMERCE DES DANOIS A L'AMERIQUE.

L'Isle de S. THOMAS, située dans la mer du Nord, à 15 lieues de Porto-Rico, est la seule Colonie que les Danois ayent dans les Indes Occidentales.

Les Hambourgeois y ont un Comptoir, d'où ils font quelque Commerce dans les Antilles.

C'est peu de chose que les productions de cette Isle; & quoiqu'il s'y fasse quelque sucre, & de l'indigo, elle ne seroit pas toute seule capable d'y arrêter, & d'y faire subsister des Habitans, s'ils ne trouvoient d'ailleurs dans sa situation, de quoi faire un assez bon Commerce avec les Espagnols.

Ce Commerce consiste principalement dans les Négres, que les Danois y apportent de divers établissemens qu'ils ont sur les Côtes d'Afrique, & dont ils ont fait l'Isle de S. Thomas comme une espece d'entrepôt & d'étape, où les Espagnols de Porto-Rico viennent les prendre; donnant en échange les plus riches marchandises de leur Isle: aussi les Danois ne conservent-ils ce poste présentement que pour cette traitte, sans laquelle il leur seroit plus à charge que profitable.

Ils ont pourtant un autre objet de négoce assez considérable, & qui pourroit les brouiller avec les Espagnols, si la nécessité des Esclaves ne les obligeoit d'y fermer les yeux; c'est qu'ayant fait de leur Isle un Port franc, les Avanturiers y trouvent un azile assuré, & toujours à coup sûr le débit des marchandises qui sont sur les bâtimens Espagnols, qu'ils enlevent tous les ans en si grand nombre.

On a déja remarqué dans le paragraphe précédent, que les Hollandois, si scrupuleux dans leur Isle de Curaçao sur le trafic avec les Flibustiers, où il y a toujours 200 pour 100 à gagner, ne le sont plus, dès que leurs vaisseaux sont arrivés à S. Thomas, & qu'ils y partagent avec les Danois, les profits immenses de ce Commerce.

DICTIONNAIRE

# DICTIONNAIRE UNIVERSEL DE COMMERCE.



A Premiere lettre de l'Alphabet François, & de toutes les autres Langues.

Les Marchands, Négocians, Banquiers & Teneurs de Livres, se servent de l'A initial, ou tout seul, ou suivi de quelques autres lettres, aussi initiales, pour abréger certains termes de Négoce, & ne pas tant employer de tems ni de paroles à charger leurs Journaux, Livres de Comptes, & autres Registres.

L'A mis tout seul, après avoir parlé d'une lettre de Change, signifie *Accepté*. A. S. P. *Accepté sous protest*. A. S. P. C. *Accepté sous protest, pour mettre à compte*. A. P. *A protester*.

## AAG

AAGGI-DOGII. Mot Persan qui signifie en François Montagne amere. Elle est ainsi nommée à cause qu'elle passe pour un passage très dangereux aux Caravanes qui vont en Perse, & qui prennent la route de Constantinople à Ispaham. On la trouve en sortant de Chaouqueu, à une journée de Lo.ri.

Lorsque les Caravanes arrivent au défilé de cette Montagne, on compte tous les chameaux & tous les chevaux, pour chacun desquels le Caravan-Bachi tire un droit qu'il emploie, partie au payement de quelques Soldats, & armemens pour la garde & la sureté de la Caravane; partie en d'autres menus frais; gardant néanmoins la plus grande pour lui-même.

## AAM

AAM, ou HAAM. Mesure des liquides, dont on se sert à Amsterdam : elle contient 28 mingles. *Voyez* l'article des Mesures.

## ABA

ABACA. Espece de Lin ou de Chanvre que l'on recueille dans quelques-unes des Isles Manilles.

Il y en a de deux sortes, la blanche & la grise. Cette plante est une sorte de Platane des Indes, qui se seme tous les ans, qu'on recueille, qu'on fait rouir & qu'on bat comme le véritable Chanvre. L'Abaca blanc sert à faire des toiles très fines. On ne fait que des cordages & des cables avec le gris. *Voyez* l'article du Chanvre.

ABAGI qu'on écrit ABASSI. Monnoie qui a cours en Perse & dans tous les Etats qui en dépendent. *Voyez* Abassi.

L'Abagi vaut à Teflis & dans toute la Georgie environ vingt-deux sols monnoie de France; quatre Chaouris, qu'on nomme aussi Sains, font un Abagi. Un Usaltou vaut demi Abagi, ou deux Chaouris. Quarante Aspres ou Carbequis font un Abagi. Enfin le Sequin de Venise vaut six Abagis & trois Chaouris.

ABAJOUR. Espece de fausse vûe, ou faux jour, que les Marchands ont ordinairement dans leurs magasins & boutiques, pour empêcher que la trop grande lumiere ne diminue la beauté & l'éclat de leurs étoffes. *Voyez* Faux-jour.

ABANDONNEMENT. Délaissement, Cession de biens. Ce Marchand a fait un Abandonnement de tous ses biens à ses Créanciers. On dit faire un Contrat d'Abandonnement. *Voyez* Cession.

ABANDONNER. Céder, quitter. Ce Négociant est obligé d'Abandonner ses effets à ses Créanciers; cet autre veut Abandonner le Commerce.

ABAS. Poids dont on se sert en Perse pour péser les perles. L'Abas est d'un huitiéme moins fort que le Carat d'Europe. *Voyez* Carat.

ABASSI. Monnoie d'argent de Perse, de la figure & de la grandeur, environ, qu'étoient autrefois les pieces de quinze sols de France.

L'Abassi est ainsi appellé du nom de Scah-Abas II Roi de Perse, qui en ordonna la fabrication. D'un côté il a pour légende la profession de foi des Mahométans, & de l'autre le nom d'Abas, & celui de la Ville où l'Abassi a été frapé.

Cette espece, qui a grand cours en Perse, vaut deux Mamoudis, ou quatre Chayés; le Chayé estimé sur le pied d'un peu plus de quatre sols six deniers : ce qui revient à dix-huit sols six deniers de France.

Il y a aussi des pieces de cinq Abassis, c'est-à-dire, de quatre livres, douze à treize sols de France : & des pieces de deux Abassis, qui en valent la moitié; mais il s'en fabrique peu, & ils n'ont gueres de cours dans le commerce, ne se regardant pour l'ordinaire que comme, ce qu'on appelle en terme de monnoie, des pieces de plaisir. La piece de cinq Abassis est ronde, un peu plus épaisse & plus grande que l'écu François : la demie à proportion.

Dans le Commerce, soit à Ispaham soit dans le reste de la Perse, les especes d'argent se pésent & ne se comptent pas. Les sacs sont de cinquante Tomans, qui font deux mille cinq cent Abassis. On les pése par pésées chacune d'un Toman, ou de cinquante Abassis. Si l'on soupçonne qu'il y ait des Abassis légers, ou faux, on les découvre en les pésant vingt-cinq contre vingt-cinq, & ainsi de suite.

ABATANT. Planche, ou morceau de menuiserie en forme de dessus de table, que les Marchands font placer dans leurs boutiques & magasins du côté que vient la lumiere, & qui se leve ou s'abat, selon le jour qu'ils veulent donner aux marchandises qu'ils font voir. *Voyez* Faux-jour.

ABAT-CHAUVE'E. On nomme ainsi en Poitou, dans l'Angoumois, dans la Xaintonge, dans la Marche, & dans le Limosin, une sorte de Laine de moindre qualité, à peu près semblable à ce qu'on appelle des Paignons & des Plures.

*Les Abat-Chauvées, lorsqu'elles sont transportées des Provinces réputées étrangeres, dans les Provinces de l'étendue des cinq Grosses Fermes, payent l'entrée à raison de trente sols du cent pésant, conformément à l'Arrêt du 19 Avril 1723.*

ABATELEMENT. Terme usité parmi les François dans les Echelles du Levant. Il signifie une Sentence du Consul, portant interdiction de tout Commerce contre les Marchands & Négocians de la nation, qui désavouent leurs marchés, ou qui refusent de payer leurs dettes. Cette interdiction est si rigide, qu'il n'est pas même permis à ceux contre qui elle est prononcée, d'intenter aucune action pour le payement de leurs dettes, jusqu'à ce qu'ils ayent satisfait au Jugement du Consul, & fait lever l'Abatelement, en payant & exécutant ce qui y est contenu.

ABATIS. Terme de Bouchers & d'Ouvriers en cuirs. Il signifie la *Tuerie*, que ces premiers font de divers animaux propres à la nourriture de l'homme, comme bœufs, vaches, veaux, moutons, brebis, & belliers : & les autres appellent cuirs d'abatis, les peaux de ces animaux encore en poil, & telles que les Bouchers les ont levées de dessus la bête.

Abatis. C'est aussi un terme de Carriers, qui signifie les pierres qu'ils détachent après avoir souchevé. *Voyez* Carriere.

ABATRE les cuirs. C'est les lever de dessus le corps des animaux, après qu'ils ont été tués.

Abatre un chapeau. Terme de Chapelier. C'est après qu'on a donné au chapeau l'apprêt & qu'il est bien sec, en applatir les bords & le dessus de la forme sur un bassin chaud, mais couvert de papier & de toile qu'on arrose avec un goupillon. *Voyez* Chapeau.

ABAVANT ou ABAT-VENT des Marchands de Soie ou Laine battues.

ABAVENT. On appelle ainsi dans les Sucreries, une espece d'apenti qui couvre chaque fourneau des Atteliers.

## ABB

ABBAASIES. Monnoie d'argent qui a cours en Perse. *Voyez* Abassi.

ABBEVILLE. Ville de France dans la basse Picardie, Capitale du Comté de Ponthieu. *Voyez* l'Etat général ci-devant, page 15.

## ABC

A. B. C. Qu'on nomme aussi *Croix de par Dieu*. Petit livre dans lequel on commence à apprendre à lire aux enfans. Les A. B. C. sont du nombre des livres qu'il est permis aux Marchands Merciers-grossiers de vendre, par l'article V du nouveau Réglement de la Librairie & Imprimerie de 1723. Les autres sont des Almanachs & des petits livres d'Heures & de Prieres, imprimés hors de la Ville de Paris.

## ABE

ABEILLE. Espece de mouche, ou insecte que les anciens François appelloient Avete, qui produit le miel, ce suc si doux, si utile, & dont il se fait un si grand Commerce en Europe, particuliérement en France. C'est aussi l'Abeille qui donne la cire. *Voyez* Miel ou Cire.

ABEL-MOSC. Qu'on nomme en François Ambrette, ou graine de Musc. C'est la semence d'une plante, qui croît en Egypte & dans les Isles Antilles, qui a des feuilles verdâtres & veloutées, assez semblables à celles de la Guymauve, ce qui lui a fait donner par nos nouveaux Botanistes le nom de Guimauve des Indes veloutée : *Althaa Indica villosa*.

Cette graine n'est gueres plus grosse que la tête d'une très grosse épingle, de la forme d'un petit rognon, grisâtre & comme chagrinée par dessus, & d'une odeur qui tient tout ensemble de l'Ambre & du Musc.

Son principal usage est pour la composition de quelques parfums, où néanmoins il est fort difficile de la faire entrer si l'on ne la sçait employer. Les Parfumeurs Italiens s'en servent beaucoup. En France les Religieuses & les *Patenôtriers* en font des Chapelets.

L'Ambrette de la Martinique est la meilleure de toutes; il faut la choisir nouvelle, bien nourrie, seche, bien nette, & de bonne odeur.

ABENATIS. Peuples du Canada. *Voyez* l'Etat général, page 510.

## ABI

ABISSINIE ou Empire du Prête-Jean, en Ethiopie. *Voyez* l'Etat général, page 390.

## ABL

ABLAQUE. La soie Ablaque n'est autre chose que la soie Ardassine que l'on tire de Perse par la voie de Smyrne. Ce sont les François qui lui ont donné le nom d'Ablaque. *Voyez* ARDASSINE.

## ABO

ABORDAGE, RIBODAGE, ou RIBORDAGE. Terme de marine, qui signifie le Choc de deux vaisseaux, que la faute du timonier, ou la force du vent fait dériver l'un sur l'autre, soit en allant de compagnie, soit lorsqu'ils se trouvent en même mouillage dans une rade, ou dans un Port.

Les dommages causés par les abordages sont du nombre des Avaries; ils doivent être supportés également, tant par le navire qui l'a fait que par celui qui l'a souffert, à moins qu'il n'y eût de la faute de l'un des Maîtres des vaisseaux, auquel cas le dommage doit être reparé par celui qui l'a causé. *Ordonnance de la Marine du mois d'Aout 1681, Art. 10 & 11. Tit. 7. du Liv. 3.*

ABORDER. Venir à l'Abordage. C'est le choc de deux ou plusieurs vaisseaux ennemis qui se joignent & s'arambent, c'est-à-dire, s'accrochent par des grapins & des amares, pour disputer à qui le vaisseau demeurera. *Voyez* ARAMBER.

ABOUCOUCHOU. Sorte de Drap de laine qui se fabrique en France, particuliérement en Provence, Languedoc, & Dauphiné, dont la destination est pour l'Egypte. *Voyez* DRAP, *où il est parlé de ceux qui s'envoyent au Levant par la voie de Marseille.*

ABOUGRI, ou RABOUGRI. On appelle bois abougri, du bois de mauvaise venue, dont le tronc est court, raboteux, & plein de nœuds. *Voyez* BOIS.

## ABR

ABRA. Monnoie d'argent de Pologne, qui vaut treize sols six deniers de France.

L'Abra a cours à Constantinople & dans tous les Etats du Grand-Seigneur, & y est reçu sur le pied du quart d'un Asselani, ou Daller de Hollande. *Voyez* ASSELANI.

ABREVIATIONS. Lettres Initiales, ou Caracteres, dont se servent ordinairement les Marchands, Négocians, Banquiers, & Teneurs de Livres pour abréger certains termes de Négoce, & rendre les Ecritures plus courtes.

| | |
|---|---|
| C. signifie . . . . . | Compte. |
| C. O . . . . . . . . | Compte ouvert. |
| C. C . . . . . . . . | Compte courant. |
| M. C . . . . . . . . | Mon Compte. |
| S. C . . . . . . . . | Son Compte. |
| L. C . . . . . . . . | Leur Compte. |
| N. C . . . . . . . . | Notre Compte. |
| A . . . . . . . . | Accepté. |
| ACCEPTE' S. P. . . . | Accepté sous protest. |
| ACCEPTE' S. P C. . . | Accepté sous protest, pour mettre à compte. |
| A. P . . . . . . . . | A Protester. |
| P . . . . . . . . . | Protesté, ou Payé. |
| T. $_{R}^{E}$. ou T$_{R}^{S}$. . . . . | Traite, ou Traites. |
| R$^{S}$. . . . . . . . . | Remises. |
| R . . . . . . . . . | Receu. |
| PR. $\frac{o}{o}$ . . . . . . . . | pour Cent. |
| N$^{o}$ . . . . . . . . | Numero. |
| F$^{o}$ . . . . . . . . . | Folio, ou page. |
| R$^{o}$ . . . . . . . . | Recto. |
| V$^{o}$ . . . . . . . . | Verso. |
| ∇ . . . . . . . . . | Ecu de soixante sols, ou de trois livres tournois. |
| W . . . . . . . . . | Ecus de soixante sols, ou de trois livres tournois. |
| FL. ou F$_{S}$ . . . . . | Florins. |
| R$^{X}$. ou R$^{LE}$ . . . . . | Richedale, Risdale, Rixdale, ou Retchedale. |
| DAL. ou D$^{RE}$. . . . . | Daller, & Daldre. |
| DVC. ou D$^{D}$. . . . . | Ducat. |
| M. L . . . . . . . . | Marc Lubs. |
| L. ST. . . . . . . . | Livres Sterlings. |
| L. DE. G. ou L. G. . | Livres de Gros. |
| £ ou ₶ . . . . . | Livres Tournois. |
| S. ou ʃ . . . . . | Sous Tournois. |
| D. ou ₰ . . . . . . | Deniers Tournois. |
| ℔ . . . . . . . . | Livres de poids. |
| M. ou M$^{C}$ . . . . . | Marcs. |
| ONC. ou ON . . . | Onces. |
| G . . . . . . . . . | Gros. |
| DEN . . . . . . . . | Denier, ou Gros. |
| D$^{o}$. . . . . . . . . | Dito. |
| ꝯ . . . . . . . . . | dit. |

La plupart de ces termes sont expliqués en leur ordre.

En faveur de ceux qui font le Commerce en Hollande, on va ajouter ici les Abréviations dont les Marchands & Banquiers Hollandois, ou leurs Caissiers & Teneurs de Livres ont coutume de se servir dans leurs comptes.

### *Abréviations des Monnoies de Compte en Hollande.*

Toutes les Marchandises qui se vendent de Hollande, & particuliérement à Amsterdam s'y vendent par livres de gros, par risdales, par florins d'or, par florins, par sous de gros, par sous communs, & par deniers de gros. Pour abréger toutes ces Monnoies de Compte on se sert des caracteres suivans.

| | |
|---|---|
| Livres de gros | L ꝯ *en François*, & LvLs. *en Hol.* |
| Risdales | ℞. |
| Florins d'or | F. d'or *en François*, 88 *en Hol.* |
| Florins | F. |
| Sous de gros | ß. |
| Sous communs | S. *en François*, & ſtÿ. *en Holland.* |
| Deniers de gros | ꝯ. |

*Abréviations pour les Poids.*

| | |
|---|---|
| Schippont, poids de 300 liv. | Schipp.t |
| Lispont, poids de 15 liv. | L. p.t |
| Quintal, poids de 100 liv. | C.t ou 8. |
| La Livre de 2 marcs ou 16 onces | ℔ |
| Steen, ou Pierre, poids de 8 liv. | Stz. |

ABROHANI, ou MALLEMOLLE. On appelle ainsi une certaine Mousseline, ou toile de Coton blanche, claire, & fine, qui est apportée des Indes Orientales, particuliérement de Bengale, dont la piece a seize aunes de long sur trois quarts, à cinq huit de large. *Voyez* MOUSSELINE.

### ABU

ABUCCO, ABOCCO ou ABOCCHI. Poids dont on se sert dans le Royaume de Pegu.

Un Abucco est de douze Teccalis & demi. Deux Abuccos font 1 Agito, qu'on nomme aussi Giro. Deux Giri font une demie Biza, & la Biza pése cent Teccalis, c'est-à-dire, deux livres cinq onces poids fort, ou trois livres neuf onces poids leger de Venise.

ABUKESB. C'est ainsi que les Arabes & les Turcs habitués au Caire, aussi-bien que le reste des Négocians des Villes marchandes d'Egypte, appellent le Daller ou Ecu de Hollande; qu'à Smyrne, à Constantinople & dans les autres Echelles du Levant on nomme ASLANI.

Cette différente dénomination vient de l'empreinte du Lion, qui est frappée de chaque côté de ces pieces d'argent, appellé en Turc ASLANI, que les Arabes prennent pour un chien, nommé en leur langue ABUKESB.

Le Daller vaut au Caire trente-trois Meidins en change, & trente-huit, quelquefois plus en espece, à raison de dix-huit deniers de France le Meidin, ou de trois Aspres monnoie de Turquie. On le reçoit à peu près sur le même pied à Constantinople & dans le reste de l'Empire Turc.

### ABY

ABYSME. Terme de Chandeliers. C'est le vaisseau de bois dans lequel ils mettent le suif fondu où ils trempent leur mêche pour fabriquer leur chandelle. Ce vaisseau est de forme triangulaire & posé sur un des angles, en sorte qu'il a une ouverture de près d'un pied par en haut, ce qui fait une espece de Prisme renversé. *Voyez* CHANDELLE ou CHANDELIER.

### ACA

ACACIA VERA. C'est selon plusieurs Auteurs le suc épaissi d'un grand arbre, qui croît en Egypte & en Arabie, dont la fleur est blanche & purgative, & qui est par tout épineux, excepté par son tronc. C'est de ce même arbre, à ce que prétendent d'autres Auteurs, que coule la gomme Arabique. Quoi qu'il en soit, car l'un & l'autre sentiment paroît assez peu fondé, ce suc épaissi, de quelque arbre qu'il puisse être, vient du Levant en boules rondes de différentes grosseurs, enveloppées de vessies fort minces.



L'Acacia-vera pour être bonne doit être bien cuite, de couleur tannée, c'est-à-dire, d'un brun tant soit peu rougeâtre, unie, luisante, d'un goût astringent & un peu désagréable.

Cette drogue n'a pas grand usage en Médecine, & sans qu'elle entre dans la composition de la Theriaque, elle ne vaudroit pas la peine que les Marchands Droguistes s'en chargeassent.

ACACIA GERMANICA. Est un Acacia contrefait, avec le suc de prunelles sauvages, cuit ensuite en consistance d'extrait solide, & mis dans des vessies comme l'Acacia-vera qui vient d'Egypte. Il n'est pas possible cependant de s'y méprendre, l'Acacia-vera étant d'un rouge tané, & l'Acacia Germanica étant aussi noire que du beau suc de Reglisse commun.

*Les droits d'entrée réglés pour l'Acacia par le Tarif de 1664, sont différents, suivant la qualité de la drogue; le cent pésant d'Acacia-vera payant sept livres dix sols, & le commun ou Acacia Germanica, seulement cinquante sols.*

ACADEMIE Royale de Peinture & Sculpture. *Voyez* PEINTRE.

ACADIE, vaste Pays du continent de l'Amérique Septentrionale. *Voyez* NOUVELLE ECOSSE.

ACAJOU. C'est le fruit, ou plutôt la semence d'un arbre, qui croît dans les Isles Antilles, & en plusieurs endroits du continent de l'Amérique, sur tout au Bresil.

Il y a trois sortes d'arbres qui portent ce nom, mais il n'y en a qu'un qui produise du fruit.

L'Acajou à fruit est un arbre de moyenne grandeur, dont les branches penchent & s'inclinent beaucoup vers la terre; ses feuilles sont larges, rayées de plusieurs veines & arrondies par devant; ses fleurs qui viennent par bouquets, & qui sont d'une très agréable odeur, sont blanches en s'épanouissant, & ensuite incarnates & de couleur de pourpre: ses fruits ont la forme d'une pomme un peu longue, couverts d'une peau délicate & vermeille, & couronnés d'une espece de crête couleur d'olive; ils ont au dedans des filaments spongieux, qui rendent un suc entre doux & aigre, fort desaltérant, qu'on tient propre aux défaillances de cœur, quand il est tempéré avec du sucre, & dont les Indiens font un breuvage qui enyvre comme le vin: enfin la noix ou semence, qui est ce que les Marchands Epiciers & Droguistes de Paris vendent sous le nom d'Acajou, est une espece de chataigne qui a la figure d'un rognon de liévre, & qui a au dedans une amande, ou pignon, qui, mondé de sa pellicule, est souverain pour l'estomach.

C'est de l'huile tirée de cette noix dont on se sert pour extirper ces duretés qui viennent aux pieds; elle est propre aussi à enlever les taches de rousseur de dessus le visage: mais outre que ce remede cause une douleur très sensible, les taches ne disparoissent que pour un tems.

Il faut choisir les Acajoux nouveaux, gros, & de couleur d'olive. L'arbre d'Acajou quand on y fait des incisions, jette aussi une gomme claire & transparente très semblable à la gomme d'Arabie.

ACANIS, à la Côte d'or sur celles d'Afrique, l'un des principaux lieux d'où l'on tire l'or. *Voyez* l'Etat général, page 380.

ACAPALTI. Plante de la nouvelle Espagne, qui porte le poivre long.

Elle a son tronc contourné à la façon des sarments de vigne, & ce tronc a des feuilles qui ressemblent à celles du poivre blanc, mais plus longues & plus aiguës, fort odorantes & d'un goût piquant & acre.

Le fruit est rond & long de deux à trois pouces; d'une couleur assez rouge quand il approche de la maturité, qu'il ne peut cependant jamais acquérir entiérement sur la plante, en sorte qu'il le faut cueillir aussi-tôt qu'il commence à rougir, pour achever de le faire meurir au soleil.

Ce Poivre se mange également en verd ou séché, & des deux manieres donne un goût très relevé aux viandes, pourvû néanmoins qu'après l'assaisonnement on ne les remette plus au feu, parce qu'alors il n'a pas tout son goût & toute sa force. *Voyez* POIVRE de la Jamaïque.

ACAPULCO. Port fameux de la nouvelle Espagne. *Voyez* ce qui en est dit dans l'Etat général, cidevant page 504.

ACARA, à la Côte d'or sur celles d'Afrique. *Voyez* l'Etat général, page 382.

## ACC

ACCAPAREMENT. Achat de Marchandises, défendu par les Ordonnances. *Voyez* l'article suivant.

ACCAPARER. Acheter des marchandises. Il se prend presque toujours en mauvaise part, & signifie ordinairement enlever des Foires ou des Marchands, toute une certaine sorte de marchandise pour la vendre plus cher en la rendant plus rare, & se faisant seul le maître de la vente.

On dit Accaparer des Laines, des Blés, des Cires, des Suifs, &c.

L'on a vû sur la fin du dix-septiéme siécle plusieurs Sentences de Police, & quelques Arrêts du Parlement, portant défenses d'accaparer ces quatre sortes de marchandises, sous peine de confiscation des marchandises accaparées, d'amende pécuniaire, & même de punition corporelle en cas de récidive.

Quelques-uns confondent le terme d'accaparer avec celui d'enharrer; mais ils sont différens, & n'ont rien de commun que les mêmes défenses & les mêmes peines. *Voyez* ENHARRER.

ACCEPTANT, ou ACCEPTEUR. Celui qui accepte, qui signe une Lettre de Change, qui s'oblige de payer la valeur y contenue au tems de son échéance. Parmi les Négocians on se sert quelquefois du terme d'*Acceptator*, qui signifie la même chose.

Tant que l'Acceptant est maître de sa signature, c'est-à-dire, qu'il n'a point encore rendu la Lettre, il peut rayer son acceptation; mais lorsqu'il l'a une fois délivrée, il n'est plus à son pouvoir de le faire, quand même elle reviendroit dans ses mains. En un mot elle ne peut plus se retracter, il faut qu'il paye.

ACCEPTATION, terme de Commerce de Lettres de Change. Faire l'Acceptation d'une Lettre de Change: c'est la souscrire, la signer, se rendre le principal débiteur de la somme qui y est contenue, s'obliger en son nom de l'acquitter dans le tems marqué.

L'acceptation se fait ordinairement par celui sur qui la Lettre est tirée, lorsqu'elle lui est présentée par celui qui en est le porteur.

On ne fait point d'Acceptation des Lettres payables à vûe, parce qu'elles doivent être acquittées à leur présentation, sinon protestées faute de payement.

Il y a des Acceptations qu'il n'est pas nécessaire de datter, & d'autres qu'il est nécessaire de datter.

Les Acceptations qu'il n'est pas nécessaire de datter sont celles qui se mettent sur les Lettres payables à jour nommé, à usance, ou à double usance; sur celles-là on ne doit mettre seulement que *Accepté*, & signer; la datte y étant inutile, puisque le tems de celles qui sont à jour nommé, court toujours jusques à leur échéance, & que le tems des Lettres à usance, ou double usance, commence à courir du jour de la datte des Lettres mêmes.

Il n'est pas nécessaire, si l'on ne veut, de faire faire l'Acceptation des Lettres à jour nommé, à usance, ou à double usance, puisque leur tems court toujours; il est cependant avantageux à ceux qui en sont les porteurs de les faire accepter, parce qu'au moyen de l'Acceptation, ils ont deux obligés pour un; l'un l'Accepteur, & l'autre le Tireur.

Si celui sur qui une Lettre est tirée à jour nommé, à usance, ou à double usance, faisoit difficulté de l'accepter, le Porteur seroit en droit de la faire protester faute d'acceptation, & pourroit retourner sur le Tireur pour l'obliger à la faire accepter ou à donner Caution (en cas qu'à l'échéance de la Lettre, celui sur qui elle a été tirée ne payât pas) de rendre & restituer la somme mentionnée en icelle avec les changes, rechanges, & frais de Protest.

Les Acceptations qu'il est nécessaire de datter sont celles qui se font sur les Lettres tirées à quelque nombre de jours de vûe; parce que le tems ne commence à courir que du lendemain du jour de l'Acceptation. Cette espece d'Acceptation se fait ainsi, *Accepté le tel jour*, & on signe.

Si le porteur d'une Lettre de Change se vouloit contenter d'une acceptation pour payer à vingt jours de vûe, au lieu de huit jours de vûe que porteroit la Lettre, il courroit le risque des douze jours qu'il auroit prolongés, supposé que l'Accepteur vint à manquer dans le tems de la prolongation, & la Lettre demeureroit pour son compte, sans qu'il pût avoir de recours sur le Tireur.

Si une Lettre portoit de payer trois mille livres, & que le Porteur eût la facilité de se contenter seulement de l'acceptation pour deux mille livres, & qu'il ne reçût que cette somme, il courroit le risque des mille livres restans ainsi que pour le tems prolongé.

Ces exemples peuvent servir pour toutes les Acceptations de ces especes; il est cependant bon de remarquer, que si le Porteur de la Lettre avoit un ordre par écrit du Tireur de les faire faire de cette maniere, en ce cas il n'y a pas lieu de douter qu'il ne pût avoir son recours sur lui.

Autrefois les Lettres payables dans les tems des Foires de la Ville de Lyon, que l'on appelle Payemens, ne s'acceptoient pas par écrit. Celui sur qui elles étoient tirées disoit verbalement: *Vû sans accepter pour répondre au tems*, & le Porteur en faisoit mention sur son Billan; mais à cause des contestations qui arrivoient sur ces sortes d'acceptations verbales, par la mauvaise foi des Accepteurs, il fut inseré un article dans le Réglement de la Place du Change de la Ville de Lyon, qui fut fait le 2 Juin 1667, par lequel la maniere de faire les Acceptations fut déterminée. C'est l'Art. 3. voici ce qu'il porte :

*Que les Acceptations desdites Lettres de Change, se feront par écrit, dattées, & signées par ceux sur qui elles auront été tirées, ou par personnes duement fondées de procuration, dont la minute demeurera chez le Notaire, & toutes celles qui seront faites par Facteurs, Commis, & autres non fondés de Procuration, seront nulles, & de nul effet contre celui sur qui elles auront été tirées, sauf le recours contre l'Accepteur.*

Ce Réglement a été confirmé par l'Article 7. du Titre 5. de l'Ordonnance du Commerce du mois de Mars de l'année 1673, dont s'ensuit la teneur :

*N'entendons rien innover à notre Réglement du second jour de Juin 1667, pour les Acceptations, les Payemens & autres Dispositions concernant le Commerce de notre Ville de Lyon.*

Et par l'Article 2. du même Titre de ladite Ordonnance de 1673, la maniere de faire les Acceptations, a été aussi réglée pour les autres Places du Royaume ; en voici la disposition.

*Toutes Lettres de Change seront acceptées par écrit purement & simplement. Abrogeons l'usage de les accepter verbalement, ou par ces mots, Vû sans Accepter ; ou, Accepté pour répondre au tems, & toutes autres Acceptations sous condition, lesquelles passeront pour refus, & pourront les Lettres être protestées.*

Quoique par l'Article ci dessus il soit porté que les Acceptations seront pures & simples, & sans conditions, on ne laisse pas cependant en certains cas d'en faire de conditionnelles. Telles sont les Acceptations, pour payer à soi-même, celles sous protest, & celles sous protest pour mettre à compte, dont l'usage est universellement pratiqué par tout, suivant qu'il est rapporté par Du Puys de la Serra dans les Chapitres 8 & 9 de son Traité de l'Art des Lettres de Change, qui se trouve à la suite du Parfait Négociant de M. Savary, imprimé à Paris par Guignard & Robustel en 1713. Auquel le Lecteur peut avoir recours pour sa plus grande instruction.

L'on ne parle point ici de l'Acceptation des secondes & des troisiémes Lettres de Change, parce qu'on en doit parler ailleurs. *Voyez* Lettre de Change. On se contentera seulement d'avertir que quand il y a cette multiplicité de Lettres de Change tirées pour la même somme, ceux qui acceptent les dernieres ne peuvent avoir trop d'attention pour éviter les surprises qu'on leur pourroit faire. Au reste l'acceptation des dernieres Lettres annullent entiérement les premieres pourvû qu'elles ne soient pas acceptées, car si elles l'étoient, l'Accepteur ayant accepté deux fois, seroit tenu de payer deux fois, sauf son recours.

ACCEPTATOR. Terme Latin, ou plutôt à demi Barbare, dont on se sert quelquefois dans le commerce des Lettres de Change pour signifier Acceptant ou Accepteur. *Voyez ci-dessus* ACCEPTANT.

ACCEPTER UNE LETTRE DE CHANGE. C'est la souscrire, s'engager au payement de la somme y portée, dans le tems marqué, ce qui s'appelle Accepter pour éviter à Protest.

Il faut bien prendre garde à ne point accepter des Lettres que l'on n'ait Provision en main, ou qu'on ne soit certain qu'elle sera remise dans le tems ; car quand une fois on a accepté une Lettre on en devient le principal Débiteur, il la faut absolument acquitter à son échéance ; autrement on seroit poursuivi à la Requête de celui qui en est le Porteur, après le Protest qu'il en auroit fait faire faute de payement : *Art. XI. du Titre V. de l'Ordonnance du mois de Mars 1673.*

Il est de l'usage de laisser les Lettres de Change chez ceux sur qui elles sont tirées pour les accepter, soit lorsqu'ils ne se rencontrent pas chez eux, soit parce qu'ils le requierent ainsi, pour avoir le tems de voir leurs Lettres d'avis, pour se déterminer sur ce qu'ils ont à faire, ou pour en prendre des notes. Cet usage quoiqu'établi parmi les Marchands & Négocians ne laisse pas d'être très dangereux, particuliérement lorsque les Lettres restent trop long-tems chez les personnes qui les doivent accepter ; il en est même souvent arrivé des inconvéniens de conséquence.

Quand une Lettre de Change est signée au dos pour Acquit, & qu'elle n'est pas encore acceptée, comme il peut arriver quelquefois, il ne la faut point laisser, pour quelque raison que ce soit, chez celui qui la doit accepter ; parce que s'il n'étoit pas de bonne foi, il pourroit en mésuser ; ainsi il faut faire en sorte qu'elle soit acceptée sur le champ, c'est-à-dire, dans le moment qu'elle est présentée à celui sur qui elle est tirée.

Si celui chez qui une Lettre de Change a été laissée pour accepter, la vouloit retenir sous quelque prétexte que ce fût ; la difficulté qu'il feroit de la rendre vaudroit Acceptation, & il seroit obligé d'en payer le contenu ; ce qui a été jugé par Sentence confirmée par Arrêt, rapporté par Du Puys de la Serra dans son Traité des Lettres de Change Chapitre X. On a dit à l'article précédent que ce Traité se trouve à la fin des dernieres Editions de Paris du Parfait Négociant.

Il est à propos de faire observer à ceux qui veulent se mêler du commerce des Lettres de Change, que celles qui sont tirées des Places où le vieux stile est en usage, comme à Londres, sur d'autres Places où l'on suit le nouveau stile comme à Paris, la datte differe ordinairement de dix jours, c'est-à-dire, que si la Lettre est dattée à Londres le 11 Mars, ce sera le 21 Mars à Paris ; il en est de même de toutes les autres dattes. *Voyez* NOUVEAU STILE, & VIEUX STILE.

Il faut remarquer que cette observation n'est pas également sûre pour tous les lieux où l'ancien stile est en usage. En Suéde, par exemple, la différence est toujours de dix jours, ce qui a changé en Angleterre depuis 1700, où elle a commencé d'être de onze jours à cause que cette année n'a pas été bissextile.

ACCEPTEUR. Celui qui accepte une Lettre de Change. Le terme d'Acceptant est plus en usage ; *voyez* ACCEPTANT.

La coutume d'Amsterdam est, que tous ceux qui acceptent des Lettres de Change se rendent Débiteurs par le moyen de leur Acceptation ; & quoique les Tireurs vinssent à devenir *insolvables* avant le jour de l'échéance, les Accepteurs ne peuvent pas avoir recours contre les Endosseurs des Lettres. *Ordonnances d'Amsterdam citées par Samuel Ricard dans son Traité général du Commerce, au Titre des Acceptations.*

ACCISE. Droit qui ſe paye à Amſterdam & dans tous les Etats des Provinces-Unies ſur diverſes ſortes de marchandiſes & denrées, comme ſont le Froment & autres grains, la Bierre, les Tourbes, les Charbons de terre, &c.

Les droits d'Acciſe du Froment ſe payent à Amſterdam à raiſon de trente ſols le Laſt, ſoit que les grains ſoient chers, ſoit qu'ils ſoient à bon marché, outre les droits d'entrée qui ſont de dix florins, & non compris ce que les Boulangers & les Bourgeois payent pour le Meſurage, le Courtage, & le Port à leurs maiſons.

ACCOLER. Signifie faire un certain trait de plume en marge d'un Livre, d'un Compte, d'un Mémoire, d'un Inventaire, qui marque que pluſieurs articles ſont compris dans une même Supputation ou dans une ſeule ſomme, laquelle eſt tirée à la marge du côté où ſont poſés les chifres dont on doit faire l'addition à la fin de la page.

EXEMPLE,

Dettes actives tant bonnes que douteuſes à moi dues par les ci-après.

| | | |
|---|---|---|
| *Bonnes.* | | |
| Par Jacques . . . . . 300. | } | 500. |
| Par Pierre . . . . . 200. | | |
| *Douteuſes.* | | |
| Par Jean . . . . . . 400. | } | 900. |
| Par Nicolas . . . . 500. | | |
| Total . . . 1400. | | |

ACCON. Petit Bateau à fond plat dont on ſe ſert ſur les côtes du pays d'Aunis pour aller pêcher ſur les Vaſes après que la mer s'eſt retirée. *Voyez* BATEAU.

ACCORD. Accommodement. Contrat que fait un Négociant avec ſes Créanciers. *Voyez* CONTRAT D'ACCORD, *&* D'ATERMOYEMENT.

ACCORDOIR. Terme de Faiſeur d'inſtrumens de Muſique. C'eſt l'inſtrument avec lequel on accorde les cordes d'un Claveſſin. Il eſt de fer en forme de petit marteau, dont le manche eſt creuſé pour y mettre la tête des Fiches lorſqu'on veut les hauſſer ou les baiſſer.

L'ACCORDOIR pour les orgues eſt en forme de petit cône, avec lequel on affuble l'ouverture du Tuyau pour l'étrecir, ce qui en fait baiſſer le ton; ou avec quoi on l'élargit, pour le faire monter.

## ACE

ACERER. Terme d'Ouvriers en fer, particuliérement de Serruriers & de Taillandiers. C'eſt mettre de l'acier avec du fer pour rendre le tranchant d'un outil ou d'un inſtrument plus ferme. On dit Acerer un burin, un couteau, un cizeau, &c. On acere auſſi les gros ouvrages, comme les enclumes & les grandes bigornes, c'eſt-à-dire, qu'on les couvre d'acier pour qu'elles reſiſtent mieux au marteau.

ACERE'. Du fer aceré eſt celui qu'on a couvert d'acier. Un outil aceré eſt un outil dont il n'y a que le tranchant ou la pointe qui ſoient d'acier.

## ACH

ACHALANDER. Attirer les Marchands, accréditer, mettre une boutique, un magaſin en réputation, y faire venir les Chalands. *Voyez* CHALAND.

ACHALANDE', ACHALANDE'E. Qui a des Chalands. Il ſe dit également du Marchand & de la Boutique. Un Marchand achalandé, celui qui fait un grand débit. Une boutique achalandée, celle où il vient quantité de Marchands pour acheter des marchandiſes. *Voyez comme deſſus.*

ACHAT. Contrat ou Traité, ſoit verbal, ſoit par écrit, par lequel on convient du prix d'une choſe que l'on paye comptant, ou qu'on prend à crédit. Faire Achat de marchandiſe, c'eſt acheter des marchandiſes, en faire emplette. On dit aller aux Achats, envoyer aux Achats, il a fait un bon Achat, un mauvais Achat. Il eſt plus avantageux à un Marchand de faire ſes Achats lui-même que de les faire faire par autrui: ce n'eſt pas le tout d'être habile à l'Achat, il le faut être auſſi à la vente.

ACHAT, ſe prend quelquefois pour la choſe achetée. Je voudrois bien vous faire voir mon Achat.

On appelle Livre d'Achat, un Livre particulier dont les Marchands ſe ſervent pour écrire journellement toutes les marchandiſes qu'ils achetent. *Voyez* LIVRES.

M. Savary dans ſon Parfait Négociant, donne d'excellentes maximes pour ſe bien conduire dans l'Achat des marchandiſes. *Voyez Chap. 6. du Liv. 4. de la premiere Partie, & Chap. 5. du Liv. premier de la ſeconde.*

ACHE'E. Vers de terre qu'on appelle auſſi Laiche dont les Pêcheurs ont coutume d'amorcer leurs hameçons. Le Dictionnaire Oeconomique donne juſqu'à quatre manieres de ramaſſer ces Vers, dont on ſe diſpenſera de parler ici, ſe contentant d'avoir indiqué l'endroit où l'on peut s'en inſtruire, & n'en faiſant mention qu'à cauſe que c'eſt le principal appas dont les Pêcheurs à Engins ſe ſervent pour la ligne dormante, auſſi-bien que les Pêcheurs à Verge pour leurs petits hameçons. *Voyez* PESCHEUR.

ACHEM, ou ACKIM, Capitale d'un grand Royaume, & preſque de toute l'Iſle de Sumatra. *Voyez* ce qui concerne le Commerce & la Monnoie de cette Ville dans l'Etat général, page 464.

ACHERVA, à la Côte d'or ſur celles d'Afrique, l'un des principaux endroits d'où l'on tire l'or. *Voyez* l'Etat général, page 380.

ACHETER DES MARCHANDISES. C'eſt en faire l'Achat pour un prix dont on convient, moyennant quoi on s'en rend le propriétaire. Il ne ſuffit pas de bien acheter, il faut bien vendre, & bien payer. Il y a différentes manieres d'acheter qui vont être expliquées.

ACHETER COMPTANT. C'eſt payer ſur le champ en monnoie réelle les marchandiſes qu'on vient d'acheter.

ACHETER AU COMPTANT, ou pour comptant. C'eſt une maniere de parler des Négocians, qui ſemble ſignifier qu'on devroit payer comptant; cependant elle peut avoir une autre ſignification, d'autant que quand on achete de cette façon, on a quelquefois juſques à trois mois de terme pour payer.

ACHETER A CREDIT ou à TERME, c'eſt-à-dire, Acheter à condition de payer dans un certain tems dont on convient.

ACHETER partie comptant, & partie à tems, ou à crédit. C'eſt payer une partie ſur le champ, & prendre du tems pour l'autre.

ACHETER à crédit pour un tems, à charge d'eſcompte, ou de diſcompte, ou à tant pour cent par mois pour le prompt payement. C'eſt une convention par laquelle le Vendeur s'oblige de faire une diminution ou rabais sur le payement des marchandises qu'il a vendues, supposé que l'Acheteur veuille les lui payer avant le tems, & cela à proportion de ce qu'il en restera à expirer à compter du jour du payement.

ACHETER A PROFIT. C'est acheter suivant le Livre journal d'achat du Vendeur, à tant pour cent de bénéfice.

ACHETER pour payer d'une foire à l'autre ; ou pour payer de foire en foire. C'est proprement acheter à crédit pour un tems.

ACHETER pour son compte. C'est acheter pour soi-même.

ACHETER par commission. C'est acheter pour le compte d'autrui, moyennant un droit que l'on appelle de Commission.

ACHETER partie comptant, partie en Lettres de Change, & partie à terme ou à crédit. C'est payer en argent comptant une partie, une autre en Lettres de Change, & s'obliger à payer l'autre partie dans un certain tems dont on convient.

ACHETER partie comptant, partie en promesses, & partie en troc. C'est payer une partie en monnoie réelle & sur le champ, une autre en promesses ou billets payables dans des tems, & donner pour l'autre partie des marchandises dont on convient de prix ; ce qui s'appelle marchandise en troc.

La maniere la plus avantageuse d'acheter, est celle qui se fait à crédit pour un tems à charge d'escompte, ou de discompte.

ACHETEUR. Marchand qui achete des marchandises pour faire son commerce, pour les revendre en gros ou en détail, en magasin, en boutique, en foire, &c. *Voyez* ASSORTIMENT, ASSORTIR, & ASSORTI.

ACHEVEMENT. Terme de teinture. Il se dit particuliérement des étoffes teintes en noir qui sont commencées par les Teinturiers du grand teint, & achevées par ceux du petit teint. On fait des desbouillis pour bien juger du bon achevement des noirs. *Voyez* TEINT.

ACHEVEMENT. Attelier de l'achevement, terme de Cirier. C'est le lieu où l'on acheve la bougie de table. *Voyez* l'article de la Cire.

Achever la bougie, c'est lui donner le reste de ses jets, la rouler à l'eau pour la derniere fois ; en tailler le bas avec des ciseaux à tailler, & lui faire la tête en coupant la cire au colet avec un couteau à cire.

ACHIA. Sorte de Canne qui croit dans les Indes Orientales, que l'on confit en verd dans le pays avec de fort vinaigre, du poivre, quelques épiceries, & autres ingrédiens.

Cette confiture vient en Europe dans des especes d'urnes de terre d'environ un pied de hauteur, & autant de largeur, dont l'embouchure se resserre & est assez étroite.

Les morceaux de Canne ont un pouce & demi de diametre & un peu plus de deux pouces de long, de la consistance à peu près des cornichons qu'on confit en France ; étant aussi fermes, & se coupant aussi nettement. Leur couleur est d'un jaune pâle, & au lieu de pulpe, ce n'est qu'un composé de fibres assez serrés, comme celui qu'on trouve au dedans de nos cannes ordinaires quand on en a enlevé la pelure.

Les Hollandois apportent beaucoup de cette confiture, que la froideur de leur climat leur fait trouver excellente. Ils en mangent ordinairement à la fin du repas, la croyant très propre à réveiller l'appetit & à fortifier l'estomach, à cause du fort vinaigre, du citron, du poivre, & des épiceries, dont est composée la saumure où il faut que l'Achia trempe toujours pour le conserver, qui lui donne un goût piquant, & lui communique beaucoup de chaleur & de feu.

ACHIOTL. Nom que les Bresiliens donnent à la drogue des Teinturiers qu'on appelle plus communément *Rocou*. *Voyez* ROCOU.

ACHTELING. Mesure des Liqueurs dont on se sert en Allemagne. Il faut trente-deux Achtelings pour un Heemer. Quatre Schiltems font un Achteling. *Voyez* FEODER.

ACHTENDEELEN ou ACTHELING. Mesure des Grains, dont on se sert en quelques endroits de la Hollande. Deux hoeds de Gormiheng font 5 achtendeelens.

Vingt-huit achtendeelens d'Asperen en font 32 de Roterdam, mais il n'en faut que 26 de ceux de Worcum.

Vingt-neuf achtendeelens de Delf font 12 viertels d'Anvers.

Quatre achtendeelens $\frac{24}{31}$ de Delf font le hoed de Bruges.

## ACI.

ACICOCA. Herbe qui croît dans le Perou, & que l'on substitue quelquefois à l'herbe du Paraguay, dont elle a, dit-on, toutes les propriétés.

Il s'en transporte tous les ans quantité de Lima & des autres Ports du Perou, à la Ville d'Avira, dont on la conduit au Potosi, sur-tout lorsque le Paraguay y est rare, & par conséquent cher. *Voyez* PARAGUAY.

ACIER. Espece de fer rafiné, & purifié par le feu, qui le rend plus blanc, plus solide, & d'un grain plus menu, & plus fin.

L'ACIER est de tous les métaux le plus dur quand il est préparé, & trempé comme il faut. On le fabrique ordinairement en le fondant à diverses fois dans un grand feu de corne de bœuf, & de charbons de saule ou de hêtre, & en le trempant ensuite dans de l'eau froide, soit qu'on n'y emploie que de l'eau commune, soit qu'on l'ait auparavant préparée & rendue plus astringente par diverses drogues, dont les principales sont l'arcenic, le reagal, l'orpin, le sublimé, l'antimoine, & la couperose blanche. *Voyez* FER.

Il vient de l'Acier d'Allemagne, de Hongrie, d'Espagne, d'Italie, de Piémont, & il s'en fabrique aussi en quantité dans plusieurs Provinces, & Villes de France, sur tout à Vienne, & à Rive en Dauphiné ; à Clamecy en Auvergne ; à Saint-Disier en Champagne ; à Nevers, & à la Charité sur Loire, & aux environs de Dijon, Besançon, & Vesoul en Bourgogne. Le meilleur de tous se nomme Acier de Carme, du nom de la Ville de Kernent en Allemagne où il se travaille : on l'appelle aussi Acier à la double marque, & on ne l'emploie que pour les ouvrages les plus fins, comme Rasoirs, Lancettes, & autres Instrumens de Chirurgie, Filieres pour les Tireurs d'or, Burins pour les Graveurs, &c.

L'ACIER à la Rose, ainsi nommé, ou d'une espece de rose couleur d'œil de Perdrix qui paroît au milieu, quand on l'a cassé, ou de la marque que l'on met sur les barils dans lesquels on l'envoie, est aussi très beau, & sert aux mêmes usages que celui

celui de Carme. Le rebut, qui est de l'acier extrémement mol, se nomme Acier à la simple marque.

Ces sortes d'aciers, ainsi que tous les autres qui viennent d'Allemagne, sont par petites barres carrées de 4, 5, & 6 lignes de large, & depuis un pied jusques à deux & demi de long.

L'Acier de Piémont est de deux sortes, le naturel & l'artificiel; le naturel est le meilleur; l'un & l'autre se vend en carreaux.

L'Acier de grain, de motte ou de mondragon, vient d'Espagne. Il est en grosses masses en forme de grands pains plats, qui ont quelquefois dix-huit pouces de diametre, & 2, 3, 4, & 5 pouces d'épaisseur: il est bon pour les gros ouvrages, & particuliérement pour les outils dont on se sert pour couper le fer à froid.

Enfin le petit acier ou acier commun, qu'on nomme autrement Soret, Clamecy, & Limousin, ou du nom des autres Villes ou Provinces de France où il se fabrique, est le moindre de tous, & aussi celui qui se vend à plus bas prix. Il se débite par carreaux ou billes, mais plus petites, & plus plattes que celles de l'acier de Piémont. La marque du lieu de sa fabrique doit être au bout de la bille du côté qui paroit avoir été le plus applatti. La bonté de tous ces différens aciers consiste, à se casser facilement, à avoir le grain net, menu, serré, d'un blanc argentin, & brillant, sans pailles, surchaufures, veines noires, & fourures de fer.

*L'Acier non ouvré paye les droits d'entrée & de sortie du Royaume & des Provinces réputées étrangeres, à raison de tant du cent pésant; sçavoir, une livre deux sols de sortie, en conséquence du Tarif de 1664, & de six livres d'entrée par l'Arrêt du Conseil du 25 Novembre 1687.*

L'on se sert de la limaille d'acier dans la Médecine; la meilleure, & la plus naturelle est celle des aiguilles: l'épreuve est de la mettre sur la lumiere d'une chandelle, celle qui ne brûle qu'à moitié, & qui souffle la chandelle est mélangée de limaille de fer.

L'Acier de Damas Capitale de Syrie, étoit autrefois d'une grande réputation, & l'on en voit encore des sabres & des épées dans des cabinets de Curieux: le grain en est si fin & si serré, qu'on prétend qu'il peut couper le fer sans être trempé; ce qui paroît plus véritable que ce qu'on lit dans quelques relations, que toute la trempe de ces sabres ne vient que de l'impression de l'air, lorsqu'un Cavalier courant à toute bride & les tenant nuds à la main en fait le moulinet autour de lui; ou ce que d'autres assurent, qu'ils ne se trempent qu'en les passant sur un chamois mouillé, le tranchant tourné comme si on vouloit couper le chamois.

L'Acier se vend à Amsterdam, ou en barils ou à la botte, suivant les lieux d'où on le tire. L'acier de Dantzick est en baril du poids environ de cent deux livres, son prix ordinaire est de 10 florins ½. Cette marchandise ne donne point de tare ni de déduction pour bon poids. La déduction pour prompt payement est d'un pour cent.

L'Acier de Suéde est aussi en baril du même poids que celui de Dantzick. Son prix est de 9 florins ½. La déduction pour prompt payement est d'un pour cent.

L'Acier de Stiermarck est en botte. La botte contenant 9 billes ou pieces de 6 à 7 pieds de long, pésant ensemble depuis 116 jusqu'à 117 livres. Il se vend 17 fl. même déduction pour prompt payement que ci-dessus.

*Nouvel Acier de France.*

L'excellent ouvrage que M. de Reaumur de l'Académie Royale des Sciences a donné au Public depuis peu d'années, a fourni à la France un nouvel objet de Commerce, & cet habile Académicien a étudié & découvert si exactement & si à fond la nature de l'Acier, & la maniere la plus parfaite de le fabriquer, que les François ne peuvent plus regretter aucun Acier étranger, & sont en état de mettre le leur en paralelle avec ceux qui jusqu'ici ont été le plus estimés.

Il seroit long d'examiner ici les principes de M. de Reaumur sur ce métail, & le Lecteur curieux de ces sortes de choses trouvera bon qu'on le renvoie à la lecture de l'ouvrage de cet habile Académicien, qui certainement est entré beaucoup plus qu'aucun autre Auteur dans sa nature & sa fabrique.

On se contentera donc de donner avis au Public, qu'il s'est établi en France une Compagnie, pour travailler sur les principes de l'Auteur à la Manufacture des Fers & des Aciers; que cette Compagnie établie avec des Lettres Patentes, fait travailler à ces ouvrages à Cosne, & qu'elle tient son Bureau à Orléans sous le nom *de Manufacture Royale d'Orléans, pour convertir le Fer en Acier, & pour faire des ouvrages de Fer & d'Acier fondus.* Cette Compagnie après avoir longtems travaillé à perfectionner ses ouvrages, & à en avoir une assez grande quantité pour en fournir le Public, a ouvert un magasin à Paris pour en faire le débit. Ce magasin est dans la rue Saint-Thomas du Louvre, à l'Hôtel d'Usés, où l'on trouve toutes les différentes sortes d'ouvrages qui sont de la compétence de cette Compagnie, & dont elle a trouvé à propos de donner le détail suivant, qu'on a cru devoir faire paroître ici dans les propres termes dont elle s'explique elle-même.

*Détail des ouvrages de Fer & d'Acier fondus, qui se trouvent dans le Magasin général de la Comapgnie de l'Acier & du Fer fondus.*

On y vend actuellement des ouvrages de tout genre, fondus sur d'excellens modeles, la plupart nouveaux, & qui ont été faits par les plus grands maîtres: Ces ouvrages sont recherchés & finis comme ceux d'Orfévrerie.

Au lieu que les Balcons ordinaires n'ont que des ornemens de fer roulés ou de tole emboutie, ou des ornemens de cuivre qu'on y rapporte; les nouveaux Balcons de la Manufacture sont d'une seule piece, enrichis de tout ce que la Sculpture sçait exécuter en bois, de figures humaines, de figures d'animaux, de guirlandes de fleurs; & ces superbes Balcons coutent moins en fer que de pareils ne couteroient en bois.

Des Serrures dont les boetes ou paltres ont des ornemens en bas reliefs; il y en a qui sont de véritables tableaux.

Des marteaux, des boutons de portes, des entrées de Serrures; & généralement de toutes les especes d'ouvrages de Serrurerie, avec des ornemens qu'on n'auroit pû ou osé, jusqu'ici, entreprendre de leur donner.

Quoiqu'on ne touche le cuivre qu'à regret, à

cause de l'odeur détestable qu'il laisse aux doigts ; il y a une infinité d'ouvrages qu'on a été forcé jusqu'à présent de fondre de ce métail : on trouve de tous ces ouvrages en fer, & en acier fondu ; comme sont des Feux de toute grandeur :

Des Bras pour mettre des bougies.

Des Flambeaux.

Des Lustres de toute grandeur, qui ont la blancheur & l'éclat des Lustres de cristal, & des formes qu'on ne sçauroit donner à ces derniers.

Des pierres à papier, pour mettre sur les bureaux.

Des vases pour les jardins, de toutes grandeurs.

Et enfin de tout ce qu'on a fait jusqu'ici en cuivre.

La seule inquiétude qu'on auroit pour de si beaux ouvrages, c'est que leur éclat ne fût pas durable ; l'humidité est à craindre pour les ouvrages de fer & d'acier.

Ceux-ci sont d'un fer & d'un acier dont la natur est de rouiller plus difficilement que les fers & les aciers ordinaires ; mais M. de Reaumur après avoir trouvé le secret de faire faire des ouvrages si utiles, en a trouvé un qui n'est peut-être gueres moins important, c'est de leur conserver leur beauté, en les défendant contre les atteintes de la rouille ; il a découvert & donné à la Compagnie qui a entrepris la nouvelle Manufacture, un Vernis qui peut être étendu sur l'acier poli, sans en alterer la couleur ni le brillant, & qui resiste aux mêmes épreuves que les Vernis colorés de la Chine.

Le fer sur lequel ce vernis a suffisamment séché, ne demande pour être nétoyé que d'être lavé avec de l'eau.

M. de Reaumur a aussi donné à la même Compagnie, des vernis de différentes couleurs, au moyen desquels le fer paroît couleur de léton, de cuivre ou de bronze, sans en avoir la mauvaise odeur ; & ce vernis peut être exposé à toutes les injures de l'air, sans que sa couleur s'altere, au moyen de quoi les vases de fer ont une couleur plus belle & plus durable que ceux de bronze.

On dore aussi soit en entier, soit par parties, tous les ouvrages dont on vient de parler, ce qui fait un grand effet. Tout le monde sçait combien la dorure sur l'acier, est plus belle & plus durable que la dorure sur le cuivre.

Le prix de ces ouvrages est écrit sur chaque piece, il ne peut que surprendre agréablement ceux qui connoissent la différence qu'il y a entre le fer mis en œuvre avec des ornemens, & le cuivre ; entre une garde d'épée d'acier, & une garde d'épée de cuivre : le prix des nouveaux ouvrages n'est néanmoins jamais au dessus de celui de ceux de cuivre, & est souvent beaucoup au dessous.

Lorsqu'on voudra des ouvrages qui ne se trouveront pas actuellement au magasin, ou qu'on les voudra d'un autre dessein, ils seront exécutés en peu, pourvû qu'on fournisse le modele à la Compagnie.

On vend aussi dans le même Magasin de l'acier en gros & en détail, qui ne le céde en qualité à aucun des meilleurs aciers connus : on le donne à dix sols la livre : il est marqué de la marque de ladite Manufacture. On garantit de n'en livrer que d'excellent ; & s'il y en avoit qui ne parût pas tel à ceux qui l'auroient acheté, on s'engage de rendre l'argent de celui qu'on rapportera, si mieux on n'aime en reprendre d'autre, poids pour poids.

## ACO

AÇORES, *voyez* Isles Açores.

ACORI, ou CORAIL BLEU. Le véritable Acori est très rare : on en pêche néanmoins sur quelques Côtes d'Afrique, particuliérement depuis Rio-del-Re jusqu'à la riviere des Camarones. Ce corail fait partie des marchandises que les Hollandois traitent aux Camarones : celui du Royaume de Benin est aussi assez estimé, il croît en forme d'arbre sur un fond pierreux. *Voyez* l'Etat général du Commerce, où il est parlé de celui de Benin, page 383.

ACORUS-VERUS. Plante. Espece de Flambe bâtarde, que les Apoticaires appellent *Calamus odoratus*, quoiqu'improprement. Ses feuilles, & ses racines sont assez semblables à la véritable Flambe ou Iris, mais plus étroites & plus longues : elles sont odorantes, & piquantes au goût.

Il y a de deux sortes d'acorus, le vrai & le faux : le vrai est celui qu'on vient de décrire, & qui vient de Lituanie & de Tartarie : le faux est proprement la racine du Glayeul aquatique, dont les fleurs sont jaunes.

La description que Pomet fait de l'Acorus-Verus dans son Livre des Drogues, ne ressemble presqu'en rien à celle de Furetiere, qui est celle ci-dessus, & l'on est bien aise de les opposer l'un à l'autre pour en faire remarquer la différence.

Selon l'habile Droguiste, l'acorus est un roseau ou racine noueuse, rougeâtre en dessus, & blanche en dedans, garnie de longs filamens, d'une substance légere, qui pousse des feuilles vertes, longues, & étroites, & des fruits d'environ trois pouces de long, de la grosseur & figure du poivre long. La racine de l'acorus est pour l'ordinaire de la grosseur du petit doigt & de près de demi-pied de long ; elle vient de Pologne, de Tartarie, & même de l'Isle de Java, où on l'appelle Diringo. Elle est de quelqu'usage dans la Médecine étant un des ingrédiens qui entrent dans la composition de la Theriaque. Les Parfumeurs en employent aussi beaucoup.

Il faut choisir l'acorus, nouveau, bien nourri, mondé de ses filamens, difficile à rompre, d'un goût âcre accompagné d'une amertume agréable, & d'une odeur douce & aromatique.

On met encore au nombre des acorus le grand & petit galanga, quoique peut-être mal à propos, étant des especes fort différentes de l'acorus.

Le grand galanga a les feuilles comme celles de l'iris, & le petit est une racine rougeâtre tant dedans que dehors, d'un goût fort piquant, & fort aromatique. Ces deux galanga viennent des Indes & de la Chine, sur-tout de l'Isle de Java. Les Vinaigriers s'en servent pour faire le vinaigre, mais beaucoup plus du petit, qui est aussi de quelque usage en Médecine.

*L'Acorus paye en France de droits d'entrée, deux livres dix sols du cent pésant, conformément au Tarif de 1664.*

## ACQ

ACQUIESCEMENT. Consentement qu'un Négociant, ou autre personne donne à l'exécution d'une Sentence arbitrale, d'une Sentence des Consuls, ou autre Acte fait en Justice. On ne peut revenir contre un Jugement après un acquiescement. L'exécution d'un Jugement passe pour acquiescement.

ACQUIESCER. Demeurer d'accord d'une chose, en convenir. Ce Marchand a été obligé d'acquiescer à la Sentence arbitrale rendue contre lui.

ACQUIT. Espece de Quittance ou Billet imprimé sur du papier timbré, qui est expédié, & délivré aux Marchands, Commissionnaires, ou Voituriers, par les Commis, Receveurs, & Contrôleurs des Bureaux des cinq Grosses Fermes, établis aux entrées & sorties du Royaume de France, & des Provinces réputées étrangeres.

Il y a de quatre sortes d'Acquits qui sont, l'Acquit de payement, l'Acquit à caution ou de précaution, l'Acquit à caution de Transit, & l'Acquit ou Certificat de franchise.

L'Acquit de payement, fait mention de la qualité, quantité, poids, ou valeur des marchandises, du nombre des caisses, balles, & ballots où elles sont renfermées; de leurs marques & numeros; des plombs qui y ont été apposés; de la somme qui a été payée pour les droits d'entrée ou de sortie; du nom du Marchand pour le compte duquel les marchandises sont envoyées; du lieu où elles doivent être déchargées; & de la route que les Voituriers doivent tenir. Cet acquit de payement doit suivre la marchandise & doit rester au dernier Bureau où elles doivent être ressencées, & examinées par les Commis des Fermes, pour connoître si les droits ont été bien ou mal reçûs; & s'ils ont été mal reçûs, en faire payer le supplément par les Marchands à qui elles appartiennent.

Outre toutes ces circonstances observées dans les acquits de payement, on y marque aussi le tems que les marchandises doivent passer au dernier Bureau; après lequel ils restent nuls & ne peuvent être reçûs par les Commis, à moins qu'il n'y ait eu quelque empêchement légitime qui doit être justifié par un procès verbal en bonne forme. Il est de plus défendu aux Voituriers de passer par d'autres Bureaux, que par ceux marqués dans les acquits; & ils sont tenus de conduire directement les marchandises à tous les Bureaux de leur route, & d'y représenter leurs acquits pour y faire mettre un Vû; & enfin de les laisser au dernier Bureau, où après que les ballots, caisses, ou balles ont été ouvertes & visitées, les Commis leur délivrent sans frais un Brevet de Contrôle. Les Voituriers sont encore tenus de représenter leurs acquits sur la premiere réquisition qui leur en est faite par les Commis ou Gardes qu'ils trouvent sur leur route, à qui même il est libre de les retenir en leur délivrant pareillement un Brevet de Contrôle, sans néanmoins que l'ouverture & visite des balles se puissent faire autre part que dans les Bureaux, & encore seulement des marchandises qui n'ont pas été visitées; étant défendu, pour celles qui l'ont déja été, de les ouvrir ailleurs qu'au dernier Bureau. Le tout conformément à *l'Ordonnance des cinq Grosses Fermes du mois de Février 1687. Titre 2. Articles 16, 17, 18, 19, & 20.*

L'Acquit à caution ou de précaution, est délivré par les Commis des Traites à un particulier, qui se constitue pour Caution, qu'une balle de marchandise sera vûe & visitée par les Commis du Bureau du lieu pour lequel elle est destinée, & que les droits y seront payés, si aucuns sont dûs; & à cet effet la balle est cordée, ficelée, & plombée au Bureau où l'acquit est délivré, pour qu'elle ne puisse être ouverte, ni les marchandises changées dans la route qu'elle doit tenir; & lorsque la balle est parvenue au lieu de sa destination, & que les marchandises, ou autres choses qui y sont contenues, ont été vûes & visitées par le Commis Visiteur, les Receveur & Contrôleur, sur le vû du Visiteur, en font payer les droits, supposé qu'il en soit dû, & mettent ensuite la décharge au dos de l'acquit, lequel est après renvoyé à la personne qui s'est rendue Caution, pour le représenter aux Commis qui le lui ont délivré, afin de se faire décharger de son cautionnement.

L'Acquit à caution de Transit, regarde certaines marchandises, ou choses servant aux ouvrages & fabrication d'icelles, qui sont exemptes des droits d'entrée & de sortie du Royaume, même des Péages, Octrois, & autres droits, comme sont celles qui regardent les Manufactures établies dans les Villes & Châtellenies de l'Isle, Douay, Orchies, Tournay, & autres Villes des Pays-Bas, conquises par Sa Majesté Très Chrétienne, ou qui lui ont été cédées en Flandres par les Traités de paix & de Tréve, lesquelles entrent & sortent par les Bureaux de Calais, Bayonne, Septeme, Pont de Beauvoisin, Strasbourg, & Peronne, pour aller dans les Indes, en Espagne, en Italie, & en Angleterre.

Cet Acquit est ordinairement délivré par les Commis de la Douane de l'Isle, suivant le Certificat du Magistrat de la Ville, & fait mention du nom de celui pour le compte duquel sont les marchandises, de la quantité, qualité, & poids d'icelles, du nombre des balles, ballots, ou caisses dans lesquelles elles sont renfermées, de ce qu'elles ont été cordées, ficelées, & plombées, de leurs marques & numeros, des Bureaux par où elles doivent entrer & sortir; qu'elles ne peuvent être entreposées, sinon dans les Bureaux des Douanes par où elles doivent passer; ni ouvertes qu'au dernier Bureau de la Frontiere par où elles doivent sortir, & où elles doivent être vûes & visitées par les Commis des Fermes. Pour assurance de quoi, le Marchand, ou le Commissionnaire qui en fait l'envoi, donne Caution de rapporter dans quatre mois du jour de la delivrance de l'Acquit, un Certificat en bonne forme, comme lesdites marchandises auront été trouvées en nombre, poids, quantité, & qualité, & les balles & les cordes avec les plombs de la Douane sains & entiers, conformément à l'Acquit. Ce Certificat étant ainsi rapporté au dos de l'Acquit, la Caution est déchargée sans aucune difficulté.

L'Acquit ou Certificat de franchise, concerne l'exemption des droits de sortie des marchandises destinées pour envoyer hors le Royaume, lesquelles sont achetées & enlevées pendant le tems des franchises des Foires.

On s'en sert particuliérement à Lyon pendant les quatre Foires franches, qui sont celles des Rois, de Pâques, d'Aout, & de tous les Saints, qui durent chacune quinze jours francs, & commencent; sçavoir, celle des Rois, le premier Lundi après cette Fête; celle de Pâques, le premier Lundi après Quasimodo; celle d'Aout, le quatre du même mois; & celle des Saints, le 3 de Novembre. *Voyez l'article des Foires.*

Cet Acquit ou Certificat de franchise, est d'abord délivré par les Receveurs & Contrôleurs commis députés par les Prévôt des Marchands & Echevins de la Ville; il fait mention de celui pour le compte de qui sont les marchandises, de la quantité, qualité, & poids d'icelles, du nombre des balles, ballots, ou caisses, & qu'il n'a été payé aucuns droits de ceux dûs à la Ville, & que lesdites balles, ballots, ou caisses ont été enlevées & chargées pendant le tems de la franchise, & qu'elles ont été par eux marquées d'une marque particuliere, dont l'empreinte est en marge de leur Certificat, & qu'il n'y a aucunes choses prohibées ni défendues.

Au dos de l'Acquit ou Certificat doit être l'Expédition des Commis du Bureau général de la Douane, portant ordre aux Commis des Portes de la Ville, de vérifier la sortie des balles, ballots, ou caisses dont est fait mention dans l'Acquit ou Certificat de Messieurs de Ville, & que les droits sont tenus pour payés durant la Foire, & que l'on a déclaré les faire sortir du Royaume par une telle Province.

On doit remarquer que pour jouir de la franchise, il faut que les marchandises soient mises hors de la Ville dans la fin de chacune Foire, & qu'elles sortent du Royaume avant le premier jour de la Foire suivante, sauf néanmoins les justes & légitimes empêchemens.

L'Acquit ou Certificat de franchise doit accompagner la marchandise jusques au dernier Bureau de sortie, & il y doit rester.

Acquit. Parmi les Négocians, veut encore dire quittance, reçû, ou recepicé. Payé à un tel par acquit, du tel jour, c'est-à-dire, sur sa quittance, reçû, ou recepicé.

Quand un Banquier ou autre personne donne une Lettre de Change échûe à un garçon pour en aller recevoir le payement, il l'endosse en blanc, afin que le garçon puisse mettre le reçû au dessus de sa signature. Il faut observer toujours en faisant ces sortes d'endossemens en blanc, de mettre au dessous de sa signature ces mots, *pour Acquit*, & cela afin qu'on ne puisse pas remplir le blanc d'un ordre payable à un autre. Ce qui pourroit produire de très fâcheux inconvéniens.

ACQUITER. Signifie payer des droits pour des marchandises, aux entrées & sorties du Royaume, aux entrées des Villes, & dans les Bureaux du Roi. Ce Marchand fait un gros commerce, il a acquité, il a payé cette année pour plus de 10000 livres de droits au Roi.

Il signifie aussi payer ses dettes. Ce Négociant s'est enfin acquité envers ses Créanciers, il les a payés entiérement.

On dit, Acquiter des Lettres & Billets de Change, des Promesses, des Obligations; pour dire, les payer.

## ACR

ACRA, Ville, & seul Port de l'Isle de Tercere en Afrique. *Voyez* Isles Açores.

ACRE, Ville de Syrie. *Voyez* Seyde.

ACRE. Monnoie de Compte, de quelques endroits des Indes Orientales. On le nomme plus ordinairement Lacre. *Voyez* Lacre.

Acre, que l'on appelle plus communément Rotte, est aussi un poids dont on se sert dans plusieurs Echelles du Levant. *Voyez* Rotte.

Acre, est encore une Mesure des Terres, dont on se sert dans quelques Provinces de France, particuliérement en Normandie: elle est plus ou moins grande suivant les lieux; elle contient ordinairement cent soixante Perches.

L'Acre des Bois est de quatre Vergées; la Vergée de quarante Perches; la Perche de vingt-quatre Pieds; le Pied de vingt-quatre Pouces; & le Pouce de douze Lignes, suivant l'évaluation rapportée par Furetiere.

Par toute l'Angleterre on compte toujours par Acre; & dans tous les achats, ventes, & baux de Terres, on fait mention communément de la quantité ou nombre d'Acres dont est question.

ACREMENS. On nomme ainsi à Constantinople une sorte de peaux de bœufs & de vaches qui y sont apportées de la mer noire.

Les acremens approchent assez des peaux qu'on appelle premiers coûteaux, & ne se vendent qu'environ un quart de piastre moins. *Voyez* Cousteaux.

## ACT

ACTION. Droit que l'on a de poursuivre quelque demande ou prétention en Justice. Il se dit aussi des procès qu'on intente & des procédures qu'on fait pour soutenir & faire valoir son droit. Subroger quelqu'un à ses droits, noms, raisons, & actions, c'est lui céder tout le droit que l'on a sur quelque chose, & le mettre en état par cette cession de le poursuivre en Justice en son propre nom & comme lui appartenant.

Action. Signifie quelquefois les effets mobiliaires; & l'on dit, que les Créanciers d'un Marchand se sont saisis de toutes ses Actions, pour dire, qu'ils se sont mis en possession & se sont rendus maîtres de toutes ses dettes actives.

Action redhibitoire. C'est celle par laquelle l'Acheteur peut obliger son Vendeur à reprendre des marchandises viciées & défectueuses.

Action de Compagnie. C'est une partie ou égale portion d'intérêt, dont plusieurs jointes ensemble composent le fond capital d'une Compagnie de Commerce; ainsi une Compagnie qui a trois cent actions de mille livres chacune, doit avoir un fond de trois cent mille livres; ce qui s'entend à proportion, si les actions sont réglées plus haut ou plus bas.

On dit, qu'un Marchand ou quelqu'autre personne que ce soit, a quatre ou six Actions dans une Compagnie, quand il contribue au fond capital & qu'il y est interessé pour quatre ou pour six mille livres, si chaque Action est de mille livres, comme on vient de le supposer.

Un Actionnaire ne peut avoir voix déliberative dans les assemblées de la Compagnie, qu'il n'ait un certain nombre d'Actions fixé par les Lettres patentes de son établissement; & il ne peut être Directeur, qu'il n'en ait encore une plus grande quantité: cette proportion d'Actions pour la voix délibérative & pour la direction, est rapportée ailleurs. *Voyez* Compagnie de Commerce.

Action. S'entend aussi des Obligations, Contrats, & Reconnoissances que les Directeurs des Compagnies de Commerce délivrent à ceux qui ont porté leurs deniers à la Caisse, & qui s'y sont interessés. Ainsi, délivrer une Action, c'est donner & expédier en forme le Titre qui rend un Actionnaire propriétaire de l'Action qu'il y a prise.

Les Actions des Compagnies de Commerce

haussent ou baissent suivant que ces Compagnies prennent faveur ou perdent de leur crédit.

Peu de chose cause quelquefois cette augmentation ou cette diminution du pied des Actions, & il ne faut souvent que le bruit incertain d'une rupture entre des Puissances voisines, ou l'espérance d'une paix prochaine lorsqu'elles sont en guerre, pour diminuer ou augmenter considérablement le prix pour lequel elles ont coutume de se négocier.

On a vû en France en 1719, jusqu'où le crédit d'une Compagnie peut porter celui de ses Actions; celles de la Compagnie d'Occident, connue depuis sous le nom de Compagnie des Indes, ayant monté en moins de six mois jusqu'à dix-neuf cent pour cent; ce qui n'étoit jamais arrivé à aucune autre Compagnie, quelque accréditée & quelque puissante qu'elle fût. On se réserve de parler ailleurs des Actions de la Compagnie Françoise. *Voyez l'Article des Compagnies.*

Avant la guerre que la France déclara aux Provinces-Unies en 1672, les Actions de la Compagnie Hollandoise des Indes Orientales, étoient montées jusqu'à six cent cinquante pour cent, qui est le plus haut qu'on les ait vûes; mais les premiers mois de cette guerre qui pensa être si fatale à cette République, les fit tomber à moins de deux cent cinquante.

S'étant ensuite rétablies, & étant remontées après la paix de Nimegue; les differentes ruptures arrivées entre la France & la Hollande, jusqu'au Traité d'Utrecht, soit à cause de la Ligue d'Ausbourg, soit pour la Succession d'Espagne, y ont à la vérité apporté quelque diminution, mais toujours peu considérable en comparaison de celle de 1672, & elles se sont aisément remises à la fin de chaque guerre presque au plus haut pied de valeur qu'elles ayent jamais été. Ensorte qu'en 1718, elles n'étoient pas loin de six cent pour cent; les Actionistes, comme on parle en Hollande, voyant par là leur premier Capital augmenté six fois plus qu'il n'étoit d'abord; & chaque Action, qui, à l'établissement de la Compagnie, n'alloit qu'à cinq cent livres de gros, ou trois mille florins, valant alors jusqu'à dix-huit mille florins.

Le Commerce des Actions est un des plus importans qui se fasse à la Bourse d'Amsterdam & des autres Villes des Provinces-Unies, où il y a des Chambres de la Compagnie des Indes Orientales; & il y a même quantité de gens qui ne subsistent & qui ne s'enrichissent que de ce Négoce.

Ce qui rend ce Commerce si commun, & souvent si lucratif en Hollande, c'est qu'il se peut faire sans un grand fond d'argent comptant, & que, pour ainsi dire, il ne consiste que dans une vicissitude continuelle d'achats & de reventes d'Actions, qu'on acquiert quand elles baissent, & dont on se défait quand elles haussent.

L'on se sert presque toujours de l'entremise d'un Courtier, lorsqu'on veut acheter ou vendre des Actions de la Compagnie Hollandoise; & quand l'on est convenu de prix, le Vendeur en fait le transport, & en signe la Quittance en présence d'un des Directeurs, qui les fait enregistrer par le Secretaire ou Greffier; ce qui suffit pour transporter la propriété des parties vendues, du Vendeur à l'Acheteur.

Les droits du Courtier pour sa négociation, se payent ordinairement à raison de six florins pour chaque Action de cinq cent livres de gros, moitié par l'Acheteur & moitié par le Vendeur.

Il n'est pas si facile de parler du Commerce des Actions de la Compagnie Françoise, que du négoce des Actions des Compagnies Hollandoises; rien dans celles-ci ne se faisant qu'avec beaucoup de régle & une exacte police; & tout dans l'autre ayant d'abord été conduit par une espece de fureur qui sembloit s'être emparée de tous les esprits des particuliers, que toute la prudence des Directeurs a été long-tems à pouvoir moderer; & qui, pour ainsi dire, avoit deserté les Boutiques de Paris d'Artisans pour en faire autant de Courtiers, & les Provinces du Royaume aussi-bien que les Etats voisins, d'habitans, pour venir partager les immenses fortunes de la rue Quinquempoix, où le caprice du peuple avoit comme fixé le centre de ce riche Négoce.

On peut voir néanmoins à l'Article des Compagnies, les sages précautions, qui ont été prises dans les Assemblées générales de la Compagnie Françoise, pour donner un forme raisonnable à cet important Commerce, & prévenir les abus qui se commettoient dans cette Bourse arbitraire & qui s'étoit établie sans autorité.

Les Actions Françoises sont présentement de trois sortes. Sçavoir, des Actions simples, des Actions rentieres, & des Actions interessées.

Les Actions simples, sont celles qui ont part à tous les profits de la Compagnie, mais qui en doivent aussi supporter toutes les pertes, n'ayant d'autre caution que le seul fond de la Compagnie même.

Les Actions rentieres, sont celles qui ont un profit sûr de deux pour cent dont Sa Majesté s'est rendue garante, ainsi qu'elle l'étoit autrefois des rentes sur la Ville; mais qui n'ont point de part aux répartitions ou dividendes.

Les Actions interessées, tiennent, pour ainsi dire, le milieu entre les deux; elles ont deux pour cent de revenu fixe avec la garantie du Roi comme les Actions rentieres; & outre cela elles doivent partager l'excédent du divident avec les Actions simples. Ces dernieres Actions ont été créées en faveur des Communautés Ecclésiastiques qui pouvoient avoir des remplacemens de Deniers à faire.

Outre cette distinction d'Actions autorisée par des Edits & Déclarations du Roi, le caprice des Agioteurs de la rue Quinquempoix en avoit encore inventé plusieurs autres; comme Actions de l'ancien Occident, Actions du cinq cent; des Meres, des Filles, des Grand'-Meres, des petites Filles, & quelques autres aussi extravagantes: mais tous ces termes étant tombés en même tems que le crédit de cette rue, il seroit inutile de fatiguer le Lecteur de l'explication de mots qui ont cessé d'être en usage dans le Commerce presque aussi-tôt qu'ils y ont paru.

On ajoutera seulement ici quelques autres termes plus heureux, & qui, pour ainsi dire, ont fait fortune dans le négoce des Actions: tels sont ceux du Divident ou Dividende, d'Action nourrie, de Nourrir une Action, & de Fondre une Action, qui paroissent assez bien établis dans le négoce des Actions, pour avoir place dans ce Dictionnaire.

Nourrir une Action. C'est payer exactement à leur échéance, les diverses sommes pour lesquelles on a fait sa soumission à la Caisse de la Compagnie, suivant qu'il a été réglé par les Arrêts du Conseil, donnés pour la création des nouvelles Actions.

Fondre des Actions. C'est les vendre & s'en défaire, suivant les besoins que l'on a de fonds, soit pour nourrir d'autres Actions, soit pour ses autres affaires.

Une Action nourrie, est celle dont tous les payemens sont faits, & qui est en état d'avoir part aux Dividendes ou Répartitions des profits de la Compagnie. Jusqu'à cet entier & parfait payement, ce n'est pas proprement une Action, mais simplement une Soumission. *Voyez* Soumission.

Divident ou Dividende. C'est ce qu'on nomme autrement Répartition, c'est-à-dire, la part qui revient à chaque Actionnaire dans les profits d'une Compagnie, au prorata de ce qu'il y a d'Actions. *Voyez* Repartition.

*Ce qui se pratique à Amsterdam pour le transport des Actions.*

Lorsque deux personnes ont conclu entr'elles ou par l'entremise d'un Courtier, le prix d'une ou plusieurs Actions, & qu'il est question de les livrer; le vendeur va à la Maison des Indes pour en faire sa déclaration au Teneur de Livres, qui l'enregistre aussi-tôt, & qui après l'avoir fait signer à celui qui transporte l'Action, y fait encore ajouter la signature d'un des Directeurs, devant lequel il faut outre cela que le Vendeur déclare de bouche la vente qu'il en a faite.

Le transport ainsi enregistré, & l'Acheteur en ayant été informé, il est permis à ce dernier d'aller s'en assurer à la maison des Indes, s'il ne se fie pas à celui avec qui il a traitté; après quoi il doit faire écrire en Banque la valeur des Actions transportées pour le compte du Vendeur, qui de son côté, quand il est certain que la somme lui a été écrite en Banque, retourne à la maison des Indes en signer la quitance au bas du transport qu'il en a fait.

Tant que cette quitance n'est point signée, l'Acquereur ne peut disposer des Actions transportées, bien qu'il en ait fait le payement : aussi en cas de refus par le Vendeur, de signer cette quitance après en avoir reçû la juste valeur, il y peut être contraint sur une simple requête présentée aux Echevins.

Il en coute trois florins dix-huit sols pour chaque transport, tant pour le sceau que pour le Teneur de livres.

Il faut remarquer que tous les Registres des transports sont composés de formules imprimées, dont le Commis n'a qu'à remplir les blancs: ces formules s'appellent les Sceaux, à cause qu'elles ont une empreinte à peu près comme les Papiers timbrés de France. *Voyez* Sceau.

Cette police pour le transport des Actions a été réglée par divers Placards ou Ordonnances des Etats Généraux des Provinces-Unies : entr'autres par ceux des 15 Juillet 1621, 20 Mai 1624, & 16 Septembre 1677. Par ces mêmes Ordonnances il est défendu à toutes personnes, de quelque qualité qu'elles soient, de vendre à terme ou au comptant aucunes Actions de la Compagnie, soit pour soi, soit pour autrui, que lesdites Actions ne soient réellement & actuellement sur leur compte, ou de ceux pour qui elles les vendront dans le tems qu'elles en feront la vente, à peine pour les Vendeurs de payer une amende du quart de la valeur pour laquelle elles auront été vendues : enjoignant en outre d'en faire enregistrer le transport dans l'espace de quatorze jours après la vente, si elles sont vendues dans la Ville de la Chambre de leur ressort; ou d'un mois, si c'est dans une autre Ville, sous la même peine de l'amende du quart, sans qu'à l'avenir les contractans puissent faire aucunes rénonciations auxdites Ordonnances, ni les Courtiers pour eux, sous peine pour les Courtiers d'être sur le champ privés de leurs Offices, & à ceux qui ne le sont pas, d'être punis arbitrairement suivant l'exigence des cas.

*Du Commerce des Actions dans les Pays étrangers, depuis l'année 1719 jusqu'en 1721.*

On a parlé assez amplement des Actions de la Compagnie des Indes établie en France sous le Régne de Louis XV, & l'on peut consulter sur cette matiere l'article des Compagnies de Commerce.

Ce qu'on va ajouter ici ne regardera donc que les Actions des Compagnies étrangeres qui n'ont pas été poussées moins loin que celles de France, & qui y ont eu aussi le même succès; l'entêtement & l'avidité de presque tous les peuples de l'Europe, ayant été en quelque sorte égales, & les ayant fait abuser d'un des meilleurs & plus utiles établissemens qui ait jamais été fait pour l'augmentation du Commerce, & pour le faire fleurir dans un Etat.

L'exemple de ce qui se passoit en France dans le négoce des Actions, & les fortunes immenses qui s'y faisoient, ayant tenté en même tems les Anglois & les Hollandois, on vit bien-tôt un nombre infini de nouvelles Compagnies innonder, pour ainsi dire, l'Angleterre & la Hollande. Amsterdam, Leyden, & Harlem, furent presque les seules Villes des Provinces-Unies, qui ne se laisserent point emporter au torrent, & l'on vit à Londres une si grande quantité de ces extravagans établissemens, que tout le Commerce de cette grande Ville fut en quelque sorte réduit au seul négoce des Actions, qui dans leur décadence ruinerent enfin les fortunes les mieux établies des Négocians, & les Maisons les plus Illustres de la Grande Bretagne.

Les Compagnies dont les Actions firent le plus de bruit à Londres, furent parmi les anciennes, celles du Sud, celles des Indes, & celles de la Banque.

Les Actions du Sud qui au commencement du mois d'Avril 1720, n'étoient qu'à cent vingt pour cent, furent poussées au mois de Juillet de la même année jusqu'à mille vingt pour cent.

Les Actions de la Banque de cent quarante-huit monterent à trois cent; & celles des Indes, de cent quatre-vingt dix-huit à près de cinq cent.

Ce tems si favorable aux Actionnaires dura à peine quelques mois : après diverses variations, les Actions du Sud baisserent au mois de Novemb. à cent, & vers le commencement de 1721, ne purent remonter qu'à 150 pour cent. Celles de la Banque à 130, & celles des Indes à 160, & elles devinrent ensuite dans un tel discrédit, que le Parlement fit sa principale affaire pendant plus d'une année, de découvrir & de punir les malversations des Caissiers & des Directeurs de ces trois

Compagnies, & de tâcher de remettre leurs Actions en faveur, ce qui même jusqu'en 1723 ne lui a pas pû réussir.

La Compagnie des Assurances de Londres fut celle des nouvelles Compagnies d'Angleterre qui parut d'abord, à ce qu'il sembloit, sous de plus favorables auspices. Ces Actions pour lesquelles l'on n'avoit fourni d'abord que dix pour cent, valurent aussi-tôt jusqu'à cent vingt pour cent, c'est-à-dire, douze fois leur capital, & même jusqu'à cent soixante. Cet état florissant dura peu. Une tempête, qui fit périr sur la fin d'Octobre 1720, douze vaisseaux de la Jamaïque, dérangea tellement les affaires de cette Compagnie naissante, que ses Actions furent dans le même mois à 60 pour cent, & d'autres pertes l'ayant encore affoiblie peu de tems après, elles tomberent à 12 ou 15 pour cent. Enfin cette brillante Compagnie ne subsistoit plus gueres sur la fin de la même année, que dans les plaintes des Actionnaires d'avoir été trompés par leurs Directeurs.

Les Actions des nouvelles Compagnies établies en Hollande, ou augmentées sur le modele de celles d'Angleterre, y éprouverent à peu près les mêmes révolutions.

Les Directeurs de la Compagnie des Indes Occidentales ayant obtenu des Etats Généraux la permission de faire de nouvelles Souscriptions sur le pied de deux cent cinquante pour cent, les virent bien-tôt poussées jusqu'à 650; mais baissant ensuite presque tout à coup, elles tomberent à cent pour cent.

Les Actions de la Compagnie des Assurances de Roterdam établie au commencement de Juillet 1720, pour lesquelles on avoit fourni seulement quatre sols pour cent, c'est-à-dire, 10 florins par Action, monterent jusqu'à cent pour cent, de sorte qu'on donnoit cinq mille florins pour un capital de dix florins; mais à peine leur crédit eut duré quelques mois, qu'on n'en voulut pas même à huit pour cent.

Celles de Goude pour lesquelles on n'avoit fourni qu'un pour cent, après avoir valu jusqu'à trente pour cent, revinrent bien-tôt à leur premiere valeur.

Celles de la Compagnie de Delft eurent le même sort, & encore en moins de tems. Enfin pour ne point entrer dans un détail ennuyeux, comme il n'y avoit pas eu presque de Ville de la Nord-Hollande, même les moins considérables, où à l'exemple de Roterdam, on n'eût établi des Compagnies de Navigation & d'Assurance; il n'y en eut point aussi où l'avidité de leurs Actionnaires ne fût punie par la chûte de leurs Actions, & la perte entiere des fonds qu'ils y avoient employés.

ACTIONAIRE ou ACTIONISTE. Celui qui a des Actions dans une Compagnie de Commerce. En France l'usage est pour Actionaire; en Hollande pour Actioniste. Il est permis à un Actionaire de vendre ses Actions en tout ou en partie, à perte ou à gain.

ACTIONER. Intenter un Procès à quelqu'un pour avoir le payement de ce qui est dû. Ce terme étoit autrefois d'usage dans le Commerce; présentement on s'en sert rarement : on dit, Assigner.

ACTUEL. Ce qui se fait dans le moment, ou qui s'exécute véritablement. Un payement actuel se dit d'un payement effectif & en deniers comptans & à découvert. *Voyez* PAYEMENT.

## ADA

ADARME. Petit poids d'Espagne, dont on se sert aussi à Buenos-Ayres & dans toute l'Amérique Espagnole. C'est la seiziéme partie de l'once, ce qu'on appelle à Paris le demi-gros. Mais il faut remarquer, que l'once d'Espagne est d'un septiéme par cent moins forte, que celle de Paris; en sorte que cent onces de Madrid n'en font que quatre-vingt-treize de Paris.

ADATAIS. Mousseline ou toile de coton très fine & très claire, dont la piece a dix aunes de longueur sur trois quarts de large. Cette mousseline vient des Indes Orientales. Les plus beaux Adatais se font à Bengale. *Voyez* MOUSSELINE.

## ADD

ADDITION. Régle d'arithmétique, par laquelle on connoît le produit de plusieurs sommes mises ensemble. L'addition est la premiere des quatre régles fondamentales de l'arithmétique. C'est la plus ordinaire & aussi la plus importante pour les Marchands & Négocians. Elle consiste à ajouter, ou joindre ensemble plusieurs sommes, nombres, poids ou quantités particulieres, leurs fractions & diminutions, pour en trouver & former le total. Quand on dit, joindre & ajouter ensemble plusieurs sommes, nombres, poids ou quantités, cela doit s'entendre chacune d'une même espece; comme des Louis d'or, avec des Louis d'or; des livres de poids, avec des livres de poids; & non pas des Louis d'or avec des Ecus d'argent; ni des livres de poids de marc de 16 onces, avec des livres tournois de vingt sols.

Pour faire cette Régle, il faut arranger les sommes, nombres, poids, ou quantités particulieres de même espece, les unes sous les autres, en différentes colomnes, ensorte que les fractions & diminutions, se trouvent sous les fractions & diminutions; les nombres simples, sous les nombres simples, (qui sont 1, 2, 3, 4, 5, 6, 7, 8, & 9,) les dixaines sous les dixaines; les 100 sous les 100, les 1000 sous les 1000, &c.

Voici un exemple qui pourra servir à faire comprendre plus sensiblement ce que c'est que l'addition.

### EXEMPLE.

Il est dû à un Marchand quatre sommes différentes & particulieres, sçavoir, 4355 l. 15 s. 9 d. par une personne. 734 l. 8 s. 4 d. par une autre; 36 l. 1. s. 1 d. par une autre; & 9 l. par une autre. Ce Marchand veut connoître combien il lui est dû en total, par ces quatre personnes; pour cela il faut qu'il pose les sommes ci-dessus les unes sous les autres par colomnes, ainsi qu'il se voit dans l'opération ci-après.

### OPERATION.

| | | | |
|---|---|---|---|
| Sommes différentes & particulieres qui sont à additionner. | 4355. l. | 15. s. | 9. d. |
| | 734. | 8. | 4. |
| | 36. | 1. | 1. |
| | 9. | 0. | 0. |
| Total.... | 5135. | 5. | 2. |

### EXPLICATION.

Les sommes particulieres ayant été posées suivant l'ordre ci-dessus; sçavoir, les livres sous les livres; les sols sous les sols; & les deniers sous les deniers.

Il prendra les colonnes par en haut les unes après les autres, en commençant par la premiere à main droite, qui est celle des deniers, & dira: 9 & 4 font 13 & 1 font 14, je pose 2 deniers & retient 1 s. puis il portera le sol qu'il aura retenu, à la colomne des sols, & dira: 1 s. que j'ai retenu & 5 font 6, & 8 font 14, & 1 font 15, je pose 5 & retiens 10 s. lesquels 10 s. il joindra aux 10 s. qu'il n'a pas pris de la premiere position de cette deuxiéme colomne des sols; ce qui fera une livre de 20 s. qu'il portera à la troisiéme colomne, qui est la premiere des livres, & dira: une livre que j'ai retenue & 5 font 6, & 4 font 10, & 6 font 16, & 9 font 25; je pose 5 & retiens deux, qu'il portera à la deuxiéme colomne des livres; & dira: 2 que j'ai retenu & 5 font 7, & 3 font 10, & 3 font 13; je pose 3 & retiens 1, qu'il portera à la troisiéme colomne, & dira: un que j'ai retenu & 3 font 4, & 7 font 11, je pose 1 & retiens 1, qu'il portera à la quatriéme & derniere colomne, & dira: 1 que j'ai retenu & 4 font 5, je pose 5: & lorsque les six positions de chiffres auront été ainsi faites au pied de chacune des colomnes, le Marchand trouvera que ce qui lui est dû en total par ses quatre Débiteurs, monte à 5135 l. 5 s. 2 d. comme il se voit à l'Opération.

Quoiqu'il ait été ci-devant dit, que pour faire l'addition il faut prendre les colomnes par le haut, il ne s'ensuit pas pour cela que l'on soit absolument obligé d'en user ainsi; cette régle se pouvant aussi-bien commencer par le bas, que par le haut; cela est indifférent; l'opération se fera toujours bien de l'une ou de l'autre maniere.

ADDITION D'AUNAGE. On appelle Addition d'Aunage, celle qui se fait du nombre d'Aunes que contiennent plusieurs pieces de marchandises d'une même espece, pour en connoître le total. *Voyez* BORDEREAU. Vous y trouverez une Table de Bordereau d'Aunage, avec la maniere de s'en servir, pour opérer facilement dans cette espece d'Addition, particuliérement quand il s'y rencontre des fractions ou nombres rompus.

Si l'on veut avoir des lumieres plus étendues sur ce qui concerne l'Addition, aussi-bien que sur ce qui regarde toutes les autres régles, dont on se sert en Arithmétique, on peut voir les ouvrages de Savary, Baresme, le Gendre, Boyer, Irson, & de tant d'autres habiles gens qui ont traitté à fond de cette sorte de Science.

ADDITIONNER. C'est joindre ensemble plusieurs sommes, nombres, poids, ou quantités pour en former & tirer le total.

## ADE

ADEN, Ville & Port en Arabie, à l'embouchure de la mer rouge. *Voyez* le Commerce qu'y font les Hollandois, dans l'Etat général, page 403.

ADENOS. Le coton Adenos, qu'on nomme autrement Coton de Marine, se tire d'Alep par la voie de Marseille. Il y paye le droit de vingt pour cent, conformément au Tarif de 1706, son appréciation par ce Tarif est de soixante & seize livres seize sols.

## ADI

ADIRER ou ADHIRER. Egarer, perdre quelque chose. Il se dit particuliérement des papiers: J'ai adiré une Obligation de mille écus: cette Lettre de Change est adirée, on ne la peut retrouver; elle est égarée ou perdue.

Lorsqu'une Lettre de Change payable à un Particulier, & non au Porteur, ou ordre, est Adirée, le payement en peut être poursuivi & fait en vertu d'une seconde Lettre, sans donner caution, en faisant mention que c'est une seconde Lettre, & que la premiere ou autre précédente demeurera nulle.

Et au cas que la Lettre Adirée fut payable au Porteur, ou à ordre, le payement n'en doit être fait que par Ordonnance de Justice, en baillant caution de garentir le payement qui en sera fait.

*Cela est conforme aux Articles XVIII & XIX de l'Ordonnance de 1673, Titre V.*

ADJUSTER Carreaux. Terme de Monnoyage au marteau. C'est couper avec des cisoirs ou cisailles les angles des carreaux, ou pieces de métail carrées, dont on doit fabriquer les Especes. *Voyez* MONNOYAGE au Marteau.

ADJUSTOIR. Espece de petite Balance dont on se sert pour péser & adjuster les monnoies avant que de les frapper. C'est avec cet Adjustoir qu'on juge, si les Flaons ont trop ou trop peu de poids; ou, comme on dit en termes de Monnoyeurs, s'ils sont trop forts ou trop foibles. *Voyez* MONNOYAGE.

## ADM

ADMINISTRATION. Les Espagnols du Perou nomment ainsi le Magasin d'Entrepôt établi à Colao, petite Ville située sur la mer du Sud qui sert de Port à Lima, Capitale de cette partie de l'Amérique Méridionale.

C'est à l'Administration que les Navires étrangers, qui obtiennent la permission de trafiquer le long de ces Côtes, sont obligés de faire décharger les marchandises d'Europe qu'ils y apportent, en payant treize pour cent du prix de la vente, si la cargaison est entiere; & jusqu'à seize pour cent, si elle ne l'est pas: on paye outre cela trois par mille pour les droits de Consulat & autres petits droits Royaux.

ADMIRAL, ADMIRAUTE', } *Voyez* { AMIRAL. AMIRAUTE'.

## ADO

ADOUCIR. Terme de Doreur en détrempe. Il signifie quelquefois mettre le blanc en traînant le Pinceau: & quelquefois il s'entend d'une façon qu'on donne au blanc après la derniere couche, en le mouillant légerement & le frottant ensuite avec la presle, ou de grosse toile neuve. *Voyez* DORURE EN DETREMPE.

ADOUCIR. Terme de Teinturier. C'est mêler des couleurs moins vives avec d'autres qui le sont trop, pour réduire celles-ci à leur véritable teinte. *Voyez* TEINTURE.

ADOUCIR. Terme de Manufactures de glaces. On l'entend de la premiere façon qui se donne aux Glaces brutes, en les usant & frottant les unes contre les autres avec du grez, du sable ou de l'émeril, pour les polir & les rendre transparentes. On dit quelquefois dégrossir, mais le vrai terme de l'art est, Adoucir.

On appelle Attelier de l'Adouci, le lieu où on leur donne cette premiere façon. Pour les finir on les porte dans l'Attelier du Poly. *Voyez* GLACE.

ADOUCISSAGE.

ADOUCISSAGE. Maniere de rendre une couleur moins vive, en y mêlant des drogues qui en puissent diminuer la force. Les instructions & les réglemens pour la Teinture portent, que les Chapeaux qu'on teint en noir, quand ils ont un œil trop bleuâtre, peuvent recevoir l'Adoucissage dans un petit bain de bois jaune, s'ils sont de laine grossiere; ou dans un bain de gaude, si la laine est fine. *Voyez* TEINTURE.

ADOUX. Terme de Teinturier. Il se dit du pastel, lorsqu'ayant été mis dans la cuve, il commence à jetter une fleur bleue.

Le Réglement de *1669* pour les Teintures ordonne, *que la Teinture des Draps en noir, se fasse avec de fort guesde, en y mêlant six livres d'indigo tout apprêté avec chaque balle de pastel, lorsque la cuve sera en Adoux.* Voyez TEINTURE DES DRAPS.

## ADR

ADRAGANTH, autrement TRAGACANTH. Espece de gomme, qui coule par incision du tronc & des grosses racines d'une plante ou petit arbrisseau, que les Botanistes appellent du nom même de la gomme; mais que les Marseillois, qui en font le plus grand négoce, nomment vulgairement *Barbe de Renard*, & quelquefois *Rame de Bouc.*

L'arbrisseau qui produit cette gomme, est petit, épineux, garni de feuilles minces & déliées d'un verd tirant sur le blanc; sa racine qui tale à fleur de terre, est large & dure comme du bois. La gomme qu'on en tire par les incisions qu'on y fait, est de diverses couleurs & de différentes qualités, y en ayant de blanche, de grise, de rouge, & de presque noire. La blanche est la meilleure.

Il faut choisir l'Adraganth, clair, lissé, tortillé, en forme de vermisseaux, & dont les brins soient un peu longs.

La plante ou arbrisseau d'où coule cette gomme, croît en plusieurs lieux du Levant, particuliérement aux environs de la Ville d'Alep, d'où vient la meilleure. Pour l'avoir bonne, il faut la tirer de Marseille ou d'Angleterre.

Outre l'Adraganth d'Alep, les Marseillois en tirent aussi beaucoup de Smyrne, où il est apporté de Dadalié qui en est à plus de quinze journées. On en peut acheter année commune jusqu'à quatre mille ocos, à raison de vingt-cinq à vingt-six sols l'oco. L'Adragant de Smyrne vient dans des especes de sacs.

Cette gomme a quelque usage dans la Médecine, où elle entre dans la composition des Electuaires pour les maladies des yeux; mais sa grande consommation se fait par plusieurs ouvriers & artisans qui l'employent dans divers ouvrages.

Les Peaussiers, qui s'en servent beaucoup dans les préparations de leurs cuirs, préférent la rouge & la noire à la blanche & à la grise: presque tous les autres usent des deux dernieres especes qui sont les meilleures.

On trouve aussi de la gomme Adraganth dans l'Isle de Candie. M. de Tournefort qui en parle dans sa sçavante Relation du Levant, en fait une description un peu différente de celle qu'on a rapportée dans ce Dictionnaire.

Le Tragacantha, c'est ainsi que cet habile Botaniste nomme la plante qui produit cette gomme, la donne naturellement & sans incision sur la fin de Juin & dans les mois suivans. Dans ce tems-là où les chaleurs sont les plus grandes, la séve qui fermente & qui s'épaissit, sort par les porres de sa plante en forme de vermisseaux plus ou moins longs, suivant la matiere qui se présente; & c'est cette séve qui s'endurcit à l'air à mesure qu'elle y est exposée, qui est la véritable gomme Adraganth.

*L'Adraganth, que dans les Tarifs de France on nomme* Tragagans, *paye de droits d'entrée dans ce Royaume, cinquante sols le cent pésant.*

ADRESSE. Suscription que l'on met sur le dos d'une lettre missive pour la faire tenir, ou par la poste ou autrement, à la personne à qui elle est destinée.

Cet Adresse ou suscription doit contenir les noms, demeure, & qualité de celui à qui elle doit être rendue, avec la Province, la Ville, ou le lieu où l'on veut envoyer la lettre.

Monsieur Savary dans son Parfait Négociant, recommande aux Marchands, Négocians, Banquiers, & autres qui se mêlent de commerce, une grande exactitude à bien mettre les adresses de leurs Correspondans & Commissionnaires; une seule lettre perdue ou même seulement retardée pouvant selon les circonstances, causer de grands désordres dans le négoce, & même dans la fortune d'un Négociant.

ADRESSE, se dit plus ordinairement de ce qu'on écrit & met sur les balles, ballots, bannes, mannes, ou futailles remplies de marchandises qu'on envoye au loin par les Voituriers. Ces Adresses doivent contenir à peu près les mêmes choses que les suscriptions des lettres. Il y a néanmoins des occasions où il faut y ajouter d'autres circonstances qui leur sont propres. *Voyez* EMBALLAGE & EMBALLEUR.

ADRESSE. Ce terme a encore plusieurs autres significations dans le Commerce. On dit: Mon adresse est à Orléans chez un tel; pour marquer, que c'est là qu'on doit envoyer ce qu'on veut qui me soit rendu. J'ai accepté une Lettre de change payable à l'adresse de M. Nicolas; ce qui sert comme d'élection de domicile, pour le payement de cette lettre, ou pour les poursuites que le porteur pourroit être obligé de faire faute d'être acceptée ou payée. Cette Lettre de change est à l'adresse du sieur Simon; pour dire, qu'elle est tirée sur lui.

ADRESSER. Envoyer des marchandises en quelque lieu, ou à quelque personne. Je viens d'adresser quatre balles de poivre à Lyon. Mon Correspondant de la Rochelle est sûr; vous pouvez lui adresser vos marchandises.

## ADV

ADVENTURE, } *Voyez* { AVENTURE.
ADVENTURIER, } { AVENTURIER.
ADVENTURINE, *Voyez* AVENTURINE.
ADVIS, } *Voyez* { AVIS.
ADVISER, } { AVISER.

## AES

ÆS-USTUM, ou Cuivre brûlé. C'est du cuivre rouge coupé en petites plaques, & mis par lits dans un creuset avec du soufre & un peu de sel marin, & ensuite exposé à un grand feu de charbon: lorsque tout le soufre est consommé, la drogue est dans sa perfection.

La bonté de l'*Æs-ustum* consiste dans son épaisseur, qui doit être médiocre; dans sa couleur, qu'il doit avoir gris de fer par-dessus, gris rougeâtre en dedans, & d'un rouge de cynabre quand on en frotte deux morceaux l'un contre l'autre. Il faut aussi qu'il soit cassant, & brillant lorsqu'il est cassé. Le meilleur *Æs-ustum* vient de Hollande.

Les Médecins se servent de cette drogue dans quelques-uns de leurs remedes, mais avec de grandes précautions. Son plus grand usage est pour la Chirurgie, où elle est bonne à manger & consommer les chairs & excroissances dans la guérison des playes.

L'Æs-ustum *paye de droits d'entrée en France quatre livres du cent pésant.*

## AEM

AEM, ou AM. Mesure dont on se sert à Amsterdam pour les liquides.

L'Aem est de 4 ankers, l'anker de 2 stekans ou de 32 mingles ou mingeles, & le mingle revient à deux pintes mesure de Paris. Six Aems font un tonneau de quatre bariques de Bordeaux, dont chaque barique rend à Amsterdam 12 stekans ½, ce qui fait 50 stekans le tonneau, ou 800 mingles vin & lie; ce qui peut revenir à 1600 pintes de Paris; & par conséquent l'Aem revient à environ 250 ou 260 pintes de Paris.

Aem, Am, Ame. Cette mesure pour les liqueurs, qui est en usage presque par toute l'Allemagne, n'est pourtant pas la même que celle d'Amsterdam, quoiqu'elle en porte presque le nom; & elle n'est pas même semblable dans toutes les Villes d'Allemagne. L'Ame communément est de 20 fertels ou 80 masses. A Heydelberg elle est de 12 vertels, & la vertel de 4 masses, ce qui réduit l'Ame à 48 masses. Et dans le Wirtemberg l'Ame est de 16 yunes, & l'yune de 10 masses; ce qui fait monter l'Ame jusques à 160 masses.

## AFE

AFEURER. Vieux mot de Commerce, qui signifie Mettre les marchandises & les denrées qui s'apportent dans les marchés, à un certain prix; les taxer, les estimer. *Voyez* Afforage.

## AFF

AFFAIRE. Ce qui nous occupe; ce à quoi nous travaillons.

Ce terme est d'un grand usage dans le Commerce, & y a diverses significations. Quelquefois il se prend pour Marché, Achat, Traité, Convention, &c. mais également en bonne ou en mauvaise part, suivant ce qu'on y ajoute pour en fixer le sens. Ainsi on dit : Cet homme a fait une bonne affaire; pour faire entendre, qu'il y a beaucoup à gagner. Et au contraire : Qu'il a fait une mauvaise affaire, quand il y a considérablement à perdre dans le marché, l'achat, le traité, la convention, &c. dont il est question.

Quelquefois Affaire se prend pour la fortune d'un Marchand; & en ce sens on dit, qu'il est bien dans ses affaires, quand il est riche & à son aise, sans dettes, & avec des fonds considérables : &, qu'il est mal dans ses affaires, quand il a fait de grandes pertes, & qu'il doit beaucoup.

Entendre ses Affaires; c'est se bien conduire dans son négoce.

Entendre les affaires, signifie aussi entendre un peu la chicanne ou procédure en Justice. On dit, cet homme n'entend pas les affaires, il ne sçait comment conduire un procès.

Donner ordre à ses affaires; c'est les régler, les mettre en bon état, payer ses dettes, liquider ce qui est dû.

On dit en proverbe, Que qui fait ses Affaires par Procureur, va à l'hôpital en personne.

AFFERMER. Donner ou prendre à ferme quelque terre ou quelques droits pour un certain tems, & moyennant un certain prix. *Voyez* Ferme.

AFFICHE. Placard attaché en lieu public pour rendre une chose notoire à tout le monde.

L'usage des affiches est très commun dans le Commerce. On en met pour la vente des marchandises, pour celle des vaisseaux, pour donner avis des bâtimens qui se disposent à faire voyage : celles-ci doivent contenir les lieux où ils vont, ceux où ils doivent toucher pendant la route, le nombre de tonneaux qu'ils contiennent, & celui des canons dont ils sont armés. C'est aussi par des affiches que les Compagnies de Commerce apprennent au Public la qualité & la quantité des Etoffes, des Toiles, des Métaux, des Drogues & Epiceries, & autres effets qui leur arrivent par le retour de leurs navires. On y explique ordinairement le lieu de leur arrivée, le jour de leur vente, & souvent sous quelles conditions elles doivent être vendues. Enfin il y a peu de chose dans le Négoce pour lesquelles les Marchands ne soient quelquefois obligés de faire apposer des affiches, quand ce ne seroit que pour indiquer les nouvelles Fabriques dont ils entreprennent l'établissement, ou même seulement le changement du lieu de leur demeure, pour se conserver la pratique de leurs chalants.

Il n'est pas permis à Paris de faire mettre des affiches, pour quelque raison que ce soit, sans en avoir obtenu la permission du Lieutenant général de Police ou des Juges Supérieurs, suivant l'exigence des cas.

Affiche. Terme de Maîtres Pêcheurs. C'est un des engins dont ils se servent, lorsqu'ils veulent aller tendre leur verveux.

L'Affiche est une sorte pointe de fer d'environ deux pieds de longueur, emmanchée d'une perche de dix ou douze pieds. On s'en sert à arrêter le batteau, en la fichant & enfonçant profondément dans le sable ou la vase de la riviere. Elle est différente du croc.

AFFICHER. Terme de Cordonnier. C'est couper avec le tranchoir les extrémités du cuir, quand il est placé ou étendu sur la forme. On dit : Afficher une empeigne : Afficher une paire de semelles.

AFFICHEUR. Un pauvre homme qui gagne sa vie à coller des affiches par la Ville.

AFFINAGE. Action par laquelle on épure quelque chose, on la rend plus fine, plus nette, ou meilleure. On le dit des métaux, du sucre, du chanvre, des aiguilles, &c.

### Affinage de l'Or.

L'Affinage de l'Or peut se faire de trois manieres : ou avec l'antimoine, ou avec le sublimé, ou avec l'eau-forte. Cette derniere maniere d'affiner est appellée départ d'Or.

On ne parlera ici que des deux premiers Affinages, comme moins usités par les Affineurs.

à cause du danger qui se trouve dans l'opération, pour la malignité des deux minéraux qui y entrent : se réservant de parler du départ, à l'article de l'Or, à cause que ce dernier Affinage étant d'un usage plus commun, de moindre déchet, & pouvant pousser le titre de l'Or jusqu'au plus fin, il paroît plus convenable d'en parler en cet endroit.

Pour l'Affinage avec l'antimoine, on se sert d'un fourneau à vent, dont on peut voir la description à l'article des Fourneaux, & d'un creuset ordinaire, mais grand, suivant la quantité de l'Or qu'on veut affiner; ensorte néanmoins que l'Or & l'antimoine qu'on y veut mettre ne l'emplissent au plus qu'à demi.

L'Or, dont on a chargé le creuset, étant fondu, on y jette de l'antimoine en poudre, en y en mettant tout en une fois la quantité qu'il en faut. La proportion du métail & du minéral est d'une livre d'antimoine par marc d'Or, si l'Or est au dessous de vingt-deux carats jusqu'à seize; & de cinq quarterons ou environ, si l'Or est au dessous de seize carats. Plus l'Or est bas, plus il est nécessaire de lui donner d'antimoine, pour le pousser au fin.

Lorsque l'antimoine a été mis dans le creuset, on le couvre; & après avoir chargé le fourneau de charbon, on lui ajoute sa chape, qu'on lui laisse jusqu'à ce que le creuset paroisse à découvert. La chape ayant alors été levée, & le creuset s'étant refroidi dans le fourneau même jusqu'à ce qu'on l'en puisse retirer avec la main, on le casse pour en ôter ce qu'on appelle le culot, qui est une masse toute d'Or fin au fond, qui a dessus les crasses de l'antimoine, avec l'argent & le cuivre d'alliage, & quelquefois des petites parties d'Or.

Quoique l'Or du fond du culot soit très fin, l'antimoine lui communique néanmoins une qualité si aigre & si cassante, que pour ainsi dire il n'est plus ductile; & qu'il faut l'adoucir au feu avec le salpêtre & le borax.

Pour cette opération, on prépare ce qu'on appelle une coupelle séche, c'est-à-dire, qui est faite avec de la terre de creuset, qui ne s'imbibe pas comme les coupelles de cendres.

Après que la coupelle a été recuite sur le fourneau de l'Affinage, on la charge du culot, qu'on couvre de charbons; & lorsque l'Or est en bain, ce qui arrive bien-tôt à cause de l'antimoine qui y est resté, on l'évente avec le soufflet pour en chasser entiérement ce minéral, qui s'en va en fumée; y ajoutant, quand les fumées sont cessées, un peu de salpêtre & de borax en poudre, qui ramassent, & détachent les crasses, qui sont restées sur le bain, & qui fixent l'Or dans la coupelle en forme de plaque.

Enfin l'Or, au sortir de la coupelle, ayant été de nouveau fondu dans un creuset, où l'on met deux onces de salpêtre & autant de borax en poudre par chaque marc d'or, on le jette en lingot lorsqu'il ne fume plus, & on le trouve à vingt-trois carats vingt-six trente-deuxiémes.

A l'égard des parties d'Or, qui ont pû rester avec l'alliage dans les crasses de l'antimoine; on les retire par le moyen de la coupelle séche, & des mêmes fontes & ingrédiens qui ont servi à adoucir l'Or du culot : & quand on est assuré par l'essai, de ce que cette matiere tient d'Or, on l'affine pour en séparer le cuivre, après quoi on en fait le départ. Pour l'Or qui pourroit être resté attaché aux coupelles séches, il se tire par le moyen des lavûres. *Voyez* LAVEURES.

L'affinage de l'Or avec le sublimé se fait d'abord comme celui avec l'antimoine; c'est-à-dire, au même fourneau, avec même charbon, même feu, & dans de semblables creusets.

Quand l'Or est en bain dans le creuset, on y jette le sublimé, non en poudre, mais seulement concassé & en morceaux. La quantité proportionnelle de ce minéral avec l'Or qu'on veut affiner, est d'une once & demie, ou deux onces pour l'Or à vingt-deux carats : de trois onces, s'il est à vingt carats; & de cinq à six onces, s'il est depuis dix-huit carats jusqu'à douze, qui est ce qu'on appelle de l'Or bas. En ce dernier cas, on partage le sublimé en deux; on en met une moitié à plusieurs fois avec l'Or dans un creuset neuf; ce qui, quand l'opération est achevée, rend l'Or à dix-huit ou vingt carats, suivant le titre où il étoit; après quoi on le pousse au feu, comme on va continuer de le dire.

Le sublimé concassé ayant été mis dans le creuset avec l'or en bain, le creuset se couvre aussitôt pour étouffer le minéral; après quoi il se charge de charbon, & la chape se met au fourneau. Un quart-d'heure après on leve la chape, on découvre le creuset, & l'on évente l'Or, c'est-à-dire, qu'on écarte toute la crasse & la poussiere, qui peuvent être sur le bain, en le soufflant avec un soufflet dont le tuyau est courbé; ce qu'on réitere autant de fois qu'il est nécessaire, & jusqu'à ce que toute l'impureté de l'Or étant chassée par la vertu du sublimé, il paroisse d'une couleur claire & éclatante. Alors on retire le creuset, & l'on jette l'Or en lingot.

L'Affinage par le sublimé est plus beau & de moindre dépense que l'Affinage à l'antimoine; mais tous deux sont presque également dangereux, à cause de leurs vapeurs sulfureuses & arcenicales; la seule différence qui se trouve dans leur malignité consistant en ce que le poison de l'antimoine est plus lent, & celui du sublimé plus prompt.

On affine aussi l'Or avec du plomb & des cendres; mais on ne se sert gueres de cet Affinage que pour les essais. *Voyez* ESSAY.

### AFFINAGE DE L'ARGENT.

Il y a deux Affinages pour l'argent : l'un, que l'on nomme Affinage au plomb; l'autre, que l'on appelle Affinage au salpêtre. A Paris, & dans la plupart des Monnoies de France, on affine au plomb; cet Affinage se faisant à meilleur compte que l'autre. Dans les Monnoies de Bordeaux, de Bayonne, de la Rochelle, & de peu d'autres, on ne raffine qu'au salpêtre, parce qu'on y manque d'ouvriers qui sçachent l'Affinage au plomb. On se réserve de parler de celui-ci à l'article général de l'Argent, comme au lieu le plus convenable : & l'on n'expliquera dans cet article que ce qui regarde l'Affinage au salpêtre.

L'Affinage au salpêtre se fait dans un fourneau à vent. L'argent qu'on veut affiner ayant été réduit en grenailles, c'est-à-dire, en grains de la grosseur d'un petit pois, en le versant, lorsqu'il est en bain & bien brassé dans un bacquet d'eau commune, on le fait recuire dans un bouilloir. Ensuite on en charge un creuset, en y mettant autant de deux onces de salpêtre qu'il y a de marcs d'Argent à affiner; après quoi le creuset se couvie d'un couvercle de terre en forme de dôme que l'on lutte exactement : ce couvercle néanmoins doit avoir une petite ouverture dans le milieu.

Le creuset ayant été mis au fourneau, & chargé de charbon qu'on n'allume que par dégrés, afin que le creuset se recuise doucement, on lui donne enfin le feu assez vif pour mettre le métail en parfaite fusion ; ce qu'on renouvelle trois fois de suite de quart-d'heure en quart-d'heure ; ce qui s'appelle, donner trois feux.

Quand le troisiéme feu est passé, on découvre le fourneau, & l'on y laisse refroidir le creuset, qu'on casse pour en retirer l'Argent, qui s'y trouve rassemblé en un culot, dont le fond est d'argent très fin, & le dessus est mêlé des crasses du salpêtre, de l'alliage de l'Argent, & même de quelques parties d'argent fin.

Le culot dégagé des crasses se remet fondre dans un nouveau creuset ; ou, quand il est en bain, on jette du charbon noir réduit en poudre, qu'on brasse fortement avec le métail. Le creuset ayant été recouvert & le fourneau chargé de charbon, on lui donne un second feu, après lequel on évente l'argent, c'est-à-dire, on en chasse avec un soufflet la poussiere & la crasse qui sont sur le bain, jusqu'à ce qu'il paroisse aussi clair qu'une glace de miroir ; & alors on y jette une once de borax en morceaux. Enfin le creuset ayant été recouvert, on lui donne un dernier feu ; après quoi on le jette en lingot, qui se trouve à onze deniers seize à dix-sept grains.

Pour retirer l'Argent qui peut être resté dans les crasses, on les pile, & on en fait des laveures. *Voyez* LAVEURE.

L'AFFINAGE DU CUIVRE ne se fait que par plusieurs lotions que l'on donne à la matiere minérale avant de la fondre ; & ensuite par plusieurs autres fontes réitérées.

L'AFFINAGE DE L'ETAIN se fait à peu près comme celui du Cuivre. Cependant l'on peut distinguer comme deux sortes de Fin dans ce métail ; l'une, qui vient de sa fusion, l'Etain que l'on tire le premier des chaudieres où les Estamiers le fondent, étant toujours le meilleur, & beaucoup plus purifié que celui qui reste au fond. L'autre dégré de Fin que peut avoir l'Etain, est celui qu'on lui donne en y ajoutant quelqu'autre métail ou quelque minéral, pour le rendre plus sonnant & plus brillant ; comme on fait à l'Etain d'Antimoine, à l'Etain planné, & à l'Etain sonnant. *Voyez* ESTAIN.

L'AFFINAGE DU FER commence aussi par la fonte. Plus la mine est en fusion, plus le Fer est épuré ; mais cette premiere fonte ne suffit pas. Pour que le Fer soit malleable & qu'il souffre la lime, il faut le remettre une seconde fois à la fonderie ; & après l'avoir long-tems battu avec un gros & pésant marteau, que l'eau fait mouvoir, le passer à la chaufferie, & ensuite le réduire sur l'enclume en barres de diverses grosseurs. Plus le Fer se met au feu, & qu'on le bat au marteau soit à chaud soit à froid, plus il prend le dégré de Finesse. *Voyez* FER.

L'Acier Factice est du Fer poussé au plus fin, en le faisant cuire avec divers ingrédiens qui en resserrent les pores & en adoucissent le grain. *Voyez* ACIER.

L'AFFINAGE DU PLOMB se fait comme la plupart des autres métaux les moins parfaits, en le mettant souvent en fusion ; en l'écumant avant qu'il soit refroidi, & en y jetant du suif ou d'autres sortes de graisses. On fait aussi un essay du Plomb, non pour l'affiner, mais pour sçavoir s'il est pur & sans mélange d'aucun autre métail. *Voyez* ESSAY & PLOMB.

AFFINAGE DU SUCRE. Le Sucre s'affine d'abord avec de fortes lexives d'eau de chaux & d'œufs avec les coquilles mêlées & fouettées ensemble. Ce premier Affinage, qui est celui des Isles Antilles, & des autres lieux où l'on cultive les cannes à Sucre, n'est propre qu'à faire du Sucre brut, tout au plus de la Moscovade ou de la Cassonnade : ensorte que lorsque ces sortes de Sucres sont arrivés en Europe, on est obligé de les affiner de nouveau.

Les meilleurs Affinages des Sucres apportés en France, sont Rouen, Dieppe, & Orléans ; mais quelque bons qu'ils soient on n'emploie gueres ces Sucres en des Confitures fines, qu'ils ne passent encore par une espece d'Affinage, où l'on se sert seulement du blanc d'œuf & de ses coquilles battues, qu'on jette dans le Sucre quand il est fondu ; ce qui s'appelle, clarifier le Sucre. *Voyez* SUCRE.

AFFINAGE. On appelle chez les Marchandes Chanvrieres, de l'Affinage, ou du Chanvre d'Affinage, le Chanvre qui est le plus long, le plus doux, le plus fin, le plus beau, & le plus net, & qui a toutes ces qualités, pour avoir passé par une grande quantité de peignes de fer très déliés & très fins. *Voyez* CHANVRE.

AFFINAGE DES AIGUILLES. Terme d'Aiguillier. C'est la derniere façon que l'on donne aux Aiguilles, en les adoucissant par la pointe sur une pierre d'émeril, que l'on fait tourner par le moyen d'un rouet. *Voyez* AIGUILLE.

AFFINAGE. Est aussi un terme de Manufacture de Lainage, qui se dit de la meilleure & derniere tonture, que le Tondeur de Draps leur peut donner. Le Réglement de 1708, pour les Draps de Languedoc, Provence, &c. destinés pour le Levant, ordonne, *qu'ils seront tondus d'Affinage avant de les envoyer à la teinture, en donnant trois façons, au moins, aux plus fins, & deux façons, au moins, aux communs.* On appelle Affineurs, ceux qui donnent cette façon.

AFFINER. Rendre plus pur, plus fin, plus excellent, & de plus haut prix. On affine l'Or, l'Argent, le Cuivre, l'Etain, le Fer, le Plomb, le Sucre, &c. *Voyez ci-dessus les Articles de l'*AFFINAGE.

AFFINER LE CHANVRE. C'est le passer successivement par plusieurs peignes de fer, dont les dents vont toujours en augmentant de finesse. *Voyez* CHANVRE.

AFFINER LE CUIVRE. Terme de Fondeur en terre & sable. C'est jetter de l'eau fraîche dans les moules où l'on a fondu quelque ouvrage, aussitôt que le métail liquide y a été versé par le jet. *Voyez* FONDEUR EN SABLE.

AFFINERIE. Espece de petite Forge, où l'on tire le Fer en Fil d'Archal. *Voyez* FIL D'ARCHAL.

AFFINERIE, signifie aussi du Fer Rafuté, c'est-à-dire, du Fil de fer de divers échantillons mis en rouleaux, propre à plusieurs sortes d'ouvrages. On dit : j'ai fait venir, j'ai acheté un millier d'Affinerie. *Voyez* FER.

AFFINERIE, se dit encore des lieux où l'on affine les métaux. *Voyez ci-dessus* AFFINAGE.

AFFINEUR. Celui qui affine. Il y a des Affineurs pour l'affinage de l'or & de l'argent, dont quelques-uns sont en titre d'Offices, entr'autres les Affineurs établis dans les Hôtels des Monnoies de France : des Affineurs dans les Fonderies & Forges de Fer ; des Affineurs pour les Sucreries ; & ainsi de toutes les choses qui peuvent se mettre à l'Affinage.

AFFINEUR, se dit aussi dans les Manufactures de Lainage, des Ouvriers qui tondent les draps d'affinage. *L'Article 27 du Réglement de 1708, pour les Draps destinés à être envoyés au Levant, rend les Foulonniers, Teinturiers, Tondeurs, Affineurs, &c. responsables envers les Marchands Fabriquans, chacun en ce qui le concerne, des amendes & confiscations prononcées à cause des Etoffes défectueuses.*

AFFINOIR. Terme de Chanvrier, & de Cordier. C'est le seran ou peigne de fer, avec lequel on affine le chanvre. Ainsi nommé, parce que les bouches ou dents de cet instrument à travers desquelles on passe la filasse, étant plus petites & plus serrées, elle en sort plus fine & mieux dégrossie. *Voyez* CHANVRE.

AFFIRMATION. C'est le serment qu'on prête en Justice, & l'assurance qu'on donne de la vérité de quelque fait : ce qui se passe en présence du Juge, lequel fait lever la main, & jurer que la chose affirmée est véritable.

Il y a un Article dans l'Ordonnance de 1673, qui ordonne l'Affirmation en certains cas pour fait de Lettres ou Billets de Change : c'est le XXI. du Titre V. Voici ce qu'il porte : *Que les Lettres ou Billets de Change seront réputés acquittés après cinq ans de cessation de demande & de poursuites, à compter du lendemain de l'échéance, ou du protest, ou de la derniere poursuite. Néanmoins les prétendus débiteurs seront tenus d'Affirmer, s'ils en sont requis, qu'ils ne sont plus redevables ; & leurs veuves, héritiers, ou ayans-cause, qu'ils estiment de bonne foi, qu'il n'est plus rien dû.*

AFFOIBLIR. Rendre plus foible. Il se dit particuliérement des Monnoies, lorsqu'on les altere, soit au titre, soit au poids, soit de quelque autre maniere que ce puisse être. *Voyez* EMPIRANCE.

AFFOIBLISSEMENT en termes de Monnoyeurs, se prend dans toutes les significations d'Empirance. *Voyez comme dessus.*

AFFORAGE. Droit Seigneurial qui se paye au Seigneur, pour avoir permission de vendre du vin ou autre liqueur, dans son fief, & suivant la taxe reglée par ses Officiers.

AFFORAGE signifie aussi dans les Ordonnances de la ville de Paris, le prix d'une denrée, mis & fixé par l'autorité des Prevôt des Marchands & Echevins. L'Ordonnance de 1672, chapitre 9, porte : *Qu'on ne pourra exposer en vente aucuns Vins étrangers, que le prix n'en ait été fixé par les Echevins, & qu'il n'en soit fait mention dans l'acte* d'Afforage.

AFFRETEMENT. Terme de Commerce de mer. Il signifie la convention faite entre un Marchand, & le Proprietaire d'un vaisseau pour le louage de son bâtiment. Ce terme est particulierement en usage sur l'Ocean. Sur la Mediterranée, on se sert du mot de Nolissement, qui signifie la même chose qu'Affretement. Il y a des lieux où l'on donne le nom de Contrat à cette convention. *Voyez* FRET, & FRETTEMENT.

AFFRETER. Prendre un vaisseau à louage. Le maître ou proprietaire du bâtiment frete ou donne à louage, & le Marchand chargeur affrete, ou



prend à louage. On affrete ordinairement à tant par voyage, par mois, ou par tonneau. *Voyez* FRETTER.

AFFRETEUR. On donne ce nom à un Marchand, lorsqu'il prend un vaisseau à loyer, pour faire transporter & voiturer des marchandises d'un port à l'autre. On dit en ce sens : C'est un tel Marchand qui est l'Affreteur d'un tel navire ; pour faire entendre, que c'est lui qui l'a pris à louage.

*En France il est défendu de donner aucun des navires du Roy à fret, que l'Affreteur ne paye comptant au moins la dixiéme partie du fret dont on est convenu.*

AFFRONTER. Tromper quelqu'un ; lui vendre une marchandise pour une autre ; lui emprunter pour ne lui pas rendre.

AFFRONTEUR. Celui qui trompe, qui affronte.

AFFUST. Sorte de chariot étroit & renforcé, dont on se sert dans le service de l'Artillerie, soit pour en pointer les pieces, soit pour les transporter d'un lieu à un autre. L'Affust à pointer n'a que deux roues : celui à transporter en a quatre. Il y a des Affusts pour le canon, des Affusts pour les mortiers, des Affusts de terre, des Affusts de marine, & quelques autres.

Toutes ces sortes d'Affusts sont du nombre des marchandises de contrebande, dont la sortie est défendue par toute l'étendue du Royaume, terres & pays du Roi de France, à peine de confiscation. *Ordonnance du Roi de 1687, Tit. 8. article 3.*

AFFUSTAGE, se dit chez plusieurs Ouvriers, particuliérement chez les Charpentiers & Menuisiers, de l'assortiment de tous les outils & instrumens qui sont nécessaires pour leur art & métier.

AFFUSTAGE, signifie aussi la façon que l'on donne aux outils tranchans, en les passant & aiguisant sur le grès pour les faire mieux couper.

Il se dit aussi dans le Métier de Chapelier, de la façon que l'on donne à un vieux Chapeau, soit en le remettant à la teinture, soit en le redressant sous les plombs, soit en lui redonnant le lustre ou quelqu'autre semblable réhabillement, particuliérement quand on en retourne la forme & qu'on lui donne une nouvelle colle.

Lorsqu'on ne fait que le lustrer, on dit Réboüisage.

Il y a dans la Communauté, des Maîtres qui ne travaillent qu'au raffutage. *Voyez* CHAPEAU & CHAPELIERS.

AFFUSTER un outil. C'est l'aiguiser.

AFFUSTÉ. On dit qu'un Ouvrier est affusté de tous ses outils, quand il a avec lui tous ceux dont il a besoin pour travailler.

## AFI

AFIOUME. Sorte de Lin qui vient du Levant par la voie de Marseille. *Voyez* l'article du Lin.

## AFR

AFRIQUE, une des quatre parties du Monde. *Voyez* son Commerce général & particulier, dans l'Etat général, ci-devant page 369.

## AFS

AFSLAGERS. On nomme ainsi à Amsterdam des personnes établies par les Bourguemaîtres, pour présider aux ventes publiques qui se font dans la Ville : y recevoir les encheres & faire l'adjudication des Cavelins ou partie de marchandises au plus offrant & dernier encherisseur. L'Afslager doit toujours être accompagné d'un Clerc de la Secretairie pour tenir une note de la vente.

Ces Commissaires se nomment aussi Vendumeester ou Maître de la vente, & c'est ainsi qu'on les appelle le plus ordinairement. *Voyez* ce dernier article.

AGA

AGALLOCHUM. Sorte de bois qu'on apporte des Indes Orientales, qui est une des especes de bois d'aloës, que vendent les Marchands Epiciers Droguistes de Paris. Il est marqueté de diverses couleurs, odorant, & a quelque acremonie pour le goût. Sa substance trop compacte le rend difficile à brûler; mais quand on le met au feu, il en sort beaucoup de suc qu'on croit souverain pour les maladies du cœur; ensorte qu'on le met du nombre des meilleurs cardiaques. Il a une écorce mince & maniable, qu'on pourroit plutôt appeller une peau qu'une écorce. Il est rare qu'on en voie en France de gros morceaux, n'y venant gueres qu'en petites pieces. *Voyez* ALOES, *bois*.

AGAN, Royaume d'Ethiopie. *Voyez* l'Etat général, page 390.

AGARIC. Excroissance, qui naît comme un potiron ou comme un champignon, sur le tronc & sur les grosses branches de différens arbres, particuliérement sur le Melcise ou Larix, & sur quelques especes de Chênes, lorsqu'ils sont vieux & sur leur retour.

Il y a de trois sortes d'Agaric; le mâle, l'Agaric femelle, & celui qu'on appelle Agaric faux.

L'AGARIC MASLE, nommé autrement, Agaric commun, ou pésant; est de couleur tirant sur le jaune, & assez compacte. Il s'emploie ordinairement pour teindre en noir; & on le met au nombre des drogues non colorantes, dont les Teinturiers du grand & bon teint doivent se servir. On l'appelle Drogue non colorante, parce qu'elle ne peut d'elle-même produire ni former aucune couleur, à moins qu'elle ne soit mêlée avec d'autres ingrédiens.

L'AGARIC FEMELLE est le plus estimé, parce qu'il a beaucoup d'usage dans la Médecine. Pour être bon, il faut qu'il soit blanc, grand, leger, friable ou facile à mettre en poudre, d'un goût amer, & d'une odeur vive & pénétrante.

L'AGARIC FAUX, ou Agaric de chêne, est celui qui se recueille sur ces sortes d'arbres. Il est ordinairement rougeâtre & fort pésant. On l'estime très peu; & c'est apparemment ce qui lui a fait donner le nom d'Agaric faux. Les Droguistes ne regardent comme véritables, que ceux qui se recueillent sur les Melcises.

L'Agaric se tire de différens endroits. Le meilleur vient du Levant; & ceux qui viennent de Savoye & de Dauphiné, sont moins estimés. La Hollande en fournit aussi, & c'est le moindre de tous, à cause qu'il est râpé & blanchi par dessus avec de la craye.

La plupart de l'Agaric qui vient du Levant, se tire par Smyrne, où on l'envoie de Dadalié, Ville qui en est à plus de quinze journées. On en peut acheter année commune jusqu'à cinq cent ocos. Son prix est d'une à deux piastres l'oco. Il vient en caisse d'environ soixante ocos.

L'Agaric est ou brut, ou mondé, ou en trochisque.

Le brut, est celui qui est tel que l'on le tire de dessus l'arbre, sans avoir eu d'autre façon que celle qu'il a reçue de la nature.

Le mondé, est celui qui étant purgé & nettoyé de ses impuretés & imperfections, est en état d'être employé.

A l'égard de l'Agaric, qu'on nomme Trochisque, c'est ordinairement de l'Agaric femelle réduit en poudre très déliée, incorporée avec quelque liqueur, & mise en masse, dont on fait de petits pains de diverses figures & grosseurs, qu'on fait sécher à l'air & à l'ombre, & sans l'approcher du feu.

Il y a encore une autre sorte d'Agaric que l'on nomme *Agaric minéral*. C'est une certaine pierre qui se trouve dans les fentes des rochers en divers endroits d'Allemagne. Cette pierre est très blanche; aussi l'appelle-t-on Lait de Lune: on lui donne encore le nom de Moele de pierre, ou *Lithomagra*, & d'autres l'appellent *Stenomagra*. On prétend que la calcination de cette pierre se fait par la vapeur des métaux cachés dans le sein des rochers où elle se trouve. Cet Agaric n'a gueres d'usage que pour la médecine.

*L'Agaric fin ne payoit en France de droits d'entrée que sept livres dix sols le cent pésant, & le gros seulement trois livres, par le Tarif de 1664, mais depuis il a été mis par l'Arrêt du Conseil d'Etat du Roi du 15 Aout 1685, du nombre des marchandises venant du Levant, Barbarie, & autres pays & terres de la domination du Grand-Seigneur, du Roi de Perse, & d'Italie, sur lesquelles il doit être levé vingt pour cent de leur valeur.*

AGATE. Pierre précieuse qui a différens noms suivant ses diverses couleurs. Il y a des Agates transparentes, d'autres opaques, & quelques-unes partie transparentes, & partie opaques.

Les Agates qu'on nomme *Sarcoines*, sont rouges; les plus estimées ont une petite teinture couleur de chair mêlée de brun; les moindres sont celles dont le rouge tire sur le jaune.

Les *Onix*, que l'Académie Françoise appelle *Onyces*, sont toutes opaques, de couleur blanchâtre & noire.

Les *Sardonix* tiennent de l'Onix & de la Sardoine. Cette derniere espece d'Agate est la plus précieuse de toutes.

Il y a encore l'Agate *Calcedoine*, autrement *Chalcedoine* ou *Calcidoine*, l'Agate d'Egypte, l'Agate Romaine, & l'Agate sacrée ou de Candie, dont parlent quelques Anciens. Cette derniere qui ne se voit plus présentement, étoit rouge comme du corail, & mouchetée d'or.

L'Agate est une des pierres précieuses à laquelle les Anciens ont attribué le plus de propriétés occultes & miraculeuses. Pline en a rempli tout un chapitre; & Aristote, long-tems auparavant, lui en avoit montré l'exemple, & préparé la matiere. Les Modernes plus simples ou plus éclairés, se contentent de l'usage, & en méprisent les vertus.

L'on emploie l'Agate, en vases, en bagues, en cachets, en manches de couteaux & fourchettes, en poignées de couteaux de chasse, en chapelets, en cassolettes, en boetes à mouches, en tabatieres, en salieres, en petits mortiers, & en quantité d'autres bijoux. On en fait aussi entrer dans la composition de quelques tabernacles, cabinets, & tables de pierres précieuses de rapport ou de marqueterie; cette sorte de pierre se taillant, se sciant, se polissant, & se gravant assez facilement. On en apporte quantité de Strasbourg toutes fabriquées; mais il s'en faut bien qu'elles soient ni si dures, ni d'un si beau poli que les véritables Orientales.

Il n'y a à Paris que les Marchands Merciers & Orfévres, qui soient en droit d'en faire le négoce. Il est cependant permis aux Maîtres Fourbisseurs d'en vendre; mais ce n'est que lorsqu'elles sont montées en couteaux de chasse. Il en est de même à l'égard des Couteliers pour leurs couteaux & fourchettes.

*Suivant le Tarif de 1664, l'Agate doit payer les droits d'entrée & de sortie du Royaume, & des Provinces réputées étrangeres, à raison de cinq pour cent de sa valeur, suivant l'estimation, attendu qu'elle ne se trouve point tarifée.*

Agate, se dit aussi parmi les Tireurs d'or, d'un instrument propre à rebrunir l'or; ainsi nommé de la pierre d'Agate qui est au milieu, & qui en fait la principale partie. *Voyez* Tireur d'or.

## AGE

AGE. La durée naturelle de chaque chose.

Age, qu'on nomme aussi Usance des bois, signifie dans le Commerce de cette marchandise le tems qu'il y a qu'on n'a coupé un taillis.

L'Ordonnance des Eaux & Forêts veut, *que dans la coupe des taillis on laisse seize baliveaux par arpent de l'âge du bois, pour croître en futaye.*

On appelle l'Age de consistance d'un arbre, celui où il ne croît plus. L'Age de consistance du chêne est à cent ans. *Voyez* Bois.

Age, se dit aussi en termes de manege, & parmi les Marchands de chevaux, de la connoissance qu'on a du nombre des années de ces animaux, par l'inspection de leurs dents tant qu'ils ne déraffent point, ou par les crocs & les coins quand ils ont cessé de marquer. *Voyez* Cheval.

AGEN, Ville de France, Capitale de l'Agenois dans la Guyenne. *Voyez* l'Etat général du Commerce page 37.

AGENDA. Tablette ou Livret de papier, sur lequel les Marchands écrivent tout ce qu'ils doivent faire pendant le jour, pour s'en souvenir, soit lorsqu'ils sont chez eux, soit lorsqu'ils vont par la Ville.

L'Agenda est très nécessaire aux Négocians, particuliérement à ceux qui ont peu ou point de mémoire, ou qui sont chargés de grandes affaires; n'étant que trop ordinaire que faute de s'en être servi, on manque de bonnes occasions dans le commerce, soit pour l'achat, soit pour la vente, soit pour les négociations des Lettres de Change. C'est sur tout un petit meuble dont les Commissionnaires, & ceux qui travaillent pour le compte d'autrui, doivent être toujours pourvûs, pour ne pas porter préjudice à leurs Commettants.

Agenda. C'est aussi un petit Almanach de poche, que beaucoup de Marchands ont coutume de porter sur eux, pour s'assurer des dates ou des jours dont ils ont besoin pour leurs dépêches, leurs rendez-vous, ou autres choses semblables. *Voyez* Almanach.

AGENT. Celui qui est commis pour faire les affaires d'autrui, ou qui est chargé d'agir en quelque négociation.

Agent de Banque et de Change. C'est une personne publique, qui dans les Villes & lieux de négoce, s'entremet entre les Marchands, Négocians, Banquiers, Gens d'Affaires & de Finances, ou autres, pour faciliter le commerce d'argent, & la négociation des Lettres & Billets de Change.

Il n'y a gueres de Ville en France, pour peu qu'elle soit considérable par le négoce, où il n'y ait de ces sortes d'Agens; mais il n'y a que celles de Paris, de Lyon, de Marseille, & de Bourdeaux, où ils soient établis en titre d'Offices: ceux qui avoient été créés en 1705, pour diverses autres Villes du Royaume ayant été supprimés en 1707, comme on le dira dans la suite.

Avant le Regne de Charles IX. chacun se mêloit à sa volonté du courtage, soit d'argent, soit de marchandises; & l'on ne faisoit alors aucune différence entre les Courtiers de marchandises & les Agens de Change; nom nouveau, que ces derniers n'ont commencé à porter qu'en 1639.

Pour s'ériger en Courtier, il suffisoit le plus souvent d'une réputation de probité bien établie, & de beaucoup de pratique & de connoissance avec les Marchands, Négocians, & Banquiers: mais pour l'ordinaire, comme il s'observe encore en plusieurs endroits, les Courtiers étoient choisis par les Prevôts des Marchands, Maires, & Echevins, ou par les Juges-Consuls des Villes, entre les mains desquels ils prêtoient le serment de bien & fidellement s'acquitter de l'emploi qu'on leur confioit.

Charles IX, pour prévenir, comme il l'expose dans son Edit du mois de Juin 1572, enregistré au Parlement au mois de Septembre ensuivant, & pour empêcher les abus & malversations infinies qui se commettoient dans l'exercice du courtage, où chacun s'ingeroit à son gré, fut le premier, qui érigea & établit en titre d'Offices tous les Courtiers qui l'exerçoient alors, tant de change & deniers, que de draps de soie, laines, toiles, cuirs, & autres sortes de marchandises; même des vins, bleds, & autres grains; chevaux, bœufs, & tout autre bétail; à la charge par eux de prendre des Provisions desdits Offices, & de s'y faire recevoir par les Baillifs, Sénéchaux, & autres Juges Royaux des lieux de leur résidence & exercice, pour en jouir & user comme les autres Pourvûs de semblables Offices.

Les guerres de la Ligue ayant empêché l'exécution de cet Edit, Henry IV. qui les avoit si glorieusement soutenues, & alors à peu près terminées, reprit en 1595 le dessein de son Prédécesseur; & par un Arrêt de son Conseil d'Etat de la même année, fit défenses en conséquence dudit Edit, à toutes personnes de faire & exercer l'état & profession de Courtier de change, banque, & vente en gros des marchandises étrangeres, sous peine de punition corporelle, de crime de faux, & de cinq cent écus d'amende; avant d'avoir pris de lui des Lettres de Provision: & fixant en même tems le nombre des Courtiers en titre d'Offices, il en créa huit pour Paris, douze pour Lyon, quatre à Rouen, autant à Marseille; un pour chacune des Villes d'Amiens, Dieppe, & Calais; trois pour chacune de celles de Tours, la Rochelle, & Bourdeaux; & dans toutes les autres Villes, qui n'y sont pas énoncées, autant qu'il en seroit jugé nécessaire.

Dans l'adresse de cet Arrêt au Prevôt de Paris, il est expressément expliqué, que Sa Majesté par ladite création de Courtiers en titre d'Offices, n'entend point qu'aucun soit contraint de se servir de leur ministere dans les négociations de change & de banque, ou de vente de marchandises, si bon ne lui semble; ce qui a toujours été depuis ajouté dans toutes les autres créations qui ont suivi cette premiere.

*Agens de Change de la Ville de Paris.*

Depuis la création de huit Courtiers ou Agens de Change pour la Ville de Paris, faite par Henry IV. le nombre en a été à diverses fois augmenté sous le Regne suivant. D'abord de peu en 1620, de quelques autres en 1629, d'autres encore en 1633, & jusqu'au nombre de vingt en 1634. La derniere création & augmentation qui se fit sous Louis XIII. fut de dix nouveaux Offices, pour faire avec les vingt anciens le nombre de trente, & avoir avec eux bourse commune; & pour les profits, qu'on supposoit que les anciens en devoient tirer, il fut dit qu'ils seroient taxés modérément à une nouvelle finance.

L'Edit de cette derniere création donné au mois de Decembre 1638, parut si onéreux aux anciens & nouveaux Officiers, particuliérement à cause de la bourse commune, si contraire au secret nécessaire dans cette profession, où les Emprunteurs & les Prêteurs affectent presque également de n'être pas connus, qu'ils firent des remontrances au Conseil, en conséquence desquelles ils obtinrent un Arrêt le 2 Avril 1639, qui non-seulement les déchargea de l'obligation de la bourse commune, mais encore de la taxe à eux imposée à raison d'icelle; & pareillement d'une autre taxe qu'on leur demandoit pour la confirmation de l'hérédité de leurs Charges; les fixant pour toujours au nombre de trente, & leur donnant au lieu du nom de Courtiers, la qualité d'Agens de Banque & Change, dont ils ont joui jusqu'à ce que sous le Regne de Louis XIV. on leur ait donné des qualités encore de plus grande distinction.

C'est sous ce dernier Regne, fécond en créations d'Offices, à cause des longues guerres qui l'ont presque tout occupé, que ceux des Agens de Banque ont reçu les changemens les plus considérables, mais aussi les plus honorables & les plus avantageux.

Dès l'année 1645, Louis XIV. par son Edit du mois de Février, créa six nouveaux Offices d'Agens de Change, lesquels étant restés sur ce pied jusqu'au mois de Juillet 1705, c'est-à-dire, 60 ans entiers, un nouvel Edit en établit encore deux autres, mais qui n'eurent pas le tems d'être levés, puisque par un second Edit du mois de Decembre de la même année, tous les Offices de Courtiers de Change, Agens de Change, de Banque, & marchandises, créés jusques-là dans toute l'étendue du Royaume, furent éteints & supprimés, à la réserve de ceux des Villes de Marseille & de Bourdeaux; & en leur place, cent seize nouveaux Offices furent créés pour être distribués dans les principales Villes du Royaume, avec la qualité de Conseillers du Roi, Agens de Banque, Change, Commerce & Finances.

De ce grand nombre d'Offices, vingt furent destinés pour Paris, autant pour Lyon, six pour la Rochelle, six à Montpellier, cinq à Aix, pareil nombre à Strasbourg & Metz, dix à Rouen, quatre à Tours, autant à S. Malo, Dijon, & Bayonne, deux à Toulouse, deux à Dieppe, de même à Dunkerque, Rochefort, Rennes, & Brest, & chacun un au Havre, à Calais, & au Port-Louis.

Par cet Edit, des gages furent attribués à chacun des nouveaux Officiers au denier vingt, sur le pied de la finance de leurs Offices; & leurs droits réglés à cinquante sols par mille livres, dans les négociations en deniers comptans, Billets & Lettres de Change, payables moitié par le Prêteur & moitié par l'Emprunteur: & pour les négociations en fait de marchandises, à demi pour cent de leur valeur dans la Ville de Paris; & ailleurs, sur le pied qu'ils se payoient aux Courtiers & Agens de Change supprimés.

Il leur fut aussi permis de tenir Caisse & Bureau ouvert dans leurs maisons, nonobstant la disposition des articles I & II, du titre II, de l'Ordonnance de 1673. Mais il leur fut enjoint de coter les Billets & Lettres de Change qu'ils négocieroient, & d'en certifier les signatures véritables; avec défenses à tous autres qu'auxdits Agens de s'immiscer dans aucune négociation de change, banque, marchandises, &c. ni d'en recevoir les droits, sous peine de six mille livres d'amende.

Enfin, pour ajouter l'honorable à l'utile, Sa Majesté déclara que les Charges & fonctions d'Agens de Change ne seroient point dérogeantes à Noblesse, & seroient compatibles avec les Charges de Secretaires du Roi, soit de la grande Chancellerie, soit des Chancelleries des Cours Souveraines, suivant néanmoins la qualité de leur finance; & qu'ils seroient exempts de tailles, ustenciles, tutelle, curatelle, &c. le Roi accordant en outre deux minots de franc-salé à chacun des Agens de Change de Paris, & un minot à chacun de ceux des autres Villes.

Pour l'entiere exécution de cet Edit, enregistré en Parlement le 30 Décembre de la même année 1705, il fut donné un Arrêt du Conseil d'Etat du Roi le 10 Avril de l'année suivante 1706, par lequel il fut fait défenses, sous peine de six mille livres d'amende, à tous Agens de Change supprimés, Facteurs, Caissiers, Commis, Commissionnaires, & Banquiers non Marchands de Paris, de proposer, traiter, ni conclure aucune négociation, ni d'agir en fait de banque, change, commerce, & finances pour le compte d'autrui, ou pour leur compte particulier, sinon par l'entremise des Agens de Banque créés par l'Edit de 1705.

Les Agens de Banque de Paris déja pourvûs au nombre de dix, s'étant assemblés au mois de Juin 1706, dresserent aussi & arrêterent quatorze articles en forme de Statuts & Réglemens, pour être observés entr'eux, & servir de discipline à leur Corps, qui furent approuvés & confirmés par Lettres Patentes du mois d'Octobre suivant, & enregistrés en Parlement le 3 Février 1707.

On parlera dans la suite, de ce Réglement, aussibien que de ce qui concerne les Offices des Agens de Change des Provinces, dont la plus grande partie fut supprimée, & quelques-uns seulement conservés.

A peine les vingt Offices d'Agens de Banque créés pour Paris commençoient à se remplir; & les nouveaux Officiers commençoient à peine à se former en Corps, qu'ils furent encore supprimés par un Edit donné à Fontainebleau au mois d'Aout 1708, & quarante autres Conseillers Agens

Agens de Banque créés en leur place, avec les mêmes droits, privileges, & prerogatives portées par le premier Edit de 1705, à la réserve des gages, qui furent fixés à quarante mille livres à repartir entr'eux, & du droit de *Committimus* en la petite Chancellerie, qui leur fut attribué. On leur y diminue néanmoins le droit de franc-salé, ne leur en étant attribué à chacun qu'un minot au lieu de deux, portés par le premier Edit. Ce dernier fut enregistré au Parlement en Vacations le 25 Septembre de la même année.

L'année suivante le Roi donna sa Déclaration le 3 Septembre 1709, portant défenses à toutes personnes de faire aucune des fonctions attribuées aux Agens de Change. On n'en dira rien de plus, étant à cet égard toute conforme à l'Arrêt du Conseil du 10 Avril 1706, dont il est parlé ci-dessus; & lon ne dira rien non plus d'une autre Déclaration du 7 Décembre de la même année 1709, qui accorde à ces Officiers l'exemption des tailles, ustenciles, &c. n'étant qu'une confirmation des privileges accordés aux Agens de Change par l'Edit de 1705, auquel il n'avoit pas été dérogé par celui de 1708.

Enfin, environ un an avant la mort de Louis XIV, il se fit une troisiéme & derniere création de vingt nouvelles Charges d'Agens de Banque pour Paris, aux mêmes droits, privileges & exemptions des quarante créés par l'Edit de 1708, & pour faire avec eux un même Corps & Communauté. Ce dernier Edit est du mois de Novembre 1714, enregistré au Parlement le 5 Décembre ensuivant.

Le Corps de ces Conseillers du Roi, Agens de Change de la Ville de Paris, composé de soixante Officiers, ne subsista gueres que six ans en cet état, le titre en ayant été supprimé en 1720, & soixante autres Agens par commission ayant été établis pour remplir leurs fonctions. On parlera de ce nouvel établissement après qu'on aura rapporté ici les Statuts dressés en 1706, qui ont fixé la discipline & la police des Agens Officiers tant que leur Communauté a duré, & qui font encore partie des Réglemens des Agens par Commission.

Ces Statuts de 1706, comme on l'a dit, consistent en quatorze articles.

Par le premier, ces Officiers font choix de l'Eglise des Peres de la Doctrine Chrétienne de la rue S. Martin, pour leurs assemblées communes de Religion, & pour les Messes & Services que le Corps auroit dessein de faire dire & célébrer, soit par chacun an, soit à la mort de chacun d'eux.

Le second traite de l'élection du Syndic & Adjoints, qui se renouvellent dans la premiere assemblée de chaque année, & qui ont soin pendant ladite année des intérêts & affaires de la Compagnie, sans pouvoir néanmoins rien innover ni conclure, que de l'avis de la Compagnie assemblée.

Le troisiéme fixe les Assemblées ordinaires au premier Mardi de chaque mois; qui doivent être indiquées, aussi-bien que les Assemblées extraordinaires, par le Syndic, ou l'Adjoint à son défaut, & tenues dans la place du Change à Paris: auxquelles les Officiers qui s'y trouvent reçoivent chacun un écu monnoie courante, pour droits d'assistance; la part des absens accroissant aux présens.

Par le quatriéme, il est dit que ceux qui auront été élûs aux Charges de Syndic & d'Adjoint, ne pourront refuser de les accepter, sous peine de cinq cent livres, & d'être privés pour toujours d'entrée, de voix, & de distribution aux Assemblées.

Le cinquiéme défend aux Agens de Change de prêter leur nom à d'autres pour faire les fonctions de leur Charge, à peine de quinze cent livres d'amende; permis pourtant d'avoir des Commis pour tenir leurs caisses & écritures.

Par le sixiéme, il est dit que conformément à l'article III du titre II de l'Ordonnance de 1673, nul ne seroit admis dans la Compagnie, qui auroit fait faillite, obtenu Lettres de Repy, &c. & que celui à qui, ayant été reçû, pareilles fautes arriveroient, seroit obligé de se retirer dans trois mois.

Le septiéme prescrit les formalités qui doivent être observées par les Recipiendaires, & ce à quoi ils sont tenus en entrant dans le Corps. Entr'autres choses il est réglé, que chacun à sa reception payera mille livres entre les mains du Syndic, pour les besoins de la Compagnie.

Le secret, si nécessaire dans les négociations de Banque, Change, Commerce, & Finances, est recommandé par le huitiéme article, & l'observation en est ordonnée conformément à l'article IX du titre III de la même Ordonnance de 1673.

Le neuviéme marque le tems que les droits dûs aux Agens de Change pour leurs négociations leur doivent être payés.

Le dixiéme article statue sur les contestations qui peuvent arriver entre Agens de Change pour fait des fonctions de leurs Offices, & veut qu'elles soient communiquées au Syndic, & décidées aux Assemblées ordinaires; & en cas de refus par les Parties de s'y soumettre, qu'il sera demandé l'homologation de l'avis de la Compagnie pardevant M. le Lieutenant Civil.

L'onziéme ordonne qu'il sera tenu deux Registres, l'un pour les déliberations de la Compagnie, & l'autre pour l'enregistrement des Lettres de Provision & Sentences de reception de chacun des pourvûs, & des Edits, Arrêts, & Réglemens concernant la nouvelle Compagnie; lesquels deux Registres, ainsi que les pieces de l'ancienne Compagnie, seroient mis dans un coffre, dont la clef demeureroit au Syndic.

Il est parlé dans le douziéme article, des comptes que doivent rendre les Syndics sortant de Charge, & de la maniere de les rendre.

L'exécution des déliberations faites à la pluralité des voix, dans les Assemblées où se seront trouvés au moins les trois quarts des Pourvûs, est ordonnée par le treiziéme article. Et par le quatorziéme & dernier article, il est pareillement ordonné que lesdits Réglemens seront lûs tous les ans dans les Assemblées générales, qui se tiendront pour les élections des Syndics & Adjoints, après qu'ils auront été préalablement approuvés & confirmés par des Lettres Patentes du Roi. On a dit ci-dessus que ces Lettres Patentes leur furent accordées au mois d'Octobre 1706.

Comme par les divers Edits de création des Conseillers du Roi, Agens de Change, Sa Majesté n'a dérogé qu'aux articles de l'Ordonnance de 1673, concernant les Caisses & Bureaux ou, verts, que les nouveaux Agens ont eu permission de tenir chez eux pour le fait de leurs négociations seulement; tous les autres articles de cette Ordonnance étant restés en leur entier : les nouveaux Pourvûs sont obligés de s'y conformer, ainsi que faisoient les anciens, & par conséquent ils sont tenus :

1°. D'avoir un Livre journal, dans lequel ils doivent porter toutes les parties qu'ils ont négociées.

2°. Leurs Livres doivent être cottés, signés, & paraphés par un Juge-Consul sur chaque feuillet; & il doit être fait mention dans le premier, du nom de celui qui doit s'en servir, & de la qualité du Livre & numero, c'est-à-dire, si c'est un Journal, ou si c'est pour la Caisse, & si c'est le premier ou second Registre qui ait été ainsi cotté & paraphé.

3°. Il est défendu aux Agens de Change, de faire ni le Change ni la Banque pour leur compte, soit sous leur nom, soit sous des noms empruntés.

4°. Enfin, ainsi qu'il l'a été remarqué dans le sixiéme article de leur Réglement, nul qui a fait faillite, obtenu Lettres de Repy, ou fait Contrat d'Atermoyement, ne peut être reçû Agent de Change.

A l'égard du droit de cinquante sols par chaque sac de mille livres accordé aux Agens de Banque par les nouveaux Edits de création, ce n'est point une augmentation de droit, mais l'ancien droit sous une autre expression; les Agens ayant toujours été payés d'un octave par l'Emprunteur, & d'un octave par le Prêteur; ce qui s'entend du huitiéme de la livre de vingt sols par chacun, ou du quart par tous les deux, c'est-à-dire, de cinq sols par chaque fois cent livres des négociations qu'ils font; ce qui étant multiplié dix fois, revient aux cinquante sols par chaque sac de mille livres. *Voyez* OCTAVE.

Les Agens de Change de la Ville de Paris exerçoient leurs Offices sur le pied des Réglemens rapportés ci-dessus, & continuoient de jouir des Priviléges qui y avoient été attachés par les Edits des mois d'Aout 1708, & Novembre 1714, lorsque dans la sixiéme année du Régne de Louis XV, il fut donné un Arrêt du 30 Aout 1720, qui en ordonnant la suppression des soixante Offices d'Agens de ces deux créations, ordonna en même-tems l'établissement de soixante autres Agens de Banque par Commission.

Cet Arrêt explique en dix articles les intentions de Sa Majesté sur ce changement, & contient aussi, en huit autres articles, un Réglement que Sadite Majesté veut être gardé & observé par les Conseillers du Roi, Agens de Banque par Commission : & comme l'Arrêt & le Réglement fixent les fonctions, les droits & les priviléges de ces Officiers, on va en donner ici l'Extrait; qui joint aux Edits & Réglemens précédens, en ce qui n'y est point dérogé par ces derniers, achevera de mettre devant les yeux du Lecteur toute la police & la discipline de ce nouveau Corps d'Agens de Banque & de Finance, principalement établi pour les opérations de la Banque Royale & de la Compagnie des Indes.

*Arrêt du Conseil d'Etat du Roi du 30 Aout 1720, portant suppression des soixante Agens de Change de la Ville de Paris, créés ci-devant en titre d'Office; & l'Etablissement de soixante autres Conseillers du Roi, Agens de Banque par Commission, pour servir en leur place.*

Par les dix articles de cet Arrêt il est ordonné :

1°. Que les Pourvûs desdits soixante Offices supprimés seront tenus de rapporter leur titre de propriété, pour être procédé à la liquidation de leur finance, & pourvû à leur remboursement.

2°. Qu'au lieu & place des soixante anciens Officiers, il en sera établi soixante autres en vertu de Commissions du grand Sceau, pour exercer les mêmes fonctions, & jouir des mêmes droits, priviléges & exemptions, attribués auxdits anciens Officiers, à la réserve du franc-salé.

3°. Que les particuliers choisis pour exercer lesdites Commissions, seront tenus, avant qu'elles leur puissent être expédiées, de rapporter un Certificat de la Banque, pour justifier qu'ils y ont déposé dix Actions nouvelles de la Compagnie des Indes, provenant de la conversion des anciennes; ou quinze Actions rentieres, qui ne pourront leur être rendues, tant qu'ils exerceront lesdites Commissions, mais seulement en recevront les Dividendes comme les autres Actionnaires.

4°. Que nul ne pourra être reçû Agent de Change, s'il n'a vingt-cinq ans au moins, & s'il ne fait apparoître de sa capacité pour en exercer les fonctions, par un Certificat des Juges-Consuls, & des Gardes en Charge des six Corps des Marchands de la Ville de Paris.

5°. Que lesdits Agens par Commission seront tenus de se faire recevoir & prêter serment pardevant le Prévôt de Paris, ou ses Lieutenans.

6°. Que ceux qui auront fait faillite, Contrat d'Atermoyement, ou obtenu Lettres de Repy, ne pourront être admis au nombre desdits Agens de Change par Commission, conformément à l'article III du titre XI de l'Ordonnance de 1673, & qu'ils ne pourront être reçûs à faire Contrat d'Atermoyement, obtenir Lettres de Repy, ou faire cession de leur bien, pour raison des effets qui leur auront été confiés; & en cas de retention desdits effets ou de faillite, leur procès leur sera fait comme pour banqueroute frauduleuse.

7°. Qu'ils ne pourront avoir Caisse, ni faire aucune négociation pour leur compte, non plus qu'endosser aucune Lettre ou Billet, sinon pour en certifier la signature véritable; le tout à peine de nullité, privation de leurs emplois, & de deux mille livres d'amende.

8°. Qu'ils ne pourront pareillement faire aucune négociation de Lettres ou Billets de Change de cinq cent livres & au dessus, ni pour vente de marchandises en gros, autrement qu'en Compte en Banque, à peine de cinq cent livres d'amende, & de destitution de leur Emploi.

9°. Qu'aucunes personnes, autres que lesdits Agens de Change par Commission, ne pourront s'immiscer de leurs fonctions, ni exiger ou recevoir aucuns droits pour quelque négociation que ce puisse être, à peine de trois mille livres d'amende, même de prison, & de plus grande peine s'il y échet, contre les Apprentis, Compagnons, Ouvriers, & Gens sans aveu.

10°. Enfin, que lesdits Agens de Change sesont tenus de se conformer, tant pour leur police intérieure, que pour l'exercice de leur Commission, au Réglement arrêté le même jour au Conseil d'Etat du Roi, & attaché sous le Contre-scel de l'Arrêt : Sa Majesté enjoignant au Lieutenant Général de Police de tenir la main à l'exécution tant dudit Arrêt, que dudit Réglement; & voulant que tout ce qui sera par lui ordonné en conséquence, soit exécuté par provision, nonobstant toutes oppositions ou appellations, dont, si aucune intervient, Elle se réserve la connoissance & à son Conseil, privativement à tous autres Juges.

*Réglement que Sa Majesté veut & entend être gardé & observé par les Agens de Change par Commission établis par l'Arrêt précédent.*

Les deux premiers articles de ce Réglement, l'un concernant les devoirs de Religion auxquels sont tenus les nouveaux Agens, & l'autre qui traite de l'élection des Syndic & Adjoint de la Compagnie, étant tout semblables aux deux premiers Statuts de 1706, rapportés ci-dessus, on se contentera de les indiquer ici, afin qu'on puisse y avoir recours; ce qu'on fera pareillement des autres articles qui auront été tirés des mêmes Réglemens, ne s'arrêtant qu'à ceux qui ont quelque différence essentielle.

Par le troisiéme article du nouveau Réglement, il n'est point marqué, comme dans l'ancien, de jour fixe par semaine pour la tenue des Assemblées; mais il est laissé à la discrétion du Syndic, ou à son défaut, de l'Adjoint, d'en convoquer toutes les fois qu'il en sera besoin, avec peine de six livres d'amende payable par ceux qui ne s'y trouveront pas sans cause légitime; & au contraire avec distribution d'un jetton d'argent pour droit de présence à chacun de ceux qui y assisteront.

Le quatriéme article établit la police des négociations, & ordonne, que lorsqu'un Agent de Change sera en conférence & traitera d'affaires avec quelque Banquier ou Négociant, un second Agent de Change survenant ne pourra les écouter, ni les interrompre, à peine de cinquante livres d'amende, payable par le contrevenant au profit du plaignant, sans néanmoins que la liberté soit ôtée audit Banquier, Négociant, ou autre, de conférer en particulier avec le dernier, même de conclure avec lui, s'il le juge à propos, plutôt qu'avec le premier.

Le cinquiéme article régle les droits des Agens de Change par Commission sur le pied de ceux attribués aux Agens Officiers par les Edits des mois d'Aout 1708, & Novembre 1714, avec défenses d'en exiger ou recevoir davantage sous peine de concussion; leur étant néanmoins loisible de se faire payer de leursdits droits, après la consommation de chaque négociation, ou suivant l'ancien usage, sur des Mémoires qu'ils fourniront de trois mois en trois mois aux Banquiers, Négocians, ou autres avec qui ils auront négocié; sans pourtant pouvoir être préférés & privilégiés sur les effets mobiliaires desdits Banquiers ou autres, que pour les négociations faites dans les trois derniers mois.

Les Registres de la Communauté, qui, par l'onziéme article des anciens Statuts, n'avoient été ordonnés qu'au nombre de deux, sont augmentés d'un troisiéme par le sixiéme article du nouveau Réglement, & ce troisiéme Registre doit servir uniquement à enregistrer les Commissions & Sentences de Reception de chacun desdits Employés.

Le septiéme article porte, que chaque Syndic sortant de Charge sera tenu de représenter son compte de recette & de dépense trois mois après son année d'exercice, sur le Bureau de l'Assemblée ordinaire, pour après l'examiner, & sur le rapport qui en aura été fait par deux personnes de la Compagnie nommées à cet effet, lui être alloué ce qui se trouvera avoir été par lui dépensé pour le bien & utilité de ladite Compagnie; & selon le finito dudit compte, lui être remboursé ce qu'il lui sera dû; ou par lui payé au Syndic entrant en Charge, ce dont il se trouveroit être redevable.

Enfin, le huitiéme & dernier article ordonne, que la lecture du présent Réglement sera faite à toutes les Assemblées qui se tiendront pour l'élection des Syndic & Adjoint, auxquels il est enjoint de tenir la main à leur exécution; ce qui pareillement avoit été ordonné par le quatorzié & dernier article des Statuts de 1706.

Les Agens de Banque par Commission, créés en 1720 pour la Ville de Paris, furent à leur tour supprimés & d'autres établis en leur place, en titre d'Offices par Edit du mois de Janvier 1723.

Par cet Edit, S. M. après avoir d'abord dit, qu'ayant été informée que les différens changemens survenus dans ces Offices, par les suppressions & les rétablissemens qui en avoient été ordonnés, rendant leurs Etats entiérement incertains, elle avoit pris la résolution d'y pourvoir, en faisant une nouvelle création de ces Officiers; Elle déclare ensuite qu'elle éteint & supprime tous les Offices d'Agens de Change, Banque, & Commerce, établis jusqu'alors dans la Ville de Paris, en quelque nombre, à quelque titre, & sous quelque dénomination qu'ils ayent été créés & établis; & qu'elle crée & établit en leur place 60 nouveaux Offices de Conseillers Agens de Change, Banque, & Commerce, pour exercer par eux les mêmes fonctions, & jouir des mêmes prérogatives & des mêmes droits sur les Négociations qui seront par eux faites, dont jouissoient les Agens de Change, Banque, & Commerce, créés par les Edits des mois d'Août 1708, & Novembre 1714, sans néanmoins qu'ils puissent prétendre aucune des exemptions de Tailles, ustenciles, & autres charges, qui étoient attribués auxdits Offices, & sans aucuns gages & francsalé. Et pour accélérer le remboursement des dettes de l'Etat, & donner plus de facilité aux particuliers qui voudront acquerir lesdits Offices, Sadite Majesté permet que la Finance, ensemble les deux sols pour livres d'icelles, soient payés en contrat de Rente sur la Ville, en Rentes Provinciales, & autres telles créances de l'Etat bien & dûement liquidées. Ordonnant en outre que le droit annuel desdits Offices demeurera réduit à moitié de ce qu'ils en devoient payer sur le pied de la Finance desdits Offices, & que les Acquereurs y seront reçus en la maniere que les précédents Titulaires, en vertu des Provisions qui leur seront scellées en la grande Chancellerie, en payant moitié des droits ordinaires de Marc-d'or, d'Enregistrement & de Sceau. S. M. voulant au surplus que ce qui est ordonné par les Edits des mois d'Août 1708, & Novembre 1714, & par les Déclarations intervenues en conséquence, concernant les fonctions & droits d'Agens de Change, soit exécuté selon sa forme & teneur, en ce qui n'y est point dérogé par le présent Edit.

L'Enregistrement au Parlement est du 12e Février de l'année 1723.

Pour l'exécution de cet Edit & la Liquidation des nouveaux Offices d'Agens de Change, il fut depuis nommé des Commissaires par Arrêt du Conseil du 5 Avril, & il en fut pareillement donné un le 4 Août ensuivant, pour le remboursement des Offices supprimés, aux Titulaires desquels il avoit été défendu par ledit Edit de s'immiscer dans les fonctions d'Agens de Change, ni de prendre & percevoir aucuns des droits qui leur sont attribués, à peine de trois mille livres d'amende.

S. M. ayant trouvé à propos d'établir en 1724 une Bourse dans la Ville de Paris, où seroient négociées les Lettres de Change & autres Papiers commerçables, tant de l'intérieur que de l'extérieur du Royaume ; & les Charges d'Agens de Change, créés l'année précédente n'ayant point été levées, S. M. crut plus convenable au nouvel établissement de cette Bourse, de commettre à l'exercice desdits Offices, & de nommer soixante personnes habiles & de probité pour en faire les fonctions, en la forme & sous les conditions prescrites par le Reglement qui en seroit dressé au Conseil.

Ce Reglement contient vingt-cinq articles, qui font partie des quarante-un articles, dont est composé l'Arrêt du Conseil du 24 Septembre 1724, qui ordonne l'établissement d'une Bourse dans la Ville de Paris.

On ne rapportera ici que ceux qui regardent les fonctions des Agens de Change Commissionnaires, renvoyant à l'article de la Bourse ceux qui ne concernent que la Police, qui doit s'observer dans la place de cette Bourse. *Voyez* Bourse.

Les articles de l'Arrêt qui contiennent le Reglement pour les fonctions des Agens de Change, commencent au dix-septiéme inclusivement, & continuent jusqu'au quarante-uniéme & dernier. On va les donner ici dans cet ordre.

XVII. S. M. permet à tous Marchands négocians, Banquiers, & autres, qui seront admis à la Bourse, de négocier entr'eux les lettres de Change, Billets au porteur ou à ordre, ainsi que les marchandises sans l'entremise des Agens de Change ; & à l'égard de tous les autres effets & papiers commerçables pour en détruire les ventes simulées, qui en ont causé jusqu'à présent le discrédit, ils ne pourront être négociés que par l'entremise des Agens de Change, de la maniere & ainsi qu'il sera ci-après expliqué ; à peine de prison contre ceux qui en feront le commerce, & de six mille livres d'amende payable par corps, dont la moitié appartiendra au Dénonciateur, & l'autre à l'Hôpital général, laquelle ne pourra être remise, ni modérée.

XVIII. Toutes négociations de papiers commerçables & effets, faites sans le ministere d'un Agent de Change, seront déclarées nulles en cas de contestations : faisant S. M. défenses à tous Huissiers & Sergens de donner aucune assignation sur icelle, à peine d'interdiction, & de trois cent livres d'amende, & à tous Juges de prononcer aucun jugement, à peine de nullité desdits jugemens.

XIX. Les soixante Offices d'Agens de Change, Banque, & Commerce, créés par Edit du mois de Janvier 1723, n'ayant pas été levés, S. M. ordonne qu'il sera commis à l'exercice desdits Offices, pour les exercer en la forme qui sera prescrite par le présent Reglement.

XX. Il sera fait choix de dix notables Bourgeois & Négocians de la Ville de Paris, lesquels examineront la capacité de ceux qui se présenteront pour être pourvûs des soixante commissions d'Agens de Change, Banque, & Commerce ; & sur l'avis desdits Notables & Négocians, S. M. leur fera délivrer des Lettres en grande Chancellerie pour exercer lesdites Commissions.

XXI. Les Agens de Change seront tous de la Religion Catholique, Apostolique, & Romaine, & François ou Regnicoles au moins naturalisés, ayant atteint l'âge de vingt-cinq ans accomplis, & d'une réputation sans tache ; ceux qui auront obtenu des lettres de respy, fait faillite ou contrat d'atermoyement, ne pourront être Agens de Change.

XXII. Les Agens de Change prêteront serment de s'acquitter fidelement de leurs commissions, entre les mains du sieur Lieutenant Général Civil de Paris, après information par lui faite de leurs vie & mœurs ; & ils ne payeront aucun droit de serment ni de réception.

XXIII. Les Commissions d'Agens de Change pourront être exercées sans aucune dérogeance à Noblesse. S. M. permettant à ceux qui en seront pourvûs, de les exercer conjointement avec les Offices de Conseillers Secretaires du Roi, tant en la grande Chancellerie, que dans les autres Chancelleries du Royaume, sans qu'il leur soit besoin d'Arrêt, ni de Lettres de compatibilité, dont S. M. les a dispensés & déchargés.

XXIV. Arrivant un changement par mort ou autrement dans le nombre des soixante Agens de Change, qui auront été nommés pour exercer lesdites Commissions ; l'examen de ceux qui leur succederont, sera renvoyé aux Syndics des Agens de Change en place, sur l'avis desquels il leur sera expédié de nouvelles commissions.

XXV. Les Agens de Change seront tenus de se trouver tous les jours à la Bourse, depuis dix heures du matin, jusqu'à une heure après midi, à l'exception des Dimanches & Fêtes, sans qu'ils puissent s'en dispenser pour quelque cause que ce soit, si ce n'est en cas de maladie.

XXVI. Ils tiendront chacun un Registre Journal qui sera cotté & paraphé par les Juges & Consuls de la Ville de Paris ; sur lequel S. M. leur enjoint de garder une notte exacte des lettres de Change, billets, & autres papiers commerçables, & des marchandises & effets qui seront par eux négociés, sans y enregistrer aucuns noms, mais en distinguant chaque partie par une suite de numero, & de délivrer à ceux qui les employeront, un certificat signé d'eux de chaque négociation qu'ils feront ; lequel certificat portera le même numero & sera timbré du folio, où la partie aura été inscrite sur leur Registre.

XXVII. Les Agens de Change auront foi & serment devant tous Juges, pour les négociations qu'ils auront faites ; auxquels Juges, ainsi qu'aux Arbitres, qui pourront être nommés, ils seront tenus, lorsqu'ils en seroient requis, d'exhiber l'article de leur Registre, qui sera le sujet de la contestation.

XXVIII. Lorsque les négociations de lettres de Change, billets au porteur, ou à ordre, & de marchandises, seront faites à la Bourse, par le ministere des Agens de Change; le même Agent pourra servir au tireur & au vendeur, & à l'acheteur des marchandises.

XXIX. A l'égard des négociations des papiers commerçables & autres effets, elles seront toujours faites par le ministere de deux Agens de Change, à l'effet de quoi les particuliers, qui voudront acheter, ou vendre des papiers commerçables & autres effets, remettront l'argent ou les effets aux Agens de Change avant l'heure de la Bourse, sur leurs reconnoissances, portant promesse de leur en rendre compte dans le jour; & ne pourront néanmoins lesdits Agens de Change, porter ni recevoir aucuns effets, ni argent à la Bourse, ni faire leurs négociations, autrement qu'en forme ci-après marquée : le tout à peine contre les Agens de Change qui contreviendront au contenu au présent article, de destitution, & de trois mille livres d'amende, payables par corps, dont la moitié appartiendra au Dénonciateur, & l'autre moitié à l'Hôpital général.

XXX. Lorsque deux Agens seront d'accord à la Bourse d'une négociation, ils se donneront réciproquement leurs billets, portant promesse de se fournir dedans le jour; sçavoir, par l'un les effets négociés, & par l'autre le prix desdits effets; & non seulement chaque billet sera timbré du même numero, sous lequel la négociation sera inscrite sur le Registre de l'Agent de Change qui fera le billet, mais encore il rappellera le numero du billet, fourni par l'autre Agent de Change, afin que l'un serve de renseignement & de contrôle à l'autre : lesquels billets seront réguliérement acquittés de part & d'autre dans le jour, à peine d'y être contraints par corps, même poursuivis extraordinairement en cas de divertissement des deniers ou effets.

XXXI. Les Agens de Change seront pareillement tenus, en consommant leurs négociations avec ceux qui les auront employés, de leur représenter le billet, au dos duquel sera l'acquit de l'Agent de Change, avec qui la négociation aura été faite; & de rappeller dans le certificat qu'ils en délivreront, conformément à l'article 26, le nom dudit Agent de Change, & les deux numero du billet, aussi-bien que la nature & la quantité des effets vendus ou achetés, & le prix desdits effets.

XXXII. S. M. fait très expressément défenses aux Agens de Change, de faire aucune société entr'eux, sous quelque prétexte que se puisse être, ni avec aucun Négociant ou Marchand, soit en commandite, ou autrement; même de faire aucune commission pour le compte des Forains ou Etrangers, à moins qu'ils ne soient à Paris lors de la négociation, sous les peines portées par l'article 29.

XXXIII. S. M. leur défend de se servir, sous quelque prétexte que ce soit, d'aucun Commis, Facteur, ou Entremetteur, même de leurs enfans, pour aucunes négociations de quelque nature qu'elles puissent être, si ce n'est en cas de maladie, & seulement pour achever les négociations qu'ils auront commencées, sans qu'ils puissent en faire de nouvelles, sous les peines portées par l'article 29.

XXXIV. Lesdits Agens de Change ne pourront sous les mêmes peines, faire aucun Commerce, ni directement, ni indirectement, de lettres, billets, marchandises, papiers commerçables, & autres effets pour leur compte.

XXXV. Nul ne pourra être Agent de Change s'il tient les Livres, ou s'il est Caissier d'un Négociant ou autre.

XXXVI. Les Agens de Change ne pourront nommer dans aucun cas les personnes qui les auront chargés de négociations, auxquelles ils seront tenus de garder un secret inviolable, & de les servir avec fidélité, dans toutes les circonstances de leurs négociations, soit pour la nature & la qualité des effets, ou pour le prix d'iceux : & ceux qui seront convaincus de prévarication, seront condamnés de rapporter le tort qu'ils auront fait, & en outre aux peines portées par l'article 29.

XXXVII. Défend S. M. auxdits Agens de Change, de négocier aucunes lettres de Change, billets, marchandises, papiers, & autres effets, appartenans à des gens dont la faillite sera connue, sous les peines portées par l'article 29.

XXXVIII. Leur défend S. M. sous les mêmes peines, d'endosser aucunes lettres de Change, billets au porteur, ou à ordre, ni d'en donner leur aval; mais seulement pourront, quand ils en seront requis, certifier les signatures des tireurs, accepteurs, ou endosseurs des lettres, & de ceux qui auront fait les billets.

XXXIX. Leur défend pareillement S. M. sous mêmes peines, de faire ailleurs qu'à la Bourse, aucune négociation de lettres, billets, marchandises, papiers commerçables, & autres effets.

XL. Il sera attribué auxdits Agens de Change, pour les négociations en argent comptant, lettres de Change, billets au porteur, ou à ordre, & autres papiers commerçables, cinquante sols par mille livres; payables, sçavoir, vingt-cinq sols par l'acheteur, & vingt-cinq sols par le vendeur, ainsi qu'il est d'usage; & à l'égard des négociations pour fait des marchandises, ils en seront payés sur le pied de demi pour cent de la valeur d'icelles, dont un quart pour cent par l'acheteur, & un quart pour cent par le vendeur; sans que sous aucun prétexte ils puissent exiger aucun autre, ni plus grand droit, à peine de concussion.

XLI. Les noms des Agens de Change qui tomberont en contravention & qui auront été destitués, seront inscrits à la Bourse dans un tableau, afin que le Public soit informé de ne plus se servir de leur ministere.

L'Arrêt du 24 Septembre 1724, concernant l'établissement d'une Bourse dans la Ville de Paris, & de soixante Agens de Change par Commission, ne tarda guere d'être exécuté, par rapport à la nomination de ces nouveaux Officiers; & dès le 14 Octobre ensuivant, S. M. ordonna par un second Arrêt de son Conseil, que : Vû les Certificats des dix notables Bourgeois & Négocians, commis pour l'examen de ceux qui se présenteront pour remplir lesdits Offices d'Agens de Change par commission, les soixante dénommés en sondit Arrêt, seroient reçûs pour les exercer; & en conséquence feroient en ladite qualité, les négociations de toutes lettres de Change, de place en place, & sur les Pays étrangers, billets au porteur, ou à ordre, & autres papiers commerçables, & des marchandises & effets, à la charge par lesdits soixante Agens de Change dénommés audit Arrêt, de prêter serment pardevant le Lieutenant Général Civil de la Ville de Paris, que Sa Majesté a commis à cet effet.

On a cru superflu de mettre ici les noms & qualités des soixante Agens de Change, dénommés au précédent Arrêt du 14 Octobre 1724, attendu les différens changemens qui peuvent journellement y arriver, soit par mort, soit pour les causes rapportées dans l'Arrêt du 24 Septembre, soit enfin par plusieurs autres raisons imprévûes; outre que leurs noms doivent être inscrits dans un tableau exposé au Public, soit dans leur propre Bureau, soit dans celui de la Bourse.

*Agens de Change de Lyon, de Marseille, & de Bordeaux.*

Ces trois Villes de France étant, après Paris, celles du plus grand Commerce pour la Banque & le Change, Henry IV, comme on l'a vû ci-dessus, ne les avoit pas oubliées dans la création des Courtiers de Change de l'année 1595, & l'on en avoit destiné douze pour Lyon, quatre pour Marseille, & trois pour Bordeaux.

Il ne paroît pas toutefois que ces créations ayent eu d'exécution, ou du moins il y a bien de l'apparence que l'établissement n'en subsista pas long-tems; puisqu'en 1692, ces trois Villes avoient des Agens de Change érigés, pour ainsi dire, en Offices municipaux, & dans quelques-unes en quelque sorte héréditaires.

Lyon avoit quarante Courtiers pour les Lettres de Change, la Banque, & remise de deniers, & achat des marchandises, & autres biens. Les Particuliers qui en faisoient les fonctions, ne prenoient point de Provisions du Roi, mais les exerçoient sur de simples commissions des Prévôt des Marchands & Echevins, & se faisoient payer de leurs droits & émolumens sur les Tarifs dressés par ces Officiers de Ville, & particuliérement par celui du 31 Décembre 1668.

Le nombre des Courtiers Agens de Change & marchandises étoit encore plus grand à Marseille, & pour ainsi dire, leurs fonctions plus autorisées. Ils étoient quarante-six, qui par la longue possession regardant leurs Commissions comme de vrais Offices, en disposoient comme de Charges héréditaires, les faisoient entrer en partage dans leur famille, & les hypothequoient comme des biens immeubles.

Les choses étoient à peu près sur le même pied à Bordeaux; & ces Commissions y étoient regardées comme des Charges de Ville.

Toutes ces Commissions furent créées & érigées en titre d'Offices formés & héréditaires par trois Edits de l'année 1692, mais de différens mois. Ils n'eurent néanmoins une entiere exécution que pour Marseille & pour Bordeaux, les Courtiers & Agens de Change de ces deux Villes ayant été exemptés de la suppression générale, qui se fit en 1705, dans laquelle ceux de Lyon furent compris comme tous les autres du Royaume.

L'Edit qui ordonnoit cette suppression ayant fait en même-tems une création de cent seize nouveaux Offices de Conseillers du Roi, Agens de Change, comme on l'a pû voir ci-devant, il y en eut vingt pour Paris, & vingt pour Lyon; mais l'Edit du mois de Mai 1707, les ayant encore tous supprimés, à la réserve de ceux de Paris, celui de 1692, subsista pour Lyon, & fut, pour ainsi dire, remis dans sa premiere autorité, à laquelle néanmoins il n'avoit été dérogé que pour le nombre des Courtiers & Agens.

Les droits des nouveaux Agens de Change de ces trois Villes étoient restés sur le pied ancien qu'en recevoient les Commissionnaires, à la réserve que pour ceux de Lyon ils avoient été augmentés & fixés à un demi pour mille, au lieu du tiers attribué par le Tarif de cette Ville, pour l'argent du dépôt, changemens d'especes, traittes, & remises pour les places étrangeres; ce qui s'observe encore aujourd'hui.

M. Savary a traité amplement des Agens de Change, de leur nécessité & fonctions, dans le chapitre 7. du livre 3. de la seconde partie de son Parfait Négociant; & y a expliqué & appliqué les divers articles de l'Ordonnance de 1673, qui concernent ces Officiers. On peut y avoir recours.

*Agens de Change de la Ville d'Amsterdam.*

Il n'est personne qui ne sçache que la Ville d'Amsterdam est une des Villes du plus grand Commerce qu'il y ait au monde, soit par la quantité de remises d'argent que ses Marchands & Banquiers font dans tous les Pays étrangers, soit par le nombre presque infini de marchandises dont ses magasins sont remplis, & qui y entrent ou en sortent sans cesse par le négoce qu'elle entretient jusqu'aux extrémités de la terre.

Pour la facilité de ce vaste Commerce, il y a dans cette fameuse Ville deux sortes de Courtiers ou Agens de Change & marchandises; les uns qu'on nomme *Makelaers*, ou Courtiers Jurés, & les autres *Makelaers*, ou Courtiers Ambulans.

Les Courtiers Jurés sont ceux qui, pour ainsi dire, le sont en titre d'Offices; & qui étant choisis par les Magistrats, prêtent le serment entre leurs mains. On en compte de ceux-ci jusqu'à trois cent soixante-quinze de Chrétiens, & vingt de Juifs, aux places ou charges desquels, lorsqu'elles viennent à vaquer, le Bourguemaître en semestre a soin de pourvoir.

On appelle Courtiers Ambulans, ceux qui, sans avoir de Provisions du Magistrat, & sans avoir prêté de serment en Justice, font les fonctions d'Agens & Courtiers, & s'entremettent des négociations, soit pour les traittes & remises d'argent, soit pour la vente & achat de marchandises. Le nombre de ces derniers est encore plus grand que celui des *Makelaers* Jurés; en sorte que des uns & des autres il y en a plus de mille qui travaillent au courtage, & qui pour la plupart sont très surchargés d'affaires & de négociations.

La seule différence qu'il y ait entre ces deux especes d'Agens & Courtiers de Change & de marchandises, est que les Courtiers Jurés sont crus en Justice, s'il survient des contestations sur le fait de leurs négociations & traittes; & que les Courtiers Ambulans ne sont pas reçûs à faire foi en Justice; & qu'en cas de deni par l'une des parties, les marchés sont déclarés & restent nuls.

Les droits des Agens & Courtiers de Banque & de Change, se payent également par ceux qui donnent leur argent, & par ceux qui le prennent ou qui fournissent les Lettres de Change, à moins qu'il ne soit convenu du contraire.

Ces droits ont été réglés pour Amsterdam par les Ordonnances du mois de Janvier 1613, & 22 Novembre 1624, à raison de 18 s. pour cent livres de gros, qui font six cent florins, c'est-à-dire, 3 sols par chaque cent florins, payables moitié par le tireur, & moitié par le donneur d'argent.

Pour faciliter au Lecteur l'intelligence de la matiere des courtages d'Amsterdam, & des droits qui s'en payent aux Agens & Courtiers, on va ajouter ici la Table que le Sieur Samuel Ricard en a donnée dans son Traité général du Commerce, au titre des Changes.

*Table des Droits de Courtages qui se payent à Amsterdam sur le pied de 18 sols par chaque 100 livres de gros.*

| | |
|---|---|
| Pour 100 livres de gros . . . . | 0 fl. 18 f. |
| Pour 1000 florins . . . . . . | 1 fl. 10 f. |
| Pour 1000 écus que l'on compte comme 3000 florins . . . . . . . | 4 fl. 10 f. |
| Pour 100 livres sterlings que l'on compte comme 1000 florins . . . | 1 fl. 10 f. |
| Pour 1000 daelders ou 1666 $\frac{2}{3}$ flor. . | 2 fl. 10 f. |
| Pour 100 risdales sur Leipsik & Breslaw. . . . . . . . . . | 3 fl. 10 f. |
| Pour 100 ducats . . . . . . | 5 fl. 0 f. |
| Pour 100 cruzades . . . . . | 2 fl. 10 f. |
| Pour 100 florins d'argent de Banque contre de l'argent courant. . . . | 1 fl. 0 f. |
| Pour une Action de 100 livres de gros de la Compagnie des Indes Orientales. . . . . . . . . . . | 6 fl. 0 f. |

*Droits de Courtage qui se payent aux Agens de Change en plusieurs Villes d'Europe.*

A Londres, un quart pour cent livres sterlings, ce qui fait un huitiéme pour chacune des parties.
A Venise, deux tiers pour mille.
A Genes, un tiers d'écu pour cent écus.
A Livourne, demi pour mille.
A Boulogne, un sol pour cent écus.

AGG

AGGOUED-BUND. C'est la meilleure des six sortes de Soies qui se recueillent dans les Etats du Mogol. *Voyez* l'article des Vers à Soie.

AGI

AGIO. Terme de Banque. Dans les Villes de Commerce où il y a des Banques publiques établies, le mot d'Agio exprime le Change, ou la différence qui se rencontre entre l'argent ou monnoie de banque, & l'argent courant, ou monnoie courante & de caisse.

De sorte que si un Marchand en vendant sa marchandise, stipule le payement ou seulement cent livres en argent de Banque, ou cent cinq en argent de Caisse, en ce cas on dit, que l'Agio est de cinq pour cent.

L'Agio de Banque est variable dans presque toutes les Places. A Amsterdam il est ordinairement d'environ trois ou quatre pour cent; à Rome de près de vingt-cinq sur quinze cent; à Venise de vingt pour cent fixe.

Ce terme est originairement Italien & signifie *commodément, à son aise, sans se gêner.* On dit, faire quelque chose à bel Agio, à sa commodité, à son aise, sans se presser. C'est dans ce même sens qu'on s'en sert en Musique, où on le trouve repété si souvent. *Adagio, Adagio,* lentement, doucement, commodément.

AGIO. Se dit aussi pour exprimer le profit qui revient d'une avance que l'on a faite pour quelqu'un; de sorte qu'en ce sens les mots d'Agio & d'Avance sont synonymes; & l'on s'en sert parmi les Marchands & Négocians, pour faire entendre que ce n'est point un intérêt, mais un profit pour avance faite dans le commerce. Ce profit se compte ordinairement sur le pied de demi pour cent par mois, c'est-à-dire, à raison de six pour cent par an. On lui donne quelquefois le nom de Change, quoique ce terme n'y ait pas autrement de rapport.

AGIO. Se dit encore, mais improprement, pour signifier le change d'une somme négociée, soit avec perte, soit avec profit.

Quelques-uns appellent AGIO D'ASSURANCE, ce que d'autres nomment Prime ou Coust d'Assurance. *Voyez* PRIME D'ASSURANCE.

AGIOTAGE. Ce terme ne se prend gueres qu'en mauvaise part, & signifie ordinairement un commerce illicite & usuraire. *Voyez* COMMERCE ILLICITE.

AGIOTER. Faire valoir son argent à gros intérêt: faire un trafic usuraire des billets, promesses, & autres papiers, que les malheurs d'un Etat ont décrédités. *Voyez l'article suivant.*

AGIOTEUR. Terme nouvellement en usage parmi les Marchands, Négocians, Banquiers, & Gens d'affaires; qui signifie une personne qui fait valoir son argent à gros intérêt, en prenant du public des billets, promesses, assignations, & autres semblables papiers, sur un pied très bas, pour les remettre dans le même public sur un pied plus haut.

Les Agioteurs sont des pestes publiques, & des Usuriers de profession, qui en bonne police mériteroient punition exemplaire.

AGITO. Qu'on nomme aussi GIRO. Petit poids dont on se sert dans le Royaume de Pegu. Deux Agiti font une demie biza, & la biza pése cent teccalis, c'est-à-dire, deux livres cinq onces poids fort, ou trois livres neuf onces poids leger de Venise.

AGN

AGNEAU. Jeune animal engendré de la brebis & du belier. Quelques-uns veulent que ce terme dérive du Latin *Anniculus*, qui signifie un an, parce que l'Agneau quitte son nom si-tôt qu'il a passé une année. *Voyez* MOUTON.

On appelle Agneau de lait, celui qui tette encore sa mere.

Suivant l'Arrêt du Conseil du 29 Octobre 1701, il est défendu à toutes sortes de personnes qui élevent & nourrissent des troupeaux dans toute l'étendue du Royaume, de tuer des Agneaux, & d'en vendre; & aux Bouchers, Rotisseurs, Hôteliers, Traiteurs, Cabaretiers, & autres, d'en acheter, tuer, apprêter, & vendre pour être mangés, en quelque tems de l'année que ce soit, si ce n'est dans l'étendue des dix lieues à la ronde de Paris, où il est seulement permis de tuer, apprêter, & vendre des Agneaux de lait, pour être mangés, depuis Noel jusqu'à la Pentecôte; ce qui a été ainsi réglé, pour favoriser le négoce des laines, si utile aux Manufactures du Royaume, & ce en conformité des Ordonnances de Charles IX, de l'année 1563, & des Arrêts du Conseil des 2 Décembre 1666, 11 Février 1668, & 25 Juillet 1676.

Outre la chair des Agneaux, qui se sert sur les tables les plus délicates, on en tire encore, pour le négoce, les peaux, lesquelles étant bien préparées avec leurs laines par les Foureurs, ou par les Mégissiers, s'employent à des fourrures très chaudes, qu'ils appellent Fourures d'Agnelins. Ces mêmes peaux, après en avoir fait tomber la laine par le moyen de la chaux, se passent encore en blanc, autrement dit, en Megie, pour servir à la Ganterie; & la laine qui s'en tire, entre dans la composition de plusieurs sortes d'étoffes & Bonneterie. *Voyez* Pelleterie & Megie.

Il vient de Lombardie certaines peaux d'Agneaux renommées par leur noir luisant, que les Foureurs coupent par petits morceaux, dont ils tavellent ou mouchettent les fourures d'Hermines, pour en faire paroître davantage le blanc.

*Les Agneaux d'un an gras ou maigres, payent en France deux sols la piece de droits de sortie, & 3 sols aussi par piece de droits d'entrée.*

Agneau. On appelle étain à l'Agneau, celui qui par l'essai qu'on en a fait, a été jugé très doux.

Ce mot vient de la marque d'un Agneau Pascal que les Potiers d'étain de Rouen, qui avoient ci-devant usurpé le droit d'essayer tout l'étain qui arrivoit à Rouen, même pour passer debout, avoient coutume de graver sur les pieces qu'ils trouvoient douces. *Voyez* Estain.

Agneaux de Tartarie. Les Tartares Culmicks, & la plupart de ceux qui fréquentent les bords du Volga, ont des agneaux dont la fourrure est précieuse & très estimée des Moscovites. La peau de ces agneaux chargée de leur toison, se vend deux ou trois fois plus cher que tout l'agneau même, après qu'on la lui a tondue. Leur laine est parfaitement noire, d'une frisure forte, très courte, & très douce, & qui a un beau lustre; les plus grands Seigneurs de Moscovie en fourrent leurs robes & leurs bonnets, & il y en a beaucoup qui les préferent aux Martes Zebelines, & aux autres riches fourrures, dont il y a si grand nombre dans toute la Moscovie, & les Etats qui en dépendent.

Agneaux de Perse. Les fourrures de ces agneaux sont encore plus estimées & plus cheres que celles de Tartarie; & à Moscou où on les leur préfere, elles sont toutes grises, & ont la frisure plus petite & plus belle que les autres: on n'en fait gueres que le retroussi des bonnets, à cause de leur prix excessif, & peu de grands Seigneurs sont assez riches pour en avoir des robes entieres.

AGNELET. Jeune Agneau, petit Agneau. *Voyez l'article précédent.*

AGNELINS. Peaux d'Agneaux que préparent les Mégissiers, en les passant d'un côté, & en laissant la laine de l'autre. *Voyez comme dessus.*

Agnelins. Ce sont aussi les laines des Agneaux ou jeunes Moutons, qui n'ont pas encore été tondus, que l'on leve de dessus les peaux, qui proviennent des abatis des Bouchers & des Rotisseurs. *Voyez* Laine.

AGNUS-CASTUS, que quelques-uns nomment aussi *Vitex*. Plante ou arbrisseau, qui quelquefois s'éleve à la hauteur d'un moyen arbre.

L'Agnus-castus se plaît sur les bords des rivieres & des torrens, & dans les lieux âpres & pierreux, quoiqu'on le puisse aussi cultiver dans les jardins. Ses feuilles ressemblent à celles de l'olivier, mais elles sont plus molles & plus longues. Son tronc & ses branches sont ligneuses, celles-ci finissent en plusieurs rameaux longs, déliés & ployans, entremêlés de feuilles, de fleurs, ou de grains suivant la saison. Ses fleurs sont de couleur de pourpre, & quelquefois blanches. Les grains, qui sont proprement son fruit, sont d'abord blancs, & rougissent insensiblement. Bien des gens appellent les grains, petit poivre, ou poivre sauvage, soit à cause de leur figure qui aproche de celle du vrai poivre, soit à cause de leur goût un peu âcre ou aromatique.

Les Anciens ont cru l'Agnus-castus propre à aider à conserver la chasteté; & les Dames d'Athenes dans quelques-unes de leurs cérémonies religieuses remplissoient les lits sur lesquels elles couchoient des feuilles de cet arbrisseau.

La meilleure semence d'Agnus-castus est celle qui est nouvelle, grosse, bien nourrie, & qui vient des Pays chauds, celle des Pays froids ayant beaucoup moins de vertu. Son usage est pour la médecine, où elle s'emploie pour la guérison des maux vénériens.

L'Agnus-castus *paye en France de droits d'entrée cinquante sols du cent pésant.*

## AGR

AGRA, Capitale & centre du Commerce de l'Empire du Mogol. *Voyez* ce qui concerne le Commerce de cette Ville, dans l'Etat général, page 432.

AGRA. Espece de bois de senteur, qui se trouve dans l'Isle de Haynan, dépendant de la Chine. Il y en a de trois sortes. Le plus fin s'achette quatre-vingt taëls le pied à Haynan, & se vend à Canton quatre-vingt dix. La seconde sorte s'achete soixante & dix taëls & se vend quatre-vingt. La derniere s'achete quarante-cinq taëls, & se vend soixante.

AGRA-CARAMBA. Autre bois de senteur qui vient pareillement de l'Isle de Haynan. Il y coute soixante taëls le cati, & se vend à Canton quatre-vingt à quatre-vingt cinq. Ce bois est propre à purger les femmes. Les Japonois en font grand cas, & les Chinois leur en portent beaucoup.

AGRAFE. Terme d'Epinglier. C'est un petit morceau de fil de fer ou de léton plié d'une certaine maniere assez connue, pour attacher ou agrafer un manteau, camisolle, &c. Il y en a de plusieurs façons, d'argent, d'acier, &c. L'agrafe entre dans son œillet, & fait le même effet que le bouton dans sa boutonniere.

Agrafe. Terme de Vanier. C'est l'osier tortillé qui tient le bord d'une hotte, d'une corbeille, d'un panier, & autres tels ouvrages de Vanerie. *Voyez* Vanier.

AGREAGE. On nomme ainsi à Bordeaux ce qu'ailleurs on appelle communément Courtage. *La pipe d'Eau-de-vie de 50 veltes paye à Bordeaux 5 sols pour droit d'agreage. Voyez* Courtage.

AGREER. Trouver bon, approuver, ratifier un contrat d'atermoyement. *Voyez* Ratifier.

Agreer un vaisseau. Terme de Commerce de mer. C'est équiper un vaisseau de ses agreits. On appelle Agreeur, celui qui en fait l'équipement. *Voyez ci-après* Agreits.

Agreer un vaisseau, signifie aussi entre Marchands, l'accepter, convenir du prix pour le fret. *Voyez* Fret.

On dit en proverbe dans le Commerce, Qu'il faut payer ou agréer; pour dire, Qu'un débiteur doit satisfaire son créancier, ou en argent comptant, ou en bonnes paroles.

AGREEUR. Terme de commerce de mer. C'est celui

celui qui fournit à un vaisseau Marchand tout ce qu'il faut pour le mettre en mer. On le dit aussi de celui qui a soin de mettre tous les agreits en ordre, cordages, voiles, poulies, &c. *Voyez l'article suivant.*

AGREITS. Terme de Marine, dont on se sert sur l'Océan. Ce sont les voiles, cordages, poulies, & autres choses nécessaires pour les manœuvres d'un vaisseau, & pour le mettre en état de voguer à la mer. On les appelle aussi en certains endroits Agrez & Agrezils, & sur la Méditerranée on les nomme Sartie. On se sert du terme d'Agreits en ce sens, un tel vaisseau a tous ses Agreits. Le mot d'Apparaux a la même signification qu'Agreits; ce qui fait qu'on ne les sépare presque jamais. On fait des assurances sur le corps & quille du vaisseau, ses Agreits, apparaux, &c. *Voyez* ASSURANCE.

## AGU

AGUILLES. Toiles de Coton qui se fabriquent à Alep. *Voyez* l'article des Toiles de Coton.

AGUITRAN, autrement Poix molle. *Voyez* POIX.

*L'Aguitran paye les droits de la Douane de Lyon sur le pied d'un sol par quintal.*

## AID

AIDE. Celui qui prête secours à un autre, ou qui le sert.

AIDES à Mouleurs de Bois. Ce sont à Paris de petits Officiers de Ville, commis par les Prévôt des Marchands & Echevins, pour emplir les membrures, corder le bois, & mettre dans la chaîne les bois à brûler qui sont de qualité à y être mesurés, qui arrivent & se déchargent sur les Ports; ce qu'ils font en présence & sous les ordres des Mouleurs de bois, qu'ils aident ainsi & soulagent dans ces fonctions, qui sont les principales de leurs Offices. *Voyez* MOULEUR DE BOIS.

AIDES de Maîtres des Ponts. Ce sont des Officiers de la Ville, qu'on nomme autrement Chableurs, qui aident à faire passer les bateaux sous les arches des ponts, par les pertuits, & autres passages difficiles. *Voyez* CHABLEUR.

AIDES à Maçon, Aides à Limosin, Aides à Couvreur. Ce sont ceux qui servent ces Ouvriers, & qui leur portent les matériaux dont ils ont besoin. On les nomme autrement Manœuvres. *Voyez* MANOEUVRE.

AIDES. Se dit en général de tout subside qui se leve par l'autorité du Prince, ou qui s'accorde volontairement par les peuples dans des occasions extraordinaires, pour aider & secourir l'Etat dans ses besoins. En particulier on l'entend en France d'une des Fermes générales du Roi, qui consiste principalement dans les droits qui se levent sur le vin. On appelle Ordonnance des Aides, une Ordonnance de Louis XIV, donnée à Fontainebleau au mois de Juin 1680, qui sert de Réglement pour le commerce, vente, transport, entrée, & sortie des vins tant dedans que dehors le Royaume. On en parle ailleurs. *Voyez* VIN. *Voyez aussi* ORDONNANCE.

## AIG

L'AIGLE, dans le Perche. *Voyez* l'Etat général, page 95.

AIGLE. Grand oiseau de proye, à qui la Poësie donne le nom & la qualité de Roi parmi les oiseaux. L'Aigle a le bec long & crochu, les jambes jaunâtres & couvertes d'écailles, les ongles grandes & fort recourbées, le plumage châtain, brun, roux, & blanc.

On ne parle ici de cet oiseau (qui d'ailleurs n'a pas grand rapport au commerce) qu'à cause de la fameuse pierre d'Aigle, que vendent quelques Droguistes & Epiciers de Paris; & qu'une tradition peu certaine, pour ne pas dire fabuleuse, fait encore présentement passer pour souveraine pour avancer ou reculer les accouchemens des femmes.

Cette pierre est pour l'ordinaire platte, noirâtre, chagrinée, & sonnante, à cause d'une autre petite pierre, quelquefois dure, quelquefois mollasse, qu'elle renferme en forme de noyau.

On l'appelle Pierre d'Aigle, parce qu'on suppose qu'elle ne se trouve que dans les nids de ces oiseaux, qui vont, dit-on, s'en pourvoir jusques dans le fond des Indes, afin de faire éclore plus facilement leurs petits.

Ce sont les Pelerins de Saint-Jacques de Compostelle en Galice, qui rapportent ces pierres, dont ils se fournissent à leur passage par les Pyrenées.

Il y a une sorte de bois précieux, que l'on nomme Bois d'Aigle. *Voyez* ALOE'S & ASPALATHE.

AIGOCERAS, ou Corne de bœuf. C'est la plante que l'on connoît en France sous le nom de Fenegré ou Fenugré.

Cette plante croît en plusieurs Provinces du Royaume, & on la cultive en quelques endroits des environs de Paris. *Voyez* FENUGRE'.

*Le Fenegré paye en France de droits de sortie hors du Royaume 8 sols du cent pésant, & 10 sols de droits d'entrée.*

AIGRE. Se dit des métaux, lorsqu'ils sont faciles à se casser. De l'or aigre, du cuivre aigre, du fer aigre. L'or devient aigre, c'est-à-dire, difficile à mettre en œuvre, lorsqu'on le fond dans des creusets de fer, ou qu'on le brasse, quand il est en fusion, avec des brassoirs de ce métail; ce qui n'arrive pas à l'argent. *Voyez* MONNOYAGE.

AIGRE DE CEDRE. *Voyez* CITRON.

AIGREFIN, ou EGELFIN. Sorte de poisson de mer, assez semblable au Merlan, mais plus long, plus gros, plus ferme, & de meilleur goût, ayant une ligne noire depuis la tête jusqu'à la queue. Il s'en pêche beaucoup sur les côtes d'Ecosse. On le mange frais; & pour le garder on le sale, & l'on le fait fumer & sécher à la cheminée. Le négoce de ce poisson est peu considérable en France; & presque toute la consommation s'en fait sur les côtes où il se pêche.

AIGRETTE. Oiseau qui porte sur sa tête une plume fort blanche, fort fine, & fort haute; c'est une espece de heron.

C'est des plumes de cet oiseau que l'on fait ces belles panaches, dont les Nations qui se couvrent la tête de turbans ou de bonnets, comme les Turcs, les Perses & les Polonois, ont coutume de les orner, & qu'ils y attachent avec de riches bouquets de pierreries. En France on en pare le haut des capelines pour les tournois, & pour les théâtres: on en met aussi sur les bouquets de plumes des dais, & des plus beaux lits.

La plupart des plumes d'Aigrette sont apportées en France du Levant par la voie de Marseille. On les contrefait avec un art merveilleux par le moyen de l'émail tiré à la lampe en filets très déliés. *Voyez* EMAIL.

AIGRETTE. Espece de panache faite avec des plumes de l'oiseau qu'on nomme Aigrette. *Voyez l'article précédent. Voyez aussi* PLUMASSIER.

AIGREUR. Mauvaise qualité des métaux, qu'ils apportent de la mine, ou qu'ils prennent quelquefois à la fonte. On peut remédier à l'une, en les fondant souvent; & prévenir l'autre, en ne les mettant en fusion que dans des creusets & avec des brassoirs convenables. *Voyez ci-devant* AIGRE.

AIGRIR. Donner de l'aigreur. S'AIGRIR. Prendre de l'aigreur. Il se dit des métaux, & de quelques liqueurs.

AIGUE MARINE. Pierre précieuse qui se trouve le long de quelques côtes de la mer Océane. Elle est d'un assez beau verd de mer, qu'on croit qu'elle acquiert à force d'être battue du flux & reflux qui la roule sur le sable. Elle n'est gueres moins dure que l'Ametiste Orientale. *Voyez* AMETISTE.

AIGUILLE, ou EGUILLE. Petit morceau d'acier poli & délié, pointu par un bout, & percé de l'autre, qui sert à coudre, à broder, à faire de la tapisserie, du point, &c.

On appelle le cul, le chas, ou la tête d'une Aiguille, l'endroit troué par où l'on fait passer la soie, la laine ou le fil qu'on veut employer.

Les Aiguilles tiennent un rang assez considérable dans le négoce de la Mercerie, & dans celui des Maîtres Aiguilliers-Alesniers. Il s'en fait une consommation & un débit très grand dans Paris, & de fort gros envois dans toutes les Provinces de France, même dans quelques Pays étrangers.

Les lieux du Royaume où il se fabrique le plus d'Aiguilles, sont Paris, Rouen, & Evreux. Il s'en tire néanmoins une quantité prodigieuse d'Allemagne, particuliérement d'Aix-la-Chapelle, par la voie de Liége, d'où elles sont envoyées par gros paquets quarrés, longs, & couverts d'une forte toile bise.

Chaque paquet contient pour l'ordinaire, cinquante milliers d'Aiguilles de différentes qualités & grosseurs, y en ayant depuis n° 1 qui sont les plus grosses, jusqu'à n° 22 qui sont les plus petites & les plus fines; leur dégré de finesse augmentant ainsi imperceptiblement depuis le premier n° jusqu'au dernier.

Chaque paquet d'Aiguilles de cinquante milliers est composé de treize plus petits paquets; sçavoir douze de quatre milliers, & un de deux milliers. Le paquet de quatre milliers contient quatre paquets d'un millier, & le paquet d'un millier quatre paquets de deux cent cinquante Aiguilles. Sur chacun de ces différens paquets est imprimé le nom & la marque de l'Ouvrier, avec le numero des Aiguilles, & le nombre qui y est renfermé. Tous sont en papier blanc, à l'exception des paquets de deux cent cinquante, dont le papier est d'un gros bleu turquin très fort.

Les treize plus gros paquets, qui composent les cinquante milliers, sont tous ensemble empaquetés dans de gros papier blanc, en six ou sept doubles, bien entouré de ficelle, couvert par dessus de deux vessies de cochon, aussi-bien ficelées; & par dessus le tout est la grosse toile bise, qui sert comme d'emballage au gros paquet. Enfin, sur cette toile est marqué avec de l'ancre les différens numeros des Aiguilles qui y sont.

On prend toutes ces précautions à bien empaqueter les Aiguilles, à cause de leur poliment, qui est très sujet à se gâter par la rouille; ce qui les met absolument hors d'état de vente.

Quoique les Aiguilles soient distinguées par numeros, on ne laisse pas de leur donner encore des noms particuliers, qui ont du rapport aux Ouvriers ou Artisans qui s'en servent, ou aux choses à quoi elles peuvent être propres, dont voici les principaux.

AIGUILLES A TAILLEUR, dans lesquelles sont comprises les Aiguilles à boutons ou à galon, les Aiguilles à boutonnieres, les Aiguilles à coudre ou à rabattre, & les Aiguilles à rentraire.

AIGUILLES A BRODEUR, qui renferment les Aiguilles à passer l'or & l'argent; les Aiguilles à soie, à liziere, ou à enlever; les Aiguilles à frisure, ou à passer du bouillon, qui servent aussi aux Boutonniers. Aiguilles à faire du point; Aiguilles à tapisserie; Aiguilles à perruques, &c.

Il y a encore de certaines Aiguilles que l'on appelle Passe grosse, ou Passe très grosse, qui ne sont d'aucun numero. On les nomme ainsi, à cause qu'elles excédent de beaucoup la grosseur de celles du premier numero. Il s'en consomme peu de cette derniere espece.

Les Aiguilles de Rouen sont les moins estimées de toutes, n'étant pour la plupart fabriquées qu'avec une sorte de fer rafiné, que l'on appelle du Petit acier, qui n'a presque pas de résistance; au lieu que celles des autres Fabriques sont ordinairement faites de pur acier le plus fin; ce qui fait qu'elles cassent plutôt que de plier, & que les pointes en sont plus piquantes. Les Aiguilles de Rouen ont cependant assez de ressemblance pour la façon à celles de Paris & d'Evreux; ayant, comme elles, la tête longue, la canelle bien faite, & la pointe évidée; ce qui ne se rencontre pas dans celles d'Allemagne, dont la tête est plus courte, la canelle moins bien faite, & la pointe plus grossiere, quoique mieux polies.

*Les Aiguilles payent les droits d'entrée & de sortie du Royaume, & des Provinces réputées étrangeres, comme Mercerie, à raison de quatre livres du cent pésant pour l'entrée, & de trois livres pour la sortie.*

Il y a peu de marchandise qui soit à meilleur marché que les Aiguilles, y en ayant qui ne se vendent en détail qu'un liard les quatre. On sera sans doute surpris de ce grand marché, quand on sçaura la maniere de les fabriquer, & le nombre infini de façons qu'il leur faut donner, avant que d'être dans leur dernier état de perfection.

### *Maniere de fabriquer les Aiguilles.*

L'acier d'Allemagne & de Hongrie est estimé le meilleur pour la fabrique des Aiguilles. La premiere façon qu'on lui donne, est de le faire passer par un feu de charbon de terre, & sous le marteau, pour le rendre de quarré qu'il étoit en forme de cylindre ou lingot. Après cette préparation, on le tire par un gros trou de filiere, ce qui s'appelle le dégrossir; ensuite on le remet au feu; d'où étant retiré, on le fait passer de nouveau par un second trou de filiere plus petit que le précédent, & ainsi successivement de trou en trou, toujours de plus petit en plus petit, jusqu'à ce qu'il soit parvenu au point de finesse que l'on s'est proposé de lui donner, par rapport aux especes d'Aiguilles que l'on veut faire, en observant de le mettre au feu chaque fois qu'on le veut faire passer par un nouveau trou de filiere, & de le graisser avec un morceau de lard, pour le rendre plus maniable & plus facile à travailler.

L'acier ayant été de cette façon réduit en maniere de menu fil d'archal, est coupé par petits morceaux, de longueur proportionnée aux Aiguilles qu'on veut faire; puis ces morceaux sont applatis par un des bouts sur une enclume, pour commencer à former la tête de l'Aiguille, ce qui s'appelle *Palmer l'Aiguille*. Ensuite ces morceaux ainsi coupés & palmés sont mis dans le feu pour les amollir davantage, d'où ils sont retirés & percés des deux côtés du plat sur une enclume, par le moyen d'un petit poinçon d'acier bien trempé; ce qu'on appelle *Percer l'Aiguille*.

Après que les Aiguilles ont été percées, on les fait passer les unes après les autres sur un bloc de plomb, pour faire sortir avec un autre poinçon les petits morceaux d'acier qui sont restés dans les têtes, & qui en bouchent les trous; ce qui se nomme *Troquer l'Aiguille*. Puis on en abat les quarres, c'est-à-dire, qu'on lime la tête pour l'arondir, ce qui s'appelle *Evider l'Aiguille*. Ensuite on fait avec la lime ce qu'on nomme la Canelle ou la Railette de l'Aiguille, qui est cette petite cavité ou canelure, qui se voit de chaque côté du plat de la tête.

La canelle étant faite, on forme la pointe avec la lime; ce qui se nomme *Pointer l'Aiguille*. Après quoi l'Ouvrier les marque toutes de son poinçon, puis les dresse avec la lime; ce qui s'appelle *Dresser les Aiguilles de lime*.

Les Aiguilles ayant été dressées de lime, on les fait rougir sur un long fer plat & étroit, recourbé par le bout, dans un feu de charbon de bois, au sortir duquel on les jette dans un bassin d'eau froide pour les durcir; ce qui s'appelle leur donner la trempe, ou *les tremper*.

La bonne trempe des Aiguilles dépend beaucoup de la capacité de l'Ouvrier, qui doit connoître par son expérience le dégré de chaleur qu'il leur faut donner; le trop de chaleur les brûlant, & le trop peu ne les trempant pas.

Après que les Aiguilles ont reçu leur trempe, on les met dans une poële de fer sur un feu plus ou moins vif, suivant la grosseur des Aiguilles, prenant soin de les remuer de tems en tems. Cette façon leur est donnée pour leur faire prendre du corps; ce que les Ouvriers appellent leur donner le revenu, ou les *faire revenir*. C'est encore dans cette façon que l'expérience de l'Artisan est nécessaire; parce que s'il fait trop chauffer les Aiguilles, elles se détrempent & deviennent molles; & si d'un autre côté il ne les fait pas assez chauffer, elles demeurent séches & cassantes.

Les Aiguilles revenues, on les redresse les unes après les autres avec le marteau; la fraîcheur de l'eau dans laquelle elles ont été jettées lors de la trempe, en ayant fait déjetter ou tortuer la plus grande partie. Cette façon s'appelle *Dresser les Aiguilles de marteau*.

Lorsque les Aiguilles ont été dressées de marteau, on les dérouille; ce qui se nomme *les polir*.

Pour faire ce poliment, on prend douze ou quinze milliers d'Aiguilles, plus ou moins, suivant les différentes grosseurs, que l'on range de longueur bout à bout par petits tas les uns contre les autres sur un morceau de treillis neuf, sur lequel on a semé de l'émeril en poudre. Les Aiguilles rangées de cette maniere, on jette encore pardessus de la poudre d'émeril, que l'on arrose avec de l'huile d'olive, ensuite on forme un rouleau du tout, que l'on serre bien fort par les deux bouts & tout autour, avec de la menue corde neuve.

Ce rouleau est mis sur une table de bois épaisse, quarrée, longue, qui s'appelle le Polissoire, & pardessus une forte planche, que l'on charge de pierres, & que deux hommes font aller & venir alternativement à force de bras, pendant un jour & demi, ou deux jours; ensorte que le rouleau étant continuellement agité par la pésanteur & le mouvement de la planche qui est dessus, les Aiguilles qui sont dedans, & qui se frottent les unes contre les autres avec l'huile & l'émeril, se dérouillent & se polissent insensiblement.

En Allemagne, le poliment des Aiguilles ne se fait point à bras; on se sert pour cela de moulins à eau; & l'on prétend que c'est la meilleure maniere & qui coute le moins.

Les Aiguilles suffisamment polies sont retirées de dedans le treillis, pour les nettoyer du camboui ou couroi qui s'y trouve attaché; ce qui se fait par le moyen de l'eau de riviere ou de fontaine, qu'on fait chauffer, & dans laquelle on a fait dissoudre du savon; cela s'appelle *Lessiver les Aiguilles*.

Les Aiguilles étant bien lavées & lessivées, on les ressuye dans du son chaud un peu mouillé, que l'on met avec les Aiguilles dans une boete ronde, suspendue en l'air par une corde, que l'on agite jusqu'à ce que le son soit sec, & les Aiguilles ressuyées. On nomme cela *Vaner les Aiguilles*.

Les Aiguilles suffisamment vanées dans deux ou trois sons différens, sont tirées de la boete, séparées du son, & mises dans des écuelles de bois pour les trier, c'est-à-dire, pour séparer les bonnes d'avec celles dont les pointes ou les têtes ont été cassées, soit en les polissant, soit en les vanant.

Ce triage étant fait, toutes les têtes sont mises d'un même côté; ce qui s'appelle *Détourner les Aiguilles*. Ensuite on en adoucit les pointes par le moyen d'une pierre d'éméril, que l'on fait tourner avec un rouet; & c'est par cette derniere façon, appellée *l'Affinage des Aiguilles*, qu'on en acheve la fabrique.

Enfin, après l'affinage elles sont mises par deux cent cinquante dans de petits morceaux de papier bleu, que l'on plie proprement, & dont on forme de plus gros paquets, ainsi qu'il a été ci-devant dit.

Aiguilles. Se dit aussi de plusieurs sortes d'instrumens d'acier, de fer ou de léton, de différentes longueurs, grosseurs, formes, & figures, qui ont chacun leur usage particulier, & dont quelques Marchands Merciers font négoce, aussi-bien que les Maîtres Aiguilliers, qui sont les Artisans qui les fabriquent.

Toutes ces différentes sortes d'Aiguilles vont être ci-après expliquées chacune à leur article.

Aiguilles a Chirurgien. Ce sont de petits instrumens d'acier polis & courbes, qui ont une pointe triangulaire d'un côté, & une tête ronde & trouée de l'autre. Il y a des Aiguilles à Chirurgien de diverses grosseurs, dont les noms sont différens, suivant les choses à quoi elles peuvent être propres. Les plus grosses se nomment Aiguilles à amputations; les moyennes, Aiguilles à playes; & les fines, Aiguilles à sutures. Il y a d'autres Aiguilles à Chirurgien, qui sont courtes & plattes sur les côtés, qui s'appellent Aiguilles à tendons; d'autres plus courtes nommées Aiguilles à renouer les vaisseaux, dont le trou est vers le milieu. Enfin, d'autres dont la pointe est en langue de chat, que l'on appelle Aiguilles à playes droites.

Aiguille a teste, ou à cheveux. C'est un morceau d'acier, de fer, ou de léton poli, menu, & long d'environ quatre pouces; ayant d'un côté une tête platte trouée en longueur, & de l'autre une pointe peu piquante, qui sert aux femmes à séparer & passer leurs cheveux lorsqu'elles se coeffent.

Aiguille a reseau. On appelle ainsi un certain petit morceau d'acier ou de fer fendu par les deux bouts, dont on se sert à faire ces sortes de reseaux, sur lesquels les Perruquiers cousent les tresses de cheveux, dont ils forment leurs perruques.

Aiguille a emballer. Grosse Aiguille de fer ou d'acier, longue de cinq à six pouces, ronde du côté de la tête, triangulaire & tranchante du côté de la pointe, qui est fort évidée. On l'appelle Aiguille à emballer, parce qu'on s'en sert ordinairement à coudre avec de la ficelle, la toile dans laquelle on emballe les marchandises, les hardes, & autres choses semblables.

Aiguille a matelas. Sorte de grosse Aiguille de fer, longue de douze à quinze pouces, dont les Tapissiers se servent à piquer avec de la ficelle leurs matelas.

Aiguille a ficelle. C'est une espece d'Aiguille longue d'environ trois pouces, beaucoup plus grosse que celles que l'on appelle ordinairement Passe grosse, ou Passe très grosse, dont il a été parlé à l'article des Aiguilles ordinaires. Cette sorte d'Aiguille est appellée à ficelle, parce qu'on s'en sert à coudre avec de la menue ficelle.

Aiguilles a Selliers. Ce sont des Aiguilles à quatre quarres, dont les Selliers cousent leurs ouvrages. On les appelle aussi Carrelets, à cause de leur forme quadrangulaire. Les Aiguilles à Selliers sont grosses, moyennes, ou fines.

Aiguilles a empointer. Ce sont des especes de carrelets beaucoup plus longs & plus forts que ceux des Selliers, dont les Marchands Drapiers, Merciers, & Manufacturiers se servent pour arrêter avec de la menue ficelle, ou du gros fil, les plis des pieces d'étoffes; ce qui s'appelle les empointer.

Les Ouvriers en bas au métier nomment aussi Aiguilles, certains petits fers très déliés & polis, longs d'environ deux pouces, dont la pointe recourbée forme une maniere de petit crochet. Ces especes d'Aiguilles, qui sont applaties par le bout opposé à celui du crochet, sont enchassées ou encastrées deux ou trois l'une contre l'autre dans de petits plombs de figure quarrée longue & platte. Pour les ouvrages de soie, chaque plomb doit porter trois Aiguilles; & pour les ouvrages de laine, de fil, de coton, ou de poil de castor, il n'en doit porter que deux; ce qui est conforme au Reglement du 30 Mars 1700 concernant les bas & autres ouvrages de Bonneterie au métier.

Dans les Manufactures de Bonneterie au tricot, on appelle encore Aiguilles ou broches, des menus & longs morceaux de fil de fer ou de léton polis & arrondis par les bouts, qui servent à tricoter les bas, les camisoles, & autres semblables ouvrages de Bonneterie. *Voyez* Broches.

Le fleau d'une balance commune, ou ordinaire, a une Aiguille au milieu, que l'on nomme aussi Languette, qui marque l'inclination la moins sensible de la balance, & sert à faire connoître la différente pésanteur des choses qui sont sur les plateaux, ou bassins de la balance. *Voyez* Balance.

La balance Romaine a aussi deux Aiguilles ou languettes placées sur sa branche, l'une au-dessus de la broche qui porte la garde forte, & l'autre au-dessus de celle qui soutient la garde foible. Ces Aiguilles ont le même usage que l'Aiguille du fleau de la balance commune. *Voyez* Romaine.

Aiguille. Terme de Cirier. Les Blanchisseurs de cire appellent Aiguille, un long morceau de fil de fer, dont ils se servent pour déboucher les trous de la Grelouoire, lorsque la cire s'y arrête: on le nomme aussi une Broche. *Voyez* l'article de la Cire, où l'on parle de la Manufacture d'Antony & de sa Fonderie.

Aiguille a meche. Terme de Chandelier. On appelle ainsi dans la fabrique des chandelles moulées, une Aiguille de fil de fer, longue d'un pied, qui a un petit crochet à un bout, & une espece d'anneau à l'autre. Cette Aiguille sert à passer la méche dans le moule, en la tirant vers le haut par l'ouverture d'en bas. Pour passer cette meche & l'arrêter au crochet de l'Aiguille, on y attache un petit fil à nœud coulant, que de son usage on appelle fil à meche; c'est ce même fil qui se lie au crochet du culot du moule, afin de maintenir la meche exactement au milieu de la tige du moule. *Voyez* Culot, terme de Chandelier. *Voyez aussi* Chandelle.

Aiguille a enfiler. Les Chandeliers se servent de cette seconde Aiguille pour enfiler avec des pennes les chandelles, & les mettre par livres. Cette Aiguille n'est autre chose qu'une véritable Aiguille de tambourage, longue environ d'un pied. Les pennes dont on se sert à cet ouvrage, sont les bouts de fils qui restent de la chaîne des toiles, après que les Tisserans ont levé leur ouvrage de dessus leurs métiers.

Aiguille. On appelle Aiguille à presser, parmi les instrumens qui servent à la fabrique des hautes-lisses, cette espece de grosse Aiguille de fer, longue de quelques pouces, dont les Ouvriers se servent pour arranger, séparer, ou presser leurs soies ou leurs laines, après qu'ils les ont placées entre les fils de la chaîne, afin de former plus parfaitement les contours du dessein. *Voyez* Haute-lisse.

Aiguille a relier. C'est une longue Aiguille d'acier recourbée vers la pointe, qui a plus ou moins de longueur, suivant le format des Livres. Elle sert aux Plieuses & Couseuses, qui travaillent chez les Relieurs, à porter d'une nervure à l'autre le fil qui traverse le milieu de chaque cahier, & qui l'arrête aux ficelles qui sont perpendiculairement placées sur le cousoir.

Les Marchands Papetiers se servent aussi de cette Aiguille pour coudre les registres qu'ils ont droit de relier concurremment avec les Relieurs. *Voyez* Relieure.

Aiguille a Natier. C'est une sorte Aiguille de fer, de dix à douze pouces de long, dont les Natiers se servent pour joindre ensemble les cordons de nate, & en faire des pieces. L'œil de cette Aiguille est fort large, afin que la ficelle qui sert à les coudre, y puisse passer aisément. Elles sont partie du commerce des Aiguilliers & Quincailliers. *Voyez* NATE & NATIER.

AIGUILLE AIMANTE'E, ou AIGUILLE MARINE. Fil d'archal plié en lozange, ou comme parlent les Géometres, de figure romboïque, qui fait la principale partie & la plus essentielle de la Boussole. *Voyez* BOUSSOLE. *Voyez aussi* AIMANT.

AIGUILLE. Petit bateau de Pêcheurs, dont on se sert sur les rivieres de Garonne & Dordogne. *Voyez* BATEAU.

AIGUILLETTE, ou ESGUILLETTE. Morceau de tresse, tissu ou cordon, rond ou plat, plus ou moins long, ferré par les deux bouts d'un petit morceau de fer blanc ou de léton, rond & pointu, dont on se sert pour attacher quelque chose, ou pour mettre sur l'épaule. On attache le haut de chausse avec une Aiguillette. Les Laquais mettent des Aiguillettes sur l'épaule.

On nomme encore Aiguillettes, certaines touffes de tissus, tresses, rubans, ou cordons ferrés par les bouts; ensorte qu'il se trouve à chaque bout une petite houpette. Ces sortes d'Aiguillettes étoient autrefois très à la mode; elles s'attachoient au bas de la culotte, autour de la ceinture, & sur l'épaule; mais à présent il ne s'en voit presque plus qu'aux impériales des carosses de deuil, où elles servent d'ornement.

Les Soldats aux Gardes Françoises, & quelques autres Regimens des Armées du Roi, en portent sur leurs épaules & à leurs coquardes.

Les Aiguillettes font partie du négoce des Marchands Merciers. Il est cependant permis aux Maîtres Passementiers Boutonniers d'en faire & d'en vendre, pourvû qu'elles soient faites de tresses rondes ou plattes.

On appelle ferets d'Aiguillettes, ces petits morceaux de fer blanc ou de léton, dont les Aiguillettes sont ferées.

AIGUILLETTES DE MAHOT. Ce sont de petites cordes faites avec l'écorce du Mahot filé, dont l'on se sert à plusieurs usages dans les Isles Françoises de l'Amérique, particuliérement pour attacher les plantes de tabac aux gaulettes, lorsqu'on veut les faire sécher à la pente. *Voyez* l'article du Tabac.

AIGUILLETIER. Artisan dont le métier est de ferer des aiguillettes & des lassets. On les appelle aussi Fereurs d'aiguillettes.

AIGUILLIER, ou EGUILLIER. Artisan qui fait & qui vend des aiguilles, des alesnes, &c.

A Paris les Aiguilliers forment une Communauté, dont les Statuts sont du 15 Septembre 1599. Par ces Statuts ils sont qualifiés Maîtres Aiguilliers, Alesniers, Faiseurs de burins, carrelets, & autres petits outils servans aux Orfévres, Imprimeurs, Cordonniers, Boureliers, & autres.

Suivant ces Statuts, aucun ne peut être reçû Maître Aiguillier, qu'il n'ait atteint l'âge de vingt ans, fait apprentissage pendant cinq ans, servi les Maîtres trois autres années après l'apprentissage, & fait chef-d'œuvre. Les enfans de Maîtres sont exempts de toutes ces formalités, pouvant être admis à la Maîtrise après une simple expérience.

Les Maîtres Aiguilliers sont tenus d'avoir des marques distinctes & séparées, pour marquer leurs ouvrages, dont l'empreinte doit être mise en une table de plomb, qui est en la Chambre du Procureur du Roi du Châtelet; leur étant défendu, sous peine d'amende, de vendre aucunes marchandises de leur métier à autre marque que la leur, sans le consentement de celui à qui la marque appartient.



La Communauté des Aiguilliers a quatre Maîtres Jurés, préposés pour tenir la main à l'exécution de ses Statuts, & veiller aux affaires particulieres qui la regardent, dont tous les ans il s'en élit deux nouveaux en présence du Procureur du Roi; ensorte que chaque Juré reste deux années entieres en fonction.

La Communauté des Aiguilliers de Paris ne subsistant qu'avec peine vers la fin du dix-septiéme siécle, & les Maîtres n'étant plus qu'au nombre de cinq ou six, elle fut réunie à celle des Epingliers par des Lettres Patentes de Louis XIV, du mois d'Octobre 1695, avec quelques changemens pour la police; entr'autres à l'égard des Jurés, qui furent réduits à trois, deux Epingliers, & un Aiguillier; les Statuts des deux Communautés restans pour le surplus en leur entier. *Voyez* EPINGLIER; *on y entrera dans un plus grand détail de cette réunion.*

AIGUISER un outil. C'est le rendre plus pointu ou plus tranchant. *Voyez* PIERRE A AIGUISER.

## AIL

AIL. Plante de la nature de l'oignon, qui a l'odeur très forte. Les Espagnols & les Gascons en mangent beaucoup; & le commerce qui s'en fait en plusieurs Provinces de France est assez considérable, pour que cette espece de légume ait trouvé place dans le Tarif de 1664.

*Les Aulx payent de droits de sortie du Royaume cinq sols de la somme, & autant de droits d'entrée.*

AILE. La partie de l'oiseau qui l'éleve ou qui le soutient en l'air lorsqu'il l'étend. On le dit aussi figurément dans les Méchaniques & les Arts & Métiers, de plusieurs instrumens, ou de leurs parties, qui ont quelque rapport avec l'aile de l'oiseau, soit par leur usage, soit par leur figure.

AILE. Les Ailes du moulin à vent, machine si connue, mais si nécessaire pour l'élevation des eaux, la mouture des grains, le sciage des bois, &c. sont les quatre grandes pieces de bois, qui sont emboëtées en dehors dans le bout de l'essieu, qui par ses pignons & ses lanternes fait tourner au dedans les meules ou les roues du moulin. Ces quatre pieces forment une croix, dont chaque bras est garni d'échelons avec des montans de chaque côté. C'est sur ces échelons qu'on attache les toiles qui servent à prendre le vent. Les Ailes d'un moulin à vent se nomment aussi des volants. *Voyez* MOULIN A VENT.

AILE en termes de Tourneur. Signifie deux pieces de bois plattes, de figure triangulaire, qui s'attachent transversalement à une des poupées du tour, pour servir de support lorsqu'on veut tourner des quadres ronds. On appelle Poupées à ailes, celles qui ont de ces sortes de supports. *Voyez* TOUR.

AILE. On appelle les Ailes d'une fiche à ferer les portes, les fenêtres & les guichets d'armoires, les petites platines de fer percées de plusieurs trous qui sont aux côtés des nœuds de la fiche. Ces Ailes, qu'on fait entrer dans une entaille faite au bois, & qu'on y attache avec des pointes de fer qui traversent les trous dont elles sont percées, servant à mettre & à tenir les fiches en place. *Voyez* FICHE.

AILE. C'est en termes de Vitrier, cette partie du plomb tiré au rouet, qui est des deux côtés de la rainure qui entretient les pieces de verre, dont un panneau de vitre est composé. On l'appelle aussi Aileron. *Voyez* TIRE-PLOMB & VITRIER.

AILERON. Petite aile, ou partie d'une aile.

On appelle les Ailerons d'une roue de moulin à eau, les planches qui sont disposées autour de l'axe de cette roue, pour être poussées successivement par le courant de l'eau qui passe dessous, si le moulin est sur une riviere; ou pour être frappées de l'eau, qui en tombant de quelque bassin élevé au dessus de la roue, fait baisser alternativement chaque Aileron. Ces planches se nomment aussi quelquefois des Alichons & des Volets. *Voyez* MOULIN A EAU.

AILERON, se dit encore des deux côtés de la rainure du plomb des Vitriers tiré au rouet. *Voyez ci-dessus* AILE.

## AIM

AIMANT, ou AYMAN, qu'on appelle aussi Calamite. Pierre minérale presque noire, qui a de merveilleuses propriétés; entr'autres d'attirer le fer, & de tourner ses poles vers le Nord & le Midi.

Quelques Auteurs prétendent que l'Aimant a ses propres mines, mais pour l'ordinaire il se trouve dans les mines des métaux, particuliérement dans celles de cuivre & de fer; on l'estime même la marcacite de ce dernier métail.

Les Anciens comptoient de cinq sortes d'Aimant, différens de couleur aussi-bien que de vertu; l'Ethiopique, le Magnesien, le Boetique, l'Alexandrin, & le Natolien. Ils croyoient aussi qu'il y en avoit de mâle & de femelle; mais toute la vertu qu'ils lui connoissoient alors, étoit l'attraction du fer, & quelque usage dans la Médecine, sur tout pour la guérison des brûlures & des fluxions sur les yeux.

Les Modernes, ou plus heureux, ou plus attentifs à étudier la nature de cette admirable pierre, ayant découvert le regard fixe de ses deux poles vers le Nord & vers le Midi, en ont fait le guide de leurs voyages de long cours, en s'en servant pour aimanter & comme pour animer l'aiguille de la boussole.

On ne sçait pas trop l'époque de cette utile découverte, ni à qui l'on en a l'obligation. Quelques-uns la fixent à l'an 1302 & l'attribuent à un Italien du Royaume de Naples, nommé *Flavio de Melphe*, ou *Glavio Gioia*. D'autres remontent jusqu'en 1260, pour la donner au fameux Marc Paul Vénitien, qui la rapporta, disent-ils, de la Chine, comme le plus important fruit de ses longs voyages. Enfin, Fauchet, pour en assurer la gloire à la France sa patrie, a cru en voir la description dans les Vers de Guyot de Provins, qui vivoit vers l'an 1100 dans lesquels le Poete l'appelle tantôt *la Marinette*, tantôt *la Pierre Mariniere*.

Quoique l'aiguille aimantée se tourne le plus ordinairement vers les Poles, elle est sujette cependant à plusieurs variations; & l'expérience a fait reconnoître qu'elle déclinoit quelquefois de seize dégrés, de dix-sept, & dix-huit, même de vingt-trois, qui est la plus grande déclinaison qu'on ait observée jusqu'ici. Ce qui est de plus étonnant, c'est que cette déclinaison de l'Aimant n'est pas fixe, & qu'elle change avec le tems, y ayant des lieux où elle est moindre qu'autrefois, & d'autres où elle est plus grande.

Le fameux Descartes a tâché de rendre raison de ces inégalités, & pour ainsi dire, de ces caprices de l'Aimant. S'il en a bien pénétré le mystere, & si son sistême suffit pour contenter un esprit un peu difficile, c'est aux Sçavans à en juger.

L'on a cru que dans un Dictionnaire de Commerce on ne pouvoit pas se refuser cette espece de disgression sur la boussole, à qui celui de mer est redevable des plus grands avantages qu'il procure aux Négocians qui le font. On revient donc à l'Aimant, qui y a donné occasion.

Non seulement l'Aimant a la vertu d'attirer le fer, mais il la communique même à ce métail, qui néanmoins ne la conserve qu'autant qu'on ne lui fait point changer de figure. Le feu, la rouille, & l'humidité diminuent la vertu de l'Aimant, & la lui peuvent faire perdre; ce que les Marchands qui en vendent doivent observer.

L'on arme ordinairement l'Aimant pour augmenter sa force. On appelle un Aimant généreux celui qui attire fortement le fer. Enfin les meilleures marques du bon Aimant sont d'être solide, raisonnablement léger, peu poreux, d'un noir luisant, ou du moins d'un bleu obscur & foncé tirant sur le roux.

Outre cet Aimant, les Marchands Droguistes vendent une espece d'Aimant blanc; mais la plupart des Auteurs nient qu'il y en ait de cette couleur; & en effet, ce qu'on lui substitue n'est souvent qu'une marne ou terre blanche qui se trouve attachée à l'Aimant commun, quand on le tire de la mine. La meilleure, si toutefois elle a quelque vertu, est celle qui vient d'Auvergne; & qui mêlée apparemment de quelques particules de l'Aimant qu'elle environnoit, a la force d'enlever de petites aiguilles, ou de mettre en mouvement de la limaille de fer.

Il fut trouvé en 1691 au haut du Clocher de l'Eglise de Chartres, une piece de fer changée en Aimant, dont la vertu, soit pour l'attraction du fer, soit pour le mouvement de ses Poles vers le Nord & le Midi, l'emportoit même sur celle de l'Aimant ordinaire. Cette transmutation, peut-être l'unique qui soit arrivée, ou du moins qu'on ait remarquée jusqu'ici, donna alors lieu à une sçavante Dissertation, où le Lecteur curieux pourra avoir recours, aussi-bien qu'aux Journaux François & Etrangers de cette année. Cette matiere ayant trop peu de rapport avec le Commerce, on n'ose se donner la liberté de faire ici une seconde disgression pour en parler.

Monsieur Butterfield, habile fabricateur d'Instrumens de Mathématique à Paris, avoit entr'autres très belles & très fortes pierres d'aimant, un morceau de celle du Clocher de N. D. de Chartres. Elle n'est guere plus grosse qu'environ un pouce ou quinze lignes en quarré. Elle est assez forte pour sa grosseur. Il y a eu cent quatre-vingt quatre ans employés à la formation de cette pierre, depuis 1507 jusqu'en 1691.

## AIN

AIN. Vieux mot, qui signifie hameçon. *Voyez* HAMEÇON *ou* PESCHEUR.

AINE. Petite brochette, ou menu bâton assez long, qui sert à enfiler les harengs par la tête, pour les mettre sorer à la fumée dans des lieux destinés à leur donner cette façon. *Voyez* HARENG SORET.

## AIR

AIRAIN. C'est proprement le cuivre rouge. *Voyez* Cuivre.

*L'Airain non ouvré paye en France de droits de sortie du cent pésant trois livres, & de droits d'entrée cinquante sols.*

L'Airain de Corinthe étoit très fameux dans l'Antiquité. *L. Mummius* ayant saccagé & brûlé cette Ville Grecque la cent cinquante-huitiéme Olympiade, ou cent quarante-six ans avant J. C. on prétend que ce précieux Airain se forma des immenses richesses d'or, d'argent, & de cuivre dont Corinthe étoit remplie; & que ces métaux s'étant fondus & mêlés ensemble par l'ardeur & la violence de l'embrasement, composerent comme un nouveau métail. Les statues & les vases, qui ensuite en furent formés par d'excellens Ouvriers, n'eurent point de prix; & quoique la main du Sculpteur soit ordinairement ce qui fait celui de ces sortes de choses, la matiere sembla alors le disputer, & peut-être l'emporter sur la perfection de l'art.

Ceux qui ont parlé avec exactitude de cet Airain, en distinguent trois especes; l'une où l'or est le métail dominant; l'autre, où c'est l'argent; & la troisiéme, où l'or, l'argent, & le cuivre sont en parties égales. Il y a bien de l'apparence que ce que le hasard fit autrefois, l'art pourroit présentement l'imiter : mais comme c'est la rareté qui met le prix à la plupart des choses, il est également véritable que la facilité qu'un habile Ouvrier y trouveroit, seroit cause qu'on feroit peu de cas de nouvel Airain, quelque pareil qu'il fût à celui de Corinthe même.

## AIS

AIS. Piece de bois de sciage longue & peu épaisse. *Voyez* Bois.

*Les Ais de sapin paye en France de droits de sortie trois livres dix sols du cent en nombre.*

Ais. L'on se sert dans l'Imprimerie de deux sortes d'Ais; d'Ais à desserrer, & d'Ais à ramette, ou à tremper. Les uns & les autres sont de bois de chêne d'un pouce environ d'épaisseur, sous lesquels sont attachées à deux pouces & demi environ des extrémités, deux barres qui les élevent assez pour donner prise, & les transporter facilement.

Ais a desserrer. Ces Ais ont ordinairement, ou deux pieds de long sur un de large, ou un pied & demi de long sur un bon pied de large, selon l'étendue des formes auxquelles ils sont destinés. Ces Ais doivent être fort unis. Ils sont toujours par paire, & de même hauteur. Ils servent aux Compositeurs pour desserrer & rincer leurs caracteres.

Ais a ramette ou a tremper. Ils ont communément deux pieds & quelques pouces de long sur un pied & demi de large, & servent soit aux Compositeurs pour desserrer les Placards, & les Ouvrages à longues lignes; soit aux Imprimeurs de la Presse, pour ouvrir leur papier lorsqu'ils le trempent, & pour le charger après qu'ils l'ont trempé. *Voyez l'article de l'*Imprimerie.

Ais. Les Maîtres Relieurs de Livres ont trois sortes d'Ais, qui servent à la Relieure. Les uns s'appellent des Ais à rogner, d'autres des Ais à fouetter, & d'autres encore des Ais à presser. Les uns & les autres sont doubles; mais ils sont différens suivant ces trois divers usages.

Ais a rogner. Ces Ais sont étroits & longs, ensorte qu'ils excédent de quelques pouces la longueur du Livre ou du papier qu'on veut rogner : l'un, qui s'appelle Ais de devant, régle la rognure de la tranche; c'est le plus étroit : l'autre, qu'on nomme Ais de derriere, & qui est le plus large, soutient la tranche que l'on rogne. Les Papetiers se servent d'Ais à rogner tout semblables à ceux des Relieurs.

Ais a fouetter. Ce sont des Ais sur lesquels l'on passe la ficelle ou fouet, dont on fouette le dos des Livres, après qu'ils ont été couverts, pour en bien former la nervure. Ils doivent être aussi longs & aussi larges que les Livres qu'on veut fouetter, à les prendre au défaut du dos pour la largeur.

Ais a presser. Ils sont aussi longs que les Livres reliés, mais moins larges. De tous les Ais des Relieurs, ce sont les plus forts, afin qu'ils puissent mieux soutenir l'effort de la grande presse. On s'en sert pour mettre les Livres en presse, après qu'ils ont été deffouettés. *Voyez l'article des Relieurs; on y parle plus en détail de ces trois sortes d'Ais, & de leur usage.*

Ais feuille'. Terme de Vitrier. C'est un Ais de bois de chêne long & large à volonté, sur lequel sont poussées plusieurs rainures fort étroites. Les Vitriers s'en servent pour y couler l'étain qu'ils employent pour la soudure de leurs panneaux, & pour souder leurs liens, afin de le réduire en petites lames.

Ais. Les Marchands Etaliers Bouchers appellent ainsi un établi, ou forte table, de plusieurs pouces d'épaisseur, & de sept à huit pieds de long, qui occupe tout le devant de leur boutique. C'est sur cet Ais qu'ils coupent & dépecent leur viande pour le détail. A un bord s'arrangent les instrumens propres à cet usage, comme les couperets, les fendoirs, & les couteaux : de l'autre sont pendues les balances pour péser. Ils ont aussi une escouvette, ou petit balai de bouleau, pour tenir cet Ais propre.

Ais de carton. Ce sont des feuilles de carton extrémement fortes & épaisses, qui servent particuliérement pour faire la couverture des Graduels, Antiphoniers, & autres tels grands Livres d'Eglise. *Voyez* Carton *&* Cartonnier.

AISNE-LE-CHASTEAU en Berry. *Voyez* Commerce de Berry dans l'Etat général, page 96.

AIS-SY, qu'on nomme plus ordinairement Aisseau & Bardeau. Petit Ais ou planche fort mince de la grandeur d'une thuile, qui sert en quelques lieux à couvrir les maisons. On dit Ais-sy, comme qui diroit Ais-scié. *Voyez* Bardeau. *Voyez aussi l'article des Bois.*

AISSEAU, qu'on nomme ordinairement Bardeau. Petit ais quarré, qui en quelques Provinces de France sert à couvrir les maisons au lieu de thuile. *Voyez* Bardeau.

AISSIEU, ou ESSIEU. Piece de bois de charronage, ordinairement d'orme, & quelquefois de charme, qui se débite & s'envoye en grume. Les Aissieux en grume font partie du commerce des bois. *Voyez* Bois. *Voyez aussi* Orme *&* Charme.

AISSIL. Vieux mot qui signifie Vinaigre. Il se trouve dans les anciens Statuts de la Communauté des Vinaigriers. *Voyez* Vinaigre.

AISSIN. Certaine mesure de froment, dont il

est parlé dans les anciennes Ordonnances de la Ville de Paris, qui n'en expliquent pas la contenance.

AJU

AJUSTER. } *Voyez* { ADJUSTER.
AJUSTOIR. } *Voyez* { ADJUSTOIR.

AIX

AIX en Provence. *Voyez* ce qui concerne cette Ville, dans l'Etat général, page 129.

AIX-LA-CHAPELLE, Ville Impériale. *Voyez* dans l'Etat général, page 278.

ALA

ALAIS, Ville du Languedoc. *Voyez* ce qui est dit des Fabriques établies dans cette Ville, dans l'Etat général, page 215.

ALANA. Espece de craye ou de pierre tendre un peu rougeâtre, que l'on appelle autrement Tripoli. *Voyez* TRIPOLI.

ALANCHE en Auvergne. Commerce de cette Ville. *Voyez* l'Etat général, page 101.

ALAQU, un des Comptoirs des Hollandois dans l'Isle de Sumatra. *Voyez* l'Etat général, p. 285.

ALB

ALBASTRE. Espece de marbre tendre & facile à tailler. Il y en a de plusieurs sortes. Le plus commun est blanc & luisant; il étoit autrefois le moins estimé. On n'estimoit gueres non plus celui qui étoit couleur de corne & transparent. Le plus précieux tiroit sur le jaune, un peu semblable au miel, & étoit marqueté de quelques points ou venules. Le blanc semble à présent l'emporter sur les autres. On en fait des statues, des colomnes & des vases de diverses grandeurs. Les Anciens se servoient de ces vases pour mettre leurs parfums les plus exquis.

Les Contrées de l'Europe où il se trouve le plus d'Albâtre, sont l'Allemagne, du côté de Coblents; le Mâconnois, aux environs de Cluny; l'Italie, vers Rome, dont celui de Montaïout se distingue, non-seulement par sa blancheur, mais encore pour la grosseur de ses blocs ou morceaux, y en ayant de si considérables, qu'on en peut aisément former des statues aussi grandes que nature. Il s'en voit aussi en quelques endroits de Lorraine, qui n'est pas beaucoup estimé.

*L'Albastre non ouvré paye en France quatre sols du pied de droits d'entrée, & autant pour la sortie.*

ALBAZARIN, ou ALBARAZIN. Sorte de laine d'Espagne. *Voyez* LAINE, *où il est parlé de celles d'Espagne.*

ALBERNUS. Espece de camelot ou bouracan, qui vient du Levant par la voye de Marseille.

*Par le Tarif de la Douanne de Lyon les Albernus payent dix sols de la piece pour l'ancien droit, & cinq sols pour la nouvelle réapréciation. Voyez* BOURACAN.

ALBERTUS. Monnoie d'or frappée en Flandres pendant le gouvernement d'Albert Archiduc d'Autriche. Il est du poids de quatre deniers, au titre de vingt-un carats trois quarts. Sa valeur est d'environ huit livres de France, où néanmoins il n'est reçu qu'au marc dans les Hôtels des Monnoies, pour être fondu & converti en Louis d'or.

ALBS. Petite monnoie d'Allemagne qui vaut huit fenins du pays, c'est-à-dire, un sol quatre deniers de France.



ALBUS. Petite monnoie de Cologne qui vaut douze deniers ou deux creusizers. Il faut 78 albus pour la richdale, valant 60 sols de France.

*Nota.* L'on ne peut absolument fixer le prix de ces deux monnoies, à cause des variations qui arrivent sur celles de France. Il est vrai que la richdale de 78 albus de Cologne a été fixée à 60 sols de France, mais le marc d'argent monnoyé ne valoit alors que 27 livres, au lieu qu'il est aujourd'hui à 49 livres seize sols.

Dernis, dans son *Traité des Changes étrangers*, imprimé en 1726, qui se vend chez Huguier, Quay des Augustins, a établi la parité des monnoies étrangeres avec celles de France, à quelque prix que puisse être le marc d'argent.

ALBY, en Languedoc. *Voyez* ce qui concerne cette Ville dans l'Etat général, page 213.

ALC

ALCANA. Drogue qui sert à la teinture, qui vient d'Egypte, & de quelques autres endroits du Levant. Les Botanistes appellent *Ligustrum Ægyptiacum*, ou Troesne d'Egypte, la plante qui produit cette teinture.

La couleur qu'on tire de ses feuilles, est rouge ou jaune, suivant qu'on la prépare; jaune, si on la fait tremper dans de l'eau; & rouge, si on la laisse infuser dans du vinaigre, du citron, ou de l'eau d'alun.

L'huile qu'on extrait des bayes de l'Alcana, est d'une très agréable odeur, & a quelque usage dans la Médecine, particuliérement pour adoucir les nerfs. On l'appelle Huile de Cyprus, qui est aussi le nom que l'on donne quelquefois à la plante.

ALCAVALA. Droit de Douanne que l'on paye en Espagne & dans l'Amérique Espagnole. C'est un droit d'entrée à raison de cinq pour cent du prix des marchandises.

ALD

ALDERMAN. On nomme ainsi en Angleterre ce qu'on appelle à Paris, Garde ou Juré. Chaque Corps de métier a son Alderman, qui est chargé de veiller à la police du Corps & à l'exécution de ses Statuts.

ALE

ALENÇON, (Généralité d') en Normandie. *Voyez* ce qui est dit de la diversité & de l'importance de son Commerce, dans l'Etat général ci-devant page 107.

ALEP, Ville de Syrie. *Voyez* l'Etat général, page 349.

ALESNE. Outil d'acier emmanché de bois, le plus ordinairement de buis, qui sert comme d'aiguille à plusieurs Artisans, qui travaillent en cuir épais, & qui le cousent.

L'Alesne a une pointe très acerée & très fine, d'où elle va toujours en grossissant jusqu'à l'endroit où elle tient au manche. Elle est courbée en arc; ce qui est plus commode pour l'ouvrage, & moins sujet à blesser l'Ouvrier. Quand le cuir est foible, on se sert du carrelet, qui est une grosse aiguille à quatre quarres.

Les Artisans qui se servent le plus communément de l'Alesne, sont les Selliers, Cordonniers, Saveriers, Boureliers, Malletiers, &c. Ce sont les Maîtres Aiguilliers, & depuis leur réunion les Maîtres Epingliers, qui font & qui vendent les Alesnes. Elles font aussi une partie du commerce des

des Quincailliers, particuliérement de ceux qu'on nomme Marchands de crespin.

ALESNIER. Artisan qui fabrique & qui vend des alesnes, des aiguilles, des épingles, &c. *Voyez* AIGUILLIER.

ALET, en Languedoc. *Voyez* dans l'Etat général, page 214.

ALEVIN. Menu poisson dont on peuple les étangs, les marais, & les rivieres.

ALEVINAGE. On appelle ainsi tous les petits poissons, qui ne seroient pas propres à vendre; & que les Pêcheurs rejettent dans l'eau pour peupler, quand ils les ont pris dans leurs filets.

ALEVINER un étang. C'est y jetter de l'alevin, afin de le peupler.

ALEXANDRETTE, Ville de Syrie. *Voyez* l'Etat général, page 349.

ALEXANDRIE, Ville d'Egypte. *Voyez* CAIRE.

ALEZAN, ou ALZAN. Cheval d'un poil roussâtre, ordinairement avec des crins roux ou blancs.

Il y a six sortes d'Alezans : Alezan brûlé, Alezan bay tirant sur le roux, Alezan poil de vache, Alezan clair, Alezan commun, & Alezan obscur.

Presque tous les Alezans sont estimés; les bruns & les clairs sont les moindres. Les Alezans brûlés sont les meilleurs. *Voyez* CHEVAL, *où il est traité de la connoissance que les Marchands de chevaux doivent en avoir.*

## ALF

ALFANDIGA. C'est ainsi que l'on nomme la Douane de Lisbonne, Capitale du Portugal. L'on sçait assez, que c'est dans ce lieu que se payent les droits d'entrée & de sortie, comme il se pratique dans toutes les Douanes des autres Etats : mais peut-être il ne sera pas inutile à ceux qui y veulent faire commerce, d'être instruits, que tous les galons, franges, brocards, & rubans d'or & d'argent, y sont confisqués, comme marchandises de contrebande; n'étant permis à qui que ce soit en Portugal, d'employer de l'or ni de l'argent filé sur ses habits, ni pour ses meubles.

## ALG

ALGATRANE. Espece de poix. Elle se trouve dans la baye que forme la pointe de Sainte-Helene, au Sud de l'Isle de Plata.

Cette matiere bitumineuse qui sort d'un trou en bouillonnant, à quatre ou cinq pas des bornes où monte la haute-mer, est d'abord liquide comme du goudron; mais à force de bouillir elle devient dure comme de la poix; & l'on peut s'en servir à tous les usages que la poix s'emploie.

ALGER, Etat sur les Côtes de Barbarie. *Voyez* dans l'Etat général, page 365.

## ALI

ALIBAMONS, (les) Nation sauvage dans la Louisiane. *Voyez* l'Etat général, page 517.

ALIBANIES. Toiles de coton qu'on apporte en Hollande des Indes Orientales, par les retours de la Compagnie. *Voyez* TOILE DE COTON.

ALICANTE, Port d'Espagne. *Voyez* l'Etat général, page 243.

ALICHONS. On appelle ainsi en quelques endroits les ailerons ou volets des roues de moulins à eau. *Voyez* AILERONS.

ALICONDE. Arbre qui croît dans quelques endroits de la basse Ethiopie, dont le fruit est semblable à la noix du cocos, mais qui ne vaut rien à manger.

On tire de l'écorce en la battant, une espece de filasse qu'on file, & dont on fait des toiles presque aussi belles que celles de chanvre. *Voyez* le Commerce de la basse Ethiopie dans l'Etat général.

ALIPON-MONTIS-CETI. Espece de Turbit blanc, qui est un puissant purgatif. Il se trouve en plusieurs endroits de Languedoc, particuliérement auprès de Cete, d'où les Botanistes modernes lui ont donné le nom.

On le substitue quelquefois au Sené; ce qui peut être dangereux, étant beaucoup plus violent que cette herbe Orientale. *Voyez* SENÉ. *Voyez aussi* TURBIT.

ALIQUANTE. Terme de Géometrie & d'Arithmétique.

On appelle partie Aliquante, celle qui étant prise plusieurs fois avec une de ses parties aliquotes, compose un nombre ou une quantité. *Voyez* PARTIES ALIQUANTES.

ALIQUOTE. Les parties Aliquotes sont celles qui sont plusieurs fois comprises dans un nombre. *Voyez* PARTIES ALIQUOTES.

ALISIER, ou MICOCOULIER. Espece de grand arbre assez connu en France. Son bois sert à monter les outils à fust des Menuisiers, & à faire des chevilles ou fuseaux pour les rouets ou lanternes des moulins. Le bois destiné à ces derniers ouvrages doit se débiter en morceaux de trois ou quatre pouces en quarré sur seize ou dix-huit pouces de longueur. Paris est le lieu du Royaume où il s'en fait le plus grand négoce. *Voyez* BOIS.

## ALK

ALKERMES. Sirop d'Alkermes; Confection d'Alkermes. *Voyez* ESCARLATE.

## ALL

ALLEGE. C'est sur les rivieres un bateau vuide, qu'on attache à la queue d'un autre plus grand pour l'alleger, & prendre une partie des marchandises dont il est chargé, au cas qu'il vînt à lui arriver quelque accident dans sa route. Les coches d'eau, & les bateaux de conséquence, ne vont jamais sans Alleges, particuliérement quand ils sont beaucoup chargés.

Sur mer on appelle aussi Alleges, certains bâtimens servans à porter les marchandises des vaisseaux, qui, à cause de leur trop grande charge, ont de la difficulté à naviger; ou pour faciliter l'entrée de ceux qui prennent trop d'eau, dans les ports & rivieres, qui n'ont pas suffisamment de fonds.

On se sert encore d'Alleges pour faire le delestage des bâtimens. En quelques endroits on leur donne le nom de Souleges.

Le Maître ne peut retenir la marchandise dans son vaisseau, faute de payement de son fret; mais il peut dans le tems de la décharge, s'opposer au transport, ou la faire saisir, même dans les Alleges ou Gabarres. *Art. 24. du Titre 3. de l'Ordonnance de la Marine de 1681.* *Voyez* GABARRE.

ALLEGES D'AMSTERDAM. Ce sont des bateaux grossiérement faits, sans mâts ni voiles, dont on se sert dans les canaux de cette fameuse Ville, pour décharger & transporter d'un lieu à un autre cette prodigieuse quantité de marchandises qui s'y débitent. Le voileur sert de gouvernail.

ALLEGEAS. Etoffe fabriquée aux Indes Orientales. Il y en a de deux sortes. Les unes sont de coton, & les autres de plusieurs especes d'herbes qui se filent comme le chanvre & le lin. Leurs longueurs & largeurs sont de huit aunes de long sur cinq, six ou sept huitiémes de large ; & de douze aunes sur trois quarts & cinq sixiémes.

ALLEMAGNE, Empire de l'Europe. *Voyez* le Commerce des différens Etats qui le composent, dans l'Etat général, page 129.

ALLER EN TRAITTE. Terme usité dans le commerce des Castors, & autres Pelleteries de Canada.

La différence qu'il y a entre aller en traitte, & Faire la traitte ; c'est que le premier signifie, Aller porter aux Sauvages jusques chez eux des marchandises qui leur conviennent, pour les échanger avec leurs pelleteries : & que Faire la traitte, signifie, Attendre de traitter avec les Sauvages, lorsqu'ils viennent eux-mêmes apporter leurs marchandises aux Villes, Forts, ou Habitations des François, pour les y troquer, & y choisir en échange les choses dont ils ont besoin. *Voyez* TRAITTE, & COUREURS DE BOIS.

ALLEVARD, Montagne dans le Dauphiné. *Voyez* ce qui en est dit dans l'Etat général, page 127.

ALLEVEURE. Petite monnoie de cuivre, la plus petite qui se fabrique en Suéde. Elle ne vaut pas tout-à-fait le denier tournois de France. Deux Alleveures font le roustique, huit roustiques le marc de cuivre, & vingt-quatre marcs la richedale commune, qui est au pair de l'écu de France de soixante sols.

ALLIAGE. Mélange de divers métaux, ou de plusieurs portions d'un même métail de différens titres.

Les Monnoyeurs ne fabriquent point d'especes d'or & d'argent sans alliage, & mêlent toujours du cuivre avec ces deux métaux, suivant certaines proportions portées par les Réglemens, qui ne peuvent être changées que par des Edits, Déclarations, & Ordonnances des Rois.

Les monnoies de billon sont faites de l'Alliage du cuivre, & de quelques parties d'argent fin, aussi ordonnées par le Prince.

Les Orfévres, les Tireurs & Batteurs d'or, & les Jouailliers, sont obligés de se servir d'Alliage dans les matieres d'or & d'argent qu'ils employent ; mais qui doit toujours être moindre que celui des monnoies, pour empêcher le billonnage, qui se commet en fondant les especes, pour les employer dans leurs ouvrages.

Les Fondeurs en bronze ont pareillement leur Alliage de cuivre, d'étain, & de léton, différent suivant les fontes qu'ils font, ou de statues, ou de canons, ou de cloches.

Enfin, les Potiers d'étain se servent, pour la fabrique de leur vaisselle, de l'Alliage du cuivre rouge, du regule d'antimoine, & de quelques autres minéraux. On parlera dans la suite de cet article de toutes les sortes d'Alliages.

Il y a deux sortes d'Alliages qui se font dans la fabrique des monnoies ; l'un, quand on employe des matieres d'or & d'argent, qui n'ont point encore servi pour le monnoyage ; l'autre, quand l'on fond ensemble diverses sortes d'especes ou de lingots de différens titres, pour en faire une nouvelle monnoie.

L'évaluation, ou plutôt la proportion de l'Alliage avec le fin, est facile dans le premier cas ; puisque sçachant par l'affinage le titre des matieres, il n'y a qu'à y ajouter la quantité d'Alliage de cuivre permise ou ordonnée, pour les réduire au titre légitime.

Dans l'autre cas, l'opération a plus de difficulté. C'est néanmoins une des choses qu'il est plus important de sçavoir à un Maître des Monnoies ; & qu'il faut que sçachent aussi tous ceux qui travaillent sur les matieres d'or & d'argent, pour ne pas se tromper dans l'Alliage que les uns & les autres sont souvent obligés de faire de l'or & de l'argent à différens titres.

Tous les Auteurs, qui ont traité des monnoies, ont donné des tables pour faire cette réduction ; & les Arithméticiens, comme on le dira à la fin de cet article, ont leur régle d'Alliage, dont on peut aussi se servir : mais il semble que l'Auteur Anonyme du petit Traité qui se trouve à la suite de celui de M. Boisard, de l'édition de 1711, en a donné la pratique la plus aisée.

Comme cette pratique est commune pour les especes d'or & d'argent, on n'en donnera qu'un seul exemple, après avoir néanmoins averti, que le calcul pour l'Alliage de l'or se fait par les trente-deuxiémes qui manquent au titre, ou qui l'excédent dans les matieres qu'on veut employer ; & que pour l'argent, on compte par grains de fin.

Quand on veut faire cette sorte d'Alliage, ou plutôt l'évaluation de l'Alliage, pour ajouter ou diminuer ce qui manque au titre, il faut dresser un bordereau des matieres qu'on a à fondre, contenant leur qualité, leur poids, & leur titre. Ce bordereau se partage ensuite en deux autres, dont l'un comprend toutes les matieres, qui sont au dessus du titre auquel se doit faire la fonte, & l'autre toutes celles qui sont au dessous.

Chaque bordereau s'étant calculé séparément, on voit par le calcul du premier ce que les matieres fortes de titre ont au dessus du titre ordonné ; & par le calcul du second, ce que les matieres foibles ont au dessous ; ensorte que les deux produits étant comparés, on sçait précisément par une soustraction, combien il faut ajouter ou de fin ou d'alliage, pour réduire toutes les matieres au titre réglé pour la nouvelle fonte. Voici l'exemple qu'en donne l'Auteur Anonyme.

Le titre des Louis d'or, dont la fonte est ordonnée, doit être de 21 carats $\frac{3}{4}$. Pour faire cette fonte, j'ai diverses especes & lingots de différens titres ; j'en dresse d'abord mon premier bordereau de la maniere suivante :

| Numero, | Marcs, | Onces. | | Carats. |
|---|---|---|---|---|
| 1 | 1 | 4 | Jacobus à | 21 $\frac{30}{32}$ |
| 2 | 2 | 6 | Lingots à | 20 $\frac{1}{2}$ |
| 3 | 1 | 4 | Lingots à | 18 $\frac{3}{4}$ |
| 4 | 3 | 6 | Ducats à | 23 $\frac{2}{3}$ |
| 5 | 1 | 4 | Nobles à | 23 $\frac{1}{4}$ |
| 6 | 1 | 4 | Pist. Ital. à | 21 $\frac{1}{2}$ |
| | 12 | 4 | | |

J'ai donc douze marcs quatre onces d'or de différens titres, qu'il faut que je rende au titre de 21 carats $\frac{3}{4}$.

Dans les six articles, qui composent le premier bordereau, il y en a trois qui sont les 1ers, 4e, & 5e, qui se trouvent au dessus du titre ordonné ; & trois autres, les 2e, 3e, & 6e, qui sont au dessous ; je les sépare, & j'en fais deux bordereaux :

Or haut.

| Numero, | Marcs, | Onces. | | Trente-deuxiémes. | |
|---|---|---|---|---|---|
| 1 | 1 | 4 | C'est de bon, | 9 | 32e |
| 4 | 3 | 6 | Idem . . . | 210 | 32e |
| 5 | 1 | 4 | Idem . . . | 96 | 32e |
| Total du bon sur ces trois articles | | | | 315 | 32e |

Or bas.

| Numero, | Marcs, | Onces. | | Trente-deuxiémes. | |
|---|---|---|---|---|---|
| 2 | 2 | 6 | Manquent . . | 110 | 32e |
| 3 | 1 | 4 | Idem . . . . . | 144 | 32e |
| 6 | 1 | 4 | Idem . . . . . | 12 | 32e |
| Total de ce qui manque à ces 3 art. | | | | 266 | 32e |

Comparaison des deux produits,

| | |
|---|---|
| Bon | 315 |
| Manque | 266 |

Reste de bon 49 32e, pour lesquels il faut mettre quatre gros & demi de cuivre ; & alors la fonte sera au titre de 21 carats $\frac{1}{4}$. Le poids des matieres se trouvant par conséquent augmenté jusqu'à douze marcs quatre onces juste, à cause de l'augmentation de l'alliage.

Il ne reste plus qu'à sçavoir comment se peut calculer la proportion qu'il y a entre quarante-neuf trente-deuxiémes d'or fin, & quatre gros & demi de cuivre ; mais l'opération en est facile, pour peu que l'on sçache les premiers élemens de l'Arithmétique, & qu'on soit instruit que 696—32e de bon, valent un marc de cuivre, c'est-à-dire, 64 gros, & que sur ce pied-là cinq trente-deuxiémes & cinq huitiémes valent un gros.

Cet exemple qui est pour l'excédant du titre, peut aussi servir pour le défaut ; mais alors il faudroit ajouter du fin autant de trente-deuxiémes, qu'on en auroit trouvé de manque.

Les principales raisons que les Auteurs donnent de l'alliage des monnoies, sont 1°. Le mélange des métaux, qui au sortir des mines ne se trouve pas d'une pureté parfaite. 2°. Le ménage de la dépense que l'on seroit obligé de faire, s'il les falloit affiner. 3°. L'obligation où l'on est de les rendre plus durs, en y faisant entrer quelque portion d'un autre métail, pour empêcher la diminution que le fray pourroit causer au poids des especes. 4°. La fonte des monnoies étrangeres qui sont alliées. 5°. Les dépenses de la fabrication, qui se doivent prendre sur les especes fabriquées. 6°. Enfin le droit de Seigneuriage qui revient au Souverain, à cause du pouvoir qu'il a de faire battre monnoie dans ses Etats.

L'Alliage du cuivre pour les statues, les canons, ou les cloches, a aussi ses proportions : mais comme elles sont arbitraires, & qu'elles dépendent absolument du goût & de l'expérience des Fondeurs, il n'est gueres possible d'en donner des régles certaines.

M. Felibien prétend, que le bon alliage pour les statues, ou figures de bronze, doit être fait avec moitié de rosette, ou cuivre rouge, & moitié de léton, ou cuivre jaune. D'autres veulent, & c'est le sentiment de M. de Saint-Remy, qu'il doit y entrer quatre livres d'étain, & huit livres de léton sur chaque cent pésant de cuivre rouge. On laisse à ceux qui ont acquis de l'expérience dans la fonte & alliage des métaux, à décider lequel des deux a le plus de raison.

Pour faire l'Alliage propre aux canons, mortiers, & autres pieces d'Artillerie de bronze, on se sert du meilleur & du plus doux étain de Cornouaille. Il en faut jusqu'à six, sept, & huit livres pour cent de cuivre rouge, plus ou moins, suivant que ce dernier métal se trouve de bonne ou de mauvaise qualité.

L'Alliage pour les cloches se fait ordinairement avec vingt livres d'étain le plus dur, sur un cent pésant de rosette.

L'Alliage pour les différentes sortes d'étains destinés pour la vaisselle, ou autres ustenciles, se fait avec le cuivre rouge, la régule d'antimoine, l'étain de glace ou le plomb. Les Potiers d'étain de Paris disent Alloyage, au lieu d'Alliage. Ils ont tiré ce terme de leurs Statuts, où il est dit, que le bon fin étain sonnant sera alloyé de fin cuivre & d'étain de glace. *Voyez* Etain. *Vous y trouverez la maniere d'allier les différentes sortes d'étains.*

Alliage. Est aussi un terme d'Arithmétique, qui se dit du mélange de certaines especes de marchandises ou denrées de divers prix, ou de valeur différente.

Par la régle d'Alliage on connoît, ou le prix commun de ce mélange de choses de différentes valeurs, ou combien il faut de chacune de ces choses, pour en composer un mélange sur un certain pied, afin de les réduire à un certain prix, ou à un certain nombre.

Plusieurs Arithméticiens fameux, particuliérement les Sieurs Irson & le Gendre, l'appellent *Régle d'Alligation*, ou *d'Alliage* : cependant Jean Savary (plus ancien qu'eux) dans sa Théorie & Pratique des nombres, imprimée à Paris en 1644, ne la nomme simplement que *Régle d'Alliage*. Ceux qui auront besoin d'instructions sur cette espece de Régle, peuvent consulter les ouvrages de ces habiles gens ; ils y trouveront amplement de quoi se satisfaire.

ALLIER. Fondre plusieurs métaux ensemble, pour les mêler, ou les joindre l'un avec l'autre ; en telle sorte qu'ils ne forment plus qu'une seule & même matiere. L'or & le fer ne peuvent s'allier par la fonte, non pas même se souder sans le secours du cuivre. L'étain fondu avec l'or, s'allie d'une telle maniere, qu'il est impossible de les séparer ; étant même capable de gâter toute une fonte.

ALLIGATION. Quelques Arithméticiens appellent *Régle d'Alligation*, ce que d'autres nomment *Régle d'Alliage. Voyez ci-dessus* Alliage, *terme d'Arithmétique.*

ALLOCATION. Terme de reddition de compte, qui se dit quand on a approuvé, alloué ou admis un article de l'une des trois parties d'un compte, recette, dépense, ou reprise, pour le passer en compte à l'état final.

ALLONGE. Signifie en termes de Marchands Bouchers, un petit crochet de fer attaché au bout d'un nerf ou membre de bœuf ouvert en deux, en forme d'anneaux. C'est avec ces sortes de crochets qu'ils pendent leur viande à l'étalage de l'étau, ou à la tringle du dedans de la boutique ; ce qu'ils font pour ne la pas manier trop souvent en la présentant aux chalans ; ce qui, sur-tout dans les chaleurs, pourroit la gâter. Ces Allonges se font & se vendent par ceux qui fabriquent les soufflets à Boucher, qui sont de la Communauté des Cercliers & Layetiers.

ALLONGE. Se dit aussi dans le Commerce des Dentelles de Flandre, des morceaux que les Marchands qui veulent frauder le droit de marque desdites Dentelles, font ajoûter, & pour ainsi dire, rentrer aux restes de Dentelles qui ont été anciennement marquées. L'Arrêt du 24 Juin 1684 concernant ladite marque porte, qu'elle sera apposée à l'un des bouts des Dentelles, & aux allonges qui se rencontreront en chacune piece. *Voyez* l'article des Dentelles.

ALLONGE. Aussi terme de Menuisier & de plusieurs autres Arts & Métiers, signifie en general, rendre quelque chose plus longue (& même quelquefois plus large) qu'elle n'étoit auparavant, par l'addition de quelque morceau ou piece de la même étoffe communément.

ALLONGER. En termes de Manufactures de lainage, signifie rendre une étoffe plus longue, à force de la tirer avec des machines on instrumens, pour en avoir un plus grand aunage. Les Réglemens des Manufactures défendent de tirer, allonger, ni arramer aucune piece de marchandise tant en blanc qu'en teinture. *Voyez* RAME, *&* RAMER.

ALLOUE'. Terme en usage dans les Communautés des Arts & Métiers. C'est un garçon qui au sortir du tems de son apprentissage, s'engage chez un Maître du métier dont il est apprenti, pour y faire le tems du service ordonné par les Statuts.

La Déclaration du Roi du 18 Avril 1720, portant Réglement concernant les ouvrages de bas au métier, défend, article XVIII, à tous Ouvriers & Fabriquans dudit métier, demeurans dans les lieux prétendus privilégiés, de faire aucun Alloué. *Voyez* COMPAGNON *&* COMPAGNONAGE.

ALLOUE'. Est aussi un garçon qui s'engage pour un tems chez un Maître, sans avoir fait d'apprentissage. Il y peut apprendre la profession, mais cela ne lui donne pas droit de parvenir à la maîtrise.

ALLOUE'. Terme qui se met dans la marge d'un compte d'ordre, vis-à-vis les articles de dépense. On dit, alloué pour la dépense, & accordé pour la recette & la reprise. *Voyez* ALLOUER.

ALLOUER. Approuver quelque article, le passer, en demeurer d'accord. Il se dit particuliérement en fait de compte, notamment des articles de la dépense, à côté desquels en examinant un compte pour l'arrêter, celui à qui on le rend, met en apostille *Alloué*, pour dire qu'il le passe. Quelquefois on met simplement Alloué, quand la partie est assez justifiée; & quelquefois, Alloué en rapportant quittance, ou justifiant de l'ordre; quand l'article n'est pas assez certain ou assez éclairci. Je vous allouerai cette somme dans votre compte: cette dépense ne lui sera pas allouée; pour signifier, qu'on tiendra compte de l'une, & non pas de l'autre.

ALLOY. Titre ou bonté intérieure que doivent avoir les monnoies, ou les ouvrages d'or & d'argent, suivant les Ordonnances du Prince. L'alloy de l'or s'estime par carats, & celui de l'argent par deniers.

Le terme d'Alloy n'est gueres d'usage dans les monnoies: on s'y sert plus ordinairement des mots de Titre, de Fin, & de Loy. *Voyez ces trois articles.*

Dans l'usage commun on dit, de l'or, de l'argent de bon alloy; pour signifier, de l'or ou de l'argent très fin & à très haut titre. On dit de même, de l'or ou de l'argent de mauvais ou de bas alloy; pour dire, de l'or ou de l'argent au dessous du titre qu'ils doivent avoir.

ALLOY. On se sert aussi de ce terme dans le commerce, pour signifier qu'une marchandise, une drogue n'est pas de bonne qualité.

ALLOYAGE. Terme en usage chez les Potiers d'étain, pour signifier l'alliage ou mélange des métaux. *Voyez* ALLIAGE.

ALLOYAU. Terme burlesque qu'on a donné à la Confrérie des Garçons Marchands, établie à Paris, dans l'Eglise de la basse S. Chapelle du Palais, sous l'invocation de S. Louis. Ils prétendent avoir droit de faire payer un droit de Confrérie à tous les Garçons qui servent les Marchands, à moins qu'ils ne soient reçûs Marchands eux-mêmes; & vont à cet effet en visite chez chacun d'eux pour exiger ce droit. On les nomme vulgairement *les Confreres de l'Alloyau.*

ALLUCHON. Espece de dent de bois, qui entre dans les fuseaux de la lanterne des moulins à vent & à eau, & des autres machines qu'on fait mouvoir par le moyen des roues. *Voyez* FUSEAU *ou* LANTERNE.

ALLUMELLE. Fer délié & plat, qui fait la lame des épées, couteaux, & autres instrumens tranchans.

*Les Allumelles de couteaux de toutes sortes, payent en France de droits d'entrée une livre dix sols du cent pésant.*

ALLUMELLE. Les Maîtres Tabletiers-Peigniers appellent Allumelle, l'outil avec lequel ils polissent & achevent leurs peignes. Il est d'acier, souvent fait d'un morceau de lame d'épée, dont ils émoussent le tranchant. *Voyez* PEIGNE.

ALLUMETTE. Petit bâton de bois sec, de roseau ou de chenevotte, trempé des deux bouts dans du soufre, qui sert à allumer la chandelle. On appelle par mépris Marchand d'allumettes, les Marchands dont le négoce est peu considérable.

*Les Allumettes payent en France de droits d'entrée deux sols du cent pésant, & un sol de droits de sortie.*

ALLURE ou ALLEVEURE. Petite monnoye de cuivre qui se fabrique en Suéde, & qui vaut environ 4 sols de France. Il faut deux allures pour le rousting, & 8 roustings pour le marc de cuivre.

## ALM

ALMADIE. Petit canot de quatre brasses de long, ordinairement d'écorce d'arbre, dont se servent les Négres de la côte d'Afrique, pour trafiquer entr'eux, & avec les Européens.

ALMADIE, est aussi un vaisseau des Indes, fait en forme de navette de Tisseran, à la réserve qu'il a l'arriere quarré. Il y en a de quatre-vingt pieds de long, & de six ou sept de large. Ils peuvent contenir quantité de marchandises; & c'est avec quoi les plus riches Marchands Indiens font leur principal commerce, soit qu'ils les chargent pour leur propre compte, soit qu'ils les louent à fret aux Marchands d'Europe.

ALMANACH. Calendrier ou table où sont marqués les jours & Fêtes de l'année, le cours du Soleil & de la Lune, & quantité d'autres choses curieuses ou nécessaires.

Les Marchands en ont toujours dans leur boutique, & ne manquent point d'en porter dans leur Agenda, pour y trouver les dattes dont ils ont besoin.

ALMENE. Poids de deux livres, dont l'on se sert à péser le safran dans plusieurs endroits du continent des Indes Orientales.

ALMENDINE, ALMANDINE, ou ALBANDINE. Pierre précieuse, qui est une espece de rubis mais plus tendre & plus légere que le rubis Oriental. Sa couleur tire néanmoins plus sur celle du grenat, que sur le rouge du rubis. *Voyez* RUBIS.

ALMONDE. Mesure de Portugal, qui sert à mesurer les huiles. Les Portugais vendent leurs huiles d'olive par almondes, dont les vingt-six font une botte ou pipe. Chaque Almonde est composée de douze canadors, & le canador est semblable au mingle, ou bouteille d'Amsterdam. *Voyez* MINGLE.

ALMOXARISFASGO. On nomme ainsi dans quelques Ports de l'Amérique Espagnole, particuliérement à Buenos-Ayres, un droit de deux & demi pour cent de la véritable valeur des peaux de taureaux, qui se payent au Roi d'Espagne, pour la sortie des cuirs qui s'embarquent sur les vaisseaux d'Europe. Outre ce droit il est encore dû le droit de Quint, mais seulement à raison de quatre réaux chaque cuir. *Voyez* TAUREAU.

ALMUDE. Mesure des liquides. On la nomme plus ordinairement Almonde. *Voyez ci-devant* ALMONDE.

## ALO

ALOE'S. Ce nom est commun à trois choses différentes; à un Arbre très précieux & très rare; à une drogue fort utile dans la Médecine; & à une plante, de la racine & des feuilles de laquelle on tire cette drogue, qui en est le suc. La plupart des Auteurs confondent l'arbre & la plante, sans doute à cause du peu de connoissance que l'on a de l'arbre; & que la drogue que produit la plante, est bien plus connue, & d'un plus grand usage.

On peut juger du prix, & de la rareté de l'arbre d'Aloés par l'origine fabuleuse que les Indiens, & même quelques-uns de nos Auteurs, n'ont point rougi de lui donner, en le faisant croître dans le Paradis terrestre; & ne le faisant venir jusqu'à nous, que par le moyen des eaux qui inondent quelquefois un séjour si délicieux; & l'on en jugera aussi, de ce que d'autres le placent sur des montagnes inaccessibles, & lui établissent comme pour gardiens les animaux les plus féroces.

L'on n'a pas eu besoin de l'arrivée des Ambassadeurs Siamois en France en 1686, pour être désabusé de ces fables, auxquelles personne de bon sens n'est capable d'ajouter foi, non pas même ceux qui les inventent; mais ils ont beaucoup aidé à faire connoître cet arbre, dont il n'y avoit presque que le nom de connu.

L'arbre d'Aloés croît dans la Chine, dans le Royaume de Lao, & dans la Cochinchine. Il est à peu près de la hauteur & de la figure de nos oliviers. Ses feuilles sont aussi semblables aux leurs, & son fruit est rouge, & peu différent de celui du cerisier.

Le tronc de cet arbre est de trois couleurs; ce qui fait trois sortes de bois différens, & de noms, & de propriétés. Immédiatement sous l'écorce il est noir, compact & pésant. Le bois qui suit, est de couleur tannée, leger, veineux, & semblable à du bois pourri. Enfin le cœur est le précieux bois de *Tambac*, ou *Calembac*, plus cher aux Indes que l'or même; & qui faisoit, au gré des Siamois, la partie la plus rare, & qu'ils estimoient le plus, des magnifiques présens qu'ils apporterent à Louis le Grand, de la part du Roi leur Maître.

Le Tambac est d'une odeur forte, mais agréable. Il sert de parfum pour parfumer les habits & les appartemens; de cordial souverain dans l'épuisement & la paralisie; & l'on l'employe aussi pour monter les bijoux les plus précieux qui se travaillent aux Indes.

Des deux autres bois, celui qui suit l'écorce, & qui est noir, a été nommé par les Portugais, à cause de sa noirceur, *Pao d'Aquila*, *Bois d'Aigle*. Il ne s'en fait point de commerce en France, où l'on n'en trouve que dans les cabinets de quelques curieux. Le bois de couleur tannée, qui est entre le bois d'aigle & le tambac, n'est autre chose que le bois de *Calambouc*, qui est le seul véritable *bois d'Aloés*, que les Marchands Droguistes de Paris soient en état de débiter; les deux autres étant trop rares; & tant de bois à qui on donne le nom d'Aloés, étant tous bois supposés, sans vertu, & d'aucune valeur.

Il faut choisir le bois de Calambouc, d'un jaune luisant & bien jaspé au dehors, poreux, & d'un blanc jaunâtre au dedans; leger, résineux, semblable à du bois pourri; d'un goût amer, tel que la drogue qu'on nomme *Aloés* qui pour cela lui a communiqué son nom, & que jetté au feu, il brûle comme la cire, & exhale une odeur agréable. Le vrai Calambouc est ordinairement en morceaux plats; ce qui, avec sa grande legéreté, le distingue aisément de tant d'autres bois qu'on veut lui substituer.

Le Tunquin ne produit pas moins d'Aloés que la Chine & la Cochinchine; & après les Soyes c'est dans cet arbre précieux que consiste sa plus grande richesse.

L'Aloés du Tunquin est si bon, qu'il y en a qui s'y vend jusqu'à mille écus la livre, ce qui s'estime suivant qu'il a plus ou moins de graisse, celui qui n'en a point se vendant à peine trois écus, & n'étant propre qu'à la marquetterie, ou à faire des chapelets, tels qu'on en voit beaucoup à Paris.

Tous les Orientaux, particuliérement ceux qui laissent croître leur barbe, font grand cas de ce parfum, à cause de l'usage établi dans tout le Levant, de n'admettre chez soi aucunes personnes un peu considérables, sans la cérémonie de leur donner le parfum; ce qui se fait en leur couvrant la tête d'une petite toilette ou d'un grand mouchoir d'étoffe de soye, ou de toile de coton, sous lequel on met une cassolette où l'on brûle de l'Aloés, ou quelqu'autre parfum exquis.

Tavernier dans sa relation du Tunquin, assure avoir vû à Hispahan une buche de bois d'Aloés de six pieds de haut, & de deux de tour, qui avoit coûté quarante mille pardos, qui font cinquante quatre mille livres monnoie de France.

LA PLANTE D'ALOE'S, est cette plante que l'on a élevée dans le jardin du Roi à Paris, que plusieurs Particuliers cultivent parmi leurs plantes étrangeres, & dont quelques Droguistes & Epiciers ornent leurs boutiques.

Cette plante croît en bien des endroits des Indes Orientales & Occidentales. Il s'en trouve aussi en Europe, & sur-tout en Espagne, dans les montagnes de la Siera Morena, où elle vient d'une grosseur & d'une hauteur extraordinaire. Ses feuilles sont vertes, épaisses, dures, & piquantes; & on en tire une espece de soie rougeâtre, propre à faire des dentelles, dont on a vû quelques morceaux en France, que M. de Tournefort y avoit apportés d'Espagne. Du milieu des feuilles sort une tige, qui porte sa fleur & son fruit, dont la semence est une graine blanche extrémement légere, & demi ronde.

Les plantes d'Aloés qui ont fleuri plusieurs fois au Jardin Royal, & sur-tout en 1664, ont désabusé de l'erreur populaire, qui étoit presque passée jusqu'aux Sçavans, qu'elles ne fleurissoient que tous les cent ans, & que la fleur faisoit un bruit terrible en sortant; puisqu'on est présentement accoutumé à les voir fleurir; & qu'à l'épanouissement de leurs fleurs, non-seulement l'on n'a jamais entendu ce bruit surprenant, mais qu'on n'en a point du tout entendu.

L'Aloe's, dont on se sert dans la Médecine, & que les Maréchaux employent aussi pour la guérison des chevaux, est le suc de la racine ou des feuilles de cette plante, tiré en consistance d'extrait.

On distingue de trois sortes d'Aloés; le Socotrin ou Lucide, qu'on appelle aussi Succotrin & Ciccotrin; le Citrin, & le Cabalin, qui ne sont pourtant que le même suc, plus ou moins épuré. L'Aloés Socotrin est le meilleur, & vient de Socotra, à l'entrée de la mer rouge, d'où il a pris son nom. Le Cabalin est le moins bon, & ne se donne qu'aux chevaux; d'où peut-être il est appellé Cabalin. Le Citrin est entre deux.

Le Socotrin vient dans de petites vessies extrémement minces. Il faut qu'il soit friable, leger, clair, transparent, de la couleur d'un beau verd d'antimoine, d'un goût amer, presque sans odeur; & que réduit en poudre, il soit d'un jaune doré.

C'est de l'Aloés cicotrin dont l'on se sert en Médecine, mais dont il faut user avec discrétion, étant un purgatif violent.

Il entre dans la composition de ces pilules, qu'on nomme Pilules de Francfort, ou Pilules gourmandes; & fait aussi la baze de celles qu'on appelle Pilules Angéliques.

L'Aloés rosat, & l'Aloës violat, sont des extraits que les Apotiquaires font de cet Aloés, en le dissolvant dans du suc de roses ou de violette; & après l'avoir filtré, en l'exposant au soleil, ou sur un petit feu, pour l'épaissir, & lui donner la consistance propre à le réduire en pilules.

L'Aloés cabalin est noir, sec, presque sans odeur, & vient dans des paniers de palmier ou de jonc. Les Droguistes qui ont de la bonne foi, avouent que c'est une très mauvaise drogue, & qu'il la faudroit défendre, n'étant qu'un résidu brûlé, qui n'a ni force ni vertu; mais ils voudroient que les Maréchaux lui substituassent dans les remedes où ils font entrer l'Aloés, celui qu'on appelle Aloés hépatique.

Cet Aloés vient des Isles de l'Amérique, & est tiré de la racine d'une plante peu différente de l'Aloés du Levant. On l'apporte dans des gourdes ou callebasses de différens poids, depuis deux livres jusqu'à cent. Il faut le choisir couleur de foye, d'où lui vient le surnom d'Hépatique; sec, & le moins puant qu'il se pourra; car pour l'ordinaire il est d'une puanteur insupportable.

*Le Tarif des entrées de 1664 avoit fixé les droits des Aloés; sçavoir, à dix livres le cent pésant pour l'Aloés socotrin ou lucide; à trois livres quinze sols pour le Citrin; à vingt-cinq livres pour l'Aloés Lignum fin; & à trois livres pour l'Aloés moyen, ou cabalin. Mais l'Arrêt du 15 Aout 1685, qui n'en distingue que trois, qui sont l'Apatique, (il devoit dire Hépatique,) le Cicotrin, & le Cabalin, les met du nombre des marchandises venant du Levant, Barbarie, & autres Pays & Terres de la Domination du Grand-Seigneur, du Roi de Perse, & d'Italie; sur lesquelles il est ordonné de lever vingt pour cent de leur valeur.*

ALOIGNE. Terme de Marine, qui signifie la même chose que Bouée. *Voyez* Boue'e.

ALOSE. Sorte de poisson de mer, ressemblant à la sardine pour la figure, mais bien plus grosse. Elle est du nombre de ceux qu'on appelle Poissons de saison, ou de passage; n'ayant coutume de remonter les rivieres, que dans le Printems.

Les œufs d'Alose sont autant estimés dans les Indes Orientales, que ceux d'Esturgeon en Moscovie, & ceux de Meuges dans la Mer noir; & le commerce qui s'en fait n'est gueres moins considérable, s'y en consommant chaque année la charge de plusieurs navires.

*En France, où l'on ne mange que la chair du poisson, le cent d'Aloses en nombre paye vingt sols de droits d'entrée.*

ALOUCHI. Espece de gomme de bonne odeur, qui coule de l'arbre qui produit la canelle blanche. *Voyez* Canelle blanche. *Voyez aussi* Bedelium.

ALOUZE, dans la Généralité de Caen. *Voyez* l'Etat général, page 105.

## ALP

ALPAGNE. Animal à laine, fort semblable aux Llamas & aux Vigognes, à la réserve qu'il a les jambes plus courtes, & le mufle plus ramassé; de sorte qu'il a quelque ressemblance au visage humain. Les habitans du Perou les mettent au nombre des bêtes de charge, & leur font porter jusqu'à cent livres pésant. De leur laine ils font des étoffes, des cordes, des sacs; de leurs os, des instrumens pour les Tisserans; & mettant même leur fiente à profit, ils s'en servent à faire leur feu, soit dans leur chambre, soit à la cuisine.

La laine de l'Alpagne passe aisément pour celle des Vigognes; & il est rare que la laine de ces derniers, qui vient du Perou en Espagne, n'en soit pas fourrée. *Voyez* Vigogne.

ALPARGATES. Mot Espagnol, qui signifie des souliers de corde. *Voyez* Corde.

ALPHABET, TABLE, INDEX, ou REPERTOIRE DU GRAND LIVRE. Ce sont les divers noms que les Marchands, Négocians, Banquiers, & Teneurs de Livres, donnent à une espece de Registre, composé de vingt-quatre feuillets cottés & marqués chacun en gros caractéres d'une des lettres de l'alphabet, suivant leur ordre naturel, en commençant par A, & finissant par Z.

Cet Alphabet, où sont écrits les noms & surnoms de ceux avec lesquels on est en compte ouvert, & les folio du grand Livre où ces comptes sont débités & crédités, sert à trouver facilement & sans peine les endroits du grand Livre dont on a besoin.

ALPHABET, se dit aussi, mais moins ordinairement, des simples tables qui se mettent au commencement des autres livres, dont les Négocians se servent dans les affaires de leur commerce, soit pour les parties simples, soit pour les parties doubles.

On parlera plus amplement de ces divers Alphabets aux articles de ce Dictionnaire, où l'on traite des Livres des Marchands. *Voyez* LIVRES.

ALPHABET, signifie encore les poinçons ou ferremens dont se servent les Graveurs sur métail, pour marquer, graver, ou imprimer les différentes lettres & caracteres qui conviennent à leurs ouvrages, soit pour les légendes, ou autres inscriptions. *Voyez* GRAVEURS SUR MÉTAIL.

Les Relieurs de Livres, Doreurs sur tranche, ont pareillement de petits fers qu'ils nomment Alphabets, avec lesquels ils mettent en or au dos des Livres leurs titres, & le numero de leurs volumes. *Voyez* RELIEUR.

ALPHÆNIX. C'est le sucre d'orge blanc, ou sucre tors, auquel on donne un nom extraordinaire pour le faire valoir.

Ce sucre, qu'on estime bon pour le rhume, se fait avec du sucre ordinaire cuit à casser, que l'on jette sur un marbre graissé d'un peu d'huile d'amandes douces, & que l'on contourne de diverses figures avec un crochet de cuivre. On peut le falsifier avec l'amidon. *Voyez* SUCRE.

ALPISTE, ou ALPICE. Sorte de graine qui sert de nourriture aux oiseaux, sur-tout dans le tems de leur ponte, quand on veut les échauffer. La graine d'Alpiste est de figure ovale, d'un jaune pâle tirant sur isabelle, brillante, & comme lustrée. Elle fait partie du négoce des Grainiers. *Voyez* GRAINE, & GRAINIER.

## ALQ

ALQUIER, qu'on nomme aussi CANTAR. Mesure dont on se sert en Portugal pour mesurer les huiles. L'alquier contient six cavadas; il faut deux alquiers pour faire l'almude.

L'ALQUIER est aussi la mesure des grains à Lisbonne. Cette mesure est très petite, en sorte qu'il ne faut pas moins de deux cent quarante alquiers pour faire dix-neuf septiers de Paris. Soixante alquiers font le muid de Lisbonne, cent deux à cent trois alquiers, le tonneau de Nantes, de la Rochelle, & d'Auray; & cent quatorze à cent quinze, le tonneau de Bordeaux & de Vannes. M. Ricard, dans son Traité du Négoce d'Amsterdam, dit qu'il ne faut que 54 Alquiers pour le muid de Lisbonne.

La mesure de Porto en Portugal s'appelle aussi *Alquier*, mais elle est de vingt pour cent plus grande que celle de Lisbonne; en sorte que le tonneau ne rend que quatre-vingt sept Alquiers de Porto : ce qui s'entend à proportion des autres mesures dont on a ci-dessus donné l'évaluation.

Les grains qui se transportent de l'Isle de Saint Michel à celle de Madere, donnent 4 Alquiers de benefice sur 60 Alquiers, les 60 de S. Michel en rendant 64 à Madere, ce qui est un benefice de $2\frac{2}{3}$ pour cent.

On se sert aussi d'Alquiers dans d'autres Etats du Roi de Portugal, particuliérement aux Isles Açores, & dans l'Isle de S. Michel; dans ces deux endroits suivant le même M. Ricard, le muid est de 60. Alquiers, & il en faut 240. pour le last d'Amsterdam.

ALQUIFOUX. Espece de plomb minéral très pésant, facile à mettre en poudre, & difficile à fondre. Quand on le casse, il paroît en écailles luisantes, d'un blanc tirant sur le noir, assez approchant de la couleur des aiguilles d'antimoine. Les Potiers de terre s'en servent pour vernir leurs ouvrages en verd.

L'Alquifoux vient d'Angleterre en saumons de différentes grosseurs & pésanteurs. Il faut le choisir en gros morceaux, bien pésant, en écailles brillantes, comme gras, c'est-à-dire, doux à manier, & approchant de l'étain de glace.

*L'Alquifoux paye en France les droits d'entrée sur le pied de dix sols du cent pésant, comme le plomb.*

## ALS

ALSACE, Province de France. *Voyez* l'Etat général, page 227.

## ALT

ALTIN. Monnoie de compte de Moscovie. Il vaut trois copecs, à quinze deniers de France le copec. *Voyez* ROUBLE.

ALTOM. On nomme ainsi dans plusieurs des Etats du Grand Seigneur, particuliérement en Hongrie, ce que les Européens appellent communément un Sequin. L'on ne donne cependant guére ce nom qu'aux Sequins frapés au coin du Monarque Turc. *Voyez* SEQUIN.

## ALU

ALUDE. Sorte de basane dont un des côtés est fort velu. *Voyez* BASANE.

ALUMINEUX. Qui est de nature d'alun, qui tient de l'alun, ou qui en est mêlé & imprimé. On appelle Eaux alumineuses, les eaux que les Teinturiers préparent avec l'alun pour disposer les étoffes à prendre la teinture. *Voyez* TEINTURE.

ALUN. Espece de sel fossile, ou minéral blanc, qui se trouve mêlé parmi une sorte de terre, dont on le tire, & on le sépare en la lavant avec de l'eau qui prend toute la qualité du sel, & qu'on fait ensuite bouillir, pour la faire réduire & évaporer, de même qu'on fait au salpêtre.

Il y a de trois principales sortes d'Alun : sçavoir, l'Alun de Rome, ou de Civitavecchia; l'Alun d'Angleterre, autrement appellé, Alun de Roche, Alun blanc, ou Alun de glace, & l'Alun de Liége ou de Méziers.

L'ALUN de Rome est en pierre de moyenne grosseur, rougeâtre au dessous & au dedans, clair & transparent, d'un goût acide & désagréable. Il est rougeâtre, parce que la terre d'où il est tiré, est de cette couleur. Pour le bien choisir, il faut qu'il soit peu rempli de menu, rougeâtre au dedans & au dehors; & sur-tout, prendre garde qu'il ne soit contrefait; car il y en a qui rougissent de l'alun d'Angleterre & de Liége, avec du rouge brun. La vraie marque à laquelle on reconnoît s'il a été contrefait, c'est lorsqu'en le cassant il n'est pas aussi rouge au dedans qu'au dehors.

L'ALUN d'Angleterre est en très grosses masses, ou morceaux clairs & transparens comme le cristal. Il est plus ou moins beau, selon qu'il a été bien ou mal purifié. Il s'en rencontre quelquefois de couleur noirâtre, & un peu humide. Pour le bien choisir, il faut qu'il soit blanc, clair, & transparent, sec, & peu rempli de menu & de pied.

L'Alun de Liege & de Meziers est de la même qualité que celui d'Angleterre, à l'exception qu'il est plus gras.

Ces trois sortes d'Aluns sont employés à différens usages, mais particuliérement pour les teintures. Le meilleur & le plus estimé, est celui de Rome; celui de Liége ou de Meziers est le moindre, parce qu'il est gras, & par conséquent moins propre aux Teinturiers, qui ne s'en servent, que lorsqu'ils n'en peuvent trouver d'autre. Il est assez difficile de teindre sans alun, étant le principal ingrédient qui dispose les étoffes à recevoir la couleur.

L'Alun du Levant n'est gueres différent de ces trois sortes d'Aluns, & sert aux mêmes usages; mais il est moins commun en France, à cause de la facilité qu'il y a d'avoir des autres. L'on peut acheter à Smyrne six mille quintaux d'Alun tous les ans. Il y en a de gros & de menu. Le gros est le bon; & l'on en donne ordinairement trois quintaux de menu pour deux de gros. Le lieu où est la mine d'où se tire l'Alun, est éloigné de six ou sept journées de Smyrne; & comme cette mine est affermée, & qu'il faut nécessairement passer par les mains du Fermier, il en augmente & diminue le prix à son gré, & suivant qu'il voit que les Européens y mettent la presse. On tire aussi de l'Alun de Constantinople, qui est plus gras & meilleur que celui de Smyrne. L'un & l'autre viennent par sacs.

Outre les quatre sortes d'Alun dont il vient d'être parlé, les Marchands Epiciers & Droguistes en comptent encore de cinq sortes, qui sont, l'Alun brûlé ou calciné; l'Alun Succarin, Zaccarin, ou Zuccharin; l'Alun de plume, ou de Sicile; l'Alun Scazolle, autrement Pierre speculaire, ou Miroir d'Asne; & l'Alun Catin, ou de soude.

L'Alun brûlé est de l'Alun de glace mis dans un pot sur un grand feu, qui en fait la calcination, en le rendant plus leger, plus blanc, & facile à mettre en poudre.

L'Alun Succarin ressemble tout-à-fait à du sucre. Il se fait avec de l'alun de glace, de l'eau rose, & des blancs d'œufs, que l'on fait cuire ensemble, jusqu'à ce qu'il soit devenu en consistance de pâte; ce qui le met en état de recevoir la forme qu'on lui veut donner, qui est ordinairement celle d'un pain de sucre; & c'est de-là qu'il tire son nom de Succarin. Lorsque cette pâte est entiérement refroidie, elle devient dure comme de la pierre.

L'Alun de Plume est une espece de pierre minérale, filandreuse, & de différentes couleurs; le plus souvent d'un blanc tirant sur le verd, approchant du talk de Venise, à la réserve qu'elle n'est ni si verte, ni si luisante; & qu'au lieu de se mettre par écailles, elle se leve par filets blancs & doux, semblables à la barbe d'une plume; aussi c'est delà qu'elle a pris son nom d'Alun de Plume. Quelques-uns prétendent que c'est le *Lapis Amiantus* des Anciens.

Voici ce qu'en dit M. de Tournefort dans sa relation de son voyage du Levant.

L'Alun de plume se trouve dans les mines de l'Alun commun qui sont dans l'Isle de Milo, située à l'entrée de l'Archipel. Il y vient par gros paquets, composés de filets aussi déliés que la soie la plus fine; ils sont argentés, luisans, longs d'un pouce & demi ou de deux pouces, de même goût, & comme dit le sçavant Auteur, de même caractere que l'Alun de pierre: aussi soutient-il les mêmes effets & a-t-il la même solution qui est aigrelette & stiptique.

Il ne faut pas confondre l'Alun de plume avec la pierre incombustible, comme font la plupart des Droguistes François, Italiens, Anglois, & Hollandois, qui lui substituent ordinairement une espece de méchante amianthe, que l'on apporte des environs de Carysto dans l'Isle de Négrepont, ou les amianthes de Smyrne, de Genes, & des Pyrenées.

La différence de tous ces amianthes avec l'Alun de plume, consiste en ce que ce dernier est un véritable sel, qui ne différe de l'Alun ordinaire qu'en ce qu'il est partagé en filets, & que l'autre est une matiere pierreuse, insipide, qui s'amolit dans l'huile, & y acquiert assez de souplesse pour pouvoir être filé sur du fil de coton; c'est de l'amianthe que l'on fait des mouchoirs & des bourses qui blanchissent au feu.

Les Anciens ont connu l'Alun de plume, Pline qui rapporte qu'on tiroit de Melos trois sortes d'Alun; sçavoir de solide, de liquide, & de chevelus, a sans doute entendu par l'Alun chevelu, celui que nos Epiciers-Droguistes appellent Alun de plume, & qui vient effectivement de l'Isle de Melos ou de Milo, comme on la nomme aujourd'hui.

L'Alun Scazolle est une pierre blanche, transparente, à peu près semblable au cristal de roche ou au talk, qui se trouve dans les carrieres de Passy. Par la calcination que l'on fait de cette pierre, elle devient d'un très beau blanc.

L'Alun Catin est la même chose que le sel de soude. *Voyez* Soude.

Ces cinq dernieres sortes d'Alun sont propres à diverses choses; mais leur emploi le plus ordinaire est pour la Médecine.

*Toutes ces sortes d'Alun payent en France de droits d'entrée, l'un portant l'autre, trois livres du cent pésant, & de sortie seulement vingt sols; à la réserve néanmoins des Aluns qui viennent de Constantinople, de Smyrne, & des autres lieux du Levant, terres & pays de la domination du Grand-Seigneur, du Roi de Perse, & d'Italie, sur lesquels il se leve vingt pour cent de leur valeur, conformément à l'Arrêt du Conseil du 15 Aout 1685.*

*Commerce de l'Alun à Amsterdam.*

L'on vend à Amsterdam trois sortes d'alun. L'alun de Rome, l'alun de Liege, & l'alun d'Angleterre.

L'alun de Rome se vend ordinairement 35 sous de gros les 100 livres; on accorde 4 livres par sac de tare, un pour 100 pour la déduction du bon poids, & autant pour celle du prompt payement.

L'alun de Liege se vend 35 sous de gros aussi les 100 livres. On ne donne point de tare, le bon poids & le prompt payement sont comme à l'alun de Rome.

L'alun d'Angleterre ne se vend que 28 sous de gros les 100 livres; lorsqu'il est en futailles on les tare, s'il est en sac on donne 4 livres de tare par sac, le reste est comme aux précédens.

ALUNER. Faire tremper dans l'alun, ou dans un bain d'alun. Toutes les étoffes qu'on veut teindre en cramoisy, doivent être fortement alunées. *Voyez* Teinture.

## ALY

**ALYPON-MONTIS-CETI**, autrement TURBIT BLANC. Plante qui vient en plusieurs endroits de France, particuliérement en Provence & en Languedoc. C'est une espece de Sené. *Voyez* SENE'.

## AMA

**AMADABATH**, Capitale du Royaume de Guzarate. *Voyez* l'Etat général, page 425.

**AMADAN**, en Perse. *Voyez* l'Etat général, page 411.

**AMADOU**. Espece de méche noire qui vient d'Allemagne. Elle se fait avec cette sorte de grands champignons, ou d'excroissances fongueuses, qui viennent ordinairement sur les vieux arbres, particuliérement sur les chênes, les frênes & les sapins. Cette matiere étant cuite dans de l'eau commune, puis séchée & bien battue, se remet ensuite dans une forte lessive préparée avec du salpêtre, au sortir de laquelle on la met de nouveau sécher au four. Les Epiciers vendent cette méche en gros, & plusieurs petits Merciers en font le détail. Elle sert à mettre dans les fusils pour recevoir & entretenir le feu, qu'on excite avec l'acier & le caillou frappés l'un contre l'autre.

Quelques-uns nomment l'Amadou, *Eponge Pyrotechnique*, à cause de la facilité qu'il a de prendre feu.

*L'Amadou paye en France quinze sols du cent pésant, de droits d'entrée.*

**AMADOURI**. Sorte de coton qui vient d'Alexandrie par la voye de Marseille.

*L'estimation du prix de ce coton suivant le Tarif de 1706, pour la levée du droit de vingt pour cent, est de cinquante sept livres douze sols le Quintal.*

**AMALGAME**, ou **AMALGAMATION**. Opération chimique, par laquelle on réduit l'or ou l'argent dans une espece de pâte, en l'incorporant avec le mercure ou vif-argent, suivant certaines proportions de poids ou de quantité.

**AMALGAMER**. Calciner quelque métail par le moyen du vif-argent.

Tous les métaux peuvent s'amalgamer, à l'exception du cuivre & du fer, qui étant trop impurs & trop terrestres, n'ont point assez de rapport avec le vif-argent, dont la substance est pure & subtile. *Voyez les articles suivans.*

AMALGAMER DE L'OR. Le réduire en pâte, l'unir, & l'incorporer avec le mercure.

Or amalgamé. Il ne se dit pas seulement de l'or réduit en pâte, mais aussi de l'or moulu ou réduit en chaux, mêlé avec le vif-argent, pour dorer les métaux, & particuliérement l'argent, & en faire ce qu'on appelle Vermeil doré. La proportion de l'or moulu & du vif-argent qu'employent les Doreurs sur métail, est d'une once de vif-argent sur un gros d'or. *Voyez* DORURE SUR ME'TAIL.

L'Amalgamation de l'or se fait en mettant dans un creuset des lames de ce métail, les plus déliées qu'il est possible, avec du mercure; & lorsqu'on les a poussés l'un & l'autre fortement au feu, l'or se dissout en parties menues comme de la farine, que le mercure, qui est humide, réduit en pâte. Quand le creuset est retiré du fourneau, & suffisamment refroidi, on verse l'or & le mercure dans un vaisseau d'eau commune; d'où on le retire en pâte blanche.

C'est de cette pâte que les Orfévres font leur vermeil doré, & que les Doreurs sur métail dorent leurs ouvrages au feu.

L'or ne retire du mercure dans l'amalgamation, que trois fois autant qu'il pése.

Les Monnoyeurs & les Orfévres disent aussi Amalgamer, & Amalgamation, de l'opération qui se fait dans le moulin des laveures, lorsqu'on en broie bien les terres; afin que le vif-argent, qu'on a jetté dans le tonneau, étant ainsi agité, attire & empâte les parties d'argent imperceptibles, qui sont engagées avec ces terres. *Voyez* LAVEURE.

**AMANBLUCE'E**. Sorte de toile de coton que l'on tire du Levant par la voye d'Alep. *Voyez* l'article des Toiles de coton.

**AMANDES**. Ces sortes de fruits, & les arbres qui les portent, sont trop connus, pour avoir besoin d'être décrits.

Le commerce qui s'en fait en France, est très considérable, tant à cause des huiles qu'on en tire, que parce qu'il s'en consomme quantité en Carême, soit de cassées, soit avec leurs coques; & qu'on en emploie aussi beaucoup de douces en dragées de toutes sortes, & d'ameres en biscuits & massepins, &c.

Les Marchands Epiciers & Droguistes de Paris les font venir les unes & les autres des Provinces du Royaume, ou du voisinage, comme Provence, Languedoc, Touraine, le Comtat Venaisin, Avignon, &c. Il leur en vient aussi de Barbarie.

Les meilleures sont celles du Comtat; les moindres, celles de Barbarie & de Chinon.

Les Amandes en coque sont apportées des mêmes lieux que les Amandes cassées, même celles qu'on nomme Amandes de Florence; auxquelles on ne donne ce nom étranger, que pour les faire estimer & vendre davantage; car on feroit aussi bien de les appeller Amandes de Languedoc, ou de Touraine, d'où on les tire, qu'Amandes de Florence, d'où on ne les tire pas.

Le bon choix des amandes est presque aussi connu, que les amandes mêmes. Il faut toutefois que les Marchands qui s'en chargent en tonneaux, en caisses, ou en balles, examinent si elles sont égales par tout; cette marchandise étant très sujette à être parée par dessus, pour être plus de vente.

L'on tire deux sortes d'huile des amandes, soit douces, soit améres; l'une par le moyen du feu, & l'autre sans feu. Celle que l'on tire avec le feu, n'est bonne qu'à brûler; mais l'huile d'amandes douces tirée sans feu, est employée à bien des usages différens, soit dans la Médecine, soit par les Parfumeurs & Perruquiers.

Il en est de même de l'huile d'amandes améres, qui entr'autres vertus qu'on lui attribue, est estimée souveraine pour les maux d'oreilles.

On sçait assez que les pâtes pour laver les mains, se font avec des amandes douces ou améres, & quelques autres ingrédiens; on dira seulement que celle d'amandes améres est la meilleure.

Le Sieur Pomet a donné dans son Histoire des Drogues, une maniere d'exprimer l'huile d'amandes douces, qui paroît être la plus aisée, & qui doit coûter moins de peine & de dépense que toutes les autres. Comme c'est une espece de recepte générale pour toutes les huiles qu'on voudroit tirer des graines, semences, fruits, &c. on a cru que le Lecteur ne seroit pas fâché de la trouver dans ce Dictionnaire. Elle est à l'article général des huiles. *Voyez* HUILE D'AMANDE DOUCE.

*Les Amandes de toutes sortes payent en France les droits de sortie sur le pied de fruits secs, c'est-à-dire, douze sols du cent pésant.*

*Les droits d'entrée sont de quinze sols pour les Amandes non cassées, & dix-huit sols pour les Amandes douces & améres de toutes sortes, aussi le cent pésant.*

*Commerce des Amandes à Amsterdam.*

Les differentes sortes d'Amandes dont on fait commerce à Amsterdam, sont des Amandes ameres, des Amandes douces longues, des Amandes de Valence, des Amandes de Provence, & des Amandes de Barbarie.

Les 100 livres d'Amandes ameres se vendent 9 flor. ½; leur tare se regle suivant la grosseur des bales. Celles depuis 150 jusqu'à 200 livres donnent 4 livres de tare, & celles de 400 à 500 livres 6 livres de tare par bale; si elles sont en futailles, elles se tarent au poids. La déduction pour le bon poids est de trois pour cent, & celle pour le prompt payement d'un pour cent.

Les Amandes douces longues, valent 40 florins les 100 livres; la tare est comme aux Amandes ameres, la déduction pour le bon poids deux pour cent, & autant pour le bon payement.

Le prix des Amandes de Valence est de 25 florins les 100 livres; la tare de 6 livres par cabas; la déduction du bon poids & du prompt payement comme aux Amandes longues.

Les Amandes de Provence ne valent que 12 fl. les 100 livres; la tare, le bon poids, & le prompt payement comme aux Amandes de Valence.

Les Amandes de Barbarie se vendent 15 florins les 100 livres; la tare, depuis 10 à 16 livres par cabas, selon qu'ils sont grands ou petits; le reste comme dessus.

AMANDES. C'est aussi un fruit qui sert de basse monnoie dans plusieurs endroits des Indes Orientales, particuliérement où les Cauris, ces petites coquilles qui viennent des Maldives, n'ont point de cours.

Ces Amandes croissent dans les déserts du Royaume de Lar, autrement dans la Caramanie déserte; d'où elles sont transportées à Ormus, Isle de Sein Persique, autrefois occupée par les Portugais, & que les Persans ont repris sur eux vers le milieu du dix-septiéme siécle, avec le secours des Anglois. C'est d'Ormus que ces Amandes se répandent dans une grande partie des Indes.

La bonne ou mauvaise recolte de ce fruit en augmente ou fait baisser la valeur. Année commune on donne quarante ou quarante-quatre Amandes pour un pecha, petite monnoie de cuivre, qui, suivant les lieux, vaut tantôt six, & tantôt sept deniers, monnoie de France.

Ce fruit est si amer, qu'il n'est pas possible d'en manger; & d'ailleurs la coquille en est si dure, que pour l'une & l'autre raison, cette monnoie est à couvert de la friandise des enfans, qui sans cela ne manqueroient pas d'en faire une grande consommation.

AMANDES. Les Lapidaires & Miroitiers appellent aussi Amandes, les morceaux de cristal de roche, ou de cristal fondu, qu'ils ont taillés au rouet, d'une figure approchante de ce fruit. On s'en sert dans la monture des lustres de cristal, à en faire des pendans qu'on mêle avec les boules.

AMARANTHE. Couleur qui tire sur le pourpre; c'est une des nuances du rouge. On l'appelle ainsi, parce qu'elle imite la couleur de la fleur qu'on nomme Amaranthe. *Voyez* COULEUR. *Voyez aussi* TEINTURE.

AMARQUE, autrement BOUE'E, ou BALISE. Terme de Marine, & de commerce de mer. C'est une marque ou signal que l'on met aux endroits dangereux pour la navigation, afin d'avertir les vaisseaux qui font route, de s'en éloigner. On se sert ordinairement, ou de tonneaux flottans, ou de mâts élevés à l'endroit qu'il faut éviter. *Voyez* BALISE, & BOUE'E.

AMASSETTE. Morceau de bois, de corne, ou de cuir, dont les Peintres & les Epiciers se servent, pour ramasser les couleurs, quand on les broye sur la pierre à broyer. *Voyez* COULEURS *servant à la Peinture.*

AMATELOTER. On dit aux Isles Françoises de l'Amérique, S'amateloter, pour dire s'associer deux ou trois personnes ensemble, pour entreprendre le défrichement de quelque nouvelle habitation, lorsque l'on ne se sent pas assez riche & assez fort pour le faire tout seul.

AMATHYSTE. Sorte de pierre précieuse, que l'on appelle plus ordinairement Amethyste. *Voyez* AMETHYSTE.

AMATIR. Rendre mat; ôter le poli à l'or, ou à l'argent.

De l'or mat, c'est de l'or qui n'est point poli. *Voyez* MAT.

On dit plus ordinairement de l'argent blanchi, & blanchir de l'argent, qu'argent mat, & amatir de l'argent. *Voyez* BLANCHIR.

AMAZONE. Tabac d'Amazone. C'est une des quatre especes de Tabac que l'on cultive dans l'Amérique. *Voyez* l'article du Tabac.

## A M B

AMBERT, en Auvergne, célebre par ses moulins à papier. *Voyez* l'Etat général, pages 99 & 100.

AMBILLON, en Touraine. Il y a dans cette Paroisse des carrieres de meules de moulin.

AMBOINE (Isle d') du nombre des grandes Moluques. *Voyez* ce qui est dit de la situation & du commerce de cette Isle dans l'Etat général, pages 283 & 468.

AMBOISE, en Touraine. *Voyez* l'Etat général, page 92.

AMBOUTI, ou EMBOUTI. Il se dit des ouvrages d'or, d'argent, de cuivre, ou de fer, qui sont relevés en bosse; ensorte qu'un côté soit convexe & l'autre concave. *Voyez* EMBOUTI.

AMBOUTIR. C'est relever une piece de métail en bosse, en conservant le dessous concave. Ce terme est propre aux Ouvriers de divers arts & métiers; entr'autres aux Orfévres, aux Serruriers, aux Chauderonniers, & aux Boutonniers en métail. *Voyez comme dessus.*

AMBOUTISSOIR. Morceau de fer carré & creux, dont les Serruriers & les Clouriers se servent pour former la tête des cloux à champignon. *Voyez* CLOUX EMBOUTIS.

AMBRE GRIS. Espece de gomme grise, qui a une odeur agréable & douce.

Autant que cette gomme précieuse est connue

par le grand usage & par l'estime singuliere qu'on en fait par tout, autant l'est-elle peu par rapport à son origine. Ce qu'on sçait sûrement, c'est qu'elle se trouve sur les côtes de la mer en plusieurs endroits; sur tout lorsqu'après quelque tempête, l'agitation des vagues l'a poussée sur le rivage.

Les lieux où il y en a le plus communément, sont, cette partie de la côte d'Afrique & des Isles voisines, qui s'étendent depuis Mozambique, jusqu'à la mer rouge; l'Isle Sainte-Marie, & celle de Diego Ruis près de Madagascar; l'Isle Maurice, qui n'en est pas fort éloignée; & la côte au de-là du Cap de Bonne Espérance.

L'Ambre gris des Indes Occidentales est ordinairement jetté sur les côtes des Isles Barmudes; dans le Détroit de Bahama, & dans les Isles Simbales, qui tiennent presque à la Peninsule de Jucatam. L'on en trouve aussi sur quelques côtes de la Méditerranée.

Les Indiens des Isles Simbales le vont pêcher ou recueillir d'une maniere assez curieuse.

Quand la mer a été agitée d'une tempête, & qu'il y a apparence que l'Ambre gris aura été jetté à la côte, ces Indiens, Tributaires des Espagnols, y courent, pour prévenir certains oiseaux qui le mangent, & qui en sont fort friands. Ils vont contre le vent jusqu'à ce qu'ils sentent l'odeur de l'Ambre, qui étant récent, en exhale beaucoup; & lorsqu'ils le perdent, ils retournent sur leurs pas, & ainsi le découvrent enfin sur le sable; & souvent même les oiseaux qui y sont appellés par l'odeur, le leur montrent, en piquant où il est.

Il y a diverses opinions sur l'origine de l'Ambre gris; mais qui pour la plupart, pour nous venir des Anciens, n'en sont pas moins incertaines, comme on l'a insinué ci-dessus.

Les uns disent, que cette précieuse gomme n'est formée que des rayons de cire & de miel qui se détachent des rochers: D'autres, que ce n'est autre chose que les excrémens de certains oiseaux. Ceux-ci, que c'est le sperme ou les éjections d'une sorte de baleines; & enfin ceux-là, que ce n'est que l'écume de la mer: tous néanmoins convenant, que ces diverses matieres se perfectionnent & prennent leur consistance & leur parfum de l'agitation de l'eau, de la salure de la mer, & de l'ardeur des rayons du Soleil, qui les cuit & les purifie.

Il y a encore une autre opinion sur l'origine de l'Ambre gris, plus moderne à la vérité que celles qu'on vient de rapporter, mais à laquelle on diroit que ceux qui l'ont imaginée, ont donné plus de vraisemblance.

Ces derniers veulent que cette gomme ne soit qu'une espece de bitume, qui sortant liquide des entrailles de la terre, dans le fond de la mer, s'épaissit & se condense à mesure qu'il sort, & que c'est de-là qu'on en voit de si gros morceaux; ce qui ne convient à aucune des autres matiéres dont on veut que se forme l'Ambre gris.

A l'égard de son odeur, ils croyent qu'elle lui est naturelle; ce qu'ils prouvent par plusieurs autres gommes odoriférantes, à qui la nature a donné leur parfum.

La plus grosse piece d'Ambre gris dont on ait eu jusqu'ici connoissance, est celle qui fut apportée en Hollande sur la fin du dix-septiéme siecle. Elle étoit presque ronde, de plus de deux pieds de diametre, & du poids de cent quatre-vingt-deux livres. Le Duc de Florence en avoit offert cinquante mille écus. On la voyoit encore dans la maison des Indes Orientales d'Amsterdam en 1697, où l'Editeur de ce Dictionnaire, qui avoit accompagné aux Conférences de Riswich le Ministre de S. A. S. Monseigneur le Duc de Mantoue, la vit, la toucha, & l'examina long-tems, & il croit, avec assez d'exactitude, pour être persuadé que le morceau étoit naturellement de ce volume, & n'avoit point été formé de plusieurs morceaux d'Ambre gris unis ensemble.

Les plus grosses pieces d'Ambre gris qu'on eût vues jusqu'alors, & qu'on regardoit cependant comme prodigieuses, n'avoient pas passé quarante livres.

L'Ambre gris doit être choisi en beaux morceaux, de couleur toute grise au dehors, & d'un gris marqueté de petites taches noires en dedans, d'une odeur agréable; & sur-tout prendre garde s'il n'est point sofistique & mêlé de gomme, ou autres drogues avec lesquelles il est assez facile de le contrefaire.

L'Ambre gris sert aux Parfumeurs dans leurs parfums, aux Médecins dans quelques remedes, & aux Confiseurs dans plusieurs sortes de confitures & dragées. Il entre aussi dans la composition du chocolat.

On en fait des extraits, des essences, & des teintures. La meilleure essence d'Ambre gris vient de Hollande & de Portugal.

Outre l'Ambre gris, il y a encore deux sortes d'Ambre, le blanc & le noir. Le blanc se prend dans des bouillons, comme une espece de cardiaque. Le noir s'appelle aussi Ambre renardé, parce qu'on suppose que cette couleur noire lui vient d'avoir séjourné quelque tems dans les intestins de certains poissons, qui en sont très friands. Il sert aux Parfumeurs, qui l'employent volontiers à la place du gris, parce qu'il coute moins.

*L'Ambre gris paye en France les droits d'entrée sur le pied de huit francs la livre.*

*Commerce de l'Ambre gris à Amsterdam.*

On vend à Amsterdam deux sortes d'Ambre, sçavoir l'Ambre gris & l'Ambre noir.

L'Ambre gris se vend depuis 8 jusqu'à 16 florins, la déduction du prompt payement est d'un pour cent.

Le prix de l'Ambre noir, est depuis 5 jusqu'à 8 florins, même déduction du prompt payement qu'au gris.

AMBRE JAUNE, ou KARABE', que l'on nomme en Latin *Succinum.* C'est une espece de gomme ou de résine d'arbre, qui se trouve ordinairement dans la mer Baltique, sur les côtes de la Prusse. Quand de certains vents regnent, il est jetté sur le rivage; & les Habitans qui craignent que la mer qui l'y a jetté, ne le rentraîne, le vont ramasser au plus fort de la tempête.

Quelques Auteurs prétendent qu'il y a de l'Ambre jaune fossile, & qu'en Suede, aussi-bien qu'en Prusse, on en trouve dans des sablons fort éloignés de la mer. Et en effet, l'on lit dans l'Histoire de l'Académie Royale des Sciences, qu'on en a aussi quelquefois trouvé dans les fentes de quelques rochers de Provence.

Agricola le met au nombre des bitumes; d'autres le font produire par les sables d'un lac appellé Céphisique, dans le voisinage de la mer Athlantique ; & il y a encore quantité d'autres opinions, mais toutes si peu vraisemblables, qu'on peut s'en tenir à la premiere ; puisque certainement c'est de la mer Baltique, & de la Prusse, qu'il vient davantage d'Ambre jaune ; à moins que l'on ne voulût dire qu'il y a deux sortes d'Ambre jaune ; l'un qui est une gomme minérale, & l'autre une gomme végétale.

Il y a apparence que cette gomme, ou résine végétale, est d'abord formée sur les peupliers & sapins, dont il y a des Forêts entieres sur les côtes de Suede, qui sont fort hautes, & qu'elle est poussée dans la mer, après avoir été détachée des arbres par l'impétuosité des vents ; d'où ensuite, après s'être perfectionnée par le sel de cet élément, elle est jettée sur les côtes de Prusse, qui sont fort basses.

Les mouches, fourmis, & autres insectes, qui se trouvent assez communément enfermés dans des pieces d'Ambre jaune, prouvent assez que c'est une production de la terre, & non pas de la mer.

L'Ambre a la propriété d'attirer la paille, dont on ne manque pas d'expliquer les raisons par la matiere subtile, cette cause générale à laquelle les Philosophes modernes attribuent tous les effets que l'ancienne Philosophie ne pouvoit expliquer, que par l'obscure vertu des qualités occultes.

L'Ambre s'employe à plusieurs sortes d'ouvrages précieux & délicats : il semble cependant qu'on n'en fait plus en France la même estime qu'autrefois, sur-tout pour les colliers, qui de la Cour ont passé aux enfans & aux servantes.

Il a toujours conservé son prix en Autriche, en Allemagne, en Pologne, en Hongrie, & en quelques endroits d'Italie.

C'est de Pologne & de Hongrie que vient l'Ambre le mieux travaillé, & où aussi il se vend le plus cher.

Il a quelque usage en Médecine, pourvû qu'il soit véritable Karabé ; bien des gens ayant l'art de le contrefaire avec de la thérébentine & du coton, ou avec des jaunes d'œufs, & de la gomme Arabique ; & d'autres vendant à sa place de la gomme de Copal.

On tire de l'Ambre jaune, une teinture, un esprit, un sel volatile, & une huile ; cette huile sert à faire du vernis d'esprit de vin.

*En France les droits d'entrée de l'Ambre jaune, ou Karabé, sont de trois livres le cent pésant.*

AMBRE LIQUIDE, que l'on nomme aussi LIQUID-AMBAR. Espece de résine claire & rougeâtre, très liquide quand elle est nouvelle, mais qui s'épaissit beaucoup à mesure qu'elle vieillit. On la met aussi au nombre des baumes. *Voyez* LIQUID-AMBAR, BAUME, & GOMME.

AMBREADE. On nomme ainsi l'Ambre faux ou factice dont on se sert pour la traitte sur quelques Côtes d'Afrique, particuliérement au Sénegal.

Il y en a de grosses rouges, dont le millier qui est de vingt cordes, pese trois livres ; & d'autres de petites rouges qui ne pesent que deux livres & demie. *Voyez* VEROTERIE.

AMBRETTE, ou GRAINE DE MUSC. C'est la semence d'une plante qui croît dans les Isles Antilles & en Egypte, qui approche de l'odeur du véritable musc. Les Parfumeurs s'en servent dans quelques-uns de leurs parfums ; & les Patenôtriers en font des chapelets. *Voyez* ABEL-MOSC.

AMBULANT. On appelle Commis Ambulans dans les Fermes du Roi, des Commis qui n'ont point de Bureau fixe, mais qui parcourent tous les Bureaux d'un certain département, pour voir s'il ne se passe rien contre les droits du Roi, & l'intérêt de la Ferme. *Voyez* COMMIS.

AMBULANT, se dit aussi à Amsterdam, des Courtiers, ou Agens de Change, qui n'ont pas fait serment pardevant les Magistrats de la Ville. Ils travaillent comme les autres, mais ils ne sont point crus en Justice. *Voyez* AGENS DE CHANGE.

## AME

AME, qu'on nomme aussi NOYAU. Terme de Fondeurs de grands ouvrages. C'est la masse de terre, ou de plâtre, qui sert à former les figures qu'on jette en bronze, ou en autre métail, & sur laquelle se travaille ce qu'on appelle la Cire. On dit aussi dans le même sens, l'Ame d'un canon, d'un mortier, d'une cloche. *Voyez* FONDEURS.

L'on appelle l'ame d'un rolle de Tabac le baton autour duquel le Tabac cordé est monté. Quelques-uns disent l'Essieu. *Voyez* l'article du Tabac, où il est parlé de la maniere de le filer & de monter les rolles.

AME. Se dit aussi des petites feuilles de Tabac dont on remplit le dedans de ce qu'on nomme aux Isles Andouilles de Tabac. *Voyez* ANDOUILLE.

AMENAGE. Terme de Voiturier, qui signifie quelquefois Voiture, & quelquefois la peine de celui qui amene, ou le prix qu'on lui donne. Dans le premier sens, on dit : L'amenage des marchandises ne se peut faire par charroi dans les pays de montagnes ; & dans le second, on dit : J'ai tant payé par piece pour l'amenage de mon vin. *Voyez* VOITURE.

AMENAGER. Terme d'exploitation & de commerce de bois.

Amenager un arbre, c'est le débiter soit en bois de charpente ou autrement.

L'article 4 du Titre XVII de l'Ordonnance de 1669 sur le fait des Eaux & Forêts, défend de réserver ni façonner les bois chablis, sous prétexte de les amenager ou débiter dans un autre tems au profit du Roi.

AMENDABLE. Ce qui peut s'amender, se corriger, être réparé. Ce terme est très commun dans les Statuts des Corps & Communautés des Arts & Métiers, & se dit des ouvrages saisis par les Jurés, qui sont en état d'être rendus meilleurs, & qui pour cela ne sont pas sujets à confiscation. A Paris, c'est à la Chambre de Police que se juge si une besogne est amendable, ou non.

AMENDABLE, s'entend aussi des Artisans qui méritent d'être mis à l'amende, pour avoir contrevenu à leurs Statuts & Réglemens.

AMENDER un ouvrage. C'est en corriger la défectuosité. Les Réglemens pour les Manufactures de Lainerie portent, Que les draps & étoffes de laine, qui ne pourront être amendés, seront coupés par morceaux de deux aunes de long, quelquefois sans amende, & quelquefois sans préjudice de l'amende. *Voyez* REGLEMENS.

Parmi les Artisans, les besognes saisies par les Jurés, qui ne peuvent être amendées, sont sujettes à confiscation. *Voyez leurs Statuts.*

AMENDER. Diminuer de prix. Les pluies ont fait amender les avoines & le foin. Quelques-uns disent Ramender. *Voyez* RAMENDER.

AMER DE BOEUF. Les Maîtres Fripiers Détacheurs appellent ainsi le fiel de cet animal, dont ils se servent pour enlever les taches de dessus les étoffes.

C'est aussi dans cet Amer que se trouve une pierre jaunâtre, dont les Peintres en miniature se servent pour faire quelques nuances de jaune. On l'appelle communément Pierre de fiel. *Voyez cet article. Voyez aussi celui des* DE'TACHEURS, *&* *du* BOEUF.

AMERIQUE, ou NOUVEAU MONDE, ou INDES OCCIDENTALES, quatriéme partie du Monde. *Voyez* le Commerce général & particulier de l'Amérique dans l'Etat général, page 476.

AMERIQUE ANGLOISE. Son Commerce général & particulier, dans l'Etat général page 522.

AMERIQUE DANOISE. Commerce des Danois en Amérique. *Voyez* l'Etat général, page 543.

AMERIQUE ESPAGNOLE. Commerce des Espagnols en Amérique. *Voyez* l'Etat général, page 477.

AMERIQUE FRANÇOISE. Son Commerce général & particulier. *Voyez* l'Etat général, page 505.

AMERIQUE HOLLANDOISE. Colonies & Commerce des Hollandois en Amérique. *Voyez* l'Etat général, page 540.

AMERIQUE PORTUGAISE. Commerce des Portugais en Amérique. *Voyez* l'Etat général page 537.

AMETHYSTE, que quelques-uns appellent aussi AMATHISTE. Pierre précieuse de couleur violette, tirant sur le pourpre. Il s'en trouve dans toutes les parties du monde.

Les Amethystes Orientales sont de toutes les plus estimées; les moindres sont celles de l'Isle de Madagascar; celles de Cartagéne & d'Allemagne tiennent le milieu. L'Auvergne en fournit aussi; mais on ne les considere gueres plus que les Factices, dont il est parlé à la fin de cet article. La maniere de les tailler, ajoute à la beauté de la couleur, & par conséquent au prix de la pierre. Les couleurs satinées ou veloutées ont la préférence.

L'Amethyste n'est pas extrémement dure; & il suffit pour la tailler, d'une roue de plomb imbibée de poudre d'émeril détrempée avec de l'eau. Elle se polit sur une roue d'étain avec le tripoli. L'on grave aisément sur l'Amethyste, soit en relief, soit en creux. L'on se sert pour cela d'une machine appellée *Touret*, qu'on fait tourner avec le pied, & qui par son mouvement fait agir de petits instrumens de fer, ou de cuivre, auxquels on présente la pierre d'une main.

Il est surprenant combien les Anciens ont attribué de vertus à l'Amethyste. Aristote & Pline ont donné aussi-bien que les autres dans le fabuleux; & outre la force de desenyvrer, dont sa couleur assez vineuse lui a sans doute attiré la chimérique propriété, on l'a cru encore propre à chasser les pensées désagréables, à attirer la confiance & l'estime des Princes, à rendre heureux, & même à dissiper les orages & la grêle.

L'on contrefait les Amethystes avec du verre, auquel on donne la couleur convenable. Il s'en est fait en France de si belles vers l'an 1690, qu'on pouvoit aisément y être trompé, à moins d'ôter la pierre du chaton.

*Les Amethystes payent en France les droits d'entrée sur le pied de cinq livres le cent pésant.*

## AMI

AMI. Celui qui aime. On le dit également de celui qui est aimé. Ce terme a plusieurs significations dans le commerce, dont on parle ailleurs. *Voyez* AMY.

On dit en proverbe dans le négoce : les bons comptes font les bons amis; pour signifier, qu'on en vit mieux ensemble, quand on n'a plus d'intérêt à démêler, & qu'on se paye exactement.

AMIABLE. On appelle amiable Compositeur, celui qui fait l'office d'ami, pour accommoder deux Négocians, qui ont des contestations ou des procès ensemble. Il est différent de l'Arbitre, en ce que pour concilier & rapprocher les esprits, il retranche souvent quelque chose du droit de chaque partie; ce que l'Arbitre, qui remplit la fonction de Juge, semble n'avoir pas la liberté de faire. *Voyez* ARBITRE.

A L'AMIABLE, ou AMIABLEMENT. De concert, & avec douceur. Tout s'est passé à l'amiable entre ces deux Associés. Ces Marchands feront bien, pour éviter les frais, de finir leur affaire amiablement.

AMIANTE. Pierre qui n'est gueres connue que de nom, & qui pourtant est très célébre par la vertu, que Pline, & plusieurs Anciens, lui ont donnée, de pouvoir être filée, & de produire un fil incombustible.

Quelques-uns la confondent avec l'alun de plume, qui en effet a quelques parties filandreuses, mais qui ne se peuvent réduire en fil, & qui d'ailleurs se consument au feu.

D'autres prétendent que ce n'est que du plâtre brûlé, du verre cuit, ou la pierre spéculaire, qu'on nomme ordinairement Talc.

D'autres enfin croyent que c'est un arbre, à l'écorce duquel battue & filée, ils attribuent la même vertu qu'à l'Amiante des Anciens. *Voyez* ALUN DE PLUME.

AMIDON. C'est une fécule, ou résidu, qui se trouve au fond des tonneaux, où les Amidonniers ont mis tremper dans de l'eau des recoupes de froment : & c'est de cette fécule, lorsqu'elle est séparée d'avec le son, dont ils forment des especes de pains, qu'ils font sécher au four, ou au Soleil, & qu'ils réduisent ensuite en petits morceaux, tels qu'on les vend à Paris.

Ceux qui veulent avoir de bel Amidon, ne se contentent pas des recoupes, mais y employent même le plus beau grain de froment; & c'est de la maniere de faire cet Amidon, dont on parlera à la fin de cet article.

L'Amidon sert à faire de la colle; de l'empoix blanc, & de l'empoix bleu; celui-ci en y ajoutant de l'émail. On s'en sert aussi à faire de la poudre à mettre sur les cheveux; & les Teinturiers, qui en employent beaucoup, le mettent au nombre des drogues ou ingrédiens non colorans, parce que de lui-même il ne peut produire aucune couleur.

Le meilleur Amidon est celui qui est blanc, tendre, friable, ou facile à mettre en poudre, en gros morceaux, & séché au Soleil; celui qui a été séché au four, étant plus gris & plus dur.

L'Amidon dont on se servoit autrefois en France, venoit de Flandre; mais présentement il s'en fait une si prodigieuse quantité, & de si excellent à Paris, que non-seulement cette grande Ville n'a pas besoin d'en faire venir d'ailleurs, mais même qu'on y en fait un commerce incroyable dans les Provinces du Royaume, & dans les Pays Etrangers.

*L'Amidon paye en France les droits d'entrée sur le pied de quatorze sols le cent pésant, & pour ceux de sortie douze sols.*

### *Commerce de l'Amidon à Amsterdam.*

L'Amidon se vend à Amsterdam 8 florins & ½ les 100 livres; la tare se donne sur les barils. Les déductions du bon poids & du prompt payement sont de deux pour cent pour chacun.

Amidon de racine. Outre l'Amidon qui se fait avec les recoupes du froment, l'on a découvert dans le commencement du dix-huitiéme siecle la racine d'une plante, dont on en peut faire de très bon, & qui est propre aux mêmes usages que l'ancien Amidon. La plante a presque autant de noms, qu'il y a de différens endroits en France où elle se trouve. Les plus communs sont, *l'Arum, l'Epileste, le Choux à la Serpente, l'Herbe à Prêtre, les Pieds de Veaux, le Tarus, le Sara, l'Aron, Barba-aron, &c.* Les lieux où elle abonde le plus, sont les bois, les hayes, les lieux marécageux & sombres, & presque toutes les terres incultes.

La racine Amidonniere, si l'on ose risquer ce nouveau terme, n'a point de grosseur fixe; & elle est plus forte ou plus menue, suivant la qualité des terres. Elle est blanche, ferme, sans coton, mordicante à la langue, & couverte d'une pellicule noirâtre. La feuille est plus longue que large, tachée d'un peu de blanc. Sa tige haute d'un pied ou environ, & d'une couleur rougeâtre, pousse un épi assez semblable à celui du Mays, ou bled de Turquie, & produit ordinairement plus de cent grains, qui peuvent se semer, & qui multiplient abondamment par la culture.

Cette plante, au contraire des autres, se séche en Eté, & n'est verte qu'en Hyver; mais ce qui est d'une grande commodité, c'est que la racine bien nétoyée, & mise en monceau, se conserve aisément, pourvû qu'on ait soin de la remuer de tems en tems.

Cette nouvelle découverte a fait naître comme un nouveau Corps d'Amidonniers; le Sieur Vaudreuil s'étant fait accorder le Privilége exclusif de la fabrique de cet Amidon de racine pendant vingt ans, pour lui, ses héritiers, successeurs, & ayans-cause. Mais afin que cette exclusion ne soit point préjudiciable au Commerce de l'ancien Amidon, non-seulement il a été expressément porté par les Arrêts du Conseil & Lettres Patentes, qu'il sera loisible à tous sujets de Sa Majesté, de fabriquer des Amidons de recoupes; mais encore qu'en cas que la fabrique des Amidons de racines vînt à cesser pendant un an, le Privilege seroit, pour cela seul, éteint & supprimé. L'Arrêt du Conseil est du 20 Novembre 1714, les Lettres Patentes de Confirmation du 20 Janvier 1716, & l'Enregistrement au Parlement du 20 Mars ensuivant.

### *Maniere de faire l'Amidon de Froment.*

Le grain bien choisi & bien mondé se met d'abord fermenter dans des bermes, ou tonneaux remplis d'eau, qu'on expose au Soleil, lorsqu'il est dans sa plus grande ardeur, & dont on change l'eau deux fois le jour.

La meilleure eau pour avancer la fermentation, est celle de riviere, ou de pluye; l'eau de puits étant trop dure & trop froide.

Le tems qu'on doit laisser le grain tremper, est depuis huit jours jusqu'à douze, selon la saison; le grand chaud avançant l'ouvrage, & le froid le retardant. On juge néanmoins que le grain est suffisamment fermenté, lorsqu'il se creve facilement sous le doigt.

La fermentation achevée & le grain ainsi amolli, on le met poignée à poignée dans un sac d'une toile forte & claire, pour en séparer la farine d'avec le chaz, ce qui se fait en le frottant & battant sur un ais posé à l'ouverture d'un tonneau, ou berme vuide, qui est au-dessous pour recevoir la farine.

Ces sacs ont pour l'ordinaire demie aune de long, & un quartier de large; & l'on ne les remplit à la fois que de quatre ou cinq poignées de froment, afin que l'écoulement se fasse plus aisément; ce qu'on facilite outre cela, en trempant le sac de tems en tems dans de l'eau.

A chaque fois qu'on vuide le sac, pour y remettre de nouveau grain, il faut observer de le retourner & de le bien racler & nétoyer avec une racloire, ou couteau de bois, afin qu'il n'y reste rien de la chasse, ou écorce du premier blé. Il faut aussi prendre garde que le sac soit bien cousu, de peur qu'à force de le frotter & le laver il ne vienne à crever; ce qui mêleroit dans la farine dont se forme l'Amidon, une partie du son, qui en doit toujours être exactement séparé.

A mesure que les bermes se remplissent de cette farine liquide, il surnage au dessus une eau rousse, qu'il faut avoir soin d'égouter de tems en tems, & à sa place d'y remettre de l'eau claire, qu'on fait ensuite écouler, en passant le tout, bien remué ensemble, au traver d'un tamis, ou d'une toile; après quoi ayant remis le résidu dans la berme bien nette avec de nouvelle eau, on l'expose au soleil pendant quelque tems; & à mesure que le sediment s'épaissit au fond, on en égoute l'eau quatre ou cinq fois par inclination, mais sans la passer au tamis.

Ce qui reste dans la berme est l'Amidon, qu'on coupe en morceaux pour l'en tirer, & qu'on laisse sécher au Soleil sur un ais, où doit être étendue de la toile, pour empêcher que cette drogue, naturellement gluante, ne s'y attache.

Quand l'Amidon est sec, on le met sur des planches dans un lieu qui ne soit point humide, & qui soit raisonnablement exposé à l'air.

Lorsqu'on veut s'en servir, on en prend ce qu'on veut, & on le met tremper dans de l'eau toute une nuit, en le changeant quatre ou cinq fois d'eau.

Les Amidonniers qui ne se servent que de recoupes, n'observent qu'une partie de toutes ces choses pour leur Amidon; mais il s'en faut bien qu'il soit aussi bon que celui qui se fait de grain.

AMIDONNEUR, ou AMIDONNIER. Ouvrier qui fait l'amidon.

On nomme aussi *Amidonniers*, certains morceaux de toile claire faite de crin de cheval, dont ces Ouvriers se servent à faire des sas ou tamis. Cette sorte de toile est plus ordinairement appellée Rapatelle. *Voyez* Rapatelle.

AMIENS, Ville de France sur la Somme, dans ce qu'on appelle la moyenne Picardie, dont elle est Capitale. *Voyez* ce qui regarde ses Manufactures dans l'Etat général du Commerce, page 14.

AMIERTIES. Toiles de coton qui viennent des Indes.

AMIRAL. Celui qui commande une Flotte. Il se dit aussi du vaisseau que monte cet Officier.

En France, l'Amiral est un des Grands Officiers de la Couronne, le Chef de la Marine, &

des Armées navales du Royaume.

C'est de lui que les Capitaines, & Maîtres des vaisseaux équipés en marchandises, doivent prendre leurs congés, passeports, commissions, & sauf-conduits.

Le dixiéme de toutes les prises faites en mer, ou sur les gréves, sous commission & pavillon de France, lui appartiennent; ensemble le dixiéme des rançons, le total des amendes adjugées dans les Siéges particuliers de l'Amirauté, & la moitié de celles prononcées aux Tables de marbre.

Il jouit encore des droits d'Ancrage, de Tonnes & de Balises, & du tiers des effets tirés du fond de la mer, ou qui ont été jettés à terre par le flot; le tout conformément à l'Ordonnance de Marine de 1681.

La Charge de Grand, Haut, ou Premier Amiral (car différens pays lui donnent différentes épithetes) est toujours très considérable, & une des premieres Charges de l'Etat dans tous les Royaumes & Souverainetés bordées de la mer, & n'est possédée communément que par des Princes & personnes du premier rang. Nous avons vû par exemple en Angleterre Jacques Duc d'York, Frere unique du Roi Charles II (qui fut lui-même Roi après, & est mort ici en France) revêtu de cette Charge pendant la guerre contre les Hollandois, & son titre étoit, le Lord Haut Amiral d'Angleterre, avec de très grandes prérogatives & privileges. Nous avons aussi vû plus d'une fois dans le même Royaume cette importante Charge partagée entre plusieurs Commissaires, que l'on appelle dans ce cas les Lords Commissaires de l'Amirauté; & actuellement elle se trouve ainsi partagée, n'y ayant point de Haut Amiral de ce Royaume.

AMIRAL, se dit aussi du vaisseau le plus considérable d'une Flote Marchande, qui va de conserve; & du Capitaine qui le commande. *Voyez* CONSERVE.

Il en est de même des vaisseaux Terreneuviers, qui vont sur le grand banc pour la pêche de la morue verte.

A l'égard de ceux qui vont pour la morue séche, lorsque plusieurs navires de Pêcheurs se rencontrent, & qu'ils veulent pêcher & préparer leur poisson dans le même Havre, celui dont la chaloupe arrive la premiere à terre, a le Billet d'*Amiral*.

Les fonctions de cet Amiral sont, de faire dresser, & de faire garder à l'échafaut du croc, l'affiche où chaque Maître de navire est tenu de faire écrire son nonm, & le jour qu'il est arrivé; de donner les ordres, d'assigner les places pour la pêche à ceux qui arrivent après lui, & de régler leurs contestations: aussi a-t-il par prérogative le choix du galet, & tous les bois qui se trouvent à la côte, lorsqu'il y aborde.

Tant que dure la pêche, cet Amiral porte le pavillon au grand mât. *Voyez l'article de la* MORUE.

AMIRAUTE'. Charge d'Amiral. En France l'Amirauté n'est possédée que par des Princes, ou par des personnes d'une naissance, ou d'une qualité distinguée.

On appelle Droits d'Amirauté, les Droits qui appartiennent à l'Amiral, & qui se perçoivent sous son nom dans tous les Ports & lieux de sa dépendance, par ses Receveurs ou Préposés. *Voyez ci-dessus* AMIRAL. *Vous y trouverez en quoi consistent ces droits.*

AMIRAUTE', se dit aussi de la Jurisdiction, ou Siége, où se rend la Justice au nom & sous l'autorité de l'Amiral.

L'Amirauté générale de France au Siége de la Table de Marbre du Palais à Paris, tient ses Audiences tous les Lundis, Mercredis, & Vendredis de chaque semaine. Elle est composée d'un Lieutenant Général, qui en est le Chef; d'un Lieutenant Particulier, de trois Conseillers, d'un Avocat & Procureur du Roi, d'un Greffier en Chef, & de deux Huissiers.

Tous ces Officiers, ainsi que ceux des autres Siéges Généraux & Particuliers de l'Amirauté, établis dans les Ports & Havres du Royaume, sont à la nomination de l'Amiral; mais il doivent prendre des Provisions du Roi.

La Compétence des Juges de l'Amirauté a été réglée par le Titre II du Livre I de l'Ordonnance de la Marine du mois d'Aout 1681. Ce Titre est composé des quinze Articles suivans.

I. Les Juges de l'Amirauté connoîtront privativement à tous autres, & entre toutes personnes, de quelque qualité qu'elles soient, même privilégiées, François & Etrangers, tant en demandant que défendant, de tout ce qui concerne la construction, les agrés & apparaux, armement, avictuaillement, & équipement, vente & adjudication de vaisseaux.

II. Déclarons de leur compétence, toutes actions qui procédent de chartes parties, affretemens, ou nolissemens; connoissemens, ou polices de chargement; fret & nolis; engagement & loyer de Matelots, & des victuailles qui leur seront fournies pour leur nourriture par ordre du Maître pendant l'équipement des vaisseaux; ensemble des polices d'assurances, obligations à la grosse aventure, ou à retour de voyage; & généralement de tous Contrats concernant le commerce de la mer, nonobstant toutes soumissions & priviléges à ce contraires.

III. Connoîtront aussi des prises faites en mer, débris, naufrages, & échouemens; du jet & de la contribution, des avaries, & dommages arrivés aux vaisseaux & aux marchandises de leur chargement; ensemble des inventaires & délivrance des effets délaissés dans les vaisseaux par ceux qui meurent en mer.

IV. Auront encore la connoissance des droits de congé, tiers, dixiéme, balise, ancrage, & autres appartenans à l'Amiral; ensemble de ceux qui seront levés ou prétendus par les Seigneurs, ou autres Particuliers voisins de la mer, sur les pêcheries ou poissons, & sur les marchandises ou vaisseaux sortans des Ports ou y entrans.

V. La connoissance de la pêche qui se fait en mer, dans les étangs salés, & aux embouchures des rivieres, leur appartiendra; comme aussi celles des parcs & pêcheries, de la qualité des rets & filets, & des ventes & achats de poisson dans les bateaux, ou sur les gréves, ports, & havres.

VI. Connoîtront pareillement des dommages causés par les bâtimens de mer aux pêcheries construites, même dans les rivieres navigables, & de ceux que les bâtimens en recevront; ensemble des chemins destinés pour le halage des vaisseaux venans de la mer, s'il n'y a réglement, titre, ou possession contraire.

VII. Connoîtront encore des dommages faits

aux quais, digues, jetées, palissades, & autres ouvrages faits contre la violence de la mer; & veilleront à ce que les ports & rades soient conservés dans leur profondeur & netteté.

VIII. Feront la levée des corps noyés, & dresseront procès verbal de l'état des cadavres trouvés en mer, sur les gréves, ou dans les ports; même de la submersion des gens de mer étant à la conduite de leurs bâtimens dans les rivieres navigables.

IX. Assisteront aux montres & revûes des Habitans des Paroisses sujettes au guet de la mer; & connoîtront de tous différens, qui naîtront à l'occasion du guet; comme aussi des délits qui seront commis par ceux qui feront la garde des Côtes, tant qu'ils seront sous les armes.

X. Connoîtront pareillement des pirateries, & des pillages & désertions des équipages, & généralement de tous crimes & délits commis sur la mer, ses ports, havres, & rivages.

XI. Recevront les Maîtres des métiers de Charpentier de navire, Calfateur, Cordier, Trévier, Voiliers, & autres Ouvriers travaillans seulement à la construction des bâtimens de mer, & de leurs agrés & apparaux, dans les lieux où il y aura maîtrise, & connoîtront des malversations par eux commises dans leur art.

XII. Les rémissions accordées aux Roturiers pour crimes, dont la connoissance appartient aux Officiers de l'Amirauté, seront adressées & jugées ès Siéges d'Amirauté, ressortissans nuement en nos Cours de Parlement.

XIII. Les Officiers des Siéges Généraux de l'Amirauté aux Tables de Marbre, connoîtront en premiere instance, des matieres tant civiles que criminelles, contenues en la présente Ordonnance, quand il n'y aura pas de Siéges particuliers dans le lieu de leur établissement; & par appel, hors le cas où il échéroit peine afflictive; auquel cas sera notre Ordonnance de 1670 exécutée.

XIV. Pourront évoquer des Juges inférieurs les causes qui excéderont la valeur de 3000 livres lorsqu'ils seront saisis de la matiere par l'appel, de quelque appointement ou interlocutoire donné en premiere instance.

XV. Faisons défenses à tous Prevôts, Châtelains, Viguiers, Baillifs, Sénéchaux, Présidiaux, & autres Juges ordinaires, Juges-Consuls, & des Soumissions; aux gens tenans les Requêtes de notre Hôtel & du Palais, & à notre Grand-Conseil, de prendre aucune connoissance des cas ci-dessus, circonstances & dépendances; & à nos Cours de Parlement d'en connoître en premiere instance; même à tous Négocians, Mariniers, & autres, d'y proceder pour raison de ce, à peine d'amende arbitraire.

*Réglement fait en ladite Amirauté de France, le 29 Août 1673.*

Ce Réglement consiste en 12 articles qui fixent sous le bon plaisir du Roi, les procédures qui doivent se faire dans les contestations & procès qui y sont portés.

I. Les Audiences se tiendront tous les lundis, mercredis & vendredis matin de chaque semaine, depuis dix heures jusqu'à midi; & en cas que l'un desdits jours se trouve être un jour de fête, l'Audience sera remise au jour d'après.

II. Les ajournemens & assignations, à l'égard des parties domiciliées à Paris, ou qui auront fait élection de domicile, par eux ou par leurs commis, ou préposés, seront données à trois jours, dans lesquels seront compris le jour de l'assignation & de l'échéance; & à l'égard des forains & non domiciliés dans les causes & instances d'évocation & d'appel, les délais ordinaires seront observés.

III. Néanmoins où il y auroit péril en la demeure, seront données de jour en jour, en vertu d'une Ordonnance apposée au bas d'une Requête, laquelle à cet effet sera présentée par la partie, & signée de son Procureur.

IV. A l'échéance de l'assignation la cause sera portée à l'Audience, & faute de comparoître par l'une ou l'autre des parties, sera donné défaut au demandeur emportant profit, la demande trouvée juste & équitable; & semblablement congé au défendeur emportant profit, en cottant par lui Procureur, au préalable, en ladite Audience, dont lui sera donné acte & fait mention en la Sentence; lesquels défaut & congé pourront être rabatus en la même Audience, sans qu'en ce cas il en soit délivré aucune expedition.

V. Les Parties comparantes en personne à l'Audience, seront reçûes à plaider, sans ministere d'Avocat ni Procureur, si bon leur semble.

VI. La Partie condamnée par défaut ou congé pourra se pourvoir par opposition dans la huitaine du jour de l'assignation, en refondant les dépens qui seront & demeureront liquidés de plein droit à la somme de quatre livres.

VII. L'opposition sera reçûe, soit qu'elle soit formée par Requête ou par un simple acte signé du Procureur.

VIII. Trois jours après l'opposition, y compris le jour de la signification, & celui de l'échéance, elle sera portée à l'Audience, sans qu'il soit besoin d'autre avenir, pourvû que par l'exploit de signification, le demandeur ait marqué le jour qu'il en poursuivra l'Audience.

IX. Après une premiere opposition formée, si l'opposant est débouté par congé, il ne pourra plus se pourvoir par une seconde opposition, sous quelque prétexte que ce soit, sauf à se pourvoir par appel, lequel ne pourra être converti en opposition, que du consentement de toutes les Parties.

X. Si le défendeur en l'opposition ne compare en l'Audience au jour précis pour défendre à ladite opposition, sera donné défaut, pour le profit duquel le demandeur sera reçû opposant en refondant, & sur le principal, les Parties renvoyées à l'Audience suivante pour être jugées diffinitivement.

XI. Les assignations non plus que les autres procédures, ne pourront être signifiées que par les Huissiers du Siége.

XII. Ce douziéme article ordonne que ce Réglement sera publié à l'Audience & signifié au Greffier de la Communauté des Avocats & Procureurs du Parlement, & au Greffier de la Chambre des Assurances de Paris.

## AMIRAUTE' DE HOLLANDE.

L'Amirauté des Etats Généraux des Provinces-Unies est divisée en cinq Colléges, qui sont celui d'Amsterdam, celui de Roterdam, celui de Hoorn,

Hoorn, celui de Midelbourg, & celui de Harlingen.

Chaque Collége a ses Officiers particuliers; sçavoir, un Avocat Fiscal, un Receveur Général, un Commis Général, divers Sécrétaires & Greffier, un Maître d'équipage, un Commissaire des Ventes, un Trésorier Payeur, un grand Prévôt, & quantité de Commis pour la visite des passeports & la réception des droits.

Pour donner une idée plus complette de tous ces Colléges, de leurs droits, priviléges & fonctions, on va entrer dans quelque détail sur celui d'Amsterdam, ce qui suffira pour faire connoître les autres.

Le Collége d'Amsterdam est composé de douze Seigneurs qui ont titre de Conseillers de l'Amirauté: de ces douze Seigneurs l'un est de la part de la Noblesse de Hollande, un de la Ville d'Amsterdam, un de celle de Leyden, un de celle de Harlem, un de celle de Goude, & un de celle d'Edam, & six qui sont de la part des autres Provinces, sçavoir Gueldres, Zelande, Utrecht, Frise, Groningue, & les Ommelandes.

C'est aux Seigneurs de l'Amirauté qu'appartient le droit de prendre connoissance de tous les cas qui arrivent au sujet des fraudes, malversations, & contraventions qui se commettent contre les Placards & Ordonnances qui regardent la Marine, tant pour les droits d'entrée & de sortie des marchandises, que pour tenir la main aux défenses du transport de celles de contrebande; sur tous lesquels cas ils prononcent sommairement & souverainement, à la réserve néanmoins des matieres civiles, dans lesquelles il s'agit de sommes au dessus de 600 florins, où l'on peut se pourvoir par appel pardevant les Etats Généraux, & en obtenir la revision du Procès.

Les passeports doivent aussi se prendre à l'Amirauté, & on les distribue dans des chambres ou bureaux auxquels on donne simplement le nom de convoi qui est aussi le nom qu'on donne aux droits d'entrée & de sortie dûs pour les marchandises. A Amsterdam le convoi se tient dans la cour du Prince, qu'on nomme en Hollandois *Het Princen Hof.* Cette cour du Prince est un grand bâtiment où le Collége de l'Amirauté tient ses séances.

Tous les droits d'entrée & de sortie qui se payent par les marchandises qui entrent dans les sept Provinces-Unies, ou qui en sortent, se payent aux Amirautés, dont chaque Collége a divers Bureaux & Commis pour en exiger le payement.

Le Collége d'Amsterdam a les siens à l'entrée de la Ville qui s'appelle *Boorn.* Lorsqu'un bateau va à quelque navire, ou en revient avec des marchandises, les Commis ont droit de les visiter, & d'examiner s'il n'y a pas plus de marchandises que n'en porte le passe-port, auquel cas il sont en droit de l'arrêter, sans néanmoins qu'il soit permis d'ouvrir ou d'enfoncer rien, qu'il n'en ait donné connoissance au Commis général.

On parle ailleurs des droits d'entrée & de sortie qui se payent à Amsterdam & dans toutes les sept Provinces, & des tarifs sur lesquels on les reçoit. *Voyez* Droits d'entrée & de sortie. *Voyez aussi* Tarifs.

AMITIE'. Affection qu'on a pour quelqu'un. Les Marchands Détailleurs ont coutume de dire à ceux qui leur mésoffrent: Qu'ils auroient aussi-tôt leur marchandise pour leur amitié, que pour ce qu'ils en offrent; pour leur faire entendre, qu'ils aimeroient autant la donner pour rien.





AMITIE'. On dit quelquefois, qu'un drap, qu'une étoffe de laine, n'ont point d'amitié; pour dire, qu'ils sont durs, & pas assez maniables. *Voyez* DRAP.

## AMM

AMMI. Graine qui vient du Levant, que l'on fait entrer dans la composition de la Thériaque.

Cette graine, que les Apotiquaires appellent *Ammioselinum*, & quelquefois *Cuminum Æthiopicum*, est presque ronde, menue, & un peu longuette, assez semblable à des grains de sable. La plante qui la produit est haute, & pousse plusieurs rameaux, au haut desquels il vient de petites fleurs blanches. Ses feuilles sont petites, étroites, & peu différentes de celles de l'Aner.

On estime que l'Ammi est incisif & apéritif, & qu'il est excellent contre les morsures des serpens. Le meilleur vient du Levant.

*L'Ammi paye en France les droits d'entrée & de sortie sur le pied de graine de Cumin.* Voyez CUMIN.

AMMONIAC, qu'on appelle aussi, mais improprement, ARMONIAC. Gomme qui découle en larmes blanches, des branches coupées, & de la racine incisée d'une espece de férule, qui croît en abondance dans les sables de Libie, sur tout aux environs des lieux, où l'on suppose qu'étoit autrefois le fameux Temple de Jupiter Ammon, d'où l'on prétend que lui vient son nom d'*Ammoniac.*

La tige de cette plante s'éleve droite & assez haute. Ses feuilles sont très petites, & forment ensemble comme de longues & larges panaches. Elle n'a de fleurs qu'à la cime de sa tige; & ces fleurs attachées à des queues un peu longues & fermes font des ombelles. Sa graine est semblable à celle du Galbanum.

La gomme Ammoniaque est apportée en larmes, ou en grosses masses. Celle en larmes doit se choisir en larmes rondes, blanches dedans & dehors, d'une odeur douce, & d'un goût amer & désagréable.

Il ne faut observer dans le choix de celle en masse, seulement qu'elle soit chargée de larmes, sans saletés & sans grains.

On tire un esprit & une huile de cette gomme, à qui l'on attribue de grandes vertus.

Cette gomme servoit d'encens aux Anciens dans leurs sacrifices.

AMMONIAC, est aussi une espece de sel, que l'on nomme autrement Armoniac. *Voyez* ARMONIAC.

## AMO

AMODIER, ou ADMODIER. Affermer une terre en grain, ou en argent.

AMODIATION. Bail à ferme d'une terre en grain, ou en argent.

AMODIATEUR. Celui qui prend une terre à ferme.

AMOME EN GRAPPE, ou EN RAISIN. Fruit que l'on apporte des Indes, & que l'on met au rang des drogues qui servent à la Médecine. *Voyez ci-après* AMOMUM RACEMOSUM.

AMOMI. C'est ainsi que les Hollandois appellent le poivre de la Jamaïque, qu'on nomme autrement Graine de Girofle. *Voyez* INDE.

AMOMUM RACEMOSUM, AMOMUM VERUM, ou AMOME EN GRAPPE ou EN RAISIN. Espece de fruit que l'on apporte des Indes, le plus ordinairement par la voye de Hollande & de Marseille.

L'Amomum, qu'on compte parmi les drogues qui servent à la Médecine, & qui entre particuliérement dans la composition de la Thériaque, croît sur un arbrisseau du même nom, dont les feuilles longuettes & étroites sont d'un verd pâle, & la fleur comme celle du violier blanc.

Ce fruit est assez semblable au raisin muscat, en couleur, en grosseur, & en figure; mais il est moins rempli de grains & moins succulent. Ses gousses, qui n'ont point de queues, sont comme entassées, & collées sur un long nerf qu'elles entourent jusqu'au bout, & qui leur sert de soutien. Au dedans de ces gousses on trouve des grains purpurins & presque quarrés, séparés & couverts par de légeres membranes blanches. Le goût de ces grains est âcre & mordicant, & l'odeur extrêmement perçante & aromatique.

Le meilleur Amomum est toujours le plus nouveau & celui dont les gousses sont rondes, de couleur blanchâtre tirant sur le blond, pésantes & bien remplies. Celui dont les gousses sont légeres & dont les grains sont noirs & ridés, est peu ou point estimé.

Bien des gens confondent l'Amomum avec la Maniguette, ou grande Cardamome, quoiqu'ils ne se ressemblent en rien. Les Anglois & Hollandois appellent Amomi, ce que nous appellons en France Poivre de la Jamaïque.

Il y a encore l'Amomum de Pline, qui a un fruit semblable à la graine de l'Alkekange, arbrisseau très connu.

*L'Amomum Verum paye en France de droits d'entrée quatre livres du cent pésant.*

AMONT. Terme de Voiturier de riviere, qui est opposé à Aval. Il signifie ce qui vient sur l'eau en descendant; comme Aval, ce qui vient en remontant.

Il y a à Paris différens Ports pour les marchandises qui y arrivent, ou d'amont, ou d'aval. Le Port S. Paul, la Grêve, &c. sont pour les bateaux d'amont, tels que sont ceux de la Bourgogne & de la Champagne; & le Port de l'Ecole & de S. Nicolas, &c. pour les bateaux d'aval, comme ceux de Normandie.

AMORCE. Appas dont on se sert à la pêche, pour attirer & prendre le poisson. La meilleure est celle qu'on appelle Achée, ou Laiche, qui se fait avec des vers de terre. *Voyez* ACHE'E, *ou* PESCHE.

AMORCER. Terme de Charpentiers, Menuisiers, Charrons, & autres Ouvriers en bois. Il signifie, se servir de l'amorçoir, pour commencer à percer dans une piece de bois un trou qu'on veut achever avec la tarriere, ou le laceret. On le dit aussi de la premiere ouverture que l'on fait avec l'ébauchoir, pour entailler une mortaise.

AMORCER un peigne. C'est commencer à en ouvrir les dents avec le carlet. On dit aussi Amorcer, pour signifier, faire cette premiere ouverture, ou enfoncement des dents, qui se fait par le haut feuillet de l'estadou. *Voyez* PEIGNE.

AMORCER, en termes de Serrurier, signifie, ôter quelque chose d'une piece de fer, qu'on veut forer, avant que de la percer entiérement. On amorce, ou avec une pointe acerée, ou avec un gros burin.

AMORÇOIR. Outil de fer, avec une traverse de bois par en haut pour le tourner. C'est une espece de tarriere, avec cette différence que la vraye tarriere a sa meche creusée en demi canal, & que celle de l'Amorçoir est platte, & comme on dit, faite en langue de char, avec la pointe tournée en forme de vis. On se sert de l'Amorçoir pour commencer les trous des tarrieres. *Voyez* TARRIERE.

AMORGOS, Isle de la mer Egée. *Voyez* l'Etat général, page 345.

## A M P

AMPAN ou EMPAN. Mesure étendue, qui sert à mesurer les distances & les longueurs. *Voyez* PALME.

AMPASTELER. Terme de teinture. C'est donner le bleu aux laines, & aux étoffes de laine; ce qui se fait avec le Pastel. On peut néanmoins leur donner le bleu avec le Vouede & l'Indigo, mais non pas avec l'Indigo seul; ce qui s'exprime par le même mot d'Ampasteler. On dit aussi Guéder, parce que le Pastel s'appelle autrement Guéde. *Voyez* PASTEL.

AMPASTELE'. Terme de teinture. Drap Ampastelé, c'est un drap à qui l'on a donné le bleu de Pastel, ou de Vouede & d'Indigo.

AMPHIAM. Nom que les Turcs donnent au suc de Pavot, qu'on nomme ordinairement Opium. *Voyez* OPIUM.

AMPHIBIE. Animal qui vit tantôt dans l'eau, & tantôt sur la terre. Les principaux Amphibies dont on parle dans ce Dictionnaire, sont le Castor, le Loutre, la Vache, le Veau marin, & les Tortues. *Voyez ces cinq articles.*

AMPHORA. C'est la plus grande mesure dont on se serve à Venise pour les liquides. L'Amphora contient quatre bigots, le bigot quatre quartes, la quarte quatre fischaufreras. Soixante-seize mustachi font l'Amphora, dont les trente-huit font la botte ou le muid; ainsi le muid n'est que la moitié de l'Amphora.

AMPLIATION. C'est le double qu'on retire, ou qu'on donne d'une quittance, d'un acquit, d'un compte, & autres pieces. On dit, Signer une copie par Ampliation, pour dire, en signer une seconde.

C'est en ce sens qu'on appelle *Ampliation*, une copie imprimée sur papier de la grosse en parchemin d'un Contrat de rente sur la Ville de Paris. Les Notaires en délivrant la grosse au Rentier, doivent aussi en même tems lui délivrer une Ampliation en papier; laquelle il est obligé de fournir au Payeur attachée avec sa quittance, la premiere fois qu'il prétend recevoir la rente.

## A M S

AMSTERDAM, Ville Capitale de la Hollande. *Voyez* ce qui concerne cette Ville dans l'Etat général, page 276 *& suiv.*

## A M U

AMURCA. Les Apoticaires & Droguistes appellent ainsi la lie des olives pressurées. Cette drogue cuite dans un vaisseau de cuivre, & épaissie jusqu'à la consistance de miel, est astringente. *Voyez* OLIVE *&* HUILE D'OLIVE.

## A M Y

AMY. Signifie en fait de négoce, Correspondant;

personne avec laquelle on est en liaison & commerce d'affaire. Mon Amy de Nantes m'a donné nouvelles de l'arrivée des vaisseaux de la Compagnie. J'ai fait cette affaire, cette négociation pour compte d'Amy.

Amy, est aussi en usage dans les polices d'assurances; & lorsqu'on ne veut pas y paroître sous son nom, il suffit que le Correspondant déclare qu'il assure pour compte d'Amy. *Voyez* Assurance.

AMYANTHE. Espece de pierre, dont on dit qu'on peut tirer un fil, qui résiste au feu, & qui est incombustible. *Voyez* Amiante.

## ANA

ANA. Terme de Pharmacie, très connu des Médecins & Apoticaires. Voici l'usage & la signification.

Les Médecins dans leurs ordonnances où il entre plusieurs drogues, si par hazard il se trouve qu'il doit y avoir même quantité, poids, ou mesure, de deux, trois, ou plusieurs desdites drogues; ce Médecin en écrivant les noms des drogues ne met point la quantité qu'il en faut après chacune, mais seulement après la derniere; il écrit le mot *Ana* 4. *gros*, par exemple: ce qui signifie que de toutes les drogues précédemment écrites, où il n'y a point de quantité marquée, il faut mettre quatre gros de chacune. Par exemple,

℞. Rhubarbe,
Séné,
Casse. *Ana* 4 *gros*.

veut dire quatre gros de chaque: & l'Apoticaire en le voyant, l'entend tout aussi-tôt.

Le mot d'*Ana* a encore quelques autres significations, mais comme elles ne regardent point le Commerce, elles n'entrent point non plus dans le dessein de ce Dictionnaire.

ANACARDES. Espece de féves qui sont apportées des grandes Indes. Les feuilles de l'arbre qui les produit, sont verdâtres & à demi rondes. Les féves se trouvent dans une gousse de la figure de celles de nos grosses féves, qui contient ordinairement deux Anacardes. La bonté des Anacardes consiste à être grosses, bien nourries, nouvelles, séches, & que l'amande soit blanche. Ces sortes de féves sont de quelque usage en Médecine, étant un bon purgatif, mais dont il ne faut pas se servir que de l'avis d'un habile homme. On tire de l'huile des Anacardes, qui a la propriété de l'huile d'Acajou. Les Apoticaires en font aussi le miel qu'ils nomment Anacardin.

*Les droits d'entrée que payent en France les Anacardes, sont de trente-cinq sols le cent pésant.*

Anacardes Antartiques. Ce sont les noix d'Acajou, à qui les Epiciers-Droguistes de Paris donnent ce nom, à cause de quelque ressemblance qui se trouve entre ces deux dangereux purgatifs. *Voyez* Acajou.

ANACOSTE, ou ANASCOTE. Espece d'étoffe de laine croisée, très rase, fabriquée en maniere de serge de Caen, mais pas si couverte de poil, & de meilleure laine. Elle se fait à Leyden en Hollande, à Bruges & à Ascot dans les Pays-Bas Espagnols; à Ypres, & aux environs dans la Flandre Françoise. Cette étoffe a une aune de large, ainsi que les serges de Caen, & vingt aunes ou environ de long. Elle s'envoie ordinairement en blanc & en noir en Espagne, où il s'en fait une grande consommation. Il s'en fabrique



depuis peu en France, particuliérement à Beauvais, où elles sont parfaitement bien imitées; & les Marchands de cette Ville-là en envoyent aussi quantité en Espagne. *Voyez* Bayette.

ANAGROS. Mesure pour les grains, dont on se sert en quelques Villes d'Espagne, particuliérement à Séville. L'Anagros contient un peu plus que la mine de Paris; ensorte que trente-six Anagros font dix-neuf septiers, mesure de Paris.

ANANAS. Fruit qui croît dans les Isles Antilles & en plusieurs autres endroits des Indes.

Ce fruit n'a long-tems été connu en France, que par les agréables descriptions que les Voyageurs se sont à l'envi efforcés d'en faire. Depuis quelques années on en a apporté de confits, par où l'on peut juger en partie de l'exagération ou de la vérité de leurs relations. Ce sont les Marchands Epiciers & Droguistes qui les font venir & qui les vendent.

Tous les Auteurs qui parlent de l'Ananas, lui donnent le nom de Roi des fruits; & ils disent qu'outre son excellence, qui le lui fait mériter, il en porte des marques dans une espece de couronne composée de fleurs & de feuilles dentelées d'un rouge vif & luisant, qu'il a au haut de sa cime.

Ce fruit croît sur une tige haute d'un bon pied, revêtue d'environ quinze ou seize feuilles de la longueur de celles des Cardes, & de la figure de celles de l'Aloës; pointues par le bout, un peu cavées par le milieu, & armées de chaque côté d'épines fort pointues.

Le fruit sort du milieu de ces feuilles, quelquefois de la grosseur d'un Melon. Il est assez semblable à une pomme de Pin pour la forme, son écorce étant relevée en compartimens faits en écailles. Rien n'est si riche que les couleurs dont il est peint. Ses écailles sont vertes bordées d'incarnat, le fond est jaune; & pour l'embellir, de chaque écaille sort une petite fleur couleur de pourpre, qui tombe à mesure qu'il meurt; au-dessus est cette couronne, qui marque sa royauté.

La pulpe ou chair d'un fruit si agréable aux yeux, est d'un goût si exquis, que pour le pouvoir bien exprimer, on a été obligé de joindre ensemble les différens goûts de nos meilleurs fruits; ensorte qu'on dit qu'il a quelque chose de l'alberge, de la fraise, du muscat, & de la renette, qui toutes ensemble en font un au-dessus de l'expression. Cette chair est un peu fibreuse; mais néanmoins elle se fond entiérement en suc, quand on la mange.

L'Ananas ne se perpétue, ni par sa racine, ni par une espece de petite graine presque imperceptible, qui se trouve mêlée à la pulpe. Il se reproduit seulement par sa couronne, qui mise en terre, prend racine, pousse des feuilles & une tige, & redonne un nouveau roi aux plantes & aux fruits.

Il y a de trois sortes d'Ananas, distingués par la couleur, la figure, & le goût; l'Ananas blanc, le pointu, ou pain de sucre; & la renette. On fait des uns & des autres une excellente confiture liquide; & l'on en confit aussi de tout entiers qu'on tire au sec, & qu'on couvre d'un candi ou sucre glacé. Ce sont ces confitures qu'on envoye en France des Isles Antilles.

Le vin qu'on fait de l'Ananas vaut presque la malvoisie. Au bout de trois semaines il tourne. Si l'on le garde encore autant de tems, il redevient meilleur que jamais, mais il est plus fumeux.

La Médecine trouve aussi de souverains remedes dans l'Ananas. Il recrée l'esprit, fortifie le cœur & l'estomac, rétablit l'appétit, est bon contre la gravelle & les suppressions d'urine; & même est un admirable contrepoison, sur-tout contre l'eau trop froide du Manioc.

L'eau qu'on en tire par l'alambic a les mêmes qualités; mais parce que ses opérations sont plus promptes & qu'elle est très corrosive, il est bon qu'elle ne soit ordonnée que par les plus sages Médecins.

ANATE, ou ATTOLE. Sorte de teinture rouge, qui se trouve aux Indes Occidentales. Elle se fait d'une fleur rouge qui croît sur des arbrisseaux de sept ou huit pieds de haut. On la jette, comme l'Indigo, dans des cuves ou des citernes faites exprès; avec cette différence, qu'on n'employe que la fleur, qu'on effeuille comme on fait les roses; & lorsqu'elle est pourrie, & qu'à force de l'agiter elle est réduite à une substance épaisse & liquide, on la laisse sécher au Soleil, & on en forme des rouleaux ou tourteaux.

Il n'y a plus que les Espagnols qui cultivent & qui préparent l'Anate, la plantation que les Anglois de la Jamaïque avoient à S. Angels, ayant été ruinée. Cette drogue est plus estimée des Teinturiers d'Angleterre que l'indigo; aussi les Marchands de la Jamaïque, qui s'en fournissent à Porto-rico, l'achetent-ils un quart plus cher, ne donnant que trois réales de la livre d'indigo, & quatre de l'Attole. C'est présentement de la baye des Houduras, que les Européens, qui font ce négoce, en tirent la meilleure partie. Cette marchandise est de bon débit; & il y a toujours cinquante à soixante par cent à gagner, quand on l'a de la premiere main.

ANATOCIME. Ce mot est de peu d'usage dans le Commerce; cependant comme on l'a trouvé dans un ouvrage manuscrit du Sr Bernard d'Henouville, Professeur d'Arithmétique & Teneur de livres en partie double, qui avoit quelque réputation, on a cru ne devoir pas l'oublier dans ce Dictionnaire.

Suivant cet Auteur on entend par l'Anatocime, la plus violente usure qu'on puisse commettre dans le Commerce, c'est-à-dire, celle où le prêteur joint & récapitule plusieurs révolutions d'intérêts pour en tirer encore un nouvel intérêt comme du premier & véritable principal. *Voyez* Usure & Usurier. *Voyez aussi* l'Ordonnance de 1673. T. VI. art. 1. & 2.

ANATRUM ou NATRUM, que chez les Epiciers de France on nomme vulgairement NATRON. Espece de salpêtre naturel, qui n'est proprement que de la soude blanche. *Voyez* Salpestre.

Anatrum, qu'on écrit plus communément Anatron. Est l'écume du verre qui surnage sur les creusets, lorsque la matiere est en fusion. Cette écume qui paroît diversifiée de plusieurs couleurs, entr'autres de gris, de blanc, de brun, & de bleu, contient une espece de sel, qui est propre à l'engrais des brebis, & qu'on donne aussi aux pigeons. Lorsqu'on la réduit en poudre, & qu'on la laisse exposée à un air humide, elle se dissout; & le résidu qui se trouve coagulé au fond du vaisseau, n'est gueres différent du sel marin ordinaire. *Voyez* Verre.

## ANC

ANCES. Ce sont les liens, ou anneaux de fonte, par où les cloches s'attachent dans les mouton de bois, pour les suspendre en équilibre dans les befrois des clochers. *Voyez* Fondeur de Cloches.

ANCHE. Les Meûniers & Boulangers nomment ainsi l'endroit, ou conduit carré, par lequel la farine tombe dans la huche du moulin. *Voyez* Moulin a farine.

ANCHOIS. Très petit poisson de mer, que quelques-uns estiment n'être qu'une espece de hareng, & que d'autres confondent avec la sardine: mais à en juger par la figure, & par le goût, on peut sans témérité affirmer, que l'Anchois est un poisson d'une espece particuliere, & qu'il n'a rien de commun, qu'une assez légere ressemblance avec le hareng, ou la sardine.

La pêche des Anchois se fait sur les côtes de Provence dans les mois de Mai, Juin, & Juillet; saison, où réguliérement cette sorte de poisson entre dans la Méditerranée par le Détroit de Gibraltar.

Nice, Cannes, Antibes, S. Tropes, & quelques autres endroits de Provence, sont les lieux d'où on les envoye aux Marchands Epiciers de Paris. Il s'en fait aussi des envois considérables pour les Pays étrangers. La pêche des Anchois est pareillement très abondante dans la riviere de Genes, & sur les côtes de Catalogne.

Il est remarquable qu'on ne la fait gueres que la nuit. Si l'on allume du feu à la poupe des petits bâtimens, dont on se sert pour pêcher les Anchois, ils viennent donner dans les filets en plus grande quantité; mais on assure que l'expérience a appris que les Anchois pris au feu, sont moins bons, moins fermes, & moins de garde, que ceux qu'on prend sans feu.

Quand la pêche des Anchois est finie, on leur arrache à tous la tête, & l'on les vuide de leurs entrailles; ensuite on les arrange dans des barils de différens poids, dont les plus gros ne pésent que vingt-cinq ou vingt-six livres, & l'on y met du sel raisonnablement.

Quelques-uns salent aussi des Anchois dans de petits pots de fayence, ou de terre, faits exprès, de deux ou trois livres, plus ou moins, que l'on couvre de plâtre, pour les mieux conserver.

Il faut choisir les Anchois, petits, nouveaux, blancs dessus, vermeils dedans, & qu'ils ayent le dos rond; les Anchois plats, ou trop gros, n'étant souvent que des sardines. Il faut outre ces qualités, qu'à l'ouverture des barils, ou des pots, la sauce soit d'un bon goût, & ne sente point l'évent.

*En France les Anchois payent de droits d'entrée seize sols du cent pésant, & quatorze sols de droits de sortie.*

ANCHUE. Terme de Manufacture de lainage, qui signifie ce qu'on nomme plus communément la Trame d'une étoffe. Le terme d'Anchue est particuliérement en usage parmi les Ouvriers de la Sayetterie d'Amiens. Du côté d'Aumale, on dit Enflure. *Voyez* Trame.

ANCIEN STILE. Maniere de compter dont on se servoit avant la réformation du Calendrier Romain. On appelle nouveau Stile, la Supputation qui lui a succédé. *Voyez* Vieux Stile.

ANCONE, Ville d'Italie dans l'Etat Ecclésiastique. *Voyez* le Commerce de cette Ville dans l'Etat général, page 310.

ANCRAGE. Terme de Commerce de mer, & de Marine. En général, il signifie le lieu où l'on jette l'ancre pour arrêter un navire.

On le dit aussi en particulier, du droit que les Capitaines & Maîtres des vaisseaux Marchands payent en plusieurs endroits au Roi, ou à l'Amiral, pour avoir permission d'entrer dans les Ports & Havres des côtes de France.

Ce droit n'entre point dans les avaries, & les Assureurs n'en sont point tenus.

Il est dû, & se paye par le Maître du navire, conformément à l'Ordonnance de la Marine de 1681.

ANCRE, que l'on écrit quelquefois ANCHRE. Terme de Marine, qui se dit d'un certain instrument de fer à double crochet, très gros & très pésant, ayant un anneau, auquel on attache un cable, qu'on jette dans le fond de la mer, ou des rivieres, pour arrêter ou fixer les vaisseaux sur la superficie de l'eau, dans les endroits où l'on le juge à propos.

Les parties d'une Ancre sont, 1°. L'anneau, que l'on nomme ordinairement Arganeau, ou Organeau. 2°. La verge, autrement vergue, ou tige droite. 3°. La croisée. 4°. Les deux bras. Et 5°. Les deux pattes, qui sont des especes de crochets, ou pointes recourbées, l'une à droite, & l'autre à gauche, à peu près semblables à des hameçons. Toutes ces parties sont soudées, ou jointes ensemble, en telle sorte qu'elles ne font qu'une seule & même piece très forte & très solide, qui a presque la figure d'une arbalêtre. Il n'y a que l'anneau qui soit mobile, étant passé dans un trou à l'extrémité de la verge du côté du jas.

Le jas, que l'on appelle aussi l'essieu, ou le jouet de l'Ancre, est un assemblage de deux pieces de bois, de même proportion & figure, jointes ensemble par des chevilles de fer, au dessous du trou de la verge; ensorte que le bout de la verge passe au travers du jas, où il se trouve comme encastré.

Le jas est pour empêcher que l'Ancre ne se couche de plat sur le sable, & faire que l'une des pattes s'accroche & s'enfonce dans le terrain solide qui se trouve au fond de la mer, afin d'arrêter le vaisseau, par le moyen du cable attaché d'un bout à l'anneau, & qui va de l'autre se joindre au vaisseau où il est amarré. Le jas est pour l'ordinaire de la même longueur que la verge, & quand il est au fond de l'eau, il se trouve toujours couché sur le sable; ensorte que l'Ancre a l'une de ses pattes enfoncées dans la terre, & l'autre est au-dessus, qui ne fait aucune fonction. On appelle la Boudiniere, ou l'Emboudiniere d'une Ancre, certaines petites cordes, qui sont entortillées autour de l'anneau.

Il y a de quatre especes d'Ancres. La plus grande, qu'on appelle la Maîtresse, ne sert jamais que dans les gros tems, pour éviter que le vaisseau n'aille donner à la côte. La deuxiéme, que l'on nomme la seconde Ancre, sert à tenir le bâtiment en rade. La troisiéme, est l'Ancre d'Affourché, ou d'Affourche, que l'on mouille, après en avoir mouillé une autre à la partie opposée : elle sert à enfourcher le vaisseau, afin de l'empêcher de tourner sur son cable. Et la quatriéme s'appelle Ancre de Touet, à Touer, ou Toueux. Cette derniere, qui est la plus petite de toutes, s'employe à touer, ou haler le bâtiment, c'est-à-dire, pour le faire avancer avec le cabestan, ou vireveaux, lorsqu'il s'agit d'entrer dans un Port ou d'en sortir, ou lorsqu'il est nécessaire de changer de place dans une Rade.

On nomme Ancre à demeure, une très grosse Ancre, qui demeure toujours dans un Port, ou dans une Rade, pour servir à touer les vaisseaux.

Les Ancres pour les vaisseaux du Roi, se fabriquent dans l'Arsénal de Cosne sur la riviere de Loire.

Dans la navigation des rivieres l'on se sert aussi d'Ancres; mais chaque bateau n'en porte pour l'ordinaire qu'une, ou tout au plus deux, suivant qu'il est plus ou moins grand.

Les Marchands, Négocians, & autres, qui entreprennent des armemens, ou qui envoyent des vaisseaux à la mer pour faire commerce, ne sçauroient trop s'attacher à la bonté des Ancres; car c'est particuliérement d'eux que dépend la conservation des navires, & des marchandises qui sont dedans : la vie même de ceux qui les gouvernent, ou qui sont dessus, s'y trouve interessée; c'est pourquoi ils doivent bien prendre garde que le fer qui s'employe à les fabriquer, ne soit ni trop doux, ni trop aigre, l'un & l'autre de ces inconvéniens étant très dangereux, l'aigreur du fer le faisant casser, & sa trop grande douceur étant cause qu'il se plie & se fausse. Pour bien réussir dans la fabrication des Ancres, il faut allier le fer aigre avec le doux; & c'est par cette raison que les fers d'Espagne & de Suéde doivent être préférés, le premier étant doux, & le dernier aigre.

Aubin dans son Dictionnaire de Marine imprimé à Amsterdam en 1702, dit qu'on fait l'Ancre d'un grand vaisseau plus petite à proportion que celle d'un petit vaisseau; & que la raison de cela est, qu'encore que la mer déploye une égale force contre un petit vaisseau & contre un grand, supposé que tous les deux ayent dans l'eau une égale étendue de bois, qui donne lieu à l'eau d'agir également sur une étendue égale; néanmoins le petit vaisseau, à cause de sa légereté, n'a pas la même force que le grand, pour résister; à quoi l'on doit suppléer par le poids de l'Ancre.

Voici une Table que cet Auteur rapporte, tirée d'un Ecrivain Flamand, par laquelle il fait connoître par le moyen du bau, qui est la largeur du vaisseau en dedans, combien la verge de l'Ancre doit avoir de pieds de long, en lui donnant de longueur les quatre dixiémes parties, ou deux cinquiémes de cette largeur du vaisseau, & que sur cette proportion on peut régler celles des autres parties; à quoi est ajouté le poids que doit avoir l'Ancre, en commençant par un vaisseau de huit pieds de large, & haussant de pied en pied jusqu'à quarante-cinq pieds de largeur.

## TABLE.

| | pieds. | | pieds. | | poids. |
|---|---|---|---|---|---|
| | 8 | . . . . | 3.$\frac{1}{5}$ | . . . | 33 ℔ |
| | 9 | . . . . | 3.$\frac{3}{5}$ | . . . | 47 |
| | 10 | . . . . | 4.. | . . . | 64 |
| | 11 | . . . . | 4.$\frac{2}{5}$ | . . . | 84 |
| | 12 | . . . . | 4.$\frac{4}{5}$ | . . . | 110 |
| | 13 | . . . . | 5.$\frac{1}{5}$ | . . . | 140 |
| | 14 | . . . . | 5.$\frac{3}{5}$ | . . . | 175 |
| | 15 | . . . . | 6.. | . . . | 216 |
| | 16 | . . . . | 6.$\frac{2}{5}$ | . . . | 262 |
| | 17 | . . . . | 6.$\frac{4}{5}$ | . . . | 314 |
| | 18 | . . . . | 7.$\frac{1}{5}$ | . . . | 373 |
| | 19 | . . . . | 7.$\frac{3}{5}$ | . . . | 439 |
| | 20 | . . . . | 8.. | . . . | 512 |
| | 21 | . . . . | 8.$\frac{2}{5}$ | . . . | 592 |
| | 22 | . . . . | 8.$\frac{4}{5}$ | . . . | 681 |
| | 23 | . . . . | 9.$\frac{1}{5}$ | . . . | 778 |
| | 24 | . . . . | 9.$\frac{3}{5}$ | . . . | 884 |
| Un | 25 | . . . . | 10.. | . . . | 1000 |
| Vaisseau | 26 | L'Ancrea | 10.$\frac{2}{5}$ | Et pese | 1124 |
| large de. | 27 | de long. | 10.$\frac{4}{5}$ | . . . | 1259 |
| | 28 | . . . . | 11.$\frac{1}{5}$ | . . . | 1405 |
| | 29 | . . . . | 11.$\frac{3}{5}$ | . . . | 1562 |
| | 30 | . . . . | 12.. | . . . | 1728 |
| | 31 | . . . . | 12.$\frac{2}{5}$ | . . . | 1906 |
| | 32 | . . . . | 12.$\frac{4}{5}$ | . . . | 2097 |
| | 33 | . . . . | 13.$\frac{1}{5}$ | . . . | 2300 |
| | 34 | . . . . | 13.$\frac{3}{5}$ | . . . | 2515 |
| | 35 | . . . . | 14.. | . . . | 2742 |
| | 36 | . . . . | 14.$\frac{2}{5}$ | . . . | 2986 |
| | 37 | . . . . | 14.$\frac{4}{5}$ | . . . | 3242 |
| | 38 | . . . . | 15.$\frac{1}{5}$ | . . . | 3512 |
| | 39 | . . . . | 15.$\frac{3}{5}$ | . . . | 3796 |
| | 40 | . . . . | 16.. | . . . | 4096 |
| | 41 | . . . . | 16.$\frac{2}{5}$ | . . . | 4426 |
| | 42 | . . . . | 16.$\frac{4}{5}$ | . . . | 4742 |
| | 43 | . . . . | 17.$\frac{1}{5}$ | . . . | 5088 |
| | 44 | . . . . | 17.$\frac{3}{5}$ | . . . | 5451 |
| | 45 | . . . . | 18.. | . . . | 5832 |

Les Habitans de l'Isle de Ceilan se servent, au lieu d'Ancre, de grosses pierres rondes; & dans quelques autres endroits des Indes, les Ancres sont des especes de machines de bois chargées de pierres. Quelques-uns prétendent que les vaisseaux arrêtés par ces sortes de machines de bois chargées de pierres, demeurent plus fermes, que ceux qui sont sur une Ancre de fer, ou sur une simple pierre.

**Ancre**, ou **Encre**, signifie aussi une liqueur noire, qui sert à écrire. *Voyez* Encre.

**Ancre.** Terme d'Architecture, est une barre de fer passée dans l'œil d'un tirrant pour empêcher les murs de surplomber, lorsqu'ils ne sont pas soutenus par d'autres bâtimens.

**ANCRER**, c'est jetter l'ancre, mettre un vaisseau à l'ancre.

**ANCRURE.** Terme de Tondeur de draps, qui signifie un petit rendouble ou plis, qui se fait à l'étoffe que l'on tond, parce qu'elle n'a pas été bien tendue ou arrêtée avec les crochets par les lisieres sur la table ou coussin à tondre.

L'Ancrure est un défaut considérable dans l'apprêt de la marchandise; parce que la force passant sur ce rendouble, qui quelquefois est presque imperceptible, elle coupe de si près le poil de l'étoffe, que l'on en découvre entiérement le fonds ou la corde.

Pour remédier à ce défaut, on se sert ordinairement d'une bosse de chardon, avec laquelle on retire un nouveau poil, que l'on retond ensuite, afin de l'égaler au reste. Mais quelque chose que l'on puisse faire pour cacher cette défectuosité, il est presque impossible de pouvoir empêcher que l'on ne s'en apperçoive; & l'on regarde toujours ce défaut comme une tarre à l'étoffe.

**ANCY-LE-FRANC**, en Bourgogne. *Voyez* l'Etat général, page 126.

### AND

**ANDALOUSIE**, Royaume d'Espagne. *Voyez* le Commerce d'Espagne dans l'Etat général, page 241.

**ANDELLE**, bois à brûler, presque tout de hestre, plus court d'un pied que le bois ordinaire, qui prend son nom de la riviere d'Andelle qui tombe dans la Seine. *Voyez* l'article des Bois.

**ANDEMAON**, dans la mer Indique. *Voyez* l'Etat général, page 465.

**ANDOUILLE.** Mets que préparent les Chaircuitiers avec des boyaux renfermés dans un autre boyau, que pour cela on appelle la robe de l'Andouille.

Il se fait dans quelques Villes de France un très grand commerce d'Andouilles, entr'autres à Tours, à Blois, & à Troyes. Les Andouilles de la Place Maubert à Paris sont aussi très estimées.

**Andouille.** On nomme Andouilles de Tabac, des feuilles de tabac préparées & mises ensemble, de maniere que pour leur longueur & leur figure, elles ont assez de ressemblance avec les Andouilles des Chaircuitiers; avec cette différence pourtant qu'elles sont plus enflées au milieu qu'aux extrémités. Les plus grosses Andouilles de tabac ne passent pas dix livres, & les plus petites n'en ont pas moins de cinq.

Pour faire ces Andouilles on étend sur une table des feuilles de tabac prêtes à torquer, les plus saines & les plus belles d'abord, & les plus petites par dessus. On roule ensuite ces feuilles qui servent de moule ou d'ame à d'autres dont on les couvre, jusqu'à ce qu'elles ayent la grosseur & le poids qu'on veut leur donner; alors on les enveloppe dans un morceau de grosse toile imbibée d'eau de mer ou d'une liqueur composée, & on la lie ferme d'un bout à l'autre avec une petite corde dont les tours se touchent. On les laisse en cet état jusqu'à ce qu'on juge que les feuilles sont tellement liées les unes aux autres, qu'elles ne font plus qu'un corps, & alors on ôte la corde & la toile, & l'on coupe les deux bouts des Andouilles pour faire voir la qualité du tabac dont elles sont faites.

Lorsque les Andouilles sont bien faites elles se conservent long-tems & peuvent aisément se transporter par tout.

**ANDRA**, dans la Presqu'isle de Malaca. *Voyez* l'Etat général, page 443.

**ANDRIGERI**, dans l'Isle de Sumatra. *Voyez* l'Etat général, page 464.

**ANDRIPOURO**, dans l'Isle de Sumatra. *Voyez* l'Etat général, page 464.

**ANDROS**, Isle de la mer Egée. *Voyez* l'Etat général, page 345.

ANDUZE, en Languedoc. Voyez l'Etat général, page 215.

## ANE

ANE, ou ASNE. Animal domestique, lent, paresseux, mélancholique; mais patient, dur au travail, & bon pour le portage & le tirage. Sa femelle s'appelle Anesse.

C'est parmi les plus grands & les plus vigoureux de ces animaux que l'on choisit des étalons pour sauter ou saillir les jumens, qu'on destine dans les haras à porter des mulets; & il y en a de si estimés, qu'on les vend au delà du prix même des plus beaux chevaux; quelques-uns s'étant vendus, & se vendant encore dans quelques Provinces de France, jusqu'à douze & quinze cent livres. *Voyez* MULET. *Voyez aussi* HARAS, & ESTALON.

*Les Anes & les Anesses, grands & petits, payent en France de droits d'entrée dans le Royaume, ou dans les Provinces réputées Etrangeres, six sols de la piece, & dix-huit sols de droits de sortie.*

ANE. On appelle aussi de la sorte une espece d'étau, dont plusieurs Artisans, particuliérement les Ebenistes, & les Ouvriers en marqueterie, & en pierres de rapport, se servent pour tenir leurs bois & leurs pierres précieuses, lorsqu'ils veulent ou les refendre, ou les contourner à la scie, suivant les desseins de leur ouvrage. *Voyez* ESTAU, ou MARQUETERIE.

ANE. Se dit encore d'une espece de grand coffre, ou bahu, sur quoi est posée la presse à rogner des Papetiers & des Relieurs, dans lequel tombent les rogneures de leurs livres, registres, ou papier. On l'appelle aussi Porte-presse. *Voyez* RELIEUR & PAPETIER.

ANE'E, ou ASNE'E. Mesure de grains en usage en quelques Provinces de France, particuliérement dans le Lyonnois, & dans le Mâconnois.

Ce n'est pas néanmoins une mesure effective, telle que peut être à Paris le minot, mais un assemblage d'un certain nombre d'autres mesures.

A Lyon l'Anée est composée de six bichets, qui font un septier & trois boisseaux de Paris. A Mâcon l'Anée est de vingt mesures, qui reviennent à un septier huit boisseaux de Paris.

Le bichet de Lyon pése 60 l. & l'ânée 360 l. le poids de Lyon est plus foible que celui de marc de 16 onces pour cent.

Une ânée & un bichet rendent à Marseille sept sivadieres : cent ânées font 131 charges un quart; & une ânée y donne une charge un quart un seize.

Par rapport aux mesures étrangeres, quatre ânées de Lyon font sept muddes d'Amsterdam, pour lesquels ils n'en faut que trois de Mâcon. *Voyez* MUDDE.

*Différentes mesures depuis Lyon jusqu'à Gray, & leur rapport avec l'ânée de Lyon.*

La mesure de Neuville jusqu'à Genay, à une lieue de traverse, est de deux pour cent plus petite que celle de Lyon.

A Trevoux & jusqu'à Montmerle, & de traverse jusqu'à S. Trivier, les 100 neuvaines font 112 ânées de Lyon.

De Montmerle jusqu'au Brief de Davaunon & à la traverse jusqu'à Toissey 100 ânées en font 136 de Lyon.

Au Pont de Vesle & de Bage jusqu'au pont de Vaux 100 ânées en font 137 de Lyon.



A Mâcon, comme au précédent.

A Tournus 100 bichets font 120 ânées de Lyon.

A Châlons 100 bichets font 85 ânées de Lyon.

A Verdun le bichet est égal à l'ânée de Lyon.

A Baune 100 bichets font 114 ânées de Lyon.

A Seurre 100 bichets font 107 ânées de Lyon.

A Nuits ils en font 110.

Cent hemines de Saint-Jean de Laune font 126 ânées.

A Auxonne 222, & à Maxilli 250.

A Marnaud les 100 ânées en font 112 de Lyon.

A Lovaur 100 carteaux font 118 ânées de Lyon.

A S. Trivier 100 bichets font 120 ânées de Lyon.

A Belleville & à Montmerle, l'ânée est de 17 mesures qui doivent faire à Lyon huit bichets. Ladite ânée pése 440 liv. poids de Lyon, & poids de marc, 404 l.

ANE'E Se dit encore à Lyon d'une certaine quantité de vin, qui fait la charge qu'un âne peut porter en un seul voyage. Cette Anée est fixée à quatre-vingt pots.

ANEGRAS. Mesure de grain dont on se sert à Seville & à Cadix en Espagne. Quatre Anegras font un cahis : quatre cahis font le fanega, & 50 fanegas font le last d'Amsterdam.

## ANG

ANGELIQUE, qu'on appelle aussi ARCHANGELIQUE, ou RACINE DU S. ESPRIT; en Latin *Angelica*, autrement *Radix Siriaca*. Plante médicinale fort estimée, à cause des vertus qu'on lui croit contre les poisons, qui la fait entrer dans la composition de la thériaque.

Cette plante croît sur les plus hautes montagnes; & sur tout il s'en trouve quantité dans celles de Bohéme. Sa racine forme une espece de nœud de la grosseur d'une noix, d'où il sort plusieurs petits filamens noirâtres, de la longueur d'un pied, assez semblables à l'ellebore noir. Cette racine est blanche au dedans, d'une substance rare, d'un goût piquant, & d'une odeur aromatique. La tige qui s'éleve au dessus, est environ d'une coudée de haut; elle est creuse & nouée en plusieurs endroits, de couleur d'un noir rougeâtre; les feuilles sont verd-obscur, longues & dentelées; & ses fleurs, qui forment une espece d'ombelle ou parasol, sont blanches, & produisent une graine platte de la figure de la lentille.

Il faut choisir les racines d'Angelique grosses, longues, & blanches en dedans; qu'elles ne soient point vermoulues, ce qu'elles évitent rarement quand on les garde; & qu'elles ayent une odeur & un goût agréables & aromatiques, accompagnés d'un peu d'amertume. Les Angeliques que l'on tire de Bohéme, sont meilleures que celles qui viennent d'Angleterre & de Hollande.

Il faut sur-tout prendre garde, que ce ne soit des racines de Meon, plante qui vient de Bourgogne; ce qui se peut reconnoître aisément. Les racines de l'Angelique ressemblant à l'ellebore noir, & celles du Meon aux racines du persil ordinaire.

On se sert de la graine d'Angelique pour faire des dragées; & l'on confit au sucre la racine, &

les côtes, quand elles sont encore fraîches. Les Anglois font cas de cette sorte de confiture.

*L'Angelique, à qui le Tarif de 1664, a conservé son nom Latin* d'Angelica, *paye de droits d'entrée en France, quarante sols du cent pésant.*

ANGELOT. Monnoie d'or frappée en Angleterre, où il s'y en voit encore quelques-uns. L'Angelot a été ainsi nommé de la figure d'un Ange représenté sur l'empreinte d'effigie. Il est du poids de quatre deniers trébuchans, & tient de fin vingt-trois carats trois quarts.

Il y a eu aussi des Angelots d'or battus en France. Ceux-ci portoient dans l'empreinte d'effigie un S. Michel tenant une épée d'une main, & de l'autre un écu chargé de trois Fleurs-de-Lys, avec un serpent sous ses pieds.

Les Angelots d'argent, que les Anglois, maîtres de Paris sur la fin du Régne de Charles VI, & dans les commencemens de celui de Charles VII, y firent fabriquer, avoient aussi un Ange, mais qui portoit les écus de France & d'Angleterre; Henri VI, se qualifiant alors Roi de ces deux Royaumes. Ils valoient quinze sols.

ANGELOT. Est aussi une sorte de petit fromage très gras & très excellent, qui se fait au Pays de Bray, d'où il est appellé Angelot de Bray. Cette espece de fromage se dresse ordinairement dans des éclisses, qui sont formées en cœur, ou de figure quarrée. *Voyez* FROMAGE.

ANGERS, Capitale de l'Anjou. *Voyez* l'Etat général, page 93.

ANGLETERRE, Royaume de la Grande Bretagne. *Voyez* ce qui concerne son Commerce, dans l'Etat général, page 250.

ANGLURE, petite Ville de France dans la Champagne. *Voyez* le Commerce de la Champagne, dans l'Etat général, page 28.

ANGOLA, aux Côtes d'Afrique. *Voyez* ce qui est dit de ce Royaume dans l'Etat général, page 384.

ANGOULESME, Ville de France, Capitale de l'Angoumois. *Voyez* le Commerce de cette Ville dans l'Etat général, page 61.

ANGOUMOIS, Province de France. *Voyez* l'Etat général, page 59.

ANGOURI, ou ANGORA, autrefois ANCIRE, Capitale de la Galatie. *Voyez* l'Etat général, page 348.

ANGOURE DE LIN, en Latin *Angina Lini*. C'est une espece d'Epithym, qui croît sur la plante dont on fait le lin. Les Epiciers-Droguistes l'appellent ordinairement Cuscute. *Voyez cet article. Voyez aussi* EPITHYM.

ANGUILLE. Terme de Manufacture d'étoffes de laine. Il signifie les bourlets ou faux plis qui se forment aux draps en les foulant, lorsque les Foulons ne sont pas assez attentifs à visiter leurs pilles. *Voyez* LIZER.

ANGUILLE. Est aussi un poisson de riviere long & menu, de la figure du serpent, dont il se fait un grand négoce en France, soit fraîche, soit salée.

*Les Anguilles payent de droits d'entrée dans le Royaume dix sols le cent en nombre, & quatorze sols de droits de sortie.*

## ANI

ANIAN, Isle de la Côte de la Chine. *Voyez* l'Etat général, pages 423, 459.

ANIANE, en Languedoc. *Voyez* l'Etat général, pages 213, 216.

ANIL. Plante ou arbrisseau, dont les tiges & les feuilles servent à faire cette drogue, que l'on appelle *Inde*, ou *Indigo*, dont les Teinturiers font un si grand usage. *Voyez* INDIGO.

ANIL, qu'on nomme plus communément ANIS. Sorte de bois gris propre aux ouvrages de la marqueterie & du tour. *V. ci-après* ANIS, *Bois.*

ANIME. On appelle Gomme Anime, une gomme jaunâtre & transparente, qui distile par incision de quelques arbres de la nouvelle Espagne. *Voyez* GOMME.

ANINGA. Racine qui croît dans les Isles Antilles, qui est assez semblable à la Squine.

C'est de la décoction de cette racine dont l'on se sert présentement dans les sucreries, pour affiner les sucres : ce qui est plus sûr & moins dangereux, que l'affinage qu'on y faisoit autrefois avec le sublimé & l'arsenic, avant qu'on eût découvert que la racine de l'Aninga eût cette propriété. *Voyez* SUCRE, & AFFINAGE.

ANJON, en Auvergne. *Voyez* l'Etat général, page 100.

ANJOU, Province de France. *Voyez* ce qui est dit du Commerce qui s'y fait, dans l'Etat général page 92.

ANIS, ou ANIL. Bois grisâtre, qui vient des Indes en grosses buches; & que l'on nomme Anis, à cause de son odeur assez approchante de celle de la plante qui porte ce nom, & qui est si commune en France dans les jardins.

Le bois d'Anis s'employe aux ouvrages de marqueterie, & de tour; & les Droguistes en vendent aussi la semence, qu'ils déguisent sous différens noms; l'appellant quelquefois Anis de la Chine, de Siberie, des Isles Philippines, & des Indes; & la nommant le plus souvent, pour lui donner plus de réputation, semence de Badian, ou semence de Zingi.

Cette graine, qui est enfermée dans une petite gousse fort dure, & fort épaisse, est tout-à-fait semblable à celle de la coloquinte, à la réserve seulement qu'elle est d'une couleur tannée & luisante, & qu'elle a une assez bonne odeur.

Les Chinois s'en servent pour préparer leur thé; & les Hollandois, à leur imitation, en mettent aussi dans cette boisson, ainsi que dans leurs sorbecs; prétendant par-là les rendre plus agréables. Jusqu'ici le goût n'en est pas passé en France.

ANIS. Est aussi une sorte de semence, ou graine longuette, assez semblable à l'ache, dont l'odeur & le goût sont aromatiques. Cette semence provient d'une plante à ombelle du même nom, trop connue, pour qu'il soit nécessaire d'en faire la description.

L'Anis fait une partie du négoce des Marchands du Corps de l'Epicerie. Ils en tirent beaucoup d'Alicante & de Malte par la voie de Marseille. Tours & Chinon leur en fournissent aussi une assez grande quantité, mais celui de Malte & d'Alicante est le plus estimé, quoique moins verd que celui de France.

Les bonnes qualités de l'Anis sont d'être nouveau, gros, bien net, d'une bonne odeur, d'un goût piquant & aromatique, sans amertume; à quoi celui de Chinon est assez sujet.

L'Anis est d'une nature chaude, propre à chasser les vents du corps. On en fait entrer souvent dans les médecines, où il est regardé comme l'un des correctifs du sené. Les Confiseurs en employent

ployent beaucoup à faire des dragées, qu'ils vendent sous divers noms. *Voyez* CONFITURE, *vers la fin de l'article.*

On tire de l'Anis par la distillation une sorte d'huile blanche, que l'on appelle aussi Essence, ou Quinte-essence d'Anis, dont la plus estimée vient de Hollande. Cette huile, à laquelle les Médecins & les Apoticaires attribuent de grandes vertus, est d'une odeur très forte, & très pénétrante; ce qui fait qu'ils ne l'employent qu'avec modération. Les Parfumeurs en font entrer dans la composition de leurs pâtes & pomades, pour leur donner de l'odeur; & ils en mettent dans certains mélanges d'aromats, qu'ils nomment Pots pourris.

L'huile d'Anis doit être choisie blanche, claire, & transparente, d'une odeur forte; aussi facile à se liquifier au moindre chaud, qu'aisée à se congeler au plus petit froid.

En distillant l'Anis pour en tirer l'huile, il se forme une eau claire, que l'on nomme Eau d'Anis, dont les effets sont à peu près semblables à ceux de l'huile.

L'Anis fournit encore une autre sorte d'huile toute verte, qu'il rend par expression, à laquelle on attribue les mêmes vertus qu'à la blanche, quoique son effet ne soit pas si vif, ni si prompt. C'est M. Charas, ce sçavant Pharmacien, à qui l'on doit la découverte de cette derniere espece d'huile d'Anis.

*Le cent pésant d'Anis verd, ou en graine, paye en France une livre de droits d'entrée.*

*Commerce de l'Anis à Amsterdam.*

Les Anis dont on fait commerce à Amsterdam sont de cinq sortes, celui d'Alicante, celui de Venise, celui de Rome, celui de Malte, & celui de Magdebourg.

L'anis d'Alicante se vend depuis 18 jusqu'à 19 florins les 100 l. La tare est de 8 pour 100, & les déductions pour le bon poids & pour le prompt payement chacune de deux pour cent.

Les anis de Venise & de Malte sont rares; aussi ni le prix, ni la tare, ni les déductions n'en sont pas réglés & restent pour ainsi dire arbitraires entre le vendeur & l'acheteur.

Le prix de l'anis de Rome est de 15 à 16 florins les 100 l. leur tare est de six pour cent & leurs déductions comme à celle d'Alicante.

L'anis de Magdebourg vaut 13 florins les 100 l. il se tare au poids; les déductions comme dessus.

ANIS AIGRE. Est encore une sorte de graine, que l'on appelle aussi Cumin. *Voyez* CUMIN.

ANIS REINE, ou ANIS A LA REINE. *Voyez* CONFITURES, *vers la fin de l'article, à l'endroit où il est parlé des différentes sortes de dragées.*

ANIS COUVERTS. *Voyez comme dessus.*

## ANK

ANKER. Mesure des liquides, dont on se sert à Amsterdam. L'Anker est la quatriéme partie de l'aëm, & contient deux stekans. Chaque stekan fait seize mingles ou mingelles; chaque mingle est de deux pintes de Paris; ensorte que l'Anker contient soixante-quatre pintes de cette derniere mesure.

## ANN.

ANNABASSES. Espece de couvertures, ou de pagnes, qui se font à Rouen & en Hollande.



Les Annabasses ont ordinairement trois quarts & demi de long sur trois quarts de large, & sont rayées de bleu & de blanc par rayes égales, environ d'un pouce de large.

C'est une des meilleures marchandises pour le commerce de Guinée, & particuliérement de la côte d'Angole.

A Loango de Boirie, où l'on compte par macoute & par cent, une Annabasse se compte trois macoutes, c'est-à-dire, trente, chaque macoute valant dix.

A Malimbo & Cabindo, où l'on compte par piece, dix Annabasses ne valent qu'une piece; ce qui néanmoins par l'évaluation revient sur le pied des trois macoutes que chaque Annabasse s'estime à Loango. *Voyez* MACOUTE. *Voyez aussi* PIECE.

ANNAPOLIS, ou PORT-ROYAL, Capitale de la Nouvelle Ecosse ou Acadie. *Voyez* dans l'Etat général, page 536.

ANNEAU. Cercle de matiere solide, dont on se sert pour attacher quelque chose. Il y en a de fer, de cuivre, de corne; de gros, de petits, de médiocres. Les Anneaux de cuivre & de fer, qui servent aux rideaux des lits & des fenêtres, se vendent au poids; ceux de corne au compte. Ils font partie du négoce des Marchands de fer, & des Quincailliers.

ANNEAU. Ce qu'on appelle l'Anneau dans la tuerie des Bouchers, est un anneau de fer, scellé avec du plomb dans une grande & pésante pierre de taille, enfoncée & placée au milieu de l'aire de cette tuerie. C'est à travers de cet anneau qu'on fait passer le trait à bœuf, c'est-à-dire, un fort cordage attaché aux cornes du bœuf, qu'on veut assommer; ensorte que deux ou plusieurs garçons tirant ce trait, obligent l'animal à baisser la tête, & à se bien présenter au coup de masse, qu'un autre garçon se prépare à lui donner entre les deux cornes.

ANNEAU, que l'on nomme aussi MOULE. C'est une sorte de grand cercle de fer, ayant deux pieds un pouce de diametre, sur six pieds trois pouces de circonférence; qui sert aux Mouleurs de bois à mouler ou mesurer les bois de compte & d'Andelle, en y faisant entrer autant de morceaux ou buches, qu'il en peut contenir.

Le bois de compte se moule ou se mesure par trois anneaux, en y ajoutant douze morceaux du même bois, qui est à raison de quatre morceaux par anneau au de-là de ce qu'il peut contenir. Ces morceaux se nomment les Témoins, & composent avec le contenu des trois anneaux, la voie entiere de bois de compte.

A l'égard du bois d'Andelle, on le mesure par quatre anneaux; & pour les témoins, l'on augmente seize buches du pareil bois, qui est quatre morceaux par anneau; ce qui rend la voie de bois d'Andelle complette.

ANNONAY, en Languedoc, dans le Vivarez. *Voyez* l'Etat général, page 218.

ANNUALES. Espece de Myrabolans, qu'on nomme autrement Emblis. *Voyez* MYRABOLANS.

ANNULLER. Casser un acte, le rendre de nulle valeur. En fait de Commerce on annulle un billet, une lettre de change, une vente, un marché, une obligation, &c.

ANNULLER. Terme de Teneur de Livres. Annuller, en fait de parties doubles, signifie, rendre un article nul, le mettre en état de n'être compté pour rien.

Pour annuller un article, qui a été mal porté, soit sur le journal, soit sur le grand livre, il faut mettre à la marge, à côté de l'article, un ou plusieurs O; ou bien, comme font quelques-uns, le mot de *Vanas*, terme corrompu du Latin, qui signifie Vain ou Nul.

## ANO

ANONYME. Qui n'a point de nom. On appelle Sociétés Anonymes, celles qui se font sous aucun nom, & dans lesquelles chacun des Associés travaille de son côté, & sous son nom particulier; se rendant compte ensuite les uns aux autres des profits & des pertes qu'ils ont faits dans leur commerce. Ces especes de sociétés sont secrettes, & ne sont connues que des Associés. *Voyez* SOCIETE'.

ANOR, dans le Hainaut. *Voyez* l'Etat général, page 225.

## ANS

ANSE. ANSEATIQUE. } *Voyez* { HANSE. HANSEATIQUE.

## ANT

ANTALE', que les Tarifs des entrées de France de l'année 1664, nomment *Lapis Entalis*; mais dont le véritable nom Latin est *Antalium*. C'est un coquillage en forme de tuyau, long d'un pouce & demi, & de la grosseur d'un tuyau de plume, creux en dedans, canellé de petites lignes, plus gros par un bout que par l'autre; d'un blanc tantôt mat, & tantôt verdâtre.

Il y a encore une espece d'Antalé composé de plusieurs petits tuyaux joints ensemble.

L'un & l'autre Antalé se met au nombre des alkalis; & les Apoticaires le font entrer en cette qualité dans plusieurs compositions galeniques.

*L'Antalé, ou* Lapis Entalis, *paye en France cent sols du cent pésant de droits d'entrée.*

ANTICIPER UN PAYEMENT. C'est le prématurer, le faire avant son échéance.

ANTICOSTIE, Isle Françoise d'Amérique. *Voyez* l'Etat général, page 505.

ANTIDATTE. Datte falsifiée & antérieure à la véritable datte. Dans les affaires de négoce, les antidattes sont dangereuses.

ANTIDATTER. Mettre une datte antérieure; datter d'un jour qui précede celui qu'on devroit naturellement mettre.

Autrefois qu'on étoit dans le mauvais usage de laisser les ordres en blanc au dos des Lettres de change, c'est-à-dire, qu'on ne mettoit simplement que sa signature, il étoit facile de les antidatter; ce qui pouvoit produire de très grands abus, particuliérement de la part de ceux qui faisoient des faillites.

En effet, ceux qui tomboient dans ce malheur, & qui avoient des Lettres tirées à double usance, ou payables en payement de Lyon, dont l'ordre étoit en blanc, pouvoient les antidatter, & ainsi les faire recevoir sous des noms empruntés, ou les donner en payement à des créanciers qu'ils vouloient favoriser au préjudice des autres, sans qu'on pût en demander le rapport à la masse; parce que la datte de leurs ordres paroissant fort antérieure à l'ouverture de leurs faillites, l'on ne pouvoit alléguer qu'ils les eussent négociées dans le tems qui avoisinoit leur faillite.

Le Réglement pour le Commerce, qui fut fait en 1673, a pourvû à ce que l'on ne pût antidatter si facilement les ordres, en ordonnant par l'Article XXIII. du Titre V. *Que les signatures au dos des Lettres de change ne serviront que d'endossement, & non d'ordre, s'il n'est datté, & ne contient le nom de celui qui aura payé la valeur en argent, marchandises, ou autrement.* Et par l'Article XXVI. du même Titre, *Que l'on ne pourra antidatter les ordres, à peine de faux.*

ANTIDATTE'. Datté faussement & antérieurement. L'ordre qui est au dos de cette Lettre de change a été antidatté: Cette promesse, ce compte est antidatté, il y a de la fausseté.

ANTIGORIUM. On appelle ainsi l'azur, ou gros émail, dont se servent les Fayanciers pour peindre leur fayance. *Voyez* AZUR *ou* EMAIL.

ANTILLES. Isles dans l'Amérique, possédées par les François, les Anglois, & les Hollandois. *Voyez* l'Etat général, ci-devant pages 505, 523, 540.

ANTIMOINE. Minéral qui approche fort de la nature des métaux, & à qui il semble qu'il ne manque que d'être ductile, ou de pouvoir souffrir le marteau, pour en être un véritable. Il se trouve dans les mines de toutes sortes de métaux, & particuliérement dans celles d'argent & de plomb; ce qui a fait croire à quelques Artistes, qu'il en contenoit tous les principes.

On ne sçait pas l'origine du nom d'Antimoine; & celle qu'on lui donne a trop de l'air d'une fable, pour y ajouter foi, n'y ayant gueres d'apparence que ce minéral ait été appellé de la sorte, parce que le Moine Valentin, ce fameux Héros du grand œuvre, qui vivoit vers le douziéme siécle, empoisonna tous ses Confreres, en les purgeant avec ce minéral, qui n'est que trop purgatif.

On appelle aussi l'Antimoine *Marchasite de Plomb*; & les Chimistes, à qui les beaux noms ne coutent pas beaucoup, le nomment ordinairement le Loup des Philosophes, & quelquefois le Protée: le Loup, à cause qu'il dévore tous les métaux avec lesquels on le fond, à la réserve de l'or: & le Protée, à cause de la diversité des couleurs qu'il prend au feu.

L'Antimoine, tel qu'il se tire de la mine, est en pierre de différentes grosseurs, assez approchant en figure au plomb minéral, à la réserve qu'il est plus léger & plus dur. Il se dissout difficilement au feu, mais plus aisément dans l'eau.

Autrefois la Hongrie étoit le seul endroit où il se trouvoit des miniéres d'Antimoine. On en a depuis découvert quantité en France, surtout en Poitou, en Auvergne, & en Bretagne.

L'Antimoine de Bretagne & de Poitou, est le plus estimé; & l'on tient que celui d'Auvergne est plus rempli de souffre. Il y a eu néanmoins de l'Antimoine de Hongrie en pain de trois ou quatre livres, en petites éguilles entrelassées l'une dans l'autre, d'une couleur jaune tirant sur le doré, sur un fond blanc comme de l'argent, d'une qualité au-dessus de tous les autres Antimoines; mais il est devenu si rare, qu'on peut presque dire qu'on n'en voit plus en France.

Il y a de l'Antimoine cru, & de l'Antimoine préparé.

L'Antimoine cru devroit être l'Antimoine tel qu'il est tiré de la mine; mais celui à qui les Marchands Droguistes donnent ce nom, ne le porte qu'improprement, puisqu'il a été fondu & réduit en éguilles, plus grosses ou plus petites, suivant les Provinces d'où il vient: celles de l'Antimoine de Poitou étant belles, longues, larges, blanches, & brillantes; & celles de l'Antimoine de Bretagne étant plus petites, mais très pures.

L'Antimoine préparé est celui qui a passé par les mains des Artistes pour l'épurer. Quelques Auteurs divisent l'Antimoine en mâle & femelle: mais bien des Connoisseurs n'y ont pû découvrir cette différence.

L'Antimoine est d'un grand usage, soit dans la fonte des métaux, soit dans la Médecine, soit dans les remedes dont les Maréchaux se servent.

Les Chimistes, qui en ont inventé bien des différentes préparations, lui ont aussi donné des noms différens, ou par caprice, ou par rapport aux effets qu'ils lui attribuent, tels sont *le Régule d'Antimoine, le Verre d'Antimoine; les Fleurs, le Beurre, le Safran, l'Huile, la Chaux, le Soufre doré d'Antimoine; la Poudre Impériale, le Crocus Metallorum, la Rubine d'Antimoine, le Policrete, le Vin Emétique, l'Antimoine Diaphorétique, la Poudre d'Algaret, le Bezoard Minéral*, & tant d'autres, que les Curieux pourront voir dans les Pharmacopées & dans les ouvrages de quelque habile Chimiste.

Jamais aucun remede n'a éprouvé une fortune aussi inconstante, que l'a eu l'Antimoine, par rapport à la Médecine. A peine vers le douziéme siecle sortit-il des ténébres de ses miniéres, par le secours du Moine Valentin, que le mauvais succès de l'épreuve qu'en fit cet Artiste sur de malheureux Moines ses Confreres, (si ce fait néanmoins n'est point fabuleux) l'y fit rentrer pour long-temps.

Trois cens ans après, Paracelse l'en tira une seconde fois; & l'Antimoine commençoit à s'établir, lorsqu'en 1566 un Arrêt du Parlement le foudroya. En 1637 l'autorité publique le fit du moins recevoir au nombre des remedes purgatifs. En 1650 un nouvel Arrêt cassa celui de 1566, & remit l'Antimoine en honneur. Enfin du depuis liberté entiere a été donnée aux Docteurs en Médecine de s'en servir, avec l'exclusion pour tous autres de l'employer que par leur avis; ce qu'on peut dire qui a achevé le triomphe de l'Antimoine, qui ne trouve plus d'adversaire, & qui est devenu comme la ressource de toutes les maladies qui paroissent n'en plus avoir.

*Les droits d'entrée que l'Antimoine paye en France, sont de quinze sols par cent pésant pour l'Antimoine cru, & de trois livres pour l'Antimoine préparé.*

ANTIPAROS, Isle de la mer Egée. *Voyez* l'Etat général, page 345.

ANTIPATHES. Nom que l'on donne au corail noir. *Voyez* CORAIL.

ANTIQUER. Terme de Relieurs-Doreurs de Livres. C'est faire sur la tranche d'un Livre, soit qu'elle soit dorée, soit qu'elle soit marbrée, ou simplement mise en noir ou en rouge, divers ornemens & branchages avec des fers chauds, taillés & gravés d'une maniere convenable.

Cette façon, autrefois assez commune parmi les Relieurs, & qui avoit été négligée depuis long-tems, a semblé vouloir se remettre à la mode au commencement du dix-huitiéme siécle, quelques Relieurs-Doreurs en ayant fait des essais; mais il y a apparence que la tranche des Livres continuera de se passer de cet ornement que bien des gens croyent ne pas valoir la simplicité qu'on lui a préférée depuis tant d'années. *Voyez* RELIEURE.





ANTI-SPODE. Sorte de cendre, ou de calcination propre à la Médecine. *Voyez* SPODE.

ANTOLFLE DE GIROFLE. On nomme ainsi les girofles qui restent par hazard sur les arbres qui portent le clou de girofle, après que la recolte en a été faite. Ces fruits ainsi restés à l'arbre, continuent de grossir, & deviennent de la grosseur du pouce. On y trouve une gomme dure & noire, d'une agréable odeur, & d'un goût fort aromatique. Les Hollandois les nomment Cloux Matrix, ou Mers de Girofle; & les Droguistes François, Antolfle de Girofle. Ils sont d'un assez grand usage en Médecine; mais les Apoticaires lui substituent souvent le girofle ordinaire, quoique les vertus & l'odeur en soient bien différentes. *Voyez* GIROFLE.

*L'Antolfle de Girofle paye les droits d'entrée en France, sur le pied de sept livres dix sols le cent pésant.*

ANTORA. Plante. C'est une espece d'Aconit, qui est néanmoins un contrepoison. *Voyez* THORA.

## ANV

ANVERS, Ville des Pays-Bas. *Voyez* les Marchandises que cette Ville fournit, Etat général, page 279.

## AOU

AOUST. C'est le huitiéme mois de l'année, en la commençant par le mois de Janvier.

Ce mois est estimé un des plus riches de l'année, à cause de la récolte des bleds, & de quantité d'autres grains, qui se fait dans cette saison; ce qui a donné lieu à cette maniere de parler, si usitée dans le commerce, *Qu'un homme fait son Aoust*, pour signifier qu'il fait bien ses affaires, qu'il réussit dans son négoce.

## APH

APHRONITRE. Espece de salpêtre naturel, que l'on nomme communément Salpêtre de Roche. *Voyez* SALPESTRE.

## APL

APLAIGNER. Terme de Manufactures de Draperie, & autres étoffes de laine. Il signifie la même chose que Lainer ou Parer. *Voyez* LAINER.

APLAIGNEUR. Ouvrier qui laine les draps, ou autres étoffes de laine; c'est-à-dire, qui en tire le poil au sortir du Tisserand. *Voyez* LAINEUR.

APLETS. Rets ou filets dont on se sert pour la pêche du hareng. *Voyez* HARENG.

## APO

APOSTILLE. Annotation, ou renvoi qu'on fait à la marge d'un écrit, pour y ajouter quelque chose qui manque dans le texte, ou pour l'éclaircir & l'interpréter.

Toutes les Apostilles qui se mettent sur les Actes passés pardevant Notaires, doivent être signées, ou du moins paraphées de lui & des Parties.

On doit observer la même chose dans les Actes faits sous seing privé, si les Apostilles sont de conséquence.

APOSTILLE. En matiere d'arbitrage signifie un écrit succinct, que des Arbitres mettent à la marge d'un mémoire, ou d'un compte, à côté des articles qui sont en dispute. Les Apostilles doivent être écrites de la main des Arbitres ; & on les doit regarder comme autant de Sentences arbitrales, puisqu'elles jugent les contestations qui sont entre les Parties.

APOSTILLER. Mettre des Apostilles en marge d'un Mémoire, d'un Compte, d'un Acte, d'un Contrat.

APOSTILLE'. Quand on dit qu'un Mémoire, qu'un Compte est apostillé des Arbitres ; c'est-à-dire, qu'il a été réglé & jugé par eux.

APOTICAIRE. Celui qui exerce l'art de Pharmacie ; c'est-à-dire, cette seconde partie de la Médecine, qui consiste en l'élection, préparation, & mixtion des médicamens.

Les Apoticaires sont aussi appellés Pharmaciens, ou Pharmacopoles, de la Pharmacie dont ils font profession. Ce dernier terme ne se dit gueres qu'en dérision, ou en burlesque. La femme d'un Apoticaire est nommée Apoticaresse ou Apoticairesse.

Les Apoticaires de Paris ne font avec les Marchands Epiciers, qu'un seul & même Corps de Communauté, qui est le deuxiéme des six Corps des Marchands.

Par un Réglement du 15 Octobre 1631, il est défendu aux Apoticaires de Paris, de donner aucuns médicamens aux malades, si ce n'est de l'ordre & conseil d'un Médecin de la Faculté, ou de quelqu'un qui en soit approuvé : comme aussi d'exécuter aucune Ordonnance de qui que ce soit, se disant Médecin Empirique, ou Opérateur. *Voyez* EPICERIE.

On appelle par mépris, Un Apoticaire sans sucre, tout Apoticaire, ou Marchand, dont la boutique, ou magasin, n'est pas bien fourni de drogues, ou de marchandises.

Des parties d'Apoticaire, sont des mémoires de frais, ou de fournitures de marchandises, sur lesquels il y a moitié à rabattre : cette maniere de parler n'est que proverbiale.

APOTICAIRERIE. Se dit de la boutique d'un Apoticaire, de l'endroit où les remedes se préparent, & se vendent. Il se dit aussi de l'art, ou maniere de les bien préparer : ainsi l'on dit, Voilà une belle Apoticairerie : Il entend bien l'Apoticairerie. Il y a des Apoticaireries dans toutes les Communautés Religieuses, & sur-tout dans les Hôpitaux.

L'Apoticairerie que le défunt Czar Jean Alexiowitz a fait bâtir à Petersbourg, est une des plus belles que l'on puisse voir en aucun endroit, par l'excellence des drogues dont elle est abondamment fournie, & sur-tout par la beauté de ses vases qui sont tous précieux & de la plus belle porcelaine de la Chine, qui ont couté plusieurs milliers de roubles. Parmi les drogues du crû de la Moscovie la rhubarbe est une des principales, la Siberie sur-tout en produisant en quantité. *Voyez* RHUBARBE.

APOULS, petite Ville du Roussillon. *Voyez* l'Etat général, page 229.

## APP

APPALACHE', Montagne à l'extrémité de la Floride. *Voyez* l'Etat général, page 528.

APPARAUX. Terme de Marine, qui signifie la même chose qu'agreits, c'est-à-dire, les voiles, cordages, poulies, & autres ustenciles servant à équiper un vaisseau.

L'article VIII. du Titre IV. du Livre III. de l'Ordonnance de la Marine de France de 1681, porte que ; *Lorsque l'assurance est faite sur le corps & quille du vaisseau, ses agreits & apparaux, l'estimation en sera faite par police, sauf à l'Assureur, en cas de fraude, de faire proceder à nouvelle estimation.* Voyez AGREITS.

APPAREIL. Terme de Carrier & de Tailleur de pierre. C'est la hauteur d'une pierre, ou son épaisseur entre deux lits.

On appelle Pierre de grand Appareil, une pierre qui est fort épaisse ; & au contraire, Pierre de petit Appareil, celle qui a peu d'épaisseur. Mettre des pierres de même appareil, c'est les mettre de même hauteur.

APPAREILLE', APPAREILLE'E. Ce qui est semblable, ce qui convient l'un à l'autre. Ces soies sont bien appareillées, c'est-à-dire, sont bien assorties. Cette doublure est parfaitement appareillée à l'habit, c'est-à-dire, est parfaitement de même couleur, ou du moins d'une couleur assortissante.

Une pierre appareillée, est une pierre tracée par l'Appareilleur, ou du moins sur ses desseins. *Voyez* APPAREILLEUR.

APPAREILLER. Trouver le pareil à une chose, ou ce qui lui est convenable. Appareiller des laines, des soies, une doublure : ce terme est fort commun dans le commerce de la Mercerie.

APPAREILLER, terme de Marine. Appareiller un vaisseau, c'est-à-dire, disposer toutes choses pour partir incessamment.

APPAREILLER. Terme de Chapelier, qui signifie faire le mélange des poils ou laines qui doivent entrer dans la composition des chapeaux, suivant la qualité dont on veut qu'ils soient fabriqués.

APPAREILLER. Est aussi un terme de Bonnetier, qui signifie Apprêter. Par les Réglemens de la Bonneterie il est défendu de se servir de cardes de fer, & de pomelles, pour apprêter & appareiller les bas, les bonnets, &c.

APPAREILLEUR. Se dit chez les Bonnetiers, de l'Ouvrier qui apprête les bas, les bonnets, & autres ouvrages de Bonneterie.

APPAREILLEUR. Marchand Appareilleur de soie, est celui qui prépare les soies, pour être employées dans la manufacture & fabrique des étoffes. On le nomme aussi Marchand Façonnier de soie.

APPAREILLEUR. Se dit encore dans les atteliers de Maçonnerie, de celui qui a soin de choisir les pierres qui doivent être employées à la construction des ouvrages, de les marquer, & de les tracer, ou du moins de fournir aux Tailleurs de pierre les patrons & panneaux sur lesquels ils doivent en faire la taille & la coupe. *Voyez* MAÇON.

APPARIER. Se dit presque dans toutes les significations d'appareiller, & signifie, comme cet autre verbe, joindre ensemble des choses, qui sont égales, ou semblables, ou qui conviennent ensemble. Ainsi on dit, cette paire de bœufs, ces deux chevaux de carosse, sont bien appariés. Il faut apparier ces bas, ces gants, ces manchettes, c'est-à-dire, leur chercher leur pareil. *Voyez ci-dessus* APPAREILLER.

APPARONNE'. Terme de jaugeage dont on se sert à Bordeaux. On appelle une barique jaugée & apparonnée, celle qui a été jaugée & marquée par les Officiers Jaugeurs. On le dit aussi des vaisseaux. Les Lettres Patentes pour l'établissement des foires franches de Bordeaux, portent que les Marchands seront tenus de porter certification même pendant lesdites foires, & que les vaisseaux seront jaugés & apparonnés, dont la connoissance demeurera aux Maire & Jurats comme auparavant.

APPAST. Ce qu'on met au bout d'un hameçon, pour attirer le poisson, & le prendre. On l'appelle aussi Amorce. L'appât dont les Pêcheurs se servent le plus ordinairement, se fait avec ces vers de terre, qu'on apelle Laiches ou Achées. *Voyez ces deux articles.*

APPASTER. Mettre de l'appât à un hameçon pour pêcher.

APPEAU. Sorte d'étain en feuille, qui vient de Hollande. *Voyez* ESTAIN, *vers le commencement de l'article.*

APPEAU. Terme d'Oiselerie. C'est le sifflet avec lequel l'Oiselier appelle les oiseaux, pour les faire donner dans les filets qu'il leur a tendus.

Les Appeaux sont différens suivant les oiseaux qu'on veut appeller, & sont tous composés d'un anche, d'une petite boete, & d'un petit sac de cuir en forme de soufflet, qui forment par le mouvement qu'on leur donne, un chant ou cri semblable à celui de l'espece d'oiseau qu'on veut attirer.

APPEAU. Est aussi un oiseau dressé exprès, pour appeller les autres. *Voyez* OISELIER.

APPEL. APPELLER. Terme de Jurisprudence, mais assez en usage dans le Commerce parmi les Négocians. C'est reclamer le Tribunal ou l'autorité d'un Juge supérieur légitime & compétent, quand on se croit lésé par la Sentence d'un Juge ou d'un Tribunal inférieur. Il n'y a rien de plus autorisé dans le Droit, soit Canonique, soit Civil. On dit, cet homme a appellé de la Sentence des Consuls ou du Châtelet, au Parlement; pour marquer, qu'il ne veut pas se soumettre à ce qui a été prononcé en premiere Instance. C'est très souvent la ressource prétendue de mauvais Plaideurs pour gagner du tems; mais pour les punir l'Appel est très souvent mis au néant, la premiere Sentence confirmée, & l'Appellant condamné aux dépens, &c. Il y a un certain tems limité, différent dans différentes Jurisdictions, pour porter son Appel; lequel tems passé, on n'est plus recevable. C'est l'affaire du Procureur de le sçavoir.

APPERT. Il appert, signifie Il paroît, Il se voit. Les Négocians se servent souvent de ce terme dans la tenue de leurs Livres.

EXEMPLE.

*M. Roger Secretaire du Roi doit donner,*

1er Juin. *Pour marchandises, suivant sa promesse payable dans trois mois. Appert au Journal de vente. fol.* 2. £ 40—10.

APPETIT. C'est un des noms que l'on donne au hareng sor. Il n'est gueres en usage que parmi le menu peuple de Paris. *Voyez* HARENG, *vers la fin de l'article.*

APPIETRIR. On dit qu'une marchandise s'appietrit, lorsque sa bonté, sa qualité, sa valeur diminue, soit à cause qu'elle se corrompt, & se gâte, soit parce que la mode ou le débit s'en passe, & qu'il s'en fait de mauvais restes.

APPIOS. Semence. On nomme ainsi la semence d'une plante qui vient du Levant, particuliérement de l'Isle de Candie. Ses tiges sont fort menues & rougeâtres : elle porte des fleurs assez semblables à celles de la Rue. Sa graine, qui est fort petite, est du nombre des drogueries que vendent les Epiciers en gros.

*En France l'Appios paye cinquante sols d'entrée le cent pésant.*

APPLANISSEUR. Ouvrier qui donne une seconde préparation aux draps, après leur premiere tonture. *Voyez* DRAP, *ou* TONDEUR.

APPLATIR. Rendre plat. Les métaux s'applatissent à force de les battre sur l'enclume. *Voyez les divers articles des métaux, où l'on explique les différentes façons qu'on leur donne, pour les rendre ductiles.*

APPLEGEMENT. Mot qu'on trouve dans plusieurs Coutumes. Il signifie la même chose que Cautionnement. *Voyez* CAUTIONNEMENT, *&* CAUTION.

APPLIQUE. On appelle en termes d'Orfévrerie, Piece d'Applique, tout ce qui s'assemble par charnieres, coulisses, goupilles, vis, écroues, agraffes, cliquets, crampons, boucles, clous, ou riveures.

APPLIQUE. Signifie aussi dans la Menuiserie de rapport, l'art par lequel on enchasse quelque piece dans une autre; comme sont les diverses pierres précieuses, ou bois de couleur, dont on compose les ouvrages de pieces de rapport, de marqueterie, & de damasquinerie.

APPOINT, ou APOINT. Terme de Banque. C'est une somme qui fait la solde d'un compte, ou le montant de quelque article, que l'on tire juste. J'ai un appoint de telle somme à tirer sur un tel lieu.

Voici comme Samuel Ricard parle de l'Appoint, dans son Traité général du Commerce, imprimé à Amsterdam en 1700 page 509.

Lorsqu'on veut sçavoir le profit, ou la perte faite sur une traitte, ou sur une remise, l'on doit diminuer le profit, & augmenter la perte avec double courtage; sçavoir, celui du Tireur, & celui du Donneur d'argent. Que si l'on fait revenir la somme tirée ou remise, & qu'on veuille voir le profit ou la perte qu'on peut avoir fait, en tirant ou remettant sur une autre place, il faut déduire de la somme remise, la provision & le courtage, & le surplus est appellé Appoint, qu'il faut compter suivant le cours du change opposé; & l'on trouve le provenu du rechange, le comparant avec la somme donnée, & augmentée par le courtage de la remise; & la différence sera le profit, ou la perte faite sur une telle négociation.

Pour se prévaloir, ou retirer par appoint, on doit ajouter au contenu de la Lettre de change payée, à payer, ou qui est tenue pour payée, les frais des courtages, port des lettres, protêt, ou autres frais, suivant la Coutume; & cette somme est le contenu de la retraite par appoint.

Lorsqu'on retire, ou lorsqu'on se prévaut par appoint, on doit compter la provision de la somme qui est tirée, & le courtage de celle qu'on retire.

Quand on remet par appoint, on doit compter le courtage & la provision de la somme qu'on remet.

Lorsqu'un Commissionnaire remet, & qu'il veut se prévaloir de cette remise, ou qu'il tire une certaine somme, & en remet le contenu par appoint en quelque place, il doit compter la provision & courtage de la somme qu'il remet, & non pas de celle qu'il tire, ou de laquelle il se prévaut.

APPOINT. Signifie aussi la même chose que Passe, dans les payemens qui se font comptant en especes, c'est-à-dire, ce qui se paye en argent, si le payement se fait en or; ou en petite monnoie, s'il se fait en argent, pour parfaire la somme qu'on paye, & la rendre complette.

L'Arrêt du Conseil d'Etat du Roi du 27 Novembre 1718, ordonne, qu'à Paris, & dans les autres Villes où seront établis les Bureaux de la Banque Royale, les especes de billon, & la monnoie de cuivre, ne pourront être données ni reçûes dans les payemens qui passeront six livres, si ce n'est pour les appoints; & que pareillement les especes d'argent n'y pourront être données ni reçûes dans les payemens qui excéderont six cent livres, excepté ce qui sera donné pour les appoints, c'est-à-dire, pour la passe.

Il y a eu depuis de nouveaux Réglemens pour les appoints, dont on ne parlera point ici; celui qu'on vient de rapporter suffisant pour servir d'exemple. *Voyez* PASSE.

APPOINTER une piece d'étoffe. C'est y faire quelques points d'aiguille avec de la soie, du fil, ou de la ficelle, pour empêcher qu'elle ne se déplie, & qu'elle ne se frippe. *Voyez* EMPOINTER.

APPOINTER, chez les Marchands Tapissiers, signifie, plier un matelas en deux, & y faire quelques points, pour arrêter & joindre les deux côtés ensemble vers les bouts, & dans le milieu. Il faut appointer ce matelas, il est achevé.

APPOINTER. Est aussi un terme de Manufacture de cuirs, qui se dit chez les Corroyeurs, des cuirs qu'ils foulent en dernier lieu, pour les mettre en état de prendre le suif. Il est tems d'appointer ce cuir de vache.

APPOINTER. Veut dire encore donner des appointemens, ou des gages à quelqu'un. Ce Commis de Banquier, ce garçon Marchand est appointé: il gagne tant d'appointemens, ou de gages par an.

APPOINTE'E. On appelle une étoffe appointée, celle dont les plis ont été arrêtés avec de la soie, du fil, ou de la ficelle par quelques points d'aiguille. *Voyez* EMPOINTER.

APPORT. Lieu public, ou espece de marché, où l'on apporte les marchandises pour vendre.

Il n'y avoit autrefois à Paris que deux Apports: celui du grand Châtelet, qu'on appelle présentement par corruption Porte de Paris; & l'Apport Baudoyer près S. Gervais, à qui l'on a pareillement donné le nom de Porte.

APPORT. Signifie aussi le concours des Marchands & du peuple, qui se fait dans les foires qui se tiennent dans quantité de Villages, ou petites Villes de France, le jour de la Fête de leur Patron.

APPORTAGE. Peine & salaire de celui qui apporte quelque fardeau. Ce terme n'est gueres d'usage que parmi les Gagne-deniers & Crocheteurs de la Ville de Paris, qui apportent de dessus les Ports des charges de cotterets, de fagots, ou de falourdes, dans les maisons des Particuliers. Il faut quarante sols pour une charge de cotterets, & cinq sols pour l'apportage.

APPORTER. Prendre une chose dans un lieu, pour la mettre dans un autre. Il se dit parmi les Marchands & les Voituriers de la conduite & du transport des marchandises. Ce Roulier m'a apporté six ballots de laine. L'Amphitrite a apporté de la Chine quantité de porcelaine.

APPRECIATEUR. Celui qui met le prix légitime aux choses. On a ordonné que telles marchandises seroient estimées, & mises à prix par des Experts & Appréciateurs.

APPRECIATEURS. L'on nomme ainsi à Bordeaux ceux des Commis du Bureau du Convoi, & de la Comptablie, qui font les appréciations & estimations des marchandises qui y entrent ou qui en sortent, afin de régler le pied sur lequel les droits d'entrée & de sortie en doivent être payés.

L'emploi des Appréciateurs consiste.

1°. De tenir un registre ou mémorial paraphé du Directeur par N°, & d'y transcrire ou rapporter toutes Déclarations qui s'expédient jour par jour au Bureau de la Comptablie, sans y rien augmenter ni diminuer sans ordre exprès des Supérieurs.

2°. D'expédier diligemment autant de billettes d'entrée que porte d'articles chaque Déclaration.

3°. Les marchandises étant entrées & apportées audit Bureau suivant l'ordre desdites billettes les Appréciateurs sont obligés de procéder à la visite & ouverture d'icelles quand les Marchands le requierent pour en reconnoître la qualité & quantité; ce qu'étant trouvé conforme tant aux Déclarations que billettes, les Appréciateurs font une juste estimation de chaque marchandise en particulier, suivant les prix courans.

4°. Ils doivent mettre la même estimation sur leur registre tant du poids que de la qualité & quantité des marchandises qu'ils ont trouvées en la visite qu'ils en ont faite; & à l'égard des marchandises qui se pésent dans ledit Bureau, les Appréciateurs les expédient sur le rapport du Garde-magasin.

5°. Ils sont obligés après l'estimation des marchandises, d'expédier une seconde billette qui sert aux Marchands pour acquitter leurs marchandises, tant au Convoi s'il est dû quelque droit, qu'à la Comptablie & au Courtage.

6°. Ils doivent enregistrer ladite billette sur le registre d'entrée de mer; & s'il y a de la droguerie, il faut pareillement qu'ils l'enregistrent sur celui de recette destiné à cet effet pour en payer par les Marchands les droits dûs au convoi, suivant le Tarif imprimé; & pour les marchandises qui viennent des Isles d'Occident, lesdits Appréciateurs sont tenus d'enregistrer dans un Registre particulier toutes celles qui viennent indifféremment de même que dans le Registre de recette de mer avec les appréciations, à l'exception des sucres qui ne se couchent point dans celui de mer, de Comptablie, mais bien dans un Registre particulier qui est tenu par le Receveur du Convoi, aussi-bien que ledit Registre du Domaine d'Occident.

7°. Pour les marchandises qui ne se portent pas au Bureau, comme tables de sapin & autres, bourdillon, merrain, doüellin, & semblables bois qui viennent par mer, lesdits Appréciateurs les expédient sur le rapport & visite qui en est faite par les visiteurs d'Issue; & à l'égard du godron, gomme, poix, huile de baleine, hareng, sardines, &c. ils les expédient suivant le rapport de la porte; & pour le poisson verd & sec, lesdits

Appréciateurs les expédient sur le rapport des Commis qui ont assisté à la décharge & port d'icelles.

8°. Ils font tous les quartiers un état alphabétique de toutes les marchandises qui s'acquittent audit Bureau, venant par mer, & ce à la fin de chaque quartier.

9° Enfin pour les marchandises qui viennent par terre, les Appréciateurs ont diverses choses à observer; sçavoir, à celles qui viennent par les bateaux de Toulouse, Agen, & autres lieux du côté du haut pays, ils font la même chose qu'à celles qui viennent par mer, excepté seulement qu'ils ne délivrent point de billette pour entrer les marchandises, ce qui se fait par les Scribes de la Comptablie après qu'ils en ont reçû les déclarations.

Et pour celles qui viennent tant par coche, messagers, rouliers, ou autres voituriers, ils les acquittent sur les certificats ou acquits qui ont été donnés par les Commis des Bureaux par où ils ont passé.

APPRE'CIATION. Estimation faite par Experts de quelque chose, lorsqu'ils en déclarent le véritable prix. On ne le dit ordinairement que des grains, denrées, ou choses mobiliaires. On condamne les Débiteurs à payer les choses dues en especes, sinon la juste valeur, suivant l'appréciation qui en sera faite par Experts.

APPRE'CIER. Estimer, & mettre un prix à une chose, qu'on ne peut payer ou représenter en espece.

APPRENTIF ou APPRENTI. Jeune garçon, qu'on met & qu'on oblige chez un Marchand pour un certain tems, pour apprendre le commerce, le négoce, la marchandise, & ce qui en dépend, afin de le rendre en état de devenir un jour Marchand lui-même.

Les Apprentifs Marchands sont tenus d'accomplir le tems porté par les Statuts : néanmoins les enfans des Marchands sont réputés avoir fait leur apprentissage, lorsqu'ils ont demeuré actuellement en la maison de leur pere ou de leur mere, faisant profession de la même marchandise jusqu'à dix-sept ans accomplis. *Article 1. du Titre 1. de l'Ordonnance de 1673.*

Par les Statuts des six Corps des Marchands de Paris, le tems du service des Apprentifs chez les Maîtres est différemment réglé.

Chez les Drappiers-Chaussetiers, il doit être de trois ans.

Chez les Epiciers, Ciriers, Droguistes, & Confiseurs, de trois ans : Et chez les Apoticaires, qui ne font qu'un Corps avec eux, de quatre ans.

Chez les Merciers-Jouailliers, de trois ans.

Chez les Pelletiers, Haubanniers-Fourreurs, de quatre ans.

Chez les Bonnetiers-Aulmulciers-Mitonniers, de cinq ans.

Et chez les Orfévres-Jouailliers, de huit ans.

Les Apprentifs doivent être obligés pardevant Notaires; & un Marchand n'en peut prendre qu'un seul à la fois.

M. Savary dans son Parfait Négociant, au Chapitre 2. du Livre 2. de la premiere Partie, donne d'excellentes maximes aux Apprentifs, pour se comporter comme il faut dans la maison de leurs Maîtres.

La premiere qu'il leur donne, est d'avoir toujours la crainte de Dieu devant les yeux.

La deuxiéme, d'être fidéles à leurs Maîtres.

La troisiéme, d'avoir pour eux une parfaite obéissance, sans vouloir pénétrer les raisons qu'ils ont de leur ordonner les choses.

La quatriéme, de les respecter comme ils le doivent.

La cinquiéme, de ne point reveler le secret de leurs affaires.

La sixiéme, de vivre en bonne intelligence avec leurs camarades, & autres domestiques de la maison.

Et la septiéme, de se vêtir modestement, mais proprement.

Outre ces maximes, qui ne concernent que la maniere de se bien comporter chez les Maîtres, en voici d'autres qui se trouvent encore dans le même Chapitre, lesquelles peuvent servir aux Apprentifs à se bien conduire dans le commerce.

1°. De s'attacher à connoître la marque ou le chiffre du Maître, pour sçavoir le prix que coutent les marchandises.

2°. D'acquerir une connoissance parfaite de toutes sortes de mesures & de poids, tant ceux de France, que ceux des Pays étrangers.

3°. D'apprendre les endroits où se mettent les marchandises de différentes especes, pour les pouvoir trouver, & prendre à point nommé, quand elles sont demandées; les manier, replier, & replacer proprement.

4°. De s'appliquer à la connoissance de toutes les sortes de marchandises; & de n'avoir point de honte de demander d'où proviennent les défauts, que ceux à qui elles ont été montrées, pour les acheter, y ont remarqués. S'enquerir encore de quels endroits elles viennent; & si c'est dans le Royaume, ou dans les Pays étrangers, qu'elles ont été fabriquées : si elles ont été achetées de la premiere main, c'est-à-dire, dans les lieux de manufactures où elles ont été fabriquées; si c'est comptant, ou à crédit, pour quel tems; & quelle différence il y a du prix du tems au comptant. Ils doivent aussi s'appliquer à connoître les longueurs & largeurs des étoffes, & leurs qualités.

Ceux qui vendent des marchandises liquides, doivent sçavoir les mesures jusqu'à la moindre partie, soit pour la longueur ou la circonférence des vaisseaux qui les contiennent, ou de ceux qui servent à les mesurer. Il en doit être de même pour les marchandises séches qui se vendent à la mesure ronde, comme le boisseau.

5°. D'apprendre à bien faire un paquet & un balot, afin que les marchandises qui y sont renfermées, se puissent conserver dans le transport que l'on en pourra faire. Si ce sont des marchandises précieuses, outre la caisse, la paille, & la toile d'emballage, il faut encore y mettre une toile cirée, pour les garentir des injures du tems; & si ce sont des marchandises fragiles, marquer d'un pinceau avec de l'encre, une main sur les balots; cela servant d'avertissement aux Crocheteurs & Voituriers, qu'ils doivent être maniés avec précaution.

Outre cela, il faut encore être exact à bien mettre les adresses, les marques, & les numeros sur les paquets & balots. Les Apprentifs doivent prendre garde à toutes ces choses, lorsque leurs Maîtres leur laissent le soin de l'emballage des marchandises.

6°. De se perfectionner dans la vente. Pour y réussir, il faut être homme de bien, ne tromper personne. Ne point vendre à faux poids, ni à fausse mesure. En aunant les marchandises, de bien conduire l'étoffe bois à bois, sans la tirer pour l'étendre davantage. En pésant, ne point par artifice & subtilité de la main, faire pancher la balance où est la marchandise, afin qu'il s'y trouve davantage de poids. Ne point vendre une marchandise pour une autre. Ne point faire de mauvais restes, c'est-à-dire, de vendre, autant qu'il est possible, toute la piece, sans qu'il en reste de morceaux; parce que ces morceaux ne se trouvant plus propres à rien, ou à très peu de chose, cela cause une perte considérable pour le Maître. De ne point favoriser personne, soit pour le prix, soit pour la marchandise; ni donner de bonnes mesures d'aunages, ou autrement, sans le consentement du Maître.

7°. De se rendre agréable aux personnes qui viennent acheter: ne les point vouloir persuader mal-à-propos: ne point s'accoutumer à mentir, ni à jurer pour faire valoir les marchandises: ne point s'impatienter, quand les personnes les rebutent, ou les méprisent: leur représenter avec honnêteté qu'elles sont belles & bonnes, & qu'on n'estime pas qu'ils en puissent trouver ailleurs de plus parfaites, ni à meilleur marché. Si après cela ils sortent sans acheter, il faut au lieu de se mettre de mauvaise humeur, les reconduire, en leur témoignant avec un air affable, qu'on a du déplaisir de ne leur avoir pas vendu pour l'estime que l'on a de leur personne; ce qui ne peut que les engager à revenir, s'ils ne trouvent pas ailleurs de quoi se satisfaire.

Les Apprentifs doivent s'attacher à suivre & à pratiquer toutes les maximes qui viennent de leur être données, s'ils veulent se rendre un jour capables de faire avec avantage le commerce pour leur compte.

*On peut voir plus au long aux Livre & Chapitre du Parfait Négociant, ci-devant cités, les devoirs des Apprentifs marchands, qu'on s'est contenté de donner ici en abrégé.*

Outre les Apprentifs des six Corps, dont on vient de parler amplement, il y a encore des Apprentifs dans toutes les Communautés des Arts & Métiers de la Ville & Fauxbourgs de Paris. Ils doivent tous, aussi bien que les premiers, être obligés pardevant Notaires, & sont tenus après leur apprentissage de servir encore chez les Maîtres pendant quelque tems, en qualité de Compagnons. Les années de leur apprentissage, aussi bien que de ce second service, sont différentes suivant les différents Statuts des Communautés.

Le nombre des Apprentifs que les Maîtres peuvent avoir à la fois, n'est pas non plus uniforme.

Aucun Apprentif ne peut être reçu à la Maîtrise, s'il n'a demandé & fait son chef-d'œuvre.

La veuve d'un Maître peut bien continuer l'Apprentif commencé par son mari, mais non pas en faire un nouveau.

La veuve qui épouse un Apprentif, l'affranchit dans plusieurs Communautés.

Les Apprentifs des Villes où il y a Jurande, peuvent être reçus à la Maîtrise de Paris, en faisant chef-d'œuvre, après avoir été quelque tems Compagnons chez les Maîtres, plus ou moins, suivant les Communautés.

L'on peut voir dans les articles où l'on a traité des divers Arts & Métiers de Paris, ce qu'ils peuvent avoir de différence par rapport aux Apprentifs. Au reste, ces avis si sages & si convenables de l'Auteur du Parfait Négociant, quoique destinés aux seuls Apprentifs des six Corps des Marchands, peuvent être néanmoins d'une grande utilité, à proportion, à ceux des autres Communautés.

APPRENTISSAGE. Se dit du tems que les Apprentifs doivent être chez les Marchands, ou Maîtres des Arts & Métiers. Les Brevets d'Apprentissage doivent être enregistrés dans les Registres des Corps & Communautés; & leur tems ne commence à courir que du jour de leur enregistrement. Aucun ne peut être reçu Marchand, qui ne rapporte son Brevet & ses Certificats d'Apprentissage. *Art. 3. du Titre 1. de l'Ordonnance de 1673.*

APPRENTISSE. Fille ou Femme qui s'engage chez une Maîtresse pour certain tems, par un Brevet devant Notaires, afin d'apprendre son art & son commerce de la même maniere à peu près que les garçons apprentifs.

APPREST. Est proprement un terme générique, qui comprend toutes les diverses façons qu'on donne à certaines marchandises pour les achever & les perfectionner avant de les mettre en vente.

APPREST. Dans les Manufactures de lainages, signifie les façons que l'on donne aux étoffes de laine, après qu'elles ont été fabriquées & foulées, afin de les rendre plus unies, d'une meilleure qualité, plus agréables à la vue, plus propres à la vente & à l'usage.

Quand on dit, qu'une piece de drap a eu tous ses apprêts, cela doit s'entendre qu'elle a été lainée, tondue, & pressée comme il faut. C'est une des choses des plus essentielles dans les Manufactures de Draperies que le bon apprêt des marchandises. *Voyez* DRAP.

APPREST. Parmi ceux qui font négoce de toiles, sont les drogues que l'on fait entrer dans les toiles, & les diverses façons qu'on leur donne, après qu'elles ont été blanchies. *Voyez* TOILE & BLANCHIR.

APPREST. Signifie chez les Chapeliers, les colles & gommes fondues dans l'eau, dont ils se servent pour donner du corps aux chapeaux, afin que leurs bords puissent se soutenir d'eux-mêmes, & que leurs formes conservent toujours leur figure. L'apprêt, pour ainsi dire, est la derniere façon que les Chapeliers donnent aux chapeaux; mais il n'est presque plus en usage, que pour ceux destinés pour les Gens de Robe, & pour ceux qui ne les retroussent point.

C'est une science des plus nécessaires dans la Chapellerie, que de sçavoir donner l'apprêt bien à propos; car il ne doit point paroître au dehors du chapeau. *Voyez* CHAPEAU & CHAPELIER.

APPREST. Se dit encore dans les Manufactures de Soirie, Rubannerie, Bonneterie, &c. de toutes les eaux & drogues que les Ouvriers employent pour donner du lustre & rendre plus fermes les marchandises qu'ils ont fabriquées. Ainsi l'on dit, Ce taffetas, ce ruban a trop d'apprêt, pour dire qu'on lui a donné trop d'eau de gomme, & qu'il est trop dur. Ce bas est trop ferme, il a trop d'apprêt, &c.

APPREST. Attelier de l'apprêt: les Maîtres Ciriers nomment ainsi le lieu où l'on commence la bougie de table. *Voyez* l'article de la CIRE.

APPREST. Se dit pareillement de la couleur que les Vitriers Peintres sur verre employent dans leur peinture, ou plutôt de la préparation de chaque couleur. *Voyez* PEINTURE SUR VERRE.

APPRESTER. Donner l'apprêt aux étoffes, ou autres marchandises, pour les mettre à leur dernier

degré

dégré de perfection.

Appreter pour dorer. Terme de Tireur d'or; qui signifie la même chose que tirer à l'argue. Voyez Tirer a l'argue.

Appreter des Lettres. Terme de Fondeur de caracteres d'Imprimerie. C'est enfermer entre les deux branches du justificateur autant de lettres nouvellement fondues qu'il y en peut tenir, pour voir si elles sont bien en lignes, & pour leur faire au pied cette petite cavité, ou rainure, qui sert à en assurer la position dans les formes d'Imprimerie.

Cet apprêt est la derniere façon qu'on donne aux caracteres, après quoi ils sont propres à être mis dans les casses, pour être employés aux impressions des Livres. Voyez Fondeur de Caracteres.

Apprester la bougie de table. C'est lui donner ses premiers jets & la rouler à l'eau, mais sans en tailler le bout.

APPRESTEUR. Ouvrier qui apprête les marchandises, qui leur donne l'apprêt. Voyez *ci-devant* Apprest.

Appresteur. Est aussi l'Ouvrier qui sçait colorer le verre. Voyez Peinture sur verre.

APPROCHER CARREAUX. Terme de Monnoyage au marteau. C'est après qu'on a coupé les quatre grands angles des carrés de métail, qui doivent être fabriqués en especes, en rogner tout autour les autres petits angles, qui restent, jusqu'à ce qu'ils approchent du poids & de la rondeur des especes. Voyez Monnoyage au marteau.

Approcher à la pointe, à la double pointe ou dent de chien, & à la gradine. Tous termes de Sculpteurs & de Marbriers, qui signifient tailler & avancer un ouvrage de sculpture successivement avec ces trois outils, après l'avoir dégrossi & ébauché avec la masse & la pointe affutée de court. Voyez Gradine, Pointe, Double pointe, &c.

APPROVISIONNEMENT. Ce qui est destiné pour la provision d'une communauté, d'une Ville. L'Arrêt du 25 Janvier 1724 pour la police de la vente des bois de chauffage sur les quais, ports, & chantiers de la Ville de Paris, défend aux Marchands de Bois à brûler pour l'Approvisionnement de ladite Ville, de mettre ou faire mettre lesdits bois dans les membrures & charettes, qu'aux heures de la vente. Voyez Bois a bruler.

APPROWACQ, un des quatre établissemens des Hollandois dans la Terre-Ferme de l'Amérique. Voyez l'Etat général, page 540.

APPUREMENT. Terme de reddition de compte, dont on se sert quelquefois en fait de compte de Marchands, mais plus ordinairement pour les comptes de Finances. Il signifie la clôture d'un compte, & l'acte mis au bas, par lequel il paroît que le Comptable a payé son reliquat, s'il y en a; fait lever toutes les souffrances, & satisfait à toutes les apostilles. Voyez Compte.

APPURER UN COMPTE. C'est le faire clore, en payer le reliquat, & s'en faire donner quittance & décharge finales.

Appurer l'or moulu. Terme de Doreur sur métail. C'est après que l'or en chaux a été amalgamé au feu avec le vif-argent, le laver dans plusieurs eaux, pour en ôter la crasse & les scories. Voyez Dorure au feu.

APPUY. Ce qui appuye, supporte, & soutient quelque chose.

Appuy, en terme de Tourneur. Signifie cette longue piece de bois, qui porte des deux bouts sur les deux bras des deux poupées, & que le Tourneur a devant lui, lorsqu'il travaille pour soutenir & affermir son outil. On l'appelle quelquefois simplement la Barre du tour, mais plus ordinairement le Support. Voyez Support.

Appuy. Signifie aussi parmi les Tailleurs de pierre, Marbriers, Charpentiers, & autres Ouvriers, qui ont de gros fardeaux à remuer, ou à lever, le coin de bois, ou la pierre qu'ils mettent sous le lévier, ou sous la pince, pour donner plus de force à la bacule. Le vrai terme est Orgueil; & le plus usité, la Cale. Voyez Levier.

APPUYE-MAIN. Se dit chez les Peintres, de la baguette qui a un bouton au bout, qui leur soutient la main quand ils peignent. Voyez Peintre.

## APT

APT, en Provence. Voyez l'Etat général, page 129.

## AQU

AQUA JAQUANA, de l'Isle de Saint-Domingue. Voyez l'Etat général, page 480.

## ARA

ARABE. On appelle Chiffres Arabes, les caracteres que les Arabes ont inventés pour faciliter la science des nombres.

Il n'y en a que dix, dont les combinaisons peuvent servir à toutes sortes de regles & de calculs d'Arithmétique.

Ces dix caracteres sont, 1, 2, 3, 4, 5, 6, 7, 8, 9, & 0, qu'on nomme zero. V. Chiffre.

ARABIE, partie de l'Asie. Son Commerce général & particulier. Voyez l'Etat général, page 402.

ARABIQUE. Ce qui appartient à l'Arabie, ou qui en vient.

Le Golfe Arabique est la Mer rouge, dont on parle amplement à l'article du négoce de l'Asie.

Gomme Arabique, est une gomme qui vient d'une plante épineuse, qui croît en Arabie, & dans quelques lieux de l'Egypte. Voyez Gomme.

ARACAN, à la Côte des Indes Orientales. Voyez le Commerce de ce Royaume, dans l'Etat général, page 443.

ARAIGNE'E. Petit insecte venimeux, qui fait un merveilleux tissu de filets avec une espece de soie qu'il devide par l'anus.

Il n'a pas tenu à un sçavant Associé de la Société Royale des Sciences de Montpellier, que cet insecte, jusqu'ici l'horreur presque universelle de tout le monde, n'ait été élevé au même dégré d'estime & d'utilité que les vers à soie; & l'on peut dire que l'excellente Dissertation que M. Bon, pour lors Premier Président en survivance de la Chambre des Comptes, Aydes & Finances de Montpellier, donna en 1710, sur l'utilité des soyes d'Araignées, les a du moins tirées du mépris où elles avoient toujours été, si elle ne les a pû égaler aux véritables vers à soye.

Quoiqu'on ne convienne pas tout-à-fait avec ce sçavant Président, de ce qu'il dit au sujet de la vraye soie, qu'il assure n'avoir guéres paru en France avant Henry II. qui, selon lui, en a fait les premiers établissemens, comme on peut le voir dans l'article des soies, où cette matiere est traitée; on souscrit néanmoins avec joie aux justes louanges que lui a mérité sa nouvelle découverte; & c'est avec grand plaisir qu'on en enrichit ce Dictionnaire.

Après que le sçavant Auteur a rapporté différentes especes d'Araignées, qu'il distingue d'abord par la couleur, y en ayant de noires, de brunes, de jaunes, de vertes, de blanches, & de toutes ces couleurs ensemble; & ensuite par le nombre & l'arrangement de leurs yeux; les unes en ayant six, d'autres huit, d'autres dix : Il les réduit toutes à deux especes, qui sont les Araignées à longues jambes, & celles qui les ont courtes. Ce sont ces dernieres qui fournissent la nouvelle soie.

Les Araignées fileuses de soie, se servent de l'anus pour cette méchanique; & l'on remarque qu'elles en filent de deux sortes; l'une, qui est foible, & qui ne leur sert qu'à faire cette espece de toile, où les mouches, qui leur servent de proye & de nourriture, vont s'embarasser; & l'autre, qui est plus forte, dont elles entourent leurs œufs, pour les garantir du froid, & des autres insectes qui les pourroient gâter; & c'est là proprement le cocon ou la coque de la soie d'Araignée. Cette espece de cocon est assez semblable à un vrai cocon qu'on applatit, & ramollit par la lessive, pour les filer au fuseau. Ils sont d'une couleur grise, lorsqu'ils sont recens; mais ils deviennent noirâtres, lorsqu'ils ont été exposés à l'air.

Pour préparer cette soie, il faut ramasser quantité de ces coques, les battre légérement pour en ôter la poussiere; les laver ensuite dans l'eau commune, jusqu'à ce qu'elles en sortent claires; puis les faire tremper & bouillir quelques heures dans une lessive composée de savon, de salpêtre, & de quelques pincées de gomme Arabique; les laver une seconde fois à l'eau claire, les faire sécher, puis carder avec des cardes très fines; enfin les filer, pour être employées à toutes les fabriques d'étoffes, de rubannerie, & de bas où la soie ordinaire a coutume d'entrer.

L'on ne peut douter de la réussite de la nouvelle découverte, puisque l'Auteur présenta à la Société Royale, des bas & des mitaines faits de cette soie d'Araignée; & qu'on en a vû depuis plusieurs à Paris, dont il avoit fait présent à des Princes & à des Ministres d'Etat.

Il ne faut pas oublier que cette soie peut soutenir tous les apprêts des autres soies, les fils en étant même plus forts, & plus propres par conséquent à ne pas craindre les secousses des métiers, outre qu'elle prend une teinture aussi belle que les autres.

On ne dira rien des autres observations curieuses, dont cette sçavante Dissertation est pleine, & qui ont moins de rapport aux matieres de ce Dictionnaire. On ajoutera seulement qu'il seroit à souhaiter que cette soie pût devenir d'un usage aussi commode, & d'une culture aussi aisée, que celle des véritables soies; mais qu'il y a bien de l'apparence que l'utilité qu'en pourra retirer le Public ne sera pas aussi grande que la gloire que l'illustre Auteur en a méritée & remportée.

ARAIGNÉE DE VERS A SOIE. C'est la premiere toile que les vers filent & préparent, pour soutenir les cocons qu'ils doivent ensuite travailler. Cette toile ne ressemble pas mal à celle des Araignées, d'où elle a emprunté son nom, à la réserve qu'elle n'est jamais si grande, la pésanteur des vers à soie les empêchant de se lancer avec la légéreté & la vitesse des Araignées, à qui la nature a fourni des parties propres à cette méchanique. C'est de cette Araignée qu'on fait une partie des bourres de soie, dont se filent les fleurets les plus grossiers. *Voyez* VERS A SOYE, & SOYE.

ARAINS. Armoisins, ou taffetas rayés & à carreaux, qui viennent des Indes. *Voyez* ARMOISIN DES INDES.

ARAK. Espece d'eau-de-vie que font les Tartares Tunguses, sujets du Grand Duc de Moscovie.

Cette eau-de-vie se fait avec du lait de cavale que l'on laisse aigrir, & qu'ensuite on distile à deux ou trois reprises entre deux pots de terre bien bouchés, d'où la liqueur sort par un petit tuyau de bois. Cette eau-de-vie est très forte & enyvre plus que celle de vin.

ARAMBER. Terme de marine. C'est accrocher un bâtiment avec des grapins & des amares, pour venir à l'abordage. *Voyez* ABORDAGE.

ARANCA, au Chily sur les Côtes de la mer du Sud. *Voyez* l'Etat général, page 489.

ARANNEA. Mineray d'argent qui ne se trouve que dans les mines du Potosi, & encore dans la seule mine de Catamito. Son nom lui vient de quelque ressemblance qu'il a avec la toile d'araignée, étant composé de fils d'argent pur, qui paroissent à la vûe comme un galon d'argent, qu'on auroit brûlé pour en ôter la soie. C'est le plus riche de tous les minerays. *Voyez* ARGENT.

ARARES. Nom que les Indiens donnent à cette sorte de fruits, qu'on appelle en Europe Mirobolans Citrins. Cette espece de Mirobolans est estimée propre à purger la bile. *Voyez* MIROBOLANS.

ARATE. Poids de Portugal, qui est aussi en usage à Goa, & dans le Bresil. On le nomme assez souvent *Arobe*, qui est le nom qu'il a en Espagne. L'*Arate* ou *Arobe* Portugaise est de beaucoup plus forte que l'Arobe Espagnole; celle-ci ne pésant que vingt-cinq livres, & celle-là trente-deux; ce qui revient, poids de Paris, à près de vingt-neuf livres celle de Lisbonne; & celle de Madrid seulement à vingt-trois & un quart. *Voyez* AROBE.

ARAU, dans l'Isle de Sumatra. *Voyez* l'Etat général, page 464.

## ARB

ARBALESTRES. Qu'on nomme autrement FOURCHES. Ce sont des ficelles qui servent à monter le métier des Ferandiniers-Faiseurs de gaze de soie. Chaque Arbalestre tient cinq lissettes; ensorte qu'il y a cinq fois moins d'Arbalestres que de lissettes. *Voyez* GAZE.

ARBITRAGE. Jurisdiction qu'on choisit volontairement, & qui s'exerce en vertu d'un pouvoir qui est donné par les Parties. Il se dit aussi de la discussion d'une affaire, & du jugement qui est porté par les Arbitres. Ces Marchands se sont mis en Arbitrage : ce Négociant est fort occupé aux Arbitrages : ce Procès a été jugé par Arbitrage.

ARBITRAGE, en matiere de Change. Veut dire une combinaison, ou assemblage, que l'on fait de plusieurs changes, pour connoître quelle place est plus avantageuse pour tirer & remettre. *De la Porte, Science des Négocians.*

Samuel Ricard, dans son Traité général de Commerce, explique ce terme d'une autre maniere. Il dit que les Arbitrages ne sont autre chose, qu'un présentiment d'un avantage considérable qu'un Commettant doit recevoir d'une remise ou d'une traitte faite pour un lieu préférablement à un autre.

M. de Mondoteguy, qui a fait toutes les régles & les opérations du Traité des *Arbitrages* qui est à la suite de celui du Commerce d'Amsterdam, imprimé en 1712, définit l'Arbitrage de change, un troc que deux Banquiers se font mutuellement de leurs lettres de change sur différentes Villes au prix & cours du change conditionné.

Suivant M. J. P. Ricard, à qui l'on est redevable d'une nouvelle édition du Traité ci-dessus, l'arbitrage est la négociation d'une somme en change, une ou plusieurs fois réitérée, à laquelle un banquier ne se détermine qu'après avoir examiné par plusieurs régles, de quelle maniere elle lui tournera mieux à compte.

Sans hazarder de prendre parti entre deux personnes si habiles, il semble qu'on peut dire que dans le fond ces deux définitions ne sont point différentes, & que la premiere est proprement un texte auquel la seconde sert de glose.

A l'égard des régles & des opérations qui suivent ces définitions, on se contentera d'en donner les deux premieres pour servir d'exemple, renvoyant pour le reste à l'ouvrage même qui dans ce genre est poussé, autant qu'on peut s'y connoître, à la précision la plus exacte dont les plus habiles Arithméticiens puissent être capables.

*Exemple d'une régle d'Arbitrage faite par deux opérations différentes, dont la premiere est celle des Ecoliers, & l'autre celle des Sçavans, comme les appelle M. Ricard.*

Antoine d'Amsterdam ordonne à son ami de Madrid de lui remettre sur Lyon à 64 s. tournois pour une piastre de 340 maravedis monnoie nouvelle, & de tirer sur lui à 100 d. de gros par ducats de 375 maravedis. On demande à quel prix le change d'Amsterdam sur Lyon; Reponse à 85 d. de gros par écus de 60 s. tournois.

*Opération ordinaire, qui est celle des Ecoliers.*

Pour 64 s. on a 340 Ms.
375 Ms 100 à — 60 s. R. 85 d. de gros.

320 34000
448 60
192 2040000

Diviseur 24000 2040000 / 24000 ( 85 d.

*Opération des Sçavans, en abrégeant les nombres.*

Pour 64 s. on a 340 Ms (4, 85)
375 Ms 100 d. à — 60 s. R. 85 d. (15, 4, 4)

Cette sorte de régle se nomme la Régle conjointe qui est la plus propre & la plus courte pour faire ces questions d'arbitrage, qui se font aussi par des régles de trois; mais le chemin en est beaucoup plus long.

Il faut regarder la régle conjointe comme une régle de trois quoique composée de plus de nombres. Ainsi les premiers nombres qui sont l'un sous l'autre, sont les diviseurs qu'il faut multiplier l'un par l'autre pour en faire un diviseur général. Les nombres du milieu sont les multiplicateurs, ainsi que le troisiéme nombre avancé. Cela étant remarqué, les nombres du milieu étant multipliés l'un par l'autre & ensuite ce produit par le troisiéme nombre avancé qui est seul, il vous viendra un produit général qu'il faut diviser par le diviseur général venu des premiers nombres.

Cette instruction est de M. de Mondoteguy, & peut servir pour toutes les questions ou opérations contenues dans son Traité des *Arbitrages de Change.*

ARBITRAL. Se dit d'un Jugement, ou d'une Sentence prononcée par les Arbitres. Ce Négociant a été condamné par un Jugement Arbitral, par une Sentence Arbitrale.

Les Sentences Arbitrales entre Associés pour négoce, marchandise, ou banque, doivent être homologuées en la Jurisdiction Consulaire des lieux, s'il y en a; sinon ès Siéges ordinaires des Juges Royaux, ou de ceux des Seigneurs. *Article XIII. du Titre IV. de l'Ordonnance de 1673.*

L'homologation des Sentences Arbitrales se doit faire pour deux raisons. La premiere, afin d'établir l'hypotheque sur les immeubles du condamné, laquelle ne peut se compter que du jour de la Sentence d'homologation. La seconde, pour faire confirmer en Justice ce qui a été ordonné par les Arbitres. *M. Savary, Parfait Négociant.*

ARBITRALEMENT. Terme qui ne se dit ordinairement qu'en cette phrase : c'est une chose jugée arbitralement, c'est-à-dire, par des Arbitres.

ARBITRATEUR. La différence qu'il y a entre l'Arbitrateur & l'Arbitre, consiste en ce que l'Arbitre est choisi par les Parties comme Juge, pour décider leurs causes & procès; la forme de droit, coutume, & style, gardés : & que l'Arbitrateur est élû pour les appointer, accorder & juger par amiable composition, & selon qu'il se trouve juste & équitable. *Voyez l'article suivant.*

ARBITRE. Est un Juge nommé par le Magistrat, ou choisi volontairement par les Parties, auquel elles donnent pouvoir par un compromis, de juger de leur différent.

Les Arbitres Compromissionnaires doivent juger à la rigueur, aussi-bien que les autres Juges, & sont obligés de rendre leur Jugement dans le tems qui leur est limité, sans pouvoir excéder les bornes du pouvoir qui leur est prescrit par le compromis.

Quoiqu'il vienne d'être dit, que les Arbitres doivent juger à la rigueur, de même que les autres Juges, cela doit s'entendre lorsque cela est ainsi stipulé par le compromis : car si les Parties les ont autorisés à prononcer selon la bonne foi, & suivant l'équité naturelle, sans les astreindre à la rigueur de la Loi; alors ils ont la liberté de retrancher quelque chose du bon droit de l'une des Parties, pour l'accorder à l'autre, & de prendre un milieu équitable entre la bonne foi, & l'extrême rigueur de la Loi. *De Launay, Traité des Descentes.*

Les Actes de Sociétés doivent contenir la clause de se soumettre aux Arbitres, pour les contestations qui peuvent survenir entre Associés; & si cette clause étoit obmise, un des Associés en peut nommer; ce que les autres sont pareillement tenus de faire; autrement il en doit être nommé par le Juge, pour ceux qui en font refus.

Lorsqu'il arrive le décès, ou une longue ablence d'un des Arbitres, les Associés en peuvent nommer d'autres; sinon il y doit être pourvû par le Juge pour les refusans.

Quand les Arbitres sont partagés en opinions, ils peuvent convenir de Sur-Arbitres sans le consentement des Parties; & s'ils n'en conviennent, il en est nommé un par le Juge.

Pour parvenir à faire nommer d'office un Sur-Arbitre, il faut présenter Requête au Juge, en exposant que les Arbitres nommés ne se trouvant pas d'accord dans leurs opinions, & ne pouvant convenir entr'eux de Sur-Arbitres, pour juger avec eux le différent des Associés, qui est pendant pardevant eux; qu'il plaise leur en nommer un d'office, pour le juger conjointement avec eux, suivant & au desir de l'Ordonnance du Juge; laquelle Ordonnance doit être signifiée à la diligence de l'une des Parties aux Arbitres, en les priant de vouloir procéder au jugement de leur différent.

Les Arbitres peuvent juger sur les Pieces & Mémoires qui leur sont remis, sans aucune formalité de Justice, nonobstant l'absence de quelqu'une des Parties.

Tout ce qui vient d'être dit, a lieu à l'égard des veuves, héritiers, & ayans-cause des Associés; & est conforme aux Articles 9, 10, 11, 12, & 14, du Titre 4 de l'Ordonnance de 1673.

Dans les Contrats, ou Polices d'Assurance, il doit y avoir une clause, par laquelle les Parties se soumettent aux Arbitres, en cas de contestation. *Article 3. du Titre 6. du Livre 3. de l'Ordonnance de la Marine du mois d'Aout* 1681.

ARBITRER. Liquider, estimer une chose en gros, sans entrer en un détail. Les Juges-Consuls ont arbitré les dépens, dommages, & interêts à une telle somme. Des Arbitres, des amis communs ont arbitré à quoi peut aller le dépérissement de ces marchandises.

ARBRE. C'est le plus grand de tous les végétaux, qui pousse de profondes racines dans la terre, par lesquelles il est nourri & soutenu; & qui jette au dehors un tronc & des branches chargées de feuilles, de fleurs, & de fruits, qui produisent une semence propre à en conserver & à en multiplier l'espece.

Il n'y a gueres d'arbres qui ne fournissent quelque marchandise au Commerce. Il y en a même, tel est le Cocotier, qui, pour ainsi dire, s'offrent tout entiers au négoce, & qui suffisent seuls pour la construction d'un navire Marchand, & pour sa parfaite cargaison.

Ce sont les Arbres, qui donnent aux Droguistes & Apoticaires la plupart des drogues & des remedes propres à la Médecine. Les Teinturiers & les Peintres trouvent pareillement dans d'autres Arbres une partie de leurs couleurs, & des drogues de leur teinture. Les Parfumeurs préparent avec leurs fleurs, leurs bois, & leurs écorces, les Parfums les plus précieux.

Leurs fruits, ou encore verds, ou séchés au feu & au soleil, servent à la nourriture des hommes & des animaux, & ne sont pas un médiocre objet du commerce des Epiciers.

Le tan des Ouvriers qui passent les peaux des animaux, & qui préparent les cuirs, n'est que l'écorce de quelques arbres. La poix, les résines, le bray, l'arcançon, & tant d'autres gommes si utiles pour calfater les bâtimens de mer, & à plusieurs ouvrages de manufactures, coulent naturellement du tronc ou des branches de certaines especes d'arbres, ou par les incisions qu'on y fait. Il y a même plusieurs étoffes, des toiles, des cordages, qui ne sont faits que des filamens des arbres.

Enfin, sans entrer dans un plus grand détail; leurs bois, qui sont propres à une infinité d'usages, entretiennent le commerce de plusieurs Communautés des Arts & Métiers, & s'employent presque dans tous leurs ouvrages.

On a tâché de n'obmettre dans ce Dictionnaire aucun des Arbres, & de leurs productions, qui ont rapport au négoce; & l'on explique à chacun des articles qui leur sont propres, les lieux où ils croissent, leur culture, les marchandises qu'ils fournissent, les endroits d'où on les tire, la maniere de les préparer, leur usage, & les Marchands qui en font trafic.

On trouvera aussi à l'article des bois, une liste alphabétique de tous ceux qui s'employent, soit pour la médecine, soit pour la teinture; ou qui sont propres à la charpente, à la menuiserie, à la marqueterie, à la tabletterie, au tour, & à tant de différens ouvrages, que font & fabriquent les Ouvriers en bois.

ARBRE-RETENU. Terme des Eaux & Forêts: c'est un arbre marqué du marteau du Roi & de celui du grand Maître pour être conservé dans les ventes, lors de leur exploitation par les Marchands adjudicataires.

De cette espece sont les anciens & nouveaux baliveaux, les pieds corniers, les arbres de lisieres, les parois, & quelques arbres d'élite & de belle venue qu'on réserve dans les futayes pour la marine, ou pour les bâtimens du Roi.

L'article XLIII. du titre XV. de l'Ordonnance de 1669, porte que les arbres seront abbatus, en sorte qu'ils tombent dans les ventes sans endommager les arbres retenus; & que si en tombant ils demeurent encroués dans lesdits arbres retenus, ceux-ci ne pourront être abbatus par les Adjudicataires, sans la permission du grand Maître ou des Officiers, & seulement après avoir pourvû à l'indemnité du Roi.

ARBRE EN E'TAT. C'est un arbre qui est encore sur pied.

L'article V. du titre XVII. de l'Ordonnance, défend aux Gardes-marteaux & autres Officiers des Maîtrises, de vendre aucun arbre en état, sous prétexte qu'ils ont été fourchés, ébranchés, & endommagés par la chute des chables.

ARBRE A ENIVRER. C'est le nom que l'on donne dans le Perou, à l'arbre qui produit le Quinquina, dont on se sert pour la guérison des fiévres; parce qu'outre cette faculté fébrifuge, son écorce a encore celle d'enivrer les poissons plus sûrement, que la drogue, qu'on appelle en Europe, Coque de Levant. *Voyez* QUINQUINA.

ARBRE ENCROUE'. Terme usité dans l'exploitation & le commerce des bois. *Voyez* BOIS ENCROUE'.

ARBRE. Se dit figurément dans les Méchaniques, des principales pieces qui soutiennent quelque machine: on le dit aussi des essieux qui servent à leur donner le mouvement.

L'ARBRE d'une grue, qu'on nomme aussi la Fléche, est une grosse piece de bois, qui porte le poinçon sur lequel tourne le rancher. Cette piece, qui est posée d'aplomb, & élevée dans le milieu de l'empatement, fait comme le centre des racinaux: elle est soutenue par huit bras, ou liens en contre-fices, qui sont arrêtés à tenons sur le bout de chacun des racinaux. *Voyez* GRUE.

ARBRE, en termes de monnoyage. Signifie dans la machine qu'on appelle vulgairement une Jument, qui contient tout ensemble le dégrossi & le laminoir, une grosse piece de bois posée perpendiculairement, sur le haut de laquelle est la grande roue à dents, qui donne le mouvement aux lanternes & aux hérissons. On appelle encore dans cette machine les Arbres du hérisson & de la lanterne, les axes, ou essieux de fer, qui en traversent le diametre par le centre, & qui ont au bout, des pignons qui s'engainent dans les roues du dégrossi & du laminoir. *Voyez* LAMINOIR *&* DEGROSSI.

On nomme pareillement parmi les Ouvriers des Monnoies, l'Arbre du coupoir, une piece de fer posée perpendiculairement, dont le bout d'en haut, qui est à vis, se tourne avec une manivelle, pour la faire baisser ou lever, & qui à son autre bout porte le coupoir, c'est-à-dire, un emporte-piece d'acier bien aceré, pour débiter les lames d'or, d'argent, ou d'autre métail, en flaons convenables aux especes qu'on veut fabriquer. *Voyez* COUPOIR.

L'ARBRE d'un moulin à vent, est la piece de bois qui traverse le haut du moulin, & à la tête de laquelle sont attachées en dehors ce qu'on appelle les Ailes ou Volants du moulin. *Voyez* MOULIN A VENT.

L'ARBRE d'un moulin à eau, est quelquefois la piece de bois où tient la roue, & quelquefois une autre piece de bois posée perpendiculairement à côté de l'axe de la roue, cela dépendant de la disposition de cette roue. *Voyez* MOULIN A EAU.

ARBRE, en termes de Tourneur. Est un mandrin composé de plusieurs pieces de cuivre, de fer, & de bois, dont on se sert, soit pour tourner en l'air, soit pour faire des vis aux ouvrages de tour, soit pour tourner en ovale, ou en d'autres figures irrégulieres. *Voyez l'article du* TOUR.

ARBRE. Les Vitriers appellent les Arbres d'un tire-plomb les axes ou essieux, qui font tourner les rouleaux d'acier, entre lesquels on passe la lame de plomb, pour l'applatir & canneler au sortir de la lingotiere. *Voyez* TIRE-PLOMB.

ARBRE, chez les Tireurs d'or. Est une espece de cabestan, dont le treuil, qui est posé perpendiculairement, a huit ou dix pieds de haut. Deux barres ou leviers de vingt-quatre pieds de long, le traversent en croix, & servent à le tourner. C'est sur cet arbre que se roule le cable. *Voyez* ARGUE.

## ARC

ARC. Ce qui est tourné en ligne courbe.

ARC-BOUTANT. Ce qui sert à appuyer, ou soutenir quelque chose.

Les Arcs-boutants d'un carosse sont les pieces de fer qui sont des deux côtés des moutons pour les contretenir, & leur donner la force de soutenir tout le poids du carosse & de sa charge. *Voyez* CAROSSE.

On appelle Arcs d'un carosse, les deux pieces de fer courbées en arc, qui joignent la fleche ou les brancards au train de devant, & qui lui donnent la commodité de tourner plus facilement, & dans un plus petit espace. Ce sont les Maréchaux de gros ouvrages, ou les Taillandiers, qui font ces sortes d'Arcs. *Voyez les articles de ces Ouvriers. Voyez aussi* CAROSSE.

ARCANNE. Minéral, ou espece de craye rouge, qu'on appelle en Latin *Rubrica Fabrilis*, à cause qu'elle sert aux Charpentiers à teindre leur cordeau, pour marquer leur bois. Il y a aussi une Arcanne factice, qu'on fait avec de l'ocre brûlée.

ARCANÇON, autrement BRAY SEC. Espece de Poix-résine, qui se fait avec le galipot, ou encens madré, en le faisant cuire jusqu'à ce qu'il soit presque brûlé.

L'Arcançon, que vendent les Droguistes de Paris, vient de Bordeaux & de Bayonne, & n'est autre chose que ce qui est resté dans les alambics, après qu'on en a tiré l'huile. Il doit être sec, transparent & foncé en couleur. C'est avec l'Arcançon qu'on fait la poix noire.

Quelques-uns le confondent avec la Colophane, mais mal à propos. *Voyez* BARRAS. *Voyez aussi* POIX.

*L'Arcançon paye en France de droits de sortie seize sols le cent pésant, & dix sols de droits d'entrée.*

ARCASSOUL. Drogue médicinale qui se trouve dans le Royaume de la Chine. Les Chinois en portent beaucoup à Batavia. Elle coute trois tacles deux mas le pic à Canton, & se vend neuf pataques à Batavia.

ARCHAL. On appelle du fil d'Archal, du fer passé par la filiere. *Voyez* FIL, *à l'endroit où il est parlé du Fil de fer.*

ARCHANGEL, Port de Moscovie. *Voyez* l'Etat général, pages 254, 301.

ARCHANGELIQUE. Plante médicinale, qu'on nomme autrement Angelique, ou Racine du S. Esprit. *Voyez* ANGELIQUE.

ARCHARD. Fruits verds qu'on met confire dans le vinaigre. Ils sont extrémement estimés dans toutes les Indes Orientales, & il s'y en fait un très grand commerce. Les meilleurs viennent de Perse & se confisent dans des bouteilles à peu près comme l'on fait en France les petits concombres, qu'on appelle vulgairement des cornichons. Chaque fruit ne se confit pas à part, mais dans la même bouteille : on en met de diverses especes.

ARCHELET. Petit archet dont les Orfévres, Horlogeurs, & Serruriers se servent pour les ouvrages de tour les plus legers. *Voyez* ARCHET.

ARCHELET. C'est aussi en termes de Pêcheurs, une branche de saule pliée en rond, qui s'attache avec de la lignette autour de l'ouverture du verveux pour l'avaler, c'est-à-dire, pour le tenir ouvert. *Voyez* VERVEUX.

On appelle aussi les Archelets d'un échiquier, autre filet à prendre du goujon, deux bâtons d'orme courbés, & qui se traversent en forme de croix, où sont attachés les quatre coins de ce filet qui est carré. *Voyez* ESCHIQUIER.

ARCHES. Ce sont dans les verreries, les arcades, ou ouvertures du four, dans lesquelles on met le verre recuire. Les plats de verre, aussi-bien que les tables de verre, se mettent dressés perpendiculairement sur l'âtre de ces arches, & appuyés les uns sur les autres; ce qui quelquefois fait boucler les premieres, qui portent tout le poids. Le verre n'est parfaitement recuit, qu'après être resté vingt-quatre heures dans les arches. *Voyez* VERRE.

ARCHET, qu'on nomme aussi ARÇON. Est un instrument d'acier, ou de fer, en forme d'arc, aux deux bouts duquel est attachée une corde à boyau. Il sert aux Orfévres, Horlogeurs, Serruriers, &c. pour percer, ou pour tourner diverses pieces de leurs ouvrages. Il se fait aussi des archets à forer ou à tourner, avec des arcs de baleine, ou simplement de bois.

Pour se servir de l'archet à percer, on fait un tour de la corde sur la boete du foret, qu'elle fait tourner à mesure qu'on pousse, ou qu'on retire l'archet, qu'on tient de la main droite. On s'en sert à peu près de la même maniere pour tourner dans les petits tours, c'est-à-dire, qu'on passe la corde sur la piece qu'on tourne entre deux pointes, ou sur le mandrin; mais alors on tient l'archet de la main gauche. *Voyez* Tour, & Tourneur. *Voyez aussi* Foret.

Archet. C'est aussi un instrument dont les Ouvriers, qui travaillent en pierres de rapport, se servent pour scier les pierres les plus dures & les plus précieuses, qu'ils font entrer dans leurs ouvrages. Il est fait d'un morceau de bois, qui fait ressort, que l'on plie en arc, & aux deux bouts duquel on attache les extrémités d'un fil de léton; c'est proprement une scie : on se sert d'eau d'émeril pour faciliter le sciage. *Voyez* Marqueterie.

Archet. Terme de Fondeur de caracteres. C'est un morceau de fil de fer faisant ressort, ou plutôt d'acier, plié en arc, qui est attaché au dessous des moules, dans lesquels ils fondent les lettres d'Imprimerie. Cet archet sert à tenir en état la petite matrice de cuivre, dont le métail doit prendre l'empreinte, & à l'arrêter précisément au bout de cette cavité du moule dans lequel ce métail est jetté. *Voyez* Fondeur de Caracteres.

Archet. Les Tourneurs en bois appellent l'Archet du tour, la perche qui pend du plancher au dessus de leur tête, à laquelle est attachée la corde qui fait tourner l'ouvrage. *Voyez* Tour.

ARCHETYPE. Nom que l'on donne à la Cour des Monnoies, à l'estalon, ou poids original, qui y est gardé, pour servir à vérifier & estalonner les autres poids. *Voyez* Estalon.

ARCHIPEL, (Isles de). *Voyez* le Commerce que l'on y fait, dans l'Etat général, page 344.

ARCHITECTE. Celui qui donne les plans & les desseins d'un bâtiment, qui conduit l'ouvrage, & qui commande aux Maçons, Charpentiers, Couvreurs, & autres Ouvriers, qui travaillent sous lui.

Quoiqu'il y ait beaucoup de différence entre l'Architecte & le Maître Maçon, l'un exerçant un art libéral, & l'autre seulement un métier, on les confond cependant souvent ensemble, à cause que les uns & les autres peuvent être également reçûs parmi les Architectes Experts Jurés du Roi, créés par les Edits des mois de Mai & Décembre 1690, & la Déclaration du mois d'Aout 1691.

Ces Officiers Architectes sont de deux sortes, les uns, qu'on nomme Jurés-Experts Bourgeois; & les autres, Jurés-Experts Entrepreneurs. Leur nombre est de soixante, trente des uns, & trente des autres.

Les fonctions qui leur sont attribuées par ces Edits & Déclaration, sont de faire seuls, à l'exclusion de tous autres, tant dans la Ville, Prévôté, & Vicomté de Paris, qu'en toutes les autres Villes & lieux du Royaume, toutes visites, prisées & estimations, tant à l'amiable, que par Justice, en toutes matieres pour raison de partages, licitations, servitudes, alignemens, & périls imminens; de tous ouvrages de maçonnerie, charpenterie, couverture, menuiserie, serrurerie, sculpture, dorure, peinture, arpentage, mesurage de terres; & généralement de tout ce qui concerne l'expérience. *Voyez* Maçon & Maçonnerie.

ARCHITECTURE. L'art ou la science des bâtimens. *Voyez l'article précédent & ses renvois.*

ARÇON. Instrument dont se servent les Chapeliers, pour arçonner les étoffes, ou matieres dont ils veulent fabriquer leurs chapeaux, après qu'elles ont été cardées.

Cet instrument ressemble assez par la forme à un archet de violon. Il est long de six à sept pieds, & a une corde de boyau bien bandée, qui étant tirée, ou agitée avec la main, par le moyen d'un petit morceau de bois, que l'on nomme la Coche, fait voler l'étoffe sur une claye.

Les Cardeurs se servent aussi de l'Arçon, pour préparer les cotons & les laines destinées pour être employées dans des robes de chambre & couvertures, ou courtepointes piquées. *Voyez* Arçonner.

Arçon. Les Orfévres, Serruriers, & autres Ouvriers, qui travaillent sur les métaux, se servent aussi d'un instrument qu'on appelle Arçon, pour forer leur besogne, ou pour tourner des pieces entre deux sur les petits tours. On le nomme plus ordinairement Archet. *Voyez* Archet.

Arçon. Se dit aussi de deux pieces de bois, ordinairement de hêtre, faites en forme d'arcs, dont les Selliers se servent pour la construction des selles de chevaux. Ce sont les Arçons qui soutiennent toute la selle, & qui en font les principaux membres. Les Arçons se distinguent en Arçon de devant, qui est celui où sont attachés le pommeau & les crampons où l'on passe les courroyes des pistolets, pour les arrêter; & en Arçon de derriere, qui porte le trousquin, & où sont aussi attachés les crampons dans lesquels l'on fait passer les courroyes, qui tiennent le manteau, ou la valise.

Les Arçons se débitent ou se façonnent aux environs des bois & forêts, par des Ouvriers qui les envoyent aux Selliers, ou aux Marchands qui en font trafic.

ARÇONNER. Terme de Chapelier, qui signifie faire voler, ou voguer l'étoffe, autrement la laine ou le poil, sur une claye, par le moyen d'un instrument que l'on appelle Arçon, pour former les capades dont un chapeau doit être composé.

Le terme d'Arçonner est pareillement en usage parmi les Cardeurs de coton & de laine, où il a une semblable signification que chez les Chapeliers. *Voyez* Arçon & Capade.

ARÇONNEUR. Ouvrier qui arçonne la laine, le poil, & autres matieres, après avoir été cardées, pour être employées à divers usages, & particuliérement dans la Chapellerie. Les Cardeurs de Paris sont aussi appellés par leurs Statuts, Maîtres Arçonneurs. *Voyez les deux articles précédens. V. aussi* Cardeur.

ARCOT. Nom que les Fondeurs donnent à une sorte de métail, qui n'est autre chose qu'une espece de potin. *Voyez* Potin.

Arcot. On appelle Serge d'Arcot, une espece de serge qui se fabrique à Arcot, & aux environs. *Voyez* Serge.

## ARD

ARDASSES & ARDASSETTES. Ce sont les plus grossieres de toutes les soies de Perse, & comme le rebut de chaque espece. On dit en ce sens, des Légis, des Houssets, des Choufs, & des Payas Ardasses, pour marquer les moindres de ces quatre sortes de soies Persiennes. *Voyez* SOYES DU LEVANT *&* D'ITALIE.

ARDASSINES, qu'on nomme en France ABLAQUES. Sont de très belles soies de Perses, qui ne cedent gueres pour la finesse aux Sourbastis. On s'en sert néanmoins très peu dans la fabrique des étoffes de soie de Lyon & de Tours, parce que cette sorte de soie ne souffre pas l'eau chaude dans le dévidage. *Voyez* SOYES DU LEVANT.

ARDES, en Auvergne. *Voyez* l'Etat général, pages 99, 101.

ARDES, petit Royaume d'Afrique vers les Côtes de Guinée. *Voyez* l'Etat général, page 382.

ARDOISE. Pierre bleue & fossile, qui est tendre au sortir de la carriere, & qu'on coupe aisément en feuilles déliées, pour faire des couvertures de maisons, au lieu de tuiles. On en fait aussi des tables, des carreaux ou pavés, & autres ouvrages. Les Ardoises d'Anjou sont les plus en réputation : celles de Mezieres sont plus tendres & s'écaillent. On a ouvert des Ardoisieres à quelques lieues de Charleville, dont la pierre n'est pas moins belle, ni de moindre service que celle d'Anjou, quoiqu'elle ne soit pas tout-à-fait si bleue, ou si noire.

Le Commerce des Ardoises est plus considérable en Anjou, que par-tout ailleurs; & ce sont les Ardoisieres de cette Province, qui en fournissent presque toutes les autres du Royaume, & les Pays Etrangers.

Les lieux dont on tire les plus belles, sont Trelazé, & les Ayraux, Paroisses à une lieue d'Angers. Les perrieres les plus abondantes & où se trouvent les meilleures especes, se nomment les Petits Careaux & la Noue. Celles de la Jouvenciere, du Bois, & du Petit-Bois, en fournissent d'aussi noires, & qui ne contentent pas moins la vue; mais la pierre en est aigre & trop dure. La perriere de Villechien, dans la Paroisse de S. Leonard, est pareillement en réputation. Il y a aussi quelques petits trous ouverts aux environs de Condé, la Jaille, Château-Gontier, & Juvigné sur Loire : mais outre qu'il s'en tire peu, celles qu'on y fabrique étant mal unies, grossieres, & trop molles, le débit ne s'en fait que pour l'usage du Pays même; & il ne s'en envoye aucune dans les autres Provinces du Royaume, ou dans les Pays étrangers.

Les différentes especes d'Ardoises sont, le poil roux, le gros noir, le poil noir, & la grosse noire, la carrée forte, & la carrée fine.

Des coupeaux, ou déchet des pierres, on en fait encore de trois sortes; la taillette, la cartelette ou carlette, & le fendis.

L'Ardoise cofine, qui sert à couvrir les dômes des Eglises, est très rare : elle se fabrique avec des callots de pierre, un peu courbés en voute; ce qui la rend plus commode pour ces sortes d'ouvrages : à son défaut on se sert de la carlette, qui est la plus petite de toutes les especes d'Ardoise.

Les Ardoises les plus fines & les meilleures, s'envoyent à Paris & à Rouen : la grosse noire, & d'autres de moindre qualité, se débitent ordinairement pour les Pays du Maine, & depuis Saumur jusqu'à Orléans. Les poil noir & poil gros noir, sont propres pour Nantes & vers le bas de la riviere de Loire.

Pour les Pays étrangers, les envois se font plus communément de la carrée fine & de la carrée forte; parce qu'étant d'un plus petit volume que les autres, elles s'embarquent & se chargent plus aisément dans les vaisseaux.

Les Ardoises se vendent au cent, au millier, & à la fourniture, qui est de vingt-un milliers; fournis de quatre au cent. Quand elles sont prises sur la perriere, on en met dix au cent pour dédommager les Acheteurs des risques de la voiture, étant une marchandise fort facile à se casser. On estime qu'année commune il se fabrique jusqu'à un million de milliers d'Ardoises par mois de toutes les especes différentes, qui se tirent des Ardoisieres d'Anjou.

L'on trouve dans le Chapitre 29 de l'Ordonnance de la Ville de Paris de 1672, trois articles, qui sont le quatriéme, le cinquiéme & le sixiéme, servant de Reglement pour la moison, qualité, & visite des Ardoises qui y arrivent pour la provision de cette Capitale.

Par le premier de ces trois articles, il est enjoint aux Marchands trafiquans d'Ardoises pour Paris, de n'en faire venir que de deux qualités; sçavoir, de la quarrée forte, de dix à onze pouces de longueur sur six à sept de largeur, & de deux lignes d'épaisseur, sans être traversine, ni mêlée de fine : & de la quarrée fine de douze à treize pouces de largeur, & une ligne d'épaisseur : ces deux sortes d'Ardoises de quartiers forts & sonnants, & tirées de la troisiéme fonciere de chaque perriere.

Par le second de ces articles, il est défendu de mêlanger les qualités d'Ardoise; & pour cela ordonné aux Marchands & Voituriers d'en faire différentes piles dans leurs magasins & bateaux.

Enfin, le dernier de ces trois articles regle la visite & l'arrivage des Ardoises; & ordonne aux Jurés Couvreurs de venir faire au Bureau de la Ville, leur rapport des quantités & qualités qui sont arrivées à chaque Marchand; & en représenter les échantillons, pour le prix en être taxé; avec défenses aux Marchands de les exposer en vente, ou enlever du Port, que les échantillons n'ayent été apportés au Bureau.

*Les droits de sortie que l'on paye en France pour les Ardoises, sont de quinze sols, & ceux d'entrée de dix sols pour le millier en nombre.*

La toise quarrée de couverture d'Ardoises avec lattes & contrelattes de chêne de 3 pouces 8 lignes de pureau, vaut à Paris 9 liv. 10 s. & celle des cartelettes pour les dômes, depuis 2 pouces aussi de pureau jusqu'à 3 liv. 16 sols.

ARDOISIERE. Lieu d'où l'on tire l'Ardoise. On nomme Perriere en Anjou, les carrieres où se forment ces sortes de pierres. Lorsqu'on en a découvert quelque veine qu'on croit abondante & de bonne qualité, on se sert d'abord d'une machine assez simple, en forme d'une espece de tourniquet, que peu d'hommes sont capables de faire agir. Quand la perriere s'approfondit, ce sont les chevaux qui font mouvoir les roues d'une seconde machine plus composée & plus forte, qui fait monter alternativement & descendre des bassicots, & des sceaux; les premiers, pour monter l'ardoise en masse; & les autres, pour vuider l'eau dont les Ardoisieres sont toujours pleines.

Cette machine se nomme Engin de pierre : elle a des roues de rencontre qui s'engrainent dans une lanterne comme celle des moulins à farine, & qui font tourner la fusée autour de laquelle se dévide le cable ou fuseau.

L'échafaud qui soutient la machine, est porté sur plusieurs grosses pieces de bois, que l'on nomme Saillies, qui sont elles-mêmes étayées par d'autres pieces appellées Sous-bardiers ; en sorte que cela compose une platte-forme, qui paroît comme en l'air, & qui avance environ de dix pieds sur l'ouverture de la perriere. Enfin, toute la machine est couverte d'un appentis, en forme de grange, qui la conserve elle-même, & où les hommes & les animaux sont à l'abri du mauvais tems.

On distingue les Ouvriers qui travaillent aux Ardoisieres, en Ouvriers d'abas & Ouvriers du haut. Ceux d'abas se servent de pointes, de coins, de gros marteaux, & de barres de fer, pour faire leurs foncées, qu'ils creusent d'environ neuf pieds, & d'où ils tirent les pierres en état d'être envoyées en haut & d'y être travaillées. Les Ouvriers du haut fendent les pierres avec des cizeaux plats de diverses grosseurs, mais tous d'un pied & demi de long, & même davantage, qu'ils frappent avec un assez petit maillet de bois ; ils les appellent des Flammes.

Quand la pierre est en fendis, on la taille sur un billot avec le doleau, ou hassereau d'acier, qui est une espece de grand couteau en forme de petite hache, & chaque Ouvrier en éleve autour de soi diverses piramides, suivant les diverses especes ou qualités d'ardoises qu'ils peuvent tirer des callots ou rapportons de pierre.

Pour plus grande commodité, chaque Ouvrier Fendeur a un couvert léger & mobile, qu'ils nomment Tuevent, & qu'ils tournent à leur gré, ou contre les vents, ou contre le soleil, ou la pluie.

Les frais pour exploiter les Ardoisieres, sont très considérables ; mais les risques que courent les Ouvriers qui les exploitent sont encore plus grands ; & il n'arrive que trop souvent que les fondis & cabrements entraînent hommes, chevaux, & engins au fond de la Perriere, & y accablent & ensevelissent les malheureux Ouvriers d'abas : outre que les voyes & sources d'eau y causent quelquefois de subites inondations, qu'il est très difficile de prévoir, & encore plus d'éviter dans des souterrains si profonds. *Voyez l'article précédent.*

## A R E

AREB. Monnoie de compte dont on se sert dans les Etats du Grand Mogol, particuliérement à Amadabath. Quatre Arebs font un crou ; un crou vaut cent laes ; & un laes, 100000 roupies.

ARECA ou AREQUE. Fruit fameux dans les Indes, où il s'en fait un commerce & une consommation incroyables, n'y ayant personne qui n'en use ; & étant également de mode parmi les plus grands & les plus riches, comme parmi les plus petits & les plus pauvres.

L'arbre qui porte l'Areque, est grand, droit, délié, & rond. Le brou, qui en enveloppe le fruit, est uni par dehors, mais raboteux & velu par dedans, assez semblable en cela au brou du Cocos. Sa grosseur est celle d'une noix raisonnable : son noyau, gros environ comme une muscade, à qui il ressemble assez par dehors, en a aussi les veines blanchâtres quand on le coupe en deux. Au centre du fruit, quand il est encore tendre, est renfermée une substance grisâtre, molle, & presque liquide, qui se durcit à mesure que le fruit approche de sa maturité. Le fruit mûr est jaunâtre, & toujours fort amer, mais jamais dégoutant.



Le grand usage de l'Areque, est de le manger avec des feuilles de betel, en y mettant un peu de chaux rouge faite de coquillage. Lorsque l'Areque est encore frais, il se fond entiérement dans la bouche ; s'il est sec, il laisse un peu de marc. Dans l'un & l'autre état il fait beaucoup cracher ; & la salive qu'il excite, aussi-bien que le suc qui sort de l'Areque & du Betel, sont d'un rouge brun, qui communique une teinture de même couleur aux levres & aux dents ; ce qui apparemment empêchera toujours que l'usage de cette drogue ne s'établisse en Europe, & particuliérement en France, où l'on fait consister la plus grande perfection des dents dans leur blancheur.

On prétend que l'Areca fortifie l'estomac, quand on en avale le suc, comme font la plupart des Indiens. Une de ses autres vertus, est d'emporter tout ce que les gensives peuvent avoir de malsain & de corrompu.

Les Siamois l'appellent *Plou* en leur langue. On parle ailleurs amplement du commerce qui se fait de cette drogue dans tout l'Orient. *Voyez l'Etat général du* COMMERCE, *où il est parlé de celui des Indes.*

AREQUIPA. Ville de l'Amérique Espagnole. *Voyez* l'Etat général, page 491.

ARESTE. Terme de Chapelier. C'est l'extrêmité par où on arrondit un chapeau, & où l'on coud ce qu'on appelle un bord de chapeau. Pour arrondir & dresser cette Areste, on se sert d'une ficelle, qu'on met autour de ce qu'on nomme le Lien, c'est-à-dire, le bas de la forme, tournant cette ficelle dans toute la circonférence du bord extérieur. On marque avec un morceau de craye, qui est au bout, ce qu'on en veut enlever, qui ainsi se trouve toujours parfaitement rond. *Voyez* CHAPEAU.

AREZIBO, une des principales Villes de Porto-Rico dans l'Amérique Espagnole. *Voyez* l'Etat général, page 481.

## A R G

ARGENT. Métail blanc, qui tient le second rang entre les métaux, & qui après l'or est le plus beau, le plus ductile, & le plus précieux.

Il se trouve des mines d'argent dans les quatre parties du monde. L'Europe en a quantité ; & la France même en a quelques-unes, mais qui ne sont ni riches, ni abondantes ; & dont, à ce que plusieurs croyent, la dépense excéderoit de beaucoup le produit.

Les mines du Perou & de quelques autres endroits de l'Amérique, sont les plus fécondes de toutes ; & elles paroissent jusqu'à présent inépuisables. Celles du Potosi sur-tout, continuent de se fouiller presque avec le même succès qu'au commencement de la découverte qu'en firent les Pizares, ces fameux Conquérans Espagnols ; avec cette différence toutefois, que les filons de la mine étoient d'abord presque sur la superficie de cette fameuse montagne, & qu'à présent il faut les chercher & les suivre dans des profondeurs affreuses,

ses, où l'on pénétre à peine après des quatre cens marches de descente. Il est inconcevable à combien de millions d'Indiens il a couté la vie, depuis qu'on y travaille, & combien il en périt encore chaque année.

Les pierres minérales, qu'on appelle Métail, ou Minerai au Perou, ne sont pas toutes de la même qualité, consistance, ni couleur. Il y a du minerai blanc & gris mêlé de taches rouges ou bleuâtres; on l'appelle *Plata-blanca* : d'autre noir comme du machefer; on le nomme *Plomo-ronco*. Celui-là est le plus riche, le plus facile à exploiter, & à moins de frais; parce que sans y employer de mercure, il suffit de le mettre au feu, où le plomb s'évapore, & laisse l'argent net.

Les Indiens, avant l'arrivée des Espagnols dans l'Amérique, ne connoissant pas l'usage du mercure dans le travail des mines, ne fondoient que ce minerai.

Il y a encore un minerai noir, mais qui en le mouillant, & le frottant contre du fer, devient rouge; ce qui lui a fait donner le nom de *Rossicler*. Il est très riche, & l'argent en est du meilleur alloi. Le *Zorocbe* brille comme du Talc, & semble argenté : il donne pourtant peu d'argent. Le *Paco* est d'un rouge jaunâtre, très mou, & naturellement brisé en morceaux : il est peu riche. Le verd s'appelle *Cobrisso* : il est presque friable; mais quoique l'argent y paroisse aux yeux, il est très difficile à bénéficier, c'est-à-dire, à en tirer l'argent, à cause du cuivre dont il est mêlé. Enfin, l'*Arannea*, qui ne se trouve qu'au Potosi, & seulement dans la mine de Coramito, est composé de fils d'argent pur, entortillés comme du galon d'argent, qu'on auroit brûlé pour en ôter la soie.

Les veines des minieres, de quelque qualité qu'elles soient, sont ordinairement plus riches au milieu que vers les bords; mais l'endroit le plus riche, est toujours celui où les veines s'entrecoupent.

On compte aussi pour richesses dans les mines, la proximité des eaux, pour y construire des moulins propres à concasser le minerai. Ainsi à Lipes & au Potosi il faut que le *Caxon* de minerai rende dix marcs pour payer les frais, tandis que dans la Province de *Tarrava* il n'en faut que cinq.

Ce qu'on appelle *Pignes*, est la maniere la plus ordinaire de séparer l'argent du minerai. *Voyez* Pignes.

On se sert pourtant quelquefois seulement du feu souvent repeté, ou d'eaux fortes. Les lingots qu'on en forme, se nomment *Bollos*.

Ce qui rend le travail des mines dangereux, sont les exhalaisons qui en sortent, qui même se font sentir au dehors, & font impression sur les animaux, qui paissent dans leur voisinage; & qui au dedans rendent perclus la plupart des Mineurs, dont il y en a peu qui puissent soutenir cet air empesté plus d'un jour de suite : souvent même il est si mortel, qu'il tue sur le champ, & qu'il faut reboucher aussi-tôt les veines métalliques d'où il s'exhale.

Les mines du Potosi y sont moins sujettes; cependant sans l'herbe du Paraguay, qu'on nomme *Maté*, & dont les Ouvriers prennent l'infusion; comme en Orient, & présentement en Occident, on prend celle du Thé; il faudroit bien-tôt abandonner les mines.

Bien que les mines du Potosi & de Lipes conservent toujours leur premiere réputation sur la richesse & l'abondance de leur minerai, il y a eu pourtant quelques découvertes depuis peu d'années, qui l'ont d'abord emporté sur elles : telles sont les mines d'*Oruro*, à 80 lieues d'*Arica*; & celles d'*Ollachea* près de *Cusco*, ouvertes en 1712, qui ont donné d'abord jusqu'à 2500 marcs par caxon, c'est-à-dire, près d'un cinquiéme; mais cette richesse est un peu diminuée.

Il est remarquable que presque toutes les mines en Amérique se trouvent dans des lieux froids & stériles, peu dans les tempérés, & point du tout dans les lieux chauds.

On ajoutera seulement, pour qu'il ne manque rien à ce petit détail des mines du Perou, que la Ville du Potosi est devenue si considérable par la proximité de ces riches minieres, qu'on y compte plus de 10000 Espagnols, & 60000 Indiens, sans compter un grand nombre de Villages circonvoisins peuplés à proportion. On y entretenoit autrefois 120 moulins à broyer le minerai.

L'Argent en Europe se sépare de la mine de la même maniere que l'or, c'est-à-dire, avec le vif-argent, à la réserve qu'il faut ajouter un quintal de sel en roche, ou d'autres sels naturels, pour chaque cinquante quintaux de matiere qu'on veut travailler. L'on peut voir cette curieuse opération dans l'article de l'or.

Pour séparer ensuite le vif-argent d'avec l'argent avec lequel il est amalgamé, on dresse un fourneau semblable à celui des Fondeurs de cuivre, hors qu'il doit être ouvert par en haut, & qu'on y met le feu par en bas. Sur l'ouverture du haut on forme un comble d'argile de figure cylindrique, mais qu'on n'engage point dans la construction du fourneau, afin qu'il puisse s'ôter & se remettre à volonté.

La masse d'argent & de vif-argent ayant été mise ensuite au dedans du fourneau, le comble se met au dessus, & le feu s'allume au dessous; ensorte que le vif-argent chassé par la chaleur s'éleve en fumée dans le comble d'argile, d'où l'on le retire pour un second travail, & l'argent reste seul pour être fondu & purifié.

Le titre de l'argent fin est à douze deniers, chacun de vingt-quatre grains. L'affinage, pour le pousser à ce titre, quand il se trouve au dessous, se fait ordinairement par le moyen du plomb. On prépare pour cela une terrine de grez, qu'on appelle Casse d'affinage, Casse à affiner, ou Coupelle d'affinage, & que l'on remplit de cendrée, composée de charrée de lessive, & de cendres d'os de bœuf, & autres os; cette casse est ensuite mise sur le feu, où on la fait bien rougir pour la recuire; alors on y met l'argent & le plomb ensemble, par proportion d'une livre de plomb par marc d'argent, & même d'un peu plus de plomb, si l'argent est de bas alloi; & à mesure que ces métaux se fondent à grand feu, le cuivre qui peut être mêlé avec l'argent, se dissipe en fumée, ou s'en va avec les crasses; ce que fait aussi le plomb lui-même, l'argent seul restant dans la casse au titre & au dégré de fin.

Dans cet affinage, où l'on peut affiner jusqu'à mille marcs d'argent, on retire ce métail des coupelles de deux manieres; l'une en plongeant dans la matiere purifiée, & encore liquide, une barre ou grosse canne de fer, autour de laquelle l'argent s'attache en forme de coquille, ce qu'on fait à plusieurs fois : l'autre, en laissant refroidir la coupelle, au fond de laquelle l'argent se fixe en forme de pain. La premiere maniere s'appelle Retirer l'Argent en coquille : on nomme la seconde, Retirer en plaque.

Outre l'affinage de l'argent au plomb, il y a encore l'affinage au salpêtre ; mais on en a parlé ailleurs. *Voyez* AFFINAGE.

La coupelle est l'essai que l'on fait de l'Argent sur une partie du métail ; elle s'opere comme l'affinage par le moyen du plomb. Si l'argent après cette épreuve conserve son poids, il est au titre de fin ; s'il diminue, on compte les grains, ou même les deniers de sa diminution ; & par comparaison de la partie au tout, on juge de sa bonté, & de son prix. *Voyez* ESSAY.

Suivant l'Edit de Henri II, du mois de Mars 1554, art. 7. les Orféyres ne peuvent travailler l'Argent, soit en grosserie, ou menuiserie, qu'au titre d'onze deniers douze grains fin, à deux grains de remède. Cet Argent ainsi travaillé, se nomme Argent-le-Roy.

L'Argent se tire des Indes & d'Espagne, en barres, en especes, ou pieces de monnoie ; en plaques, en culots, & en pignes.

Les barres ont pour l'ordinaire quatre marques, qui sont celle du poids, celle du titre, celle de l'année, & celle de la Douane où les droits en ont été payés. Pour ce qui est du poids, il differe de celui de France de six & demi pour cent ; de maniere que cent marcs d'Espagne ne pésent que quatre-vingt-treize marcs quatre onces de France ; & suivant cette proportion, le poids d'Espagne est moins fort d'une demie once par marc que celui de France.

A l'égard du titre, les dégrés de la bonté de l'Argent y sont partagés, de même qu'en France, en douze deniers, & chaque denier en vingt-quatre grains.

Le poids des barres d'Argent est ordinairement proportionné à leur titre : Par exemple, celles qui sont à onze deniers dix-neuf à vingt grains, appellées De toute loy, sont de deux cent marcs, même davantage ; & celles d'un titre au dessous, qui ne sont numerotées que 2200 jusqu'à 2300, ne sont que de cent à cent cinquante marcs.

Le titre est indiqué sur les barres par des numeros, qui désignent autant de maravedis : ces maravedis font le compte numeraire en Espagne. Le maravedis y vaut trois deniers, monnoie de France ; en sorte que vingt maravedis font cinq sols, & les huit & un tiers font deux sols un denier, qui est la valeur du grain de fin.

Les barres De toute loy sont numerotées 2376, ou 2380, & ces numeros signifient autant de maravedis. Lorsqu'elles sont d'un titre au dessous, suposé à onze deniers dix-sept grains, elles ne sont numerotées que 2355, à cause que les vingt-cinq qui se trouvent de moins que les 2380, marquent autant de maravedis, qui font 6 s. 3 den. qui est la valeur des trois grains de fin qui manquent sur ces especes de barres.

Aux Indes, & en Espagne, lorsque l'on parle d'especes d'Argent, on dit Reale au singulier, & Reaux au pluriel. La reale y vaut une piece de huit reaux de Plate ; la piece de huit reaux de plate y vaut une piastre ; & la piastre est égale à un écu de soixante sols monnoie de France ; de maniere que la réale, la piece de huit, & la piastre, quoique de differens noms & empreintes, ne sont néanmoins qu'une même chose pour le titre & pour le poids, ainsi que l'écu de France.

Le marc de barres d'argent De toute loy est évalué aux Indes à 70 réaux de plate. Sur ce pied, si un Marchand y vend pour 2000 piastres de marchandises, on le paye en ces sortes d'especes, ou bien on lui donne deux cent vingt-huit marcs quatre onces, quatre gros & demi, poids d'Espagne, en barres De toute loy.

Ces barres De toute loy valent en Espagne soixante-douze réaux le marc, c'est-à-dire, huit écus trois quarts, monnoie de France. On les a même vû aller jusqu'à soixante-quinze réaux, par rapport aux risques, & aux frais de voiture.

Lorsque les barres, que l'on négocie aux Indes, & en Espagne, ne sont pas De toute loy, le compte s'en fait sur le pied du titre, qui y est marqué ; mais comme ce titre ne se trouve pas toujours fidèle, on ne doit les recevoir en France, qu'après en avoir fait l'essay.

Les plaques & les culots ne sont autre chose, que des restes de l'Argent, qui a été amalgamé en faisant les laveures ; & comme cet Argent est mis au feu dans de certains vaisseaux ou creusets, pour en séparer le vif-argent, il conserve la forme de ces vaisseaux, ou en plaques ou en culots. Cette sorte d'Argent ne s'achete sur les lieux qu'au hasard, le titre n'étant point marqué dessus : c'est pourquoi on se doit donner de garde de s'en charger, sans être sûr de l'essai.

L'Argent monnoyé, ou non monnoyé, aussi-bien que l'or, ne paye aucuns droits d'entrée ; mais, comme l'or, il est aussi marchandise de contrebande, qu'on ne peut faire sortir du Royaume sans passeport du Roi.

L'Argent en masse, en lingots, & en vaisselle, sortant par passeport, doit payer les droits à raison de trente sols du marc. A l'égard de celui en ouvrages d'orfévrerie & filegrame, comme boucles, agraphes, boutons, chaînes, tabatieres, boetes à mouches & à portraits, étuits de poche, &c. de même que le trait & le filé, il peut sortir sans passeport du Roi, en payant ; sçavoir, pour les ouvrages d'orfévrerie & filegrame sur le pied de six pour cent de la valeur, suivant l'estimation ; & pour le trait & filé, à raison de trois livres quatre sols de la livre pésant. *Cela est conforme à l'Arrêt du Conseil du* 8 *Octobre* 1663, *& au Tarif du* 18 *Septembre* 1664.

L'Argent fin en barres ou en lingots se vend à Amsterdam 25 fl. 9 s. le marc. On ne donne ni tare ni déduction pour le bon poids & pour le promt payement.

ARGENT MONNOYE'. Est de l'Argent qu'on a mis en morceaux ronds & plats, que l'on nomme Flaons, qu'on a ensuite frappés sous le balancier dans les lieux destinés à cet effet, & qui est marqué de l'image des Princes, ou des armes des Etats, qui, comme Souverains, ont pouvoir de faire battre monnoie. La valeur n'en est point réglée ; elle hausse ou baisse, suivant que les Souverains le desirent, par rapport à la nécessité de leurs Etats, ou de leurs peuples.

L'Ordonnance de Louis XII, du mois de Novembre 1506 art. 7. l'Edit de François I, du 21 Septembre 1543 art. 19. les Lettres Patentes de Henry II, du 14 Janvier 1549, & l'Edit de ce même Prince du mois de Mars 1554 art. 18. défendent très expressément à toutes sortes de personnes d'acheter de l'Argent monnoyé, soit du coin de France, ou autres, pour le fondre, difformer, resouder, ou recharger, sous peine de confiscation, & d'amende, même de punition corporelle.

ARGENT BLANC. C'est la monnoie qui est véritablement de ce métail, comme écus, pieces de trente sols, de quinze sols, &c.

ARGENT DE BANQUE. C'est l'argent que les Négocians, ou autres Particuliers mettent en dépôt dans les trésors publics qu'on nomme des Banques; tels que sont la Banque d'Amsterdam, le Banco de Venise, & quelques autres. Cet argent est toujours plus cher dans le négoce que l'argent courant. *Voyez* BANQUE. *Voyez aussi* BANCO.

ARGENT A RETOUR DE VOYAGE. On dit en terme de Commerce de mer, Prendre de l'argent à retour de voyage; pour dire, Prendre de l'argent à tant pour cent pour faire le chargement d'un vaisseau Marchand en tout ou en partie; à condition de ne payer l'intérêt ou principal qu'au retour du bâtiment. C'est de cette maniere que la plupart des Turcs & des Grecs de Constantinople ont coutume de faire le négoce de la mer noire, n'y en ayant gueres qui soient assez riches pour l'entreprendre de leurs propres fonds.

ARGENT TRAIT, autrement FIL D'ARGENT. C'est de l'Argent qu'on a tiré à travers les trous d'une filiere, & qu'on a réduit par ce moyen à n'être pas plus gros qu'un cheveu. Il y a de l'Argent trait fin, & de l'Argent trait faux. *Voyez* OR; *vous y trouverez la maniere de tirer l'un & l'autre de ces métaux.*

ARGENT EN LAME. Est de l'Argent trait, qu'on a applatti entre deux rouleaux d'acier poli, pour le disposer à être filé sur la soie, ou pour être employé tout plat dans la composition de certains ouvrages, comme broderies, dentelles, étoffes, &c. pour les rendre plus brillantes, & plus riches. L'Argent en lame se nomme aussi Argent battu. Il y a de l'Argent en lame fin, & de l'Argent en lame faux. *Voyez* OR; *la maniere de mettre l'Argent en lame, y est expliquée.*

ARGENT FILE', que l'on appelle ordinairement DU FILE' D'ARGENT. C'est de l'Argent en lame, dont on a couvert un long brin de soie, en le tortillant dessus par le moyen d'un rouet. Il y a de l'Argent filé fin, & de l'Argent filé faux. *Voyez* OR, *à l'endroit où il est parlé de la maniere de le tirer, pour le disposer à être employé en lame, en trait, ou en filé.*

ARGENT EN FEUILLE, ou ARGENT BATTU. Est celui que les Batteurs d'or ont réduit en feuilles très minces & très déliées, à l'usage des Doreurs en bois, en fer, &c. *Voyez* OR EN FEUILLE.

L'ARGENT EN COQUILLE, est fait des rogneures des feuilles, ou des feuilles mêmes d'Argent battu. On s'en sert à peindre, & à argenter quelques ouvrages. L'Argent en coquille se prépare de même que l'or en coquille. *Voyez* OR, *à l'endroit où il est parlé de l'or en coquille.*

ARGENT VERNI, qu'on nomme aussi ARGENT COLORIE', & ARGENT DORE'; c'est en terme de Peintres & Doreurs, un ouvrage argenté, auquel par le moyen d'un verni, on donne la couleur & l'éclat du véritable or.

La facilité qu'il y a de tromper le public par cette fausse dorure a donné occasion au Réglement de 1721, par lequel il est défendu, sous peine de confiscation & de cent livres d'amende, à tous Peintres & Doreurs, de travailler aucun ouvrage en argent verni, à moins d'en avoir fait déclaration au bureau de la Communauté, de leur avoir fait apposer par les Jurés un plomb avec cette inscription, *Argent verni sans or:* & pour plus grande sureté, d'avoir mis en quelque lieu apparent desdits ouvrages, une feuille d'argent, pour faire connoître qu'ils ne sont point faits avec de véritable or. *Voyez* l'article des Peintres.

ARGENTE'. On appelle en terme de Doreurs un ouvrage argenté, celui qui est couvert d'argent en feuille, préparé & appliqué de la même maniere que l'or.

Les ouvrages argentés sont de deux sortes, les uns s'appellent Argenté en blanc, parce qu'on leur conserve la couleur naturelle de l'argent: les autres se nomment Argentés en jaune, à cause que par le moyen d'un verni, on leur donne la couleur & l'apparence de l'or. Ces derniers ouvrages sont défendus. *Voyez ci-devant* ARGENT VERNI.

ARGENT FIN. C'est de l'argent à douze deniers, qui est le plus haut dégré de bonté où l'on le puisse pousser.

ARGENT FIN FUME'. C'est de l'Argent fin, soit trait, soit filé, soit battu, & escaché, que l'on met long-tems prendre couleur à la fumée, afin de le vendre pour de l'Argent fin doré.

L'Article VI des Statuts & Réglemens des Maîtres Tireurs & Escacheurs d'or de la Ville de Lyon, *défend sous peine de confiscation, & de deux mille livres d'amende, à tous Marchands & Ouvriers de la Ville, ou Forains, de faire, vendre, ou mettre en œuvre aucun Argent fin, à qui l'on a donné le fumé, pour le faire passer pour argent fin doré.*

L'article VI des Statuts & Réglemens des Tireurs d'or de la Ville de Lyon de l'année 1656, n'ayant pû empêcher l'abus qui se commettoit dans le fumage de l'argent fin filé qui continuoit à s'employer comme véritable argent doré, & quelquefois pour du surdoré; il s'est rendu depuis divers Arrêts, tant du Conseil du Roi, que de la Cour des Monnoies, pour arrêter ce commerce frauduleux & infidéle, capable non-seulement de décrier les Manufactures de France, mais encore de donner occasion aux étrangers d'introduire dans le Royaume cette sorte de fausse dorure.

Les principaux de ces Arrêts sont, deux de la Cour des Monnoies, l'un du 9 Aout 1672, l'autre du 24 Octobre 1681; & deux du Conseil d'Etat du Roi, le premier du 23 Octobre 1680, & le second du 10 Novembre 1691; à quoi l'on peut ajouter une Déclaration du 25 Octobre 1689, dont l'article XVI, porte défenses d'apporter ou faire venir en France des Pays étrangers aucuns lingots affinés, gancites battus, & fil d'or & d'argent.

De ces cinq Arrêts ou Déclarations qui défendent le commerce & l'usage de l'argent fin fumé, comme aussi sous le nom d'argent à la mode, on ne parlera ici que de celui du Conseil du 10 Novembre 1691, parce qu'il est le plus important, & que d'ailleurs il les rappelle tous, & en ordonne l'exécution.

Par cet Arrêt, Sa Majesté en son Conseil fait très expresses inhibitions & défenses aux Tireurs, Ecacheurs & Fileurs d'or & d'argent, & à toutes autres personnes de quelque qualité & condition qu'elles puissent être, d'employer aucun parfum ou fumaye, tant sur les lames, que sur le trait &

filé d'argent, en quelque sorte & maniere que ce puisse être ; pour leur donner la couleur & l'éclat de l'or ; soit que lesdites lames, trait & filé d'argent, ayent été dorés, ou qu'il n'y ait été appliqué aucunes feuilles d'or.

Fait pareillement Sa Majesté défenses à tous Ouvriers, d'employer dans les galons, dentelles, passements, boutons, & autres ouvrages d'or & d'argent, aucune lame, trait, ou fil parfumé ou fumé, & à tous Marchands d'en vendre & débiter, & aux Maîtres Tireurs d'or & d'argent, Compagnons dudit métier, & autre, de faire aucun travail concernant ledit métier, dans des lieux écartés, privilégiés ou prétendus privilégiés ; le tout à peine de confiscation, & de trois cent livres d'amende.

En conséquence ordonne Sa Majesté que tous les outils ou machines qui servent pour le parfum & fumage, seront incessamment rompus. Fait défenses d'en faire d'autres à l'avenir pour un semblable usage, à peine de punition corporelle.

Et pour connoître les contrevenans, ordonne conformément aux Statuts dudit métier de Tireurs d'or, & à l'Arrêt de la Cour des Monnoies, du 19 Aout 1672, que chaque Maître sera tenu de marquer ses ouvrages d'une marque particuliere ; fait défenses d'en vendre aucuns qui ne soient marqués, sous les peines portées par lesdits Réglemens.

Enfin pour ôter aux Etrangers toute occasion d'en faire entrer dans le Royaume, Sa Majesté conformément à l'article XVI de la Déclaration du 25 Octobre 1689, fait défenses à tous Marchands, Ouvriers, & autres personnes de quelque qualité & condition qu'elles soient, d'apporter, ou faire venir en France, des Pays étrangers, & des Principautés enclavées dans le Royaume, aucuns lingots affinés, ganettes, trait, batu & fil d'or & d'argent ; ni de les négocier & employer, sous semblables peines.

ARGENT A LA MODE. C'est la même chose qu'argent fin fumé. *Voyez* l'article précédent.

ARGENT appellé FAUX. C'est un lingot de cuivre rouge, couvert de feuilles d'argent à plusieurs fois par le moyen du feu, à l'usage des Tireurs d'or. *Voyez* OR, *à l'endroit où il est parlé de la maniere de tirer l'or & l'argent faux, pour le disposer à être employé en trait, en lame, ou en filé, de même que le fin.*

ARGENT BAS, ou BAS ARGENT. Est de l'Argent au dessous du titre des especes, jusqu'à six deniers. Quand il est plus bas que six deniers, on le nomme Billon d'Argent. *Voyez* BILLON.

ARGENT TENANT OR. Quand l'or est au dessous de dix-sept carats, & qu'il est allié sur le blanc, il perd son nom & sa qualité d'or, & n'est plus qu'argent tenant or. *Voyez* OR, *vers le commencement de l'article.*

ARGENT DE CENDRE'E. C'est cette poudre d'Argent, qui se trouve attachée aux plaques de cuivre qu'on a mis dans l'eau forte, qui a servi à l'affinage de l'or, après qu'elle a été mêlée d'une certaine portion d'eau de fontaine. L'Argent de cendrée est estimé à douze deniers, qui est le titre de l'Argent le plus fin. *Voyez* OR, *vers le commencement de l'article, à l'endroit où il est parlé de l'affinage de ce métail.*

ARGENT EN PASTE. C'est de l'Argent prêt à fondre dans le creuset.

ARGENT EN BAIN. Se dit de celui qui est entiérement fondu dans le creuset.

ARGENT DE COUPELLE. C'est de l'Argent à onze deniers vingt-trois grains.

L'ARGENT chez les Chimistes, se nomme Lune, & reçoit plusieurs préparations. On tire une teinture d'Argent, ou de Lune, lorsque l'on le fait dissoudre en petites lames ou grenailles dans de l'esprit de nitre, & qu'on verse cette dissolution dans un autre vase rempli d'eau salée ; par ce moyen l'Argent se précipite aussi-tôt en poudre fort blanche, qu'on lave diverses fois dans de l'eau de fontaine. On met cette poudre dans un matras ; on verse dessus de l'esprit de vin rectifié, & du sel volatile d'urine : on laisse digérer cette matiere à quelque chaleur tempérée pendant quinze jours, durant lesquels l'esprit de vin se colore d'un bleu céleste très beau, & on le fait entrer dans la composition de divers remédes. On le nomme aussi Lune potable.

On transforme encore l'Argent en cristaux, par le moyen du même esprit de nitre ; & c'est ce qu'on appelle Vitriol de Lune.

La Lune Costique, que l'on nomme plus communément Pierre Infernale, n'est autre chose que de l'Argent dissous dans de l'eau forte qu'on laisse cristaliser.

ARGENT. Signifie quelquefois tout métail monnoyé, servant au trafic, ou à faire des payemens.

Ainsi l'on dit : J'ai payé cette marchandise Argent comptant, quoiqu'elle n'ait été payée qu'en Louis d'or, ou en douzains.

Faire valoir son Argent ; c'est en tirer du profit de quelque maniere que ce soit ; mais plus communément cela s'entend de donner son Argent à intérêt.

Payer ou vendre Argent comptant ; c'est vendre ou payer sans délai, sans demander ou faire crédit.

On appelle de l'Argent mort, un fonds dont on ne peut faire usage, & qui n'apporte aucun profit ou intérêt. Il se dit aussi des marchandises hors de mode, & qui n'ont plus de débit.

On nomme au contraire Argent en barre, les effets & les marchandises dont on peut se défaire aisément, & quand on veut.

ARGENT-VIF. *Voyez* VIF-ARGENT.

ARGENT A LA GROSSE. *Voyez* GROSSE AVANTURE.

ARGENT DE PERMISSION. On nomme ainsi dans la plupart des Villes des Pays-Bas, François, ou Autrichiens, ce qu'on nomme ailleurs Argent de change. Cet Argent est différent de l'Argent courant ; & les cent florins de permission, y valent cent huit florins & un tiers courants. Il en est de même des livres de gros.

C'est en argent de permission que se réduisent toutes les remises que l'on veut faire dans les Pays étrangers. *Voyez* CHANGE.

ARGENTAN, Ville de la Généralité d'Alençon. *Voyez* l'Etat général, page 108.

ARGENTER. Couvrir de feuilles d'Argent quelque ouvrage.

On argente les métaux, le bois, le papier, & presque toutes les matieres solides, ou qui ont quelque consistence ; ce qui se fait au feu, à l'huile, ou à la colle. On argente aussi avec de l'Argent en coquille.

Les Doreurs sur métail argentent au feu. Les

Peintres-Doreurs argentent de toutes les autres manieres. *Voyez* DORURE AU FEU *&* DORURE EN HUILE *&* EN DE'TREMPE.

ARGENTE'. Ce qui n'est pas d'argent, mais qui en est seulement couvert. Une table Argentée; un miroir Argenté.

ARGENTERIE. Vaisselle, ou ustenciles d'argent.

On appelle Argenterie d'Eglise, les vases, & autres ornemens d'Eglise, qui sont faits de ce métail, & qui servent, ou à parer les Autels, ou à célébrer les divers Offices de la Liturgie Catholique; comme les calices, les ciboires, les burettes, les croix, les chandeliers, les encensoirs, les benitiers, & autres semblables.

Le commerce & la fabrique de l'Argenterie appartiennent au Corps de l'Orfévrerie. *Voyez* ORFEVRERIE, *&* ORFEVRE.

ARGENTEUX. Celui qui a beaucoup d'argent, qui est à son aise. Il est peu d'usage.

ARGENTIERS. Dans quelques lieux de Normandie, particuliérement à Caen, où l'on donne ce nom aux Orfévres, & dans les anciennes Ordonnances, les Argentiers signifient ceux qui se mêlent du commerce de l'argent, comme les Banquiers & les Changeurs.

ARGILE, ou TERRE A POTIER. Terre grasse & gluante, qui sert aux Potiers de terre à faire leurs divers ouvrages. Les Sculpteurs & les Orfévres s'en servent aussi pour modeler; & c'est encore cette terre qu'employent les Fontainiers pour glaiser les bassins, où ils veulent faire tenir l'eau.

C'est ce qu'on appelle ordinairement de la Glaise. *Voyez* GLAISE, *&* POTIER DE TERRE.

ARGOUDAN. Sorte de coton qui se recueille en divers endroits de la Chine. Il fait une partie du négoce des Chinois de Canton, avec les habitans de l'Isle de Hainan. *Voyez* l'article du Coton.

ARGUE. Sorte de machine dont les Orfévres & les Tireurs d'or se servent pour dégrossir & rendre plus menus leurs lingots d'or, d'argent, ou de cuivre, en les faisant passer de force à travers certaines grosses filieres dont les pertuits ou trous ronds, vont toujours en diminuant de grosseur.

L'ARGUE est composée d'un billot d'environ dix-huit pouces en quarré sur cinq pieds de haut, & d'un gros arbre ou pivot, de neuf à dix pieds aussi de haut, où il y a un cable attaché.

Le billot est scellé de trois pieds en terre; ensorte qu'il n'en paroît hors de terre qu'un bout de deux pieds, que l'on nomme communément la Tête de l'Argue.

Cette tête a deux entailles de dix-huit pouces de profondeur; l'une en large, & l'autre en long. Celle en largeur sert à placer & appuyer les filieres; & celle en longueur est destinée à faire passer les lingots par les pertuits des filieres.

L'arbre est placé perpendiculairement entre deux gros poteaux, où il est enclavé; de maniere qu'on le peut faire tourner quand on veut, par le moyen de deux barres longues de vingt-quatre pieds, qui passent au travers en croix, de même que celles d'un cabestan.

Il y a aussi de grosses tenailles courtes, dont les mords sont crénelés en dedans, & les branches crochues par les extrêmités. Les mords servent à serrer le bout du lingot; & les crochets, pour accrocher les tenailles à l'un des bouts du cable: l'autre extrêmité étant attachée au corps de l'arbre, que huit hommes font tourner par le moyen des barres; de maniere que le cable venant à se tortiller sur l'arbre, il se roidit de telle sorte, & avec tant de force, qu'il attire avec lui la tenaille & le lingot, qui s'allonge & s'amenuise à mesure qu'il passe à travers le pertuis de la filiere. Pour que le lingot puisse passer avec plus de facilité, on le frotte de cire neuve. *Voyez* FILIERE. *Voyez aussi* OR, *aux endroits où il est parlé de la maniere de tirer l'or & l'argent, tant fin que faux, pour le disposer à être employé en trait, en lame, ou en filé.*

On appelle à Paris Argue Royale, un lieu ou Bureau public établi pour la conservation des droits de marque sur les ouvrages d'or & d'argent, où les Orfévres & les Tireurs d'or sont tenus de porter leurs lingots d'or & d'argent, pour y être tirés & dégrossis, & les droits de marque payés aux Commis préposés à cet effet; n'étant pas permis aux Orfévres & Tireurs d'or, d'avoir en leurs maisons & boutiques aucunes Argues, ni machines propres à tirer & dégrossir les lingots d'or & d'argent.

ARGUER. Passer l'or & l'argent, ou quelque autre métail par les filieres de l'Argue, pour les dégrossir, & commencer à les réduire en fil. On dit plus ordinairement, Tirer à l'argue. *Voyez l'article précédent, ou celui des Tireurs d'or.*

## ARI

ARICA. Ville du Pérou. *Voyez* le Commerce qui s'y fait, Etat général, page 490.

ARIDAS. Espece de taffetas assez connu, qui se fabrique aux Indes Orientales, d'une espece de soie ou fil lustré, qu'on tire de quelques sortes d'herbes & de plantes: aussi les appelle-t-on Aridas d'herbes. *Voyez* TAFFETAS.

ARINDRATO. Arbre qui croît dans plusieurs cantons de l'Isle de Madagascar, dont le bois, quand il est pourri, exhale une odeur très agréable, lorsqu'on le met au feu.

On en apportoit autrefois en France, lorsque la Colonie Françoise y subsistoit encore; & par les essais qu'on y en fit alors, on ne le trouva pas moins propre aux parfums, que quantité de bois fort estimés, qui viennent des Indes Orientales & Occidentales.

ARISTOLOCHE, ou ARISTOLOCHIE. Plante qui entre dans la composition de la Thériaque. Il y en a de plusieurs especes, dont les Anciens n'en connoissoient que de trois: la femelle, le mâle, & celle qu'ils nommoient Clematitis.

L'Aristoloche femelle produit des feuilles semblables à celles du lierre, qui sont molles, âcres au goût & fort odorantes. Ses fleurs sont blanches, de la figure d'un chapeau: il s'y trouve au dedans un peu de rouge qui sent très mauvais.

L'Aristoloche mâle, autrement appellée Sarrasine longue, ou *Dactilis*, a ses feuilles plus longues, sa fleur rouge & de mauvaise odeur, & qui en flétrissant prend la forme d'une poire.

L'Aristoloche Clematitis produit des branches déliées toutes garnies de feuilles rondes, semblables à celles de la petite jonbarde. Ses fleurs sont comme les fleurs de la rue, & ses racines longues, minces, & couvertes d'une écorce épaisse & odorante, propre à entrer dans la composition des parfums.

Les Modernes à ces trois especes en ajoutent deux autres nouvelles, à qui ils donnent le nom de *Phistolochia* & *Polyrchizos*, qu'ils prétendent avoir encore plus de vertu que les anciennes. Bien des gens croyent que ces deux especes ne sont point différentes, mais la même sous divers noms.

Toutes ces especes d'Aristoloches, que Pomet décrit avec quelque diversité, quoique peu essentielle, de la description ci-dessus, se trouvent dans les prés & dans les vignes de Languedoc.

Les bonnes Aristoloches doivent être séches, & bien nourries, pésantes, jaunes dedans, grises & unies pardessus, point ridées ni arides. On s'en sert très utilement pour les obstructions, étant fort purgatives; & on en fait aussi des décoctions, injections, lotions, & potions détersives & vulnéraires; sur tout elles sont admirables pour la gangrene.

*Les Aristoloches payent en France de droits d'entrée vingt sols du cent pésant.*

ARITHMETICIEN. Celui qui sçait parfaitement l'Arithmétique pour son propre usage; ou qui fait profession de l'enseigner aux autres.

Jean Savary, Irson, & les deux Barême sont d'habiles Arithméticiens, & ceux qui ont donné les plus excellens ouvrages concernant la science des nombres. *Voyez l'article suivant.*

ARITHMETIQUE. Science des nombres, qui enseigne à supputer, compter, & calculer avec justesse & avec facilité; & par laquelle on peut connoître surement la valeur de toutes sortes de sommes proposées; soit en les ajoutant ensemble; soit en les tirant & soustrayant les unes des autres; soit en les multipliant les unes par les autres; soit enfin en les divisant & les partageant.

Pour faire ces quatre opérations, en quoi consiste proprement tout l'essentiel de l'Arithmétique, cette science a quatre regles principales, que de leur usage on nomme Addition, Soustraction, Multiplication, & Division.

Il est vrai que pour la facilité des calculs astronomiques ou mercantilles, on a imaginé diverses autres regles, telles que sont celles de Trois, de Compagnie, de Change, d'Escompte, d'Alliage, & quelques autres; mais toutes ces regles nouvelles ne se pouvant faire que par l'application des quatre premieres, l'on peut dire que la science d'un habile Arithméticien se trouve toute entiere dans la facilité qu'il a d'additionner, soustraire, multiplier, & diviser toutes sortes de nombres.

La connoissance de l'Arithmétique, particuliérement celle de ces quatre principales regles, étant absolument nécessaire dans le commerce, où les Marchands, Négocians, Banquiers, & Teneurs de Livres, ont journellement occasion de s'en servir; on ne se contentera pas d'en donner de simples définitions dans les articles de ce Dictionnaire, où l'on en traittera selon leur ordre alphabétique; mais on y ajoutera des exemples des plus importantes regles; renvoyant néanmoins pour les moins considérables, ou qui ne sont que de pure curiosité, aux Auteurs qui en ont traité, qu'on aura soin d'indiquer par tout où on le croira nécessaire.

### *De l'origine & du progrès de l'Arithmétique.*

Il n'est pas possible de parler affirmativement de l'invention de l'Arithmétique; & l'on n'en trouve rien d'assez assuré dans les Historiens les plus anciens, pour en fixer ni le tems, ni l'Auteur.

Il y a néanmoins bien de l'apparence qu'une science si utile a dû ses premiers commencemens à l'introduction du commerce parmi les hommes, & qu'ainsi elle n'a pas été tout-à-fait inconnue avant le Déluge, & dans ces premiers siécles, où l'Ecriture-Sainte nous apprend, que les Sciences & les Arts commencerent à se découvrir.

On ne peut gueres non plus se défendre de supposer avec Joseph, que ce fut Abraham qui communiqua aux Egyptiens ce qu'il sçavoit de cette science, dont jusques-là ces peuples n'avoient eu aucune connoissance; & qu'ainsi elle passa des Chaldéens aux Egyptiens, & des Egyptiens aux Grecs: mais il faut avouer que les Egyptiens la transmirent aux Grecs bien plus parfaite qu'ils ne l'avoient reçue des Chaldéens; & qu'ainsi c'est proprement à ces peuples sçavans en supputations astronomiques, où la science des nombres est si nécessaire, qu'on est redevable de la premiere perfection de l'Arithmétique, si on ne leur en doit pas l'invention.

Cette science a toutefois reçu du depuis de grands accroissemens; soit des Phéniciens, comme le disent Strabon & Hérodote; soit de Pitagore, suivant le sentiment de Ciceron; soit des Grecs, de qui elle a passé jusqu'à nous par le moyen des Romains; soit enfin des Arabes, parmi lesquels la science des nombres a eu tant de cours, & à qui même on est redevable des figures des chiffres, qui servent présentement aux opérations d'Arithmétique.

Avec tout cela on ne craindra point d'être accusé de témérité, ou de manque de respect pour l'Antiquité, d'oser assurer que l'Arithmétique de tous ces peuples, en comparaison de celle d'aujourd'hui, n'a été que comme les premiers rudimens de cette science; & que nos Astronômes & nos Mathématiciens l'ont poussée à un point, qu'on peut peut-être regarder avec certitude comme le dernier dégré de perfection où l'Arithmétique puisse se pousser.

L'on n'a pû se refuser cette disgression sur l'Arithmétique; & l'on espere qu'on ne la trouvera pas tout-à-fait hors de place dans un Dictionnaire de Commerce; cette science étant aussi nécessaire que tout le monde sçait qu'elle est à toutes sortes de Marchands & Négocians, qu'on ne sçauroit trop exhorter de s'y perfectionner.

Avant le regne du fameux Pierre Alexiowitz, Empereur de la grande Russie, non-seulement il n'y avoit point eu d'Ecoles établies pour y apprendre une science si nécessaire dans le Commerce, mais même à peine une vingtaine de Moscovites y connoissoient-ils l'usage des chiffres. Ce Prince fut le premier qui en fonda une à Moscou vers la fin du dix-septiéme siécle, dans laquelle outre les Professeurs qu'il avoit fait venir d'Angleterre, à qui il donnoit de gros appointemens, il entretenoit encore à ses dépens quantité de jeunes gens qu'on croyoit les plus propres à profiter des leçons qu'on y faisoit tous les jours.

Avant cet établissement, les Moscovites se servoient de certains grains de leur invention qu'ils enfiloient dans un fil d'archal mis dans une machine assez semblable à celle dont les blanchisseuses se servent en Angleterre pour mettre chauffer leurs fers à repasser le linge. Ils passoient ces grains comme nous nos unités, & ensuite les dixaines, les centaines, les milliers, les dix milliers, &c. & en les faisant avancer ou rouler, ils venoient enfin à bout, après une opération très ennuyeuse, & sujette à de grandes erreurs, de multiplier ou de diviser quelque somme. C'est la maniere qu'on suivoit même dans les bureaux du Czar ; & si quelque particulier, instruit peut-être par sa communication avec les étrangers, y faisoit quelque opération d'Arithmétique à notre façon, il passoit pour un esprit sublime, & souvent il s'en falloit peu qu'il ne fût accusé de magie.

Les Habitans originaires du Perou conservent encore entr'eux leur ancienne maniere d'Arithmétique, qui consiste dans les divers arrangemens des grains de Mays, dont ils se servent au lieu de jetons. Il n'y a point de regle de l'Arithmétique Européanne, que ces peuples, que nous nommons Barbares, ne fassent, à ce qu'on dit, avec plus de vitesse & plus de sureté, que nos Arithméticiens avec leurs longues opérations, & leurs chiffres Arabes : aussi n'y en a-t-il gueres, même de ceux qui sont au service des Espagnols, qui ne préferent leur maniere de calculer, de diviser, de multiplier, & de soustraire, aux regles propres à ces opérations, que leurs Maîtres leur veulent enseigner.

### A R L

ARLES, en Provence. *Voyez* l'Etat général, page 129.

ARLET. Espece de cumin dont il se fait un assez grand négoce aux Indes Orientales particuliérement à Surate.

Ce cumin de Surate est de trois sortes ; le blanc qui se vend huit mamoudis, le cumin noir qui ne se vend que trois mamoudis, & le petit arlet qui est au même prix que le noir. *Voyez* l'article du Cumin.

### A R M

ARMADILLE. On nomme ainsi dans l'Amérique Espagnole, une escadre de vaisseaux de guerre ordinairement de six ou huit, depuis vingt-quatre jusqu'à cinquante pieces de canon, que le Roi d'Espagne entretient pour empêcher que les Etrangers n'aillent négocier avec les Espagnols & les Indiens, soit en tems de paix soit en tems de guerre. Elle a même pouvoir & ordre de prendre tous les vaisseaux marchands Espagnols qu'elle rencontre à la côte sans permission du Roi d'Espagne.

La mer du Sud a son armadille aussi-bien que la mer du Nord. Celle-ci réside ordinairement à Carthagene, & l'autre à Calao qui est le port de Lima.

ARMATEUR. Terme de Marine. C'est celui qui commande un vaisseau armé, ou équipé en guerre, pour courre & faire des prises sur les Ennemis de l'Etat. On lui donne aussi le nom de Capre ; avec cette différence, que Capre ne se dit que de celui qui commande un très petit bâtiment ; & quelquefois ( mais par un mauvais usage ) celui de Corsaire, ou Pirate. On dit en ce sens : c'est un brave Armateur : cet Armateur est heureux, il fait souvent des prises : cet Armateur est habile, il entend bien la course.

ARMATEUR. On appelle encore Armateurs, les Marchands, Négocians, & autres, qui font des armemens, ou qui s'y intéressent, quoiqu'ils ne montent point les bâtimens, & qu'ils en commettent le soin à des Capitaines, dont ils font le choix. Ainsi l'on dit : ce sont Messieurs N. N. Négocians de Saint-Malo, qui sont les Armateurs du vaisseau le Pontchartrain.

On ne peut armer un vaisseau en guerre sans Commission de M. l'Amiral. Celui qui a obtenu cette Commission est tenu de la faire enregistrer au Greffe de l'Amirauté du lieu où il fait son armement, & doit donner caution de la somme de 15000 liv. laquelle doit être reçûe par le Lieutenant de l'Amirauté, en présence du Procureur de Sa Majesté. *Art. 1. & 2. du Titre 9. du Livre 3. de l'Ordonnance de la Marine du mois d'Aout* 1681.

ARMATEUR. Se dit aussi du Marchand qui équipe un vaisseau pour aller en marchandises, particuliérement si c'est pour les voyages de long cours.

ARMELINE. C'est un des noms que l'on donne à la marte zibeline, cet animal qui fournit aux Pelletiers une fourure si précieuse. *Voyez* MARTE.

ARMEMENT. Se dit de l'équipement d'un vaisseau de guerre, de l'embarquement des troupes qui le doivent monter. Il se prend aussi en certaines occasions pour les gens de l'équipage. Tout l'Armement se souleve contre le Capitaine.

L'état d'Armement est la liste ou le mémoire des Officiers, tant Majors que Mariniers, qui doivent servir ; & de la qualité & quantité des agreits, apparaux, munitions, & autres choses nécessaires au vaisseau, dont on veut faire l'Armement.

ARMEMENT. Se dit aussi des vaisseaux Marchands, que l'on équipe pour des voyages de long cours. Ainsi on dit, que l'Armement de l'Amphitrite, pour aller à la Chine, se fit à Port-Louis ; pour dire, qu'il y fut équipé, & qu'il y prit son chargement.

ARMENIE, grand Royaume d'Asie. *Voyez* ce qui est dit de son Commerce dans l'Etat général, page 414.

ARMENIENNE. On appelle Pierre Arménienne, une espece de Lapis mêlé de verd, mais qui n'a aucune veine dorée. Cette pierre, qu'on met au nombre des pierres précieuses, se trouve dans le Tirol, dans la Hongrie, & dans la Transilvanie ; où à cause du verd qu'elle a, on lui donne aussi le nom de verd d'azur. On l'employe dans les ouvrages de pierres de rapport ; & comme on lui croit quelque vertu pour la guérison de quelques maladies, elle a aussi un peu d'usage dans la Médecine.

ARMENTIERS, dans la Flandre Françoise. *Voyez* l'Etat général, page 220.

ARMER un vaisseau. C'est l'équiper de toutes les choses qui lui sont nécessaires. Un vaisseau armé moitié en guerre, moitié en marchandises, est celui qui outre l'équipage nécessaire pour le conduire, a encore des Officiers, des soldats, des armes, & des munitions propres pour l'attaque & pour la défense. La plupart des vaisseaux Marchands François, qui font des voyages de long cours, sont ainsi armés ; ce qui fait que leurs retours ne sont jamais si considérables que ceux des Hollandois, qui ne s'arment qu'en marchandises.

ARMES. Ce qui sert à attaquer son ennemi, ou à s'en défendre.

On appelle un Maître en fait d'Armes, celui qui tient salle pour exercer la jeune noblesse, ou toutes autres personnes qui veulent se rendre habiles à bien manier les Armes. Il y a à Paris une Communauté de Maîtres en fait d'Armes, qu'on nommoit autrefois Maîtres d'Escrime. *Voyez*

*Maîtres en fait d'Armes.*

Armes. Les Armes sont de toutes les marchandises de contrebande, celles dont la sortie hors du Royaume sans permission ou passeport, est le plus formellement défendue, & le plus sévérement punie par les diverses Ordonnances des Rois de France.

Les peines de cette contrebande portées par l'Ordonnance sur le fait des cinq grosses Fermes du mois de Février 1687, sont la confiscation des Armes; ensemble de tous les chevaux, voitures, charettes, & équipages, qui auront servi à les conduire, même des autres marchandises qui se trouveront sur lesdits équipages, ou qui seront sous l'emballage desdites Armes; & en outre l'amende de cinq cent livres contre les Marchands & Voituriers, sans préjudice des peines afflictives portées par les Ordonnances, suivant la qualité de la contravention, ou l'exigence des cas.

Sous le nom d'Armes, les Tarifs comprennent, outre les Armes défensives & offensives, toutes les munitions, instrumens, & autres assortimens de guerre compris dans l'état suivant.

*Etat des marchandises servant à la guerre, dont la sortie est défendue par toute l'étendue du Royaume, Terres, & Pays de l'obéïssance du Roi, suivant leur ordre alphabétique.*

| | |
|---|---|
| Affuts. | Grenades. |
| Bombes. | Hallebardes. |
| Bandouillieres. | Javelines. |
| Balles. | Mousquets. |
| Baudriers. | Mortiers. |
| Canons. | Méches. |
| Cercles à feu. | Petards. |
| Casques. | Poisses. |
| Cuirasses. | Poudre à feu. |
| Ceinturons. | Piques. |
| Epées. | Saucisses. |
| Fusils. | Salpêtre. |
| Foureaux de pistolets. | Selles de chevaux. |

*Les Armes, arquebuses, pistolets, harnois, brassarts, mousquets, canons d'Armes, & autres Armes de fer, payent en France les droits d'entrée dans le Royaume, sur le pied de quarante sols du cent pésant.*

ARMOIRE. Ustencile de ménage. Les Armoires, dont se servent les Marchands, sont ordinairement de bois de chêne ou de sapin, garnies en dedans de passets ou rayons, qui les partagent en divers intervales plus ou moins grands, suivant les especes de marchandises qu'on y veut serrer. On les garnit en dedans de papier de diverses couleurs, pour y conserver plus proprement les marchandises, sur tout si elles sont de nature & de qualité à se gâter aisément. Ces sortes d'Armoires sont ouvertes par-devant, & n'ont aucun guichet. On les appelle Armoires à passets, ou Armoires à rayons. *Voyez* Passets.

ARMOISIN. Etoffe de soie, ou sorte de taffetas de moyenne bonté, qui se fait à Lyon, & en plusieurs endroits de l'Italie. Il y a des demi Armoisins qui se font à Avignon, qui sont de moindre prix & qualité que les autres. On fabrique des Armoisins à trois fils. On tire aussi des Armoisins de toutes les couleurs, des Indes Orientales, particuliérement de Cassombazard, par la voie de Bengale. *Voyez l'article suivant.*

On prétend que ce mot vient de l'Italien *Armesino*; ou qu'il a été ainsi appellé, à cause que l'on mettoit des armoiries sur la toilette qui en faisoit l'envelope. *Voyez* Taffetas.

Armoisin des Indes. C'est un taffetas fabriqué aux Indes Orientales, mais plus foible, & de moindre qualité que les Armoisins qui se font en Europe. Les couleurs, sur tout le cramoisi & le rouge, en sont ordinairement fausses; & ils ont peu de lustre, & point du tout de brillant.

Il y en a de deux especes; les Arains, qui sont des taffetas ou rayés, ou à carreaux; & les Damavars, qui sont des taffetas à fleurs. Leurs longueurs sont depuis sept aunes jusqu'à vingt-quatre, & leurs largeurs depuis sept seiziémes jusqu'à cinq sixiémes.

Les Armoisins des Indes se vendent à Amsterdam depuis 18 jusqu'à 20 fl. la piece. Quand on les achete hors de la Compagnie, c'est-à-dire, de la seconde main, on peut convenir de les payer ou en courant, ou en banque, ou en régler les déductions.

Les Armoisins de Luque se vendent 7 à 9 sols de gros l'aune: ceux qui les revendent les achetent à 18 mois de rabat & un pour cent de bon payement; mais lorsqu'ils les vendent aux détailleurs, ils ne leur déduisent en tout que deux pour cent pour prompt payement.

Il faut remarquer que toutes les soies d'Italie se vendent de la même maniere.

ARMONIAC, ou AMMONIAC. Espece de sel dont il se fait une grande consommation en France.

Il y a de deux sortes de sel Armoniac; l'Armoniac naturel, & l'Armoniac artificiel, dont la figure est bien différente, quoique les propriétés soient assez semblables.

L'Armoniac naturel se subdivise, pour ainsi dire, en deux; l'un, qui est le véritable, & qu'ont connu les Anciens, n'est autre chose, à ce qu'ils disent, que l'urine des chameaux cristalisée, & réduite en masse blanche par l'ardeur du Soleil, à qui les sables ardens des deux Arabies, & de tant d'autres lieux arides & deserts de l'Afrique & de l'Asie, où ces animaux vivent pendant les longs voyages qu'y font les Caravanes, ont servi comme de matras, & de vaisseaux pour perfectionner ce sel.

On le nomme Ammoniac, (c'est encore l'opinion des Anciens) du Temple de Jupiter Ammon, sur la route duquel on en trouvoit abondamment.

Ce sel est blanc, assez semblable pour le goût au sel commun: on y remarque de petites éguilles cristalisées, comme au salpêtre rafiné; & quand il est véritable, il y paroît encore une partie du sable où il a été sublimé par la chaleur du Soleil. Cet Armoniac est si rare en France, qu'il ne s'en fait aucun commerce; & il n'y a que quelques Curieux qui en ayent dans leurs droguiers.

L'autre sel Armoniac naturel n'est gueres plus commun. C'est une espece de terre, ou d'écume salée, qu'on travaille comme le salpêtre. On le trouve dans quelques endroits des Indes Orientales, sur tout dans de vieilles cavernes, & dans des fentes de rochers, qui sont entre Labor, Thanasseri, & Trehint.

La rareté de ces deux Armoniacs, & la nécessité de se servir de cette drogue dans quantité d'opérations ou d'ouvrages, où l'on ne peut s'en passer, ont obligé les Chimistes à le contrefaire; & c'est de cet Armoniac artificiel dont il se fait une si grande consommation à Paris.

On

On le tire par le moyen des vaisseaux sublimatoires, de toutes sortes d'urines d'hommes & d'animaux, où l'on a mêlé du sel commun, & de la suye de cheminée. Quelques-uns prétendent qu'il se tire aussi de toute sorte de sang. De quoi qu'il soit composé, il vient ordinairement de Venise & de Hollande, d'où il est apporté en masses de différentes couleurs, faites en forme de couvercle de pot. Autrefois il étoit en pain de sucre, & d'une qualité bien au dessus de celui d'apréseut.

Il faut choisir l'Armoniac, blanc, clair, transparent, sec, sans crasse; & que cassé, il y paroisse comme des éguilles.

*Le sel Armoniac paye cent sols par cent pésant de droits d'entrée, en conséquence du Tarif de 1664, & par l'Arrêt du Conseil d'Etat du 15 Aout 1685, vingt pour cent de sa valeur, pour celui qui n'entre pas en droiture dans le Royaume, mais a été interposé dans les Pays étrangers.*

L'usage de ce sel est fort considérable en France, soit pour la Médecine, pour laquelle on en tire quantité de préparations chimiques; soit pour beaucoup d'Ouvriers, qui auroient peine d'achever, & de perfectionner leurs ouvrages sans son secours: tels sont entr'autres les Teinturiers, Orfévres, Fondeurs, Epingliers, Maréchaux, &c. Ces derniers l'employent, réduit en poudre impalpable, pour manger les tayes qui viennent aux yeux des chevaux; & à l'égard des Teinturiers, ils le mettent au nombre de leurs drogues non colorantes, c'est-à-dire, qui d'elles-mêmes ne produisent aucune couleur, mais qui préparent les étoffes, soies, fils, laines, &c. à recevoir celle qu'on leur veut donner.

L'Armoniac est si acre, qu'il acheve la dissolution de l'or, mêlé avec l'eau-forte, ou l'esprit de nitre; ce que ces deux grands dissolvants ne pourroient faire sans lui.

Ce sel purifié par le moyen du feu, de l'eau, & du papier gris, se réduit en sel très blanc, dont on se sert pour provoquer les urines & les sueurs, &c. On le réduit aussi en fleurs, à l'aide du sel commun décrepité ou calciné, ou de la limaille d'acier. On en tire pareillement divers esprits, aussi-bien qu'une huile. Enfin, on le fixe par le secours des coquilles d'œufs, ou de la chaux vive & du feu.

L'on croit faire plaisir au Lecteur, d'ajouter à cet article la maniere de faire le sel Armoniac en Egypte, qui a paru depuis la mort de l'Auteur, dans le Journal de Trevoux du mois de Novembre 1717.

Ce sel, dit le Pere Sicard Jesuite, dans sa Lettre à Monsieur le Comte de Toulouse, de laquelle on a fait l'extrait dans ce Journal, se fabrique dans des fours, dont le dessus est fendu en long en plusieurs endroits. On pose sur ces ouvertures des bouteilles de verre, suivant le travail, ou autant qu'il en peut tenir; ordinairement cependant il y en a depuis vingt jusqu'à trente.

Ces bouteilles, qui sont rondes, d'environ un pied & demi de diametre, avec un col long d'un demi pied, s'emplissent de suye, d'un peu de sel marin, & d'urine de bestiaux, après quoi on les bouche exactement. Quand elles ont été ainsi disposées & remplies, on fait un massif de terre grasse & de brique, qui les environne, & qui les couvre entiérement, à la réserve du col qui reste à l'air; après quoi on met le feu au four, qu'on y entretient pendant trois jours & trois nuits consécutifs.

Le flegme des matieres contenues dans ces bouteilles s'exhalant par l'ardeur du feu; & les sels acides & alkalis, dont elles sont fort chargées, se rencontrant & s'accrochant les uns aux autres proche du col, s'y épaississent, & forment une masse blanche & ronde, qui est le sel Armoniac. L'opération finie, on casse les bouteilles pour l'en tirer, & achever de le sécher.

L'expérience a fait connoître que toute sorte de suye n'étoit pas propre à faire cette sublimation; & qu'il falloit que celle, dont on impreignoit l'urine des animaux, pour la condenser en sel, fût produite par la fumée de ces especes de mottes à brûler, qu'on nomme *Gellée* en Arabe, & qui se font avec la fiente des bestiaux, à peu près de la maniere qu'on fait à Paris avec de vieux tan, celles dont les pauvres gens se chauffent pendant l'hyver; & que l'on n'y connoit que sous le nom de Mottes à brûler.

M. d'Herbelot dans sa Bibliotheque Orientale rapporte qu'il y a une grotte dans le petit pays de Boton en Asie, où se trouve le véritable sel Armoniac.

Il s'éleve continuellement dans cette grotte une espece de vapeur qui ressemble à de la fumée pendant le jour, & à de la flame pendant la nuit: c'est de cette vapeur condensée que se fait l'armoniac qu'en langage du pays on appelle *Nuschader*. Cette vapeur est si maligne que si ceux qui y travaillent n'usent d'une grande précaution & d'une extrême diligence pour le tirer, ils courent risque de la vie. Aussi ces Ouvriers sont-ils vêtus de grosses étoffes pour en éviter l'impression. Il est vrai qu'hors la grotte, la vapeur condensée n'a plus de malignité.

*Commerce du sel Armoniac qui se fait à Amsterdam.*

Le sel armoniac se vend à Amsterdam à la livre, & se tare au poids: ses déductions sont de deux pour cent de bon poids, & d'un pour cent de prompt payement. Son prix est ordinairement depuis 20 s. jusqu'à 23 s. la livre.

ARMONIAC. Il y a aussi une gomme, que l'on appelle Gomme Armoniaque, mais assez improprement; son véritable nom s'écrivant & se prononçant AMMONIAC. *Voyez* AMMONIAC.

ARMONS. Ce sont deux pieces de bois de charonnage, ordinairement d'orme, qui font partie du train de devant d'un carosse. *Voyez* ORME.

ARMURE. Armes défensives, ordinairement de fer ou d'acier, dont les Gens de guerre se servoient autrefois. L'Armure complette étoit composée d'un casque ou heaume, d'un haussecol ou gorgerin, d'un corps de cuirasse, des tassettes, des brassarts, des gantelets, des cuissarts, & des harnois de jambes, qui couvroient aussi les pieds & où étoient attachés les éperons. C'est-là ce qu'on appelloit Armure de pied en cap, qui étoit celle des Chevaliers & des hommes d'armes.

L'Infanterie n'avoit qu'une partie de cette Armure. Le morion, qui se nommoit aussi Bassin & Bourguignotte, lui tenoit lieu de casque. Elle avoit outre cela un corps de cuirasse & des tassettes; mais tout cela fort leger, & tel qu'on en voyoit encore sur la fin du dix-septiéme siécle aux Piquiers du Regiment des Gardes, & de quelques autres anciens Regimens de France.

Enfin, les chevaux mêmes avoient leur Armure, qui leur couvroit la tête & le poitrail.

De tous ces harnois de guerre, l'on n'a conservé en France que le corps de cuirasse; le hausse-col, que les Officiers portent, n'étant présentement qu'une marque d'honneur, qui les fait reconnoître par les soldats, & qui n'est d'aucune défense.

A la place du casque, ou du morion, on se sert quelquefois d'un bonnet, ou calote de fer, qu'on met sous le chapeau; & il n'y a plus que les Regimens, qu'on appelle de Cuirassiers, qui portent encore le simple casque, ou bourguignotte.

La manie, ou si l'on veut, la bravoure d'aller au combat en pourpoint, & sans aucune arme défensive, étoit tellement passée en mode parmi la Noblesse Françoise, qu'il a fallu la modérer par des Ordonnances : & dans les dernieres guerres, qui ont presque été continuelles sous le long Regne de Louis XIV, les Officiers Généraux, & ceux de Cavalerie, ont été obligés de reprendre la cuirasse; ce qui, quoiqu'encore très mal observé, a conservé en France la fabrique de cette partie de l'Armure ancienne, dont on va parler dans l'article suivant.

ARMURIER. Celui qui fait des armes.

Les Armuriers-Heaumiers composoient autrefois à Paris une nombreuse Communauté. On les appelloit Armuriers, des armures qu'ils fabriquoient; & Heaumiers, du heaume ou casque, qui est la principale & la plus honorable piece de l'armure.

Quelques Vocabulaires les confondent avec les Arquebusiers, qu'ils nomment aussi Armuriers, quoique ce nom n'ait jamais été donné à ceux-ci dans leurs Statuts, & qu'il n'ait jamais appartenu qu'aux Heaumiers, qui sont corps tout différent de celui des Arquebusiers, dont il sera parlé à leur article particulier. *Voyez* ARQUEBUSIER.

Les premiers Statuts des Armuriers-Heaumiers, leur furent donnés par Charles VI, qui en 1409, les érigea en corps de Jurande.

Ces anciens Statuts ayant été négligés, & presque abolis, il leur en fut dressé de nouveaux en 1562, qui ayant été vûs & approuvés par le Maréchal de Brissac, Gouverneur de Paris, & ensuite par les Lieutenant Civil & Procureur du Roi au Châtelet, qui en donnerent leur avis le 23 Juillet, furent enfin approuvés, confirmés, homologués par Lettres Patentes de Charles IX. données à Houdan au mois de Septembre de la même année, & enregistrées en Parlement au mois de Mars ensuivant.

Ces derniers Statuts contiennent en vingt-deux articles toute la discipline du corps.

Quatre Jurés, dont deux sont élus chaque année, veillent à la conservation des Privileges, & à l'exécution des Réglemens.

Chaque Maître ne peut avoir qu'un seul Apprentif à la fois, qui doit être obligé pardevant Notaires, & reçu par les Jurés.

L'apprentissage, sans lequel on ne peut être admis à la Maîtrise, est de cinq ans. Les fils de Maîtres n'en sont pas même exempts; mais ils peuvent le faire, ou chez leur pere, ou chez les étrangers; avec cette différence néanmoins, qu'aux étrangers ils tiennent lieu d'Apprentifs, & non à leur pere, à qui il est permis d'en avoir un autre avec ses enfans, en quelque nombre qu'ils soient.

Le chef-d'œuvre est donné par les Jurés, à qui il n'est dû que huit livres parisis pour droit d'assistance. Les fils de Maîtres n'en sont pas tenus, non pas même de la simple expérience.

Les veuves restant en état de viduité, jouissent des Priviléges de leur mari, ne pouvant néanmoins faire d'apprentifs, mais seulement continuer celui qui est commencé.

Les ouvrages & marchandises des Forains sont sujettes à visite, qui doit être faite sans retardement par les Jurés, aussi-tôt qu'ils en sont requis, à peine contr'eux de vingt livres parisis d'amende, & de l'intérêt du séjour du Marchand.

Les étoffes propres à la fabrique des armures, c'est-à-dire, le fer, l'acier, &c. qui arrivent de dehors, sont aussi sujettes à visitation, & doivent être loties entre les Maîtres qui en demandent.

Chaque Maître n'a droit de tenir qu'un seul ouvroir ou boutique.

Toute piece de harnois doit être marquée d'un poinçon, qui est donné par les Jurés, & dont l'empreinte en plomb doit rester en la Chambre du Procureur du Roi.

Les Compagnons, qui sont Apprentifs de Paris, doivent être préférés pour l'ouvrage aux Compagnons étrangers, en se contentant du même salaire.

Les ouvrages qui peuvent être faits par les Maîtres du métier de Heaumerie, sont tous harnois pour armer hommes, comme il est porté par les Statuts, & spécialement les corcelets, corps de cuirasses, hausse-cols, tassettes, brassarts, gantelets, harnois de jambe, habillemens de tête, bourguignottes servant à hommes d'armes, bourguignottes & morions servant à gens de pied, tant à l'épreuve qu'à la legere; harnois de jouxte, & tonellets à courir en lice; enfin, harnois, tonellets, & bassins servant pour combattre à la barriere.

Le Patron de la Communauté des Armuriers-Heaumiers, est Saint Georges, dont la Confrérie est érigée dans la Paroisse de Saint-Jacques de la Boucherie, où ce Saint est représenté de hauteur naturelle, armé de pied en cap d'armure d'acier poli, & monté sur un cheval caparaçonné à l'antique, & avec son harnois aussi d'acier.

Cette Communauté, autrefois une des plus nombreuses de Paris, étoit déja réduite sur la fin du seiziéme siécle, seulement à 60 Maîtres : présentement elle n'y subsiste plus que dans deux seuls Maîtres, qui sont freres & fils du célébre Drouart, le dernier Juré de ce Corps, dont les Ancêtres depuis plus de deux cens ans étoient en réputation de fabriquer les meilleures & les plus riches armures de l'Europe, sans même en excepter celles de Milan, qui ont toujours été fort estimées.

C'est présentement à Besançon qu'est établie la fabrique des corps de cuirasse, dont on se sert dans la Cavalerie Françoise. On en fait néanmoins venir quelques-uns de Suisse.

A l'égard des deux Maîtres Heaumiers, qui restent encore à Paris, ils prennent toujours la qualité de seuls Armuriers-Heaumiers du Roi & des Princes; & ce sont eux en effet qui fournissent de corps de cuirasse, le Roi, les Princes, & Grands Seigneurs; soutenant avec honneur la réputation de leurs peres : mais il y a bien de l'apparence que ce sera peut-être bien-tôt une Communauté de moins dans Paris, n'étant pas mariés, & n'ayant pas même d'Apprentifs. Ils tiennent leurs boutiques dans une petite rue qui aboutit au haut de la rue S. Denis, & qui du nom de leur métier, a été nommée la rue de la Heaumerie. *Voyez* HEAUME.

ARMURIER. Se dit aussi du Marchand qui vend des armures, quoiqu'il ne les fabrique pas. On le dit pareillement de celui qui fait négoce de toute autre sorte d'armes.

## ARN

ARNAY, en Lorraine. *Voyez* l'Etat général, page 226.

ARNAY-LE-DUC, en Bourgogne, fabrique toutes sortes de serges. *Voyez* l'Etat général, page 125.

## ARO

AROBE, que quelques-uns écrivent & prononcent ARROBE, en Espagnol *Arobas*, & en langage du Perou *Arroue*. Poids dont on se sert en Espagne, en Portugal, à Goa, & dans toute l'Amérique Espagnole. Les Portugais s'en servent aussi au Bresil, où, aussi-bien qu'à Goa, on l'appelle quelquefois *Arate*. Tous ces Arobes n'ont gueres que le nom de semblable; & ils sont d'ailleurs assez différens pour leur pésanteur, & pour leur évaluation au poids de France.

L'Arobe de Madrid, & du reste de presque toute l'Espagne, à la réserve de Seville & de Cadix, est de vingt-cinq livres Espagnoles, qui n'en font pas tout-à-fait vingt-trois & un quart de Paris; ensorte que le quintal commun, qui est de quatre Arobes, ne fait que quatre-vingt-treize livres de celles-ci.

L'Arobe de Seville & de Cadix est aussi de vingt-cinq livres, mais qui en font vingt-six & demie, poids de Paris, d'Amsterdam, de Strasbourg, & de Besançon, où la livre est égale. Quatre Arobes font le quintal ordinaire, c'est-à-dire, cent livres: mais pour le quintal Macho, il faut six Arobes, ce qui revient à cent cinquante livres, le tout de Seville & de Cadix, qu'on peut réduire en livres de Paris, sur le pied de la réduction qu'on a faite ci-dessus de l'Arobe de ces deux Villes.

L'Arobe de Portugal est de trente-deux livres de Lisbonne, qui reviennent environ à vingt-neuf livres de Paris. *Voyez* ARATE.

AROMATS, ou AROMATES. Gommes, fruits, ou écorces odoriférantes, qui sont du nombre des drogueries & épiceries.

Les Aromats gommes sont, le Storax, l'Encens, le Benjoin, & le Baume.

Les Aromats écorces sont, la Canelle, & le Macis.

Et les Aromats fruits sont le Girofle, la Muscade, & le Poivre.

Les uns & les autres se tirent d'Orient, & font une portion très considérable du commerce des Marchands Epiciers-Droguistes. Ils se trouveront expliqués chacun à son article.

AROMATIQUE. Qui est de la nature des Aromats. Les Apoticaires font divers remédes composés de drogues Aromatiques.

On nomme en France Herbes Aromatiques, les herbes fines, dont l'odeur est forte, quoiqu'agréable; telles sont la lavande, la marjolaine, la sauge, le thym, la sariette, l'hysope, le basilique, le romarin, la citronelle, &c.

AROMATISATION. Terme d'Apoticaire, qui signifie l'action par laquelle on mélange des Aromats dans les drogues & médicamens, comme le musc, l'ambre gris, la civette, le macis, la canelle, le girofle, &c. L'Aromatisation sert autant à augmenter la force des remédes, qu'à les rendre plus agréables, ou plus supportables à l'odorat & au goût.

AROMATISER. Mettre des aromats dans quelque substance ou liqueur, pour lui donner l'odeur & le goût plus agréables.

ARON, Bourg dans le voisinage de Cachan Ville de Perse. *Voyez* l'Etat général, page 413.

AROUE. Poids dont on se sert dans le Perou, le Chily, & autres Royaumes & Provinces de l'Amérique, qui sont de la Domination Espagnole.

L'Aroue, qui n'est rien autre chose que l'Arobe d'Espagne, pese vingt-cinq livres, poids de France. Elle sert principalement pour péser l'herbe du Paraguay, dont les Espagnols & les Indiens, qui s'en servent comme de thé, font une si grande consommation, qu'il en faut pour le Perou seul jusqu'à 75000 Aroues par an. *Voyez* AROBE. *Voyez aussi* PARAGUAY.

AROUGHCUN. Animal qui se trouve dans la Virginie, qui est tout semblable au castor, à la réserve qu'il se nourrit & saute sur les arbres, à la maniere de l'écureuil.

Les Anglois en estiment assez la fourrure; & elle fait une partie de la traitte de cette Nation avec les Sauvages, qui sont dans le voisinage de leur colonie. *Voyez le Commerce de la Virginie.*

## ARP

ARPAILLEUR. Nom qu'on donne à ceux qui cherchent l'or dans le sable des rivieres, & parmi les terres entraînées des montagnes par les torrens. Quelques Vocabulaires appellent aussi Arpailleurs, ceux qui travaillent à la découverte des mines, mais assez improprement. *Voyez* MINES.

ARPENT. C'est une certaine mesure de la surface des terres, qui est plus ou moins grande, suivant les différentes Provinces: cependant en fait de mesurage des bois de haute futaye, ou des bois taillis, dont on fait des ventes, l'Arpent doit être uniforme dans tout le Royaume, suivant qu'il est porté par l'Ordonnance du Roi du 13 Aout 1669, article 14 du titre concernant la police & conservation des forêts, dont voici l'extrait.

Nulle mesure n'aura lieu, & ne sera employée dans les bois & forêts du Roi, & en ceux tenus par indivis, grurie, grairie, segrairie, tiers, & dangers, appanage, engagement, usufruit, & même des Ecclésiastiques, Communautés, & Particuliers, sans aucun excepter, que la mesure de douze lignes pour pouce, douze pouces pour pied, vingt-deux pieds pour perche, & cent perches pour arpent, à peine de mille livres d'amende, nonobstant, & sans avoir égard à tous usages & possessions contraires, &c.

Il faut remarquer que lorsque l'Ordonnance dit qu'il faut cent perches pour l'Arpent, cela doit s'entendre cent perches quarrées en superficie. L'Arpent se divise de deux manieres; l'une, en demi, en quart, & en demi quart; & l'autre, en tiers, & en demi tiers.

ARPENTAGE. Mesurage des terres par arpent. Ce Marchand a fait faire l'arpentage de cette vente de bois taillis; il y en a tant d'arpens à couper.

ARPENTAGE. Se dit aussi de l'art qui apprend à mesurer la superficie des terres, ou de la science de celui qui arpente. Cet art ou science se nomme aussi Planimetrie.

*Mesures pour l'arpentage des terres, qui sont en usage dans divers endroits de la Généralité de Guyenne.*

Aux deux Tonneins, à Clerac, à Mesle, à Laparade, à la Fite, on compte par escaits, par lattes, par quartonates, par journaux, & par ceterrées.

L'escait est composé de 12 pieds mesure d'Agen, dont le pied est plus grand d'environ trois lignes que celui de Roi. 24 escaits font la latte, trois lattes font le quartonat, 2 journaux font la ceterrée ou arpent du pays.

A Aiguillon & Colleigne, on compte par escait, par picotin, par cartelade, & par journal.

L'escait contient 12 pieds mesure d'Agen, 12 escaits font le picotin, ou la demie latte de Tonneins; six picotins font le quartonat du même Tonneins; 18 picotins font le journal ou trois quartonats; 36 picotins font la cartelade.

A Damazan, Puche de Gontault & Monthurt. On compte par escaits, par lattes, par quartonats, & par perches.

Dans ces trois lieux l'escait est composé de quatorze pieds huit pouces, mesure de Roi, ou quatorze pieds cinq pouces 4 lignes d'Agen. 12 escaits composent la latte, qui contient 176 pieds de Roi, ou 173 pieds 4 pouces d'Agen. Il faut 2 lattes $\frac{1}{2}$ pour en faire une $\frac{1}{2}$ de Tonneins. 4 lattes de Damazan y font le quartonat dudit lieu, & 5 lattes de Damazan, celui de Tonneins; les 3 quartonats du même Damazan font le journal ou la perche d'Albret, qui est la mesure du pays, & lesdits 3 quartonats ou perches d'Albret ne font à Tonneins que 2 quartonats 1 latte, & $\frac{1}{4}$ de latte ou 6 escaits.

A Verteuil, Villeton, & Grateloup. On mesure par escaits, par lattes, par ceterée, par quartonats, & par journaux.

L'escait est composé de 12 pieds mesure de Roi, faisant 11 pieds 9 pouces d'Agen. Les 24 escaits font la latte de Verteuil, qui n'est différente que de 6 pieds de celle de Tonneins. 3 lattes de Verteuil font le quartonat qui n'est différent de celui du même Tonneins que de 18 pieds; 3 quartonats font le journal, ils sont à peu près semblables à 3 quartonats de Tonneins; les 2 journaux de Verteuil font la ceterée dudit lieu ou 1 journal $\frac{1}{2}$ moins 9 escaits de Tonneins.

A Callonge. On mesure en lattes & en journaux.

La latte y est composée de 12 pieds de Roi ou 11 pieds 9 pouces d'Agen; les 24 lattes de long sur 9 $\frac{1}{2}$ de large, font le journal dudit Callonge, & à la mesure de Tonneins, 3 quartonnats 7 escaits.

A la Gruere. On compte par escaits, par lattes, & par journaux.

L'escait est composé de 9 pieds $\frac{1}{2}$ mesure de Roi, ou 9 pieds 3 pouces 9 lignes d'Agen; les 24 escaits font la latte, ils ne rendent que 18 escaits 10 pieds de Tonneins; les 24 lattes y font le journal qui fait 1 journal $\frac{1}{2}$ 21 escaits de Tonneins.

Le Mas de Caumont & Gontault. On y mesure par escaits & par journaux.

L'escait y est composé de 16 pieds mesure de Roi, qui font 15 pieds 8 pouces mesure d'Agen, les 150 escaits font le journal à la mesure du Mas, & à celle de Tonneins, 2 quartonats 2 lattes & 5 escaits.

ARPENTER. Mesurer des bois, des terres, pour connoître combien ils contiennent d'arpens.

ARPENTEUR. Officier qui a serment en Justice, & dont la commission ou l'emploi est de faire l'arpentage des bois & des terres. L'Ordonnance veut: *Qu'aucun Arpenteur ne puisse être reçû, qu'au prealable il n'ait été informé de ses bonnes vie & mœurs, & qu'il n'ait donné caution de mille livres.*

ARPENTEURS pour les Eaux & Forêts de France. Ces Officiers conformément à l'Ordonnance de 1669, ne doivent être choisis que sur une information de vie & mœurs & en donnant une caution de mille liv.

Il y en a un dans chaque Département pour être à la suite du grand Maître pendant qu'il fait ses visites & adjudications, & deux autres en chaque Bailliage ou Maîtrise.

C'est à l'Arpenteur du grand Maître à faire en présence du Sergent de garde, les assiettes des bois qui lui ont été indiqués par l'Edit du grand Maître; ce qui consiste à faire les tranchées & layes nécessaires pour le mesurage, & à marquer de son marteau le plus près de terre qu'il peut dans les angles, tel nombre de pieds corniers, arbres de lizieres, & parois qu'il estime convenable, avec désignation dans son procès verbal, du côté sur lequel il aura fait des faces pour imprimer son marteau, celui du Roi & celui du grand Maître.

Il est aussi tenu d'y faire mention, s'il a emprunté quelques arbres pour servir de pied cornier, de leur âge, qualité, nature, & grosseur, & de leur distance les uns des autres par perches & par pieds.

Il doit pareillement observer le nom des ventes, où il les a pris; & s'il y a des places vuides, avec leur continence, prenant soin de se servir au moins de l'un des pieds corniers de l'ancienne vente.

Enfin il est tenu de dresser un plan & figure de la piece qu'il aura assiettée, lequel avec son procès verbal signé des Gardes & Sergent, doit être remis au Greffe de la Maîtrise & une expédition envoyée au grand Maître.

## ARQ

ARQUEBUSE. Arme à feu, de la longueur d'un fusil, ou d'un mousquet, qui se bande ordinairement avec un rouet. C'est cette sorte d'arme, qui étoit autrefois d'un grand usage pour la guerre & pour la chasse, & qui ne sert plus gueres que pour la défense des places assiégées, qui a donné le nom aux Maîtres Arquebusiers, qui composent une Communauté considérable de la Ville & Fauxbourgs de Paris. *Voyez ci-après* ARQUEBUSIER.

ARQUEBUSERIE. Art de fabriquer de toutes sortes d'armes à feu, qui se montent sur des futs: comme sont les arquebuses, les fusils, les mousquets, les carabines, les mousquetons, les pistolets, &c. Il se dit aussi du commerce qui se fait de ces armes.

L'Arquebuserie, que quelques-uns mettent au rang de la Quincaille, fait partie du négoce des Marchands Merciers. *Voyez* QUINCAILLE.

ARQUEBUSIER, qu'on nommoit autrefois ARTILLIER. Artisan qui fabrique les petites armes à feu, telles que sont les arquebuses, dont ils ont pris leur nouveau nom ; les fusils, les mousquets, les pistolets, &c. qui en forgent les canons, qui en font les platines, & qui les montent sur des futs de bois.

Les Arquebusiers, que quelques-uns nomment improprement Armuriers, nom qui ne convient qu'aux Heaumiers, qui font des armes défensives, composent une des plus nombreuses & des plus considérables Communautés de la Ville & Fauxbourgs de Paris ; quoique leur érection en corps de Jurande, ne soit pas d'une grande antiquité.

L'invention de la poudre à canon, & des armes à feu, n'étant pas elle-même très ancienne en France, il ne faut pas s'étonner si les Ouvriers, qui se sont appliqués à la fabrique de ces nouvelles armes offensives, n'ont pas eu de bonne heure des Lettres Patentes, pour les ériger en Communauté, ni des Statuts, pour régler leur discipline.

En effet, à peine peuvent-ils remonter quelques années au de-là du Regne de Henry III, que leur furent donnés leurs premiers Réglemens, dressés par les Maîtres de la nouvelle Communauté en 1574, confirmés par Lettres Patentes du mois de Décembre 1575 ; & enregistrés en Parlement le 23 Mars 1577.

Par ces Réglemens, composés de vingt-huit articles, & depuis confirmés de tems en tems sous les Regnes suivans, les Jurés sont fixés au nombre de quatre, dont deux s'élisent chaque année.

Ces Jurés sont chargés de la passation & enregistrement des brevets d'apprentissage, des receptions à maîtrise, pour lesquelles ils donnent le chef-d'œuvre ; des visites tant ordinaires qu'extraordinaires, soit des ouvrages des Maîtres, soit des marchandises foraines ; enfin, de tout ce qui regarde l'exécution des Statuts, & la police de la Communauté.

Nul ne peut tenir boutique, qu'il n'ait été reçû Maître ; & aucun ne peut être reçû Maître, qu'il n'ait été Apprentif & Compagnon du métier d'Arquebuserie.

Il n'est permis aux Maîtres d'ouvrir sur rue qu'une seule boutique.

Tout Maître doit avoir son poinçon, pour marquer ses ouvrages, dont l'empreinte doit rester sur une table de cuivre, déposée au Châtelet dans la Chambre du Procureur du Roi.

L'apprentissage doit être de quatre années consécutives ; & le Compagnonage, c'est-à-dire, le service chez les Maîtres en qualité de Compagnons, avant d'aspirer à la Maîtrise, de quatre autres années.

Chaque Maître ne peut avoir qu'un seul Apprentif à la fois; sauf néanmoins à ceux qui le veulent, d'en prendre un second après la troisiéme année du premier achevée.

Il est défendu à tout Apprentif d'être plus de trois mois hors de chez son Maître, s'il n'a cause légitime, à peine d'être renvoyé, & être déchû de tout droit à la maîtrise.

Les Maîtres ne peuvent se débaucher, ni les Apprentifs, ni les Compagnons ; non plus que ceux-ci quitter leurs Maîtres, pour aller chez d'autres, avant que leurs ouvrages, ou leur tems, ne soient achevés.

Tout Aspirant à la Maîtrise doit chef-d'œuvre, à l'exception des Fils de Maîtres, qui ne doivent qu'expérience.

Les Fils de Maîtres, soit qu'ils travaillent dans la maison de leurs peres, soit qu'ils apprennent le métier dehors, sont obligés à l'apprentissage de quatre ans ; tenant lieu d'Apprentifs aux autres Maîtres, mais non pas à leurs peres.

Nul apprentif ne peut racheter son tems.

Les Compagnons, qui ont fait apprentissage à Paris, doivent être préférés pour l'ouvrage chez les Maîtres, aux Compagnons étrangers, à moins que les premiers ne voulussent pas travailler au même prix que les derniers.

Les veuves restant en viduité, jouissent des privilèges de leurs maris, sans néanmoins pouvoir faire d'Apprentifs : & elles & les filles de Maîtres affranchissent les Compagnons qui les épousent.

Toute marchandise foraine du métier d'arquebuserie, arrivant à Paris, pour y être vendue, soit par les Marchands forains mêmes, soit par ceux de la Ville, ne peut être exposée en vente, qu'elle n'ait été visitée & marquée du poinçon de la Communauté ; étant au surplus défendu aux Maîtres d'aller au devant desdits Forains, ni d'acheter d'eux aucune marchandise avant ladite visite faite.

Enfin, il est défendu aux Maîtres de la Communauté, & aux Forains, de brazer, ni d'exposer en vente aucuns canons brazés ; avec faculté aux Jurés, qui en font la visite, de les mettre au feu, pour découvrir ladite brazure, & les autres défauts desdits canons ; à la charge néanmoins par lesdits Jurés de les remettre, s'ils se trouvent de bonne qualité, au même état qu'ils étoient auparavant qu'ils les eussent mis au feu.

Ce fut aussi par le vingt-cinquiéme article de ces premiers Statuts, qu'il fut permis aux Maîtres de cette Communauté, d'établir à Paris un jeu d'arquebuse, tel qu'on le voit présentement, dans les fossés de la porte S. Antoine, pour y exercer la jeune Noblesse, & ceux qui font profession des armes. Cet article porte : *Qu'il sera donné par Sa Majesté un certain lieu en butte, pour à cette fin de faire un jeu tous les premiers Dimanches du mois, soit en tems de paix que de guerre, là où seront reçûs les Capitaines, Gentilshommes, & enfans de la Ville, pour y tirer.*

L'expérience & le tems ayant fait remarquer, que ces vingt-huit articles de Réglement n'étoient pas suffisans pour conserver la paix entre les Maîtres, & régler les ouvrages appartenans au métier d'Arquebuserie, sur lequel les Maîtres de quelques autres Corps des arts & métiers entreprenoient, sous prétexte que cette Communauté devoit se restraindre aux seules armes & ouvrages marqués dans lesdits Statuts ; les Maîtres Arquebusiers, dans une Assemblée générale de leur Corps, tenue au commencement de l'année 1634, dresserent six nouveaux articles, pour être ajoutés aux anciens, dont ils demanderent l'homologation au Prevôt de Paris, qu'ils obtinrent sur le vû du Procureur du Roi au Châtelet, & qui leur fut accordée par Sentence du Lieutenant Civil, en forme de Lettres, du 4 Mai de la même année 1634. Ces six nouveaux articles sont :

I. Que tous les Maîtres du métier d'Arquebusier, pourront faire toutes sortes d'arbalêtres d'acier, garnies de leurs bandages, arquebuses, pistolets, piques, lances, & fustels : monter lesdites arquebuses, pistolets, halebardes, & bâtons à deux bouts, & les férer & vendre.

II. Que lesdits Maîtres pourront pareillement fabriquer & vendre dans leurs boutiques tous autres bâtons ouvragés en rond & au rabot, privativement à tous autres métiers.

III. Qu'aucun Maître ne pourra tenir plus de deux Compagnons, que les autres Maîtres n'en ayent autant, si bon leur semble, à peine d'amende.

IV. Que les Fils de Maîtres seront reçûs Maîtres audit métier, en faisant par eux l'expérience accoutumée.

V. Que les Compagnons épousant les filles de Maîtres, feront pareille expérience à celle des fils de Maîtres.

VI. Enfin, qu'aucun Maître dudit métier ne pourra être élu Juré, qu'il n'ait été auparavant Maître de Confrérie, à peine de nullité de l'élection qui en aura été faite, & de demi écu d'amende contre chacun des Maîtres, qui auront donné voix à celui qui n'aura été Maître de Confrérie.

C'est encore par ces trente-quatre articles de Statuts anciens & nouveaux, que la Communauté des Maîtres Arquebusiers est gouvernée; ceux qui ont été depuis ajoutés, sous le Regne de Louis XIV, pour la réunion de plusieurs Offices de nouvelle création, depuis l'année 1691, jusqu'en 1712, tels que sont ceux des Jurés-Syndics, des Auditeurs des Comptes, des Trésoriers des deniers communs, des Contrôleurs-Visiteurs des poids & mesures, des Greffiers des enregistremens, & quelques autres semblables, étant moins des Statuts de police & de gouvernement, qu'une imposition de nouveaux droits pour l'acquittement des sommes empruntées par la Communauté pour la finance desdits Offices.

Toutes les armes que fabriquent les Arquebusiers, consistent en quatre principales pieces, qui sont le canon, la platine, le fust, & la baguette.

Les meilleurs canons se forgent à Paris, par des Maîtres de la Communauté, qui ne s'appliquent qu'à cette partie du métier, & qui en fournissent les autres. Il en vient néanmoins quantité de Sedan, de Charleville, d'Abbeville, de Forest, de Franche-Comté, &c. Les canons des belles armes s'ornent vers la culasse, d'ouvrages de cizelure & de damasquinerie, d'or ou d'argent, suivant le génie de l'Ouvrier, ou le goût de celui qui les commande.

C'est aussi à Paris que se travaillent les plus excellentes platines; chaque Maître faisant ordinairement celles des ouvrages qu'il monte. Plusieurs néanmoins se servent de platines foraines pour les armes communes, & les tirent des mêmes lieux que les canons.

Les fusts, qu'on employe pour l'arquebuserie, sont de bois de noyer, de frêne, ou d'érable, suivant la qualité ou la beauté des armes qu'on veut monter dessus. Ce sont les Marchands de bois qui vendent les pieces en gros; les Menuisiers qui les débitent, suivant les calibres ou modeles qu'on leur fournit; & les Arquebusiers qui les dégrossissent & les achevent.

On embellit quelquefois ces fusts de divers ornemens d'argent, de cuivre, ou d'acier, gravés & cizelés; les Statuts de la Communauté permettant aux Maîtres de travailler & d'appliquer ces ouvrages de gravure & de cizelure, de quelque métail qu'ils veuillent les faire.

Les baguettes sont de chêne, de noyer, ou de baleine; il s'en fait aux environs de Paris; mais la plus grande quantité & les meilleures viennent de Normandie & de Ligourne. Elles se vendent au paquet, au demi paquet, & au quart de paquet. Le paquet entier est ordinairement de cent baguettes; le nombre néanmoins n'en est pas réglé. Ce sont les Arquebusiers qui les ferent & qui les achevent: ils font aussi les baguettes, ou verges de fer, qui servent à charger certaines armes, particuliérement celles dont les canons sont rayés en dedans.

C'est aussi aux Maîtres Arquebusiers à faire tout ce qui sert à charger, décharger, monter, démonter, & nétoyer toutes les sortes d'armes qu'ils fabriquent, ou qu'ils ont permission de fabriquer.

Les outils & instrumens, dont se servent les Maîtres Arquebusiers, sont la forge comme celle des Serruriers, l'enclume, la grande bigorne; divers marteaux, gros, moyens, & petits; plusieurs limes, les compas communs, les compas à pointes courbées, les compas à lunette, & les compas à tête; les calibres d'acier doubles & simples, pour roder les noix & les vis; d'autres calibres de bois, pour servir de modele à tailler les fusts; diverses filieres, les unes communes, les autres simples, & les autres doubles: des pinces ou pincettes, des étaux à main, des rifloirs, des cizelets, des matoirs, des gouges, & des ciseaux en bois & en fer; des rabots; la plane ou couteau à deux manches; la broche à huit pans, pour arrondir les trous; celle à quatre, pour les agrandir & équarir; les tenailles ordinaires, les tenailles à chanfraindre; la potence, l'équiere, les fraises; le tour avec ses poupées & son archet; le poinçon à piquer, pour ouvrir les trous; le bec-d'âne pour travailler le fer; des écouennes & écouenettes de diverses sortes; des porte-terrieres, des porte-broches; un chevalet à fraiser avec son arçon: enfin, plusieurs scies, à main & à refendre, & quelques autres outils, que chaque Ouvrier invente, suivant son génie & son besoin; & qui ont rapport à plusieurs de ceux qu'on vient de nommer.

On peut voir la description de ces divers outils & instrumens à leurs propres articles, suivant leur ordre alphabétique.

ARQUES, dans la Généralité de Rouen. *Voyez* l'Etat général, page 101.

## ARR

ARRACHE-PERSIL. On nomme ainsi sur la riviere de Loire les Mariniers qui tirent les équipes ou trains de bateaux, qui la remontent jusqu'à Roanne.

ARRACHER LE JARRE. Terme de Chapelier, qui signifie tirer ou ôter le long poil luisant qui s'apperçoit sur toute la superficie des peaux de castor. On dit aussi dans le même sens, Eplucher le jarre. *Voyez* JARRE.

ARRACHEUSES ou EPLUCHEUSES. Noms que les Chapeliers donnent à certaines femmes qu'ils ont chez eux, dont l'emploi est d'éplucher ou arracher le jarre qui se trouve sur les peaux de castor. *Voyez* JARRE.

ARRAGON. Royaume d'Espagne. *Voyez* l'Etat général, page 241.

ARRAMER, ou RAMER. Terme de Manufacture de lainage. C'est tirer une piece de drap, ou autres étoffes de laine sur sa longueur & sur sa largeur, par le moyen d'une machine, ou instrument de bois, que l'on nomme Rame. *Voyez* Rame & Ramer.

ARREAU. Gros Village de France dans la vallée d'Aure, au pied des Pyrennées. *Voyez* l'Etat général, page 36.

ARRENTEMENT. Bail d'héritage, qu'on donne à rente. *Voyez* Rente.

ARRENTER. Donner à rente. *Voyez comme dessus.*

ARRERAGES. Le courant d'une rente annuelle ou de quelque autre redevance, comme sont les pensions, les cens, les droits Seigneuriaux, & les loyers des terres & des maisons.

Il n'est avantageux, ni au Débiteur, ni au Créancier, de laisser amasser beaucoup d'arrérages.

Arrerages. Se dit aussi des vieilles dettes.

ARRES.

On appelle Arres ou Arrhes, la somme qu'un acheteur donne à son vendeur à compte de la marchandise qu'il achete à livrer. *Voyez* Arrhes.

ARREST DE DE'FENSES. C'est un Arrêt, ou du Conseil du Roi, ou du Parlement, qu'un Négociant, qui est mal dans ses affaires, obtient, pour empêcher que ses Créanciers ne le fassent arrêter, & pour lui donner la sureté & le tems pour traiter avec eux. *Voyez* De'fenses generales.

Arrest de surseance. Il y a peu ou point de différence entre cet Arrêt, & l'Arrêt de défenses, dont on a parlé dans l'article précédent. *Voyez comme dessus. Voyez aussi* Re'py.

ARRESTE' D'UN COMPTE. C'est l'acte ou écrit qu'on met au bas d'un compte, par lequel comparant ensemble le produit de la recette & de la dépense, on déclare laquelle des deux excede l'autre; ce qui rend le Comptable débiteur, si l'excédant est du côté de la recette; & au contraire l'Oyant compte, si c'est du côté de la dépense que cet excédant se trouve. On l'appelle aussi Finito de compte. *Voyez cet article.*

Arreste'. Se dit encore dans les Sociétés de Marchands & dans les Compagnies de Commerce, des résolutions prises par les Associés ou Directeurs, à la pluralité des voix. Ainsi on dit, Les Actions de la Compagnie des Indes ont été fixées à 9000 livres chacune, par l'Arrêté de l'Assemblée générale, pour signifier qu'il y a été résolu qu'elles demeureroient à l'avenir à cette fixation.

ARRESTER UN COMPTE. C'est, après l'avoir examiné & vérifié sur les pieces justificatives, & en avoir calculé les différens chapitres de recette & de dépense, en faire la balance, & déclarer au pied par un écrit signé, lesquels des uns ou des autres sont les plus forts. On dit aussi Solder un compte. *Voyez* Compte.

Arrester un memoire. Arrester des parties. C'est régler les prix des marchandises qui y sont contenues, en apostiller les articles, & mettre au bas le total à quoi ils montent, avec promesse de les payer & acquitter dans les tems convenus.

Arrester. Signifie aussi convenir d'une chose, la conclure, en tomber d'accord avec ses Associés. Il a été arrêté de faire un emprunt de cent mille écus au nom de la Société. *Voyez* Societe'.

ARRHEMENT ou ENARRHEMENT. Convention que l'on fait pour l'achat de quelque marchandise, sur le prix de laquelle on paye quelque chose par avance. *Voyez les deux articles suivans.*

ARRHER ou ENARRHER. Donner des arrhes. Les Ordonnances de Police défendent à tous Marchands & Regratiers d'aller au devant des Laboureurs & Marchands forains, pour Arrher les grains & les marchandises, & de les acheter avant que d'être arrivées sur les Ports.

La Déclaration de Louis XIV. du dernier Août 1699, portant réglement sur la maniére de faire le trafic des bleds dans le Royaume, fait défenses à tous Marchands & autres, d'Enarrher, ni acheter les bleds & autres grains en verd, sur pied & avant la récolte; & casse & révoque tous enarrhemens qui peuvent être faits.

Par les Statuts des Marchands Bonnetiers de Paris, de l'année 1608, art. 27, il leur est défendu, & à tous autres, sur peine d'une amende de 10 livres parisis, d'aller au devant des Marchands & des marchandises de Bonneterie, destinées pour être amenées & vendues dans Paris, & de les *arrher* ni acheter par les chemins. Et par l'article 28 des mêmes Statuts, il est aussi défendu d'acheter ou *arrher* dans Paris, aucunes marchandises de Bonneterie foraine, qu'auparavant elles n'ayent été vûes & visitées par les Maîtres & Gardes du Corps de la Bonneterie.

ARRHES, que quelques-uns écrivent & prononcent par corruption, ERRES. C'est un gage qu'on donne pour assurance de l'exécution de quelque convention ou marché qu'on a fait verbalement, & qui est pour l'ordinaire une avance d'une partie du prix convenu. En droit, Qui rompt un marché, perd les Arrhes qu'il a données; ou si c'est celui qui les a reçues, il rend les Arrhes doubles.

Les Arrhes sont comme un gage, que l'Acheteur donne au Vendeur en argent, ou en autre chose, soit pour marquer plus surement que la vente est faite, ou pour tenir lieu de payement de partie du prix, ou pour les dommages & intérêts contre celui qui manquera d'exécuter la vente. Ainsi les Arrhes ont leur effet, selon qu'il en a été convenu. *Les Loix Civiles, Tome 1.*

Lorsque l'Acheteur se dédit & ne prend point la marchandise achetée, il en est quitte pour perdre ses Arrhes. Ainsi le Vendeur doit avoir soin de se faire donner des Arrhes suffisantes pour la sureté de son marché.

Par l'article 18 des Statuts des Drapiers de Paris de l'année 1573. Il est porté en ces termes: *Que si aucun achete draps ou drap d'aucuns des Confreres de ladite Confrérie, supposé qu'il ait baillé des Arrhes, s'il ne vient querir le drap ou draps dedans un mois, après qu'il aura été sommé duement du Vendeur, il perdra ses Arrhes, s'il n'y a convention au contraire, & ne pourra rien demander au Vendeur; & lui fera sçavoir ledit Vendeur ladite Ordonnance, quand il lui fera faire ladite sommation.*

Il n'en va pas de même du denier à Dieu, qui n'est quelquefois que de quatre ou cinq sols, sur un marché de dix mille livres; comme ce denier à Dieu est toujours une somme modique, donnée en faveur des pauvres, qui ne doit point rester au vendeur, l'acheteur ne peut pas se délier en l'abandonnant. Ainsi le denier à Dieu est dans un marché, une sureté plus grande que les plus fortes arrhes qu'on puisse donner.

ARRIERE-BOUTIQUE. Magasin, ou boutique de derriere d'un Marchand, où se mettent ordinairement les marchandises les plus précieuses, ou celles dont le commerce ou le débit est défendu.

Les Orfévres ne peuvent avoir des forges &

fourneaux dans leurs Arriere-boutiques, ou salles basses, sans la permission des Maîtres & Gardes de leur Corps. Ainsi jugé par Sentence de Police du 6 Février 1671.

ARRIERE-CHANGE. C'est l'intérêt des intérêts. Ce terme rapporté dans Furetiere, n'est gueres d'usage dans le commerce.

ARRIERE-FLEUR. Reste de fleur que l'on a obmis d'ôter & d'enlever de dessus les peaux, en les effleurant. *Voyez* EFFLEURER.

ARRIERÉ. On dit d'un Marchand, qu'il est arriéré, lorsqu'il ne paye pas réguliérement ses lettres de change, billets, promesses, obligations, & autres dettes; & que pour ainsi dire, il les laisse en arriere. M. Savary donne pour maxime dans son Parfait Négociant, que depuis qu'un Marchand est une fois arriéré, il est presque absolument perdu; & qu'il rétablit rarement son crédit, à moins d'un grand hasard, & d'un bonheur extraordinaire.

ARRIERER UN PAYEMENT. C'est ne le pas faire à son échéance, le différer, le remettre.

ARRIMAGE. } *Voyez* { ARRUMAGE.
ARRIMER. } *Voyez* { ARRUMER.
ARRIMEURS. } *Voyez* { ARRUMEURS.

ARRIVAGE. Abord des marchandises dans un Port. L'Ordonnance de la Ville de Paris de 1672, veut, qu'il y ait un Echevin préposé pour recevoir les déclarations des Arrivages des marchandises sur le Port. *Voyez* PORT.

ARROBE, que l'on écrit, & que l'on prononce plus ordinairement AROBE. Poids d'Espagne & de Portugal, dont on se sert aussi dans l'Amérique Espagnole, dans le Bresil & à Goa. *Voyez* AROBE.

ARRONDIR. Rendre quelque chose rond, ou de figure circulaire.

Les Chapeliers appellent Arrondir un chapeau, en couper l'arrête du bord, après y avoir tracé un cercle avec de la craie, en tournant une ficelle autour du nœud du chapeau. *Voyez* CHAPEAU.

ARROSAGE. Terme de fabrique de poudre à canon.

On nomme ainsi dans les moulins à poudre à canon, l'eau que l'on met de tems en tems dans les mortiers pour y faire le liage du salpêtre, du soufre & du charbon qui entrent dans la composition de cette poudre, tandis que les pilons les broyent & les mêlent.

Il se fait quatre arrosages en vingt heures, & tant que les arrosages durent, on arrête les batteries, c'est-à-dire, qu'on arrête le moulin afin de faire cesser le mouvement des pilons. *Voyez* l'article de la Poudre à canon.

ARROSER. Jetter de l'eau sur quelque chose.

Les Chapeliers appellent Arroser les capades, le feutre, & le chapeau, lorsqu'à mesure que leur ouvrage s'avance, & qu'il prend ces différens noms, ils y jettent un peu d'eau avec un goupillon. Ils arrosent aussi leurs bassins, quand ils marchent l'étoffe à chaud; & la feutriere, ou le lambeau, quand ils la marchent à froid. *Voyez* CHAPEAU.

ARROSOIR. Vaisseau dont se servent les Jardiniers pour arroser la terre, lorsqu'elle est trop séche & trop aride. Il est composé de trois parties; du corps ou ventre de l'arrosoir, de l'ance, & de la pompe. Le ventre est ce qui contient l'eau; il est ordinairement de la figure d'un cône, dont la pointe seroit coupée, avec une médiocre ouverture en croissant par le haut. La pompe est un tuyau, qui sort de l'extrémité du ventre par en bas, & qui s'en éloignant en ligne diagonale, est rejoint par en haut par une espece de seconde ance, par laquelle on porte l'Arrosoir, quand il est plein, & qu'on le prend, quand on puise l'eau. Au bout du tuyau de la pompe, est la pompe même, qui est un gros bouton, percé de plusieurs petits trous, par lesquels l'eau se répand en forme de pluie. Enfin, l'ance est l'endroit par où on le tient, quand on arrose: elle est à demi ronde, & précisément opposée à la pompe. Il y a des Arrosoirs, qui au lieu du bouton de la pompe, n'ont qu'un ajustage: ceux-ci servent à arroser les arbustes & les fleurs plantées dans des pots, ou dans des caisses.

Les Arrosoirs sont, ou de cuivre, ou de fer blanc, ou de terre. Ces derniers se font par les Potiers de terre; les seconds, par les Ferblantiers; & les autres, qui sont les plus communs, par les Chaudroniers. *Voyez* JARDINIER.

ARRUMAGE, ou ARRIMAGE. Terme de Marine, qui a du rapport au négoce. Il signifie la disposition, l'ordre & l'arrangement des marchandises, ou de la cargaison d'un vaisseau. Arrimage est le plus en usage. On se sert aussi du mot Arrumage, qui signifie la même chose. Par une Ordonnance de 1672, il est défendu de défoncer les futailles vuides, & de les mettre en fagots; & il est ordonné qu'elles seront remplies d'eau salée, pour servir à l'Arrimage des vaisseaux. *Voyez* ENCOMBREMENT.

ARRUMER, ARRIMER, ARRUNER. Placer avec soin la cargaison d'un vaisseau. On dit, qu'un vaisseau n'est pas bien arrumé, lorsque sa charge est mal disposée, mal arrangée; ce qui fait qu'il est trop sur l'avant, ou trop sur l'arriere, & qu'il a peine à gouverner; ce qui s'appelle sur la mer du Levant, être mal mis en estime. On dit encore, qu'un vaisseau est mal arrumé, lorsqu'en voguant, les poinçons dont il est chargé, se dérangent de leur place; & qu'en roulant, ils se heurtent rudement les uns contre les autres; ce qui les enfonce, & cause de grands coulages.

ARRUMEURS, ou ARRIMEURS. Petits Officiers établis sur les Ports de mer, particuliérement en Guienne, & dans le Pays d'Aunis, que les Marchands Chargeurs payent, pour avoir soin de placer & de ranger leurs marchandises dans les vaisseaux, & sur tout celles qui sont en tonneaux, & qui craignent le coulage.

## ARS

ARS, dans l'Isle de Rhé. *Voyez* l'Etat général, page 72.

ARSCHIN. Mesure étendue, dont on se sert à la Chine pour mesurer les étoffes. Elle est de la même longueur que l'aune de Hollande, qui contient 2 pieds 11 lignes de Roi; ce qui revient à $\frac{4}{7}$ d'aune de France; ensorte que 7 Arschins de la Chine, font 4 aunes de France.

Pour réduire par régle d'Arithmétique les Arschins de la Chine en aunes de France, il faut dire: si 7 Arschins de la Chine font 4 aunes de France, combien tant d'Arschins de la Chine; & pour réduire les aunes de France en Arschins de la Chine, il faut dire au contraire: si 4 aunes de France font 7 Arschins de la Chine, combien tant d'aunes de France.

ARSEN.

ARSEN. L'on nomme ainsi à Caffa, principale échelle de la mer Noire, le pic ou mesure d'étendue qui sert à mesurer les draperies & les soieries. Celle pour les toiles se nomme simplement Pic. *Voyez* ci-devant page 357 de l'Etat général du Commerce, où il est parlé de celui de Caffa.

ARSENIC. Minéral très-caustique, & poison très violent.

Il y a trois sortes d'Arsenic; le rouge, le jaune, & le blanc.

L'ARSENIC rouge se confond ordinairement avec le réagal; & on les prend presque toujours l'un pour l'autre, quoique quelques Auteurs veulent que ce soit deux drogues très différentes; estimant le réagal un minéral naturel, mais qui ne differe à la vérité de l'Arsenic blanc naturel, que par la couleur; & croyant au contraire l'Arsenic rouge seulement de l'orpiment jaune, tel qu'il sort de la mine, mais rougi au feu par le moyen des huiles de chenevis, d'olive, ou de noix.

Il faut choisir cet Arsenic, ou orpiment, rouge, en gros morceaux, pésans, luisans, & très hauts en couleur. Il n'est gueres d'usage qu'en peinture. *Voyez* ORPIMENT *&* REAGAL.

L'ARSENIC jaune n'est autre chose, que l'orpiment, ou orpin. *Voyez* ORPIMENT.

L'ARSENIC blanc est proprement le seul que les Marchands Epiciers-Droguistes vendent pour vrai Arsenic. Les Auteurs néanmoins ne conviennent pas davantage sur la nature de cet Arsenic, que sur celle de l'Arsenic rouge; & l'on est encore à sçavoir bien sûrement, s'il y en a de naturel, ou si seulement il est factice.

Suivant la premiere opinion, cet Arsenic est un minéral blanc & écailleux, qui se trouve dans les mines de cuivre; & dans le second sentiment, c'est seulement une sublimation d'orpiment, & de sel commun.

La plus grande partie de l'Arsenic blanc, qui se vend en France, & sur-tout à Paris, vient de Hollande. Il y en a de deux sortes, de matte, & de transparent, qu'on nomme Arsenic cristalin. On ne peut gueres décider sur la préférence que l'on doit donner à l'un ou à l'autre pour la bonté; y ayant des Ouvriers, & des Artistes, qui estiment davantage le matte, & d'autres au contraire qui ne veulent se servir que du cristalin. Toutes deux, comme on l'a dit d'abord, sont de violens poisons; & les Marchands ne doivent le vendre, qu'avec les précautions portées dans les Ordonnances.

Les Teinturiers mettent l'Arsenic au nombre des drogues non colorantes, & ils en font une consommation considérable pour leurs teintures. Les Maréchaux, entr'autres Ouvriers, en consomment aussi beaucoup; & c'est ce poison qui entre dans la composition de ce qu'on nomme de la Mort aux rats, ou aux souris: drogue à la vérité très utile pour se délivrer de ces incommodes animaux; mais souvent très dangereuse, par les accidens qui en arrivent par le peu de précaution avec laquelle on se sert ordinairement de cet appas empoisonné.

Le regule d'Arsenic, le soufre d'Arsenic, l'Arsenic caustique, le beurre ou huile d'Arsenic, aussi-bien que l'aimant Arsenical, sont toutes préparations chimiques où entre l'Arsenic, qu'on peut voir dans les Pharmacopées, & dans les Traités de chimie; mais dont il ne faut se servir, sur tout intérieurement, quelque dulcifiés qu'ils soient, que par l'avis d'habiles Médecins, à cause de la malignité qu'on ne peut jamais ôter à ce minéral.

*L'Arsenic paye en France de droits d'entrée, vingt-cinq sols du cent pésant.*

ARSINS. On appelle bois Arsins, les bois sur pied, où le feu a pris par quelque accident. *Voyez* BOIS ARSINS.

ARSON, que l'on écrit plus ordinairement ARÇON. *Voyez* ARÇON.

ARSONNER. } *Voyez* { ARÇONNER.
ARSONNEUR. } *Voyez* { ARÇONNEUR.

## ART

ART. La régle & la méthode de bien faire quelque chose.

ART. Signifie aussi métier & profession. En ce sens, il y a de deux sortes d'Arts; les uns, qu'on appelle Arts liberaux, comme la Peinture, l'Architecture; & les autres, Arts méchaniques, comme les métiers de Tourneurs, Charpentiers, Serruriers. *Voyez ci-après* ARTS, *&* METIERS.

ARTAS, en Dauphiné. *Voyez* l'Etat général, page 127.

ARTICLE. Petite partie, ou division d'un compte, d'un mémoire, d'une facture, d'un inventaire, d'un livre journal. On dit: ce compte est composé de tant d'Articles en débit, & de tant d'Articles en crédit. Le mémoire, la facture des marchandises, que je vous ai fournies, contient tant d'Articles, dont le montant est de tant. Dans mon inventaire, l'Article des serges d'Aumale monte à tant.

Un bon teneur de Livres doit être exact à porter sur le grand Livre, au compte de chacun, soit en débit, soit en crédit, tous les articles qui ont été écrits sur le Livre Journal, & ainsi du reste.

ARTICLE. Se dit aussi des clauses, conditions, & conventions portées dans les sociétés, dans les marchés, dans les traités, & des choses jugées par des Arbitres.

Dans ce sens, on dit: il est porté par un tel Article de notre société, que les loyers de notre maison seront payés en commun. Dans le marché que nous avons fait ensemble, il y a un Article qui vous oblige à telle chose: cela est conforme à un des Articles de notre traité: nos Arbitres ont jugé cet Article en ma faveur.

ARTICLE. Se prend encore pour les différens chefs portés & réglés par les Ordonnances & les Réglemens, particuliérement quand on les cite. Ainsi on dit: cela est conforme à tel Article de l'Ordonnance de 1673, ou à tel Article des Réglemens pour les teintures; & de même des autres.

ARTIFICES. Se dit en général de toutes sortes de bâtimens à machines & à roues, construits sur les ruisseaux & rivieres propres à diverses Manufactures; tels que sont les moulins à fouler, à papier, à poudre, à tan, à bufles & chamois, à scier des planches, à forger des lames d'épées, des ancres, &c.

Toutes ces différentes constructions, bâtimens, & Artifices, & plusieurs autres, qui ne sont pas nommées ici, sont décrits & expliqués à leur article particulier, suivant leur ordre alphabétique.

ARTIFICIER. C'est un homme qui fait profession d'inventer, composer, construire, & exécuter des feux d'artifice, pour le divertissement des particuliers, ou pour des réjouissances publiques. Métier très dangereux à cause des accidens qui arrivent très souvent.

ARTILLIER. Ouvrier qui travaille à l'artillerie. C'est aussi le nom que l'on donnoit autrefois aux Maîtres Arquebusiers; qui dans leurs premiers Statuts de l'année 1575, sont appellés Maîtres Artilliers, Forgeurs de canons, d'arquebuses à rouet, & pistolets. Le nom d'Arquebusier a depuis prévalu. *Voyez* ARQUEBUSIER.

ARTISAN. Ouvrier qui gagne sa vie en travaillant aux Arts méchaniques; tels que sont les Chapeliers, Menuisiers, Bahutiers, &c. *Voyez l'article suivant.*

L'article 6 du titre premier de l'Ordonnance de 1673, porte : *Que tous les Artisans, Maçons, Charpentiers, Couvreurs, Serruriers, Vitriers, Plombiers, Paveurs, & autres de pareille qualité, seront tenus de demander payement dans l'an après la délivrance.*

ARTS ET METIERS. On appelle ainsi à Paris les Communautés d'Artisans établies en Corps de Jurande, & où il y a Apprentissage, Maîtrise, & Jurés.

Ils sont différens de ce qu'on nomme les six Corps des Marchands. *Voyez* COMMUNAUTE'.

## A S

A S. C'est à Amsterdam une des divisions de la livre, poids de marc; 32 as font un engel; dix engels font un loot; & 32 loots font la livre. *Voyez* ce dernier article.

## A S C

ASCLEPIAS, ou CONTRA-YERVA BLANC. C'est la plante que les Botanistes appellent *Hirundinaria*, qui est très commune en France. La racine de cette plante, à qui l'on attribue les mêmes vertus du *Contra-yerva* de la nouvelle Espagne, est fort déliée, blanchâtre, & assez semblable à celle de l'*Azarum*.

Il faut la choisir nouvelle, bien nourrie, & d'un goût un peu piquant, & un peu aromatique. *Voyez* CONTRA-YERVA.

## A S E

ASEM, ou AZEM, Royaume des grandes Indes. *Voyez* l'Etat général, page 424.

## A S I

ASIE, une des quatre Parties du Monde. *Voyez* ce qui est dit des bornes, de l'étendue, & du Commerce de l'Asie, dans l'Etat général, page 401.

## A S L

ASLANI, qu'on nomme aussi, mais un peu improprement ASSELANI. Est le daller, ou piastre de Hollande, qui a grand cours dans toutes les Echelles du Levant. Les Turcs, qui nomment un lion, Aslani, lui ont donné ce nom, à cause de ceux dont la figure est empreinte des deux côtés de la piece.

Il y a deux sortes d'Aslani; celui de Hollande, & celui qui se frappe à Inspruck. Non-seulement la piastre Hollandoise est à plus bas titre que celle d'Inspruk; mais si l'on en croit le Chevalier Chardin, si célébre par ses voyages, & par les agréables & exactes relations qu'il en a donné au public, l'argent que les Hollandois portent au Levant, est très mêlé de pieces fausses; & sur tout les quarts de piastres sont, ou tout-à-fait fausses, ou n'ont au plus que la moitié de fin. Les Arabes, qui prennent le lion pour un chien, les appellent *Abukesb*. L'Aslani vaut jusqu'à cent quinze ou cent vingt aspres.

## A S N

ASNE. Animal domestique, qui est propre à porter, & à tirer. *Voyez* ANE.

ASNE. Est aussi une espece d'étau, dont plusieurs Ouvriers se servent. *Voyez comme dessus.*

ASNE'E. Mesure de grains en usage dans le Lyonnois & le Mâconnois. Il se dit aussi, du côté de Lyon, d'une certaine quantité de vin, qui fait la charge d'un âne. *Voyez* ANE'E.

## A S P

ASPALATHE, ASPALATH, ou ASPALATUM. C'est le bois d'un arbre, que l'on emploie dans la Pharmacie, & dont il est difficile de faire une exacte description, les Auteurs ayant de la peine à convenir du vrai Aspalathe.

En effet, l'on voit de trois sortes de bois, à qui l'on donne ce nom. Le premier, est un bois noirâtre, & que bien des gens croyent assez vraisemblablement n'être autre chose que le bois d'aigle, dont l'odeur est forte.

Le second, est le bois d'un petit arbre épineux, pésant & massif, oleagineux, âcre & amer au goût, de couleur purpurine & marquetée, assez odorant. Il approche des vertus, du goût, de l'odeur, de la pésanteur, & de la figure du bois d'aloës; & on les substitue souvent l'un à l'autre dans la composition des médicamens.

Les Parfumeurs en usent dans leurs parfums.

Pomet, qui n'ose décider que cette espece soit le véritable Aspalathe, bien que de fort habiles Pharmaciens soient de ce sentiment, se contente de dire, que c'est celui que l'on vend ordinairement pour l'Aspalathe.

Le plus grand usage de ces deux sortes d'Aspalathe, qui sont très peu connus, & très rares, est pour la composition des trochisques d'Hedycroum.

Le troisiéme bois d'Aspalathe, est le bois de Rose, ou de Rhode, qui signifie la même chose en Grec, & que quelques-uns confondent aussi avec le bois de Chypre. Ce bois est très commun. *Voyez* ROSE, bois.

Quelques Auteurs ajoutent un quatriéme Aspalathe, qui a l'écorce cendrée, & le bois rouge. L'odeur, qui est très forte, frappe l'odorat aussi vîte & aussi vivement que le *Castoreum*. Il jette des branches en forme de sarment, & il est quelque peu épineux.

Il y a aussi plusieurs plantes à qui on donne le même nom, & qui sont des especes de celle qu'on appelle *Genista spartium*.

*L'Aspalatum paye en France les droits d'entrée sur le pied de trois livres le cent pésant.*

ASPE (vallée d') en Bearn. *Voyez* l'Etat général, page 219.

ASPET ou ASPECT, petite Ville de France dans le Commingeois. *Voyez* l'Etat général, page 36.

ASPHALTUM, ou BITUME DE JUDE'E. Ce Bitume se tire du Lac Asphaltique, autrement Mer Morte, dans la Judée.

Ce Lac, si fameux dans l'Ecriture Sainte, & qui est encore un terrible monument de la juste punition de Sodome, de Gomorre, & des autres Villes consumées par le feu du Ciel, ne nourrit aucun poisson; & tue même, par l'extrême puanteur de ses exhalaisons, les oiseaux qui passent pardessus : mais sur la superficie de ses eaux nage une espece de graisse noirâtre, que les Arabes recueillent, & qui sert à goudronner les vaisseaux au lieu du bray, du goudron, & de la poix, que les Européens employent.

Cette graisse est le véritable Asphaltum, dont les Juifs se servoient autrefois pour embaumer leurs morts; & qui est encore d'un assez grand usage en France; soit dans la Médecine, où il entre dans la composition de la Thériaque; soit pour faire ces beaux vernis noirs, qui imitent si bien ceux de la Chine.

L'Asphaltum est d'un noir luisant, si semblable à la poix noire de Stokolm, qu'il n'y a que la mauvaise odeur de cette poix, & la dureté de l'Asphaltum, qui puissent en faire faire la différence.

On le sofistique quelquefois, en y mêlant de la poix; & c'est ce qu'on appelle *Pisasphaltum Artificiel*. C'est encore par la puanteur de l'odeur, & par le vilain noir de cette drogue, que l'on découvre la tromperie.

*L'Asphaltum paye en France de droits d'entrée, cinq livres du cent pésant.*

ASPHALTUM. C'est aussi une espece de pierre, ou de matiere minérale, qui se trouve dans la Vallée de Sydim en Asie, près l'ancienne Babylone; & dont depuis le commencement du dix-huitiéme siécle, on a découvert une mine dans le Comté de Neufchatel en Suisse.

Cet Asphaltum minéral a diverses propriétés.

1°. Préparé avec d'autres matieres, on en fait un excellent ciment, incorruptible à l'air, & impénétrable à l'eau.

2°. On compose avec l'huile, qu'il est facile d'en tirer, une espece de bray ou de goudron, propre à calfater les vaisseaux & bâtimens de mer & de riviere, qui les garantit mieux des vers que les drogues ordinaires dont on se sert pour le calfat, & qui résiste davantage aux impressions de l'eau douce & de l'eau salée.

3°. Enfin, son huile employée toute seule, ou mêlée dans quelques remedes topiques, a diverses vertus particulieres, qui font qu'on s'en sert heureusement dans la Médecine & la Chirurgie pour la guérison de divers maux, sur-tout pour celle des ulceres, & de toutes les maladies qui surviennent à la peau.

Il y a bien de l'apparence que le bitume, dont Hérodote, & après lui tous les Anciens, disent qu'on avoit fait la liaison des pierres des célebres murs de Babylone, qu'on mettoit au nombre des sept merveilles du monde, n'étoit autre chose que l'Asphaltum de Sydim, qu'on appelloit simplement Bitume, à cause de la nature bitumineuse & oléagineuse du ciment qu'on en composoit.

Cet Asphaltum Asiatique, ou Babylonien, est assez rare en Europe, & particuliérement en France; où celui qui y entre, paye les droits sur le pied d'Asphaltum de Syrie, autrement de Bitume de Judée, dont on a parlé ci-dessus. *Voyez l'article précédent.*

A l'égard de l'Asphalte nouvellement découvert en Suisse, s'il a toutes les propriétés exprimées dans la Requête présentée au Conseil du Roi par le Sieur de la Sabloniere, pour obtenir le Privilege d'en faire seul le commerce dans le Royaume, qu'on a ci-devant rapportées en extrait, il y a bien de l'apparence qu'on n'aura plus gueres besoin en France des Asphaltes étrangers, auxquels celui de Neufchatel pourra être subtitué, même avec avantage.

L'Arrêt du Conseil d'Etat du 21 Février 1720, donné sur cette Requête du Sieur de la Sablonniere, porte : *Que Sa Majesté faisant attention sur l'utilité que pourra produire l'usage de cette mine Asphaltique, dont on a fait diverses expériences, a permis & permet à l'Exposant de faire entrer dans le Royaume pendant le tems de dix années, à commencer au premier May suivant, sur des certificats signés de lui, telle quantité que bon lui semblera, de la mine de pierre d'Asphalte, cuite ou non cuite, préparée & non préparée, & l'huile tirée de cette pierre, sans payer aucuns droits aux Bureaux des Fermes établis aux entrées, ou dans l'intérieur du Royaume : Comme aussi lui permet Sa Majesté, de faire vendre & débiter lesdites pierres, ciment, goudron, & huile d'Asphalte, par telles personnes que bon lui semblera, sans qu'elles puissent être inquiétées par les Marchands, ou autres, pour raison de ladite vente.*

ASPIC. Plante qui croît en abondance dans le Languedoc, & dans la Provence, sur-tout sur la montagne de la Sainte Baume.

C'est une espece de Lavande, assez semblable à la Lavande de nos jardins, tant pour la fleur, qui est bleue, que pour la figure & le verd de la feuille. Les Botanistes l'appellent Lavande mâle, en Latin *Lavendula-mas*. Ils lui donnent encore d'autres noms, comme, *Spica-Nardi*, *Nardus Italica*, ou *Pseudo-nardus*.

L'huile d'Aspic, dont les Peintres, les Maréchaux, & autres Ouvriers se servent, & qui est de quelque usage en Médecine, où elle entre dans plusieurs compositions galéniques, est tirée des fleurs, & des petites feuilles de cette plante. Cette huile est fort inflammable; & quand elle est en feu, il est presque impossible de l'éteindre.

La véritable huile d'Aspic est blanche, d'une odeur aromatique; & il n'y a qu'elle seule, qui puisse dissoudre le sandarac; ce qui la fait aisément reconnoître d'avec celle qui est contrefaite, & qui n'est que de l'huile de Thérébentine mêlée avec un peu d'huile de Pétrolle.

ASPINY ou ESPINES ANGLIERES. Drogue qui sert à la Médecine.

*Par le Tarif de la Douanne de Lyon, l'Aspiny paye trois livres douze sols six deniers le quintal pour l'ancien droit; & douze sols pour les quatre pour cent aussi anciennement imposés.*

ASPIRANT. Celui qui aspire à quelque chose, qui veut y parvenir. Il se dit particuliérement des Apprentifs, qui veulent devenir Maîtres, soit dans les six Corps des Marchands de Paris, soit dans les Communautés des Arts & Métiers.

ASPIRANT A LA MAITRISE dans les six Corps des Marchands de Paris. Est celui qui ayant l'âge requis, fait son tems d'apprentissage, & servi chez les Maîtres, aspire à se faire recevoir Maître lui-même.

Personne ne peut aspirer à être reçu Marchand, qu'il n'ait vingt ans accomplis, & ne rapporte le brevet & les certificats de son apprentissage, & du service qu'il a fait depuis chez les Maîtres. Si le contenu aux certificats ne se trouvoit pas véritable, l'Aspirant seroit déchû de la Maîtrise; le Maître d'apprentissage, qui auroit donné son certificat, condamné en cinq cent livres d'amende; & les autres Certificateurs, chacun en trois cent livres.

L'Aspirant à la Maîtrise doit être interrogé sur les Livres & Registres à parties doubles & à parties simples, sur les Lettres & Billets de change, sur les regles d'Arithmétique, sur les parties de l'aune, sur la livre & poids de marc, sur les mesures & les poids, & sur les qualités des marchandises, autant qu'il doit convenir pour le commerce dont il entend se mêler.

Il est défendu aux particuliers, & aux Communautés, de prendre ni recevoir des Aspirans aucuns présens pour leur réception, ni autres droits, que ceux qui sont portés par les Statuts, sous quelque prétexte que ce puisse être, à peine d'amende, qui ne peut être moindre de cent livres. Il est aussi défendu à l'Aspirant de faire aucun festin, à peine de nullité de sa réception.

Outre ces Réglemens généraux extraits des articles 3, 4, & 5, du titre premier de l'Ordonnance de 1673, chacun des six Corps des Marchands en a de particuliers, soit pour le tems de l'apprentissage, soit pour celui du service chez les Maîtres, soit enfin pour le chef-d'œuvre, auquel il n'y en a que quelques-uns qui sont soumis; & comme il n'en est point parlé dans l'Ordonnance, on a cru qu'on feroit plaisir au Lecteur de les ajouter ici, afin qu'on y puisse voir comme d'un seul coup d'œil toutes les obligations d'un Aspirant à la Maîtrise dans chacun de ces six Corps.

Dans le Corps des Drapiers-Chaussetiers, qui est le premier des six Corps, les Aspirans à la Maîtrise ne sont point tenus de faire chef-d'œuvre; il suffit qu'ils ayent servi les Marchands Drapiers trois ans entiers en qualité d'Apprentifs, & deux autres années après la fin de leur apprentissage, qui font en tout cinq ans.

Quoique les Apoticaires & les Epiciers, Droguistes, Confiseurs & Ciriers, ne fassent qu'un seul & même Corps, qui est le deuxiéme des six Corps; néanmoins les Aspirans sont tenus de différentes choses, selon l'état qu'ils veulent embrasser dans le Corps.

Ceux qui aspirent à la Pharmacie, ou Apoticairerie, doivent avoir fait quatre ans d'apprentissage, & six années de service chez les Maîtres; ce qui fait en tout dix ans. Outre cela ils doivent être examinés & faire chef-d'œuvre.

Pour ce qui est de ceux qui aspirent à être reçus Epiciers, Droguistes, Ciriers, & Confiseurs, ils ne doivent avoir fait que trois ans d'apprentissage, & servi les Maîtres trois autres années, ce qui fait en tout six ans; & ne sont point obligés à faire de chef-d'œuvre.

Dans le Corps des Marchands Merciers-Grossiers-Jouailliers, qui est le troisiéme des six Corps, les Aspirans ne sont assujettis à aucun chef-d'œuvre; il suffit, pour être admis à la Maîtrise, qu'ils ayent été au service des Marchands Merciers trois ans en qualité d'Apprentifs, & trois autres années après leur apprentissage, en qualité de Garçons; ce qui fait en tout six ans.

Dans le Corps des Marchands Pelletiers-Haubanniers-Foureurs, qui est le quatriéme des six Corps, les Aspirans à la Maîtrise doivent justifier de leur apprentissage, & du service des Maîtres; lequel apprentissage doit avoir été de quatre ans entiers, & le service des Maîtres de quatre autres années, ce qui fait en tout huit ans; & sont obligés à chef-d'œuvre.

Ceux qui aspirent à être reçus dans le Corps des Marchands Bonnetiers-Aulmulciers-Mitonniers, qui est le cinquiéme des six Corps, doivent avoir fait leur apprentissage de cinq ans, & le service des Maîtres pendant cinq autres années, ce qui fait en tout dix ans; & sont tenus de faire chef-d'œuvre.

Enfin, ceux qui aspirent à se faire recevoir dans le sixiéme & dernier Corps des Marchands, qui est celui de l'Orfévrerie, doivent justifier de leur apprentissage, & du service qu'ils ont fait chez les Maîtres; lequel apprentissage est réglé à huit ans, & le service des Maîtres à deux ans; ce qui fait en tout dix ans. Outre cela, ils sont encore obligés de faire chef-d'œuvre, & de donner caution de la somme de mille livres. *Voyez* CHEF-D'OEUVRE & APPRENTIF.

LES ASPIRANS A LA MAITRISE dans les Communautés des Arts & Métiers, ont aussi leurs Réglemens, leur tems d'apprentissage, celui du service chez les Maîtres, & leur chef-d'œuvre; mais presque tous différens, suivant la diversité des professions & des ouvrages qu'on y fait. *Voyez les articles de ce Dictionnaire, où il est parlé de ces diverses Communautés, & de leurs Statuts.*

ASPIRER. Terme de Doreur. On dit que l'or couleur aspire l'or, pour dire, qu'il l'attire, ou plutôt qu'il le retient. Il se dit pareillement de ce qu'on appelle l'Assiette dans la dorure en détrempe. *Voyez* DORURE *en huile & en détrempe.*

ASPRE. Petite monnoie d'argent, qui se fabrique & qui a cours dans tous les Etats du Grand-Seigneur. Elle vaut un peu plus que huit deniers tournois. Quand elle est de bon alloy, on n'en donne que quatre-vingt pour l'écu de France de soixante sols; mais comme il y en a quantité de fausses, que les Bachas & les Juifs font faire dans les Provinces éloignées, on ne les reçoit le plus souvent, que sur le pied de six deniers; & alors il en faut six vingt pour l'écu.

*Evaluation de diverses monnoies qui ont cours dans les Etats du Grand-Seigneur, sur le pied de l'aspre, à prendre l'aspre pour 9 deniers de France.*

Trente-cinq aspres valent 27 sols de France.

Un sequin de Venise, 160 aspres, ou 6 livres tournois.

Une réale d'Espagne, 80 aspres, ou 3 livres tournois.

La réale de l'Empire, 82 aspres.

La richedale de Hollande, 70 aspres.

Un sequin de Turquie, 160 aspres, ou 6 livres de France.

Un sequin commun de Turquie, 150 aspres, ou 5 liv. 15 sols de France.

Un hongre, comme le sequin commun de Turquie.

ASPRE. Est aussi une monnoie de compte, & les livres se tiennent à Constantinople, & dans les Echelles du Levant, en piastres au bouquet, en medins, & en aspres.

ASPRESLE ou PRESLE, qu'on nomme aussi Queue de cheval, en Latin *Equisetum.* Herbe qui a les feuilles fort rudes, & la tige creuse & noueuse, avec quantité de petites feuilles très minces autour de chaque nœud, dont divers Ouvriers & Artisans se servent, pour adoucir leur ouvrage.

L'Aspresle se plaît dans les lieux aquatiques, où elle croît d'une hauteur considérable, quand elle trouve quelque arbre où s'attacher. *Voyez* PRESLE.

ASS

ASSA DOUX. L'on nomme ainsi quelquefois le Benjoin. *Voyez* BENJOIN.

ASSA FOETIDA, ou ASA FOETIDA. Gomme qui se tire d'une plante, qu'on appelle en Latin *Laserpitium*, dont la tige ressemble à la ferule, & les feuilles à l'ache, & qui porte une graine large.

Cette gomme, que les Apoticaires, pour abreger, appellent simplement *l'Aser*, se trouve rarement pure, & sans être sophistiquée.

Pline, Theophraste, & les autres Anciens, qui en ont parlé, témoignent tous également, qu'elle étoit en grande estime de leur tems, qu'elle s'y vendoit au poids de l'argent, & que les Empereurs même la mettoient au nombre des choses les plus précieuses, dont ils remplissoient leurs trésors.

Il ne paroît pas que cette description, que M. Furetiere a pris du Chapitre 3 du 19e Livre de l'Histoire naturelle de Pline, mais qu'il a fort embellie, convienne à l'*Assa fœtida*, que vendent présentement nos Droguistes, ou du moins il faut qu'il y ait quelques-unes de ses vertus que l'on ne connoisse plus.

L'*Assa fœtida* d'aujourd'hui, qui n'a plus gueres d'usage que pour les Maréchaux, qui en consomment beaucoup, est une gomme qui coule pendant les grandes chaleurs d'un petit arbrisseau, qui a les feuilles semblables à la rue. Il en vient des Indes, de Perse, de la Medie, de l'Assyrie, & de l'Arabie. Des Auteurs assurent, que celle qu'on apporte de Perse, se tire d'un arbre, qui a les feuilles comme celles de la rave.

Cette gomme est d'un blanc tirant d'abord sur le jaune, ensuite sur le rouge, & enfin sur le violet. Son odeur est si forte, & si puante, que les Allemands l'ont appellée *Stercus diaboli*; & nos Droguistes lui donnent le même nom en François; l'appellant aussi Suc Syriaque, Liqueur de Syrie, & Suc de Medie.

La plus grande partie de l'*Assa fœtida* qu'on a en France, vient de Londres. Les Anglois l'envoyent dans de grands tonneaux reliés de fer; ce qui fait reconnoître l'*Assa fœtida* d'Angleterre, d'avec celle de Marseille, qui est dans des paniers de feuilles de palmier.

Cette gomme est en masse, ou en larmes; mais il s'en débite peu en larmes; les Maréchaux accoutumés à l'acheter en masse, ne la reconnoissant presque plus quand elle est en larmes.

On a déja dit qu'il est facile de la sofistiquer; & l'on a vû des gens assez hardis, pour vendre en sa place du gallipot madré, ou encens commun.

La bonté de l'*Assa fœtida* se reconnoît à la couleur & l'odeur. Une odeur supportable & une couleur claire, sont les marques de sa bonne qualité : la couleur noire & la puanteur dénotent le contraire.

L'assa fœtida se vend à Amsterdam 30 à 36 s. la livre; elle se tare au poids. Les déductions pour le bon poids & le prompt payement, sont chacune de 2 pour 100.

*L'*Assa fœtida *ne payoit en France par le Tarif de 1664, que trois livres le cent pésant pour droits d'entrée; mais depuis elle a été mise du nombre des marchandises venant du Levant, &c. sur lesquelles il est ordonné de lever vingt pour cent de leur valeur, en conséquence de l'Arrêt du Conseil du 15 Août 1685.*

ASSECTEUM. Drogue dont il est fait mention dans le Tarif de la Douane de Lyon.

*Les droits de l'Assecteum réglés par ce Tarif, sont de 13 sols 4 deniers du quintal pour l'ancien droit; de 6 sols 8 deniers pour la nouvelle réapréciation; de 20 sols pour les quatre pour cent anciennement imposés; & de 10 sols pour la réapréciation ou augmentation desdits quatre pour cent.*

ASSELANI. C'est ainsi que parmi quelques Européens, on nomme la piastre, ou daller de Hollande, qui a cours dans les Echelles du Levant. Le véritable nom que les Turcs lui donnent, est Aslani. *Voyez* ASLANI.

ASSEMBLÉE. Jonction qui se fait de plusieurs personnes dans un même lieu, pour déliberer sur quelques affaires importantes. On dit, Une Assemblée de Créanciers, une Assemblée de Négocians. Les Assemblées générales des six Corps des Marchands de la Ville de Paris, se tiennent dans le Bureau du Corps de la Draperie, qui en est le premier. *Voyez* CORPS.

ASSEOIR UNE CUVE. Terme de Teinturier. C'est préparer une cuve de teinture, y mettre les drogues & ingrédiens nécessaires, & la mettre en état qu'on y puisse laisser en bain les étoffes, ou autres matieres, ausquelles on a dessein de donner la couleur, pour laquelle la cuve est préparée.

L'article 92 des Teinturiers en soie, laine & fil, ordonne pour chef-d'œuvre aux Aspirans à la Maîtrise, d'asseoir une cuve d'inde & fleurée, & de la bien user & tirer, jusqu'à ce que le chef-d'œuvre soit entiérement accompli. *Voyez* TEINTURIER, *où il est parlé des Teinturiers en soie, laine, & fil.*

ASSERBE, ou AZERBE. C'est le nom que l'on donne à la muscade sauvage, ou muscade mâle. *Voyez* MUSCADE.

ASSETTE, ou HACHETTE. Marteau avec une tête d'un côté, & un tranchant de l'autre, large de deux pouces, & un peu recourbé vers le manche. Les Couvreurs s'en servent pour dresser, couper, & clouer les lattes.

La Hachette à marteau des Charpentiers, & l'Essette des Tonneliers, sont assez semblables à cette Assette. Ce sont pourtant trois outils différens, & qui servent à différens ouvrages. *Voyez* HACHETTE, & ESSETTE.

ASSEURANCE. } *Voyez* { ASSURANCE.
ASSEURÉ. } *Voyez* { ASSURÉ.
ASSEURER. } *Voyez* { ASSURER.

ASSIENTE, ou ASSIENTO. Ce terme est Espagnol, & signifie une Ferme. *Voyez* le chap. 17. de la premiere partie *del Negociante di Peri.*

En France, ce mot s'est introduit depuis le commencement de la guerre pour la succession d'Espagne. On l'entend d'une Compagnie de Commerce établie pour la fourniture des Négres dans les Etats du Roi d'Espagne en Amérique, particuliérement à Buenos-aires.

Ce fut l'ancienne Compagnie Françoise de Guinée, qui après avoir fait son Traité pour cette fourniture avec les Ministres Espagnols, prit le nouveau nom de Compagnie de l'Assiente, à cause du droit qu'elle s'engagea de payer aux Fermes du Roi d'Espagne, pour chaque Négre, piece d'Inde, qu'elle passeroit dans l'Amérique Espagnole.

Ce Traité de la Compagnie Françoise, qui consistoit en trente-quatre articles, fut signé le premier Septembre 1702, pour durer pendant dix années, & finir à pareil jour de l'année 1712; accordant néanmoins aux Assientistes deux autres années pour l'exécution entiere de la fourniture, si elle n'étoit pas finie à l'expiration du Traité.

Les deux principaux de ces trente-quatre articles regardoient; l'un, la quantité des Négres que la Compagnie devoit fournir aux Espagnols; l'autre, le droit qu'elle en devoit payer au Roi d'Espagne pendant le tems de la Ferme, ou Assiento.

A l'égard du nombre des Négres, il fut fixé à trente-huit mille, tant que la guerre, qui avoit commencé l'année d'auparavant, dureroit; & à quarante-huit mille, en cas de paix. Pour ce qui est du droit du Roi d'Espagne, il fut réglé à trente-trois piastres un tiers pour chaque Négre, piece d'Inde, dont la Compagnie paya par avance la plus grande partie.

La paix d'Utrecht, par laquelle Philippes V. fut reconnu Roi d'Espagne, par la Reine Anne d'Angleterre, & par tous les Alliés, à la réserve de l'Empereur, ayant fini la guerre; & l'un des articles du Traité entre la France & l'Angleterre, ayant été la cession de l'Assiente, ou Ferme des Négres, en faveur de cette derniere, les Espagnols traiterent avec les Anglois pour la fourniture des Négres.

Ce Traité, semblable en plusieurs articles à celui de la Compagnie Françoise, mais de beaucoup plus avantageux par plusieurs autres aux Assientistes Anglois, devoit commencer au premier Mai 1713, pour durer trente ans, c'est-à-dire, jusqu'à pareil jour de l'année 1743.

La Compagnie du Sud établie en Angleterre depuis le commencement de cette même guerre, mais qui ne subsistoit qu'à peine, fut celle qui se chargea de l'Assiento des Négres pour l'Amérique Espagnole.

La fourniture qu'elle doit faire, est de quatre mille huit cent Négres par an, pour lesquels elle doit payer le droit par tête sur le pied réglé par les François; n'étant néanmoins obligée qu'à la moitié du droit pendant les vingt-cinq premieres années, pour tous les Négres qu'elle pourroit fournir au de-là du nombre de quatre mille huit cent, stipu é par le Traité.

Le quarante-deuxiéme article de ce Traité, qui est aussi le dernier, & peut-être le plus considérable de tous, n'étoit point dans le Traité fait avec les François.

Cet article accorde aux Assientistes Anglois la permission d'envoyer dans les Ports de l'Amérique Espagnole, chaque année des trente que le Traité doit durer, un vaisseau de cinq cent tonneaux, chargé des mêmes marchandises que les Espagnols ont coutume d'y porter; avec liberté de les vendre & débiter concurremment avec eux aux Foires de Puerto-bello & de la Vera-cruz.

On peut dire que la fourniture même des Négres, qui fait le fonds du Traité, non plus que plusieurs autres articles, qui accordent quantité de priviléges à la nouvelle Compagnie de l'Assiente, ne lui apportent peut-être point tous ensemble autant de profit, que cette seule faculté donnée aux Anglois contre l'ancienne politique, & la jalousie ordinaire des Espagnols à l'égard de leur Commerce de l'Amérique, pour des raisons que l'on pourra expliquer ailleurs. *Voyez au commencement de ce volume, dans l'article du Commerce de l'Amérique celui des Navires de Registres.*

L'on a depuis ajouté cinq nouveaux articles à ce Traité de l'Assiente Angloise, pour expliquer quelques-uns des anciens.

Le premier porte, que l'exécution du Traité ne seroit censée commencer qu'en l'année 1714. Le second, qu'il seroit permis aux Anglois d'envoyer leur vaisseau Marchand chaque année, bien que la Flotte, ou les Gallions Espagnols, ne vinssent point à l'Amérique. Le troisiéme, que les dix premieres années ce vaisseau pourroit être du port de six cent cinquante tonneaux. Enfin, les deux derniers, que les marchandises qui resteroient de la traitte des Négres, seroient renvoyées en Europe, après que les Noirs auroient été débarqués à Buenos-Ayres; & que si la destination des Négres étoit pour Puerto-Bello, la Vera-Cruz, Cartagene, & autres Ports de l'Amérique Espagnole, elles seroient portées dans les Isles Antilles Angloises, sans qu'il fût permis d'en envoyer à la mer du Sud.

La maniere d'évaluer & de payer le droit d'Assiento pour chaque Négre, piece d'Inde, lorsqu'il arrive sur les Terres du Roi d'Espagne dans l'Amérique, est la même avec les Assientistes Anglois, qui se pratiquoit avec les Assientistes François, c'est-à-dire, que lorsque ces Négres sont débarqués, les Officiers Espagnols de concert avec les Commis de l'Assiente, en font quatre classes.

Premiérement, ils mettent ensemble tous les Négres de l'un & l'autre sexe, qui sont en bonne santé, & qui ont depuis quinze ans jusqu'à trente; ensuite ils séparent les vieillards, les vieilles femmes, & les malades, dont ils font un second lot. Après suivent les enfans des deux sexes de dix ans, & au dessus jusqu'à quinze; & enfin ceux depuis cinq jusqu'à dix.

Ce partage étant fait, on en vient à l'évaluation, c'est-à-dire, qu'on compte les Négres de la premiere classe, qui sont sains, chacun sur le pied d'une piece d'Inde: les vieux & les malades, qui font la seconde classe, chacun sur le pied de trois quarts de piece d'Inde: les grands enfans de la troisiéme classe, trois pour deux pieces; & les petits de la quatriéme, deux pour une piece; & sur cette réduction on paye le droit du Roi.

Ainsi d'une cargaison de cinq cent soixante-cinq têtes de Négres, dont il y en a deux cent cinquante de sains, soixante malades ou vieux, cent cinquante enfans de dix ans, & au dessus, & cent cinquante depuis cinq jusqu'à dix, le Roi ne reçoit son droit que de quatre cent quarante. *Voyez l'article des Compagnies de Commerce, aux deux paragraphes des Compagnies Françoises & Angloises.*

**ASSIENTISTE.** Celui qui a part, qui a des actions dans la Compagnie de l'Assiente. *Voyez l'article précédent.*

**ASSIETTE.** Ustencile de table, que l'on met devant chacun des conviés, & sur lequel il pose & coupe les morceaux qu'on lui présente, & qu'il veut manger. Il y a des Assiettes de bois, qu'on nomme des Tranchoirs; des Assiettes de fayance, de porcelaine, d'étain, d'argent, de vermeil doré,

& d'or, qui toutes se font & se vendent par les différens Marchands & Artisans qui travaillent sur les matieres dont elles sont faites, ou qui en ont le privilége par leurs Statuts & Lettres Patentes.

ASSIETTE. Vendre du vin à l'Assiette. C'est vendre du vin en détail, avec permission de donner à manger à ceux à qui on le débite ; de couvrir la table d'une nappe, & d'y servir des Assiettes : ce qui est différent de vendre du vin à pot ; qui est bien aussi une vente en détail, mais où l'on ne peut mettre ni nappe, ni assiettes, ni donner à manger. Les Marchands de vin, Cabaretiers, vendent à Assiette ; les Bourgeois à pot. *Voyez* VIN, *où l'on parle de la vente du vin en détail.*

ASSIETTE, en terme de Doreur. Signifie une espece de couleur un peu grasse, dont on se sert pour asseoir l'or, quand on dore en détrempe. *Voyez* DORURE EN D'ETREMPE.

ASSIETTE. Est aussi un terme de Teinturier, qui se dit d'une cuve préparée & remplie des ingrédiens nécessaires pour la teinture. Le Réglement de 1669 défend, qu'après l'Assiette d'une cuve, préparée de guesde, d'indigo, & de pastel, pour les draps qu'on veut teindre en noir, on la rechauffe plus de deux fois.

ASSIETTE. Est encore un terme de Paveur, qui signifie le côté du pavé qui doit être mis sur le sable. Ainsi on dit, qu'une Assiette de pavé est mise en plein sable, quand le pavé y est mis du sens qu'il doit y être placé. *Voyez* PAVE', & PAVEUR.

ASSIETTE, en fait de commerce de bois. S'entend de la descente que les Officiers des Eaux & Forêts font sur les lieux où se doivent faire les coupes, pour marquer aux Marchands les bois qui leur ont été vendus. En ce sens on dit, faire l'Assiette des ventes.

L'assiette s'ordonne par le grand Maître, qui désigne aux Officiers les lieux & cantons des triages ; & se fait par son Arpenteur, ou du moins en son absence par l'un des deux qui est établi dans chaque Maitrise particuliere.

Faire l'assiette ; c'est fixer la consistence de chaque coupe & en assurer le mesurage par des tranchées & des layes qui l'environnent ; & en marquant du marteau du Roi, & de ceux du grand Maître & de l'Arpenteur, ce qu'on appelle en terme d'exploitation & de commerce de bois, des Pieds corniers, des arbres de lisieres & des parois. *Voyez* ces trois articles. *Voyez aussi* celui des Arpenteurs des Eaux & forêts.

ASSIGNATION. Ajournement, exploit de Sergent, par lequel on somme une personne de comparoir à certain & compétent jour, pardevant un Juge, pour répondre à la demande, ou à la plainte qu'on a formée contre lui, ou pour venir déposer, prêter serment, ou faire un autre acte de justice.

L'Ordonnance, ou Code Civil du mois d'Avril 1667, art. 1 du titre 2 ; veut, que les Assignations ou ajournemens soient libellés, & qu'ils contiennent les conclusions, & sommairement les moyens de la demande, à peine de nullité des Exploits. Il paroît que cela a été ainsi ordonné, afin que le Défendeur sçache à quelle fin & pourquoi il est assigné ou ajourné, & qu'il vienne prêt pour se défendre.

Par les art. 1 & 2 du titre 16 de la même Ordonnance, il est porté, que ceux qui seront assignés pardevant les Juges & Consuls des Marchands seront tenus de comparoir en personne à la premiere Audience, pour être ouis par leur bouche : & qu'en cas de maladie, absence, ou autre légitime empêchement, qu'ils pourront envoyer un mémoire contenant les moyens de leur demande ou défense, signé de leur main, ou par un de leurs voisins ou amis, ayant de ce charge & procuration spéciale, dont il sera apparoître ; & que la cause sera vuidée sur le champ, sans ministere d'Avocat, ni de Procureur.

Ces trois articles de cette Ordonnance sont conformes à l'article 5 de l'Edit de Charles IX, portant création des Juges & Consuls des Marchands de Paris.

Dans les matieres attribuées aux Juges & Consuls, le Créancier peut faire donner l'Assignation à son choix ; ou au lieu du domicile du Débiteur ; ou au lieu auquel la promesse a été faite, & la marchandise fournie ; ou au lieu auquel le payement doit être fait. *Art.* 17 *du titre* 12 *de l'Ordonnance de Commerce du mois de Mars* 1673.

Les Assignations pour le commerce maritime, doivent être données pardevant les Juges du lieu où le contrat a été passé ; & celles qui sont données pardevant les Juges & Consuls du lieu d'où le vaisseau est parti, ou de celui où il a fait naufrage, sont de nul effet. *Art.* 18 *du même titre* 12 *de l'Ordonnance ci-dessus rapportée.*

Dans les affaires de Marine, où il y a des Etrangers ou Forains Parties, & en celles qui concernent les agreits, victuailles, équipages & radoubs des vaisseaux prêts à faire voile, & autres matieres provisoires, les Assignations doivent être données de jour à jour, & d'heure à autre, sans qu'il soit besoin de commission du Juge ; & le défaut peut être jugé sur le champ. *Art.* 2 *du titre* 11 *du livre* 1 *de l'Ordonnance de la Marine du mois d'Aout* 1681.

ASSIGNATION, Signifie encore une Ordonnance, mandement, ou rescription, pour faire payer une dette sur un certain fonds, dans un certain tems, par certaines personnes.

Lorsque des gens de qualité, ou autres, donnent des Assignations à prendre sur leurs Fermiers, ou autres, aux Marchands auxquels ils doivent, il est à propos que ces Marchands les fassent accepter par ceux sur qui elles sont données, afin d'éviter toutes les contestations qui pourroient arriver à leurs échéances ; car souvent il arrive que l'on donne deux Assignations sur une même personne, pour une même dette.

Quand une fois on a accepté une Assignation, on se rend le Débiteur de celui à qui elle a été donnée.

Comme ces sortes d'Assignations peuvent être négociées par ceux à qui elles appartiennent, il est bon de remarquer qu'il ne faut point s'en charger, sans faire mettre dessus l'aval de celui qui l'a négotiée, d'autant que cela le rend garant du payement ; outre que l'on a par ce moyen trois Débiteurs pour un ; sçavoir, celui qui a donné l'assignation en premier lieu, celui qui l'a acceptée, & celui qui a mis son aval.

On ne peut revenir sur celui qui a mis son aval, non plus que sur celui qui a donné originairement l'assignation, sans rapporter des diligences en bonne forme, qui justifient l'impossibilité que l'on a eu à s'en faire payer par celui sur qui elle a été donnée.

ASSIGNER. Ajourner, sommer quelqu'un de comparoir devant un Juge, pour défendre & répondre à une demande qu'on lui fait.

Assigner. Signifie aussi donner une ordonnance, un mandement, ou une rescription à quelqu'un, pour charger quelqu'autre du payement d'une dette. On lui a assigné sa dette sur le Fermier d'une telle terre.

ASSIMILLIERS. Petit Village du Beauvoisis où il se fait des serges de la qualité de celles de Tricot. *Voyez* Tricot.

ASSISES. Séances extraordinaires que des Juges supérieurs tiennent pour recevoir les plaintes qui se font contre les Juges ou Officiers inférieurs & subalternes.

Les Assises des Maîtrises particulieres des Eaux & Forêts doivent se tenir deux fois l'année, conformément à l'Ordonnance de 1699.

Il est permis par l'article IX du titre des Assises de la même Ordonnance, à tous Marchands & Facteurs d'y porter leurs plaintes contre ceux qui les auront troublé en l'exploitation de leurs ventes, ou qui leur auront fait quelques exactions ou violences.

ASSO, dans l'Isle de Saint-Domingue. *Voyez* l'Etat général, page 480.

ASSOCIATION. Traité de société, par lequel deux, ou plusieurs personnes se joignent ensemble, pour agir en commun, ou pour se mettre en état de faire un commerce plus considérable & plus étendu. Il y a une Association entre ces deux Compagnies de Commerce, entre ces deux Marchands, entre ces Banquiers.

Par les Statuts du Corps de la Mercerie, article 6, il est défendu aux Marchands Merciers de faire ni de contracter aucune Association avec qui que ce soit, s'il n'a été reçu Marchand dans ledit Corps, à peine de privation de la Maîtrise & d'amende arbitraire. *Voyez* Societe'.

ASSOCIER. Faire une société, ou admettre quelqu'un dans un traité de société, lui donner part dans le négoce que l'on veut entreprendre, ou que l'on a déja entrepris. *Voyez* Societe'.

ASSOCIE'. Qui est d'une société. C'est mon Associé. Je suis son Associé dans un tel commerce. Un Associé peut engager son Associé.

De la maniere dont les Associés vivent ensemble, dépend le bon ou le mauvais succès des affaires de la société. M. Savary, dans son parfait Négociant, Chap. 4. du Livre premier de la seconde Partie, donne des avis à ce sujet, qu'il seroit à souhaiter que ceux qui entrent en société, voulussent suivre.

ASSORE'E-BUND. C'est une des six sortes de soies qui se font dans les Etats du Mogol. *Voyez* l'article des Vers à soie.

ASSORTIMENT. Assemblage de deux, ou de plusieurs choses ensemble. Le verd & le bleu font un vilain Assortiment.

Assortiment. Se dit encore de plusieurs marchandises qu'il faut acheter ou amasser, pour faire le fonds d'une boutique, ou d'un magasin, afin d'avoir de quoi satisfaire ceux qui viendront acheter. Ce Marchand a fait un nouvel Assortiment d'étoffes de Tours, de Lyon, &c.

Les Marchands Libraires disent aussi un Assortiment de Livres; ce qui est différent de ce qu'ils appellent Livres de Sortes : ceux-ci étant tout ce qu'ils impriment eux-mêmes en vertu de Privilèges ou Permissions : & ceux-là, les Livres qu'ils tirent, soit des Libraires tant de Paris que des Provinces, soit des Pays étrangers, par échange, achat, ou autrement.

Un Marchand ne devant point faire ses achats, qu'auparavant il n'ait dressé un Mémoire, qui doit contenir l'Assortiment qu'il veut faire; & étant nécessaire que ce Mémoire soit fait dans un certain ordre, on a cru qu'on ne seroit pas fâché d'en trouver ici une formule, sur laquelle on pût se régler, suivant les diverses especes de marchandises dont on fait commerce.

## Modele d'un Memoire d'Assortiment de Marchandises.

*Etoffes de Tours.*

Taffetas blanc noir.
Dit deux tiers.
Dit blanc.
Dit incarnadin.
Ainsi de toutes les étoffes de Tours.

*Etoffes de Lyon.*

Armoisin bleu.
Dit vert.
Dit jaune.
Satin noir.
Ainsi de toutes celles dont on jugera avoir besoin.

*Férandines.*

Férandines noires à 6 fils.
Dit 8 fils.

Et continuer ainsi les titres, pour écrire au-dessous les marchandises que l'on jugera être nécessaires pour son Assortiment.

Il est important aux Marchands d'avoir beaucoup d'attention dans les achats qu'ils font, aux Assortimens qui leur sont convenables; car de là dépend la bonne ou mauvaise vente des marchandises. *Voyez* Achat, Acheter, Acheteur.

Assortiment. Se dit aussi parmi les Imprimeurs, de tout ce qui convient à chaque corps de caracteres; comme les grosses & petites capitales, la courante, l'italique de la courante, les lettres à accent, celles à abbréviation, les points de toute façon, les virgules, les guillemets, les vignettes, les quadrats & quadratins, enfin, tout ce qui peut entrer dans la composition d'une forme de chaque corps de caracteres.

Les Imprimeurs appellent aussi Assortiment, un certain nombre de corps de caracteres qu'ils ont, ou doivent avoir, pour entretenir suffisamment une Imprimerie. L'article 6 de la Déclaration du mois d'Octobre 1713, en interprétation du Réglement du mois d'Août 1686, concernant la Librairie, ordonne à chacun des trente-six Imprimeurs de Paris, d'avoir au moins quatre presses, & huit sortes de caracteres romains avec leurs italiques, depuis le gros Canon jusqu'au petit Texte.

ASSORTIR. Appareiller, mettre ensemble deux étoffes qui conviennent. Cette étoffe est fort belle, il faut l'assortir d'une doublure qui lui convienne.

ASSORTI. ASSORTIE. Qui est convenable. Ce drap est bien assorti; pour dire, que la doublure y convient. Ces deux couleurs sont mal assorties. La levée de cet habit est bien assortie.

Assorti. Assortie. Qui est bien fourni de toutes sortes

sortes de marchandises. Ce Mercier est bien assorti : Cette Lingere est bien assortie ; pour dire, que l'un & l'autre ont dans leurs magasins & boutiques, toutes les especes des meilleures marchandises qui conviennent à leur négoce.

ASSOUROU. Nom que les Indiens donnent au bois qui est connu en Europe sous le nom de Bois d'Inde. *Voyez* INDE bois, *ou* BOIS D'INDE.

ASSURANCE ou POLICE D'ASSURANCE. Terme de Commerce de mer.

C'est un contrat ou convention, par lequel un particulier, que l'on appelle Assureur, se charge des risques d'une négociation maritime, en s'obligeant aux pertes & dommages qui peuvent arriver sur mer à un vaisseau, ou aux marchandises de son chargement, pendant son voyage ; soit par tempêtes, naufrages, échouemens, abordages, changement de route, de voyage, ou de vaisseau ; jet en mer, feu, prise, pillage, arrest de Prince, déclaration de guerre, représailles, & généralement toutes sortes de fortunes de mer, moyennant une certaine somme de sept, huit, & dix pour cent, plus ou moins, selon le risque qu'il y a à courir ; laquelle somme doit être payée comptant à l'Assureur par les Assurés, en signant la Police d'Assurance.

Cette somme s'appelle ordinairement Prime, ou Coust d'Assurance. *Voyez* PRIME D'ASSURANCE.

Il faut néanmoins remarquer que s'il arrivoit changement de route, de voyage, ou de vaisseau, par l'ordre des Assurés, sans le consentement des Assureurs, en ce cas les Assureurs ne seroient point tenus des risques, non plus que de tous les dommages qui arriveroient par la faute des Assurés.

L'on fait des Assurances de différentes manieres ; les unes, sur les marchandises de la cargaison du vaisseau ; les autres, sur les corps & quille du bâtiment, ses agreits, apparaux & victuailles ; le tout conjointement, ou séparément.

Il y a des Assurances qui ne se font que pour l'aller, d'autres pour le retour, & d'autres pour l'aller & le retour, ou pour un tems limité.

Plusieurs prétendent que l'Assurance ne doit point avoir de tems limité ; & que celle qui se fait par mois, est usuraire.

Les Polices d'Assurance sont ordinairement dressées par le Commis du Greffe de la Chambre des Assurances, dans les lieux où il y en a d'établies ; & dans ceux où il n'y en a point, on les peut faire pardevant Notaires, ou sous signature privée.

Dans les Pays Etrangers, où il y a des Consuls de la Nation Françoise, les Polices d'Assurance peuvent être passées en la Chancellerie du Consulat, en présence de deux témoins.

Ces Polices doivent contenir le nom & le domicile de celui qui se fait assurer ; sa qualité, soit de Propriétaire, ou de Commissionnaire ; & les effets sur lesquels l'Assurance doit être faite.

Il faut semblablement qu'elles contiennent les noms du navire & du Maître : ceux du lieu où les marchandises auront été, ou devront être chargées ; du Havre ou Port d'où le vaisseau devra partir, ou sera parti ; des Ports où il devra charger & décharger, & de tous ceux où il devra entrer.

Enfin, il faut aussi y marquer le tems auquel les risques commenceront & finiront, les sommes que l'on entend assurer, la prime ou coust d'Assurance, la soumission des Parties aux Arbitres, en cas de contestation ; & généralement toutes les autres clauses dont elles seront convenues, suivant les us & coutumes de la mer. *Voyez l'Ordonnance de la Marine du mois d'Aoust 1681, titre 6 du livre 3. Voyez aussi* POLICE D'ASSURANCE.

Il y a des Assurances, que l'on appelle Secretes, ou Anonymes, qui se font par correspondance chez les Etrangers, même en tems de guerre.

On met dans les Polices de ces sortes d'Assurance, qu'elles sont pour compte d'ami, tel qu'il puisse être, sans nommer personne.

Il faut remarquer que si le navire, ou les marchandises qui ont été assurées, viennent à se perdre, le Chargeur doit faire le délai ou délaissement à ses Assureurs, par un Greffier, Notaire, ou Sergent Royal, c'est-à-dire, que l'Assuré doit leur notifier par un acte en forme, la perte du navire & des marchandises, & leur déclarer & dénoncer qu'il leur en fait l'abandonnement, à la charge par eux de lui payer les sommes assurées dans le tems porté par la Police d'Assurance.

Il y a encore une autre espece d'Assurance, qui est celle pour les marchandises qui se voiturent & transportent par terre.

Cette sorte d'Assurance se fait entre l'Assureur & l'Assuré, souvent par convention verbale, & quelquefois sous signature privée ; mais très rarement de cette derniere maniere.

Les Marchands & Négocians s'en servent ordinairement, pour faire passer par terre d'un Pays à un autre ( particuliérement en tems de guerre ) des marchandises défendues, de contrebande, ou en fraude des droits du Prince. Ces marchandises sont remises à l'Assuré par l'Assureur jusques dans ses magasins, moyennant une certaine somme convenue, plus ou moins forte, selon les marchandises, le tems, & les risques qu'il y a à courir de la part de l'Assureur.

Cette derniere maniere d'assurer n'est aucunement permise par les Ordonnances ; cependant l'on s'en pourroit servir, comme pouvant être de quelque utilité au Commerce, pourvû qu'il n'y eût aucun dol, fraude, ni contrebande.

L'origine des Assurances vient des Juifs : ils en furent les Inventeurs, lorsqu'ils furent chassés de France en l'année 1182, sous le Regne de Philippes Auguste. Ils s'en servirent alors pour faciliter le transport de leurs effets. Ils en renouvellerent l'usage en 1321, sous Philippes le Long, qu'ils furent encore chassez du Royaume.

ASSURE. Terme de fabrique de tapisserie de haute-lisse. C'est le fil d'or, d'argent, de soie, ou de laine, dont on couvre la chaîne de la tapisserie ; ce qu'on appelle la Treme, ou la Trame, dans les manufactures d'étoffes & de toiles. Les Flamans le nomment *Inslach. Voyez* HAUTELISSE.

ASSURE'. Terme de commerce de mer. Il signifie le Propriétaire d'un vaisseau, ou des marchandises qui sont chargées dessus, du risque desquelles les Assureurs se sont chargés envers lui, moyennant le prix de la prime d'assurance convenu entr'eux. On dit en ce sens, un tel vaisseau est assuré ; pour faire entendre, que celui qui en est le Propriétaire, l'a fait assurer : ou, un tel Marchand est assuré ; pour dire, qu'il a fait assurer ses marchandises.

L'Assuré court toujours risque du dixiéme des

effets qu'il a chargés, à moins que dans la police il n'y ait déclaration expresse, qu'il entend faire assurer le total.

Lorsque l'Assuré est dans le vaisseau, ou qu'il en est le Propriétaire, il ne laisse pas de courir le risque du dixiéme, quoiqu'il ait fait assurer le total. *Art. 18 & 19 du titre 6 du livre 3 de l'Ordonnance de la Marine du mois d'Aout 1681.*

ASSURER. Terme de commerce de mer. Il se dit du trafic qui se fait entre Marchands & Négocians; dont les uns, moyennant une certaine somme, que l'on appelle Prime d'assurance, répondent en leurs noms, des vaisseaux, marchandises, & effets, que les autres exposent sur la mer.

On peut faire assurer la liberté des personnes, mais non pas leur vie : il est néanmoins permis à ceux qui rachetent des captifs, de faire assurer sur les personnes qu'ils tirent de l'esclavage, le prix du rachat, que les Assureurs sont tenus de payer, si le Racheté faisant son retour, est pris, ou s'il périt par autre voie que par sa mort naturelle.

Les Propriétaires des navires, ni les Maîtres, ne peuvent faire assurer le fret à faire de leurs bâtimens, ni les Marchands le profit espéré de leurs marchandises, non plus que les gens de mer leur loyer. *Art. 9, 10, 11, & 15 du titre 6 du livre 3 de l'Ordonnance de la Marine du mois d'Aout 1681.*

ASSURER UNE COULEUR. Terme de teinture. C'est la rendre plus fine, moins capable de s'évaporer, & de changer. Ainsi l'indigo, qui vient des Indes, & dont la couleur n'est pas des meilleures, employée seule, peut s'assurer par le pastel, en n'en mettant pas au de-là de six livres sur chaque grosse balle de pastel.

ASSURER LE GRAIN. Terme de Courroyeur. C'est donner au cuir la derniere façon, qui forme entiérement ce grain, qu'on voit du côté de la fleur dans les vaches & veaux à chair grasse, ou blanches, & dans les cuirs de couleur. Quand le grain est assuré, il ne reste plus qu'à donner le dernier lustre au cuir. *Voyez* COURROYER.

ASSURETTE. Terme de Commerce de mer. C'est la même sorte qu'Assurance. Un Mémoire concernant le négoce de la mer Noire, dressé par un Provençal établi à Constantinople, porte que dans cette Ville il ne se peut faire d'Assurettes pour aucun endroit que ce soit, & qu'ainsi on est contraint de courir tous les risques de cette mer, quand on veut y envoyer des navires marchands.

ASSUREUR. Terme de commerce de mer. Il signifie celui qui assure un vaisseau, ou les marchandises de son chargement, & qui s'oblige, moyennant la prime qui lui est payée comptant par l'Assuré, en signant la police d'assurance, de réparer les pertes & dommages qui peuvent arriver au bâtiment, ou aux marchandises, suivant qu'il est porté par la police. On dit en ce sens, un tel Marchand est l'Assureur d'un tel vaisseau, ou de telles marchandises.

Les Assureurs ne sont point tenus de porter les pertes & dommages arrivés aux vaisseaux & marchandises par la faute des Maîtres & Mariniers, si par la police ils ne sont pas chargés de la baraterie de Patron; ni les déchets, diminutions, & pertes qui arrivent par le vice propre de la chose; non plus que les pilotages, touages, lamanage, droits de congé, visites, rapports, ancrages, & tous autres imposés sur les navires & marchandises. *Art. 28, 29, & 30 du titre 6 du livre 3 de l'Ordonnance de la Marine du mois d'Aout 1681.*

ASSUTINAT. Sorte de graine d'une qualité très chaude, dont on fait un assez grand usage en plusieurs endroits des Indes Orientales, soit dans l'apprêt de certains ragoûts du pays, soit dans la medecine. Cette graine est du nombre des drogues qui se tirent de Surate; elle se vend un mamoudis le main.

## A S T

ASTELOIRES. Terme de Bourrelier. *Voyez* ATTELLES.

ASTEMBARC, en Alsace. Il y a des mines de différens métaux. *Voyez* l'Etat général, page 229.

ASTERIE. Fausse opale, que l'on nomme autrement Girasol. *Voyez* GIRASOL & OPALE.

ASTI. Gros os de cheval, ou de mulet, pris ordinairement de la jambe de devant de l'animal, dont se servent les Cordonniers & Savetiers.

La tête de l'os sert à lisser les semelles, & quelques autres parties du soulier; & dans la cavité de la moele, qui est ouverte à l'autre bout, ils mettent le suif dont ils graissent leur alesne, pour qu'elle perce plus facilement le gros cuir. Ce sont les Marchands de crespin qui les préparent & qui les vendent.

ASTOUR. On nomme ainsi aux Indes Orientales, ce qu'en France on nomme Escompte, & en Hollande, Rabat. A Ougly l'escompte est ordinairement d'un quart par roupie. *Voyez* EXCOMPTE & RABAT.

ASTRACAN, Ville de la domination de l'Empereur des Russes, située à l'embouchure du Volga dans la mer Caspienne. *Voyez* ce qui en est dit dans l'Etat général, page 302.

ASTRINGENT. Terme de Teinturier. Les Teinturiers appellent Matériaux ou Ingrédiens astringens, l'écorce d'aulne, de grenade, de pommier sauvage, de chêne en séve, la sciure de chêne, la coque de noix, la racine de noyer, les galles, & le sumac. *Voyez* TEINTURE.

## A S U

ASUSTUM, ou CHAUX D'AIRAIN. *Voyez* CUIVRE, *à la fin de l'article.*

## A T C

ATCHE'. C'est la plus petite monnoie qui se fabrique & qui ait cours dans les Etats du Grand Seigneur; elle est d'argent, & vaut environ quatre deniers de France. Comme il n'y a point de monnoie de cuivre dans tout l'Empire Ottoman, excepté dans la Province de Babylone, où il se trouve des liards de Lyon & de Dombes, les pauvres à qui l'on veut faire l'aumône s'en trouvent bien; le moins qu'ils puissent recevoir étant toujours l'atché ou quatre deniers.

Ces atchés ou petits aspres, comme quelques-uns les appellent, ressemblent assez à ces paillettes d'auripeau dont on relevoit autrefois nos broderies d'or & d'argent, à la reserve qu'elles sont un peu plus fortes & un peu plus longues. Elles sont marquées comme les Para de caracteres Arabes.

On donne ordinairement trois ou quatre atchés pour un para. *Voyez* PARA. *Voyez aussi* ASPRE.

## A T E

ATERMOYEMENT. Terme, ou délai de payer.

Il y a des Lettres de Chancellerie, que l'on nomme Répy; des Arrêts du Conseil, appellés de Surséance; & des Arrêts du Parlement, nommés de Défenses; par lesquels on accorde un terme ou délai à un Débiteur, pour payer ses Créanciers, qui le poursuivent trop rigoureusement. *Voyez* REPY, & DEFENSES GENERALES.

Il se fait aussi des contrats volontaires d'Atermoyement entre les Créanciers, & les Débiteurs. *Voyez* CONTRAT D'ACCORD, *ou* D'ATERMOYEMENT.

ATERMOYER. Donner du terme, ou prolonger celui qui a déja été donné, & qui est échû. Les Créanciers ont atermoyé leur Débiteur, pour empêcher le divertissement de ses effets. On expédie des Lettres, on rend des Arrêts pour atermoyer, pour surseoir les payemens.

ATERMOYE'. On appelle un billet atermoyé, celui qui doit être payé à certain terme, ou à certain tems.

## A T H

ATH, dans le Hainaut. *Voyez* l'Etat général, page 225.

ATHIS, de la Généralité de Caen, a une fabrique de toiles. *Voyez* l'Etat général, page 105.

## A T I

ATIBAR. Nom que les Habitans du Royaume de Gago en Afrique, donnent à la poudre d'or.

C'est de ce mot que les Européens, sur-tout les François, ont composé le mot de *Tibir*, qui veut aussi dire Poudre d'or, parmi ceux qui en font le commerce. *Voyez* POUDRE D'OR.

## A T R

ATRE. Le sol, l'aire, le bas d'une cheminée, d'un four, d'un fourneau, sur quoi s'allume le feu, où s'enfourne le pain. L'Atre du four des Boulangers & des Patissiers n'est ordinairement que de bonne terre franche légerement mouillée, & bien battue avec une batte de bois. On le fait quelquefois de briques; mais ces Atres sont sujets à brûler le dessous du pain. *Voyez* FOUR.

## A T T

ATTACHE. Dans le commerce de la Bonneterie, on appelle Bas d'Attache, de grands bas qui vont jusqu'au haut des cuisses, & que l'on attache avec des aiguillettes à la ceinture de la culotte. On les nomme aussi Bas à botter. *Voyez* BAS.

ATTACHE. Se dit aussi de la grosse piece de bois, qui soutient & entretient un moulin à vent, & qui porte d'aplomb sur les soles. C'est sur l'attache que tourne le moulin, lorsqu'on lui veut faire prendre le vent. *Voyez* MOULIN A VENT.

ATTACHES. Terme de Vitrier. Ce sont de petits morceaux de plomb de deux à trois pouces de long, d'une demi ligne d'épaisseur, & d'une ligne & demie de largeur, que les Vitriers attachent avec de la soudure sur les panneaux de vitres, pour lier & retenir les verges de fer, qui les tiennent en place. *Voyez* VITRIER.

ATTELIER. C'est un lieu où plusieurs Ouvriers travaillent ensemble.

ATTELIERS DE VERS A SOIE. C'est une espece de leger édifice, construit avec des perches, ou avec de petits soliveaux, & qui est séparé en plusieurs cabanes par des branches ou rameaux de divers bois, comme de bouleau, de genest, ou de bruiere, qui ont chacune leur plancher fait de clayes d'osier sec & pélé.

C'est dans ces Atteliers, que ceux qui s'occupent de la nourriture des vers à soie, les mettent, lorsqu'ils sont prêts à travailler à leurs cocons afin qu'ils puissent plus aisément étendre leur ataignée, & s'y attacher. *Voyez* VER A SOIE.

ATTELIERS. Il y en a de deux sortes dans les Manufactures des glaces; les uns, qu'on appelle Atteliers de l'adouci; & les autres, qu'on nomme Atteliers du poli. Les premiers sont ceux où l'on dégrossit les glaces, en les usant les unes contre les autres avec diverses sortes de grès & de sable. Les Atteliers du poli sont destinés à les achever, & leur donner le poliment & le lustre. *Voyez* GLACE.

ATTELIER de la fonderie; c'est le principal attelier des blanchisseurs de cire. *Voyez* l'article de la Cire, où l'on donne la description de la manufacture d'Antony.

ATTELIER des méches; ATTELIER de l'apprêt; ATTELIER de l'achevement; ce sont les trois atteliers différens où l'on travaille à la fabrique des bougies de table. *Voyez comme dessus.*

ATTELLE. Outil dont se servent les Potiers de terre, pour diminuer l'épaisseur des ouvrages de poterie, qu'ils tournent à la roue, ou au tour. Cet outil est tout de fer, en forme d'une plaque fort mince, & seulement de trois ou quatre pouces en carré. Un trou qu'elle a au milieu, sert à la tenir plus ferme. Une de ses faces est un peu tranchante; en sorte qu'elle tient lieu au Potier de terre, des divers ciseaux, que le Tourneur en bois emploie pour dégrossir ses pieces.

Les Potiers de terre appellent aussi Attelle, un petit morceau de bois, qu'ils se mettent entre les doigts, quand ils veulent lever l'ouvrage de poterie de dessus la roue, lorsqu'elle est finie. *Voyez* POTIER DE TERRE.

ATTELLES, que quelques-uns appellent, quoiqu'improprement, ASTELOIRES. Ce sont deux especes de planches, ou morceaux de bois chantournés, plus larges de beaucoup par un bout que par l'autre, que les Bourreliers attachent au devant des colliers des chevaux de coches, charettes, & charrues.

Les Attelles se font pour l'ordinaire de bois de chêne. Presque toutes celles que l'on voit à Paris, y sont amenées par les Ouvriers mêmes qui les fabriquent. Il s'en fait quantité dans la forêt de Lyons en Normandie. Les Maîtres Bourreliers sont dans l'usage d'attacher au haut de leurs boutiques, en dehors la rue, des Attelles peintes & armoriées, pour leur servir comme d'enseignes.

ATTELLES ou ATTELES. Ce sont aussi deux morceaux de bois creux, qui étant rejoints, & mis l'un contre l'autre, font une poignée, qui sert aux Plombiers à prendre leurs fers à souder. Les Vitriers, & autres Ouvriers qui se servent de ces fers, pour appliquer, & fondre leur soudure, appellent ces poignées, des Mouflettes. *Voyez* MOUFLETTES, *ou* FER A SOUDER.

ATTENTES, ou FLECHES. Ce sont des filamens rougeâtres, accompagnés de petites languettes couleur d'or, qui sortent du milieu du calice de la fleur du safran, & qui servent à faire cette drogue si connue, qu'on appelle Safran. *Voyez* SAFRAN.

ATTLAS. Satin de soie fabriqué aux Indes. Il y

en a de pleins, de rayés, & à fleurs, dont les fleurs sont ou d'or, ou seulement de soie. Il y en a aussi de toutes sortes de couleurs, mais la plupart fausses, sur tout les rouges & cramoisi.

Il faut avouer que la fabrique en est admirable & singuliere, & que, sur tout dans les Attlas à fleur, l'or & la soie y sont employés d'une maniere inimitable aux Ouvriers d'Europe; mais aussi il s'en faut bien qu'ils ayent cet œil & cet éclat, que les François sçavent donner à leurs étoffes de soie.

Entre les différentes sortes d'Attlas, les plus considérables sont les *Cotonis*, les *Cancanias*, les *Calquiers*, les *Cotonis Bouilles*, & les *Bouilles Chasinay* ou *Charmay*. Les Attlas *Cotonis* sont ainsi nommés, parce que le fond est de coton, & le reste de soie. Les *Cancanias* sont des satins rayés à chaînettes. On appelle *Quemkas*, ceux des *Cancanias*, qui paroissent plus soyeux. Les *Calquiers* sont des satins à la Turque, ou Point d'Hongrie. Les *Bouilles Cotonis*, & *Bouilles Charmay*, sont des étoffes de soie, en façon de Gros de Tours, couleur d'œil de perdrix.

Il y a des Attlas de différentes longueurs & largeurs, depuis 4 aunes $\frac{1}{8}$ de long sur $\frac{2}{3}$ de large, jusqu'à 14 aunes de longueur, sur $\frac{9}{16}$ de largeur. On appelle demi-pieces, ceux qui approchent de la moitié des longueurs ordinaires.

ATTOLE. Sorte de teinture rouge. *Voyez* ANATTE.

ATTREMPER. Terme de Serruriers, Couteliers, Fourbisseurs, Eperonniers, & autres Ouvriers en fer, qui signifie donner la trempe à l'acier & au fer. *Voyez* TREMPE. *Voyez aussi* ACIER.

## AVA

AVA, dans le Royaume de Siam. *Voyez* l'Etat général, page 444.

AVAL. C'est une souscription qu'on met sur une Lettre de change, ou sur une promesse d'en fournir quelqu'une; sur des ordres, ou des acceptations; sur des billets de change, ou autres billets; & sur tous autres actes de semblable espece, qui se font entre Marchands & Négocians; par laquelle on s'oblige d'en payer la valeur, ou le contenu, en cas qu'ils ne soient pas acquittés à leurs échéances par ceux qui les ont acceptés, ou qui les ont signés. C'est proprement une caution pour faire valoir la Lettre, la Promesse, &c.

On appelle ordinairement ces sortes de Cautions, Donneurs d'Aval, lesquels sont tenus de payer solidairement avec les Tireurs, Prometteurs, Endosseurs, & Accepteurs, encore qu'il n'en soit pas fait mention dans l'Aval. *Ordonnance de 1673, art. 33 du titre 5.*

Suivant l'article premier du titre 7 de la même Ordonnance, les Donneurs d'Aval peuvent être contraints par corps.

Ceux qui souscrivent, ou donnent leur aval sur les Lettres & Billets, ne peuvent prétendre ni reclamer le bénéfice de discution & division, mais ils peuvent d'abord être contraints par corps au payement; ce qui a été jugé par Arrêt du Parlement de Paris, inseré au Recueil de Laurent Bouchet, & Joly, chap. 16; ce qui est aussi conforme aux décisions de la Rote de Genes.

Les Courriers de marchandises ne peuvent signer aucune Lettre de change par aval; ils peuvent seulement certifier que la signature des Lettres est véritable. *Art. 2. du titre 2 de l'Ordonnance de 1673.*

Il semble qu'il en devroit être de même à l'égard des Agens de change & banque; d'autant que par l'article premier du même titre, il leur est défendu de faire le change & la banque pour leur compte personnel.

AVALAGE. Terme de Tonnelier. Il se dit de la descente des vins dans les caves bourgeoises, par les Maîtres Tonneliers. Il m'en coute 10 sols d'Avalage par chaque muid de vin. *Voyez* TONNELIER.

AVALANT. On appelle un Batteau avalant, celui qui suit le cours d'une riviere en descendant. L'Ordonnance de la Ville de Paris de 1672, servant de Réglement aux Voituriers par eau, porte: *Que lorsque deux batteaux, l'un montant, & l'autre avalant, se trouvent en pleine riviere, c'est au montant à se garer vers terre, pour laisser passer l'Avalant.* Voyez VOITURIER.

AVALE'E. Terme de Manufacture. C'est la même chose que Levée, c'est-à-dire, ce que l'Ouvrier peut travailler sur son métier, sans être obligé de rouler & dérouler ses ensubles, pour mettre sur l'une son ouvrage, & pour lâcher de l'autre, de la chaîne.

Les Réglemens pour les Manufactures de lainage, enjoignent aux Tisserans de refaire leurs filets à toutes les Avalées, à peine d'un sol d'amende pour chaque faute. *Voyez* LEVE'E. *Voyez aussi* TISSERAND.

AVALE'E DE CHARDON. Se dit chez les Ouvriers Laineurs de draps, de chaque espace d'étoffe qu'ils lainent sur la perche avec le chardon, à prendre cet espace depuis la perche, qui est le haut, jusqu'au faudet, qui est le bas.

Quand la premiere avalée de chardon est achevée, on tire l'étoffe pour la faire descendre sur le faudet, afin de faire une seconde avalée; & ainsi successivement d'avalée en avalée; jusqu'à ce que la piece soit entiérement lainée.

AVALER LA FICELLE. Terme de Chapelier. C'est la faire descendre depuis le haut de la forme du chapeau, jusqu'au bas, qu'on appelle le lien. L'instrument avec lequel se donne cette façon, se nomme une Avaloire. *Voyez ci-après* AVALOIRE. *Voyez aussi* CHAPEAU.

AVALER. Terme de riviere. C'est conduire un batteau, ou un train de bois aval de la riviere, c'est-à-dire, en descendant, & en suivant le cours de l'eau. Les batteaux de Champagne, qui viennent à Paris, avalent; ceux qui y arrivent de Normandie, montent.

AVALER une Lettre de change, un Billet de change. C'est y mettre son aval, le souscrire, en répondre. Il est peu d'usage. *Voyez* AVAL.

AVALER du vin dans une cave. Terme de Tonnelerie. C'est le descendre dans la cave avec le Poulain. *Voyez* AVALAGE & POULAIN.

AVALLON, en Bourgogne. *Voyez* l'Etat général, page 124.

AVALOIRE. Outil de Chapelier, qui sert à avaler, ou faire descendre la ficelle au pied de la forme, sur laquelle ces Ouvriers dressent leur feutre, & lui donnent la figure de chapeau.

L'Avaloire est moitié de bois, & moitié de cuivre ou de fer. La partie de bois est longue de cinq ou six pouces, large de deux, & épaisse de deux ou trois lignes, avec un peu plus de largeur par en bas que par en haut. Le bas a une rainure tout du long, pour mieux embrasser la ficelle, quand on l'avale. La partie de l'Avaloire, qui eſt de fer, lui ſert de manche, & a par le haut une petite piece plate auſſi de fer, ſur laquelle le Chapelier appuye le pouce. *Voyez* CHAPEAU.

AVANCE. Anticipation de tems. Payer un billet, une promeſſe d'avance, c'eſt en compter la valeur avant le temps de ſon échéance; ce qui ſe fait ordinairement en excomptant.

AVANCE. Signifie auſſi prêt d'argent, ou fourniture de marchandiſes. Je ſuis en avance avec un tel; je lui ai prêté des ſommes conſidérables; je lui ai fourni beaucoup de marchandiſes; je ne ſçai quand j'en pourrai être rembourſé.

AVANCE. On dit en termes de Lettres de change, Avance pour le Tireur, lorſque d'une Lettre négociée, celui qui la négocie, en reçoit plus que le pair, c'eſt-à-dire, plus que la ſomme portée par la Lettre. On appelle au contraire, Avance pour le Donneur, & Perte pour le Tireur, lorſque par la négociation, celui à qui appartient la Lettre, n'en reçoit pas l'entiere valeur. *Voyez Négocier une Lettre de change.*

AVANCER. Faire les frais d'une entrepriſe, avant que le tems ſoit venu de s'en rembourſer. Il faut beaucoup avancer d'argent dans les armemens, avant que d'en rien retirer. Il a avancé tous les frais de cette Manufacture.

AVANCER. Signifie auſſi, Prêter de l'argent, Fournir des marchandiſes à quelqu'un. J'ai beaucoup avancé d'argent; j'ai beaucoup fourni de marchandiſes à ce Négociant, pour le ſoutenir dans ſon commerce.

On dit, Avancer les payemens; pour dire, payer avant les échéances des tems. Quand on avance le payement d'un billet, d'une promeſſe, il ne faut pas oublier d'en tirer l'excompte.

AVANIE. Inſulte, affront, mauvais traitement, querelle que l'on fait à deſſein, & ſans raiſon.

Ce terme eſt particuliérement en uſage dans le Levant, & dans tous les Etats du Grand-Seigneur, pour ſignifier, les preſens, ou les amendes, que les Bachas & les Douaniers Turcs exigent des Marchands Chrétiens, ou leur font payer injuſtement, & ſous de faux prétextes de contravention.

Quand les Avanies regardent toute une Nation ce ſont les Ambaſſadeurs, ou les Conſuls, qui les reglent, & qui enſuite en ordonnent la levée ſur les Marchands & Particuliers de la Nation: mais ordinairement de l'avis & avec la participation des principaux d'entr'eux.

Pour les Avanies particulieres, chacun s'en tire au meilleur marché qu'il lui eſt poſſible; en employant néanmoins toujours le crédit & l'entremiſe des Ambaſſadeurs & des Conſuls, dont le principal emploi à Conſtantinople, & dans les Echelles de la Méditerranée, eſt de protéger le commerce & les Négocians, & de prévenir, ou faire ceſſer les Avanies.

AVARIES. Terme de commerce de mer. Ce ſont les accidens & mauvaiſes aventures qui arrivent aux vaiſſeaux & aux marchandiſes de leurs cargaiſons, depuis leur chargement & départ, juſqu'à leur retour & déchargement.

Il y a de trois ſortes d'Avaries, de ſimples ou particulieres, de groſſes ou communes, & des menues.

Les ſimples Avaries conſiſtent dans les dépenſes extraordinaires, qui ſont faites pour le bâtiment ſeul, ou pour les marchandiſes ſeulement; & alors le dommage qui leur arrive en particulier, doit être ſupporté & payé par la choſe qui a ſouffert le dommage, ou cauſé la dépenſe.

On met au nombre des ſimples Avaries, la perte des cables, des ancres, des voiles, des mâts, & des cordages, arrivée par tempête, ou autre fortune de mer: & encore le dommage des marchandiſes cauſé, ſoit par la faute du Maître du vaiſſeau, ou de l'équipage, ſoit pour n'avoir pas bien fermé les écoutilles, ou bien ancré le bâtiment, ſoit pour n'avoir pas fourni de bons guindages & cordages, &c. Toutes ces Avaries doivent tomber ſur le Maître, le navire, & le fret.

Les dommages arrivés aux marchandiſes par leur vice propre, par tempête, priſe, naufrage, ou échouement; les frais faits pour les ſauver, & les droits, impoſitions, & coûtumes, doivent tomber ſur le compte des Propriétaires.

Quand on dit, le vice propre des marchandiſes, cela doit s'entendre, l'empirance, pourriture, dégât, mouillure d'eau, coulure, &c.

La nourriture, & les loyers des Matelots, lorſque le navire eſt arrêté en voyage par ordre d'un Souverain, ſont auſſi réputés ſimples Avaries, lorſque le vaiſſeau eſt loué au voyage, & non au mois; & c'eſt le vaiſſeau ſeul qui les doit porter.

Les groſſes ou communes Avaries, ſont les dépenſes extraordinaires faites, & le dommage ſouffert pour le bien & le ſalut commun des marchandiſes, & du vaiſſeau. De ce nombre ſont:

Les choſes données par compoſition aux Pirates pour le rachat du navire & des marchandiſes, celles jettées en mer, les cables & mâts rompus ou coupés, les ancres & autres effets abandonnés pour le bien commun du bâtiment, & des marchandiſes.

Le dommage fait aux marchandiſes reſtées dans le navire en faiſant le jet en mer, les penſemens & nourritures des Matelots bleſſés en défendant le bâtiment, & les frais de la décharge pour entrer dans un havre, ou dans une riviere, ou pour remettre à flot le vaiſſeau.

La nourriture & les loyers des Matelots d'un navire arrêté en voyage par l'ordre d'un Souverain, lorſque le bâtiment eſt loué au mois, & non pour le voyage.

Toutes ces Avaries, groſſes, & communes, doivent tomber, tant ſur le vaiſſeau, que ſur les marchandiſes, pour être regalées ſur le tout au ſol la livre.

Les menues Avaries ſont les lamanages, touages, pilotages pour entrer dans les havres & rivieres, ou pour en ſortir. elles doivent être ſupportées, un tiers par le navire, & les deux autres tiers par les marchandiſes.

L'on ne répute point pour Avaries, les droits de congé, viſite, raport, tonnes, baliſes, & ancrages; cela doit être ſupporté & acquitté par le Maître du vaiſſeau.

Le dommage cauſé par les abordages des vaiſſeaux, les uns ſur les autres, doit être payé & ſupporté par égale portion par les Maîtres des navires; cela n'entrant point, & ne faiſant point partie des autres Avaries; cependant lorſque l'abordage eſt arrivé par la faute d'un des Maîtres du vaiſſeau, en ce cas le dommage doit être réparé par lui ſeul.

On peut voir toutes ces Avaries dans l'Ordondonnance de la Marine du mois d'Aout 1681, au titre 7 du livre 3.

AVARIE. Signifie encore un droit qui se paye pour l'entretien d'un Port, par chaque vaisseau qui y vient mouiller.

AVARIE'. AVARIE'E. Ils se disent des marchandises & effets, qui ont été endommagés dans les vaisseaux Marchands, pendant leur voyage, soit par tempête, naufrage, échouement, ou autrement. Du caffé avarié : de la cochenille avariée.

## AUB

AUBAN. On appelle Droit d'Auban, un droit qui se paye ou au Seigneur, ou aux Officiers de Police, pour avoir permission d'ouvrir boutique. Il s'entend aussi de la permission même.

AUBER ou AUBERE. Cheval qui a le poil blanc, semé par tout le corps de poil alezan & bay.

Cette sorte de poil est peu estimée ; & rarement les chevaux qui en sont, réussissent-ils. *Voyez* CHEVAL.

AUBETERRE. Ville de France dans l'Angoumois. Elle est du département de l'Inspecteur des Manufactures de Limoges. *Voyez* l'Etat général, ci-devant, page 61.

AUBIER, qu'on nommoit anciennement AUBOUR. Se dit de cette partie molle & blanchâtre, qui se rencontre autour de l'arbre, entre l'écorce & le bois vif.

L'Aubier peut être aussi regardé comme une maniere de seconde écorce, dont les fibres sont plus serrées que ceux de la premiere : c'est proprement le lard du bois. L'Aubier se durcit par le moyen du suc qui s'y décharge, & de la seve qui y coule ; en sorte qu'il devient petit à petit, & comme imperceptiblement, une partie de la substance ligneuse de l'arbre ; c'est-à-dire, qu'il se transforme en bois vif.

Il y a peu d'arbres qui n'ayent de l'Aubier ; mais il s'y rencontre plus ou moins épais, suivant la situation où les arbres se trouvent plantés : car plus ils sont exposés aux rayons ardens du Soleil, & moins s'y en trouve-t-il. L'Aubier du chêne ne passe gueres un pouce, ou un pouce & demi d'épaisseur.

On a remarqué que lorsqu'un arbre est abattu, ou qu'il meurt sur pied, l'Aubier demeure toujours de sa même épaisseur, sans qu'il puisse jamais se former en bois vif.

L'Aubier est très sujet à se corrompre ; c'est pourquoi les Marchands qui font équarrir des bois, doivent bien prendre garde qu'on y en laisse le moins qu'il est possible.

Par les Statuts des Maîtres Charpentiers & des Maîtres Menuisiers, il leur est absolument défendu d'employer aucuns bois où il y ait de l'Aubier.

AUBIGNY, en Berry. *Voyez* l'Etat général, page 95.

AUBUSSON, dans l'Auvergne. *Voyez* l'Etat général, page 100.

## AUC

AUCH. Ville de France dans le Comté d'Armagnac. Cette Ville est du département de l'Inspecteur des Manufactures de Montauban. *Voyez* l'Etat général, ci-devant, page 32.

## AUD

AUDIERNE, en Bretagne. *Voyez* l'Etat général, page 113.



## AVE

AVELANEDE ou VALANEDE. C'est la cosse du gland ; c'est-à-dire, ce petit vase ou coque, auquel tient la queue du fruit, & qui est ornée d'une espece de cizelure naturelle. On s'en sert pour passer les cuirs.

Comme il y a beaucoup de chênes en France, il n'est pas nécessaire d'en faire venir des Pays étrangers : les François en font néanmoins un assez grand négoce dans le Levant, particuliérement à Smyrne, d'où l'on en peut enlever chaque année jusqu'à cinquante mille quintaux : mais cette marchandise n'est bonne que pour l'Italie.

AVELLINE. Espece de fruit semblable à la noisette, mais plus rond, & dont la coque est plus dure.

Il y en a de deux sortes, les lacadieres, & les communes ; les lacadieres sont grosses & fort lissées ; les communes approchent davantage de la noisette, étant un peu longuettes. Les unes & les autres viennent de Provence.

On fait des dragées d'Avellines, en les couvrant de sucre ; mais leur plus grande consommation se fait aux desserts, & collations de Carême.

Elles font une partie du négoce des Epiciers.

*Les Avellines payent en France seize sols du cent pésant pour droits d'entrée, & seulement douze sols pour droits de sortie.*

AVÊNES, dans le Haynaut. Ses Fonderies. *Voyez* l'Etat général, page 225.

AVENTURE. Terme de commerce de mer, dont on ne se sert néanmoins, qu'en y ajoutant le mot de Grosse. Mettre de l'argent à la Grosse Aventure, c'est le mettre à profit sur des vaisseaux. *V. Contrat ou Obligation a la grosse Aventure.*

AVENTURIER. Signifie un homme, peu ou point connu, qui n'a peut-être ni feu ni lieu, qui se mêle hardiment d'affaires, & qui communément n'est qu'un affronteur. Tous les bons Négocians doivent bien se garder de telles personnes.

AVENTURIER. On appelle aussi de la sorte ces pirates hardis & entreprenans, qui s'unissent contre les Espagnols dans les Indes Occidentales, & qui font sur eux des courses sur mer & des entreprises sur terre qu'on auroit peine à croire, si les Aventuriers François de Saint-Domingue ne les avoient en quelque sorte justifiées par la prise de Carthagêne, sous les ordres de Messieurs de Pointis & du Casse. On leur donne plus ordinairement le nom de Boucaniers, quoique moins honorable. *Voyez* BOUCANIER.

AVENTURIERS. Les Anglois appellent encore Aventuriers, ceux qui prennent des actions dans les Compagnies formées pour l'établissement de leurs Colonies de l'Amérique ; ce qui les distingue de ceux qu'ils nomment Planteurs ; c'est-à-dire, des habitans qui y ont des plantations.

Les derniers s'occupent à planter & à cultiver les terres, & les autres prêtent leur argent, & pour ainsi dire, le mettent à l'aventure, dans l'espérance des profits qu'ils en doivent retirer par des dividens. Ceux-ci sont proprement ce qu'on nomme en France, Actionnaires ; ceux-là, ce qu'on y appelle Habitans, Colons, & Concessionnaires. Dans ce sens on trouve dans le recueil des Chartres d'Angleterre, les Aventuriers & Planteurs de la Virginie ; les Aventuriers & Planteurs de la nouvelle Angleterre, & ainsi des autres ; les Chartres accordées pour les nouvelles Colonies y distinguant toujours ces deux sortes d'intéressés, & leur accordant des priviléges différens.

AVENTURIER. On appelle vaisseau Aventurier, un vaisseau Marchand qui va trafiquer dans l'étendue de la concession d'une Compagnie de Commerce, sans en avoir obtenu permission. *Voyez* INTERLOPRE.

AVENTURINE ou ADVENTURINE. Pierre précieuse tirant sur le jaune-brun, remplie de quantité de points d'or. Il s'en trouve d'assez beaux morceaux en Bohême & en Silésie.

Cette pierre prend avec facilité le poliment, mais elle est aisée à se casser. On en fait entrer dans les plus beaux ouvrages de pierres de rapport : on en fait aussi des tabatieres, des boetes à mouches, des boetes de montre, &c.

On contrefait l'Aventurine avec la limaille de cuivre & du verre, à qui l'on a donné une teinture jaune ; mais l'Aventurine factice n'approche jamais de la véritable.

AVETTE. Les anciennes instructions concernant le commerce du miel, de la cire, & des mouches qui les produisent, se servent toujours de ce terme, pour signifier Abeille, ou Mouche à miel. *Voyez* MIEL.

AVEUGLE. On nomme à Smyrne des Tapis Aveugles, les grands tapis qui se vendent au pic, lorsque le travail ne rend pas bien le dessein. *Voyez* le Commerce de Smyrne, dans l'Etat général, page 342.

AUG

AUGE. Petit Pays de France en Normandie, dans le Diocese de Lizieux. *Voyez* l'Etat général, ci-devant, page 105, 107.

AUGE. Vase de pierre, ou de bois, dont se servent divers Ouvriers, pour mettre de l'eau, ou les matieres liquides, qui servent à leurs ouvrages. L'Auge des Serruriers, Eperonniers, Taillandiers, Maréchaux, Couteliers, & semblables Artisans, qui travaillent le fer, & qui se servent de charbon de terre, est de pierre : ils y mettent l'eau, qu'ils prennent avec l'écouvette pour aviver leur feu. Outre cette Auge, les Couteliers en ont encore une seconde, posée sous le chevalet de leur roue : elle est longue & assez étroite. C'est dans l'eau de cette Auge que tourne la meule à émoudre. *Voyez* COUTELIER.

L'Auge des Sculpteurs, Maçons, Couvreurs, Carleurs, Paveurs, & de tous ceux qui employent le plâtre, le stuc, & le mortier, est de figure carrée-longue, faite de petits ais légers de bois de chêne, de profondeur & de hauteur à la volonté de l'Ouvrier. On s'en sert pour transporter le stuc & le mortier, quand ils sont courroyés, & pour gâcher le plâtre.

AUGE. On appelle l'Auge d'un moulin à eau, un canal étroit construit de planches, & quelquefois de maçonnerie, par où l'eau qu'on a ramassée, coule & tombe sur la roue, pour la mettre en mouvement, & faire tourner la meule. *Voyez* MOULIN A EAU.

AUGE. Ce qu'on nomme Auge dans les Sucreries, sont de petits canots de bois, tout d'une piece, dans lesquels on laisse refroidir le sucre avant de le mettre dans les bariques. *Voyez* CANOT.

AUGET. C'est le diminutif de l'Auge, une petite auge. Il sert aux mêmes usages que l'auge.



AUGET. Partie des moulins à moudre les blés, par où les grains tombent sur les meules, pour y être écrasés & moulus. C'est proprement l'extrêmité de la trémie. *Voyez* MOULIN A VENT *&* A EAU.

AUGUSTIN. On appelle S. Augustin, en terme d'Imprimerie, le caractere qui est après le gros Romain, & qui précede le Cicero. *Voyez* CARACTERES, *ou* IMPRIMERIE.

AVI

AVIANNE, en Languedoc. *Voyez* l'Etat général, page 213.

AVICTUAILLEMENT. Provision de victuailles que l'on met sur un vaisseau, pour le mettre en état de faire voyage. *Voyez* VICTUAILLES.

AVICTUAILLEUR. Terme de commerce de mer. C'est le Marchand qui fournit les Victuailles d'un vaisseau, & les ustenciles nécessaires pour en user. *Voyez comme dessus.*

AVILIR. Devenir de bas prix, ou hors de vente. Les marchandises s'avilissent, quand elles sont hors de mode, ou qu'elles sont devenues gardes-magasin.

On trouve le terme d'Avilir en cette signification dans le Dictionnaire de Furetiere ; mais malgré cette autorité, il n'est plus d'usage dans le commerce.

AVILISSEMENT. Se dit dans le même sens qu'avilir.

AVIRON. Longue piece de bois, plate par un bout, & ronde par l'autre, qui sert à faire avancer les bateaux sur les rivieres.

Les Avirons s'attachent quelquefois à des chevilles de bois, qui sont à l'avant des bateaux, avec des anneaux de fer arrêtés au tiers de leur longueur. Quelquefois ils se placent seulement entre deux chevilles. Les Avirons des Maîtres Passeurs d'eau de la Ville de Paris, & des Pêcheurs, ont des anneaux ; les autres en ont rarement.

Sur mer on dit, Rames, & non Avirons. *Voyez* BATEAU.

*Les Avirons payent en France de droits d'entrée dans le Royaume, ou dans les Provinces réputées étrangeres, cinquante sols du cent en nombre, & huit livres de droits de sortie.*

AVIS, ou ADVIS. Avertissement, instruction qu'on donne à quelqu'un de quelque chose qu'il ignore. On dit, Donner avis ; pour dire, Faire sçavoir ce qui se passe. Mon Correspondant de Nantes m'a donné avis d'une telle banqueroute.

Parmi les Négocians Provençaux, on se sert quelquefois du terme *Adviso*, qui leur vient d'Italie.

Une lettre d'Avis est une lettre missive, par laquelle un Marchand, ou un Banquier, mande à son Correspondant qu'il a tiré sur lui une Lettre de change, ou que son Débiteur a mal fait ses affaires, ou bien qu'il lui a fait un envoi de marchandise.

Aux lettres d'Avis pour envoi de marchandise, on joint ordinairement la facture.

A l'égard des lettres d'Avis, pour payement des Lettres de change, elles doivent contenir le nom de celui pour le compte de qui on tire ; la date du jour, du mois, & de l'année ; la somme tirée ; le nom de celui qui en a fourni la valeur. Elle doit aussi faire mention du nom de celui à qui elle doit être payée, & du tems auquel elle doit l'être ; & quand les Lettres de change portent de payer à ordre, on le doit pareillement spécifier dans la lettre d'Avis.

On peut se dispenser d'accepter une Lettre de change, quand on n'a point eu d'avis.

AVIS. Se prend aussi pour sentiment, ou pour conseil. Cela est mon avis : Je n'ai rien fait en cela, que par l'avis & conseil des plus habiles Négocians.

M. Savary a donné au Public un excellent Livre intitulé, *Pareres, ou Avis & Conseils sur les plus importantes matieres du Commerce.* Voyez PARERES.

AVISER. Avertir. Je vous avise qu'un tel Banquier ne paroît plus sur la place de nôtre Ville : Je vous avise qu'un tel vaisseau est arrivé en ce Port. Ce terme vieillit, & n'est presque plus en usage parmi les Négocians.

AVIVAGE. Terme de Miroitier. C'est la premiere façon que l'on donne à la feuille d'étain, pour recevoir le vif-argent.

L'Avivage se fait en frottant cette feuille avec du vif-argent, mais sans l'en charger; en sorte néanmoins qu'elle devienne aussi vive, & aussi brillante, que si c'étoit un miroir. On se sert d'une plote de serge pour prendre le vif-argent dans la grande sebile, & en aviver la feuille. *Voyez* GLACE.

AVIVAGE, se dit aussi en Touraine & dans quelques lieux de la Généralité d'Orléans, d'une espece de teinte que l'on donne aux étamines, pour en cacher les défectuosités. *Voyez* à l'article des Réglemens, celui du 19 Janvier 1723.

Il faut remarquer que dans les copies imprimées de ce Réglement, on a mis *Avinage* au lieu d'*Avivage;* ce qui est une faute grossiere échapée à la diligence du Correcteur de l'Imprimerie Royale.

AVIVER L'ETAIN. C'est le frotter légérement de vif-argent, avant que de l'en charger tout-à-fait. *Voyez l'article precédent.*

AVIVER UNE COULEUR. Terme de Teinturier. C'est la rendre plus vive, plus éclatante, plus brillante, en la passant, lorsqu'elle est teinte & bien lavée, sur de l'eau tiéde mêlée de quelques ingrédiens. Le bleu, par exemple, s'avive sur de l'eau tiéde un peu alunée. *Voyez* TEINTURE, & TEINTURIER.

AVIVER L'OR. Terme de Doreur sur métail. C'est l'étendre avec l'avivoir, après qu'il a été amalgamé avec le vif-argent. *Voyez ci-après* AVIVOIR.

AVIVER. Les Ouvriers qui travaillent en fer, & tous ceux qui se servent de charbon de terre, disent, *Aviver leur forge*, pour dire, augmenter l'ardeur du charbon déja enflammé, en y jettant un peu d'eau avec l'escouvette. *Voyez* FORGE.

AVIVOIR. Les Doreurs sur métail nomment ainsi un instrument de cuivre, en forme de lame de couteau, arrondi par un bout, & emmanché de bois par l'autre, avec lequel, au lieu de gratteboesse, ils étendent l'or amalgamé sur leur ouvrage. *Voyez* DORURE AU FEU.

## AUL

AULMULCIERS. Les Marchands Bonnetiers de la Ville & Fauxbourgs de Paris, prennent cette qualité dans leurs Statuts. *Voyez* BONNETERIE, & BONNETIER.

AULNAGE. } *Voyez* { AUNAGE.
AULNE, Mesure. } *Voyez* { AUNE.

AULNE, arbre, que l'on appelle aussi VERNE. C'est un arbre haut & droit, qui croit facilement dans les endroits marécageux & humides, dont



la feuille ressemble assez à celle du Poirier, quoiqu'un peu plus large, & plus remplie de nerfs.

Cet arbre, qui ne porte aucun fruit, est du nombre de ceux que l'Ordonnance des Eaux & Forêts met au rang des Mort-bois.

Le bois d'Aulne se débite ordinairement dans les forêts, en poteaux de trois pouces en quarré, en membrures de deux pouces d'épaisseur sur six, sept, & huit pouces de largeur, & en perches de différentes longueurs & grosseurs. *Voyez* PERCHE.

Les Tourneurs en employent beaucoup à faire des meubles, des échelles, & autres ouvrages. On en fait aussi des sabots, & des bois de torches, étant d'une nature très combustible.

Le bois d'Aulne étant dans l'eau, se conserve long-tems sans se corrompre; ce qui fait que l'on s'en sert à faire des pilotis; & quand il est bien gros & bien droit, on l'emploie en tuyaux, ou canaux pour la conduite des eaux, après l'avoir foré d'un bout à l'autre, comme un canon de mousquet, par le moyen de certaines longues terrieres faites exprès.

L'écorce de l'Aulne sert aux Teinturiers, pour former certaines couleurs. *Voyez* BOIS.

AULNER. } *Voyez* { AUNER.
AULNEUR. } *Voyez* { AUNEUR.

## AUM

AUMALE, Ville de la Généralité d'Alençon. *Voyez* l'Etat général, page 109.

## AUN

AUNAGE, ou AULNAGE. Mesurage des étoffes, toiles, rubans, &c. qui se fait avec une mesure certaine & réglée, qu'on appelle à Paris, & presque dans toutes les Villes de France, en Flandre, Brabant, Allemagne, Hollande, & en quelques autres Pays de l'Europe, une Aune, laquelle, quoique du même nom, n'est pas uniforme par tout. *Voyez* AUNE.

BON D'AUNAGE, EXCEDANT D'AUNAGE, BENEFICE D'AUNAGE, sont mots synonymes, qui signifient quelque chose que l'on donne, ou que l'on trouve au delà de la mesure, ou de l'aunage ordinaire.

Par le Réglement des Manufactures de lainage du mois d'Aout 1669, art. 44, il est porté, que pour les draperies, dont l'usage est de donner par le Façonnier au Marchand acheteur, un excédant d'aunage pour la bonne mesure, l'excédant ne pourra être seulement que d'une aune & un quart au plus sur vingt-une aunes & un quart vulgairement appellé Vingt & un quart pour vingt, & des demi-pieces à proportion.

Sous la Halle aux Toiles de Paris, l'usage est d'auner les toiles le pouce devant l'aune; ce qui s'appelle *Pouce & Aune* ou *Pouce Evant;* ce qui produit de bon aunage pour l'Acheteur environ une aune demi-tiers sur cinquante aunes. Outre ce pouce, on donne encore une aune sur cinquante aunes pour la bonne mesure; en sorte qu'il y a de bénéfice sur chacune fois cinquante aunes, environ deux aunes un demi-tiers.

Quand on dit, Mettre le plomb d'aunage à une étoffe, c'est y appliquer sur la lisiere, du côté du chef, un plomb sur lequel on marque en chiffres le nombre d'aunes que la piece contient, suivant qu'on l'a reconnu par l'aunage qui en a été fait.

Il

Il y a des lieux en France, où, quoique l'aune soit égale à celle de Paris, l'on trouve un bénéfice considérable sur l'aunage ; ce qui provient de l'usage où sont les Ouvriers & Manufacturiers de donner des excédans d'aunage à ceux qui achetent d'eux : cela regarde particuliérement le commerce des toiles.

A Rouen, Laval, Alençon, Mortagne, Mamers, & Wimoutiers, ils donnent vingt-quatre aunes pour vingt.

A Bollebecq, Orvillé, Berné, & au de-là de Rouen, vingt-sept pour vingt.

A Beaumont & à Breaune, vingt-huit pour vingt.

A Tilliers, vingt-deux pour vingt.

A Saint-Georges, trente pour vingt.

Et à Laigle, vingt-huit trois quarts pour vingt.

Cet usage de donner ainsi des excédans d'aunages, a été introduit par les Ouvriers & Manufacturiers, dans la vûe d'attirer tout le commerce dans leurs Villes, au préjudice des autres où il y a moins d'aunage. Cependant il faut remarquer, que dans les lieux où l'on donne de si forts excédants d'aunages, les marchandises sont toujours plus cheres, que dans ceux où l'on n'en donne point : ainsi l'un revient à l'autre ; car une piece de toile, que l'on acheteroit vingt sols l'aune en un endroit où l'on ne donne point d'excédant, en celui où l'on donne vingt-sept pour vingt, s'acheteroit vingt-sept sols ; bien entendu qu'elles fussent de la même qualité & largeur.

Il faut encore observer, que dans les endroits où l'on donne de forts excédants d'aunages, pour l'ordinaire les marchandises n'y sont pas si bonnes, ni si parfaites, qu'en ceux où l'on n'en donne que peu, ou point : c'est à quoi il faut prendre garde dans les achats que l'on en peut faire, afin de n'être pas trompé.

On nomme Table du Bordereau d'Aunage, une certaine Table, composée des diverses fractions de l'aune, suivant qu'elle est différemment divisée, comparées aux parties de la livre de vingt sols. *Voyez* BORDEREAU; *vous y trouverez cette Table, avec la maniere de s'en servir.*

AUNE. Bâton d'une certaine longueur, qui sert à mesurer les étoffes, toiles, rubans, &c.

Les aunes sont plus ou moins longues, selon les Pays & les lieux.

L'aune de Paris contient trois pieds, sept pouces, huit lignes, conformément à l'étalon qui est dans le Bureau des Marchands Merciers. Elle se divise en deux manieres.

La premiere, en demie-aune, en tiers, en sixiéme, & en douziéme.

Et la seconde, en demie-aune, en quart, en huit, & en seize, qui est la plus petite partie de l'aune ; après quoi elle ne se divise plus.

La différence qu'il y a d'un douziéme à un seiziéme, est d'un quarante-huitiéme : celle d'un sixiéme à un huitiéme, est d'un vingt-quatriéme : celle d'un tiers à un quart, est d'un douziéme : celle de onze douziémes à sept huitiémes, est d'un vingt-quatriéme : celle de cinq sixiémes à trois quarts, est d'un douziéme : celle de deux tiers à une demie, est d'un sixiéme : & celle d'une demie à un tiers, est d'un sixiéme. On pourroit bien porter ces différences plus loin, mais cela seroit inutile ; il suffit aux Marchands de sçavoir celles qui viennent d'être rapportées.

L'Aune de Bordeaux, la Rochelle, Rouen, & de presque toutes les autres Villes de France, est égale à celle de Paris.

En Angleterre on se sert d'une aune pour auner les toiles, qui est semblable à celle de Paris. On tient aussi que l'aune d'Osnabrug est de même longueur.

Par Arrêt du Conseil du 24 Juin 1687, il a été ordonné, que ceux qui vendent & achetent des étoffes en la Province de Languedoc, soit de laine, soie, fil, & autres, seront obligés dans la vente & le débit qu'ils feront de leurs marchandises, soit en gros, ou en détail, de se servir de l'aune de Paris, au lieu de cannes, dont l'usage est défendu en ladite Province, à peine d'amende. *Voyez l'article des Reglemens.*

Par autre Arrêt du Conseil du 27 Octobre de la même année, pareilles défenses ont été faites pour la Province de Dauphiné. *Voyez comme dessus.*

L'Aune de Troyes en Champagne contient deux pieds six pouces une ligne, conséquemment trente aunes de Troyes font vingt une aunes de Paris.

L'Aune d'Arc en Barrois, & de quelques-unes des Villes de Picardie & de Bourgogne, est conforme à celle de Troyes.

L'Aune de Bretagne contient quatre pieds deux pouces onze lignes ; ce qui fait sept sixiémes d'aune de Paris : & l'aune de Paris fait six septiémes d'aune de Bretagne ; de maniere que six aunes de Bretagne font sept aunes de Paris, & sept aunes de Paris font six aunes de Bretagne.

L'Aune de S. Genoux en Berry, est plus longue que celle de Paris d'environ huit lignes ; ce qui va à une aune & demie de plus sur cent aunes.

L'Aune de Lyon est de quelque chose plus courte que celle de Paris ; mais cette différence est très peu considérable, ne pouvant aller tout au plus qu'à une aune de moins sur cent aunes.

L'Aune de Musquinier est d'un pouce plus longue que celle de Flandres ; ensorte que vingt-cinq aunes de Musquinier font quinze aunes de Paris, au lieu que vingt-cinq aunes de Flandres ne font que quatorze aunes sept douziémes de Paris, ce qui est cinq douziémes de moins. *Voyez* MUSQUINIER.

L'Aune de Flandres contient deux pieds un pouce cinq lignes & demie ligne, qui font sept douziémes d'aune de Paris ; & l'aune de Paris fait une aune cinq septiémes de Flandres ; de façon que douze aunes de Flandres font sept aunes de Paris.

L'Aune de Brabant & d'Allemagne, est semblable à celle de Flandres.

L'Aune d'Amsterdam ou de Hollande, est semblable à la brasse de Milan, dont on se sert pour mesurer les draps de laine. Elle contient un pied onze lignes, ce qui fait quatre septiémes d'aune de Paris ; & l'aune de Paris fait une aune trois quarts d'Amsterdam ; de maniere que sept aunes d'Amsterdam font quatre aunes de Paris. L'on prétend que l'aune de Nuremberg est égale à celle d'Amsterdam.

Pour réduire les aunes d'Amsterdam en aunes de Paris, il faut se servir de la regle de trois, & dire : si sept aunes d'Amsterdam font quatre aunes de Paris, combien tant d'aunes d'Amsterdam. Et au contraire, pour réduire les aunes de Paris en aunes d'Amſterdam, il faut dire : ſi quatre aunes de Paris font ſept aunes d'Amſterdam, combien tant d'aunes de Paris.

Cette maniere de réduire les aunes d'Amſterdam en aunes de Paris, & celles de Paris en aunes d'Amſterdam, peut ſervir pour toutes les réductions que l'on aura à faire des autres aunes des différentes Villes & Pays, par rapport à celle de Paris.

Outre ces diverſes meſures des longueurs, tant de France, que des Pays étrangers, auxquelles on donne le nom d'Aune, il y en a quantité d'autres, qui ſous un autre nom ſervent au même uſage. Les principales de ces meſures ſont, la Canne de Provence, de Toulouſe, & de Naples; la Varre d'Arragon; la Verge d'Angleterre & de Seville; la Barre de Caſtille & de Valence; le Ras de Piémont; la Braſſe de Lucques, de Veniſe, Boulogne, Modene, Mantoue, Bergame, Florence, & Milan; le Yard d'Angleterre; la Palme de Gennes; le Pic de Conſtantinople, de Smyrne, & du Caire; la Gueze des Indes, & celle de Perſe, que les Européens nomment néanmoins plus communément Aune que Gueze, comme on le remarque à la fin de cet article.

On peut voir ce qu'on dit de ces différentes meſures, & les réductions qu'on en fait à l'aune de Paris, dans leurs propres articles, ſuivant l'ordre alphabétique.

On appelle Aune étalonnée, celle qui a été marquée aux deux bouts par l'Officier Etalonneur, ou autre ayant droit de le faire; ce qui fait connoître qu'elle eſt juſte, & qu'elle a été confrontée avec celle qui ſert d'étalon, ou de meſure matrice ou originale, qui eſt ordinairement gardée dans le greffe de la haute Juſtice des lieux, ou au Bureau de la Ville, ou au Bureau des Marchands.

L'étalon de l'aune de Paris, qui eſt dans le Bureau des Merciers, eſt de fer; & par l'inſcription qui eſt gravée deſſus, il paroît qu'il a été fait en 1554, ſous le regne de Henri II.

Par l'Ordonnance de Commerce de 1673, art. 11 du titre premier, il eſt enjoint à tous Négocians & Marchands, tant en gros qu'en détail, d'avoir chacun à leur égard des aunes ferrées, & marquées par les deux bouts; & il leur eſt défendu de s'en ſervir d'autres, à peine de faux, & de cent cinquante livres d'amende.

La raiſon pour laquelle il eſt défendu de ſe ſervir d'autres aunes, que de celles qui ſont ferrées par les deux bouts, eſt afin que par l'uſage les aunes ne puiſſent pas ſe racourcir.

Aune. Se dit auſſi de la choſe meſurée. Une aune de drap : une aune de taffetas.

Quand on dit, cette étoffe, cette toile vaut tant la petite aune, cela doit s'entendre, l'aune de Flandres & d'Amſterdam, parce qu'elles ſont de beaucoup plus petites que celle de Paris, ainſi qu'il eſt ci-devant marqué.

Aune courante, ou Aune de cours. C'eſt une meſure d'étoffe, ou de tapiſſerie, qui s'étend ſur les longueurs, ſans conſidérer la largeur, ou la hauteur : & lorſqu'on dit, qu'une tapiſſerie eſt compoſée de cinq pieces, qui font douze aunes courantes, ou de cours, cela doit s'entendre, que les cinq pieces jointes enſemble font douze aunes en longueur.

On appelle Porte-aune, une eſpece de machine de bois, au haut de laquelle l'aune eſt attachée ſolidement; ce qui ſert aux Marchands à auner ſeuls leurs étoffes; & cela pour ne pas occuper inutilement deux perſonnes pour une : car lorſque l'on veut auner ſans porte-aune, il faut de néceſſité être deux; l'un pour tenir l'autre, & l'autre pour auner l'étoffe.

Aune. Il y a deux ſortes d'aunes en Perſe; l'une, qu'on appelle Aune Royale, qui a trois pieds de Roi moins un pouce; l'autre, qu'on appelle Aune racourcie, en Perſan *Gueze-moukeſſer*, qui n'a que les deux tiers de l'aune Royale. Ces beaux tapis de Perſe, que nous voyons en France, ſe meſurent à l'aune carrée, en prenant la largeur pour le multipliant, & la longueur pour le multiplié; ce que les Perſans appellent Aune à aune. *Voyez* Gueze, *ou l'article du Commerce de la Perſe*, page 412.

*Rapport de l'aune d'Amſterdam avec les meſures des principales Villes de l'Europe.*

100 aunes d'Amſterdam ſont égales à
98 $\frac{1}{4}$ d'Anvers ou de Brabant,
41 $\frac{1}{4}$ cannes de Barcelonne,
120 aunes de Bâle & de Berne,
102 $\frac{3}{4}$ braſſes de Bergame,
110 aunes de Bergue & Norwege,
58 $\frac{1}{2}$ de Bourdeaux,
107 $\frac{1}{7}$ braſſes de Boulogne,
80 aunes de Breſlaw en Sileſie,
101 $\frac{1}{3}$ aunes de Bruges,
100 $\frac{1}{4}$ aunes de Bruxelles,
80 barres de Caſtille,
120 aunes de Cologne,
102 aunes $\frac{5}{7}$ pics de Conſtantinople,
114 $\frac{1}{2}$ aunes de Copenhague,
112 aunes $\frac{1}{2}$ de Dantzick,
75 verges de Dublin,
75 verges d'Edembourg,
29 $\frac{5}{9}$ cannes de Florence de 8 palmes,
122 $\frac{22}{49}$ braſſes dudit Florence,
120 aunes de Francfort,
93 $\frac{3}{4}$ aunes de Gand,
39 $\frac{5}{9}$ cannes de Genes de 9 palmes,
60 aunes de Geneve,
120 de Hambourg,
150 cavidos des Indes Orientales,
58 $\frac{1}{2}$ aunes de la Rochelle,
120 aunes de Leipſic,
125 aunes de Liege,
96 $\frac{3}{4}$ aunes de Liſle,
55 aunes de Lyon,
61 barres de Liſbonne,
29 $\frac{1}{7}$ cannes de Livourne de 8 palmes,
122 $\frac{22}{49}$ braſſes dudit Livourne,
75 verges de Londrer,
120 aunes de Lubeck,
100 $\frac{3}{4}$ de Malines,
35 cannes de Marſeille,
166 aunes de Meinden,
39 $\frac{9}{25}$ cannes de Meſſine,
128 $\frac{4}{7}$ braſſes de Milan,
34 $\frac{2}{7}$ cannes de Montpellier,
58 $\frac{1}{2}$ aunes de Naples,
30 $\frac{1}{3}$ cannes dudit Naples,
100 aunes de Norwegue,
120 aunes de Nuremberg,
58 $\frac{1}{2}$ aunes d'Oſnabrug,
39 $\frac{7}{25}$ cannes de Palerme,
58 $\frac{1}{2}$ aunes de Paris,

114 $\frac{2}{7}$ ras de Piémont,
33 cannes de Rome pour les toiles,
58 $\frac{1}{3}$ aunes de Rouen,
112 $\frac{1}{2}$ rotolis de Smyrne,
37 $\frac{1}{2}$ aunes de Toulouse & haut Languedoc,
114 $\frac{2}{7}$ ras de Turin,
74 $\frac{2}{7}$ barres de Valence,
102 brasses de Venise.

AUNER. Mesurer avec une aune. Il faut auner cette piece de drap, pour voir combien elle contient d'aunes. Les Marchands ont une adresse particuliere pour Auner; & il est facile à ceux qui ne sont pas de bonne foi, de tromper en aunant.

AUNER BOIS A BOIS, ou AUNER PINCE A PINCE. C'est-à-dire, auner juste, sans donner ou faire aucune bonne mesure.

Par l'article 44 du Réglement des Manufactures de lainage du mois d'Août *1669*, il est ordonné, que toutes sortes de marchandises seront aunées bois à bois, justement, & sans évant; & il est défendu aux Auneurs d'en user autrement, à peine de 100 liv. d'amende pour chacune contravention. *Voyez* POUCE-E'VANT.

Suivant l'Arrêt du Conseil du 3 Octobre *1689*, il est au choix de l'Acheteur de faire Auner toutes les pieces de marchandises, tant par la lisiere, que par le dos ou faîte, & d'en payer le prix sur le pied du moindre aunage qu'elles contiennent, soit qu'il ait été fait par le dos, ou par la lisiere.

A Paris l'usage est d'Auner les toiles le pouce devant l'aune. *Voyez ci-devant* AUNAGE.

AUNEUIL. Village de l'Election de Beauvais, où l'on dit qu'il y avoit autrefois une mine d'or. *V.* dans l'Etat général l'endroit où il est parlé des Mines de la Généralité de Paris.

AUNEUR. Officier, ou Commis préposé pour auner, ou mesurer les draps, serges, toiles, &c.

*Auneurs de Toiles.*

Il y a à Paris une Communauté de cinquante Jurés Auneurs-Visiteurs de toiles, créés en titre d'Offices héréditaires. Ils prêtent serment pardevant le Lieutenant Général de Police. Les droits qui leur sont attribués, sont de douze deniers pour aune sur toutes sortes de toiles, tant fines que grosses, étrangeres, ou du Royaume, canevas, courils, treillis, coupons, bougrans, serviettes, mousselines, batistes, futaines, basins, toiles de coton & de lin, & autres ouvrages de fil, qui sont amenés & vendus en la Ville & Fauxbourgs de Paris; même sur les toiles, & autres ouvrages ci-dessus, qui sont fabriqués en ladite Ville & Fauxbourgs. Ils ont deux Bureaux établis, où ils font leurs fonctions, & la perception de leurs droits; l'un est à l'Hôtel des Fermes, & l'autre à la Halle aux Toiles.

Les cinquante Offices de Jurés Auneurs & Visiteurs de toiles ayant été supprimés par Edit du mois de Septembre 1719; & un certain nombre de Commis ayant été nommés par le Lieutenant Général de Police, pour faire les aunages & visites des toiles en leur place, les droits qu'ils recevoient, ont été modérés. Ces Officiers ont été rétablis par l'Edit de Juin 1730.

*Auneurs de Draps.*

Il y a à Paris douze Auneurs de draps, & autres étoffes de laine, qui sont commis par les Maîtres & Gardes Drapiers & Merciers, mais qui prêtent serment pardevant le Lieutenant Général de Police. Ils n'ont aucune visite sur les marchandises; leur seule fonction étant de les auner, ou sous ladite Halle, ou dans les magasins & boutiques des Marchands, lorsqu'ils en sont requis par eux, ou par les Forains, ou par leurs Commissionnaires. Autrefois ils avoient des droits à prendre sur la marchandise, mais aujourd'hui ils n'en ont plus; ce sont les Corps de la Draperie & Mercerie qui leur donnent certains gages fixes, qui leur tiennent lieu de ces droits. Les Commissions d'Auneurs de draps sous la Halle de Paris, se donnent ordinairement à des Marchands, qui n'ont pas eu tout le bonheur possible dans leurs affaires, & qui ont besoin de ce secours pour subsister.

Dans les lieux des Fabriques du Royaume, il y a aussi des Auneurs établis, pour auner les étoffes & les toiles.

Les Auneurs de draps ne peuvent auner aucunes marchandises, qu'elles ne soient marquées de la marque du lieu où elles ont été fabriquées, & que le nom de l'Ouvrier ne soit sur le chef & premier bout de la piece, fait sur le métier, & non à l'aiguille; à peine pour la premiere fois de cinquante livres d'amende, & pour la seconde, de pareille peine, & d'interdiction de leurs fonctions. *Art. 36 du Réglement général des Manufactures du mois d'Aout 1669.*

Les Auneurs ne peuvent être Courtiers, ni les Courtiers ne peuvent être Auneurs Commissionnaires ou Facteurs, ni acheter ou faire acheter aucunes laines & marchandises de draperie & sergeterie pour leur compte, ni pour qui que ce soit, pour les revendre directement ni indirectement à leur profit, à peine de confiscation desdites marchandises, & de cent livres d'amende, & de privation de leurs fonctions. *Art. 37 du même Réglement de 1669.*

Les Maîtres & Gardes du Corps de la Draperie de la Ville de Paris, avoient été de toute antiquité, & depuis l'établissement de leur Profession dans cette Capitale, en possession de nommer ces Auneurs de la Halle aux draps; & ils y furent maintenus par des Lettres Patentes du mois d'Octobre 1638, enregistrées au Parlement le 20 Février ensuivant, contre un Traitant qui s'étoit fait adjuger douze Offices d'Auneurs à la Halle aux draps.

Les longues guerres du Regne de Louis XIV, & le besoin de secours extraordinaires pour les soutenir, ayant obligé Sa Majesté de faire plusieurs créations de nouveaux Offices, il fut créé par un Edit du mois de Février 1704, quarante Offices d'Auneurs Jurés de draps, & autres étoffes; vingt de Courtiers-Commissionnaires pour la vente desdites étoffes; deux de Concierges-Gardes de la Halle; & douze de Forts pour le service des Marchands dans ladite Halle.

Les Maîtres & Gardes de la Draperie, & ceux de la Mercerie, qui avoient un égal intérêt à ne pas souffrir cet établissement, qui pouvoit être d'un grand préjudice à leur commerce, s'unirent pour le faire incorporer tous ces Offices; & leurs remontrances ayant été écoutées, aussi-bien que leurs offres reçûes, ils obtinrent une Déclaration du Roi du 30 Décembre de la même année 1704; qui éteignant & supprimant tous les Offices créés par l'Edit du mois de Février, ordonna que les fonctions desdits Offices, continueroient d'être exercées à l'avenir, comme par le passé, par ceux qui seroient choisis & nommés par les Maîtres & Gardes en Charge des deux Corps des Marchands Drapiers & Merciers; sçavoir, au moins par douze Auneurs, & huit Commissionnaires, & les autres moindres Officiers, à la volonté desdits Maîtres & Gardes; à la charge néanmoins que lorsque la finance de quatre cent mille livres, & autres frais & dépenses faites par les deux Corps à l'occasion de l'emprunt de cette somme, qu'ils devoient payer au Roi en quatre payemens, seroit remboursée & acquittée, les Marchands Drapiers rentreroient, & demeureroient seuls en possession de nommer, comme auparavant, auxdites places d'Auneurs, de Commissionnaires, & autres Emplois, sous ladite Halle aux draps.

C'est à l'occasion de cette finance considérable, & dans le dessein d'en faciliter le remboursement, que le jour même de la date de la Déclaration, il fut dressé au Conseil du Roi, & arrêté un Tarif, avec attribution auxdits deux Corps, de divers droits de visites & d'aunages, suivant la qualité & nature des étoffes qui entreroient à la Halle aux draps, qui seroient portées à la foire Saint Germain, ou qui rentreroient à Paris au retour des deux foires franches de Saint-Denis. *Voyez le Paragraphe de la Foire S. Germain, à l'article général des Foires.*

Ce Tarif pour les droits d'Aunage, est divisé en quatre classes.

La premiere contient les étoffes, dont les droits doivent être payés sur le pied de vingt sols.

La seconde, celles qui ne payent que dix sols.

La troisiéme, celles dont les droits ne sont que de cinq sols.

Et enfin la quatriéme, celles dont on ne paye que trois sols.

*Draps fins, & étoffes fines, qui payent vingt sols par piece.*

Draps de Sedan, de cinq quarts de large.
D'Abbeville.
D'Elbœuf, d'une aune, ou cinq quarts de large.
De Rouen, de cinq quarts.
De Darnetal, de cinq quarts.
De Fescamp.
D'Orival.
De Louviers.
Du Pont-de-l'Arche.
De Montmirel.
De Dormelle.
De Caen.
Des Fauxbourgs de Paris.
De Bourges, de cinq quarts.

*Ratines fines, façon de Hollande.*

De Sedan.
De Caen.
D'Abbeville.
De Dieppe.
De Languedoc.
De Rouen.
} De cinq quarts.

Lesdits draps & ratines ayant quinze à vingt-deux aunes de long.

Camelots fins, de poil, laine, & soie, de vingt-cinq à trente-cinq aunes de long.

*Draps & étoffes qui payent dix sols par piece.*

Draps & serges, d'une aune, & de cinq quarts de large.
De Berry.
De Lodéve.
De Dreux.
De S. Lubin.
De Gisors.
D'Amiens.
De Beauvais.
De Cherbourg.
De Vire.
De Semur.
De Dauphiné.
De Valogne.
De Château-Regnard.
De Saulieu.
De Languedoc.
Estamets.
*Serges de Dreux.*
De S. Lo.
De Falaise.
Pinchinats, d'une aune de large.
Flanelles larges.
Ras de Castor.
Ras de Reims.
Montchahiars.
Serges de Seigneur.
Serges d'Arnetal.
Ratines de Beauvais, de cinq quarts, & d'une aune.
Ras de S. Lo, & façon de S. Lo, & de Crevecœur, d'une aune.

Lesdits draps & étoffes ayant vingt à trente aunes de long; les demies-pieces à proportion.

*Etoffes qui payent cinq sols la piece.*

Droguets, de toutes qualités.
Pinchinats, de demie-aune.
Molletons.
Sommiers.
Espagnonelles de Rouen, de Beauvais, & autres; la piece de vingt-deux à vingt-trois aunes.
Baracans tout de laine.
Pluches.
Callemandes.
Serges de Nismes.
Dauphines, & étoffes glacées.
Maroques.
Serges de Londres, & façon de Londres.
Tirtaines tout de laine.
Serges de Caen, de trente aunes.
Serges de Mouy, Envoile, & Glatigny.
Serges de Beauvais, Tricots, & S. Nicolas.
Frocs de Bernay, & autres.
Demis-estamets.
Serges d'Aumale, de quarante-cinq à cinquante aunes.
Camelots tout de laine, de deux tiers de large.
Serges d'Ypres & Ascot.
Camelots de Lisle, de demie-aune de large.

*Etoffes qui payent trois sols la piece.*

Etamines de toutes qualités, de douze à treize aunes de long.
Tirtaines de laine & fil, de 25 à 30 aunes.
Serges de Chartres.

Droguets sur fil, de vingt-cinq à trente aunes.
Ras de Châlons.
Revêches.
Flanettes étroites.
Cadis de Languedoc.
Camelots tout de laine, de demie-aune de large.
Serges de Blicourt.
Serges de Crevecœur, de demie-aune.
Ras d'Amiens, de vingt aunes de long.
Serges d'Aumale en demies-pieces, de vingt à vingt-quatre aunes de long.
Baracans de laine & fil.

Toutes les pieces d'étoffes ci-dessus exprimées, ayant le double de l'aunage marqué, payent le double du droit.

A l'égard des marchandises de chacune des quatre classes, qui sont portées à la Halle, pour y être vendues par commission, elles payent la moitié des droits réglés par le Tarif, lors de la vente des marchandises, à la place des anciens droits d'aunage, qui se payoient auparavant.

AUNIS, Pays de la Généralité de la Rochelle. *Voyez* l'Etat général page 65.

## AVO

AVOGASIE, Pays qui fait partie de la Mingrelie. *Voyez* l'Etat général, page 416.

AVOINE. Espece de grain, qui fait partie des petits blés, qu'on appelle *Mars*.

Il y a de deux sortes d'Avoine; l'Avoine cultivée, & l'Avoine sauvage. On ne parlera que de la premiere.

L'Avoine cultivée, qui sert en France de nourriture aux chevaux, a sa tige partagée en plusieurs nœuds, & ressemble au froment dans sa feuille, & dans son chaume.

A la cime de sa tige est ce qu'on appelle les franges, ou les sauterelles, c'est-à-dire, une espece d'épy, long d'environ deux pieds, autour duquel pendent les grains, tous séparés les uns des autres, & enfermés dans une double capsule.

Le grain est long, & aigu des deux côtés; sa couleur est brune, mêlée de blanc aux extrémités.

L'Avoine aime les lieux froids & humides.

Par l'Ordonnance du mois d'Octobre 1669, l'Avoine doit être mesurée dans les mêmes mesures qui servent au blé; avec cette différence néanmoins, que le septier d'Avoine doit avoir vingt-quatre boisseaux.

*En France l'avoine paye de droits de sortie du Royaume treize livres six sols du muid, mesure de Paris, contenant douze deniers, faisant deux tonneaux; & seulement dix sols de droits d'entrée aussi par muid, lorsqu'elle entre par les Provinces d'Anjou, le Maine, & Thouars.*

### *Réduction de diverses mesures dont on se sert en France, en Flandres & en Allemagne, à mesurer les avoines, avec le boisseau de Paris.*

La diversité des mesures qui servent à mesurer les avoines étant d'un très grand embarras dans le commerce de cette sorte de grain, & les Munitionnaires des armées & troupes de garnison des places du Roi, aussi-bien que tous ceux qui se mêlent de ce négoce trouvant souvent de la difficulté à en faire la réduction à une mesure fixe & commune, on a pris soin de rassembler ici quantité de ces mesures & de les réduire toutes au boisseau de Paris.

Les trois septiers, mesure de Saint-Quentin, composent 11 boisseaux de Paris; d'autres cependant les évaluent autrement, & selon eux le septier de S. Quentin contient 4 boisseaux de Paris. Deux maucaults font le septier, ainsi chaque maucault est de deux boisseaux.

13 septiers de Ham, font 11 boisseaux moins $\frac{1}{16}$ de la même mesure.

3 mesures de Beaune font 7 boisseaux de Paris.

4 mesures de Jussey près Langres, font 4 boisseaux $\frac{2}{3}$ de Paris. Ces 4 mesures font carte.

A Philippeville le sac contient 4 retz ou rays, & la ray 3 boisseaux de Paris; elle pese 128 liv. poids de marc.

A Landrecy, le maucault mesuré comble fait 7 boisseaux $\frac{1}{2}$ de Paris, ou 11 rations: & mesuré raz, ou comme on dit dans le pays, à main tierce, seulement 6 boisseaux ou 10 rations. C'est l'usage de Landrecy de mesurer le maucault comble dans les mois d'Août, Septembre, Octobre, Novembre, Décembre, Janvier, & Février, & raz ou à main tierce, les cinq autres mois.

A Choiseuil en Comté, l'hemine contient 5 bichets, & le bichet 6 boisseaux de Paris.

A Langres l'hemine contient 8 bichets, & le bichet 3 boisseaux $\frac{1}{4}$ de Paris.

A Port sur Saonne proche Jussey, la carte contient 4 boisseaux $\frac{2}{3}$ de Paris.

A Landau la maldre contient 11 boisseaux $\frac{1}{3}$ de Paris.

A Chaulny le septier contient 4 boisseaux, mesure de Paris.

A Riblemont près la Fere, le jablois comble, fait 4 boisseaux de Paris.

A Nancy la carte fait 2 imaux, & les 4 cartes le réal qui contient 15 boisseaux de Paris.

A Neustad il y a deux sortes de maldre, la grande & la petite; la grande fait 12 boisseaux de Paris, la petite seulement 10 $\frac{3}{4}$.

A Strasbourg un réal $\frac{1}{4}$ fait 12 boisseaux de Paris.

A Bourbonne-les-bains le bichet rend 6 boisseaux de Paris.

A La Motte à 4 lieues de Bourbonne, de même.

A Antreville en Lorraine, de même.

A Troyes le septier contient 16 boisseaux de la même Ville, qui en font 30 mesures de Paris. Quelques-uns cependant ne les évaluent qu'à 29 boisseaux $\frac{1}{2}$.

A Briel comme à Troyes.

A Châtillon la mesure rend 2 boisseaux de Paris.

A Vendeuvre le boisseau en vaut 2 de Paris.

A Semeur les 4 mesures font 5 boisseaux de Paris.

A Vitaux & Montbarts les 3 mesures font 4 boisseaux de Paris.

A Ligne le bichet contient 3 boisseaux $\frac{1}{2}$ de Paris.

A Missy la mesure comble fait deux boisseaux $\frac{1}{4}$ de Paris.

A Guise & aux environs, le jalois fait cinq boisseaux de Paris.

A Hombourg en Allemagne le maldre contient 16 boisseaux de Paris.

A Courtray la raziere contient 4 lavots qui font 7 boisseaux $\frac{1}{3}$ de Paris.

A Mons le muid est de six septiers, & le septier

fait près de 12 boisseaux ¼ mesure de Paris. La rasiere de Mons fait 4 boisseaux ⅓ de Paris.

A Mont Royal & Traherbac, la maldre contient 24 boisseaux de Paris.

A Douay en Flandres la rasiere fait 7 boisseaux ½ & ⅛ de boisseaux de Paris.

*Commerce de l'Avoine à Amsterdam.*

On distingue à Amsterdam deux sortes d'Avoine, sçavoir l'avoine pour brasser, & l'avoine pour les chevaux. L'avoine pour brasser se vend depuis 53 jusqu'à 58 florins d'or le last, la déduction pour le prompt payement est d'un pour cent. L'avoine pour les chevaux ne se vend que depuis 43 jusqu'à 48 florins d'or, même déduction qu'à celle pour brasser.

La farine d'Avoine, dont on fait des bouillies rafraîchissantes, s'appelle Gruau. La bonne vient de Bretagne. *Voyez* GRUAU.

*On peut lire l'article des Bleds, où l'on verra diverses choses concernant le Commerce de l'Avoine, qu'on a cru à propos d'obmettre ici.*

AVOIR. Terme de Commerce & de Teneurs de Livres. Les Marchands & Négocians, ou leurs Commis & premiers Garçons, qui tiennent leurs Livres, ont coutume de mettre ce mot, *Avoir*, en gros caractéres, au commencement de chaque page, à main droite du grand Livre, ou Livre d'extrait & de raison; ce qu'ils appellent le côté du crédit, ou des dettes actives, par opposition aux pages à gauche, qui sont le côté du débit, ou des dettes passives, qu'on distingue par le mot *Doibt*, aussi écrit en grosses lettres.

Tous les autres Livres des Négocians, qui se tiennent en débit & crédit, doivent pareillement avoir ces deux titres à chacune des pages opposées. *Voyez* LIVRES, *à l'endroit où il est donné des modeles de tous les Livres de Marchands.*

AVOISE, dans le Maine. *Voyez* l'Etat général, page 95.

## AUR

AVRANCHES, (Election d') dans la Généralité de Caen. *Voyez* l'Etat général, page 105.

AVRAY, petit Port de mer de la Province de Bretagne. *Voyez* l'Etat général, page 121.

AURE. Vallée au pied des Pyrennées du côté de la France. *Voyez* l'Etat général, page 34.

AURILLAC. Ville d'Auvergne. *Voyez* l'Etat général, page 100, 101.

AURIOL, en Provence : ses laineries. *Voyez* l'Etat général, page 119.

AURIPEAU, qu'on écrit plus ordinairement ORIPEAU. Faux or dont on se sert dans les habits de masques & de balets. *Voyez* ORIPEAU.

AUROCA, un des Ports de l'Amérique Espagnole sur la mer du Sud. *Voyez* l'Etat général, page 489.

AURORE. Jaune doré & éclatant comme celui qui paroît ordinairement dans les nues au lever du Soleil.

Les Teinturiers font les couleurs Aurores en les alunant & gaudant fortement, & les rabatant avec le raucour dissous en cendres, gravelées, potasse ou soute. Cette couleur doit aussi être garancée.

Par l'article 24 du Réglement du mois d'Août 1669, sur le fait des teintures, il est ordonné que l'Aurore soit de gaude, suivant sa nuance & garance.

## AUS

AUSBOURG, Ville Impériale Capitale de la Souabe. *Voyez* le Commerce de cette Ville, dans l'Etat général, page 228.

AUSERON. Drogue qui vient de Perse, mais que les Européans tirent des Indes Orientales par Surate. Cette drogue est très rare & très chere; elle se vend cent vingt mamoudis le main.

## AUT

AUTIPEAU ou AURIPEAU. Cuivre ou faux or, réduit en lame. *Voyez* AURIPEAU.

*Les droits que l'Autipeau paye à la Douanne de Lyon, sont de trente-cinq sols par charge pour l'ancienne taxe; outre cela, cinq sols du cent pesant pour la nouvelle réapréciation.*

AUTHON, dans la Généralité d'Orléans. *Voyez* l'Etat général, page 91.

AUTOUR. Espece d'écorce qui entre dans la composition du carmin. Cette écorce est assez semblable à celle de la canelle, excepté qu'elle est plus pâle par dessus, & en dedans de la couleur d'une noix muscade, mais parsemée de petits brillans. Elle est fort légere, spongieuse, d'un goût presque insipide, & sans odeur.

L'Autour fait partie du négoce des Marchands Epiciers-Droguistes de Paris, qui la tirent du Levant par la voye de Marseille. *Voyez* CARMIN.

AUTRECOURT. Gros Bourg du Retelois près de Mouson en Champagne. *Voyez* l'Etat général, ci-devant, page 23.

AUTRUCHE. Messieurs de l'Académie des Sciences ont fait une description si exacte & si belle de l'Autruche, que le plus court seroit d'y renvoyer le Lecteur, & se contenter d'en parler ici par rapport au commerce.

Pour satisfaire néanmoins la curiosité de ceux qui n'auroient peut-être pas la commodité de recourir à l'excellente Histoire de cette Académie, on a cru devoir en ajouter ici un extrait mêlé de quelques remarques tirées de Pline, d'Aldrovandus, de Jonston, &c.

L'Autruche, que les Latins appellent *Struthio Camelus*, est le plus grand de tous les oiseaux connus, y en ayant de plus de dix pieds de haut, à les mesurer du sommet de la tête à l'extrémité des pieds.

Sa tête est chauve & sans plumes, aussi-bien que ses cuisses & ses flancs.

Ses yeux sont en ovale comme ceux de l'homme, couverts d'une paupiere mobile par en haut, contre l'ordinaire des oiseaux.

Son bec est court & pointu.

Ses jambes sont armées pardevant, de grandes écailles en tables; de même que ses pieds, qui sont fendus en deux, & dont les deux grands doigts ont des ongles.

Son col, qu'elle a très long, est couvert d'une espece de duvet blanc, un peu grisâtre & luisant, qui tient plus du poil que de la plume; aussi le nomme-t-on souvent Poil d'Autruche.

Les plumes du corps sont blanches, noires, & grises. Les grises, qui sont ordinairement sur le ventre & au-dessous des aîles, sont appellées petit-gris : celles des aîles sont assez courtes, aussi-bien que celles de la queue, qui le sont beaucoup plus. Elle ne se sert pas de ses aîles pour voler, mais pour courir; & elle court avec tant de vitesse, qu'elle égale ou surpasse même la course du cheval au galop.

L'Autruche pond jusques à quatre-vingt œufs, si gros, que plusieurs personnes peuvent se rassasier d'un seul œuf.

La maniere de couver ses œufs est assez différemment rapportée par les Auteurs, & presque de tous avec des circonstances peu vrai-semblables. Ce sont de ces œufs que l'on voit dans la plupart des cabinets des Curieux.

On commence à se désabuser de la propriété que les Anciens attribuoient aux Autruches, de digérer le fer. Il est vrai qu'elles en avalent; mais de la maniere que les autres oiseaux avalent des cailloux; non pas pour s'en nourrir, mais pour aider à broyer leur nourriture. Il est même d'expérience, que les Autruches meurent pour avoir trop avalé de fer.

Les Autruches sont très communes en Afrique, en Ethiopie, & en Egypte; & des Relations assurent, qu'il y en a si grande quantité au Perou, qu'on les y voit paître par troupes comme le bétail.

Les plumes, & le duvet ou poil d'Autruche, sont les principales marchandises que fournit cet oiseau.

Les plumes des mâles sont les plus estimées, parce qu'elles sont plus larges, mieux fournies, leurs bouts plus touffus, & leur soie plus fine; il en vient beaucoup par la voye de Marseille, qui y sont apportées de Barbarie, d'Egypte, de Seyde, & d'Alep.

Les Marchands qui font commerce de plumes d'Autruche, les divisent en premieres, secondes, & tierces; femelles claires, femelles obscures; bouts de queues; bailloques, qui sont mêlées de brun obscur & blanc; noir grand & petit, & petit gris. Les premieres plumes sont les plus belles & les plus cheres.

Voici à peu près le pied sur lequel on peut les estimer toutes par proportion des unes aux autres.

Si le cent des premieres plumes vaut soixante & quinze livres, les secondes ne vaudront que quarante livres; les tierces, douze; les femelles claires, quarante; les obscures, douze; les bouts de queues, les bailloques, & le grand & petit noir, trois livres.

A l'égard de celles appellées Petit-gris, elles se vendent ordinairement au poids, & quelquefois aussi le Petit-noir; avec cette différence, que quand le Petit-noir vaut quatre francs la livre, le Petit-gris ne doit valoir que vingt sols.

Les plumes d'Egypte sont estimées à peu près un cinquiéme moins que celles de Barbarie, de Seyde, & d'Alep.

Les plumes d'autruche s'apprêtent, se blanchissent, & se teignent en diverses couleurs par les Marchands Plumassiers, qui les vendent pour servir d'ornement aux chapeaux, aux dais, aux lits, &c.

Le rebut de ces plumes, & quelquefois même le Petit-noir & le Petit-gris, se frisent avec le couteau, & s'employent à garnir des bonnets, qui s'envoyent en quantité en Espagne. On en fait aussi des manchons, des palatines, des écrans, des balais, & d'autres semblables ouvrages.

Les plumes d'Autruches naturellement noires, ne se teignent jamais: on leur donne simplement une eau, pour en augmenter le noir, & les rendre d'un plus beau lustre. Les bailloques ne se



teignent point aussi, on les employe telles qu'elles sont, après cependant les avoir savonnées. Pour ce qui est des autres plumes, on les teint en toutes sortes de couleurs, & cette teinture ne se fait presque jamais qu'à froid. Quant aux blanches fines, on ne fait que les savonner, pour en augmenter le blanc.

Ce qu'on appelle une Masse de plumes d'Autruches, c'est un paquet de plumes, qui en contient cinquante; en sorte que les deux masses composent un cent. Il n'y a que les plumes blanches & fines qui se vendent en masses. Les autres se vendent au cent.

Le poil ou duvet d'Autruche est de deux sortes; le fin, & le gros. Le fin, que l'on nomme simplement Fin d'Autruche, entre dans la fabrique des chapeaux communs, tels que sont ceux de Caudebec; & le gros, que l'on appelle ordinairement Gros d'Autruche, se file, & s'employe dans les manufactures de Lainages, pour faire les lizieres des draps noirs les plus fins.

Quelques-uns, mais par corruption, donnent au poil ou duvet d'Autruche, le nom de Laine d'Autruche; d'autres l'appellent Laine ou Ploc d'Autruche; & c'est ainsi qu'il est nommé dans le Tarif des droits d'Entrées de 1664. Les Marchands de France le tirent ordinairement par la voie de Marseille ou de Rouen.

*Les plumes d'Autruches non apprêtées, y compris les bouts, payent en France de droits de sortie trois sols la livre; & celles qui sont apprêtées, six sols. Les droits d'entrée de ces mêmes plumes sont de vingt sols par livre dans le Tarif de 1664; & de vingt pour cent de leur valeur dans l'Arrêt du 15 Août 1685, lorsqu'elles ont été entreposées dans les pays étrangers.*

Pour ce qui est des os & de la graisse d'Autruche, que le sieur Pomet, dans son Histoire générale des Drogues, dit être aussi des marchandises que l'on tire de cet oiseau; la plupart des habiles Marchands Epiciers Droguistes de Paris, n'en connoissent que le nom, sans en sçavoir l'usage; & il seroit même difficile d'en pouvoir trouver chez aucun d'eux.

AUTUN, Ville de la Généralité de Bourgogne. *Voyez* l'Etat général, page 125.

## AUV

AUVENT. Petit toît fait de planches, qu'on met au dessus des boutiques, pour les garantir de la pluie & du Soleil.

AUVERGNE, Province de France. *Voyez* ce qui concerne son Commerce dans l'Etat général, page 99.

AUVERNAT. Vin fort couvert qui vient d'Orléans, & qu'on appelle souvent *Casse-tête*, parce qu'il est extrêmement fumeux. Il n'est bon à boire qu'à plus d'un an; mais quand on le peut garder deux ou trois ans, il est excellent.

## AUX

AUXERRE, Ville de la Généralité de Bourgogne. *Voyez* l'Etat général, page 124.

AUXONNE, Ville de la Généralité de Bourgogne. *Voyez* l'Etat général, page 125.

AUXY. On appelle Laines Auxy, des laines filées aux environs d'Abbeville par ces Ouvriers Fileurs, qu'on nomme Houppiers: elles sont très fines, & très belles; & pour cela on les emploie plus ordinairement à la fabrique des bas au métier, ou à l'aiguille, les plus fins, & du plus haut prix. *Voyez* LAINES, *au titre des Laines de France.*

AXI

AXI, ou CARINE. C'est un des noms que les Indiens du Mexique donnent à cette graine, dont les qualités approchent de celles du poivre, qu'on nomme pour cela en France, Poivre de Guinée. *Voyez* POIVRE. *Voyez aussi* CORAIL des jardins.

AXIME, à la Côte d'Or sur celles d'Afrique. *Voyez* l'Etat général, page 382.

AXO

AXONGE. Sorte de graisse qui se trouve sur le corps de plusieurs animaux. On le dit aussi de l'écume du verre. *Voyez les deux articles suivans.*

AXU

AXUNGE, autrement AXONGE. C'est la graisse la plus humide, & la plus molle qui se trouve sur le corps des animaux : on la nomme aussi de l'oing. Elle est différente du suif, qui est une graisse séche ; & du lard, qui est une graisse ferme. On emploie en Médécine de l'Axonge de canard, d'oye, de vipere, & de divers autres animaux. Celle de l'homme est la plus estimée, quand elle est bien préparée avec des herbes aromatiques ; ayant, à ce que l'on prétend, la vertu de résoudre les humeurs, & d'appaiser les douleurs qui proviennent du froid.

AXUNGE. On appelle aussi de la sorte, ce qu'on nomme autrement Fiel ou Sel de verre, c'est-à-dire, cette espece d'écume, qui vient sur la matiere du verre, avant qu'elle se vitrifie. *Voyez* VERRE.

AYM

AYMAN. Pierre qui a la faculté d'attirer le fer. *Voyez* AIMANT.

AYQUIERS, en Provence. *Voyez* l'Etat général, page 129.

AZA

AZACH ou AZOFH. Ville située sur le Do ou Tanaïs en Asie. *Voyez* l'Etat général, page 357.

AZAIS, dans le Poitou. *Voyez* l'Etat général, page 64.

AZARIA. On nomme ainsi à Smyrne une des sortes de corail que les Marchands d'Europe y portent. *Il paye les droits d'entrée de cette Ville, à raison de 30 aspres l'ocque.*

AZARINA. Espece d'Azarum, ou Nard sauvage. *Voyez l'article suivant.*

AZARUM, vulgairement appellé CABARET, ou NARD SAUVAGE. Est une racine qui croît en quelques endroits du Levant, en Canada, & même en France, aux environs de Lyon. C'est de ce dernier lieu que les Droguistes de Paris, peut être pour épargner la dépense, tirent presque tout celui qu'ils vendent.

Cette racine, autrefois peu connue, est devenue d'un grand débit, depuis que les Maréchaux ont découvert par l'usage, qu'il n'y a gueres de drogues aussi souveraines pour la guérison du farcin des chevaux, quand on la leur fait prendre en poudre depuis une once jusqu'à deux.

La racine de l'Azarum tale extrêmement sur la terre, & y entre peu avant. Ses tiges, qui sont assez longues, n'ont des feuilles qu'aux extrêmités ; & ces feuilles sont vertes, épaisses, & faites en cœur. Ses fleurs sont par boutons, comme ceux de la rose, & en ont même assez la couleur.

L'Azarum doit se choisir véritable Levant, s'il est possible, en belles racines, ni fibreuses, ni brisées, de couleur grise dedans & dehors, d'une odeur pénétrante, & d'un goût un peu amer.

Quelques Droguistes voudroient substituer l'Azarina au vrai Azarum ; mais il est difficile de s'y méprendre.

L'Azarina vient ordinairement de Bourgogne. Ses racines sont très petites, noirâtres, séches, arides ; & si remplies de filamens, qu'on n'en peut aisément distinguer, ni démêler les véritables racines.

*L'Azarum paye en France de droits d'entrée deux livres dix sols le cent pésant.*

AZARIMIT. Pierre qui a la même vertu que la terre sigillée. On la tire d'une mine qui se trouve au Royaume de Cananor. On s'en sert contre la fievre, le flux de sang, & les morsures des Serpens. *Voyez* TERRE SIGILLÉE.

AZE

AZEBOUCQ. Drogue médicinale que les Chinois de Canton tirent de Batavia. Elle s'achete trente pataques le pic à Batavia, & se vend trente taëls à Canton.

AZERBE ou ASSERBE. Muscade mâle, qu'on nomme autrement Muscade sauvage.

*Les Asserbes payent en France les droits d'entrée, comme vraies Muscades, c'est-à-dire, trente livres le cent pésant.* Voyez MUSCADE.

AZI

AZI. Sorte de presure composée de petit lait & de vinaigre, dont on se sert en Suisse, particuliérement à Griers & à Berne, pour faire le second fromage, qui se tire du petit lait du premier. *Voyez* FROMAGE, *où il est parlé des Fromages de Suisse.*

AZU

AZUM, Port de l'Abissinie sur la mer rouge. *Voyez* l'Etat général, page 391.

AZUR. Pierre minérale, qu'on appelle communément *Lapis* ou *Lapis Lazuli.*

Quelques-uns estiment que cette pierre est la marcasite de l'or, parce qu'il s'en trouve dans les mines de ce métail, & qu'elle est quelquefois parsemée de paillettes, & de veines brillantes comme l'or. Mais outre qu'il y en a aussi dans les mines d'argent & de cuivre, il est certain qu'elle a plus de la nature & de la qualité du marbre, que de la marcasite.

Sa couleur est d'un bleu assez foncé, mais qui ne laisse pas d'être très beau & très vif.

Il se trouve de l'Azur dans plusieurs endroits de l'Europe ; mais le plus beau & le plus précieux vient de Perse, & des Indes Orientales.

Les Orfévres, les Lapidaires, & les Ouvriers qui travaillent en marqueterie, & pieces de rapport de pierres précieuses, s'en servent à faire divers ouvrages ; mais son emploi le plus ordinaire est pour faire ce bleu si estimé des Peintres, que l'on appelle Outremer, & que les Marchands Epiciers vendent si cher. *Voyez* OUTREMER.

Pour que la pierre d'Azur, ou *Lapis Lazuli*, soit de bonne qualité, & propre à faire l'outremer, elle doit être pésante, peu remplie de roche &

& de veines de cuivre, d'un bleu foncé tirant sur celui du bel inde. Il faut prendre garde qu'elle n'ait été frotée avec de l'huile d'olive; ce qui la fait paroître d'un bleu plus foncé & turquin qu'elle ne la seroit naturellement. Cette tromperie peut se découvrir en la cassant. Si la couleur se trouve plus foible au dedans qu'au dehors, c'est une marque qu'elle a été falsifiée. On peut encore connoître si la pierre d'Azur est de bonne qualité, en la faisant rougir au feu; ce qui ne la doit point faire changer de couleur; au contraire elle doit tirer de cette épreuve un nouvel éclat.

Il y a une autre sorte d'Azur, ou *Lapis Lazuli*, qui est très commun en France, dont la couleur tire sur le verd. Il s'en trouve particuliérement en Provence, aux environs de Toulon: il est d'une qualité beaucoup inférieure à celui qui vient de Perse, & des Indes, & n'est nullement propre à faire le bon Outremer.

L'Azur en pierre, ou Smalte, autrement faux Lapis, ou Lapis composé, est une vitrification, ou émail fait d'étain, de soude d'Alicant, de cendre gravelée, de sablon, & de safre; & c'est ce dernier ingrédient qui lui donne cette couleur bleue, approchante de celle de la véritable pierre d'Azur.

L'Azur en poudre, ou a poudrer, auquel on donne aussi le nom de Cendre d'Azur, ou d'Email, n'est autre chose que de l'Azur en pierre, ou Smalte pulverisé, qu'on tire de divers endroits, particuliérement d'Allemagne & de Hollande. Ce dernier est le pluscher & le plus estimé, parce que dans l'emploi que l'on en fait, son bleu approche le plus de celui de l'outremer; aussi lui donne-t-on le nom d'Outremer commun, ou de Hollande.

Pour bien choisir l'Azur en poudre, il faut que celui d'Allemagne soit sableux, bien grenu, & le plus foncé en couleur qu'il sera possible. Pour ce qui est de celui de Hollande, plus il est fin & pâle, & plus il est estimé: car quoique sa couleur paroisse comme perdue, à force d'être broyé, néanmoins lorsqu'il est employé par le Peintre, elle revient d'un très beau bleu.

Il y a une autre sorte d'Azur d'Allemagne, qui est une teinture qu'on cueille & ramasse proprement au dessus des pierres, qui sont dans les mines d'argent.

Il y a aussi un Azur Factice, qui se fait avec de l'indigo, ou du suc de violette broyé avec certaine craye: l'ordinaire se fait avec du sel armoniac, & des lames d'argent; ou bien avec du soufre, du vif-argent, & du sel armoniac.

*L'Azur de Roche fin paye en France de droits d'entrée, quarante livres du cent pésant: l'Azur d'Email, ou Azur gros & commun, ne paye que trois livres aussi le cent pésant.*

*Commerce de l'Azur à Amsterdam.*

On distingue à Amsterdam les différentes qualités & bontés de l'azur par de certaines lettres; le meilleur se marque par FFC; le second par FC, & le troisiéme par MC: il y a encore des sortes inférieures qui ne valent qu'autant qu'elles approchent de cette derniere.

Les cent livres FFC se vendent 45 fl. la sorte FC, 32 fl. & la sorte MC 23 fl. L'azur se vend en baril, du poids environ de 400 livres. La tare est de 32 liv. par baril, & les déductions pour le bon poids & pour le prompt payement chacune d'un pour cent.

# B

BAA BAB BAC BAC

BAAT en Siamois, en Chinois TICAL. Poids tout ensemble & monnoie, qui ont cours, & dont on se sert dans ces deux Royaumes. Le Baat pése environ demi-once. *Voyez* Tical.

BAB

BABIOLE. Chose puérile, & de peu de valeur. Il se dit particuliérement des jouets & poupées, qu'on donne aux enfans pour les amuser. Ce sont les petits Merciers, & les Bimbelotiers, qui font ce commerce. *Voyez* Bimbelot, & Bimbelotier.

BAC

BAC. Espece de vaisseau, ou grand bacquet de bois, dont les Brasseurs de bierre se servent pour y préparer les grains, le houblon, & les autres drogues qu'il faut faire germer, macérer & fermenter, avant que de les mettre cuire à la chaudiere. Les ingrédiens propres à faire la biére, passent par trois cuves différentes: ils se brassent dans les cuves à matieres; ils se fermentent dans celles qu'on nomme Cuves d'Illoire; & se refroidissent dans les Bacs.

Il est défendu aux Maîtres Brasseurs, de se servir d'aucuns Bacs, qui n'ayent été marqués par le Fermier des droits du Roi, ou de ses Commis, après que l'espallement en a été fait en leur présence. *Voyez* Brasseur.

Bac. C'est aussi un grand bateau plat, qui n'a ni poupe, ni proue; mais qui est ouvert par le devant & le derriere, avec une espece de bascule ou de pont, qui s'abaisse sur le rivage, pour faire entrer ou sortir les charettes, & autres voitures. Ces sortes de bateaux servent à traverser les rivieres, par le moyen d'un long cable, attaché à terre des deux côtés, qu'on fait rouler sur un treuil placé au milieu du Bac.

Le droit de Bac, est un droit seigneurial, qui se paye par les Voituriers, à moins qu'il ne soit autrement porté dans les marchés faits avec eux pour le transport des hardes & marchandises. *Voyez* VOITURIER.

BACAIM, Ville maritime du Royaume de Guzarate. *Voyez* l'Etat général, page 432.

BACALIAU. C'est ainsi que les Basques nomment le poisson que plus communément nous appellons Morue. Ils nomment ainsi l'Isle de Terre-neuve, l'Isle de Bacaliau ou de la Morue, à cause de la morue qui s'y pêche & qui s'y apprête. Il y a cependant à une lieue à l'ouest de cette grande Isle, une autre petite Isle plus spécifiquement appellée Bacaliau. *Voyez* MORUE.

BACCHAS. Lie qui se trouve au fond des tonneaux, où l'on a mis reposer le suc, ou jus de citron. *Voyez* CITRON.

BACHE. Grande couverture faite de grosse toile, que les Rouliers & Voituriers mettent par dessus leurs charettes, avec du foin dessous, pour couvrir les marchandises dont elles sont chargées, & empêcher qu'elles ne soient mouillées & gâtées par la pluye, ou autres intemperies de l'air. On l'appelle aussi Banne.

BACHELIER. Nom qu'on donne dans quelques-uns des six Corps des Marchands de Paris, aux Anciens, & à ceux qui ont passé par les Charges & qui ont droit d'être appellés par les Maîtres & Gardes, pour être présens avec eux, & les assister en quelques-unes de leurs fonctions, particuliérement en ce qui regarde le chef-d'œuvre des Aspirans à la Maîtrise.

Dans le Corps des Marchands Pelletiers-Haubaniers-Fourreurs, le chef-d'œuvre doit être fait en présence de quatre Gardes, qui sont tenus d'appeller avec eux quatre Bacheliers dudit état; sçavoir, deux Bacheliers Marchands Pelletiers-Haubanniers, & deux de chef-d'œuvre.

Dans le Corps des Marchands Bonnetiers-Aulmulciers & Mitonniers, le chef-d'œuvre doit être fait en présence de quatre Gardes, & anciens Bacheliers de la Communauté.

Le terme de Bacheliers est aussi en usage dans la même signification, dans la plupart des Communautés des Arts & Métiers de la Ville & Fauxbourgs de Paris. *Voyez* COMMUNAUTE'.

BACHER une charette. C'est mettre la bache avec du foin par-dessus les marchandises. On dit aussi débacher une charette; pour dire, en ôter la bache. *Voyez* BACHE.

BACHIAM, une des petites Isles Moluques. *Voyez* l'Etat général, page 466.

BACHOT. Petit bateau leger, ordinairement sans bordage, dont les Pêcheurs à engins se servent pour aller à la pêche sur les rivieres & étangs.

Les grands bateaux de commerce, comme les coches d'eau, les foncets, les chalants, &c. ont toujours quelque bachot, pour porter leurs cordarges à terre, & faire les autres services nécessaires, ou à leur navigation, ou à leur négoce. *Voyez* BATEAU, & VOITURE PAR EAU.

BACLAGE. Terme de commerce de riviere, particuliérement en usage sur les Ports de la Ville de Paris. Il signifie l'arrangement des bateaux dans un Port, que l'on y fait entrer les uns après les autres, pour y ouvrir & y faire la vente des marchandises dont ils sont chargés. On le dit aussi du droit qui se paye à ceux qui sont chargés de cet arrangement.

BACLER un bateau. C'est le placer dans un Port, le mettre en lieu commode & sûr pour la charge & décharge des marchandises, & l'y arrêter avec des cables & cordages aux anneaux de fer destinés à cet usage; en sorte qu'il n'en arrive aucun accident.

A Paris il y a de petits Officiers de Ville, établis sur les Ports, pour bacler & débacler les bateaux. Ils se nomment Débacleurs, & dépendent pour la Jurisdiction & la Police, des Prévôt des Marchands, & Echevins. Leurs droits & fonctions sont réglés par l'Ordonnance de la Ville de 1672. *Voyez* DEBACLAGE, DEBACLER, & DEBACLEUR.

BACLER. Veut dire aussi, boucher, embarasser un Port par le mauvais arrangement des bateaux qui y sont.

On dit quelquefois en termes de commerce: Qu'une affaire est baclée, qu'un marché est baclé, pour dire, qu'ils sont finis, arrêtés & terminés: mais ce mot n'est gueres d'usage que parmi les petits Marchands.

BACON. Vieux mot, encore en usage dans quelques Provinces de France, où il signifie du poisson salé & séché. Messieurs du Cange & Ménage entendent au contraire, par le terme de Bacon; l'un, du porc engraissé & salé; & l'autre, du lard salé & fumé. L'un & l'autre croyent que c'est de Bacon, que vient le mot de Boucaner. *Voyez* BOUCANER.

BACQUET. Petit vaisseau de bois, en forme de cuvette, quelquefois rond, quelquefois en ovale, fait avec des douves, & relié avec des cerceaux. Les Marchands de vin en détail & Cabaretiers, ont des Bacquets à très bas bords, qu'ils mettent sous la canelle des pieces qui sont en perce. Les Cordonniers & Savetiers en ont pour tremper leur cuir. Les Marchandes de poisson d'eau douce en vie, en ont, qu'elles remplissent d'eau pour le conserver. Ceux-là sont ronds, & élevés sur trois pieds assez hauts. Les Relieurs se servent de petits Bacquets pour mouiller les peaux de veau, & autres semblables, dont ils font la couverture des Livres. Quelques Imprimeurs s'en servent aussi pour tremper leur papier. Ceux-ci ne sont le plus souvent qu'une futaille coupée en deux.

BACQUET A MORTIER. C'est aussi une demi-futaille, dont l'on se sert dans la Maçonnerie, pour élever le mortier au faîte des bâtimens. Deux Manœuvres le portent sur un bar jusqu'au pied de l'engin, où il se met ensuite sur l'instrument qu'on nomme un Bouriquet. *Voyez* MORTIER. *Voyez aussi* BOURIQUET.

BACQUET. Terme de Carrier. Les Carriers appellent Bacquet, ce qu'on nomme plus ordinairement un Bouriquet, c'est-à-dire, une civiere sans bras, qui sert à tirer le moelon, & les autres échantillons de pierres, qui ne se peuvent pas brider avec le cable.

Le Bacquet des Carriers est composé de six pieces de bois, dont les deux plus fortes, dans lesquelles sont emboetées les quatre autres, se nomment les Maîtres. Les petites s'appellent des Espars. C'est aux maîtres, qui ont de forts mantonnets, que s'attache le cordage qui sert à tirer le Bacquet en haut. Ce cordage a ordinairement six toises de long. *Voyez* BOURIQUET. *Voyez aussi* CARRIER, & CARRIERE.

BACQUET A LAVER, en terme d'Imprimerie. Est une pierre de liere, ordinairement de près de 3 pieds de long sur 2 pieds quelques pouces de large, & creusée de quatre ou cinq pouces, sur les neuf pouces que peut avoir son épaisseur. C'est dans ce Bacquet où les Imprimeurs portent les formes après l'impression, pour nettoyer les caracteres, en versant dessus une lessive chaude, & les lavant avec une grande brosse à cet usage. *Voyez* IMPRIMERIE.

BACS. On nomme ainsi dans les Sucreries une espece de grands coffres de bois dans lesquels on pile le sucre au sortir de l'étuve. Ils sont composés de madrins de deux pouces d'épaisseur, & ont dix à douze pieds de long, sur deux pieds & demi de large : on se sert aussi de canots tout d'une piece ; & pour donner plus de consistence aux uns ou aux autres, on les enfonce à moitié dans terre. *Voyez* l'article du Sucre.

BACTRIANE; (la) Province de Perse d'où les Etrangers tirent beaucoup de soie. *Voyez* l'Etat général, page 410.

BAD

BADIGEON. Mélange de plâtre & de pierre de taille, bien broyés, & bien tamisés, dont les Sculpteurs se servent pour remplir les petits trous, & réparer les défauts qui se rencontrent dans la pierre, dont ils font des statues, & autres ouvrages.

Les Maçons donnent aussi le nom de Badigeon, à une espece de mortier fait de recoupes de pierres de taille, dont ils colorent ou enduisent le plâtre, pour le faire ressembler à de la pierre de taille.

C'est encore en terme de Menuiserie, de la sciure de bois, détrempée avec de la colle forte, dont l'on se sert pour remplir les gerçures, ou autres défauts du bois, après qu'il est travaillé. On le prépare sur une espece de petite palette de bois, & on l'employe avec une petite espatule aussi de bois. Les Sculpteurs en bois se servent aussi de ce Badigeon à même usage.

BADINE. Petite pincette de fer, qui sert à attiser les charbons, & legers morceaux de bois, qui sont dans le foyer d'une cheminée de chambre. Cet instrument est ainsi appellé, parce qu'il ne sert proprement qu'à badiner, n'étant pas propre à prendre des tisons ou des buches, pour les arranger au feu ; ce qu'on fait avec des pincettes, ou des tenailles. Les Serruriers font les Badines ; mais les Quincailliers les vendent. *Voyez* PINCETTE.

BAE

BAETAS. Les Espagnols & Portugais appellent ainsi cette espece d'étoffe de laine non croisée, qui se nomme en France *Baguette* ou *Bayette*, & qui fait une partie du commerce des François en Espagne & en Portugal. *Voyez* BAYETTE.

BAF

BAFFETAS. Toile toute de fil de coton blanc, très grosse, qui vient des Indes Orientales. Les meilleures sont celles de Surate. Elles ont treize aunes trois quarts à quatorze aunes de long, sur sept huitiémes de large. Il y en a aussi qui n'ont que cinq sixiémes de largeur, & même qu'une demie-aune. Ces Baffetas étroits se nomment des Orgagis, des Nossaris, des Gaudivis, des Nerindes, & des Dabouis, du nom des lieux où ces toiles se fabriquent.

Il y a encore des baffetas Narou-vhit qui ont 13 aunes $\frac{1}{2}$ de long sur une demie-aune de large:

Des Baffetas Broad-vhit qui portent quatorze aunes sur trois quarts :

Des Baffetas Broad-brou, & d'autres Narou-brou. Ces deux especes sont des toiles écrues, les premieres larges & les autres plus étroites : les étroites ont 14 aunes de long sur demie-aune de large ; & les larges, même longueur sur trois quarts de largeur.

BAFFETAS. Est aussi une étoffe des mêmes Indes, qu'on nomme autrement Shaub. *Voyez* SHAUB.

BAFFO-ZINO ou BASSOU, sur la côte de Maleguette une de celles d'Afrique. *Voyez* l'Etat général, page 380.

BAG

BAGACES. On nomme ainsi dans les Sucreries des Isles Antilles, les cannes, après qu'elles ont passé au moulin : on les conserve dans des cases ou hangars, pour s'en servir à cuire le sucre lorsqu'elles sont séches. Ces cases s'appellent Cases aux bagaces.

Aussi-tôt que ces bagaces sont sorties d'entre le premier & troisiéme tambour, une ou deux Négresses en font des paquets qu'elles empilent sous les hangars. Si les bagaces ne sont pas assez longues pour les mettre en fagots, parce qu'elles sont trop brisées, on les emporte dans de grands paniers à un coin du moulin, où les chevaux, les bœufs, & les cochons ne manquent pas de les venir manger.

Quelquefois quand on est pressé de chauffage, on ne fait que les étendre au soleil pendant trois ou quatre heures, ce qui suffit pour les rendre propres à brûler. Dans quelques endroits où le bois n'est pas rare, elles ne servent que pour chauffer les premieres chaudieres ; dans ceux où il y a peu de bois, on les réserve pour les deux dernieres, les autres se chauffant avec de la paille & des feuilles de cannes séches.

BAGDET, Ville de la Turquie d'Asie. *Voyez* l'Etat général, pages 407, 408.

BAGNIERES, Ville de France dans la Gascogne, célébre par ses bains. *Voyez* l'Etat général, page 38.

BAGUE. Joyau enrichi de quelque pierrerie. Il se dit particuliérement des anneaux que l'on porte aux doigts. Une Bague d'oreille est un petit cercle d'or, soit uni, soit orné de quelque pierre précieuse, que les Dames portent aux oreilles, qu'elles se font percer pour cela. On l'appelle plus ordinairement Boucle d'oreille ; & lorsqu'il n'y a qu'une pierre sans pendeloque, Boucle de chien. Ce sont les Orfévres & Jouailliers, qui font, qui montent, & qui vendent les Bagues. *Voyez* BAGUIER.

*Par le Tarif de France de 1664, les Bagues d'or payent les droits de sortie à l'estimation, à raison de six pour cent de leur valeur.*

BAGUER. Terme de Tailleur, de Couturiere, & de Tapissier, qui signifie arranger les plis d'un habit, ou d'un meuble, & les arrêter & coudre ensemble avec de la soie, ou du fil.

BAGUETTE. Les Hongrieurs nomment ainsi un certain long morceau de bois rond, qui va toujours en diminuant de grosseur, depuis le milieu jusqu'aux extrémités, ainsi qu'une fusée, dont ils se servent pour unir leurs cuirs avec le pied. *Voyez* HONGRIEUR.

BAGUETTE. Est aussi chez les Courroyeurs, le morceau de bois sur lequel ils étendent leurs cuirs, pour les sécher chaque fois qu'ils les ont foulés à l'eau. *Voyez* COURROYEUR.

BAGUETTE. Les Peintres appellent Baguette, ou Appuye-main, un petit bâton, quelquefois rembouré par le bout, qu'ils appuyent sur leur toile, pour soutenir leur main, tandis qu'avec le pinceau ils appliquent leurs couleurs. *Voyez* PEINTRE, PEINTURE, *ou* APPUYE-MAIN.

BAGUETTES A MECHE. Les Ciriers qui travaillent à la fabrique des bougies de table appellent de la sorte de grosses baguettes d'environ trois quarts de pouces de diametre, sur lesquelles ils enfilent leurs méches à mesure qu'ils les ont coupées de longueur: chaque baguette en tient pour faire jusqu'à trois cent livres de bougie.

BAGUETTES A BOUGIES. Ce sont des baguettes moins grosses que les premieres, dans lesquelles on enfile les bougies quand elles sont achevées & qu'on les porte à l'herberie pour leur donner le dernier blanc.

BAGUETTE de fusil, ou autre arme à feu. Est une longue verge de bois, de baleine, ou de fer, qui sert à charger & décharger ces armes. Elle se place le long du fust, & y est arrêtée par deux ou trois petits anneaux de fer. Les baguettes de baleine, ou de bois, sont ordinairement ferrées des deux bouts. On parle ailleurs des lieux d'où les Arquebusiers tirent leurs baguettes, & du commerce qui s'en fait. *Voyez* ARQUEBUSIER.

BAGUETTE, qu'on nomme plus ordinairement BAYETTE. Etoffe de laine non croisée, qui se fabrique dans plusieurs Provinces de France, & qui est propre pour le commerce d'Espagne & de Portugal. *Voyez* BAYETTE.

BAGUIER. Petit coffre, ou écrain doublé de velours, & divisé en différentes parties de diverses forme & grandeur, où les Dames serrent leurs bagues & bijoux; & les Marchands Orfévres & Jouailliers, leurs pierreries, soit qu'elles soient montées, soit qu'elles ne le soient pas. *Voyez* ESCRAIN.

## BAH

BAHAIRE, que les Portugais appellent BARRE, & que l'on nomme plus ordinairement BAHAR. Poids dont on se sert dans plusieurs lieux de l'Orient, particuliérement aux Indes, & à la Chine. *Voyez l'article suivant.*

BAHAR, BAHAIRE, ou BARRE. Poids dont on se sert à Ternate, à Malaca, à Achem, & en plusieurs autres lieux des Indes Orientales.

Il y en a de deux sortes; l'un, que l'on appelle Grand Bahar; & l'autre, que l'on nomme Petit Bahar.

On pése au grand Bahar, le poivre, le girofle, la muscade, le gingembre, la canelle, & autres épiceries. Il est composé de 200 catis; le catis de 26 taëls, ou 38 onces & demie, poids de Portugal; chaque taël étant estimé une once & demie de ce poids: ensorte que ce Bahar est de 550 livres de Portugal; qui reviennent à 481 livres 4 onces de Paris, de Strasbourg, d'Amsterdam, Besançon, &c.

C'est au petit Bahar que l'on pése le vif-argent, le vermillon, l'yvoire, la soie, le musc, & autres marchandises précieuses. Ce Bahar contient aussi 200 catis; mais chaque catis n'est que de 22 taels, ou 32 onces un huitiéme de Portugal; de maniere qu'il ne fait que 458 livres 13 onces de Portugal, qui rendent environ 401 livres 7 onces de Paris.

Le Bahar de la Chine est de 300 catis, mais qui n'en font que 200 de Malaca; chaque catis de la Chine ne contenant que 16 taels. Le tael pésant une réale & demie de huit, est de dix mas ou mases, & chaque mas de dix condorins. *Voyez* TAEL, MAS, & CONDORINS.

Le Bahar de Mocha Ville d'Arabie est de 420 livres. Il faut quinze trassells pour faire le bahar; c'est à ce poids qu'on vend le caffé.

BAHAREM, Isle située dans le Golfe Persique devant la Côte d'Arabie. *Voyez* ce qui en est rapporté dans l'Etat général, page 406.

BAHR, une des Villes de l'Arabie, qui a le plus de réputation pour le négoce. *Voyez* l'Etat général, page 402.

BAHUT. Coffre couvert de cuir, dont le couvercle est arrondi.

BAHUTIER. Ouvrier qui fait des bahuts. Ces Ouvriers composent à Paris une Communauté; mais qui y est établie, & plus connue, sous le nom de Maîtres Coffretiers-Malletiers. *Voyez* COFFRETIER.

## BAI

BAI, qu'on écrit plus ordinairement BAY. Ne se dit que de la couleur du poil des chevaux, qui tire sur le roux. *Voyez* BAY.

BAJAS, Pays de l'Andalousie. *Voyez* l'Etat général page 244.

BAIGNEUR. Celui qui fait profession de baigner les autres, & qui tient chez lui des bains pour la commodité publique. Les Baigneurs sont à Paris du Corps & Communauté des Perruquiers-Barbiers-Etuvistes. *Voyez* PERRUQUIER, & BARBIER.

BAIGNOIRE. Le vaisseau, ou la cuve dans laquelle on se baigne. Les Baignoires de cuivre se font par les Chaudronniers, & celles de bois par les Tonneliers. *Voyez l'un & l'autre article.*

Les Blanchisseurs de cire appellent Baignoires les longues cuves de bois sur lesquelles ils font le grelouage de la cire jaune qu'ils veulent blanchir sur les toiles. Elles ne sont point différentes de celles dans lesquelles on prend le bain, hors qu'elles sont beaucoup plus grandes. *Voyez* l'article de la Cire où il est parlé du blanchissage d'Antony.

BAIGU, ou BEGU. Cheval qui marque toujours naturellement, & qui jusqu'à sa vieillesse conserve dans les dents, qu'on appelle les Coins, cette marque noire, à qui, en terme de manége, on a donné le nom de Germe de feuve. On croit que ce qui fait que les chevaux Baigus ne cessent point de marquer, est la nature de leurs dents, qui étant plus dures & plus fortes qu'aux autres, ne sont pas si sujettes à s'user, & par conséquent à raser. On connoît l'âge des chevaux Baigus, lorsqu'ils ont les dents longues, jaunes, crasseuses, & decharnées: les jeunes chevaux les ayant ordinairement courtes, nettes, & blanches. *Voyez* CHEVAL, *où il est parlé de la connoissance de l'age des chevaux par leurs dents.*

BAIL. Convention qu'on fait pour donner à ferme, à loyer, ou à rente, une maison, une terre, un héritage, un droit, pour toujours, ou pour un certain nombre d'années. Ce mot vient de Bailler.

Le Bail à ferme, ou à loyer, se fait ordinairement pour trois, six, ou neuf années. Le Bail d'héritage, ou à rente, est à perpetuité, soit que la rente soit rachetable, soit qu'elle ne le soit pas.

Le Bail amphitéotique est à longues années, souvent pour 99 années; après quoi l'héritage aliéné revient à son Propriétaire naturel, ou à ses héritiers, ou ayans-cause.

Enfin, le Bail judiciaire est celui qui se fait par Ordonnance de Justice, & dont le produit se porte aux Consignations, pour le conserver aux Créanciers de celui sur qui les biens sont saisis réellement.

BAIL. Signifie aussi l'Acte passé pardevant Notaires, ou libellé sous seing privé, par lequel le Bailleur & le Preneur sont convenus des clauses de leur marché. On donne aussi ce nom aux Expéditions de ces Actes.

BAILE. On nomme ainsi à Constantinople, l'Ambassadeur de la Républiquede Venise, résidant à la Porte.

Outre les affaires de Politique & d'Etat, dont ce Ministre est chargé, il fait aussi les fonctions de Consul de la Nation dans cette Capitale de l'Empire Ottoman; & c'est proprement de lui que dépendent les autres Consuls établis dans les Echelles du Levant, qui pour la plupart ne sont que des Vice-Consuls. *Voyez* CONSUL. *Voyez aussi l'article général du Commerce, où il est parlé de celui de Venise.*

BAILLARGE. On nomme ainsi une espece d'orge qui croît en Angoumois. *Voyez* ORGE.

BAILLE, moitié de tonneau en forme de bacquet. On se sert de bailles dans les boulangeries du biscuit de mer, pour mettre une partie de la pâte qu'on destine à faire les galettes. *Voyez* l'article du Biscuit.

BAILLES. Il y a aussi sur les vaisseaux des bailles destinées à différens usages: il y en a pour mettre la boisson qu'on distribue journellement à l'équipage; d'autres pour tremper la viande & le poisson salé; d'autres pour mettre tremper les escouvillons avec lesquels on rafraîchit le canon après qu'il a tiré; & d'autres encore pour mettre en réserve les grenades & autres feux d'artifice; celles-ci sont amarées à chaque hune, & par précaution sont couvertes de peaux de mouton.

BAILLER à ferme, à loyer, à cens, à rente. C'est donner & abandonner à quelqu'un la jouissance d'une terre, d'une maison, ou autre héritage, moyennant certaines conventions, & à certain prix, rente & redevance. *Voyez ci-devant* BAIL.

BAILLER, ou DONNER A LA GROSSE. Terme de Commerce de mer. *Voyez* GROSSE AVENTURE. *Voyez aussi* ASSURANCE.

BAILLEUL, dans la Flandre Flamingante. *Voyez* l'Etat général, page 221.

BAILLEUR DE TABLE. Petit Officier établi dans les Halles de la Ville d'Amiens, pour livrer & fournir aux Marchands & Fabriquans, tant de la Seyetterie, que de dehors, les Tables dont ils ont besoin pour placer leurs marchandises. Leur droit est d'un sol par chaque Marchand.

BAILLIARGE. Espece de grain dont il est parlé dans le Tarif de 1664. *Voyez* ORGE.

*Il paye les droits de sortie du Royaume sur le pied de l'orge, c'est-à-dire, 13 liv. le muid: sçavoir, pour l'ancien droit 20 s. & pour la traitte domaniale 12 liv.*

BAILLOQUE. Plumes d'Autruche mêlées naturellement de brun obscur & de blanc. Ces sortes de plumes pour l'ordinaire ne se teignent pas, mais sont employées par les Plumassiers, telles qu'elles ont été tirées de dessus l'oiseau, après cependant les avoir savonnées, pour les rendre un peu vives, & leur donner de l'éclat. La plume Bailloque est une des moins estimées. *Voyez* AUTRUCHE.

BAIN. Ce terme a différentes significations, suivant qu'il est employé par les Médecins, par les Chimistes, & par certaines sortes d'Artisans.

Les Médecins appellent Bain, un lieu plein d'eau, où l'on se met quelque tems, soit pour recouvrer la santé, soit seulement pour se décrasser, & se rafraîchir. De ces Bains, il y en a de naturels, d'artificiels, de froids, de chaux, d'eaux minérales, d'eaux bourbeuses, & de diverses autres sortes.

Les Bains des Chimistes sont différens dégrés de chaleur, qu'ils entretiennent avec des matieres propres à échauffer lentement, & avec douceur, suivant que les coctions, les distillations, & autres opérations chimiques, où ils travaillent, en ont besoin. De ces Bains, les principaux sont le Bain de cendres, le Bain de sable, le Bain de limaille, & le Bain-marie. Celui-ci se fait, en mettant la cucurbite dans de l'eau chaude; & les trois autres, en la posant, ou sur des cendres, ou du sable, ou de la limaille de fer; ensorte que le feu qui est sous ces matieres, ne la frappe pas immédiatement.

Enfin, plusieurs Artisans donnent le nom de Bains à différentes liqueurs, qu'ils préparent dans des cuves, pour y faire tremper les ouvrages qu'ils ont à faire; ou à différentes manieres d'y travailler.

BAIN. Mettre à bain, en termes de Maçons & de Paveurs, signifie, mettre à un ouvrage une plus grande quantité de plâtre, ou de mortier, qu'on n'a coutume d'employer. Ainsi les Paveurs disent, Paver à bain de mortier, lorsqu'ils n'épargnent pas cette matiere, qui sert à la liaison du pavé; ce qu'il faut faire, quand on pave sur des voutes de cave: & les Maçons disent aussi, mettre du plâtre à bain, & quelquefois à bouin, mot corrompu du premier; pour dire, pousser du plâtre à force dans les cavités, & ne l'y épargner pas.

BAIN. Se dit chez les Teinturiers, d'une cuve remplie d'eau & d'ingrédiens servant à la teinture, dans laquelle on fait bouillir ou tremper les étoffes qu'on veut teindre.

Le Bain d'alun doit être donné à froid, à cause que sa chaleur diminue de beaucoup le lustre & l'éclat de la soie, & la rend dure & âcre. Un Bain de garance, un Bain de cochenille.

Il y a aussi des demi-bains. On dit, qu'une étoffe a bien tiré le Bain, lorsqu'elle a tout attiré, ou pris la couleur qui étoit dans la cuve.

BAIN. Se dit chez les Monnoyeurs, & chez les Fondeurs, des métaux qui sont en parfaite fusion. De l'or, de l'argent, du cuivre en Bain. *Voyez* MONNOYE, *&* FONDEUR.

BAJOIRE. Terme de Monnoyeur & de Médaille. C'est une monnoie ou médaille, qui a une empreinte de deux têtes en profil, dont l'une avance sur l'autre, comme on en voit de Louis & de Carloman, du Roi Henry IV, & de Marie de Médicis. Il y en a qui tiennent qu'on a dit Bajoire, au lieu de Baisoire, à cause que les deux têtes semblent se baiser. *Voyez* MONNOYE.

BAIOQUE. En Italien *Baioco.* Monnoie toute de cuivre, qui se fabrique, & qui a cours à Rome, & dans l'Etat Ecclésiastique. Le Baioque vaut environ neuf deniers de France. Il en faut dix pour un Jule. Il y a aussi des demis Baioques, ou pieces de quatre deniers & demi.

BAJOUES, qu'on nomme aussi COUSSINETS. Ce sont les éminences ou bossages, qui tiennent aux jumelles d'une machine, qu'on nomme Tire-plomb, dont les Vitriers se servent à fendre le plomb qu'ils employent aux Vitres. *Voyez* VITRIER. *Voyez aussi* TIRE-PLOMB.

BAIQUE. Les Flamands donnent ce nom à cette espece d'étoffe de laine, que les François appellent Bayette ou Baguette. *Voyez* BAYETTE.

BAISSIERE. Se dit des liqueurs, lorsqu'à force d'en tirer du tonneau, il ne reste presque plus que la lie; ou du moins qu'il ne reste qu'une liqueur trouble, qui n'est plus potable. Une Baissiere de vin, de cidre, de biere, &c. On le dit aussi des huiles.

L'Ordonnance des Aydes de 1680, titre 2, article 14 de la vente des vins en détail, veut: *Que les Baissieres du vin, qui aura été vendu & démarqué, soient survuidées les unes sur les autres; & qu'à mesure qu'un tonneau en sera plein, il soit incessamment tiré de la cave, & transporté chez les Vinaigriers, à peine de cent livres d'amende, en cas de contravention.*

## B A K

BAKU, Ville de Perse, une des principales de la Province de Schirwan sur la mer Caspienne. *Voyez* l'Etat général, page 412.

## B A L

BALAI. *Voyez* BALAY.

BALAIS. On appelle Rubis-Balais, les Rubis qui sont d'un rouge de rose vermeule. *Voyez* RUBIS.

BALAMBUAN, Ville de l'Isle de Java. *Voyez* l'Etat général, page 461.

BALANCE. Instrument qui sert à connoître l'égalité, ou la différence de la pésanteur des corps graves, & avec lequel on pése les marchandises qui se vendent au poids.

Il y a deux sortes de Balances: l'une, est la Romaine, ou l'ancienne, autrement appellée Peson & Crochet: l'autre, est la commune, ou l'ordinaire, que l'on appelle Balance à plateaux, à bassins, ou à plats.

LA ROMAINE est composée, 1°. D'une verge, ou branche de cuivre, de fer, ou de bois, que quelques-uns appellent, quoiqu'improprement, Fleau, ou Flayau, sur laquelle sont marqués les points de division, tant du côté du fort, que du côté du foible, pour connoître le poids des marchandises que l'on veut péser.

2°. D'un crochet qui est attaché par un touret, ou boulon, à une garde ou membrure placée à l'extrémité de la verge, du côté gauche, d'une maniere à pouvoir toujours tomber en bas, soit qu'on tourne la verge du côté du fort, soit qu'on la tourne du côté du foible: c'est sur ce crochet que l'on charge, ou qu'on attache les marchandises que l'on veut péser.

3°. D'une garde forte, qu'on appelle aussi Membrure, qui est placée proche la garde du crochet, en retrogradant du côté droit. Cette garde est appellée Forte, parce qu'elle sert à péser les marchandises d'un poids considérable.

4°. D'un anneau ou crochet attaché par un touret au haut de la garde-forte, qui sert à suspendre, ou à soutenir en l'air la Romaine.

5°. D'une garde foible, qui est aussi nommée Membrure, laquelle est attachée auprès de la garde forte; ensorte que cette garde forte se trouve placée entre la garde du crochet, & la garde foible; mais plus éloignée de la garde foible, d'une fois & demi, qu'elle ne l'est de la garde du crochet.

6°. D'un anneau, ou crochet attaché au haut de la garde foible, qui y est joint par un touret. L'usage de cet anneau est semblable à celui de la garde forte.

7°. D'une broche, cloud, ou pivot, qui passe au travers de la verge, & qui soutient la garde du crochet.

8°. D'une autre broche, qui passe aussi au travers de la verge, & qui soutient la garde forte.

9°. D'une troisiéme broche, qui passe pareillement au travers de la verge, pour soutenir la garde foible.

10°. De deux aiguilles, ou languettes, placées sur la branche; l'une au dessus de la broche qui porte la garde forte; & l'autre au dessus de celle qui porte la garde foible.

11°. D'un anneau, ou bec de corbin mobile, qu'on fait courir sur la verge, le long de son plus long côté, qui est vers la droite.

12°. Enfin, d'une masse, poire, bouillon, ou contrepoids, qui est attaché à l'anneau mobile par une esse, lequel sert pour trouver l'équilibre de la marchandise, & en connoître le poids.

Il y a des Romaines de plusieurs grandeurs.

Celles dont on se sert dans les boucheries, marchés, & foires, sont les plus petites, parce qu'elles doivent être portatives. Ce sont celles-là que l'on appelle ordinairement, Pésons ou Crochets: depuis quelques années, il est défendu par un Réglement de Police de se servir de pesons ou romaines dans les boucheries de Paris.

Les Romaines, dont on se sert dans les Bureaux des Douanes, dans les Arcenaux de France, & dans d'autres endroits, pour péser les gros fardeaux, sont très grandes & très fortes, y en ayant avec lesquelles on peut péser jusqu'à douze milliers, comme sont celles des Arcenaux; & ce sont celles-ci, que l'on appelle précisément Romaines.

A Rouen il y a un lieu, que l'on nomme Bureau de la Romaine, ainsi appellé, parce que l'on se sert dans ce Bureau d'une Romaine, pour péser les marchandises qui y acquittent les droits du Roi. C'est proprement le Bureau de la Douane.

LA BALANCE COMMUNE, ou ORDINAIRE, se fait avec un fleau suspendu également par le milieu; aux extrémités duquel il y a des plateaux, bassins, ou plats attachés avec des cordes. Les parties de cette Balance sont, le fleau, que l'on nomme aussi Flayau, ou Traversin; l'aiguille ou languette, les deux pivots, les deux plateaux, le brayé, & la chasse, au haut de laquelle est un touret en forme d'anneau, qui sert à suspendre la Balance en l'air. Il y a à chaque bout du fleau, un crochet ou anneau, auquel on attache les cordes qui tiennent aux plateaux. Les Balances communes sont de différentes grandeurs, selon les fardeaux ou marchandises que l'on a à péser.

LES BALANCES FINES, appellées autrement TREBUCHETS, sont de petites Balances, dont on se sert pour péser les monnoies d'or & d'argent, les matieres & choses précieuses, qui sont en petite quantité. Les Trebuchets, dont on se sert ordinairement en France, se font à Paris, à Lyon, & en Forest; mais ceux de Paris sont les plus estimés.

**Balance sourde.** Sorte de Balance, dont on se sert dans les Monnoies, qui a les deux bouts de son fleau plus bas que son cloud, & sa chape qui est soutenue en l'air par le moyen d'une guindole, que les Ouvriers appellent Guinole. *Voyez* Monnoyes.

**Balance d'Essais.** Autre terme de Monnoyeurs. C'est une Balance de la plus grande justesse, & de la plus parfaite précision; que l'on enferme encore dans une grande lanterne de verre, afin que l'air n'y puisse causer aucune agitation. *Voyez comme dessus.*

A la Chine l'on se sert d'une sorte de petite Balance, qui a assez de rapport à la Balance Romaine; étant composée d'un petit plat, d'un bras ou branche, & d'un poids courant. Le bras est d'ébene, ou d'yvoire, ordinairement de la longueur & grosseur d'une plume à écrire; divisé en de très petites parties sur trois faces différentes, & suspendu par des fils de soie à l'un des bouts, en trois différens points, afin de pouvoir péser avec plus de facilité toutes sortes de poids, si petits qu'ils soient.

Quand cette Balance a une longueur un peu considérable, elle est d'une précision si grande, que le moindre poids fait pencher sensiblement le bassin. Pour la rendre plus portative, on la renferme ordinairement dans un étuy de bois vernissé, fort leger, & très propre.

Tous les Marchands, Manufacturiers, Ouvriers, & Artisans, qui vendent leurs marchandises au poids, se servent de l'une ou l'autre Balance, c'est-à-dire, de la Balance commune, ou de la Romaine & Peson. Il seroit trop long, & assez inutile de rassembler ici tous ceux qui en font usage dans leur négoce, sur tout l'ayant indiqué à l'article de chacun de ceux à qui elles sont nécessaires. On parlera seulement ici des Balances des Chandeliers, parce qu'elles sont un peu différentes des autres.

Les Balances, dont on se sert pour le commerce de la chandelle, sont de deux sortes; de grandes pour les grosses pesées, & de petites pour le détail. Ces dernieres ont leurs bassins en forme de petits chaudrons, de quatre ou cinq pouces de profondeur; & sont ainsi faites, pour que les chandelles qu'on y pése, puissent s'y mettre, & y tenir toutes droites. Les grandes Balances sont à peu près comme celles dont se servent les autres Marchands, qui vendent au poids; avec cette différence, que les bassins en sont plus plats, & presque point concaves; afin qu'en y mettant la chandelle couchée en pile l'une dessus l'autre, elle ne porte point à faux, & ne se puisse casser.

**Balance,** en terme de Teneur de Livres à parties doubles. Signifie l'état final, ou la solde du grand Livre, ou Livre de raison, ou d'un compte particulier.

**Balance.** Se dit encore de la clôture de l'inventaire d'un Marchand, qui se fait en débit & crédit; dans lequel il met en débit d'un côté, qui est la gauche, l'argent qu'il a en caisse, ses marchandises, ses dettes actives, ses meubles, & ses immeubles: & en crédit, du côté de la droite, ses dettes passives, & ce qu'il doit payer en argent; & quand il a défalqué ce qu'il doit d'un côté, de ce qu'il a d'effets d'un autre, il connoît, tout étant compensé & balancé, ce qui lui doit rester de net & de clair, ou ce qu'il a perdu ou gagné.



On se sert quelquefois du mot de Bilan, au lieu de Balance; mais c'est improprement, d'autant que Bilan a une autre signification plus précise. *Voyez* Bilan.

**Balance** signifie aussi la déclaration que font les Maîtres des vaisseaux, des effets & marchandises dont ils sont chargés. Ce terme est en usage dans ce sens parmi les Marchands qui trafiquent en Hollande par les rivieres du Rhin & de la Meuse.

L'article CXXII du placard pour l'exécution du nouveau tarif de Hollande de l'année 1725, porte que les Maîtres des vaisseaux descendant le Rhin & la Meuse, feront leurs déclarations, (ou Balances, comme elles se nomment;) sçavoir à Schenkensken pour ceux du Rhin, & à Mastric, & Catwyrk pour la Meuse.

**BALANCIER.** Ouvrier qui fait les divers instrumens qui servent à péser toutes les sortes de marchandises, denrées, métaux, & autres choses, qui s'achetent ou se vendent au poids, ou dont on veut connoître la pésanteur. Ce sont aussi les Balanciers, qui font & qui vendent les divers poids de cuivre, de fer, ou de plomb, dont on se sert pour péser.

On a parlé ci-dessus des instrumens qui ont été inventés pour cette opération, si nécessaire dans le commerce, comme sont la Balance, la Romaine ou Peson, le Trebuchet, &c. *Voyez* Balance; *& l'on parlera à divers endroits de ce Dictionnaire des poids, qui sont en usage, soit en France, soit ailleurs. Voyez entr'autres articles, ceux de la livre, du marc, & du poids en général.*

La Communauté des Balanciers établie à Paris en Corps de Jurande, y est très ancienne; & une des plus utiles pour la commodité & la sureté du négoce.

Ses Statuts sont enregistrés à la Cour des Monnoies, que les Maîtres reconnoissent pour leur Jurisdiction, en ce qui concerne leur art & métier. C'est à cette Cour qu'ils doivent être reçûs à la Maîtrise; ils y prêtent le serment, ils y font étalonner les poids de cuivre qu'ils fabriquent; & ils y prennent les petits poids matrices, sur lesquels ils coupent ces légeres feuilles de léton, dont on se sert dans les trebuchets, & les petites balances des Jouailliers, Epiciers-Droguistes, Apoticaires, pour péser les grains, les gros, les scrupules, & autres semblables petites parties & diminutions du marc.

Chaque Balancier est tenu d'avoir son poinçon, dont l'empreinte se conserve sur une table de cuivre, au Greffe de la Cour des Monnoies, & au Bureau de la Communauté, pour y avoir recours si le cas y écheoit, & pour y faire le rengrainement.

Ce poinçon, sur lequel il n'y a ordinairement que la premiere lettre du nom de chaque Maître, avec une couronne fleurdelisée au dessus, sert à marquer leur ouvrage, afin que chacun en puisse répondre, s'il se trouvoit quelque altération aux poids ou aux balances.

Aux balances, dont les bassins sont de cuivre, la marque se met au fond des bassins: aux autres, c'est au fleau. Pour les poids, s'ils sont de cuivre, ils se marquent par dessous, qui est aussi l'endroit où s'applique l'étalonnage de la Cour des Monnoies. A ceux de plomb, la marque se met sur le plomb même: & à ceux de fer, qui ordinairement sont carrés, avec un anneau dessus, & une profondeur par dessous, sur le plomb qui est dans cette cavité, & qui sert à la justesse du poids. Les gros, les grains, & les autres diminutions, portent aussi l'empreinte du poinçon.

L'étalonnage de la Cour des Monnoies se fait pareillement avec un poinçon, où est seulement gravée en creux une fleur-de-lys; mais l'on ajoute avec d'autres poinçons, des chifres Romains, ou des point qui marquent la pésanteur du poids.

Les Maîtres ne sont pas obligés de faire étalonner les petites diminutions; mais ils les dressent sur la matrice étalonnée qu'ils ont chez eux, & ensuite les marquent de leur propre poinçon, avec les chifres & les points convenables à leur pésanteur.

On appelle chez les Balanciers, Remede de poids de marc, ce qu'ils doivent donner à tous les poids qu'ils fabriquent, au-delà de leur juste pésanteur; à la réserve néanmoins des diminutions depuis quatre onces jusqu'au demi felin, auxquels on ne donne aucun remede: on en parlera ailleurs. *Voyez* Remede des poids de marc, *ou* Monnoyage, *&* Monnoye.

La Communauté des Balanciers de Paris ne consistoit en 1691, qu'en six Maîtres; mais leur ayant été permis de recevoir quelques Maîtres sans qualité, en conséquence de diverses finances payées sous le Regne de Louis XIV, pour l'incorporation & union de ce grand nombre de nouvelles Charges, créées pour subvenir aux besoins de l'Etat, elle se trouvoit composée en 1717 de dix Maîtres.

Quoique ces Maîtres, pour la discipline de leur Corps, ayent toujours recours à leurs anciens Statuts, c'est cependant par les divers articles des Arrêts du Conseil de 1691, de 1695, & autres suivans, que le Corps se gouverne.

Deux seuls Jurés ont soin de la police, des visites, & des affaires. Ils restent chacun deux ans en Charge; le plus ancien sortant chaque année; & un autre nouvellement élû à la pluralité des voix, remplissant sa place. C'est chez l'Ancien des Jurés en Charge, que se tiennent les Assemblées; & c'est à lui de les indiquer.

Chaque Maître ne peut avoir qu'un Apprentif. Nul Apprentif ne peut aspirer à la Maîtrise, qu'après cinq ans d'apprentissage, & deux ans de service chez les Maîtres, comme Compagnon. Nul Compagnon ne travaille à Paris, s'il n'est Apprentif des Maîtres de la Ville.

Les Aspirans doivent chef-d'œuvre; & les fils de Maîtres simple expérience. Les Veuves jouissent des privileges de la Maîtrise, à la réserve de celui de faire des Apprentifs.

Ce sont les Jurés en Charge, qui donnent les poinçons aux nouveaux Maîtres, à leur reception.

Enfin, les deux Jurés, ou du moins l'un des deux, a droit par leurs Statuts, confirmés par plusieurs Arrêts du Parlement, d'assister aux visites que font les Maîtres & Gardes des Epiciers, ou autres des six Corps des Marchands, qui dans leur profession usent de balances & de poids; afin de juger avec eux, des défauts que peuvent avoir lesdits poids ou balances, & des abus qui s'y commettent: mais cette police, qui paroît si raisonnable, vû la capacité & la connoissance, que doivent avoir les Maîtres Balanciers dans ce qui est le principal objet de leur art & métier, ne s'observe plus: & la Communauté des Balanciers, qui à peine subsiste encore, n'est gueres en état de faire valoir ce privilége; dont sans doute le Public ne se trouveroit pas plus mal, s'ils y étoient rétablis.

La Communauté a pour Patron S. Michel, dont la Confrérie est érigée dans l'Eglise des SS. Innocens; aux environs, & attenant de laquelle tous les Balanciers, ou presque tous, ont toujours eu, & ont encore leur ouvroir & boutique.

Balancier. Machine qui sert à marquer les monnoies, aussi-bien qu'à frapper les médailles, les jettons, les pieces de plaisir, les pieds forts, &c. Cette machine est une invention de la fin du seiziéme siécle; mais dont l'usage n'a été entiérement établi dans les Hôtels des Monnoies de France, que depuis l'entiere suppression du monnoyage au marteau, & l'établissement de celui au moulin.

Les principales parties du Balancier sont le fleau, la vis, l'arbre, les deux platines, le jacquemart, & les boetes. Toutes ces parties, à la réserve du fleau, sont contenues dans le corps du Balancier, qui est quelquefois de fer, mais plus ordinairement de fonte ou de bronze. Ce corps, qui est très massif, pour soutenir l'effort du travail, est porté par un fort billot de bois, ou par un bloc de marbre. Le fleau, qui est placé horisontalement au dessus du corps du Balancier, est une longue barre de fer, carrée, garnie à chaque bout d'une pésante boule de plomb, en quoi consiste toute la force, & d'anneaux où sont attachés les cordons, avec lesquels on lui donne du mouvement. Dans le milieu du fleau est enclavée la vis; elle s'engréne dans l'écroue, qui est travaillé dans la partie supérieure du Balancier même, & presse l'arbre qui est au dessous. A cet arbre, qui est dressé perpendiculairement, & qui traverse les deux platines, qui servent à lui conserver réguliérement cette situation, est attaché le carré, ou coin d'écusson, dans une espece de boete, où il est retenu par des vis & leurs écroues. Enfin, la boete où se met le coin d'effigie, est tout au dessus, & solidement attachée à la partie inférieure du corps du Balancier. Pour le jacquemart, c'est une espece de ressort, en forme de manivelle, chargée de plomb par le bout, qui tient à la vis du Balancier, & qui sert à le relever, quand la piece est marquée. Il y a aussi un autre petit ressort à la boete de dessous, pour en détacher l'espece, quand elle a reçû l'empreinte. Enfin, il y a au bas du Balancier une profondeur, qui s'appelle la Fosse, où se tient assis le Monnoyeur, qui doit mettre les flaons entre les carrés, ou les en retirer, quand ils sont marqués.

Lorsqu'on veut marquer un flaon, ou frapper une médaille, on les met sur le carré d'effigie; & à l'instant deux hommes, tirant chacun de leur côté un des cordons du fleau, font tourner la vis qui est enclavée, qui par ce mouvement fait baisser l'arbre, où tient le carré d'écusson; en sorte que le métail qui se trouve au milieu, prend la double empreinte des deux carrés.

Tout ce qui fait la différence entre le monnoyage des especes, & celui des médailles au Balancier, c'est que la monnoie n'ayant pas un grand relief, se marque d'un seul coup; & que pour les médailles, il faut les rengréner plusieurs fois, & tirer plusieurs fois la barre, avant qu'elles ayent

pris

pris toute l'empreinte; outre que les médailles, dont le relief est trop fort, se moulent toujours en sable, & ne font que se rengréner au Balancier; & quelquefois si difficilement, qu'il faut jusqu'à douze ou quinze volées du fleau, pour les achever.

La presse est une espece de petit Balancier, qui a toutes les parties essentielles du grand, à la réserve du fleau, qui est, pour ainsi dire, partagé en deux, & qui ne se tire que d'un côté.

L'on a inventé dans le dix-huitiéme siécle une nouvelle machine, pour frapper la monnoie, qui seroit d'une grande utilité, si le projet & le modéle, qui en furent présentés à l'Académie des Sciences sur la fin de l'année 1717, pouvoient aussi facilement s'exécuter, qu'ils paroissent ingénieusement imaginés.

Cette machine est une espece de moulin, à qui les forces ordinaires, tels que sont le vent, l'eau, ou les animaux, peuvent donner le mouvement, comme aux autres moulins. Une tremie assez semblable à celle qui reçoit les grains qu'on veut moudre, contient les flaons, & les porte successivement entre les coins, qui les doivent marquer; que les roues du même moulin approchent & éloignent, autant qu'il le faut, & avec l'effort nécessaire, pour que l'empreinte soit parfaite.

C'est encore par un autre rouage, que les flaons frappés sortent comme d'eux-mêmes d'entre les coins, pour faire place à d'autres; ensorte que quand la machine est une fois en mouvement, un seul Ouvrier suffit, soit pour remplir la tremie de flaons, soit pour les ramasser, quand ils sont devenus monnoie. Comme on ne fait cette description, que sur la relation d'un autre, & qu'on n'a pas vû la machine, on se contente d'assûrer, qu'on la tient d'une personne également habile, & pleine de probité; ce qui doit éloigner tout soupçon, ou qu'elle pût se tromper, ou qu'elle voulût tromper les autres.

BALANCIER. Se dit aussi du lieu où sont établis les presses & Balanciers pour les médailles & les jettons; dans lequel exclusivement à tous autres, ils doivent être fabriqués & frappés. C'est ce qu'on appelle autrement, la Monnoie des Médailles, qui fut établie sous Louis XIII, dans les Galleries du Louvre. *Voyez* MONNOYES DES MEDAILLES. *Voyez aussi* JETTONS.

Il est défendu par l'Edit d'établissement du Balancier, & Monnoies des Médailles, & par plusieurs Lettres Patentes, Arrêts du Conseil, & de la Cour des Monnoies; entr'autres par celui du Conseil du 15 Janvier 1685, & par ceux de ladite Cour des 18 Janvier & 10 Mars 1672, & du 14 Juillet 1685, à tous Ouvriers, Graveurs, & Monnoyeurs, & à toutes autres personnes, de quelque condition qu'elles soient, à l'exception des Commis & Gardes des Balanciers du Roi, établis aux Galleries du Louvre à Paris, & des Hôtels des Monnoies, d'avoir ni tenir aucuns moulins, coupoirs, laminoirs, presses, balanciers, & autres semblables machines, à peine d'être punis comme faux Monnoyeurs; ni de fabriquer, ou faire fabriquer ailleurs, qu'auxdits Balanciers des Galleries du Louvre, & des Hôtels des Monnoies, des médailles & pieces de plaisirs, d'or, d'argent, ni d'autres métaux, à peine contre les Ouvriers & Fabricateurs, de confiscation des outils & machines, & de mille livres d'amende contre chacun des contrevenans, & de plus grande peine, s'il y échet.

BALANÇONS. Sorte de bois de sapin débités en petit, dont on fait grand commerce en Languedoc.

Les Balançons, la douzaine estimés trois livres, payent les droits forains dans les Bureaux de cette Province, à raison de cinq sols & pour la réapreciation autant.

BALASSOR. Etoffe faite d'écorce d'arbre, que les Anglois rapportent des Indes Orientales. Les pieces ont huit aunes de long sur trois quarts de large.

BALAST, ou QUINTELAGE. Terme de commerce de mer. Il signifie la même chose que Lest. *Voyez* LEST.

BALASTRI. On nomme ainsi à Smyrne les plus beaux draps d'or qui se fabriquent à Venise & que les vaisseaux Venitiens portent dans les Echelles du Levant. Ils payent à la Douane de Smyrne les droits d'entrée, à raison de cinq piastres lapiece.

BALAUSTES. Ce sont les fleurs du Grenadier sauvage. Il y en a de deux sortes; de fines, & de communes.

Les communes ont peu de vertu, & doivent être rejettées de la Médecine, où les fines peuvent être de quelque usage, étant estimées astringentes. Elles viennent les unes & les autres du Levant, & sont proprement la même drogue; mais les Balaustes fines sont garnies de leurs fleurs, & les communes n'ont que leur pecou, c'est-à-dire, cette espece de gaîne ou bouton en forme d'écorce assez épaisse, qui enferme les fleurs avant qu'elles soient écloses, & qui les soutient quand elles le sont.

Il faut choisir les Balaustes, fines, nouvelles, larges, hautes en couleur, c'est-à-dire, d'un beau rouge velouté, &, s'il se peut, sans pecou, ni menu.

*Les Balaustes communes payent en France les droits d'entrée sur le pied de deux livres ou quarante sols le cent pesant; & les fines cinq livres.*

BALAY. Instrument de ménage, qui sert à amasser & à ôter les ordures, & à tenir les maisons propres & nettes. Il est composé d'un long manche de bois, à un des bouts duquel est un faisseau de menues branches ou verges de bouleau lié par le haut par trois liens ou hars d'osier ou de châtaignier.

On fait aussi des Balays de genêt, & de jonc: les premiers, liés comme ceux de Bouleau, à trois liens; & les autres, ficelés d'une médiocre ficelle, & attachés au manche avec un cloud. Ceux de cette derniere sorte, qui servent aux cochers pour nétoyer les pieds de leurs chevaux & les roues de leurs carosses, sont poissés sur la ficelle, afin que l'eau où ils les trempent, ne les pourisse pas si aisément.

On fait encore des Balays de poil, d'autres de plumes, & d'autres de barbe ou frange de roseaux, qui servent pour nétoyer les parquets, les meubles, les tableaux, les livres des Bibliotheques, & autres choses qui demandent d'être ménagées. Ces derniers Balays, particuliérement ceux de poil, se font par les Brossiers, Vergetiers. La fabrique & le commerce des autres, dont il se fait une grande consommation à Paris, sont permis à tous ceux qui veulent s'en mêler.

Plusieurs Ouvriers, entr'autres ceux qui travaillent sur le fer, comme les Serruriers, Maréchaux, Taillandiers & quelques autres, se servent de Balays de bouleau ; mais ils les appellent plus ordinairement Escouvettes. *Voyez* ESCOUVETTE.

Ce sont les Chandeliers & Regratiers, qui font le plus grand débit des Balays de bouleau, soit de ceux qui se font à la Ville, soit de ceux qui y viennent en quantité de la campagne.

BALAZE'ES, ou SAUVAGUZE'ES de Surate. Toiles blanches de Coton, qui se fabriquent dans cette Ville du grand Mogol & aux environs. Elles ont treize aunes & demie de long sur deux tiers de large.

BALDIVIA, Ville de l'Amérique sur la Côte du Chily. *Voyez* ce qui est dit de l'étendue de son Commerce, dans l'Etat général ci-devant page 489.

BALEINE. C'est le plus gros des poissons.

Les plus grandes Baleines sont celles qui se pêchent dans la mer du Nord vers le Spitsberg. On y en prend de 200 pieds de long, & de grosseur proportionnée à la longueur. Les médiocres sont de 130 ou 160 pieds ; & un voyageur assure, que l'on tira plus de 350 livres pésant de barbes ou fanons d'une seule Baleine, qui fut prise en sa présence.

Celles de la mer de l'Amérique sont aussi fort grandes ; & il y en a de 90 ou de 100 pieds, entre la tête & la queue. Les moindres sont celles qui atterissent sur les côtes de Guyenne, & sur celles de la Méditerranée.

Il y a deux especes de Baleine ; l'une qui retient son nom, & l'autre que l'on appelle Cachalot. Leur différence consiste, en ce que le Cachalot a des dents ; & que la Baleine au lieu de dents, a seulement des fanons ou barbes dans la gueule, qui sont larges d'un empan, & longues de 15 pieds, plus ou moins, suivant la grandeur de l'animal ; & qui finissent en une espece de frange, assez semblable aux soies de pourceau.

La pêche de la Baleine est d'un grand profit ; & il y va tous les ans quantité de vaisseaux de différentes nations.

Ces énormes poissons se harponnent par les plus robustes & les plus adroits des Pêcheurs, que l'on appelle pour cela Harponneurs, du nom du harpon dont ils se servent, qui est une espece de dard ou javelot long de cinq ou six pieds, dont la pointe fort acérée & tranchante, est triangulaire en forme du fer d'une fléche.

Le Harponneur, du bout de la Pinasse où il commande à tout l'équipage, lance rudement le harpon sur la tête de la Baleine ; & s'il est assez heureux pour le faire entrer à travers du cuir & du lard jusques dans la chair, il laisse filer une corde attachée au harpon, au bout de laquelle est une courge séche, qui nageant sur l'eau, sert d'indice pour découvrir où se trouve la Baleine, qui aussi-tôt qu'elle se sent blessée, se tapit & cale à fond.

Si la Baleine revient sur l'eau pour respirer, le Harponneur prend occasion de la blesser de nouveau ; & lorsqu'enfin à force de perdre du sang, elle est aux abois, les autres Pêcheurs l'approchent par les côtés, & lui poussent sous les bras ou nageoires, une longue lance ferée dans la poitrine à travers les intestins, pour l'achever ; & quand le cadavre flotte sur son lard, ils le touent & le poussent à terre, où ils la dépecent, & la bonifient, c'est-à-dire, ils en font fondre le lard.

La pêche de la Baleine occupoit autrefois un grand nombre de vaisseaux & de matelots Basques, & vers le milieu du dix-septiéme siécle les habitans de S. Jean de Lutz, de Bayonne & de Ciboure, y envoyoient jusqu'à cinquante & soixante navires.

Les Hollandois, qui à présent en font la plus grande pêche, n'y en envoyoient pas alors davantage. Mais en 1689 & 1690, les choses étoient déja bien changées, les Basques ayant à peine armé pour cette pêche dix-huit ou vingt vaisseaux ; & & les Hollandois y en ayant envoyé plus de trois cent de toute grandeur. Ce qui est à peu près resté sur le même pied.

Les Bayonnois, & les autres François ou Basques, portent ordinairement leur pêche au Havre, à Dieppe & à Rouën, & reviennent hiverner chez eux, avec quelque petite quantité d'huile & de fanons, pour la consommation du pays. Ces marchandises s'y débitent à Tusan, Chalose, & Marsan ; il s'en transporte aussi en Bearn, & quelquefois jusqu'à la Rochelle.

A l'égard du Cachalot, il se porte tout à Bayonne & s'y purifie, après quoi on l'envoye à Rouën pour Paris.

L'on tire trois sortes de marchandises de la Baleine. L'huile, les fanons ; & le sperme, ou nature de Baleine.

L'HUILE est le lard ou la graisse de la Baleine, que l'on fait fondre après l'avoir dépecé. Le tems que les pêcheurs sont obligés de perdre à terre pour faire cette fonte, a fait imaginer à un Bourgeois de Ciboure, nommé François Soupite, l'invention de fondre & de cuire les graisses à flot, & en pleine mer, en bâtissant un fourneau sur le second pont du navire, & en se servant des grillons & du marc de la premiere cuite pour faire la seconde.

Il se fait un commerce très-considérable de cette huile, sur tout en tems de paix, à cause du grand usage qu'elle a en France, tant pour brûler, que pour une infinité d'ouvrages où l'on auroit peine à s'en passer.

On l'employe principalement pour rafiner le soufre, pour la préparation de certains cuirs, pour engraisser le brai, qui sert à enduire & spalmer les navires. Quelques ouvriers en draps préparent aussi leurs laines avec cette huile, bien que dans les manufactures de draperies fines, l'on ne se serve que de bonne huile d'olive. Les Peintres en usent pareillement pour certaines couleurs : les Foulons pour faire leurs savons ; même les Architectes & Sculpteurs, pour composer une espéce de laitance avec la ceruse ou la chaux, qui fait croute & peut résister aux injures de l'air. Enfin il seroit trop long de faire le détail de tous les artisans & ouvriers à qui l'huile de Baleine est utile.

Cette huile a une propriété merveilleuse, & l'on assure, que quoiqu'elle soit toute boüillante, on y peut mettre la main sans se brûler. Elle vient en futailles ou bariques, que l'on nomme quartaux, du poids de 520 à 600 livres.

*De la fonte du lard de la Baleine, & de la maniere d'en tirer l'huile.*

Lorsque les Nations de l'Europe commencerent à s'appliquer à la pêche de la Baleine, la pratique générale fut d'abord de bonifier le poisson à terre, c'est-à-dire, de l'y dépecer & d'en faire fondre les graisses.

Nos Basques qu'on peut peut-être regarder comme les premiers, qui ont appris aux autres peuples l'utilité de ce commerce de l'huile de Baleine, & la maniere de faire cette huile, ont aussi été les premiers à s'éloigner de la pratique qu'ils avoient enseignée aux autres, & instruits par un de leurs compatriotes, ils crurent plus commode, & d'une opération plus facile & plus prompte de fondre leurs graisses à bord.

La nouvelle maniere des Pêcheurs François ne fut pas néanmoins suivie; & soit que les risques du feu dont plusieurs de leurs bâtimens furent de tems en tems consumés eussent effrayés les autres, soit qu'on trouvât que la grande quantité de bois dont ils étoient obligés de charger leurs navires, y occupoit assez inutilement une place, qui eût mieux été remplie par des quartaux à l'huile; soit enfin qu'il fût difficile de s'accoutumer à l'odeur presque insupportable des cretons brûlés, avec lesquels dans cette nouvelle invention il falloit achever les dernieres cuites des lards, on s'en tint long-tems à l'ancienne pratique de fondre à terre.

Les Hollandois qui furent presque les derniers, qui parurent dans les mers du Nord pour prendre part à cette pêche, & qui cependant sont présentement ceux de tous les Pêcheurs, & qui y ont le plus grand nombre de navires, & qui fondent des huiles de Baleine en plus grande quantité; les Hollandois, dis-je, crurent assez long-tems qu'il étoit plus avantageux de retenir l'ancienne pratique; & l'on voit encore au *Schmerenbourg* un des havres de la mer Glaciale, les restes des bâtimens où ils avoient coutume de faire bouillir leurs huiles, avec quelques-unes des chaudieres & autres ustenciles nécessaires pour cette fonte qu'ils y ont abandonnées: on assure même qu'ils y avoient voulu faire un établissement permanent; mais que tous ceux qui hazarderent d'y passer l'Hyver, y périrent, quelques précautions qu'ils eussent pris contre le froid & contre la faim, tant par des magasins remplis de vivres & d'habits, que par des poeles dont chaque maison de celles qui y formoient une espece de Village, en avoit un, comme il est facile de le remarquer dans trois ou quatre de ces maisons qui y sont restées de bout, & dans les ruines de plusieurs autres où l'on trouve des huîtres, des kartels ou tonneaux les uns vuides & défoncés, & les autres reliés avec la liqueur qui étoit dedans pour ainsi dire pétrifiée par la force du froid & de la gelée, & tous les instrumens & ferremens propres à divers métiers, & particuliérement au métier de Tonnelier.

Cette tentative n'ayant pas réussi, & les Hollandois s'étant contenté pendant quelque tems de fondre à terre, & de mettre à la voile aussi-tôt la fonte faite, l'expérience leur fit enfin reconnoître que cette pratique retardant leur retour, leur faisoit courir risque de rester engagés dans les glaces, & que le plus sûr seroit de rapporter chez eux le produit de leur pêche en graisse non fondue, pour ensuite la bonifier dans des atteliers, comme faisoient déja les Particuliers qui alloient à cette pêche, n'y ayant que les Pêcheurs de leur Compagnie de la Baleine, qui eussent le droit de bonifier sur les lieux, comme on l'a remarqué à l'article des Compagnies de Hollande.

Toutes les autres Nations, à l'exception de quelques François, se sont conformées à cette pratique Hollandoise, & tous les Pêcheurs de Baleine Anglois, Suédois, Danois, Hanbourgeois, &c. après avoir dépecé leur poisson à bord, de la maniere qu'on l'a dit ci-devant, mettent à la voile aussi-tôt après la pêche finie, & viennent chez eux travailler à leur fonte comme on va présentement le dire.

### *Maniere dont on fait l'huile de Baleine à Hambourg.*

L'on pourra voir à l'article de la Pêche de la Baleine, qu'à mesure qu'on en coupe le lard, on en remplit des tonneaux que les François nomment quartaux, & les Allemands Kartels, où on les presse beaucoup, & en les y mettant, & avant d'en remettre les fonds.

Le lard réduit en petits morceaux & ainsi encaqué, fermente de lui-même dans les tonneaux, mais jamais assez pour en faire sauter les cerceaux, quoiqu'ils soient bien fermés & bien bondonnés. C'est cette fermentation qui, pour ainsi dire donne la premiere façon à l'huile, la graisse en fermentant se réduisant presque d'elle-même en liqueur, en sorte qu'on estime qu'il y a presque vingt pour cent à perdre, lorsque la graisse n'a pas fermenté & qu'on la fait frire quand elle est encore fraîche, ce qui arrive également aux François qui fondent à bord & à ceux qui fondent à terre.

Dans chaque attelier il y a au moins une chaudiere, une grande cuve pour vuider les kartels de graisse, trois autres cuves pour clarifier l'huile, un tamis pour la passer, diverses cuillieres de cuivre pour la tirer de la chaudiere, quelques rabots du même métail pour la remuer à mesure qu'elle fond, & un vaisseau ou pot de cuivre pour remplir les kartels quand l'huile est faite. Lorsqu'il y a deux chaudieres ou même davantage, chacune doit avoir cette suite de cuves & d'autres ustenciles; il y a cependant des atteliers où l'on ne donne que deux cuves à clarifier pour chaque chaudiere, mais cette épargne rend l'huile moins claire & moins bonne.

Les caudieres sont de cuivre, larges & plates en forme de grandes casseroles massonnées & murées comme celles des Teinturiers. Au dessous est le fourneau où l'on entretient un feu continuel; chaque chaudiere contient deux kartels ou quarteaux de graisse, c'est-à-dire, 120, 130, & quelquefois jusqu'à 140 gallons mesure d'Angleterre, à prendre le gallon sur le pied de quatre pintes de Paris ou environ.

Lorsqu'on veut travailler à la fonte, & que tout est prêt pour frire le lard, pour parler en terme de Fondeurs, on tire la graisse des tonneaux, & on la met dans une grande cuve qui est à côté de la chaudiere, où deux hommes la jettent incontinent après, partie avec des pelles, & partie avec des cuillieres ou chaudrons de cuivre, suivant qu'elle a fermenté, & qu'il y a encore des morceaux de lard solides, ou seulement de la graisse liquide.

A mesure que la graisse se frit, ce qui se fait comme à toute autre sorte de graisse qu'on veut fondre, on la remue avec les rabots pour en détacher les nerfs & les parties charnues qui y restent toujours; ce qu'on fait jusqu'à ce que tout foit bien confommé, & que le marc aille au fond.

L'huile en cet état fe paffe dans un grand tamis pofé fur une cuve qui eft au bas de la chaudiere. Pour lui donner cette premiere façon, on la puife avec les cuillieres ou petits chaudrons de cuivre qui ont fervi à remplir la chaudiere; & comme le tamis eft raifonnablement ferré, il n'y a que l'huile qui y trouve paffage: le refte fe jette auffi bien que le marc de la chaudiere, à moins qu'on ne la veuille repaffer comme on le dira tantôt.

La cuve fur laquelle eft pofé le tamis eft à moitié pleine d'eau, afin que l'huile s'y puiffe refroidir & s'éclaircir, & que toutes les faletés allant au fond, il n'y ait que l'huile pure & nette qui nage fur l'eau, ce qui arrive à celle de baleine comme à toutes autres fortes d'huiles.

Au bas de cette premiere cuve, & environ à l'endroit jufqu'où monte l'eau dont elle eft en partie remplie, il y a un petit robinet par où l'on fait couler l'huile dans une autre cuve de la même grandeur que la précédente qui eft placée au deffus; & de cette feconde dans une troifiéme.

Il faut obferver que ces deux dernieres cuves font remplies d'eau de la même maniere que la premiere. C'eft de la troifiéme cuve, quand l'attelier en a trois, ou de la feconde, quand il n'en a que deux, que l'on tire l'huile pour en remplir les kartels; ce qui fe fait par un tuyau difpofé à cet effet à l'endroit de ces cuves où l'huile furnage au deffus de l'eau. Le pot ou vaiffeau qui fert à cet ufage, eft de cuivre ou feulement de bois cerclé de fer, & peut contenir jufqu'à dix pintes de liqueur.

On a oublié de remarquer que la graiffe des Baleines eft de différentes couleurs; les unes l'ayant blanche, d'autres jaune, & quelques-unes rouge. La meilleure de toutes eft la jaune; auffi rend-elle une plus grande quantité que les deux autres; la blanche fuit après, mais elle eft fi remplie de petits nerfs, qu'elle produit toujours un déchet confidérable. Pour la rouge on l'eftime peu, parce qu'elle eft remplie de quantité d'eau; elle provient des Baleines mortes d'elles-mêmes, que l'on rencontre affez fouvent parmi les glaces ou échouées à terre. L'huile qu'elle donne eft très mauvaife, & en très petite quantité.

Une autre obfervation, qui eft importante, regarde la différence des kartels qui fervent à mettre le lard avant qu'il foit fondu, d'avec ceux où l'on met l'huile quand elle eft faite: les kartels à lard contenant jufqu'à 64 gallons ou environ, comme on l'a dit, & le véritable kartel d'huile n'étant que de 34 gallons.

Il y a des Fondeurs qui repaffent les marcs, c'eft-à-dire, qui les font frire une feconde fois; mais l'huile qu'on en tire eft fi brune, & de fi mauvaife qualité, que la plupart les négligent.

*Nota*. Jufqu'en l'année 1724, les Mofcovites n'avoient point paru au nombre des Pêcheurs de Baleine, & tandis que Sa Majefté Czarienne armoit des Flotes pour porter le Commerce de fes Sujets jufqu'au bout de l'Orient, il y avoit quelque lieu de s'étonner qu'il en négligeât un fi fort à fa bienféance, & fi peu éloigné de fes Etats.

C'eft donc pour prendre part à cette pêche avec les autres Nations de l'Europe, qu'il s'eft enfin formé une Compagnie que le Czar a approuvée, & fur le projet de laquelle il a fait expédier toutes les Lettres Patentes néceffaires pour fon établiffement; & afin d'encourager davantage les Intéreffés dans la fufdite Compagnie à faire le Commerce des huiles de Baleine, tant au dedans qu'au dehors de fes Etats, & pour empêcher en même tems qu'ils n'y foient troublés par les Etrangers, il a fait défenfes par les mêmes Lettres Patentes de laiffer entrer dans les Ports de Mofcovie, aucune huile de Baleine qui auroit été fabriquée par d'autres que par fes Sujets, ou qui ne proviendroit pas de leur pêche.

On juge affez que ce nouvel établiffement, quoiqu'il ne foit gueres encore qu'en projet, peut caufer quelque ombrage aux Nations dont une partie du commerce avec les Mofcovites, foit d'Archangel, foit de la mer Baltique, confifte dans les huiles de poiffon. On verra dans la fuite fi ces Nations feront autant d'efforts contre cette nouvelle Compagnie, qu'elles en ont fait contre celle d'Oftende; ce qu'on en peut augurer, c'eft qu'apparemment elles ne trouveront pas moins de fermeté du côté de la Cour de Peterfbourg, qu'elles en ont trouvé du côté de la Cour de Vienne.

Les Fanons, qui tiennent en quelque forte lieu de dents aux Baleines, qui n'en ont point, & qui font enchaffés par en haut dans leur palais, font proprement ce qu'on appelle de la Baleine chez les Marchands Merciers, & parmi les Ouvriers qui les employent. On s'en fert à faire des parafols, des éventails, des baguettes, des corfets, & des bufques; & les Couteliers & Tourneurs en confomment auffi beaucoup.

Il y a à Paris & à Rouen des Ouvriers, qui n'ont d'autre emploi que de couper & façonner les fanons, pour les mettre en état d'être employés. Ce commerce, qui étoit autrefois très grand, & fur tout à Rouen, eft fort diminué. Peut-être cette diminution provient-elle, de ce que les femmes ne portent prefque plus de corps de juppe, ni de bufques, & de ce que les éventails fe montent préfentement plus ordinairement avec du bois, qu'avec de la Baleine. La diminution de ce commerce vient peut-être auffi de la quantité de Baleine coupée, qu'on envoie d'Efpagne & de Hollande à Bordeaux, d'où elle fe répand enfuite dans le refte de la France, & même jufqu'à Rouen & à Paris.

Le Balenas, qui eft le membre génital de ce poiffon, eft de même efpece que les fanons, & s'employe aux mêmes ufages.

### *Du Commerce des fanons de Baleine à Amfterdam.*

On diftingue à Amfterdam deux fortes de Baleines; la Baleine en fanons, & la Baleine coupée. Les bons fanons de Baleine doivent péfer 4 liv. piece. Les 100 livres de fanons fe vendent 182 florins. Les déductions pour le bon poids & pour le prompt payement font d'un pour cent chacune.

Les cent livres de Baleine coupée fe vendent 86 fl. elle fe coupe ordinairement de la longueur de 7 à 10 quarts de l'aune d'Amfterdam. Les déductions comme à l'autre.

Le Sperme, ou Nature de Baleine, à qui fans doute l'on a donné ce nom pour en hauffer le prix, en fuppofant fa rareté, n'eft autre chofe que la cervelle du Cachalot, cette forte de Baleine qui a des dents, & que les Bafques appellent *Byaris*.

Cette drogue si estimée des Dames, & que l'on nomme autrement Blanc de Baleine, ou *Spermaceti*, se prépare ordinairement à Bayonne, & à Saint-Jean de Lutz. Mais cette fabrique est devenue si rare en France, qu'en 1705 il n'y avoit plus que deux Ouvriers dans cette derniere Ville qui la sçussent bien préparer.

La préparation du Sperme de Baleine se fait, en le fondant & refondant plusieurs fois, & en le lavant à diverses reprises, jusques à ce qu'étant extrémement purifié, il devienne très blanc. En cet état, par le moyen d'un couteau fait exprès, on le coupe en écailles telles qu'on les trouve chez les Droguistes.

La bonne qualité de cette drogue consiste à être blanche, claire, transparente, & d'une odeur sauvagine, que quelques-uns s'imaginent être une odeur de violette. Quelquefois on la sofistique avec de la cire; mais on le reconnoît, ou à l'odeur que la cire que l'on y mêle, ne peut jamais entiérement perdre; ou à la couleur, qui est d'un blanc mat. On peut encore être trompé en achetant du Sperme de Baleine, fait seulement de la graisse & non pas de la cervelle de l'animal. Cette derniere sorte de Blanc de Baleine jaunit aussi-tôt qu'il est à l'air.

En général, cette Marchandise ne craint rien tant que d'y être exposée; & l'on ne peut la conserver trop soigneusement dans des bouteilles de verre, ou dans les barils mêmes dans lesquels elle vient.

On fait quelque usage du Blanc, ou Sperme de Baleine, dans la Médecine; ce qui en consomme néanmoins si peu, qu'il ne feroit d'aucun prix, si les Dames, ou par un excès de propreté, ou, ce qui les touche encore davantage, pour conserver ou pour augmenter leur beauté, ne le faisoient entrer dans les pâtes dont elles se servent à laver les mains, & dans les fards dont elles s'efforcent si vainement de s'embellir le visage.

Les dents du Cachalot servent aux Tourneurs, & aux Couteliers; & ils en font divers beaux ouvrages.

L'Ordonnance de la Marine du mois d'Aout 1681, a réglé diverses choses touchant les Baleines.

Suivant l'art. 2, du Titre 7, du Livre 5, les Baleines & autres poissons à lard, qui sont échoués & trouvés sur les gréves de la mer, doivent être partagés comme Espaves, & ainsi que les autres effets échoués.

Et par l'article 3 du même Titre, il est porté: Que les Poissons royaux, & à lard, qui auront été pris en pleine mer, appartiendront à ceux qui les auront pêchés, sans que les Receveurs de Sa Majesté, ni les Seigneurs particuliers, & leurs Fermiers, y puissent prétendre aucun droit, sous quelque prétexte que ce soit.

*La Baleine coupée & apprêtée, paye en France de droits d'entrée, suivant le Tarif de 1667, 15 livres du cent pésant; à la réserve néanmoins de la Baleine provenant de la pêche des Hollandois, & qu'ils apportent dans le Royaume, dont les droits ont été moderés à 9 livres, par la Déclaration du 29 Mai 1699.*

*Par le même Tarif de 1667, la Baleine en fanons, le cent en nombre, tant grands que petits, environ du poids de trois cent livres, paye 30 liv. & celle des Hollandois, seulement 20 liv.*

*L'huile ou graisse de Baleine, & d'autres poissons, paye par les mêmes Tarif & Déclaration, la barique du poids de cinq cent vingt livres, 7 liv. 10 s. par les Hollandois, pour celle de leur pêche; & 12 liv. par les autres.*

*Les droits de sortie pour la Baleine coupée & apprêtée, sont de 15 s. du cent pésant, autant pour les fanons aussi du cent, & seulement 8 s. pour l'huile.*

BALENAS. Membre de la Baleine, qui sert à la propagation de l'Espece: ce qui est particulier à cette sorte de poisson, qui est le seul qui engendre à la maniere des animaux terrestres.

Le Balenas sert aux mêmes usages que ce qu'on appelle Fanons de Baleine, ou Baleine coupée, qui se vend chez les Marchands Merciers. *Voyez ci-dessus l'article de la Baleine, où il est parlé de cette sorte de marchandise.*

BALIEPATAN, Ville du Cananor à la Côte de Malabar. *Voyez* l'Etat général, page 436.

BALINE. Espece de grosse étoffe de laine, d'un très bas prix, qui sert à faire des emballages.

*Les Balines, ou Emballages de laine, payent de droits d'entrée en France quinze sols du cent pésant.*

BALISAGE. *Voyez l'article suivant.*

BALISE. Terme de Marine. Marque ou indice, qu'on met sur les côtes de la mer, ou à l'entrée des ports, havres, & rivieres navigables, pour assurer la navigation, & indiquer la route que les vaisseaux doivent tenir, pour se garantir des dangers.

Les Balises sont ordinairement des pieces de bois en forme de mâts, qui sont placées dans des lieux apparens. Quelquefois ce sont de grands arbres plantés d'une certaine maniere, au nombre de deux au moins, lesquels il faut prendre en ligne droite, l'un cachant l'autre; ensorte que les deux ne paroissent qu'un à la vûe. C'est cette maniere d'entrer dans les ports, havres, ou rivieres, qu'en terme de Marine on nomme Travers.

On appelle aussi BALISE, un tonneau vuide, & bien clos, qui nage sur l'eau, attaché par une chaîne ou corde, à une grosse pierre, ou à une piece de canon de fer rompu, qu'on jette au fonds de la mer, pour marquer les endroits périlleux. Le véritable nom de cette Balise est Tonne. *Voyez* TONNE.

Les Maîtres des vaisseaux Marchands sont obligés de payer un droit dans les ports & passages, pour l'entretien des Balises.

Le droit de Balise, ou Balisage, comme on le nomme en quelques endroits, n'est point reputé Avaries, & doit être acquité par le Maître du vaisseau. *Ordonnance de Marine, Aoust 1681, art. 9 du titre 7 du livre 3.*

BALIVAGE, ou BAILLIVAGE. Terme d'exploitation de bois. C'est le compte ou la marque des baliveaux, qu'on doit laisser dans chaque arpent de bois qu'on a coupés, ou qui sont à couper.

L'Ordonnance des Eaux & Forêts de France, régle le Balivage à seize Baliveaux par arpent de bois taillis, de l'âge du bois qu'on coupe, outre les anciens & modernes.

BALIVEAUX, ou BAILLIVEAUX. Terme de commerce de bois. Ce sont certains pieds d'arbres, dont le nombre est réglé par les Ordonnances des Eaux & Forêts, que les Marchands, qui achetent les bois sur pied, doivent laisser par chaque arpent.

On appelle ordinairement Baliveaux, les chênes, hêtres, & châtaigniers, qui sont au dessous de quarante ans. *Voyez* Bois.

Toutes les Ordonnances des Eaux & Forêts, particuliérement celles de Charles V de 1376, de François I de 1515, & de 1518; de Henry II de 1554, & de Louis XIV de 1669, enjoignent de réserver seize Baliveaux par arpent lors de l'exploitation des taillis; lesquels Baliveaux doivent avoir au moins l'âge de dix ans, outre ceux des coupes précédentes, & ne peuvent être coupés qu'ils n'ayent au moins quarante ans. Sa Majesté ayant cependant été informée qu'au préjudice de l'utilité publique & de la conservation des bois de charpente, de si sages réglemens étoient négligés, plusieurs Particuliers coupans leurs bois taillis avant l'âge de dix ans, & faisant leurs coupes à blanc-être & sans réserver aucuns Baliveaux; Sadite Majesté a cru suffisamment arrêter cet abus en ordonnant de nouveau par un Arrêt de son Conseil l'exécution de tous les Edits, Arrêts, & Réglemens précédens, & notamment de l'Ordonnance de 1669, en y ajoutant seulement l'obligation aux Particuliers de faire aux Greffes des Maîtrises, dont leurs bois sont ressortissans, leurs déclarations des baliveaux qu'ils voudront y couper, pour que les Officiers puissent, avant qu'on procede à la coupe, reconnoître la qualité, & l'âge des Baliveaux qu'ils auront dessein d'abatre; & ce à peine de trois cent livres d'amende.

Par cet Arrêt, qui est du 19 Juillet 1725, il est aussi enjoint aux Officiers des Eaux & Forêts chacun en droit soi, de visiter les bois des Particuliers, pour voir si la réserve des Baliveaux aura été faite & d'en dresser le procès verbal, & en cas de contravention, les condamner aux peines portées par les Ordonnances.

Baliveaux. Est aussi un terme de Maçon, qui signifie les grandes perches, ou autres brins de bois, auxquels ces Ouvriers attachent les boulins de leurs échaffauds, lorsqu'ils en font plusieurs les uns sur les autres.

BALLAGATE, Royaume d'Asie dans la Presqu'isle de l'Inde de deça le Gange. *Voyez* le Commerce qui s'y fait, Etat général ci-devant page 433.

BALLE. Se dit des marchandises enveloppées ou empaquetées dans de la toile, avec plusieurs tours de corde bien serrés par dessus, après les avoir bien garnies de paille, pour empêcher qu'elles ne se brisent, ou ne se gâtent par les injures du tems.

La plupart des marchandises qui vont aux foires, & toutes celles qui sont destinées pour être transportées & envoyées dans des Pays éloignés, doivent être en Balles; & l'on ne peut prendre trop de soin de leur emballage, pour en éviter le dépérissement. *Voyez* Emballage.

On met toujours des marques & des numeros sur les Balles, afin que les Marchands à qui elles appartiennent, les puissent plus facilement connoître.

Quand on dit, vendre des marchandises sous cordes en balles, ou en balles sous cordes, c'est-à-dire, les vendre en gros sur la montre, ou échantillon, sans les déballer, ni en ôter les cordes.

On nomme Porte-Balles, les petits Merciers qui vont par la campagne, & qui portent sur leur dos des Balles de menue Mercerie.

Une Balle mise de champs, est celle qui est chargée, ou posée sur son côté le plus étroit.

On appelle Marchandises de Balles, certaines quincailleries, & autres especes de marchandises, qui viennent de différens Pays, particuliérement du Forest, qui sont ordinairement fabriquées par de méchans Ouvriers, & avec de mauvaises matieres. On les appelle ainsi, pour les distinguer de celles qui sont de commande, & faites de main de bons Ouvriers.

Une Balle de papier se dit de plusieurs rames mises ensemble dans une espece de ballot. Il y a des Balles de plus ou moins de rames. Celles destinées pour Constantinople, n'en contiennent ordinairement que douze. Il n'y a gueres que le papier aux trois croissans qu'on transporte en cette Ville, & qu'on fabrique à Marseille, qui se vende à la Balle: celui à la couronne, & à la croizette, qu'on envoye aussi au Levant, se vend au ballon. *Voyez cet article.*

Une Balle de dez, est un petit paquet en papier, où il y a une ou plusieurs douzaines de dez à jouer.

Balle, en terme de Paumier. C'est un petit globe ou boule faite & couverte de drap, pour jouer à la paume. Son peloton doit être bien rond & bien ficelé: le drap dont on la couvre, doit être neuf, & toute faite & couverte, elle doit être du poids de dix-neuf estelins; le tout conformément aux Statuts des Maîtres Paumiers, qui y sont appellés Faiseurs d'esteufs, pelotes & balles. *Voyez* Paumier.

Balle. Ce que les Imprimeurs nomment ainsi, est une espece d'entonnoir de bois, qui a une poignée, & qui est rembouré en dedans d'une sorte de laine, couverte en dehors de cuir, cloué au bois. C'est avec la Balle, ou plutôt avec les Balles, que l'Imprimeur, qui en tient une de chaque main, prend de l'encre dans l'encrier, & en noircit les formes, en les frappant à plusieurs reprises. *Voyez* Imprimerie.

Balle de mousquet, de pistolet, d'arquebuse, & autres petites armes à canon. Est un corps sphérique, ordinairement de plomb, & quelquefois de fer, dont on charge ces sortes d'armes pardessus la poudre, après qu'on a mis de la bourre, ou papier entre deux.

Les Balles de plomb & de fer, sont marchandises de contrebande, pour la sortie du Royaume de France, suivant l'Ordonnance de 1687, titre 8, art. 3, & tous les Traités de Paix, & en conséquence sujettes à confiscation; & ceux qui en favorisent la sortie, aux amendes & autres peines portées par lesdites Ordonnances.

On parle ailleurs de la fabrique & commerce des Balles de plomb. *Voyez* Plomb.

Balle. S'entend aussi de certains paniers, ou corbeilles, qui servent à emballer les marchandises, & à les mettre en Balle. On les nomme plus ordinairement Bannes. *Voyez* Banne.

*Les Balles, Paniers, & Corbeilles payent en France les droits d'entrée sur le pied de 6 sols la douzaine; & pour ceux de sortie, seulement 2 sols.*

Balle. Est aussi une petite paille, ou gousse, qui sert de légere enveloppe au blé, à l'avoine, & autres grains, & qui s'en sépare, en les battant & les vannant. Outre l'usage que l'on fait de la Balle des grains pour la nourriture des bestiaux, on en apporte aussi une assez grande quantité à Paris, particuliérement de celle d'avoine, dont les pauvres gens font des matelas & des traversins. On l'appelle ordinairement Paille d'avoine, mais improprement. *Voyez* Avoine.

BALLIN. On nomme ainsi à Bourdeaux, à Bayonne, & dans les autres Villes de Commerce de la Guyenne, ce qu'on appelle à Paris & ailleurs Emballage. *Voyez cet article.*

A Bayonne, dans le négoce des laines, on déduit le ballin ſur chaque balle; ce qui va depuis onze juſqu'à quatorze livres, ſuivant que la toile du ballin eſt plus ou moins groſſe, ou la balle plus grande ou plus petite.

BALLON ou BALON. Eſpece de Brigantin, dont on ſe ſert dans le Royaume de Siam, pour naviger ſur les rivieres & faire le commerce de l'intérieur du Pays. Il eſt d'un ſeul tronc d'arbre, creuſé en dedans, & ſe conduit à la rame. Il s'en fait de diverſes grandeurs, ſuivant la néceſſité & l'uſage. Le Roi en a pour la promenade ſur l'eau, qui n'ont pas moins de cent, ou de ſix vingt pieds de long, & de ſix à ſept de large, où il met juſqu'à cent Rameurs de chaque côté. On ne peut rien de plus magnifique que ces Ballons, dans leſquels les Rois de Siam ſe font voir de tems en tems à leurs Sujets, avec une pompe qui leur inſpire une ſoumiſſion religieuſe, pour ne pas dire une véritable adoration.

BALLON, qu'on nomme auſſi BALLOT. C'eſt dans le commerce du verre de Lorraine, une certaine quantité de tables de verre, plus ou moins grandes, ſuivant ſa qualité. Le Ballon de verre blanc contient vingt-cinq liens, à raiſon de ſix tables au lien; & le Ballon de verre de couleur, ſeulement douze liens & demi, & trois tables au lien. *Voyez* VERRE DE LORRAINE.

BALLON. C'eſt auſſi un terme de commerce de Papeterie.

Le papier de Marſeille, que l'on nomme à la croizette, dont il ſe fait un grand débit à Conſtantinople, ſe vend au Ballon, compoſé de vingt-quatre rames. Le Ballon du papier à la couronne, qui ſe fabrique en quelques endroits de Provence, & qui eſt auſſi très propre pour le négoce du Levant, où il ſe vend pour papier de Veniſe, n'eſt que de quatorze rames. *Voyez* PAPIER.

BALLOT. Petite balle, ou paquet de marchandiſe. On le dit auſſi quelquefois des groſſes balles.

Les Ballots de quelques eſpeces de marchandiſes ſont ordinairement compoſés d'un nombre certain de paquets, d'écheveaux, ou de pieces. Les Ballots de fil de ſayette ſont de quinze à dix-huit paquets; chaque paquet de trois ou quatre livres. Il en eſt de même du Ballot de verre, comme on l'a dit ci-devant au mot Ballon, qui eſt le nom le plus ordinaire que les Vitriers lui donnent.

BALLOT. S'entend auſſi dans le commerce des viandes boucannées, que font les Boucaniers de S. Domingue, d'un certain poids que chaque paquet doit avoir. Ordinairement le Ballot eſt de ſoixante livres de viande nette, non compris l'emballage. *Voyez* BOUCANIER.

BALON, ſignifie une groſſe boule de cuir, qui renferme une veſſie remplie d'air qui le rend très léger. Il n'y a gueres que les Ecoliers qui s'en ſervent dans les Colleges, pour jouer leurs parties de balon. On s'en ſert de même en Italie, particuliérement à Rome.

BALSAMUM. Terme Latin, qui ſignifie tout enſemble, & l'arbre qui produit le baume du Levant, & cette précieuſe gomme. Les Epiciers-Droguiſtes ſe ſervent quelquefois de ce mot Latin, au lieu du mot François, *Baume*, dans le commerce des drogues. *Voyez* BAUME.

BALZAN. Terme de manége, & de commerce de chevaux. On appelle un cheval Balzan, celui qui a à quelqu'un des pieds, ou même à tous les quatre, ces marques qu'on nomme Balzanes. *Voyez l'article ſuivant.*

BALZANE. Marque blanche, que les chevaux noirs ou bays, ou autres couleurs brunes, ont aux pieds; ordinairement depuis le boulet juſqu'au ſabot. Les Ecuyers, & les Marchands de chevaux, qui s'y connoiſſent, croyent qu'on peut juger aux Balzanes, les bonnes ou mauvaiſes qualités des chevaux.

Les Balzanes aux trois pieds ſont les meilleures; celles au pied du montoir vont après; enſuite ſont celles de deux pieds; & enfin, les Balzanes des quatre pieds, qui, quoique bonnes, ſont moins eſtimées que les précédentes. On appelle Chevaux Travats, ceux qui ont les Balzanes aux deux pieds du même côté; & Traveſtats, ou Traſtavats, ceux qui n'en ont auſſi que deux, mais placées comme en échiquier. En général, les Balzanes baſſes, & qui ſont herminées, ſont excellentes. *Voyez* CHEVAL, *à l'endroit de l'article où il eſt parlé des Balzanes.*

## B A M

BAMBA. Province du Congo ſur les Côtes d'Afrique. *Voyez* l'Etat général, page 384.

BAMBOCHE. Petite canne légere & pleine de nœuds, qui vient des Indes Orientales. C'eſt le diminutif de Bambouc.

BAMBOUC. Bois extrêmement noueux, qui croît dans pluſieurs endroits des Indes Orientales. C'eſt une eſpece de canne, mais qui croît d'une hauteur & d'une groſſeur extraordinaire, y en ayant de groſſes comme la cuiſſe, & hautes à proportion. Les gros Bamboucs ſervent à faire les bâtons ſur leſquels les Eſclaves portent cette eſpece de litiere, qu'on appelle Palanquin, qui eſt d'un uſage ſi ordinaire, & d'une ſi grande commodité dans tout l'Orient. On en fait auſſi des eſpeces de ſceaux, où l'eau ſe conſerve extrêmement fraîche. Les bamboches que l'on voit en Europe, & que vendent les Marchands Merciers & Tablettiers, ſont les premiers & les plus petits jets des Bamboucs.

## B A N

BAN. Se dit du cri public, qui ſe fait pour annoncer la vente de quelque marchandiſe, particuliérement quand il eſt précédé du ſon du tambour. On ſe ſert auſſi du Ban pour recouvrer les choſes perdues, en promettant quelque récompenſe à ceux qui en donnent des nouvelles.

BAN DE VENDANGES. C'eſt la permiſſion qui ſe donne par autorité de Juſtice, de faire les vendanges à certain jour, & la publication qui s'en fait à l'Audience.

FOUR A BAN. C'eſt un four où le Seigneur a droit d'obliger ſes vaſſaux de venir cuire ou acheter leur pain. *Voyez* FOUR.

BAN. Sorte de mouſſeline unie & fine que les Anglois rapportent des Indes Orientales. La piece eſt de ſeize aunes ſur trois quarts.

BAN. Vieux mot Saxon qui ſignifie proſcrire ou exiler un homme, lui interdire le feu & l'eau; punition uſitée autrefois chez les Romains: le condamner par contumace, ſi on ne le tient pas en perſonne. En ce ſens on dit, Mettre un homme au Ban de l'Empire. Un fripon à Paris, dont le crime ne va pas à la mort, est condamné à sortir de la Ville, Prevôté, & Vicomté pendant un certain nombre d'années : on lui enjoint de garder son Ban sous telles & telles peines.

BANC. Siege de bois, sans dos, ou avec un dos, sur lequel plusieurs personnes peuvent s'asseoir tout à la fois. Il y a plusieurs métiers qui ont des machines ou instrumens, qu'on nomme des Bancs. *Voyez les articles suivans.*

BANC A DEGROSSER. Terme de Tireur d'or. Espece de petite argue, que deux hommes font tourner, pour réduire les lingots d'or, d'argent, ou de cuivre, à la grosseur d'un ferret de lacet, en les faisant passer par environ vingt pertuits ou trous, d'une moyenne filiere, que l'on nomme Ras. *Voyez* ARGUE *ou* RAS.

BANC A TIRER. Autre terme de Tireur d'or, qui signifie la machine dont ils se servent, pour tirer le fil d'or ou d'argent, tant fin que faux, à travers les pertuis d'une petite filiere appellée Prégaton, pour le mettre en état de pouvoir passer par les pertuis du fer à tirer, qui est la plus petite de toutes les filieres. *Voyez* PREGATON.

BANC. On appelle aussi de la sorte dans les Manufactures des glaces, une espece de grande table, composée de plusieurs fortes planches, sur laquelle se pose la pierre de Liais, où se mettent les glaces que l'on veut dégrossir ou adoucir. Cette table est soutenue par trois treteaux aussi de bois. *Voyez* GLACE.

BANC. Les Banquiers avoient autrefois des Bancs dans les places publiques, & dans les lieux où se tenoient les foires ; & c'étoit où ils faisoient leur commerce d'argent, & de Lettres de Change. Quand un Banquier faisoit faillite, on rompoit son Banc, comme pour avertir le public, que celui à qui appartenoit le Banc rompu, n'étoit plus en état de continuer son négoce : & comme cet usage étoit très ordinaire en Italie, on prétend que le terme de Banqueroute, dont on se sert en France, vient des mots Italiens, *Banco rotto*, qui signifient Banc rompu. *Voyez* BANQUEROUTE.

BANC. Se dit aussi de certaines assises, ou lits de pierre, qui se trouvent dans les carrieres, & qui ont différentes épaisseurs & diverses qualités. Tels sont, le Franc-banc, le Banc de marché, le Coquillart & le Banc de cuivre, le Banc rouge, le Cliquart ou Lambourde, le Soupier, & le Souchet. Ce dernier cependant est moins un véritable Banc, qu'un amas de gravois & de terre, qui se trouve sous le dernier Banc. *Voyez* CARRIERE & SOUCHET.

Les BANCS des Salpêtriers sont de longues pieces de bois en forme de madriers, sur lesquelles sont posés les cuviers aux lessives. Ils sont élevés de terre environ de deux pieds & traversent les atteliers d'un bout à l'autre ; chaque banc soutient huit cuviers ; & comme il y en a ordinairement vingt-quatre dans un attelier, les trois bancs forment comme deux especes d'allées qui servent aux ouvriers à passer pour tirer les eaux des recettes & les rejetter sur les terres & les cendres dont les cuviers sont pleins. *Voyez* l'article du Salpêtre.

BANC. Ce qu'on appelle le Banc dans les Salines de Lorraine, particuliérement dans celles de Moyenvic, sont des solives ou fortes planches disposées en pente depuis le bord de la chaudiere où se fait le sel, jusqu'au magasin où on le met ressuyer. C'est sur ce Banc que l'on y conduit les chevres chargées de leurs meules en les y faisant couler doucement. *Voyez* CHEVRES, *ou* l'article du Sel.

BANC se dit aussi quelquefois du magasin où aboutissent les planches du banc ; on le nomme plus communément le Magasin de l'essui.

BANC, en terme de Marine, est un lieu dans la mer où il n'y a pas assez d'eau pour porter un vaisseau : on le dit aussi des sables & des rochers qui s'élevent un peu au-dessus de la surface de l'eau.

Il y a quantité de Bancs dans les différentes mers qui arrosent les quatre parties du Monde, & c'est la principale étude des navigateurs d'en connoître la situation pour les éviter ; aussi les Pilotes attachés à la science de la navigation, ne manquent jamais à les remarquer dans leurs journaux. Ils en sont communément avertis par quelques balises ou pieux plantés à propos.

Ces Bancs sont ordinairement picotés dans les cartes, pour représenter le sable.

Le plus fameux de ces Bancs, & peut-être le plus grand, puisque quelques-uns lui donnent jusqu'à deux cent mille Angloises de long, est celui où l'on pêche la morue, que par distinction on appelle le grand Banc. *Voyez* cet article.

BANC, signifie aussi le lieu ou le siege où sont les Rameurs dans une Galere, & dans tout Bâtiment à rames.

BANCO ou BANQUO. Mot Italien, qui signifie Banque. On s'en sert ordinairement pour exprimer celle qui est établie à Venise.

Le Banco de Venise, que l'on appelle vulgairement *Banco del Giro*, est proprement un Bureau du dépôt public, ou une Caisse générale & perpétuelle pour tous les Marchands & Négocians.

Il a été établi par un Edit solemnel de la République, qui porte : Que les payemens des marchandises en gros, & des Lettres de change, ne pourront se faire qu'en Banco ; & que tous les Débiteurs & Créanciers seront obligés ; les uns, de porter leur argent au Banco ; & les autres, de recevoir leur payement en Banco ; de maniere que les payemens se font par un simple transport des uns aux autres ; celui qui étoit Créancier sur le Livre du Banco, devient Débiteur, dès qu'il a cédé sa partie à un autre, lequel est couché pour Créancier en sa place ; ainsi les Parties ne font que changer de nom, sans que pour cela, il soit nécessaire de faire aucun payement réel & effectif.

On ne laisse pourtant pas quelquefois de faire des payemens effectifs, particuliérement lorsqu'il s'agit du négoce en détail ; ou que des Etrangers veulent avoir de l'argent comptant, pour l'emporter en especes ; ou que quelques Particuliers sont bien-aises d'avoir leur fonds en monnoie courante, pour le faire valoir dans le commerce des Lettres de change, ou en disposer autrement.

La nécessité qu'il y a quelquefois de faire ces payemens effectifs, a donné lieu à l'ouverture d'une Caisse de comptant, pour ceux qui veulent être réellement payés.

On a éprouvé que cette Caisse de comptant ne cause aucune diminution sensible dans le fonds du Banco ; & qu'au contraire, la liberté qu'on a de retirer son argent, quand on veut, l'a plutôt augmenté, que diminué.

Par le moyen du Banco, la République, sans gêner la liberté du commerce, & sans payer aucun intérêt, se rend la Maîtresse de cinq millions de ducats,

ducats, à quoi est fixé le fonds de ce Banco; ce qui monte à plus de trente millions de livres, monnoie de France; ce qui est cause qu'elle n'est point obligée dans les pressantes nécessités de l'Etat, d'avoir recours à des impositions extraordinaires. Aussi le bon ordre qu'elle a toujours fait observer dans l'administration du Banco, dont elle est caution, a rendu cet établissement si solide, qu'il y a lieu de juger qu'il durera autant que la République même.

Dans le Banco, les écritures se tiennent en livres, sols, & deniers de gros. La livre vaut 10 ducats de Banco, ou 240 gros, parce que le ducat est composé de 24 gros.

La monnoye de change s'entend toujours ducat de Banco, qui est imaginaire, 100 desquels font 120 ducats, monnoie courante: ainsi la différence des ducats de Banco, & des ducats courans, est de vingt pour cent; étant défendu aux Courtiers de traitter à plus haut prix.

Le Banco se ferme quatre fois l'année; sçavoir, le 20 Mars, le 20 Juin, le 20 Septembre, & le 20 Décembre; & il demeure fermé chaque fois l'espace de vingt jours. Pendant ce tems on ne laisse pas de disposer sur la place du comptant, & des parties de Banco, pour les écrire lors de son ouverture.

Il y a encore les clôtures extraordinaires du Banco, qui sont de huit à dix jours pour le carnaval, & autant pour la Semaine sainte. On le ferme aussi chaque vendredi de la semaine, quand il n'y a point de fête, & cela pour faire le bilan.

Les Lettres de change qui se font pour les places, ou pour les foires, se doivent payer en Banco.

Un Vendeur ne peut refuser le payement de ses marchandises en Banco, quand il n'y a point de convention contraire.

Les Lettres de change depuis leur échéance, ont six jours de faveur, ou *de rispetto de Banco;* & au défaut de payement, l'on n'est obligé à faire le protêt, que le sixiéme jour, passé lequel, on demeure chargé du risque.

Du moment que le Banco est fermé, on ne peut contraindre un Débiteur au payement des Lettres de change, au comptant, ni en autre maniere; ni faire le protêt, qu'à l'ouverture du Banco, & seulement le sixiéme jour, suivant la coutume, excepté néanmoins lorsqu'il y a faillite, auquel cas chacun peut faire ses diligences, pourvû que le tems de l'*Uso* des Lettres de change soit échû.

Les Lettres endossées ne peuvent être payées en Banco: celui à qui la Lettre est payable, doit envoyer procuration à son Correspondant de Venise, pour recevoir pour lui; autrement il est nécessaire que la Lettre soit payable à ce Correspondant.

Les conventions pour marchandises se font en monnoie courante hors du Banco, excepté l'huile & l'argent vif, desquels on traite toujours en monnoie de Banco.

BANDA, Isles du Détroit de la Sonde vers l'Orient, dans la mer des Indes. *Voyez* l'Etat général, pages 183, 467.

BANDAGE. Terme de Maréchal. On nomme Bandages, les bandes de fer que l'on attache avec de gros clouds aux jantes des roues de carosses, de charettes, de chariots, & autres voitures roulantes.

En France, ces Bandages se font de plusieurs pieces: en Hollande, le Bandage n'est qu'un grand cercle de fer, qui couvre toutes les jantes. Cette façon de bander les roues commence à s'établir à Paris.

BANDAGE. Se dit aussi de cette ligature de fer, couverte de chamois, que sont obligés de porter ceux qui sont incommodés de hernies ou descentes. Il y a à Paris des Maîtres Faiseurs de Bandages, qui doivent se faire recevoir à S. Cosme. On en parle ailleurs. *Voyez* BRAYER, & CHIRURGIEN.

BANDE. Petit poids d'environ deux onces, dont on se sert en quelques endroits de la côte de Guinée, pour péser la poudre d'or.

BANDE DE GLACE. Piece de glace, qui n'est propre qu'à faire des bordures de miroirs. La largeur de ces Bandes n'est que depuis deux pouces jusqu'à six; mais leur hauteur peut être depuis douze jusqu'à cent pouces. *Voyez* GLACE.

BANDES. Se dit, en terme d'Imprimerie, des pieces de fer, attachées aux deux longues barres du milieu du berceau, sur lesquelles roule le train de la presse. *Voyez* IMPRIMERIE.

BANDES. Se dit aussi chez les Serruriers, & autres Ouvriers en fer, de divers morceaux de fer, plats, étroits, & longs, qu'ils forgent pour attacher, fortifier, ou soutenir plusieurs ouvrages de Menuiserie, Charpente & Maçonnerie.

On appelle Bandes de tremie, les barres de fer, qui soutiennent l'encheveftrure des solives, à l'endroit où l'on fait le passage & l'âtre des cheminées, & celles sur lesquelles on éleve leurs languettes.

Les Bandes Flamandes servent aux portes cocheres, & leur tiennent lieu de pentures, dont on se sert pour les portes communes.

BANDES, en terme de Carreleurs. Sont divers carreaux carrés de terre cuite, dont on forme des especes de Bandes, entre lesquelles on renferme les carreaux exagones. On ne se sert plus gueres à Paris de cette maniere de carreler en Bandes. *Voyez* CARREAU, & CARRELEUR.

BANDECHE. C'est ce qu'on nomme en François un Cabaret, c'est-à-dire, cette espece de table ou sans pieds ou avec des pieds, sur laquelle on sert le caffé, le thé, & le chocolat. *Voyez* CABARET.

BANDER. Terme dont on se sert quelquefois dans le Commerce, mais plus particuliérement par rapport aux choses qui ont du ressort, & qu'on met dans un état violent. On dit, cette montre retarde, il faudroit bander un peu le ressort. On dit aussi, Bander un pistolet, un arc.

BANDER-ABASSI. *Voyez* BENDER-ABASSI.

BANDER-CONGO. } *Voyez* CONGRE.
BANDER-ERRIC. }

BANDEROLLE. Petit étendart, en forme de guidon, étendu plus en longueur qu'en largeur.

BANDEROLLE, dans le négoce des bois à brûler, & du charbon. Signifie une petite planchette de bois, ou feuille de fer blanc, carrée-longue, sur laquelle est collé le Tarif du prix de ces especes de marchandises, suivant qu'il a été réglé par les Prévôt des Marchands, & Echevins.

L'Ordonnance générale de la Ville de Paris, du mois de Décembre 1672, chap. 19, art. 3. porte: Que les Jurés Mouleurs de bois, départis sur les Ports, apposeront tous les jours, avant l'heure de la vente, à chaque pile, ou bateau de bois à brûler, des Banderolles, contenant le prix de chaque espece ; & que ces Banderolles seront ôtées tous les soirs.

Suivant la même Ordonnance, art. 5 du chap. 21, les Jurés Mesureurs de charbon, sont tenus d'apposer tous les jours à chaque bateau de charbon qui est en vente, & dans les places publiques, où il se fait débit de cette sorte de marchandise, une Banderolle, faisant mention de la taxe, qui en a été réglée au Bureau de la Ville.

Ce sont les Prévôt des Marchands, & Echevins, qui fournissent les Banderolles aux Jurés Mouleurs de bois, & aux Jurés Mesureurs de charbon.

BANDOIR. Les Tissutiers-Rubaniers, qui travaillent aux tissus, & galons d'or & d'argent, appellent Bandoir, une espece de roue, ou de poulie de buis, qui sert à bander le battant de leur métier, c'est-à-dire, ce petit chassis où est attaché le peigne, avec lequel ils frappent la treme de leur ouvrage. C'est par le moyen de cette roue, (qu'on monte plus ou moins, suivant qu'il est nécessaire,) que le battant fait ressort, & qu'il retourne de lui-même à sa place, quand l'Ouvrier le quitte, après avoir serré le fil qu'il a passé avec la navette entre les fils entr'ouverts de la chaîne. *Voyez* TISSUTIER RUBANNIER.

BANDOUILLIERE. Espece de baudrier, que l'on met sur le corps de gauche à droite. Elle sert aux Cavaliers à porter leurs carabines & mousquetons ; & servoit autrefois aux Fantassins à y attacher ces petits étuits de cuir, que l'on nommoit des Charges. L'Ordonnance de 1687 met les Bandouillieres au nombre des marchandises de contrebande, qu'il est défendu de faire sortir du Royaume.

BANGE DE BOURGOGNE. Etoffe qui se fabrique dans cette Province, & dont il se fait un assez grand commerce à Lyon.

*Les Banges de Bourgogne payent à la Douane de Lyon, 10 sols du quintal pour l'ancien droit, & 4 sols pour la nouvelle réapréciation ; & si elles ne sont pas en balles, 3 sols de la piece pour l'ancienne taxe, & 1 sol pour la nouvelle.*

BANGMER. Espece de camelot façonné, qui se fabriquoit autrefois à Amiens. *Voyez* CAMELOT.

BANILLA. Les Espagnols nomment ainsi cette gousse précieuse, que les François nomment Vanille, qui vient de la nouvelle Espagne, & qui entre dans la composition du chocolat. *Voyez* VANILLE.

BANKO, dans le Royaume de Siam. *Voyez* l'Etat général, page 444.

BANNE. Grande Toile, ou couverture, qui sert à couvrir quelque chose, & à la garantir du soleil, de la pluie, & autres intempéries de l'air.

BANNE. Les Marchandes Lingeres appellent aussi de la sorte, une grosse toile de cinq ou six aunes de long, & d'environ trois quarts de large, qu'elles attachent sous l'auvent de leurs boutiques, & qui leur sert comme de montre.

BANNE. On appelle Charbon en Banne, celui qui vient par charroi. En ce sens, la Banne signifie une grande manne ; parce qu'en effet les charettes de ces Charbonniers sont faites de menus branchages d'arbres, entrelassés comme des mannes à emballer.

BANNE, qu'on nomme aussi MANNE & MANNETTE. Grand panier d'osier fendu, plus long que large, & de peu de profondeur qui sert à emballer certaines sortes de marchandises. *Voyez* MANNE *Voyez aussi* BANNETTE.

BANNE. Se dit aussi d'une grande toile, dont l'on couvre les bateaux de grains, de drogues d'épicerie, ou d'autres marchandises, qui peuvent s'altérer par le soleil, la pluye, ou autre intempérie de l'air.

BANNE. Est encore la piece de toile, que les Rouliers, & autres Voituriers par terre, mettent sur les balles, balots, caisses, & paquets, qu'ils voiturent, afin de les conserver.

BANNE. C'est encore le nom que les Boulangers donnent à la toile dont ils couvrent leur couche, c'est-à-dire, la table sur laquelle ils font revenir leur pain, avant de l'enfourner. *Voyez* COUCHE.

BANNE, qu'on nomme quelquefois BANNEAU. Est une tinette de bois, qu'on met des deux côtés d'un cheval de bast, ou autres bêtes de somme, pour transporter plusieurs sortes de marchandises. Elle contient environ un minot de Paris.

BANNEAU. C'est quelquefois la même chose que la banne, dont on vient de parler ; quelquefois c'est une mesure des liquides ; & quelquefois encore un vaisseau propre à les transporter. On s'en sert de cette derniere maniere, pour porter la vendange : & les Vinaigriers, qui courent la campagne, ont aussi des Banneaux, dont deux font la charge d'un cheval. Ceux-ci sont couverts par-dessus, & ont au bas une canelle, pour tirer le vinaigre.

BANNETTE. Espece de panier fait de menus brins de bois de châtaignier, fendus en deux, & entrelassés les uns dans les autres, qui sert à mettre des marchandises, pour les pouvoir faire voiturer & transporter.

Souvent on se sert de deux Bannettes pour les marchandises qui sont un peu de conséquence, dont on met une dessous, & l'autre dessus. Celle de dessus se nomme la coeffe, parce qu'elle embrasse & couvre celle de dessous.

On met aussi des marchandises en simples Bannettes, avec un morceau de toile cousue le long du bord, qui en couvre le dessus.

Il y a des Bannettes de toutes les grandeurs. On dit, une double Bannette, quand il y en a deux l'une sur l'autre ; une simple Bannette, quand il n'y en a qu'une. Une double Bannette de chapeaux ; une simple Bannette, ou une Bannette de Mercerie, &c.

Les Marchands se servent plus volontiers de Bannettes pour emballer leurs marchandises, que de caisses, parce qu'elles coutent moins, & qu'elles ne pésent pas tant.

Quand les marchandises sont précieuses, on fait emballer les Bannettes dans de la paille, avec une toile pardessus, pour les mettre à couvert des injures du tems. On les met aussi quelquefois dans un double emballage, dont l'un, qui est celui de dessous, est de toile cirée ; & celui de dessus, de toile ordinaire : c'est selon la qualité de la marchandise.

BANNETTE. Les Boucaniers François de l'Isle de S. Domingue dans l'Amérique, se servent aussi de ce terme dans le commerce des cuirs, pour signifier un certain nombre de peaux de taureaux, de bouvarts, & de vaches, dont ils composent ce qu'ils appellent, une Charge de cuirs. La Bannette contient, ou deux taureaux, ou un taureau & deux vaches, ou quatre vaches, ou trois bouvarts, autrement trois jeunes taureaux.

On appelle ces cuirs, Bannettes, à cause de la maniere dont ils sont pliés. *Voyez* Boucanier.

BANNETTON. Terme de Pêcheurs de riviere. C'est une espece de coffre, ou de réservoir de bois, que les Pêcheurs construisent, pour y conserver leur poisson. Il est percé de plusieurs trous, pour donner passage à l'eau, & se ferme à clef pardessus. *Voyez* Boutique de Pescheur.

BANNIERE, qu'on nomme aussi PAVILLON, ou étendard d'un vaisseau. C'est une espece de grand drapeau, qu'on arbore sur la poupe d'un navire, qui sert à le distinguer, & à marquer la Nation d'où il est. Il y a aussi des Bannieres de Partance, des Bannieres de Conseil, & plusieurs autres.

Le terme de Banniere n'est gueres en usage, que dans les Mers du Levant : dans celles du Ponant on dit Pavillon. *Voyez cet article ; on y expliquera tout ce qui concerne le Pavillon, par rapport aux Navires Marchands.*

BANQUE. Trafic, commerce d'argent, qu'on fait remettre de place en place, d'une Ville à une autre, par des Correspondans & Commissionnaires, par le moyen des Lettres de change.

L'origine du mot de Banque vient des Italiens, *Banca*, qui a été fait de *Banco*; parce qu'autrefois dans toutes leurs Villes de Commerce, la Banque s'exerçoit publiquement dans des places ou bourses, où ceux qui s'en mêloient, avoient des sieges ou bancs, sur lesquels ils s'asseoient pour compter leur argent, & écrire leurs Lettres & Billets de change.

Quelques Auteurs ajoutent, que quand les Négocians venoient à manquer, on rompoit leur banc, soit pour marque d'infamie, soit pour en remettre un autre en la place ; & ils prétendent que de ce banc rompu, est venu le mot de Banqueroute, & de Banqueroutier.

Il n'est pas nécessaire en France, d'être Marchand pour faire la Banque ; elle est permise à toutes sortes de personnes, même aux Etrangers.

En Italie le commerce de la Banque ne déroge point à Noblesse, particuliérement dans les Républiques ; & c'est ce qui fait que la plupart des cadets de condition entreprennent de le faire, pour soutenir leur maison. Aussi est-il constant que ce sont des Nobles de ce Pays, singuliérement de Venise & de Genes, qui ont tenu pendant plusieurs siécles les principales Banques de France, aussi-bien que des autres Etats de l'Europe.

Un Négociant qui fait la Banque, & qui veut avoir de l'ordre, doit tenir deux Livres principaux ; l'un appellé Livre des Traittes, pour écrire toutes les Lettres de change, qu'il tire sur ses Correspondans ; & l'autre, nommé Livre des Acceptations, sur lequel il doit écrire par ordre de datte les Lettres de change qu'il est obligé d'acquitter, en marquant le nom du Tireur, la somme, le tems de l'échéance, & le nom de ceux qui les lui ont présentées.

Banque. Se dit aussi du lieu public où les Banquiers s'assemblent, pour exercer leur trafic ou commerce. On nomme ce lieu différemment, selon les Pays. A Paris, c'est la place du Change ; à Lyon, le Change ; à Londres & à Rouen, la Bourse ; à Marseille, la Loge, &c.

Banque. Se dit encore de certaines Societés, Villes, ou Communautés, qui se chargent de l'argent des Particuliers, pour le leur faire valoir à gros intérêt, ou pour le mettre en sureté. Il y a plusieurs de ces especes de Banques établies dans les principales Villes de Commerce de l'Europe, comme à Paris, à Amsterdam, à Roterdam, à Hambourg, &c.

On ne parlera ici que de la Banque d'Amsterdam, de celle de Hambourg, & de la Banque Royale de France, comme les plus considérables de toutes ; & sur le modéle desquelles, au moins des deux premieres, la plupart des autres ont été réglées. On peut voir ci-dessus ce qui a été dit du Banco de Venise. *Voyez* Banco.

## *BANQUE D'AMSTERDAM.*

Cette Banque fut établie en 1609, à peu près sur le pied du Banco de Venise. C'est proprement une Caisse perpétuelle pour les Négocians ; & son fonds est monté à des sommes si prodigieuses, que l'on ne l'estime pas moins de 3000 tonnes d'or, évaluées à 100000 florins la tonne.

Par son établissement il est ordonné que les payemens des Lettres de change, & des marchandises en gros, ne pourront se faire qu'en argent de Banque, à moins que la somme ne soit au dessous de 300 florins ; & on ne peut aussi se faire écrire en Banque pour moins que cette somme, qu'en payant 6 s. soit pour recevoir, soit pour payer ; (à la réserve néanmoins des Compagnies des Indes Orientales & Occidentales, qui sont exemptes de ce droit ; ) de sorte que tant les Débiteurs, que les Créanciers, sont obligés, les uns, de porter leur argent à la Banque, & les autres, de le recevoir en Banque.

Les payemens se font par un simple transport, ou assignation des uns aux autres ; celui qui étoit Créancier sur les Livres de la Banque, devenant Débiteur, du moment qu'il a signé sa partie en faveur d'un autre, lequel est couché pour Créancier en sa place.

Quoique la Banque d'Amsterdam n'ait point de Caisse ouverte pour le comptant, ainsi que le Banco de Venise, on ne laisse pas, nonobstant le Réglement de la Banque, de faire quelquefois des payemens en argent effectif ; & il y a des Caissiers particuliers hors de la Banque, qui font ces payemens, moyennant un huit pour cent, c'est-à-dire, deux sols & demi pour cent florins.

On tolere cette contravention, comme utile au commerce ; d'autant que quelquefois on est obligé de faire des payemens en monnoie réelle, pour ce qui concerne le détail ; & que souvent des Particuliers sont bien aise d'avoir leur argent comptant, pour le faire valoir ailleurs que dans la Banque publique, par des négociations, ou pour payer des Lettres de change, lorsqu'elles portent expressément, qu'elles seront acquittées hors de la Banque ; ce qui veut dire, en argent comptant, ou courant.

C'est par cette Banque que la Ville d'Amsterdam se soutient avec tant d'éclat ; & que sans troubler la liberté du négoce, elle se rend la Maîtresse de la plus grande partie de l'argent de ses Habitans ; personne ne se trouve moins riche, pour n'avoir son bien qu'en Banque ; d'autant qu'avec des parties de Banque, l'on peut, quand on veut, avoir de l'argent comptant, & avec de l'argent comptant, l'on peut aussi avoir des parties de Banque.

Pour faire cette espece de commerce, ou d'échange, l'on n'a qu'à s'adresser à certains Négocians, ou Caissiers particuliers, que l'on trouve ordinairement sur la place du Dam, avec lesquels on négocie, moyennant l'Agio; ce qui se fait au plus haut prix, lorsqu'on vend, & au plus bas prix, lorsque l'on achete.

La différence qu'il y a de l'achat à la vente, est ordinairement d'un seize à un huit pour cent; & l'Agio roule depuis trois jusqu'à six pour cent, quelquefois plus, d'autres fois moins, suivant la varieté du change, ou de la rareté de l'espece.

Lorsque le payement se fait en ducatons, ou en rixdaelders, & que ce n'est point en menues especes, l'on donne moins pour l'Agio, parce que les grosses monnoies sont reçues en Banque.

Ces sortes de négociations se font aussi à la Bourse, ou dans les maisons, de Marchand à Marchand, ou par l'entremise des Courtiers, auxquels on donne pour salaire un pour mille, dont moitié leur est payée par le Vendeur, & l'autre moitié par l'Acheteur.

Pour avoir un compte ouvert en Banque, il faut payer dix florins une fois seulement.

L'argent que l'on dépose dans la Banque, doit être en ducatons, rixdaelders, & autres semblables especes. On fait la réduction des ducatons à soixante sols, au lieu de soixante-trois sols qu'ils valent en argent comptant, ou courant, & des autres especes à proportion.

On y dépose encore des lingots d'or, & des barres d'argent, dont le prix se régle suivant leur valeur, après l'essai qui en a été fait par l'Essayeur de la Ville: c'est par cette raison que l'argent de Banque vaut ordinairement plus que l'argent courant; & cette différence se nomme Agio de Banque.

Ceux qui ont de l'argent en Banque, le peuvent retirer, quand bon leur semble, en payant un seize pour cent pour la garde, ou en disposer par billets; & si en le retirant de la Banque, l'Agio étoit au dessous de cinq pour cent, le Trésorier feroit payer la différence qu'il y auroit; attendu que lorsqu'il a été reçu, on s'en est chargé sur le pied de cinq pour cent.

Les Livres de la Banque se tiennent en florins, sols & pennings; le florin vaut vingt sols, & le sol seize pennings, ou deniers, dont les huit pennings font un denier de gros, ou gros; & ainsi le sol fait deux gros.

Quand une personne doit recevoir payement en Banque, d'une Lettre de change qui lui a été remise ou cédée, elle met un ou deux jours après celui de l'échéance, au dos de la Lettre: *Il vous plaira écrire en Banque sur mon compte, le contenu en la présente. A Amsterdam, ce tel jour*; & signer: & si l'on desire que la Lettre de change soit écrite sur le compte d'un autre, auquel on en veut faire cession, il faut l'endosser de cette autre maniere: *Il vous plaira écrire en Banque, sur le compte d'un tel, le contenu de l'autre part, valeur reçue de lui. A Amsterdam, ce tel jour*; & signer.

Celui qui feroit écrire en Banque plus qu'il ne lui seroit dû, encoureroit l'amende de trois florins pour cent.

La Banque se ferme deux fois l'année; sçavoir, en Janvier ou Février, & en Juillet ou Aout, & demeure fermée 8, 10, ou 15 jours, pendant lesquels on travaille à faire la balance, ou bilan.

Elle se ferme encore aux Fêtes de Pâques, de l'Ascension, & de Noel, & lorsqu'il y a des jeûnes. On la ferme aussi environ le 22 Septembre, que commence le Kermisse, ou Foire.

Si pendant que la Banque est fermée, les six jours de faveur, que l'on a coutume de donner après l'échéance des Lettres, viennent à expirer, celui qui en est le Porteur, est toujours à tems de les faire protester, faute de payement, le second ou le troisiéme jour après l'ouverture de la Banque.

Lorsque quelqu'un, qui a compte ouvert en Banque, vient à mourir, ses héritiers doivent justifier par bons titres, le droit qu'ils ont de demander à faire passer à leur profit les sommes qui étoient dûes à celui qui est décedé.

Lorsqu'il arrive quelque difficulté entre les Marchands & Négocians concernant la Banque, elle est réglée sommairement par des Commissaires nommés à cet effet par les Magistrats d'Amsterdam.

Il s'observe encore quelques formalités concernant cette Banque, que l'on n'a pas jugé à propos de rapporter, étant de peu de conséquence.

## *BANQUE DE HAMBOURG.*

Quoique le fonds de cette Banque ne soit pas si considérable, que celui de la Banque d'Amsterdam, la fidélité & l'exactitude avec lesquelles toutes choses s'y passent, lui ont donné une grande réputation par toute l'Europe, & particuliérement dans le Nord.

Ce sont les Bourgeois, & le Corps de Ville, qui sont, pour ainsi dire, les Cautions & les Répondans de cette Banque, sans que le Senat y ait aucune inspection.

Les Directeurs sont au nombre de quatre, dont l'élection se fait à la pluralité des voix parmi les principaux de la Bourgeoisie.

C'est à eux à veiller sur l'observation des Réglemens, & à faire fournir de l'argent aux Caissiers, lorsqu'il y a des payemens à faire; ce qui se fait néanmoins sans toucher au Trésor, les Directeurs ayant soin de pourvoir à d'autres fonds.

A l'égard du capital de ce Trésor, on le suppose très considérable; mais comme les Teneurs de Livres font serment de garder le secret sur ce qui entre en Banque, & ce qui en sort, & sur ce que chaque Particulier y a mis, il est très difficile d'en dire rien de certain: aussi ne se peut-il faire aucune saisie des parties que les Particuliers y ont: cette obligation du secret en ôtant toute connoissance à leurs Créanciers.

Les Teneurs de Livres, qui aussi-bien que les Directeurs, sont au nombre de quatre, sont tenus de donner chaque semaine aux Contrôleurs, deux bilans, ou balances de la Banque.

Il n'y a que les Bourgeois de la Ville, qui puissent avoir compte en Banque, & dont on y reçoive l'argent en dépôt, & sans intérêt; & c'est de ces billets de Banque, qu'ils ont la commodité de payer leurs Lettres de change, & même plusieurs sortes de marchandises, en faisant un virement de parties.

On ne peut écrire en Banque moins de cent marcs lubs. On paye deux sols lubs pour chaque partie qui ne passent pas trois cent marcs; au delà on les écrits gratis.

Il y a des heures marquées chaque jour pour écrire en Banque; sçavoir, le matin, depuis ſept heures juſqu'à dix ; & l'aprèsdînée, depuis trois juſqu'à cinq. C'eſt auſſi dans les mêmes heures du matin, qu'on peut aller s'informer, ſi les parties où l'on a intérêt, ont été écrites. On le peut auſſi depuis dix heures juſqu'à une après midi ; mais en payant un droit de deux ſols lubs au Teneur de Livres.

Il y a des Marchands, qui s'abonnent avec la Banque à tant par an, pour pouvoir faire écrire leurs parties en Banque, depuis ſept heures du matin juſqu'à une heure après midi ; ce qui va depuis vingt marcs juſqu'à quarante, ſuivant le commerce du Marchand, & la quantité d'affaires qu'il fait.

Lorſqu'on veut commencer à avoir un compte en Banque, il en coute cinquante richedales de trois marcs, ou quarante-huit ſols lubs à la richedale.

La Banque ſe ferme tous les ans le dernier du mois de Décembre, & demeure fermée juſqu'au 15 de Janvier ſuivant.

Les eſpeces qui ſont ordinairement reçûes en Banque, ſont des richedales, des demies, des quarts, & des huitiémes de richedales, qui ont coutume de valoir un huitiéme, ſouvent un quart, & même quelquefois un demi pour cent plus que l'argent, qui s'écrit par billets en Banque, c'eſt-à-dire, que ſi l'on a beſoin de richedales en eſpeces, il faut écrire en Banque, un huit, un quart, & juſqu'à un demi pour cent plus que la ſomme qui a été reçûe ; & que ſi au contraire on a de l'argent en eſpeces à placer en Banque, la Caiſſe de la Banque fait bon d'un huitiéme, & quelquefois d'un quart pour cent de benefice ſur les eſpeces.

Les Livres & écritures de Banque ſe tiennent en marcs, ſols, & deniers lubs. Il faut obſerver que les fractions ne s'écrivent point au deſſous d'un ſol, ou de ſix deniers.

La Banque de Hambourg, reçoit auſſi des gages, ſur leſquels elle prête aux Particuliers les ſommes dont ils ont beſoin, moyennant un intérêt aſſez modique pour cent ; à la charge de rendre dans ſix mois le principal, & l'intérêt convenu ; faute de quoi, les effets mis en dépôt ſont vendus à la barre de la Banque, au plus offrant & dernier encheriſſeur, après y avoir fait mettre des affiches, contenant le jour de leur vente, & de leur délivrance.

## *BANQUE ROYALE DE FRANCE.*

La Banque Générale établie à Paris en 1716, & convertie en Banque Royale en 1718, étoit aſſez ſemblable à celle d'Amſterdam, dans pluſieurs de ſes fonctions, & dans quantité d'articles de ſa police. Il y a bien de l'apparence, que c'eſt ſur ce modéle, & ſur celui du Banco de Veniſe, que le Sieur Law Anglois, (depuis Contrôleur Général des Finances) l'avoit formée, après y avoir pourtant ajouté beaucoup de choſes du ſien, pour en rendre l'utilité plus grande, & pour aſſurer davantage l'intérêt des Particuliers & du Public.

Le Sieur Law avoit d'abord propoſé, qu'on donnât à cette Banque, le nom de Banque Royale ; que le fonds en fût fait des deniers du Roi ; & qu'elle fût adminiſtrée au nom de Sa Majeſté, & ſous ſon autorité.

Le projet de ce nouvel établiſſement ayant été examiné dans le Conſeil des Finances, où pluſieurs Banquiers, Négocians, & Députés des Villes de commerce, réſidens à Paris, avoient été appellés, il fut approuvé, & l'on en réſolut l'exécution ; non ſous le nom du Roi, & des deniers de Sa Majeſté, mais ſous celui du Sieur Law, & de ſa Compagnie, qui en feroient les fonds, & qui auroient ſoin de ſon adminiſtration.

Les principaux motifs de l'établiſſement de cette nouvelle Banque, furent : Qu'elle augmenteroit la circulation de l'argent : Qu'elle feroit ceſſer l'uſure : Qu'elle ſuppléeroit aux voitures des eſpeces entre Paris & les Provinces : Qu'elle faciliteroit aux Etrangers le moyen de faire avec ſureté des fonds dans le Royaume : Enfin, qu'elle donneroit aux peuples plus de facilité pour le débit de leurs denrées, & le payement de leurs impoſitions.

Les Lettres Patentes, accordées pour l'érection de la Banque Générale, ſont du 2 Mai 1716, enregiſtrées en Parlement le 4 des mêmes mois & an ; & contiennent en dix articles, les conditions ſous leſquelles Sa Majeſté permet au Sieur Law, & à ſa Compagnie, d'en faire l'établiſſement.

Le premier article de ces Lettres, porte un privilege excluſif, en faveur de cette Compagnie, d'établir une Banque générale dans le Royaume, & de la tenir & exercer pendant vingt années, à commencer du jour de l'enregiſtrement des Lettres ; avec permiſſion de ſtipuler, tenir leurs livres, & faire leurs billets en écus d'eſpeces, ſous le nom d'écus de Banque ; ce qui ſeroit entendu des écus du poids & titre de ce jour : permettant pareillement à tous ceux, ſoit Sujets, ſoit Etrangers, qui contracteroient avec la Banque, de ſtipuler de la même maniere.

Le ſecond article affranchit la Banque de toutes taxes & impoſitions ; & décharge les Actions de la Banque, & les ſommes qui y ſeront en caiſſe, appartenantes aux Etrangers, des droits d'aubaine, de confiſcations, & lettres de repréſailles, même en cas de guerre.

Le troiſiéme article regle la forme des Billets de Banque, ſur les modeles annéxés aux Lettres Patentes ; & ordonne, qu'ils ſeront ſignés par le Sieur Law, & l'un de ſes Aſſociés, & viſés par l'Inſpecteur.

Le quatriéme article porte, que la caiſſe générale de la Banque ſera fermée à trois ſerrures, & à trois clefs, dont l'une ſera miſe entre les mains du Sieur Law ; l'autre, dans celles de l'Inſpecteur ; & la troiſiéme, donnée au Directeur.

Le cinquiéme & le ſixiéme traitent des Regiſtres, & par qui ils doivent être paraphés : du Bureau général, qui doit être établi à Paris ; & de l'heure qu'il doit s'ouvrir & ſe fermer chaque jour.

Le ſeptiéme article ordonne, qu'il ne ſera délivré que des Billets de Banque payables à vûe.

Le huitiéme défend, ſous peine de la vie, de fabriquer ou falſifier les Billets de Banque, ou d'en contrefaire le cachet ou les planches.

Par le neuviéme, Monſeigneur Philippes Duc d'Orléans, Régent de France, eſt nommé Protecteur de la Banque ; avec pouvoir de s'en faire rendre compte, ou à ceux par lui prépoſés, toutes les fois que bon lui ſemblera ; lui étant pareillement réſervée la nomination de l'Inſpecteur, &

l'approbation des Réglemens, & projets de régie concernant ladite Banque.

Enfin, le dixiéme & dernier article déclare, que par le Privilege accordé au Sieur Law, & à sa Compagnie, Sa Majesté n'entend empêcher en aucune maniere les Banquiers du Royaume, de continuer leur commerce, comme à l'ordinaire.

A la fin de ces Lettres Patentes, sont ces trois modeles de Billets de Banque.

N°. Dix écus d'especes

*La Banque promet payer au Porteur à vûe dix écus d'especes du poids & titre de ce jour, valeur reçue à Paris le... de... 171*

N°. Cent écus d'especes.

*La Banque promet payer au Porteur à vûe cent écus d'especes du poids & titre de ce jour, valeur reçue à Paris le... de... 171*

N°. Mille écus d'especes.

*La Banque promet payer au Porteur à vûe mille écus d'especes du poids & titre de ce jour, valeur reçûe à Paris le... de... 171*

La Banque générale ayant ainsi été établie en conséquence de ces Lettres Patentes, Sa Majesté en accorda d'autres le 20 du même mois de Mai 1716, enregistrées en Parlement le 23 ensuivant, pour prescrire la forme, les conditions, & les régles, qui doivent être observées dans la régie & administration de cette nouvelle Banque, afin que les Actionnaires & le Public y trouvassent également leurs suretés.

Ces Lettres en forme de Réglemens, contiennent vingt-un articles, dont on ne mettra ici que les principaux.

Le premier fixe le fonds de la Banque à douze cens Actions, de mille écus de Banque chacune, revenant à six millions argent comptant.

Le quatriéme ordonne, que la Banque sera ouverte chaque jour, depuis neuf heures jusqu'à midy, & depuis trois jusqu'à six, à l'exception des Dimanches & Fêtes solemnelles, & des jours marqués pour faire le bilan de la Banque.

Le sixiéme entend, que dans les Assemblées générales de la Compagnie, qui, en conséquence du huitiéme article, doivent se tenir deux fois l'année, les 20 de Juin & de Decembre, à dix heures du matin, tout s'y décidera à la pluralité des voix, qui seront comptées; sçavoir, une voix pour chaque Actionnaire qui aura cinq Actions, & au-dessus, mais moins de dix: deux voix pour ceux qui en auront dix, & au-dessus jusqu'à quinze, & ainsi de cinq en cinq: ceux qui ont moins de cinq Actions, n'y ayant point de voix.

Le septiéme regle les bilans de la Banque à deux par an, l'un au mois de Juin, & l'autre au mois de Decembre; & qu'alors la Banque sera fermée pendant cinq jours, depuis le 15 jusqu'au 20 de chacun de ces deux mois.

Par les neuviéme, dixiéme, onziéme, douziéme & treiziéme articles, la Caisse de la Banque est partagée en caisse générale, & en caisse ordinaire: la caisse générale, [où seront enfermés les principaux effets de la Banque, comme les fonds considérables en argent comptant; les billets signés, visés, & scellés, à mesure qu'ils se feront; les billets rendus & biffés par les Caissiers, le sceau de la Banque, & les planches sur lesquels lesdits billets auront été gravés,] doit être fermée à trois serrures, & à trois clefs, dont l'une sera gardée par le Directeur, l'autre par l'Inspecteur, & la troisiéme par le Trésorier; en sorte qu'elle ne puisse s'ouvrir qu'en présence de ces trois personnes. Et à l'égard de la caisse ordinaire, elle sera confiée au Trésorier: à la charge néanmoins que les fonds qui y seront mis & gardés, ne pourront passer deux cent mille écus de Banque, desquels les Caissiers particuliers ne pourront avoir chacun plus de vingt mille écus à la fois, dont même ils donneront toute sureté suffisante.

Dans le quatorziéme article, il est parlé du Registre pour la vente & transport des Actions, sur lequel l'Actionnaire Vendeur signera sa vente & transport.

Le seiziéme & le dix-septiéme permettent à la Banque de se charger de la caisse des Particuliers, tant en recette qu'en dépense: de faire le virement des parties, ou le payement en argent comptant, moyennant cinq sols de Banque pour mille écus de Banque; comme pareillement de pouvoir excompter les Billets ou Lettres de change, de la maniere réglée par la Compagnie.

Par le dix-huitiéme article; pour ne porter aucun préjudice aux Particuliers, Marchands, Banquiers, ou Négocians, il est défendu à la Banque, de faire par terre, ni par mer, aucun commerce en marchandises, ni d'assurances maritimes; ne lui étant pas permis non plus, de se charger des affaires des Négocians par commission, tant en dedans qu'au dehors le Royaume.

Le dix-neuviéme, qui est un des plus importans, ordonne, que la Banque ne pourra faire de billets payables à terme, mais que tous les billets seront payables à vûe; & qu'elle ne pourra emprunter à intérêt, sous quelque prétexte, & de quelque maniere que ce puisse être.

Les deux derniers articles sont de simple police & de discipline; comme ce qui concerne les visites des caisses, le choix des emplois; le pouvoir du Conseil de la Banque, pour faire les Réglemens particuliers pour sa régie & son administration.

Deux mois après ces dernieres Lettres Patentes, le Roi donna encore une nouvelle Déclaration du 25 Juillet 1716, qui ordonnoit que tous les endossemens, qui seroient mis sur les billets de la Banque générale, n'engageroient point les Endosseurs, à moins qu'ils n'eussent stipulé la garantie; auquel cas la garantie ne subsisteroit que pour le tems porté par l'endossement.

La Banque générale commençant à s'établir, & ses billets ayant déja un assez grand crédit, tant au dedans du Royaume, que dans les Pays étrangers; pour les accréditer encore davantage, il fut rendu un Arrêt du Conseil d'Etat du Roi, le 10 Avril 1717, par lequel Sa Majesté ordonne, que les billets de la Banque seroient reçûs comme argent comptant, pour le payement de toutes les especes de droits & d'impositions, dans tous les Bureaux de ses Recettes, Fermes, & autres revenus; & que tous ses Officiers comptables, Fermiers, Sous-Fermiers, Receveurs, Commis, & autres chargés du maniement de ses deniers, seroient tenus d'acquitter à vûe, & sans aucun excompte, les billets de ladite Banque, qui leur seroient présentés: leur défendant de remettre aucune partie du fonds de leur recette, en Lettres de change, ou par voitures; & d'acquitter aucune rescription, si ce n'est de l'excédent qu'ils auront en caisse, après avoir préalablement payé lesdits billets de Banque.

La Banque étoit en cet état, lorsque le Roi, instruit du grand succès qu'elle avoit à Paris, & dans les Provinces, & même au dehors, trouva plus à propos pour le bien de son Royaume, & du commerce de ses Sujets, & pour donner à cette Banque encore plus de crédit, de reprendre le premier dessein que l'on avoit eu d'abord, de l'établir sous le nom de Banque Royale, dont les fonds se feroient par Sa Majesté, & qui seroit administrée sous son autorité.

Dans cette vûe, Sa Majesté, donna sa Déclaration le 4 Décembre 1718; où après avoir exposé les différens avantages, que l'établissement de cette Banque avoit apportés à ses Sujets, & aux Etrangers: comme sont entr'autres, la facilité de faire venir à Paris les deniers Royaux sans frais, & sans dégarnir les Provinces d'especes; & celle qu'ont les Particuliers d'établir des fonds dans tous les lieux du Royaume, & dans les places étrangeres: la diminution des usures, à cause de l'intérêt modique, auquel la Banque fait des excomptes des Lettres de change: les sommes qu'elle a prêtées aux Négocians & Manufacturiers; la regle rétablie dans le commerce, & dans les Changes étrangers; & quelques autres utilités semblables causées par la Banque générale. Sa Majesté déclare, qu'elle a résolu de la continuer sous le titre de *Banque Royale*, & d'en faire faire à l'avenir la régie en son nom, & sous son autorité; en ayant fait rembourser aux Actionnaires, en deniers effectifs, leurs capitaux; & par ces remboursemens étant devenue seule Propriétaire de toutes les Actions de ladite Banque. Et afin d'expliquer ses intentions, tant au sujet de la régie qui se feroit désormais de ladite Banque, que pour la reddition de ses comptes, Sa Majesté explique en dix-sept articles de Réglement, quelles sont là-dessus ses intentions.

Par le premier article, Sa Majesté convertit la Banque générale, établie par Lettres Patentes des 2 & 20 Mai 1716, en Banque Royale; à en commencer la régie en son nom, & sous son autorité, du premier Janvier 1719, sous les ordres de Monseigneur le Régent, qui en est seul l'Ordonnateur.

Par le second, le fonds de la Banque reste de six millions de livres, comme auparavant; ladite somme étant actuellement dans la caisse de la Banque générale, en billets d'Actions de la Compagnie d'Occident, & appartenans à sa Majesté, au moyen du remboursement qu'elle en a fait de ses deniers aux Actionnaires de la Banque.

Le troisiéme établit un Directeur, sous les ordres de Monseigneur le Duc d'Orléans; & commet un Inspecteur, un Trésorier, & un Contrôleur, & tels autres Officiers qui seront jugés nécessaires.

Le quatriéme regle les fonctions du Trésorier, qui recevra tous les fonds, qui seront apportés à la Banque; signera seul tous les billets, qui seront pourtant visés par l'Inspecteur, & contrôlés par le Contrôleur; fera toutes les recettes & dépenses concernant la Banque; & en comptera seul, tant au Conseil, qu'à la Chambre des Comptes.

Le cinquiéme & le sixiéme ordonnent, que tous les billets qui seront faits à l'avenir, seront scellés d'un cachet particulier aux armes de France, avec ces mots, *Banque Royale*: Que les empreintes ne s'en feront que dans le Bureau de la Caisse générale, où le cachet restera déposé: Et que ladite Caisse sera fermée, comme auparavant, avec trois clefs; & ne pourra s'ouvrir qu'en présence du Directeur, de l'Inspecteur, & du Trésorier, qui en seront les Dépositaires.

Par les septiéme, huitiéme, & neuviéme articles, il est dit qu'il sera tenu quatre Registres; trois par l'Inspecteur, le Trésorier, & le Contrôleur; un par chacun d'eux, pour l'enregistrement des billets; & le quatriéme, par le Trésorier seulement, qui contiendra les profits & bénéfices provenans des excomptes des Lettres de change, & autres opérations de la Banque, qui sera visé, au moins toutes les semaines, par l'Inspecteur & le Contrôleur; lesquels quatre Registres seront paraphés par un Commissaire du Conseil, nommé par Sa Majesté, auquel il appartiendra pareillement de faire les visites, examen, & vérification desdits Registres, & des Caisses, &c. Le septiéme article ordonnant de plus, qu'il ne sera fait aucuns billets, qu'en conséquence d'Arrêts du Conseil, en vertu desquels lesdits billets pourront être faits au choix du Porteur, en écus de Banque, ou en livres tournois.

Le dixiéme article parle des appointemens & frais de régie, & regle qui les ordonnera, qui en fera le payement, qui en sera comptable, & pardevant qui.

Les onziéme, douziéme, treiziéme, quatorziéme, & quinziéme articles expliquent la maniere que seront dressés les procès verbaux des effets de l'ancienne Banque générale, & par qui: A quoi sont tenus les Inspecteurs, Trésoriers, & Contrôleurs, par rapport aux extraits, pieces, & copies de leurs Registres, qu'ils sont obligés de fournir chaque année au Greffe de la Chambre des Comptes: De l'état au vrai sur lequel le Trésorier comptera chaque année au Conseil, & ensuite à ladite Chambre des Comptes, un an après la fin de chaque année: Des 36000 liv. fixés pour les épices, façons, & vacations desdits comptes: Et enfin, comment ces comptes seront dressés, combien ils devront avoir de chapitres de recette & de dépense, & ce que contiendront ces chapitres.

Le seiziéme article, pour établir davantage l'ordre, & mettre la Banque en état de rendre aux Particuliers la valeur des billets, qu'ils auront perdus ou égarés, déclare, que les billets de ladite Banque seront prescrits après cinq ans du jour de la date, faute d'en avoir fait la demande au Trésorier pendant ledit tems.

Enfin, Sa Majesté ayant, par l'article 16 des Lettres Patentes du 20 Mai 1716, permis à la Banque générale de se charger de la caisse des Particuliers, tant en recette qu'en dépense, Sadite Majesté entend & déclare par le dix-septiéme & dernier article, que la Banque Royale jouisse de la même faculté, mais sans aucun émolument; & sans que les Particuliers payent les cinq sols de Banque par mille écus, qui avoient été accordés à la Banque du Sieur Law. Sa Majesté ordonnant de plus, que lesdits comptes en Banque ne pourront être saisis, sous quelque prétexte que ce puisse être, même pour ses propres affaires & deniers; permettant néanmoins, en cas de faillite & de banqueroute, aux termes de l'article premier du titre 11 de l'Edit de Mars 1673, ou en cas de décès, de faire saisir & arrêter entre les mains de la Banque, les fonds que les Particuliers Banqueroutiers, ou décédés, y pourroient avoir excompté sur les Livres; auquel cas de saisie, la Banque ne sera tenue que de faire signifier aux Saisissans dans huitaine, du jour de la saisie, au domicile par eux élû, & ce, par une simple déclaration, signée du Trésorier, & visée par l'Inspecteur & le Contrôleur, ce qui est dû aux personnes sur qui la saisie aura été faite, le tout conformément à l'article 12 de l'Edit du mois de Décembre 1717, donné en faveur de la Compagnie d'Occident. Sa Majesté confirmant en outre les Lettres Patentes des 2 & 20 Mai 1716, & la Déclaration du 25 Juillet ensuivant; ordonnant qu'elles seront exécutées selon leur forme & teneur, en ce qui n'y est point dérogé, ni innové par la présente Déclaration.

Cette Déclaration n'ayant point été entegistrée en Parlement, Sa Majesté ordonna par un Arrêt de son Conseil d'Etat du 27 Décembre de la même année 1718, à tous les Intendans & Commissaires, départis dans toutes les Provinces & Généralités du Ressort du Parlement de Paris, de l'envoyer aux Bailliages, Sénéchaussées, & Sieges Royaux de leur département, pour y être lûe, publiée, affichée, & enregistrée conjointement avec les autres Lettres Patentes, Déclarations, & Arrêts, attachés ensemble sous le contre-scel de la Chancellerie.

Ce dernier Arrêt du Conseil, adressé aux Intendans, contient outre cette adresse, huit articles de Réglement, dont quelques-uns regardent la police & régie de la Banque Royale; & les autres, les payemens qui se font en especes de billon, & en monnoie de cuivre, ou en especes d'or & d'argent.

A l'égard de la régie, il est ordonné, 1°. Que dans le premier Mars de l'année suivante 1719, outre le Bureau général de Paris, il sera établi dans les Villes de Lyon, la Rochelle, Tours, Orléans, & Amiens, un Bureau particulier de Banque, composé de deux caisses; l'une, en argent, pour acquitter à vûe les billets qui y seront présentés; & l'autre, en billets, pour fournir à ceux qui en demanderont.

2°. Attendu que les billets de Banque seront toujours payés à vûe, il est défendu dans les Villes où il y aura des Bureaux de Banque, à tous Notaires, Sergens, & Huissiers, de faire aucun protêt, ni autres actes, contre ceux qui offriront lesdits billets en payement. Que néanmoins, en cas que dans quelques-unes desdites Villes de Bureaux il arrivât que les billets de Banque n'y fussent pas payés sur le champ, & à vûe, il sera permis ausdits Officiers de protester, & de faire à cet effet tous actes qu'il appartiendra.

Pour ce qui regarde le payement en billon, ou en monnoie de cuivre, le Réglement porte:

Premierement, que dans la Ville de Paris, & dans les autres Villes, où la Banque Royale aura ses Bureaux, ces especes & petites monnoies ne pourront être données, ni reçûes, que dans les payemens qui ne passeront pas six livres, si ce n'est pour les appoints.

Secondement, que dans les mêmes Villes, les especes d'argent n'y pourront être reçûes, ni données dans les payemens, qui excéderont la somme de 600 liv. excepté pour les appoints; & que pour les sommes excédantes, le payement en sera fait en or, ou en billets de la Banque.

Enfin, que pour faire cesser les abus qui se commettent dans les payemens en especes d'argent, sous prétexte du droit de sac; qu'à l'avenir les sacs d'argent ne seront faits que de 600 liv. complettes, sans qu'il puisse y entrer aucune petite monnoie, ou qu'il puisse être rien retenu pour les sacs, excepté dans les Bureaux de la Banque, où il sera permis aux Commis de retenir 4 sols par chaque sac de 600 liv. qu'ils payeront en especes; étant pareillement lesdits Commis tenus de faire bon des mêmes 4 sols, à ceux qui apporteront des sacs d'argent à la Banque.

Le crédit de la Banque Royale s'étant considérablement augmenté dès les premiers mois de son établissement, le Roi, pour l'accréditer davantage, & faciliter sa régie, & la circulation de ses billets, donna plusieurs nouveaux Arrêts; entr'autres un du 5 Janvier, un autre du 11 Février, un troisiéme du premier Avril, & encore un quatriéme du 22 du même mois 1719, concernant les fabrications des billets de la Banque; le total desdites fabrications, leurs différentes valeurs; le nombre & les numeros de chaque espece de billets; les Registres qui en devoient être dressés; & la maniere d'en faire les payemens.

De ces quatre Arrêts, on ne donnera ici l'extrait que du dernier; Sa Majesté, comme elle s'exprime elle-même dans les motifs de l'Arrêt, ayant voulu rassembler dans un seul, tous les Réglemens rendus successivement touchant les billets de Banque, & l'ordre dans les payemens.

Par cet Arrêt du 22 Avril 1719, qui contient dix articles, il est ordonné:

I. Que l'Arrêt du Conseil du 5 Janvier de la même année, en ce qui concerne la confection de vingt-cinq Registres, contenant chacun huit cent billets de cent écus d'especes du poids & titre de ce jour, faisant deux millions d'écus, & la somme de douze millions de livres, demeurera sans exécution.

II. Qu'il sera fait soixante Registres, contenant chacun huit cent billets, de la somme de mille livres chaque billet, numerotés depuis le N°. 48001, jusqu'au N°. 96000 inclusivement, faisant la somme de quarante-huit millions; Et trente Registres, contenant chacun mille billets de cent livres chaque billet, numérotés depuis le N°. 100001, jusqu'au N°. 130000 inclusivement, faisant la somme de trois millions; Et le total joint à celui des Arrêts précédens, faisant celle de cent dix millions; desquels Sa Majesté ordonne, qu'il en soit réservé dix millions, qui ne pourront être délivrés que pour remplacer les billets de même nature, qui rentreront endossés, & qui ne pourront plus servir.

*Il avoit été fabriqué en conséquence des Arrêts précédens jusqu'à cinquante-neuf millions de billets en livres tournois; sçavoir, douze millions de billets de mille livres, & six millions de billets de cent livres, par l'Arrêt du 5 Janvier; seize millions aussi de mille livres, & quatre millions de billets de cent livres, par l'Arrêt du 11 Février, & vingt millions pareillement de billets de mille livres, & un million de billets de cent livres, par l'Arrêt du premier Avril.*

III. Que les billets de la Banque, stipulés en livres tournois, ne pourront être sujets aux diminutions

minutions qui pourront survenir sur les especes, & qu'ils seront toujours payés en leur entier.

IV. Que conformément à l'Arrêt du 10 Avril 1717, les billets de Banque seront reçûs dans les Recettes & Bureaux pour le payement des droits de Sa Majesté; & que les Receveurs & Commis desdits Bureaux, seront tenus de changer en especes d'or & d'argent, tous lesdits billets qui leur seront présentés, jusqu'à la concurrence des fonds qu'ils auront dans leurs caisses. *Voyez ci-dessus l'extrait de cet Arrêt.*

V. Que dans les Villes où la Banque a des Bureaux, les Créanciers pourront exiger de leurs Débiteurs le payement de leurs créances, de quelque nature qu'elles soient, en billets de Banque; sans qu'ils puissent être contraints d'en recevoir aucune partie en especes d'or ou d'argent, excepté les appoints.

VI. Que dans lesdites Villes, où il y a de ces Bureaux, ceux qui sont chargés de la recette & maniment des deniers Royaux, tiendront leur caisse en billets de Banque; & en cas de diminution des especes, porteront la perte de celles qui se trouveront dans leurdite caisse.

VII. Que dans ces mêmes Villes, aucuns Fermiers, Directeurs des Postes, Maîtres des carosses, ou autres voitures, & leurs Conducteurs, ne pourront se charger d'aucunes especes, pour les transporter dans d'autres Villes, où il y a pareillement des Bureaux de Banque; à moins que ce ne soit pour le service de la Banque, de quoi ils prendront certificat.

VIII. Qu'il ne se fera que des sacs de six cent livres pour les payemens en argent; & qu'il ne se retiendra rien pour les sacs, si ce n'est les quatre sols accordés seulement aux Caissiers de la Banque. *Voyez l'Arrêt du 10 Avril 1717.*

IX. Que les especes de billon & de cuivre ne pourront être données, ni reçûes dans les payemens qui passeront six livres. *Voyez le même Arrêt.*

X. Enfin, que les contestations, oppositions, ou empêchemens à l'exécution du présent Arrêt, seroient réservés à Sa Majesté, & à son Conseil d'Etat; la connoissance en étant interdite à tous autres Juges. Il est de plus ordonné, qu'il sera donné au Public des modéles des différentes especes de billets de la Banque en livres tournois.

Ces billets de la Banque sont de trois sortes; les uns de mille, d'autres de cent, & d'autres encore de dix livres.

Les billets de mille livres sont écrits en lettres rondes; les billets de cent livres, en lettres bâtardes; & les billets de dix livres, aussi en lettres bâtardes, mais d'un plus petit caractere.

La marge de chaque billet est bordée d'une vignette en taille-douce. Dans le corps du papier, sur lequel les billets sont imprimés, il y a ces mots, *Billet de Banque*, au lieu de la marque du Papetier : & au bas de chaque billet est l'empreinte du sceau. *Voyez ci-dessus quelle est cette empreinte.*

Les trois especes de billets de Banque étant libellés de la même maniere, à la réserve des sommes, qui sont différentes, il suffira d'en donner ici un seul modéle.



MODELE DES BILLETS DE BANQUE.

N°. { Mille / Cent / Dix } livres tournois.

*La Banque promet payer au Porteur à vûe { Mille / Cent / Dix } livres tournois en especes d'argent, valeur reçue. A Paris le*

Vû Contrôlé

La Banque continuant de prendre faveur, il fut encore fait une fabrication de billets par un Arrêt du 10 Juin, montant à cinquante millions, dont quarante-huit millions furent en billets de mille livres, & deux millions en billets de cent livres.

Ces cent soixante millions ne suffisant pas, tant le crédit de la Banque continuoit de s'augmenter, on en ordonna une derniere au mois de Juillet, de deux cent quarante millions; sçavoir, deux cent millions en billets de mille livres, trente millions en billets de cent livres, & dix millions en billets de dix livres; faisant en tout avec les fabrications précédentes, quatre cent millions, auxquels les billets de la Banque resterent alors fixés.

De ces deux cent quarante millions, quarante millions furent destinés à être distribués dans la Ville de Paris, cent millions dans les Bureaux de la Banque établis dans les Provinces; & les autres cent millions furent réservés, pour être fournis à ceux qui rapporteroient des billets endossés.

L'Arrêt du 25 Juillet 1719, qui ordonne cette nombreuse fabrication de billets de Banque, & qui en régle la destination, ordonne encore :

Qu'il sera incessamment établi par le Directeur de la Banque, des Bureaux particuliers dans chaque Ville du Royaume, où il y a des Hôtels des Monnoyes, à l'exception de la Ville de Lyon.

Que dans chacun desdits Bureaux, il y aura une caisse en billets, pour en fournir à ceux qui en demanderont; & une caisse en argent, pour payer à vûe, & gratis, les billets qui seront présentés.

Et que du jour de l'ouverture de ces Bureaux, il sera permis aux Créanciers d'exiger de leurs Débiteurs leur payement en billets de Banque, même dans les cas où lesdits billets gagneroient sur les especes; Sa Majesté exceptant néanmoins de cette derniere disposition les lettres tirées des Pays étrangers, ou qui y seront endossées, qui continueront d'être payées, conformément à l'Arrêt du Conseil du 27 Mai de la même année 1719. *Voyez ce qui est dit de cet Arrêt, à l'article des Lettres de change.*

Ces trois articles de police avoient déja été ébauchés dans la Déclaration du 4 Décembre 1718, pour la conversion de la Banque générale en Banque Royale, & dans les Arrêts du Conseil du 27 des même mois & an, & du 22 Avril 1719: mais ce n'est proprement que par ce dernier Arrêt du 25 Juillet, que l'établissement des Bureaux de la Banque, & les priviléges de ses billets, ont reçû toute leur perfection.

Les quatre cent millions de billets de Banque

fabriqués jusqu'au mois de Juillet 1719, ayant été bien-tôt épuisés par la grande circulation qui s'en faisoit dans le commerce, soit à Paris, soit dans les Provinces, il fallut songer à de nouvelles fabrications, pour faciliter au Public un négoce si commode.

Ces fabrications sont au nombre de trois, toutes, commes les précédentes, faites dans l'année 1719.

La fabrication du 12 Septembre consiste en cent vingt millions, distribués en vingt Registres, contenant chacun six cent billets de dix mille livres chaque billet, numerotés depuis le N°. 1, jusques & compris le N°. 12000.

La seconde, du 24 Octobre, est toute semblable à celle du mois de Septembre, pour le nombre des Registres, la quantité de billets que chacun doit contenir, la valeur de chaque billet, & la somme totale de cent vingt millions de livres; ces derniers billets commençant au N°. 12001, jusques & y compris le N°. 24000.

La troisiéme de ces dernieres fabrications est du 29 Décembre, & la plus forte, non-seulement des deux précédentes, mais encore de toutes celles qui avoient été fabriquées jusques-là; son total montant à trois cent soixante millions, distribués en quatre classes de billets de dix mille livres, de mille livres, de cent livres, & de dix livres; sçavoir :

En billets de dix mille, vingt Registres, contenant chacun six cent billets; dont dix Registres sont gravés dans la forme ordinaire, & numerotés depuis le N°. 24001, jusques & compris le N°. 30000; & les dix autres sont imprimés, & les billets numerotés depuis le N°. 1, jusques & compris le N°. 6000; faisant ensemble la somme de cent vingt millions.

En billets de mille livres, cent quatre-vingt-quatorze Registres, contenant chacun huit cent billets, dont quatre-vingt Registres sont gravés, & les billets numerotés depuis le N°. 344001, jusques & compris le N°. 408000; & les autres cent quatorze sont imprimés, & les billets numerotés depuis le N°. 1, jusques & compris le N°. 91200, faisant ensemble la somme de cent cinquante-cinq millions deux cent mille livres.

En billets de cent livres, sept cent vingt-huit Registres, contenant chacun mille billets, dont cinquante Registres sont gravés, & les billets numerotés depuis le N°. 450001, jusques & compris le N°. 500000: & les six cent soixante-dix-huit autres sont imprimés, & les billets numerotés, depuis le N°. 1, jusques & compris le N°. 678000; faisant ensemble la somme de soixante-douze millions huit cent mille livres.

Enfin, en billets de dix livres, douze cent Registres, tous imprimés, contenant chacun mille billets, numerotés depuis le N°. 1. jusques & compris le N°. 1200000, faisant la somme de douze millions.

Ce sont donc les mille millions de billets, à quoi montent les diverses fabrications faites depuis l'établissement de la Banque, jusqu'à la fin de l'année 1719, qui doivent désormais faire son fonds capital; & ce fonds ayant paru suffisant avec l'espece courante, pour fournir à la circulation du Royaume, Sa Majesté déclare par le même Arrêt du mois de Décembre, qu'il n'en sera plus fait aucune à l'avenir; si ce n'est la quantité de billets imprimés, qui sera nécessaire, pour remplacer les billets endossés & biffés.

C'est pour l'exécution de cette réserve du remplacement des billets, qu'a été ordonnée, par Arrêt du Conseil du 10 Février 1720, une nouvelle & derniere fabrication de deux cent millions de billets; avec défenses au Trésorier Général, de les employer à d'autres usages, que pour remplacer les billets qui seront rentrés endossés.

Ces nouveaux billets, qui tous doivent être dattés du premier Janvier 1720, sont distribués seulement dans trois classes, c'est-à-dire, en billets de dix mille, de mille, & de cent livres.

Les Registres pour les billets de dix mille livres, sont au nombre de trente-trois, contenant chacun six cent billets imprimés, numerotés depuis le N°. 6001, jusques & compris le N°. 25800, montant à la somme de cent quatre-vingt-dix-huit millions.

Pour les billets de mille livres, il n'y a que deux Registres, contenant chacun huit cent billets imprimés, numerotés depuis le N°. 91201, jusques & compris le N°. 92800, faisant la somme de seize cent mille livres.

Enfin, quatre Registres sont destinés pour les billets de cent livres, chaque Registre contenant mille billets imprimés, numerotés depuis le N°. 678001, jusques & y compris le N°. 682000, faisant la somme de quatre cent mille livres.

Il faut remarquer que les billets de Banque de dix livres, dont il n'est point fait mention dans l'Arrêt, parce qu'ils n'avoient pas coutume de s'endosser, à cause de leur modicité, furent depuis supprimés, afin de mettre davantage d'argent comptant dans le commerce, & encore ensuite rétablis, quand on en eut davantage connu l'utilité, ainsi qu'on le dira dans la suite.

L'Arrêt, où la suppression de ces petits billets fut d'abord ordonnée, est du 2? du même mois de Février 1720; & il paroît que c'est lui qui donne à la Banque Royale sa derniere forme, & son entiere perfection, du moins pour sa régie, en confirmant son union avec la Compagnie des Indes.

S. A. R. Monseigneur le Duc d'Orléans, Regent, s'étant trouvé à l'Assemblée générale de cette Compagnie, tenue à l'Hôtel de la Banque le 22 Février; & cette union, qu'il proposa au nom du Roi, ayant été acceptée, Sa Majesté en régla les conditions par l'Arrêt du 23, qui contient en douze articles, outre ce qui concerne la Banque, la confirmation de tout ce qui avoit été proposé par S. A. R. & accepté par la Compagnie dans l'Assemblée du jour précédent.

Les dispositions de cet Arrêt, qui fixent pour l'avenir l'état de la Banque, sont principalement celles des quatre premiers articles, & du dernier, qui seront aussi les seuls qu'on rapportera ici; remettant les autres à l'article de la Compagnie des Indes. *Voyez* COMPAGNIE DE COMMERCE.

Par le premier de ces quatre articles, Sa Majesté charge la Compagnie des Indes de la régie & administration de la Banque, pour tout le tems qui reste à expirer du Privilége de ladite Compagnie & lui céde tous les profits & bénéfices de la Banque, même ceux faits depuis qu'elle est convertie en Banque Royale.

Le second déclare, que la Banque restant Banque Royale, Sa Majesté demeurera responsable au Public de la valeur de ses billets : la Compagnie restant pareillement responsable au Roi, de l'administration & maniement de la Banque, dont les seize cent millions, qu'elle a prêté à Sa Majesté, resteront garants; avec défenses aux Directeurs de faire de nouveaux billets de Banque, qu'en vertu d'Arrêt du Conseil.

Il est ordonné par le troisiéme, que la Compagnie comptera de la recette & dépense, tant par bref état au vrai, au Conseil, qu'en la Chambre des Comptes, conformément à la Déclaration du 4 Décembre 1718.

Le quatriéme défend à la Compagnie, d'exiger davantage les cinq pour cent, qui avoient été accordés à la Banque sur l'argent qui sera porté à ses Bureaux, ni de recevoir & donner les especes qu'au prix courant : Sa Majesté voulant au surplus, qu'il ne soit plus délivré à l'avenir, que trois sortes de billets; sçavoir, de dix mille, de mille, & de cent livres : & qu'à l'égard des billets de dix livres, ils soient encore reçus pendant deux mois aux Bureaux des recettes de ses droits, ou payés en especes au Bureau de la Banque, à la volonté des Porteurs.

*Cette suppression des billets de dix livres, non-seulement n'eut pas de lieu, comme on l'a déja dit; mais il en fut fabriqué de nouveaux, pour couper ceux de dix mille; sans néanmoins que cette nouvelle fabrication augmentât le nombre total des billets de Banque, marqué ci-dessus; les billets coupés de dix mille livres ayant été bissés, & mis hors de commerce.* Voyez ci-après l'Arrêt du 19 Avril 1720.

Enfin, par l'onziéme & dernier article, le Sieur Contrôleur Général des Finances est nommé par Sa Majesté, Inspecteur Général de la Compagnie des Indes, & de la Banque; & Sadite Majesté ordonne au Sieur Pelletier de la Houssaye, Conseiller d'Etat ordinaire, & au Sieur Prévôt des Marchands de Paris, assistés de deux des plus anciens Echevins lors en charge, avec le Juge, & le premier Consul de la Jurisdiction Consulaire, de faire la visite des caisses & livres de la Banque, quatre fois par année, & plus souvent, s'ils le jugent à propos; sans être tenus d'en donner aucun avertissement.

L'Arrêt du 19 Avril 1720, dont on vient de parler, concernant la suppression des billets de Banque de dix mille livres, & la fabrication d'autres billets de mille, de cent, & de dix livres, pour leur être substitués, porte : Que le Roi étant informé, qu'il convient, pour la facilité du commerce, d'augmenter le nombre des billets de Banque de mille, de cent, & de dix livres; & de faire rapporter ceux de dix mille livres, pour être coupés, ordonne : Qu'il sera fait pour quatre cent trente-huit millions de billets de Banque, de mille, cent, & dix livres : sçavoir, trois cent Registres de billets de mille livres, contenant chaque Registre huit cent billets imprimés, de mille livres chaque billet, numerotés depuis le N°. 212801, jusques & compris le N°. 450800, faisant la somme de deux cent quarante millions : dix-huit cent dix Registres de billets de cent livres, contenant chaque Registre mille billets imprimés, de cent livres chaque billet, numerotés depuis le N°. 682001, jusques & compris le N°. 2492000, faisant la somme de cent quatre-vingt-un millions : & dix-sept cent Registres de billets de dix livres chaque billet, numerotés depuis le N°. 1200001, jusques & compris le N°. 2900000, faisant la somme de dix-sept millions, & en total celle de quatre cent trente-huit millions; laquelle jointe à celle de sept cent soixante-deux millions en pareils billets de mille, cent, & dix livres, jusques-là fabriqués, forme en total la somme de douze cent millions. Sa Majesté ordonnant au surplus, que dans trois mois, les billets de dix mille livres seroient rapportés aux Bureaux de la Banque à Paris, & dans les Provinces, pour être coupés en billets de mille, cent, & dix livres.

Le Public, qui depuis l'établissement de la Banque, avoit toujours eu quelque peine à se charger de billets, étant enfin revenu de ses craintes, commençoit à leur donner faveur; & déja à Paris, & dans les Provinces, les Marchands les plus accrédités les préféroient aux payemens en especes; & il étoit commun de les voir gagner un & un & demi pour cent, lorsqu'il parut un Arrêt du Conseil d'Etat du 21 Mai 1720, qui ordonnoit la réduction des billets à la moitié, dans les termes portés par ledit Arrêt, afin de les mettre au pair de l'argent en especes, dont la diminution avoit été aussi ordonnée par un Arrêt précédent, & qui devoit se faire dans tout le reste de ladite année 1720.

TABLE PAR LAQUELLE ON VERRA D'UN COUP D'OEIL *comment ces diminutions sur les Billets de Banque étoient arrangées de mois en mois par l'Arrêt du vingt & uniéme Mai 1720.*

| | | | |
|---|---|---|---|
| Le 20 Mai 1720 un Billet de Banque | de 10000 liv. | valoit | 10000 l. |
| | 1000 | | 1000 |
| | 100 | | 100 |
| | 10 | | 10 |
| Le 22 Mai, | 10000 | ne vaudra que | 8000 |
| | 1000 | | 800 |
| | 100 | | 80 |
| | 10 | | 8 |
| Le 1 Juillet, | 10000 | ne vaudra que | 7500 |
| | 1000 | | 750 |
| | 100 | | 75 |
| | 10 | | 7 l. 10 f. |
| Le 1 Aout, | 10000 | ne vaudra que | 7000 |
| | 1000 | | 700 |
| | 100 | | 70 |
| | 10 | | 7 |
| Le 2 Septembre, | 10000 | ne vaudra que | 6500 |
| | 1000 | | 650 |
| | 100 | | 65 |
| | 10 | | 6. 10 |
| Le 1 Octobre, | 10000 | ne vaudra que | 6000 |
| | 1000 | | 600 |
| | 100 | | 60 |
| | 10 | | 6 |
| Le 1 Novembre, | 10000 | ne vaudra que | 5500 |
| | 1000 | | 550 |
| | 100 | | 55 |
| | 10 | | 5. 10 |
| Le 1 Décembre, | 10000 | ne vaudra que | 5000 |
| | 1000 | | 500 |
| | 100 | | 50 |
| | 10 | | 5 |

L'Arrêt du 21 Mai 1720, qui ordonnoit toutes ces diminutions, a causé une si grande consternation dans le Public, qu'on a jugé à propos de le révoquer six jours après par un autre Arrêt du 27 du même mois qui rétablit les Billets de Banque en leur entier, comme il a été dit en son lieu.

Néanmoins le 10 Octobre suivant, tous lesdits Billets de Banque ont été entiérement supprimés, pour n'avoir plus aucun cours après le premier jour de Décembre lors prochain de ladite année 1720, du tems de la Regence de S. A. R. Monseigneur le Duc d'Orléans.

Bien que cette réduction des billets eût semblé absolument nécessaire; que les motifs expliqués par l'Arrêt fussent pressans, & bien fondés; & que l'exécution en eût été concertée & ordonnée avec toutes les précautions, & les ménagemens les plus propres, pour empêcher le Public de ressentir toute la charge de cette diminution; néanmoins le Roi ayant été informé, que contre ses intentions cette réduction produisoit un dérangement général dans le commerce; & voulant favoriser la circulation des billets de Banque à l'avantage des Particuliers, qui les donneroient & recevroient en payement, Sa Majesté ordonna par un Arrêt du 27 des mêmes mois & an, (Mai 1720;) que les billets de Banque auroient, & continueroient toujours d'avoir cours sur le même pied, & pour la même valeur, qu'avant l'Arrêt du 21, que Sa Majesté révoquoit.

Sa Majesté donna au mois de Juin ensuivant un Edit pour la création de vingt-cinq millions de rente sur la Ville de Paris, dont les capitaux se payeroient en billets & récepissés, qui seroient biffés. Elle indiqua & établit encore depuis d'autres débouchemens auxdits billets de Banque; ce qui diminuant leur trop grand nombre, & les réduisant à la quantité nécessaire, pour soutenir le crédit & le commerce de la Banque, l'auroit mise sur le pied des Banques de Venise, de Londres, d'Amsterdam, & des autres Villes de l'Europe, où il y en a d'établies, dont toutes ces Nations ressentent depuis si long-tems l'utilité & la commodité.

La Suppression totale des Billets de la Banque Royale, ayant enfin été jugée nécessaire à l'Etat, Sa Majesté étant informée que le Commerce ne pouvoit plus se passer de la circulation des especes, à cause des abus que les Usuriers & Agioteurs avoient introduit dans le négoce des billets de Banque, qui les avoient presque entiérement mis en discrédit, ordonna cette suppression par un Arrêt de son Conseil d'Etat du 10 Octobre 1720, ne les laissant plus dans le Commerce que jusques au premier Novembre ensuivant; mais accordant jusqu'au dernier dudit mois de Novembre à ceux qui s'en trouveroient chargés, les débouchemens portés par ledit Arrêt, qu'on va donner ici en entier à cause de l'importance de la matiere.

*Arrêt du Conseil d'Etat du Roy, portant suppression des Billets de Banque, du 10 Octobre 1720.*

Le Roi s'étant fait représenter en son Conseil l'état annexé à la minute du présent Arrêt, de tous les billets de Banque, tant gravés, qu'imprimés, qui ont été faits en vertu de différens Arrêts sur ce rendus, Sa Majesté a reconnu, que la totalité desdits billets de toute espece a monté à la somme de deux milliards six cens quatre-vingt-seize millions quatre cens mille livres; sur laquelle quantité desdits billets, il en a été converti de ceux de mille & de dix mille livres pour la somme de deux cens millions, en billets de cent, de cinquante, & de dix livres, par forme de division seulement, & sans aucune augmentation de la somme totale; & ce en exécution des Arrêts des 26 Juin, 2 & 19 Septembre derniers: Que de ladite somme totale desdits billets de Banque, il en a été brûlé en l'Hôtel de Ville de Paris pour sept cens sept millions trois cens vingt-sept mille quatre cens soixante livres, suivant les procès verbaux qui en ont été dressés, tant par les Sieurs Commissaires à ce députés par Sa Majesté, que par les Sieurs Prevôt des Marchands & Echevins de ladite Ville, en datte des 28 Juin, 1, 9, 16, 23, & 30 Juillet, 6, 20, & 29 Août derniers; outre laquelle quantité de billets brûlés, il a été porté au Trésor Royal, pour acquisition de rentes perpétuelles ou viageres, plus de cinq cens trente millions; à la Caisse de la Banque plus de deux cens millions, pour avoir des comptes ouverts à ladite Banque, suivant l'Arrêt du 31 Juillet dernier; & pour environ quatre-vingt-dix millions dans les différentes Caisses de la Compagnie des Indes, de la Banque, & des Hôtels des Monnoyes, par le payement qui en a été fait en especes; tous lesquels billets seront incessamment brûlés en l'Hôtel de Ville de Paris, à mesure que lesdits Sieurs Commissaires du Roi en auront achevé les procès verbaux; ensorte qu'il ne reste plus de billets de Banque dans le commerce, que pour la somme d'un milliard cent soixante-neuf millions soixante-douze mille cinq cens quarante livres: Pour retirer laquelle somme, outre ce qui restera à consommer en billets du fonds des vingt-cinq millions de rentes créées par Edit du mois de Juin dernier, il en sera encore éteint quatre cens millions pour le capital des huit millions de rentes au denier cinquante créées par Edit du mois d'Août dernier sur les impositions des Provinces du Royaume; & cent millions pour le capital des quatre millions de rentes viageres au denier vingt-cinq, créées par Edit du mois d'Août dernier: Et ce qui n'aura point été porté auxdits débouchemens, pourra, ou être employé en acquisition de dixiémes d'Actions, suivant l'article 8 de l'Arrêt du 15 Septembre dernier, montant à quatre cens millions, ou être porté aux Hôtels des Monnoies, suivant l'Edit du même mois de Septembre, ou demeurer Actions rentieres avec la garantie du Roi. Et comme par toutes ces dispositions, Sa Majesté a donné aux billets de Banque des débouchemens convenables aux différentes vues de ses Sujets, au-delà même de ce qui est nécessaire pour éteindre lesdits billets; Que d'ailleurs ceux de cent, de cinquante, & de dix livres, qui ont encore cours dans le commerce, suivant les Arrêts précédens, y sont néanmoins tombés dans un tel discrédit, qu'ils n'y ont plus de valeur comme especes, & qu'on ne les y considere que par rapport aux emplois qu'on en peut faire; ensorte que le peu de payemens qui se fait encore avec lesdits billets, ne sert qu'à empêcher la circulation de l'argent, & à soutenir le haut prix des denrées & marchandises, & à introduire ou à perpétuer une infinité d'abus dans le commerce, qui ne peuvent cesser que par le rétablissement des payemens en especes; Sa Majesté a jugé à propos de l'ordonner dans un terme convenable, en se chargeant elle-même, à commencer du premier Janvier de la présente année, d'acquitter de cette maniere les arrérages de toutes les rentes qu'Elle doit: ensemble des pensions, gages, appointemens, charges, & dépenses, de quelque nature qu'elles soient. A quoi étant nécessaire de pourvoir, Oui le Rapport. SA MAJESTE' ETANT EN SON CONSEIL, de l'avis de Monsieur le Duc d'Orléans Régent, a ordonné & ordonne ce qui suit:

I. Les billets de Banque ne pourront, à compter du premier Novembre prochain, être donnés ni reçus en payement, pour quelque cause & prétexte que ce soit, que de gré à gré; à l'effet de quoi Sa Majesté a dérogé & déroge aux articles III & IV de l'Arrêt de son Conseil du 15 Septembre dernier.

II. Veut néanmoins Sa Majesté, qu'à compter du jour de la publication du présent Arrêt, il ne soit reçû aucun billet de Banque dans les Bureaux de ses Recettes & Fermes, même pour ses droits & impositions dues antérieurement à la publication dudit Arrêt: Et que lesdits droits & impositions, de quelque sorte & nature qu'ils puissent être, soient acquittés en entier en especes, à l'exception néanmoins des sommes dûes, tant pour lesdits droits, que pour lesdites impositions, ou autrement, avant le premier Janvier dernier, lesquelles pourront être payées jusqu'au premier Decembre prochain en billets de Banque de cent livres, de cinquante, & de dix livres.

III. Veut aussi Sa Majesté, que les rentes, pensions, appointemens, gages, & autres parties qui restent à payer par Sa Majesté sur les dépenses de la présente année 1720, soient acquittées en especes; & que les sommes par Elle dûes pour les années antérieures à la présente, soient seulement payées en billets de Banque de cent, de cinquante, & de dix livres.

IV. Les dividendes dûs par la Compagnie des Indes jusqu'au premier Janvier prochain, seront payés en billets de Banque de cent, de cinquante & de dix livres: Et à l'égard des arrérages, tant des actions rentieres, que des rentes viageres dûes par ladite Compagnie, Veut Sa Majesté, qu'ils soient payés en especes, à commencer du premier Juillet dernier.

V. Permet Sa Majesté aux Porteurs des billets de Banque de cent, de cinquante, & de dix livres, de les placer jusqu'au dernier Novembre prochain inclusivement, dans les emplois par Elle indiqués; passé lequel tems, ce qui restera desdits billets ne pourra plus être converti qu'en actions rentieres, ou en dixiémes d'actions mentionnées en l'article VIII de l'Arrêt du Conseil du 15 Septembre dernier. Et sera le présent Arrêt lû, publié & affiché par tout où besoin sera; & seront pour l'exécution d'icelui toutes Lettres nécessaires expédiées. FAIT au Conseil d'Etat du Roi, Sa Majesté y étant, tenu à Paris le dixiéme jour d'Octobre 1720. *Signé*, PHELYPEAUX.

Un des principaux & des derniers débouchémens, & l'on peut dire le plus convenable au négoce, & aux Négocians, a été sans doute l'établissement des comptes ouverts, & des viremens de parties, ordonné par l'Arrêt du 13 Juillet de la même année 1720.

Dès la premiere érection de la Banque générale, on avoit pensé à cet établissement; & par les articles 16 & 17 des Lettres Patentes du 20 Mai 1716, il avoit été permis à cette Banque de se charger de la caisse des Particuliers, tant en recette qu'en dépense, & de faire le virement des parties; ce qui lui fut pareillement accordé & confirmé par la Déclaration du Roi du 4 Décembre 1718, par laquelle Sa Majesté voulut bien l'honorer du titre de Banque Royale, & ordonner qu'à l'avenir la régie s'en feroit en son nom, & sous son autorité.

Il est vrai que la Banque n'avoit point encore usé de son Privilege; & que si quelques Particuliers avoient porté leurs fonds à sa caisse, c'étoit plutôt en forme de dépôt, que pour y avoir des comptes ouverts, & y faire des viremens de parties: en quoi il faut avouer, que la Banque Françoise étoit bien inférieure aux Banques étrangeres, qui par les opérations de ces comptes, & de ces viremens, ont mis dans leur commerce, & parmi leurs Négocians, une facilité & une sureté, dont il est étonnant que l'on ne se fût point encore avisé en France, où, particuliérement depuis un siecle, on a fait tant d'établissemens avantageux au négoce, & à ceux qui s'en mêlent.

C'est donc tout ensemble, & pour retirer jusqu'à six cens millions de billets de Banque, & pour faire jouir les Négocians François des avantages, que les Etats voisins ont coutume de trouver dans leurs comptes courans, & leurs viremens de parties, que Sa Majesté a ordonné par sondit Arrêt du Conseil du 13 Juillet 1720, qu'il en seroit ouvert des Livres, tant à Paris, que dans les principales Villes du Royaume, conformément à ce qui s'observe dans les Pays, où pareils établissemens ont été faits; & suivant qu'il est plus amplement expliqué par les dix-huit articles de cet Arrêt, dont on va donner ici l'extrait, aussibien que de l'Instruction dressée en conséquence, pour en faciliter l'exécution.

Le premier article de l'Arrêt ordonne, qu'il sera ouvert à l'Hôtel de la Banque à Paris, le 20 du même mois de Juillet; & le 20 du mois d'Août ensuivant, dans toutes les Villes du Royaume, où il y a des Hôtels des Monnoies, & dans toutes celles où il sera jugé nécessaire de faire de pareils établissemens, un Livre de comptes courans, & de viremens de parties, dont le fonds ne pourra passer six cens millions.

2°. Que sur ledit fonds de six cent millions, il en sera réservé trois cens millions pour les Villes de Provinces.

3°. Que le fonds de trois cens millions pour Paris, sera fait en l'Hôtel de la Banque, en billets de Banque de dix mille livres & de mille livres seulement, qui seront reçus par le Trésorier de la Banque, par lui biffés en présence des Porteurs, & ensuite brûlés en la forme prescrite par l'Arrêt du 11 Juin précédent; & qu'il sera donné crédit au Porteur, du montant desdits billets.

4°. Que le fonds des trois cens millions réservé pour les Villes de Provinces, sera fait en pareils billets que ci-dessus, entre les mains des Directeurs des Hôtels des Monnoies desdites Villes, pour être par eux biffés en présence des Porteurs, & après envoyés au Trésorier de la Banque de Paris, où ils seront brûlés en la maniere portée dans l'article précédent.

5°. Que les six cens millions, qui composeront le fonds desdits comptes, & viremens de parties, seront stipulés en livres tournois; & ne pourront être sujets à aucune variation, quelque diminution qui survienne dans le prix courant des especes.

6°. Que toutes Lettres de change & Billets de commerce de cinq cens livres, & au-dessus; ensemble les ventes des marchandises en gros dans les Villes, où les Livres des comptes courans, & viremens de parties, seront établis, seront acquittés en écritures, à peine de nullité du payement, & de cinq cens livres d'amende au profit de la Banque, tant contre le Créancier, que contre le Débiteur.

7°. Que ceux qui auront compte en Banque dans quelques-unes des Villes mentionnées au premier article, & qui voudront faire des payemens dans quelques autres des mêmes Villes, le pourront faire par virement de parties de Ville en Ville.

8°. Que les fonds des Sujets de Sa Majesté, mis en Banque, ne seront sujets à aucune saisie, pas même pour les propres deniers & affaires de Sa Majesté.

9°. Que les Etrangers pourront avoir des comptes courans en Banque, qui ne pourront pareillement être sujets à aucune saisie, ou confiscation, sous prétexte de guerre, représailles, & d'aubaine, non plus que de la part de leurs Créanciers.

10°. Que les écritures pourront être négociées contre argent courant, à quelques sommes qu'elles se montent.

11°. Que le Prevôt des Marchands de la Ville de Paris, assisté de l'ancien Echevin, tiré de l'ordre des Marchands, aura l'inspection générale des écritures, cotera & paraphera les Registres, & se les fera représenter toutes les fois qu'il le jugera à propos.

12°. Que la régie desdites écritures se fera par quatre Directeurs, sous les ordres d'un Contrôleur général, lesquels seront nommés par Sa Majesté, & prêteront serment entre les mains dudit Prevôt des Marchands.

13°. Que le bilan général des Livres sera fait deux fois l'année; sçavoir, en Decembre, & en Juin; à l'effet de quoi les Livres seront fermés depuis le 20 desdits mois jusqu'à la fin; pendant lequel tems il ne pourra être fait aucun protêt de Lettres ou Billets de change: Sa Majesté voulant, que les protêts faits dans les trois jours après l'ouverture des Livres, ayent le même effet, que s'ils avoient été faits aux jours des échéances survenues dans le tems que les Livres auront été fermés.

14°. Que pour la sureté & conservation des écritures, les Livres seront tenus doubles par les Teneurs de Livres, & leurs Contrôleurs, & qu'ils seront déposés en différens lieux.

15°. Que ceux qui auront des payemens à faire en Banque, porteront aux Teneurs de Livres un billet signé d'eux; ou, s'ils ne peuvent s'y transporter, ils l'envoyeront par un Commis, ou autre chargé d'un pouvoir : Lesdits Billet & Pouvoir conformes aux modéles suivans.

MODE'LE DE BILLET.

*Messieurs les Directeurs de la Banque payeront à M. la somme de valeur A le jour de mil sept cens*

MODELE DU POUVOIR.

*Je soussigné donne pouvoir au Sieur de porter pour moy aux Teneurs de Livres de la Banque, les billets que je fournirai sur les fonds que j'aurai en compte courant, & d'en faire passer écriture au débit de mon compte, & au crédit de ceux auxquels j'aurai assigné les sommes portées par lesdits billets ; comme aussi l'autorise à demander aux Teneurs de Livres, quelles sommes auront été payées à mon crédit par mes Débiteurs. Fait à le jour de mil sept cens*

16°. Que tous ceux qui auront compte ouvert en Banque, seront tenus de signer à la marge du folio où leur compte aura été ouvert.

17°. Qu'en cas qu'il arrive à quelque Négociant de tirer sur la Banque au de-là du crédit qu'il y a, il sera tenu de payer par forme d'amende, la somme de 500 livres, au profit de la Banque.

18°. Enfin, que s'il survient quelques contestations en exécution du présent Arrêt, elles seront jugées par les Juges-Consuls, & par appel au Conseil ; Sa Majesté en interdisant la connoissance à toutes ses Cours & Juges.

L'Instruction suivante dressée pour faciliter l'exécution de l'Arrêt précédent, est conforme en partie à ce qui se pratique dans le Banco de Venise, & dans les Banques d'Amsterdam & de Hambourg, dont on a parlé ci-dessus ; & en partie composée d'opérations, qui ne sont propres, & ne conviennent qu'à la Banque Royale de France.

Comme cette matiere étoit en quelque sorte toute nouvelle, pour les Négocians François, particuliérement pour ceux qui ne font pas le commerce étranger, l'Auteur de l'Instruction est entré dans un grand détail ; mais si nécessaire & si instructif, qu'on a cru difficile de l'abréger, sans en retrancher quelque chose d'utile. Ainsi on la donne ici en son entier, à la réserve du modele de comptes courans, & viremens de parties, qui se trouve à la fin, qu'il n'eût pas été aisé de faire entrer dans les colonnes, dont l'édition de ce Dictionnaire est composée ; outre qu'il est assez semblable aux comptes en parties doubles, dont on parle à l'article des Comptes ; & desquels il n'y a gueres de Marchands, Négocians, & Banquiers un peu habiles, qui n'ayent connoissance.

*Instruction sur la maniere dont sont ouverts les comptes courans en Banque, & comment se font les viremens de parties.*

Il ne doit y avoir qu'un seul Livre pour les comptes en Banque ; mais autant de parties qu'il est nécessaire. Chaque partie ne doit contenir qu'environ deux cens feuilles, lesquelles seront numérotées ; sçavoir, la premiere partie depuis le N°. 1, jusqu'au N°. 200 ; la seconde partie depuis le N°. 201, jusqu'au N°. 400, & ainsi de suite.

Chaque Teneur de Livres ne doit avoir qu'environ deux cens comptes ; c'est aux Directeurs à les leur distribuer ; ayant égard que les comptes, qui demandent beaucoup d'écritures, soient tellement partagés entre les Teneurs de Livres, que l'un n'ait pas plus de travail que l'autre ; & cela autant que faire se pourra.

Chaque Teneur de Livres doit avoir son Contrôleur ; c'est-à-dire, que le Contrôleur doit avoir la contre-partie du même Livre, que celui du Teneur de Livres, & les mêmes folio ; ensorte que lorsque le Teneur de Livres couchera une somme sur un compte, le Contrôleur couchera la même somme dans le même ordre, afin qu'ils soient toujours d'accord l'un avec l'autre : aussi tous les soirs ils doivent, avant que de quitter, pointer les parties qu'ils ont écrites, afin de prévenir toutes les erreurs.

Tous les soirs, les Contrôleurs doivent porter leurs Livres en un lieu séparé des autres Livres, qui leur sera assigné à cet effet, afin de les garantir des accidens, qui peuvent être causés par le feu, ou autrement.

Pour les billets, ou bulletins, il sera préposé un Commis, qui tous les huit jours les retirera des Teneurs de Livres, pour les mettre, suivant l'ordre de leurs dates, en liasses, & ensuite les déposer en lieu de sûreté, afin qu'ils soient garantis du feu, & qu'on y puisse avoir recours en cas de besoin.

Le Bureau de la Banque sera ouvert tous les jours, excepté les Fêtes & Dimanches, depuis huit heures du matin jusqu'à onze heures, & l'après-midi depuis trois heures jusqu'à six.

Ceux qui voudront avoir compte en Banque, y porteront leurs billets de Banque : le Trésorier, ou celui qui sera préposé pour cela, leur donnera son récépissé, lequel ils remettront aux Directeurs, qui doivent leur faire ouvrir un compte, & leur donner crédit du montant de la somme portée par le recepissé, & cela en leur présence.

Par exemple : Pierre veut avoir un crédit en Banque de *L* 120000, Jacques de *L* 80000, & Paul de *L* 50000 : ayant remis chacun la valeur en billets de Banque au Trésorier de la Banque, il leur donnera par contre son recepissé, qu'ils remettront aux Directeurs, qui en leur présence leur fera ouvrir un compte, donner crédit de cette somme, & fera débiter la caisse.

*Voyez* { Fol. 1. *Compte de la Caisse générale.*
Fol. 2. *Compte de Pierre.*
Fol. 3. *Compte de Jacques.*
Fol. 4 *Compte de Paul.* }

Pierre & les autres doivent prendre une note du folio où leurs comptes sont couchés, afin de mettre le même folio sur leurs billets, lorsqu'ils voudront payer, ou faire écrire quelque partie en Banque.

A l'égard des payemens, ou viremens de parties, que les Particuliers veulent faire les uns aux autres, l'opération se fera comme il suit.

Par exemple : Pierre doit payer à Jacques une somme de trois mille livres, pour valeur reçue en marchandises ; le jour qu'il doit faire ce payement, il doit porter, ou envoyer au Teneur de Livres, par celui qui est chargé de son pouvoir, un billet en la forme suivante.

Fol. 2. pour *L* 3000.

*Messieurs les Directeurs de la Banque Royale payeront à Jacques trois mille livres, pour valeur reçue en marchandises. A Paris ce 20 Juillet 1720.*

PIERRE.

Le folio 2 indiquera au Teneur de Livres le compte de Pierre, il le débitera de *L* 3000; & par le Registre de l'alphabet, il trouvera le folio du compte de Jacques, qu'il créditera de *L* 3000

*Voyez* { Fol. 2. *Compte de Pierre.*
Fol. 3. *Compte de Jacques.* }

Le lendemain Jacques doit aller à la Banque, ou envoyer celui qui sera Porteur de son pouvoir, pour demander si la partie de Pierre lui a été écrite; & la demande se fait ainsi : *Par Jacques fol. 3 de Pierre, trois mille livres :* Si le Teneur de Livres trouve la partie écrite, il répond : *Par Pierre, trois mille livres.*

Si Jacques veut payer ce jour quelque partie, il remet au même tems ses billets au Teneur de Livres, en la forme mentionnée ci-haut, pour n'être pas obligé ce jour de revenir, ou d'envoyer à la Banque.

Toutes les Lettres de change de cinq cent livres, & au dessus, tirées des Pays étrangers, seront payées en Banque. Par exemple : une Lettre de change de deux mille livres, tirée d'Amsterdam sur Paul à vûe, dont Pierre est Porteur, Pierre doit présenter sa Lettre à Paul, qui la trouvant bonne, & la voulant payer, Pierre écrira au dos de ladite Lettre, *Payez sur mon compte en Banque le contenu de l'autre part. A Paris ce*

Le même jour Paul doit porter, ou envoyer par celui qui a son pouvoir, un billet à la Banque, en la forme suivante :

Fol. 4 pour *L* 2000.

*Messieurs les Directeurs de la Banque Royale payeront à Pierre deux mille livres, pour valeur reçue en une Lettre tirée sur moi d'Amsterdam. A Paris ce 20 Juillet 1720.*

PAUL.

Le lendemain Pierre doit aller à la Banque pour sçavoir si Paul l'a payée; au défaut de payement, il fera ses diligences.

Si Pierre ne veut pas confier à Paul sa Lettre de change acquittée, il peut la remettre au Teneur de Livres, qui tient les comptes de Paul, pour la remettre à Paul, après qu'il l'aura payée.

On agira de même pour les billets, soit à volonté, ou à terme, portant promesse de payer des sommes.

Il en sera usé de même des Lettres de change à quelques jours de vue, d'une ou plusieurs usances, dont l'acceptation se fera à l'ordinaire; mais le jour de l'échéance au matin, le Porteur d'icelle doit envoyer à l'Accepteur les Lettres de change endossées : *Payez sur mon compte en Banque;* & l'on opérera, comme il a été dit pour les Lettres à vue.

Les Villes des Provinces, où il y a Bureau de la Banque, feront les mêmes opérations.

Toutes les Villes, où il y a Bureau de Banque, doivent correspondre les unes avec les autres, pour les payemens que les Négocians, & ceux qui ont compte en Banque, voudront faire. Par



exemple : de Paris, Pierre veut remettre à Claude de Lyon six mille livres : Jacques veut remettre à Jean de Lyon quatre mille livres, & d'autres de même; l'opération se fait ainsi.

Pierre portera un billet à la Banque, qu'il remettra au Directeur, ou l'envoyera par celui qui a son pouvoir, en la forme suivante :

Fol. 2 pour *L* 6000.

*Messieurs les Directeurs de la Banque Royale payeront à Claude à Lyon, six mille livres, pour valeur en compte. A Paris ce 20 Juillet 1720.*

PIERRE.

Ainsi agira Jacques, pour faire la remise de quatre mille livres de Jean à Lyon.

Les Teneurs de Livres, après avoir débité Pierre & Jacques des sommes mentionnées, & crédité le Bureau de la Banque de la Ville de Lyon, remettront une note aux Directeurs, pour qu'ils envoyent une feuille à Lyon, afin qu'il soit donné crédit à Claude de *L* 6000, & à Jean de *L* 4000. La feuille sera construite dans la forme suivante :

Fol. 5 pour *L* 10000.

*Messieurs les Directeurs du Bureau de la Banque Royale à Lyon, payeront aux suivans :*

| | |
|---|---|
| *A Claude, valeur de Pierre,* | *L* 6000 |
| *A Jean, valeur de Jacques,* | 4000 |
| | *L* 10000 |

*Pour la somme de dix mille livres.*
*A Paris ce 20 Juillet 1720.*

Visé par un Inspecteur, signé par un Directeur.

Les Directeurs auront soin d'envoyer par le premier ordinaire à Lyon, la feuille mentionnée; & le Directeur du Bureau de la Banque de Lyon en réponse, accusera la reception de cette feuille, en faisant mention des sommes y contenues, & qu'il en a donné crédit auxdites personnes.

*Voyez* { Fol. 2. *Compte de Pierre.*
Fol. 3. *Compte de Jacques.*
Fol. 5. *Compte de Lyon.* }

A Lyon l'on agira de même pour les sommes que ceux qui ont compte en Banque, voudront remettre à Paris. Par exemple : Claude de Lyon veut remettre deux mille livres à Pierre à Paris, & Jean de Lyon trois mille livres à Jacques de Paris; l'opération se fait comme il suit.

Claude porte au Bureau de la Banque à Lyon son billet, pour que le Directeur paye à Pierre à Paris, deux mille livres.

Jean agit de même pour payer trois mille livres à Jacques de Paris. Par le premier ordinaire, le Directeur du Bureau de la Banque doit envoyer la feuille aux Directeurs de la Banque à Paris, en la forme suivante :

Fol. 5. pour *L* 5000.

*Messieurs les Directeurs de la Banque Royale à Paris, payeront aux suivans :*

| | |
|---|---|
| *A Pierre, valeur de Claude,* | *L* 2000 |
| *A Jacques, valeur de Jean,* | *L* 3000 |
| | *L* 5000 |

*Pour la somme de cinq mille livres.*
*A Lyon ce 20 Juillet 1720.*

Visé par un Inspecteur. Signé par le Directeur.

Les

Les Directeurs doivent faire donner crédit des sommes portées par la feuille de Lyon, à Pierre & à Jacques, & débiter le Bureau de Banque de Lyon, de la somme totale.

Voyez { Fol. 2. *Compte de Pierre.*
Fol. 3. *Compte de Jacques.*
Fol. 5. *Compte de Lyon.* }

Les Directeurs de la Banque à Paris accuseront aux Directeurs de Lyon, la reception de la feuille; & feront aussi mention de la somme y contenue, & qu'ils ont donné crédit à ceux qui y sont mentionnés.

Comme la Banque agit avec le Bureau de Banque à Lyon, & le Bureau de la Banque de Lyon avec la Banque de Paris, l'on doit opérer de même avec toutes les Villes où il y a Bureau de la Banque. Ainsi ceux qui ont compte en Banque, peuvent remettre telle somme qu'ils souhaitent dans toutes les Villes du Royaume où il y a Bureau de Banque, sans aucuns frais, ni risques, pourvû toutefois que cette somme n'excéde point la valeur du crédit de leur compte.

La même opération se doit faire des Villes de Provinces à une autre Ville de Province, où il y a Bureau de Banque; & l'on doit agir, comme il a été dit par l'exemple de Paris à Lyon. Les Bureaux doivent envoyer semblables feuilles par tout, où les Particuliers, qui ont compte en Banque, veulent faire des remises.

Les Directeurs en Provinces, où il y a Bureau de Banque, feront également leur bilan dans le tems prescrit par l'Arrêt du Conseil d'Etat ci-devant rapporté; & en envoyeront copie aux Directeurs de la Banque à Paris, signée par les Inspecteurs & Contrôleurs.

Les Teneurs de Livres seront tenus d'envoyer tous les soirs à ceux qui le souhaitent, une note de toutes les parties qui leur auront été payées, ou écrites, ou des remises qui leur auront été faites des Villes de Provinces. Pour cet effet il sera payé au Teneur de Livres, par ceux qui auront souhaité cette note, cinquante livres toutes les années, sans que ceux-ci puissent en exiger davantage; laquelle somme doit être remise aux Directeurs, qui la partageront par égale portion entre les Teneurs de Livres.

Quelque utile qu'eût paru d'abord l'établissement des comptes en Banque, le succès ne répondit pas à l'espérance qu'on en avoit conçûe; au contraire, il causa beaucoup de trouble dans le commerce intérieur & extérieur du Royaume. Le Public y prit peu de confiance, à cause de l'impossibilité de les convertir en argent; & craignit que lesdits comptes ne devinssent dans la suite forcés pour le payement de toutes sortes de dettes.

Ces inconvéniens ayant paru plus grands, que les avantages qu'on s'en étoit promis; & une courte, mais sûre expérience, ayant fait connoître, que les Négocians François ne s'accoutumeroient qu'avec peine à ce commerce d'écritures, bien que si utile à leurs voisins, Sa Majesté toujours attentive à la plus grande commodité & au plus grand bien de ses sujets, trouva à propos de supprimer les Comptes en banque par un Arrêt du 26 Décembre 1720, indiquant en même tems des emplois & des débouchemens pour les sommes qui y avoient été portées.

L'exécution de cet Arrêt ayant fait naître quantité de contestations au sujet du payement des traites & transactions faites en écritures de banque avant leur suppression; Sa Majesté pour les arrêter & prévenir donna un second Arrêt le 21 Janvier 1721, par lequel après avoir de nouveau confirmé ladite suppression des Comptes en banque, elle ordonne entr'autres choses:

1°. Qu'il ne seroit plus permis à l'avenir de donner lesdites écritures, en payement, même de gré à gré; Sa Majesté déclarant néanmoins valables les offres faites en justice avant la publication du précédent Arrêt. 2°. Que les Billets de commerce, & autres payables en écritures en banque anciennes ou nouvelles, ne seroient payés dans la suite qu'en especes. 3°. Que l'évaluation desdites écritures se régleroit eu égard à ce que perdoient les Comptes en banque au tems de la transaction desdits billets, & ce par rapport aux especes d'or & d'argent du cours d'alors.

Cet Arrêt a encore quelques autres dispositions, mais moins importantes.

Enfin, pour terminer entiérement l'affaire des comptes en Banque, le Roi par un troisiéme Arrêt du 14 Février 1721, confirma les emplois desdits comptes, déja indiqués dans l'Arrêt du 26 Décembre 1720; sçavoir, en rentes viageres sur les Aydes & Gabelles, en rentes sur les Tailles & autres impositions, créées par Edit du mois d'Aout précédent; ou en actions rentieres sur la Compagnie des Indes; & prescrivit plus particuliérement la forme en laquelle lesdits emplois, & les certificats des Directeurs desdits comptes en Banque, pourroient être faits.

BANQUE ROYALE D'ANGLETERRE.

La Banque Royale d'Angleterre a les mêmes Officiers que l'Echiquier. (*Voyez cet article.*) Le Parlement en est garant; c'est lui qui lui assigne les fonds nécessaires pour les emprunts qu'elle fait pour l'Etat.

Ceux qui veulent mettre leur argent à la Banque, en prennent des billets dont les intérêts leur sont payés jusqu'au jour du remboursement, à raison de six pour cent par an.

Les Officiers de la Banque Royale font publier de tems en tems les payemens qu'ils doivent faire, & pour lors ceux qui ont besoin de leur argent le viennent recevoir. Il est cependant permis aux Particuliers d'y laisser leur fond, s'ils le jugent à propos, & les intérêts leur en sont continués sur le même pied de six pour cent par an.

Comme il n'y a pas toujours des fonds à la Banque pour faire des payemens, ceux qui, dans les tems que la caisse de la Banque est fermée, ont besoin de leur argent, négocient leurs billets à plus ou moins de perte, suivant le crédit que ces papiers ont dans le public; ce qui arrive ordinairement suivant les circonstances, & le bon ou mauvais succès des affaires de l'Etat.

BANQUE. On employe ce terme en diverses significations mercantilles, dont on va rapporter ici celles qui sont le plus en usage.

BANQUE. On appelle en France, Bureaux de la Banque Royale, les lieux où se font les diverses opérations de cette Banque, où se tiennent ses Livres, où se font les payemens, & où l'on fait les viremens de parties, soit en débit, soit en crédit, pour ceux qui y ont des comptes ouverts. Les principaux de ces Bureaux, après celui de Paris, qui est le Bureau général, & comme le centre de tous les autres; sont, Tours, Rouen, Caen, Lyon, Poitiers, la Rochelle, Limoges, Bordeaux, Bayonne, Toulouse, Montpellier,

Riom, Dijon, Perpignan, Orléans, Reims, Nantes, Troyes, Amiens, Bourges, Grenoble, Aix, Rennes, Metz, Strasbourg, Lisle, Besançon, & Pau. Il y en a encore quelques-uns, mais moins considérables.

BANQUE. Avoir un compte en Banque : c'est y avoir des fonds, & s'y faire créditer, ou débiter, selon qu'on veut faire des payemens à ses Créanciers, ou en recevoir de ses Débiteurs en argent de Banque, c'est-à-dire, en billets, ou écritures de Banque.

Avoir crédit en Banque; c'est être écrit sur les Livres de la Banque, comme son Créancier : y avoir débit, c'est en être Débiteur.

Ouvrir un compte en Banque : c'est la premiere opération que font les Teneurs de Livres d'une Banque, lorsque les Particuliers y portent des fonds pour la premiere fois.

Donner crédit en Banque : c'est charger les Livres de la Banque des sommes qu'on y apporte; ensorte qu'on fait débiter sa caisse, c'est-à-dire, qu'on la rend débitrice à ceux qui y déposent leurs fonds.

Ecrire une partie en Banque : c'est faire enregistrer dans les Livres de la Banque, le transport mutuel qui se fait par les Créanciers & les Débiteurs, des sommes, ou de portion des sommes qu'ils ont en Banque : ce qu'on appelle Virement de parties. *Voyez* VIREMENT.

Créancer quelqu'un en Banque : c'est le rendre Créancier de la Banque : le débiter, c'est l'en faire Débiteur.

Ecritures de Banque; ce sont les diverses sommes, pour lesquelles les Particuliers, Marchands, Négocians, & autres, se sont fait écrire en Banque. L'article 6 de l'Arrêt du 13 Juillet 1720, rapporté ci-dessus, ordonne : *Que toutes Lettres de change, Billets de commerce, &c. de cinq cent livres, & au dessus, seront acquittés en écritures, à peine de nullité, &c.*

BANQUE D'EMPRUNT, en Hollandois Bankvanleeninge. C'est une espece de Mont de pieté établi à Amsterdam, où l'on prête de l'argent aux Particuliers qui en ont besoin, moyennant qu'ils y déposent des gages pour la sureté des sommes prêtées, & qu'ils en payent l'intérêt réglé à tant par mois par les Bourguemestres ou Echevins. C'est ce qu'on nomme plus ordinairement la maison des Lombards, ou simplement le Lombard. *Voyez* ce dernier article.

BANQUÉ. Nom qu'on donne aux bâtimens, ou navires, qui vont sur le grand banc de Terreneuve, à la pêche des morues. On dit, qu'un navire est Banqué; pour dire, qu'il est sur le grand banc; & qu'il est Débanqué, pour signifier qu'il en est dehors.

BANQUEREAU; petit banc de mer. Il se dit principalement des petits bancs qui ne sont pas éloignés du grand banc où l'on pêche la morue.

Ces petits bancs sont, le Banc au verd, le Banc neuf, le petit banc, ou Banc Jacquet, & les Banquereaux proprement dits, qui sont entre l'Isle de sable & Terre-neuve. *Voyez* l'Etat général du Commerce où il est parlé de celui de Terre-neuve, page 526.

BANQUEROUTE. Faillite, fuite, abandonnement de biens, que fait un Banquier, un Marchand, ou un Négociant.

On fait pourtant différence entre la Banqueroute, & la faillite; parce que la Banqueroute est volontaire & frauduleuse, quand le Marchand fait perdre malicieusement à ses Créanciers, ce qu'il leur doit; & qu'il leur fait cession & abandonnement de ses biens, après en avoir mis à couvert, ou emporté les meilleurs & les plus liquides : & qu'au contraire, la faillite est contrainte & nécessaire, & toujours causée par quelque accident.

L'on tient qu'un homme a fait faillite, dès qu'il n'a pas payé à l'échéance les Lettres de change qu'il a acceptées, ou qu'il n'a pas rendu l'argent à ceux à qui il a fourni des Lettres qui sont revenues à protêt, & qu'elles lui ont été dénoncées; ou qu'il n'a pas payé les billets qu'il a faits dans les tems de leurs échéances, soit à cause de l'impuissance dans laquelle les disgraces qui lui sont arrivées, l'ont réduit, soit à cause que ses effets ne sont pas exigibles, & qu'il ne les peut retirer dans le tems qu'il a demandé à ses Créanciers.

Cette faillite diminue à la vérité le crédit & la réputation du Marchand; mais elle ne le note pas d'infamie, comme fait la Banqueroute frauduleuse, pourvû qu'il paye exactement ses Créanciers, aux termes des contrats d'atermoyement qu'il a passé avec eux.

Il y a encore une autre espece de faillite, qui est différente de la Banqueroute frauduleuse, & qui néanmoins est regardée comme plus infamante que la premiere : c'est lorsqu'un Marchand ayant perdu la plus grande partie de son bien, par le naufrage, ou prise de ses vaisseaux, par les Banqueroutes & faillites de ses Débiteurs, par l'infidélité de ses Associés, ou par d'autres semblables accidens, est contraint de faire perdre à ses Créanciers une partie de ce qu'il leur doit, & de leur demander du tems pour le reste.

Quand un Marchand disparoît, sans une raison légitime & apparente, & que l'on ne le voit plus sur la place du change, ou à la bourse, cela se nomme Faillite de présence & de crédit, d'où est venu le mot Faillite.

La Banqueroute, ou la faillite, est réputée ouverte du jour que le Débiteur s'est retiré, ou que le scellé a été apposé sur ses biens.

Ceux qui ont fait faillite, sont obligés de donner à leurs Créanciers, un état certifié d'eux, de tout ce qu'ils possedent, & de tout ce qu'ils doivent, & de leur représenter tous leurs Livres & Registres en bonne forme; autrement ils seroient réputés Banqueroutiers frauduleux.

Si quelqu'un a aidé, ou favorisé une Banqueroute frauduleuse, en quelque maniere que ce soit, il encourt la peine d'une amende de 1500 liv. & paye le double de ce qu'il peut avoir diverti, ou trop demandé; ce qui tourne au profit des Créanciers, le tout conformément à l'Ordonnance du mois de Mars 1673.

Il y a une Déclaration du Roi du 18 Novembre 1702, qui veut que toutes les cessions & transports sur les biens des Marchands, qui font faillite, soient nuls & de nulle valeur, s'ils ne sont faits dix jours au moins avant la faillite publiquement connue : comme aussi que les actes & obligations qu'ils passeront pardevant Notaires, au profit de quelques-uns de leurs Créanciers, ou pour contracter de nouvelles dettes; ensemble les Sentences qui seront rendues contr'eux, n'acquereront aucune hypotheque ni préférence sur les Créanciers chirographaires, si lesdits actes

& obligations ne sont passés, & si lesdites Sentences ne sont rendus pareillement dix jours au moins avant la faillite publiquement connue.

Par autre Déclaration du 13 Juin 1716, tous Marchands, Négocians, Banquiers, & autres, qui ont fait, ou feront faillite, sont tenus de déposer un état détaillé, & certifié véritable, de tous leurs effets, meubles, & immeubles, comme aussi de leurs dettes, ensemble tous leurs Livres & Registres, au Greffe de la Jurisdiction Consulaire du lieu de leur demeure, ou de la plus prochaine; faute de quoi, ils ne pourront être reçûs à passer avec leurs Créanciers aucuns contrats d'atermoyement, concordats, transactions, &c. non plus que se prévaloir d'aucun sauf-conduit à eux accordé par leursdits Créanciers; & pourront être poursuivis extraordinairement, comme Banqueroutiers frauduleux, par les Procureurs Généraux, ou leurs Substituts; même par un seul de leurs Créanciers, sans le consentement des autres : Sa Majesté déclarant néanmoins, qu'elle n'entend déroger en aucune maniere aux usages & priviléges de la Jurisdiction Consulaire de Lyon, qui seront observés, comme auparavant.

BANQUEROUTIER. Marchand, Banquier, ou Négociant, qui fait banqueroute, qui se dérobe à ses Créanciers, par la fuite, ou par l'absence, pour les frustrer de ce qu'il leur doit.

On appelle proprement Banqueroutiers frauduleux, ceux qui par une malice affectée détournent leurs effets, ou qui les mettent à couvert sous des noms empruntés par des fausses ventes ou des transports simulés, ou qui font paroître de faux Créanciers.

L'Ordonnance de Henry IV de l'an 1609, & celle de Louis XIV de l'an 1673, veulent qu'ils soient poursuivis extraordinairement, & punis de mort.

Ces Ordonnances ne sçauroient être trop exactement observées, ni trop sévérement exécutées; étant à craindre que l'indulgence pour ces sortes de Banqueroutiers, ne soit cause que les Négocians ne tombent dans le désordre, par l'espérance de l'impunité; & que le commerce ne diminue, la bonne foi & la sureté cessant de s'y trouver.

BANQUIER. Celui qui fait la banque, c'est-à-dire, Négociant, Commerçant, ou Trafiquant en argent; qui fait des traittes & remises d'argent; qui donne des Lettres de change, pour faire tenir de place en place. C'est proprement un Marchand d'argent. *Voyez* BANQUE, BILLETS, CHANGE, & RECHANGE.

Les Banquiers sont réputés majeurs pour le fait de leur commerce & banque, & ne peuvent être restitués pour cause de minorité. *Art. 6 du titre premier de l'Ordonnance du mois de Mars 1673.*

Il y avoit des especes de Banquiers chez les Romains; mais dont l'emploi & les fonctions avoient bien une autre étendue, que celles des Banquiers d'aujourd'hui. Ils étoient des Officiers publics, qui réunissoient, pour ainsi dire, les offices d'Agens de change, de Courtiers, de Commissionnaires, & de Notaires, faisant le change, se chargeant des dépôts, se mêlant des achats & des ventes, & faisant tous les actes & écritures nécessaires pour tant de diverses fonctions.

BANQUO, ou BANCO. Banque pour le commerce, qui est établie à Venise. *Voyez* BANCO.

BANSE. Grande manne carrée, longue & profonde, faite de menus morceaux de bois entrelassés, ordinairement de châtaignier, qui sert à transporter plusieurs sortes de marchandises, particuliérement des chaudrons, & autres ouvrages de chaudronnerie.

BANTAM, Capitale d'un Royaume de même nom dans l'Isle de Java. *Voyez* l'étendue du Commerce qui se fait dans ce Royaume, Etat général, page 462.

BAN-VIN. Privilége, ou droit, qui donne pouvoir aux Seigneurs de vendre le vin de leur crû, durant le tems porté par les Coutumes, ou par leurs titres, à l'exclusion de tous autres, demeurans dans l'étendue de leurs fiefs & seigneuries.

M. Furetiere dans son Dictionnaire, prétend que les titres de Ban-vin doivent être antérieurs au premier Avril 1560; & que le vin doit être vendu dans la maison seigneuriale, & non ailleurs.

Ce droit en certains lieux s'étend non-seulement aux autres liqueurs, mais encore à la chair des bœufs, vaches, porcs, & autres animaux nourris dans les basses-cours des Seigneurs.

BANZA. *Voyez* SAN-SALVATOR.

## BAP

BAPTESME. Cérémonie qui se fait dans les voyages de long cours sur les vaisseaux Marchands, à ceux qui passent pour la premiere fois le Tropique, ou la Ligne, & aux vaisseaux mêmes, qui ne les ont point encore passés.

Le Baptême des vaisseaux est simple, & se fait en le lavant par tout d'eau de mer. Pour celui des Passagers, il se fait avec plus de cérémonie & de mystere, comme on le dira dans la suite; mais l'un & l'autre ne s'acheve point, sans donner pour boire à l'équipage; les Matelots, à l'égard du Baptême du vaisseau, se croyant en droit d'en couper l'éperon, si le Capitaine ou le Maître ne le rachetent de plusieurs bouteilles d'eau-de-vie, & de quelque argent. Ce présent du Maître ne passe point pour avarie; & les Fretteurs n'en sont point tenus, mais le Propriétaire du vaisseau.

Pour ce qui est du Baptême des personnes, voici comme il se fait.

Le plus ancien des Matelots, qui ont déja passé la Ligne ou le Tropique, bizarrement équipé, le visage noirci, un bonnet grotesque en tête, un Routier, ou autre livre de Marine en main, & suivi de plusieurs autres Matelots masqués comme lui, & chacun quelque ustencile de cuisine pour armes, vient, tambour battant, se placer gravement sur un siege préparé pour lui sur le tillac au pied du grand mât.

C'est entre les mains de ce plaisant Magistrat que chaque Passager, non encore initié à ce mystere, va jurer de faire observer la même cérémonie, lorsqu'il se trouvera dans le cas. Si le Passager donne comptant quelque gratification, ou la promet, il en est quitte pour son présent, & quelques goutes d'eau : les autres au contraire, ainsi que le commun des Matelots, sont innondés de sceaux d'eau, qu'on tient prête dans des bayes, ou bacquets. Pour les Mousses, on les met sous un panier, où ils sont mouillés à discrétion; & de plus, en mémoire d'une si rare cérémonie, ils sont obligés de se fouetter les uns les autres, à quoi ils ne s'épargnent pas.

L'argent mis au bassin, ou se partage entre les Matelots de l'équipage, ou se réserve pour leur acheter des rafraîchissemens au premier lieu commode où l'on aborde.

## B A Q

BAQUET. *Voyez* BACQUET.

BAQUIER. Coton de très médiocre qualité, dont il se fait quelque négoce à Smyrne. Il ne s'y en débite année commune que quatre ou cinq quintaux, qui se vendent depuis huit jusqu'à dix piastres le quintal. Il paye à Marseille & au Pont de Beauvoisin le droit de vingt pour cent sur le pied de quarante-huit livres le quintal. *Voyez* COTON.

## B A R

BAR. (Duché de) *Voyez* le Commerce qui s'y fait, Etat général, page 225.

BAR. Instrument dont on se sert pour transporter des fardeaux. C'est une espece de civiere renforcée. Le Bar est composé de deux longues & fortes pieces de bois équaries, à la réserve des deux extrémités de chaque piece, qui sont arrondies, pour les mieux empoigner, & qui ont des mantonnets par dessous, pour arrêter les bretelles des Bardeurs. Quatre, quelquefois six traverses, moins fortes que les deux pieces, & seulement longues de deux pieds au plus, y sont emmortoisées & les unissent ensemble.

Cet instrument se porte à deux, à quatre, ou à six, suivant le poids des choses qu'on veut transporter. Les deux Manœuvres, qui sont entre les branches, ont des bretelles; les quatre autres, si l'on porte à six, n'en ont point, mais soutiennent le Bar des deux mains; & s'appuyant deux à chaque côté de ceux qui sont dans les branches, marchent en les arcboutant épaules contre épaules. Souvent, quand le poids est extraordinaire, deux Arbalêtriers soutiennent encore le Bar par le milieu, en mettant des pinces de fer en travers.

On se sert du Bar dans les atteliers de Maçonnerie, pour porter les pierres de tailles, & autres materiaux pour le service des Maçons & Limosins.

Lorsque ce sont des pierres taillées, sur-tout s'il y a de l'architecture, on met une natte, ou des rouleaux de paille sur le Bar, de crainte que les arrêtes ne s'écornent. Ces nattes se nomment des Torches; & l'on dit, qu'un Bar est armé de ses torches, lorsque les nattes sont placées dessus.

BAR. Les Ciriers qui fabriquent la bougie de table dans les Blanchiries des Cires, se servent de Bars, mais plus légers que ceux de la maçonnerie, pour porter les bougies achevées à l'herberie.

BARACOA, Ville de l'Isle de Cuba dans l'Amérique Espagnole. *Voyez* l'Etat général, page 479.

BARANCA. Les Espagnols de la Castille d'or & de la Cartagéne de l'Amérique, appellent *Baranca de Malambo*, le Bureau de recette, qu'ils ont sur la riviere de la Magdeleine, à six lieues de la mer du Nord, où se déchargent toutes les marchandises d'Europe destinées pour la nouvelle Grenade. Ce Bureau est à trente lieues de Cartagéne, & à vingt de Sainte-Marthe.

BARANDAGE. Sorte de pêche qui est défendue par les Ordonnances. *Voyez* l'article X du Titre XXXI de l'Ordonnance de 1669.

BARAS. Nom que plusieurs Ouvriers, qui se servent du Borax, donnent à ce minéral. *Voyez* BORAX.

BARAT. Vieux mot François, & hors d'usage, qui signifioit autrefois Tromperie, Fourbe, Mensonge. C'est de Barat que vient le terme de Baratterie, dont il y a un titre dans les Ordonnances de Marine. *Voyez ci-dessous* BARATTERIE.

BARATTE. Vaisseau fait de douves, plus étroit par le haut que par le bas, qui sert à battre le beurre, ou plutôt la crême dont il se fait.

Au-dessus de l'ouverture de la Baratte, est une sebille troucé, qui lui sert comme de couvercle, par le trou de laquelle passe le bâton, ou manche du batbeurre.

On appelle Batbeurre, un cylindre de bois, peu épais, troué de plusieurs trous, & emmanché de champ, c'est-à-dire, de plat, au bout d'un bâton. Les trous du cylindre sont faits pour donner passage au lait de beurre, à mesure que le beurre s'avance. *Voyez* BEURRE.

BARATTERIE. Malversation, tromperie. Ce terme est tiré du vieux mot François Barat, qui signifioit toutes sortes de tromperies. On disoit aussi, Baratter, pour dire, tromper.

BARATTERIE DE PATRON, en terme de commerce de mer. Veut dire, les larcins, les déguisemens, & altérations de marchandises, que peuvent causer le Maître & l'équipage d'un vaisseau, & généralement toutes les supercheries & malversations, qu'ils mettent assez souvent en usage, pour tromper le Marchand Chargeur, & autres qui ont interêt au vaisseau.

L'article 28 du titre 6 du Livre 3 de l'Ordonnance de Marine du mois d'Août 1681, porte: Que les Assureurs ne seront tenus de porter les pertes & dommages arrivées aux vaisseaux & marchandises par la faute des Maîtres & Mariniers, si par la police ils ne sont chargés de la Baratterie de Patron.

Les peines de la Baratterie sont mentionnées dans cette même Ordonnance, au titre premier du Livre 2, dont les articles suivent.

Art. 20. Le Maître qui a pris sans nécessité de l'argent sur le corps, avictuaillement, ou équipement du vaisseau, vendu des marchandises, engagé des apparaux, ou employé dans ses mémoires des avaries, & dépenses supposées, est tenu de payer en son nom, déclaré indigne de la Maîtrise, & banni du Port de sa demeure ordinaire.

Art. 32. Il est défendu à tous Maîtres de revendre les victuailles de leur vaisseau, & de les divertir, ou receler, à peine de punition corporelle.

Art. 35. Si le Maître fait fausse route, commet quelque larcin, souffre qu'il en soit fait dans son bord, ou donne frauduleusement lieu à l'altération, ou confiscation des marchandises, ou du vaisseau, il doit être puni corporellement.

Art. 36. Le Maître, qui est convaincu d'avoir livré aux Ennemis, ou malicieusement fait échouer, ou périr un vaisseau, doit être puni du dernier supplice.

BARBACOA, un des Ports de l'Amérique Espagnole sur la mer du Sud. *Voyez* l'Etat général, page 489.

BARBACOA. Espece de grand gril de bois, élevé dans le milieu d'un Boucan, sur lequel l'on met la viande & le poisson, qu'on veut faire boucaner. Ce terme, qui est Caraïbe, a passé dans la langue Françoise, depuis que les François se sont établis dans les Isles Antilles de l'Amérique. *Voyez* BOUCAN.

BARBANÇON, dans le Haynaut. *Voyez* l'Etat général, page 225.

BARBARIE. Grande étendue de Pays dans l'Afrique, assise le long de la Méditerranée, où les Marchands François, particuliérement les Provençaux, font un très grand commerce. *Voyez* l'Etat général, ci-devant, pages 312, 364.

On donne le nom de Barbes aux chevaux que l'on tire de cette partie de l'Afrique. *Voyez l'article suivant.*

BARBE. Cheval qu'on tire de Barbarie.

Les chevaux Barbes sont très estimés pour leur vigueur & leur vitesse, & peut-être encore plus pour leur rareté. Ils sont ordinairement d'une taille menue, & les jambes fort déchargées. On s'en sert également à la selle, & au carosse; & l'on en fait d'excellens étalons pour les haras. Pour les faire reconnoître, on a coutume en France, particuliérement à ceux de carosse, de leur pendre au-dessous de la gorge, une espece de barbe de crin, ordinairement teinte en rouge.

Les Consuls François, qui résident dans les Villes de Barbarie, font assez souvent des voitures de chevaux Barbes, ou que des gens de qualité leur demandent, ou qu'ils envoyent en France pour leur compte : mais les Connoisseurs estiment peu ceux qui viennent par cette voye; s'y en trouvant toujours de rebut, à cause que les Consuls, quelque bonnes intentions qu'ils ayent, se connoissent ordinairement beaucoup mieux en tout autre commerce, qu'à celui des chevaux.

Quand le Roi veut des Barbes pour ses haras, ou ses écuries, il en charge quelqu'un de ses Ecuyers, qui pour l'ordinaire passe pour Envoyé auprès des Princes Africains; mais qui pour cela n'en paye pas moins les droits.

Ces droits ne sont pas égaux par-tout; & souvent il se fait de grandes avanies, avant que les chevaux soient à bord; ces Barbares ne cherchant qu'à surprendre les Européens, qui trafiquent avec eux. Au Bastion de France on paye 13 piastres pour les droits de sortie de chaque cheval; sçavoir, 10 au Gouverneur, 2 au Capitaine, & une au Truchement. *Voyez le Commerce de Barbarie, & du Bastion de France. Voyez aussi l'article des Chevaux.*

BARBE DE RENARD, ou RAME DE BOUC. Espece de gomme, qui vient du Levant. On la connoît davantage sous le nom d'Adraganth. *Voyez* ADRAGANTH.

BARBERIE. Nouveau mot, qui signifie dans les Statuts des Maîtres Chirurgiens Jurés de Paris, & dans ceux des Maîtres Perruquiers, l'art de faire & de raser la barbe & les cheveux. *Voyez* CHIRURGIEN, *ou* PERRUQUIER.

BARBES. Terme de Monnoye. Ce sont les pointes, ou filets, qui sont aux flaons, qu'on prépare pour en frapper des especes, & qu'on ôte en les frottant dans un crible de fer. *Voyez* MONNOYE.

BARBESIEUX. Ville de la Généralité de la Rochelle. *Voyez* l'Etat général, page 83.

BARBET. Espece de chien à gros poil, long & frisé. Le poil des Barbets entre quelquefois dans le feutrage des chapeaux. *Voyez* CHAPEAU. *Voyez aussi* CHIEN.

BARBIER. Celui qui fait la barbe. Il y a à Paris deux sortes de Communautés, qui par leurs Statuts ont permission de tenir boutique pour la façon des barbes, & d'y mettre des bassins en Enseigne.

La premiere, est celle des Maîtres Chirurgiens, dont les bassins de l'enseigne doivent être jaunes : l'autre, des Marchands Perruquiers-Etuvistes, desquels les bassins sont blancs. *Voyez les articles de ces deux Communautés.*

BARBOTINE, ou SEMEN CONTRA, (il faut sous-entendre *Vermes.*) Graine qui sert à faire mourir les vers, qui s'engendrent dans le corps humain, auxquels sur tout les enfans sont fort sujets.

On l'appelle encore *Semen Sanctum*, *Semen Santonicum*, Semencine, Santoline, ou Xantoline; enfin, Poudre à vers.

La plante qui produit cette graine, a les feuilles si petites, qu'à peine peut-on les distinguer de la graine même. On prétend qu'il en croît en Xaintonge, d'où lui vient un de ses noms : mais celle que vendent les Marchands Droguistes, vient de Perse, & des confins de la Moscovie; & les François, Anglois, & Hollandois la tirent d'Alep, d'Alexandrette, & de Smyrne.

Cette graine, pour être bonne, doit être bien nourrie, verdâtre, d'une odeur agréable, & très verte, sur tout prendre garde qu'on ne l'ait point verdie, ou qu'on ne lui substitue de la semence d'Auronne.

Les Anglois & Hollandois se servent de cette graine, pour en faire des dragées, comme on en fait d'anis.

*La Barbotine, ou* Semen contra, *paye en France de droits d'entrée 5 livres du cent pésant, conformément au Tarif de 1664; & encore vingt pour cent de sa valeur, suivant l'Arrêt du Conseil du 15 Août 1685; comme Marchandise venant de Perse & du Levant.*

BARBOUDES ... *Le cent pésant paye en France de droits d'entrée six livres, suivant le Tarif de 1667, & Arrêt du 25 Avril 1690.*

BARBOUILLER. Peindre grossiérement avec une brosse, enduire quelque chose d'une seule couleur. On dit plus ordinairement Imprimer. *Voyez* IMPRIMER.

BARBOUILLEUR. Celui qui peint, qui imprime quelque chose de couleur, en huile, ou en détrempe, avec une grosse brosse. Il ne se dit gueres que par dérision, & en parlant d'un mauvais Peintre. Barbouillage se dit de même en plaisantant, lorsqu'on veut signifier une mauvaise peinture. *Voyez comme dessus.*

BARCALLAO. Espece de morue tout-à-fait semblable à celle de Terre-neuve. Elle se trouve dans plusieurs endroits de la mer du Sud; mais la plus grande pêche s'en fait sur les côtes de l'Isle de Juan-Fernando, à quatre-vingt lieues à l'Ouest de Valparesso, sur la côte du Royaume de Chily.

Un nommé d'Apremont, François de Nation, qui avoit été Garde du Corps du Roi de France Louis XIV, fut le premier qui apprit aux Espagnols du Perou, à pêcher, apprêter, & sécher cette morue, vers l'an 1713. *Voyez* MORUE.

BARCELONE. Ville d'Espagne. *Voyez* l'Etat général, page 243.

BARCOLOR. Place du Canara à la Côte de Malabar. *Voyez* l'Etat général, page 435.

BARDE. Tranche de lard, large & mince, qu'on met sur les chapons, poulets, pigeons, & autres volailles, qu'on veut rôtir & manger, sans être lardées. Les Bardes se font du plus gras & du plus épais des fleches de lard. Ce sont les Rôtisseurs & Cuisiniers, qui les taillent & coupent; mais ce sont les Chaircuitiers qui vendent le lard, dont ceux-ci les font. *Voyez les articles de ces trois Communautés.*

BARDEAU. Petit ais, dont on se sert au lieu de tuilles, pour couvrir les maisons. C'est une espece de mairin, débité en morceaux carrés-longs, de dix à douze pouces de longueur, sur six à sept de largeur. On appelle aussi Bardeau, de vieilles douves de futailles, coupées en morceaux, dont on fait des couvertures aux bâtimens peu considérables.

*Les droits d'entrée & de sortie du Bardeau se payent à peu près sur le pied du Mairin.*

BARDENOCHE. Espece d'étoffe, dont il est parlé dans le Tarif de la Douanne de Lyon. Les Marchands de Paris ne la connoissent pas, bien que le Tarif marque, qu'il s'en fabrique dans le Royaume, aussi-bien que dans les pays Etrangers.

BARDEURS. Ouvriers qui travaillent dans les atteliers de Maçonnerie, particuliérement quand les bâtimens se construisent avec de la pierre de taille. Ils sont employés à porter sur le bar, ou à traîner sur les binards, les pierres, à mesure qu'elles sortent de la main du Tailleur de pierre. *Voyez* BAR, *instrument dont ils se servent & qui les a fait nommer Bardeurs. Voyez aussi* BINARD.

BARDOT. Petit mulet, que l'on employe à porter le bagage. *Voyez* MULET, *&* HARAS.

BARETON. (Vallée de) en Bearn. *Voyez* l'Etat général, page 219.

BARETZ. Gros bourg de Poitou où l'on fait de ces sortes de serges que l'on nomme Boulanger de Camp. *Voyez* l'Etat général, page 63.

BARFOULS. Sorte d'étoffe qui se fait dans le Royaume de Cantor situé sur les bords de la riviere de Gambie. Les Barfouls servent d'habits aux Negres qui se nomment des Pagues. Ils en font aussi un grand commerce avec les Européans avec qui ils les échangent contre des barres de fer. *Voyez* le détail du Commerce d'Afrique, page 372.

BARGUIGNER. Marchander quelque chose sou à sou; avoir peine à se déterminer sur le choix, ou le prix d'une marchandise.

Chez les Italiens on se sert de ce mot, pour signifier, vendre à terme & à crédit.

En Anglois, *Bargain*, qui vient de l'ancien mot François, Bargagner, veut dire, une convention, un marché.

BARGUIGNEUR. Celui qui barguigne, qui est indéterminé & irrésolu, qui marchande trop.

BARHEM. Ville d'Arabie, une de celles dont le Commerce est le plus en réputation. *Voyez* l'Etat général, page 402.

BARIGA DE MORE. Sorte de soies que les Hollandois apportent des Indes Orientales sur les vaisseaux de la Compagnie. La meilleure Bariga vaut environ 21 s. $\frac{1}{2}$ de gros la livre. Elle se pese au poids d'Annas. La Bariga commune se vend 16 s. $\frac{1}{2}$ de gros. *Voyez* l'article des Soyes.

BARIL. Vaisseau rond, plus long que large, fait de bois, en forme de petit tonneau, qui sert à renfermer diverses especes de marchandises, tant liquides que séches.

Il y a des Barils de plusieurs sortes de bois, comme de sapin, de chêne, de hêtre; & il s'en fait de plus ou moins grands, suivant la quantité ou la nature des marchandises que l'on veut mettre dedans.

*Les Barils vuides payent en France de droits de sortie, huit sols du leth, qui est de douze Barils, & douze sols de droits d'entrée.*

BARIL, en Italien, BARILE. C'est la seconde des mesures dont on se sert à Florence pour les liquides. Il faut trois Barils pour faire un star, & vingt fiasques pour le Baril. *Voyez* STAR.

BARIL A LESSIVE. On nomme ainsi dans les Sucreries des Isles Antilles Françoises, les vaisseaux où l'on prépare les différentes lessives qui servent à purifier & clarifier le sucre. *Voyez* l'article du Sucre.

BARIL. Se dit aussi des marchandises contenues dans un Baril, & souvent il en dénote la qualité, ou en fixe le nombre ou le poids. Ainsi on dit, Un Baril ou Caque de hareng, Un Baril de maquereau, dont les douze Barils font un leth; chaque Baril en contenant plus ou moins, suivant l'espece. *Voyez* HARENG, *&* MAQUEREAU.

Un Baril de morue verte, un Baril de noues ou nos, autrement tripes de morue; Un Baril de langues de morue; Un Baril de rogues, ou œufs de morue. *Voyez* MORUE.

Un Baril de thon, d'esturgeon, d'anchois. *Voyez les articles de ces poissons.*

Six hambourgs de saumon font huit Barils. *Voyez* HAMBOURG.

Un Baril ou carteau de savon. *Voyez* SAVON.

Un Baril de fer blanc, Un Baril de fer noir. *Voyez* FER EN FEUILLES.

Un Baril, ou caque de poudre pour les vaisseaux, est ordinairement le poids de cent livres.

On dit encore, Un Baril de chair salée, Un Baril d'huile d'olive; Un Baril de caspres, d'olives, de vinaigre, de verjus, de moutarde de Dijon, &c. pour dire, Un Baril rempli de l'une de ces choses.

BARILLAGE. Se dit des petits Barils, qui tiennent environ la huitiéme partie d'un muid, & au dessous.

En fait de commerce de saline, quand on parle du Barillage, cela doit s'entendre de toutes sortes de tonneaux, ou futailles; comme gonnes, hambourgs, barils, demi-barils, quarts, & demi-quarts, ou huitiémes de barils, dans lesquels sont renfermées les diverses sortes de poissons salés; comme saumon, morue, hareng, maquereau, thon, esturgeon, anchoix, &c. Il y a des Contrôleurs du Barillage de la saline.

L'Ordonnance des Aydes du mois de Juin 1680, titre 4 des Entrepôts & du Barillage, art. 3 & 6, défend expressément de faire le Barillage, c'est-à-dire, de faire arriver du vin en bouteilles, cruches, ou barils, ni vaisseaux moindres que muids, demi-muids, quarts, & huitiémes, à l'exception des vins de liqueur, qui viennent en caisse; comme aussi d'en vendre en gros dans des vaisseaux moindres que demi-muids, ou quarts de muids. Il n'est pas même permis aux Vendans vin en détail, d'avoir chez eux du vin en bouteilles, cruches, & barils.

BARILLE. Espece de soude que l'on fait en Espagne avec des herbes brûlées; on la nomme aussi Fourée. *Voyez* cet article.

BARILLO. Les Portugais qui font le commerce des Soies dans les Indes Orientales, nomment ainsi les soies de la moindre qualité: les plus fines s'appellent Cabeça. *Voyez* cet article.

BARIQUAULT. Se dit quelquefois de certaines petites futailles, ou tonneaux, dont les grandeurs ne sont point réglées. Ainsi l'on dit, un Bariquault de sucre, un Bariquault de soufre, &c.

pour dire, un petit tonneau rempli de l'une de ces sortes de marchandises.

BARIQUE. Tonneau, ou futaille, qui sert à mettre diverses sortes de marchandises, particuliérement du vin & de l'eau-de-vie.

Les quatre Bariques de vin font à Paris trois muids; à Bordeaux, un tonneau, ou six tierfons; & en Anjou, deux pipes. La Barique contient deux cent dix pintes de Paris, ou vingt-six septiers & un quart de septier; ce qui revient à trois cent soixante pintes de Hollande.

Quoique les eaux-de-vie se mettent dans des futailles de différentes grosseurs, que l'on nomme Pipes, Pieces, Bottes, &c. qui contiennent depuis soixante jusqu'à quatre-vingt-dix verges, ou veltes; cependant ces diverses futailles, lors de la vente, se réduisent toutes en Bariques; & ces Bariques sont estimées contenir plus ou moins de verges, suivant les lieux.

A la Rochelle, Cognac, en l'Isle de Rhé, & dans tout le Pays d'Aunis, aussi-bien qu'à Embden en Frise, la Barique est de vingt-sept verges.

A Nantes, & en divers lieux de Bretagne & d'Anjou, de vingt-neuf verges.

A Bordeaux, & en plusieurs endroits de Guienne; à Bayonne, & aux environs, de trente-deux verges.

A Amsterdam, & dans toute la Hollande, ainsi qu'à Hambourg & à Lubeck, de trente verges. *Voyez* JAUGE, *&* VERGE.

En Angleterre, la Barique de vin, ou d'eau-de-vie, est de soixante-trois galons, chaque galon faisant quatre pintes, mesure de Paris; ensorte que la Barique de vin, ou d'eau-de-vie, doit être en Angleterre de deux cent cinquante-deux pintes de Paris. *Voyez* GALON.

L'huile de morue se met en Bariques, ou pieces; & ces Bariques sont ordinairement du poids de quatre à cinq cent livres, même jusqu'à cinq cent vingt. *Voyez* MORUE.

Les sardines, & l'huile qui en provient, se met aussi en Bariques. *Voyez* SARDINES, *vers le milieu de l'article.*

Les ranes, rogues, ou coques de maquereau, dont il se fait un grand négoce sur les côtes de Bretagne, se mettent pareillement en Bariques. *Voyez* MAQUEREAU.

BAROCHE, aux environs de Surate. *Voyez* l'Etat général, page 430.

BAROQUE. Perles Baroques. Ce sont les perles qui ne sont pas rondes, mais d'une forme irréguliere. *Voyez* PERLE.

BARQUE. Bâtiment de mer, ou de riviere, qui sert à transporter diverses sortes de marchandises.

On appelle à Paris, Huîtres de Barque, les huîtres qui y sont amenées en bateau, en remontant la riviere; ce qui les distingue des huîtres de chasse, qu'apportent les Chasses-marée sur des chevaux. Celles ci faisant plus de diligence, & restant moins de tems en route, sont toujours les plus fraîches, & par conséquent les plus estimées, & les meilleures. *Voyez* HUISTRE.

BARRA, que l'on appelle quelquefois BARRO. Mesure de longueurs, dont on se sert en Portugal, pour mesurer les corps étendus, comme draps, serges, toiles, &c. Les six Barras font dix cabidos, ou cavidos; chaque cabidos faisant quatre septiémes d'aunes de Paris. *Voyez* CABIDOS.

BARRA. Est aussi une mesure des longueurs, qui sert, en quelques endroits d'Espagne, à mesurer les étoffes. C'est la même chose que la verge de Seville. *Voyez* VERGE.

BARRACAN, ou comme on le nomme à Lyon, BARRAGAN. Espece d'étoffe à gros grain, non croisée. *Voyez* BOURACAN.

BARRACANIER. Ouvrier qui travaille en bouracan. *Voyez* BOURACANIER.

BARRAGAN. *Voyez ci-dessus* BARRACAN.

BARRAGE. Sorte de linge ouvré, qui se manufacture à Caen, & aux environs de cette Capitale de la Basse-Normandie. Il y a du grand Barrage fin, du grand Barrage commun, & du petit Barrage. *Voyez* LINGE.

BARRAGE. Droit établi pour la refection des ponts & passages, particuliérement du pavé. Ce droit s'appelle ainsi, à cause des barres, ou barrieres, qui traversent le chemin, aux entrées des Villes, & autres lieux, où ce droit est établi. Il ne se paye gueres que par les Voituriers pour leurs chariots, charettes, & chevaux de somme. Il y a cependant des lieux, où toutes les Voitures en général, même les gens de pied, ont coutume de le payer. Il est inégal, & plus ou moins fort, suivant les lieux. Les Voituriers, qui se chargent du transport des personnes, hardes, & marchandises, se chargent ordinairement de ces menus frais, sans augmentation de prix.

Les Barrages appartenans au Roi, entr'autres celui de Paris, composoient autrefois une Ferme particuliere: elle est présentement unie à celle des Aydes.

Les droits de barrage se payent à Paris sur tout ce qui y entre & arrive, soit par terre, soit par eau. Avant l'Arrêt du Conseil du Roi, du premier Février 1640, on distinguoit ces droits en nouveaux & anciens barrages, qui avoient été fixés par un Arrêt précédent du 21 Août 1638.

L'exécution de celui-ci ayant souffert de la difficulté, tant à cause de cette diversité de droits, que parce qu'ils n'avoient pas été assez clairement expliqués dans le tarif qui en avoit été dressé, on crut plus convenable à l'intérêt du Roi & du public de supprimer tous les droits de barrages tant anciens que nouveaux & d'en rétablir d'autres qui seront payés sur un seul tarif plus clairement & plus exactement exprimé.

En conséquence de cette résolution, le Roi en son Conseil, sans s'arrêter aux taxes portées par les premiers tarifs, ni à la maniere de les percevoir, & ayant néanmoins aucunement égard audit Arrêt du 21 Août 1638; ordonne que tous lesdits droits de barrage qui se levoient aux portes de la Ville & Fauxbourgs de Paris, & sur les chaussées & grands chemins de Châtre sous Montlhery, Linois, Lonjumeau, Bourg-la-Reine, Saint Cloud, le Roulle, Chaunevannes, Pont de Chatou, Saint Marcel & Coupeaux, Charenton, Saint Maur, Ville-Juifve, Juvisi, Essonne, Corbeil, Ville-neuve Saint George, Le Tilloi, Verberie, Louvres, Vaudrelan, & Beaumont sur Oyse; ensemble les droits de chaussées dont jouissoient les Prevôt des Marchands & Echevins de Paris aux portes de ladite Ville, & sur les chemins de la Chapelle, Saint Denis, & du Bourjet, seroient & demeureroient unis & incorporés auxdits nouveaux droits de barrages que Sadite Majesté avoit ordonné être levés tant sur les marchandises, denrées, & autres choses sujettes auxdits droits, entrant par les portes de ladite Ville & Fauxbourgs de Paris, qu'arrivant sur ses ports & quais, tant en montant qu'en avalant, & ce suivant l'état & tarif dressé au Conseil les même jour & an; auxquels droits dûs par les Marchands à cause desdites marchandises, les conducteurs & voituriers seroient contraints comme pour les affaires de sa Majesté : lesquels à cet effet se chargeront par leurs lettres de voitures, du payement desdits droits, pour s'en faire payer & rembourser par lesdits Marchands, &c... Pour être les deniers d'iceux droits employés; sçavoir, à ce qui conviendra pour l'entretien des pavés de ladite Ville & Fauxbourgs, & Banlieue, ensemble des chaussées étant aux avenues de ladite Ville; & le surplus, si aucun y a, au nétoyement des boues à la décharge des taxes payables pour cet effet par les Bourgeois.

Le tarif dressé au Conseil contient 61 articles, la plus grande partie concernant les marchandises & denrées arrivant par terre, & le reste pour celles arrivant par eau. On n'a pas cru devoir le rapporter ici, à cause des changemens qui y ont été faits, & qu'on le peut trouver dans l'Ordonnance des Aydes, à la Ferme desquelles le barrage a depuis été uni.

Des droits de barrage, tant par terre que par eau, sont exceptés par le même Arrêt de 1640, les voitures de sel, les munitions de guerre, les blés, farines, pains, les fruits cruds y compris les oranges, citrons, grenades, & marons, soit que lesdits fruits soient entonnés ou non; les herbages, la cendre, le sablon, les blanchissages de linge, les pierres de tailles, les moilons, les plâtres cruds & cuits, la chaux, & le pavé : ensemble les serges & draps rapportés de la teinture des Gobelins, en justifiant de l'acquit du payement fait pour lesdites serges & draps à l'entrée, comme aussi toutes les marchandises passant debout, & sans qu'aucunes marchandises soient tenues de rien payer à la sortie.

Par Ordonnance des Présidens Trésoriers de France Généraux des Finances, & grands Voyers de la Généralité, du 27 Octobre 1648, le précédent tarif fut affiché aux portes, ports, & quais de ladite Ville, avec défenses aux Fermiers & Commis de prendre ni exiger des particuliers, autres ni plus grands droits que ceux portés par icelui, à peine de concussion & de punition corporelle.

Les droits du domaine & du barrage de la Ville de Paris qui se payoient, les uns en exécution du tarif de 1651, & les autres, conformément à celui de 1640, ayant été unis pour ne plus faire qu'un seul & même droit, il en fut dressé un tarif commun par Déclaration du Roi du 17 Septembre 1692; mais les droits du pied fourché y ayant été omis, quoiqu'ils fussent compris dans lesdits tarifs de 1640 & 1651; Sa Majesté, par une nouvelle Déclaration du 3 Mars 1693, vérifiée en Parlement le premier Avril de la même année, ordonne que les droits du pied fourché seroient payés comme ils l'avoient toujours été, quoiqu'ils eussent été oubliés dans la Déclaration du 17 Septembre 1692. *Voyez* Pied fourché.

BARRAGER. Commis établi aux barrieres, pour faire payer & recevoir les droits de barrage.

BARRAS. Gomme, ou résine, qui découle des pins, par les incisions qu'on y fait.

Il y a deux sortes de Barras, qui ne sont gueres connus sous ce nom; mais que l'on nomme communément; l'un, Encens blanc; & l'autre, Encens marbré, ou madré, comme disent les Provençaux.

La différence de ces deux Barras ne vient que de leur couleur; & la diversité de leur couleur, de ce qu'ils sont recueillis plus ou moins proprement, ou qu'ils coulent par un beau ou un mauvais tems.

Le Barras, ou encens marbré, quand il est beau & bien net, se vend quelquefois par les Colporteurs, pour du benjoin, à qui véritablement il ressemble assez; mais l'odeur leur suffit, pour découvrir la friponnerie.

Le Barras, ou Encens blanc, est le véritable galipot. *Voyez* Galipot, *&* Encens.

*On ne dit rien ici des droits d'entrée que le Barras paye en France; on les trouvera dans les deux articles indiqués.*

BARRE. Mesure étendue, dont on se sert en Espagne, pour mesurer les étoffes, ainsi que l'on fait de l'aune en France. Il y a de trois sortes de Barres; celle de Valence, celle de Castille, & celle d'Arragon.

La Barre de Valence contient deux pieds neuf pouces sept lignes, qui font dix treiziémes de l'aune de Paris; de maniere que treize Barres de Valence font dix aunes de Paris, ou dix aunes de Paris font treize Barres de Valence.

La Barre de Castille contient deux pieds sept pouces deux lignes, & un peu plus, qui font cinq septiémes de l'aune de Paris; ensorte que sept Barres de Castille font cinq aunes de Paris, ou cinq aunes de Paris font sept Barres de Castille.

La Barre d'Arragon est, à quelques lignes près, semblable à celles de Valence & de Castille; ensorte que trois Barres d'Arragon font deux aunes de Paris.

Pour réduire les Barres de Castille en aunes de Paris, il faut se servir de la régle de trois, & dire : si sept Barres de Castille font cinq aunes de Paris, combien tant de Barres de Castille feront-elles d'aunes de Paris? Et si au contraire, on veut réduire les aunes de Paris en Barres de Castille, il faut dire : si cinq aunes de Paris font sept Barres de Castille, combien tant d'aunes de Paris feront-elles de Barres de Castille. Cette même régle doit servir pour faire les réductions des Barres de Valence en aunes de Paris, & des aunes de Paris en Barres de Valence.

Barre. Se dit aussi des choses mesurées avec la Barre : une Barre de serge : deux Barres de taffetas.

Barre. Les Portugais de Goa, & avec eux quelques Européens, qui négocient aux Indes, appellent Barre, le poids que l'on nomme autrement Bahar. *Voyez* Bahar.

Barre. Se dit encore de certains morceaux, ou pieces de métail étendus en longueur : Une Barre d'argent : une Barre de fer. *Voyez* Argent, *&* Fer.

Quand quelque marchandise est rare, & de bonne défaite, on dit, que c'est de l'or en Barre.

Barre. Signifie quelquefois une menue & longue piece de bois, ou de métail, qui sert à divers Artisans & Ouvriers, pour affermir, soutenir, & appuyer leurs ouvrages, ou leurs outils.

Ce qu'on appelle Barres chez les Imprimeurs, sont deux tringles de bois, qui traversent tout le berceau dans sa longueur, où sont attachées deux bandes

bandes de fer, sur lesquelles coule le train de la presse. *Voyez* IMPRIMERIE.

BARRE, en termes de Carrier. Est ce qu'on appelle plus communément une Pince de fer chez les Maçons, Charpentiers, Paveurs, & autres Ouvriers, qui ont de gros fardeaux à remuer. Les Barres des Carriers sont au nombre de neuf: une grosse, qui sert à poser la pierre, à la mettre sur les boules, & à la pousser au trou: celle-ci est de deux pouces de diametre, de sept pieds de long, & du poids de cent quatre-vingt livres. Les huit autres sont beaucoup plus petites, & servent à décharger la pierre de dessus les bois; six par en haut, & deux par en bas. *Voyez* CARRIER, & CARRIERE.

BARRE, chez les Tourneurs. Est une longue piece de bois, que l'Ouvrier a devant lui, sur laquelle il appuye ses outils en tournant. On l'appelle autrement Appuy & Support. *Voyez* TOUR.

BARRE. On appelle Barres, en termes de Couverturier, ces deux rayes de laine bleue, qui sont aux deux bouts de la couverture, & qui n'y servent que d'ornement: elles se font sur le métier en même-tems que la couverture, au contraire des couronnes, qui sont aux quatre coins, que le Tisseran-Couverturier ne fait qu'après coup, & lorsqu'il a levé la couverture de dessus le métier. *Voyez* COUVERTURE.

BARRE. Les Tonneliers appellent la Barre d'une futaille, cette piece de bois, qu'ils mettent à chaque bout, & qu'ils y font tenir avec un grand nombre de chevilles, une extrémité desquelles porte sur cette traverse, & l'autre entre dans des trous percés avec le barroir, dans ce qu'on appelle le Peigne du jable. La Barre sert à maintenir les douves des fonds, & à empêcher qu'elles ne se déplacent de dedans le jable.

BARRE. On appelle ainsi un long morceau de bois, qui traverse les ponts, & autres passages, où il se paye quelques droits, qu'on tient fermée, jusqu'à ce que le droit ait été acquitté. On croit que c'est de ces Barres, que viennent les mots de Barriere & de Barrage. *Voyez ci-dessus* BARRAGE.

BARRE. Ce terme a différentes significations dans la Marine. Quelquefois il signifie le timon du gouvernail; c'est-à-dire, cette grande piece de bois avec laquelle le timonier fait agir le gouvernail du vaisseau. Au plurier on le dit de quatre pieces de bois qui font saillies autour de chaque mât, au-dessous des hunes, pour les soutenir.

On appelle Barres d'Ecoutilles, les barres de fer avec lesquelles on les ferme; l'on a dit ailleurs ce que sont les barres de Cabestan. *Voyez* cet article.

Les demies barres de cabestan à l'Angloise, sont des barres qui n'entrent que jusqu'à la moitié du cabestan. Enfin il y a les barres d'Arcaste, les barres de Contre-arcaste; mais leur signification & leur forme ne sont gueres utiles qu'à ceux qui se mêlent des constructions de bâtimens de mer.

BARREAU. Terme d'Imprimerie. C'est la piece de fer, emmanchée de bois, qui sert à faire tourner la vis de la presse, pour imprimer. *Voyez* PRESSE D'IMPRIMERIE.

BARRE-FORT. On nomme ainsi à Bourdeaux, les grosses pieces de bois qui se tirent du pin, comme les poutres, les sablieres, les solives, &c. Les autres bois qui se font de ces arbres, sont des lattes, des feuilles, & des tables.

BARRER une futaille. C'est y mettre des barres. On le dit aussi des trous que l'on fait dans les peignes du jable avec le barroir.

BARRER des articles de sur son Livre. Signifie, en termes de commerce, effacer & rayer les articles portés en crédit sur un Journal, ou autre Registre, pour faire voir qu'on en a reçû le payement.

On barre aussi tout autre écrit, billet, obligation, quand on le veut annuller. On appelle cela Barrer, parce qu'on appelle Barres, les lignes, ou traits de plume, dont on croise ce qu'on veut qui reste inutile dans quelque Acte, ou Registre.

BARRIERES. On appelle ainsi dans les principales Villes de France, particuliérement à Paris, les lieux où sont établis les Bureaux des Entrées, & où les Commis en reçoivent les droits suivant les tarifs ou pancartes réglées au Conseil du Roi. On leur a donné le nom de Barrieres, parce que les passages par lesquels arrivent les voitures & les marchandises sujettes aux droits, sont traversées par une barre de bois qui roule sur un pivot, & qui s'ouvre, ou se ferme à la volonté du Commis.

Il y a à Paris soixante Barrieres qui sont toutes placées à la tête des Fauxbourgs. Dans vingt-deux de ces Barrieres qui sont les principales, outre les Commis du barrage, il y a des Commis pour la Douanne qui examinent les lettres de voiture, qui reçoivent les principaux droits, & qui veillent aux intérêts des Fermiers Généraux de Sa Majesté. Les autres Barrieres ne sont pour ainsi dire que des barrieres succursales, pour tenir plus libres celles-ci qui ne manqueroient pas d'être toujours embarrassées s'il n'y avoit qu'elles qui fussent ouvertes pour introduire dans cette Capitale du Royaume ce nombre presqu'infini de Marchands, de voitures, & de marchandises qui y arrivent sans cesse.

C'est à ces soixante Barrieres que toutes les voitures & ceux qui sont chargés de denrées comprises dans les tarifs, doivent s'arrêter, souffrir la visite, & payer les entrées; les Commis ont même la permission de visiter les carrosses, berlines, chaises, & surtouts des particuliers, pour voir s'il n'y a point de contrebande cachée, ou de denrées sujettes aux droits; ce qu'ils font pareillement dans les portes-manteaux, valises, & coffres dont on doit leur représenter les clefs; faisissant & arrêtant tout ce qui n'a point été déclaré, qui conformément aux Ordonnances reste confisqué aussi-bien que les voitures qui s'en trouvent chargées, & les autres denrées, hardes, & marchandises avec lesquelles elles sont mêlées.

Pour la conduite & régie de toutes les Barrieres où il y a des Commis pour la Douanne, il y a un Commis ambulant qui en parcourt continuellement les Bureaux, & qui contrôle & vérifie les registres des Commis, dont il rend compte ensuite au Bureau de la Ferme générale.

Comme l'on pourroit faire entrer en fraude diverses sortes de choses, particuliérement des vins, des eaux-de-vie, des toiles peintes, & autres semblables qui sont ou de contrebande ou sujettes aux droits, en les cachant dans des charrettes & chariots de paille & de foin, ou dans ceux qui voiturent des balles de coton, de laine, de chanvre & telles autres matieres molles & de grand volume, les Commis ont à la porte de leur Bureau des instrumens de fer emmanchés de bois qu'ils nomment des Sondes, qui leur servent effectivement à sonder toutes les especes de denrées dans lesquelles ils peuvent soupçonner que sont renfermées d'autres marchandises dont on veut cacher l'entrée au Bureau.

C'est aux barrieres que se payent les droits d'entrée pour le vin, le pied fourché, les foins, les bois, les charbons, les fruits, la viande dépecée, & presque tout ce qui est destiné pour la consommation de Paris.

Il est si nécessaire aux Voituriers qui arrivent dans cette grande Ville, & aux Bourgeois ou Marchands à qui appartiennent ou à qui sont adressées les marchandises qu'on y amene; de sçavoir par quelles barrieres elles doivent entrer, pour y envoyer leurs Garçons & Facteurs pour les recevoir & en payer les droits; qu'on a cru faire plaisir au Lecteur d'en donner ici un état exact, dans lequel pour plus d'éclaircissement on marquera d'un asterisque * celles où sont établis les Commis de la Douane.

*ETAT DES BARRIERES DE PARIS.*

| | |
|---|---|
| * Barrieres des Portes de la Conférence. | De S. Bernard ou des Chantiers. |
| * S. Honoré. | De S. Victor. |
| Du Roulle. | Du Cloître S. Marcel. |
| De la Ville l'Evêque. | De la Reine Blanche. |
| De la Madelaine. | * De S. Marcel. |
| * De la Porte Gaillon. | Du Champ de l'Alouette. |
| * De Richelieu. | * De Lourcine. |
| * De la Porte Montmartre. | * Des Capucins. |
| De Château Landon. | * De S. Jacques. |
| Des Porcherons. | De la Bourde. |
| De Paradis. | * De S. Michel. |
| * De Ste Anne ou Poissonniere. | * Des Carmes. |
| * De S. Denis. | * Des Laissez passer des Carmes. |
| * De S. Martin. | De Bagneux. |
| Des Recolets. | Du petit Vaugirard. |
| Des Marais. | Des Incurables. |
| Des Marais encore. | De la Traverse. |
| * De S. Louis. | Des Brodeurs. |
| * Du Temple. | De Varenne. |
| * Du Pont aux Choux. | Des Recolettes. |
| * De l'Annonciade. | Bertin le Rin. |
| De Pincourt. | De Grenelle. |
| De la Raquette. | De S. Dominique. |
| De la Croix Faubin. | Du Pré aux Clercs. |
| Des Boulets. | Du Pont rouge. |
| De Montreuil. | * De la Voirie. |
| Des Picquepus. | * Port S. Paul. |
| Du Village des Picquepus. | * Port S. Nicolas. |
| De Reuilly. | * Porte S. Antoine. |
| De Rambouillet. | * Barriere S. Germain. |

De ce grand nombre de Barrieres il n'y en a que quelques-unes par lesquelles il soit permis aux Marchands & Voituriers de faire entrer les vins & les autres boissons, aussi-bien que le pied fourché.

L'Ordonnance des Aydes de 1680 n'en marque que vingt-trois, & déclare toutes les autres faux passages pour ces sortes de marchandises; laissant la liberté pour toutes les autres de passer par telles Portes, Bureaux, & Barrieres qu'il plairoit aux Voituriers & Conducteurs.

Cette liberté de passage pour toutes les marchandises & denrées entrant dans Paris, a duré jusqu'en 1723, que Sa Majesté informée que les Particuliers qui emmenoient, voituroient, & conduisoient à la Ville & Fauxbourgs de Paris, des marchandises & denrées sujettes aux droits du Domaine, barrages, & poids-le-Roi, & aux droits rétablis par la Déclaration du 15 Mai 1722, abusoient de cette permission & affectoient de se détourner des grands chemins & des routes ordinaires, & de passer plusieurs à la fois par les barrieres de renvois, dans l'esperance de frauder lesdits droits, à cause que ces barrieres succursales n'ont point de Bureaux de laissez-passer qui leur servent de contrôle, comme celles réservées par l'Ordonnance de 1680, pour l'entrée des vins & du pied fourché; Sa Majesté, pour arrêter un désordre si préjudiciable à la perception, marqua pareillement par un Arrêt de son Conseil, autorisé par des Lettres Patentes du 28 Janvier 1723, enregistré au Parlement le 12 Février ensuivant, les barrieres par lesquelles entreroient à l'avenir les denrées & marchandises sujettes aux droits du Domaine, du barrage, & du poids-le-Roi, & à ceux rétablis par ladite Déclaration du 15 Mai 1722.

Les Barrieres, les Portes, les Bureaux, & les Ports déstinés pour l'entrée de ces marchandises & denrées, & marqués par cet Arrêt du Conseil & Lettres Patentes, sont à peu près les mêmes que l'Ordonnance des Aydes de 1680 a réglés pour l'entrée de toute sorte de poisson & du pied fourché; sçavoir, par terre, les Portes & Bureaux de recette de S. Victor, S. Marcel, Lourcine, S. Jacques, S. Michel, des Carmes, S. Germain, de la Conférence; les Barrieres de Chaillot, du Roulle, de la Ville-l'Evêque, S. Denis, S. Martin, Montmartre, Ste Anne, du Temple, la Croix-Faubin, Picpus, & Rambouillet; & par eau, les Bureaux de la Rapée, du Port S. Paul, & Port S. Nicolas. Sa Majesté déclarant faux passages toutes les autres Portes & Barrieres, à l'exception néanmoins de la Barriere des Chantiers, pour les mêmes denrées qui sont apportées par les Coches d'eau de Corbeil & Ville-neuve S. George seulement.

Sa Majesté défend en outre aux Commis desdites Portes & Barrieres, de les ouvrir à des heures indues, ni d'y faciliter l'entrée desdites marchandises, tant de jour que de nuit, à peine de répondre des dommages & intérêts, de cinq cens livres d'amende, d'être déclaré incapable de posseder aucun emploi & de punition corporelle, s'il y échet.

BARRO, plus ordinairement BARRA. Sorte de mesure des longueurs, dont l'on se sert en Portugal. *Voyez* BARRA.

BARROIR. Instrument, en forme de longue terriere, dont la méche est fort étroite, & amorcée par le bout. Il sert à percer au dessus du jable, les trous où entrent les chevilles qui tiennent la barre. On en fait ailleurs la description. *Voyez* TONNELIER.

BARROU, dans l'Isle de Sumatra. *Voyez* l'Etat général, page 464.

BARSES. Grandes boetes d'étain, dans lesquelles on apporte le thé de la Chine. Il y a des Barses qui contiennent depuis une livre jusqu'à dix livres de cette herbe médicinale. *Voyez* THE'.

BAR-SUR-AUBE, Ville de France dans le Bassigny: on y fabrique des Serges, des Toiles, & des ouvrages de Papeterie, de Verrerie, de Tannerie, de Bonneterie, & de Mégisserie. *Voyez* l'Etat général, page 27.

BARUTH. Mesure des Indes, qui contient dix-sept gantans, c'est-à-dire, cinquante à cinquante-six livres de poivre, poids de Paris, dont la livre est de seize onces. Sur ce pied-là le gantan doit tenir approchant de trois livres de poivre. *Voyez* GANTAN.

## BAS

BAS, que l'on appelloit anciennement CHAUSSE. C'est cette partie de l'habillement du pied & de la jambe, qui sert à couvrir leur nudité, ou à les garantir de la rigueur du froid.

Autrefois l'on ne se servoit communément en France, que de Bas, ou chausses de drap, ou de quelqu'autre étoffe de laine drapée, dont le trafic se faisoit à Paris par des especes d'Artisans, qui de-là se nommoient Drapiers-Chaussetiers, & qui formoient alors une Communauté particuliere, qu'on réunit ensuite au corps de la Draperie.

Depuis que l'on s'est attaché à faire des Bas au tricot; & que l'on a trouvé la maniere d'en fabriquer sur le métier avec la soie, le fleuret, la laine, le coton, le poil, le chanvre, ou le lin filé, la mode des Bas d'étoffe s'est presque entiérement perdue; ensorte que présentement on ne parle quasi plus que de Bas au tricot, ou de Bas au métier.

Ces sortes de Bas, soit au métier, soit au tricot, sont des especes de tissus formés d'un nombre infini de petits nœuds, ou manieres de bouclettes entrelassées les unes dans les autres, que l'on nomme des Mailles; & ce sont ces ouvrages, qui font la principale partie du négoce de la Bonneterie.

### *Bas au Tricot.*

Les Bas au tricot, que l'on nomme aussi Bas à l'aiguille, ou Bas brochés, se font avec de longues & menues aiguilles, ou petites broches de fil de fer, ou de léton poli, qui en se croisant les unes sur les autres, entrelassent les fils, & forment les mailles dont les Bas sont composés; ce qui s'appelle Tricoter, ou Brocher les Bas, ou les Travailler à l'aiguille.

Il seroit difficile de pouvoir précisément dire, à qui l'on doit l'invention du tricot: cependant quelques-uns prétendent que ce soit aux Ecossois, fondés sur ce que les premiers ouvrages au tricot, qui se sont vûs en France, venoient d'Ecosse; & l'on veut même, que c'est ce qui a donné lieu au Corps de la Bonneterie de Paris, & à la Communauté des Maîtres Bonnetiers au tricot des Fauxbourgs, de prendre pour Patron S. Fiacre; parce que, selon quelques-uns, il étoit fils d'un Roi d'Ecosse.

Encore qu'il soit permis à tout le monde de faire des Bas au tricot, il ne laisse pas d'y avoir à Paris une Communauté assez considérable d'Ouvriers de ce métier, établis dans les Fauxbourgs, dont les Statuts sont du 16 Août 1527.

Ce sont ces Ouvriers que l'on nomme Maîtres Ouvriers en Bas, & autres ouvrages au tricot, ou Maîtres Bonnetiers au tricot, pour les distinguer des Bonnetiers de la Ville, que l'on appelle Marchands Bonnetiers-Aulmulciers-Mitonniers, & des Maîtres Faiseurs de Bas, & autres ouvrages de Bonneterie au métier. Cette Communauté des Fauxbourgs ayant été réunie au Corps de la Bonneterie, depuis la mort de l'Auteur de ce Dictionnaire, on a fait mention de cette réunion aux deux articles qui traitent des Marchands Bonnetiers de la Ville. *Voyez* BONNETERIE, & BONNETIER.

L'article 19 des Statuts du Corps de la Bonneterie du mois de Juillet 1608, défend de faire des Bas au tricot en moins de trois fils.

### *Bas au Métier.*

Les Bas au métier, sont des Bas ordinairement très fins, qui se manufacturent par le moyen d'une machine de fer poli, très ingénieuse, dont il n'est pas possible de bien décrire la construction, à cause de la diversité, & du nombre de ses parties, & qu'on ne comprend même que très difficilement, quand on l'a devant les yeux.

Les Anglois se vantent d'en être les Inventeurs; mais c'est en vain qu'ils en veulent ravir la gloire à la France; & tout le monde sçait présentement qu'un François ayant inventé une si surprenante, & si utile machine; & trouvant quelques difficultés à obtenir un Privilege exclusif, qu'il demandoit pour s'établir à Paris, passa en Angleterre, où sa machine fut admirée, & l'Ouvrier magnifiquement récompensé.

Les Anglois devinrent si jaloux de cette nouvelle invention, qu'il fut long-tems défendu sous peine de la vie, de transporter hors de leur Isle, aucune machine, ni d'en donner aucun modele aux Etrangers: mais comme un François les avoit enrichis de ce présent, un François le rendit à sa patrie; & par un effort de mémoire & d'imagination, fit à Paris, au retour d'un voyage de Londres, le premier métier, sur lequel ont été faits tous les autres, qui sont en France, & même en Hollande.

La premiere Manufacture de Bas au métier, qui se soit vûe en France, fut établie en 1656, dans le Château de Madrid, au bois de Boulogne, près Paris, sous la direction du Sieur Jean Hindret.

Ce premier établissement ayant eu un succès considérable, le Sieur Hindret forma en 1666, une Compagnie, qui, sous la protection Royale, porta la Manufacture des Bas au métier à un si haut dégré de perfection, que six ans après (en 1672) on érigea en faveur des Ouvriers qui y travailloient, une Communauté de Maîtres Ouvriers en Bas au métier. On leur donna alors des Statuts, non seulement pour les régler entr'eux, mais encore pour empêcher qu'ils ne portassent préjudice à la fabrique des Bas au tricot, qu'on regarde toujours comme très nécessaire pour l'entretien d'une partie considérable du menu peuple.

Les articles de ces Statuts réglent la préparation & la qualité des soies, qui doivent être employées dans les ouvrages de la Bonneterie au métier, le nombre des brins dont ces soies doivent être composées, la quantité de mailles vuides qu'il doit y avoir aux lisieres, la quantité de mailles sur quoi se doivent faire les entures, & le poids des Bas de soie pour hommes & pour femmes.

Par ces mêmes Statuts, aucun ne peut être admis à la Maîtrise, qu'il n'ait fait apprentissage de trois ans, & servi les Maîtres deux autres années en qualité de Compagnon; qu'il ne sçache monter son métier de toutes ses pieces, & le bien entretenir, en sorte qu'il n'y ait aucunes coupures, serrures, ouvertures, arrachemens, coups de presse, portes, & autre travail imparfait, &

qu'il n'ait fait le chef-d'œuvre.

Ce chef-d'œuvre, qui consiste à faire un Bas de soie façonné aux coins, & par derriere, & en telle autre piece ordonnée par les Jurés, se fait dans la Chambre de la Communauté, & en présence desdits Jurés, & de quatre Maîtres, tant anciens que nouveaux.

Les Fils de Maîtres sont exempts du chef-d'œuvre, & seulement tenus de la simple expérience.

Les Jurés au nombre de quatre, dont deux s'élisent chaque année, veillent à l'observation des Réglemens, font les visites, & sont chargés des deniers, titres, & papiers.

Enfin, la Fête de S. Louis, est celle de la Communauté, dont la Confrérie, gouvernée par des Administrateurs, est établie dans l'Eglise de Saint Denis du Pas. *Voyez* BONNETERIE, & BONNETIER.

Avant l'année 1684, les Ouvriers en Bas au métier, ne pouvoient travailler qu'en soie; mais par Arrêt du Conseil du 12 Janvier de ladite année, il leur fut permis de faire des Bas, & autres ouvrages de Bonneterie, de plusieurs autres matieres, telles que sont, la laine, le fil, le poil, & le coton; à la charge cependant, que chaque Maître seroit tenu d'occuper au moins la moitié de ses métiers aux ouvrages de soie; & de n'en avoir aucun pour les ouvrages des autres matieres, que ceux propres à travailler celles dont le filage seroit fin. Mais comme depuis cet Arrêt, les Ouvriers au métier s'étoient relâchés d'une telle maniere, qu'ils faisoient des ouvrages grossiers, & de bas prix, & employoient des matieres des qualités les plus inférieures; ce qui portoit un préjudice très considérable à la manufacture du tricot; il fut rendu un Arrêt du Conseil d'Etat, en forme de Réglement, le 30 Mars 1700.

Par cet Arrêt, Sa Majesté ordonne, que les Maîtres Faiseurs de Bas, & autres ouvrages de soie, laine, fil, ou coton au métier, établis dans les Villes de Paris, Dourdan, Rouen, Caen, Nantes, Oleron, Aix, Toulouse, Nismes, Uzez, Romans, Lyon, Metz, Bourges, Poitiers, Orléans, Amiens, & Reims, continueront d'y travailler, suivant les Statuts de l'année 1672, & le présent Réglement.

I. Fait Sa Majesté défenses à tous Maîtres, Apprentifs, & Compagnons dudit métier, & à toutes autres personnes, de faire aucun établissement de ladite Manufacture de Bas, & autres ouvrages au métier, en d'autres Villes & lieux de son Royaume, que ceux ci-dessus dénommés, sans une permission expresse de Sa Majesté, à peine de confiscation de leurs métiers, outils, matieres, ouvrages, & de mille livres d'amende.

II. Fait Sa Majesté défenses à toutes personnes, d'entreprendre des ouvrages dudit métier, ni d'y faire travailler dans l'étendue desdites Villes, Fauxbourgs & Banlieue d'icelle, sans avoir été auparavant reçûs Maîtres, & avoir satisfait à ce qui est prescrit par lesdits Statuts, pour parvenir à la Maîtrise dudit métier.

III. Ordonne S. M. que les Bas, calleçons, camisolles, & autres ouvrages de soie, qui se feront au métier, ne pourront être faits que sur des métiers montés au moins en vingt-deux plombs, portant chacun trois aiguilles dans la jauge de trois pouces d'étendue.

IV. Les soies préparées pour lesdits ouvrages, ne pourront être employées en moins de huit brins.

V. Les soies qui seront destinées pour lesdits ouvrages, seront débouillies dans le savon, bien teintes & desséchées, nettes & sans bourre, doublées & suffisamment adoucies, plattes & nerveuses; ensorte qu'elles remplissent la maille.

VI. Fait Sa Majesté défenses à tous Ouvriers, Ouvrieres, Dévideuses, Doubleuses, & autres, d'employer, ou faire employer de l'huile dans le travail desdits ouvrages de soie, à peine d'être exclus desdits travaux.

VII. Les ouvrages de pure soie, qui seront fabriqués, pour être mis & usés en noir, ne pourront être teints, qu'après qu'ils auront été travaillés, & levés de dessus les métiers, à l'exception néanmoins des ouvrages mêlés, & de ceux dans lesquels il entrera de l'or ou de l'argent, dont les soies pourront être teintes avant que d'être employées auxdits ouvrages.

VIII. Les ouvrages qui seront faits de soie, ou poil mêlé avec de la laine, ne pourront être faits que sur des métiers montés au moins en dix-huit plombs, portant chacun trois aiguilles dans chacune jauge; & n'y pourra être employé moins de trois brins; sçavoir, deux de soie ou poil, & un de laine; ou deux brins de laine, & un brin de soie ou poil, suivant la qualité de la soie, du poil, ou de la laine.

IX. Les Bas, calleçons, camisolles, & autres ouvrages de laine, fil, coton, ou castor, qui se feront au métier, ne pourront être faits que sur des métiers montés au moins en vingt-deux plombs, portant chacun deux aiguilles dans la jauge de trois pouces d'étendue.

X. Les laines, tant d'étain, dont se font les Bas, & autres ouvrages d'estame, que de treme dont se font les ouvrages drapés; les fils, cotons, ou castors, préparés pour lesdits ouvrages, ne pourront être employés sur les métiers, en moins de trois fils; & ne pourront les Maîtres & Ouvriers dudit métier, employer, ni faire employer aucun fil d'estame, ou d'étain tiré à feu, parmi les trois fils de treme, dont doivent être composés les Bas, & autres ouvrages drapés; mais seulement du fil de treme, dont la laine aura été bien & duement cardée sans mélange.

XI. Il ne pourra être employé dans lesdits ouvrages, que des laines de bonne qualité; comme celles d'Angleterre, Irlande, Hollande, Espagne, Languedoc, Berry, Auxois, & du Cotantin, bien nettes, & sans bourre; & ne pourront y être employées des laines d'agnelins, peignons, pelades, morines, ni autres mauvaises qualités de laines.

XII. Lesdits ouvrages, tant de soie, que de laine, fil, poil, coton, ou castor, seront bien proportionnés, & suffisamment étoffés, de maniere que la maille soit remplie; & seront lesdits ouvrages faits d'une égale force & bonté dans toute leur étendue, sans maille double, maille mordue, arrachures, serrures, ni ouvertures.

XIII. Les lisieres seront bien faites, & d'une égale force, ayant au moins une maille vuide; & les entures se feront doubles, & bien nettes.

XIV. Les entures seront au moins de cinq à six mailles, & les bords & talons remontés sur le métier.

XV. Les ouvrages qui se feront sur le métier avec de la laine, ne pourront être foulés qu'avec du savon blanc, ou verd, à bras, ou aux pieds: fait Sa Majesté défenses d'employer dans le blanchiffage desdits ouvrages, aucune craye ni blanc.

XVI. Fait Sa Majesté défenses aux Fouleurs desdits ouvrages, de se servir d'autres instrumens, que de rateliers de bois, ou à dents d'os; & aux Foulonniers de moulins à fouler draps & étoffes, de recevoir dans leurs moulins des Bas, & autres ouvrages faits au métier, pour les fouler.

XVII. Lesdits Fouleurs donneront au moins deux eaux vives auxdits ouvrages de laine, faits sur le métier, après les avoir dégraissés.

XVIII. Fait encore Sa Majesté défenses aux Maîtres dudit métier, & aux Fouleurs & Apprêteurs desdits ouvrages, de se servir de pomelles & cardes de fer, pour les apprêter, appareiller & draper; & de se servir d'autres choses, pour faire lesdits apprêts, que de chardons fins; comme aussi de tirer au chardon les ouvrages d'estame.

XIX. Tous lesdits ouvrages, tant de soie, castor, que de laine, fil, poil, coton, ou autres matieres, avant que d'être exposés en vente; & aussitôt qu'ils seront tirés du métier, qu'ils auront été cousus & foulés, seront marqués par le Maître qui les aura fabriqués, ou fait fabriquer, d'un petit plomb, portant d'un côté le nom dudit Maître, & de l'autre celui de la Ville en laquelle il fait sa demeure.

XX. Pourront néanmoins les Particuliers, auxquels Sa Majesté a accordé des Privilèges, pour établir des Manufactures desdits ouvrages, mettre une fleur de lys au lieu de leur nom, avec la premiere lettre de leur nom & surnom, sur les plombs dont ils marqueront leurs ouvrages.

XXI. Les Maîtres dudit métier, & lesdits Privilegiés, porteront au Bureau de la Communauté desdits Maîtres, chacun une empreinte de leur marque, dont il sera fait un ou plusieurs tableaux, dans lesquels le nom de chacun Maître, ou Privilégié, sera écrit au dessus de sa marque, pour y avoir recours dans les occasions.

XXII. Seront les articles ci-dessus exécutés, à peine de confiscation des métiers & ouvrages, qui seront trouvés en contravention au présent Réglement, soit chez les Maîtres dudit métier, soit chez les Marchands qui font commerce desdits ouvrages, & de cent livres d'amende, tant contre les Marchands, chez lesquels il sera trouvé des Bas, & autres ouvrages au métier, sans le plomb de la marque du Maître qui les aura fabriqués, ou fait fabriquer, que contre les Maîtres dudit métier, les Foulonniers de moulins à fouler draps, & les Fouleurs & Apprêteurs desdits ouvrages, qui contreviendront au contenu esdits articles.

XXIII. Les Maîtres dudit métier ne pourront vendre, ni exposer en vente, autres ouvrages, que ceux qu'ils auront faits, ou fait faire par leurs Apprentifs, & par les Compagnons reconnus par la Communauté desdits Maîtres.

XXIV. Les Maîtres dudit métier, & les Particuliers privilégiés pour ladite Manufacture, pourront faire carder, peigner, filer, mouliner, & doubler les soies, laines & filages dont ils auront besoin; comme aussi fouler, presser, apprêter, & mettre leur ouvrage en état de perfection.

XXXII. Fait Sa Majesté défenses à tous Marchands, Ouvriers, & à toutes autres personnes, de transporter, ni faire sortir hors du Royaume, aucun métier, à peine de confiscation, & de mille livres d'amende.

XXXIII. Ne pourront les Maîtres, Ouvriers dudit métier entreprendre sur celui des Maîtres Ouvriers en Bas, & autres ouvrages au tricot; ni les Maîtres Ouvriers en Bas, & autres ouvrages au tricot, sur ceux au métier, sous quelque prétexte que ce puisse être.

XXXIV. Veut & entend Sa Majesté, que lesdits Statuts de l'année 1672, soient au surplus exécutés selon leur forme & teneur.

Louis XIV ayant créé au mois de Mars 1708, des Charges d'Inspecteurs, Contrôleurs, Visiteurs, & Marqueurs de toutes sortes de Bas, & autres ouvrages de Bonneterie au métier, avec attribution de droits, conformément à un Tarif attaché sous le contre-scel de l'Edit de leur création; & ces Charges n'ayant point été levées, la Communauté des Marchands Fabriquans desdits ouvrages, fut obligée d'en payer la finance; pour le remboursement de laquelle les mêmes droits, mais avec quelque modération, leur furent cédés, & de nouveaux articles de Réglement ajoutés aux Statuts de 1672, & au Réglement du 30 Mars 1700, rapportés ci-devant. Tous ces articles néanmoins n'avoient gueres de rapport qu'à la perception desdits droits, & à quelques autres qui furent établis pour la reception à l'apprentissage, pour celle à la Maîtrise, pour les visites, & pour les Maîtres sans qualité: ainsi on ne les rapportera pas ici, tous ces droits n'ayant dû être perçûs, que jusqu'à l'entier remboursement des sommes empruntées par la Communauté, pour acquitter la finance du prix des Charges, qui lui avoient été réunies: d'ailleurs, une partie a été réduite, supprimée, ou autrement réglée par la Déclaration dont on va parler.

L'exécution de ce dernier Réglement de 1708, fit naître de grandes contestations entre les Jurés de la Communauté, chargés du recouvrement des droits, & les Ouvriers prétendus privilégiés, qui refusoient de les payer. L'affaire fut portée à diverses Jurisdictions, causa de grands frais à la Communauté; & empêcha même que les Statuts de 1672, & le Réglement de 1700, ne fussent réguliérement exécutés.

Louis XV fut obligé, pour rétablir l'ordre, & faire cesser les troubles, de donner une Déclaration du 18 Février 1720, enregistrée en Parlement le 9 Mars ensuivant, qui fixe, pour ainsi dire, pour toujours la police & la discipline des Marchands Fabriquans des ouvrages de Bas au métier, & qui pour cela a semblé mériter, d'être rapportée ici presque en son entier.

Les articles de Réglement portés par cette Déclaration, sont au nombre de vingt-huit.

Par le premier, Sa Majesté ordonne, qu'au lieu des droits ci-devant établis, il seroit payé par les Propriétaires des métiers à faire Bas, & autres ouvrages de Bonneterie, demeurant dans le Fauxbourg S. Antoine, le Temple, S. Jean de Latran, & autres lieux prétendus privilégiés, la somme de trente livres par métier, sous peine de confiscation desdits métiers.

Les Maîtres de la Communauté sont tenus par le second, de payer dans un mois, à compter du jour de l'enregistrement de ladite Déclaration, la moitié de ce qu'ils pouvoient devoir par le passé, & l'autre moitié deux mois après; après lequel terme, il seroit apposé sur les métiers des Maîtres, qui auroient fait lesdits payemens, une marque différente de celle qui seroit mise sur les métiers appartenans aux Ouvriers, qui n'ont pas été reçus Maîtres de ladite Communauté, & dont il seroit dressé procès verbal; lors de la clôture duquel, les métiers appartenans auxdits Maîtres, qui ne les auroient pas fait marquer, & ne rapporteroient pas une quittance finale dudit droit, seroient saisis & vendus, pour être le prix employé par préférence au payement de ce dont lesdits Maîtres se trouveroient Débiteurs; avec défenses à tous Maîtres, de transporter leur métier dans aucuns lieux prétendus privilégiés, à peine d'être déchûs de leur Maîtrise, rayés de la Liste, & de cinq cent livres d'amende, applicables un tiers à l'Hôpital Général, un tiers à Sa Majesté, & l'autre tiers à la Communauté.

Le troisiéme article fixe le droit qui sera payé pour tous les métiers, qui ont été numerotés ou déclarés en exécution de l'Edit du mois de Mars 1708, & qui ont été depuis transportés hors la Ville & Fauxbourgs de Paris, à la somme de trente livres, pour la suppression & extinction des droits ci-devant établis; à moins que les Propriétaires ne justifient que ledit droit a été payé jusqu'au jour du transport qui aura été fait desdits métiers, en conséquence d'une Déclaration au Bureau de la Communauté, & d'un passe-avant délivré par les Jurés.

Le quatriéme article augmente les années d'apprentissage; & veut qu'à l'avenir les Brevets des Apprentifs soient de cinq années au lieu de trois; & qu'il soit payé pour l'enregistrement de chaque Brevet, la somme de trente livres, dont vingt-quatre seront employées à l'acquittement des dettes de la Communauté, vingt sols pour le droit de Confrerie; & que du surplus, il en soit payé trois livres aux Jurés, vingt sols à l'Huissier, & vingt sols au Clerc.

Le droit du transport d'un Brevet d'apprentissage est réglé par le cinquiéme article, à la somme de trente-cinq livres, dont vingt-neuf sont pour l'acquittement des dettes, & les six livres restantes distribuées de même que dans l'article précédent.

Le sixiéme article ordonne, que le compagnonage sera aussi à l'avenir de cinq années; & que les Apprentifs, leur apprentissage fini, seront tenus de se faire enregistrer au Bureau de la Communauté, en qualité de Compagnons, pour lequel enregistrement ils payeront la somme de trois livres; avec défenses aux Maîtres de quittancer les Brevets de leurs Apprentifs, & de leur donner à travailler, en qualité de Compagnons, que lesdits Apprentifs ne se soient fait enregistrer, & payé ladite somme de trois livres, à peine contre les Maîtres, de déchéance de la Maîtrise, & de cinq cent livres d'amende, applicable comme dessus.

Le septiéme article veut, qu'après l'expiration des dix années d'apprentissage & de compagnonage, ceux qui aspirent à la Maîtrise, soient tenus de justifier par un Extrait Baptistaire en bonne forme, qu'ils sont de la Religion Catholique, Apostolique, & Romaine; de rapporter leurs brevets d'apprentissage, & un certificat de leur compagnonage, & de faire le chef-d'œuvre, qui sera marqué de leur nom & surnom.

Les frais de reception à la Maîtrise y compris ceux de la Lettre de Maîtrise, sont fixés par le huitiéme article à 550 liv. dont 350, y compris le droit de bourse commune, & le droit Royal, seront employés au payement des arrerages & principaux des rentes dûs par la Compagnie, 12 liv. pour le droit de Confrérie, & les 188 liv. restans distribués pour les droits de présence, ou en la fabrique des jettons d'argent, pour être les uns & les autres partagés, ainsi qu'il est plus amplement expliqué par ledit article.

Le neuviéme article exempte de la moitié des droits ci-devant fixés, ceux qui épouseront les filles de Maîtres, & régle l'âge de la reception des Fils desdits Maîtres à dix-sept ans; ne soumettant ceux-ci qu'à la simple expérience, & réduisant les droits qu'ils doivent payer à 50 liv. outre le droit Royal, & le demi-droit aux Jurés & Anciens; laquelle somme de 50 liv. sera employée à l'acquittement des dettes de la Communauté.

Le dixiéme article traite des Maîtres sans qualité; permettant à la Communauté d'en recevoir jusqu'au nombre de quarante, pendant le tems & espace de dix années, en faisant néanmoins le chef-d'œuvre en la maniere accoutumée; & en payant par chacun d'eux la somme de 700 liv. dont 500 seront pour le payement des dettes de la Communauté, & le surplus distribué, conformément à l'article huit.

L'article onziéme ordonne, qu'il sera payé la somme de 50 liv. pour chacun des nouveaux métiers qui seront faits jusqu'en l'année 1730, en considération de l'extinction des droits ci-devant établis; déclarant sujets au payement dudit droit de 50 liv. tous métiers faits depuis le premier Juillet 1719. On peut voir dans le même article, à quoi sont tenus les Maîtres qui font construire de nouveaux métiers, & les Serruriers, Arquebusiers, & autres qui les fabriquent & construisent; & les peines & amendes auxquelles les uns & les autres sont condamnés, faute d'avoir observé les formalités qui leur sont enjointes.

Le douziéme article défend auxdits Serruriers, Arquebusiers, ou autres, de faire, ou même de commencer aucunes pieces desdits métiers pour autres personnes, que pour les Maîtres de la Communauté, ou pour ceux établis dans les Villes & lieux où la fabrique des Bas au métier est permise, à peine de 1000 liv. d'amende. Ordonnant au surplus, que pour chaque métier qu'ils auront fait pour les Maîtres des autres Villes que Paris, ils payeront la somme de 50 liv. sans pourtant qu'ils les puissent envoyer aux lieux de leur destination, qu'après avoir fait une déclaration au Bureau de ladite Communauté, y avoir présenté un certificat légalisé par les Juges de la Ville pour laquelle ils sont destinés, & avoir pris un passe-avant audit Bureau.

Le treiziéme article fait pareillement défenses à tous Maîtres, Apprentifs, & Compagnons dudit métier, & à toutes autres personnes, à peine de confiscation de leurs métiers, outils, ouvrages, &c. & de 1000 liv. d'amende, de faire aucun établissement de ladite Manufacture en d'autres Villes du Royaume, que celles dénommées par le Réglement du 30 Mars 1700, & du 28 Mars 1708; sçavoir, Paris, Dourdan, Rouen, Caen, Oleron, Aix, Toulouse, Nismes, Usez, Romans, Lyon, Metz, Bourges, Poitiers, Orléans, Amiens, & Reims, s'ils n'en ont obtenu un privilége spécial de Sa Majesté, enregistré au Parlement; avec permission néanmoins à ceux qui auroient fait de pareils établissemens, de se retirer dans les Villes désignées pour cette fabrique, sous les conditions expliquées plus au long dans le présent article, & sur tout à l'égard de la Ville de Paris, conformément à l'article 31 du Réglement de 1700.

Le quatorziéme article renouvelle les articles 25 & 26 dudit Arrêt de Réglement du 30 Mars 1700, & en ordonne l'exécution.

Le quinziéme article établit un Registre, qui sera tenu par chacun des Maîtres de ladite Communauté, pour inscrire les noms & demeures des Ouvriers, qu'ils feront travailler hors de chez eux, dans les lieux prétendus privilégiés, où ils feront mention des matieres qu'ils leur auront livrées, & des payemens qu'ils leur auront faits. Enjoignant pareillement aux Ouvriers de tenir Registres de leur côté, du nom & demeure des Maîtres pour qui ils travailleront, des matieres à eux livrées, & des payemens qu'ils auront reçûs; afin qu'en cas que lesdits Registres ne se trouvent pas conformes, les matieres trouvées chez lesd. Ouvriers soient saisies, confisquées & vendues, moitié au profit de la Communauté, & moitié au profit de l'Hôpital Général; avec défenses auxdits Ouvriers & Compagnons, de travailler pour d'autres que pour les Maîtres; ou de les quitter, s'ils travaillent chez eux, qu'ils ne les en ayent avertis un mois auparavant; avec pareille obligation pour les Maîtres qui voudront renvoyer leurs Ouvriers, ou Compagnons, de les en avertir, mais seulement quinze jours auparavant.

Les seiziéme & dix-septiéme articles parlent des Compagnons forains, dont ceux qui viendront pour travailler chez les Maîtres, après les trois mois depuis la publication de la présente Déclaration accordée aux Ouvriers sans qualité, pour se faire enregistrer au Bureau de la Communauté, seront tenus à pareil enregistrement, pour lequel ils payeront 3 liv. pour la premiere fois, & seulement 30 s. par chacune année, jusqu'à ce qu'il en ait été autrement ordonné par Sa Majesté; avec défenses aux Maîtres de donner à travailler auxdits Compagnons, qu'ils ne leur ayent fait apparoître de leurdit enregistrement; & aux Jurés de les enregistrer, s'ils n'ont justifié de leur brevet d'apprentissage, passé en forme avec des Maîtres des lieux destinés pour ladite fabrique.

Le dix-huitiéme article permet aux Ouvriers des lieux prétendus privilégiés, d'apprendre leur métier à leurs fils seulement, qui, après le décès de leurs peres, ou lorsqu'ils auront quitté la maison paternelle, seront tenus de se faire enregistrer, & de payer les 3 liv. pour droit d'enregistrement, après quoi ils seront censés & réputés Compagnons forains; avec défenses auxdits Ouvriers, qui travaillent dans lesdits lieux prétendus privilégiés, de faire aucun Alloué; & aux Compagnons & Apprentifs, servans actuellement chez les Maîtres, de s'établir dans lesdits lieux: défendant pareillement aux premiers, d'avoir chez eux d'autres métiers, que ceux sur lesquels ils travaillent, & leurs enfans.

Par le dix-neuviéme article, le nombre des Jurés de la Communauté est réglé à six, au lieu de quatre, à commencer du jour & Fête de la S. Louis de l'année 1720, & jusqu'à ce qu'autrement il en ait été ordonné par Sa Majesté; à l'effet de quoi il en seroit élu deux en ladite année 1720; & les deux plus anciens actuellement en Charge, qui auroient dû sortir, resteroient jusqu'à la Fête S. Louis 1721; outre lesquels six grands Jurés, il seroit encore fait élection de six Maîtres, qui auroient la qualité de petits Jurés; lesquels néanmoins ne seroient tenus de payer aucuns droits de Jurande, dont les deux plus anciens sortiroient tous les ans au premier Octobre, pour être remplacés par deux autres.

Le vingtiéme article régle les fonctions des six petits Jurés, dont les principales sont: d'aller faire, sans l'assistance des grands Jurés, la visite dans les lieux prétendus privilégiés, & autres lieux, où il n'est pas permis d'avoir des métiers, en se faisant assister d'un Commissaire au Châtelet; & de saisir dans les rues de la Ville & Fauxbourgs, les Bas, & autres ouvrages de Bonneterie, qu'ils trouveront non conformes aux Ordonnances & Réglemens, & ès mains des personnes sans qualité, qui en feroient commerce; à la charge néanmoins, en cas de saisies faites par eux, de les rapporter au Bureau, pour en faire poursuivre la confiscation par les Jurés en Charge.

Par le vingt-uniéme article, les visites d'obligation des grands Jurés sont fixées à six par an; pour chacune desquelles les Maîtres payeront à l'avenir vingt sols, au lieu de dix sols qui se payoient précédemment; de la moitié desquels droits le Juré comptable sera obligé de se charger dans la recette de son compte, pour être employée à l'acquittement des dettes de la Compagnie; au payement desquelles seront pareillement destinés les 150 liv. que chacun desdits grands Jurés sera tenu de donner immédiatement après son élection; avec défenses à ceux des Jurés & Maîtres, qui assisteront, & seront désormais appellés auxdites élections, d'exiger aucune chose, sous prétexte de repas, ou autrement, à peine de concussion.

Le vingt-deuxiéme article parle des comptes que les Jurés comptables rendront tous les mois pardevant huit Anciens, deux Modernes, & deux Jeunes; & du compte général, qui sera rendu tous les ans au premier Octobre, pardevant le Lieutenant Général de Police.

Il est ordonné par le vingt-troisiéme, qu'en cas que les droits ci-dessus imposés ne soient pas suffisans pour payer les dettes de la Compagnie, & qu'il ait été ainsi vérifié pardevant ledit Sieur Lieutenant Général de Police les Jurés imposeront sur les Maîtres un sol pour livre de la capitation par eux payée à Sa Majesté, jusqu'à la concurrence desdites rentes seulement.

Le vingt-quatriéme article défend aux Jurés d'employer lesdits droits destinés à acquitter les dettes de la Compagnie, à quelque autre usage que ce puisse être, à peine d'en répondre en leur propre & privé nom; & même sous plus grande peine, si le cas y écheoit.

Le vingt-cinquiéme veut, que les Maîtres fassent enregistrer sur le Livre de la Communauté, les nouveaux métiers qu'ils feront fabriquer, incessamment après que les Serruriers leur auront délivré, à peine de confiscation, de 300 liv. d'amende, & d'être rayés de la Liste.

Le vingt-sixiéme défend aux Maîtres de vendre aucun ouvrage dudit métier, qu'il ne soit apprêté, parfait, & marqué, conformément au Réglement de 1700 & de 1708, à peine d'être déchus de leur Maîtrise, d'être rayés de la Liste, & de 3000 liv. d'amende.

Par le vingt-septiéme, défenses sont faites à tous Graveurs, de faire, sans la permission expresse du Lieutenant de Police, aucuns poinçons de marque, pour autres que pour les Maîtres, à peine de confiscation desdits poinçons, & de 500 liv. d'amende.

Enfin, le vingt-huitiéme & dernier ordonne, que les Edits, Arrêts, & Réglemens concernant ladite Fabrique, registrés aux Cours de Parlement; entr'autres, l'Arrêt & Réglement du 30 Mars 1700, & l'Edit du même mois de Mars 1708, seront au surplus exécutés selon leur forme & teneur, en ce qui n'est point contraire à la présente Déclaration.

Depuis le Réglement de 1708, il a été rendu divers Arrêts du Conseil, concernant la fabrique des bas au métier, entr'autres ceux des 28 Août 1717, 22 Novembre 1720, 3 Juillet, 28 Août, 6 & 30 Septembre, 10 & 27 Novembre 1721, & 6 Septembre 1723. De ces neuf Arrêts, cinq contiennent des Réglemens généraux pour tous les fabriquans du Royaume qui travaillent aux Bas au métier; les quatre autres sont pour les ouvriers de la Ville de Caen, les fabriquans du Languedoc, & les entrepôts de Rouen & de Bourdeaux; ceux-ci sont les Arrêts du 20 Août 1717, 28 Août & 10 Novembre 1721.

On va donner l'Extrait de ces neuf Arrêts, en commençant par ceux pour la Ville de Caen.

Les Fabriquans de Bas au métier de cette Capitale de la basse Normandie, forment une Communauté très considérable; ils avoient été érigés en forme de Jurande en 1691, & la même année ils avoient reçû des Statuts autorisés par des Lettres Patentes de Louis XIV, alors regnant. Par l'article XXV de ces Statuts, ils avoient été autorisés à travailler en Bas d'estame à deux fils, & avoient continué à en faire de cette qualité, malgré le Réglement général de 1700, qui avoit ordonné qu'il ne s'en feroit plus qu'à trois fils.

Cette contravention quoique tacitement permise, donna lieu à l'Arrêt du 28 Août 1717, par lequel, en prenant un milieu entre l'interdiction totale de la fabrique à deux fils, & la permission de continuer d'en faire de cette sorte; Sa Majesté permet aux fabriquans de Caen d'en fabriquer encore pendant trois années, après lesquelles ils rentreroient dans la regle générale.

A l'expiration de ces trois années il parut un Arrêt du 3 Juillet 1721, qui ordonnoit de nouveau l'exécution du Réglement de 1700, & qui en révoquant la permission accordée par un autre Arrêt du 22 Novembre 1720 de faire des bas à deux fils, faisoit de plus expresses défenses de jamais fabriquer des bas, soit au tricot, soit au métier, à moins de trois fils.

Les fabriquans de Caen espérant se conserver leur ancienne liberté, & se flattant qu'ils obtiendroient, comme auparavant, au moins pour un tems, que l'exécution de l'Arrêt du 3 Juillet fût suspendue à l'égard de leur Communauté, présenterent leur requête au Conseil, par laquelle ils remontrerent que, s'ils étoient privés de la faculté de faire des bas de deux fils, ils seroient obligés d'abandonner cinq cent métiers sur lesquels il se faisoit plus de huit cent paires de bas par jour, & de renvoyer plus de cinq mille ouvriers qu'ils occupoient aux divers ouvrages de leurs manufactures; offrant pour éviter tout abus, de mettre aux bas à deux fils une marque qui les distinguât des bas à trois fils.



C'est sur cette Requête que fut rendu l'Arrêt du 10 Novembre 1721, par lequel Sa Majesté sans y avoir égard, ordonne que les Arrêts du 30 Mars 1700 & 3 Juillet 1721, seroient exécutés selon leur forme & teneur; & en conséquence fait défenses auxdits fabriquans de la Ville de Caen de fabriquer des bas à deux fils, & d'en vendre, ni débiter, sous les peines portées par lesdits Arrêts.

## REGLEMENS GENERAUX.

Le premier des cinq Arrêts portant réglement général pour la fabrique des bas au métier, est celui du 22 Novembre 1720. Le plus important des articles qui le composent est le 2, par lequel Sa Majesté déroge à l'article X du Réglement de 1700, qui défend de fabriquer aucun bas d'estame à moins de trois fils, leve cette défense, & permet aux fabriquans d'en acheter d'eux, & de les envoyer tant en Italie qu'en Espagne & autres Pays Méridionaux, avec néanmoins expresses inhibitions d'en exposer en vente, ni en faire aucun débit dans le Royaume.

Cette permission générale ayant causé quantité d'abus que la restriction qu'on y avoit ajoutée, n'étoit pas suffisante d'arrêter, & Sa Majesté ayant été informée que sous le prétexte du transport des bas à deux fils, qu'on supposoit qu'on envoyoit à l'étranger, il s'en faisoit un grand déversement dans les Provinces de l'intérieur du Royaume; outre que cette liberté de faire des bas de cette qualité pouvoit causer du relâchement parmi les fabriquans, & être préjudiciable à la perfection à laquelle cette fabrique l'avoit porté jusqu'alors, comme l'avoient reconnu les fabriquans de Paris même, en renonçant par une délibération générale du 3 Mai 1721, à la fabrique & à l'usage des bas à deux fils, comme mauvais & pernicieux au Royaume.

Pour toutes ces raisons, il fut rendu au Conseil un Arrêt du 3 Juillet de la même année 1721, par lequel Sa Majesté révoquant la permission accordée par l'article 2 de l'Arrêt du 22 Novembre 1720, ordonne l'exécution de l'Arrêt du 30 Mai 1700; & en conséquence que les bas & autres ouvrages d'estame ne pourront être fabriqués sur les métiers à moins de trois fils, ni être exposés en vente, qu'ils ne soient marqués par le Maître qui les aura fabriqués ou fait fabriquer, d'un plomb portant d'un côté le nom dudit Maître, & de l'autre, celui de la Ville en laquelle il fait sa demeure: Faisant Sa Majesté très expresses défenses à tous fabriquans de faire des bas d'estame à deux fils, & aux Marchands négocians d'en acheter, d'en avoir dans leurs magasins, ni d'en vendre tant en gros qu'en détail, sous peine, en cas de contravention, ou de défaut de marque, de cinq cent livres d'amende pour la premiere fois, & de trois mille livres d'amende & de déchéance de la Maîtrise en cas de récidive; se reservant Sa Majesté de pourvoir par des Arrêts particuliers, s'il y avoit lieu, à ce qui peut conserver la fabrique & le Commerce des bas à deux fils pour le Pays étranger.

C'est en conséquence de cette derniere clause du précédent Arrêt, qu'ont été rendus celui du 28 Août & les deux du 6 Septembre ensuivant, par lesquels

lesquels il est réglé ce qui concerne le Commerce des bas à deux fils destinés à l'étranger, tant pour le Languedoc, que pour Rouen & Bourdeaux.

A l'égard de l'Arrêt pour le Languedoc qui est le premier & le plus considérable, les principaux motifs sur lesquels il a été rendu, sont qu'il se fait dans cette Province, particuliérement dans les Dioceses de Toulouse, de Carcassonne, de Castres, de Beziers, d'Agde, de Montpellier, de Nismes, d'Uzez, & d'Alais, quantité de bas à deux fils, dont la destination est pour l'étranger: Que dans la seule Ville de Nismes & les Dioceses d'Uzez & d'Alais, il y a environ deux mille cinq cens métiers où il se fabrique de cette sorte de bas: Que jamais on n'avoit eu aucune plainte sur la mauvaise qualité desdits bas: Que si on en défendoit la fabrique, la Province du Languedoc se trouveroit privée d'un de ses principaux Commerces: Enfin qu'il seroit facile d'empêcher qu'ils ne puissent se débiter dans le Royaume; ce qui étoit le principal objet de la défense.

Sur ces représentations, & le Roi y ayant égard, permit aux fabriquans de Languedoc, particuliérement des Dioceses nommés ci-dessus, de fabriquer des bas à deux fils, & à tous marchands d'en acheter d'eux, pour les envoyer en Italie, en Espagne, & autres pays Méridionaux; dérogeant à cet effet aux défenses portées par l'Arrêt du 3 Juillet; avec injonction néanmoins, pour empêcher toutes sortes d'abus, d'apposer sur chaque paire de bas un plomb où le nom de celui qui les aura fabriqués sera marqué d'un côté, & de l'autre ces mots, *Bas à deux fils*, ou *Bas à trois fils*, pour distinguer ceux qui peuvent être débités dans le Royaume, d'avec ceux qui doivent être envoyés à l'étranger: faisant Sa Majesté défenses expresses auxdits fabriquans & aux marchands de faire aucun débit dans le Royaume desdits bas à deux fils, à peine de confiscation, & de mille livres d'amende pour la premiere contravention, & de trois mille livres d'amende & de déchéance de la maîtrise en cas de récidive.

Les deux Arrêts du 6 Septembre 1721, ordonnent de nouveau l'exécution de celui du 3 Juillet précédent: mais pour faciliter aux Marchands Bonnetiers de la Ville de Rouen & de celle de Bourdeaux, les moyens de se défaire & d'envoyer à l'étranger les bas à deux fils qu'ils avoient dans leurs boutiques & magasins, au lieu du terme d'un mois qu'ils leur avoient seulement accordé, ils établissent dans chacune de ces Villes, un magasin d'entrepôt où lesdites marchandises destinées à l'étranger, pourront être déposées, jusqu'à ce qu'il se soit trouvé des occasions de les faire passer hors du Royaume.

L'Arrêt du 30 Septembre 1721, charge les Inspecteurs de la Draperie, de visiter les bas & autres ouvrages au métier; & pour les autoriser dans cette visite, ordonne que chacun dans leur département, dans les lieux où il est permis de travailler en bas au métier, ils prendront également connoissance desdits ouvrages comme des Manufactures de la Draperie & autres étoffes de laine, & exerceront de même leur fonction pour parvenir à l'exécution exacte des différens Réglemens intervenus pour l'une & l'autre fabrique. Sa Majesté enjoignant aux fabriquans desdits bas & ouvrages, de souffrir la visite desdits Inspecteurs, & de leur faire ouverture de leurs boutiques & ouvroirs, quand ils en seront requis, comme les fabriquans de draps, serges, & autres étoffes de laine, sont tenus de recevoir la visite desdits Inspecteurs, & sous les mêmes peines.

L'Arrêt du 27 Novembre de la même année 1721, porte défenses aux fabriquans de bas & autres ouvrages au tricot, comme aussi d'avoir chez eux des laines de Pelis & Pelades, sous prétexte que ces sortes de laines n'étant défendues que pour les ouvrages au métier, il leur étoit permis de les employer à ceux du tricot, auxquels ils prétendoient d'être en droit de faire travailler.

La Communauté des Maîtres fabriquans de bas au métier de la Ville de Paris ayant depuis été réunie par Arrêt du 17 Avril 1723 au Corps des Marchands Bonnetiers de la même Ville, on peut voir dans ce Dictionnaire à l'article des Bonnetiers, ce en quoi il peut avoir été dérogé au précédent Arrêt.

Le Réglement du mois de Mars de l'année 1700, avoit ordonné l'apposition d'un plomb à tous les bas & autres ouvrages au métier, avant que d'être exposés en vente, & aussi-tôt qu'ils auroient été cousus & foulés; mais il n'avoit pas pourvû à l'inconvénient qui arrive, lorsque ces sortes d'ouvrages ayant été achetés en blanc, les Marchands qui les ont achetés sont dans la suite obligés d'en détacher le plomb pour les mettre à la teinture, ou leur donner quelqu'autre apprêt, crainte que ledit plomb ou n'y fasse des trous, ou ne tache les couleurs fines, parce qu'alors lesdits ouvrages se trouvant sans le plomb de fabrique, sont sujets à la confiscation, & les Marchands Foulonniers, Fouleurs, Teinturiers, & Apprêteurs exposés à encourir l'amende ordonnée par ledit Réglement.

C'est pour y pourvoir, & en même tems pour assurer l'exécution des Réglemens, qu'a été rendu l'Arrêt du 6 Septembre 1723.

Sa Majesté ordonne par ledit Arrêt:

1°. Que les Marchands & Négocians qui auront acheté en blanc des bas & autres ouvrages au métier, & qui voudront les faire teindre & apprêter, seront tenus, avant que d'en détacher le plomb, d'en faire au Bureau des fabriquans desdits ouvrages, ou, à leur défaut, au Bureau des Marchands Bonnetiers établi dans la Ville où lesdits bas & autres ouvrages au métier seront teints & apprêtés, une déclaration contenant le nombre & la qualité desdits ouvrages, qu'ils représenteront aux Gardes Jurés desdits fabriquans, ou Marchands Bonnetiers; & que lesdits Gardes Jurés écriront ladite déclaration sur un registre particulier qu'ils tiendront pour cet effet.

2°. Sa Majesté ordonne, qu'après que lesdits ouvrages auront été teints & apprêtés, lesdits Marchands les rapporteront audit Bureau où il en sera fait mention sur le Registre à la marge de ladite déclaration, & qu'il y sera attaché un nouveau plomb contenant d'un côté le nom de la Ville avec ces mots, *Nouvelle marque*; & de l'autre côté, *à deux fils* ou *à trois fils*, suivant la différente qualité desdits ouvrages.

3°. Pour chacun desdits ouvrages au métier sur lesquels ledit nouveau plomb sera apposé, il doit être payé six deniers.

4°. Enfin il est ordonné que tous ceux desdits ouvrages qui seront trouvés sans le plomb du fabriquant ou ledit nouveau plomb, seront confisqués, & les fabriquans ou marchands, chez lesquels ils seront trouvés, condamnés aux amendes portées par lesdits Réglemens.

Il avoit été fait défenses par une des dispositions du Réglement du 30 Mars 1700 pour les bas & autres ouvrages au métier, à tous Serruriers, Arquebusiers, & à toutes autres personnes, de faire des métiers pour autres que pour les Maîtres dudit métier, ou pour les particuliers privilégiés pour ladite Manufacture. Comme aussi il avoit été défendu à tous marchands, ouvriers, & à toutes autres personnes de transporter ni faire sortir hors du Royaume aucun métier, à peine de confiscation & de mille livres d'amende : Sa Majesté voulant assurer l'exécution desdites défenses pour la conservation d'une Manufacture si avantageuse à ses sujets, les a confirmées, expliquées, & étendues par un nouveau Réglement dressé en son Conseil d'Etat, le 25 Avril 1624, & donné à ce sujet.

Sept articles composent ce Réglement.

Par le premier article, il est fait très expresses inhibitions & défenses à tous Maîtres Serruriers & autres qui sont en droit de fabriquer des métiers à faire bas & autres ouvrages de soie, laine, fil ou cotton, comme aussi à tous Marchands fabriquant lesdits ouvrages, de vendre des métiers à aucunes autres personnes qu'à des Marchands travaillant auxdits ouvrages, à peine de trois cent livres d'amende, qui ne pourront être moderées pour quelque cause & prétexte que ce soit.

2°. Il est enjoint sous les mêmes peines auxdits Serruriers & autres fabriquans desdits métiers, aussi-bien qu'aux Marchands fabriquant lesdits bas & autres ouvrages, qui voudront vendre un ou plusieurs métiers, d'en faire leur déclaration dans les vingt-quatre heures, aux Syndics, ou Gardes Jurés desdits Marchands fabriquans de bas de la Ville, où lesdits metiers seront vendus; laquelle déclaration contenant le nombre desdits métiers, avec les noms & qualités du vendeur & de l'acheteur, sera inscrite dans un registre particulier, que Sa Majesté ordonne auxdits Syndics ou Gardes de tenir à cet effet, & qui sera signé par le vendeur en cas qu'il sçache signer, sinon en sera fait mention sur ledit registre.

3°. Il est ordonné que sur le même registre, le Marchand fabriquant qui aura acheté un ou plusieurs métiers, s'il est domicilié dans la même Ville, sera tenu de s'en charger & de faire sa soumission de les représenter sur la premiere requisition qui lui en sera faite, à peine de mille livres d'amende, & de confiscation des métiers.

4°. Si l'acheteur est résidant dans une autre Ville de la Province, ou Généralité, en laquelle Ville la fabrique desdits bas est permise; il sera tenu sous les mêmes peines de faire par lui, ou par un Commissaire, une pareille déclaration sur le registre des Syndics ou Gardes Jurés de la Ville où l'achat en aura été fait, & d'y faire mention de la Ville en laquelle lesdits métiers seront transportés, avec une soumission de rapporter aux Syndics, ou Gardes Jurés, dans un délai qui sera par eux fixé à proportion de la distance des lieux, un certificat des Juges de Police pour justifier de la remise desdits métiers au lieu de leur destination.

5°. Sa Majesté veut & entend que le voiturier, ou autre chargé du transport desdits métiers, soit, à peine de confiscation des métiers, & de cent livres d'amende, porteur d'une copie desdites déclaration & soumission, qui lui seront délivrées par lesdits Syndics, ou Gardes Jurés, qui sera visée par les Juges de Police du lieu du départ, & qui sera représentée avec la lettre de voiture aux Juges exerçant la Police dans le lieu de leur destination, sur la premiere requisition que Sa Majesté ordonne auxdits Juges de faire aussi-tôt après l'arrivée desdits métiers.

6°. En cas que lesdits métiers soient transportés dans une autre Province ou Généralité, Sa Majesté veut & entend que ledit transport ne puisse être fait qu'en conséquence d'une permission par écrit qui sera donnée par le sieur Lieutenant Général de Police, pour la Ville, Fauxbourgs, & Banlieue de Paris; & dans les Provinces, par le sieur Intendant ou Commissaire départi de celles desdites Provinces d'où les métiers seront enlevés, pour être remise au voiturier, & par lui représentée aux Juges de Police dans la Ville pour laquelle ils seront destinés, avec la copie desdites déclarations & soumissions; & en cas d'inexécution du contenu audit article, lesdits métiers seront confisqués, & l'acheteur sera condamné à mille livres d'amende, & le voiturier à cent liv. ce qui sera pareillement observé en cas que lesdits métiers soient transportés par mer dans les Pays étrangers, & les Capitaines Patrons & Maîtres des vaisseaux, barques, & autres bâtimens maritimes, seront personnellement condamnés à ladite amende de cent livres, au payement de laquelle les charretes & autres voitures, ensemble les chevaux & bâtimens de mer seront & demeureront affectés, sauf leur recours desdits voituriers par terre, & des Capitaines, Maîtres & Patrons, contre les propriétaires desdits métiers, s'il y écheoit.

7°. Enfin S. M. ordonne en outre que lesdits Juges de Police seront tenus de remettre dans le mois de Janvier de chaque année audit sieur Lieutenant Général de Police de la Ville, Fauxbourgs & Banlieue de Paris, & auxdits sieurs Intendans un état détaillé desdites déclarations, soumissions, & permissions, & du nombre des métiers étant dans chaque Ville, où la fabrique desdits bas & autres ouvrages, est permise; lequel état sera par eux signé & certifié véritable, pour être ensuite envoyé au sieur Contrôleur Général des Finances, par lesdits sieurs Lieutenant Général de Police, & Intendans de Province; afin qu'il puisse être reconnu si le même nombre de métiers est existant dans chacune desdites Villes, & pour quelle cause il sera augmenté ou diminué.

On appelle *Bas d'estame*, des Bas qui se font avec du fil de laine très tord, que l'on nomme Fil d'estame, ou Fil d'estain. Ces sortes de Bas sont fort ras, n'ayant point été tirés avec le chardon.

Des *Bas drapés*, ou foulés, sont des Bas, qui ayant été fabriqués avec de la laine un peu lâchement filée, que l'on appelle Fil de treme, ont passé par la foule, & dont le poil a été ensuite tiré avec le chardon; ce qui les a rendus superficiellement semblables à cette étoffe, que l'on appelle Drap de laine.

On nomme *Bas à étrier*, des Bas coupés par le pied, qui ne servent qu'à couvrir la jambe, & non pas le pied. Cette espece de Bas ne se met que sous un Bas à pied, pour tenir la jambe plus chaude.

Anciennement il se faisoit une sorte de Bas, que l'on appelloit *Bas d'attache*, parce qu'il s'attachoit au haut des chausses avec des rubans, ou des aiguillettes ; mais depuis que l'on roule les Bas avec la culotte, l'usage des Bas d'attache est absolument perdu.

Il se fait aussi des *Bas de chamois*, teints en différentes couleurs ; mais ces sortes de Bas ne regardent point le négoce de la Bonneterie ; ce sont à Paris les Marchands Peauciers, qui les taillent, qui les cousent, & qui les vendent.

On fait encore des *Bas de toile* jaune & grise, ordinairement écrue, qui se débitent par les Marchandes Lingeres, ou par les Marchands Merciers.

*Les Bas de soie payent en France de droits d'entrée, en conséquence du Tarif de 1667, 2 liv. de la paire ; ceux d'estame & de laine 8 liv. par douzaine de paires ; & ceux de coton & de fil 4 liv. aussi par douzaine. Les uns & les autres, conformément à l'Arrêt du 15 Juin 1688, ne peuvent entrer par mer dans le Royaume, que par Rouen, Nantes, la Rochelle, & Bordeaux.*

*Les droits de sortie des Bas de soie sont de 12 sols la livre pésant ; & des Bas de laine seulement de 2 liv. par cent pésant, à quoi ces derniers ont été moderés par l'Arrêt du 3 Juillet 1692.*

Un dernier Arrêt du Conseil d'Etat du Roi du 3 Mai 1720, a encore ajouté de nouvelles précautions pour l'entrée de la Bonneterie de laine de fabrique étrangere dans le Royaume ; & pour empêcher qu'elle n'y puisse entrer en fraude, a ordonné que les Bas, & tous autres tels ouvrages de Bonneterie, composés de laine, venans des Pays Etrangers, n'entreront à l'avenir dans les Etats de Sa Majesté, que par les Ports de Calais & de S. Vallery, où les droits d'entrée seront payés, conformément audit Tarif du 18 Avril 1667 ; & lesdits Bas & ouvrages marqués d'un plomb, portant d'un côté une fleur de lys, & de l'autre, ce mot, *Calais*, ou *S. Vallery* : Déclarant Sadite Majesté tous autres ports, chemins, & passages, même la Ville de Sedan, voyes obliques & prohibées ; défendant à tous Marchands, de faire entrer lesdites marchandises par d'autres endroits, que par lesdits deux Ports, à peine de confiscation, & de 500 liv. d'amende.

Bas. Mettre Bas. On dit qu'un Manufacturier de draps de laine, ou d'autres étoffes, a mis Bas une partie de ses métiers ; pour dire, qu'il en a retranché une certaine quantité, à cause du peu de consommation qui se faisoit des marchandises de sa fabrique.

On dit absolument, qu'une manufacture, ou fabrique, est Bas, ou à Bas ; pour dire, qu'il n'y a plus d'Ouvriers, que le travail en est tout-à-fait cessé ; que les métiers sont délabrés, ou démontés.

Bas. Les Marchands Orfévres nomment de l'or Bas, de l'argent Bas, ou de Bas alloy, celui qui est foible, & rempli d'alliage, qui n'est pas au titre du poinçon de Paris, ou de celui auquel on bat les monnoies. L'argent d'Allemagne est d'un titre très bas. On appelle Bas billon d'argent, celui qui est au dessous de cinq deniers ; & haut billon, celui qui est au dessus jusqu'à dix. *Voyez* Or, Argent, *&* Billon.

Bas. En fait de tapisseries, on dit, Haute & Basse lisse, ou Basse marche, pour exprimer la façon de leur travail. *Voyez* Basse Lisse, *&* Haute Lisse.

Bas a Homme, Bas a Femme. Ce sont des noms que l'on donne à certains papiers très communs, qui servent aux Marchands Bonnetiers, pour empaqueter leurs marchandises. Il y a de ces papiers qui sont collés, & d'autres qui ne le sont point. *Voyez* Papier.

BASANNE, que quelques-uns écrivent aussi BAZANNE. Peau de belier, mouton, ou brebis, passée en tan, ou en redon.

Les Basanes s'employent à divers usages, suivant qu'elles sont différemment apprêtées. On en couvre des livres, des porte-feuilles, des porte-cédules, des miroirs de toilette, des boetes à poudre, des fauteuils, des chaises, & perroquets, des formes ou banquettes, & des tabourets. On en fait aussi des tapis, des soufflets, des fourreaux d'épées, des tapisseries de cuir doré, des talons de souliers & de bottes, &c. La France ne tire point de Basanes des Pays étrangers ; au contraire, les Etrangers en tirent des François.

Les Basanes se distinguent en Basanes tannées, ou de couche ; en Basanes coudrées, en Basanes chippées, en Basanes passées en mesquis, & en Basanes appellées Alaudes.

Les *Basanes tannées*, ou de couche, sont celles qui ont été étendues & couchées de plat dans la fosse au tan, pour y être tannées, de même que les peaux de veau, à l'exception qu'elles n'y ont pas resté si long tems. Les Basanes de cette espece viennent pour l'ordinaire de Nonancourt, de Verneuil au Perche, de Mortagne, & de Montereau, d'où elles sont envoyées en croute, c'est-à-dire, telles qu'elles sont sorties des tanneries. Leur emploi le plus ordinaire est pour faire des tapisseries de cuir doré, & des talons de souliers. La consommation de cette sorte de Basane est de beaucoup diminuée, depuis que l'on s'est avisé de porter des talons de bois.

Les *Basanes coudrées*, sont des Basanes qui n'ont été que rougies dans l'eau chaude avec le tan, après avoir été pelées & plainées par le moyen de la chaux. Cette sorte de Basane s'employe aux mêmes usages que celle de couche, & vient des mêmes endroits. *Voyez* Tanner ; *la maniere de rougir les cuirs, ou de les mettre en coudrement y est plus amplement expliquée.*

Les *Basanes chippées*, sont des Basanes apprêtées d'une certaine maniere particuliere, qui va être expliquée.

Après que les peaux ont été un mois, ou six semaines dans le plain, & qu'on en a fait tomber la laine, on les jette dans une cuve remplie d'eau chaude, mêlée de tan, qui est une espece de coudrement ; & lorsqu'elles ont resté quelque tems dans cette cuve, on les en tire, pour les coudre tout autour avec de la menue ficelle, la chair en dedans, en maniere de sacs, que l'on remplit de tan, & de l'eau de la cuve encore chaude, par le moyen d'un entonnoir ; & après que l'entrée en a été fermée, on les prend par les deux bouts, que l'on remue fortement, pour bien faire pénétrer le tan ; ce qui s'appelle Chipper les peaux ; d'où elles ont pris leur nom de *Basanes chippées*. Après que les peaux ont été ainsi agitées pendant un certain tems, on les rejette dans la cuve, puis on les en tire, on les découd, & on les met sécher à l'air. De cette maniere, en moins de deux mois, une Basane peut être parfaitement apprêtée. C'est à Paris, à Nonancourt, & à Verneuil au Perche, où il s'en fait le plus de cette troisiéme espece.

Les *Basanes passées en mesquis*, sont celles dans

l'apprêt desquelles les Tanneurs ont employé le redon au lieu de tan. Les Lyonnois & les Limosins sont ceux qui en fabriquent le plus : ils les envoyent dans toutes les Villes du Royaume, & particuliérement à Paris, toutes teintes en noir, en rouge, en jaune, en bleu, en verd, & en violet.

Les Basanes, que l'on nomme *Aludes*, sont pour l'ordinaire teintes en verd & en violet, fort velues d'un côté. Elles sont appellées Aludes, à cause que dans les apprêts qu'on leur donne, on y employe de l'eau d'alun. Cette sorte de Basane, qui est toute différente des autres, ne s'employe ordinairement qu'à faire des couvertures de livres, & des porte-feuilles d'Ecoliers.

On nomme encore Basanes, quoiqu'assez improprement, les peaux de belier, mouton & brebis, passées en megie, qui servent à faire des culottes, des poches, des goussets, des sacs, des tabliers d'Ouvriers, &c. soit qu'elles soient simplement en blanc, ou qu'elles ayant été mises en couleur par les Peauciers. Paris est la Ville du Royaume, où il s'apprête le plus de ces sortes de Basanes : il s'en tire néanmoins assez considérablement de Limoges, de Lyon, de Nantes, de Dijon, & de Châlons sur Saône. *Voyez* Megie.

*Les Basanes tannées payent en France de droits d'entrée, & de droits de sortie, 6 s. la douzaine, conformément au Tarif de* 1664.

BASARUCO. Petite monnoie des Indes, de très bas alloy, n'étant faite que de très mauvais étain. Il y en a de deux sortes; les uns, que l'on appelle bons; & les autres, mauvais. Ces derniers sont d'un sixiéme moindres que les bons. Il faut trois Basarucos pour deux reys de Portugal, quinze pour un vintain, & trois cent soixante-quinze pour un pardao-xerafin : ce qui s'entend des bons Basarucos; le nombre des mauvais devant s'augmenter d'un sixiéme à proportion.

BAS-BRETON. On appelle Fils Bas-Bretons, des fils blancs, qui viennent de Morlaix, qu'on nomme plus communément Fils de Cologne. *Voyez* Cologne, *ou l'article des* Fils.

BASCULE. Les Miroitiers, qui mettent les glaces au teint, appellent la Bascule de la pierre à étamer, une forte piece de bois, posée sous le chassis de la pierre, qui les traverse l'un & l'autre dans toute leur longueur. Cette piece est plate du côté qu'elle est attachée au chassis, & arrondie de celui qui touche la table, ou étably, sur laquelle cette pierre & son chassis sont posés. On se sert de la Bascule, pour donner de la pente à la pierre, quand la glace a été posée sur le vif-argent, afin que ce minéral puisse s'écouler. *Voyez* Glace.

Bascule. Terme de Marchand en détail. On appelle Bascule de comptoir, la petite plaque de fer carrée, qui hausse & qui baisse dans le milieu d'un comptoir, par le trou de laquelle les Marchands font tomber dans un tiroir fermant à clef, qui est au dessous, l'argent qu'ils reçoivent journellement de la vente de leurs marchandises.

Bascule de Moulin a vent. C'est la piece de bois qui abat le frain du moulin, & qui sert à l'arrêter. *Voyez* Moulin a vent.

BASIN. Etoffe croisée, qui doit être fabriquée toute de fil de coton, tant en chaîne, qu'en treme.

Il se fait des Basins de différentes qualités & façons : de larges, d'étroits, de fins, de moyens, de gros, d'unis avec du poil d'un côté; d'autres à petites rayes imperceptibles sans poil; & d'autres à grandes rayes, ou barrés, aussi sans poil. Il y en a quelques-uns, dans lesquels l'on fait entrer du fil de chanvre, ou de lin, & quelquefois du fil d'étoupe; mais ces sortes de matieres sont défendues par les Réglemens, en ce qui concerne la manufacture des Basins.

L'on fabrique beaucoup de Basins en France, particuliérement à Troyes, à Rouen, & à Lyon, où d'abord la fabrique en fut établie vers l'an 1580. *Voyez l'article des* Futaines.

Les Basins de Troyes sont les plus estimés. Il s'en consomme quantité dans le Royaume; & il s'en fait de grands envois dans les Pays Etrangers.

Cette Manufacture, qui sert de mode à toutes les autres de semblable espece, a été jugée si considérable, qu'elle a donné lieu au Réglement du mois de Janvier 1701, qui a été fait expressément pour elle.

Il est porté par ce Réglement, que les Basins, ou Bombasins larges, soit unis, soit à petites rayes, ou à grandes rayes, auront demie-aune & un pouce de large en peigne, & sur le métier : Qu'ils seront composés de vingt-quatre portées de quarante fils chacune; & que la piece aura vingt-quatre aunes de longueur.

Que ceux à petites rayes auront cent soixante rayes dans l'étendue de leur largeur.

Que les Basins à trente-six barres auront demie-aune moins un pouce de large en peigne, & sur le métier; & seront composés de vingt-deux portées de quarante fils chacune : Que la piece contiendra vingt-quatre aunes de long : Qu'ils auront effectivement trente-six barres également compassées dans leur largeur : Et que chaque barre aura trois rayes.

Que les Basins étroits, unis, ou à petites rayes, ou à vingt-cinq barres, seront de demie-aune moins un vingt-quatriéme de large en peigne, & sur le métier : Que la piece contiendra vingt-deux aunes : Et qu'ils seront composés; sçavoir, les unis, de vingt portées; ceux à petites rayes, de cent quarante rayes; & ceux à vingt-cinq barres, chaque barre de trois rayes.

Que les Basins à la mode, ou de la nouvelle façon, ne se pourront faire que d'une demie-aune un pouce de large, & de vingt-quatre aunes de long, ainsi que les Basins larges; ou de demie-aune moins un vingt-quatriéme de large, & de vingt-deux aunes de long, ainsi que les Basins étroits : Et qu'ils seront composés d'un nombre de portées, ou de rayes convenables à la largeur qui leur sera donnée : Que le nombre des portées & des fils en sera augmenté, à proportion de leur dégré de finesse, & de leurs différentes qualités, afin qu'ils puissent se trouver de l'une des largeurs ci-devant marquées.

Que les chaînes des Basins seront montées de fils de coton, filés d'un égal dégré de finesse; & qu'elles seront également serrées, tant du côté des lisieres, que dans le milieu, d'un bout de la piece à l'autre.

Que tous les Basins seront fabriqués de pur coton, sans aucun mélange d'étoupe, ou de fil de chanvre, ou de lin : Que les barres & les rayes seront de fil de coton retors; & les pieces suffisamment remplies de treme, & frappées sur le métier, afin de soutenir & conserver leur largeur.

Par ce même Réglement il est encore porté, que les lames & rots, dont les Maîtres Tisserans, & leurs Ouvriers, se serviront pour faire les Basins, seront également compassés; ensorte que les dents des peignes ne soient pas plus larges au milieu qu'aux deux extrémités : Et il est défendu à ces mêmes Tisserans, de vendre, ni livrer aux Marchands, aucunes pieces de Basins, quand même elles auroient été par eux ordonnées, qu'auparavant elles n'ayent été vûes & visitées dans le Bureau par les Jurés de leur Communauté, & par eux marquées d'un plomb, portant d'un côté, ces mots, *Fabrique de Troyes*, & de l'autre, les armes de la Ville, au cas qu'elles soient trouvées de bonne qualité & fabrique; pour les frais de laquelle marque, il doit être payé huit deniers pour chacune piece.

Quoique par ce Réglement, les longueurs des pieces de Basin soient fixées à vingt-deux & à vingt-quatre aunes de long, on ne laisse pas néanmoins, pour la facilité du commerce, & suivant un ancien usage, de couper les pieces en deux, après qu'elles ont été fabriquées; de maniere que l'on les vend ordinairement par demies pieces d'onze & douze aunes.

Encore qu'il y ait en France de très bonnes Manufactures de Basins, on ne laisse pas cependant d'en tirer des Pays étrangers, particuliérement de Hollande, de Bruges, & des Indes Orientales; soit parce qu'ils sont, ou d'une plus grande finesse, ou d'une autre qualité & façon que ceux de France; soit à cause que la Nation Françoise est naturellement portée à préférer ce qui vient des Pays éloignés, à ce qui se trouve chez elle.

Les Basins que l'on tire de Hollande, sont ordinairement rayés. On en fait beaucoup d'estime, à cause de leur grande finesse & bonté. Leur largeur la plus ordinaire est de cinq huitiémes d'aune, & leur longueur d'environ douze aunes, mesure de France.

Ceux qui viennent de Bruges, sont appellés Bombasins; & c'est de là que les François ont pris le terme de Bombasins dans leurs Manufactures. Ils sont, ainsi que ceux de France, ou unis, ou à poil, ou rayés à petites rayes imperceptibles, & à grandes rayes, ou barres de trois petites rayes chacune. Les unis, ou à poil, sont ordinairement de cinq douze de large, sur environ douze aunes de long, mesure de Paris : & les rayés, ou barrés, sont de près d'un pouce moins larges, & de deux tiers moins longs que les unis.

Il se fait à Bruges de quatre sortes de Basins unis, qui vont en diminuant de qualité, depuis la premiere sorte jusqu'à la derniere; ce qui se connoît à certaines marques, lettres, hoches, ou coupes de ciseaux, qui sont aux chefs des pieces.

La premiere sorte, qui est la plus estimée, est appellée Basin double Lion, parce que les pieces sont marquées de deux lions rouges.

La deuxiéme sorte est nommée Basin simple Lion, à cause qu'il n'y a qu'un seul Lion, qui soit marqué en rouge sur la piece.

La troisiéme sorte est appellée Basin B. parce que cette lettre se trouve à la tête de la piece.

Et la quatriéme sorte se nomme Basin C, à cause de cette lettre, qui est marquée au premier bout de la piece.

Il faut remarquer, qu'outre les marques qui sont aux deux, trois & quatriéme sortes de Basins, dont il vient d'être parlé, on y trouve encore au chef, des hoches, ou coupes de ciseaux, qui désignent aussi leur qualité. La deuxiéme sorte a une hoche, la troisiéme en a deux, & la quatriéme en a trois; ensorte que la premiere n'en a point du tout.

Les Basins de Bruges rayés sont de deux sortes: la premiere, qui est la plus estimée, est appellée Basin F. F. double Lyon, à cause de ces deux lettres, & de deux lions, qui sont marqués en rouge au chef & premier bout de la piece. On ne trouve point de hoche à cette premiere sorte de Basin rayé.

La deuxiéme est nommée Basin F. simple Lion, à cause qu'il y a cette lettre & un seul lion marqués en rouge au chef de la piece. Outre ces marques, on y trouve encore une hoche.

Les Basins, qui viennent des Indes Orientales, sont blancs, & sans poil. Il y en a de deux façons; les uns croisés, ou sergés; & les autres à carreaux, ou ouvrés. Les meilleurs sont ceux qui se fabriquent à Bengale, à Pondichery, & à Ballasor. Les derniers sont les plus estimés.

Les longueurs, & les largeurs des Basins des Indes les plus ordinaires, sont de cinq, six, & trois quarts de large, sur sept, neuf & dix aunes de long; & de trois & cinq quarts, sur sept aunes & demi, & neuf aunes un tiers de long.

Les Basins s'employent à faire des camisoles, des jupons, des corsets, des courtepointes, & des tours de lits d'esté pour la campagne, des rideaux de fenêtres, &c. Ceux des Indes sont les plus propres pour faire des rideaux.

Basins. On nomme ainsi dans le commerce des Peintres & Doreurs du Pont Notre-Dame & du Quai de Gêvres à Paris, certaines sortes de bordures, ordinairement de bois uni, qui servent à encadrer des estampes. Ce nom leur vient d'un nommé Basin assez habile Graveur, qui gravoit des sujets de dévotion tous d'une même grandeur.

Les basins portent neuf pouces quatre lignes de hauteur, sur sept pouces quatre lignes de largeur.

Les petits basins qu'on nomme aussi des Pecouls, du nom d'un autre Graveur qui fit en petit les mêmes sujets, ont sept pouces neuf lignes, sur cinq pouces six lignes.

BASLE, Ville de Suisse. *Voyez* ce qui regarde son Commerce dans l'Etat général, page 235.

BASSE'E. Mesure dont on se sert en quelques lieux d'Italie, pour mesurer les liquides. La Bassée de Veronne est la sixiéme partie de la brente. *Voyez* Brente.

BASSE-ETOFFE. Terme de Potier d'estain. C'est une composition faite en partie de plomb, & en partie d'estain. On l'appelle aussi Petite étoffe, Claire étoffe, & Claire soudure. *Voyez* Estain.

BASSE-LISSE. Espece de tissu, ou tapisserie faite de soie & de laine, quelquefois rehaussée d'or & d'argent, où sont représentées diverses figures de personnages, d'animaux, de païsages, ou autres semblables choses, suivant la fantaisie de l'Ouvrier, ou le goût de ceux qui les lui commandent.

La Basse-lisse est ainsi nommée, par opposition à une autre espece de tapisserie, qu'on nomme Haute-lisse : non pas de la différence de l'ouvrage, qui est proprement le même; mais de la différence de la situation des métiers, sur lesquels on les travaille; celui de la Basse-lisse étant posé à plat, & parallele à l'horison; & au contraire, celui de la haute-lisse étant dressé perpendiculairement, & tout debout.

On appelle quelquefois Basse-marche parmi les Ouvriers, ce que le Public ne connoît que sous le nom de Basse-lisse; & ce nom de Manufacture lui est donné, à cause des deux marches, que celui qui les fabrique, a sous les pieds, pour faire hausser & baisser les lisses, ainsi qu'on l'expliquera dans la suite, en expliquant la maniere d'y travailler.

On se réserve à parler à l'article de la Haute-lisse, comme à l'endroit le plus convenable, de tout ce qui concerne les Manufactures de l'une & l'autre sorte de tapisserie; leur établissement en France, & dans les Pays étrangers; les priviléges des Haute-lissiers, & de leurs Ouvriers & Compagnons; les réglemens qui doivent s'observer entre les uns & les autres; les hauteurs ordinaires des tapisseries; enfin, tout ce qui est un peu, ou important, ou curieux sur cette matiere, par rapport au commerce qui s'en fait en France, ou dans les Pays étrangers.

### *Fabrique de Basse-lisse.*

Le métier sur lequel se travaille la Basse-lisse, est assez semblable à celui des Tisserans. Les principales pieces sont les Roines, les Ensubles, ou rouleaux, la Camperche, le Cloud, le Wich, les Treteaux, ou soutiens, & les Arcs-boutans. Il y en a encore quelques autres, mais qui ne composent pas le métier, & qui servent seulement à y fabriquer l'ouvrage, comme sont les Sautriaux, les Marches, les Lames, les Lisses, &c. On les expliquera toutes.

Les Roines sont deux fortes pieces de bois, qui forment les deux côtés du chassis, ou métier, & qui portent les ensubles. Pour donner plus de force à ces roines, elles sont non-seulement soutenues par dessous avec d'autres fortes pieces de bois, en forme de treteaux; mais afin de les mieux affermir, elles sont encore arc-boutées au plancher, chacune avec une espece de soliveau, qui les empêche d'avoir aucun mouvement, bien qu'il y ait quelquefois jusqu'à quatre ou cinq Ouvriers appuyés sur l'ensuble de devant, qui y travaillent à la fois. Ce sont ces deux soliveaux, qu'on appelle les arcs-boutans.

Aux deux extrémités des Roines sont les deux rouleaux, ou ensubles, chacune avec ses deux tourillons, & son wich. Pour tourner les rouleaux, on se sert du cloud, c'est-à-dire, d'une grosse cheville de fer, longue environ de trois pieds.

Le Wich des rouleaux est un long morceau, ou plutôt une perche de bois arrondie autour, de plus de deux pouces de diametre, à peu près de toute la longueur de chaque ensuble: une rainure, qui est creusée tout le long de l'un & l'autre rouleau, enferme le wich, qui la remplit entiérement, & qui y est affermi, & arrêté de distance en distance par des chevilles de bois. C'est à ces deux wichs que sont arrêtées les deux extrémités de la chaîne, que l'on roule sur celui des rouleaux, qui est opposé au Basse-lissier; l'autre, sur lequel il s'appuye en travaillant, sert à rouler l'ouvrage à mesure qu'il s'avance.

La Camperche est une barre de bois, qui passe transversalement d'une Roine à l'autre, presque au milieu du métier, & qui soutient les sautriaux, qui sont de petits morceaux de bois, à peu près de la forme de ce qu'on appelle le Fleau dans une balance. C'est à ces sautriaux que sont attachées les cordes, qui portent les lames avec lesquelles l'Ouvrier, par le moyen des deux marches qui sont sous le métier, & sur lesquelles il a les pieds, donne du mouvement aux lisses, & fait alternativement hausser & baisser les fils de la chaîne. On n'expliquera pas ici ce que c'est que ces lames, ou ces lisses; voyez leurs propres articles. Au reste, chaque métier a plus ou moins de lames, & chaque lame plus ou moins de lisses, suivant que la tapisserie est de plus ou moins de fils.

Le dessein, ou tableau, que les Basse-lissiers veulent imiter, est placé au dessous de la chaîne, où il est soutenu de distance en distance par trois cordes transversales, ou même plus, s'il en est besoin: les extrêmités de chacune aboutissent, & sont attachées des deux côtés aux roines, à une mantonniere qui en fait partie. Ce sont ces cordes, qui font approcher le dessein contre la chaîne.

Le métier étant monté, deux instrumens servent à y travailler: l'un est le Peigne, & l'autre, ce qu'en termes de Basse-lisse, on nomme la Flute.

La Flute tient lieu dans cette fabrique, de la navette des Tisserans. Elle est faite d'un bois dur & poli, de trois ou quatre lignes d'épaisseur par les bouts, & d'un peu moins par le milieu. Sa longueur est de trois ou quatre pouces. Les deux extrémités sont aiguisées en pointe, afin de passer plus aisément entre les fils de la chaîne. C'est sur la Flute que sont dévidées les laines, ou les autres matieres, qu'on veut employer à la tapisserie.

A l'égard du Peigne, qui a ordinairement des dents des deux côtés, il est ou de buis, ou d'yvoire. Son épaisseur dans le milieu est d'un pouce, qui va en diminuant des deux côtés jusqu'à l'extrémité des dents: sa longueur est de six ou sept pouces. Il sert à serrer les fils de la treme les uns contre les autres, à mesure que l'ouvrier les a passés & placés avec la flutte entre ceux de la chaîne.

Lorsque le Basse-lissier veut travailler, (ce qui doit s'entendre aussi de plusieurs Ouvriers, si la largeur de la piece permet qu'il y en ait plusieurs qui travaillent à la fois) il se met au devant du métier, assis sur un banc de bois, le ventre appuyé sur l'ensuble, un coussin ou oreiller entre deux; & en cette posture, séparant avec les doigts les fils de la chaîne, afin de voir le dessein; & prenant la flute chargée de la couleur convenable, il la passe entre ces fils, après les avoir haussés ou baissés par le moyen des lames & des lisses, qui font mouvoir les marches, sur lesquelles il a les pieds; ensuite pour serrer la laine, ou la soie, qu'il a placée, il la frappe avec le peigne, à chaque passée qu'il fait. On appelle Passée, l'aller & le venir de la flute entre les fils de la chaîne.

Il faut observer, que chaque Ouvrier ne fait agir qu'une lame séparée en deux demies-lames; l'une devant, l'autre derriere. Chaque demie-lame, qui a ordinairement sept seiziémes d'aune, mesure de Paris, est composée de plus ou moins de lisses, suivant la finesse de l'ouvrage, comme on l'a déja dit.

Ce qui n'est pas le moins admirable dans le travail de la Basse-lisse, & qui lui est commun avec la haute-lisse, c'est qu'il se fait du côté de l'envers; ensorte que l'Ouvrier ne peut voir sa tapisserie du côté de l'endroit, qu'après que la piece est finie, & levée de dessus le métier. *Voyez* HAUTE-LISSE.

BASSE-LISSIER. Ouvrier qui travaille à la Basse-lisse. On le dit aussi du Marchand qui en vend.

BASSE-NAVARRE, Province de France. *Voyez* ce qui est dit de son Commerce & de ce qu'elle produit, Etat général, page 219.

BASSETIR un chapeau. *Voyez* BASTIR.

BASSICOT. Machine faite en forme d'une grosse cage de charpente, ouverte par en haut, dans laquelle l'on met les masses de pierre, qui se tirent des ardoisieres d'Anjou. *Voyez* ARDOISIERE.

BASSIERE, ou BAISSIERE. Vin au bas, qui est près de la lie. *Voyez* VIN.

BASSIN. Espece de très grand plat, qui a peu de profondeur, & qui sert à laver les mains, à parer un buffet, & à servir sur table des pyramides de viandes, ou de fruits.

Il y a plusieurs choses dans le commerce, dont se servent divers Maîtres des Communautés des arts & métiers, qu'on appelle Bassins, soit parce qu'elles leur ressemblent assez, soit parce qu'elles y ont un rapport au moins éloigné.

BASSIN de balance, ou de trebuchet. On se sert de ce terme le plus ordinairement au pluriel, parce que chaque balance, ou trebuchet, en a deux. Ces Bassins sont deux pieces de cuivre, ou de léton, en forme de plats creux, sans bords; dans l'une desquelles on met le poids, & dans l'autre, les especes d'or & d'argent, les marchandises, drogues, & denrées, dont on veut connoître la pésanteur, pour en estimer le prix & la valeur. Chaque Bassin pend des extrémités des branches de la balance, avec trois cordes, qui se réunissent ensemble dans une esse, ou anneau. *Voyez* BALANCE.

BASSIN à Chirurgien, & à Barbier. C'est un Bassin de métail, ou de fayance, très profond, avec des bords étroits, & une échancrure au milieu du bord, dont les Chirurgiens & Barbiers se servent, pour mettre l'eau avec laquelle ils lavent la barbe de ceux à qui ils la font.

Depuis que les Barbiers ont été érigés en Corps de Jurande, il leur a été permis par leurs Statuts, & Lettres Patentes, de mettre des Bassins pour enseignes à leurs boutiques; avec cette différence seulement, que ceux des Chirurgiens sont restés jaunes, & que ceux des Barbiers doivent être blancs.

BASSIN. Se dit chez les Chapeliers, d'une grande plaque ronde, ordinairement de fer, ou de fonte, qui se met sur un fourneau, pour bâtir les étoffes dont les chapeaux sont composés.

Les Chapeliers ont aussi des Bassins à dresser les bords des chapeaux. Ceux-ci ont au milieu une ouverture ronde, d'un diametre suffisant, pour que les formes les plus larges y puissent entrer. Ils sont quelquefois de fonte, mais plus souvent de plomb, avec deux mains par dessus, pour les pouvoir mettre sur les bords des chapeaux, ou les en lever. *Voyez* CHAPEAU.

BASSIN. Les Rôtisseurs, Traiteurs, & Cuisiniers, appellent aussi Bassins, de grands plats de cuivre jaune, où ils mettent leur gibier, volailles, & autres viandes, lorsqu'ils les ont apprêtées, lardées & piquées. Ils ont coutume d'en faire une des principales montres de leurs boutiques.

BASSIN, en termes de Maçonnerie & Limosinerie. Se dit des lieux où les Manœuvres & Aydes à Maçon, & Limosins, éteignent la chaux & courroyent leur mortier. *Voyez* MAÇON, & LIMOSIN.

Les bassins dont se servent les Salpétriers sont de deux sortes, les uns grands que l'on nomme Bassines, les autres plus petits qui conservent le nom de Bassins. Les uns & les autres sont de cuivre; les premiers plus profonds, les derniers avec moins de profondeur. C'est dans ceux-ci où l'on met la cuite au sortir des recevoirs. Elle y demeure ordinairement quatre jours pour achever la cristalisation du salpêtre.

Le salpêtre en roche se fait dans les bassines où il ne doit demeurer que six heures pour devenir en pierre; il est vrai qu'on hâte l'opération, en les mettant sur des recettes pleines d'eau froide. *Voyez* l'article du Salpêtre.

VENTE AU BASSIN. On nomme ainsi à Amsterdam, les ventes publiques qui se font par autorité de Justice & où préside un Officier commis par les Bourguemestres qu'on nomme Vendu-meester; c'est-à-dire, Maître de la vente. On appelle cette vente, Vente au bassin, parce qu'avant de délivrer les lots ou cavelins au plus offrant & dernier enchérisseur, on frappe ordinairement sur un bassin de cuivre, pour avertir qu'on va adjuger. *Voyez* VENDU-MEESTER.

BASSINS DE CUIVRE. Il se fait à Amsterdam un très grand commerce de toute sorte d'ustenciles de cuivre, particuliérement de bassins, de chaudrons, de chaudieres, de bassines, &c. Ils s'y vendent au poids d'Aix-la-Chapelle dont les 106 livres font les 100 livres d'Amsterdam. Cent livres pésant de ces bassins, poids d'Aix, c'est-à-dire, environ 94 livres, poids d'Amsterdam, coutent 68 fl. $\frac{1}{2}$. Les déductions pour le bon poids & pour le prompt payement sont chacune d'un pour cent.

BASSIN. Les Miroitiers-Lunetiers se servent de divers Bassins de cuivre, de fer, ou de métail composé, les uns grands, les autres plus petits; ceux-ci plus profonds, ceux-là moins, suivant le foyer des verres qu'ils y veulent travailler.

C'est dans des Bassins que se font les verres convexes: les spheres, qu'on nomme autrement des Boules, servent pour les verres concaves: & le rondeau, pour les verres, dont la superficie doit être plane & unie. On parle de ces deux derniers instrumens, ou outils, à leurs propres articles.

On travaille les verres au Bassin de deux manieres. Pour l'une, l'on attache le Bassin à l'arbre d'un tour, & l'on y use la piece, qui tient avec du ciment à une molette de bois, en la présentant, & la tenant ferme de la main droite dans la cavité du Bassin; tandis qu'avec le pied on donne un mouvement convenable au Bassin. Pour l'autre, le Bassin s'affermit sur un billot, ou sur un établi, n'y ayant que la molette garnie de son verre, qui soit mobile. Les Bassins pour le tour sont fort petits, ne passant gueres six à sept pouces de diametre: les autres sont très grands, y en ayant d'un diametre de plus de deux pieds.

Pour dégrossir les verres qu'on travaille au Bassin, on se sert de grès & de gros émeril. On les adoucit avec les mêmes matieres, mais plus fines

& tamisées. Le tripoli & la potée servent à les poli. Enfin, on en acheve le poliment au papier, c'est-à-dire, sur un papier qu'on colle au fond du Bassin. Quelques-uns appellent les Bassins, des moules, mais improprement. *Voyez* MIROITIER, & LUNETTES.

BASSIN, terme de Marine, est un endroit pratiqué dans un Port de mer, pour recevoir & mettre plus particuliérement à couvert des orages, les vaisseaux de l'Etat; c'est en ce sens que l'on dit, Le Bassin du Havre, le Bassin de Toulon.

BASSINE. Nom que les Marchands Confiseurs, & Apoticaires, donnent à une sorte de poele, ordinairement de cuivre rouge non étamé, plate & ronde, peu creuse; ayant à chaque côté une main, ou petite ance de fer, pour la pouvoir remuer & transporter quand on veut. La Bassine sert à faire des confitures; & des opérations de pharmacie, en la mettant sur un fourneau.

BASSINE. Se dit aussi chez les Marchands Ciriers, ou Ciergiers, de certaines poeles de cuivre étamées, dont l'usage est pour faire fondre les cires qu'ils veulent employer.

Il y a de deux sortes de Bassines. La premiere sert à fondre la cire destinée à jetter avec la cuillier sur les méches des cierges, bougies, & flambeaux. Elle est très grande, ronde, & assez creuse, ayant l'entrée beaucoup plus large que le fond; c'est-à-dire, qu elle va toujours en diminuant depuis le haut jusqu'en bas.

La seconde Bassine est beaucoup plus petite que la premiere, de figure ovale, peu profonde; ayant néanmoins le fond plus étroit que l'entrée, avec des bords élevés de trois ou quatre doigts. Aux deux extrêmités, & justement dans les bouts de l'ovale, sont des especes de petites coulisses ou enclavures, que l'on nomme les Oreilles de la Bassine, dans lesquelles l'on arrête la filiere, par les trous de laquelle l'on fait passer la bougie, à mesure qu'on la file: cette seconde Bassine n'est propre qu'à fondre la cire qui doit être employée à filer les bougies. *Voyez* BOUGIE.

BASSINOIRE. Bassin couvert, assez connu par son usage, & qui fait partie du commerce des Chaudronniers. *Voyez* CHAUDRONNIER.

BASSORA ou BALSORA, Ville la plus riche & la plus marchande de l'Arabie déserte. *Voyez* l'Etat général, page 407.

BASSOU. *Voyez* BAFFO-ZINO.

BAST. Selle grossiere, que l'on met sur le dos des bêtes de somme. Les Basts de mulets sont extrêmement hauts & rambourrés; ce qui les distingue de ceux des chevaux & des bêtes asines, qui sont très bas. Ils font partie des ouvrages & du négoce des Selliers. *Voyez* SELLE & SELLIER.

*Les Basts payent les droits d'entrée & de sortie sur le pied de selles communes, c'est-à-dire, 6 sols de la piece.*

BAST. Petite monnoie d'argent, qui a cours dans plusieurs Villes d'Allemagne, particuliérement à Nuremberg. Le Bast vaut quatre crutzers, à raison de quatre deniers, ou huit fenins le crutzer.

BAST. Il y a aussi des Basts en Suisse, qui sont des monnoies de billon, c'est-à-dire, d'argent & de cuivre, qui y ont cours sur différens pieds, suivant le plus ou le moins d'alliage, dont ils sont composés. A Zurich, la richedale, ou écu de soixante sols de France, vaut vingt-huit Basts deux schellings de cette Ville, qui sont plus hauts que les Basts de Suisse; (c'est ainsi qu'on nomme ceux de Berne, Lucerne, & Fribourg) de sorte qu'un Bast de Zurich vaut deux sols & un denier de France.

Les Basts de Basle, de Schaffouse, & de Saint-Gal, sont les meilleurs de tous; & ceux de Berne, Lucerne, & Fribourg, les moins bons. On ne donne que vingt-sept Basts des premiers pour la richedale; & il en faut trente des derniers, qui pour cela sont nommés communément des Basts courts.

Les bons Basts valent dix rapes, la rape valant un peu plus d'un double de France, ou de deux deniers tournois. Les mauvais Basts, ou Basts courts, valent une rape de moins que les bons.

BASTARD. Safran Bâtard. *Voyez* SAFRAN.

BASTARD. On appelle dans le métier de Boulanger, particuliérement parmi les Boulangers qui font le biscuit de mer, de la pâte bâtarde, de la pâte qui n'est ni trop molle ni trop forte. *Voyez* l'article du Biscuit de mer.

BASTARDE. Se dit chez les Manufacturiers de draperies, pour signifier, une fausse largeur d'étoffe; une largeur extraordinaire, qui n'a nulle conformité aux Réglemens. Les draps d'une aune demiquart, sont d'une largeur bâtarde, & comme tels, sujets à confiscation.

On appelle une ECRITURE BASTARDE, celle qui tient de la Françoise & de l'Italienne.

BASTARDE. Laine Bâtarde de Vigogne, qu'on appelle encore Laine carmeline. C'est la seconde espece de laine, de celles qui se coupent de dessus la peau du vigogne. *Voyez* VIGOGNE, laine.

BASTARDES. Ce sont aussi des laines communes du Levant. Il y en a de Constantinople, & d'autres d'Alep. Celles d'Alep sont noires, & s'appellent Bâtardes noires. *Voyez* LAINE DU LEVANT.

BASTES. On nomme ainsi dans la Flandre Autrichienne, les étoffes d'écorce d'arbre qui viennent des Indes Orientales & de la Chine. *V.* ECORCE-D'ARBRES.

BASTIDE D'ARMAGNAC, petite Ville de France dans le Comté d'Armagnac. *Voyez* l'Etat général, page 32.

BASTIER. Ouvrier qui fait & qui vend des basts de mulets, & autres bêtes de somme. Les Bastiers de Paris font partie de la Communauté des Maîtres Selliers. *Voyez* SELLIER.

BASTIMENT. Terme de Marine, qui signifie toutes sortes de vaisseaux & navires, depuis le plus petit jusqu'au plus grand, qui ne sont point armés en guerre. Beaucoup de Marins cependant l'attribuent également aux vaisseaux de guerre, & aux navires marchands; quoique, selon d'autres, assez improprement. *Voyez* NAVIRE MARCHAND.

BASTIMENT MARCHAND. Signifie toutes especes de navires ou vaisseaux, grands ou petits, servans à transporter des marchandises d'un lieu à un autre. *Voyez* NAVIRE & VAISSEAU.

BASTION DE FRANCE, établissement que les François ont sur la Côte de Barbarie, près des fonds où se fait la pêche du corail. *Voyez* l'Etat général, page 367.

BASTIR ou BASSETIR. Terme de Chapelier, qui signifie apprêter & façonner le feutre d'un chapeau sur le bassin, pour en former les quatre capades; & après qu'elles ont été bien marchées, & bien feutrées, on les joint ensemble pour en former une espece de chausse à hypocras, dont, après qu'elle a été foulée, on dresse le chapeau sur une forme

forme avec l'avaloire, la piece, & le choque. *Voyez* Chapeau & Chapelier.

Bastir. Terme de Tailleur, de Couturiere, & de Tapissier. Il se dit de l'assemblage que ces Ouvriers & Ouvrieres font des pieces d'un habit, ou tapisserie, qu'ils ont coupés, en les cousant à grands points avec de gros fil, avant de les coudre à demeure avec de la soie.

On appelle le Bâti d'un habit, d'une robe de chambre, d'un meuble, le gros fil qui a servi à les bâtir, & joindre ensemble, particuliérement s'il s'agit de l'étoffe de dessus, & de la doublure. Ainsi on dit, Otez le Bâti de ce juste-au-corps, de cette jupe; pour dire, Otez le fil avec lequel ils ont été assemblés.

BASTON. Morceau de bois rond, long, & menu qui sert à s'appuyer en marchant, que tournent ordinairement les Tabletiers, & qu'ils font de plusieurs bois rares & précieux, comme le Bresil, le Sainte-Lucie, le bois violet, le bois de cahambac, & autres semblables.

On appelle aussi Bâton chez ces Ouvriers, ce qui sert au même usage, quoiqu'il ne soit pas de bois: Un Bâton d'yvoire: Un Bâton d'écaille de tortue.

Baston, dans le détail de la marchandise des bois à brûler. Se dit de quelques bois menus, qui servent au chauffage: Un Bâton de coteret: Un Bâton de fagot. *Voyez* Coteret & Fagot.

Baston. Se dit aussi des choses qui ressemblent à un Bâton. Un Bâton de casse. *Voyez* Casse. Un Bâton de cire d'Espagne. *Voyez* Cire.

Baston rond. C'est ainsi que les Ouvriers en gaze appellent un gros Bâton, qui est au bas de leur métier, & qui le traverse dans sa largeur. Il sert à foncer ou faire baisser la soie. *Voyez* Foncer la soye.

Baston de Jauge, que l'on appelle aussi simplement Jauge. C'est un instrument qui sert à jauger ou mesurer les tonneaux & futailles à liqueurs, pour connoître leur consistance & capacité. *Voyez* Jauge.

Baston a Gant, autrement appellé Tournegant, ou Retournoir. C'est un Bâton fait en forme de long fuseau; dont les Gantiers se servent dans la fabrique de leurs gants. Ils sont ordinairement doubles, quand on s'en sert. *Voyez* Tournegant & Gant.

Baston ou Rouleau. Instrument dont on se sert chez les Fondeurs en sable & en terre, pour corroyer ces deux matieres, dans lesquelles ils ont coutume de faire leurs moules. Ce Bâton est en forme de cylindre, long de deux pieds, & de deux pouces de diametre. *Voyez* Fondeur.

Baston de croisure. C'est un Bâton rond, ordinairement de bois de saule. On en fait de diverses longueurs, mais tous d'un pouce de diametre. Les Haute-lissiers s'en servent pour croiser les fils de leurs chaînes. *Voyez* Haute-lisse.

Baston a sasser. Signifie, en termes de Boulanger & de Patissier, un Bâton que l'on met sur une huche, ou pétrin, le long duquel on conduit le sas, lorsqu'on veut tirer la farine au fin. *Voyez* Sas, & Sasser.

Baston de Casse. Terme de Pharmacie & de Droguiste. C'est de la casse qui n'est pas mondée, mais qui est encore dans son écorce, & telle qu'on la tire du Levant. *Voyez* Casse.

Baston de Cire d'Espagne. C'est de la lacque, ou cire d'Espagne, réduite en Bâton, de la grosseur du doit du milieu de la main, de sept à huit pouces de longueur. C'est au milieu du Bâton que le Marchand, ou l'Ouvrier, a coutume de mettre sa marque, ou enseigne. *Voyez* Cire d'Espagne.

Baston de pavillon. *Voyez* Pavillon.

Baston de girouette. *Voyez* Girouette.

Baston de flame. *Voyez* Flame.

Baston de Jacob. *Voyez* Arbaleste.

Baston de vadel. *Voyez* Guipon.

Baston a méche. On nomme ainsi en terme de marine une méche que l'on entretient toujours allumée sur le château d'avant d'un Navire.

BASTONNER UN GANT. On dit aussi, REFORMER UN GANT. C'est après qu'il est achevé, l'élargir sur le réformoir avec des Bâtons faits exprès, qu'on nomme Bâtons à gants, afin de leur donner plus de forme.

BASTOU. *Voyez* BOSTON.

BASTUDE. Terme de Marine. C'est une espece de filet, duquel on se sert pour pêcher dans les étangs salés. L'Ordonnance de 1681 fait défenses aux Pêcheurs qui se servent d'engins, appellés Fichures, de prendre les poissons enfermés dans les Bastudes, à peine de punition corporelle.

## BAT

BAT. Est la queue du poisson, ainsi nommée, de ce qu'il s'en sert pour battre l'eau. Le grand poisson de riviere & d'étang se mesure entre œil & Bat.

BATANOMES. Toiles qui se vendent au Caire. Elles sont longues de vingt-huit pieds la piece, & coutent vingt mesdins.

BATAVIA. Ville située dans l'Isle de Java, & Capitale de la Compagnie Hollandoise en Asie. *Voyez* ce qui concerne le Commerce de cette Ville, Etat général, pages 281, 462.

BATEAU. Vaisseau qui sert à naviger sur les rivieres, les lacs, & les étangs; & sur lequel on charge les diverses marchandises & denrées, que l'on veut transporter par eau, d'un lieu à un autre.

La construction & le nom des Bateaux sont différens, ou selon les usages pour lesquels ils sont destinés, ou selon les Provinces dans lesquelles ils sont construits.

Les Bateaux de Seine, sont de grands bâtimens longs & forts, avec le bordage assez élevé, qui viennent de Rouen, & de la riviere d'Oise, & qui servent ordinairement à faire de grandes voitures de bois à brûler, & d'épiceries. On les nomme des Foncets.

Les Bateaux qui viennent de la Loire, s'appellent des Chalands. Ils sont étroits, médiocrement longs, & peu élevés, à cause des canaux & des écluses, par lesquels il faut qu'ils passent pour arriver à Paris. Ils servent à voiturer les vins, & les autres productions & marchandises des Provinces voisines de la Loire & de l'Allier.

Les Bateaux de la riviere de Marne conservent le nom de cette riviere, & sont nommés Bateaux Marnois. Ils sont plats, & de moyenne grandeur. Leur charge consiste ordinairement en vins, en grains, & en bois, de la Province de Champagne.

Les Bateaux-coches, plus connus sous le nom de Coches d'eau, sont de grands Bateaux couverts qui servent, particuliérement sur la riviere de Seine, à la commodité des Voyageurs, & pour le transport de toutes sortes de marchandises. Les principaux sont, les coches de Sens, d'Auxerre, de Montereau, & de Fontainebleau, ou Valvin. *Voyez* COCHES.

On appelle Bateau de foin, Bateau de fagots, Bateau de bois, Bateau de charbon, Bateau de blé, Bateau de vin, &c. les Bateaux qui sont chargés de ces sortes de marchandises.

Les Bateaux des Maîtres Passeurs d'eau de Paris, s'appellent des Flettes. L'Ordonnance de la Ville de 1672, leur enjoint de les tenir garnies de leurs crocs & avirons, & d'en avoir un nombre suffisant aux endroits & passages désignés par les Prevôt des Marchands & Echevins. *Voyez ci-après* BATELIER *&* PASSEURS D'EAU.

Les Bateaux des Pêcheurs sur rivieres, ne se connoissent gueres que sous le nom de Bachot. Leur équipage consiste en deux avirons, un croc, une affiche, un mast, & un cordeau. *Voyez l'explication de ces termes à leurs articles.*

L'Ordonnance de Louis XIV du mois de Decembre 1672, citée ci-dessus, contient quantité d'articles concernant les garres, c'est-à-dire, les lieux où doivent s'arrêter les Bateaux chargés de marchandises, qui arrivent à Paris, lorsqu'il n'y a point de place pour les recevoir dans les Ports. Il y en a d'autres pour le débaclage des mêmes Bateaux, lorsqu'ils ont été vuidés & déchargés: & d'autres encore pour les Bateaux naufragés, & coulés à fond dans lesdits Ports, aussi-bien que pour l'enlevement, marque, & vente de leurs débris.

Quelques articles de cette Ordonnance reglent le rang des Bateaux en pleine riviere, soit en avalant, soit en montant: quelques autres, ce qui doit se pratiquer aux passages des ponts & pertuits; & quels sont ceux qui sont obligés de se garrer.

Il y en a pour le tems de l'entrée des Bateaux dans les Ports; pour la déclaration de leur arrivage; de la décharge des marchandises qui y sont contenues; & des hypotheques, ou recours, que les Marchands peuvent avoir sur les Bateaux, pour mécompte, perte, ou autres accidens arrivés auxdites marchandises, par la faute des Conducteurs, Voituriers, & Maîtres des Bateaux; & l'on y voit en quel cas les Bateaux n'en sont point responsables, ou quand le Maître en peut faire cession.

Enfin, il y a des articles qui marquent le tems que les Bateaux doivent tenir port, suivant la qualité des marchandises qui sont dessus.

On peut lire sur ces matieres du commerce par eau, les chapitres 1, 2, 3, 4, & 16 de ladite Ordonnance; ou bien les articles de ce Dictionnaire, dans lesquels il est parlé des voitures & Voituriers par eau; des pertuits, du débaclage & Débacleurs; des Maîtres des Ponts, des garres, des Chableurs, des trains de Bateaux, & autres semblables, qu'on trouvera dans leur ordre alphabétique.

BATEAUX DES SELLES. Ce sont à Paris de grands Bateaux plats & couverts, qui ont le long de chaque bord, des bancs, ou especes de tables, sur lesquels les Blanchisseuses lavent leur linge, moyennant un certain droit quelles payent aux Propriétaires des Bateaux. Ils ont ordinairement deux petites roues à aîles, qui tournant au cours de la riviere, vuident l'eau dont ils se remplissent. Un battoir de bois est le seul instrument dont les Blanchisseuses se servent. *Voyez* BATTOIR. *Voyez aussi* BLANCHISSEUSE.

BATEAUX DE POSTE. Ce sont des Bateaux établis sur la riviere de Loire pour la commodité du Public. Ils sont longs & étroits, & font une très-grande diligence. Il y en a aussi sur le Rhône, qui vont ordinairement de Lyon à Avignon en vingt-quatre heures. *Voyez l'article des* POSTES.

BATEAUX MAIRES. Terme de Gabelle. On appelle ainsi les principaux Bateaux destinés à la voiture des sels. L'Ordonnance veut, que le peage du sel soit seulement levé sur les Bateaux Maires, & non sur les alleges, tirots, & sous-tirots. *Voyez* SEL, *ou* GABELLE.

On appelle Ais de Bateau, les bois qui viennent de la démolition des vieux Bateaux, dont les Menuisiers se servent dans plusieurs de leurs ouvrages, où il n'est pas besoin de bois neuf. Le commerce de ces ais est très considérable à Paris. *Voyez* AIS.

*Les Bateaux neufs payent en France les droits d'entrée & de sortie sur le pied de cinquante sols la piece.*

BATEAU, en termes de Sellier-Carossier. Signifie l'assemblage de bois de menuiserie, qui fait le corps d'un carosse, sur lequel on cloue les garnitures de cuir & d'étoffe, tant par dedans, que par dehors. *Voyez* CAROSSE.

BATELE'E. Charge d'un bateau, ce qu'il contient de marchandises. On dit, une Batelée de cinquante muids de blé, de six milliers de foin; pour dire, qu'un bateau de blé, ou de foin, est chargé de cette quantité de l'une ou de l'autre marchandise.

BATELIER. Celui qui conduit un bateau. On le dit plus ordinairement des Maîtres Passeurs d'eau de Paris. Les autres Bateliers, qui sont chargés de la conduite des foncets, chalands, coches d'eau, & autres grands bateaux destinés au transport des marchandises, s'appellent communément Mariniers, ou Compagnons de riviere. *Voyez* VOITURIER PAR EAU. *Voyez aussi* COMPAGNONS DE RIVIERE.

Les Maîtres Bateliers, ou Passeurs d'eau de Paris, y ont toujours formé une espece de Corps & Communauté, qui avoit ses Officiers, ses Statuts, sa Confrérie, ses Privileges, & ses Apprentifs; n'étant pas néanmoins du nombre des grandes Communautés des Arts & Métiers, & n'ayant point été érigés en corps de Jurande.

Les dépenses des longues guerres qui ont duré presque autant que le Regne de Louis XIV, ayant obligé à chercher des fonds extraordinaires dans la création de divers Offices, il s'en fit une sur la fin du dix-septiéme siécle, des Maîtres Bateliers de Paris, sous le nom d'Officiers Passeurs, qui furent réduits au nombre de vingt.

Ces Offices sont héréditaires; mais les Passeurs prennent toujours leurs Lettres du Prévot des Marchands; prêtent serment entre ses mains; & sont tenus, comme auparavant, d'observer & exécuter les Ordonnances de la Ville.

Deux Syndics ont soin des affaires de ce nouveau Corps; & doivent se trouver journellement, l'un au Port S. Paul, & l'autre au Port S. Nicolas, pour veiller à ce que le Public soit bien servi, & les Ordonnances, ou Statuts, réguliérement observés.

Les Veuves jouissent des Offices, & des Priviléges qui y sont attachés, & ont part à la bourse commune; y ayant dans chacun desdits Ports, un Maître, & un Bureau établi, pour faire la recette ; & rendre compte chaque jour des deniers reçûs.

Les principaux Statuts de cette Communauté, (si l'on peut appeller de la sorte quelques articles de Réglement, qui leur ont été donnés par les Prévôt des Marchands, & Echevins, à la jurisdiction & police desquels ils sont soumis) sont contenus dans les quatre derniers articles du cinquiéme chapitre de l'Ordonnance de la Ville de 1672, dont on a parlé ci-dessus.

Le premier de ces quatre articles, qui est le septiéme du chapitre, ordonne : Qu'aucun ne sera reçû au métier de Maître Passeur d'eau, qu'il n'ait fait apprentissage chez un Maître pendant deux ans, & qu'il n'ait fait expérience devant les Maîtres ; ce qui doit être attesté par lesdits Maîtres, aux Prévôt des Marchands, & Echevins, lors de la reception de l'Apprentif à Maîtrise.

Le second enjoint aux Maîtres Passeurs, d'avoir des flettes garnies de leurs avirons & crocs en nombre suffisant, aux endroits désignés par les Prévôt des Marchands, & Echevins, pour passer ceux qui se présentent depuis le soleil levant jusqu'au couchant ; avec défenses de passer la nuit, à peine d'amende ; pour le payement de laquelle, leurs flettes seront saisies, &, s'il est ordonné, vendues.

Le troisiéme régle à cinq le nombre des passagers suffisant, pour que les Bateliers les passent, sans en attendre davantage ; leur défendant d'exiger d'autres droits, ou salaires, que ceux qui leur sont attribués par les Prévôt des Marchands, & Echevins, à peine de concussion.

Enfin, le dernier de ces quatre articles déclare les Maîtres Bateliers, Passeurs d'eau, responsables de toutes les pertes & exactions arrivées dans leurs bateaux, conduits par leurs Compagnons & Garçons ; & les condamne solidairement avec eux, à la restitution des choses perdues, & au payement des amendes encourues.

Outre ces Réglemens généraux, qui regardent le service du Public, le Corps des Bateliers en a d'autres particuliers, concernant la police qui doit s'observer entr'eux ; pour l'observation desquels, ils ont présentement leurs Syndics. Ils ont aussi une Confrérie, dont le Patron est S. Nicolas ; & des Maîtres, ou Administrateurs, pour en avoir soin.

Ce sont ces Bateliers Maîtres Officiers Passeurs-d'eau, qui dans les grandes réjouissances, comme aux entrées solemnelles des Rois & Reines dans la Ville de Paris, à leur mariage, à la naissance des Dauphins, & autres pareilles occasions, font sur la riviere de Seine, ordinairement devant les Galleries du Château du Louvre, ces jouxtes & ces jeux de l'oie, qui valent aux Vainqueurs quelques privileges, que le Roi, s'il y est présent ; ou les Prévôt des Marchands, & Echevins, en son nom, ont coutume de leur accorder.

BATICALA, Capitale d'un Royaume de même nom à la Côte de Malabar. *Voyez* ce qui en est rapporté dans l'Etat général, page 433.

BATISTE. Nom que l'on donne à une sorte de toile de lin, très fine, & très blanche, qui se fabrique à Valenciennes, Cambray, Arras, Bapaume, Vervins, Peronne, Saint-Quentin, Noyon, & autres endroits des Provinces de Hainault, Cambresis, Artois, & Picardie.

Il y a de trois sortes de Batistes ; les unes claires, les autres moins claires, & les autres beaucoup plus fortes, qu'on appelle Batistes *Hollandées*, parce qu'elles approchent de la qualité des toiles de Hollande ; étant, comme elles, très serrées, & très unies.

Les deux premieres especes se font pour l'ordinaire en Artois, en Picardie, & dans le Cambresis. Leurs largeurs accoutumées sont de deux tiers, & de trois quarts & demi. Les plus claires se mettent ordinairement par demies-pieces de six aunes, & les autres par demies-pieces de sept aunes.

A l'égard des *Hollandées*, qui se manufacturent presque toutes à Valenciennes, & aux environs, elles sont en pieces de douze à quinze aunes de long, sur deux tiers de large, le tout mesure de Paris.

Il faut observer, que quoique les Ouvriers fassent les Batistes claires, de douze à quinze aunes ; néanmoins les Courtiers, qui les vendent sur les lieux, sont dans l'usage de les réduire toutes sur le pied de douze aunes ; c'est-à-dire, qu'ils coupent de chaque piece, ce qui peut excéder les douze aunes ; & ces pieces de douze aunes sont encore coupées le plus souvent en deux, pour en faire des demies-pieces de six aunes.

Quand les morceaux, qui ont été coupés de ces pieces, sont de deux aunes juste, on les nomme *Coupons*, & se vendent ainsi par morceaux ; mais lorsqu'ils ont moins de deux aunes, on les joint ensemble bout à bout avec du fil, & en cet état ils sont vendus sur le pied de l'aune courante.

Les Batistes sont envoyées des lieux où elles se fabriquent, en petits paquets carrés, couverts d'un papier brun battu, liés d'une ficelle. Chacun de ces paquets est, ou d'une piece entiere, ou de deux demies-pieces jointes ensemble ; ensorte néanmoins que chaque demie-piece ait son enveloppe particuliere.

Les *Coupons* & les morceaux sont aussi empaquetés, de même que les pieces & demies-pieces ; & ces paquets ainsi disposés, sont renfermés dans des especes de caisses de bois blanc, faites exprès ; dont les planches sont réunies ensemble, par le moyen de petites chevilles de bois, au lieu de clouds.

Les Batistes servent à faire des fichus, ou mouchoirs de col, des garnitures de tête, & d'autres choses semblables pour les femmes. On en fait aussi des surplis, des rochets, des rabats, des manchettes, des cravattes, &c. à l'usage des Ecclésiastiques, & des gens du monde.

Il y a une autre sorte de toile de Batiste écrue, à laquelle on donne le nom de Toile d'ortie. *Voyez* TOILE ; *à l'endroit où il est parlé de celle de Picardie.*

*Les toiles de Batiste, ou façon de Batiste, de Gand, Cambray, & autres semblables, payent en France, la piece de quinze aunes, 8 liv. de droits d'entrée, suivant l'Arrêt du 22 Mars 1692 ; & ne peuvent entrer par mer, que par le Port de Rouen ; & par terre, que par la Ville de Lyon.*

BATMAN, ou BATTEMANT. Poids de Turquie.

Il y a de deux sortes de Batman. L'un est composé de six ocquos, chaque ocquo pésant trois livres trois quarts de Paris, où la livre est de seize onces ; ensorte que ce premier Batman pése vingt-deux livres & demie.

L'autre est pareillement composé de six ocquos ; mais chaque de ces ocquos ne pése que quinze onces, qui eſt trois quarts moins que le premier; de maniere que ce dernier Batman ne fait que cinq livres dix onces.

Le quintal, qui eſt auſſi un poids de Turquie, péſe trente Batmans. *Voyez* QUINTAL, & OCQUO. *Vous trouverez au dernier de ces articles, la maniere de faire la réduction de ces poids en livres de Paris.*

BATMAN. Eſt auſſi un poids de Perſe. Il y en a de deux ſortes, ainſi qu'en Turquie: l'un, qui eſt le poids de Roi, ſe nomme Batman de Chahi, ou Cheray: & l'autre s'appelle Batman de Tauris, du nom d'une des principales Villes de Perſe.

Celui de Chahi ſert à péſer, tant les choſes néceſſaires à la vie, que les charges des Bêtes de ſomme. Il péſe douze livres & demie de Paris où la livre eſt de ſeize onces; enſorte que deux de ces Batmans font vingt-cinq livres de Paris.

Celui de Tauris, qu'on ne met en uſage que pour les marchandiſes de négoce, péſe ſix livres un quart, qui eſt moitié moins que celui de Chahi; de maniere qu'il en faut quatre pour faire vingt-cinq livres de Paris.

Pour réduire les Batmans de Tauris en livres de Paris, il faut ſe ſervir de la régle de trois, & dire: Si quatre Batmans de Tauris font vingt-cinq livres de Paris, combien tant de Batmans feront-ils de livres.

Et au contraire, pour réduire les livres de Paris en Batmans de Tauris, il faut, en ſe ſervant de la même régle, dire: Si vingt-cinq livres font quatre Batmans, combien tant de livres feront-elles de Batmans.

La même régle peut ſervir pour faire la réduction des Batmans de Chahi en livres de Paris, & des livres de Paris en Batmans de Chahi.

Il faut obſerver, que la proportion qui ſe rencontre entre les Batmans de Perſe, & la livre de Paris, doit être regardée de même à l'égard de la livre d'Amſterdam, de Straſbourg, & de Beſançon; y ayant de l'égalité entre la livre de Paris, & celle de ces Villes.

Le Chevalier Chardin ne fait pas les deux Batmans de Perſe auſſi forts que le Sieur Tavernier, des relations duquel on a tiré une partie de ce qu'on en vient de dire. Selon le premier, le Batman du petit poids, ou de Tauris, ne péſe que cinq livres quatorze onces de Paris; & le Chahy, ou Cheray, c'eſt-à-dire, le Batman de Roi, ſeulement douze livres douze onces.

Les diviſions du Batman de Tauris, en ne le prenant qu'à cinq livres quatorze onces, comme fait le Chevalier Chardin, ſont le ratel, qui en eſt la ſixiéme partie, qui revient un peu moins qu'à une livre Pariſienne: le derhem, ou dragme, qui eſt la cinquantiéme partie d'une livre: le meſcal, qui eſt le demi derhem: le dung, qui eſt le ſixiéme du meſcal, & vaut ſix grains, poids de carat: enfin, le grain d'orge, qui eſt la quatriéme partie du dung.

Outre ces diviſions, les Perſans ont encore le vakié, qui revient à une once de France; & le ſah-cheray, qui vaut onze cent ſoixante-dix derhem.

BATOU, ſur la côte de Malaguette une de celles d'Afrique. *Voyez* l'Etat général, page 380.

BATTANT. Nom que l'on donne à certaines pieces de bois de ſciage, pour l'ordinaire de cheſne, dont les Menuiſiers ſe ſervent à faire les portes cocheres, & les Charpentiers dans pluſieurs de leurs ouvrages.

Les Battans ſe débitent de pluſieurs largeurs & épaiſſeurs: ſçavoir, de quatre pouces ſur un côté, & de huit ſur l'autre; ou de quatre & neuf, de quatre & dix, de cinq à dix, & de cinq à douze. Ce bois doit être ſans roulure, & ſans aubier. *Voyez* CHESNE.

BATTANT. Se dit auſſi du volet d'un comptoir de Marchand, ou de Banquier, qui ſe leve, ou ſe baiſſe, pour entrer & ſortir dans les endroits où eſt la caiſſe, & les marchandiſes.

BATTANT. Eſt encore la partie du métier d'un Rubannier, où il y a des dents d'acier, avec quoi on travaille, & on bat le velouté.

Les Tiſſutiers-Rubaniers, qui font des tiſſus & galons d'or & d'argent, ont de même leur Battant, mais différent de celui des Rubaniers, qui font des galons de livrée. Ce Battant, qui ſert pareillement aux rubans plians, ou façonnés, eſt un chaſſis de bois de dix-huit ou vingt pouces de hauteur, & d'un pied de large, au bas duquel, eſt ce qu'on appelle le Peigne. Il a ſon bandoir pour le faire retourner en arriere, lorſque l'Ouvrier le lâche, après avoir ſerré & frappé ſa tréme. *Voyez* TISSUTIER-RUBANIER.

BATTANT. C'eſt auſſi ce qu'on appelle autrement la Chaſſe dans les métiers d'Ouvriers en ſoie, en laine, & en fil. Les Gaziers, ou Faiſeurs de gaze, ne ſe ſervent que du terme de Battant. *Voyez* GAZE.

BATTANT. Métier Battant. Terme de Manufacture. C'eſt un métier monté de la chaîne de l'étoffe qu'on y doit faire, & ſur lequel l'Ouvrier bat & travaille actuellement, c'eſt-à-dire, jette ſa tréme à travers des fils de cette chaîne, & la bat, ou ſerre avec la chaſſe. On dit, qu'un Maître Drapier drapant a ſix métiers battans, quand il a ſix métiers montés & travaillans. *Voyez* CHASSE.

BATTE. Inſtrument avec lequel on bat. Pluſieurs Artiſans ont des inſtrumens auxquels ils donnent ce nom.

La Batte des Plâtriers, & des Batteurs de ciment, eſt en forme de gros mallets de bois, dont la maſſe eſt ferrée de clouds, & entourée d'un cercle de fer.

La Batte des Jardiniers, pour battre le gazon, n'eſt pas différente d'un battoir de Lavandiere, hors qu'elle eſt plus étroite. Ils en ont auſſi pour battre & applanir les allées des jardins, qui ont de longs manches poſés diagonalement ſur un péſant billot de bois. C'eſt de ces Battes dont on ſe ſert pour applanir l'aire des granges.

La Batte des Maçons, pour battre leurs gravois, n'eſt qu'un long bâton en forme de petite maſſue.

BATTE A VANNIER. Les Vanniers-Mandriers, Vanniers-Clôturiers, & Vanniers-Faiſſiers, qui ſont les trois ſortes d'Ouvriers, qui compoſent le métier de Vannerie, ont diverſes ſortes de Battes de fer, pour taſſer la marchandiſe, c'eſt-à-dire, pour battre les oſiers entrelaſſés entre les montans, & les faire joindre les uns aux autres. Il n'y a néanmoins que les Battes des Vanniers-Mandriers, ou Faiſſiers, qu'on nomme proprement Battes: celles des Vanniers-Clôturiers, s'appellant ſimplement Fers à clore, & n'étant pas de la même figure, & de la même force, comme on le dira à leur propre article. *Voyez* FERS A CLORE.

La Batte des Vanniers, dont on parle ici, eſt

toute de fer, longue environ d'un pied, ronde par le bout, qui sert de manche, avec un gros bouton aussi de fer, pour arrêter la main de l'Ouvrier. A l'égard du bout qui sert à tasser, & qui doit entrer entre les montans, il est plat, d'un pouce & demi de large, & de trois lignes d'épaisseur. *Voyez* VANNIER.

BATTE A TAPISSIER. Ce que les Tapissiers appellent Batte, & dont ils se servent pour battre & écharpir la bourre & la laine dont ils rembourent diverses sortes de meubles, ne sont que deux cordes médiocrement grosses attachées à quelque distance l'une de l'autre, avec lesquelles ils battent fortement sur la laine, ou sur la bourre, & la font sauter en l'air. Ils nomment aussi Battes, deux longues houssines d'osier, qui leur servent au même usage. Les Selliers, Bastiers, & autres Artisans, qui employent la bourre dans leurs ouvrages, se servent pareillement de ces deux sortes de Battes.

BATTE A CARRELEUR. C'est une régle longue environ de quatre pieds, large de cinq pouces, & d'un pouce & demi d'épaisseur, avec laquelle ces Ouvriers battent & dressent la superficie de leur ouvrage, à mesure qu'ils ont placé une rangée de carreaux. *Voyez* CARRELEUR.

BATTE A POTIER DE TERRE. Maniere de battoir de bois, de sept pouces en quarré, dont l'Ouvrier se sert à battre la terre glaise petrie & préparée dans le moule à carreaux. *Voyez* POTIER DE TERRE.

BATTE DE JEU DE PAUME. C'est ce qu'on appelle plus communément Battoir, ou plutôt la partie antérieure du battoir, qui frappe la balle. *Voyez* PAUMIER.

BATTE A BEURRE. Bâton rond de trois à quatre pieds de long, au bout duquel est un cylindre de bois, de cinq pouces de diametre, & d'un pouce d'épaisseur, percé en plusieurs endroits. Son nom marque son usage.

BATTE. Les Blanchisseuses & Lavandieres nomment aussi une Batte, un banc à quatre pieds, & quelquefois à deux d'un seul côté, sur lequel elles battent leur linge au bord de l'eau.

BATTE. Est aussi un instrument de Fondeurs en sable, dont ils se servent pour battre & applatir la terre, dont ils remplissent les doubles chassis qui composent leurs moules.

Cette Batte est de bois, longue en tout d'un pied & demi, compris le manche, qui est rond, & a environ cinq pouces. Depuis ce manche le reste est de figure triangulaire, dont l'angle du bout est extrêmement aigu : elle n'a gueres qu'un pouce d'épaisseur. *Voyez* FONDEUR EN TERRE ET SABLE.

BATTE A BOEUF. Les Bouchers nomment ainsi des bâtons longs de deux pieds, & gros comme le bras, dont ils battent les bœufs, lorsqu'après les avoir assommés, ils les brochent & les soufflent. Outre que cette façon attendrit la viande, elle aide encore le vent du soufflet à pénétrer, & à se répandre plus également entre les chairs & la peau de l'animal. *Voyez* BROCHE DE BOUCHERS, *ou* BROCHER UN BOEUF.

BATTE'E. Terme de Relieur. Il se dit de certaine quantité de feuilles d'un livre, que les Relieurs battent à la fois. Les Papetiers se servent aussi de ce terme, en parlant du papier battu. *Voyez* RELIEUR & PAPETIER.

BATTERIE DE CUISINE. Ce mot comprend tous les ustenciles qui peuvent servir à la cuisine, soit qu'ils soient de fer, de cuivre, de potin, ou autres métaux & matieres. Dans une signification moins étendue, il s'entend seulement des ustenciles de cuivre, comme chaudrons, chaudieres, tourtieres, fontaines, marmites, cuillieres, grandes ou petites; coquemars, poissonniers, & autres semblables. C'est en ce sens que le terme de Batterie est mis dans les Statuts de la Communauté des Maîtres Chaudronniers de la Ville de Paris, qui y sont nommés Maîtres Marchands du métier de chaudronnerie, batterie, & dinanderie. Ce mot vient de celui de Battre, parce que tous ces ouvrages sont battus au marteau. *Voyez* CHAUDRONNIER.

*La Batterie d'airain & de cuivre, paye en France les droits de sortie sur le pied de 40 s. le cent pesant; & ceux d'entrée, à raison de 5 livres.*

BATTERIE. C'est aussi chez les Chapeliers le lieu où l'on foule les chapeaux, & où sont établis le fourneau, la chaudiere, & les fouloirs. On dit, Une Batterie à deux, à quatre, à huit, &c. pour dire, une foulerie, où ce nombre de Compagnons peut travailler à la fois. *Voyez* FOULERIE. *Voyez aussi* CHAPEAU.

BATTERIE. S'entend encore dans les atteliers des Maçons & Charpentiers; des hies, ou sonnettes, qui servent à enfoncer des pieux profondément en terre. Ainsi on dit, Il faut quatre batteries, pour piloter cette pille; pour signifier, qu'il faut ce nombre de machines, pour en battre les pieux. *Voyez* HIE, & SONNETTE.

On appelle aussi Batterie dans les moulins où se fabrique la poudre à canon, la chute des pilons dans les mortiers pour y battre & broyer les trois matieres qui entrent dans la composition de cette poudre. Arrêter la Batterie, c'est proprement arrêter le moulin. *Voyez* l'article de la Poudre à canon.

BATTEUR. Celui qui bat. Il se dit dans le commerce, & parmi les Artisans, de divers Ouvriers, dont le métier est de concasser différentes matieres, ou d'applatir quelques métaux.

BATTEUR DE PLASTRE. Est celui qui bat la pierre à plâtre, après qu'elle a été cuite au four : BATTEUR DE CIMENT, l'Ouvrier qui concasse les tuillots dont on le fait : Et BATTEUR EN GRANGE, celui qui avec le fleau, ou sur le tonneau, sépare le grain d'avec la paille.

BATTEURS D'OR ET D'ARGENT. Ouvriers qui, à force de battre l'or & l'argent sur le marbre avec un marteau dans des moules de vélin, & de boyau de bœuf, le réduisent en feuilles très légeres, & très minces, propres à dorer ou argenter le cuivre, le fer, l'acier, le bois, &c. *Voyez* OR EN FEUILLE; *vous y trouverez la maniere de battre l'or & l'argent.*

Les Tireurs d'or & d'argent s'appellent aussi Batteurs d'or & d'argent; parce que ce sont eux qui se mêlent de battre ou écacher l'or & l'argent trait, pour l'applatir, ou mettre en lame, par le moyen d'une espece de petite machine, que l'on nomme Moulin à battre, ou à écacher. *Voyez* TIREURS D'OR ET D'ARGENT.

BATTEURS DE SOUTE. Se dit des Ouvriers, qui travaillent chez les Marchands Epiciers, à battre ou piler la soute avec un gros pilon de fer, dans un grand mortier de métail. C'est un métier très rude, que celui de Batteurs de soute.

BATTEURS D'ESTAIN EN FEUILLE. Ce sont à Paris

des Maîtres Miroitiers, qui ne s'appliquent uniquement qu'à battre l'estain sur de grands blocs de marbre, pour le réduire en feuilles très minces, plus ou moins grandes, propres à appliquer derriere les glaces à miroirs par le moyen du vif-argent. *Voyez* Teint. *Voyez aussi* Glace.

BATTEURE. Terme de Doreur en détrempe. C'est une espece de dorure, dont l'assiette se fait avec du miel détrempé dans de l'eau de colle, & du vinaigre. On ne s'en sert gueres, que pour faire des rehauts aux tableaux & autres ouvrages en détrempe, & à fresque, où elle tient lieu de ce qu'on appelle Or couleur dans les peintures à huile. On l'appelle autrement Dorure à miel, & quelquefois Colle à miel. *Voyez* Dorure en détrempe, *à la fin de l'article.*

BATTIN. Foin, ou jonc d'Espagne. *Voyez* Jonc.

*Les droits d'entrée que le Battin paye en France, sont d'une livre cinq sols du cent pesant, & les droits de sortie d'une livre dix sols.*

BATTOIR. Instrument fait de bois, plat, large, & quarré, qui a un manche, & qui sert à battre. L'on se sert de Battoirs dans les Blanchieries, pour donner une des préparations nécessaires au blanchiment des toiles. *V.* Blanchieries, & Blanchiment. C'est aussi du Battoir, dont les Lavandieres & Blanchisseuses se servent pour battre leur linge à la riviere.

BATTORIE. Nom que les Villes Anséatiques donnent aux comptoirs ou magasins qu'elles ont hors de chez elles. Les principales de ces Battories sont celles d'Archangel, de Novogrod, de Berghen, de Lisbonne, de Venise, & d'Anvers. Ils en avoient aussi une à Londres; mais il y a déja du tems qu'elles s'en sont retirées, à cause des grosses impositions qu'on mettoit sur leurs marchandises.

BATTRE. A différentes significations dans les Manufactures, & dans les Arts & Métiers. Quelquefois il signifie forger; & c'est dans ce sens que les Serruriers, Maréchaux, Taillandiers, disent, Battre le fer, Battre à chaud, Battre à froid. Quelquefois il veut dire Piler, Réduire en poudre. Ainsi on dit, Battre des drogues, Battre du poivre, Battre des épiceries; pour signifier, les pulvériser.

Battre le Beurre. C'est agiter tellement de la crême dans une baratte avec la batte, qu'elle s'épaississe, & se réduise en cette matiere grasse & onctueuse, qu'on appelle Beurre. *Voyez* Beurre & Baratte.

Battre du Tan. C'est le concasser, & le réduire en poudre, propre à tanner les cuirs, en le pilant dans un mortier, ou en le mettant dans un moulin à tan. *Voyez* Tan.

Battre en Grange. C'est battre des gerbes de grain dans une grange, pour en séparer le grain d'avec la paille.

Battre des pieux. Terme de Maçonnerie & de Charpente. C'est les faire entrer en terre avec la machine à sonnettes, qu'on nomme autrement Mouton. *Voyez* Sonnettes, & Mouton.

Battre l'or et l'argent. Terme de Tireur d'or, C'est les réduire en lames. *Voyez* Escacher l'or et l'argent.

Battre l'or et l'argent. Terme de Batteur d'or. C'est le mettre en feuille. *Voyez* Or en feuille.

Battre. En termes de Tisseurs, Drapiers, Tisserans, Ferandiniers, Gaziers, Rubaniers, & autres Ouvriers, qui travaillent de la navette. C'est rabattre la chasse, ou battant, auquel est attaché le peigne, afin de serrer les fils de la tréme, après que la navette a été lancée à travers de ceux de la chaîne.



Battre l'estain. *Voyez* Batteur d'estain en feuille.

Battre la chaude. Terme de monnoie au marteau. C'est étendre sur l'enclume avec le marteau, qu'on appelle une Masse, les lames d'or, d'argent, ou de cuivre, après qu'au sortir des moules, on les a fait recuire au fourneau. *Voyez* Monnoyage au marteau.

Battre du papier. Terme de Papetier. C'est le battre sur la pierre avec un marteau pésant, dont la tête est large & unie, & le manche court, pour le rendre plus égal, plus uni, & plus propre à l'écriture. *Voyez* Papetier.

Battre un Livre. Terme de Relieur. On bat les Livres en blanc, quand ils ont été pliés, avant que de les coudre. *Voyez* Relieure.

BATTU. Terme de Manufacture. Il se dit des draps & étoffes d'or & d'argent, où l'Ouvrier a beaucoup employé de ces métaux, soit traits, soit filés sur soie. On le dit aussi des tapisseries, qui sont relevées d'or & d'argent. Ce brocard est tout battu d'or. Les tapisseries des Gobelins sont battues d'or & d'argent; mais c'est leur moindre beauté.

Battu, en termes de Tireurs d'or. Se dit d'un trait d'or, ou d'argent doré, qui est écaché. *Voyez* Tireur d'or.

Argent Battu, ou simplement du Battu: c'est en terme de Tireur d'or, ce qu'on appelle autrement des Lames, c'est-à-dire, du fil d'argent écrasé & applati entre deux roues d'acier poli. Le battu est du nombre des marchandises qu'il est défendu par la Déclaration de 1689, & l'Arrêt du Conseil de 1691, de faire entrer & apporter en France des Pays étrangers. *Voyez* l'article de l'Argent fin fumé.

Du papier battu, lavé, coupé, & doré. Est celui qui a reçû du Papetier ces quatre façons. *Voyez* Papier & Papetier.

## BAU

BAU. Le Bau ou Barrot est une des pieces de bois qui étant mises par le travers d'un vaisseau d'un flanc à l'autre, affermit le bordage, & soutient le tillac, comme une poutre soutient le plancher d'une maison, & qui par sa longueur détermine la largeur du vaisseau, & par sa figure arquée donne la tonture du pont. Le Bau qui est dans le milieu à la plus grande largeur du vaisseau, s'appelle Maître-Bau, & celui qui est posé sur l'extrémité de la quille, se nomme Bau-de-cof. *Voyez* Ancre.

BAUDET. Terme de Scieurs de long. Il se dit des treteaux sur lesquels les Compagnons Charpentiers mettent leurs bois pour les scier. *V.* Scieurs de long.

BAUDROYER. Ancien terme, qui signifie, Courroyer, ou Préparer les cuirs. Il ne se disoit que des cuirs courroyés en couleur.

BAUDROYEUR. Artisan qui courroye les cuirs de couleur.

Les Baudroyeurs faisoient autrefois à Paris une des quatre Communautés d'Artisans, qui travailloient & préparoient les cuirs au sortir de la tannerie, & leur donnoient la derniere façon. Ils sont présentement unis à celle des Courroyeurs, qui, à cause de cela, se qualifient aussi Maîtres Baudroyeurs. *Voyez* COURROYEUR.

BAUDRUCHE. Boyau de bœuf bien dégraissé & préparé, dont les Batteurs d'or forment les deux derniers moules, dans lesquels ils battent l'or & l'argent, pour les étendre, & les réduire en feuilles très minces, propres à la dorure.

Chaque moule de Baudruche est composé de cinq cens feuilles. Le premier, qui est le plus petit, s'appelle Chaudret. On nomme le second, Grand moule à achever. *Voyez* BATTEUR D'OR.

BAVETTE. Terme de plomberie. C'est une espece de platebande de plomb qui couvre les bords & les devans des chêneaux. *Voyez* CHESNEAU. Les bourseaux qu'on met au faîte des grands bâtimens couverts d'ardoises, pour leur servir d'ornemens, ont aussi leurs bavettes. *Voyez* ENFAÎTEMENT. *Voyez aussi* l'article de la Plomberie, on y donne le prix de ces ouvrages.

BAUGE. Droguet qui se fabrique en Bourgogne, avec du fil filé gros, & de la laine grossiere.

Cette étoffe doit avoir une demie-aune de largeur au sortir du foulon, & être montée sur des rots de trois quarts. *Voyez* DROGUET, *où il est parlé du Reglement de* 1718.

BAUGE. Est encore une sorte de marchandise, dont il est fait mention dans le Tarif de France de 1664, dont l'on n'a pû découvrir ni la nature, ni l'usage.

*Ces Bauges payent les droits de sortie du Royaume sur le pied de 40 s. du cent pesant.*

Le Tarif de la Doüane de Lyon les appelle BAUGES DE CHASTILLON. *Elles y payent 10 s. du quintal pour l'ancien droit, & 4 s. pour la nouvelle réapréciation.*

BAUGY, en Berry, lieu où il y a une fabrique de Laineries. *Voyez* l'Etat général, page 96.

BAUME. Espece de gomme de grande réputation en Médecine & en Chirurgie, qu'on liquefie par le moyen de l'esprit de vin, ou de l'huile, & qui est un remede souverain pour la guérison des playes, & de quantité de maladies. Les Dames en font aussi un cas extraordinaire; parce que mêlé avec un jaune d'œuf, & de l'esprit de vin, elles en composent un fard excellent.

Il y a bien des sortes de Baumes, si l'on met de ce nombre tous les remedes à qui les Empiriques, ou même les Médecins & les Chirurgiens veulent donner ce nom: tels sont les Baumes Apoplectique, Stomachique, Besoardique, Histérique Vulneraire, Magistral, & tant d'autres. Mais les véritables Baumes, c'est-à-dire, les Baumes naturels, se réduisent presque au Baume du Levant, & au Baume du Perou, quoiqu'on mette encore en ce rang plusieurs autres gommes, dont on parlera dans cet article.

Le Baume du Levant, que l'on tient pour le plus excellent, bien que celui du Perou n'ait peut-être pas moins de vertu, coule de l'incision que l'on fait dans un arbre du même nom, qui croît en Egypte & en Judée; & qui est si précieux, qu'il fait partie du domaine particulier du Grand Seigneur.

Cet arbre, qui est de la hauteur d'un grenadier, jette quantité de branches. Sa feuille, semblable à celle de la rue, est toûjours verte. Ses fleurs sont blanches, & en forme d'étoiles, d'où sortent de petites bayes pointuës, dans lesquelles il y a une médiocre amande.

L'incision par où coule cette admirable gomme, se fait dans les jours caniculaires. Ce suc, qui est d'abord liquide, s'épaissit ensuite, & devient tel qu'on le voit en Europe. Peu de personnes peuvent se vanter de l'avoir pur; & son prix est cause qu'on le sophistique presque au sortir de l'arbre d'où il distille.

Les marques de sa pureté, & de son excellence, sont, à ce qu'on prétend, lorsque l'odeur en est forte & pénétrante; qu'il est frais; qu'il n'est point aigre; qu'il est aisé à dissoudre, astringent, & piquant au goût; & lorsqu'il ne laisse aucune tache sur le drap de laine. Sa véritable couleur est de jaune doré, & son odeur a quelque chose du citron.

*Balsamum*, c'est le nom Latin de l'arbre d'où coule le Baume; *Opo-balsamum*, c'est le suc qui en distille, c'est-à-dire, le Baume; *Carpo-balsamum*, c'en est le fruit; & *Xylo-balsamum*, c'en est le bois. Tous ces mots, quoique d'une langue étrangere, sont passés dans la langue Françoise; & les Marchands Droguistes s'en servent dans le débit de ces marchandises.

Le *Carpo-balsamum*, entre dans la composition de la thériaque, n'ayant gueres d'autre usage dans la Médecine. Il faut le choisir nouveau, d'un goût aromatique, & d'une odeur agréable.

Le *Xylo-balsamum*, qui, aussi-bien que toutes les autres marchandises qui se tirent de l'arbre qui produit le Baume, est apporté du Caire, par la voye de Marseille, est en petits fagots, & n'est autre chose que la taille ou rognures de ces arbres précieux, ou le bois de ceux qui meurent par accident. Son usage est pour les trochisques d'*Hedycrum*. Il faut qu'il soit en petites verges noueuses, l'écorce rouge, le bois blanc, résineux, & aromatique.

Il y a encore le Baume de la Mecque, qui est une gomme seche & blanche; il ressemble assez à de la couperose blanche, sur tout quand il est vieux. Ce Baume est apporté de la fameuse Ville de la Mecque, par le retour des Caravannes des Pelerins, & Marchands Mahométans, qui y vont révérer le lieu de la naissance de leur faux Prophete. Il a toutes les vertus du Baume de Judée; & il y a bien de l'apparence que c'est le même qui s'est durci, & qui a changé de couleur.

Un Particulier ayant donné au public un Mémoire sur la nature, l'usage, & les vertus de ce baume, on a cru faire plaisir au Lecteur d'en donner ici un extrait.

### *Préparations du Baume de la Mecque, appellé communément* BAUME BLANC, *son usage, & ses vertus.*

Le baume blanc est la distilation d'un arbre qui croit entre Medine & la Mecque. L'arbre qui le distile est très rare, & c'est ce qui en fait le prix en Europe. Cet arbre a quelque ressemblance avec le Therebinthe, aussi la liqueur qui en sort a l'odeur de la therebentine, mais beaucoup plus douce & plus agréable. Celle qui coule des vieux arbres est plus épaisse que celle qui sort des jeunes; mais leur effet est égal. Quand la liqueur n'est pas claire & transparente, c'est souvent la faute du vase où elle est recueillie & apportée, & elle n'en est pas moins bonne.

On peut falsifier ce baume en plusieurs manieres, mais il y a aussi plusieurs manieres d'en reconnoître la falsification: on n'en rapportera ici qu'une seule qui est la plus simple & la plus sûre.

Pour cette épreuve on fait tomber une goute ou deux du baume liquide dans un verre plein d'eau; si elle va au fond sans ensuite remonter à la superficie, ou qu'elle reste en goute, comme de l'huile, le baume est falsifié : si au contraire elle s'étend sur l'eau comme une toile subtile d'araignée à peine visible à l'œil, & que s'étant congelée elle puisse se ramasser avec une épingle ou une paille, le baume est pur & naturel.

Lorsque le baume est trop épais, pour le tirer de la bouteille, on n'a qu'à l'approcher du feu, la moindre chaleur le liquefiant aisément, on doit remarquer que les bouteilles ne soient pas entiérement pleines, de peur qu'elles ne se cassent; cette liqueur étant facile à se rarefier, & par conséquent à augmenter de volume, & de faire effort contre le verre.

Les deux principaux usages du baume blanc sont, l'un pour la santé, & l'autre pour la beauté. C'est ce dernier qui proprement met le prix à cette liqueur, à cause des pommades & du lait virginal qu'on en fait pour la conservation & l'embellissement du tein des Dames; on ne parlera cependant ici que du premier, & de la maniere de préparer le baume, soit pour l'appliquer au dehors pour la guérison des playes, soit pour le prendre intérieurement en potion ou en pilule pour diverses maladies auxquelles on le croit propre. On peut avoir recours au Mémoire même, pour les diverses préparations de ce baume pour la toilette des femmes.

Les maladies pour lesquelles on l'estime bon, pris par la bouche, sont les maux d'estomac, les maux de reins, la colique, la foiblesse de poitrine, & le défaut d'apetit. Pour tous ces maux on le prend en especes de pilules. Ces pilules se font en jettant quelques goutes de baume dans du sucre pulverisé, plus ou moins suivant que l'incommodité est grande, mais jamais plus de quatre : & les y roulant jusqu'à ce qu'elles en soient toutes couvertes; dans cette état on les avale, & l'on boit immédiatement après un demi verre de vin blanc ou rouge, du caffé, du thé, ou un bouillon. On pourroit mettre aussi le baume dans la liqueur qu'on boit, mais comme il est très tenace, il est sujet à s'attacher aux dents ou au palais.

A l'égard de la guérison des playes, on l'applique dessus après qu'elles ont été préalablement lavées avec du vin, en observant d'en bien rapprocher les levres afin de prévenir les cicatrices. Son effet est presque immanquable & reussit ordinairement en moins de vingt-quatre heures.

On estime aussi que ce baume est souverain pour la surdité, & qu'il la guerit en en faisant couler une goute ou deux dans l'oreille.

Plusieurs expériences ont fait connoître qu'il étoit pareillement bon aux ulceres en les lavant avec du vin chaud avant d'y mettre le baume.

Il faut observer de se servir toujours du baume sans le mettre sur le feu.

Il y a trois sortes de Baumes du Perou, ou plutôt un seul Baume, à qui l'on donne trois noms différens : ces noms sont, le *Baume d'incision*, le *Baume sec*, & le *Baume de lotion*, que produit un même arbre, qui ne s'éleve pas bien haut, & qui a les feuilles dentelées comme l'ortie.

Le *Baume d'incision* est une résine blancheâtre & gluante, qui coule par l'incision que l'on fait à l'arbre, & qui s'épaissit ensuite, & se durcit.

Le *Baume sec* est rougeâtre, & distille par le bout des branches que l'on coupe auxquelles on attache de petits vases, appellés au Perou *Cochines* & *Maracas*, pour recevoir cette liqueur, qui est d'abord comme du lait, & qui ne rougit, que parce qu'on l'expose au soleil.

Enfin, le *Baume de lotion* est noir; & il provient de l'écorce, des petits rameaux, & des feuilles de l'arbre hachées, & bouillies ensemble.

Le Baume blanc du Perou, est souverain pour les playes nouvelles, pour la guérison desquelles on n'a point encore employé d'autres onguens. Il faut le choisir bien blanc, le plus approchant qu'il se peut de l'*Opo-balsamum*, avec lequel il a de grands rapports, si l'on en excepte néanmoins l'odeur, qui seule les fait reconnoître.

Le Baume du Perou se vend à Amsterdam en pots, ou en bouteilles. La livre y coute depuis 7 jusqu'à 8 florins. La déduction pour le prompt payement, est d'un pour cent. On y tare les pots & les bouteilles.

Le Baume sec, pour être parfait, doit être rouge, odorant, & très sec, comme porte son nom. Son plus grand usage est pour faire du lait virginal, beaucoup meilleur que celui qu'on compose avec le benjoin & le storax.

Le Baume de lotion sert aussi pour les playes, comme le blanc; & à cause de son excellente odeur, il est assez estimé des Parfumeurs. Il doit être épais, noirâtre, de bonne odeur, & point sophistiqué avec de l'huile d'amandes douces.

Quelques Auteurs veulent faire croire, que sur les bords de la riviere des Amazones, il croît une plante nommée *Copaiba*, qui donne un Baume, qui surpasse de beaucoup, & celui du Levant, & celui du Perou.

Après ces deux Baumes qu'on doit regarder comme les seuls véritables, les Marchands Epiciers-Droguistes vendent encore du *Baume de Copaü*, du *Baume de Tolu*, du *Baume Liquid-ambar*; & un quatriéme, qu'ils appellent *Baume nouveau.*

Le Baume de *Copaü*, autrement *Copaif*, & *Campaif*, vient du Bresil, & est envoyé en France, de Portugal, dans des bouteilles de terre pointues par le bout. Il est en huile, ou claire, ou épaisse : la premiere espece est claire & blanche, d'une odeur de résine : l'autre est un peu plus dorée. C'est un remede admirable pour les playes.

Le Baume de *Tolu* est une résine liquide, qui en vieillissant, devient en consistance, & de la couleur de la colle de Flandres, nouvellement faite. Elle coule aussi par incision de quelques arbres, qui croissent dans la nouvelle Espagne; où les Habitans la reçoivent dans de petits vases de cire noire. Ce Baume est rare en France; mais on en peut faire venir d'Angleterre. Le bon doit être nouveau, d'une odeur agréable & pénétrante, approchant du Baume de Judée. En veillissant, il prend la consistance du Baume sec.

Le Baume *Liquid-ambar*, est une résine claire & rougeâtre, que produisent certains arbres de la Nouvelle Espagne, nommés par les Originaires, *Oçoçol*. L'écorce de ces arbres est fort épaisse, & leurs feuilles sont semblables à celles du lierre.

On appelle ce Baume *Liquid-ambar*, c'est-à-dire, Ambre liquide, parce qu'il a beaucoup de rapport avec l'ambre gris, auquel le meilleur doit ressembler pour l'odeur. Il faut outre cela qu'il soit clair, & d'un blanc doré, quand il est nouveau; mais rougeâtre, quand il est vieux.

Le Baume nouveau est liquide, & s'appelle *Huile de Liquid-ambar*; & celui qui est vieux, est épais, & se nomme *Baume de Liquid-ambar*. Ils viennent l'un & l'autre d'Espagne, dans des barils. Il est présentement aussi rare en France, qu'il y étoit autrefois commun. Ce Baume est souverain pour la guérison des playes; sur-tout on l'employe heureusement pour les fistules à l'anus.

On substitue quelquefois à l'huile de Liquidambar, celle de millepertuis, ou celle de camomille. On parle de cette derniere à l'article des Huiles. Pour celle de millepertuis, qu'on peut appeller un véritable Baume, quand elle est vieille faite, elle est composée avec les fleurs de millepertuis, & l'huile d'olive, qu'on expose au soleil dans les grandes chaleurs de la canicule. La meilleure est celle où l'on ajoute de la térébenthine fine, & du safran. *Voyez* MILLEPERTUIS.

Le Baume nouveau, qui est si rare en France, qu'on n'y connoît quasi que son nom, & qui ne se trouve que chez quelques Droguistes curieux, approche assez du Baume de Tolu, pour l'odeur & pour la couleur. Ce Baume s'exprime de la même maniere que l'huile de laurier, & se tire de petits fruits rouges, qu'on trouve assez ordinairement dans l'Isle de S. Domingue. Ils y viennent en grappes sur des arbres, dont les feuilles sont très larges & très longues, fort vertes dessus, & seulement verdâtres dessous. On en dit des merveilles; peut-être est-ce la rareté qui lui donne cette réputation.

*Le Baume, suivant le Tarif de 1664, paye de droits d'entrée en France, 7 s. la livre.*

*Le Baume blanc est du nombre des marchandises venant du Levant, Barbarie, & autres Pays & Terres de la Domination du Grand-Seigneur, du Roy de Perse, & d'Italie, sur lesquelles il est ordonné être levé vingt pour cent de leur valeur, conformément à l'Arrêt du Conseil du 15 Août 1685.*

BAUME DE POIX ou HUILE DE POIX. *Voyez* POIX NOIRE.

BAVOCHER. Terme de Doreur en détrempe. Il se dit des taches que le jaune, ou l'assiette fait en coulant sur le blanc, qui doit servir de fond à la dorure. *Voyez* DORURE EN DÉTREMPE.

Les Imprimeurs se servent du terme de BAVOCHER, pour faire entendre qu'une impression n'est pas assez nette, & qu'elle est brouillée par de petites taches, qui paroissent entre les lignes, & aux extrémités des pages. Bavocher & Papilloter, sont termes synonymes.

BAVOIS ou BAVOUER. Terme de Monnoye. On appelle ainsi la feuille de compte, où est contenue l'évaluation des droits de seigneuriage, foiblage, écharceté, & brassage, suivant le prix courant que l'Ordonnance attribue à l'or, argent & billon, en œuvre, & hors œuvre.

BAURIERE, en Dauphiné. L'on y prépare le vitriol & d'autres minéraux. *Voyez* l'Etat général, page 127.

BAUZELY, en Languedoc. Il y a des fabriques de laineries. *Voyez* l'Etat général, p. 215.

## BAY

BAY. C'est une des couleurs du poil des chevaux, tirant sur le rouge, & approchant de la couleur d'une châtaigne. Le Bay a, pour ainsi dire, cinq nuances, qui sont Bay châtaigne, Bay clair, Bay doré, Bay sanguin, qu'on nomme aussi Bay d'écarlate; & Bay brun. On en parle ailleurs, aussi bien que de la connoissance qu'on prétend que ces couleurs peuvent donner, des bonnes & mauvaises qualités des chevaux. *Voyez l'article du* CHEVAL.

BAYE. Les Anglois donnent ce nom à une étoffe de laine, que l'on appelle en France, Bayette, ou Baguette. *Voyez ci-après* BAYETTE.

BAYE. Se dit, en termes de marchandise de drogues médicinales, des gousses & fruits de plusieurs arbres.

BAYE DE LAURIER. Espece de fruit, ou de graine, que produit le laurier franc, dont les Epiciers font quelque négoce. *Voyez* LAURIER.

*Les Bayes de Laurier payent en France de droits d'entrée 10 s. du cent pésant.*

BAYE, se dit, en terme de mer, d'un enfoncement de la mer dans la terre, beaucoup plus large par le dedans que par l'entrée.

BAYE D'HUDSON, la plus septentrionale partie de l'Amérique où les Européens ayent des Colonies. *Voyez* ce qui en est rapporté dans l'Etat général, page 536.

BAYE DES MATACHUSETS, Colonie Angloise détachée de la grande Colonie de la nouvelle Angleterre, dans l'Amérique. *Voyez* l'Etat général, page 535.

BAYE DE NORROGANCET dans le continent de l'Amérique septentrionale. *Voyez* l'Etat général, page 535.

BAYE DE TOUS LES SAINTS, sur les Côtes du Bresil, une des plus considérables Capitaineries des Portugais. *Voyez* l'Etat général, page 538.

BAYE SAINT-BERNARD, située à l'ouest du Mississipi, & occupée par la Compagnie Françoise de la Louisiane. *Voyez* l'Etat général, page 517.

BAYE DE LA MOBILE. Les François de la Colonie de la Louisiane y ont plusieurs Postes. *Voyez* l'Etat général, page 517.

BAYETTE, que l'on nomme aussi quelquefois BAGUETTE. Etoffe de laine non croisée, fort lâche, & tirée à poil d'un côté. C'est une espece de revêche, ou de flanelle, très grossiere, & très large.

Il se fabrique quantité de Bayettes à Colcester en Angleterre, où elles sont appellées *Bayes*. On en fait aussi en Flandres assez considérablement, particuliérement à Tournay, à Lisle, & à Neuf-Eglises, auxquelles les Gens du Pays donnent le nom de *Baiques*.

Depuis quelques années les Ouvriers François se sont avisés d'en manufacturer; & ils y ont parfaitement bien réussi, singuliérement ceux de Beauvais, de Castres, de Montpellier, & de Nismes.

Les largeurs ordinaires des Bayettes sont, une aune, une aune & un quart, une aune & demie, & une aune trois quarts, sur vingt-huit à trente-une aunes de longueur, mesure de Paris.

Le débit en est très grand en Espagne, & en Portugal, où elles se nomment *Baetas*. Il s'en consomme aussi un assez grand nombre en Italie. Les Marchands de France commencent à y en envoyer beaucoup en blanc, en noir, & de toutes sortes de couleurs, ainsi que font depuis longtems les Anglois & les Flamands. Celles d'une aune & demie sont les plus propres pour le commerce d'Espagne.

Il se fabrique aussi à Alby, & aux environs de cette Ville, une sorte d'étoffe de laine, que l'on appelle Bayette, dont le prix est des plus médioceres. Elle n'a que deux pans deux quarts de large, mesure du Pays ; ce qui revient à demie-aune moins un seize, mesure de Paris. Cette largeur a été ainsi réglée par Arrêt du Conseil du 15 Juillet 1673, nonobstant l'article 30 du Réglement général des Manufactures du mois d'Aout 1669, qui porte : Qu'il ne sera fait aucunes étoffes, de si petit prix qu'elles puissent être, par les Drapants, ou Sergers, & par qui que ce soit, qu'elles n'ayent une demie-aune de large, mesure de Paris.

*Les Bayettes payent les droits de sortie du Royaume, & des Provinces réputées étrangeres, sur le pied de 3 liv. du cent pésant, comme draps petits ; & pour l'entrée à raison ; sçavoir, celles d'Angleterre, de 20 liv. la piece de vingt-cinq aunes ; & les doubles de 60 liv. la piece de cinquante aunes, suivant l'Arrêt du 20 Decembre 1687 ; avec défenses d'entrer dans le Royaume par d'autres Ports, que ceux de Calais & S. Valery.*

*Les Bayettes, ou Revêches de Flandres, & autres semblables, ne payent d'entrée que 4 liv. la piece de vingt aunes, conformément au Tarif de 1664.*

BAYEUX, dans la Généralité de Caen. *Voyez* ce qui est dit des Manufactures de cette Ville, dans l'Etat général ci-devant, page 107.

BAYLES. On appelle ainsi à Bordeaux ces Officiers, qui sont à la tête des Communautés, qu'on nomme ailleurs Jurés. *Voyez* JURE'S.

BAYONNE. Ville de France dans la Gascogne, célébre par le commerce considérable qu'elle entretient avec les Etrangers. *Voyez* l'Etat général page 54 *& suiv.*

## B A Z

BAZAC. Coton filé, très beau & très fin qui vient de Jerusalem ; ce qui le fait aussi appeller Coton de Jerusalem. Le demi Bazac, & le moyen Bazac, sont des cotons qui viennent du même endroit, mais d'une qualité beaucoup inférieure. *Voyez* COTON.

BAZANNE. Cuir préparé, & passé au tan, ou en redon. *Voyez* BASANNE.

BAZAR, ou BAZARI. Lieu destiné au commerce parmi les Orientaux, particuliérement chez les Persans. Les uns sont découverts, comme les marchés d'Europe, & servent aux mêmes usages ; mais seulement pour y vendre les marchandises les moins précieuses, & de plus grand volume. Les autres sont couverts de voûtes forts élevées, & percées par des especes de dômes, qui y donnent du jour. C'est dans ces derniers, où les Marchands de pierreries, de riches étoffes, d'orfévrerie, & d'autres semblables marchandises, ont leurs boutiques. Quelquefois même les Esclaves s'y vendent ; quoique ce barbare commerce se fasse aussi dans les Bazars découverts. Furetiere dit que ce terme est purement Arabe, & signifie achat & échange de marchandises ; & se dit par extension, des lieux où se fait le trafic.

Le Bazar ou Maidan d'Ispaham est une des plus belles places de toute la Perse, & surpasse même toutes celles qu'on voit en Europe : mais nonobstant sa grande magnificence, il faut avouer que le Bazar de Tauris est la place la plus vaste que l'on connoisse. On y a plusieurs fois rangé trente mille hommes en bataille. Il contient plus de quinze mille boutiques, & passe sans contredit pour le plus superbe de la Perse. On appelle dans



cette derniere Ville le Bazar des Pierreries, *Kaisérié*, c'est-à-dire, Marché Royal. *Voyez* MAIDAN.

BAZAS, Ville de France dans la haute Gascogne, où l'on fabrique des couvertures de laine. *Voyez* l'Etat général, page 37.

BAZAT. Le coton bazat est une sorte de coton qu'on tire de Leyde par la voye de Marseille. On en distingue de trois especes ; sçavoir, le Bazat de la premiere sorte, le Bazat ordinaire, & le Bazat moyen. La premiere sorte & l'ordinaire valent jusqu'à quatre-vingt dix-neuf livres quatre sols, & le moyen seulement soixante & treize livres douze sols.

BAZGENDGE. Espece de noix de galle rouge, dont les Turcs se servent pour faire l'écarlate. *Voyez* GALLE.

BAZOCHES, de la Généralité d'Orléans, a une fabrique de Serges. *Voyez* l'Etat général, p. 91.

BAZZO. Petite monnoie d'Allemagne, qui vaut environ deux sols de France.

## B D E

BDELIUM. Sorte de gomme aromatique, que l'on nomme plus ordinairement Bedelium. *Voyez ci-après* BEDELIUM.

## B E A

BEARN, Province de France. *Voyez* ce qui regarde son Commerce & ses productions, Etat général, page 210.

BEAUCAIRE, en Languedoc, Ville fameuse par sa Foire, la plus célebre de toutes celles qui se tiennent en Europe. *Voyez* l'Etat général, page 216.

BEAUCHAMP-LE-VIEL, Bourg de Picardie, dans l'Inspection des Manufactures d'Amiens. *Voyez* l'Etat général, page 17.

BEAUCOUT, Etablissement des Anglois sur la Côte de Malabar. *Voyez* l'Etat général, page 419.

BEAUCROISSANT, en Dauphiné. Différentes fabriques qui y sont établies. *Voyez* l'Etat général, page 127.

BEAUFORT, en Anjou, Ville où l'on fabrique différentes étoffes de laines. *Voyez* l'Etat général, page 93.

BEAUGE', Ville de l'Anjou, où l'on fabrique différentes especes d'étoffes de laine. *Voyez* l'Etat général, page 93.

BEAUGENCY, Ville de la Généralité d'Orléans, fabrique différentes étoffes de laine. *Voyez* l'Etat général, page 88.

BEAUJOLOIS, Province de France. *Voyez* ce qui regarde le Commerce de ses Villes, Etat général, page 29.

BEAULIEU, dans la Touraine. L'on y fabrique différentes étoffes de laine. *Voyez* l'Etat général, page 92.

BEAUMONT, dans le Hainaut. Il y a dans ses environs des forges de fer. *Voyez* l'Etat général, page 225.

BEAUMONT, en Touraine. Il y a différentes fabriques d'étoffes de laine. *Voyez* l'Etat général, page 92.

BEAUMONT-LE-VICOMTE, dans le Maine. L'on y fabrique différentes étoffes de laine. *Voyez* l'Etat général, page 95.

BEAUMONT, en Dauphiné. L'on y fabrique l'acier. *Voyez* l'Etat général, page 127.

BEAUMONT-DE-LERNAIGE, dans la Généralité de Montauban, fabrique des draperies. *Voyez* l'Etat général, page 33.

BEAUNE, Ville de Bourgogne, renommée par ses vins. L'on y fabrique des laineries. *Voyez* l'Etat général, page 124.

BEAUREPAIRE, dans le Dauphiné. L'on y fabrique des draps. *Voyez* l'Etat général, page 128.

BEAUVAIS, Ville de France, Capitale du Beauvoisis, dans le Gouvernement de l'Isle de France. *Voyez* ce qui est dit du négoce de cette Ville, & des différentes Manufactures qui y sont établies, dans l'Etat général, pages 10, 12, 17.

## B E B

BEBY. Sortes de toiles de coton, qui se fabriquent à Alep, & aux environs. *Voyez* TOILES DE COTON.

## B E C

BEC. Il y a plusieurs outils des Arts & Métiers, à qui on donne le nom de Bec, à cause de quelque ressemblance qu'ils ont avec le Bec des oiseaux. *Voyez les articles suivans.*

BEC DE CANNE. Sorte de grands clous à crochet, qu'on nomme aussi Clous à pigeon. Le crochet en est plat, & assez semblable au Bec d'une canne. Ils servent à attacher dans les volets, des paniers à pigeon. *Voyez* CLOU.

BEC D'ASNE. Espece de gros ciseau carré, avec un manche de bois, dont le bout est abbattu en chanfrain. Les Menuisiers, Charpentiers, & autres Ouvriers en bois, s'en servent à évuider les mortoises, après les avoir ébauchées avec le ciseau.

BEC-D'ASNE. C'est aussi un petit outil tout d'acier, dont se servent les Arquebusiers, qui n'est gueres différent pour la figure du Bec-d'âne des Menuisiers, & qui à proportion, sert sur le fer au même usage, que l'autre sur le bois.

BEC DE CORBIN. Espece de crochet de bois, qui fait partie de l'arçon des Chapeliers; & qui par un bout soutient la corde à boyau, qui sert à faire voguer l'étoffe. *Voyez* CHAPEAU.

Parmi les instrumens de la Chirurgie, il y en a pareillement quantité à qui l'on donne le nom de Bec; comme le Bec de grue coudé, le Bec de lezard, le Bec de cigne, le Bec de perroquet, & le Bec de canne. *Voyez* CHIRURGIE, *&* CHIRURGIEN.

BEC DE CORBIN. Instrument dont on se sert dans les Sucreries. Il est de cuivre avec une poignée, ou du même métail ou de fer. Il sert à prendre le sucre au sortir des rafraîchissoirs pour le mettre dans les formes. *Voyez* l'article du Sucre.

BECARD. Nom que l'on donne à la femelle du saumon, à cause qu'elle a le bec plus aigu: d'autres néanmoins croyent qu'on ne doit appeller ainsi, que les saumons du printems, lorsqu'ils se pêchent au mois d'Aout & de Septembre, tems de toute l'année où ces sortes de poissons sont les moins bons. *Voyez* SAUMON.

BECCASSE. Instrument dont se servent les Vanniers-Clôturiers, pour border les hottes de clôture, c'est-à-dire, les hottes à vin, & les vans à vanner les grains. Cet instrument est de fer, avec un manche de bois. Son bec long & pointu, assez semblable à celui d'une Beccasse, encore attaché à la tête, lui a fait donner le nom de cet oiseau. Il est un peu recourbé en *f*, vers le manche, afin de lui donner plus de force à serrer les bouts d'osier sur le cercle de bois de châtaignier, qui sert de bord à ces sortes d'ouvrages de vannerie. Le manche a environ cinq pouces de long, & le fer, jusqu'où il commence à se courber, sept à huit: la partie courbe en a trois à quatre. On se sert d'un maillet de bois, pour battre & enfoncer la Beccasse, qui de cet usage s'appelle Maillet de Beccasse. *Voyez* VANNIER.





BECHE. *Voyez* BESCHE.

BECHET. L'on nomme ainsi une des trois especes de chameaux. *Voyez* CHAMEAU.

BECHU. Cheval qui marque toujours, & dont, à cause de cela, il est difficile de pouvoir reconnoître aux dents, l'âge qu'il peut avoir. On dit plus ordinairement Baigu. *Voyez* BAIGU, *ou l'article des* CHEVAUX.

BECULO. Plante médicinale. C'est l'IPECACUANHA. *Voyez cet article.*

## B E D

BEDARRIEUX, en Languedoc. L'on y fabrique des draps & autres étoffes de laine. *Voyez* l'Etat général, page 214.

BEDELIN. Sorte de coton qui vient du Levant par la voye de Marseille. *Voyez* FIN BEDELIN.

BEDELIUM, BENDELEON, ou BDELIUM. Espece de gomme.

Ce nom est très connu parmi les Gens de lettres, quoiqu'ils ne soient pas d'accord de ce qu'il signifie. L'Ecriture Sainte (*Gen. c. 2. v. 12.*) en parle; & Joseph, qui veut expliquer ce que c'est, assure que c'est la gomme d'un arbre, qui ressemble à l'olivier, qui a des feuilles comme celles du chêne; & que la manne, dont Dieu nourrit si long-tems son peuple dans le désert, ressembloit à cette drogue. Cependant bien des Sçavans ne conviennent point de cette explication; & Scaliger, suivi de plusieurs autres, avoue que l'on ne sçait point au vrai ce que c'est que le *Bedelium* de la Sainte Ecriture.

Le *Bedelium*, que vendent les Marchands Epiciers & Droguistes, n'est guéres plus connu que celui des Anciens.

Quelques-uns disent qu'il coule d'un arbre épineux, dont les feuilles sont semblables à celles du chesne, & le fruit à celui du figuier sauvage; ayant néanmoins un assez bon goût: d'autres font ressembler l'arbre d'où on le tire, à l'arbre qui produit la myrrhe. Les uns font croître ces arbres dans la Bactriane: d'autres dans l'Arabie heureuse, près d'une Ville nommée Saraca; ceux-ci en Afrique, sur les bords de la riviere de Senegal; & ceux-là dans les grandes Indes.

Quoi qu'il en soit, cette gomme est apportée par la voye de Marseille, ou par les vaisseaux de la Compagnie d'Afrique.

Celle qui vient par Marseille, n'est autre chose à ce que disent les Connoisseurs, que la gomme nommée *Alouchi*; & ils prétendent que le véritable *Bedelium* est celui du Senegal.

Il faut le choisir en morceaux clairs & transparens, d'un gris rougeâtre au-dessus, de couleur de colle d'Angleterre en dedans; & lorsqu'on passe la langue par dessus, il doit devenir jaune. Cette gomme entre dans la composition du mitridate, de l'emplâtre divin, &c. *Voyez* CANELLE BLANCHE.

*Par le Tarif de 1664, le Bedelium paye en France de droits d'entrée 4 liv. du cent pesant; mais par l'Arrêt du 15 Août 1685, il paye vingt pour cent de sa valeur, lorsqu'il vient du Levant, de Barbarie, & autres Terres & Pays de la Domination du Grand Seigneur, du Roi de Perse; & d'Italie.*

BEE

BEE. On appelle Futaille à gueule Bée, une futaille ouverte, & défoncée par un bout. *Voyez* FUTAILLE.

BEF

BEFFORT, en Alsace. Il y a aux environs des mines de différens métaux. *Voyez* l'Etat général, page 229.

BEG

BEGUQUELLA. Plante médicinale, dont la racine est souveraine pour la dissenterie. *Voyez* IPECACUANHA.

BEH

BEHEIRE, Lac entre Rosette & Alexandrie, où se fait la Boutargue. *Voyez* l'Etat général, page 363.

BEHEN. Racine médicinale.
BEHEN. Fruit dont on tire de l'huile. } *Voyez* BEN.

BEI

BEIBAZAR, proche Angouri en Galatie. *Voyez* l'Etat général, page 348.

BEID. Plante qui croît en Egypte, près du village de Martarea. Cette plante pousse beaucoup de racines, d'où sortent plusieurs branches & rejettons de cinq ou six pieds de haut. Ses feüilles, qui sont deux à deux, sont larges, fort épaisses, & se terminent en ovale. Quand elles sont encore tendres, il en sort une espece de lait, qui se caille à la chaleur. Ses fleurs, de couleur de safran, tirant sur le rouge, croissent par faisceaux au bout des branches, où elles sont attachées à de longues queues, & où elles forment une espece de couronne tournée vers la terre. Les abeilles recueillent sur ces fleurs, de la cire, & d'excellent miel. Une espece de coton, plus doux que la soye, couvre sa semence & son fruit, & sert à faire des matelas & des coussins. Il ne faut pas oublier, que le lait qui distille des feuilles de cette admirable plante, est propre à courroyer les cuirs, & qu'il a diverses propriétés & usages dans la Médecine; comme de servir de dépilatoire, pour faire tomber le poil; & de guérir la teigne, la galle, & autres petites tumeurs, qui se forment sur la peau. Les feuilles cuites dans l'eau, ou même crues, appliquées sur les humeurs froides, les dissipent par transpiration. On a vû à Paris, dans quelques jardins de Curieux, des plantes de Beid; mais on n'en a pû conserver l'espece, la graine y germant, & y fleurissant, mais sans y porter de fruit. On fait aussi en France quelque commerce de son coton: toutefois ce qu'on en apporte du Levant, n'est pas considérable, & est plus pour la curiosité, que pour l'usage.

BEIGE. Serge Beige. C'est le nom que les Poitevins donnent à une sorte de Serge, noire, grise, ou tannée, que d'autres appellent Serge de couleur de brebis, ou Serge naturelle; parce que la laine, dont elle a été fabriquée, n'a reçû aucune teinture, ayant été employée, soit pour la chaîne, soit pour la tréme, toute telle qu'elle a été levée de dessus le mouton, ou la brebis. Les Beiges doivent être composées de 38 à 39 portées au moins, & les portées chacune de 20 fils. *Voyez* SERGE.

BEL

BELANDRE. Petit bâtiment de mer, du port d'environ 80 tonneaux, qui sert au transport des marchandises. C'est une espece de heu, qui se conduit par quatre ou cinq hommes seulement, & qui a son appareil de mâts & de voiles, tout semblable à celui des heus. *Voyez* HEU.

BELCHITTE. Laine Belchitte. C'est une des sortes de laines que les marchands de Bayonne tirent d'Espagne. *Voyez* l'Etat général du Commerce, où il est parlé de celui de cette Ville. *Voyez aussi* l'article des Laines d'Espagne.

BELELACS. Etoffes de soye en maniere de taffetas, qui se fabriquent au Bengale. Leur aunage est de quarante cobres de long sur deux de large, à raison de dix-sept pouces & demi de Roi le cobre. Les Anglois qui font le negoce de Madras aux Manilles, y en envoyent beaucoup.

BELEDIN. Nom que l'on donne à une espece de coton filé. Cette marchandise est de médiocre qualité; ce qui la rend de peu de débit en France. *Voyez* COTON.

BELESME, dans le Perche. Manufactures de Toiles établies dans cette Ville. *Voyez* l'Etat général, page 95.

BELESTAT, en Languedoc dans le Diocèse de Mirepoix. *Voyez* l'Etat général, page 213.

BELETTE. Petit animal à quatre pieds, couvert de poil, qui a le museau étroit, la gorge blanche; & le reste du corps, particuliérement le dos tirant sur le rouge. Il a beaucoup de rapport au furet, soit pour la forme, soit pour la vivacité.

Il y a de deux especes de *Belettes*; l'une très-sauvage, que quelques-uns nomment *Moustille*, qui vit à la campagne; & l'autre moins sauvage, qui habite les granges & les greniers.

Elles se repaissent l'une & l'autre de taupes, de souris, de mulots, & d'œufs de toutes sortes d'oiseaux; mais particuliérement de ceux des poules & pigeons, dont elles sont fort friandes. Elles mangent aussi les poulets, pigeonneaux, & petits oiseaux, qui ne sont pas assez forts pour s'envoler de leurs nids.

La Belette, quoique fort petite, ne laisse pas d'être très-hardie; & l'on prétend même qu'il s'en trouve d'assez courageuses pour livrer combat aux chats & aux serpens. Les Italiens la nomment *Donnola*, & les Espagnols l'appellent *Comadresa*. L'on prétend qu'il se trouve dans les Pays Septentrionaux, des Belettes toutes blanches, dont la peau est fort estimée pour les riches fourrures. Quoi qu'il en soit, cet animal, très commun en France, fournit pour le commerce une sorte de marchandise, qui est sa peau revêtue de son poil; laquelle étant encore crue, fait partie de la Pelleterie commune nommée Sauvagine, que les Pelletiers apprêtent, & employent à diverses sortes de fourrures.

BELIER, qu'on nomme aussi RAN. C'est le mâle de la brebis. Quand il est jeune, on le nomme Agneau; & après qu'il a été châtré, on l'appelle Mouton. Le Belier fournit pour le commerce les mêmes marchandises que le mouton, à la reserve qu'il n'est pas si bon pour la boucherie. *Voyez* MOUTON.

BELINGE. On nomme ainsi en Picardie, particuliérement du côté d'Amiens, une Tiretaine fil

& laine très-grossiere, qui se fabrique à Beauchamp-le-Viel. *Voyez* TIRETAINE.

BELISLE, dans la Bretagne. Commerce de pêche que l'on y fait, *Voyez* l'Etat général, page 113.

BELLEGARDE, Ville de la Généralité de Bourgogne. L'on y fait le Commerce de toute sorte de Draperies. *Voyez* l'Etat général, page 125.

BELLERIS, que les Indiens nomment GOTIN. Espece de Myrabolans. *Voyez* MYRABOLANS.

BELLEZOOR, une des Villes du Bengale la plus renommée pour son Commerce. *Voyez* l'Etat général, page 441.

BELOCULO. C'est un des noms qu'on donne à une plante médicinale, specifique & souveraine pour la dissenterie. *Voyez* IPECACUANHA.

## BEN

BEN, ou BEHEN. Il y a de deux sortes de drogues bien différentes, qui portent ce nom. L'une est une racine médicinale, qu'on met au nombre des cardiaques, & des contre-poisons; & l'autre, un fruit, dont on tire une huile propre aux Parfumeurs de gants.

Le Ben racine se divise encore en deux especes; sçavoir, le Ben blanc, & le Ben rouge.

Le blanc est une racine assez semblable à la pirethre, grisâtre au-dessus, & un peu plus blanche en dedans; d'un goût presque insipide, qui laisse pourtant une amertume assez désagréable, quand on la garde quelque tems dans la bouche. Ses feuilles sont vertes & longues; & ont cela de singulier, & qui ne se voit peut-être à aucune autre plante, qu'elles ont toutes quatre autres petites feuilles attachées à l'opposite les unes des autres, précisément où les grandes feuilles sont jointes à leur queue. Ses tiges, qui sont toutes garnies de quelques feuilles, portent des boutons fermés par écailles, qui en s'épanouissant, font voir une petite fleur jaune.

Le Ben rouge a sa racine de la figure de nos gros naveaux, fibreuse, brune à l'extérieur, & rougeâtre dedans: de cette racine sortent quantité de longues feuilles vertes, qui y sont toutes attachées; & du milieu des feuilles sortent aussi des tiges garnies des deux côtés d'un grand nombre de petites fleurs rouges, faites comme des especes de grenades.

Les racines du Ben, tant blanc que rouge, sont apportées du mont Liban, & autres endroits de Syrie, en tronçons comme le jalap.

Il faut les choisir nouvelles, séches, hautes en couleur, d'un goût aromatique & astringent. Elles servent aux mêmes usages, & se substituent l'une à l'autre.

*Le Ben, blanc & rouge, paye en France de droits d'entrée, 2 liv. du cent pesant.*

Le Ben, duquel on tire l'huile pour les Parfumeurs de gants, est un fruit gros comme une aveline, qui croît sur un arbre semblable au tamarise. Les meilleures noix de Ben sont celles qui sont pleines, fraîches, blanches, & aisées à peler. On en exprime l'huile de la même maniere qu'on l'exprime des amandes ameres. Cette huile est legere & subtile, n'a point d'odeur d'elle-même; & jamais ne devient rance, quelque vieille qu'elle soit. On se sert aussi de l'huile de Ben, pour enlever les taches ou lentilles du visage.

BEN DE JUDÉE. C'est un des noms que les Marchands Epiciers-Droguistes donnent à la drogue, qu'on nomme autrement Benjoin. *Voyez* BENJOIN.

BENDELEON. Le Tarif de la Douane de Lyon nomme ainsi cette espece de gomme, que l'on nomme à Paris, & presque par tout ailleurs, *Bedelium*, ou *Bdelium*. V. BEDELIUM.

BENDER-ABASSI, dans le Golfe Persique, Ville fort renommée pour son Commerce. *Voyez* ce qui en est dit dans l'Etat général, pages 287. 404. 405.

BENEFICE. Signifie avantage, gain, profit. Ce terme est fort en usage parmi les Marchands, Banquiers, & Négocians.

On dit, qu'un Marchand a eu un bénéfice considérable sur un marché, ou sur la vente qu'il a faite de quelque partie de marchandise, lorsqu'il y a beaucoup gagné.

Quand on dit, qu'un Banquier fait tenir de l'argent d'une place à l'autre avec bénéfice, cela doit s'entendre, qu'au lieu de demander quelque chose pour l'échange, il donne du profit. Il y a tant pour cent de bénéfice à tirer des Lettres de Paris sur Anvers.

Quand le change est au pair, il n'y a ni bénéfice, ni perte.

On nomme Bénéfice d'aunage, le profit qui se rencontre sur l'aunage des étoffes, des toiles, &c. Il y a des endroits, où, quoique l'aune soit égale à celle de Paris, l'on ne laisse pas de trouver un bénéfice considérable sur l'aunage. A Rouen, on donne vingt-quatre aunes de toile pour vingt aunes; ce qui est quatre aunes de bon, ou de bénéfice sur chaque fois vingt aunes. *Voyez* AUNAGE.

BENEFICIER. Verbe usité parmi les Ouvriers, qui travaillent aux mines d'or, d'argent, & des autres métaux. Il se dit du plus ou du moins de facilité que l'on a à tirer le métail du mineral, ou pierre métallique. Cet or est difficile à bénéficier, les frais en seront grands. Cette mine de cuivre se bénéficie aisément, le Propriétaire s'y enrichira. *Voyez* OR, ARGENT, *& les autres métaux.*

BENGALE, Royaume sur les côtes des Indes Orientales, qui prend son nom de sa Ville Capitale. Etendue de son Commerce, & Marchandises qui s'y fabriquent. *Voyez* l'Etat général, pages 285. 441.

BENGER-MORSSIN, dans la partie septentrionale de l'Isle de Borneo. *Voyez* l'Etat général, page 465.

BENGUELA, petit Royaume aux côtes d'Afrique, dépendant de celui d'Angola. *Voyez* l'Etat général, page 384.

BENJANS. Sorte d'Indiens répandus dans toute l'Asie, par les mains desquels passe presque tout le commerce que les Européans y font. On peut les associer aux Armeniens & aux Juifs pour leur expérience & leur habileté dans toute sorte de négoce.

Il y a beaucoup de Benjans en Perse, particuliérement à Ispaham & à Bender-Abassi: les principaux y sont très riches, mais leurs richesses ne les empêchent point de s'occuper aux trafics les moins importans & même les plus sordides, pourvû qu'il y ait un sol à gagner. La plûpart font le courtage; & les principaux courtiers des Compagnies de France, d'Angleterre & de Hollande, sont de cette nation: Au reste ils sont fort fidéles & ont presque toujours entre leurs mains les fonds & la caisse de ces Compagnies.

Ils font aussi la Banque, & il n'y a guére d'endroits des Indes Orientales pour lesquels ils ne puissent donner des Lettres de Change. Ils ont même une espece de caisse des Emprunts où l'on peut déposer son argent, avec la faculté de le retirer quand on veut. *Voyez* l'Etat général, page 424.

BENIN, Royaume en Afrique. *Voyez* le Commerce qu'on y peut faire, Etat général, page 383.

BENJOIN. Espece de gomme, que quelques-uns mettent au nombre des encens, & des aromates.

L'arbre d'où coule le Benjoin, croît en quantité dans la Cochinchine; & il s'en trouve aussi beaucoup dans les forêts du Royaume de Lao, & de Siam.

Cet arbre ressemble assez à l'amandier; mais ses feuilles sont plus longues, & arrondies par le bout. C'est par les incisions que l'on fait à son tronc, & à ses principales branches, que coule le Benjoin; quoique quelques Auteurs prétendent mal-à-propos, qu'il se trouve dans des especes de gousses, & qu'il se forme d'une huile épaissie par l'ardeur du soleil.

L'on vend chez les Marchands Epiciers & Droguistes, deux sortes de Benjoin; le Benjoin en Larmes, & le Benjoin en Sorte.

Le véritable Benjoin en larmes, qu'on trouve rarement en France, & dont les Gens de la suite de l'Ambassadeur de Siam apporterent assez grande quantité, est d'un jaune doré au dehors, blanc au dedans, rayé de petites veines claires, blanches & rouges, friable, & sans aucun goût; mais d'une odeur douce, & fort aromatique; bien différent du Benjoin en larmes, qui se vend communément à Paris, qui est en masse, clair, & transparent, de couleur rougeâtre, & mêlé de larmes blanches, semblables à des amandes; ce qui lui a fait donner le nom de *Benjoin Amygdaloïde*.

Ce dernier Benjoin doit être choisi avec les qualités les plus approchantes que l'on pourra du premier, sur tout qu'il soit sans ordures; ce qui est assez rare.

Le Benjoin en Sorte est le plus commun de tous, & est très sujet à être falsifié par plusieurs gommes fondues ensemble. Pour être de bonne qualité, il doit être bien net, de bonne odeur, fort résineux, chargé de beaucoup de larmes blanches. Il faut rejetter absolument celui qui sera trop noir, & de nulle odeur.

Cette drogue a plusieurs noms. On l'appelle *Assa-doux, Ben de Judée, Benjoin de Beninas, &c.*

On tire du Benjoin des fleurs blanches propres pour les asmatiques; & une huile, qui est une espece de baume pour les playes.

*Le Benjoin de toutes sortes paye en France les droits d'entrée sur le pied de 6 liv. le cent pésant; mais lorsqu'il a été entreposé, & qu'il vient du Levant, de Barbarie, de Perse, & d'Italie, il est du nombre des marchandises, sur lesquelles, conformément à l'Arrêt du Conseil du 15 Aout 1685, il doit être levé vingt pour cent de leur valeur, & même sans être interposé, quand il entre par le Port de Rouen.*

BENNE. Petit vaisseau, qui sert à charger les bêtes de somme, pour porter des grains, de la chaux, & autres choses. En quelques endroits on dit Banne, en d'autres Banneau; & il y en a où il est une des mesures de continence. *Voyez* BANNE, & BANNEAU.

## BER

BERAMS. Grosse toile, toute de fil de coton, qui vient des Indes Orientales, particuliérement de Surate. Il y a des Berams blancs unis, & d'autres rayés de couleur. Les blancs sont de neuf aunes à la piece, sur sept huit de large; & les rayés sont d'onze aunes & demie de long, sur trois quarts de large.

BERBICE, Colonie des Hollandois dans l'Amérique. *Voyez* l'Etat général, page 540.

BERCEAU. C'est la partie antérieure de la presse des Imprimeurs, qui sert à soutenir le train sur les barres, & lui donne le mouvement par ses poulies. *Voyez* IMPRIMERIE.

BERCEAU. Petit lit d'enfant, à quatre pieds, fait ordinairement d'osier blanc entrelassé, qui a un petit arceau du côté du chevet, pour porter le rideau dont on le couvre. Il fait une partie du commerce & des ouvrages des Vanniers.

*Les Berceaux d'osier payent en France les droits d'entrée sur le pied de 10 s. la charretée, & pour ceux de sortie, un sol de la douzaine.*

BERCELLE. Espece de petite pincette, dont les Emailleurs se servent pour tirer l'émail à la lampe. Elle est d'un seul morceau de fer replié en deux, dont les deux branches sont plattes, & un peu pointues. *Voyez* EMAIL.

BERCELLE. C'est aussi un petit instrument d'Orféyres, ordinairement de leton, qui d'un côté a des pincettes, & de l'autre une espece de pelle, ou de cuilliere. Ils s'en servent à monter des pierreries, & à quelques autres ouvrages délicats d'Orfévrerie.

BERCHEROCT. Poids dont on se sert à Archangel, & dans tous les Etats du Czar de Moscovie, pour péser les marchandises de grande pésanteur, ou de grand volume, comme est la potasse, &c. Le Bercheroct pése 400 l. Moscovites qui rendent environ 328 liv. poids de Paris.

BERGAME. Ville de la domination des Vénitiens en Italie. Les Manufactures qui y sont établies y attirent un grand Commerce. *Voyez* l'Etat général, page 310.

BERGAME. Grosse tapisserie, qui se fabrique avec différentes sortes de matieres filées, comme hourre de soie, laine, coton, chanvre, poil de bœuf, de vache, ou de chevre. C'est proprement un tissu de toutes ces sortes de fils, dont celui de la chaîne est ordinairement de chanvre, qui se manufacture sur le métier, à peu près comme la toile. Quelques-uns prétendent que le nom de Bergame lui a été donné, de ce que les Habitans de Bergame en Italie en ont été les premiers inventeurs.

Rouen & Elbœuf, Villes de France, de la Province de Normandie, fournissent une quantité considérable de Bergames de toutes les couleurs & nuances; les unes en façon de point de Hongrie; les autres à grandes barres chargées de fleurs & d'oiseaux, ou d'autres animaux; d'autres à grandes & petites barres unies, sans aucune façon; & d'autres, qu'on appelle Chine & Ecaille, parce qu'elles sont remplies de façons qui imitent le point de la Chine, & les écailles de poisson. Il s'en fait une sorte particuliere à Rouen, que l'on nomme Tortin, à cause qu'il y entre de la laine torse. Il s'en fait aussi quelques-unes à Toulouse.

Les hauteurs les plus ordinaires des Bergames sont une aune & demie, une aune trois quarts, deux aunes, & deux aunes & demie. Il s'en fait néanmoins quelques-unes de deux aunes trois quarts; mais cette derniere hauteur est peu commune, ne s'en faisant gueres que pour les Marchands qui les demandent de cette maniere. Il y en a de fines, de moyennes, de grosses, ou communes.

Autrefois il se faisoit quelques envois de Bergames dans les Pays étrangers, particuliérement du côté du Nord; mais à présent la consommation ne s'en fait quasi plus que dans le Royaume, principalement à Paris, y ayant peu d'Artisans, ou Gens de basse condition de cette grande Ville, qui ne se fasse un point d'honneur en s'établissant, d'avoir dans sa chambre une tapisserie de Bergame.

On leur donne encore le nom de Tapisserie de la rue S. Denis, ou de la porte de Paris; parce qu'il s'en vend plus dans ce quartier-là, que dans tous les autres de Paris.

Ceux qui en font commerce, sont les Marchands Merciers, les Tapissiers, & les Fripiers; mais il n'y a gueres que les premiers qui les tirent directement des lieux où elles se fabriquent.

Il vient de Tournay une sorte de Bergame à la Romaine, ou Bergame de Flandres, qui se fabrique par bandes & bordures, dont on fait des tapisseries beaucoup plus estimées que celles de Rouen & d'Elbœuf. *Voyez* TAPISSERIE.

BERGERAC. Ville de France dans le haut Périgord. *Voyez* ce qui concerne son Commerce, dans l'Etat général, page 38.

BERGHEN. Ville de la Norwege. *Voyez* l'Etat général, page 299.

BERGLBLEAU. C'est ce qu'on nomme autrement Cendre verte, ou Verd de terre. *Voyez* PIERRE ARMÉNIENNE.

BERGUES, dans la Flandre Flamingante. *Voyez* l'Etat général, page 221.

BERIL. Pierre précieuse, semblable au cristal. Elle vient des Indes. Il s'en trouve aussi sur les bords de l'Euphrate.

Il y a de plusieurs sortes de Berils; & l'on en compte même jusqu'à dix especes. Les plus estimées sont le *Beril*, le *Chrysoberil*, & le *Chrysoprasin*.

Le *Beril* tire un peu sur le verd de mer; ce qui le fait appeller en Latin *Aqua-marina*, en François *Eque-marine*. Pour lui donner du feu, il faut le tailler en facette; le poliment ne lui donnant aucun éclat, de quelque autre maniere qu'il soit taillé.

Le *Chrysoberil* est plus pâle, & un peu couleur d'or.

Le *Chrysoprasin* a le verd qui lui domine.

Quelques-uns croyent que le Beril est le diamant des Anciens. Ce qui est certain, c'est que des Jouailliers modernes très habiles s'y sont quelquefois trompés.

Il s'en trouve quelquefois de si grosses pieces, qu'elles peuvent servir à former de très beaux vases. On dit qu'il y en a quantité à Cambaye, à Martaban, au Pégu, & dans l'Isle de Ceilan.

Les propriétés du Béril étoient grandes dans l'opinion des Naturalistes, & des Philosophes de l'antiquité. Il faisoit éviter les embûches des ennemis; excitoit le courage aux timides; guérissoit le mal des yeux, & les maux d'estomac. Présentement il ne fait rien de tout cela, parce qu'on n'est plus assez simple de croire qu'il ait la vertu de le faire.

BERLIN, Capitale des Etats de Brandebourg. *V.* en quoi consiste son Commerce, Etat général, page 230.

BERLINE. *Voyez* CAROSSE.

BERLONG, ou BARLONG. Ce qui est fait ou tiré inégalement. On dit, en termes de Manufacture de lainage, que les lizieres d'une étoffe sont bien évrées, épinsées, & berlonguées, quand elles ne sont point plus courtes que le corps de l'étoffe, ou que les deux lisieres sont d'une égale longueur.

Les Réglemens de 1667 pour la sergeterie de Beauvais, condamnent à vingt sols d'amende pour chaque piece de revêches blanches, façon d'Angleterre, & de baguettes, dont les lizieres n'auront pas été bien berlonguées, avant d'être envoyées au moulin.

BERLUCHE. Sorte de droguet de laine sur fil. *V.* BRELUCHE.

BERNAY. Ville de la Généralité d'Alençon. L'on y fabrique des frocs, des toiles, &c. *Voyez* l'Etat général, page 109.

BERNE, une des Villes de Suisse où se fait le plus grand commerce. *Voyez* l'Etat général, page 235.

BERRY. Province de France. *Voyez* le Commerce qui s'y fait, Etat général, page 95.

BERTAUDER. Terme de Tondeurs de draps, qui est en usage dans les Manufactures de Berry. On dit ailleurs Ebertauder. *Voyez* EBERTAUDER.

BERUSE. Sorte d'étoffe, dont il se fait quelque commerce à Lyon.

*Par le Tarif de la Douanne de cette Ville, les Beruses payent cinq sols de la piece pour l'ancien droit, & un sol six deniers pour la nouvelle reappréciation.*

## BES

BESAIGUE. Outil tout de fer, servant aux Charpentiers, pour dresser, planer, & équarir les bois. On s'en sert aussi pour achever les mortoises & les tenons, après les avoir amorcés & commencés au ciseau. Les chevilles se font aussi avec la Besaigue.

Cet instrument est simple, consistant seulement en une barre d'un fer bien aceré, de quatre pieds ou environ de longueur, & de deux ou trois lignes d'épaisseur. Ses deux extrémités sont tranchantes, mais faites differemment; l'une étant plate & carrée, de la forme d'un grand ciseau, & affutée de même; & l'autre, plus épaisse & moins large, ressemblant assez à l'outil que les Menuisiers appellent un Bec-d'asne. Au milieu de l'outil est un manche ou poignée, aussi de fer, qui est ronde, mais évidée en dedans, d'un pouce & demi de diametre, & de sept à huit de longueur.

BESAIGUE. C'est aussi un outil de Vitrier, fait comme une espece de marteau, dont la panne est longue, pointue d'un côté, & tranchante de l'autre.

BESANÇON. Capitale de la Franche-Comté. *Voyez* ce qui en est dit dans l'Etat général, page 127.

BESCHE. Instrument qui sert au jardinage, & à la culture des terres: c'est le principal de ceux dont se servent les Jardiniers. La Besche est composée d'un fer peu épais, plus long que large, & tranchant par le bout, d'environ dix pouces de hauteur, & six à sept de largeur. Au milieu, par le haut, est une espece de tuyau, forgé de même fer, d'un pouce & demi de diametre, & de quatre à cinq de profondeur, qu'on nomme une Douille, dans lequel s'emmanche un morceau de bois rond, de quatre pieds de longueur, qui sert à pousser & manier la Besche. Quand l'ouvrage est difficile, on met le pied sur le haut du fer, afin de faire plus d'effort en l'enfonçant dans la terre.

*Les Besches payent en France les droits d'entrée sur le pied de 6 s. la douzaine, & pour ceux de sortie 5 s.*

BESCHER. Labourer la terre avec la Besche.

BESESTAN. On nomme ainsi à Andrinople & dans quelques autres des principales Villes des Etats du Grand-Seigneur, les lieux où les marchands ont leurs boutiques & étalent leurs marchandises. Chaque sorte de marchand a le sien; ce qui s'entend aussi des ouvriers qui travaillent tous dans le même endroit. Ce sont ordinairement de grandes galleries voutées, dont les portes se ferment tous les soirs. Quelquefois les Concierges & Gardiens de ces Besestans répondent des marchandises pour un droit assez modique qu'on leur paye pour chaque boutique.

Les Besestans d'Andrinople sont très beaux, surtout celui où se vendent les étoffes, & un autre où sont les boutiques des Cordonniers.

BESOARD. Pierre qui se trouve dans le ventricule de quelques animaux, & qui sert de cardiaque. *Voyez* Bezoard.

BESOGNE. Travail, occupation, ouvrage que font les Artisans & Ouvriers. Je vais porter ma Besogne.

Tailler de la Besogne, c'est couper & préparer la tâche de chaque Ouvrier. Il se dit particuliérement des Tapissiers, Tailleurs, Cordonniers, Savetiers, Couturieres, Lingeres, &c.

Besogne faite. Terme de Manufacture de laine, qui est en usage dans les fabriques de Poitou. Il se dit des serges, étamines, draps, tirtaines, &c. encore en toile, & telles qu'elles sortent du métier, avant que d'avoir reçu aucun apprêt.

BESON. Mesure des liquides, dont on se sert en quelques lieux d'Allemagne, particuliérement dans la Ville d'Ausbourg. Douze Besons font le Jé, & huit masses le Beson. *Voyez* Je'.

BESORCH. Monnoie d'estain, ou de métail d'alliage, qui a cours à Ormus, à peu près sur le pied des liards de France. Dix Besorchs valent un pays, quatre pays un foudis, dix pays un chay, qui vaut 4 s. de Hollande; vingt pays un mamoudi, ou 8 s. deux mamoudis un abbassi, ou 16 s. vingt-cinq pays un larin; cinq larins la reale, ou richedale; & cent mamoudis un toman.

On compte à Ormus par tomans comme l'on fait en Hollande par livres de gros.

BESSE, petite Ville située dans les montagnes d'Auvergne du côté du Limosin. *Voyez* l'Etat général, page 100.

BESTAIL, ou BETAIL. Terme collectif, qui signifie les bêtes à quatre pieds qui servent au labourage, & à la nourriture de l'homme. Il se distingue en gros & menu Bétail. Le gros Bétail comprend les taureaux, les bœufs, & même les veaux & petites génisses. Petit Bétail se dit des beliers, brebis, moutons, agneaux, boucs, chévres, cabrils, & autres semblables.

BESTE. Se dit en général de tous les animaux privés de raison.

Beste de somme. Se dit, en termes de commerce, de tous les animaux à quatre pieds, qui servent à porter & voiturer des fardeaux & marchandises sur leur dos. On les appelle aussi Bêtes de charge, & Bêtes de portage, pour les distinguer de celles que l'on destine au tirage. *Voyez* Portage & Tirage.

Les Bêtes de somme, dont on se sert le plus ordinairement sont les élephans, les dromadaires, les chameaux, les chevaux, les mulets, les bêtes asines, les vigognes, & les brebis du Mexique & du Perou. Il y a aussi quelques lieux des côtes d'Afrique, où l'on se sert de bœufs; & il n'est pas même jusqu'aux dogues, & gros chiens, que l'on emploie à cet usage, comme on le voit en Flandres, & en quelques autres endroits. On peut voir dans ce Dictionnaire les articles où l'on parle de ces animaux par rapport au commerce.

BESTIAUX. Animaux à quatre pieds, qui font le principal emmeublement d'une ferme. *Voyez comme dessus.*

On appelle Marchands de Bestiaux, ceux qui en font commerce, qui les amenent, & les vendent dans les marchés & dans les foires.

Vendeurs de Bestiaux. Officiers créés sur le pied des Vendeurs de marée & de volaille, pour avancer aux Marchands le prix des Bestiaux, qu'ils vendoient aux marchés de Poissy & de Seaux près Paris, moyennant un petit droit, payable par le Vendeur & l'Acheteur pour l'indemnité de cette avance. Ces charges avoient été créées sous le Regne de Louis XIV; mais le préjudice que l'on représenta, qu'elles apportoient au commerce des Bestiaux, les fit supprimer. *Voyez* Vendeur.

Foires de Bestiaux. Ce sont des foires principalement destinées pour la vente des Bestiaux. On les appelle autrement Foires grasses. *Voyez* Foires.

## BET

BETAIL. *Voyez* BESTAIL.

BETEL. Plante d'une grande réputation dans tout l'Orient, particuliérement dans les Indes, où il s'en fait une consommation & un commerce incroyables.

Cette plante, qui est assez semblable à l'arbrisseau qui porte le poivre, est si foible, qu'il lui faut un appui pour la soutenir, à mesure qu'elle croît. Ses feuilles sont comme celles du lierre, mais plus tendres, & pleines d'un suc rouge, qui à ce que croyent les Orientaux, est très bon pour fortifier le cœur & les dents, & rendre l'haleine douce & agréable.

Ce sont les feuilles de cette plante, dont les Indiens mangent continuellement avec cette espece de noix, qu'ils nomment *Areca*, qui leur rend les levres si rouges, & les dents si noires, couleur que, comme on sçait, ils préferent à la blancheur de celles des Européens.

Le commerce qui se fait des feuilles de Betel, est très considérable. Quantité de gros Marchands s'en mêlent, & entretiennent plusieurs vaisseaux pour en faire le transport presque dans tout l'Orient; où il est d'un usage si commun, que les grands & le peuple, les riches & les pauvres ne sont jamais sans leur boete de Betel. Ils s'en présentent les uns aux autres, quand ils se rencontrent: & c'est un cérémonial établi aussi-bien parmi mi les hommes, que parmi les femmes, de s'en offrir dans les visites qu'ils se rendent; & de regarder comme un affront, ou de n'en pas être régalés, ou de le refuser, quand on en offre. Ce qui rend ce négoce facile, c'est la propriété que les feuilles de Betel ont de se conserver long-tems sans se gâter. *Voyez* ARECA.

BETILLES. Mousselines, ou toiles de coton blanches, qui se fabriquent aux Indes Orientales, particuliérement à Pondichery. Il y a de trois sortes de Betilles.

La premiere, appellée simplement Betille, est un peu grossiere. Sa largeur ordinaire est de cinq sixiémes, & sa longueur de seize & de vingt aunes la piece.

La deuxiéme sorte, nommée Betille *Organdy*, a le grain rond, & est très fine. La piece contient douze aunes & demie de long, sur trois quarts & cinq sixiémes de large.

La troisiéme sorte, qui s'appelle Betille *Tarnatane*, est fort claire; & a douze aunes & demie à treize aunes à la piece, sur sept huit de large. *V.* MOUSSELINES.

BETILLES. Ce sont aussi des toiles de coton blanches, qu'on apportoit autrefois en France, pour les y peindre de diverses couleurs. Les unes sont de seize aunes, & d'autres de vingt.

Les Betilles rouges & blanches, qui viennent de Bengale, portent à peu près le même aunage.

## BEU

BEUGLE. On nomme ainsi dans quelques Provinces de France, cette espece de grosse étoffe de laine, qui s'appelle plus ordinairement *Bure*. *Voyez* BURE.

BEURRE. Substance grasse & onctueuse, qui se tire du lait, ou plutôt de la crême qui se forme sur le lait de vache.

Le Beurre s'épaissit en battant long-tems la crême dans un vaisseau de bois, ou de terre cuite, que l'on nomme communément *Baratte*.

La baratte est composée de trois pieces.

1°. De ce qui se nomme proprement Baratte, qui est une espece de barillet de douves de merain de trois pieds de haut; plus étroit par en haut, que par en bas.

2°. D'une sorte d'écuelle, aussi de bois, trouée par le milieu, qui couvre la baratte.

3°. Enfin, d'un long bâton appellé la *Batte à Beurre*, au bout duquel est un tranchoir, ou rond de bois, percé en plusieurs endroits, qui sert à agiter & battre la crême, pour la réduire en consistance de Beurre.

Le Beurre ne se fait ordinairement que de crême de lait de vache. Quelques Auteurs remarquent que ce sont les Hollandois, qui en s'établissant aux Indes Orientales, y ont appris aux Habitans la maniere de faire le Beurre, qui leur avoit été inconnu jusqu'alors. On estime le Beurre bon pour la guérison des ulceres; & quelques-uns s'en servent comme d'un opiate excellent pour la conservation des dents : mais chacun sçait que l'usage qu'on en fait ordinairement, est d'être employé & mangé de différentes manieres.

L'on peut réduire le Beurre comme à trois especes; le *Beurre frais*, le *Beurre salé*, & le *Beurre fondu*.

Il se fait un grand commerce des deux derniers Beurres, tant dedans que dehors le Royaume. Pour le Beurre frais, on n'en parle ici que par rapport au commerce qui s'en fait à Paris.

Le Beurre frais est celui qui est nouvellement battu. Il est apporté, ou en livres, ou en mottes. Le Beurre en livres vient des Villages voisins de Paris : il en vient aussi de S. Germain, & de la petite Province de Gastinois. Celui de Vanvres, qu'on forme dans de petits moules ronds, avec les armes de France, est le plus estimé.

Les Beurres en mottes sont envoyés d'Isigny, de Gournay, de la Louppe, &c. mais ceux d'Isigny, & d'autres lieux, qui sont un peu éloignés, ne sont le plus souvent apportés que l'hyver.

Le Beurre salé est du Beurre frais, que l'on a pétri avec le sel, pour le conserver. L'expérience a appris que le sel blanc étoit moins propre que le gris pour les salaisons, & qu'il rendoit les Beurres plus âcres.

L'on tire les Beurres salés, ou des Provinces du Royaume, ou des Pays étrangers.

Les Provinces qui fournissent le plus de ces sortes de Beurres, sont la Bretagne, la Normandie, le Boulonnois, &c. Les Beurres étrangers viennent de Flandres, de Hollande, d'Angleterre, d'Ecosse, & d'Irlande.

Des Beurres salés de Bretagne, ceux de la Prévalais sont les plus estimés. Ils viennent en petits pots de grès d'un quarteron, & de demie livre. C'est plutôt un négoce du Messager de cette Province, que des Marchands Epiciers. Il n'est pas de garde, & se graisse aisément.

La Normandie fournit de deux sortes de Beurres salés; les gros Beurres, & les Beurres fins, ou Beurres d'herbes. Les uns & les autres se tirent d'Isigny, où se tient le marché des Beurres salés du Cotantin, & de toute la basse Normandie.

Les Beurres fins, ou Beurres d'herbes (ainsi appellés, parce qu'ils sont faits dans le tems que les vaches sont dans les pâturages, & avant qu'elles se nourrissent de fourage,) sont envoyés dans de petits pots de grès d'une demie livre, ou d'une livre. Ces Beurres sont en Normandie, ce que ceux de la Prévalais sont en Bretagne. Ainsi le plus grand commerce des Beurres salés de Normandie, est celui des gros Beurres. On les apporte en pots de grès, ou en tinettes de bois. Les pots, qui sont nommés *Tallevanne*, sont du poids depuis six jusqu'à quarante livres. Les tinettes pesent depuis vingt livres jusqu'à deux cens.

Les Beurres salés du Boulonnois viennent ordinairement dans des tinettes, à peu près du poids de celles des gros Beurres de Normandie.

A l'égard des Beurres salés étrangers, ceux de Dixmuyde, petite Ville des Pays-Bas Espagnols, ont la préférence. Les Marchands de Paris les nomment quelquefois, par corruption, Beurres de *Diximus*. Les tinettes pésent depuis vingt livres jusqu'à soixante.

Les Beurres salés d'Irlande entrent ordinairement dans le Royaume par le Havre, ou par Rouen. Ils sont dans des barils de quatre-vingt jusqu'à deux cent cinquante livres. Les meilleurs se tirent de Dublin, Capitale de ce Royaume. Quoiqu'ils soient les moins estimés de tous les Beurres étrangers, il s'en consomme quantité du côté de Bourdeaux, & aux environs de la Garonne. Le peu qu'il en vient à Paris, s'enleve presque toujours par les Marchands de la campagne.

Il n'y a gueres de différence entre les Beurres d'Angleterre, & ceux d'Irlande, soit pour la bonté, soit pour le poids des barils, dans lesquels on les envoye. Ils entrent aussi par les mêmes Ports. Il en est de même de ceux d'Ecosse.

Les Beurres salés de Hollande viennent pareillement en barils. Ils sont beaucoup meilleurs que ceux d'Irlande & d'Angleterre; mais le commerce n'en est pas considérable; les Hollandois employant la plus grande partie de leurs laits à faire des fromages, & réservant pour eux presque tout ce qu'ils salent de Beurres.

Les Beurres fondus viennent presque tous d'Isigny, & d'autres endroits de Normandie: on en tire néanmoins quelques-uns des autres Provinces, où les pâturages sont abondans.

Ces Beurres se fondent dans de grandes chaudieres, afin d'en séparer le lait, & les autres impuretés qui contribuent à les corrompre, & pour les mettre en état de se conserver plus long-tems; les Beurres bien fondus, & bien empottés dans des pots de grès, pouvant se maintenir bons deux ans entiers.

Ces sortes de Beurres sont envoyés, ou en pots depuis six jusqu'à quarante livres, ou en tinettes depuis vingt jusqu'à deux cens livres.

On appelle Beurre gras, celui qui s'est graissé, ou pour avoir été mal salé, ou pour avoir été mal conservé dans les magasins depuis les salaisons.

*Les Beurres de Hollande ne payent en France de droits d'entrée, en vertu du Tarif de 1664, confirmé par la Déclaration de 1699, que 12 s. du cent pésant, & les autres Beurres 6 liv. en conséquence de l'Arrêt du Conseil du 28 Octobre 1692.*

*Les droits de sortie pour toutes sortes de Beurres sont de 26 sols aussi du cent pésant.*

*Les Beurres de France, qui se transportent dans les Pays, Terres, & Seigneuries de l'obéissance des Etats Généraux, n'y payent les droits d'entrée, que sur le pied de 10 s. pareillement du cent, conformément à la même Déclaration de 1699.*

*Commerce des Beurres à Amsterdam.*

Les principaux Beurres dont on fait commerce à Amsterdam, sont ceux de Hollande, de Leyde, de Frise, d'Irlande, & de Bretagne.

Le Beurre de Hollande se vend à la tonne, pésant 320 livres avec le bois. Le prix est de 104 florins, & la déduction pour le prompt payement, d'un pour cent.

Le Beurre de Leyde coute 120 florins; la tonne est aussi de 320 livres, mais sans bois; même déduction que celui de Hollande.

Le Beurre de Frise se donne pour 66 florins la tonne avec le bois; la déduction comme ci-dessus.

Le Beurre d'Irlande se vend 14 à 15 florins les 100 livres. On donne 20 pour cent de tare, & 1 pour cent de déduction pour le prompt payement.

Le Beurre de Bretagne quand il y en a, se vend par cent livres comme celui d'Irlande, & donne même tare & même déduction.

BEURRE DE PIERRE. *Voyez* KAMINE-MASLA.

UN POT A BEURRE. Est un pot de grès, dans lequel on met du Beurre salé, pour le conserver, ou pour le transporter. Les Beurres qui s'envoyent à Paris, des Provinces de France, y viennent ordinairement en pots. Les Beurres étrangers y arrivent en tinettes. C'est de ces pots de grès, concassés & réduits en poudre, & mêlés avec de la terre glaise, que se font les creusets & les fourneaux pour la fonte des métaux & les opérations de chymie. *Voyez l'article précédent, où il est traité du commerce des* BEURRES. *Voyez aussi l'article des* FOURNALISTES.

Les Marchands Epiciers-Droguistes, & Apoticaires de Paris, vendent aussi quantité de drogues médicinales, extraites par le moyen de la chymie, auxquelles les Artistes donnent le nom de Beurres, à cause de leur ressemblance avec le Beurre de vache: tels sont les Beurres de Saturne, de Nitre, de Salpêtre, ou de Pierre-Jean Fabre, d'Antimoine, de Cire, &c. dont quelques-uns sont ici expliqués, & les autres renvoyés à leurs articles.

BEURRE DE SATURNE. Sorte d'onguent liquide, qui se fait de vinaigre, & de plomb incorporé dans l'huile rozat. Le Beurre de Saturne est estimé très propre à la guérison des dartres.

BEURRE DE NITRE, OU DE SALPESTRE. Espece de drogue, qui se tire du salpêtre par le moyen du tartre. La maniere de le bien préparer, est décrite dans les œuvres de chymie de l'excellent M. Charas. Le Lecteur peut y avoir recours. Quelques-uns appellent aussi le Beurre de Nitre, Beurre de Pierre-Jean Fabre; apparemment du nom de l'Artiste qui a trouvé le premier le secret de le faire.

BEURRE DE SALPESTRE. *V.* BEURRE DE NITRE.

BEURRE DE PIERRE-JEAN FABRE. *Voyez* BEURRE DE NITRE.

BEURRE D'ANTIMOINE. *Voyez* ANTIMOINE.

BEURRE DE CIRE. *Voyez* CIRE.

BEURRIER. BEURRIERE. Marchand, ou Marchande, qui fait le commerce du Beurre. La différence qu'il y a entre le Beurrier & la Beurriere, est que le premier s'entend toujours d'un Marchand en gros, & l'autre se dit ordinairement d'une Marchande en détail. On ne comprend pas les Epiciers au nombre des Beurriers, quoiqu'ils fassent le commerce des Beurres salés en gros. Quelquefois on nomme Coquetiers, les Marchands Beurriers, qui viennent apporter à Paris sur des chevaux, des Beurres frais en mottes. *V.* COQUETIER.

BEURT-SCHEPEN ou BEURT-SCHUYTEN. en François, Navires ou Batteaux de Tour.

On nomme ainsi à Amsterdam des bâtimens de mer ou de simples bateaux de riviere, qui ont seuls le privilege de charger en cueillette pour diverses Villes, tant du dehors que du dedans des sept Provinces unies. Ils sont nommez de la sorte, parce que chacun est obligé de partir & de charger à son tour pour l'endroit où il doit aller; ce qui est reglé par les Superieurs de la Communauté des Batelliers.

Les endroits privilegiez pour les bâtimens sont pour la France, Roüen & S. Vallery: pour l'Angleterre, Londres: Hambourg & Bremen pour l'Allemagne; il y en a aussi pour Midelbourg en Zeelande, pour la plûpart des Villes de Brabant, de Flandres, & presque pour toutes les Villes des sept Provinces; ce qui est d'une très-grande commodité pour les marchands d'Amsterdam qui n'ont point assez de marchandises pour charger un navire ou bateau en entier, & qui en payant le fret reglé par les Ordonnances, trouvent dans ces bâtimens de quoi envoyer dans tous ces endroits en si grande ou si petite quantité qu'ils veulent.

Chacun de ces bâtimens ou bateaux a sa place fixe dans un des canaux de la Ville, ou sur le port, & ne peut en partir qu'il ne soit plein & que son tour ne soit venu.

Lorsqu'un marchand a assez de marchandises pour charger un ou plusieurs navires ou bateaux pour un de ces lieux privilegiez, il lui est permis de convenir du fret sans se conformer aux reglemens, & de choisir tel qu'il veut des bâtimens & des maîtres ou bateliers, quoiqu'ils ne soient point du tour; mais il doit auparavant sçavoir des Superieurs de la Communauté, s'ils le voudront bien permettre, parce qu'en cas que le maître ou batelier ne fût pas Bourgeois d'Amsterdam, & qu'il se présentât un Bourgeois pour charger, ce dernier a la préference.

La permission étant obtenue, il faut outre cela que le marchand qui veut charger en fasse sa déclaration aux Commissaires dans la forme suivante.

*Messieurs les Commissaires des Navigateurs hors du Pays, je vous prie de permettre à Maître N.N.... de charger*, (pour Rouen par exemple) *à condition qu'il ne prendra des marchandises que pour moi seul. A Amsterdam*, ce.... &c. *I. P. R.*

On donne cette déclaration au maître ou au batelier qu'on a freté ou qu'on veut freter, lequel le porte aux Commissaires qui lui en font expedier la permission. En cas de refus, ce qui arrive rarement, le seul remede est de chercher un autre maître ou batelier pour qui les Commissaires ayent plus d'indulgence, n'étant pas sûr de charger sans permission; ces Messieurs étant très-jaloux de leurs privileges, outre qu'ils trouvent quelqu'interêt personnel quand les marchandises passent par leurs mains.

Pour donner une plus juste idée de ces bâtimens & batteaux de tour, on va ajoûter ici un extrait de celle des Ordonnances de Police, qui a été faite pour les Beurt-Schepens qui sont privilegiez pour Rouen & pour Londres.

*Ordonnance pour les bâtimens qui pourront aller par tour pour Rouen & pour Londres.*

Premierement aucun bâtiment qui est en état de voyager hors de ces pays, ne pourra charger pour les ports sus-mentionnés qu'à son tour, & il faudra que les bâtimens qui voudront voyager par tour, soient bien pourvûs d'ancres, de cables, de voiles, &c. afin que les marchandises puissent être transportées seches & bien conditionnées; le tout à la discretion des Superieurs de la Communauté des navigateurs hors du pays ou autres, qui pourront être commis pour en prendre inspection.

2°. Qu'on mettra toutes les deux semaines deux bâtimens en charge pour Londres, & tous les vingt jours deux bâtimens pour Rouen.

3°. Ceux pour Londres se mettront au quay le lundi, l'un pour y rester jusqu'au samedi suivant, c'est-à-dire, 6 jours après; & l'autre pour partir 7 jours après le départ du premier, c'est-à-dire, 14 jours après qu'il aura été mis en tour.

4°. Le premier de ceux pour Rouen partira du quai, le soir du 10e. jour qu'il s'y sera mis, & le second, dix jours après le premier, c'est-à-dire, 20 jours après qu'il y sera entré.

5°. Lesdits bâtimens mettront à la voile le second jour après être sortis du quai, & d'autres y rentreront en leur place pour y observer le même ordre, à peine de 25 florins pour les maîtres qui seront en tour & qui négligeront de s'y trouver.

6°. En hyver les bâtimens auront deux jours plus pour charger qu'en été, c'est-à-dire, ceux de Londres huit jours, & ceux de Rouen douze. L'été sera censé commencer au premier Mars, pour durer jusqu'au premier Octobre, & l'hyver depuis le premier Octobre jusqu'au premier Mars.

7°. Les bâtimens, après être sortis du quay ne pourront charger aucune marchandise, à peine de six florins d'amende pour chaque pacquet ou piece, & d'être interdits du tour pendant un an pour la premiere fois, & sous pareille peine, & de correction arbitraire pour la seconde.

8°. Si les bâtimens ou l'un d'eux, ont leur entiere charge avant le tems limité, ils seront obligés de partir aussi-tôt du quay, & un autre sera mis incessamment en sa place, les jours de planche duquel ne commenceront que du jour que devoit finir le terme de celui à qui il succede.

9°. Il sera permis aux maîtres qui auront resté en charge pendant le tems limité, & qui n'auront pû avoir leur entier chargement, d'acheter des marchandises pour leur compte, afin d'achever leur cargaison, sans que cela puisse néanmoins causer aucun retardement à leur départ ni de préjudice aux marchandises des particuliers déja chargées, à peine de 25 florins d'amende. Ceux des maîtres qui auront ainsi acheté des marchandises n'en payeront aucun fret à leurs associés, s'ils en ont.

10°. Deux Marchands ou Commissionnaires pourront freter un bâtiment dans la Ville pour l'un des ports sus-mentionnés, au prix dont ils pourront convenir avec le maître; mais le maître ne pourra charger d'autres marchandises que celles desdits Marchands & Commissionnaires, à peine comme dessus.

11°. Les maîtres qui seront de tour seront obligés de prendre sans aucune distinction, toutes les marchandises qui seront portées à leur bord, quand même ils auroient déja promis d'en prendre d'autres, les premieres arrivées devant être les premieres chargées.

12°. Les maîtres qui voyagent par tour ne pourront entreprendre aucun voyage ni servir d'alleges huit jours avant que leur tour puisse arriver; mais seront obligés de mener leur bâtiment au quay, quatre jours avant qu'ils doivent entrer en charge & se mettre auprès de celui dont il doit prendre la place, afin de s'aider les uns aux autres, à peine de 50 florins & d'interdiction du tour pendant un an. Mais si, sans qu'il y ait de sa faute, un maître ne peut prendre son tour, les autres maîtres tireront au sort à qui remplira sa place, ce que celui sur qui le sort tombera sera obligé de faire, à peine de 25 florins d'amende, & d'interdiction pendant un an.

13°. Les maîtres qui auront fait leur tour pour Rouen, l'auront ensuite pour Londres; ce qui s'entend pareillement pour ceux de Londres qui chargeront ensuite pour Rouen.

14°. Les deux maîtres qui se mettront en même tems en charge pour Londres partageront leur fret en commun, ce que feront pareillement entre eux les deux pour Rouen; & faute de bon compte par l'un d'eux, celui qui aura manqué, payera cinquante florins d'amende, & sera interdit du tour pour trois ans.

15°. Aucun maître de bâtiment ne pourra voyager par tour, qu'il n'ait été quatre ans bourgeois de cette Ville.

16°. Les bâtimens qui se mettront ensemble en charge, tireront au sort à qui des deux partira le premier.

17°. Les maîtres des bâtimens qui voyagent par tour en Zelande, à Anvers ou en d'autres endroits en dedans des terres, ne pourront entrer en tour pour aller à Londres ou à Rouen, à moins qu'ils ne quittent leur tour du dedans de terre, & qu'ils n'y renoncent.

18°. Les maîtres des bâtimens qui voyagent par tour seront obligés de rester auprès de leurs bâtimens, depuis le matin jusqu'au soir, excepté vers le midi qu'ils pourront aller à la bourse; & si quelqu'un, tandis qu'il est en charge est trouvé faire autrement, ou qu'il aille boire dans un cabaret ou ailleurs, il payera trois florins d'amende chaque fois qu'il y sera surpris.

19°. Les Seigneurs de la Justice commettront une personne pour avoir inspection sur les quays où seront les bâtimens en tour pour Londres & pour Rouen, & qui les feront partir dans leur tems.

20°. Toutes les amendes seront appliquées un tiers au Seigneur, un tiers aux pauvres, & un tiers au délateur.

21°. Et afin que les marchands puissent sçavoir sur quoi ils auront à se regler pour le payement du fret des bâtimens qui voyagent par tour; Mesdits Seigneurs ont ordonné par la présente qu'il sera payé sur le tarif suivant, dont les droits pourront bien être diminués par les maîtres, mais non augmentés, à peine de 25 florins d'amende, & d'interdiction de leur tour pour un an.

22°. Si l'on charge quelque marchandise pour Rouen ou pour Londres dont le fret ne soit pas exprimé dans ledit tarif : si c'est pour Rouen & que le fret se trouve dans le tarif de Londres, ou au contraire si c'est pour Londres & qu'il se trouve dans le tarif de Rouen, on payera un tiers de plus.

Enfin les maîtres payeront à l'Inspecteur chaque fois avant leur départ, sçavoir, pour les bâtimens au-dessus de 31 lasts, 3 florins; & pour ceux au-dessous, deux florins, sous peine de payer le double à leur retour.

Arrêté le 19 Février 1611.

Cette même Ordonnance contient aussi un ordre, suivant lequel les maîtres des bâtimens qui voyagent en tour pour Londres & pour Rouen, doivent se regler par rapport à leur grandeur ou capacité, pour partager le fret entr'eux.

Un bâtiment depuis 26 jusqu'à 31 lasts est compté pour 30 lasts; depuis 31 jusqu'à 36 pour 35; depuis 36 jusqu'à 41, pour 40; & depuis 41 jusqu'à 46 & au-dessus pour 45 lasts.

Il y a quantité d'autres semblables Ordonnances pour le fret des bâtimens qui vont à Hambourg, en Zelande, en Flandres & dans les Provinces-unies, dont on trouve à Amsterdam le recueil en Hollandois. Celle de Hambourg qui est du 27 Avril 1613, a cela de particulier, que son tarif fait différence du fret d'été, & du fret d'hyver, & encore de celui qui se paye d'Amsterdam à Hambourg, d'avec celui de Hambourg à Amsterdam. On peut voir ce tarif & ceux de Londres & de Rouen, dans le traité du Négoce d'Amsterdam, donné au public en 1722 par M. J. P. Ricard, & l'on se contentera d'ajoûter ici à l'égard de ces trois tarifs, que dans celui de Rouen les marchandises sont tarifées en florins, sols, & pennins; dans celui de Londres en livres, sols & deniers sterlins; & dans celui de Hambourg pour ceux qui partent d'Amsterdam, en marcs & sols lubs; & pour ceux qui y reviennent, en florins & en sols.

Les François se sont toujours plaints de ce beurtz pour Dunkerque, S. Valery & Rouen, & semblent assez bien fondés; en effet:

1°. S'il se trouve un François qui demande à charger, on le fait attendre jusqu'à ce que trois vaisseaux Hollandois passent avant lui; sur quoi il faut remarquer que chaque vaisseau restant quinze jours en cueillette, le tour du François est six semaines à venir.

2°. Qu'il n'est pas permis au Marchand à qui le François est adressé, de le dépêcher lui-même avant le tems qui lui est prescrit, quand même il lui donneroit la moitié de sa charge, ne le pouvant faire qu'en lui donnant son chargement entier, ce qui ne se rencontre jamais, attendu qu'on n'envoie de Hollande en Picardie & en Normandie que des marchandises fines, à la réserve pourtant des potasses & vedasses; ce qui oblige le plus souvent les François de s'en retourner à vuide, ou de prendre parti pour un autre port.

3°. Les Directeurs du Beurtz sont si bien à l'avantage de leur nation, que dans l'intervale des quinze jours que le vaisseau François reste en cueillette, il ne se trouve quasi rien pour lui; les marchandises à fret qui se présentent se conservant toujours pour le Hollandois qui le doit suivre.

Un autre inconvénient très préjudiciable au commerce, que produit ce beurtz, c'est que faisant ainsi charger les navires à tour de rôle, le fret des marchandises se maintient toujours sur un haut pied. Et en effet on remarque qu'une balle de poivre ou d'autre marchandise, paye d'Amsterdam à Rouen deux ou trois fois plus que d'Amsterdam à Bayonne, & seulement à cause qu'on charge à tour de rôle pour Rouen & non pas pour Bayonne; ce qui ne peut pas manquer d'encherir à proportion les marchandises, venant de Hollande, qui entrent dans le Royaume par la Picardie & la Normandie.

BEUVANTE. On nomme ainsi dans le commerce de mer, un droit qu'un maître de barque ou de navire se réserve lorsqu'il donne son vaisseau à fret.

Ce droit se régle suivant la grandeur & le port du vaisseau.

Aux Maîtres de barque on retient la place pour mettre deux ou trois bariques de vin, & aux maîtres de navires quatre ou cinq bariques.

Au lieu de ce droit de réserve, les Marchands chargeurs donnent ordinairement aux Maîtres de barque ou de vaisseau, une demie barique ou une barique entiere de vin, pour empêcher que lui ni ses Matelots ne boivent de celui du chargement.

On convient aussi quelquefois pour la beuvante depuis 5 s. jusqu'à 8 s. par tonneau.

BEUVEAU, ou BEVEAU. Instrument qui est une espece de sauterelle, dont les deux regles, ou seulement une, sont courbes en dehors, ou en dedans. On s'en sert pour transporter un angle *mixtiligne* d'un lieu dans un autre. *V.* SAUTERELLE.

BEUVETTIER. Celui où l'on fait des beuvettes, où l'on va boire.

Les Maîtres Vinaigriers-Moutardiers de la Ville de Paris, prennent la qualité de Beuvettiers, parce qu'il leur est permis de donner à boire dans leurs boutiques, des eaux-de-vie, qu'ils ont la faculté de distiller. Comme cette liqueur chaude & brulante n'étoit pas autrefois à la mode en France, comme elle y est présentement, & qu'on n'en faisoit pas de débauche, on appelloit Beuvette, le peu qu'on en beuvoit le matin; & Beuvetier, le Vinaigrier chez qui les beuvettes se faisoient. *V.* VINAIGRIER.

## BEZ

BEZANS. Toiles de coton qui se tirent de Bengale. Il y en a de blanches & de rayées de diverses couleurs. *Voyez* l'article des Toiles de coton.

BEZE, en Auvergne. *V.* l'Etat général, page 99.

BEZESTIN, ou BESESTAN. On nomme ainsi à Constantinople des especes de Halles couvertes où se vendent les plus riches & les plus précieuses marchandises.

Il y a deux bezestins dans cette Capitale de l'Empire Ottoman, le vieux & le nouveau.

Le vieux a été bâti en 1461 sous le Regne de Mahomet II. Il y a peu de marchandises fines: on y vend des armes & des harnois de chevaux assez communs, quoiqu'on y en trouve aussi enrichis d'or, d'argent, & de pierreries.

Le bezestin neuf est destiné pour toutes sortes de marchandises: on n'y voit guere cependant que les marchandises les plus belles & les plus riches, comme de l'orfévrerie, des fourrures, des vestes, des tapis, & des étoffes d'or, d'argent, de soie, & de poil de chévre: les pierres précieuses & la porcelaine n'y manquent pas non plus.

Ce dernier, qu'on nomme aussi le grand bezestin, est bâti en rond tout de pierres de taille. Il a quatre portes qui ne sont ouvertes que pendant le jour. On y enferme pendant la nuit des Gardes pour la sureté des boutiques. Chaque corps de métier a sa place assignée, hors de laquelle personne ne peut vendre ni même exposer en vente les mêmes sortes de marchandises. C'est dans ce bezestin que les Marchands François, Anglois, & Hollandois, ont leurs boutiques de draperie.

Les marchandises sont en grande sureté dans ces lieux, & les portes en sont fermées de bonne heure. Les Marchands Turcs qui y ont des boutiques vont coucher chez eux dans la Ville. Pour les Marchands Chretiens ou Juifs, ils se retirent au-delà de l'eau & reviennent le lendemain matin. *Voyez* BAZAR.

BEZIERES en Languedoc. Différentes étoffes de laine qui se fabriquent dans cette Ville. *Voyez* l'Etat général, page 216.

BEZOARD, ou BEZOUARD. Pierre médicinale, qu'on estime un souverain contre-poison, & un cardiaque excellent. On le donne aussi contre les vertiges, l'épilepsie, la palpitation de cœur, la jaunisse, la colique, & un si grand nombre d'autres maladies, que ce sera sans doute plutôt fait, de dire que c'est une espece de panacée, ou un remede universel, propre à toutes sortes de maux. C'est peut-être autant sa rareté, que ses véritables vertus, qui lui ont acquis une si grande réputation: à présent on commence à le priser moins; & bien d'habiles Médecins ne l'estiment point du tout.

Il y a plusieurs sortes de Bezoards, entr'autres l'Oriental, l'Occidental, & celui d'Allemagne.

L'Oriental passe pour le meilleur: il y en a en assez grande quantité dans divers endroits des Indes, sur tout dans les Royaumes de Golconda & de Cananor. On l'y trouve mêlé dans la fiente d'un animal nommé *Pazan*, dans le ventre duquel cette pierre se forme. Les bourgeons d'un certain arbrisseau qu'il broute, en sont comme la semence; & le Bezoard croît autour, ordinairement de la grosseur d'un gland, ou d'une noisette, & quelquefois de celle d'un œuf de pigeon.

Cette pierre a plusieurs enveloppes, ou pelures luisantes, de même que l'oignon, quelquefois couleur de sang, mais assez souvent jaune-pâle, verd brun & clair, aussi-bien que couleur de miel.

Le nombre des Bezoards, que produit chacun de ces animaux, n'est pas certain; quelques-uns n'en ont point du tout; il y en a qui n'en portent qu'un; & d'autres deux, trois, & jusqu'à six.

Plus la pierre de Bezoard est grosse, & plus elle est chere, haussant à proportion comme le diamant. Celles d'une once se vendent aux Indes environ 100 francs; & il s'y en est vendu une de quatre onces un quart jusqu'à 2000 livres.

L'on seroit peut-être bien-aise de sçavoir comment est fait l'animal, dans le ventre duquel se forme le Bezoard; & l'on auroit dû en effet commencer cet article par sa description: mais plusieurs Auteurs, qui se vantent d'en avoir vû, & d'en avoir eu même en leur possession, en parlent si diversement, qu'il est difficile de prendre parti sur une chose de fait, & entre des gens qui donnent leurs propres yeux pour garants de ce qu'ils en rapportent.

Ce qu'il semble que l'on en peut dire de plus certain, parce que les uns & les autres en conviennent, c'est que cet animal est une espece de chévre, ou de bouc sauvage, mais que les Indiens apprivoisent comme les domestiques, pour s'enrichir de leur Bezoard.

Il faut choisir le Bezoard Oriental luisant, d'une odeur tirant sur celle de l'ambre gris, doux à la main, & en gros & beaux morceaux. Pour la figure, elle est indifférente, aussi-bien que la couleur; mais la plus ordinaire est couleur d'olive.

Il est facile de sophistiquer le Bezoard; il ne l'est pas moins de découvrir la tromperie. Voici plusieurs manieres de l'éprouver.

1°. Le laisser tremper trois ou quatre heures dans de l'eau tiéde: si l'eau ne change point de couleur, & que la pierre ne perde point de son poids, le Bezoard est sans mélange.

2°. Le sonder avec un fer pointu & chaud: lorsque le fer entre, & que sa chaleur fait rissoler le Bezoard, il est factice & composé.

3°. Enfin, si en le passant sur un papier frotté de ceruse, il le fait devenir jaune, on doit être assuré de sa bonté.

Le Bezoard Occidental, ou du Perou, est fort différent de ce premier. Il se trouve dans le ventre de plusieurs animaux, qui sont particuliers à cette partie de l'Amérique. Dans les uns, le Bezoard est de la grosseur d'une noisette; dans les autres, de celle d'une noix: il y en a même de la grosseur d'un œuf de poule.

Il n'y a pas moins de différence dans leur figure, que dans leur grosseur; les uns sont ovales, d'autres ronds, & d'autres presque plats. Pour leur couleur, elle est, ou cendrée, ou obscure.

Ce Bezoard est formé par écailles, comme l'Oriental, mais beaucoup plus épaisses. Etant cassé, l'on diroit qu'il a été sublimé, à cause de quantité de petites aiguilles luisantes, dont il paroît composé: il est d'ailleurs fort doux, & fort uni par dessus.

Les animaux, dans lesquels se forme cette pierre, sont le Guanacos, l'Pachos, le Vicunnas, & le Taraguas. On estime davantage le Bezoard de ce dernier; & cet animal est assez semblable à celui qui porte le Bezoard Oriental, étant de la grandeur d'une chévre, & de la figure d'une brebis.

Le Bezoard d'Allemagne, que quelques-uns appellent Oeufs de vache, se trouve dans le ventricule de quelques vaches; mais plus surement dans celui des Chamois, ou Isards. Il y a de ces pierres qui pésent jusqu'à dix-huit onces. Ce Bezoard est peu estimé.

Outre ces trois sortes de Bezoards, qui ne sont pas très rares en France, & que l'on trouve chez presque tous les Droguistes & Apoticaires de Paris, les Curieux en ont encore dans leurs cabinets, de trois autres especes, que la difficulté d'en avoir a mis à un prix excessif.

Ces Bezoards sont la Pierre de Porc, la Pierre de Malaca, ou de Porc-épic; & la Pierre de Singe.

La Pierre, ou Bezoard de porc, appellée par les Hollandois, *Pedro de Porco*; & par les Portugais, qui les premiers en ont apporté en Europe, *Pedro de Vassar*, se trouve dans le fiel de quelques sangliers des Indes. Sa grosseur ne passe gueres celle d'une aveline raisonnable, à qui elle ressemble assez pour la figure, quoique plus irréguliere. A l'égard de la couleur, elle n'en a point de fixe; pour l'ordinaire cependant elle approche de celle du savon de Toulon, c'est-à-dire, d'un blanc un peu verdâtre; enfin, elle est comme lissée pardessus, & assez douce au toucher.

Lorsqu'il arrive de ces Bezoards à Amsterdam, ce qui n'excede gueres le nombre de cinq ou six dans les plus riches cargaisons des navires qui reviennent des Indes Orientales, elles s'achetent jusqu'à trois ou quatre cens livres piece, & même davantage; non pas par des Marchands, pour les remettre dans le commerce, & pour y gagner; mais par les plus riches Bourgeois, soit pour en faire des présens à des personnes de considération, soit pour les garder dans leur famille, & les y conserver comme un très grand trésor, qu'ils font ensuite passer à leurs enfans par une espece de substitution.

On ne peut croire combien les Indiens attribuent de vertus à ce Bezoard, qu'ils nomment parmi eux *Mastica de Soho*: aussi ceux du Royaume de Malaca, où il se trouve le plus communément, l'estiment-ils davantge que le Bezoard Oriental; moins parce qu'ils le croyent le meilleur préservatif qu'il y ait au monde contre toutes sortes de poisons, qu'à cause qu'il est souverain pour la guérison du *Mordoxi*, espece de maladie, à laquelle ils sont sujets; & qui dans cette partie de l'Asie n'est pas moins dangereuse, que la peste l'est en Europe.

Les autres propriétés de la Pierre de Porc, que les Indiens lui attribuent, sont qu'elle est admirable dans toutes les fiévres malignes, aussi-bien que contre la petite verole; & encore dans la plupart des maladies des femmes, qui ne sont pas enceintes. L'expérience a fait aussi connoître, qu'elle provoque l'avortement aux femmes grosses, qui ont l'indiscrétion de s'en servir.

Pour user de ce Bezoard, il faut le laisser infuser dans un verre d'eau ou de vin, jusqu'à ce qu'il ait communiqué à ces liqueurs une petite amertume, qui n'a rien de désagréable; & le prendre le matin à jeun, ou même à toutes sortes d'heures, lorsque le besoin est pressant.

Pour faciliter cette infusion, & conserver une pierre si précieuse, la plupart de ceux qui en ont, la font enchasser dans une boete d'or, ronde, percée de plusieurs trous, à laquelle est attachée une petite chaîne de même métail, pour la suspendre dans la liqueur, lorsqu'on en veut faire usage.

Les Pierres, ou Bezoards de porc-épics & de singes, ne sont différentes de celles de porc, que parce qu'elles se trouvent dans le fiel de ces deux animaux, comme l'autre dans le fiel du sanglier; à moins qu'on ne veuille dire, avec le Sieur Tavernier, que ces deux pierres, qu'il appelle Pierres de Malaca, ne sortent pas du fiel du porc-épic & du singe, mais de la tête de l'un & l'autre de ces animaux; & que ce sont ces Bezoards que les Malais estiment tant, qu'ils n'en laissent jamais sortir de chez eux, si ce n'est pour faire des présens à des Ambassadeurs, ou même à quelques-uns des plus grands Rois des Indes.

Quelques-uns assurent que le Bezoard de Siam, si estimé pour ses excellentes & rares qualités, est une pierre de singe; & qu'il s'en trouve dans ce Royaume, aussi-bien que dans celui de Malaca, à qui seul tous les Voyageurs l'avoient attribué, jusqu'au voyage du Chevalier de Chaumont, Ambassadeur de France à Siam en 1686.

Au reste, les propriétés, la forme, & la couleur de ces Bezoards, sont si semblables, qu'on ne court pas si grand risque de les confondre, & même de croire que c'est une seule pierre sous trois noms différens.

Ce qu'on peut ajouter en général au sujet des pierres de Bezord, est qu'il n'y a gueres d'animaux, dans les intestins desquels il ne s'en forme, auxquelles on ne manque gueres d'ajouter des qualités extraordinaires, qu'elles n'eurent peut-être jamais; & qu'il y a bien de l'apparence que c'est de cette maniere que s'est établie la grande réputation de tous ces Bezoards, tant anciens que nouveaux, dont on a parlé dans cet article.

On ne parlera point ici des Bezoards des Chymistes; & l'on se contentera d'avertir, que ce qu'ils appellent *Bezoard-animal*, est de la poudre de vipere; & que leur *Bezoard jovial* n'est autre chose que la potée d'estain plusieurs fois calcinée. *Sur quoi on peut voir l'article de la* VIPERE, *& celui de l'*ESTAIN.

BEZOARD DE BOEUF, qu'on nomme autrement PIERRE DE FIEL. C'est une pierre jaunâtre, qui se trouve dans la vessicule du fiel de cet animal, dont les Médecins se servent dans quelques-uns de leurs remedes; & que les Peintres en miniature employent dans plusieurs teintes du jaune. *Voyez* BOEUF. *Voyez aussi* FIEL.

*Les droits d'entrée de tous les Bezoards ne sont réglés en France, que sur le pied de Bezoards de Levant & de Ponant; sçavoir, 15 liv. la livre de poids du Bezoard de Levant, & 3 liv. seulement pour celui du Ponant; les autres passant pour l'une ou l'autre espece, à cause de leur ressemblance.*

## BIA

BIA. Les Siamois nomment ainsi ces petits coquillages blancs, qui viennent des Maldives, que l'on nomme Coris presque par tout les Indes Orientales, & qui y servent de menue monnoie.

A Siam l'on donne huit cent Bias pour un fouang, qui est le huitiéme d'un tical ; en sorte que huit Bias, ou coris, n'y valent pas tout-à-fait un denier. On parle ailleurs amplement de cette menue monnoie des Indes, qui a aussi un grand cours sur plusieurs côtes d'Afrique. *Voyez* Coris.

BIAMBONNE'ES. Sortes d'étoffes des Indes, qui sont toutes d'écorce. *Voyez* Ecorce.

BIARIS. Espece de baleine qui a des dents. On la nomme aussi Cachalot. C'est de la cervelle de ce poisson que se fait cette drogue, que l'on vend sous le nom de Blanc de Baleine, autrement Sperma-ceti. *Voyez* Baleine.

BIASSE. On appelle Soie de Biasse, une sorte de soie crue que les Hollandois tirent du Levant. Elle se vend à Amsterdam 24 sols de gros la livre d'Anvers. *Voyez* l'article des Soies.

## B I C

BICHET. Quantité, ou mesure de grains, qui est différente, suivant les lieux où elle est en usage. Le Bichet n'est pas une mesure de bois, telle que peut être le minot à Paris ; c'est un composé de plusieurs autres certaines mesures.

A Tornus le Bichet est de seize mesures, ou boisseaux du Pays, qui font dix-neuf boisseaux de Paris, un peu plus.

Le Bichet de Beaune, aussi-bien que celui de Tornus, se divise en seize mesures, ou boisseaux ; mais ces seize mesures ne rendent à Paris que dix-huit boisseaux.

A Verdun le Bichet est composé de huit mesures, ou boisseaux du Pays, qui font à Paris quinze boisseaux.

Le Bichet de Châlons sur Saône contient huit mesures, qui font quatorze boisseaux de Paris, égaux au quartal de Bresse.

En quelques autres endroits de France, & particuliérement à Lyon, le Boisseau se nomme Bichet, quoique bien différent des autres Bichets, dont il a été parlé.

On se sert aussi du bichet en quelques lieux de l'Alsace & des trois Evêchés.

A Sarrebourg, le bichet de froment pése 23 livres ; poids de marc ; de méteil, 22 ; & de seigle, 21. Celui d'avoine y pése 146 livres même poids.

A Toul, le bichet de froment pése aussi poids de marc, 134 ; de méteil, 129 ; de seigle, 119, & d'avoine seulement 80 livres.

A Void, le bichet de froment pése 67 livres ; de méteil, 66 ; de seigle, 65 livres.

A Chaumont, le bichet de froment pése 72 livres ; de méteil, 70 ½ ; de seigle, 74 ; d'avoine 41.

A Bourbonne, l'on se sert du bichet de Choiseuil, qui pése pour le froment 82 livres ; pour le méteil ; 82 ; pour le seigle, 78, & pour l'avoine, 65. On se sert aussi à Bourbonne du Penal. *Voyez* cet article.

A Vaucouleurs, le bichet de froment pése 88 livres ; de méteil, 83 ; de seigle, 80 ; & d'avoine, 58.

Toutes ces pésées sont réduites au poids de marc.

Bichet. S'entend aussi d'une certaine mesure de terre, qui s'estime par celle d'un Bichet de grain, qu'on y peut semer. *Voyez* Arpent.

BICOQ, ou PIED DE CHEVRE. C'est le troisiéme pied qu'on ajoute à l'engin, ou machine, que les Charpentiers & Maçons appellent une Chévre, quand il n'y a point de murailles pour l'appuyer. *Voyez* Chevre.



## B I D

BIDAUCT. Nom que les Teinturiers donnent à la suye de cheminée, dont ils se servent pour les couleurs brunes, musques, & autres semblables.

Les Teinturiers ne peuvent faire imprimer de Bidauct aucunes toiles neuves, ou vieilles, ni fils de lin, chanvre, ou coton, qu'ils ne l'ayent auparavant engallés de bonne galle. *Statuts des Marchands Maîtres Teinturiers en soie, laine, & fil, du mois d'Aout 1664, art.* 74. Voyez Suye.

BIDET. Cheval de petite taille. On dit, un double Bidet, lorsque la taille du cheval est médiocre, & un peu au dessus de celle du Bidet. *Voyez* Cheval.

BIDON. Mesure des liquides, qui tient environ cinq pintes de Paris. Cette mesure n'est gueres d'usage que parmi les équipages de Marine, où il sert à mettre le vin, que l'on donne à chaque plat de Matelots. C'est une espece de broc de bois, relié de cercles de fer plat. *Voyez* Broc.

## B I E

BIENS. Ce qui fait la richesse d'un particulier. On dit qu'un Débiteur fait cession de Biens, lorsqu'il abandonne à ses Créanciers généralement tout ce qu'il posséde en meubles, en argent, en pierreries, en marchandises, en rentes, en immeubles, & en fonds de terre. *Voyez* Cession.

BIERE. Liqueur faite de grains, dont on se sert en Europe pour boisson ordinaire, dans les lieux où il ne croît point de vignes, & où le cidre est rare, & de peu d'usage.

Le Froment, l'orge, l'avoine, le seigle, & quelquefois l'yvroie, mais jamais seule, ni en grande quantité, sont les grains dont on se sert le plus communément, pour brasser la Biére. On y ajoûte le houblon, pour lui donner un goût de vin. C'est la fleur de cette plante, qui la rend capiteuse, & capable d'enyvrer.

Une partie du grain, qui sert à brasser la Biére, doit être germé. On l'appelle *Malt* en Angleterre ; & c'est un des meilleurs fonds pour assurer les subsides, que le Parlement de Londres accorde pour les besoins de l'Etat, à cause de la grande quantité de Biére qui se consomme dans les trois Royaumes.

La proportion du grain germé avec celui qui ne l'est pas, est ordinairement d'un quart du germé sur trois quarts de l'autre. La germination du grain ne doit pas être entiére : on l'arrête à certain degré connu par les Brasseurs, en le faisant sécher, à cause que le grain tout-à-fait germé aigriroit, & gâteroit la Biére.

Quand les grains sont préparés, & mêlés dans quelque cuve, ou grand vaisseau de bois, on y jette d'abord de l'eau à demi-bouillante, & ensuite de l'eau froide ; & après avoir agité le tout, on le couvre pour le laisser quatre ou cinq jours en fermentation.

La fermentation achevée, on fait la cuisson dans de grandes chaudieres de cuivre, dans lesquelles on le brasse avec des rateaux de bois à longs manches.

L'yvroie, quand on en mêle avec le grain,

dont on fait la Biére, est pour lui donner un goût plus piquant; mais, comme on l'a dit, il en faut peu dans chaque chaudiere.

Après que la Biére est brassée, quelques-uns y ajoûtent du sucre, de la canelle, du clou de girofle; & d'autres du miel & des épices, pour la rendre, ou plus forte, ou plus agréable.

On fait croire en France, que les Anglois, pour donner à la Biére, qu'ils brassent chez eux, cette force qui la met, pour cette qualité, au-dessus de toutes les autres Biéres de l'Europe, même de celles de Mons & de Bremen, y jettent, en la brassant, quelque chien écorché, dont ils font consommer toutes les chairs par la cuisson: mais outre que cette pratique n'est guéres vraisemblable, il est certain qu'aucun Anglois n'en tombe d'accord; & il y a bien de l'apparence que la bonté de leur Biére ne vient que de la maniere de la brasser, du degré de cuisson, ou des drogues qu'ils y mettent, inconnues au reste des Brasseurs.

On brasse de diverses sortes de Biére; de la rouge, de la blache, de la petite, de la forte, de la double; cette différence ne consistant guéres que dans la maniere de les brasser, ou de leur donner plus ou moins de cuisson; & il en est à peu près comme du vin, qui est blanc, paillet, rouge, ou couvert, suivant qu'on le laisse plus ou moins cuver.

On appelle Brasseurs de Biére, ceux qui travaillent à préparer cette boisson. Ils composent à Paris une Communauté considérable, dont on parlera ailleurs. *Voyez* Brasseur.

Ce sont les Brasseurs qui vendent à Paris la Biére en gros, & qui en font même un assez grand détail, particuliérement ceux des Fauxbourgs de S. Antoine & de S. Marcel. Les autres Détailleurs de Biére sont les Limonadiers, les Fayanciers, les Chandeliers, les Fruitiers, & plusieurs Regratiers.

On brasse de la Biére en toute sorte de saison; mais celle qui est brassée dans le mois de Mars, est estimée plus excellente, & de meilleure garde.

Le commerce des Biéres de France ne s'étend guéres au-delà du Royaume; mais il s'en fait un très considérable à Paris, & dans quelques Provinces, particuliérement dans la Flandre Flamingante, la Flandre Françoise, & la Picardie.

*Les droits de sortie se payent en France sur le pied de 26 s. le tonneau de Biére, & ceux d'entrée à raison de douze s. le hambourg, ou baril.*

*Ces droits sont reglés par le Tarif de 1664. A l'égard des droits de la vente en gros & en détail, ceux du huitiéme, de l'augmentation du quatriéme, de la subvention, du contrôle, &c. ils le sont par l'Ordonnance des Aydes de 1680.*

*Par l'article premier du titre de cette Ordonnance, concernant les droits sur la Biére, le droit de contrôle, qui se leve sur chaque muid de Biére, mesure de Paris, qui se façonne dans toutes les brasseries du Royaume, est de 37 s. 6 den. pour la Ville & Fauxbourgs de Paris, & seulement de 30 s. pour les autres Villes, Bourgs & Paroisses.*

*Le sixiéme article du même titre, regle le droit de gros, au vingtiéme du prix de la vente de quelque qualité que soit la Biére, c'est-à-dire, blanche, petite, ou double; & celui du huitiéme, à 8 s. par muid, dans tous les endroits où le gros & le huitiéme du vin ont lieu; à la reserve de la Ville & Fauxbourgs de Paris, qui en sont déchargés par le neuviéme article, aussi-bien que du droit reglé, & de la subvention & augmentation pour la vente en détail.*



*Par le huitiéme article, le droit reglé, qui se paye pour la vente en détail, à pot, ou à assiette, est fixé à 3 liv. 10 s. par muid, pour être payé dans tous les lieux où ce droit a lieu pour le vin.*

*Enfin, le dixiéme article ordonne le payement du quatriéme parisis, du sol & six deniers, & du droit de subvention reglé à 13 s. 6 den. par muid, par tout aussi où ces droits se payent sur le vin.*

On appelle Levûre de Biére, l'écume de la Biére, qui sort par le bondon. Cette Levûre sert aux Patissiers, & Boulangers de petit pain, à faire lever leur pâte. Les Boulangers s'en servent aussi pour leurs croutes légéres; & elle est pareillement de quelque usage parmi les Teinturiers, & les Dégraisseurs & Détacheurs d'habits. *V.* Levûre.

BIEVRE. Animal amphibie, plus connu sous le nom de *Castor*, dont la peau, garnie de son poil, sert à faire de riches fourures; & le poil séparé de la peau, s'employe à la fabrique des chapeaux, & quelquefois à faire des étoffes & ouvrages de Bonneterie. *Voyez* Castor.

BIEZ. Canal qui renferme & conduit des eaux dans quelque élevation, pour les faire tomber sur la roue d'un moulin, & la faire tourner. *Voyez* Moulin a eau.

## B I G

BIGARADE. Sorte d'orange aigre, qui a sur la peau diverses excrescences en pointes. Son principal usage est d'être servie sur les tables délicates, pour manger avec diverses sortes de mets, dont elle releve le goût. Ce sont les Epiciers, les Fruitiers & Regratiers, qui en font à Paris le négoce. *Voyez* Orange.

BIGORNE. Espece d'enclume, dont le milieu est large, & aboutit en pointe par un bout, & quelquefois par tous les deux. Ces pointes, ou becs, servent à battre le fer à chaud, pour le tourner en rond. Les grandes Bigornes se font & se vendent comme les enclumes. *Voyez* Enclume.

BIGORNEAU, ou BIGORNE D'ETABLY. C'est une petite Bigorne, carrée d'un bout, large au milieu, & pointue par l'autre bout. Elle a par dessous un pivot, pour la faire tenir sur l'étably. Le Bigorneau sert à arrondir les petites piéces. Ce sont les Quincailliers qui les vendent.

BIGORNER. Contourner & arrondir du fer sur une Bigorne.

BIGOT, en Italien *Bigontia*. Mesure pour les liquides, dont on se sert à Venise. Le Bigot est la quatriéme partie de l'amphora, & la moitié de la botte. Il faut quatre quartes, ou quartoni, pour le Bigot, & quatre tischaufera pour la quarte.

## B I J

BIJON. Sorte de térébenthine, qui est regardée comme une espece de baume blanc. Ce baume coule naturellement, & sans incision, pendant les grandes chaleurs, des sapins, des pins, & des melesses, qui se trouvent dans le bois de Pilâtre en Forêt. *Voyez* Terebenthine de Venise.

BIJOU. Se dit de toutes les petites curiosités, qui ornent une chambre, ou un cabinet, même de celles dont les femmes se servent pour se parer.

BIJOUTERIE. C'est la profession de ceux qui font négoce de Bijoux, & de pierres précieuses; mais en ce sens, Bijouterie n'est pas en usage; il faut dire,

dire, Jouaillerie; le terme de Bijouterie ne pouvant passer, qu'en lui donnant un sens plus général, & plus étendu qu'à Jouaillerie : Ainsi Bijouterie sera le commerce de toutes sortes de petites curiosités, qui servent à orner, ou les personnes, ou les appartemens.

BIJOUTIER. Celui qui fait commerce de toutes sortes de Bijoux & de curiosités. A Paris, ce sont les Merciers, & les Orfévres, en qualité de Marchands Jouailliers, qui font ce commerce.

BIIS. Poids tout ensemble & mesure, dont on se sert sur la côte de Coromandel, aux Indes Orientales. C'est la huitiéme partie du man. Un Biis contient cinq ceers, & un ceer vingt-quatre tols. *Voyez* MAN.

## BIL

BILAN. Livre dont les Marchands, Négocians, & Banquiers, se servent pour écrire leurs dettes actives & passives, c'est-à-dire, ce qui leur est dû, & ce qu'ils doivent.

Ce livre, qui est du nombre de ceux, que l'on appelle Livres d'aydes, ou Livres auxiliaires, se tient en débit & crédit, ainsi que le grand livre. On lui donne divers autres noms : les uns le nomment Livre des échéances; les autres Livre des mois, ou des payemens; & d'autres l'appellent Carnet. *Voyez* LIVRE DES ECHEANCES.

Autrefois les Marchands, Négocians, & Banquiers de la Ville de Lyon, portoient sur la place du change, un petit livre, qu'ils appelloient *Bilan des acceptations*, sur lequel ils écrivoient toutes les Lettres de change qui étoient tirées sur eux, à mesure qu'elles leur étoient présentées.

Leur acceptation n'étoit autre chose, que de mettre une croix à côté de la Lettre qu'ils avoient enregistrée dans leur Bilan, qui signifioit, *Accepté*; & s'ils vouloient déliberer sur l'acceptation, ils mettoient un V. qui vouloit dire *Vûe*; & s'ils ne vouloient pas l'accepter, ils mettoient S. P. qui signifioit, *Sousprotest*; c'étoit à dire, que celui qui en étoit le Porteur, la devoit faire protester dans trois jours après le payement échû, qui étoit le troisiéme du mois suivant : mais à present les acceptations se font par écrit, suivant l'article 3 du Reglement de la place du change de Lyon du 2 Juin 1667. *Voyez* ACCEPTATION.

On appelle à Lyon, l'Entrée & l'Ouverture du Bilan, le sixiéme jour du mois des payemens; jusqu'au dernier jour duquel mois inclusivement, on fait le virement des parties; chaque Négociant écrivant de son côté sur son Bilan les parties qui ont été virées; en sorte que si après le mois expiré il se faisoit quelques viremens de parties, ils demeureroient nuls, suivant l'article 4 du Réglement déja rapporté.

Le Bilan, que les Négocians portent sur la place du change de Lyon, pour le virement des parties, est un petit livre, que l'on appelle quelquefois Carnet : il se tient en débit & crédit; mettant d'un côté ce qui est dû, & de l'autre ce qu'on doit.

Ceux qui veulent virer partie, s'adressent à ceux à qui ils doivent quelque somme, & leur proposent d'en faire virement, en leur donnant pour Débiteurs une, ou plusieurs personnes, qui leur doivent semblable somme; la chose résolue, ils en font mention réciproquement sur leur Bilan; & dans le moment les parties sont censées virées, & demeurent aux risques de ceux qui les ont acceptées. C'est de cette maniere que se font les payemens; & à la fin du mois ceux qui doivent plus qu'il ne leur est dû, payent en argent comptant aux Porteurs de Lettres, ce qu'ils doivent.

Si un Banquier, Marchand, ou Négociant, qui est dans l'habitude de porter Bilan sur la place, ne s'y trouvoit pas, ou autre personne pour lui, dans les tems ordinaires des payemens, il seroit reputé avoir fait faillite : ainsi il est de conséquence de ne s'en pas dispenser, à moins d'une raison essentielle & connue.

Lorsqu'un Marchand, ou Négociant, a fait faillite, & qu'il veut s'accommoder avec ses Créanciers, il doit leur présenter son Bilan, c'est-à-dire, un état au vrai de ses affaires.

BILAN. Est encore la solde du grand livre, ou d'un compte particulier, ou de la clôture d'un inventaire; mais en ce sens, le terme de Bilan n'est pas si propre que celui de Balance. *Voyez* BALANCE.

BILBAO, Capitale de la Biscaye Province d'Espagne. *Voyez* ce qui en est dit dans l'Etat général, page 242.

BILBOQUET. Petit instrument, dont les Doreurs se servent, pour appliquer leur or. Il est long de quelques pouces, plat par dessous, & arrondi par dessus, pour le pouvoir tenir à la main. Le côté qui est plat, est garni de quelque étoffe de laine très douce, sur laquelle se met l'or qu'on a coupé, pour le placer. *Voyez* DORURE A L'HUILE & EN DETREMPE.

BILBOQUET. C'est aussi un petit morceau de bois, ou de terre cuite, de figure cylindrique, un peu moins gros au milieu qu'aux deux bouts, duquel les Perruquiers se servent pour friser les cheveux, qui ne le sont pas naturellement. *Voyez* CHEVEUX.

BILLE. Ancien mot François, qui signifie un bâton, dont quelques Ouvriers & Artisans ont conservé l'usage, pour exprimer plusieurs sortes de bâtons, qu'ils employent pour travailler à divers ouvrages de leurs arts & métiers. *Voyez les articles suivans.*

BILLE. Les Chamoiseurs & les Maroquiniers appellent Bille, un morceau de fer, ou de bois, rond, gros, & long à volonté, mais ordinairement d'un pouce & demi de diametre, & de dix-huit pouces de longueur, qui leur sert à tordre les peaux, pour en faire sortir toute l'eau, la graisse, ou la gomme, qui peuvent y être, & que ces Ouvriers employent dans les préparations de leurs cuirs. *V.* CHAMOIS.

BILLE. C'est aussi un bâton rond, de deux à trois pieds de long; l'une des extrémités duquel a une espece de pointe arrondie, dont les Emballeurs se servent à serrer les cordes de leurs balles & ballots. *Voyez* EMBALLER.

BILLE. Est encore le bâton, dont les Messagers, Voituriers, & Muletiers serrent les charges de leurs chevaux & mulets.

BILLE. Se dit pareillement d'un petit morceau de bois en forme de longue cheville, dont les Voituriers par eau se servent pour attacher la corde de leurs bateaux à l'anneau du palonnier, ou palonneau, comme d'autres l'appellent, où tiennent les traits de leurs chevaux. *Voyez* VOITURE, & VOITURIER PAR EAU.

BILLE. On appelle Bol en Bille, ou Brouillamini, du Bol lavé, purifié, & réduit en pâte, dont on forme ensuite des bâtons plats, de la longueur & grosseur du doigt. *Voyez* BOL, & BROUILLAMINI.

**Bille d'Acier.** Morceau d'acier quarré, que l'on appelle ordinairement Acier Soret, Clamecy, & Limousin. *Voyez* Acier.

**Bille.** Terme de Boulanger, particuliérement en usage dans les Boulangeries où l'on fait le biscuit de mer. C'est ce qu'on appelle plus ordinairement un Rouleau qui sert à applatir la pâte : le milieu de la bille est plus gros que ses extrémités, ce qui en quelque sorte le différencie du rouleau dont la grosseur est égale d'un bout à l'autre. *Voyez* Biscuit.

**BILLER LA PASTE.** C'est l'applatir avec la bille. On bille aussi les galettes de biscuit pour les rendre plattes. *Voyez comme dessus.*

**Biller.** Serrer avec une bille la corde d'une balle, ou d'un ballot, ou la charge d'un mulet, ou cheval. *Voyez* Emballer.

**Biller.** Se dit aussi de la façon, que les Chamoiseurs & Maroquiniers donnent à leurs peaux, en les tordant avec la bille. *Voyez* Chamois.

**Biller.** Est encore un terme de Voiturier par eau, qui signifie, attacher avec la bille, à une courbe de chevaux, la corde qui sert à tirer les bateaux sur les rivieres. Débiller, c'est détacher la corde, ôter la bille qui l'arrête au palonneau. *Voyez ci-dessus.*

**BILLET**, en termes de commerce. Signifie un écrit succinct, fait sous signature privée, par lequel une personne s'oblige envers une autre à faire quelque payement dans un certain tems, moyennant une certaine valeur reçue.

Il y a plusieurs especes de Billets, dont les Marchands, Banquiers, & Négocians, se servent dans le commerce, lesquels operent divers effets.

Les uns sont causés pour valeur reçue en Lettres de change ; les autres portent promesse d'en fournir ; d'autres sont conçus pour argent prêté, & d'autres pour marchandises vendues ; mais de ces diverses sortes de Billets, il n'y en a que deux qui soient réputés Billets de change, & qui ayent les mêmes privileges que les Lettres de change ; les autres n'étant regardés que comme de simples promesses, qui cependant peuvent être négociées, ainsi que les Billets de change, pourvû qu'ils soient payables à ordre, ou au porteur.

C'est l'utilité que les Négocians ont trouvée dans le commerce des Lettres de change, qui a donné lieu à toutes ces sortes de Billets, pour la facilité des payemens, & pour n'être pas obligés de tenir leur argent en caisse, sans mouvement, & sans en tirer du profit.

La premiere espece de Billets de change, sont ceux qui sont causés pour valeur reçue en Lettres de change, c'est-à-dire, lorsqu'un Marchand, ou Banquier, fournit à un autre Négociant des Lettres de change pour les lieux dans lesquels il a besoin d'argent, & que pour la valeur de ces Lettres, il donne son Billet de payer pareille somme au Tireur. *Art.* 27. *tit.* 5. *Ord. de* 1673.

Cette premiere sorte de Billets doit faire mention de celui sur qui les Lettres ont été tirées, & de celui qui en aura payé la valeur ; & si le payement a été fait en deniers, ou marchandises, ou autres effets, à peine de nullité ; c'est-à-dire, que faute d'être conçus dans ces termes, ils ne sont plus regardés comme Billets de change, mais seulement comme simples Billets pour argent prêté, qui n'ont pas les mêmes privileges. *Art.* 28. *tit.* 5. *Ord.* 1673.

La deuxiéme espece de Billets de change, sont ceux qui portent : *Pour laquelle somme je promets fournir Lettre de change sur une telle Ville.* Ces Billets sont très utiles dans le commerce ; en ce que par leur moyen un Négociant qui a de l'argent oisif dans son coffre, & qui n'en a besoin que pour faire des payemens dans de certaines Villes, & dans des tems qui sont encore éloignés, dispose de son argent avec d'autres Banquiers, & Négocians, qui en ont dans les mêmes Villes, & qui leur doit être payé dans les mêmes tems. *Art.* 27. *tit.* 5. *Ord.* 1673.

Il est de l'usage, que ceux au profit desquels sont faits ces sortes de Billets de change pour Lettres à fournir, ou ceux au profit desquels les ordres sont passés, puissent contraindre les Débiteurs à leur fournir ces Lettres, & au refus, leur faire rendre l'argent qu'ils ont reçu, & leur faire payer ce qu'il couteroit pour avoir leur argent par Lettres de change dans les lieux désignés par leur Billet.

Cette espece de Billet de change doit aussi faire mention du lieu où les Lettres de change doivent être tirées, si la valeur en a été reçue, & de quelles personnes, à peine de nullité. Cette peine de nullité produit le même effet que dans les autres Billets de change, en les convertissant, comme il a été dit, en simples Billets, ou promesses ; que s'ils ne contiennent que valeur reçue purement & simplement, la valeur en sera réputée en argent comptant. *Art.* 29. *tit.* 5. *Ord.* 1673.

Les Billets de change payables à un Particulier y nommé, ne sont point réputés appartenir à autre, encore qu'il y ait eu un transport signifié, s'ils ne sont payables au porteur, ou ordre, & cela pour abolir l'usage des cessions & transports en matiere de billets de change, à cause des fréquens inconvéniens qui s'en ensuivoient ; ces termes, *Payables au porteur, ou ordre*, tenant proprement lieu de transports & cessions. *Art.* 30. *tit.* 5. *Ordonnance de* 1673.

Les Billets, que l'on nommoit autrefois Billets en blanc, c'est-à-dire, où l'on laissoit en blanc le nom de celui à qui ils devoient être payés, pour être remplis toutes fois & quantes, & sous quel nom il plairoit à celui au profit duquel ils étoient faits, & dont la cause portoit simplement valeur reçue, sans exprimer la valeur, non-seulement ne sont plus en usage, mais sont absolument défendus : & en effet, comme après avoir passé par plusieurs mains, il n'étoit pas possible d'en découvrir l'origine, il étoit aisé de s'en servir pour un commerce usuraire.

L'on a tâché d'introduire dans le commerce d'autres billets, qui ne sont pas moins dangereux que les précédens, pour couvrir l'usure ; ce sont ceux payables au porteur, sans faire mention ni de qui on a reçu la valeur, ni quelle sorte de valeur a été reçue.

Les plus surs de tous les Billets dont on peut se servir dans le commerce, & les moins susceptibles d'usure, sont ceux qui sont faits à une personne précise, ou à son ordre, pourvû qu'ils portent ces mots essentiels, *valeur reçue d'un tel*, & que la valeur y soit exprimée. Il ne sera pas inutile de donner un modele de ces sortes de Billets, qui sont tout-à-fait conformes à l'Ordonnance de 1673.

Modele du Billet.

*Je payerai au 20 du mois prochain au Sieur Pierre Doré, Marchand de cette Ville, ou à son ordre, la somme de douze cent livres, valeur reçue de lui en deniers comptans. Fait, &c.*

Dans le chap. 10 du livre 3 de la premiere partie du Parfait Négociant de M. Savary, il est donné des modeles de toutes les sortes de Billets, tant de change, que payables à ordre, ou au porteur, pour toutes sortes de valeurs. On y peut avoir recours, si on le juge à propos.

L'article premier du titre 7 de l'Ordonnance de 1673, spécifie assez au long pour quels Billets ceux qui les ont faits & souscrits, sont sujets à la contrainte par corps.

Quoique par ledit article premier du titre 7 de ladite Ordonnance, il semble qu'il n'y ait que les Marchands & Négocians, qui puissent être contraints par corps pour les Billets qu'ils ont faits ou souscrits, il y a néanmoins une Déclaration du Roi du 26 Février 1692, qui ordonne, en expliquant cet article, que la contrainte par corps aura aussi lieu contre les Receveurs, Trésoriers, Fermiers, & Sous-Fermiers des droits de Sa Majesté, Interessés, & Gens chargés du recouvrement de ses deniers, & tous autres qui lui sont comptables.

Le Porteur d'un Billet négocié est tenu de faire ses diligences contre le Débiteur dans dix jours, s'il est pour valeur reçue en deniers, ou en lettres de Change qui auront été fournies, ou qui le devront être; & dans trois mois, s'il est pour marchandises, ou autres effets, & les délais doivent être comptés du lendemain de l'échéance, icelui compris. *Art. 31. tit. 5. Ord. 1673.*

Un Billet négocié est celui qui a passé en main tierce au moyen de l'ordre qui a été mis au dos; tout Billet payable au porteur est aussi censé Billet négocié.

Les diligences que l'on est obligé de faire faute de payement d'un Billet, sont différentes de celles qui se font faute de payement des lettres de Change, n'étant pas besoin de protest pour les Billets, mais de simples sommations, suivant le Réglement du 26 Janvier 1664.

Les Billets de Change se prescrivent pour cinq ans, à compter du lendemain de la derniere poursuite; le porteur a néanmoins la voye de faire affirmer le débiteur. *Art. 21. tit. 5. Ord. 1673.*

Il est d'usage, ou pour mieux dire de regle, que lorsque le porteur d'un Billet de Change a négligé de faire ses diligences dans les dix jours, celui à qui il le négocie après les dix jours passés, n'est point chargé de l'évenement du Billet, qui demeure aux risques du premier porteur.

Le Réglement de la Place du Change de la Ville de Lyon, n'accorde que deux mois au porteur d'un Billet négocié, pour faire ses diligences, & avoir ses recours. *Regl. du 2 Juin 1667, art. 9.*

Faute de payement d'un Billet de Change, le porteur doit faire signifier ses diligences à celui qui a signé le Billet ou l'ordre. *Art. 32. tit. 5. Ord. 1673.*

L'article 13 du titre 5 de la même Ordonnance explique en détail les différens délais que l'on accorde suivant la distance des lieux & des domiciles de ceux qui ont tiré ou endossé des lettres de Change; ce qui doit servir de regle pour les Billets de Change, & qui s'étend même jusqu'aux Billets pour valeur reçue en deniers comptans, marchandises, ou autres effets.

Les Juges-Consuls de la Bourse commune de Bourdeaux ayant remarqué par une longue expérience, qu'il naissoit de grandes contestations au sujet des actions en garantie pour certains Billets qui sont en usage parmi les Négocians de cette Ville, payables en deniers au porteur, sans autre reçu, & sans délai assuré, ont fait un Réglement, qui ensuite a été homologué par Arrêt du Parlement de la même Ville, du 5 Septembre 1685.

Par ce Réglement, ceux qui ont reçû en premier lieu ces sortes de Billets, c'est-à-dire, ceux au profit desquels ils ont été faits, & qui les ont ensuite négociés, en demeurent garants pendant trente jours, à compter & y compris le jour de la datte & de l'échéance; durant lesquels les porteurs de ces Billets sont obligés de sommer par acte ceux qui les ont faits de les payer, & faute de payement, les mêmes porteurs n'ont que trois jours après les trente premiers pour sommer ceux qui les leur ont donnés de les rembourser; & ainsi en remontant, en cas qu'ils ayent passé en plusieurs mains, sans néanmoins que ceux qui ont fait originairement les Billets puissent prétendre jouir du délai desdits trente jours; & faute par les porteurs successivement d'avoir fait les sommations & autres diligences dans les trois jours qui leur sont à chacun d'eux accordés, lesdits Billets restent sur le compte de celui qui a manqué auxdites formalités.

Ceux qui ont souscrit ou endossé des Billets de Change (ce qui doit même s'entendre des Billets pour valeur reçue en deniers comptans, marchandises, &c.) sont tenus solidairement avec ceux qui ont fait les Billets. Il en est de même de ceux qui y ont mis leur aval, encore qu'il n'en soit pas fait mention dans l'aval. *Art. 33, tit. 5. Ord. 1673. Voyez* Aval.

Quand on dit, Faire courir le Billet, c'est-à-dire, Négocier un Billet, ou chercher à emprunter de l'argent par le moyen des Agens de Change, ou autres personnes.

L'Auteur de ce Dictionnaire, mort le 22 Avril 1716, n'ayant pû faire mention dans cet article, de l'Edit concernant l'abolition des Lettres ou Billets de change, ou autres payables au porteur, donné au mois de May de la même année, non plus que de la Déclaration du 21 Janvier 1721 qui en rétablit l'usage, on a cru qu'on feroit plaisir au Lecteur de les mettre ici l'un & l'autre par extrait, afin de faire voir tout ensemble & comme d'un coup d'œil, d'un côté les inconvéniens de ces Billets, quand on en veut abuser; & de l'autre, les avantages qu'ils peuvent apporter dans le commerce, quand on en use suivant les régles de l'honneur & de la probité.

*Edit du mois de Mai 1716.*

Les abus des Billets payables au porteur, prévûs par l'Auteur du Parfait Négociant, & condamnés par le sieur Savary Des-bruslons son fils, dans un endroit de cet article, ayant été poussés trop loin, & leur usage ne paroissant propre qu'à troubler le commerce en favorisant les Banqueroutiers frauduleux & les usuriers, donnerent lieu à l'Edit de 1716, & lui servirent de principal motif.

On y rappelle d'abord les plaintes des Négocians en 1604, les Arrêts & Réglemens du Parlement des années 1611, 1650, & 1660, & les Ordonnances du Roi Louis XIV de 1664 & 1673.

Ensuite on entre dans le détail des préjudices que le mauvais usage de ces Billets a apportés dans le négoce, & l'on conclud enfin, que les Ordonnances & Réglemens faits jusqu'à présent, & qu'on pourroit faire à l'avenir contre tous ces désordres, paroissant tout-à-fait inutiles tant que le commerce des Lettres & Billets de Change, & autres Billets payables au porteur sera toleré, Sa Majesté croit plus à propos de les abolir entiérement, comme Elle fait par cet Edit; défendant à toutes personnes, de quelque qualité & condition qu'elles soient, de faire ou de recevoir à l'avenir aucunes desdites Lettres & Billets payables au porteur; déclarant nuls & de nul effet tous ceux & celles qui ne seront pas faits au profit de personnes certaines dénommées dans lesdits Billets, ou à leurs ordres; lesquels ordres ne pourront pareillement être mis successivement sur lesdites Lettres & Billets, qu'au profit de personnes certaines & y dénommées, à peine de nullité desdits ordres. Sa Majesté néanmoins, avant de prononcer pour l'avenir l'entiere abolition des Billets & Lettres de Change payables au porteur, avoit pris, par rapport au passé, des précautions conformes à l'équité, comme on le peut voir dans cet Edit enregistré au Parlement le 23 Mai 1716.

### *Déclaration du 21 Janvier 1721.*

L'Edit de 1716 ayant été exécuté pendant plus de quatre années, & l'expérience ayant fait connoître que les inconvéniens de l'usage des Billets payables au porteur, étoient moindres que les avantages qu'ils pouvoient apporter au commerce, sur-tout dans un tems où il étoit également important pour le soutien du négoce & pour celui des finances, de ranimer la circulation de l'argent; Sa Majesté, sur les répresentations des principaux Négocians du Royaume & de ceux qui sont interessés dans ses affaires, & pour satisfaire au vœu commun des personnes les plus intelligentes dans l'une & l'autre profession, déclare & ordonne par cette nouvelle Déclaration, qu'à l'avenir, en tous commerces & négociations, pour prêt d'argent, vente de marchandises, ou autrement, il sera loisible d'en stipuler par Lettres ou Billets le payement au porteur, sans dénomination de personnes certaines; Sadite Majesté par sa présente Déclaration, rétablissant l'usage des Lettres ou Billets de Change payables au porteur, révoquant à cet égard les défenses portées par l'Edit du mois de Mai 1716, & voulant que le premier article du titre 7 de l'Ordonnance de 1673, ensemble la Déclaration du 26 Janvier 1692, soient exécutés; & qu'en conséquence tous Négocians & Marchands, comme aussi tous ceux qui sont chargés du recouvrement des deniers royaux, qui auront signé des Billets payables au porteur pour valeur reçue comptant, ou en marchandises, pourront être contraints par corps au payement desdits Billets; & que les demandes & contestations formées à cet égard ne pourront être portées que pardevant les Juges & Consuls des Marchands, auxquels Sa Majesté en attribue à cet effet toute Cour, Jurisdiction & connoissance, sauf l'appel aux Cours de Parlement.

Cette Déclaration donnée à Paris le 21 Janvier 1721, fut enregistrée en Parlement le 25 ensuivant.

**Billet.** Se dit aussi de toute écriture privée, par laquelle on s'oblige au payement de quelque somme, ou à l'exécution de quelque chose.

**Billets.** Les Marchands Persans font leurs Billets & promesses en mettant leur sceau au bas, & leur nom en haut : les témoins attestent le sceau du contractant en y joignant le leur. Il n'y a qu'entre Marchands que ces sortes de Billets soient valables, quoique non faits en Justice.

**Billets de l'Espargne.** Ce sont d'anciens Billets, mandemens, ou rescriptions, dont le payement avoit été autrefois assigné sur l'Espargne du Roi, mais qui ayant été supprimés dans le commencement du ministere de M. Colbert, sont devenus depuis surannés & de nulle valeur dans le commerce.

**Billets.** Sont encore des especes de passe-ports que l'on prend aux portes & barrieres des Villes où il y a barrage, lorsque l'on veut faire passer debout des vins & des bestiaux à travers desdites Villes. *Voyez* Passer-debout.

**Billets Lombards.** Ce sont des Billets d'une figure & d'un usage extraordinaire, dont on se sert en Italie & en Flandre, & qui depuis l'année 1716 se sont aussi établis en France.

Les Billets Lombards d'Italie qui sont de parchemin coupé en angle aigu, de la largeur d'un pouce ou environ par le haut, & finissant en pointe par le bas, servent principalement lorsque des Particuliers veulent prendre intérêt à l'armement d'un vaisseau chargé pour quelque voyage de long cours : ce qui se fait de la maniere suivante.

Celui qui veut s'intéresser à la carguaison du navire, porte son argent à la caisse du Marchand armateur, qui enregistre sur son livre de caisse le nom du prêteur, & la somme qu'il prête; ensuite il écrit sur un morceau de parchemin de la largeur de douze ou quinze lignes, & de sept ou huit pouces de longueur, le nom & la somme qu'il a enregistrés; & coupant ce parchemin d'une angle à l'autre en ligne diagonale, il en garde une moitié pour son Bureau, & délivre l'autre au prêteur, pour le rapporter à la caisse au retour du vaisseau, & le confronter avec celui qui y est resté avant que d'entrer en aucun payement, soit du prêt, soit des profits.

Il se fait à peu près la même chose en Flandre par ceux qui prêtent sur gages. Ils écrivent sur un pareil morceau de parchemin le nom de l'emprunteur, & la somme qu'il a reçue; & l'ayant coupé en deux, ils en donnent la moitié à l'emprunteur, & cousent l'autre moitié sur les gages, afin de les lui remettre en rendant la somme stipulée.

**Billets de la Caisse des emprunts.** *Voyez* Caisse des emprunts.

**Billets de la Banque royale.** Il y a peu de différence pour l'usage entre les Billets Lombards d'Italie, & les Billets de la Banque royale de France qui ont été faits sur leur modéle : mais il y en a quelqu'une pour la forme, ces Billets françois n'étant que de papier, & se coupant du haut en bas en deux parties égales, en sorte néanmoins que la coupure reste dentellée, ce qui est une précaution sure contre la friponerie de ceux qui les voudroient contrefaire.

Deux autres différences consistent, l'une en ce que les moitiés de ces Billets qui demeurent aux Bureaux de la Banque, sont reliées en des registres; & l'autre, qu'il y a au bas de chaque partie du Billet qui se délivre au porteur, l'empreinte d'une espece de sceau. On en parle ailleurs plus amplement. *Voyez* BANQUE ROYALE.

BILLETS DE MONNOYE. Ces Billets étoient inconnus en France avant l'année 1700. La réformation de toutes les monnoies du Royaume ordonnée par une Déclaration de Louis XIV du 8 Juin y donna lieu.

La fabrique des especes de la nouvelle reforme n'ayant pû se faire assez promptement, pour payer comptant toutes les vieilles especes qui étoient apportées à l'Hôtel des Monnoies, ou aux Changes de Paris, les Directeurs & les Changeurs en donnerent leurs Billets particuliers. Ces Billets devinrent ensuite dettes de l'Etat, & en 1703 il fut ordonné qu'ils porteroient intérêts, qui furent réglés à huit pour cent.

Tant que le nombre de ces Billets ne fut point excessif, l'Etat y trouva son avantage, & le commerce bien loin d'en souffrir, y trouvoit de son côté une commodité que souvent n'a pas l'argent comptant même, quelque nécessaire qu'il paroisse être dans le négoce; mais ce papier étant tombé dans le décry par la trop grande quantité qui s'en répandit dans le public, & par le trafic usuraire qu'en firent les Agioteurs, on fut enfin obligé de les supprimer après les avoir convertis pour la plupart en rentes sur la Ville, ou les avoir tirés du commerce par divers autres débouchemens.

BILLETS DE L'ESTAT. Ces Billets ont commencé en France presque en même tems que le regne de Louis XV. Les dettes immenses de l'Etat contractées pendant les longues guerres du regne précédent, les firent naître.

Il est vrai qu'avant la mort de Louis XIV, ces dettes avoient déja été diminuées de plus de quatre cent millions, par la réduction des rentes sur la Ville de Paris, du denier vingt au denier vingt-cinq, & par d'autres moyens. Mais ce qu'il en restoit encore, soit en promesses de la Caisse des Emprunts, soit en Billets de l'Extraordinaire des guerres, des Trésoriers de la marine, & des Receveurs généraux; soit enfin en plusieurs autres sortes de papiers, étoit si considérable, que le nouveau gouvernement pour partager ces charges de l'Etat entre le Roi & ses Sujets, se vit obligé de réduire toutes ces dettes suivant leur nature & qualité, en sorte qu'elles ne formassent plus qu'un capital de deux cent cinquante millions, dont Sa Majesté voulut bien se charger pour les acquitter, payer, & rembourser, conformément aux Edits & Déclarations rendus à cet effet, & en faire pour ainsi dire ses Billets.

Ces nouveaux Billets furent appellés Billets de l'Etat, parce que le Roi en fit sa dette, & qu'il promit de les payer sur les revenus de l'Etat; au lieu qu'auparavant ce n'étoit que des Billets de Particuliers, quoique faits pour des sommes fournies pour les besoins de l'Etat.

La plupart de ces Billets ont depuis été retirés, soit en taxes sur les gens d'affaires, soit en actions de la Compagnie d'Occident, soit en rentes viageres sur l'Hôtel de Ville de Paris, soit enfin par les loteries qui s'y tiroient chaque mois.

BILLETS DE L'ESCHIQUIER. *Voyez* ESCHIQUIER.

BILLETS DE LA BANQUE ROYALE D'ANGLETERRE. *Voyez* BANQUE ROYALE D'ANGLETERRE.

BILLETS NOIRS, BILLETS BLANCS, BONS BILLETS. Termes de Lotterie. Les billets noirs sont ceux qui contiennent quelque lot; les billets blancs, ceux qui n'en contiennent aucun; les bons billets sont les mêmes que les billets noirs. *Voyez* l'article des Lotteries.

BILLETS DE SUCRE. On appelle ainsi aux Isles Antilles, des Billets contenant obligation & promesse de payer au Porteur aux tems marqués, une certaine quantité de sucre.

BILLETS DE PROCLAMATION. On nomme ainsi en terme d'Eaux & Forêts les Billets sur lesquels se font les publications pour l'adjudication des ventes.

Par l'article XVII. du titre XV. de l'Ordonnance de *1669* sur le fait des Eaux & Forêts, le soin de dresser & d'envoyer les Billets de proclamation aux lieux ordinaires, est reservé au Procureur du Roi de chaque Maîtrise.

Ils doivent contenir le nombre d'arpens de l'adjudication, leur situation, leur qualité, les reserves, le jour, le lieu, l'heure, & pardevant qui les ventes se doivent faire.

BILLETTE, ou BILLOT. Petite enseigne en maniere de barillet, ou morceau de bois rond, qu'on place ordinairement au bout d'une perche, aux endroits où il y a des droits de péages établis, pour faire entendre aux Marchands & Voituriers, qu'il ne faut pas passer sans acquitter le droit dû au Roi, ou aux Seigneurs qui sont obligés d'entretenir les chemins. *Voyez* COUTUME.

BILLETTE. Est aussi en terme de Tondeurs de draps, un instrument de bois fait en équierre, ayant une branche plus longue que l'autre, qui est attachée à celui des deux couteaux de force, qu'on appelle le couteau femelle. Lorsque l'ouvrier tond son drap, il tient la Billette de la main droite, afin d'empêcher que les forces n'aillent trop vîte. *Voyez* TONDEUR.

BILLETTE. L'on nomme aussi de la sorte dans la Douanne de Bourdeaux, l'acquit que le Commis délivre aux marchands pour justifier du payement des droits de sortie, ou, comme on y parle, des droits d'issue des marchandises qu'il veut faire embarquer pour envoyer à l'Etranger. Ces Billets duroient autrefois un mois entier, après lequel mois il étoit permis de les faire renouveller si les marchandises n'avoient pû être embarquées: présentement le Commis y ajoûte pour l'ordinaire la clause: ***non valable après trois jours.***

BILLETTES. On nomme ainsi en terme de verrerie, le petit bois dont on se sert à entretenir le feu dans les fours à verre; ce sont des especes de cotterets. Les Fêtes & Dimanches quand on a margé le four, on n'y met que du gros bois. Le meneur de billettes les conduit près des fours, & un tiseur les jette dans les ouvertures des fourneaux.

BILLETTER. Attacher des étiquettes, mettre des billets aux étoffes. C'est sur ces billets que les Marchands, particuliérement ceux qui font le détail, mettent les numero & les aunages des pieces entieres, suivant les factures des Commissionnaires qui leur en font les envois, & qu'ils écrivent chaque jour ce qui a été levé de celles qui sont entamées.

Les Marchands ont pareillement coutume de Billetter leurs étoffes lorsqu'ils veulent travailler à dresser l'inventaire, que, suivant l'Ordonnance, ils sont obligés de faire tous les ans, ou du moins tous les deux ans. *Voyez* INVENTAIRE.

BILLETTIER. Commis qui expedie & délivre les billettes. Il se dit aussi à Bourdeaux des Commis des Fermes du Roi qui ont la garde des portes.

Il y a à Bourdeaux jusqu'au nombre de 24 Billetiers dispersés aux quatorze portes de la Ville, pour les garder depuis six heures du matin jusqu'à six heures du soir, après quoi ils se retirent chez eux, l'entrée & garde desdites portes étant abandonnée à la discretion des portiers, qui sont aux gages de la Ville.

Les fonctions des Billetiers sont de prendre garde à tout ce qui entre & sort, & de tenir des registres, plus ou moins suivant l'importance & la qualité de leur postes.

Aux Portes du Chapeau rouge & d'Espau, qui sont les plus considérables de toutes, parce que c'est par ces deux portes que passent la plus grande partie des marchandises qui sont portées au magasin du grand Bureau, les Billetiers tiennent trois registres. Le premier pour enregistrer les marchandises qui entrent pour aller au magasin, jusqu'où un des Billetiers est tenu de les conduire. Le second registre sert pour l'enregistrement des billettes du grand Bureau, prises au menu, pour les marchandises qui sortent pour aller hors de la Sénéchaussée, & aussi pour celles qui sont chargées pour l'étranger. Le troisiéme registre est pour enregistrer l'entrée de tous les sucres & moscouades qui sont portées au magasin, pour y être pesées.

Porte de Caillau. Il ne s'y tient qu'un registre, contenant deux chapitres, l'un pour l'entrée, l'autre pour l'issue.

Porte du Pont S. Jean. Les Billetiers y tiennent trois registres, l'un pour l'entrée des marchandises, l'autre pour l'issue, & le troisiéme pour tenir le compte du poisson sec qui est pesé à la nouvelle Halle. On y enregistre aussi le poisson verd.

Porte Tannet. Il n'y a qu'un seul registre, dont moitié pour l'entrée, & moitié pour l'issue.

Porte des Saliniers. Il s'y tient quatre registres, l'un pour l'entrée des marchandises consistant en grosses especes; le second pour l'issue des marchandises destinées pour la cargaison, ou pour être portées hors de la Sénéchaussée; le troisiéme, pour le sel qui entre dans la Ville, après avoir été taillé; & le quatriéme, pour les sels qui sortent de Bordeaux par petites parties, sur les billettes du grand Bureau.

Porte de Grace. Les registres s'y tiennent au nombre de trois, dont l'un est divisé en deux chapitres, d'entrée & de sortie; l'autre sert pour du sel l'entrée en ville, & l'autre pour la sortie hors de la ville.

Porte Sainte Croix. Un registre suffit à cette Porte; il est partagé entre l'entrée & la sortie.

Les six autres Portes qui sont les Portes de terres, ayant peu d'occupation, les Billetiers n'y ont qu'un registre divisé en deux chapitres, comme celui de Sainte Croix. Ces six Portes sont S. Julien, S. Eulalie, S. André, la Porte de Dijon, la Porte Dauphine, & celle de S. Germain.

Il y a deux Commis qu'on nomme Contrôleurs des Billetiers, dont les fonctions sont d'examiner le travail de ces Commis, & voir s'ils sont sedentaires à leurs Portes.

BILLON, en Auvergne. *Voyez* l'Etat général, page 101.

BILLON. Terme de monnoie, qui se dit de toute matiere d'or & d'argent, aliée ou mêlée d'une portion de cuivre plus forte ou plus considérable, que celle réglée par les Ordonnances rendues touchant le titre des monnoies.

Suivant M. Boutteroüe, le Billon d'or est celui qui est à vingt-un carats, & au-dessous; & le Billon d'argent, celui qui est à dix deniers, & au-dessous; & il distingue cette derniere espece de Billon en haut Billon, qu'il met à dix deniers de fin, & au-dessous, jusqu'à cinq deniers; & en bas Billon, qu'il met au-dessous de cinq deniers de fin.

Mais, selon l'opinion de beaucoup d'autres habiles gens en fait de monnoies, l'or & l'argent au-dessous du titre des especes; sçavoir, l'or jusqu'à douze carats, & l'argent jusqu'à six deniers, doivent être appellés or bas, ou argent bas, n'y ayant que l'or au-dessous de douze carats, & l'argent au-dessous de six deniers, qui puissent être nommés Billon d'or, ou Billon d'argent, parce que le cuivre l'emporte sur ces autres métaux. C'est entr'autres le sentiment de M. Boisard dans son Traité des Monnoyes page 16, imprimé à Paris en 1711.

Il est défendu à tous Marchands Merciers, Billonneurs, & autres personnes qui ne sont pas du corps des Marchands Orfévres, d'acheter, ni de vendre aucun or ni argent, à moins que ce ne soit pour Billon.

On appelle aussi Billon, toute sorte de monnoie dont le cours est défendu, de quelque alloi, & à quelque titre qu'elle puisse être. En ce sens on dit, qu'il faut porter la monnoie au Billon; ce qui signifie, qu'elle sera fondue pour en faire d'autre qui aura cours dans le commerce.

On nomme encore Billon, la monnoie de cuivre mêlée d'un peu de fin, comme les sols marqués, les nesles, &c. & la menue monnoie de cuivre, pur, comme les liards, doubles, deniers, & autres.

L'on appelle aussi Billon, du bas argent qu'on affine avec la casse d'Orfévre, ainsi que l'autre argent, sans cependant se servir d'eau forte.

Le mot de Billon se prend encore pour le lieu où l'on doit porter la monnoie décriée, legere & défectueuse; pour la mettre à la fonte, & en recevoir la juste valeur; comme sont les Bureaux de la Monnoie & du Change. En ce sens on dit, envoyer au Billon, porter au Billon.

BILLON DE GARANCE. C'est le nom que l'on donne à une des especes de Garance, qui est la moindre de toutes. *Voyez* GARANCE.

BILLONNAGE. Négoce, trafic défendu & illicite que fait celui qui billonne. Le billonnage est regardé de même que le crime de fausse monnoie; & celui qui en est convaincu, est sujet à la même punition. *Voyez* BILLONNER.

BILLONNEMENT. Signifie quelquefois la même chose que billonnage, & quelquefois il se prend pour l'action du Billonneur. *Voyez* BILLONNEUR.

BILLONNER. Terme de monnoie, qui selon les circonstances, est pris en bonne & mauvaise part.

On le prend en bonne part, quand il signifie recueillir les especes décriées & envoyées au billon; ce qui étoit autrefois permis à certaines personnes destinées à cela : mais ordinairement il se prend en mauvaise part, & veut dire négocier, trafiquer de monnoie de billon, mettre de mauvaises especes en place des bonnes. Les Ordonnances de 1559, 1574, 1577, 1578, 1629, & l'Arrêt de la Cour des Monnoies du 13 Juin 1600, en font un crime capital, qui se peut commettre en neuf différentes manieres.

1°. Lorsqu'on achete, ou qu'on change la monnoie pour moins qu'elle n'a cours, pour la remettre à plus haut prix, soit dans le même lieu, soit dans une autre Province.

2° Quand les Receveurs & les Collecteurs retiennent les bonnes especes d'or & d'argent qu'ils ont reçues des contribuables, & n'envoyent au Trésor Royal que des especes de billon & de cuivre; ou bien retiennent les especes pésantes, & ne font leurs payemens qu'en especes legeres.

3°. Lorsque les Changeurs remettent dans le commerce les especes défectueuses, étrangeres, & décriées qu'ils ont changées.

4°. Quand on ne veut recevoir les especes qu'au prix de l'Ordonnance, & qu'on ne les veut exposer qu'au prix qu'elles ont par le surhaussement du peuple.

5°. Lorsqu'on trafique des monnoies étrangeres & décriées, & qu'on leur donne cours dans le Royaume.

6°. Quand les Marchands se transportent sur les ports de mer, pour y acheter les especes à deniers comptans plus qu'elles ne valent; ou bien, qu'ils stipulent que leurs marchandises leur seront payées en ces sortes d'especes, afin de les passer ensuite de Ville en Ville sous la faveur du commerce, jusqu'aux Places frontieres, & les transporter ainsi dans les Pays étrangers; ou bien pour les vendre aux Orfévres du Royaume, parce qu'ils les achetent à tel prix que l'on veut, pour employer en ouvrages, à cause qu'ils se sauvent sur les façons.

7°. Lorsqu'on choisit les especes les plus pésantes pour les fondre, ou les vendre aux Orfévres qui les fondent pour leurs ouvrages.

8°. Quand on change les especes qu'on a reçûes, & qu'on en achete d'autres pour faire les payemens.

9°. Enfin, lorsqu'on recherche des especes d'or ou d'argent dans une Province, & qu'on en donne quelque bénefice, afin de les remettre à plus haut prix dans une autre Province.

BILLONNEUR. Celui qui se mêle de billonner.

Autrefois les Billonneurs étoient en France des gens préposés de la part du Roi, pour recueillir & rassembler les especes décriées, pour être mises au billon; & sous le regne de Charles VI vers l'année 1385, ces Billonneurs avoient encore leur boutique dans la rue aux Feurres, du côté du cémetiere des Innocens; & cet endroit se nommoit le Billon.

Aujourd'hui l'on nomme Billonneur, celui qui fait un négoce illicite d'or & d'argent, en profitant sur la valeur des especes ou monnoies. Les Ordonnances prononcent des châtimens très rigoureux contre les Billonneurs. Celles de 1559 & 1577, portent la peine de mort; & celles de 1574, 1578, & 1629, veulent la confiscation du corps & des biens.

BILLOS. Droit d'Ayde qui se leve sur le vin en quelques Provinces de France, & particuliérement en Bretagne. Il ne se paye que par les Cabaretiers & autres qui vendent des vins. On ne se sert gueres de ce terme sans que celui d'impôt le précede; ainsi l'on dit, les impôts & Billos. Il se leve aussi en quelques lieux, sur la bierre, le cidre, & les autres boissons. Ce droit n'est pas par-tout un droit royal, & il y a des Seigneurs particuliers & des Villes qui en jouissent. *Voyez* VIN.

BILLOT. *Voyez* BILLETTE, & COUTUME.

BILLOT. Se dit aussi de ces perches ou longs bâtons que les Marchands de chevaux mettent aux deux côtés des chevaux neufs qu'ils amenent, afin de conduire plus facilement leur voiture. *Voyez* CHEVAL.

BILLOT. Grosse piece de bois d'un ou de deux pieds de haut, plus longue que large, sur laquelle on frappe, l'on coupe, l'on tourne, ou l'on apprête quelque chose. Les Traiteurs, Pâtissiers, Cuisiniers, ont des Billots pour hacher leur viande, & les Serruriers en ont pour tourner leur fer en rond.

C'est sur des Billots que les Inspecteurs des Manufactures, les Maîtres & Gardes de la Draperie & Bonneterie, & les Commis qui apposent les plombs de marque aux étoffes, toiles, ouvrages de Bonnetiers, &c. ont coutume d'appuyer & de frapper leurs coins; & c'est pareillement sur des Billots, que les Jurés du Marteau marquent les cuirs qui arrivent à la Halle, & les Vendeurs ceux qu'on porte à leur Bureau.

BILLOT. Signifie aussi le coin qu'on pose sous un lévier, quand on veut remuer ou lever quelque fardeau. En terme de l'art on le nomme *Orgueil*. *Voyez* ORGUEIL.

BILLOT. Les Ciriers appellent Bougie en Billot, une sorte de bougie dont la méche est de fil de Guibray, qu'ils vendent aux Tailleurs, Couturieres, & Tapissiers, pour bougier la coupe des étoffes. On la nomme Bougie en Billot, à cause de la forme d'un petit Billot qu'elle représente, étant pliée en carré. *Voyez* BOUGIE FILE'E.

BILOXI. (le) *Voyez* FORT-LOUIS.

## B I M

BIMAES. Sorte de bois Brésil, qui est une des deux especes de celui qu'on appelle Sapan, ou Japon. *Voyez* BRESIL.

BIMBLOT. Petit colifichet, ou jouet d'enfant.

BIMBLOTERIE. Ce qui concerne la fabrique des Bimblots. Il se dit également & du métier de faiseur de Bimblots, & du commerce qui s'en fait.

L'art de faire ces bagatelles, & le débit qui s'en peut faire, ne paroît pas d'abord un objet de commerce considérable : il l'est cependant; & non-seulement la consommation en est très grande à Paris & dans les Provinces, mais il s'en fait encore des envois au-dehors, & jusque dans l'Amérique Espagnole, sur lesquels il se fait d'assez grands profits, sur-tout de ces belles poupées qu'on envoye toutes coeffées, & richement habillées, dans les Cours étrangeres, pour y porter les modes françoises des habits, soit des Dames, soit des Cavaliers.

L'on peut distinguer deux sortes de Bimbloterie, dont l'une, qui faisoit autrefois un métier à part, est présentement du nombre des ouvrages qu'il n'appartient de faire qu'aux Maîtres Miroitiers-Lunetiers-Bimblotiers; & l'autre, qui n'occupe pas les Maîtres d'une Communauté particuliere, mais qui se fait & se vend par des Marchands du Corps de la Mercerie.

La Bimbloterie des Miroitiers ne peut être que d'étain mêlé d'alloi; c'est-à-dire, de plomb ou de quelque minéral, dont ils font de petits ménages d'enfans, comme plats, assiettes, éguieres, &c. ou de petites vaisselles d'Eglise, comme croix, chandeliers, encensoirs, &c. qui tous n'excedent gueres quatre ou cinq pouces de haut, & qui ont encore moins de diametre. *Voyez* MIROITIER.

La Bimbloterie des Merciers consiste en tout ce qu'une imagination féconde & ingénieuse peut inventer de nouveau, pour divertir des enfans qui sont encore réduits au jeu de la poupée. Tels sont les poupées même, les chevaux de carte, les petits carosses, les Religieux sonnant leur cloche, les Prédicateurs en chaire, les Crocheteurs chargés de bombons; enfin tant d'inventions grotesques & ridicules, propres à amuser un âge incapable d'aucune occupation plus sérieuse.

Les plus fameux Bimblotiers de Paris de cette derniere espece, sont ceux qui étalent dans les salles du Palais, ou aux foires de Saint-Germain & de Saint-Laurent. Il s'en fait aussi quelques petits étalages en d'autres endroits; mais c'est peu de chose.

*La Bimbloterie paye de sortie, comme Mercerie, 3 liv. le cent pésant, à moins que ce ne soit de ces riches poupées, qu'on envoye pour les modes, qui payent par estimation.*

BIMBLOTIER. Celui qui fait, ou qui vend des bimblots. Les Maîtres Miroitiers-Lunetiers de Paris, ajoutent à ces deux qualités, celle de Bimblotiers, à cause de la faculté qu'ils ont de faire des bimblots d'étain allié de plomb. *Voyez* MIROITIER.

BIMILION. Ancien terme d'Arithmétique, dont l'usage est perdu. Il signifie un certain nombre, que l'on nomme aujourd'hui Milliard. *V.* MILLIARD.

## BIN

BINARD. Chariot à quatre roues d'égale hauteur, sur lequel on transporte des blocs de marbre, & des pierres de taille, soit au sortir de la carriere, soit après que les uns & les autres ont été taillés. Il y a deux sortes de Binards; les uns extrêmement élevés, faits de pieces de bois, fortes & massives; ceux-ci ont des limons, & se tirent avec des chevaux : les autres sont plus bas, & moins forts, avec un timon traversé de distance en distance par trois ou quatre leviers d'une grosseur raisonnable. Ce sont des hommes qui tirent ces derniers, & qui s'y attellent avec des bretelles de sangle. Les grands Binards ne servent que pour amener de la carriere aux atteliers, les pierres & les marbres d'une grandeur & d'un poids extraordinaires. Pour les petits Binards, ils servent dans les atteliers mêmes au transport des pierres taillées, & prêtes à mettre en place.

On nomme Bardeurs, les Manœuvres qui les traînent; & Hallebardiers, ceux qui avec des leviers aident à les charger & à les conduire. Ceux-ci se servent de pinces de fer, pour donner le tournant aux roues. Quand, pour mener des pierres en œuvre, on se sert du petit Binard, on le couvre d'une natte de paille, ou bien l'on met sous la pierre, des bouchons aussi de natte, qu'on nomme des Torches. On dit, Un Binard armé de ses torches, lorsque la natte ou les bouchons y sont.

Quelques-uns donnent simplement le nom de chariots, aux grands Binards à quatre roues, & réservent celui de Binard pour les petits, qui n'en ont que deux : d'autres au contraire n'appellent Binards, que les Binards à quatre roues, & nomment Chariots les autres. Ces derniers ne servent qu'à voiturer les pierres taillées, de l'attelier où l'on les taille, jusqu'à l'endroit où elles doivent être placées; & ce sont toujours des hommes qui les tirent.

BINCH, dans le Hainault. *Voyez* l'Etat général, page 225.

BINDELY. Petit passement soie & argent, qui se fabrique en plusieurs endroits d'Italie.

*Par le Tarif de la Douanne de Lyon les Bindelys payent 8 sols de la livre.*

BINISLISPATNAM, sur la Côte de Coromandel. *Voyez* l'Etat général, page 438.

BINNELANDS PAS. On nomme ainsi à Amsterdam & dans le reste des Villes de la domination des Etats Généraux de Hollande, des especes de Passeports, ou, comme on les appelle en France, de Passavants, qu'on est obligé de prendre quand on veut transporter une marchandise d'une ville à une autre sans payer aucuns droits d'entrée & de sortie. Ce Passeport ne coûte que vingt-quatre sols; mais il faut le rapporter acquité au bout de six semaines, c'est-à-dire, avec un certificat des Commis, que les marchandises sont arrivées au lieu de leur destination, sans quoi elles payeroient comme si elles étoient sorties pour être transportées dans les pays étrangers. *Voyez* l'article des Droits d'Entrée & de Sortie.

## BIR

BIRE. Engin à prendre du poisson. C'est une espece de nasse. L'Ordonnance des Eaux & Forêts de *1669* défend de mettre des bires ou nasses d'osier au bout des dideaux dans le tems de la fraye. *Voyez* FRAYE.

BIROTINE. Sorte de soyes du Levant, dont il se fait un assez grand commerce à Amsterdam; elles s'y vendent 32 livres de gros la livre.

## BIS

BIS. Ce terme est absolument Latin, & veut dire en notre langue, Deux fois.

On s'en sert souvent parmi les Négocians; particuliérement lorsque par mégarde on a cotté dans un livre deux feuillets du même nombre; en ce cas on met *Bis* à coté du chifre, qui marque le nombre de l'un des deux feuillets, pour faire connoître qu'il est employé doublement.

La même chose s'observe à l'égard des numero que l'on met sur les pieces d'étoffes, lorsque l'on en a mis deux fois un même. On a trouvé ce moyen, pour n'être pas dans l'obligation de réformer toute une suite de cottes, ou de numero.

BIS, qui est entre le blanc & le noir. Terme de Boulanger. Les pauvres mangent du pain bis. Il y a aussi du pain bis-blanc, qui est un mitoyen entre le pain blanc, & le pain bis. *Voyez* PAIN.

BISA, ou BIZA. Monnoie & poids des Indes. *V.* BISE.

BISAGE, ou REPARAGE. Signifie, en termes de teinture, la façon qui se donne à une étoffe, lorsque le Teinturier la met dans une autre couleur, que celle où elle avoit été teinte la premiere fois. Il est permis aux Teinturiers du petit teint, de faire toutes sortes de Bisages & Réparages.

BISANTAGAR. Ville dans le Royaume de Guzarate. *Voyez* l'Etat général, page 426.

BISCAYE,

BISCAYE, en Espagne. *Voyez* le Commerce de cette Province dans l'Etat général, page 242.

BISCUIT. Ce qui est cuit deux fois. On le dit particuliérement du pain que l'on prépare pour les voyages de mer, sur tout ceux de long cours.

Ce Biscuit doit avoir quatre cuissons; on n'en donne que deux pour les autres.

Le bon Biscuit doit être fait six mois avant l'embarquement, de farine de froment épurée de son, & de pâte bien levée.

L'eau & le biscuit sont les victuailles les plus nécessaires pour l'armement des vaisseaux, & si l'un ou l'autre se perd ou se gâte, les Equipages languissent & souvent perissent miserablement, surtout s'ils se trouvent engagés dans les voyages de long cours.

On peut voir à l'article de l'eau, celle qui est la plus propre à être embarquée, les précautions qu'il faut prendre pour la conserver ou pour l'empêcher de couler, & même les diverses experiences qu'on a faites de tems en tems pour ôter la salure à l'eau de mer & la rendre potable, s'il est possible.

A l'égard du biscuit, on va donner ici diverses observations pour en faire de bon, tirées d'un memoire dressé par le sieur Savary de Ganche, un des freres des Auteurs de ce Dictionnaire, pendant dix années qu'il a été chargé de la direction générale des vivres de la marine, dans le département de Brest.

### *Maniere de faire le Biscuit de mer.*

### *Bled Froment.*

Le froment est le seul blé qu'il faut employer pour le biscuit. Il faut le choisir d'un grain rouge & glacé, & surtout qu'il soit bien purgé de la nielle, de l'ivroye & du blé faudré & moucheté.

Le blé nouveau de trois ou quatre mois est le meilleur; celui d'un an peut aussi y être employé s'il n'a point été échauffé, & s'il a été gardé dans des magasins secs & bien airés, point trop élevé de pile, c'est-à-dire, au plus de deux pieds & demi, & remué au moins une fois tous les quinze jours.

Lorsqu'on tire le grain des bâtimens, il faut du moins le faire rasseoir quinze jours & le remuer avec des pelles du moins deux ou trois fois. Quand il est échauffé seulement dans sa superficie, ce qu'on connoît s'il ne sent pas l'aigre, & si les grains ne s'attachent pas l'un à l'autre en le pressant avec la main, il lui faut un mois de magasin, & le remuer continuellement jusqu'à ce qu'il soit bien remis.

### *Farine.*

Lorsqu'on employe des Farines qui viennent du dehors, sur-tout si elles sont épurées, c'est-à-dire, séparées de leur son, il n'est pas sûr d'en faire du biscuit, pour peu qu'elles soient échauffées: il est vrai qu'on peut leur faire perdre leur mauvaise odeur à force de les remuer & de les bluter, mais jamais leur mauvais goût; ce qui dans la suite corrompt infailliblement le biscuit qu'on en fait: on peut pourtant en faire du pain frais, à cause qu'il n'est pas nécessaire de le garder long-tems.

Il est mieux de ne faire venir les Farines épurées qu'avec leur son, parce qu'elles sont moins sujettes à s'échauffer dans les barques, lorsqu'elles sont bien ensachées, ou embarillées, c'est-à-dire, bien foulées & bien pressées.

La bonne Farine ne doit avoir aucune odeur: son goût, lorsqu'on la met sur la langue, doit sentir la noisette; & au toucher, quand elle a été blutée, elle doit ressembler à du velours: si elle est sableuse, on le connoît en jettant une poignée dans une écuelle pleine d'eau; le sable va au fond lorsqu'il y en a.

La mouture doit être d'un son plat & large, & il ne faut l'employer que quinze jours après qu'elle est venue du moulin, afin qu'elle perde l'humidité & la moiteur qu'elle y a contractée & qu'elle passe mieux au bluteau, ce qui est absolument nécessaire, pour la confection & la qualité du bon biscuit.

### *Levain.*

Ce qu'on appelle le Chef d'une fournée de biscuit, est proprement ce que les Boulangers ordinaires appellent le Levain. Pour le faire on prend un morceau de pâte du poids d'environ vingt livres, tiré du levain de la derniere fournée, qui a été faite entre onze heures & midi.

A quatre heures après midi le Boulanger met ce chef dans le petrain, & y verse environ dix pots d'eau bien nette & plus que tiede; mais plus chaude en hiver qu'en été, il la délaye ensuite avec la quantité de Farine nécessaire pour consommer toute cette eau; ensorte qu'il en résulte une pâte bâtarde, c'est-à-dire, ni trop molle ni trop forte. Cette nouvelle masse pese ordinairement environ soixante livres. Dans cet état on la met dans un coin du petrain, environnée de toute part de Farine pour la soûtenir. Quand elle y a levé cinq ou six heures, on recommence la même manœuvre, en y ajoûtant de l'eau & de la nouvelle Farine qui augmentent la pâte d'environ trente livres.

A une heure ou deux heures après minuit qui est le tems que le Boulanger veut petrir, il augmente encore la pâte de trente livres, ce qui fait en tout une masse de cent vingt livres, de laquelle il tire la moitié pour servir de levain à la fournée suivante, & petrit en même tems sa premiere fournée sur les soixante livres restant dans le petrain; & pour les autres fournées qu'il fait pendant la journée, il augmente en une seule fois le levain de soixante livres qu'il met toujours dans une baille pour continuer de même alternativement à la reserve de la derniere, dont il n'augmente le levain que de vingt livres, qu'il retire pour en faire le chef qui doit servir à recommencer le même ouvrage le lendemain.

Il faut prendre garde que, par paresse, le Boulanger ne petrisse deux fournées sur un même levain; ce qui feroit que le biscuit seroit sujet à se corrompre. Il faut observer qu'en hiver il y ait $\frac{1}{8}$ de levain plus qu'en été. En tous tems il faut le couvrir de quelque étoffe, drap, frise, ou ratine, & jamais de toile, afin qu'il ne s'y forme point de croute.

Dans quelques endroits, particuliérement à Brest, on observe une autre méthode, mais qu'on n'estime pas si bonne. On se sert du premier chef de vingt livres qu'on augmente aussi jusqu'à soixante, comme à la premiere operation; mais six heures après on l'augmente jusqu'à deux cent livres qu'on sépare en quatre parties, dont deux sont posées aux extremités du petrain, une dans une baille, & un chef de vingt livres dans une autre. Les deux parties du petrain & celle de la baille servent pour pétrir les trois premieres fournées; & le chef pour composer trois autres levains qui font les trois autres fournées, avec un levain de vingt livres qu'on garde pour recommencer le travail le lendemain.

*Pate.*

Le pétrisseur prend de l'eau à la chaudiere dont il s'est servi pour les levains, il en délaye celui qu'il veut employer jusqu'à la couverture, en eau blancheâtre & épaisse, & y pousse ensuite sa Farine à deux ou trois reprises qu'il frase en diligence & à force de bras, & recommençant d'un bout à l'autre, il la contrefrase pour n'en faire plus qu'une seule masse; ensuite il l'écoche à force de plats de la main, & la divise en quatre parties, puis les rassemblant, il les récoche, tourne & manie à force de bras l'une après l'autre; après quoi il les retourne encore l'une sur l'autre, & ayant nétoyé son pétrain, il rejoint toute la masse qu'il tourne & remanie encore; il la coupe de nouveau en quatre; enfin les ayant rejoints pour la derniere fois, il tire la pâte du pétrain & la met sur une table où un autre boulanger la dance l'espace d'un quart d'heure, en la retournant plusieurs fois, jusqu'à ce qu'elle soit bien ferme & ressuyée.

*Galettes.*

Sitôt que la pâte est dans l'état qu'on vient de dire, il faut sur le champ la travailler en galettes.

La galette doit être composée de quatorze onces de pâte pour rendre huit onces cuite, ou tout au plus neuf onces.

On coupe la pâte en pieces pour faire ce poids, puis on la tourne & retourne sur la table avec la main en forme de boulle, pour la rendre encore plus dure; ensuite on l'applatit avec une bille ou rouleau, dont le milieu est plus gros que les deux bouts, en observant néanmoins de baisser un peu la galette dans le centre, en sorte qu'il y ait une espece de creux; pour les bords, ils doivent être égaux, & au plus d'un tiers de pouce d'épaisseur.

La galette finie, on la marque ou en croix, ou autrement, avec un instrument qu'on nomme une Croisoire, ou quelquefois un Peigne; après quoi on la tourne de l'autre côté, en la couchant sur la table, la mettant le plus près qu'on peut des autres galettes qui sont déja faites. Enfin un peu avant que de la mettre au four, on la pique de cinq ou six coups de piquet, qui est un instrument de fer à trois pointes.

Avant de piquer & d'enfourner les galettes, il faut les laisser reposer demie heure sur la table, & même plus s'il est nécessaire pour leur donner le tems de se lever, ce que le Boulanger doit connoître & gouverner: pendant qu'elles levent il faut les couvrir d'une toile.

A Brest on met la galette dans le four d'abord qu'elle est baissée & piquée, sans la laisser reposer & lever, parce qu'on prétend qu'elle est assez nourrie de levain; en ce cas on ne la couvre pas.

*Four.*

A la premiere fournée on doit commencer de chauffer le four, du moment que l'on bille, ou qu'on baisse les galettes, & l'on connoît que le four est chaud quand la voute est colorée d'un blanc cendré; mais aux fournées qui suivent, on ne chauffe le four que lorsqu'on a billé, un peu plutôt, ou un peu plus tard, suivant que le Boulanger le trouve à propos, & que sa pâte le presse: il faut moins laisser blanchir le four.

Il faut observer qu'à la premiere fournée on peut chauffer le four avec du bois qui ne soit pas sec, parce qu'il a le tems de brûler; mais aux autres, le plus sec est le meilleur, attendu que la pâte peut presser.

*Construction du Four.*

Il ne doit avoir que deux pieds & demi de hauteur, à tirer une ligne perpendiculaire de la clef de la voute au centre de la sole du four. La sole doit être de brique bien cuite, de deux pouces d'épaisseur & de huit en carré. Dans les lieux où l'on trouve de la pierre large qui resiste au feu, on s'en sert préférablement à la brique. La bouche du four doit avoir deux pieds de haut sur deux pieds de base. La sole doit être de neuf pieds & demi de profondeur sur neuf de largeur. L'hostil, trois pieds de hauteur; le feu, deux pieds de distance à prendre de la hauteur de la bouche du four, pour venir droit au manteau de cheminée; le manteau doit être élevé d'environ huit pouces plus que la hauteur de la bouche. Il faut que le four soit couvert.

*Cuisson de la Galette.*

Après avoir tiré la braise du four, & l'avoir escovillonné, le Boulanger pousse les galettes au four l'une après l'autre sur une pelle de fer ou de bois, en observant de les ranger adroitement, en sorte qu'il n'y ait point de vuide.

Il ferme ensuite le four bien joint & met quelques pelletées de braise contre la porte. Un quart d'heure après il ouvre son four & prend garde si son biscuit a pris couleur: s'il en a pris suffisamment, il le laisse ouvert environ un demi quart d'heure, pendant lequel il ôte la braise de devant la porte, ensuite il la referme; & après que le biscuit y est encore resté un bon gros quart d'heure, il tire de son four quelques galettes des premieres enfournées, & les rompt pour sçavoir si elles sont cuites; si elles le sont, les bords en doivent être roussâtres en dedans, & le peu de mie qui reste au milieu, spongieux, mais sec. pose la main sur cette mie, & si on y sent quelque moiteur, elle n'est pas encore cuitte, & il faut encore laisser les galettes au four autant qu'on juge qu'il est nécessaire pour en déssécher toute l'humidité.

*Souttes.*

Sitôt que le biscuit est tiré du four, on le porte à la soutte, que l'on a bien nétoyée & chauffée l'espace de quatre jours.

Les souttes pour être bonnes doivent être sur les fours, boisées haut & bas & de tous côtés, & les joints des planches bien calfatées.

Lorsque la soutte est pleine, l'on ne doit l'ouvrir que pour en délivrer le biscuit.

Il faut un mois pour le ressuyer, & autant pour le rendre rassis avant de l'embarquer.

*Nota.* Il est d'usage en Provence de mettre le biscuit dans de grands greniers airés, où l'on estime qu'il se ressuie mieux & plus naturellement, que dans une soutte où il est renfermé avec toute sa chaleur, & l'on observe de fermer les fenêtres de ces greniers dans les tems de pluye & d'humidité.

*Boulangers.*

Il suffit de trois Boulangers par four; sçavoir, un Gindre ou maître de pelle, & deux Pétrisseurs qui doivent pétrir chacun leurs trois fournées alternativement, & aider au reste du travail.

En Provence il n'y a que cinq Boulangers pour deux fours; sçavoir, un Maître de pelle & quatre Pétrisseurs.

A Brest, il est d'usage qu'un même Boulanger pétrisse les six fournées d'un jour, & l'autre les six du lendemain, ce qui fait que la pâte des derniers n'est pas si bien travaillée, à cause que le pétrisseur se lasse.

*Observation sur l'embarquement du Biscuit.*

Il doit être embarqué dans un beau tems sec; dans des barques chalandes, ou des chaloupes, en bon état, & qu'il n'y demeure pas longtems.

Les souttes des vaisseaux doivent être bien doublées & calfatées, & chauffées pendant six jours & six nuits avec du charbon, après quoi il faut les laisser reposer trois ou quatre jours, afin que l'humidité que le feu y aura attirée, soit consommée & évaporée.

Les souttes doivent ensuite être nattées de bonnes nattes haut & bas & de tous côtés: sur quoi on a observé que les nattes de Provence étoient plus propres à cet usage que celles du Ponant.

Lorsque le biscuit aura été mis dans les souttes & qu'elles auront été bien fermées, il ne les faut ouvrir que l'une après l'autre, & à mesure qu'on en aura besoin, & ne prendre le biscuit qu'à l'entrée de l'escoutille.

Biscuit. Se dit aussi d'une pâtisserie fine & délicate, qui se fait avec de la farine, du sucre, & des œufs. Le commerce des Biscuits de Blois est très considérable; & il s'en fait une assez grande consommation à Paris.

Biscuit. Terme de Teinturier. C'est une fausse teinture, défendue par les Réglemens. Les Maîtres Teinturiers en soie, fil & laine, ne peuvent, sous peine d'amende, faire aucun Biscuit, ou faux noir; c'est-à-dire, entre deux galles, vieille & neuve. *Art. 33. de leurs Statuts du mois d'Août 1669.*

BISE, ou BIZE. Monnoie de Pégu, qui y a cours pour un demi ducat.

Bise. Est aussi un poids, qui sert dans le même Royaume à péser les marchandises. Il revient à deux livres cinq onces, poids de Venise, ou trois livres neuf onces du poids subtil ou leger de la même Ville. Chaque Bise pese cent tecalis.

Au dessous de la Bise, le plus petit poids est l'abocco, qui ne pese que douze tecalis & demi. L'agito pese deux abocchis, & deux agiti la demie Bise, c'est-à-dire, cinquante tecalis.

Vent de Bize. C'est un vent sec & froid, qui souffle assez souvent dans le cœur de l'hyver entre l'Est & le Septentrion. On l'appelle Vent du Nord sur l'Océan, & Tramontana sur la Méditerranée, où il est fort dangereux. C'est un air froid & très picquant qui gele les vignes & seche les fleurs, quand il arrive à contretems dans leur saison.



BISEAU. Terme de Manufacture de glaces, & de Miroitier. C'est une certaine taille, autrefois fort en usage pour les glaces de miroirs, par laquelle on abbaissoit tout autour les angles droits de la glace, & on en formoit des angles obtus; ce qu'on estimoit alors propre à donner quelque grace aux miroirs. Présentement l'on ne fait plus de Biseaux qu'aux moulures de glace. *Voyez* Moulure.

Biseaux, en termes d'Imprimerie. Ce sont les morceaux de bois, qui sont en forme de coins, & qui servent à entourer les pages. *Voyez* Imprimerie.

Biseaux. On appelle, en termes de Menuisier, un Ciseau, ou un Fermoir à deux Biseaux, lorsque ces outils ont le taillant en forme de coin. *Voyez* Ciseau, *&* Fermoir.

BISÉE. Terme de Teinturier. On appelle une Etoffe Bisée, une étoffe qui a été reteinte & repassée. On dit aussi Etoffe reparée.

BISER UNE ETOFFE. La reteindre & la repasser.

BISEIGLE, qu'on appelle aussi REGLOIR. Double instrument de buis, qui sert aux métiers de Cordonnier & de Savetier.

Le Biseigle est long de six à sept pouces, & seulement d'un pouce de diametre, un peu enfoncé dans le milieu pour l'empoigner. D'un bout, qui est applatti & arrondi, il porte deux raineures, d'où il prend le nom de Biseigle; & de l'autre, il a une espece de languette très platte, d'un pouce de longueur, aussi arrondie par l'extrémité: c'est cette partie qu'on nomme Regloir, qui sert à lisser le tour des semelles quand elles sont redressées, c'est-à-dire, rognées; avec l'autre côté on range les trepointes renversées.

Il y a aussi de petits Biseigles, & de petits regloirs, qui sont faits de l'os de la jambe d'un cheval, ou d'un mulet, coupé en deux, & rapé. Ce sont les Marchands de crespin, qui vendent les uns & les autres.

BISETTE. Sorte de petite dentelle de fil de lin blanc, très basse, & de peu de valeur, que font les Paysannes pour leur usage, ou pour vendre.

Les Bisettes se travaillent sur l'oreiller, de même que les dentelles, avec des fuseaux, & des épingles, en suivant une espece de dessein.

Il s'en fait de fines, de moyennes, & de grosses. Gisors, S. Denis en France, Montmorency, Villiers-le-Bel, & les environs de ces lieux, sont les endroits où il s'en fabrique le plus.

Quoique la Bisette soit une marchandise de peu de conséquence, elle ne laisse pas de faire une partie du trafic des Merciers, & des Lingeres.

BISETTIERE. Celle qui travaille à faire de la Bisette.

BISEURS ou REPAREURS. Qualité que l'on donnoit autrefois aux Maîtres Teinturiers du petit teint, parce qu'il n'appartenoit qu'à eux de faire le Bisage & le Réparage. On les appelloit aussi Teinturiers de Georget, du nom d'un Teinturier des Gobelins, qui s'appliqua le premier à faire cette sorte de seconde teinture, & qui y excelloit. Présentement il ne peut y avoir dans Paris & ses Fauxbourgs, que douze Biseurs & Repareurs. Ce sont eux qui composent la Communauté du petit Teint. *Voyez* Teinturier du petit Teint.

BISMUTH. Les Auteurs parlent si diversement du *Bismuth*, qu'il est difficile de sçavoir bien précisément ce que c'est.

Les uns l'érigent en métail & prétendent qu'on en a trouvé sur la fin du dix-septiéme siecle une mine en Boheme; d'autres se contentent d'en faire un demi métail ; quelques-uns le réduisent au rang des simples mineraux ; & d'autres enfin ne veulent pas qu'il soit autre chose, qu'un mélange d'étain, de tartre, & de salpêtre, ouvrage de l'art plutôt que de la nature.

Parmi tant de contradictions, il y a des gens qui, sans doute par une espece d'accommodement, aiment mieux prendre un sentiment moyen ; & qui croyent qu'il y a un Bismuth naturel, & un Bismuth artificiel. En attendant que la matiere soit plus éclaircie, c'est le parti que l'on va suivre dans cet article.

Le Bismuth naturel est un corps minéral, & à demi métallique, à qui, pour être de véritable étain, il ne manque peut-être qu'un peu plus de coction, & de maturité : aussi le croit-on au moins la marcassite de ce métail.

Le Bismuth a quelquefois sa propre mine, s'il est vrai qu'on en ait découvert une en Boheme, comme on vient de le dire, & qu'on le lit dans M. Furetiere, sous l'autorité d'un *Alonso Barba* ; mais le plus souvent on le trouve dans les mines d'étain. Sa substance est dure, pésante, aigre, & cassante, d'un grain gros, poli, blanc, & éclatant.

On lui donne le nom d'*Etain de glace*, parce qu'étant brisé, il fait voir plusieurs petites parties brillantes, & polies comme une glace.

Les Potiers d'étain s'en servent au lieu de régule d'antimoine. Par les préparations chymiques, on en tire des fleurs, & un magistere, que l'on appelle *Blanc de perle*, dont on use, pour entretenir ou pour augmenter la beauté.

Le Bismuth artificiel est tout semblable au naturel, soit pour la forme, soit pour les propriétés & l'usage. On le fait en réduisant de l'étain en petits morceaux, ou lames très minces, & en le cimentant par une mixtion de tartre blanc, de salpêtre, & d'arsénic stratifié dans un creuset à feu nud. Il en vient beaucoup d'Angleterre, mais qui a un œil rougeâtre, à cause du cuivre que les Anglois, à ce qu'on dit, font entrer dans sa composition. Celui qu'on fait à Paris, est plus blanc, & plus pur.

Il faut le choisir en belles écailles, larges, blanches, & faciles à casser.

*Le Bismuth, ou Etain de glace, paye en France de droits d'entrée 4 liv. du cent pésant.*

BISNAGUE ou VISNAGUE. Plante assez semblable au fenouil, dont les mouchets, c'est-à-dire, les petites branches qui en soutiennent les fleurs, ou ombelles, servent de cure-dents. Cette plante croît en quantité au Levant, d'où les Marchands Droguistes & Epiciers de Paris ont coutume de la tirer.

Il s'en trouve néanmoins dans quelques Provinces de France, & l'on en cultive dans le Jardin du Roi ; mais celle qui est ainsi transplantée, perd non-seulement une partie de sa bonne odeur, mais encore la propriété que les Turcs lui croyent, de conserver les dents.

Le Bisnague doit se choisir entier, le plus gros & le plus blond qu'il se peut. Ces curedents s'appointent par les deux bouts, & se vendent au millier. On les préfére à ceux de plume, parce qu'ils sont moins sujets à piquer la gencive. Ils font partie du négoce des Merciers, quand ils sont taillés.

BISQUAINS. Peaux de mouton en laine, préparées & passées par les Mégissiers. C'est de ces peaux que l'on nomme communément Housses, dont les Bourreliers se servent pour faire des couvertures aux colliers des chevaux de harnois. *Voyez* MEGIE, *sur la fin de l'article.*

BISSEAUX, un des Départemens de la Compagnie Françoise du Senegal. *Voyez* l'Etat général, page 378.

BISSONNATA à faire frocs de Moines. Espece de grosse étoffe, qui sert à faire les habillemens de quelques Religieux.

*On ne la connoît gueres que dans le Tarif de la Douanne de Lyon, où elle paye 17 s. 6 den. du fond, ou de la charge, pour l'ancien droit, & 5 s. pour la nouvelle reapréciation.*

BISTI. Petite monnoie de Perse. Quelques Relations d'assez bonne main, mettent le Bisti au nombre des monnoies courantes d'argent, qui se fabriquent en Perse, & le font valoir un sol, quatre, ou six den. de France. D'autres, peut-être plus croyables, & entr'eux le Chevalier Chardin, ne donnent le Bisti que pour une monnoie de compte. Il est vrai qu'ils l'appellent Dinar-Bisti, qu'ils font valoir dix dinars simples ; en sorte que sur le pied de dix mille dinars simples, qu'il faut pour le toman, autre monnoie de compte, il n'en faut que mille de ceux qu'on surnomme Bisti.

BISTORTE. Plante médicinale, dont la racine entre dans la composition de la thériaque. La Bistorte vient dans les Alpes, dans les Pirenées, & dans les montagnes d'Auvergne. Ses feuilles sont assez semblables à celles de la patience sauvage, d'un verd gay au dessus, & d'un verd de mer au dessous. Ses fleurs, qui s'épanouissent au mois de Mai, sont d'un beau couleur de chair, très petites, & entassées en maniere d'épy, comme le sont celles de quelques amarantes. Pour sa racine, qui est la seule partie de la plante, dont les Droguistes fassent commerce, elle est tortue, & roulée en forme de colonne torse, ridée, & par anneaux ; brune en dehors, couleur de chair en dedans, accompagnée de fibres chevelues, & d'un goût astringent. On la tient bonne pour les cours de ventre, & dans les hernies ; mais sa principale vertu est d'être souveraine pour les poisons.

Il faut la choisir bien nourrie, nouvelle, brune au dessus, rougeâtre au dedans, & sur tout qu'elle vienne des Pays chauds.

BISTRE. C'est de la suye de cheminée, la plus recuite, & la plus brillante, qu'on pulverise, & qu'on passe au tamis, pour en faire de petits pains, après l'avoir petrie dans un peu d'eau gommée.

Les Peintres & les Ingénieurs s'en servent pour laver, les uns leurs desseins, & les autres leurs plans. On l'employe aussi dans plusieurs teintes de la miniature. Ce sont les Epiciers, Marchands de couleurs, qui préparent, & qui vendent le Bistre. *Voyez* SUYE DE CHEMINÉE.

## BIT

BITCHEMARE. Sorte de poisson qui se sale & se seche comme la morue. Il se pêche sur quelques endroits des côtes de la Cochinchine, & fait une partie du commerce des Cochinchinois avec la Chine. Il paye les droits d'entrée à Canton, sur le pied de quatre mas le pic, & de fret, sept pour cent. Les Hollandois en fournissent aussi beaucoup aux Chinois. Il s'achete deux pataques le pic à Batavia, & se revend quatre taëls à Canton.

BITTORD. Terme de Corderie. C'est une menue corde, faite seulement de deux fils tournés en rouet. Il y a aussi des Bittords de trois fils. *Voyez* CORDE.

BITUME. Matiere inflammable, grasse, & onctueuse.

Les Marchands Droguistes distinguent trois especes de Bitume, qu'ils subdivisent en plusieurs autres; les Bitumes durs, les Bitumes mols, & les Bitumes liquides, ou huileux. Au nombre des Bitumes durs ils mettent l'ambre jaune (peut-être y pourroient-ils mettre plus justement l'Ambre gris) le Geest, ou Jayet; l'Asphaltum, ou Bitume de Judée, le Pisasphaltum, le Charbon de terre, la Pierre noire, & les souffres. Les mols sont le Maltha, le Bitume de Colao, de Sirnam, & le Bitume Copal. Enfin, le Naphta d'Italie, & le Petroleum, se comptent parmi les Bitumes liquides.

De ces Bitumes, les uns sont fossiles, les autres nagent sur la superficie des eaux de quelques lacs & étangs; & d'autres sortent de terre presque à la maniere des fontaines.

Il y a des Bitumes si durs, qu'on s'en sert dans les forges, comme de charbon. Il y en a de si lians, qu'ils peuvent tenir lieu de ciment dans les bâtimens. C'est de ceux-ci que les fameux murs de Babylone étoient bâtis: Et il s'en trouve de tellement liquides, qu'on en brûle dans les lampes à la place d'huile. On expliquera toutes les sortes de Bitumes à leur article.

Le Bitume d'Auvergne est une espece de poix d'une assez mauvaise odeur, que l'on trouve entre Clermont, Montferrant, & Riom, en un endroit appellé le Puits de Pege. Il y en a en si grande quantité, & il sort de terre en telle abondance, que les chemins en sont quelquefois impraticables.

C'est cette drogue séchée & durcie, que quelques Colporteurs vendent pour le vrai Asphaltum, ou Bitume de Judée, aux Apoticaires & Epiciers Droguistes, qui n'ont pas encore une parfaite connoissance des drogues: mais sa puanteur insupportable suffit seule, pour s'empêcher d'être trompé par ces Affronteurs.

BITUME DE JUDE'E. *Voyez* ASPHALTUM.

BIZA, ou PIZA. Poids dont on se sert dans le Royaume de Pegu. Il pése quarante onces de Venise, ou cent tecalis. Un giro fait vingt-cinq tecalis, & un abucco douze & demi.

BIZERERE-RUBERE'. Nom que les Turcs donnent à cette espece de drogue, propre pour la teinture, que l'on appelle communément Tournesol en drapeau. *Voyez* TOURNESOL EN DRAPEAU.

## BLA

BLAFARD, BLAFARDE. Couleur passée & effacée, qui tire sur le blanc.

Il se dit particuliérement des étoffes mal teintes, & décolorées. Les étoffes de couleur légere, & peu foncée, sont sujettes à devenir blafardes, quand on les garde trop long-tems dans le magasin, ou qu'elles sont mal enveloppées.

BLAFFART. Petite monnoie qui a cours à Cologne. Le blaffart vaut quatre albus, & l'albus neuf deniers $\frac{1}{11}$ de France. *Voyez* DAALDER.

BLAIREAU, que quelques-uns écrivent aussi BLEREAU. Animal sauvage à quatre pieds, un peu plus grand que le renard, auquel il a quelque rapport, & qui tient aussi quelque chose du porc, & du chien.

Le Blaireau, que l'on appelle aussi TESSON, ou TAISSON, habite dans des terriers, & se nourrit de vermine, de charogne, & de fruit. Il sent mauvais, & s'engraisse en dormant comme le loir. L'on connoît son âge au nombre de trous qu'il a sous la queue, lui en paroissant un nouveau toutes les années.

Quoiqu'il semble que cet animal ne soit pas d'une grande utilité pour le commerce, on en tire cependant trois sortes de marchandises: sa peau, qui est du nombre des pelleteries communes, que l'on appelle Sauvagine: sa graisse, que vendent les Marchands Epiciers-Droguistes, qu'on tient bonne pour les maux de reins, & les gouttes sciatiques: & son poil, dont on fait des pinceaux pour les Peintres & Doreurs.

BLANC (le) en Berry. L'on y fabrique des laineries. *Voyez* l'Etat général, page 96.

BLANC, BLANCHE. Qui a de la blancheur.

Bois blanc, c'est du bois de bouleau, tremble, peuplier, &c. *Voyez* BOIS BLANC.

Cire blanche, est de la cire jaune, qui a été purifiée & blanchie au soleil & à la rosée. *Voyez* CIRE.

Fer blanc, est de la taule battue, & mise en feuilles carrées, très minces, que l'on a ensuite blanchies avec l'eau forte & l'étain. *Voyez* FER BLANC.

Toile blanche, est de la toile de chanvre, ou de lin, que l'on a fait blanchir à force de la lessiver, & de l'arroser avec de l'eau sur le pré. *Voyez* TOILE & BLANCHIR.

Vin blanc, est du vin de couleur claire & transparente, tirant sur le blanc. On lui donne le nom de Blanc, pour le distinguer des vins gris, clairets, rosés, ou rouges, &c. Quoique les vins blancs soient ordinairement tirés des raisins blancs, on ne laisse pas d'en faire aussi avec certains raisins noirs.

Les vins de Moselle, du Rhin, & d'Anjou, dont on fait tant de cas, sont pour l'ordinaire tous blancs. *Voyez* VIN.

Poivre blanc, est du poivre noir, que l'on a blanchi, en le découvrant de sa premiere peau. *Voyez* POIVRE.

Verre blanc, ainsi nommé, de ce qu'il est plus pur, plus clair, & plus transparent que le verre ordinaire, que l'on appelle Verre commun. *V.* VERRE.

Papier blanc, est du papier sur lequel il n'y a ni écriture, ni impression, ni autre chose semblable. On le nomme encore Blanc, pour le distinguer des papiers gris, bruns, brouillards, marbrés, &c. *Voyez* PAPIER.

Sel blanc, est du sel commun, ou marin, que l'on a fait sécher & calciner au feu, en sorte qu'il ne lui reste plus d'humidité. Ce sel est appellé des Chymistes, Sel décrepité. Il y a du sel naturellement blanc, & d'autre que l'on blanchit en le faisant fondre & épurer dans l'eau claire, que l'on fait ensuite évaporer, ou par le moyen du feu, ou par la force du soleil. *Voyez* SEL.

Argent blanc, se dit de toute la monnoie qui est absolument de ce métail, comme écus, pieces de trente sols, de quinze sols, &c.

Gris blanc, est une sorte de gris pâle & blancheâtre, qui approche beaucoup du blanc. *V.* GRIS.

Blanc d'Espagne. Est une espece de blanc, dont les femmes se servent quelquefois pour blanchir leur visage, & en cacher les défauts. Il se fait avec de l'étain de glace dissous dans l'esprit de nitre, & précipité en une poudre extrémement blanche, par le secours de l'eau salée.

Blanc de Baleine. *Voyez* Baleine.

Blanc de Perle. *Voyez* Bismuth.

Blanc de Plomb. C'est du plomb dissous avec du vinaigre. Ce Blanc se fait de deux manieres différentes, qu'on pourroit pourtant ne regarder que comme la même. Quelques-uns réduisent du plomb en lames très minces, & très déliées, qu'ils font tremper dans de fort vinaigre; tous les dix jours ils enlevent & raclent une espece de crasse, qui se forme sur les lames, & recommencent jusqu'à ce que le plomb soit entiérement disparu, & transformé en cette crasse, qui est le Blanc de plomb, qu'on broye, & qu'on fait sécher. Les autres se servent aussi de plomb battu en feuilles; mais ils roulent ces feuilles en forme cylindrique, de la maniere dont on rouleroit une feuille de papier; en sorte toutefois que le plomb ne se touche point, & qu'il reste une distance entre chacun tour que les feuilles forment. Ces feuilles ainsi roulées se suspendent dans le milieu de certains pots de terre, au fond desquels il y a d'excellent vinaigre, que l'on bouche ensuite exactement, & que l'on enterre dans du fumier; au bout de trente jours l'opération est faite, & à l'ouverture des pots le plomb se trouve comme calciné, & réduit en ce qu'on appelle Blanc de plomb, qu'on brise en morceaux, & qu'on expose à l'air, pour le sécher.

Il n'y a gueres que les Peintres qui se servent de ce Blanc, soit à huile, soit avec l'eau gommée. Il fait une très belle & bonne couleur; mais il est dangereux de s'en servir, & sur tout de le broyer sans précaution, étant un poison très subtil.

Il faut choisir le Blanc de plomb, tendre, blanc dessus & dessous, en belles écailles, le moins rempli d'écailles noirâtres, d'ordures, & de menu qu'il se pourra.

Le Blanc de plomb est la matiere dont on fait la céruse, & par conséquent le fard dont les Dames se servent, où la céruse entre. *Voyez* Ceruse.

*Le Blanc de plomb paye en France de droits d'entrée 15 s. du cent pésant.*

Blanc. Petite monnoie de cuivre, qui avoit autrefois cours en France sur le pied de cinq deniers tournois.

Les pieces de trois Blancs étoient de billon, c'est-à-dire, de cuivre allié d'un peu d'argent, & valoient quinze deniers. Les vieilles tenoient de fin six deniers trois grains, & les nouvelles seulement trois deniers dix-huit grains.

Les pieces de six Blancs, de la valeur de trente deniers, ont aussi été fabriquées, tantôt prenant plus de fin, tantôt moins. Il en fut ordonné une fabrication sous le Regne de Louis XIV, par un Edit du mois d'Aout 1657, mais qui fut révoquée par des Lettres Patentes du mois de Novembre de la même année.

Il en fut frappé en 1670, sous le même Regne, au titre des vieilles pieces de trois Blancs, qu'on appella pieces de six Blancs au cordonnet. Toutes les autres ne prenoient de fin que trois deniers dix-sept ou dix-huit grains.

Depuis, ces especes n'ont plus été une monnoie courante, mais seulement comme une monnoie de compte; & l'on dit toujours trois Blancs, pour signifier quinze deniers; & six Blancs, pour en signifier trente, ou deux sols six deniers; mais ce dernier est bien plus en usage que le premier.

Blanc. C'est ainsi que les Négocians nomment les espaces non écrits qui se trouvent quelquefois sur les livres journaux; ce qui est très dangereux par rapport à l'abus qu'on en peut faire. Les livres des Marchands n'ont foi en Justice, que parce qu'on les suppose écrits tout de suite, dans des tems non suspects: mais si-tôt qu'il s'y rencontre quelque blanc, c'est-à-dire, quelque espace vuide, ne fût-il que de deux lignes, comme il arrive quelquefois à la fin des pages, le livre ne mérite plus qu'on y ajoute foi. C'est à quoi les Arbitres nommés par le Consulat doivent bien prendre garde que les articles contestés ne se trouvent pas écrits à la fin des pages, ce qui paroît fort suspect: & dans le rapport qu'ils font de l'état des livres qui leur sont représentés, ils doivent toujours dire, s'ils y ont trouvé du blanc ou non, & s'il y a de l'apparence qu'on y ait laissé des blancs qu'on a pû remplir après coup.

Blanc-estoc. *Voyez ci-apres* Blanc-estre.

Blanc-Etre. Terme d'exploitation & de commerce des bois. Quelques-uns disent Blanc-estoc; mais le dernier Arrêt du Conseil du 19 Juillet 1723, concernant la coupe des bois taillis & la réserve des baliveaux; semble déterminer & fixer l'usage pour Blanc-être.

Faire une coupe de bois à blanc-être, c'est n'y rien réserver, y abbatre tant les bois taillis que les baliveaux & autres arbres retenus.

La coupe à blanc-être est défendue par les Ordonnances à moins d'en avoir obtenu la permission. *Voyez* Baliveaux.

BLANC-SIGNE', ou BLANC-SEING. Est un papier sur lequel on n'a simplement mis que sa signature. Les Blanc-signés se confient ordinairement à des Arbitres, ou à des Amis, pour les remplir de ce qu'ils jugeront à propos, pour terminer quelque contestation, ou procès. Il faut être bien sûr de la probité des personnes, pour leur confier son Blanc-signé.

Une procuration en Blanc, est celle où l'on a laissé du Blanc, pour remplir le nom de celui qui doit agir.

En fait de Lettres de Change, on dit, qu'un endossement est en Blanc, pour faire entendre, qu'il n'y a au dos d'une Lettre qu'une simple signature, au-dessus de laquelle il y a de l'espace suffisamment pour écrire un ordre, ou pour mettre un reçu, ou quittance. *Voyez* Endossement.

Parmi les Marchands & Négocians, on appelle Billets en Blanc, ceux dans le corps desquels on a laissé du blanc, pour remplir, quand on le jugera à propos, les noms des personnes auxquelles on voudra les rendre payables. *Voyez* Billet.

Les Marchands Libraires appellent Livres en Blanc, ceux qui sont en feuilles, sans être reliés.

On dit que des étoffes de laine, des chapeaux, des bas, & autres semblables marchandises, sont en Blanc, pour dire, qu'elles n'ont point encore passé par la teinture.

Il n'est pas permis aux Teinturiers, de teindre aucunes étoffes de laine directement de Blanc en noir; il faut qu'elles soient auparavant guedées, ou mises en bleu. *Reglement du mois d'Août 1669.*

On dit en commun proverbe qu'un Marchand

eſt réduit au Blanc ; pour dire, qu'il eſt devenu ſi pauvre, qu'il ne peut plus ſoutenir ſon commerce.

On dit encore proverbialement, qu'un Négociant eſt ſorti de ſon négoce le bâton blanc à la main ; pour faire entendre, qu'il en eſt ſorti tout-à-fait gueux.

BLANCAFORT, en Berry ; où l'on fabrique des Laineries. *Voyez* l'Etat général, page 96.

BLANCARDS. Nom que l'on donne à certaines ſortes de toiles de lin, ainſi appellées, de ce que le fil, qui ſert à les fabriquer, a été à demi blanchi, avant que d'être mis en œuvre.

Les toiles Blancards ſe manufacturent toutes en Normandie, particuliérement dans les Villages & lieux dépendans des Elections de Ponteau-de-mer, de Bernay, & Liſieux. Elles ne ſont ni groſſes, ni fines. Leur chaîne eſt ordinairement compoſée de deux mille fils. Leur largeur en écru eſt de trois quarts & demi & un ſeize, pour revenir en blanc à trois quarts & demi. Elles ſont en pieces de ſoixante à ſoixante-ſix aunes, pliées par petits plis d'un quartier, & ſe vendent au cent d'aunes courantes, le tout meſure de Paris.

Ces eſpeces de toiles, qui ſont deſtinées pour les Indes Eſpagnoles, où ceux qui travaillent aux mines s'en ſervent à faire des chemiſes, ſe blanchiſſent dans les blancheries des environs de Rouen, & dans celles qui ſont établies le long de la riviere de Riſle.

Les toiles Blancards, avant que d'être miſes au blanchiſſage, c'eſt-à-dire, étant encore en écru, doivent paſſer par la Halle aux toiles de Rouen, pour y être viſitées & marquées. Cette marque, qui s'applique aux deux bouts des pieces avec du noir détrempé dans de l'huile, que l'on nomme Ponce, repréſente un mouton tenant une croix, qui ſont les armes de la Ville de Rouen. Après que ces toiles ont été ainſi viſitées & marquées, les Ouvriers les portent au marché du Bourg de Saint Georges, où ils les vendent aux Marchands de Rouen, Commiſſionnaires, & autres, qui les font enſuite blanchir dans les lieux ci-deſſus marqués.

Autrefois l'on choiſiſſoit parmi les toiles Blancards, les plus fines, & les meilleures, auxquelles l'on donnoit le nom de *Fleurets* ; mais il y a long-tems qu'il ne s'en vend plus ſous ce titre, n'étant fait mention à préſent que des toiles Blancards.

BLANCHEASTRE. Couleur claire & pâle, qui approche un peu du blanc. *Voyez* COULEUR.

BLANCHER. Tanneur qui apprête les petits cuirs. Ce terme n'eſt en uſage que dans le Languedoc, particuliérement à Toulouſe.

BLANCHERIE. Lieu où l'on blanchit les toiles. *V.* BLANCHISSERIE.

BLANCHERIE DE CUIR. Le Tarif de la Douanne de Lyon nomme ainſi les peaux de moutons, agneaux, chevres, chevreaux, & autres, paſſez en blanc.

*La balle de Blancherie de cuir y paye 7 ſ. d'ancien droit, & 2 ſ. de la nouvelle réapréciation.*

BLANCHERIE DE CUIVRE. L'on appelle ainſi dans quelques Provinces de France, & particuliérement à Lyon, ce qu'on nomme à Paris, & ailleurs, Batterie de cuiſine de cuivre ; c'eſt-à-dire, tous les uſtenciles qui ſervent à la cuiſine, qui ſont faits de ce métail, comme chaudrons, marmites, poelons, écumoires, & pluſieurs autres ſemblables. *Voyez* BATTERIE.

*La Blancherie de cuivre paye à la Douanne de Lyon 8 ſ. du quintal pour l'ancien droit, & 22 ſols pour le nouveau droit, ou réapréciation.*

BLANCHERIE. On nomme ainſi à Toulouſe & dans quelques autres endroits du Languedoc, le petit cuir, comme les moutons, les chevres, &c. *Voyez* CUIRS.

BLANCHES, qu'on nomme auſſi BLANCHETS. Terme d'Imprimerie. Ce ſont des pieces de molleton ou de ratine blanches, d'où elles ont pris leur nom ; qu'on enferme entre les deux timpans, pour empêcher que les caracteres de la forme ne s'écraſent par l'effort de la preſſe. *Voyez* IMPRIMERIE.

BLANCHEUR. Qualité qui réſulte de la couleur blanche, qui eſt répandue ſur les corps ; ou plutôt qui réſulte de la lumiere que ces corps réfléchiſſent. On dit, que de la toile, de la cire, & autres choſes ſemblables, qu'on met au blanchiment, ſont d'une grande blancheur, quand elles ſont d'un beau blanc, d'un blanc éclatant.

BLANCHI. Ce qui a reçu une couleur blanche, ou approchant du blanc. Du plomb blanchi, en termes de Plomberie, eſt du plomb étamé au feu. *Voyez ci-après* BLANCHIR LE PLOMB. *Voyez auſſi* PLOMB BLANCHI.

BLANCHIMENT. Se dit de l'art, ou maniere de blanchir.

Le Blanchiment du fer blanc ſe fait avec l'eau forte, & l'étain. *Voyez* FER BLANC.

Le Blanchiment des étoffes de laines ſe fait ou au ſavon, ou à la craye, ou au ſoufre. Le plus beau Blanchiment des étoffes de laine ſe fait à Paris. *Voyez* BLANCHIR.

Le Blanchiment des ſoies ſe fait avec le ſavon & le ſoufre. *Voyez* BLANCHIR.

Le Blanchiment des toiles ſe fait par des leſſives, & des arroſemens ſur le pré. Les plus beaux Blanchimens des toiles ſont ceux qui ſe font en Hollande, particuliérement du côté de Harlem, & d'Alcmaër. Le Blanchiment de Picardie, pour les toiles fines, ſinguliérement celui des environs de S. Quentin, eſt auſſi très eſtimé. *Voyez* BLANCHIR.

Le Blanchiment de la cire ſe fait au ſoleil, & à la roſée. Ce terme n'eſt uſité que dans quelque Province. Il faut dire Blanchiſſage ; c'eſt le terme dont on ſe ſert à Paris, au Mans, à Rouen, & dans les principales Manufactures de cire blanche. *Voyez* BLANCHISSAGE. *Voyez* CIRE.

Les Marchands Orfévres diſent, qu'il faut mettre la beſogne dans le Blanchiment ; pour dire, qu'il faut mettre la vaiſſelle d'argent dans un bacquet, pour la faire blanchir, par le moyen de l'eau forte mêlée avec de l'eau commune.

BLANCHIMENT. Se dit, en termes de Monnoies, de cette façon qu'on donne aux flaons, avant de les monnoyer, pour les rendre de cet éclat, & de ce brillant, que les eſpeces ont au ſortir du Balancier. On donne auſſi le Blanchiment aux ouvrages d'Orfévrerie, qu'on veut qui reſtent tout mattes, ou dont on ne veut ſeulement que brunir de certains endroits.

Le Blanchiment, comme on le donne préſentement, ſe fait en mettant recuire les flaons, ou pieces d'Orfévrerie, dans une eſpece de poele carrée, ſans manche, faite de taule, & leur donnant un feu de bois, en maniere de reverbere ; c'eſt-à-dire, en ſorte que la flamme paſſe par-deſſus la poele. Les pieces ſuffiſamment recuites, & enſuite refroidies, ſe mettent ſucceſſivement bouillir dans deux autres poeles ſemblables, qui sont de cuivre, qu'on nomme Bouilloirs, dans lesquelles il y a de l'eau, du sel commun, & du tartre de Montpellier, ou gravelles. Enfin, quand elles ont été essorées de cette premiere eau dans un crible de cuivre, on jette dessus du sablon, & de l'eau fraîche, après quoi on les essuye avec des torchons, quand elles sont bien seches.

L'autre méthode de donner le Blanchiment, consiste à mettre les flaons, & les pieces d'Orfévrerie, après qu'elles ont été recuites, dans un grand vaisseau rempli d'eau commune, & de quelques onces d'eau forte; mais avec différentes proportions pour l'or, & pour l'argent. Pour l'or, il faut huit onces d'eau forte, & pour l'argent, seulement six onces, par chaque sceau d'eau. On ne se sert plus gueres de ce Blanchiment, parce que les frais en sont plus grands, & que l'eau forte diminue quelque chose du poids de l'argent. Les Ouvriers l'appellent Tire-poil, à cause qu'il semble tirer au dehors ce que les métaux ont de plus vif. *Voyez* MONNOYAGE.

BLANCHIMENT. Se dit aussi de l'attelier où se blanchissent les flaons dans les Hôtels des Monnoies, & l'orfévrerie chez les Orfévres.

BLANCHIR. Faire devenir blanc, ou rendre blanc une chose qui ne l'étoit pas parfaitement, ou qui ne l'étoit point du tout. Ainsi l'on dit, Blanchir de la toile, de la cire, du fer en feuille, de la soie, des étoffes de laine, &c. pour dire, leur donner le blanc, leur faire prendre le blanc.

Les différentes manieres de blanchir la cire, & le fer en feuille, sont expliquées aux articles de cire, & de fer blanc. A l'égard de la façon de blanchir les soies, les toiles, & les étoffes de laine, elles seront expliquées en cet article, n'y ayant point d'endroit dans ce Dictionnaire, où l'on puisse le faire plus commodément.

*Maniere de blanchir la soie.*

La soie encore toute écrue est mise dans une poche, ou sac de toile claire, que l'on jette dans une chaudiere, remplie d'eau de riviere bouillante, dans laquelle on a fait fondre de bon savon de Genes, ou de Toulon.

Après que l'on a fait bouillir la soie dans cette eau l'espace de deux à trois heures, & que le sac, où elle a été renfermée, y a été retourné, & remué plusieurs fois, on la retire pour la battre, & la laver dans l'eau froide; & quand elle a été ainsi bien lavée & battue, on la tord légérement, puis on la rejette une seconde fois dans la chaudiere pleine d'eau froide, mêlée de savon, & d'un peu d'indigo.

C'est cet indigo qui donne l'œil bleuâtre, que l'on remarque ordinairement dans les soies blanches.

Après que la soie a été tirée de cette seconde chaudiere, on la tord bien fort avec une cheville de bois, pour en exprimer toute l'eau & le savon; ensuite on la secoue pour la détorder, & en séparer les brins; & on la met suspendue en l'air dans une espece d'étuve faite exprès, que l'on appelle un Soufroir, à cause du soufre qu'on y brûle.

C'est la vapeur de ce minéral, qui acheve de donner le dernier dégré de blancheur à la soie.

*Maniere de blanchir les étoffes de laine.*

Il y a trois façons de blanchir les étoffes de laine.

La premiere se fait avec l'eau & le savon; la seconde, avec la vapeur du soufre; & la troisiéme, avec la craye, l'indigo, & la vapeur du soufre.

*Blanchiment au savon & à l'eau.*

Après que les étoffes sont sorties du moulin à foulon, on les met dans de l'eau de savon un peu chaude, dans laquelle on les foule de nouveau à force de bras, sur une fouloire de bois; ce qui acheve de leur donner le blanchiment, que le moulin à foulon n'avoit fait que commencer.

Quand les étoffes ont été suffisamment foulées à bras dans cette eau de savon, on les lave dans l'eau claire, & on les fait sécher.

Cette façon de blanchir les étoffes de laine, est celle que l'on appelle la naturelle.

*Blanchiment au soufre.*

On commence par bien laver & dégorger les étoffes dans l'eau de riviere, puis on les met sécher sur des perches; & lorsqu'elles sont à demi séches, on les étend dans une maniere d'étuve bien fermée, dans laquelle on fait brûler du soufre, dont la vapeur venant à s'étendre, s'attache petit à petit sur toute l'étoffe; ce qui lui donne ce beau blanchiment, que l'on appelle communément Blanchiment à fleur, ou Blanchiment de Paris; parce que c'est à Paris où il s'en fait le plus de cette sorte.

*Blanchiment avec la craye, l'indigo, & le soufre.*

Lorsque les étoffes ont été bien lavées, & dégorgées dans l'eau claire, on les jette dans un bacquet rempli d'eau froide, dans laquelle on a fait détremper de la craye avec un peu d'indigo; & après que ces étoffes ont été bien maniées & agitées dans cette eau, on les en retire, pour les laver de nouveau dans une eau pure & claire, au sortir de laquelle on les fait sécher à demi sur les perches, puis on les met dans l'étuve, pour leur faire prendre la vapeur du soufre; ce qui acheve de les blanchir parfaitement.

Ce blanchiment, qui n'est pas le meilleur, quoiqu'assez agréable à la vûe, se nomme Blanchiment de Beauvais; parce que ce sont les Beauvaisins, qui les premiers ont trouvé cette maniere de blanchir les étoffes de laine.

Il faut remarquer, que quand une étoffe de laine a une fois reçu la vapeur du soufre, il est très difficile de pouvoir lui faire prendre une belle teinture, à moins que ce ne soit le noir, ou le bleu.

Les Marchands Teinturiers en laine peuvent blanchir toutes sortes de toiles de lin, coton, chanvre, fils, camelots, serges, ratines, étamines neuves & vieilles, même les bras d'estame. *Réglement du mois d'Aout 1669, art. 55.*

*Maniere de blanchir les toiles de lin fines; & la façon de les apprêter, suivant qu'il se pratique en Picardie, particuliérement du côté de Saint-Quentin.*

Après que les toiles ont été levées de dessus le métier, étant encore toutes écrues, on les met tremper dans l'eau claire l'espace d'un jour; & après qu'elles y ont été bien lavées, & nettoyées de toutes leurs ordures, on les en retire, pour les jetter dans un cuvier rempli d'une lessive froide, qui a déja servi.

Au sortir de cette lessive, on les lave de nouveau

veau dans l'eau claire, puis on les étend sur un pré, où elles sont arrosées de tems en tems avec de l'eau claire, qui est dans de petits canaux le long du pré, par le moyen des escopes, ou pelles de bois, creuses, à longs manches, que les Hollandois, que l'on prétend en être les Inventeurs, nomment *Gieter*.

Après que les toiles ont resté sur le pré un certain tems, on les fait passer par une lessive neuve, que l'on fait couler toute chaude, de même que les lessives ordinaires; & cette lessive est composée différemment, suivant l'état dans lequel se trouvent les toiles.

Au sortir de cette deuxiéme lessive, on les lave encore bien dans l'eau claire, puis on les remet sur le pré; & toutes ces choses se réïterent jusqu'à ce que l'on s'apperçoive que les toiles ayent acquis le degré de blancheur, que l'on désire.

Ensuite on leur donne une lessive douce & légére, pour les disposer à reprendre la douceur, que les autres lessives plus acres, & plus fortes, avoient pû leur ôter; puis on les lave bien dans l'eau claire.

Au sortir de cette eau, on les met au frotage, c'est-à-dire, qu'on les fait savonner avec du savon noir; ce qui commence un peu à les dégraisser, & acheve de blanchir les lisieres, qui ne pourroient devenir parfaitement blanches, sans le secours du savon.

Après que les toiles ont été bien égayées dans l'eau claire, & qu'elles sont entiérement nettes de savon, on les met tremper dans du lait de vache, dont on a ôté la crême; ce qui acheve de les blanchir, & de les dégraisser, leur redonne toute leur douceur, & leur fait jetter un petit coton. Au sortir du lait, on les relave encore dans l'eau claire pour la derniere fois.

Quand les toiles ont eu toutes ces différentes façons, on leur donne leur premier bleu, c'est-à-dire, qu'on les fait passer dans une eau, où l'on a fait détremper quelque peu d'amidon avec de l'émail, ou azur d'Hollande, dont le plus gras & le plus pâle est le meilleur; car il ne faut pas que les toiles ayent un bleu trop apparent.

Après que les toiles ont été blanchies de la maniere qu'il vient d'être dit, les Blanchisseurs les remettent entre les mains des Marchands à qui elles appartiennent; & c'est pour lors qu'ils leur font donner les apprêts convenables.

Ces apprêts sont différens; suivant les qualités différentes des toiles; car il y en a auxquelles on doit conserver de la force, & d'autres auxquelles on la doit diminuer, pour les rendre plus claires.

L'apprêt pour les Batistes se donne avec l'amidon, & l'émail pâle détrempé dans l'eau claire: on y ajoûte quelques autres drogues, dont la qualité & la quantité dépend de la connoissance & capacité de l'Apprêteur.

Les Batistes ayant reçu leur apprêt, on les attache avec des cordes à des perches fichées en terre de distance en distance; & lorsqu'elles sont séches aux trois quarts & demi, on les détache des perches pour les mailler, c'est-à-dire, pour les battre avec des maillets de bois fort unis, sur des blocs, ou pierres de marbre; ce qui se fait pour en abattre le grain, & leur donner un œil plus fin.

Après qu'elles ont été maillées, comme il faut, on les plie en petites pieces carrées, que l'on met sous la presse; & au sortir de cette presse, les Marchands y mettent leurs numero sur le petits morceaux de parchemin, attachez à la lisiere de la toile, du côté du chef, avec de la soye de couleur différente, suivant l'inclination des Marchands, qui appellent cette soye leur Livrée; chaque Marchand ayant sa couleur particuliere, qu'il ne change point.

Ensuite on les enveloppe proprement dans du papier brun de Rouen, bien maillé, ou battu, qu'on lie avec de la petite ficelle, qu'on tire ordinairement de Hollande; & pour lors les toiles sont en état d'être venduës, encaissées, & envoyées dans les lieux où elles doivent être consommées.

Toutes les toiles claires de Picardie, telles que sont les linons rayés, à mouches, & unis, ou clairs, sont apprêtées de la même maniere que les batistes, à l'exception néanmoins que les batistes sont maillées, & que les autres ne le sont point.

Il faut remarquer, que plus le tems est beau, & plus les toiles sont faciles à blanchir. Par un beau tems leur blanchiment se peut faire en un mois; mais lorsqu'il fait vilain, souvent six semaines, même davantage, n'y suffisent pas.

On doit encore observer, que toutes les toiles, de quelque espece qu'elles soient, qui se blanchissent en Hollande, Flandre, & Picardie, sont toutes passées par le lait de vache écrêmé; étant certain que c'est cette liqueur blanche, qui leur donne ce beau blanchiment, que l'on admire dans les toiles, qui viennent de ces différens Pays.

Il est de l'usage parmi les Marchands, qui envoyent des toiles dans les blanchisseries de Flandre, & de Picardie, de les marquer aux deux bouts, d'une, ou de plusieurs lettres de leur nom avec du fil d'Epinay, broché à l'aiguille, & d'attacher à l'endroit de ces marques certaines petites cordelettes aussi de fil d'Epinay, qu'ils appellent Cordeaux, lesquels ont un certain nombre de nœuds de distance en distance; chaque nœud ayant sa valeur particuliere, suivant que chacun le juge à propos. Les marques se mettent pour connoître à qui appartiennent les toiles; & les cordeaux, pour se ressouvenir de leur prix.

### *Maniere de blanchir les toiles ordinaires, suivant qu'il se pratique en Anjou.*

Lorsque les toiles ont été levées de dessus le métier, on les porte tout écrues chez les Blanchisseurs, qui les mettent d'abord dans des especes d'auges, ou caisses de bois, remplies d'une eau froide & pure, où par le moyen des marteaux, ou maillets de bois, à qui un moulin à eau donne le mouvement, elles sont battues & agitées d'une telle maniere, qu'insensiblement elles se lavent, & se dégorgent de leurs ordures & saletés.

Au sortir du moulin, on les étend sur le pré, où la rosée qu'elles y reçoivent pendant huit jours, ôte une partie de leur cru.

Ensuite on les met dans des sortes de cuviers de bois, que l'on appelle vulgairement Pannes; & l'on jette par dessus une lessive ordinaire, toute chaude, que l'on fait couler de même que les lessives bourgeoises.

Quand les toiles ont été ainsi lessivées, on les retire des pannes, pour les remettre encore dégorger au moulin; puis on les remet de nouveau sur le pré; & après qu'elles y ont resté une huitaine de jours, on les fait encore passer par une nouvelle lessive ; & toutes ces choses se réiterent jusqu'à ce qu'elles ayent acquis leur parfait dégré de blancheur ; après quoi on les plie d'une maniere convenable à leur espece, & aux lieux pour lesquels elles sont destinées.

Blanchir le petit lait. Ce terme, qui n'est gueres en usage, que parmi ceux qui travaillent à la fabrique des fromages de Griers & de Berne, signifie jetter une certaine quantité de lait, tel qu'il a été tiré du pis de la vache, dans le petit lait, dont on veut composer le second fromage. *Voyez* Fromage, *à l'endroit où il est fait mention de la maniere de fabriquer ceux de Griers.*

Blanchir, en termes de Monnoyeur & d'Orfévre. C'est donner le blanchiment à l'or & à l'argent. On dit plus communément, Donner couleur, quand il s'agit de l'or. *Voyez* Blanchiment.

Blanchir le Plomb. C'est l'étamer au feu, c'est-à-dire, le couvrir de feuilles d'étain. Les Plombiers étant obligés par un article de leurs Statuts, à blanchir dans les bâtimens neufs, tous les plombs qui sont en vue, ont chez eux un fourneau à étamer, sur le foyer ou aire duquel, chargé de braise allumée, deux Compagnons chauffent, & tiennent élevées les tables de plomb, tandis qu'un troisiéme Ouvrier y étend des feuilles d'étain battu, qu'il frotte avec des etoupes, & de la poix résine, à mesure que l'étain se fond. *Voyez* Plomb *&* Plombier.

BLANCHIRIE. *Voyez* BLANCHISSERIE.

BLANCHISSAGE. C'est le travail du Blanchisseur. Ainsi lorsque l'on dit, que des toiles, des bas, des étoffes de laine, des soies, de la cire, & d'autres semblables marchandises, sont au Blanchissage, cela doit s'entendre, qu'elles sont actuellement entre les mains des Ouvriers qui les doivent blanchir. On ne peut se servir de chaux dans le Blanchissage des toiles. *Reglement de Rouen*, 24 *Decembre* 1701, *art.* 49.

Il est défendu d'employer dans le Blanchissage des bas, & autres ouvrages de Bonneterie de laine, qui se fait au métier, aucune craye, ni blanc. *Réglement*, 30 *Mars* 1700, *art.* 15.

En quelques Provinces de France, particuliérement en Normandie, on dit, Mettre la toile au curage ; pour dire, la mettre au Blanchissage. Il n'est pas permis aux Ouvriers, non plus qu'aux Auneurs de toiles, de mettre en curage aucune toile pour leur compte particulier. *Réglement pour la Normandie*, 14 *Aout* 1676, *art.* 9. *Voyez* Blanchir, *où l'on explique les blanchimens des soies, étoffes de laine, & toiles.*

Blanchissage. Se dit aussi des salaires que l'on donne aux Ouvriers, qui blanchissent les différentes sortes de marchandises.

Blanchissage des Cires. Ce terme est en usage dans les meilleures Manufactures de Cire blanche. Blanchiment se dit peu, hors dans quelque Province. Le Blanchissage de Château-Gontier est le plus beau & le plus recherché. *Voyez* Cire.

BLANCHISSERIE, BLANCHIRIE, ou BLANCHERIE. Ce sont les divers noms que l'on donne à certains lieux destinés pour faire le blanchiment des toiles.

En quelques Provinces de France, particuliérement en Normandie, on dit Curanderie, qui a la même signification.

Il y a des Blanchisseries en Hollande, en Flandres, en Picardie, en Anjou, en Normandie, en Champagne, & dans presque tous les lieux où la manufacture, & le commerce des toiles est considérable. Les Blanchisseries de Hollande sont les plus importantes de toutes, particuliérement celles qui sont établies depuis Harlem jusqu'à Alcmaër, le long des Dunes. *Voyez* Blanchir.

Blanchisserie. Se dit aussi des lieux où l'on blanchit les fils. Les Blanchisseries d'Anvers pour les fils, sont les mieux établies.

Blanchisserie. Se dit encore des endroits où l'on blanchit la cire. Les principaux lieux de France, où il y a des Blanchisseries établies pour le blanchissage de la cire, sont Château-Gontier, Angers, le Mans, Amboise, Chaumont près Troyes, & Rouen. Il y en a aussi plusieurs en Hollande. *Voyez* Cire.

BLANCHISSEUR. Ouvrier qui blanchit les toiles, la cire, les fils, &c. En Normandie, & en quelques autres Provinces de France, ceux qui travaillent au blanchiment des toiles, sont appellés Curandiers.

Les Blanchisseurs, ou Curandiers de l'étendue des Généralités de Rouen & d'Alençon, ne peuvent recevoir dans leurs blanchisseries, ou curanderies, aucunes pieces de toiles, sans la marque de la Ville de Rouen. Il leur est aussi défendu de se servir de chaux dans le blanchissage des toiles, qui leur sont données à blanchir. *Réglement des toiles pour la Normandie*, 24 *Décembre* 1701, *art.* 46, 47, *&* 49.

BLANGY, Bourg dans le Comté d'Eu, célébre par ses marchés & par le grand commerce qui s'y fait. *Voyez* l'Etat général, page 112.

BLANQUE. Sorte de jeu de hazard, que quelques-uns qualifient du nom de Commerce.

Le Jeu de la Blanque a été apporté en France par les Italiens qui y suivirent la Reine Catherine de Medicis.

Ce jeu, tel qu'on le jouoit alors, & qu'Etienne Pasquier nous en a laissé la description dans le chapitre 49 du livre 8 de ses Recherches, n'étoit autre chose que ce qu'on appelle aujourd'hui une Lotterie, dont depuis un demi siecle l'usage est devenu si ordinaire en France. *Voyez* l'article des Lotteries.

Présentement la Blanque n'a rien de commun avec la Lotterie, que le hazard qui distribue les lots de l'une & de l'autre.

Chaque particulier y peut éprouver sa bonne ou mauvaise fortune. Sans attendre compagnie, &, s'il lui plaît, il peut en réiterer l'épreuve sur le champ, avec la seule obligation de payer pour chaque coup qu'il tire, la somme à laquelle le Maître les a taxés.

Le fond de la Blanque consiste ordinairement en petits bijoux de diverses especes, en tableaux, en hardes, en marchandises, en meubles & en colifichets, le tout de peu de conséquence, qu'on étale dans quelque boutique pour tenter les passans.

Comme ce n'est presque toujours qu'aux foires de Villages, que se tiennent les Blanques, il n'y a guere aussi que le peuple & le paysan qui y mettent la presse & qui s'en fassent un divertissement, sans prendre garde qu'il n'y en a guere qui ne doivent être suspectes d'infidélité, quoiqu'elles ne puissent s'établir qu'avec la permission des Officiers des Seigneurs des lieux où se tiennent les foires.

On tire à la Blanque de deux manieres ; l'une, avec un livre ou regiſtre ; & l'autre avec une machine qui approche un peu de ces pourriques où l'on a joué ſi gros jeu à la Cour ſous le Regne de Louis XIV.

Pour tirer à la Blanque de cette derniere maniere, on jette une boule d'yvoire ou une balle de plomb dans un entonnoir ſuſpendu au-deſſus d'une table partagée en quantité de ronds un peu enfoncés, & celui de ces ronds où la boule s'arrête fixe le ſort du tireur qui fait Blanque, c'eſt-à-dire, qui n'a aucun lot, ſi ſon rond eſt blanc ; & qui a le lot indiqué par le chiffre dont chaque rond noir eſt numéroté, ſi la boule demeure dans un rond de cette couleur.

Il n'y a point ou peu de ces ſortes de Blanques qui ſoient fideles, & les pentes que celui qui la tient a coutume de donner aux ronds qui ſont blancs ; y attirent ſi bien la boule, que ſes nippes lui reſtent toujours au grand étonnement du badaut qui y a mis ſon argent.

A l'égard de la Blanque qui ſe tire au livre, il y en a véritablement de ſûres & où le hazard n'eſt point déterminé par l'adreſſe : mais le mieux eſt de s'en défier comme des autres, à cauſe des friponneries qu'on y peut faire.

Lorſqu'on veut tenir une de ces blanques, on numerote tous les lots qui doivent la compoſer. Ces numeros ſont enſuite diſtribués dans les feuillets d'un gros livre de papier blanc, en prenant néanmoins la précaution que les petits lots ſoient mêlés avec les gros, afin de donner plus de lieu au hazard. Lorſque ce livre, ou les feuillets blancs excédent quelquefois les noirs de plus de cent ſur un ; le Blanquier après avoir reçu ſon droit, préſente au tireur une grande aiguille de léton, que celui-ci fiche dans quel endroit qu'il lui plaît du livre, que l'autre tient & lui préſente. Si le feuillet qu'il ouvre eſt blanc, il fait blanque & n'a rien : ſi au contraire le feuillet a un chiffre on lui délivre le lot déſigné par le numero.

Il paroîtroit à ce qu'on vient de dire, que la Blanque au livre, devroit être exempte de tout ſoupçon ; cependant il n'eſt pas difficile d'y tromper, & la maniere dont ce livre ſe préſente au tireur, celle dont il s'ouvre après qu'on a tiré, n'eſt pas un des moindres tours d'adreſſe, que les teneurs de Blanques, qui ſont fripons, ont ſoin d'apprendre des joueurs de gobelets, pour faire que les feuillets tirés ſe trouvent toujours blancs, ou du moins qu'il n'y ait que quelque très petit lot, pour encourager le ſpectateur à riſquer fortune.

BLANQUETTE. Eſpece de biére très foible. En Flandre & en Hollande, on l'appelle de la Molle. *Voyez* Biere.

Blanquette. Eſt auſſi une ſorte de vin blanc, qui vient de Gaſcogne. *Voyez* Vin.

BLANQUILLE. Petite monnoie d'argent, valant deux ſols ſix deniers, qui a cours à Maroc, & ſur cette côte de Barbarie.

BLARE. Petite monnoie de cuivre, avec le mélange, ou alliage d'un peu d'argent, qui ſe fabrique à Berne en Suiſſe. Elle eſt à peu près au même titre, & de la même valeur que les ratzes de Soleure, de Fribourg, & de quelques autres Villes de Suiſſe. *Voyez* Ratze.

BLASTIER. Marchand qui va acheter des blés dans les greniers de la campagne, pour les tranſporter & les revendre dans les marchés des Villes & gros Bourgs.

Les Réglemens faits ſur le commerce des blés, font défenſes aux Blaſtiers d'amener & d'expoſer en vente aucuns blés coupés, ni mélangés ; ni d'avoir des ſacs pour ſervir de montre, dont le deſſus ſoit de beau blé, & bien conditionné, & le fond le plus ſouvent d'une qualité beaucoup moindre ; à peine de confiſcation, & d'amende.

*La Sentence du Lieutenant Général de Police de la Ville de Paris du 22 Décembre 1702, rendue contre deux Blaſtiers de Belly & d'Eſſouille, les condamne ſolidairement à cinquante livres d'amende, pour avoir contrevenu à ces Reglemens.*

BLATA-BIZANTIA, qu'on nomme auſſi UNGUIS ODORATUS. Eſt le deſſus du coquillage, que les Latins appellent *Conchilium.*

Il y en a de différentes grandeurs ; mais toutes ont la figure d'une griffe, ou ongle d'un animal feroce ; ce qui lui a donné le ſecond nom ſous lequel il eſt connu ; ayant le premier, parce qu'il vient plus ordinairement de Conſtantinople, qu'on nommoit autrefois *Bizance.*

Le *Blata-Bizantia* eſt fort mince, de couleur brune, facile à brûler, & de mauvaiſe odeur, quand on le brûle. On s'en ſert au même uſage que le *Caſtoreum* ; c'eſt-à-dire, pour les vapeurs.

Quelques Auteurs ſont fort embarraſſés de deviner pourquoi on nomme ce coquillage, *Unguis odoratus*, Ongle odorant, puiſqu'au contraire il eſt d'une puanteur très grande : mais outre que Dioſcoride, qui en parle aſſez amplement, aſſure que le parfum qu'il exhale, quand on le brûle, eſt très agréable, ce qui feroit croire que le *Blata-Bizantia* des Modernes n'eſt pas le même que celui des Anciens ; ne pourroit-on pas dire, qu'il eſt nommé Odorant par antiphraſe, comme diſent les Latins, ou par ironie, comme parlent nos François ; parce qu'en effet il eſt très puant ; cette maniere d'exprimer les choſes par leur contraire étant aſſez ordinaire dans les langues, ſur tout en Latin.

Le *Blata-Bizantia* étant aſſez rare à Paris les Apoticaires y ſubſtituent quelquefois le *Solen*, qui eſt une autre ſorte de coquillage, mais moins ſouverain pour les maladies où l'on employe le *Blata-Bizantia. Voyez* Solen.

*Le* Blata-Bizantia *paye en France les droits d'entrée ſur le pied de 3 liv. 10 ſ. le cent péſant.*

BLAYE, Ville de France dans le Bordelois ſituée ſur la Gironde à huit lieues au deſſous de Bordeaux. *Voyez* les différentes parties du Commerce de cette Ville, dans l'Etat général, page 57.

## B L E

BLE', ou BLED. Plante qui produit un grain propre à la nourriture de l'homme. Il ſignifie auſſi le grain que cette plante porte, battu & ſéparé de l'épy.

Dans le commerce des Blés, on n'en diſtingue que de trois ſortes : le Blé proprement dit, qu'on nomme autrement Froment : le Seigle, qui eſt une eſpece bien différente, & d'une qualité fort au deſſous : & un troiſiéme Blé, qui réſulte du mélange des deux autres, qu'on appelle Blé méteil. A l'égard des Laboureurs, ils mettent encore au nombre des blés, pluſieurs de ces grains, que l'on ſeme au mois de Mars, comme l'orge, l'avoine, les pois, les veſſes, &c. mais pour les distinguer, ils les qualifient de petits Blés.

Le mays & le sarasin sont encore des grains, auxquels on donne le nom de Blé; l'un s'appellant Blé de Turquie, & Blé d'Inde; & l'autre, Blé noir.

Quand on dit simplement du Blé, on l'entend toujours du froment : quelques-uns néanmoins y ajoutent son nom spécifique, & disent du Blé froment.

Il n'y a que l'Europe, mais non pas par tout; l'Egypte, & quelques autres cantons de l'Afrique, le long des côtes de Barbarie; & peu d'endroits de l'Amérique, défrichés & cultivés par les Européens; comme dans la nouvelle France, la nouvelle Angleterre, & l'Acadie, qui produisent du Blé.

Les autres parties du monde ont en leur place le mays, & le ris; & même en quelques lieux des Isles, & du grand continent de l'Amérique, de simples racines, telles que sont les patates & le manioc. C'est de ce dernier qu'on fait ce qui s'appelle de la Cassave. On parle ailleurs de ces grains, & de ces racines. *Voyez* MAYS, RIS, MANIOC, *&* PATATES.

L'Egypte passoit autrefois pour le Pays le plus fertile en Blé de tous ceux où il en croît. On sçait par l'Histoire sainte, en quelle réputation elle étoit là-dessus dès les premiers tems; & l'on apprend par l'Histoire profane, qu'elle en fournissoit à une partie des peuples soumis à l'Empire Romain; & qu'elle étoit nommée la Mere nourrice de Rome, & de l'Italie.

La France & la Pologne semblent avoir pris la place de l'Egypte. C'est dans ces deux Royaumes que l'on fait le plus grand commerce de blés; & c'est de leur abondance, & de leur superflu, que la plupart des autres Nations de l'Europe subsistent : à quoi l'on peut ajouter les côtes de Barbarie, dont les Blés sont transportés ordinairement en Italie.

A l'égard des Blés du Canada, ils sont en partie consommés par les Habitans, & en partie envoyés à celles des Isles Antilles, qui sont occupées par les François. Les Anglois font la même chose des Blés qui croissent dans leurs colonies du continent de l'Amérique. Ils les transportent de même, lorsqu'il leur en reste à la Barbade, & dans leurs autres Isles.

En France, les Blés du crû du Royaume sont regardés comme une marchandise de contrebande; & l'on n'en peut transporter au dehors, quelque abondante qu'en soit la recolte, sans permission, ou générale, ou particuliere, conformément aux anciennes & nouvelles Ordonnances pour le commerce des Blés, entr'autres celles de 1577 & de 1699, à peine de confiscation, & de cinq cent livres d'amende; comme il est aussi spécialement porté par l'article 6 du titre 8 de l'Ordonnance des cinq grosses Fermes du mois de Février 1687.

Les permissions générales pour le transport des Blés s'accordent ordinairement par des Arrêts du Conseil d'Etat; tels, par exemple, que les Arrêts des dernier Février 1671, 14 Mai 1686; 5 Avril, 15 Juillet, & 22 Novembre 1687; 17 Février, & 10 Avril 1688; enfin, 30 Septembre 1702, 5 Septembre 1718, & 18 Février 1719, qui permettoient la sortie des blés, fromens, seigles, & méteils, hors du Royaume, par tous les Ports, Bureaux, & Passages, sans payer aucuns droits de sortie, pendant un certain tems marqué par lesdits Arrêts. Les deux derniers Arrêts ne sont que pour 6 mois chacun.

Il y a encore une autre sorte de permissions générales, qui s'accordent pareillement par des Arrêts du Conseil, mais qui ne regardent que le dedans du Royaume; c'est lorsque le Roi permet de transporter, soit seulement les Blés, soit aussi les menus grains, d'une Province à l'autre, dans toute l'étendue du Royaume, même par mer, sans payer aucuns droits; mais en fournissant aux Intendans, des déclarations des lieux de leur destination & envoy, & des certificats de leur arrivée & décharge auxdits lieux; comme étoient les Arrêts du 21 Aout 1703, 22 Septembre 1708, & ceux cités ci-dessus de 1718 & 1719.

Enfin, il s'accorde aussi dans les tems de famine & de disette, comme dans celle qui arriva en France en 1709, d'autres permissions encore plus générales pour le dedans du Royaume; telles que furent celles portées par les Arrêts du 25 Aout & 21 Septembre de la même année, qui déclaroient libre & permis tout commerce & transport de toutes sortes de grains, même des farines & légumes, tant de Ville en Ville, & de marché en marché, que d'une Province ou Généralité dans une autre, dans toute l'étendue du Royaume, sans qu'il fût nécessaire d'en donner avis, ni d'observer aucune des formalités ordinairement prescrites.

A l'égard des permissions particulieres, ce sont des passeports signés par un Secretaire d'Etat, portant le nom des personnes à qui les passeports sont accordés; la quantité & qualité des Blés; les Ports & Bureaux par lesquels ils doivent passer, ou être embarqués; les lieux de leur destination, & autres circonstances semblables.

Il y a en France quantité d'Ordonnances & de Déclarations des Rois, qui servent de Reglemens concernant le commerce des Blés, qui se fait dans l'intérieur du Royaume, & la qualité des personnes qui le peuvent exercer.

Les plus connues & les plus importantes de ces Déclarations & Ordonnances, sont celles de Charles IX. de l'année 1567, d'Henry III. en 1577, & de Louis XIV. en 1699; à quoi l'on peut ajoûter ce grand nombre d'autres Déclarations, Arrêts du Conseil d'Etat, & du Parlement, & Sentences du Lieutenant Général de Police de Paris, presque tous donnés en 1709, cette année si fatale à la France par la perte universelle de tous ses blés, que toute la prudence, & les soins des Magistrats, ne purent qu'à peine reparer par tant de sages Reglemens, qui se publioient presque chaque jour.

Les trois Ordonnances générales pour le commerce de Blés, dont on vient de rapporter les dattes, n'étant guéres différentes que dans les expressions, & celle de Louis XIV. en particulier n'étant qu'un abregé des deux autres, il suffira d'extraire ici de cette derniere, ce qu'il est nécessaire que n'ignorent pas les personnes, qui veulent se mêler du commerce des Blés.

Cette Ordonnance donnée à Versailles le dernier Août 1699, consiste en onze articles.

Le premier, second & le troisiéme, font trèsexpresses inhibitions & défenses à toutes personnes, d'entreprendre à l'avenir le trafic & marchandise de Blé, seigle, avoine, & autres grains, pour les acheter, vendre & revendre dans le Royaume, qu'après en avoir demandé

& obtenu la permission des Officiers des Justices Royales, dans l'étendue desquelles ils résident; avoir prêté serment entre leurs mains; & en avoir fait enregistrer les Actes aux Greffes des mêmes Justices; comme aussi aux Greffes des Jurisdictions de Police des lieux de leur résidence, s'il y en a.

Le quatriéme article veut, que les trois premiers soient exécutés, sans préjudice des déclarations que les Marchands de grains de Paris sont obligés de faire à l'Hôtel de Ville; ni aux Statuts, Reglemens & Usages particuliers des autres Villes du Royaume.

Par le cinquiéme, il est défendu à tous Laboureurs, Gentilshommes, Officiers, soit des Justices Royales, soit des Hauts-Justiciers, & des Villes du Royaume; & à tous Receveurs, Fermiers, Commis des droits du Roi, ou Interessés aux Fermes de Sa Majesté, de s'immiscer directement, ou indirectement, à faire le trafic de marchandise de Blé, même sous prétexte de sociétés, ou autrement, à peine de 2000 liv. d'amende, & de punition corporelle, s'il y écheoit.

Le sixiéme regle les droits des Juges & Greffiers, pour la prestation de serment, & l'enregistrement des actes, les uns à 30 s. & les autres à 20 s.

Le septiéme exempte des permissions & enregistremens portés par les premiers articles, les Négocians du Royaume, & autres, qui veulent y faire venir des grains des Pays Etrangers; & ceux qui en tems d'abondance en font sortir en vertu des permissions générales, ou particulieres.

Le huitiéme article interdit toutes sortes de sociétés entre Marchands de grains pour le fait dudit commerce, soit qu'ils fassent résidence dans la même Ville, soit qu'ils demeurent dans différentes Villes, à peine de 2000 liv. d'amende, & d'être déclarés incapables de faire à l'avenir le trafic des Blés.

Il est néanmoins permis par le neuviéme article aux Marchands de Blé, de faire de telles societés, tant générales que particulieres, avec d'autres que Marchands; mais à la charge d'en passer les actes par écrit, & de les faire enregistrer aux Greffes désignés par le premier article.

Enfin, le dixiéme défend aux Marchands, & à toutes autres personnes, d'énarrher, ni acheter les Blés, & autres grains en verd, sur pied, & avant la recolte, à peine de 3000 liv. d'amende, & de punition corporelle, s'il y écheoit; l'onziéme article déclarant nuls tous tels marchés & énarrhemens de grains, même ceux faits six mois avant la datte de la Déclaration.

Outre ces Déclarations générales, qui sont pour tout le Royaume, la Ville de Paris a des Reglemens particuliers concernant les Blés qui arrivent par eau dans les Ports, & pour les fonctions des Officiers, qu'on nomme Jurés Mesureurs & Porteurs de Blés; sur lesquels les Prévôt des Marchands, & Echevins, ont toute inspection & jurisdiction; n'ayant rien néanmoins à voir sur les Blés, qui sont apportés par terre dans les marchés de cette capitale, dont la connoissance appartient au Lieutenant Général de Police.

Ces Reglemens de la Ville de Paris pour les Blés, sont contenus dans les chapitres 6 & 7 de l'Ordonnance de Louis XIV. du mois de Décembre 1672, concernant la Jurisdiction des Prévôt des Marchands, & Echevins.

Par le premier article du chapitre 6, il est fait défenses à tous Marchands, trafiquans par la riviere, pour la provision de Paris, d'acheter des Blés en verd, & avant la recolte, à peine contre le Vendeur, de confiscation; & d'amende contre l'Acheteur.

Le second article regle, que les Marchands ne pourront acheter des grains, ni des farines, dans l'étendue de dix lieues aux environs de la Ville.

Par le troisiéme, les Marchands, leurs Commissionnaires, ou les Voituriers, sont obligés aussi-tôt après l'arrivée des marchandises de grains, ou farines, d'aller représenter leur lettre de voiture aux Jurés Mesureurs de grains, qui en doivent tenir bons & fidéles registres; desquels lesdits Mesureurs sont tenus d'apporter des extraits tous les lundis au Greffe de la Ville.

Le quatriéme article marque en quel cas les marchandises de grains pourront être descendues à terre, ou mises en greniers; ordonnant que hors lesdits cas, elles demeureront dans les bateaux où elles sont arrivées, jusqu'à ce qu'elles soient entiérement vendues. Les principaux de ces cas particuliers pour la descente des marchandises de grains, sont, si la marchandise est mouillée, ou échauffée, ou si le bateau est en péril; sur quoi les Marchands doivent se pourvoir pardevant les Prévôt des Marchands, & Echevins.

Le cinquiéme permet aux Bourgeois de Paris, de mettre en greniers les marchandises de grains & farines de leur crû, ou qu'ils font venir pour leur provision.

Le sixiéme parle de la qualité de la marchandise de grains, qui doit être bonne, loyale, & marchande; sans mélange, telle dessous que dessus, bien nette, & bien vannée.

Le septiéme défend aux Meûniers, Boulangers, Patissiers, Brasseurs, Maîtres Grainiers, & Regrattiers, d'aller au devant des Marchands & Laboureurs, pour acheter leurs grains.

Les huitiéme & neuviéme articles traitent des Regrattiers, de la quantité de grains qu'ils peuvent acheter, & des mesures dont ils doivent se servir. *Voyez* REGRATTIER.

Le dixiéme regle aussi la quantité de grains & de farines, que les Patissiers & Boulangers peuvent enlever chaque jour de dessus les Ports. *Voyez* BOULANGER, *&* PATISSIER.

Par l'onziéme il est ordonné que, pour empêcher la survente des grains, les Jurés Mesureurs tiendront Registre exact du prix auquel, à l'ouverture de chaque bateau, les ventes des grains auront commencé; lequel prix ne pourra être augmenté.

Enfin, le douziéme article attribue aux Prévôt des Marchands, & Echevins, en cas de disette de Blé, le pouvoir de se transporter dans les lieux assis sur les rivieres, où il y aura abondance de grains; d'y faire ouverture des greniers; & de vendre lesdits grains aux Marchands de Paris, au prix des deux marchés précedens; en laissant néanmoins lesdits lieux suffisamment pourvûs: ordonnant au surplus, que dans ledit tems de disette, les Marchands qui acheteront des Blés, pour être conduits par eau à Paris, en feront leur déclaration aux Greffes des lieux d'où ils enleveront lesdits Blés, avec soumission de rapporter des certificats des Prévôt des Marchands, & Echevins, que les grains y auront été conduits.

On ne dira rien ici du chapitre 7 de cette même

Ordonnance de la Ville, qui traite des Jurés Mesureurs & Porteurs de grains, & de leurs fonctions; remettant à en parler à leurs propres articles. *Voyez* MESUREUR *&* PORTEUR DE BLE'.

*Le Blé froment & méteil, le muid contenant deux tonneaux, c'est-à-dire, douze septiers, mesure de Paris, paye en France de droits de sortie 22 liv. sçavoir 40 s. pour l'ancien droit, & 20 liv. pour la traitte domaniale.*

*Le seigle, 16 liv. 10 sols, dont 30 sols sont pour l'ancien droit, & 15 liv. aussi pour la traitte domaniale.*

Ces droits de sortie reglés par les Tarifs, augmentent souvent, suivant les circonstances ou la rareté des Blés. En 1720 ils furent triplés; & Sa Majesté (Louis XV.) pour en conserver l'abondance dans le Royaume, ordonna par un Arrêt de son Conseil du 13 Mai, qu'à commencer du jour de la publication dudit Arrêt jusqu'à ce qu'il en fût autrement ordonné, il seroit payé pour le Blé, qui sortiroit du Royaume, le triple des droits établis par les Tarifs, Arrêts & Reglemens, sous peine des amendes & confiscations ordinaires & accoûtumées.

A l'égard des droits d'entrée, il n'en est point fait mention dans les Tarifs, si ce n'est pour les Blés entrans par les Provinces d'Anjou, le Maine, & Thouars, qui payent 2 liv. 10 s. le muid, mesure de Paris, pour le froment & le méteil, & 40 s. pour le seigle.

*Déclaration du 19 Avril 1723.*

Le Roi ayant été informé que, contre les Reglemens & les Ordonnances de Police, la plupart des grains, au lieu d'être portés aux halles & marchés publics, étoient vendus dans les magasins & greniers des particuliers; ce qui donnant occasion aux monopoles, causoit souvent la disette de cette sorte de marchandise, au milieu même des recoltes les plus abondantes: Sa Majesté, pour remedier à cet abus, a ordonné par sa Déclaration du 19 Avril 1723, enregistrée au Parlement le 4 Mai suivant, que dorénavant les Blés, farines, orges, avoines, & autres grains, ne pourroient être vendus, achetés, ni mesurés, ailleurs que dans les halles & marchés, ou sur les Ports ordinaires des Villes, Bourgs & lieux du Royaume où il y en a d'établis. Faisant de très expresses inhibitions & défenses à tous Marchands, Laboureurs, Fermiers, Boulangers, Patissiers, Brasseurs de bierre, Meûniers, Grainiers & toutes autres personnes généralement, de vendre ni d'acheter ailleurs que dans les ports, halles & marchés publics, aucuns Blés, farines, & autres grains, ni d'y en envoyer aucune montre ou échantillons, pour les vendre ensuite sur le tas, dans des greniers, granges, maisons, ou magasins particuliers, à peine de confiscation des choses vendues ou achetées hors desdits Ports, Halles, & Marchés, & de mille livres d'amende contre chacun des vendeurs & acheteurs, dont le tiers appartiendra au Dénonciateur, sans que cette peine puisse être reputée comminatoire, ni moderée par aucun Juge sous quelque prétexte que ce soit.

Au surplus, il est ordonné que tous les Edits & Déclarations rendus, concernant le Trafic & Commerce des blés, & la Police des Marchés, seront exécutés selon leur forme & teneur.

*Commerce des Blés à Amsterdam.*

Il se fait à Amsterdam un très grand commerce de toutes sortes de blés, particuliérement de froment, de seigle, & de blé sarasin. On ne parlera ici que du négoce du blé sarasin, renvoyant les deux autres à leurs articles suivant l'ordre alphabétique. *Voyez* FROMENT. *Voyez aussi* SEIGLE.

Il se vend à Amsterdam diverses sortes de sarasin, entr'autres ceux du haut pays, ceux d'Amersfort, ceux du Gooyland, ceux du Brabant & ceux de Flandres.

Tous ces blés sarasins se vendent au last: le prix du sarasin du haut pays, est depuis 14 $\frac{1}{4}$ jusqu'à 15 $\frac{1}{4}$ l. de gros le last: la déduction pour le prompt payement est d'un pour cent.

Le prix du sarasin d'Amersfort & du Gooyland est depuis 14 $\frac{1}{2}$ jusqu'à 15 liv. de gros: même déduction que le précédent.

Le prix de celui de Brabant & de Flandres, est de 13 $\frac{1}{4}$ jusqu'à 16 liv. de gros: déduction comme les autres. *Voyez* l'article des Grains.

Ceux des Etrangers, avec lesquels la France fait le plus grand commerce de ces Blés, sont, les Anglois, les Ecossois, les Irlandois, & les Hollandois, qui les viennent enlever à Nantes, à la Rochelle, & dans quelques autres Ports du Royaume.

Les Espagnols, à qui les Nantois portent ceux de leur crû, & qui en tirent quantité de Bourgogne.

Plusieurs Etats d'Italie, qui s'en fournissent aussi dans cette derniere Province.

Les Suisses & les Genevois, qui achetent ceux de Franche-Comté.

Enfin, les Flamans, qui font venir ceux dont ils ont besoin, de la Champagne, & du Soissonnois.

Quoique toutes ces Nations enlevent beaucoup de Blés de France, elles en tirent cependant encore en plus grande quantité du Nord, & de la Mer Baltique; particuliérement lorsque les recoltes n'ont pas été abondantes dans le Royaume, ou que la guerre en interrompt le commerce.

Hambourg, Bremen sur le Weser, Riga, Revel, Nerva, Pernau, Libaw en Curlande, Conisberg dans la Prusse Ducale, Stetin Capitale de la Pomeranie Polonoise; mais sur tout Dantzic, cette Ville si célébre pour son commerce, & l'Amsterdam du Nord, sont les Ports où il s'en charge d'avantage.

Les magasins de Dantzic sont si vastes, & toujours si bien remplis, qu'en certaines années on enleve de cette seule Ville jusqu'à huit cens mille tonneaux de Blé: aussi les Marchands de Dantzic ont-ils un privilege exclusif pour tous les Blés de Pologne, qui entrent dans leur Ville; n'y ayant qu'eux qui les puissent acheter: mais pour rendre la chose à peu près égale entre le Vendeur & l'Acheteur, les Dantziquois sont tenus de prendre tous les Blés, qui arrivent chez eux, à quelque quantité qu'ils puissent monter, suivant le prix fixé par le Tarif du Magistrat.

C'est aussi dans ce Port si fameux, que les François vont, dans les tems de disette, chercher, ainsi que les autres Nations, les Blés qui leur manquent, & dont dans l'abondance, ils ont coûtume de secourir leurs voisins.

*On peut voir au sujet des Blés du Nord, ce qu'on en a dit ci-devant dans l'Etat général du Commerce, à l'endroit où il est parlé de celui Dantzic, & de la Mer Baltique, page 297.*

Ce sont les Provençaux, qui font le plus grand commerce des Blés de Barbarie, qu'ils portent ensuite dans plusieurs Ports d'Italie, & particuliérement à Genes; d'où après ils se répandent à Rome, & dans les principales Villes de l'Etat Ecclésiastique, du Royaume de Naples, & même du Duché de Milan.

Le Bastion de France, & les Ports de la Calle, du Cap de Rose, de Bonne, & de Colle, qui en dépendent, sont les lieux d'où l'on tire la plus grande quantité de Blés; les Maures Auleddalis, gens laborieux, qui habitent 'assez avant dans les terres, les conduisant jusqu'à la mer, pour les vendre aux François.

La mesure, dont ils se servent pour ce commerce, s'appelle *Gautte*, & contient environ trente boisseaux. Le prix des Blés se fait avec eux au commencement de la recolte; & chaque mesure s'achete depuis une piastre jusqu'à deux, qui se revend à Genes depuis deux piastres trois quarts, jusqu'à trois piastres & demi au moins; mais à la mesure Genoise, qui est d'un cinquiéme plus petite que celle des Maures; ensorte que c'est encore un bénéfice de vingt pour cent pour le Vendeur.

On peut traiter avec les Maures du Bastion de France, & de ses dépendances, environ cinquante mille mesures de froment, & beaucoup plus d'orge, & d'autres grains; outre ce qu'on en peut tirer des autres Ports de cette Côte.

L'Auteur du Parfait Négociant, qui parle de ce négoce des Blés de Barbarie, dans le Chapitre 9 du Livre 5 de la seconde Partie de son Ouvrage, y ajoute quelques maximes, ou observations, tant sur le commerce des blés en général, que sur celui qui s'en fait au Bastion de France par les Provençaux, dont le Lecteur ne sera pas fâché de trouver ici un extrait.

Il fait d'abord remarquer le risque qu'il y a de se charger de cette marchandise; qui ne pouvant gueres apporter de profits considérables, que dans des tems de disette; & n'arrivant que trop souvent tard dans les Ports, pour lesquels on a chargé, à cause des fortunes de mer, qui peuvent retarder le voyage, quand même on éviteroit celles des Corsaires, est plus propre à ruiner un Marchand, qu'à l'enrichir. Il croit néanmoins, qu'en observant quelques principales maximes, & faisant ce commerce avec prudence, il peut réussir, & n'être pas infructueux.

Il veut 1°. Qu'on ait une parfaite connoissance de la qualité des Blés, des lieux où ils croissent, & de ceux d'où on les tire; les uns étant de meilleure garde que les autres, & donnant plus de farine.

2°. Qu'on sçache toutes les différences & les proportions des mesures auxquelles on les achete, d'avec celles auxquelles on les doit vendre, pour tâcher d'y trouver quelque bénéfice.

3°. Qu'on ait des lieux propres & bien secs pour la garde des Blés qu'on a achetés, à cause de la nécessité où l'on est souvent de les garder plusieurs années; n'y ayant pas grand profit, à moins que ce ne soit dans des occasions rares & extraordinaires, de les vendre, comme on dit, d'une main à l'autre.

4°. Si ce sont des Blés du Bastion de France, de les acheter au commencement de la recolte, & lorsqu'elle est abondante; étant toujours considérablement à meilleur marché dans ces tems-là.

5°. D'avoir des Correspondans sûrs & attentifs à Genes, à Rome, & dans les principales Villes d'Italie, où particuliérement se fait la consommation des Blés de cette Echelle, pour être averti à tems de la rareté & du prix des Blés, afin de n'y en envoyer qu'à propos.

6°. Enfin, que pour le transport de ces Blés, on les place avec grand soin dans les endroits les plus secs des vaisseaux, & les moins exposés à l'eau de la mer, pour éviter qu'ils ne soient emmarinés, ou qu'ils ne germent; ce qui cause des déchets considérables, & même quelquefois la perte entiere de la cargaison d'un vaisseau.

*L'on trouvera dans l'article général des mesures, & dans les articles particuliers de ce Dictionnaire, où sont expliqués les rapports qu'elles ont les unes aux autres, de quoi ne rien ignorer de ce que M. Savary demande dans sa seconde Observation; & l'on peut voir les cinq autres, plus au long expliqués, à l'endroit cité de son Parfait Négociant.*

BLE' DE TURQUIE, qu'on nomme autrement MAYS. Est une plante, dont le grain est rond, & de la grosseur d'un pois. On l'appelle Blé de Turquie; parce que plusieurs endroits des Etats du Grand-Seigneur, en produisent en quantité. *Voyez* MAYS.

BLE' NOIR, ou BLE' SARASIN. Plante, dont les fleurs sont rouges, & la graine noire. Quelques-uns distinguent ces deux Blés. *Voyez* SARASIN.

On appelle PETITS BLE'S, les grains que l'on seme en France au mois de Mars, comme l'orge, l'avoine, les pois, les vesses, &c. *Voyez ces articles.*

BLE' METEIL. C'est un mélange de plusieurs sortes de Blés, particuliérement de froment & de seigle. *Voyez* METEIL.

BLE' BARBU, en Latin *Melica*. Espece de millet, dont les tiges s'élevent à la hauteur de huit à neuf pieds. *Voyez* MILLET.

BLE' LOCULAR, autrement FROMENT LOCAR, FROMENT ROUGE, & plus communément SPEAUTRE. Espece d'orge, dont le grain est menu, & d'un rouge-brun. *Voyez* LOCULAR.

BLE' SEIGLE. Il différe du froment, en ce que ses feuilles sont plus étroites, ses épics plus longs, plus fermes, & plus applatis. *Voyez* SEIGLE.

BLEREAU, que l'on écrit plus ordinairement BLAIREAU, & que l'on appelle quelquefois TESSON, ou TAISSON. Animal sauvage à quatre pieds, qui fournit plusieurs choses pour le commerce. *Voyez* BLAIREAU.

BLEU. Ce qui est de couleur bleue, c'est-à-dire, de couleur d'azur.

Le Bleu est une des cinq couleurs simples, & matrices, dont les Teinturiers se servent pour la composition des autres.

Le Bleu des Teinturiers se fait avec le pastel, qui croît dans le haut Languedoc; le vouede, ou petit pastel, qui vient de Normandie, & l'indigo qu'on apporte des Indes.

De ces trois drogues, le pastel est la meilleure, & la plus nécessaire à la teinture. Le vouede, quoique moindre en qualité, en force, & en substance, fait aussi une assez bonne couleur: mais l'indigo ne fait qu'une fausse couleur, qu'on peut néanmoins employer, si on n'en mêle pas au-delà de six livres sur chaque grosse balle de pastel, & si on ne l'employe, qu'après être apprêté dans la bonne cuve, & dans les deux premiers réchaux: aussi est-il défendu de l'employer autrement qu'avec le pastel, & sans être apprêté avec la cendre gravelée.

Le vouede, qui a fort peu de substance, ne peut être employé seul, ni corriger le défaut de l'indigo, à moins qu'il ne soit aidé du pastel; mais si on l'employe seul avec l'indigo, il ne faut gueres plus d'une livre d'indigo sur un cent pésant de Vouede.

Quelques Teinturiers, pour augmenter la couleur du Bleu, se servent du bois d'Inde, Bresil, & Orseille; mais l'Ordonnance de 1669, article 5, leur a défendu de s'en servir, ni d'en avoir chez eux.

Le Bleu se peut aviver, en passant l'étoffe, après être teinte & bien lavée, sur de l'eau tiede; & il s'avive encore beaucoup mieux en faisant fouler l'étoffe teinte avec du savon fondu, & la faisant ensuite bien dégorger.

Les Bleus Turquins, & au-dessus, s'avivent en les passant sur un bouillon, & ensuite sur un cochenillage; mais les Bleus célestes, & au-dessous, griseroient, & perdroient leurs couleurs, si on les y passoit.

Les nuances du Bleu sont, Bleu Blanc, Bleu Naissant, Bleu Pasle, Bleu Mourant, Bleu Mignon, Bleu Céleste, Bleu Reine, Bleu Turquin, Bleu de Roi, Fleur de Guede, Bleu Pers, Aldego, & Bleu d'Enfer.

Les étoffes qu'on teint en Bleu, se font de blanc en Bleu, sans autre préparation, que celle qu'elles reçoivent du foulon.

Afin de sçavoir si le fonds, ou pied de Bleu a été effectivement donné aux étoffes, les Teinturiers sont tenus de laisser au bout de chaque piece, une rose bleue de la grandeur d'un écu d'argent. *Reglement de 1669, art. 34.*

Le chef-d'œuvre des Teinturiers du bon teint, consiste à tirer la teinture bleue du pastel, depuis la nuance la plus brune jusqu'à la plus claire, & l'appliquer sur les étoffes de draperie. *Réglement de 1669, art. 50.*

Le Bleu ne manque jamais, si la couleur en est bonne. *Voyez* COULEUR.

Le Bleu des Peintres est différent, suivant les différentes especes de peinture, où l'on veut travailler. L'outremer, les cendres bleues & l'émail s'employent également en huile à fresque, en détrempe, & en miniature. Ces trois sortes de Bleus, dont on traite à leur article particulier, sont naturelles, si l'on en excepte l'émail, qui tient presque autant de l'art que de la nature. Il y a aussi un outremer, qui est tout factice, dont on donne la recette à son article. L'inde, ou indigo préparé, est encore une couleur bleue, dont l'on se sert en huile, & en miniature. *Voyez* INDE, *ou* INDIGO.

Ce sont les Marchands Droguistes-Epiciers, qui vendent ces sortes de couleurs, soit en poudre, soit broyées à l'huile.

Le Bleu des Peintres-Emailleurs, & des Peintres sur verre, se prépare par ceux mêmes qui les employent; chacun ayant sa maniere de le faire. *Voyez* PEINTRE, *&* PEINTURE SUR EMAIL ET SUR VERRE.

On appelle Azur de Hollande, l'émail qui se prépare à Amsterdam, & en quelques autres endroits des Provinces-Unies. Il est plus propre pour le linge, que pour la peinture.

BLEU DE TOURNESOL. C'est un Bleu propre à peindre sur le bois, qui se fait avec la graine de cette plante. On employe quatre onces de tournesol, que l'on fait bouillir pendant une heure dans trois chopines d'eau, où l'on a auparavant éteint de la chaux vive. *Voyez* TOURNESOL.

BLEU DE FLANDRES. C'est un Bleu tirant sur le verd, que l'on n'employe gueres que dans les paysages. On l'appelle autrement, *Cendre verte. Voyez* CENDRE.

BLEU. Les Curandiers, ou Blanchisseurs de toiles fines, disent, Donner le Bleu à une toile; pour signifier, la faire passer dans une eau, où ils ont fait dissoudre un peu d'amidon, avec de l'émail, ou azur de Hollande. On donne ordinairement deux Bleus aux baptistes; l'un, qui est le Bleu du blanchiment, par les Curandiers; & l'autre, le Bleu de l'apprêt, par les Marchands. *Voyez* BLANCHIR, *où il est parlé de la maniere de blanchir les toiles de lin fines à Saint Quentin, & autres lieux de Picardie.*

BLEU. L'on se sert aussi de Bleu dans le blanchiment des soies, pour leur donner cet œil bleuâtre, qui en releve la blancheur & l'éclat. Le Bleu des soies se donne à froid dans une cuve d'eau claire, où l'on a détrempé un peu de savon & d'indigo. *V.* BLANCHIR, *où l'on traite du blanchiment des soies.*

BLEUASTRE. Couleur qui tire sur le bleu.

BLEUIR. Terme de Doreur sur métail. C'est chauffer le métail, sur lequel on veut appliquer l'or, ou l'argent en feuilles, jusqu'à ce qu'il prenne une espece de couleur bleue. *Voyez* DORURE AU FEU.

## BLO

BLOC. Se dit ordinairement du marbre, & signifie un morceau de marbre, tel qu'on le tire de la carriere. On s'en sert aussi en même signification pour la pierre. *V.* MARBRE. *Voyez aussi* PIERRE.

BLOC, en termes de Commerce. Se prend pour plusieurs pieces, ou sortes de marchandises, considérées & estimées toutes ensemble. Ainsi l'on dit, Ce Marchand a acheté toutes les marchandises de cette boutique, de ce magasin, en Bloc.

On dit aussi, Faire un marché en Bloc & en tâche; lorsque, sans entrer dans le détail de ce que chaque chose doit coûter en particulier, on convient d'un certain prix pour un ouvrage, ou pour une entreprise. J'ai fait marché en Bloc & en tâche avec ce Voiturier, pour m'amener mes marchandises franches de tous droits.

BLOC. Les Orfévres & Ciseleurs appellent Bloc, une espece de billot de plomb, plat, & tout rond, haut de trois pouces, & de dix-huit de circonférence, sur lequel ils posent leurs ouvrages, lorsqu'ils veulent graver & ciseler en creux. Plusieurs autres Ouvriers, & Artisans, se servent aussi du Bloc de plomb; entr'autres les Chaudronniers, Serruriers, Ceinturiers, &c.

BLOC. Terme de Sucrerie. On appelle ainsi aux Isles Françoises de l'Amérique, un morceau ou tronc de bois de vingt-quatre pouces de diametre, soutenu sur trois ou quatre pieds aussi de bois, haut, les pieds compris, de trois pieds. C'est sur ce Bloc que les rafineurs cerclent ou cappent leurs formes. *Voyez* FORMES.

BLOCAGE. On donne quelquefois ce nom au moellon, qui se mesure, & qui se vend à la toise. Proprement ce n'est que le garni dont on remplit les vuides entre le gros moellon, ou les pierres de taille, qui servent de parement. *Voyez* MOELLON.

BLOIS. Ville de la Généralité d'Orléans, où l'on fabrique des Serges de différentes sortes. *V.* l'Etat général, page 88.

BLOQUER. Terme d'Imprimerie. Il se dit, quand le Compositeur n'ayant point assez de quelque sorte de lettres, en met d'autres renversées à la place de celles qui lui manquent, en attendant que quelque forme ait été distribuée, pour en fournir. *Voyez* IMPRIMERIE.

## B L U

BLUETTE DU RHIN. Espece de laine, qui vient d'Allemagne. *Voyez* LAINE *d'Allemagne & du Nord.*

BLUTEAU. Nom que l'on donne à une sorte d'étamine, ainsi nommée, parce qu'entre autres usages on s'en sert pour bluter la farine. *Voyez* ESTAMINE, *vers la fin de l'article.*

BLUTEAU. Instrument, dont les Meûniers & les Boulangers se servent pour séparer le son, de la farine; avec cette différence, que le Bluteau des Boulangers se tourne avec une manivelle; & que celui des Meûniers a un mouvement, que lui communiquent les roues du Moulin; en sorte que la farine est blutée en même tems qu'elle est moulue.

Le Bluteau est composé de deux principales parties; du Bluteau proprement dit; & de la caisse ou coffre du Bluteau. La caisse est un grand bahu de bois, long de sept ou huit pieds, & de dix-huit ou vingt pouces en carré, élevé sur quatre ou six soutiens, aussi de bois, en forme de pieds. A un des bouts du couvercle, est un trou pour donner entrée au grain moulu, dans le Bluteau; & à l'autre extrémité de la caisse, est un autre trou, pour que le son en puisse sortir: enfin, sur le devant sont deux, ou plusieurs guichets, qui se ferment avec des targettes, qu'on ouvre, pour en tirer les diverses sortes de farine, qui ont été blutées.

A l'égard du Bluteau proprement dit, c'est un long & gros cylindre, composé de plusieurs cerceaux, couverts d'une étamine très claire, quelquefois de soie, quelquefois de laine, & souvent de l'une & de l'autre ensemble, à travers de laquelle passe le plus fin du grain moulu.

Ce cylindre d'étamine a ordinairement trois ou quatre divisions de différente finesse, à commencer par les plus fines; ce qui fait trois ou quatre dégrés de farine, que quelques-uns nomment simplement premiere, seconde, troisiéme Farine, & Gruau; & d'autres, fine fleur de Farine, Farine blanche, Farine, & Gruau.

Comme le Bluteau est couché un peu en penchant dans sa caisse, & qu'il est sans cesse agité par la manivelle, ou par le mouvement du moulin, le grain moulu, qui y tombe, roulant successivement par chaque division du cylindre, laisse sous chacune la farine convenable à la finesse de l'étamine par où elle a passé; en sorte que le plus gros, qu'on nomme le Son, n'en trouvant point par où il puisse s'échapper, tombe au bout du Bluteau, par le trou de la caisse, menagé, comme on l'a dit, à l'extrémité. *Voyez* FARINE.

BLUTEAU. C'est aussi parmi les Courroyeurs, un paquet de laine, fait de quelque vieux bas d'estame, dont on se sert pour essuyer les cuirs, tant de chair, que de fleur, quand on les a chargés de biere aigre. *Voyez* COURROYEUR.

BLUTER. Séparer la farine d'avec le son, par le moyen d'un bluteau. On appelle, farine blutée, la farine qui a passé par le bluteau.

## B O B

BOBELIN. Ancienne chaussure, dont se servoit le commun du peuple. Les Savetiers de Paris, qui ont conservé parmi leurs titres la qualité de Bobelineurs, avoient, exclusivement aux Cordonniers, la permission de faire des Bobelins.

BOBELINEURS, Faiseurs de Bobelins. Ce sont ceux que l'on appelle présentement Savetiers, ainsi nommés dans leurs anciens Statuts, du nom d'une espece de souliers, de forme antique, qu'il leur étoit permis de faire. *Voyez* SAVETIER.

BOBINE. Petit morceau de bois tourné en forme de cylindre, qui a un rebord à chaque bout; percé pour être traversé d'une menue broche, ou pivot de fer, qui sert à filer au rouet, ou à devider du fil, de la laine, du poil, du coton, de la soie, de l'or, de l'argent.

Il y a des Bobines de différentes grosseurs, & longueurs, suivant les matieres que l'on veut filer ou devider.

A Amiens, on se sert ordinairement du terme de Buhot, au lieu de Bobine. Il y a aussi des especes de Bobines, que l'on appelle Rochets, ou Roquets. *Voyez* BUHOT, & ROCHET.

BOBINER. Signifie devider sur la bobine, du fil, de la laine, du poil, du coton, de la soie, de l'or, de l'argent, après qu'ils ont été filés.

BOBINEUSES. Nom que l'on donne, dans les Manufactures, particuliérement dans celles de lainages, à certaines femmes, dont l'emploi ordinaire est de devider sur des bobines, ou rochers, le fil destiné pour ourdir les chaînes des étoffes.

## B O C

BOCAGE. Nom qu'on donne en général, à toutes les especes de linge ouvé, qui se font en basse Normandie, particuliérement aux environs de Caen. *Voyez* LINGE.

BOCAL, en Italien BOCCALE. Mesure des liquides, en usage à Rome. Le Bocal est proprement ce qu'on appelle en France une bouteille. Il contient un peu plus que la pinte de Paris. Il faut sept Bocals & demi pour la rubbe, ou *rubbia*; & treize rubbes & demi pour la brante, qui ainsi contient quatre-vingt-seize Bocals.

BOCARA. *Voyez* BOGHAR.

BOCKING. On nomme en Hollande Haring Bocking, ce qu'on appelle en France Hareng fumé ou soret. La nouvelle Liste ou Tarif de Hollande de 1725, en distingue de trois sortes; sçavoir les Bockings en général, ceux pêchés les treize jours après la Chandeleur, & ceux de Mars; qu'on nomme aussi Meybockins. Ces trois sortes de Harengs sont francs d'entrée, à l'égard de la sortie ils en payent les droits diversement.

La premiere sorte, à raison d'un florin dix sols le last de 10000 ou 20 paillis. La seconde sorte 15 s. du même last. Et la derniere sorte, seulement 5 sols. *Voyez* cette liste ou Tarif à l'article LISTE.

## B O D

BODINE. On nomme ainsi dans quelques endroits la quille d'un vaisseau.

BODINERIE. Espece de Contrat qui est en usage sur les côtes de Normandie. C'est une sorte de prêt à la grosse Avanture, qui est assigné sur la Quille ou Bodine du vaisseau, & où l'on hypoteque non seulement le corps du vaisseau; mais encore les marchandises qui y sont chargées. *Voyez* GROSSE AVANTURE.

La Bodinerie differe du Contrat d'Assûrance, en ce qu'on ne paye point de prime, & qu'il n'est rien dû en cas de naufrage, prise d'Armateurs, Pirates, Corsaires, mais seulement quand il arrive heureusement à bon port, on paye la somme principale avec l'interêt ou profit maritime stipulé dans ledit Contrat.

Il est encore différent du Contrat d'Assûrance pour la negative ou contestation, en ce que c'est au Créancier de prouver devant les Juges de l'Amirauté, que le Navire est arrivé à bon port, pour déclarer l'obligation de Bodinerie exécutoire, & établir son droit de Créance; ce qui n'est pas dans les Polices d'Assûrance, où c'est à l'Assûré de justifier la perte, prise ou naufrage dudit Navire pour son remboursement de la chose assûrée.

BODRUCHE. *Voyez* Baudruche.

## B O E

BOESSE, qu'on nomme aussi GRATTE-BOESSE. Instrument de plusieurs fils de léton, joints ensemble en forme de brosse ronde, avec lequel on ébarbe, dans les Hôtels des Monnoyes, les lames d'or, d'argent, & de cuivre, au sortir des moules, pour les mettre en état d'être passées au dégrossi & au laminoir. *Voyez* Monnoyage au Moulin.

Les Sculpteurs ont aussi des Boesses, ou Grattes-boesses, pour adoucir leurs ouvrages lorsqu'ils travaillent sur les métaux; & c'est encore un outil de Ciseleur. *Voyez* Gratte-boesse.

BOESSER, ou GRATTE-BOESSER. Ebarber les lames des métaux qui servent au monnoyage, ou nettoyer avec la boesse les ouvrages de sculpture, & de ciselure, qui se font de bronze, & de plomb. *Voyez comme dessus.*

BOESTE. Petit vaisseau, qui ferme avec un couvercle, & qui sert à renfermer diverses sortes de marchandises, ou autres choses que l'on veut conserver, comme rubans, confitures, fruits secs, dragées, &c.

Il y a des Boëtes de plusieurs matieres, grandeurs, & formes, de bois, de carton, de cuir, &c. de petites, de moyennes, de grandes, de longues, de quarrées, de rondes, d'ovales, de creuses, de plattes, &c. de garnies, de ferrées, de peintes, de non peintes, &c.

Toutes ces sortes de Boëtes payent en France, les droits d'entrée & de sortie, suivant leurs différentes qualités & façons.

### Droits de Sortie.

*Les Boëtes ferrées, le cent pésant, 26 sols.*

*Les Boëtes de sapin, de Foncine, & autres lieux, le char, 40 sols.*

*Les Boëtes de sapin, peintes, & cabinets d'Allemagne, Flandre, & autres lieux, de peu de valeur, comme mercerie, 3 liv.*

*Les Boëtes non peintes, le cent pésant, 30 sols.*

### Entrées.

*Les Boëtes de sapin, venant de Foncine, & d'ailleurs, le char, 16 sols.*

*Les Boëtes blanches à mettre confitures, & autres non peintes, le cent pésant, 16 sols, par le Tarif de 1664.*

*Et les Boëtes ferrées, malles, & bougettes aussi-bien que les Boëtes de sapin peintes, 10 liv. pareillement du cent pésant, suivant l'Arrêt du Conseil du 3 Juillet 1692.*

Boeste, ou Poche de Navette. Terme de Manufacture. C'est la partie creuse qui est dans le milieu de la navette, dans laquelle l'on renferme l'espoule, qui est une portion du fil de la treme d'une étoffe, ou d'une toile, devidée sur un petit morceau de roseau. *Voyez* Navette.

Boeste. Les Vitriers appellent Boëte à poix-raisine, une espece de petite gourde à long col, percée par le bout, dans laquelle ils mettent la poix-raisine en poudre, dont ils se servent pour faire tenir la soudure des plombs de leurs panneaux, & des liens.

Boeste. Se dit aussi de plusieurs sortes d'outils & d'instrumens, dont divers Ouvriers & Artisans se servent pour la fabrique de leurs ouvrages.

Boeste de Montre. Terme d'Horloger. C'est une petite Boëte de métail, ou de cuir, dans laquelle on met une montre de poche. On appelle aussi Boëte, les escabelons sur lesquels on met les horloges à poids pour enfermer les cordes & les poids qui leur donnent le mouvement. La Boëte d'une pendule de chambre, est cette petite caisse, ordinairement de marqueterie, avec divers ornemens de bronze, dans laquelle se place le rouage de la pendule.

Boeste. En terme de monnoie, se dit du petit coffre où l'on enferme les diverses especes de monnoies qui ont été essayées & pesées. *Voyez* Monnoyage.

Il se dit aussi, en terme de balancier de médailles, de l'endroit où l'on met le carré des médailles, quand on les frappe. *V.* Balancier.

Boeste a Forets. On appelle ainsi chez les Serruriers, & autres Ouvriers qui se servent de forets pour forer & percer les métaux, un cylindre de bois, en forme de bobine, dans le milieu duquel passe la queue du foret. C'est sur cette Boëte que l'on met la corde de l'archet, quand on veut forer. *Voyez* Foret.

Boeste. Est encore cette partie du villebrequin où on attache la méche. *Voyez* Villebrequin.

Boeste. Se dit pareillement, en terme de Tourneur, d'une piece de bois de deux ou trois pouces de long, qui s'ajoute à vis au mandrin, ou à l'arbre d'un tour, lorsqu'on veut tourner quelque ouvrage en l'air, ou lui faire des vis & des écroues, tant en dedans, qu'en dehors. Cette piece est de figure cylindrique, arrondie par l'extrémité qui touche l'arbre ou le mandrin, & platte par l'autre: le côté arrondi a un écroue, pour recevoir la vis de l'une ou l'autre de ces deux pieces, & l'on attache sur le côté plat, ou avec du mastic, ou avec quelques petites pointes qui y sont préparées pour cet usage, le morceau de bois, de corne, d'yvoire, ou d'autre matiere qu'on veut tourner. La Boëte est toujours audehors de la lunette. *Voyez* Tour.

En général, on appelle Boëte chez les Artisans, les ais qui servent à revêtir d'autres pieces de bois, comme poutres, ou solives, ou les trous où entrent d'autres pieces. Dans ce sens, les Charrons appellent la boëte d'une roue, l'ouverture où tourne l'essieu. Les Imprimeurs nomment aussi Boëte, la piece de bois trouée, où entre l'arbre de la Presse. *Voyez* Imprimerie, *à l'article de la description de la presse.*

Les Imprimeurs en Taille-douce nomment aussi Boestes, quatre morceaux de bois faits en demi-cercle & couverts d'une tole en dessous, qui sont au dessus & au dessous des tenons des roufeaux de leur Presse. *V.* IMPRIMEURS EN TAILLE-DOUCE.

BOESTE A LA FEUILLE, ou BOESTE-FEUILLE. Espece de petite Boëte de sapin, longue d'environ trois pouces & demi, sur un pouce & demi de haut, & deux pouces de large, dont le couvercle est à coulisse, qui renferme ordinairement six petites feuilles quarrées de cuivre batu très mince, qu'on appelle paillons, roulées séparément, & nouées par le milieu d'un petit brin de fil.

Ces sortes de feuilles, ou paillons, qui sont colorées d'un côté, de rouge, de verd, de bleu, de jaune, de gris de lin, ou de quelqu'autre semblable couleur, très vive & très brillante, servent à mettre par petits morceaux dans le fond des chatons des pierres précieuses ou cristaux, pour en relever la couleur, ou pour leur en donner une particuliere, qu'elles n'ont pas.

Les Boëtes à feuilles se tirent d'Allemagne, particuliérement de Nuremberg, & font partie du négoce de Marchands Merciers-Quinquailliers.

Il se fait aussi à Paris des paillons de toutes les couleurs, mais en petite quantité, dont les Ouvriers font une estime toute particuliere, les préférant à ceux d'Allemagne.

BOESTIER. Espece de petite Boëte, ordinairement de chagrin ou de maroquin, doublée de velours, dans laquelle les Marchands Jouailliers mettent leurs bagues & leurs bijoux. Il se dit aussi d'une petite Boëte ovale, d'argent, ou de fer blanc, séparée en plusieurs petites cellules, dans laquelle les Maîtres Chirurgiens mettent plusieurs sortes d'onguens, les plus d'usage, pour les porter sur eux, & les avoir à la main dans les occasions. *Voyez* JOUAILLIER & CHIRURGIEN.

BOETE, BOETTE. *Voyez* BOITTE.

BOEUF. Taureau qu'on a châtré, pour l'engraisser, ou pour le rendre plus docile à porter le joug pour le labourage, ou pour le charroy. *Voyez* TAUREAU.

Quoique le Bœuf, si utile à l'homme, soit assez connu dans toutes les parties du monde, & surtout en Europe, pour ne pas s'arrêter à en faire la description; on a cru cependant à propos de ne pas l'oublier dans un Dictionnaire de Commerce, à cause de la quantité de diverses marchandises qu'on en tire, & dont il se fait un très grand négoce.

Il y a en France des Marchands fort riches, qui ne font d'autre commerce que de Bœufs, soit pour le tirage, soit pour la boucherie. Les premiers les achetent tout jeunes, & les vendent aux Laboureurs & aux Voituriers. Les autres les vont chercher dans les Provinces où ils sont engraissés, pour les faire conduire ensuite dans les foires & marchés des Villes & Bourgs du Royaume, où ils les vendent aux Bouchers, qui les tuent, pour en débiter la chair à la livre ou à la main, dans leurs étaux particuliers, ou dans les boucheries publiques.

Avant que de passer aux diverses marchandises qu'on tire du Bœuf, on va donner ici quelques avis, dont les Marchands de Bœufs peuvent avoir besoin pour leur commerce.

Les Bœufs ne vivent ordinairement que jusqu'à quatorze ans. A trois, ils sont propres à tirer; & à dix, il faut les retirer du chariot, ou de la charue, pour les mettre à l'engrais.

L'âge des Bœufs, aussi-bien que l'âge des chevaux, se connoît aux dents. A dix mois, ils jettent leurs premieres dents de devant, & en poussent d'autres plus larges, & moins blanches. A dix-huit mois, une autre partie de leurs dents de lait tombe encore, & le reste dans les dix-huit mois qui suivent; en sorte qu'à trois ans toutes leurs dents sont égales, & qu'ils ne marquent plus. Quelques-uns croyent qu'on peut voir aussi l'âge du Bœuf sur ses cornes, & que chaque anneau qui se forme à leur extrémité, indique chacune de leurs années; mais bien des Marchands de Bœufs très habiles, estiment cette connoissance moins sure que celle des dents, & ne s'y fient gueres.

Les Bœufs destinés au tirage, doivent être faciles à manier, d'une taille médiocre, & raisonnablement chargés de graisse.

Quoiqu'il y ait des Bœufs excellens de tout poil, les Marchands y doivent néanmoins faire attention.

Le poil doux, luisant, & épais est une bonne marque: le poil rare, mal-uni & rude, en est au contraire une mauvaise.

Le Bœuf, sous poil tout noir, est lourd & nonchalant; mais c'est un signe de vigueur, s'il a quelque blancheur aux pieds ou à la tête.

Le poil rouge est le meilleur; cette couleur dénotant du feu & de l'ardeur: on estime le bay à peu près de même: du blanc aux extrémités ne gâte rien ni à l'une, ni à l'autre couleur.

Les Bœufs, sous poil brun, sont médiocres, leur ardeur ne durant pas long-tems; le poil moucheté est encore moins bon; le blanc & le gris ne valent rien; en récompense ce sont les meilleurs pour engraisser, à la réserve du poil gris, qui ne réussit pas même à l'engrais.

*Engrais des Bœufs.*

On met ordinairement à l'engrais les Bœufs qui ont servi au tirage, d'où on les tire communément à l'âge de dix ans: on en engraisse néanmoins quelquefois de beaucoup plus jeunes, soit de ceux qui se ruinent de bonne heure au harnois, soit de ceux qui n'y ont jamais été propres. Les vieux ne s'engraissent jamais bien.

Tant que les Bœufs sont à l'engrais, on ne doit aucunement les faire travailler, & l'on ne peut en prendre un trop grand soin, soit pour les envoyer aux pâturages pendant l'été, soit pour leur nourriture pendant l'hiver.

En quelque tems qu'on veuille engraisser les Bœufs, il faut, les premiers huit jours, leur donner, soir & matin, un sceau d'eau, échauffée au soleil, ou tiédie sur le feu, dans laquelle on aura jetté trois picotins de farine d'orge, sans avoir été blutée, & qu'on aura laissé reposer quelque tems: observant de ne leur donner d'abord que l'eau blanche, & de leur réserver le reste pour le soir.

En été, c'est-à-dire, depuis le mois de Mai, jusqu'à la Saint-Martin, il faut les envoyer aux pâturages après que la rosée est tombée; les ramener à l'étable pendant la grande chaleur, & ensuite les remettre aux herbages jusqu'au soir, ne leur épargnant pendant la nuit, ni la litiere, ni les herbes nouvellement cueillies.

En hiver, ce qui s'entend depuis la Saint-Martin, jusqu'au mois de Mai, il faut les renfermer dans l'étable, les y tenir chaudement, leur donner du foin autant qu'ils en veulent, pendant le jour & la nuit; & le soir, leur faire des pelotes de farine de seigle, d'orge, ou d'avoine, pétrie avec de l'eau tiéde & du sel. Dans le tems des raves, on peut leur en donner de fraîches; & dans la saison des vendanges, du marc de raisins, mêlé avec trois picotins de son, le tout dans de l'eau chaude.

*Marchandises propres au commerce que l'on tire du Bœuf.*

La chair de Bœuf se sale, pour la pouvoir transporter plus facilement, sans se corrompre, dans les pays où elle peut être vendue avec avantage.

Les Marchands des différens ports du Royaume, particuliérement ceux de Saint-Malo & de Nantes en Bretagne, en font des cargaisons considérables, pour la Martinique, & autres Isles Françoises de l'Amérique: ils la tirent presque toute d'Irlande, d'où elle leur est envoyée par barils, ordinairement du poids de deux cens livres.

Les peaux de Bœufs, qu'on appelle autrement cuirs, se vendent en poil, c'est-à-dire, ou verds, ou salés, ou secs, & sans poil; ce qui comprend les cuirs tannés, ceux apprêtés à la façon de Hongrie, & ceux passés en huile, à la maniere des Bufles.

Outre les cuirs de Bœuf qui sont du crû de France, on en apporte de secs en poil, de presque tous les lieux où les François vont négocier, tant dans l'Orient que dans l'Occident; sur-tout des Indes, du Perou, de Barbarie, de Madagascar, du Cap-Verd, du Senegal, de Moscovie, & d'Irlande.

Les Marchands de Rouen, entr'autres, font un grand négoce de ceux de Barbarie & de Saint-Domingue, qui leur sont apportés par les vaisseaux François qui reviennent des Indes Occidentales.

Il se fait aussi un grand négoce de peaux de Bœufs à Constantinople, d'où les François, Anglois, & Hollandois en tirent, année commune, jusqu'à cinquante mille. Elles sont de trois sortes. Les unes, qui sont les meilleures, s'appellent les *premiers Couteaux*; ce sont celles des abbatis qui se font depuis Juin jusqu'à Novembre. Les secondes sont les *Patrements*, qu'on leve de dessus les bêtes en Novembre & Décembre. Les troisiémes se nomment *Acrements*, qui viennent de la Mer noire, & qui pour la bonté, approchent des premiers Couteaux. *Voyez leurs articles, & celui des* Cuirs.

Les os de Bœufs s'employent par les Tourneurs, Tabletiers, Couteliers, & Patenostriers, dans leurs différens ouvrages. On les brûle aussi, pour faire ce qu'on appelle du noir d'os, qui sert à la peinture, & à faire l'encre pour imprimer en taille-douce. *Voyez* Os, *&* Noir d'Os.

Des rognures des peaux, des cartilages, des pieds, & des nerfs bien bouillis, & dissous dans l'eau, se fait la colle forte, soit celle qu'on fabrique en France, soit celle d'Angleterre, ou de Flandre. *Voyez* Colle forte.

Le poil de leur queue, le plus long, après avoir été cordé & bouilli, pour le friser, fournit une partie du crin que les Tapissiers, & autres Ouvriers employent; & du poil court, on en fait de la bourre, dont on remboure plusieurs meubles de peu de conséquence, des selles pour monter à cheval, des bâts de mulets, &c. Il se consomme aussi beaucoup de poil de Bœuf à Rouen, & à Elbœuf en Normandie, pour les Manufactures de Tapisseries que l'on nomme bergames. *Voyez* Crin. *Voyez aussi* Bourre.

La corne de Bœuf, soit de la tête, soit des pieds, s'amollit par le feu, & se prépare pour quantité d'ouvrages, comme peignes, tabatieres, lanternes, écritoires de poche, étuits à cure-dents, &c. *Voyez* Corne.

Le nerf qui se tire de la partie génitale du Bœuf, étant sec & préparé en maniere de filasse, s'employe par les Selliers, & Faiseurs de battoirs de jeu de paume, qui l'achetent des Marchands Quinquailliers. *Voyez* Nerf de Boeuf.

Les boyaux de Bœuf bien dégraissés & préparés, s'appellent *Baudruche*; ils servent à faire des moules pour battre l'or & l'argent, pour le réduire en feuilles propres à la dorure. *Voyez* Baudruche.

On tire aussi des graisses du Bœuf, un suif assez bon pour faire de la chandeile; ou pour préparer certains cuirs. Le meilleur est celui qu'on nous apporte d'Irlande. *Voyez* Suif.

Enfin, jusques dans le cœur, & dans la vessie des Bœufs, ou plutôt dans la vésicule de leur fiel, on trouve quelque chose d'utile au commerce. Le cœur fournit un cartilage assez semblable à celui qu'on tire du cœur de cerf: on l'appelle, Os de cœur de bœuf, & on le substitue quelquefois à celui du cerf, quoique peut-être mal à propos.

Le fiel même du Bœuf sert aux Détacheurs, & à plusieurs autres Artisans, qui s'en servent à divers usages.

Pour la vessie, ou vésicule du fiel, elle renferme très souvent une pierre de la grosseur & de la figure d'un jaune d'œuf, mollasse, & par écailles, comme le bezoard, aussi en porte-t-elle quelquefois le nom; mais plus ordinairement celui de Pierre de fiel. *Voyez* Fiel *&* Bezoard.

*Les Bœufs, gras ou maigres, venant en France, des Pays étrangers, payent de droits d'entrée 3 liv. la piece; & ceux de même qualité, venant des Provinces du Royaume où les Aydes n'ont point de cours, seulement vingt sols.*

*Les Bœufs & langues salées, de toutes sortes, payent quarante sols du cent pésant de droits d'entrée.*

*Les droits de sortie pour toutes sortes de Bœufs gras, petits, ou maigres, sont de 2 liv. 10 s. la piece.*

On ne met point ici les droits d'entrée, ou de sortie, que payent les cuirs, & autres marchandises qui proviennent du Bœuf, ou Taureau. On les peut voir dans les divers articles qui ont été indiqués.

*Commerce du Bœuf salé à Amsterdam.*

Le Bœuf salé se vend à Amsterdam par barils, le baril se vend depuis 10 jusqu'à 12 florins: la déduction pour le promt payement est d'un pour cent.

Bœuf salé d'Irlande.

Par Arrêt du 29 Juin 1688, il fut établi un droit de 5 liv. par cent pesant, sur les Bœufs salés venant d'Irlande: mais par un second Arrêt du 7 Decembre de la même année, & un autre du 20 Mai 1704, ladite marchandise entrant dans le Royaume par les ports du Havre, de Nantes, de S. Malo, de la Rochelle, de Bourdeaux & de Brest, & qui y est déclarée pour les Isles Françoises de l'Amérique, est déchargée dudit droit, en observant néanmoins les précautions ordonnées par lesdits Arrêts.

Bœuf marin. On le nomme plus ordinairement Cheval marin. *Voyez* cet Article.

## B O G

BOGHAR ou BOCARA. Ville de la Bactriane, située entre l'Indostan & le Royaume de Perse. *Voyez* le Commerce qui s'y fait, Etat général, page 412.

## B O H

BOHE'E. On appelle Thé-bohée ou Thé-bou, comme on le prononce en France, une des meilleures especes de Thé de la Chine. Il y en a de trois sortes: la premiere s'achete à Canton 80 taëls le pic; la seconde, 45; & la troisiéme 25. Les Hollandois les revendent l'une 180 pataques; l'autre 120; & la derniere 75.

## B O I

BOIE. Espece de revêche, qui se fabrique par les Sayetteurs-Drapans d'Amiens. Il y en a de trois largeurs: les larges, qui ont trois quartiers de large, sur vingt aunes & demie de long: les moyennes, qui ont moins de trois quartiers, sur la même longueur: & les petites, qui n'ont que demie aune, sur vingt aunes de long. *Voyez* Sayetteur-Drappant *&* Revesche.

BOILIAMINI. Les Lyonnois nomment ainsi ces especes de Bois que les Marchands Epiciers-Droguistes de Paris appellent, *Brouilliamini*. *Voyez* Brouilliamini.

BOIRE. Donner pour boire aux Ouvriers, c'est leur donner quelque gracieuseté par-dessus leur salaire, ou le prix dont on est convenu pour leur ouvrage.

Boire le vin du marché. C'est quand le vendeur & l'acheteur boivent ensemble en considération du marché qu'ils ont fait. Ce terme & cette coutume ne sont gueres d'usage que parmi les petites gens, & le peuple de la campagne.

Boire. On dit, en terme de couture, Mener boire une étoffe, Mener boire de la toile; lorsque de deux lisieres, de toile, ou d'étoffe, que l'on joint ensemble avec l'aiguille, il y en a une cousue plus lâche que l'autre, ensorte qu'elle plisse un peu.

Boire. Les Papetiers & les Maîtres Ecrivains disent, que du papier boit, lorsque faute d'être suffisamment colé, l'encre s'y étend, ou pénetre à travers. *Voyez* Papier.

BOIQUETEAU, ou BOQUETEAU. Terme d'exploitation & de marchandise de bois. C'est un petit canton de bois planté en futaye ou en taillis, qui n'excede pas la quantité de 50 arpens. Le boiqueteau est moindre que le buisson, comme le buisson est moindre que la forêt.

BOIS. Substance solide, qui forme la tige & les branches des arbres; qui reçoit sa nourriture, & prend son accroissement de l'humide radical, ou suc de la terre.

Les nouveaux Physiciens, aidés de leurs microscopes, (espece de lunettes inconnues aux Anciens) ont remarqué que le Bois, malgré cette solidité qu'il semble avoir, n'est cependant qu'un amas infini de filamens, ou plutôt de canaux creux; dont les uns montent en haut, & se disposent en maniere d'un cercle presque parfait, & les autres passent de la circonférence au centre, en sorte qu'ils se croisent, en s'entrelassant les uns dans les autres; ce qui sert à faciliter la nutrition des arbres, & à faire monter, & redescendre, par une espece de circulation, la seve destinée à les nourrir, & à les faire croître.

Il y a une infinité d'especes de Bois, distinguées par leur nature, leurs qualités, leurs propriétés & leurs vertus; aussi-bien que par leurs usages, leurs défauts, leurs tailles, leurs façons, leurs mesures, leurs voitures. Mais dans un Dictionnaire de Commerce, il suffira de parler de ceux qui y ont rapport, & dont quelques Marchands font un négoce considérable.

La plupart des Bois tirent leurs noms, des arbres même, ou des lieux d'où ils viennent, ou des choses à quoi ils peuvent être propres; & ils se distinguent encore suivant l'état auquel ils se trouvent naturellement dans les bois & forêts. La plus grande partie en va être ici expliquée dans un ordre alphabétique, & l'on pourra trouver l'autre dans les renvois qui y seront indiqués.

Bois Abougris. *Voyez* Bois Rabougris.

Bois d'Aigle. *Voyez* Aloes, *&* Aspalathe.

Bois d'Alisier. *Voyez* Alisier.

Bois d'Aloes. *Voyez* Aloes.

Bois d'Andelle. *Voyez* Bois a brusler.

Bois d'Anis, ou d'Anil. *Voyez* Anis.

Bois Arsins. Terme d'Eaux & Forêts, qui se dit des Bois où le feu a été, soit qu'il y ait pris par cas fortuit, ou qu'il y ait été mis exprès par méchanceté. Ce mot vient du mot Latin, *Ardere*.

Bois d'Aspalathe, ou Aspalatum. *Voyez* Aspalathe, *&* Rose-bois.

Bois d'Aulne. *Voyez* Aulne.

Bois Avorte's. *Voyez* Bois Rabougris.

Bois a Baril. *Voyez* Mairrain.

Bois a bastir. *Voyez* Bois Quarre'.

Bois Blanc. Se dit des Bois legers, & peu solides, comme Bouleau, Tremble, Peuplier, & autres semblables. *Voyez* Bois a brusler.

Bois Bombe. Terme de Marchand de Bois quarré, & de Charpentier; qui se dit des Bois qui sont naturellement un peu courbes.

Bois de Bouis. *Voyez* Bouis.

Bois de Bresillet. } *Voyez* Bresil.
Bois de Bresil. }

Bois de Brin. *Voyez* Bois Quarre'.

Bois Broute's. *Voyez* Bois Rabougris.

Bois a brusler, qu'on nomme aussi Bois de chauffage. C'est du Bois qui se débite, ou se coupe dans les forêts, d'une certaine maniere, qui le rend propre à faire du feu, & à être commodément brûlé dans des fours, fourneaux, cheminées, &c.

Les meilleurs Bois à brûler sont le Hêtre, le Charme, & le Chêne: les Bois blancs, legers, & peu solides, comme le Bouleau, le Tremble, le Peuplier, &c. étant si peu estimés, qu'il est défendu à Paris d'en mettre dans les membrures au-delà d'un tiers.

Les endroits qui fournissent le plus de Bois à brûler, pour la provision de Paris, sont la Lorraine, la Champagne, la Bourgogne, la Brie, la

Picardie, & la Normandie.

Les Bois à brûler se distinguent en Bois neuf, en Bois flotté, & en Bois demi-flotté. Les uns & les autres doivent avoir trois pieds & demi de longueur, compris la taille.

Le Bois neuf, est celui qui vient dans des batteaux, ou par charroi, sans avoir trempé dans l'eau. Les Marchands qui font arriver des Bois neufs de différentes qualités dans un même batteau, sont tenus de les y faire mettre par piles séparées.

Le Bois flotté, est du Bois que l'on amene en trains, & lié avec des perches, & des rouettes sur les rivieres.

Il y en a une sorte, que l'on nomme Bois de traverse, qui est tout de hêtre, sans écorce, dont la destination est pour les Boulangers, & Patissiers, qui s'en servent à chauffer leur four.

Il est enjoint aux Marchands de Bois flotté de Paris, de faire triquer leurs Bois, & de les faire empiler dans leurs chantiers, séparément, selon leurs différentes qualités, & chaque pile doit être mise à telle distance, qu'elle puisse être entiérement vûe & visitée par les Officiers à ce préposés.

Le Bois demi-flotté, que l'on appelle aussi Bois de gravier, parce qu'il croît dans des endroits graveleux & pierreux, est du Bois qui a resté la moitié moins dans l'eau, que les autres Bois flottés.

L'invention de flotter le Bois, & d'en composer des trains, n'est pas extrêmement ancienne. Jean Rouvet, Bourgeois & Marchand de Paris, commença le premier à s'en servir en 1549, pour faire descendre dans cette Ville, par la riviere de Seine, les Bois du Morvans, petite Province, qui fait partie de celles de Bourgogne, & du Nivernois.

Jean Tournouer, & Nicolas Gobelin en firent autant douze ou quinze ans après pour la riviere de Marne, en rendant flottables & commodes pour la conduite des trains, les petites rivieres d'Orne & de Saulx, & les ruisseaux de Lisle & de Loupy, pour conduire les Bois de Lorraine, Barrois, & Champagne. Enfin on a encore depuis eux, rendu flottables quelques autres petites rivieres & ruisseaux, pour les Bois de la forêt de Compiegne. Ceux-ci ne sont que demi flottés, n'arrivant pas à flot jusqu'à Paris; mais étant débardés à Conflans-Sainte-Honorine, pour être chargés sur des batteaux, & conduits au Port de l'Ecole.

Lorsque les Bois ne sont pas éloignés des rivieres flottables, on les y voiture sur des charettes & des bêtes de somme; & l'on en compose des trains, qu'on met ensuite à l'eau. Mais s'il n'y a que de petits ruisseaux, on les y jette à Bois perdu, chaque Marchand marquant les bûches aux deux bouts, qui n'ont point de taille, mais qui sont unis & coupés à la scie.

A mesure que le Bois arrive à l'embouchure des ruisseaux, dans les rivieres de flot, où il est arrêté par des perches, ou des cordages, on le retire de l'eau, & l'on en fait le triage suivant les marques qu'on y trouve; après quoi, lorsqu'il y en a assez d'amassé, on en forme des trains de diverses force, profondeur, ou grandeur. *Voyez* TRAIN.

Toutes les sortes de Bois à brûler se distinguent encore en Bois de moule, & en Bois de corde.

Le Bois de moule, que l'on nomme autrement, Bois de compte, se mesure avec un anneau, ou moule, chaque voye devant être composée de trois anneaux, & de quatre morceaux au-delà de ce que peut contenir chaque anneau. La grosseur de chaque bûche, ou morceau de ce Bois, doit être au moins de dix-huit pouces. *Voyez* ANNEAU.

Il y a de deux sortes de Bois de corde, l'un appellé, Bois de quartier, qui doit avoir au moins dix-huit pouces de grosseur, ainsi que celui de moule; & l'autre nommé Bois taillis, ordinairement en rondins, qui n'en doit avoir que six aussi au moins.

L'un & l'autre de ces Bois de corde se vendent & se mesurent, dans les forêts, à la corde; & dans les chantiers & sur les ports de Paris, à la membrure, qui est une demie-corde, faisant une voye. *Voyez* CORDE.

Il y a encore une troisiéme espece de Bois de corde, qui est du jeune chêneau, menu & rond, auquel l'on donne le nom de Bois Pelard, parce qu'il a été pelé, ou que l'écorce en a été ôtée pour faire du tan: il se vend, & se mesure de même que les deux autres. Il est défendu aux Marchands de peler les Bois de leurs ventes, étant debout & sur pied.

Il y a enfin une derniere sorte de Bois à brûler, extraordinaire, & bien différent des autres par sa beauté, sa bonté, & longueur; on le nomme Bois d'Andelle, du nom d'une petite riviere du Vexin-Normand, aux environs de laquelle il s'en façonne une très grande quantité. Ce Bois est une espece de Bois de compte ou de moule, très droit, & sans nœuds, ordinairement tout de hêtre, & quelquefois mêlé d'un peu de charme. Sa longueur ordinaire est de deux pieds quatre pouces; sa grosseur n'est pas déterminée, y en ayant de gros, de moyen, & de plus menu: il se mesure à l'anneau, ainsi que le Bois de compte ordinaire. Les quatre anneaux, & quatre morceaux sur chaque anneau, composent une voye de Paris.

Les cotterets & les fagots sont aussi du nombre des Bois à brûler. *Voyez* COTTERETS & FAGOTS.

Les Marchands de Bois à brûler, de Paris, sont obligés, aussi-tôt après l'arrivée de leurs Bois, d'aller aux Bureaux des Jurés Mouleurs de Bois, pour leur représenter leurs lettres de voiture, dont il doit être tenu registre.

Ils sont aussi tenus, avant que de les mettre en vente, de faire porter au Bureau de la Ville des montres de chaque espece, pour y être mis prix par les Prevôt des Marchands & Echevins; étant expressément défendu à tous Marchands de Bois, de les vendre au-delà de la taxe, qui doit être marquée sur une banderole apposée à chaque pile, ou batteau de Bois.

Tout ce qui est dit dans cet article des Bois à brûler, est conforme à l'Ordonnance des Eaux & Forêts du 13 Août 1669, à celle de la Ville de Paris du mois de Décembre 1672, & à l'usage.

On appelle à Paris, Mouleurs de Bois, certains Officiers de Ville, ou Commis établis pour mouler, & mesurer les Bois à brûler. *Voyez* MOULEURS DE BOIS.

*Arrêt du Conseil d'Etat du Roi du 25 Janvier 1724, portant Reglement pour la Police sur les Ports & Quais, & dans les Chantiers de la Ville de Paris, pour la vente & debit du bois à brûler.*

Le bon ordre dans la vente & debit des bois de chaufage, a toujours été un des principaux objets de la Police, comme on l'a pû voir par les

Ordonnances des Eaux & Forêts, & dans celles de la Ville de Paris, dont on a extrait tant d'articles rapportés dans divers endroits de ce Dictionnaire.

La rareté & la cherté de ces bois, desquels le prix s'étoit augmenté d'outre moitié depuis le commencement du dix-huitiéme siécle, ayant pour ainsi dire reveillé l'attention des Magistrats, on avoit non seulement ajoûté quantité de nouveaux Reglemens aux anciens, mais on avoit aussi établi des Inspecteurs pour veiller à cette Police. Mais le Roi ayant été informé qu'au mépris de tous ces Reglemens, & nonobstant l'attention desdits Inspecteurs, il s'étoit introduit sur les Ports & Quais, & dans les Chantiers de la Ville de Paris, quantité d'abus dans la vente du bois de corde & de compte, des coterets, des fagots, & autres bois à brûler, soit de la part des Marchands de bois & de leurs Facteurs; soit de celle des Gagne-deniers & Chartiers d'intelligence avec lesdits Marchands; ensorte que le Public étoit trompé pour la qualité, mesure & quantité desdits bois. Que d'ailleurs les Chartiers voituroient des bois hors de la Ville, pour par les Marchands faire des entrepôts desdits bois & les vendre, dans la vûe de n'être point assujettis à la taxe : Enfin ceux qui sont commis au moulage desdits bois, négligeant de remplir leurs fonctions, & ne se trouvant point aux lieux qui leur sont indiqués, aux heures prescrites pour la vente desdits bois; & tous ces desordres ne tendant qu'à entretenir le prix déja excessif; Sa Majesté pour y remedier, a non seulement ordonné l'exécution des anciens Reglemens, mais y a ajoûté sept nouveaux Articles pour faciliter la vente desdits bois, & assurer la Police des Ports, Quais & Chantiers de la Ville de Paris où s'en fait la distribution.

Ce sont ces sept Articles qui composent l'Arrêt du 25 Janvier 1724, & dont on va donner ici l'Extrait.

1°. Il est fait défenses à tous Marchands de bois à brûler pour l'approvisionnement de la Ville de Paris, à leurs Facteurs & à tous Gagne-deniers & Chartiers, de ne mettre ni faire mettre dans leurs places & chantiers, le bois dans les membrures & charettes, qu'aux heures de la vente; & auxdits Chartiers de sortir les bois des Ports & Chantiers dans d'autres tems, & sans être accompagnés de l'acheteur : comme aussi de le transporter hors de Paris sans permission & d'aller audevant des Bourgeois, à peine contre les Marchands, de cinq cens liv. d'amende; & contre les Facteurs, Gagne-deniers & Chartiers, de prison; & en cas de récidive de la part desdits Chartiers, de saisie & confiscation de leurs chevaux.

2°. Il est fait pareillement défenses à tous Marchands de faire debarder du bois de corde pour le mêler avec du bois de compte : ou de triquer des bois tortillarts blancs ou de menuise, pour les mêler avec lesdits bois de corde & de compte.

3°. Il est ordonné aux Marchands de bois neuf de triquer leurs bois, ou de les charger séparément dans leurs bateaux, suivant leurs différentes qualités; & aux Marchands de bois flottés, lorsqu'ils les tirent pour les mettre dans leurs Chantiers, d'empiler séparément les bois de compte & de menuise conformément à l'Ordonnance de 1672, sans qu'ils puissent mêler lesdites qualités de bois en les vendant, & de mettre dans la membrure plus d'un tiers de bois blanc : le tout à peine de dix mille livres d'amende contre les Marchands pour la premiere fois, & de plus grande s'il y échoit; & de cinquante livres d'amende pour la premiere fois, contre les Chartiers qui favorisent ce mélange; & en cas de recidive, de confiscation de leurs charettes, harnois & chevaux, & d'être chassés des Ports.

4°. Il est fait défenses à tous Marchands, Facteurs, Gagne-deniers & Chartiers, de délier les fagots & coterets & d'en tirer les paremens, & de refuser les quatre au cent, ni de rien exiger au de-là de la taxe sous quelque prétexte que ce puisse être, à peine de mille livres d'amende pour la premiere fois contre les Marchands, & d'interdiction du Commerce en cas de recidive; & contre les Facteurs, Gagne-deniers & Chartiers, de cent livres d'amende aussi pour la premiere fois; & en cas de recidive, de prison & d'être chassés des Ports.

5°. Il est ordonné que les Plâtriers ne pourront prendre d'autre bois sur les Ports que des bois de déchirage de bateaux, de bois blanc, de menuise & de rebut, à peine de trois cent livres d'amende.

6°. Il est fait défenses en outre aux Marchands qui auront fait arriver des trains depuis la reserve faite d'un Chantier pour les Boulangers, de vendre lesdits bois nouvellement arrivés, à moins qu'ils n'ayent été empilés ou ressuyés, à peine de confiscation des bois qu'ils auront fait charger en charette, & d'amende arbitraire.

7°. Enfin il est enjoint aux Inspecteurs sur les Ports, Quais & Chantiers, de tenir la main à l'exécution de tout ce que dessus, & à l'usage des feuilles imprimées pour la distribution & vente dudit bois; & aux Mouleurs par commission d'y veiller exactement, & d'être assidus à leurs fonctions & aux heures de la vente; aux Gardes de jour & de nuit, de prêter main forte auxdits Inspecteurs à peine de révocation; comme aussi aux Sergens des Gardes Françoises de donner pareillement main forte auxdits Inspecteurs lorsqu'ils en seront par eux requis, pour emprisonner les soldats qui se trouveront en contravention aux Reglemens rendus pour la Police sur les Ports & Quais, & dans les Chantiers de ladite Ville de Paris.

*Autre Arrêt du Conseil, du 9 Août 1723, pour prévenir la cherté du Bois à brûler.*

Le Bois à brûler étant devenu très rare & très cher à Paris & aux environs, vers la quinziéme année du dix-huitiéme siécle, & Sa Majesté ayant été informée que cette rareté provenoit en partie, de ce que depuis quelque tems, il s'étoit établi en différentes Provinces du Royaume des fourneaux, des forges, des martinets & des verreries; & qu'il s'en établissoit encore journellement sans permission; ensorte qu'une grande quantité des Bois qui étoient destinés au chaufage du Public, étoient consommés par ces nouveaux établissemens, qui suivant les Reglemens ne devoient être mis en usage que pour la consommation des Bois qui ne sont pas à portée des rivieres navigables & des Villes, & qui par leur situation ne peuvent servir ni aux constructions, ni au chaufage : Sadite Majesté pour prévenir les suites dangereuses de cet abus, a fait de très-expresses inhibitions & défenses par un Arrêt de son Conseil du 9 Août 1723, à toutes personnes de quelque qualité & condition qu'elles soient, d'établir à l'avenir aucuns fourneaux, forges, martinets & verreries, ni même augmentation de feu & de marteau dans celles déja établies, sinon en vertu de Lettres Patentes bien & dûement verifiées, à peine de trois mille livres d'amende, de démolition desdits fourneaux, forges, martinets & verreries, & de confiscation des bois, charbons, mines & ustenciles servant à leur usage.

Bois de Bursin. Bois dont il est parlé dans le Tarif de la Douanne de Lyon. *Voyez* Bursin.

Bois de Calambac. } *Voyez* Aloe's.
Bois de Calambouc. }

Bois de Calambourg. *Voyez* Calambourg.

Bois de Campesche. *Voyez* Inde-Bois.

Bois Canards. Ce sont les Bois qui restent dans le fond de l'eau, ou qui s'arrêtent le long des rivieres, ruisseaux, ou canaux, où les Marchands ont fait jetter un flot de Bois, à Bois perdu. *V.* Bois perdu.

Les Marchands sont en droit de faire pêcher durant quarante jours, après que leur flot a passé, les Bois qui ont été au fond de l'eau; & si pendant ces quarante jours, d'autres Marchands viennent à jetter un autre flot, les quarante jours ne doivent commencer à courir, pour les premiers Marchands, que du jour que le dernier flot aura entiérement passé.

Les Seigneurs des rivieres & ruisseaux, ne peuvent se faire payer aucune chose, sous prétexte de dédommagement de la pêche, ou autrement, des Bois canards. Cependant lorsque les Marchands négligent de les faire pêcher durant les quarante jours, les Seigneurs, & autres ayant droit sur les rivieres, le peuvent faire, après les quarante jours, à la charge toutefois de laisser les Bois sur les bords des rivieres; pour les frais de laquelle pêche, & occupation des terres, leur doit être payé, par les Marchands à qui le Bois appartient, ce qui aura été arbitré par gens à ce connoissans, dont les parties auront convenu; étant défendu aux Seigneurs, & autres, de faire porter dans leurs Châteaux & maisons, aucuns Bois canards, sous peine d'être déchus de tout remboursement de pêche, & de restitution du quadruple du prix des Bois qu'ils ont enlevés, dont les Marchands peuvent faire faire recherche. *Ordon. de la Ville de Paris, du mois de Decembre 1672, ch. 17. art. 9. & 10.*

Bois de Canelle. *Voyez* Sassafras.

Bois-Carie'. *Voyez* Bois Mouline'.

Bois de Cedre. *Voyez* Cedre.

Bois de Cental. *Voyez* Santal.

Bois-Chablis, Caable', ou Bois Verse' Terme d'Eaux & Forêts, qui signifie toutes sortes de Bois rompus, abbatus, ou renversés par la force des vents, soit par le pied, soit ailleurs, au corps, ou aux branches; ou déracinés. L'on comprend aussi parmi les Bois chablis, les arbres de condamnation pour délit, ou forfaiture.

Bois de Chandelle. *Voyez* Citron-Bois.

Bois en Chantier. Est du Bois en pile & en magasin.

Bois de Charme. *Voyez* Charme.

Bois Charme's. Sont des Bois auxquels on a fait quelque malice, pour les faire tomber, ou mourir.

Bois de Charronage. Est celui dont les Charrons se servent à faire des roues, des trains de carrosses, des brancards de chaises roulantes, des chariots, charrettes, haquets, &c. Les Bois les plus propres pour le charronage, sont l'orme, le chêne, le charme, & le frêne. L'orme est le plus estimé.

Bois de Charpente. Se dit des Bois quarrés, destinés pour les bâtimens. *Voyez* Bois quarre'. *Voyez aussi* Poutres, Planches.

Bois de Chastaignier. *Voyez* Chastaignier.

Bois de Chesne. *Voyez* Chesne.

Bois de la Chine. *Voyez* Letter-hout.

Bois de Chypre. *Voyez* Rose-Bois, *&* Aspalathe.

Bois de Citron. *Voyez* Citron-bois.

Bois de Compte. *Voyez* Bois a brusler.

Bois de Corde. *Voyez* Bois a brusler.

Bois de Cormier. *Voyez* Cormier.

Bois de Coult. *Voyez* Nephretique.

Bois a Couvrir. *Voyez* Bardeau.

Bois a Debiter. On appelle ainsi une sorte de Bois de Charronage, qui s'envoye en grume. *Voyez* Orme.

Bois de Dechirage. *Voyez* Dechirage.

Bois en Deffends. Terme d'Eaux & Forêts, qui se dit des Bois d'une belle venue, qu'on a défendu de couper en quelque triage, pour les conserver, & les laisser croître jusqu'à ce que l'on en ait besoin.

Bois Demi-flotte'. *Voyez* Bois a brusler.

Bois Deverse', ou Bois Gauche. Se dit du Bois quarré qui n'est pas droit, par rapport à ses côtés, & à ses angles.

Bois Douvin. *Voyez* Mairain.

Bois d'Ebene. *Voyez* Ebene.

Bois d'Echantillon. Ce sont des Bois à brûler, dont les grosseurs & longueurs sont réglées par les Ordonnances. *Celle de la Ville de Paris, du mois de Decembre 1672, art. 1. chap. 17, defend aux Marchands de Bois de faire façonner, pour la provision de Paris, aucuns Bois qui ne soient des échantillons réglés.* *Voyez* Bois a brusler.

Bois Echape's. Se dit des Bois flotés, qui s'échapent dans les terres & prés, par les crues d'eau, & inondations.

Bois Encroue'. Signifie un arbre, qui en l'abatant, est tombé sur un arbre de réserve, qui ne doit point être coupé, en sorte que leurs branches sont embarassées les unes dans les autres. *L'Ordonnance des Eaux & Forêts, du 13 Août 1669, art. 43. du titre de l'assiette, balivage, martelage, & vente des Bois, defend aux Marchands de Bois de faire abbatre les arbres sur lesquels les autres se trouveront encroués, sans la permission du Grand-Maître, ou des Officiers.*

Bois d'Enfonçures. *Voyez* Mairrain.

Bois d'Entre'e. Se dit dans les Eaux & Forêts, du Bois entre verd & sec, dont les arbres, ou les houppiers, ou quelques branches, sont séches, & d'autres vertes. La coupe en est défendue aux Usagers.

Bois d'Equarrissage. *Voyez* Bois Quarre'.

Bois d'Erabe. } *Voyez* Erable.
Bois d'Erable. }

Bois en Etant. Signifie tout Bois debout, & sur pied, vivant, & prenant son accroissement sur la terre.

Bois de Fau. *Voyez* Hestre.

Bois a Faucillon. *Voyez* Bois Taillis, *à la fin de l'article.*

Bois

Bois de Fente. *Voyez* Bois de Refend.

Bois de Fenanbouc. *Voyez* Bresil.

Bois de Fievres. *Voyez* Quinquina.

Bois Flacheux. Est celui qui a des flaches. *Voyez* Bois Quarre'.

Bois Flotte'. *Voyez* Bois a Brusler.

Bois a Fourreaux d'Epe'e. *Voyez* Fourreau d'Epe'e.

Bois de Fouteau. *Voyez* Hestre.

Bois de Fresne. *Voyez* Fresne.

Bois de Fustaye, ou de Futaye. Se dit en général de tous les Bois qui ne se vendent point par couppes réglées, comme les taillis, & qu'on laisse croître au-delà de quarante ans, jusqu'à deux cens. Les Bois de Futaye, dont l'âge excéde deux cens ans, se nomment *Bois sur le retour. Voyez* Fustaye.

Bois de Fustel. } *Voyez* Fustel.
Bois de Fustet. }

Bois de Fustok. *Voyez* Fustok.

Bois Gauche. *Voyez* Bois Deverse'.

Bois de Gayac. *Voyez* Gayac.

Bois Gelif. Est du Bois qui a des fentes que la gélée a causées.

Bois Gissant. Signifie du Bois coupé, ou abbatu & couché sur terre dans les forêts.

Bois en Gourme. *Voyez* Bois en Grume.

Bois de Gravier. *Voyez* Bois a Brusler.

Bois de Grenadille. *Voyez* Ebene.

Bois en Grume. Se dit de tous les Bois qui s'amenent sans être équarris, qui sont encore avec leur écorce, & tels qu'ils étoient sur pied, comme sont les pilotis, & quelques Bois d'ouvrages & de charronage. Les Charrons, par corruption, les nomment, *Bois en Gourme.*

Le sieur Caron Arpenteur, dans son Traité des Bois, imprimé à Paris en 1676, tome 1, page 71, & suivantes, donne des régles excellentes pour réduire les Bois en grume, au quarré; c'est-à-dire, pour connoître combien un arbre sur pied, de tant de circonférence, peut fournir de pieds de Bois équarri: il donne en même tems les moyens de découvrir ce que les branchages de ces mêmes arbres peuvent fournir de cordes de Bois. Les Marchands de Bois qui ne sont pas suffisamment instruits sur ces sortes de matieres, peuvent y avoir recours, pour s'empêcher d'être trompés dans les achapts qu'ils feront des Bois sur pied.

Bois de Haut-revenu. Se dit des Bois de quarante ans jusqu'à soixante, qu'on nomme ordinairement, *Demi-Futaye. Voyez* Fustaye.

Bois de Hestre. *Voyez* Hestre.

Bois de la Jamaïque. *Voyez* Inde-bois.

Bois Jaune. *Voyez* Fustok.

Bois d'Inde. *Voyez* Inde-bois.

Bois Indien. *Voyez* Gayac.

Bois Madre'. *Voyez* Bois Rustique.

Bois Mairrain. C'est du Bois de chêne refendu en petites planches, dont on se sert à faire des douves de tonneaux; on l'appelle aussi Bois a Pipes, Bois a Baril, Bois d'Enfonçures, *&* Bois Douvin. Il y a une autre sorte de Bois Mairrain, que les Menuisiers employent à faire des panneaux. *Voyez* Mairrain.

Bois Malandreux. Qui a des malandres. *Voyez* Bois Quarre'.

Bois Marbre'. *Voyez* Roze-Bois.

Bois Marmenteaux, ou Bois de Touche Se dit, tant des Bois de haute futaye, que taillis, qui sont plantés autour des Châteaux & maisons de campagne, pour leur servir d'ornement, auxquels on ne touche point. Il n'est pas permis aux Usufruitiers de couper les *Bois Marmenteaux.*

Bois Medecinaux. Sont ceux qui servent en Médecine, comme le *Gayac*, le *Nephretique*, le *Santal*, l'*Aspalathe*, le *Sassafras*, &c. qui se trouvent tous expliqués à leur ordre.

Bois de Menuise. *Voyez* Menuise.

Bois Meplat. Est du Bois beaucoup plus large qu'épais, comme les membrures, qui s'employent en menuiserie.

Bois de Micocoulier. *Voyez* Alisier.

Bois de Miroir. *Voyez* Miroir.

Bois Mort, & Mort-bois. Les *Bois morts* sont ceux qui ont séché sur pied, & qui n'ont plus ni séve, ni vie; & les *Morts-bois*, sont ceux qui vivent, mais ne portent pas de fruit. La Chartre Normande, accordée par Louis X en 1314, admet de neuf especes de *Mort-bois*, qui sont les *Saux*, *Marsaux*, *Epines*, *Puines*, *Aunes*, *Genets*, *Genievres*, *Ronces*, & le *Seur*, ou *Sureau.*

François Premier, par son Ordonnance sur le fait des Chasses, art. 55, déclare que, pour ôter toute difficulté sur ce qu'on doit appeller *Bois mort*, & *Mort-bois*, il veut qu'on suive l'interprétation, & la restriction contenue en la Chartre aux Normands du Roi Louis X. Les Ordonnances faites depuis, sont conformes à celles de François Premier.

Bois de Moule. *Voyez* Bois a Brusler.

Bois Mouline', ou Bois Carie'. Se dit des Bois pourris, corrompus, & où il y a des malandres & des vers.

Bois de Nefflier. *Voyez* Nefflier.

Bois Nephretique. *Voyez* Nephretique.

Bois Neuf. *Voyez* Bois a Brusler.

Bois Noailleux. *Voyez* Bois Rustique.

Bois de Noyer. *Voyez* Noyer.

Bois d'Olivier. *Voyez* Olivier.

Bois d'Orme. *Voyez* Orme.

Bois d'Ouvrage. Est du Bois qui se travaille aux environs des forêts, dont on fait des socques, & des sandales pour les Religieux; des formes, & des talons pour les Cordonniers; des sabots pour la chaussure des Paysans; des pelles, des cuillieres, des salieres, des seaux, des fuseaux, des quenouilles, & des rouets pour filer: des Bois de raquettes, de piques, & de hallebardes; des baguettes de mousquets, fusils, & pistolets; des éclisses, ou serches, pour les Boisseliers; des lattes, tant quarrées, que volices; des cercles, ou cerceaux, pour les Tonneliers, &c.

*L'Ordonnance des Eaux & Forêts, du 13 Aout 1669, art. 23. du tit. de la Police, & Conservation des Forêts, veut que les Ouvriers qui fabriquent toutes ces sortes de marchandises, ne puissent tenir atteliers qu'à demie-lieue des forêts du Roi, à peine de confiscation, & de cent livres d'amende.*

Bois Ouvre'. Se dit de tous les Bois qui ont été façonnés par les mains des Ouvriers.

Bois non Ouvre'. Signifie ceux qui ne sont point ouvrés, mais qui sont en état de le pouvoir être.

Bois d'Oxycedre. *Voyez* Oxycedre.

BOIS DE PALILE. *Voyez* SANG DE DRAGON, *vers la fin de l'article.*

BOIS DE PALIXANDRE. *Voyez* PALIXANDRE.

BOIS DE PAVAME. *Voyez* SASSAFRAS.

BOIS PELARD. *Voyez* BOIS A BRUSLER.

BOIS PERDU. Eſt du Bois qu'on jette dans les petites rivieres, ruiſſeaux, ou canaux, qui ne ſont pas ſuffiſamment fournies d'eau pour pouvoir porter des trains, ni des batteaux; & qu'on va recueillir, & mettre en trains dans les endroits où ils en peuvent porter.

Chaque Marchand qui jette à Bois perdu, fait marquer ſon Bois d'une marque particuliere, pour le pouvoir reconnoître quand il s'agit de le mettre en trains. *Voyez* BOIS CANARD, *&* BOIS FLOTTE'.

Les Marchands de Bois flotté peuvent jetter leur Bois, à Bois perdu, ſur toutes les rivieres, ou ruiſſeaux, en avertiſſant les Seigneurs & Propriétaires qui y ont intérêt, par des publications, qui doivent être faites dix jours avant que de jetter les Bois, aux Prônes des Meſſes des Paroiſſes ſituées depuis le lieu où ils ſont jettés, juſqu'à celui où ils doivent s'arrêter.

Il leur eſt auſſi permis de faire de nouveaux canaux, & de ſe ſervir des eaux des étangs & foſſés des Gentilshommes, & autres, pour faire flotter leurs Bois; le tout en dédommageant les Propriétaires, des dégradations qui auront pû être faites. *Ord. de la Ville de Paris, du mois de Décembre* 1672, *chap.* 17, *art.* 5, 6, *&* 8.

BOIS DE PEUPLE, ou BOIS DE PEUPLIER. *Voyez* PEUPLIER.

BOIS A PIPES. *Voyez* MAIRRAIN.

BOIS DE POIRIER. *Voyez* POIRIER.

BOIS EN PUEIL. C'eſt un terme de coutume, qui ſe dit particuliérement en Auvergne, des Bois nouvellement coupés, qui n'ont pas encore atteint l'âge de trois ans.

BOIS QUARRE', ou BOIS D'EQUARRISSAGE. C'eſt ainſi qu'on appelle tous les Bois équarris des quatre faces, qui ſont deſtinés à bâtir, & particuliérement ceux de brin au-deſſus de ſix pouces; car pour les autres au-deſſous, quoique quarrés, ſont nommés *Bois de Sciage*. *Voyez* BOIS DE SCIAGE.

Suivant que les Bois quarrés ſont débités, chaque groſſeur porte ſon nom particulier; on leur donne auſſi en général le nom de Bois de Charpente, parce que ce ſont les Charpentiers qui les employent ordinairement dans la conſtruction des bâtimens.

La Lorraine, la Champagne, la Bourgogne, la Brie, la Picardie, & la Normandie ſont les Provinces d'où Paris tire le plus de gros Bois quarré.

Dans le négoce du Bois de charpente, lorſque l'on parle d'un cent de Bois, cela doit s'entendre de cent fois ſoixante-douze pouces de Bois en longueur, ou une piece qui a douze pieds de long, ſur ſix pouces d'épaiſſeur & de largeur; de maniere qu'une ſeule poutre eſt ſouvent comptée pour quinze ou vingt pieces.

Tout le Bois de charpente ſe réduit ſur le pied de cette meſure, ſoit pour la vente, ſoit pour la voiture, ſoit pour le toiſé.

Il eſt taillé en longueur de 6, 9, 12, 15, 18, 21, 24, 27, & 30 pieds, & ainſi en augmentant les pieces de trois pieds en trois pieds. Cependant il ne s'en fait que rarement au-deſſus de quatre toiſes, de même qu'il n'y en a point qui ſoit de longueur moindre de ſix pieds.

Lorſqu'une piece de Bois quarré a deux groſſeurs différentes, c'eſt-à-dire, qu'elle eſt plus groſſe par un bout que par l'autre, on dit, qu'elle a un redent; & ce redent provient de ce que l'arbre, dont la piece a été formée, avoit pluſieurs branches au haut de ſa tige, dont la plus convenable a été laiſſée; en ſorte que la piece ayant été équarrie, elle ſe trouve de deux groſſeurs, la branche qui eſt reſtée étant plus menue que la tige de l'arbre. C'eſt à celui qui toiſe les Bois quarrés, à bien prendre garde aux redents, afin que ni l'acheteur, ni le vendeur ne puiſſent être trompés.

Quand on dit, que des Bois quarrés ſont malandreux, cela doit s'entendre, qu'ils ont des endroits gâtés & pourris, que l'on nomme ordinairement Malandres, leſquels ne peuvent ſervir à aucuns ouvrages. Dans les comptes, ou toiſés qui ſe font des Bois quarrés, les malandres doivent être rabattues.

Du Bois quarré flacheux, eſt celui qui a des flaches, & ces flaches ſont des endroits mal équarris, y ayant de l'aubier le long des quarres, ou arrêtes, qu'on auroit dû ôter en l'équarriſſant. Lorſque l'on meſure les Bois quarrés, on doit diminuer de leur groſſeur à proportion des flaches qui s'y rencontrent.

Le ſieur Caron Arpenteur, dans ſon Traité des Bois, imprimé à Paris en 1676, donne des moyens faciles pour faire le compte & le toiſé des Bois quarrés; on y peut avoir recours.

Un brin de Bois, ou du Bois de brin, ſe dit des morceaux de Bois de belle venue, longs & droits, qui n'ont d'autre façon que celle de l'équarriſſage, & qui ſont de toute la groſſeur des arbres.

BOIS DE QUARTIER. *Voyez* BOIS A BRUSLER.

BOIS RABOUGRIS, ou ABOUGRIS, BROUTE'S, ou AVORTE'S. Terme d'Eaux & Forêts, & de Marchands de Bois, qui ſe dit des Bois taillis, qui ſont de mauvaiſe venue, c'eſt-à-dire, tortus, malfaits, qui ne peuvent s'élever, ne croiſſant qu'à la maniere des pommiers. Ces ſortes de Bois doivent être recepés.

BOIS DE RAQUETTE. C'eſt ce tour de Bois, qui a un manche de médiocre longueur, dont on compoſe les Raquettes, pour jouer à la paume, & au volant.

Les Bois de Raquettes ſont faits de branches de Freſne, fendues en deux. Ils ſe vendent par paquets d'une groſſe, ou d'une demie groſſe. Il s'en fait en différens endroits de Picardie & de Normandie: mais ceux des environs de Beauvais ſont les mieux faits, & les plus eſtimés. Ce qui s'en voit à Paris, y eſt amené par les Ouvriers mêmes, qui les fabriquent. Ils les font décharger dans leurs Hôtelleries, où les Jurés Paumiers les vont viſiter, & lotir entre les Maîtres de leur Communauté, qui ſe trouvent en avoir beſoin. *Voyez* RAQUETTE, *&* FRESNE.

BOIS DE REFEND, que quelques-uns appellent *Bois de Refente*, ou *Bois de Fente*. C'eſt du Bois de fil refendu par éclats. Il ſe dit plus particuliérement du mairrain, des lattes, & des échalas. *Voyez ces termes.*

BOIS SUR LE RETOUR. Se dit des Bois de haute futaye, dont l'âge est au-delà de deux cens ans. *V.* Fustaye.

Bois de Rhode. *Voyez* Rose-Bois.

Bois en Rondins. *Voyez* Bois a brusler.

Bois de Rose. *Voyez* Rose-Bois.

Bois Roule', en termes d'Eaux & Forêts, & de Marchands de Bois. Se dit des Bois qui ont été extraordinairement battus & fatigués des vents, dans le tems de leur seve; de maniere que les crues de chaque année n'ont pû faire corps l'une avec l'autre, étant resté de leur épaisseur sans aucune liaison. Ces sortes de Bois ne sont propres tout au plus, que pour les petits ouvrages; ne pouvant être débités, ni en fente, ni en autre marchandise.

Bois Rustique, & Nouailleux, que l'on appelle aussi Bois Madre'. Est du Bois qui a crû dans une terre graveleuse, & exposée au soleil du midy. Cette nature de Bois est difficile à fendre, si ce n'est vers le tronc. Il se dit aussi des racines de Noyer, d'Olivier, & d'autres pareils Bois, remplies de veines, dont se servent les Tourneurs, les Ebenistes, & autres Ouvriers.

Bois Sain & Net. Se dit des Bois qui n'ont ni gale, ni fistules, ni nœuds vicieux, ni autres semblables défauts.

Bois Sainct. *Voyez* Gayac.

Bois de Sainte-Lucie. Espece de Bois, qui vient de Lorraine. Son odeur agréable, & la facilité de l'employer à plusieurs ouvrages de Sculpture, de Tour, & de Marqueterie, dont les Curieux, & sur-tout les Dames, ornent leurs cabinets, & leurs toilettes, rendent ce Bois d'un assez grand débit. Il est d'un gris un peu rougeâtre, dur, moyennement lourd, couvert d'une écorce mince & brune, semblable à celle du cerisier; & a cela de singulier, qu'il n'a jamais d'aubier; & que plus il vieillit, & plus son odeur augmente. Il faut le choisir bien compacte, & sans nœuds.

Bois de Sandal. }
Bois de Santal. } *Voyez* Santal.

Bois de Sapan. *Voyez* Bresil.

Bois de Sapin. *Voyez* Sapin.

Bois de Sassafras. }
Bois de Saxafras. } *Voyez* Sassafras.

Bois de Sciage. Se dit de tous les Bois coupés en longueur avec la scie, & suivant la maniere dont ils sont débités. Chaque piece a son nom particulier, comme Solive, Contrelatte, Membrure, Poteau, Limon, Battan, Gouttiere, &c. Ces termes sont expliqués chacun à leur article.

Les longueurs ordinaires des Bois de sciage, destinés pour la Menuiserie, sont de six, neuf & douze pieds: il s'en fait néanmoins de quinze pieds, mais très rarement.

Il faut remarquer, que tous les Bois quarrés, dont la grosseur est au dessous de six pouces, sont mis au rang des Bois de sciage. *Voyez* Bois quarre'.

Bois Taillis. Se dit des Bois qui se mettent en coupes, ou ventes ordinaires, ou reglées, dont l'âge n'excede pas quarante ans; car lorsqu'ils sont au-dessus de cet âge, on les nomme Futayes sur taillis.

L'Ordonnance des Eaux & Forêts du 13 Août 1669, veut: *Que les Bois taillis ne puissent être coupés que de dix en dix ans au moins, avec réserve de seize baliveaux par arpent, de l'âge du Bois, outre & pardessus les anciens & modernes.*



La même Ordonnance veut encore, *que les Bois taillis soient coupés & abbattus dans le 15 Avril, avec la coignée, à fleur de terre, sans les écuisser, ni éclater; ensorte que les brins décépés n'excedent pas la superficie de la terre, s'il est possible, & que tous les anciens nœuds recouverts, & causés par les précédentes coupes, ne paroissent aucunement.*

Les Bois Taillis appartiennent aux Usufruitiers. Ils se vendent ordinairement à l'arpent, & se débitent en Bois de corde, qui doit avoir au moins six pouces de grosseur, & trois pieds & demi de longueur compris la taille.

On en fait aussi des cotterets, des fagots, du charbon, & d'autres marchandises & ouvrages. *Voyez* Bois a brusler, Cotterets, Fagots, & Charbon.

On appelle Bois à Faucillon, les menus Bois Taillis, qui se peuvent couper facilement avec un instrument tranchant, fait en forme de petite faucille, que l'on nomme communément Faucillon. Ces sortes de Bois ne sont gueres propres que pour le fagotage.

Bois de Tamaris. }
Bois de Tamarise. } *Voyez* Tamaris.

Bois de Tambac. *Voyez* Aloe's.

Bois de Teinture. Ce sont tous les Bois, dont on peut tirer quelque couleur, propre pour les étoffes, les soies, les laines, les fils, &c. comme le *Fustel*, l'*Inde*, le *Fustok*, le *Bresil*, ou *Bresillet*, & autres semblables, qui sont expliqués chacun à son article.

Bois de Tilleau. }
Bois de Tilleul. } *Voyez* Tilleul.
Bois de Tillot. }

Bois de Tlapalcypatly. *V.* Nephretique.

Bois Tortillart. *V.* Tortillart.

Bois de Touche. *V.* Bois Marmenteaux.

Bois Tranche'. Se dit des Bois qui ont le fil de travers; qui au lieu de suivre le long de l'arbre passe transversalement d'un côté à l'autre de l'écorce. Cette espece de Bois se casse aisément; ce qui fait qu'on ne peut l'employer, ni en mairrain, ni en lattes, ni en autres marchandises de fente.

Bois de Traverse. Sorte de Bois flotté, propre aux Patissiers & Boulangers. *V.* Bois a brusler.

Bois de Tremble. *V.* Tremble.

Bois de Verne. *Voyez* Aulne.

Bois Verse', ou Caablé. *V.* Bois Chablis.

Bois Vif, en termes d'Eaux & Forêts. Signifie celui qui vit, qui prend nourriture, ou qui porte du fruit: qui pousse des branches & des feuilles; comme chêne, hêtre, châtaignier, & autres qui ne sont point compris dans les *Morts-bois. Voyez* Bois-mort, & Mort-bois.

Bois Violet. *V.* Palixandre.

Bois Volans. C'est ainsi que les Marchands de Bois flotté appellent les Bois qui viennent par le flot des rivieres, droit au Port où ils doivent être recueillis.

En Hollande, le négoce des Bois, qui se tirent du Nord par la Mer Baltique, est un des plus importans. On ne sera peut-être pas fâché de trouver ici ce qui en est rapporté par l'Auteur Anonyme du Livre intitulé, *Le Grand Trésor Historique & Politique du florissant Commerce des Hollandois*, *imprimé à Rouen en* 1712. Voici comme il en parle dans les pages 77 & 78 de ce Livre.

» Le trafic des Bois est un des plus considéra-
» bles, après celui des grains: car outre que leur

» Marine en consomme beaucoup, ils en em-
» ployent une très grande quantité à faire des ton-
» neaux, des pipes, des barils, & autres futail-
» les; sans compter celui qu'ils consomment en
» bâtimens, édifices, bateaux, digues, estaca-
» des, & fortifications, tant de mer que de terre.
» Ils en vendent aussi pour de grosses sommes,
» tant aux François, Italiens, qu'Espagnols. Tout
» cela n'égale pas la quantité prodigieuse qu'ils
» en employent à la construction des vaisseaux,
» navires, & autres pareils bâtimens, qui leur
» servent continuellement à la navigation, soit
» pour leur usage, soit pour celui des autres Na-
» tions. Le Bois blanc & de sapin se tire princi-
» palement de Norvegue, & de Suede. La Mer
» Baltique fournit encore de beaux chênes & du
» bourdillon de chêne, dont on fait des ton-
» neaux. Les mats de vaisseaux viennent de Nor-
» vegue, de Moscovie, de Riga, de Narva, de
» Revel, & de Dantzick. Les Hollandois tirent
» encore une grande quantité de Bois par les ri-
» vieres de l'Elbe, du Weser, & du Rhin; en
» sorte que ce commerce doit être considéré com-
» me un des plus importans & nécessaires à l'Etat
» de cette République.

*Voyez le Commerce qui se fait dans le Nord, par les François, Hollandois, Anglois, & autres Nations.*

On nomme Louppes de Bois, certains gros nœuds, ou bosses, qui paroissent élevés sur l'écorce des vieux arbres. *V.* LOUPPES DE BOIS.

On appelle Bois qui se tourmente, le Bois qui n'étant pas sec, lorsqu'il est employé, ne manque jamais de se déjetter.

On nomme l'Age du Bois, ou l'Essence du Bois, le tems écoulé depuis la derniere coupe.

L'Usance des Bois se dit de leur exploitation.

Une Coupe de Bois réglée, est le partage qui se fait d'un grand Bois en plusieurs portions, afin qu'on en puisse couper chaque année une certaine quantité, sans dégrader le Bois, ni en diminuer le revenu.

On appelle Marchand de Bois, celui qui fait le commerce des Bois. A Paris, il y en a de deux sortes pour les Bois de chauffage : les uns, qu'on appelle Marchands Forains; & les autres, Marchands Bourgeois; avec cette différence, que pour les Bois qui viennent du Pays d'amont, qui est le grand commerce, à cause du flottage, & du cours de la riviere, il y a plus de Marchands Bourgeois, que de Forains, & qu'au contraire, du Pays d'aval, il y a plus de Forains, que de Bourgeois. *Voyez* MARCHAND DE BOIS.

BOIS. C'est ainsi que l'on nomme en Géorgie & en Arménie, cette plante propre à la teinture, que l'on connoît en France sous le nom de Garance; il s'en trouve quantité aux environs de Teflis, qui s'envoye partie à Orzeron, Capitale d'Arménie, & partie dans les Etats du Mogol. *Voyez* GEORGIE.

*Tarif des droits d'entrée & de sortie, de tous les Bois dont il est fait ci-dessus mention.*

ENTRE'ES.

*Bois reputés Drogues.*

Bois & écorce de Gayac, 15 *s. du cent pésant.*
Bois d'Eschine, 10 *liv. du cent pésant.*
Bois Néphretique, *le cent pésant* 3 *liv.* 15 *s.*

*Bois pour la Teinture.*

Bois de Bresil, ou gros Bois de Lamon de Fernambouc, *le cent pésant* 20 *s.*

Bois de Bresil, de Laval, & Campêche; Bois jaune & violet; Bois de Bresillet, d'Inde, & Japon, & autres Bois servans à teintures, *le cent pésant* 12 *s.*

*Bois de Marqueterie.*

Bois d'Ebene, *le cent pésant* 15 *s.*
Bois de Cédre, d'Olivier, & de Jaraconda, de toutes sortes, 20 *s.*
Bois Rouge, & Bois Rosart, 10 *s.*
Bois de Fustel, 8 *s.*
Bois d'If, 10 *s.*

*Bois communs.*

Bois de Chêne, *la piece de* 25 *à* 30 *pieds en longueur, & 6 pouces en quarré, & au dessus,* 6 *sols.*

Bois à faire sommiers, *de* 25 *à* 30 *pieds de longueur, plus ou moins à proportion,* 1 *liv.*

Bois à bâtir, *la longue piece à l'équipolent du sommier.*

Bois ouvré à bâtir, *le char* 12 *s.*

Bois sciés en barreaux & planches, *le cent en nombre* 16 *s.*

Bois à Baril, *le millier en nombre* 15 *s.*

Bois de Mairrain, de toutes sortes, servans à muids & tonneaux, *le millier en nombre* 13 *s.*

Bois de Buis, & Bois en copeaux à faire peignes, *le cent pésant* 10 *s.*

Bois à brûler, *chargé un chariot* 6 *s. & chargé une charrette* 4 *s.*

Bois à faire fourreaux d'épées & étuits, *le paquet contenant* 50 *ou* 60 *feuillets,* 3 *s.*

SORTIE.

Bois de Bresil, & tous autres Bois à faire teintures, 13 *s. le cent pésant.*

Bois d'Ebene, *le cent pésant* 16 *s.*

Bois de miroirs faits de Bois blanc, *le cent pésant* 13 *s.*

Bois de Chêne, *chaque piece de* 25 *à* 30 *pieds de long, & 6 pouces en quarré,* 7 *s.*

Bois à faire sommiers, *la piece de* 25 *à* 30 *pieds* 26 *s.*

Bois à bâtir, *la longue piece à l'équipolent du sommier.*

Bois Mairrain à faire poinçons, *le millier en nombre de long Bois, & cinq cent d'enfonçures,* 8 *liv.*

Bois à bâtir, *le char* 22 *s.*

Bois sciés, tant en barreaux, qu'en planches, *le cent en nombre* 3 *liv.*

Bois à barils, *le millier en nombre de long Bois, & cinq cent d'enfonçure,* 3 *liv.*

Bois à douvain & pipes, *le millier en nombre de long bois, & cinq cent d'enfonçure,* 5 *liv.*

Bois de Buis, *le cent pésant,* 10 *s.*

Bois à brûler, *chargé un chariot* 4 *s. & chargé une charrette,* 2 *s.*

Bois à brûler, *le millier de fagots* 1 *liv.* 10 *s.*

Bois à faire fourreaux d'épées & étuits, *le paquet contenant* 50 *a* 60 *paquets,* 5 *s.*

Bois, dans le commerce, & dans les Arts & Métiers. Se dit encore de plusieurs choses expliquées dans les articles suivans.

Bois, en termes d'Imprimerie. Sont des pieces, ou petits morceaux de Bois, de diverses longueurs, & d'un demi-pouce environ d'épaisseur, dont le Compositeur se sert pour garnir & serrer la forme dans son chassis. Il y en a de plusieurs sortes; entr'autres, les Bois de fond, les Bois de tête, les Biseaux, les Coins, &c. Tous ces Bois ensemble se nomment la Garniture d'une forme. *Voyez* Imprimerie.

Bois. Le Bois d'un éventail, est ce qui sert à l'ouvrir, & à le tenir à la main. Ce terme est générique, & signifie toutes sortes de matieres, qui servent à la monture des éventails, quoique ce ne soit pas du Bois, & que souvent ils soient montés d'écaille de tortue, d'yvoire, de baleine, &c. Lorsque pour exprimer le Bois d'un éventail, on se sert du terme de Monture, qui signifie la même chose, on ajoute ordinairement l'espece dont il est monté. Ainsi on dit, Une monture de canne, Une monture de baleine; autrement on dit seulement, Le Bois. Remettez-moi un Bois à cet éventail. *Voyez* Eventail.

Bois. Se dit aussi de la corne de l'animal, qu'on appelle Cerf. *Voyez* Cerf.

Bois. On appelle, en termes de Menuiserie, Meubles de Bois, les tables, bancs, & bancelles, que font les Menuisiers; & Bois de lits, les couchettes avec leur garniture de Bois, soit qu'elles soient à piliers, ou non.

Bois Rustiques. Les Menuisiers, qui travaillent de placage, appellent de la sorte, les Bois de racine, qu'ils employent dans les ouvrages de rapport. *Voyez* Menuiserie de Placage.

Bois de Piques, d'Esponton, de Hallebarde, &c. Signifie le manche dont ces armes sont montées, qui est ordinairement de Bois de frêne. Ces Bois se vendent par les Marchands Merciers-Quinquailliers.

Bois en Chantier. C'est du Bois mis en pile, & arrangé dans un chantier, ou magasin. *Voyez* Chantier.

Bois de gros Echantillons. On appelle ainsi dans le commerce de Bois de Charpente, les plus grosses pieces, que l'on façonne dans les forêts de haute futaye, comme sont les poutres, les arbres de pressoirs, les couillards, les tessons, les jumelles, & autres telles pieces d'une force extraordinaire.

Bois-a-bois. Terme d'aunage, & d'Auneurs. Auner une étoffe, ou une toile Bois-à-bois, c'est l'auner juste, sans faire aucune bonne mesure. *Voyez* Aune, & Auner.

Conduire une étoffe *Bois-à-bois*, c'est la conduire le long de l'aune, lorsqu'on la mesure, sans la tirer pour l'étendre. *Voyez comme dessus.*

### *Commerce des Bois à Amsterdam.*

Il se fait à Amsterdam un très grand commerce de toute sorte de Bois, particuliérement de ceux qui sont propres à la teinture, à la marqueterie & à la tableterie. Leurs prix sont différens, & l'on donne diverses tares & déductions, pour le bon poids & pour le prompt payement suivant leurs diverses qualités.

Le bois de Bimas se paye en argent de banque. Les 100 livres se vendent 8 fl. $\frac{1}{4}$ jusqu'à 8 fl. $\frac{1}{2}$: la déduction pour le prompt payement est d'un pour cent.

Le bois de Caliatours se vend 29 fl. les 100 liv. aussi argent de banque: déduction comme le précedent.

Le bois de Campêche se vend les 100 liv. 6 fl. $\frac{1}{2}$: les déductions pour le bon poids & le prompt payement, sont chacune d'un pour cent.

Le bois de Fernambourg se vend en argent de banque 22 fl. les 100 liv. La déduction pour le bon payement est d'un pour cent.

Le bois de Girofle se vend 10 f. la livre. On donne dix pour cent de tare, deux pour cent pour la deduction pour le bon poids, & autant pour celle pour prompt payement.

Le prix du bois jaune est de 4 fl. les 100 liv. Les déductions sont chacune d'un pour cent pour le bon poids & pour le prompt payement.

Le prix du bois de Sainte Marthe est de 5 fl. $\frac{1}{2}$ les 100 liv. Les déductions comme au précedent.

Le bois de Sapan de Siam se vend 9 fl. les 100 liv. argent de banque: la déduction pour le prompt payement est d'un pour cent.

Le bois de Bouis, qu'on nomme Bouis en bâtons, se vend 10 à 12 fl. les 100 bâtons suivant leur grosseur: on réduit pour le prompt payement un pour cent.

Le bois de Bouis gros bois se vend les 100 liv. depuis 5 jusqu'à 10 fl. On déduit un pour cent de bon poids, & autant pour le promt payement.

BOISER. Terme de Menuisier. C'est garnir une chambre, un appartement, ou autre lieu, d'ouvrages de Menuiserie. *V.y.z.* Lambrisser.

BOISSEAU. Mesure ronde de bois, ordinairement ceintrée par le haut d'un cercle de fer, appliqué en dehors, bord à bord du fust.

Le Boisseau sert à mesurer les corps, ou choses séches, comme les grains, qui sont le froment, le seigle, l'orge, l'avoine, &c. les legumes, qui sont les pois, les féves, les lentilles, &c. les grains, qui sont le chenevis, le millet, la navette, &c. les fruits secs, qui sont les chataignes, les noix, &c. la farine, les navets, les oignons, le son, la cendre, &c.

Le Boisseau est très différent en France, & change presque dans toutes les Jurisdictions.

En plusieurs endroits, & particuliérement à Lyon, il est appellé Bichet.

A Paris, le Boisseau, qui sert à mesurer toutes les choses ci-dessus exprimées, se divise en deux demis Boisseaux, le demi Boisseau en deux quarts, le quart en deux demis quarts, le demi quart en deux litrons, & le litron en deux demis litrons; ensorte que le Boisseau est composé de trente-deux demis litrons, ou seize litrons, ou huit demis quarts, ou quatre quarts, ou deux demis Boisseaux.

Suivant une Sentence du Prévôt des Marchands, & Echevins de la Ville de Paris, du 29 Decembre 1670, inserée dans l'Ordonnance générale de la même Ville, du mois de Decembre 1672, chap. 24, le Boisseau doit avoir huit pouces deux lignes & demie de haut, sur dix pouces de diametre, ou de large: le demi Boisseau, six pouces cinq lignes de haut, & huit pouces de diametre: le quart, quatre pouces neuf lignes de haut, & six pouces neuf lignes de large: le demi quart, quatre pouces trois lignes de haut, & cinq pouces de diametre: le litron, trois pouces &

demi de haut, & trois pouces dix lignes de diametre: & le demi litron, deux pouces dix lignes de haut, sur trois pouces une ligne de large.

Il faut remarquer, que suivant la Sentence ci-devant rapportée, la largeur, ou diametre du Boisseau, & de ses diminutions, doit être prise d'un fust à l'autre, à le prendre en dedans de la mesure; & que toutes ces mesures peuvent être ceintrées par le haut, & en dehors d'un cercle de fer, de tôle forte, bord à bord de leur fust.

Les trois Boisseaux font un minot, six Boisseaux font une mine, douze Boisseaux font un septier, & cent quarante-quatre Boisseaux font un muid.

Il y a plusieurs Villes de France, comme Amboise, Blois, Tours, la Rochelle, Bordeaux, & Avignon, qui se servent du Boisseau pour l'estimation ou réduction des mesures de leurs grains, de la même maniere qu'à Paris on se sert du septier.

On a cru utile de mettre ici les proportions du Boisseau de ces Villes avec le septier de Paris.

Quatorze Boisseaux un huitiéme d'Amboise font le septier de Paris.

Vingt Boisseaux d'Avignon font trois septiers.

Vingt Boisseaux de Blois ne font qu'un septier.

Il faut deux Boisseaux de Bordeaux pour un septier de Paris.

Trente-deux Boisseaux de la Rochelle pour dix-neuf septiers de Paris.

Quatorze Boisseaux un huitiéme de Tours, comme on l'a dit d'Amboise, pour le septier de Paris.

Quatre boisseaux de Rouen font la mine, & deux mines le septier.

Les huit boisseaux de Roane font un septier de Paris ou une mudde $\frac{1}{2}$ d'Amsterdam.

Cinq boisseaux d'Avignon font 4 muddes $\frac{1}{4}$ d'Amsterdam.

Les trente-huit boisseaux de Bordeaux font un last d'Amsterdam ou 19 septiers de Paris. Quand le blé est bon, le boisseau de Bordeaux doit péser 122 à 124 liv. poids de marc.

Cinq boisseaux & $\frac{1}{4}$ du Havre-de-Grace, font une mudde $\frac{1}{2}$ d'Amsterdam.

Le boisseau du Havre mesure de la halle, pése, sçavoir pour le froment 55 liv. poids de marc; pour le méteil 55 liv. & pour le seigle 51 liv.

Il y a au Havre une autre mesure qu'on appelle mesure du Quay, qui est composée de trois boisseaux. *Voyez* MESURE DU QUAY.

Quatorze boisseaux d'Amboise font pareillement une mudde & demi d'Amsterdam.

Les quatorze boisseaux de Tours, les vingt boisseaux de Blois, les cinq boisseaux d'Aubeterte, de Barbesieux, & de Perigueux, & les quatre boisseaux d'Auvray, font aussi une mudde $\frac{1}{2}$ d'Amsterdam.

A Arnay-le-Duc, quatre boisseaux font égaux à cinq boisseaux de Paris; ainsi neuf boisseaux trois cinquiémes font un septier de Paris.

A Aubeterre, le boisseau pése cinquante livres poids de marc; de sorte que deux de ces boisseaux sont égaux à cinq de Paris.

A Blois, le boisseau pése 12 livres poids de marc, 20 de ces boisseaux font un septier de Paris.

A Brest, le boisseau pése 110 liv. 20 boisseaux composent le tonneau du poids de 2200, le tonneau rend neuf septiers deux boisseaux de Paris. Sur ce pied 72 tonneaux de Brest font 55 muids de Paris.

A Fribourg, le boisseau de froment pése 27 livres poids de marc: celui de méteil 25, & celui de seigle 25.

A Fescamp le boisseau de méteil pése 56 livres poids de marc.

A Seez en Normandie, le boisseau de froment pése 84 liv. & celui de méteil 80 liv. poids de marc.

L'avoine se mesure au double des autres grains; ensorte qu'il faut vingt-quatre boisseaux d'avoine pour faire un septier, & deux cent quatre-vingt huit boisseaux pour faire le muid. Le boisseau d'avoine se divise en quatre picotins; le picotin en deux demis quarts, ou quatre litrons; le demi quart en deux litrons.

L'espalement & l'estalonage du boisseau, & de toutes ses diminutions, même du minot, se font à l'Hôtel de Ville de Paris, par les Jurés Mesureurs de sel, Estalonneurs de mesures de bois, qui sont les Dépositaires des estalons de cuivre, ou mesures matrices & originales, qui doivent servir de régle à toutes les autres.

Les grains, les legumes, & les graines, se doivent mesurer à boisseau ras, sans laisser grains sur bord, c'est-à-dire, que le boisseau étant rempli pardessus le bord, il doit être exactement radé, ou rasé avec la radoire, instrument de bois fait exprès pour cela.

La farine, les châtaignes, les noix, & le son, se mesurent aussi à boisseau ras; avec cette différence néanmoins, que les noix, les châtaignes, & le son se rasent simplement avec la main.

A l'égard des oignons, des navets, & de la cendre, la mesure s'en fait à boisseau comble.

Les Regrattiers à petites mesures ne doivent point se servir, pour vendre leurs grains, graines, & légumes, de picotins, ni de mesures d'osiers; mais seulement du boisseau, & de ses diminutions jusqu'au demi litron.

On se sert aussi du boisseau pour mesurer le sel; & il a ses divisions plus étendues que pour le blé.

Suivant l'art. 2 du tit. 9 de l'Ordonnance des Gabelles du mois de Mai 1680, le boisseau de sel se doit diviser en demi boisseau; quart de boisseau, demi quart de boisseau, litron, demi litron, quart de litron, demi quart de litron, & mesurette; de maniere que le boisseau de sel est composé de deux demis boisseaux, ou quatre quarts de boisseau, ou huit demis quarts de boisseau, ou seize litrons, ou trente-deux demis litrons, ou soixante-quatre quarts de litron, ou cent vingt-huit demis quarts de litron, ou deux cens cinquante-six mesurettes.

Les quatre boisseaux de sel font un minot, & seize boisseaux font un septier; ensorte qu'il faut cent quatre-vingt-douze boisseaux pour faire un muid.

Le sel se mesure ras ainsi que les grains.

Le charbon de bois se mesure pareillement au boisseau, & le boisseau se divise, ou en deux demis boisseaux, ou en quatre quarts de boisseau, ou en huit demis quarts de boisseau. Il faut huit boisseaux pour faire un minot, seize boisseaux pour faire une mine; les vingt mines, ou quarante minots faisant un muid : ainsi il faut trois cens vingt boisseaux pour faire le muid.

Le charbon de bois, qui se vend par les Regrattiers, au boisseau, demi boisseau, quart de boisseau, & demi quart de boisseau, doit être mesuré comble, suivant l'Arrêt du Parlement de Paris du 24 Juillet 1671, dont il est fait mention dans l'Ordonnance de ladite Ville du mois de Décembre 1672, chap. 24, dont il a déja été parlé.

Le charbon de terre, qui se mesure comble, se vend aussi au boisseau; & le boisseau se partage en quatre quarts. Il faut trois boisseaux pour faire un demi minot, les trente demis minots faisant la voye; en sorte qu'il faut quatre-vingt-dix boisseaux, pour faire une voye de charbon de terre.

Le plâtre se mesure encore au boisseau. Il y a une Ordonnance de Police, qui regle le sac de plâtre à deux boisseaux radés. Il faut soixante-douze boisseaux, ou trente-six sacs, pour faire un muid de plâtre.

La chaux est pareillement mesurée au boisseau, lequel se divise en quatre quarts, chaque quart contenant quatre litrons. Il faut trois boisseaux de chaux pour faire un minot, les quarante-huit minots faisant le muid; de maniere qu'il faut cent quarante-quatre boisseaux, pour faire un muid de chaux.

Quand on dit, *Un boisseau de blé*, *Un boisseau d'avoine*, *Un boisseau de sel*, *Un boisseau de charbon*, &c. cela doit s'entendre, un boisseau plein de l'une de ces sortes de marchandises.

Boisseau. C'est aussi une espece d'instrument de bois, long & mince, en forme de cylindre, creux en dedans, que les Passementiers-Boutonniers mettent sur leurs genoux, pour fabriquer à la main, avec des fuseaux, les lacets, gances, cordons ronds, & autres semblables ouvrages de leur métier.

Boisseau, en termes de Potier de terre. Signifie un gros cylindre de terre cuite, fait en forme de boisseau sans fonds, plus étroit par en bas que par en haut, avec un petit rebord, ou ourlet, à un pouce près de l'extrémité la moins large. Ces boisseaux de poterie servent à faire ce qu'on appelle la Chausse, ou conduit d'une aisance, en les emboitant l'un dans l'autre; ensorte que celui de dessus entre jusqu'à l'ourlet dans celui de dessous.

BOISSELE'E. Ce qui est contenu dans un boisseau. Une boisselée de froment, d'orge, de pois, de féves, &c.

Boissele'e. Est aussi une certaine mesure de terre, dont on se sert en plusieurs Provinces de France. Cette mesure consiste en autant de terre, qu'il en faut pour contenir la semence du grain, dont un boisseau est rempli. Huit boisselées font un arpent de Paris, ou environ.

BOISSELIER. Artisan qui vend des boisseaux, des litrons, des seaux, des pelles, & autres ouvrages de bois.

BOISSESON. Ville de Languedoc où il se fabrique beaucoup de pieces de cordelats. *V.* l'Etat général, page 214.

BOISSON. Ce qui est propre à boire; comme l'eau, le vin, la biére, le cidre, &c.

Boisson, qu'en quelques lieux on nomme Boite. Signifie aussi un mêlange d'eau avec quelque reste de vin de pressurage, qu'on fait à la campagne pour les Valets & Domestiques. Il se dit aussi du vin de prunelles. Ces sortes de vins, ou de boissons, ne sont point sujets aux droits des Aydes. *Voyez* Vin.



BOITE. Tems, saison où le vin est bon à boire. *V.* Vin.

Boite. Signifie aussi ce qu'on appelle plus communément Boisson, qui est une espece de vin très foible. *Voyez ci-dessus* Boisson.

BOITTE, qu'on nomme encore BOETE, & BOETTE. C'est l'appas dont les Pêcheurs de morues se servent, pour amorcer leurs hameçons. Les François, qui font la pêche au Cap Breton, y mettent ordinairement des harengs, & du maquereau, que la morue aime beaucoup, & qui donnent en quantité autour de l'Isle. *V.* Morue. *Voyez aussi le Commerce du Cap Breton.*

## BOK

BOKAS. Toiles de coton que l'on tire de Surate: il y en a de blanches & d'autres bleues. *V.* l'article des Toiles de coton.

BOKE-MEALE. Province d'Afrique, située au Nord-Est du Royaume de Lovango dont elle est tributaire. *V.* l'Etat général, page 388.

## BOL

BOL, ou BOLUS. Terme de Médecine. C'est un médicament préparé d'une telle épaisseur ou consistance qu'on le peut avaler en un ou plusieurs morceaux, ou sur la pointe d'un couteau; à quoi quelques malades ont moins de répugnance. On lui a donné de la casse en bol.

Bol. Se dit en général de diverses sortes de terres, qui entrent dans les préparations galéniques, ou dont se servent les Peintres, & quelques Artisans.

Bol d'Armenie. Sorte de terre propre à la Médecine, qui vient d'Arménie. Les Médecins l'appellent *Rubrica Synopica*, & les Apoticaires, *Boli Armeni*; les uns, de la Ville de Synope, où ils supposent qu'on le trouve; les autres, de l'Arménie, où ils disent qu'est située la Ville de Synope.

Ce Bol, dont la couleur tire sur le rouge-pâle, tient beaucoup de la nature de la pierre; mais il est mol, friable, & facile à se pulvériser.

On le croit dessicatif; & cette qualité le fait employer pour plusieurs maux intérieurs & extérieurs. Le Bol d'Arménie se falsifie aisément.

Bol fin du Levant. C'est une terre médicinale, qu'on apporte du Levant, à peu près de la même nature, & avec les mêmes qualités que le Bol d'Arménie.

Le sieur Pomet, dans son Histoire générale des drogues, prétend qu'on ne sçait à Paris ce que c'est que le véritable Bol d'Arménie, non plus que le Bol du Levant; & que toutes les sortes de Bols qu'on y vend, sont tirés des Provinces du Royaume, & même de quelques lieux des environs de la Ville de Paris.

On devroit presque en croire un si habile Droguiste; mais ce qui peut néanmoins faire un peu hésiter, c'est que l'on trouve ces deux sortes de Bols dans les plus nouveaux Tarifs des droits d'entrée dans le Royaume; d'où l'on peut juger qu'il vient en France, du vrai Bol d'Arménie & du Levant. En tout cas, pour ne rien oublier de ce qui pourroit être utile au Lecteur, voici un Extrait de Pomet.

» Les Bols, dit-il, dont on se sert à Paris, » viennent de Blois, de Saumur, & de Bourgo- » gne. Il y en a de plusieurs couleurs, sur tout de » gris, de rouge, & de jaune. Ce dernier est le

» plus estimé, & le plus d'usage parmi les Do-
» reurs. Le Bol qu'on tire de Bâville, & d'autres
» endroits d'autour de Paris, coute moins, &
» sur ce pied est d'un plus grand débit. Tous ces
» Bols, pour être de bonne qualité, doivent être
» doux, luisans, & astringens; c'est-à-dire, que
» mis sur les levres, ou sur la langue, ils ayent
» peine à s'en séparer.

Il y a une autre sorte de Bol, qu'on nomme Bol en bille, ou Brouillamini; c'est un bol lavé au sortir des carrieres, pour en séparer le gravier, & réduit en pâte, dont on forme des billes, ou morceaux plats, de la grosseur, & longueur du doigt.

*Le Bol d'Arménie, & le Bol fin du Levant, payent en France de droits d'entrée, par le Tarif de 1664, le premier 10 s. & l'autre 30 s. le cent pésant; & par l'Arrêt du 15 Aout 1685, ils sont mis au nombre des marchandises du Levant, de Barbarie, de Perse, &c. sur lesquelles il est ordonné de lever vingt pour cent de leur valeur.*

BOLBEC, Bourg dans le Pays de Caux, célèbre par ses différentes fabriques. *Voyez* l'Etat général, page 104.

BOLLOS. On nomme ainsi dans les mines du Potosi, & du reste du Perou, les lingots, ou barres, qui se font de l'argent qu'on tire du minéral, par l'opération du feu souvent repetée, ou par le moyen des eaux fortes. *Voyez* ARGENT.

BOLOFTOU. Comptoir des Hollandois à la Côte de Coromandel. *Voyez* l'Etat général, page 420.

BOLOGNE, Ville d'Italie, où il y a des Manufactures en laine & en soie. *Voyez* l'Etat général, page 309.

BOLZAS. Espece de coutil, fait de fil de coton, qui vient des Indes. Il y en a de tout blancs, & d'autres rayés de jaune, dont les rayes se font avec du fil de coton écru. *Voyez* COUTIL, *vers la fin de l'article.*

## BOM

BOMBASIN. Etoffe de soie, qui se fabrique à Milan, d'où la Manufacture en a été apportée en quelques Provinces de France.

*Les Bombasins de soie payent à la Douane de Lyon 6 liv. par balle pour l'ancien droit, & 3 liv. pour la nouvelle réapréciation.*

BOMBASIN. C'est aussi une étoffe croisée, faite de fil de coton. *Voyez* BASIN.

*Les Bombasins de toutes sortes payent en France les droits de sortie sur le pied de Mercerie, c'est-à-dire, 3 liv. du cent pésant; & de droits d'entrée 1 liv. 10 s. la piece de douze aunes.*

BOMBE. Espece de grosse grenade, dont on se sert à la guerre, & qu'on tire avec un mortier.

*Les Bombes sont du nombre des marchandises de contrebande, dont la sortie est défendue par l'Ordonnance de 1687.*

BOMERIE. Terme de Commerce de mer, particuliérement en usage sur les Côtes de Normandie. C'est une espece de contrat, ou de prêt à la grosse avanture, assigné sur la quille du vaisseau; différent de l'assurance, en ce qu'il n'est rien dû en vertu de ce contrat, en cas de naufrage, mais seulement quand le navire arrive à bon port. *Voyez* GROSSE AVANTURE.

BOMERIE. Se dit aussi quelquefois de l'argent prêté à gros intérêt. *Voyez* USURE.

## BON

BON. Terme d'honneur dont on se sert dans le Commerce pour dénoter un Marchand riche & solvable. Vous pouvez hardiment confier votre marchandise à Monsieur un tel, je vous garantis qu'il est bon.

BON-D'AUNAGE. *Voyez* AUNAGE.

BON-BANC. Sorte de pierre de taille, molle, & facile à se mouliner, lorsqu'elle est exposée à l'air, & à l'humidité. Le Bon-banc a ordinairement depuis quinze pouces jusqu'à vingt quatre de hauteur. Le meilleur se tire des carrieres des environs de Paris. *Voyez* PIERRE.

BONNE-MESURE. Ce que l'on donne au delà de la mesure. *Voyez* AUNAGE.

BON-NOIR. *Voyez* NOIR DES TEINTURIERS.

BON-OUVRIER. On appelle Fil blanc-bon-ouvrier, une sorte de fil, qu'on tire de Lisle en Flandres, & qui est plus connu à Paris sous le nom de *Fil d'Epinay*. Voyez FIL.

BON-TEINT. C'est la même chose que Grand-teint. GRAND-TEINT.

BONDON. Tampon, ou cheville de bois, grosse & courte, dont on se sert à boucher un trou, que l'on laisse au-dessus des futailles & tonneaux, pour les emplir.

On appelle aussi Bondon, le trou même qui en est bouché. On le laisse quelque tems ouvert, quand ce sont des vins, ou cidres nouveaux, qui ont été entonnés; afin que lorsque les liqueurs viennent à bouillir, l'écume & les immondices en puissent sortir, & que les cerceaux, dont les pieces sont reliées, ne courent pas risque d'être rompus, par la trop forte fermentation des vins & des cidres.

On laisse pourtant quelquefois fermenter des vins, sans leur donner de l'air par le bondon, afin de leur donner plus d'esprit & de vigueur; mais alors on cercle les tonneaux de fer, & l'on prend des précautions, pour que le bondon ne puisse être emporté.

BONDONNER un tonneau. Signifie quelquefois y percer avec la bondonniere, le trou où se met le bondon: quelquefois il veut dire seulement boucher cette ouverture avec la cheville, qu'on appelle Bondon.

BONDONNIERE. Instrument en forme de terriere, ou tarriere, de figure conique, dont le bout, qui se termine en pointe, est amorcé & tourné en vis. Il sert au Tonnelier à percer dans une des douves des futailles, ou tonneaux, le trou où se met le bondon. *Voyez* TONNELIER.

BONIFICIER une baleine. C'est la dépecer, en fondre les lards, & en tirer tout ce qu'il y a d'utile pour le commerce. *Voyez* BALEINE.

BONJON. Terme de Manufacture des toiles. *Voyez* LAIZE DE BONJON.

BONNE, Port de la concession de la Compagnie du Bastion de France. *Voyez* l'Etat général, page 368.

BONNESTABLE, Fabrique considérable de lainerie dans la Province du Maine. *Voyez* l'Etat général, ci-devant 94.

BONNET. Habillement de tête, qui sert à la couvrir.

Deux des six Corps des Marchands de la Ville de Paris, font le commerce des Bonnets. Les uns, qui de ce négoce ont pris le nom de Bonnetiers, font

font & vendent des Bonnets de soie, de laine, de coton, & de fil, tricotés à l'aiguille, & faits sur le métier; & encore des Bonnets carrés de drap, pour l'usage des Gens d'Eglise & de Robe. Les autres, qui sont les Merciers, particuliérement ceux qu'on nomme Marchands du Palais, font & vendent toutes autres sortes de Bonnets à l'Angloise, à la Polonoise; de brocard, de velours, de taffetas, de toile, & avec fourrure. *Voyez les articles de ces deux Corps.*

*Les droits d'entrée des Bonnets de laine de toutes sortes, se payent en France, conformément au Tarif de 1667, à raison de 20 liv. le cent pésant; & pour droits de sortie, suivant le Tarif de 1664, 3 liv. comme Mercerie.*

BONNET A LA BEARNOISE. C'est une sorte de grand bonnet fait ordinairement de baracan, qui est propre pour la pluie. Ses bords qui se ratachent avec des boutonnieres, forment, lorsqu'ils sont abbatus, une espece de casque qui auroit la visiere levée: en cet état ils couvrent les épaules & le dos. Ces bonnets ont pris le nom de la Province de Bearn où ils ont été inventés & où ils se fabriquent. Les meilleurs se font dans un Village qui est à une grande lieue de la Ville de Nay, dont les Marchands en font le commerce qui est assez considérable, la plupart des paysans de Guyenne & des Provinces voisines ayant coutume d'en porter.

BONNETS DE MARSEILLE. Ce sont des bonnets de laine fabriqués à Marseille, à Toulon, & dans quelques autres lieux de Provence, que les Marchands Provençaux envoyent au Levant, particuliérement à Smyrne; ils servent à faire cet habillement de tête que les Turcs nomment des Turbans. Il y en a de fins & de communs; ils s'envoyent en caisses à tant de douzaines par caisse que les Marchands du pays vendent ensuite en détail. C'est sur ces bonnets que s'arrangent les toiles de mousselines qui servent comme de bords aux turbans. *Voyez* le Commerce de Smyrne, où il est parlé amplement du négoce que les François en font.

BONNET VERT. Marque d'infamie, dont on punit les Marchands, & autres, qui font cession judiciaire de leurs biens à leurs Créanciers, qu'ils ne sont pas en état de satisfaire. *Voyez* CESSION.

BONNETERIE. On appelle Ouvrage de Bonneterie, ou Marchandise de Bonneterie, les bonnets, les bas, & autres marchandises & ouvrages de cette nature, que les Marchands Bonnetiers ont la faculté de vendre, & de faire fabriquer.

Il avoit été ordonné par un Arrêt du Conseil du premier Aout 1713, que toutes les marchandises de Bonneterie venant du dehors, seroient portées à la Douane de Paris, pour y être visitées par le Sieur Savary Auteur de ce Dictionnaire, commis à cet effet.

En 1716 un autre Arrêt du 8 Janvier, avoit enjoint à tous les Voituriers, Maîtres de Coches, & Messageries, de déclarer aux Commis des portes & des barrieres, toutes les marchandises de Bonneterie dont ils seroient chargés, ensemble les noms des Marchands à qui elles seroient adressées, avec obligation de prendre des passavants desdits Commis pour la Douanne, qui seroient visés par ledit Sieur Savary, & rendus auxdits Voituriers, le tout à peine de confiscation.

L'inexécution de ces deux Arrêts avoit donné lieu à un troisiéme Arrêt rendu le 20 Novembre 1717, suivant lequel toutes les marchandises de Bonneterie sans distinction, tant à l'aiguille qu'au métier, devoient être portées à ladite Douanne.

Mais ces trois Arrêts continuant d'être également mal exécutés, particuliérement du côté des Commis des portes & barrieres, qui négligeoient d'envoyer à la Douanne lesdits Voituriers & leurs marchandises de Bonneterie, sous prétexte qu'ils n'étoient pas payés pour cette nouvelle fonction; & que d'ailleurs il leur étoit défendu de prendre les intérêts d'aucunes des Communautés de Paris:

Sa Majesté pour lever tous ces prétextes, & pour assurer de plus en plus la visite des marchandises de Bonneterie à la Douanne de Paris, d'où dépend en partie la perfection des fabriques soit au métier, soit à l'aiguille, ordonna par un dernier Arrêt du 28 Aout 1721, l'exécution des trois autres, & en conséquence.

Premiérement: Que les Commis de portes & barrieres de Paris, seroient tenus sous peine d'interdiction pendant un mois, & de révocation & amende en cas de récidive, d'envoyer au Bureau général de la Douanne tous les Marchands Forains, Voituriers, Conducteurs de coches, & Messagers, qu'ils trouveront être chargés de paquets, caisses ou ballots de marchandises de Bonneterie, tant au métier qu'à l'aiguille, de leur delivrer des envois, de leur faire laisser des gages proportionnés à la quantité de marchandises dont ils seront chargés; & même de les faire conduire à ladite Douanne lorsqu'il y aura apparence de fraude.

En second lieu: Qu'en cas qu'il se trouvât des Voituriers, Marchands Forains ou autres qui voulussent faire entrer lesdites marchandises sans les déclarer; lesdits Commis seroient tenus d'en dresser leur procès verbal qu'ils remettroient avec lesdites marchandises dans les vingt-quatre heures, à l'Inspecteur ou à son Adjoint; lequel après les avoir visitées, en feroit son rapport au Lieutenant Général de Police, pour sur icelui en ordonner ce qu'il appartiendra.

Enfin: Que pour dédommager les Commis de leurs peines, Sa Majesté ordonne qu'il leur appartiendra le tiers des marchandises qui entreront en fraude, & dont ils auront procuré la confiscation.

BONNETERIE. Se dit aussi du Corps des Marchands Bonnetiers, qui est le cinquiéme des six Corps des Marchands de Paris; lequel a droit de vendre toutes sortes de bonnets de drap, ou de laine, tant quarrés qu'autres; bas, gants, chaussons, camisoles, caleçons, & autres semblables ouvrages faits au métier, au tricot, ou à l'aiguille, soit avec de la soie, de la laine, du fil de chanvre & de lin, du poil de chameau & de castor, du coton, & d'autres pareilles matieres.

Les derniers Statuts du Corps de la Bonneterie, sont de l'année 1608, sous le Regne de Henry IV.

Par ces Statuts, les Marchands Bonnetiers sont appellés Aulmulciers-Mitonniers. On prétend qu'ils ont été ainsi nommés, parce qu'anciennement ils vendoient, ou faisoient certaines especes de dominos, ou camails d'étoffe, que l'on appelloit Aulmuces, qui servoient à couvrir la tête, quand on alloit à la campagne; & qu'ils vendoient aussi des mitaines d'étoffe, qui étoient des manieres de gants, qui n'avoient qu'un pou, ce, & point de doigts, à peu près semblables aux mitaines tricotées, qu'ils vendent encore aujourd'hui.

Suivant les art. 3, 14, & 17 de ces mêmes Statuts, aucun ne peut être reçû dans le Corps de la Bonneterie, s'il n'a au moins vingt-cinq ans; s'il n'a servi les Marchands Bonnetiers pendant cinq années en qualité d'Apprentif, & cinq autres années après l'apprentissage, en qualité de Garçon, ce qui fait en tout dix années; & s'il n'a fait chef-d'œuvre. *Voyez* APPRENTIF, *&* CHEF-D'OEUVRE.

Le Corps de la Bonneterie a ses Armoiries particulieres, qui sont d'azur à la toison d'argent, surmontée de cinq navires aussi d'argent, trois en chef, & deux en pointe. Il a aussi sa Confrérie établie en l'Eglise S. Jacques de la Boucherie, & prend pour Patron S. Fiacre. On veut qu'il ait pris ce Saint pour Patron, parce qu'il étoit fils d'un Roi d'Ecosse; & que c'est de ce Pays-là que sont vênus à Paris les premiers ouvrages faits au tricot, ou à l'aiguille.

Il y a à la tête du Corps de la Bonneterie six Maîtres & Gardes, dont les fonctions sont de prendre soin de la police, & de veiller aux affaires du Corps. Trois sont appellés Anciens Gardes, au plus ancien desquels, qui est le premier, on donne le nom de premier Garde, ou de Grand Garde; & les trois autres sont appellés Nouveaux Gardes. On ne peut être élu premier Garde, qu'auparavant l'on n'ait été nouveau Garde.

Tous les ans, l'un des jours d'après la S. Michel, se fait dans le Bureau de la Bonneterie, en présence du Procureur du Roi du Châtelet, & d'un Greffier, une Assemblée générale, où ont été mandés tous les anciens Marchands du Corps, qui ont passé par les charges, & tous les autres qui ont six années d'établissement.

C'est dans cette Assemblée que se fait l'élection de deux Gardes; sçavoir, d'un ancien pour la seconde fois, & d'un nouveau pour la premiere: en sorte qu'il en sort deux, qui sont le premier des anciens Gardes, c'est-à-dire, le Grand Garde; & le plus ancien des trois nouveaux Gardes; celui qui étoit le second des trois anciens, devenant le premier, & celui qui étoit le deuxiéme des trois nouveaux, devenant aussi le premier des trois nouveaux; & ainsi successivement d'année en année: ce qui fait que chaque Garde demeure trois années en charge.

Cette élection se fait à la pluralité des voix, sur l'appel que fait l'Huissier du Bureau, des noms de ceux qui ont été mandés, & cela suivant l'ordre du tableau; & c'est le Greffier qui recueille les voix.

Les six Gardes en Charge portent dans les cérémonies, qui regardent le Corps, la robe de drap noir, à colet & à manches pendantes, paramentées & bordées de velours noir, qui est proprement la robe consulaire.

Lorsqu'il est nécessaire de faire rendre compte aux Gardes, qui sortent de Charge, on convoque une Assemblée d'Anciens, dans laquelle on nomme à la pluralité des voix, pour en être les Auditeurs, ou Examinateurs, six Anciens, qui ont passé par les Charges, & deux Jeunes, qui n'y ont point encore passé; & l'arrêté des comptes se fait par ces huit nommés, sans la participation d'aucun Magistrat: ce qui a été ainsi réglé par un Arrêt du Parlement.

Quand un Marchand du Corps de la Bonneterie, qui a été Garde, vient à déceder, les quatre derniers Gardes actuellement en Charge, qui sont le dernier des anciens, & les trois nouveaux, sont tenus d'assister au convoi & enterrement du défunt, en robe, & de tenir chacun un des côtés du poele, qui est fourni par le Bureau, avec six flambeaux de poing de cire blanche, auxquels sont attachées les armoiries du Corps de la Bonneterie. *Voyez* CORPS, *&* BONNETIER.

Ce cinquiéme Corps des Marchands de Paris, a été augmenté en 1716, de la Communauté des Maîtres Bonnetiers, Ouvriers au tricot des Fauxbourgs, réunis aux Marchands Bonnetiers de la Ville, par Arrêt du Conseil du Roi du 3 Février de la même année. On parle plus au long de cette réunion dans l'article suivant. *Voyez* BONNETIER.

BONNETIER. Celui qui vend, ou qui fabrique & apprête des bonnets, des bas, & autres ouvrages de Bonneterie.

Il y avoit autrefois à Paris deux sortes de Bonnetiers: Les premiers, appellés par leurs Statuts, Marchands Bonnetiers-Aulmuciers-Mitonniers, composoient le cinquiéme des six Corps des Marchands, & ne tenoient boutique que dans la Ville. Les seconds étoient les Maîtres Bonnetiers au tricot, ou Maîtres Ouvriers en bas, & autres ouvrages au tricot, qui n'habitoient, & ne travailloient que dans les Fauxbourgs; & qui étoient ainsi nommés, parce que leur métier étoit de travailler seulement, ou faire travailler à tricoter, ou brocher à l'aiguille, des bas, des bonnets, des camisoles, &c. On les appelloit encore Maîtres Bonnetiers Apprêteurs, Foulonniers, & Appareilleurs, à cause que c'étoit eux qui se mêloient ordinairement d'apprêter, fouler, & appareiller toutes sortes de bas, & autres ouvrages de Bonneterie. On parle ailleurs des Bonnetiers-Aulmulciers-Mitonniers. *Voyez* BONNETERIE.

Les Maîtres Bonnetiers au tricot, qui, comme on vient de dire, n'étoient établis que dans les Fauxbourgs, particuliérement dans celui de S. Marcel, vulgairement appellé S. Marceau, qui a donné son nom à certains bas au tricot fort estimés, formoient alors une Communauté particuliere d'Ouvriers, ou Artisans, qui avoit des Jurés préposés, pour en maintenir les priviléges. Leurs Statuts, qui ont été abrogés depuis leur réunion avec les Bonnetiers de la Ville, dont on parlera dans la suite de cet article, étoient du 26 Août 1527, donnés par le Bailly de S. Marcel, & renouvellés le 7 Janvier 1619 par celui de Sainte Geneviéve.

Suivant ces Statuts, aucun ne pouvoit être reçû Maître dans la Communauté, s'il n'avoit fait un apprentissage de quatre ans, servi les Maîtres en qualité de Compagnon pendant deux autres années, & fait chef-d'œuvre, qui consistoit à brocher, ou tricoter à l'aiguille, deux bonnets, (anciennement nommés Cremyolles) à l'usage d'homme, en trois fils de mere laine fine; & un bas d'estame, façon d'Angleterre, en quatre ou cinq fils, de fine laine d'estame; & à les fouler & appareiller.

Par ces mêmes Statuts, les Fils de Maîtres étoient exempts de chef-d'œuvre; & il leur suffisoit d'avoir travaillé chez les Maîtres.

On ne parle point ici d'une troisiéme Communauté d'Ouvriers en Bonneterie, pareillement établie à Paris, & dans ses Fauxbourgs, aussi-bien que dans quantité des plus considérables Villes de France, qui est celle des Maîtres Ouvriers Faiseurs de bas au métier ; parce qu'on a trouvé plus convenable d'en traiter à l'article des bas au métier, où l'on a déja été obligé d'en dire plusieurs choses, dont on auroit fait ici une répétition assez inutile. *Voyez* BAS AU METIER.

Les fréquentes contestations, qui se formoient entre ces trois différens Corps & Communautés de Marchands, & d'Ouvriers, sur le fait du commerce, fabrique, apprêt, & visite des marchandises de Bonneterie, tant du tricot, que du métier, ont donné lieu à un Arrêt du Conseil d'Etat du Roi, en forme de Réglement, rendu le 17 Mai 1701, dont voici l'extrait.

Le Roi étant en son Conseil, faisant droit sur le tout, & interprétant, en tant que besoin, l'Arrêt du Conseil du 30 Mars 1700, portant Réglement pour la fabrique des bas, & autres ouvrages au métier, a ordonné & ordonne ce qui ensuit.

1°. Pourront les Maîtres Bonnetiers au tricot des Fauxbourgs de Paris, continuer, suivant la possession & usage où ils sont, de vendre & débiter des bas, & autres ouvrages de Bonneterie au métier, faits par des Maîtres de la Communauté des Maîtres Faiseurs de bas au métier de Paris, ou par des Particuliers ayant permission expresse, & Lettres de Privilége de Sa Majesté, pour faire des bas, & autres marchandises de Bonneterie au métier, dans Paris, & marqués de la marque particuliere desdits Maîtres Faiseurs de bas au métier, ou desdits Particuliers privilégiés.

2°. Ne pourront lesdits Maîtres Bonnetiers au tricot des Fauxbourgs de Paris, faire faire directement, ni indirectement, des bas, & autres ouvrages de Bonneterie au métier, par des Ouvriers non Maîtres, ou n'ayant point de Privilége de Sa Majesté, soit qu'ils travaillent dans les lieux privilégiés de Paris, ou ailleurs, ni par des Maîtres des autres Villes & lieux du Royaume, à peine de confiscation, & de 300 liv. d'amende.

3°. Ne pourront aussi lesdits Maîtres Bonnetiers au tricot acheter, ni faire venir des bas, & autres ouvrages au métier, des autres Villes & lieux du Royaume, non plus que des Pays étrangers, à peine de confiscation des marchandises de Bonneterie au métier, qui se trouveront chez eux, sans la marque d'un Maître, ou d'un Privilégié Faiseur de bas au métier, de Paris; à peine aussi de 300 liv. d'amende, & de tenir leurs boutiques fermées pendant trois mois.

4°. Ne pourront lesdits Maîtres Bonnetiers au tricot avoir chez eux des bas, & autres marchandises de Bonneterie faites au métier, marquées d'une autre marque, que de celle des Maîtres, ou Privilégiés de Paris, sous les peines ci-dessus, à moins que lesdites marchandises n'appartinssent à des Marchands Bonnetiers, & n'eussent été par eux données à fouler & apprêter aux Bonnetiers des Fauxbourgs; & que ces marchandises, ensemble les noms des Marchands, ou autres, qui les auront donné à fouler & apprêter, ne soient écrits sur le Registre, que lesdits Maîtres Bonnetiers des Fauxbourgs doivent tenir, suivant la Sentence du Sieur Lieutenant Général de Police du 10 Janvier 1698.

5°. Les Marchands Bonnetiers de Paris pourront apprêter chez eux, & faire apprêter par des Marchands de leur Corps & Communauté, les bas, & autres marchandises de Bonneterie de leur commerce.

6°. Les Maîtres Faiseurs de bas au métier, pourront apprêter chez eux, & faire apprêter pour des Maîtres de leur Communauté, les bas, & autres ouvrages de leur fabrique.

7°. Les Maîtres Bonnetiers au tricot des Fauxbourgs, pourront fouler & apprêter les bas, & autres marchandises de Bonneterie de leur commerce, & les bas, & autres marchandises de Bonneterie, qui leur seront donnés à apprêter par les Marchands Bonnetiers, & par les Maîtres Faiseurs de bas au métier, ou autres, dont ils tiendront Registre, suivant ladite Sentence du 10 Janvier 1698, au fur & à mesure que lesdites marchandises de Bonneterie leur seront données à apprêter.

8°. Et seront au surplus ledit Arrêt du Conseil du 30 Mars 1700, portant Réglement pour la fabrique des marchandises de Bonneterie au métier; ensemble l'Arrêt du Parlement de Paris du 7 Aout 1674, portant Réglement pour le commerce dans Paris, des marchandises de Bonneterie au tricot, exécutés selon leur forme & teneur.

9°. Les Maîtres & Gardes des Marchands Bonnetiers, feront quatre visites au moins par an chez les Maîtres Bonnetiers au tricot des Fauxbourgs, & chez les Maîtres Faiseurs de bas au métier; ensemble chez les Ouvriers Faiseurs de bas au métier, non Maîtres, travaillant dans les lieux privilégiés, assistés d'un Juré de la Communauté des Maîtres Bonnetiers au tricot, & d'un Juré de la Communauté des Maîtres Faiseurs de bas au métier, qu'ils manderont à cet effet, pour y faire saisir & arrêter les marchandises de Bonneterie, tant au tricot, qu'au métier, les métiers, & les instrumens servant à l'apprêt & foulage des bas, qu'ils trouveront en contravention au present Arrêt, & auxdits Réglemens; & en poursuivre le jugement, suivant iceux, pardevant le Sieur Lieutenant Général de Police.

10°. Pourront encore lesdits Maîtres & Gardes des Marchands Bonnetiers, faire seuls des visites extraordinaires chez les Marchands de leur Corps, chez lesdits Maîtres Bonnetiers des Fauxbourgs, & chez les Maîtres Ouvriers non Maîtres, Faiseurs de bas au métier, sur les avis qui leur seront donnés, des contraventions qui pourroient se commettre contre le present Arrêt, & contre lesdits Réglemens; après néanmoins avoir obtenu permission du Sieur Lieutenant Général de Police, pour faire lesdites visites extraordinaires.

11°. Ne pourront les Jurés de la Communauté des Maîtres Faiseurs de bas au métier, faire seuls aucune visite chez les Maîtres Bonnetiers au tricot des Fauxbourgs; & seront tenus de requerir un des Maîtres & Gardes Marchands Bonnetiers, de les accompagner dans ces visites; après avoir obtenu permission du Sieur Lieutenant Général de Police, de faire des visites chez les Maîtres Bonnetiers au tricot.

Dix ans après ce Réglement, de nouveaux troubles agiterent le Corps des Marchands Bonnetiers de la Ville de Paris, & celui des Bonnetiers Ouvriers au tricot des Fauxbourgs.

Louis XIV avoit ordonné par son Edit du mois de Décembre 1678, la réunion de tous les Corps & Communautés des arts & métiers des Fauxbourgs, avec les Corps & Communautés de la Ville, de même qualité. Le Réglement de 1701, montre assez, que jusqu'alors les Ouvriers au tricot n'avoient point pensé à se réunir; & les Marchands Bonnetiers de leur part n'avoient pas crû être dans le cas de la réunion; leur qualité de Marchand, & la simple qualité d'Ouvrier, des autres, ne leur laissant pas même lieu de soupçonner que ces derniers pussent former cette pretention.

Cependant les Bonnetiers des Fauxbourgs s'étant pourvûs au Parlement pour cette réunion, & ceux de la Ville la refusant, il intervint un Arrêt du 15 Février 1714, portant renvoi de l'instance au Conseil du Roi, afin qu'il plût à Sa Majesté déclarer son intention sur l'exécution de l'Edit de 1678, par rapport à la réunion demandée & contestée.

C'est en conséquence de cet Arrêt de renvoy, & sur les Requêtes respectives des Parties, qu'a été rendu le 23 Février 1716, un Arrêt du Conseil, qui ordonne cette réunion, & en regle les conditions; qui cependant, à cause des difficultés survenues pour l'exécution, ne l'a eu pleine & entiere, qu'au commencement de l'année 1718, que la plus grande partie des Maîtres des Fauxbourgs ont été reçus Maîtres de la Ville; ou plutôt que les deux Communautés ont été réunies, pour ne plus faire désormais, qu'un seul Corps de Marchands Bonnetiers.

Les conditions de cette réunion en forme de Réglement, sont:

1°. Que conformément à l'Edit de 1678, la Communauté des Bonnetiers des Fauxbourgs sera éteinte & supprimée, & demeurera unie au Corps des Marchands Bonnetiers de Paris.

2°. Que les Maîtres des Fauxbourgs, reçûs avant l'Arrêt du Parlement de 1714, seront censés & réputés Marchands Bonnetiers de Paris, avec faculté d'y tenir boutique; & qu'ils jouiront, eux, leurs veuves, & enfans, de tous les droits qui appartiennent aux Marchands Bonnetiers de la Ville.

3°. Que les Enfans desdits Maîtres, dont la réception est antérieure à la date dudit Arrêt, seront reçûs Marchands, sans autre expérience, ni plus grands droits, que les Enfans de ceux de la Ville.

4°. Que les Apprentifs & Compagnons, qui ont fait leur apprentissage aux Fauxbourgs avant ledit tems, seront admis dans le Corps des Marchands, aux mêmes conditions que les Apprentifs de ces derniers.

5°. Que les Maîtres des Fauxbourgs de la qualité ci-dessus, payeront néanmoins aux Gardes du Corps des Marchands Bonnetiers, la somme de cinquante livres en s'y faisant réunir.

6°. Qu'au moyen de cette réunion, les prétendus Statuts de la Communauté des Fauxbourgs, demeureront abrogés, & tous les procès assoupis entre les deux Corps, sans pouvoir être poursuivis, sous quelque prétexte que ce soit.

7°. Que les Maîtres des Fauxbourgs n'auront rang avec les Marchands de la Ville, que du jour du nouveau serment qu'ils prêteront en conséquence de ladite réunion.

8°. Que les Maîtres des Fauxbourgs, après le serment prêté lors de leur réunion, pourront être élûs Gardes, ainsi que les autres Marchands.

9°. Que les Maîtres des Fauxbourgs, ainsi reçûs, seront tenus, pour leur part & portion, de toutes les dettes du Corps des Marchands Bonnetiers de la Ville; & réciproquement ledit Corps, de toutes celles de la Communauté des Fauxbourgs.

10°. Que tous les effets actifs de cette Communauté, appartiendront au Corps des Marchands, auquel elle est réunie; & qu'en conséquence tous les meubles, argenterie, & ornemens de sa Confrérie, seront remis entre les mains du Garde comptable desdits Marchands, après un inventaire préalablement fait.

11°. Que les Maîtres Bonnetiers des Fauxbourgs, reçûs depuis le 15 Février, datte de l'Arrêt du Parlement, ne pourront être admis dans le Corps des Marchands Bonnetiers, qu'en payant au Garde en Charge, les sommes que les Apprentifs du Corps doivent payer; déduction faite néanmoins de ce qu'il leur en aura coûté pour la Maîtrise des Fauxbourgs.

12°. Enfin, il est seulement permis à ceux desdits Maîtres, reçus depuis l'Arrêt, qui ne voudront pas fournir ladite somme, comme il est dit en l'article précédent, de continuer de tenir boutique, soit dans la Ville, s'ils y sont établis, soit dans les Fauxbourgs, s'ils y demeurent actuellement, sans pouvoir transférer leur boutique, ou magasin, dans la Ville; ni les uns & les autres former aucune Communauté, élire aucun Syndic, ou Juré; faire aucun Apprentif, ni recevoir aucun Maître; mais seulement continuer de vendre & débiter les ouvrages de leur fabrique, sur lesquels les Maîtres & Gardes du Corps des Marchands Bonnetiers, auroient néanmoins tout droit de visite & d'inspection.

Le Corps des Marchands Bonnetiers de la Ville de Paris, qui avoit été considérablement augmenté en 1716, par l'union de la Communauté des Bonnetiers au tricot des Fauxbourgs, le fut encore beaucoup plus en 1723 par la réunion de la Communauté des Maîtres fabriquans de bas & autres ouvrages au métier.

Le Roi ayant été informé qu'il arrivoit journellement des contestations entre ces deux Corps, qui troubloient également l'un & l'autre, & apportoient un préjudice considérable au Public, en négligeant la perfection des ouvrages de Bonneterie, Sa Majesté jugea que le moyen le plus propre pour y remédier, étoit d'en faire la réunion de la même maniere que sept ans auparavant elle avoit ordonné celle des Maîtres Bonnetiers au tricot des Fauxbourgs, & des Marchands Bonnetiers de la Ville.

Pour y parvenir, il fut d'abord surcis par un Arrêt du 18 Août 1722, à la réception des Maîtres & à l'élection des Jurés de la Communauté des fabriquans au métier: ensuite de quoi les uns & les autres ayant fourni leurs Mémoires respectifs pardevant les Commissaires du Conseil pour les affaires du Commerce; ladite réunion fut ordonnée par un Arrêt du Conseil d'Etat du Roi du 12 Avril 1723, contenant huit articles de Réglement pour assurer & fixer l'état des nouveaux réunis.

Par le premier de ces huit articles, Sa Majesté ordonne que les Maîtres fabriquans des bas au métier de la Ville & Fauxbourgs de Paris, seront & demeureront unis aux Marchands Bonnetiers de ladite Ville, pour ne faire à l'avenir qu'un seul & même Corps, au moyen de quoi la Communauté des Maîtres fabriquans demeureroit éteinte pour toujours.

Le second article permet en conséquence de ladite union, aux Marchands Bonnetiers de fabriquer & faire fabriquer toutes sortes d'ouvrages de Bonneterie au métier, ainsi & de même que les fabriquans; lesquels de leur part, sans être tenus de prêter aucun nouveau serment, pourront tenir boutiques, magasins, & faire le commerce de la Bonneterie, comme étant Marchands Bonnetiers, avec la faculté au uns & aux autres de faire des Apprentifs & entretenir des compagnons sans aucune distinction, tant pour le négoce que pour la fabrique.

Le troisiéme accorde aux veuves & enfans des Maîtres fabriquans, tous les droits qui appartiennent aux veuves & enfans des Marchands Bonnetiers, dont ceux-ci seront reçûs Marchands sans faire plus grande expérience, ni payer plus grands droits que les fils des Marchands: ce qui aura pareillement lieu à l'égard des compagnons.

Le quatriéme regle le rang & la séance des Marchands Bonnetiers & des Maîtres fabriquans réunis, aussi bien que l'élection des Gardes pour l'avenir; lesquels Gardes, y compris le Grand-Garde, seront delormais au nombre de sept, dont celuici, ainsi que les deux Gardes anciens, seront toujours pris du nombre de ceux qui auront été Gardes; & que pendant dix ans seulement les quatre jeunes Gardes seront choisis; sçavoir, deux d'entre les jeunes Marchands originaires, & deux entre les anciens Fabriquans réunis.

Le cinquiéme traite des dettes des deux corps & Communautés, & ordonne que les Fabriquans réunis seront tenus pour leur part & portion des dettes du Corps des Marchands Bonnetiers; & réciproquement les Marchands Bonnetiers, des dettes de la Communauté des Maîtres fabriquans, dont les effets actifs appartiendront au Corps des Marchands Bonnetiers.

Le sixiéme ordonne que tous les meubles, argenterie & ornemens de la Confrérie de ladite Communauté, seront remis par inventaire entre les mains du Garde comptable du Corps des Marchands Bonnetiers.

Le septiéme, au moyen de cette union, abroge les Statuts des Maîtres fabriquans, mais quant à la régie seulement, qui sera exercée à l'avenir suivant ceux des Marchands Bonnetiers; & en ce qui concerne la fabrication de toutes sortes d'ouvrages de Bonneterie au métier, lesdits Statuts & autres Réglemens continueront d'être observés & exécutés suivant leur forme & teneur, jusqu'à ce qu'il plaise à Sa Majesté d'accorder de nouveaux Statuts, qui renferment dans un seul & même Réglement les loix du négoce & de la fabrique.

Enfin par le huitiéme & dernier article, tous les procès d'entre le Corps des Marchands & la Communauté des Fabriquans, demeurent éteints & assoupis, sans qu'ils puissent être poursuivis ou renouvellés en quelque maniere & sous quelque prétexte que ce soit.

BONNETIER. On appelle Chardon à Bonnetier, ou à Drapier, une sorte de chardon, propre à tirer le poil, ou la laine de dessus les bonnets, les bas, & autres ouvrages de bonneterie, qu'on veut drapper. Il est défendu de se servir de chardon pour les ouvrages d'estame. *V.* CHARDON.

*Les Chardons à Drapier sont du nombre des marchandises de contrebande, qu'il est défendu de faire sortir du Royaume, sans passeport du Roi, suivant l'Arrêt du premier Mars 1689; & en cas de passeport, ils payent les droits de sortie sur le pied de 10 liv. par balles du poids de cent cinquante livres.*

*Les droits d'entrée sont de 20 sols la balle du même poids.*



BONNEVILLE (la) dans la Généralité d'Alençon, fort renommée pour la bonté de ses Forges. *Voyez* l'Etat général, page 107.

BONNY. Ville de la Généralité d'Orléans. *V.* l'Etat général, page 89.

BONTANS. Sorte d'étoffes ou de couvertures de coton rayées de rouge, qui se fabriquent à Cantor, Royaume situé sur le haut de la riviere de Gambie. Les François, les Anglois, & les Hollandois en enlevent quantité, qui leur servent dans le négoce qu'ils font avec d'autres peuples des côtes d'Afrique. *Voyez* le détail du Commerce d'Afrique.

## BOO

BOODERA, un des Comptoirs des Anglois & des Hollandois, dans le Royaume de Guzarate. *Voyez* l'Etat général, page 425.

## BOQ

BOQUELLE. C'est ainsi que le peuple nomme en Egypte, l'écu, ou daller de Hollande, que dans le commerce, & parmi les Marchands, on appelle communément ABUKESB. *Voyez cet article.*

## BOR

BORANDAI. *Voyez* SIBERIE.

BORAX. Minéral qui sert à souder & braser l'or, & les autres métaux.

Les Anciens l'ont connu sous le nom de Chrysocolle, en Latin *Chrysocolla.* Pline, liv. 33, ch. 5. de son Hist. Nat. en parle amplement; mais ce qu'il en dit, n'est pas entiérement conforme à ce que l'expérience a fait découvrir depuis.

Cet Auteur divise le Borax, en Borax naturel & Borax artificiel. Le Borax naturel n'est, selon lui, qu'une humeur limoneuse, qui coule dans les mines d'or, d'argent, de cuivre, & même de plomb; & qui étant congelée, & durcie par le froid de l'hyver, prend la consistance de la pierreponce.

A l'égard du Borax artificiel, il prétend qu'il se fait en faisant couler de l'eau dans les veines de la mine, tout le long de l'hyver, jusqu'au mois de Juin; & en laissant sécher la mine pendant deux mois: de sorte que, selon lui, le Borax n'est autre chose que la mine putréfiée & corrompue.

Le même Auteur en distingue de noir, de verd, de blanc, & de jaune, qui prennent ces couleurs, aussi-bien que leur prix, des mines d'où on les tire. Le naturel, selon lui, est beaucoup plus dur que le factice.

Les Modernes connoissent aussi de deux sortes de Borax; le naturel, que l'on appelle Borax brute, ou Borax gras; & l'artificiel, qui est le même purifié & raffiné.

Le Borax naturel est un sel minéral, de la figure du sel gemme ordinaire. Il se tire des entrailles de la terre, en plusieurs endroits de la Perse; & l'on en trouve aussi dans le fond d'un torrent, qui coule dans les montagnes de Purbeth, qui sont dans les terres de Radziaribron, qui vont jusqu'aux confins de la Tartarie blanche.

Lorsque l'on a tiré ce minéral de la terre, on

l'expose à l'air, où il acquiert une espece de graisse rougeâtre, qui lui sert de nourriture, & qui empêche qu'il ne se calcine.

Le Borax étant dans sa perfection, les Marchands Persans l'envoyent ordinairement à Amadabat, Ville de l'Empire du Grand-Mogol, d'où les François, Anglois, Hollandois, & autres Nations le tirent, & l'apportent en Europe.

L'on voit une autre espece de Borax naturel, qui est plus sec, dont la couleur est grise, & qui est assez semblable à de la couperose d'Angleterre qui a demeuré long-tems à l'air; mais au fond, il n'est différent du premier, que parce qu'étant resté davantage exposé à l'air, il s'est desseché, & a perdu cette graisse rouge dont il étoit chargé. Ceux qui font commerce de ces sortes de Borax bruts, doivent prendre garde qu'ils ne soient pas sophistiqués, ou remplis de pierres, & d'autres corps étrangers.

Les Vénitiens sont les premiers qui ont fait le Borax artificiel, ou plutôt qui ont trouvé l'art de purifier & raffiner le Borax naturel. Ils le purifient, en le faisant dissoudre dans de l'eau; en le filtrant, & en le crystallisant ensuite; se servant pour le réduire en crystaux, de méches de coton, sur lesquelles le Borax se crystallise comme le sucre candy, & le verd de gris sur le bois.

D'autres se sont avisés, après avoir raffiné le Borax, de le réduire en petites pierres, de la forme d'un fer d'aiguillette; mais parce qu'il avoit un œil trop verdâtre, les Hollandois, qui y ont aussi travaillé, l'ont mis en plus gros morceaux, ce qui lui donne un œil plus blanc, & le rend de meilleur débit. C'est cette derniere espece de Borax qui se vend présentement chez les Epiciers & Droguistes de Paris.

Le Borax raffiné, soit de Venise, soit de Hollande, doit pour être bon, être clair & transparent, & d'un goût presque insipide; il faut surtout qu'il n'y ait aucun mélange d'alun d'Angleterre, ce qui est assez difficile de reconnoître à la vûe, quoique le Borax qui est sophistiqué, ne soit jamais si blanc, ni si léger que celui qui est pur; mais l'usage ne fait que trop tôt connoître la friponnerie, l'alun n'étant point propre à braser les métaux, & lorsqu'il est mis sur du charbon allumé, ne bouffant, & ne s'élevant pas tant que le Borax.

Le Borax est de quelque usage dans la Médecine, où il entre dans la composition de l'onguent citrin; on l'employe aussi pour faire de certains fards pour les femmes.

Agricola dit, qu'il y a du nitre fossile, qui n'a pas moins de dureté qu'une pierre, dont les Vénitiens font le Borax. Il a raison en cela, & ce nitre n'est autre chose que le Borax de Perse, dont on vient de parler. Mais ce qu'il ajoute, selon que le rapporte Furretiere, que le Borax de Venise se fait avec de l'urine de jeunes garçons buvans vin, que l'on bat avec un pilon, dans un mortier de bronze, jusqu'à consistence d'onguent, & où l'on ajoute de la rouille d'airain, & quelquefois du nitre, non seulement n'est pas véritable, mais n'est qu'un endroit corrompu du Chapitre de Pline ci-dessus cité, où il n'est aucunement parlé du vin que l'on fait boire aux jeunes enfans, de l'urine desquels Agricola prétend qu'on se sert.

*Le Borax gras paye en France les droits d'entrée, à raison de 4 liv. le cent pésant; & le Borax raffiné, sur le pied de 7 liv. 10 sols; l'un & l'autre conformément au Tarif de 1664.*

*Commerce du Borax à Amsterdam.*

Le Borax rafiné se vend à Amsterdam 26 sols la livre. On tare les caissons, & l'on donne un pour cent de déduction pour le bon poids, & autant pour le prompt payement.

BORAX. C'est aussi une espece de bézoard de crapaud; c'est-à-dire, une sorte de pierre qui se trouve dans la tête du crapaud, à laquelle on attribue de grandes vertus. Quelques Naturalistes veulent que ce soit effectivement un os de sa tête qui se pétrifie; d'autres en doutent, & nient même qu'il y ait de ces sortes de pierres. On en voit cependant dans quelques droguiers de Curieux, mais les plus sinceres ne répondent ni de leur vérité, ni de leurs prétendues propriétés contre les poisons & le mauvais air. Il y a aussi des Auteurs qui croyent que cette pierre, à qui ils donnent le nom de Crapaudine, se trouve dans la tête du crapaud marin, & non du crapaud terrestre; & ils la mettent au nombre des pierres précieuses. *Voyez* CRAPAUDINE.

BORD. Ce qui termine, ce qui est aux extrémités de quelque chose.

BORD. Ruban, gallon, ou dentelle, qu'on met aux extrémités des chapeaux, des juppes, & sur les coutures, ou ouvertures des habits, &c. Il se fabrique des Bords plus ou moins larges, & de différentes matieres, d'or, d'argent, de soie, de fleuret, de laine, de fil, &c.

A Amiens, il se manufacture quantité de Bords de laine; & suivant les Statuts de la Sayeterie de cette Ville, du mois d'Aout 1666, on en compte de trois sortes; l'une, que l'on appelle, *petite Bordure*, dont la chaîne doit être composée de vingt-sept fils, & la piece doit avoir vingt-quatre aunes de long; l'autre, que l'on nomme, *Bord & demi*, dont la chaîne doit être faite de trente-trois fils, & la piece doit avoir pareillement vingt-quatre aunes de longueur; & la troisiéme sorte, qui s'appelle *Bord à dentelle*, dont la chaîne doit être de trente-six fils, & la piece de trente six aunes de long. Cette derniere espece de Bord n'est presque plus en usage; c'est pourquoi il ne s'en fabrique que très peu, pour ne pas dire point du tout. Outre ces bords de laine, il se fabrique encore à Amiens quantité de gallons, rubans, ou rouleaux de laine, qui sont expliqués chacun à son article. *Voyez* GALLON, & RUBAN.

BORD DE MANCHON DE FOUINE. Fourure que l'on fait de la peau de cet animal, pour border des manchons. *Voyez* FOUINE.

*Les Bords de manchons de fouine, teints, payent en France, les droits d'entrée sur le pied de 12 sols la piece.*

BORD. En terme de commerce de mer, signifie navire, vaisseau, bâtiment. Quand on dit, que des marchandises sont à Bord d'un navire; cela doit s'entendre, qu'elles sont chargées sur ce navire: & lorsque l'on dit, qu'elles sont hors du Bord; cela veut dire, qu'elles ont été déchargées, & mises à terre.

On appelle vaisseau de Haut-Bord, un grand bâtiment à voiles, à la différence des pataches, & des petits bâtimens, qu'on nomme de Bas-Bord.

On appelle Babord, le côté gauche du navire, & Stribord, Dixtribord, ou Tienbord, le côté droit, eu égard à la main du Patron, qui est à la poupe.

BORDAT. Petite étoffe, ou tissu étroit, qui se fabrique en quelques lieux d'Egypte, particuliérement au Caire, à Alexandrie, & à Damiette.

Les Bordats du Caire valent 18 mesdins la piece; ceux d'Alexandrie 24; & ceux de Damiette 25 à 26.

BORDEAUX, Ville de France, Capitale de la Guyenne. *Voyez* ce qui regarde l'étendue du Commerce de cette Ville, dans l'Etat général, pages 37, 39, *& suiv.*

BORDEMENT. Terme de peinture en émail. Il se dit de la maniere d'employer les émaux clairs, en les couchant à plat, bordés du même métail, sur lequel on les applique. Les ouvrages sans Bordement sont ceux qui sont tout en champ d'émail. *Voyez* Peinture en e'mail.

BORDER. Terme de Marine. C'est suivre un vaisseau de côté pour l'observer & le reconnoître: c'est aussi quelquefois venir à l'abordage.

BORDEREAU. Mémoire, ou notte des especes, ou monnoies, que l'on donne en payement, ou que l'on reçoit, ou que l'on a dans sa caisse. On dit en ce sens, un Bordereau d'especes, un Bordereau de caisse.

On appelle Bordereau de compte, l'extrait d'un compte, dans lequel on comprend toutes les sommes tirées hors lignes, soit de la recette, soit de la dépense, afin de connoître le total de l'une, & de l'autre, pour sçavoir s'il est dû par le Comptable, ou si on lui doit.

Les Marchands Négocians & Banquiers ont un livre de caisse & de Bordereaux, sur lequel ils portent toutes les sommes qu'ils reçoivent, & qu'ils payent journellement. Ce livre est du nombre de ceux que l'on appelle, Livres d'aides, ou Livres auxiliaires. *Voyez* Livre de Caisse, *&* de Bordereaux.

On nomme aussi Bordereau, un petit livret, que les Commis, Facteurs, Garçons, & Porteurs d'argent des Marchands, Négocians, & Banquiers, qui vont à la recette par la Ville, portent dans leurs poches, & sur lequel ils écrivent, à mesure qu'on leur fait quelque payement, les dattes des jours qu'ils ont reçu, les noms de ceux qui ont payé, les sommes qui leur ont été payées, & en quelles especes, ou monnoyes.

On appelle, Table du Bordereau d'aunage, une table composée de diverses fractions de l'aune, suivant qu'elle est différemment divisée, comparées aux parties de la livre tournois de vingt sols.

Cette table, & la maniere de s'en servir, qui se voyent dans le Gendre, ont paru d'une si grande utilité pour ceux qui voudront entreprendre le négoce des marchandises sujettes à l'aunage, qu'on a cru ne pouvoir se dispenser de les rapporter telles qu'elles se trouvent dans les ouvrages de ce fameux Arithméticien.



## *TABLE*

### *DU BORDEREAU D'AUNAGE.*

| Parties de l'Aune. | Parties de la Livre. | |
|---|---|---|
| $\frac{1}{24}$ | 0 sols. | 10 deniers |
| $\frac{1}{16}$ | 1 | 3 |
| $\frac{1}{15}$ | 1 | 4 |
| $\frac{1}{12}$ | 1 | 8 |
| $\frac{1}{8}$ | 2 | 6 |
| $\frac{1}{6}$ | 3 | 4 |
| $\frac{5}{24}$ | 4 | 2 |
| $\frac{1}{4}$ | 5 | 0 |
| $\frac{1}{3}$ | 6 | 8 |
| $\frac{3}{8}$ | 7 | 6 |
| $\frac{5}{12}$ | 8 | 4 |
| $\frac{11}{24}$ | 9 | 2 |
| $\frac{1}{2}$ | 10 | 0 |
| $\frac{9}{16}$ | 11 | 3 |
| $\frac{7}{12}$ | 11 | 8 |
| $\frac{5}{8}$ | 12 | 6 |
| $\frac{2}{3}$ | 13 | 4 |
| $\frac{17}{24}$ | 14 | 2 |
| $\frac{3}{4}$ | 15 | 0 |
| $\frac{5}{6}$ | 16 | 8 |
| $\frac{7}{8}$ | 17 | 6 |
| $\frac{11}{12}$ | 18 | 4 |
| $\frac{15}{16}$ | 18 | 9 |
| $\frac{23}{24}$ | 19 | 2 |
| $\frac{24}{24}$ | 20 | 0 |

*Addition par le Bordereau d'Aunage.*

Pour faire voir l'usage & la pratique de la Table ci-dessus, on donnera l'exemple d'addition d'aunage suivant.

Exemple.

Un Marchand a acheté six pieces d'étoffes, comme ci-dessous. On demande combien il y a d'aunes en tout & parties d'aune.

| Aunes | | | | |
|---|---|---|---|---|
| 32 aunes $\frac{1}{2}$ | ou | 10 sols | 0 deniers | |
| 27 $\frac{2}{3}$ | ou | 13 | 4 | |
| 33 $\frac{3}{4}$ | ou | 15 | 0 | |
| 42 $\frac{5}{6}$ | ou | 16 | 8 | |
| 12 $\frac{1}{6}$ | ou | 3 | 4 | |
| 17 $\frac{1}{4}$ | ou | 5 | 0 | |
| 166 aunes $\frac{1}{6}$ | | 3 liv. | 3 sols | 4 deniers |

*Explication de l'Addition ci-dessus.*

Ayant disposé les six pieces d'étoffes comme il se voit, on pose au-devant de chaque fraction de l'aune, les parties de la livre qui lui correspondent. Comme au-devant de la premiere fraction, qui est $\frac{1}{2}$, j'ai posé 10 sols; au-devant de la seconde fraction, qui est $\frac{2}{3}$, j'ai posé 13 sols, 4 deniers, &c; & ayant ainsi transformé les parties de l'aune, en parties de la livre, exprimées par sols & deniers, on fait addition suivant l'usage ordinaire de l'addition, des livres, sols, & deniers, & l'on trouve 3 livres, 3 sols, 4 deniers, pour la somme des sols & deniers; lesquelles 3 livres sont prises pour trois aunes entieres, que l'on joint aux aunes, dont la somme se monte à 166 aunes. Pour les 3 sols, 4 deniers, on voit à la table du Bordereau d'aunage, que c'est $\frac{1}{6}$ d'aune, tellement que les 6 pieces ensemble contiennent 166 aunes $\frac{1}{6}$.

BORDIGUE. Espace retranché de roseaux, ou de cannes, sur le bord de la mer, pour prendre du poisson. Les Bordigues sont ordinairement construites sur les canaux qui communiquent de la mer, aux étangs salés, pour prendre le poisson dans le passage de l'une à l'autre, à mer montante. *Voyez* PARCS & PESCHERIES

BORDILLE. On nomme ainsi à la Rochelle ce qu'à Paris & ailleurs on nomme une Poele à frire. Les Bordilles sont du nombre des marchandises qui sont apportées à la Rochelle par les Hollandois.

BORDOYER. Terme de peinture en émail. C'est le mauvais effet que font les émaux clairs, lorsqu'étant employés sur de bas or, ils plombent, & deviennent louches; en sorte qu'une espece de noir, comme une fumée, obscurcit la couleur de l'émail, lui ôte sa vivacité, & la bordoye, en se rangeant tout autour, comme si c'étoit du plomb noir. *Voyez* PEINTURE EN EMAIL.

BORDURE. Ce qui soutient, ce qui termine, ou ce qui orne les bords de quelque chose.

BORDURE DE MIROIR. *Voyez* MIROIR.

BORDURE DE TABLEAU. *Voyez*. DOREUR.

BORDURE. Sorte de tissu, ou sangle, de chanvre, large d'environ un pouce de Roi, qui se fabrique par les Cordiers, & dont les Tapissiers se servent à border les tentes de campagne, & les tapisseries. *Voyez* SANGLE.

BORDURE. Terme de Boissellier. C'est un bord en forme de cerceau, de la largeur de deux ou trois pouces, qu'on met par en haut, & par en bas d'un seau, pour le renforcer. Lorsque les seaux sont grands, & qu'on veut davantage les fortifier, les Bordures sont de six à sept pouces; ce qui s'appelle doubler un seau. *Voyez* BOISSELIER.

BORDURE. En terme de Paveur, signifie les deux rangs de libage, ou de pierre dure & rustique qui retiennent les dernieres morces, ou rangs de pavé, & qui font les bords des grands chemins, & des chaussées.

BORDURE. Les Libraires-Doreurs de livres appellent des Bordures, les ornemens qui sont au haut & au bas d'un livre, immédiatement après les filets du premier & du dernier bouquet. Ils nomment aussi Bordure, le filet, ou petite dentelle d'or qui est sur les bords de la couverture, du côté de la tranche. *Voyez* LIBRAIRE-DOREUR, *ou* DORURE SUR TRANCHE.

BORGNE. Se dit en terme de pêcherie, d'une espece de panier, que l'on met à l'ouverture des bouchots, du côté de la mer. *Voyez* BOUCHOT.

BORITSCHIA, ou BROTCHIA, grande Ville dans le Royaume de Guzarate, renommée pour ses fabriques de coton. *Voyez* l'Etat général, page 426.

BORNEO, la plus grande des Isles de la Sonde. *Voyez* en quoi consiste son Commerce, Etat général ci-devant, pages 460, 464.

BORON, Colonie Hollandoise dans la Terre-Ferme de l'Amérique. *Voyez* l'Etat général, page 540.

BORTROU, à la Côte des Dents sur celles d'Afrique. *Voyez* l'Etat général, page 380.

## BOS

BOSSE DE CHARDON, autrement TESTE DE CHARDON. Petit globule longuet & épineux, que produit une plante, qui est une espece de chardon.

On se sert des Bosses, ou têtes de chardon, dans les Manufactures de lainages, pour laner, ou tirer la laine du fonds des étoffes, afin de les couvrir de poil. *Voyez* CHARDON.

BOSSE DE BOSSOIR. *Voyez* CANDELETTE.

BOSSE. Signifie encore, en terme de Verrerie, le verre qu'on a soufflé avec la felle, pour en faire un plat de verre, avant qu'il ait été ouvert.

Cette Bosse est assez semblable à un gros bocal, ou plutôt à une calebasse de dix-huit, ou vingt pouces de diametre. Elle se coupe au col de la felle, & se reprend de l'autre bout, avec une baguette de fer trempée dans du verre en fusion; & après qu'elle a été branchée, elle se porte, & s'ouvre au grand ouvreau. *Voyez* VERRE EN PLAT.

BOSSETIER. Qualité que se donnent les Fondeurs de Paris, dans leurs Statuts, où ils sont appellés Maîtres Fondeurs, Mouleurs en terre & en sable, Bossetiers, Sonnetiers, &c. Ce nom leur vient, de ce qu'ils font des ouvrages de rond de bosse, & de ce qu'il leur est permis de faire des bossettes de cuivre, pour mettre aux mors des chevaux. *Voyez* FONDEURS.

BOSSETIER. Il se dit aussi dans les Verreries, & du Gentilhomme qui souffle la Bosse, & de l'ouvrier qui l'ouvre après qu'elle est soufflée: ce dernier s'appelle aussi Ouvrier & Ouvreur. *Voyez* l'article de la Bosse & celui du Verre.

BOSSU. C'est ainsi qu'en Touraine, on appelle cette monnoie de billon qu'on nomme à Paris Sou-marqué. *Voyez* SOU.

BOSTON, BASTON, ou BASTOU, Capitale de la nouvelle Angleterre dans l'Amérique Septentrionale. *Voyez* en quoi consiste son Commerce, dans l'Etat général, pages 525, 534.

## BOT

BOTROU. Fort des Hollandois à la Côte d'or sur celles d'Afrique. *Voyez* l'Etat général, page 370.

BOTTAGE. Est un droit que l'Abbaye de Saint Denis en France leve sur tous les batteaux & marchandises qui passent sur la riviere de Seine, à compter du jour de Saint Denis 9 Octobre, jusques à celui de Saint André 30 Novembre.

Ce droit est assez considérable, pour que les Marchands prennent leurs mesures de bonne heure pour l'éviter, soit en prévenant l'ouverture de ce droit pour le passage de leurs marchandises, soit en différant jusques après sa clôture; surtout si ces marchandises sont de gros volume.

BOTTANNE. Sorte d'étoffe, qui se fabrique dans les Pays étrangers, & dont il se fait un assez grand négoce à Lyon.

*Par le Tarif de la Douanne de cette Ville, les Bottannes payent par piece 5 sols d'ancien droit, & 10 sols de nouvelle réapréciation.*

BOTTE. Se dit d'un certain tonneau, ou vaisseau de bois à mettre du vin, ou autre liqueur. Une Botte de vin d'Espagne, une Botte d'huile.

La Botte pour les huiles, est à peu près semblable à un muid; celles pour les vins sont plus larges par le milieu que par les extrémités, allant toujours en diminuant depuis le bondon jusqu'au jable.

Le terme de Botte est usité particuliérement dans les Provinces de France qui approchent de l'Italie, où l'on appelle *Bottaio*, un Tonnelier. Il est aussi en usage chez les Espagnols, où la

Botte contient trente arrobes, chaque arrobe pésant vingt-cinq livres.

En Bretagne, on jauge les Bottes par veltes, chaque velte estimée 4 pots, c'est-à-dire, 8 pintes, mesure de Paris. Les Bottes de Portugal jaugent 67 à 68 veltes. Celles d'Espagne ne sont pas si grandes.

Les Bottes d'huile d'Espagne & de Portugal, pesent environ un millier. En Bretagne, on les vend au poids, & l'on diminue 16 pour cent pour la tarre. Il y a aussi des demi bottes d'huile, qui pesent à proportion.

La Botte de Venise est la moitié de l'amphora, & contient 2 bigots, ou bigonti; le bigot, 4 quartes; la quarte, 4 tischaufteres. La Botte Vénitienne se divise aussi en mustaches, dont il en faut 76 pour l'amphora.

La Botte de Lisbonne n'est pas si grande que celle d'Espagne, la premiere ne rendant à Amsterdam, que 25 à 26 steckans, & l'autre 36 à 37.

Botte. Espece de fagot de plusieurs choses de même genre, liées ensemble. Une Botte d'échalats, de lattes, de perches, d'osier.

Il se dit aussi des soies non ouvrées, & des fils à coudre. Une Botte de soie, une Botte de fil.

Les fils de chanvre, qui viennent de Troyes, sont ordinairement en Bottes d'une ou deux livres. Celles d'une livre sont appellées, Fil en Botte, par petit détail, parce que les écheveaux en sont très petits.

On appelle aussi Bottes, certains petits rouleaux d'environ un pied de long, couverts d'étoffes, de ruban, ou de papier, de diverses couleurs, que quelques Marchands, particuliérement les Merciers, font pendre à leurs boutiques, pour leur servir d'étalage, & de montre.

Botte de Parchemin. C'est une certaine quantité de peaux, ou de cayers de parchemin liés ensemble en forme de paquet.

La Botte de parchemin en cosse, de même que celle de parchemin raturé, soit qu'il soit équarrié, ou non, est composée de trente-six peaux. Le Parchemin raturé, en cayers, se vend aussi par Bottes de dix-huit cayers chacune, le cayer composé de quatre feuilles; ce qui fait en tout soixante-douze feuilles. *Voyez* Parchemin.

Botte de Corde de Boyau. C'est un petit paquet de cordes de boyau plié en sept ou huit plis. *Voyez* Cordes de Boyau.

Botte, ou Javelle d'Echalas. C'est un certain nombre d'échalas liés ensemble, plus ou moins suivant leur longueur. *Voyez* Echalas.

Botte de Mouchoirs. Les mouchoirs des Indes, qui se vendent au Caire, s'achettent à la Botte. La Botte des fins & de ceux au-dessous, est composée de dix-huit mouchoirs, & la Botte des communs seulement de dix.

Bottes. Soies en Bottes. Ce sont des organsins, qui au sortir de la teinture sont mis en Bottes par les Plieurs de soies. Les soies plattes s'y mettent aussi après qu'elles ont été teintes.

Ce pliage est carré, long environ d'un pied, sur deux pouces d'épaisseur, de tout sens; & chaque Botte pese une livre de quinze onces. Il y a des Marchands qui ne font que le négoce de ces sortes de soie; d'où on les appelle, Marchands de soie en Bottes. *Voyez* Soyes.

Bottes. On donne aussi le nom de Bottes, à de gros paquets de chanvre, du poids de cent cinquante livres, que les Marchands de fer de Paris tirent de Bourgogne & de Champagne. *Voyez* Chanvre.

Bottes. Signifie encore une chaussure de cuir, dont on se sert pour monter à cheval.

*Les Bottes neuves, de toutes sortes, payent en France, de droits d'entrée, 6 liv. de la donzaine, & 3 liv. 10 sols de sortie.*

Botte. Terme de Sellier. C'est une espece de petit marche-pied, attaché au brancar des berlines, à l'endroit où s'ouvrent les portieres, sur lequel on appuie le pied pour monter. *Voyez* Carosse.

Bottes. On nomme ainsi dans les Manufactures de lainages de la Province de Champagne, une sorte de Forces qui servent à tondre les droguets en dernier. Le Réglement du 15 Aout 1724, ordonne, article VI. que les droguets qui se font à Reims, seront tondus deux fois à l'endroit; & que la derniere tonte se fera avec des Forces appellées Bottes.

BOTTINES. Bottes legeres. *Voyez* Bottes.

BOTUA. Plante médicinale, plus connue sous le nom de *Pareira-Brava. Voyez cet article.*

## BOU

BOUAR. Terme de monnoyage. Grosse masse, ou marteau, du poids de seize livres, assez semblable à celui que les Monnoyeurs appellent Flattoir, hors qu'il étoit plus gros & plus racourci; on s'en servoit à bouer les monnoies, quand on les travailloit au marteau. *Voyez* Bouer.

BOU-ARGUES. Les Provençaux nomment ainsi ce qu'on appelle plus communément *Boutargue*, c'est-à-dire, les œufs secs & fumés du *muge*, ou *mujon. Voyez* Boutargue.

BOUC. Le mâle de la chévre. Quand il est encore très jeune, on l'appelle Chevreau.

On tire du Bouc quantité de marchandises, qui entrent dans le commerce. Les principales sont les suivantes, qui sont toutes expliquées à leur article, que l'on pourra consulter.

Le Lapdanum naturel, ou en barbe; le Lapdanum liquide, ou baume noir; le Lapdanum en tortis. Le sang de Bouc; le suif de Bouc; les peaux de Bouc, soit passées en maroquin, en chamois, ou en megie, soit en poil, qu'on nomme Outre, ou simplement Bouc; & quelques autres moins importantes.

*Les Boucs vivans payent en France les droits d'entrée sur le pied de 3 sols la piece, & pour ceux de sortie, 5 sols.*

*Les peaux de Boucs non apprêtées, payent de droits de sortie, suivant le Tarif de 1667, 12 sols la douzaine; & de droits d'entrée, venant tant d'Ecosse, que d'ailleurs, 8 sols.*

Bouc-Estain, qu'on écrit aussi, & qu'on prononce Bouquetin. C'est un Bouc sauvage, de la grandeur d'un Bouc ordinaire, mais dont les cornes sont d'une longueur démesurée, si on les compare à la petitesse de l'animal, y en ayant de quatre coudées de long: son poil est court, semblable à celui du cerf; il porte une longue barbe noire; & une raye de même couleur le partage en deux, de la tête à la queue. Ce Bouc est très commun dans l'Isle de Candie; il s'en trouve aussi dans les montagnes de Suisse. Les Habitans de ces montagnes les poursuivent à la chasse, pour se nourrir de leur chair, qui est très bonne; mais encore plus pour leur sang, qu'on estime davantage que celui du Bouc domestique; & qu'ils croyent souverain pour briser la pierre dans la vessie, supposant que dans les rochers où ils se nourrissent, ils ne vivent que d'herbe qu'on nomme *Saxifrage*. *Voyez* SANG DE BOUC.

BOUC, autrement OUTRE. C'est une peau de Bouc où le poil tient encore, dont on se sert comme de vaisseau pour mettre du vin, de l'huile, & autres liqueurs qu'on veut transporter. *Voyez* OUTRE & PEAUX DE BOUCS.

Les Peuples d'Orient, & sur-tout les Arabes, passent les plus rapides rivieres sur ces peaux de Boucs enflées & remplies de vent. On en fait aussi des radeaux pour porter les marchandises & les Voyageurs, sur l'Euphrate, & autres fleuves, dont la navigation est interrompue par des sauts & chutes d'eau, & où les barques seroient moins commodes, & courroient plus de risque.

BOUCAN. Lieu dans lequel on fait fumer, ou boucaner de la viande & du poisson à la maniere des Sauvages.

Le Boucan est une loge d'environ vingt-cinq ou trente pieds de circonférence, toute entourée, & toute couverte de ces queues de palmiers, qu'aux Isles Antilles on appelle des taches.

Au milieu de cette loge, qui n'a d'autre ouverture que la porte, est une espece de grand gril, fait de perches de bois grosses comme le poignet, & longues de sept à huit pieds, qui en se traversant, forment comme des mailles d'un demi-pied en quarré.

De gros pieux fourchus, de deux pieds de haut, soutiennent le gril de distance en distance, & l'élevent de terre, assez pour qu'on puisse allumer dessous un feu de bois, ou d'autres matieres qui produisent plus de fumées que de chaleur. C'est sur cette machine, que les Indiens nomment *Barbacoa*, que l'on place les chairs & les poissons que l'on veut boucanner. *Voyez les articles suivans.*

BOUCANER. Faire fumer de la viande, ou la faire cuire à la maniere des Sauvages. On boucane aussi du poisson.

Les Caraïbes des Isles Antilles, ainsi que plusieurs autres Indiens anthropophages, du Continent de l'Amérique, de qui les Européens ont appris à boucaner les viandes & les poissons qu'ils veulent conserver, ont la cruelle coutume de boucaner les hommes, aussi-bien que les animaux; & c'est ainsi qu'ils font fumer & rôtir les membres coupés des prisonniers qu'ils ont faits sur leurs ennemis, dont ils font ensuite ces affreux repas, qu'on ne peut lire sans horreur dans tant de Relations anciennes & modernes, que l'on a de la découverte de l'Amérique, & des coutumes de ses Habitans.

On donnera dans l'article suivant, la maniere de boucaner, c'est-à-dire, de fumer les viandes à l'Indienne.

BOUCANIER. Celui qui fait boucaner de la viande, ou du poisson. On le dit principalement de ceux des Habitans François de l'Isle de Saint-Domingue, qui ne s'occupent qu'à la chasse des taureaux, ou des sangliers, pour faire commerce de la peau des uns, & de la chair des autres.

On entend aussi quelquefois par le nom de Boucaniers, ces fameux Avanturiers de toutes les nations d'Europe, qui s'unissent pour faire la guerre aux Espagnols de l'Amérique; & c'est sous ce titre que nous avons leurs Histoires, données au Public en *1686*, par Alexandre Olivier Oexmelin. Mais l'on ne parlera ici que des Boucaniers de Saint-Domingue, & presque seulement par rapport à leur négoce.

*Des Boucaniers François de Saint-Domingue.*

Les Boucaniers François, établis dans l'Isle de Saint-Domingue, sont de deux sortes; les Boucaniers chasseurs de bœufs, ou plutôt de taureaux & de vaches, qui sont les vrais Boucaniers; & les Boucaniers chasseurs de sangliers, qu'on nomme simplement Chasseurs; bien qu'il semble pourtant que ce nom appartienne bien moins aux premiers, qu'aux simples Chasseurs; ceux-ci faisant boucaner la chair des sangliers qu'ils tuent; & ceux-là ne préparant que des peaux, où ils n'employent point le boucan.

Comme les uns & les autres ont les mêmes armes, les mêmes habillemens, les mêmes équipages, les mêmes meutes de chiens, & font entr'eux les mêmes sociétés, on ne parlera d'eux séparément, qu'après avoir rapporté ici ce qui leur convient en commun.

Le principal de l'équipage des Boucaniers, est une meute de vingt-cinq à trente chiens, entre lesquels il y a un ou deux limiers, pour éventer la bête, qu'ils appellent *Venteurs*. Le prix de ces chiens, lorsque les Boucaniers les vendent entr'eux, est de six écus, ou dix-huit francs la piece.

Leurs armes & leurs munitions de guerre & de chasse (devant toujours être préparés à l'une autant qu'à l'autre, à cause du voisinage des Espagnols, leurs ennemis sans quartier,) sont un fusil de quatre pieds de canon & d'un calibre propre pour des balles des 16 à la livre; quinze ou vingt livres de poudre, enfermée dans des calebasses bouchées avec de la cire; du plomb à proportion; & deux couteaux dans un étuy, pour achever la bête quand elle est abbatue, l'habiller, & la dépecer. Ils font venir leurs fusils de Dieppe & de Nantes, & leur poudre de Cherbourg en basse Normandie.

Tout leur habillement consiste en deux chemises, un haut de chausse, & une espece de casaque de grosse toile, avec un bonnet ou de drap, ou d'un cul de chapeau, qui n'a de bord que pardevant; pour les souliers, ils en ont de peaux de porc, ou de bœuf, dont ils sont eux-mêmes les Cordonniers pour les faire, & les Tanneurs pour les passer.

Enfin une des principales parties de l'équipage des Boucaniers, qu'ils n'oublient jamais, & qui leur est peut-être la plus nécessaire, est une petite tente, de toile très fine, qu'on appelle en France *une Cousiniere*, sous laquelle ils passent les nuits à couvert des *Moustiques*, ou Cousins, qu'on peut regarder comme une des playes particulieres à l'Amérique méridionale, tant ils y sont en grande quantité, & tant leur picqueure est incommode & insupportable. La toile de ces cousinieres est si fine, qu'après les avoir comme tordues, ils les arrêtent sur une épaule, d'où elle pend à leur côté en forme de bandolliere.

Chaque Boucanier a son *matelot*, c'est-à-dire, un camarade, avec qui il est en communauté de tout, de chiens, d'*engagés*, de valets, & de marchandises. Mais outre cette société, qui est, pour ainsi dire, à vie, ils en font encore de plus grandes à chaque chasse qu'ils entreprennent, s'associant dix ou douze ensemble, non pas pour le profit, chacun chassant pour soi, mais afin d'être en état de se défendre contre les Espagnols, lorsqu'ils craignent d'en être attaqués.

Ce qu'on a dit jusqu'ici, convient également aux Boucaniers Chasseurs de bœufs, & aux Boucaniers Chasseurs de sangliers. Voici présentement ce qui est propre à chacun d'eux en particulier.

*Boucaniers Chasseurs de bœufs.*

Lorsque les Boucaniers associés pour la chasse des taureaux, sont arrivés sur le lieu où ils sont convenus de la faire, s'ils doivent y rester quelque tems, ils bâtissent de ces petites loges de taches, ou queues de palmiers, que les Indiens appellent *Ajoupas*, & y font tendre leurs pavillons. A la pointe du jour, chacun quitte sa loge, & s'en va vers l'endroit qui lui plaît, mais dont néanmoins ils se donnent avis les uns aux autres, pour se pouvoir rejoindre en cas d'allarme, ou d'attaque imprévûe.

Dans cette marche de chasse, le maître va devant, les valets, & tous les chiens le suivant à la file, excepté le venteur, c'est-à-dire, le brac, qui va à la quête du taureau, & qui est à la tête de tout. Si-tôt que la bête est découverte, le venteur l'annonce par trois ou quatre abbois, qui animent les autres chiens, lesquels aussi-tôt courent, & sont suivis du maître & des valets, qui égalent souvent les chiens à la course.

A l'approche de l'animal, ils se couvrent tous, s'ils le peuvent, de quelque gros arbre, pour se mettre à couvert de la fureur du taureau, en cas que le maître, qui tire le premier, ne l'eut pas jetté bas, n'y ayant rien de si terrible que ces animaux blessés. S'il tombe, le plus proche court lui couper le jaret, de peur qu'il ne se releve; ensuite de quoi le maître tire & casse les quatre gros os, dont il suce la moelle toute chaude, ce qui lui sert de déjeuner; il donne aussi un morceau de viande à son venteur, mais il empêche les autres chiens de manger, jusqu'à la derniere bête qu'ils tuent, crainte de diminuer leur ardeur pour la chasse.

Un valet reste pour achever d'écorcher l'animal, qu'on a mis bas, dont il porte la peau à la loge, ou à quelque autre endroit que le maître lui a marqué; se chargeant aussi quelquefois de viande, si c'est une vache qui a été tuée, particuliérement des tettines, qu'ils estiment pour leur délicatesse, & que le valet qui part le premier, a soin de faire cuire pour le retour de chasse, qui ne finit ordinairement, que lorsque chacun, & les maîtres même, sont chargés de leur cuir, & souvent de deux, s'ils ne sont pas forts.

Quand en revenant ils rencontrent quelque bête, ils jettent leur charge; & s'ils la tuent, ils l'écorchent, & en attachent la peau à un arbre, pour empêcher les chiens sauvages de la gâter, & pour pouvoir ensuite l'envoyer querir par un valet.

A leur arrivée au boucan, ou à leur loge, chacun va *brocheter* sur un cuir, c'est-à-dire, l'étendre à terre, & l'y attacher avec soixante-quatre chevilles de bois, le dedans de la peau en haut, qu'en cet état on frotte de sel & de cendre, bien battus ensemble, afin de la faire sécher plutôt; ce qui arrive ordinairement en très peu de jours.

L'ouvrage fait, on mange ce que le premier valet a préparé, une tache servant de plat & d'assiette, & un morceau de bois pointu, de fourchette : ils ajoutent à leur viande, pour éguiser leur appétit, dont néanmoins ils ne manquent gueres, une sauce, qu'ils appellent *Pimentade*, qui est faite de la graisse qu'on leve de dessus la marmitte, assaisonnée de jus de limon, & d'un peu de cette espece de poivre, qu'on appelle Piment.

C'est cette chasse des Boucaniers, qui recommence chaque jour, & qui dure toute l'année, qui fournit à la France les plus beaux cuirs qu'on y apporte des Indes Occidentales.

Les Boucaniers, dans le commerce de leurs cuirs, en font des paquets, qu'ils appellent *Charges*, qu'ils mêlent partie de cuirs de taureaux, partie de bouvarts, c'est-à-dire, de petits taureaux, & partie de vaches.

Ces charges sont composées chacune de deux taureaux, ou de cuirs équivalens, c'est-à-dire, de deux taureaux effectifs; ou d'un taureau, & deux vaches; ou de quatre vaches; ou de trois bouvarts; trois bouvarts allant pour deux taureaux, & deux vaches pour un taureau, que communément on nomme bœuf, quoique ces animaux, que tuent les Boucaniers, ne soient pas châtrés.

Ils plient leurs cuirs en *banette*, afin qu'ils en soient moins incommodés lorsqu'ils marchent dans les bois, pour les apporter dans leurs habitations, ou sur les rades où les Marchands les viennent embarquer.

Chaque charge, ou banette, se vend ordinairement six pieces de huit, qui sont des monnoies Espagnoles, les monnoies Françoises y ayant peu, ou point de cours.

*Boucaniers Chasseurs de sangliers.*

Ces Boucaniers chassent aux sangliers, de la même maniere que ceux dont on vient de parler chassent aux taureaux; & ont, comme on l'a dit, même équipage, mêmes chiens, mêmes armes, mêmes hardes, & mêmes valets; toute la différence consistant dans les animaux qui sont l'objet de leur chasse, dans la maniere de préparer la chair des sangliers qu'ils tuent, & dans le commerce qu'ils en font.

Au retour de la chasse, chacun porte son sanglier à la loge; où après l'avoir écorché, & en avoir ôté tous les os, en sorte qu'il n'y reste que la viande, on dépece cette viande en longues aiguillettes d'une brasse, ou plus, suivant la grandeur de la bête, ou les endroits qu'on coupe en morceaux.

La viande ainsi coupée, & arrangée sur les taches, se saupoudre avec du sel fort menu; & après qu'elle a pris sel, & qu'elle a jetté sa saumure, ce qui ne demande que dix ou douze heures, on la porte au boucan, où on la fume de la maniere dont on l'a expliqué ci-dessus. Ils se servent ordinairement des ossemens des bêtes qu'ils ont tuées, non-seulement pour augmenter la fumée, mais encore à cause qu'on a remarqué que cette fumée (pour les sels volatils qui se détachent des ossemens) rendoit la viande plus belle, & d'un goût bien autrement relevé, que tout ce qu'on pouvoit employer pour enfumer le boucan. *Voyez* BOUCAN.

Cette viande au sortir du boucan, plaît également aux yeux & au goût, exhalant une odeur très agréable, & étant d'une couleur vermeille

& appétissante; en sorte que bien des gens la mangent sans la faire cuire, & y trouvent plus de saveur, que lorsqu'on la prépare autrement. Il est vrai que la viande boucanée ne dure gueres en cet état de perfection & de bonté; & que même au bout de six mois, elle se séche tellement, que de quelque maniere qu'on la mange, elle n'a plus alors qu'un goût acre, & qui ne sent que le sel.

Cette viande se vend au Paquet, ou Ballot, ordinairement du poids de soixante livres, à raison de six pieces de huit le Paquet. Les taches, ou queues de palmier, servent d'emballage; mais leur pésanteur se diminue, en sorte que chaque ballot doit être de soixante livres de viande nette.

Ces Boucaniers font aussi un grand commerce du sain-doux, ou graisse fondue de porc-sanglier, qu'ils amassent dans de grands pots qu'ils nomment des *Potiches*. Cette graisse, qu'ils appellent de la *Mantegue*, se vend aussi huit pieces de huit le pot.

Il se fait un grand débit, & une grande consommation de l'une & de l'autre marchandise dans les Habitations Françoises de l'Isle de Saint-Domingue, & de la Tortue; mais outre cela, il s'en fait de grands envois aux Isles Antilles, & jusqu'au Continent de l'Amérique Françoise, & l'on en vend aussi beaucoup pour la subsistance des Equipages des vaisseaux, ou qui viennent de France pour le commerce, ou que les Flibustiers & Avanturiers arment à la Tortue, pour faire des courses sur les Espagnols.

### *Boucaniers Espagnols.*

Les Espagnols, qui ont de grands établissemens dans l'Isle de Saint-Domingue, y ont aussi leurs Boucaniers, qu'ils appellent *Matadores*, ou *Monteros*. Leur chasse a quelque chose de noble, & qui se ressent de la fierté espagnole; le Chasseur à cheval se servant de la lance pour attaquer le taureau, & tenant indigne de son courage de le tirer de loin avec le fusil.

Lorsque les valets, à pied, ont découvert la bête, & qu'avec leurs chiens ils l'ont détournée, & poussée vers quelque savanas, ou prairie, dans laquelle leurs maîtres les attend à cheval, & armé de deux lances, le Matadore court lui couper le jaret avec la premiere lance, dont le fer formé en croissant, est très afilé; & ensuite la tue avec la seconde lance, qui est une lance à l'ordinaire.

Cette chasse est très plaisante, (le Chasseur faisant ordinairement pour attaquer le taureau, les mêmes tours & les mêmes cérémonies qui s'observent dans ces fêtes si célébres en Espagne, où les plus grands Seigneurs se donnent quelquefois en spectacle au peuple, pour faire admirer leur intrépidité & leur adresse dans l'attaque de ces animaux furieux;) mais aussi elle est très périlleuse, y ayant souvent des taureaux qui dans leur fureur portent droit au Chasseur, qui est bien heureux s'il ne lui en coute que son cheval, & si lui-même n'y est pas blessé mortellement.

Les Espagnols préparent leurs cuirs comme les François, qui l'ont appris d'eux; & ce sont ces cuirs, qui étant portés à la Havane, Port fameux de l'Isle de Cuba, font une partie du négoce de cette Ville célébre; la flotte & les gallions ne manquant jamais d'y toucher, au retour de la Vera-Crux & de Porto-Bello, & de les y embarquer pour être transportés en Espagne, où ils sont vendus comme cuirs de la Havane, les plus estimés de ceux qui passent de l'Amérique en Europe.

BOUCASSIN. C'est le nom que l'on donnoit autrefois à certaines especes de toiles gommées, calendrées, & teintes en différentes couleurs. Ce n'étoit autre chose qu'une espece de bougran, ou gros treillis. *Voyez* TREILLIS, *&* BOUGRAN.

*Les Boucassins servant à doubler, payent en France, de droits d'entrée, 15 sols de la piece de douze aunes, & de droits de sortie, 2 livres du cent pésant, comme mercerie, suivant l'Arrêt du 3 Juillet 1692.*

BOUCASSIN DE SMYRNE. Ce sont des toiles de coton apprêtées & empesées avec de la colle de farine; on les fait à Tiria & dans quelques autres Villages des environs.

Ces Boucassins qui sont assez fins, se peignent en Indiennes pour être plus de débit; & c'est ce que font ordinairement les Provençaux. *Voyez* ce qu'on en dit à l'article de Smyrne, page 343.

BOUCASSINE'E. Une toile Boucassinée, est celle qui a été apprêtée, & mise en boucassin.

BOUCAUT. Moyen tonneau, ou vaisseau de bois, qui sert à renfermer diverses sortes de marchandises, particuliérement du girofle, de la muscade, de la morue, &c.

On se sert aussi des Boucauts pour le vin & autres liqueurs.

Quelquefois Boucaut se prend pour la chose même qui est contenue; & ainsi on dit, un Boucaut de girofle, un Boucaut de vin; pour dire, un Boucaut rempli de ces sortes de liqueurs, ou de marchandises.

BOUCHARDE. Outil tout de fer bien acéré, & de bon acier par le bas, qu'il a taillé en pointes de diamant, fortes & pointues de court. Les Sculpteurs, & les Marbriers s'en servent pour faire des trous d'égale grosseur, qui ne se pourroient pas faire avec des outils tranchans. La Boucharde se frappe avec la masse, & réduit le marbre en poudre, en le meurtrissant plutôt qu'en l'incisant. Pour empêcher que cet outil ne s'échauffe, ce qui le détremperoit, & pour faire sortir la poudre du trou, on y jette de l'eau à mesure qu'il s'avance.

BOUCHE. Dans le sens figuré, est le nom qu'on donne à l'ouverture qui sert d'entrée à différentes choses; & en ce sens, l'on dit, la bouche d'un canon, la bouche d'un four, &c. *Voyez pour l'un l'article des* FONDEURS DE CANON; *& pour l'autre, l'article du* FOUR.

BOUCHER. Marchand qui prépare, qui habille, qui coupe, & qui vend la viande à la boucherie.

La Communauté des Marchands Bouchers est une des plus anciennes & des plus considérables de celles qui sont établies en Corps de Jurande à Paris.

Pour peu de connoissance que l'on ait de l'Histoire de France, & des troubles de Paris, dans le commencement du quinziéme siécle, sous le regne de Charles VI, on sçait à quel point de puissance, ou plutôt d'audace & de fureur, le Duc de Bourgogne porta les Bouchers de cette grande Ville, pour se maintenir contre les Armagnacs, nom de parti, qui distinguoit d'avec les Bourguignons ceux qui soutenoient le Duc d'Orléans.

Depuis ces tems si malheureux, qui virent naître les cruelles guerres qui ont si long-tems duré entre la France & l'Angleterre, les deux grandes boucheries de Paris, qui sont celles de l'Apport, ou la Porte de Paris, & du Cimetiere Saint-Jean, étoient restées en propriété à de certaines familles de ces premiers Bouchers.

Ces familles qui s'étoient enrichies, & dont la plupart avoient quitté le négoce de la viande pour entrer dans les Charges, ayant loué les étaux qui leur appartenoient dans ces deux boucheries, à plusieurs nouveaux Bouchers de Paris, ces derniers s'apperçurent de quantité d'abus qui se commettoient dans le commerce de la viande, tant parmi eux, que parmi les Bouchers établis dans les Boucheries des autres quartiers de la Ville; & dresserent seize articles de nouveaux Statuts, qui sur le vû des Officiers du Châtelet, à qui ils avoient été renvoyés, furent approuvés, confirmés, & homologués au mois de Février 1587, par Lettres patentes d'Henry III données à Paris.

Les Propriétaires des étaux s'étant opposés à la vérification, publication, & exécution des nouveaux Statuts, pour plusieurs griefs qu'ils prétendoient qu'ils contenoient, contraires à leurs droits, tant dans les qualités, que dans les articles; il intervint Arrêt du Parlement, du 22 Décembre 1589, qui en ordonna l'enregistrement, pour être gardés & observés par les Maîtres Bouchers de la Ville de Paris, selon leur forme & teneur; à la charge néanmoins qu'ils ne pourroient s'attribuer, ni prendre la qualité de Maîtres Bouchers en la grande boucherie de l'Apport de Paris, & Cimetiere Saint-Jean, mais seulement Maîtres Bouchers en la Ville de Paris: & aussi sans que les Propriétaires pussent bailler à loyer leurs étaux desdites boucheries, à d'autres qu'aux Maîtres de la Communauté; desquels étaux le bail continueroit de se faire pardevant le Lieutenant Civil, pour le tems, le prix, & en la forme portés par les Arrêts de la Cour.

Les nouveaux Réglemens ayant été enregistrés au Parlement en conséquence de cet Arrêt, & ensuite au Châtelet, par Sentence du 12 Janvier 1590, furent encore confirmés en 1594 par Henry IV, n'y ayant eu depuis aucun changement, que celui que les Maîtres demanderent eux-mêmes y être faits en 1650, dont on parlera à la suite de l'extrait que l'on va donner des Statuts.

Les quatre Jurés qui gouvernent la Communauté, sont élus de deux ans en deux ans, dans l'assemblée des Maîtres, & en présence du Procureur du Roi.

Ils sont tenus en leur propre & privé nom, de bien & duement visiter les bêtes qui sont amenées, tuées, & exposées aux boucheries; en sorte qu'aucune bête morte ou malade, ne soit vendue ou débitée au peuple, à peine de pareille amende que payera le Maître Boucher qui sera trouvé en contravention.

C'est pareillement aux Jurés à faire la visite depuis Pâques jusqu'à la Saint-Remy, des viandes qui restent du jeudi au samedi, pour empêcher qu'elles ne soient mises en vente, si elles sont gâtées; & cela sous les mêmes peines contre les Jurés & les contrevenans.

Nul ne peut aspirer à la Maîtrise, & y être reçû, s'il n'est fils de Maître, ou s'il n'est apprentif de Paris; ceux-ci seulement à l'âge de vingt-quatre ans, & ceux-là dès l'âge de dix-huit.

Les fils de Maîtres ne sont tenus à aucun chef-d'œuvre, ni même à la simple expérience; il faut néanmoins qu'avant d'être reçus, ils ayent servi leurs pere & mere pendant trois ou quatre ans, soit à acheter les bêtes, soit à habiller ou vendre les chairs; ce qui s'entend aussi de ceux qui doivent être reçus avant le décès de leursdits pere & mere, n'ayant pas encore fini leur service, qu'ils sont obligés de continuer en exerçant l'état de Boucher jusqu'à l'entier accomplissement desdites trois années.

L'apprentissage des étrangers est de trois ans en qualité d'apprentifs, & de trois autres années suivantes & consécutives de service chez les Maîtres, soit en l'achat, soit en l'habillage, vente & débit des chairs. Après ces six années, l'aspirant peut être reçu au chef-d'œuvre, aux conditions dont on parlera dans la suite, & qui ont été ajoutées à ce sixiéme article.

Le chef-d'œuvre consiste à habiller un bœuf, un mouton, un veau, & un porc.

Nul ne peut faire état de Maître Boucher, ni tenir étal pour vendre chairs, s'il n'est Maître de Paris, à l'exception des veuves de Maîtres, tant qu'elles demeureront en viduité.

Les Compagnons ne peuvent quitter les Maîtres où ils se sont engagés, sans leur consentement; ni d'autres Maîtres les recevoir à leur service, sans qu'il leur apparoisse par écrit de cette permission. Cet article, qui est le cinquiéme, a été confirmé & expliqué par Sentence du Châtelet du 28 Janvier 1653, rendue sur l'avis du Procureur du Roi.

La Sentence prononce une amende de 80 livres parisis contre les Maîtres qui prendront les Compagnons Bouchers des autres, sans le consentement & certificat par écrit du Maître de chez qui ils seront sortis; & de trente-deux livres aussi parisis, d'amende contre les Garçons & Serviteurs qui quitteront leurs Maîtres avant que l'année soit finie.

Enfin il est défendu aux Maîtres Bouchers de tuer, ni exposer en vente aucune chair qui ait le fi, ou aucun porc qui ait été nourri ès maisons d'Huiliers, Barbiers, ou Maladeries, à peine de dix écus d'amende.

Les conditions ajoutées au sixiéme article, concernant la réception des Aspirans à la maîtrise, dont on s'est engagé de parler ici, furent consenties à la pluralité des voix dans une assemblée générale des Maîtres de la Communauté, tenue le 27 Mars 1650; & le résultat & délibérations qui y furent faites, approuvées & homologuées par Arrêt du Parlement du 25 Janvier 1653, sur les conclusions du Procureur Général du Roi.

Ce résultat porte: Qu'il ne sera plus reçu de Maîtres, qu'ils ne soient Apprentifs de Maîtres de Ville, & actuellement demeurans chez les Maîtres: Que l'Aspirant sera présenté à la Chambre, ou par son Maître, ou par l'ancien des Jurés: Que lors de sa présentation il donnera son Brevet & ses Certificats d'apprentissage, qui seront transcrits & mis sur le Registre de la Communauté, signés de l'Aspirant, de celui qui l'aura présenté, des Jurés, & des Assistans qui sçauront signer: Que les Brevets & Certificats seront paraphés, *ne varietur*, & mis dans le coffre, afin d'y avoir recours, en cas de dol ou fausseté: Que trois mois après la présentation, on délibérera si l'on donnera chef-d'œuvre à l'Aspirant : Qu'à la délibération seront présens, tant les Jurés en Charge, que les Jurés modernes, & douze anciens Maîtres Jurés, nommés par la Communauté : Que tous les autres Maîtres y pourront assister, si bon leur semble. Enfin, que toute réception où il manquera quelqu'une de ces conditions, demeurera nulle; & les Jurés qui y auront contrevenu, condamnés chacun à cinq cens livres tournois applicables moitié à l'Hôtel-Dieu de Paris, & moitié aux Incurables.

Les instrumens & outils, dont les Marchands Bouchers se servent pour abbatre, couper, dépecer, & débiter leur viande, sont : Un ais, ou étably avec son escouvette, plusieurs couperets & couteaux de différentes force & pésanteur, des fentoirs, un fusil à fusiller les couteaux, des balances avec leurs poids, un peson pour les grosses ventes, des allonges, des chevilles, une tringle garnie de cloux à crochet & de sa nape à boucherie; des pattes de bois & de fer, pour pendre la viande; des traversins & des brochettes, des chaudieres pour les fraises & les pieds de veau, un couteau à bouton, une broche d'os d'éclanche, pour bouffer les rognons de veau; une autre broche de fer, pour préparer le bœuf à être soufflé; un étou, une masse de fer pour abbatre les bœufs, & une de bois pour les veaux; l'anneau à tuer, & le trait à bœuf, pour y attacher la bête qu'on veut assommer; le tinet avec sa poulie, son cable & son moulinet; des battes à bœuf, un soufflet pour souffler le bœuf; une table enfin à ôter les ratis. Tous ces instrumens seront expliqués à leur article.

Boucher d'or moulu. Terme de Doreur en détrempe. C'est finir un ouvrage, en mettant de l'or en coquille aux petites gersures, qui peuvent y être restées en l'achevant. *Voyez* Ramander.

BOUCHERIE. Lieu où s'expose & se vend la viande que tuent & débitent les Marchands Bouchers.

Il y a à Paris plusieurs Boucheries publiques, entr'autres, la Boucherie de l'Apport de Paris, communément de la Porte de Paris; celle de Beauvais, celle du Cimetiere S. Jean, celle de la rue Montmartre, &c. Il y a outre ces Boucheries renfermées dans des enceintes communes, des quartiers & des rues, qui ne sont presque occupées, que d'étaux de Bouchers : tels sont la rue des Boucheries, au Fauxbourg S. Germain; le bout de la rue S. Martin, vers S. Nicolas des Champs; & la Montagne Sainte Genevieve, aussi-bien qu'une partie de la place Maubert.

On appelle Viande de Boucherie, la grosse viande, qui comprend le bœuf, le veau, & le mouton.

Les Boutiques des Marchands Bouchers se nomment des Etaux. Elles ont sur le devant de grandes tables, pour débiter & couper leurs chairs; & au-delà des tables, un étalage de figure cylindrique, aussi long que les tables mêmes, sur lequel ils arrangent la viande dépecée, pour l'exposer aux yeux du Chaland. Ils en pendent aussi une partie à des crochets attachés à des nerfs de bœuf, qu'ils passent à des chevilles disposées au haut de la boutique.

Les Marchands Bouchers, du nom de ces étaux, s'appelloient autrefois Etaliers-Bouchers : mais le titre d'Etalier a passé à leurs Garçons & Compagnons; & il n'y a plus qu'eux qui le portent.

On ne peut s'empêcher de parler ici de cette espece de substitution établie parmi les quatre plus anciennes familles des Marchands Bouchers de Paris, depuis plus de trois siecles. Ces familles sont celles de Sainctyon, des Deladehors, des Thiberts, & des Dauvergne, qui presque toutes ont quitté ce commerce depuis plus de cent cinquante ans, & sont depuis entrées dans des Charges considérables de Judicature, & de Finance; ou bien exercent avec réputation les professions très honorables de la Médecine, du Droit, & du plus riche Commerce.

Les Etaux sujets à cette substitution, sont ceux des deux anciennes Boucheries de Paris, qui sont; l'une, celle de l'Apport de Paris, qu'on appelle la grande Boucherie; & l'autre, la Boucherie du Cimetiere S. Jean. Comme les revenus en sont inégaux, le loyer de quelques-uns n'allant gueres qu'à douze cent livres par an, & celui de quelques autres au-delà de deux mille livres; afin que chacun puisse y avoir part, ils se possedent comme par indivis; les Intéressés à ces substitutions se succedant néanmoins les uns aux autres, quand il y arrive ouverture par la mort, & passant à un plus riche étal, à mesure qu'il y en a de vacant.

Ce fut à l'occasion de ces étaux substitués, qu'intervint en 1589 l'Arrêt du Parlement, & encore depuis celui du 22 Décembre 1599, qui ont depuis servi de Réglement entre les quatre familles propriétaires de ces étaux, & les Marchands Bouchers qui les occupent, & les louent d'elles. On peut voir ce qui en a été dit ci-devant à l'occasion des Statuts des Bouchers.

Les Propriétaires de ces étaux ayant payé au Roi en Juillet 1637, une somme de 90000 liv. pour être confirmés dans leur possession, obtinrent, sous ce prétexte, sans que les Officiers du Châtelet, ni les Maîtres Bouchers, eussent été entendus, des Lettres Patentes, dans lesquelles ils firent insérer, qu'il leur seroit permis de louer leurs étaux à tel prix qu'ils jugeroient à propos, sans pouvoir être astreints à l'observation des Réglemens de Police, faits ou à faire sur la réduction des loyers; en quoi ils furent encore maintenus par Arrêt contradictoire de la Cour de Parlement du 13 Mai 1718, qui leur donne la liberté de disposer de leursdits étaux librement, & au profit de tels des Bouchers qu'ils aviseroient bon être. Mais Sa Majesté étant informée, que si lesdits Propriétaires avoient la faculté de louer leurs étaux à ceux des Maîtres Bouchers, qui leur en donneroient le plus, non seulement cela causeroit de grands troubles parmi lesdits Bouchers, qui par jalousie, ou par animosité, les enchériroient les uns sur les autres; mais encore que le Public en souffriroit par l'augmentation du prix de la viande, qui seroit une suite nécessaire de cette liberté laissée aux Propriétaires; Sadite Majesté ordonna par une Déclaration donnée à Paris le 13 Mars 1719, enregistrée au Parlement le 30 Janvier 1720 : Que sans s'arrêter à la clause portée dans les Lettres Patentes du mois de Juillet 1637, ni à tout ce qui s'en étoit ensuivi, qu'elle avoit revoquée & révoquoit, les Ordonnances & Réglemens de Police, fussent exécutés selon leur forme & teneur, sauf aux Propriétaires desdits étaux à se retirer pardevant Elle pour leur indemnité, s'il y échéoir.

BOUCHET. Espece d'hypocras d'eau, qui se fait avec de l'eau, du sucre, & de la canelle, bouillies ensemble, & mêlées dans certaine proportion. L'hypocras d'eau est bon pour l'estomac, à qui il communique une chaleur raisonnable. *V.* Hypocras.

BOUCHON. Sorte de laine d'Angleterre, ainsi nommée, de ce qu'elle est tournée & pliée en des especes de paquets, ou Bouchons, assez semblables à ceux qui servent à bouchonner les chevaux. *Voyez* Laine d'Angleterre.

L'article 10 des Réglemens de la Sayetterie d'Amiens, ordonne que les laines-meres, que les Houppiers auront apprêtées, seront pliées en Bouchon à l'ordinaire; & les pelures, en forme de Bouchons de laine d'Angleterre. *Voyez* Houppier.

Bouchon de Cabaret, Bouchon de Taverne. C'est un signe, que l'on met à une maison, ou à une cave, pour indiquer aux passans, que l'on y vend du vin en détail. Il est fait ordinairement de lierre, de houx, de cyprès, ou de quelque autre arbre, qui conserve sa verdure; quelquefois simplement d'un chou.

L'Ordonnance du Roi pour les Aydes de 1680, & celle de la Ville de Paris de 1671, obligent les Cabaretiers, Taverniers, Hôteliers, & autres vendans vin en détail, de mettre des enseignes & Bouchons, aux caves & lieux où se fait le débit de leurs vins. Il est dû un droit de Bouchon au Voyer, & aux Officiers de Police de la Ville de Paris, par tous ceux qui sont tenus d'en mettre.

Bouchon. Ce qui bouche quelque chose. Il se dit ordinairement de ce qui bouche les bouteilles & autres semblables vases de verre où l'on conserve des liqueurs, particuliérement les vins.

Les Bouchons sont de deux sortes; les uns de filasse, & les autres de liege; l'on employe à ceux-ci le meilleur liege; la plus mauvaise filasse est bonne pour les autres. *Voyez* Filasse. *Voyez aussi* Liege.

Il se fait à Paris une très grande consommation de Bouchons de liege, sur-tout depuis qu'on s'y est accoutumé à tirer presque tous les vins en bouteilles de gros verre, où l'expérience a appris qu'ils se conservoient mieux, que dans les futailles même. Ce sont les Maîtres Fayenciers qui en font le négoce, & qui ordinairement s'en fournissent chez quelques pauvres Maîtres de leur Communauté qui subsistent assez commodément de ce seul trafic, la fabrique de ces Bouchons faisant leur unique occupation.

BOUCHOT. Parc, ou Pêcherie, que l'on construit sur les grêves, ou bords de la mer, pour prendre du poisson. *Voyez* Parc.

BOUDELLE, ou BOUT-D'AILES. Plumes tirées du bout de l'aile des oyes, dont l'on se sert pour écrire. *Voyez* Oye. *Voyez aussi* Plume a ecrire.

BOUDIN. Boyau de porc, empli de son sang & de sa graisse, assaisonnez d'épices, d'oignon, & d'herbes fines. Ce Boudin s'appelle Boudin noir. Il se fait & se vend par les Chaircuitiers, qui delà sont appellés dans leurs nouveaux Statuts, Maîtres Boudiniers. *Voyez* Chaircuitiers.

On fait aussi des Boudins blancs, avec du blanc de chapon, du lait, & autres ingrédiens. Ceux qui les font, sont du métier des Maîtres Cuisiniers-Traitteurs. *Voyez* Traitteur.

Boudin, ou Boudine. C'est aussi cette partie élevée au milieu de ce que les Verriers & Vitriers appellent un Plat de verre, qui a servi à le soutenir, quand on l'a mis au grand ouvreau du fourneau à verre, pour l'ouvrir. *Voyez* Oeil de Boeuf.

BOUDINIER. Celui qui fait, ou qui vend des boudins. C'est une des qualités que prennent les Maîtres Chaircuitiers de la Ville & Fauxbourgs de Paris. *Voyez* Chaircuitier.

BOUDINIERE. Espece de petit entonnoir de cuivre ou de fer blanc, dont les Chaircuitiers se servent pour remplir leurs boudins, c'est-à-dire, pour faire entrer dans les boyaux de porc, qui leur servent d'enveloppe, ou comme on dit en termes du métier, de Coste, le sang, la graisse, & les autres ingrédiens, qu'on employe à faire le boudin. *V.* Chaircuitier.

BOUE'E. Terme de Marine, qui a du rapport au Commerce. C'est un morceau de bois, ou de liege; quelquefois un baril vuide, & bien clos, qui flotte sur l'eau, attaché à un petit cable, retenu au fond de la mer, pour faire connoître, & indiquer aux Pilotes & Mariniers, les endroits où les ancres sont mouillés dans les Ports, ou ceux qui ont été laissés dans les rades, pour ne les avoir pû retirer; les pieux, & les *bris* de vaisseaux qui sont enfoncés dans la mer, & autres choses semblables, qui peuvent nuire à la navigation.

Toutes ces Bouées se distinguent par les matieres dont elles sont faites. La Bouée de mast est faite d'un bout de mast, ou à son défaut, d'une simple piece de bois. La Bouée de baril est de douves, foncée & reliée comme un baril; & la Bouée de liege est composée de plusieurs morceaux de liege, attachés ensemble avec de la corde.

Un vaisseau Marchand, mouillé dans un havre, doit avoir une Bouée à son ancre, faute de quoi, s'il en arrive quelque désordre, ou perte, le Maître doit payer la moitié du dommage.

La Bouée s'appelle aussi *Banneau*, *Aloigne*, *Horin*, ou *Gaviteau*. Ce dernier terme n'est en usage que sur les côtes de Provence.

Quelquefois le mot de Bouée se prend pour Tonne, ou Balise; & alors la Bouée sert pour marquer les passages difficiles & dangereux.

Lorsqu'il y a des droits à payer pour les Bouées, ce sont les Maîtres des navires, qui sont tenus de les acquitter; d'autant qu'ils ne sont point du nombre des avaries. *Voyez* Tonne, & Balise.

BOUER. Terme de Monnoyage au marteau. C'est la façon que l'on donne aux flaons, en les frappant plusieurs ensemble, placés les uns sur les autres, avec le marteau nommé Bouar, afin de les joindre, coupler, & toucher d'assiette, pour les faire couler plus aisément au compte, & à la main.

L'Ordonnance enjoint de Bouer trois fois les flaons; les deux premieres, après les avoir fait recuire & réchauffer; & la troisiéme, sans recuire. Lorsque les flaons ont été Boués, on les met entre les mains du Maître, pour les blanchir. *Voyez* Monnoyage au marteau.

BOUFFER un rognon de veau. Terme de Boucherie. C'est le souffler avec une petite broche, ou tuyau fait de l'os d'une éclanche de mouton, afin d'en faire enfler les graisses, & lui donner meilleure grace. *Voyez* Broche a bouffer.

BOUGE. Espece d'étamine fine, blanche & claire, dont on fait les chemises de la plupart des Religieux, qui n'usent point de chemises de toile.

Le Tarif de Lyon les appelle Bouges pour faire chemises à Chartreux. *Voyez* Estamine.

*Elles payent dans cette Ville 25 sols pour l'ancien droit, & 5 sols de nouvelle réapréciation.*

Bouge. Est encore une espece de grand sac à mettre

de la vaisselle, dont on se servoit pour la porter en campagne, avant qu'on eût inventé les coffres garnis de revêche, & séparés en forme d'étuits, pour chaque piece d'argenterie. Il y avoit aussi des Bouges plus petits, pour mettre de l'argent monnoyé. On les appelle présentement Bougettes. Les Statuts des Coffretiers-Malletiers portent, que l'une & l'autre sorte de Bouges seront faites de bon cuir de vache, garnies & renformées de bon cuir de bœuf, cousus à deux chefs avec des loquets, platines, & chaînes bien ferrées & bien rivées. *Voyez* COFFRETIER.

BOUGE. Se dit aussi de l'enflure qui paroît dans le milieu de la longueur des pipes, bariques, & autres semblables vaisseaux, qui servent à contenir des liqueurs. On dit, qu'une futaille est bien bougeue, lorsque cette enflure est considérable. Le Bouge, quand on fait le jaugeage, donne de l'excédant de jauge; & c'est à quoi il faut prendre garde en jaugeant les tonneaux. *Voyez* JAUGE.

BOUGE. Les Potiers d'étain nomment le Bouge d'une assiette, ce demi cercle qui en fait l'enfoncement & qui est un peu plus profond dans le milieu que vers les bords.

BOUGE. L'on nomme encore de la sorte, sur les côtes de Guinée, & dans quelques lieux de l'Afrique avancée dans les terres, cette espece de petit coquillage blanc, qui vient des Isles Maldives, qu'on nomme aux Indes Orientales, des Coris, ou Cauris, & qui y servent de menue monnoie. *Voyez* CORIS.

BOUGETTE. Petit bouge, ou sac, dont on se servoit autrefois pour mettre de l'argent, & que les femmes portoient pendus à leur côté. La Bougette avoit plusieurs séparations, pour mettre les diverses especes de monnoie. *Voyez ci-dessus* BOUGE.

BOUGIE. Méche de coton, ou de lin, mollement filé, couverte de cire en forme de cylindre; qui étant allumée, sert à éclairer au lieu de chandelle, ou de lampe. Quelques-uns prétendent que ce terme est venu de la Ville de Bugie en Afrique, d'où l'on tire quantité de cire.

La Bougie fait une des principales parties du négoce des Marchands Epiciers-Ciriers, qui la distinguent ordinairement en Bougie de table, & en Bougie filée.

### *Bougie de table.*

La Bougie de table, ainsi nommée, de ce que l'on s'en sert communément sur les tables des Grands Seigneurs, & des Gens de distinction, est de différentes longueurs & grosseurs, mais toutes propres à mettre dans les bobeches des flambeaux & des chandeliers.

La méche de cette Bougie est ordinairement composée de plusieurs fils de coton, lâchement filés, & tortillés ensemble. La cire blanche, qui la couvre, se travaille à la cuillier, & se roule sur une table, avec un instrument de bois long d'environ un pied, sur demi pied de large, appellé Rouloir ou Platine, ainsi que la cire des cierges; avec cette différence néanmoins, que les cierges sont percés par le bout opposé au colet, ou lumignon, & qu'ils vont en augmentant de grosseur, depuis le haut jusqu'en bas; au lieu que la Bougie de table est de figure cylindrique, c'est-à-dire, qu'elle est parfaitement ronde, & d'une égale grosseur d'un bout à l'autre, sans être percée. *Voyez* CIERGE.

La Bougie de table se vend par paquets d'une livre de seize onces : Chaque paquet contient un certain nombre de Bougies, suivant qu'elle est plus ou moins longue & grosse. Il s'en fait de quatre, de cinq, de six, de huit, de dix, de douze, & de seize à la livre, dont les longueurs sont; sçavoir, celle de quatre, de treize pouces; celle de cinq, d'onze pouces & demi; celle de six & de seize, d'onze pouces; & celle de huit, de dix & de douze, de dix pouces; le tout sans y comprendre le colet, ou bout de méche, par où on commence à l'allumer.

Il y a aussi des paquets de bougie de quatorze onces, & il en vient beaucoup du Mans & d'Angers de ce poids-là.

### *Bougie filée.*

La Bougie filée se fait, ou de cire blanche, ou de cire jaune, ou de cire citronée. La méche est de fil de Cologne, ou de fil d'étoupe de lin blanc, que l'on nomme Fil de Mosche, ou Fil de Guibray; parce qu'il se tire de la Chapelle Mosche, ou de Guibray en Normandie.

On l'appelle Bougie filée, parce qu'effectivement elle se file à peu près comme le fil d'archal, par le moyen de deux gros rouleaux, ou cylindres de bois, qu'on nomme Tours, qui sont placés de travers sur des pieds solides, & que l'on fait tourner avec des manivelles; ce qui fait passer, en allant & venant plusieurs fois de suite, la méche dans de la cire fondue, qui est dans une bassine, ou poele de cuivre, & en même tems par les trous d'une filiere aussi de cuivre, attachée à l'un des bouts de la bassine; ensorte que petit à petit on donne à la Bougie telle grosseur que l'on veut, suivans les différens trous de filiere, par lesquels on l'a fait passer.

Il s'en peut filer de cette maniere tout d'une suite, jusqu'à quatre & cinq cent aunes de longueur.

Cette maniere de filer la Bougie fut apportée de Venise en France dans le milieu du dix-septiéme siécle par le nommé Pierre Blesimare, Marchand Cirier à Paris, l'un des plus habiles de sa profession. Avant ce tems, toute la Bougie que l'on voyoit, de quelque espece qu'elle fût, étoit fabriquée à la cuillier, & se rouloit sur une table, de même que l'on fait encore aujourd'hui la Bougie de table, & les cierges.

Les Marchands Epiciers-Ciriers distinguent la Bougie filée, en Bougie de Venise, Bougie de Cave, Bougie à Lampe, Bougie en Billot, Bougie à Bougier, & Bougie Commune, ou Ordinaire.

La Bougie de Venise, ainsi nommée seulement, pour la différencier des autres sortes de Bougies, qui lui sont inférieures en beauté & en qualité, est faite de cire la plus blanche, & de fil de Cologne très fin.

La Bougie de Cave, appellée de la sorte, parce qu'elle sert ordinairement à éclairer les Commis des Aydes, qui vont faire leur exercice dans les caves des Marchands de vin, est la plus grosse de toutes les sortes de Bougies filées. La cire en est pour l'ordinaire jaune, & la méche de fil de Guibray moyennement gros.

La Bougie à Lampe est la plus menue de toutes les Bougies filées. Sa méche, qui est très fine, est pour l'ordinaire de fil de Cologne, & ne passe qu'une ou deux fois par la cire fondue, & par deux des plus petits trous de la filiere. On lui donne

donne le nom de Bougie à Lampe ; parce que son usage est pour mettre dans les lampes d'Eglise, ou dans les petites lampes de chambre.

La Bougie à Bougier est une sorte de Bougie blanche, un peu plus grosse que la Bougie à lampe, dont la méche est de fil de Guibray fin. C'est de cette Bougie, dont les Tailleurs, les Couturieres, & les Tapissiers, se servent à bougier la coupe des étoffes sujettes à s'effiler. On lui donne aussi quelquefois le nom de Bougie en billot, parce qu'elle est tortillée en forme de petit billot.

Les Bougies ordinaires se font de cire blanche, jaune, ou citronnée, de plusieurs grosseurs, & toutes avec de la méche de fil de Guibray.

Il se fait encore une maniere de Bougie quarrée, que l'on nomme ordinairement Flambeau de table, & quelquefois Flambeau de chambre. *Voyez* FLAMBEAU DE TABLE.

On appelle un Pain de Bougie, de la Bougie filée, pliée en quarré, ou tournée en rond, pour la pouvoir porter à la main, ou dans la poche, ou pour la mettre dans un bougeoir avec plus de facilité.

Les pains de Bougie de Venise se font de diverses grosseurs, ordinairement quarrés en forme de livre, & se peignent superficiellement de figures, & de fleurs de diverses couleurs, & façons très agréables. Ce sont de ces pains de Bougie, dont l'on fait des présens pour les étrennes au commencement de l'année.

On dit, Filer la Bougie ; pour dire, la faire passer par la cire fondue, & par les trous ronds d'une filiere, pour la mettre à son point de grosseur, suivant qu'il est nécessaire par rapport à son espece & qualité.

On n'employe point de méches faites de fil de lin dans la fabrique des Bougies de table ; elles se font toutes de coton, le lin n'étant que pour la bougie filée.

Ce n'est pas seulement la bougie appellée Bougie de Venise, qui se plie en pain, & qu'on embellit de divers ornemens de peintures : toute sorte de bougie filée y est propre, pourvû qu'elle soit bien faite & bien blanche : & en effet celle qu'on nomme Bougie de Venise, s'y employe moins ordinairement que les autres. Elle est ainsi nommée, non qu'elle vienne effectivement de Venise, mais par distinction & comme pour conserver la mémoire de son origine, étant la plus grosse & la plus belle de toutes les especes de bougies filées, dont, ainsi qu'on l'a dit, l'invention nous vient de Venise.

On appelle encore Bougie, une sorte de très menue chandelle, ou cierge de cire blanche, longue de six ou sept pouces, dont le menu peuple se sert à faire des offrandes dans les Eglises. Leur prix n'est ordinairement que d'un ou deux liards.

On faisoit autrefois une sorte de Bougie noire, dont la méche n'étoit imbibée que de poix noire ; la fumée de laquelle servoit à noircir les souliers : mais cette espece de Bougie n'est plus en usage, depuis que l'on a trouvé le secret de faire une composition de cire jaune, de suif, & de noir de fumée, fondus & mêlés ensemble, qui est beaucoup meilleure, & plus commode à noircir les souliers.

BOUGIER une étoffe. Terme de Tailleurs, Tapissiers, & Couturieres. C'est passer légerement une bougie allumée sur la coupe d'une étoffe aisée à s'effiler, afin d'en arrêter les fils, en attendant qu'on la couse. La bougie dont on se sert à bougier, s'appelle chez les Ciriers, Bougie en billot. Elle est du nombre des bougies filées. *Voyez l'article précédent.*

BOUGRAN. Sorte de grosse toile de chanvre, gommée, calendrée & teinte en différentes couleurs, qu'on met dans les endroits des doublures, que l'on veut qui se soutiennent, & qui conservent toujours leur forme. Il en entre aussi dans les corps de robe des femmes ; & l'on s'en sert souvent à faire des toilettes, pour couvrir & envelopper les draps, les serges, & autres semblables marchandises, pour les conserver, & empêcher que leur couleur ne se perde, ou que la poussiere ne les gâte.

Les Bougrans se vendent en gros, par douzaines de petites pieces, ou coupons d'environ quatre aunes de long chacun, large à proportion des toiles dont ils ont été faits. On employe quelquefois des toiles neuves, pour faire des Bougrans ; mais plus ordinairement des vieux draps de lit, & des vieux morceaux de voiles de vaisseaux. Il s'en fait beaucoup à Paris ; & il en vient aussi quantité de Normandie, particuliérement de Caen, de Rouen, & d'Alençon.

*Les Bougrans payent en France de droits d'entrée, 4 liv. 10 sols du cent pésant ; & de sortie, tant vieux que neufs, 4 liv. sçavoir, 30 sols pour l'ancien droit, & 50 sols pour la Traitte domaniale.*

BOUGRANE'E. On appelle une toile Bougranée, celle qui a été apprêtée, & mise en bougran.

BOUILLE. Droit qui se paye en Roussillon, pour la marque des draps, & autres étoffes de laine.

BOUILLE. Se dit aussi de l'empreinte, ou marque, qui se met par les Commis à chaque piece de drap, ou autre étoffe de laine, déclarée au Bureau des Fermes du Roi.

BOUILLE. Est encore un instrument de Pêcheurs, dont ils se servent à remuer la vase des rivieres, ou des eaux dormantes ; afin qu'en la brouillant, le poisson donne plus facilement dans leurs filets. La Bouille est faite en forme de ces rabots, que les Limosins employent à éteindre de la chaux, & à courroyer du mortier.

BOUILLE-COTONIS, BOUILLE-CHARMAIY. Ce sont deux especes de ces satins des Indes, qu'on nomme en général des Atlas. *Voyez* ATTLAS.

BOUILLER une étoffe. C'est la marquer de la maniere réglée par les Arrêts & Déclarations du Roi.

L'article 299 du Bail des Gabelles, & autres droits réunis, porte, que dans le Roussillon, tous les Marchands, Ouvriers, & Facteurs de draps, & autres étoffes de laine dudit Pays, seront tenus d'en faire leurs déclarations aux plus prochains Bureaux, & de les faire *Bouillir*, ou marquer de la marque de l'Adjudicataire, conformément au Réglement de 1658, & sous les peines y portées.

BOUILLER. Signifie aussi, se servir de la *Bouille* pour pêcher. L'Ordonnance des Eaux & Forêts défend aux Pêcheurs de bouiller, c'est-à-dire, de se servir de bouilles, ou de rabots dans leur pêche. *Voyez* PESCHEUR.

BOUILLIE. Les Papetiers & Cartonniers nomment quelquefois de la sorte, les drilles, ou drapeaux, qu'ils ont réduits en une consistance liquide, &

semblable à cette premiere nourriture, appellée Bouillie des enfans. C'est avec cette Bouillie de drapeaux, que se font le papier & le carton. *Voyez* PAPIER.

BOUILLITOIRE. C'est proprement ce qu'on appelle Blanchiment des flaons, en termes de Monnoyes. Ainsi, Donner le Bouillitoire, c'est donner la couleur à l'or, & blanchir l'argent. On l'appelle Bouillitoire, du mot de Bouilloir, qui est un grand vaisseau, ou poele de cuivre, dans lequel se fait le blanchiment. *Voyez* BLANCHIMENT.

BOUILLOIR. Terme de Monnoyage. C'est un grand vaisseau de cuivre, dans lequel on fait bouillir les flaons, pour leur donner le blanchiment. Les Orfévres se servent aussi du Bouilloir pour les ouvrages d'Orfévrerie; & les Fondeurs, pour faire sécher leur sable. *Voyez* MONNOYAGE, *ou* BLANCHIMENT.

BOUILLON. Effervescence que cause le feu aux liqueurs, lorsqu'on les fait bouillir. Ce terme a diverses significations dans le commerce, & dans les arts & métiers.

BOUILLON. Terme de teinture, qui se dit des eaux, que l'on a mises dans des cuves, ou chaudieres, & que l'on a préparées avec quelques acides, & drogues non colorantes, dans lesquelles on fait bouillir les étoffes, les soies, les laines, &c. afin de les disposer à prendre & retenir plus facilement la couleur, qu'on doit leur donner, en les faisant passer par les autres cuves, ou chaudieres, où l'on a mis les drogues colorantes.

Quand les soies ont une fois passé par les bouillons, & par la teinture, on les appelle Soies cuites, pour les différencier de celles qui n'ont point encore eu d'apprêt, & que l'on nomme Soies crues.

BOUILLON. Se dit aussi d'une façon que les Bouracaniers donnent à leurs bouracans, & qui leur tient lieu du foulon. Cette façon, qui se donne au sortir du métier, consiste à faire bouillir l'étoffe deux ou trois fois dans de l'eau claire; ce qui s'appelle les faire passer par le Bouillon. *Voyez* BOURACAN.

BOUILLON. Sel de Bouillon. C'est le sel blanc de Normandie. On l'appelle ainsi, parce qu'il se fait en faisant bouillir de l'eau marine dans des especes de chaudieres de plomb.

On appelle Droit de Quart-bouillon, le droit qui se paye au Roi sur cette sorte de sel. Il est du quatriéme du prix qu'il est vendu. *Voyez* SEL DE NORMANDIE.

BOUILLON. Ce terme est aussi d'usage dans la pêche du hareng, pour signifier une grande abondance de ce poisson. On dit en ce sens que le hareng passe par bouillon dans l'endroit de la Manche où est situé Boulogne. *Voyez* HARENG.

BOUILLON. C'est aussi de la canetille platte & luisante, que les Passementiers font entrer dans la fabrique des crespines & des broderies, pour en relever l'éclat. *Voyez* CANETILLE.

BOUILLON. C'est encore le nom d'une espece d'étamine. *Voyez* ESTAMINE *vers la fin de l'article.*

BOUILLON DE VIF-ARGENT. *Voyez* VIF-ARGENT.

BOUJON. Terme de Manufacture de laine, en usage dans les Draperies & Sergetteries de Rouen, de Beauvais, & de quelques autres lieux. Il signifie la même chose que Jurande. On s'en sert pour distinguer les Jurés des Drapiers-Drapans, d'avec ceux des Drapiers-Teinturiers. L'article 9 du Réglement de 1670, pour la Sergetterie de Beauvais, porte, Que les visites des laines se feront par le plus ancien Garde de la Draperie, deux Drapiers-Drapans du Boujon, & deux Maîtres *Esgards* Sergres.

On appelle à Rouen, la Maison du Boujon, le lieu destiné pour faire la visite & marque des draps, & autres étoffes de laine. Et par les anciens Statuts de la Draperie de cette Ville, de 1408, qui ne consistent qu'en cinq articles, il n'est permis à aucun Maître d'avoir des Apprentifs, s'il n'a servi le Roi dans l'Office du Boujon, ou s'il n'y est entré. *Voyez l'article des Réglemens.*

BOUJONNEURS. Espece de Maîtres & Gardes, ou Jurés du Corps de la Draperie & Sergetterie de Beauvais, à qui il appartient de faire les visites par les maisons, & ouvroirs des Drapiers & Sergers, aux batteaux & moulins, & chez les Ouvriers & Foulons.

Les Boujonneurs sont au nombre de dix; cinq du corps des Drapiers & Sergers, trois Tisserans, & deux Laneurs. Chaque année les cinq plus anciens sortent de charge, & cinq autres sont élus en leur place.

C'est aussi par les Boujonneurs, & Esgards en charge, que se fait la marque des étoffes, en y apposant le plomb ordonné par le Réglement de 1667. *Voyez* SERGETTERIE.

BOUIS, ou BUIS. Arbre trop connu, pour qu'il soit nécessaire d'en faire la description. L'on se contentera seulement de parler de son bois, par rapport à sa nature, à son usage, & au négoce qu'on en fait.

Le bois de Bouis est jaunâtre, dur, solide, égal, très pésant, & prend aisément le poli.

Lorsque ce bois est en morceaux de grosseur & longueur raisonnable, il est de bonne vente; s'employant à faire des ouvrages de sculpture, & des instrumens de musique à vent; tels que sont les hautbois, flutes, flageollets, musettes, &c.

Le Bouis de moindre qualité sert à faire de menus ouvrages; comme peignes, boules de mail, toupies, cuillieres, fourchettes, manches de couteau, casse-noix, étuits à curedents, boëtes, tabatieres, poulies, &c.

Le plus fin de la sciure, ou rapure du Bouis, sert à mettre sur l'écriture nouvelle, pour la sécher promptement. Les Papetiers & les Peigniers en font un commerce considérable.

La Champagne & la Franche-Comté fournissent beaucoup de Bouis, que l'on estime très bon; mais le meilleur vient d'Espagne, & de Smyrne. Celui-ci arrive à Rouen, où les Hollandois l'apportent par le retour de leurs vaisseaux du Levant.

C'est de cette espece de Bouis, que sont faits presque tous les peignes, qui se fabriquent à Paris. Il se vend au cent pésant, & est en grosses & menues bûches de quatre pieds de long pour l'ordinaire. Ce sont les Peigniers qui le débitent eux-mêmes, & qui en font ce qu'ils appellent des Copeaux, qui sont des morceaux de bois carrés, de différentes longueurs & épaisseurs, suivant les peignes qu'on en veut faire.

*Le bois de Bouis, soit en bûche, soit en copeaux, paye en France de droits d'entrée, 10 sols le cent pésant, & autant pour la sortie.*

La grande quantité qu'il en arrive à Rouen, fait qu'il s'y fabrique beaucoup de peignes, qui s'envoyent à Paris, dans les Provinces du

Royaume, & même dans les Pays Etrangers. *Voyez* PEIGNE.

On tire du Bouis, par le moyen de la cornue, un esprit, & une huile, qui se peut rectifier de même que celle de Gayac. Les Marchands Droguistes de Paris, & ceux de quelques autres bonnes Villes du Royaume, font un assez bon négoce de cette huile, qu'on croit souveraine à plusieurs maux, mais qu'il est facile de sophistiquer.

BOUIS. C'est chez les Cordonniers & Savetiers, un instrument fait de Bouis, long de sept ou huit pouces, qui a une espece de tête ronde par un bout, & une sorte de tranchant émoussé par l'autre.

Ces Artisans se servent de la tête, pour polir les talons des souliers qu'ils fabriquent; & du bout tranchant, pour coucher & applatir l'empeigne, quand ils l'ont cousue. Les Maîtres Vergettiers ont droit par leurs Statuts, de vendre des Bouis de Cordonniers. Les Quincailliers en vendent aussi quelques-uns; mais ce sont les Marchands de crespin, qui en font le plus grand négoce.

BOUIS. Terme de Chapellerie. Donner le bouis à un chapeau, c'est le nétoyer & le lustrer. Il ne se dit que des vieux chapeaux, c'est la même chose que rebouiser. *Voyez* cet article.

BOUL. On nomme ainsi à Smyrne un poinçon ou cachet dont on se sert pour marquer les toiles que l'on donne à peindre en Indiennes aux Arméniens ou aux Grecs, pour empêcher qu'ils ne les puissent changer, ces Ouvriers étant tous de grands fripons. L'empreinte du Boul se fait avec du noir de fumée & de l'huile de lin, qui rend la marque ineffaçable.

BOULANGER; quelques-uns l'écrivent BOULENGER. Celui qui pétrit, fait, & cuit le pain.

Il y a à Paris une Communauté de Boulangers, qui prennent la qualité de Marchands Talmeliers-Maîtres Boulangers.

Cette Communauté, qui est une des plus anciennes, qui ayent été établies dans cette Ville en corps de Jurande, a long-tems joui du privilége d'avoir une Jurisdiction, qui lui étoit propre, à laquelle toutes les affaires concernant sa discipline, & l'exécution de ses Statuts, étoient portées, privativement à celle du Châtelet, & du Lieutenant de Police, qui connoissent de celles de toutes les autres Communautés.

Un Lieutenant Général, un Procureur du Roi, un Greffier, & divers Huissiers, composoient cette Jurisdiction, dont le Grand Pannetier de France étoit le Chef & le Protecteur. C'étoit au nom de ce grand Officier de la Couronne, que les Statuts & les Réglemens étoient donnés, qu'on étoit reçû à l'apprentissage & à la maîtrise, & entre les mains de qui se prêtoit le serment: aussi étoit-ce à lui qu'appartenoient tous les droits de reception; ce qui rendoit la Jurisdiction de la Pannetterie aussi profitable qu'honorable à ceux qui étoient revêtus de cette Charge, une des plus anciennes de la Monarchie.

Cette Jurisdiction du Grand Pannetier ayant été supprimée sous le Regne de Louis XIV, par un Edit du mois d'Aout 1711, la Communauté des Boulangers de la Ville & Fauxbourgs de Paris, est rentrée dans le droit commun des autres Communautés; & comme elles, ainsi qu'on le dira dans la suite, est soumise à la Jurisdiction du Prévôt de Paris, & de son Lieutenant Général de Police.

Les Maîtres Boulangers de Paris se vantent d'avoir eu leurs premiers Statuts durant la Regence de la Reine Blanche, Mere de S. Louis, Hugue d'Athies étant grand Pannetier: néanmoins ceux dont ils se servoient lors de la suppression des Charges de Lieutenant Général, & des autres Officiers de la Pannetterie, n'étoient que de 1560, premiere année du Regne de Charles IX, quoiqu'à la vérité il y paroisse qu'ils en avoient eu dès celui de Charles VI.

Les nouveaux Statuts, qui leur avoient été promis par l'Edit du mois d'Aout 1711, pour la réunion des Maîtres des Fauxbourgs avec ceux de la Ville, pour ne plus faire qu'une seule Communauté, ayant souffert diverses oppositions, soit de la part du Duc de Brissac Grand Pannetier, pour l'indemnité qui lui avoit été accordée, soit de celle de plusieurs Maîtres particuliers, ou autres personnes intéressées à cette réunion: & n'ayant point encore leur parfaite exécution (1719,) cette Communauté de Maîtres réunis a toujours continué de se gouverner, partie suivant son ancienne police, & partie conformément à leurs nouvelles Lettres Patentes.

Cette police, pour ainsi dire, interlocutoire, consiste particuliérement dans le nombre des Jurés, dans les années de l'apprentissage & du compagnonage, & dans les droits fixés par les dernieres Lettres Patentes pour les receptions des Apprentifs & des Maîtres, & pour les visites.

Les Jurés sont au nombre de six, dont trois sont élus chaque année; ce qui pourtant ne fut pas observé en 1718 & 1719; le Lieutenant Général de Police ayant ordonné, que jusqu'à la fin des contestations il ne se feroit point de nouvelle élection.

Les Apprentifs sont tenus de servir cinq années consécutives; & après leur apprentissage, de travailler encore quatre autres années chez les Maîtres, en qualité de Compagnons, avant que d'être reçûs à chef-d'œuvre; duquel chef-d'œuvre sont néanmoins exempts les Fils de Maîtres.

L'ancien chef-d'œuvre étoit de pain broyé, qu'on nomme communément Pain de Chapitre. Le nouveau chef-d'œuvre est de pain mollet, & de pain blanc.

A l'égard des droits, qui ont été de beaucoup augmentés, à cause de l'incorporation à cette Communauté des Maîtres Boulangers réunis, de tous les Offices créés pour les Arts & Métiers depuis 1691 jusqu'en 1709, qui n'avoit pû être faite jusqu'en 1711, en conséquence des opositions & remontrances du Grand Pannetier; ces droits, dis-je, ne doivent subsister sur le pied qu'ils sont présentement, que jusqu'à l'entier remboursement des sommes empruntées, pour payer la finance de ces Offices.

La réunion des Maîtres Boulangers de la Ville & des Fauxbourgs, tentée dès l'an 1678, en conséquence de l'Edit général de Louis XIV, du mois de Décembre de la même année, pour la réunion de toutes les Maîtrises des Fauxbourgs à celles de la Ville, des mêmes Arts & Métiers, n'a pû s'exécuter, comme on l'a dit ci-dessus.

L'Edit de cette réunion porte: Que tous les Boulangers établis dans les Fauxbourgs de Paris, à la réserve de celui de Saint-Antoine, & autres lieux privilégiés, ou prétendus tels, seroient réunis à ceux de la Ville, pour ne composer à l'avenir qu'une même & seule Communauté, sous la Jurisdiction du Lieutenant Général de Police, pour être régie, suivant les Statuts qui lui seroient donnés, si besoin en étoit.

Qu'en conséquence de cette réunion, les Boulangers des Fauxbourgs de Saint-Germain, S. Michel, S. Jacques, S. Marcel, S. Victor, &c. qui justifieroient de leurs Lettres de Maîtrise dans les Fauxbourgs, payeroient 220 liv. les Compagnons & Apprentifs, qui justifieroient pareillement de leurs Brevets, & de leur tems, soit chez les Maîtres de la Ville, soit chez ceux des Fauxbourgs, 330 liv. & ceux qui voudroient être reçus Maîtres sans qualité, 440 liv. sans préjudice néanmoins des droits particuliers attribués par les Edits de 1691, 1694, 1702, 1704, 1706, & 1709, aux Offices de Jurés, d'Auditeurs des Comptes, de Trésoriers, Contrôleurs des poids & mesures, des Greffiers des Enregistremens, Contrôleurs des paraphes des Registres, & Gardes-Archives. Ce sont ces Offices, qu'on a dit ci-dessus, qui avoient été depuis incorporés à la Communauté des Boulangers réunis.

Le même Edit supprime & éteint les Offices de Lieutenant Général, de Procureur du Roi, de Greffier, & d'Huissiers Audienciers de la Pannneterie; avec permission néanmoins aux Huissiers actuellement en Charge, d'exploiter, leur vie durant, comme ils faisoient auparavant: ordonnant qu'à l'avenir tous les Maîtres Boulangers, soit de la Ville, soit des Faux-bourgs, seroient reçus par le Procureur du Roi au Châtelet, ainsi qu'il se pratique pour les réceptions des Maîtres des autres Communautés.

Enfin, il est pourvu à l'indemnité du Duc de Brissac, Grand Pannetier de France, à cause de la suppression de sa Jurisdiction, qui lui faisoit perdre les droits, qui lui avoient été attribués de toute ancienneté, pour la réception des Maîtres, & de leurs Apprentifs.

C'est cette indemnité du Grand Pannetier, qui monte à plus de 100000 liv. dont la Communauté a néanmoins payé déja plus des deux tiers, qui plus que toute autre chose retarde l'enregistrement & l'exécution des Lettres Patentes accordées aux Communautés réunies.

Par les anciens & nouveaux Statuts des Maîtres Boulangers de la Ville & Fauxbourgs de Paris, il n'appartient qu'à eux de s'y établir, tenir boutique, & y vendre du pain, tant mollet & blanc, que bis-blanc, & autres, à peine de confiscation, & de 600 liv. d'amende; ce qui néanmoins ne préjudicie point à la liberté accordée de tout tems aux Boulangers forains, & de la campagne; comme ceux de Gonesse, Corbeil, Charenton, &c. d'apporter & de voiturer, soit par terre, soit par eau, du pain pour la provision de la Ville, les jours de marchés, & de les exposer en vente dans les places publiques.

Les jours, qu'on appelle Jours de Marchés, sont à Paris le mercredi & le samedi. A l'égard des places publiques, où l'exposition & vente du pain sont permises aux Boulangers de dehors, elles n'avoient été jusqu'en l'année 1709, qu'au nombre de sept ou huit, qui étoient les plus célebres marchés de Paris, tels que sont les Halles, la Place Maubert, le Marché-Neuf, le Cimetiere S. Jean, &c. Mais dans cette année, marquée par une des plus grandes chertés de blés, & d'autres grains, qui ait peut-être jamais affligé la France, les Officiers de Police trouverent à propos d'en ajouter quantité d'autres; ensorte qu'il y a présentement à Paris presque autant de places, où s'expose le pain de la campagne, qu'il y a de lieux un peu vastes dans tous les quartiers de cette grande Ville.

Les différentes especes de pain, que les Boulangers de Paris ont permission de faire & débiter, sont, le pain mollet, le pain bis, le pain bis-blanc, le pain chaland, & le pain de chapitre. Sous le nom de Pain mollet, sont compris toutes les sortes de pains délicats, que l'on fait avec du lait, du beurre, de la crême, des levûres de biere, &c. comme sont le pain à la Reine, le pain à la Ségovie, le pain à la Montauron, le pain de Gentilly, le pain de Condition, le pain Cornu, & quelques autres.

Il est néanmoins arrivé quelquefois, sur tout dans les tems de chereté, que le Parlement, ou les Officiers de Police, ont réduit le pain des Boulangers de Paris à deux sortes. On en a des exemples de 1436 & 1437, & depuis encore de 1709, année déja remarquée; pendant laquelle, sur la requisition & les conclusions du Procureur Général, la Cour de Parlement renouvella ce Réglement, dont heureusement Paris n'avoit pas eu besoin depuis près de trois siecles.

L'Arrêt, qui réduisit le pain à deux especes, est du 7 Juin de la même année 1709. Il y est ordonné: Que les Boulangers de la Ville & Fauxbourgs, aussi-bien que ceux des autres lieux de la Prevôté, Vicomté, & Présidial du Châtelet de Paris, ne cuiroient, & n'exposeroient en vente dans leurs boutiques, & dans les marchés, que deux sortes de pain; l'un bis-blanc, & l'autre bis.

Que le bis-blanc seroit composé de la pure fleur de farine, de moitié de la farine blanche après la fleur, & de la moitié de fin gruau.

Et que le bis seroit de moitié de la farine blanche d'après la fleur, de moitié de fins gruaux, & de tous les gruaux avec les recoupettes; le tout à peine de confiscation, de 1000 liv. d'amende, d'interdiction de la Maîtrise & profession, même de plus grande peine, s'il y échoit.

L'article 10 du chapitre 6 de l'Ordonnance de la Ville de Paris de 1672, concernant la marchandise des grains, défend aux Boulangers de gros & de petit pain, d'enlever de dessus les Ports par chaque jour plus grande quantité que deux muids de blé, & un muid de farine. Et par la Déclaration du Roi, du premier Septembre 1699, il leur est pareillement fait défense d'acheter des blés, ni des farines, dans l'étendue de huit lieues de Paris, si ce n'est aux Ports & Halles de cette Capitale, & au marché de Limours; avec permission néanmoins d'en acheter au delà des huit lieues, en rapportant des certificats des Mesureurs des lieux, où ils auront fait leurs achats, contenant la quantité des blés & farines, qu'ils auront achetés, à peine de confiscation, & de 300 liv. d'amende.

Les Boulangers sont tenus par leurs Statuts, de marquer leurs pains, du nombre de livres qu'ils pesent; & le poids doit répondre à la marque, à peine de confiscation & d'amende.

On parlera ailleurs des différens grains, dont les Boulangers tirent des farines, pour faire du pain; des diverses especes de farines qu'ils y emploient; des levains & levûres qu'ils mettent dans leur pâte, pour la faire fermenter, ou, comme ils disent, lever. *Voyez* PAIN, & FARINE.

Les instrumens, ustenciles, & machines, dont se servent les Boulangers, sont, les moulins à bras, les bluteaux, les sacs, le pétrin, les bâtons à sasser, la chaudiere, le trépied, ou fourneau, pour mettre la chaudiere; le pot à pétrir, de cuivre; la ratissoire, le coupe-pâte, les balances, les sebilles, les paniers, ou corbeilles; le tour, ou table à tourner le pain; la couche, ou table à coucher le pain, avec sa banne & sa couverture; le fourgon, ou rable; l'escouvillon, ou patrouille; des pelles à enfourner; un étouffoir; des hottes & paniers à claire voye, pour porter le pain; des tailles, pour marquer celui qu'ils fournissent à crédit; des couteaux à couper & débiter le pain, & à le chapeler; des minots; des boisseaux, & leurs diminutions; une montre de fer, garnie de treillis de fil d'archal; enfin des marques pour marquer le poids de leur pain.

On peut voir au sujet de ces marques, & du poids du pain, ce qui est dit ailleurs du poids que la pâte doit avoir, en la mettant au four, pour être réduite, étant cuite, à sa juste pésanteur, par rapport à chaque sorte de pain. *Voyez* PASTE. *Voyez aussi* PAIN.

BOULANGER. Pétrir la farine, & en faire du pain.

BOULANGER DE CAMP. On nomme ainsi des Serges drapées de demie-aune de large, qui se fabriquent dans quelques endroits du Poitou, particuliérement à Breuil & à Barez. On les nomme Boulanger du nom de l'Ouvrier qui en a le premier établi la fabrique; & de Camp, parce qu'elles sont toutes de laines Espagnoles de Campo. *Voyez* SERGES.

BOULANGERIE. L'art de faire du pain. Le métier de Boulanger. Il se dit aussi du lieu où l'on fait le pain. Quelques-uns l'appellent FOURNY, *ou* FOURNIL.

BOULE. Terme de Carrier. C'est ce qu'on appelle dans d'autres professions, un Rouleau, sur lequel on conduit les marbres, les pierres, les poutres, & autres matériaux pésans. Les Carriers en ont depuis trois pouces jusqu'à dix pouces de diametre, & depuis trois pieds jusqu'à cinq de longueur. On dit, Mettre la pierre sur les Boules; pour dire, la charger sur les rouleaux pour la pousser au trou par où on la doit tirer de la carriere. *Voyez* CARRIERE.

BOULE. Est aussi un corps sphérique, ou tourné en rond. Il y a des Boules de simple bois; d'autres de bouis; d'autres de fer; & l'on en peut faire de toutes sortes de matieres.

On donne aussi le nom de Boules, à quelques outils & instrumens des arts & métiers, à cause de la ressemblance qu'ils ont avec des Boules.

BOULE, ou SPHERE. Instrument de Miroitier-Lunetier. C'est un morceau de cuivre, de fer, ou de métail composé, coupé en demie-sphere, monté avec du mastic sur un manche de bois, avec lequel ces Ouvriers font les verres concaves, qui servent aux lunettes à longue vûe, aux lorgnettes, aux microscopes, & autres instrumens.

Il y a des Boules de diverses grosseurs, suivant le rayon du foyer, qu'on veut donner aux verres. L'on se sert de ces Boules pour le verre concave, en les appuyant & tournant sur le verre, qui est couché à plat sur l'étably; au contraire du verre convexe, qui se travaille dans le bassin. A cette différence près, les mêmes matieres servent au dégrossi, à l'adoucissement, & au poly de l'un & l'autre ouvrage. On monte aussi des Boules sur le tour, ainsi qu'on fait des bassins. *Voyez* BASSIN.

BOULE. C'est aussi un instrument de Fourbisseur, qu'on nomme autrement Chasse-pommeau, parce qu'il sert à placer le pommeau d'une épée sur la soie de la lame. *Voyez* CHASSE-POMMEAU.

BOULE, qu'on appelle aussi ENCLUME RONDE. C'est en termes de Chaudronnier, l'instrument sur lequel on fait la quarre des chaudrons, poelons, marmites, & autres ouvrages de Chaudronnerie, qui ont des enfonçures.

Cette enclume est d'acier, ou de fer aceré. Sa hauteur est d'environ trois pieds, y compris un billot de bois, qui lui sert de base. Sa grosseur est inégale; ayant trois à quatre pouces de diametre par en haut, & finissant en pointe par en bas, pour pouvoir entrer dans le billot.

L'extrémité d'en haut, qui est proprement ce qu'on appelle la Boule, est de figure sphérique. C'est sur cet endroit qu'on tourne l'ouvrage, lorsqu'on en fait la quarre, c'est-à-dire, lorsqu'on en arrondit le fond avec le maillet de bouis.

BOULE DE MAIL. C'est une Boule ordinairement de bouis, avec laquelle on joue à ce jeu si connu, qu'on nomme Jeu de mail, ainsi appellé du maillet avec lequel se pousse la Boule.

*Les Boules de Mail payent en France les droits de sortie sur le pied de 50 sols du cent pésant, & pour ceux d'entrée seulement 15 sols.*

LES BOULES DE TERRE, (ce sont des especes de bols,) *payent 40 sols de droits de sortie aussi le cent pésant.*

BOULEAU. Arbre, de l'extrémité des branches duquel on fait des balais. Son bois, qui est léger, est propre aussi à faire des paniers, des corbeilles, & du cerceau. *Voyez* BALAI, & CERCEAU.

BOULET DE CANON. Balle de fer, dont on charge le canon. Les Boulets sont du nombre des marchandises, dont la sortie est défendue en France par l'Ordonnance de 1687. *Voyez* CONTREBANDE.

Les Boulets de canon se vendent à Amsterdam au schippont de 300 liv. Le prix du schippont est de dix florins; la déduction pour le prompt payement est d'un pour cent.

BOULI. Pot à préparer le thé. Il y en a de cuivre étamé, & d'autres de terre rouge. Les Boulis de cuivre viennent du Japon; ceux de terre, de Siam. *Voyez* THE'.

BOULIER. Filet fait comme une seine, dont les Pêcheurs des côtés de la Méditerranée se servent, pour pêcher aux embouchûres des étangs salés. *Voyez* FILET.

BOULIN. Les Maçons appellent ainsi les morceaux de bois, qu'ils mettent dans les trous des murailles, pour échaffauder. Ils donnent aussi ce nom aux trous mêmes, dans lesquels sont posés ces bois.

BOULINIS, ou BOULIGNIS. Monnoie de cuivre, qui se fabrique à Boulogne en Italie. Elle y tient lieu de sols; & dans les achats & ventes, on y marchande par Boulinis, comme l'on fait en France par sols.

Les Boulinis valent quatre quadrins, c'est-à-dire, la bayoque de Rome, qui y a cours en concurrence avec eux, à cause que Boulogne est Terre Papale. Leur nom, comme on le juge assez, vient de la Ville où ils sont frappés. *Voyez* BAYOQUE.

BOULOGNE, Gruerie aux environs de Paris. *Voyez* l'Etat général, page 7.

BOULOGNE, ou BOLOGNE SUR MER, Ville de France dans la Basse Picardie, & Capitale du Boulonois. *Voyez* le détail de son Commerce tant au dehors qu'au dedans, Etat général, page 20.

BOULON. Grosse cheville de fer, avec une tête ronde à un bout, & un trou à l'autre, pour y mettre une clavette.

Les Boulons sont d'un grand usage dans la Méchanique, pour joindre des pieces, & pour soutenir les cylindres des poulies. Ces derniers se nomment plus ordinairement Essieux, à cause que la poulie tourne autour, comme la roue d'un carosse, ou d'une charette, sur son essieu.

C'est aussi avec un Boulon que s'attachent les fleaux, ou barres tournantes des grandes portes.

BOULON. C'est encore une piece de fer, ou de cuivre, ronde & longue, qui sert de noyau au moule, dans lequel les Plombiers fondent les tuyaux, qu'ils veulent faire sans soudure. *Voyez* MOULE DES PLOMBIERS.

BOULON. On nomme aussi Boulon, un morceau de fer, dont la tête est ronde, & ordinairement de cuivre, qui sert à tenir les mains des ressorts des carosses. Il y a 16 de ces Boulons à un carosse.

BOUQUAIN, ou BOUQUIN, en Latin *Hirculus*. Espece de nard bâtard. *Voyez* SPICANARDI.

BOUQUIN. Vieux livre fripé, peu connu, ou peu estimé. *Voyez* LIVRE.

BOUQUET. Assemblage de fleurs naturelles, arrangées & liées par leurs queues. On fait aussi des Bouquets de fleurs artificielles; les uns, de papier, d'autres, de cocons de vers à soie; & d'autres encore, de plumes de divers oiseaux. Ces ouvrages ingénieux se font la plupart par des Religieuses; mais ce sont les Marchands Merciers, particuliérement ceux établis sous le Quay de Gêvres, qui en font le commerce.

BOUQUET D'ESMAIL. Ce sont des fleurs artificielles, que les Esmailleurs font avec des émaux de diverses couleurs. *Voyez* ESMAILLEURS.

BOUQUET DE PLUME. On appelle ainsi des plumes d'Autruche de diverses couleurs, arrangées à plusieurs étages sur le bord d'un chapeau, pour y servir d'ornement; ce qui les distingue des plumets, qui ne sont composés que d'une seule plume, couchée sur le bord du chapeau. Les Bouquets de plumes ne servent plus gueres qu'aux Princes, & Grands Seigneurs, dans des cérémonies extraordinaires, ou aux Comédiens sur le theatre. Ceux-ci s'appellent quelquefois des Capelines, sur tout quand ce sont les Actrices qui s'en servent.

On appelle aussi Bouquets de plumes, ces assemblages de plumes arrangées autour d'une aigrette, que l'on met aux quatre coins d'un dais; ou sur les lits, que l'on met dans les principaux appartemens des Palais, & des grandes Maisons. Ce sont les Plumassiers qui font, & qui vendent les uns & les autres; d'où ils ont pris dans leurs Statuts, la qualité de Plumassiers-Bouquetiers. *Voyez* PLUMASSIER.

BOUQUET, en terme de Relieur-Doreur. Se dit du fer, ou poinçon, dont on se sert pour poser au dos d'un livre, ces petits ornemens, qui sont en forme de Bouquets.

BOUQUET. Signifie aussi dans le commerce des chevaux, la paille que l'on met à leur queue, pour faire connoître qu'ils sont à vendre. *V.* CHEVAL.

BOUQUETIER. Celui qui fait, ou qui vend des Bouquets. Les Bouquetiers à Paris ne composent point une Communauté particuliere, mais sont du Corps des Marchands Merciers; & ne sont appellés Bouquetiers, que parce qu'ils font principalement le commerce des Bouquets, ou des fleurs artificielles, dont on les compose. Le négoce des fleurs artificielles est considérable, non-seulement par les grands envois dans les Pays étrangers, mais encore par la consommation qui s'en fait en France; & particuliérement à Paris, soit pour l'ornement des Autels, soit pour la parure des femmes, qui employent les plus belles, ou dans les Bouquets qu'elles mettent devant elles, ou dans leur coeffure, ou même dans leur habillement; sur tout sur leurs palatines & fichus.

BOUQUETIER. Les Maîtres Plumassiers de Paris, se qualifient aussi dans leurs Statuts, Marchands Maîtres Plumassiers, Panachers, Bouquetiers, & Enjoliveurs; parce que par le sixiéme article de ces mêmes Statuts, il leur est permis, privativement à tous autres Marchands, ou Ouvriers, de faire toutes sortes de Bouquets de plumes peintes, ou naturelles, même enrichies & enjolivées d'or & d'argent, pour les Autels des Eglises, & les buffets des maisons. *Voyez* PLUMASSIER.

BOUQUETIERE. Celle qui fait des bouquets. On appelle ainsi à Paris, ces femmes établies dans les halles & marchés de la Ville, ou aux portes des principales Eglises, qui agencent, font, & vendent des bouquets de fleurs naturelles pour la parure des Dames.

Ces Bouquetieres sont du nombre des petites Communautés de Paris, qui, sans être érigées en Corps de Jurande, & sans avoir de Jurés, ni de Statuts, ne laissent pas d'observer des especes de Réglemens, sous l'autorité & jurisdiction du Prévôt de Paris, ou de son Lieutenant Général de Police.

On ne met pas néanmoins de ce nombre les Bouquetieres ambulantes, qui vont par les rues présenter aux passans quelques fleurs, pour exciter leur charité, & en obtenir quelque aumône; celles-ci couvrant leur mandicité sous cette espece de petit trafic; & les autres faisant un commerce réglé de leurs fleurs, & de leurs bouquets, où elles trouvent un gain considérable. *Voyez* FLEURS, *& le négoce qui s'en fait. Voyez aussi* JARDINIER FLEURISTE.

BOURA. Sorte d'étoffe soie & laine. *Voyez* MOHCAHIARD.

BOURACAN, ou BARRACAN. Etoffe non croisée, qui est une espece de camelot d'un grain beaucoup plus gros que l'ordinaire. On s'en sert à faire des manteaux, des surtouts, & autres semblables vêtemens, pour se garantir de la pluye.

Les Bouracans se tissent & se travaillent sur un métier à deux marches, avec la navette, de même que les camelots & les toiles. Le fil de la tréme en est simple, retors, & fin filé; & celui de la chaîne en est double, ou triple, c'est-à-dire, que chaque brin de chaîne est composé de deux ou trois fils bien tors ensemble. La matiere la plus ordinaire, dont on se sert pour les fabriquer, est la laine; quelquefois on y fait entrer du chanvre.

Il y a des Bouracans, dont la laine est teinte, avant que d'être travaillée sur le métier: ce sont ceux-là que l'on nomme Bouracans teints en laine. Il y en a d'autres qui se fabriquent en blanc, & que l'on teint ensuite en rouge, noir, bleu, brun, &c. Ces derniers sont appellés Bouracans teints en piece, parce qu'ils n'ont été teints, qu'après que les pieces ont été levées de dessus le métier.

Les Bouracans ne se foulent point; on les fait seulement bouillir deux ou trois fois dans l'eau claire, au sortir du métier, pour empêcher qu'ils ne godent, ou ne gripent; ce qui s'appelle, les faire passer par le bouillon : ensuite on les met sous la calandre, pour les bien unir; puis on en forme des manieres de rouleaux applatis, que l'on empointe par les deux bouts, avec de la menue ficelle. Ce sont ces rouleaux, que l'on nomme Pieces de Bouracans.

Les bonnes qualités du Bouracan sont, d'être bien uni, d'un grain rond, & si serré, que l'eau ne fasse que couler dessus, sans pouvoir passer à travers.

Les Villes où il se fabrique le plus de Bouracans, sont Valenciennes, Lisle, Abbeville, Amiens, & Rouen.

Ceux de Valenciennes sont les plus estimés : ils sont composés tout de laine, tant en chaîne, qu'en tréme. Leur largeur ordinaire est de deux tiers d'aune; & la piece a vingt-trois aunes de longueur, mesure de Paris.

Ceux de Lisle sont aussi fabriqués tout de laine, & ont la même longueur & largeur que ceux de Valenciennes; mais ils leur sont inférieurs en qualité.

Ceux d'Abbeville sont à peu près semblables à ceux de Valenciennes, soit pour la matiere dont ils sont composés, soit pour leur largeur & longueur; aussi les appelle-t-on ordinairement, Bouracans façon de Valenciennes, quoiqu'ils ne soient ni si fins, ni si bons.

Ceux qui se fabriquent à Amiens, sont pareillement tout de laine, & sont de deux largeurs & longueurs.

Les premiers, qui sont appellés étroits, n'ont que demie-aune de large, & vingt-une aunes de longueur. Ceux-là ont du rapport à de gros camelots, ce qui les fait nommer quelquefois camelots fil retors, ou camelots à gros grains.

Les seconds, qui sont nommées larges, ont trois quarts de largeur, & la piece vingt-trois aunes de long. La plupart des Baracans d'Amiens se font en blanc, & sont ensuite teints en diverses couleurs. Ceux de demie-aune se dégorgent ordinairement dans l'eau avec les pieds, avant que de les faire passer par le bouillon, & par la teinture.

Les Bouracans de la Manufacture de Rouen sont les moindres de tous. Il s'en fait de deux sortes; les uns tout de laine, tant en chaîne qu'en tréme; & les autres dont la chaîne est de chanvre, & la tréme de laine; la largeur des uns & des autres est de deux tiers; & la longueur des pieces, de vingt-trois aunes.

L'article 19 du Réglement général des Manufactures, du mois d'Aout *1669*, & l'Arrêt du Conseil du 19 Février *1671*, ont réglé les longueurs & largeurs des Bouracans. Quoiqu'il paroisse par ces Réglemens, que les longueurs des pieces de Bouracans n'ayent été fixées qu'à vingt-une, & vingt-trois aunes, néanmoins les Ouvriers sont dans l'usage d'en fabriquer depuis vingt-une aunes, jusqu'à quarante-deux. *Voyez l'article des Reglemens.*

BOURACANS TEINTS EN LAINE. Ce sont les Bouracans dont la laine est teinte avant de la travailler sur le métier. *Voyez au commencement de l'article.*

BOURACANS TEINTS EN PIECE. Ce sont ceux qu'on ne met à la teinture qu'au sortir du métier. *Voyez comme dessus.*

ROULEAU DE BOURACAN. C'est une piece de Bouracan qui a tous ses apprêts, & qui est roulée & empointée.

*Les droits d'entrée qui se payent en France pour les Bouracans, sont différens suivant les lieux d'où ils viennent, & ceux qui les font entrer.*

*Les Bouracans, fabrique de Hollande, payent 5 liv. la piece de 22 aunes, & ne peuvent entrer que par Calais & Saint Valery, suivant les Arrets des 8 Novembre 1687, & 3 Juillet 1692.*

*Les autres Bouracans étrangers, la piece de 22 aunes, payent 30 pour cent de leur valeur, & doivent entrer par les Ports ci-dessus.*

*Les Bouracans de fabrique Françoise, seulement 3 liv. la piece, aussi de 22 aunes, en rapportant certificat en bonne & due forme, du lieu où ils auront été fabriqués. Cette derniere fixation est tirée du Tarif de 1667, les deux autres du Tarif de 1699.*

BOURACANIER, ou BARRACANIER. Artisan qui fabrique des bouracans.

Il est défendu à tous Maîtres Bouracaniers de couper aucune piece de bouracan, & de la lever de dessus le métier, qu'elle n'ait été auparavant visitée par les Esgards ou Jurés de leur Communauté, & que le plomb n'y ait été par eux appliqué & marqué sur l'étille. *Art. 18 & 19 des Statuts de la Manufacture d'Abbeville, homologués au Conseil le 30 Octobre 1670.*

BOURACHER. C'est le nom que l'on donne à Amiens aux Ouvriers qui travaillent à certaines étoffes, comme raz de Genes, &c. La Communauté des Bourachers est jointe à celle des Autelisseurs, & ont leurs Esgards & Jurés particuliers. *Voyez* AUTELISSEURS.

BOURBON, Ville de la Généralité de Moulins, où se fait la coutellerie, & la quincaillerie fine. *Voyez* l'Etat général, page 97.

BOURDAIGNE. Espece de pastel bâtard, qu'on nomme autrement *Pastel-Bourg. Voyez* PASTEL.

BOURDAINE. Sorte de petit bois avec lequel on fait le charbon qui entre dans la composition de la poudre à canon.

Ce bois qui ne se trouve gueres que dans les taillis, dure à peine cinq ou six ans, & ne devient jamais plus gros que deux pouces. On l'appelle quelquefois mort-bois à cause de son peu de vie, mais improprement, n'étant pas du nombre de ceux que l'Ordonnance met parmi les mort-bois. Son charbon est extrémement leger & sec, cette derniere qualité le fait préférer dans la fabrique de la poudre à celui de chenevote qui est plus leger, mais aussi plus humide *Voyez* l'article de la Poudre à canon.

Il avoit été défendu par l'Ordonnance de *1669*, sur le fait des Eaux & Forêts, article XIII, du Titre de la Police des Bois, de faire aucune délivrance de bois verd ou sec aux Poudriers & Salpêtriers, sous prétexte d'en faire du charbon propre à la fabrique de la poudre à canon.

Cette défense avoit depuis été levée par Arrêt du 11 Janvier 1689, & Sa Majesté avoit accordé permission au Commissaire Général des Poudres

& à ses Commis seulement, de faire séparer dans les ventes qui auroient été adjugées aux Marchands, le bois de Bourdaine d'avec toute autre espece de bois; lequel leur seroit délivré en payant le prix dudit bois, sur le prix de la valeur des autres bois, avec une augmentation de deux sols pour livre, qui seroit payée aux Adjudicataires; & qu'au surplus l'Ordonnance de 1669 seroit exécutée.

Mais comme les Officiers des Eaux & Forêts ne vouloient pas souffrir que la délivrance de ce bois se fit autrement que dans le tems des coupes, qui ne se faisant qu'à l'âge de dix, de vingt, & de trente ans, rendoit absolument inutile la permission accordée aux Poudriers & Salpétriers, attendu que la Bourdaine n'est bonne que dans sa jeunesse; & lorsqu'elle n'a que neuf ou dix lignes de diametre; Sa Majesté par un dernier Arrêt du 23 Aout 1701, ordonna qu'il seroit permis au Commissaire Général des Poudres & à ses Commis, de prendre & couper avec des serpetes, tant dans les Bois de Sa Majesté, que ceux appartenans aux Ecclésiastiques & Communautés, la quantité de bois de Bourdaine de l'âge de trois à quatre ans dont ils auroient besoin, après en avoir obtenu la permission des Officiers des Eaux & Forêts, à la charge que les Gardes seroient présens pour dresser des procès verbaux de la quantité des bourées qu'ils y prendront; lesquelles seroient payées sur le pied des bourées marchandes, ou à Sadite Majesté, ou auxdites Communautés; ensemble les salaires desdits Gardes: avec défenses aux Poudriers & Salpétriers de se servir d'autres outils & ferremens que des serpettes, ni de faire de nouvelles routes, à peine de confiscation des outils & de 500 l. d'amende pour la premiere fois, & du double en récidive.

BOURDALOUE. Espece de linge ouvré, qui se fabrique en basse Normandie, particuliérement à Caen, & aux environs. *Voyez* LINGE.

BOURDE. Sorte de soude qui est très mauvaise. *Voyez* SOUDE.

BOURDELAGE. Droit qui se paye au Seigneur dans quelque Coutume. Ce droit se paye quelquefois en argent, mais plus ordinairement en blé, en plume, & volaille. Dans quelques lieux le droit de Bourdelage est de même nature & qualité que celui de la taille réelle.

BOURDELIER. Il se dit également, & de celui qui doit le droit de bourdelage, & de l'héritage qui en est chargé.

BOURDILLON. Bois de chêne refendu, propre à faire des tonneaux & futailles. *Voyez* MAIRAIN.

BOURDON. Terme d'Imprimeur. C'est la faute que commet le Compositeur, lorsque dans la composition de sa forme il obmet un ou plusieurs mots de suite. *Voyez* IMPRIMERIE.

BOURG. Pastel bâtard, qu'on nomme aussi Bourdaigne. *Voyez* PASTEL.

BOURG, Ville de France en Guyenne, située sur la Dordogne. *Voyez* l'Etat général, page 58.

BOURG, Ville de Bretagne où l'on fabrique différentes étoffes de laine. *Voyez* l'Etat général, page 113.

BOURG-EN-BRESSE, Ville de la Généralité de Bourgogne. L'on y fabrique différentes sortes de droguets. *Voyez* l'Etat général, page 125.

BOURGEOIS. Généralement parlant, se dit de tout Citoyen qui habite une Ville. Il s'entend plus particuliérement de ceux des Citoyens qui ne sont ni du nombre des Ecclésiastiques, ni de celui des Nobles; & encore plus précisément de ceux qui n'exerçant, à la vérité, aucune des grandes Charges de Magistrature, ou n'étant point distingués par des fonctions d'éclat, sont néanmoins, par leurs biens, par leurs richesses, par les emplois honorables dont ils sont revêtus, & par leur commerce, fort au dessus des Artisans & de ce qu'on appelle le peuple. Et c'est en ce sens qu'on dit d'un homme qu'on veut louer, qu'il est un bon Bourgeois.

BOURGEOIS. En terme de marine. C'est le propriétaire d'un vaisseau, soit qu'il l'ait fait construire lui-même, soit qu'il lui appartienne par achat. Comme il peut y avoir un seul Bourgeois de plusieurs vaisseaux, plusieurs personnes peuvent être aussi les Co-bourgeois d'un même navire. Ce sont les Bourgeois des vaisseaux qui les équipent, qui les frettent, & qui font avec ceux à qui ils les louent, cet espece de traité, qu'en terme de marine on appelle Charte-partie. *Voyez* CHARTE-PARTIE.

L'on croit communément que le terme de Bourgeois ne s'est introduit dans la Marine, que par l'usage où l'on a été de tout tems dans les Villes Anséatiques, de ne permettre qu'aux Bourgeois d'avoir & de faire construire des navires; ce qui peut-être a été emprunté de ce qui se pratiquoit dans les meilleurs tems de la République Romaine, pendant lesquels les Patrices ou Sénateurs, ne pouvoient posséder ni tenir en propre aucun bâtiment de mer de conséquence, mais seulement des barques; n'étant permis qu'aux simples Citoyens d'armer de grands vaisseaux. *Cette remarque est de Furetiere dans son Dictionnaire.*

BOURGEOIS. Se dit aussi parmi les Artisans, de ceux qui les font travailler, & dont ils ont la pratique.

On nomme à Reims Estaminiers Bourgeois, des especes d'Estaminiers privilégiés, qui ne sont pas du corps des Estaminiers Facturiers. *Voyez* ESTAMINIERS.

BOURGEOIS. On appelle Vin Bourgeois, le vin que les Bourgeois de la Ville de Paris recueillent de leur crû, & qu'ils ont droit de vendre à pot chez eux. On le nomme ainsi, pour le distinguer du vin de Cabaret, qui a ordinairement la réputation d'être accommodé & frélaté. *Voyez* VIN.

BOURGES, Ville Capitale du Berry, où l'on fabrique différens ouvrages de lainerie & de bonneterie. *Voyez* l'Etat général, pages 95, 96.

BOURGETEURS. On appelle ainsi à Lisle en Flandre, les Ouvriers qui travaillent aux Manufactures de Draperie, & autres especes de lainerie. Ce nom leur vient de la Ville de Bourges, Capitale du Berry, une des Provinces de France d'où les premiers Ouvriers d'étoffes de laine avoient été appellés à Lisle pour y en établir les fabriques.

BOURGK. Marchandise qui se tire du Levant par Marseille: elle s'envoye à Smyrne, de Tiria, de Manaica, & de Satalie, elle se trouve dans le Tarif de la Douanne de Smyrne, & y paye les droits de sortie sur le pied d'une demie piastre la piece.

BOURGOGNE (Duché de) l'une des plus riches Provinces de France. *Voyez* l'étendue du Commerce qui se fait dans sa Généralité, Etat général ci-devant, page 121.

BOURGOIN,

BOURGOIN, Ville du Dauphiné, où l'on fait des toiles de chanvre. *Voyez* l'Etat général, page 127.

BOURGON, lieu dans le Maine où il y a des mines de fer. *Voyez* l'Etat général, page 94.

BOURI. On nomme ainsi en Egypte le Muge, des œufs de la femelle duquel on fait la boutargue. *Voyez* le détail du Commerce du Caire & de l'Egypte, page 362.

BOURIQUET, ou BOURRIQUET. Instrument dont l'on se sert dans les atteliers de Maçonnerie, pour élever avec des engins & des grues, divers matériaux nécessaires aux Maçons & Limosins qui travaillent au haut des bâtimens. On s'en sert principalement pour le plâtre en sacs, le moilon, le mortier en baquet, &c. C'est une espece de civiere sans branches, avec quatre mentonnets du bois même, aux quatre coins, ou quatre crochets de fer: deux cordages avec des boucles ou anneaux aux extrémités, s'attachent à ces mentonnets, & se réunissent par le haut dans une esse de fer, qui pend du cable de l'engin, ou de la grue.

BOURLET. Bourlet pour les enfans. C'est un petit rouleau d'environ un pouce ou un pouce & demi de diametre, rempli de bourre. Ils sont couverts communément de velours noir & pliés en forme de cercle. On les met autour de la tête des enfans quand ils commencent à marcher, pour les empêcher de se blesser en tombant. On les vend chez les Marchands au Palais à Paris.

BOURLET. Faux pli qui se fait aux pieces de drap lorsqu'on les foule. *Voyez* LIZIERE.

BOURME, ou BOURMIO. Ce sont les soies legis de Perse, qui ne sont pas de la meilleure qualité; elles ne sont que la seconde espece. *Voyez* LEGIS. *Voyez aussi* SOYE.

BOURNAL. Miel encore contenu & renfermé dans sa cire. C'est ce qu'on appelle un Rayon de miel. Il est presque hors d'usage. *Voyez* MIEL.

BOURNEUF, Port en Bretagne. Il y a aux environs des marais d'où l'on tire beaucoup de sel. *Voyez* l'Etat général, pages 112, 114.

BOURRAS. On appelloit autrefois de ce nom une sorte de grosse étoffe de laine, qui ne servoit que pour habiller les Pauvres & les Paysans. Ce terme n'est plus en usage, & il y a apparence qu'on lui a substitué celui de Bure, qui signifie présentement la même chose. *Voyez* BURE.

BOURRE. Poil de plusieurs animaux, comme taureaux, bœufs, vaches, veaux, bufles, chevaux, cerfs, &c. qu'on détache par le moyen de la chaux, ou qu'on rase avec un couteau de dessus leurs peaux ou cuirs, lorsqu'on les prépare dans les Tanneries, ou chez les Mégissiers, Chamoiseurs, & Hongrieurs. La Bourre sert à garnir des selles, des bâts, des chaises, des tabourets, des banquettes, ou formes, &c.

A Paris, ce sont les Marchands de fer, qui sont du Corps de la Mercerie, qui font presque tout le négoce de cette sorte de Bourre, quoiqu'il soit aussi permis aux Marchands Epiciers de le faire. Ceux qui en font commerce, l'achetent en gros des Ouvriers qui préparent les cuirs, & la revendent ensuite en détail aux artisans qui en ont besoin.

BOURRE-LANISSE, ou BOURRE-NALISSE. Est la laine que les Laineurs, ou Eplaigneurs tirent de dessus les draps, ratines, & autres étoffes de laine, lorsqu'ils les préparent sur la perche avec le chardon, pour les mettre en état d'être tondues. On s'en sert principalement à faire des matelats, & à rembourer des bâts de mulets. Cette sorte de marchandise fait aussi partie du commerce des Marchands de fer.

BOURRE-TONTISSE, autrement TONTURE DE DRAPS. Est celle qui se tire des draps & étoffes de laine, qui passent par les mains des Tondeurs. C'est la moins estimée de toutes les sortes de Bourres, parce qu'elle est extrémement courte; aussi est-il défendu aux Tapissiers d'en mettre dans les matelats entre deux futaines.

Celle qui est de la plus belle couleur, & la mieux conditionnée, s'employe à faire des tapisseries, des pavois pour les vaisseaux, & d'autres semblables ouvrages de différens desseins & nuances, en la semant, par le moyen d'un tamis, sur des toiles préparées, & peintes auparavant avec des couleurs à huile. *Voyez* TAPISSERIE.

Les *Bourres-Tontisses* écarlates & couleur de feu, servent encore, en les faisant bouillir avec quelques drogues, à en tirer un assez beau rouge, qu'on employe ordinairement pour mettre en couleur les crins dont on fait des aigrettes aux chevaux de carrosse; & l'yvoire ou os que l'on employe en tabatieres, pommes de cannes, patenôtres, ou chapelets, & autres semblables menus ouvrages. On en peint aussi les fleurs artificielles, dont on fait des bouquets d'Eglise; & les Dames même en usent quelquefois au lieu de rouge d'Espagne.

Le rebut de ces sortes de Bourres, de quelque couleur qu'elles puissent être, s'employe à rembourer des bourrelets pour mettre sur des bassins de commodité, que vendent les Potiers d'étain.

BOURRE DE LAINE. Se dit aussi de ce qui tombe sous la claye, lorsqu'on y bat la laine. *Voyez* LAINE.

BOURRE DE SOYE, que l'on appelle aussi Filoselle, ou Fleuret. C'est de la soie de rebut & imparfaite, qu'on tire avec la carde ou le peigne, après que l'on a devidé la fine soie de dessus les cocons. *Voyez* SOYE.

La Bourre de soie se file, & se met en écheveaux, de même que la bonne soie, & entre dans la composition de plusieurs sortes d'étoffes; elle s'employe aussi à fabriquer des bas, des gands, des padoues, des ceintures, des aiguillettes, des lacets, du cordonnet, & autres semblables ouvrages.

*Les Bourres, suivant leur nature & qualité, payent différemment les droits d'entrée & de sortie en France.*

*La Bourre, ou Capiton de soie, paye d'entrée seulement 2 liv. 10 sols du cent pésant, & 5 liv. de sortie.*

*La Bourre chiquette, ou Bourre de toutes sortes, 10 sols du cent pour l'entrée, & 18 sols pour la sortie.*

*La Bourre-lanisse, 20 sols d'entrée.*

*La Bourre rouge, & Bourre à faire lit, 13 sols d'entrée, & 2 liv. 10 sols de sortie. Ce qui s'entend toujours du cent pésant.*

La fabrique des Bourres vient du Levant, & celles de Marseille, de Nismes & des autres Villes de France n'en sont qu'une imitation. Depuis que cette Manufacture a été établie dans le Royaume, les Bourres étrangeres ont été défendues.

BOURRE DE MARSEILLE. Nom que l'on donne

à une sorte d'étoffe moherée, dont la chaîne est toute de soie, & la tréme entiérement de Bourre de soie. Elle a pris son nom de la Ville de Marseille, où l'on en a d'abord fabriqué. On en fait présentement à Montpellier, à Nismes, à Avignon, à Lyon, & même à Paris.

Les Bourres de Marseille sont de trois largeurs; de demie-aune juste, de demie-aune moins un seize, ou sept seize, & d'un quartier & demi, ou trois huit. Ces sortes d'étoffes font partie du négoce des Marchands Merciers.

Bourre. Le Tarif de la Douanne de Lyon distingue les Bourres en Bourres de cerf, Bourre à Bâtier, Bourre à Boucher, Bourre de chévre, Bourre de soie cardée, Bourre de soie filée, & Bourre de soie de Vicence, Lucques, Genes, & autres lieux; ce qui revient aux diverses sortes de Bourre dont on a parlé dans les articles précédens.

Bourre. Chez les Teinturiers, se dit du poil de chévre le plus court, apprêté avec de la garance, dans laquelle on l'a fait bouillir plusieurs fois.

Quand cette Bourre a été bien préparée, elle se fond dans la cuve à teindre, d'une maniere à n'en retrouver aucune chose; & cette fonte se fait par le moyen de quelques acides que l'on mêle avec, comme cendre gravelée, urine, &c.

Cette Bourre, ou poil, ainsi apprêtée, est mise au nombre des drogues colorantes; aussi s'en sert-on à teindre en rouge, que l'on appelle Rouge de Bourre, ou Nacarat de Bourre, qui est un des sept bons rouges admis par les Teinturiers. *Voyez* Rouge.

Bourre. En parlant des couleurs des Teinturiers, se prend quelquefois absolument pour une couleur rouge. On ne se sert gueres néanmoins de ce terme, en fait de teinture, qu'on ne dise, Rouge de Bourre, ou Nacarat de Bourre. *Voyez l'article précédent.*

Bourre. C'est aussi un terme de Courroyeur, qui signifie la tannée, ou vieux tan qui est resté des peaux de moutons au sortir de la Tannerie. On ébourre ces peaux avec une estire de fer, ou de cuivre, suivant qu'on veut les mettre en noir, ou en couleur. *Voyez* Courroyer.

BOURRE'E. Petit fagot fait de fort petit bois, qui prend feu promptement, & qui dure peu. On le dit quelquefois de ce que l'on appelle l'Ame d'un fagot. *Voyez* Bois.

BOURRELET. Signifioit autrefois cette sorte de harnois de chevaux de charrette, qu'on nomme aujourd'hui plus communément Collier; & c'est de là que les Ouvriers qui travaillent à ces harnois ont été appellés *Bourreliers*.

BOURRELIER. Celui qui fait des bourrelets ou harnois de chevaux de carrosse & de charrette. Les Bourreliers sont de la Communauté des Selliers-Lormiers, & font Corps avec eux. *Voyez* Sellier.

BOURRIER. Ce qui est fait de bourre. On appelle *Bures-Bourrieres*, les bures qui se fabriquent à Thibivilliers dans le Vexin Normand, parce qu'elles sont faites en partie de bourre tontisse; pour les distinguer de celles de Dreux, qu'on nomme *Bures-loyales*, parce qu'il n'y entre que de bonne mere-laine. *Voyez* Bure.

BOURRIQUE. Petite machine faite d'ais, dont se servent les Couvreurs en ardoise en travaillant sur les couvertures. Ils l'accrochent aux lattes, & mettent l'ardoise dessus, pour l'employer à mesure qu'ils en ont besoin. *Voyez* Couvreur.

Bourrique. *Voyez* Asne.

BOURRIQUET. *Voyez* Bouriquet.

BOURRU. On appelle Vin Bourru, du vin qu'on a empêché de bouillir, & qui a encore toute sa douceur. *Voyez* Vin.

BOURSAULT. *Voyez ci-après* BOURSEAU.

BOURSE. Espece de petit sac, qui s'ouvre & se ferme avec des cordons, ou avec un ressort; qui sert à mettre de l'argent, des jettons, ou autres choses qu'on ne veut pas qui s'égarent. On fait des Bourses de velours, de cuirs, de tissu, de réseau d'or, d'argent, ou de soie, & d'émail. On en fait de simples, de brodées d'or & d'argent, au métier, à l'aiguille; enfin de tant d'autres façons & d'étoffes, qu'il est difficile de les dire toutes. C'est du mot de Bourse qu'a pris son nom la Communauté des Maîtres Boursiers de Paris. *Voyez* Boursier.

*Les Bourses payent en France les droits d'entrée & de sortie sur différens pieds, suivant leur qualité, & les divers Tarifs.*

### Droits de Sortie.

*Par le Tarif de 1664, les Bourses en broderies, & garnies d'or & d'argent fin, payent 1 liv. 10 sols la livre pésant.*

*Les Bourses en broderies de soie, ou garnies de soie, 18 sols aussi la livre.*

*Et les Bourses de toutes autres sortes, sans or, argent, ni soie, comme mercerie, 3 liv. du cent pésant, à moins que ce ne soit pour passer aux Pays étrangers, que ces dernieres ne payent que 2 liv. comme mercerie. Celles en broderie d'or & d'argent, 15 sols de la livre; & celles en broderie de soie, seulement 8 sols aussi de la livre, conformément à l'Arrêt du 3 Juillet 1692.*

### Droits d'Entre'e.

*Par le même Tarif de 1664, les Bourses en broderie d'or & d'argent fin, payent 2 liv. de la livre.*

*Les Bourses en broderie de soie, & garnies de soie, 15 sols.*

*Et par l'Edit du 3 Juillet 1662, les Bourses de cuir & laine, sans or, argent, ni soie, 10 liv. du cent pésant, comme mercerie.*

Bourse. On appelle Bourse des Marchands, ou Bourse commune des Marchands, ou Bourse & Convention des Marchands, des Jurisdictions établies en France dans plusieurs Villes de commerce, pour connoître en premiere Instance, des procès & différends qui naissent & arrivent entre les Marchands, Négocians, & Banquiers, pour fait de commerce, marchandises, billets, & lettres de Change, dont les appellations des Jugemens & Sentences vont directement au Parlement. C'est proprement une Jurisdiction Consulaire, semblable à celle de Paris; aussi ceux qui composent ces sortes de Jurisdictions, nommées Bourses, sont-ils appellés Prieurs, & Consuls.

La Bourse des Marchands de Toulouse fut établie par Henry II en l'année 1549, *ad instar* des Juges Conservateurs des priviléges des foires de Lyon.

L'Edit de cette érection, confirmé depuis par des Lettres Patentes du même Roi, du 21 Mai 1551, permet aux Marchands de cette Ville d'élire, & faire chaque année un Prieur, & deux Consuls d'entre eux, pour connoître & décider en premiere Instance de tous & chacun les procès & différends qui, pour raison de marchandises, changes, assurances, comptes, & autres telles choses, seroient mûs & intentés entre Marchands & Trafiquans à Toulouse; & par appel d'eux, en la Cour de Parlement de ladite Ville de Toulouse immédiatement : au Jugement desquels procès, lesdits Prieur & Consuls pourroient appeller tels personnages qu'ils verroient être à faire; leur permettant en outre d'acheter ou construire un bâtiment, pour y tenir la Jurisdiction & les assemblées de ladite Bourse commune.

A l'égard des Lettres Patentes, outre qu'elles confirment l'Edit, elles réglent & expliquent en détail, en dix articles, la compétence de la Bourse commune, sur laquelle il étoit survenu quantité de contestations entre cette Jurisdiction, & les Officiers des Jurisdictions ordinaires.

La plupart de ces articles sont conformes au Réglement des Juges-Consuls de Paris, & des Juges-Conservateurs de Lyon; à la réserve du dixiéme, par lequel il est donné aux Prieur & Consuls de Toulouse toute inspection sur les marchandises qui se recueillent dans le Languedoc & le Lauragais, & qui s'y apprêtent, telles que sont, entre autres, le pastel & le guesde; avec pouvoir de nommer des Commis & Inspecteurs pour les voir & visiter, & sur leur rapport, ordonner ce que de raison, suivant la qualité de la contravention, ou mauvaise qualité & apprêt desdites denrées & marchandises.

Les Marchands qu'il est permis aux Prieur & Consuls de choisir & de s'associer, pour assister aux Jugemens de la Bourse, s'appellent Juges-Conseillers de la Retenue, & sont au nombre de soixante. On en parle ailleurs. *Voyez* Juges de la Retenue.

L'élection des Prieur & Consuls, & des Juges-Conseillers, aussi-bien que les préséances disputées entre tous ces Officiers de la Bourse, ayant long-tems causé des contestations, que ni un Arrêt du Parlement du 27 Juillet 1697, ni un Arrêt du Conseil d'Etat du 26 Juin 1700, n'avoient pû assoupir, il fut enfin fait en 1701, un Réglement général, par une déliberation du Corps de ladite Bourse, qui a depuis été exactement observé.

Ce Réglement, qui a remis la paix dans la Bourse de Toulouse, est rédigé en quarante-sept articles, qui entrent dans un grand détail, non-seulement des élections & du droit de préséance; mais encore des fonctions du Greffier, du Sindic, de la forme de procéder dans les Jugemens qui se rendent à la Bourse; des protêts des lettres de Change; & de quantité d'autres matieres de commerce, dont l'observation est sans doute bien capable de le faire fleurir dans cette capitale du Languedoc, & dans tout le reste de la Province.

La Bourse de Rouen, ou comme on l'appelle autrement, la Convention de Rouen, est de quelques années plus moderne que celle de Toulouse, n'étant que de l'année 1566, sous le regne de Charles IX. Pour le reste, elle lui est à peu près semblable.

La plus nouvelle de toutes les Bourses Consulaires, est celle de Montpellier, Louis XIV en ayant érigé une en 1691 pour les Marchands de cette Ville, dont la Jurisdiction s'étend dans les Dioceses de Montpellier, Nismes, Usez, Viviers, le Puy, Mende, Lodesve, Agde, Beziers, Narbonne, & Saint-Ponts.

Cette Bourse, comme celle de Toulouse, est composée d'un Prieur, de deux Juges-Consuls, d'un Syndic, & d'un certain nombre de Bourgeois & Marchands, annuellement nommés par les Prieur & Juges-Consuls, pour assister conjointement avec eux aux Jugemens qu'ils sont obligés de rendre.

A Bordeaux, les Consuls sont appellés Juges-Consuls de la Bourse commune des Marchands. *Voyez* Consuls, & Consulat.

Bourse. Se dit encore d'un lieu ou place publique, établie dans plusieurs Villes de commerce de l'Europe, où s'assemblent & se trouvent à certains jours de la semaine, les Marchands, Négocians, Banquiers, Courtiers, Commissionnaires, Interprétes des Langues, & autres personnes qui se mêlent de commerce, pour traiter de toutes sortes d'affaires, qui regardent le négoce des lettres & billets de Change, grosses-avantures, assurances, affretemens, ou nolissemens, & autres négociations mercantilles, tant de terre que de mer. Ailleurs on dit, Place du Change, comme à Paris & à Lyon; ou College des Marchands, comme dans les Villes Hanséatiques.

On prétend que l'origine du mot de Bourse, qu'on donne aux places où s'assemblent les Marchands pour les affaires & négociations de commerce, vient de la Ville de Bruges en Flandre, où ces assemblées se tenoient près de l'Hôtel des Bourses, ainsi nommé d'un Seigneur de l'ancienne & noble Maison des Bourses, qui l'avoit fait bâtir, & qui en avoit orné le frontispice, de l'écusson de ses armes, chargé de trois bourses, qu'on assure qu'on voit encore aujourd'hui sur ce bâtiment qui a subsisté jusqu'à présent.

Les principales Villes de France où l'on donne le nom de Bourse au lieu où se trouvent les Marchands pour leurs affaires communes, sont Rouen, Nantes, & Toulouse; & dans les Pays étrangers, Londres, Bruges, Anvers, Amsterdam, & Roterdam.

Les assemblées des Marchands dans les Bourses, sont tenues avec tant d'exactitude, & les Négocians sont si absolument obligés de s'y trouver, que si quelqu'un y manquoit, cela le feroit soupçonner de banqueroute, ou de faillite; c'est pourquoi quand on n'y auroit aucunes affaires, il ne faut pas laisser d'y aller pour s'y faire voir, afin de conserver son crédit.

L'on dit que les Anglois sont si prévenus pour ce mot de Bourse, que la Reine Elisabeth ayant voulu par un Edit faire changer le nom de la Bourse de Londres. er celui de Change royal, les Marchands ne purent jamais s'y accoutumer, & qu'ils ont toujours voulu conserver le nom de Bourse, à leur Place de Commerce.

La Bourse d'Amsterdam est regardée par tous les Négocians, comme la plus considérable de toutes. Celle d'Anvers étoit aussi très importante avant que le Port de cette Ville eût été rendu presque impraticable par les Hollandois, pour attirer tout le commerce chez eux, particuliérement à Amsterdam.

Dès le tems des anciens Romains, il y a eu dans les Villes les plus marchandes de l'Empire, des lieux destinés pour les assemblées des Marchands.

Celui qui fut bâti à Rome l'an 259 de sa fondation, 492 ans avant la naissance de Jesus-Christ, sous le Consulat d'Appius Claudius, & de Publius Servilius, fut nommé le College des Marchands;

& il en reste encore quelques vestiges, que les Romains modernes appellent la Loge, *Loggia*. C'est ce qu'on nomme aujourd'hui la Place Saint-Georges.

Ces deux noms de *College* & de *Loge*, l'un ancien & l'autre nouveau, ont depuis été, pour ainsi dire, partagés entre les François & les Allemands; ceux-ci s'étant approprié le nom de College dont, comme on l'a déja remarqué, se servent toutes les Villes Hanséatiques, pour signifier la Bourse; & quelques-uns de ceux-là, entre autres les Lyonnois & les Marseillois, ayant donné à la place ou maison de leurs Négocians, le nom de Loge du Change, ou de Loge des Marchands.

### *Bourse de la Ville de Paris.*

Jusqu'en l'année 1724, le lieu d'assemblée où les Marchands, Banquiers, Négocians, & Agens de Change de la Ville de Paris, se trouvoient pour traiter des affaires de leur Commerce, étoit appellé la Place du Change. L'on a dit (à l'article PLACE) que ce lieu étoit situé dans la Grande Cour du Palais, au-dessous de la Gallerie Dauphine du côté de la Conciergerie.

La situation incommode de cette Place, son obscurité, son peu d'étendue, & particuliérement l'embarras continuel des carosses qui en occupoient tous les environs, en ayant dégouté tous les Marchands, il y avoit plus de vingt-cinq années qu'ils l'avoient entiérement abandonnée, lorsqu'on songea à leur procurer une nouvelle Place, qui par son air, sa vaste étendue, la commodité de ses portiques, & tous les autres avantages dont on prendroit soin de l'accompagner, pût les engager à y tenir leurs assemblées de commerce, & à y faire les différentes négociations de Lettres de Change, de Papiers commerçables, de marchandises & autres effets, qui font fleurir le négoce dans cette Capitale du Royaume.

Il est vrai que quelques années auparavant (1720) on avoit voulu établir une espece de Place dans le Jardin de l'Hôtel de Soissons, pour le commerce des Actions de la Compagnie des Indes, afin de le tirer de la rue Quinquempoix, où le caprice du Peuple l'avoit établi & long-tems soutenu, malgré les défenses réitérées de la Cour & des Officiers de Police; mais les Actions étant alors tombées dans le discrédit, la nouvelle Place fut aussi fermée sans qu'on y eût fait aucunes négociations. On peut voir ce qu'on en dit à l'article de la Police.

Les choses étoient en cet état, lorsque le Roi s'étant fait rendre compte de la maniere dont se faisoient à Paris les négociations des Lettres de Change, Billets au porteur ou à ordre, & autres Papiers commerçables, & des marchandises & effets, Sa Majesté jugea qu'il seroit non seulement avantageux au Commerce, mais encore très nécessaire pour y maintenir la bonne foi & la sûreté convenable, d'établir dans la Ville de Paris une Place où les Négocians pussent s'assembler tous les jours à certaine heure, pour y traiter des affaires de Commerce, tant de l'intérieur que de l'extérieur du Royaume; & où les négociations de toutes Lettres de Change de place en place, & sur les Pays étrangers, Billets au porteur ou à ordre, & autres effets commerçables; comme aussi des marchandises & effets, pussent être faites à l'exclusion de tous autres lieux, entre gens connus ou par le ministere de personnes que Sa Majesté commettroit à cet effet.

Pour l'exécution d'un projet si utile, on commença par le choix du lieu où s'établiroit cette Place, & l'on crut que l'Hôtel de Nevers qui fait partie du Palais Mazarin, qui appartient à la Compagnie des Indes, & où elle tient ses Assemblées, seroit d'autant plus convenable, qu'il est dans un des plus beaux quartiers de la Ville, & qu'on y aborde de tous côtés par de larges & belles rues, particuliérement par la rue Vivienne, où l'on destinoit d'en faire la principale entrée.

Ce choix eut à peine été fixé, qu'on vit s'élever autour de la principale cour de cet Hôtel, de magnifiques portiques de pierres de taille, & s'y établir des Bureaux commodes; ceux-ci où les Marchands & Agens de Banque pouvoient faire les Ecritures de leurs négociations; & ceux-là où à l'abri des injures du tems ils pouvoient convenir de leurs traités & de leurs marchés.

Cette Place est un grand carré long, qui pour son étendue, sa magnificence, & ses commodités, ne le cede pas même à la Bourse d'Amsterdam, qui est estimée une des plus belles de l'Europe. *Voyez* ce qu'on en dit au Paragraphe suivant.

Les bâtimens finis avec une dépense royale, & tout étant disposé pour y recevoir les Marchands, Sa Majesté ordonna par un Arrêt de son Conseil du 24 Septembre 1724, l'établissement d'une Bourse dans la Ville de Paris, pour y traiter des affaires de Commerce tant de l'intérieur que de l'extérieur du Royaume.

Cet Arrêt qui est en forme de Réglement, tant pour la Police qui doit s'observer dans la nouvelle Bourse, que pour les fonctions des Agens de Change par Commission que Sa Majesté y établit, est composé de XLI Articles, les XVI premiers concernant ladite Police, & les XXV autres uniquement pour lesdits Agens.

On ne rapportera ici que les Articles de Police, les autres qui regardent les Agens ayant été employés ailleurs. *Voyez* AGENT DE CHANGE.

ARTICLE PREMIER.

Il sera incessamment établi dans la Ville de Paris une Place appellée la Bourse, dont l'entrée principale sera rue Vivienne, & dont l'ouverture sera indiquée & faite par le Lieutenant Général de Police, que Sa Majesté a commis & commet pour avoir jurisdiction sur la Police d'icelle, & dont les Jugemens seront exécutés provisoirement, nonobstant opposition ou appellation quelconques.

II.

La Bourse sera ouverte tous les jours, excepté les jours de Dimanche & Fêtes, depuis dix heures du matin, jusqu'à une heure après midi; après laquelle heure l'entrée en sera refusée à ceux qui s'y présenteront, de quelque état & condition qu'ils puissent être.

III.

Il sera établi à la porte de la Bourse une Garde commandée par un Exempt, & composée du nombre d'Archers, que le Sieur Lieutenant Général de Police jugera à propos pour empêcher les désordres.

IV.

L'entrée de la Bourse sera permise aux Négocians, Marchands, Banquiers, Financiers, Agens de Banque & de Commerce, Bourgeois, & autres personnes connues & domiciliées dans la Ville de Paris; comme aussi aux Forains & Etrangers, pourvû que ces derniers soient connus d'un Négociant, Marchand, ou Agent de Change & de Commerce, domiciliés à Paris.

V.

Pour empêcher qu'il ne s'introduise à la Bourse d'autres personnes que celles qui auront droit d'y entrer, veut Sa Majesté qu'il soit distribué par le Sieur Lieutenant Général de Police, ou celui qu'il commettra à cet effet, une marque à chacun de ceux qui seront dans le cas de l'article précédent, & sur la requisition qu'ils en feront; lesquelles marques seront représentées à l'entrée de la Bourse, sans être obligé de les laisser par celui au nom duquel elles auront été délivrées, & non autrement: Et si aucune desdites marques étoit représentée par un autre, elle sera arrêtée ainsi que celui qui en sera porteur.

V I.

Ceux qui seront porteurs desdites marques, les ayant perdues, en avertiront celui qui sera préposé pour cette distribution par le Sieur Lieutenant Général de Police, & il leur en sera délivré de nouvelles. Et à l'égard de ceux qui cesseront de vouloir faire usage de celles qui leur auront été distribuées, ils seront tenus de les rapporter audit préposé; & dans l'un & dans l'autre cas, il en sera fait mention sur le Rôle de distribution desdites marques.

V I I.

Il ne sera délivré des marques aux Forains & Etrangers, pour avoir entrée à la Bourse, que sur le certificat d'un Négociant, Marchand, Banquier, ou Agent de Change & de Commerce, domiciliés à Paris.

V I I I.

Si d'autres particuliers trouvent moyen d'entrer à la Bourse sans avoir représenté une marque à leur nom, veut Sa Majesté qu'ils soient arrêtés & en soient mis hors pour la premiere fois, avec défenses de s'y représenter, & en cas de récidive, à peine de prison & de mille livres d'amende au profit de l'Hôpital général, & payable avant que d'être élargi.

I X.

Si un particulier se sert du nom qui sera inscrit sur le billet dont il sera porteur, pour entrer à la Bourse, & qu'il y soit arrêté pour contravention à aucun des articles du présent Réglement, ordonne Sa Majesté que, où il y aura preuve du prêt dudit Billet, celui qui l'aura prêté sera condamné en quinze cens livres d'amende payable par corps, & applicable à l'Hôpital général, sans que cette peine puisse être remise ou moderée, & il ne pourra rentrer à la Bourse où son nom sera inscrit.

X.

Si l'Exempt ou les Gardes à la porte de la Bourse y font entrer quelqu'un sans marque, ils seront destitués de leurs emplois; & seront en outre les Gardes condamnés à un mois de prison.

X I.

Les femmes ne pourront entrer à la Bourse, pour quelque cause ou prétexte que ce soit.

X I I.

Toutes les négociations de Lettres de Change, Billets au porteur ou à ordre, marchandises, papiers commerçables & autres effets, se feront à la Bourse, de la maniere & ainsi qu'il sera ci-après expliqué. Défend Sa Majesté à tous particuliers, de quelque état & condition qu'ils soient, de faire aucune assemblée, & de tenir aucun Bureau pour y traiter de négociations, soit en maisons bourgeoises, hôtels garnis, chambres garnies, Cafés, Limonadiers, Cabaretiers, & par tout ailleurs, à peine de prison & de six mille livres d'amende contre les contrevenans, payable avant de pouvoir être élargis, & applicable, moitié au Dénonciateur & moitié à l'Hôpital général; & seront tenus les propriétaires, en cas qu'ils occupent leurs maisons, & les principaux locataires, aussi-tôt qu'ils auront connoissance de l'usage qui en sera fait en contravention au présent article, d'en faire déclaration au Commissaire du quartier, & d'en requerir acte, faute de quoi ils seront condamnés par corps en pareille amende de six mille livres applicable comme ci-dessus.

X I I I.

Défend très expressément Sa Majesté aucuns attroupemens dans les rues aux environs de la Bourse, & dans toutes les autres rues de la Ville & Fauxbourgs de Paris, pour y faire aucunes négociations, & sous quelque cause & prétexte que ce soit: Enjoint Sa Majesté au Sieur Lieutenant Général de Police, de faire arrêter les contrevenans, & de les faire constituer prisonniers.

X I V.

N'entend Sa Majesté comprendre par les défenses portées par les deux précédens articles, les traités ou négociations pour marchandises seulement, qui outre la Bourse, pourront continuer de se faire dans les Foires, Halles ou Marchés à ce destinés, & sans néanmoins qu'il y puisse être fait aucune négociation d'autres effets.

X V.

Afin d'établir l'ordre & la tranquillité à la Bourse, & que chacun y puisse traiter de ses affaires sans être interrompu, Sa Majesté défend d'y annoncer le prix d'aucun effet à voix haute, & de faire aucun signal ou autre manœuvre pour en faire hausser ou baisser le prix, à peine contre les contrevenans d'être privés d'entrer pour toujours à la Bourse, & condamnés par corps à six mille livres d'amende, applicable, moitié au Dénonciateur, & l'autre moitié à l'Hôpital général.

X V I.

S'il arrive à la Bourse des contestations entre les particuliers, suivies de menaces & de voyes de fait, celui qui aura levé la main pour frapper, sera sur le champ arrêté & constitué prisonnier, pour être jugé suivant les Ordonnances; & pour s'assurer des coupables, on sonnera une cloche au premier avertissement qui en sera donné, & les portes seront à l'instant fermées, sans que qui que ce soit puisse exiger qu'elles soient ouvertes, à peine contre ceux qui par violence ou autrement voudroient faire ouvrir lesdites portes, d'être traités comme complices du désordre.

*Bourse d'Amsterdam.*

La Bourse d'Amsterdam où se fait la plus grande partie du Commerce d'une Ville si célebre par celui qu'elle entretient dans toutes les parties du monde, est un grand bâtiment de brique & de pierres de taille. Autour de ce bâtiment qui a 230 pieds de long sur 130 de large, regne un peristile au-dessus duquel est une galerie de vingt pieds de largeur. Les piliers du peristile sont au nombre de quarante-six, tous numérotés depuis un, jusqu'à quarante-six, pour distinguer les Places où se tiennent les Marchands, & aider à les trouver aux personnes qui ont à traiter avec eux.

C'est dans cette Bourse qui peut contenir environ 4500 personnes, que se trouvent chaque jour tous les Negocians qui ont quelques affaires, aussi-bien que les Courtiers qui sont chargés de quelque traitte. Elle est ouverte tous les jours ouvrables depuis midi jusqu'à une heure & demie ou deux heures. On en annonce l'ouverture par le son d'une cloche. A midi & demi on en ferme les portes; on y peut néanmoins entrer jusqu'à une heure, en payant un certain droit que reçoit un Commis établi pour le recevoir.

Chaque Marchand & chaque sorte de négoce a sa place affectée dans la Bourse, sans quoi il seroit impossible de se pouvoir trouver les uns les autres, tant la foule y est toujours grande, à la réserve néanmoins du samedi, à cause que les Juifs n'y viennent pas ce jour-là.

On tient qu'il y a environ mille Courtiers à Amsterdam, tant de ceux qu'on appelle Courtiers Jurés, que des autres qui travaillent sans commission du Bourguemestre. Il n'y a guere des uns ou des autres qui manque de se trouver à la Bourse.

Il y a encore une autre Bourse à Amsterdam que l'on appelle la Bourse ou Marché aux grains. Elle tient tous les lundis, mercredis, & vendredis, depuis dix heures du matin jusqu'à midi.

Cette Bourse est un grand bâtiment de bois, soutenu de quantité de piliers aussi de bois, où se trouvent tous les marchands de grains, tant de la Ville que du dehors. Chaque marchand a son facteur, qui a soin d'y porter les montres des grains qu'ils veulent vendre. Ces montres sont dans des sacs qui en peuvent contenir une ou deux livres.

Comme le prix des grains se regle autant sur leur poids que sur leur bonne ou mauvaise qualité. Il y a sur le derriere de la Bourse diverses petites balances par lesquelles en pésant trois ou quatre poignées de grains qu'on marchande, on connoît la pésanteur du sac ou du last.

Bourse. Se dit aussi de ceux qui ont beaucoup d'argent comptant, qu'ils font valoir sur la place, en escomptant des lettres & billets de Change. Ainsi on dit : Cet homme, ce Marchand est une des meilleures Bourses de Paris : Cet Agent de Change fait les meilleures affaires; il connoît les meilleures Bourses.

Lorsque le tems est malheureux, & que l'argent est rare sur la place, & parmi les Négocians, on dit, que les Bourses sont fermées.

Quand un Arbitre ou un amiable Compositeur, condamne quelqu'un à donner quelque chose à sa partie adverse, au-delà de ce qu'il pourroit devoir à la rigueur, pour établir la paix & la concorde entr'eux, on dit, qu'il a coupé la Bourse à celui qu'il a condamné.

Bourse Commune. Est proprement une société qui se fait entre deux ou plusieurs personnes de même profession ou négoce, pour partager par égale portion les profits, & supporter de même les pertes qui peuvent arriver dans leur trafic.

Les Marchands & Négocians qui sont en société, font ordinairement Bourse commune; d'où l'on dit quelquefois, Tenir la Bourse; au lieu de, Tenir la caisse; en parlant de celui qui est chargé de faire la recepte & dépense des Associés pour fait de négoce, marchandise, ou banque.

Bourse Commune. S'entend aussi de ce qui provient des droits de reception, soit à l'apprentissage, soit à la maîtrise, dans les Corps des Marchands, & les Communautés des arts & métiers; ce qui compose un fond qui ne peut être employé que pour les besoins & les affaires communes. Les Maîtres & Gardes, & les Jurés sont ordinairement les Receveurs de ces sortes de deniers communs, dont ils sont obligés de rendre compte au sortir de Charge; quelquefois néanmoins il y a des Receveurs particuliers, comme dans la Communauté des Courroyeurs, où le Receveur est élu suivant l'ordre du tableau. C'est le premier grade pour entrer dans les Charges.

Bourse. Se dit encore de l'argent, ou du bien de quelqu'un. Avoir la Bourse, Manier la Bourse, c'est-à-dire, être maître de faire la dépense. Mettre la main à la Bourse; c'est dépenser, employer de l'argent. On dit aussi : Faire une affaire sans Bourse délier; quand on fait un troc de marchandise, un accommodement but à but, & sans que l'on soit obligé de donner de l'argent de part, ni d'autre.

Bourse. Est aussi une maniere de compter, ou si l'on veut, une espece de monnoie de compte, fort en usage dans les Etats du Grand-Seigneur, particuliérement à Constantinople. La Bourse est composée de quinze cent livres, monnoie de France. On l'appelle Bourse, parce que toutes les especes, soit d'or, soit d'argent, qui entrent dans le trésor du Sérail, sont enfermées dans des sacs, ou Bourses de cuir, & ne passent jamais cinq cent écus.

La Bourse d'or est de quinze mille sequins, ou de trente mille écus. On ne se sert gueres de ce compte, que pour les présens que le Grand-Seigneur fait quelquefois à ses Favoris, ou à ses Sultanes les plus chéries. Ainsi quand on dit simplement une Bourse, dans le Levant, on l'entend toujours de cinq cent écus, ou de quinze cent livres de France.

BOURSEAU, ou BOURSAULT. Gros membre rond fait de plomb qui regne dans les gros bâtimens, au haut des toits couverts d'ardoises. C'est la principale piece de l'enfaîtement. Au dessous du Bourseau est la bavette, & au bas de la bavette, le membron. Tous ces ouvrages de plomb se payent à tant le cent pésant, mis en œuvre & placé. *Voyez* l'article de la Plomberie.

Bourseau rond. Instrument de bois, rond d'un côté, & plat de l'autre, dont les Plombiers se servent pour battre & arrondir les tables de plomb sur les Tondins. Le manche du Bourseau est attaché le long du côté qu'il a plat, n'y ayant que celui qui est arrondi qui serve à battre.

BOURSIER. Ouvrier qui fait & vend des Bourses.

Les Maîtres de la Communauté des Boursiers de Paris se qualifient Maîtres Boursiers, Colletiers, Pochetiers, Calçonniers, Faiseurs de Brayers, Gibecieres, Mascarines, & Escarcelles de draps d'or & d'argent; Busle, Maroquin, Cuir noir & blanc, & autres étoffes généralement quelconques, de la Ville, Fauxbourgs, Banlieue, Prévôté, & Vicomté de Paris.

Ce titre si étendu, qu'on lit à la tête de leurs Statuts, contient une partie des ouvrages qu'il leur est permis de faire & de vendre. Les autres sont des Sacs de velours, de cuir, de moquette, de serge, soit pour mettre des papiers, soit pour mettre des livres d'Eglise, breviaires, &c. ou pour porter à la campagne des hardes & besognes de nuit; des Etuits, ou à livre, ou à peigne; des Liasses, des Porte-lettres, des Camisoles, des Chaussons de chamois, & autres tels ouvrages qui sont de cuir, ou qui en sont doublés.

Philippes de Valois est le premier qui leur a donné des Statuts. Ils sont de 1342, confirmés successivement par Charles VI en 1414, par Louis XII en 1514, & par Charles IX en 1574. Ces premiers Statuts ayant eu besoin d'interprétation, de réformation, & d'augmentation, soit pour la discipline, soit pour les ouvrages dont les modes étoient changées, soit aussi pour le stile trop ancien, & peu intelligible; il en fut dressé de nouveaux en 1659, contenant 49 articles, qui furent approuvés & confirmés, aussi bien que quelques articles des anciens Réglemens, où il n'avoit rien été innové, par Lettres Patentes du Roi Louis XIV, du mois de Décembre de la même année.

Les Maîtres & Gardes de la Mercerie de Paris, les Jurés des Maîtres Doreurs sur cuir, ceux des Maîtres Peaussiers, & enfin les Jurés Tailleurs-Pourpointiers de la même Ville, ayant formé opposition à la vérification de ces Lettres, elles ne purent être vérifiées qu'au mois d'Avril 1664, par Arrêt du 8 Avril de la même année; à la charge néanmoins de la réformation de quelques articles, & de quelques qualités expliquées par le même Arrêt. Enfin la Déclaration du Roi du mois de Juillet 1691, portant union & incorporation à la Communauté des Boursiers, des Charges de Jurés, créées en titre d'Offices au mois de Mars précédent, apporta encore quelque changement à ces Statuts de 1659, moins à la vérité, en ce qui regarde la discipline, que pour ce qui concerne les droits d'apprentissage & de maîtrise, qui furent considérablement augmentés.

La Communauté des Boursiers est gouvernée par trois Jurés, dont le plus ancien sort chaque année, & un autre est élu en sa place le 11 du mois d'Aout; en sorte que chaque Juré est en Charge deux ans.

Ce sont ces Jurés qui expédient les lettres d'apprentissage & de maîtrise; qui donnent le chef-d'œuvre; chez qui se fait la legere expérience des Fils de Maîtres, & qui font les visites, réglées par les Statuts à une de trois mois en trois mois.

L'Apprentif ne peut être obligé pour moins de quatre ans, & chaque Maître n'en peut avoir qu'un seul à la fois, si ce n'est qu'il n'en prenne un second, après trois ans six mois expirés de l'apprentissage du premier.

L'Apprentif, outre son apprentissage, doit servir trois ans de Compagnon chez les Maîtres.

Tout Aspirant est tenu au chef-d'œuvre, à moins qu'il ne soit Fils, ou qu'il n'ait épousé une Fille de Maître; dans ces deux cas, il est reçû à la legere expérience.

L'Apprentif étranger doit, pour parvenir à la maîtrise, cinq ans de service en qualité de Compagnon, dont il faut qu'il passe les trois premieres chez un seul & même Maître, & les deux autres à sa volonté.

Le chef-d'œuvre consiste en cinq pieces; sçavoir 1°. Une Bourse ronde à quarre de cuir. 2°. Une autre Bourse de velours, brodée d'or & d'argent, avec les crépines & boutons de même. 3°. Une Gibeciere de maroquin, à fer, garnie de son ressort, avec des courans & boutons de cuir. 4°. Une autre Gibeciere, aussi de maroquin, à fer cambré, pareillement avec ressort. Et enfin un Maroquin à usage d'homme; c'est-à-dire, un sac de maroquin dont les hommes se servent à mettre sous leurs genoux.

Les Veuves de Maîtres peuvent tenir boutiques, & jouissent des privileges de leurs défunts maris, à la réserve de l'Apprentif qu'elles ne peuvent obliger, mais seulement continuer.

Enfin il n'est pas permis aux Maîtres d'aller en marchandises, ni de s'avancer au devant des Marchands, qu'au delà de vingt lieues de distance de Paris.

Les Patrons de la Communauté sont Saint Brice, ou Brieux, & Notre-Dame de la Fontaine.

**BOURSILLER.** Contribuer chacun de quelque somme pour achever un payement: Faire de nouvelles avances pour une entreprise où plusieurs Associés ont part. Il ne se dit gueres que lorsque les sommes qu'on paye de nouveau sont peu considérables.

**BOURSIN**, ou plutôt **BOUSIN.** Terme de Carriers, & de Tailleurs de pierre. *Voyez* BOUSIN.

**BOURSON, BOURSERON.** Petit sac de cuir attaché à la ceinture du haut-de-chausse, entre l'étoffe & la doublure; ainsi nommé de ce qu'on y serre ordinairement sa bourse, ou plutôt de ce qu'il tient lieu de bourse, & qu'on y met son argent.

Les Boursiers-Pochettiers, & les Peaussiers ont long-tems disputé la faculté de faire des Boursons & des poches de cuir; & il a fallu un Arrêt de la Cour de Parlement pour la leur adjuger en commun. *Voyez les articles de ces deux Communautés.*

**BOUSILLAGE.** Terme de Limosinerie. C'est une construction faite avec de la terre ou de la boue. Le meilleur Bousillage se fait avec de la paille hachée & courroyée avec la terre.

BOUSILLAGE. Se dit parmi les Artisans, d'un ouvrage mal façonné, & mal fait.

**BOUSILLER.** Faire un ouvrage de Limosinerie avec de la terre détrempée ou de la boue.

BOUSILLER. Signifie aussi gâter une besogne, ou la faire mal proprement.

**BOUSILLEUR.** Celui qui travaille en bousillage.

BOUSILLEUR. Est encore un mauvais Ouvrier qui sçait mal son métier, & qui travaille avec peu d'adresse & de propreté.

**BOUSIN.** Les Carriers, & Tailleurs de pierre appellent Bousin, une substance molle, & pour ainsi dire, mal formée & pétrifiée, qui couvre le dessus des pierres au sortir de la carriere, & qui leur tient lieu de ce que l'aubier est au bois. Le Bousin est une espece de souchet qui ne vaut rien, & qu'on doit entierement abbatre en équarissant les pierres. *Voyez* PIERRE DE TAILLE, *&* SOUCHET.

**BOUSSOLE**, qu'on nomme autrement **COMPAS DE ROUTE**, ou **CADRAN DE MER.** C'est une machine dont se servent les Pilotes pour pointer & assurer la route de leurs vaisseaux.

La principale piece dont la Boussole est composée, & sans laquelle elle seroit absolument inutile, est l'aiguille aimantée, qui se tournant naturellement & surement vers les poles, quoiqu'à la vérité avec diverses variations & déclinaisons, dirige le Pilote, & lui fait connoître de quel côté il doit entretenir ou redresser sa route.

Cette aiguille, qu'anime l'aimant, & à laquelle il donne une espece de vie, est ordinairement faite avec le fil de fer, qu'on nomme vulgairement Fil d'Archal, ou de Richard, plié & disposé en lozange. Ce fil est comme enchassé dans l'épaisseur d'un carton taillé en rond, qui porte sur sa surface extérieure plusieurs cercles, dont l'un est divisé en 360 dégrés, & un autre en 32 parties, qui marquent autant de différens aires de vents. L'un des angles aigus du lozange est frotté d'un aimant le plus vif & le plus généreux qu'on puisse avoir; ce qui se fait avec quelque précaution, étant, comme on l'estime, absolument nécessaire, que lors du frottement la pierre soit tenue du côté du Nord par rapport à l'aiguille. Dans cette situation, on la passe doucement depuis le milieu, c'est-à-dire, depuis un des angles obtus de l'aiguille, jusqu'à l'angle aigu qu'on veut qui se tourne vers le Nord; & après l'avoir levée, on revient la passer de la même maniere depuis l'autre angle obtus, jusqu'au même angle aigu, en prenant garde de ne la point faire retourner par-dessus l'aiguille déja touchée, & ne la point non plus arrêter au bout, lorsqu'elle y est arrivée.

Au milieu du rond de carton où est engagée l'aiguille, ce que l'on appelle la rose de la Boussole, est un petit cône de laton, un peu concave, qui sert à le poser sur un pivot de même métail, attaché au fond d'une boëte de bois ouverte pardessus, & couverte d'un verre, à travers duquel il est facile de voir les divers mouvemens de l'aiguille.

Enfin cette premiere boëte, qui est proprement la Boussole, est dans une autre plus grande, où elle est soutenue par plusieurs cercles de cuivre, qu'on appelle Balanciers, & qui servent à tenir la Boussole toujours en équilibre, & posée horisontalement. L'on ne s'est arrêté ici qu'à la description de la Boussole marine, de si grand usage dans le commerce, sur-tout pour les voyages de long cours; & l'on n'a pas cru non plus nécessaire d'y répéter ce qu'on a dit ailleurs des Inventeurs, & de l'utilité de cette admirable machine. *Voyez* AIMANT.

BOUT. Ce qui termine une chose, ce qui en est l'extrémité.

BOUT. Chez les Tireurs d'or signifie un morceau d'argent doré, ou d'argent que l'on passe par la premiere filiere, pour le réduire en fil d'or ou d'argent. *Voyez* TIREUR D'OR.

BOUT. Signifie aussi quelquefois chez les Marchands une petite portion de quelque marchandise. Il ne me faut qu'un bout de ruban.

BOUT D'AILES. Plumes que l'on tire du Bout des ailes des oyes & des cignes, qui servent à écrire. *Voyez* PLUMES A ECRIRE.

BOUT DE QUIEVRE. *Voyez* BOUTEUX.

BOUT D'ESTAMINE, qu'on nomme aussi BRUT D'ESTAMINE. Etoffe façonnée à la manière des estames, dont il se fait un assez bon négoce à Lyon. *Voyez* BRUT D'ESTAMINE, ou ESTAMINE.

BOUTAN, Royaume des Indes qui confine aux Etats du Grand Mogol. *Voyez* le détail de son Commerce, Etat général, page 424.

BOUTANES. Toiles de coton qu'on fabrique dans l'Isle de Chypre, & qui font une partie du négoce que les François & autres Nations chrétiennes font dans cette échelle. *Voyez* TOILE DE COTON.

BOUTARGUE, que les Provençaux appellent *Boutargues*, est faite avec les œufs de muge, ou de mujon, gros poisson assez commun dans la Méditerranée. C'est une espece de kavia, avec la seule différence que le dernier se fait d'œufs d'esturgeons; la Boutargue d'ailleurs se salant, & se séchant au soleil comme le kavia.

La meilleure Boutargue vient de Tunis en Barbarie; il s'en fait aussi à huit lieues de Marseille dans un lieu nommé *Martegue*. Les Provençaux en mangent beaucoup. Il ne s'en fait pas un grand commerce à Paris, cependant les gros Marchands Epiciers en ont ordinairement, surtout vers le Carême, étant un mets propre pour ce saint tems. On mange la Boutargue avec l'huile d'olive, & le citron; il faut la choisir séche & rougeâtre.

Il se fait aussi quantité de boutargue dans divers endroits de l'Egypte, particuliérement du côté d'Alexandrie. Le poisson des œufs duquel on fait cette drogue, est à peu près de la longueur du brochet, mais un peu plus étroit. On l'ouvre aussi-tôt qu'il est pris, & l'on en prépare les œufs à peu près comme on fait ceux de l'esturgeon pour le caviac. On coupe la boutargue par tranche, & quand on la veut garder, on met chaque morceau à part, en l'enveloppant dans des especes de feuilles de cire, afin d'empêcher que les mites ne s'y mettent. Il se fait dans tout le Levant une grande consommation de la boutargue d'Alexandrie.

BOUTE. Espece de grand vaisseau propre à transporter les vins dans les pays de montagnes. Il est fait de peau de bœuf sans poil, passée & préparée de maniere qu'elle est souple & maniable; ce qui la rend plus commode pour la charge des mulets & autres bêtes de somme, que ne seroient les barils.

Le vin ne se garde pas long-tems dans les Boutes; & il faut aussi-tôt qu'il est arrivé dans les lieux pour lesquels on le destine, le survuider dans des tonneaux de bois, si l'on a dessein de le conserver.

BOUTE. Se dit encore des grandes tonnes ou bariques que l'on embarque sur les vaisseaux, pour mettre la provision d'eau douce pour les Equipages. Ces Boutes doivent être cerclées de fer. C'est aussi des moitiés de futailles, en maniere de baquets, où l'on met le breuvage que l'on distribue chaque jour aux Matelots. *Voyez* NAVIRE MARCHAND.

BOUTE-HORS, terme de marine, se dit des avances qu'un Propriétaire de vaisseau est obligé de faire, pour le mettre en mer. Ce vaisseau a coûté tant pour les frais de Boute-hors.

BOUTEILLE. Vaisseau propre à contenir des liqueurs. Il y a des Bouteilles de cuir-bouilli, que font & vendent les Gaîniers; des Bouteilles de verre fin, qu'on couvre d'osier; & d'autres de gros verre, qui ne sont point couvertes. Ces deux sortes de Bouteilles se fabriquent dans les Verreries, & se couvrent & se vendent par les Verriers-Fayanciers, Couvreurs de Bouteilles & flacons.

Autrefois elles tenoient toutes une pinte de Paris juste, & les diminutions à proportion; mais depuis

depuis que les Cabaretiers vendent dans le détail, la plupart de leurs vins en Bouteilles, contre les Ordonnances de la Ville, qui porportent qu'ils ne le vendront que dans des pots & mesures d'étain marquées & étalonnées, on diroit que les Verriers, comme d'accord avec eux, n'observent plus de les réduire à la pinte, n'y en ayant point qui ne soient diminuées, même quelquefois assez considérablement. Outre les Bouteilles de cuir bouilli & de verre, il y a encore des Bouteilles de grès de diverses sortes, que font les Potiers de terre, & que débitent en détail les Chandeliers, & autres Regratiers. *Voyez* GUAÎNIER, VERRIER, FAYANCIER, CHANDELIER, & POTIER DE TERRE.

*Les droits d'entrée que les Bouteilles, soit doubles, soit simples, payent en France, sont de 10 liv. le cent pésant, suivant l'Arrêt du 14 Aout 1688; & ceux pour les Bouteilles de terre, conformément au Tarif de 1664, 2 sols la douzaine.*

*Les droits de sortie sont de 2 sols la douzaine pour celles de verre, & seulement 1 sol pour les Bouteilles de terre.*

BOUTEILLE. Mesure des liquides, dont on se sert à Amsterdam. Elle n'est point différente du mingle. *Voyez* MINGLE.

BOUTEILLE. Se dit aussi de la liqueur qui y est contenue. Une Bouteille de vin, une Bouteille de cidre.

BOUTEROLLE. Outil en forme de poinçon rond, dont les Lapidaires se servent à graver les pierres dures. *Voyez* LAPIDAIRE, & GRAVEUR.

BOUTEROLLE. Les Faiseurs de boutons de métail appellent aussi Bouterolle, un gros poinçon de fer aceré, plat par un bout, convexe par l'autre, dont ils se servent pour emboutir les lames de métail qu'ils ont coupées avec l'emporte-piece, & pour les frapper dans la matrice, ou, comme ils disent, dans le tas, où elles doivent prendre leur empreinte & leur forme.

Ces poinçons ont ordinairement quatre à cinq pouces de long; pour la grosseur, elle est proportionnée à celle du moule du bouton que l'Ouvrier veut fabriquer. *Voyez* EMBOUTIR.

BOUTEROLLE. C'est aussi la garniture que l'on met au bout du fourreau d'une épée, pour empêcher qu'elle ne le perce. *Voyez* FOURBISSEUR.

BOUTEUX, ou BOUT DE QUIEVRE. Petit filet attaché à un bâton fourchu, que les Pêcheurs poussent devant eux sur les sables, & dont l'on se sert sur les côtes de l'Océan.

BOUTIQUE. Lieu où les Marchands exposent leurs marchandises en vente, qui est ouverte sur la rue, & au rez de chaussée. On l'appelloit autrefois Fenêtre, & Ouvroir; & l'on trouve plus communément ces deux mots dans les anciens Statuts des Communautés des Arts & Métiers, que celui de Boutique.

On dit: Lever, ouvrir Boutique; tenir Boutique; garder, conduire la Boutique; se mettre en Boutique; Garçon de Boutique, Fille de Boutique. Ce Marchand a ouvert sa Boutique.

Les Merciers de Paris, suivant leurs Statuts, ne peuvent avoir plus d'une Boutique ouverte à la fois.

Les Ordonnances de Police veulent que les Boutiques soient fermées les Dimanches & les Fêtes, & pendant les réjouissances publiques, ou quand il y a une maladie contagieuse.

Il y a aussi des Boutiques dans les Foires, dans les Sales du Palais, &c.

On appelle pareillement *Boutiques*, certains étaux portatifs, à l'abri desquels se mettent les petits Marchands, qui vont aux foires de campagne pour y vendre des jouets d'enfans, de la quinquaillerie, ou menue mercerie.

Les Savetiers & Ravaudeuses de Paris, n'avoient autrefois que de ces sortes de Boutiques, composées d'un auvent, pour les garantir de l'injure du tems, & d'une espece de caisse carrée posée devant eux, pour serrer leurs marchandises & leurs ouvrages. On en voit encore beaucoup de cette sorte au coin des rues; mais plus de Ravaudeuses que de Savetiers.

Ces Boutiques sont sujettes à un droit de Voyerie; & l'on ne peut les établir sans permission. *V.* ETAL, *ou* ETAIL. *Voyez aussi* SAVETIER, & RAVAUDEUSE.

On donne encore le nom de *Boutique*, à des manettes, boëtes, ou layettes qui sont portées au col & sur le dos, par quelques petits Merciers qui courent la campagne, & auxquels on donne le nom de *Porte-balle.*

ARRIERE-BOUTIQUE. Est un magasin sur le derriere de la maison, qui sert à mettre les marchandises de conséquence que l'on veut conserver.

GARDE-BOUTIQUE. Se dit d'une vieille étoffe, ou marchandise qui n'est plus de demande, pour n'être pas à la mode, ou pour être défectueuse.

BOUTIQUE. Se dit aussi du fonds d'un Marchand. Il a vendu, il a laissé sa Boutique à son Associé, à son Garçon; pour dire, qu'il lui a abandonné ses marchandises, son fonds.

On appelle les Garçons Marchands, Courtauts de Boutique; ce qui ne se dit gueres que par mépris & par dérision.

On nomme encore *Boutique*, les batteaux dont se servent les Marchands de poisson, pour faire voiturer leur poisson, & le nourrir, en attendant qu'ils puissent en faire la vente. Ces batteaux sont percés de divers trous au dessous du niveau de la riviere; & ne sont soutenus sur l'eau, qu'à cause du vuide qui est à l'avant & à l'arriere.

Il y a à Paris quantité de ces Boutiques à poisson. Les Ordonnances de la Ville leur assignent les places qu'elles doivent occuper dans les Ports. Celles du Port Saint-Paul sont les plus considérables, & sont placées à la descente du Pont Marie. Ce sont les Prevôt des Marchands & Echevins, qui connoissent des contestations & délits sur le fait desdites Boutiques. *Voyez* POISSON D'EAU DOUCE.

BOUTIQUIER. Se dit des Marchands qui vendent en Boutique. *Voyez* MARCHANDS BOUTIQUIERS.

BOUTOIR. Instrument d'acier, garni d'un manche de bois, dont les Maréchaux se servent pour parer le pied d'un cheval avant de le ferrer, ou pour en couper la corne superflue qui empêche d'y appliquer le fer, & de le faire porter également. Le Boutoir est recourbé vers le manche, pour lui donner plus de force & d'aisance; & son tranchant, qui est large de quatre doigts, & carré, est de la forme d'une petite pelle à feu. *Voyez* MARESCHAL.

BOUTOIR. C'est aussi un instrument avec lequel les Courroyeurs boutent les peaux de veaux qu'ils veulent courroyer. Le Boutoir est une espece de couteau emmanché des deux bouts, à peu près comme la plane, ou doloire des Tonneliers, à la réserve que les manches n'en sont pas recourbés.

Il y a deux sortes de Boutoirs ; les uns dont le tranchant est émoussé, qu'on appelle pour cela aussi Couteau sourd ; les autres au contraire qui ont le tranchant fort affilé. *Voyez leurs différens usages à l'article du* COURROYEUR.

BOUTER un cuir de veau. C'est enlever avec le boutoir ce qui peut être encore resté de la chair de l'animal, attaché à la peau, après être sortie de la tannerie. *Voyez comme dessus.*

BOUTON, sur les frontieres de la grande Tartarie. L'on en tire de la rubarbe & du musc. *Voyez* l'Etat général, page 422.

BOUTON. Espece de petite boule, ou attache ronde, applatie par dessous, qui sert à joindre les deux côtés d'un juste-au-corps, ou de quelqu'autre vêtement, que l'on veut attacher, selon que l'on en a besoin.

Il se fait des Boutons de plusieurs grosseurs, façons & matieres ; d'orfévrerie, d'étain, de léton, d'acier, de métail, d'or & d'argent filé, de soie, de poil de chevre, de fil de lin, ou de chanvre ; de crin, de jayet, ou jais, & de pierres précieuses, comme diamans, agates, &c. On fait aussi des Boutons à queue.

On faisoit autrefois des Boutons, dont les moules de bois étoient couverts de drap, ou de quelqu'autre étoffe, ou tissu fait au métier, qui étoient d'un grand usage ; mais comme cela portoit un préjudice considérable au commerce des soies, & à la profession des Maîtres Passementiers-Boutonniers de Paris, & des autres Villes du Royaume, le Roi Louis XIV par sa Déclaration du 25 Septembre 1694, & par Arrêt de son Conseil d'Etat du 14 Juin 1695, fit des défenses très expresses, sous peine d'amende, aux Tailleurs d'habits, & à toutes autres personnes, de faire, & mettre, ni porter sur les habits, aucuns Boutons de drap, tissu de ruban, ni d'aucunes autres étoffes de soie, d'or & d'argent, faites au métier.

Depuis ces défenses, il s'étoit encore introduit une mode de Boutons de corne, qui se jettoient en moule, & auxquels on donnoit toutes sortes d'impression, sans que la main, ni l'aiguille, y eussent aucune part : & comme l'usage de ces sortes de Boutons ne se trouvoit pas moins contraire au négoce des soies, qu'à l'intérêt des Maîtres Passementiers-Boutonniers, le même Roi, par autre Arrêt de son Conseil d'Etat du 16 Janvier 1712, défendit aux Tailleurs d'habits, & à tout autre, de faire & mettre, ni porter sur les habits des Boutons de corne, sous peine d'amende.

On appelle Boutons à juste-au-corps, Boutons à vestes, Boutons à soutanes, à soutanelles, à robes de Palais ; Boutons à chemises & à camisoles, &c. des Boutons qui sont d'une grosseur & façon convenable à ces sortes de vêtemens.

Les Boutons en forme d'olive, étoient autrefois à la mode, & l'on en portoit communément sur les habits ; mais cette mode étant passée en peu d'années, ils ne sont restés d'usage, que pour retenir des pentes de lit, & attacher des rideaux. Les Dames en ont pourtant renouvellé l'usage ; & elles en ornent le devant de leurs innocentes, c'est-à-dire, de ces robes de chambre longues & abbatues, qui depuis peu d'années (1719) leur tiennent presque lieu de toutes autres sortes d'habillemens. *Voyez l'article de* PASSEMENTIER ; *vous y trouverez les différentes especes de Boutons que cet Ouvrier est en droit de faire. Les Passementiers & les Boutonniers ne forment présentement qu'une seule & même Communauté.*

Quoiqu'il se fabrique à Paris une très grande quantité de Boutons de toutes les sortes, & des plus beaux, on ne laisse pas cependant d'en tirer de plusieurs endroits du Royaume, même des Pays étrangers.

Ceux de Rouen sont, ou de crin, ou de fil blanc ; ceux de Gisors, de fil blanc ; ceux d'Apremont & de Montatere près Chantilly, de soie, & de poil de chevre ; ceux d'Auvergne & du Limosin, de crin ; ceux de Flandres, de fil blanc, très beaux & très fins ; ceux de Hollande sont de crin, & très estimés : ceux de Liege sont aussi de crin, mais moins beaux que ceux de Hollande. Toutes sortes de Boutons se vendent & se débitent ordinairement à la grosse, ou à la douzaine ; & font une portion du négoce des Marchands Merciers.

Il est défendu aux Boutonniers, par leurs anciens Réglemens, d'enfermer dans leurs Boutons aucun os, ni bois de gayac, à cause de leur pésanteur.

On appelle le Moule d'un Bouton, ce petit morceau de bois à demi rond, percé par le milieu, qui se trouve renfermé sous le fil d'or, d'argent, de soie, de poil, &c. dont le Bouton est composé.

*En France, les Boutons d'or & d'argent fin payent de droits d'entrée, 30 sols de la livre pésant.*

*Les Boutons de soie, 16 sols.*

*Les Boutons d'or & d'argent faux, 15 sols, conformément au Tarif de 1664.*

*Les Boutons de fil, de laine, de verre, & de rocaille, le cent pésant, 15 liv.*

*Et les Boutons de crin, aussi le cent pésant, 10 liv. suivant l'Arrêt du 3 Juillet 1692.*

*A l'égard des droits de sortie, les Boutons d'or & d'argent fin, compris les bois & carton, payent 20 sols la livre pésant.*

*Les Boutons d'or & d'argent faux, & Boutons de soie, compris le bois & carton, 12 sols aussi de la livre.*

*Les Boutons de crin, verre, & rocaille comme mercerie, 3 liv. & s'ils sont destinés pour aller aux Pays étrangers, seulement 2 liv. du cent pésant, suivant le même Arrêt du 3 Juillet 1692.*

BOUTON DE METAIL EN LAME. Outre les Boutons de divers métaux, qui se fondent dans des moules, il s'en fait aussi quantité en France, & sur tout à Paris, avec des lames, ou feuilles très minces, d'or, d'argent, ou de cuivre ; mais particuliérement de ces deux derniers métaux. L'invention de ces Boutons, qui est très ingénieuse, mais d'un assez mauvais usage, n'est pas ancienne ; & n'a gueres commencé qu'avec le dix-huitiéme siécle, ou sur la fin du dix-septiéme.

Après que le métail, que l'on veut employer, a été réduit en lames, ou en feuilles d'une épaisseur convenable ; soit par l'Orfévre, si c'est de l'or, ou de l'argent ; soit par les Fondeurs, & Ouvriers qui battent & applatissent le cuivre, si c'est du léton, on le taille en petites pieces rondes, d'un diametre proportionné au moule de bois, qui doit remplir le bouton de métail. Pour débiter ces lames, on se sert d'un emporte-piece d'acier très tranchant, avec lequel on les coupe sur une table de plomb, qui ne résistant que mollement au coup, empêche que le fil de l'outil ne se gâte.

Chaque piece de métail ainsi coupée, & enlev.e de la feuille, est ensuite emboutie avec la bouterolle; c'est-à-dire, est réduite de la figure du dessus d'un Bouton, en la frappant successivement avec cet outil dans diverses cavités sphériques, qui s'approfondissent par dégrés, & en commençant par les moins profondes, jusqu'à ce que la lame ait tout le relief dont elle a besoin : & afin de ménager le peu d'épaisseur de la lame, nonseulement on en emboutit jusqu'à dix ou douze à la fois, mais encore on les recuit, pour les rendre plus ductiles & plus malleables.

La bouterolle est un morceau de fer rond, en forme de gros poinçon, convexe par le bout, qui sert à emboutir; & plat par l'autre, pour la pouvoir frapper plus fortement, & plus surement.

Quand les lames sont embouties, on les travaille sur le tas avec la même bouterolle; mais avec cette différence, qu'alors on met du plomb entre la bouterolle & la lame.

On appelle le Tas, un morceau d'acier, de la forme des carrés, qui servent à la fabrication des monnoies, gravé en creux par dessus, & avec une espece de queue pointue par dessous, pour l'affermir sur un billot, ou sur un étably.

La cavité du tas, où doit se faire l'empreinte, a une profondeur & un diametre convenables à la sorte de Bouton, qu'on y veut frapper; chaque sorte ayant besoin d'un tas particulier. Le plomb, que l'on met entre la bouterolle, & la lame emboutie, lorsqu'on la veut travailler sur le tas, sert à lui en faire prendre tous les traits; ce métail cédant facilement aux parties gravées de relief, & s'insinuant avec la même facilité dans les contours de la gravûre en creux. Cette façon s'appelle, Emboutir sur le tas.

La lame ainsi emboutie sur le tas, sert à faire la partie supérieure du Bouton, & s'appelle la Coquille : une autre lame aussi emboutie, mais plus platte, & sans empreinte, en fait la partie inférieure. C'est à cette derniere, qu'est soudée une petite queue d'un fil de même métail, pour arrêter & coudre le Bouton. On joint l'une & l'autre lame, en les soudant ensemble, après y avoir enfermé auparavant un moule de bois, couvert de cire, ou d'une espece de mastic, pour le rendre plus solide. La cire qui entre dans tous les creux du relief de la feuille de métail, le soutient, l'empêche de s'applatir, & lui conserve sa bosse & son dessein. Quelquefois, & même le plus souvent, on se contente de couvrir le moule de bois, de la coquille de métail, en en rabattant les bords par dessous; & pour coudre le Bouton, on se sert alors d'une petite corde à boyau, qui traverse en croix le milieu du moule.

Cette nouvelle fabrique de Boutons fait partie du négoce de l'Orfévrerie, de la Mercerie, des Doreurs sur métail, & des Maîtres Boutonniers.

Ces derniers, & les Orfévres, ont eu de longues contestations au sujet de cette nouvelle fabrique, les uns prétendant être en droit de faire des boutons d'argent; & les autres non seulement les revendiquant, comme faisant partie de l'Orfévrerie; mais voulant aussi en faire des autres métaux dorés, d'or moulu & en feuille, ou argentés.

L'Arrêt de 1717, qui a réglé ces contestations, & qui a conservé aux Orfévres les Boutons d'argent, & aux Boutonniers ceux de cuivre doré, n'a pû empêcher que les uns & les autres n'ayent continué leurs mutuelles entreprises; les Orfévres, qu'on appelle de là Orfévres-Boutonniers, en faisant toujours de cuivre doré, ou argenté; & les Boutonniers n'ayant point discontinué la fabrique des Boutons d'argent.

Il faut remarquer, par rapport à ces derniers Boutons, que la coquille n'étant pas assez forte, pour soutenir la marque du poinçon, les Commis de la Ferme les marquent de deux cachets, quand ils ont été mis par douzaines sur les cartons par l'Ouvrier.

BOUTON, en termes d'Essayeur d'or & d'argent. C'est cette petite partie de ces métaux, sur laquelle on en fait l'essay. Chaque Bouton d'essay pése ordinairement dix-huit grains, & est de la grosseur & de la forme à peu près d'un médiocre Bouton, dont il a pris son nom. *Voyez* ESSAYEUR, & ESSAY.

BOUTON. On le dit aussi chez les mêmes Essayeurs, du morceau d'or ou d'argent, de la grosseur d'un petit pois, qui se forme au fond des coupelles, à mesure qu'elles refroidissent. *Voyez comme dessus.*

BOUTON. C'est encore un instrument de fer, arrondi par un bout, en forme de Bouton, dont les Maréchaux se servent pour mettre le feu à quelques maladies des chevaux. Il a un manche de bois pour le tenir; ou s'il n'a point de manche, on le prend avec des mouflettes, comme les Fondeurs & les Vitriers font leurs fers à souder. *Voyez* MOUFLETTE.

BOUTON. Les Maîtres Arquebusiers appellent le Bouton d'une arme à feu, un petit morceau de fer rond qu'ils mettent au bout du canon, pour servir de mire. *Voyez* ARQUEBUSIER.

BOUTON, en termes de Serrurier. Signifie ce morceau de fer arrondi, qui dans les serrures de chambre sert à faire mouvoir le pesne; & aux verrouils, targettes & espagnolettes, à les ouvrir & fermer. On le dit aussi de ces poignées de fer, qu'on attache aux portes intérieures des appartemens, pour les tirer, & qui se placent à l'endroit où aux portes de dehors on met les heurtoirs.

Les loquets ont aussi leurs Boutons. *Voyez* SERRURIER.

BOUTONNERIE. Marchandise de boutons. Il se dit aussi de la profession de ceux qui en font le négoce. Les Boutonniers-Passementiers fabriquent la plupart de la Boutonnerie de soie, de fil, de poil, de crin, &c. mais ce sont les Marchands Merciers, pour qui ces Ouvriers travaillent, qui en font le commerce le plus considérable.

BOUTONNIER. Ouvrier qui fait des boutons. Les Boutonniers ne font que rarement le commerce des boutons en détail; mais pour l'ordinaire ils les vendent en gros aux Marchands Merciers, aux Tailleurs, aux Tapissiers, &c. A Paris les Maîtres Boutonniers font partie de la Communauté des Maîtres Passementiers. Ils prennent dans leurs Statuts la qualité de Maîtres Passementiers-Boutonniers-Enjoliveurs. *Voyez* PASSEMENTIER.

BOUTONNIER. On appelle Orfévres-Boutonniers, ceux du corps de l'Orfévrerie, qui ne s'occupent qu'à fabriquer & à vendre des boutons d'argent. *Voyez ci-dessus* BOUTON DE METAIL, *à la fin de l'article.*

BOUTONNIER en émail, verre & cristalin. Artisan qui fait des boutons à la lampe avec ces sortes de matieres. Les Maîtres Boutonniers en émail font une des Communautés des Arts & Métiers de la Ville & Fauxbourgs de Paris. Ils ont été réunis en 1706 avec les Maîtres Verriers-Couvreurs de flacons & bouteilles en osier. Ceux-ci sont plus connus sous le nom de Fayanciers. Les autres se nomment communément Emailleurs. *Voyez* EMAILLEURS.

BOUTTES. Espece de grands tonneaux dans lesquels on enferme en Guyenne les feuilles de tabac, après qu'elles ont sué. Chaque boutte contient environ sept quintaux de feuilles. Ce qui n'est pas toujours égal, cela dépendant du plus ou du moins de soin que l'on prend de les presser : plus les feuilles sont pressées dans la boutte, plus elles se conservent. *Voyez* l'article du Tabac.

BOUTTE. On nomme aussi de la sorte les bariques dans lesquelles on met le caviac, ou œufs d'esturgeon & de mouronne, qui viennent de la mer noire. La boute de caviac pése sept quintaux & demi.

BOUTURE. Terme de Monnoyage. C'est une lessive composée de lie de vin séche bien battue, de sel, & de quelques autres ingrédiens, qui sert au blanchiment des flaons. *Voyez* MONNOYAGE.

BOUTURE. Les Orfévres se servoient aussi autrefois d'une lessive pour blanchir leurs ouvrages, à laquelle ils donnoient le nom de Bouture, (quelques-uns disoient Boulure,) qui se faisoit avec le sel de tartre : mais depuis qu'on blanchit au feu, la Bouture de sel de tartre n'est plus gueres en usage.

BOUVART. Les Boucaniers de l'Isle de Saint-Domingue, appellent Bouvarts, ou Demis-taureaux, des taureaux qui sont encore jeunes, & qui n'ont pas toute leur grandeur. Dans le commerce des cuirs de cette partie de l'Amérique, trois Bouvarts vont pour deux bœufs, & deux vaches pour un bœuf; ce qui doit s'entendre des peaux de ces animaux. *Voyez* BOUCANIER.

BOUVEMENT. Instrument de Menuisier. C'est une espece de rabot, dont le fust est étroit, & le fer taillé comme en onde. Il sert à pousser sur les ouvrages de Menuiserie, ce qu'on appelle une Doucine. *Voyez* RABOT.

BOUVERIE. Terme de Marchands de bestiaux, & de Bouchers. C'est proprement une étable à bœufs.

BOUVET. Sorte de rabot, qui a comme deux fusts, & deux fers. Il sert, suivant que ces fers sont placés, & les fusts disposés, pour faire des rainures, ou des languettes, quand on veut emboeter & assembler des ais. *Voyez comme dessus.*

BOUVIER. Celui qui conduit, ou garde les bœufs.

BOUVILLON. Jeune bœuf. On a vû ci-dessus, que les Boucaniers de S. Domingue l'appelloient un Bouvart. *Voyez* BOEUF.

## B O Y

BOYAU. Conduit disposé dans l'animal, pour jetter au dehors les excrémens qui proviennent de la nourriture. Il y a des Boyaux de quelques animaux, qui sont utiles au commerce, après avoir été préparés par des Ouvriers, qu'on nomme à Paris Boyaudiers, qui y composent une des Communautés des Arts & Métiers. *Voyez* BOYAUDIER.

BOYAU. On appelle CORDES DE BOYAU, certaines cordes faites de Boyaux de mouton, ou d'agneau, dont il se fait un assez grand négoce à Rome, à Toulouse, à Lyon, à Marseille, & à



Paris. *Voyez* CORDES DE BOYAU.

BOYAU. On nomme, en termes de Pêcheur, Verveux en Boyau, un verveux qui n'est point monté, & qui n'a ni ses enlarmes, ni son archelet; enfin, qui est tel qu'il sort de la main du Pêcheur, qui en a fait les mailles. *Voyez* VERVEUX.

BOYAUDIER. M. Furetiere dit, BOYAUTIER : mais le Rôle du Conseil de 1691 se sert du premier; & c'est le nom que ces Ouvriers se donnent eux-mêmes, & qu'ils ont par leurs Statuts.

Les Boyaudiers sont des Artisans, qui préparent & filent les cordes à Boyau, qui servent pour les instrumens de musique, les raquettes, & quantité d'autres ouvrages.

Ces Maîtres composent une des Communautés des Arts & Métiers de la Ville & Fauxbourgs de Paris.

BOYE. Terme de Marine. C'est une marque, ou enseignement, que l'on met dans les Ports de mer, ou dans les rades, aux endroits dangereux. On s'en sert aussi pour marquer les lieux où les vaisseaux ont jetté leurs ancres, & les ancres qu'on n'a pû lever. C'est la même chose que *Bouée*. *Voyez* BOUE'E.

BOYER. Espece de batteau, ou chaloupe Flamande, qui sert à transporter les marchandises, pour charger les vaisseaux en rade. On s'en sert plus communément sur les rivieres, les canaux & autres eaux internes, que pour la mer.

## B R A

BRABANTES, ou PREXILLAS-CRUDOS. Sortes de toiles d'étoupes de lin, qui se fabriquent aux environs de Gand, Bruges, Courtray, & Ypres. *Voyez* TOILE, *à l'endroit de l'article où il est parlé des toiles de Flandres.*

BRACELET. Ornement qu'on met autour du poignet. On en fait de rubans; de tissus de cheveux, de crin, de perles, & de pierreries; & c'est aussi au Bracelet, qu'on attache les petits portraits de miniature, qu'on porte au bras.

Les Bracelets sont également en usage parmi les Peuples les plus policés, & les Nations les plus barbares. Les Habitans de Madagascar en font de menilles de métail, qui sont en forme de carcan. Ceux des Sauvages de l'Amérique sont de rassade & de veroterie. Les Noirs des Côtes de Guinée en ont de ces coquillages, qu'on nomme Cauris en Asie, & Bouges en Afrique; & c'est pour avoir de ces vains ornemens, qu'ils donnent les uns & les autres, leurs plus riches marchandises, & même quelquefois la liberté de leurs peres, de leurs femmes, & de leurs enfans. *Voyez* MENILLE, RASSADE, BOUGES, *&c. Voyez aussi le* COMMERCE DES CÔTES D'AFRIQUE.

BRACELET. C'est aussi un instrument de cuir rembourré d'étoffe, dont se servent les Doreurs sur métail, pour se couvrir le bras gauche au dessus du poignet, afin de ne se point blesser, lorsque pour polir, ou brunir leur ouvrage, ils s'appuyent fortement sur l'étau. *Voyez* DORURE AU FEU.

BRAILLER. Terme de salaison de hareng. C'est après qu'on a mis le sel au poisson, le remuer avec des pelles, qu'on appelle Brailles, pour qu'il prenne mieux la saleure. Cette façon ne se donne au hareng, que lorsqu'on le salle à terre. Quand il s'encaque à bord, on le tient sur des paniers plats; & en le plaçant dans la caque, on le saupoudre de sel à chaque rangée qu'on en fait. Il y a des endroits, où pour lui mieux faire prendre le sel, on le fasse dans de grands paniers à anses, en le secouant, & le faisant sauter à plusieurs reprises. *Voyez* HARENG.

BRAISE. Bois, ou charbon très allumé, & qui ne rend plus de fumée. On appelle aussi Braise, ce charbon que les Boulangers & Patissiers tirent de leurs fours, après qu'ils les ont suffisamment chauffés, & qu'ils éteignent dans ce qu'ils appellent l'Etouffoir. Le négoce de cette Braise éteinte est très considérable; beaucoup de Gens, qui craignent les mauvais effets du charbon noir, s'en servant à plusieurs usages. Elle se vend au boisseau ras.

BRAISSAC, près de Brioude en Auvergne, connu par ses mines de charbon de terre. *Voyez* l'Etat général, page 99.

BRAMPOUR, Ville entre Agra & Surate dans les Etats du Grand Mogol, connue par les toiles de couleur que l'on y peint. *Voyez* l'Etat général, page 430.

BRANCARD. Longue piece de bois de charonnage, mince, pliante, & étroite, pour l'ordinaire d'orme; qui fait partie du train d'un carosse, ou d'une chaise roulante. Il faut deux Brancards à chacune de ces voitures, à qui ils tiennent lieu de la fléche. *Voyez* ORME.

BRANCARD. C'est aussi un grand chassis, ou espece de cage faite de bois d'assemblage, ouverte par en haut, dans laquelle on met les moillons, & autres matériaux, pour les monter avec l'engin, ou la grue, au haut des bâtimens.

Il y a aussi des Brancards d'une forte charpente, pour transporter des colonnes, ou autres grands morceaux de marbre, ou de pierre, tous taillés, & que l'on a peur, ou qu'ils ne s'écornent, ou qu'ils ne se cassent.

La fameuse machine, inventée pour monter les deux pierres du Fronton du Louvre, longues de plus de cinquante pieds chacune, sur une assez médiocre épaisseur, & de-là très faciles à se briser, n'étoit qu'une espece de long Brancard de charpente, dans lequel elles étoient enfermées.

Les Brancards ordinaires, dont on se sert dans les atteliers, ont quatre hoches, ou mentonnets, aux quatre coins de l'assemblage d'en bas, où l'on attache les bouts des deux cordages, qui doivent servir à les tirer. Une forte esse de fer, qui rassemble ces deux cordages par le milieu, sert aussi à les attacher au cable de l'engin.

BRANCHE, ou VERGE, que l'on appelle quelquefois *Fleau*, ou *Flayau*. Long morceau de fer, de cuivre, ou de bois, qui fait un des principaux membres de la balance Romaine, autrement Peson, sur lequel sont marqués les différens points de division des poids. *Voyez* BALANCE.

BRANCHE. Terme de Nattiers. Ces Artisans appellent les Branches d'un cordon de natte, les brins de paille séparés en trois, dont les cordons doivent être composés. Chaque Branche a depuis quatre brins jusqu'à douze, & davantage, suivant l'épaisseur & la force qu'on veut qu'ait la natte. *Voyez* NATTE.

BRANCHE, en terme de Verrerie. Est un instrument de fer, long d'un pied & demi, ou environ, avec lequel on élargit la bosse du côté qu'elle a été séparée de la felle, qui a servi à la souffler; ce qui repliant un peu le verre, qu'on a auparavant chauffé, sert à former cet ourlet, qui est autour des plats de verre, que les Vitriers employent aux vitres. *Voyez* VERRE EN PLAT.

BRANCHE. Terme de Manufacture d'étoffes de laine, en usage dans quelques endroits de Picardie, parmi les Sergers & Baracaniers, particuliérement à Abbeville. La branche est une portée de fils dont sont composées les portées qui font la largeur de la chaîne d'une étoffe.

L'article VI des Réglemens de 1670 pour la Communauté des Sergers & Baracaniers d'Abbeville, porte que les serges façon de Londres, auront soixante portées à vingt fils chaque branche, c'est-à-dire, à vingt fils chaque demie portée. *Voyez* l'article des Réglemens. *Voyez aussi* PORTÉE.

BRANCHE. On appelle les Branches d'un carosse, les deux pieces de bois, qui sont au derriere du train du carosse, vis-à-vis les moutons, & qui en soutiennent les arcs-boutans. C'est sur ces Branches que les Laquais se tiennent debout, lorsque la Livrée est nombreuse.

BRANCHE DE CYPRÈS. C'est une espece de droit de Balise qui se paye au Bureau des Fermes du Roi, établi à Blaye. Ce droit est de 4 f. 6. d. par chaque vaisseau venant de Bordeaux, Libourne, & Bourg. Le tiers de ce droit montant à 1 sol 6 d. appartient au Fermier, les deux autres tiers sont au Duc de Duras, par concession de Sa Majesté.

BRANCHER LA BOSSE. C'est tourner en rond l'instrument, que les Verriers appellent Branche, au dedans de l'ouverture qu'on a faite à la bosse, en l'incisant avec de l'eau, pour la séparer du col de la felle. *Voyez* VERRE EN PLAT.

BRANDERIE. On nomme ainsi en Hollande, & particuliérement à Amsterdam, les lieux où l'on fait les eaux-de-vie de grain. *Voyez* l'article de l'Eau-de-vie.

BRAN-DE-VIN. C'est ce qu'on nomme autrement Eau-de-vie.

Ce terme n'est gueres d'usage que parmi le peuple & le soldat. A Paris, où les petits Marchands en débitent à petites mesures, depuis quatre deniers jusqu'à un sol; & dans les armées, où les Vivandiers, qui en font le négoce en détail, disent plus ordinairement Bran-de-vin, qu'eau-de-vie. Ailleurs on ne dit qu'eau-de-vie, à moins que ce ne soit en plaisantant. *Voyez* EAU-DE-VIE.

BRAN-DE-SON. C'est le plus gros son des grains qu'on a fait moudre, qu'on en tire par le bluteau. *Voyez* SON.

BRAND-HARING, ou HARENG DE BRAND. Sorte de hareng qui se pêche par les Hollandois. Cette sorte de hareng est franc à l'entrée, & paye à la sortie 2 fl. 10 f. du last de douze tonnes, suivant la nouvelle liste ou tarif de Hollande de 1725.

Il y a encore quelques sortes de hareng qui se nomment *Brand*, comme, *Jacobi-Brand*, *Barthelomi* ou *Kruigs-Brand Gos*, ou *Rouananche-Brand*. Ces derniers payent 4 fl. du même last de douze tonnes. *Voyez* la nouvelle liste ou tarif, à l'article LISTE.

BRANLE. Terme de marine. C'est une forte toile longue de sept à huit pieds, qu'on suspend dans un vaisseau par les quatre coins, pour faire coucher un homme dessus. C'est une distinction dans un vaisseau marchand ordinaire, que de pouvoir avoir un branle; il n'y en a point dans les heiis, ni dans les barques, encore moins dans les tartanes.

BRANLER ; se dit d'un Marchand ou d'un Banquier qui fait présenter ses billets par tout pour avoir de l'argent, & qui donne par là à connoître qu'il est prêt à faire faillite. On entendra bien-tôt parler de plusieurs mauvaises affaires : Je connois deux ou trois gros marchands qui branlent.

BRANSLOIRE. Chaîne de fer, qui sert à faire mouvoir les soufflets des Forgerons, comme Taillandiers, Serruriers, Maréchaux, Eperonniers, Couteliers, & autres. *Voyez* SOUFFLET DE FORGE.

BRAS. Se dit de plusieurs choses, qui pour leur usage, ou leur figure, ont quelque ressemblance avec les bras, qui sont une des principales parties du corps humain.

BRAS DE FLAMBEAUX. C'est ainsi que les Marchands-Epiciers-Ciriers appellent ces quatre gros & longs morceaux de mêche, qu'ils couvrent de cire, pour former leurs flambeaux. *Voyez* FLAMBEAU DE POING.

BRAS. On appelle les Bras d'une scie, les deux pieces de bois, auxquelles la feuille de la scie est attachée. Ces deux pieces sont jointes par le milieu avec une traverse à tenons, & encore par en haut par une double corde, que l'on peut serrer, ou lâcher, par le moyen d'une cheville, dont le bout le plus long s'arrête sur la traverse. *Voyez* SCIE.

BRAS, en termes de Tourneur. Signifient les deux pieces de bois, qui traversent les poupées un peu au dessous des pointes, & qui servent à soutenir la barre, ou support, sur lequel l'Ouvrier appuye les outils avec lesquels il travaille. Ces Bras s'avancent, & se reculent, suivant que l'Ouvrier le trouve plus commode, ou que l'Ouvrage le demande. *Voyez* TOUR.

BRAS ; ce que les Charpentiers appellent les BRAS d'une chévre. Sont les deux longues pieces de bois, qui se joignent par en haut ; & qui s'éloignant par en bas, forment un triangle. Ce sont ces Bras qui portent le treuil, sur lequel le cable se roule, quand on éleve quelque fardeau. *Voyez* CHEVRE.

BRAS. Les Bras d'un bar, d'une civiere, ou autres engins propres à porter les matériaux, sont les quatre extrémités des deux principales & plus longues pieces de l'engin, où les Porteurs arrêtent leurs bretelles, & où ils posent les mains pour le porter. *Voyez* BAR, CIVIERE, *&c.*

BRAS. On appelle les Bras d'une grue, (machine propre à élever des fardeaux) les huit pieces de bois, ou liens, ou contrefiches, qui appuyent l'arbre d'un bout, & qui sont posées de l'autre à tenons & à mortoise sur les huit racinaux de l'empatement. *Voyez* GRUE.

BRAS. Sont encore, dans les engins, autres machines qui servent au même usage que les grues, deux grandes pieces de bois, qui en soutiennent & arcboutent le poinçon ; & qui forment avec l'eschelier, qui l'appuye de l'autre, une espece de pyramide triangulaire. *Voyez* ENGIN.

BRAS. On appelle les Bras d'une baleine, ce que dans les autres poissons on nomme des Nageoires. *Voyez* BALEINE.

BRAS. Les Bras d'un ancre sont les deux portions de la piece de bois, qui le traversent par en haut ; chaque Bras faisant la moitié de la croisée. On dit aussi, les Branches d'un ancre. *Voyez* ANCRE.

BRAS de riviere, sont les différentes séparations que font les rivieres, lorsqu'elles rencontrent dans leur cours deux terreins également bas.

BRASER. Terme de Serrurier, & d'autres Ouvriers en fer. C'est souder deux morceaux de fer ensemble avec de petites lames de léton, qu'on fait fondre entre les pieces qu'on veut joindre. Si l'ouvrage est délicat, comme quand on brase des feuilles de scies rompues, on le couvre de borax en poudre, qu'on mouille avec de l'eau, pour qu'il fasse corps avec la poudre de léton, qu'on y ajoute ; & l'on met la piece sur le feu, sans qu'elle touche au charbon, l'échauffant jusqu'à ce qu'on voye couler le léton. Enfin, pour braser encore avec plus de délicatesse, on se sert, ou d'une soudure faite de léton, & de la dixiéme partie d'étain fin ; ou d'une autre, d'un tiers de léton, & des deux autres tiers d'argent, qu'on employe avec le borax & la poix-résine ; prenant garde dans toutes ces manieres de braser, que les pieces soient bien jointes par tout, la soudure ne prenant qu'aux endroits qui se touchent.

BRASER. Signifie aussi joindre ensemble deux pieces de fer, en les battant à chaud l'un dessus l'autre ; ce qui se fait aux gros ouvrages. On dit plus ordinairement, Souder.

BRASSAGE. Terme de Monnoie. C'est le droit accordé par le Prince aux Maîtres des Monnoies, pour les frais de la fabrication des especes.

Ce droit appellé dans la basse Latinité *Brasseagium*, du mot François, Brasser, n'a commencé de se payer en France, que sous la troisiéme Race ; la monnoie s'y fabriquant auparavant aux dépens du Public ; ce qui la rendoit d'un même prix en œuvre, & hors d'œuvre.

Le droit de Brassage n'a pas toujours été égal ; il fut même aboli en 1679 par Louis XIV, mais ayant été rétabli dix ans après, il s'est depuis payé sur l'ancien pied de trois livres par marc d'or, & dix-huit sols par marc d'argent.

BRASSAGE. Se dit encore dans la fabrique des monnoies, de diverses façons que l'on donne aux métaux, soit avant de les mettre en fonte, soit lorsqu'ils sont fondus.

Le Brassage des métaux avant la fonte, se fait en les remuant en grenailles dans des sacs, afin de les mêler. Celui qui se fait, lorsqu'ils sont en fonte, consiste à les bien remuer, lorsqu'ils sont en bain, c'est-à-dire, lorsqu'ils sont parfaitement fondus ; ce qui se fait avec des instrumens, qu'on appelle Brassoirs. *Voyez* BRASSER, BRASSOIR, *& l'article de la* MONNOYE.

BRASSE. Mesure qui contient ce qui est compris de l'extrémité d'une main à l'autre, lorsque les deux bras sont étendus ; ce qui fait environ la toise de France, ou la longueur de six pieds de Roi.

C'est à la Brasse que se mesure la profondeur des rivieres, des mers, des mines, des carrieres, & des puits.

L'on y mesure aussi la longueur des cables, qui servent à tenir les ancres des vaisseaux ; & alors il y en a de trois sortes.

La grande, qui est la Brasse des vaisseaux de guerre, est de six pieds.

La moyenne, qui n'a que cinq pieds & demi, sert aux vaisseaux Marchands.

Et la petite, qui n'est que de cinq pieds, est celle des Patrons de Pêche, c'est-à-dire, des petits bâtimens, tels que ceux qui servent à la pêche du hareng.

Les Hollandois se servent aussi de la grande

Brasse, pour l'armement des vaisseaux que la Compagnie envoye aux Indes Orientales.

Brasse. Est aussi une espece d'aune, ou de mesure de longueur, qui sert à mesurer les corps étendus; comme draps de soie, de laine, serges, toiles, & autres marchandises de pareille nature.

La Brasse est en usage presque dans toute l'Italie, quoiqu'elle soit de différente longueur, suivant les lieux.

A Venise, la Brasse contient un pied, onze pouces, trois lignes, qui font huit quinziémes d'aunes de Paris; de maniere que quinze Brasses de Venise font huit aunes de Paris; ou huit aunes de Paris font quinze Brasses de Venise.

La Brasse, de Bologne, Modéne, & Mantoue, est semblable à celle de Venise.

A Luques, la Brasse est conforme au ras de Piémont: elle contient un pied, neuf pouces, dix lignes; ce qui fait une demie aune de Paris: ensorte que deux Brasses de Luques font une aune de Paris; ou une aune de Paris fait deux Brasses de Luques.

A Florence, la Brasse contient un pied, neuf pouces, quatre lignes, qui font quarante-neuf centiémes d'aune de Paris; ce qui est peu moins d'une demie aune: de maniere que cent Brasses de Florence font quarante-neuf aunes de Paris; ou quarante-neuf aunes de Paris, font cent Brasses de Florence.

A Milan, la Brasse dont on se sert pour mesurer les draps de soie, contient un pied, sept pouces, quatre lignes; ce qui fait quatre neuviémes d'aune de Paris: de façon que les neuf Brasses de Milan, pour les draps de soie, font quatre aunes de Paris; ou quatre aunes de Paris font neuf Brasses de Milan.

Dans la même Ville, la Brasse destinée pour mesurer les draps de laine, est semblable à l'aune de Hollande, & contient deux pieds, onze lignes, qui font quatre septiémes d'aune de Paris; ensorte que sept Brasses de Milan, pour les draps de laine, font quatre aunes de Paris; ou quatre aunes de Paris font sept Brasses de Milan.

Enfin, à Bergame, la Brasse contient un pied, sept pouces, six lignes, qui font cinq neuviémes d'aune de Paris: de maniere que neuf Brasses de Bergame font cinq aunes de Paris, ou cinq aunes de Paris font neuf Brasses de Bergame.

Pour réduire les Brasses de Bergame en aunes de Paris, il faut se servir de la régle de trois, & dire: Si neuf Brasses de Bergame font cinq aunes de Paris, combien tant de Brasses de Bergame feront-elles d'aunes de Paris? Et au contraire, pour réduire les aunes de Paris en Brasses de Bergame, il faut dire: Si cinq aunes de Paris font neuf Brasses de Bergame combien tant d'aunes de Paris feront-elles de Brasses de Bergame.

Cette maniere de réduire les Brasses de Bergame en aunes de Paris, & les aunes de Paris en Brasses de Bergame, peut servir pour toutes les autres réductions.

Brasse. Se dit aussi de la chose mesurée avec la Brasse. Une Brasse de velours: Une Brasse de drap.

Brasse. Terme de Boulanger. On dit, Un pain de Brasse; pour signifier, un très gros pain. Les pains de Brasse pésent ordinairement depuis vingt-cinq jusqu'à trente livres.

BRASSER. Remuer, agiter une chose à force de bras.

Brasser les Cuirs. Terme de Tanneur. C'est les remuer & retourner pendant un certain tems dans une cuve remplie de tan, & d'eau chaude, afin de les rougir. On dit aussi, *Coudrer les cuirs*, & *Mettre les cuirs en coudrement*, dans la même signification. *Voyez* Tanner les Cuirs.

Brasser l'Or, l'Argent, le Billon, & le Cuivre. Termes de Monnoyage. C'est remuer ces métaux, lorsqu'ils sont en bain dans les creusets, & qu'on se prépare à les jetter dans les moules, pour les réduire en lames. Cette façon se donne avec des instrumens, qu'on appelle Brassoirs, qui sont des cannes de terre pour l'or, crainte de l'aigrir; & de fer pour les autres métaux.

On brasse ainsi les matieres destinées à être employées en monnoie, afin de les rendre d'un égal titre par tout, en partageant, pour ainsi dire, & répandant dans tout le métail fondu, l'alliage qu'on y met.

Brasser. Signifie encore, en termes de Monnoyage, remuer dans des sacs, l'or, l'argent, ou le billon, lorsqu'on les a réduits en grenailles, afin de les mêler, avant de les mettre à la fonte. *Voyez* Monnoyage.

Brasser la Biere. C'est agiter & remuer fortement les grains, le houblon, & les autres drogues & ingrédiens, dont on compose cette boisson, pour les faire cuire ensemble dans la grande chaudiere de cuivre, remplie d'eau, où on les met au sortir de la cuve, où ils ont fermenté pendant quatre ou cinq jours.

C'est de ce Brassage, qui se fait avec des brassoirs de bois, en forme de rateaux, ou de rabots, que dépend la bonté de la bierre; & c'est aussi de lui, que les Ouvriers qui la façonnent, sont appellés Brasseurs, & le lieu où ils travaillent, Brasserie. *Voyez ci-dessus* Biere, *& ci-après* Brasseur.

Brasser. Est aussi un terme de Pêcheur, qui signifie agiter, & troubler l'eau avec l'instrument, qu'on appelle Bouloir, afin que le poisson donne plus facilement dans les filets qu'on lui a tendus. *Voyez* Bouloir.

BRASSERIE. Attelier où l'on façonne la biere; ce qui comprend non-seulement les lieux où sont les fourneaux, & les chaudieres dans lesquelles la biére se brasse, & se cuit; mais aussi ceux où l'on prépare les grains, en les faisant germer; en les séchant, quand la germination a été poussée jusqu'à un certain point; & en les laissant fermenter, autant qu'il est nécessaire, pour les porter à la chaudiére. *Voyez* Biere, *où toutes ces préparations sont expliquées.*

BRASSEUR. Celui qui fait, ou qui vend la biére en gros.

La Communauté des Maîtres Brasseurs de la Ville & Fauxbourgs de Paris, est très ancienne; & une des premieres qui ait été érigée en Corps de Jurande, & à qui le Prévôt de Paris ait donné des Statuts.

Les Statuts de 1268, dressés ou approuvés par Estienne Boileau, qui alors étoit revêtu de cette Charge, ont servi de modéle à tous les autres: & quoiqu'il y ait quelque différence pour le nombre des Jurés, & pour les années d'apprentissage, ils sont néanmoins dans le fond les mêmes; n'y ayant gueres de changement, que celui que la diversité des tems, du langage, & des usages, ont coutume d'apporter dans ces sortes de Réglemens.

Ces premiers Statuts, où les Maîtres de la Communauté sont appellés Cervoisiers, du mot Cervoise, qui est le nom qu'on donnoit alors à la biére, ne consistoient qu'en huit articles, dont on ne rapportera que le second, pour éviter de les répéter, lorsqu'on parlera de ceux donnés par Louis XIII, desquels la Communauté se sert encore présentement.

Nul Cervoisier ne doit faire cervoise, fors de yave (houblon) & de grain; c'est à sçavoir, d'orge, de méteuil, & de dragié (mêlange d'orge, de seigle, & d'avoine;) & se il y mettoit autre chose pour en faire; c'est à sçavoir, baye, (fruit de laurier franc,) Piment (poivre long) & poix résine, il amenderoit au Roi de 20 sols parisis; & si seroit tous li brassins, qui seroit fait de tiex choses, donnés pour Dieu.

Jacques Destoiville, aussi Prévôt de Paris, dressa pour la Communauté des Cervoisiers, & Faiseurs de biere, de nouveaux Statuts le 6 Octobre 1489. Ils sont composés de quinze articles; les abus qui commençoient à se glisser dans la fabrique des biéres, ayant demandé plus de précaution que par le passé.

C'est par ces Statuts que commença à s'établir & à se fixer l'apprentissage, & le chef-d'œuvre du métier, desquels il n'étoit point parlé dans les autres.

De troisiémes Statuts, mais confirmés & homologués par Lettres Patentes, furent donnés au mois de Mai 1514 par Louis XII. Ils contiennent dix-sept articles, peu différens de ceux de 1489.

Les Maîtres Brasseurs en obtinrent la confirmation sous les Regnes suivans en 1556, 1567, 1580, & 1608.

Enfin, sous le Regne de Louis XIII furent dressés les Statuts, dont se sert aujourd'hui cette Communauté; qui, après avoir été renvoyés aux Officiers du Châtelet, furent, sur leur vû, approuvés, ratifiés, & homologués par Lettres Patentes du mois de Février 1630.

Quatre ans auparavant il avoit été donné par le même Roi, un Edit en forme de Réglement, pour la composition, vente & débit des biéres par toutes les Villes & Bourgs du Royaume; mais les dix articles de ce Réglement regardoient plutôt la nouvelle création des Visiteurs-Contrôleurs des biéres, faite en 1625, que la discipline de la Communauté; aussi ne furent-ils point rappellés ni cottés dans les Lettres Patentes accordées pour la confirmation des Statuts de 1630.

Par ces derniers Statuts, rédigés en dix-huit articles, les Jurés sont établis au nombre de trois, dont deux doivent se changer tous les deux ans, & deux autres être élus à la pluralité des voix, le lendemain de la Fête de S. Leonard, Patron de la Communauté, pour par eux être faites les visitations chez les Maîtres, & les Regratiers, aussi-bien que des houblons & levûres dures apportées par les Marchands Forains; veiller à la conservation des Priviléges, & à l'observation desdits Statuts; recevoir les Apprentifs; donner le chef-d'œuvre aux Aspirans; recevoir les Maîtres; prendre soin des fonds & des affaires de la Communauté.

Le tems de l'apprentissage est fixé à cinq années entieres & consécutives; & le service chez les Maîtres, après l'apprentissage, à trois ans: ensuite de quoi le Compagnon peut être reçû Maître, en faisant le chef-d'œuvre.

Chaque Maître ne peut avoir qu'un seul apprentif à la fois pendant les cinq années: permis néanmoins à lui d'en prendre un second, quand la cinquiéme année du premier Apprentif est commencée.

Aucun ne peut transporter son Apprentif à un autre, si ce n'est pour cause raisonnable, & après en avoir averti les Jurés, & en avoir obtenu la permission.

Nul, s'il n'est Fils de Maître, n'est exempt de l'apprentissage; mais le Fils de Maître est tenu du chef-d'œuvre, & des droits de la Confrérie, aussi-bien que l'Apprentif étranger.

Le chef-d'œuvre, qui doit se faire en présence des Jurés, & d'un nombre de Bacheliers appellés, consiste à accommoder, germer, & faire un brassin de six septiers de grain au moins, & même de plus, si l'Aspirant le veut.

Il est défendu à tous Maîtres de soustraire les Apprentifs & serviteurs d'autrui; comme aussi de se servir des Compagnons, qui sortent de chez les Maîtres avant leur terme échû, à moins que ceux-ci n'y consentent.

Pareilles défenses sont faites de s'associer pour le métier de Brasseur, aucun s'il n'est Maître.

Chaque Maître est tenu d'avoir une marque, qui lui soit propre, pour marquer les caques, barils, & autres tonneaux, dans lesquels il met sa biére; & d'en laisser une empreinte sur la table de plomb, qui est dans la Chambre du Procureur du Roi au Châtelet; afin, en cas de contravention au Réglement, & de mauvaise façon, de pouvoir reconnoître de quelle brasserie est la biére.

Il est ordonné, que la biére ne sera faite que de bons grains, bien germés & brassinés, sans y mettre yvroie & sarasin, ni autre mauvaise matiere.

Il n'est permis à chaque Maître, que de faire un seul brassin de biére par jour, & seulement de quinze septiers de farine au plus; avec défenses d'avoir des brasseries, ni d'y tenir des chaudiéres & cuves plus grandes, que pour contenir lesdits quinze septiers; tant parce que la biére gardée est moins bonne, que pour laisser à chacun de quoi s'occuper, & gagner sa vie dans ledit métier.

Les Veuves des Maîtres, restant en viduité, peuvent tenir brasserie, & avoir Compagnons; mais non Apprentifs, si ce n'est celui commencé par leur défunt mari.

La propreté étant sur tout requise, pour faire de bonne biére, il est défendu de tenir dans les brasseries, bœufs, vaches, porcs, cannes, oisons, & autres tels animaux, qui ont coutume de causer de l'infection.

Tout colportage de biére, & levûres de biére, est interdit, tant à ceux qui ne sont pas Maîtres, qu'aux Maîtres mêmes: ceux-ci ne pouvant les vendre que dans leurs brasseries & maisons, & encore les levûres seulement aux Patissiers & Boulangers, qui s'en servent dans leurs ouvrages.

Enfin, les levûres dures & solides, apportées par les Marchands Forains, ne pourront être par eux exposées en vente, autre part qu'à la Halle, ni vendues à d'autres qu'auxdits Patissiers & Boulangers; & seulement après avoir été vûes & visitées par les Jurés.

Ces Statuts furent confirmés sous le Regne de Louis

Louis XIV au mois de Septembre 1686, par ses Lettres Patentes, enregistrées au Parlement le 3 Mai 1687.

Plusieurs Offices de nouvelle création, entr'autres ceux de Jurés, de Greffiers, d'Auditeurs des Comptes; de Contrôleurs, pour parapher les Registres des Marchands & Communautés; de Gardes & Dépositaires des Archives, & autres semblables, ayant été réunis depuis 1691 jusqu'en 1714, à la Communauté des Maîtres Brasseurs de biére, moyennant plusieurs finances payées aux coffres du Roi, cette Communauté obtint une nouvelle confirmation de ses Statuts, & dix nouveaux articles de Réglement, pour être ajoutés aux anciens, par des Lettres Patentes du 29 Mai 1714, enregistrées au Parlement le 18 Juin ensuivant.

Par le premier de ces articles, il est ordonné, pour prévenir les fraudes qui se pourroient commettre par les Marchands Forains de houblon, arrivant à Paris; que lesdits Forains n'y en feront point entrer à l'avenir, sans une déclaration exacte desdits houblons, faite aux Jurés Brasseurs, à peine de confiscation de la marchandise non déclarée, & non comprise dans leur déclaration.

Le second defend à tous Maîtres Brasseurs, & Veuves de Brasseur, de s'associer avec d'autres, qu'avec des Maîtres de ladite Communauté; ni de leur prêter leur nom directement, ni indirectement, à peine de 500 liv. d'amende, d'interdiction de la Maîtrise, contre les Maîtres & Veuves; & de confiscation des ustenciles, houblons, & autres matiéres servant à la brasserie, contre les Etrangers associés.

Le troisiéme permet aux Jurés, de faire, outre les quatre visites ordinaires & accoutumées, telles autres visites qu'ils jugeront à propos, tant chez les Maîtres Brasseurs, que chez les Privilégiés, & Détailleurs de biére, pour empêcher les fraudes, & particuliérement l'usage des meslasses dans la confection de cette boisson; attribuant la somme de dix sols par an pour toutes les visites, qui seront faites au nombre de quatre chez les Vendeurs de biere, qui ne sont pas en Communauté.

Le quatriéme régle les droits des Aspirans à la Maîtrise, ayant les qualités requises par lesStatuts, à mille livres: ceux qui se présenteront sans qualité, ou des Apprentifs qui n'auront pas fini le tems de leur apprentissage, à deux mille livres: & ceux des Fils de Maîtres, nés avant la Maîtrise de leurs peres, à quatre cent francs: Ordonnant en outre, qu'il soit payé à la Communauté 150 liv. pour droit de brevet, & 20 liv. pour l'ouverture de boutique, ou l'exercice de la profession; dont la moitié appartiendra à ladite Communauté, & l'autre moitié aux Jurés; sans que personne puisse s'établir, avant de l'avoir déclaré aux Jurés: Sa Majesté déclarant néanmoins, que cette augmentation de droit ne subsistera que jusqu'à l'entier payement des sommes & arrérages, empruntées & dues, tant en conséquence desdits Edits, que des précédens; après quoi lesdits droits seront réduits, comme auparavant l'Edit du mois de Mars 1691.

Le cinquiéme article fait défenses aux Privilégiés Vendeurs de biére, d'avoir chez eux aucun Compagnon & Apprentif, conformément à l'Arrêt du Parlement de Paris du 23 Aout 1641, & la Déclaration du 30 Juin 1705, rendue en faveur des Tisserans, à peine de 300 l. d'amende.

Le sixiéme défend pareillement aux Détailleurs de biére, de vendre aux Tonneliers, ni à d'autres, les futailles que les Brasseurs leur ont prêtées; & leur enjoint de les leur rendre aussi-tôt qu'elles se trouveront vuides, à peine de 200 liv. d'amende, tant contre l'Achéteur, que contre le Vendeur.

Le septiéme accorde aux Maîtres Brasseurs de la Ville & Fauxbourgs de Paris, de pouvoir s'établir en quelques lieux & Villes du Royaume, que bon leur semblera, sans rien payer, pour être reçûs dans les Communautés de la même profession, en représentant seulement leurs Lettres de Maîtrise.

Enfin, il est ordonné par le dernier article, que ceux des Jurés, Anciens, & Maîtres, qui sans cause légitime n'assisteront pas aux Assemblées convoquées en la maniere ordinaire, seront tenus de payer chacun la somme de 12 liv. au profit des présens; & que tout ce qui aura été déliberé par ceux qui se trouveront auxdites Assemblées, pourvû qu'ils soient au nombre de dix, vaudra, comme si tous les Maîtres l'avoient signé.

Il y avoit été aussi créé au mois de Février 1698, quarante Offices d'Essayeurs de biére pour la Ville de Paris; mais ces Offices furent supprimés au mois de Mars de la même année, sans que l'Adjudicataire en eût vendu aucun.

Outre tous les articles de Réglement contenus dans les anciens & nouveaux Statuts des Brasseurs de biére, il s'en trouve encore quelques-uns dans l'Ordonnance des Aydes de 1680, qu'ils sont obligés d'observer, à peine d'encourir les amendes portées contre les contrevenans.

Ces articles sont les 2$^e$, 3$^e$, 4$^e$, & 5$^e$ du titre des Droits sur la biére.

Par le premier de ces quatre articles, les Brasseurs ne peuvent se servir de cuves, chaudieres, & bacs, que l'espallement n'en ait été fait avec le Fermier, ou Commis; & que ledit Fermier n'y ait apposé sa marque; à peine de confiscation des vaisseaux non jaugés, ni marqués; de la biére qui s'y trouvera, & de cent livres d'amende.

Par le second, ils sont tenus à chaque brassin, d'avertir par écrit les Commis, du jour & de l'heure qu'ils mettent le feu sous les chaudiéres; & de n'entonner leur biére que de jour; sçavoir, depuis le premier Avril jusqu'au premier Octobre, depuis cinq heures du matin jusqu'à huit du soir; & depuis le premier Octobre jusqu'au premier Avril, depuis sept heures du matin jusqu'à sept du soir; & seulement en présence des Commis, ou eux dûement appellés, sous pareilles peines.

Par le troisiéme, il est ordonné, que les tonneaux seront marqués, à mesure qu'ils seront remplis; du nombre & de la continence desquels il sera tenu Registre par les Commis; avec défenses aux Brasseurs d'en souffrir l'enlevement, qu'ils n'ayent été démarqués par les Commis, à peine de confiscation, & de cinq cent livres d'amende.

Enfin, par le quatriéme, il est laissé au choix du Fermier, de se faire payer des droits, ou sur le nombre & la continence des vaisseaux, dans lesquels la biére aura été entonnée, sans aucune déduction; ou sur le pied de l'espallement des chaudieres, à la diminution du quart, tant pour celles où il y a des gantes, que pour celles où il n'y en a point; & ne peuvent être les gantes que de quatre pouces de hauteur.

BRASSIN. Grand vaisseau, dont les Brasseurs se servent pour façonner leur biére.

Brassin. Se dit aussi de chaque chaudiere, ou cuite de biére, qui se fait dans une brasserie. *Voyez* Brasseur.

BRASSOIR, ou BRASSOIRE. Instrument dont on se sert pour agiter, remuer, & mêler des matieres liquides.

Brassoir, en termes de Monnoyage. Est une canne de terre cuite, ou de fer, qu'on employe à brasser les métaux destinés à faire des especes de monnoye, lorsqu'ils sont en bain. *Voyez* Brasser l'or, &c.

Brassoir. C'est aussi une perche de six ou sept pieds de longueur, avec un morceau de bois, ou une douve au bout, dont les Brasseurs de biére se servent, pour remuer dans leurs cuves, ou dans leurs chaudieres pleines d'eau, le grain, le houblon, & les autres drogues qu'ils font fermenter ou cuire ensemble, pour préparer, ou faire leur biére. On les appelle plus ordinairement des Vagues.

BRATOFFIENA, Village qui est assez près du Moscou, du côté qu'on y arrive d'Archangel, où l'on visite les marchandises destinées pour Moscou. *Voyez* l'Etat général, page 303.

BRAVA, un des Ports d'Abissinie sur la Mer rouge. *Voyez* l'Etat général, page 391.

BRAULS. Toiles des Indes rayées de bleu & de blanc. On les nomme autrement des Turbans, parce qu'elles servent à couvrir cette sorte d'habillement de tête, particuliérement sur les côtes d'Afrique. *Voyez* Turban.

BRAY. Espece de poix, ou résine, qui sert à calfater les vaisseaux.

Il y a de deux sortes de Bray; du Bray sec, & du Bray liquide.

Le Bray sec est l'arcançon. *Voyez* Arcançon.

Le Bray liquide, qu'on nomme aussi Tarc, est le goudron. *Voyez* Goudron.

Bray. Est aussi une composition de gomme, de résine, & d'autres matieres gluantes, qui font un corps dur, sec, & noirâtre; ou bien de la poix liquide mêlée simplement avec de l'huile de poisson. L'un & l'autre servent aux calfats des bâtimens de mer.

*Le Bray qui vient en France des Pays étrangers, paye de droits d'entrée* 8 *liv. le leth, composé de douze barils ordinaires.*

*Le Bray venant des Provinces du Royaume où les Aydes n'ont pas cours, paye* 20 *sols du leth, & les plus gros à proportion.*

*Les droits de sortie du Bray se payent comme goudron; c'est-à-dire,* 32 *sols du leth, de douze barils.*

*Commerce du Bray à Amsterdam.*

Le bray de Bayonne se vend à Amsterdam 40 fl. les mille livres. On donne 120 livres de tare par barique, & on déduit un pour cent pour le bon poids & autant pour le prompt payement.

Le prix du bray de Bordeaux & ses déductions sont semblables à celui de Bayonne; à l'égard de la tare, elle n'est que de 90 livres par barique.

BRAYE. On appelle Brayes, dans la construction des moulins à vent, les pieces de bois qu'on met sur ce qu'on nomme le Paillier du moulin, pour soulager les meules. *Voyez* Moulin a vent.

BRAYER. Bandage fait d'acier, couvert ordinairement de cuir passé en chamois, & quelquefois de velours, & autres étoffes. Il sert aux personnes qui ont des hernies & descentes, pour contenir les intestins, & les empêcher de tomber dans le *scrotum*, ou dans les aînes.

Les Faiseurs de Brayers sont du Corps des Maîtres Boursiers de la Ville de Paris, qui en prennent la qualité dans leurs Statuts, & qui ont été maintenus, par Arrêt du Parlement du mois de Septembre 1636, confirmé par l'article 36 de leurs Statuts de 1659, dans la faculté exclusive de faire ces sortes de bandages. Les Maîtres qui s'appliquent à cette fabrique, sont reçûs à Saint-Cosme. Il leur est néanmoins défendu de prendre la qualité de Chirurgiens, mais seulement celle d'Experts en bandage pour les hernies. *Voyez les articles de Chirurgiens, & de Boursiers.*

Brayer. C'est aussi une espece de bandage de gros cuir, avec une boucle & son ardillon, qui sert à soutenir le battant d'une cloche. *Voyez* Cloche, & Fondeur de cloches.

Brayer, en terme de maçonnerie. Se dit encore des cordages qui servent à élever le bar, ou bourriquet avec lequel on porte le moilon & le mortier au haut des bâtimens, par le moyen de l'engin, ou de la grue. *Voyez* Bouriquet.

Brayer. Employer le bray à calfater les vaisseaux, & autres bâtimens de mer. *Voyez* Bray.

BRAYON. Terme d'Imprimeur. C'est ce qui sert à broyer les ingrédiens dont est composée l'encre d'Imprimerie. *Voyez* Encre d'Imprimerie.

Brayon. Les Peintres, & les Epiciers ont aussi des Brayons pour broyer & préparer les couleurs, que ceux-là employent dans leurs ouvrages, ou que ceux-ci leur vendent toutes broyées.

BRE

BREAUNE, ou BRIONNE. Espece de toile blanche faite de lin. *Voyez* Brionne.

BREBIS, que quelques-uns écrivent aussi BREBI. Animal à quatre pieds couvert de laine; la femelle du belier, & qui porte les agneaux. Elle fournit pour le commerce les mêmes marchandises que le belier & le mouton; & outre cela, son lait, dont on fait du fromage, particuliérement celui que l'on appelle de Rocfort. *Voyez* Mouton, & Fromage, *à l'endroit où il est parlé de celui du Languedoc.*

*Les Brebis payent en France les droits de sortie, comme moutons, quatre sols de la piece.*

Les Pecos du Perou, qui sont des especes de Brebis grandes & fortes, dont on se sert comme de bêtes de charge, & qui peuvent porter jusqu'à cent livres pesant, sont couvertes d'une laine très longue, & très fine, dont on fait diverses sortes d'ouvrages de lainerie, qui sont extrémement estimés. Les Historiens du Perou en disent bien des choses extraordinaires sur les divers usages où on les employe; mais comme elles ont peu de rapport au commerce, on peut avoir recours aux Originaux, & particuliérement à l'Histoire de la découverte de ce vaste & riche Royaume, traduit de l'Espagnol d'Augustin de Zarat. On peut voir aussi dans ce Dictionnaire l'article du Pecos, concernant leurs différentes especes, & les diverses étoffes qu'on fabrique de leurs laines.

BRECOURT, Village de France dans le Beauvoisis. Il s'y fait une très grande quantité de serges. *Voyez* l'Etat général, page 18.

BREF. Ce qui a peu d'étendue, ou qui n'est pas long.

On appelle Bref état de compte, un compte en abrégé, & qui n'est pas dressé, ni rendu en forme. *Voyez* Compte.

Bref, en terme de marine. Signifie en Bretagne,

Congé, ou Permission de naviger.

Il y en a de trois sortes. Bref de *sauveté*, Bref de *conduite*, & Bref de *victuailles*. Le premier se donne pour être exempt du droit de *bris*; le second, pour être conduit hors des dangers de la côte; & le troisiéme, pour avoir liberté d'acheter des vivres.

On les appelle aussi *Brieux*, & dans le langage ordinaire, on dit : Parler aux Hebrieux; pour dire, obtenir ces Brefs.

BREFVE, ou BREVE. Terme de monnoyage. Il signifie le poids des flaons, que le Maître de la Monnoie donne au Prévôt des Ouvriers pour ajuster; ainsi nommé de ce que le Prévôt & le Maître doivent faire un *Bref état* sur leur Registre; l'un, du poids des flaons qu'il donne; & l'autre, de celui qu'il reçoit; le Prévôt étant obligé de les rendre poids pour poids, tant ceux qui ont la pésanteur requise, que ceux qui ont été rebutés comme foibles, avec les limailles; ce qui s'appelle *Rendre la Breve;* ainsi qu'on dit, Donner la Breve, quand le Maître met les flaons dans les mains du Prévôt. Le Maître paye dans la suite au Prévôt deux sols pour marc d'or, & un sol pour marc d'argent, sur le pied de ce qui est passé de net en délivrance, pour être distribué à ceux qui ont ajusté la Breve, c'est-à-dire, les flaons; à proportion de leur travail.

BREFVE. Se dit aussi du nombre des flaons que les Ouvriers Monnoyeurs sont tenus d'aller querir dans l'attelier, où ils ont été marqués sur trenche; dont, tant lesdits Ouvriers, que l'Entrepreneur ou Marqueur sur trenche, doivent tenir Registre par *Bref état*. Ce qui s'appelle, comme on l'a dit du Prévôt des Ouvriers Ajusteurs, Donner la Breve, quand les Ouvriers Monnoyeurs reçoivent les flaons; & Rendre la Breve, lorsqu'ils les rapportent.

BREGIN. Espece de filet en usage sur la Méditerranée, dont les mailles sont fort étroites. Il est attaché à l'arriere d'un petit batteau, & traîné sur le sable.

BRELLE. C'est le nom que les Marchands de bois quarré donnent à une certaine quantité de pieces de bois liées ensemble, en forme de petit radeau. Il faut quatre Brelles pour faire un train complet. *Voyez* TRAIN.

BRELUCHE, ou BERLUCHE. Droguet fil & laine, qui se fabrique ordinairement à Rouen, & à Darnetal, en basse Normandie, & sur-tout à Caen. On appelle aussi Breluches les tirtaines de Poitou, qui sont pareillement fil & laine. *V.* DROGUET, *&* TIRTAINE.

BREMEN, Ville dans la basse Saxe. *Voyez* le commerce que les Hollandois font dans cette Ville, Etat général, page 278.

BREMES, petite Ville de Champagne : on y fait quantité de toiles, des chapeaux & des cuirs de mégisserie. *Voyez* l'Etat général, page 26.

BRENNE. Sorte d'étoffe legere, dont il est parlé dans le Tarif de la Douanne de la Ville de Lyon. Il y en a d'unies, & d'autres qui sont rayées de soie. *Ces dernieres payent 5 sols de la livre pour l'ancien droit, & 2 sols pour le nouveau, qu'on nomme autrement réappréciation.*

BRENTE, en Italien *Brenta*. Mesure des liquides dont on se sert à Rome. La Brente est de 96 bocales, ou de treize rubes & demi. *Voyez* RUBE.

La Brente de Veronne est de seize bassées. *Voyez* BASSÉES.

BREQUIN. Instrument de Menuisier, & de Charpentier, qui sert à faire des trous. On l'appelle plus ordinairement Vilbrequin, ou Virebrequin. *Voyez* VILBREQUIN.

BRERANNE, Village en Lorraine fort en réputation pour ses fonderies. *Voyez* l'Etat général, page 226.

BRESICATE. Espece de revêche, dont il se fait quelque commerce avec les Négres, qui sont au-delà de la riviere de Gambie, jusqu'à celle de Serre-Lionne. Les meilleures pour ce négoce, sont les bleues & les rouges.

BRESIL, vaste & riche partie que les Portugais possedent en Amérique. *Voyez* ce qui en est dit dans l'Etat général, page 537.

BRESIL. Bois ainsi nommé, à cause qu'il est d'abord venu du Bresil, Province de l'Amérique.

On le surnomme différemment, suivant les divers lieux d'où on le tire. Ainsi il y a le Bresil de Fernambouc, le Bresil du Japon, le Bresil de Lamon, le Bresil de Sainte-Marthe, & enfin le *Bresillet*, qui est le moindre de tous. Ce dernier s'apporte des Isles Antilles.

Le Bresil du Japon se nomme autrement *Sapan*. Il y en a de gros, & de petit; le gros s'appelle simplement Sapan; & le petit, Sapan Bimaës.

L'arbre de Bresil croît ordinairement dans des lieux secs & arides, & au milieu des rochers. Il devient fort gros, & fort grand; & pousse de longues branches, dont les rameaux sont chargés de quantité de petites feuilles, à demi rondes, d'un très beau verd luisant. Son tronc est rarement droit, mais tortu & rabotteux, & plein de nœuds, à peu près comme l'épine blanche. Ses fleurs, qui sont semblables au muguet, & d'un très beau rouge, exhalent une odeur agréable, & très amie du cerveau, qu'elle fortifie. Son fruit est plat, & renferme deux especes d'amandes pareillement plattes, de la forme de la graine des citrouilles de France.

Quoique cet arbre soit très gros, il est couvert d'un aubier si épais, que lorsque les Sauvages l'ont enlevé de dessus le vif du bois, si le tronc étoit de la grosseur d'un homme, à peine restet-il une bûche de Bresil de la grosseur de la jambe.

Le bois de Bresil est très pésant, fort sec, & petille beaucoup dans le feu, où il ne fait presque point de fumée, à cause de sa grande séchéresse.

Toutes ces différentes sortes de Bresil n'ont point de moelle, à la réserve de celui du Japon. Le plus estimé est le Bresil de Fernambouc.

Pour bien choisir ce dernier, il faut qu'il soit en bûches lourdes, compact, bien sain; c'est-à-dire, sans aubier, & sans pourriture; qu'après avoir été éclaté, de pâle qu'il est, il devienne rougeâtre; & qu'étant mâché, il ait un goût sucré.

Le bois de Bresil est propre pour les ouvrages de tour, & prend bien le poli; mais son principal usage est pour la teinture, où il sert à teindre en rouge.

Il est cependant défendu par les Réglemens, aux Teinturiers du grand teint de s'en servir, parce que c'est une fausse couleur qui s'évapore aisément, & qu'on ne peut employer sans l'alun & le tartre. On souffre pourtant que les Teinturiers du petit teint s'en servent quoiqu'il y ait aussi de grands inconvéniens à craindre.

Du bois de Bresil de Fernambouc, on tire une

espece de carmin, par le moyen des acides; on en fait aussi de la lacque liquide pour la miniature. Et avec une teinture de ce bois plusieurs fois réiterée, on en compose cette craye rougeâtre, qu'on appelle Rosette, qui n'est autre chose que du blanc de Rouen, à qui le Bresil donne une couleur d'amarante.

*Les droits d'entrée que le Bresil, ou gros bois de Lamon & de Fernambouc paye en France, sont de 20 sols le cent pésant; & les autres Bresils, comme ceux de Javal & Campêche, seulement 12 sols.*

*Les droits de sortie pour tous ces bois sont de 13 sols du cent.*

BRESILLER. Terme de teinture, qui veut dire, Teindre avec du bois de Bresil. On ne doit Bresiller aucunes toiles, ni fils à marquer, qu'ils ne soient teints en bonne cuve.

BRESILLET. Bois de Bresil qui vient des Isles Antilles, dans les Indes Occidentales. C'est le moindre de tous les bois qu'on appelle Bois de Bresil. *Voyez* Bresil.

*Le Bresillet paye en France 12 sols d'entrée, & 13 de sortie du cent pésant.*

BRESLAU. Capitale de la Silesie, située sur l'Oder, célébre par son Commerce avec Amsterdam, Hambourg, Berlin, & quantité d'autres Villes du Nord & de la mer Baltique. *Voyez* l'Etat général, page 230.

BRESOLETTE, dans le Perche; il y a des Forges de fer. *Voyez* l'Etat général, page 95.

BRESUIRE, dans le Poitou. L'on y fabrique différentes étoffes de draperie. *Voyez* l'Etat général, page 64.

BRETAGNE, Province de France. *Voyez* en quoi consiste le Commerce de cette Province, Etat général ci-devant, pages 112 *& suiv.*

BRETAGNES. On nomme ainsi des toiles qui se fabriquent dans cette Province de France. Elles sont différentes des crés ou crues qui se font à Morlaix, & dans d'autres endroits de Bretagne. Elles sont bonnes pour le Commerce des Isles Canaries.

BRETAUDER. Ancien terme en usage chez les Tondeurs de draps, & autres étoffes de laine; qui signifioit, tondre inégalement. *Voyez* Tondre, & Tondeur.

BRETELLES. Deux bandes de ruban de cuir ou de sangle, jointes ensemble par le moyen de deux traverses, à une distance raisonnable pour passer par dessus la tête; en sorte qu'elles portent sur les épaules. Ces bandes sont pendantes par devant & par derriere, au bout desquelles on accroche la ceinture de la culotte pour la soutenir. Les Porteurs de chaise appellent ainsi les bandes de cuir dont ils se servent pour soutenir la chaise, & soulager leurs bras.

Bretelles. Les Tissutiers-Rubaniers, qui fabriquent des tissus & galons d'or & d'argent, se servent de deux Bretelles faites de lisieres de drap, pour les soutenir en travaillant. Elles sont attachées d'un bout, à la traverse d'en haut du devant de leur métier; & de l'autre, à la traverse qu'on appelle la Poitriniere. Tissutier-Rubanier.

Bretelles. Ce sont aussi des especes de hottes, qui ne sont plus gueres en usage; mais le nom de Bretelles est passé aux sangles qui servent à porter les hottes d'à present.

On appelle aussi Bretelles, les sangles avec lesquelles les Bardeurs portent les bars, ou traînent les brouettes & binards. *Voyez ces trois articles.*

Bretelles. Signifient encore, dans le Tarif de la Douanne de Lyon, ce qu'on nomme à Paris, des Charges ou Paniers de verre. *La Bretelle de verre, si elle est médiocre, paye par ce Tarif 3 sols 6 deniers pour l'ancien droit, & 2 sols pour le nouveau; & si elle est grande, 7 sols pour l'une, & 4 sols pour l'autre. Voyez* Panier de verre.

Bretelles. S'entend aussi, dans quelques Provinces, de la charge de verres à boire, & autres verreries que portent sur leurs dos, dans de grandes hottes, ou paniers à claire-voye, les Marchands Verriers qui courent la campagne. *Voyez* Verre.

BRETTE', ou BERTELE'. Il se dit de certains outils ordinairement de fer, qui ont des dents. Les Maçons ont des truelles brettées, pour dresser les enduits de plâtre. Les Tailleurs de pierre ont des marteaux brettés, pour commencer & ébaucher les paremens des pierres. Les Sculpteurs ont aussi des ébauchoirs de bois, brettés, pour faire des brettures aux ouvrages de cire & de terre.

BRETTER, ou BERTELER. Se servir d'un instrument bretté. Les Sculpteurs se servent ordinairement de ce terme pour signifier une certaine maniere de travailler leurs ouvrages de cire & de terre avec un ébauchoir à dents.

BRETTURE. Dentelure qui est aux extrémités de plusieurs outils d'Artisans, comme truelles, marteaux, &c.

Bretture. Se dit aussi des traits que le Sculpteur laisse sur un ouvrage qu'il dégrossit avec un outil bretté.

BREVE, ou BREFVE. Terme en usage dans les Monnoies, pour signifier le poids, ou le nombre des flaons qui sont délivrés aux Ouvriers Ajusteurs, ou aux Ouvriers Monnoyeurs, par le Maître de la Monnoie. *Voyez* Brefve. *Voyez aussi* Monnoyage.

BREVET. Se dit de plusieurs actes qui se passent pardevant Notaires, ou qui s'expédient par les Commis des Douannes, ou les Maîtres & Gardes & Jurés des Corps & Communautés.

Brevet de Controlle. C'est une espece de recepissé ou d'attestation, que donnent les Commis des Bureaux des Douannes, traittes foraines, &c. à la sortie du Royaume, à la place de l'acquit de payement des droits, que les Conducteurs & Voituriers des marchandises leur remettent entre les mains.

Ce Brevet, qui est sur du papier timbré, & imprimé, se donne sans frais; étant défendu aux Commis, sous peine de concussion, d'en prendre aucune chose, non pas même le prix du timbre. Il sert de certificat, que les marchandises contenues dans les acquits ont été visitées & recensées; & que ce sont les mêmes, & en même quantité, que celles pour lesquelles les droits exprimés dans les acquits ont été payés.

Quoique ce soit ordinairement au dernier Bureau que se doivent délivrer, par les Commis, ces Brevets de contrôle, il est néanmoins loisible aux Commis des Bureaux qui se trouvent sur la route des Voituriers, de se faire représenter l'acquit de payement; même de le retenir, si bon leur semble, en donnant en la place un de ces Brevets. *Voyez* Acquit de payement, *ou l'article 18 du titre 2 de l'Ordonnance des cinq grosses Fermes, du mois de Février 1687.*

Brevet d'Apprentissage. Acte qui se délivre à un Apprentif après qu'il a servi le tems porté par les Statuts de sa Communauté, ou celui dont il est convenu pardevant Notaires, avec un Maître, qui pourtant ne peut être moindre que celui réglé par les Statuts. On appelle aussi Brevet, l'obligé de l'Apprentif; qui doit être enregistré par les Jurés, & qu'il doit rapporter, aussi-bien que les certificats de son apprentissage, & de son service en qualité de Compagnon, avant de pouvoir être reçû à la maîtrise, & admis au chef-d'œuvre. *Voyez* Apprentif, *&* Apprentissage.

Brevet. On nomme aussi quelquefois Brevet de maîtrise, l'acte de reception à la maîtrise; mais c'est improprement : on dit, Lettres.

Brevet, en terme de marine. Est ce qu'on appelle Connoissement, sur l'Océan; & Police de chargement, sur la Méditerranée, c'est-à-dire, un écrit sous seing privé, par lequel le Maître d'un vaisseau reconnoît avoir chargé telles & telles marchandises dans son bord, lesquelles il s'oblige de porter au lieu, & pour le prix dont on est convenu, sauf les risques de la mer. *Voyez* Connoissement, *&* Police de chargement.

BREUIL, lieu de fabrique de draperie dans le département de l'Inspecteur des Manufactures de Poitiers. *Voyez* l'Etat général, page 63.

BREUILLES. Ce sont les entrailles du hareng, que les Pêcheurs arrachent avant que de le saler, & de l'encaquer. *Voyez* Hareng.

## B R I

BRIARE, petite Ville du Gâtinois, devenue très célébre par le Canal qui porte son nom. *Voyez* Canal de Briare.

BRICOTEAUX. Pieces de bois longues & étroites, en façon de tringles, qui sont placées sur le devant du métier des Ouvriers qui travaillent avec la navette. Elles servent à hausser les lisses. Il y en a trois dans le métier des Gaziers. *Voyez* Gaze.

BRIDE a cheval. Assortimens de bandes de cuir & pieces de fer jointes ensemble, propres à tenir la tête du cheval sujette & obéissante. La bride est composée de deux rênes, d'une têtiere, & d'un mords. Ce sont les Marchands Eperonniers qui les vendent.

BRIDER. C'est mettre la bride à un cheval ou à une autre bête de voiture.

Brider une pierre. Terme de Carrier. C'est l'attacher avec le bout du cable de la grande roue, où tient le crochet, pour la tirer en haut. On bride la pierre, en l'entourant du cable à quatre ou cinq pouces d'une de ses extrémités, à la prendre dans sa longueur; ensorte que lorsqu'on la monte, elle pende perpendiculairement vers le fonds de la carriere. On bride aussi les libages; mais alors on en met cinq ou six ensemble, plus ou moins, suivant leur grandeur & leur poids. On dit, *Débrider;* pour dire, Oter la pierre, ou les libages de dedans le cable. *Voyez* Carrier.

BRIE, petite Province de France, fort renommée pour l'excellence de ses fromages. *Voyez* l'Etat général, page 5.

BRIE-COMTE-ROBERT, dans la Brie Champenoise. *Voyez* l'Etat général, pages 5 & 6.

BRIE. On nomme Brie en Normandie, ce qu'on nomme ailleurs Brayoire, c'est-à-dire, cet instrument qui sert à donner au chanvre la premiere façon, & à commencer à en séparer la filasse de la chenevotte. *Voyez* Chanvre.

BRIEFS. Terme de Commerce de mer, en usage dans toute la Bretagne. Il signifie la même chose que Brieux, c'est-à-dire, un écrit ou congé que les Maîtres, Patrons, & Capitaines de vaisseaux sont obligés de prendre des Commis des Fermes du Roi dans quelques Ports de cette Province.

Le mot de Briefs est l'ancien & véritable terme, dont par corruption on a fait Brieux.

Le tarif de 1565 enregistré en la Chambre des Comptes de Bretagne, & tous les tarifs précédens mettent toujours Briefs & jamais Brieux. On disoit Brief, c'est-à-dire, Bref écrit. *Voyez* Brieux.

BRIENNE, petite Ville de Champagne. On y fait des droguets, des boges, des toiles, des bas, & des chapeaux. *Voyez* le détail de ce négoce dans l'Etat général, page 29.

BRIEUX. Terme dont on se sert en Bretagne, pour signifier les congés de l'Amiral, ou de l'Amirauté. On les appelle aussi Brefs. *Voyez* Bref.

*Brieux qui se payent à Nantes & dans sa Prevôté.*

Suivant la pancarte de cette Prevôté, chaque vaisseau portant charge de six tonneaux, & au-dessous, paye Brieux d'année, c'est-à-dire, sept sols six deniers.

Chaque vaisseau depuis six tonneaux jusqu'à dix, dix-sept sols six deniers.

Chaque vaisseau depuis dix tonneaux jusqu'à dix-neuf doit brieux de conduite & victuailles, qui montent à cinquante cinq sols.

Tout navire, barque ou vaisseau allant à la mer, de dix-neuf tonneaux & au-dessus, doit les trois brieux; sçavoir, de sauveté, de conduite & de victuailles, montant ensemble à cent dix sols, sauf les vaisseaux chargés de blé & autres marchandises qui ne se peuvent sauver à la mer, qui ne doivent aucun brieux de sauveté.

Pareillement les barques & vaisseaux qui chargent des marchandises pour mener au dedans du Comté Nantois, ne doivent aucuns brieux & s'ils en ont pris dans quelques havres de Bretagne, ils leur valent autant d'acquits à la Prevôté, & ne sont point tenus d'en prendre d'autres pour parfaire leur voyage & s'en retourner.

Si lesdits vaisseaux viennent vuides pour charger des marchandises au port de Nantes, & qu'ils ayent plus grand brieux que de victuailles, le Receveur de la Prevôté n'est tenu de le recevoir, & le peut contraindre à payer le surplus de leur droit de brieux, suivant la charge de la marchandise, qu'ils prennent audit port; mais s'ils s'en retournent vuides, ils ne peuvent être contraints à prendre d'autres brieux que ceux qu'ils ont apportés.

*Brieux pour le sel.*

Les sels chargés en Poitou & hors la Comté & Evêché de Nantes, comme Brouage & autres lieux des environs de la Rochelle, venant au port de ladite Ville, doivent; sçavoir :

Chaque vaisseau portant jusqu'à six muids de sel, mesure Nantoise, & au-dessous, doit brieux d'année, c'est-à-dire, sept sols six deniers.

S'il porte depuis six muids jusqu'à dix de la même mesure, il doit brieux de victuailles, qui montent à dix-sept sols six deniers.

Il n'est dû aucuns brieux de sauveté pour les vaisseaux chargés de sel de quelque nombre & quantité que puisse être leur charge.

*Brieux de Guerrande & des autres Bureaux de ce Territoire.*

Si le sel chargé à Guerrande & dans son territoire doit être mené au dehors, ceux qui le chargent sur leurs vaisseaux & navires, doivent le droit de brieux suivant leur charge.

Si lesdits navires sortent vuides du territoire de Guerrande pour aller charger des marchandises hors le Comté Nantois, ils doivent les brieux de victuailles, s'ils sont du port de plus de six tonneaux; & s'ils sont de moindre port, seulement le brieux d'année.

Les navires qui arrivent au Croisic chargés de vins & autres marchandises, doivent les devoirs de Brieux, selon leur charge, encore qu'ils ne déchargent lesdits vins & marchandises audit lieu.

BRIFIER. Terme de Plomberie. C'est une bande de plomb qui fait partie des enfaîtemens des bâtimens couverts d'ardoise. *Voyez* ENFAÎTEMENT.

BRIN DE BOIS. Terme de Marchand de bois quarré, & de Charpentier, dont ils se servent pour distinguer le bois de Brin d'avec le bois de Sciage. Ils appellent bois de Brin, les pieces dont on a seulement ôté l'aubier pour les équarrir, & dans lesquelles se trouve en entier le cœur du bois, en quoi consiste sa principale force. Ils appellent au contraire Bois de Sciage, les pieces qui ont été refendues par les scieurs de long, & auxquelles il ne se trouve qu'une petite partie du cœur du bois, non pas au milieu de la piece, mais à un de ses angles. Le bois de brin est incomparablement meilleur & plus fort que le bois de sciage. Il est facile à distinguer par le bout de la piece nouvellement scié. *Voyez* BOIS QUARRE'.

Une personne très intelligente dans le commerce des bois, met au nombre des causes du dépérissement des Forêts en France, la trop grande consommation qui s'y fait de bois de brin, depuis environ un demi siecle, c'est-à-dire, depuis que les Architectes ont inventé les plafonds dans les bâtimens, qui sont à la vérité, d'un grand ornement, mais qui exigeant des bois de l'âge d'environ quarante ans, au lieu qu'auparavant les planchers de solives ne se faisoient seulement que de bois de sciage; sont cause qu'on a recours aux plus beaux baliveaux de trois & quatre âges, qui sans cela se conserveroient, & parviendroient comme autrefois à l'âge parfait des arbres de haute futaye; ce qui est le but des Ordonnances, dans l'institution des baliveaux & autres arbres retenus.

BRIN. On nomme ainsi en marchandise de chanvre & en fabrique de toile, le chanvre le plus long & le meilleur, c'est-à-dire, celui qu'on tire de la principale tige de la plante.

Le Réglement du premier Février 1724, pour les toiles à voile, qui se fabriquent dans l'Evêché de Rennes en Bretagne, distingue dans plusieurs des XVI articles dont il est composé, celles de ces toiles, dont la chaîne ou la testure doit être de pur brin, & celles auxquelles il est permis de les faire de chanvre dont le brin est tiré. *Voyez* ce Réglement à l'article des Réglemens pour les toiles.

BRINON, dans la Généralité d'Orléans. L'on y fabrique des serges drapées. *Voyez* l'Etat général, page 89.

BRINS. Especes de toiles de chanvre qui se fabriquent en Champagne. *Voyez* TOILES DE CHAMPAGNE.

BRIONNE, que l'on nomme quelquefois BREAUNE. Est une sorte de toile de lin, blanche, & assez claire, qui se fabrique en Normandie, particuliérement à Beaumont, à Bernay, & à Brionne. C'est de ce dernier endroit qu'elle a pris son nom.

Les Brionnes se vendent à l'aune courante, & sont de deux tiers, ou de trois quarts & demi de large; les pieces contenant depuis cent, jusqu'à cent vingt-quatre aunes, mesure de Paris.

Il y en a de différentes qualités, les unes fines, les autres moyennes, & les autres plus grosses, qui s'employent ordinairement à faire des rideaux de fenêtre; on ne laisse pas cependant de s'en servir quelquefois à faire des chemises, & d'autres sortes de lingerie.

BRIONNE. C'est aussi une plante que l'on nomme communément en France, Coulevrée, & que les Botanistes appellent Vigne blanche, ou Vigne noire, suivant l'espece.

Quelques Droguistes substituent la racine de la Brionne blanche, à celles du Jalap & du Mechoacam, ou du moins les mêlent ensemble; ce qui pourtant n'est pas difficile à connoître. *Voyez* JALAP, & MECHOACAM.

BRIONNE de l'Amérique. *Voyez* MECHOACAM.

BRIOUDE, Ville d'Auvergne, où l'on fabrique des serges. *Voyez* l'Etat général, page 101.

BRIQUE. Carreau de terre grasse & rougeâtre, qu'on fait d'abord sécher au soleil, & ensuite cuire au four, après l'avoir bien pétrie & courroyée avec des rabots, ou avec les pieds. Les Briques se dressent dans des moules de bois de divers échantillons; c'est-à-dire, plus ou moins épais, suivant les ouvrages auxquels on doit les employer.

Les échantillons dont on se sert le plus ordinairement en France, sont la Brique entiere, qui a huit pouces de long, sur quatre de large; & la Brique de chantignole, ou d'échantillon, qu'on nomme aussi demi-Brique, qui n'a qu'un pouce d'épaisseur, sur la même grandeur de la Brique entiere. La Brique entiere sert au-dedans des murs qui doivent être revêtus de pierres ou de marbre, ou au dehors de ceux dont elle fait le parement des panneaux. La demie-Brique s'employe à faire des atres, & des contre-cœurs de cheminées; & à paver entre des bordures de pierres.

Dans les principales Villes de Hollande, le pavé des rues, qu'on appelle Pavé de Bourguemaîtres, qui sert aux gens de pied, est fait de Brique d'échantillon, posées de champ, c'est-à-dire, sur le côté.

BRIQUE crue. C'est une Brique qui n'a été séchée qu'au soleil, & qui n'a pas été mise au four. On s'en sert beaucoup dans les Pays chauds, & où il pleut rarement, particuliérement dans toute l'Egypte.

On appelle aussi Brique crue, une sorte de Brique qui se fait avec de la terre blancheâtre, & qu'on laisse sécher cinq ou six années avant que de s'en servir.

*En France, les droits d'entrée de la Brique, aussi bien que ceux de sortie, se payent au millier en nombre, sçavoir 8 sols d'entrée, & 5 sols de sortie; le millier estimé à dix francs.*

BRIQUE. On appelle de l'étain en Brique, une sorte

d'étain qui vient d'Allemagne, en petits morceaux, ou lingots de huit à dix livres, qui ont la figure d'une Brique. *Voyez* ESTAIN, *vers le commencement de l'article.*

BRIQUE. Se dit encore de certains pains, ou morceaux de savon sec & jaspé, du poids d'une livre & demie, jusqu'à trois livres. *Voyez* SAVON.

BRIQUET. Ouvrage de Serrurerie. C'est une espece de couplet qui ne s'ouvre qu'à moitié; il sert à joindre les ouvrages de Menuiserie qui n'ont pas besoin de s'ouvrir entierement, comme les tables à manger, &c. *Voyez* COUPLET.

BRIQUET. Sorte de petit tabac dont le filage n'a gueres plus de cinq lignes de diametre. Il s'en faisoit autrefois un commerce très considérable à Dieppe, & il a été long-tems la base de celui que les Marchands de cette Ville & quelques autres Normands faisoient dans le Nord.

BRIQUETERIE. Lieu où l'on fait la Brique.

BRIQUETIER. Celui qui fait, ou qui vend la Brique.

BRIS. Rupture faite avec violence. Il se dit dans le commerce de mer, & dans les Jurisdictions des Amirautés, des vaisseaux qui se brisent & se rompent par quelque fortune de mer.

Les Ordonnances de la Marine du mois d'Aout 1681, & du mois de Janvier 1685, enjoignent à tous ceux qui auront tiré du fond de la mer, ou trouvé sur les flots, & sur les gréves & rivages, des effets procédans du Jet, Bris, ou Naufrage, de les mettre en sureté, & d'en faire leur déclaration vingt-quatre heures après, au plus tard; pour lesdits effets être proclamés aux Prônes des Paroisses du Port de la Ville maritime la plus prochaine, & être rendus aux Propriétaires, qui les réclameront dans le jour & an de la publication qui en aura été faite, en payant les frais faits pour les sauver; & en justifiant, par lesdits Propriétaires, de leur droit & qualité, par connoissement, police de chargement, factures, & autres pieces suffisantes. Et en cas que les effets provenans du Bris ne fussent point reclamés, les mêmes Ordonnances veulent qu'ils soient partagés entre Sa Majesté, ou les Seigneurs à qui elle aura cédé son droit, & le Grand Amiral de France, ou le Gouverneur de la Province, si c'est en Bretagne; les frais du sauvement & de Justice préalablement pris sur le tout.

Il faut néanmoins observer, que si les effets naufragés ont été trouvés en pleine mer, ou tirés de son fonds, la troisieme partie en doit être délivrée incessamment & sans frais, en espece, ou en deniers, à ceux qui les ont sauvés, & les deux autres tiers être mis en dépôt, pour en être disposé comme il est dit ci-dessus.

Le titre cinquiéme de l'Ordonnance sur le fait des cinq grosses Fermes, du mois de Février 1687, régle aussi plusieurs choses concernant les marchandises provenantes du Bris des vaisseaux & sauvées du naufrage; entr'autres, qu'elles ne seront sujettes à aucuns droits d'entrée & de sortie, si elles sont reclamées dans l'an & jour, pourvû néanmoins qu'elles soient transportées hors de France dans trois mois du jour de la réclamation jugée: à la réserve pourtant de ce qui en aura été vendu, comme sujet à dépérissement, & de la troisiéme partie des effets naufragés, délivrée à ceux qui les ont sauvés sur les flots, ou tirés du fond de la mer, pour lesquels les droits doivent être payés.

BRISEURS DE SEL. Petits Officiers de Gabelle, établis sur les Ports & dans les Greniers à sel, pour briser le sel trop sec, & le mettre en état d'être porté ou mesuré. Ils sont de plus obligés de fournir les pelles pour mettre le sel dans la tremie, & de faire le chemin aux Maîtres Mesureurs & Porteurs. *Voyez* GABELLE.

BRIVES, Ville de France dans le bas Limosin, où l'on fabrique des revêches ou petits raz. *Voyez* l'Etat général, page 61.

## BRO

BROC. Mesure des liquides, qui contient environ deux pintes de Paris. On l'appelle en quelques endroits une *Quarte*, & en d'autres un *Pot. Voyez ces deux articles.*

BROC. Signifie aussi chez les Taverniers & Marchands de vin en détail, un gros vaisseau portatif, relié de fer, avec une pance fort large, & un col assez étroit, dont ils se servent pour aller tirer du vin à la cave, & ensuite le débiter par petites mesures. Ces Brocs n'ont point de contimence certaine, & sont plus grands ou plus petits, suivant que l'ordonne le Marchand de vin qui en a besoin, ou le Tonnelier qui les fabrique.

BROCANTER. Ce terme, qui n'est gueres en usage que dans Paris, & particuliérement chez les Curieux & les Peintres, ou parmi quelques Marchands Merciers, signifie, acheter, revendre, ou troquer des tableaux, des cabinets, des bureaux, des bronzes, des tables & figures de marbre, des porcelaines, des pendules, des tapisseries, des paravens, & autres semblables marchandises, meubles, ou curiosités.

BROCANTEUR. Celui qui se mêle de brocanter.

BROCARD, BROCART, & BROCAT. Etoffe ou drap d'or, d'argent, ou de soie, relevée de fleurs, de feuillages, ou d'autres ornemens, suivant le caprice des Marchands, ou des Ouvriers qui inventent les modes.

Autrefois, par ce terme, on entendoit seulement une étoffe tissue toute d'or, tant en chaîne qu'en tréme; ou d'argent, ou des deux ensemble: ensuite il a passé aux étoffes où l'on mêloit de la soie, pour relever & profiler les fleurs d'or & d'argent. Mais présentement toute étoffe de pure soie, soit qu'elle soit Gros de Tours & de Naples; satin, & même simple taffetas, lorsqu'elle est enrichie & ouvragée de quelques fleurs, ou autres figures, se nomme Brocard.

Le Brocard d'or ou d'argent, est du nombre des quatre draps sur l'un desquels ceux qui veulent se faire recevoir Marchands, & Maîtres Ouvriers en draps d'or, d'argent, & de soie en la Ville de Paris, doivent faire leur chef-d'œuvre. *Art. 25. Régl. de 1667 fait sur la Manufacture de ces sortes de draps.*

Les articles 49 & 50 du même Réglement, & l'article 16 de celui de Lyon de la même année, enjoignent de faire les chaînes & poils des Brocards, d'organcin filé & tordu; & les trémes doublées & montées au moulin, dans un peigne de onze-vingt-quatriémes d'aune entre les deux lizieres, & de pure & fine soie cuite, sans y mêler aucune soie teinte sur cru, à peine de soixante livres d'amende, & de confiscation contre les contrevenans, pour la premiere fois, & de plus grande, s'il y écheoit.

*Les droits d'entrée & de sortie se payent sur le*

*pied des draps d'or & argent, & des draps de soie. Voyez* DRAPS D'OR & D'ARGENT.

BROCARDEL. Espece d'étoffe propre à faire des tapisseries, & autres emmeublemens. C'est ce qu'on appelle communément Brocatelle.

*Le Tarif de la Douanne de Lyon, où on lui donne le nom de Brocardel, en fixe les droits, lorsqu'elle est mêlée de fil de soie, à 11 sols 6 deniers pour la premiere taxe, & à 2 sols 6 deniers pour la réappréciation. Voyez* BROCATELLE.

BROCATELLE. Petite étoffe faite de coton, ou de grosse soie, à l'imitation du Brocard. Il y en a aussi de tout soie, & de tout laine. La Brocatelle qui se fait à Venise, a toujours été la plus estimée.

On donne encore le nom de Brocatelle à une autre espece de petite étoffe, que l'on nomme autrement *Ligature*, ou *Mezeline. Voyez* LIGATURE.

On appelle aussi Brocatelle, une certaine espece de marbre.

BROCHE. Ce terme est extrémement usité dans les Arts & Métiers, où on le dit ordinairement des outils & instrumens, soit de cuivre, de fer, ou de bois, qui sont longs & menus. Quelquefois on dit Broche au singulier, & quelquefois Broches au pluriel, suivant que le veut l'usage.

BROCHE. Petit instrument dont se servent les Haute-lissiers. Elle leur tient lieu de la navette, qu'on employe dans la fabrique des étoffes & des toiles. Cette Broche est ordinairement de buis, ou de quelque autre bois dur; longue en tout de sept à huit pouces, y compris le manche; & de sept ou huit lignes de grosseur dans son plus grand diametre: elle se termine en pointe, pour passer plus facilement entre les fils de la chaîne. C'est sur la Broche que sont dévidés l'or, l'argent, les soies & les laines qui entrent dans la fabrique des haute-lisses. *Voyez* HAUTE-LISSE.

BROCHE, en terme de Cordonnier & de Savetier. Est un gros poinçon de fer, de quatre ou cinq pouces de long, avec un manche de bois fort & dur, capable de résister aux coups de marteau. On s'en sert pour cheviller les talons de cuir. Ce sont les Marchands de Crespin qui vendent cette sorte de poinçons.

BROCHE. C'est aussi un outil de Serrurier. Il y en a de rondes & de carrées. Les rondes servent à faire les nœuds des couplets & des fiches, & à tourner plusieurs pieces à chaud & à froid; les carrées servent à plier du fer plat carrément. On appelle pareillement la Broche d'une fiche, d'un couplet, le morceau de fer rond qui les unit, & sur lequel elles roulent en s'ouvrant. C'est encore cette piece d'une serrure qui entre dans la clef, lorsqu'elle est forée.

BROCHE. Les Arquebusiers ont aussi deux sortes de Broches; l'une, qu'ils appellent Broche à huit pans; & l'autre, qu'ils nomment Broche à quatre; toutes deux prenant leur nom du plus ou du moins de faces qu'elles ont, & toutes deux d'un acier bien trempé. La Broche à huit pans sert à arrondir les trous; & celle à quatre, à dresser carrément ceux qui doivent avoir cette figure. On appelle Porte-Broches, les manches qui servent à tenir ces Broches, & qui étant mobiles, peuvent servir à plusieurs successivement.

BROCHE. Les Maîtres Etaliers-Bouchers se servent aussi de Broches, pour apprêter & parer leurs viandes, après qu'ils ont ouvert & éventré les bêtes de leurs abbatis. Ils en ont de deux sortes; l'une de fer, & l'autre d'un os de mouton.

La Broche de fer est longue de deux pieds & demi, ronde, & grosse comme le pouce, avec un anneau à un des bouts, qui lui sert comme de manche. C'est avec cette Broche qu'ils brochent leurs bœufs avant que de les souffler, c'est-à-dire, qu'ils font des ouvertures entre la peau & la chair, afin que le vent qu'ils excitent avec leur soufflet entrant & se répandant plus facilement dans toutes les parties de l'animal, l'enfle, le boursouffle, & leur donne plus de facilité pour l'écorcher, le parer, & le dépecer.

La Broche d'os de mouton est faite du *tibia* de cet animal, vuidé de sa moelle, & creusé en forme de petit tuyau; dont un des bouts est coupé en chanfrein. Elle sert à bouffer les rognons de veau, c'est-à-dire, à les souffler avec la bouche, pour donner plus de grace à la longe.

BROCHE. C'est encore un ustensile de cuisine, qui sert à faire rôtir la viande; & un des principaux instrumens des Maîtres Rotisseurs, Cuisiniers, & Traiteurs. Elle est de fer, longue & menue à discrétion; pointue par un bout, pour percer la viande qu'on veut embrocher, & avec une poulie, ou une manivelle de l'autre, selon qu'on veut la tourner à la main, ou qu'elle tourne par le moyen d'un Tourne-Broche. *Voyez* TOURNE-BROCHE.

BROCHE. Les Regratiers appellent ainsi une longue & menue baguette, où ils enfilent & suspendent les harengs qu'ils ont fait dessaler, afin qu'ils puissent mieux s'égouter.

Les Ciriers & Chandeliers ont aussi de pareilles Broches, pour dresser & suspendre les méches de coton qu'ils veulent couvrir de cire ou de suif; les uns, en les plongeant dans leur bassine, & les autres dans leur abîme. Les Broches, ou baguettes de Chandeliers ont ordinairement deux pieds & demi de longueur, & peuvent contenir deux livres de chandelle des huit à la livre, ou une livre & demie des douze. *Voyez ci-après* BROCHE'E. *Voyez aussi* CIRIER, & CHANDELIER.

BROCHE, signifie aussi dans les Manufactures des Maîtres Sergers Baracanniers d'Abbeville, les dents dont sont composés les peignes ou rots à travers desquels passent les fils de la chaîne des pieces qui sont montées sur un estile ou métier.

L'article IX des Statuts pour les Manufacturiers & Fabriquans de cette Ville de l'année 1670, porte que les rots des estiles pour les Baracans, façon de Valenciennes, seront de 468 broches. *Voyez* l'article de Réglemens.

BROCHE. Les Blanchisseurs de cire ont divers instrumens qu'ils nomment des Broches. Les unes sont de bois de différentes grosseurs. Celles-là servent à boucher & à ouvrir les canelles des cuves par où l'on tire la cire. Les autres sont de fer; on les appelle plus ordinairement Aiguilles. Elles servent à déboucher les trous de la grelouoire. *Voyez* l'article des Cires où il est parlé de la Manufacture d'Antony & de sa Fonderie.

La BROCHE des Tonneliers & Marchands de vin, se dit tantôt d'une cheville dont ils bouchent le trou qu'ils ont fait à un tonneau avec la vrille, ou foret, pour goûter le vin; & tantôt de la fontaine de cuivre qu'on met aux tonneaux, quand on veut les mettre en perce.

BROCHE. Vendre du vin à la Broche, c'est le vendre en détail.

BROCHE',

BROCHE', E'E. Terme de Manufacture. Il se dit d'une étoffe, d'un ruban, d'une gaze, &c. où il y a de la Brochure.

Dans les gazes à fleurs, la Brochure n'excede point la superficie, ou le fond de l'étoffe; mais est toute enfermée entre les soies de la chaîne, & celles de la tréme. Dans le brocard, au contraire, la Brochure des fleurs s'éleve au-dessus du fond. *Voyez* GAZE, & BROCARD.

BROCHE'E. Ce qui peut tenir de viande, ou d'autres choses le long d'une broche, ou brochette.

BROCHE'E DE CHANDELLE. C'est, en terme de Chandelier, la quantité de chandelles que l'on peut faire à la fois, en les plongeant dans le moule, ou abîme rempli de suif liquide. On l'appelle une Brochée, à cause que les méches qu'on veut couvrir de suif, sont arrangées le long d'une baguette de deux pieds & demi de longueur, qu'en terme du métier, on nomme Broche. Chaque Brochée de chandelle en contient plus ou moins, suivant que la chandelle est plus ou moins grosse. Aux chandelles des huit à la livre, la Brochée est de seize; à celles des douze, on en met jusqu'à dix-huit à la Brochée.

On dit aussi une Brochée de meche, pour signifier le nombre de méches que l'on met sur chaque baguette pour les plonger dans le suif: mais on s'en sert rarement en ce sens; & plus communément, une Brochée de meche veut dire une baguette, ou broche à chandelle, remplie, autant qu'elle en peut contenir, de méches coupées de longueur, très serrées les unes contre les autres; ce qui peut aller, suivant le nombre des fils dont chaque meche est composée, depuis quinze, jusqu'à dix-huit douzaines. *Voyez* CHANDELLE.

BROCHER. C'est faire la brochure d'une étoffe, c'est-à-dire, passer de l'or, de l'argent, de la soie entre des broches, ou aiguilles, ou avec une espece de navette, qu'on appelle espoulin, pour fabriquer certaines étoffes, telles que peuvent être les brocards, les rubans façonnés, les gazes, &c.

BROCHER. Est aussi un terme de Bonneterie, qui signifie tricoter, ou travailler avec des broches, ou aiguilles, des bas, des camisolles, &c. *Voyez* TRICOTER.

BROCHER. Se dit quelquefois au substantif. Pour lors il s'entend des façons qui ont été brochées sur une étoffe. L'on dit en ce sens, que le simblot sert au Brocher d'une gaze; & que le Brocher d'un brocard est bien fait. On se sert aussi du terme de brochure. *Voyez* GAZE, & BROCHURE.

BROCHER LE BOEUF. Terme de Boucherie, qui signifie la façon que les Bouchers donnent à cet animal après l'avoir mis bas & égorgé, pour le préparer à être soufflé. Cette façon est ainsi nommée, de la broche, ou verge de fer dont ils se servent pour la donner. *Voyez ci-dessus*, BROCHE DES BOUCHERS.

BROCHER UN LIVRE. C'est le coudre légérement, sans nervures, avec une simple couverture de papier blanc, ou de couleur. *Voyez* RELIEURE.

BROCHES. Terme de Bonnetier. Ce sont de menues morceaux de fer, ou de léton poli, plus ou moins longs, que l'on appelle aussi aiguilles; qui servent à tricoter, ou brocher des bas, des camisoles, & autres semblables marchandises de Bonneterie. Les Broches sont pareillement en usage dans les Manufactures de rubans, de brocards, & d'autres pareilles étoffes. Il se fait des rubans & des brocards à double broche. *Voyez* TRICOT & BONNETIER.

BROCHES. Se dit aussi de trois especes de cloux, ou pivots de fer, ronds, qui passent au travers de la verge de la balance Romaine, ou peson, pour servir à soutenir la garde du crochet, la garde forte, & la garde foible. *Voyez* ROMAINE.

BROCHES. Sont encore de petits morceaux de buis poli, en forme de cône très pointu, avec lesquels les Marchands Ciriers percent les gros bouts de leurs cierges, afin qu'ils puissent entrer dans les fiches des chandeliers. *Voyez* CIRIER.

BROCHET. Poisson d'eau douce, extrêmement vorace, qui a des dents, & qui dévore les autres poissons, ce qui fait qu'on n'en met jamais dans les étangs qu'on veut empoissonner.

On appelle Brochet Carreau, un gros Brochet qui a au moins dix-huit pouces entre œil & bat; & Brocheton, celui qui est de petite ou de moyenne taille.

*Les Brochets payent en France les droits d'entrée & de sortie, sur le pied du cent en nombre; sçavoir 15 sols du cent pour l'entrée, & 35 sols pour la sortie.*

BROCHET DE MER. Les Habitans des Isles Antilles appellent ainsi une espece de petit lézard amphibie, qui se nomme en Egypte *Stinc-marin*. On fait entrer la chair de cet animal dans la composition du mitridate. *Voyez* STINC-MARIN.

BROCHETTE, qu'on nomme aussi ECHELLE CAMPANAIRE. Est une espece de regle, ou d'instrument, dont se servent les Fondeurs de cloches, pour leur donner la hauteur, l'ouverture, & l'épaisseur convenables au ton qu'on veut qu'elles ayent. *Voyez* FONDEUR DE CLOCHES.

BROCHETTE, en terme d'Imprimerie. Se dit des fiches qui tiennent la frisquette sur le grand timpan. *Voyez* IMPRIMERIE, & PRESSE D'IMPRIMERIE.

BROCHETTE. C'est aussi un petit morceau de bois long & gros à volonté, appointé d'un bout, dont se servent les Bouchers pour courmancher les épaules de mouton, c'est-à-dire, en rapprocher le manche du gros de l'épaule, pour leur donner meilleure grace.

Les Rotisseurs & Cuisiniers se servent aussi de Brochettes pour préparer & habiller leurs viandes; & c'est le premier emploi de leurs Apprentifs, que d'apprendre à les bien faire. Lorsque la volaille, ou le gibier qu'on habille est petit & délicat, on se sert de plumes de grosses volailles, au lieu de Brochettes.

BROCHETTER UN CUIR. Terme en usage parmi les Boucanniers de l'Isle de Saint-Domingue. C'est l'étendre sur la terre, avec plusieurs chevilles, ou Brochettes de bois, pour le sécher, & le mettre en état d'être embarqué sans se gâter. Un cuir, pour être bien Brochetté, doit avoir jusqu'à soixante-quatre chevilles. *Voyez* BOUCANIER.

BROCHETTER. C'est aussi un terme de marine, qui signifie mesurer, toiser.

BROCHEUR, BROCHEUSE. Celui, ou celle qui fabrique des bas, des camisoles, & autres ouvrages de Bonneterie, avec des broches ou aiguilles. On dit plus ordinairement Tricoteur & Tricoteuse. *Voyez* TRICOT.

BROCHURE. Terme de Manufacture d'étoffes de soie. Ce sont les façons que l'on fait sur le fond d'une étoffe.

A quelques étoffes, comme aux gazes, la Brochure se fait avec l'espoulin; à d'autres, comme au brocard, elle se fait avec des especes de broches, ou d'aiguilles. On dit aussi, le Brocher d'une étoffe, pour dire, la Brochure. *Voyez* GAZE, & BROCARD.

BROCHURE. Signifie aussi parmi les Marchands Libraires & Relieurs, un livre en blanc, qui n'est que plié & cousu légérement avec du fil, sans nervure, ni couverture, à moins que ce ne soit de papier marbré, ou de couleur. *Voyez* RELIEURE.

BROCHOIR. Espece de marteau qui sert aux Maréchaux à ferrer les chevaux. C'est celui qu'ils portent toujours attaché à leur côté, dont ils frappent les cloux dans la corne du pied du cheval, après qu'ils l'ont parée avec le boutoir. *Voyez* MARESCHAL.

BRODER. Faire sur quelque étoffe divers ouvrages à l'aiguille, pour l'enrichir & l'orner. On Brode avec de l'or, de l'argent, de la soie, du jays, de la laine, du fil, des chenilles, du cordonnet, des nœuds, quelquefois même avec des perles, pour les ouvrages précieux.

Les desseins qu'on peut Broder, dépendent du goût, & sont infinis. Il en est de même des choses qu'on Brode; mais le plus souvent, ce sont des ornemens d'Eglise, des habits, des meubles, des couvertures de mulets, des guidons, des étendarts, des tapis de timbales & de trompettes, des housses de chevaux, &c. On Brode aussi des mousselines, & des points, ou dentelles.

BRODERIE. Enrichissement que l'on fait sur une étoffe avec l'aiguille. Il y a diverses sortes de Broderies, entre autres des Broderies à deux endroits; c'est-à-dire, qui paroissent des deux côtés. Elles ne se peuvent faire que sur des étoffes légeres, & qui n'ont point d'envers; comme les taffetas, les gazes, les mousselines, & les rubans: Des Broderies embouties; celles-ci sont d'un ouvrage fort élevé, qu'on soutient avec de la laine, du coton, du crin, du drap, & autres choses semblables: Des Broderies plates; ce sont celles qui sont couchées à plat sur l'étoffe, sans avoir de garniture entre deux. Enfin, les découpures d'étoffes, les liserages de cordonnet, de chenilles, & de nœuds, les chaînettes, & ces représentations de figures dessinées, & nuées au naturel, dont les Chasubliers enrichissent les orfrois des chapes, chasubles, tuniques, aussi-bien que les paremens, les retables, & les devants d'autel, sont autant d'especes de Broderie, qui, ainsi que les autres, ne sont permises qu'aux Maîtres Brodeurs de Paris. *Voyez l'article suivant.*

BRODEUR. Ouvrier qui travaille en broderie.

Les Maîtres Brodeurs de Paris prennent la qualité de Maîtres Brodeurs - Chasubliers, à cause que les chasubles, vêtemens dont les Prêtres se servent pour célébrer la Messe, sont, aussi-bien que les autres ornemens d'Eglise, du nombre des ouvrages qu'il leur est permis de tailler, de faire, & de broder.

Les Statuts de leur Communauté ont été dressés en 1648. Ils sont composés de cinquante-huit articles, dont trente contiennent toute la discipline qui doit être observée pour les élections des Jurés, les visites, les redditions de compte, les receptions à l'apprentissage, & à la maîtrise. Les autres vingt-huit articles traitent des différens ouvrages que les Maîtres ont droit de faire, des matieres qui doivent y entrer, & de la maniere de les travailler, pour qu'ils soient de la qualité requise.

La Communauté ne doit être composée que de deux cent Maîtres.

Quatre Jurés, dont deux sont élus tous les ans le 3 Février, & qui doivent avoir au moins dix ans de reception, veillent à l'observation des Réglemens, font les visites, donnent le chef-d'œuvre aux Aspirans, & les reçoivent à la Maîtrise.

Nul Maître ne peut obliger plus d'un Apprentif à la fois, ni pour moins de six ans.

Ceux qui sont reçus à l'apprentissage, ne peuvent être autres que Fils de Maîtres, ou de Compagnons.

Tout Aspirant, avant de demander chef-d'œuvre, doit avoir servi trois ans chez les Maîtres, après l'apprentissage accompli; & n'est point reçû à la Maîtrise avant l'âge de vingt ans.

Les Fils de Maîtres, & ceux qui ont épousé leurs filles, ou veuves, ne sont tenus que du petit chef-d'œuvre; tous les autres sont obligés au grand. Les premiers le rachetent pour 30 liv. payées à la bourse commune; en faisant néanmoins une course chez les Maîtres: les seconds doivent payer 100 liv. & 15 liv. à la Confrérie, pour n'être tenus que du petit chef-d'œuvre. Le grand chef-d'œuvre dure deux mois, & le second huit jours.

Les Veuves restant en viduité, jouissent de tous les Priviléges, hors de faire des Apprentifs.

L'apprentif étranger, c'est-à-dire, des autres Villes où il y a Maîtrise, n'est reçû à travailler chez les Maîtres, que pour deux mois.

Aucun Maître ne peut s'associer un Compagnon.

Les Maîtres sont distingués en Jeunes, Modernes, & Anciens. Les Anciens sont ceux qui ont trente ans de reception, les Modernes vingt, & les Jeunes dix.

Il en doit assister dix de chaque classe avec les Jurés, quand on donne le chef-d'œuvre à l'Aspirant.

Enfin, nulle Assemblée n'est légitime, ni suffisante pour régler & décider les affaires, qu'il n'y ait trente Maîtres, outre les Jurés; les autres néanmoins préalablement avertis par le Clerc de la Communauté.

Les Fêtes de la Communauté, sont celle de la Purification de la Sainte Vierge, & celle de S. Clair.

BRODEUSE. Outre les filles qui travaillent chez les Maîtres Brodeurs, il y a de certaines Ouvrieres, qu'on nomme particuliérement Brodeuses de gazes, que les Marchands Merciers occupent à travailler en diverses sortes de broderie, ouvrages & embellissemens sur les gazes, dont on fait les coeffes & les écharpes. Elles passent pour filles de boutique des Merciers, à qui il est permis d'enjoliver les marchandises qu'ils vendent; & en cette qualité ne sont point sujettes aux Statuts, ni aux visites des Maîtres Brodeurs.

BRONZE. Métail factice, & composé du mélange de plusieurs métaux.

La fonte est une espece de Bronze, qui ne différe du véritable, que par le plus ou le moins d'alliage que l'on y mêle.

Pour les belles statues de bronze, l'alliage se fait de moitié de cuivre rouge, & de moitié de léton, ou cuivre jaune. Les Egyptiens, que quelques-uns croyent les Inventeurs de cet art, mettoient les deux tiers de léton, & l'autre tiers de cuivre rouge. Le cuivre rouge en rozette est moins propre pour la fonte des statues, que celui qui est battu.

Dans le Bronze ordinaire, l'alliage se fait avec de l'étain, & même avec du plomb, quand on va à l'épargne. On peut voir la proportion de l'alliage de ce métail, quand il est destiné pour être employé à des pieces d'artillerie, ou à des cloches, à l'article où il en est parlé. *Voyez* FONTE.

Il y a un autre cuivre composé, qu'on appelle simplement Métail; mais c'est véritablement du Bronze, avec la seule différence de la quantité qu'on y mêle d'étain. La proportion de l'alliage pour le métail, est de douze jusqu'à vingt-cinq pour cent.

Le Bronze fournit quelques remédes à la Médecine. Sa lie, ou plutôt son marc, qu'on appelle *Diphryes*, y est de quelque usage.

La fleur de Bronze, est la vapeur qui s'éleve, quand on jette de l'eau sur ce métail fondu, & qui se forme en petits grains, en maniere de millet, lorsqu'elle se congele, en s'attachant à une platine de fer, qu'on met au dessus.

ECAILLES DE BRONZE. Ce sont ces petites parties à demi brûlées, qui tombent, quand on bat l'airain, & qu'on le met en œuvre.

Le Bronze sert à faire des statues, des médailles, des vases, des mortiers, des canons, des cloches, &c.

BRONZE. C'est aussi une couleur préparée par les Marchands Epiciers Vendeurs de couleurs, pour imiter le Bronze.

Il s'en fait de deux sortes; le Bronze rouge, & le Bronze jaune, ou doré. Ce dernier est fait de simple limaille de cuivre, la plus fine & la plus brillante qu'il se peut: dans l'autre il entre quelque portion d'ocre rouge bien pulverisé. L'un & l'autre s'employe avec le vernis. Pour faire un beau Bronze, & qui ne prenne point le verd-de-gris, il faut le sécher avec un réchaud de feu, aussi-tôt qu'il est appliqué.

BRONZER. Donner à un ouvrage la couleur de Bronze. *Voyez l'article précédent.*

BRONZER. Se dit aussi chez les Courroyeurs-Peaussiers-Chamoiseurs, & les Cordonniers, d'une façon qu'on donne aux peaux de maroquin & de mouton, lorsqu'au lieu d'en former le grain, on y éleve sur la superficie un velouté, ou espece de bourre, semblable à celle qu'on voit sur les bazanes velues. Le Bronzé se fait toujours en noir; & c'est de quoi l'on fait les souliers & les gants de grand deuil, suivant la qualité des peaux bronzées. *Voyez* BAZANE.

On appelle Souliers bronzés, Gants bronzés, les souliers & les gants qui sont faits de cette sorte de cuir.

BROQUETTE. C'est la plus petite sorte de tous les clous. Il y en a depuis quatre onces jusqu'à deux livres le millier. Cette derniere se nomme Broquette estempée, ou à tête embourie. Il y a aussi une grosse Broquette estempée de deux livres & demie & de trois livres au millier, qui s'achete au cent. Toutes les autres Broquettes s'achetent à la somme, qui est de douze milliers. *Voyez* CLOU.

BROSSE. Espece de vergette, qui sert aux mêmes usages que les vergettes mêmes, & qui sont faites de même matiere, c'est-à-dire, de bruyere, de chiendent, & de soie, ou poil de porc, soit domestique, soit sauvage. *Voyez* VERGETTE.

*Les Brosses, ou Vergettes à nettoyer, payent en France les droits de sortie sur le pied de mercerie, c'est-à-dire, 3 liv. du cent pésant; & seulement 2 l. si c'est pour les Pays étrangers, conformément à l'Arrêt du 3 Juillet 1692.*

BROSSE. La Brosse des Tondeurs de draps est faite de poil de sanglier. Ils s'en servent pour coucher la laine des étoffes, qu'ils ont tondues en dernier, & sur lesquelles ils ont fait passer, ce qu'ils appellent le Cardinal. *Voyez* TONDEUR. *Voyez aussi* CARDINAL.

BROSSE. Est aussi un gros pinceau de poil de cochon, médiocrement fin, avec un assez long manche de bois, dont les Peintres se servent, pour imprimer les grands ouvrages en huile & en détrempe. *Voyez* PEINTRE & PEINTURE.

BROSSIER. Celui qui fait des brosses. Il y a à Paris une Communauté de Maîtres Vergettiers, Raquettiers, Brossiers, &c. *Voyez* VERGETTIER.

BROSSURE. On appelle simple Brossure, en termes de Peaussiers-Teinturiers en cuir, la couleur que ces Artisans donnent aux peaux, en les imprimant simplement avec la brosse. La Brossure est la moindre des teintures, qui leur sont permises par leurs Statuts. *Voyez* TEINTURE.

BROTTES. On nomme ainsi à Lyon, & aux environs, les cuillieres de bouis, ou de simple bois, qui servent à table.

*Les Brottes, par le Tarif de la Douanne de Lyon, payent 4 s. du millier pour l'ancien droit, & 2 s. pour la nouvelle réapréciation.*

BROU, dans la Généralité d'Orléans, où l'on fabrique des serges blanches & des étamines. *Voyez* l'Etat général, page 91.

BROU, BROUT, ou BRU. Ecorce, coque, ou écaille verte, qui couvrent les noix, & dont il est permis aux Teinturiers de se servir pour quelques teintures, & qui leur est défendue pour d'autres.

Les Tourneurs, Menuisiers, & Tablettiers, se servent aussi du Brou de noix, pour donner à diverses sortes de bois, la couleur de bois de Noyer. Toute la préparation consiste à faire bouillir le Brou dans de l'eau plus ou moins, suivant que l'on veut que la couleur soit plus brune, ou plus claire. *Voyez* NOIX, NOYER, & TEINTURIER.

BROUA, l'un des lieux à la Côte de Malaguette où l'on traitte le plus de poivre d'Afrique. *Voyez* l'Etat général, page 380.

BROUAGE, Ville de Saintonge à six lieues de la Rochelle. *Voyez* l'Etat général pages 72, 73.

BROUETTE. Petite machine, en forme de charette, qui n'a qu'une roue, & que celui qui s'en sert, pousse devant soi, par le moyen de deux especes de limons, soutenus d'un côté par l'essieu, & de l'autre, par les mains & les bretelles du Brouetteur, qui se met au milieu.

Il y a deux sortes de Brouettes; l'une, à clairevoye; & l'autre, en forme de petit tombereau. Les Carriers, les Terrassiers, & les Limosins, se servent de celle-ci, pour vuider les terres; & ces derniers encore, pour faire le service dans les atteliers de Maçonnerie, & voiturer du mortier & du moilon. L'autre Brouette sert aux Vinaigriers à rouler dans les rues de Paris, & même à la campagne, leur petite boutique, chargée du vinaigre, & de la moutarde, qu'ils vendent en détail, & à petite mesure.

BROUETTE. Les brouettes qui servent dans les blanchisseries de cire, ne sont point différentes des brouettes ordinaires. Elles servent à transporter à l'herberie les cires grelouées & les cires blanches en pain, les premieres dans des mannes, & les autres sans mannes. *Voyez* l'article de la Cire où il est parlé de la Manufacture d'Antony.

BROUILLAMINI, BOILIAMINI, ou BOL EN BILLE. C'est une des sortes de terres, ou bols, que vendent les Epiciers-Droguistes. *Voyez* BOL D'ARMENIE.

BROUILLARD, ou BROUILLON. C'est ainsi qu'on nomme quelquefois un Livre, dont se servent les Négocians, Marchands, & Banquiers, pour les affaires de leur commerce. On l'appelle souvent Brouillon; mais son nom le plus en usage, & le plus ordinaire, est *Mémorial*. C'est proprement un Livre journal, qui n'est pas tout-à-fait au net. *Voyez* LIVRE.

BROUILLARD. Est aussi le nom que l'on donne à une sorte de papier gris, qui s'appelle autrement Papier à Damoiselle. *Voyez* PAPIER, *vers le milieu de l'article*.

BROUILLEMENT. Terme de Teinture. *Voyez* FEUTREMENT.

BROUILLON. *Voyez* BROUILLARD.

BROUT. *Voyez* BROU.

BROUT DE COCOS. C'est une espece de bourre, qui couvre la coque, ou écorce ligneuse de la noix de cocos, que l'on file dans plusieurs endroits de l'Orient, comme on fait le chanvre & le lin en Europe.

BROUTA, aux environs de Surate. L'on y fabrique des toiles de coton blanches. *Voyez* l'Etat général, page 430.

BROYE, que l'on nomme aussi BROYOIRE, & BRYE. Instrument dont on se sert à la campagne, pour rompre le chanvre, après qu'il est roui, & le filer plus aisément. *Voyez* CHANVRE.

BROYEMENT. L'action avec laquelle on rompt le chanvre, en se servant de la Broye, ou ce qui en résulte.

BROYEMENT. Se dit aussi des couleurs, soit qu'il s'entende de leur réduction en poudre impalpable dans le mortier, soit qu'on le dise du mélange que l'Ouvrier en fait avec de l'huile, ou de l'eau gommée, sur le marbre avec la molette. *Voyez ci-après* BROYER.

BROYER. Réduire quelque chose en poudre. On le dit particuliérement des couleurs qui servent à la peinture; lesquelles, après avoir été pulvérisées dans le mortier, se mettent sur le marbre, pour y recevoir la derniere façon avec la molette. Quelquefois on les broye à sec sur le marbre, ou simplement en les humectant avec un peu d'eau gommée, ou collée, suivant qu'elles doivent servir à la détrempe, ou à la miniature; & quelquefois avec de l'huile, ou de lin, ou de noix, quand c'est pour peindre, ou pour imprimer à l'huile. Les Marchands Epiciers, qui font le négoce des couleurs, ont soin aussi de les faire broyer. *Voyez* COULEUR.

BROYER LE CHANVRE. C'est le rompre avec la broye.

BROYEUR. Celui qui broye les couleurs.

BROYOIRE. Instrument pour commencer à séparer le chanvre, ou le lin, de la chenevotte. Ce mot est Picard. En Normandie on dit *Brye*; & dans d'autres endroits, une *Broye*. *Voyez* CHANVRE.

BROYON. C'est une espece de molette, avec laquelle les Imprimeurs broyent le vernis & le noir, dont ils composent leur encre. *Voyez* IMPRIMERIE.

## B R U

BRU. *Voyez* BROU.

BRUGES, Ville de Flandre, une des plus marchandes de tous les Pays-Bas Autrichiens. *Voyez* ce qui en est rapporté dans l'Etat général, page 223.

BRUGNOLES, ou BRIGNOLES. Especes de prunes séches, qu'on envoye de Provence dans de petites caisses, ou dans des boetes à confitures. Les meilleures doivent être séches, blondes & charnues. Elles viennent ordinairement de Digne, d'Aubagne, & de Brugnole. Cette derniere, de laquelle ces prunes ont pris leur nom, est une petite Ville près de S. Maximin.

BRUIERE à faire vergettes. C'est un arbre qui jette force branches, & qui produit des grains rouges comme le geniévre. Les plus foibles bouts, ou rameaux qu'il pousse, sont extrémement souples & pliables; & on en fait en France des vergettes. En Toscane, où l'on en fait des balais, l'arbre se nomme *Scopa*, c'est-à-dire, un balay.

*Les Bruyeres à faire vergettes payent en France 20 s. du cent pésant de droits d'entrée, & 46 s. de sortie.*

BRUIERE. C'est aussi une sorte de laine d'Allemagne. Il y en a de plusieurs especes; comme de la Bruiere du Rhin, de la Bruiere de Wismar, &c. *Voyez* LAINE *d'Allemagne & du Nord*.

BRULLOS, Lac en Egypte situé entre Damiette & Rozette. *Voyez* l'Etat général, page 363.

BRUN. Se dit, en termes de manufactures & de teintures, des étoffes, & des soies ou laines, dont la couleur est obscure, & comme sombre. Du drap brun: De la soie rouge-brun: Une étoffe gris brun: De la laine verd-brun, &c.

BAY-BRUN. Se dit des chevaux qui sont de couleur de châtaigne fort obscure. *Voyez* BAY. *Voyez aussi* CHEVAL.

BRUNES. Ce sont des toiles qui se fabriquent à Rouen, & aux environs. Elles font, avec les blancards & les fleurets, les trois especes de toiles, au sujet desquelles ont été donnés les Réglemens de 1676, 1683, 1684, & 1716. *Voyez ces Réglemens. Voyez aussi l'article général des toiles, où il est parlé de celles de Normandie.*

BRUNIR. Terme d'Orfévre & de Doreur. C'est polir l'or, ou l'argent, pour le rendre brillant & éclatant. Les ouvrages d'orfévrerie, ou l'or appliqué au feu sur les métaux, se brunissent avec un instrument de fer, qu'on appelle Brunissoir. On ne se sert que d'une dent de loup, ou de chien, ou de la pierre de sanguine, pour brunir l'or en détrempe. *Voyez* DORURE AU FEU, & DORURE EN DÉTREMPE.

BRUNIR, en termes d'Ouvriers en fer; comme Serruriers, Eperonniers, Couteliers, &c. C'est polir le fer avec le brunissoir.

BRUNISSEUR. Celui qui brunit. Il ne se dit gueres que chez les Orfévres, de l'Artisan, ou Compagnon, qui brunit la vaisselle, & les autres ouvrages d'Orfévrerie.

BRUNISSOIR, qu'on appelle aussi POLISSOIR. Instrument avec lequel on brunit. Pour brunir l'or, l'argent, les autres métaux, & la dorure au feu, le Brunissoir est de fer arrondi, quelquefois avec deux poignées, quelquefois avec une seule;

& alors il est attaché de l'autre bout avec un anneau mobile à l'étably, sur lequel le Brunisseur travaille.

Le Brunissoir pour la dorure en détrempe, est fait d'une dent de loup, ou de chien, ou d'un morceau de pierre de sanguine, enchassé & emmanché dans du bois. *Voyez* POLISSOIR.

BRUNISSOIR. On appelle aussi Brunissoir, un outil d'acier d'environ six pouces de long, qui a d'un côté la figure d'un cœur dont la pointe est allongée, ronde, peu épaisse, & point tranchante. C'est le Brunissoir des Graveurs en taille douce. A l'autre extrémité il y a une espece de fer de dard à trois angles, tranchant des trois côtés. On l'appelle Grattoir. *Voyez* GRAVEUR EN TAILLE-DOUCE.

BRUNISSOIR. Les Serruriers ont de trois sortes de Brunissoirs; de droits, pour polir le fer; de crochus, pour polir les anneaux des clefs; & de demis ronds, pour étamer. Les autres Ouvriers, qui travaillent & polissent le fer, comme les Arquebusiers, les Fourbisseurs, &c. ont aussi plusieurs polissoirs; les uns semblables à ceux des Serruriers, & les autres pareils à ceux des Graveurs; & quelques-uns qui leur sont propres, mais peu différens des autres.

BRUNISSURE. Terme de Teinture. C'est la façon qu'on donne aux étoffes que l'on teint, pour diminuer & brunir leurs teintes, afin de mieux assortir les nuances des couleurs.

Il est permis aux Teinturiers du grand teint, d'avoir chez eux de la noix de galle, & de s'en servir pour de légeres Brunissures.

BRUNSWICH. Ville de la Basse Saxe située sur la riviere d'Oere. *Voyez* en quoi consiste son Commerce, Etat général, page 230.

BRUT ou BRUTE. Ce qui n'est pas poli, travaillé, fini, achevé, perfectionné. Du sucre Brut, c'est celui qui n'est pas affiné. On appelle des diamans Bruts, ceux qui n'ont point encore été travaillés, & qui sont tels que l'on les a trouvés dans les sables, ou dans les fentes des rochers. On en dit de même des émeraudes & des autres pierres précieuses, quand elles n'ont point été taillées, ni façonnées.

BRUT, ou ORT. Se doit entendre du poids de la marchandise, quand elle est pesée avec son emballage. On dit en ce sens: Cette balle de poivre pese Brut ou Ort six cent livres; pour marquer que l'emballage & le poivre qui est dedans, pesent ensemble six cens livres. Il y a des marchandises qui payent les droits d'entrée & de sortie du Royaume, net; & d'autres, Brut ou Ort. On se sert aussi du mot *Bruto*, qui signifie la même chose; mais il est étranger, & n'a que très peu d'usage en France.

On appelle chez les Plumassiers, Marchandises brutes, Plumes brutes, les plumes qui sont encore en paquets; ou, comme ils disent, en fagots, c'est-à-dire, telles qu'on les a de la premiere main. Le trentiéme article de leurs Statuts défend à tout Maître, ou Compagnon du métier, d'aller relier ou fagoter les marchandises & plumes brutes dans les maisons des Marchands des autres Corps & Communautés. Et par le trente-uniéme, il est fait pareille inhibition aux Marchands forains, ou autres, d'acheter des plumes brutes en la Ville de Paris, pour les relier & fagoter, & ensuite les revendre aux Maîtres de la même Ville. *Voyez* AUTRUCHE.

BRUT, ou BOUT D'ETAMINE. Sorte d'étoffe assez semblable à l'étamine qui se fabrique en quelques lieux de France, & dont il se fait un assez grand négoce à Lyon. *Voyez* ETAMINE.

*Le Tarif de la Douanne de cette Ville en fixe les droits à 8 sols du quintal pour l'ancienne taxe, & à 2 s. pour la nouvelle réapréciation.*

BRUXELLES, Ville Capitale des Pays-Bas Autrichiens. *Voyez* en quoi consistent les Marchandises que l'on en tire, & celles dont elle a besoin, Etat général, ci-devant page 222.

## BUA

BUANDERIE, qu'on nomme aussi BLANCHIRIE, BLANCHISSERIE, & CURANDERIE. Lieu où l'on blanchit les toiles. On le dit particuliérement des salles, ou atteliers, dans lesquels on fait la lessive des toiles écrues, avant que de les mettre sur le pré. *Voyez* BLANCHIR, BLANCHIMENT, *&* BLANCHISSERIE.

BUANDIER. Celui qui fait le blanchiment des toiles, ou qui veille sur les Buandieres, c'est-a-dire, sur les femmes qui font couler les lessives dans les blanchisseries. Ces mots viennent de Buée, qui dans quelques Provinces signifie lessive. *Voyez comme dessus.*

## BUC

BUCHE, que l'on écrit aussi BUSCHE, & que quelques-uns appellent BUZE, ou FLIBOT. C'est une espece de petite flûte, ou bâtiment de mer, dont les Hollandois se servent pour la pêche du hareng. Ils lui donnent le nom de *Buis, Haring Buis.* Ces sortes de bâtimens sont pour l'ordinaire du port depuis quarante-huit jusqu'à soixante tonneaux, quelquefois plus. Ils ont deux petites couvertes, ou chambres; l'une à l'avant, & l'autre à l'arriere: celle de l'avant est destinée pour la cuisine.

Chaque Buche a son Maître ou Patron, un Aide, un Contremaître, & des Matelots à proportion de sa grandeur. C'est le Maître qui la commande en chef, sans l'ordre exprès duquel, les filets ne peuvent être jettés à la mer, ni en être retirés. L'Aide a le commandement après lui; ensuite le Contremaître, dont le soin est de faire agir les Matelots, qui virent à bord les aussiéres, ou funes; ceux qui sont employés à saisir les filets; & les Caqueurs, qui sont ceux qui égorgent les harengs, & qui les vuident de leurs breuilles ou entrailles, à mesure qu'on les pêche. Les Matelots se louent communément pour tout un voyage en gros.

Les victuailles, que l'on embarque dans les Bûches, ne consistent pour l'ordinaire qu'en biscuit, gruau, & poisson sec ou salé; l'équipage se contentant pour le surplus, du poisson frais qu'il pêche. *Voyez* HARENG.

BUCIOCHE. Sorte de draps de Provence, & de Languedoc, que les vaisseaux François portent à Alexandrie & au Caire, où ils valent ordinairement 60 medins le pic.

BUCKINGHAM, partie de la Pensilvanie habitée par les Anglois. *Voyez* l'Etat général, page 533.

## BUE

BUE'E. Mot en usage dans quelques Provinces de France, pour signifier ce qu'on nomme ailleurs Lessive. *Voyez ci-devant* BUANDERIE, *&* BUANDIER.

BUENOS-AYRES. Ville de l'Amérique Espagnole, située à l'embouchure de la riviere de la Plata du côté du Midi, & une des meilleures Colonies que les Espagnols y ayent. *Voyez* ce qu'on en dit dans l'Etat général, ci-devant, page 486.

## B U F

BUFFETER. Boire au tonneau. Il se dit des Voituriers, tant par terre que par eau, qui menent des vins, & qui perçant les pieces, dont la conduite leur est confiée, en boivent à discrétion, & les remplissent d'eau, & quelquefois de sable, pour ne les pas rendre en vuidange.

On a coutume, quand les vins se voiturent par eau, de donner un certain nombre de pieces pour la boisson des Voituriers & Batteliers, pour les empêcher de Buffeter.

BUFFETEUR. Voiturier qui conduit des vins, & qui perce les tonneaux, pour en boire en chemin. Les Ordonnances enjoignent aux Juges, de punir des galeres les Voituriers Buffeteurs. *Voyez* VOITURIER.

BUFFLE. Animal sauvage, ressemblant au bœuf, si ce n'est qu'il est plus long & plus haut. Il a la corne fort noire, son corps est très gros, & sa peau très dure. Il a le poil court & noir, n'en a presque point à la queue; mais beaucoup sur le devant de la tête, qu'il a très petite en comparaison du reste du corps. Ses cornes sont fort larges, son col gros & long, sa queue petite, & ses cuisses grosses & courtes. C'est proprement un bœuf sauvage, qui s'apprivoise, & qu'on fait travailler en Italie, & en plusieurs autres Pays, comme on fait les bœufs en France.

Les Buffles sont très communs dans le Levant, particuliérement aux environs de Constantinople & de Smyrne. Il s'en voit aussi beaucoup en Afrique, & sur tout dans le Royaume de Congo. Les marchandises qu'on en tire pour le commerce, sont les cornes, la peau ou cuir, & le poil.

Des cornes on fait divers ouvrages de tour, particuliérement des patenôtres de chapelets, & des tabatieres, qu'on estime.

De la peau passée en huile, & préparée comme il faut, on en fait des especes de juste-au-corps, appellés des Buffles, qu'on donne à la Cavalerie, & à la Gendarmerie. On en fait aussi des bandolieres, des ceinturons, des gibecieres, des gants, &c.

Les peaux de Buffles seches en poil, font une portion du négoce que les François, Italiens, Anglois, & Hollandois, font à Constantinople, à Smyrne, & sur les côtes d'Afrique. Ils les y achetent en retour des marchandises qu'ils y portent de leur Pays. *Voyez les chapitres 3 & 6 du livre 5 de la seconde partie du Parfait Négociant de M. Savary. Vous y trouverez des instructions très utiles, touchant le commerce qui se fait de ces sortes de peaux, soit à Smyrne, soit à Constantinople.*

Quand les peaux d'élans, ou d'orignaux, de bœufs, de vaches, & d'autres semblables animaux, ont été passées en huile, & apprêtées, ainsi que celles des Buffles, on leur donne aussi le nom de Buffles; & elles s'employent aux mêmes usages. Celles des bœufs & des vaches sont les moins estimées; leur emploi le plus ordinaire n'étant que pour faire des bandolieres, des ceinturons, & des gibecieres.

Il y a en France plusieurs Manufactures destinées pour l'apprêt de ces sortes de peaux; comme à Corbeil près Paris, à Niort, à Lyon, à Rouen, à Etampes, à Cône, &c. Celle de Corbeil est la plus considérable; & les peaux qui s'y apprêtent sont estimées les meilleures. On en doit le premier établissement au Sieur Jabac natif de Cologne, qui les avoit poussées à la derniere perfection.

Les peaux de buffles, d'élans, de bœufs, de vaches, &c. passées en huile, font une partie du négoce des Marchands du Corps de la Mercerie. *Voyez* CHAMOIS; *vous y trouverez la maniere de passer les peaux en huile.*

*On parle plus bas des droits que toutes ces peaux payent tant à l'entrée qu'à la sortie de France.*

Le poil de Buffle, après avoir été levé de dessus la peau, par le moyen de la chaux, avant que d'être passée en huile, est une sorte de bourre, qui étant mêlée avec celle de bœuf, de vache, ou d'autres semblables animaux, sert à rembourrer des meubles de peu d'importance, des selles pour les chevaux, des bâts de mulets, &c. *Voyez* BOURRE.

BUFFLETIN. On le dit également, & du Buffle, quand il est encore jeune; & de la peau des jeunes Buffles apprêtée, & passée en huile. *Voyez l'article précedent.*

*Les Buffles, Elans & Cerfs, passés en Buffles, aussi-bien que les collets & colletins de Buffles, payent en France les droits d'entrée sur differens pieds.*

*Ceux qui y sont apportés, soit par les Sujets du Roi, soit par les Etrangers, autres que les Hollandois, payent 40 liv. du cent pésant, conformément au Tarif de 1667.*

*Et ceux que les Hollandois y apportent, ne payent que 26 liv. aussi du cent pésant, suivant la remise qui leur a été accordée par la Déclaration du 29 May 1699.*

*A l'égard des droits de sortie, les Buffles apprêtés payent la piece, l'un portant l'autre, 24 s. & les Buffletins 12 s.*

*Les Buffles & Buffletins du Levant, dont il y a de trois sortes; sçavoir, les Buffles d'Alexandrie, les Buffles de Constantinople, & ceux qu'on nomme Buffles Escars, sont du nombre des marchandises qui viennent des Terres & Pays de la Domination du Grand-Seigneur, du Roi de Perse, & d'Italie. Elles payent 20 pour cent de leur valeur, conformément à l'Arrêt du 15 Aout 1685, lorsqu'ils ont été entreposés dans les Pays étrangers; & même sans avoir été entreposés, quand ils entrent par le Port de Rouen.*

## B U G

BUGLOSE SAUVAGE. Plante dont la racine est colorante, & qui sert à la Teinture. On l'appelle autrement *Orcanette*. *Voyez* ORCANETTE.

## B U H

BUHOT. Terme en usage dans les Manufactures d'Amiens, qui signifie un petit canon, ou tuyau, fait de roseau, en maniere de petite bobine sans bords, qui se met dans la poche de la navette, & sur lequel on devide une portion du fil destiné à former la tréme d'une étoffe; c'est ce que l'on appelle communément Espoulle. On donne encore à Amiens le nom de Buhot aux véritables bobines. *Voyez* BOBINE, ESPOULLE, & NAVETTE.

BUHOT. Ce terme est aussi en usage à Abbeville pour signifier une partie de la chaîne dont les étoffes sont composées.

Le Réglement de 1670 pour la Communauté des Maîtres Sergers Baracaniers de cette Ville, ordonne que les Serges drapées qui seront faites de laine d'Angleterre, ou de laine fine de France, auront 45 portées & 19 fils à chaque buhot. Le buhot fait une demie portée; en sorte que dans la fabrique de ces serges, la portée entiere est de 38 fils.

On se sert aussi de ce terme pour les baracans & pour les belinges qui se fabriquent dans cette Manufacture; ainsi la chaîne des baracans doit être en compte de 9 buhots & de 52 portées, de 18 fils chaque portée; & la chaîne des belinges de laine filée au grand rouet, de 28 portées à 20 fils chaque demie portée ou buhot. *Voyez* l'article des Réglemens.

Buhot. Se dit aussi chez les Marchands Plumassiers, des plumes d'oye, teintes de diverses couleurs, qu'ils mettent à leurs boutiques, pour y servir d'étalage & de montre.

## B U I

BUIS, dans le Dauphiné. L'on y fait des sergettes & des cordelats. *Voyez* l'Etat général, page 128.

BUIS, ou BOUIS. Arbre, dont le bois sert à plusieurs ouvrages de Marquetterie, Sculpture, & Tablетterie. *Voyez* Bouis.

Buis, Haring-Buis. *Voyez* Buche. *Voyez aussi* Hareng.

BUISSERIE. Espece de mairrain propre à faire des muids, & autres ouvrages de Tonnellerie. *Voyez* Mairrain.

BUISSON. Terme d'exploitation & de marchandises de bois. On nomme ainsi dans les Eaux & Forêts, un canton de bois planté, soit en futaye, soit en taillis, qui n'a pas assez d'étendue pour être réputé Forêt. Il y a dans la Généralité de Paris, des Buissons de 1500 & 2000 arpens de bois. Les boqueteaux sont moindres que les Buissons, & n'ont gueres que depuis 30 jusqu'à 50 arpens.

## B U L

BULBE, ou BULBA, qu'on nomme plus ordinairement FORLE. Petite monnoie de cuivre, qui a cours en Egypte. Elle vaut un peu moins que le liard de France. *Voyez* Forle.

BULE, ou GROS BON. Terme de Papeterie. C'est la pâte commune, composée de vieux chiffons, ou drapeaux de toile de lin, ou de chanvre, pourris dans des cuves, & pilés & battus au moulin, qu'on réserve pour la fabrique du gros papier. *Voyez* Papier.

BULLETIN, ou BULTIN. Billet que l'on donne en France, pour servir de certificat, qu'on a payé les droits d'entrée & de sortie. Il est différent de l'acquit.

Bulletin. C'est aussi le nom, que l'Instruction dressée en exécution de l'Arrêt du Conseil du 13 Juillet 1720, pour les comptes courans en Banque, & les viremens de parties, donnoit aux billets, que ceux qui avoient des comptes ouverts dans les Livres de la Banque Royale, devoient porter ou envoyer aux Teneurs de Livres, pour s'y faire, ou créditer, ou débiter. L'Instruction portoit; *Que pour les Billets, ou Bulletins, il seroit préposé un Commis, qui tous les huit jours les retireroit des Teneurs de Livres.* Voyez Banque Royale.



## B U N

BUNIAS. On nomme ainsi la graine ou semence du navet sauvage. Elle est du nombre de celles dont les Marchands Epiciers Droguistes font commerce; mais comme son unique usage est pour la composition de la Thériaque, il n'y a que les plus curieux qui s'en chargent, les autres en connoissant à peine le nom. On lui substitue quelquefois la graine du navet des jardins à laquelle celle du Bunias ressemble beaucoup. On peut néanmoins en connoître la différence au goût, la semence du Bunias étant plus piquante.

## B U O

BUONA-VISTA, une des Isles du Cap-Verd. *Voyez* l'Etat général, page 395.

## B U R

BURA, ou BURAT, qu'on nomme aussi quelquefois BOURA. Etoffe, partie soie, partie laine, qui est plus connue sous le nom de Moncahiard. *Voyez* Moncahiard.

BURAIL, qu'on nomme plus ordinairement FERRANDINE. Etoffe de soie tramée, quelquefois de soie, & plus ordinairement de laine, de poil, de fil, ou de coton. *Voyez* Ferrandine.

Burail a contre-poil. Cette étoffe se fait par les Haute-lissseurs de la Sayetterie d'Amiens. Elle doit se monter en vingt-huit buhots trente portées, & avoir un pied & demi de Roi entre deux gardes. Sa largeur, au sortir de l'estille, doit être de vingt-une aune & demie, pour revenir après l'apprêt à vingt aunes un quart, ou vingt aunes & demie.

Burail de Zurich. Espece de crespon, qui se fabrique à Zurich en Suisse. *Voyez* Crespon.

Il y a encore diverses sortes de Burail, qui se fabriquent tant en France, que dans les Pays étrangers; comme les Burails lis, les Burails croisés, les Burails simples, les Burails d'étoupes, & les Burails de Flandre.

*Les Burails, ou Crespons de Zurich, payent de droits d'entrée en France, 30 pour cent de leur valeur, suivant le Tarif de 1667, & ne peuvent entrer que par Lyon, ou par Auxonne, conformément à l'Arrêt du 24 Janvier 1690.*

*Les Burails croisés payent 16 liv. la piece de 25 aunes, suivant l'Arrêt du 20 Decembre 1687, & ne peuvent entrer que par Calais & S. Valery, en conséquence des Arrêts des 8 Novembre 1687, & 3 Juillet 1692.*

*Et les Burails simples, ou de Flandres, aussi la piece de 25 aunes, 8 liv. suivant le Tarif de 1667; & ne peuvent entrer que par lesdits Ports de Calais & S. Vallery, conformément aux mêmes Arrêts de 1687 & 1692.*

*A l'égard des droits de sortie, les Burails lis & croisés, ou Moncahiards de toutes sortes, payent comme Camelots à eau, 7 liv. du cent pésant; & les Burails d'étoupes 3 liv. comme Mercerie, aussi du cent pésant, suivant le Tarif de 1664.*

Outre tous les Burails, dont on a parlé ci-dessus, le Tarif de la Ville de Lyon en contient encore plusieurs autres; comme les Burails de Reims, les Burails de Bergame, les Burails de soie de Milan, ceux de Genes, & ceux de Naples.

BURATES, Peuples de la Tartarie Moscovite, qui habitent le long de la riviere d'Angara & du Lac de Bekal. *Voyez* ce qu'on en dit, Etat général, page 303.

BURATTE, que dans quelques Manufactures on appelle BURAT. Petite étoffe tout de laine, un peu plus forte que celles qu'on nomme Etamines à voiles, dont pourtant elles sont une espece.

Les Etats de la Province de Languedoc, obtinrent en 1673, un Arrêt du Conseil d'Etat du Roi portant permission aux Teinturiers de cette Province, & à ceux d'Auvergne, de teindre les cadis & Burates en Bresil, pour le rouge, nonobstant le Réglement de 1669.

Il y a eu aussi depuis deux Réglemens, par deux autres Arrêts du Conseil d'Etat des 7 Juin & 5 Aout 1718; le premier concernant le pliage, & l'autre pour les portées & largeurs des étamines, ou Buratres, qui se fabriquent à Langogne, & autres lieux du Gevaudan, aussi-bien que pour la qualité des laines qui doivent y être employées.

BURATTE'E. Etamine Burattée. C'est une étamine, dont la fabrique est à peu près semblable à celle des burattes. Elle est ordinairement de laine brune & blanche. *Voyez* ESTAMINE.

BURATINE, ou BURATIN. Espece de papeline, dont la chaîne est de soie fort déliée, & la tréme de grosse laine; on la passe sous la calandre.

Il faut que ce terme, ainsi rapporté par Furetiere, soit ancien, hors d'usage, ou étranger, n'en étant point parlé dans le Tarif de 1664, pour les droits d'entrée & de sortie de toutes sortes de marchandises; ni dans les Statuts & Réglemens qui ont été faits en 1667, touchant la fabrique des draps, or, argent, & soie, & autres étoffes mélangées, qui se font à Paris, à Lyon, & à Tours; & encore moins dans le Réglement général des Manufactures du mois d'Aout 1669; outre que les Marchands, Manufacturiers, & Ouvriers, n'en ont aucune connoissance.

BURATINES. Soies Buratines. Ce sont des soies, que l'on tire de Perse, par la voie de Seyde. Elles se pésent au damasquin de six cent dragmes, qui reviennent à quatre livres onze onces de Marseille. *Voyez* SOYES DE LEVANT.

BURBAS. Petite monnoie, qui se frappe à Alger, & qui porte des deux côtés les armes ou enseignes du Dey. Six Burbas valoient autrefois un aspre: présentement ils n'en valent plus gueres que la moitié. Il s'en fait à Tunis, qui sont reçûs sur le pied de ceux d'Alger.

BURE. Etoffe de laine, très brute & très grossiere, ayant un vilain poil long, point croisée, de fort petit prix, qui se fabrique sur un métier à deux marches avec la navette, ainsi que les draps, & autres pareilles étoffes, qui n'ont point de croisure.

La Bure a une aune de large. Son usage le plus ordinaire est pour habiller les pauvres gens. Il y a de l'apparence que son nom dérive du mot de Bourre; parce que souvent l'on fait entrer dans le filage des laines qui la composent, une portion de bourre tontisse, qui est cette sorte de laine très courte, qui provient du lainage & de la tonture des draps, ratines, & autres semblables étoffes de laine.

Les lieux du Royaume où il se fabrique le plus de Bures, sont Gisors, & Thibivilliers dans le Vexin Normand. Il s'en faisoit autrefois beaucoup à Dreux, & à S. Lubin, situés en l'Isle de France; mais cette Manufacture est tombée. Les Bures de Dreux se nommoient *Bures loyalles*, parce qu'elles étoient faites tout de bonne mere-laine; & celles de Thibivilliers étoient appellées, *Bures Bourrieres*; parce que l'on y faisoit entrer de la Bourre tontisse, que l'on méloit avec la bonne laine, en la filant. Il faut que la Bure ait été jugée de bien peu de conséquence; puisqu'il n'en est aucunement parlé dans les Réglemens des Manufactures.

Par le Tarif de 1664, la Bure est aussi appellée *Bugle*, ou *Beugle*; *Et les droits en doivent être payés à raison de 4 liv. du cent pésant pour la sortie; & pour l'entrée, sur le pied de 40 s. la piece de douze aunes.*

Quelques-uns donnent le nom de Bure à une sorte de grosse tiretaine, fil & laine, qui se fabrique à Beaucamps le Vieil en Picardie; laquelle n'a qu'une demie-aune de large. *Voyez* TIRETAINE.

BUREAU. Grosse étoffe de laine non croisée, qui n'est autre chose qu'une Bure renforcée. *Voyez ci-devant* BURE.

BUREAU. On appelle le Bureau de la Ville, la Jurisdiction du Prévôt des Marchands, & Echevins.

BUREAU. Se dit aussi du lieu où les Marchands s'assemblent pour traiter & déliberer sur les affaires qui regardent leur Corps. Chacun des six Corps des Marchands de Paris, a son Bureau particulier. C'est dans celui de la Draperie, comme le premier Corps, que se font les Assemblées générales des six Corps.

BUREAU. Se dit encore d'un endroit établi pour la vente & le débit de certaines marchandises de Manufacture particuliere. Le Bureau des Cuirs de Hongrie: Le Bureau des Maroquins: Le Bureau des Flambeaux: Le Bureau des Chandelles, &c.

Les Marchands, Négocians, & Banquiers, appellent aussi Bureau, une grande table, sur laquelle ils mettent leurs livres & papiers, pour travailler à faire leurs écritures.

BUREAU. Se dit encore des lieux destinés pour la perception des droits établis sur les marchandises, pour l'entrée & la sortie du Royaume, & des Provinces réputées Etrangeres. Le Bureau de la Douane de Paris: Le Bureau des Traittes d'Ingrande: Le Bureau de la Romaine de Rouen: Le Bureau de la Connétablie de Bordeaux, &c. Il y a des Bureaux Généraux, des Bureaux particuliers, des Bureaux de Recette, & des Bureaux de Conserve.

PETIT BUREAU. C'est ainsi que parmi les Courroyeurs, Tanneurs, Mégissiers, & Cordonniers, on appelle le Bureau des Vendeurs de cuir. *Voyez* VENDEURS DE CUIR.

BUREAU DE COMMERCE. C'est un Bureau composé de huit personnes choisies par Sa Majesté parmi ceux de son Conseil, qui ont le plus d'expérience au fait de Commerce. Il a été établi par Arrêt du 22 Juin 1722, à la place du Conseil de Commerce.

C'est à ce Bureau que sont discutées & examinées toutes les propositions, & Mémoires qui y sont présentés; ensemble les affaires & difficultés qui surviennent concernant le Commerce tant de terre que de mer, au dedans & au dehors du Royaume, & ce qui regarde les Fabriques & Manufactures. *Voyez* CONSEIL DE COMMERCE.

BUREAU DE LA BANQUE ROYALE. C'étoit le nom que l'on donnoit en France à tous les lieux dans lesquels

lesquels se faisoient en 1719 & 1720, les diverses opérations de cette Banque. Outre le Bureau de Paris, qui étoit le principal de tous, & qui occupoit le Palais Mazarin, l'Hôtel de Nevers, &c. cette Banque avoit encore ses Bureaux dans toutes les Villes de Province, où il y a des Hôtels des Monnoies. *Voyez* BANQUE ROYALE.

BUREAU DES CONGE'S. *Voyez* CONGE'.

BUREAU DES CHARTRONS. *Voyez* CHARTRONS.

BUREAU DE RENCONTRE. C'est un Bureau établi à Paris, où chacun peut donner ou recevoir avis des choses dont il a besoin, ou dont il veut se défaire.

Le premier établissement de ce Bureau s'est fait sous le Regne d'Henri IV. en conséquence des Lettres Patentes de ce Prince. Il fut d'abord appellé Bureau d'Adresse & de Rencontre, mais le premier nom est demeuré au Bureau où se débite la Gazette de France, aux Galleries du Louvre, & l'autre n'a gardé que celui de Bureau de Rencontre.

Les intéressés à ce nouveau Bureau ayant eu peine à le bien soutenir, il fut interrompu pendant plusieurs années, & ce fut même inutilement qu'on tâcha de le faire revivre sous le Regne de Louis XIII. quoiqu'on eût obtenu pour cela divers nouveaux Brevets, Arrêts du Conseil, Déclarations, Privileges, & même fait rendre en conséquence quelques Sentences au Châtelet, & un Arrêt du Parlement.

Enfin on fit une troisiéme tentative en 1703 sous le Regne de Louis XIV. qui a été plus heureuse que les deux autres.

Ce Bureau de 1703 fut d'abord établi au bout du Pont neuf; il a depuis été transferé dans la rue S. Sauveur près la rue S. Denis.

Pour le bon ordre & la police du Bureau, on y tient un Registre dans lequel non-seulement ceux qui ont des avis à donner, mais aussi ceux qui veulent en recevoir, se font enregistrer moyennant une rétribution médiocre & arbitraire. Si les avis viennent des Provinces ou des Pays Etrangers, les ports des lettres doivent être affranchis.

Tous les quinze jours il se délivre au public un petit livre qui ne coute que 2 s. 6 d. qui contient tous les avis qui ont été envoyés au Bureau pendant la quinzaine.

Ceux qui ont des choses à acheter ou à vendre qui ne veulent pas être connus, peuvent donner leur adresse au Bureau où on leur garde tout le secret possible.

Lorsque les choses, faute d'avoir été vendues, se remettent de nouveau dans le livre d'avis, on n'est obligé qu'à la moitié du droit; de sorte que si l'on a donné quinze sols pour la premiere fois, on ne donne que sept sols & demi pour la seconde.

Non-seulement on peut faire enregistrer au Bureau toutes les choses qui entrent dans le commerce, soit pour la vente, soit pour l'achat, comme terres, maisons, places à bâtir, charges, rentes, livres, tableaux, bijoux, meubles, habits, carosses, vins, &c. mais encore on y peut indiquer tout ce qui peut se donner ou se prendre à loyer ou à ferme, la pêche des étangs, les Manufactures & les ouvrages qu'on y fabrique, l'arrivée des vaisseaux marchands dans les ports de France ou du dehors, les machines & les nouvelles découvertes utiles au public, les cabinets des curieux, &c. De plus, les Maîtres y trouvent des Domestiques; & les Domestiques, des Maîtres; les Ecoliers, des Pensions; & ceux qui tiennent les Pensions, des Ecoliers; en un mot le Bureau de Rencontre est une ressource universelle où l'on peut faire argent de tout, & où ceux qui en ont ne manquent point de moyen pour le dépenser.

Ce Bureau, quoiqu'un peu différent de ce qu'il étoit dans son premier établissement, subsistoit toujours avec succès sous la direction du Sieur Prieur Marchand Jouaillier suivant la Cour, lorsqu'en 1723, il reparut dans le public sous le nouveau nom de Magasin Général, qui lui avoit été donné l'année précédente, par un privilege royal du 30 Juin de cette année, accordé au sieur Hubert Floudar, Marchand Mercier, l'un des Officiers de la Garderobe de Sa Majesté, pour durer pendant vingt années entieres & consécutives, sous les conditions qui y sont expliquées. Il est présentement établi rue neuve Saint Mery à l'Hôtel de Jabac, sous la direction de Messieurs de Crom & Gerard. *Voyez ci-après* l'article de MAGASIN GENERAL: on y trouvera tout ce qui concerne ce privilege & l'état présent, où se trouve ce Magasin.

BURETTE. Nom que le Tarif de 1664 donne à une sorte d'étoffe de laine, qui n'est connue de personne présentement. Il paroît que Burette est un diminutif de Bure; comme qui diroit, une petite Bure, ou une Bure moins forte & moins large que la Bure ordinaire.

*Suivant ce Tarif, les Burettes doivent payer 4 liv. du cent pésant à la sortie, & 36 s. de la piece de douze aunes à l'entrée.*

BURGALESES. Laines Burgaleses. Ce sont des laines d'Espagne qui se tirent de la ville de Burgos & de ses environs. Il s'en fait un grand négoce à Bayonne. *Voyez* l'Etat général du Commerce, où il est parlé de celui de cette Ville.

BURGAN DE TEINTURE. On nomme ainsi dans les Isles Antilles Françoises, un poisson testacé qui produit une espece d'écarlate ou de pourpre. *Voyez* POURPRE.

BURIN. Outil d'acier à quatre carres, dont la pointe est ordinairement taillée en lozange. Il a au bout, par où on le tient, un petit manche de bouis, ou d'autre bois, tourné au tour, qui se cache entierement dans la main de l'Ouvrier, quand il s'en sert. Le Burin est propre à graver sur les métaux; particuliérement sur les planches de cuivre, pour faire ce qu'on appelle des Tailles-douces.

Les Serruriers se servent pareillement de divers Burins pour leurs ouvrages: De plats, pour fendre les pannetons des clefs: De coulans, de carrés, & en lozange, pour graver divers ornemens.

Les Tailleurs des monnoies, les Graveurs sur métaux, les Orfévres, les Arquebusiers, Fourbisseurs, Armuriers, Eperonniers, & autres Ouvriers qui travaillent en ciselure & damasquinerie, en ont aussi pour tailler, réparer, rechercher leur gravûre, soit en creux, soit en relief. Enfin, les Tailleurs de limes en ont pour piquer les rapes.

Ce sont les Maîtres Aiguilliers qui font & vendent les Burins; d'où ils ont entr'autres qualités, celles de Maîtres Aiguilliers, Alesniers, Faiseurs de Burins. *Voyez* AIGUILLIER.

BURINER. Graver sur les métaux avec le burin.

## BUS

BUSCHE. *Voyez* BUCHE.

Busche. Gros morceau de bois propre à se chauffer, dont plusieurs mis ensemble composent la corde de bois à brûler. Il y a des Busches de divers échantillons, c'est-à-dire, de différentes longueurs, depuis trois pieds six pouces, jusqu'à quatre pieds deux pouces, & quelquefois jusqu'à quatre pieds quatre pouces, qui est une longueur extraordinaire.

Les Busches, suivant leur grosseur, se cordent ou se vendent au compte. *Voyez* Bois de Corde & de Compte.

Busche. On appelle Controlleurs de la Busche, de petits Officiers établis sur les Ports de la Ville de Paris, pour veiller à ce que les bois soient de la longueur & grosseur reglées par les Ordonnances, suivant leur sorte & qualité. *Voyez* Mouleur de Bois.

BUSCHER. Abattre du bois dans les forêts, pour en faire des busches.

Buscher. Lieu où l'on serre le bois de chaufage.

BUSCHERON, ou BOSCHERON. Ouvrier, ou Homme de journée, qui abat le bois, & qui le débite suivant sa qualité, soit pour la charpente, soit pour le chauffage.

BUSSARD, ou BUSSE. C'est une des neuf especes de vaisseaux, ou futailles régulieres, dont on se sert en France, particuliérement en Anjou, & en Poitou, pour mettre les vins, & autres liqueurs.

Le Bussard est la moitié d'une pipe, & est égal à une demie queue d'Orleans, de Blois, de Nuys, de Dijon, & de Mâcon; ce qui revient aux trois quarts du muid de Paris, qui font vingt-sept septiers, chaque septier de huit pintes; ensorte que le Bussard est composé de deux cens seize pintes de Paris.

BUSTES. Boëtes de sapin, légeres, & à demi rondes, dans lesquelles on apporte les raisins de Damas. *Voyez* Raisins de Damas.

## BUV

BUVEAU, ou BEVEAU. Espece de fausse esquierre, dont se servent les Mâçons. Il y en a de deux sortes; l'un, dont la branche mobile est un peu ceintrée en dedans; l'autre au contraire, dont cette branche va insensiblement en s'arrondissant jusqu'à l'extrémité. *Voyez* Esquierre.

## BUZ

BUZANÇOIS, en Berry, lieu de Fabriques de lainerie. *Voyez* l'Etat général, Tome I. page 96.

BUZE. *Voyez* BUCHE.



*Fin du Tome premier.*

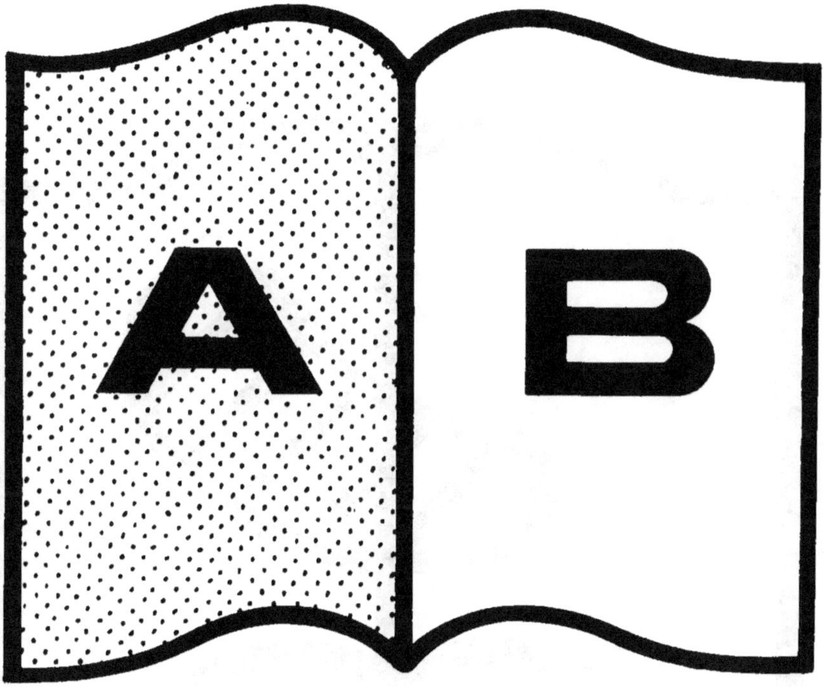


Contraste insuffisant

**NF Z 43**-120-14

Original illisible

NF Z 43-120-10

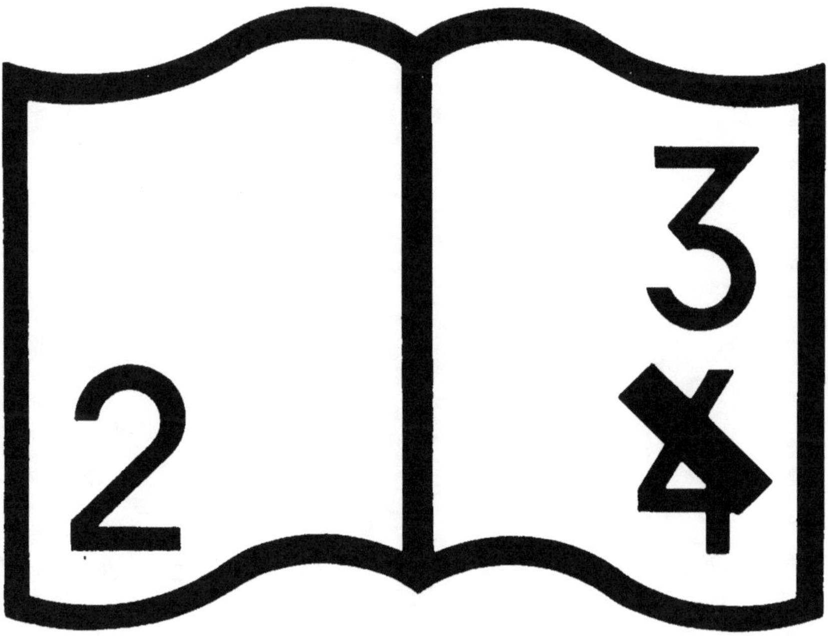

Pagination incorrecte — date incorrecte

**NF Z 43**-120-12

www.ingramcontent.com/pod-product-compliance
Lightning Source LLC
LaVergne TN
LVHW020958300926
849160LV00007B/186